2020 中国石油石化企业信息技术交流大会论文集

中国石油学会　编

中国石化出版社

图书在版编目(CIP)数据

2020中国石油石化企业信息技术交流大会论文集 / 中国石油学会编. —北京 : 中国石化出版社, 2020.10
ISBN 978-7-5114-6010-3

Ⅰ. ①2… Ⅱ. ①中… Ⅲ. ①信息技术-应用-石油企业-工业企业管理-中国-文集②信息技术-应用-石油化工企业-工业企业管理-中国-文集 Ⅳ. ①F426.22-39

中国版本图书馆CIP数据核字(2020)第195007号

中国石化出版社出版发行
地址:北京市东城区安定门外大街58号
邮编:100011 电话:(010)57512500
发行部电话:(010)57512575
http://www.sinopec-press.com
E-mail:press@sinopec.com
北京艾普海德印刷有限公司印刷
全国各地新华书店经销
*
880×1230毫米 16开本 58印张 1662千字
2020年10月第1版 2020年10月第1次印刷
定价:360.00元

《2020中国石油石化企业信息技术交流大会论文集》

编　委　会

前　言

当今世界，云计算、大数据、人工智能、物联网、区块链等新一代信息技术及应用的发展日新月异。创新驱动的数字化转型方兴未艾，不断催生新产业、新业态、新模式。新技术的发展和融合应用推动传统产业转型升级进入快车道，极大提升了各行业发展水平。特别是国家“新基建”政策的出台，为我国在新一轮科技革命和产业变革中实现变道超车、构筑新的全球化竞争优势提供了重大发展机遇。

石油石化行业是保障国家能源安全、关系国家经济命脉的重要行业。当前全球能源产业变革加速，国内油气市场竞争日趋白热化，叠加新冠肺炎疫情和低油价冲击等影响，石油石化行业面临严峻挑战，亟需借助数字化技术与油气全产业链深度融合，以数字化转型、智能化发展驱动并支撑企业提质增效、转型升级和创新发展。这是时代所需、大势所趋，唯有顺势而为，乘势而上，方能抢占先机，赢得未来。

新动能推动新发展，以技术融合创新和数字化转型为目标，传统石油石化行业正在“两化融合”道路上加速迈进，产业链不断整合升级，行业的信息化转型已是大势所趋。“十三五”以来，中国石油、中国石化、中国海油、国家管网、国家能源、中国中化、延长石油等企业大力开展信息化建设，持续增强两化融合和安全防护能力，信息化建设成果显著，对业务发展的支撑作用也越来越明显，但各家企业信息化建设和应用水平还不均衡，仍存在一些技术“瓶颈”问题，亟需各界专家、学者深入研讨，共商对策。

石油石化企业数字化转型建立在信息化建设和应用的基础之上，但其内涵和范围却超出传统信息化范畴，是技术、业务、管理等要素综合应用的复杂系统工程。转型既要面临新技术应用的挑战，也会经历业务变革的阵痛，更需现代化的管理流程、企业治理与之相适应，要求从企业“一把手”到一线员工全身投入、躬身入局。按照麦肯锡公司的观点，目前想推动数字化转型的企业高达90%，采取具体行动的为17%，而转型成功的仅为2%。因此，数字化转型的过程较传统信息化建设面临更多困难和挑战，需要企业内部和外部各方共同参与、加强交流、深度合作、共建生态、实现共赢发展。

“2020中国石油石化企业信息技术交流大会”的召开，正是围绕石油石化企业数字化转型与智能化发展需求而搭建的共享交流平台，来自政府机构、科研院所、能源企业的专家学者共聚一堂，深入探讨人工智能、区块链、大数据等新技术发展趋势，以及企业在技术创新和管理变革过程中遇到的新要求、新变化、新趋势，合力推动能源行业关键信息技术产品的国产化提升与方案自主可控。

本次会议得到了中国石油、中国石化、中国海油、国家管网、国家能源、中国中化、延长石油等集团企业的大力支持。通过行业内各企事业单位、科研院所踊跃投稿，大会共征集论文360余篇。经专家评审择优收录161篇，内容涵盖人工智能、大数据、物联网、区块链等新技术及应用，企业数字化转型、智能化发展过程中的经验方法，以及强化网络安全、推动信息化自主可控的诸多产品和解决方案，总体反映了我国石油石化行业信息化成果以及数字化转型愿景。相信本次大会所取得的一系列成果在推动石油石化企业数字化转型、智能化发展方面将发挥更好的促进作用，为推动企业高质量发展和推进现代化治理进程作出积极的贡献。

本书编委会

2020年10月

目　录

业务应用及综合

基础和安全

大数据和人工智能新技术应用

延长石油智能数字化勘探开发创新探索与实践

高瑞民　赵习森　党海龙　王　强　蔺建武　张　鹏　张　亮　王世玉

（陕西延长石油（集团）有限责任公司研究院）

摘　要　经过100多年的勘探开发，延长石油面临油气藏动静态数据量庞大、数据管理分散、数据查询和处理分析困难、业务软件繁多难以集成应用、研究决策成本高居不下等挑战和困难。为了应对挑战，破解难题，降低劳动强度和生产成本，高效开展科学研究，实现技术分析快速化、决策高效智能化，延长石油从企业长远发展战略高度出发，根据集团公司“十三五”信息化整体规划，对勘探开发业务进行数字化转型探索与实践。按照油藏管理模式基于GIS平台进行架构设计，通过动静态数据库管理标准化、专业业务多功能融合，开发建设了新型数字油藏管理协同工作平台系统。该系统包含动态数据自动采集、油气藏综合地质研究成果自动生成、油气藏工程智能优化和生产现场智能管控等四大核心功能。实现了勘探开发业务工作的智能高效，降低了决策过程中人为干扰因素的影响，提高了科技攻关的工作效率和准确性，在日常油气藏管理中发挥了重要作用，给企业带来了良好的社会效益和经济效益。

关键词　延长石油；数字库管理；油藏管理；GIS平台；协同工作

随着全球信息科技的快速发展，数字油田对提高油气藏研究与管理效率、科学决策及降低生产成本等方面作用凸显，也越来越被各大石油公司所青睐。国外大型石油企业大多信息化建设完善，已经初步完成了“数字油田”建设阶段，在与我国本土油企的激烈竞争中屡占先机。作为一项基础平台设施，“数字油田”可以把企业的所有信息数据作为整体体系来对待，为油气藏高效开发决策提供支撑。“数字油田”对石油企业来说就像是一场革命，企业的管理方式因“数字油田”的应用将发生重大变化。不仅提升工作效率，降低损耗和支出，大大提升石油企业的经济效益，而且在客观上推动了石油企业的现代化管理进程。

1　建设背景

延长油田作为中国陆上第一口油井的发源地，经过100多年的勘探开发，面临油气藏动静态数据量庞大、数据管理分散、数据查询和处理分析困难、业务软件繁多难以集成应用、研究决策成本高居不下等挑战和困难。近年来，面临国内外行业竞争激烈、国际油价持续振荡、油气井数持续增加、效益开发难度加大的严峻形势，延长石油亟需将油田勘探开发与数字信息技术融合创新发展，进行数字化转型探索，从根本上推动油田勘探开发工作模式和工作场景的改变，提高油田开发水平和主营业务创效能力，实现油田提质增效，助力企业高质量发展。

2　总体设计

为了破解这些难题，降低劳动强度和生产成本，高效开展科学研究，实现技术分析快速化、决策研究智能化，延长石油迫切需要建立一套油气勘探开发业务管理体系，实现地面地下信息系统的深度融合，构建数据管理、信息共享、深度研究、科学决策等功能。结合自身发展的需要，延长油田确定了勘探开发数字化转型的总体建设方针：在充分消化延长石油数据需求、业务需求、工作流程需求的基础上，结合“大数据、云计算”应用，带动延长油田勘探开发工作品牌战略和创新战略的实现，为“数字油田”进行有益探索。实现油藏地质与油藏动态统一、地面工程与地下地质统一、勘探与开发信息统一，建立符合延长实际，具有延长特色的油气勘探开发业务管理体系，促进油藏管理向数字油藏方向迈进，为油田的产能建设和挖潜提供强有力的数据和技术保障。

具体的设计思路是按照油藏管理模式基于GIS平台进行架构设计[1-2]，通过动静态数据库管理标准化、多业务功能融合，开发新型数字信息油田勘探开发业务管理系统平台。该体系依托数据层、应用服务层、业务研究层和智能决策层，实现平台整体功能设计(图1，图2)。数据层主要负责数据存储、访问、管理与维护，为平台建设提供数据服务。其主要包含 GIS 数据、基础数据、井数据、图形成果、模型成果、文档的平台主库；应用服务层包括平台的数据服务、图形服务、GIS 服务、成果服务和系统服务，从数据层调用原始数据[3]，为业务研究层提供应用功能支撑，实现数据统计、图形和模型的显示和共享、空间搜索等功能；业务研究层是面对用户的操作界面，实现用户与系统平台进行信息交互及研究分析。主要包括 GIS 导航与展示平台、综合地质研究、油藏工程研究、智能决策汇报等功能模块。

平台建设目标是搭建统一的勘探开发数据库、空间地理信息库，实现油气田勘探开发全过程的井筒数据、图件成果、模型数据、科研项目、空间数据的管理与应用，形成油田数据资产；以油藏地质、油藏工程、决策分析为业务主线，满足研究过程标准化、流程推送化、成果共享化的需求，形成勘探开发全流程的协同工作平台，实现数据管理、生产科研、管理决策的无缝连接；依托高速发展的信息技术、自动化集成控制和数字化自动采集技术，结合空间信息与 GIS 导航技术，实现油田生产信息集成管理与智能化的实时同步控制与展示；基于 GIS 平台系统，实现地下油藏研究、地上地理信息平台联动，实现空间和地质对象的综合查询与多维展示。数据实时自动成图和地上地下信息综合展示辅助决策分析。

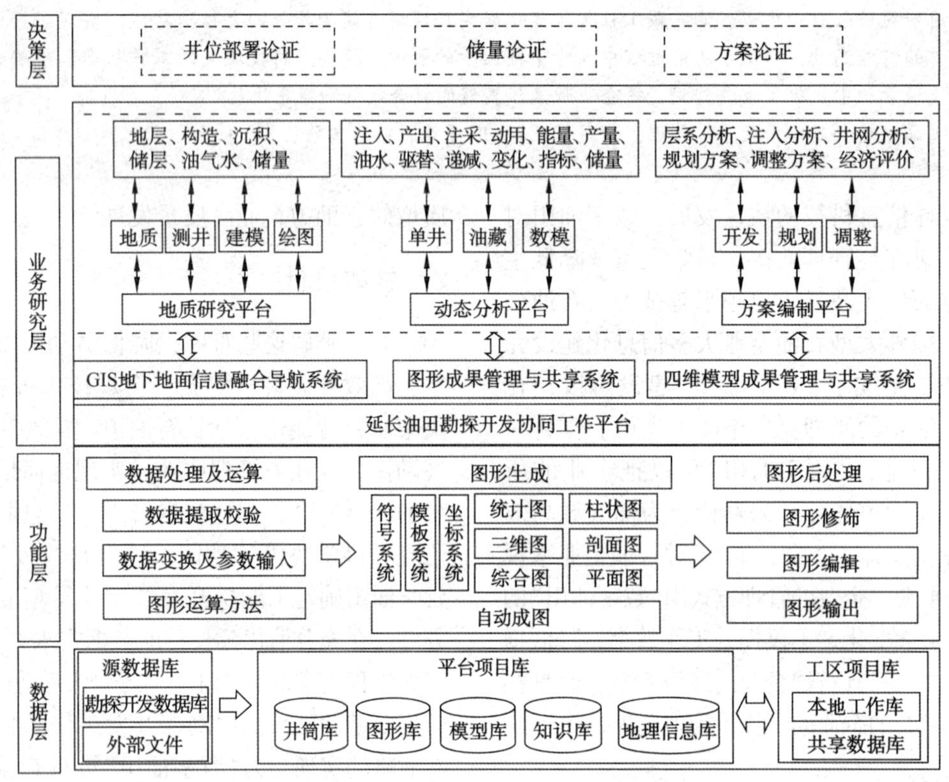

图 1　油气勘探开发业务管理体系整体框架

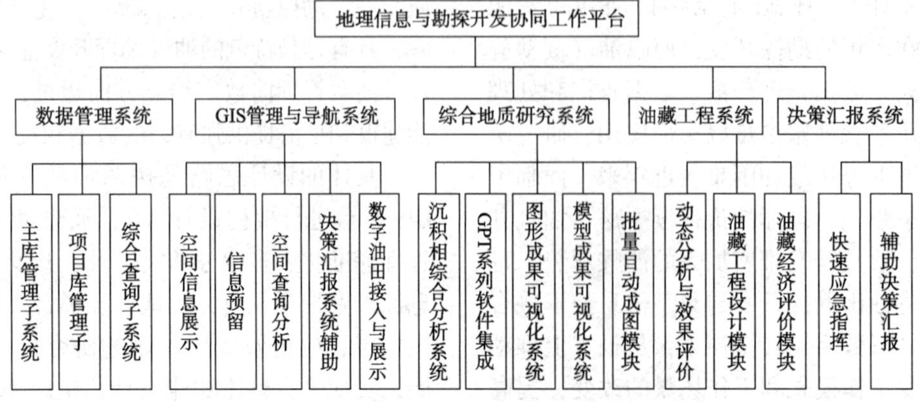

图 2　油气勘探开发业务管理体系功能架构

3　延长油田数字化转型探索阶段成果

延长油田历时 8 年，依托 3 个集团级科研项目，开发建设了新型数字油藏管理协同工作平台，自主建设集成 6 大业务系统，涵盖勘探开发专业化研究方面 17 个功能模块，多源整合采集 8 大数据类型，包括地理信息（卫星影像 6800 平方公里）和勘探开发业务数据（数据总量 5TB），初步形成了从油藏综合研究、开发调整方案编制、产能建设运行到油田开发过程管理全流程的专业软件体系，提质增效作用显著[5]。

新型数字油藏管理协同工作平台是一个集数据采集、管理、应用、研究、共享一体的协同工作的智能控制与综合决策系统，便于油田的快速分析、智能化生产管控和异地同步决策，提高勘探开发管理水平，减少人力物力，大幅度降低勘探开发成本。针对本平台的功能主要从数据资产化管理、综合地质研究、油藏工程优化、现场智能管控等方面展示说明。

3.1　数据资产管理

数据管理平台建立了规范、统一、全面的基础数据库，实现海量数据的一体化存储、查询、分享以及工区数据推送工作（图 3）。通过选区、选井等方式对数据、图形、模型和文档四类数据体进行查询、创建工区、导出、处理以及推送，根据实际数据体需要，输出前可在不同的软件进行计算处理。实际应用中可减少 80%数据基础性重复工作量，极大地提高了工作效率，并且平台内数据可用于支持内部应用，实现平台内无缝对接。

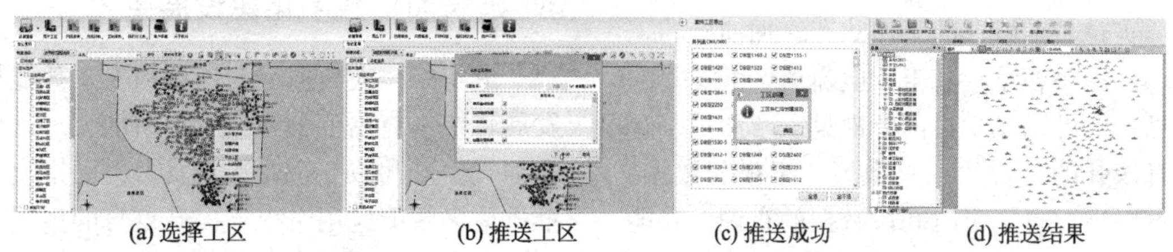
(a) 选择工区　(b) 推送工区　(c) 推送成功　(d) 推送结果

图 3　数据推送展示图（a. 选择工区→b. 推送工区→c. 推送成功→d. 推送结果）

3.2　综合地质研究

平台综合地质研究系统，包括沉积相综合分析、图形成果可视化、模型成果可视化模块[7]，集成了 GPT、石文、GeoMap 等主流软件。借助专业软件功能实现对基础地质、剩余油等进行深入细致的分析研究。掌握地下数字油藏在空间和时间上的分布与变化规律以及潜力所在，直接为油田勘探、开发、调整挖潜等提供科学的依据。

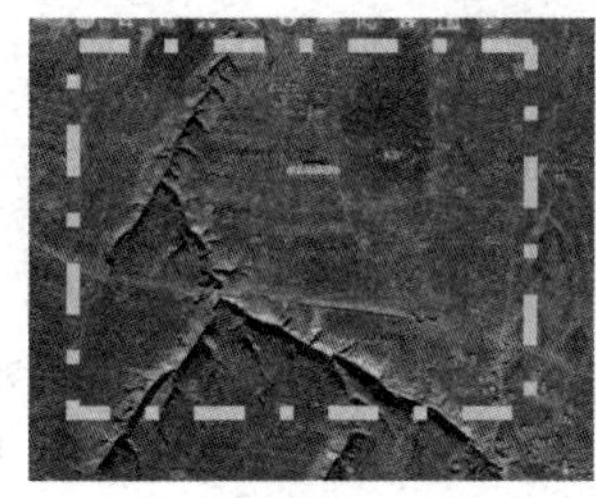
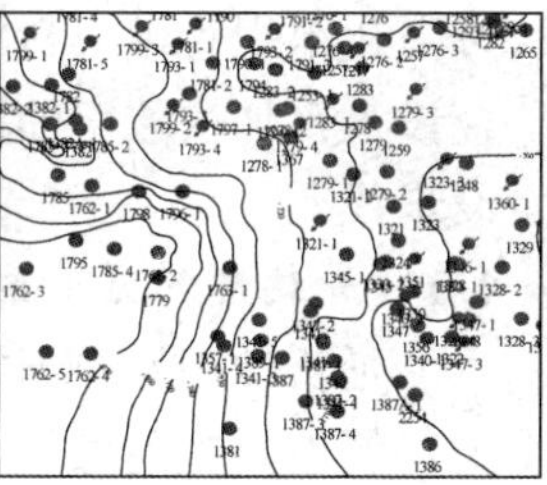
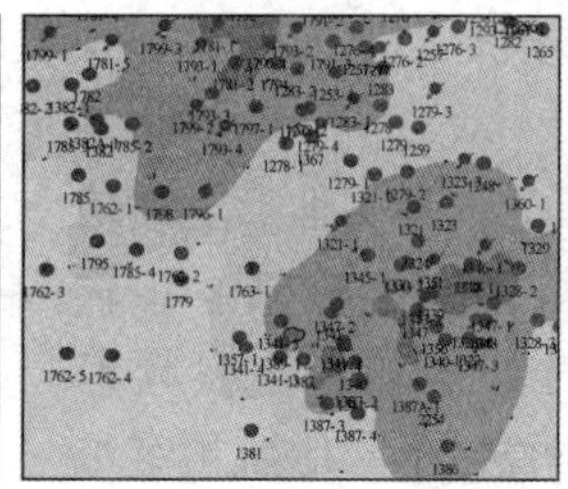
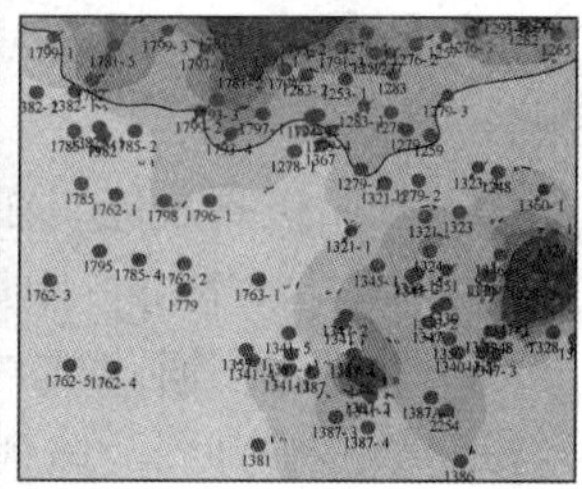

图 4　XX 区块导航图上构造、沉积相、砂厚等地质图件自动绘制

3.3　油藏工程优化

利用平台动态分析系统的各个功能模块实现单井、井组、区块分析与评价（图 5）。对综合含水率、耗水量、注水利用率、注入水波及体积等的评价分析，利用多种方法进行开发指标计算、优化对比，实现了单井、井组、区块等各类数据和图形的自动绘制，可集成油藏地质与开发动态成果，为开发效果评价及调整提供充足的依据。

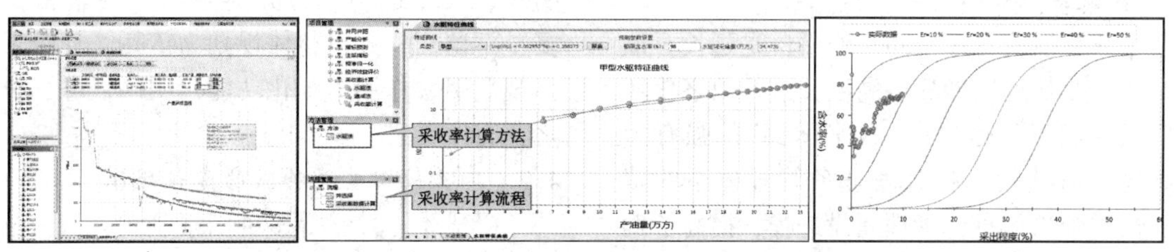

图 5　XX 区块产量递减拟合、采收率标定、含水率与采出程度关系曲线

3.4 现场智能管控

油田生产管理基于高分辨率地图支持，可实现地下油藏、井筒、管道以及地面各种信息的可视化，具有强烈的立体感(图6)，并可改变观察对象的方向、角度和距离，操作灵活简便，便于直观全方位的定位、观察及控制，同时结合高清三维GIS可以进行井场选址部署、管道走向和道路规划，并进行土石方工作量的计算，还可以与SCADA系统融合实现生产实时控制与安全监控，做到智能化控制与可视化操作。

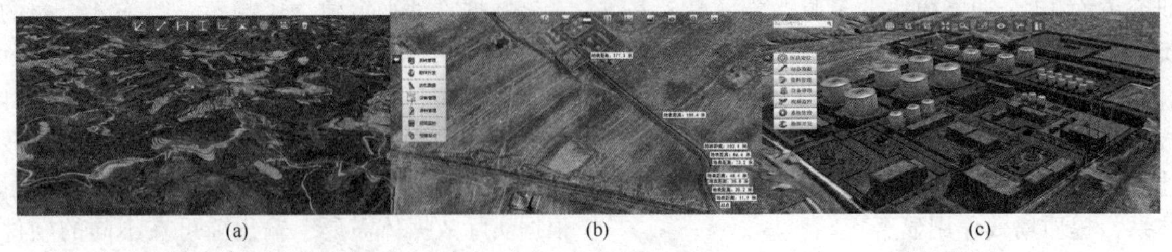

(a)　(b)　(c)

图6　地上地下可视化展示图(a. 虚拟现场踏勘 b. 地下管网三维场景 c. 联合站三维场景)

(1) 井检索功能。通过检索功能，查找并搜索单井，点击定位按钮，直接定位到该井的三维模型(井场、抽油机、管线等)、地形地貌及视频监控；实时显示该井的工作状态、抽油机的工作参数(型参、冲程、电压、电流等)和该井的基础信息；也可以显示目前产液量、产油量、含水，查看该井的日报表、月报表、年报表数据，用户还可以进行自定义时间段数据的查询，并能查询井组或任意区域生产情况。

(2) 全程预警功能。原油从单井(井组)出发，通过管网集输到计量站、集输站、转输站、联合站等，管网的走向、方位、埋深、及油气水的流向和管网参数信息(型号、壁厚、内外径、埋深、温压、流量等)都可以三维实时显示，发生泄漏或出现故障能够及时预警，生成并显示预警报告。

(3) 场站仿真功能。在三维真实地形上高仿真地模拟场站(井场、计量站、集输站、转输站、联合站等)，通过实时数据测量、视频监控、设备信息管理、故障预警提示、应急预案编制查看、管线工艺流程查看等方式，实现对已有设备设施的有效掌控。如联合站内输油、脱水、污水处理、注水、化验、变电、锅炉等生产装置，通过三维GIS展示和视频监控，配备故障预警和应急预案，实时对各个环节进行管控。

3.5 实施效果

新型数字油藏管理协同工作平台是延长石油集团站在企业长远发展战略高度，进行数字化转型的探索与实践，是建设“数字延长”的强有力基石。通过对油气勘探开发业务管理体系的建设，加快了延长信息化管理建设进程，提高了勘探开发生产运行效率，实现了油田勘探开发过程管理全面有效把控，明显提升了延长石油勘探开发科研、生产管理水平。

4　延长油田数字化建设展望

近年来，大数据、云计算和人工智能技术的发展较快，应用范围和深度不断加大。国内外许多油气生产和服务企业不断发力，已推出或正在推进诸多智能应用系统，提升自身的市场竞争能力。未来油田管理将是基于大数据、云计算、物联网、人工智能、移动应用、边缘计算等多项技术支撑的智能油田管理，是将勘探、评价、开发和开采全过程要素抽象为数字、信息、知识、智能的智慧油田。面对油田开发转型升级、实现高质量发展的迫切需求，延长油田有必要进一步通过强化组织管理，科学顶层设计，加大技术和资金投入，加快数字油田、智能油田、智慧油田建设步伐[8]。

4.1 加快智能应用系统建设步伐

延长油田距离建成数字油藏还有一段路要走，但也要提前做好智能油田、智慧油田建设规划，而智能应用系统作为智能油田建设的重要组成部分，应将其作为重要支撑工程来抓，要汇聚相关管理职能部门、生产管理系统、油藏工程系统、采油工程系统和地面工程系统等方面专家智慧，编制智能应用建设整体规划，做到项目功能明确、大小适当、边界清楚、承接紧密，不重复、不留白，并以整体规划为依托，充分发挥整体规划引领作用，细化功能，明确任务，分而建之，有序推进。

4.2 加大油田生产物联网建设规模

受成本、技术等多种因素制约，目前油田整体生产物联网建设规模较小、覆盖面较低，数据采集和设备控制功能应用还不够不充分。物联网建设还是以局部试点为主，且主要集中于大中型站场，覆盖到的油水井数量相当少，难以体现由点聚面、由面成体的数字化规模效应。未来按照“经济性、实用性、先进性”的原则还要加大油田油气生产物联网建设覆盖规模。要考虑延长油田油水井数多、单井产量高低不一的实际，以获取的数据代表性强、管控的环节作用性大为目的，依据效益评价，有所为、有所不为地进行建设，切忌只为建而建，不加选择的全面铺开。

4.3 深化智能应用系统与生产物联网的对接

目前，油田开发业务系统以日度数据或更长周期数据的应用为主，不能用于对现场即时情况的分析、预警和指挥。而物联网即时采集的数据，在应用上则主要以终端数据展示、超限报警、井站设备简单控制为主，缺少业务模型和专家经验的支持，对数据的深度挖掘和分析不够[8]。下一步，需要将油田开发一体化智能应用平台与生产物联网相融合，建立集矿场实时数据传输、业务分析决策、管理标准规范驱动于一体的油田开发智能化管理模式，实现科研、生产、管理及决策人员的工作场景由个人桌面上单兵作战转变为跨地域、跨部门、跨层级的一体化协同作战，达到“三降、三提、三促进”的目标效果，即降低劳动强度、提高劳动效率，降低技术门槛、提高工作质量，降低运行成本、提高开发水平，促进勘探开发业务流程优化，促进生产运行方式优化，促进劳动组织结构优化。为实现油田勘探开发转型升级和油田高质量发展提供有力的技术支撑。

5 结论

（1）延长油田进行勘探开发数字化转型探索与实践，研发建设新型数字油藏管理协同工作平台，首次实现空间地理信息、地面生产信息、地下油藏信息的一体化立体联动，打造从数据中心、远程智能控制、油藏技术研究、科研成果共享和领导决策的全链条协同工作环境，能够进行数据实时推送，直接开展分析研究，避免了在多个软件中重复的整理数据，提高了不同软件之间数据兼容性和一致性，实时异地同步决策与方案分析，大大提高工作效率，真正实现了高效协同。

（2）通过三维 GIS 和地下数字油藏的深度融合统一，生产管理实现数据采集、智能控制与远程协助相结合；结合地下数字油藏研究成果，开展地面虚拟现实部署与踏勘，实现了“从地上看地下”，优化决策论证。

（3）基于 GIS 的油藏管理系统的研发，为单井、井组、区块、油藏等不同尺度对象的开发、生产、分析和管理提供了全方位的基础信息，全面提高了油藏研究综合分析与管理能力。

（4）未来油田管理将是基于大数据、云计算、物联网、人工智能、移动应用、边缘计算等技术支撑的智能油田管理，是将勘探、评价、开发和开采全过程要素抽象为数字、信息、知识、智能的智慧油田管理。延长石油未来将持续加大数字油田、智能油田、智慧油田建设力度，助推集团公司高质量、可持续发展，为中国数字油田、智能油田建设贡献延长力量。

参考文献

[1] 何贞铭，吴信才，何幼斌，等．基于 GIS 的数字油田基础平台[J]．地球科学（中国地质大学学报），2010，35（3）：490-494.

[2] 沈占锋，骆剑承，黄光玉，等．网格 GIS 及其在数字油田中的应用探讨[J]．地理与地理信息科学，2004，20（3）：45-48.

[3] 姚卫华，晁会霞，南珺祥．数字油田中海量影像数据组织研究[J]．西安石油大学学报（自然科学版），2009，24（3）：88-91，114.

[4] 张庆合，陈长胜，李治壮．油气勘探开发地上地下一体化信息展示系统研究[J]．中国地质，2014，41（5）：1748-1756.

[5] 贾爱林，程立华．数字化精细油藏描述程序方法[J]．石油勘探与开发，2010，37（6）：709-715.

[6] 肖波，文必龙，邵庆．基于业务模型的油气勘探开发数据标准体系设计[J]．东北石油大学学报，2014，38（4）：11，86-91.

[7] 高瑞民，赵习森，党海龙，等．基于勘探开发综合信息的新型数字油田研究[J]．西安石油大学学报（自然科学版），2017，32（3）：61-67.

[8] 张华义，汪福勇，邓平，等．油气田勘探开发数据管理与应用技术体系探索[J]．天然气工业，2012，32（5）：85-88，109-110.

密井网辫状河储层构型大数据库的建立及应用

张丹锋[1] 郭 智[2] 冯 周[2] 胡 松[3]

（1. 中国石油长城钻探工程公司；2. 中国石油勘探开发研究院；3. 中国石化石油勘探开发研究院）

摘 要 传统的储层构型解剖主要依赖于现代沉积和野外露头，但在实际应用中存在可比性差、代表性弱等问题。利用油田密井网区提供的更加接近真实地质体的丰富信息，通过精细解剖，可以建立用于指导相似沉积环境的储层构型大数据库，从而提高储层构型表征的精度，为老油田剩余油挖潜奠定精细的地质基础。本文选取典型密井网区——大庆油田萨中开发区建立辫状河构型大数据库。该区钻井资料丰富(共计采用了2516口井资料)而且井网密度高(平均井距60m)，非常适合精细剖析砂体构型。通过对辫状河道、心滩及其内部落淤层进行单井识别，井间对比、构型刻画，对研究区地下辫状河储层及其内部构型进行了精细表征。建立了基于构型级别的辫状河储层数据库，包括岩性、长度、宽度、厚度、倾角、频率、密度、间距、分布规律以及落淤层与心滩长度比、宽度比、厚度比、长轴夹角等主要地质参数。误差分析表明，该数据库相关参数可靠性较高。在稀井网区进行了应用，结果表明，借助密井网大数据库相关参数进行约束，储层预测符合率提高了16.8%。

关键词 密井网；构型；大数据库；辫状河；落淤层

油气田开发中后期，大量油气已被采出，但仍有相当规模的剩余油残留于地下，其分布主要受储层内部构型的控制。为了预测储层及其内部构型以及剩余油分布特征与规律，前提是要建立比要预测的目标更加精细的参照物，因此建立精细的储层构型大数据库显得尤为重要。

起初的建立工作主要是围绕露头和现代沉积开展，取得了大量的研究成果，几乎涵盖所有河流沉积，包括本文重点研究的辫状河[1-10]以及曲流河[2, 11-18]、潮汐水道[19]、三角洲[20]、扇三角洲[21]、浊流沉积[22]、冲积扇[23]等。针对地下储层构型的研究成果则主要集中在构型要素成因分析[24, 25]、单井构型要素解释[26, 27]、剖面和平面构型研究[28-34]、地下储层构型特征对剩余油的影响[35-37]以及储层构型三维建模[38-42]等方面。在储层构型研究的基础上建立大数据库，国内外学者主要通过航拍卫片[43]、现代沉积[6, 44-47]、模拟实验[48, 49]、野外露头[50-52]、原型模型[53-55]以及密井网[56-59]等方式。就已有的研究成果而言，尚存在已有的研究手段主要在剖面和平面上开展工作，在垂向和三维上难以全面表征砂体及其内部构型，除了密井网方式，所建的地质知识库也多缺少与厚度相关的参数及关系；尚未建立系统的数据库体系，且对储层构型信息体现不足；已有数据库对于曲流河研究较多，成果也居多，但是对于沉积特征差别较大的辫状河，由于其复杂性，虽然研究程度不低，但被广泛接受的认识和成果较少，尤其对于落淤层的研究甚少；已获得的众多地质数据，并没有与最基本的沉积环境进行定量联系，定量统计方法和体现形式还不成熟，在对比应用中类比参数较单一，对于库的应用可比性评价方法亦有待完善等问题。

针对上述问题，本文以大庆油田萨中中区西部密井网区葡I组河流相沉积储层为例，对辫状河储层内部构型进行深入的剖析，并形成一套地下辫状河储层内部构型分析方法，在此基础上统计归纳出一套可用于类比应用的包含构型参数的数据库，以指导其他相似沉积环境的稀井网区进行储层预测和精细研究。这一研究对油田开发后期储层精细刻画和井间预测以及剩余油分布预测具有很大的实际指导意义。

1 密井网地质概况

本文选取目前国内最密井网工区——大庆油田萨中中区西部，井网密度278口/km^2，平均井距60m(图1)，井网密度达到了密井网研究的精细程度，其小井距的优势为更精细的储层构型和数据库建立奠定了基础。葡I组沉积时期正处于松辽盆地坳陷阶段，即早白垩世泉头组——嫩江组沉积时期。该时期湖岸线大多已处于长垣南部的杏树岗油田八区以南，只有葡I1时期处于萨尔图油田南一区，因而，研究区在该时期沉积单元均属于河流相沉积，其中目的层段葡I3为辫状河流相沉积。

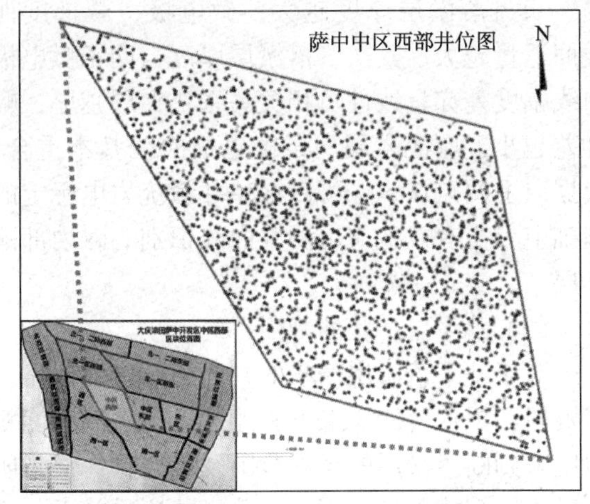

图1　萨中中区西部井位示意图

2　地层及沉积特征

针对已有地层对比方法中存在的不足之处，本文在“相控旋回等时对比”方法的基础之上，扬长避短，结合高分辨率层序地层对比技术，考虑等高程、等时切片方法，参考河道纵向下切和砂体叠置、河道横向相变等河流相沉积模式，采用标准层(葡II油层组顶部泥岩层、葡I油层组内两套砂岩组之间介形虫化石层)顶拉平和标准层(萨III油层组底部泥岩层)底拉平的方式，建立河流相地层对比模式，通过二维——三维相互制约相互修正，在骨干剖面控制全区等时格架的基础上，实现全区地层的对比闭合。

目前对于辫状河的形成机理尚不十分清楚，对其沉积环境和沉积特征争论亦较多。比较统一的认识是，辫状河沉积环境主要包括辫状河道(包括底部滞留沉积)、心滩(即河道砂坝)及少量的废弃河道微相类型。由于辫状河能量强，坡降大，河道迁移迅速，所以天然堤、决口扇及泛滥平原等微相不发育。辫状河道粒度较粗，以粉细砂为主，局部夹粉砂和黏土，粒度分选较差。在层序底部出现块状或不明显水平层理砾岩、巨型槽状交错层理或大型单组板状交错层理砂砾岩等沉积构造，冲刷面较发育，中部为板状、平行层理砂岩相组成，向上可能渐变为波状交错层理较发育的细砂岩、粉砂岩、和泥质粉砂岩。由于形成于可容纳空间最小的时期，水动力强，砂体相互切割叠置严重，河道下部沉积物发育，上部沉积物基本不保留，故内部隔夹层的成因多为底部滞留沉积。多呈高幅度值，高幅度差的复合旋回，全区平均砂厚达5m以上，测井曲线形态以底部突变，顶部渐变或突变的箱形、钟形为主。心滩总体特征与辫状河道类似，粒度较辫状河道更粗，以细砂岩为主，多呈正旋回，内部可见涨洪时的憩水期所形成的落淤层，厚度很薄，一般2~20cm，以粉砂质泥为主，位置不固定，与每一次级洪峰的强弱有关。废弃河道垂向上由棕红色、灰绿色块状泥岩和粉砂岩薄互层组成，局部可见植物化石，测井曲线形态显示低平。

3　砂体规模表征

通过现代沉积、野外露头等方式可以相对容易和直观的观察、描述辫状河平面、剖面展布规律，国内外学者也发表众多成果。但是地下心滩内部结构分析则因为资料所限，研究难度很大，所以研究成果也因此很少。本文在对心滩内部构型进行解剖之前，拟通过多种方法结合的方式对砂体规模的心滩和辫状河道及其空间组合进行识别。

辫状河由于顶层沉积欠发育，相对发育较厚的心滩沉积，因此最易识别的微相类型是心滩。藉于此本文主要采用“点——线——面”的识别思路，分层次进行辫状河砂体的刻画。“点”即通过砂岩厚度图对每个较高厚度点周围进行圈定，作为可能发育心滩部位进行预测；“线”即在心滩预测的基础上，对其周围辫状河道进行预测，将辫状河道进行相连；“面”即最后在平面上进行组合，通过“点——线——面”及其相互之间的对比修正，从而实现对全区辫状河的刻画。

从识别结果来看，心滩为辫状河的主体，辫状河道围绕其周围交织辫状分布，且宽度明显小于心滩。在对辫状河“点”——心滩和“线”——辫状河道识别刻画的基础上，进而在“面”上对其二者进行模式组合，从而得到辫状河心滩和辫状河道的平面分布特征(图2)。

4　构型级别表征

在砂体规模表征的基础上，进行心滩内部构

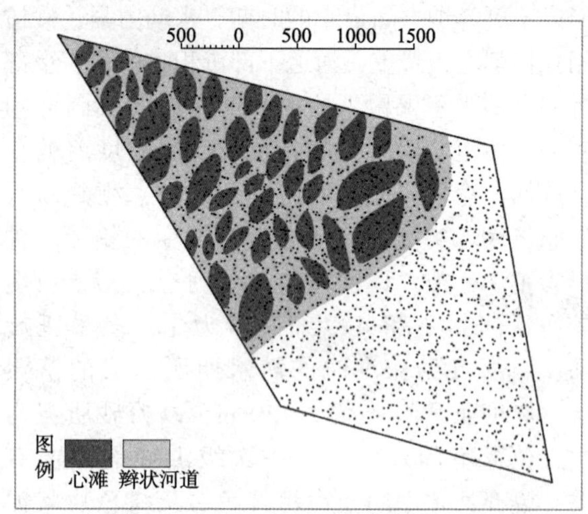

图2　PI3辫状河心滩与辫状河道平面组合关系

型解剖，分别从构型模式、测井响应、产状判断以及小井距方面入手识别刻画心滩内部落淤层的分布。

（1）心滩内部构型模式

辫状河由于河道迁移频繁，冲刷能量强，在厚砂层内部主要出现厚度薄、横向和平面展布范围小的落淤夹层，基于心滩内部界面“近水平状”展布模式，沿心滩顺水流及垂直水流方向分别建立剖面将单井界面在空间进行组合(图3)。

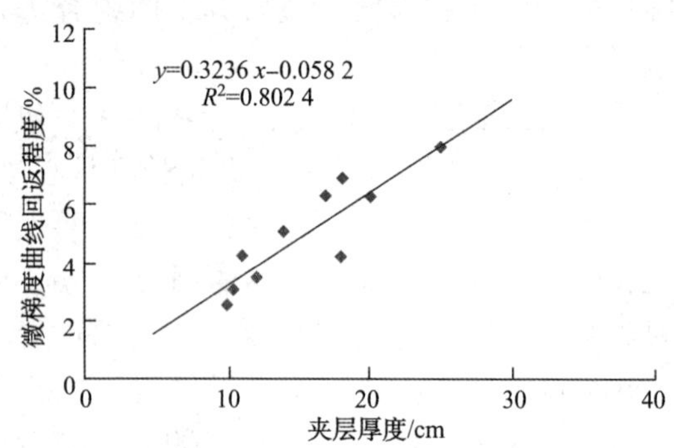

图3　辫状河落淤层厚度与微梯度曲线回返程度关系

（2）落淤层的测井响应

心滩内部落淤层的分布极不稳定，且发育程度也参差不起，分布形式也极为复杂，本文试图通过取心井岩心观察并与测井曲线建立岩电关系，进而对其进行详细研究。岩电标定结果显示，落淤层较薄，一般为数十厘米，测井曲线表现出微电极曲线明显回返，幅度差减小，自然伽马曲线亦见回返，自然电位曲线可见轻微回返，有的落淤层自然伽马和自然电位曲线回返并不明显。

本文建立了辫状河心滩内部落淤夹层与微电极曲线之间的关系。对研究区取心井发育的泥质侧积层和微电极曲线的关系进行研究发现，泥质侧积层的厚度与微梯度和微电位的回返程度（ΔML1、ΔML2）及两条微电极曲线的幅度差有关。首先，落淤层厚度与微梯度和微电位曲线的回返程度(ΔML1、ΔML2)呈线性正相关关系(图4)，可见落淤层厚度越大，微电极、微梯度曲线回返量越大。其次，落淤层厚度与两条微电极曲线幅度差亦呈线性负相关关系，夹层越厚，幅度差越小，厚泥岩层两条微电极曲线基本重合。根据以上两点认识，可以在单井系统岩电标定的基础上，更有效地应用测井曲线识别心滩内部落淤层。

（3）落淤层产状的判断

对于地下落淤层产状的判断通常可以依靠动态资料，根据落淤层上下心滩砂体的水淹程度相似度来判断落淤层的延展范围及其产状，但是研究区为行列式井排，不存在单一的注采关系，又缺乏判断连通性的资料，因此用动态资料判断落淤层的产状具有不确定性。本文主要根据前人通过野外露头和现代沉积考察结果皆表明多呈近水平状分布的结论来指导地下小井距控制的落淤层的产状及其水平展布范围。

（4）小井距确定落淤层展布特征

通过密井网小井距资料对每个心滩内部落淤层进行了识别，从单井——十字剖面——平面多角度对落淤层的产状和平面展布范围进行了刻画。从而得到心滩内部不同时期落淤层的发育范围及其展布规模。

以典型区某心滩为例，分别作心滩长轴方向剖面A-B和短轴方向剖面C-D(图4. 64)，通过剖面单井落淤层识别标定，无论长轴方向剖面还是短轴方向剖面小井距测井曲线都揭示了该心滩先后沉积了三层落淤夹层，可以推断当时至少有三次洪泛覆于该心滩当时表面。长轴方向显示落淤层并不连贯(图4. 65)，短轴方向显示落淤层主要集中在心滩东部(图4. 66)，从另一个角度说明辫状河心滩内部落淤层发育的不稳定性。通过在剖面上进行侧向划界与连通性判断，联合平面落淤层展布进行三维模式拟合，从而刻画出该心滩三期落淤层的发育特征与展布规模。结果显示，三期落淤层形态相对完整，多呈窄长形，长轴方向与心滩长轴方向一致(图4. 67，图4. 68，图4. 69)，反映水流方向的一致性，但也有侧向水流造成落淤层形态的不协调性，反映水动力条件局部的变化。

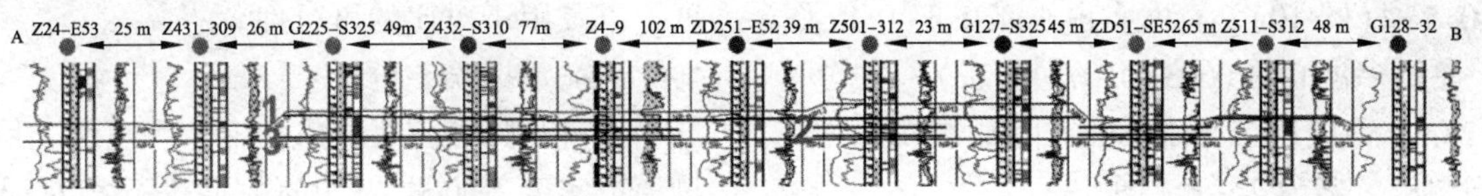

图 4　典型心滩长轴方向剖面图

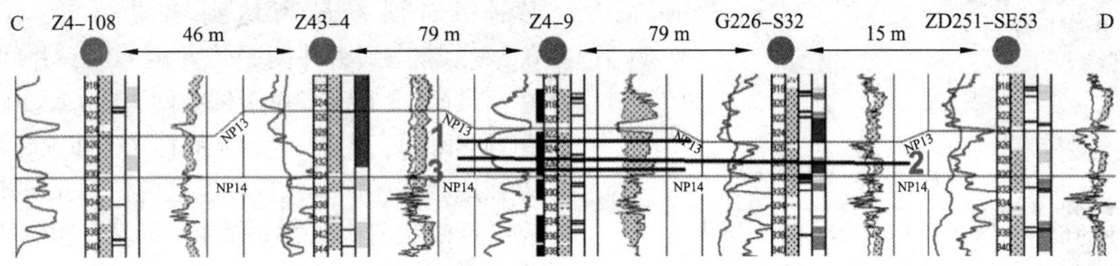

图 5　典型心滩短轴方向剖面图

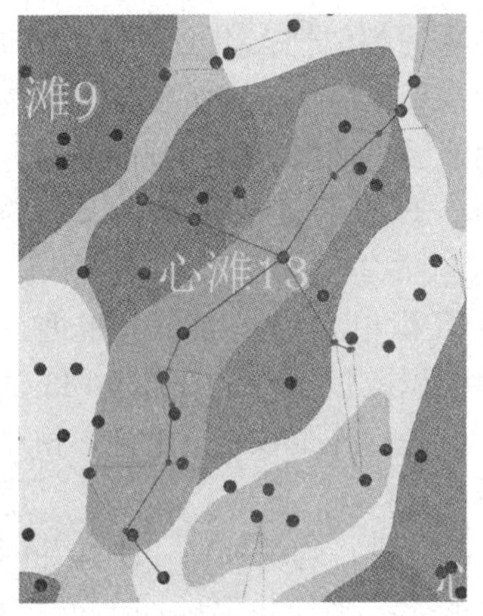

图 6　典型心滩上部落淤层平面展布特征

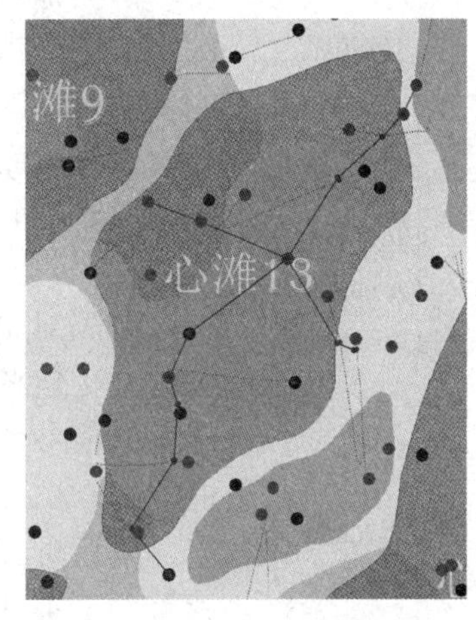

图 7　典型心滩中部落淤层平面展布特征

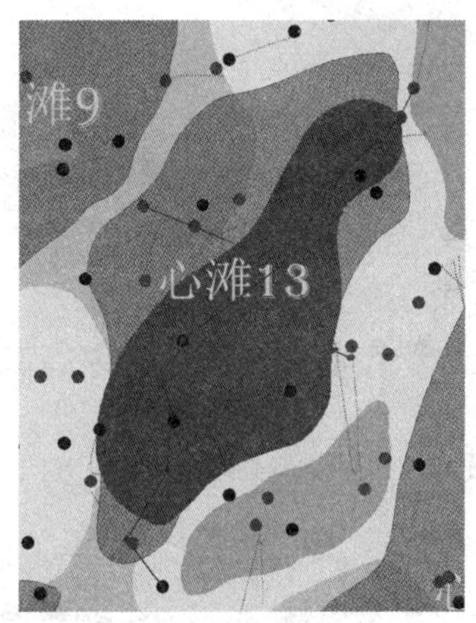

图 8　典型心滩下部落淤层平面展布特征

5　数据库的建立

严格意义上讲，基于密井网区建立的储层构型数据库，其精细程度很难与野外露头解剖相比，但由于同源自地下，再应用于地下，可比性较强，因此对于地下尤其是相对稀井网区以及井网分布不均匀区块具有更好的指导作用。

基于密井网条件下建立的辫状河储层构型数据库包括岩性岩相数据、沉积微相数据、沉积模式数据、砂体规模尺度数据、储层物性数据和夹层数据。随着后续研究的继续开展和深入，不断的增加内容，提高定量表征程度。

砂体规模尺度数据包括辫状河心滩和辫状河道规模尺度等信息，具体分别测量统计了心滩的长度、宽度、厚度及其长宽比、宽厚比、长厚比等以及辫状河道的宽度、厚度和宽厚比等数据。落淤夹层数据包括落淤层的岩性、厚度、倾角、频率、密度、间距以及分布规律等(表 1)。

表 1　辫状河心滩落淤夹层数据

砂体类型		夹层特征描述						
		岩性	厚度	倾角	频率/(层/m)	密度/%	间距/m	分布规律
辫状河	心滩	粉砂质为主，纯泥岩少	10 ~ 70cm 不等	近水平状，倾角一般小于 3°	0.21	12	2~4	分布零星，滩顶、滩后及两翼局部发育一定规模。

落淤层数据统计结果显示，落淤层长度多占心滩0.5~1(图10)，宽度多占心滩0.3~0.8(图11)，厚度多占心滩0.03-0.07(图12)，平均厚度0.28m。落淤层与心滩长轴方向基本一致，夹角小于18°，多为2°~6°(图13)。

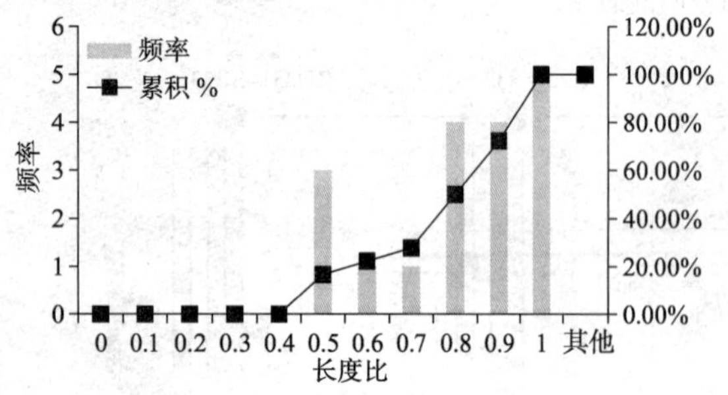

图9　落淤层与心滩长度比直方图与概率累积曲线

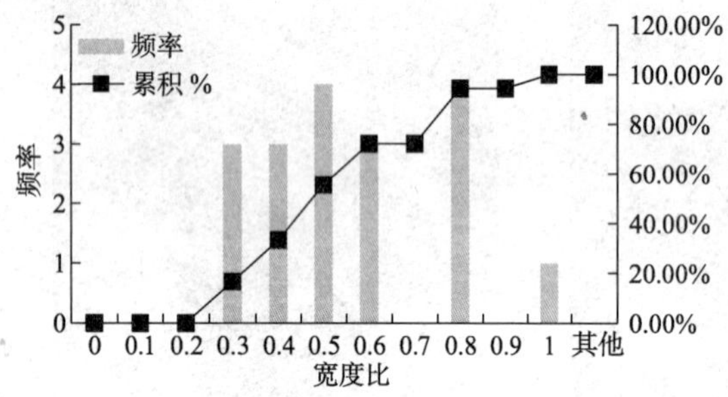

图10　落淤层与心滩宽度比直方图与概率累积曲线

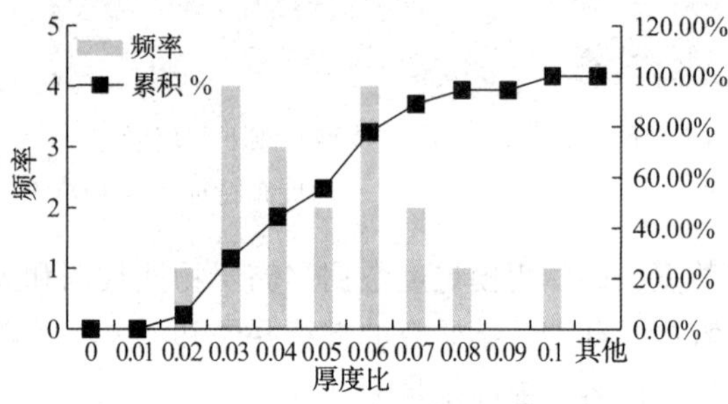

图11　落淤层与心滩厚度比直方图与概率累积曲线

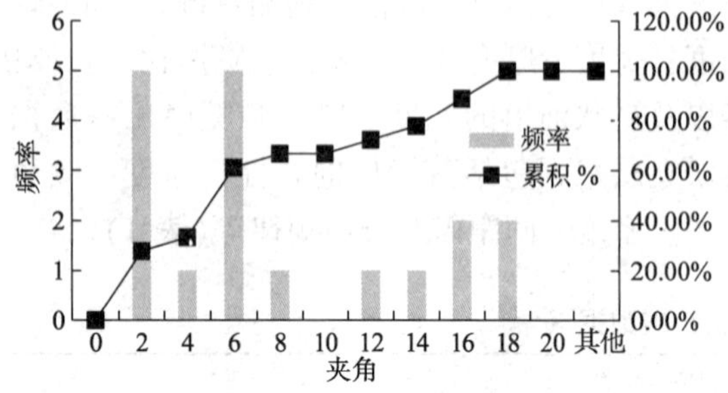

图12　落淤层与心滩长轴夹角直方图与概率累积曲线

6　数据库的应用

在数据库应用之前，需要对其进行误差分析，主要通过与其他方式统计的数据结果进行对比，计算相对误差，以定量确定所建库的可靠程度，以及用于对比的可行性。

(1) 数据误差分析

通过与野外露头、航拍卫片、现代沉积、水槽模拟实验等方式统计的数据进行相对误差分析，结果表明，密井网方式建立的辫状河数据库，相对误差最高达到22.7%，最小不足0.5%，考虑到密井网平均井距60m，井间失控距离最高13.62m，对于稀井网100m和200m井距预测来说，失控率分别为13.6%和6.8%，误差在地质描述误差允许范围之内，因此所建立的密井网辫状河构型数据库库结果具有相应的可靠性，完全可以进行类比应用。

(2) 抽稀井网预测

由于沉积环境的相似性，本文拟通过对PI3沉积单元数据参数直接应用于该沉积单元抽稀井网，通过对应用前后平面沉积微相预测结果分别进行符合率计算，以求验证地质知识库的约束作用。

首先对PI3沉积单元单井沉积微相进行识别，并构建平面沉积微相图，此图作为PI3沉积微相真值参考图，平均井距60m，符合率相对认为是100%。

通过对PI3井网进行均匀抽稀，使其井网密度降为114口井/km^2，平均井距94m，同时对单井沉积微相识别结果进行平面预测拟合，构建抽稀后平面沉积微相分布图。同时对其初始符合率进行对比统计和计算，符合率计算结果为63.6%(图13)。

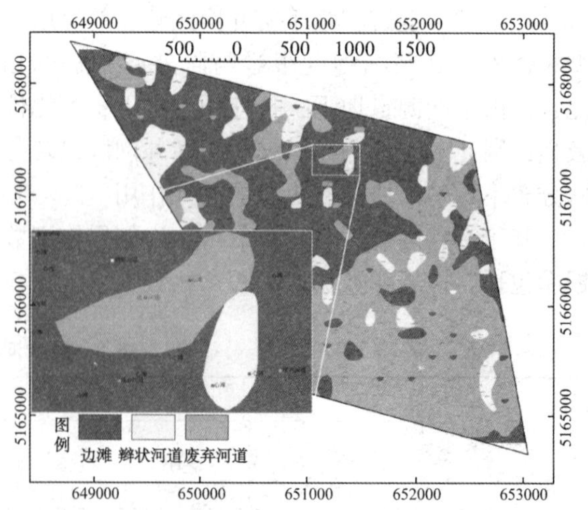

图13　PI3抽稀井网沉积微相解释结果初始符合率对比统计

将已建立的PI3沉积单元地质知识库参数应用于抽稀后井网，对每个控制点做以其为中心的圆形微相区域点，圆的直径与该井点厚度之间受地质知识库参数制约。待单井解释完毕，在平面上对各单井进行平面预测拟合，得到该层抽稀井网+地质知识库参数约束的沉积微相平面预测图。在此基础上，对该预测结果进行最终符合率对比统计和计算，结果为80.4%(图14)。与初始符合率计算结果进行对比，符合率提高了16.8%，由此可见，地质知识库参数的加入，的确提高了该层平面井间预测的符合率，沉积微相平面吻合度较高。这不仅预示着砂质辫状河稀井网区地质知识库可以改善井间预测精度，同时对于其储层预测以及剩余油的挖潜都有一定的指导意义。

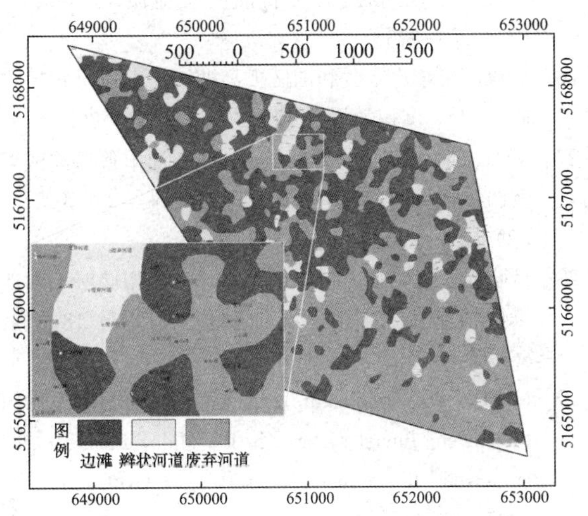

图14　PI3抽稀井网沉积微相解释结果最终符合率对比统计

7　讨论与结论

利用密井网区2516口井资料，尤其是井距不足20m的井对，结合取心井建立岩电关系，从单井、剖面、平面多个角度对辫状河单河道、心滩及其内部构型进行定性定量研究。研究结果确定了辫状河复合河道带、单河道、心滩规模特征以及心滩内部落淤层规模及其展布特征。通过对辫状河心滩内部落淤层进行定性、定量描述，并研究其分布特征与心滩之间的关系，得到了落淤层长轴方向与心滩长轴方向之间的关系。

本文基于密井网小井距资料建立了辫状河储层及其内部构型的定性、定量数据库。数据库系统主要包括辫状河岩性岩相数据、沉积微相数据、沉积模式数据、砂体规模尺度数据、储层物性数据和夹层数据等详细的地质数据。精细程度达到辫状河心滩内部落淤层构型级别。

通过与野外露头、航拍卫片、现代沉积、水槽模拟实验等方式统计的数据对比，密井网方式建立的数据库相同参数之间进行相对误差在可控程度范围之内，可以认为，通过密井网方式所建立的辫状河储层构型地质知识库结果相对可靠，可以用于类比应用。并且抽稀井网应用结果表明，通过对地质知识库参数约束前后各井点符合率的对比统计和计算，结果表明数据库参数的加入，显著提高了井间预测的符合率。

由于地下井间的不确定性和多解性，对于原本就相对复杂的河流相构型研究带来了更多的难度和挑战。在实际工作过程中，还是需要结合多方面的资料综合分析判断，尽可能地降低不确定性河多解性带来的负面影响，以逐渐完善和补充数据库信息，为更多的类比应用提供更加可靠的数据信息。

参　考　文　献

[1] Postma G. Depositional architecture and facies of river and fan deltas: a synthesis[J]. Coarse-grained deltas. 1990, 10: 13-28.

[2] Miall A D. The geology of fluvial deposits[M]. Springer Berlin, 1996.

[3] Hjellbakk A. Facies and fluvial architecture of a high-energy braided river: the Upper Proterozoic Seglodden Member, Varanger Peninsula, northern Norway[J]. Sedimentary Geology. 1997, 114(1): 131-161.

[4] Skelly R L, Bristow C S, Ethridge F G. Architecture of channel-belt deposits in an aggrading shallow sandbed braided river: the lower Niobrara River, northeast Nebraska[J]. Sedimentary Geology. 2003, 158(3): 249-270.

[5] Best J L, Ashworth P J, Bristow C S, et al. Three-dimensional sedimentary architecture of a large, mid-channel sand braid bar, Jamuna River, Bangladesh[J]. Journal of Sedimentary Research. 2003, 73(4): 516-530.

[6] 于兴河，马兴祥，穆龙新，等. 辫状河储层地质模式及层次界面分析[M]. 石油工业出版社, 2004.

[7] Leleu S, Hartley A J, Williams B P. Large-scale alluvial architecture and correlation in a Triassic pebbly braided river system, lower Wolfville Formation (Fundy Basin, Nova Scotia, Canada)[J]. Journal of Sedimentary Research. 2009, 79(5): 265-286.

[8] Shunming L, Xinmin S, Youwei J, et al. Architecture and remaining oil distribution of the sandy braided river reservoir in the Gaoshangpu Oilfield[J]. Petroleum Exploration and Development. 2011, 38(4): 474-482.

[9] Németh K, Risso C, Nullo F, et al. Facies architecture of an isolated long-lived, nested polygenetic silicic tuff ring erupted in a braided river system: The Los Loros volcano, Mendoza, Argentina [J]. Journal of Volcanology and Geothermal Research. 2012, 239: 33-48.

[10] Lu H J, Li T W, Xu C W, et al. Reservoir Architecture Analysis of 8th Member of Lower Shihezi Formation in Sulige Gas-Field[J]. Applied Mechanics and Materials. 2013, 423: 618-621.

[11] Olsen H. The architecture of a sandy braided-meandering river system: an example from the lower triassic Soiling Formation (M. Buntsandstein) in W-Germany [J]. Geologische Rundschau. 1988, 77(3): 797-814.

[12] 薛培华．河流点坝相储层模式概论[M]．石油工业出版社，1991.

[13] Ruegg G. Alluvial architecture of the Quaternary Rhine-Meuse river system in the Netherlands[J]. Geologie en Mijnbouw. 1994, 72(4): 321-330.

[14] Yangquan J, Jiaxin Y, Sitian L, et al. Architectural units and heterogeneity of channel reservoirs in the Karamay Formation, outcrop area of Karamay oil field, Junggar basin, northwest China[J]. AAPG bulletin. 2005, 89(4): 529-545.

[15] Peakall J, Mccaffrey B, Kneller B. A process model for the evolution, morphology, and architecture of sinuous submarine channels[J]. Journal of Sedimentary Research. 2000, 70(3): 434-448.

[16] Peakall J, Ashworth P J, Best J L. Meander-bend evolution, alluvial architecture, and the role of cohesion in sinuous river channels: A flume study[J]. Journal of Sedimentary Research. 2007, 77(3): 197-212.

[17] Kostic B, Aigner T. Sedimentary architecture and 3D ground - penetrating radar analysis of gravelly meandering river deposits (Neckar Valley, SW Germany)[J]. Sedimentology. 2007, 54(4): 789-808.

[18] Sylvester Z, Pirmez C, Cantelli A. A model of submarine channel-levee evolution based on channel trajectories: Implications for stratigraphic architecture [J]. Marine and Petroleum Geology. 2011, 28(3): 716-727.

[19] 解习农，葛立刚．掠东南盆地断陷期层序 层模式[J]．地质科学．1997.

[20] 付清平，李思田．湖泊三角洲平原砂体的露头构形分析[J]．岩相古地理．1994，14(5)：21-33.

[21] 张昌民，裘亦楠．青海油砂山油田第68层分流河道砂体解剖学[J]．沉积学报．1996，14(4)：70-76.

[22] Clark J D, Pickering K T. Architectural elements and growth patterns of submarine channels: application to hydrocarbon exploration[J]. AAPG bulletin. 1996, 80(2): 194-220.

[23] Neton M J, Dorsch J, Olson C D, et al. Architecture and directional scales of heterogeneity in alluvial-fan aquifers[J]. Journal of Sedimentary Research. 1994, 64(2).

[24] 马立祥．砂岩油气储层构形分析及其在国内的应用前景[J]．天然气地球科学．1992，3(2)：11-16.

[25] 马立祥．油田内5级界面层序沉积微相制图的意义及其实现途径[J]．石油实验地质．1997，19(3)：267-273.

[26] 李双庆，李忠．胜利油区孤岛油田馆上段沉积模式研究[J]．沉积学报．2001，19(3)：386-393.

[27] 李阳，李双应，岳书仓，等．胜利油田孤岛油区馆陶组上段沉积结构单元[J]．地质科学．2002，37(2)：219-230.

[28] 吕晓光，赵翰卿，付志国，等．河流相储层平面连续性精细描述[J]．石油学报．1997，18(2)：66-71.

[29] Miall A D. Architecture and sequence stratigraphy of Pleistocene fluvial systems in the Malay Basin, based on seismic time-slice analysis[J]. AAPG bulletin. 2002, 86(7).

[30] 尹太举，张昌民．马厂油田储层层次结构分析[J]．江汉石油学院学报．2001，23(4)：19-21.

[31] 尹太举，张昌民．地下储层建筑结构预测模型的建立[J]．西安石油学院学报：自然科学版．2002，17(3)：7-10.

[32] 刘波，赵翰卿．古河流废弃河道微相的精细描述[J]．沉积学报．2001，19(3)：394-398.

[33] 赵翰卿．储层非均质体系，砂体内部建筑结构和流动单元研究思路探讨[J]．大庆石油地质与开发．2002，21(6)：16-18.

[34] 陈清华，曾明，章凤奇，等．河流相储层单一河道的识别及其对油田开发的意义[J]．油气地质与采收率．2004，11(3)：13-15.

[35] 李庆明，尹太举．储层建筑结构要素的综合识别[J]．河南石油．1998，12(3)：13-17.

[36] 刘华，陈辉，麦勇萍，等．马厂油田沙三下2储层建筑结构特征研究及实践[J]．国外油田工程．2004，20(6)：41-43.

[37] 何文祥，吴胜和，唐义疆，等. 地下点坝砂体内部构型分析——以孤岛油田为例[J]. 矿物岩石. 2005，25(2)：81-86.

[38] Chapin M A, Tiller G M, Mahaffie M J. 3-D architecture modeling using high-resolution seismic data and sparse well control: Example from the mars Pink reservoir, Mississippi Canyon area, Gulf of Mexico [C]. 1996.

[39] Kolla V, Bourges P, Urruty J, et al. Evolution of deep-water Tertiary sinuous channels offshore Angola (west Africa) and implications for reservoir architecture[J]. AAPG bulletin. 2001, 85(8): 1373-1405.

[40] Bastia R. Depositional model and reservoir architecture of Tertiary deep water sedimentation, Krishna - Godavari offshore basin, India[J]. JOURNAL-GEOLOGICAL SOCIETY OF INDIA. 2004, 64(1): 11-20.

[41] Pringle J K, Westerman A R, Clark J D, et al. 3D high-resolution digital models of outcrop analogue study sites to constrain reservoir model uncertainty: an example from Alport Castles, Derbyshire, UK[J]. Petroleum Geoscience. 2004, 10(4): 343-352.

[42] 岳大力，吴胜和，程会明，等. 基于三维储层构型模型的油藏数值模拟及剩余油分布模式[J]. 中国石油大学学报：自然科学版. 2008，32(2)：21-27.

[43] 岳大力，吴胜和，刘建民. 曲流河点坝地下储层构型精细解剖方法[J]. 石油学报. 2007(04)：99-103.

[44] Bristow C S. Brahmaputra River: channel migration and deposition[J]. 1987.

[45] Thorne C R, Russell A P, Alam M K. Planform pattern and channel evolution of the Brahmaputra River, Bangladesh[J]. Geological Society, London, Special Publications. 1993, 75(1): 257-276.

[46] 廖保方，张为民，李列，等. 辫状河现代沉积研究与相模式——中国永定河剖析[J]. 沉积学报. 1998(01)：34-39.

[47] 成国栋. 黄河三角洲现代沉积作用及模式[M]. 地质出版社，1991.

[48] 何宇航，宋保全，张春生. 大庆长垣辫状河砂体物理模拟实验研究与认识[J]. 地学前缘. 2012，v. 19；No. 94(02)：41-48.

[49] 张春生，刘忠保，施冬，等. 三角洲分流河道及河口坝形成过程的物理模拟[J]. 地学前缘. 2000，7(3)：168-176.

[50] 张昌民，裘亦楠. 青海油砂山油田第 68 层分流河道砂体解剖学[J]. 沉积学报. 1996，14(4)：70-76.

[51] 王随继. 大同盆地中侏罗世河流沉积体系及古河型演化 ①[J]. 沉积学报. 2001，19(4).

[52] 贾爱林，穆龙新，陈亮，等. 扇三角洲储层露头精细研究方法[J]. 石油学报. 2000(04)：105-108.

[53] 吴胜和，翟瑞，李宇鹏. 地下储层构型表征：现状与展望[J]. 地学前缘. 2012(02)：15-23.

[54] 吴胜和，张一伟，李恕军，等. 提高储层随机建模精度的地质约束原则[J]. 石油大学学报(自然科学版). 2001(01)：55-58.

[55] 刘钰铭，侯加根，王连敏，等. 辫状河储层构型分析[J]. 中国石油大学学报(自然科学版). 2009，v. 33；No. 171(01)：7-11.

[56] 郭燕华，袁士义，宋新民. 提高辫状河流相砂体储集层骨架模型精度的新方法[J]. 石油勘探与开发. 2004(S1)：110-112.

[57] 孙天建，李胜利，许磊，等. 长春岭油田 C107 区块扶余油层密井网曲流河储层构型分析[J]. 地学前缘. 2012，v. 19；No. 94(02)：126-132.

[58] 郝兰英，郭亚杰，李杰，等. 地震沉积学在大庆长垣密井网条件下储层精细描述中的初步应用[J]. 地学前缘. 2012(02)：81-86.

[59] 吕晓光，姜彬，李洁. 密井网条件下的储层确定性建模方法[J]. 大庆石油地质与开发. 2001(05)：19-21.

塔里木油田三高气井井完整性实时监测系统研发与应用

曹立虎　刘洪涛　张　波　孔嫦娥　刘文超

（中国石油塔里木油田公司）

摘　要　针对超深、超高温、超高压工况与苛刻的腐蚀环境，形成了一套贯穿于“三超”气井全生命周期井完整性管理模式，建立了高温高压气井井筒完整性管理与评价系统，连接了气井和科研管理人员，实现了管理的可视化和可操作化。该系统具有数据收集整理、完整性评价和风险分析等功能，集数据、计算、图形、评价、报告、统计、监控为一体，已在塔里木和西南油气田推广应用，有效保障了高压气井的长期安全生产。

关键词　三超气井，物联网，可视化，完整性管理系统，现场应用

1　引言

塔里木油田库车山前主力上产区超深、超高温、超高压工况与苛刻的腐蚀环境严重威胁井筒完整性[1-4]，环空带压现象严重，会产生气体泄露甚至爆燃等事故，危及气井的安全生产和生态环保。通过持续攻关，形成了一套贯穿于“三超”气井全生命周期井完整性管理模式[5]，开展了全生命周期的数据收集、完整性评价和风险管控，进而实现单井全生命周期安全可控和效益最大化。以此为基础，建立了高温高压气井井筒完整性管理与评价系统，该系统具有数据收集整理、井完整性评价和潜在风险分析等功能，能够及时反馈现场数据，实现高温高压气井实时监控，提前预警，快速反应，实现潜在风险的“早发现、早控制、早治理”。经过不断的完善和开发，该系统已发展成为集数据、计算、图形、评价、报告、统计、监控为一体的综合性井完整性管理平台，实现了高压气井井筒完整性及投产后单井动态跟踪，有效保障了高压气井的长期安全生产。

2　“三超”气井全生命周期井完整性管理与安全评价

超深高温高压气井全生命周期井完整性管理以“不因井完整性问题损失产能，不发生重大井控安全事件”为目标，以贯穿于设计、建井、生产、恢复和弃置全过程的井屏障管理为核心，确保建好井、管好井、修好井和封好井，通过数据收集整理、井完整性评价和分级管理，实现超深高温高压气井的“优生优育”和寿命周期内效益最大化。

2.1　建立井完整性资料数据库，夯实完整性评价管理基础

井完整性资料是开展完整性评价和管理的基础。主要包括地层参数、地层流体、井身结构及质量数据、井口参数、油套管参数、固井质量数据、设备全生命周期数据和生产数据等。其中，试油前应获取地层的压力、温度和目的层岩性及出砂预测、地层破裂压力和地层流体性质，并开展产能预测和结蜡分析，同时收集井身质量数据，包括井径、井斜、狗腿度等，以及管柱抗腐蚀性能、套管悬挂器密封性能、固井质量和人工井底质量等。如图 1 所示，投产前对各级环空均安装 RTU 远程控制系统，实行 24 小时实时监测环空压力，获取生产过程中的环空压力、产量、井口温度和压力等数据。

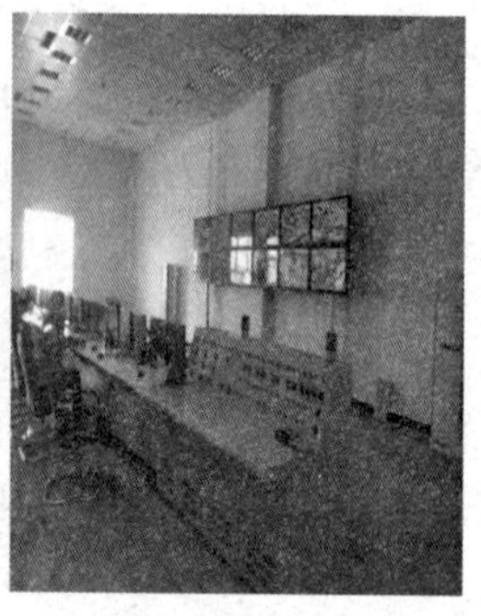

图 1　单井 RTU 实现 24 小时远程监控

2.2　制定完整性屏障评价方法，强化异常情况诊断分析

气井完整性屏障失效后，井口产生异常环空压力。如图 2 所示，气井具有两级屏障和众多组

成部件，均能引起井口环空带压，这对正确判断评价井筒完整性状况提出了挑战。为此，建立了基于屏障强度和动态数据的完整性评价方法。该方法可应用于钻井、试油、生产和弃井等多个阶段的完整性评价。

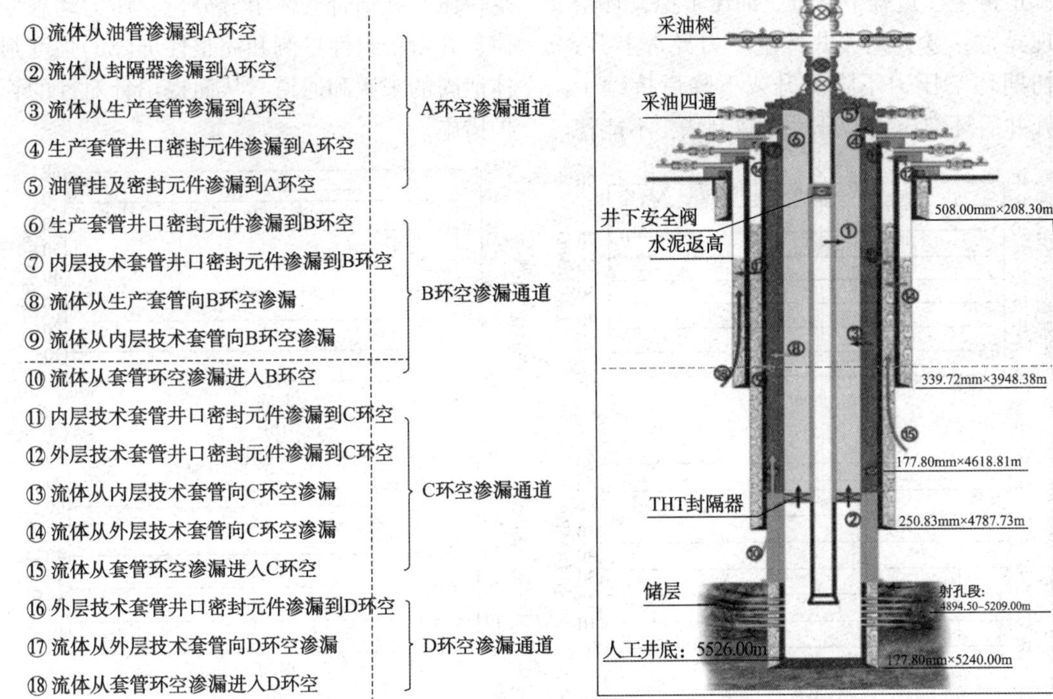

图2　气井环空压力来源的主要通道划分

首先，开展完整性屏障的强度分析。基于粘着磨损效率模型和偏心筒计算模型，修正了套管磨损后剩余强度计算方法。开展了100组S135钻杆与TP140、VM140、P110套管磨损实验，测得磨损效率和摩擦系数。根据钻井井史提供的井斜、钻具组合、起下钻次数、钻进参数、钻井液类型、射孔孔眼直径、孔密、相位、套管直径、壁厚和管材屈服强度，定量计算井下套管磨损程度，然后根据磨损程度计算套管的剩余抗内压、抗外挤强度。形成了油管柱“工况+部件”全覆盖的三轴力学校核与设计方法，通过校核高温高压井井筒温度、压力变化时各种效应变形引起的轴向力变化，分析油管柱在井下的腐蚀、屈曲和气密封行为。结合固井质量，判断目的层是否形成了连续25m固井质量优良的井段(图3)。

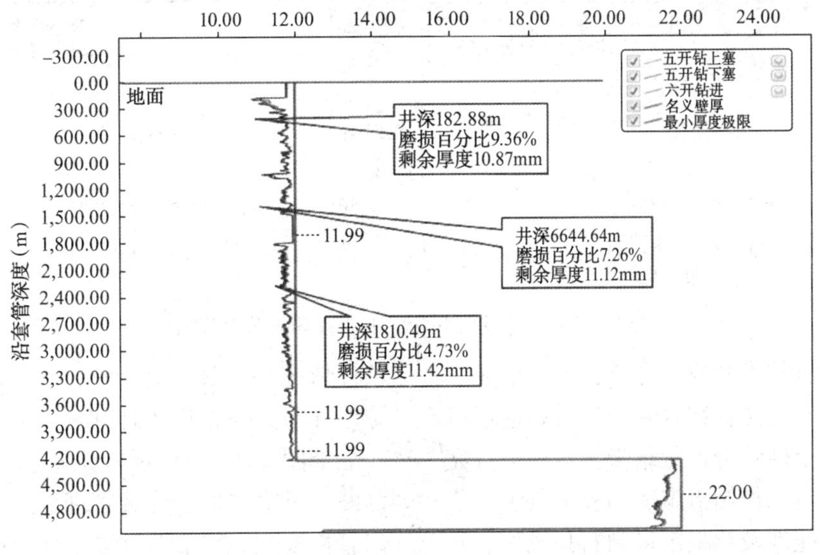

图3　ZQ1井井身结构及磨损计算曲线

然后结合环空实时监测数据，判断环空压力类型和泄露来源。建立了如图 4 所示的典型的环空压力异常曲线：①环空压力超过最大许可工作压力；②正常生产过程中产量、油压平稳，环空压力出现异常；③长期关井环空压力异常上升；④关井初期环空压力不降反升或下降后持续上升；⑤开井后环空压力上升后缓慢上涨，不能稳定。当环空泄压持续放出可燃气体，压力下降缓慢或不降或停止泄压后压力迅速恢复至原来水平或更高时，可判断为井完整性屏障引起的持续环空带压。并结合气体组分分析、压力动态变化规律、井口密封性检测和完整性屏障的强度判断气体泄露的来源和通道，从而提出针对性的管理维护措施。

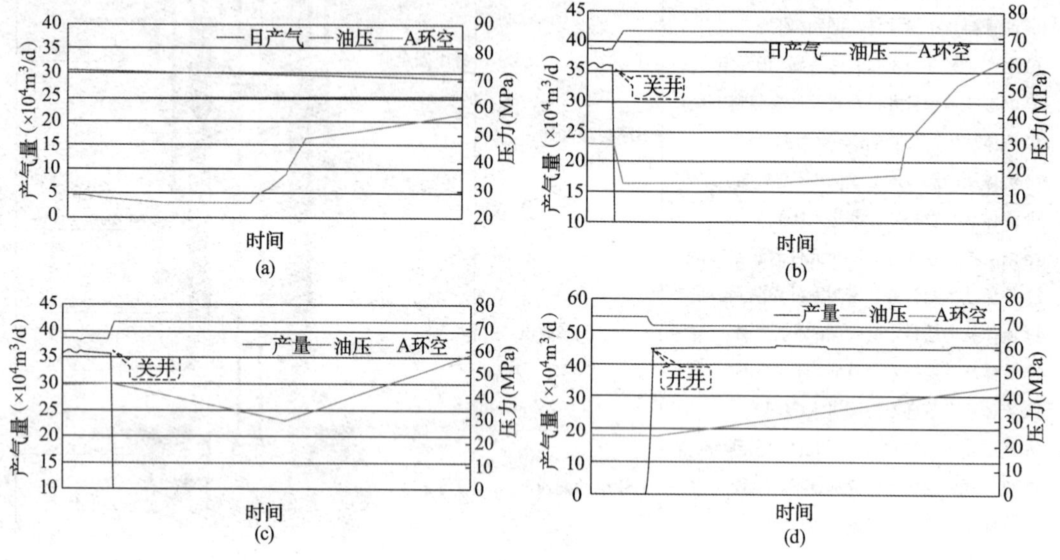

图 4　环空压力异常生产曲线特征

2.3　分级定性管理环空压力，构建五位一体管控体系

如何对完整性失效的三超气井进行科学管理，是保证三超气井安全稳产的关键。为此突破国际标准对环空压力单点控制的做法，发明了环空许可压力动态窗口计算方法，使环空允许压力值由单点控制变成范围控制，提高现场可操作性。以 A 环空为例，通过对油管头、生产套管、油管进行校核以及对封隔器进行工作压差校核，取其中最小的压力值作为 A 环空最大许可压力值。通过正常生产和关井两种工况下油套管内外压差来确定 A 环空最小预留带压值，形成如图 5 所示的环空压力动态窗口。

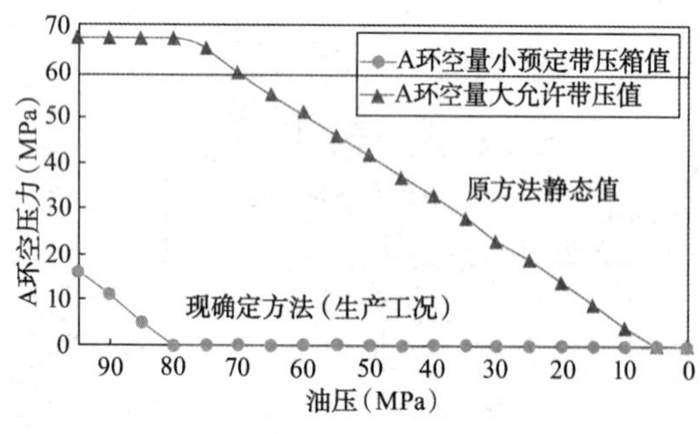

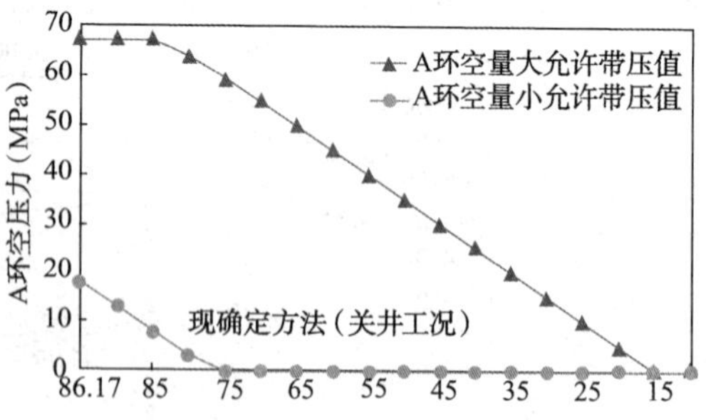

图 5　某井开井及关井状态下允许环空压力范围

结合国际先进技术和成熟经验，创新形成了井完整性分级管理方法：结合井屏障对井进行风险评估，根据安全性综合评价结果，对井进行完整性分级，制定不同控制措施。如表 1 所示，依据屏障的失效可能性及后果定量判断其风险。然后结合环空压力值及环空允许压力、安全屏障完整性情况和气体泄露状况，分级制定相应的措施。并与数据收集整理和完整性评价形成联动，建立如图 6 所示的“屏障维护、实时监控、异常诊断、风险评估、分级管理”五位一体的气井生产管控模式。完整性分级原则及措施见表 2。

表1　风险评估矩阵表

		失效可能性				
		非常低	低	中等	高	非常高
失效后果	轻微	L	L	L	L	M
	一般	L	L	L	M	M
	中等	L	L	M	M	H
	重大	L	M	M	H	H
	灾难	M	M	H	H	H

表2　完整性分级原则及措施

类别	分级原则	措施	管理原则
红色	第一屏障失效，第二屏障受损(或失效)，风险评估确认为高风险；或已经发生泄漏至地面。	红色井确定后，必须立即治理，业务管理部门应立即组织治理方案编制，生产单位立即采取应急预案，实施风险削减措施，防控风险；组织实施治理方案。	油田公司领导批准治理方案，业务管理部门组织协调，生产部门组织实施。
橙色	第一屏障受损(或失效)、第二屏障完好，风险评估后，确认为中风险；或第一屏障受损(或失效)、第二屏障受损，但经过风险评估后，确认为中风险。	首先制定应急预案，根据情况进行监控生产或采取风险削减措施，少调产，尽量减少对环空实施泄压或补压；严密跟踪生产动态，发现问题及时分析评估并采取相应措施。	业务管理部门组织技术支撑单位和生产部门共同制定监控措施；生产单位负责监控生产，发生重大变化，上报业务管理部门，并组织技术支撑单位分析变化原因及影响，提出处置产品
黄色	第一屏障完好，第二屏障受损，经过风险评估后，确认为低风险；或第一屏障受损，第二屏障完好，经风险评估后，确认为低风险	采取维护或风险削减措施，保持稳定生产，严密监控各环空压力的变化情况；尽量减少对环空采取泄压或补压措施。	由生产单位自行监控生产，若发生重大变化，上报业务管理部门，并组织技术支撑单位分析变化原因及影响，提出处置意见。
绿色	第一及第二屏障均处于完好状态。	正常监控和维护。	由生产单位自行监控生产，若发生重大变化，上报业务管理部门，并组织技术支撑单位分析变化原因及影响，提出处置意见。

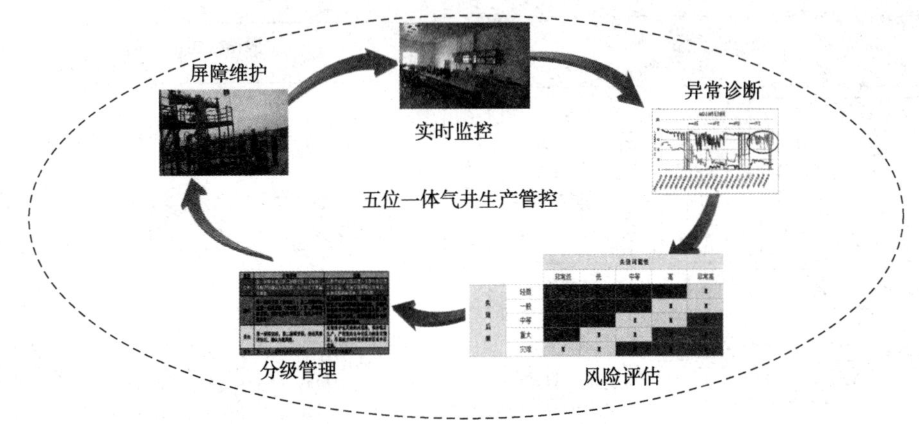

图6　五位一体生产管控体系

3　气井井筒完整性管理与评价系统

以气井全生命周期井完整性管理和安全评价技术为依托，研发了高温高压气井井筒完整性管理与评价系统，能够便捷高效的实现完整性数据的实时监控传输、完整性评价和风险管控。

3.1　系统总体结构

按照分级管理、逐级落实、上下联动的原

则，建立了如图 7 所示的总体框架。其中，股份公司主要查看各油田的井完整性状况，各油田公司查看各自气矿或作业区的完整性等级，工程技术研究院主要负责井完整性设计、井完整性评价，包括井筒检测与监测情况和基础信息查询，并进行相关资料的准备和输入。

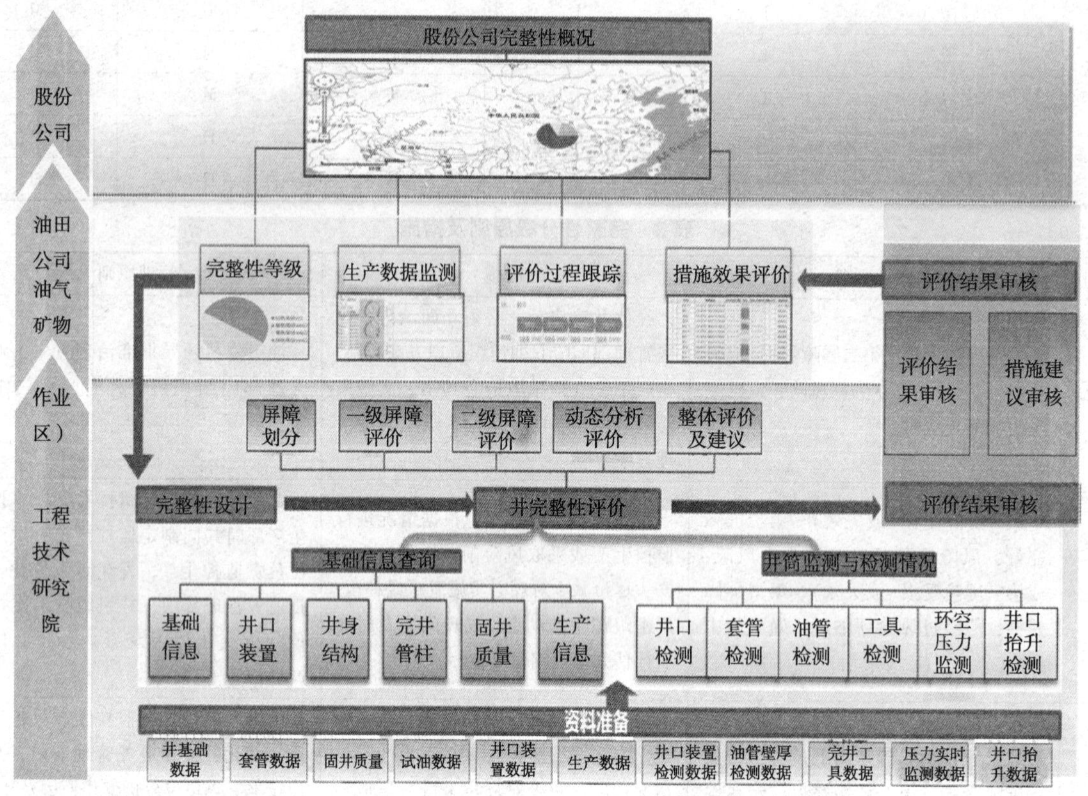

图 7　软件总体框架

根据所建立的框架，采用了如图 8 所示的统一设计、SOA 架构、模块化开发的形式进行软件开发，确保开发成果顶层统一、容易集成。统一底层数据库以总部统建的 A1 \ A2 \ A4 \ A11 为主，同时预留接口可接入各油田自建数据库。既可以调取底层数据库数据、又能人工输入数据，实现每一个环节的评估功能。

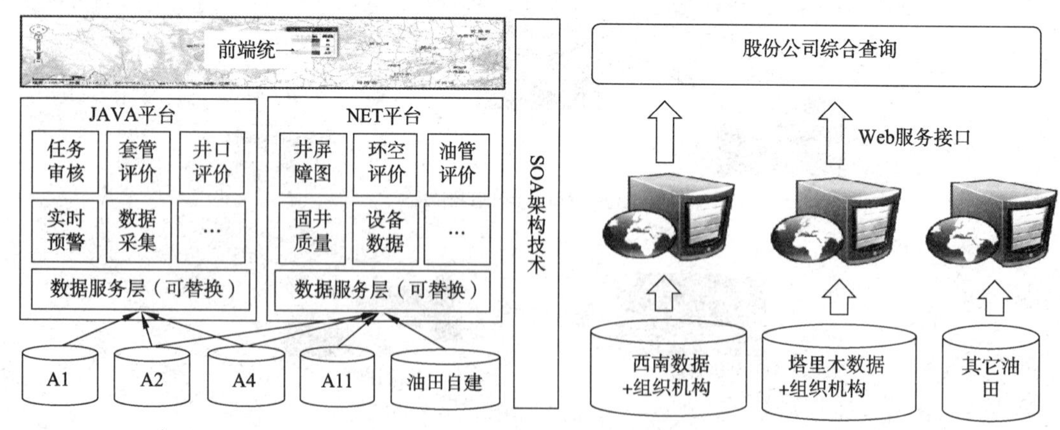

图 8　合作开发架构与系统部署方式

3.2　主要功能

根据总体框架和设计原则，井筒完整性管理与评价系统包括如图 9 所示的管理模块、评价模块和数据模块三大部分。各主体模块的功能和内容如下：

① 管理模块：图形(井屏障图设计、井泄漏通道、固井质量图、井完整性分级图、风险等级图、井完整性现场图版)、审核(评价报告审

核)、统计(井完整性等级、环空压力异常、屏障失效井)。

② 评价模块：地层完整性评价、井筒完整性评价(井身质量评价、套管串评价、油管串评价、工作液评价、水泥环评价、桥塞和水泥塞评价)、井口完整性评价、环空压力评价、井完整性等级划分(井屏障评价、井风险评估)、评价报告生成。

③ 数据类模块：基础数据采集(井基础数据、井口参数、油套管参数、固井质量数据、地层流体)、设备全生命周期管理、生产数据(日报数据、实时数据、环空压力控制图版)、实时预警(环空压力预警、井口抬升预警)。

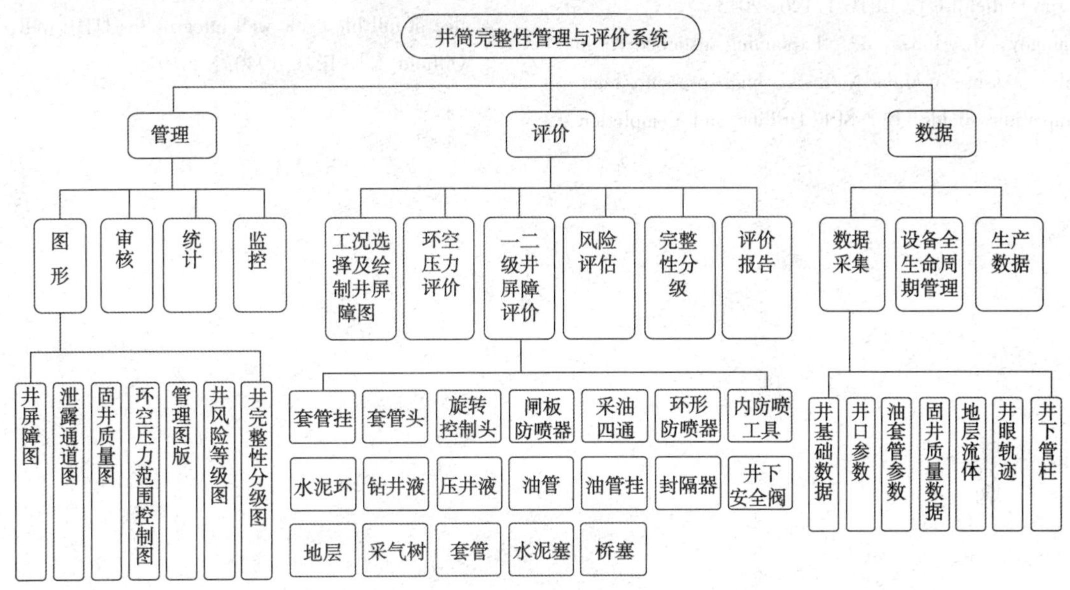

图 9　主要功能

4　应用效果

4.1　单井应用效果

以 KS2××井为例，系统监测发生环空压力异常后，根据该井的井屏障现状，通过故障树分析(FTA)和对井泄漏后果的计算并进行加权后，得出如表 3 所示的风险定量计算结果。通过井屏障完整性分析及风险评估对井进行分级，有力的支撑了 KS2××井的安全生产和维护保障工作，规避了潜在安全隐患和风险。

表 3　KS2××井风险分析结果

井屏障完好状态(设计)风险评估结果			井屏障现状状态(现状)风险评估结果			敏感性案例-保持关井风险评估结果			敏感性案例-保持开井风险评估结果		
泄漏可能性	泄漏速率	风险等级	泄漏可能性	泄漏速率	风险等级	泄漏可能性	泄漏速率	风险等级	泄漏可能性	泄漏速率	风险等级
3.87E-04	4.65kg/s	中风险	1.51E-02	5.10kg/s	高风险	1.33E-02	4.63kg/s	高风险	2.70E-02	4.63kg/s	高风险

4.2　整体应用效果

本成果建立了我国首部高温高压井完整性指南、设计准则和管理规范，填补相关领域空白，有效推动了我国井完整性设计、管理和现场操作水平的进步。目前已经在塔里木油田和西南油气田部署应用。自 2013 年以来，在气井地质条件越发恶劣、数量不断增加的情况下，塔里木油田保持了高温高压气井的安全稳产，通过贡献天然气产量、节约投资类成本，近三年最低经济效益超过 40 亿元。

5　结论

建立了高温高压气井井筒完整性管理与评价系统，该系统作为气井全生命周期井完整性管理的载体，具有数据收集整理、井完整性评价和潜在风险分析等功能，集数据、计算、图形、评价、报告、统计、监控为一体，助力形成了“屏障维护、实时监控、异常诊断、风险评估、分级管理”五位一体的气井生产管控体系，已在塔里木油田和西南油气田部署应用，取得了良好的经济效益。

参 考 文 献

[1] Zhang, F., Yang, X., Peng, J.. Well integrity technical practice of ultra deep ultrahigh pressure well in Tarim Oilfield[C]. IIPTC 17126, 2013.

[2] Mainguy, M., Innes, R.. Explaining sustained A-annulus pressure in Major North Sea high-pressure/high-temperature fields[J]. SPE Drilling and Completion, 2019, 34(01): 71-80.

[3] 杨向同，沈新普，王克林，等. 完井作业油管柱失效的力学机理—以塔里木盆地某高温高压井为例[J]. 天然气工业，2018，38(7): 86-92.

[4] 杨向同，肖伟伟，刘洪涛，等. 甲酸盐对套管/油管腐蚀速率评价方法与影响因素[J]. 钻井液与完井液，2016，33(06): 51-57.

[5] Liu, H., Cao, L., Xie, J., et al. Research and practice of full life cycle well integrity in HTHP well, Tarim Oilfield[C]. IPTC 19403, 2019.

齐鲁石化智能工厂建设与实践

牛启光

（中国石化齐鲁分公司）

摘　要　通过智能工厂建设，坚持与生产经营相结合、与专业化管理相结合、与系统优化相结合，提升各业务领域的感知、预测、优化分析和协同能力，用信息化全面提高生产经营管理水平。通过不断提升公司的数字化、智能化、自动化和远程控制水平，实现信息化与工业化的深度融合，打造信息化背景下的竞争新优势。

关键词　智能工厂；一体化优化；集成管控；推广项目；配套项目

1　概述

齐鲁石化隶属中国石化集团有限公司。经过多年信息化建设，搭建了经营管理、生产营运、过程控制多个层次的信息化应用架构，信息系统支撑企业生产经营活动日臻成熟。

随着国家层面大炼油大乙烯产业不断扩张，企业面临内外部压力越来越大。石化行业产能过剩将成为常态，市场竞争必将更加激烈、更加残酷。同时企业人工成本居高不下，国家环保监督执法始终保持高压态势，京津冀及周边地区环保标准异常严格，环保压力不断增大。以上这些因素给企业生产经营带来了较大压力。作为企业信息化从业人员，如何通过数字化转型，打造智能工厂，推进企业降本增效，是当前面临的重要课题之一。

2　智能工厂建设两条主线

齐鲁石化结合自身信息化实际，制定了推广项目和配套项目两条主线，并同步开展建设智能工厂建设工作。

2.1　建设目标

通过智能工厂建设，要“建成一个平台、解决两个问题、实现三大目标”。即加强基础建设、建立全公司统一的集成平台，解决信息“孤岛”和应对迟缓两大问题，实现全公司信息共享、业务协同、过程控制，从而实现三大目标。即运营决策科学化，通过深化信息集成和大数据分析等应用，做到事前科学预测、事中动态改进、事后全面分析；运营管理协同化，通过完善生产运营大指令和大优化机制，做到流程高度集成、业务高度协同、价值全局最优；运行操作自动化，通过提升生产自动化控制和指挥中心监控协调等水平，做到过程自动控制、操作实时优化、指挥高效快捷。

同时不断加强“运行数据的集成应用、日常数据的全面分析、异常问题的提前预见和共性问题的及时处理”。创新和智能工厂建设是实现基业长青、创造美好生活的“助推器”。谁先占据制高点，谁就能掌握先机。坚持把创新驱动摆在核心位置，不断集聚新动能、持续释放新动力，以科技创新和智能工厂建设支撑引领公司提质增效升级、持续健康发展。

2.2　智能工厂推广

以中国石化智能工厂推广为第1条主线，开展炼油化工一体化优化、生产过程集成管控、全生命周期资产管控(图1)。

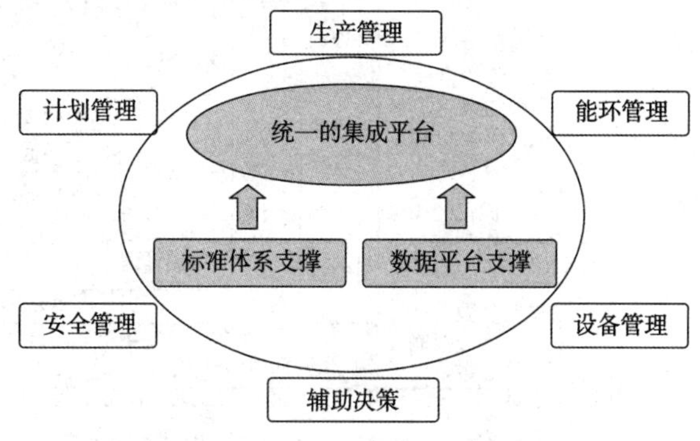

图1　智能工厂推广1个平台、2个体系、6个业务域架构图

2.2.1　炼化生产一体化优化

围绕炼化生产一体化优化主线，在价值链维度上，实现采购、生产、销售供应链全过程的价值增值；在优化深度上，实现计划、调度、装置、控制

四个层面上的协同优化，最终实现生产经营全过程效益最大化。在横向价值链维度上，通过降低原料采购成本、统筹资源配置、物料高效利用，实现供应链全过程的价值增值在纵向优化深度上，通过计划、调度、装置、控制四个层面上的一体化优化实现生产全过程效益最大化(图2)。

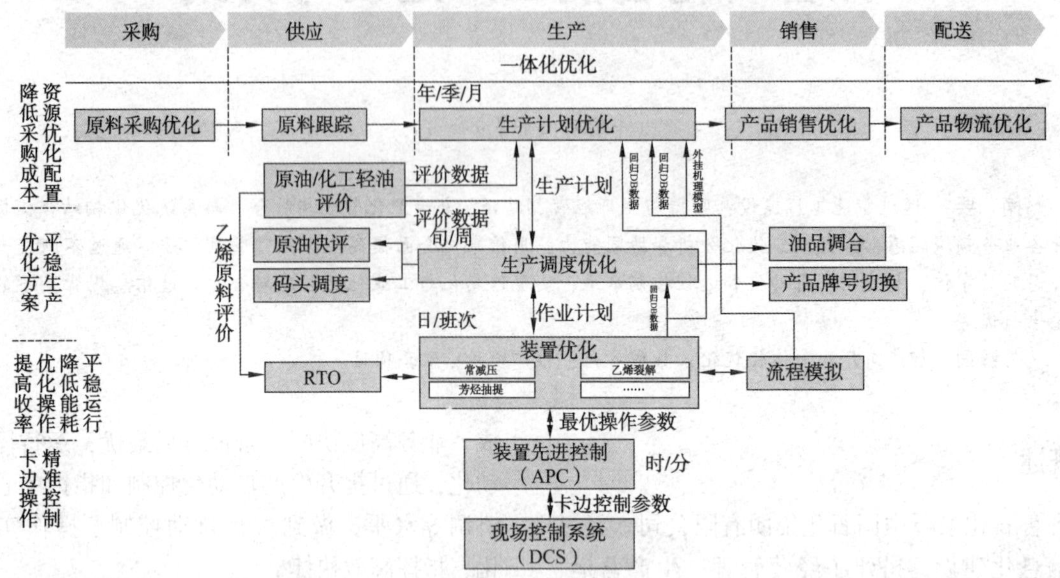

图 2　炼化生产一体化优化图

2.2.2　炼化生产集成管控

以安全、清洁、稳定生产为核心，建立计划、调度和操作一体化闭环管理体系，形成具备生产感知自动化、数据分析科学化、指挥决策规范化的生产指挥新模式，实现全面感知实时监控、预测预警自动发现；异常侦测主动应对，科学决策精准执行智能管控目标。在调度指挥、操作报警实现突破，全面提高指挥效率和决策水平(图3)。

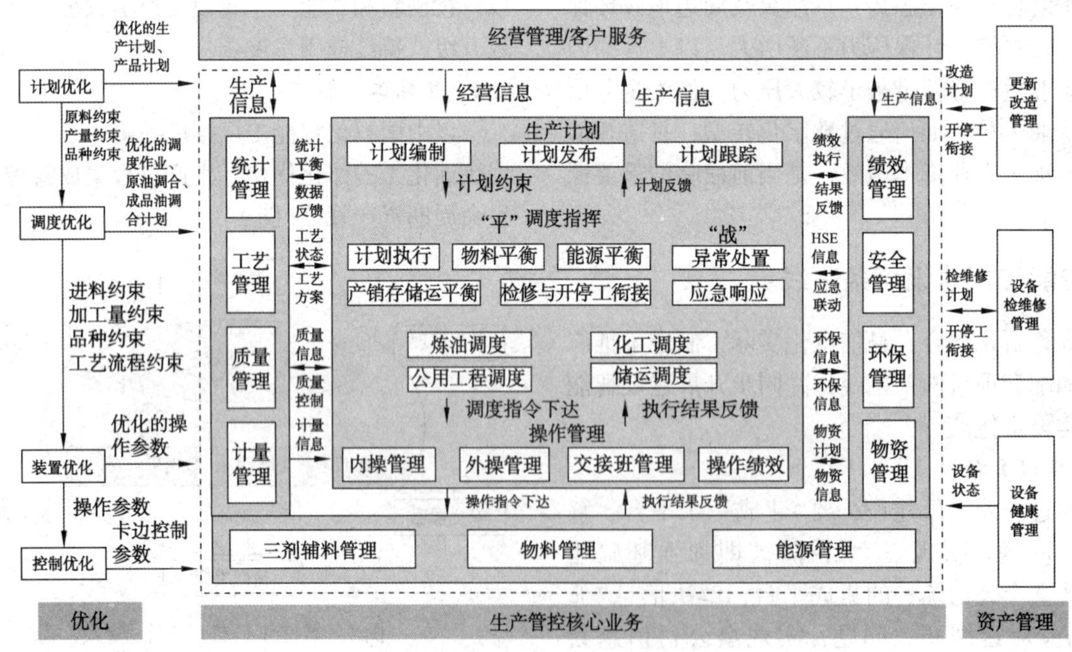

图 3　炼化生产集成管控图

2.2.3　全生命周期资产管理

聚焦设备运行维护阶段，实现设备智能化管理的“三示”(显示参数，展示性能，揭示规律)和“三控”(事前风险管控、事中状态受控、事后绩效可控)，提升设备可靠度和装置安全、稳定和长周期运行水平(图4)。

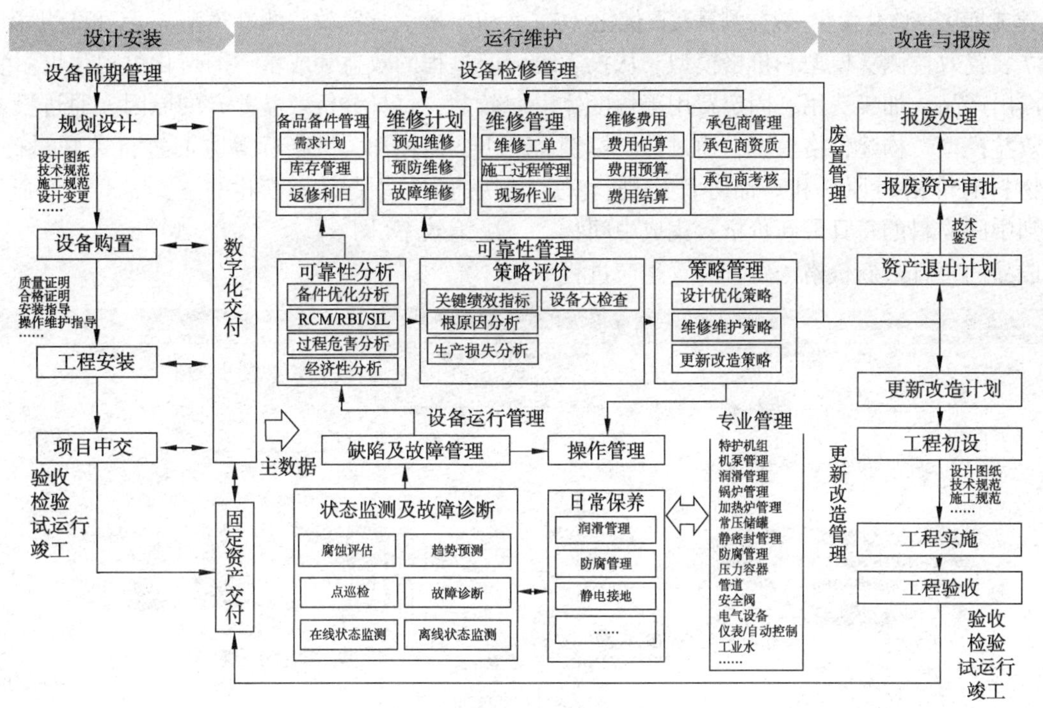

图 4　全生命周期资产管理图

2.3　应用成效

2.3.1　建成炼化一体化优化-计划优化管理

新建炼化一体化优化模型，支撑企业进行整体优化测算。对现有炼油、化工模型进行标准化及结构性调整，梳理装置物料走向、公用工程单耗、调和组分、产品性质进行重新标定，进行全厂硫平衡及 DB 数据整定，通过模型校核达到与生产实际数据基本一致，切实提高模型精准度。通过计划管理平台使生产经营计划实现线上管理，实现数据共享，提升了业务人员及各部门间的协作效率。通过计划管理系统可以实现计划与生产实际数据日、月、季、年跟踪，使生产实际数据对计划调整提供数据支持(图 5)。

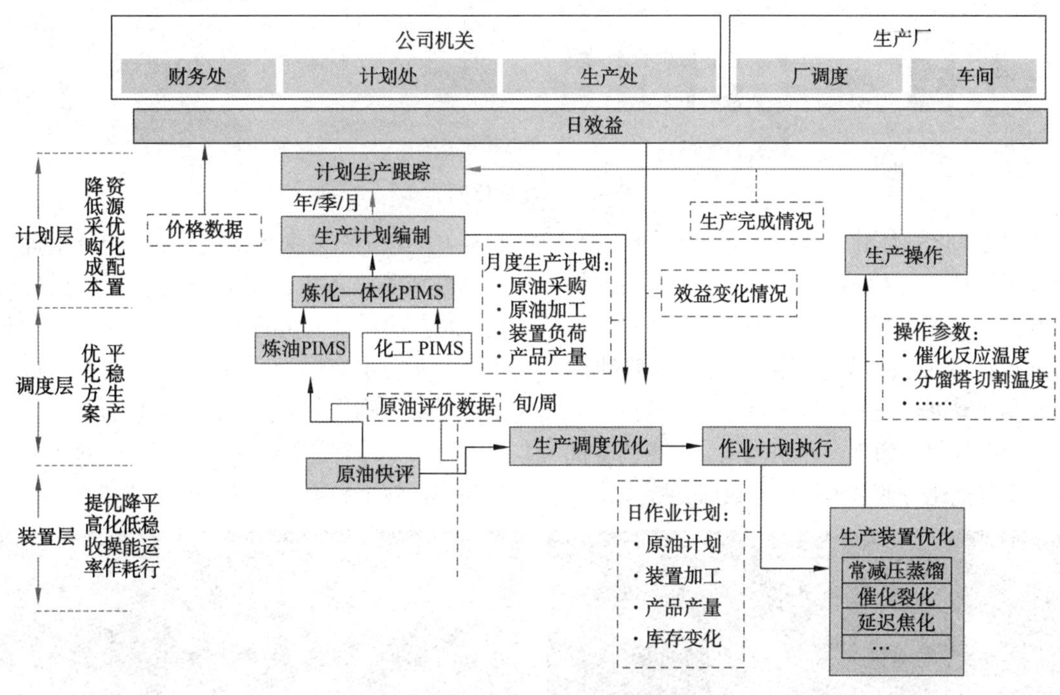

图 5　计划优化图

2.3.2　建成炼化一体化优化-效益测算及日优化

建立装置效益测算模型和价格模型。从投入原料、产出产品、加工费用、固定费用等角度体现装置效益模型。构建价格模型，通过数学模型将中间物料的价格与原料和产品等价格进行关联，得到中间物料的每日最新价格。集成中间物料和产成品的每日最新价格、每日装置生产过程和产量、装置效益测算模型等，每日测算装置生产过程的效益和成本。图形化可视化展示装置的效益，每日分析效益差异的原因。通过投入、产出、能耗和关键指标等方面进行关联对比分析，快速定位引起效益变化的主要因素，为企业提高决策效率(图6)。

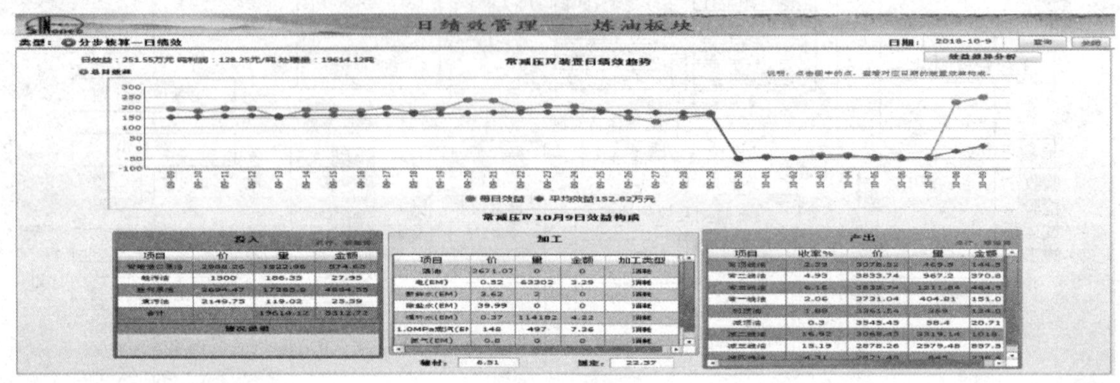

图6　日效益图

建立调度优化模型，建立起“月计划-旬计划-日计划”计划管理体系，根据生产动态和外界条件变化信息，及时做出反馈并测算。通过三个计划的衔接，有利的加强计划与生产沟通协作，始终保证装置是以效益最佳的状态去生产运行(图7)。

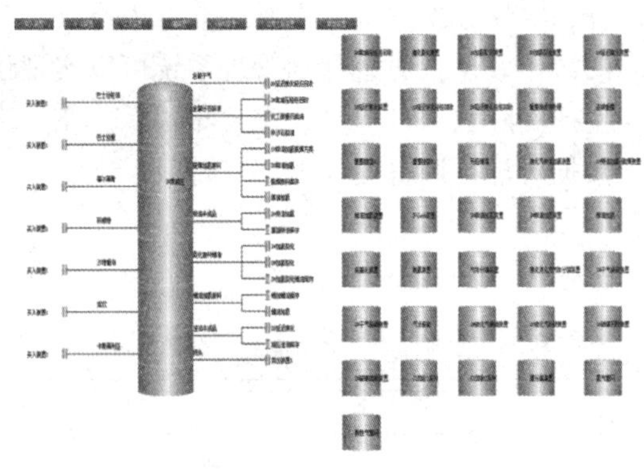

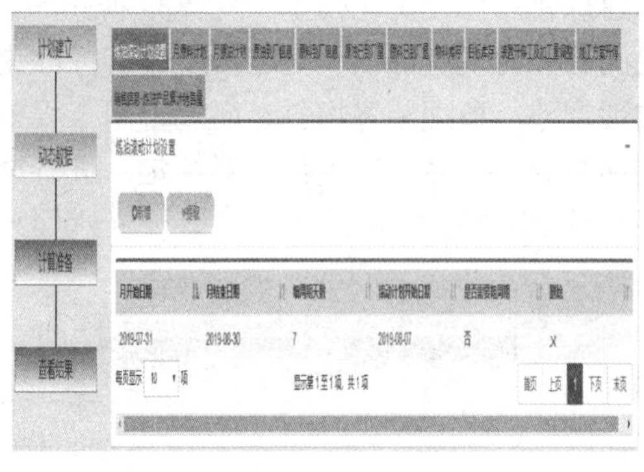

图7　调度优化图

2.3.3　建成炼化一体化优化——原油快评

搭建了原油快评模型，打通了与ODS系统的数据传输链路，为智能工厂提供原油评价基础数据。通过建设原油快速评价系统，能够对管线原油、储罐原油等进行快速评价分析，实时掌控原油主要性质数据变化，为生产计划优化、生产调度优化、生产装置优化等业务提供原油数据支持。

2.3.4　建成炼化生产集成管控-调度指挥

建成了具备生产感知自动化、数据分析科学化、指挥决策规范化的生产指挥新模式，保障安稳生产。实现生产运行全过程实时监控、预测预警。生产异常侦测及主动发现，异常处置科学规范。建立调度指令监管、执行一体化闭环管理体系，全面提高指挥效率和决策水平(图8，图9)。

图8　运行监控、预报警图

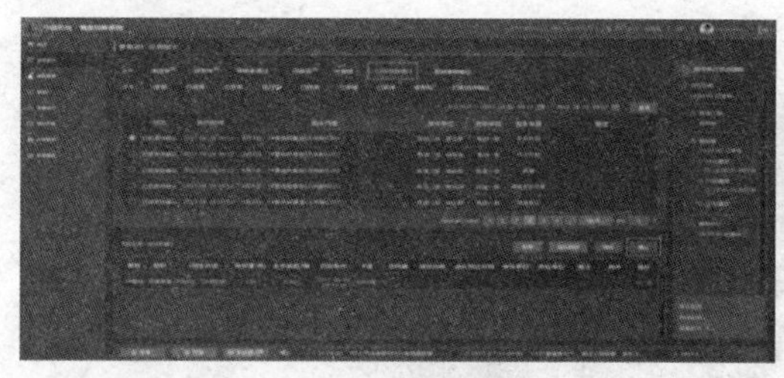
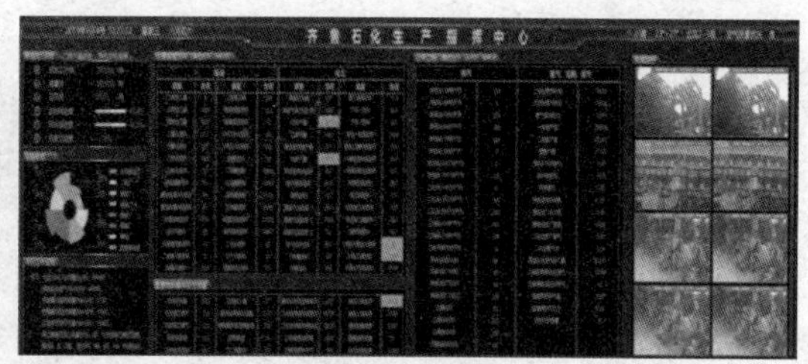

图9　调度指令、大屏展示图

2.3.5　炼化生产集成管控—操作报警

炼油厂的二焦化、加氢裂化、连续重整、二催化等11套生产装置操作报警上线运行。工艺管理人员可以通过报警软件在办公室实现报警情况的监控。通过评估分析，各生产装置每天约有23000多条报警事件，其中连续重整装置的报警较为频繁，报警等级为超负荷，每天报警数量约6000条，通过和软件自动分析，连续重整装置的报警主要是pic-806和fiq-7002、pi9601三块仪表报警较为频繁报警数量4900条，站总报警数量的76%，这为工艺人员分析报警成因，进而消除报警提供帮助(图10)。

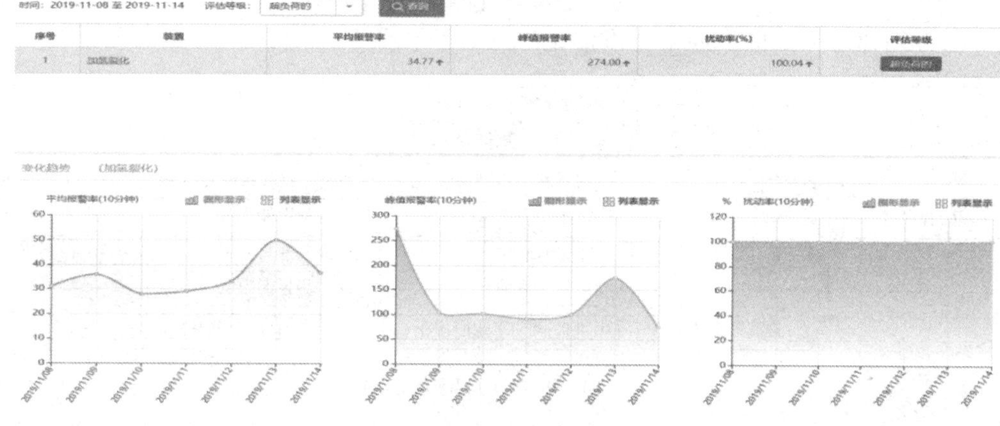

图10　操作报警图

2.3.6　资产全生命周期管理—设备健康管理

整合离散的状态监测系统、实时数据库系统和实验室信息管理系统等，集成关键机组等设备的工艺运行参数、设备状态参数和化验分析参数等，图形化展示设备运行状态，实现设备状态的综合监控。对设备监控参数进行实时监测和趋势监测，支持设备多测点监控参数的横向对比监测分析。针对全公司关键机组建立不同设备类别故障诊断模型，提供不同设备诊断规则推理引擎，自动获取状态监测数据，进行征兆转换后，按优先级顺序进行案例诊断、规则诊断、人工诊断出具相应的诊断报告，并对故障发展趋势进行预测(图11)。

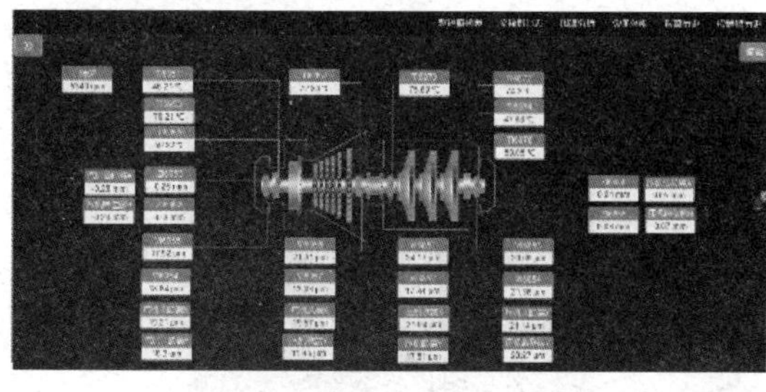
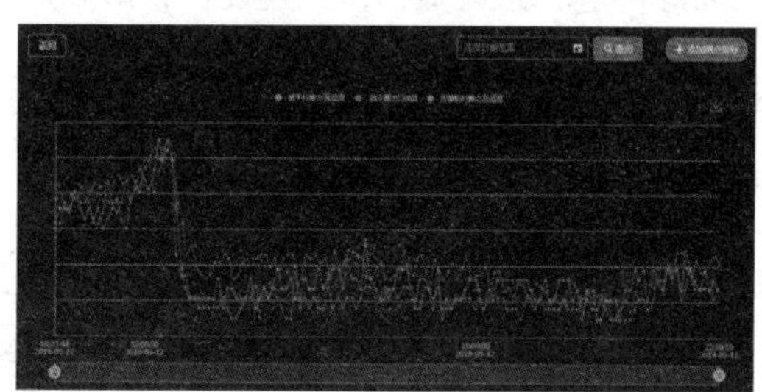

图11　运行管理与预警图

2.3.7　资产全生命周期管理—设备三维

三维场景可以通过多种方式选择管线，系统自动计算所选管线的防腐面积、保温体积和保护层面积。点击管线也可实现系统自动计算所选管线的弯头、法兰、垫片等组件的规格型号及数量，并支持导出物料表。腐蚀管理集成LIMS采样点等系统腐蚀数据，方便防腐专工和设备员随时了解设备和管线的腐蚀情况，为防腐专工的腐蚀决策提供依据(图12)。

图 12　三维应用图

3　智能工厂建设

以聚焦难点和痛点，从助力安全、稳定生产、优化人力资源配置、提高效率和效益，开展配套智能工厂建设(图 13)。

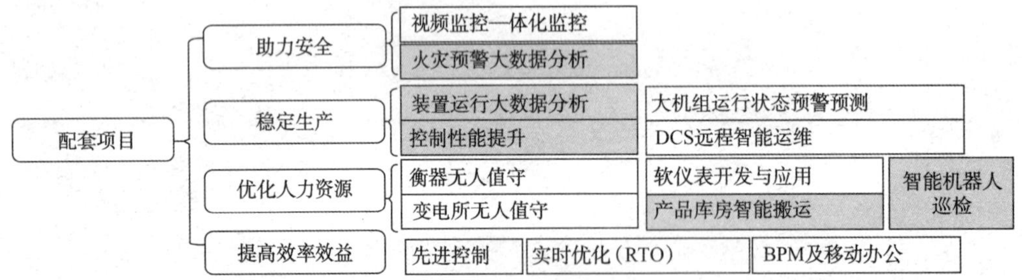

图 13　配套项目架构图

3.1　应用成效

3.1.1　4G 工业无线网及融合通信

在公司塑料厂、烯烃厂、氯碱厂建设 4G-LTE 无线专网，包括 3 个基站、1 个核心网、1 套网管、5 个 CPE、3 个无线数采传感器以及 40 个防爆智能终端等，实现乙烯三厂的无线网络覆盖。

在烯烃厂进行融合通信试点建设，将烯烃厂的行政电话、调度电话、视频监控、视频会议、集群对讲、防爆终端集成接入融合通讯平台，实现逻辑业务组互联互通，解决目前生产调度、应急指挥、现场视频等业务痛点。

基于 LTE 无线和融合通讯实现了多媒体调度、操作巡检、无线数采、移动视频等应用场景(图 14)。

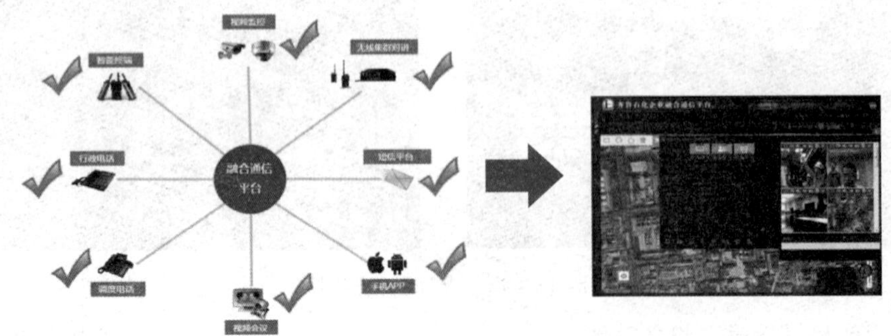

图 14　通讯方式融合图

3.1.2　一体化视频监控

按照“先数字化、后可视化、再智能化”的原则，建立“公司一体化视频综合管理平台”实现集中存储和管控，满足总部、公司、厂、车间四级管理需求(图 15)。

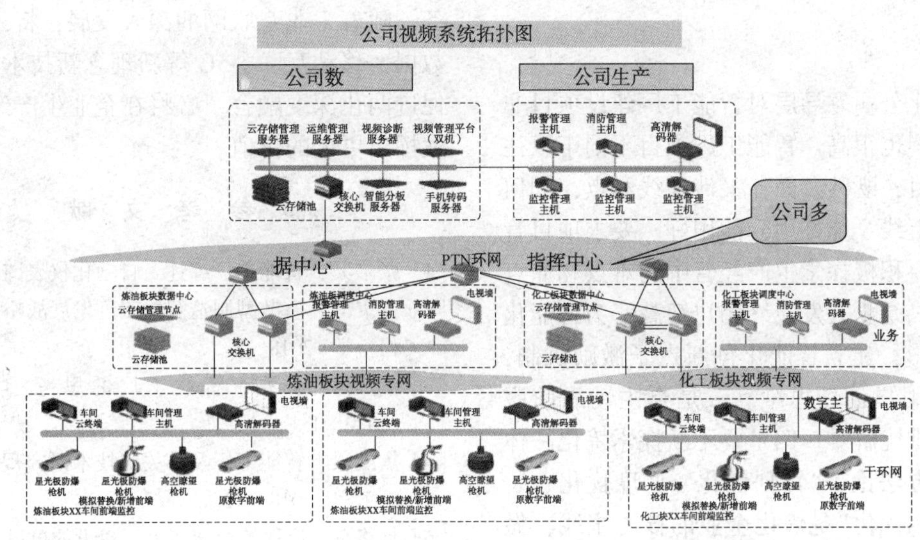

图 15 公司视频系统拓扑图

3.1.3 衡器无人值守

打通了不同专业(产品销售、物资配送、经济保卫、过衡管理)之间的工作流程、打通了不同信息系统(销售 IC 卡、ERP、MES、智能仓储系统等)之间的数据流程，实现了全公司过衡业务的集中管控。将当前人工模式转变为司机自助操作、系统自动计量，远程集中监控模式。实现各相关业务系统自动集成，减轻人员业务负荷，提高作业效率。计量业务中相关数据实时展示给司押人员，解决了原有模式信息不对称的弊端，提高了客户的满意度，提高了收发货效率。规范司机提卸货业务操作，减少人为干预带来的失误，提高计量的准确度，提高工作效率(图 16)。

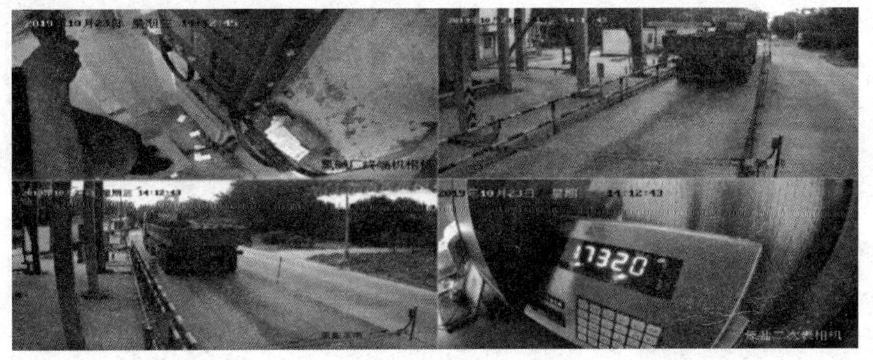

图 16 投入运行的无人值守过衡现场

3.1.4 大机组运行状态预警预测

采用大数据技术，实现重要机组运行状态的预警、预测。利用数据驱动技术，将基于数据的、具有学习机制的模型而不是基于工艺机理模型来实现预测预警。其原理是利用设备的历史数据来建立一个设备运行状态模型，利用这个模型进行设备实时状态的预警预测。能够发现事故前兆，并给出故障查找方向，从而帮助技术人员及时对潜在的问题进行深入分析，提前采取措施(图 17)。

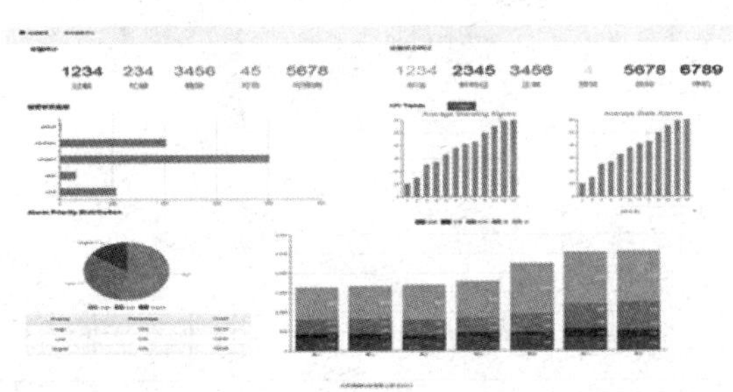

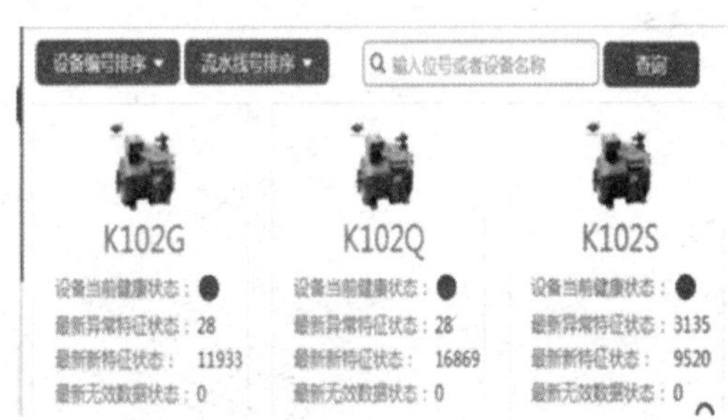

图 17 预警预测平台

4 结语

齐鲁石化公司领导层对智能工厂建设项目非常重视、期望也很高。智能工厂项目不同于以往的信息化项目，既涉及面、又涉及线和点，如何确保项目能上线，能好用，能用好。要求项目管理者，一是要积极探索生产经营中的难点和痛点解决方案。二是要开发最终用户智慧，为智能化应用增色添彩，建立智能化创新点子激励机制，激发了最终用户创新思维。三是要主动靠前服务，为业务排忧解难。四是要不断探索炼化一体化优化实施方法论，“计划优化、调度优化、装置优化、控制优化”是炼化企业的核心主线，做到利用信息技术，发挥出炼化一体化生产的优势。智能工厂建设是一项目长期而又艰巨的任务，随着工业互联网的深入发展，将云计算、大数据、移动互联、5G 等新理念新技术融入其中，促进两化深度融合，必将在企业生产经营活动中发挥出更大的价值。

参 考 文 献

[1] 张泉灵．智能工厂综述．自动化仪表[J]. 2018，8.

[2] 卢秉恒．离散型制造智能工厂发展战略[J]. 中国工程科学. 2018，8.

[3] 林则衡．关于智能工厂的思考[J]．科技风. 2020，1.

[4] 焦洪硕．智能工厂及其关键技术研究现状综述[J]. 电工程. 2018，12.

[5] 赵路军．流程工业智能工厂建设的再思考[J]. 化工进展. 2018，6.

随钻实时数据采集与监控系统研发

汪湖滨　郑丽君

（中国石油长城钻探工程有限公司）

摘　要　随着水平井钻井工艺的不断发展，随钻测量技术在钻井现场广泛应用，为充分利用随钻实时数据资源，研发了随钻实时数据采集与监控系统。利用此系统在钻井现场自动采集不同类型随钻仪器发出的数据并进行传输，各级用户在基地通过服务端软件可对现场的实时数据进行浏览回放、数据分析、数据下载、导向模型跟踪等操作，综合判断钻具在储层中的位置，实现将轨迹设计、随钻分析、生产监控、效果评价紧密结合，完成水平井施工全过程远程监控指导，有效提高单井效率，降低人力资源成本。本文以该系统在四川油区使用情况为例，验证了该系统具有实时性强、运行稳定、轨迹预测准确的特点，为水平井导向从“一人一井”服务模式向“一人多井”的转变提供技术保障。

关键词　随钻测量；实时采集；数据分析；远程监控；

长城钻探录井公司一直致力于不断提高井场信息服务的应用水平，优化钻井现场工作模式，随着我公司信息服务的不断推广应用，目前已经实现了基于国际 WITSML 标准的地质、综合录井、钻井参数、钻井液性能等数据的自动采集传输、资料处理和网上成果展示，但一直没有实现随钻实时数据的自动采集、远程传输和数据分析。由于目前国内石油工程技术服务公司充分利用水平井开采技术提高单井产量，在水平井实施过程中，甲方用户迫切需要对随钻测井仪器发出的随钻测量数据进行实时跟踪，随钻数据成为地层对比，水平段岩性和油气评价跟踪的重要参数，而当前国内大部分油服公司依旧滞留在收集整理现场静态数据，地质师手动记录随钻数据，信息滞后，准确率较低，且没有统一的平台进行成果展示分析。针对上述生产需求，研发了随钻实时数据采集与监控系统，利用井场数据信息化及图表绘制技术，实现数据自动采集传输、远程查询、实时曲线显示、历史曲线回放、数据下载、图表打印、模型分析等功能，将现场参数与基地监控同步，使基地技术人员直观了解现场参数变化。

1　系统设计与数据库开发

系统针对现场随钻仪器类型多样、数据格式不统一、数据量大、图表统计复杂等特点，采用 Visual Studio 2017 平台，C#语言开发，操作界面可根据个人习惯配置，支持多语言扩展。软件支持 15 种随钻仪的数据以毫秒级的速率汇集到公共数据区(CDA)中，并进行数据项及数据单位的归一化处理。通过引入 ACE 网络传输架构、FreeTDS 和 OCI 数据访问工具自主研发井场数据传输中间件，实现井场与基地间的动静态数据传输，数据传输模块实现定点、定时、分段、增量、全井特性分专业数据传输和关键数据日志记录，提高数据传输的效率和质量，同时基地服务端实现数据综合分析展示等功能，不同用户可通过电脑客户端、手机 APP、网页浏览多种方式获取现场的实时数据信息。

1.1　系统功能架构

随钻实时数据采集与监控系统系统架构设计分为井场端和基地端，井场端进行实时数据采集、汇集、本地存储，基地端完成数据存储入库、数据分析、数据回放浏览(图 1)。在钻井现场将系统部署在定向仪器房，并连接井场局域网，通过局域网发送和接收 WITS 格式数据。此外现场端对数据的访问权限可通过登录账号来控制，确保数据在现场互联互通、共享应用。同时在基地端构建服务软件，实现各类图表的分析计算、数据浏览和实时监控，并将系统中的各个子模块无缝连接，确保用户使用流畅。

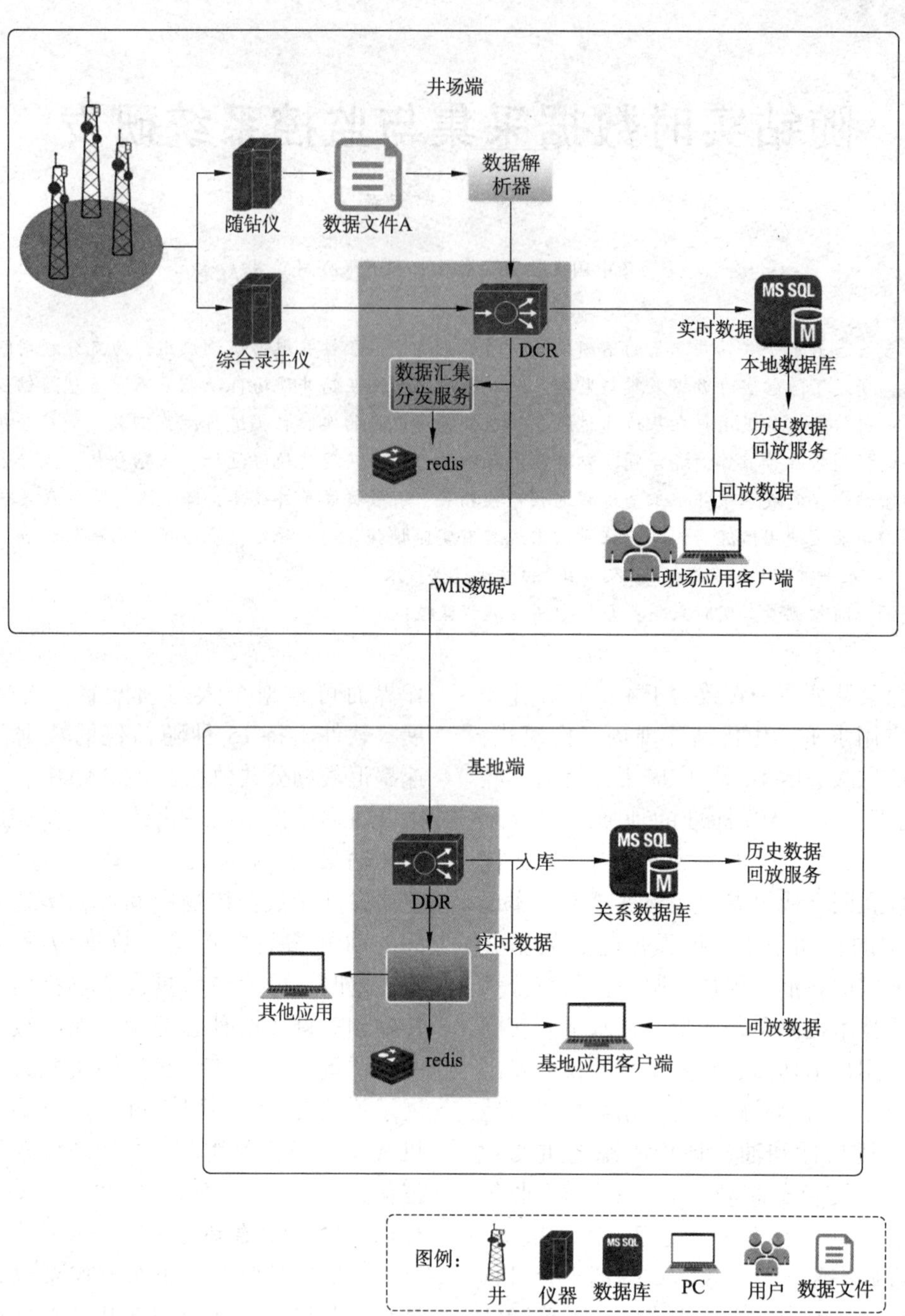

图 1　系统功能架构

1.2　数据库设计

为适应钻井现场不稳定的网络环境，井场端通过数据传输软件（DCR）发送数据，采用 redis 全内存数据库将数据按传输频率存储到本地数据库中，实现随钻参数与录井参数在内存中进行实时汇集，任意时间点数据在内存中连续存储，周期性的把更新的数据写入磁盘或者把修改操作写入追加的记录文件，大幅度提高了现场实时数据的存储速度，解决了录井数据与随钻实时数据采集周期不同，导致在同一时间点获取这两种数据无法实现问题，保证数据发送的实时性和有效性。

服务端为满足多类型数据的存储要求，在基地部署 Oracle 数据库，利用数据接收软件（DDR）接收实时数据，将各个井场回传的数据进行有序合理的结构化存储、数据异地备份及还原，同时采用视图机制对数据库进行安全管理，从而有效的对数据库信息进行安全管理（图 2）。

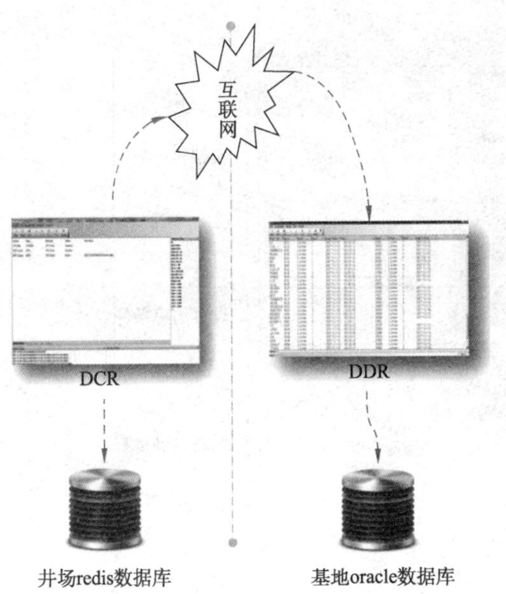

图 2 数据库设计

2 系统功能模块研发

2.1 随钻数据采集模块

由于目前国内随钻仪器种类多样，并且多种仪器采用自定义的数据格式进行数据发送，系统首先确定随钻仪器是否支持 wits 服务，对于支持 wits 传输标准的仪器，在随钻数据采集模块建立接口，接收仪器发送的 wits 数据，对于非 wits 标准的数据，设计两个转换接口，一方连接随钻仪，另一方连接传输软件 DCR，通过解析数据文件将随钻数据转换成 DCR 可以识别的数据协议并发送给 DCR(图 3)。由于仪器型号较多，系统设计适配器模式接口，与各种随钻仪型号适配，增加接口扩展的灵活性。同时因为各个仪器都有自己的数据项编号，且不能与 DCR 传输协议对应，针对这一情况，开发了仪器编号与 CDA 编号的对应策略，可以根据不同仪器的具体情况，针对性的灵活配置。

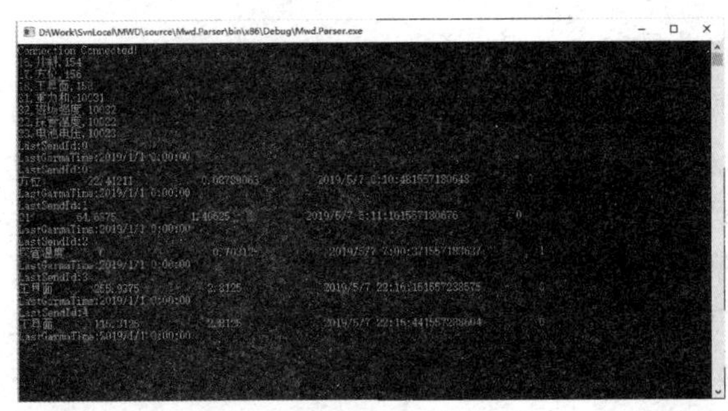

图 3 自动化数据采集

2.2 随钻数据传输模块

传输模块分为现场数据发送端(DCR)和基地数据接收端(DDR)，DCR 将现场实时汇集后的数据存储到本地 Redis 内存数据库的同时进行数据传输，系统根据接收数据的类型发出不同的异步通知，现场应用可以根据应用自身需求订阅需要的通知。订阅通知后，在对应的数据发生变化时，会接到通知消息，保证数据接收实时性有效性(图 4)。数据接收软件 DDR，采用逐条对比和全井全替换两种方式，保证数据的完整性，在传输数据的同时，通过在数据存储表中建立标志位，通过改变标志位来确定哪些数据需要同步，减少了传输流量，提高了传输效率，保证现场数据的实效性。

图 4 多种数据传输通知订阅

2.3 综合分析模块

数据分析模型实现井身轨迹计算服务、垂深校正服务、数据回放服务。井身轨迹实时计算服务，通过建立空间圆弧轨迹模型及应用最小曲率半径算法，定时刷新现场同步回来的原生随钻测量数据，并计算出相应的衍生随钻测量数据。垂深校正服务针对现场部分定向仪无法发送或者发送错误垂深数据的情况，通过建立好的轨迹模型和测深曲线，对随钻测量数据进行高精度插值计算，校正垂深，保证实时垂深曲线监测。数据回放服务实现随钻测井曲线与 Las 数据补传拼接绘制，并支持回放。在此基础上，分析模块通过建立的数学模型，根据需要将部分参数作为约束条件(插值或沿用)，对其余参数通过多次迭代进行计算，综合分析出限定条件下的轨迹参数，供技术人员定量分析(图 5)。

井深	垂深	井斜角	方位角	横坐标增量	纵坐标增量	闭合方位	闭合距	狗腿度(°/30m)
2652.78	2555.74	53.5	52.6	285.84	117.96	67.57	309.23	3.47
2681.87	2572.99	53.6	45.9	303.6	133.23	66.31	331.54	5.76
2711.02	2590.24	53.8	40	319.56	150.45	64.79	353.21	4.59
2740.89	2607.8	54.3	31.9	333.73	170	63.01	374.54	6.6
2769.09	2623.45	58.75	27.67	345.27	190.42	61.12	394.29	6.93
2802.23	2639.19	65	26.8	358.55	216.36	58.89	418.77	6.87
2833.32	2650.5	72.1	26.8	371.6	242.19	56.91	443.55	6.54
2861.51	2657.68	78.39	26.54	383.83	266.53	55.22	467.3	6.72
2889.5	2661.73	85.01	26.9	396.27	291.26	53.68	491.79	7.21

井深	垂深	井斜角	方位角	横坐标增量	纵坐标增量	闭合方位	闭合距	狗腿度(°/30m)
2889.5	2661.73	85.01	26.9	396.27	291.26	53.68	491.79	7.21
2910	2662.81	88.97	26.9	405.53	309.51	52.65	510.15	5.8
2933	2662.21	94	26.9	415.93	330.01	51.57	530.95	6.56

图5　轨迹参数分析

2.4　远程监控模块

随钻数据远程监控界面分录井数据、随钻数据、实时工具面三个区域进行数据综合展示(图6)，展示内容可灵活配置接收数据项，支持动态配置修改，满足用户对随钻数据综合应用的需求。

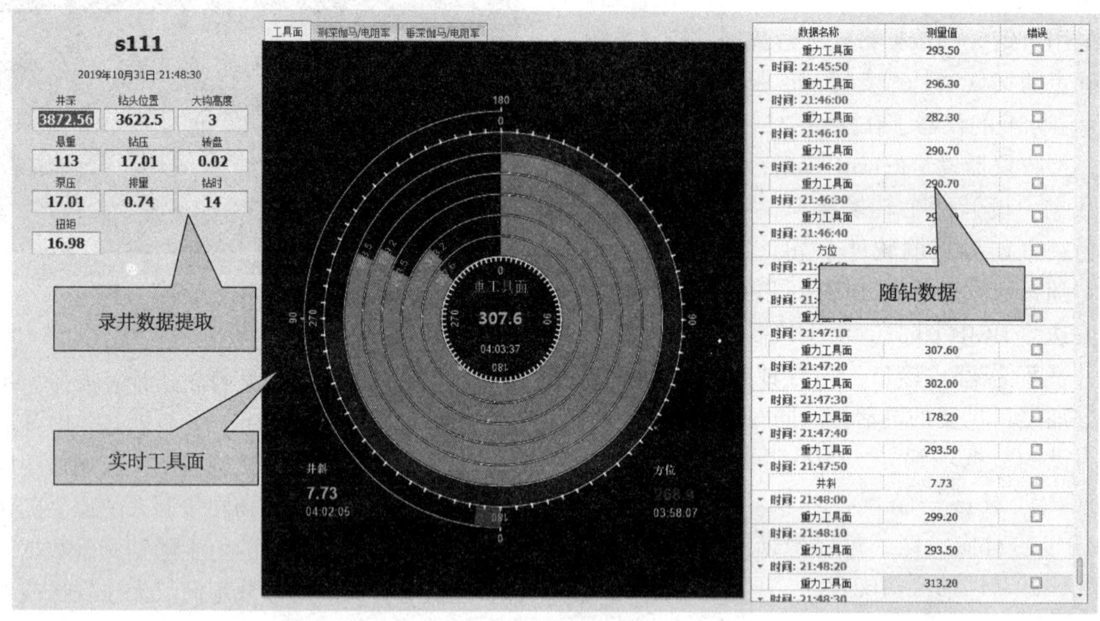

图6　远程监控界面

随钻曲线展示分为测深曲线浏览和垂深曲线浏览(图7)，展示曲线支持滚屏、缩放功能，并可以根据接收到的数据，实时准确的定位到当前接收到数据的井深位置，测深曲线初次打开通过回放服务读取数据库中存储的历史数据。然后接收DDR软件发送过来的wits实时数据包，实时刷新随钻曲线。软件支持曲线单道刷新显示，可以通过选择曲线模板，选择需要显示的曲线。由于现场采集软件有可能中断，需要将定向导出的Las文件补传数据。展示软件优先读取补传数据，然后接续实时数据，保证曲线完整显示。垂深曲线利用井身轨迹计算模型，实时计算斜深曲线垂深，并根据垂深计算结果实时刷新曲线。垂深随钻曲线也优先读取Las补传垂深曲线，保证垂深曲线完整性。

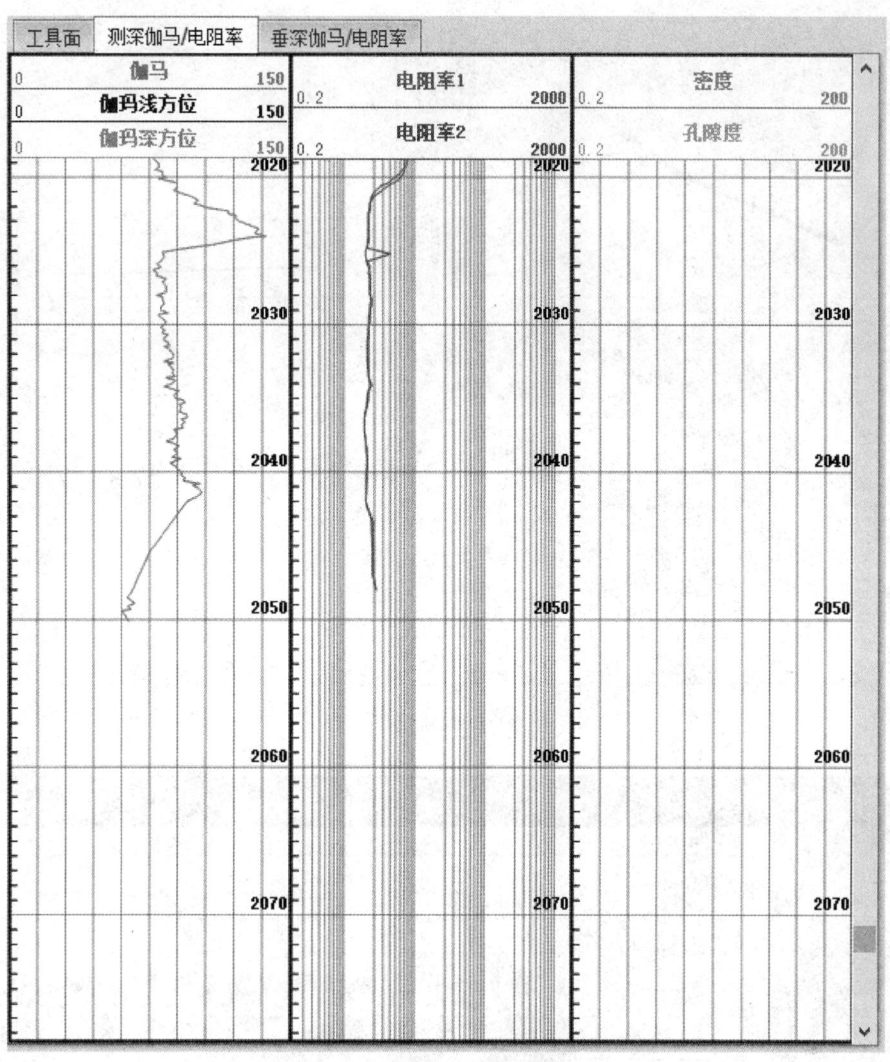

图 7　随钻曲线浏览

系统具有先进的图形化井眼轨迹展示功能，支持设计轨迹与实测轨迹对比、实测轨迹入靶判定。满足工程轨迹查看需求。由于显示比例问题，在中靶判断过程中，原始显示比例无法看清是否中靶，可将轨迹圈选局部放大显示，并结合实钻轨迹设计表分析设计轨迹，同时具有实钻轨迹数据 excel 导出、数据下载等功能(图 8)。

3　系统推广应用

长城录井的随钻实时数据采集与监控系统，截至目前已经在辽河油田、四川油气田、长庆油田、冀东油田的钻井现场成功推广应用 85 口井。该系统实现随钻实时数据采集、解析，并传输至后方基地服务器，使油区管理者能够实时跟踪现场情况，并进行远程技术支持。

四川油气田宁 XX 是一口重点勘探水平井，设计水平段长度为 1400m，本井在施工过程中发现，实钻地层情况和设计轨迹差别较大，钻前只能分析出地层的总体趋势，无法确定其中油层的起伏变化。由于井场部署了该系统现场端软件，可以实时采集定向、导向等随钻测量数据，并将数据及时传回基地，后方技术专家通过监控软件实时分析各项参数，并与现场技术人员及时交流信息，根据曲线特征对导向模型不断分析修正，恢复地层的真实形态，分析轨迹的上、下切地层状况，合理的控制了轨迹入靶点，并远程指导调整井眼轨迹 3 次(图 9)，最终本井实钻水平段长 1560m，储层钻遇率达到 95%，施工周期缩短 3 天，出色的完成了施工任务。

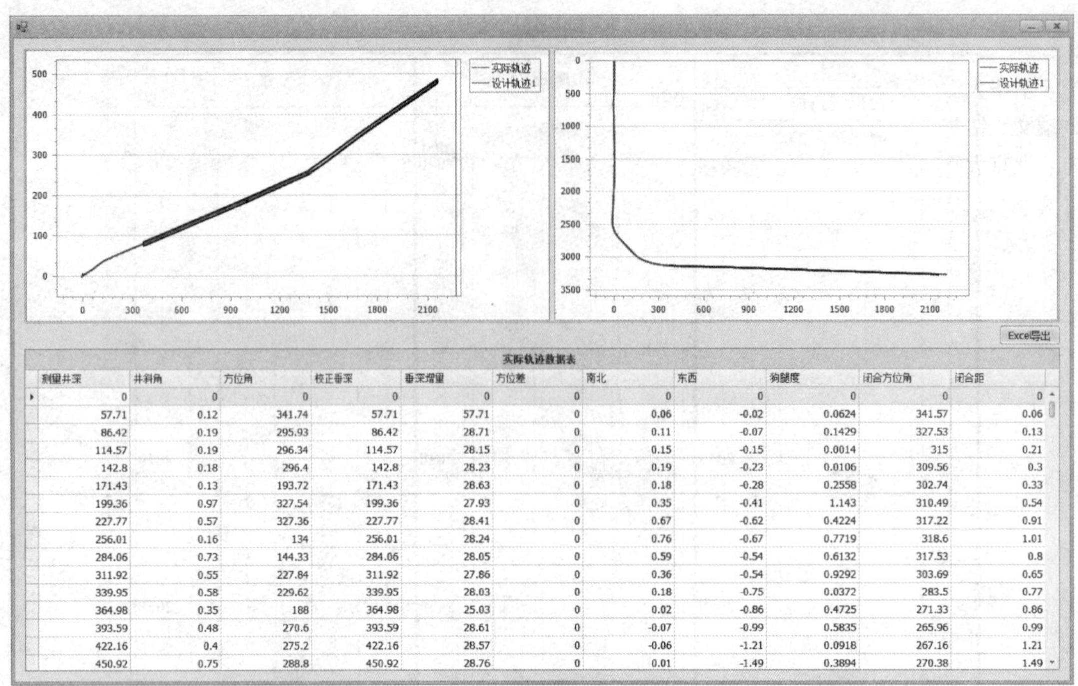

测量井深	井斜角	方位角	校正垂深	垂深增量	方位差	南北	东西	狗腿度	闭合方位角	闭合距
0	0	0	0	0	0	0	0	0	0	0
57.71	0.12	341.74	57.71	57.71	0	0.06	-0.02	0.0624	341.57	0.06
86.42	0.19	295.93	86.42	28.71	0	0.11	-0.07	0.1429	327.53	0.13
114.57	0.19	296.34	114.57	28.15	0	0.15	-0.15	0.0014	315	0.21
142.8	0.18	296.4	142.8	28.23	0	0.19	-0.23	0.0106	309.56	0.3
171.43	0.13	193.72	171.43	28.63	0	0.18	-0.28	0.2558	302.74	0.33
199.36	0.97	327.54	199.36	27.93	0	0.35	-0.41	1.143	310.49	0.54
227.77	0.57	327.36	227.77	28.41	0	0.67	-0.62	0.4224	317.22	0.91
256.01	0.16	134	256.01	28.24	0	0.76	-0.67	0.7719	318.6	1.01
284.06	0.73	144.33	284.06	28.05	0	0.59	-0.54	0.6132	317.53	0.8
311.92	0.55	227.84	311.92	27.86	0	0.36	-0.54	0.9292	303.69	0.65
339.95	0.58	229.62	339.95	28.03	0	0.18	-0.75	0.0372	283.5	0.77
364.98	0.35	188	364.98	25.03	0	0.02	-0.86	0.4725	271.33	0.86
393.59	0.48	270.6	393.59	28.61	0	-0.07	-0.99	0.5835	265.96	0.99
422.16	0.4	275.2	422.16	28.57	0	-0.06	-1.21	0.0918	267.16	1.21
450.92	0.75	288.8	450.92	28.76	0	0.01	-1.49	0.3894	270.38	1.49

图 8　井眼轨迹展示

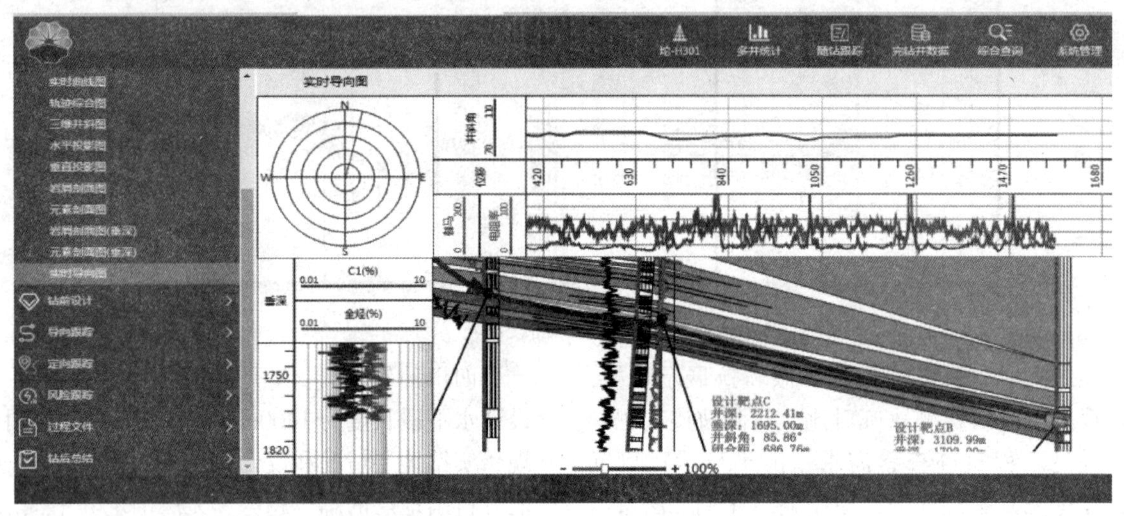

图 9　远程指导着陆入靶

4　结束语

随钻数据实时采集与远程监控系统的建设，使现场定向工程师与基地专家无缝对接，通过远程展示模块，同步监控现场钻井情况，综合计算数据，随时调整井身轨迹，对井下复杂情况分析预警，控制随钻仪器穿行在油层中部位置，从而实现快速发现油气层和提高储层钻遇率，有效提高工作效率，缩短钻井周期，实现水平井综合导向由“一组一井”模式向“一组多井”的转变。

参 考 文 献

[1] 李洪强，丁景丽．地质导向随钻测量数据实时远传系统的设计与实现[J]．石油仪器，2005，19(3)：8-10

[2] 刘新平，房军，金有海．随钻测井数据传输技术应用现状及展望[J]．测井技术，2008，32(3)：249-253.

[3] 李克向．随钻测量压力数据能提高钻井效能[J]．钻采工艺，2003(1)：145-151.

[4] 王卫华．我国电磁随钻测量技术研究发展[J]．石油钻采工艺，2008(5)：15-19

[5] OZSUM T，VMDURIEZP. 分布式数据库系统原理

[M]. 北京：清华大学出版社，2003.
[6] 周立柱 . SQL 数据库原理——设计与实现[M]. 北京：清华大学出版社，2004.
[7] 刘瑞文 . 钻井数据实时远程传输系统研制[M]. 北京：北京大学出版社，2001.
[8] 刘海军 . 随钻测量数据传输方式的现状和发展趋势[J]. 西部探矿工程，2014，26(4)：68-72.
[9] 闫宏亮，石文龙，李琳 . 随钻测量信息传输方式的发展现状总数研究[J]. 重庆科技学院学报：自然科学版，2015，17(6)：69-73.
[10] WeatherfordLimited. EMCasingLinkEnableOperatortoDrillLateralWellinOneRun[DB/OL]. http：//www.weatherford.com/dm/wft257432.pdf，2014.

吐哈油田勘探数据库应用平台的建设

李新宁[1]　王子章[2]　荆文波[1]　刘　亮[1]　徐　振[1]　李兴亮[1]

(1. 中国石油吐哈油田分公司；2. 武汉中新天启信息技术有限公司)

摘　要　吐哈油田为实现勘探开发生产数据的在线查询应用，以集团公司推广的 A1 系统为基础，从 2009 年开始持续进行吐哈油田勘探数据库应用平台和相关数据的建设工作。通过近 10 年的建设完善，完成了平台动态数据和成果数据的采集、管理、发布和深层应用功能，实现了井筒随钻和成果数据、平面数据、地震数据、储量数据、地层数据、油气产量数据的统一管理、关联查询和在线发布，满足了吐哈油田勘探生产管理应用需要。在动态数据远程发布方面，应用平台实现了钻录井井场随钻数据的实时采集、远程传输和动态发布；实现了试油现场数据的实时采集、远程传输和动态发布；实现了油气生产日报的在线发布；实现了开发井日产量数据和曲线的在线发布。应用平台基于信息完备的数据库系统，实现了在线测井解释、随钻录井解释、在线数据统计、在线平面图件绘制、在线多井对比、在线查看地震剖面等专业深层应用功能，极大地提高了科研人员的工作效率。

关键词　勘探数据库、应用平台、实时采集、远程传输、深层应用、地震剖面快速切割

吐哈油田探区范围小，经过三十多年的勘探开发，勘探程度已相对较高，加之地质背景特殊，勘探寻找新区快、新目标的难度越来越大，实现增储上产目标挑战异常严峻。油田勘探工作面临的现实就是越来越复杂的地质情况、越来越繁杂的项目数据、越来越紧迫的决策周期。如何缩短勘探研究与决策周期、提高勘探成功率和经济效益，是油田勘探工作急需解决的问题。

开展吐哈油田勘探数据库应用平台建设的目的就是要通过信息技术手段，加强公司勘探业务协同工作，推动公司勘探决策部署、生产指挥、综合研究工作系统高效的运行，让先进管理理念、研究方法得到广泛应用，促使勘探认识、创新观点成果和研究方法得到及时应用和转化，从而有效提升勘探工作效益，有效破解公司勘探面临的困局。

在勘探生产和科研过程中，当科研人员查看历史资料时，需要到油田档案馆借阅归档的纸质文档，由于同一口井的纸质文档数量少，无法满足多个研究人员同时进行资料查询的需要，因此极大地制约了科研人员的工作效率，是勘探生产研究过程中的一个瓶颈。

吐哈油田勘探数据库应用平台的建设，实现了吐哈油田的电子档案馆，广大科研人员只需要登录油田勘探数据库应用平台，就能够查询到相应的结构化数据，并根据系统授予的权限进行相关操作。同时系统还基于油田勘探数据库数据库，运用 GDI+绘图技术和多线程技术，实现了在线自动绘制柱状图件、平面图件、等值图、多井对比、地震剖面等功能，为研究人员快速绘图和在线综合研究提供了一种便捷手段。如图 1 所示为吐哈油田勘探数据库应用平台的操作界面。

从 2009 年开始，吐哈油田基于 A1 数据库持续开发吐哈勘探开发技术数据管理与应用平台，涵盖物探、钻井、录井、测井、试油、分析化验等 9 类数据，包含图形导航、数据统计、交汇图、数据查询、单井图件、多井对比、地震剖面在线展示、等值线图在线绘制、测井数据体在线展示等 32 项功能模块。如图 2 所示为吐哈油田勘探数据库应用平台功能结构图。

1　技术特点

吐哈油田勘探数据库应用平台是一个具有统一数据管理、专业应用数据库和交互可视化集成应用界面的大型综合信息化应用平台，实现了数据在线采集、数据管理、资料应用、图件绘制、数据统计和信息发布的一体化(图 1)。吐哈油田勘探数据库应用平台采用目前常用的 GDI+绘图技术和多线程技术编程实现，为用户提供数据的在线图形化应用，以及整个软件系统的 Web 发布功能。

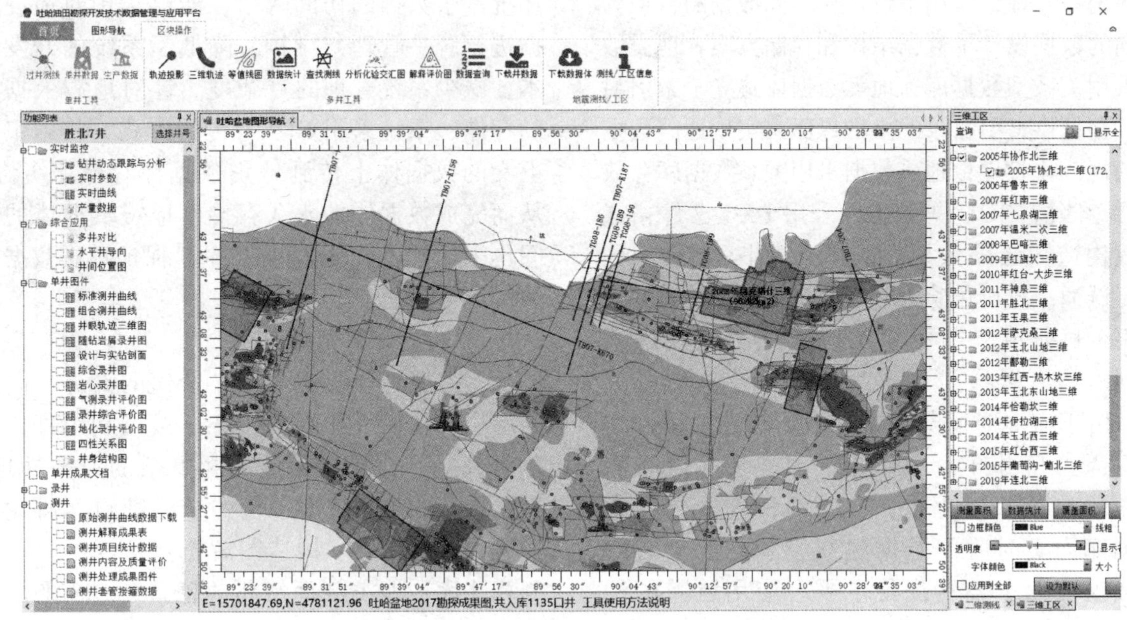

图 1　吐哈油田勘探数据库应用平台操作界面

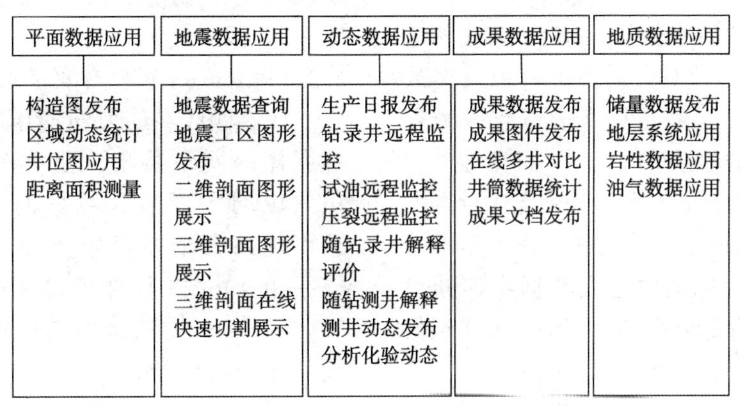

图 2　吐哈油田勘探数据库应用平台功能结构图

应用平台为科研人员和决策者提供了随时获取勘探开发相关资料的在线平台，完成了勘探生产数据的信息化管理和图形化 Web 发布、勘探生产数据的采集与管理、井位数据的图形化选取、专业图件的在线绘制与发布等功能，集数据管理、剖面绘制、报表查询、数据统计、信息发布于一体，这对于提高我国大型数据库建设水平和相关专业软件开发能力具有极其重要的意义。

2　框架结构与关键技术

吐哈油田勘探数据库应用平台主体采用三层构架技术，即数据管理层、中间支持层和顶端应用层。系统采用关系数据库和文件管理相结合的数据管理模式，实现勘探生产数据的统一管理，通过多线程技术和虚拟缓存技术编程实现了专业图件(综合柱状图、时间柱状图、地震剖面图、等值图、多井对比图、构造图、井位图、工区位置图等)的在线快速绘制和发布功能，极大地方便了科研人员在线查阅数据和应用数据。系统自主研发了基于大地坐标的构造图绘制控件和剖面解析算法，通过控件快速在 IE 浏览器显示构造图件，然后在构造图件上绘制井位、三维地震工区和二维地震测线，为用户提供直观的图形查询界面，用户在图形界面实时选取需要查看的井位、二维测线或三维工区，可在线浏览井筒资料和地震剖面图。

2.1　*数据底层*

吐哈油田勘探数据库数据库涵盖了勘探生产科研过程中所需的地震、地质、钻井、录井、测井、固井、试油、分析化验、科研成果数据，这些数据之间有着密切的关联关系。为实现这些数据的统一管理，应用平台针对不同数据的特征为不同的数据设计了数据结构和存储方案，地震数据采用关系型数据库为地震数据体建立了索引目录，并提供索引目录的维护界面，实现地震数据体的规范化管理；地质数据采用关系数据库存放地层、储量、圈闭等数据，采用 DXG 文件格式存放构造图绘图数据；钻井、录井、测井、固井、试油、分析化验等井筒数据采用盆地和井号索引；科研成果数据以文件形式存储在磁盘阵列。

由于实时时间数据记录数增长速度快，达到每天每口井 4 万条以上，为实现实时时间数据的在线快速存取，吐哈油田勘探数据库数据库为实时时间数据建立了独立的实时时间数据库服务器，满足了平台应用所需的性能要求。

2.1.1　存放模式

平台针对不同种类的数据，制定了与之相适应的数据存放格式。针对井筒数据等报表类数据，采用 Oracle 10g 关系数据库进行数据的存储，并提供了规范的数据访问接口；针对地震数据体，平台采用文件格式在磁盘阵列上进行数据存储，按“油田\盆地\工区名称\施工年份\处理项目名称”的次序依次建立数据库存储目录，并将数据体的存储路径和处理信息关联到数据库的索引目录中；针对测井原始曲线文件，平台按“盆地\井号”的目录结构，以文件形式进行存储，并在 Oracle10g 数据库中建立相应的检索数据表；针对平台中的平面图件，采用大地坐标进行存储，使用时通过软件算法进行大地坐标和经纬度的实时转换[1]。

系统为文件形式存放的数据建立数据库索引，一方面降低了软件实现的难度，实现了地震数据体的规范化存储，另一方面可以借助数据库强大的检索和统计功能实现文件数据与结构化数据的关联，同时实现数据的快速统计与运算功能。

2.1.2　基于 Web 的数据访问方式

为保证平台数据安全可控，平台采用了基于 Web 的数据访问方式，中间支持层使用当前流行的 Web Service 技术实现对结构数据库和文件数据库的完全访问，满足了地震测线在线发布的顶层应用需要。基于 Web 的数据访问方式还统一了数据的访问入口，能够集中对地震数据进行统一管理与维护，降低了系统的开发成本，减少系统管理的复杂度。针对地震数据体的存储，系统采用 FTP 上传的方式，将施工方上交的数据体上传到地震数据体存储服务器，从而完成数据体的永久存储。地震数据体的访问也采用了 Web Service 技术，保证地震数据体是安全可控。

2.2　中间支持层

支持层是系统体现核心价值的部分，向上为应用层提供可扩展的服务、接口和组件，向下对数据层展开数据访问和复杂的业务处理。本系统根据 A1 应用平台的结构特点，研发了报表在线解析库、构造图解析算法库、图形绘制算法库、地震剖面解析算法库、GIS 坐标映射算法库，减少了代码的重复开发，提高了开发效率，为应用层提供了功能强大的接口函数支持。

2.2.1　ActiveX 控件开发技术

地震测线在线发布应用的目标是实现地震数据体的网络共享，使更多的人能够能过油田局域网实现地震数据的在线浏览和应用，从而提高整个勘探生产的工作效率。整个系统采用 ActiveX 控件模式进行开发，使系统能够嵌入到 IE 浏览器中实现在线应用，经过授权的用户可以使用 IE 浏览器在任意计算机上访问地震信息在线发布网站，完成地震测线的在线访问。

2.2.2　测井数据体在线图形化展示技术

吐哈油田科研人员查看特殊测井图件的传统手段是通到到档案馆借阅纸质图件资料和测井项目组使用专业软件打开两种方式完成，极大的制约了大部分科研人员获取和使用特殊测井图的效率。

本平台充分利用上传到数据库中的测井数据体文件，实现了测井数据体的实时解码、图件类型智能识别、在线自动成图展示功能，本模块能够自动识别并解编 DLIS、CLS、WIS、LAS、XTF、LIS 等多种常用格式的测井数据体文件，支持常规测井图、成像测井图、地层倾角测井图、核磁共振测井图的在线展示。如图 3 所示为本平台绘制的成像测井图与 techlog 软件绘制的成像测井图的显示效果对比。

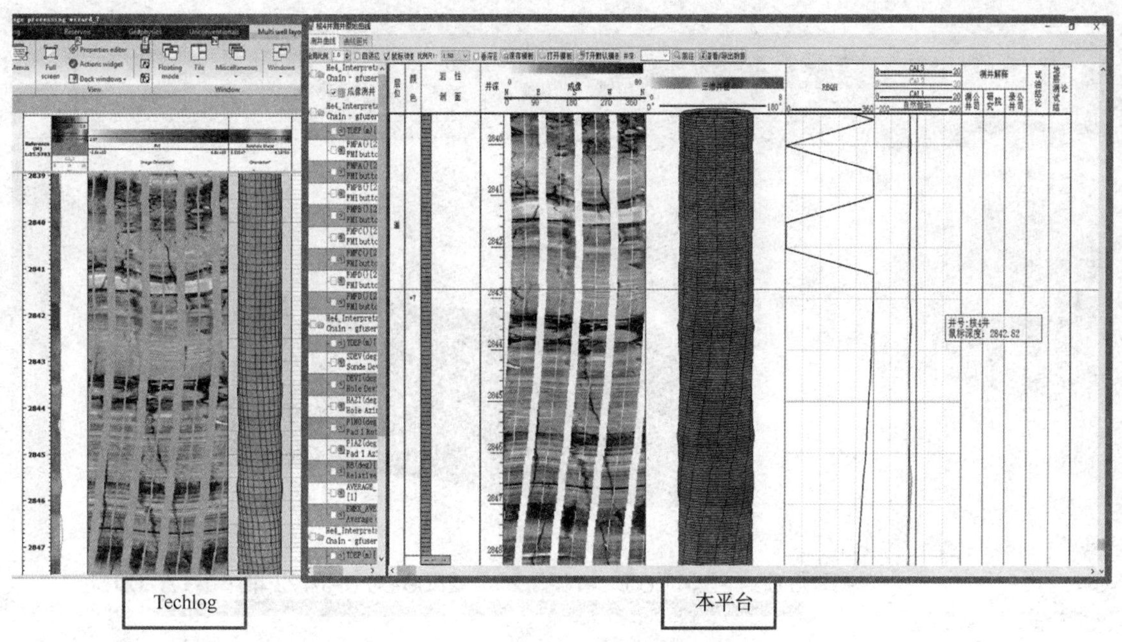

图 3　成像测井图与 techlog 软件绘制效果对比图

2.2.3　自主研发的 WebGIS 构造图绘制技术

为实现构造图等平面图件的在线发布功能，需要相关的 WebGis 组件来实现相关功能，由于当前市场上出售的成熟 WebGis 虽然功能强大，但产品售价昂贵，而本系统中需要的 WebGis 绘制功能要求较为单一，只需要对勘探构造图进行展示、移动、缩放等操作，因此自主研发了一套适用于本系统使用的轻量级 Web Gis 控件[2-3]，较好地实现了构造图的反演绘制和井位显示、二维测线、三维工区的图形展示和应用功能。

本系统的 WebGis 控件实现了坐标系统的经纬度和大地坐标转换、图形缩放、图形移动和定位、图层管理、鼠标选择、长度运算、面积运算、图形交叉面积运算等功能，用户能够使用鼠标和系统界面提供的各种设置进行构造图的缩放、移动、定位、外观设置等操作，也可以计算工区尽覆盖面积、满覆盖面积、重叠面积、测线长度、区域周长、区域面积等，为勘探研究提供便利。

2.2.4　自动快速成图的二三维图形绘制技术

在勘探生产过程中，往往需要将数据以直观的图件方式进行呈现。平台采用多线程技术和虚拟缓存技术，自动从数据存储空间进行数据检索，并通过预先设定的图件模版调取相关数据，绘制柱状图、平面图、解释图版、等值线、三维地质模型等多种图件，实现勘探图件的在线浏览。

平台运用完善的单井数据，实现了任意区块的三维快速建模功能，通过鼠标在构造图中框选待建模区域，然后指定地层，平台就会自动完成三维模型的计算和转换，在线快速展示指定区域的三维动态模型，同时为模型提供切割、旋转等功能。如图 4 所示为应用平台功能实现的三维在线快速成图界面。

2.2.5　三维海量地震数据的快速切割处理和在线绘制技术

大部分三维地震数据的整体存储容量都在 4GB 以上，远远超出了目前个人计算机的内存处理上限，平台专门编写了三维地震数据体的预处理软件，在对数据体进行入库的同时，对三维数据体进行扫描，将数据体的每一条测线坐标信息保存到数据库，形成索引，这样就可以将一个三维工区的数据减少到几千条，从而实现三维工区的快速展示。

针对三维剖面的在线绘制与展示，系统为用户提供了测线选取功能，只显示用户选择的测线剖面，从而减少对本地计算机内存容量的要求，同时满足科研人员查看剖面的需要。系统在下载测线数据时，会根据测线容量选择不同的下载方式，对于小于 50M 的测线剖面数据，系统会一次性将数据下载到本地内存，然后实时反演绘制，对于大于 50M 的测线剖面数据，系统会启动多线程下载模式对数据进行下载，使系统能够提供较好的用户体验。

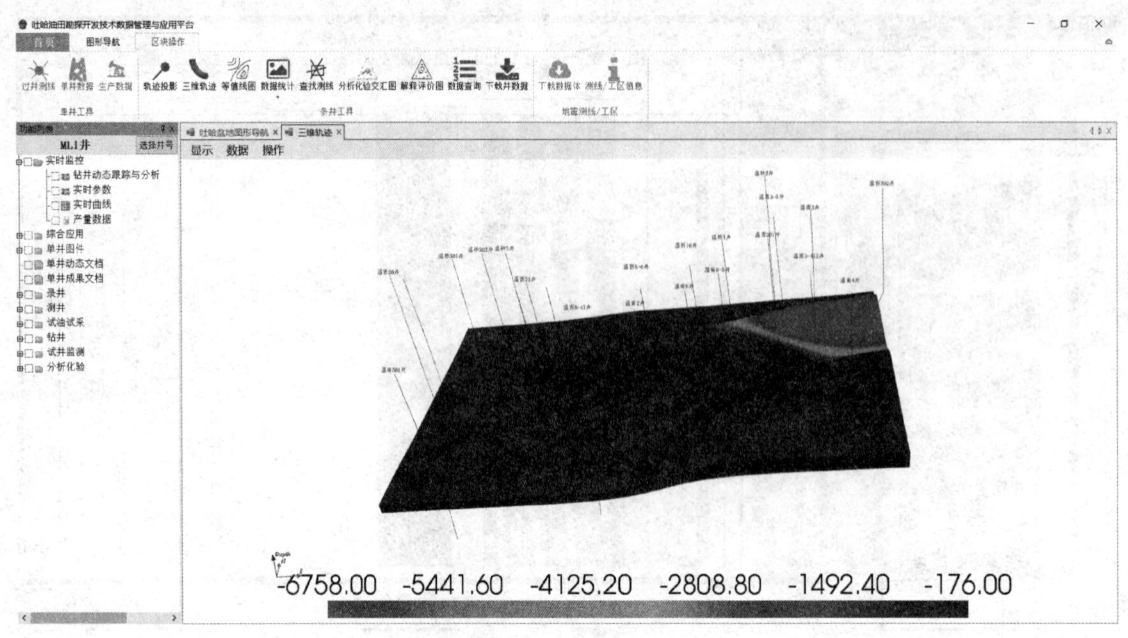

图4 三维在线快速成图界面

2.3 顶端应用层

应用层的功能丰富程度和质量水平直接影响着最终用户的应用体验。针对勘探生产数据的专业应用特点，系统提供了现场实时数据在线监控模块、井筒成果资料发布模块、地质数据在线发布模块、深层应用模块4个部分。

2.3.1 现场实时数据在线监控模块

实现井场资料的远程实时监控与信息共享，使广大技术人员能够随时随地全面了解井场动态，井场也能够通过远程传输系统方便快捷地向基地提供第一手资料，极大地方便了科研生产管理及领导决策，发挥研究室和指挥室的作用。

平台针对录井现场、试油现场、压裂现场研发了现场实时数据采集、传输和在线监控模块，同时还将在线监控应用功能拓展到手机平台，在手机平台上实现远程生产管理，能够强化生产管理人员对井场信息的及时掌控，为生产决策提供及时必要的远程信息支持。如图5所示为综合录井实时参数在线监控界面。

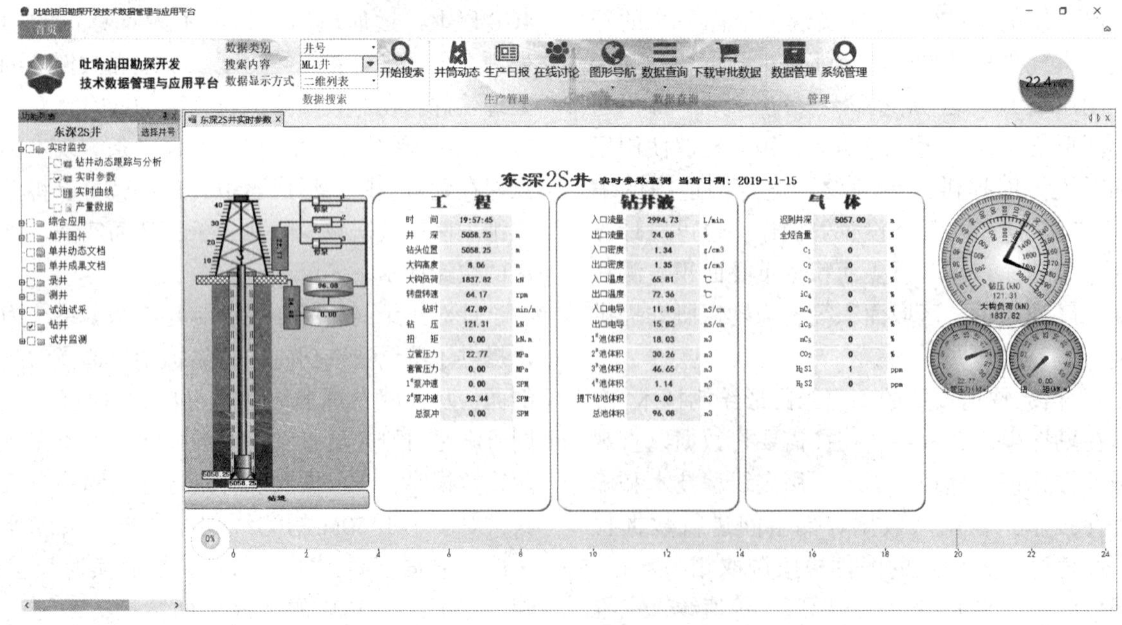

图5 综合录井实时参数在线监控界面

2.3.2 井筒资料发布模块

平台实现了井筒数据的在线应用与数据正常化管理，通过完成对钻井、录井、测井、试油、压裂酸化、分析化验、固井等井筒数据结构化存储，在油田范围内提供井筒资料的检索与下载功能，在油田公司内部系统逐步获得了较好的应用，有效解决了吐哈油田勘探数据库系统数据的应用问题，尤其在勘探开发综合研究工作中发挥的作用越来越突出。

2.3.3 地质数据在线发布模块

平台实现了地层数据、岩性数据、储量数据、圈闭数据、构造图件、成果图件的在线发布功能。为实现构造图件的在线发布，系统开发了双狐构造图和 GeoMap 构造图的在线发布功能，能够采用大地坐标系快速将 Geomap 和双狐软件格式的构造图件进行在线发布。基于构造图的在线发布功能，平台还实现了井位图、二维测线图、三维工区图、井眼轨迹图等地质图件的在线发布功能。

2.3.4 在线深层应用模块

吐哈油田公司根据勘探生产需要，着眼于公司信息化建设的统一部署，坚持吐哈油田勘探数据库平台建设与应用，采用“边建边用，以用促建”的方针，经过多年的努力，逐步从勘探与生产技术数据管理、井场信息远程发布、勘探与生产调度指挥、综合办公四个方面组成形成了一系列在线深层应用功能，平台集成了钻井、录井、测井、试油、试采、固井、分析化验等专业数据应用，实现了钻井井场远程实时监控、成果数据在线查询下载、数据的图形化综合查询应用、在线多井对比、在线绘制油藏剖面图、在线展示二三维地震剖面、在线解释评价、在线统计分析等深层专业应用功能。

3 油田勘探数据平台应用效果

吐哈油田勘探数据库应用平台已广泛应用于油田公司的科研和生产决策中，成为吐哈油田公司勘探生产与科研工作的主要辅助工作平台[4]，公司利用吐哈油田勘探数据库应用平台开展了上百次的远程协同研究、方案审查、技术讨论等工作。通过平台，科研人员获取数据的时间缩短了2/3以上，工作效率提高2~3倍，节省了大量人力物力，项目研究周期也大为缩短，系统辅助科研效果突出，节约了公司成本，经济效益巨大。

目前，油田勘探数据库应用平台完全实现了井筒、地震、成果归档数据及时全面入统建 A1 库，历史资料补充入库有序推进，动态数据采集入库全面正常化，系统数据完整性、及时性得到有效改进，系统数据库进一步完善，数据服务能力得到提升。

参 考 文 献

[1] 吴信才. 地理信息系统原理与方法[M]. 北京：电子工业出版社，2002.

[2] 王刚，吕海宝，颜树华. GIS 的发展方向-WebGIS[J]. 东北测绘，2001(4).

[3] 许乐，刘志强，朱歆炎. WebCIS 的实现和应用[J]. 微型电脑应用，2000(12).

[4] 周霞，申龙斌等. 油田勘探井位部署决策支持系统应用[J]. 勘探地球物理进展. 2009，32(4)：299-303.

钻井数据质量在数字化油田建设中的重要性分析与思考

王丹阳　史旻　袁洪水　高张康　袁毅章

（中海油能源发展股份有限公司工程技术分公司）

摘　要　随着信息化、物联网、大数据、云计算等技术的发展，数字化、智能化油田的建设理念得到广泛认可和应用。数字油田建设的基础是油田开发钻完井等过程中产生的海量数据，核心是对数据进行实时监测和有效整合，从中提取有价值的信息，实现自动化数据采集和数据分析。整个过程中，数据质量的好坏是决定性因素，本文在对数字化、智能化油田发展调研的基础上，对数据质量的重要性进行分析，为油田的精细化管理和数字化建设提供强有力的支持和保障。

关键词　数字化油田；数据质量；实时监测；钻井

随着我国科技的飞速发展，数字化、智能化油田的建设也如火如荼地开展。数字化、智能化油田，就是在油田开发过程中，充分加大对油田开发数据的分析、挖掘和使用，通过数字化、信息化、物联网、人工智能等技术，加强对实时数据的整合分析，实现对油田开采的动态控制和管理。而数据质量是进行应用的决定性前提，数据贯穿于油田生产建设的全过程，任何一个环节出现问题，都可能造成重大的经济损失，提高数据质量，使这些实时数据在油田开发过程中发挥应有的作用，真正为企业服务，提高油田开发研究和决策的准确性、科学性，助推数字化、智能化油田建设这一目标的达成。

1　研究背景

1.1　数字化油田发展现状

数字油田是在1998年美国前副总统戈尔提出的数字地球概念的基础上应运而生的，是一个空间性、数字性和集成性三者融合的系统，汇集了当前作业油田中的各种网络、硬件、软件系统和信息。

1999年末，我国大庆油田首次在全球范围内提出了数字油田的概念，该理念立即得到业内的肯定。2000年6月，大庆油田在对2001年的信息化规划一文中，正式确认了数字油田的概念和建设目标。此后，数字油田的概念迅速得到普遍认可，并引发了国内外的石油和IT领域的热烈讨论。

2001年，数字油田被列为“十五”国家科技攻关计划重大项目。

1998~2009年，中海油建成了覆盖全集团范围的数字化信息化基础设施架构，并于2006年通过了ISO20000认证，随后通过了ISO27001信息安全体系认证[1]。目前已实现对海上油田生产数据的实时采集、传输、保存，实现了陆上运营中心对海上油田生产的远程监控。

1.2　数据在数字化油田建设中的重要性

油田开发尤其是钻采过程中，会产生大量的各种类型的数据，传统油田建设只是对数据资源的简单应用，体现的是数据的原始价值。数字化油田建设的主要特征就是加强对数据的进一步挖掘和应用，充分挖掘现有数据的潜在价值，通过数据集成和整合，实现全面信息化。而数据是整个过程的基础，只有保证数据的质量，才能进行客观分析和正确决策，数据质量的控制是数字化、智能化油田发展的关键。

通过对实时监测的数据进行智能分析，将油田的复杂性整体客观地展示给管理者，有利于及时掌握情况、客观分析问题和正确决策，这些数据是构建数字油田模型的基础信息，帮助油田推进信息化和自动化的发展进程。而目前，实时数据存在着各种问题，生产数据的类型及分布相对分散，难以集中化处理，生产信息存在着孤岛情况，作业系统数据查询较为不便，资料文件的交流不够便捷，信息交互程度较低，都直接导致大量的数据不能被充分挖掘利用，面对此类问题，只有切实保障油田数据的质量和安全，充分提升决策和研究环节的质量，才能有效提升工作效率，助推数字化智能化油田建设这一目标的达成。

2　数据质量问题分析

就目前数字化智能化油田的建设和发展情况来看，数据库建设、数据保障和规范方面都有很大的不足之处，信息孤岛现象越来越突出，数据质量问题很大程度上限制了油田企业的持续稳定发展。数据质量是一个综合性概念，不能简单的从某一个角度进行评价。大多数情况下，我们通过数据的完整性、准确性、及时性和规范性这几个方面对数据质量进行分析评价。

2.1　数据质量完整性

数据完整性指的是数据表中各项内容必须明确并且包含各方面内容，完整性问题主要有整体数据记录缺少和数据项某部分内容缺少两类，直接表现就是数据表中数据的缺失，这是比较常见的错误之一，在对数据进行检查或者操作数据过程，能轻易发现这类问题的存在。

目前实时监测过程中发现的完整性问题主要有以下三方面：

（1）时间轴、深度轴数据整体缺失

时间轴整体数据缺失如图 1 所示，该口井 4 月 30 日–23 日间数据缺失。

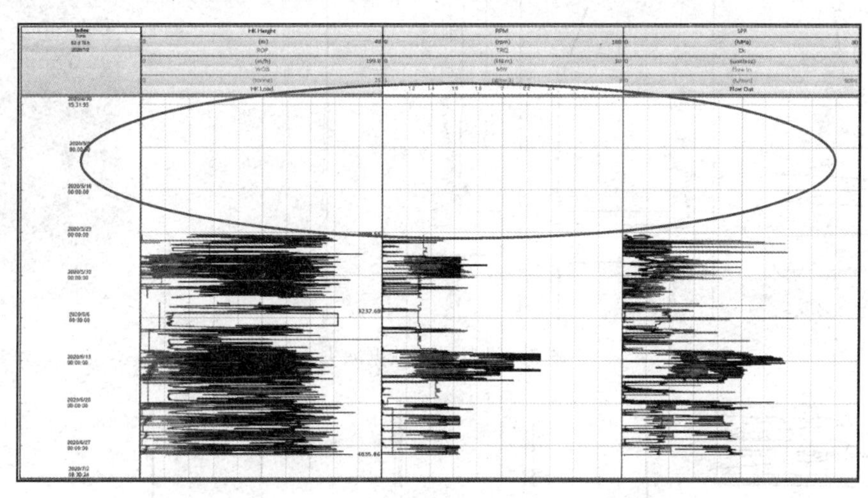

图 1　时间轴数据缺失

（2）参数数据缺失

主要表现为参数整体缺失或者参数表中某项数据缺失，如图 2 所示，该井水力参数表中的泥浆密度和出口排量参数缺失。

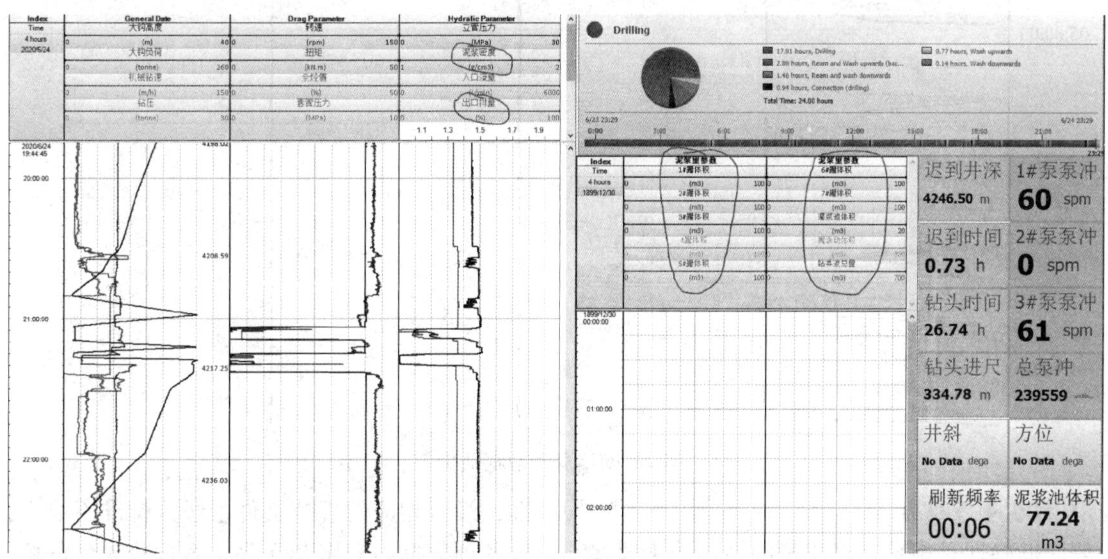

图 2　钻井参数数据缺失

(3) 设备和网络异常导致的传输数据质量差，数据不完整

该类问题主要是由实时数据传输过程中的设备故障和网络信号差导致的，直观表现为数据呈点状分布，断断续续不完整，如图3、图4所示。

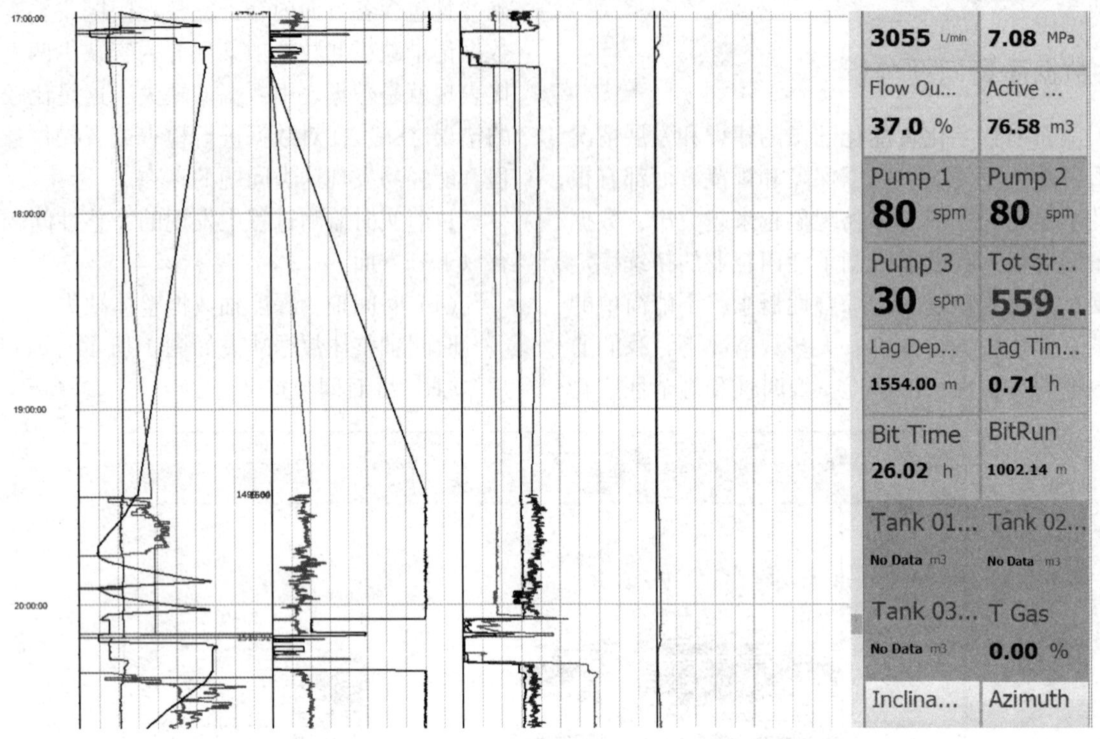

图3 设备异常数据缺失

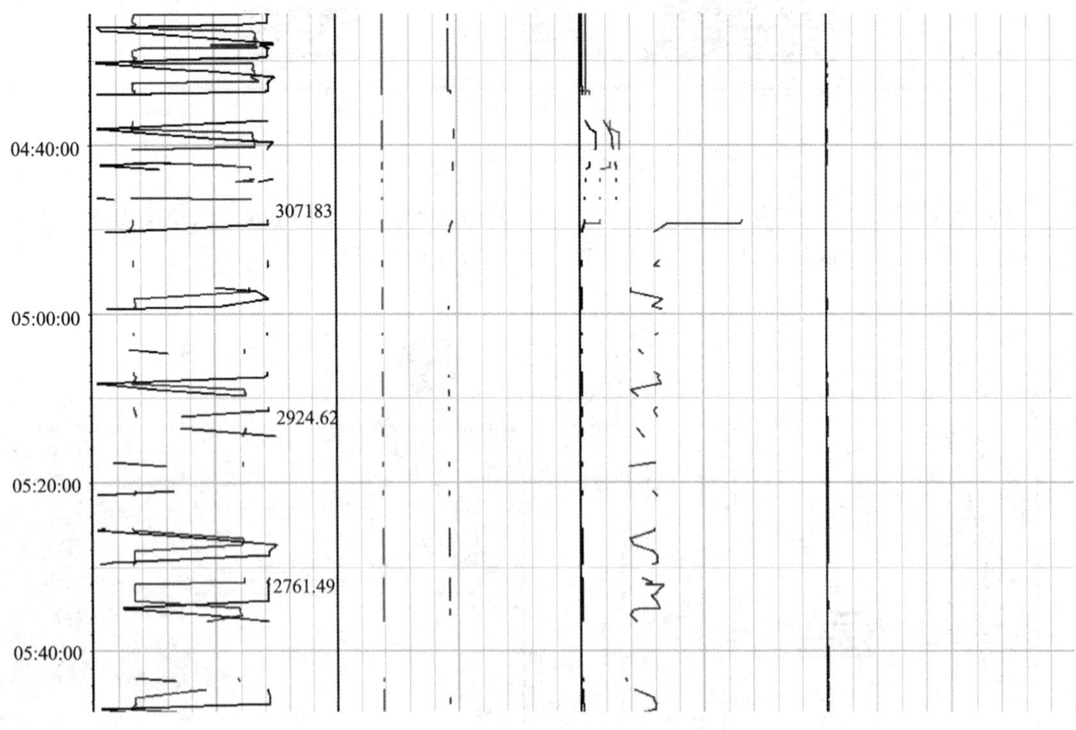

图4 网络异常数据缺失

2.2 数据质量准确性

数据准确性是衡量数据质量的最初的主要标准，数据库建立最初，未编制详细的数据填写标准，没有相应的规范文件，录入标准不统一，导致各项数据内容繁杂无序，数据录入和审核过程中，往往缺乏标准化的管理和控制，造成数据的

准确性错误。

实时监测过程中，数据错误问题也较为常见，仅统计2020年1~6月，数据准确性问题占统计问题总数的19%，主要表现为单位传输错误、排量、泵压、钻速等钻井参数错误等，图5为在监测过程中某井的泵压数据单位错误。

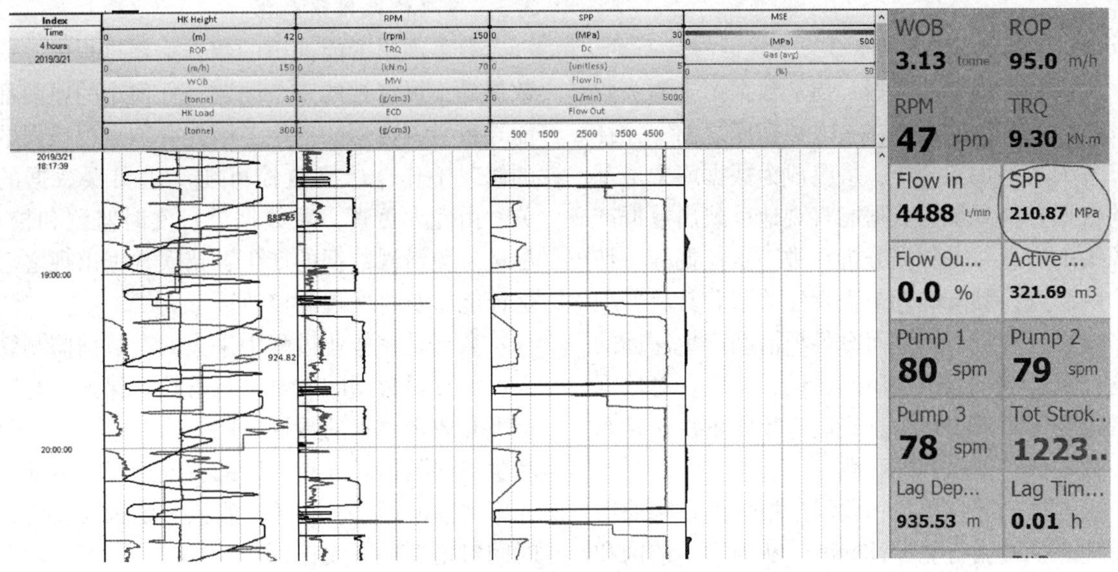

图5　泵压数据单位错误

2.3　数据质量及时性

及时性指的是数据的获取、处理、审核、加载、数据的返算更新等要及时，才不会影响下一项工作的进行。

目前，实时监测的数据来源于录井公司，而数据源的管理和数据环境无法得到有效控制，数据未能及时传输到数据库的现象频繁发生，影响到了数据的使用，另外，数据监测技术人员在对数据的维护管理过程中，缺少针对性的技术支持，在一定程度上也会影响数据及时性。

及时性问题直接表现为，深度轴数据未更新到当前井深、时间轴数据未更新到当前钻井日期、数据表中 Flow Out 数据未及时更新等，该类问题的出现主要是由于数据源头单位未能及时更新现场数据，或者网络信号差导致数据不能及时传输。

2.4　数据质量规范性

数据规范性指的是数据项填写的格式和内容要符合数字油田建设的需求，在监测过程中，数据的录入要符合事实、符合业务规则，录入单位也要符合逻辑规范。在现场作业过程中，实时传回的某项数据可能由多个属性决定，或者在不同的表格中使用了不同的表达方式，这就要求对同一数据项的不同属性、数据之间、数据表之间都要在逻辑上保持一致和规范(图6)。

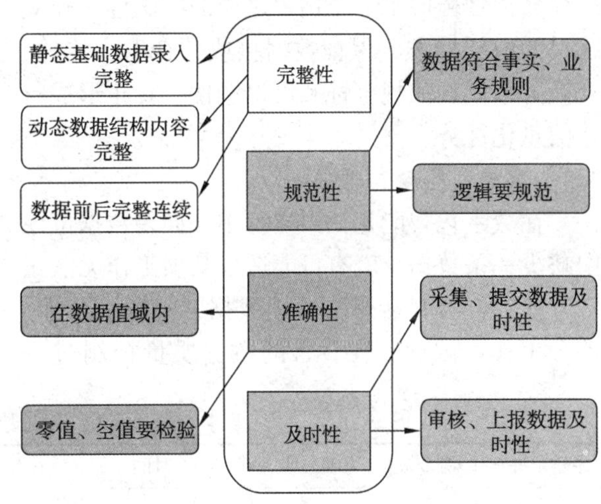

图6　数据质量控制优化

3　提高数据质量措施和方法

目前油田建设中，对大部分数据资源的应用仍是一种简单的应用，体现的依然只是数据的原始价值。数字油田是通过进一步关联整合分析，打破勘探、钻井、物探等多个专业部分的信息孤岛，而只有保证了数据的质量，才能对数据进行多次利用，挖掘新的价值，从而极大提升信息利用的效率。

高质量的数据为数字油田建设提供信息技术支撑，当前提高数据质量主要从以下几方面入手：从源头上，保证数据的准确性；监测过程中发现缺失数据及时补充完善；发现错误数据及时准确修改；管理上，制定数据质量管理规范，严格按照标准和规范对数据进行管理；将现代计算机技术和人工控制相结合，对数据质量形成双重保障。

3.1　确保源头数据的准确性

源头数据即初始数据，指从数据产生源头收集到的数据，这些数据在录入数据库之前，往往会经过人工整理和分析，最终成为数据库中最基本的数据资料。源头数据能直观地反映出数据产生源头的信息，是数据分析和进一步挖掘等一切活动的起点，其准确性与否直接关系着其后各项工作能否顺利进行，进而对各项活动产生深远的影响，也影响了数字油田的建设，所以在对数据质量进行保障的过程中，我们必须要重视初始和源头数据，并确保其准确性。

对数据来源外单位，建议严格遵循数字油田建设理念、遵循行业设计标准，从内容、结构和质量等方面对数据库进行合理规划设计和管理，确保数据在传向下一个用户之前的准确性。建立统一的数据标准，保证数据接收、存取、传输、交换各个流程的规范性和可追溯性，真正形成行业信息化优势。

3.2　及时补齐缺失数据

在数字化智能化油田建设中，如果数据记录中缺少一条数据，就有可能造成某项工作无法正常开展，也会直接影响后续数据的过滤、萃取、整合工作，因此，在日常的数据质量控制过程中，数据监测人员需对数据进行有序管理，避免造成数据缺失现象，并注意及时补齐缺失的数据信息。

3.3　准确修改错误数据

数字油田智能油田的数据治理过程中，错误数据是不可忽视的一个问题，任何小的原因都可能导致错误数据的产生，因此必须重视错误数据的修改工作，严格监控可能产生错误数据的环节，由专人负责，对数据进行实时监测和校正，尽量避免错误数据的产生，错误数据出现之后要保证能够及时发现和修改。

数据是在作业过程中采集的，数据监测管理人员负责对数据的质量进行管控，保证只有满足标准和质量要求的数据才能入库，这是最大限度减少错误数据录入和入库的有效途径，数据在未入库之前的错误，相关负责人和维护人员要第一时间对错误进行改正。

3.4　制定相应的质量管理规范

依据已制定的目标或者希望达到的目标，建立数据质量考核制度，明确对数据的质量监测标准和规范，便于对实时数据进行分析、对数据库中的数据进行管理，从而真正提升对数据的监管，保证数据质量。

（1）编制数据监测记录表(表1)，对监测井活动情况从时间和深度轴两方面进行统计记录，发现问题及时解决，并进行跟踪，直至反馈结果符合数据质量标准；

表1　实时数据监测记录表

序号	井名	井深/m	井段	时间	问题描述	问题归类	解决方案	跟踪反馈	备注
1	A1	1334	215.89mm	2020.5.16	表1泵压单位错误	SPPA参数错误	联系后台数据维护人员修改	2020.5.16已修改	
2	A2	1549	152.40mm	2020.5.24	数据传输错误	传输错误	邮件传输单位重新传输数据	2020.5.24已重新上传	
3	A3	1616	406.40mm	2020-06-22 08：50到2020-06-22 10：45	实时数据传输中断	网络信号差	及时记录并反馈至网络运维人员处理	2020.6.22 10.46已恢复网络传输	
4	A4	2052	311.15mm	2020年06月24日14：00到2020年06月24日16：00	实时数据传输中断	设备改造	及时记录并联系设备平台管理人员处理	2020.6.24改造完毕，数据恢复传输	
…									

（2）对于实时作业井，跟踪其现场作业情况，检查基本数据是否完整，及时完善补充相关数据。

数据问题得到解决后，对出现异常情况的数据需进行二次完善，将得到的反馈结果与制定的目标进行对比，便于数据管理人员确定该类异常数据的质量是否达到要求，对不符合要求的数据及时进行处理，最终达到制定的质量水平，为后续生产提供高质量的数据，为建设数字化智能化油田提供坚实保障（图7）。

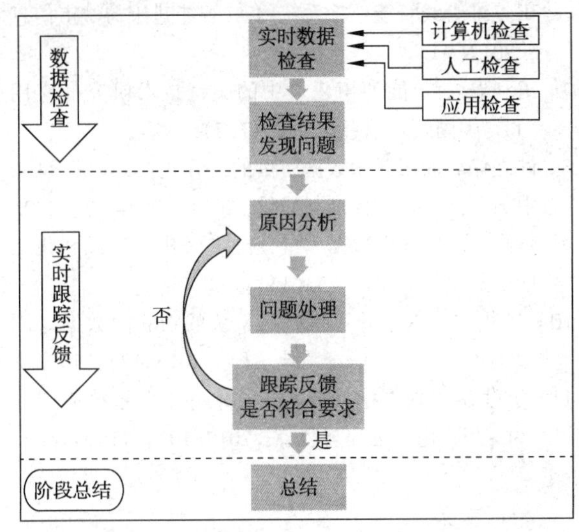

图7　数据质量管理规范流程

3.5　计算机处理与人工控制相结合

对数据质量进行控制的过程中，数据量日益增多，这些数据有数量大、种类多、传输快、价值密度低等特征，目前一部分数据的处理工作需要通过计算机系统完成，还有部分工作需要人工完成，这两种数据质量控制方法各有利弊，可取长补短。

对数据质量进行监控和报告的工作过程中，计算机能够获取过程信息以及其他的性能指标，对数据可能出现的质量问题进行及时预警和捕捉，并将获取的信息报告给数据管理者。

数据监测管理人员对数据控制过程中存在的不同程度的质量问题进行客观分析，并制定相应规划与方案，是其日常工作内容之一。

在实际监测和管理的过程中对两种方法均应做到熟练应用，针对数据质量控制的不同阶段，择优、交叉选用这两种数据质量控制方法，两种方式的综合运用能最大程度保证数据的完整性、准确性、及时性和规范性。

4　数据应用效果

通过数据质量管理方法的应用和实施，数据质量有了很大的提升，目前在不同工况下，各数据项、数据表、数据曲线实时数据质量均得到了很大改善和提高（如图8所示），满足了甲方现场工程需求，为现场钻井作业的优化提供了依据，实现了数据在分析决策方面的高效应用。

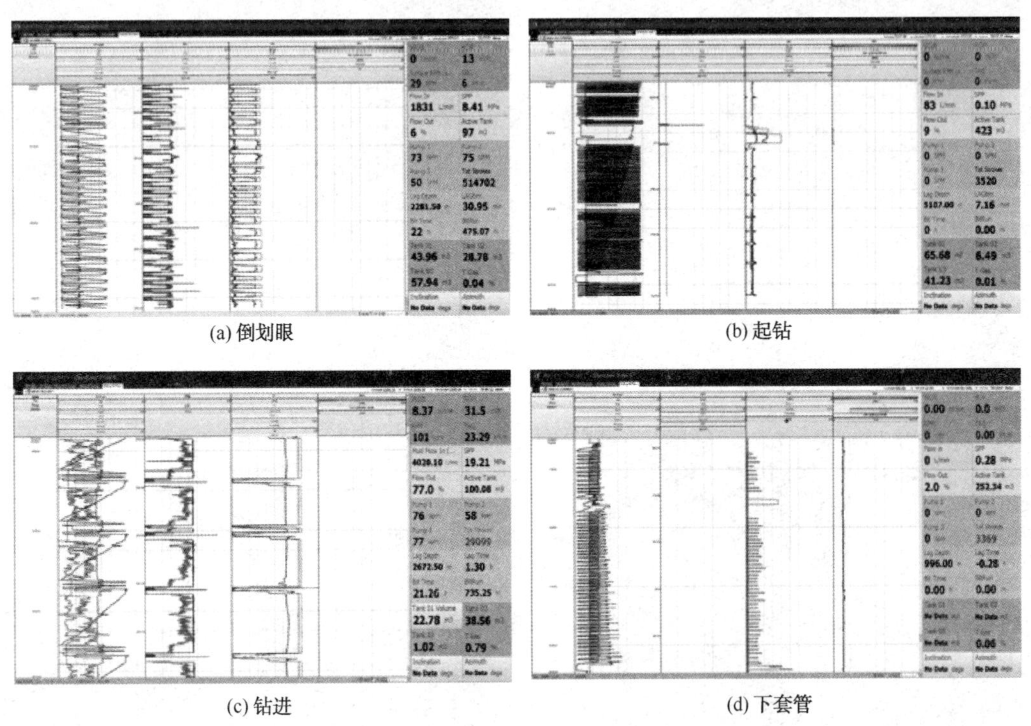

(a) 倒划眼　(b) 起钻

(c) 钻进　(d) 下套管

图8　数据质量应用效果

5 结语

油田需要数据，只有对现场数据实时进行监测，才能准确了解和掌握现场生产情况，数据可以帮助油田推进自动化系统和信息化系统的深度融合、生产过程和管理流程的深度融合，为数字油田发展提供强力的数据信息支撑。

综上所述，本文结合数据监测工作实践，深入研究了数字油田建设中的数据质量问题，结果显示，数字油田建设中数据质量直接决定了各项决策的正确性和科学性，是油田建设新时期背景下最有价值的无形资产。所以在数字化智能化油田建设中，要积极建立科学规范的数据质量管理体系，保证并提高数据质量，才能为数字油田的建设提供真实有保障的数据。

参 考 文 献

[1] 张跃，彭吉友，刘新华．数字化油田建设现状及面临的挑战，中国设备工程 2014(03).

[2] 史旻，袁则名，于忠涛，袁洪水，谢志阶，冯庆富，等，钻井实时数据质量提升管理方法探讨[J]，石油工业技术监督，2019，(10)：45-48.

[3] 史旻，马认琦，杨保健，李振坤，等，钻完井数据库系统优化升级与实践[J]，石化技术，2018，(12)：71-74.

[4] 许立伟．油田开发数据质量控制方法与应用研究，计算机技术，2014(11).

[5] 于振山，孙茜，张跃．大数据、物联网技术在智慧油田建设中的应用[J]．中国管理信息化，2016(18).

[6] 张彪，杜景涛，许海银．基于物联网技术的数字油田三维管线智能巡检系统[J]．智能建筑与城市信息，2017(9).

[7] 王利君．智能油田建设中的关键技术研究与应用[J]．中国管理信息化，2017(7).

[8] 许立伟．油田开发数据质量的流程化控制研究[J]．中国石油和化工标准与质量，2014，34(402)：239.

[9] 赵峰．油田开发数据质量分析[J]．中国石油和化工标准与质量，2012，33(15)：42-43.

[10] 刘洪涛．基于计算机网络系统的物联网数据监测办法研究[J]．信息系统工程，2016(12)：19.

[11] 于世春．数据挖掘技术在油水井工况系统应用探讨[J]．化学工程与装备，2015(10)：115-118.

长庆油田管道巡线管理信息系统开发与应用

程世东[1,2]　李永清[1,2]　陈荣环[1,2]　李　珍[1,2]

(1. 中国石油长庆油田公司油气工艺研究院；2. 低渗透油气田勘探开发国家工程实验室)

摘　要　长庆油气田管道约9万余km，服役10年以上管道中，油田50787km，占81%，气田5559km，占22.38%。存在管道数量多、面临风险高(如腐蚀严重，第三方损坏、环境敏感区)，没有统一的管道巡线系统，日常管理难度大等问题。通过对国内管道信息系统建设调研，并分析长庆油气田管道建设现状，提出利用中石油A4、A5系统软硬件及数据资源，建立了油田长输、集输、单井及气田集输、单井5类管道数据模型及采集标准，开发移动巡线服务端及移动巡线APP，在集团公司云化环境中构建了长庆油田管道移动巡线管理系统。已在长庆输油一处、采油三厂、采气二厂试点应用，完成巡护长输、集输管线1000km以上，各项功能满足管道巡护管理要求，提高了管道巡线管理水平。

关键词　油气田管道；移动巡检系统；数据模型；采集标准

长庆油田共有各类油、气、水管道9.1×10^4km。随着油田开发年限的延长，管道腐蚀、老化问题突出，且部分管道位于环境敏感区域，安全运行面临诸多困难[1]。巡线管理是保证管道安全运行的重要手段之一[2]，通过日常巡线能够监控管道运行状况，及时发现管道周边环境异常，发现第三方施工或占压等可能对管道完整性造成损害的情况，以便及时采取管控措施，保障管道安全运行[3]。

目前，长庆油田各采油采气单位没有独立完备的管道巡检管理系统。管道巡护主要采取人工徒步巡护、特定区域蹲守、车辆巡护等方式，存在不能严格按照规定路线巡检、数据反馈不及时、关键点巡护不到位、人员分散管理难度大等问题，无法从根本上消除安全隐患，事故时有发生。为解决上述问题，开展了油气田管道移动巡线管理系统的开发及应用。

1　总体思路

充分利用中石油A4、A5系统软硬件及数据资源，建立适合长庆油田的管道数据模型及采集标准，开发移动巡线服务端及移动巡线APP，在集团公司云化环境中构建管道信息系统数据中心和应用服务中心，建立长庆油田管道移动巡线管理系统，提升管道巡护管理水平(图1)。

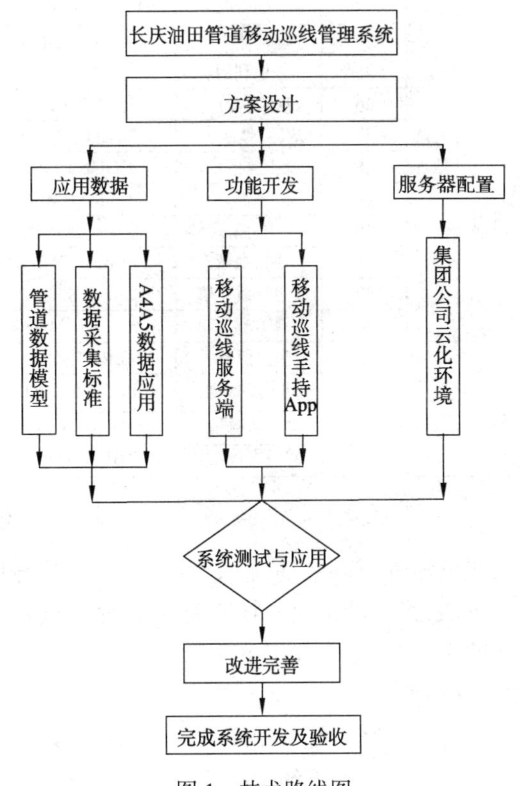

图1　技术路线图

2　应用数据建设

2.1　建立数据模型及采集标准

管道移动巡检所需数据涵盖管道空间位置及实体属性数据。只有对两类数据进行全面建立、分析，才能对存在问题的管道及附属设备建立最有效的解决方案。

参考《油气输送管道完整性管理规范》(GB

32167—2015），建立了管道数据模型及数据标准；编写《数据字典》说明文档6册；《数据采集表单》模板116份。以长输管道的数据字典为例，共设计数据表单105张。具体见图2。

分类		序号	数据子类名称	表名
管道本体数据	中心线	1	中心线控制点	CONTROLPOINT
		2	管道中心线	STATION SE RIES
		3	埋深	DEPTHOFCOVER
	管道设施	4	站场	SITE POINT
		5	站场平面	SITE
		6	管段	PIPESEG MENT
		7	标桩	MARKER
		8	埋地标识	BURIEDSIGN
		9	附属物	APPURTENANCE
		10	套管	CASING
		11	防腐涂层	COATING
		12	穿跨越	LINECROSSING

分类		序号	数据子类名称	表名
管道本体数据	管道设施	13	弯头	E LBOW
		14	收发球筒	PIGGINGSTRUCTURE
		15	非焊缝连接方式	PIPEJOINIMETHOD
		16	钢管信息	PIPEINFO
		17	开孔	TAP
		18	阀门	VALVE
		19	焊缝	WELD
		20	三通	TEE
		21	水工保护	FLOODPROTECTION
		22	光缆	FIBERCABLE

分类		序号	数据子类名称	表名
管道外部环境数据	基础地理	23	建筑物或识别场所	STRUCTUR EO RIDSITE
		24	河流	HYDROLOGY
		25	土地利用	LANDUSE
		26	政区（省）	PROVINCEREGION
		27	政区（地级）	CITYREGION
		28	政区（县）	COUNTYREGION
		29	铁路	RAILROAD
		30	公路	ROAD
		31	面状水域	WATERBODY
		32	管道沿线土壤	SOIL
		33	管道沿线气候	CLIMATE
	第三方设施	34	紧急服务	EMERGENCYSERVICE
		35	地下障碍物	UNDERGROUNDOBSTACLE
		36	第三方管道	FOREIGN PIPELINE
		37	第三方施工	THIRDCON STRUCT

分类		序号	数据子类名称	表名
管道其它数据	运行	91	泄漏	LEAK
		92	清管作业	PIGGINGWORK
		93	清出物化验分析	DIRTTEST
		94	清管作业计划	PIGGINGWORKPLAN
	应急管理	95	单位	ORGANIZATION
		96	维抢修机构	MAINTENANCEORGANIZATION
		97	管道对应维抢修机构	MAINTENANCEORGRANGE
		98	维抢修管理人员	WAINTENANCEPERSON NEL
		99	维抢修设备	MAINTEANCEEQUIPMENT
		100	应急预案	EMERGENCYPLAN
		101	应急抢修	EMERGNCYREPAIR
		102	物资仓库	WETERIALWAREHOUSE
		103	物资明细表	MEETERIALLIST
	其它	104	管道层级	LINELOOP
		105	管道层级关系	LINELOOPHIERARCHY

图2　长输管道部分数据字典

与长输管道表单基础上，设计了油田集输管道表单78张，油田单井管道表单37张，气田集输管道表单83张，气田单井管道表单37张。

2.2　建立数据库

将管道信息系统数据库定义为基础地理数据库、业务数据库和系统数据库三类。

（1）基础地理数据库

基础地理数据库共享A4系统的基础地理信息及技术服务，主要包括DOM（影像）、DEM（等高线）、DLG（基础地理要素）等基础数据。该服务是基于国际通用OGC标准的WMTS服务，坐标系全部采用大地2000坐标（表1）。

表1　基础地理数据情况

国家基础地理数据	范围	说明
1∶400万 数字线划图	全国范围	A4提供
1∶100万 数字线划图	全国范围	A4提供
1∶25万 数字线划图（公众版）	全国范围	A4提供
500米分辨率遥感影像	全球范围	A4提供
15米分辨率遥感影像	全球范围	A4提供
2.5米分辨遥感影像	长庆油田业务范围	A4提供
1∶5万、1∶1万导航图	全国范围	A4提供
0.5米分辨遥感影像	输油一处靖咸管道沿线350km	长庆油田提供

（2）业务数据库

该系统业务涵盖的管道包括长输管道、油田集输管道、油田单井管道、气田集输管道、气田单井管道等五大类。

第一，从数据库建设的原则上考虑，为保证数据库访问和查询效率，尽量减少数据库冗余，数据库结构应满足数据需求的基础上尽量精简。因此油田长输、集输、单井及气田集输、单井五类管道应从数据结构上进行一定程度的合并。

第二，从介质上考虑，油田管道和气田管道涉及的属性字段有很大差异，应考虑通过不同的数据表来存储，因此长输管道需要和油气田管道有所区分。

第三，油田和气田的集输管道、单井管道，在管理上分别归属于采油和采气厂，建设过程中单井管道的建设要求低于集输管道，单井管道能够采集的数据是集输管道的子集，因此单井管道和集输管道的部分要素类型进行重叠。

结合以上几点，为覆盖五类管道，并针对每类管道有相应的标准，整个数据库分为长输管道数据库、油田管道数据和气田管道数据三部分。其中油田管道数据库和气田管道数据库同时存储集输和单井管道，通过统一字段来进行区分。

每类数据库按照数据存储逻辑可以分为管道中心线、侵害、阴极保护、检测、设施、运行维护等多个逻辑子库，每个逻辑子库按照同类型或存在强关联关系等方式进行划分，并绘制 E-R 图，表达数据间关系，指导数据库的建设。E-R 图样式如图 3 所示。

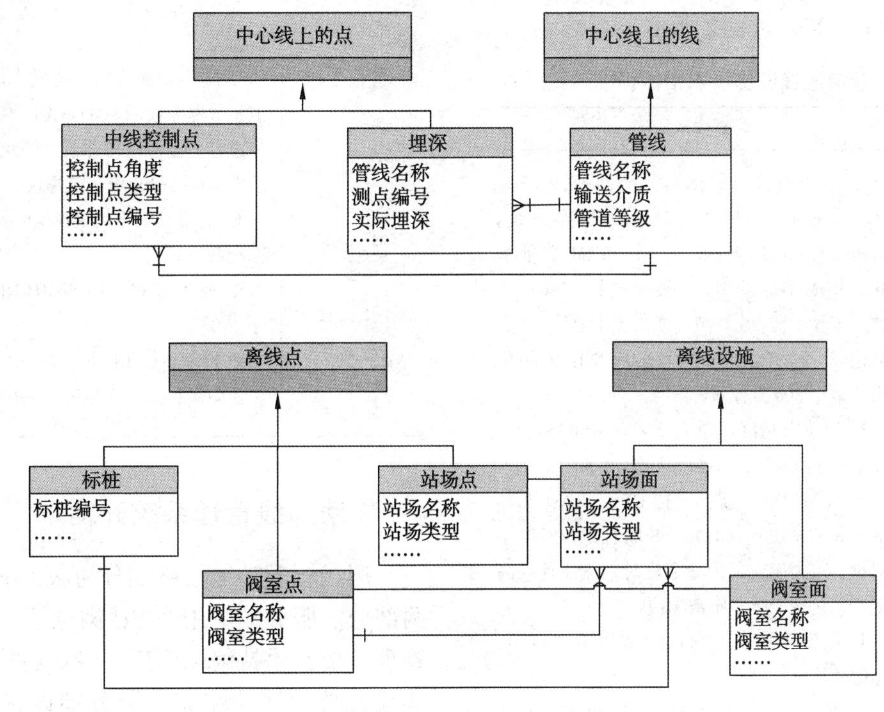

图 3　中心线逻辑子库 E-R 图

（3）系统数据库

系统数据库是用于记录系统用户、权限、配置信息、访问日志等管理信息的数据库，是系统管理、后台配置、管理员管理的主要数据库。

2.3　构建数据与应用中心

系统服务器部署在集团公司昌平数据中心，在 A4、A5 云化环境中配置了 4 台虚拟服务器，其中 1 台作为 web 服务器，1 台作为空间数据和业务数据存储数据库服务器，2 台作为 GIS 服务器（图 4）。

2.4　现有资源利用

系统集成在集团公司 A5 中，共享 A4 系统的地理信息服务，搭建与 A4、A5 数据库的同步接口。A4 可为油气田管道管理提供各类地图影像与数据脱密处理技术服务；A5 包含并融合油气田管道数据，通过数据库为油田管道管理提供系统功能支持。

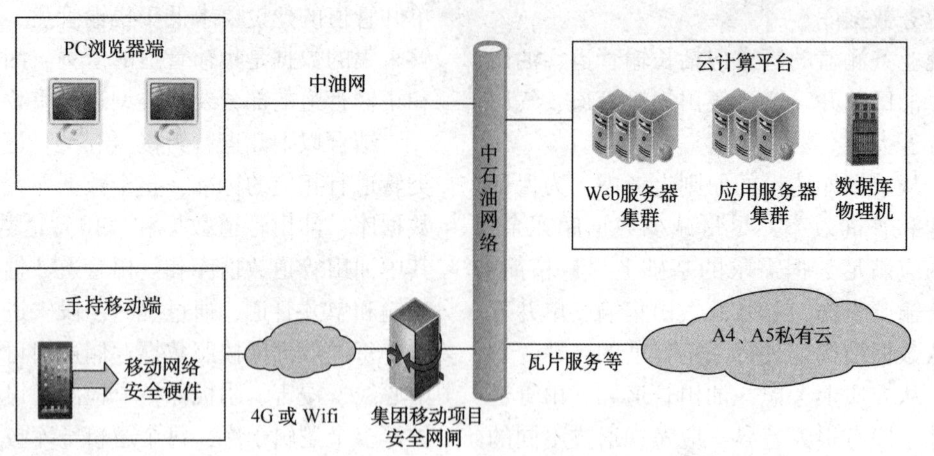

图 4　硬件构架图

3　制定移动巡线设备技术标准

根据长庆管道巡线管理办法，制定了管道巡线设备技术指标标准，如表 2 所示。

表 2　管道巡线设备技术指标标准

名称	主要技术指标
手持 GIS 数据采集终端（测量用）	1. 系统设置：①网络：全网通 2G/3G/4G；②CPU：8 核 1.5GHz；③操作系统：Android5.1 及以上；④存储：RAM 容量≥3G，ROM 容量≥32G，最大支持 128GB 扩展；⑤显示屏：5.0 英寸或以上电容屏(多点触控)，全贴合；分辨率 1280×720；⑥摄像头：最小 800 万像素。 2. 定位及精度：单点 2～5m，SBAS：1～3m，支持 CORS，外部源差分<0.5m。 3. 应用功能导航：支持 GPS、BDS(北斗卫星导航系统)、GLONASS 联合定位，电子罗盘、重力感应、内置温度计、气压计、高度计、可选光感、距离感应。 4. 电源可拆卸 5500mAh 或以上锂电池，标配两块。 5. 通讯方式：支持 3G、4G；WiFi；蓝牙 4.0；13.56MHzRFID；USB 接口：USB3.0。 6. 物理指标①防护：IP67，抗跌落 1.2m 及以上；②工作温度：-30℃-60℃。
防爆智能移动数据终端（巡线用）	1. 系统设置：①网络：SIM 卡：双卡，全网通 2G/3G/4G；②CPU：四核 1.3GHz 或以上；③操作系统：Android5.1 及以上；④内存：RAM 容量≥2G，ROM 容量≥16G；外存储：支持 T-flash 卡、最大支持 32G；⑤显示屏：4.5 英寸或以上，IPS(多点触控)，全贴合；QHD(960×540Pix)，电容式多点触摸屏；⑥摄像头：前最小 500 万像素、后最小 1300 万像素。

续表

名称	主要技术指标
防爆智能移动数据终端（巡线用）	2. 定位及精度：单点 2－5m，SBAS：1-3m。 3. 应用功能导航：支持 GPS、BDS(北斗卫星导航系统)、GLONASS 联合定位，气压传感器、温湿度传感器、距离传感器、光传感器、G-SENSOR、陀螺仪。 4. 电源可拆卸 2200mAh 或以上锂电池，标配两块。 5. 通讯方式：13.56MHzRFID、WiFi、蓝牙 4.0。 6. 物理指标①防护：IP-67(或 IP-68)级，工业防爆；②工作温度：-30℃-60℃。

4　移动巡线管理系统开发

巡线管理功能按终端分为服务端和手持终端两部分。服务端应用在 PC 浏览器上，用于巡线管理人员；手持终端应用在专业巡检仪上，用于巡线人员。移动端完成服务端设置的任务与指标，实现管道移动巡检功能。

4.1　移动巡线服务端开发

巡线管理服务端主要功能分为区段配置、应巡点管理、巡检记录、巡检计划、事件展示、下发通知等功能。

(1) 巡检配置(图 5)

主要功能包括巡检机配置、应巡点配置、区段配置、巡检计划、巡检记录、实时监控、事件展示、下发通知。

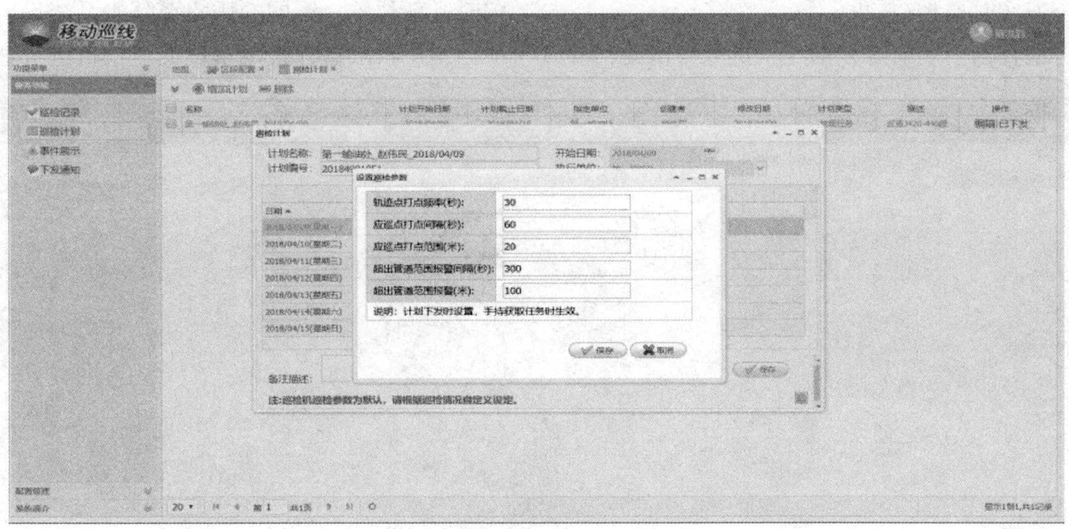

图 5　巡检参数设定

(2) 巡检记录(图 6)

可以查询每天巡检的详细情况，所有关注的应巡点是否巡检完成，巡检的时间等信息。

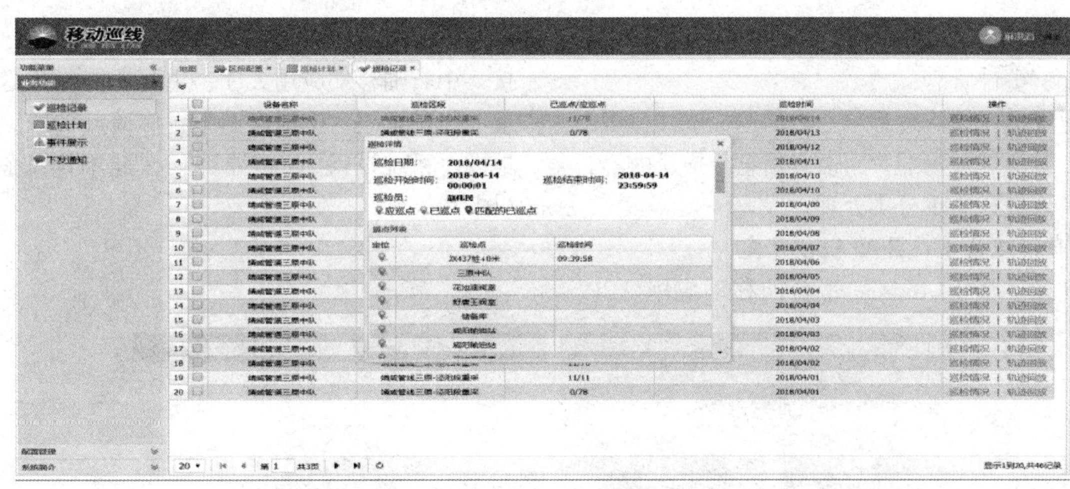

图 6　巡检记录查询

(3) 轨迹回放(图 7)

每条巡检记录还会对应当时巡检的历史轨迹，点击轨迹查看按钮即可查看巡线工巡检时的轨迹，并支持加速播放。

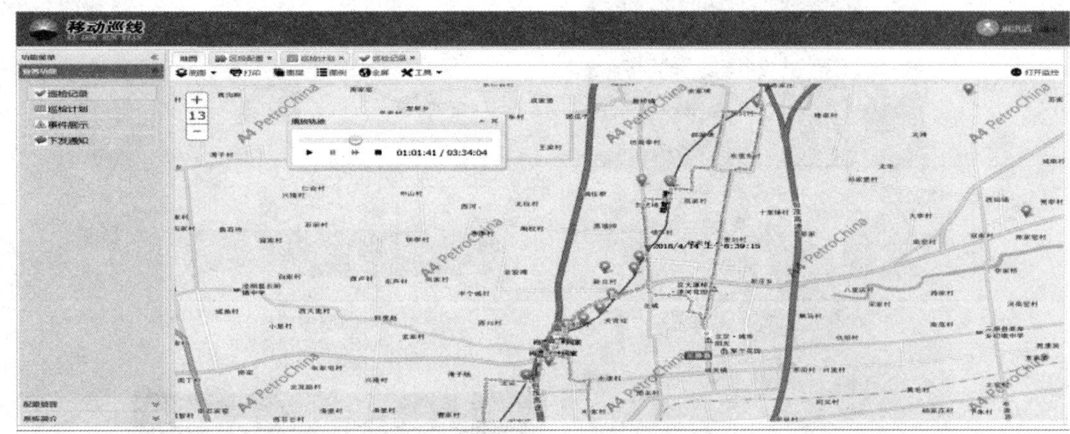

图 7　巡线轨迹回放

(4) 实时监控(图 8)

可巡查当前所有在线的巡检机分布情况，并定时刷新位置。不同的用户登陆进系统后，可以根据用户权限选择指定单位的巡检机进行查看。

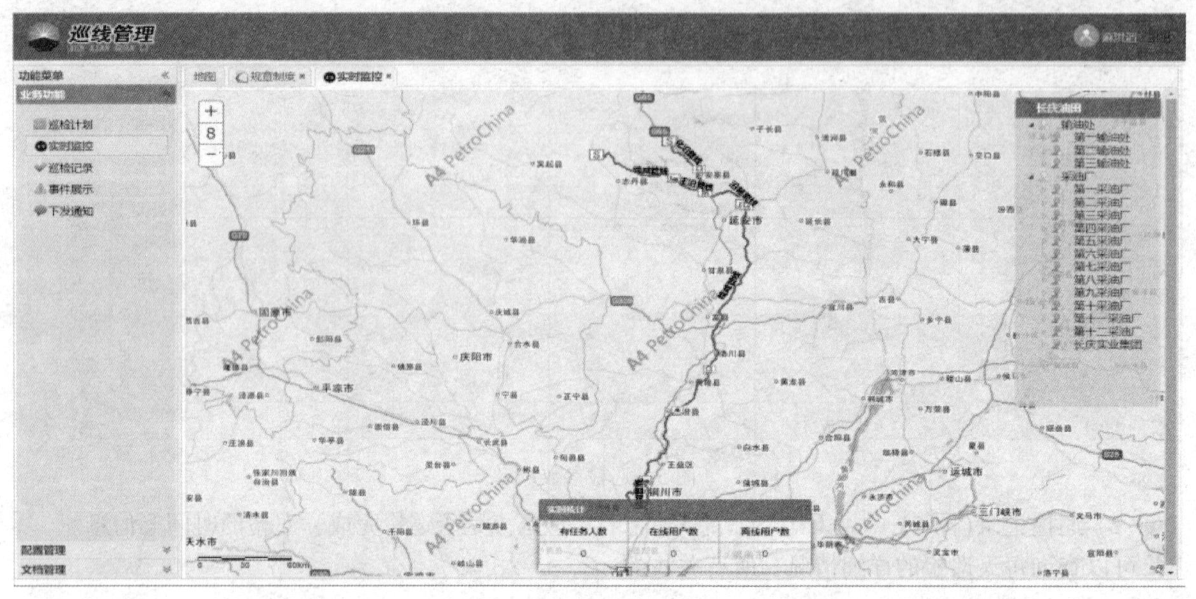

图 8　巡检实时监控

(5) 事件管理

记录了在巡检过程中上传的巡检事件，可以在此查看事件现场照片、语音信息等描述内容,，并对事件进行简单分类处理。

4.2　移动巡线手持终端 App 开发

开发了基于 Android 平台的移动应用 APP，接入中石油移动应用大厅，主要功能包括巡线管理、事件上报、应巡点上报、应巡点采集、周边地图、系统设置(篇幅原因，在此不详细叙述)(图 9)。

图 9　移动巡线手持终端 App 功能界面

5 现场应用情况

系统已在长庆输油一处、采油三厂、采气二厂试点运行150余天，达到了设计功能，可实现对管线巡护的全程管控，开通管理及应用账号129个，完成管线巡护1000km以上。

5.1 经济效益

① 长庆部分采油、采气、输油单位自建管道信息系统费用约40万，只实现了数据统计，未实现移动巡线功能。12个采油厂、6个采气厂、3个输油处共计21个单位，21×40＝840(万元)；

② 本系统实现了移动巡线功能，建设费用约314万元；

全油田建设费用可节约：840－314＝526(万元)。

同时，本系统由A4项目组免费维护，每年可节约大量费用。

5.2 社会效益

系统的应用，可解决巡线人员不按规定路线巡检、数据反馈不及时、关键点巡护不到位、人员分散管理难度大等问题，全面提升管道巡线质量，从而减少因管道泄漏引起的环境污染及经济损失，社会效益显著。

6 结论

(1) 基于A5系统开发，功能完善，满足油气田管道巡护管理和完整性管理要求，推广应用后对提高油气田管道巡线工作的及时率和到位率提供了技术保障。

(2) 基于Android平台开发的移动应用APP，通过中石油统一的移动应用大厅接入，与同类软件相比功能更齐全，使用更方便，数据安全性更高。

(3) 作为移动巡线设备的防爆智能移动数据终端，单点精度2~5m(SBAS：1~3m)，与普通巡线GPS相比精度更高，功能更强，同时又具有防爆等优点。

(4) 在借鉴国内长输管道完整性管理标准基础上，结合长庆油气田管道现状，建立了油气田五类管道数据模型及数据采集标准，在国内管道管理建设方面尚属首例，属于探索性建设。

参考文献

[1] 赵凤銮，毛雪梅，陈小龙．安全实时巡检系统在天然气管道巡检中的应用[J]．安全健康和环境．2008，8(4)：14-16.

[2] 宋斌．基于地理信息系统技术电力线路巡检系统的设计与实现[D]．成都：电子科技大学，2017.

[3] 王国强．手持机GPS巡检系统终端软件设计与实现[D]．成都：电子科技大学，2017.

基于 EPBP 的工程实时远传系统建设

张巧堂

（中国石化东北油气分公司）

摘　要　通过定向、录井、压裂等工程实时数据的传输及应用系统的展示，建设一套基于统一数据规范的实时数据采集传输系统、实时数据接收系统、EPBP 实时数据推送系统、实时数据展示系统，实现钻录、试油气、定向、压裂实时数据资源整合共享，实现跨专业、跨领域技术融合，提高安全生产管理水平。

关键词　实时；EPBP；安全管理；资源整合

1　项目背景

自"十二五"以来，油田面对日益复杂的勘探开发对象和扭亏创效的巨大挑战，需要坚持科技创新，在勘探开发技术水平不断提升的同时，积极创新管理理念，探索符合自身特点的高效管理模式。

在石油工程管理方面，其具有投资大、技术密集、点多面广、安全风险高、规范性强的特点，强化科技创新、管理创新，是油气田快优工程建设、增强管理水平、提高经济效益的有效手段，油田分公司面临的主要难题是作业风险大、安全隐患多，技术人员紧缺，管理成本高，作业现场偏远、决策时效差等，要适应低油价、新常态下的石油工程管理要求，需要搭建一体化、智能化管理平台，解决面临的诸多难题。

2　建设目标

围绕东北油气分公司钻录、试油气、定向、压裂、试井五大业务，以及生产信息化建设形成的实时数据，梳理并建立实时数据采集、储存、传输规范，开发一套实时数据采集、传输接口，涵盖油田内主流仪器型号。

建设一套基于统一数据规范的实时数据采集传输系统、实时数据接收系统、EPBP 实时数据推送系统、实时数据展示系统，实现钻录、试油气、定向、压裂、试井实时数据资源整合共享，实现跨专业、跨领域技术融合，提高安全生产管理水平。

分析、梳理原有录井历史实时数据，将数据导入新建系统，并开发相应的展示功能。

3　建设内容

3.1　规范建立

本系统需要建立实时数据采集、存储、传输 3 种规范，原则上规范的建立需要结合目前东北油气分公司钻录、作业施工业务现有业务需求以及业务专家共同讨论，形成一致的结果(图 1)。

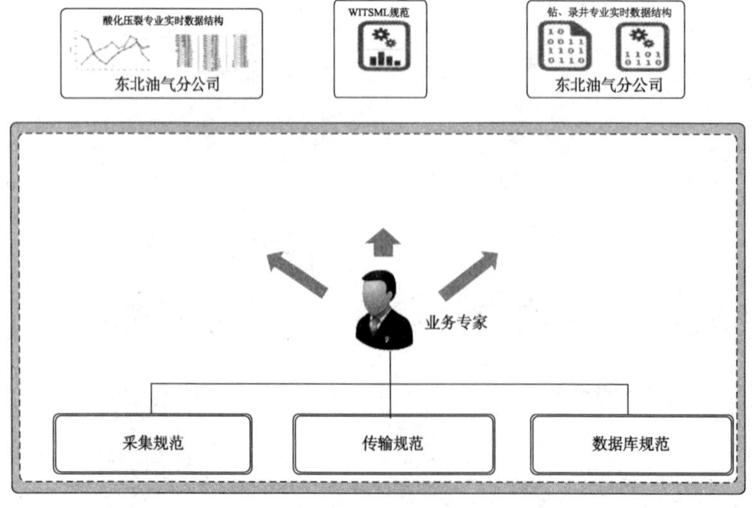

图 1　规范建立

3.2 实时数据接口开发

根据厂家提供的接口协议，开发数据接口读取模块，解析仪器数据包，接口开发的目标是能够解析东北油气分公司钻录、试油气、定向、压裂、试井实时数据采集接口，每种仪器型号根据软件版本、接口方式的不同，所要开发的接口也有区别，完成东北油气分公司钻录、试油气、定向、压裂、试井业务主流仪器实时数据接口的开发，录井及酸化压裂专业约有仪器型号 27 种，接口开发使用 C#语言，最终形成 DLL 动态库形式，方便第三方用户调用。

3.3 实时数据采集传输子系统

在数据规范及仪器接口的基础上开发一套能够实现实时数据采集、储存、展示、传输、断点续传、接口配置、数据项灵活配置、异常数据报警的实时数据采集传输系统。把地质录井仪或钻井参数仪以及酸化压裂车自动采集的多项数据项，自动打包定时发送到远端服务器，实现钻井工程信息安全、连续、稳定的远程传输(图 2，图 3)。

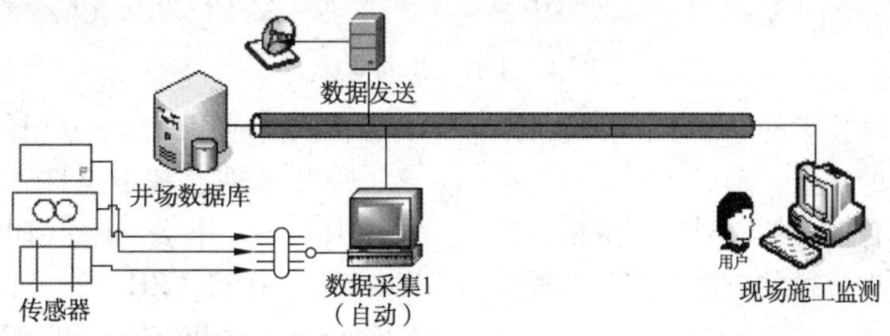

图 2 局域网络示意图

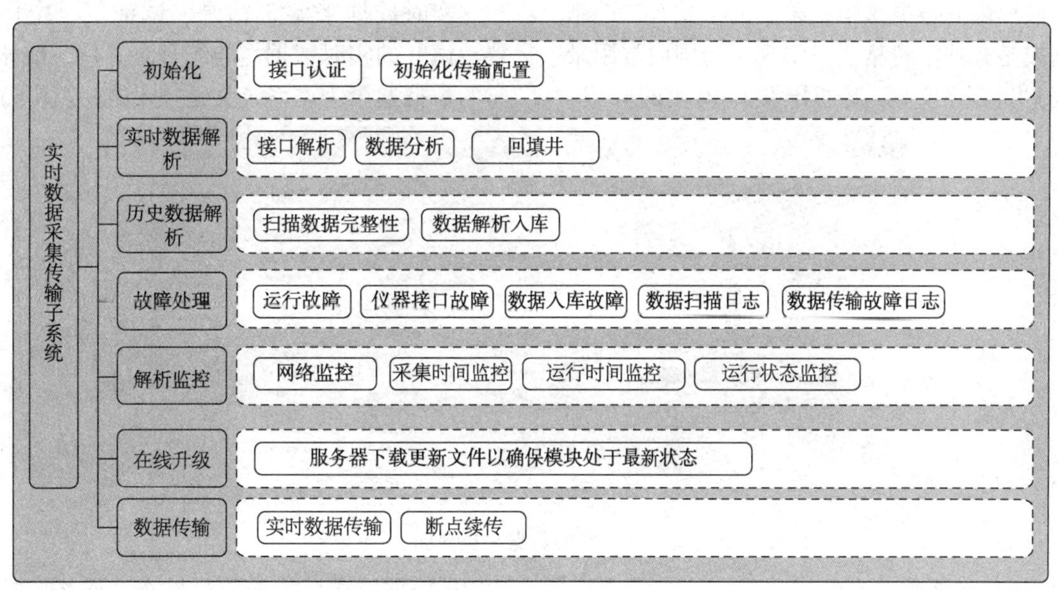

图 3 实时数据解析功能图

解析实时数据采集接口，将采集到的井场实时数据数据进行完整性、规范性分析，读取配置信息的队列号，进行数据校对，同时将实时数据发送到数据库。

将实时数据进行集成管理，实现各专业实时数据以统一的标准存储和管理。

通过本模块实现解析的主要数据包括：钻录、试油气、定向、压裂、试井业务实时数据，通过地质录井仪或钻井参数仪以及酸化压裂车自动解析的数据参数和地质参数共 60 多项等，自动计算出实时的时间数据和深度数据。

现场录井专业有工程监测、气体监测、泥浆监测等实时数据，包括了泥浆性能、钻压、立压、钻速、池体积、总烃含量、H_2S 含量、CO_2 含量监测等数据项，酸化压裂专业现场采集参数包含了套压、排出排量、阶段总液量、总液量、添加剂排量、累计添加剂、砂浓度、砂比、阶段总砂量、输砂总量等参数(图 4)。

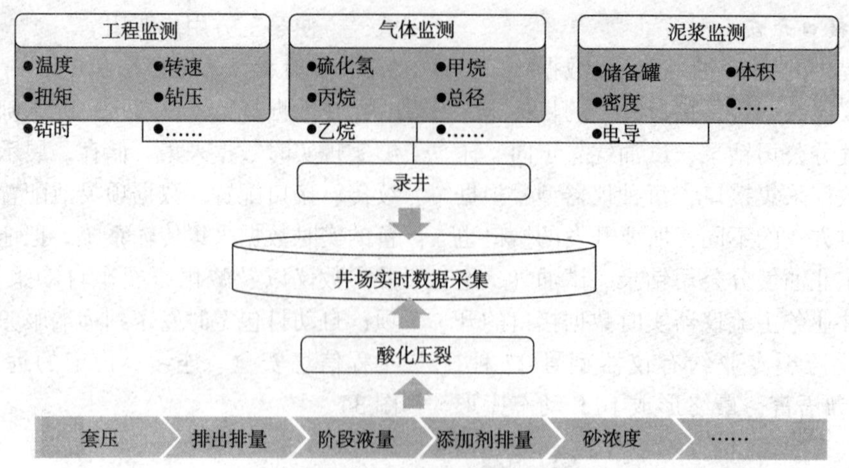

图4　实时采集的信息

在现有录井等监测技术的基础上，通过一系列模式、规范和方法的建立；形成实时信息解析模块，实现对井场综合信息的实时数据解析、监控，为专业技术人员进行科学决策、控制工程质量提供依据与信息服务。

目前开发的数据接口软件可实现COM端口、井场局域网内的数据采集，采集的格式有二进制流数据或是其他字符格式。实现了与国内常用录井仪(钻井参数仪)数据通讯接口模块的开发，实现在国内应用的以下常用仪器的数据采集：

神开系列、基于WITSML设计的国外录井仪、国际录井公司的DLS仪器、加拿大DataLog、ALS2、ZH－2、SLZ－2A、江汉SZJ、Advantage、HalliBurton SDl9000、DrillByte等17种仪器。

实时数据来源于钻录、试油气、定向、压裂、试井的实时数据，与综合录井仪、酸化压裂车的数据通讯为本系统关键技术之一(图5)。

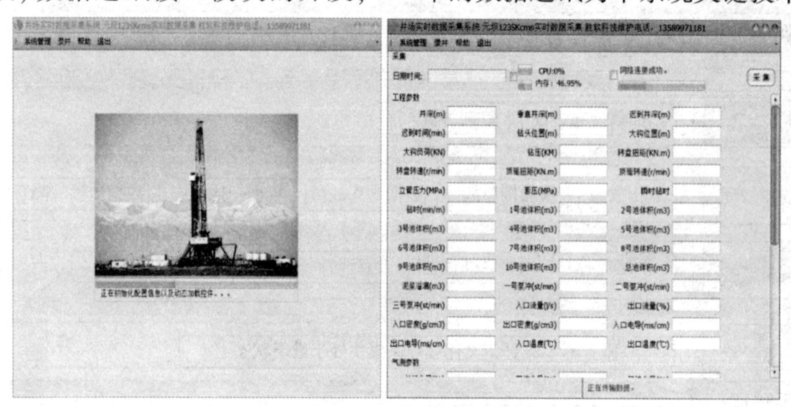

图5　实时数据采集界面

3.4　实时数据接收子系统

开发能够进行实时数据接收、异常处理、EPBP数据推送、数据质量检查、网络监控的实时数据管理模块。

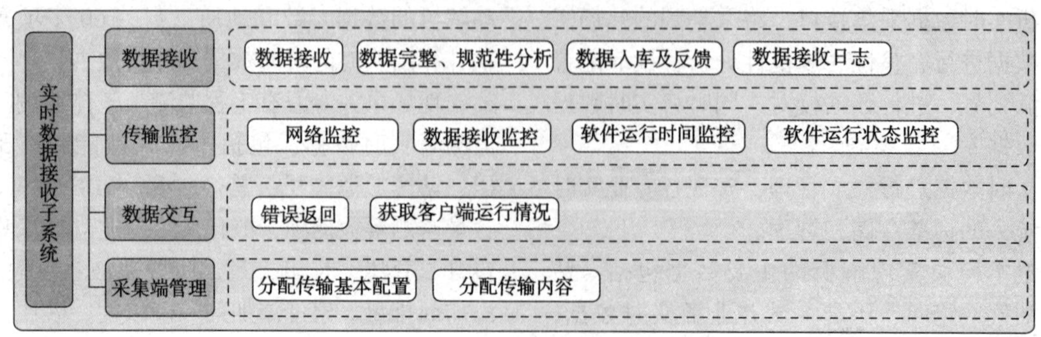

图6　实时数据接收功能构架

数据接收软件采用 .net 框架、WCF 技术、c#语言开发，WCF 具有传输稳定性好、集成度高、使用灵活等特点，采用多线程、多端口的方式增加软件的数据处理能力，客户端主动连接服务器进行数据传输，服务器在监听到客户端主动连接时则开启一个新进程进行数据处理，在处理完成之后对客户端进行信息反馈，如果此过程存在异常则写入本地日志文件，在监听到客户端断开连接之后，关闭此进程，等待下一次客户端的连接。

3.5 实时数据展示子系统

通过本项目的开发和应用，解决生产管理运行信息化发展的瓶颈问题，提高生产的管理水平，提高应对井场突发事件方面的能力，进而增强决策的科学性、合理性。

该部分实现企业对实时数据的综合应用。

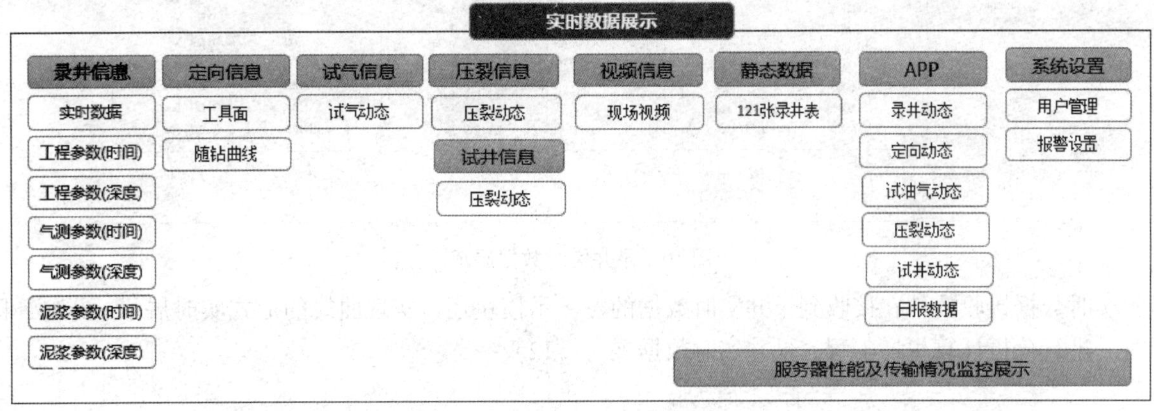

图 7　实时数据展示功能图

3.5.1 信息综合展示

集成展示录井日报、单井信息、录井实时、全年统计信息等信息(图 8，图 9)。

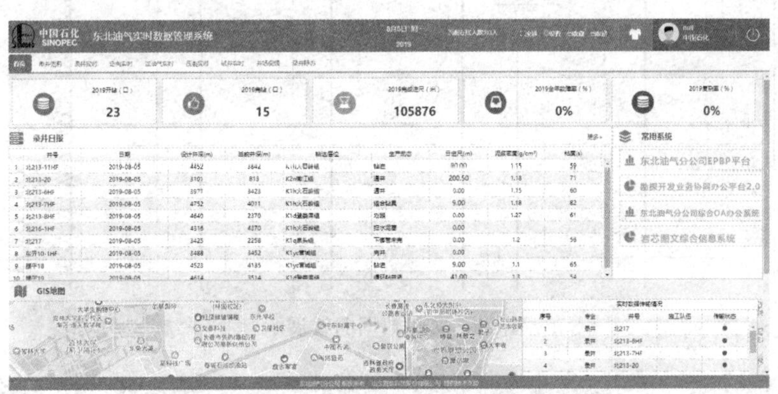

图 8　首页面

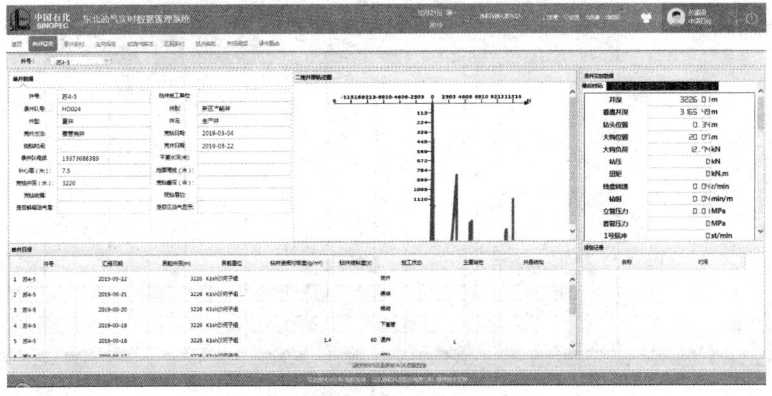

图 9　单井信息集成展示

3.5.2　录井信息展示

在现场安装录井数据采集装置，通过井场的网络传输到数据接收平台，将后方数据库中的录井数据以表格、曲线、动态控件等形式进行展示（图 10）。

中国石化 SINOPEC　东北油气实时数据管理系统

井号：北213-11HF

参数	数值	单位	参数	数值	单位	参数	数值	单位
实测井深	3860.66	m	1#池体积	0.00	m³	全烃含量	3.06	%
迟到井深	3859.80	m	2#池体积	0.00	m³	C1	1.46	%
钻头位置	3860.66	m	3#池体积	24.21	m³	C2	0.30	%
大钩高度	18.36	m	4#池体积	27.81	m³	C3	0.25	%
大钩负荷	1150.75	kN	5#池体积	9.99	m³	H2	0.00	%
立管压力	16.22	MPa	6#池体积	0.00	m³	iC4	0.03	%
转盘转速	48.00	r/min	总池体积	61.96	m³	nC4	0.08	%
钻压	50.46	kN	入口流量	1.87	L/s	nC5	0.03	%
扭矩	4.50	kN.m	出口流量	37.43	%	CO2	0.00	%
钻时	12.00	min/m	入口密度	1.14	g/cm³	一号H2S	0.00	ppm
泵冲1	0.00	spm	出口密度	1.15	g/cm³	二号H2S	0.00	ppm
泵冲2	94.88	spm	入口电导	15.51	ms/cm	三号H2S	0.00	ppm
泵冲3	0.00	spm	出口电导	33.51	ms/cm			
			入口温度	59.63	℃			
			出口温度	66.86	℃			

图 10　录井实时数据展示

实时数据接收软件在接收到录井实时数据的同时，进行分析计算生产工程，录井实时数据展示模块还可实现曲线的形式实时展示(图 11，图 12)。

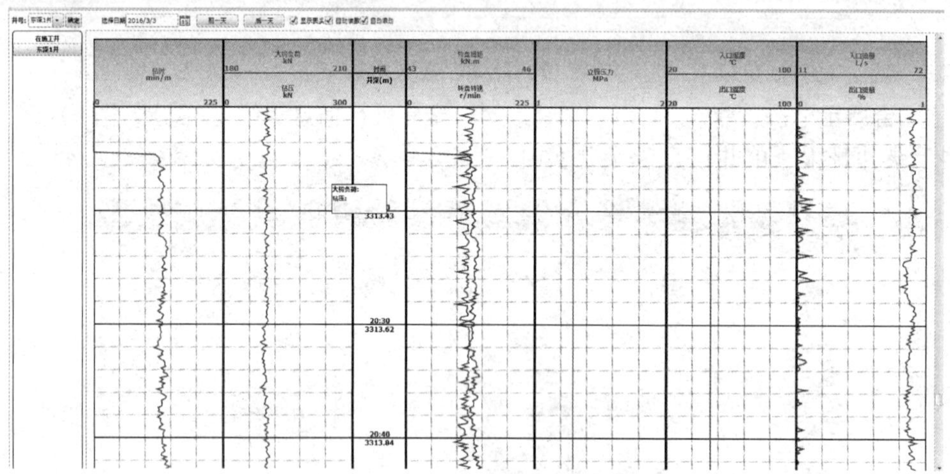

图 11　实时数据曲线展示

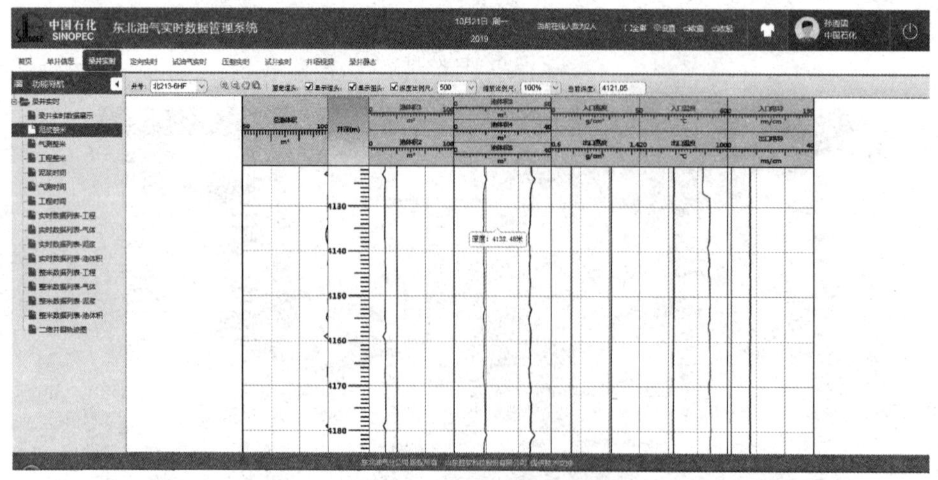

图 12　泥浆整米数据曲线

3.5.3　定向信息展示

显示实时的测斜数据，包括井斜、方位、工具面，使用可视化的数据展示技术实时的进行数据描绘，也通过曲线方式进行历史数据查询(图13)。

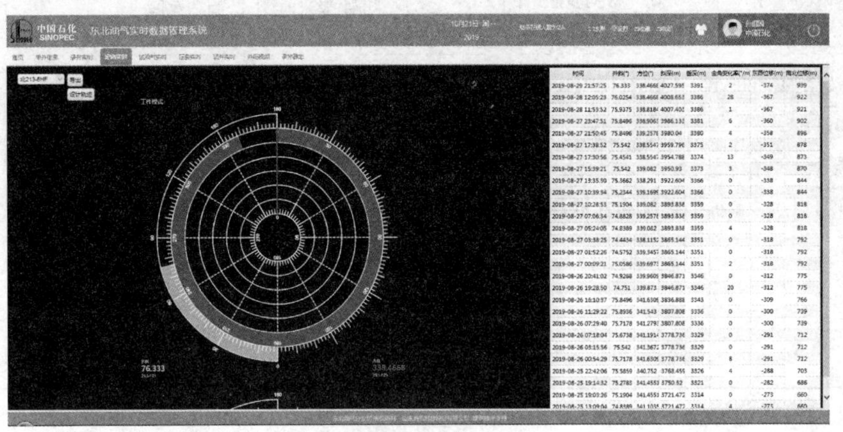

图 13　定向实时数据展示

3.5.4　压裂信息展示

展示当前正压裂井的实时数据，包括当前的施工井号、计划施工日期、施工时间、层段号、油压、套压、砂浓度、排量数据，并绘制施工曲线(图 14)。

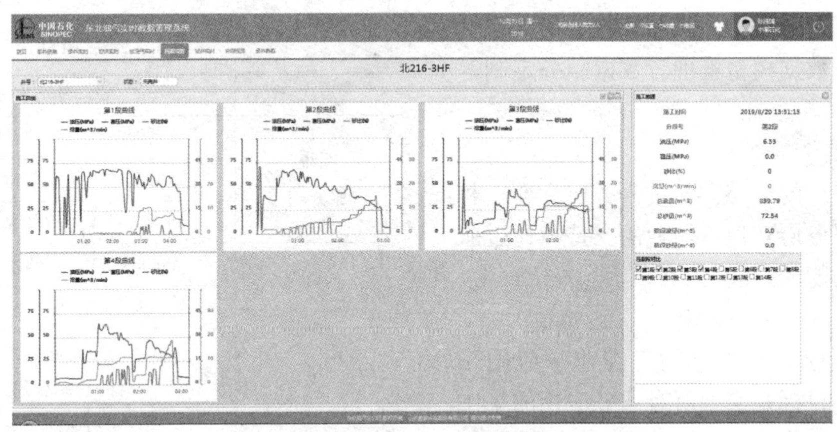

图 14　压裂实时数据展示

系统提供将历史曲线与当前压裂井实时曲线并列显示，可供技术人员同时查看分析和对比。通过对历史井压裂状态和过程的了解，预判当前压裂井可能的问题和风险，或对压裂施工质量的判定起到参考(图 15)。

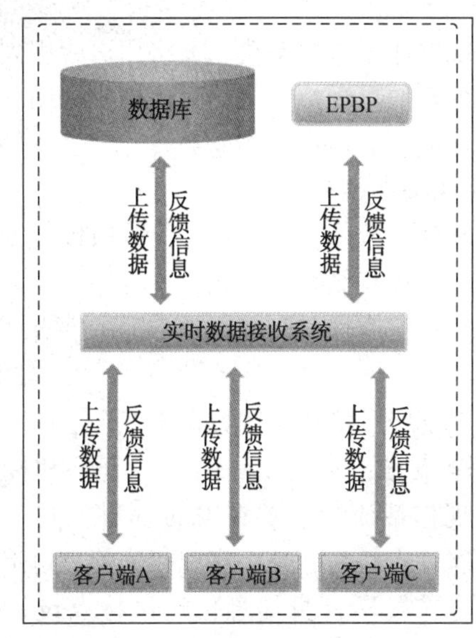

图 15　数据传输流程

4　总体架构与技术路线

4.1　总体架构

本系统的逻辑架构大体可以分为数据采集传输系统(包括井场局域网络)、远程传输网络、EPBP 数据库几个部分。从物理部署上来说，各公司用户通过授权访问东北油气分公司的实时数据发布系统(图 16)。

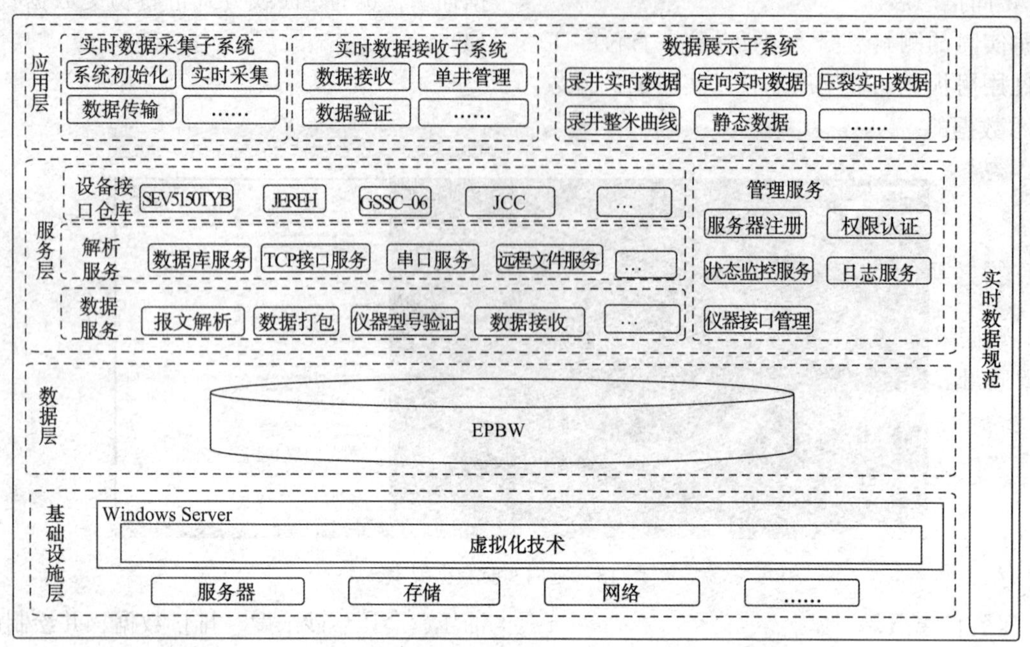

图 16　项目框架视图

(1) 数据层

主要是实现对数据的访问及管理控制，包括数据投影工具、数据模型管理、数据服务定制等相关功能模块。

(2) 服务层

服务层是平台的核心，通过服务层标准化相关接口，通过服务层实现跨平台的支持、通过服务层实现相关功能的封装。

(3) 应用层

业务层包括松原智能化的各类业务应用系统，平台的最终目标是实现所有业务应用的集中管理、集中授权、集成呈现。

(4) 呈现层

呈现层体系主要解决怎么将用户所用到的业务模块更好的呈现给用户，方便用户调用，符合用户的习惯，满足用户的业务。

4.2 系统安全设计

本软件系统的安全性设计，采取以技术实现为主，与管理相结合的方式，充分保障业务应用的安全。在安全性设计和管理方面考虑有如下几个方面。

从系统级、应用级和数据级三个层面，统一部署安全策略；实现统一的用户管理和授权管理；实现包括流量监控在内的 6 种用户行为监控，建立日志备份管理，实现行为管理可追溯。

结合采气厂自身信息化建设特点设计有效的、合理安全规范，全面保证系统的安全运行，包括软件安全、数据安全、安全审计(表 1)。

表 1　安全设计

层次	安全性方案及措施
系统服务端	系统与统一用户认证中心接口
	基于角色的权限分配机制
	具备完整的系统日志
OS	Windows2012 达到系统级安全标准
	服务器防采用病毒系统
DB	基于 Oracle 数据库系统软件的访问控制、加密、审计
网络	入侵检测、漏洞扫描
	防火墙、网络隔离

4.3 技术特点与技术路线

本项目实施总的原则是先研究数据标准和进行数据标准需求调研，然后进行数据库设计和相应的软件开发。软件开发完成后，即可制定现场推广应用实施方案，在东北油气分公司指定的重点井进行现场部署应用。现场应用的同时，本项目组除了进行技术服务和支持外，还要及时修正完善系统功能，不断总结推广经验，最后形成项目成果报告，申请验收。

本项目采用的技术主要有以下几个：

数据接口技术：主要实现现场设备信号获取，根据厂家提供的编码协议进行解码，然后转换成标准的数据格式存入现场数据库；

数据传输技术：首先要研究最新的 WITSML 实时数据信息传输标准，结合 EPBP 自身的需求，运用数据加密解密技术、断点续传技术和 WCF 技术数据的打包、传输、分发等。

网络技术：在井场采用普通的小型局域网模式，远程网络将采用井场固有的网络资源。

5 取得的效果

（1）数据采集规范和审核策略的制定，能够提升数据质量，保证数据的可用性，扩展数据应用范围。

（2）数据的统一管理与存储，可以压缩数据管理层次，提高数据安全性，优化了人员配置和劳动效率。

（3）与 EPBP 系统数据接口标准规范的制定和接口开发，可以规范数据传输格式，保证数据的及时调取与查询展示，有效发挥数据价值。

（4）通过仪表采集数据的自动入库，改变了以往人工录入数据的方式，减轻了一线员工劳动强度的同时，提高了数据的准确性和及时性。

参 考 文 献

[1] 陈志伟．定录导一体化数据传输与监控系统建设．录井工程，2020. 3.

[2] 周超．一种压裂数据实时监测与技术支持系统．中国专利，2020. 2.

松南气田综合管理调度指挥系统的设计与应用

成　玉

（中国石化东北油气分公司）

摘　要　为保障气田安全生产、高效合理开发、降低运营成本、降低员工劳动强度，松南气田不断探索气田科学开发、高效管理的新途径和新措施；通过对综合管理调度指挥平台的建设，松南气田建立起一套覆盖生产全过程的物联管控平台，实现了全厂信息共享和统一调度指挥，大大夯实了气田智能化生产管理基础。实现了“分级监控、事前预警、应急处置、闭环运行、智能调控、统筹管理”的智能化生产调控体系。

关键词　智能化；信息化；SOA架构；数据整合；可视化模型

1　建设背景

2014年，中国石化开展了智能油气田的规划工作，对智能油气田的建设愿景、建设内容及建设路线进行了规划，为松南气田的信息化建设工作提供了指导。

松南气田随着开发年限的增长、开发规模扩大，伴随产生了自动化仪表设备老化、网络传输不稳定、远程关断无法通信、开发水平难度增加等，导致安全风险可控性降低。为了安全风险可控、增加运行效率、提高劳动生产率，松南气田确定积极推进信息化建设的工作目标。

2018年，松南气田信息化项目正式开始实施，本项目的建设基于松南气田综合管理调度指挥中心，计划通过搭建综合管理调度指挥平台，建立八部分内容：生产区4G网络建设、三维GIS地理信息建设、生产运行协同指挥、安全生产监控、设备全生命周期管控、开发生产优化、移动监控与指挥。

2　建设目标

通过搭建综合管理调度指挥平台，改变原本的生产管理模式，建立以生产调度为中心的一体化管理，提高全厂生产组织运行效率和劳动生产率，实现生产运行、安全管理、设备管理、气藏开发等方面一体化，使生产管理向精细化、扁平化方向发展，最终实现降低成本、盘活资源、提升员工幸福感、提高劳动生产率、提高效益的目标，具体包括：

（1）降低成本：理清生产运行各业务环节及流程，规范生产信息的上报、协调、报送处置，实现生产调度与协调的高效运行，避免信息的散、乱、多头上报、标准格式不统一等问题，降低运营成本。

（2）盘活资源：利用智能化技术对对井场、站库、管网等的实现智能监测预警，实现站无人值守，盘活外操人员。

（3）提升员工幸福感：利用物联网技术，实现现场实时监控，减少员工巡检、操作风险隐患，提高幸福度。

（4）提高劳动生产率：优化生产组织协调的机构与岗位设置、管理模式，实现管理的提质增效，通过简化生产运行流程、实现信息自动化上报与流转，实现业务的网上运行与监控，降低前后方工作量，实现提质增效。

3　总体设计及技术路线

3.1　设计原则

标准化：所有界面、模块、组件、接口、服务调用、数据格式，都有标准；

服务化：数据交互、前后台通信，通过服务、消息等进行实现，都是服务；

集成型：面对B/S、C/S、移动应用，均有各自的集成规范，实现框架集成；

开放性：支持第三方依平台规范开发的模块、组件、服务，对开发方开放；

智适应：PC、移动设备信息自匹配，自动化绑定个人办公信息，智能适应；

跨平台：瞄准PC及移动应用，跨Windows、Android、IOS，支持各平台；

3.2 总体架构

系统总体架构分为数据存储层、平台框架层、应用呈现层三部分。数据存储层基于数据存储介质实现 EPBP 基础数据、实时数据、项目数据的存储。平台框架层包括平台运维管理、平台服务、数据服务、基础组件以及软件部署等。应用呈现层实现应用功能的呈现，支持 PC 端、移动端等多种终端环境(图 1)。

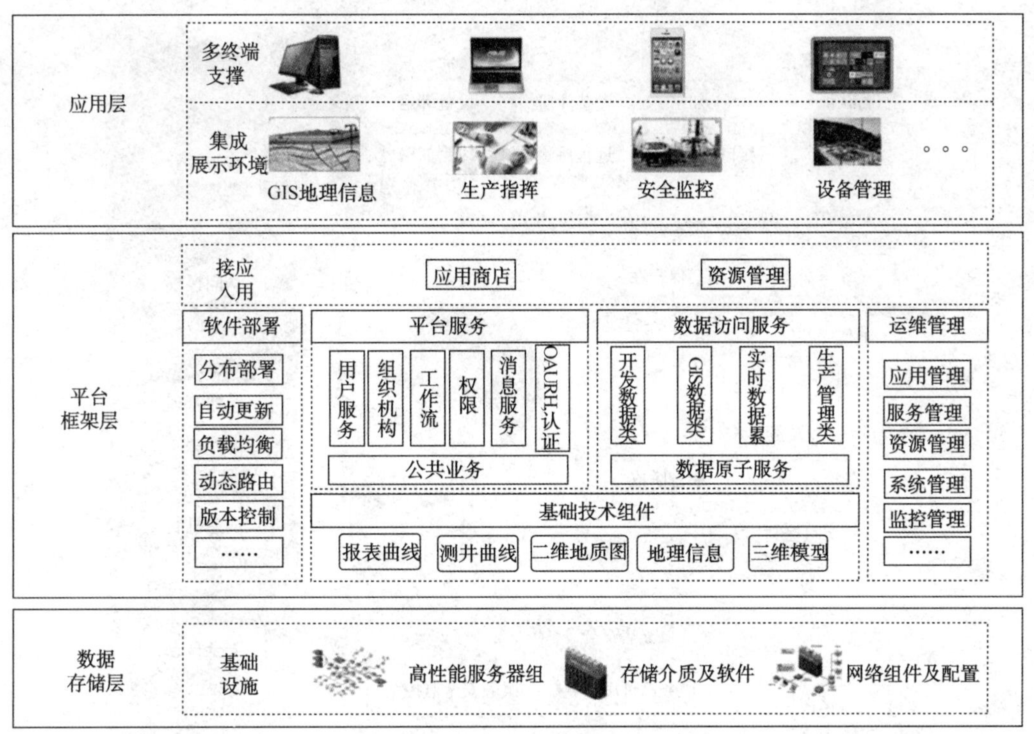

图 1　平台总体架构

3.3 技术架构

从数据、服务、应用三大层面入手，基于 SOA 技术进行开展，实现系统数据、服务、应用的简单复用，通过数据的集中管理、各功能的服务化构建、最终形成面向客户的各类应用功能，实现“四化一体”的新模式(图 2)。

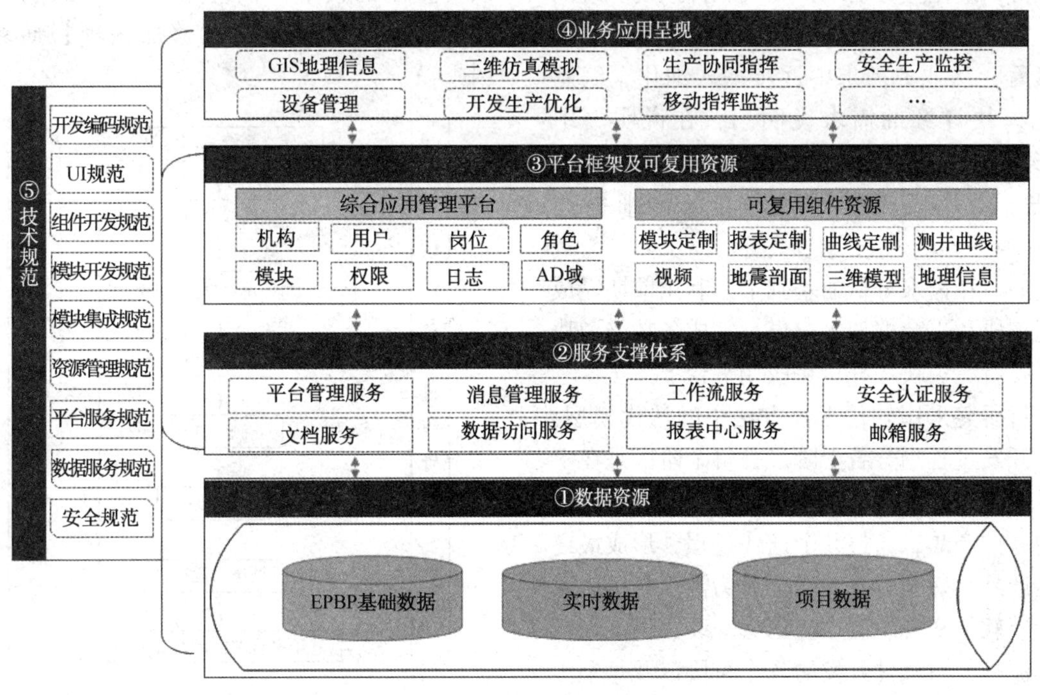

图 2　技术架构

3.4 安全设计

系统安全体系围绕云、网、端三个方面，在各自层面采用不同维度进行系统保护。整体以PKI/CA证书体系为基石，对云、网、端各层子系统进行签名校验和信息传递保护，从而构建系统整体的安全体系，为企业应用安全提供全方位保护(图3)。

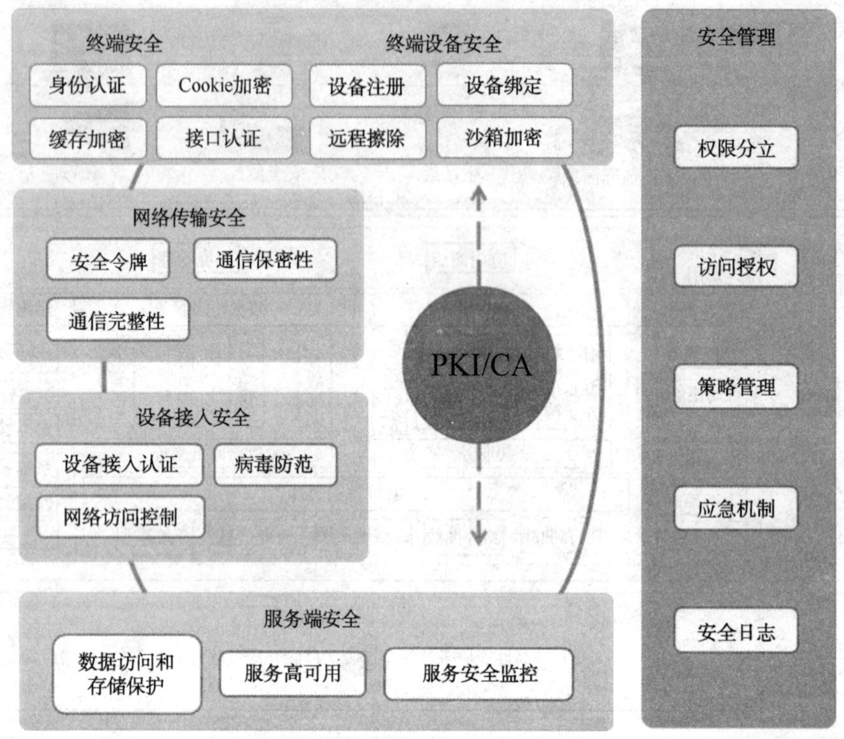

图3 安全体系架构设计

3.5 技术路线

首先，通过对工作业务范围、职责、业务流程的分析，确定业务需求，明确软件系统实现的功能。

然后，从业务需求中逐步深入细化，编制各功能模块详细的需求说明书，在说明书中以图形和文字将各功能模块的功能、人机交互过程、工作流流程等用户需求详细描述出来。

最后，在需求分析的基础上，利用前期完成的数据集成和平台框架等成果，完成各功能模块的开发，所有模块均挂接在应用平台上。

项目研究采用软件工程方法中的迭代模型，将软件开发过程划分若干阶段，每个阶段是在上一阶段基础上的迭代，每一个阶段都能产生相对完整的软件产品，通过几个迭代过程，形成最终的软件产品。每个迭代阶段划分为需求分析、系统设计、软件实现、测试、部署安装、调试运行等工作流程，对软件开发的各个阶段以及每个工作流程实施软件工程化管理。

同时在软件开发过程中，充分继承、利用前期研究成果，将前期研究中的方法、模式及可重用的共享模块应用在本项目的研究中，既降低技术风险，又能够加快项目研究进度(图4)。

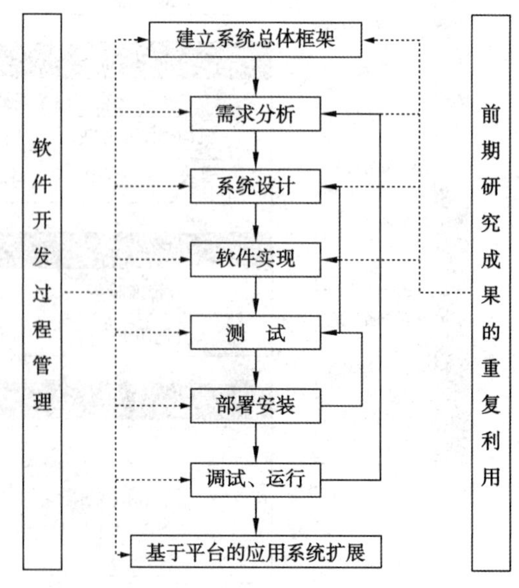

图4 总体技术路线图

3.6 关键技术

3.6.1　可视化模型管理技术

利用可视化模型管理工具实现对数据库模型的集中管理，包括数据表、字段等，通过模型管理工具可以实现对数据库表结构的检查、修正，同时形成版本记录，将历次修改进行版本化管理。

3.6.2　可视化定制技术

为了满足数据查询需求变动快、数据结构时有更新的情况，录入界面、验证规则必须做到可定制，提供采集录入可视化定制工具，提高软件开发周期，降低对开发人员的依赖。

3.6.3　插件化开发技术

基于分布式云部署的标准和研发规范，采用插件化模块设计，基于数据服务的开发模式，并提供“插拔式”接入方式(可用第三方相同服务替换)，构建开放式的微服务应用环境，为业务应用“依云而居”创造有利途径。

3.6.4　文档资料管理技术

针对成果资料采集及管理，构建了一套非结构化数据管理的解决方案，实现对文档的进行统一管理、集中保存、授权使用、方便查询，并且建立企业级的文档支撑标准，规范非结构化数据的生成、存储、开发、服务三个方面，为后续其它业务应用提供统一的文档支持，其它业务模块不需再包括文档管理模块。

3.6.5　分布式负载均衡技术

基于 Nginx+Node. JS+Express+Oracle 模式，用以实现服务器端负载均衡、反向代理、高并发响应、分布式与伸缩式的集群化部署。

3.6.6　移动应用组件化技术

为加快移动应用开发，满足专业需求，开发了移动界面定制 IDE 工具，并提供了专用移动组件库，组件应用实现可视化定制模式。

4　项目建设内容及功能

4.1　硬件提升方面

为实现松南信息化提升，在已有自动化建设的基础上，充分结合实际需求，本着“充分利用现有自控基础，完善现场自动化设备”原则，对以下硬件进行提升(图 5)：

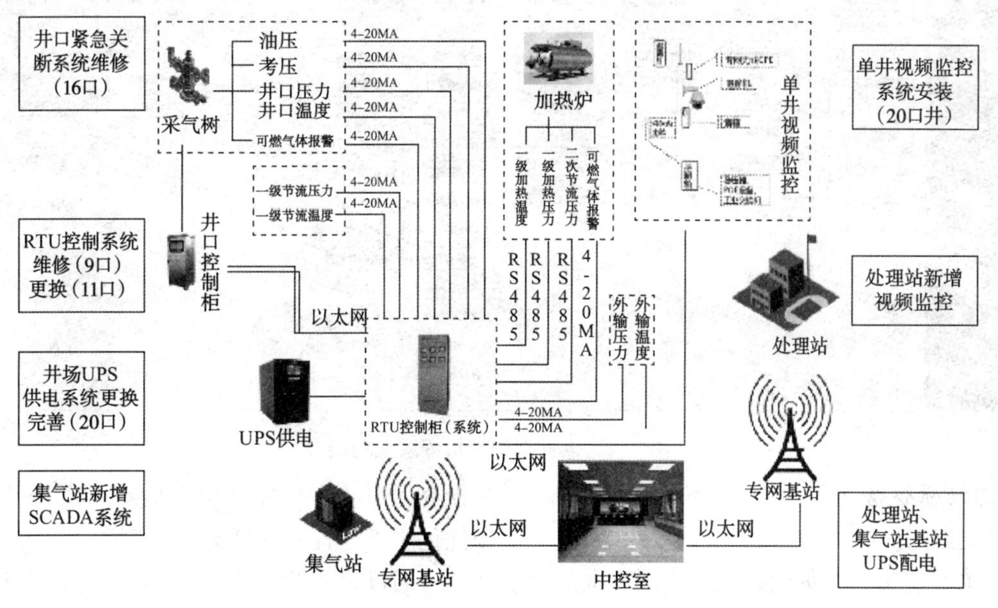

图 5　硬件提升情况

(1) 集气站新增 SCADA 系统。上位机采用霍尼韦尔 DCS 冗余监控系统，下位机采用霍尼韦尔 C30 PLC 控制器，通过 RTU 控制系统联锁控制程序，实现井口工艺过程参数的远程数据采集、监控、管理，形成一体化的信息化管理运行模式。

(2) 单井硬件设施升级改造，更新 RTU 控制柜 11 台，维修 RTU 控制柜 9 台，更换井场 UPS 供电系统 20 台。

(3) 修复完成 16 口单井紧急关断控制柜。

(4) 新增单井防爆球机视频监控 20 口，维修、更换远传变送器 196 台。

(5) 处理站、集气站新增多处视频监控。

4.2　软件集成方面

基于松原采气厂综合管理调度指挥中心，搭建综合管理调度指挥平台，建立“五可”(可视、可检、可记、可巡、可报)分级立体安全及生产的监控管理体系(图6)。

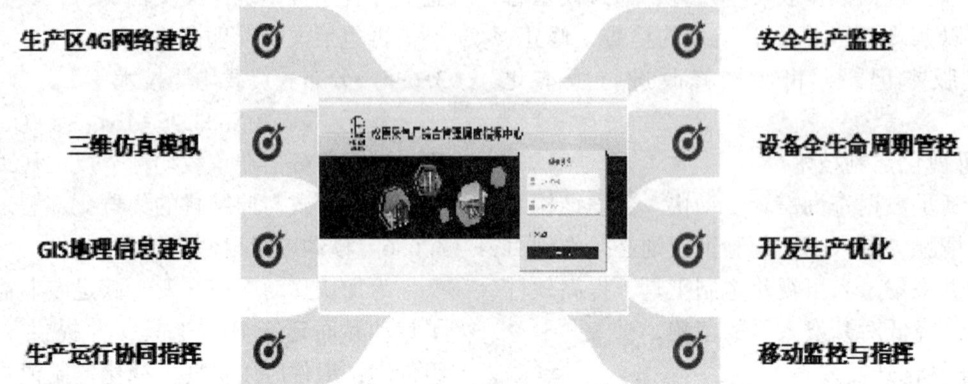

图6　软件集成情况

4.3　综合管理调度指挥平台搭建

搭建综合管理调度指挥平台，共建立8大功能模块，包括三维GIS、智能监控、生产管理、HSSE管理、设备管理、应急管理、开发优化、生产报表等功能(图7)。

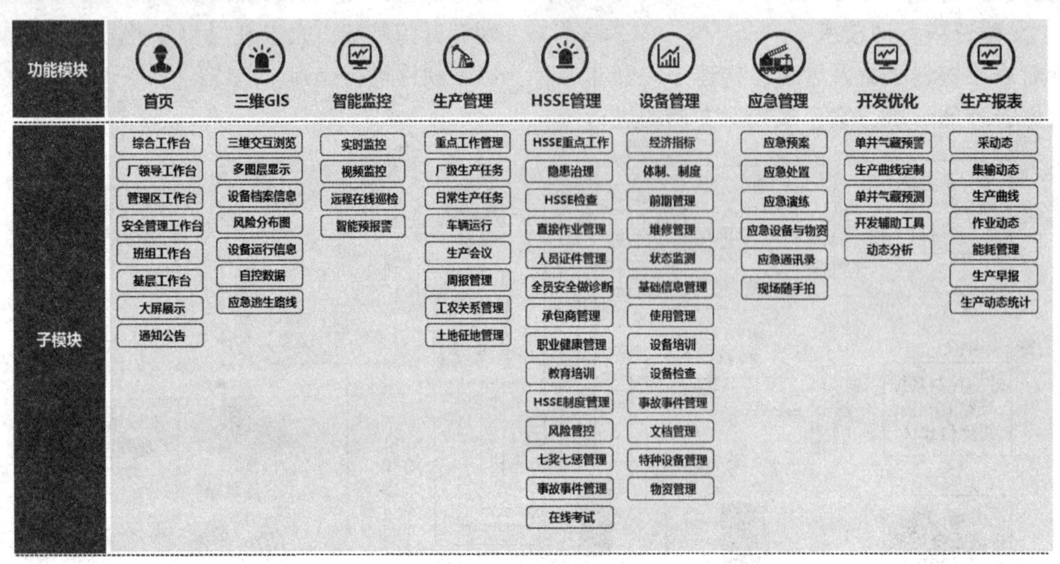

图7　综合管理调度指挥系统功能

4.4　主要功能介绍

(1) 三维GIS

构建单井、集气、集输处理等比例三维仿真模型，结合Skyline平台，提供一个科学简便、形象直观的可视化分析手段，为各级管理人员提供一套简单、迅速、方便的生产可视化监控管理。

(2) 智能监控

通过集成自控数据、工艺流程等，以可视化手段模拟生产运行，监控井场、集气站、处理站的工艺运行。能够做到组织指令统一下达，生产指令同步执行，提高生产效率，减少管理环节，优化用工结构，降低劳动强度。

通过远程生产数据采集、远程实时视频监控，高清可控摄像头能确保井场安全，清晰地监控井口流程、各类机泵运行、闲杂人员情况、跑冒滴漏、管线刺漏等状况。更加全面地实现了井场情况的实时监测，确保安全隐患早发现、早解决。

(3) 生产管理

生产运行管理模块集成了年度重点工作管理、厂级任务管理、日常任务派发管理、车辆运行管理、生产例会管理、工农关系管理、土地管理七大功能，以年初制定的年度重点工作运行大表为中心，统一线上指派，落实责任人，及时落实各项重点任务进度，把控关键节点，厂级日常任务派发为辅助，分解重点工作内容，以视频监控、三维 GIS 等技术手段为支撑，实现生产运行全业务线上运行。日常巡检任务上线，实现派发-执行-派发人验收闭环管理，同时因派发各项日常任务的即时性和可监控性彻底杜绝纸质记录模式下的多种弊端。

通过任务标准管理模块，建立了现场巡检、设备启动、设备关停、设备保养、设备润滑、设备油水检测、设备盘车等 8 大类 160 多小类业务标准与规范，将风险识别、防控融入操作每个步骤中，基于 JSA 分析、HAZOP 分析识别任务风险，自动匹配任务对象，适时推送任务操作风险提示，使员工能对每一个设备、每一项操作的危险源提前识别，有效降低安全隐患。

（4）设备管理

设备管理模块旨在实现设备全生命周期管理，初步建成设备完整性管理体系，通过设备主要经济技术指标、管理体制机制，使用管理、维修管理、状态监测、基础管理、物资管理等功能的实现，使设备管理更加“规范、精细、高效”，实现了设备管理业务的规范化、流程化、网络化、痕迹化，通过对设备管理环节的流程痕迹全过程记录，为设备管理留下第一手资料，提高了工作效率，提升了设备管理水平。

（5）开发优化

开发优化模块主要包括生产曲线定制、单井气藏预测、开发辅助工具、单井气藏预警等功能，将原来需人工操作的模式化、固定化的工作交由信息系统操作运算，并将运行结果展现给科研人员。自动生成的生产曲线可以减少研究人员大部分制作曲线的时间，从而更好的开展气井的动态分析工作；单井气藏预警可以让研究人员及时发现异常井，并展开分析研究；单井气藏预测和开发辅助工具将原来多个开发软件的功能集于一处，让研究人员可以从数据的采集、应用与分析都在一个系统中进行。

（6）生产报表

生产报表模块中包括日常工作中所使用的生产动态、能耗管理、生产运行记录等近 50 张各类报表及台账。相比以往纸质报表而言，信息化在生产报表中的投用，既解决了长期以来纸质报表不易保存、浪费空间的问题，又解决了原本报表数量多且类目杂，填表人员难免因失误而出现漏填、错填、忘填的问题，同时又提升数据的信息化管理能力，便于日后查询比对。

5 应用效果

（1）提高指挥效率，降低了生产成本

以年度重点工作运行大表为中心，统一线上指派，落实责任人，及时落实各项重点任务进度，把控关键节点，日常任务派发为辅助，分解重点工作内容，以视频监控、三维 GIS、GPS 等技术手段为支撑，实现生产运行全业务线上运行，全面深化大运行模式建设。

（2）在线巡检提质提效，优化班组减员增效

在线巡检改变了以往人工巡检、手填报表、线上上报数据的运行模式，故障检查为自动判断，巡检人员能够快速锁定异常问题，第一时间对异常情况进行判断、分析产生原因，实现了“现场+指挥”管理模式，单次巡检时间由 120 分钟提升至 20 分钟，劳动效率提升 84%，人员由定员 30 人优化至 24 人，整合出的一部分人员分配至东岭区块开展生产运行工作，保证东岭区块平稳运行。

（3）提高监控质量，消除安全隐患

安全管理人员利用高清视频监控、直接作业管理、手持机等功能，能够实现对现场作业进行远程监控、现场作业票检查等工作，做到了对现场作业、人员状态等的全程监视，降低了作业风险。

（4）提升了现场管控水平，降低了作业风险

搭建 4G 网络和无线网桥，解决了单井远程紧急切断重大安全隐患，当下游站场装置停车，能通过远程关井快速截断井口气源，降低生产事故发生率，减少生产安全风险。解决了恶劣天气下数据无法传输的问题，保证了数据传输的稳定性。

（5）明确作业风险识别及对应措施，强化现场作业规范性

通过 HSSE 重点、承包商管理、特征设备管理等，建立了统一、可量化、可追溯的台账、检查、安全作业等标准体系，按照“谁主管，谁负责”的原则，明确每一步管理流程“谁去做，做什么，怎么做”，确保每位员工的岗位职责落实

到位，各项安全工作完成情况、完成质量进行监控，及时纠偏与量化考核。

（6）建立设备全生命周期管理体系，提升管控能力，提高设备利用率、完好率，降低故障率，延长设备使用寿命，减少安全事故

通过建立设备全生命周期管理体系，实现设备管理的规范化、流程化、网络化、痕迹化、纸张数据电子化。对经济技术指标未达标设备平台推送，加强薄弱环节管理。推送到期保养清单，加强设备的预防性维修保养监管，提高设备运行质量。增强设备运转本质安全，进行设备运行监测。提升设备操作指令规范性，操作规程指令化。提升巡检速度，方便设备巡检数据记录。及时发现设备安全附件、检测、计量仪器检验到期情况。以分析统计等手段，实时掌握设备运行状态，提高使用效率，为决策提供及时、准确、详实的科学决策分析依据，达到了提升设备管理水平的目的。

6　结束语

通过信息化提升项目的建设和使用，松南气田构建了基于实际业务流程符合生产实际需要的信息化调度指挥平台，实行了以生产运行为中心的闭环管理模式，利用信息化手段保障安全全流程可控、高效合理开发、降低运营成本、提高劳动生产率，取得了阶段性成果。

接下来松南气田将进一步完善系统功能、加强研究、深化应用，利用信息化、智能化的手段进一步提高工作效率及管理水平。

参　考　文　献

[1] 张朝阳，王艳．长庆油田数字化建设实践[J]. 数字油田，2011. 02：3-5.

[2] 陈新发，曾颖等．数字油田建设与实践．石油工业出版社，2008 年．

[3] 李清辉，文必龙等．数字油田信息平台架构．石油工业出版社，2008 年．

[4] 刘宝军．智能油田建设构想[J]. 胜利油田党校学报，2015. 11，99-101.

智慧油田建设助推中国石油上游企业"油公司"模式改革

姚尚林 刘 合 时付更 李 欣 吴淑红 匡 明 吴 梅 陈新燕

(中国石油勘探开发研究院)

摘 要 智慧油田是油田可持续发展的必然趋势，中国石油"油公司"模式是实现更高质量、更有效率、更具活力、更低成本、更可持续的现代化"油公司"的必由之路，智慧油田建设将为中国石油"油公司"模式改革插上腾飞的翅膀。

文章从油田自身生产特点出发，梳理出了"智慧油田"建设业务流程框架，探讨了中国石油智慧油田建设目标、中国石油智慧油田建设面临的挑战、中国石油智慧油田建设策略。智慧油田建设在上游全领域助力科学决策、提高勘探效率、优化开发流程、转变生产组织模式、降本增效、增储上产。论文主要是关于智慧油田建设的目标挑战分析及建设策略方面的研究，以供相关专业人士进行参考和借鉴。

关键词 智慧油田；"油公司"模式；大数据；人工智能；数字化；智能化；物联网；油田开发

1 引言

中国石油油气田勘探开发业务的总体工作思路是：坚持稳健发展方针，立足长期低油价，围绕打赢生存与发展攻坚战，突出高效勘探、低成本开发、加快天然气和绿色安全发展"四大任务"，推进从重产量向产量效益并重、从重地质储量向重经济可采储量、从靠投资拉动向靠创新驱动、从传统生产向精益生产的"四个转变"[1]。抓实技术创新、深化改革和党的建设"三个保障"，确保"十三五"原油1亿吨有效稳产、天然气产量达到1200亿立方米以上，为实现集团公司高质量发展、保障国家能源安全做出新贡献。

为实现以上工作目标和任务，油气田企业大力推进"油公司"模式改革，既是提升经济效益和管理效率的必然选择，也是实现高质量发展的必由之路。智慧油田建设将为中国石油"油公司"模式改革插上腾飞的翅膀，将在上游全领域助力科学决策、提高勘探效率、优化开发流程、降本增效、增储上产、转变生产组织模式，对保障我国能源安全有着重要而深远的意义。

近几年，国外油气企业通过与IT巨头联手，在多个领域寻求合作，推进数字化转型。据《展望》预测，到2050年，油气行业通过数字化可实现四分之一的增长和三分之一的成本削减，油气公司将更多地通过信息化手段实现增储上产、降本增效。

贝克休斯和英伟达(NVIDIA)合作，针对油气行业海量数据，采用AI和GPU技术进行加速实时提取，从而减少了石油勘探、开发、运输、加工、分发成本；BP建立了人工智能公司，通过地球物理、地质和油藏项目信息创建独特的"知识体系"。AI能将这些信息结合起来，再识别新的工作流程和连接；哈里伯顿与微软签署战略合作协议，在油气行业数字化转型领域进行通力协作，利用深度学习模型，可实现钻井和油气生产优化，降低了客户的作业成本；道达尔与谷歌云签署战略合作协议，在人工智能技术领域进行紧密合作研究攻关，使全新智能解决方案应用于石油天然气的勘探开发[2]。

《"十三五"国家信息化规划》以云计算、大数据、物联网、移动应用、人工智能、区块链等新技术作为关键引擎，深化结构性改革和推动可持续发展，事实证明该战略取得了显著成效。面对当前低油价和疫情的严峻形势，加快信息技术创新、加快数字化转型、建设智慧油田、最大程度释放数字红利，是石油行业走出困境、逆境求生的重要途径。

2 中国石油智慧油田建设目标

基于先进的云计算、大数据/认知计算、物联网、移动应用、人工智能等新技术，通过多专业跨部门协同工作，实现生产动态全面感知、变化趋势自动预测、生产过程自动控制，业务(节点)分析实时优化，辅助科学决策，提升效益效率；建成覆盖勘探开发、生产经营、安全环保的全领域业务链的智能化应用平台，支持智能生产管控和智能协同研究的智慧油田，有效支撑增储上产、稳油增气和提质增效。

2.1　中国石油上游业务组成

油气田上游生产的主要业务组成由勘探、评价、开发、生产、储运等业务类型组成，具体见图 1。

油气田企业的主营业务实现过程分为规划计划、方案制定、实施与控制等几个主要阶段，具体见图 2。

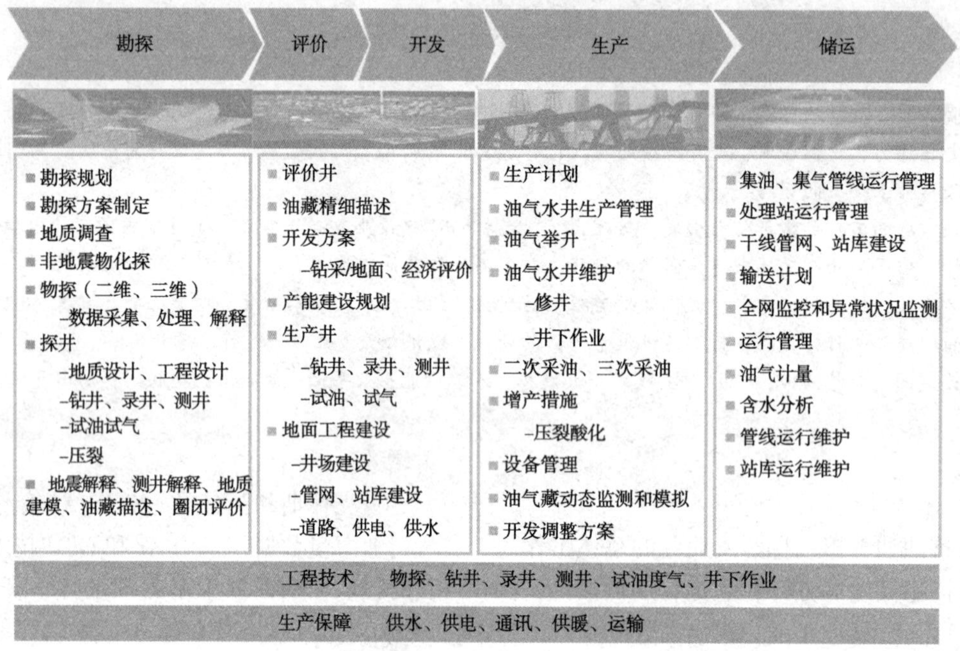

图 1　油气田上游业务组成图

	规划计划	方案制定	实施与控制	
关键控制点	计划的有效性和投资结构合理性	方案的准确性和充分论证	控制进度和质量、安全环保	分析效果并积累经验和知识管理
勘探	中长期勘探规划 勘探年度计划	勘探项目设计	现场施工 资料采集 过程控制 审核验收	综合评价 储量申报
开发	中长期开发规划 年度开发计划	油藏评价　初步开发方案 开发地质研究　开发方案 新/老区地面工程方案	钻井实施 采油工艺 地面工程施工 调整与优化	核实储量 方案实施评价 施工验收
生产	年度/月度生产计划	运行方案 措施方案	生产运行 增产措施 井下作业 油藏管理	产量核实
储运	输送计划	运行方案	管网监测　站库监测	销售计量

图 2　油气田企业的主营业务实现过程

2.2　智慧油田的总体框架

(1) 智慧油田的组成

智慧油田建设覆盖 8 个应用领域(战略决策、勘探与评价、油藏管理、生产管理、油气井管理、井场管理、生产保障、储运等 8 个业务领域)，建设 2 大管理中心(面向管理的一体化运行中心、面向 IT 的基于云计算的数据中心)，完善 3 类基础设施(全面的传感网络、自动采集设备、自动控制设备)，先进的IT基础设施，提供3种工作环境(自动操控环境、主动优化环境、虚拟专家辅助研究环境)，用于3个业务层次(决策层、管理层、操作层)。

① 智慧油田建设覆盖的8个关键智能化应用领域：

智慧油田建设覆盖的8个关键智能化应用领域分别是[3](图3)：

- 智能战略决策

利用诸如SWOT矩阵、波士顿矩阵、GE矩阵等决策模型，归纳决策信息，仿真分析决策效果，跟踪执行情况，协助宏观生产经营决策。

- 智能勘探与评价

地质勘探专家系统辅助勘探地质研究、评价和勘探领域目标优选、地质勘探专家系统辅助油气探井井位优选；智能多井对比、智能油气资源战略选区。

- 智能油藏管理

进行油藏动态跟踪模拟、自动更新、历史拟合、预测和优化；利用油藏数值模拟技术和油气开发专家系统辅助生产计划，调整和优化注采关系，辅助优选措施井、评价和分析措施方案效果。

- 智能油气井管理

开展单井运行动态数值模拟和监测、单井产能预测分析和优化、单井产量关键影响因素分析。

- 智能生产管理

建设生产运行指挥环境，可视化实时钻井跟踪环境等一体化协作环境；现场操作和生产过程的自动预警、自动研判和自动处理，提高反应精确性，最大程度地减少人为因素影响；形成智能应急指挥管理系统。

- 智能生产保障

智能化的水质、用水量、用电量管理和用水、用电优化得以实现。

- 智能储运

实现储运全系统(包括产源、管线、站库)的动态监测、模拟和剖析。

- 智能的井场

通过规划安装井筒传感器、储层永久传感器，可获取油水井地下信息；智能化油井、气井、水井、得以实现；通过利用智能完井和实时钻井技术，从而储层的控制能力和钻井跟踪水平得以提高[3]。

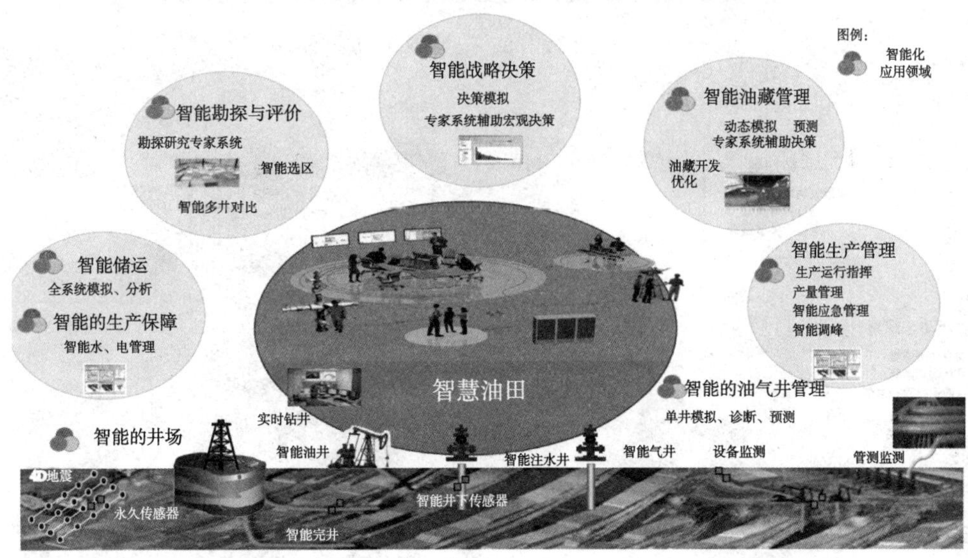

图3　智慧油田建设覆盖的8个关键智能化应用领域

② 建设一体化运行中心

一体化运行中心提供全油田公司各业务的协同工作环境，涵盖勘探、评价、开发、生产、储运、工程技术以及生产保障等多个环节。通过设立一系列专业组，多学科人员(业务专家/IT专家/外部专家)的参与，提升智慧油田的专业技能(图4)。

- 集成创新组

根据用户的反馈及前瞻性设想，持续设计智能化新的应用系统，改善用户体验，提升系统功能。

- 数据分析组

提供油藏/单井/管网设备等方面的数学模型以及勘探/开发/生产等各业务数据的分析和处理。

- 决策支持组

面向生产经营的决策支持。

- 数据管理组

提供数据搜集、数据整理、数据加载、数据

验证和标准化服务。

• 自动化监控组

提供实时观测、自动预警和判断、快速决策和自动处理的服务。

③ 3 种智能化工作环境

基于云计算的数据中心为业务人员提供 3 种智能化工作环境，自动操控油田活动(图 5)、主动优化生产管理(图 6)、虚拟专家辅助勘探综合研究(图 7)。

• 自动操控油田活动

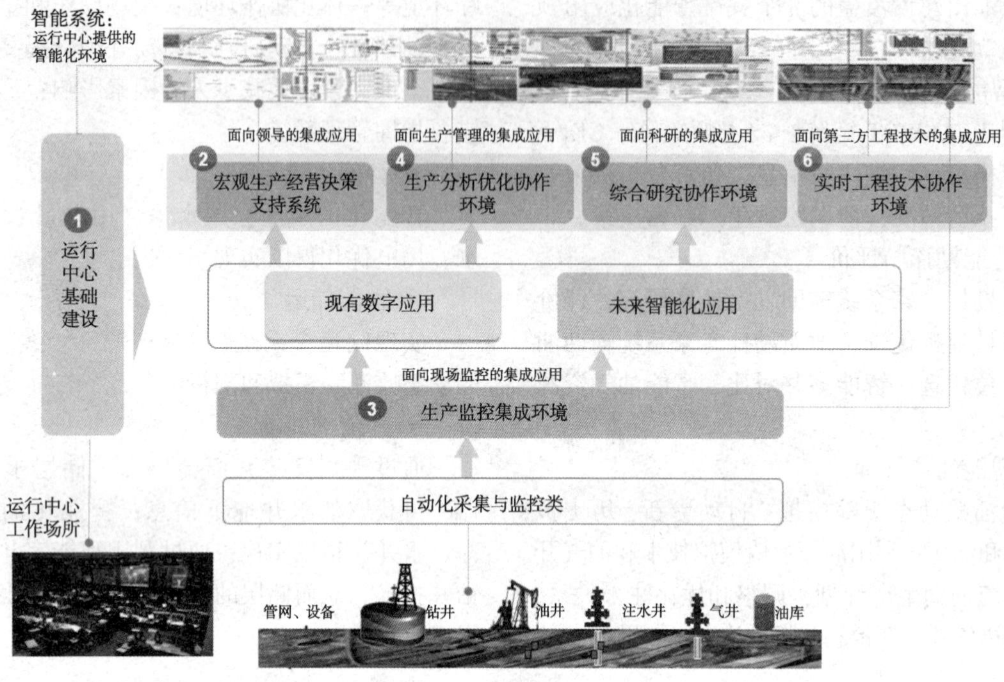

图 4　一体化运行中心——集成化的综合应用

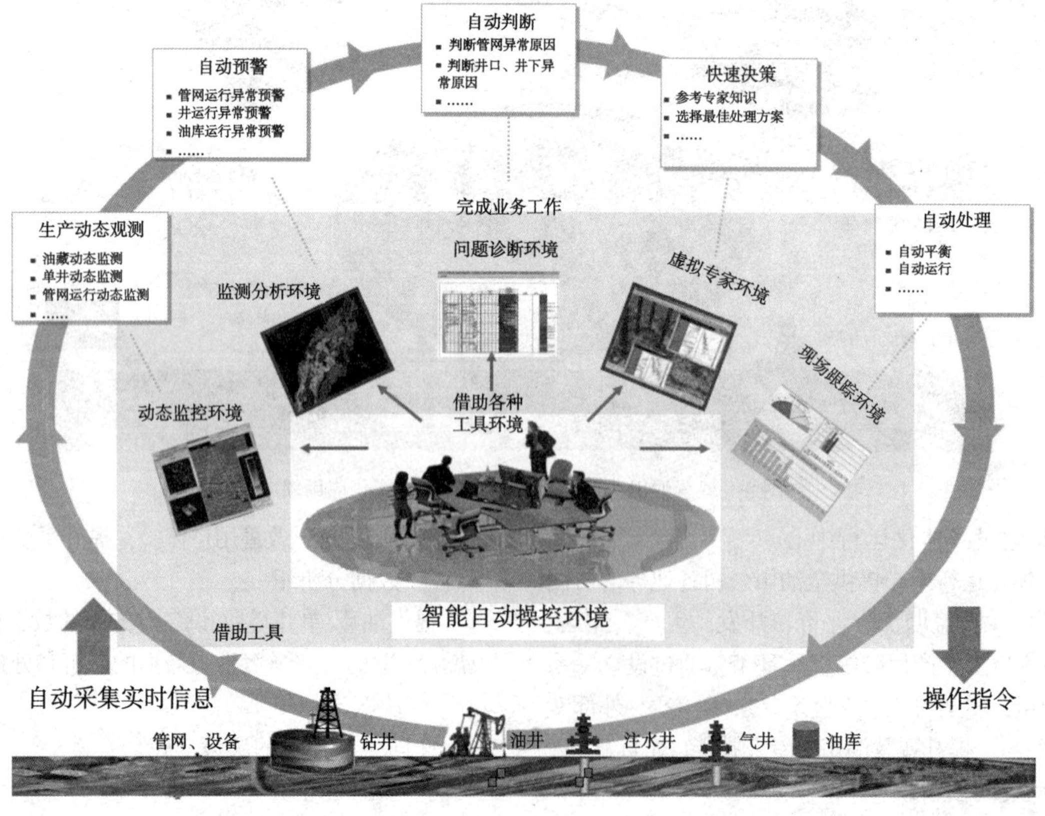

图 5　智能自动操控环境

- 主动优化生产管理

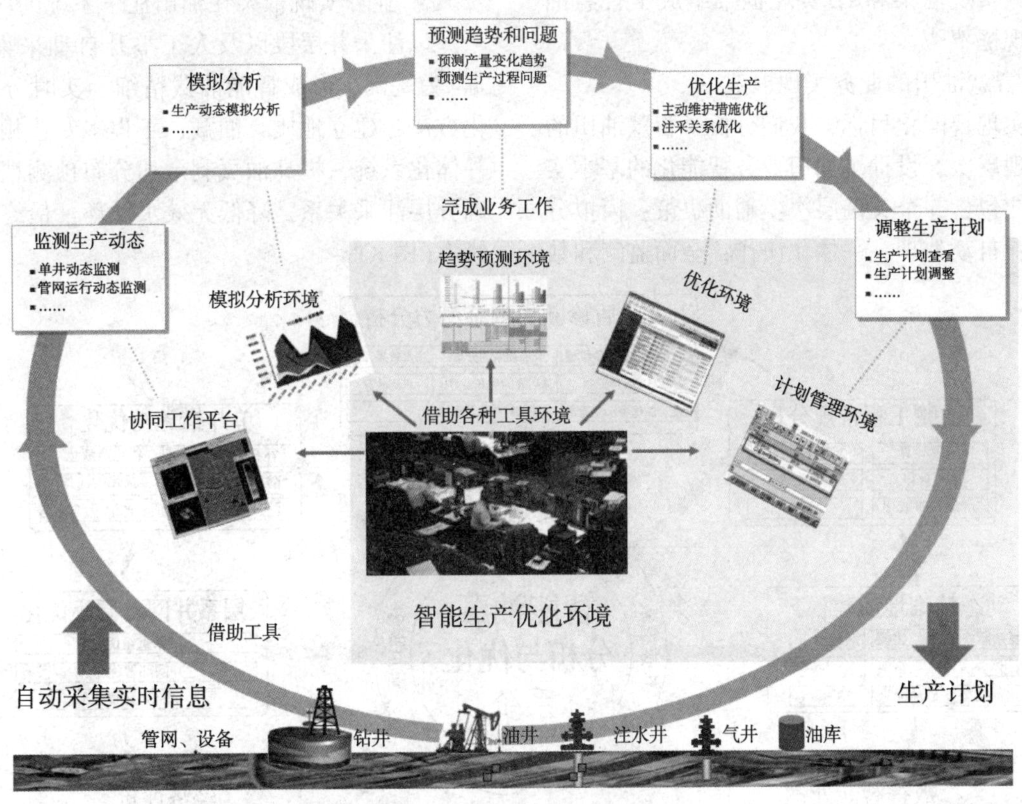

图 6　智能生产优化环境

- 虚拟专家辅助勘探综合研究

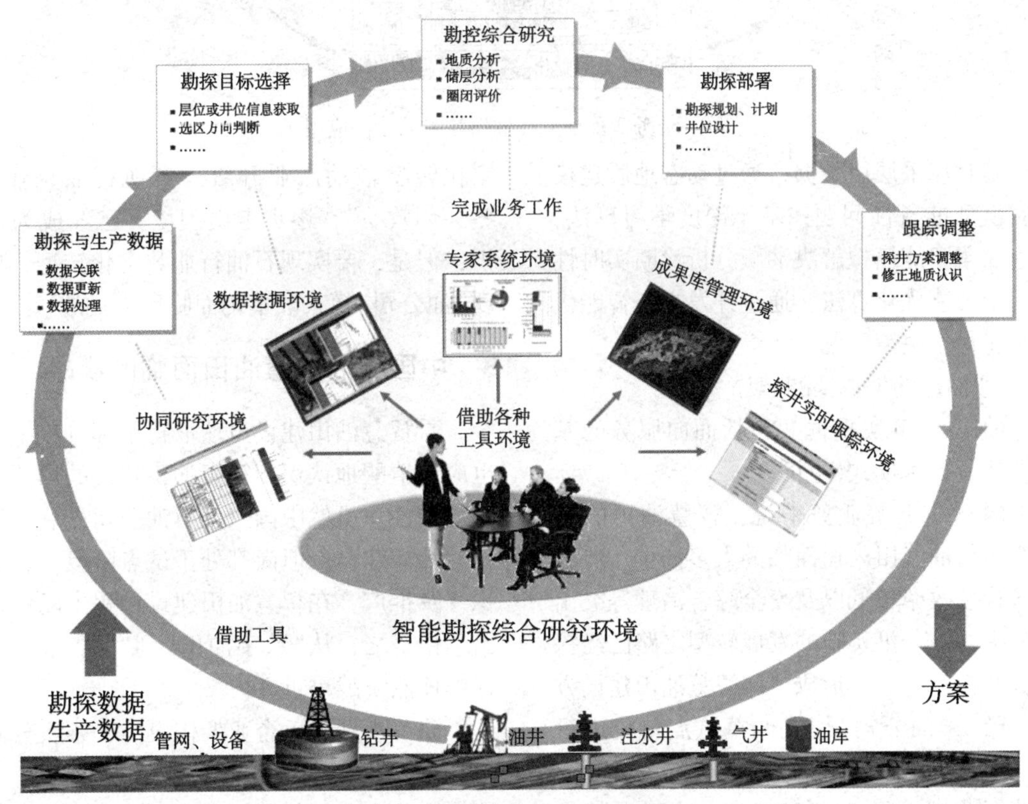

图 7　智能勘探综合研究环境

(2) 智慧油田的实现框架

业务实现框架和IT实现框架组成了智慧油田的实现框架[4]。

① 智慧油田的业务实现框架

为实现智能化目标，我们分析了智慧油田的业务实现层次，设计了油田业务智能化的基本实现框架。包含5个关键层次：辅助决策；模拟分析优化；自动处理；一体化协作；全面监测和数据管理。

• 业务实现框架在油田注采系统的应用

以注采井层段以及人工举升自动采集“硬数据”为基础，形成智能油藏精细、实时分析与优化方法，建立地质、油藏、工程多专业相结合的一体化系统，提高油藏剩余油分布预测精度，明确分层注采关系，降低无效水循环，最终提高采收率(图8)。

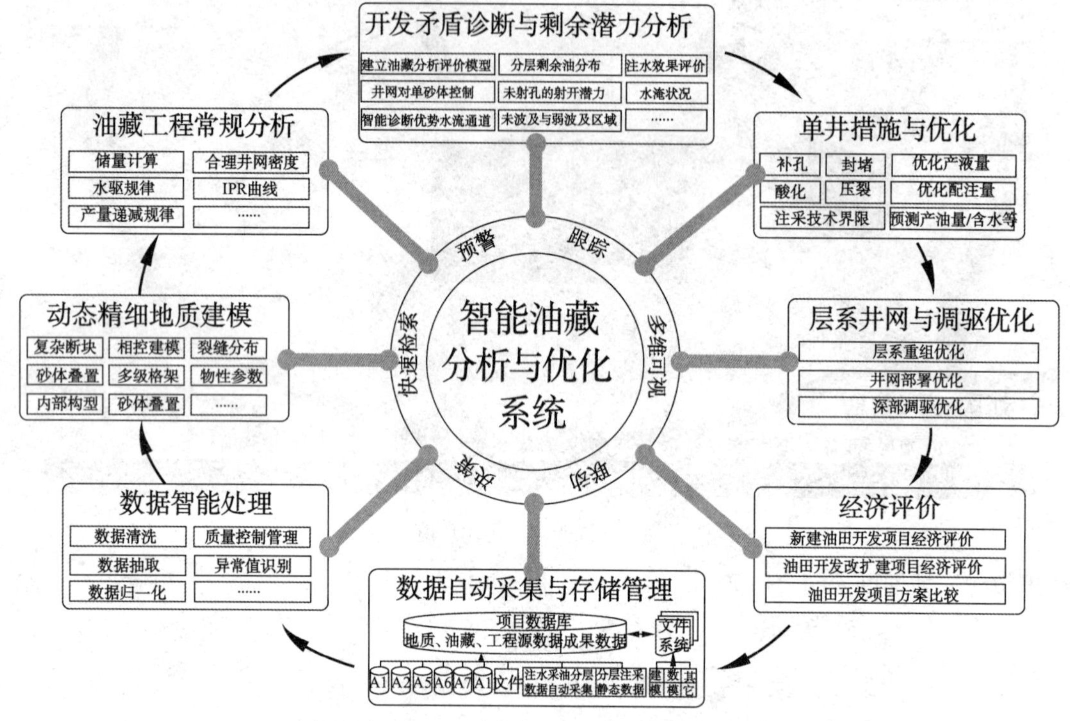

图8　业务实现框架在油田注采系统的应用

基于实时注采层段数据，通过动态地质建模解决地质模型准备性问题；基于深度学习算法，通过快速油藏智能模拟解决油藏分析诊断实时性问题；基于智能优化算法，通过开发方案智能优化解决快速科学决策问题。

② 智慧油田的IT实现框架

智慧油田的IT实现框架包括面向服务的基础设施、智能技术模式(见图9)。

对中国石油上游业务来说，智慧油田的建设，针对当前油气田公司面临的人多油少、传统管理模式管控效率较低以及安全综合治理等突出矛盾的解决，一条可实施的发展转型之路已经探究成功，并在一些试点形成了些智慧油田建设方案模型，已在“油公司”模式改革试点单位进行了实施，实现了生产效率与效益的整体提升。

石油行业进入经济“寒冬”期，面对严峻的生产经营形势，通过以智慧油田建设为代表的数字化转型推动产业升级，实现石油企业“战寒冬、创效益”，逐步走出困境，已经成为行业共识，但是，要实现石油行业数字化转型，全面实现“油公司”模式改革仍面临巨大挑战。

3　中国石油智慧油田面临的挑战

看智慧油田建设虽然取得了部分成绩，我们也应该清醒地认识到智慧油田建设的形势严峻性和复杂性。虽然中国三大石油公司先后都进入了智慧油田建设，但尚都处于试点阶段，较难大面积普及推广，在智慧油田建设过程中问题仍然突出。换言之，从“数字油田”到“智慧油田”的进程中依然挑战重重[5]。

(1) 规划缺乏企业架构设计，条块分割、孤岛丛生

缺乏企业架构导入，导致IT规划与企业实际业务存在一定的脱节问题；IT系统建设与业务

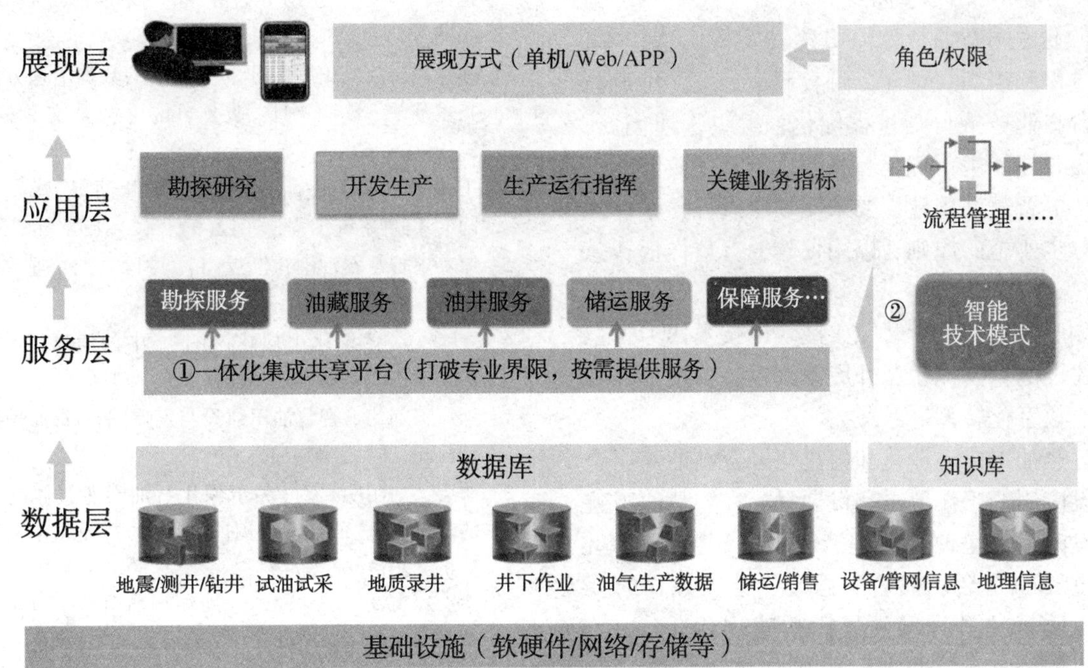

图 9　智慧油田的 IT 实现框架

主数据不统一、业务流程未打通、跨系统的系统数据不同步。系统仅能满足用户提出的业务需求，而不能从业务全流程的视角出发来设计业务和提出系统解决方案。由此产生了“烟囱式”系统，打通“烟囱式”系统间交互的集成和协作成本昂贵，并且不利于业务的沉淀和可持续发展。

（2）数据资源规划方案缺失，业务元数据标准不统一，是极大缺陷

数据资源规划是数据治理，数据建模，数据资产管理，数据指标体系规范等工作的前置环节和必要条件，因此数据资源规划的作用至关重要。建立集团(行业)统一的数据分类标准与编码体系，实现经营管理数据与主营业务数据一体化和共享，辅助决策分析，是集团型企业数据资源建设的基本目标。缺乏数据资源规划，将给未来的系统集成留下无限隐患。

（3）缺乏标准化的流程与业务规则，业务逻辑混乱，推广难度大

麦当劳、肯德基之所以能够在全球快速复制推广，得益于其标准化的流程。管理软件开发的基础是标准化的流程，流程标准化与否直接决定管理信息系统开发的成败。

管理学理论的指引和应用行业(企业)标准，才能梳理出有序的、可复制的流程。

我们通常应用价值链的方法论进行业务流程架构方法论；一般应用生命周期理论进行科研流程架构。

（4）IT 治理结构仍不完善，深层次问题依然突出[6]

智慧油田建设成功与否关键在于是否有效的 IT 治理机制。目前，IT 治理结构仍不完善；IT 与业务缺乏一致性；虽然在集团层面强化了“六统一”，却弱化了企业层面的 IT 职能；强化了业务驱动，却又忽略了统一的 IT 标准。IT 需求难以在整个组织内容统一管控；难以衡量 IT 投资的业务价值；难以持续降低 IT 成本；IT 风险控制机制不健全等。不解决这些制度层面的问题，智慧油田建设就难以持续深入。

一般而言，以业务为主导的智慧油田建设，缺乏统一标准、各自为政的情况比比皆是；以 IT 为主导的智慧油田建设，IT 与业务的脱节的现象司空见惯。IT 治理就是为了确保业务与 IT 的深度融合。

4　中国石油智慧油田建设策略

智慧油田建设是一项系统工程，需组织石油专业、管理、IT 等多领域的专家，联合研发技术、建立科学发展的体制与机制；并注意规范相关概念和名称，统一制定标准，加强互联互通[7]。

（1）聚焦核心业务过程优化与精细化管控，树立近短期及中长期信息化应用目标，逐步实现

各类业务实时优化与生产自动控制；

(2) 中国石油智慧油田建设要将信息技术、业务过程和组织管理充分融合起来。关注信息技术平台、业务拆分与过程优化、组织管理创新，实现实时智能生产优化与高效生产管理协同；

(3) 智慧油田建设要采用顶层设计、整体规划、分步实施的原则，以用促建，打造样板智慧油田；

(4) 建议将人工智能、区块链技术作为智慧油田建设的重要抓手，开展系列攻关，逐步实现全行业数字化转型。

智慧油田是工业化和信息化融合在油气田企业建设应用的工作愿景和发展目标。智慧油田建设引发的不仅是改变管理流程、提升管理效率，尤为重要的是会引发管理思维、管理方式的变革，以质量提升推动油气田构建现代化“油公司”模式的步伐，助力建成更高质量、更有效率、更具活力、更低成本、更可持续发展的现代化“油公司”，推动油气田企业在中国石油创建国际一流示范企业进程中打头阵，立新功。

参 考 文 献

[1] 刘斌．油藏经营管理模式探讨[J]．国际石油经济，2018(7)：31-37.

[2] 姚园．与数字化跨界合作[J]．新能源经贸观察，2018(Z1)：122.

[3] 孙少波．油气田勘探开发生产中的数据治理方法与技术研究[M]．中国博士学位论文全文数据库，2018：65-67.

[4] 王爱民，徐喜庆．华北油田“智慧油田”建设研究[J]．信息系统工程，2012(9)：120-122.

[5] 原磊．智慧石油渐行渐近[J]．中国石油企业，2019(3)：41-42.

[6] “十三五”信息化规划建议[J]．中国信息界：E制造，2015(6)：9-10.

[7] 李斌，刘伟．智慧油田建设与发展[J]．石油科技论坛，2018(3)：47-51.

[8] 曲会，刘明明．对《关于深化石油天然气体制改革的若干意见》的几点认识[J]．中国石油和化工经济分析，2017(6)：7-11.

[9] 李志红．基于大数据技术的智慧油田发展现状及思考[J]．中国管理信息化，2020(10)：97-98.

[10] 徐庆，杜昱．基于业务流程驱动的“智慧油田”建设探索与实践[J]．信息系统工程，2017.10.20.

[11] 张平占．中国特色油公司模式的演变历程与启示[J]．国际石油经济，2016(4)：23-28.

[12] 刘志忠．规模应用物联网技术助推老油田地面系统提质增效[J]．石油科技论坛，2018(3)：21-27.

[13] 李学仁．创新“油公司”管理模式助推油田高质量发展[J]．人民论坛，2019.12：120-121.

数据资产管理在石油行业的应用研究

李 陈 张 莉

(中国石油西南油气田分公司)

摘 要 数据资产管理(Data Asset Management，简称 DAM)是规划、控制和提供数据及信息资产的一组业务职能，包括开发、执行和监督有关数据的计划、政策、方案、项目、流程、方案和程序，从而控制、保护、交付和提高数据资产的价值。本文主要介绍了企业数据资产管理现状，当前企业在数据资产管理中面临诸多问题，这些问题阻碍了数据的互联互通和高效利用，成为了数据价值难以有效释放的瓶颈，从而体现了数据资产管理的重要性。然后提出了数据资产管理应用措施、解决方案、数据安全管理及产品应用功能简介，希望能对企业在数据资产管理过程中提供有效的借鉴。

关键词 数据资产 资产管理 DAM 数据价值 数据

1 背景介绍

在当前的大数据时代，数据被业界公认为是企业的最宝贵资产之一，数据的价值得到认同。在国外随着数据管理行业的成熟和发展，数据资产管理作为一门专业管理领域被人们广泛研究和总结。但是事实上，如果缺乏恰当有效的管理手段，数据也可能会成为一项负债。同时，相较于实物资产，数据资产的管理目前还处于初级阶段，数据质量、数据安全、资产评估、资产交换交易等精细管理、价值挖掘和持续运营也较为薄弱。如何更好的管理数据，进一步凸显数据价值，成为企业发展的头等问题。

西南油气田公司通信与信息技术中心作为一支专业信息化单位，承担着西南油气田公司五矿两处一厂等单位的生产网、办公网、自建光纤网、通信网的运维保障及系统应用维护工作。随着各个矿区单位不断的大量引进部署适用于该单位生产的应用系统以及物联网设备、系统，信通中心面临着复杂的网络结构、数量众多的应用系统、异构数据多样化、庞大的数据吞吐量、传输和终端设备型号复杂和采用技术参差不齐和数量大，以及日趋对传输网络、通信网络高效平稳运行、生产数据安全和网络安全要求的提高，使得必须采用更加先进、智能化的数据资产管理办法。

2 基本概念

数据资产(Data Asset)是指由企业拥有或者控制的，能够为企业带来未来经济利益的，以物理或电子的方式记录的数据资源。在企业中，并非所有的数据都构成数据资产，数据资产是能够为企业产生价值的数据资源。数据资产管理(Data Asset Management，简称 DAM)是规划、控制和提供数据及信息资产的一组业务职能，包括开发、执行和监督有关数据的计划、政策、方案、项目、流程、方案和程序，从而控制、保护、交付和提高数据资产的价值。

3 数据资产管理的演变

数据管理的概念是 20 世纪 80 年代数据随机存储技术和数据库技术的使用，计算机系统中的数据可以方便地存储和访问而提出的。国际数据管理协会 DAMA 在 2015 年，在 DBMOK2.0 知识领域将其扩展为 11 个管理职能，其中，数据治理是高层次的、规划性的数据管理制度活动，其关键管理活动包括制定数据战略、完善数据政策、建立数据架构等，注重数据的使用者、使用方式、使用权限等合规性制定，强调开展数据资产全生命周期管理前的基础工作，关注数据资产管理中的相关保障措施。

4 数据资产管理的重要性

研究机构 Gartner 定义数据是需要新处理模式才能具有更强的决策力，洞察力和流程优化能力的海量、高增长率和多样化的信息资产。在 2008 年国家提出“两化融合”，同时在 2017 年国家提出工业互联网创新发展战略，以上国家极为重视对数据资产管理。截至目前，已有北京、重庆、吉林、河南、山东、浙江、附件、广东、内蒙古、广西、贵州等十几个省市设置了厅局级的大数据管理局。北京已经启动大数据行动计划数据治理项目，基于市大数据管理平台，对1800+类的已汇聚数据按层级开展目录和数据的清洗、标签化、数据质量管理、接口配置等。

5 数据资产管理现状

随着管理数据对象越发复杂，数据处理技术越发成熟，数据应用范围越发广泛，数据资产管理在数据处理架构、组织职能、管理手段等方面逐渐呈现了一些新的特点和发展趋势(图1)。

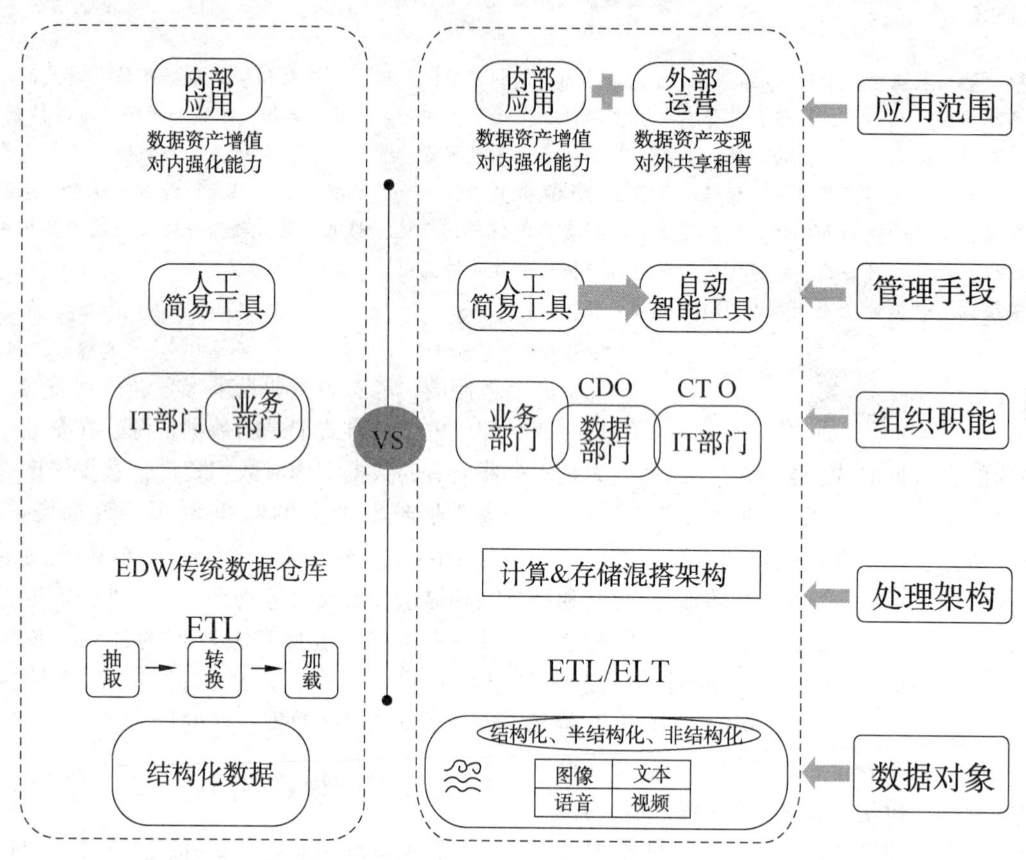

图1　大数据背景下的数据资产管理特点特征

当前企业在数据资产管理中面临诸多问题，这些问题阻碍了数据的互联互通和高效利用，成为了数据价值难以有效释放的瓶颈，主要包括以下几点：

（1）缺乏统一数据视图。企业的数据资源散落在多个业务系统中，管理人员和业务人员无法及时感知到数据的关联、分布与更新情况，恰恰很多数据是在多个业务系统中存在关联，导致业务人员和管理人员无法快速找到符合自己需求的数据，也无法发现和识别有价值的数据并纳入数据资产。

（2）数据孤岛普遍存在。据统计，98%的企业都存在数据孤岛问题。据初步统计仅仅重庆气矿一家单位就有60+个应用系统，而这些系统之间基本信息数据都是独立而不互通，造成数据孤岛的原因既包括技术上的，也包括标准和管理制度上的，这阻碍了业务系统之间顺畅的数据共享，降低了资源利用率和数据的可得性。

（3）数据质量低下。糟糕的数据质量常常意味着糟糕的业务决策，将直接导致数据统计分析不准确、监管业务难、高层领导难以决策等问题。并且延伸其他业务应急响应、解决问题效率。

（4）缺乏安全的数据环境。数据安全造成的风险主要包括数据泄露与数据滥用等。根据数据泄露水平指数（Breach Level Index）监测，自2013年以来全球数据泄露高达130亿条，其中很多都是由于管理制度不完善造成。随着各个机构数据的快速累积，一旦发生数据安全事件，其对企业经营和用户利益的危害性将越来越大，束缚数据价值的释放。

(5) 缺乏数据价值管理体系。企业管理人员还未对数据成为一种资产有足够的认识和重视。企业还没有建立起一个有效管理和应用数据的模式，包括数据价值评估、数据成本管理等，对数据服务和数据应用也缺乏合规性的指导，没有找到一条释放数据价值的“最优路径”。我们将对实际技术操作层面进行研究。

5.1 数据管理对象变化

数据作为数据资产管理的对象，在近些年体现出规模海量、来源多样、格式繁杂、采集实时等特征。在数据量方面，单一机构的数据规模由以前的 GB 级上升到 TB 级，甚至 PB 级、EB 级，数据增速快。在数据格式种类方面，除传统的结构化数据之外，文本数据、图像数据、语音数据、视频数据等半结构化数据或非结构化数据占比越来越大，种类日益丰富。在数据来源方面，数据既包括内部数据，也包括来自第三方的外部数据，既包括传统业务处理采集的业务数据，也包括手机终端、传感器、机器设备、网站网络、日志等技术产生的数据。同时，由于秒级或者毫秒级的响应将帮助企业更快地洞察与分析数据，实时数据正在成为企业数据重要的管理对象。

5.2 处理架构更新换代

处理架构的更新换代体现以下几个方面。一是数据处理的底层架构向云平台和分布式系统迁移。二是数据的预处理流程正在从传统的 ETL 结构向 ELT 转变。传统的数据集成处理架构是 ETL 结构，而大数据背景下的架构体系是 ELT 结构，其根据上层的应用需求，随时从数据湖中抽取想要的原始数据进行建模分析。

5.3 管理手段自动智能

依靠“手工人力”的电子表格数据治理模式即将被“自动智能”的“专业工具”取代，越来越多的数据管理员、业务分析师和数据领导者采用“平台工具”增强企业的数据管理能力，包括梳理元数据、管理主数据，优化数据集成、提升数据质量等。机器学习和人工智能通过自动提取元数据，将不同的数据进行关联并分析；通过配置和优化主数据，使主数据的管理更加便捷和准确；通过语义分析实现相同数据源的连接，简化数据集成流程；通过增强数据的分析、清理件。数据湖通常是企业所有数据的单一存储，包括源系统数据的原始副本，以及用于报告、可视化、分析和机器学习等任务的转换数据。数据湖可以包括来自关系数据库(行和列)的结构化数据，半结构化数据(CSV，日志，XML，JSON)，非结构化数据(电子邮件，文档，PDF)和二进制数据(图像，音频，视频)。和识别，提升数据质量。

6 数据资产管理应用措施

6.1 数据标准管理建立

数据标准分为基础类数据标准和指标类数据标准。基础类数据标准一般包括参考数据和主数据标准、逻辑数据模型标准、物理数据模型标准、元数据标准、公共代码和编码标准等。指标类数据标准一般分为基础指标标准和计算指标标准。数据标准一般包含 3 个要素：标准分类、标准信息项和相关公共代码和编码。数据标准管理是指数据标准的制定和实施的一系列活动，关键活动包括：理解数据标准化需求；构建数据标准体系和规范；规划制定数据标准化的实施路线和方案；制定数据标准管理办法和实施流程要求；建设数据标准管理工具，推动数据标准的执行落地。通过对运维服务单位以及本单位各个应用系统和工作统一的数据标准制定和发布，结合制度约束、系统控制等手段，实现企业大数据平台数据的完整性、有效性、一致性、规范性，推动数据的共享开放，构建统一的数据资产地图，为数据资产管理活动提供参考依据。

6.2 建立制度体系

为了保障活动实施和组织架构正常运转，需要建立一套覆盖数据引入、使用、开放等整个生产运营过程的数据管理规范，从制度上保障数据资产管理工作有据、可行、可控。数据资产管理规范包括元数据管理规范、生命周期管理规范、数据质量管理规范以及数据安全管理规范等对应管理职能的具体规范。在此基础上，规范需细化至接口设计、接口开发、模型设计、模型开发、数据开放以及服务封装等内容。规范的标准一般包括基础分类标准、命名规范要求、数据架构划分、存储与数据权限规则、元数据信息完整性要求等。规范和标准在执行的过程中执行监控规定，要求事中检查和事后监控。

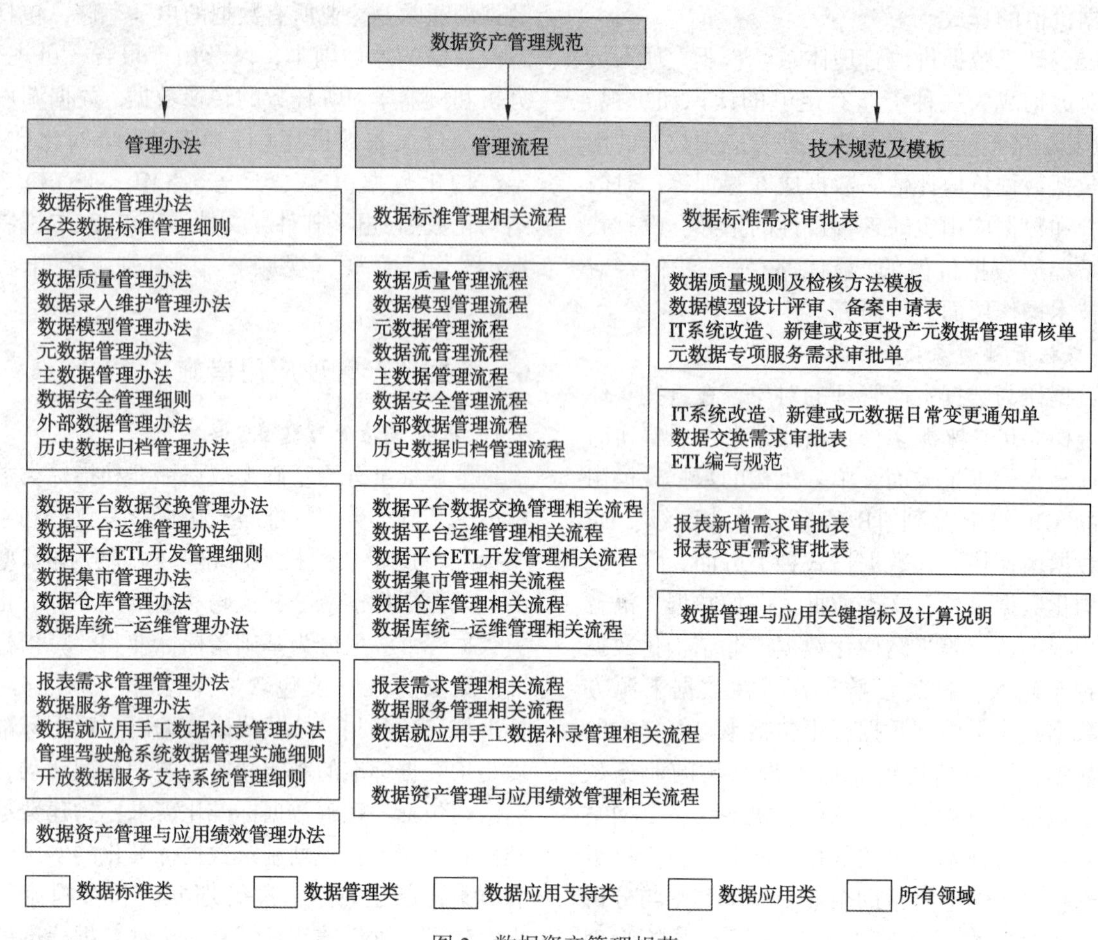

图 2　数据资产管理规范

6.3　应用平台建立实施

6.3.1　平台架构

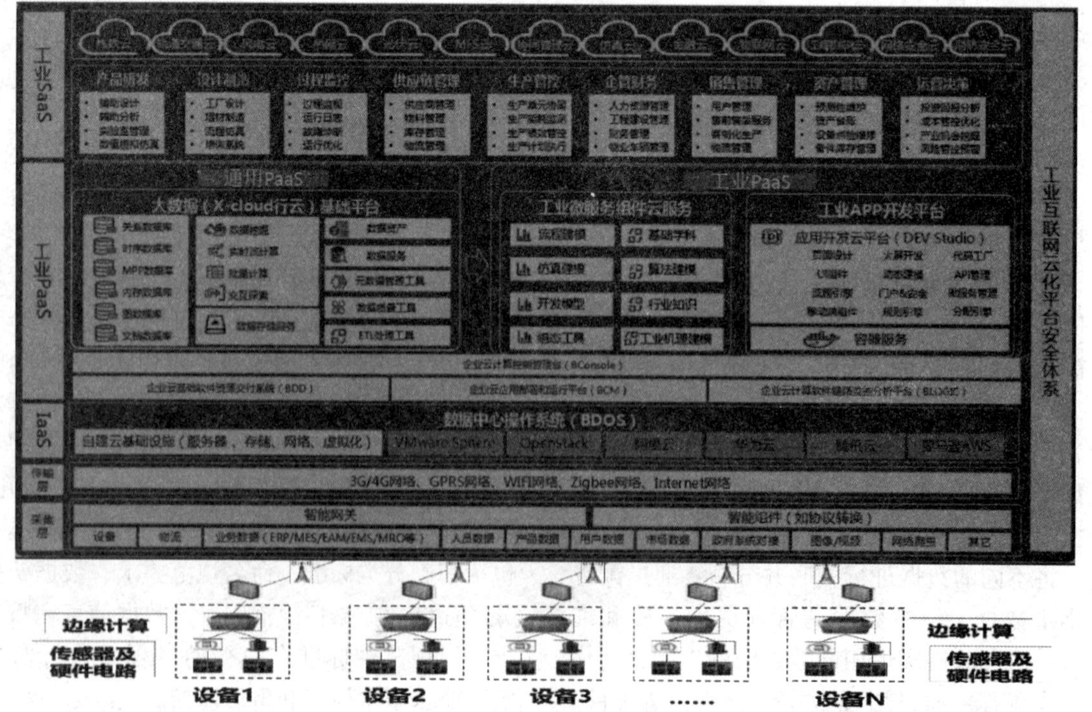

图 3　平台架构设计

6.3.2　系统平台采用基于 Hadoop，SaaS，应用 WebGL、NBLab、E - CHART、GIS、Fanruan Report 工具进行二次开发。具有以下特性见图 4。

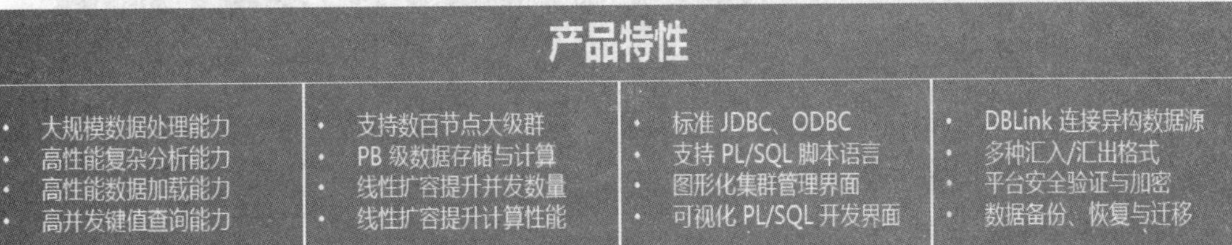

图 4　平台特性

6.3.3　部分功能视图展示：

(1) 状态监控(图 5)

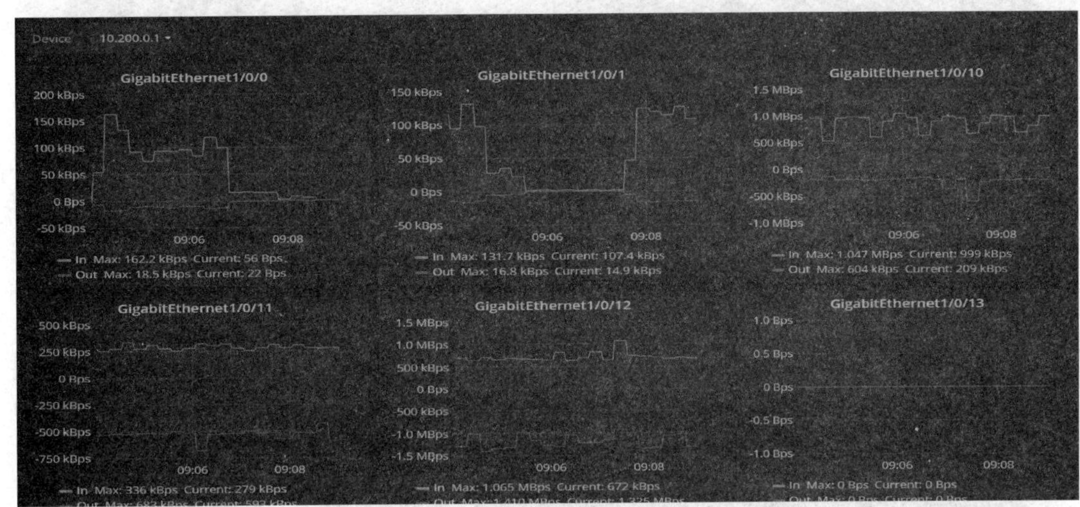

图 5　功能展示-状态监控

(2) 能源管理(图 6)

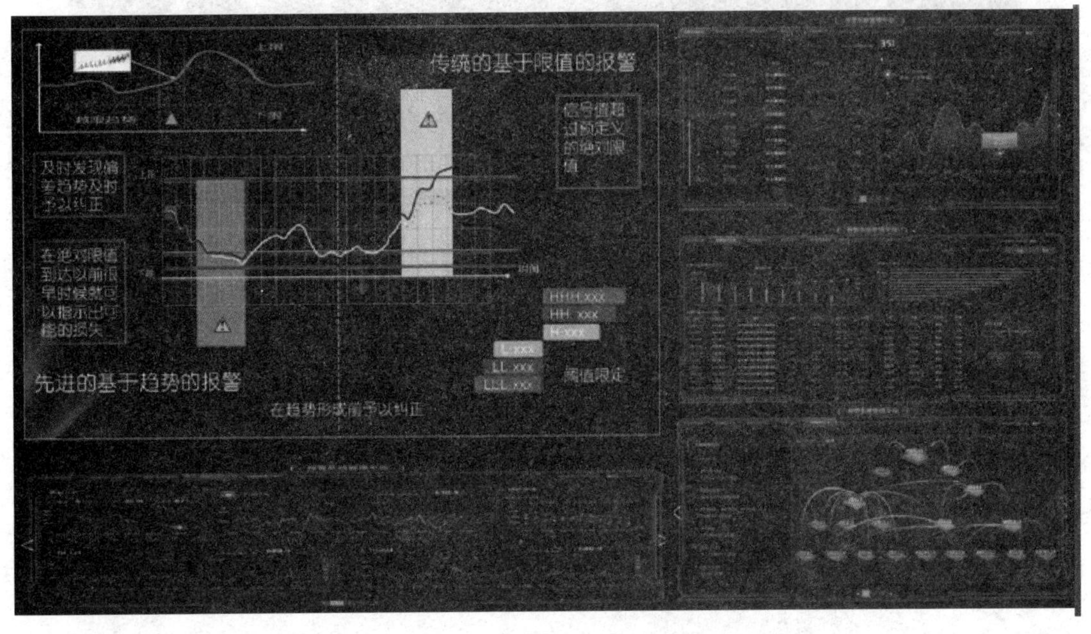

图 6　功能展示-能源管理

（3）三维动态实时数据监控分析(图 7)

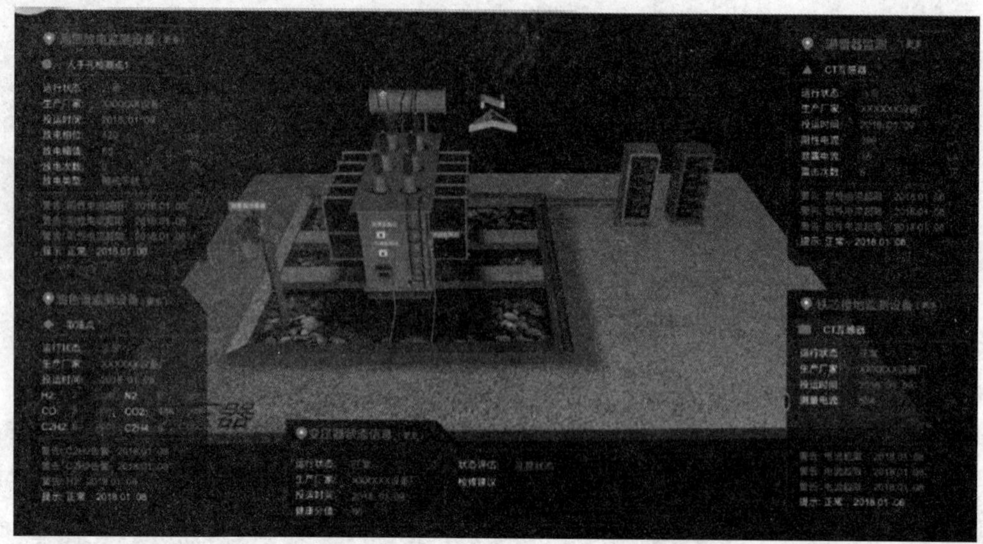

图 7　功能展示-三维动态实时数据监控分析

（4）系统和网络监控(图 8)

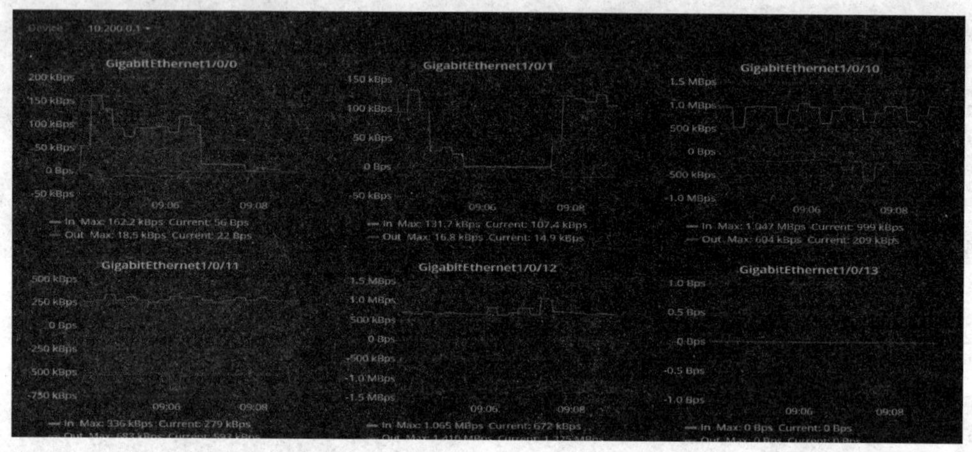

图 8　功能展示-系统和网络监控

（5）告警列表(图 9)

状态	级别	告警类型	数据中心	节点	告警内容	发生时间	结束时间	确认时间	确认人
	次要	空调	8#楼数据中心	705空调间配电	705空调间配电室精密空调01/送风低湿告警/告	2017-01-10 17:			
	次要	空调	8#楼数据中心	电池室B精密空	电池室B精密空调01/回风高湿告警/告警	2017-01-10 17:			
	次要	空调	8#楼数据中心	705空调间配电	705空调间配电室精密空调01/送风低湿告警/告	2017-01-10 17:	2017-01-10 17:		
	次要	空调	8#楼数据中心	705空调间配电	705空调间配电室精密空调01/送风低湿告警/告	2017-01-10 16:	2017-01-10 16:		
	次要	空调	8#楼数据中心	705空调间配电	705空调间配电室精密空调01/送风低湿告警/告	2017-01-10 16:	2017-01-10 16:		

1 - 5 共 26952 行　1 / 5391　5 行每页

图 9　功能展示-告警列表

(6) 大屏可视化(图 10)

采用组态引擎、3D 引擎、Dashboard 引擎、报表引擎等多种展示引擎，

快速构建大屏可视化系统。支持各类数据接口，可快速进行数据集成。实时监控、数据可靠。采用 websocket 技术，与后台数据实时同步，可做到秒级刷新

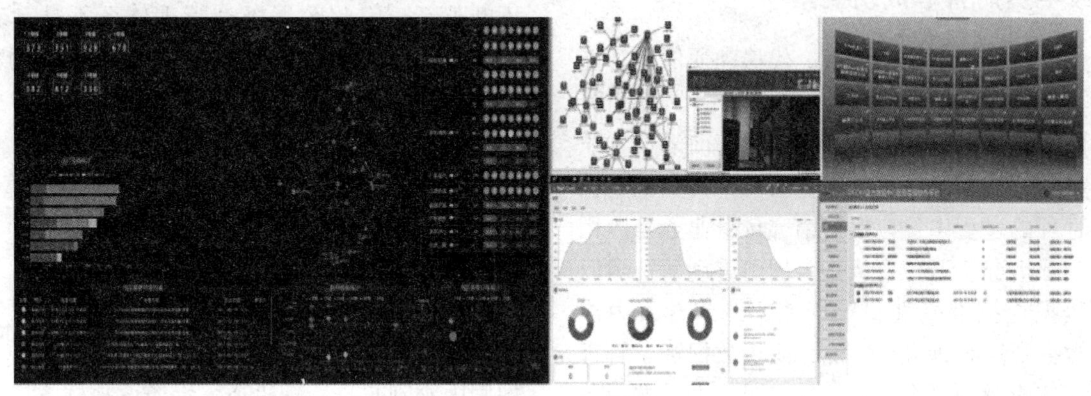

图 10 功能展示-大屏展示

(7) 多平台数据融合(图 11)

横向多系统整合：所有监控数据对接至集中监控平台，采集监控数据，支持多种接口协议，如 JBUS，MODBUS，CANBUS，TCP/IP，SNMP 等。监控信息标准化：对不同子系统采集的数据进行标准化处理，如监控数据格式/告警分类/告警分级。监控数据可视化集中展示：自带设计器，利用 Web 组态等技术，快速绘制监控视图界面，包括各种主题展示和拓扑视图。监控阈值灵活配置。通过数据的各种分析和处理，发现隐藏数据中的价值，挖掘知识，为管理层决策提供数据依据

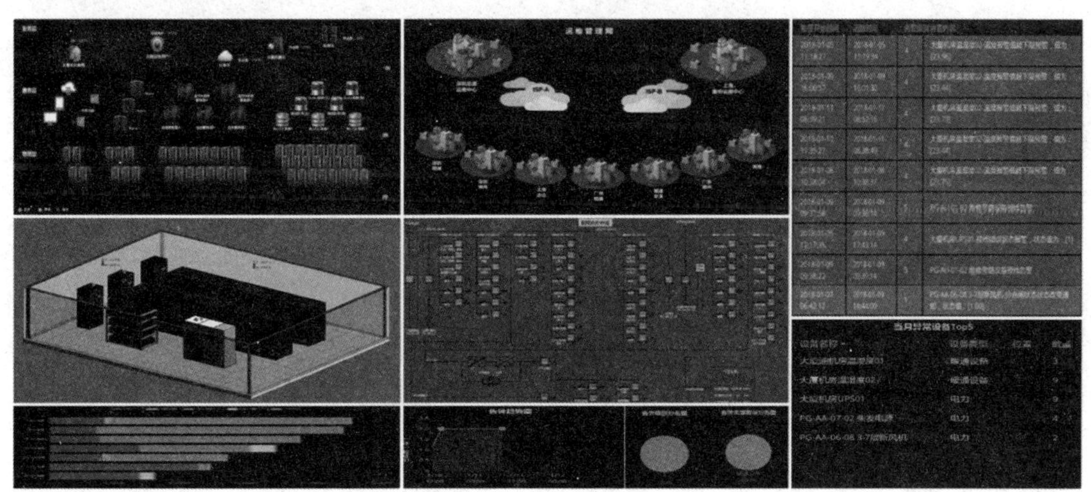

图 11 多平台数据融合

7 数据安全管理

数据安全管理是指对数据设定安全等级，按照相应国家/组织相关法案及监督要求，通过评估数据安全风险、制定数据安全管理制度规范、进行数据安全分级分类，完善数据安全管理相关技术规范，保证数据被合法合规、安全地采集、传输、存储和使用。企业通过数据安全管理，规划、开发和执行安全政策与措施，提供适当的身份以确认、授权、访问与审计等功能。数据安全管理的目标是建立完善的体系化的安全策略措施，全方位进行安全管控，通过多种手段确保数据资产在“存、管、用”等各个环节中的安全，做到“事前可管、事中可控、事后可查”。数据安全管理的关键活动包括：理解数据安全需求及监管要求；定义数据安全策略；定义数据安全标准；定义数据安全控制及措施；管理用户、密码和用户组成员；管理数据访问视图与权限；监控

用户身份认证和访问行为；定义数据安全强度，划分信息等级；部署数据安全防控系统或工具；审计数据安全。

8 数字资产管理成功要素

人工智能、物联网、新一代移动通信、智能制造、机器学习、深度学习知识图谱、类脑计算、区块链、虚拟现实、增强现实等前沿技术正在大数据的推动下蓬勃发展。然而，在实现数据资产管理的过程中，应根据结合自身业务与应用自身实际情况，避免盲从，合理引进创新技术以提高数据挖掘准确性和挖掘效率，节省人力成本。数据资产管理人员不能只陷于数据资产管理工作，还应紧密联系业务，只有明确了前端业务需求，才能做到数据资产管理过程中的有的放矢，张弛有度。同时，在数据资产管理的过程中，综合考虑困难及挑战，并全面管控风险，要基于行业模型、行业标准等积累完整、准确的内外部数据以保证数据合规性，进而规避风险。业务需求会随着市场环境不断变化，技术手段也在不断革新，因此数据资产管理体系不是一劳永逸、一蹴而就的，需要建立一个小步迭代的数据资产管理循环模式，要做好充分地长期作战准备，就一定要加强数据合规操作，避免安全漏洞，及时风险风控。

9 展望

数据资产管理知识体系涉及管理、技术等多个学科，是一个非常复杂的系统工程，相关工作在国内刚刚起步，理论还不完善，也缺乏广泛的实践基础，仍需要各个单位部门紧密合作，在数据资产管理的理论和实践上不断取得新的进展。

测试业务决策平台建设构想

马广博　董金平　姜明明

（中国石油冀东油田公司）

摘　要　本文从生产管理、技术管理、安全管理、测试数据应用、统计分析管理、基础数据管理等六个模块全面阐述了测试业务决策平台构建的思路、想法、框架和功能。通过各模块之间信息数据的共享、交换实现整个测试业务流程及相应环节的网络化运行，达到提升效率、盘活资源的目的。通过系统对测试数据的挖掘、应用，达到提升测试资料综合应用水平，提升测试资料价值的目的。通过系统内的相关决策算法，实现系统对相关信息的自动判断、自动识别及决策，达到为技术人员、管理人员相关决策提供选择及依据的目的。该平台通过对测试业务全过程的数据采取判断、分析、挖掘、评估、预测、优化等手段，将实现测试业务管理从自动化、信息化向网络化、智能化过渡，使测试业务与油田开发需求深度融合，更好的发挥“开发眼睛”的作用。

关键词　测井；试井；动态监测；数据处理；决策平台

1　前言

随着油田开发的需求及测试业务的不断发展，开发技术公司测试业务工作量由2016年的近3000井次增长到2018年的近4000井次，随着测试工作量逐年上升，相关测试数据、管理信息、技术资料也呈几何量级增加。然而开发技术公司测试业务管理还未建立相应的管理平台对其进行支撑。测试业务各个环节的管理及相应的资料、报表还处于单机报送阶段，但生产技术的所需的统计工作还处于人工操作状态。造成测试业务各个环节的相关信息传递检索不便，数据统计分析重复性工作多，在一定程度上，造成了人力资源的浪费，影响了运行效率的提升。尽管油田建立了动态监测数据库，但只初步实现了部分测试数据的录入、存储和查询功能，在测试数据的综合应用和挖潜上还未实现相应的扩展功能。

因此，为提升效率、挖掘潜力、提高水平，需要建立一套集生产运行、技术管理、安全管理、数据应用为一体的信息化平台，实现测试施工运行高效、测试技术优化、测试数据应用价值高等目标，并通过对测试业务全过程的数据采取判断、分析、挖掘、评估、预测、优化等手段，实现测试业务从自动化、信息化向网络化、智能化过渡，使测试业务与油田开发需求深度融合，更好的发挥“开发眼睛”的作用。

2　主要框架及功能构想

本平台依托网络数据库管理数据，主要由生产管理、安全管理、技术管理、统计分析、基础数据管理、测试数据应用等六大系统组成。本平台数据库与油田现有各个数据库兼容，经过授权可以与其它数据库实现数据共享。此外，本平台可以支持不同业务流程，针对开发技术公司内部和外部的不同管理人员、操作人员、地质人员、解释人员的实际需求提供相应的管理界面与数据服务，平台结构如图1所示。

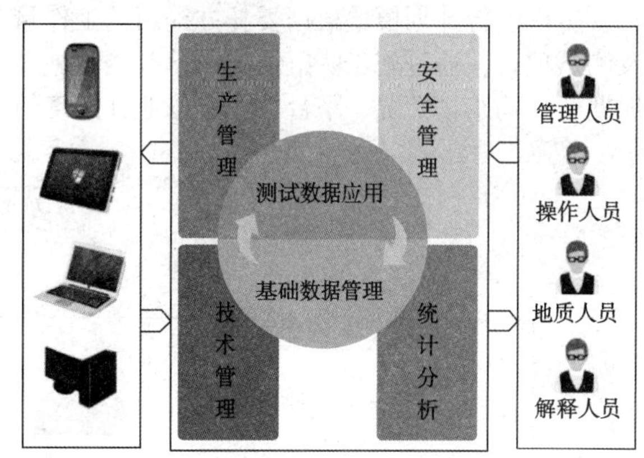

图1　平台结构图

本平台将使用分布式、多层应用的体系结构，数据和程序将安装在服务器端，同时满足手机、笔记本、平板电脑等各种终端设备正常使用。以手机为例，通过手机上的浏览器即可对该平台正常访问，实现主要功能。例如在生产环节，手机将现场环境信息如图像、视频、声音等信息上报到服务器，相关管理人员和技术人员将可立即收到来自现场的信息，并予以处理，为相关人员处理现场问题，采集相关信息提供便利。

测试过程中当出现遇阻问题时，施工人员通过手机拍照、录像等方式将现场施工的铅印情况和钢丝起下信息传递到系统中，并实时推送到相关管理人员和技术人员。以实现现场问题信息的采集，为及时制定处理措施提供依据[1]。

2.1 生产管理模块及功能构想

该模块以单井为单元，以委托方下达的测试施工任务为起点，依次完成生产组织与运行各个环节所有资料数据的网络管理。主要由任务委托、单井踏勘报表、生产运行计划、单井派工、单井施工报表、生产日报等模块构成。各个环节均由系统提供的相应数据模板，通过在线导入、编辑录入等方式生成，并通过网上审核、发布[2](图2)。

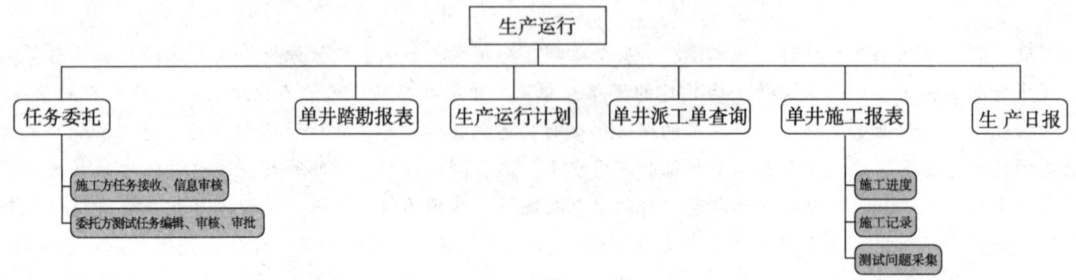

图2　生产运行模块构成

任务委托模块一方面是为委托方编辑、审核相关测试任务通知单提供相应的操作平台，其内容主要包括：测试井生产基础数据、管柱信息、地层基础数据、测试目的及相关要求，另一方面为测试施工方任务接收提供操作平台，主要包括相关信息的复核、确认。

单井踏勘报表模块主要是从地面设施完整性、现场环境、油水井生产状况等等方面进行踏勘确认，判断确认是否满足测试施工条件，为避免空跑，提高有效生产时间，提供支撑。

生产运行计划模块根据委托方提出的工作量及测试项目，通过施工队伍情况、单井测试施工周期、现场踏勘情况、平台井位、作业井进度情况、委托方相关要求等等相关信息以及后台算法，系统推荐生产运行计划，并进行网上审核、发布(图3，图4)。

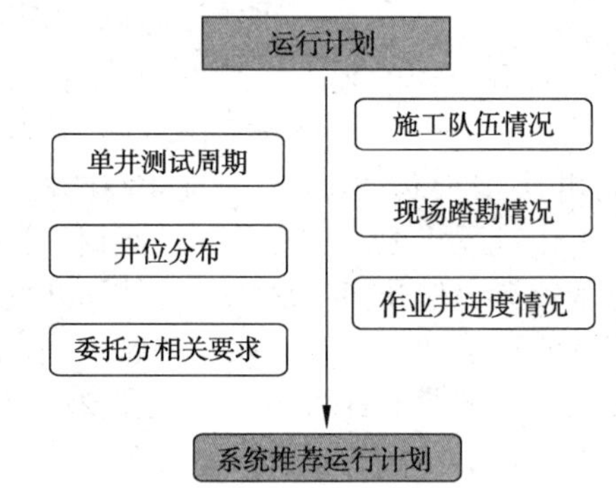

图3　运行计划编制因素

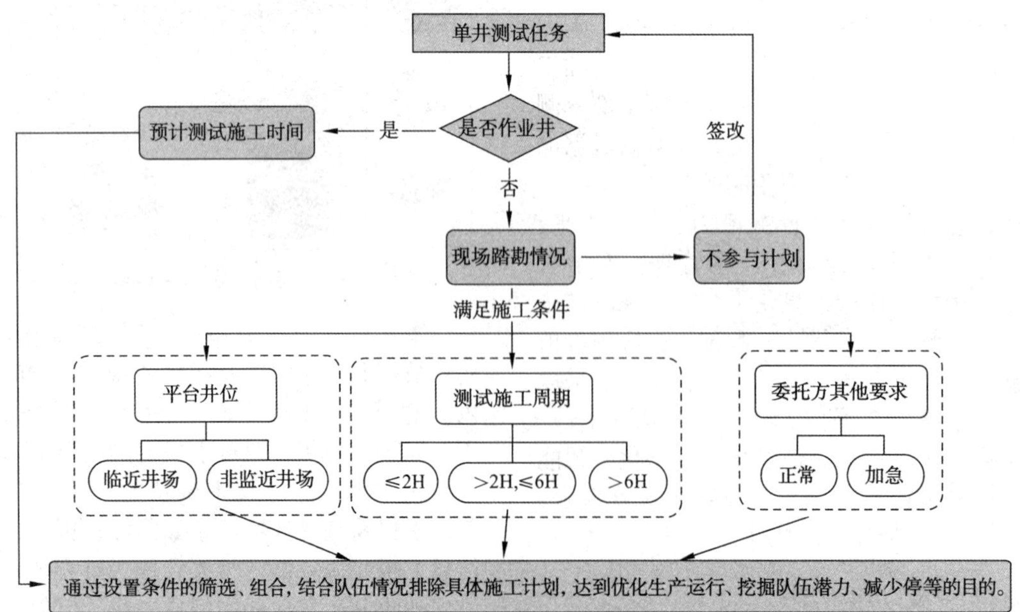

图4　运行计划决策算法

单井派工模块主要是根据生产运行计划，按照系统提供的生产派工单模板，通过系统自动生成，并进行网上审核发布。单井施工报表模块主要是为测试施工班组反馈测试施工进度、填报施工过程记录、反馈生产过程中施工问题等信息提供的操作平台。生产日报模块主要是根据当日单井生产施工报表及生产运行计划，自动生成当日生产完成情况及次日运行计划[3]。

2.2 安全模块及功能构想

该模块主要由施工风险等级识别及测试绞车操作违章识别两个功能构成。主要是实现测试施工安全风险源头管控、现场绞车操作远程监控及违章自动识别等功能。

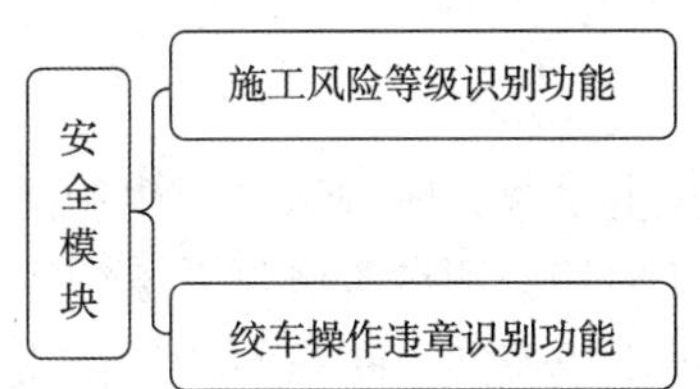

图5　安全模块构成

施工风险等级识别功能主要考虑生产施工与安全风险管控有效统一、有效融合的问题，通过分析测试井油套压、产液产气量、硫化氢含量、气液比、井深、井斜等等相关信息，并利用后台算法库中的决策方法自动完成测试施工安全风险等级的识别判断，根据风险等级识别结果推荐相应的措施及要求，作为施工设计中仪器设备选用、施工步骤、风险提示及安全要求等内容的依据。按照低风险、一般风险、较高风险和高风险等四个风险分级履行不同等级的施工设计审核审批流程、派工审批流程。同时根据队伍状况系统自动推荐与之具有相匹配能力的施工队伍进行施工。

以自喷井测压为例，仅考虑硫化氢、井口压力和产液量三个因素，其决策树算法见图6。当 A+B+C=3 时为低风险；当 A+B+C=4 时为一般风险；当 A+B+C=5 或 6 时为较高风险；当 A+B+C≥7 时为严重风险。当为一般风险时，其设计审批程序为测试大队大队长和安全技术科审核、公司副总师审批；当较高风险时，其设计审批程序为公司副总师审核、公司主管安全领导审批。

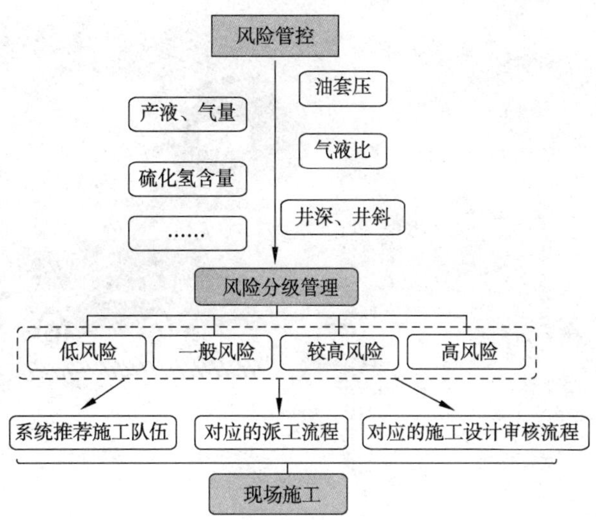

图6　施工风险管理流程

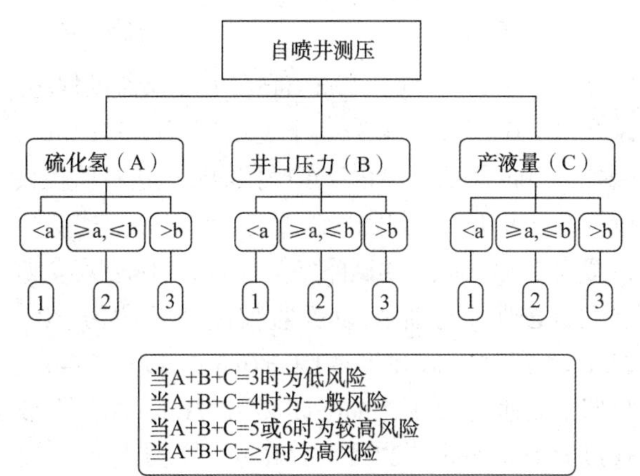

图7　自喷井测压风险等级判别算法

绞车操作违章识别功能主要是考虑测试施工过程中仪器起下全过程安全监督问题。系统直接读取现有测试绞车远程数据监控系统产生的井深、仪器起下速度等参数，并通过系统自动导入的方式获取测试井管柱结构情况，安全监督人员根据相关测试操作规程要求、测试井管柱具体情况及斜度情况，设置不同井段及限速要求，通过系统后台计算，自动识别测试仪器起下过程中是否存在违章行为，并将超速信息以短信方式推送给操作人员，为杜绝因仪器起下超速，导致钢丝电缆跳槽、断裂，仪器钉钻、遇卡等事故发生，起到有效警示及监督作用。

以 NP12-X76 水井静压测试为例简要说明。系统自动导入 NP12-X76 井管柱信息，安全监督人员根据该井管柱信息，按照仪器通过井下工具时，井下工具上下 15m 井段，仪器起下速度不超过 10m/min；测试设计停点位置以上 50m 井段，仪器起下速度不超过 50m/min；无变径井段，

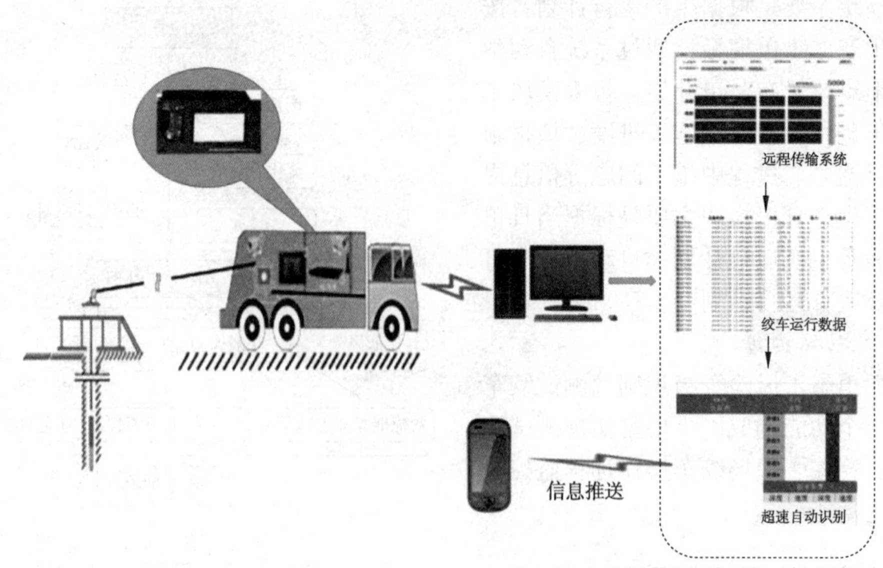

图 8　绞车操作违章识别功能

仪器起下速度不超过 150m/min；上起仪器过程中，距井口 150m 井段，仪器起下速度不超过 50m/min；距井口 20m 距离，停止绞车操作的原则进行监控设置。该井井下工具封隔器深度为 2761.39m，喇叭口位置为 2763.85m，测试停点位置为 2771m，安全监督人员按照上述原则设置监控测速井段为：0~2721m，仪器下放速度≤150m/min；2721~2746m，仪器下放速度≤50m/min；2746~2771m，仪器下放速度≤10m/min；2771~2746m，仪器上起速度≥-10m/min；2746~150m，仪器上起速度≥-150m/min；150~20m，仪器上起速度≥-50m/min。当测试过程中出现超速现象时，系统自动识别记录，并通过短息方式推送给操作人员，进行警告制止。

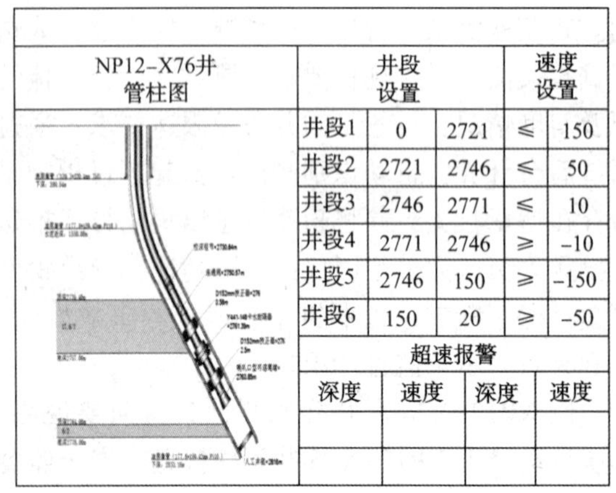

NP12-X76井管柱图	井段设置			速度设置	
	井段1	0	2721	≤	150
	井段2	2721	2746	≤	50
	井段3	2746	2771	≤	10
	井段4	2771	2746	≥	-10
	井段5	2746	150	≥	-150
	井段6	150	20	≥	-50
	超速报警				
	深度	速度	深度	速度	

图 9　绞车操作违章识别系统

2.3　技术管理模块及功能构想

技术管理系统主要是通过系统模板及相关后台算法等技术手段，实现试井、生产测井、注水井测调、其他相关测试等测试业务施工方案和成果发布自动生成及线上审核。为测试人员、地质人员及相关管理人员对相关数据的应用及决策提供快捷、直观的服务平台。

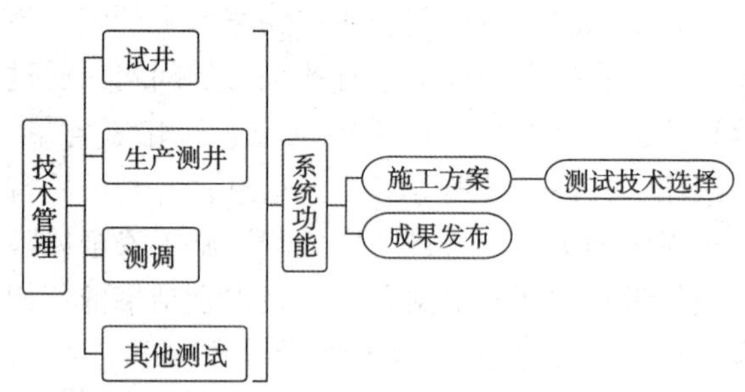

图 10　技术管理模块构成

施工设计模块，通过分析测试井的地层特征、管柱特征、注入特征、产出特征及历次测试情况等等相关信息，进行优化，自动生成测试施工设计，并进行网上审核、发布。

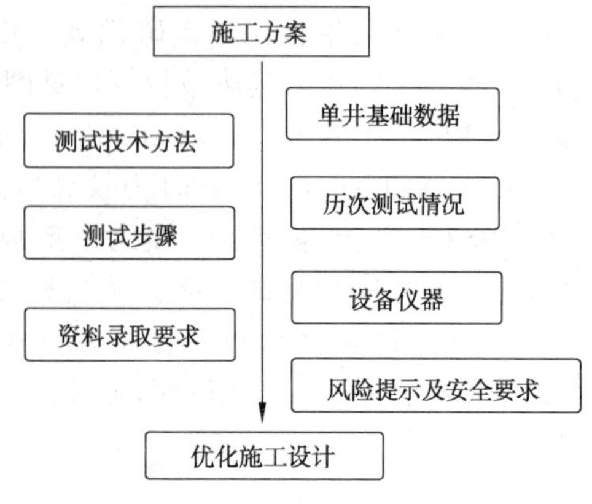

图 11　施工方案构成

单井基础数据、测试目的、历次测试情况、设备仪器、风险提示及安全要求、测试步骤、资料录取要求等要素信息，该模块均提供相关数据模板，并通过在线导入、编辑录入等方式生成。测试技术方法主要根据测试井相关信息，利用后台算法库中的相关决策方法完成测试工艺、测试技术及仪器的优化选择并进行系统推荐，测试人员可参考系统推荐选择相应的技术和仪器。

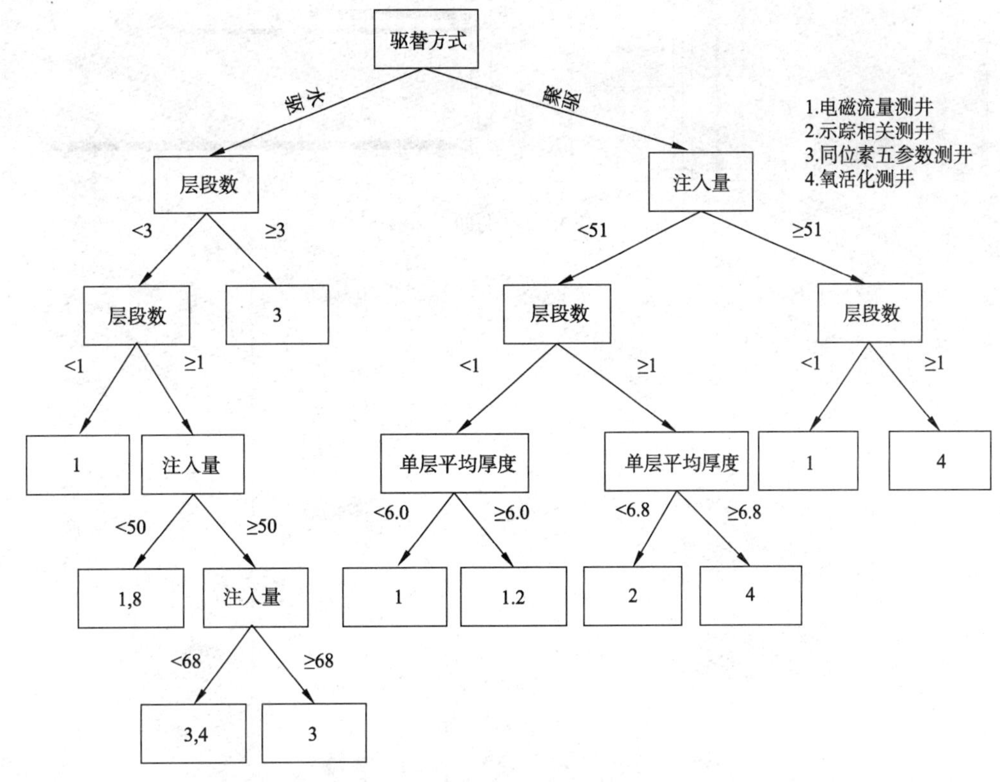

图 12　注入剖面测试技术决策方法

成果发布系统主要有单井成果发布及成果对比分析等二部分购成。单井成果发布主要是按照不同测试项目、系统提供相应模板，通过在线导入、编辑录入等方式生成单井解释成果并通过网上审核、发布。成果对比分析包括单井对比分析和多井对比分析，主要是可实现不同时期成果对比、区域邻井成果对比，为储层渗流能力评价、地层压力变化、剖面变化等等开发需要提供信息和依据[4]。

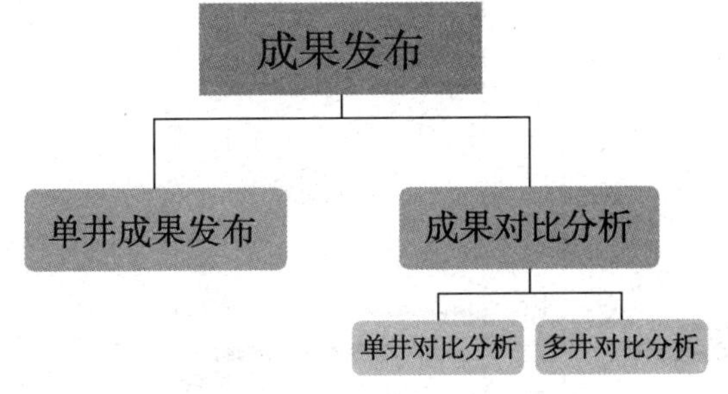

图 13　成果发布模块构成

以生产测井为例一是可以查询单井近年来任意一次测试成果，得到该井注入剖面成果图以及成果表，了解单井注入情况(图 14)，该井 5 个小层吸水，最下面的小层为主吸层；二是提供单井近年来所有相关项目测试成果，并进行对比分析，可得到单井吸水变化情况(图 15)，该井连续三次测试，吸水层逐渐减少，主吸水层不断变化；三是可提供多井成果多次测试对比分析，可反映同层位、同井组油水井注采关系(图 16)，该井组二注一采，油井主产液层与水井主吸水层连通性较好。

以不稳定试井解释为例一是可以查询单井近年来任意一次试井测试成果，得到该井压力、渗透率、表皮系数等相关地层参数(图 17)；二是提供单井近年来所有相关项目测试成果，并进行对比分析，可得到单井双对数曲线变化情况，进而了解地层相关信息(图 18)，该井为调剖调驱水井，经过连续四次测试结果比对，可分析出调剖调驱效果有好变差最后失效的过程；三是可提供多井成果多次测试对比分析，可反映同层位、同井组油水井关系以及措施效果对比(图 19)，该井组两口水井调剖调驱效果对比，1#井出现压力传导遇阻，调剖效果明显好于 2#井。

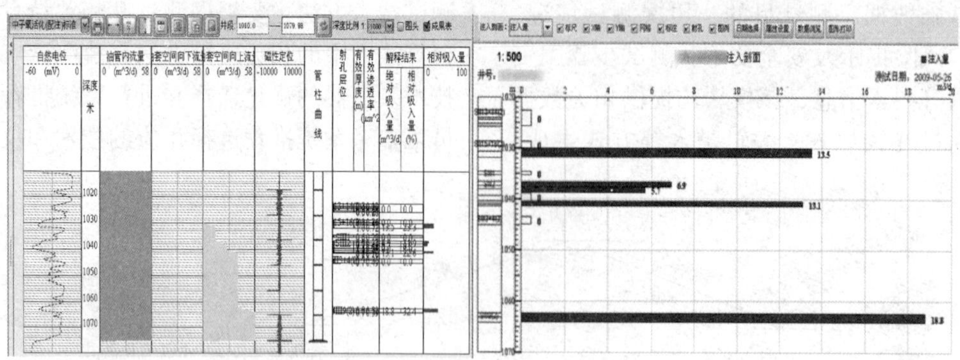

图 14　单井吸水剖面成果发布

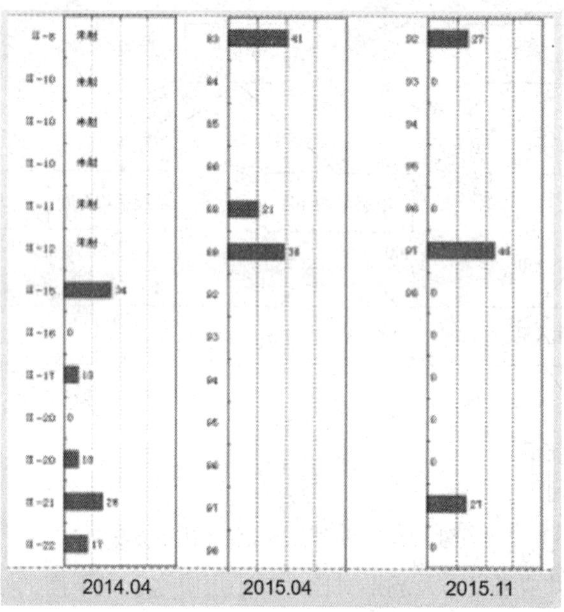

图 15　GXX 井连续三次测试结果对比分析图

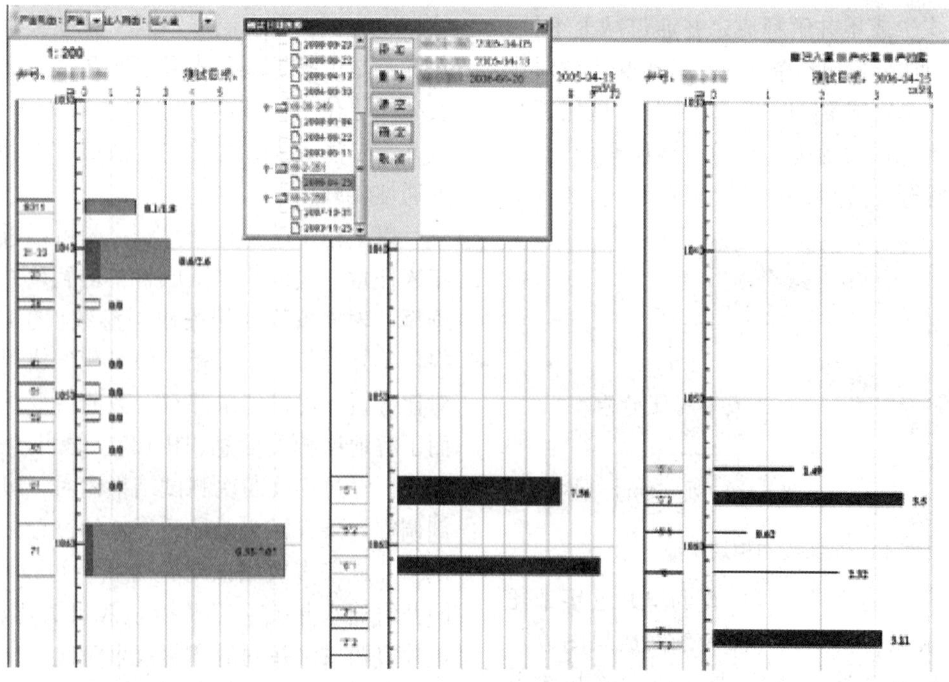

图 16　XX 井组产吸对比分析图

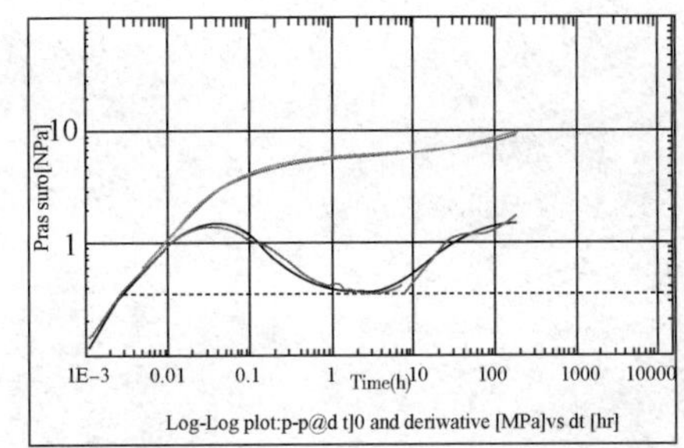

项目	双对数分析 第一段	单位
井储系数	0.00366	m^3/MPa
综合表皮系数	2.34	
丙区地层流动系数	29.2	mD.m/m Pa.s
丙区地层产能系数	9.72	md.m
丙区有效渗透率	2.43	md
复合半径	59.1	m

图 17　XX 井双对数曲线图及解释成果表

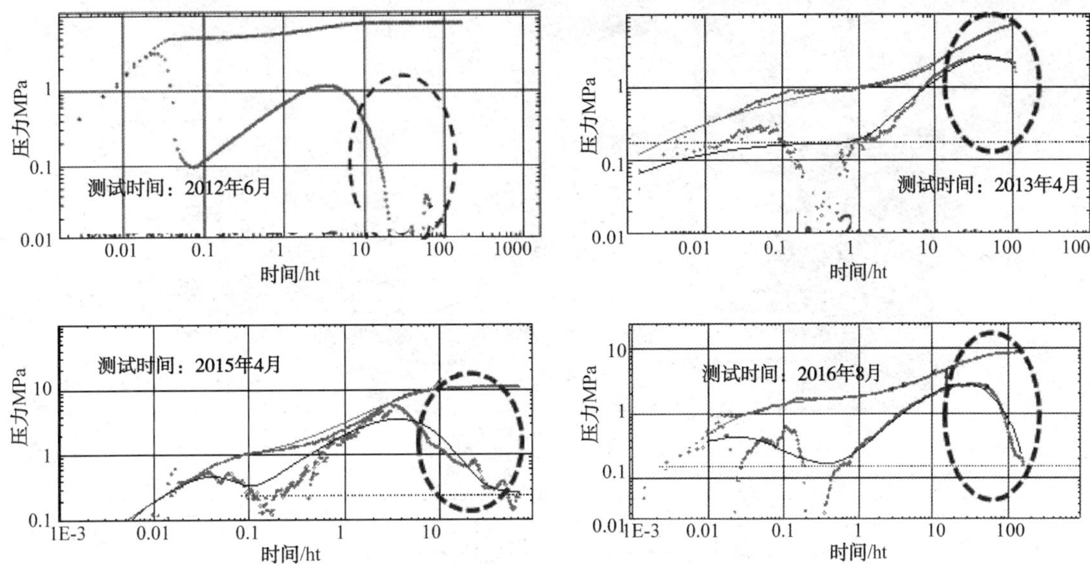

图 18　XX 井连续双对数曲线资料对比

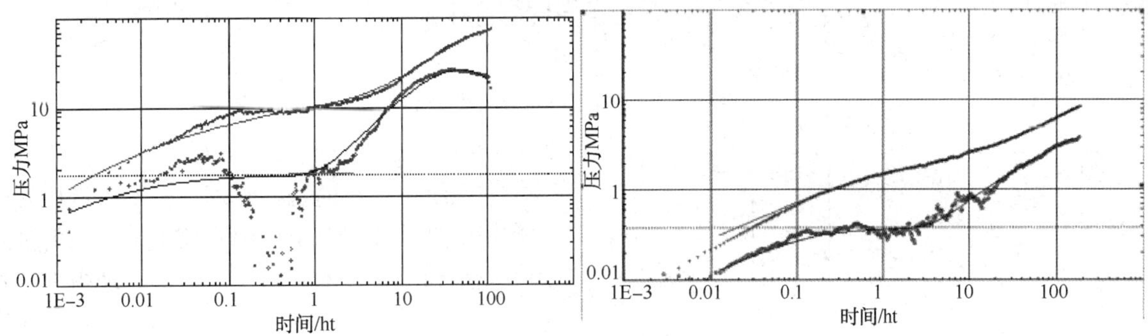

图 19　XX 井组邻井双对数曲线对比

2.4　测试数据应用模块及功能构想

该模块主要是考虑测试资料综合应用，实现测试与油田开发深度融合的问题，为地质人员、工程人员充分应用测试资料提供有效平台。该模块采用数据挖掘技术，综合应用测试历史成果与地质动静态资料，定量和定性的判断储层动用状况、注水效果评价、井间连通状况、注采平衡及措施效果等等。

以储层动用为例。通过某区块全年度测试的所有水井吸水剖面结果和油井产液剖面结果，综合分析每一个小层吸水和产出关系，计算总吸水厚度和射开连通厚度的比值(图 20)。

以措施效果分析为例。系统可以将试井、测井解释结果同时处理，加强两方面资料的综合应用，将应用性大大提高，为精细开发提供有效依据(图 21)。XX 井进行压裂措施，通过试井资料可对其压裂效果进行分析，压裂初期效果显著，随着时间推移，压裂效果变差，结合测井吸水剖面结果，压裂后产生的新吸水层 88#层为压裂有效层，7 个月后，该层不再吸水，分析裂缝已闭合或已堵塞，压裂措施失效。

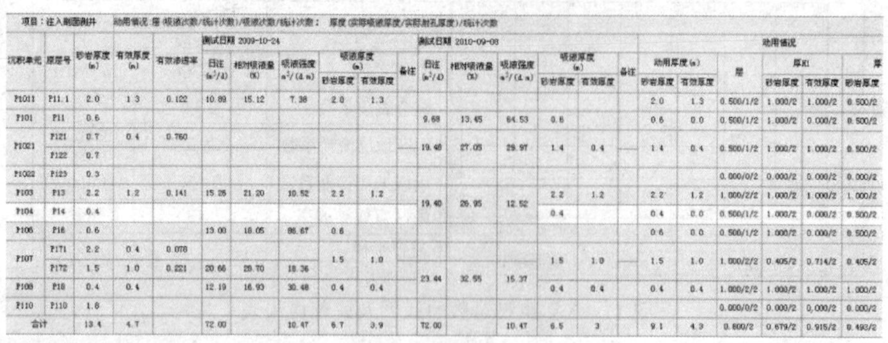

项目：注入剖面测井　动用情况 层(吸液次数/统计次数)/吸液次数/统计次数；　厚度(实际吸液厚度/实际射孔厚度)/统计次数

沉积单元	层层号	砂岩厚度(m)	有效厚度(m)	有效渗透率	测试日期 2009-10-24 日注(m^3/d)	相对吸液量(%)	吸液强度 m^3/(d.m)	吸液厚度(m) 砂岩厚度	有效厚度	备注	测试日期 2010-09-08 日注(m^3/d)	相对吸液量(%)	吸液强度 m^3/(d.m)	吸液厚度(m) 砂岩厚度	有效厚度	备注	动用情况 动用厚度(m) 砂岩厚度	有效厚度	层	厚H1 砂岩厚度	有效厚度	厚 砂岩厚度
P1011	P11.1	2.0	1.3	0.122	10.89	15.12	7.38	2.0	1.3								2.0	1.3	0.500/1/2	1.000/2	1.000/2	0.500/2
P101	P11	0.6									9.68	13.45	64.53	0.6			0.6	0.0	0.500/1/2	1.000/2	0.000/2	0.500/2
P1021	P121	0.7	0.4	0.760							19.46	27.05	29.97	1.4	0.4		1.4	0.4	0.500/1/2	1.000/2	1.000/2	0.500/2
	P122	0.7																				
P1022	P123	0.3																	0.000/0/2	0.000/2	0.000/2	0.000/2
P103	P13	2.2	1.2	0.141	15.26	21.20	10.52	2.2	1.2		19.40	26.95	12.52	2.2	1.2		2.2	1.2	1.000/2/2	1.000/2	1.000/2	1.000/2
P104	P14	0.4												0.4			0.4	0.0	0.500/1/2	1.000/2	0.000/2	0.500/2
P106	P16	0.6			13.00	18.05	86.67	0.6									0.6	0.0	0.500/1/2	1.000/2	0.000/2	0.500/2
P107	P171	2.2	0.4	0.078				1.5	1.0					1.5	1.0		1.5	1.0	1.000/2/2	0.405/2	0.714/2	0.405/2
	P172	1.5	1.0	0.221	20.66	29.70	18.36				23.44	32.55	15.37									
P108	P18	0.4	0.4		12.19	16.93	30.48	0.4	0.4					0.4	0.4		0.4	0.4	1.000/2/2	1.000/2	1.000/2	1.000/2
P110	P110	1.6																	0.000/0/2	0.000/2	0,000/2	0.000/2
合计		13.4	4.7		72.00		10.47	6.7	3.9		72.00		10.47	6.5	3		9.1	4.3	0.800/2	0.679/2	0.915/2	0.493/2

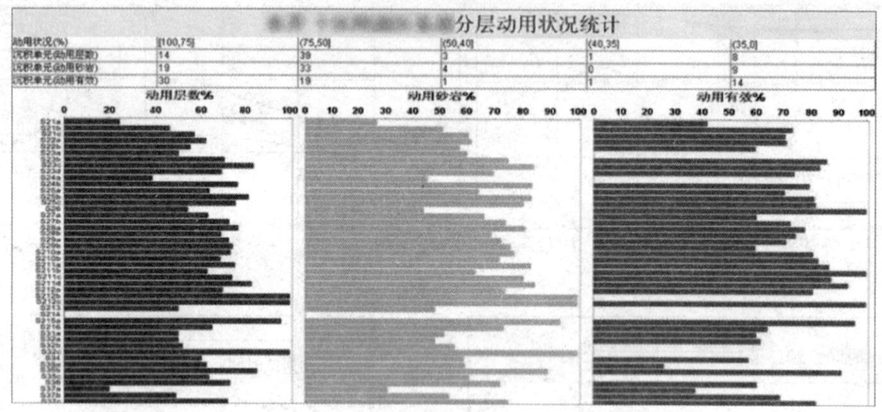

分层动用状况统计

动用状况(%)	[100,75]	(75,50]	(50,40]	(40,35]	(35,0]
沉积单元(动用层数)	14	39	3	1	8
沉积单元(动用砂岩)	19	33	4	0	9
沉积单元(动用有效)	30	19	1	1	14

图 20　储层动用程度分析图

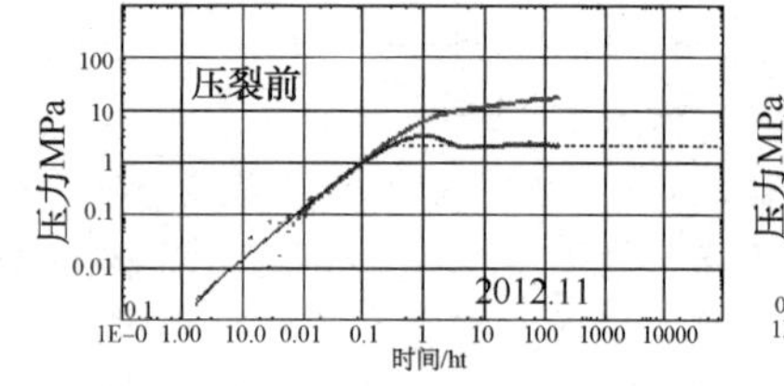

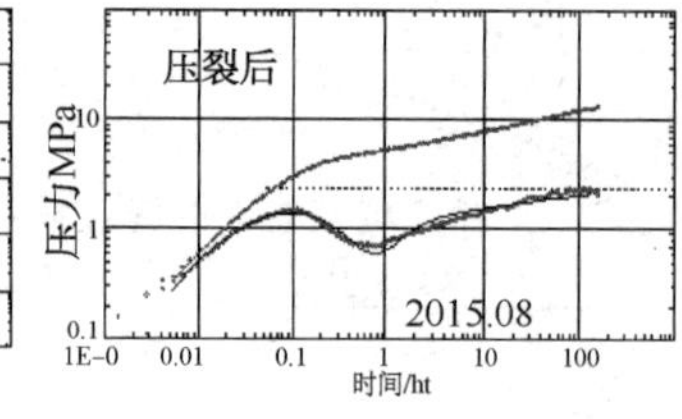

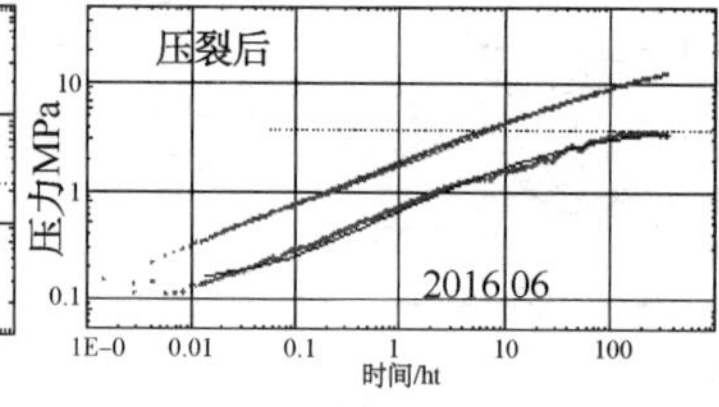

图 21　压裂前后双对数曲线图

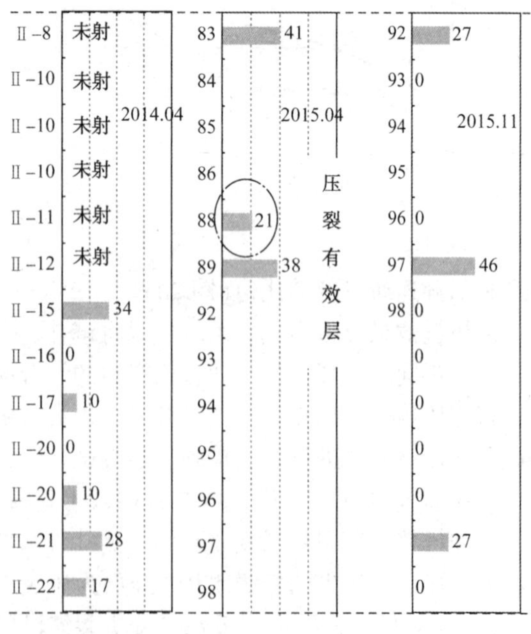

图 22　压裂前后吸水剖面分析图

2.5 统计分析模块及功能构想

该系统主要目的是将管理、技术人员从大量的数据信息统计汇总工作中脱离出来，把更多的精力应用到解决技术问题及深层次管理当中。利用该平台不同系统产生的相关数据、信息，根据系统提供的各类模板，通过数据共享自动生产满足不同项目、不同人群所需的图表。也可以根据具体工作需求，自动生产个性化图表、统计分析图等方式多样化展示，以适应不同工作场景。通过对相关统计数据的分析为改进管理水平、提升运行效率、解决技术问题提供方向、依据。

表 1　数据需求

可统计数据	可生成图表
资料全准率	历年统计柱状图
测试施工成功率	原因分析饼状图
验封合格率	水井指示曲线
分注合格率	数据变化折线图
……	……

表 2　数据统计需求

测试项目	钢丝测配			电缆边测边调			合计		
	施工井数/次	成功井数/次	成功率/%	施工井数/次	成功井数/次	成功率/%	施工井数/次	成功井数/次	成功率/%
X 区	29/35	11/11	37.9/31.4	1/3	1/3	100/100	30/38	12/14	40.0/36.8
Y 区	30/31	17/17	56.7/54.8	4/5	3/4	75/80	34/36	20/21	58.8/66.7
合计	59/66	28/28	47.5/42.4	5/8	4/7	80/87.5	64/74	32/35	50.0/47.3

表 3　XX 测调成功率统计表

现象	遇阻	捞不出	投不进	遇卡	其他	调不动	高压注不进	合计
X 区	16	4	1	/	3	/	3	27
Y 区	6	4	/	1	/	1	/	12
合计	22	8	1	1	3	1	3	39

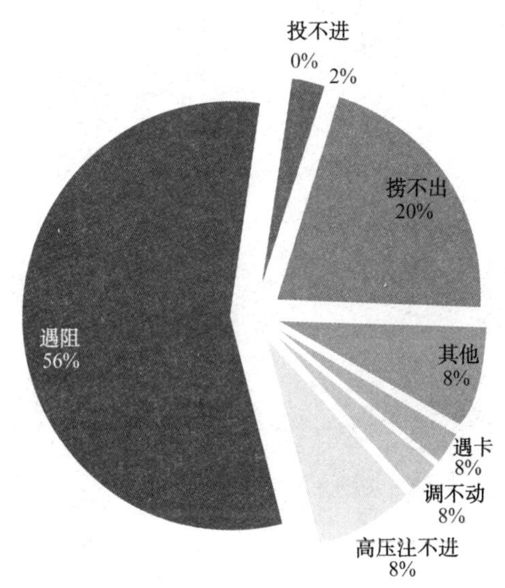

图 23　测调未成功原因统计饼图

3　基础数据管理模块及功能构想

该模块作为整个系统的“字典”，主要是按照模块提供的相关模板，通过前期一次性录入，后期维护更新及系统自我更新，为其他模块数据引用、判断计算提供基础数据。如安全风险分类基础数据主要是提供各种风险因素和域限值及对应的风险等级，为系统识别判断测试井施工安全风险等级提供依据；标准工序及标准工时基础数据主要是提供不同测试项目对应的测试工序及所需的标准工时，为生产运行计划编制过程中单井测试周期计算提供依据，同时也为员工标准工时考核，薪酬分配提供依据；测试仪器基础数据主要是提供各种仪器的尺寸、重量、耐温、耐压及相应测试指标的上下限，为测试技术方法优选提供依据。

4　预期达到的效果

4.1　全面实现从测试任务下达、测试运行计划制定、测试施工设计编制、单井施工任务派发、现场施工、施工报告编写到测试成果发布等各个环节资料管理的网络化运行。

4.2　实现生产、技术、管理所需数据汇总统计工作的自动化生成，将技术人员、管理人员从大量的数据统计工作中脱离出来，以更多的精力投入到解决技术问题和深层次管理当中去。

4.3　实现生产与施工安全风险管控的有效统一、有效融合，以程序化管理落实“管工作、管安全”的要求。同时，实现现场操作的远程监督，及时制止违章行为[5]。

4.4　部分实现生产、技术相关决策的智能化推荐，供相关人员参考使用。

4.5　实现油水井测试资料对比分析以及试井资料与测井资料的综合应用，得到更为细致的地层参数，为精细开发提供更有效的依据，为油藏、地质、工程等人员充分利用测试数据提供有效平台。

5　建议及下步工作计划

5.1　建议

在现有动态监测数据库的基础上进行全面升级，以满足生产、技术、安全以及数据应用等各个环节的需求，使之成为能够覆盖整个测试链的综合性应用平台。

5.2 下步计划

一是进一步梳理完善各个环节的流程及相关数据确保系统的完整性及可操作性。二是与委托方深入沟通，进一步了解作委托方测试资料应用需求，完善测试资料应用模块，为相关人员综合利用测试资料、提升测试资料应用价值建立有效平台。

参考文献

[1] 黄刚，黄红琴．采油气工程信息化管理措施[J]．科技创新与应用，2017，17：271.
[2] 周建华，张华军，潘胜利．油田井下作业生产信息管理系统的开发[J]，2009，4：56.
[3] 关丙火．煤质管理信息系统的设计与研究[D]．西安：西安科技大学，2009.
[4] 孙景丽，王双健，王留申．试井信息系统综合平台[J]．油气田地面工程，2006，2.
[5] 赵义，许志刚．钻井现场应急通讯技术的研究与应用[J]．中国化工贸易，2013，9.
[6] 钱盛斌．试井数据管理信息系统建设及应用实践[J]．中国管理信息化，2014，3.

国内油气田企业数字化转型、智能化发展创新与实践——以克拉玛依红山油田有限责任公司为例

徐常胜 王 骏 梁爱国 李 磊 孙 珀 邵占兴 黄建良 刘冬冬 王 飞

（克拉玛依红山油田有限责任公司）

摘 要 面对抵御低油价风险能力弱、管理运行效率不高等诸多制约高质量发展瓶颈。克拉玛依红山油田有限责任公司（以下简称红山公司）坚持创新驱动发展，率先实施机构扁平化和三项制度改革，全面建成低成本、覆盖面广、应用领域多的稠油油藏物联网，研发应用中国石油上游板块首例智能生产管理信息系统，成功构建物联网、油公司模式下管理架构和运行模式，为国内油气田企业数字化转型、智能化发展提供了有益借鉴。

关键词 油气田；数字化；物联网；低成本；智能化

1 前言

习近平总书记在2018年全国网络安全和信息化工作会议上明确指出，要发展数字经济，加快推动数字产业化，依靠信息技术创新驱动，不断催生新产业新业态新模式，用新动能推动新发展。要推动产业数字化，利用互联网新技术新应用对传统产业进行全方位、全角度、全链条的改造，提高全要素生产率，释放数字对经济发展的放大、叠加、倍增作用。要推动互联网、大数据、人工智能和实体经济深度融合，加快制造业、农业、服务业数字化、网络化、智能化[1]。新冠肺炎疫情和油价暴跌“两只黑天鹅”叠加而至，给油气企业生产经营甚至生存发展带来了严重冲击，同时也给企业加快数字化转型、智能化发展提出了新的要求。今年4月，中国石油集团有限公司董事长、党组书记戴厚良强调，数字化转型涉及企业的治理体系、治理能力、组织架构等，要结合企业实际，把推进数字化转型的基础、优势和不足摸清楚，要统筹谋划，做好总体设计，分层分步实施；要明确目标，统筹好相关措施和制度，先行先试后再进行推广。红山公司以此为契机，结合公司实际情况，在数字化转型、智能化发展工作中进行了有益的尝试。

1.1 红山公司概况

红山公司由中国石油天然气股份有限责任公司、新疆能源（集团）有限责任公司、新疆生产建设兵团投资有限责任公司三方共同出资，于2012年9月在新疆克拉玛依市注册成立，合作面积100.1km^2，总储量4312.07万吨，合作期限20年，是独立的经济法人实体、中国石油上游产业与地方创新合作发展首例。红山公司开发油藏为红山嘴油田红003井区块稠油油藏，油藏50℃地面原油黏度平均6000mPa·s以上，最高达28000mPa·s，属于超稠油油藏，采用蒸汽吞吐、蒸汽驱工艺开发。历经多年勘探开发，共有注、采井1894口，建成了生产注汽、原油处理、原油外输等主体工程以及供水、供电、供配气等生产配套设施，是中国石油新疆油田首个地面标准化建设示范区和“地下高效采油、地上观光旅游”石油工业景区。

1.2 数字化转型、智能化发展基础

1.2.1 物联网方面

从物联网覆盖率来看，蒸汽驱注汽井、计量管汇、转油站、注汽站、原油处理站，物联网随产能建设，覆盖率均为99%以上。

1.2.2 管理方面

红山公司高度重视物联网及信息化建设，成立了以主要领导为组长的专门机构对公司未来物联网及信息化建设进行规划，并大力推进规划落实工作，为数字化转型，智能化发展提供了坚实保障。

1.2.3 人员方面

经过多年的物联网建设，培养了一批既懂生产又懂信息化建设的综合性人才，为未来数字化转型、智能化发展奠定了坚实的人力资源。

1.3 存在的问题

1.3.1 受单井物联网建设成本较高影响，单井物联网覆盖率仅为 3.8%，与生产密切相关的温度、压力录取，油井启停、放套气和检查井口设备设施及工艺管线的异常状况仍需要人工现场巡井、人工操作来完成。

1.3.2 油田单井原油含水计量需每天通过人工现场取样化验获取，人工取样劳动强度大且存在烫伤、伴生气中毒、原油落地等安全环保风险，同时人工化验效率低、误差大、时效性差。

1.3.3 油区视频覆盖率不高，仅在原油处理站、注汽站及料场等部分重点站库部署了 43 台模拟摄像头，无法实现覆盖全油区的视频智能监控。

1.3.4 为确保油井物联网等一系列改变现有劳动组织的工程，适应“油公司”业务流程体系，急需一套以生产管理为核心的智能应用系统，全面提升管理效率和水平。

2 数字化转型、智能化发展关键技术与实现路径

面对国际油价断崖式下跌并长期低位徘徊的严峻形势，如何实现油田物联网建设标准不降，建设低成本及运行低功耗成为油田数字化转型能否实现的关键。红山公司通过多年的技术实践，优选应用 LORA(低功耗广域物联网)传输技术、多井共用在线自动测量含水技术、无线微波网络通讯技术及业务全面上云等信息技术手段，构建起由采集控制、数据传输、生产管理平台三大部分构成的物联网系统总体架构(图 1)，为低成本数字化转型智能化发展奠定了坚实基础。

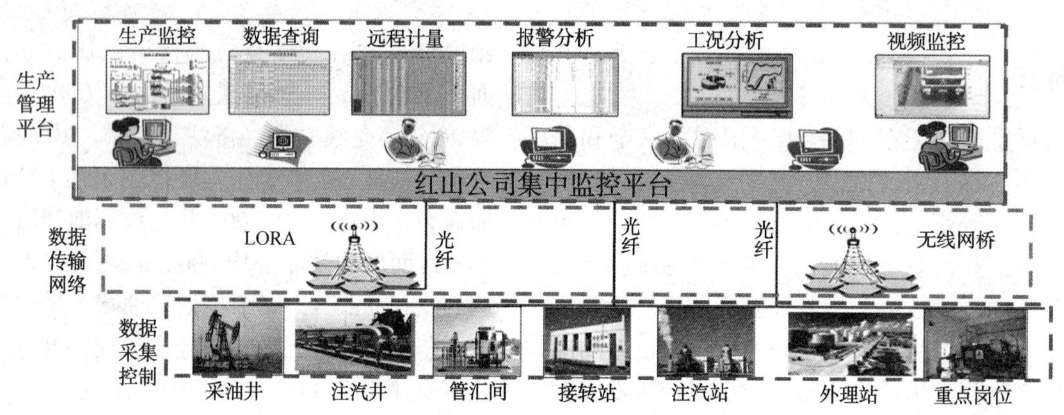

图 1　物联网系统总体架构

2.1 LORA(低功耗广域物联网)传输技术

红山公司新物联网工程的建设，依然是基于中国石油 A11 架构的采集和传输标准，但取消了 RTU、CPE。采用 LORA(WAN/TDM)传输技术，简化为传感器、网关、平台透传新模式，该模式简化了油气生产物联网硬件层级和架构(图 2)。

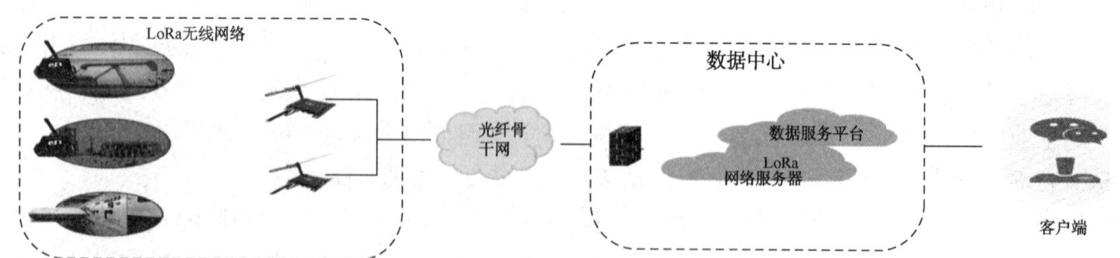

图 2　LORA 传输网络架构图

2.2 多井共用在线自动测量含水技术

针对称重式计量和功图计量两种工艺流程(图 3、图 4)，利用多通阀装置及集输管网，将分散油井采出液汇集至在线含水仪处，通过自动选井功能实现单井含水在线测量。单台在线含水仪最多可满足 24 口井计量需求，实现多井、多管汇共用。为保证油井含水测量的准确性，从采出液流动形态入手，研究制定了将集输管网内暂存介质完全替换为测量井采出液的计算方式。在此基础上，完善自动调控系统，利用无线传输设备，实现油井产液量计量与含水率测定联动，数据可自动采集远传并自动生成生产报表。

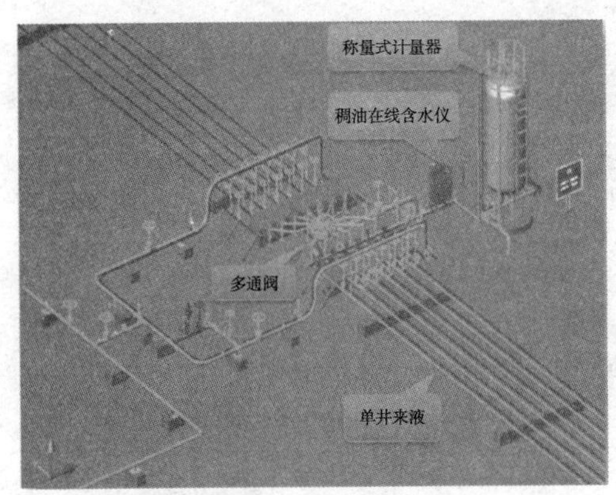

图3　含水仪工艺流程示意图(称重式计量方式)

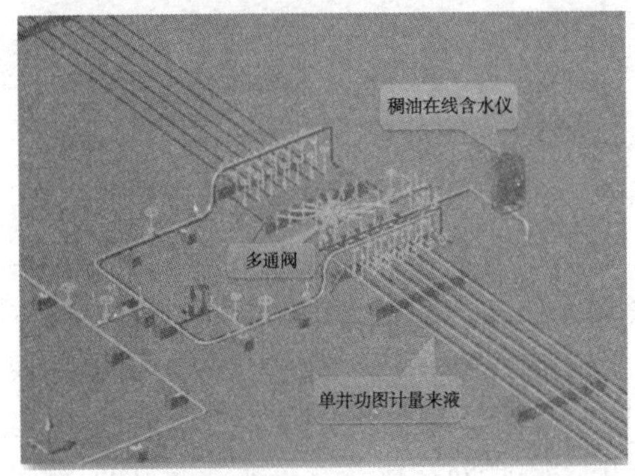

图4　含水仪工艺流程示意图(功图计量方式)

2.3　无线微波网络通讯技术

通过对比无线微波、4G、McwiLL 等主流无线通讯技术，优选无线微波通讯技术(图5)。按照“共建共享”理念，租用油区通讯铁塔资源，部署4套无线微波主站设备，实现了油区视频无线网络全覆盖，为移动视频灵活部署，减少征地费用，打造全面可视化油田奠定了坚实的技术基础。

2.4　基于微服务、组件化的可视化定制技术

根据生产安全管理需要，结合红山公司现有自建系统，研发应用中国石油上游板块首例智能生产管理系统—智能红山 PM 系统。为确保系统适应未来云模式下的运行方式，并根据需求变化和用户体验，具备快速迭代的扩展能力。选用赛鲁班可视化定制工具，将可复用的模块化组件作为模块开发资源使用，通过“组件+服务”模式组装成业务模块，缩短系统开发周期(图6)。该工具定制的程序，完全适用于 Docker 容器技术，利用微服务+Docker 的组合，使业务应用能够与云平台融合，实现“业务上云”。按照《中国石油移动应用大厅》相关接口和规范，采用 Cordova+Angular+Ionic 框架，开发移动端应用，符合中国石油信息安全标准。智能红山 PM 系统以油田生产管理业务链为主线，依托现有信息化建设成果，融合自动化系统 、视频系统、人力资源系统、地质研究系统、无线通信网络等，集成全油田生产动静态数据、实时数据、视频数据、设备运行数据、安全隐患数据、区域风险数据等，以可视化监控、智能工单、智能预警为主线，建成一套集监控、运行、指挥、管理、应急于一体的智能生产管理系统，形成预警智能化、监控可视化、运行闭环化、决策精准化、协作一体化和事前预警、事中指挥和事后分析全过程控制。智能红山 PM 系统包括承包商管理、生产运行管理、生产监控与预警管理、生产动态分析、生产决策管理、岗位工作台、设备全生命周期管理、工程项目管理和应急指挥管理共9个模块(图7)。

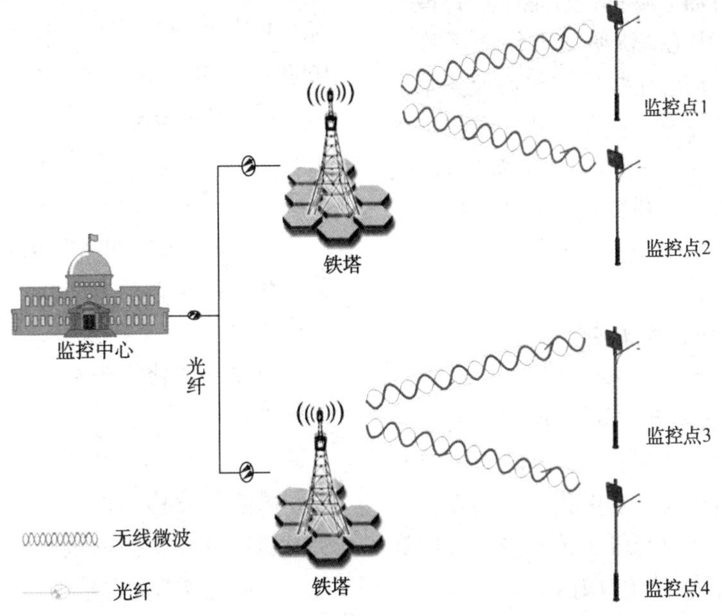

图5　无线微波网络通讯技术

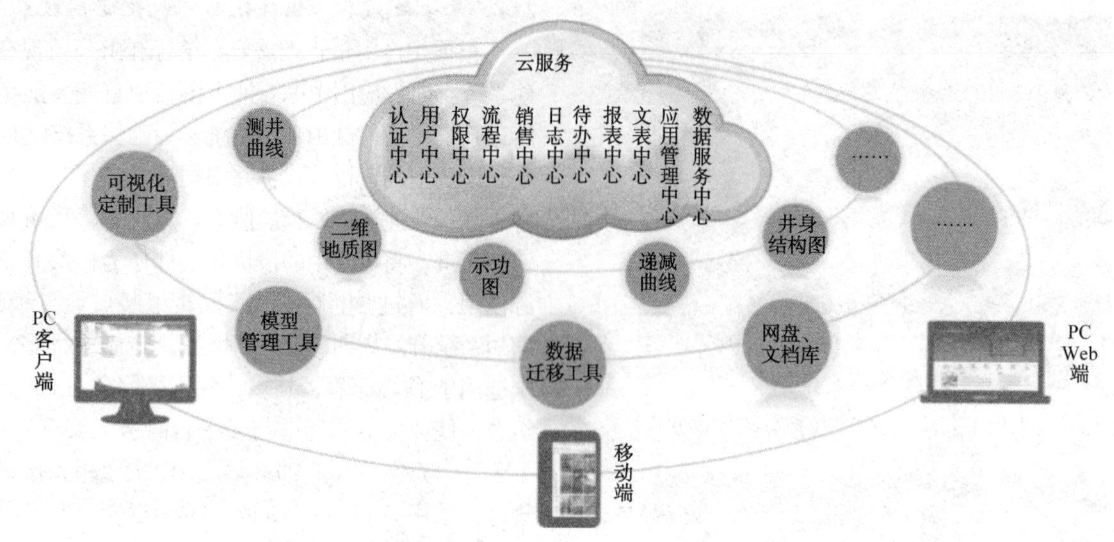

图 6　基于云架构的生态环境

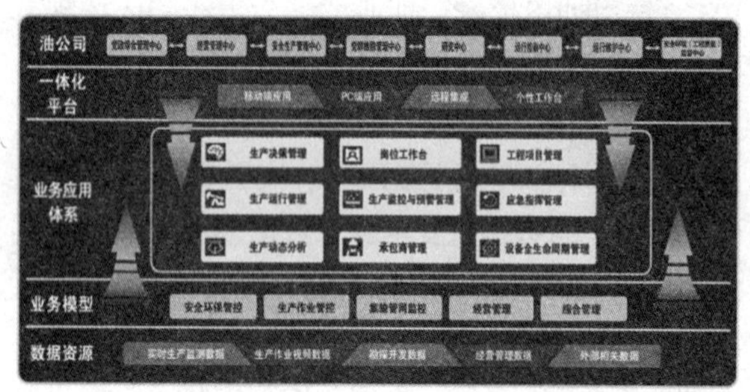

图 7　智能红山$_{PM}$管理系统框架图

3　数字化转型、智能化发展成效

红山公司根据推进高质量、有效益、可持续发展需要，全面推进油井自动化、稠油含水在线分析、井场视频监控等物联网建设与集成应用，创新研发应用中国石油上游首例智能生产管理信息系统，建成“八大中心”新型油田作业区管理架构，并将自动化、信息化技术与核心业务紧密结合，实现数据驱动业务的创新模式，重构了现场生产组织和管理业务流程，实现业务归核化、机构扁平化、专业协同化和管理数字化，减少了现场用工，提高了人均劳动效率，达到减员增效、降本增效目的。

3.1　全面建成低成本、覆盖面广、应用领域多的稠油油藏物联网

3.1.1　国内首次实现成本 1 万元以下油井物联网。2019 年 7 月至 10 月，在 1449 口重点井安装温度、压力远传仪表、功图仪及电参等物联网设备，完成地面自动放套气工艺改造，应用低功耗广域物联网传输技术（LORA）及云组态技术，采集压力、温度、电压、电流、示功图、运行状态、冲程、冲次等 8 项关键参数，实现油井生产数据自动采集、分析诊断、远程启停和自动放套气等功能，彻底改变了采油工抄数据、录数据、人工启停抽油机、放套气等传统巡检模式，实现故障巡维。新一代油气生产物联网与传统的油气生产物联网相比，有着非常明显的优势，总结来说就是“低成本、低功耗”。低成本主要是单井设备及施工造价从过去的 2.5 万元降至 0.9 万元左右，同时也降低了后期运维成本和难度。低功耗主要是大幅度延长现场无线仪表的电池寿命，结合太阳能技术，使无线仪表电池寿命从 3 年延长到 7.5 年。

3.1.2　国内首次攻破稠油含水在线监测、自动选井等难题，实现稠油含水在线监测全覆盖。共安装调试完成 131 台含水仪，计量油井 1693 口，单井测定含水与化验差值在 5%以内，满足地质生产分析需求，彻底取代了人工取样、化验、录入等固有模式，打通了油田生产全过程自动化“最后一公里”。

3.1.3　实现油区智能视频监控全天候全覆盖。在 500 座井场及管汇安装 732 部视频设备，搭建流媒体服务器及 3 大监控平台（生产、安全、应急一体化指挥平台、在线监督平台、电子巡检平台），实现井场、管汇闯入智能分析、语音警示，处理站、锅炉、重点部位周界实时监控，风险作业移动视频监督，形成覆盖全油区的实时监控及应急指挥调度，为实现油田“无人值守、故障巡维”奠定基础。

3.1.4　自主搭建大数据分析平台。通过物

联网建设，结合生产动、静态数据，采用自主研发及引进的方式，开发生产辅助分析、异常井、汽窜井管理、功图诊断及量液系统，实现故障智能诊断、异常信息自动发布和处理过程网上流转闭环，油井运行效率和管理水平大幅提升。

3.2　创新“八大中心”新型油田作业区管理模式

数字化转型不仅是设备与技术的更新换代，更重要的是与之相匹配的管理模式创新[2]。为确保物联网等一系列改变现有劳动组织的工程，适应公司业务推进流程体系，红山公司按照“新型油田作业区”建设和“油公司”模式改革目标，率先实施机构扁平化和三项制度改革，集中精力做强主营业务，将生产、经营、技术、科研、管理、党群等全部职能专业化协同到“八大中心”，建立“专业协同，流程优化，界面清晰，责权匹配”的组织机构（图 8），实现专业协同、环环相扣。按照新架构，公司组织机构设置和人力资源配置进一步优化。一是管理扁平化。机构减少 8 个，较 2017 年“五定”方案压减 50%。二是去行政化。三级正、副定员下降 12.5%，不再按“正、副科级”行政级别管理，实行层级类别管理，中心领导人员由身份管理向岗位管理转变。三是富余用工显性化。“十四五”期间，用工总量将逐年降低，达到 150 人以内规模，用工总量仅为“采油厂–作业区–班组”传统模式的 29%。

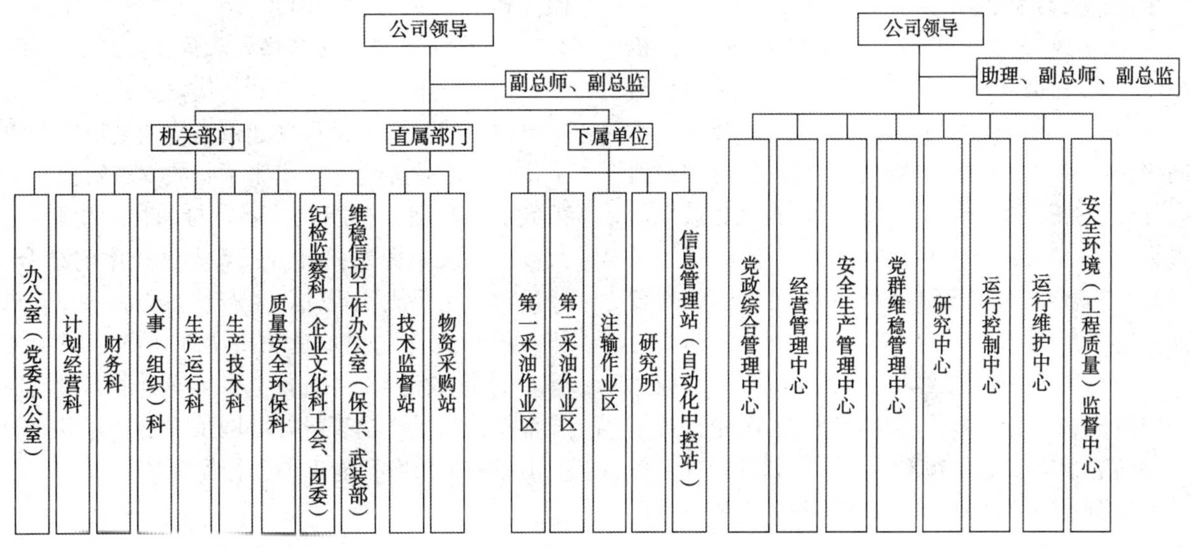

图 8　油公司改革前后组织机构

3.3　构建跨专业、跨部门的业务贯通、快速响应及协作联动一体化机制

3.3.1　打造专业协同环环相扣的业务新流程

按照管理扁平化、专业协同化要求，针对新物联网技术、动态分析发现的问题，形成智能工单，实现智能精准派工。智能工单可根据任务类型，通过大数据分析，能够自动或可定义生成不同类型工单；工单能将生产任务数据及相关文档自动填写，例如，报警信息自动填入工单；工单能够点对点、点对多点的派工后反馈信息汇集；同一事物多次派发工单能够相互关联，能够追踪历史和事后分析；根据派工内容，工单能够自动判断该工作中容易产生的隐患或问题，为现场人员提供提前预警。智能派工是指，系统具有自学习能力，可根据人员岗位职责、工作能力、出勤情况、专业证件等进行智能机器人派工。此外，通过手机 GPS 定位、扫描二维码等方式，一线操作员工能随时查看所有井的动、静态数据、自动化数据、措施作业等信息。

3.3.2　打造“互联网+承包商”的闭环管理新模式

推行扁平化管理后，用工模式将逐步调整为“管理+技术+核心技能骨干或业务外包”。因此，对承包商的管理及生产问题的解决和监督是信息化建设重点。针对承包商管不住的风险，公司利用信息化手段，在中国石油上游板块首创承包商管理系统，建立起了一套承包商分类分级管理体系，持续强化承包商安全监管，实现甲乙方共融共进共赢。红山公司承包商管理系统，实现了承包商资质审核、人员机具报备、作业申请、承包商监督、电子表单（五交底、作业许可等）、承包商违章、分级评价、入场离场及培训教育等功能网络化和智能化管理(图 9)，提高了承包商管理效率和安全管理水平，实现现场施工管理和互联网智能的有效结合。培训教育模块支持甲乙方在线培训，具备实时记载、观影记录等功能。

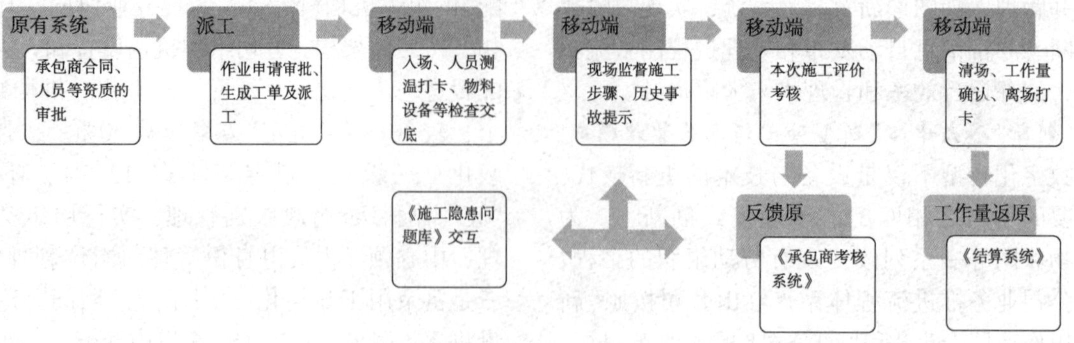

图 9　承包商管理业务流程图

3.3.3　建立全员参与、全岗覆盖、全程管控的安全隐患管理新机制

建立风险隐患平台，全员实时使用手机 APP 隐患上报功能，以文字、图片、视频、语音等方式记录所发现的隐患，针对不同类型、不同级别的隐患，智能工单将隐患自动推送到最适合处置该隐患的人或部门，隐患排查处置效率由过去 5-7 天，缩短至 1-3 天。

3.3.4　健全应急管理工作体系，提高应急处置能力

应急管理系统包含了应急预案的演练、应急物资管理、应急预案的启动等功能。其中预置了多种应急预案，启动预案后，将预制的处置任务自动发到相关人员手机上，完成任务并及时反馈，统一部署，协同执行，提高预案的执行效率，有效避免事态扩大。

4　认识

4.1　数字化转型、智能化发展是“一把手工程”

在企业转型过程中面临着新旧思想的强烈碰撞，这要求企业管理者能带头转变观念，坚定转型发展的信心和决心，甚至是思想、行动上的一次自我革命。红山公司将数字化转型、智能化发展作为打造中国石油上游合资合作标杆的关键之举，主要领导亲自谋划实施以改革创新为主线的高质量发展方案，专门召开创新发展大会，亲自布局推动创新发展工作，鼓励全员创新创造热情；实施过程中，采取自上而下定期听取项目进展、指导物联网深化应用及现场跟踪问效等方式，有效推动了规划落实。例如，在现场施工组织方面，通过配强项目管理团队、优选专业化施工队伍，2019 年 7 月物联网工程开工建设，仅 89 天完成 1449 口油井自动化、731 台井场视频监控和 131 台含水仪建设、调试及投用工作。

4.2　数字化转型、智能化发展核心是技术创新

当前，国家大力推进新一代信息技术应用为主要内容的新型基础设施建设，给油气田企业数字化转型、智能化发展带来了新的发展机遇。油田数字化转型、智能化发展是自动化、物联网、大数据、人工智能、机器人等先进技术的结合，通过数字化手段实现油田生产动态全面感知、趋势预测和提升优化，是油田实现精细管理的关键。例如，在异常井管理上，实现电子巡检发现异常报警与生产出现异常井同步呼出，并以智能红山$_{PM}$系统派发智能工单，督促现场高效、高质量、规范完成处置工作，异常井发现及时率达 98%以上，3 日内有效处置恢复率达到 97%以上，恢复时率缩短至 1.5 天以内。

4.3　数字化转型、智能化发展需要与创新管理模式相匹配

数字化转型不仅是设备与技术的更新换代，更是数字化条件下的业务转型，涉及企业管理模式的重大变革，需要与之相匹配的管理模式创新。红山公司 2019 年 9 月初搭建“八大中心”新型油田作业区管理架构，重构了传统采油厂生产组织业务流程，建立起了专业协同、环环相扣的管理体系，与物联网建设成果相匹配，缩短了管理层级和管理链条，改造了业务流程，优化了管理模式，提高了管理效率，推动了数字技术与生产经营管理深度融合。

4.4　数字化转型、智能化发展是系统性工程

数字化转型、智能化发展从战略谋划、方案设计、组织实施、场景打造到深化应用，是一项系统性工程，实施过程中面临着技术创新、能力

建设、人才培养等诸多挑战，要求企业从优化选商采购、个性化、定制化服务等方面下功夫。红山公司作为独立法人单位，有经营自主权，公司围绕打造行业内知名的创新型企业，通过与掌握关键核心技术、有先进理念、创新能力的企业建立长期稳定的战略合作伙伴关系，组建成了集方案设计、产品研发、施工建设与后期维护为一体的智能油田团队，形成了数字化生态联盟，未来有望为行业发展注入新动力。

齐鲁石化 ERP 大集中之后的深化应用与实践

牛启光　左新玲

（中国石化齐鲁分公司）

摘　要　结合齐鲁石化 ERP 大集中应用情况，介绍了 ERP 大集中后深化应用开发模式的变化。提出了两种新的 ERP 应用开发模式，并对应用案例进行分析，总结了两种开发模式的特点及适用情况。

关键词　ERP 深化应用；系统集成；EDW；ABAP；PI；WebService

1　概述

齐鲁石化隶属中国石化集团公司，经过多年信息化建设，形成了经营管理、生产营运、过程控制多个层次的信息化应用架构，信息系统支撑企业生产经营活动日臻成熟。按照中国石化的统一部署，作为经营管理的核心系统 ERP 于 2015 年进行了升级提升。由本地部署升级为总部统一部署，实现了中国石化范围内的 ERP 大集中，进一步规范优化了业务流程，实现了各业务板块的一体化经营管控。

ERP 由总部统一集中管理，意味着各企业的开发人员将不再通过 ERP 开发、配置平台自由的进行程序开发、流程部署。但也并不意味着企业内部开发与深化应用工作的终止。ERP 大集中导致企业的实施方式、运维方式、开发方式、技术变革等方面发生了转变，如何发挥 ERP 大集中平台优势，加快数字化转型，助力高质量发展。这就迫切需要寻找新的开发模式和开发方法作为替代。通过摸索与实践，逐渐理顺了思路，提出了基于 EDW 和 PI 模式的 ERP 系统开发方法。

2　新开发模式的提出

未进行 ERP 大集中之前，ERP 分散部署，服务器、数据库、应用程序等都是企业自己管理，权限较大。大集中之后，服务器部署在总部，系统权限上收。

2.1　原分散部署模式特点

① 个性化需求多，根据企业各自特点，设置了不同的业务流程。

② 开发标准样式多，各企业都有自己的服务器，开发人员根据需求自行进行开发。

③ 运维方式渠道多，业务流程变更或是程序开发，都由企业根据管理需要，进行配置或开发。

2.2　集中部署模式的内涵

通过大集中，建立起集中管控体系，包括流程、主数据、应用、培训与测试、IT 基础设施五部分。使用最少资源、最快速度部署系统，实现对标准模板系统化、体系化的运维和变更管理，避免重复、不必要系统与接口的开发。

① 业务标准统一，消除企业个性化业务。

② 实施标准统一，提升上线速度和质量。

③ 开发标准统一，服务器集中到总部，程序统一开发。

④ 运维标准统一，响应速度加快。

2.3　两种模式的对比（表 1）

表 1　两种模式的对比

项目	分散部署	集中部署
业务流程	个性化需求较多	统一业务
技术开发	自行开发	统一开发
系统运维	自行运维	统一运维
IT 技术	企业自管	服务器一体化管理

统一部署有利于统一各企业业务流程。技术的标准化，程序开发由企业上移到总部，不同企业的多种需求，可由同一个程序实现。代码的标准化，提高了开发效率。统一的运维给项目应用带来提升，由经验丰富的 ERP 顾问进行实施支持，提高了解决问题的速度。IT 技术方面，服务器、系统优化、数据备份等工作统一管理，提高了运维效率。

同时由于个性化业务消除，企业精细化管理需求不能得到满足。企业没有了开发权限，个性开发需求可能无法得到支持。大集中的实施，总部上收了 ABAP 开发权限，企业自身将无法基于 ABAP 进行开发。在集中管控下，如何进行企业深化应用，是我们讨论的主要主题。

2.4　大集中模式下深化应用技术探索

2.4.1　ERP 与外围系统集成总体架构

ERP 大集中后，ERP 与外围系统的集成发生了很大变化(图 1)。

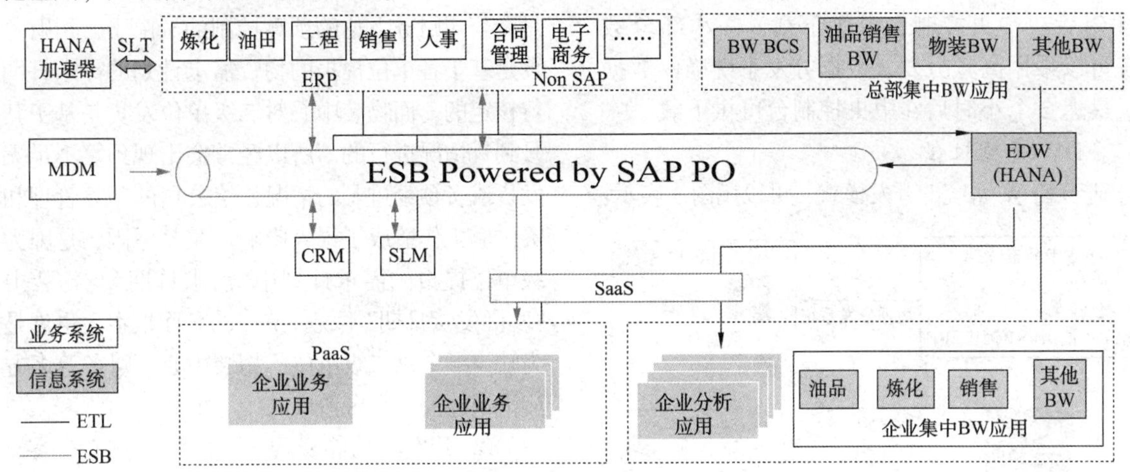

图 1　ERP 与外围系统技术架构图

构建了以 ESB 为核心的流程集成平台，以 EDW/BW 为核心的信息集成平台，用 SaaS 为企业提供数据和应用服务，为企业提供开发云平台，满足开发应用需求，用 HANA 加速器为 ERP 实时报表加速减压。

2.4.2　ERP 深化应用开发模式

上面的 ERP 与外围系统的集成架构中，业务系统通过 ESB PI 进行数据交互；信息系统通过 EDW 进行数据分发。所以，体现在 ERP 的深化应用开发上就产生了相应的基于 EDW 和基于 PI 的开发模式。

① 针对统计分析类的应用系统，此类系统无需对 ERP 进行数据写操作的，采用大集中本地化的 EDW 系统进行开发。EDW 系统核心为一个 Oracle 数据库，它存储了自 ERP 分发来下的各业务数据，此分发频率平时为 1 天，月结期间可为 2 小时，基本能满足企业统计需求。

② 针对需要对 ERP 进行实时操作的读写业务，采用 PI Web Service 模式进行。此模式为分散时代的 RFC 或 BAPI 模式的升级版。由于大集中后各个企业不允许自行开发 RFC 等函数，也不允许直接访问大集中的 RFC，故总部提出了由 RFC 先转到一个公用的服务器平台，将 RFC 转换为标准的 Web Service 模式，提供给第三方平台进行访问。

3　基于 EDW 的开发模式

3.1　EDW 的提出

企业应用系统需要持续获取 ERP 系统数据，进行分析、统计等。由于大集中后 ERP 系统对开发实行严格管控，不再允许直接从 ERP 系统取数，所以进行数据分发，存于本地 EDW。

3.2　数据分发过程

采用 SLT 技术，复制 ERP 基础表数据到总部 EDW。在 EDW 上定期运行后台作业，将最新的增量数据按照企业进行分离，形成增量数据文件。增量数据文件写入到文件服务器下对应的企业数据分发目录。企业应用根据自己的需要从文件服务器中获取分发的数据，存于企业 EDW。

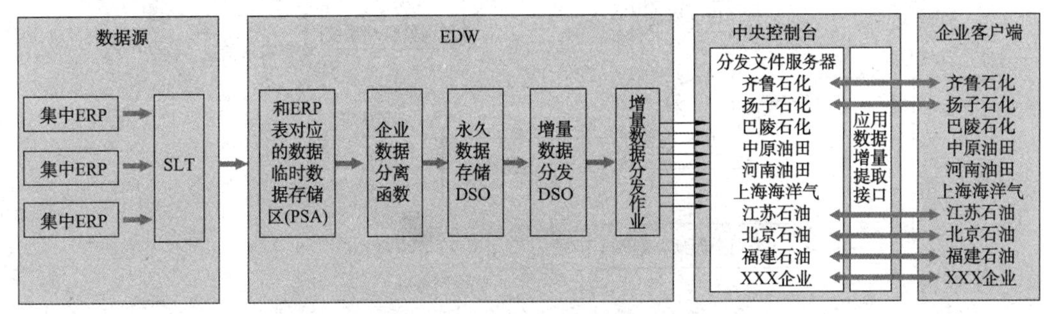

图 2　EDW 分发过程

此种分发模式，可对 ERP 原表进行分发，让企业端落地的数据表和 ERP 原表保持一致，可以分发透明表、簇表、池表等，不分发视图。同时可实现增量分发，系统确保数据增量最迟 24 小时后在中央控制台可供下载，一小部分数据表可以采用高频分发，数据分发系统确保数据增量最迟 2 个小时后在中央控制台可供下载 。

3.3 EDW 开发过程

基于 EDW 系统的开发模式，可以用图 3 表示：

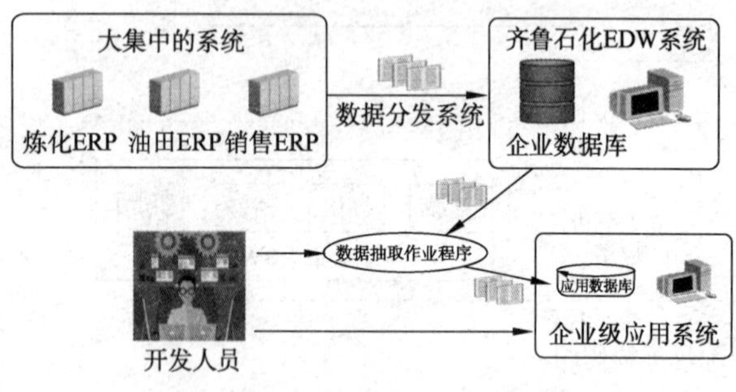

图 3　EDW 开发模式

开发过程由两部分组成。一是根据需求从 EDW 获取需要的数据。首先，从 ERP 的业务逻辑分析入手，找出涉及的表与字段。ERP 业务逻辑表分析和分散模式下的 ABAP 开发是类似的。例如，通过业务界面找表和字段(如按 F1 键)，通过阅读对应的 ABAP 程序，通过 ST05 追踪模式等等。之后从总部 EDW 进行提取和集成，把数据纳入到企业 EDW。二是选择合适的应用开发平台，基于从 EDW 中获取的 Oracle 数据进行应用开发，因为不能再依托 ABAP 平台，所以要选择合适的开发语言进行开发。

3.4 EDW 开发应用案例

基于 EDW 的 ERP 深化应用开发，企业已经完成物资需求与预算联动系统、产销存管理系统、物资全流程监控系统、修理费管理系统等。其中，物资需求与预算联动系统是比较典型的应用案例。

① 开发背景

在 ERP 系统中，公司物装中心对各单位发货是受公司财务下达的预算控制的。由于公司财务预算是基于各单位提报的物资需求计划的需求日期进行核定的，而物装中心对二级单位发货是基于其当月到货情况进行的，所以经常会出现预算不足无法发货或者预算过剩的情况，给公司的预算管理和物资供应工作造成了很大影响。究其原因，是因为二级单位提报的需求计划中“需求日期”与物装中心“实际发货日期”不统一造成的，而根本上也许是因为缺少一个供二级单位、物装中心、财务等多方交流沟通的公共平台造成的。

② 开发及功能实现

首先通过需求分析和 ERP 的相关业务逻辑分析，提取并集成所有未发货的预留信息到本系统，建立自己的数据库。之后提供接口由物装中心对预留的预计发货情况(发货时间、发货数量等)进行维护。系统基于物装维护的预计发货情况生成相应的预算数据及相应的数据查询分系统功能。最后系统提供了基于基金中心、利润中心预算数据查询功能，为财务处在 ERP 中下达预算提供参考。提供了基于提报单位的预算数据查询功能，为二级单位提报预算提供了依据；提供了需求计划预计发货与实际发货的对比功能，为物装中心在 ERP 中发货提供参照。

通过实施根本上解决了 ERP 运行中经常出现的预算不足或预算过剩的问题，达到了提高预算准确性、提高工作效率的目的。弥补了 ERP 中物资需求数据无法直接为预算服务的不足，是 ERP 系统的有益拓展，为 ERP 的深化应用提供了一个思路(图 4)。

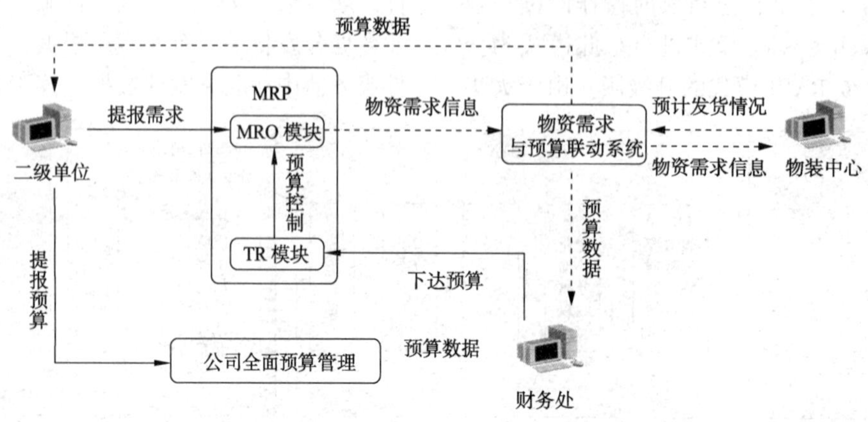

图 4　系统与 ERP 关系图

3.5 EDW 开发小结

从上可知，在基于 EDW 的 ERP 深化应用开发模式下，应用不是直接从 ERP 系统获取数据，而是从 ERP 分发的企业本地 EDW 系统中获取数据，存在一定时间的延迟。正因为应用操作的数据源与 ERP 系统存在延迟，所以从应用中得到的数据就不能再提交 ERP 使用。EDW 适用于以下几种情况：

① 自建应用需要从 ERP 系统定期获取非实时数据。②应用从 ERP 系统获取数据，不向 ERP 提交数据。③系统主要用于统计、分析、辅助决策等。

4 基于 PI 开发模式

4.1 PI 模式提出

PI：Process Integration（流程集成），在 SAP 中的定位是一个用于集成的技术平台，是一种中间件技术，主要应用在 SAP 与 Non SAP 的集成、同步和异步消息的交换、跨组件业务处理管理等。其优势在于维护方便、消息检测功能强大、提供标准接口技术(XML)。

要和 ERP 进行写操作，EDW 模式显然不适应。基于 PI 的 Web Service 通讯方式是合适的选择。PI 支持与主流的 JAVA、.NET 开发语言进行接口集成。

4.2 PI 开发过程

企业提出开发需求，总部 ERP 项目组进行可行性分析，申请通过后由 ABAP 开发人员进行 ERP 层次 RFC 或 BAPI 开发和测试，后由 PI 人员转变成 Web Service，交给企业开发人员测试和使用。

实际开发过程，①由项目组根据需求、外围系统集成情况、接口集成情况，编写集成方案，确定实时业务集成接口与数据分发接口的解决方案。②开发完成 PI 的异步接口，并提供接口映射文档。③外围系统开发者，用 PI 接口作为消息接收者的接口，根据映射文档提供的 Web Service，完成接口开发 。④完成开发测试，项目组按计划配合完成程序传输和配置部署等工作。

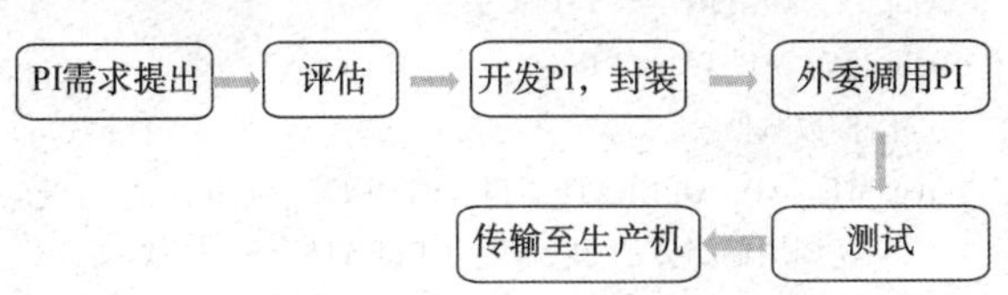

图 5　PI 开发过程图

4.3 PI 应用实例

4.3.1　以衡器管理系统为例，介绍与 ERP 系统的集成。

衡器管理系统是将公司所有具备数据上传条件的过衡数据进行实时采集，通过公司局域网上传到过衡数据库中，供 MES、ERP 等系统使用。同时与 ERP 进行自动集成，实时获取 ERP 产品出厂计划数据，并将过衡量回传 ERP，减少产品出厂发货过账的出错率，保持进出厂数据量值的一致性，促进公司进出厂管理的规范化和透明化。

4.3.2　实现过程

项目组提供 PI Web Service 的 WSDL 接口，包括：交货单创建接口集成、获取交货单数集成接口、交货单修改并发货过账接口等 5 个接口，并提供对应的 WSDL 地址。

衡器管理系统开发方使用 .NET 语言开发，首先在开发平台上添加对应的 WSDL 服务，如下：

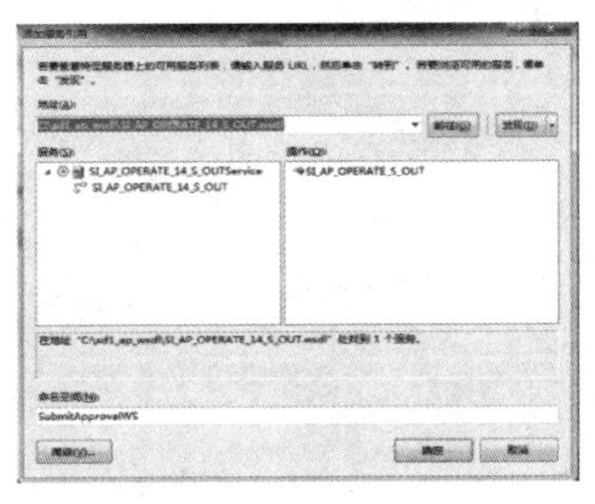

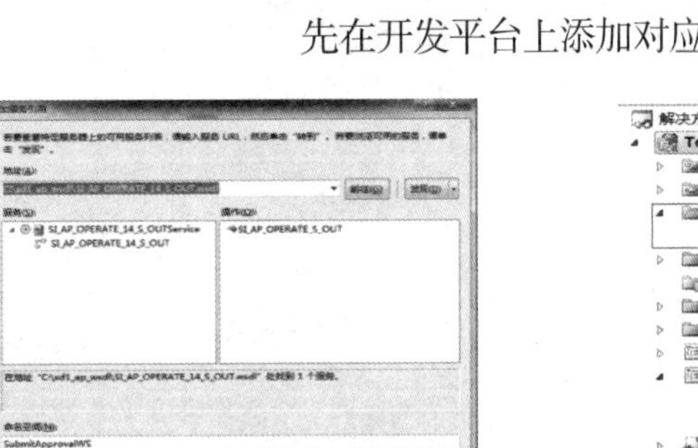

图 6　PI 配置过程

根据实际的业务需求，调用不同的 PI，可实现对 ERP 数据的回传。程序实现关键代码调用示例如下：

```
//创建代理类，输入用户名密码
SI_ AP_ OPERATE_ 14_ S_ OUTClient client = new SI_ AP_ OPERATE_ 14_ S_ OUTClient( ); //创建代理类
```

```
client. ClientCredentials. UserName. UserName = ""; //PI webservice 所提供的用户名
client. ClientCredentials. UserName. Password = ""; //PI webservice 所提供的密码
//创建输入参数
SI_ AP_ OPERATE_ S_ OUTRequest req = new SI_ AP_ OPERATE_ S_ OUTRequest();
DT_ AP_ OPERATE_ 14_ REQ() obj = new DT_ AP_ OPERATE_ 14_ REQ();
Obj. IV_ UNAME = "PITest";
Obj. IV_ APSTA = "C";
//给参数赋值
req. MT_ AP_ OPERATE_ 14_ REQUEST = obj;
//调用输出方法 SI_ AP_ OPERATE_ S_ OUT
DT_ AP_ OPERATE_ 14_ REP rep = new DT_ AP_ OPERATE_ 14_ REP();
rep = client. SI_ AP_ OPERATE_ S_ OUT(req. MT_ AP_ OPERATE_ 14_ REQUEST); //rep 就是接口所返回的结果。
```

4.3.3 PI 开发小结

基于 PI 的 ERP 深化应用开发模式，可以实现与 ERP 系统的实时数据交互，最大程度共享数据资源，但也因此不适用于大量数据的交互场景。主要适应情景：

① 自建应用需要从大集中 ERP 系统获取、发送实时数据。②应用可从 ERP 系统获取数据，也可向 ERP 提交数据。③同步要求较高，数据量相对较小。④主要用于 ERP 与外围系统的数据共享、业务集成。

5 结语

中国石化 ERP 大集中，改变了原有分散模式的弊端，使得管理水平上了一个新台阶。但同时也带来了深化应用开发的大变革。这也促使我们在实践中不断更新开发理念、开发工具、开发模式，引领企业 ERP 应用更上新台阶。

文中提出的两种新的开发模式特点鲜明，使用场合互补，共同成为 ERP 系统应用拓展的有力工具，合理的使用必将大大提升企业的经营管理水平。

参 考 文 献

[1] 黄佳 . SAP 高级应用开发。北京：人民邮电出版社，2008(3)：12-13.

[2] 黄佳 . SAP 业务数据传输指南。北京：人民邮电出版社，2007(2)：8-10.

[3] 陈志豪 . TH 集团 ERP 系统应用优化研究 . 郑州大学硕士论文 . 2017 年 11 月 .

[4] 张健 . 基于 ERP 系统 GQ 集团编制合并财务报表研究 . 燕山大学硕士论文 . 2018 年 5 月 .

[5] 龙海 . 集团化企业 ERP 系统运维方法浅谈[J]. 华北电力大学学报(社会科学版). 2015，12.

中国石化华北油气分公司东胜气田智能化建设总体设计及初步实践

王钧雍[1] 常文会[1] 袁 磊[1] 张荣甫[1] 郭 健[2] 魏科科[2]

（1. 中国石化华北油气分公司 2. 石化盈科信息技术有限责任公司）

摘 要 中国石化华北油气分公司借鉴国内智慧油气田的实践经验，秉承中国石化的智慧油气田（智能油气田）的建设思路，在数字油田的基础上，结合华北油气分公司东胜气田的实际情况，基于智能油气田云平台，重点围绕七项业务域相关应用，在信息标准化体系和技术支持体系支撑下，最终实现全面感知、集成协同、预警预测和分析优化四项核心能力。助力“高效勘探、效益开发”，达到经济效益最大化。

关键词 智能油气田；物联网；云计算；云平台；移动互联

在当今全球一体化背景下，信息通信技术已经成为实现世界互联互通、业务高效协作的重要手段。物联网、云计算、大数据、移动通信等新一代信息技术的发展，正深刻改变着传统制造业的发展模式，引发传统制造业的变革，也对油气田企业也提出了更大的挑战。数字油田与智能油田是全球石油公司的发展趋势。对于石油石化企业来说，信息化已从业务的支持者，成长为业务的促进者，油田数字化正成为油田信息化的核心。以往，石油石化行业的生产难题和挑战通常是由改变生产工艺或技术解决。近年来，随着生产信息化技术的引入，IT技术逐步给具体的生产业务带来促进和提升。当前，中国石化进入一个全新的发展阶段，在中国石化“十二五”规划中，中国石化党组确立了“建设世界一流能源化工公司”的战略发展目标，提出用信息化支撑传统产业升级转型、绿色低碳、节能减排，推进“智能油气田”、“智能炼厂”、“智能化工厂”乃至“智能中国石化”的建设。

华北油气分公司鄂尔多斯盆地天然气资源量主要集中在大牛地、东胜、定北和富县区块，其中东胜区块总资源量最大，已提交三级保有储量最多，东胜区块已成为中石化在鄂尔多斯盆地天然气地质储量规模最大的矿权区块，也已成为华北油气分公司大牛地气田之外的第一个天然气规模开发建产区。东胜气田从“十三五”开始进入快速开发建产期，华北油气分公司领导按照中石化总部智能油气田的战略思路，提出东胜气田高起点、高标准的智能化建设要求。

1 中国石化智能油气田定义

中国石化智能油气田：中国石化智能油气田是在数字油田的基础上，围绕上游的油气藏、井、管网、设备设施等核心资产，借助信息技术全面辅助资产管理和效益优化，建立全面感知、集成协同、预警预测、分析优化四项能力，助力“高效勘探、效益开发”，达到经济效益最大化。

中国石化智能油气田特征：智能油气田的特征包括物联化、集成化、模型化、可视化等，最终应具备全面感知能力、集成协同能力、预警预测能力及分析优化能力。

总体建设目标：智能油气田将以建设智能油气田云平台为基础，重点围绕七项业务域相关应用，在信息标准化体系和技术支持体系支撑下，最终实现全面感知、集成协同、预警预测和分析优化四项核心能力。

核心建设内容：智能油气田将以建设智能油气田云平台为基础，重点围绕七项业务域相关应用，在信息标准化体系和技术支持体系支撑下，最终实现全面感知、集成协同、预警预测和分析优化四项核心能力。

2 东胜气田智能化建设目标

根据东胜气田开发实际情况，结合华北油气分公司“十三五”规划目标，以最新的信息技术为手段，围绕核心资产全生命周期管理，制定东胜气田在勘探、开发、生产、经营、安全、工程、应急保障等核心业务领域信息化、智能化建设规划，打造气田全面感知、远程操控、集成协同、预测优化的能力，指导东胜气田全面智能化建设，并建立基础建设标准、业务数据标准，形成标杆示范，推广到整个华北油气分公司智能油气田建设，实施“两化”深度融合，培养企业“地质储量快速评价能力；地质、工程、地面、销售优化全面评价能力；地质、工程、地面、销售生产过程、计划调度、运行优化能力；高危、风险重点区域的管理模型化、可视化管理能力；基于3D模型的装备全生命周期管理能力“的五大核心业务能力，实现华北油气分公司的运营成本低20%，劳动生产率提高20%的战略目标。

3　东胜气田智能化建设内容

东胜气田智能化建设基于完善的数据资源中心，紧密围绕1个平台、2个体系、3个一体化业务应用建设内容进行开展，分以下五类进行展开：

3.1　基础设施建设

进行通信网络、自控、安防、调控中心等建设，搭建物联网服务平台，建立东胜气田地面基础建设信息标准模板，为场站全面感知、一体化联动、无人值守、远程操控夯实基础。

3.2　数据资源建设

按照华北油气分公司数据资源管理规划，结合东胜气田实际情况，开展生产实时数据、井站二三维地理信息、视频监控数据、生产分析等数据管理与服务建设，集成推广到EPBP，实现生产、经营数据资源的标准化采集、存储、管理及应用，实现数据的集成与共享。

3.3　云平台建设

基于石化智云基础平台软件和可视化平台软件，结合东胜气田智能化实际应用需求，进行本地化部署实施，支撑业务应用软件高效运行。

3.4　信息安全和标准体系

基于中石化和华北油气分公司管理规范，结合东胜气田实际情况，建立东胜气田信息安全和信息标准化体系。

3.5　智能化应用实现

建设三条业务主线的智能化应用：勘探开发一体化协同，油气生产一体化管控，生产经营一体化管理(图1)。

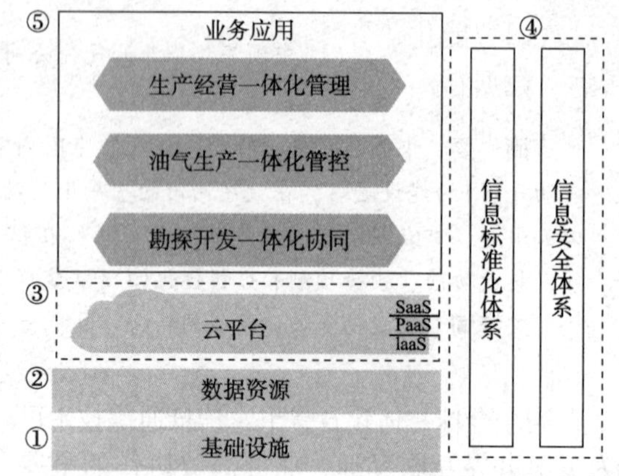

图1　东胜气田智能化建设内容

4　东胜气田智能化建设方案

4.1　总体规划架构

建成生产数据全面智能感知、生产过程自动控制、作业环节实时监控，生产异常智能诊断、异常智能处理、辅助科学决策于一体的智能化油气田，完成勘探开发一体化协同，油气运行一体化管控，生产经营一体化管理三大业务领域的智能化建设(图2)。

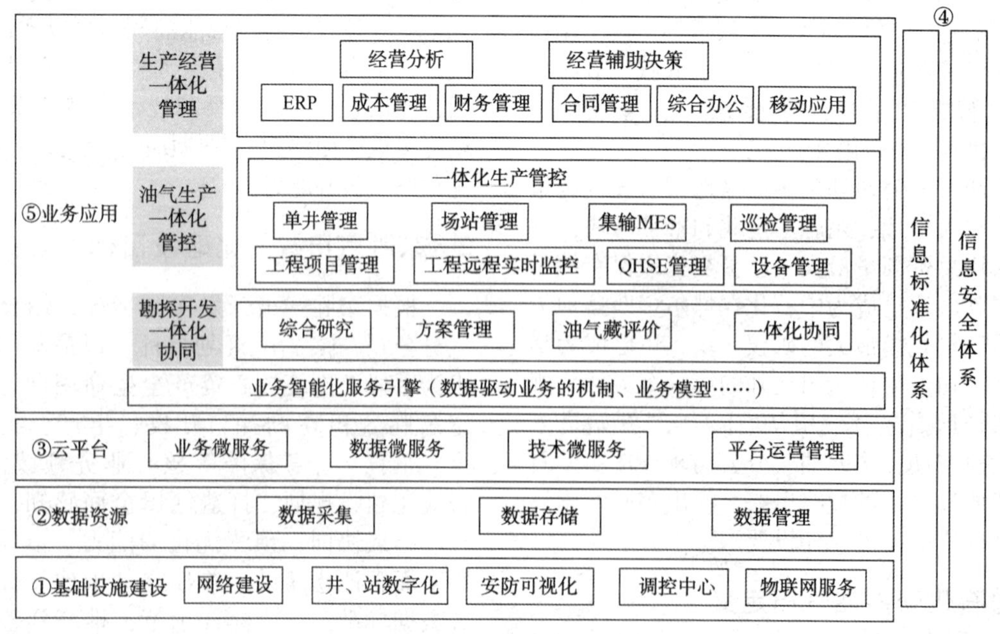

图2　东胜气田智能化建设总体架构

华北油气分公司东胜气田智能化建设规划总体架构由基础设施建设、数据资源建设、云平台建设、支撑体系建设和业务应用建设5部分组成(如上图)。基础建设包括网络建设，井、场站数字化及可视化建设，智能电网以及调度中心建设，物联网服务建设等。数据资源建设主要集成EPBP的一体化数据库的相关数据和服务，以支撑东胜气田智能化业务智能应用，包括数据的采集传输，数据存储和数据管理。云平台建设基于中石化智能油气田云平台服务，开发或引用适用于东胜智能油气田的相关业务微服务、数据微服务、技术微服务和平台运营管理。建立信息安全体系和信息标准化体系两大支撑体系。基于云平台的业务智能化服务引擎，建立勘探开发一体化协同，油气运行一体化管控，生产经营一体化管理三大领域的业务智能化应用。

4.2 智能化业务应用

① 勘探开发一体化协同

以油气藏为中心，集成各专业研究成果数据，构建勘探开发一体化协同研究环境，建立油气藏、井、管网的一体化模型，结合工程、生产的动态数据，开展勘探开发一体化模拟和优化，及时更新研究成果，促进产能建设、实现地质储量的快速评价，缩短开发周期，降低投资风险，提高经济效益。

加强知识管理，建立勘探开发研究成果专家案例库，对相似研究问题有效的进行指导，实现知识传承。

智能点：

- 不同业务数据统一共享。
- 建立一体化业务模型的研究环境。
- 基于模型的动态数据的自动分析、结果更新与推送。
- 专家案例库的应用与知识传承。

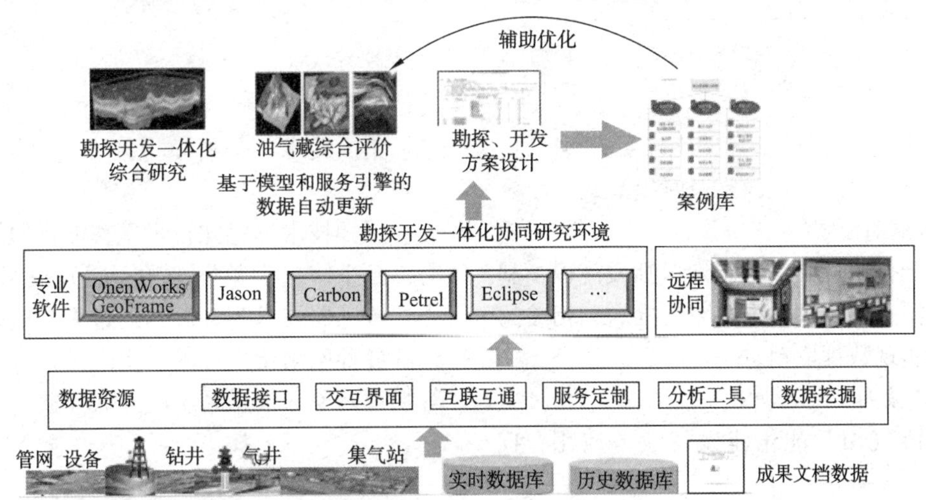

图3　勘探开发一体化协同

② 油气生产一体化管控

建立一体化生产协同，基于现场感知设施，数据实时采集传输，在线监测。以数据为核心资产，基于传统数据处理、大数据处理、应用数据处理服务引擎，驱动业务应用，实现地下油气藏研究、工程、地面、生产运行、经营决策、生产优化、计划调度的一体化协同。提高生产效率，降低经营成本。

智能点：

- 基于模型的实时数据分析与预测预警，异常信息主动推送。
- 在分析优化过程中的大数据应用。
- 本质安全的管理与应用。
- 建立三级实时监控与远程协同指挥、远程操控的的统一环境。

③ 生产经营一体化管理

结合东胜气田在地质、工程、地面、销售等业务领域的实际运行数据，建立地下、地面可视化动态模拟环境，形成地质、工程、地面、销售四位一体化综合分析优化决策模型，细化分解经营数据，与生产数据的匹配、联动，依据经济形势，及时调整油气藏勘探开发策略，增强精细管理管控水平，提高气田在地质、工程、地面、销售优化一体化评价能力。

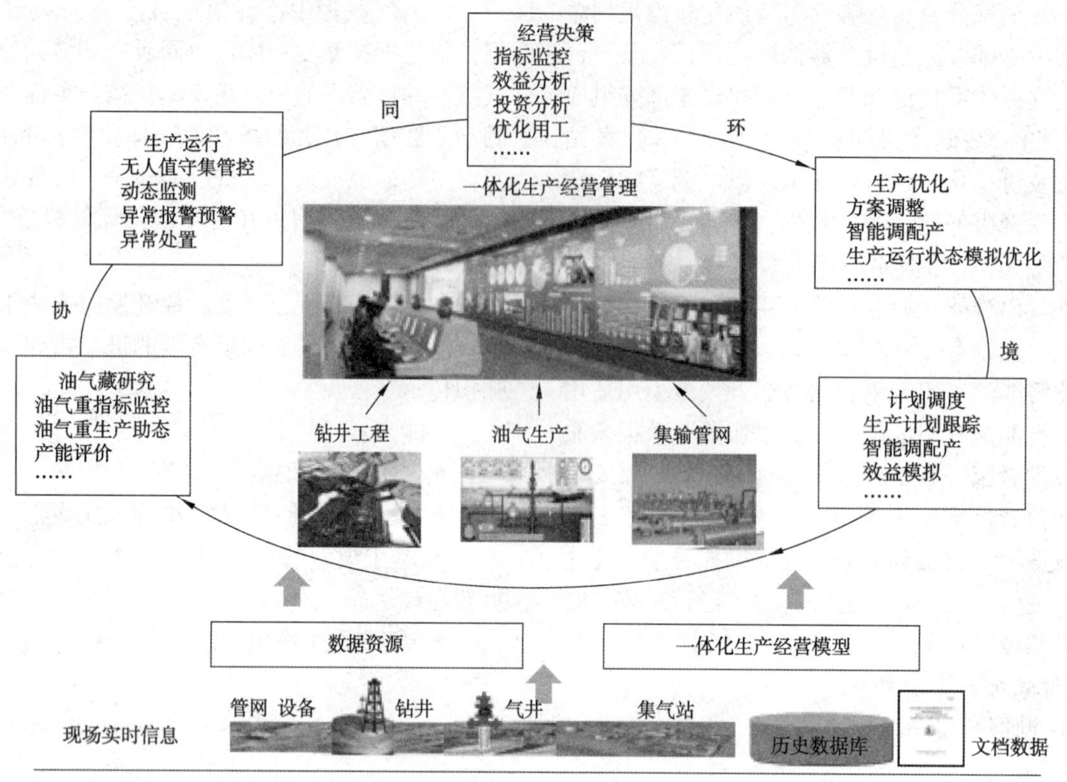

图4　油气生产一体化管控

智能点：

• 制定经营分析模型后，生产数据主动推送、更新计算结果，发现异常及时提醒。

④ 数据驱动模式

通过智能化服务引擎，制定规则或流程，利用模型对数据进行处理，结果主动推送到相关的业务应用，实现数据驱动。

4.3　IT 技术支持

针对东胜气田智能化建设的业务应用，IT支持的关键技术包括：感知技术、自动控制技术、集成技术、分析模拟技术、决策支持技术、云技术。

感知技术：感知技术是智能化的前提，为所有信息系统提供数据来源。感知技术以物联网、先进传感器技术为基础，通过无线通讯、工业总线等各种网络接入技术，实现设备、人、观测点等物理对象和信息系统的互联互通。

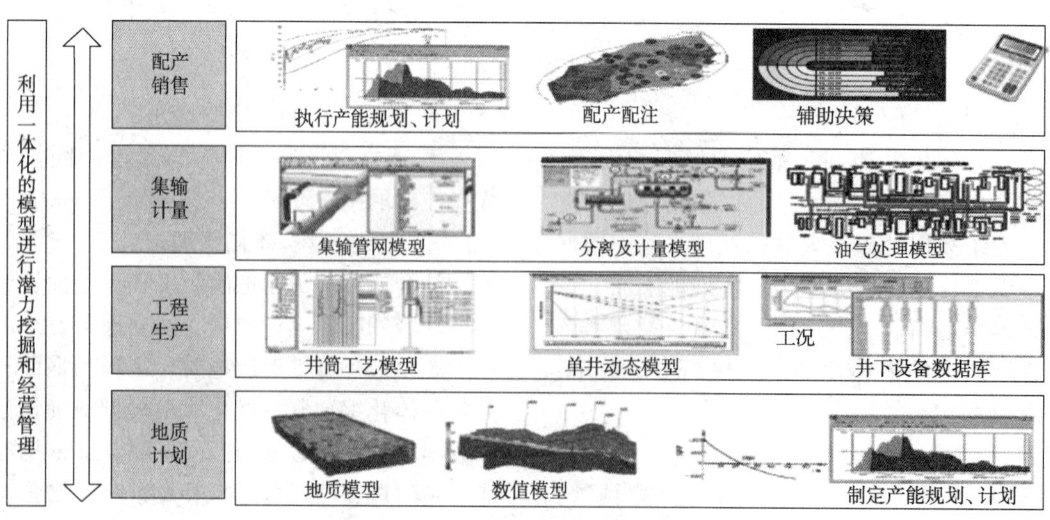

图5　生产经营一体化管理

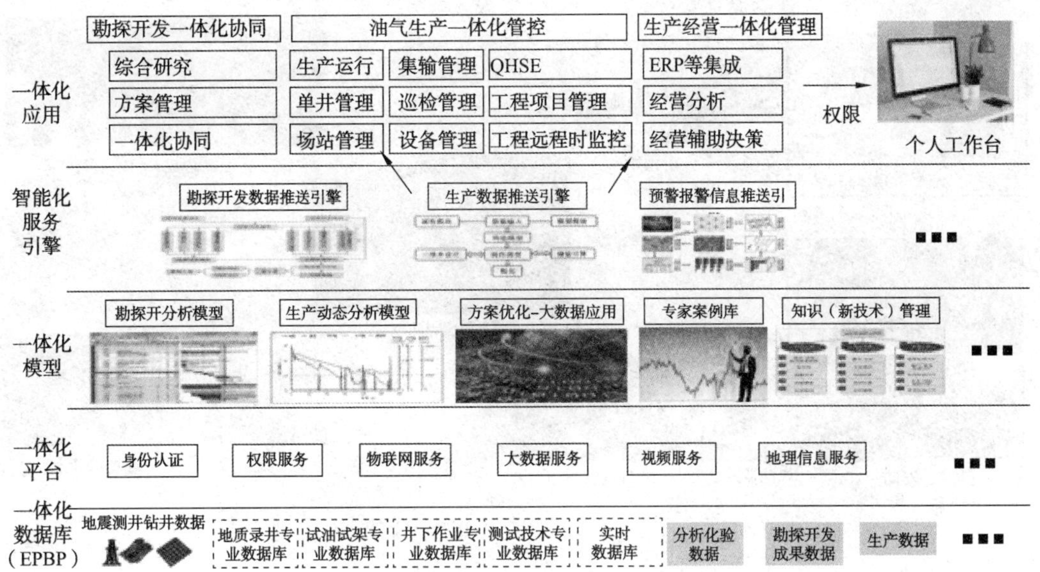

图 6　业务应用的数据驱动模式

集成技术、网络技术：通过信息集成技术，实现系统间的数据交换和功能调用，实现一体化的业务管理运营。信息集成包括界面集成、流程集成、应用集成、数据集成等几个层次。

自动处理与自动控制技术：自动处理与自动控制技术首先依托于工业控制领域的自动化技术（DCS/SCADA），对现场运行设备进行数据采集、测量、问题诊断、报警、远程自动操控、运行参数自动调整等自动信息处理和自动过程控制。结合计算机软件技术与工业控制技术，形成问题自动分析诊断、系统的自动运行平衡和调节、优化等高等级的智能化。

分析模拟技术：分析模拟技术以油田历史数据和生产动态数据为基础，对油气田的各类业务提供专业的分析数据和模拟运算结果，以支持判断和研究。通过物理模型和数学模型的建立，以及模拟算法和优化算法的处理，为勘探研究、油气生产提供特征分析、评价分析、问题分析、趋势分析等分析模拟结果。

决策支持技术：决策支持技术提供决策所需的各种信息和知识，通过知识管理体系的建立，实现对非结构化的知识的管理、共享和文本挖掘，提高知识的利用效率和协同工作能力，通过数据仓库、联机分析、数据挖掘等技术，提供定量的决策信息支持，提高对业务运行规律的认识水平。

云技术：作为 IT 应用的基础支持环境，云计算技术通过动态化、虚拟化的架构节约 IT 资源，提高 IT 资源的集中管理、控制能力、调整能力和使用效率，最终实现良好的经济效益。

5　东胜气田智能化建设愿景

通过东胜气田基础设施建设、信息化提升及智能化突破，建成智能化东胜气田，达到生产现场的全面感知、远程操控，跨专业的集成协同、一体化联动，预测优化、智能决策，支撑建立气田现代化油公司管理模式，提升系统效率及劳动生产率，实现资产价值最大化的目标。

5.1　全面感知、远程操控

通过井、站的数字化、通信、网络、可视化感知建设，实现东胜气田全部井场、集气站、处理站的无人值守及集中管控，对现场维护作业人员，应急指挥资源的实时掌控，支撑远程操作和监控决策中心。

5.2　集成协同、一体化联动

建立气田业务领域信息化覆盖，数据统一管理、集成应用，构建生产动态、油气藏动态、经营动态的即时协同体系，实现工程作业、生产运行、安全环保在线监控与预警，一方面从地下到地面，实现跨专业贯穿协同，另一方面，从开发、生产、经营等业务流程，实现跨部门协作协同、一体化联动。

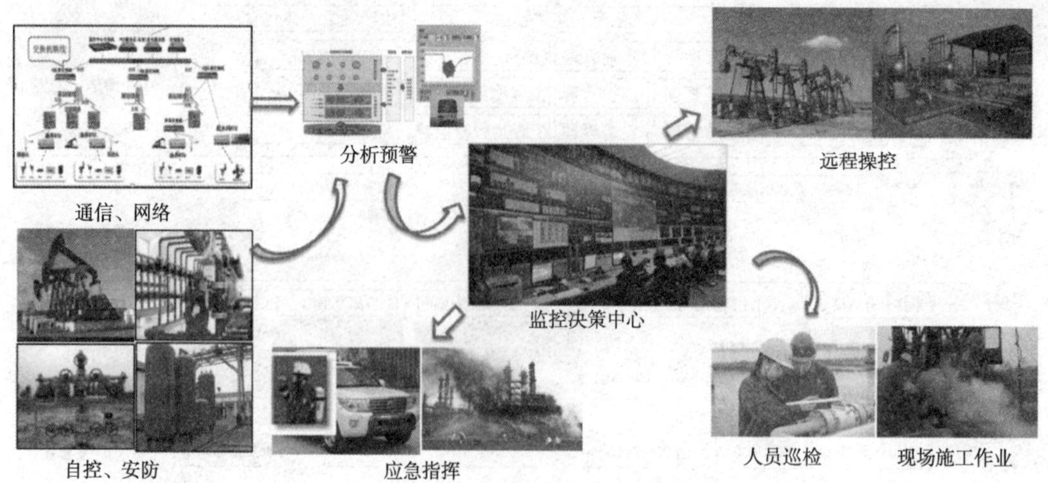

图7　全面感知、远程操控愿景

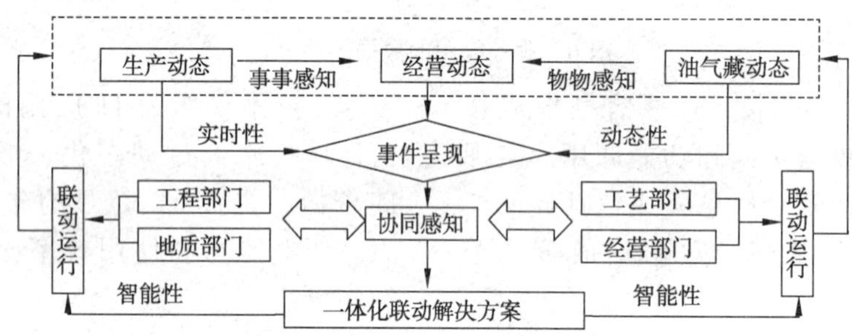

图8　集成协同、一体化联动愿景

智能化转变：事件逐级反馈转变为实时呈现，响应由流程驱动转变为动态感知，联动机制由单点诊断转变为协同决策。

5.3　预测优化、智能分析决策

充分挖掘东胜气田相关的各类数据资源价值，建立油气藏、井、设备及管网的预警、分析、预测、评价等模型，利用大数据分析等方法，结合案例库及专家经验，形成对油气藏开发生产、集输、设备、QHSE、经营等业务的预测优化和智能决策。

- 生产异常超前控制：超前诊断生产过程中的异常状态，保障油气藏动态、井生产以及设备管网的健康、高效运行。
- 油气藏管理闭环式优化：建立油气藏动态监控—分析优化—措施调整的闭环式油藏管理体系，智能形成油气藏(井)解决方案，达到资源最优化开发的目标。
- 集输系统智能优化：建立产出、集输、销售之间的关联关系，依托大数据分析模型，超前感知生产状态，优化集输系统，提升系统效率。

生产异常超前控制

超前诊断生产过程中的异常状态，保障油气藏动态，井生产以及设备管网的健康，高效运行。

QHSE动态超前相应

建立QHSE管理节点、事故解剖、处置经验等大数据分析模型，实现由应急处置到超前防控的转变。

油气藏管理闭环式优化

建立油气藏动态监控—分析优化—措施调整的闭环式油藏管理体系，智能形成油气藏（井）解决方案，达到资源最优化开发的目标。

设备设施预知性维护维修

通过对设备设施动态监控、预测，实现设备的预知性维修、维护和更新，共享，达到资产价值最大化的目标。

集输系统智能优化

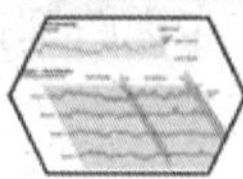

建立产出，集输、销售之间的关联关系，依托大数据分析模型，超前感知生产状态，优化集输系统，提升系统效率。

生产经营动态优化

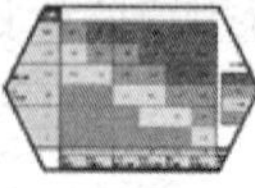

优化成本节点控制模式，减少成本运行环节，建立全新经济运营横式，实现经营目标的优化。

图9　预测优化、智能分析决策愿景

● QHSE 动态超前相应：建立 QHSE 管理节点、事故解剖、处置经验等大数据分析模型，实现由应急处置到超前防控的转变。

● 设备设施预知性维护维修：通过对设备设施动态监控、预测，实现设备的预知性维修、维护和更新、共享，达到资产价值最大化的目标。

● 生产经营动态优化：优化成本节点控制模式，减少成本运行环节，建立全新经济运营模式，实现经营目标的优化。

6　东胜气田智能化建设实践

2018 年 9 月，按照华北油气分公司东胜气田智能化建设总体设计，石化盈科项目组进驻采气二厂现场，通过现场调研与对接，完成了项目一期建设软硬件系统的采购、石化智云平台现场部署、应用系统的功能设计、开发，于 2019 年 6 月底完成现场生产环境的上线部署及业务部门测试运行。

通过井、站的数字化、通信、网络、可视化感知建设，实现东胜气田全部井场、集气站的无人值守及集中管控，以及对现场维护作业人员，应急指挥资源的实时掌控，支撑远程操作和一体化生产协同，大幅提高劳动生产率。

东胜气田依托产能建设，以无人值守为标准，以智能气田为目标，高起点、全过程开展信息化建设，目前已建成无人值守集气站 9 座(6、7、8、9、10、11、12、13、14)，全自动化控制天然气处理厂 1 座，还有 4 座早期建成的集气站已纳入改造计划，最终目的是打造一流的现代化智能气田。

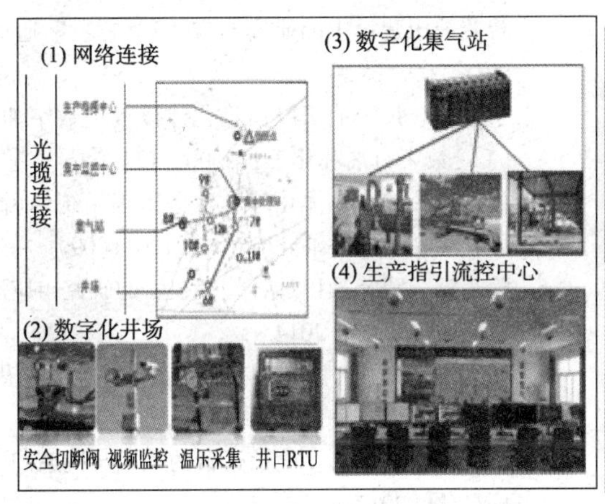

图 10　东胜气田井站无人值守建设

通过东胜气田智能化建设一期项目实践，形成以下阶段成果：

(1) 采气生产集中监控、分级管控的全过程控制

在集中处理站部署 SCADA 系统对东胜气田所有集气站进行集中管控，在各个站部署备用站控系统，一量发生通讯中断、电力故障等非正常因素，即可到站内进行接管，而不影响生产。标准集气站有传感器 120 多个，控制阀(执行机构)40 多台，各个生产流程全面部署各类传感器和控制阀，可按要求实现各种工艺流程切换。

(2) 全面部署安防系统，高安全标准，实现工艺流程的本质安全

集气站内部署视频监控系统、周界防护系统、语音对讲系统、智能门禁系统、火气报警系统、烟雾报警系统、声光报警系统等多套安防设施，确保整个生产过程安全可控。各个集所站部署 SIS 安全仪表系统，独立于站控系统运行，具备连锁功能，紧急状况下可以一键关停整个站场，实现工艺流程的本质安全。

(3) 标准化建设

通过 11#、12#集气站的建设，东胜气田已形成无人值守站场信息化建设标准，并在全气田进行推广，大大提高井站场的建设效率。

(4) 智能化业务应用功能

在现场服务器上，基于石化智云平台，结合数据资源，开发部署一体化生产管控、安防综合管理、气田装置智能监测、HSSE 管理等 4 个业务应用系统，共计 23 个二级功能模块。

一体化生产管控：包括生产总览、生产计划、生产运行监控、生产分析、动态分析、生产模型管理等模块。基于气田采气生产的实时数

据，实现对生产运行各流程节点进行实时监控，以及生产设备的关键参数的实时监测，并在此基础上建立异常诊断模型，对生产数据异常进行预报预警。

安防综合管理：包括视频监控、入侵检测、违章监控、安防联动、告警中心与录像回放等模块。采用开放式架构和先进的系统集成技术，对所集成的各个子系统进行数据采集、联动处理和综合监视管理，完成安防系统内各系统之间的信息交换及联动控制。

气田装置智能监测：包括设备实时监视、设备状态检测、报警统计与分析、趋势分析等模块。通过对设备进行建模，进行全方位监视设备实时/历史运行状态，统计分析启停记录、参数越限记录，通过定位、再现异常时间段的生产过程及相关参数越限趋势，为设备检修提供决策依据，指导设备“按需检修”。

HSSE 管理：包括 HSSE 体系管理、风险分级动态管控、生产运行过程管控、承包商施工过程安全管控、环境敏感性因素识别与分析等模块。基于风险清单库，将风险进行分级，通过地理信息系统对风险进行可视化展示和应用，从而实时掌握风险的分布、当前动态、管控措施、安全隐患、可能造成的后果和应急方案；通过地理信息系统，对矿权区域及周边的环境敏感因素进行展示和识别，包括自然保护区、饮用水水源地、地质公园、森林公园及各类生态红线，从而全面掌握企业相关的环境敏感区分布情况，并掌握不同环境敏感区的管理法律法规和要求。

（5）效益分析

东胜气田智能化建设降低了操作执行层的劳动强度和风险，减少了用工数量，提高了用工质量，以数据为驱动，从依赖人工和经验转变为标准化规范化的操作流程，有效的提升了劳动生产率。

目前，东胜气田已建成 9 个无人值守站，共节约用工 45 人，每年可节约人工成本 400 万元，并基本实现了增产不增人。其中采气管理二区 83 人，管辖井数 183 口，日产气 337 万方，人均年产气量可达 1.4 万吨油当量。

参考文献

[1] 王利君．智能油田建设中的关键技术研究与应用[J]．中国管理信息化；2017，07.

[2] 季蕾．大数据、物联网技术在智慧油田建设中的实践与探讨——以辽河油田为例[J]．信息系统工程；2019，05.

[3] 孙茜，徐辉，王冬冬，余冬，吕卓琳，于振山，康丙超．基于多通信方式的安全型物联网网关技术在智慧油田建设中的研究与应用[J]．数字通信世界；2018，09.

[4] 李建华．长庆油田以信息化建设推进数字油田建设[J]．数字石油和化工；2006，12.

[5] 魏科科．油田一体化综合业务管理系统的后台数据库开发；中国石油化学(华东)2011(09).

[6] 韩兴温．智能油田远程管控技术的研究与应用[D]．西安石油大学；2014.

[7] 钱大群．建设“智慧型”基础设施[J]．了望，2009(10).

[8] 赵晋伟．云计算：电信运营的挑战与机遇[J]．上海信息化，2013.

[9] 吴瑶，宋明，弓艳．浅谈数字化油田建设[J]．中国管理信息化；2018，06.

[10] 王桂荣，吴静．数字油田前景分析和保障体系探讨[J]．中国管理信息化(综合版)；2007，03.

构建企业中台　加速企业数字化转型

王建宇

（中国石油大港油田公司）

摘　要　伴随着云计算、大数据、人工智能等IT技术迅速发展及与传统行业实现快速融合，一场由数字化和智能化转型带来的产业变革正在孕育。2018年开始阿里、腾讯、京东等众多互联网企业纷纷提出了“小前台、大中台”战略，从集团层面推动以搭建中台为目标的组织架构变革。随着市场关注度日益提升，企业实践逐步落地，为推动数字化转型的步伐，传统企业也都在跃跃欲试，那么传统企业构建中台的价值何在？如何构建企业中台，中台究竟包含哪些内容？组织机构如何调整？都是传统企业需要面对和认真思考的问题。随着企业数字化转型的深入，尤其是业务创新和信息技术发展到了新的阶段，传统勘探开发业务系统系统已无法满足日益复杂的用户需求，需要解决目前IT系统架构老旧，架构灵活性和扩展能力不强，核心系统架构掌控能力薄弱、系统建设标准不统一等核心问题。因此，为加速推动数字化转型，企业应适时建设企业中台。

关键词　业务中台　领域驱动　数据中台　数据融合　数据治理

1　认识辨别中台与平台的异同

随着企业规模不断扩大、业务多元化，中台服务架构应运而生。中台比较容易和另一个概念平台相混淆，但从严格意义上讲，中台和平台是两个独立概念，这是由其产生背景以及内涵差异性所决定的。中台和平台都是某种共性能力，区分两者的重点一是看是否具备业务属性，二是看是否是一种组织。中台是支持多个前台业务且具备业务属性的共性能力组织。

可以说，中台是平台化的自然演进，中台通过整合打通企业业务数据和用户数据，沉淀业务通用组件以及技术能力，为企业整体数字化系统建设提供基础技术支持和服务的能力。对于规模化企业，前台和后台可以比作两个不同转速的齿轮。前台好比是多个“小直径、高转速”的齿轮，要对前端客户的需求做到快速响应，所以需要具备快速迭代创新的能力，并且转速越快越好；而后台就好比一个“大直径、慢转速”的齿轮，需要相对稳定的后端资源，又要满足法律法规、审计等相关要求，所以稳定是最主要的，转速往往也比较慢。如果直接对接，势必很难形成很好的速度适配，因此，随着企业不断发展壮大、业务要求越来越高，这种前后台模式的“齿轮”速率匹配不平衡的问题就逐步凸显。中台就像是在前台与后台之间添加的一组“变速齿轮”，将前台与后台的速率进行匹配，既可以将日益臃肿的前台系统中的稳定通用业务能力“沉降”到中台，为前台减负，恢复或提升前台的响应能力；又可以将后台系统中需频繁变化或是需要被前台直接使用的业务能力“提取”到中台，赋予这些业务能力更强的灵活性和更低的变更成本，从而为前台提供强大支撑。中台总结成一句话就是：通过资源集中化的方式汇聚整个企业的运营数据能力，产品技术能力，快速的支撑各前台业务迭代更新。

2　深刻理解大中台战略的实施必要性

理解中台的问题关键在于我们是否真正意识到它存在的必要性，以及在当下企业数字化转型中扮演的重要角色。

石油企业为什么要进行数字化转型呢？近年来勘探开发主营业务信息化发展僵化，不断的重复建设，陷入“系统烟囱”与“数据孤岛”的信息化困境之中，缺乏创新，无法适应互联网时代的发展要求等等一些列问题，严重阻碍勘探开发业务的发展和创新。比如：石油上游企业按业务属性分油气勘探，油气开发、开发生产、油气集输等核心业务；一是业务上很大程度仍是“专业级”，各业务系统形成以各自为中心的单体应用，导致跨专业业务流程断点、集成穿墙打洞、数据壁垒和管理粒度不匹配；二是管理视角上以客户为中心、以应用价值为导向的理念仍需加强，系统“管控式”成分较重、大而全、核心功能不突出，数据分析应用数量多而散、低水平重复、实用价值低的现象普遍存在，缺数据、缺标准、缺治理，知数据难、懂数据难、要数据难；三是技术上信息化资产和能力未有效积累，系统中业务和数据的服务化和复用化程度低，大量的数据并未能为基层单位所用。所以，实施中台化战略是石油企业创新发展的必要举措，随着企业规模和业务线数量的扩张，某些规模较大的业务部门，首先在部门内开始进行专业化分工，随着不同业务部门部分专业职能的分离，对于诸如核算、资金调度、权限设置、物资管理等共性职能就有了整合的需求，通过复用和共享，来达到提升前台响应速度、降低整体运行成本、强化前台风险控制的目的。由于这些分离职能与前台关系密切，是前台完整流程不可缺少的环节，逐步就形成了独立于前台又不属于传统后台的所谓中台。大中台是石油企业规模化、专业化演进的必然结果。

3 准确把握大中台战略的三要素

石油企业在实施大中台战略之前，首先要全面了解其业务、技术和数据这三要素，把握好三者的有机统一。企业没有技术中台和数据中台的支持，很难建立真正有效的业务中台 ；而离开业务中台的独立技术中台、数据中台其价值也将大受影响。

业务中台是根本。企业的各业务部门基于发展需要都会提出大量的业务需求，并且在数据质量、数据共享、业务实时化方面的要求越来越高。可以说，各业务部门对加快业务中台建设有很强的诉求，都希望有一个强大的业务中台，从而赋能于勘探开发业务，去快速响应勘探开发服务需求。业务中台简单来讲就是企业级功能复用平台，是将后台资源进行抽象包装整合，转化为前台具有可重用共享的核心能力。在建立企业中台时，首先要有业务思维和业务导向，坚持为前台服务的基本导向，就可以不断识别、提炼和构建符合企业发展需求的业务中台。同时，勘探开发核心业务领域的业务中台模块划分粒度相当重要，粒度太细后期集成和管控会相当复杂，同时由于模块划分太细也容易引入更多前台应用开发带来的分布式事务处理场景。而粒度太粗的话本身又无法起到独立自治，变更运维困难。业务中台主要包括提供基础服务的各组件及业务共享中心。根据石油企业自身的勘探开发业务需求，业务共享中心主要包括：地震中心，油藏中心，井筒中心，地面中心，物联中心，项目中心，流程中心，用户中心，消息中心，报表中心，认证中心、权限中心等。

技术中台是关键。技术中台就是企业级技术能力复用平台，是将使用云或其他基础设施的能力各种技术中间件的能力进行整合和包装。过滤掉技术细节，提供简单一致，易于使用的应用技术基础设施的能力接口，助力快速建设前台和业务中台数据中台。可以从两方面来看，一方面对于数字化深度应用的石油企业，业务中台的建立已离不开技术系统的支持，这些技术系统可以是传统的钻录测等专业系统，也可以是勘探开发、地质工程、生产经营一体化平台系统，但从发展趋势来看，采用平台化系统的支持效率更高、效果更好；另一方面，技术部门本身也是业务部门之一，规模化、专业化发展之后也会有建立中台需求。也就是通过对现有不同技术系统的提炼和总结，构建出复用共享的技术平台。对石油企业而言，其技术中台战略核心要义就是通过标准化、组件化的技术中台来赋能灵活多变的前台技术系统，达到提高业务系统研发效率、支持快速创新的目的。

数据中台是基础。数据中台既不是一个平台，也不是一个系统。数据中台的出现，就是为了弥补数据开发和应用开发之间，由于开发速度不匹配，出现的响应力跟不上的问题。数据中台是企业的 Data API 工厂，用更高效、更协同的方式加快从数据到业务的价值，能够给业务提供更高的响应力。与传统数据完全依附于技术系统不同，一方面前后台技术系统的数据正在逐步整合，进而形成相对独立的平台，不再依附于某个技术系统，而是进行单独存储，成为真正规模化的企业级平台；另一方面，数据中台不再是简单的数据存储，还包括了面向业务需求建立的数据模型和服务封装，可以通过数据开发和展示工具，全面支持前台和后台各种个性化数据服务和应用服务的需要。为此，石油企业勘探开发主营业务数据相关的流程、职责、分工都要有对应的调整，才能达成整体的目标。数据中台设计的初衷是将计算与存储分离，从狭义上来说，真正最核心的数据中台可以是没有存储的。但就当前的情况来看，广义的数据中台在未来一段时间内仍会涵盖数据仓库、数据湖等存储组件，但随着数据中台的发展，未来很有可能不再需要数据湖了。数据中台实现异构数据快速采集、接入、融合、管控，提供可视化化的、快速安全的共享数据，这也是石油企业数字化发展到一定阶段，数据重要性的认识已被提高到前所未有的战略高度，未来企业将成为全面数字化的企业，数据将成为企业的核心财富和创新原动力。

4　清醒认识实施大中台战略的主要挑战

尽管我们对实施大中台战略的重要性和内涵已越来越趋于达成共识，但在实际实施过程中仍然存在不少问题和挑战。

前中台的划分标准问题。尽管我们认识到前台和中台职能定位的差异性，但在实际操作中仍会面临如何界定的困惑。有些前台部门内部专业化分工还不完善，造成提炼形成独立中台的条件不成熟；有些前台部门内部虽然有一定的专业化分工，但这些工作与其他工作关系过于紧密而造成无法剥离；有些不同前台部门的职能虽然比较类似，但仍存在部分无法兼容的差异性，造成无法整合。所以，所谓的中台标准是相对的，是企业内部职能梳理和不断权衡的结果，适合的才是最好的。

中台的价值度量问题。石油企业对前台部门的业绩评价通常比较清晰，行业中也有一定的可比性。而中台是从前台分离出来的，主要服务和支持前台，关注的主要是效率和质量，由于与前台关系密切，往往又是一对多的关系，造成其价值很大程度取决于前台的价值实现，很难独立度量。所以，如果中台的价值度量体系设计不好，不仅没达到度量的目的，还会造成与前台相互制约、相互争利的情况，反而有违中台建立的初衷。

前中台的沟通成本问题。增加环节通常会增加沟通成本，降低工作效率，这是一般规律。如果中台设立之后，无法为前台提供更快的响应、更好的服务、更低的成本，中台存在的必要性就会受到质疑。所以，企业中台的构建需要在复用共享带来的好处与沟通成本的代价之间进行权衡，中台战略成功与否并不是看是否建立了形式上的中台，关键还是要看企业整体是否提升了运作效率、降低了运作成本。

5　灵活运用大中台战略的实施策略

大中台战略是否成功与企业的实际状况和实施策略密切相关，如果不顾企业的实际情况，没有掌握合适的实施策略，盲目建设反而会适得其反。建设中台将是一个持续投入、持续建设的过程，对于基础建设不够、资金实力有限、专业力量不足的企业，在实施中台战略之前务必要做好充分评估，避免陷入大量投入却没有达到预期效果的局面。遵循以下策略将有助于提高实施的成功率。

企业的组织架构及机制需要顺势而变。中台是一个战略层面要改革的领域，是个“一把手”工程，需要自上而下推动，不能单纯理解为一种技术的变革和实现，是一种涉及组织变革的复杂过程，往往涉及人员、组织架构和部门职责的调整。比如：以前负责数据的部门或团队往往缺乏话语权，面对业务需求往往是被动的接受的角色，这让一切数据中台的想法化为泡影，需要为数据中台团队授权。要改变工作方式，一方面，是职责边界的划分问题，需要明确知道那些东西该中台来做，那些不该中台来做，需要业务部门自己去做；另一方面，更多的是涉及沟通的艺术和做事情的方式方法。现在很多企业的技术团队的主要工作内容就是项目管理、需求管理等等，当一个项目完成后又投入到下一个项目，做好一个需求后又开始负责下一个需求，这样的工作虽然增加了项目和需求管理经验，但并不能在某一个专业领域得到知识和经验的沉淀，随着时间的流逝，越来越多的人会失去最初的工作积极性和创造性，事实上，数据人员只有深入的研究业务、数据和模型，端到端的去实践，打造出数据中台，才是最大的价值创造，才能使得持续创新成为可能。中台团队要从传统的支撑角色逐步向运营角色转变。不仅在数据上，在业务上也要努力赶超业务人员，中台人员要逐步建立起对于业务的话语权，不仅仅是接受需求的角色，更要能提出合理的建议，能为业务带来新的增长点。

把握大中台的共性特征。不同的行业、不同的企业都会有自己的中台模式。一般来讲，好的中台往往具有以下特点：一是相对的独立性，一方面可以从前台分离出来，否则就无法形成独立中台，另一方面又是前台的有机组成部分，而不是完全独立；二是兼顾稳定性和灵活性，一方面与前台的灵活性、个性化相比，中台具有较好的稳定性，正是这种稳定性才使得中台可以相对标准化和规模化运营。另一方面又不能过于固化，往往要有组件化、模块化的特点，通过简单组合和定制，就能快速支持产品创新的能力；三是最大程度的复用共享。中台要具有一定的适用广度，与前台之间往往是一对多的关系。通过大量的复用共享，才使得成本可以下降、效率可以提升、信息可以联动。所以中台一般数量不宜太多，一定要具有规模化效应。

掌握迭代推进的实施策略。中台构建一般分为识别、剥离、整合、优化四步。一是要识别哪些业务或技术存在提炼为中台的可能性。通常可以从某些业务规模或技术系统比较庞大的前台入手，如果部门内部已有一定的专业化分工往往更适合前中台分离 ；二是把那些相对独立的职能进行剥离，初期仍可以保持在原有部门内部，但保持相对独立运作 ；三是对不同部门相对独立运作的共性职能进行横向整合，形成独立的规模化中台部门。一般可以某个主体业务的中台作为标准，其他共性中台按此标准进行改造，可以使整合代价最小化 ；四是随着更多部门业务类似职能的加入，对统一中台进行优化使之适用于新增职能，最终形成一个相对稳定、一对多的规模化中台。实现技术打通、业务打通直到最终的数据打通。当然，中台的构建并不是上述步骤的简单执行，而一个灵活运用和不断迭代的过程。

设计利益共担的度量方法。中台来源于前台最终又要服务于前台，考核的制度设计很关键，要尽可能把两者的利益诉求捆绑在一起。在前中台边界划分无法完全清晰、考核设计无法量化的情况下，建立利益共同体，形成一荣俱荣、一损俱损的共赢意识，将成为中台战略成功与否的关键。

善用科技的赋能手段。既然成本和效率是中台考虑的主要因素，对于业务中台来讲，利用科技手段不断推动业务中台的自动化、智能化将成为必然选择。对于技术中台来讲，在标准化、规模化、平台化的基础上，要善于应用微服务、容器、分布式等新技术，为技术前台的开发、测试、运维提供最大的灵活性。

先行试点持续融合。让数据活起来，让业务上云，加快企业数字化转型，抓好企业中台建设是关键。石油企业作为超大型央企，无法像互联网企业直接调整组织架构、迭代式地实施中台战略。因此，先从体量相对较轻、技术基础较好的部门和单位先进行探索尝试，优先建设，是最稳妥的落地路径。从小中台做起，围绕具体有价值的业务场景去建设，尽量不脱离场景去搞周期长、大而全的纯工具化中台建设。通过分析调研，明确业务目标和范围，完成技术平台引入、中台建设方法论宣导，进行试点，梳理标杆，积累经验。

6　结束语

一窝蜂的上中台并不见得是好事。就像我们以前提到的不建议为了迁云而迁云，不要为了上中台而上中台，赶时髦，否则只会害了自己。不要听风就是雨，不要照搬，也不要拒绝、不要不屑一顾。就石油企业而言，建设企业中台，加速数字化转型之路不会是一条坦途，而是伴随着挑战与挫折，充满了企业管理者对未来战略缜密的思考及坚定的执行。需要在构建中台的过程中不断总结出适合企业自身的理念和规范，优化组织、发挥中台的真正价值。

参　考　文　献

[1] 海通证券股份有限公司，毛宇星：推进大中台战略加速数字化转型 .

[2] 中国电信安徽公司，徐 刚：基于企业中台的全渠道场景化营运研究 .

[3] 中国电信集团公司，朱红甫：打造企业数据中台 推进企业智慧运营 .

[4] 北京久其软件公司，傅士光：数据中台—政府智慧治理新动能 .

[5] 机械工业出版社，钟 华：阿里巴巴中台战略思想与架构实战 .

开放平台在石化企业中台建设上的应用研究

刘凯铭　梁亚萍

（中化信息技术有限公司）

摘　要　最初由互联网企业首先提出和发展的中台概念，逐步影响着各传统行业的数字化建设，并不断为实体业务的灵活化、稳定化、创新化发展创造坚实支撑。在企业中台的构建进程中，如何围绕中台进行架构调整，并保持系统新建与系统持续优化下稳定运营的平衡，日益成为制约中台价值体现和效益发挥的主要瓶颈与矛盾。本文以石化行业企业的中台建设思路为牵引，思考和提出了开放平台在企业数字化共享共治能力上的重要意义，通过统一化、领域化和持续化实现企业内部、企业间、行业间的能力协同扩展。阐明了开放平台作为企业短期内明确、可行、可操作的治理手段，为企业数字化搭建的落地提供有效支撑。最后介绍了中化信息科技服务开放平台在企业内部建设初期的技术积累与应用。开放平台不仅是企业“走出去”形成开放能力的基础，更可成为内部治理、打通信息流通过程中的重要抓手，伴随企业IT战略规划的逐步落地，助力企业数字化发展。

关键词　开放平台、共享、中台、数字化转型、云原生

1　引言

近年来，随着要素成本攀升，增量市场机会逐渐减少，许多企业都开始进行转型思考，为下一个五年或十年发展谋篇布局。随着5G、人工智能等新技术的到来，市场变化更为快速，客户需求更加多元，传统服务单一流程或业务集成的前台组织和服务模式已逐步落后于市场环境。在供给侧改革的宏观趋势和“新基建”使命要求的大浪潮下，大型国企、央企需要顺应发展，在数字化方面对传统产业进行全方位、全角度、全链条的基础改造，构筑平台化服务能力[1]，该能力则体现在企业中台的建设上。与此同时，原有企业中在各自区域建立的系统遇到了同新技术、新系统难以融合的问题，各系统间用户中心、监控运营、基础服务采购、技术实现等方面存在着统一化、模块化的实际需求。

为解决业务中台建设中的技术落地困难，匹配新老架构之间的间隙，本文提出了基于建设企业级开放平台的共享发展模式，在云原生技术、人工智能、互联网+等加持下，实现企业内部、企业间、行业间的服务能力组件公开化和前、后台的弹性适配，并辅以全面、稳定、先进有价格优势的平台服务，推动成熟中间件和微服务在各系统内的改造与更替，朝着业务中台的演进方向，逐步做好统一化、领域化和持续化发展。

2　开放平台发展历史和现状

在Web1.0时代，网络碎片化信息还没有形成有效的关联组织，以API构建开放式业务结构还在萌芽之中。彼时电商先行者eBay和Amazon最先尝试了商品数据的开放化，Google公司于2005年发布了Google Map API，后续Yahoo、Microsoft分别推出了自己的开放化服务产品。伴随着Web2.0时代的到来，国内百度、搜狐博客、开心网、天涯等多家公司分别推出了搜索类、资讯类、社交类、电子商务类等API服务。

2011年后，上海、北京等地区政府也开启了数据开放的建设工作[2]。这一阶段，企业建设开放平台的核心目的是增加互联网用户黏性，通过第三方开发者的帮助，充实自身能力、构建自有生态[3]。2014、2015年，卷积神经网络和深度学习的推出深刻影响了人工智能产业化的发展[4]，云计算也经过了虚拟化、并行等技术成熟积累后正式投入商用。市场上开始集中出现阿里云、腾讯云、AWS等IaaS、PaaS云服务及人工智能服务，伴随而来的是构建一套自助接入的平台以承接内外部使用，开放平台得到了进一步普及。近几年，随着微服务架构的兴起，更多企业投入到了开放平台的使用和解决方案建设中，典型的有ProMACE能力开放平台、阿里云、百

度智能云等互联网开放平台使用者，以及 Netflix Zuul 和 Amazon Gateway、Kong 等技术解决方案。

3　石化企业开放平台的需求

3.1　石化企业对数字化发展的要求与特色

石化行业改革开放的不断深入，对上下游整合和业务扩展提出了更高要求，鼓励外商投资等一系列政策[5]的出台进一步放宽了外资对于油气勘探开发、化学原料和化学制品制造业的准入，巴斯夫湛江、埃克森美孚惠州化工项目相继开工建设，石化产业上游、中游的外资企业占比逐步提高[6]，全产业链市场竞争更加激烈。石化行业的前台业务具有一定通用性，以交易、供应链、生产制造业务为主，围绕商品、原料评价、工艺、标定、库存、检测、运输、销售等多个领域。近几年，石化行业面临基础工业品产能过剩问题，市场差异化、产业集群化、产品精细化[7]引出一系列与其配套的智慧销售、智慧工厂需求。在此情形下，中台的应用场景更加适用于未来前台追求多变、快速响应用户需求，后台追求稳定、流程、合规的模式。在稳步提升信息化工具占比和企业数字化水平同时，着重发掘中台在提升资源调配周转和市场预测等方面的能力。

3.2　石化企业中台建设的潜在动力

在新基建驱动的全面数字化时代背景下，中台的打造深刻影响着每家企业的数字化转型，尤其是对于有着复杂业务条线和厚重历史开发框架的石化企业。同时，全产业链条开放的平台与生态已经成为石化行业提升业务和行业影响力的重要抓手，在 HSE 安全过程、供应链控制等典型场景上，用数字化手段充分实践清洁、低碳、节能、高效等新技术，不断沉淀参数与模型；在石化品需求持续增多的态势下，用数字手段释放供应链活力，助力产品需求监测、智能预测备货、智慧调拨，智慧生产，以及服务行业下游高端化、多元化，获得更多机动灵活的发展空间。

3.3　开放平台在实现石化企业中台建设上的切入点

在中台战略不断引向深入的同时，开放平台不断扩展着其作用并发生转化[8]：以业务需求为导向、以场景应用为触点、以 API/SDK 为手段，以体系化转型为路径，支持内部能力治理与外部资源引入。开放平台帮助企业中台发展的切入点有以下几项：

1）建立标准化广泛连接：短期内统一 PaaS 服务对外标准，减少对接运维成本；

2）构建模块化分布体系：梳理抽象已有基础服务，明确边界和功能；

3）引入高技术含量创新型服务：提高建设定位与服务智能水平；

4）逐步形成服务生态：建立以开放平台为核心的技术服务流通体系和共享生态；

5）深化中台协同：作为协议转发与企业统一网关的建设主体，面向平台化演进；

6）实现服务的统一管控：通过统一加固、认证鉴权、流量调度和全链路监测，提升稳定与安全管理水平；

7）沉淀核心技术能力：在开放平台不断地整合、推广中实现能力沉淀的闭环发展。

4　中化信息在开放平台领域的建设与探索

4.1　中化信息科技服务开放平台介绍

中化信息科技服务开放平台定位于解决企业内外服务能力的打通和统一开放管理。聚拢、改造一批具有企业特色、成熟模式、创新自研、行业先进的科技服务。作为连接业务前台与后台服务支撑的中间层(图 1)，向上支持前台各类应用场景，促进新业务、新市场的拓展；向下以兼容性方式对接各原有系统与服务。其构建基于具有弹性的云原生——中化云基础设施基座、标准数据治理的中化大数据平台以及中化工业互联网平台之上，与中化信息较长时间积累的统一日志平台、运维监控平台、多租户平台、业务流程平台、权限认证平台、搜索平台、持续集成平台等技术能力，一同为各类前台业务快速落地提供支撑。

在内部服务治理上，开放平台规划六大类服务能力：提供组织信息与集团统建平台能力的平台基础服务；提供基于训练与模拟仿真的数据服务；提供营销供应链上下游等业务组件的业务支持服务；提供行业领先训练优化的 AI 人工智能服务；提供类物理层网关管理能力的物联网服务以及对外集成的标准总线服务。针对不同服务类别，平台匹配了不同的建设策略，与现有管理系统协同进行服务能力管理维护和配置，确保服务有标准、能控制、可追溯。为企业各信息化负责人提供全面、稳定、有价格优势的服务全景地图，推动平台能力在各系统的输出和接入，为企业内外部开发者共享开放技术，打造服务生态。

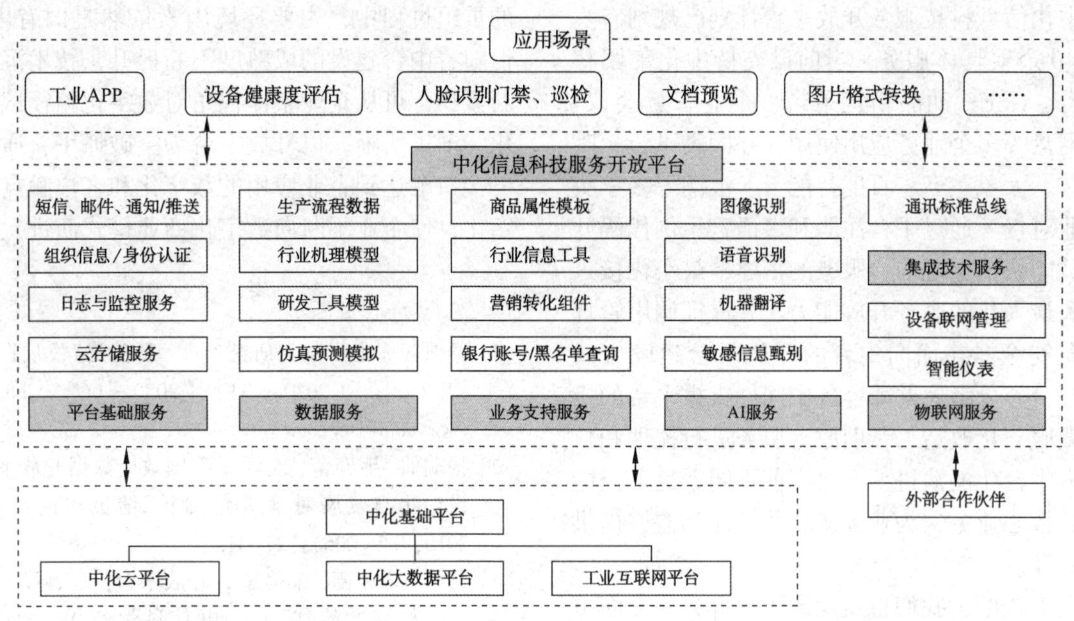

图1　中化信息科技服务开放平台产品体系

4.2　中化信息科技服务开放平台功能架构

平台建设采用中台的领域驱动设计，采用Spring Cloud微服务技术架构，将原先的单体应用按应用范围划分为多个小模块，每个微服务运行在自己的进程中相互不影响，搭配中化云基础云原生的容器和CI/CD，实现独立、轻量、可伸缩的自动化部署(图2)。独立开发和部署的松耦合服务，通过技术的不断升级增加平台健壮性，在故障诊断和事件处理中减少对其他前后台进程运行的影响。架构设计上充分考虑未来中台的扩展性搭建，将租户中心、计费中心、支付中心、监控中心等独立搭建，营销、商品、订单、供应链、设备管理等预留统一对接能力。不仅仅通过API接口实现数据共享和服务提供，还支持将核心业务服务链路作为一个整体方案，向上端为业务提供支撑。以基础通知服务为例，平台不仅在底层分别支持邮件、短信、语音消息、企业微信、APP、OA等提醒服务，还建设有统一消息中心，在平台基础服务层实现连通，由业务需要发起差异化使用。

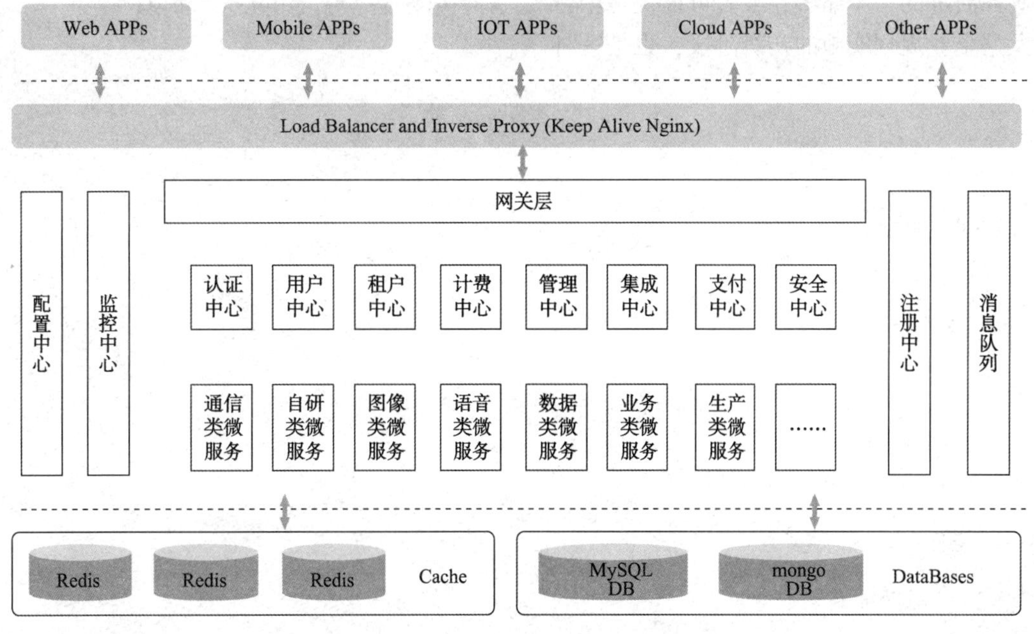

图2　中化信息科技服务开放平台架构体系

4.3 应用效果

中化信息科技服务开放平台计划已规划有六大类 40 余项具体服务，当前已支持中化集团移动平台、HSE、油品销售平台、企业智慧会议、企业网盘等多个业务应用使用，并同腾讯云、旷视科技、大象慧云、百度智能云、浪潮等多家头部企业对接。通过平台注册和多语言示例代码开发人员能快速实现前台服务的搭建，最小化接入成本和最大化的服务开放能力，并保证调用管理与信息安全。在面向中台的开放平台建设方式上，平台充分考虑并兼容各中间件支撑平台的接入及微服务化改造，帮助原有服务进行梳理和核心能力中台化的演进，提取当前不同渠道下仍能复用的核心业务，为业务链路的搭建和监控提供方案支撑。

在实践中，我们也发现微服务拆分一方面可以提升应用弹性及高 SLA，但同时也会导致数据的进一步分离。正如核心业务的微服务提取后，原先系统内调用会变成跨微服务调用，此时服务链路的治理就成为了一个新课题，如若处理不好将进一步加剧服务能力的孤岛化。更恰当的处理方式还需因地制宜，从切入点开始逐步尝试、反思调整、渐进明晰，把中台在企业，尤其是石化企业的发展，变得更加稳健扎实。

5 结语

开放平台助力企业数字化转型发展是中台战略赋能业务演进的一个缩影，或者可以说是中台策略在大型企业规划实施的初级阶段，也是一种企业稳妥推进中台策略落地的前期选择。在服务的重组过程中，主要环境因素依然是旧有因素，但随着中台建设的成熟度不断提升，技术沉淀不断累积，可从企业整体视角对数字化路径试错优化、渐进明晰。以开放平台为突破抓手，通过服务接口触达到企业应用的数字化和客户触点的数字化，使企业不断向数字化商业模式演进。

参考文献

[1] 赛迪智库电子信息研究所．“新基建”发展白皮书［R/OL］．（2020－03）［2020－06］．http：//www. ccidwise. com/.

[2] 杨瑞仙，毛春蕾，左泽．我国政府数据开放平台建设现状与发展对策研究［J］．情报理论与实践，2016，039(006)：27-31.

[3] 马琳，宋俊德，宋美娜．开放平台：运营模式与技术架构研究综述［J］．电信科学，2012，28(6)：125-140.

[4] 崔雍浩，商聪，陈锶奇，等．人工智能综述：AI 的发展［J］．无线电通信技术，2019，45(03)：5-11.

[5] 中华人民共和国国家发展和改革委员会，中华人民共和国商务部．鼓励外商投资产业目录(2019 年版)［R/OL］．（2019－06）［2020－06］．http：//www. gov. cn/.

[6] 綦宇．广东化工版图再添外资新势力［J］．中国外资(上半月)，2018，000(010)：60-61.

[7] 金云，朱和．中国炼油工业发展现状与趋势［J］．国际石油经济，2013(05)：32-43+118.

[8] 季成，叶军．开放银行生态圈：模式、挑战和对策［J］．新金融，2019(8)：40-44.

赵东海上平台智能化建设的探索和实践

景海增　马　乔　吴可嘉　刁意舒　庞井蛟　姜学华

（中国石油大港油田公司赵东作业分公司）

摘　要　面对国内外油气行业竞争加剧、油田质量效益与规模不同步，要进一步提升企业竞争能力、创新能力和盈利能力，推动油田开发转型升级、体质增效，加快油田信息化建设就成为当前形势下的迫切需求。赵东项目结合自身特点，开展了数字化建设，逐步构建智能化管理模型，实现了“三降、三提、三促进”，为油田开发转型升级，实现油田高质量发展提供有力的技术支撑。

关键词　数字油田；海上平台；智能化；控制系统；发电机组负荷管理系统

赵东油田位于河北省黄骅市赵家堡以东5米水深线以内的大港油田滩海、极浅海地区，是中石油第一个对外合作的海上油田。赵东油田结合自身特点，吸收和引进国内外先进技术和经验，根据实际需求，发挥比较优势，突出进攻重点，集中优势力量开展数字化管理和智能化研究。

1　赵东油田数字化管理现状

2003年投产至今，赵东平台发展成集钻井、油气开采和集输、注水功能于一体的大型固定式综合平台，有设备撬块集成化、过程控制自动化、火控系统全覆盖等特点。各种机械设备336台/套(其中撬装设备22套，泵232台，常压罐39台，压力容器43台，需要重点监控的工艺容器69台/套)，各种仪器仪表设备约3，515台套，各种火气仪器仪表设备约583台套。实现平台全覆盖，通过不断优化控制模式，在保证安全的前提下，实现了高可靠性和高保障率。

通过实行数字技术推动了海上平台无人化、少人化，生产指挥集成化、智能化，逐步转变生产运营方式，实现降本增效。赵东平台现95%的设备可以通过中控室远程启停，100%的设备状况实施数字化监控。现已实现生产过程监控、异常预警报警、流程自动控制、功图分析、工况诊断、趋势分析等功能，见图1。

通过利用物联网技术，建立覆盖油气井口、油气水处理、计量、集输，建成规范、统一的数据管理平台，实现生产数据自动采集、远程监控、生产预警，支持油气生产过程管理。坚持生产流程的优化、管理流程的优化、组织机构的优化，实现生产效率的提高、管理水平的提升。

图1　赵东平台设备九大系统

建立完善了数据资源共享服务体系，实现跨部门联动“井下-地面处理-集输”一体化、网络化。科研、生产、管理及决策人员工作场景由个人桌面上的独立单兵作战转变为跨地域、跨部门、跨层级的一体化协同作战，达到了结合专家经验实时优化、动态协调现场生产的目的。赵东海上平台具有快速应对突发事件的联动机制，不管是在家里还是外地出差都能通过任意一台互联网电脑实时掌握现场生产情况，有效及时地帮助领导层快速决策，调整方案、解决难题。

2　赵东油田数字化建设成果

赵东项目结合自身特点实行“国际化运作，中石油管控”逐步构建智能化管理模型。设计中石油首个“发电机组负荷管理系统”，将物联网的采集控制功能与智能应用平台的分析决策功能深化融合，逐步利用现场实时数据，建立分析决策模型，驱动油田开发智能化管理模式。

赵东平台的负载管理系统，利用 PLC 系统的先进检测控制技术与强大的运算功能，构建了海上石油平台发电机组应急卸荷控制系统。避免了发电机不正常停机导致的剩余机组超负荷现象发生，在保障平台安全生产的前提下，该管理系统可以根据每台发电机组最大负荷能力和实际负荷，通过设置大负荷设备优先级，卸荷掉部分次重要电气负荷，确保剩余在线机组的正常运转，有效减少意外关停次数，并为恢复故障机组或启动备用机组提供时间，为平台稳定生产提供良好的电力保障，如下图 2 所示：

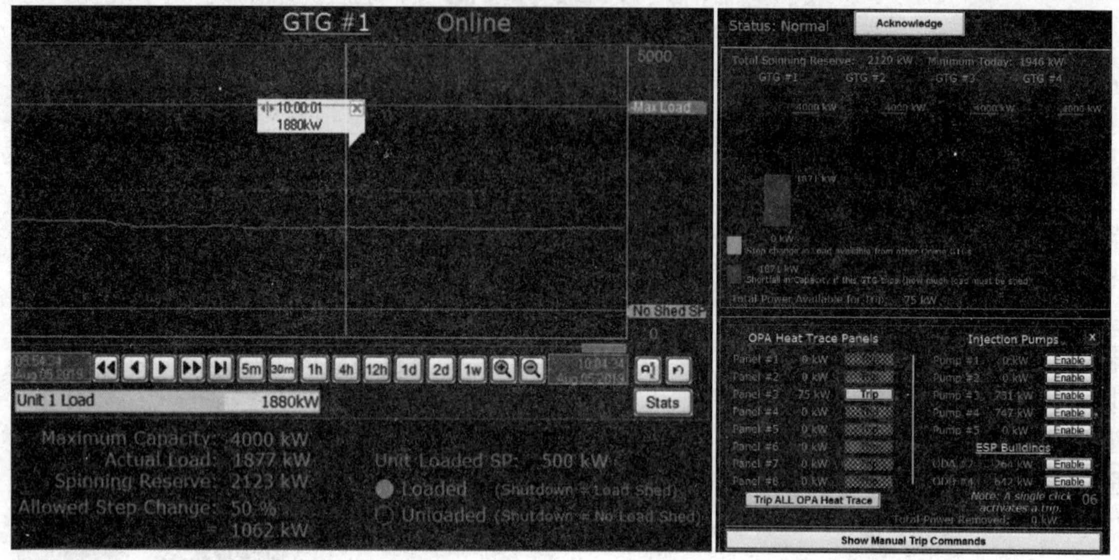

图 2　发电机组负荷管理系统

负荷管理系统投入之前，出现卸负荷需求时，控制室值班人员需要在几秒钟内通过人机界面手动卸荷，难度极高。以快速卸荷为设计目的，系统控制功能，控制原理，系统软件采用了梯形图和功能模块相结合的逻辑程序，如下图 3 所示。该软件控制系统能有效地提高运行效率和动作实时性。为提高卸负荷执行速度满足工作实时性，PLC 系统主程序扫描时间为 30ms。并且自动化控制系统程序故障率低，维护方便。

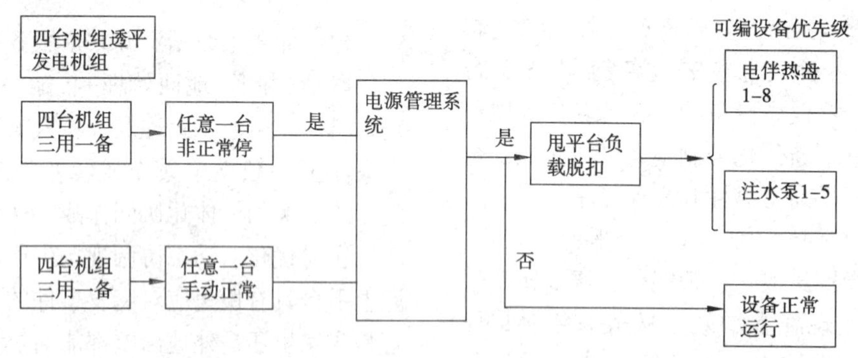

图 3　控制系统示意图

针对赵东平台自发电机组实际情况，采用 PLC 控制设备和检测装置相结合的硬件结构，通过功能块和梯形图的软件编程组合，设计了自发电网的负荷管理系统[1]。从该系统软硬件调试后正式投运近 2 年的实际情况表明，系统克服了发电机组因非正常停机过载故障造成全面停电停产的不足，为平台供电的可靠运行、保证生产长周期稳定生产、防止平台全面停电事故的发生、提高油田产量提供了坚实的基础。

赵东海上团队结合现场实际情况及需求，研发“生产井电潜泵选型模拟”[2] 软件，结束了依靠厂家人员驻场管理的历史，同时通过实时监控、异常报警，及时调整工作参数，增强电泵排量与地层供液协调性，从而提高生产时率和井的寿命，创造了生产井平均检泵周期 1945 天的中石油最佳水准，如下图 4 所示：

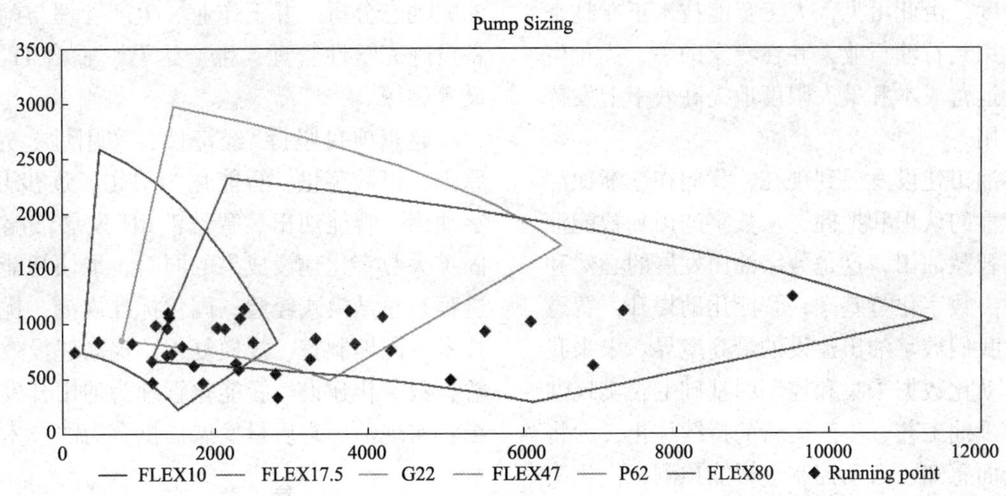

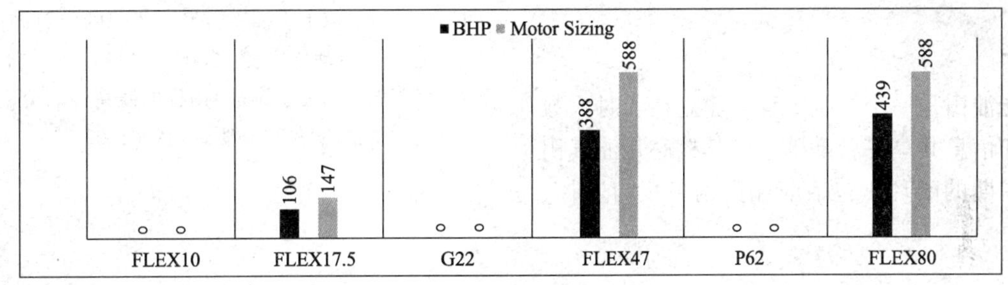

图 4 优化选型后泵头和电机类型

3 赵东海上平台建设思路及探索思路

赵东油田已全面建成油气生产物联网系统，油气生产现场全部完成数字化改造，实现油气生产全过程数字化管理。数字油田建设的一个重点领域是保持全局视野，实现生产运营一体化。智能油田建设只能研究现有条件下实施难度较小，并且能够切实支撑油气生产的业务。我们的下步工作：自主完成视频监控与火气系统联动工程：该系统实现异常报警时中控室监控画面自动切换至报警点，实时追踪报警区域现场情形，为应急指挥提供科学决策，进一步提升平台火灾预警和处置能力。

在目前实时大数据和信息共享平台基础上，综合研究，智能协调，推进可视化软件的开发和应用：激活海量数据价值—将油田地上、地下各类生产过程海量数据抽析、分类、处理，通过云计算、大数据、人工智能等分析技术，替代现场技术人员快速发现判识剩余油气储量、注采平衡度、井筒工况，精确指导油气藏开发和油气井措施作业，提高采收率。进一步打造智能化的赵东油田，实现油气田全生命周期的闭环管理。

4 数字化技术带来的优势

智能油田是数字油田未来的发展方向，未来将以统一的数据智能分析控制平台为中心，无论固定资产、移动设备还是工作人员都将成为数据的收集者和接受者并直接同控制中心建立联系。智能控制中心结合人工智能、大数据、云计算等技术，通过分析海量的数据实时完成资源的合理调配、生产优化运行、故障判断、风险预警等，最终实现全部油田资产的智能化开发运营。

人工智能将在设备预测性维护方向产生巨大价值。我们知道，机器设备出故障后维护成本高，且在一段时间不能提供服务。因此，通过历史运行及故障维修数据构建预测性维护模块后，石油企业就可以预判故障发生概率，提前做例行保养，减少突发故障带来的成本增加。

石油行业专家需要 AI 平台工具降低开发门槛。石油行业历经百年的发展，不仅积累了相当庞大的海量数据，同时也形成了一套完整的知识体系，更培养了大量的专家型人才。因此，要让人工智能在石油行业具体的应用场景中发挥更大价值，显然让石油行业专家更便捷的使用 AI 平台工具，将大大提升他们的工作效率，并降低开发的复杂度。由此可见，人工智能技术正在越来越多地应用到石油行业，并在专家助手、优化生产、降低运营成本和最大限度地提高效率上发挥了重要作用。

数字油田建设发展到现在，我们在逐渐加深对它规律性的认识和把握，从数字油田到智能油田，再到智慧油田，这是数字油田发展的必然和基本阶段。数字化打基础，智能化助提升，智慧油田将是我们数字油田建设的最高境界。未来我们将在自动化数据采集和控制的基础上，实现油藏管理、采油工艺、生产运营的持续优化，为将来建立全面感知、自动控制、智能预测、优化决策的智能油田体系打下基础。

5 结论

智能油田是一个系统工程，建立在实时大数据系统和信息共享平台基础上。其核心是油气田全生命周期的闭环，包括前端数据采集与监控、油藏动态分析、井下作业、生产管理与调控、设备设施完整性管理、生产运营、整合 IT 基础建设等领域。

赵东项目坚持“经济性、实用性、先进性”原则，以数字化、智能化为引领，逐步开展“数字油田、智能油田、智慧油田”发展战略，在巩固扩大数字化建设成果的同时，加快智能化建设进程。总结模式经验，固化标准规范，优化设备技术，因地制宜，规模复用，提高建设效率和效益，数字化建设、智能化管理为油田开发转型升级，实现油田高质量发展提供有力的技术支撑。

参考文献

[1] 范江涛．海上石油平台发电机组的应急卸荷控制系统．[J]自动化仪表，2009.30(12)：52-54.

[2] 李湘洲．离心泵流量-扬程曲线特性研究[J]．湖南大学学报(自然科学版)，1996，02：1.

信息化模式下的油田生产运行管理实践

文小明 杨 媚 蔡丽琴 钟 颖 刘建华

（中国石化江汉油田分公司）

摘 要 生产运行管理是围绕油田的生产部署，把各项生产要素、资源配置、人力物力有机地组织起来，达到预期的生产目标，其运行效率和管理效能的高低影响着企业的生产经营效益。实行生产信息化以后，江汉采油厂实现生产现场可视化、数据采集自动化，但是信息化模式下的生产运行管理模式还不完善，日常生产运行效率和管理效能还比较低。因此，江汉采油厂开展PCS深化应用，以PCS为核心，实现生产可视化管控、调度运行电子化、值班人员网上监管，建立信息化模式下的生产运行管理新体系，促进生产运行模式变革和管理创新，具有一定的推广前景。

关键词 生产运行调度；生产指挥系统；信息化；模式变革；管理创新

1 目的和背景

生产运行管理是围绕油田的生产部署，把各项生产要素、资源配置、人力物力有机地组织起来，达到预期的生产目标，其运行效率和管理效能的高低影响着企业的生产经营效益。实行生产信息化以后，江汉采油厂实现生产现场可视化、数据采集自动化，但是信息化模式下的生产运行管理模式还不完善，日常生产运行效率和管理效能还比较低。因此，江汉采油厂强调“应用才是硬道理”，践行“从业务中来、到业务中去”，开展PCS深化应用，优化生产运行管理模式，建立生产运行管理新体系，促进生产运行模式变革和管理创新。

2 解决方案及主要措施

2.1 解决方案

采油厂在信息化模式下的生产运行管理问题，影响因素主要有三种，一是依靠单纯的电子巡检，视频和数据信息量太大，无法准确定位故障点；二是调度进行生产指挥、协调事务、上传下达，工作流程长，工作效率低；三是管理层级无法有效监管在岗人员。江汉采油厂强化PCS应用，开展生产现场数字化巡检、调度运行电子化、值班人员网上监管，较好地解决了问题。

2.2 主要措施

2.2.1 强化预警监测

一是视频巡检。各管理区信息管理岗在9800监控平台上对监控点设置电子巡航路线；为生产重点区域或者关键部位设置侵入报警区域和移动侦测，并进行告警配置，包括告警联动时间和告警联动对象。通过安防监控，实现外来人员侵入、现场突发安全问题时第一时间报警。二是数据预警。针对油水井实际生产情况，技术人员在PCS平台实施“一井一策”，针对单井生产情况设置单井报警阈值；同时结合多参数组合预警，模拟油井结蜡、皮带打滑、光杆断脱、抽油机故障等事件设置组合预警模型6类，实现生产异常提前预警。

2.2.2 优化调度工作流程

传统生产管控模式，工作上传下达通过电话协调，信息传递易失真，且流程长，耗时大，现在生产运行通过PCS系统进行流转。一是取消填写纸质调度运行记录，各级调度使用PCS“调度日志”上报各类重点工作，重点工作同时发送到多个相关部门签收，并反馈处理结果，信息传递无偏差，流程短。二是运用PCS“短信平台”，实现指令快速群发和指挥单兵。通过提前编辑好短信模板，可将工作安排快速发送到有关部门或者指定责任人。

2.2.3 在岗人员监督管理

PCS“岗位人员动态”模块实现上下班登记和交接班记录电子化。为保证油田的开采生产一直处于无时不刻的监管下，生产指挥中心执行“轮岗”制度。各单位信息管理员在PCS系统中维护本单位各部门、各岗位值班人员姓名和电话信息，在此基础上实现线上交接班。PCS系统可以查看值班人员实时在线动态、接班人员、接班时间和接班意见，辅助管理人员监控和考核本单位人员值班情况。

2.2.4 推广 PCS 移动应用

在江汉采油厂部署 PCS 移动应用，包含重点监控、报警预警、指标动态等 18 个功能模块，实现油井功图、生产曲线和报表的移动端展示，实现现场视频监控的移动端展示。技术人员、中控调度和生产一线员工可通过手机在线监控油井动态，及时掌握生产参数，现场处置故障报警，并与中控室实时互动，提高故障处置效率。

2.2.5 制度和培训保障

为提高各单位生产信息系统应用及运维能力，确保信息化模式下的生产运行管理成效，采取以下保障措施。一是完善生产信息化相关工作制度建设。为保障生产信息化模式下的生产运行，江汉采油厂修订完善了采油管理区《生产指挥中心运行规范》、《生产指挥中心中控岗岗位职责》和《设备远程操作规范》。二是完善生产信息化相关岗位设置。在采油管理区设置网络信息管理岗、信息化运维岗、PCS 系统报警处置岗以及 PCS 系统参数设置分析岗，共设置信息化岗位人员 67 人。三是开展生产信息化技能培训，提升信息化模式下的生产运行岗和技术管理岗业务水平。2019 年，江汉采油厂举办生产信息化技能培训班 10 期，分批次、分层级对厂、采油管理区工程技术、信息资料、中控运维及班站管理等岗位人员进行多样化、特色化、差异化轮训。共培训工程技术人员 40 名，信息资料人员 29 名，中控运维及班站骨干 145 名。

3 应用情况及成效

3.1 实现生产事件可追溯，指挥协调高效化

实现生产事件可追溯，指挥协调高效化。PCS 系统关联岗位人员注册用户达到 258 人，包括厂领导、生产运行科、科技信息管理中心和采油管理区等。截至 2020 年 6 月，中控人员使用调度日志上报重点工作，包括油水井开作、临时停井、管线穿孔、电路维修、参数调整等，发起调度流程共计 1212 项，相关科室部门接收并处理。此外，中控人员利用短信平台下发生产指令，包括生产会议、周末值班、油井停抽、设备检修、参数调整等，推送消息 4000 余条次。调度运行电子化，实现了生产事件的全程可追溯，也大大缩短了纸质报表录入以及逐级请示汇报、安排工作的时间，提高了生产运行效率。

3.2 实现生产动态随时掌握，应急处置快捷化

PCS 系统支持 PC 端、移动端两种模式应用。江汉采油厂手机 PCS，实现 936 口采油井、163 口注水井实时生产指标的展示，同时，集成安防监控平台上 711 个监控点进行视频监控，实现对生产现场以及重要设备的电子监控。运用手机 PCS，厂级领导在首页直接查看全厂产油量波动，区级管理人员实时掌握管理区产油量和单井动态，各级技术人员随时查询油井工况变化和各类报警预警信息。此外，采油班组员工运用手机 PCS 管理所在班站的油井和设备，发现油水井异常第一时间与中控调度或者管理技术人员在 APP 上进行交互，现场落实处置后上传现场图片。通过运用手机 PCS 实施分级分类管理，切实做到油井动态尽在“掌”握，有效提升应急处置效率。

3.3 实现远程管控新突破，生产运行高效化

一是运用安防监控管理平台 iVMS-9800，变人工巡检为电子轮巡。采油厂各级生产管理人员实时掌握现场生产、安全、环保动态。当系统推送报警时，远程进行监控和指挥，实现生产运行现场前移。二是运用 PCS 和 SCADA 系统，变现场管理为远程管控。中控人员使用 SCADA 系统进行油井调参调掺、水井调水，并在 PCS 系统中进行动态跟踪及时调整。“PCS 电脑端+PCS 移动端+安防监控平台”的“2+1”生产运行新模式，极大提升了生产运行管理效能。

4 效益及价值分析

4.1 经济效益

报表资料无纸化，节约办公费用。信息化条件下的生产运行管理体系运行以来，显著降低采油厂、管理区生产管理部门调度运行记录、交接班记录和生产报表的打印费用。该生产运行模式推广到采油厂生产运行部门、6 个项目部和 5 个采油管理区，按照报表资料每年在每个单位或者部门的打印费用 1 万元计算，12 个业务部门或者基层单位年节约打印费用 12 万元。

调度运行电子化，提升生产运行效率和调度管理水平，优化人力资源。PCS 调度运行业务的应用，极大减少了纸质报表记录的录入、汇总的时间和生产事件上传、下达的沟通时间，有效提升工作效率。该业务涉及到 12 个部门、单位，

按照每个单位或者部门年减少一名调度员的工作量，可优化人力资源12人，按照人均10万每年计算，年节约人力成本120万元。

4.2 管理效益

PCS结合安防综合视频监控平台，实现资源共享、集中管控、应急联动。在一线班站员工及技术管理人员中推广PCS移动应用APP，打通管理区生产指挥中心与班站"最后一公里"信息通道，将PCS预警管控延伸至一线班站。"2+1"生产运行管理体系，形成了"让数据工作、听数据说话、用数据指挥"的管理模式，实现了生产运行模式变革和管理创新，为生产管理决策提供科学依据和技术支持。

参考文献

[1] 张强．关于油田生产调度现代化管理模式的若干思考[M]．中国化工贸易，2017(06)．
[2] 李志鹏．现代企业中生产调度管理探究[J]．现代经济信息，2015(04)：87+89.

浅谈信息化背景下采油厂厂级指挥中心建设思路

代 伟

(中国石化江汉油田分公司)

摘 要 随着市场竞争越来越激烈，中石化牵头部署的信息化建设已在油田全面铺开，通过生产信息化建设减缓人员不足压力，增强管理效率，提高劳动生产率，已经成为改革的重点方向，管理区的生产运行模式随之发生巨大的改变，在采油厂层面应根据管理区的生产运行模式来调整，建设厂级指挥中心提升中层指挥管理职能。

关键词 指挥中心 pcs 系统 贯通 监控

1 油田三级指挥平台建设现状及厂级指挥中心建设需求

按照中石化“十三五”信息化规划，集成油气生产信息化前端建设成果，充分利用云计算、大数据等新技术，建设国内领先的智能化油气生产指挥系统(PCS)，满足全面感知、精准管控、超前预警、高效协同、智能优化、科学决策的油气生产管理需求，支撑油公司管理新模式，智能引领中国石化信息化建设。为充分发挥生产信息化对油公司体制机制建设的支撑作用，按照中国石化的统一部署和顶层设计，确定了 PCS 系统的“361”体系架构，即：3 个层级、6 个模块、1 个平台，实现三级联动、上下贯通、层层穿透。

江汉油田生产指挥中心于 2019 年 9 月正式投产，作为油田生产运行枢纽，定位于油田生产的宏观监控，突出生产运行重点工作、重大问题、重点部位的监控指挥，功能设计上下贯通、层层穿透，智能引领油气生产运行新模式。清河采油厂的四个管理区级指挥中心在三年内已逐步建成，覆盖了全厂生产现场，新建油井生产数据采集系统 1312 套，完善 79 座配水间、106 座增压站、17 座接转站、4 座注水站，节约富余人员三百余人，134 个计量站全部实现无人值守。通过建设整合生产数据及视频监控信息，实现对所辖生产区域的集中管控，同时联通了上级指挥中心，为实现局厂两级对生产现场的远程管控奠定基础。江汉油田信息化经过多年持续建设，在基础网络、数据管理、专业应用方面已经取得良好成果，随着中石化生产运行指挥系统(PCS 系统)在清河采油厂管理区的推广实施，实现了管理区生产动态、生产管理等业务报表查询及现场实时管控。通过局级生产指挥系统的建设应用，实现了对油田生产动态的整体把握，提高了分公司生产运行效率和劳动生产率。在经过分公司和管理区两个层面的运行过程中发现了很多实际需要但缺乏的功能。

(1) PCS 系统在江汉、采油厂的实施，以及分公司生产指挥中心、管理区生产指挥中心投产应用，采油厂相关业务部门对信息化条件下的生产指挥系统应用有了更深的理解，现有 PCS 系统中的综合监控、生产管理分析功能相对薄弱，同时缺少对其他应用系统的集成应用，不能全面满足采油厂专业部门的生产运行、业务管理、数据分析的需要。

(2) 随着目前油气田自动化、信息化水平的进一步提高，各采油厂在部分集输、原油和污水处理、供电等要害部位、重点生产环节引进了自动化监控和视频监控设备，促进了一线生产管理工作的提升，采油厂前端自动化建设在自动化、智能化、可视化油田建设等方面滞后于中石化总部推广的 EPBP、生产信息化、安全视频监控、智能化管线管理等系统的建设，目前这些信息与数据各自分散，没有在采油厂层面进行统一监控，采油厂目前的生产运行管理工作无法用到这些信息和数据。

2 采油厂厂级指挥中心建设思路

(1) 生产监控功能实现局厂区三级贯通：

目前没有实现基于局级部署的穿透查询，仅提供了到各个管理区的导航式穿透，局、厂级层面宏观性监控功能薄弱，缺少跨厂区的分系统监控功能。

① 采油系统监控：利用流程组态工具绘制油井、计量站、接转站、联合站之间拓扑流程，监控集油流程沿程从井口计产汇总到联合站进站各生产节点的流量输差。

② 油井运行监控：基于油井实时数据，按采油厂、管理区组织机构进行分级汇总，展示采油厂内全部的油井的实时运行情况及计产信息，可逐级穿透查看管理区、注采站、单井监控信息，同时为局级的宏观监控提供数据基础。

③ 水井运行监控：基于实时数据，按采油厂、管理区进行分级汇总，综合展示采油厂水井实时运行情况，可逐级穿透查看各管理区、注采站、单井监控信息。

④ 视频监控：集成管理区油井、计量站、接转站、配水间、注水站、污水站、联合站等现场视频信息，按照采油、注水、集输等专业实现现场视频信息的实时监控。

⑤ 作业现场监控：实现当前作业井号的视频资源调用，满足采油厂生产运行、作业监督、安全监督等岗位远程监控现场的需要。包括油井的固定视频监控和作业移动视频，作业视频可与GIS、作业动态日报等关联应用。

⑥ 管道监测：集成采油厂管道监测系统，实现重点集输管线的压力、流量实时监控；同时根据流量和压力数据形成管道刺漏报警。

(2) 报警预警功能实现局厂区三级贯通：

目前局厂区三级报警体系及管理流程还没有建立，现有报警预警功能尚需深化，管理区层面具备了基于实时参数的预报警基本功能，在生产事件报警、分级推送机制、跨业务的报警联动等方面功能缺乏，尤其重点区域、危险源、敏感区域的安全环保方面报警预警功能缺乏；电力故障、管线穿孔等重点事件的报警功能缺乏。

① 基于组合预警工具，实现采油厂产量波动、跨区故障、较大面积停井、厂内管线泄漏等预报警功能，实现预报警信息的定向推送与分析处置联动，为技术人员、管理人员提供生产异常掌控、问题分析、问题处理的手段，进一步提高现场管理水平。

② 组合预警工具提供预警推演功能，通过历史实际事件、历史数据跟踪模型各参数变化情况，验证模型可行性。

③ 实现采油厂、管理区报警处置的分级督导处理。督导信息包括三类，重点部位重点参数、超时确认、超时完成的报警信息，督导单位填写督导意见，督促下级单位处置。

④ 针对各管理区指挥中心人员进行报警处置的效果进行考核管理，定期出报警相关的考核日报，对系统管辖下所有的管理区进行综合的排名，每天定期出考核排名情况汇总一览表。包括报警阈值合格率、签收及时率、报警处置及时率、报警处置符合率等指标。

⑤ 实现按时段、分原因对报警处置信息进行频率分析，定位报警关注点，为生产问题治理和预报警处置管理提供决策依据。

⑥ 系统根据预报警事件类型，将信息推送、分发至不同的岗位人员(如局、厂、区三级)，岗位人员通过系统接收查看。如：3 吨以上油井发生停井时，及时将报警信息推送给生产指挥中心。

(3) 数据分析统计功能实现局厂区三级贯通：

管理区层面实现了基于实时数据的班、日动态采集和查询，需要根据局厂级的需求完善功能，目前功能以生产数据报表汇总展示为主，生产技术指标的自动统计和辅助分析方面的功能缺乏，需将现有的生产报表纳入到生产管理业务中。

① 展示采油厂各管理区分井别后的总井数、开井数、产液、产油量及比昨等汇总统计信息，通过点击单位，各井数可以穿透到油井日报，油井曲线等页面。

② 实现采油厂、管理区年度、月度产量计划数据维护功能。按照产油、注水、产气、新井等类别进行录入，支持对月度计划的自动平均。

③ 基于人工审核的油井日生产数据，或者外部系统(库)接入的日度动态数据，按组织层级展示新井当天的井口产量信息及汇总信息，展示钻前井号的井口坐标，设计井深、钻前工作量描述及完成时间等指标，支持同台井的批量维护功能。基于放喷井、作业井、待作业井、完钻井等类别进行待投产新井的进度信息维护。基于作业日报，实现采油厂作业井作业前后的产能变化对比分析。

④ 实现采油厂机采泵效统计分析功能，结合动液面、沉没度等相关指标，实现泵效的范围筛选，同时提供对应功图、泵效指标曲线，辅助技术人员综合分析低泵效原因；基于自动化数据

和最新的含水、液面、套压，实现分单位、单元的抽油机井、电泵井/螺杆泵井的系统效率自动计算、排序、分级统计和查询，实现采油管理-系统效率分析；实现采油厂平衡率分级统计，可逐级穿透查看管理区、注采站、单井的平衡情况；实现分管理区调参、调平衡、清防蜡的工作量统计和效果跟踪。

⑤ 实现注水系统监控，利用流程组态工具绘制水井、配水间、注水站之间拓扑流程，监控注水流程沿程从配水间到注水站各生产节点注水压力、流量变化；日度注水动态展示采油厂各管理区分井别后的总井数、开井数、等汇总信息。点击单位，各井数可以穿透到水井生产情况，水井日报、水井曲线查询等页面；实现分单位的日度超欠注统计分析功能。支持逐级穿透查看；实现分单位的分注率和分注层段统计分析功能；根据注水站的输入功率、注水点的压力、注水量，计算注水系统的系统效率，实现注水高效管理。

（4）进一步扩展、深化调度运行模块现有功能：

① 分事件建立调度上报、处置标准化模板。实现局、厂、区三级调度岗的信息上报、处置、反馈闭环管理。通过在线通讯方式，提升协同运行效率。

重点工作跟踪：为采油厂机关科室提供重点工作运行的“工作安排—定期汇报—进度汇总—进度查询”应用模式，支持采油厂、管理区自定义重点工作主题，自我管理本岗位重点工作的起始和完成。

② 实现对各类车辆的基本信息管理，以及对每日各类车辆的报勤管理，不能出勤的车辆必须填写影响出勤因素；对用车单位根据实际业务需要，进行指定车辆用车申请；厂调按照实际情况对各用车单位的申请进行车辆平衡；实现每日车辆排班表及车辆运行台账等各类报表的统计查询功能。

③ 通过指标基础信息、指标数据处理管理、任务调度管理、数据源管理等功能，实现采油厂生产技术指标及生产运行指标的数据处理。

④ 依据应急预案，建立突发事件的接处警流程。采用导航式操作、预设接收(发送)的信息模板等方式，可快速完成事件接报、信息记录、上报领导、应急启动四项工作内容。实现了事件接警、预案启动、任务下达的“一键预案启动、一键任务群发”功能；应急值班人员接到报警电话后，按照导航提示，快速完成事件接报、信息记录、上报领导、应急启动四项工作内容，系统为每项工作内容提供辅助页面。

⑤ 值班室人员或应急办公室人员安排应急组长、组员进行任务处理。值班人员进行任务安排下发。任务下发后，后台自动通过短信和电话方式及时提醒接收人；任务接收人对任务的实时接收和反馈，支持 PC 端和移动端应用。反馈的内容可以附带照片、视频等。

⑥ 应急资源调派：按照预设的应急事件与物资的对应关系，实现按事件类别、分单位、按距离事发点距离、按物资分类的递进式查询及物资调派，应急队伍的快速查询、调派和跟踪；汇集应急处置过程中各个环节的信息记录，实现事件的接报、预案启动、任务安排等处置全程的事件记录跟踪，对于超出预设反馈时间的任务进行实时提醒，辅助应急值班人员掌握各个任务执行情况；按照预设的应急总结模板，系统提取事件接报、记录、反馈的信息，形成事故经过的描述信息，辅助用户按照模板要求形成应急事件总结；按实现应急物资、应急预案、应急专家、应急队伍、应急通讯等应急资源的在线管理功能，为应急事件处置提供应急资源调派。

3　结束语

厂级指挥中心作为生产指挥三级贯通的中间一环，具备承上启下的功能。通过搭建“分公司、采油厂、管理区三级联动的生产运行指挥中心”，以实时数据、源头数据、空间数据为基础，覆盖各区域监控中心，全方位、多视角、可视化地展示采油厂整体生产运行情况，实现由数据表征层层穿透、追本溯源，实现指标波动逐级跟踪，关键设施精准定位，影响范围快速评估，探索二级单位生产指挥中心管理新模式。通过在采油厂的试点运行，可形成模块化定制，推广至全油田。

采油厂年度开发规划方案编制系统研究与应用

于开春

（大庆油田有限责任公司）

摘　要　要使大型砂岩油田开发这一动态系统工程，实现长期有序运作并达到预期目标，必须加强开发规划方案编制与实施。大庆油田开发建设60年来，通过编制实施一系列开发规划方案，从整体上保证了不同时期油田开发战略目标的实现，同时积累了丰富的开发规划方案编制技术和经验。为使这些先进技术和经验得到有效应用，依据行业标准，梳理整合采油厂年度开发规划编制业务所包含的研究范围、工作流程和方法，形成了采油厂年度开发规划方案编制系统的技术有形化手册，在此基础上，研发了一个涵盖年度规划编制工作的全过程，可实现分矿、分区块开发现状认识、开发潜力分析、两驱开发指标预测、规划方案部署、月度运行安排和执行情况检查的软件系统，在大庆油田应用后，数据、图幅和曲线准确率100%，以五厂2020年度规划方案编制工作为例，与以往人工模式相比，工作效率提高10倍以上。

关键词　采油厂；开发规划方案；系统；研究；应用

油田开发规划编制是一项具有综合性、前瞻性和战略性的工作，油田开发规划分为年度开发规划、中长期开发规划[1]。年度开发规划是油田近期开发工作部署的年度实施计划，任务是按油田近期开发规划的目标和工作部署，对油田下一年开发工作做出具体的安排或调整，以保证油田中长期开发规划方案的实施和目标的实现。其主要内容通过认识油田开发状况，分析油田开发潜力，研究油田开发规律，规划油田年度目标，提出实现年度目标的措施安排和规划方案，使油田开发既遵循自身规律，又能实现高质量发展。因此，采油厂年度开发规划是油田开发的指导性文件。多年来，采油厂年度开发规划方案编制工作主要面临三方面的问题：一是采油厂年度开发规划编制多凭经验进行，工作标准和工作流程不规范，规划编制结果一致性不够。没有形成技术有形化手册，不利于技术的传承、发展；二是两驱开发动态变化规律复杂，开发现状的全面精准评价及对未来变化趋势的科学预测难度大；三是开发规划编制是一项复杂的系统工程，涉及数据种类繁多、计算方法多，需要查阅的资料多，但信息化程度低，人工分析统计工作量大、效率低。为解决上述问题，提高年度开发规划方案编制的效率和精度，研制了《采油厂年度开发规划方案编制系统》，在大庆油田应用后，数据、图幅和曲线准确率100%，以五厂2020年度规划方案编制工作为例，与以往人工模式相比，工作效率提高10倍以上。

1　梳理整合采油厂年度开发规划编制业务流程和方法

依据石油天然气行业标准[2][3]，结合大庆油田多年形成的开发规划编制技术研究成果、开发规划编制专家经验，组织相关专家，总体把控业务共性需求，兼顾不同单位个性需求，对规划业务进行系统梳理和归纳总结，编制了技术有形化手册。规范了规划业务内容、工作流程、工作标准、工作方法和成果，有利于提高规划编制工作效率和水平，有利于油田技术资产的继承、保护、发展和增值。

1.1　系统梳理了年度规划的主要业务内容，设计了六大核心业务模块

主要包括油田概况、潜力分析、指标预测、方案部署、月度运行和执行情况六大核心业务模块（图1），15个子模块。其中油田概况主要用于认识全厂（或规划区块）以及两驱的油田开发状况；潜力分析主要包括水驱老井潜力、水驱新井潜力和三次采油潜力，用于分析油田开发潜力；指标预测通过水驱、化学驱的油田开发规律研究，优选指标预测方案，给出指标预测结果；方案部署通过给懂不同的方案实施策略，规划油田年度目标，给出产量构成和实施的工作量要求；月度运行主要是对年度规划目标和工作量进行分解，细化到各月；执行情况主要是对月度运行计

划进行跟踪检查，给出产量任务、开发指标和工作量的完成情况和超欠原因，便于发现问题，指导下一年开发规划方案的编制。

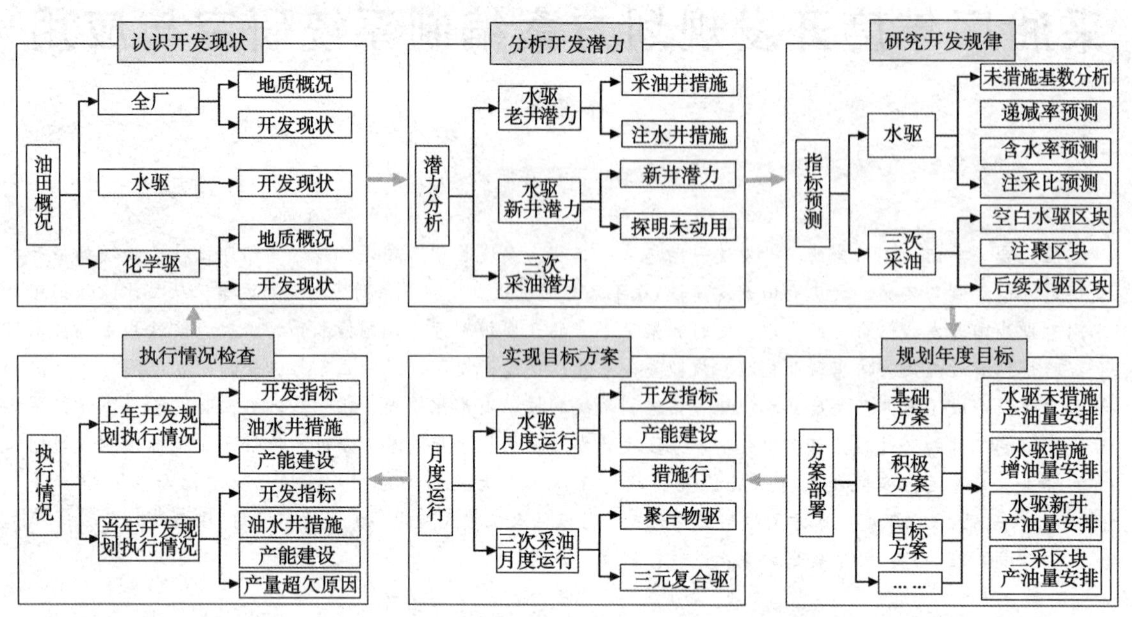

图1　采油厂年度开发规划方案编制系统业务范围设计

1.2　根据规划业务标准和专家经验，梳理了62个主要业务流程

依据石油天然气行业标准，对照实际业务工作，系统梳理了六大核心业务模块的业务工作流程(表1)，形成流程图。

表1　采油厂年度开发规划方案编制系统业务流程

模块	油田概况	潜力分析	指标预测	规划部署	月度运行	执行情况
数量	3个	9个	22个	2个	10个	16个
主要流程名称	1. 地质特征分析流程 2. 水驱开发概况分析流程 3. 化学驱开发概况分析流程	1. 开发潜力分析流程 2. 长垣水驱油井潜力筛选流程 3. 外围水驱油井潜力筛选流程 4. 长垣水驱水井潜力筛选流程 5. 外围水驱水井潜力筛选流程 6. 水驱潜力落实流程 ……	1. 水驱未措施开发指标预测流程 2. 水驱措施产油量预测流程 3. 水驱新井产油量预测流程 4. 水驱未措施基数预测流程 5. 水驱未措施递减率预测流程 6. 水驱未措施含水率预测流程 7. 三采指标数模法预测流程 8. 三采指标动态法预测流程 9. 三采指标类比法预测流程 ……	1. 规划方案优化组合流程 2. 规划方案对比分析流程	1. 水驱未措施产油量运行安排流程 2. 水驱措施工作量和增油量运行安排流程 3. 水驱新井工作量和产油量运行安排流程 4. 水驱未措施钻关影响分析流程 5. 水驱综合调整工作量月度运行安排流程 ……	1. 油井措施工作量及效果对比流程 2. 产能建设工作量和效对比果分析流程 3. 指标超欠原因对比分析流程 4. 年度产油量完成情况预测流程 5. 年度油井措施工作量及增油量预测流程 ……

以水驱未措施开发指标预测流程为例：通过当年规划方案执行情况检查，确定产油量基数，调用递减率预测结果，给出初步的下一年未措施产量，再考虑下一年产量影响因素，综合确定未措施产量，调用含水率预测结果，给出未措施产液量，调用注采比预测结果，给出未措施所需的注水量(图2)，在此基础上，以经济效益最大化为目标，在落实各项调整潜力的基础上，实现不同工作量的优化组合。

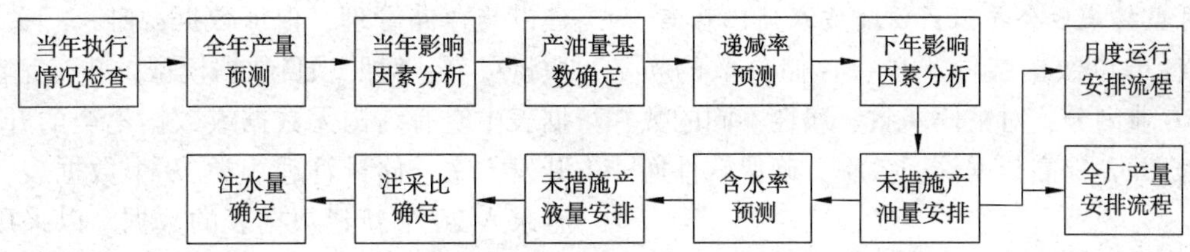

图2　水驱未措施开发指标预测流程

1.3　结合油田开发理论和专家经验，规范了173个主要业务统计算法、理论公式和判断规则

在绘制油田开发规划方案编制业务工作流程的基础上，对流程上的每一个节点的工作内容进行规范，对其所需的理论或经验公式、统计算法或逻辑判断规则等进行认真研究，规范了71个逻辑判断规则、36个理论或经验公式[4]、66个统计算法(表2)。

表2　采油厂年度开发规划方案编制的业务算法、规则和公式

分类	逻辑判断规则	理论或经验公式	统计算法
数量	71个	36个	66个
名称	油井压裂潜力判断规则 油井补孔潜力判断规则 油井三换潜力判断规则 油井堵水潜力判断规则 水井压裂潜力判断规则 水井细分潜力判断规则 水井酸化潜力判断规则 长关采油井原因分类判断规则 长关注水井原因分类判断规则 ……	递减率测算，调和、指数递减法 递减率测算，产量衰减方程 含水率测算，甲型水驱特征曲线 含水率测算，乙型水驱特征曲线 含水率测算，丙型水驱特征曲线 含水率测算，于启泰(中高含水)水驱特征曲线 三采产量测算，数模动态分析法 注采比测算，注采比与压差法 ……	钻关影响产量统计方法 封堵影响产量统计方法 代用影响产量统计方法 套损预防影响产量统计方法 泵况影响产量统计方法 间抽影响产量统计方法 转注影响产量统计方法 转注受效影响产量统计方法 措施效果变化规律统计方法 ……

1.4　根据现场业务工作实际，设计各类报表、图形200余个，并明确了图表展示样式

根据现场业务工作实际，对每个节点的工作最终需要输出的报表和图形进行统一规范，使系统默认输出结果相对规范。同时要求各类图形、报表可编辑、可扩展，满足不同区块或油田的个性化需求。

通过梳理整合采油厂年度开发规划编制业务流程和方法，形成的技术有形化手册，使碎片化、混沌化、隐形化的规划业务得到系统化、规范化、有形化表征，实现了“四个明确”。以有形化手册作为指导软件设计的蓝图，避免了规划系统成为边设计、边施工、边调整的“三边工程”。

2　建立采油厂年度规划数据模型

油田开发数据是开发规划编制的基础，连续准确的开发数据是编好规划方案的必要条件。本项目采取“引用+自建”模式，构建形成涵盖油田地质参数、储量数据、新井产能数据、开发潜力数据、开发动态数据、油田监测数据等109张数据表的通用项目数据模型(表3)。主要采用引用+自建的方式，建立开发规划的项目数据库。对于有标准的完备数据，直接引用，无标准或不完备数据，遵循油田开发建库原则补充完善。

表3　采油厂年度开发规划方案编制系统数据库设计及创建、维护方式

序号	大类	子类	数量/张	创建方式	维护方式
1	引用数据(78)	公司统建数据	50	数据链路+同义词+视图	自动同步更新
		厂内专业数据	12		
		服务公司共享数据	16		
2	自建数据(31)	系统管理数据	11	人工补录+程序自动派生	界面维护管理
		项目成果数据	10		
		补充新建	10		

2.1 引用数据采取合并数据源的方式优化存储

针对各单位数据结构不一、存储分散的实际，打破专业划分，对主码一致、属性不同的数据源进行合并，提高数据访问效率，确保软件通用灵活。

2.2 自建数据采用EPDM标准补充完善与新建

对于自建数据，结合油田公司《开发数据应用结构规范》，采用EPDM模型标准，进行数据建设与存储管理，保证数据源唯一、关系合理、质量可靠。对照项目数据模型，补充完善引用数据表中空有结构无数据或数据不全的开发实验、开发方案、储量管理3类19个数据表，准确齐全录入20个新建数据表的数据。以采用五厂为例，通过新建、补充完善，新增数据4.4G、33.4万条记录(表4)。

表4　采油五厂年度开发规划方案编制系统项目数据库补充建设情况

建设方式	分类	内容	表数量	记录数/万条	数据量/MB
新建	规划数据	规划方案信息、方案区块信息、区块井信息、区块潜力数据、潜力井信息，产能区块安排数据、区块措施安排数据、区块指标预测数据等	10	12.2	2000
	计划数据	月度计划分类代码表、月度计划数据表	2	10.5	350
	产能数据	新井方案表、新井方案单井表、新井方案指标预测表、方案纪要文件表	4	2.3	1000
	图形数据	区块边界、储量边界、矿权边界、断层构造	4	4.2	650
	小计		20	29.2	4000
完善补录	开发实验	油层粘土成分分析表、地层原油高压物性、地面原油物性、地层水性质表、天然气性质表、岩性粒度表、相对渗透率实验、相对渗透率数据	8	2.3	200
	开发方案	现场开发试验数据、开发方案汇总指标、开发方案年度指标	6	1.2	150
	储量管理	石油探明储量及参数表、探明储量动用情况表、年度新投入开发油田地质储量	5	0.7	50
	小计		19	4.2	400
合计			39	33.4	4400

连续、准确开发规划项目数据库的建立，进一步丰富完善了油田开发数据资产，使之得到规范、标准、通用的有效管理，为软件系统的研发和应用奠定了坚实的基础。

3　研发采油厂年度开发规划编制系统

遵循《大庆油田开发专业软件研发技术规范》，按照"系统化设计、模块化开发、标准化施工、集成化组装"的理念，设计了由数据层、工具层和应用层构成的系统技术架构，研发了《采油厂年度开发规划方案编制系统》，系统涵盖了年度规划编制工作的全过程，可实现分矿、分区块开发现状认识、开发潜力分析、两驱开发指标预测、规划方案部署、月度运行安排和执行情况检查。实现了"六个达到"。

一是开发潜力达到动态筛查。开发潜力是规划安排的物质基础，包括新井潜力和措施潜力。新井潜力：实现了新井潜力从区块整体管理到单井潜力全过程一体化精细闭环管理。措施潜力：油水井措施潜力可以根据目标需求自动筛选、排序，实现措施潜力由井数落实到具体井号。

二是开发规律达到自动推优。开发规律是规划编制的理论依据，包括水驱递减、含水、注采比、三采指标预测。系统通过多方法综合应用和自动推优，改变了过去依靠个人经验选择预测方法的局限性。三次采油指标预测，系统提供数模法、类比趋势法、动态分析法3种方法，进行注采指标自动预测。

三是影响因素达到定量分析。影响因素是规划编制的必要考量，包括钻关、封堵、转注、测压等。过去凭个人经验估算，主观影响大，应用系统自动统计生产数据，结果更客观精准，有效指导产量基数确定、递减分析和月度运行安排。

四是规划方案达到优化组合。优化组合是规划编制的现实需要。系统通过规划策略管理，实现了由人工反复试调到不同产量目标约束下的多方案快速部署。

五是月度运行达到自动安排。月度运行是规划有效执行的抓手。通过内置算法，系统可将年度开发指标和工作量自动分解为月度运行，大幅降低人工反复试算的复杂程度和工作强度。

六是执行情况达到对标检查。执行情况检查是对规划编制合理性和生产组织到位程度的检验。人工检查常见漏项、数据不对扣等情况，系统通过直击月度产量构成、影响因素，对标检查分项指标，自动分析超欠原因，有利于查准问题，指导下年度开发规划编制。

通过系统的研发应用，采油厂年度开发规划编制工作实现了“四个转变”，即规划工作模式由电子表格向线上协同转变；规划方法规则由个人经验向规范统一转变；开发规律分析由传统手工向自动智能转变；规划数据获取由人工收集向一站式展示转变。

经过3年研发，系统于2018年10月在五厂上线，2019年7月在大庆油田推广应用，用户数200人。利用该系统，各单位开展了年度规划方案编制工作，数据、图幅和曲线准确率100%。以五厂2020年度规划方案编制工作为例，与以往人工模式相比，工作效率提高10倍以上。

该软件系统按产品化、商品化标准开发，功能全面、实用通用、界面友好、操作方便。实现了采油厂年度开发规划编制工作全流程的信息化、自动化，部分实现了智能化。可以广泛应用于研究院、采油厂（矿）开发规划岗位及规划相关工作人员，并已受到部分兄弟油田的关注和好评，具有广阔的推广应用前景。

参 考 文 献

[1] 袁庆峰 陈鲁含 任玉林等 油田开发规划方案编制方法[M]. 北京：石油工业出版社，2005.

[2] 王海峰、乔书江、方艳君、姜祥成 . 大庆砂岩油田开发规划编制方法 Q/SY DQ2014-45[S]. 中国石油天然气股份有限公司大庆油田有限责任公司，2014.

[3] 桂东旭 姜祥成 孙洪国 . 三次采油开发规划编制规范 Q/SY DQ0055—2012[S]. 中国石油天然气股份有限公司大庆油田有限责任公司，2012.

[4] 俞启泰 . 俞启泰油田开发论文集[C]. 北京：石油工业出版社，1999.

基于混合式教学的基层设备管理人员 DNA 培训管理模式探索与实践

王百森　魏　冬　宋振福　张培茂　张宏亮

（中国石化天津石化公司）

摘　要　本文通过在基层设备管理人员培训项目开发与实施中，运用混合式教学培训理论为指导，围绕设备专业现场实际工作内容，以建立设备管理人员系统化知识体系和架构、聚焦基本功为目的，以持续提升天津石化设备专业人员的管理水平和技术能力为目标，以公司主要生产经营作业部的所有在岗设备管理人员为培训对象，采取线上线下 DNA 混合式教学、专家指导与自修、远程直播课堂等多种形式，对基层设备管理人员培训形式进行探索与实践，为保障公司装置的平稳长周期运转奠定了坚实的基础。

关键词　混合式教学 基层设备管理人员 设备管理培训 专业技术人员培训

1　背景

1.1　公司设备管理工作谋篇布局长远发展的需要

为持续推进世界一流管理体系建设，确保管理体系的高效运行，提升精细化管理水平，公司设备管理部长期以来，紧紧围绕公司生产经营的目标任务，以“两个世界一流”为指引，坚持“健全装置设备长周期经济运行保障体系”核心理念，不断追求设备“安全性、可靠性、经济性”，以全面建设“设备完整性管理体系”为主线，从设备综合管理、设备专业管理、检维修管理、直接作业环节安全管理等重点方向进行谋篇布局，推进企业设备管理改革和各项设备工作任务与深化落实，在提升设备综合管理水平中，聚焦提升基层设备管理人员能力水平的培养工作，强调狠抓基本功训练，就是做好“夯三基、筑体系”精细化管理工作的具体体现，是公司设备管理改革和完成各项生产经营任务的基础工作，也是公司设备管理工作谋篇布局长远发展的需要。

1.2　规范设备管理人员管理工作保障企业改革持续发展的需要

长期以来，我们的设备管理人员的选拔、任用管理工作，缺乏合理的标准和有效的办法，设备管理岗位人员，可由各类人员、或各种情况人员都可担任，致使设备管理人员水平参差不齐，素质和能力跟不上公司各项改革和发展的需要。企业很多设备管理制度、措施在基层推行和执行困难或打折扣。设备管理运行维护工作是企业经营管理的重要组成部分，做好设备管理人员的规范管理工作可确保证企业正常的生产秩序，更加有利于企业长远发展。新形势下做好设备人员规范管理工作，建立标准化、规范化的设备人员取证和任用机制，更是关系到我们企业今后可持续稳定改革发展的的需要。

1.3　提升和培养高素质基层设备管理人才的需要

炼化行业作为典型的资本、技术密集型行业，石油加工品种类型众多，且高温高压高腐蚀，对设备可靠性有严格要求，因此对设备的自动化和现代化依赖程度很高。炼化企业现代设备管理已向长寿命周期经济运行管理模式转变，而传统的设备管理系统已经不适合现代管理要求。借助新兴信息技术，抓住机会强化新技术创新设备管理新模式，提升设备管理水平，保障生产的“安、稳、长、满、优”运行，已是顺应时代发展、提升企业竞争优势的迫切需求。要做到高质量的完成设备长周期平稳运行和大修工作，懂技术会管理的高素设备人才是关键。因此做好基层设备管理人员培训工作，是公司目前尽快提升基层设备人员素质和能力的迫切需要。

2　混合式教学培训理念的概述与理解认知

2.1　混合式教学培训理念的概述

随着数字化网络的普及与信息技术的发展，

混合式教学模式在国内外受到教育界的广泛欢迎。据调查，美、韩等国家的教育领域均已大量推广混合式教学。关于什么是混合式教学或混合式学习，国内外学者给出了很多定义，北京师范大学的何克抗教授给出的定义"所谓混合式教学就是要把传统学习方式的优势和数字化或网络化学习的优势结合起来，也就是说，既要发挥教师引导、启发、监控教学过程的主导作用，又要充分体现学员作为学习过程主体的主动性、积极性与创造性。目前国际教育技术界的共识是，只有将这二者结合起来，使二者优势互补，才能获得最佳的学习效果。"

2.2 混合式教学的理解认知

混合式教学显著特点是混合利用各种方式和资源及手段比用单一的传递方式更有优势，它不是仅仅把培训相关的成分混合起来，而是要考虑如何更好地融合它们，要考虑在适当的时间、为适当的人、以适当的信息技术手段、通过适当的培训方式、提供适当的培训内容，以达到最优化的培训效果。美国教育部 2009 年发布的研究报告也指出，与单纯的课堂面授教学、远程在线学习相比，混合式教学模式是最有效的方式。因此，混合式教学模式广泛应用于教育培训领域。

通过基层设备管理人员培训的实践和探索，我们进一步认识理解了混合式教学的重点不在于混合哪些事物，而在于如何混合，其目的在于达到最优的培训学习效果。

3 基于混合式教学的基层设备管理人员 DNA 培训管理模式特点与设计

3.1 规模大周期长，DNA 螺旋式混合

首次开办大规模的系统的基层设备管理人员培训班，涉及公司六个作业部的所有在岗设备管理人员，近 300 多人，培训时间跨年度历时 10 个月，规模之大，人员之多，周期之长，前所未有，公司对此次培训的重视程度。

由于培训规模大周期长，为进一步实施好培训工作，培训中采取以线上线下两条主线结合，形成了 DNA 螺旋式混合相伴持续上升的培训形式特点：一是结合实际情况以两个月左右时间为一个学习阶段并结合阶段考核为节点，按照分阶段实施，节奏性把控的安排原则，把整个培训划分为四个阶段，合理的安排学习内容，渐进式地稳步推进每一阶段的线下培训工作为主线。二是以钉钉平台、问卷星平台等最新信息技术培训平台，为线上培训主线整体串联培训始终，运用在线需求问卷、在线考勤打卡、在线直播课堂、在线辅导与互动、在线课程测评、在线考核等等实施在线培训形式，有效地确保了培训效果。三是培训四个阶段均不同程度又包含培训需求、培训设计、培训实施、培训评价等四个子环节，并进行适当的组织，把两条主线紧密关联与混合匹配。如下图所示，DNA 螺旋式混合培训形式见图 1。

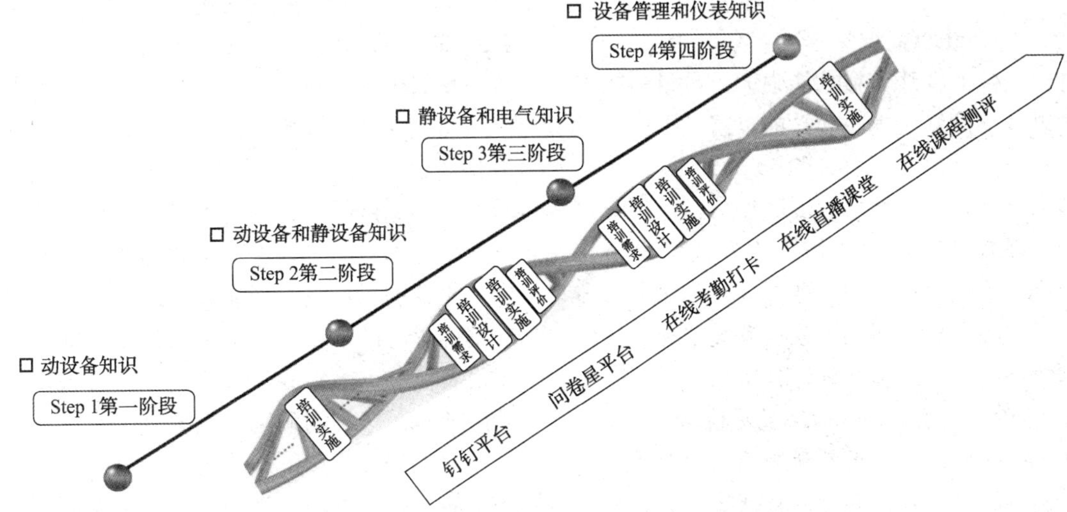

图 1　DNA 螺旋式混合培训形式图示

3.2 培训总体设计目标定位明确

本次培训工作的总体思路遵循干什么、会什么、学什么原则，要围绕设备专业现场实际工作内容，扎实做好基本功训练培训工作，对各单位一线设备技术人员的理论和实践水平进行提升，最终目的是要从炼化企业整体层面上，提高天津

石化备专业人员的管理水平和技术能力，保障装置的平稳长周期运转。

3.3　培训课程设计突出“三个实际”原则

本次培训不仅采用了大量的线上网络培训方式，在培训课程设计时也安排了诸多以设备专业内容为主线的线下课程，并突出“三个实际”原则，一是要按照实际工作内容设置课程科目原则，二是要按照实际工作问题设计培训主题原则，三是要按照实际工作需要讲授培训知识点和技能点原则。课程设置不仅有设备专业基础知识内容的课程，还安排了与设备管理日常实际工作紧密联系的课程。通过一系列专业课程的安排，即突出了基层设备管理人员培训课程的特点，又满足了设备管理人员的实际工作需要。

4　五项对策措施，确保培训实效

采取何种形式落实基层设备管理人员培训项目，是培训过程要把控的重点和难点。项目组在实施前积极调研策划设计，大胆创新培训形式，并采用了网络化、移动化与课堂教学的混合教学培训模式，借助钉钉平台、问卷星平台及问卷网平台等新技术新手段，保障了基层设备管理人员培训顺利实施。

4.1　新技术新模式应用助力提升培训效果

① 利用成熟平台服务项目组织与实施

主要是利用钉钉平台，实现了便捷的班级管理、信息沟通、教学推送、资料共享和教学互动等环节。

② 实施在线直播课堂

钉钉软件的在线直播功能强大，是目前网络直播效果好、网络延迟小、功能丰富、操作相对简便的直播软件之一。

培训后期正遇上新冠病毒的疫情，运用钉钉平台的直播功能在四阶段培训中发挥了重要作用，完成了多次直播培训授课任务，确保了整体培训任务圆满完成，得到了公司有关领导、任课教师和学员的一直欢迎与好评。

③ MOOC化培训模式应用初见倪端

MOOC即慕课，是近几年随着互联网+远程教学培训的融合出现的新型教育模式，其利用有关远程网络平台学习，强调课程资源建设与过程在线运营，为学员自主学习提供平台。

钉钉平台在四阶段培训中的应用即采用了MOOC运营模式实现了班级建群、作业发布、课程分享、互动交流、教学通知、课堂研讨、课程资料分享、测验考核、题库管理、试卷管理等培训功能，一方面引导学员自主学习，同时为疫情期间的培训提供了有效的替代。MOOC化培训模式既是新形式、新业态，更是培训教学未来发展常态化的趋势。

4.2　分阶段、分班期的培训形式，确保培训有效实施

本期培训的内容涉及了设备综合管理、动设备、静设备、电气、仪表、检修管理等类别诸多专业内容，合计41门课程。为此我们结合实际情况以两个月左右时间为一个学习阶段并结合阶段考核为截止，按照分阶段实施，节奏性把控的安排原则，把整个培训划分为四个阶段，合理的安排学习内容，渐进式地稳步推进每一阶段的培训工作。

由于本次培训是“设备全员参与”，几乎涉及公司全部的基层设备管理人员，为确实保证培训质量，我们又对针对设备专业人员较多的情况，进行分班期分时段教学实施，一来照顾学员均是管理人员岗位某一时间不能集中离岗参加学习的情况，可以选择合适时间参加培训问题；二来利于教师在教学基础上对学员个别辅导，保证学员及时吸收培训内容；三来利于培训项目管理及各项工作的细化落实。

通过分阶段、分班期的培训形式，基本上确保了培训教室资源可重复合理利用，利于培训项目管理上能有效地顺利实施。

4.3　建立学员管理制度，严格培训现场管理，确保培训有序实施

培训初期立规矩。成立了班委会，建立了学员管理制度、学员请假制度、培训学员请假单、学员退出制度等一系列培训管理要求，并一直贯穿整个培训教学过程，严格参照执行。对无故迟到、旷课的学员及时沟通和反馈，对不能坚持按时培训学习的学员，上报公司设备管理部，在公司设备例会上通报并予以除名，通过这样严格的措施保障了培训的顺利有效推进。

严抓培训现场学员管理。一是学员现场要签字，做好培训痕迹化管理，二是采用钉钉考勤打卡功能，在规定时间地点范围内，进行上课下课打卡，解决了人员多，考勤管理困难的问题。三是采取抽查考勤形式，每次下课时组织班委，采取抽查考勤形式，监督作用良好，确保了培训任

务的顺利开展。

为做好本次培训工作，提高培训质量和效果，加强培训管理，通过严格的线上考勤、并结合线下考勤管理等培训工作，使学员出勤率显著提升，请假、缺勤等现象明显减少，保证了培训教学质量，有效确保了培训质量。

4.4 规范项目组值班管理制度，保证培训安稳运行

为进一步加强教学管理工作，建立教师值班制度，从教师管理、学员出勤、安全管理等几个方面，对教学值班工作进行规范。由项目组制定培训教学值班安排表，安排教师教学值班工作，并对值班的教师提出值班有求，每次值班教师值班做好值班记录工作，使得每次培训教学情况可追查、可追溯，确保培训现场管理的规范。此项工作保障了培训教学工作的安全有序开展。

4.5 加强师资队伍管理与服务，保证培训质量

由于培训涉及大量外聘任课专家和教师，在上课前，与各位专家通过电话、OA、石化通、微信、钉钉、及外部邮箱等手段及时沟通上课内容及有关信息，并及时发送任务书及有关制作PPT 模板、大纲、出试题模板等文件，以确保培训课程开发质量。在培训前期，经与设备管理部协商，专门开办了天津石化第二十四期设备专业兼职培训师班，对承担基层设备管理人员培训班的兼职教师进行课件制作和试题编写工作规范的统一和要求。这一工作对于后续落实诸多课件开发与上课细节等奠定了很好的基础，保证了课程开发质量和授课质量。

通过在培训中采用混合式教学培训模式，结合线上和线下具体的教学活动，将设备管理培训内容与信息技术手段重新组合，通过狠抓线上、线下考勤确保出勤率以保证培训质量，通过严格线上、线下培训考核确保培训效果，最终取证合格率达到了 95%的优良培训效果。

5 基于混合式教学的基层设备管理人员培训管理模式成效

5.1 开创了基层设备管理人员 DNA 培训管理工作新模式

① 系统性规划，长周期实施的“三全”模式

为保证培训质量和人员素质能有效提升，并稳步有序地推进培训工作的开展，我们系统化设计培训内容，并采取分段分班期实施、逐步递进的工作思路与策略。根据培训内容专业性强、涉及面广的特点，我们按照设备基础、法规标准、设备管理、相关知识等四个大类模块系统化地设计陆续安排了 40 多门课程。

本次培训历时十个月时间，属于长周期的培训项目工作。为完成好此项工作，项目组在接受培训任务后，深入调研，系统规划、精心设计了培训项目，按照四个阶段实施了精准培训工作，最终完成了艰巨的、“长征”性的培训任务并达到了预期培训目的。

本次培训体现了设备专业工作“三全”的特点。一是全覆盖，培训涉及覆盖了设备专业管理工作几乎全部内容；二是全专业，从综合管理、检修管理、TPM 管理、动设备、静设备、电气仪表等一些列的设备管理和专业技术工作基本等等均涵盖，因此培训的内容比较全面；三是全员参与，本次培训参培单位全，参培人员众多，单位全覆盖了天津公司炼油部、化工部、烯烃部、热电部、水务部、聚醚部等主要生产经营单位。因此培训工作真正体现了公司设备管理工作全覆盖、全专业、全员参与的“三全”思想理念，突出了设备管理专业工作的广泛性、影响力和重要性。

② 形成了 MOOC+LIVE 的“慕课+直播”有效培训形式

本次培训我们利用钉钉平台，在四阶段培训中应用了 MOOC 化培训模式，一是首先建立班级培训群，利用互动版功能，可进行日常的互动交流学习使用，为实施慕课培训提供有力支撑。二是上课前利用作业功能，发布学前作业，让学员提前学习、提前介入，有利于提高学员对课堂知识内容的吸收率。三是培训学中利用学习圈功能，建立教学通知、课堂研讨交流分享、课程资料分享、课程小测验与考核、考勤信息情况管理等等培训教学模块，引导学员自主学习，积极参与培训教学工作提供很好的支持。四是云课堂功能，是钉钉软件引入的第三方应用软件，其中的学习管理模块可进行培训计划管理和课程管理，可安排日常的 PPT 课件和视频课件学习；有强大的考试管理模块可进行大量的独立考试、题库管理、试卷管理等等，极大方便和强化了慕课教学模式的深入应用。

在引进 MOOC 化培训的同时，我们应用钉钉在线直播功能，直接开设在线直播学堂培训工

作模式，更加只注重提高学员的参与感和现场感，并及时协调任课教师参与培训期间的直播现场辅导答疑工作，提升了直播培训期间的学员参与热情和互动性，获得了极佳的培训效果。

通过有效实施慕课+在线直播的培训方式，即方便丰富了学员的学习方式，又可充分实施精准培训工作，取得了很好的培训效果，值得大力应用推广。

③ 合理有效地设计了“品学兼优培养，凸显人才质量”的考核方法

由于培训时间较长，且只能在周六、日业余时间集中的条件下学习，如何保证培训质量和好的培训效果，是摆在我们面前很迫切和现实的问题。为此我们制定细化了培训考核制度与方案，凸显学员品学兼优的有效办法。

根据培训项目特点，为保证培训质量和评价选拔优秀学员可操作性，我们制定了相应的培训考核评价方案。以设备管理的全过程全员参与的理念，细化了考核要求，设计了对日常考勤考核30%，学习态度10%，考试成绩60%(包括线上答题70%，下线笔试30%)等多项指标进行培训考核。其中，态度考核指标是首次引进和尝试，对学员日常出勤、是否认真遵守各项培训管理要求与执行情况、是否积极参与配合培训学习情况等多角度考核学员的学习态度，进一步反映了学员的品德修养、工作学习作风等综合职业素养，使得培养人才更加注重品学兼优，凸显人才的质量。

通过有效的培训考核措施的实施，在督促学员学习同时，检验了培训效果，并及时发现问题改进培训学习工作，有效、及时地保证了培训的质量，为最后取得优异成绩打下了坚实基础。

④ 通过以系统性、长周期、全覆盖、全专业、全员参与、慕课+直播形式、有效考核方法的基层设备管理人员培训工作模式和方法及形式，助力了公司设备管理工作，在以上培训工作的基础上，形成了以线下培训与线上培训混合，阶段逐步推进，螺旋式递进上升，最终完成培训目标，有效的、DAN培训工作形式，也开创了天津石化基层设备管理人员培训工作的新模式。

5.2 选拔建立了公司的设备专业人才库

本次参培的学员完成全部教学任务和培训内容，项目组对基层设备管理人员组织了周密的培训考核取证工作，通过采取了过程考核与重点考核形结合形式，设计了日常考勤、线上和线下考试、培训态度考核等环节严格的培训考核，取证通过率总体平均水平达到95%，取得了满意的培训效果。这一轮次的培训组织与实施，体现了天津石化设备管理专业技术人才的团队学习能力，也促进了优秀的设备管理专业技术人才的发展和储备。

5.3 建立了一支专家级高水平的兼职教师队伍

本次培训开始前项目组对承担授课任务的兼职教师进行培训，规范课程开发、课件制作、试题编写的要求，保障了培训的质量和效果。通过设备专业兼职培训师的培养和实践检验，进一步扩大完善建立了设备专家师资信息库，初步建立了专业齐全基层设备管理人员培训方面的师资队伍。为今后加强做好天津石化设备培训工作持续开展，提供了强有利的培训师资支持和保障。

5.4 建立了完整的基层设备管理人员培训课程体系

从《离心泵的基础知识》课程培训工作开始，至《设备前期管理导则》培训课程结束，培训课程涵盖了设备专业工作的主要内容，建立了以设备综合管理、静设备、动设备、仪表、电气、检维修管理、安全环保、生产工艺等一系列围绕设备管理人员日常主要工作内容的专业课程，初步建立起了基层层设备管理人员培训课程体系，为今后进一步做好设备专业人员培训工作打好基础，并具有较高的借鉴意义和实用价值。

5.5 建立了完整的培训学习教材及资料库

通过此次培训，购置动、静、电、仪及设备管理专业多种设备类图书；收集集团公司设备管理文件和天津公司设备管理有关文件及相关参考文献pdf版和word版；收集了公司各类专家及教师电子版课；记录整理了大量授课培训照片及视频文件，建立了完整的培训试题库及培训学习资料。为后续培训工作的顺利实施提供了丰富的资料和素材支撑，更为今后建立公司基层设备管理人员MOOC培训学习平台做好充分准备和基础工作。

5.6 建立了设备专业人员考核题库

建立了比较全面的、系统的、完整的设备专业人员考核试题库。针对各门课程建立了单选题、多选题、判断题、简答题、论述题、计算题、画图题等7种类型，合计近1000道试题的设备专业人员考核试题库。为今后设备专业人员

的学习、培训和考核工作提供了丰富的资料和素材。

6 结语

本次基层设管理人员培训工作，是天津石化设备培训工作有史以来，人数最多、专业涉及范围最广、组织难度最大的一次。大家克服各种困难和诸多不利因素，完成了诸多领导和同行想做却不敢做，大多数人认为不可能完成的艰巨培训工作任务。从培训目标、培训任务、时间跨度、参培人员、内容覆盖面、师资参与程度、专业性强度等多方面分析，此期培训堪称培训工作中的“重大工程”。

本次设备专业人员培训，结合公司素质工程的实施，进一步扎实开展岗位练兵、人员精准培训和比武等活动，在全公司范围内营造了设备技术管理人员立足岗位、不断学习、扎实工作、勇于实践，不断提升自身理论水平、专业素质、管理能力的氛围和环境。通过本次培训一大批品学兼优的设备管理技术人才脱颖而出，为天津石化设备系统人员素质的整体提升，为后续设备管理各项改革工作推进，为企业的经营和发展，提供了人才保障和有力支撑。

参 考 文 献

[1] 詹泽慧，李晓华．混合学习：定义、策略、现状与发展趋势[J]．中国电化教育，2009(12)．

[2] 李克东，赵建华．混合学习的原理与应用模式[J]．电化教育研究，2004(7)．

[3] 何克抗．从Blending Learning看教育技术理论的新发展[J]．北京：电化教育研究．2004(3)．

[4] 李逢庆．混合式教学的理论基础与教学设计[J]．现代教育技术，2016(9)．

[5] 张宏亮．基于任务导向的TPM培训项目开发与实践[J]．石油化工管理干部学院学报．2017(2)．

[6] Arabasz P, Baker M B. Evolving Campus Support Models for E-Learning Courses State of E-Learning Today [J]. Educause Learning Initiative ELI White Paper, 2003, 1-9.

[7] 张宏亮．基于混合式教学的检修改造培训探索与实践[J]．中国设备工程．2017(增1)．

[8] Means B, Toyama Y, Murphy R, et al. Evaluation of evidence-based practices in online learning: A meta-analysis and review of online learning studies [M]. US Department of Education, 2009, 115(3).

基于任务导向的智能化工厂人才培训模式探索与实践

魏　冬　曾　建　张宏亮

（中国石化天津石化公司）

摘　要　本文通过在状态监测分析与故障诊断培训项目的开发与实施中，运用任务导向培训理论为指导，以学员编写公司状态监测现场工作指导手册任务为驱动载体，针对以机组状态监测技术人员为代表的智能化工厂人才为培训对象，采取专家指导、团队研修、个人自修等多种形式，对智能化工厂人才培养模式进行积极的探索与实践，助力了公司动设备状态监测工作的持续深入推进。

关键词　任务导向；智能化工厂；状态监测培训；关键机组机泵培训；动设备培训

1　背景

当前，智能制造热度高，石化、钢铁、机械装备制造、汽车制造、航空航天、飞机制造等行业纷纷开始探索建设智能工厂。《中国制造2025》明确提出要推进制造过程智能化，在重点领域试点建设智能工厂/数字化车间，这必将加速智能工厂在工业行业领域的应用推广。但拥有智能化的工厂不代表已经走上了制造业革命之路。所以，实现智能制造人才培育要先行。智能化制造的“智”是信息化、数字化，“能”是精益制造的能力，智能化制造最核心的是智能人才的培养，从精益人才的培养到智能人才的培养，这一过渡和齐步走是制造企业面临的最重要问题。

1.1　状态监测技术在公司目前应用情况

转动设备专业技术包含了设备状态监测、润滑、维修技术三大专业领域，其中状态检测技术是近几年智能仪表快速发展和远程网络、大数据分析等与信息化技术相结合，尤其针对关键大型机组等动设备的，最新的设备诊断维护技术与方法和有效手段。在大型现代化连续生产企业中，关键机组突发故障不仅造成装置停工、机组损毁、安全和环境事故发生等，更带来巨的大经济损失。因此，加强关键机组的监测诊断管理、作好关键机组预知维修工作十分必要。

2015年中国石化召开了设备管理工作会议，明确要求“抓好关键机组管理，关键要做好状态监测数据采集和分析工作，提高其状态监测、故障诊断水平”。截止目前，中国石化炼油和化工事业部的1047台套关键离心压缩机机组几乎全部配有状态监测系统，少数关键往复机也安装了状态监测诊断系统，关键机泵（如高温重油泵）部分安装也了机泵群状态监测产品。

天津石化是中石化的一家特大型企业，在炼油部、烯烃部、化工部及热电部等生产单位共安装有39套大型关键机组，包括新氢机、循环氢机、烟机、空气压缩机、增压机、汽轮发电机等多种类型。为做好日常运行使用工作，几个作业部，分别配备了机组在线监测专业人员，及机泵在线监测专业人员合计近50人。另外，公司大机组高危机泵的主要维修工作，分别由津滨公司、联维公司、万全公司等几家保运单位承担，即他们有部分动设备专业技术人员参与机组机泵状态监测维护工作。因此，形成了生产使用单位关注运行管理，保运维护单位注重现场维修的分工格局，造成了各方专业技术人员对状态监测技术工作，从设备采购、现场安装、使用维护、检修保运、更换处理等设备全生命周期、全流程工作不清楚不熟悉，给状态监测技术的推广深入应用带来极大阻碍和瓶颈问题。

因此，人在智能制造过程中的角色将由服务者、操作者转变为规划者、协调者、评估者、决策者，不仅需要专业技术人员承担起智能设备的设计、安装、改装、保养工作，还需要对相关信息物理系统、新型网络组件进行维护。此外，智能生产还要对生产设备模式、框架结构、规章条款不断进行优化，相应对管理水平的要求要比以往高许多。

1.2 状态监测技术培训工作开展情况

针对状态监测技术在生产应用与普及中出现的问题，公司设备管理部于2014年8月首次进行了推广状态监测技术为重点的培训工作，2017年对生产、保运维修、装备研究院的多家紧密相关单位人员进行培训，2018年又深入此项培训，以编写公司状态监测现场指导工作手册为培训任务载体，针对机组、机泵状态监测技术人群进行了重点培养，采取总分总形式完成编写工作任务，并按照分段设计组织实施的培训模式稳步推进，进一步夯实了生产现场基层动设备管理及新技术应用工作，使得培训更具有实效性。培训中更加注重突出团队合作研修能力与学员个人自修能力的培养与提升，并对未来如何培养智能化工厂人才的模式进行了积极探索和实践。

2 任务导向理念概述与智能化工厂理解认知

2.1 任务导向培训理念的概述

任务导向法的理论依据是建构主义学习理论，是建构主义理论在教育教学中的具体运用。建构主义教学设计原则强调学生的学习活动必须与多个任务或问题相结合，以探索问题来引发和维持学生的学习兴趣和动机。任务导向法主张，在教学内容安排上，不再以过去的章节为主线，而是根据学生的接受能力及岗位要求，改用以任务为主线来重新组织教学内容，使其符合学生的认知特点及实际工作岗位职业能力和素质要求。

具体到培训中，这种培训教学方法要求培训师在培训前要做好调研、收集、设计培训任务工作，培训实施中要及时跟进辅导、催化任务完成情况，培训后期要促进学员进行任务工作总结及时提炼和呈现相关工作，因此整个培训过程以任务为导向、以学员为中心，要体现出学员的探讨和实践过程及努力工作的成效。

总之，任务导向培训法可以概括为：以任务为主线、以培训师为主导、以学员为主体，确定任务是核心，怎样引导是关键，技能提高是目的。

2.2 智能化工厂概念的理解认知

智能化工厂是在数字化工厂的技术上，利用物联网技术、设备监控技术等加强信息管理和服务，并掌控产销流程、提高生产过程中的可控性、减少生产线上人工干预、即时正确地采集生产线数据，以及合理的管理生产进度等。智能化工厂就好像工厂装上了一个能自主思考的“大脑”。未来智能化工厂的系统将具有自主能力，可采集与理解外界及自身资讯，并可分析判断及规划自身行为。整体可视技术的实践，结合讯号处理、推理预测、仿真及多媒体技术，将展示现实生活中的设计与制造。

石化智能化工厂作为石化企业多年信息化建设的延续，将先进制造模式与现代传感技术、网络技术、自动化技术、智能化技术和管理技术等融合，是在科技进步和行业可持续发展背景下，未来10年石化行业发展的必然趋势，也是石化行业两化深度融合发展的产物。近年来，中石化十分重视信息化与工业化的融合，下属各炼化企业根据自身实际需要，应用和开发了很多设备管理系统，例如在综合管理上建有EM（设备管理系统）等系统；在专业管理上建有针对静设备的RBI（基于风险的检验）评估软件等系统；在实时数据分析上建有大机组状态监测、机泵群状态监测、在线腐蚀监测等系统，并初步取得了成效，但还有待深度结合深化应用。

简言之，智能化工厂就是将人、数据和机器连接起来。由此可见，人才是智能化工厂这个建设中最为关键的一环——智能制造的四大要素之首：智慧的人，互联网从二维度互联网世界向三维度虚拟世界演化，最重要的角色是人的智力资源，需要培养掌控智能化工厂的高素质人才来支撑。

3 基于任务导向的智能化工厂人才培训设计

3.1 基于任务导向的智能化工厂人才培训设计原则

3.1.1 培训任务与实际工作相结合原则。注重理论与实际相结合。以实际生产工作中的应用为着眼点，与学员实际工作情况紧密结合。

3.1.2 个人自修与团队研修相结合原则。一是倡导提升自主学习能力，利用翻转课堂、微课件形式，鼓励学员规划好碎片化时间进行自主学习，培养个人自修能力。二是培养学员团队合作能力，营造团队合作研讨良好学习氛围，通过团队合作学习，促进个人学习能力的进一步提升。

3.1.3　以学员为中心兼顾差异化原则。要以激发学生学习的兴趣为出发点，以满足学生的探究欲望为主，以完成教学任务为最终目标。要关注学员的特点、接受能力及现有的专业技术知识掌握程度、认知水平和兴趣。让学生在自主学习中独立或分组合作完成任务，体会成功的感觉。始终围绕学员的角度考虑培训工作任务的设计。

3.1.4　采取适用适度与逐步递进原则。工作任务设计时要考虑任务的大小和实际工作的紧密程度，涉及的知识点、能力点不宜过多，每个任务要具体明确，范围不易太大，一次就解决一个问题。采取够用即可，并要采取循序渐进方式，让培训任务尽可能的从简单到复杂，使学员有一个逐步上升的过程。

3.2　智能化工厂人才培训(养)的规划策略

智能化工厂人才培养需要从三个方面进行培训规划设计。一是培训项目整体上划分三类培训，即一般培训、研讨培训、专家培训；二是在人员方面分三类人群，即状态监测运行维护人员、状态监测技术骨干、状态监测专业专家；三是在培训形式上分为三层级形式，即岗位基础知识业务学习、问题导向的研讨培训、任务导向的成果培训，并根据人员设置相应的匹配培训。另外，在实施中采取有梯度的，逐级选拔，重点培养的的形式稳步推进。根据以上三类三层级培训形式可构建形成智能化工厂人才培训(养)模式及矩阵图，见图1。

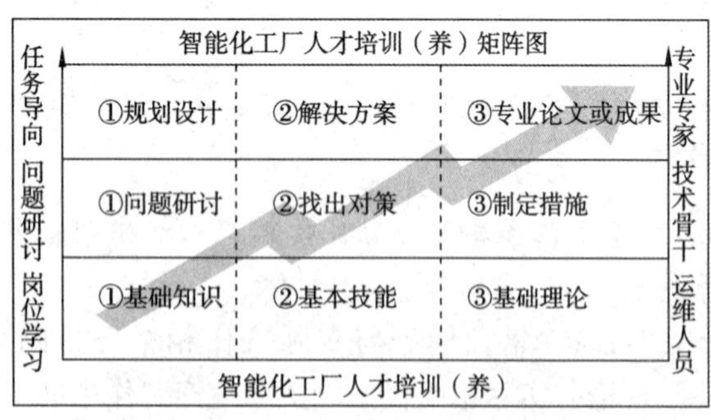

图1　智能化工厂人才培训(养)模式矩阵图

3.3　任务导向培训项目总体实施设计思路

采取总分总的培训总体实施设计思路。本次培训首先研讨形成状态监测现场手册主体大纲模板，然后各小组再承担指导手册不同部分内容，并形成各小组工作成果，最后专家组审核并与项目组再汇集成册，通过这种有针对性的设计，不仅形成了培养智能化工厂人才的有效途径与思路，且可较好地达到培训目的。

3.4　培训任务推进的工作方法

培训中以编写公司状态监测现场指导工作手册为任务工作主线和目标，并采用任务设计、任务引导、任务强化、任务评价的方法推进培训任务工作完成，以达到培训目标要求。

在实施中针对培训目标精心设计培训任务的具体环节。为提高自主学习能力，在创设环境方面要求结合本职岗位工作编写岗位指导手册，并进行培训任务引导与有效布置。为强化培训任务工作，采取分组讨论、专家指导、及时检查等形式确保任务工作质量，并结合测验、审核等形式进行任务评价促进任务工作进一步修改完善。具体见图2：

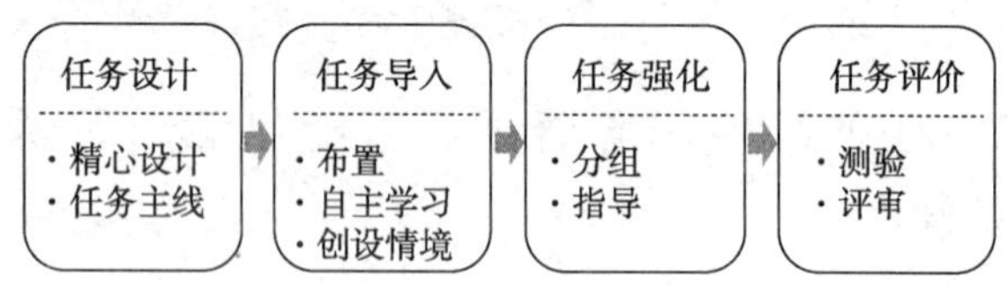

图2　培训任务推进的推进的工作方法

4　五项对策措施，确保培训实效

4.1　有序把控培训和手册编写工作

4.1.1　阶段实施稳步推进。为更好的把控推进任务工作，我们把培训分为四个阶段来。一阶段学习理论夯实基础做好编前准备工作；二阶段联系实际制定模板并初步编写，三阶段审核研讨修改完善，四阶段成果汇报学员答辩。每个阶段又细分模块，安排了相应课程，充实培训内容。通过四阶段的设计实施，使得培训工作有序并稳步推进。

4.1.2　编制甘特图统一进度提高效率。把控任务完成时间节点。为更好把控培训任务，我们对四个阶段运用思维导图软件进行绘制工作进度甘特图，通过标注具体日期和里程碑事件，对每个阶段时间进度节点进一步图示化和清晰化，一目了然提高工作效率。

4.2　有效控制编写质量

为进一步完成好培训任务保证手册编写工作质量，项目组积极采取如下措施。一是针对任务及学员情况，以作业部为单位划分五个培训团队小组，即炼油组、化工组、烯烃组、热电组、装备院组，以便大家尽快熟悉，提高团队工作效率。二是组织专家和学员研讨手册结构大纲，确认手册模板，并进一步明确规范了编写具体格式及要求。三是根据五个小组特点及日常应用状态监测技术情况，以手册模板的内容结构大纲为依据，进行具体任务分配。并制作现场指导工作手册编写任务分工表，进一步明确各小组的编写任务分工及职责。四是“三改三审”形式，逐步优化完善手册编写质量。培训中采取循环渐进的形式组织学员三次深入研讨手册编写工作，每次专家均再审核提出问题与不足，各小组再不断补充数据、实例、案例的不足等。五是运用修改建议表，明确问题不足，提高完善修改质量。为确保手册编写质量，我们采取各小组互相提建议，专家对各小组提建议，并反馈修改建议表的形式进一步明确问题和不足，督促指导各小组进一步完善修改手册编写质量。

4.3 以汇报答辩促进能力提升

以答辩促进提升个人工作能力，通过学员个人撰写论文成果、或工作总结，或工作学习体会等并进行培训任务完成情况答辩，并结合专家点评学员评议打分的形式，不仅凸显学员的个人能力与实际水平，更为为后续的进一步选拔、培养优秀智能化工厂人才提供可靠的参考依据。

4.4 线上线下混合教学助力培训

培训项目实施中应用大量信息化培训工具和手段，并采取混合教学的形式，进一步提升培训项目的各项工作。一是建班级微信群加强培训管理。通过班级微信群的建立，及时沟通培训学习信息，对培训前的注意事项、培训中的问题研讨、培训后的工作指导等起到了全面的沟通、交流、答疑、指导的桥梁作用。二是运用问卷星平台进行培训调研，为后续设计、实施提供了有效参考信息。三是运用 UMU 互动平台进行培训学习与管理。培训中通过 UMU 互动学习平台，应用了 UMU 测验，UMU 培训研讨，UMU 微课等功能，进一步加大学员之间的交流、研讨、分享的学习互动氛围，增强了培训效果。四是通过百度网盘把大量的任课教师优秀授课内容与课件资料进行分享，为大家深入学习提供更多的帮助和支持。

4.5 培训考核评价全过程确保培训质量

为保证培训质量，我们制定了相应的培训考核方式。以设备管理的全过程全员参与的理念，设计了学前作业考核 10%，日常考勤 20%，线上答题考核 10%，团队成果汇报计入个人考核 30%，学员答辩成绩 30%等具体措施，进一步全面的督促学员要积极完成参与各项培训内容和任务，进一步保证培训质量。

5 基于任务导向的智能化工厂人才培训成效

5.1 初步形成了培养选拔智能化工厂人才有效模式

要达到企业管理，特别是设备管理智能化的目标，工作的核心还在于人，应当建设策划团队和专业团队，培养既懂信息化、又懂业务的复合型人才。为此我们的培训以动设备状态检测技术为着眼点，找准定位，结合实际，根据状态检测技术人员的不同情况，分类别分人群组织培训，稳步推进，逐级培训选拔人才，形成了有效的培训方法与模式。

5.2 初步编辑形成了指导现场工作手册

手册内容是基于现场实际工作，主要结构上设计了状态监测管理制度、状态监测系统操作使用说明、状态监测基础知识点、状态监测硬件系统介绍、状态监测常见典型故障及工作案例等六部分内容，使得手册内容即符合生产实际情况，又适合设备运维人员和技术人员学习和参考使用，初步形成了系统的、完整的，实用的状态监测现场指导工作手册。

5.3 初步建立了状态监测领域的课程体系

培训项目先后共安排了 19 门左右的培训课程和多种形式培训内容，围绕《公司机泵监测》《公司机组监测》《机泵群状态监测》《机组在线监测》核心课程，通过几年来不断精心打造，形成了以状态监测技术为主题特色的课程体系，为做好今后的智能化工厂人才培训工作打好基础及借鉴意义。

5.4 初步建立了状态监测领域的培训师资队伍

通过积极的组织协调和管理，建立了 32 人左右的专家培训师资团队，师资团队深厚的理论和实践功底，为持续开展状态监测培训工作发挥着关键作用，也为培训任务的顺利实施完成提供了坚实的保证。

5.5 形成了基于任务导向的智能化工厂人才培训有效模式

结合几年来的不断培训实践与探索，清晰了规划设计智能化工厂人才培训培养项目设计的形式。为提高工作培训的实效性和真对性，采取任务导向的设计思路，即以完成天津石化状态监测现场指导工作手册为培训工作任务，通过把学员按单位分成若干小组，分别承担工作手册编写不同章节内容，保证了编写机组机泵状态监测专业手册工作内容的编写质量，同时也是促进学员积极参与培训、转化学习专业知识，并及时有效检验学习效果。真正的为公司培养了一批注重理论联系实际，专业技术水平突出，适合未来公司生产和设备管理工作的智能化工厂人才。

大数据环境下合同管理系统2.0的智能化应用与研究

李昆颖　李效恋　何　旭　丁　宇　史立峰　张　继　王　玥　高美玲

（中国石油勘探开发研究院）

摘　要　在大数据浪潮的推动下和智能化应用带给信息系统建设思想的革新，企业对于自身的数字化战略方向和数据资产的价值重要性也产生了新的认识。在这个背景环境下，随着合同管理职能的不断增强、业务一体化管理水平的提升，以及信息产业的高速发展和集团公司信息化建设的统一规划，合同管理系统现有技术已不能完全满足合同管理对于风险管控和业务管理的需求。为进一步提升系统性能，更好地满足业务需要，充分实现新的智能化技术在合同系统中的应用。本次研究以大数据分析为基础，设计一种基于大数据分析的合同2.0智能化服务，引入多维分析技术打破数据壁垒，并详细阐述该服务的系统架构和应用架构；最终实现加速推进合同系统向精细化、集约化、智能化的转变。

关键词　合同管理系统2.0；大数据分析；智能化审查；风险管控；态势感知

集团公司合同管理系统自2004年上线以来，已运行十五年。合同管理系统的开发运行，实现了企业合同“统一授权，归口把关，分工负责”的规范化管理目标，完成了将合同管理模式由传统的手工分散模式转变为网络化、专业化、现代化的管理模式，大大降低了管理成本，实现了统一规范的集团管控，提高了工作效率和工作质量。而建设以合同业务数据分析，合同风险预警管理，合同审查智能服务为主的新一代合同系统，这一项是目前在大数据环境下对数据质量和数据应用的一大挑战[1]。目前很多系统的设计思路围绕着通过业务最后的运行指标建立一套智能化系统。例如通过大数据分析技术实时收集数据并将指标反馈到智能化运维管控平台中，对比历史数据进行排查[2]。结合大数据信息挖掘理论从成本管控视角展开企业成本预警与评估的研究，并建立预警模型[3]。上述这些均能从各自的智能化服务中获取相应的建议和评估，但是都没有能够将智能化服务融入到系统每一个环节中，提供实时的管控或者预警服务。本次研究就是基于以上基础，提出了在大数据环境下基于微服务设计的智能化应用服务[4]，从系统使用初期到合同执行过程中实时的帮助用户提供相应的服务。

1　大数据对合同2.0智能管理的价值

一般来说，基于大数据的分析能够非常有效的帮助企业实现信息系统数字化的管理。首先合同管理对内是经营的纽带，对外是交易的平台，合同风险贯穿合同整个生命周期。那么现在运行的合同管理系统已实现了合同全生命周期电子化管理，但是在实际操作过程中往往因为人员操作失误、徇私舞弊等行为导致监管失效，因此需要建设合同风险管理，将合同全生命周期的风险防控措施固化到系统中，通过技术手段，对存在的风险进行及时预警和管控，并将风险预警信息发送给监督部门，有效规避人员操作或舞弊风险，切实保障企业资产及资金安全。上述问题都是需要利用大数据应用的优势和分析方法帮组业务人员从问题的源头进行排除。一旦某一处的流程运行状态数据发生异常或者波动，超出了警戒值，整个监控服务就会对它进行相应的预警和管控，这种方式也被称为“态势感知”[5]。

合同智能化的大数据应用中，不仅对使用系统的用户起到了帮助的作用，这些数据的分析和利用还可以对企业上层的建立综合评价标准以及联合其他相关系统的共同完成对企业整个生态环境的风险预警工作[6]。最明显的一方面就是各项合同数据就能够为企业显示出详细的项目以及资金流向图表，并标注出安全等级，最终达到为领导层管控企业战略方向提供有力的参考依据。同时对各类项目在资源调度上进行精准调配，在油价下跌的寒冬阶段做到合理的生产规划。而另一方面从这些管控分析的数据中也能反映出哪一些合同存在安全隐患，哪一些类型的合同活跃程度较高，及时做好安全防范。

2　合同2.0智能化应用方案设计

合同智能应用设计包含了合同智能化与风险管理两部分，对应满足业务智能应用所提出的智能化和风险管理服务内容。

2.1　智能化合同审查服务

合同审查智能服务是为合同承办、合同管理、财务人员、采购人员、企管人员、主管领导、公司领导等合同管理系统的不同用户提供的基于人工智能相关技术研发的智能辅助应用。其核心能力是辅助以上人员在合同管理的不同阶段对合同文本进行智能审查，提出合同风险提示及修改建议。

根据以上总体建设目标，合同审查服务的总体架构设计如下图1所示。

总体架构从下至上分为六层，分别说明如下。

（1）智能软件平台层：是本项目的基础技术支撑能力，主要包括五个平台，分别是自然语言处理平台、光学字符识别平台、智能问答平台、知识图谱平台和数据分析平台[7]。通过这些平台提供的智能应用服务，为合同管理提供相关智能应用服务。其中数据分析平台可继承平台提供的能力。

（2）数据资源层：是本项目的应用数据基础。从数据来源分，本项目的数据可分为来自于合同管理及中国石油相关业务系统的业务数据和来自于企业外部的辅助业务开展的外部数据。从数据分析的维度来看，本项目的数据还包括主数据和主题数据。此外，还需要通过合同系统统一的数据集成平台实现链接外部数据能力，但不提供数据源服务。

（3）智能应用支撑层：是本项目的核心应用。包括六大智能应用，智能预审、智能预警、智能校对、智能检索、智能客服和知识图谱。这些智能应用是应用智能软件平台提供的技术能力，结合合同业务应用层的实际业务需求，通过对数据资源层的相关数据进行处理、汇总、分析，从而得到业务所需的相关应用结果。

（4）智能应用服务层：以智能审查为核心的智能服务层，提供与合同系统的接口服务，实现与合同系统不同应用场景的深度集成。实现合同完整性、合同合规性、数据一致性等合同审查服务。

（5）合同业务应用层：是本项目的集成应用效果展示。本项目提供的各项智能应用最终都需要与合同管理业务系统进行集成融合，共同实现更加高效的合同管理业务目标。因此，在合同起草、合同申报、审查审批等各环节都需要实现与不同的智能应用的集成应用。

（6）用户层：是本项目的最终服务对象。包括各单位的合同承办员、合同管理员、财务人员、采购人员、企管人员、主管领导以及公司领导。

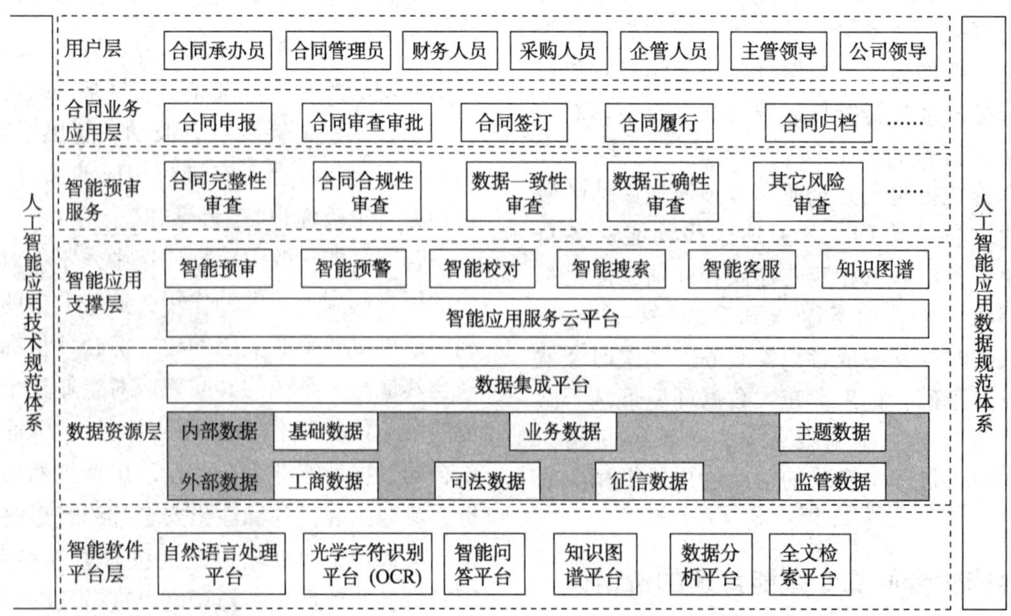

图1　智能化业务应用架构设计图

2.2 智能化风险管理

合同风险管理在合同全生命周期管理领域的咨询与项目实施经验，结合中国石油企业风险管控制度和信息系统建设方面的特点，通过项目需求调研与分析中国石油合同生命周期的风险管控点及相关风险管控指标，设计实现合同风险管理模块[8]。可实现对合同生命周期中合同相对人信用及合同数据动态监控及评价、防范诉讼风险，合同签订过程根据合同数据库对合同内容和合同审批合规性进行监控；合同履行过程合同约定情况与实际执行情况、应收帐款执行情况的监控；按照风险指标库设定的指标值与实际数值对比，进行风险指标预警。合同风险管理模块功能包括：合同风险指标库管理、合同相对人风险预警、合同文本风险预警、合同签订风险预警、合同履行风险预警、合同风险预警提示功能。同时通过为合同风险管理相关责任人授权，其可查看系统最新风险预警清单和系统总体风险清单。通过为合同风险管理相关负责人设置访问权限，合同风险管理员可通过合同管理系统（2.0）系统新增的合同风险管理页签链接，查看系统最新风险预警列表。

合同风险管理模块主要目标是利用内外部数据，通过灵活地配置实现对合同生命周期关键业务环节的主动风险监控和预警，并将监控到的风险在合同系统相关页面对用户进行提示。本模块关键点包括：

（1）风险管理范围覆盖合同全生命周期；对合同签订前、签订中、履行中和履行后四阶段均需要进行风险监控与预警；

（2）利用内外部数据进行风险监控和预警；其中内部数据包括合同系统、财务系统等内部系统中与合同相关的数据，外部数据包括来自天眼查的相对方资信数据；

各级单位可以根据业务需要灵活地配置本单位需要的风险指标和预警方式；能够对监测指标、风险等级、预警阈值等进行配置，满足不同单位对风险预警的个性化需要。

3 关键性技术架构设计

在基于各类业务应用场景和指标规则下，按照“厚平台薄应用”建设理念，采用平台化构建技术、前后端分离技术、HML5 技术，建成了合同管理系统，即一个平台、一组应用、一个系统。采用分布式数据库部署，解决高并发、数据量过大技术问题。对合同智能管理和风险预警部分进行详细的研究并形成了一套行之有效的建设方案。

3.1 系统架构设计

本系统涉及到的用户角色，包括合同承办员、合同管理员、财务人员、采购人员、企管人员、主管领导以及公司领导。

以上角色在使用本项目提供的智能应用，首先需要登录到这些智能应用集成到的合同业务管理系统 2.0 中。在不同的业务环节会有不同的智能服务的应用场景。例如，在合同起草阶段，会提供合同数据的智能提取和智能预审，智能提取可以帮助合同承办员快速完成合同表单的数据录入，合同预审可以将一些合同起草过程可能发生的基础问题在通过合同预审提供的能力进行自我审查，降低后续审批环节的审批难度，提高整体工作效率。这些智能应用与合同系统 2.0 的集成主要是通过集成服务平台提供的服务接入能力来完成的。本项目开发实现的各项智能应用首先需要在集成服务平台中进行服务注册，然后合同系统 2.0 再通过服务调用的方式实现相关智能服务的应用集成。当然，也可以为一些与业务环节不存在直接应用关系的智能服务提供单独的服务接口。

上述的智能合同应用涉及到的数据，主要通过企业的数据集成平台获取。这些数据包括企业的内外部数据，涵盖结构化和非结构化等不同类型的数据。具体架构设计如图 2 所示。

3.2 大数据分析下的人机协作

在大数据分析中，对于智能化辅助应用分为标准化部分和非标准化部分两类。首先标准化部分是针对于系统结构化数据进行采样分析，例如合同一般必须包括当事人名称、标的、数量、质量、价款或报酬、履行期限和地点、违约责任、解决争议的办法八要素，这是合同的结构化信息。然后非标准化部分则是让机器理解合同交易行为的商业背景，与用户或者已有样本数据充分沟通之后，得出已包含了法律、风控、商业与管理等综合考量的审核意见；这种方式被称为“人机协作”。

“人机协作”状态：即机器先初步审核，得出初步审核意见，然后由人类律师或法务去复核、修改及完善。通过智能识别的六个步骤完成上述需求任务。

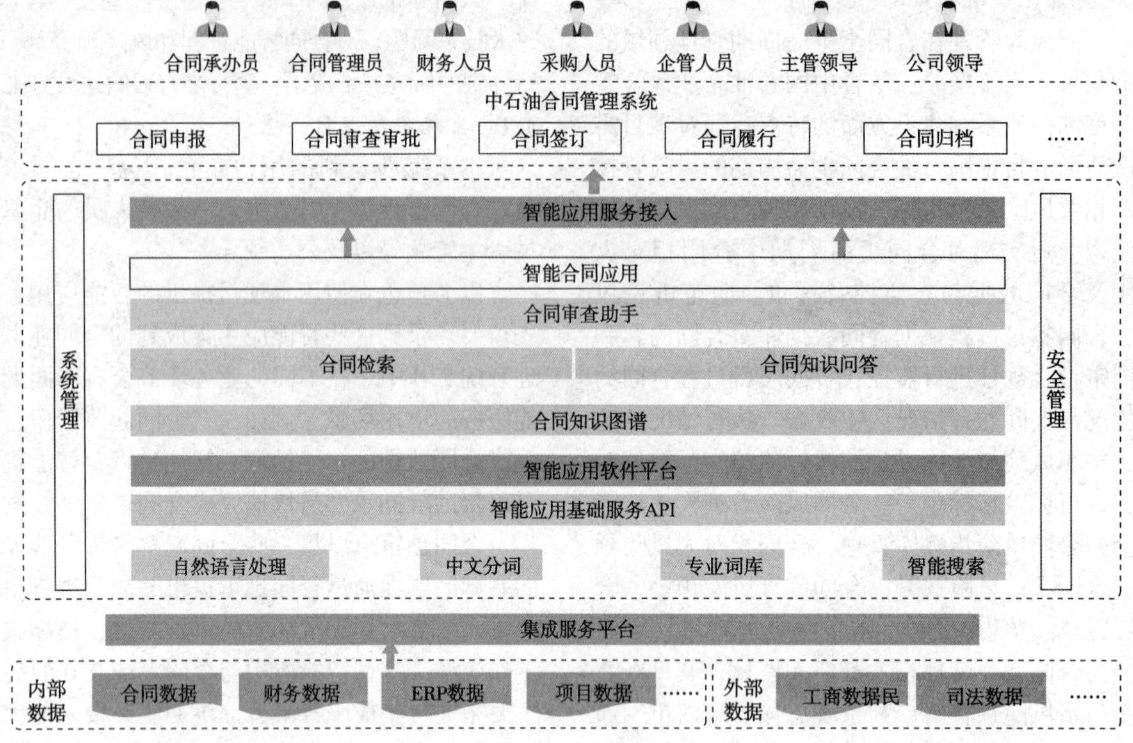

图2 智能化技术架构设计图

首先对文档进行建模，模型中包含有相关的文档类型：买卖合同、服务合同、借款合同、租赁合同、授权委托合同、工建合同等9大类。

其次对文本特征进行抽取，基于自然语言处理技术建设的文本挖掘引擎，能够是系统具备文字阅读能力，自动处理海量的文本信息，并将这些合同文本中的关键特征项进行解析，快速应对审阅、查找、校对等复杂工作，有效监控风险条款，节省人力和时间成本。

接下来就是对特征向量权值的计算过程，在tf-idf算法初始评分基础上，提出基于数据关联热度和类别标签联合改进优化评价算法[9]。通过设置用户检索目标结果这一属性，模拟计算阶段时间内与当前任务的相似度，根据数据访问频率、访问时长和目标数据之间的关联性来计算该文档的额外附加评分值，为最终反馈结果进行排序。

然后就是对分析出来结果样本进行分类训练和模型评估，得到真实的样本召回率、正确率和F-测度值，反向验证结果的可用性。

最后实现对合同的智能化分类模型的输出，并将其运用在各个流程节点中。

结合研究所得的数据模型，按照实际业务中法务、财务等部门进行复核和人工审查的结果，整个智能化学习环节如图3所示：

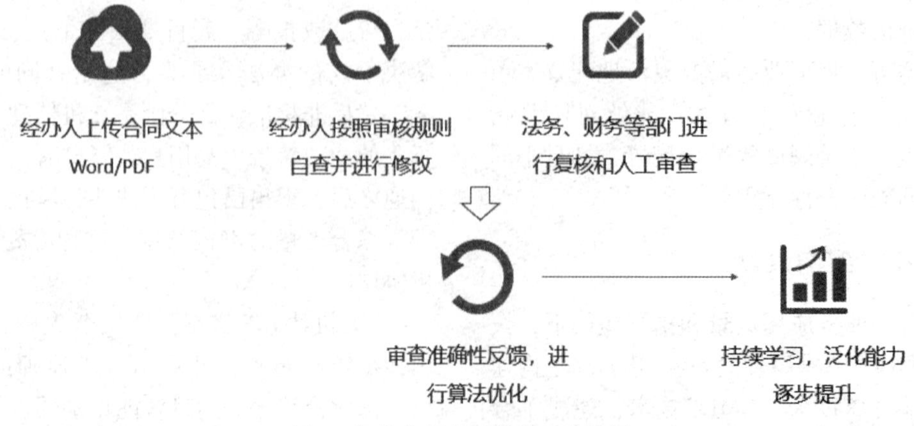

图3 智能化服务机器学习流程图

4　应用结果

在长达三个月的实践与应用下，本次研究也将智能化服务实际应用于合同管理系统 2.0 的数字化升级改造中。定位服务边界和分析主体范围，规划管控流程，针对各项指标、日志、服务和机器进行按需分配。收集样本数据和异常频发点，帮助业务人员快速定位，提供用户反馈沟通渠道，建立大数据分析图谱和各项指标监控可视化页面，异常告警服务等。具体如下图 4 所示：

在此基础上也实现了如图 5 所示的合同智能审批功能，其中也引入了 OCR 文本识别和图像对比功能，帮助用户在审批环节再次加速。

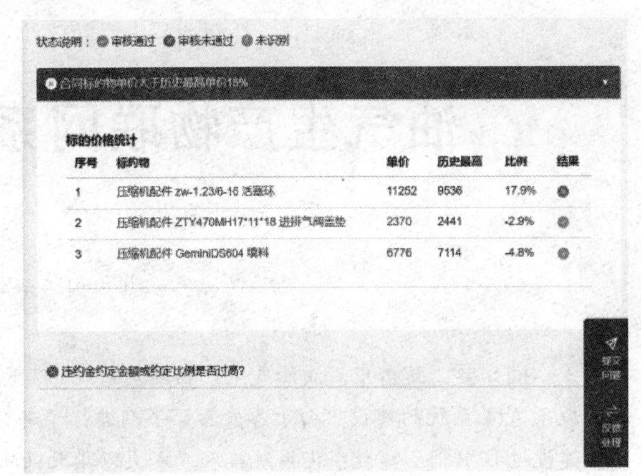

图 4　合同智能审核例图

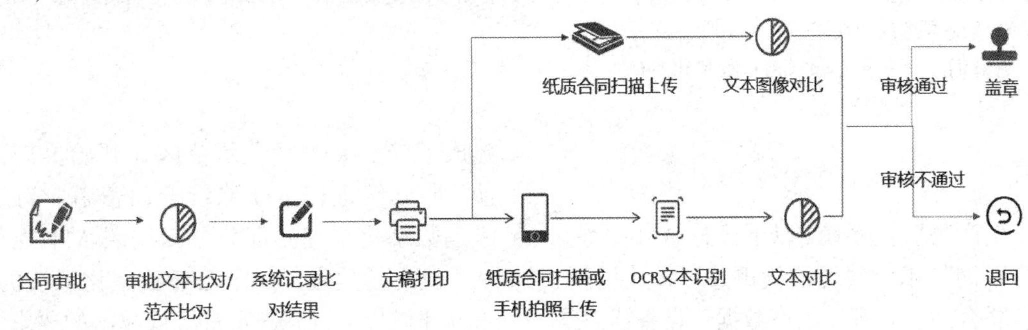

图 5　合同文本识别流程图

5　结论

通过研究基于大数据分析下合同管理系统 2.0 的智能化建设，实现对系统的各个业务环节关键点的管控。从合同的起草、审核、审批、签定、履行，最后到合同的归档都能够实现相应的智能化安全监控，并根据数据波动状态进行及时告警和预警，通过可视化的页面对全状态进行统计和趋势走向的分析，为业务人员提供有效的参考依据。本文虽然已经从各方面开展了全套部署，但是在基础设施的告警数值的定位上还存在着不足之处，组织管理还需要进一步的完善和改进，今后项目团队将会根据如何提升该体系的机器学习和智能分析方面做进一步的研究。

参 考 文 献

[1] 刘力强．企业资源管理中质量控制技术的研究[D]．武汉理工大学，2005.

[2] 李颖杰，郑筠，杨光．大数据平台配电网智能化运维管控平台的设计和应用分析[J]．微型电脑应用，2020，36(06)：141-143.

[3] 林浩莹．基于大数据挖掘的智能化成本预警管控研究[J]．贵阳学院学报（自然科学版），2019，14(02)：12-17.

[4] 李昆颖，李效恋，时迎，帅训波．一种基于服务化技术的办公软件开发平台的设计与实现[J]．信息系统工程，2019(08)：13-15.

[5] 刘思博，刘鹏．态势感知在电子政务信息安全中的应用[J]．信息安全研究，2020，6(06)：530-536.

[6] 胡泽民，于飞，王景毅．企业创新生态系统：由研究综述到治理与运行理论模型的设计[J]．桂林航天工业学院学报，2019，24(01)：37-52.

[7] 罗世雄，付双胜．融合前沿新技术的智能化 PAAS 平台建设探讨[J]．数字通信世界，2019(11)：25-26.

[8] 孙文勇．加快智能化推广应用 增强安全风险防控能力[N]．中国石油报，2019-06-26(002).

[9] Kunying Li，Dexin Qiao，Xiaolian Li，Yu Ding. Analysis and Optimization of Information Retrieval Algorithms for Unstructured Data[C]. Proceedings of the 3rd International Conference on Computer Engineering, Information Science & Application Technology (ICCIA 2019). 2019：314-318.

油气生产物联网系统融合研究与应用

吴　强　王洪光　管　桐　刘　湃　刘巨光　赖雪勇

（中国石油华北油田公司）

摘　要　随着中石油油气生产物联网系统(以下简称A11系统)的推广，华北油田在部分采油厂陆续开展了A11系统的建设。由于各采油厂早期进行了部分数字化系统建设，为保护前期投资，需要在A11系统建设过程中将已建数字化系统接入。本文以华北油田第一采油厂某生产区域为例，针对已建数字化系统接入A11系统，从数据采集、数据存储、软件应用三个方面进行探讨，基于油气生产物联网规范，采用软、硬件开发、数据接口开发等方法，实现已建数字化系统接入A11系统。通过在该生产区域进行试验，已建数字化系统成功接入A11系统并稳定运行，充分利用了前期系统建设过程中的已有资源，满足了油气生产物联网低成本建设的要求。

关键词　油气生产物联网；数字化系统；协议转换；系统融合

1　引言

油气生产物联网系统(以下简称A11系统)是利用物联网技术，实现油气田井区、计量间、集输站、联合站、处理厂生产数据、设备状态信息在采油采气厂生产指挥中心及生产控制中心集中管理和控制的系统[5]。A11系统拥有一套完整的建设规范，大到组织架构与数据流向，小到数据格式与存储位置，因此A11系统可以看做是标准化的油田数字化系统[1]。

华北油田从2000年开始了油田数字化的探索，随着油田数字化技术水平的提高，油田数字化建设逐渐形成规模，多数系统在A11系统推广之前已建成。华北油田于2018年在二连油田建成了首个A11系统示范区并开始推广，各采油厂将陆续进行A11系统全面覆盖。对于各厂未建数字化系统的部分可以按照A11规范进行从无到有的建设，对于已建数字化系统的部分，重新建设投资过高，不符合低成本的要求。因此为了保护已有投资，充分利用前期资源，如何将已建数字化系统接入A11系统成为了亟待解决的问题。

2　系统现状

2.1　已建数字化系统现状

华北油田第一采油厂某生产区域数字化系统建设时间跨度长，执行标准未统一，已建系统存在以下三种类型，示意图见图1。

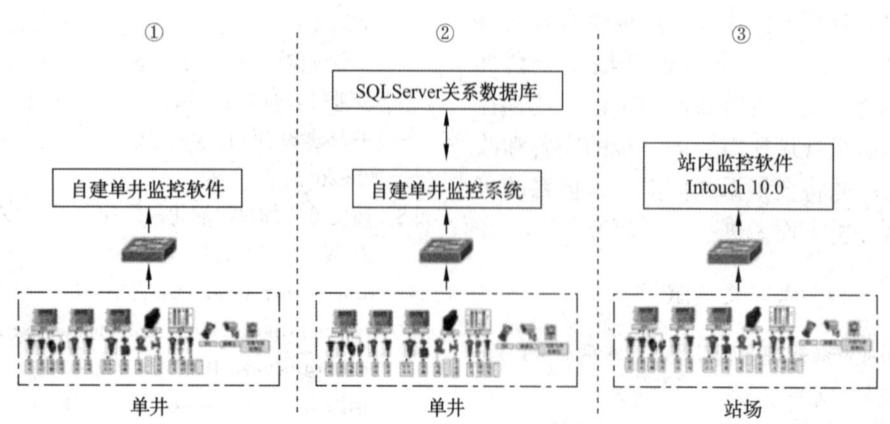

图1　某区域已建数字化系统示意图

(1)早期单井监控系统：系统建设以单井采集监控系统为主，井场监控设备使用自定义协议RTU，上位机使用与之配套的自建采集监控软件，系统整体监测井数较少，功能设计以实时监控为主，未对采集数据进行存储；

(2) 整装单井监控系统：系统整装建设，监控井数较多，使用自定义协议 RTU 与自建上位机采集监控软件，同时配套 SQLServer 关系数据库，将采集数据存储备份，供数据分析应用；

(3) 站场监控系统：站场数据采集以 PLC 为主，上位机采集监控系统使用 WonderWare Intouch10.0 组态软件开发，站场数据功能设计以实时监控为主，未对采集数据进行存储。

2.2 油气生产物联网系统现状

中石油油气生产物联网系统的架构为“井/站—区域管理中心—油田公司”模式，如图 2 所示。生产数据按照站内与站外划分，站外包括井场功图、工况数据，站内包括阀组间、接转站、联合站等生产数据，这些数据由 RTU、PLC 等设备进行采集，以有线与无线结合的方式传输至采油厂区域管理中心，站控平台由组态软件开发，对生产数据进行集中采集、监控、存储，其中井场工况数据与站内生产数据存储在 PHD 实时数据库中，功图数据存储在 Oracle 关系数据库中。油田层级同样部署一套 PHD 实时数据库与一套 Oracle 关系数据库，通过库对库的方式与采油厂区域管理中心数据库进行数据交互，从区域管理中心获取数据存储至油田公司数据中心。油气生产物联网 PaaS 平台基于数据中心 PHD 实时数据库与 Oracle 关系数据库研建，以存储在油田公司的生产数据作为直接数据源。PaaS 平台上各类应用开发便是以这些数据为基础(图 2)。

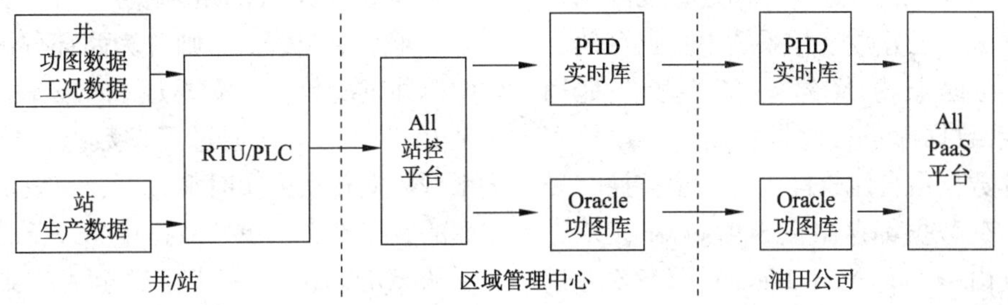

图 2　中石油油气生产物联网系统结构示意图

3 系统融合

对于该区域已建数字化系统接入油气生产物联网系统，结合已建系统中存在的三种类型与油气生产物联网系统现状，对每一种类型采用符合其特点的系统接入方式[2]。针对早期单井监控系统，由于监控井数较少，可以加装硬件将原有 RTU 自定义协议转换为 A11 标准协议，接入 A11 站控平台采集监控[3]；针对整装建设的单井监控系统，保留原系统采集监控的环节，在存储环节进行数据的接入，将原系统数据库数据转存至 A11 系统数据库；针已建站内监控系统，保留原系统采集监控环节，通过组态软件将采集的数据存储至 A11 系统数据库。

3.1 采集设备接入

在该区域油气生产物联网系统建设过程中，新建数字化的单井数据使用 A11 标准 RTU 采集，通过 A11 标准通讯协议传输至区域管理中心，由站控平台统一管理。早期单井监控系统使用的 RTU 研发时间较早，与上位机数据传输采用自定义协议，不符合 A11 标准。在 A11 系统中，油井 RTU 使用标准 Modbus 协议，并且 A11 规范对单井的每项生产数据在 RTU 通讯协议中做了具体的要求，包括存储地址，数据格式等。如表 1 所示，以抽油机井油压为例，按照 A11 规范，油压数据在 RTU 通讯协议中存储在 40030 地址中，占用两个 Modbus 寄存器地址，为只读的实型(单精度浮点型)。已建系统使用的 RTU 自定义协议中帧格式、数据类型、存储位置等都与 Modbus 协议不相同，无法直接交互(表 1)。

表 1　RTU 采集数据存储地址表

序号	数据项描述	存储地址	数据类型	读写类型	单位
1	油压	40300	实型	只读	MPa
2	套压	40302	实型	只读	MPa
3	回压	40304	实型	只读	MPa
4	井口油温	40306	实型	只读	℃

原有 RTU 通讯协议不符合 A11 标准，不能通过 A11 站控平台软件直接采集 RTU 数据，为实现已建数字化单井的 RTU 与 A11 站控平台进行数据交互，需要对原有单井 RTU 通讯协议进

行转换。在 RTU 与上位机之间加装协议转换模块，协议转换模块采用 STM32 系列单片机开发，配套模块化接口，通过内部程序将已建系统原有 RTU 采用的自定义通讯协议转换为 A11 标准通讯协议，A11 站控平台软件通过读取模块转换后的协议，可以对已建系统原有 RTU 中的数据进行采集监控(图 3)。

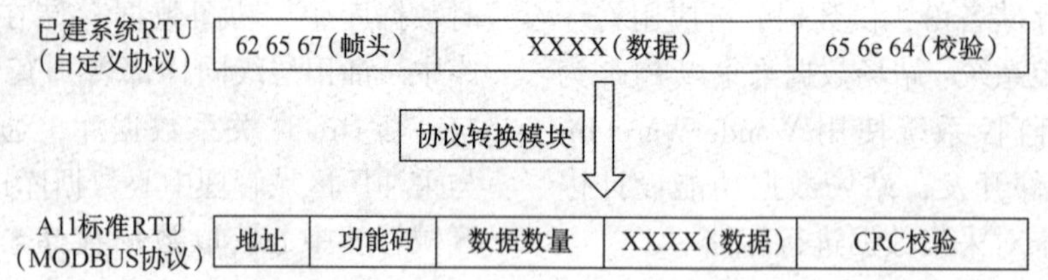

图 3　协议转换示意图

3.2　系统数据接入

针对整装建设的单井监控系统与站内监控系统，遵循不影响原有数字化系统的原则，通过数据库接口与组态软件接口实现数据向 A11 系统的接入，保持原系统正常运行，同时数据在 A11 系统上线。该区域已建数字化系统中数据存储为就地存储，数据服务器部署在站场，使用 SQLServer 关系数据库进行数据存储。已建数字化系统中单井数据由自建软件进行采集监控，采集的功图与工况数据都存储在 SQLServer 关系库中；站场数据由 WonderWare Intouch 组态软件进行采集监控，数据实时监测未存库。

保留原系统采集监控环节，原数据库中数据接入所属区域管理中心 A11 系统数据库。按照 A11 系统数据存储方式划分，已建系统井、站实时生产数据融合接入 A11 系统 PHD 实时库，功图数据融合接入 A11 系统 Oracle 关系库。对于站场数据，通过配置组态软件 OPC 接口，采用 OPC 传输方式将生产数据接入区域管理中心 PHD 实时数据库[4]，在 WonderWare Intouch10.0 中使用 FsGateway3.0 驱动，将 Intouch 作为 OPC Server，PHD 实时数据库作为 OPC Client，通过 OPC 协议读取 Intouch 数据。

对于单井数据，则分为两部分进行推送，其中单井工况数据，需要从 SQLServer 关系库推送至 PHD 实时库，通过开发数据接口软件，将关系型数据转换为实时型数据，完成关系库向实时库的数据推送；单井数据中另一部分功图数据需要从 SQLServer 关系库推送至 A11 系统 Oracle 关系库，通过 Oracle 对 SQLServer 数据交互的插件或者第三方软件，完成不同关系库之间的数据推送。

已建数字化系统数据全部推送至所属区域管理中心后，再推送至油田公司数据中心，使数据最终在油气生产物联网 PaaS 平台上线。

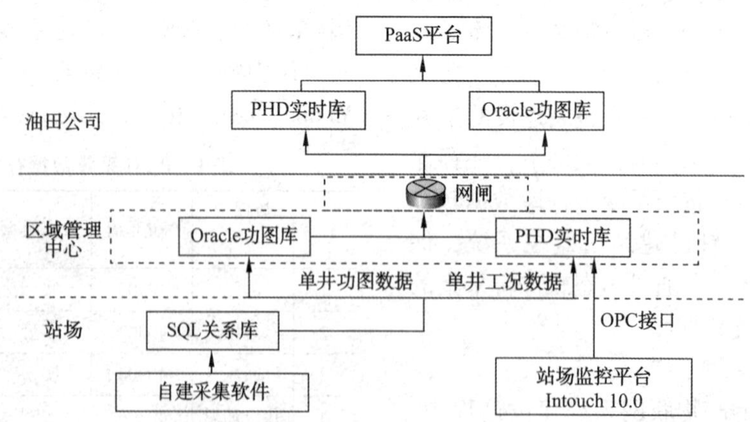

图 4　融合数据流向图

华北油田已建数字化系统中使用的采集监控软件以及数据库类型多样，并且各区域系统数据流向也不尽相同。针对已建系统数据融合，需要根据系统数据流向选择合适的数据接入点，根据不同类型的数据库开发与 A11 系统数据库交互的接口软件。

4 应用软件融合

在该区域在前期数字化系统建设过程中，专业人员根据生产需求，开发了一种生产报表软件，软件采用 B/S 架构，以原有数字化系统数据库为基础进行开发与发布。在 A11 系统建成后，为方便统一管理，各类应用软件需要逐步融合接入 A11 系统 PaaS 平台，相关人员通过 PaaS 平台登录统一登录使用。

针对原系统生产报表软件接入 A11 系统 PaaS 平台，考虑两种接入方式。

方式一：保留原有软件整体系统，针对原有软件发布页面，整合至 A11 系统 PaaS 平台，按照 A11 规范进行页面的重新开发，将相关参数传递至新页面。这种接入方式快速、简便，开发工作量小，适用于临时性软件接入 A11 系统 PaaS 平台。

方式二：不保留原有软件系统，将原系统数据库数据融合接入至 A11 系统数据库，基于融合后的数据，遵循 A11 系统 PaaS 平台开发规范，将原有软件在 PaaS 平台上进行重新开发与发布。这种融合方式开发工作量较大，适用于应用软件完全融合至 A11 系统 PaaS 平台。

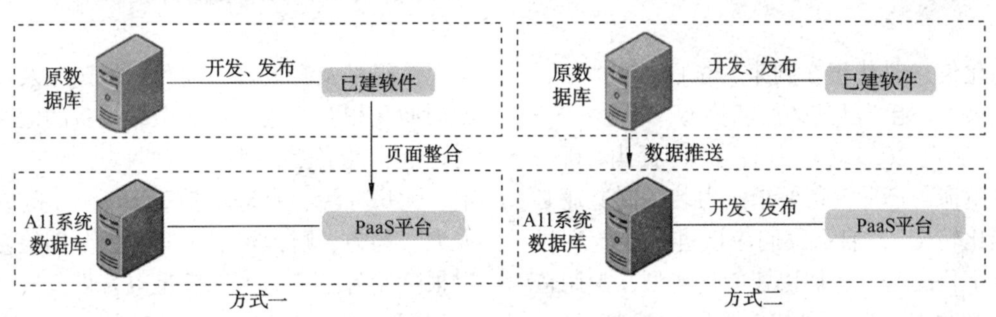

图 5　软件接入示意图

为满足现场生产需求，首先采用临时性接入方式，将生产报表软件发布页面嵌入 A11 系统 PaaS 平台，保障软件正常运行。期间专业人员根据 A11 系统 PaaS 平台要求对生产报表软件进行重新开发，同步进行原系统数据接入，待软件开发与数据接入完成后，正式将原系统报表系统在 PaaS 平台发布，通过 PaaS 平台统一登录使用。

5 应用效果

第一采油厂某区域已建数字化系统包括 3 座转油站、6 座阀组间、200 余口油井、80 余口水井以及 1 套自建生产报表软件，通过硬件协议转换、数据转存、软件开发等方式，已全部接入该区域 A11 系统并稳定运行，已建数字化系统生产数据在 A11 系统 PaaS 平台上线，并且根据该区域已建数字化系统生产流程，24 幅二次组态界面完成了油田公司层级发布，实现了现场生产数据在油田公司层级的集中监测。

华北油田数字化系统建设时间跨度大，系统类型多样，在 A11 系统推广过程中，对已建数字化系统与 A11 系统进行融合是实现低成本建设的有效手段。根据已建数字化系统结构与油气生产物联网系统结构，系统融合可以从采集、存储、应用等环节入手。针对不同环节对应的系统配置，采用硬件转换、数据接口开发、软件开发等方式将已建数字化系统融合接入 A11 系统。通过系统融合的方式，充分保护了油气生产物联网系统建设过程中前期已有投资，同时融合后的系统便于统一管理、应用，推进了油田数字化建设的标准化进程，为后期生产决策的“智慧化”奠定了基础。

参　考　文　献

[1] 宋衍茹．物联网技术在哈得作业区的应用［J］．油气田地面工程．2016（05）：70-71.

[2] 彭越．基于物联网技术的油田数字化建设［J］．油气田地面工程．2014（04）：61-62.

[3] 张乃禄．基于数字化抽油机的智能化井场监控系统．油气田地面工程．2014（11）：85-86.

[4] 徐丽钟．基于 Web 的远程油田监控系统．油气田地面工程．2014（11）：88-89.

[5] 中国石油天然气股份有限公司，油气生产物联网建设规范．2014-8.

石油化工行业中压开关柜智能化应用

商锡瑞[1]　何奇瑞[2]

(1. 中国石油化工股份有限公司天津分公司
2. 珠海万力达电气自动化有限公司)

摘　要　本文主要介绍石油化工行业中压开关柜运维现状，提出智能化开关柜的解决方案及应用分析，通过对某企业在智能化运用的实际效果给出客观数据，推动智能化开关柜技术在石油化工企业中的进一步发展，为智能化技术的广泛应用提供依据。

关键词　石油化工行业；中压开关柜智能化；三大特性数据；全生命周期；应用的必要性

智能化信息时代正在到来，全面推进“互联网⁺”和拓展“智能⁺”已是必然趋势。

《中国制造 2025》(电力装备篇)提出“新一轮的科技革命与产业变革要求电力装备制造业必须向智能化转变”，启示我们应该进一步转变思维，在数字化的基础上加快智能化转型，为制造业转型升级赋能，以实现制造强国的战略目标。作为我国的支柱产业之一，石油化工行业在国民经济的发展中具有重要作用，其行业也在向着装置大型化、生产规模化发展，对自动化程度的要求越来越高，也对石油化工企业供配电系统提出了更高要求。中压开关柜是石油化工企业供配电系统主要的配电设备之一，其智能化的程度是提高企业生产稳定性、降低石化企业生产成本的关键技术之一，在企业竞争力提升方面发挥着非常重要的作用。

1　石油化工行业中压开关柜应用现状

中压开关柜作为石油化工行业配电系统中的重要配电设备，它的可靠性、安全性直接关系着整个企业的生产安全与稳定。石油化工行业6kV~35kV 系统中，目前主要是以传统形式的中压开关柜为主。虽然传统开关柜制造工艺相对简单、造价相对较低，但是运维管理较为繁琐，一般采取的措施主要是例行的巡检、定期进行预防性试验，根据实验的结果来判断设备的运行状态，从而确定是否可以继续运行。

据中国电力系统开关事故类型统计分析，传统开关柜故障分类中，机械故障占 33.3%、绝缘故障占 37.3%、温升及其他故障占 29.4%[1]。以上故障类型在传统开关柜运行过程中，依靠日常巡检很难及时发现，而预防性试验及检修维护的周期又相对固定，不能根据设备的健康状况及时地进行检修，容易造成“病难分期、小病大治、无病亦治、有病不治”等问题，造成极大的人力、物力、财力浪费。其中，分期检修更是难以根除设备隐患，不能满足电气设备安全可靠运行的要求。而抢修(非计划检修)时，往往设备已经出现了比较严重的问题，这种无序的停产会给生产组织造成被动，同时伴随可能的设备损坏和人身伤害。在石油化工行业复杂的现场情况下，更易造成事故，这与安全生产的宗旨也是相悖的。

2　中压开关柜智能化提出及解决方案

目前，智能化已经深入社会经济及生活之中，实现智能配电的关键之一就是实现开关设备的智能化。所以，智能化已成为开关设备领域的一种趋势，其动力首先来自于对配电系统越来越高的可靠性要求和越来越高的智能化要求。近年来微电子技术、传感器技术、计算机技术、数字信号处理技术等的蓬勃发展，伴随着物联网概念的智能化中压开关柜的应用提出，新的电力设备规约(如 IEC 61850)的推广，智能化开关设备的发展在技术上已得到了有力的支撑，智能开关柜的出现从一种可能变成了一种必然。

为了实现开关柜的智能化，首先实现的是开关柜的自我感知能力，即能够对开关柜内部绝缘水平、三大特性数据(关键点温度特性数据、机械特性数据、机构回路的电气特性数据)进行实时精准监测；能够对接地刀状态和断路器触头状态进行视频监测。另外还能够采用电动的底盘车和接地刀从而远程就可以实现程序化控制和一键停送电。

2.1 关键点温度特性监测

利用可靠的无线射频技术，无线信号传输，将安装于高压柜内关键测温点与接收单元进行彻底的隔离；射频前端采用感应取电方式，安全可靠。传感器利用感应取电装置收集的电磁能量作为自身工作电源，被监测设备只需有大于5A的电流通过，即可保证传感器正常工作；测温模块完全满足断路器实际运行环境的要求，并且其耐受温度高于断路器运行时所能遇到的温升极限。

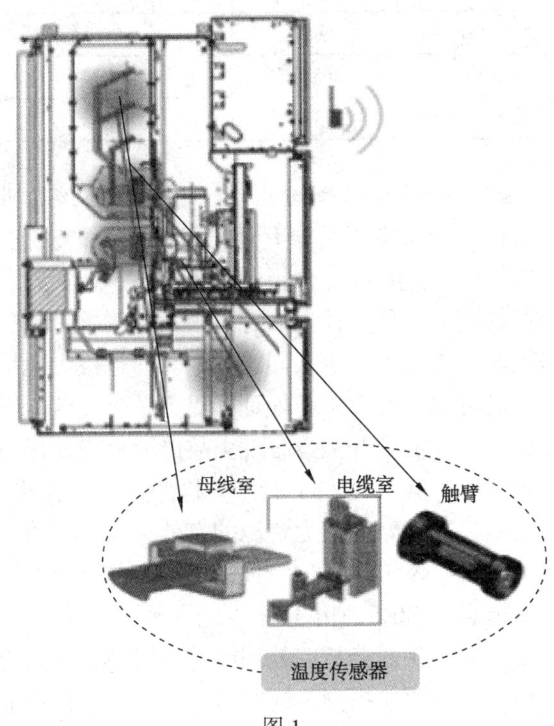

图1

2.2 断路器机械特性监测

与其他电气设备相比，断路器机械部分零部件特别多，并且动作频繁，因此断路器的故障就比较多。触头行程-时间特性是断路器工作状态的重要表征。行程测量的基本要求是既不能影响机构原有的机械特性和绝缘性能，又要真实地反映触头行程随时间的变化。因此在断路器小车上加装红外位移传感器即可满足不改变原有断路器物理特征，又可精准的监测断路器的机械特性（分闸速度、分闸时间、分闸反弹、合闸速度、合闸时间、合闸超程、合闸反弹、三相不同期、触头开距）等参量，进而监测断路器的工作状态。

图2

2.3 断路器电气特性监测

断路器一般都是以电磁铁作为操作的第一级控制器件。大多数断路器均以直流电作为其控制电源，故直流电磁线圈的电流波形中包含着诊断机械故障的重要信息。电流波形与线圈的电感有直接关系，线圈的电感与电磁铁铁心向上经过的路程有密切关系，会随着铁心行程的增加而增加。因此通过研究铁心的行程与电流的波形之间的关系，可确定断路器的工作状态。现可利用成熟的霍尔传感器技术，以非介入方式全面监测各个线圈电流和储能电机、底盘车电机、接地刀电机电流，并与控制/保护系统完全隔离，即便是故障情况下也不会对开关的正常运行操作产生任何影响。

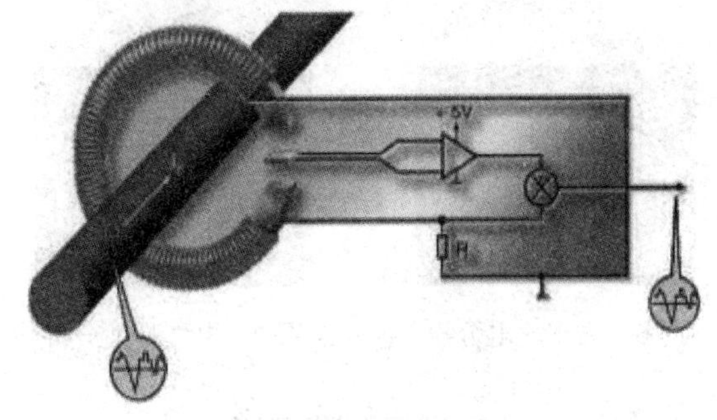

图3

2.4 开关柜绝缘水平监测

开关柜设备的绝缘故障主要表现为外绝缘对地闪络击穿，内绝缘对地闪络击穿，相间绝缘闪络击穿，绝缘子、套管、电容套管闪络、CT闪络等。在各类绝缘缺陷发展到最终击穿，酿成事故之前，往往先经过局部放电阶段。局部放电的强弱及频次能够及时反映绝缘状态。因此，通过开关柜局部放电的监测可及时预知当前开关柜绝缘情况。

2.5 设备运行状态视频监测及开关柜电动操作

通过将开关柜原有的底盘车与接地刀更换为电动底盘车与接地刀，并在柜内断路器小室及接地刀小室加装高清摄像头，在不改变原有柜体结构与特性的情况下，能够对柜内断路器底盘车和接地刀闸的动作轨迹进行远方查看，实现远程一键式电动操作的可视化。

3 智能化分析及应用的必要性

利用信息化和智能化相关技术，对所采集的数据进行多维度的分析，建立判断模型，自动完成从数据采集到状态判断的过程，并根据判读结果进行深度学习，不断修正判断模型和参数，达到更加精准的判断效果，真正实现智能化开关柜的设备全生命周期管理。根据设备全生命周期管理的结论提出了状态检修建议，同时调出检修对象的位置、铭牌信息、投运时间、历史故障记录、检修记录、图纸资料、备品及储存情况，协助运维人员进行检修，运维人员也可通过移动终端实现上述功能(图4~图8)。

图4　电寿命分析

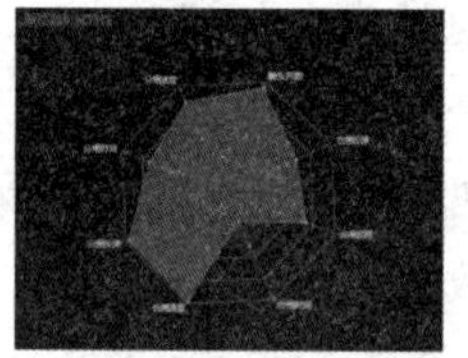

图5　机械特性分析

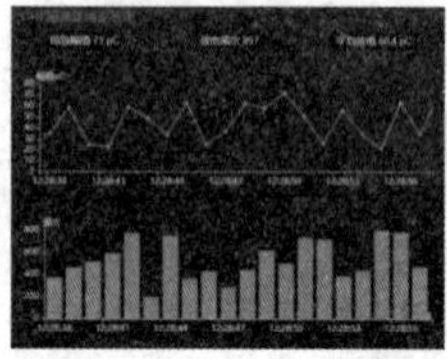

图6　局部放电分析

图7　电气特性分析

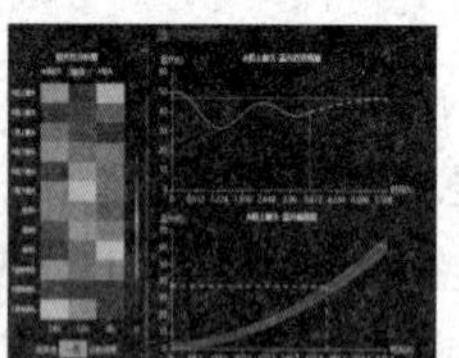

图8　温度特性分析

某石化企业于2017年9月对其中压开关柜进行智能化改造，运行1年期间，智能化系统可进行状态检修，每15分钟主动巡视一次，传统人工巡视，每天巡视两次，颗粒度较大，难以发现隐患。传统巡视与智能化系统状态巡视对比如表1：

表1　某化工企业智能化改造前后对比

项目	改造前	改造后
系统自动巡视次数	0次	35040次
人工巡视次数	730次	120次
发现故障隐患	16处	98处
主动消缺次数	55次	85次
消除缺陷及时率	65%	99%
巡视耗时	365小时	60小时
投入人力资源	4人	1人

缺陷消除及时率达99%[2]。通过对该企业在实行智能化应用及原有运维模式前后的对比，可以发现通过智能化分析及决策，该企业在设备运行的质量与稳定性方面有了很大的改善。首先是停电次数大大减少，同时停电时间也极大地缩短，设备故障的发现与处理都更为及时，这也很大程度上降低了开关设备发生故障的概率，供电更为平稳。其次更利于运维、检修工作的协调，极大地提高了企业人力资源的有效利用率，该企业运维与检修工作人员实现了精简，但同时劳动效率提高了30%。由于智能化在线监测的持续开展及对设备的分析、处理能力的提升，站内设备管理水平明显提高，同时也大大节约了该企业的运行成本。由此可以看出，企业的智能化发展已是必然趋势，也是十分必要的。

4 结束语

石油化工行业的智能化技术在未来还会不断的发展，其应用也会越来越广泛。智能化中压开关柜的应用是石油化工企业生产新局面和市场新前景开启的标志，通过不断优化，可不断降低企业的运营成本，并提升企业产品的质量以及企业竞争力，推动石油化工企业进入到智能化、智慧化发展的新阶段。

财务数字化转型浅析

袁维宁

（中国石油规划总院）

摘　要　由传统的帐务处理向价值创造转型是数字经济时代财务管理的必然选择。利用信息技术手段强化企业内部管理会计应用，实现企业量本利的精确计量和分析是实现价值创造的重要抓手。本文从财务数字化转型目标及要求入手，分析管理会计在企业数字化转型中的作用，提出构建企业管理会计体系的方法和应用场景。

关键词　数字化转型、价值创造、管理会计、智能分析与决策

1　信息技术与数字化企业

据 IDC 预测，到 2022 年，全球 GDP 的 60% 以上将是数字化，每个行业的增长都是由数字化增强的产品。数字化产品、数字化服务、数字化运营、数字化生态将推动各行业持续创新转型，实现稳步增长。

目前中国数字经济规模达 4.73 万亿美元，位列全球第二，占 GDP 比重为 34.8%。数字经济的崛起叠加新科技周期的来临，成为驱动经济发展的最重要的力量之一。2020 年 4 月 9 日，中共中央国务院发布《关于构建更加完善的要素市场化配置机制的意见》，作为 2019 年至今重要顶层设计，首次将数据纳入促进经济发展的五大生产要素之一。

随着互联网和通讯技术的发展，数字经济占比将进一步扩大，数字化企业成为新世纪国际化发展的必然选择。数字化企业的概念起源于欧美，是指使用数字技术，改变并极大地拓宽了自己的战略选择的企业。上至企业宏观战略决策，下到具体业务操作都采用数字化管理方法和手段，就是一切用“数字”说话。主要体现在企业商业关系，如客户、供应商、雇员之间以及核心的业务流程都是通过数字化的信息系统进行连接和沟通；企业资产，如财务、人力资源、物（设备、材料、物资、产品、成果）都以数字化的信息系统进行管理和运作；数据化的业务分析是企业战略决策的依据，是业务革新的方向。

传统企业为适应数字经济发展需要，就必须重新塑造运营模式、管理流程以思维方法，利用信息技术手段实现向数字化企业转型。

数字化转型的本质是业务和管理转型，数据资产价值的充分挖掘和利用是数字化转型的重要标志。企业内外部经营环境不断变化，“黑天鹅”事件频发，自身经营管理问题不断出现，企业竞争及生存压力持续加大，传统的管理方法与手段无法从根本上解决企业面临的困境和问题。需要借助新数字技术的深入应用，对管理模式、业务模式及商业模式进行创新和重塑。

2　向价值创造型财务管理转型

财务管理作为企业管理的核心，打造“价值创造型财务管理”，使财务成为企业价值的推动者、支持者和创造者，助力企业提升核心竞争力。是未来财务管理的趋势，也是财务管理数字化转型的目标和实质。

2.1　价值创造型财务管理内容及特点

企业可通过降低成本费用、提高利润、增加企业现金流入等方法实现价值创造，也可通过企业的各项活动提升企业价值，还可以通过采取各项措施保障企业不受损失实现价值创造。所有这些都需要财务管理的直接和间接的支持才能实现，完善的数字化财务管理能为企业创造更多的价值。

价值创造型财务主要体现直接价值创造、支持价值创造和推动价值创造三个方面，如图 1 所示。

图 1　价值创造型财务管理

1）直接价值创造

企业财务管理作为企业直接价值创造者，主要体现在以下五方面的活动和管理中：通过投资理财活动实现价值创造。综合考虑各种因素，对投资回报率的精准分析和计量，甄别预期回报高于资本成本的项目，实现投资收益；通过理财规划和理财活动直接进行增值活动；通过资金管理实现价值创造。运用科学合理的方式进行筹资，促进企业实现最优的资本结构；优化长短期负债的比例结构，保障资金成本和资金占用最低化；通过集中管理资金，提高资金使用效率。降低资金流动和使用成本；通过资产管理实现价值创造。全面掌握企业资产使用情况，统筹管理；提高资产的使用效率；积极处置闲置资产，加速资金周转；通过税务筹划实现价值创造。在满足合法性的前提下，采用最优的税收策划方案，实现企业综合纳税成本最低；通过利用财务政策实现价值创造。用好各级政府优惠补贴政策，获得相应收入。

2）支持价值创造

通过与经营管理相关的财务活动，可以优化企业资源配置，充分发挥财务杠杆作用，为企业发挥建言献策，进而支持企业创造更大价值。主要体现在如下三方面：一是通过全面预算管理支持企业价值创造。将企业的关键资源配置到增值活动中，支持企业价值目标的实现。二是通过绩效评价体系支持企业价值创造。财务管理围绕价值创造目标，参与相应的经济责任考核和薪酬激励以及各项奖惩制度的制定和执行监督，促进企业价值创造。三是通过内部控制和财务审计防范经营风险，保护企业价值。

3）推动价值创造

参与企业经营活动，将企业业绩指标渗透到各种活动中，实现财务管理向业务管控延伸，推动企业价值创造：对于各项市场营销活动，辅助方案制定、进行效益评估及盈亏平稳点分析等；针对新产品、新项目精准测算成本，进而为产品和项目合理定价；通过精准的财务分析支持企业价值创造。利用各种数据资源和分析手段综合分析企业各项能力，分析和发现经营状况及存在的问题。

2.2 财务数字化转型的方向和内容

成功实现以价值创造为目标的企业财务转型，提升财务管理价值创造能力至关重要。作为企业价值创造者，必须具备三种能力，即管好业务能力、洞查数据能力以及说透问题能力。提升三种能力的基础和关键，一是财务管理能够完整了解企业管理活动中的各种信息和数据；二是财务核算和管理工作应引入到最小的业务单元和所有业务领域；三是财务分析工作渗透到业务涉及的各个活动中。

结合对财务管理的上述要求，财务的数字化转型的主要内容和作法是在新技术应用推动下，在企业管理创新、流程优化，将信息技术与先进管理模型、工具、方法相融合的基础上，通过如下内容的建设提升财务价值创造能力(图 2)，其中深化管理会计应用是核心与基础，是提升财务自身管理能力的重要手段。

1）建设共享服务，将会计基础核算等低附加值的作业集中，提高工作效率

2）促进业财融合。实现全面预算管理，将价值目标落实到业务层面，财务管理向业务管控延伸；全面获取各业务环节的准确数字和信息，实现企业资金流、业务流及信息流的完整统一。

3）深化管理会计应用，将财务管理和核算渗透到最小的业务单元和所有业务领域，精准预测及计量企业的“量本利“。为企业找准最有”利“的产品和业务。关闭最无”利“的活动。

4）强化战略管理，在企业全量数据存储和共享基础上，利用行业专家及人工智能，成为实现企业战略目标的支持者。

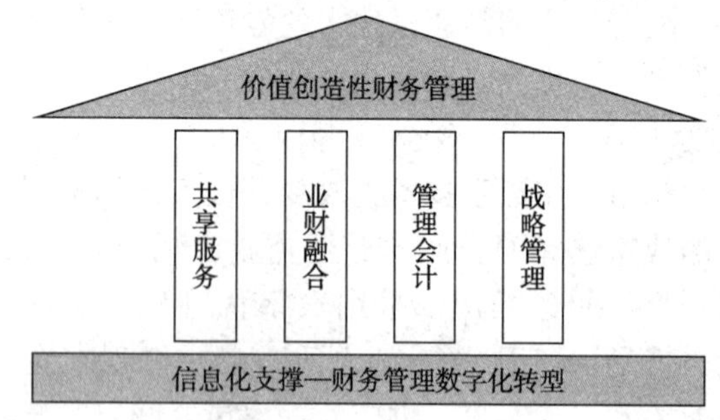

图 2　财务数字化转型的建设内容

3　构建企业管理会计体系及系统平台，深化管理会计应用，为财务数字化转型赋能

管理会计又称“内部报告会计”，主要是服务于企业内部决策，它是内部企业价值增值、价值最大化的管理方法，管理会计的工具主要有全面预算管理、业绩评价、成本管理、管理会计的

内部报告体系。

通过一系列专业方法，对财务会计及经营管理业务提供的资料进行加工、整理和报告，使企业各级管理人员能据此对各项经济活动进行规划与控制，并帮助管理者做出决策。其核心是实现企业“量、本、利“的精确计量及有效管控。管理会计在企业的财务管理活动中发挥越来越重要的作用，是实现企业战略、业务、财务一体化最有效的工具。

构建完善的管理会计体系、深化管理会计应用是财务数字化转型的重要抓手。

企业管理会计体系建设应从组织、数据、流程及智能分析四方面入手。

1）组织-成本对象

成本对象是管理会计组织体系的重要部分，用于归集对应的成本、费用。针对企业特点，通过设定不同类型的成本对象，可以对一套装置、一个产品线、一个项目、一次促销活动、甚至生产产品的一个环节进行成本核算，进而精确计量和归集对应的成本、费用，为产品定价、预算管控方法和数据支持。

2）数据-成本要素

按照成本费用的不同种类，依据企业对精细化管理要求，设定成本要素，便于更好地分析成本构成，对企业采取针对性的降本增效措施具有重要意义。

3）流程-成本流动模型

通过成本要素使成本费用在不同的成本对象间流动，可以准确分析成本发生的动因。制定和运行与业务和帐务处理实时集成流程，实现成本、费用在发生地的自动归集。通过成本费用结算、分摊、分配流程实现成本、费用由发生地向目的地的结转。

通过建立成本分摊分配模型，构建完整的、分层次的成本构成组织和管理体系，制定多维度的成本对象及成本费用流动方法，科学准确地计量成本费用发生的原因和发生的目的。进而实现企业“量、本、利”的精确计量。

4）智能分析

搭建信息系统平台，建立统一、全面、完整的管理会计信息库和业务模型，利用信息技术手段实现在业务操作过程中数据自动收集和计量，进而细化对部门、项目、生产及各类经营活动的成本、费用、收入的管理与分析。满足企业管理要求。

4 典型场景分析

产品及服务的定价方法主要分为成本导向、需求导向和竞争导向三种，无论哪种方法，对成本因素的考虑是定价的前提和基础。企业对生产和项目成本的计量具有一定的局限性，特别是对于有多条产品线、多套装置、多部门、多项目的企业，这种局限性就更加突出。

以仓库部门成本费用为例，传统的财务会计只关注成本和费用是在哪里发生的，并不关注发生费用的目的是哪里，如仓库部门发生的人员工资、运营费用有多少是为某类产品服务，公共费用(如水、电)有多少是为这个产品所用，有多少财务人员是为这一产品和项目服务等。因此在核算产品及服务成本时、漏项，特别是不能准确计算是传统财务核算存在的普遍现象。

作为管理会计，更加关心成本发生的原因和目的，如需要将仓库发生的成本按照为生产、项目的工作内容进行量化并结算到相关的生产线或项目等，最终所有的成本会体现到产品或服务的价值中(图3)。进而能够精确计量产品或项目的实际成本。为产品或项目服务定价提供数据支持。

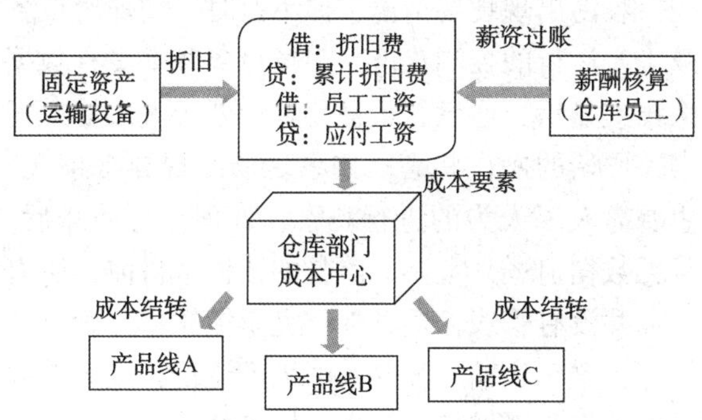

图3 辅助生产成本流转示意图

通过先进的信息技术手段，构建财务管理平台，深化企业管理会计应用，提升企业价值创造能力，助力财务管理数字化转型，在数字经济时代抢占先机。

非常规油田单井智能化一体化技术研究

丁　野　佟　双　窦济琳　霍海宁

（中国石油吉林油田公司通信公司技术研发部）

摘　要　由于非常规资源开发公司没有建设生产管网，生产方式单一，油井生产方式多以自喷生产为主，致使每个井场建有单井罐，单井采出的生产液都在单井罐中储存。日常生产主要通过员工现场巡查单井罐液位，根据液位再进行停开井控制，并通知罐车处理生产液，对于自喷井 3、4 小时就能生产满罐，工人每隔 3、4 小时就需要巡查液位，由于单井分布点多面广，所以员工经常在井场往返奔波，浪费时间精力，不能及时观察液位情况可能导致存在冒罐的风险，大大降低了采油时率。按照油田公司信息化总体建设要求，以实现"无人值守，安全生产"为目标，通过边缘计算、二次开发、软测量等技术开发下位机软件，实现系统自识别、自优化，达到井场的实时检测与监管，进一步缩减故障识别及时性。满足在网络异常、采集设备失灵时，系统迅速反映停机，避免设备在非正常时长时间运行带来的安全风险。通过单井智能自控系统开发，2020 年将非常规资源开发公司建设成智能化单井应用典型示范区。

关键词　智能化　一体化　无人值守 单井 非常规

1　引言

由于吉林油田非常规资源开发公司采油油井分布范围基本为野外，荒郊，井与井相距距离都在 2 公里之外。成分散不规则分布，油井地处偏远、井位分散，各种运行情况不能做到实时监控，容易出现现场情况掌握不及时，增加对设备及生产运行的控制难度。现场设备基本没有数据采集、显示、通讯、报警装置。处于人工就地观察，原始的操作状态。如果现场出现异常情况，主要靠人工人为的进行观察，处理。行动滞后。且无数据追述，考察、监督的依据。目前，所有采油井没有管线输油条件，完全依靠单井罐进行储存，罐车运输。油井采油生产运行，进入单井罐的液位不断增长，观察罐体液位涨幅情况，是否已经达到灌满指标，人工观察，没有自动计量手段，产生盲点。当液位达到顶点时如果不能及时进行提示，容易出现液体溢出情况，影响生产及破坏环境，造成污染。对油井采液生产情况，不能做到实时监测。是否生产产液正常没有一个实时监控手段，观察生产情况靠人工目测观察。手段落后。按照油田公司信息化总体建设要求，以实现"无人值守，安全生产"为目标，通过边缘计算、二次开发、软测量等技术开发下位机软件，实现系统自识别、自优化，达到井场的实时检测与监管，进一步缩减故障识别及时性。满足在网络异常、采集设备失灵时，系统迅速反映停机，避免设备在非正常时长时间运行带来的安全风险。开展了限流法压裂技术研究探索，现场取得成功应用，为同类储层压裂改造提供了技术支撑。

2　研究内容

2.1　研究技术路线

通过对非常规资源开发公司现场的勘察与探究，目前可以对单井罐相关数据采集系统进行研发。单井罐数据采集通过电信运营商 PDN 专网传输至通信公司云服务器，通过 ef2.1 对数据进行集中监控与处理。建立 Oracle 中间数据库，推送数据至 Oracle 数据库中供物联网管理平台调用；推送数据至 pSpace 供 ef3.0 二次组态 web 页形式进行展示。用户可分别通过 CS 和 BS 模式进行平台预览。致密油非常规资源开发公司可通过 PAD 读取现场数据，用于生产指挥与数据分析。

2.2　具体研究目标

（1）单井罐液位采集。实现液位的远传和高限报警。

（2）单井罐温度采集。实现温度参数采集并远传。

（3）井口压力采集。实现井口压力采集并远传。

（4）自动启停。实现单井罐液位高限自动停井，低限自动开井。提升生产安全，减少事故损失：通过实时监测被控参数的异常变化，通过报警提示值班人员及时处理异常情况等。现场操作人员安全受控：通过视频监控，及时发现操作人员是否按时在岗，是否及时准确倒井计量。

2.3　研究关键技术

(1) 智能 485 仪表采集技术；

(2) RTU 数模转换技术；

(3) 无线方式通过 VPDN 通道接入至云中心；

(4) 前线和后线 C/S 两级展示与控制；

(5) 边缘计算及软测量技术；

(6) 研究适用自动化技术，解决无人值守环境下自动化控制稳定性、可靠性、安全性问题，实现井场自动控制，减少用工；

(7) 研究先进控制技术，实现集输、注水系统智能优化运行，降低能耗。

3　现场施工技术方案

3.1　前端采集

由于非常规资源开发公司油井生产存在三种方式，所以每种方式采用的前端采集设备不同。

(1) 自喷生产井，采用只采集不控制的方式。井场安装自主研发的控制箱，箱内安装采集设备(RTU)。

液位采集采用干簧管液位计实现。利用单井罐原有浮球液位计及液位指示板，在指示板一侧安装干簧管液位计。由于一个井场 2 个单井罐，所以安装 2 套干簧管液位计，保证液位显示准确可靠。布放信号线，将干簧管液位计 4～20mA 电信号传输到控制箱的采集设备(图 1)。

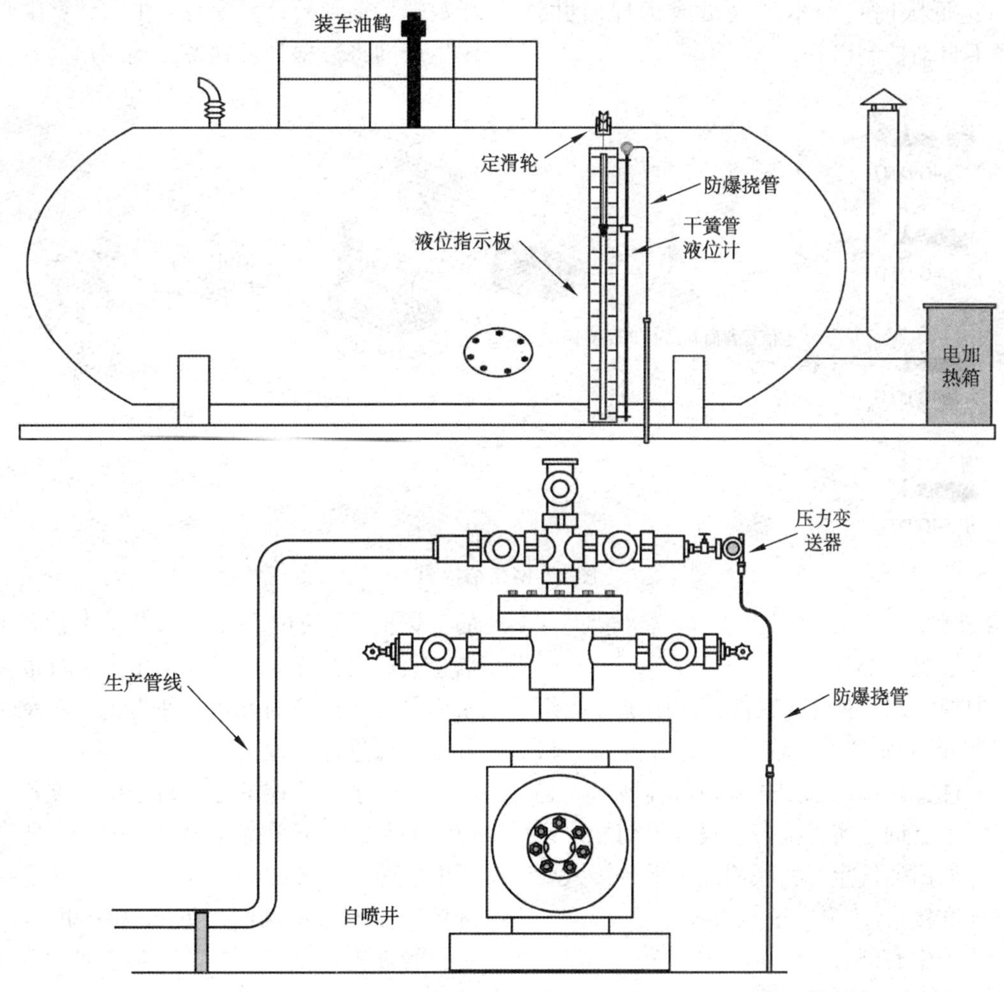

图 1　现场示意图

井口安装压力变送器 1 块。布信号线，将 4～20mA 电信号传输到控制箱的采集设备。利旧原有单井罐自动加热系统。从温控器 RS485 接口将温度信号传输到控制箱的采集设备。由于现场单井罐自动加热系统功能较为完善，所以此方案中不对加热系统进行控制。

(2) 抽油机生产井，采用自动控制油井停井，采集各项油井参数。井场安装自主研发的控制箱，采集传输示意图如图 2 所示。

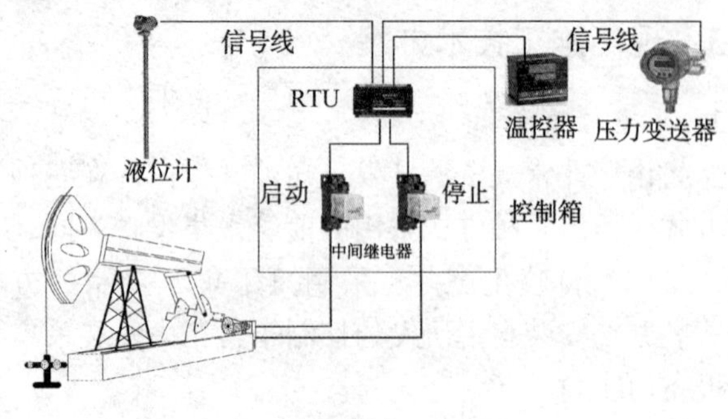

图 2

液位采集部分、温度采集部分与自喷井一样。抽油机井口安装压力变送器 2 块，分别采集井口油压、套压，布信号线，将 4～20mA 电信号传输到控制箱的采集设备。抽油机启停，通过采集液位信号，由 RTU 控制实现液位高限停井，罐液位到达低限时可由本地人员或远程启井，RTU 现场不自动控制启井。

3.2　网络传输

网络采用 VPDN 专网，VPDN 具体实现是采用隧道技术，即将企业网的数据封装在隧道中进行传输。隧道技术的基本过程是在源局域网与公网的接口处将数据作为负载封装在一种可以在公网上传输的数据格式中，在目的局域网与公网的接口处将数据解封装，取出负载。被封装的数据包在互联网上传递时所经过的逻辑路径被称为“隧道”。

VPDN 是基于拨号接入的虚拟专用拨号网业务，安全级别高，已经普遍应用于跨地域集团企业内部网、专业信息服务提供商专用网、金融大众业务网、银行存取业务网。

本系统在井场部署 4G DTU，采用 4G APN 专网卡，保证井场有 2 组液位采集，确保液位的准确可靠。通过 4G 卡连接到 VPDN 专网，井场数据传输到云计算中心，由云计算中心通过油田生产网将数据分发到各终端用户。

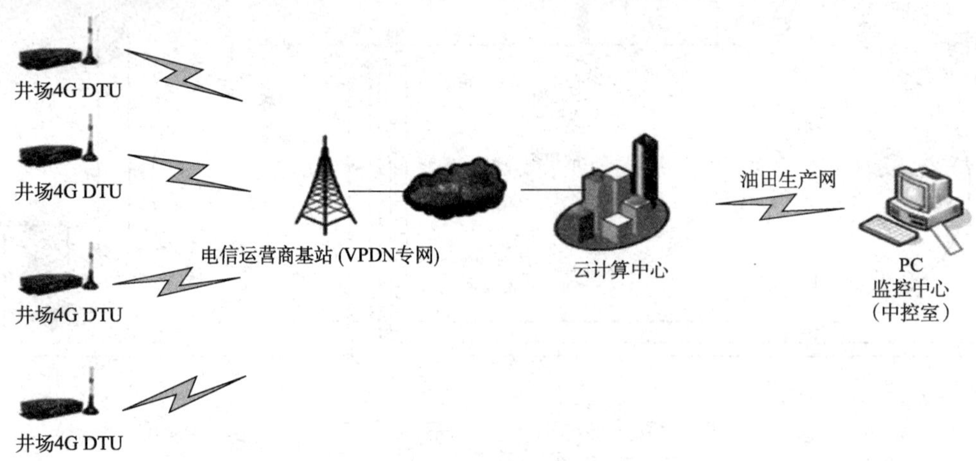

图 3　网络结构图

3.3　后台监控

（1）系统组态部分

安装力控 V2.1 网络版软件，使用统一的组态系统编制单井采集点。软件采用中石油 A11 标准配置软件，采用组态方式实现流程展示、趋势显示、历史查询、实时报警、报表等功能。系统满足吉林油田油气生产物联网统一平台接入要求，具有标准接口。

（2）监控中心部分

监控中心分两级部署的方式。一级为开发公司监控中心，二级为生产区域监控中心。

开发公司监控中心配置操作站 3 台，实现所有单井数据集中监控、协调指挥管理。同时在监控中心安装短信猫，监控系统会自动将生产井的各类报警（液位、温度以及油井启停状态等）信息通过短信猫向前线采油工人进行报警，报警采用语音或短信的方式，使得工人能及时对井上各种情况进行处理。

生产区域监控中心，每个中心配备平板电脑（PAD）1 台，可手持可固定，值守人员能方便灵活的监控本区域的油井参数。下图就是一个生产区域监控中心示例图，方圆 4 公里，半径 2 公里，管理生产油井 17 口，随着新井不断投入，油井数量还会持续增加。

（3）系统特点

突破传统通信传输方式，采用 VPDN 专网传输新模式，大幅缩减建设费用，传输系统的稳定性、可靠性、经济性大幅提高，维护成本和故障处理时间大大降低。

(4) 辅助监控

为了能够使项目发挥最大应用价值，通信公司在一年内将无偿协助非常规资源开发公司做好物联网辅助监控管理工作。共同建立好电参模板，及时发现抽油机井故障；摸索通过物联网优化罐车拉油解决方案；摸索智能化管理，单人管理多井巡查，达到增井不增人解决方案；摸索单井自动计量方案等；摸索提高采油时率和降低能耗解决方案。

4 组态软件开发方案

4.1 组态开发必要性

(1) 远程监控系统能够快速，准确的收集井场数据，节省人力，降低用人成本。

(2) 远程监控系统能够通过数据分析，快速发现异常问题。通过报警提示功能通知监管人员，监管人员能够第一时间掌握相关信息，并且通过远程控制对隐患进行处理，如果处理不了也为实施其他方案节省大量宝贵时间。

(3) 远程监控系统不会受到天气，环境等影响。大大降低了由于恶劣天气人员巡井而出现的交通事故，触电事故，机械事故的几率。为安全生产提供了有力保障。

(4) 全新的组态系统是集检测与控制，简单而高效，直观且丰富于一身的软件系统。通过精准的数据采集和分析，对大量生产数据进行处理。根据客户需求，将所有重要数据直观的展现在客户眼前，通过简单的操作就可以对生产现场进行有效的控制。实现了办公“无脑化”。

(5) 大数据的采集与处理是物联网的核心，通过这套系统不仅能实时的将重要数据展示给客户，同时也能将大量的历史数据进行保存和分析。为吉木萨尔的长远发展奠定了坚实的数据基础。

4.2 生产需求及用户需求

在非常规资源开发公司的开发区域内，井与井之间的距离远，油井巡检难度大。建设一套远程监控系统迫在眉睫。

(1) 单井罐液位、温度采集。实现在本地液位指示，以及液位的远传和高低限报警。

(2) 储液箱产液自动加热。实现储液箱内采出液温度监测，在罐车来井场拉液前，操作人员可远程启动电加热器，将罐内采出液加热至适宜温度后装车拉运；储液箱内电加热器具备恒温加热功能，在冬季环境气温较低时可使用此功能，保证箱内采出液温度始终在凝固点以上；在夏季环境气温高时此功能可停止使用；采集温度参数并远传。

(3) 生产井自动启停。对于自喷井实现单井罐液位高限自动切断电动球阀停止自喷产液；后期改为电潜泵实现单井罐液位高限自动停电潜泵。电动球阀关和电潜泵停可通过 RTU、现场手动操作、远程人员下发指令进行控制，球阀开和电潜泵开可通过现场手动操作或远程人员下发指令进行控制。

(4) 井口压力、温度采集。实现井口压力、温度采集并远传。

(5) 井场视频采集。实现远程对单井罐生产的辅助监控。

(6) 装车流量、泵压力采集。

(7) 电量采集。根据配电箱智能电表采集电量等数据。

(8) 电潜泵电参采集。采集泵电压、电流数据，进行井况诊断。

4.3 方案框架

(1) 非常规资源开发公司数据采集通过电信运营商 VPDN 专网传输至通信公司云服务器，通过组态软件 ef2.1 对数据进行集中监控与处理。

(2) 通过建立 Oracle 中间数据库，推送数据至 Oracle 数据库中供物联网管理平台调用。

(3) 推送数据至 pSpace 供 ef3.0 二次组态 web 页形式进行展示。

(4) 系统提供 C/S 方式对平台进行预览，用于生产指挥与数据分析。

(5) 调度中心能够通过大屏幕，调用 Web 页面的方式，显示视频监控实时画面，调用回放，报警图片接收，语音对讲功能，显示设备和网络状态。并能够实现视频画面自动断线。

(6) 通过调用定位信息管理界面，能够实现车辆实时位置的显示，调用行车轨迹，规划行车路线，派发行车路单等功能。

(7) 调度中心能够通过集群对讲系统，通过井场音柱进行现场喊话，通过对讲系统实现和井场操作员、运输车驾驶员的集群对讲。

4.4 组态设计内容

(1) 组态主界面(图4)

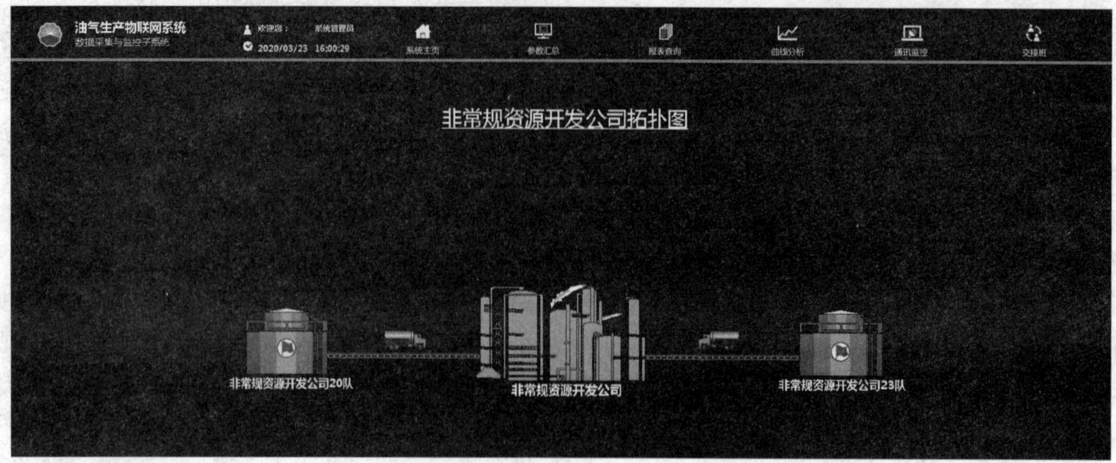

图 4

(2) 队级单井拓扑图

井位图可根据地图位置信息实现放置，三个绿色的指示标识分别代表(从上至下)：压力预警、液位预警、停井报警仪启停状态(图 5)。

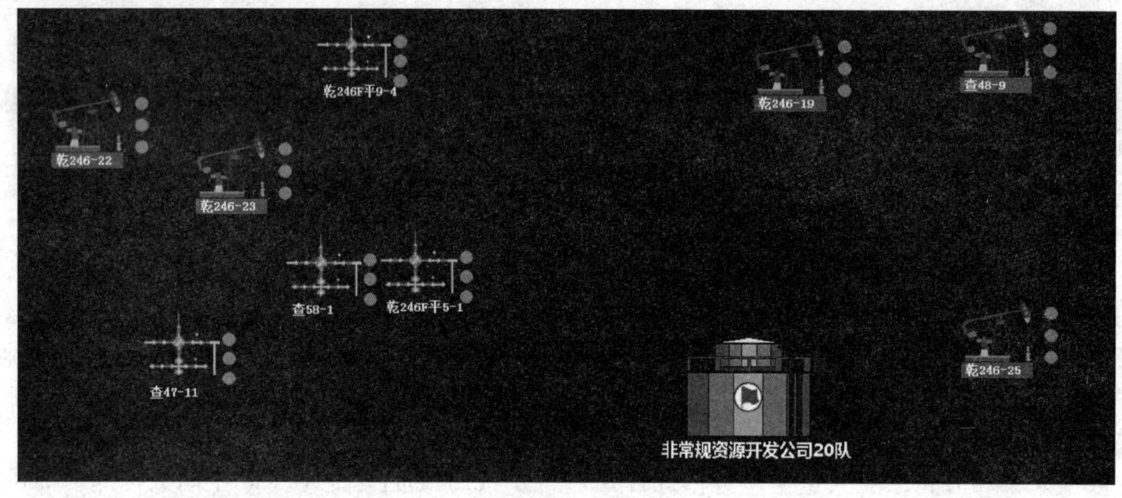

图 5

(3) 单井组态图(图 6)

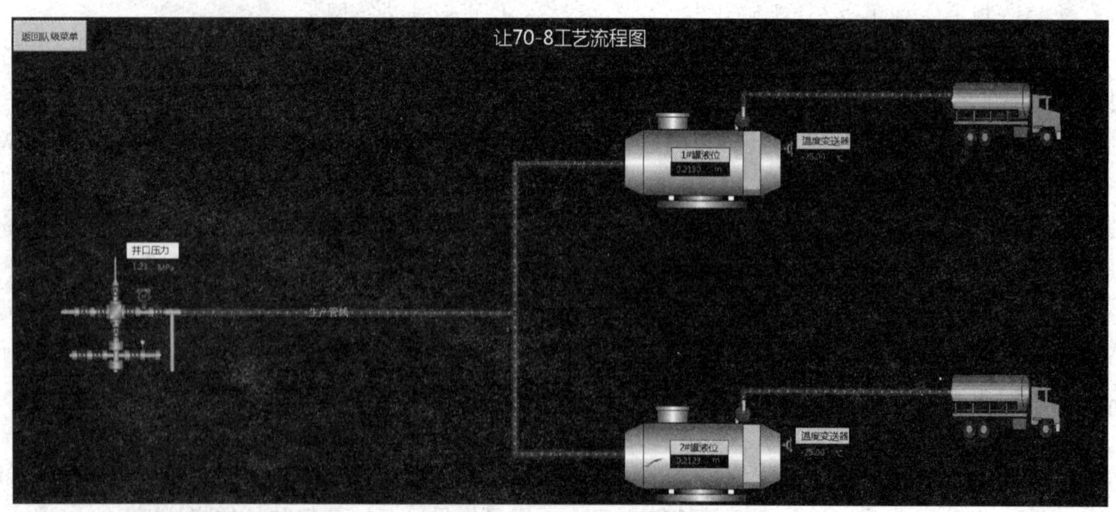

图 6

（4）功能介绍

① 系统首页：非常规资源开发公司区块厂级拓扑图、队级拓扑图、单井拓扑图、单井工艺组态图。

② 参数汇总：报警上下限值批量修改，实时数据、报警上下限值通过 execl 修改和展示。

③ 报表查询：通过 execl 方式显示单井液位、压力、温度等数据，可查询任意时间段该单井各项数据。

④ 曲线分析：实时、历史曲线的开发、绘制。

⑤ 通讯监控：设备在线情况汇总，如 DTU、IP 设备等。

⑥ 交接班：值班人员交接班的记录。

4.5 组态未来开发工作部署

（1）车辆智能调度：拉油车车载物联网系统，实现拉油车 4G 视频监控、GPS 定位，中心语音对讲，调度指挥，实现智能管控、智能调度。

（2）阀状态展示：通过罐体安装电动调节阀，利用 DI 信号判定现场阀的启停状态，并在单井组态图上呈现。

（3）高低液位自动连锁：根据高低液位上下限阈值，实现电动阀自动开关

（4）单井计量产品：井口计量装置研发，该装置能够在井口进行产液计量和含水分析。

（5）压力识别井口盗油产品：通过压力判别井口是否被破坏，并联动报警。

（6）产量计算：通过罐体容积，计量日产量、月产量及年产量，并建立相应报表。

（7）监控中心建立：建立监控中心，集中式监控单井实时数据，对车辆进行统一调度，实现采集、控制及视频安全一体化。

（8）储油罐自动加热：实现储液箱内采出液温度监测，在罐车来井场拉液前，操作人员可远程启动电加热器，将罐内采出液加热至适宜温度后装车拉运；储液箱内电加热器具备恒温加热功能，在冬季环境气温较低时可使用此功能，保证箱内采出液温度始终在凝固点以上；在夏季环境气温高时此功能可停止使用；采集温度参数并远传。

5 结论

在国家大力倡导互联网与实体经济相融合的大背景下，油田数字化生产模式在提质增效，节能降本、数据安全管控等方面应用效果显著，已成为油田未来发展的必由之路。本项目突破传统通信传输方式，采用 VPDN 专网传输新模式，大幅缩减建设费用，传输系统的稳定性、可靠性、经济性大幅提高，维护成本和故障处理时间大大降低。通过边缘计算、二次开发、软测量等技术开发下位机软件，实现系统自识别、自优化，达到井场的实时检测与监管，进一步缩减故障识别及时性。满足在网络异常、采集设备失灵时，系统迅速反映停机，避免设备在非正常时长时间运行带来的安全风险。油田数字化需求与日俱增，本课题从油田生产实际出发，解决目前油田生产痛点、难点问题，为推动油田产量效益动用保驾护航。

参 考 文 献

[1] 卢怀宝，管尊友．基于油气生产物联网的“油田智能化管理体系”建设[J]．中国石油企业，2019(03)：51-57+4.

[2] 刘延昭．数字化油田建设效果分析及应用前景探讨[J]．化学工程与装备，2019(04)：126-127.

[3] 曹万岩，王庆伟．大庆油田计量间数字化建设模式探讨[J]．石油规划设计 2019，30(06)：13-16+49.

成品油物流日间调度优化

李亚婧[1]　赵振学[2]　刘　涛[1]　马开良[2]　张立峰[3]

（1. 中国石油规划总院；2. 中国石油西北销售公司；3. 中国人民大学）

摘　要　成品油物流的调度是长距离石油运转中最关键的环节之一，制定能够满足上游和下游需求且保证各运输方式的使用安全性、高效性的调度计划为在调度管理中首要的使命，日间调度优化水平的好坏直接影响到企业的效益、运行安全和服务水平。本文详细介绍了成品油物流日间调度的优化问题，将优化问题分为油源至油库各类运输方式的调度问题和油库的库存控制与优化问题两部分；然后文章系统的总结了各类运输方式调度问题的研究进展以及油库库存控制与优化问题的研究进展。研究结果表明：成品油物流日间调度优化各类运输方式的研究和应用主要集中在管道和公路两种运输方式，库存控制的研究方法主要为人工神经网络、时间序列预测、灰色预测、模糊预测、回归预测等，但传统方法在非线性问题的研究中预测误差较大，常用模型的预测精度有待提高。整体而言，成品油物流日间调度优化在国内的研究较少，成品油物流日间调度优化迫在眉睫。

关键词　成品油物流　日间调度　优化　库存控制

成品油物流指炼厂生产出合格的成品油后，经过各种运输工具的运输、各级油库的仓储中转，送达加油站和批发客户的物流过程。成品油物流包括运输和仓储两个环节，成品油物流运输一般分为一次物流和二次物流，一次物流主要包括从炼厂运送到油库、油库到油库的运输过程，二次物流主要指由炼厂/油库配送到加油站的过程。成品油一次物流是围绕直属炼厂而展开的，主要考虑需求、油库、运输和供应四方面内容。成品油一次物流包含的环节多、涉及面广，主要通过公路、管道、铁路和水运四大运输方式，连接炼厂、大区调运公司、各级销售公司等物流节点，实现成品油合理、安全、经济的运输、存储和配送销售[1]。

成品油日间调度是一次物流的日间执行环节，主要指统筹考虑炼厂的生产调度计划、各地区库存情况和销售节奏、长输管道工况运行，按照月度运输计划的总体安排，每日进行调度计划下达和运行跟踪的过程。日间调度计划的制定是成品油日间调度的核心环节，日间调度优化整体流程为统筹考虑供应、需求、库存、发运设施现状，在月度执行计划指导下，依靠业务经验或运用优化技术方法形成满足业务运行条件的日间可执行计划。由于成品油物流日间调度各变量间的耦合关系复杂，影响因素较多且具有高度不确定性的特点，以及实际生产对调度问题求解效率要求苛刻，使得求解此类问题非常复杂。

本文将系统的介绍日间调度优化问题及其研究进展。

1　日间调度优化问题

调度计划是调度人员根据下游市场的需求量和需求种类，结合管道的运输能力，合理调配资源，同时根据生产安全性、可行性等对生产情况进行评价校核，使得运行达到某种最优[2]。整体而言，日间调度需要解决的问题是将月度计划拆分为可执行的日间调度计划，其中涉及油库发运、运输、油库入库、油库存储、油库出库等流程，简单示意图请见图 1。

为了实现成品油物流日间调度的优化，我们将复杂的问题分为以下两部分：

（1）油源至油库各类运输方式的调度问题

油源至油库主要为公路、管道、铁路、水运四种运输方式。油源至油库各类运输方式的调度优化是日间调度优化研究的重点研究内容。只有将各运输方式的调度进行优化，才能合理的制定调度计划，从而更好地执行。

（2）油库的库存控制与优化问题

油库的入库、出库、存储均涉及油库的库存控制问题，其中油库出库衍生出油库的需求预测问题，因此需求预测也是油库库存控制的一方面。油库的库存控制与优化是日间调度优化研究的另一重点内容，只有合理的库存控制，才能在提高客户服务水平的前提下降低库存成本。

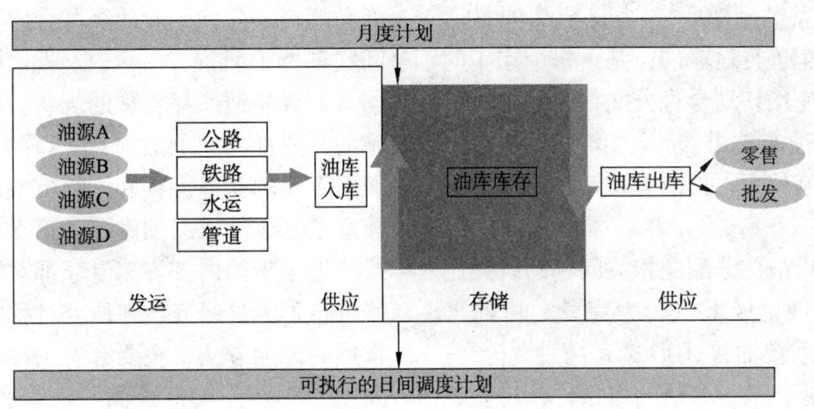

图1　日间调度业务模型

下面我们将分别总结油源至油库各类运输方式的调度问题及油库的库存控制与优化问题研究进展。

2　日间调度优化问题研究进展

1. 油源至油库各运输方式调度研究进展

公路运输调度问题的研究出现较早，由20世纪70年代Wilson对车辆动态调度问题的研究开始。近年来，更多的学者对公路运输中的车辆调度问题做了进一步的研究。张建勇等研究了基于模糊需求的车辆调度问题，构造了实时启发式算法求解，并对算法的合理性进行了验证[3]。刘云霞基于GPS、GSM和GIS技术，结合贪心算法，进行了单配送中心、非满载送货条件下的车辆优化调度[4]。柯昌正等开发了一套基于蚁群算法的车辆动态调度系统，并将此系统与其他车辆动态调度系统做了比较和分析[5]。刘士新等设计了动态环境下车辆路径优化的导向局域搜索算法，建立了动态环境下车辆配送的仿真模型[6]。王艳玲等分析了多种求解算法，并设计了动态邻域禁忌搜索和动态邻域模拟退火两种启发式算法对不同的车辆调度问题进行求解，分析比较了不同算法的求解效果[7]。刘军伟应用ADP方法以近似动态规划思想为基础，对多类型车辆动态调度问题进行了建模和求解，并对算法进行了仿真实验[8]。

成品油管道的调度问题十分复杂，目前最主要的求解方法是数学规划方法。调度领域中使用最广泛的是混合整数线性规划（MILP）和混合整数非线性规划（MINLP）两类方法[9]。Cafaro等[10]、Relvas等[11]、MirHassani等[12]均针对某一具体的管道系统建立了MILP模型，求解出操作时间不确定的准调度计划。虽然此模型能够合理有效地对复杂成品油管道调度问题进行描述，但是大量的约束条件会给模型带来计算困难。针对这些问题，Maga[13]和Cafaro[14]将单一的大模型分解成多个小模型，并采用分解策略求解。除此之外，Relvas[15]、Erito[16]和Boschetto[17]采用启发式算法进行求解，在可接受的计算时间内得到较满意的调度计划。在充分学习借鉴国外成品油管道先进管理经验的基础上，国内学者结合国内成品油管道在运行管理过程中的具体问题，进行了广泛而深入的研究。周雪静等[18]结合油库库存、油品需求等约束条件提出一种“先满先输”的启发式规则。崔艳雨等[19]对兰成渝成品油管道的调度问题进行研究，开发了与该管道相匹配的调度软件，该软件能够以人机交互的方式编制调度计划，并且可以对所编制的计划直接进行工况模拟。张浩然等人[20]针对多批次顺序输送管道，考虑运行成本建立MINLP模型，选用优先级算法以较短计算时间求解长期调度问题。段志刚等[21]以调度周期内体积总偏差最小为目标函数，综合考虑了注入、分输等约束条件，建立了基于连续时间表达的MINLP模型，并将其分解成整数规划问题与MILP问题对模型进行求解。随后，张浩然等[22][23]、段志刚等[21]基于连续时间表达建立了单源多汇成品油管道的MINLP模型，可求解出详细的调度计划。廖绮[24]基于用户需求时间窗进行了成品油管道优化，建立了以最小时间窗偏差为目标的管道调度优化模型，利用蚁群算法和分支定界法求解出最优的调度计划。

铁路成品油运输是保障国家能源安全的重要渠道，是保障国家能源安全的重要渠道[1]。铁路成品油供应在市场化模式下运作了多年，取得了长足的进步，但是仍然存在许多制约铁路成品油供应效率和效益的问题[25]。大量成品油是通过铁路部门的罐车进行运输的，基于每个罐车的不同容积，根据使用计划合理分配铁路罐车。铁路运输的调度管理非常重要[26]，但由于铁路输运调度受铁路限制较大，目前有关铁路调度的研究较少。

国外关于港口泊位分配的相关问题的研究比较多，其得到的理论成果也较为完善。目前来看，对港口生产系统的描述形式有两种[27]：一种是通过构建目标函数，分析约束条件，建立数学模型，并利用优化的算法进行求解；另一种是分析系统实际运营的流程要素建立计算机仿真模型，通过对仿真模型逻辑结构、输入、输出参数的设置，得到模型的评价指标等。目前国内对于水路运输的成品油一次物流调度的研究较少。

2. 油库库存与优化研究进展

1913 年，Harris[28] 最早提出存储问题的经济订货批量模型。Berman 等人[29] 提出需求依赖库存的经济订货批量模型，分别讨论不同需求函数时的最优订货策略。Eynan 等[30] 研究了库存费用可变、需求随机的等周期库存系统的最优订货周期和安全库存，并提出一个适用于多种情况的近似确定模型。国内学者近年来在成品油库存管理方面进行了部分研究。王旭[31] 运用系统动力学方法，建立了油库与加油站的两级库存控制的系统动力学模型，并针对不同的客户需求条件提出参数和结构优化策略，从而提高库存稳定性，降低总成本。耿相海[32] 以配送运费与油库库存成本之和最小为目标，构建成品油油库的布局优化模型。田立新、唐焕超[33] 针对多供给、多需求且允许缺货的成品油采购、运输和存储问题，建立库存运输联合优化模型。张纳军[34] 对油价波动下的成品油销售企业库存控制进行了建模研究。曹锦川[35] 研究了成品油分销企业的销售物流管理和销售物流理念在成品油企业的实施情况，旨在通过引入销售理念来加强成品油的库存控制；阮平[36] 主要从油价波动的角度分析了成品油物流的生成机理与存货风险，并分别建立了油价涨跌概率已知情况下的存货决策模型和油价萧条的特殊时期成品油经营企业库存控制模型；辜勇、杨子清和高东旭在对油品库存管理现状以及库存管理的优劣势进行分析的基础上，提出了库存管理优化的理论依据和优化思路[37]。王远革分析了分类法在成品油库存中的应用[38]。刘利娜对成品油企业两级联合库存管理中的相关问题进行了研究[39]。马根萍、朱海龙分析了中国石油成品油库存管理的现状，以及中国石油实施的必要性与可行性[40]。朱泽对基于的成品油经营企业的业务流程和库存模型进行了研究，并建立了基于的成品油库存决策支持系统[41]。

近年来国内外许多专家都对能源消费需求预测进行了大量研究，在研究过程中出现了一系列常用的预测方法，主要有人工神经网络、平稳时间序列预测、灰色预测、模糊预测、回归预测等，这些方法对成品油等能源需求建模及科学发展规划提供了重要的科学依据与技术支持。江敏提出基于主成分分析建立了消费预测模型，以提高天然气消费的预测精度，此方法有较高的有效性但预测效果不稳定[42]。薛春兰使用灰色理论和 BP 神经网络方法预测了我国汽柴油的需求状况，两种方法包含了线性预测和非线性预测，大大提高了预测量的准确性[43]。许荣胜基于灰色理论建立了基于石油消费和国内生产总值的灰色系统模型，对我国石油消费需求进行了预测研究，预测结果较为理想，但仅从石油消费绝对增长量判断我国消费需求，结论较片面[44]。部分传统预测方法缺乏对样本的学习过程，在类似非线性问题研究中难以刻画其关系，从而导致模型预测误差较大，精度不够高的缺陷。基于上述的分析可以得出，现有常用预测模型的准确性还有待提高。

3　总结与展望

成品油物流日间调度是成品油运输的关键环节，其优化水平的好坏直接影响到企业的效益、运行安全和服务水平。本文分析了日间调度优化问题，并系统的总结了日间调度优化问题的研究进展。成品油物流日间调度优化各类运输方式的研究和应用主要集中在管道和公路两种运输方式，库存控制的研究方法主要为人工神经网络、时间序列预测、灰色预测、模糊预测、回归预测等，这些方法对成品油等能源需求建模及科学发展规划提供了重要的科学依据与技术支持，但传统方法在非线性问题的研究中预测误差较大，常用模型的预测精度有待提高。整体而言，成品油物流日间调度优化在国内的研究较少，成品油物流日间调度优化迫在眉睫。整体而言，成品油物流日间调度优化在国内的研究较少，希冀通过该研究工作为后续研究提供一定基础，同时对未来的研究方向起到指导作用。

参考文献

[1] 陆争光，高鹏．PetroChina′s Primary Oil Product Logistics Today，Challenges and Solutions% 中国石油成品油一次物流发展现状、存在问题及对策建议[J]．中外能源，2016，021(005)：14-20.

[2] 梁永图．成品油管道调度优化研究[D]．2009.

[3] 张建勇，郭耀煌．一种多式联运网络的最优分配模式研究[J]．铁道学报(4)：114-116.

[4] 刘云霞．动态车辆调度问题分析及算法设计[D]．西南交通大学．

[5] 柯昌正．动态车辆调度问题研究与应用[D]．北京交通大学．

[6] 李琳，刘士新，唐加福．改进的蚁群算法求解带时间窗的车辆路径问题[J]．控制与决策，2010(09)：102-106.

[7] 王艳玲．蚁群算法及其在 TSP 问题中的应用研究[D]．2008.

[8] 刘军伟．基于 ADP 的物流车辆动态调度方法的研究与应用实现[D]．江苏科技大学，2014.

[9] NEIRO SS，PINTO J M. A general modeling framework for the operational planning of petroleum supply chains [J]. Computers & Chemical Engineering，2004，28 (6)：871-896.

[10] CAFARO D C，CERDA J. Optimal scheduling of multiproduct pipeline systems using a non-discrete MILP formulation [J]. Computers & chemical engineering，2004，28(10)：2053-2068.

[11] REJOWSKI R，PINTO J M. Efficient MILP formulations and valid cuts for multiproduct pipeline scheduling[J]. Computers & Chemical Engineering，2004，28(8)：1511-1528.

[12] MENDEZ C A，HENNING G P，CERDA J. Optimal scheduling of batch plants satisfying multiple product orders with differentduedates [J]. Computers & Chemical Engineering，2000，24 (9 - 10)：2223-2245.

[13] MAGATAO L，ARRUDA L V R，JR F N. A mixed integer programming approach for scheduling commodities in a pipeline[J]. Computers & Chemical Engineering，2004，28(1)：171-185.

[14] CAFARO V G，CAFARO D C，MENDEZ C A，et al. Detailed scheduling of single-source pipelines with simultaneous deliveries to multiple offtake stations[J]. Industrial & Engineering Chemistry Research，2012，51(17)：6145 - 6165.

[15] RELVAS S，BARBOSA-POVOA A P F D，MATOS H A. Heuristic batch sequencing on a multiproduct oil distribution system[J]. Computers & Chemical Engineering，2009，33(3)：712-730.

[16] FILHO E M D S，BAHIENSE L. Scheduling a multi-product pipeline network[J]. Computers & Chemical Engineering，2013，53：5569.

[17] BOSCHETTO S N，MAGATAO L，BRONDANI W M，et al. An operational scheduling model to product distribution through a pipeline

[18] 廖绮，梁永图，张浩然，等．基于深度搜索法的成品油管道调度计划自动编制[J]．油气储运，2017，36(12)：1391-1400.

[19] 崔艳雨，陈世一，吴先策．兰成渝管道工程运行管理系统研究[J]．中国民航大学学报，2003，021(001)：30-32.

[20] 张浩然，梁永图，王宁，等．多源单汇多批次顺序输送管道调度优化[J]．石油学报，2015，036(009)：1148-1155.

[21] 段志刚，梁永图，张浩然，等．耦合水力约束的成品油管道调度模型研究[J]．石油科学通报，2017(1).

[22] ZHANG H R，LIANG Y，LIAO Q，et al. A hybrid computational approach for detailed scheduling of products in a pipeline with multiple pump stations[J]. Energy，2016，119：612-628.

[23] ZHANG H R，LIANG Y T，XIAO Q，et al. Supply-based optimal scheduling of oil product pipelines[J]. Petroleum Science，2016，13(2)：355-367.

[24] 廖绮，梁永图，沈允，等．基于用户需求时间窗的成品油管道调度优化[J]．石油科学通报，2018，3(002)：P. 205-214.

[25] 钟菁．论铁路成品油供应管理[J]．铁路采购与物流，2016，000(002)：34-35.

[26] 雷强．呼石化成品油铁路发运物流管理案例研究[D]．2015.

[27] 黄晓康．成品油及液体化工品码头装卸管线配置方案仿真研究[D]．2015.

[28] FW Harris. How many parts to make at once[J]. The magazine of management，1913，10(2)：136-152

[29] OBernman，D Perry. An EOQ model with statedependent demand rate[J]. European Journal of Operational Research，2006(1)：255-272

[30] AEynan，DH Kropp. Effective and simple EOQ like solutions for stochastic demand periodic review systems [J]. European Journal of Operational Research. 2007 (3)：1135-1143

[31] 王旭．成品油销售企业供应链库存控制研究[D].

河北：河北工业大学，2014

[32] 耿相海.GD石油公司库存优化研究[D].广东：华南理工大学，2011

[33] 田立新，唐焕超.成品油单周期库存与运输联合优化[J].系统管理学报，2009，18(5)：588-590

[34] 张纳军.油价波动下成品油销售企业库存控制研究[J].当代石油石化，2015，23(010)：28-32.

[35] 曹锦川.成品油分销企业的销售物流管理[D].2006.

[36] 阮平.基于物流理念的成品油经销企业存货策略研究[D].武汉理工大学，2004.

[37] 辜勇，杨子清，高东旭.基于供应链的成品油库存管理优化研究[J].中国水运(理论版)，2006，4(12)：87-88.

[38] 王远革.ABC分类管理法在成品油库存中的应用[J].广东化工，2008，035(007)：54-57.

[39] 刘利娜.成品油企业两级联合库存管理研究[D].2007.

[40] 马根萍，朱海龙.基于VMI模式的成品油库存管理研究[J].石油规划设计，2009(1)：50-53.

[41] 朱泽.基于VMI的成品油库存优化及系统开发研究[D].武汉理工大学.

[42] 江敏.基于主成分分析和支持向量机相结合的天然气消费量预测[J].科技通报，2013，000(012)：42-44，47.

[43] 薛春兰，张明华，郑爱萍，等.灰色理论和BP神经网络在汽柴油需求预测中的应用[J].辽宁石油化工大学学报，2009(02)：13-16.

[44] 许荣胜.Predictions on China′s Oil Demand According to Gray System Theory%基于灰色系统理论的我国石油消费需求预测研究[J].国际石油经济，2005，013(004)：36-38.

基于区块链技术的油气供应链金融平台初探

王　婷　杨　博　何活庆　朱艳玫　冯　仕

（中国石油天然气股份有限公司规划总院）

摘　要　供应链金融是国有企业发挥核心企业优势，产融结合实现提质增效、高质量发展的重要手段。区块链技术作为一种新兴技术，其技术特性与供应链金融具有天然的匹配性，可以有效的推动供应链金融模式创新及产业发展。通过对供应链金融业务发展以及区块链技术特点的分析，以应收账款融资为应用场景，从业务模式、技术架构和建设推广三个方面，分析构建基于区块链技术的油气供应链金融平台所需要解决的关键技术问题，为油气企业产融创新及数字化转型提供助力。

关键词　区块链；供应链金融；油气产业；平台建设

1　前言

在替代能源导致竞争加剧、中低油价削弱油气公司盈利能力、能源转型持续深入推进的背景下，油气企业要想在充满不确定性的未来能源世界中立足，主动拥抱数字化浪潮、利用数字化技术提升企业竞争力是必然选择。国际上各大石油公司都将数字化转型作为企业发展的战略方向之一。在“ABCD”新一代数字化技术中，“B”区块链技术是当前最为热门的技术之一。麦肯锡的研究表明，区块链技术，是继蒸汽机、电力、信息和互联网科技之后，目前最有潜力触发第五轮颠覆性革命浪潮的核心技术。区块链技术在基础应用方面的革新将孕育各类底层技术平台提供区块链技术服务和解决方案的企业，进而将区块链技术延展深入到各个业务领域，进一步建立健全以区块链为基础和解决思路的行业生态。区块链技术作为战略性前沿技术，其在油气行业中的应用前景被许多专家看好。目前国内外已有不少石油巨头公司对区块链技术在油气行业中的应用进行了研究与实践，但实际应用主要还是局限在油气贸易上。进一步探索区块链技术与油气业务融合，将会推动油气行业走向数字化业务革新与发展。

未来的竞争已经从单个企业间竞争发展成为生态平台之间的竞争，核心企业需要沉淀核心竞争力，输出企业的数据和服务能力，把行业内的上下游和跨行业的合作方都吸引到自己的平台上。油气行业具有经济总量大、产业链条长、技术专业性强、涉及环节和企业多且复杂等特点。提升整个产业链的竞争力是油气企业高质量发展、迈向国际一流的基础。供应链金融有助于增强供应链生存能力，提高供应链资金运作效率，降低供应链整体管理成本。发展供应链金融是打造油气产业链核心竞争力的关键手段。但目前供应链金融在国内仍处于发展阶段，存在信息孤岛、核心企业信用无法有效传递、中小微企业融资难融资贵等诸多痛点。而区块链具有数据难以篡改、数据可追溯、强隐私保护和互信等技术特点，在融资便利性与融资成本方面具有创新突破的潜力，与供应链金融具有天然的匹配性。

本研究通过分析油气供应链金融发展存在的问题以及区块链技术特点，发挥核心企业优势，找出区块链技术与油气供应链金融深入契合的场景，通过具体场景来分析利用区块链技术，构建油气供应链金融平台的落地方案，为油气企业产融创新及数字化转型发展提供助力。

2　油气产业供应链金融

供应链金融是对供应链的某个环节或全链条提供定制化金融服务，通过整合信息、资金、物流等资源，达到提高资金使用效率、为各方创造价值和降低风险的作用，构筑企业、金融机构和供应链互利共存、持续发展、良性互动的产业生态。自2001年起，我国就开始对供应链金融进行试点，在创新的过程当中，新型的金融产物不断产生。从供应链金融模式演变过程来看，可以分为四阶段：以人工授信为主的供应链金融1.0阶段、核心企业与银行初级线上合作的供应链金融2.0模式、利用互联网技术搭建“三流合一”

的供应链金融 3.0 模式及基于云计算、大数据和区块链等现代互联网技术的供应链金融 4.0 阶段。

现有油气产业供应链金融还处在 2.0 和 3.0 之间，主要依托核心企业信用进行，由核心企业提供担保占用核心企业授信额；或者由核心企业延伸通过应收账款、预付款等模式将产业链上下游风险转移至核心企业。目前存在以下问题：

一是核心企业信用延展性不足，中小企业融资难。目前油气产业信用主要覆盖到一级供应商，银行只愿意对与核心企业有直接应收账款业务的一级供应商提供保理业务，这导致有巨大融资需求的二级、三级等供应商的需求得不到满足。同时，现阶段的商业汇票、银行汇票使用受制于企业的信用，汇票转让难度较大，到账时间往往也难以把控，企业难以用票据满足更多的融资需求。

二是信息孤岛现象较为严重。目前油气行业参与数字化生态的比例仅为 40% ，低于其他行业平均约 49% 的比例。且数据可获得性较差，信息孤岛现象较为严重，由于企业保密制度等相关限制，各企业之间融资信息的验证较为困难，产业信息与金融信息的协同性较差，融资成本高。

三是交易信息的真实性难以有效确认。在油气产业供应链金融系统中，金融机构作为信息较少的资金提供方，不只担心企业的还款能力和还款意愿，更担心信息本身的真实性。特别现阶段供应链金融建立在核心企业信用之上，对于核心企业与供应链企业的合谋，鲜有有效的手段能够辨识和预防。另外，核心企业与上下游企业签订的合同可能并不会完全履约，特别是涉及多级供应商时，合同履约情况不明将会带来更多的不确定性因素。

3　区块链与供应链金融

区块链技术本身并不是一个全新的技术，而是由多个现有技术组合而来。区块链技术是利用块链式数据结构来验证与存储数据，利用分布式节点共识算法来生成和更新数据，利用密码学的方式保证数据传输和访问的安全，利用由自动化脚本代码组成的智能合约来编程和操作数据的一种全新的分布式基础架构与计算范式。区块链技术架构整体上可划分为成网络层、共识层、数据层、智能合约层和应用层五个层次。

		比特币	以太坊	Hyperledger Fabric
应用层		比特币交易	Dapp/以太币交易	企业级区块链应用
智能合约层	编程语言	Script	Solidity/Serpent	Go/Java
	沙盒环境		EVM	Docker
数据层	数据结构	Merkel 树/区块链表	Merkle Patricia树/区块链表	Merkle Bucket树/区块链表
	数据模型	基于交易的模型	基于账户的模型	基于账户的模型
	区块存储	文件存储	LevelDB	文件存储
共识层		PoW	PoW/PoS	PBFT/SBFT
网络层		TCP-based P2P	TCP-based P2P	HTTP/2-based P2P

图 1　区块链体系架构

区块链技术的四大基本特征是共享账本、智能合约、安全隐私和共识机制。这些特征非常适合多方参与的供应链金融业务，具体表现在：

一是区块链技术可建立共享账本，消除信息非对称问题。区块链作为分布式账本技术的一种，其机制是所有参与方集体维护一个分布式共享账本，使得各参与方数据在整个供应链系统中共享，极大地解决了供应链金融业务中信息孤岛问题。

二是区块链上每笔交易记录都是各参与方达成共识后，按照时间顺序记录的，且通过加密技术保证各参与方对数据难以进行篡改或伪造。通过构建一个依赖于机器和算法信任的交易体系，所有参与者通过密码学原理确定身份，采用自组织的方式，依靠共识机制实现相互间的信任，解决核心企业作为单一“记账人”导致的潜在风险以及凭证造假问题，建立全局互信机制。

三是智能合约可防范履约风险。智能合约是一套以数字形式定义的承诺，是自动验证、自动执行的计算机协议。所有参与方将共同约定的条款通过智能合约的方式转化为计算机自动执行程序，确保了交易双方或者多方能够如约履行义务，使交易顺利可靠的执行，用计算机效率和可靠性提升交易效率和信任度，有效管控履约风险，降低人为监督和执行成本。

四是创新金融交易机制，传递核心企业信用。登记在区块链上的可流转、可融资确权凭证可视为数字资产凭证，进行拆分并在多级供应商之间进行传递，整个凭证的拆分、流转过程可溯源，从而解决传统供应链金融中核心企业信用传递的问题。

4 基于区块链技术的油气供应链金融平台

4.1 业务模式设计

目前，区块链+供应链金融尚未形成标准化的解决方案，利用区块链技术对供应链金融业务进行的创新和优化主要表现在：1)凭证数字化，线上背书，且可多级拆转融；2)业务执行线上化；3)数据存储上链，节点间互信互通，在非可信网络上构建可信价值传递网络。

以核心企业为主导的供应链金融模式主要分为应收类、预付类及存货类三种。在应收类中，根据融资担保物差别，又分为订单融资模式和应收账款融资模式。这些模式应用区块链技术的场景如图2所示。

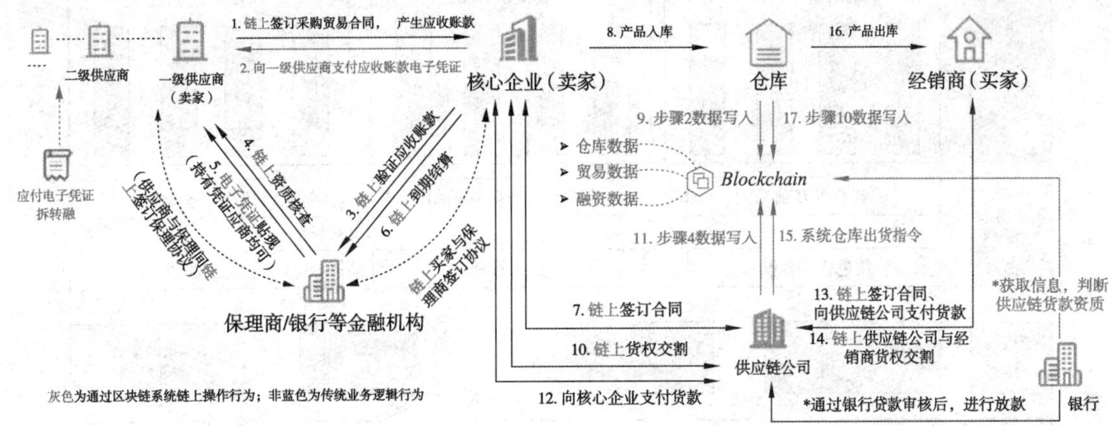

图2　区块链+供应链金融业务架构

应收凭证拆转融目前区块链技术落地供应链金融的主要应用方式。因此，油气产业区块链供应链金融业务也将选择应收账款融资作为落地场景。在整个应收凭证融资场景中，应用区块链技术进行业务优化提升的关键步骤如下：

（1）应收账款的开立。应收账款本身其实是一个合同条款，多方需要在应收账款的各个属性中确立自身的权利和义务，而这些步骤放入区块链中以后，就会以数字凭证的形式被记录下来，无论是核心企业、金融机构还是多级供应商可以使用一致性账本来保障这些申明的权利和义务。

（2）应收账款的转让。应收账款的转让意味着权利和义务的转移，这种情况下各参与方首先需要确认应收账款的真实性和正确性，需要对应收账款进行溯源确权，而将这些步骤放入区块链也就意味着多方进行参与并将确权的流程在区块链中记录并达成共识。由于参与方的不确定性，则需要编写智能合约实现转让操作，利用区块链的共识机制完成对智能合约执行的多方共识。

（3）应收账款的拆分。由于多级供应商的存在，核心企业开立的应收转款需要在各级供应商之间进行拆分，各级供应商利用这些拆分的应收账款向金融机构申请融资。这也需要对应收账款进行溯源确权，同时，还需要通过数字凭证的一致性账本来确保不发生“一单多融”。

（4）应收账款的融资。应收转款的供应链金融的最核心的目标，各级供应商利用核心企业开立的应收账款向金融机构申请融资，对于这些已经被拆分的应收账款首先需要进行确权，同时，在融资过程中还需要多方对融资的具体属性进行确认。例如，核心企业对于每个层级不同的供应商的融资成本可能是不同的，这就需要在融资过程中，金融机构和核心企业共同对融资成本达成一致，并且在达成一致以后，将这些数据写入区块链，同时，在区块链上对这些应收账款的余额进行多方的一致性判断，以此来保证各方对这笔融资的所有属性都达成了一致。同时，还需要将融资过程中的所有各方进行的确认和协商的行为也进行记录。

应收凭证拆转融业务中，所有业务数据上链，业务操作上链，使得应收账款凭证流转不仅规避了纸质应收账款单据造假风险，更能通过将其“拆分、流转、融资”的方式借助核心企业信用背书解决多级供应商资金短缺的问题，可以有效提高供应链金融的市场渗透率。同时，通过将纸质业务程序数字化，极大的提高效率，减少人工介入导致的失误和风险。

4.2 技术平台方案

基于上述应收账款融资应用场景，结合区块链技术架构体系及目前区块链技术发展趋势，油气产业区块链供应链金融的整体技术架构如图 3 所示。包含业务应用层、业务支持层、区块链应用层和区块链底层。业务应用层为各参与方的业务系统，如核心企业的采购服务平台，金融机构的金融服务平台、风控服务平台等；业务支持层为各参与方业务系统与区块链应用的集成管理；区块链应用层为链上应用管理相关功能及接口；区块链底层则为保证区块链应用高效运行的技术，如分布式账本、数据验证同步共识机制、网络传输、隐私权限及策略等。

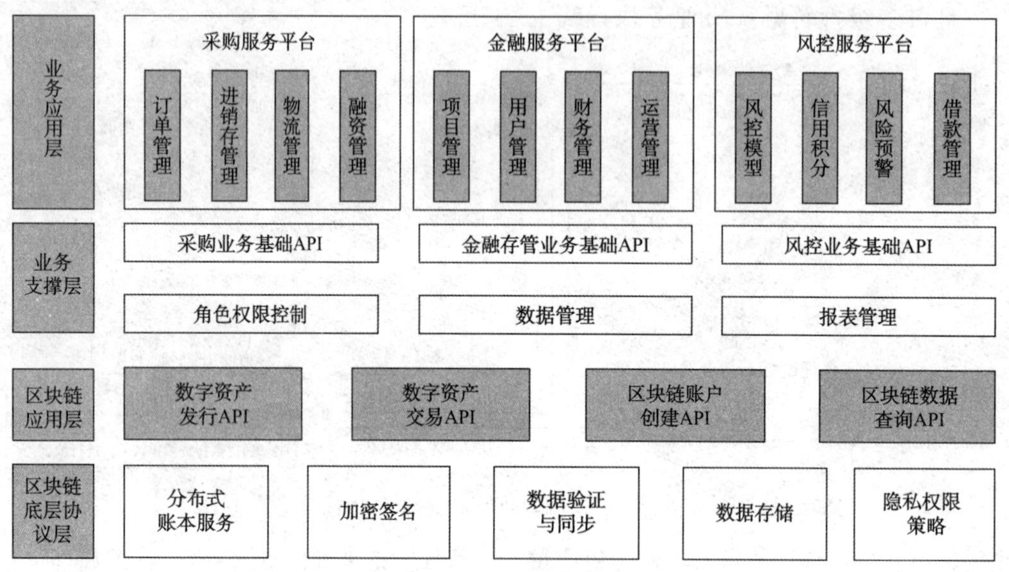

图 3　区块链+供应链金融技术架构

区块链技术应用的核心问题之一是效率、规模和性能的平衡。对于区块链底层技术平台，其核心的共识机制、隐私保护是影响平台性能和效率的主要因素。

共识机制是区块链分布式信用机制构建的核心，其共识算法也是影响效率的重要因素。共识机制的选择是构建区块链底层平台的关键决策之一。不同业务场景的参与主体不同、对业务交易的性能要求不同，在油气行业区块链供应链金融平台建设时，共识机制的选择即需要考虑中石油这种在油气供应链中拥有充分话语权和影响力的领军企业的权益，又要兼顾金融机构、上下游企业参与上链的积极性，以及整个平台参与企业的准入准出控制。从节点话语权、交易响应时间、并发能力、以及服务器计算能力和网络带宽等因素多方考虑，计划选择权益类的效率较高的共识算法。

隐私保护技术是企业选择上链的基础。供应链金融的多参与方和油气产业超长产业链的特性决定在开展油气产业区块链供应链金融服务平台建设时，隐私保护机制的要从多种方案灵活适配的角度出发，设计并选择针对不同隐私需求、大数据规模的多技术支撑的细粒度隐私保护机制，从而支持一方加密多方解密，保证链上业务数据安全和接收者授权可控，局部数据上链，特定数据限定在授权范围内读取，基于业务规则灵活配置等。

除了区块链底层技术平台搭建，为保证基于区块链技术的供应链金融业务应用的顺利运行，需要将区块链底层技术平台与相关参与方的业务系统进行集成并对业务系统进行一定程度的改造，如企业 ERP 系统，银行业务系统等。

4.3 平台建设推广

联盟的组建以及如何调动企业参与上链的积极性是区块链技术在供应链金融领域落地需要解决的首要问题。供应链金融业务是需要核心企业、金融机构、上下游企业多方共同参与协作的业务，因此，基于区块链的供应链金融平台也将是一个多方协作的联盟链平台。联盟组建先于平台搭建是落地实施的基础。从区块链供应链金融参与方构成及运营的角度，多方共建运营模式是目前的主流，其优势在于：1）资源可扩展性强：多方共识、透明程度高，可吸引更多优质资源（技术、资金、企业客户）；2）单方投入成本低：

参与方提供自身擅长资源即可，相较于单方建立整个网络的投入成本低很多；3)抗风险能力强：多方参与整体经验丰富，易于加强产业链协作及长期健康稳定发展，综合抗风险能力相对较强。但多方共建运营模式容易出现协同效率低的情况。

其次，对于区块链供应链金融平台来说，目前可见的联合运营分润、向金融机构进行技术输出等变现方式虽具备一定商业价值，但利润规模空间较小，因此平台建设和运营企业需要通过聚焦主攻切入点，增强平台竞争力，从而构建稳定生态，进而发现更多商业机会。

此外，区块链作为新兴的计算机技术，对于将区块链技术应用到实际中，还需要大量对计算机科学、区块链底层技术有深入了解的技术专业人员，以及对区块链技术应用有深入研究的专业人员，人才的发掘和培养是区块链技术应用发展的重点之一。

5 结论

尽管区块链技术在油气行业，尤其油气供应链金融中的落地应用仍面临着诸多问题和挑战，但区块链技术作为战略性前沿技术，与石油企业数字化转型的目标和方向高度契合。因此，企业应投入资源，紧跟区块链技术发展趋势，不断创新基础应用模式，并将区块链技术应用到企业商业活动中，实现商业模式的创新，以确保在未来的市场竞争中占有先机和技术优势。。

参考文献

[1] 龚仁彬，杨任轶，米兰．区块链技术在石油行业中的应用展望[J]．信息系统工程，2019(11)：62-65.

[2] 丁根，吕建中，王云海，裴晶晶．国外油气行业供应链管理实践与启示[J]．国际石油经济，2018，26(03)：91-97.

[3] 付玮琼．核心企业主导的供应链金融模式风险机理研究[J]．企业经济，2020，39(01)：136-143.

[4] 周建，顾鑫，王珂．基于核心企业的供应链金融价值度量模型研究[J]．商业经济研究，2015(27)：77-80.

[5] 范炳龙，刘西红，孙霞．基于金融科技的油气产业供应链金融模式探究[J]．国际石油经济，2019，27(12)：31-36.

[6] 袁勇，王飞跃．区块链技术发展现状与展望[J]．自动化学报，2016，42(04)：481-494.

[7] 曹傧，林亮，李云，刘永相，熊炜，高峰．区块链研究综述[J]．重庆邮电大学学报(自然科学版)，2020，32(01)：1-14.

[8] 许荻迪．区块链技术在供应链金融中的应用研究[J]．西南金融，2019(02)：74-82.

[9] 林楠．基于区块链技术的供应链金融模式创新研究[J]．新金融，2019(04)：51-55.

[10] 王胜寒，郭创新，冯斌，张浩，杜振东．区块链技术在电力系统中的应用：前景与思路[J]．电力系统自动化，2020，44(11)：10-24.

[11] 邵奇峰，金澈清，张召，钱卫宁，周傲英．区块链技术：架构及进展[J]．计算机学报，2018，41(05)：969-988.

[12] 朱建明，张沁楠，高胜．区块链关键技术及其应用研究进展[J]．太原理工大学学报，2020，51(03)：321-330.

控制系统运行状态信息智能化监控平台的开发与应用

王长军　朱　健　戴劲翔　刘　斌

（中国石化扬子石油化工有限公司电仪中心）

摘　要　介绍了控制系统在线监控平台的工作原理、总体架构、控制系统组态方案和平台软件、报警信息推送手机短信相关功能。

关键词　控制系统　智能化　监控平台　开发　应用

某国内大型石化企业共有各类工艺、环保、储运、公用工程装置 109 套，仪表控制系统（DCS、SIS、CCS、GDS、PLC）共 461 套，品牌型号众多、现场机柜间分散，仪表控制系统的运行状态直接关系着生产装置安稳运行。随着近年来新建装置的大量投用和企业减员，探索依靠数字化、信息化科技手段建设控制系统运行状态监控平台（下文简称“平台”），实现控制系统运行状态实时监控、故障信息及时推送，方便快速判断处理控制系统故障，对装置的安稳运行至关重要。

1　平台总体架构

平台为两层结构。底层在各套控制系统中，组态、下装硬件诊断信息，相关控制系统硬件诊断信息通过 OPC 服务器传送至厂网数据服务器；上层依托厂网数据层开发控制系统运行状况监控平台并实时访问厂网数据服务器获取控制系统硬件诊断信息，存入平台内部数据库，梳理异常信息推送条件，实现报警信息处理和收集推送。

平台总体架构示意图如图 1 所示。

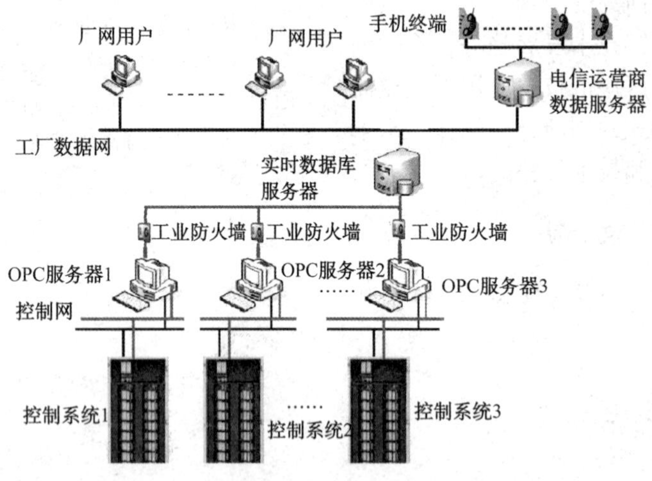

图 1　控制系统运行状况监控平台总体架构示意图

2　控制系统组态方案

2.1　技术储备

现场控制系统品牌、种类较多。分别针对不同控制系统的品牌，根据装置片区划分，梳理和收集各控制系统硬件诊断状态变量，列出汇总表，如表 1 所示。

根据上表，采取不同方式读取系统内部诊断信息，建立需上传的控制系统硬件诊断状态变量并组态下装和调试。

OPC 服务器一般设置在 DCS 系统中，SIS 系统和 PLC 系统诊断信息变量需先经 MODBUS RS485 通讯至 DCS 系统，再通过 DCS 系统的 OPC 服务器实现数据上传。

下文分别以横河 DCS 和 TRICON SIS 举例，介绍系统诊断信息组态方案。

2.2 横河 DCS 系统诊断信息组态方案

横河 DCS 系统中为每对控制器预留了 SW01~SW200 共 200 个系统变量，用以表征控制器和卡件的硬件状态，如表 2 所示。

表 1 各装置控制系统硬件诊断状态变量汇总表

2 3	装置	实时数据库位号名	描述	工艺位号	仪表位号(OPC位号)	位号类型	最大值	最小值	计量单位	
4	炼油渣加	A.LY.ZY.550SIS_CPUA_PASS	炼油渣加 SISA处理器正常	550SIS_CPUA_PASS.PV	550SIS_CPUA_PASS.PV	开关量				19
5	炼油渣加	A.LY.ZY.550SIS_CPUA_FAULT	炼油渣加 SISA处理器故障	550SIS_CPUA_FAULT.PV	550SIS_CPUA_FAULT.PV	开关量				20
6	炼油渣加	A.LY.ZY.550SIS_CPUA_ACTIVE	炼油渣加 SISA处理器工作	550SIS_CPUA_ACTIVE.PV	550SIS_CPUA_ACTIVE.PV	开关量				21
7	炼油渣加	A.LY.ZY.550SIS_CPUB_PASS	炼油渣加 SISB处理器正常	550SIS_CPUB_PASS.PV	550SIS_CPUB_PASS.PV	开关量				19
8	炼油渣加	A.LY.ZY.550SIS_CPUB_FAULT	炼油渣加 SISB处理器故障	550SIS_CPUB_FAULT.PV	550SIS_CPUB_FAULT.PV	开关量				20
9	炼油渣加	A.LY.ZY.550SIS_CPUB_ACTIVE	炼油渣加 SISB处理器工作	550SIS_CPUB_ACTIVE.PV	550SIS_CPUB_ACTIVE.PV	开关量				21
10	炼油渣加	A.LY.ZY.550SIS_CPUC_PASS	炼油渣加 SISC处理器正常	550SIS_CPUC_PASS.PV	550SIS_CPUC_PASS.PV	开关量				19
11	炼油渣加	A.LY.ZY.550SIS_CPUC_FAULT	炼油渣加 SISC处理器故障	550SIS_CPUC_FAULT.PV	550SIS_CPUC_FAULT.PV	开关量				20
12	炼油渣加	A.LY.ZY.550SIS_CPUC_ACTIVE	炼油渣加 SISC处理器工作	550SIS_CPUC_ACTIVE.PV	550SIS_CPUC_ACTIVE.PV	开关量				21
13	炼油渣加	A.LY.ZY.550SIS_C1UP_POWER	炼油渣加 1#SIS机架上电源报警	550SIS_C1UP_POWER.PV	550SIS_C1UP_POWER.PV	开关量				20
14	炼油渣加	A.LY.ZY.550SIS_C2UP_POWER	炼油渣加 2#SIS机架上电源报警	550SIS_C2UP_POWER.PV	550SIS_C2UP_POWER.PV	开关量				20
15	炼油渣加	A.LY.ZY.550SIS_C3UP_POWER	炼油渣加 3#SIS机架上电源报警	550SIS_C3UP_POWER.PV	550SIS_C3UP_POWER.PV	开关量				20
16	炼油渣加	A.LY.ZY.550SIS_C4UP_POWER	炼油渣加 4#SIS机架上电源报警	550SIS_C4UP_POWER.PV	550SIS_C4UP_POWER.PV	开关量				20
17	炼油渣加	A.LY.ZY.550SIS_C5UP_POWER	炼油渣加 5#SIS机架上电源报警	550SIS_C5UP_POWER.PV	550SIS_C5UP_POWER.PV	开关量				20
18	炼油渣加	A.LY.ZY.550SIS_C6UP_POWER	炼油渣加 6#SIS机架上电源报警	550SIS_C6UP_POWER.PV	550SIS_C6UP_POWER.PV	开关量				20
19	炼油渣加	A.LY.ZY.550SIS_C7UP_POWER	炼油渣加 7#SIS机架上电源报警	550SIS_C7UP_POWER.PV	550SIS_C7UP_POWER.PV	开关量				20
20	炼油渣加	A.LY.ZY.550SIS_C8UP_POWER	炼油渣加 8#SIS机架上电源报警	550SIS_C8UP_POWER.PV	550SIS_C8UP_POWER.PV	开关量				20
21	炼油渣加	A.LY.ZY.550SIS_C1LOW_POWER	炼油渣加 1#SIS机架下电源报警	550SIS_C1LOW_POWER.PV	550SIS_C1LOW_POWER.PV	开关量				21
22	炼油渣加	A.LY.ZY.550SIS_C2LOW_POWER	炼油渣加 2#SIS机架下电源报警	550SIS_C2LOW_POWER.PV	550SIS_C2LOW_POWER.PV	开关量				21
23	炼油渣加	A.LY.ZY.550SIS_C3LOW_POWER	炼油渣加 3#SIS机架下电源报警	550SIS_C3LOW_POWER.PV	550SIS_C3LOW_POWER.PV	开关量				21
24	炼油渣加	A.LY.ZY.550SIS_C4LOW_POWER	炼油渣加 4#SIS机架下电源报警	550SIS_C4LOW_POWER.PV	550SIS_C4LOW_POWER.PV	开关量				21
25	炼油渣加	A.LY.ZY.550SIS_C5LOW_POWER	炼油渣加 5#SIS机架下电源报警	550SIS_C5LOW_POWER.PV	550SIS_C5LOW_POWER.PV	开关量				21
26	炼油渣加	A.LY.ZY.550SIS_C6LOW_POWER	炼油渣加 6#SIS机架下电源报警	550SIS_C6LOW_POWER.PV	550SIS_C6LOW_POWER.PV	开关量				21
27	炼油渣加	A.LY.ZY.550SIS_C7LOW_POWER	炼油渣加 7#SIS机架下电源报警	550SIS_C7LOW_POWER.PV	550SIS_C7LOW_POWER.PV	开关量				21
28	炼油渣加	A.LY.ZY.550SIS_C8LOW_POWER	炼油渣加 8#SIS机架下电源报警	550SIS_C8LOW_POWER.PV	550SIS_C8LOW_POWER.PV	开关量				21

表 2 横河 CS3000 KFCS/LFCS 型控制器硬件诊断状态变量表

Table System Common Switches (1/2) : KFCS2/LFCS

Switch No.	Name	Description
0001	initialization	1 (initial cold start), the previous value is retained in the case of restart.
0002	Restart	1 (restart), 0 (initial cold start)
0003		0
0004	Sequence table initial cold start command	1 (re-execution from start step)
0005	Sequence table restart command	1 (restart from the current step)
0006		0
0007	Momentary power failure/prolonged power failure	1 (power failure within the momentary power failure tolerant time); 0 (reset and start, power failure exceeds the momentary power failure tolerant time)
0008 to 0016	(Reserved)	
0017	R-side CPU status	0 (normal), 1 (abnormal)
0018	L-side CPU status	0 (normal), 1 (abnormal)
0019	FCU Fan status	0 (all normal), 1 (one or more abnormalities)
0020	FCU Temperature status	0 (all normal), 1 (one or more abnormalities)
0021	Power status	0 (normal), 1 (abnormal either right or left side)
0022	RIO Power status	0 (all normal), 1 (one or more abnormalities) (*1)
0023	(Reserved)	
0024	(Reserved)	
0025	RIO Fan status	0 (all normal), 1 (one or more abnormalities)
0026	RIO Temperature status	0 (all normal), 1 (one or more abnormalities)
0027	R-side CPU control status	1 (control), 0 (other)
0028	L-side CPU control status	1 (control), 0 (other)
0029	RIO system 1 status	0 (normal or undefined), 1 (abnormal)
0030	RIO system 2 status	0 (normal or undefined), 1 (abnormal)

根据上表，针对每个项目的每对控制器分别组态相关位号，经卡件断电插拔测试，当卡件异常时，相关变量可实现跳变翻转，满足诊断信息功能要求。图2为系统组态示例。

%SW0017	FCS1RCPU	FCS1 R CPU STATUS	ALARM,,NORMAL,ALARM
%SW0018	FCS1LCPU	FCS1 L CPU STATUS	ALARM,,NORMAL,ALARM
%SW0019	FCS1FAN	FCS1 FCU FAN STATUS	ALARM,,NORMAL,ALARM
%SW0020	FCS1PWR	FCS1 POWER STATUS	ALARM,,NORMAL,ALARM
%SW0021	FCS1RIO	FCS1 RIO POWER STATUS	ALARM,,NORMAL,ALARM

图2　横河DCS系统诊断组态示例

2.3　TRICON SIS系统诊断信息组态方案

TRICON SIS系统硬件诊断信息通过专用MODBUS通讯地址通讯至DCS系统，以实现系统状态的在线监控。表3是TRICON SIS系统主要硬件诊断状态变量地址。

表3　TRICON SIS系统主要硬件诊断状态变量地址

状态描述	通讯地址	状态描述	通讯地址
MPA-PASS	14011	MPB-ACTIVE	14019
MPA-FAULT	14012	MPC-PASS	14023
MPA-ACTIVE	14013	MPC-FAULT	14024
MPB-PASS	14017	MPC-ACTIVE	14025
MPB-FAULT	14018		

在DCS通讯地址中组态相应变量，即可将TRICON SIS硬件诊断状态变量通讯至DCS，组态示例如图3所示。

3　控制系统运行状况监控平台软件开发

3.1　平台总貌画面

平台总貌画面按厂、车间、装置片区分类，分别列出相应片区各套控制系统硬件诊断状态变量总点数（监控总点数）和异常报警点数；按照控制系统类型划分，列出各厂控制系统状态监控点数柱状图。平台监控总貌如图4所示。

0005	%WB007911	SIS02-MPA-PASS	SIS02-MPA-PASS	ON,,OFF,ON	Direct	Green
0006	%WB007912	SIS02-MPA-FAULT	SIS02-MPA-FAULT	ON,,OFF,ON	Direct	Red
0007	%WB007913	SIS02-MPA-ACTIVE	SIS02-MPA-ACTIVE	ON,,OFF,ON	Direct	Green
0008	%WB008001	SIS02-MPB-PASS	SIS02-MPB-PASS	ON,,OFF,ON	Direct	Green
0009	%WB008002	SIS02-MPB-FAULT	SIS02-MPB-FAULT	ON,,OFF,ON	Direct	Red
0010	%WB008003	SIS02-MPB-ACTIVE	SIS02-MPB-ACTIVE	ON,,OFF,ON	Direct	Green
0011	%WB008007	SIS02-MPC-PASS	SIS02-MPC-PASS	ON,,OFF,ON	Direct	Green
0012	%WB008008	SIS02-MPC-FAULT	SIS02-MPC-FAULT	ON,,OFF,ON	Direct	Red
0013	%WB008009	SIS02-MPC-ACTIVE	SIS02-MPC-ACTIVE	ON,,OFF,ON	Direct	Green

图3　TRICON SIS系统诊断状态变量通讯至横河DCS组态示例

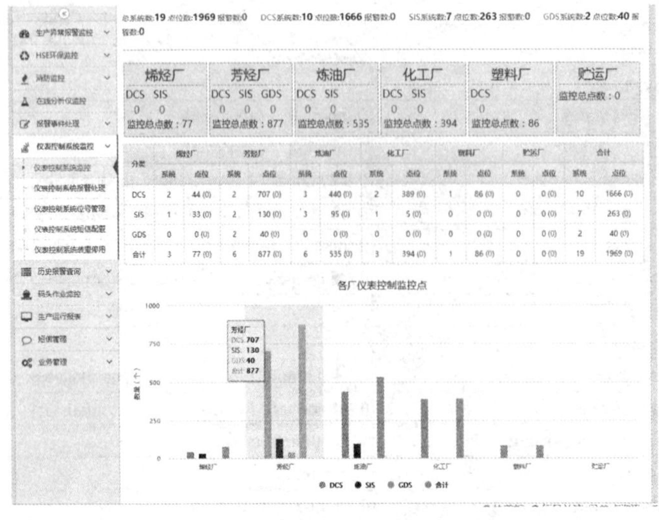

图4　平台总貌画面

3.2　报警位号管理

针对不同装置、不同类型控制系统的硬件诊断状态变量，分别定义其报警状态(按系统品牌不同区分为0报警或1报警)、描述内容和报警使能。

3.3　待处理报警画面

对于尚未处理的系统状态异常报警，分别列出报警时间、厂名、装置名、控制系统类型和硬件诊断状态变量位号(如图5所示)，供仪表维护人员及时维护处理。

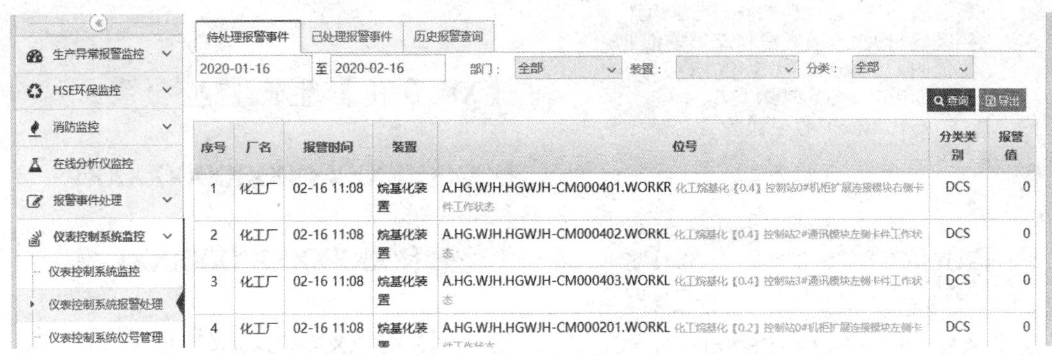

图5　待处理报警画面

3.4　已处理报警画面

仪表维护人员处理完毕后，需填入控制系统故障原因、采取措施、处理结果(如图6所示)，相关信息录入系统，可作为控制系统预防性维修和安全性评价等的依据。

图6　已处理报警画面

3.5　历史报警记录画面

对于曾经出现过的报警信息，均列入历史报警记录，通过查询历史报警记录，可清晰获知控制系统故障次数和运行状况，如图7所示。

图7　历史报警记录画面

3.6 报警短信推送功能

建立厂网数采服务器和电信运营商数据服务器的通讯和数据连接，当控制系统硬件诊断状态变量为报警状态时，对各终端手机用户分别推送相关报警信息，如图8所示。

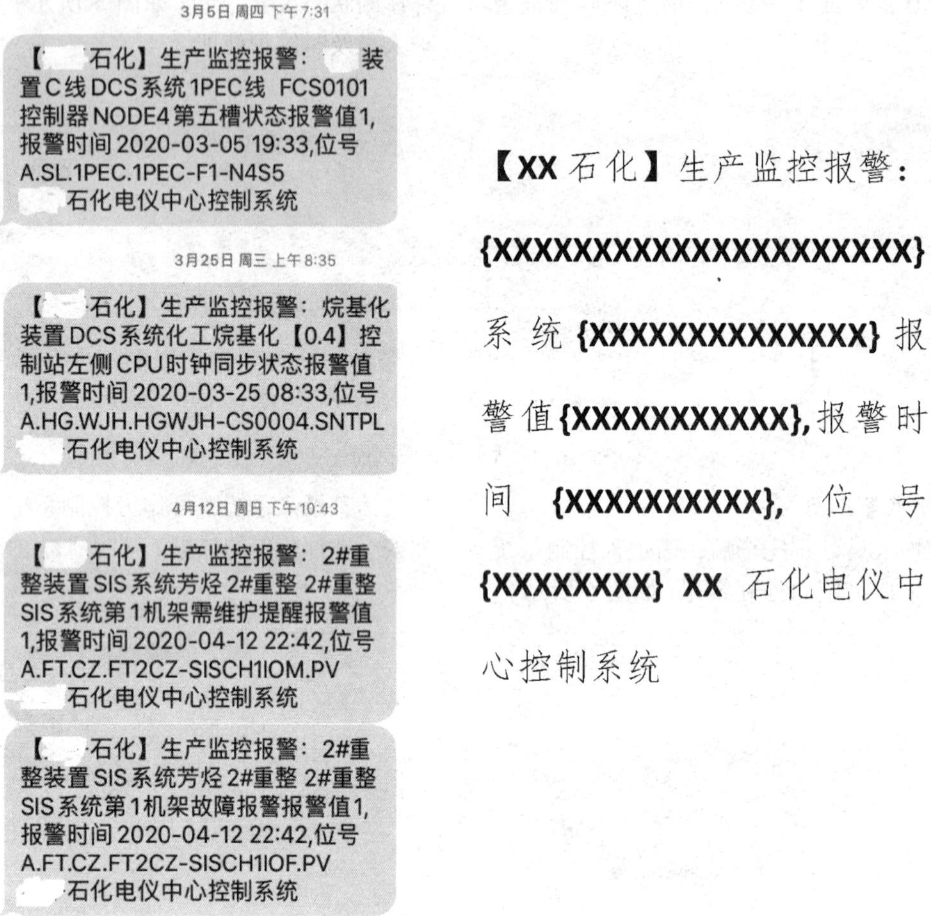

3月5日 周四 下午7:31

【 石化】生产监控报警： 装置C线DCS系统1PEC线 FCS0101控制器NODE4第五槽状态报警值1,报警时间2020-03-05 19:33,位号A.SL.1PEC.1PEC-F1-N4S5 石化电仪中心控制系统

3月25日 周三 上午8:35

【 石化】生产监控报警：烷基化装置DCS系统化工烷基化【0.4】控制站左侧CPU时钟同步状态报警值1,报警时间2020-03-25 08:33,位号A.HG.WJH.HGWJH-CS0004.SNTPL 石化电仪中心控制系统

4月12日 周日 下午10:43

【 石化】生产监控报警：2#重整装置SIS系统芳烃2#重整 2#重整SIS系统第1机架需维护提醒报警值1,报警时间2020-04-12 22:42,位号A.FT.CZ.FT2CZ-SISCH1IOM.PV 石化电仪中心控制系统

【 石化】生产监控报警：2#重整装置SIS系统芳烃2#重整 2#重整SIS系统第1机架故障报警报警值1,报警时间2020-04-12 22:42,位号A.FT.CZ.FT2CZ-SISCH1IOF.PV 石化电仪中心控制系统

【XX石化】生产监控报警：{XXXXXXXXXXXXXXXXXXXXXX}系统{XXXXXXXXXXXXXXX}报警值{XXXXXXXXXXX},报警时间{XXXXXXXXXXX},位号{XXXXXXXX}XX石化电仪中心控制系统

图8 报警信息推送手机短信息(右为信息格式)

4 结束语

控制系统运行状况监控平台通过直观、便捷、友好的图表化导航方式展现了生产装置中各类控制系统的运行状况，利用数字化、信息化科技手段实现了维护人员对仪表控制系统的远程巡检。

平台投用半年以来，已累计接收到手机短信推送信息17条，通过该功能，使维护人员及时得知控制系统异常报警信息并快速准确处理，提高了控制系统故障响应速度和工作效率，缩短了故障处理时间，为装置的安稳运行提供了有力保障。

参考文献

[1] 解怀仁，杨彬彦．石油化工控制仪表．北京：中国石化出版社，2004.

[2] YOKOGAWA. CENTUM-VP 工程师组态手册[M]. 西安：系统培训手册 2010.

大牛地气田采出水处理自控系统优化升级

刘　宁

（中国石化华北油气分公司）

摘　要　大牛地气田采出水处理自控系统因建站时间不统一，过程控制系统不统一，部分过程监控系统版本低，过程控制系统精度差、手动操作点多，仪器仪表故障频次高，普遍带病或停用。通过对气田采出水处理自控系统分析，查阅相关文献，完成气田采出水处理自控系统设计与改造。优选计量标准和统一计量，实现计量误差在2%以内；重新编写控制逻辑，实现了装置参数精细化调节，甲醇回收率提高2%；优化上位机画面，实现了数据共享，操作更直观、简洁，提升了水处理自控系统的管理水平。

关键词　自控系统　计量误差　设计改造　效果评价

1　概况

大牛地气田采出水处理自控系统具有“点多，面广，线长”的特点。突出表现为：仪表型号不统一、过程控制系统不统一、仪器仪表故障频次高、一二站自动化系统老化、仪表带病工作或停用现象普遍、过程监控系统版本低、过程控制系统精度差、手动操作点多等问题。这些问题导致自动化由助力安全生产逐渐变成拖累安全生产的顽疾，成为老大难。因此针对以上问题，通过气田采出水处理自控系统需求分析，查阅相关文献对其进行设计，完成气田采出水处理自控系统改造。

2　工艺流程

从各集气站产出的含甲醇污水经罐车拉运至甲醇污水处理站，首先卸车转水至污水接收罐，经过油水分离，凝析油回收至储罐进行外销，然后经预处理后作为料液储存，料液经甲醇回收装置处理，产出的甲醇产品进甲醇储罐储存，装车拉运至各集气站循环使用；脱甲醇后的废水和生产污水经处理合格后回注地层；水质预处理过程所产生的污泥压滤、外运（图1）。

3　系统硬件结构

现场的硬件系统主要有2台AB品牌ControLogix系统1756_ L61处理器、远程IO模块、主监控室服务器、站场值班室监控计算机、光纤交换机、现场仪表、变频器等组成。上位机组态软件选用了AB品牌FactoryTalk View Site Edition

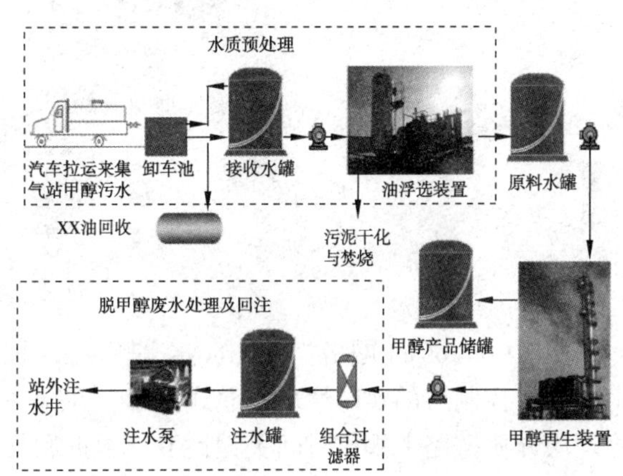

图1　工艺流程图

（SE）组态软件。以下对主要硬件做简要介绍：

（1）ControLogix系统1756_ L61处理器：该控制器系统封装外形小巧且极具成本优势，不仅可提供离散、驱动、运动、过程和安全控制。还具有通信功能和最先进的I/O。

（2）FactoryTalk View Site Edition（SE）组态软件：该软件用户只需一次设计图形显示画面，然后将其存储在服务器上，就可以在网络上任何一个客户端访问这些画面，无需拷贝、导入、转换、或者重新输入标签或命令。

（3）全部采用总线通讯方式与变频器通讯（Mod-bus RTU协议）。

（4）现场仪表：主要包括各种温度、压力传感器、可燃气体探测器、流量计。仪表均采用4~20mA模拟量信号进行监控。

4　系统网络结构

从图2所知，现场网络可划分3个层级：

ControLogix 系统处理器和远程 IO 模块之间选用 ControlNet 网络；上位机和控制器选用 ENBT 网络；上位机和变频器之间选用 Mod_ bus_ TCP 网络。以下对三种网络做简要介绍：

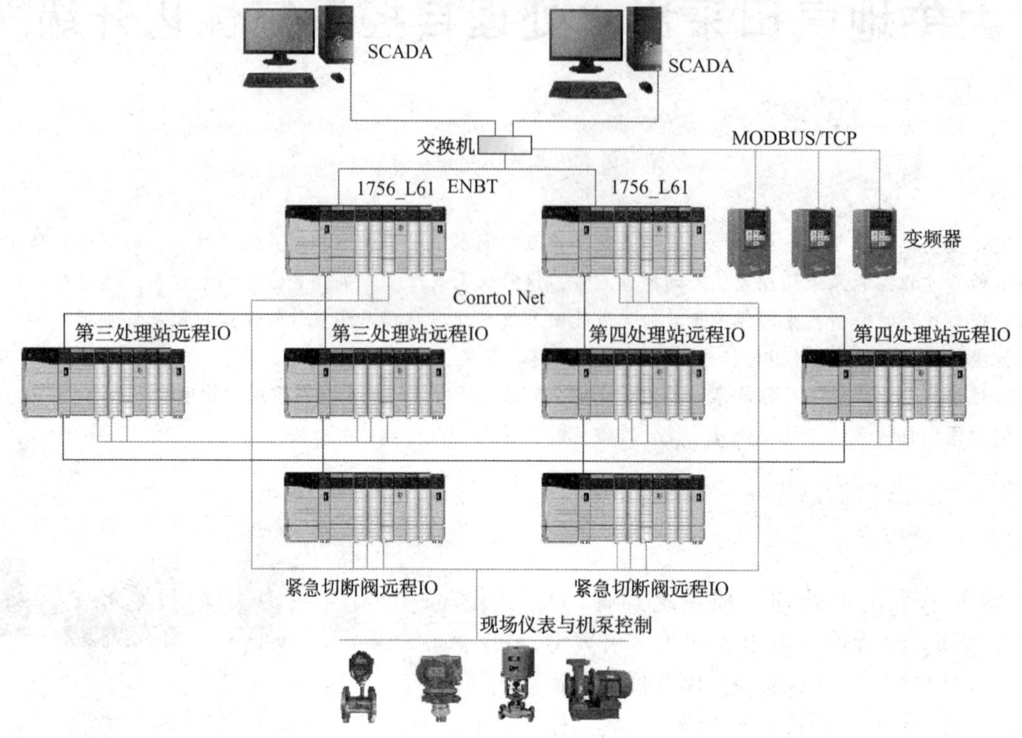

图2 统网络结构图

（1）ControlNet 网络：ControlNet 是近年来推出的面向控制层的实时性现场总线网络，在同一物理层介质链路上提供时间关键性 I/O 数据和报文数据，包括程序的上载/下载，组态数据和端到端的报文传递等通讯支持，是具有高度确定性、可重复的高速控制和数据采集网络，I/O 性能和端到端通讯性能都较传统网络有较大的提高。

（2）ENBT 网络：ControlLogix 系列以太网通讯模块，用于控制输入输出模块；在以太网链路上作为适配器连接分布式输入输出；用消息方式在以太网上和其他设备通讯；作为网桥将消息传输到其他网络。以太网用于：工厂管理；在一个单一、高速网络上进行配置、数据采集、控制；对时间要求苛刻的应用；有规律的数据发送；连接 Internet/Intranet。

（3）MODBUS/TCP 网络：是简单的、中立厂商的用于管理和控制自动化设备的 MODBUS 系列通讯协议的派生产品，显而易见，它覆盖了使用 TCP/IP 协议的“Intranet”和“Internet”环境中 MODBUS 报文的用途。协议的最通用用途是为诸如 PLC’s，I/O 模块，以及连接其它简单域总线或 I/O 模块的网关服务的。

5 自控系统优化

（1）甲醇回收装置控制

甲醇回收装置共有六套闭环控制回路(又叫 PID 控制)，控制对象分别是进料量、进料温度、塔底温度、塔顶温度、回流罐液位、塔底液位，装置生产运行中频繁出现参数无法实现精细化调节。原设计采用 PID 单回路控制，其特点为算法简单、鲁棒性好及可靠性高，被广泛应用于过程控制和运动控制中，尤其适用于可建立精确数学模型的确定性系统。然而实际工业生产过程往往具有非线性、时变不确定性，难以建立精确的数学模型，应用常规 PID 控制器不能达到理想的控制效果，而且在实际生产现场中，由于受到参数整定方法繁杂的困扰，常规 PID 控制器参数往往整定不良、性能欠佳，对运行工况的适应性很差。

通过分析生产工艺的控制要求与文献调研，采用串级控制，其特点为串级控制系统是改善控制质量的有效方法之一，在过程控制中得到了广泛的应用。所谓串级控制，就是采用两个控制器串联工作，外环控制器的输出作为内环控制器的设定值，由内环控制器的输出去操纵控制阀，从而对外环被控量具有更好的控制效果。这样的控制系统被称为串级系统。PID 串级控制就是串级控制中的两个控制器均为 PID 控制器。

应用 RSLogix5000 编程软件重新编写甲醇回收装置六套控制回路逻辑，原理如下：采用串级控制，将采集的两个参数为参考值，串联两个 PID 控制器工作，主控制器的输出作为副控制器的设定值，由副控制器的输出去操纵控制阀，从而对装置参数精确控制，提高甲醇产品质量(图 3)。

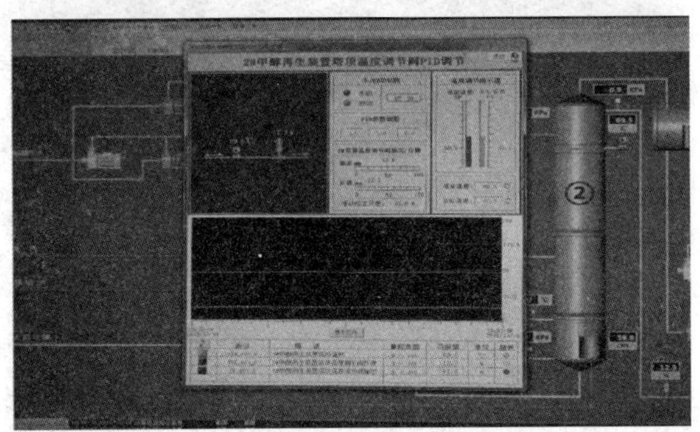

图 3　甲醇回收装置控制界面

(2) 储罐区切断阀控制(图 4)

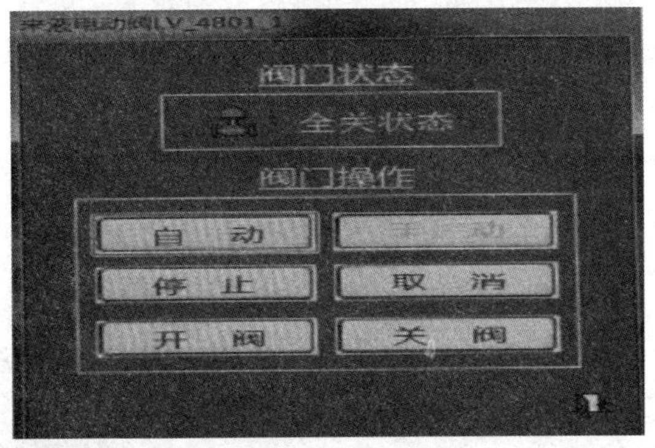

图 4　储罐区切断阀控制界面

储罐区进出口紧急切断阀频繁出现远程不能操纵且缺失高低液位连锁保护，根据国家标准 GB50183 第 6. 6. 13 条指出“天然气凝液储罐应设液位计、温度计、压力表、安全阀，以及高低液位报警装置或高低液位自动联锁切断进出料装置，影响储罐安全生产运行。

通过分析储罐液位连锁逻辑关系及切断阀工作原理，应用 RSLogix5000 编程软件重新编写切断阀连锁控制逻辑，原理如下：采用储罐液位为参考值，上位机设置高低液位报警值，通过程序判断液位高低保实现液位高报关闭进口阀门，液位低报关闭出口阀门。

(3) 上位机监控画面设计(图 5)

监控数据画面采用 RSView32 软件由于处理站分批建设，当时没有统一的标准，造成了软件系统版本较多且不支持 winxp 以上系统、没有与数据库连接、不能保证一周 7X24 运行要求，缺失历史报警查询、用户管理和操作记录、SQL 数据库管理功能且工艺管线、设备布局与现场实际位置不符。

通过勘探现场管线、设备布局，绘制工艺流程图，采用 Factory Talk 上位机组态软件绘制甲醇污水处理监控画面，功能如下：

① 现场参数集中显示：主画面显示处理站的全貌，并分区设有跳转按钮，单击相应的部分即可进入详细画面；画面右下设有系统当前日期时间显示，供操作员观察时间，动态实时显示检测的所有参数值；工艺流程图；设备运行状态，界面统一工艺标识、统一字体、统一颜色标准。

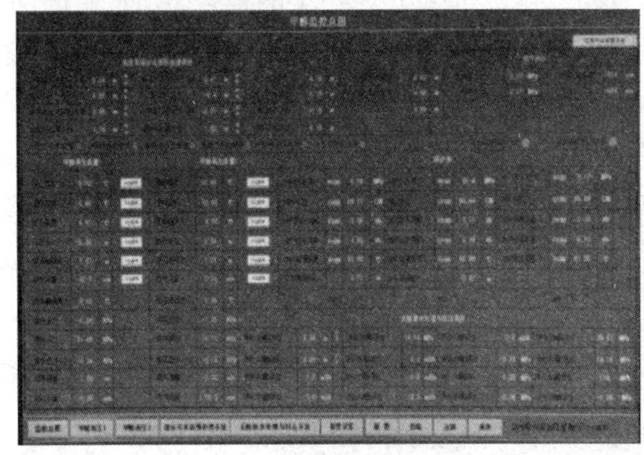

图 5　监控总图

② 操作权限控制：在处理站管理中有着四个不同的权限，分别是系统管理员权限，站场用户权限，调试人员权限(图 6)。

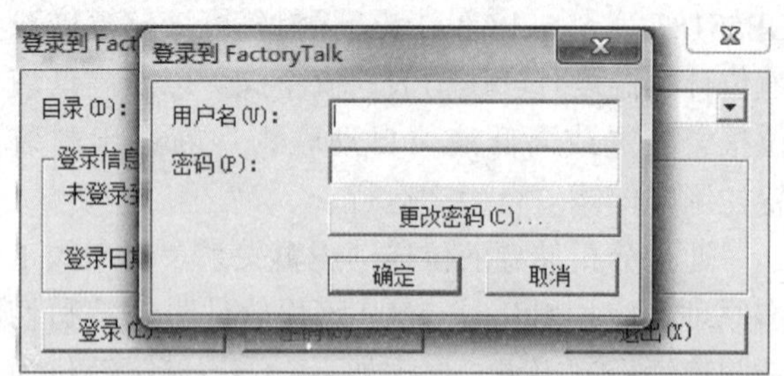

图6 操作权限

③ 趋势曲线控制：甲醇回收装置系统能够对监控对象形成一张流程趋势曲线图，通过曲线图进一步的掌握流程的进展和现况。并且专业的工作的人员可以对每时每刻的相应的数值进行判断，以方便调整状态，来提高效率(图7)。

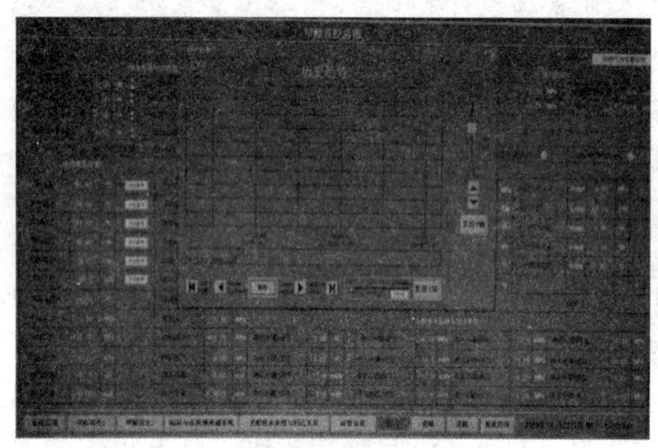

图7 趋势曲线

④ 报警控制系统：当有异常情况发生时，警报可以及时的提醒专业的工作人员，可以了解到异常出现在什么位置，异常的状态是什么样的，异常产生的量值是多少。并且这个系统有着记录的功能，能够记录历史的报警中所产生的问题(图8)。

图8 报警控制系统

⑤ 电动阀控制：实现远程操作储罐进出口阀门、连锁保护功能、自动根据液位高低开启相应阀门(液位高报关闭进口，液位低保关闭出口)。

⑥ 调节阀控制：根据关键参数变化的信息来进行控制，即通过比较阀位行为(输出)与期望行为之间的偏差，并消除偏差以获得预期的控制值(图9)。

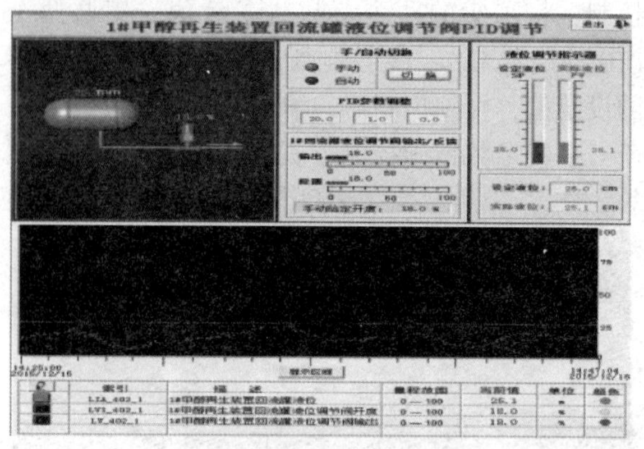

图9 调节阀控制

⑦ 事件的记录：通过事件的记录，可以实现控制系统对事件处理方式的记录，在以后的流程中，再次遇到同样的状况时，不再需要人员的解决，而是控制系统自动进行修复(图10)。

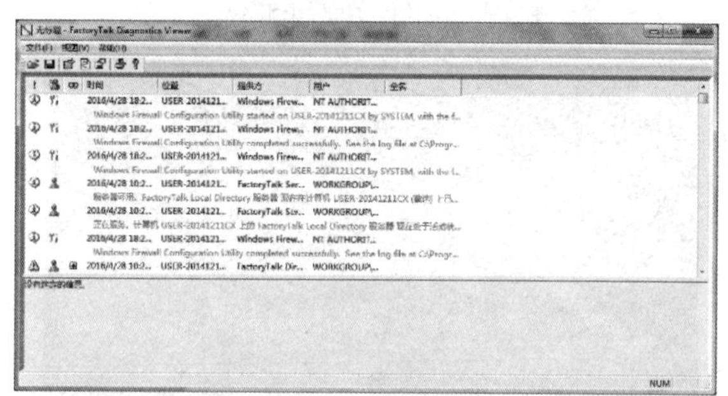

图10 事件记录

⑧ 历史数据查询和报表生成：将实时数据记录到后台数据库，可以根据用户自定义要求进行历史数据查询。同时根据生产日报表、班报表及周报表等格式要求实现自动生成报表功能(图11)。

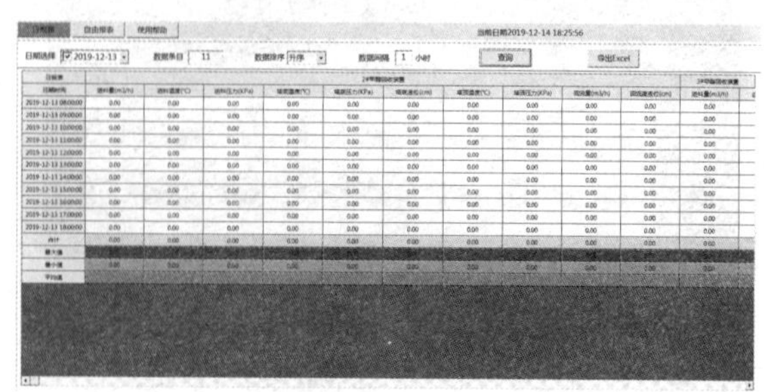

图11 历史报表

⑨ 扩展功能：应用软件开发利用EXCEL、

VB 等开发平台进行二次开发比如远程访问、仪表等设备故障监测、故障统计、故障诊断等功能。

（4）仪表选型设计

① 甲醇回收装置进料流量采集选用椭圆齿轮流量计。该仪表利用机械测量元件把流体连续不断地分割成单个已知的体积部分，根据计量室逐次、重复地充满和排放该体积部分流体的次数来测量流量体积总量。在实际应用时经常发生仪表易堵塞、活动卡件易损坏、精度差影响甲醇回收装置各项参数准确分析。涡轮流量计具有精度高、重复性好、无零点漂移、高量程比等优点。涡轮流量计拥有高质量轴承、特别设计的导流片，因此极大降低了磨损，对峰值不敏感，甚者恶劣的条件下也可以给出可靠的测量变量。涡轮流量计输出信号为脉冲，易于数字化。涡轮流量计压力损失小，叶片能防腐，可以测量粘稠和腐蚀性的介质。

② 储罐区拥有 24 具储罐，主要存储含醇污水、不含醇污水、甲醇和凝析油介质。均采用光导液位计进行液位计量，该计量仪表利用力平衡和光电进行液位自动测量的原理。在实际应用时经常发生指示失灵或指示不准确故障。主要表现为信息码带易磨损、钢带易扭曲、浮球易脱落等现象，并具有结构复杂、更换配件难度大、故障频次高直接影响着罐区安全保护系统。通过查阅中国石化仪表选型设计规定 3.5.5 储罐液位仪表选型，根据储罐储存介质不同，甲醇、凝析油选用磁至伸缩液位计，含醇污水与不含醇污水建议选用非接触式的雷达液位测量仪表。

6 效果分析

通过对气田采出水处理自控系统升级优化达到以下效果：

（1）通过优选计量标准和统一计量，实现计量误差在 2%以内；重新编写精馏塔控制逻辑，实现了装置参数精细化调节，甲醇回收率在现有 83%的基础上提升至 85%，产品甲醇质量由现有 85%的基础上提升至 86.6%。

（2）通过优化上位机画面实现了数据共享，操作更直观、简洁，调度数据员和中控操作人员可以进行整合优化，由原来 6 人缩减为 3 人。

参 考 文 献

[1] QSY HB 0172—2013 油气田生产自动化联合站数据处理系统建设规范.

[2] GB/T15969.1—2007 可编程序控制器 第 1 部分：通用信息.

[3] GB/T15969.2—2008 可编程控制器测试.

单井湿气流量计在大牛地气田集气站的试验性投用

卓天帆　徐　嘉

（中国石化华北油气分公司）

摘　要　湿气广泛地存在于石油天然气工业中，湿气的在线测量在掌握油气田的生产状况，提高气井的科学管理水平，提速数据的实时分析，以及降低运行成本中都发挥着重要的作用。但是，湿气流动的复杂性和不确定性给湿气地在线测量带来了极大的难度。大牛地气田产气具有典型的湿气特征，气井出液较多，普遍采用先气液分离，在分离器后计量的方法。近年来，随着对湿气测量的重视程度不断增加，湿气在线测量技术得到了显著提高，不同厂家研发出了多种不同测量原理的湿气流量计，为气田生产中湿气单井测量提供了更多选择性。本文阐述了大牛地气田的生产概况，在全面推动地面系统提质增效的大前提下，单井湿气计量器在集气站中的应用效果，以及安装、使用过程中的难点与思考。

关键词　湿气；大牛地气田；湿气计量；单井流量计；楔形；孔板

1　湿气概括

在油气田上游开采过程中，天然气的产出总是伴随着液态烃、游离水、饱和水蒸汽以及为防止水合物形成人工加入的注剂等。这些油气田采出的未经处理的含有少量凝析水或油、饱和水蒸汽及轻烃类或其他液体的天然气，通常被称为湿气[1]。“湿气”在天然气生产领域经常被提及，但国内和国际并没有形成一套统一的定义标准，不同的研究人员、机构或者公司对于湿气的定义都不相同。一些研究人员提出用体积含气率(GVF)来定义湿气，如英国 SHELL 石油公司认为 GVF 大于 95%的气液两相流为湿气[2]，但是随着研究的深入，研究者意识到 GVF 界定湿气有明显的不足，因为湿气是气液两相流流动的一种状态，它受到流动现场工况很大的影响，其中工况压力、被测介质等参数带来的影响尤其复杂，在这种复杂不确定的流动状态下，单单凭体积含气率显然无法准确有效的概括所有的情况。美国机械工程师学会(American Society of mechanical Engineering)将湿气界定为 Lockhart-Martinelli 参数(L-M 参数)小于 0.3 的气液两相流[3]，目前来说，这是国际上普遍比较认可的一种界定方式。

2　大牛地湿气计量技术的现状与需求

由于湿气流动的复杂性与不确定性，传统的单相(干气)气体流量计在实际生产中不能满足湿气的测量工作，所测得流量数据偏差较大，甚至湿气会对流量计造成损坏。大牛地气田所属集气站，目前的测量方法是气液分离设备进行分时轮换计量，先通过计量分离器使得气液分离，再对干气进行测量。多井管线共用一个计量分离器，采取轮流倒入测得每口井的流量数据。由于同时只能测量一口井流量，全站精确流量数据录取周期十分漫长，其余气井流量只能依据经验通过集气站总体的产量对单井产量进行估计，不能实时掌握每口井的精准流量。这种计量方法增加了站内工艺流程的复杂性，增加了设备采购成本，且计量分离器设备体积较大，增大了集气站的建设面积，导致油气田整体建设的成本增加，此外，分离设备需要专业员工的实时维护保养，耗时耗工，成本高昂。

鄂尔多斯盆地大牛地气田位于陕西省榆林市和内蒙古鄂尔多斯市交界处，具有“低渗、低压、低丰度、低产”的四低特征，累计探明储量已超过四千亿方，在开发过程中，气井普遍产水，平均日均产水 0.4m^3，湿气的测量工作在生产中十分重要。随着大牛气田发展步入中期，低成本、高效率开发的需求显得尤为迫切，2020 年大牛地气田推进地面系统提质增效改造，其中优化湿天然气单井计量工艺是简化集气站建设工艺流程，降低气田的开发成本，提高气井的计量效率，加强气井单井生产数据统计与分析直接有效的优化手段。因此现阶段对湿天然气计量技术提出了较为迫切的需求。与传统的分离测量技术相比，湿气流量计在技术经济性和运行管理上都具有明显的优势，因为不需要气液分离设备，可大规模地降低集气站管线的铺设数量，省去计量分离设备前轮换阀组和计量分离设备的建设，未来新集气站建设时亦可大大降低集气站面积进而降低土地成本。而且可实现单井的无人化值守和远程实时监控，从而极大地降低大牛地气田开发成本和运行管理费用。因此，如果可以安装准确度满足大牛地气田生产运行标准的湿气流量计，并在大牛地普及使用，则是一种十分理想的计量方式。

大牛地气田绝大多数气井为单井进站，十分适合站内单井计量的计量方式，在一级节流阀后安装低压计量流量计在可靠性、经济性、安全性等方面比其他计量方式有明显优势。为推进大牛地气田的信息化、数字化改造，单井流量计具有的远程实时监控特性对集气站无人化值守和数据信息化自动录取分析都有着重要意义。因此大牛地气田 2020 年开始在试验区开展了湿气单井流量计的现场试验和推广应用工作。

3　大牛地气田单井湿气流量计的选择与应用

3.1　大牛地气田单井湿气流量计的选择

大牛地气田选择差压式流量计作为先行试验的单井湿气流量计。选用差压式流量计主要是基于其具有悠久的历史背景，被全世界油气行业普遍使用，结构简单，无可动部件，长期使用稳定性高，丰富的设计制造和应用经验，标准化程度高，可不必进行实流标定，节流装置有可靠的数据和完善的国际和国家标准等优势。大牛地气田选择了孔板和楔形两种差压式流量计，来进行初期的运行试验，以期通过一段时间的数据统计与分析，选择最符合大牛地气田实际开采生产情况的单井湿气流量计。

3.2　大牛地气田单井湿气流量计的试验性应用

今年初在大牛地气田两个集气站各选择一口单井安装了站内湿气单井流量计，对站内单井湿气计量方案进行试运行，安装方式均采用一级节流后直管段切割掉一截，焊接后法兰安装的方式，具体施工安装时间为单口井 2 小时，安装时间短，改造效率高。采用电池供电，并布线远传至自控室，可在监控电脑上查看实时数据，可实现查询历史数据的功能，并形成历史曲线。相比目前大牛地气田普遍采取的多井管线共用一个计量分离器，轮流倒入测得每口井的流量数据的计量方法，大大提高了单井数据的录取效率，解决了以前需要一个测量周期才能获得所有单井的生产数据的管理迟滞性问题。具体试验情况如下表汇总：

表 1　单井站内湿气计量试验统计表

井号	流量计类型	日均产气/(m^3/h)	日均产液/(m^3/h)	干气计量瞬时流量/(m^3/h)	湿气计量瞬时流量/(m^3/h)	差值/(m^3/h)	差值率
1#	孔板	10194	1.71	415	437.5	+22.5	5.40%
2#	孔板	3216	0.29	134	141	+7	5.20%
3#	楔形	2505	0.22	107	108	+1	0.90%
4#	楔形	11249	2.21	471	489	+18	3.80%

从目前初步小范围试验情况可知，两口井单井湿气流量计计量显示与干气计量结果误差均较小，且产液量越低误差越小，误差值小于 25m81ʒh0，误差率小于 6%，符合大牛地目前的计量需求。但是，由于缺少足够的单井安装数据，目前还难以形成系统有效的科学分析和对比，后期还需进行大量的试验安装来得到更加有指导意义的结果。

4　湿气流量计现场应用技术难点

4.1　湿气流量计现场工况适应范围

从已安装运行的集气站内单井湿气流量计测量情况以及现有湿气流量计的测量原理分析可以看出，现有单井湿气流量计的准确度与传统干气流量计误差较小，基本可以满足大牛地气田的单井测量标准。但是其测量性能相比较传统的单井干气流量计受测量工况的影响更大。测量单井产气含液率越高，其测量的难度越大，相对应的准确度就越低。此外，湿天然气的流动状态与工况压力、工况流速等相关，这些因素也同时可以影响单井湿气流量计的测量准度。大牛地气田已经开发建设 17 年，井龄跨度大，气井生产压力跨度大，因此，为了得到更准确的单井生产运行数据，在安装使用前应考虑单井的流速、压力、含液量范围，再根据具体的单井工况来分析和判断单井湿气流量计的适用性和准确性。应增加试验来针对不同的单井生产阶段工况进行分析，总结出不同生产工况下最适用的单井湿气流量计，进而得出最适合大牛地气田的单井流量测量体系。

4.2 现场使用对湿气流量计性能的影响

大牛地气田引入单井湿气流量计主要用于在地面系统提质增效计划中对集气站单井湿气测量。由于单井管线直接来自井口，中间无其他分离装置，管线内流动工况复杂，管线内的流量、压力、含液率等工况参数波动变化，同时大牛地气田部分气井的产出物中还伴有砂粒、蜡、凝析油等，现不经过气液分离器而直接进行湿气的单井测量，在使用过程中流量计内部结构容易因大量杂质冲刷而造成磨损，从而其结构参数发生变化，最终使得测量结果具有很大误差。而对于目前的大牛地气田开发建设而言，不同生产阶段的气井出砂量、产水量和产气量都有较大的差异。因此，仍需进一步评估和分析不同生产阶段的气井产出砂，蜡等杂质对单井湿气流量计测量精准度的影响。提前制定计划跟踪安装在不同开采阶段气井上的单井湿气流量计测量准确度变化的规律，确定相应的检测校准方法和科学有效的检测周期以确保单井湿气流量计在大牛地气田各集气站的使用处于可控的状态。

5 结论与建议

与传统的分离计量技术相比，单井湿气在线计量技术对于降低油田的开发和运行成本，以及提高油气田的生产效率和科学管理水平都有较大的优势。在大牛地气田推进的地面系统提质增效计划中起到了至关重要的作用。然而在全面推广中还存在一些客观问题，目前在现场投入试用的单井湿气流量计数量有限，所覆盖的工况范围还非常有限，并不能代表单井湿气流量计可以在所有工况下的正常运行并保证测量精准度。另外，已经安装试用的单井湿气流量计投用时间较短，目前还不能评价其抗磨损能力和长期故障率。因此对于单井湿气流量计在大牛地气田集气站所能适应的工况范围，检测校准方法和科学检测周期的研究制定，都还是单井湿气流量计在大牛地气田推广应用尚未解决的技术难题，还需要通过大量的实验、生产数据来进行分析和总结。

参 考 文 献

[1] 陈亮，天然气湿气计量技术研究，硕士论文，东北石油大学，2012.

[2] SHELL C. Multiphase and wet gas flow measurement [C]//Proceedings of the Committee on Control & Instrumentation，Technological Council，London，2004.

[3] STEVEN R. Wet gas flow definitions [C]//Proceedings of the 25th International North Sea Flow Measurement Workshop. Red Hook，NY：Curran Associates，Inc.，2007.

基于数字化变革的钻井远程支持班组建设实践

和鹏飞　陈　波　韩雪银　袁则名　徐　彤

（中海油能源发展股份有限公司工程技术分公司）

摘　要　传统钻井工程班组建设主要集中在提高现场安全和生产效能两个方面。随着信息化技术的发展，钻井远程支持中心迅速发展，传统的远程支持中心存在经验依赖型强、业务建设结构局限的问题。在数字化变革下，通过以钻井数字技术输出、信息系统业务整合、班组数字质量控制建设、复合知识结构人才队伍建设和现代绩效管理建设，形成了基于数字化变革的钻井远程支持班组新模式。通过2017至2019年的应用，结果表明，该种班组模式具有较高的生产活力，以年用工新聘增长量9%的速度，满足了年作业量100%以上的增速，为现场钻井工程作业提供数字支持有效降低了事故率。

关键词　数字化；班组建设；知识结构；业务整合；钻井工程

班组是企业的最基本战斗单元，是实现企业生产任务的基础，是重中之重。班组建设承载着所在企业的愿景。班组建设依托企业当下和未来的战略目标，存在多重变革要求，比如企业的转型或者生产调整要求班组技术要素的变革，班组技术要素的变革直接要求班组成员的技术结构、知识结构的变革。石油行业是一个传统的行业，传统的石油班组建设是典型的技术密集型班组，具有浓厚的"师带徒"传承，随着信息化、数字化技术的发展，石油行业的班组不仅仅局限于石油技术相关性，以钻井工程为例，依托信息化和数字化手段的远程支持和决策模式正在各大油田形成，这种生产方式催生了新的生产班组形式，班组的内涵和知识结构明显有别于传统钻井工程技术班组。

1　传统钻井工程班组建设的发展

传统钻井工程班组建设主要集中在两个范畴，一个是提高安全，一个是提高效能。翟仲成[1]开展了基于班组定位的班组建设研究，从钻井队生产运行方式定位班组，开展班组建设。吴应松[2]以石油工程特点出发建立班组长能力胜任模型，以此开展班组长的选择、培训等方面的研究以促进班组建设。岑晓倩[3]通过建立科学实用的班组安全氛围测评体系，确定安全范围维度构建量化指标，以科学的评价石油生产班组的安全性能，以促进整改提高安全度。蔡昭娟[4]从班组长选配、团队精神和制度完善角度分析了石油企业班组建设的要求。张少杰[5]通过阐述石油班组安全文化，基于人本安全形成班组安全机理模型，建立了评价体系。董德权[6]从生产工艺要求角度设计班组规划，然后建立班组成员晋升路径和考核模型。史忠华[7]通过对胜利油田基层班组情况及存在问题的分析，给出了班组完善和改进措施意见，旨在提高班组业务水平能力。

通过上述调研可以看出，传统的钻井工程相关班组建设知识结构单一，行为要求主要以提高生产效能和促进安全建设为出发点。随着信息化和数字化的发展，对于班组知识结构的要求，不仅仅局限于单一的钻井工程专业或者传统的IT专业知识，实现信息化和数字化的必然路径是为钻井工程一线提供服务和技术支持，因此钻井工程远程支持班组建设的第一因素是知识结构的变革转型。

2　基于数字化变革的钻井远程支持班组建设

2.1　班组钻井数字技术业务建设

由于油气勘探开发成本投入巨大，钻井投资控制是企业管控成本、提高资产收益的关键一环[8-10]。但是由于钻井工程受到地质等方面多变性和复杂性，工程实践和发展中不仅需要经典理论指导，还需要对当前和历史的钻井数据进行深入分析，形成规律性的认识，不断完善和优化钻完井工艺技术，达到降低事故率，提高生产效率的目的，进而降低生产成本。传统的海洋钻完井作业模式，更多基于经验法，而对应的传统的钻完井决策支持模式也是基于经验法。中海油系统内早在2000年左右实现了井场录井参数传输到陆地指挥办公室的远程监控和钻完井参数可视化，这种初期的远程支持是完全依赖于经验法，也就是实现了能够让陆地经验丰富的老专家和老技术人员能够看到现场参数，进而做出一些判断和支持。

基于数字化变革的钻井远程支持班组建设，整合后以油田作业者所需或者钻完井工程所需为服务目标，服务内容完全依托并针对于工程中涉及的井筒对象、地层对象和管柱对象，涵盖静动态水力学、钻具力学、摩阻扭矩、地层压力等学科，避免了传统服务技术主要以单线条软件系统为主体的情况。基于这个服务目标，将基础数据库整合成数据层，各类工程商业化软件及自主开发软件整合为算法层，所有技术服务内容整理为服务层，形成线上业务体系架构，见图 1。在这个架构基础上，后续开展各层拓展和服务增项均简便易行。算法层区别于目前流行的遗传算法、深度学习算法等内容，主要以经典工程软件算法为依托，主要考虑钻完井工程的高风险、高投入和零试错现状，提供给作业者较为经典且公认的算法依据。

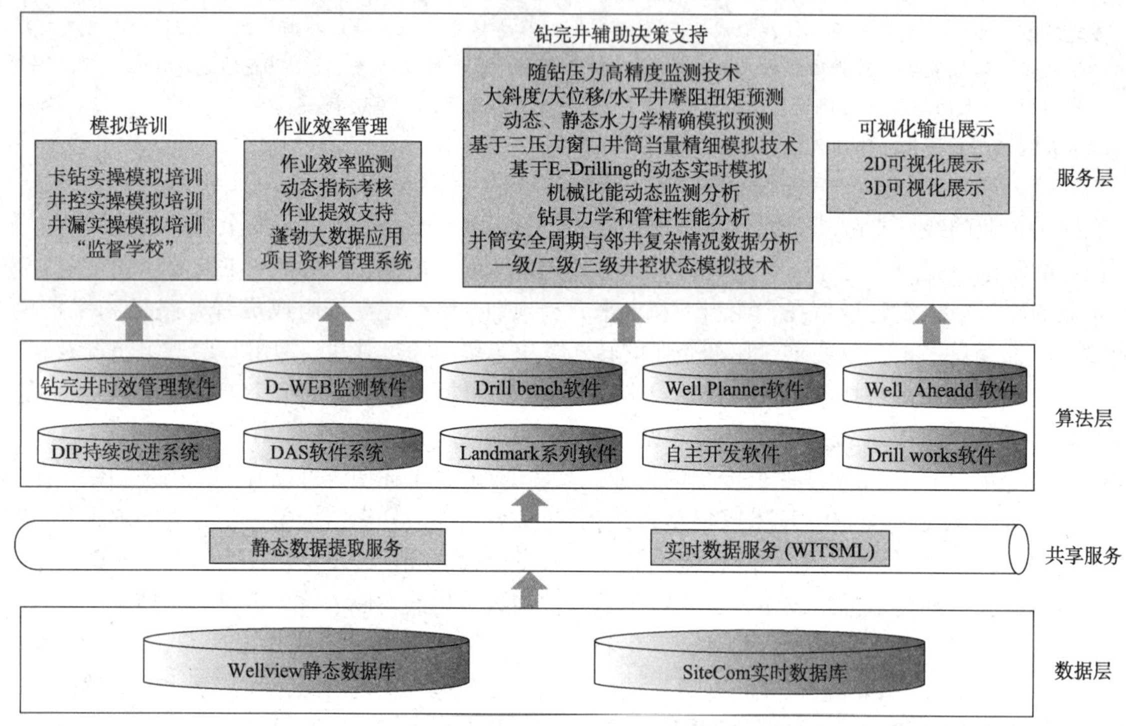

图 1　基于数字化变革的钻井远程支持班组业务架构

2.2　班组数字业务质量控制建设

1）建立度量及确定目标。根据分析数据质量的原因，明确数据质量提升改进的标准，评估指标，建立度量方法，为后续工作的开展提供一个数据质量目标和评估基线，见图 2。

2）根据确定的目标，建立质量考核标准，明确实时采集数据质量监测规则。

2.3　班组复合知识结构人才队伍建设

传统的技术路线分割造成工程师之间的差异化明显，而在新型的钻完井数字业务中，工程师作为具体实施者、技术承担者，如果继续保持双线并行模式，将导致责任主体不清、技术进展缓慢的问题。钻完井数据中心业务初期，保持了工程软件工程师和钻完井技术工程师(监督)的双岗配合模式，但面对作业量增速变化、工程师成长慢的问题，以打破工程师界限，建立基于数字化变革的钻井远程支持班组建设的主体思路，开展了“工程软件+监督技术”的人才培养模式探索。具体做法是，以精熟软件和精熟钻完井的工

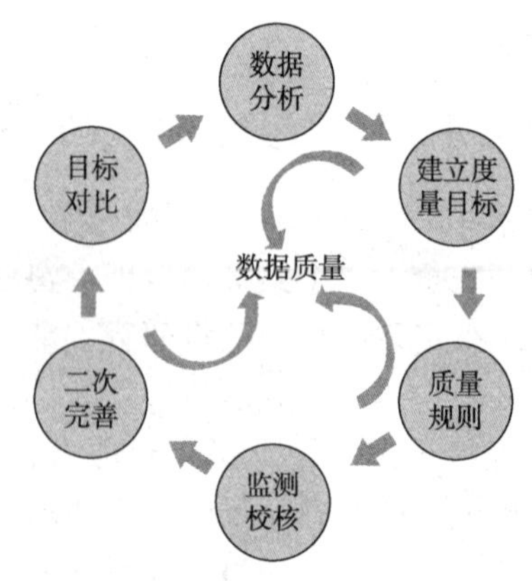

图 2　数据质量控制路线

程师结对签订相互为师的协议，按照阶段推进，稳步实施，长期深化的策略，通过二者的固定搭班子，让软件工程师学习钻完井工程师的钻完井知识，让钻完井工程师学习软件工程师的软件操作技能和软件知识，以第一阶段学习三个月，掌握基本，第二阶段边干边学，深化应用推广，第三阶段成果固化，保持学习常态模式，最终将两个小团队合二为一，建立了统一的重点井跟踪团队，实践证明，不仅解决了作业量剧增的难题，而已建立了更全能数据分析团队。

2.4 班组现代绩效管理建设

量化管理直接解决组织架构及部门工作职责与目标之间的关联问题。同时，在目标分解过程中，将公司每个员工的工作与产业目标之间建立起清晰的量化关系，绩效考核解决了员工薪酬与企业目标和个人工作之间的难题，真正做到了薪资的公平、公正。

在班组和员工个人两个层面的考核中，主要采用关键绩效指标(Key Performance Index，KPI)技术手段，按照 SMART 原则开展具体工作。S(Specific)代表“具体”，是指绩效指标要切中特定的工作目标，不是笼统的，而是应该适度细化，并且随情境变化而发生变化；M(Measurable)代表“可度量”，指绩效指标是数量化或者行为化的，验证这些绩效指标的数据或者信息是可以获得的；A(Agreement)代表“取得认同的”，指绩效指标是上级和下级经过协商一致认同的 R(Reality)代表“现实性”，指绩效指标是付出努力后能够实现的，要避免设立过高或过低的目标；T(Timed)代表“有时限”，是指在绩效指标中要使用一定的时间单位，即设定完成这些绩效指标的期限、这也是关注效率的一种表现。

基于 SMART 模型的绩效考核评价方式的建立。第一步，选定评价因素，建立因素集，根据班组工作特点将工作态度、综合能力、工作业绩、其他项目列为一级评价指标。因此评价因素集为 A={A1 工作态度、A2 综合能力、A3 工作业绩、A4 其他项目}。再将一级评价指标分解为若干二级指标，比如 A1 工作态度={A11 责任心、A12 积极性、A13 执行力、A14 团队协作、A15 QSHE、A16 遵纪守法}，A2 综合能力={A21 自主学习能力，A22 创新能力，A23 沟通能力，A24 总结分析能力，A25 表达能力}，A3 工作业绩={A31 岗位职责完成情况，A32 工作质量，A33 工作效率，A34 工作持续改进}，A4 其他能力={A41 金点子/论文发表等，A42 技术交流/参加外部交流会，A43 安全行为观察卡提交，A44 节假日加班/获得表扬信，A45 科研项目}。如此将难以直接获得的一级指标准转换为可获得的二级指标。第二步，建立评价等级，每个指标按照 $0\leqslant E\leqslant 1$，对应划分 E 评价等级的备选集{优秀，良好，合格，不及格}。第三步，建立对应关系的评价集：30%认为优秀，40%评定为良好，20%评定为合格，10%为不及格，即对一级因素评价为{0.3，0.4，0.2，0.1}，基于此建立评价矩阵 R。第四步，建立权重集，将一级因素按照高低权重划分，被赋予的权重分别为 B={0.3，0.3，0.2，0.2}。计算得到最终评价结果 U=A×B。在最终结果中采用自评 U1+班组长评定 U2，方法均采用上述方式，U={U1，U2}，权重子集为={0.4，0.6}。

3 实践与应用效果

2017 年至 2019 年通过基于数字化变革的钻井远程支持班组建设，以年用工新聘增长量 9%的速度，满足了年作业量 100%以上的增速。质量安全完成率 100%。

以 2018 年为例，平均每口井提供有效技术建议 135 条，复杂情况和事故处理时间减少了 70 余天。以某区块为例，如表 1 所示，X2 井和 X1 井完钻层位、地层情况等与 X6 区块勘探井相似，但未使用数字支持技术，可以看出 X6 区块 9 口探井在当量钻井周期、生产时效以及钻井复杂情况及事故时间比例等指标方面均高于 X2 和 X1 井。

表 1 渤中区域钻井指标对比

井名	完钻井深/m	钻井周期/d	生产时效/%	2500m 井深当量钻井周期/d	复杂情况及事故时间比例/%	设备修理及其他因素非生产时效/%
X6-1	4 180	84.90	87.79	50.78	8.79	3.42
X6-2	4 466	81.52	86.98	45.63	5.11	7.91

续表

井名	完钻井深/m	钻井周期/d	生产时效/%	2500m井深当量钻井周期/d	复杂情况及事故时间比例/%	设备修理及其他因素非生产时效/%
X6-3	4 452	75.68	94.31	42.50	5.22	0.47
X6-4	4 766	77.52	88.21	40.66	5.37	6.42
X6-5	4 419	51.31	88.59	29.03	6.59	4.82
X6-6	4 220	28.73	91.64	17.02	6.78	1.58
X6-7	5 508	70.94	91.61	32.20	7.25	1.14
X6-8	4 824	49.91	87.12	25.87	4.82	8.06
X-6-10	4 915	44.63	96.12	22.70	3.88	0.00
X2	4 611	95.04	86.72	51.53	11.38	1.90
X1	5 141	134.17	85.65	65.25	12.59	1.76

4 结论

（1）数字班组建设的核心目标是提高人工利用率，通过业务整合、质量控制建设、工程师知识结构变革以及有效的绩效考核管理，在控制低人员增长率条件下可充分调动人员积极性，充分提高了生产效率。

（2）数字化变革下钻井远程支持班组的建设，既要考虑钻井自身零容错的风险控制要求，又要灵活创新，兼顾安全和高效，尤其在石油勘探开发此类传统行业，通过数字化变革为石油工程作业提供强有力的支持和保障是必然要求。

（3）实践表明，通过数字化变革的钻井远程支持班组建设，能够为钻井工程降低事故率，对油气开发具有深远意义。

参考文献

[1] 翟仲成．班组建设必须立足于班组定位[J]．石油政工研究，2008(02)：43-45.

[2] 吴应松．浅谈石油工程企业班组长胜任力模型的应用[J]．人力资源管理，2016(02)：63-64.

[3] 岑晓倩．石油企业班组安全氛围测量指标体系研究[D]．西安科技大学，2012：12-18.

[4] 蔡昭娟．浅谈石油企业班组建设的关键环节[J]．江汉石油职工大学学报，2009，22(03)：62-64+67.

[5] 张少杰．石油企业班组安全文化评价与建设研究[D]．西安科技大学，2011：23-25.

[6] 董德权．A公司班组建设研究[D]．中国石油大学(华东)，2016：32-36.

[7] 史忠华．胜利油田基层班组管理研究[D]．中国石油大学(华东)，2014：15-19.

[8] 刘宝生，和鹏飞，杨保健，于忠涛，袁洪水，袁则名．钻井辅助决策系统构建及在渤中19-6的工程实践[J]．石油钻采工艺，2018，40(06)：684-689.

[9] 于小龙，和鹏飞，杨志国，于忠涛，楚华杰．基于闭环管理模式数字化监督技术体系的构建与实施[J]．石油工业技术监督，2018，34(08)：4-6.

[10] 史旻，袁洪水，徐辉，和鹏飞，朱程程，许小舟．海洋石油钻井智能辅助决策监控系统研究[J]．天津科技，2019，46(11)：101-105.

老井资料挖掘——基于随钻伽马预测井径研究

蒋少龙　苑仁国　冯恩龙

（海油发展股份有限公司工程技术分公司）

摘　要　在海上生产调整井的钻完井作业过程中，为提高钻井时效往往采用随钻的方式测井，而通常这种测井方式不具备井径测井。为了能在有限资料条件下，提供更可靠的决策依据，我们需根据已有资料间接获取井径曲线。采用邻井插值预测的方法，通过构建预测和实测伽马的差值与井径曲线的数学模型，并应用于E59井，为该井后续下套管作业提供了决策依据。发现：(1)基于该方法构建的井径预测模型在蓬莱区块具有一定的工程适用性。(2)构建预测模型需要满足两个条件：钻井液中需要含有钾离子，并且需要有穿透相同地层的邻井对比资料。(3)随钻伽马地球物理响应资料的挖掘对现场钻完井作业具有指导意义，但依旧需要结合多方面的资料进行综合分析。该方法的成功应用为精确指导钻完井作业提供了思路，扩大测井资料利用率提供了可借鉴的方向，是助力渤海钻完井降本增效的重要技术支持。

关键词　老井资料挖掘；随钻伽马；地球物理响应；井径预测；扩径

现代海上钻完井作业过程中，为了降低生产成本，提高作业安全和质量，在钻井过程中往往采用随钻的测井方式。由于随钻测井本身的特点限制，加上为了降低开发调整井的作业成本，所以往往随钻测井项目只包含自然伽马和电阻率两条曲线。这就导致在开发调整井中往往缺失井径曲线资料[1-3]。开发调整井不同于探井，往往井斜较大，甚至是水平井，因此对于井壁状态的认识更加依赖[4,5]。然而，随钻过程中缺失井径曲线，这就对了解井壁状态，为后续钻完井作业过程中提供决策支持提出了巨大的挑战。因此，我们希望通过仅有的随钻伽马和电阻率曲线，能够得到更多更有效的地质工程信息，为后续作业提供决策支持。依赖于庞大数据的分析，对现有数据进一步的挖掘，找寻数据与数据之间的关系，令现有的测井资料能够被充分利用，解决地质工程一体化问题是当前的主流研究方向(图1)。

在现场，自然伽马地球物理测井响应会受到来自地层和工程两方面的影响，如图1所示。地层方面的影响包括：地层放射性物质、岩性、颗粒分布特征、沉积特征、水淹特性的影响。利用这方面的响应规律可以对随钻伽马测井资料进行解释：计算泥质含量、划分岩性、判断储层、研究颗粒分布特征、判断沉积相、水淹层和分析注水井吸水情况。工程方面的影响包括：泥浆重晶石、钾离子含量、井径大小、泥浆比重的影响[6]。由于通常我们主要研究对象是地层，所以工程方面的影响，我们往往采用图版的方式进行校正和扣除，进而保证自然伽马地球物理响应只包含地层信息，而不受工程信息的干扰。

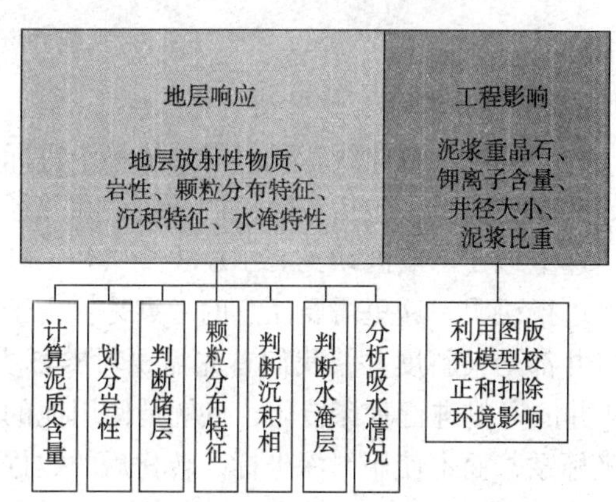

图1　自然伽马地球物理测井响应与资料的应用

在地质工程一体化的主流研究方向下，如何更多的挖掘已有数据的价值，为后续钻完井作业提供更可靠的决策支持是当前面临的主要技术挑战[7,8]。为解决该问题，我们尝试通过现有邻井资料对目标井资料进行插值预测，利用预测伽马与实测伽马的差值与实测井径进行拟合建模，找到了一种对随钻伽马测井资料数据挖掘的新思路，得到了一种基于随钻伽马测井预测井径，了解井壁稳定性状态的方法。该方法可以为后续钻完井作业提供有效的技术支持和决策依据。

1　构建井径预测模型

由于钾离子对随钻自然伽马地球物理响应影

响程度最大[9,10]。根据这一研究成果，我们结合蓬莱区块的现有含钾离子的井数据资料构建井径预测模型。

我们在蓬莱区块2018-2019年作业的40口开发调整井中甄选了两组井资料进行建模，如图2所示为这两组井资料在L50层的区域构造图。这几口井所穿透地层覆盖全面，测井资料完整（包含了随钻伽马和井径资料），在该区块的所有开发调整井中具有代表性。

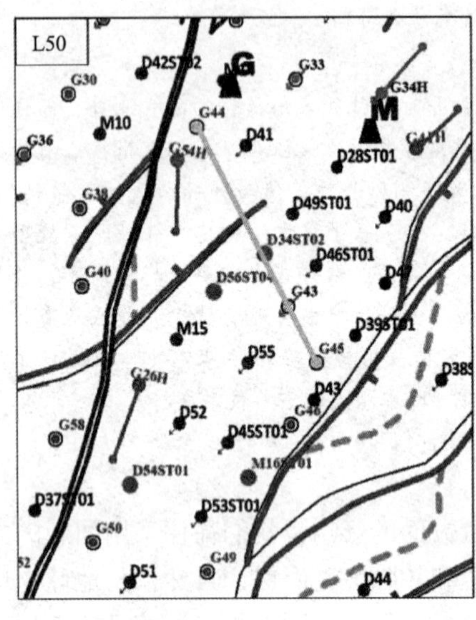

(a) PL某区块G45、G44、G43井

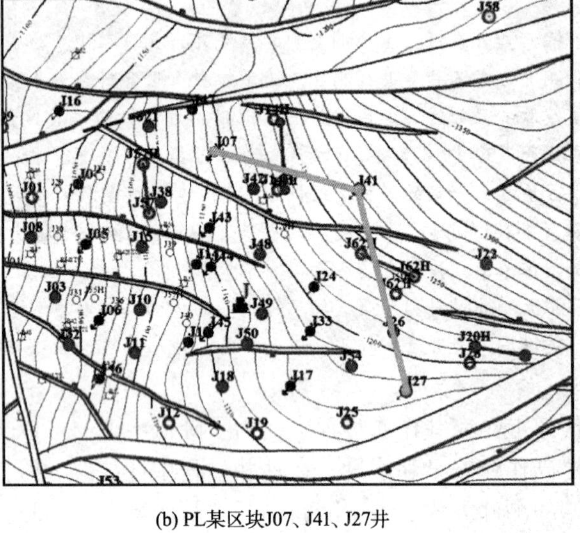

(b) PL某区块J07、J41、J27井

图2　两组井资料在L50层的区域构造图

1.1　基于邻井资料构建预测曲线

为了构建预测曲线，我们需要依赖于目标井的邻井测井资料，包括：随钻伽马曲线和井径曲线。这里以PL某区块G45、G43、G44三口井为例进行说明。这里需要注意的一点是：由于这三口井都是大斜度井，我们首先需要对G45井、G44井的资料进行垂深转化，也就是使用他的垂深坐标系，而不使用斜深坐标。转化后的数据通过插值的方法将G45井和G44井之间进行预测G43井的预测伽马和预测井径曲线，其计算公示如下式(1)~(4)：

$$CAL'_{43}=a_1CAL_{45}+a_2CAL_{44} \tag{1}$$

$$GR'_{43}=a_1GR_{45}+a_2GR_{44} \tag{2}$$

$$a_1=\frac{D_{4345}}{D_{4445}}=\frac{\sqrt{(X_{43}-X_{45})^2+(Y_{43}-Y_{45})^2}}{\sqrt{(X_{44}-X_{45})^2+(Y_{44}-Y_{45})^2}} \tag{3}$$

$$a_2=1-a_1 \tag{4}$$

式中　CAL——井径，in；

GR——自然伽马，API；

a_1、a_2——插值系数，与井所在地理位置有关；

D——两口井之间的距离，m；

X、Y——井口X、Y坐标，m。

根据插值计算的方法可以得到PL某区块G43井的预测伽马和预测井径曲线(我们用GR'_{43}和CAL'_{43}来表示)。如图3(a)所示为PL某区块-G43井在TVD 1300~1600m的预测伽马和预测井径曲线，如图3(b)所示为PL某区块J41井在TVD 1350~1650m的预测伽马和预测井径曲线。

从图3(a)中可以看出G45井和G44井由于所穿透地层相同，在垂深的伽马和井径曲线上表现出相似的起伏规律。值得注意的一点是，所选用的PL某区块G45和G44井的GR曲线是受过钾离子和井径校正以后的测井资料，因此该资料只反映其地层特征，而扣除了井筒内的影响。因此基于此预测的G43井自然伽马和井径曲线亦是不受到井筒内影响的。

从图3(b)中可以看出PL某区块J07和PL某区块J27井由于所穿透地层相同相同，在垂深的伽马和井径曲线上表现出相似的起伏规律。相比于图3(a)中的地层，PL某区块J07和PL某区块J27井在井径曲线上表现出较明显的差异(TVD 1580~1650m)，这可能与PL某区块J07井在钻进过程中遇到的工程问题有关。

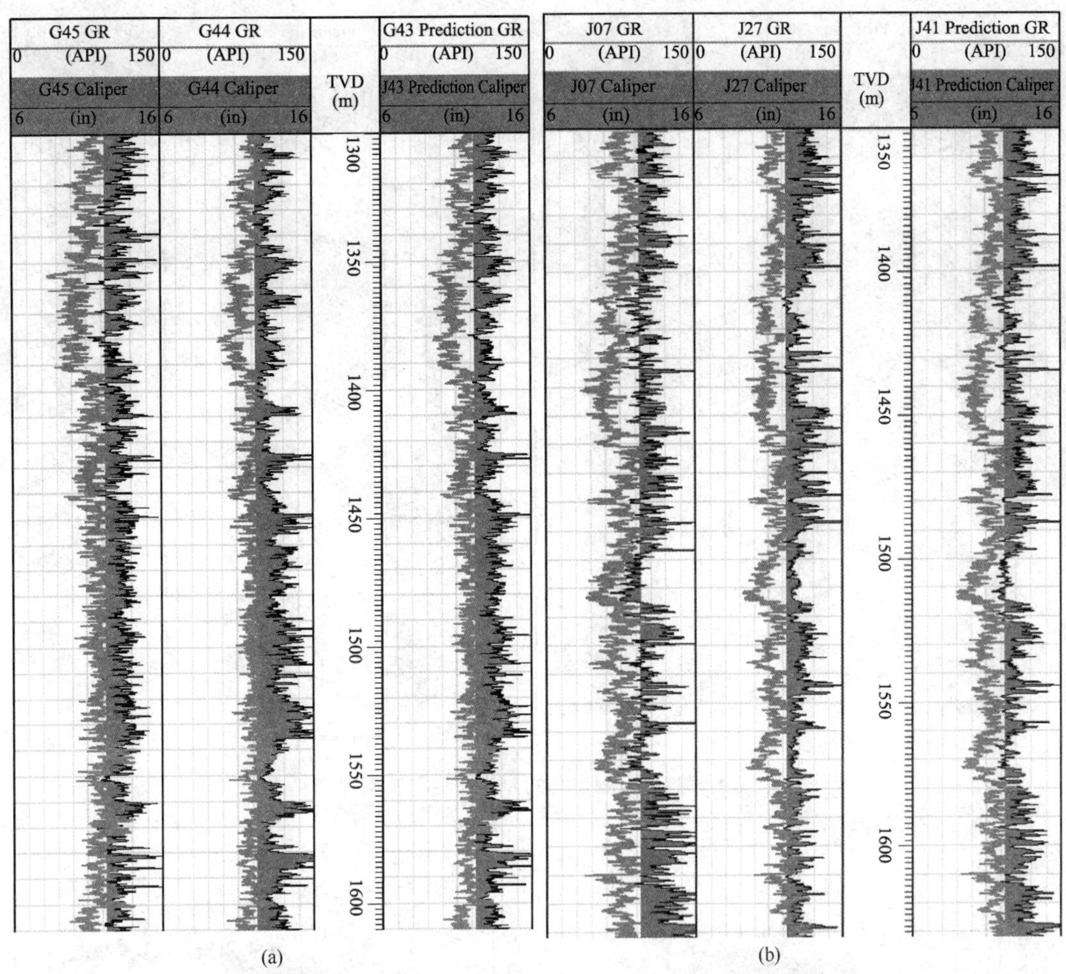

图 3　基于插值法预测 PL 某区块 G43 和 J41 井伽马和井径曲线

1.2　根据实测 GR 和预测 GR 进行求差

基于 2.1 的研究结果，我们可以得到 G43 井的预测伽马和预测井径曲线。在实际钻井过程中的 G43 井实测自然伽马地球物理响应是包含了井筒内环境因素影响的，因此我们用实测地球物理响应与预测的伽马进行作差，可以得到一条作差伽马曲线，如图 4 所示为基于预测伽马与实测伽马作差得到的作差伽马曲线。其中(a)是 PL 某区块 G43 井的作差伽马曲线和实测井径曲线（TVD 1300~1370m）；(b)是 PL 某区块 J41 井的作差伽马曲线和实测井径曲线（TVD 1350~1420m）。

根据分析我们可以知道作差 GR 实际上反映的是井筒内钾离子和井径对仪器产生的响应。这种响应在钾离子浓度一定的情况下应该与井径之间存在一定函数关系。从图 4 的两口井的对比中，不难看出作差伽马与实测井径之间存在相关性。

1.3　建立差值 GR 和井径函数关系

根据 2.2 的作差伽马与实测井径曲线资料进行统计分析和拟合。可以得到作差 GR 与实测井径之间的散点拟合关系，如图 5 所示。其中(a)是 PL 某区块 G43 井的作差伽马和实测井径在 TVD 1300~1370m 的散点拟合数据；其中(a)是 PL 某区块 J41 井的作差伽马和实测井径在 TVD 1350~1420m 的散点拟合数据。根据求差 GR 曲线与实际的 26 井的井径曲线进行对比，发现存在线性相关。通过统计拟合可以得到作差伽马和井径之间的函数关系用式(5)和(6)描述：

$$CAL_{G43}=0.6872\Delta GR_{G43}+13.513\quad (R=0.5765) \tag{5}$$

$$CAL_{J41}=0.6946\Delta GR_{J41}+12.911\quad (R=0.5635) \tag{6}$$

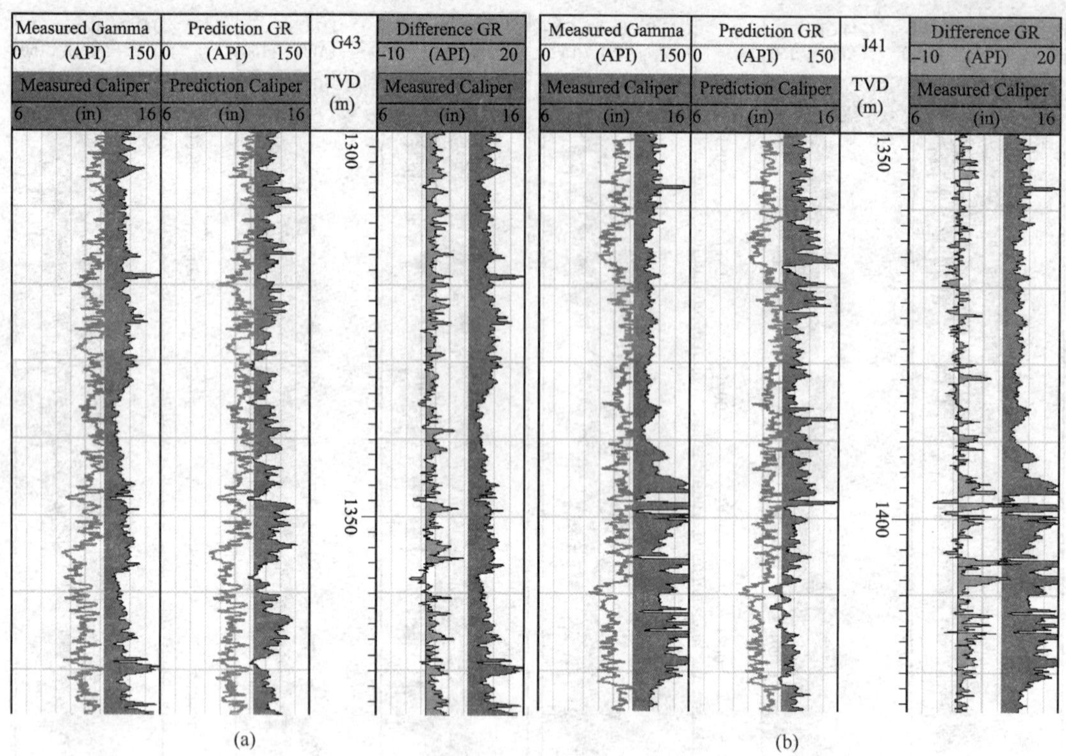

图 4　基于预测和实测伽马的差值曲线与实测井径对比

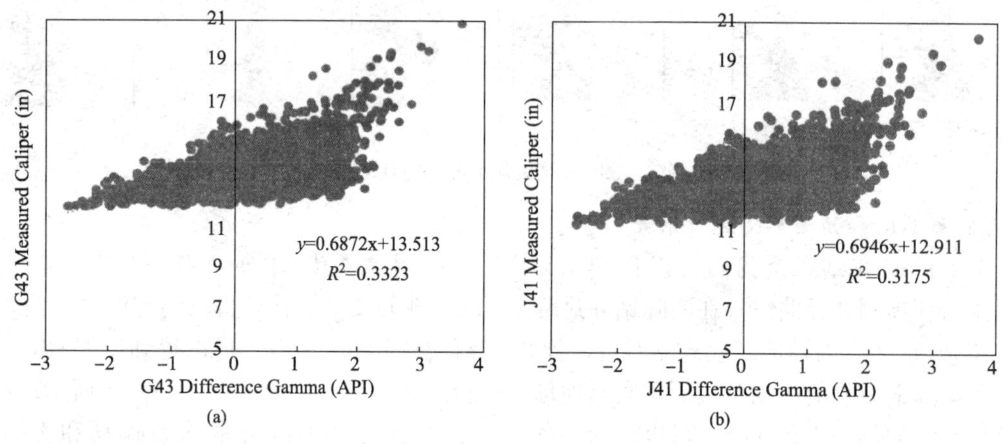

图 5　作差 GR 与实测井径之间的散点拟合关系

通过拟合得到了作差伽马与实测井径之间的散点拟合关系，从拟合结果看，可以通过这种方法对井径进行预测，其预测的结果表现良好，在该蓬莱区块可以使用该数学模型式(7)通过作差伽马来预测井径，进而了解井下井壁状态，从而为后续钻完井提供技术支持与决策依据。

$$CAL' = 0.69\Delta GR + 13.1 \tag{7}$$

式中　CAL'——预测井径，in；

ΔGR——作差自然伽马，API。

1.4　模型验证和分析

通过一系列的数学方法，我们获得了基于伽马预测井径曲线的数学模型(式(7))。为了验证该模型，并进行稳定性和显著性分析，我们以蓬莱区块另外 2 口井(PL 某区块 J04、PL 某区块 J56)的实测井径与预测井径结果进行对比，其结果见下表：

表 1　实测井径与预测井径结果对比

井　名	垂深范围/m	实测与预测相关性/R	备注
G43	1300~1370	0.4931	建模
J41	1350~1420	0.4421	建模
J04	1325~1395	0.3901	验证
J56	1330~1400	0.2980	验证

从表中可以看出该模型(式(7))在同一个区

块的其他井中应用具有一定效果，且实测井径与预测井径之间的相关性较高（R 值在 0.30-0.40 之间）说明该模型较显著和稳定。

2 在 PL 某区块 E59 井的应用与决策

2.1 PL 某区块 E59 井作业基本情况

蓬莱 19-3 油田位于渤海海域的中南部，构造位于渤南凸起带中段的东北端，发育在郯庐断裂带上。其中 PL 某区块 E59 井是一口大斜度井，最大井斜 68° @ 2000.49m，设计井深 2578.00⊥1554.57m，实际完井井深 2533.00⊥1544.50m。2019 年 6 月 20 日开钻，10 月 21 日二开完钻，10 月 27 日完井作业结束。

主要揭开地层包括：平原组、明化镇组、馆陶组和东营组。详细资料见表 2。

表 2　PL 某区块 E59 井地层分层数据表

界	系	组	段	井深(MD)/m	垂深(TVD)/m	海拔/m
新生界	第四系	平原组	-	-	-	-
	新近系	明化镇组	N_2m^u	1357.0	903.0	-862.0
			N_1m^l	2288.2	1318.2	-1277.6
		馆陶组	N_2g^u	2473.7	1482.6	-1442.1
			N_1g^l	2818.0▽	1792.0	-1751.5
	古近系	东营组	Ed	-	-	-
完钻深度/m				2818.0	1792.0	-1751.5
补心海拔/m				40.5		

测井作业设计：311.15mm 井眼起始深度至海拔-800m 采用随钻测井，测井项目包括：自然伽马和电阻率；海拔-800m 至井底采用随钻测井，测井项目包括：自然伽马、电阻率、中子和密度。

10 月 25 日，E59 井在进行二开下套管作业过程中，下 9-5/8in 套管至 2018m 时，下放悬重降至 36t，而正常下放悬重为 52t，低于正常下方悬重的 30%，远低于正常摩阻，而且悬重持续变小，确定下放遇阻。

分析下放遇阻可能产生的原因：(1)在遇阻点上部套管串发生黏卡；(2)也有可能是下部套管遇到了扩径段，戳在了井壁上。如果是由于黏卡产生的遇阻，则应当建立循环以后，通过提高排量，将黏在套管壁上的岩屑冲刷掉；如果是因为扩径，则应当提出套管，再次下放。但是，若判断失误，原本由于扩径造成的遇阻，循环后开泵后会造成憋压，引起井下复杂情况的发生。

如图 6 所示为 PL 某区块 E59 井 2000-2100m(MD)的地球物理响应，从图中可以看出 2009-2015m 深度电阻率增大至 20-25Ω·m，自然伽马偏低，中子和密度产生交会(约 6-12 个孔隙度)，综合录井地化资料，认为该层段为油层。因此在后续完井作业过程中，该层段将成为主要射孔层段。

考虑到现场钻井作业时效性，需要钻井监督即刻判断原因，并提供决策。

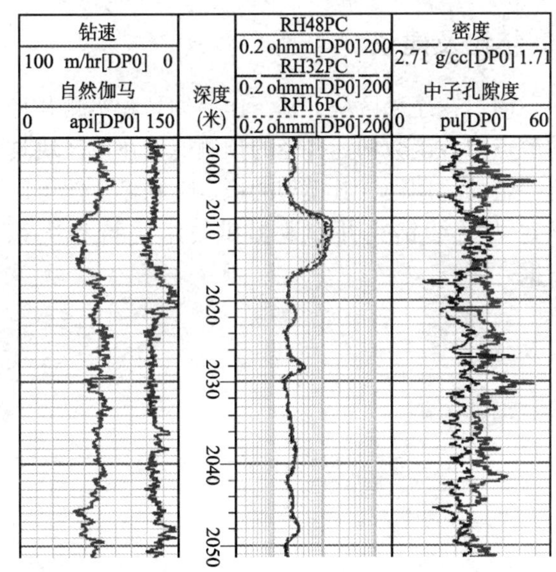

图 6　PL 某区块 E59 井现场测井地球物理响应

2.2 井径预测与下套管决策

首先根据邻井的资料建立预测伽马曲线，然后根据式(7)的数学模型解释出井径，如图 7 所示。从图中可以看出预测自然伽马与实测自然伽马在 2009-2015m 处有较明显的差异，而其他井段内差异不明显。由实测伽马与预测伽马作差得到的差值伽马也反映了这一现象。同时，经过式

(7)的数学模型解释得到的预测井径在该深度内出现了明显的扩径。由此，可以判断该井在下套管过程中在2015m处发生了井眼扩径。根据解释结果，建议现场作业总监将套管上提，然后下放重新安装套管。

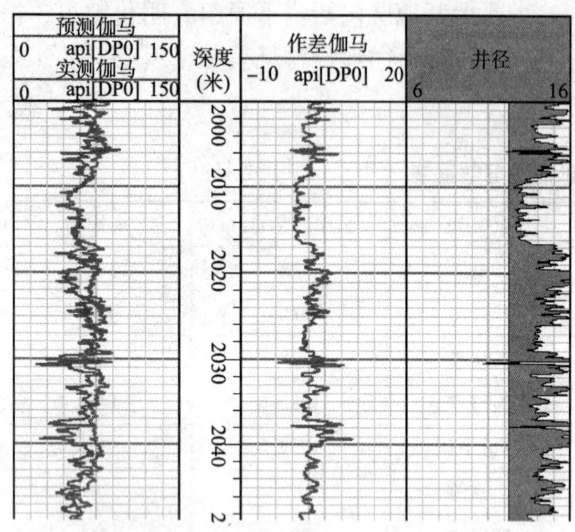

图7　PL某区块E59井井径预测结果

根据本研究的结果为现场钻井监督提供了有效的决策依据，套管下放就位成功。这说明该方法在现场应用中起到了决定性作用。

3　结论及建议

（1）在蓬莱区块，基于作差伽马和实测井径的散点拟合函数构建井径的预测模型在该区块具有一定的适用性，其模型的稳定性和显著性可以满足为后续钻完井作业提供技术支持和决策依据。

（2）构建预测模型需要满足两个条件：钻井液中需要含有钾离子，并且需要有穿透相同地层的邻井对比资料。

（3）随钻伽马地球物理响应资料的深度挖掘对于现场钻完井作业具有指导意义，但依旧需要结合多方面的资料进行综合分析。目前还没有一种较好的方法可以不依赖井径测井仪器，而间接获取准确的井径信息。

参 考 文 献

[1] 徐波，汪中等人 随钻自然伽马测井资料环境影响自动校正[J]. 石油天然气学报(5)：99-102.

[2] 沈黎阳，王再兴等人随钻自然伽马测井的影响因素和校正方法[J]. 石化技术，v. 23(1)：108.

[3] 马鸿彦，张斌等人 随钻自然伽玛测量仪在气田开发中的应用[J]. 油气田地面工程，2014(12)：23-24.

[4] 邵峰晶. 数据挖掘原理与算法[M]. 2003.

[5] 王艳梅，刘宝林，贾苍琴. 井壁稳定性的研究[C]// 第十六届全国探矿工程(岩土钻掘工程)技术学术交流年会. 2011.

[6] 刘之的. 随钻测井响应反演方法及应用研究[D]. 西南石油大学，2006.

[7] Frahm A L, Lemke L D. Comprehensive glacial sediment characterization and correlation with natural gamma log response to identify hydrostratigraphic units in a rotosonic well core[C]// 2010.

[8] Klaus Lehmann. Environmental corrections to gamma-ray log data: Strategies for geophysical logging with geological and technical drilling[J]. 70(1)：17-26.

自助提气系统在某 LNG 接收站的应用

于宏江[1]　王　建[2]　寿亦龄[1]　申屠晓东[2]　沈　涛[1]　程建林[1]

（1. 中海油能源发展股份有限公司天津人力资源服务分公司；2. 中海石油气电集团有限责任公司）

摘　要　本文主要介绍自助提气系统在某 LNG 接收站的实际应用案例，推进数字化接收站进程。文章从业务需求出发，阐述了自助提气系统的设计理念和应用成效，包括系统架构设计、业务流程、设备部署、系统价值等几个方面。该系统依托物联网技术，在现场增设自助服务终端、防爆手机等设备，融合物流系统、生产制卡系统、装车系统、地磅系统等，实现车牌识别、运单计划关联、一键制卡、无纸化电子安检、车辆自动放行、磅单数据同步、自助查询打印等业务场景，体现了信息化和工业化的深度融合，在提质增效方面取得了实质性进展。同时系统采取模块化、松耦合的设计理念，可根据接收站具体物理环境和管理规定快速定制和部署，在其他接收站广泛推广应用。

关键词　自助提气；数字化；物联网；无纸化；提质增效

随着全球能源加快向低碳清洁化转型，液化天然气（LNG）凭借其绿色低碳等优势，在生产和生活中的应用越来越广泛，相对于其他能源，全球天然气消费仍然保持较高的增长水平。自 2015 年以来，我国 LNG 消费量始终保持高速增长。需求的高速增长势必带来 LNG 运输业的爆发式增长，尤其在 2020 年上半年随着国际能源价格的大幅下挫，进口 LNG 具备了更强的价格竞争力，国内各家 LNG 接收站液态输出量大幅增加，不少接收站内装车橇接近或者满负荷运转。为了缓解此类情况，自助提气系统的应用，优化槽车安检、装车流程，数据追踪保障装车安全，减少人为失误，以自助式服务减少人员配备，提升装车效率，降低生产经营成本。

1　系统概述

自助提气系统打通了物流系统、制卡系统、槽车装车系统、地磅系统，核心设备自助终端、防爆手机主要应用的区域为停车场、装车区入口控制室和装车区出口控制室。系统的功能分为三个模块，分别是一键制卡、手机安检和自助终端。自助提气采用身份证阅读器实现了一键制卡，提高排队窗口的工作效率，保证制卡信息与物流数据的一致性，在高峰期大幅缩短司机等待制卡排队的时长；槽车安检方面，系统通过防爆手机提供电子安检单，去掉繁冗复杂的纸质单据发放、检查、收集、归档等环节，实现无纸化装车安检；系统还支持司机通过自助终端设备自助取卡、打印磅单，优化接收站场内物流业务流程。

2　系统设计

2.1　系统整体功能框架设计图（图 1）

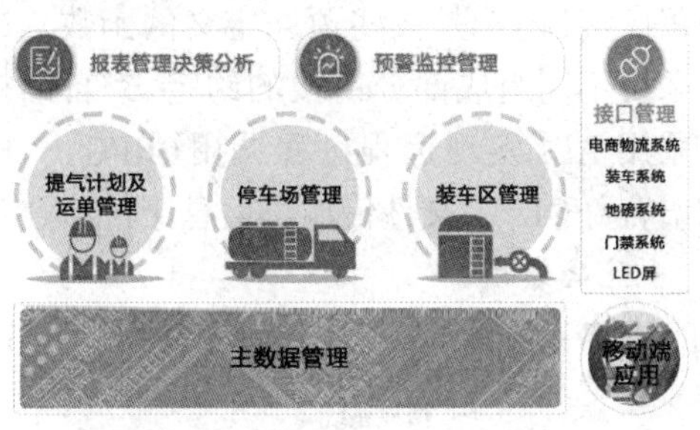

图 1　自助提气系统整体功能框架设计

2.2　功能介绍

一键制卡模块：主要应用在停车场制卡环节，系统接入物流系统、生产制卡系统、装车系统，实现身份证刷卡识别，物流系统运单信息写入装车卡，完成制卡功能。

手机安检模块：主要应用在停车场、装车区入口处以及装车前后的安检。采取防爆手机通过 NFC 模块识别装车卡，确认车辆信息后，进入安检项目界面，根据槽检项对槽车一一检查。如有问题可记为不合格，并记录问题。在槽检时，系统会自动显示上次充装时间、历史检查情况，并根据规则判断是否重点提示安检人员检查车辆是否为热车、预冷证明、已维修证明等。

自助终端模块：应用在停车场、装车区入口、装车区出口。该模块打通物流系统、生产系统、身份证阅读器接口、制卡接口，实现自助制卡功能；自助终端与装车区地磅集成，实时读取地磅前后车牌和称重信息，并通过调用装车系统提供的接口，实时将结果写入装车系统，保持自助提气系统与装车系统的数据一致性；支持司机在自助终端上通过刷装车卡，自助确认牵引车车号、挂车车号、皮重、预装重量、装车橇位等信息；支持司机归还装车卡，确认电子磅单后打印功能。

2.3　主要使用技术

1) NFC：中文全称为近场通信技术，使用了 NFC 技术的设备(例如移动电话)可以在彼此靠近的情况下进行数据交换，是由非接触式射频识别(RFID)及互连互通技术整合演变而来的，通过在单一芯片上集成感应式读卡器、感应式卡片和点对点通信的功能，利用移动终端实现移动支付、电子票务、门禁、移动身份识别、防伪等应用。NFC 工作频率为 13.56MHz，工作距离为 0~10 厘米，传输速度有 106 Kbit/秒、212 Kbit/秒或者 424 Kbit/秒三种。[1] 自助提气系统主要采用读卡器模式。

2) API(Application Programming Interface，应用程序接口)：是一些预先定义的函数，或指软件系统不同组成部分衔接的约定。[2] 自助提气系统采用 API 实现远程过程调用(RPC)、标准查询语言(SQL)、文件传输、信息交付。

2.4　系统的集成

2.4.1　与各系统的外部接口设计图(图 2，图 3)

图 2　停车场(待检区)子模块及接口

图 3　装车区控制中心子模块及接口

3　业务流程

3.1　流程图(图 4)

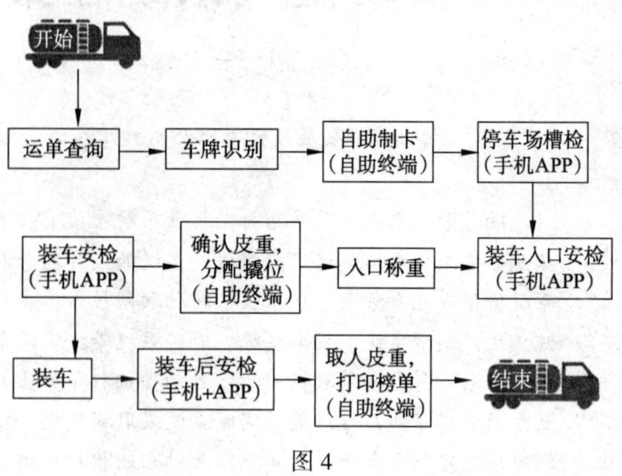

图 4

3.2　流程步骤说明

3.2.1　停车场区域

1) 运单查询：司机通过手机 APP 或者微信小程序查询运单，合理安排到达停车场时间；

2) 入口车牌识别、运单核对：槽车进入停车场入口时，自动拍摄车牌号后系统识别，并根据车牌核对该车的基本信息和提气计划，车辆进入后安检排队。

3) 制卡：分为人工和自助制卡。

① 人工制卡：司机在人工窗口提交证件，身份证刷卡，制卡系统查询对应的充装计划，完成信息校验后，点击制卡按钮，将物流装车计划写入装车卡，完成制卡。

② 自助制卡：司机通过自助终端识别身份证后，确认装车计划，完成制卡。

4) 电子安检：移动终端识别装车卡后，进入安检项目列表界面。确认车辆信息，并根据槽检项逐一排查，完成后安检人员和司机须签字确认。

5) 自动叫号：车辆在待装区，等待自动叫号机根据接收站装车进度，自行呼叫放行车辆。

3.2.2　装车区域

1) 装车入口：进行车牌识别，接收站管理员上车检查违禁物品、询问车况、检查是否热车等，并在移动终端进行二次安检，移动终端支持车牌识别、点选、手工录入车牌等多种形式。如果安检通过，则触发入口道闸开启，并通知司机到指定地磅称重。

2) 入口槽控室：司机在自助终端设备上刷装车卡，核对车牌识别等信息是否一致，并显示

重量、预充量、装车橇等信息，司机确认后取卡，到达指定的装车橇，等候装车

3）装车区：接收站管理人员通过防爆手机刷装车卡，再次对车辆安检后，将车辆放行至相应的装车橇上，直到槽车装车完毕，车辆驶到出口停车磅上称重，司机进入出口的槽控室。

4）出口槽控室：司机在自助终端还卡，确认信息，打印磅单，回到车上。

5）装车出口：司机凭借磅单驶离出口。

4　硬件设施

4.1　设备部署(图 5)

停车场区域，在已有相关弱电系统的基础上，其核心设备为 2 台自助查询终端设备、防爆手机若干、液晶电视机、摄像机等，主要用于自动识别车辆，支持自助服务，包括运单查询、凭身份证制卡，电子安检，安排装车进度。大量智能设备的使用，节省了司机的等候时间，提高了制卡、安检环节的效率，降低人工投入、节约资源。

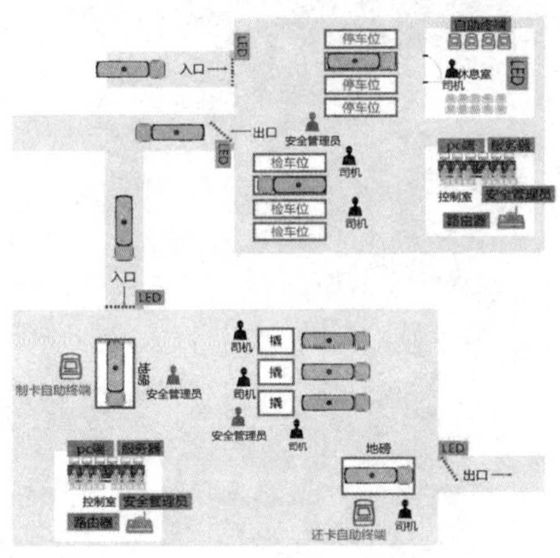

图 5　系统硬件部署图

在装车区域，主要配备了自助查询终端、交换机、摄像机、防爆手机等，此外，还定制开发了一套软件系统，用于自助终端的外设设备，例如：身份证读卡器、IC 卡读写器、外放音箱、热敏打印机、发卡器、收卡器等。软硬件设备的结合应用，实现装车流程自动化、自助化。

4.2　设备配套系统说明(表 1)

表 1

项　目	内容简述
停车场自助系统	停车场司机休息室建设排队系统。同时配备大屏幕显示排队信息，并支持自动语音叫号
移动安检系统	在停车场、装车区入口、装车橇区域分别部署防爆移动终端，安检员或接收站工作人员通过 APP 进行安全检车和叫号等业务
制卡、还卡自助系统	装车区入口控制室、装车区出口控制室分别建设自助制卡、自助还卡系统
服务器	在装车区控制室内增加服务器机柜、UPS 电源、自助终端服务器。服务器采用双机热备模式
生产系统接口	包括制卡、还卡、装车橇状态接口。其中制卡、还卡为双向模式，保证装车系统和自助提气系统数据一致性

5　自助提气的价值

自助提气系统的应用，不仅仅优化了液态 LNG 外输的流程，提高了装车效率，还在安全装车、提升服务质量、优化人员配备等方面实现了较高的附加价值，每年可为接收站带来百万元人民币的成本节约。

1）系统优化液态 LNG 外输的流程，提高了装车效率。该系统全程打通从车辆计划到停车场内车辆管理、车辆槽检、押运员等待、进场办理业务、场内装车、押运员出停车场、出场结算全流程，全局掌控装车进度。

2）实现自助式操作，提升用户体验。该系统支持自助运单查询、开单结算、制卡还卡、磅单打印等功能，节省排队等候时间。

3）全程电子化安检。自助提气系统通过防爆手机提供电子安检单，去掉繁冗复杂的纸质单据发放、检查、收集、归档等环节，形成安检数据云存储、云分析，并支持 24h 无死角槽车装车管理，为安全装车提供重要依据。

4）优化人员配备，降低人员成本。自助提气系统理顺 LNG 外输流程，可优化停车场、装车区的人工窗口，大幅降低人员投入。

5）系统具备可复制性，有推广应用价值。该系统采取模块化、松耦合的设计理念，可根据接收站具体物理环境和管理规定快速定制和部署，广泛应用在其他接收站。

6　总结

自助提气系统以数字化手段实现了槽车从停车场到装车撬装车业务的网络协同，装车进度的

管控指令直接与销售、物流、生产系统关联，装车信息链条式自动传输，初步实现自助式的智能提气，为数字接收站奠定基础。该系统在 LNG 接收站的应用，改善了场内物流微循环，打通了 LNG 运输毛细血管，为构建高效集约的供应链补上了关键一环。

参 考 文 献

[1] 陈金鹰．通信体系与前沿技术[M]．四川：成都理工大学，2012：268.
[2] 沙晓晨．应用程序接口版权保护及限制研究[D]．南京师范大学，2017.

基于深度学习的钻井溢流早期预测研究

王晶晶

(中海油能源发展股份有限公司工程技术分公司)

摘　要　石油工业是一个传统的工业领域，也是一个涉及多学科多领域多层次的复合式工业领域。海上石油钻井是海洋石油资源开发利用的一个重要环节，在石油钻井过程中，如何降低安全风险、提高钻井效率、减少工作成本，是石油学科一个长期的课题。在互联网时代，如何将传统的石油开采技术与现代信息技术相结合，通过人工智能、机器学习、大数据等前沿学科相结合，是众多石油工作者目前工作的重点之一。同时，海上井喷事故极易造成人员伤亡，环境污染等灾难性后果，井喷事故是公司最具颠覆性的风险，实现早期溢流预测发生显示十分必要。但由于溢流的发生受地层压力、泥浆系统等多因素的影响，具有复杂性、随机性和非线性的特征，因此无法通过传统算法建立精确的预测模型。而人工神经网络具有对复杂非线性系统的映射建模能力，并对数据具有很好的拟合能力，因此本文借助人工智能深度学习的研究，通过非线性建模实现钻井溢流早期预测，为后续智慧钻井提供有效的技术支持服务。

关键词　海上钻井；溢流预测；神经网络；人工智能

海上钻井具有“水深、离岸远、环境苛刻、地质风险高”的特点，随着水深增加钻井作业泥浆安全密度窗口和允许井涌余量减小，井喷风险大大增加，现有的行业技术手段难以完全避免海上钻井井喷事故发生。根据挪威科技工业研究院(SINTEF)井喷事故数据库统计，截止2015年12月，全球共发生海上井喷事故611起，特别是墨西哥湾深水地平线Macondo井喷事故，共造成经济损失超680亿美元，带来的环境及社会负面影响不可估量。

针对上述情况，整合已钻井作业数据，识别参数动态变化和趋势，与钻井实时监测数据融合分析，过大数据人工智能等方式建立算法模型，针对海上钻井工程遇到大量不确定性、非结构性、非数值化的难题，基于已钻井历史大数据，全面监测并整合钻井参数和工程参数等数据，建立融合分析算法，实现溢流早期智能识别及预警，降低作业风险，预防井下事故、防范井喷失控等重大事故的发生。

1　整体技术思路

利用A2勘探开发一体化数据库和SITECOM现场实时数据，通过数据整合、清洗、“创建-训练-优化”基于深度学习的预测模型，实现钻井作业溢流早期智能识别及预测，弥补传统算法缺点，推动以人工智能为依托的智慧钻井新模式变革(图1)。

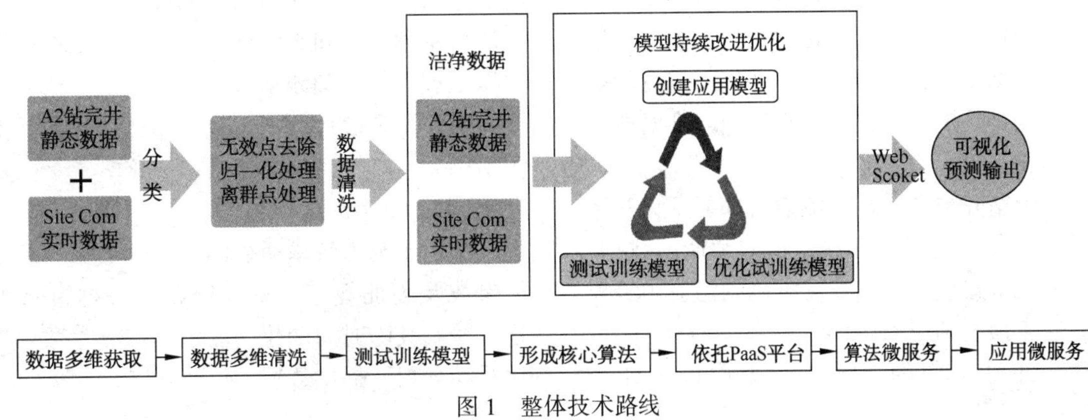

图1　整体技术路线

并以此设计整体系统架构见图2。

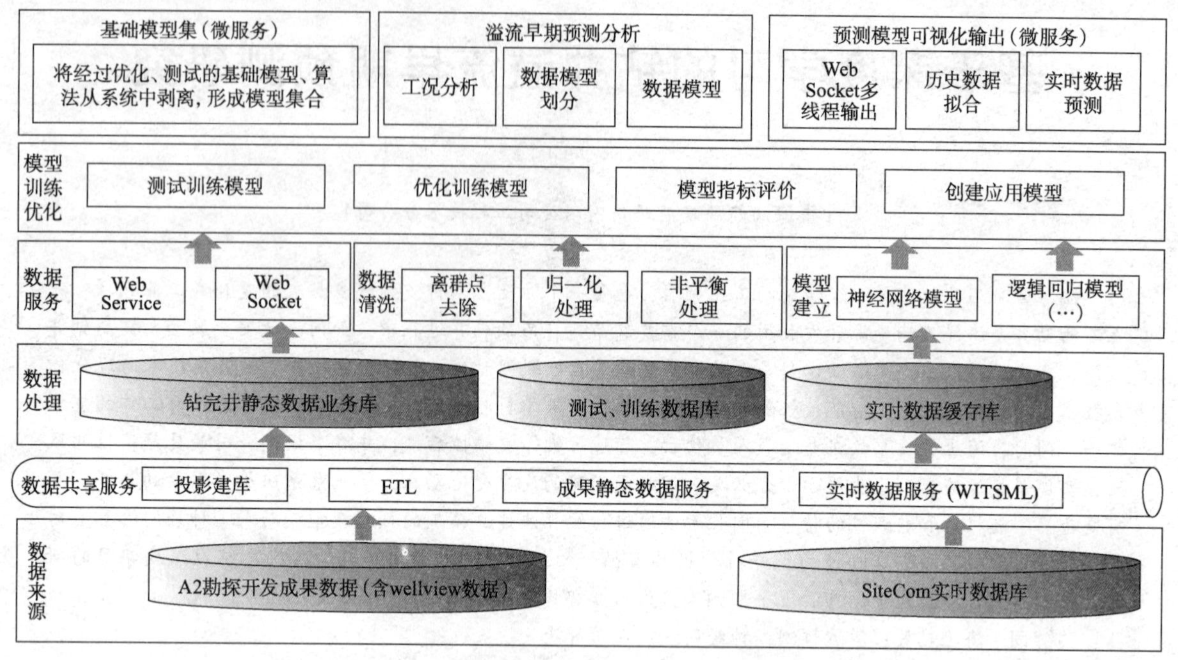

图2　系统整体架构

2　数据分析及预处理

2.1　数据处理分析方法概述

石油钻井工程由于钻井环境复杂多变、钻井事故频发，因此是一种危险且成本投入高的系统工程，溢流是石油钻井施工中发生频率最高、危害最为严重的钻井事故之一，不仅增加了钻井难度，而且如果不采取必要的井控措施，还会导致井喷甚至是井喷失控，从而造成井眼报废乃至大量人员伤亡。因此，如果能及时、准确进行溢流预警，能极大限度的减少损失，实现安全高效的钻井工程。

由于溢流的发生受地层压力、井底压力等多因素的影响，具有复杂性、随机性和非线性的特征，因此无法建立精确的溢流预警模型。然而在石油钻井过程中会产生大量钻井数据，因此可以采用数据挖掘技术，充分利用邻井资料进行数据分析，建立合适的算法模型实现快速、准确的钻井溢流智能预警。

但由于钻井数据受到监测设备和复杂钻井环境的影响，会产生很大的数据误差和遗漏数据，钻井数据质量较差，难以建立准确的溢流预警模型，对溢流预警结果产生偏差。

对钻井过程中的录井参数采取以下几个步骤：

(1) 单井录井参数量大，为减少数据冗余，选取溢流发生前后5天的数据；

(2) 有监督学习，对溢流点进行标注(0，1)；

(3) 溢流特征选择。选取溢流发生的主要特征作为溢流预警模型的输入参数；

(4) 参数归一化处理。在溢流特征参数中由于某个特征数量级较大，其他较小时最后的分类结果会被该特征所主导，而弱化了其他特征的影，最终影响溢流预警效果对所有输入参数进行了归一化处理，并保存归一化文件用于实时传输过程中的数据处理；

(5) 非平衡处理。无溢流数据量远远大于溢流数据量，使得预测结果偏向较多的观测类，如溢流样本预测偏向无溢流方向，所以采取非平衡数据处理，平衡预测结果。

溢流预警模块数据预处理整体流程图如下图所示：

2.2　钻井溢流数据分析

分析出与溢流呈明显的相关性数据，总结特征参数及表征规律，将部分动态数据进行可视化，绘制其随时间变化的曲线，按照参数率先变化时间分组，提供数据测试集：

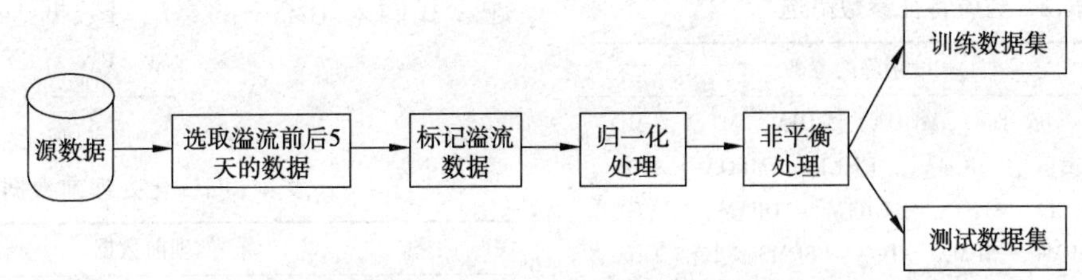

图3 溢流预警数据预处理流程

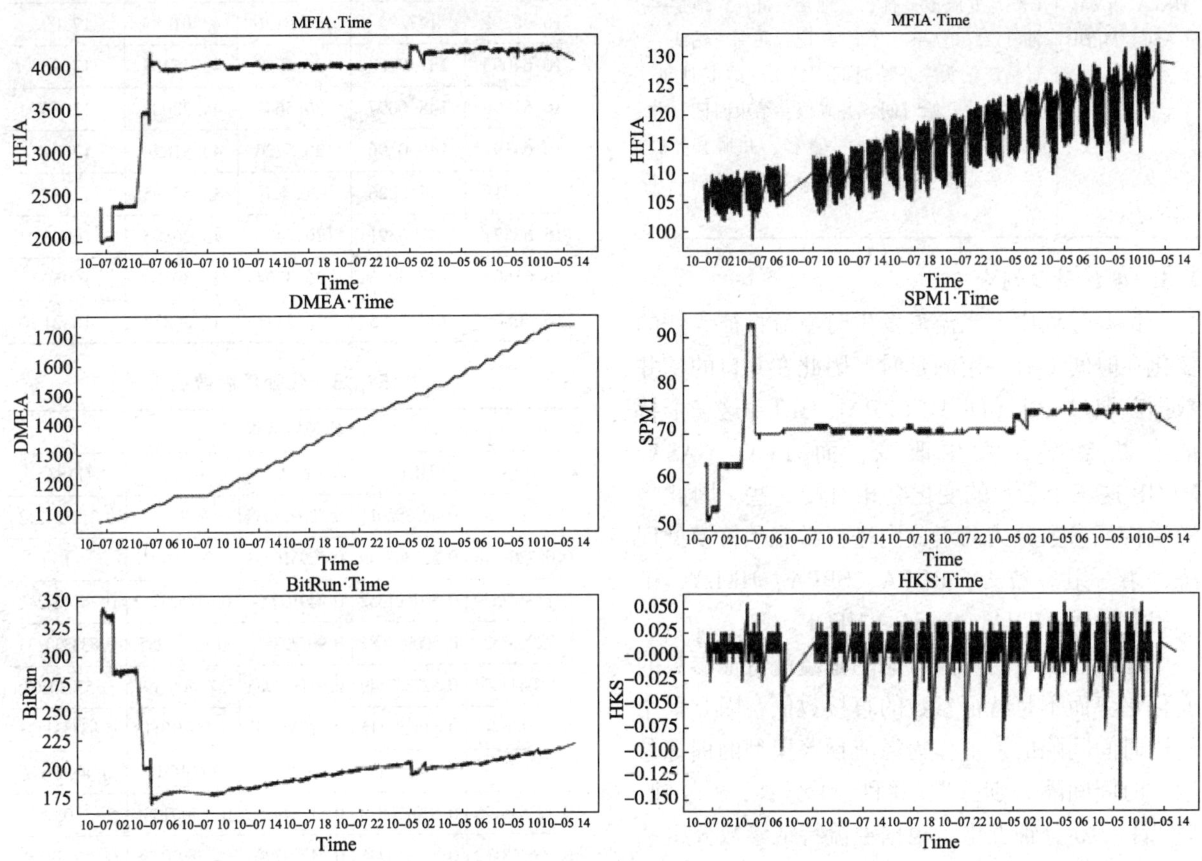

图4 钻井参数随时间的变化趋势

由溢流发生机理分析可知，溢流情况发生时，由于地层流体不断涌入井筒，会使井筒中钻井液物理性质发生相应变化。侵入地层流体的钻井液返出地面，会使得出口流量，泥浆池体积等发生相应的变化。同时钻柱以及环空内的压力平衡状态改变，使得地面上的立管压力等也会发生相应变化。因此总结出与溢流密切相关的特征参数及其表征规律如下表所示：

表1 溢流特征参数及其表征规律

溢流特征参数	溢流表征规律	备注
立管压力	升高或降低	波动跳跃变化
钻时	降低	无
池体积	升高	直接相关

续表

溢流特征参数	溢流表征规律	备注
出口钻井液流量	升高	相对于入口，直接相关
出口钻井液电导率	升高或降低	相当于入口电导率
出口钻井液密度	降低	相当于入口
出口钻井液温度	升高	相当于入口
气测全烃	升高	纯水侵无变化
C1 组分含量	有变化	纯水侵无变化
泵压(泵冲)	下降(增加)	
大钩悬重	增加	

通过 Pearson 相关分析，并剔除原始的钻井溢流数据中存在空值以及-999 错误数据，选取保留参数，如表2所示

表2　溢流特征参数筛选

保留的参数	剔除的参数
ROPA、SPPA、HKLA、TVA、GASG、MFOP	d Tim、MDOA、MDIA、MTIA、MD、DBTV、MCOA、CHKP、MFOA、ROP、MCIA、LSTK、DRTM、DBTM、TVCA、SPM1、SPM2、TQA、SPM3、LA Gtim、STKC、DVER、BPOS、WOBA、Bit Tim、MTOA、RPMA、MFIA、DMEA、Bit Run、HKS、井眼段—直径、地层—idrec、地层—油气层、地层—顶深、地层—底深、钻头—详情、钻头—开始时间、钻头—结束时间、井眼段—开始时间、井眼段—结束时间、井眼段—idrec、井眼段—直径、井眼段—底深、井眼段—顶深、测斜—井深、测斜—井斜、测斜—方位

2.3　数据模型划分

钻井过程中，当溢流发生时溢流特征参数的变化在时间上有一定的延时，因此在井口的钻井数据获取过程中ROPA、SPPA、HKLA这三个特征参数会率先发生改变，而TVA、GASA、MFOP这三个参数的变化会相对慢一些，因此将溢流特征参数分为两组分别进行溢流预警模型训练，第一组参数为：ROPA、SPPA、HKLA，第二组参数为：TVA、GASA、MFOP。

在溢流发生时重点考虑的是溢流特征参数的变化趋势而不是特征参数的直接数值，因此采用一段时间间隔的差值作为溢流预警模型的训练参数，时间间隔分别选取30秒，1分钟，2分钟，5分钟，10分钟五组。根据溢流特征参数分组和选取的时间间隔，划分了10个模型，如表3所示：

表3　模型划分

时间间隔 参数分组	第一组特征参数	第二组特征参数
30秒	Of_30s_model1	Of_30s_model2
1分钟	Of_1min_model1	Of_1min_model2
2分钟	Of_2min_model1	Of_2min_model2
5分钟	Of_5min_model1	Of_5min_model2
10分钟	Of_10min_model1	Of_10min_model2

2.4　数据归一化处理

为了避免不同参数的量纲和取值范围影响模型的表现，采用统一的单位对数据进行单位转换，如不同井的钻井溢流数据在同一个特征参数上单位不一样，并且某些数据存在明显的量纲问题，我们采用统一的算法对数据进行统一转换：

$$X_{new}=\frac{X-X_{min}}{X_{max}-X_{min}}$$

表4　归一化处理前数据

处理前数据				
SPPA	HKLA	TVA	MFOP	GASA
16.64618	147.9618	126.5909	43.81157	17235
16.68292	147.92	126.6126	43.01083	17209
16.64093	147.9283	126.5957	43.45483	17095
16.61896	148.0097	126.5649	44.22008	17063
16.64191	148.0196	126.5726	43.81824	17041
16.67718	147.6826	126.426	43.55195	17085
16.66571	147.6391	126.3489	43.26805	16993
16.61603	147.6006	126.3704	45.39784	16950
16.66803	147.5495	126.3341	43.36838	16821

表5　归一化处理后数据

处理后数据				
SPPA	HKLA	TVA	MFOP	GASA
1	0.494398011	0.430997038	1	0.212121212
0.057269378	0.527367549	0.529516288	0.962902237	1
0.153637549	0.507591352	0.849160908	0.712524022	0.742424242
0.720667323	0.500994681	0.907798618	0.65197285	0.833333333
0.980444882	0.527367549	0.911154985	0.647062191	0.53030303
0.937146715	0.514181115	0.710365252	0.641718118	0.833333333
0	0.514181115	0.701283317	0.6016805	0.46969697
0.125695128	0.520770878	0.511549852	0.358171485	0
0.096368172	0.547143745	0.517077986	0.338970438	0.227272727

2.5　不平衡处理

在深度学习中，很多算法都有一个基本假设，那就是数据分布是均匀的。但原始溢流数据中，没有发生溢流的数据比较多，而发生溢流的数据比较少，存在数据严重失衡，在预测模型训练过程中使得预测结果会偏向于较多观测的类，为解决数据不平衡问题，引入SMOTE算法为少数类合成新的样本。

3　预测模型选择

神经网络是一种运算模型，由大量的节点(或称神经元)之间相互联接构成。每个节点代表一种特定的输出函数，称为激励函数(activation function)。每两个节点间的连接都代表一个对于通过该连接信号的加权值，称之为权

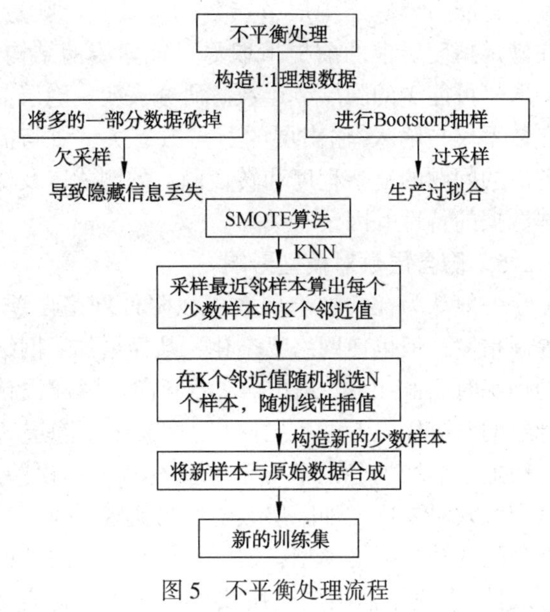

图 5 不平衡处理流程

重，这相当于人工神经网络的记忆。由于神经网络的这种优点，现被广泛的应用在分类和回归模型中。由于神经网络具有高度自学习、自修正和良好处理离散型数据能力，常用于风险评估、预测，同时溢流工况数据类型是离散型的，所以本文采用了神经网络算法来对溢流建立分类算法模型。

3.1 神经网络拓扑结构

理论上已证实，在网络隐含层节点根据需要设定的前提下，三层前向神经网络可以实现以任意精度逼近任意连续函数的功能。因此，为了不增加网络的复杂性，系统选用了三层网络的拓扑结构形式。输入层节点数是钻井溢流特征参数个数；输出层节点数根据需要确定钻井溢流是否存在，神经网络的结构为：输入层×隐藏层×输出层，输入层输入向量 X=(X1，X2，X3)代表不同的溢流特征，输出层输出向量 Y=Y1 代表(0，1)溢流概率区间，如下图所示：

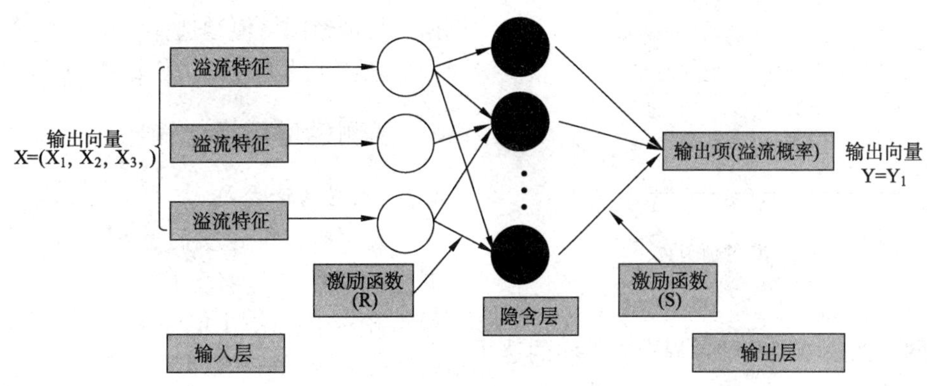

图 6 神经网络拓扑结构

3.2 神经网络模型的优化

在神经网络的模型训练的过程中，不同的节点选择、迭代次数和输入的批次大小对于模型的构建，以及分类预测的效果影响较大，通过不断的实验、参数调优，实现预测模型概率输出，准确度无限逼近。

3.2.1 隐藏层节点确定

隐含层节点的作用是提取并存储溢流智能预警样本数据中的内在规律，而其 n 个权值都是具有增强网络映射能力的参数。本文采用经验公式来确定隐含层节点数。

$$l=\alpha+\sqrt{n+m}$$

式中 n——输入层节点数；

l——隐含层节点数；

m——输出层节点数；

α——取值为 1~10。

建立的 BP 神经网络输入层节点数 $n=3$，输出层节点数 $m=1$，根据经验公式计算得到隐含层神经元节点个数 $l\in[3, 12]$。为了确定最佳隐含层节点数，将隐含层节点数分别设置为 3-12 的神经网络分别进行训练。

3.2.2 选取激励函数模型

神经网络中的每个神经元节点接受上一层神经元的输出值作为本神经元的输入值，并将输入值传递给下一层，输入层神经元节点会将输入属性值直接传递给下一层(隐层或输出层)，为防止节点线性函数输出[相当于激励函数是 $f(x)=x$]，造成输出都是输入的线性组合，引入非线性函数作为激励函数，隐含层激励函数选取 Relu 激励函数(Relu = max(0，x)取最大值函数)，输出层激励函数选取 Sigmoid 型激励函数(常用于二分类的概率事件，它能够把输入的连续实值变换为 0 和 1 之间的输出)

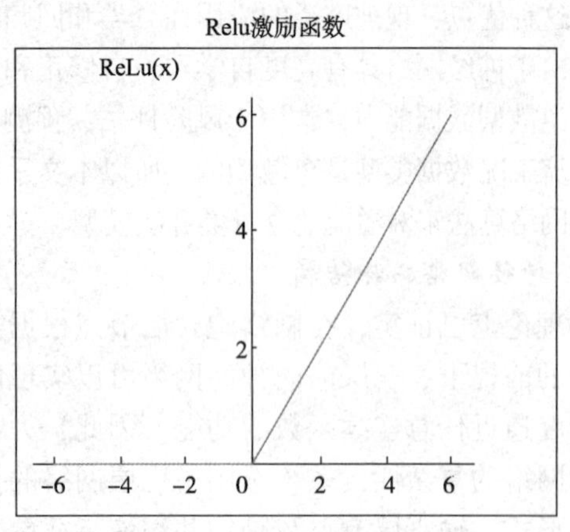

图 7　Relu 激励函数

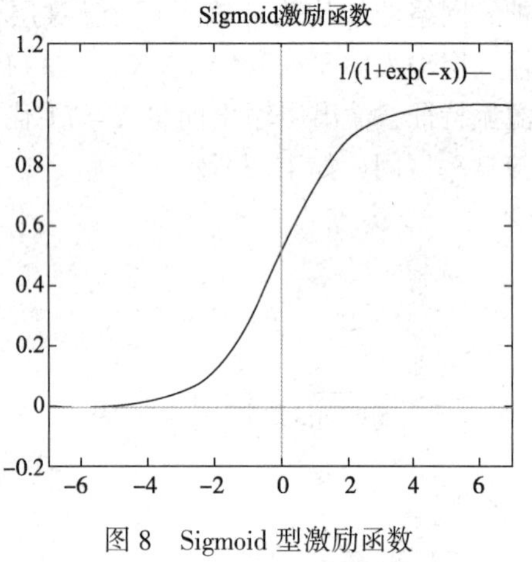

图 8　Sigmoid 型激励函数

3.2.3　Epochs 与 Batch 优选

在神经网络的模型训练的过程中，不同的迭代次数和输入的批次大小对于模型的构建，以及分类预测的效果影响还是相对比较大的，一般情况下，Batch 选择太小：没有充分利用计算资源；太大：更新权重和偏向比较慢，Batch_size 和其他参数相对独立，一旦找到一个合适的以后，就不需要再改了；同理 Epoch 训练次数的选取也是类似的道理，如果随着 Epoch 的次数增加，准确度在一定时间内(比如 5 到 10 次)变化很小，就可以停止 Epoch，此时当前的 Epoch 就是模型所需要的 Epoch 值。

3.2.4　节点个数对模型影响

隐层节点数的选择非常重要，它不仅对建立的神经网络模型的性能影响很大，而且是训练时出现"过拟合"的直接原因，但是目前理论上还没有一种科学的和普遍的确定方法，所以只能通过大量的实验来证明节点数为多少时，对当前的模型而言是相对比较优的，即为尽可能避免训练时出现"过拟合"现象，保证足够高的网络性能和泛化能力，确定隐层节点数的最基本原则是：在满足精度要求的前提下取尽可能紧凑的结构，即取尽可能少的隐层节点数。研究表明，隐层节点数不仅与输入/输出层的节点数有关，更与需解决的问题的复杂程度和转换函数的型式以及样本数据的特性等因素有关。

3.2.5　隐含层数对模型影响

一般认为，增加隐层数可以降低网络误差，提高精度，但也使网络复杂化，从而增加了网络的训练时间和出现"过拟合"的倾向。因此设计神经网络应优先考虑 3 层网络(即有 1 个隐层)。一般地，靠增加隐层节点数来获得较低的误差，其训练效果要比增加隐层数更容易实现。对于没有隐层的神经网络模型，实际上就是一个线性或非线性(取决于输出层采用线性或非线性转换函数型式)回归模型。但有时候增加隐含层数也会达到优化模型的效果，具体还是要结合溢流数据，将神经网络模型选择 3 层神经网络，即只有一层隐含层的神经网络模型作为训练模型。

4　预测模型可视化输出

4.1　数据传输方式

公用接口推送实时数据、计算模型接收数据，结果输出，均使用 Websocket 协议。在溢流预测流程中，采用了 Socket 技术进行优化前后数据的传送。钻井数据的发送部分充当着客户端的角色，负责向服务端发送原始数据和接收优化后数据的功能，优化算法和溢流算法部分充当着服务端的角色，负责接收客户端发送的原始数据和发送优化后数据的功能。通过采用 Socket 技术，优化过程实现了不同平台间数据的交互，实时计算，以及对不同区域井段数据的并行处理。如图 9 所示，就是接口服务的数据的整个传输流程：

在优化流程中，Socket 客户端和 Socket 服务端之间确定了数据交互的具体格式。首先交互过程中传输数据的格式为字符串类型，每个数据间通过逗号分隔。客户端(公用数据接口)向服务端(算法模型)发送数据的，溢流模块接收算法中需要的钻井参数，返回溢流的预测数据。最后，服务端将井名、井段、时间加上优化后参数，溢流结果数据打包为一条字符串，传送给相应的客户端，客户端接收推送数据后，通过可视化模块，进行实时展示，如图 10 所示：

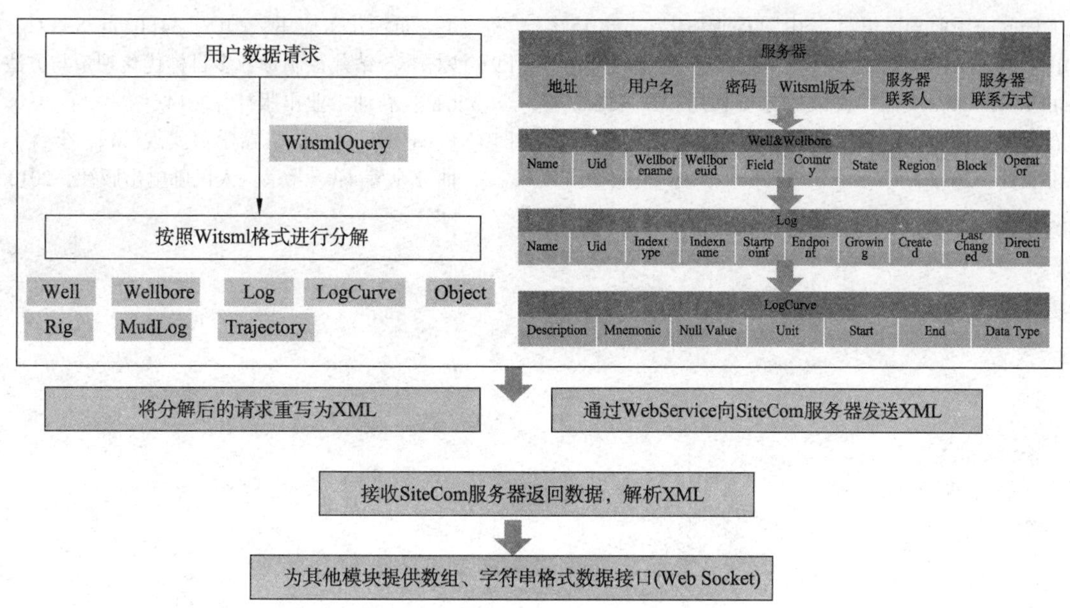

图 9　数据传输流程

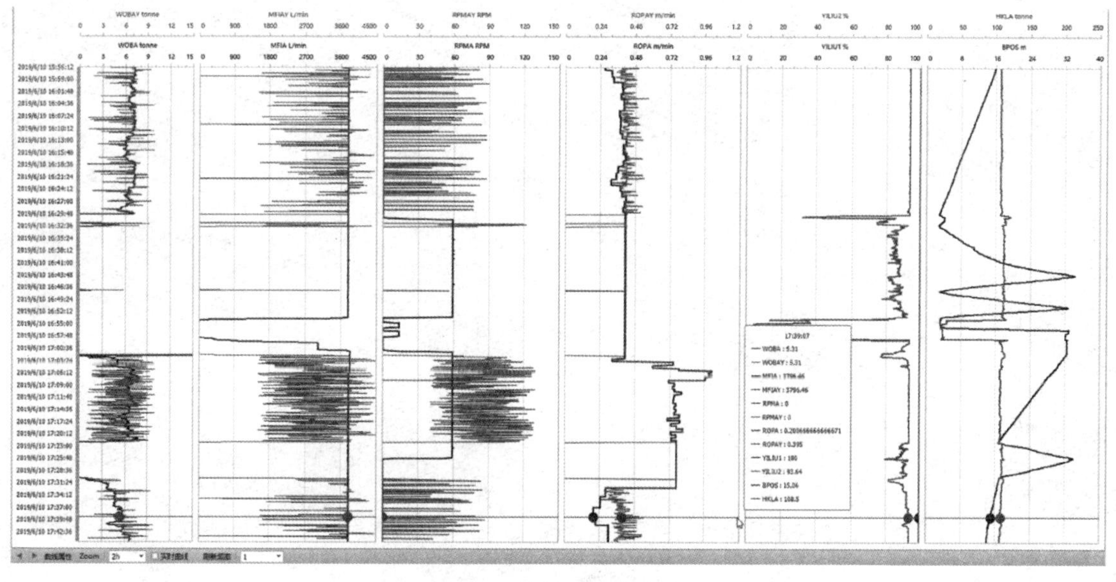

图 10　结果可视化展示

5　结论

针对海上工程作业复杂情况、事故的预测及参数优化，因为受多种因素影响，具有复杂性、随机性和非线性的特征，通过传统模型很难再有突破。利用大数据分析引入深度学习算法，建立纯数据驱动的分析应用模型是我们今后工作重点，也由此打破由国外公司长期对经典算法的把控，实现弯道超车，打造一批自主可控的人工智能算法，通过不断地迭代、优化指导现场实现精准钻井作业，为海上智能油田的建设贡献力量。

参考文献

[1] 胡寒．科技传播中的数据可视化应用——以 Deep Mind 与 Abacaba 关于“柯洁大战 Alpha GO”的报道为例[J]．西部广播电视，2017(18)：187-189.

[2] 李开复，王咏刚．人工智能[M]．北京：文化发展出版社，2017.

[3] 吴军．智能时代 大数据与智能革命重新定义未来[M]．北京：中信出版社，2016.

[4] 谢鹏．实现人工智能技术与产业融合发展[J]．群众，2018(22)：36-37.

[5] 陈庭根，管志川，刘希圣．钻井工程理论与技术[M]．山东：中国石油大学出版社，2006.

[6] 檀朝东，陈见成，刘志海等．大数据挖掘技术在石油工程的应用前景展望[J]．中国石油和化工，2015(01)：49-51.

[7] Keith R. Holdaway. 油气大数据分析利用[M]．青岛中石大大数据研究院有限公司，译．北京：石油工业出版社，2017.

[8] 张奇志，何素素，韩振华．钻进参数优化研究综述[J]．石油化工应用，2015，34(02)：8-12.

[9] 沙林秀．钻井控制参数多目标优化理论与方法[M]．北京：石油工业出版社，2014.

[10] Peter Harrington. 机器学习实战[M]．李锐，李鹏，曲亚东等 译．北京：人民邮电出版社，2013.

安全记分管理系统在江苏油田的应用与实践

谭家虎[1] 郑 建[2] 赵迎春[1] 朱 铭[2] 顾汉清[1]

（1. 中国石化江苏油田分公司信息化管理中心；2. 中国石化江苏油田分公司安全环保部）

摘 要 为强化安全管理，减少员工习惯性违章行为，有效预防生产安全事故，江苏油田参照道路交通安全违法行为记分模式，对员工进行安全记分管理。给每名员工设定一个初始安全分值，对员工工作中的违章行为进行扣分处理。员工可通过电脑和手机 APP 上报各类个人违章行为，经安全员核实后，对违章人员进行扣分处理。各类安全检查和视频监控发现的个人违章行为，由安全员直接对违章人进行扣分处理。年底根据年度安全记分值兑现年度安全奖金。通过安全记分管理，有针对性对习惯性违章人员进行处罚，切实把安全隐患消除在萌芽状态，避免"破窗效应"，提高员工安全意识，构建人人参与的安全监管体系，提高油田安全生产水平。

关键词 安全；管理；违章；记分；上报；软件

1 实施背景

石油石化生产的特点是高温高压、易燃易爆、易中毒、易腐蚀、易产生静电，这些特点使得石油石化属于高危行业。在几十年的油气开采、加工过程中，江苏油田在安全生产管理方面的规章制度越来越严密，安全监管手段越来越多，但还是存在一些不足，需要进行补充完善。

1.1 建成了从上到下的安全监管体系

江苏油田已经有比较健全的安全管理体系。

在制度方面，从中石化到江苏油田制定了一系列安全管理规章制度，覆盖劳动卫生、作业安全、作业许可、安全检查、安全隐患、安全生产考核、承包商 HSE 管理、码头安全、交通安全、公共安全、安全培训和安全专项资金管理等各个方面。

在组织机构层面，从油田到基层各层面，设置了不同层级的安全监管机构。在油田层面设置有安全环保部，专门从事安全、环保管理；在二级单位设置有安全环保室，在基层单位配置有安全员。

在安全监管手段方面，开展了多种安全生产监管。在油气生产、加工过程中，有基层安全员现场监管，油田直属督查队和 QHSSE 检查组会到生产现场开展安全检查、督查工作。另外，油田还建成了视频监控系统，覆盖井场、站库、油罐、石化厂、施工作业现场、重要环保(水情)水域、码头、渡口、交通运输和厂区门口等重要部位。各级各类 QHSSE 值班人员通过视频监控进行安全监管。经过不懈地努力，江苏油田的安全管理工作取得了较好的成绩，近五年来一直保持安全生产零事故零伤害。

1.2 安全管理工作中存在的主要问题

油田安全监督管理主要针对单位进行考核，没有对个人安全绩效考核的可操作性办法，不能充分调动员工主动安全管理的积极性。在油田生产中，如果发生安全生产事故，会依据规章制度对当事人进行处罚。日常生产中，员工存在一些习惯性违章。对员工的习惯性违章，油田没有对应的管理制度可以对其进行处罚。

1.3 习惯性违章

油田员工在日常生产中存在一些习惯性违章，是安全生产的隐患。

习惯性违章是指那些固守旧有的不良作业传统和工作习惯，违反安全工作制度，长期反复发生的作业行为。习惯性违章是一种长期沿袭下来的违章行为，它实质上是一种违反安全生产工作客观规律的盲目行为方式。

违章不一定出事(故)，出事(故)必是违章。这句话很好地诠释了事故与违章的关系。根据对全国每年上百万起事故原因进行的分析证明，95%以上是由于违章而导致的[1]。违章是发生事故的起因，事故是违章导致的后果。

事故带来的影响是深远的，损失是难以估量的，会对个人、家庭带来巨大的伤痛，对企业、社会、国家带来不可弥补的损失。因此，要保障个人的身心健康和家庭的幸福，要保障企业的长治久安和社会的和谐稳定，就要控制各类事故的发生，而控制事故发生的关键就是杜绝习惯性违章。因此，分析习惯性违章的表现形式、特点及其根源并制定相应的防范控制措施是十分必要的。

（1）习惯性违章的表现形式

习惯性违章的表现形式多种多样，在油田生产中主要表现为以下几种形式：

三违：违章指挥、违规作业、违反劳动纪律。

低老坏：低标准、老毛病、坏习惯。

跑冒滴漏：跑气、冒水、滴液、漏液。

（2）习惯性违章的基本特点

习惯性违章具有以下四个特点。

顽固性。习惯性违章是由一定的心理定势支配的，并且是一种习惯性的行为方式，因而具有顽固性、多发性的特点，往往不易纠正。例如，进入生产现场必须戴好安全帽并系紧下领带这条最基本的安全规定，总有一部分职工不能正确执行。

潜在性。一些习惯性违章行为往往不是行为者有意所为，而是习惯成自然的结果。对习惯性违章行为，由于人们看得多了，习以为常，所以根本没有认真对待，身在险中不知险，容易使人对违章现象丧失警惕。

传染性。职工的习惯性违章行为往往是“学来”的。看到老职工违章操作“既省力、又没出事”，就盲目仿效，而且又用自己的习惯性违章行为方式去影响新职工，以至于这些不良的习惯性行为方式难以彻底根除。

排他性。有习惯性违章行为的职工固守不良的传统做法，总认为自己的习惯性工作方式“管用”、“省力”，而不愿意接受新的工艺和操作方式，即使是被动地参加了培训，但还是旧习不改。其结果必然是严重地妨碍安全规程的贯彻执行。

（3）习惯性违章产生的原因

侥幸心理。有一部分人在几次违章没发生事故后，慢慢滋生了侥幸心理，混淆了几次违章没发生事故的偶然性和长期违章迟早要发生事故的必然性。

省事心理。人们嫌麻烦、图省事、降成本，总想以最小的代价取得最好的效果，甚至压缩到极限，降低了系统的可靠性。尤其是在生产任务紧迫和眼前既得利益的诱因下，极易产生习惯性违章。

自我表现心理。有的人自以为技术好、有经验，常满不在乎，虽说能预见到有危险，但是轻信能避免，用冒险蛮干当作表现自己的技能。有的新人技术差，经验少，可谓初生牛犊不怕虎，急于表现自己，以自己或他人的痛苦验证安全制度的重要作用，用鲜血和生命证实安全规程的科学性。

从众心理。别人做了没事，我福大命大造化大，肯定更没事。尤其是一个安全秩序不好，管理混乱的场所，这种心理像瘟疫一样，严重威胁企业的生产安全。

逆反心理。在人与人之间关系紧张的时候，人们常常产生这种心理。把同事的善意提醒不当回事，把领导的严格要求口是心非，气大于理，火烧掉情，置安全规章于不顾，以致酿成事故。

1.4 破窗理论

詹姆士·威尔逊（James Q·Wilson）及乔治·凯林（George L·Kelling）于1982年提出破窗理论[2]。此理论认为环境中的不良现象如果被放任存在，会诱使人们仿效，甚至变本加厉。一幢有少许破窗的建筑为例，如果那些窗不被修理好，可能将会有破坏者破坏更多的窗户。

员工习惯性违章就是“破窗效应”的具体体现。有部分员工开始违章时，如果不防微杜渐并将这种现象消除于萌芽状态，就会给其他职工造成不良影响，随之出现“隐患跟随暗示”走的现象，出现“破窗效应”。从而产生麻痹思想，导致安全生产事故发生。

为强化安全管理，消除员工习惯性违章行为，有效预防生产安全事故，江苏油田借鉴交通违章处罚管理体系，对全体员工进行安全记分管理。

2 实施过程

2.1 梳理业务流程

根据油田生产实际情况和安全工作管理现状，研究梳理出安全记分考核业务流程：员工通过个人电脑或手机APP上传发现的违章行为。系统将违章行为记录自动发送给安全员，安全员进行核实，核实属实后，从系统中选择相应扣分项给予扣分。

各级各类安全检查督查发现的违章行为，由本单位相关业务部门管理人员核实，核实属实后，将违章行为信息手动录入安全记分管理系统，选择相应扣分项给予扣分。

在扣除员工安全记分时，对员工发送短信提醒，提醒员工关注自己的违章现象。

安全记分考核具体业务流程见图1。

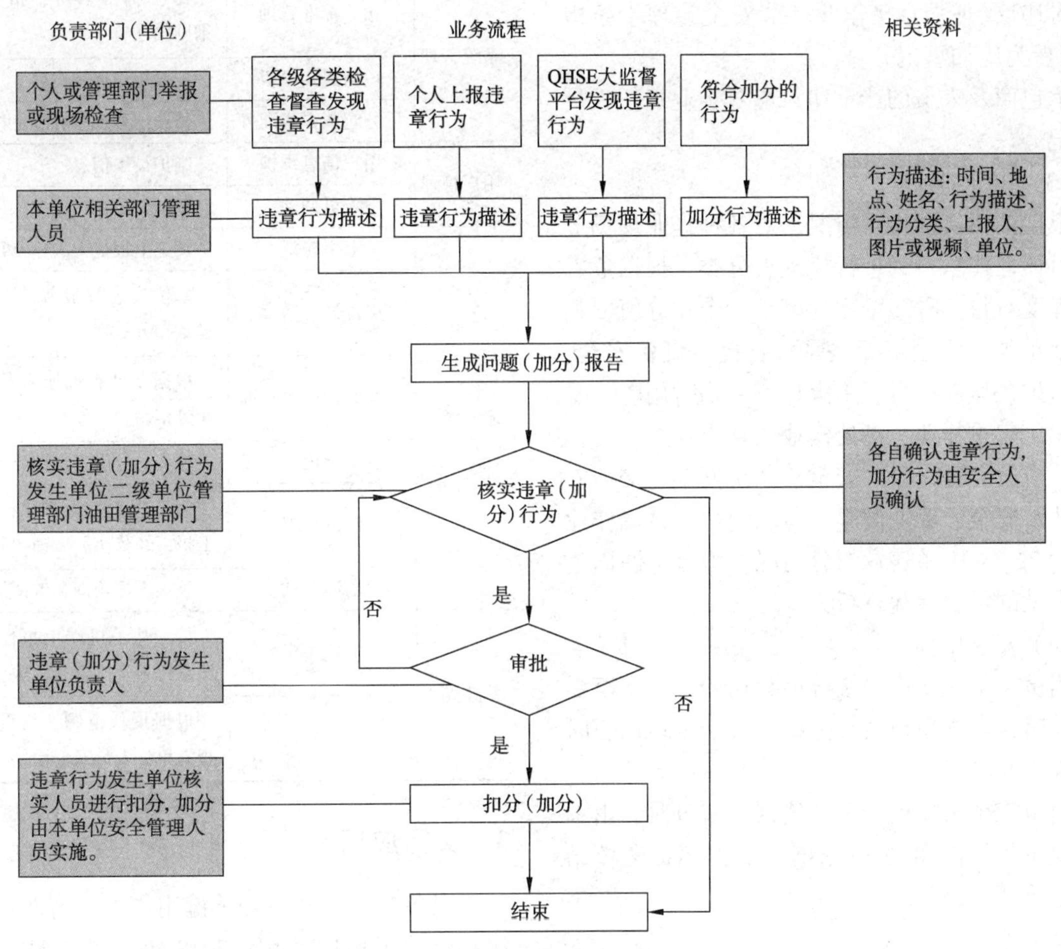

图1 安全记分考核业务流程

2.2 制定安全记分管理业务标准

研究制定员工岗位风险分级、员工违章行为扣分标准、记分超限提醒阈值、安全培训、考试等标准和要求。油田生产区域广泛、覆盖专业多、员工岗位(工种)多的现状，根据不同员工岗位(工种)风险大小的不同，将所有岗位风险类别划分为若干类，并给每个岗位风险类别设置一定的岗位风险系数。对平时生产中发现的习惯性违章行为进行收集、整理分类，形成扣分项目。

2.3 建立安全记分管理制度

编制安全记分管理制度，把以上内容写进制度，发布了《江苏油田员工安全记分管理细则》，为系统上线使用提供制度保证。

(1) 工作原则

双向激励原则。通过记分管理对员工个人安全行为予以量化考核。按不同岗位安全风险大小赋予岗位风险系数，结合员工年度剩余记分及岗位风险系统，计算个人年度安全记分，实行差异化安全奖励，调动员工参与安全管理的积极性、主动性，增强员工自主安全管理能力。

全员参与原则。安全记分考核覆盖油田所有正式员工和劳务工，所有人都有权上报他人的违章行为。

(2) 确定单位处理记分情形

发生企业及上报集团公司级生产安全、职业健康和公共安全事故(事件)，对相关责任人进行记分。

被政府安全检查督查后通报存在问题、挂牌督办重大隐患、行政处罚或公开披露问题的，对相关责任人进行记分。

依据《中国石化全员安全行为规范(试行)》

《严重违章行为判定标准》《中国石化重大生产安全事故隐患判定标准指南(试行)》和岗位安全责任制等安全管理制度认定的履职严重不力和严重违章的，对责任人进行记分。

对违反《加强直接作业环节安全管理十条措施》的行为应加重记分。

承包商及人员的严重违章应对企业责任人员连带记分。

(3) 扣分细则

根据油田实际生产情况，对各种作业现场员工的习惯性违章行为进行梳理、分类，根据危害轻重程度对每一种违章行为赋予一个扣分值。整理出禁止类、安全培训、风险管控、设备安全、安全防护、作业许可、用火作业、临时用电、受限空间、起重作业、高处作业、动土作业、盲板抽堵、应急管理、公共安全、消防安全、交通安全、涉水安全、职业健康、劳动纪律、试油作业和其他 22 类 91 条违章扣分情况，覆盖了油田生产中常见的习惯性违章行为。

(4) 安全培训

当员工个人年度安全分值为初始分一半至零分之间时，由本单位对其组织开展安全培训，时间不少于 8 学时。

当员工个人年度安全分值低于零分时，由本单位组织其待岗培训 40 学时，根据培训考核结果决定重新上岗或继续待岗。

(5) 考核兑现

年底根据员工安全分值兑现安全奖金。年度安全记分专项奖进各单位工资总额，油田依据各单位年度安全绩效考核结果统筹列支。

员工通过电脑和手机 APP 终端上报的各类违章行为时，应对上报事实负责，对于谎报行为经查实给予相应扣分处罚。

2.4 搭建安全记分管理系统

对安全记分管理所需的数据资源进行分析研究，开展整体的信息资源规划和建设，研发安全记分管理系统，将上述成果固化到信息系统中。

软件系统采用 B/S 模式，采用 J2EE 的基础架构，系统后台开发基于 SSM 框架，数据库基于 Oracle 设计，整个系统在 Apache 服务器上运行，支持主流的浏览器。

软件系统包括系统管理、用户管理、记分管理和手机 APP 四大功能模块和 13 个程序模块，具体情况见表 1。

表 1　系统模块列表

功能模块	程序模块	功能描述
系统管理	扣分标准管理	维护标准名称、扣分值、细则描述
	短信通知模板	配置短信通知内容
	记分超限提醒配置	修改配置预警分和考核分
用户管理	用户信息维护	维护员工信息
	人员调动	调动人员
记分管理	上报违章	员工上报他人的违章行为
	单位处理违章	单位决定对某名员工进行违章扣分处理
	违章原始记录查询	根据条件查询所有员工的扣分记录
	单位安全记分台账	查询、导出安全记分报表
	申诉处理	对于违章行为有异议提出上报，经核实后撤销扣分
	培训考试	录入人员培训和考试信息
手机 APP	上报违章	员工从手机端上报他人的违章行为
	安全记分查询	根据授权范围，从手机端查看单位人员安全记分

3　实际应用

对各单位安全员和关键用户进行培训，将系统在全油田推广使用。2018 年 4 月 1 日，江苏油田安全记分管理系统正式投入使用。用户包括油田机关和 18 家二级单位正式员工和劳务工，共 10600 名员工。

2018 年各单位通过安全记分管理系统上报的扣分值为 724 分，油田 HSE 督查问题安全记分扣分值为 678 分。2019 年，截至 7 月 9 日各单位通过安全记分管理系统上报的扣分值为 633 分，油田 HSE 督查问题安全记分扣分值为 443 分。扣分录入 410 条，扣分人员 339 人。

各单位定期公布本单位员工安全记分台账。安全管理部门通过统计、分析员工违章行为特点和规律，采取针对性管控措施，使员工现场违章现象明显减少。分析发现，单次督查发现问题数由 2016 年的 6.28 个下降至 2018 年的 2.67 个，违章行为明显减少，见图 2。

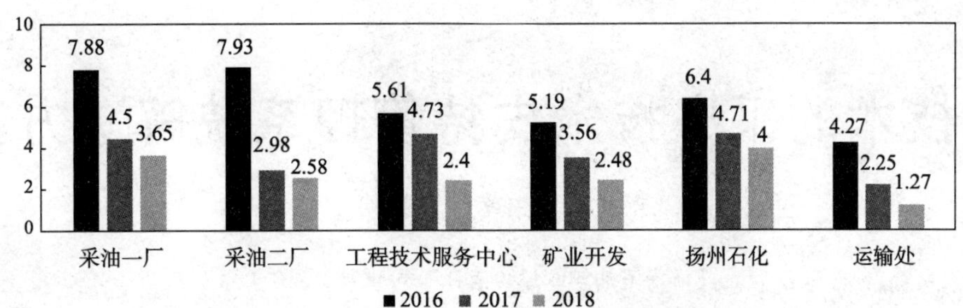

图 2　一类风险单位近三年单次督查发现问题数对比

4　结论

（1）参照道路交通安全违法行为记分模式，对员工进行安全记分管理，通过违章扣分警醒员工，抵制习惯性违章，避免“破窗效应”，能够有效地减少员工习惯性违章行为，提高企业安全生产水平。

（2）创新安全监管手段，提供一种途径，使得任何员工有权对他人违章行为进行上报，调动员工参与安全管理的积极性。改变过去安全工作仅靠少部分管理人员去抓、安全监管覆盖面不广的现状，使所有员工都参与安全监管，提高安全监管的广度和力度，构建出人人参与管安全的安全监管体系。

（3）对违章进行扣分，年底根据安全分值兑现安全奖金，旗帜鲜明的惩处违章、鼓励安全行为，有助于形成良好的企业安全文化。

（4）安全记分考核推动安全生产入脑入心，提高员工安全生产意识，最大限度降低安全隐患，保障了员工身心健康，减少了企业和个人在医疗费用方面的支出，减少了事故经济损失，节约了管理成本，为创建和谐社会做出贡献。

参考文献

［1］陈必海．“低标准、老毛病、坏习惯”的心理特征及克服方法．江苏安全生产，2009，（10）：24.

［2］吕平，周鲁华，王海．浅谈安全记分与“破窗效应”．山东煤炭科技，2010，（4）：259.

基于云技术的采办技术支持管理系统解决方案研究

祝皎琳　高铭志　宋学婷　郭明荃　季　磊

（海洋石油工程股份有限公司设计公司）

摘　要　面向油田地面工程项目开发，破解设计过程中采办技术支持工作效率低、传承性差的难题，本文首先分析了采办技术支持管理的业务流程，进而分析业务流程过程中不同用户方对数据的需求并形成需求清单，基于需求分析构建了业务功能架构，最后提出了基于云技术的系统解决方案，该技术的提出将不但解决设计自身纷杂繁重的设计任务，同时还将增强数据的交互使数据活化，通过云平台共享和数据整理为工程公司数字化运营和油公司智能化管理提供产品全生命周期的数据支撑。

关键词　采办技术支持；业务架构；管理系统；云技术；解决方案

1　前言

采办技术支持，是指在工程开发建设中，围绕采办业务开展，工程师从设计角度所做的相关技术支持工作，包括从采办策划到产品验收，再到相关技术参数的提取和深化设计等活动。

在油田地面工程开发设计过程中，采办技术支持是设计中后期一项纷杂繁重的任务，面对大量的非结构化和纸质文件的人工传递，工作重复度高、效率低、数据一致性差、横纵向传承有限[1]。以往的物资采办管理系统大多针对采办商务的过程性管理，较少以面向设计任务的信息管理。如何利用信息化、数字化手段破解成为设计院正待解决的难题，因此本文针对该问题提出基于云技术的采办技术支持管理解决方案。

系统利用云技术实现与设计过程管理、采办商务过程管理、建造过程管理、厂区运维管理及供应商之间的数据交互，将为工程公司数字化运营和油公司智能化管理提供产品全生命周期的数据信息支撑，提升设计院的引领性作用。

2　需求分析

本文以某设计院一海上项目为对象，结合问卷调研的形式分析提炼其采办技术支持相关业务流程及具体功能需求，并对产品全生命周期内各方对采办相关设计数据需求方进行分析。

2.1　业务流程及需求分析

采办技术支持业务流程简图如图1所示，主要包括：采办任务策划、技术标书编制、技术澄清、评标澄清、厂家资料审查、出厂试验(FAT)、现场验货(SAT)、完工文件管理等。

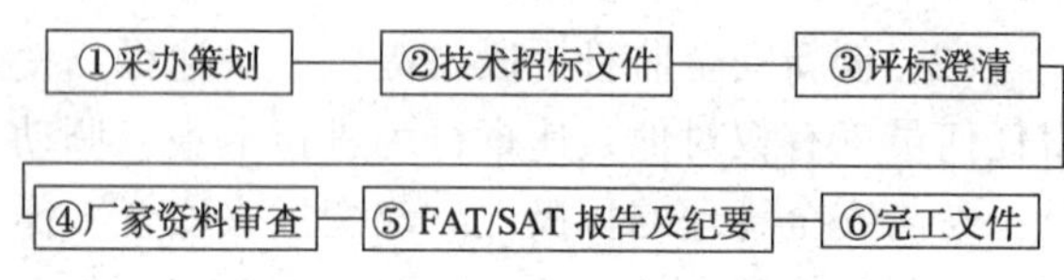

图1　采办技术支持业务流程简图

STEP 1：采办策划

采办策划环节包括采办物资类别划分、物资描述、物资组成、数量、采办方、采办方式、和采办技术支持计划编制。该环节需要多工程建设多部门共同参与完成。

STEP 2：技术招标文件

该环节设计工程师主要是将写有明确技术要求的技术文件组合形成技术标书。每个采办包需要根据技术文件清单，选取最新版次文件组合形成技术标书，同时需要提取技术关键参数用于评标。

STEP 3：技术澄清

该环节是从技术角度买卖双方工程师就技术不一致项及重点关注项进行澄清和确认，形成技术澄清纪要并进行归档。

STEP 4：厂家资料审查

该环节，厂商按照要求编制送审计划，并根据送审计划提交技术资料供设计方和业主方审批。

STEP 5：FAT(出厂试验)/SAT(现场验货)

FAT(厂家制造场地)和SAT(交货地库房)环节需要设计工程师根据现场检验情况编制出厂试验和验货报告，提出整改问题清单，并跟踪整改问题落实情况。

STEP 6：完工文件

该环节主要是对完工资料的审核。

2.2 数据需求方分析(表1)

表1 数据需求分析表

序号	需求方	需求数据	用途
1	设计部	技术参数 技术文档	项目设计 复用(快速选型设计、详设模块标准化设计)
2	采办部	过程管理数据 质量评价	采办过程管理 供应商评价体系建立
3	建造部	技术参数 技术文档 运维手册	加工设计 调试
4	油公司	技术参数 操作参数 技术文档 运维手册	操作 智能监测 智能故障诊断

1）设计需求：产品技术参数信息和技术文档不仅是项目自身系统建设的实现基础和关键，同时也是设计院的宝贵技术资源，将辅助前期快速选型设计、模块标准化设计。

2）采办需求：技术支持过程管理数据将协助采办全周期的信息管理。同时厂商评价将助力供应商评价体系建立，将协助选择优秀的供应商。

3）建造需求：加工设计和调试过程所需相关数据，包括产品设计参数、操作参数、设计图档等。

4）业主需求：操作、维修和智能监测所需相关数据，主要包括产品设计参数、操作参数、设计图档和运维手册等。

3 功能架构构建

根据工作流程及数据需求分析，构建以过程信息管理为载体，知识库、流程管理及数据多向流转相融合的立体功能整体架构[2]，功能整体架构简图如图2所示。

1）业务功能

将管理思想、模式、流程集成到系统中，系统流程见图3，系统将实现全流程线上操作，提高整体工作效率，系统具有的特色功能如下：

① 采办策划：支持多人在线协同作业、在线审批，具备对采办计划进行在线跟踪、预警、统计功能；

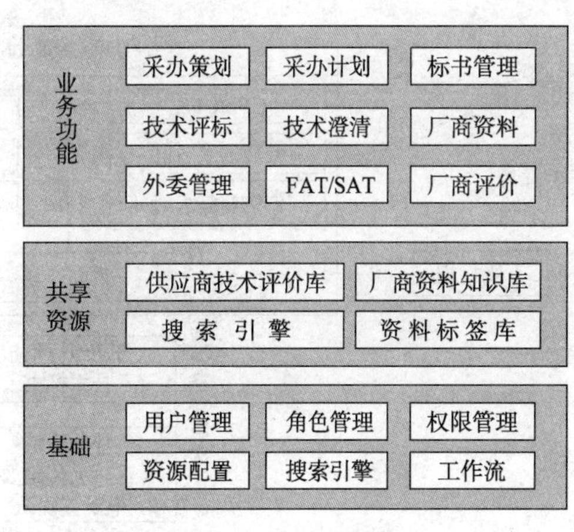

图2 系统功能架构图

② 技术招标文件：按顺序自动搜索当前最高版次，实现一键组标，生成招标文件；

③ 技术澄清：支持多专业在线协同编辑技术澄清纪要，并进行自动签署和存档；

④ 厂家资料审查：厂家计划在线送审计划，系统自动生成厂商资料审查流，指定主责任人，由主责人分配任务和跟踪控制，可实现在线交互；

⑤ FAT/SAT：出厂试验(厂家制造场地)和现场验货(交货地库房)流程支持通过手机APP或微信小程序上传现场照片，并进行详细描述形成出厂试验和验货报告，在线跟踪整改问题。

⑥ 完工文件：完工资料标签化归档，建立公司厂家资料知识库，利于设计选型；

⑦ 厂商评价：支持自定义抽取统计表单和简单公式计算，对厂家送审资料质量、送审资料进度、送审状态、拒审次数、验货情况等方面的统计，完成对厂家的绩效评价。

2）知识库建立

构建知识库，实现信息、知识的共享、传递和继承。系统不断积累沉淀数据，经过逻辑处理后成为信息，信息经过分析后成为企业的知识，实现数据多向流动。

① 完工资料标签化归档，按照各维度分类原则进行归集，形成厂商技术文档信息知识库，利于设计快速复用，包括前期选型设计、方案设计和标准化设计；

② 支持供应商基础资料维护，信息包括供应商所属品类、加工制造能力、产品质量、业绩、历史项目执行情况、综合评价等，利于公司优质供应商的筛选。

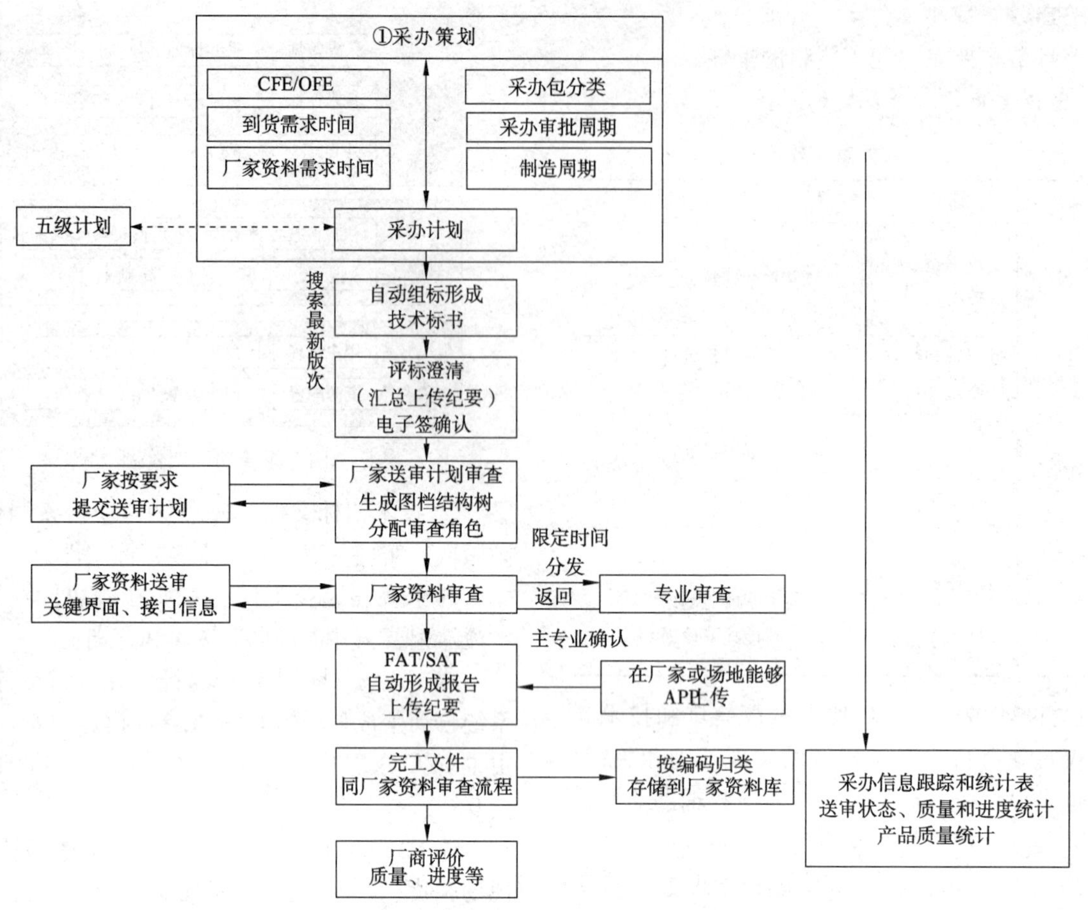

图3　系统流程简图

4　基于云技术的技术方案

为实现立体功能架构模式，从实现方式上提出了基于云技术的技术方案[3-5]。基于云技术开发不但实现了传统信息管理，利用标签工厂、知识库和大数据分析技术可以实现数据更准确的复用，而且能够方便快捷的实现多方数据的共享。基于云技术的实施方案由基础设施层（IaaS）、服务平台层（PaaS）和应用平台层（SaaS）组成，如图4所示。

1）通过虚拟池底层建设，构建统一的数据中心，共享硬件资源[4,5]；

2）通过统一、标准的数据源，实现与设计、采办和建造等数据共享共用[1,3]；

3）借助中间层数据分析及两大平台（业务平台、数据平台）服务功能，通过逻辑计算分析决策，实现历史信息的精确复用[4,5]；

4）通过API数据接口实现与厂商、油公司的数据双向互通；

5）通过统一门户，实现异地多方式协同作业。

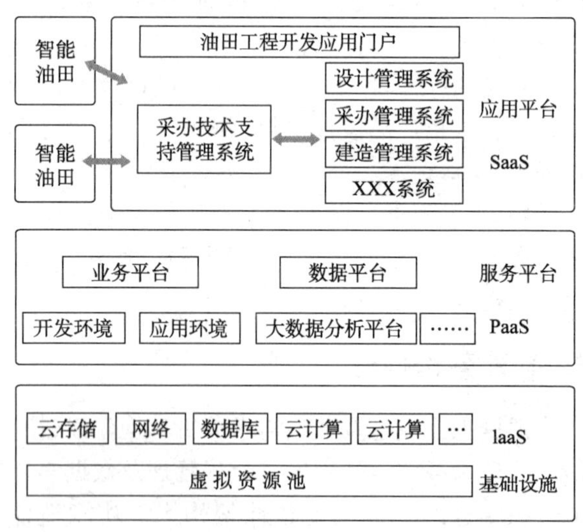

图4　基于云技术的实施方案图

5　结论

采办支持管理系统的建立为采办技术支持业务信息化管理提供解决途径，将极大提高工作效率和设计质量。知识库的应用，实现了对设计过程中厂商资源的积累和沉淀，使知识复用、快速选型设计成为可能。同时该系统同时为工程公司数字化运营和油公司智能化管理提供产品全生命周期的数据信息支撑。

参 考 文 献

[1] 李蕾．油田物资采办中管理系统的应用[J]．物流工程与管理，2010，000(002)：P. 92-94.

[2] 陈荣华．基于云计算的图书馆借阅信息管理系统设计[J]．电子设计工程，2020，28(09)：63-66.

[3] 翟建勇．企业采办业务管理系统分析及设计—以某石化企业为例[J]．物流技术，2015(05)：279-281.

[4] 周珣，朱铝芬，韩雪，等．基于云计算的轨道交通设备运维管理系统的研究与设计[J]．交通世界(工程技术)，2018，000(002)：259-261.

[5] 胡平．基于云计算技术的运营商运维体系探究[J]．电信科学，2011，027(012)：97-102.

市场管理平台在企业内外部市场管控中的应用实践

顾汉清[1] 陈 川[1] 贾 荣[2]

(1. 中国石化江苏油田分公司信息化管理中心；2. 中国石化江苏油田分公司市场开发部)

摘 要 为有效规范市场管理流程、落实监管责任、节约企业经营成本，江苏油田依托配套管理制度并对市场管理业务流程进行梳理，建立了江苏油田市场管理平台，其功能覆盖了外委外购项目管理、响应单位资质管理、外部市场信息管理、市场项目决策分析、市场准入管理、市场政策信息发布等业务，将全油田市场管理业务统一集中进行管理，规范了市场管理行为秩序，实现了油田市场管理的制度化、标准化和信息化，为领导层决策提供了较好的技术支撑。

关键词 市场管理；外委外购；降本增效；市场准入；软件

1 实施背景

近年来，随着油田企业改革的不断深入，油田企业的内部管理、市场化经营管理体系也在不断完善，为推动油田企业的市场运作、规范化管理、集约化经营，从而降低生产经营成本，提高人员和资产管理效能，油田企业必须将内外部市场管理摆到更加重要的位置上来。

江苏油田作为东部老油田，扭亏为盈的压力越来越大，必须要依靠规范内外部市场管理流程来降低企业成本，提高经营效益。在实际操作的过程中，油田相关管理部门也面临着一些客观问题，例如市场管理制度执行不到位、招投标行为不规范、审查把关不严、业务流程不规范、员工创效意识不强等，具体表现如下：

1.1 市场管理机制无法适应改革发展需要

早在2012年，江苏油田就出台了制度标准化改造后的《江苏油田内部市场管理规定》。当时，油田内部市场是指油气勘探工程技术服务市场、油气开发工程技术服务市场、基建市场、内部产品市场等八个油田内部专业市场。油田内部市场管理组织机构分为市场管理领导小组及其办公室、专业市场管理办公室、市场协管部门以及二级单位市场管理部门。随着油田生产经营管理和改革变化，原有管理体系和框架需要调整，八大市场已无法全面覆盖油田内部市场，并且原有的内部各专业市场独自运行，油田决策机构无法掌握整体运行状况。

1.2 内部市场多头管理，标准不统一

油田经过多年的生产经营，已经形成了比较固定的市场管理业务流程，其中招投标管理业务是由各专业部门自行负责。由于各部门管理水平参差不齐，因此，有些专业部门招标程序比较健全，操作比较规范，而有些部门的招标程序相对简单且存在不规范行为。在油田招投标业务的改革进程中，缺少统一的市场综合管理部门，对全油田招投标工作进行统一管理。同时，为贯彻总部市场管理业务改革要求，迫切需要建立一个覆盖全油田范围的规范化管理制度，来加强招标管理，防范招标风险，提高管理效能。

1.3 部分单位市场管理不规范，存在经营风险

近年来，通过江苏油田内部监督和审计管理发现，部分业务管理部门和需求单位存在着一些市场管理方面的问题，业务管理部门的问题具体表现在：未认真履行工作职责，违反市场管理相关规定和程序；相关部门批准实施不符合外委外购条件的业务；业务部门以权谋私，参与或包庇不正当竞争；把应招标业务化整为零规避招标流程等违规行为。需求单位的问题具体表现在：未经批准擅自外委外购；与未取得市场准入的企业发生外委外购业务；常规业务假借应急、例外业务，规避必要审批程序。以上这些违规问题的出现，说明在以前的业务流程中，人为可控因素过多，可操作空间大，为违规行为提供了庇护所。

1.4 市场准入审查机制不严格，存在法律风险

由于部分江苏油田市场业务分散在各个二级单位，各单位在进行外委外购业务时，一旦对合作方的资质审查不到位，那么就容易出现承揽方资质不合格或资信不合规的现象，这就会导致在签订合同后，承揽方由于能力不足而无法按照合

同约定完成项目所有工作，产生合同违约和相应的法律风险。

1.5　市场管理数据不统一不及时，无法为经营管理提供决策依据

以前的市场业务数据和厂商数据分散在各单位，当油田管理部门需要对市场管理业务进行统计分析时，一般由各单位经办人员手工统计和上报，在这个统计过程中，难免会出现数据统计差错的问题，在审核数据时又容易被忽视。而有时市场管理部门需要某项数据，各单位需要调阅多个文档或多个系统的数据，决策和管理层无法及时准确的获取所关注业务数据的动态和趋势。

1.6　体制机制僵化，员工外闯市场积极性不高

长期以来，油田的机制体制造成了一部分内部单位和员工存在着“等靠要”的传统观念，虽然出台了一系列激励政策，但是员工的视野局限在本单位或本部门，没有有效的拓宽外闯市场的手段和工具，最终导致员工外闯市场积极性不高，缺乏开拓市场的理念，不符合改革理念要求。

2　主要做法

2.1　调整管理模式，建立制度规范

为了更好地贯彻“自己的活自己干”，油田相继出台了《江苏油田外委外购业务管理细则》《江苏油田市场准入管理细则》《江苏油田市场开发管理办法(试行)》，这些制度是在《江苏油田内部市场管理规定》的基础上，扩大了管理范围，提高了管理标准。

《江苏油田外委外购业务管理细则》所规定的外委外购业务分为石油工程、建设工程、QHSSE、装备维保、信息技术等15类，同时明确要求传统、成熟的业务原则上不得外委外购，对内部单位新拓展的业务尽可能减少外委外购，且外委外购一般应采取招标采购、谈判采购、询比采购、竞价采购等竞争性方式，尽可能降低直接采购的比例。

《江苏油田市场准入管理细则》是为指导和规范油田市场准入管理，加强对申请进入油田内部市场提供各类服务的承包商、服务商的资质、能力和资信等前置审查，严格市场准入证发放，从而筛选和培育优质战略合作伙伴。

《江苏油田市场开发管理办法(试行)》是对油田各单位在外部市场，从事承揽项目、提供劳务、出租资产、产品营销、技术服务等活动行为进行规范。制度包括市场信息收集、前期准备、投标、签约与履约、项目运行管理、经营成果分析以及激励与约束。通过该制度有效规范了内部单位参与外闯市场行为，为提高经营效益打下基础。

2.2　梳理管理流程，确定业务需求

江苏油田市场管理平台对市场管理业务进行了流程再造，使全油田的市场管理业务更加规范。市场管理业务分为六大板块：外委外购项目管理、响应单位资质管理、专业市场部门管理、外部市场信息管理、市场政策信息发布、市场项目决策分析，平台功能见表1，主要业务流程见图1。

表1　江苏油田市场管理平台功能菜单

一级菜单	二级菜单	三级菜单
市场管理业务信息平台	市场管理	需求发布
		需求响应
		外委外购
		招投标管理
		项目实施验收
		项目结算
		统计分析
	资质管理	内部单位资质
		外部企业资质
	信息共享管理	信息上传
		信息发布
	考核及公告	制度及考核
		通知公告

图1流程涉及油田12个专业市场管理部门，在部门职责分工中，专业市场部门负责本专业市场的项目，相关部门如企管法律部负责合同法律审查、业务主体资格合法性审查等；财务计划部负责外委外购业务交易的结算、支付审核，监督控制等工作。通过明确的职责划分，加强了各类项目的审查，避免了履职不清或违反市场管理规定。

2.3　强化在线管控，保障合规经营

通过市场管理平台可以规范市场行为，为了进一步确保所有单位主动在平台上发布项目，我们通过与中石化合同系统和财务系统进行了接轨，确保项目全流程的合规。

项目实施后，油田单位的项目付款流程全部在中石化费用报销系统上进行流转，而中石化费

用报销系统与中石化合同系统已经实现了数据互通，也就是所以项目必须要在中石化合同系统签订合同，才能在项目结束后进行付款。在合同签订这个关键环节，我们要求所有项目必须要有油田市场管理平台生成的外委外购申请表作为合同附件之一，才能进行审批。这样，就更加保证各单位的应发布项目都能在平台上得到展示和审批，避免了部分单位规避招标行为。

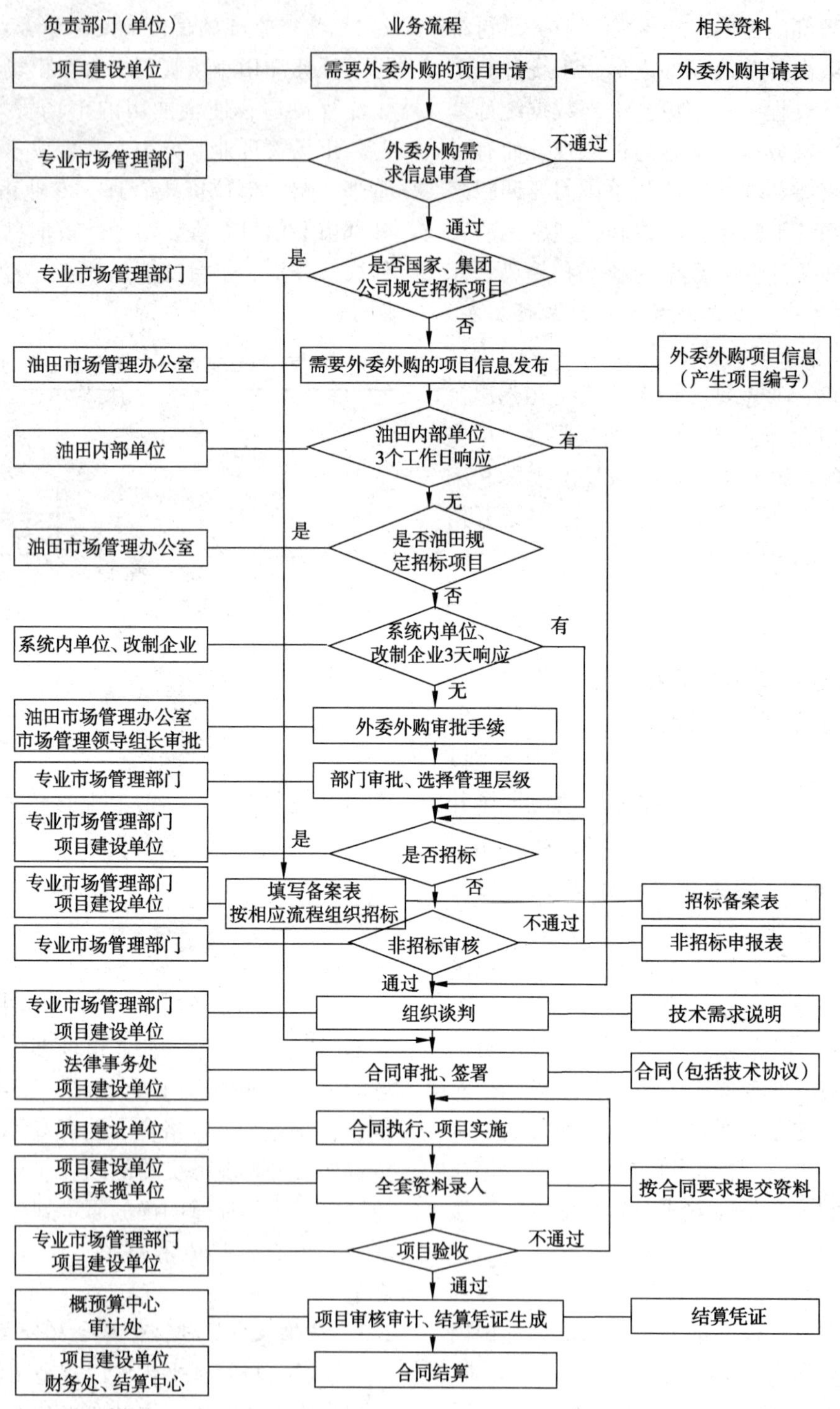

图1　江苏油田市场管理平台业务流程图

2.4　提高招标比例，削减经营风险

根据制度要求，生产服务项目金额50万以上以及非生产及相关服务项目金额20万元及以上的项目必须要采用招标形式。而对于例外项目，可采用非招标形式，例如油田所属单位具有资质能力、需要向原中标人采购工程、物资或者服务等

情形。当采用非招标形式的独家谈判方式时，需求部门必须严格对独家谈判的工作量进行测算，并进行部门审批，确保项目合同金额合理合规。

2.5 统一技术架构，避免信息孤岛

油田市场管理平台在进行方案设计时，利用EPBP平台的优势，建立了一套通用的数据库，实现数据在各平台之间的共享(图2)。

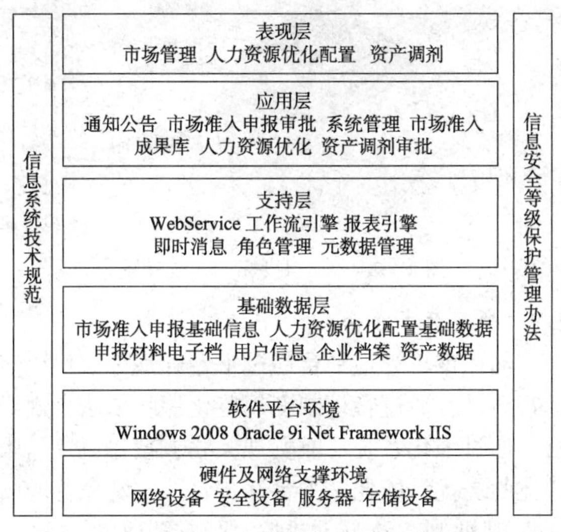

图2 江苏油田市场管理平台技术架构

硬件及网络支持环境层囊括在油田统一的网络、安全、存储等服务器环境中，确保网络和数据的安全性。

软件平台环境采用微软.NET3.5开发，该平台将使得在Web服务器上的Web应用程序更加稳定、可靠、安全，创建与维护也更加容易。

基础数据层的数据库按照EPBP架构进行设计，通过优化数据表结构和模型，实现数据的可复用性。

支持层通过工作流、报表、消息等引擎流程，实现数据快速处理。

应用表现层通过简洁的界面，让所有用户经过简单培训即可直接操作。

2.6 推动移动应用，实现在线审批

为了方便所有业务人员，实现随时办公的目标，油田市场平台结合油田统一的移动办公平台，新增了市场管理模块应用。移动端应用从技术架构角度主要分为用户访问层、负载均衡层、应用和数据层、接口层、后台系统层，见图3。

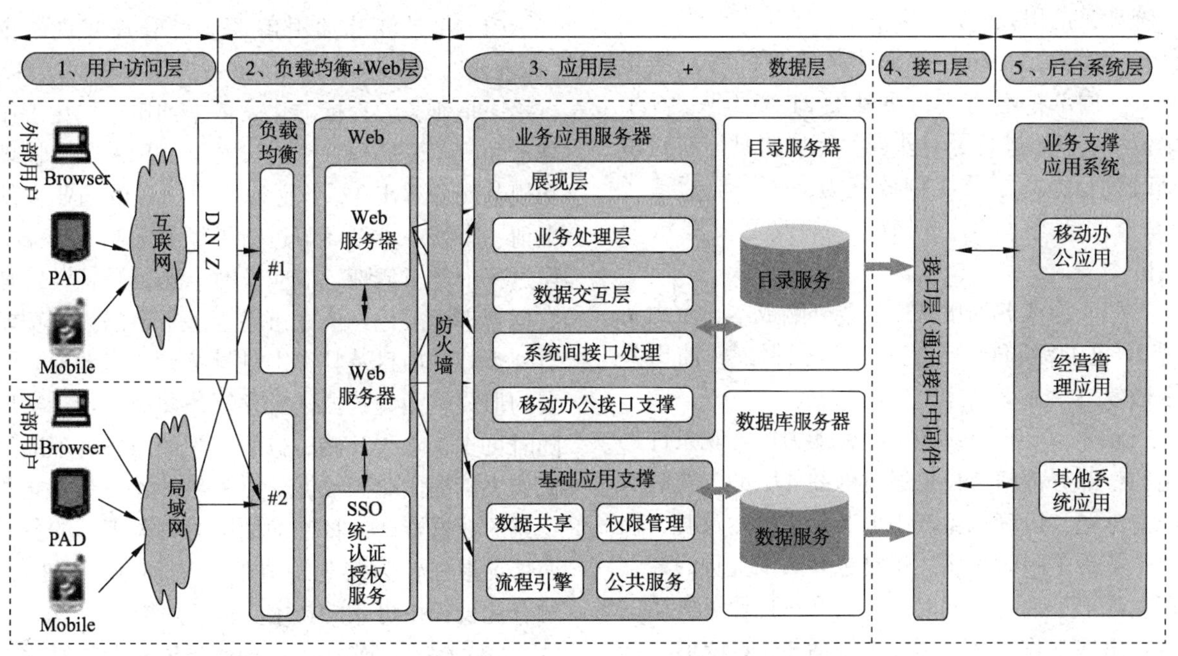

图3 江苏油田市场管理平台移动端技术架构

用户访问层主要解决内网用户和外网用户如何访问本应用的问题。针对移动办公的接口服务程序部署在网内的DMZ区，通过DMZ区的部署，既保证了系统的安全，又方便的外网用户的使用。

系统的架构支持负载均衡部署，当系统推广至所有二级单位用户时，可根据性能情况进行多服务器的负载均衡部署。

应用层是在基础支撑平台的基础上，根据业务需求，定制开发业务应用。

接口层实现与第三方系统的数据接口。

后台系统层主要为与本系统有关的系统，如

移动办公应用、市场管理应用、合同应用、报销应用、其他系统应用等。

3 实施效果

油田市场管理平台的应用，以规范管理为方向，以管理创新为抓手，以降本增效为目标，形成了油田市场管理业务的全流程闭环管理，减少了业务外流和重复投资，有效提升了经济效益、管理效益以及社会效益。

3.1 经济效益方面

（1）为江苏油田市场开拓激励机制的有效运行提供了有力支撑，对外创收力度和水平不断增强。

为了鼓励油田上下充分利用各方资源优势，积极外拓业务、奋力打开市场，油田以市场管理平台为有力依托，制定并出台了《江苏油田优化完善内部市场管理指引》，由于信息化平台具有标准规范、可操作性强、适用性广、包容度高等优势特点，得到了油田上下的热烈响应。油田市场管理平台不仅在油田内部所有单位应用，还将改制企业、分离企业纳入平台进行管理和规范，据统计，油田仅 2018 年对外创收额就突破了 10 亿元，增幅超 19%，油田市场管理部门对拓市创效、内部挖潜有突出贡献的 21 个团队、6 个单位、3 个人进行了对外创收专项奖励。通过激励政策，提高了员工创效能力，较好地营造了“全员闯市场、全员创效益”的改革发展浓厚氛围。

（2）为江苏油田减少外委外购成本、全力实现“自己的活自己干”提供了坚强保障，油田降本增效效果显著。

以往，受生产设备、经营能力等客观条件的制约，部分部门单位会通过外委外购的方式解决眼前难题，以确保生产跟上节奏。虽然及时、便捷，解决了一时之困，但是也导致了宝贵的经营资金流出了油田，同时一些具有承揽业务资质的单位出现工作量不饱满，“等活干”的情形。油田市场管理平台启用后扮演了“广而告之”的角色，油田内部单位都能通过该平台第一时间看到其他兄弟单位的外委外购需求，依据自身实际能力和资质作出响应，不仅拓展了本单位的创收创效途径，更在油田层面大大降低了需求单位不必要的对外成本支出，为牢牢扎紧油田成本管理的口子做出了贡献。在 2019 年全年，平台中 75 家部门（单位）在平台共发布 1074 条外委外购项目信息，招投标、竞争性谈判类的项目占比 72%，减少油田内部单位外委外购项目资金 1.15 亿元，内部单位通过平台承揽项目资金 1698.58 万元。

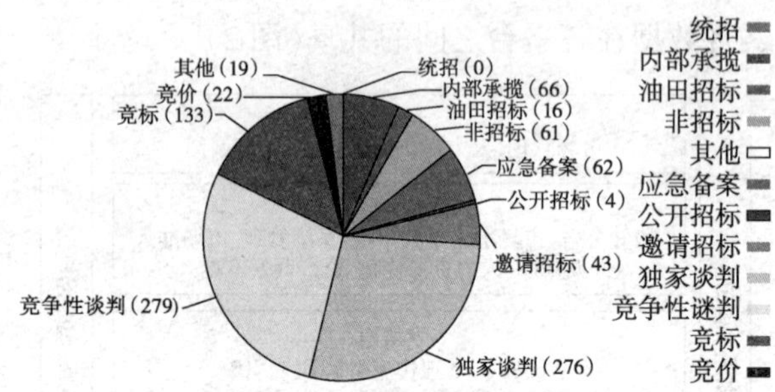

图 4　2019 年招投标方式统计图

3.2 管理效益方面

油田市场管理平台通过平台管理标准化提升运行质量，通过管理制度规范化保障依法合规经营，通过强化系统功能实现关联方覆盖更广、服务体验更优，依托该平台逐步打造不断完善的线上管理机制、流转体制，促进管理效益逐步显现。

（1）推动江苏油田市场业务管理实现两个“标准化”。

一是业务流程标准化。依据油田市场化工作需求和改革发展现状，通过对全油田的需求梳理和规范，分解出 13 个业务流程，对市场业务的申请、审核、审批环节进行了场景定制，确保工作过程中逻辑清晰、响应及时、运行顺畅。二是数据管理标准化。依托市场管理平台的报表功能对外委外购项目及其类别进行统计，以数据、图表的形式将相关数据进行存储、归类管理，实现随时可查、永久存储的目的，为油田各管理部门快速决策提供业务数据支撑。另外，逐步创立和积累的数据资产，将推动油田对相关市场的各方面情况形成较为宏观、清晰的认知，为“两化”融合建设提供可靠的技术支撑。

（2）保障江苏油田市场业务依法合规经营

随着改革发展的力度不断加大，油田部分业务板块融入市场的不断深入，发展业务经营与加强内部管理的压力和需求也越来越大，我们充分认识到依法合规经营的极端重要性，油田市场管理平台将市场业务的所有审查、审批环节功能进行了内嵌。

按照相关要求，一项市场业务的落地必须经

过勘探、开发、生产运行、安全环保、信息中心等 12 个专业部门的审查，通过严格的项目合理性审查，避免了不符合外委外购条件的业务风险和违规行为的发生，提高了油田各类外委外购项目的实施合理性和项目质量。

另外，该平台还对项目潜在风险的"最前一公里"和"最后一公里"进行严格把控。对需要办理市场准入的业务，按照"谁引进谁负责"和统一管理与适度放权相结合的原则，由油田相关管理部门按照管理规定统一办理。通过这种方式为油田各单位的生产经营活动筛选出优质的承包商、服务商，并逐步建立了油田市场准入名册。通过项目的实施，监督和审计部门管理人员在平台中即可追溯项目推进的全过程，大大提高了对项目合规性的审查力度，推动上线项目在阳光下运行，共建廉洁、高效的内部市场秩序。

4　结论

综上所述，在市场管理的改革发展中，江苏油田通过信息化手段解决，使江苏油田市场管理平台在油田外委外购业务、招投标业务、市场准入业务中发挥了重要作用，不仅规范了业务管理流程，严格了市场准入，还实现了精准的市场监管，降低了经营风险，应用达到了预期效果，能满足今后一段时间油田市场管理的需要，为下一步更深层次的改革发展打下了坚实的基础。

参考文献

[1] 雍洁．辽河油田公司市场信息管理系统的开发与应用[J]．硅谷，2011，(2)：136.
[2] 李朝阳．河南油田经营管理分析系统在企业管理中的应用[J]．经营之道，2018，(9)：98-99.
[3] 陈世超．浅谈东部老油田市场管理的主要做法[J]．经营管理者，2017，(27)：120.

广西石化计划调度一体化系统实施及应用

赵　磊　高兴彦

（中国石油兰州石化公司自动化院）

摘　要　针对石化企业人工排产的复杂性，提出一套辅助调度人员排产与测算的系统方案，包括原油调和调度、装置加工生产、成品油调和等业务环节的排产，以及生产全流程的产能测算等。在广西石化进行了实施与应用，建立调度排产系统，包含调度模型和优化排产功能，集成 MES、LIMS、计划报表、原油评价等系统信息，实现调度计划制定、发布、执行、反馈闭环管理。系统的建设有助于计划与生产的衔接、调度作业的优化，进一步提升炼油生产管理水平。

关键词　计划调度一体化；调度排产；调度优化；原油产能测算；信息集成

1　背景介绍

石化企业通常会根据采购原油量和产品销售量制定当月的生产加工计划，生产调度根据生产月计划，结合工艺指标、油品库存、船期计划等安排调度作业计划，该计划下达给各运行单位（油品罐区、生产装置）执行。如何制定优化的作业调度计划，做到对加工流程的精细规划，最大化生产高价值产品以及异常情况下快速形成优化的生产调整方案，是生产调度面临的问题[1]。

随着信息化技术的飞速发展，借助信息化与智能化为辅助手段，为技术人员解决业务难题，已成为石化企业发展的趋势。中国石油炼化分公司作为集团公司的炼化业务主体，也对计划调度的协同和优化做了许多研究和探索[2]。计划调度一体化作为中石油炼油与化工运行系统（MES）扩展项目之一，在广西石化进行了试点实施。其主要目的为深化 MES 系统生产调度专业应用，建立调度排产系统，有利于计划与生产的衔接，便于调度人员制定排产计划、以全流程视角进行生产方案的测算。

计划调度一体化根据广西石化业务需求定制开发，开发了符合其业务特点和规则的原油自动排产算法，建立适用于燃料型炼厂工艺流程的生产模型，采用自动寻优求解软件，综合考虑原油采购、装置运行、罐存变化、产品配置等特定约束条件，为调度人员生成具备参考价值的优化排产方案。最终交付调度排产软件和原油运行监控软件以及数据集成服务和接口程序，现已在广西石化部署应用。

2　广西石化业务现状

2.1　原油调度业务现状

广西石化主要加工进口原油，以船运为主，原油品种较多。原油调度流程包括：原油由船舶卸油至码头罐区，通过运输管线将原油从码头罐区输送至厂内罐区，原油在进料前的原油调和，原油从厂内罐区被分配至常减压装置等多个步骤。

原油调度需要在满足一定规则（不能边进边出、油品混存、调和配方、进油均衡）的前提下，考虑船期事件，合理规划存放原油，合理安排码头和厂内的倒罐、合理安排调和操作保证持续为生产提供调和合格的原油。在操作过程中，需要考虑船期进油量、进油时间、每个罐当前状态（液位、组分、密度）及可进可出量，做出合理的调度计划。

在原油罐数量较少时，倒罐操作会相对频繁，还需要规划好油品的混存，因而做好原油优化调度具有一定的复杂性。目前，原油调度主要靠业务人员手工排产执行，较难考虑船期，制定长期的排产计划。需要信息系统提供原油自动排产功能，生成长周期的调和、排产结果，作为业务执行的参考。

2.2　生产计划调度业务现状

广西石化生产计划的制定主要由计划处专职岗位负责，每月下达月度生产计划。每周做一次盘点，主要是原油加工量、产品产量和销售量。根据盘点情况每周与生产部门对接，通报计划执行偏差、讨论调整方案。

调度业务覆盖面广泛，指挥、管理和监督装置车间的生产执行，同时也对相关部门和流程进行协调。调度人员重点工作包括：日/周/旬计划制定和落实、装置/罐区/关键设备的监控、生产异常处置。

目前企业主要采用手工编制生产调度周计划，编制中需要考虑的因素多，基础数据量大，导致耗时长，准确性无法保证。生产计划的编制和调度的执行也很难协调统一，操作人员只能够按照调度人员指令去执行操作任务，无法根据计划做到提前准备、及时调整。

3　调度排产系统的设计与实现

3.1　系统功能设计

系统使用数据层、计算层和展示层三层架构：数据层主要为接口和服务，集成系统需要的所有数据，作为模型计算的数据基础；计算层主要为模型和算法，需要根据业务逻辑设计生产模型及算法约束条件；展示层为用户提供操作界面，展示计算结果。

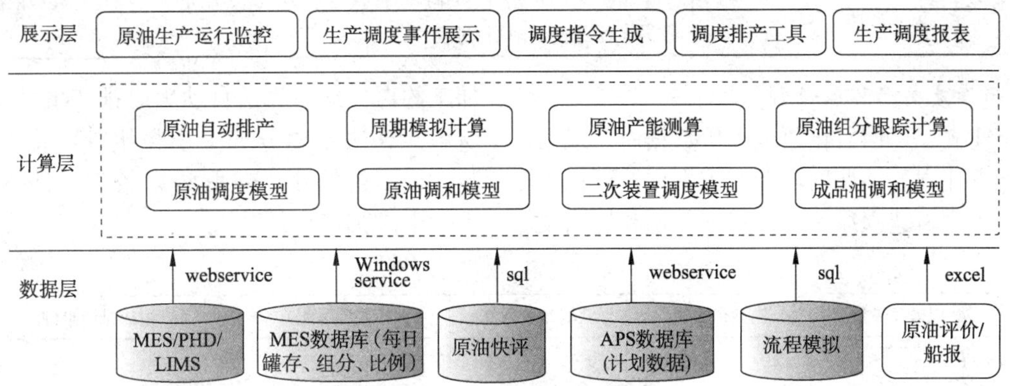

图1　系统功能架构

表1　数据层集成策略

序号	集成信息系统	集成策略	集成频率
1	MES	1. 检测每种物料(中间原料、半成品、成品)对应的MES物理罐，去除罐顶、罐底计算该物料的实时可用库存 2. 获取原油罐罐存、组分比例，按比例大小对组分排序 3. 获取各装置生产运行数据，按照与APS编码对应关系，形成装置投入产出的计划、生产、调度排产的比对数据	每日
2	LIMS	获取每罐物料的LIMS化验性质，并按照物料分类计算罐区物料性质	每日
3	APS	获取当月APS计划数据(如APS计划获取失败，则获取MES系统手工导入的计划报表)	每日检查获取当月最新计划
4	原油评价	采用与计划系统一致的原油评价数据(Excel)作为原油性质计算的基础数据	导入
5	原油快评	获取原油快评数据，作为混油性质实时计算的基础数据	手动更新
6	流程模拟	获取流程模拟系统装置收率	每日
7	汽油在线调和	获取调和一、二线各牌号产品的调和组分比例	每日

表2　计算层功能描述

序号	软件功能	功能描述
1	生产调度模型	包括原油调度模型、原油调和模型、二次加工调度模型和成品油调和模型
2	原油自动排产	利用生产计划、船期、原油评价、初始原油库存等数据，根据原油调度逻辑自动生成原油排产计划
3	周期模型计算	按照搭建好的模型进行排产事件的模拟计算，发现调度作业计划中不合理的事件安排，并预测出排产周期内的生产状况和产品产量
4	原油产能测算	根据全流程生产调度模型，根据原油组分及加工量计算产品分布和产量
5	原油组分跟踪计算	通过调度指令的执行情况，按照设定的周期实时计算原油罐组分的变化情况

表3 展示层功能描述

序号	软件功能	功能描述
1	原油生产运行监控	根据原油调度指令实时计算原油罐组分变化情况，并集成其它实时数据，可以有效地监控原油运行情况
2	调度事件展示	以甘特图的形式展示排产周期内调度排产事件，并可对事件进行编辑，实现事件的生成、调整、删除、复制、分割等功能
3	调度指令生成	包括调度指令创建、下达、反馈、确认、查询等功能，实现作业计划自动分解成调度排产指令自动发送给储运车间，并跟踪指令的执行情况
4	调度排产工具	包括原油排产工具、二次加工排产工具和成品油调和排产工具，以调度事件集成的方式，实现调度事件快速、批量生成
5	生产调度报表	生成各类生产报表模拟排产事件执行结果，作为制定生产方案的数据依据，通过数据比对展示计划执行进度

3.2 原油调度排产算法设计

系统建立了广西石化原油评价数据库，根据原油罐配置建立原油调度模型，根据广西石化原油调度业务逻辑建立原油混存规则、调和规则及加工约束，编写算法自动生成排产事件。如图2所示，算法主要分五个步骤执行：获取模型参数、模型初始化、获取约束条件、计算调和配方、生成排产事件。

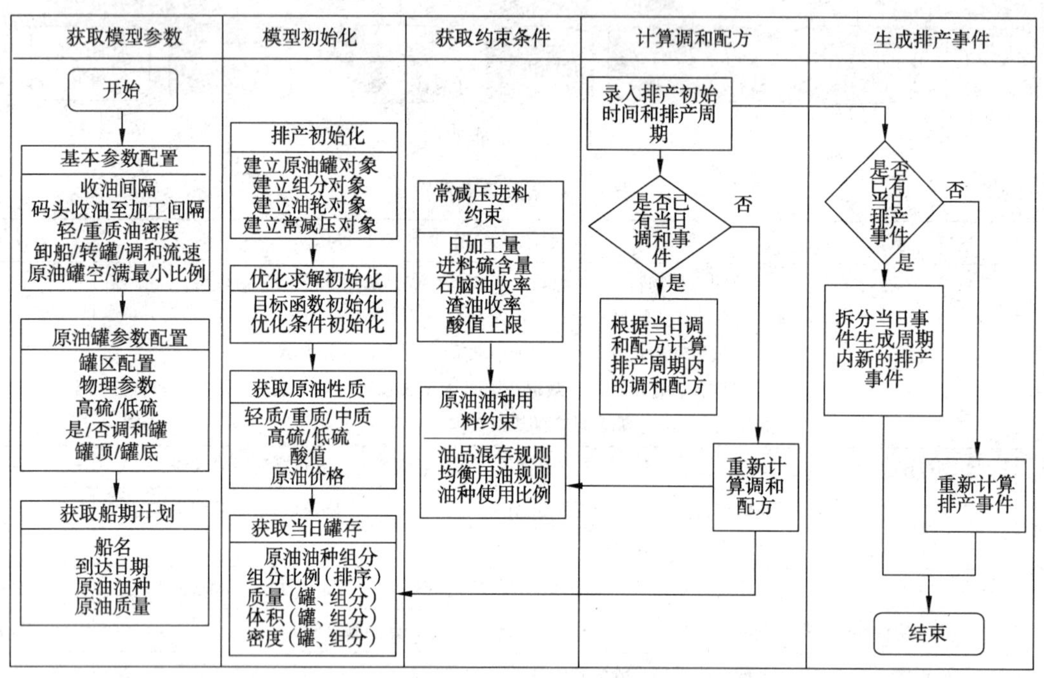

图2 原油调度排产算法流程图

3.3 生产加工流程模型设计

建立全厂工艺流程模型，实现从原油入厂、生产加工到产品出厂全流程模拟。

常减压装置：建立温度切割模型，定义切割温度根据原油性质计算侧线收率。

二次加工装置：建立收率模型，设定加工参数，部分装置建立Delta-Base模型。以MES数据统计收率和流程模拟系统收率作为修正参考。

对原油调和、装置加工、成品油调和建立优化求解的目标函数和约束条件，利用线性规划算法求最优解。

4 系统实施效果

4.1 原油调度自动排产

原油调度自动排产已进行多次测试，现以2019年8月23日为初始日期，生成10日内的原油排产计划为例。操作前需要确认当日原油罐初始罐存、状态、组分等，如排产周期内有原油到岸，还需导入船报。

运行结果从排产事件甘特图及罐存报表中可以看出，未出现排不开或冒罐等情况。从原油调和报表中可以看出调和配方较为接近实际配方，在使用中还需用户加以调校(图3)。

4.2 装置停工检修

重油催化装置计划从2019年9月5日开始停工16天，催化停工会导致下游装置停工，汽油、聚丙烯产量为0，但不影响柴油和蜡油产量。停工期间，因为没有消耗，需要预算催化原料(脱硫渣油)的产出量以保证罐存足够。

运行结果显示出所有装置的负荷和库存涨跌，并导出报表，为装置停工后生产方案的制定提供了数据依据(图4)。

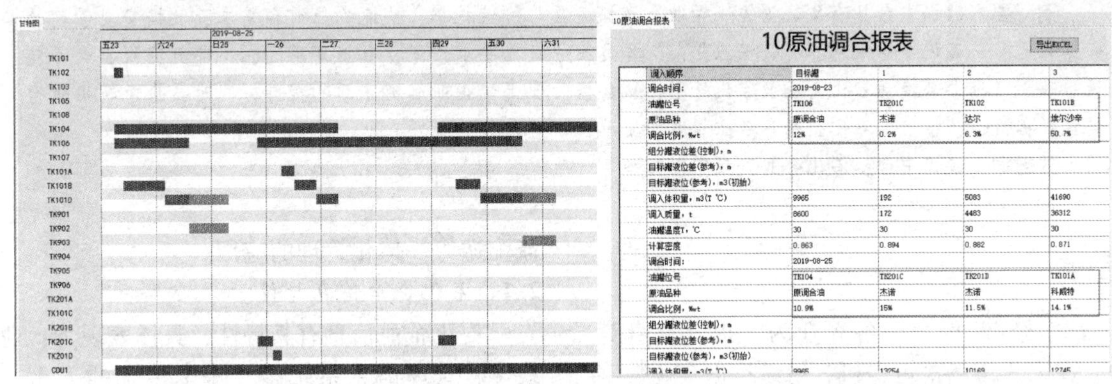

图3 排产事件甘特图及报表

图4 生产方案测算及报表

参 考 文 献

[1] 覃伟中，谢道雄，赵劲松．石油化工智能制造[M]．化学工业出版社．2018，(5)：87.

[2] 高兴彦，赵磊．广西石化计划调度一体化方案设计[J]．信息系统工程．2019，(1)：92.

基于数据中台的石化企业数字化转型研究与设计

赵志宏　张巍钟

（中国石油兰州石化公司自动化院）

摘　要　数据中台具有集数据统一管理、数据运算与价值挖掘、快速响应前台需求、数据安全管理为一体的优势。石化企业信息具有数据源复杂、各类业务数据要求广泛、数据复用高、局部数据权重大等特性。基于数据中台推动石化企业数字化转型，从数据管理上使企业具有了质的提升，同时，基于数据中台挖掘数据价值，推动了石化企业各专业管理的变革。

关键词　数据中台；石化企业；数字化转型

1　引言

“数字经济”时代，各企业为了提升自身竞争力，在未来市场抢占先机，纷纷推进企业数字化转型。数字化转型可降低企业成本，提升企业生产效率。特别是基于互联网，将基础信息系统数据集中，强化数据共享，并加载计算服务，使传统企业转化成“数据驱动型”运营的企业。数字化企业具有完整数据的数据平台，推动各生产环节协同，使生产经营与制造更具敏捷性。

石化行业作为我国支柱产业，不仅肩负着经济责任，而且对环境保护负责。石化企业具有生产工艺复杂，生产规模大、连续性强、装置技术密集等特点。石化企业通过数字化转型不仅可以优化供应链，实现生产与进销存的运营协同，而且能够增强安全管理水平，促进企业平稳运行。

数据中台作为将数据独立于业务流程的平台，具有数据统一、独立管理、数据运算与价值挖掘、快速响应前台需求、数据安全管理为一体的优势。构建石化企业的数据中台将有效应对不同业务、不同架构系统的数据集成与管理工作，更提升了自身业务封装能力，适应业务不断变化，推动企业数字化转型。

2　基于数据中台的企业数字化架构设计

数据中台与数据仓库、数据湖不同，它不单单是收集数据，更是连接数据、运算数据的平台。基于现有各业务系统数据，结合数据编织(Data Fabric)理念，经 ETL，构建实时、非实时数据的视图，对数据进行综合挖掘，增强数据洞察力，从而支撑生产、企业管理、安全环保、物流配送等一体化管理的应用。

2.1　石化企业信息特性

石化企业信息有其特性，具体表现为：业务线多，管理信息系统多。除了传统的人事、财务、行政信息系统外，还有采购、库存、生产、销售、安全环保信息系统；信息系统来源复杂。我国石化企业大多为大集团公司，各地区公司有集团公司的统建系统，也有根据自身特点建设的自建系统。并且，这些系统使用不同框架、平台技术，如 .Net、Java、PHP、ABAP 等，数据库使用 Oracle、SQL Server、MySQL 等；业务调整难度大，牵扯系统广泛。石化企业与传统制造性企业不同，其生产工艺伴随着连锁调整；安全环保责任重大。近些年随着国家对环保要求的不断提高，也使石化企业的安全环保需求不断调整。

可见，石化企业信息具有数据源复杂、各类业务数据要求广泛、数据复用高、局部数据权重大等特性。

2.2　数据中台框架模型设计

“以数据为中心”，“数据即服务”都说明了数据在当前信息发展阶段的重要性。阿里巴巴集团在 2018 年正式提出了数据中台的概念。对“前台”，数据中台可以快速提供数据支撑，支持前台快速建设、即业务需大规模调整时、也不需要大规模对数据进行调整，不会耗费太大成本。对“后台”，后台数据是根据业务系统建立起来，通常后台不能随意改动。而数据中台可根据业务需求，利用数据集成的优势，快速建模。

数据中台是将所有数据进行独立管理，不仅包括大数据存储功能，而且提供数据运算功能。同时，数据中台克服企业各部门间数据壁垒，将数据加工以后，封装成一个公共的数据产品或服务。同时，数据中台还有将实时数据与存储数据统一管理的功能，基于数据治理，进行元数据管理及数据质量管理，并实现数据任务调度功能。通过数据模型的运算，为前台提供 API 应用。通过可视化的监控，实现高效运维。数据中台承载了整个企业的数据资源，需要大量的物理设备进行支撑，通过负载均衡的云管理，多线程服务，更能满足数据准确、快速、及时推送的需求。数据中台框架如图 1 所示。

2.3　石化企业数字化框架设计

石化企业数字框架设计以 CAMSS 为指导。Cloud 云存储与计算，Data Analysis 作为企业数字化的核心，Mobile 为扩展应用空间，Social 为更好的使用，将各专业运营融入到日常当中，Security 为确保企业信息流安全全长周期。石化企业数字化框架如图 2 所示。

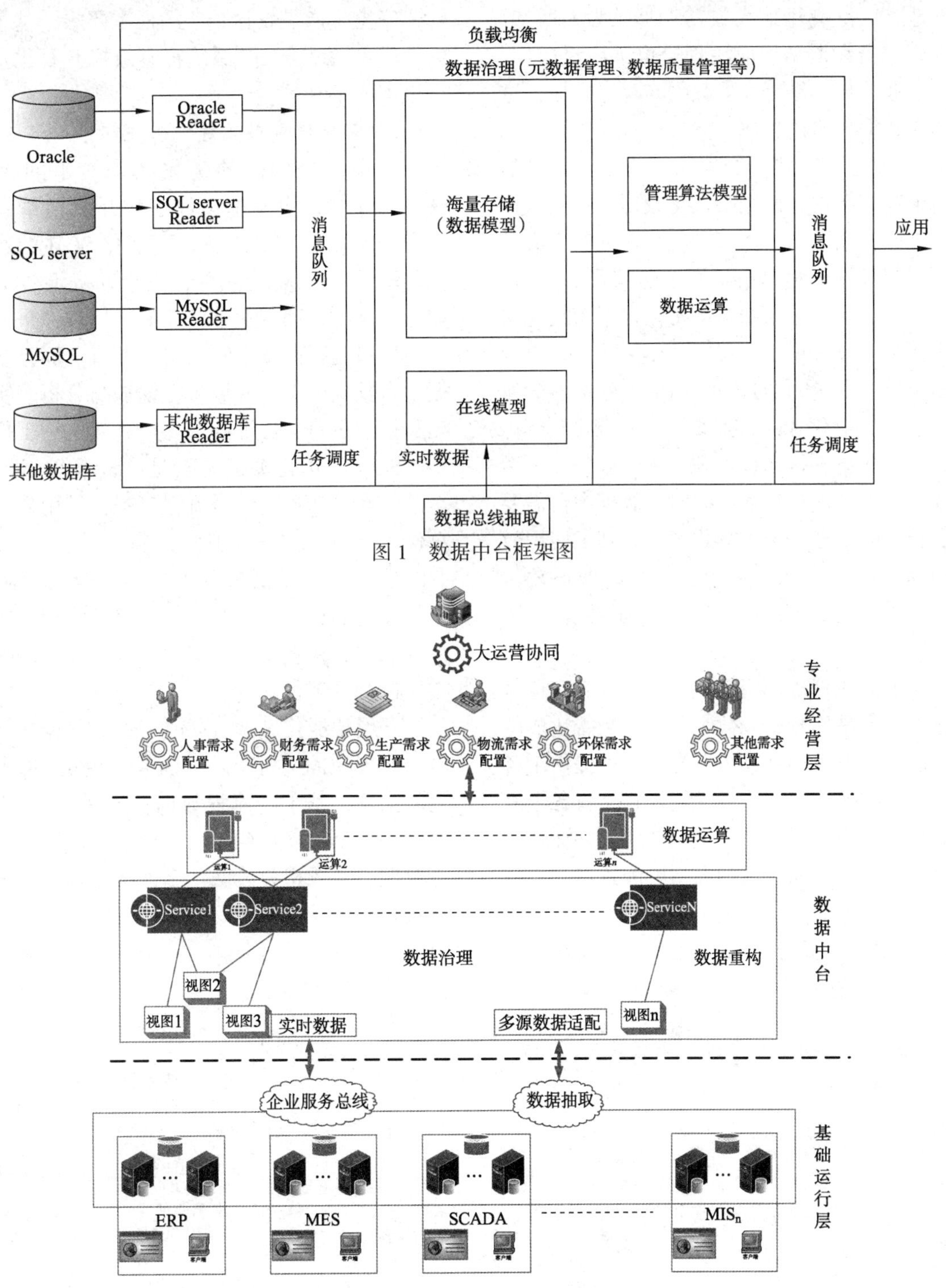

图 1　数据中台框架图

图 2　石化企业数字化框架图

企业数字化并不是彻底的颠覆，而是对现有的继承、增加、扩展、重新定义。重新建设从建设周期、成本、人员熟练周期上都面临巨大的挑战。同时，企业数字化的主要功能并非以硬件为主，而是以大量的数据模型，数据分析，机器学习的软件为依托，所以，基于经济与“快速落地”的目的，基础运行层还是将原有的系统纳入，各级人员正常使用。

数据中台以 Hadoop 为主要载体。Hadoop 作为成熟地，广泛应用地大数据工具已为人所知。数据仓库作为数据结构应用理论也被广泛应用。根据各专业管理，结合在线数据与存储数据，进行数据库数据集市的构建，将各类数据进行结构化(非数据类型结构化)处理。因该层主要目的并非简单存储数据，而是结构化数据，建立数据集市，进而建立数据仓库。同时，根据业务需求目标，应用数据模型进行运算，达到预测分析、优化的目的。故，数据中台结构化数据为其他层服务连接时，应大量使用视图类相关技术。单纯的视图只能提供单个的数据，而要完成整个业务，特别是流程化业务，需要大量的数据支持。将数据集市数据进行初步处理，形成服务，供后续业务数据模型进行处理。同时，数据中台需要云化。云化的好处在于集群式部署有利于使用效率的均衡，耗能合理，并保证各类数据正常传输。基于数据安全，敏感数据强调数据权限管理。

针对各专业管理部门专业管理流程起到良好的支撑与提升是检测企业数字化目标是否达成的关键。通过数据模型计算为各专业管理提供了各种有价值的数据。运用业务逻辑配置，将各个有价值的数据可视化的展示在专业管理人员面前，不仅直观的展示，而且这种灵活的配置形式更好的贴合管理人员的习惯，进而推动业务运行高效化。同时，可视化的价值数据更有力的支撑人机协同。各专业管理线的优化决策，为整体企业大运营的智能化提供支持。

3 基于数据中台的业务模块数字化设计

数据中台的建立是为了更加有效、便捷的为专业管理服务。基于数据模型，对数据进行应用，使数据中台发挥其应有的价值。通过集成采、存、产、销数据可实现对供应链的优化。利用设备数据，结合数据模型可实现设备管理的优化。安全生产是石化企业的根本要求，基于生产数据模型、结合 SIS 系统将有效提升石化企业安全生产水平。

3.1 智能化供应链设计

供应链(SCM)的优化不是简单的将现有 SCM 数字化，更是基于数字化开展精益供应链建设，推动 SCM 智能化。智能化 SCM 的建设不仅推动整个 SCM 的完善，更推动链上各个节点业务的准时，确保业务完成的准确性，进而保证产品质量与提高整个链条工作效率。而且基于数据中台数据模型，开展数据挖掘与分析，实现预测与模拟运行，保证各个环节高效协调工作。

SCM 的优化关键要素是：将 KPI 指标引入至采、产、物流、销全流程当中；利用数字化计算保证 Just in Time(JIT)，扁平化 SCM，消除“牛鞭效应”；以销售及销售预测分析，满足客户需要为驱动，进行有效的供应商管理及战略性预测采购；将整个供应链关键节点数据可视化，方便进行管理。

开展智能化 SCM 首先要通过数据中台的建设，实现 SCM 数字化。SCM 数字化是 SCM 精益化的基础，基于全流程数据，开展 SCM 精益化建设，缩小管理颗粒度。客户相关数据、库存相关数据、制造相关数据、流程相关数据、物流相关数据作为主数据为智能化 SCM 提供支撑(图3)。

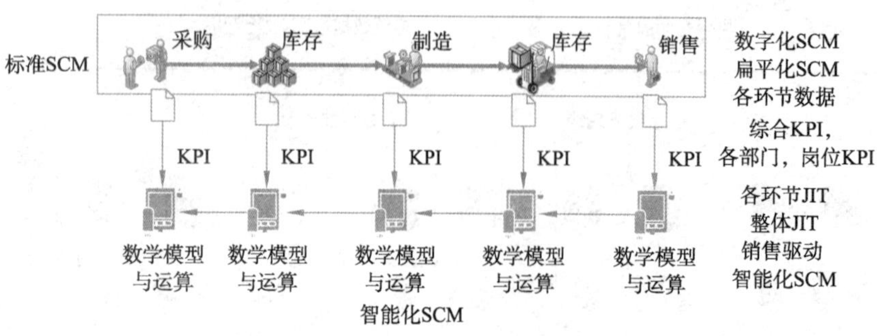

图3　智能化 SCM 框架图

通过数据中台的模拟运行及最优化方案计算是智能化的重要表现。各节点数据可为 KPI 提供数据支持，更为数据模型提供了数据源。同时，基于流程逻辑与数据推动了整个 SCM 的扁平化。通过数据模型运算可使各节点 JIT，取得局部优化。更从整体上使 SCM 准确高效运行，消除浪费，实现智能化人机协同。

3.2 设备管理优化设计

设备是生产运营的保证。设备管理智能化不仅能保证设备长周期的运行，确保生产经营活动的正常运行，并且，通过智能化的管理，基于数据模型与运行数据，优化安排设备运行，可以延长设备的运行生命周期，从而节省设备运维及采购费用。特别是作为石化企业，每年运维及设备的采购费用以数亿元记，实现设备管理的智能化将从经济效益上取得显著成果。

由 DLC(Device Life Cycle)可知，石化企业设备管理分为设计、选型、招标、安装、调试、运维、报废几个阶段。作为长周期稳定性生产制造企业，运维阶段是生产秩序正常进行，节省资金的重要阶段。针对此阶段开展业务分析与数据模型搭建是实现设备智能化的重要一环。设备运维与生产运行密不可分，且生产运行是是“因”，设备运维是“果”，设备运维伺服于生产运行。由此可见，做好设备管理的智能化，必须将生产运行纳入数据模型中进行设计。

设备管理优化首先从数字化开始，记录各种物理数据是数字化设备管理的第一步。而且，生产对设备有着最直接的影响，根据生产需求合理提供设备动能也是设备寿命延长与能耗最佳的关键(如根据生产动能要求，合理安排机组轮值；根据生产实时数据与工艺参数，建立动力输出控制关键，合理输出动能)。设备剩余寿命的预测可为设备维修策略、延寿策略提供数据支持，并提升设备管理的经济效益。以相同品牌、同标程设备为采样样本，使用拉格朗日插值法可以模拟出设备剩余寿命的正态分布。将该正态分布及置信参数代入至随机退化模型中可得出设备剩余生命的函数表达式。通过剩余寿命函数，可调整设备使用策略。

3.3 安全运行的优化

安全运行是正常生产的前提条件，尤其对高温高压生产条件下生产的石化企业。同时绿色生产，环保为先的要求也日益强烈。实现安全环保智能化不仅是企业内在要求，更是社会和谐发展的外在要求。安全运行设计优化关键要素是：实现有效防控、完成预测性行为支撑实际生产。

安全运行优化分为三部分：事先预防、事中监控、事后总结。事前预防将基于生产数据进行虚拟运算，确保数据运算结果在安环可控范围内。事中监控主要依靠现有 SIS，并进行优化。事后总结主要建立事件，装置运行数据库，进行数据分析，为突发事件提供处置预案编制(图 4)。

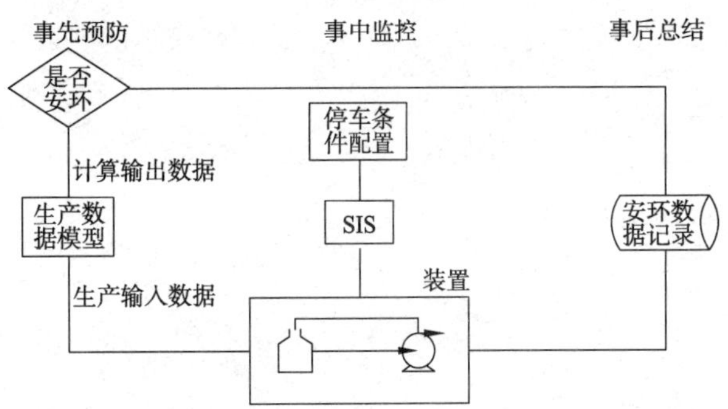

图 4　安全运行优化设计图

通过建立生产数据模型对生产全过程进行数据模拟，不仅是信息物理系统(CPS，Cyber - Physical Systems)理论的实际应用，也是最经济性进行安环运行事先预防的有效方法。通过进料输入值和数据模型运算将对生产进行仿真，并根据工艺参数进行数据比对，发现其中的异常运行参数。根据异常运行参数数据判别，以便有效调整生产工艺。

SIS 是成熟的安全环保控制技术，经过多年发展，其在生产过程监控及介入有着重要作用。特别是 SIS 其主要依靠于硬件检测，对软件计算配置检测稍显薄弱。通过对软件配置检测进行二次开发，与中控机进行数据连接与运算将更好的发挥其事中监控作用，更好的服务于生产。

装置也有其生命周期，在装置的不同阶段其运行状态参数是不一样的。通过记录装置各阶段的运行数据，一则有利于后期聚类等数据挖掘分析，有针对性的进行安环控制；二则为事先预防数据运算模型提供数据，不断优化训练数据模型，是数据运算值趋真。

4 结束语

石化企业数据中台建设不仅实现了现有系统的数据收集、使企业各类数据连接到一个平台上，更是基于数据模型，进行模拟计算，实现业务最优化决策。数据中台也具有分布存储、分布计算、多线程服务、大吞吐、大输出的优势。基于数据中台推动石化企业数字化转型，从数据管理上使企业具有了质的提升，同时，基于数据挖掘价值，推动了各专业管理的变革。

参考文献

[1] 李文俊，杨家强等．基于数据中台的装备保障数据集成．系统工程与电子技术，2020，2.

[2] 刘颖慧，刘楠等．浅谈数字化转型中不同企业的中台战略及架构设计．电信科学，2020，5.

[3] 肖静，李亚楠等．基于数据包络法的汽车企业供应链协同管理研究．工业技术经济，2019，4.

[4] 王泽洲等．考虑随机失效阈值的设备剩余寿命在线预测．系统工程与电子技术，2019，5.

[5] 赵颖，侯俊杰等．面向生产管控的工业大数据研究及应用．计算机科学，2019，6.

[6] 覃伟中等．石油化工智能制造．化学工业出版社，2019.1.

气井智能生产管理技术创新与实践

党晓峰　郝冠中　华忠志　刘　洋　陈　虎　刘丽萍　宁　梅

（中国石油天然气股份有限公司长庆油田分公司第一采气厂）

摘　要　气田所辖的两大区域分别于1997年(靖边气田)，2013年(苏东南区)开始大规模开发，随着气田开发进程的不断推进，带来了诸如管理气井多、单井产量低，气井普遍积液，低压低产阶段时间长，生产管理难度大等气井生产管理难点，且目前排水采气技术体系智能化程度低，主要依靠人工进行管理，调参存在工作量大、制度调整不及时、水平参差不齐等问题，为了保障气田的高效开发和长期稳产，降低气井管理难度、提高气井管理水平，有必要对气井管理模式开展研究。本文通过研究单体工艺智能制度优化算法，开展气井措施精细模拟，明确措施控制条件，建立智能化气井管理平台，为智能化气井管理的实现奠定基础，对于气田实现智慧气田，开拓思路提质增效，进一步降低员工劳动强度、提升工作效率及管理水平具有良好的导向意义。

关键词　智能化；控制图版；排水采气；气井管理；技术对策

1　气田生产管理的痛点难点

自气田1997年开始开发以来，已建成年85亿方天然气的生产规模，目前的五大痛点难点分别是投产井数逐年增多、低压低产井数增多、措施工作量及措施成本大、措施工作量及措施成本大，井多人少，管理难度高、井口作业风险大。

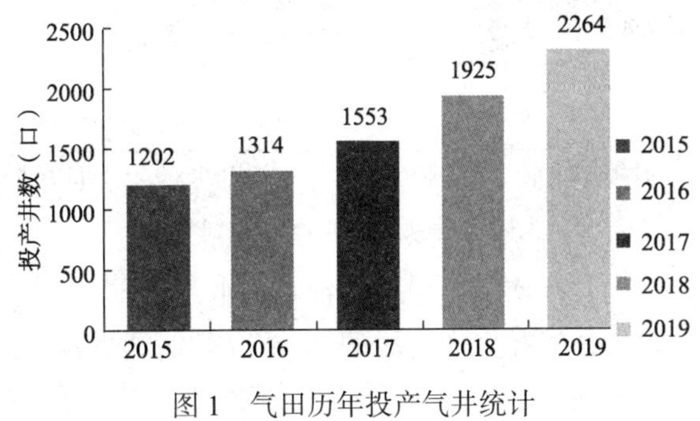

图1　气田历年投产气井统计

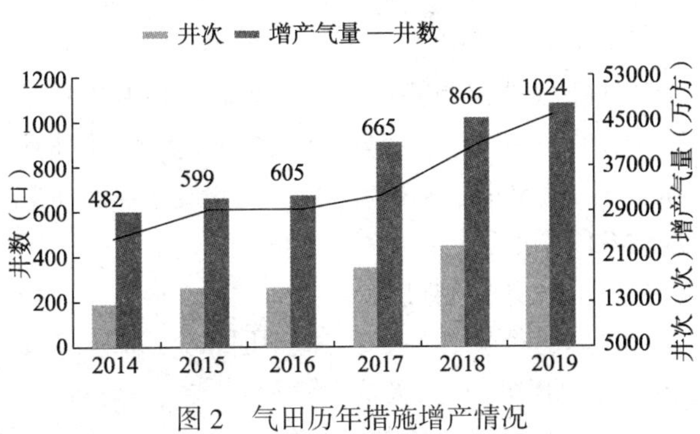

图2　气田历年措施增产情况

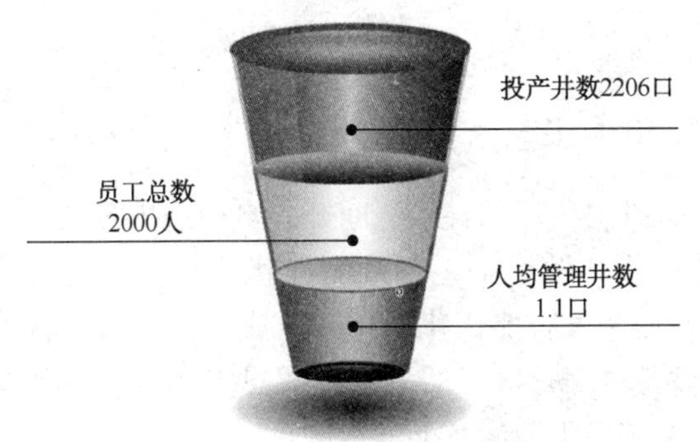

图3　人员管理现状图

2　气井智能化生产与管理顶层设计及技术体系

气井智能化管理主要由单体工艺控制架构及集成平台系统架构两部分组成，其中单体工艺控制架构主要是采用机械装置的算法去模拟人脑的制度优化调参机制，通过结合气井生产动态、工艺技术特点提取相应的控制特征条件，从而通过编程实现单体工艺的智能优化控制，集成平台系统架构主要是通过将气井管理中涉及到的各方面模块化、标准化、集成化、智能化，从而搭建起含有“生产集中监控、异常预警诊断、措施智能控制、药剂精细管控、采气工程计算、报表自动生成、基础数据管理、井筒腐蚀监测”等八大功能的集中管控平台，结合工艺架构和平台架构，两者共同协作、相辅相成从而实现“数据获取、智能分析、异常预警、自动处置”气井管理新模式。

图4 现场作业图

展示层	气井智能化管理平台界面
应用层	数据智能分析、诊断、预警，井口装置远程监控、智能控制
存储层	依托工业级数据服务器，对所有数据进行集中存储
传输层	光缆、网桥、APN(4G)，保证数据传输可靠
感知层	气井生产动态数据、井口装置运行数据采集

图5 气井智能化管理层级分布

3 单体工艺智能控制研究

针对气田的柱塞、间开、自动泡排等三类主体工艺开发了工艺制度智能优化算法，构建了“措施制度智能优化、自动生成，措施指令智能下达、自动执行”的装置自我思维能力，实现了三类主体工艺的智能参数调控。

3.1 单体工艺智能控制思路

实现单体工艺智能控制的思路即是采用机械装置的算法去模拟人脑的制度优化调参机制，主要智能控制过程包括智能关井、智能开井和制度智能优化等三个过程，每个过程均结合该类工艺气井的生产动态特点、措施工艺特点提取相应阶段的特征控制条件，从而应用为计算机语言开发编程实现装置的智能优化控制。

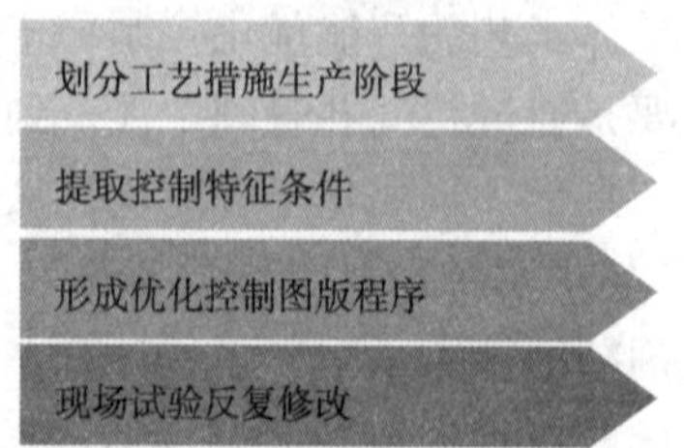

图6 单体工艺智能控制实施思路

3.2 柱塞、间开、泡排三大智能控制研究

3.2.1 柱塞智能控制研究

柱塞气举是气田上古低压低产气井主导排水采气技术，其工艺原理是利用柱塞在举升气和采出液之间形成机械界面，从而有效防止气体上窜和液体滑脱，增加举升效率。

(1) 柱塞气井生产阶段划分

结合柱塞气井的生产动态、工艺特点，可以基本划分为开井、关井两个大的阶段，其中开井过程又可以分为排液、续流、积液过程。

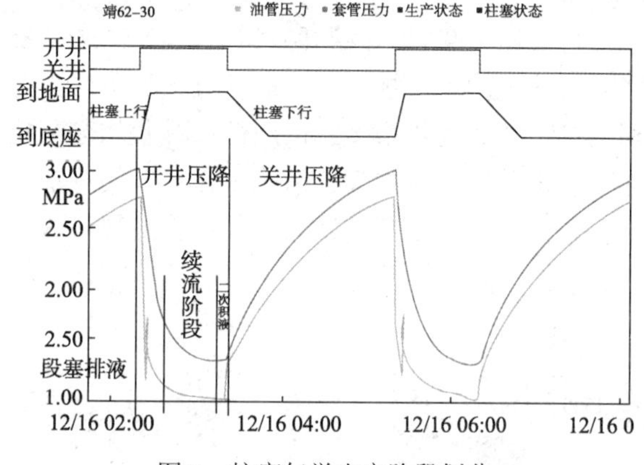

图7 柱塞气举生产阶段划分

(2) 柱塞气井控制特征参数的提取

结合气井生产阶段的划分，提取各阶段的控制特征值，按照控制类别分别描述各特征值的意义。

(1) 开井控制过程

柱塞气井控制特征参数的提取。柱塞上行速度、最小开井套压、载荷系数、最大开井油压Pm、开井期间套压降幅(ΔP2可设定)、油压拐点(ΔP1拐可设定)。

(2) 关井控制过程

动态特征：开井后，油套压同时下降。套压微升值(ΔP可设定)。

(3) 柱塞气井控制图版的形成

通过前期对柱塞气举气井的生产阶段划分及各阶段的特征参数提取，建立起初始的智能控制图版，经过 4 次图版修订、16 口典型井训练，研究确立了柱塞运行速度、开井套压降及产水压差等 3 项考核指标，载荷系数、最小开井套压等 2 项优化参数，针对异常运行情况引入了最大开井油压、最大/最小开、关井时间等 5 项约束条件，现场 60 口井经过 3 个月测试，在无人干预调参下已平稳运行 2 个月，管理工作量降低 60%、有效运行时率提高 20%，目前已推广至 348 口气井。具体控制条件描述如下：

注：(1) 如载荷系数A–h<0，则A不再进行优化，自动预警；(2) 如开井或关井时间≥4天，自动预警；(3) 保留厚有最小、最大开井及关井时间，不设置时不影响程序正常运行，保证当自动优化模式无法运行时，仍可正常开关井；(4) 增加最大开井油压，该条件优先级别最高，以保证正常开井；(5) 对于拄塞无法到达的情况，补充开井时最大套压降作为优化条件，当最大套压降幅、油压波动两个条件同时选择时，只宴一个法到则不优化A。

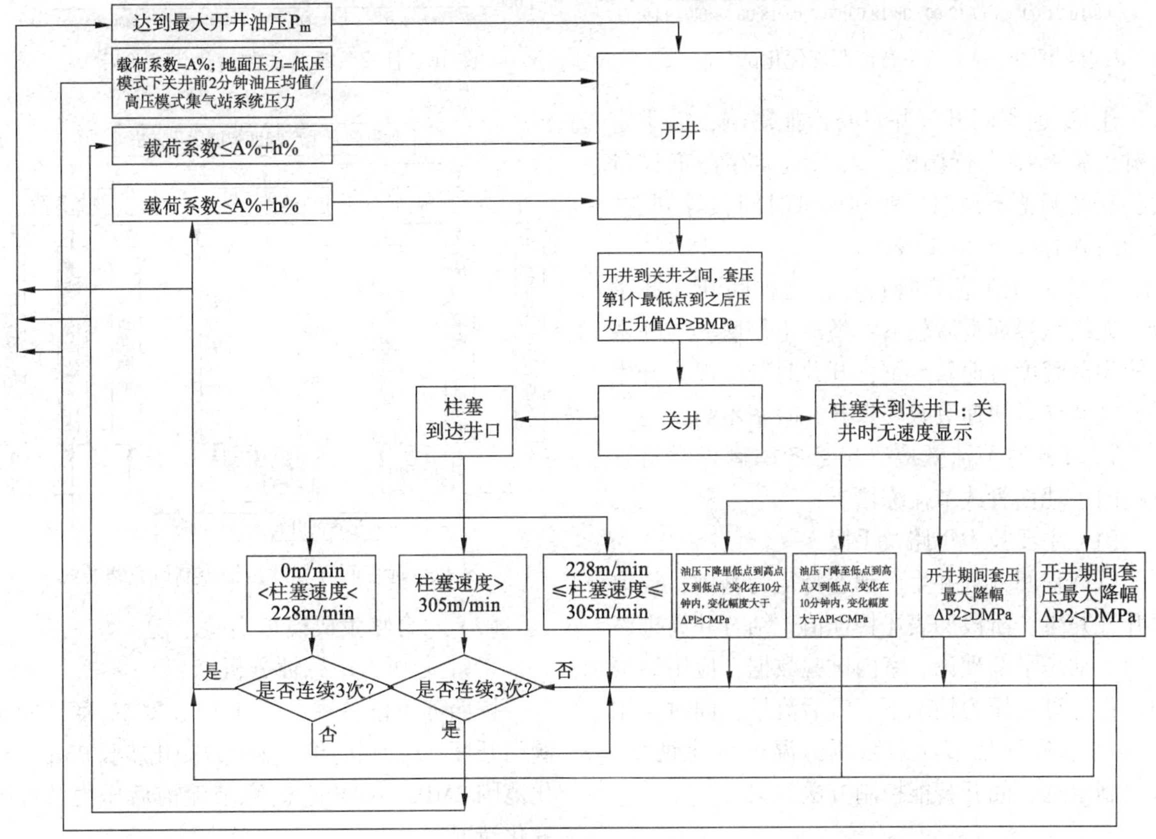

图 8　柱塞气举智能控制图版

① 开井控制过程

动态特征：关井后，油套压同时恢复。

首要判断条件：关井时，首要判断柱塞是否到达地面捕捉器位置，如柱塞到达井口则继续沿判断路线 1，如未到达井口，则沿判断路线 2。

判断线路 1：

柱塞上行速度 $V_{柱塞}$、最小开井套压、载荷系数。

判断线路 2：

开井期间套压降幅(ΔP2 降可设定)、油压拐点(ΔP1 拐可设定)。

② 关井控制过程

动态特征：开井后，油套压同时下降。

主要判断参数：套压微升值(ΔP 可设定)。

③ 优化控制过程

优化条件 1：$V_{柱塞}$如超出该区间 3 次，则进行优化；

优化条件 2：套压降幅大于 DMPa，如 3 次未达到该条件则进行优化；

(4) 应用效果

选取靖 73-9 井开展智能优化试验后，柱塞达到率 100%，平均产水压差 0.6MPa，续流时间明显增加、有效开井时率提高 30%，整体运行平稳。

3.2.2　间开智能控制研究

远程间开气井生产管理中主要暴露出制度优化无标准、调参工作量繁重、工艺自身受限等以下几个问题：

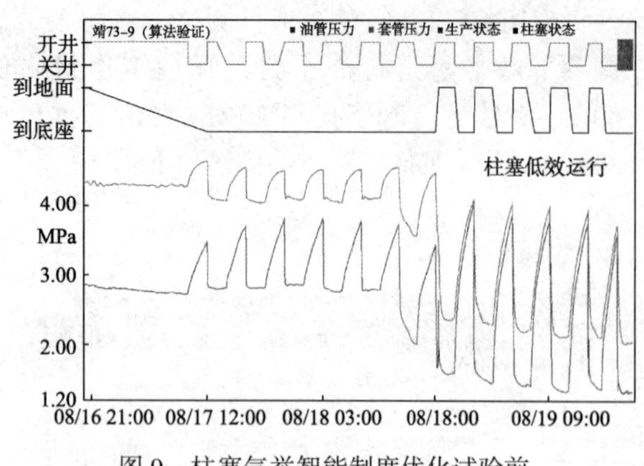

图9　柱塞气举智能制度优化试验前

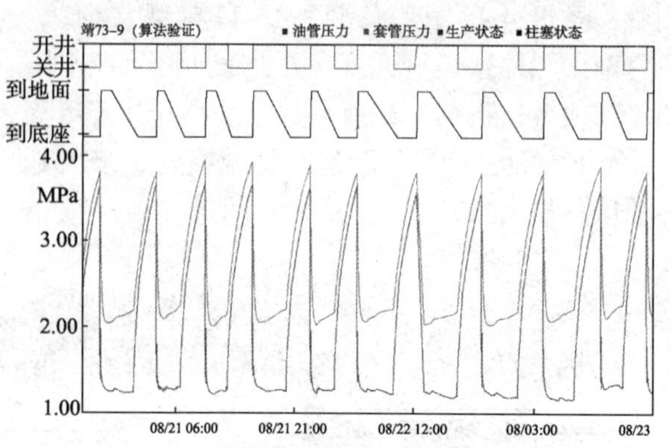

图10　柱塞气举智能制度优化试验后

① 受远程间开气井自身产能影响，需不定期对措施制度进行调整，人工调参存在工作量大、制度调整不及时、初期调试时间长等问题，平均措施有效率80.19%。

② 受限于工艺自身特点，远程间开气井举液时无机械界面滑脱较大，举液不彻底，与柱塞比较积液程度普遍较严重，开井时统一以全开生产，气井能量快速衰减导致开井时率不高。

③ 开井时节流效应突出，冬季运行时易导致阀门、地面管线节流冻堵。

（1）主要技术思路及手段

以远程间开气井生产动态特征为基础，提取间开气井生产阶段的表述特征值，结合井筒携液机理、动态平衡理论、室内试验数据，应用伯努利方程计算定压力情况下节流后流量，同时采用Pipesim软件评估节流前后压力温度变化情况，从而制定远程间开智能控制方法。

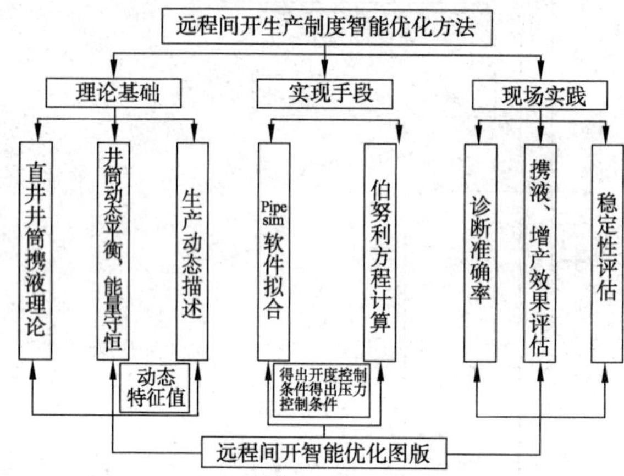

图11　远程间开气井精细控制研究路线图

（2）水合物生成模拟实验

① 上游压力敏感性分析

按照苏里格冬季井口平均温度17度，固定阀门开度，分别按照上游压力变化步长2Mpa(变化范围2MPa-16MPa)研究节流前后压力及温度变化情况：

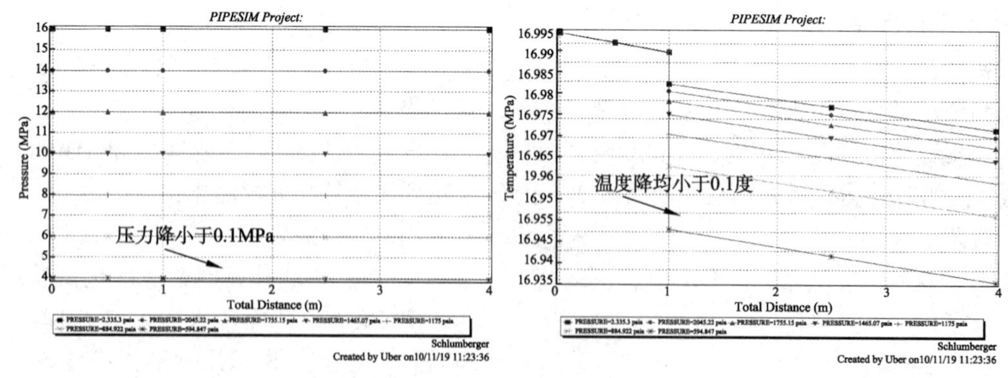

图12　开度为70%时上游压力变化的节流前后压力温度变化

得出结论，当阀门开度超过70%时节流效应可以忽略。

② 阀门开度敏感性分析

按照苏里格冬季井口平均温度17度，固定上游压力，分别按照阀门开度变化步长10%(变化范围10%-100%)研究节流前后压力及温度变化情况：

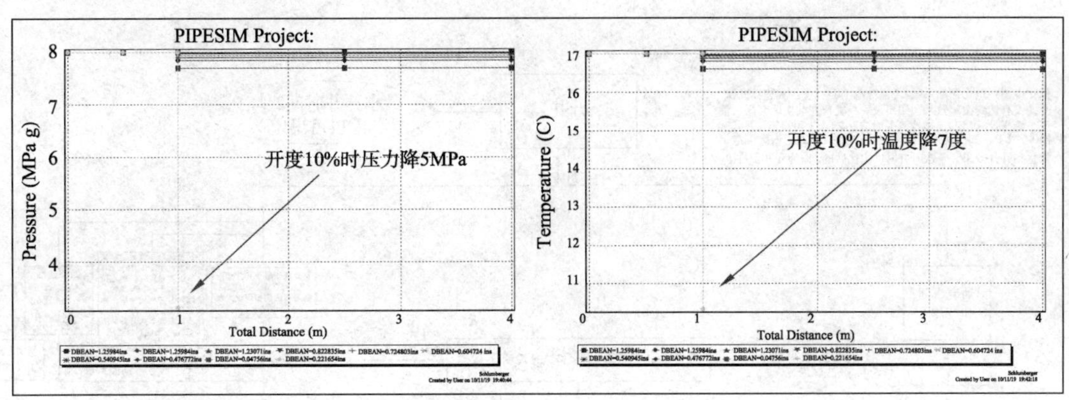

图 13 上游压力 8MPa 时开度变化的节流前后压力温度变化

得出结论，当阀门开度为 10%时节流效应最明显。

③ 结合水合物生成情况，制定远程间开气井压力恢复限值

结合不同气井井口压力临界携液开度，通过阀门开度敏感性及上游压力敏感性分析，确立远程间开气井临界携液阀门开度控制在 20%～40%，最大开井油压不超过 10MPa。

表 1 节流阀门开度敏感模型水合物生成统计

上游压力/MPa	开度/%									
	10%	20%	30%	40%	50%	60%	70%	80%	90%	100%
16	√	√	√	√	√	√	√	√	√	√
14	√	√	√	√	√	√	√	√	√	√
12	√	√	√	√	√	√	√	√	√	√
10	√	√	√	√	√	√	√	√	√	√
8	√	×	×	×	×	×	×	×	×	×
6	×	×	×	×	×	×	×	×	×	×
4	×	×	×	×	×	×	×	×	×	×

备注：对号表示生成水合物，错号表示不生成水合物

表 2 上游压力敏感模型水合物生成统计

开度/%	压力/MPa						
	16	14	12	10	8	6	4
10%	√	√	√	√	√	×	×
20%	√	√	√	√	×	×	×
30%	√	√	√	√	×	×	×
40%	√	√	√	√	×	×	×
50%	√	√	√	√	×	×	×
60%	√	√	√	√	×	×	×
70%	√	√	√	√	×	×	×
80%	√	√	√	√	×	×	×
90%	√	√	√	√	×	×	×

续表

开度/%	压力/MPa						
	16	14	12	10	8	6	4
100%	√	√	√	√	×	×	×

备注：对号表示生成水合物，错号表示不生成水合物

(3) 间开气井控制图版的形成

经过 3 次图版修订、20 口典型井训练，研究确立了开井套压降及产水压差等 2 项考核指标，间喷系数、最小开井套压、关井压力恢复速率、最大开井油压等 4 项优化参数，针对异常运行情况引入了最大、最小关井时间等 3 项预警机制，形成了以下的远程间开控制图版，具体控制条件描述如下：

3.2.3 泡排智能控制研究

通过前期对自动泡排气井的生产阶段划分及各阶段的特征参数提取，形成了以下的自动泡排控制图版，目前正在开发控制程序，具体控制条件描述如下：

4 智能化集成系统的建立

随着气田的持续开发，弱喷产水井逐年增加，保障气井正常生产的管理难度逐渐上升，因此建立气井智能化生产与管理系统，实现气井生产的智能化管理，就很有必要。充分利用现有生产数据库中的单井数据与电子巡井系统中的井口数据，探索出适应于靖边气田和苏东南区块各自分析判断方法，建立一套第一采气厂气井智能化生产管理系统，实现积液井自动识别与预警、措施方案自动生成、措施效果分析、措施再优化等功能。

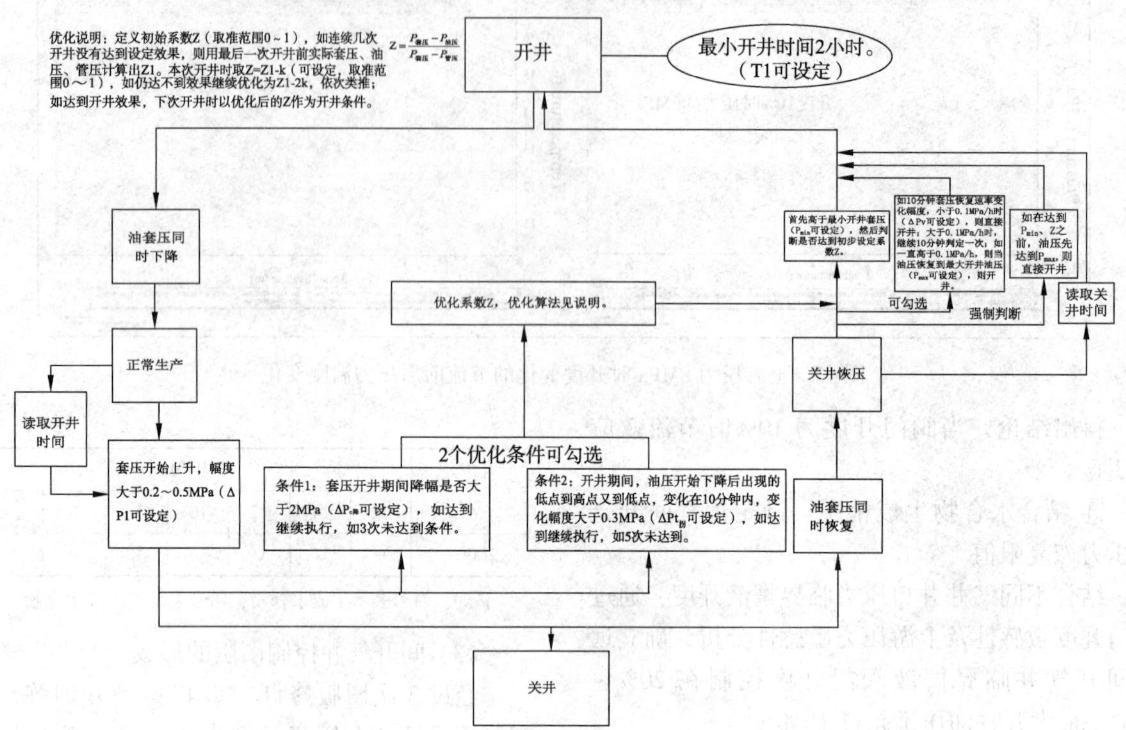

图14　远程间开工艺智能优化图版

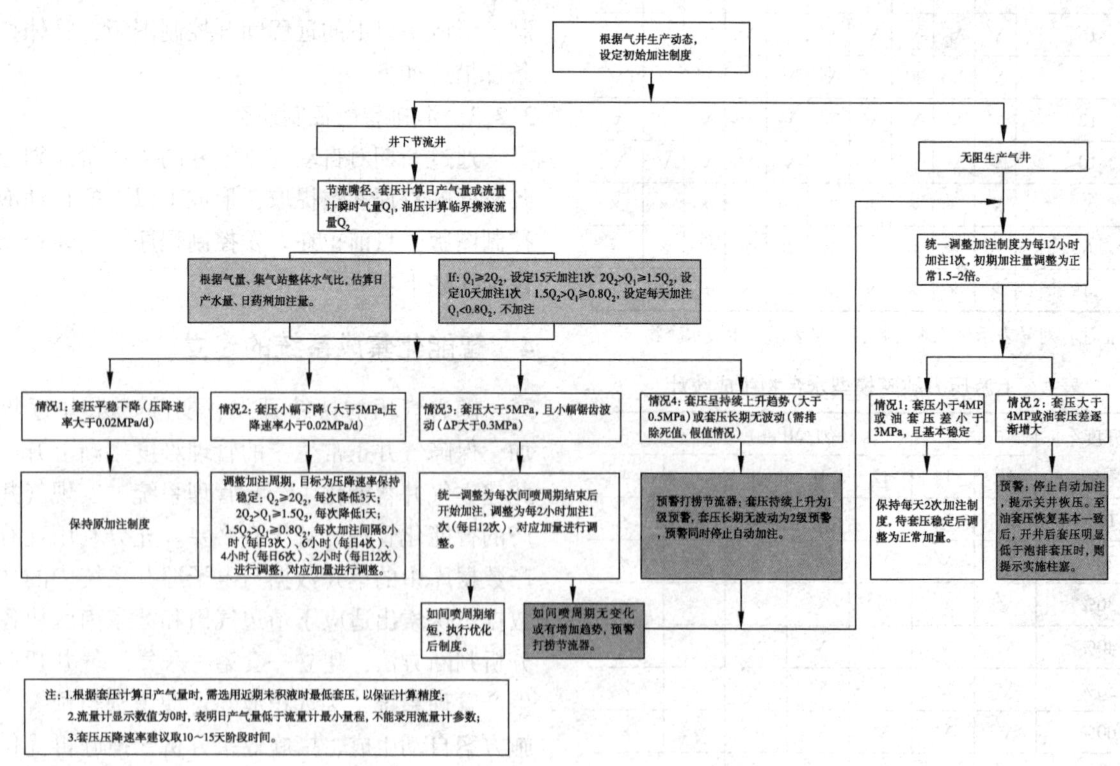

图15　自动化泡排工艺智能优化图版

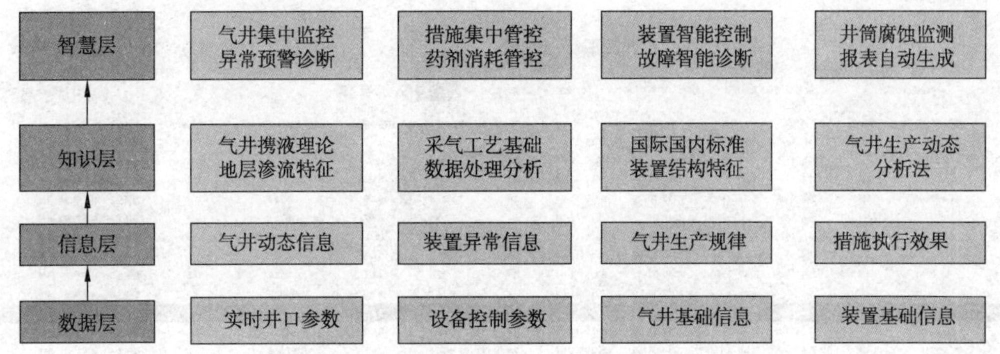

图 16　智能化集成平台实现手段

4.1　生产异常预警诊断

4.1.1　异常气井排查

结合靖边气田和苏东南区的地质情况不同、开发工艺不同，最终总结条件如临界携液流量的计算、理论套压的计算、气井日产气量连续下降时且超过配产的合理波动范围、气井日产水量连续下降或突然增大、套压持续上升。

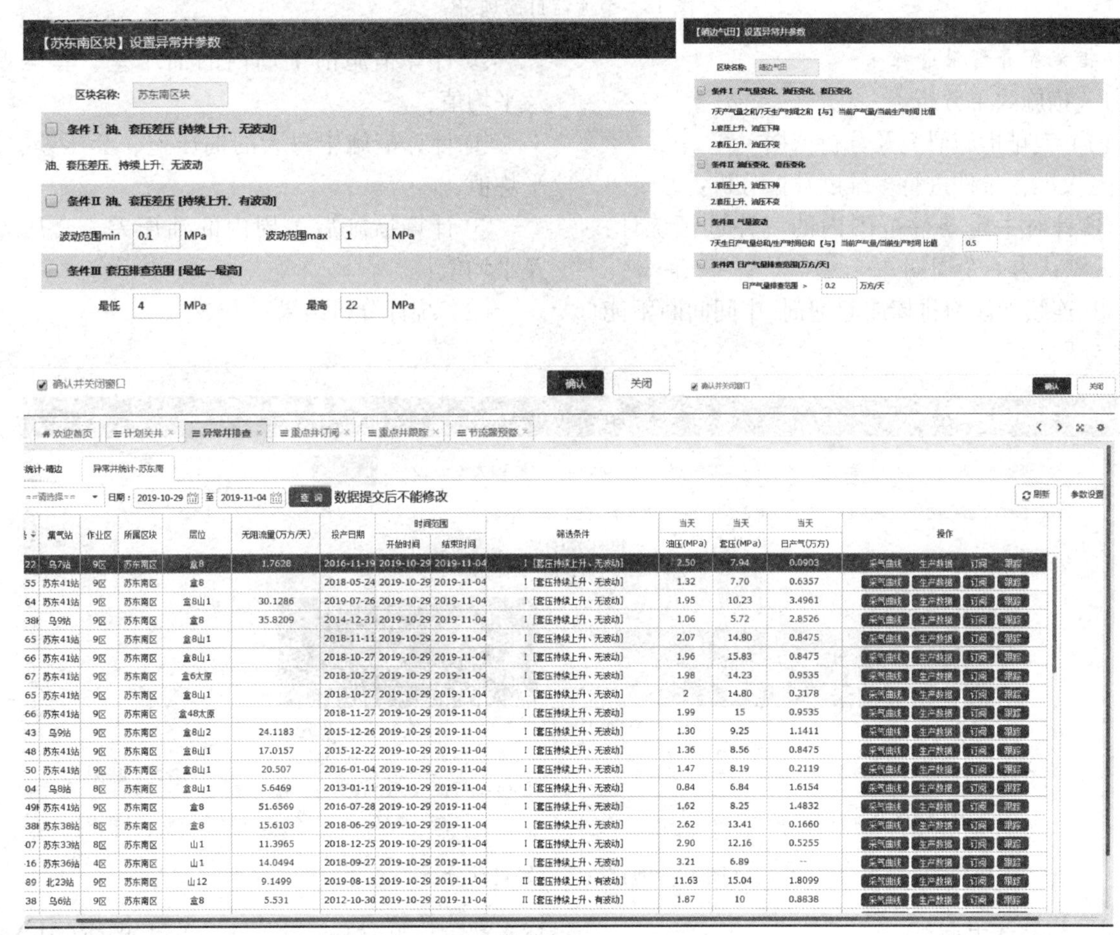

图 17　异常气井的筛选结果

每个气井管理人员可按照自身的管理需求，对自己所管辖的大产水气井、异常气井、动态不稳定气井进行个性化定制，实现了信息共享、联合决策，大幅提升了管理效率及水平。

4.1.2　节流器打捞预警

苏里格气田的中低压集气模式主要采用井下节流的采气工艺，其节流器的运行状况直接影响气井正常生产，目前的节流器管理主要存在。通过前期对苏东南区块的节流器打捞大数据统计分析，节流器运行 2 年内打捞成功率达到 92% 以上，相应制定了打捞维护预警机制。

	节流器运行	运行时间(月)	作业区	集气站	井号	投产日期	日期	生产时间	油压(MPa)	套压(MPa)	日产气量(10^4m^3)	日产水量(m^3)	备注
24	节流器未打捞	11个月	8区	苏东33站	靖75-08	2018-12-26	2019-11-04	24	2.9	15.3	0.0751	0.056	夏季模式；井下节流；远传
25	节流器未打捞	11个月	8区	苏东33站	靖77-08	2018-12-26	2019-11-04	24	2.88	19.49	0.6006	0.451	夏季模式；井下节流；远传
26	节流器未打捞	65个月	8区	苏东34站	G0-7	2014-07-04	2019-11-04	24	1.12	20.82	0.6676	0.444	增压生产；井下节流；远传
27	节流器未打捞	14个月	8区	苏东34站	靖52-31H1	2018-09-27	2019-11-04	24	1.37	9.19	1.3352	0.888	增压生产；井下节流；远传
28	节流器未打捞	14个月	8区	苏东34站	靖52-32H1	2018-09-27	2019-11-04	24	1.36	8.97	2.5751		增压生产；井下节流；远传
29	节流器未打捞	14个月	8区	苏东34站	靖52-32H2	2018-09-27	2019-11-04	24	1.35	10.34	3.5288	2.346	增压生产；井下节流；远传
30	节流器未打捞	23个月	8区	苏东34站	靖52-33H1	2017-12-29	2019-11-04	24	1.3	5.43	2.0982		增压生产；井下节流；远传
31	节流器未打捞	4个月	8区	苏东34站	靖52-33H2	2019-07-12	2019-11-04	24	1.32	13.1	0.8584	0.571	增压生产；井下节流；远传
32	节流器未打捞	23个月	8区	苏东34站	靖52-34H1	2017-12-29	2019-11-04	24	1.34	6.83	4.3872	2.917	增压生产；井下节流；远传
33	节流器未打捞	23个月	8区	苏东34站	靖52-35	2017-12-31	2019-11-04	24	1.33	12.2	0.8584	0.571	增压生产；井下节流；远传
34	节流器未打捞	23个月	8区	苏东34站	靖52-35H2	2017-12-29	2019-11-04	24	1.34	8.06	2.4797	1.649	增压生产；井下节流；远传
35	节流器未打捞	71个月	8区	苏东34站	靖53-13	2014-01-15	2019-11-04	24	1.3		0.2861	0.19	增压生产；井下节流；远传
36	节流器未打捞	67个月	8区	苏东34站	靖54-16	2014-05-14	2019-11-04	2	0.93	8.47	0.0238		10:00关井口(远程间开流程改造)；8
37	节流器未打捞	71个月	8区	苏东34站	靖54-17	2014-01-15	2019-11-04	2	0.93	6.8	0.0398	0.026	10:00关井口(远程间开流程改造)；8
38	节流器未打捞	71个月	8区	苏东34站	靖54-21H2	2014-01-12	2019-11-04	24	0.91	7.44	0.763		增压生产；井下节流；远传
39	节流器未打捞	71个月	8区	苏东34站	靖54-24H2	2014-01-16	2019-11-04			5.84			关井口(远程间开流程改造)；井下节流
40	节流器未打捞	84个月	8区	苏东34站	靖54-27H1	2013-01-06	2019-11-04	3	1.3	7.6	0.0835	0.055	11:00关井口(配合55-27远程间开流
41	节流器未打捞	84个月	8区	苏东34站	靖54-27H2	2013-01-06	2019-11-04	3	1.3	10.06	0.0835	0.055	11:00关井口(配合55-27远程间开流
42	节流器未打捞	71个月	8区	苏东34站	靖55-19H2	2014-01-08	2019-11-04	24	0.92	4.09	0.5722	0.381	增压生产；井下节流；远传
43	节流器未打捞	71个月	8区	苏东34站	靖55-24H1	2014-01-15	2019-11-04	24	0.94	5.03	0.3815		增压生产；井下节流；远传
44	节流器未打捞	71个月	8区	苏东34站	靖55-26H1	2014-01-17	2019-11-04			14.54			关井口(压力监测井)；节流器失效；远
45	节流器未打捞	71个月	8区	苏东34站	靖55-26H2	2014-01-17	2019-11-04	24	0.9	1.63	0.6676	0.444	增压生产；节流器失效；远传

图 18　节流器打捞预警

4.2　措施气井智能管控

4.2.1　措施效果分析

(1) 泡排措施研究及分析依据

五大准备条件进行多维度数据分析：

① 针对一定条件范围内的气井进行统计；(15 天默认为一个周期)

② 连续加注泡排棒或起泡剂(中间间断不能超过 5 天)

③ 计算措施前 1 周内的油压差、套压差、及平均值；

④ 计算措施中每天的油压差、套压差、及平均值；

⑤ 计算措施后 1 周内的油压差、套压差、及平均值；

(2) 统计分析结果

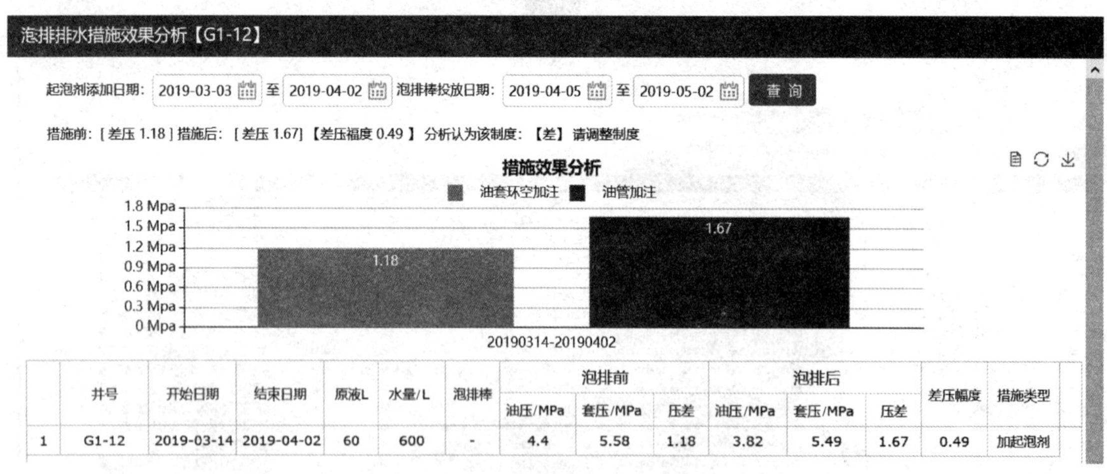

	井号	开始日期	结束日期	原液L	水量/L	泡排棒	泡排前			泡排后			差压幅度	措施类型
							油压/MPa	套压/MPa	压差	油压/MPa	套压/MPa	压差		
1	G1-12	2019-03-14	2019-04-02	60	600	-	4.4	5.58	1.18	3.82	5.49	1.67	0.49	加起泡剂

图 19　泡排措施效果自动分析

4.2.2　措施集中监管

为了便于日常管理措施气井，开发了“柱塞气举、间开排液、泡沫助排”3 类排水采气工艺远程监控界面，可以实现对措施气井生产数据、井口装置参数的集中监控，同时还具备措施制度下发、远程控制、异常预警等功能。

① 数据的传输方式

充分利用井口原有基础传输架构，积极评价探索新型传输方式，建立了“光缆/网桥/APN 融合”等 3 类气井智能化生产传输链路。

② 远程间开监控程序设计

通过对远程间开气井的生产动态、装置参数等信息统一上传至监控平台，通过平台实时监控气井的运行状态，包括油压、套压、管压、气井状态。同时该设备支持定时、定压、定流量、高低压保护等多种生产制度，每种制度的参数都可以通过远程进行随时调整控制，并立即生效。平台可提供历史信息查询的功能，通过调整时间范围来查询气井运行的历史数据；分析制度调整前后数据变化趋势。

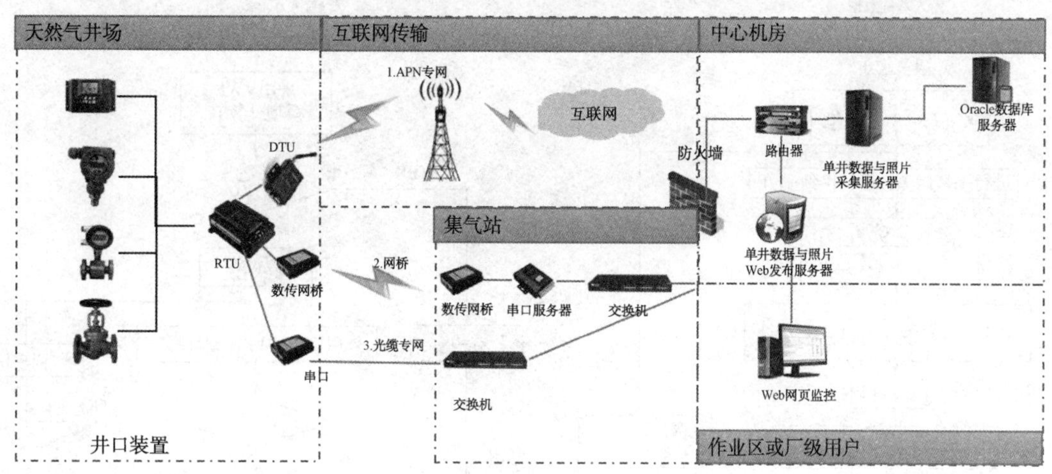

图 20　井口设备与监控平台的数据传输示意图

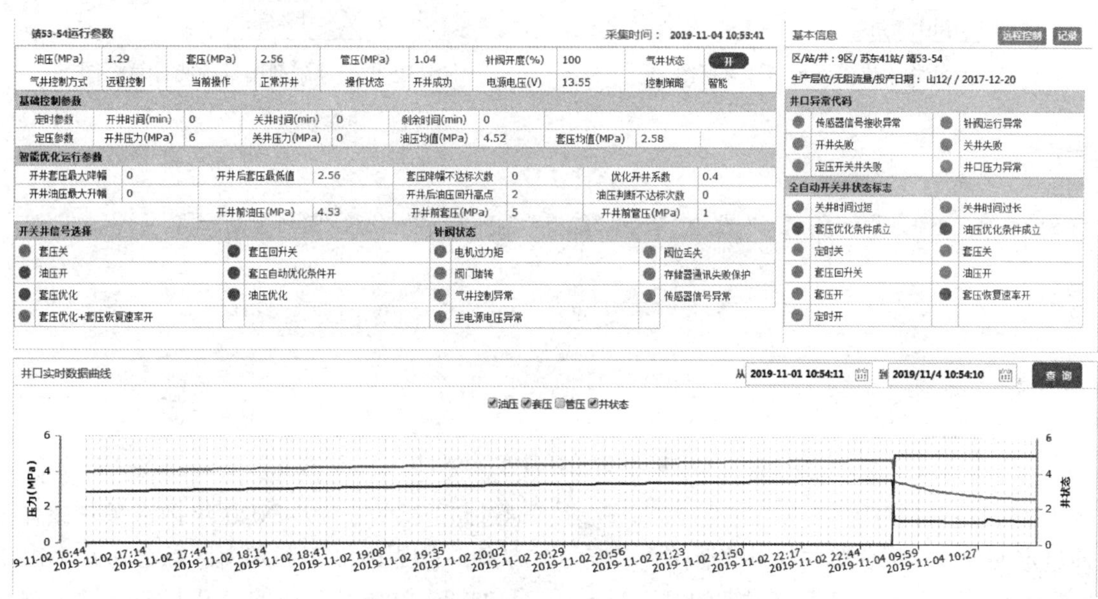

图 21　远程间开设备控制界面示意

② 自动加药监控程序设计

将现有自动加药装置集成到本系统中，实现对自动加药机的远程监视和远程控制。监视参数包括：加药机状态、泡排剂剩余量、甲醇剩余量、工况温度、电池电量、电池电压、昨日发电量和用电量等。

4.3 溶液消耗智能管理

4.3.1　泡排溶液消耗管控

该子模块可以实现对泡排加注计划的上传审定，对于泡排加注指标的自动统计计算，同时构建泡排溶液消耗分析及预警管理模块，形成了“计划统一管理、指标多级预警”的管理机制。

① 泡排计划制定

② 泡排执行率的自动统计

计算公式：周执行率=实际加注井数/(实际加注井数+计划内未加注井数)。

4.3.2　甲醇溶液消耗管控

① 甲醇精细加注

基于实验数据，拟合修正了含极性抑制剂与含电解质体系对水的活度影响系数，建立起考虑天然气组分(H_2S，CO_2)的水合物统计热力学模型及水合物抑制剂加注模型，科学指导气田甲醇加注计划的制定。

② “区-站-井”甲醇消耗预警

以定期录入单井的甲醇消耗量为基础，对数

据进行统计分析，实现甲醇三级消耗预警管控。

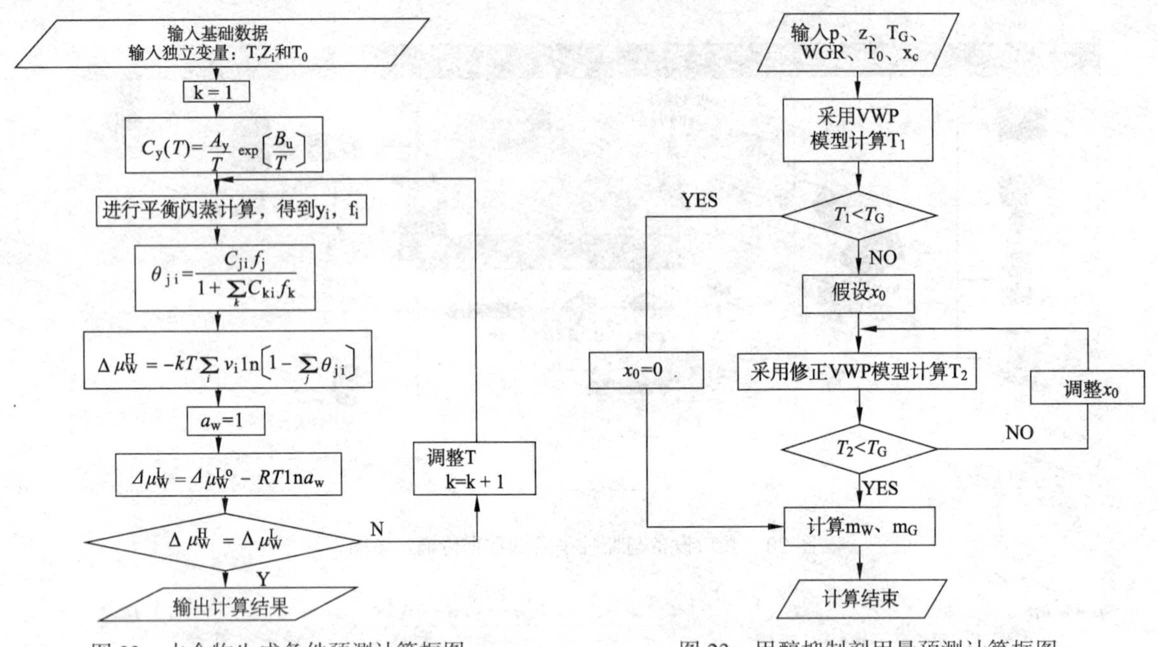

图 22　水合物生成条件预测计算框图

图 23　甲醇抑制剂用量预测计算框图

作业区

年份：2019年　月份：三月　查 询　　全厂单井消耗查看　刷新　导出

作业区	本月消耗定额L	作业区累计加注L	加注比例%	2019-03-01 加注量L	2019-03-02 加注量L	2019-03-03 加注量L	2019-03-04 加注量L	2019-03-05 加注量L	2019-03-06 加注量L	2019-03-07 加注量L	2019-03-08 加注量L	2019-03-09 加注量L	2019-03-10 加注量L	2019-03-11 加注量L	2019-03-12 加注量L
1区	343000	283099	82.54	16527	16614	15105	14479	15518	12594	12795	14477	13372	14297	14966	13481
2区	602000	498840	82.86	23380	23880	23870	23770	23170	22420	22370	21970	21670	21920	22170	22170
3区	505000	396449	78.5	20545	22371	18920	20805	19098	19976	20453	17799	16808	18133	16671	17791
4区	494170	313688	63.48	16358	15406	14669	14102	12619	13399	13817	14722	14340	14424	13395	13484
6区	525000	556231	105.95	28307	26764	27521	28062	25858	27004	27224	24298	24585	23473	24861	22851
7区	320000	264807	82.75	16611	16112	15861	14348	14887	15320	14076	14017	14158	15344	13211	12897
8区	428500	283031	66.05	15910	15256	14931	12457	15199	15841	12594	13087	12377	13950	14288	11856
9区	805340	585728	72.73	30822	32818	29757	27769	27770	30844	30329	50351	33290	33500	34676	20835
合计	4023010	3181873	79.09	168460	169221	160634	155792	154119	157398	153658	170721	150600	155041	154238	135365

图 24　甲醇消耗月度预警分析

③ 甲醇消耗对比分析

通过定期导入全厂各单井的甲醇消耗量，实现对“井、站、区”甲醇消耗与同时期的对比。

5　示范区建设及应用效果评价

5.1　苏东南智能化排水采气示范区建设

5.1.1　示范区实施背景

随着气田井数逐年增多(方案规划年新建井100~140口)、生产规模的逐年扩大，措施气井管理作量、劳动强度、措施作业成本不断增加。因此，编制了《苏东南区30亿方智能化排水采气示范区建设方案》，通过推行“柱塞主导、间开互补、泡排辅助”低成本全智能排水采气技术体系和“数据获取、智能分析、异常预警、自动处置”的智能化气井管理新模式，建立苏东南30亿方“低成本全智能”排水采气长效管理机制；通过超前部署2019~2020年排水采气整体规划方案，实现2020年苏东南区综合递减率由2017年24.8%控制到21%的奋斗目标，着力提高气井管理效率和管理水平，为气田长期稳产提供技术指导。

5.1.2　示范区实施情况

2018年按照方案部署在该区块开展智能化试点，全面推广应用智能化排水采气技术，努力实现苏东南区智能措施覆盖率93%以上、综合递减率控降3.8%的奋斗目标。

2018年实施：对228口气井实施了自动化改造、总井数达到344口，措施井覆盖率达70%，降低劳动强度40%、节约生产成本280余万元。

2019年实施：实施279口、总井数达539口，措施井覆盖率达到92.3%。

2020年部署：计划新建200口、总井数将达到739口，措施井覆盖率达到93.1%。

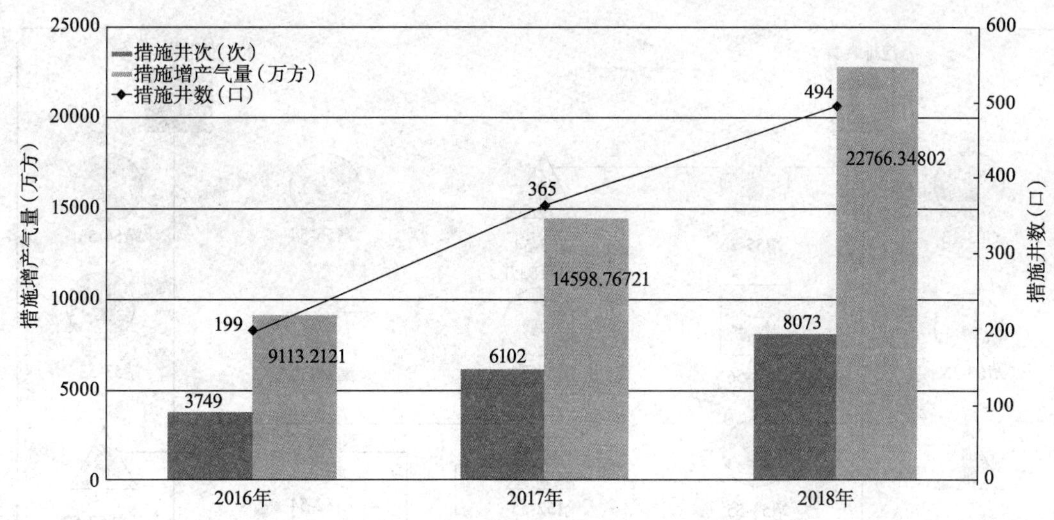

图25　苏东南近三年排水采气实施情况

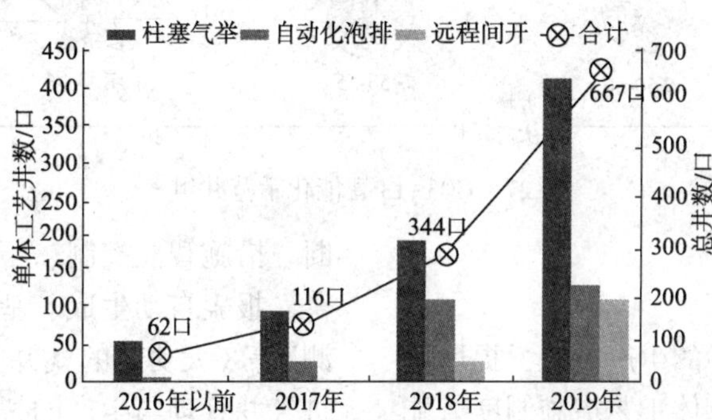

图26　苏东南智能化排水采气示范区建设情况

统一部署，整体规划，全年高效组织237口柱塞、80口间开、24口自动泡排气井的措施配套，与历年实施总数持平，超额完成苏东南智能化排水采气规划阶段性目标，基本实现了气井智能生产及管理，措施有效率提升至93%，累计增产气量达到2.5亿方，气井日常管理工作量降低60%；通过智能化技术手段，估算可节省措施作业人员160人，有效缓解了用工需求紧张矛盾，为气田高效开发、长庆油田二次加快发展提供了有力支撑。

5.1.3　示范案例

在G03-13大井丛20口直定井建立了智能化排水采气示范井组，同一井场涵盖苏里格气田排水采气所有关键技术。通过超前部署、集中实施、分类评价，整体措施有效率达到95%，折算措施综合递减率17.8%，万方气措施成本下降25%，为气井智能化生产技术的规模推广提供了依据。

5.2　经济及社会效益评价

2019年底智能化措施井数将达到612口，以目前措施制度为基础，预估年节省人员120人，如考虑轮休则至少可节省160人。计算方法如下：

柱塞气举：目前柱塞日开井1.5井次，按照人工开井3人/班组(操作1人、监护1人、司机1人)、每天可负责25井次开井任务(单次开井需20分钟、每天作业时间8.3小时，1个集气站4~5个井上古丛式井组路程2h)。预计年底全厂柱塞井434口，日开井651井次，估算需26个班组、78人才能满足生产需求。

远程间开：目前远程间开日开井1.2井次，因井位相对分散，预估每班组每天可负责15井次开井任务(每天作业时间5h、路程2h)。预计年底间开井111口，日开井133井次，估算需9个班组、27人。

自动加药：单套装置可满足6口井日常加注，每口井单次加注时间需30min，预估每班组可负责12口井加药生产需求(每天加药时间6h、2~3个井丛路程1.5h)。预计年底自动加药井76口，加注制度每2天1次，估算需5个班组、15人。

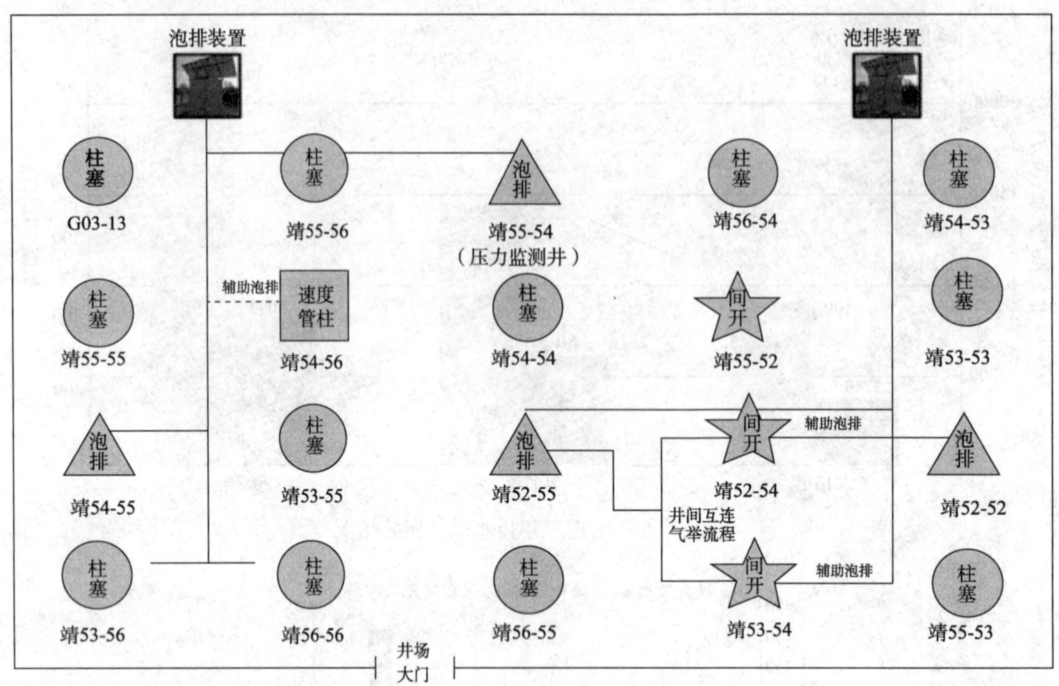

图27　G03-13智能化示范井组

6　结论与认识

(1) 通过划分措施气井的生产阶段，提取阶段控制特征条件，建立起单体工艺措施制度智能优化图版，实现了单体工艺“措施制度智能优化、自动生成，措施指令智能下达、自动执行”的功能，经过现场试验，可有效保障措施气井在两个月内无人参与调参条件下的稳定运行。

(2) 以简易黑油模型建立起气井井口节流的Pipesim拟合模型，开展节流嘴径、上游压力等因素的敏感性分析，研究节流对水合物生成的影响，形成了措施制度的压力、开度精细控制条件。

(3) 通过采集气井井口参、设备等基础参数获取气井动态、装置异常等实用信息，从而应用携液理论、渗流特征、采气工艺等多背景、多学科的知识层积累，达到了涉及多方面的应用层应用，构建了集成“生产集中监控、异常预警诊断、措施智能控制、药剂精细管控、采气工程计算、报表自动生成、基础数据管理、井筒腐蚀监测”等8大功能的气井智能化管理系统，大力推进气井管理与生产的智能化。

(4) 从2018年开始，经过2年的持续建设，苏东南气井智能化管理示范区高效完成阶段性建设目标，基本实现了气井的智能化管理与生产，为后续智能化气田开发奠定基础，有力支撑气田的长期稳产和高效开发。

参　考　文　献

[1] Turner, R.G., Hubbard, M.G., and Dukler, A.E. Analysis and Prediction of Minimum Flow Rate for the Continuous Removal of Liquids From Gas Wells[J]. Journal of Petroleum Technology, 1969, 21(11): 1475-1482. (SPE 2198).

[2] Coleman S B, Clay H B, Mccurdy D G, et al. A New Look at Predicting Gas-Well Load-Up[J]. Journal of Petroleum Technology, 1991, 43(3): 329-333.

数字化生产指挥系统在油田生产领域的升级与应用

李　峰

（中国石油长庆油田分公司第三采油厂）

摘　要　采油厂数字化生产指挥系统主要是集生产运行调度系统、安全环保监控、应急抢险指挥、开发动态监控为一体的运行指挥系统。主要收集对数字化前端传来的实时数据，通过不断汇总、分析与处理，然后将生产数据转换成为管理数据，最终把数据传递给各自岗位的管理人员，但随着无人值守站管理模式在采油厂的推广，原有生产指挥系统模式已满足不了高效、快捷的精细化生产要求，不能适合在无人值守及中心站运行模式下的生产运行管理需要，因此，在原有数字化生产指挥系统的基础上，增加对中心站及作业区层面的数字化生产指挥系统升级，在充分利用公司无人值守建设成果及有力支撑下，对数字化生产指挥系统的进行了突破和完善，使信息技术、数字化手段在采油厂生产实践中更进一步地结合，建成一个具有分析智能化、数据可视化、管理高效化的生产指挥系统。

关键词　数字化生产指挥系统；无人值守；中心站

1　数字化生产指挥系统升级完善背景

长庆油田分公司第三采油厂 2009 年数字化建设以来，数字化在日常管理中作用凸显，全厂数字化覆盖率 98% 以上。2017 年开始又开展了无人值守站及中心站建设，进一步优化作业区生产组织架构、压缩管理层级、提高基层员工劳动组织效率、减少业务外包用工人员数量，让基于数字化的无人值守站及中心站管理模式得到了广泛认可和有效推广，在此模式下，2013 年建成数字化生产指挥系统已满足不了高效、快捷的精细化生产要求，不能适合在无人值守及中心站运行模式下的生产运行管理需要，存在与 A2、A5、A11 系统等数据接口的不连通共享导致员工日常填报的重复性，作业区、中心站系统功能的缺失，不具备移动应用功能等问题，因此完善作业区、中心站层面数字化生产指挥系统功能应用，利用移动终端减少作业现场操做的重复性以及延时性，第一时间将现场情况以及数据传至系统平台，减少中间环节等待，提高工作效率，提升管理质量成为数字化生产指挥系统升级完善的迫切需求。

2　数字化生产指挥系统升级完善整体思路

围绕无人值守条件下生产运行管理理念，形成以原有数字化生产指挥系统为基础，统一厂、作业区、中心站层面生产指挥系统界面，基于作业区、中心站的生产管理业务，开发适合作业区、中心站生产现场管理的 pc 端系统功能，开发基于作业区、中心站的移动 APP 应用功能，实现工作任务自动推送、工作内容自动提醒、作业审批信息化管理、作业过程实时监控、重点环节在线确认，最终在 pc 端自动生成工作记录和报表；打通统推及各类自检系统数据接口形成生产数据的互通共享，消除“信息孤岛”。

（1）实现与生产相关工作内容、数据的可视化集成展示及查询功能，包含重点工作、产量监控、油田注水、产建动态、井下作业、管道管理、车辆管理、设备管理、电力管理、道路管理、防洪防汛、视频监控等应用功能，中心站移动端包含作业区管理岗、运维班、驻站看护人员、化验室、测井班及作业监督的主要现场工作内容；

（2）是系统具备智能分析功能，能够对产量、注水等生产数据逐项实时分析，方便管理层及时掌握产量波动、重点井监控、实时盘库、超欠注管理、消欠跟踪等等生产变化情况了解波动原因；

（3）是实现移动终端与 pc 端数据的同步完善，作业区、中心站通过 pc 端进行任务分派，操作人员通过移动终端第一时间将现场情况以及数据传至系统平台，减少中间环节的等待、减少作业现场操做的重复性，在提高工作效率的同时，形成日常工作分派-执行-实时追踪-及时反馈的闭环管理模式；

3　系统整体业务构架

系统架构以采油厂-作业区-中心站数字化生产指挥为核心功能，满足“生产组织科学化、信息分析自动化、调度指挥智能化、基础数据网络化、设备设施标准化”的油田生产工作要求(图1)。

移动设备	PC电脑	浏览器		
PC端应用	生产指挥系统升级+移动终端APP			移动端应用
	产量监控	重点工作	防洪防汛	设备台账
	注水管理	车辆动态	设备台账	产建视频
	输差监控	日常工作	电力管理	井下作业
	重点井监控	管线巡护	井下作业	……
后端引擎	API接口库、模板库、素材库、组件库、原生控件库	数据源接口		业务整合平台
	权限中心、流程引擎、内容引擎、建模引擎、移动引擎	App服务接口		
	集成中心、运维中心、日志中心	集成登录接口		
	二次开发平台	其他系统整合接口		

图1

3.1　通讯架构

移动手持终端基于油田公司统一规划，采用APN专线技术，通过油田公司统一建设的APN物联网实现生产过程数据的交互，PC端访问通过接入油田内部生产办公网实现数据传输(图2)。

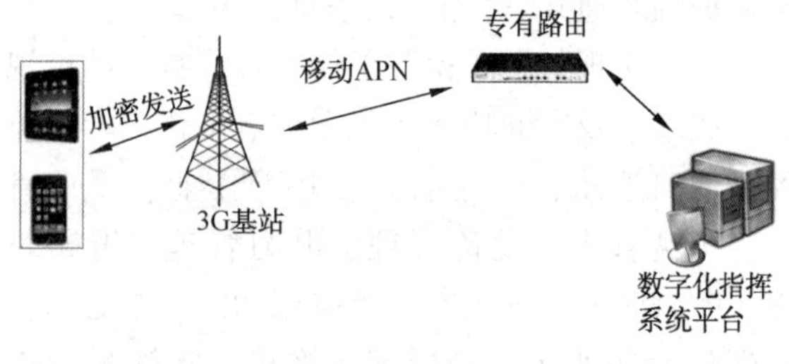

图2

3.2　系统功能

采油厂作业区-中心站数字化生产指挥系统功能分为重点工作、生产运行、视频监控、生产辅助、应急管理五大模块、27项子模块，实现与生产相关工作内容的全面集中展示，作业区生产指挥系统包含重点工作、产量监控、油田注水、产建动态、井下作业、管道管理、车辆管理、设备管理、电力管理、道路管理、防洪防汛、视频监控等应用功能；中心站包含作业区管理岗、运维班、驻站看护人员、化验室、测井班及作业监督的主要工作内容(图3)。

4　系统实现主要功能

4.1　生产数据可视化。

SCADA系统已经实现了采油厂生产实时数据的采集与控制，但生产实时数据未能实现有效共享和集中化管理展示，生产管理人员仅能监控设备设施的实时运行情况，汇总统计手段单一，生产管理人员不能及时、方便的全面掌握实时生产状况。

建设中心站、作业区层面的数字化生产指挥平台，通过每日提取各项生产数据自动汇总形成作业区产量、注水等重点生产当日及历史数据，采用数据可视化进行直观展示，并具有简单的统计汇总功能，最终实现生产数据实时展示、台帐信息简要汇总、运行状态及时查询等功能，建设内容包括原油生产、油田注水、产能建设、井下作业、安全生产、生产辅助等6项。方便管理人员全面掌握当日管辖区域内油水井运行状况、产建钻试投进度、修井等作业完成情况，生产辅助管理简要信息，实现对企业生产的全面监测(图4)。

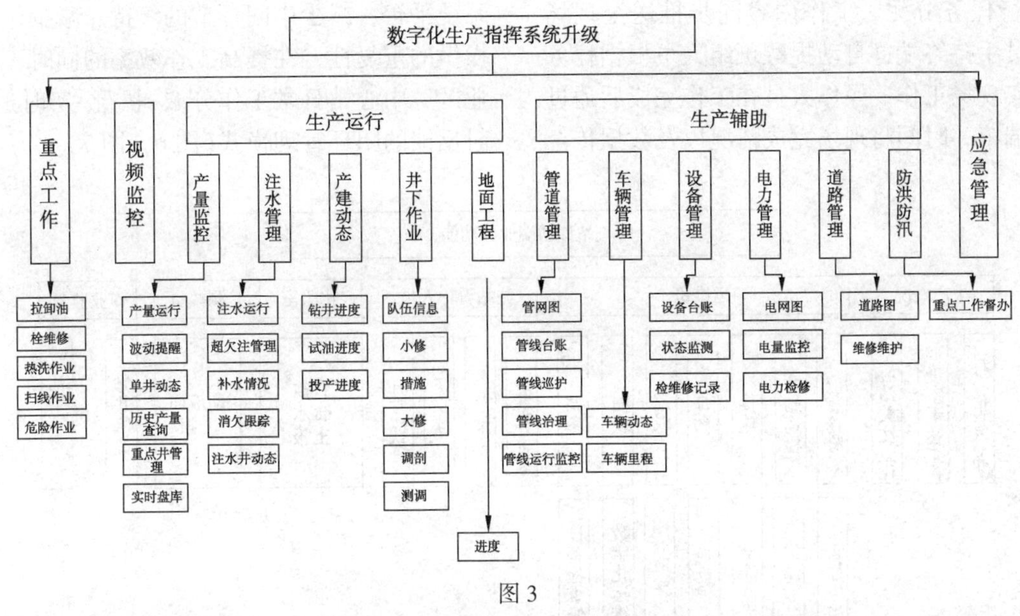

图 3

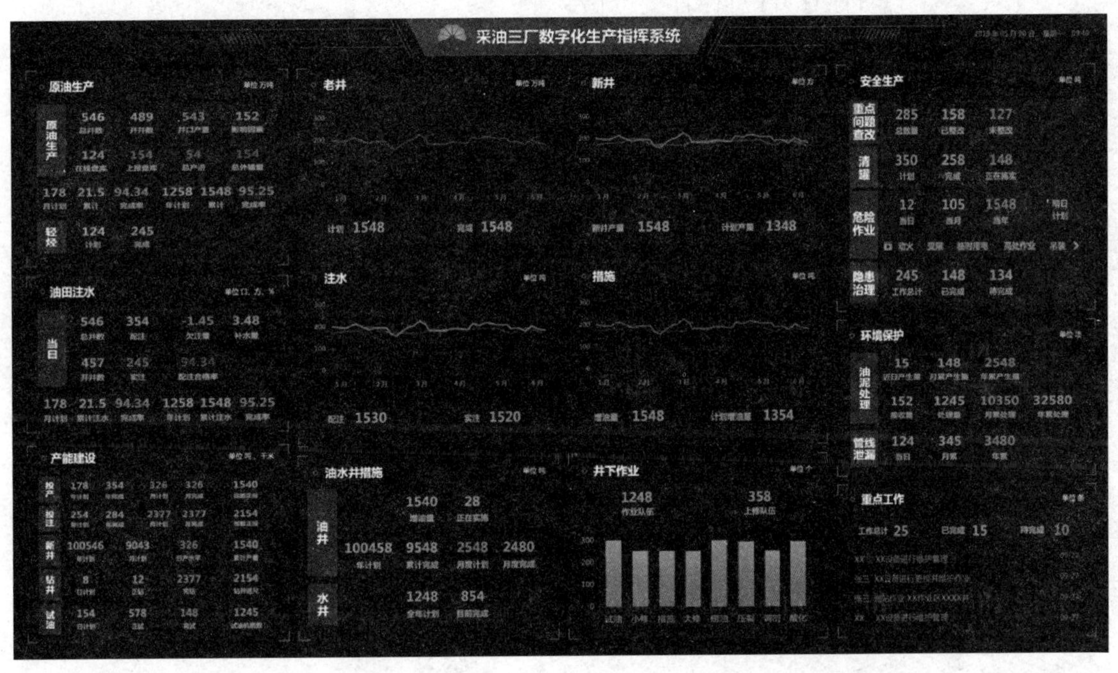

图 4

4.2　生产数据智能分析

充分发挥生产指挥系统的信息化优势，开发产量监控、注水监控等职能分析模块，通过对各类生产信息数据实时汇总分析，对生产中存在的风险进行监测、预警，提供逐级查看分析功能并最终将各项影响因素解析至单井，方便管理层及时掌握产量波动、重点井监控、实时盘库、超欠注管理、消欠跟踪等生产变化情况了解波动原因，有助于及时发现生产活动中存在的异动和问题，及时协调相关部门快速反应，保证当日生产运行的在控、可控、能控(图 5)。

图 5

4.3　日常工作三级闭环管理

支持作业区和中心站生产运行的日常协调和指挥工作，对作业区日常工作进行梳理，涵盖重点工作、日常运行、巡护作业、层级管理、员工培训 5 项油田日常生产管理业务。

开发移动终端 APP，实现移动终端与 pc 端指挥系统生产数据同步，作业区、中心站通过

pc 端进行任务分派，工作内容同步推送至现场操作人员手持终端，自动提醒班组人员根据任务清单落实现场工作。操作人员在工作完成后通过移动终端第一时间将现场完成情况以及数据传至系统平台，减少中间环节的等待、减少作业现场操做的重复性，在提高工作效率的同时，形成作业区、中心站日常工作分派-执行-实时追踪-及时反馈的闭环管理模式(图6，图7)。

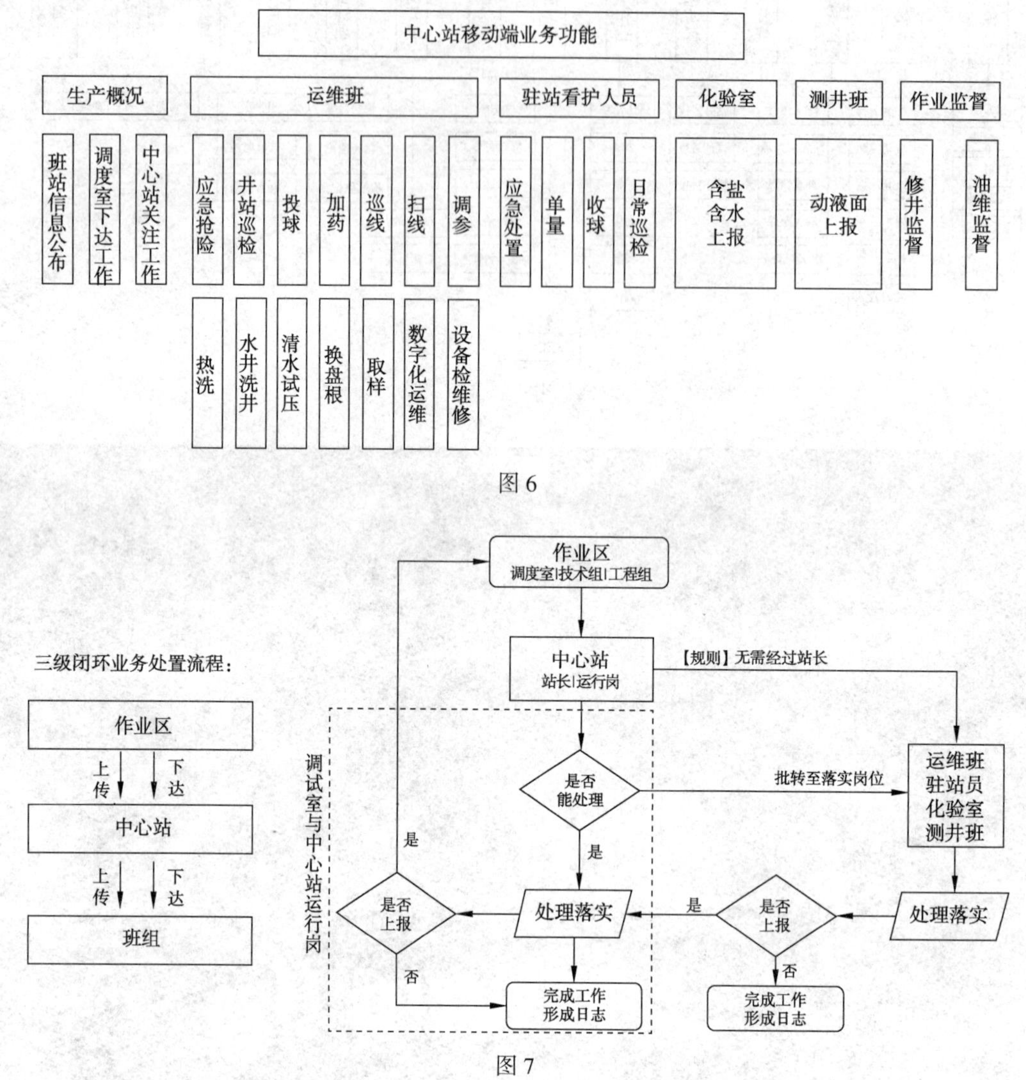

图6

图7

5 数字化生产指挥系统应用前景

目前，采油三厂已完成数字化生产指挥系统中心站及移动终端应用的开发，并在五里湾一区、油房庄二区投入使用，不仅提高了生产现场工作效率，还形成了中心站日常工作分派-执行-实时追踪-及时反馈的闭环管理模式。下步我厂将进一步按照数字化生产指挥系统优化升级思路对软件进行开发完善，可以深信，具有数据可视化、分析智能化、管理高效化的数字化生产指挥系统的逐步实施应用将成为油田智能化发展的关键一环。

波码通信数字式分注双向无线通讯技术浅谈

胡改星[1,2] 于九政[1,2] 杨玲智[1,2] 王尔珍[1,2] 毕福伟[1,2] 刘延青[1,2]

（1. 中国石油长庆油田公司油气工艺研究院；2. 低渗透油气田勘探开发国家工程实验室）

摘　要　针对常规分注井测试工作量大、配套费用高及分注合格率下降快等难题，国内油田逐步向数字式分注、智能分注技术方向发展，长庆油田创新提出了波码通信数字式分层注水技术，攻克了小水量测试调配及远程无线通讯与控制难题。该技术通过借助数字控制、机电一体化设计等技术，采用集成化、小型化配水器井下分层流量测调与数据录取，压力流量波码地面与井下远程数据传输与控制，实现了分层注水的数字化监控。长庆油田现场应用480口井，地面与井下无线数据传输距离达到2879米，分层注水合格率长期保持90%以上，最长有效期3.5年，单井年节约测试费用5万元。该技术的成功研发，解决了常规分注技术面临的技术瓶颈，大幅降低了人员劳动强度，提升了油田注水精细化水平，助推了分注技术向数字化、智能化发展，推广应用前景广阔。

关键词　数字控制；波码通信；自动测调；分注合格

1　引言

长庆油田已进入中高含水开采期，综合含水60.5%，采出程度8.4%，层间和层内矛盾更加突出，动用程度低，产量递减快。常规分层注水工艺已不能满足对剩余储量的有效挖潜，迫切需要发展精细分层注水工艺技术。

（1）测调工作量大、成本高：应测调井5969口，年测调12339井次，费用1.5亿元。

（2）分注合格率变化快：测调合格率93.8%，三个月后51.5%。

（3）现场管理难度大：目前测试遇阻率20%，洗井和检串工作量和费用大。

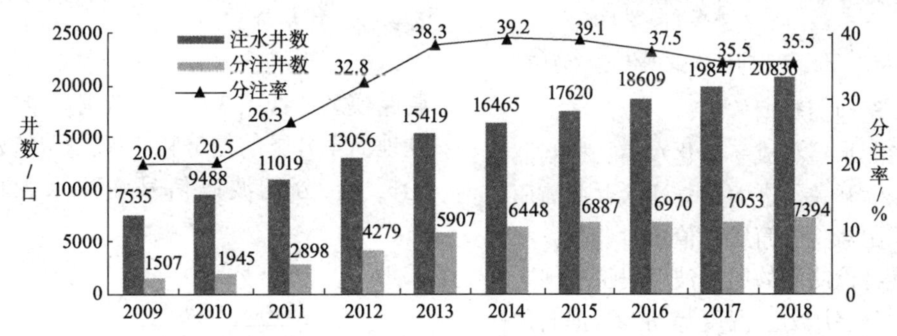

图1　长庆油田历年分注井和分注率变化图

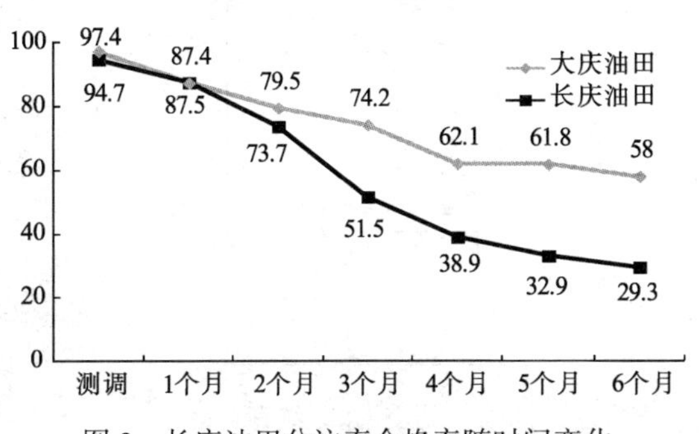

图2　长庆油田分注率合格率随时间变化

针对有缆数字分注成本高、不能满足带压作业，无缆存储式数字式分注没有彻底摆脱人工测试作业等问题，2016年起开展波码通信数字式分注技术并取得突破，实现了地面与井下远距离无线双向通讯和远程网络化实时监控，目前现场应用480口井。

2　波码通信数字式分层注水技术

2.1　波码通信技术原理

借鉴MWD随钻测试技术，波码通信技术借助井筒内水为载体，采用压力波的形式传输控制指令及数据，实现远距离数据传输与控制。

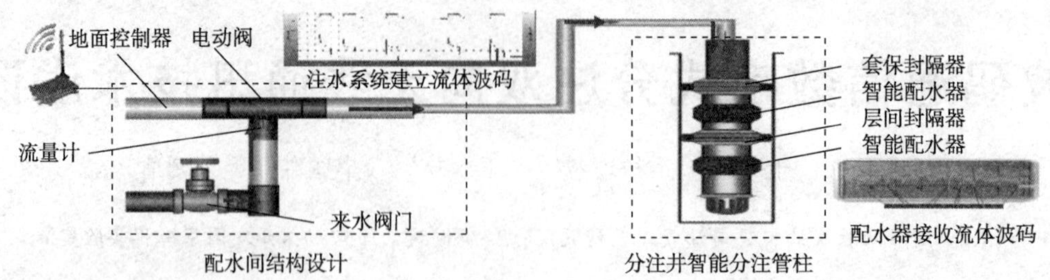

图3 波码数字式分注示意图

(1) 地面至井下数据传输

注水阀组设计电控阀，可按照远程软件发送指令自动控制电控阀开关，规律性地改变注水井油管内压力或流量的变化，建立井筒内压力波动信号。井下智能配水器集成压力计，连续检测并存储压力值，井下智能配水器控制器调取压力值并解析波动码，并将其转换为控制信号来控制一体化水嘴，实现地面至井下数据传输及控制。

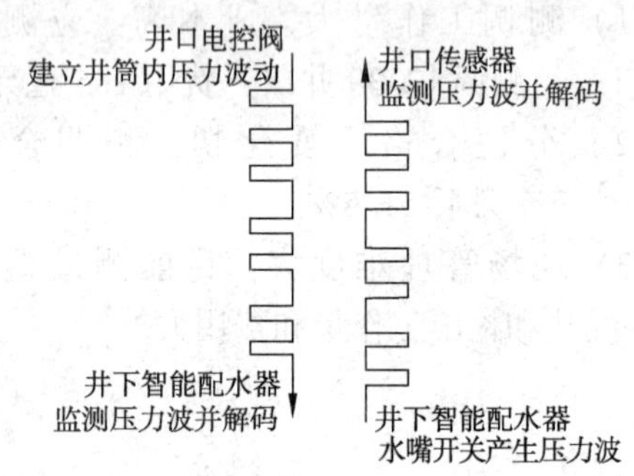

图4 地面与井下远程双向无线数据传输示意图

(2) 井下至地面数据传输

井下智能配水器集成一体化水嘴，控制器发送指令控制水嘴开关，进而建立注水井井筒压力波动，地面控制器将井筒压力值实时监测，并由地面控制系统将检测到的压力波解码，实现了井下分层流量、分层压力、温度等动态数据向地面控制器的有效传输，如图1所示。

2.2 小水量测控技术

数字式配水器集成设计了控制模块、压力计、一体化水嘴等关键结构。控制模块设计了水量调节控制模型，采用经典水嘴节流理论，测试水嘴前后压差，同时结合水嘴开度，求得注水量，同时根据测试值与目标值对比，达到误差20%要求，则不调节水嘴，只录取动态数据，若达不到误差要求，则水嘴自动调节，直至合格。

其中水量调节控制模型具备自修正功能，通过大量测试数据，不断修正模型参数，提高测试精度。

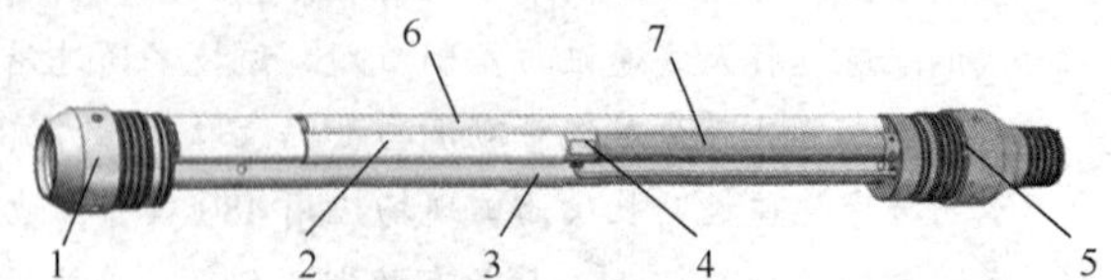

图5 数字式配水器结构图

1—上接头；2—控制及存储模块；3—中心通道；4—压力计；5—下接头；6—电池组；7——体化水嘴

2.3 技术特点

(1) 远程无线数据传输，免人工作业，大幅降低人员劳动强度及费用；

(2) 通讯测试误码率低，室内测试低于1%；

(3) 分层流量自动测试精度2%，满足流量控制要求，实现全天候达标注水；

(4) 满足带压作业，现场适应性较强。

2.4 模型分析

按照现场注水井工况，建立分层注水系统的管路模型，如图3所示。依据质量守恒定律，建立地面至井下的伯努利方程，得出波码传输的理论模型，分析波码信号在注水管柱中的传输特性。

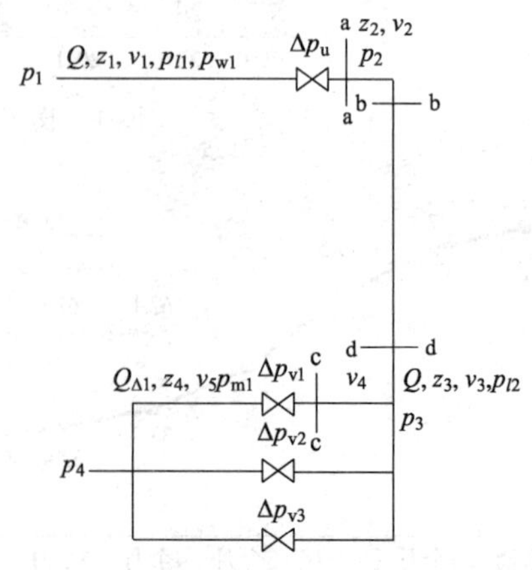

图6 分层注水系统管路模型

(1) 地面至井下波码传输特性数学模型

设井下配水器某一水嘴电控阀入口处压力为

$\bar{p}_4$，配水器各水嘴电控阀开度均相同，总流量为 Q，n 为配水器的水嘴个数；各水嘴流量 Q/n，井口电控阀开度从接近全关到达全开，某一水嘴电控阀入口处的压力变化(信号幅度)为

$$\Delta\bar{p}_4=\Delta p_2-\frac{\rho Q^2}{2A_3^2}\left[\frac{\lambda_2 l_2}{d_3}-a_3+a_4\left(\frac{d_3}{d_w}\right)^4+\frac{\zeta_w}{n^2}\right] \tag{1}$$

注水管井口处的压力变化(信号幅度)为

$$\Delta p_2=\frac{\rho Q_1^2}{2A_1^2}\left[\frac{\lambda_1 l_1}{d_1}-a_1+\left(\frac{d_1}{d_2}\right)^4 a_2+\zeta_1+\zeta_{u1}\right]-\frac{\rho Q^2}{2A_1^2}\left[\frac{\lambda_1 l_1}{d_1}-a_1+\left(\frac{d_1}{d_2}\right)^4 a_2+\zeta_1+\zeta_{u2}\right] \tag{2}$$

信号下传的传递函数为

$$TR_1=\left|\frac{\Delta\bar{p}_4}{\Delta p_2}\right|=1-\frac{\frac{A_1^2}{A_3^2}\left[\frac{\lambda_2 l_2}{d_3}-a_3+a_4\left(\frac{d_3}{d_w}\right)^4+\frac{\zeta_w}{n^2}\right]}{\frac{Q_1^2}{Q^2}\left[\frac{\lambda_1 l_1}{d_1}-a_1+\left(\frac{d_1}{d_2}\right)^4 a_2+\zeta_1+\zeta_{u1}\right]-\left[\frac{\lambda_1 l_1}{d_1}-a_1+\left(\frac{d_1}{d_2}\right)^4 a_2+\zeta_1+\zeta_{u2}\right]} \tag{3}$$

输水管长度 $l_1=500$m；内径 $d_1=30$mm；流量 $Q=25\text{nm}^3/\text{d}$，配水器数 $n=3$；水的黏度 $\mu=1\text{mPa}\cdot\text{s}$；密度 $\rho=1000\text{kg/m}^3$；地面电控阀出口处管内径 $d_2=30$mm；输水管弯头阻力系数 $\xi=0.008\frac{\theta^{0.75}}{(R/d)^{0.6}}$，取 $\theta=90°$，$\frac{R}{d}=4$，则弯头 $\xi=0.008\frac{90^{0.75}}{4^{0.6}}=0.1$；流量计阻力系数 $\xi=0.5$；手动闸阀全开时阻力系数 $\xi=0.05$；井口电控阀前部输水管的总局部阻力系数(弯头 2 个，手动闸阀 1 个，流量计 1 个) $\xi_1=2\times0.1+0.5+0.05=0.75$；地面电控阀为孔板节流式，内腔直径 $d_u=30$mm，$A_u=\frac{\pi d_u^2}{4}=706\text{mm}^2$；阀孔最大流通截面积 $A_0=140\text{mm}^2$；阻力系数 $\xi_u=\left(\frac{A_u}{\sigma k_1 A_0}-1\right)^2$；流体收缩系数 $\sigma=0.63$；注水管内径 $d_3=62$mm；长度 $l_2=3000$m；根据雷诺数 $\text{Re}=\frac{\rho vd}{\mu}$判断，注清水时，输水管与注水管流体的 Re>2300，管中流体处于紊流状态，输水管中流体雷诺数 $\text{Re}_1=\frac{\rho vd_1}{\mu}=\frac{4\rho Q}{\mu\pi d_1}$，由布拉修斯公式得输水管的沿程阻力系数 $\lambda_1=\frac{0.3164}{\text{Re}_1^{0.25}}$；注水管中流体雷诺数 $\text{Re}_2=\frac{\rho vd_3}{\mu}=\frac{4\rho Q}{\mu\pi d_3}$，$\lambda_2=\frac{0.3164}{\text{Re}_2^{0.25}}$；偏通管直径 $d_w=24$mm；水嘴内径 $d_m=8$mm；配水器电控阀为旋转位控式，孔板式节流，内腔直径 $d_d=24$mm，$A_d=452\text{mm}^2$，阀孔最大流通截面积 $A_k=50.25\text{mm}^2$；阻力系数 $\xi_v=\left(\frac{A_d}{k_2\sigma A_k}-1\right)^2$。

流量对压力脉冲信号影响：

地面控制阀开度从 1%增加至 100%，随着流量增加，压力脉冲信号增大，最大达到 220kPa。

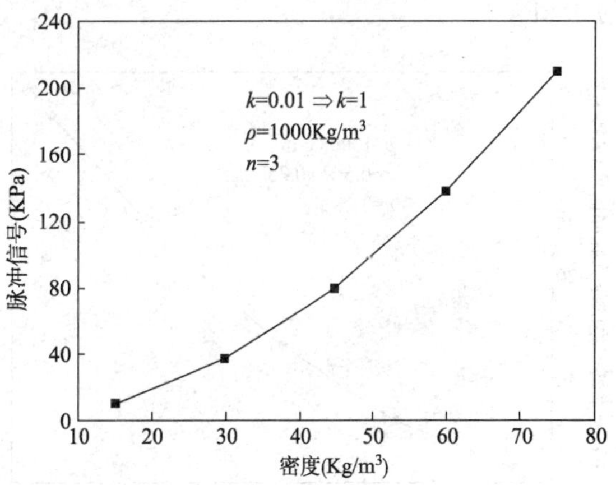

图 7 流量对压力脉冲信号影响曲线

流体密度对压力脉冲信号影响：

地面控制阀开度从 1%增加至 100%，随着流体密度增加，压力脉冲信号增大，当传输介质为水时，脉冲信号为 210kPa。

地面控制阀开度对压力脉冲信号影响：

地面控制阀开度不断增大，压力脉冲信号增大，当传输介质为水时，脉冲信号为 200KPa。

(2) 井下至地面波码传输特性数学模型

同样建立数学模型，信号上传函数：

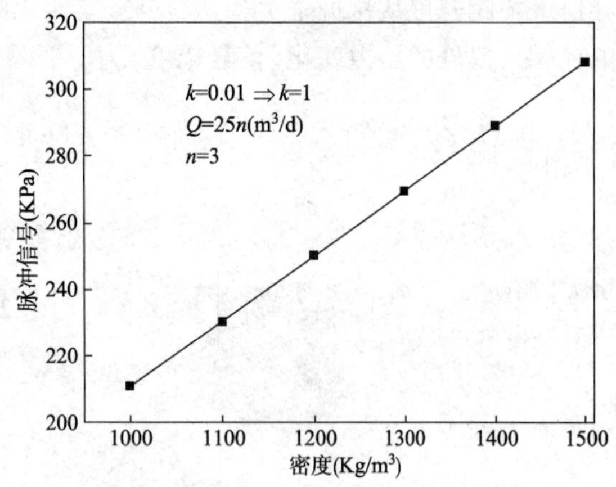

图8　流体密度对压力脉冲信号影响曲线

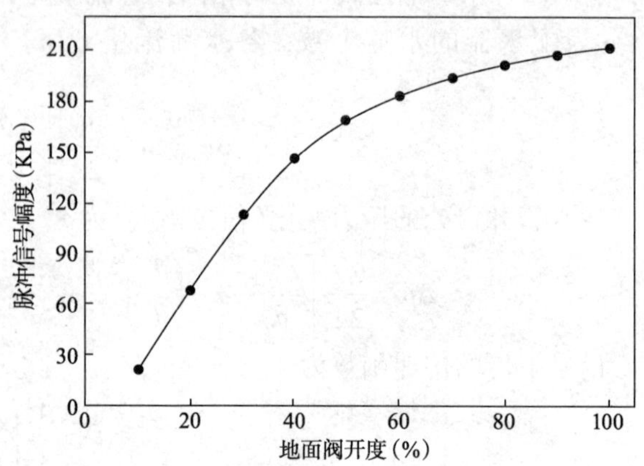

图9　地面控制阀开度对压力脉冲信号影响曲线

$$TR_2=\left|\frac{\Delta\bar{p}_2}{\Delta p_4}\right|=\frac{Q_2^2\left(\frac{a_5}{A_m^2}-\frac{a_3}{A_3^2}+\frac{\lambda_2 l_2}{d_3A_3^2}+\frac{\zeta_w}{A_w^2}+\frac{\zeta_{v12}}{A_2^{w}}+\frac{\zeta_m}{2A_w^2}\right)-Q_1^2\left(\frac{a_5}{A_m^2}-\frac{a_3}{A_3^2}+\frac{\lambda_2 l_2}{d_3A_3^2}+\frac{\zeta_w}{A_w^2}+\frac{\zeta_{v11}}{A_2^{w}}+\frac{\zeta_m}{2A_w^2}\right)}{Q_2^2\left(\frac{a_5}{A_m^2}-\frac{a_4}{A_w^2}+\frac{\zeta_{v12}}{A_w^2}+\frac{\zeta_m}{A_w^2}\right)-Q_1^2\left(\frac{a_5}{A_m^2}-\frac{a_4}{A_w^2}+\frac{\zeta_{v11}}{A_w^2}+\frac{\zeta_m}{A_w^2}\right)}$$

流量对配水器水嘴压力脉冲信号影响：

第1层配水器水嘴开度从50%变化到25%，其余各水嘴开度均为50%，最大压力脉冲信号为35kPa。

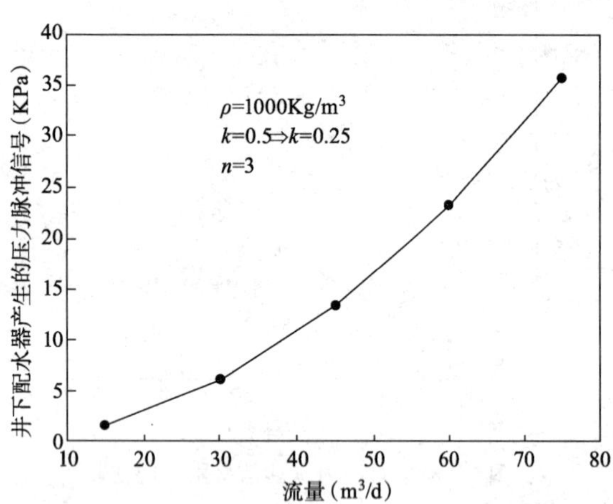

图10　流量对配水器水嘴压力脉冲信号影响曲线

井下配水器的水嘴调节速度对脉冲信号影响：

水嘴开度从50%到全关时产生的瞬态压力如下图，速度越快产生的压力脉冲信号越显著。

分析表明：

（1）压力计的测量分辨率

地面压力计量程35MPa，精度0.02%；井下压力计量程65MPa，精度0.02%，考虑到压力计的测量精度随时间、温度等的变化及环境干扰的影响，上传至地面的压力脉冲信号幅度应大于20kPa，下传至井下的压力脉冲信号幅度应大于40kPa。

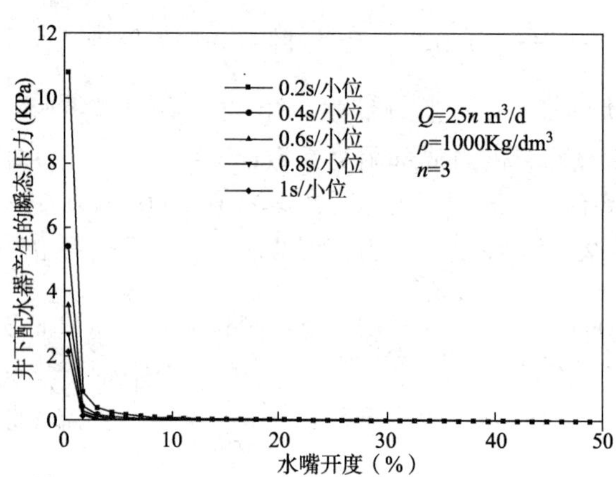

图11　井下配水器的水嘴调节速度对脉冲信号影响曲线

（2）数据精度分析

保证井下压力计测量井筒压力及地层压力的精确性，以测量误差不超过测量值的10%计算，井筒及地层压力的变化量应至少大于130kPa，或井筒与地层的压差(水嘴压差)应大于130kPa。

3　室内试验测试

3.1　室内模拟装置实验

试验装置：平流泵后接旁通管路及主管路，旁通管路的电控旁路阀后部排空，主管路安装有地面电控阀、流量计、地面电控阀的阀前及阀后压力计、盘管、井下电控阀、井下电控阀阀前压力计，井下电控阀后部排空。

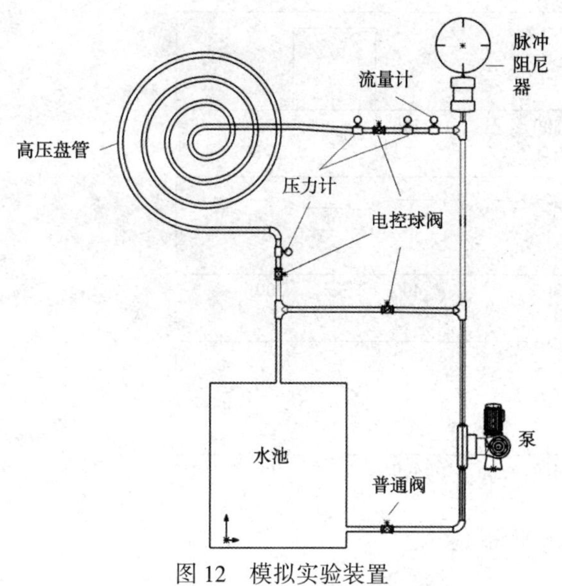

图 12 模拟实验装置

理论分析表明，地面阀与井下阀开度变化时，注水管既不处于恒流也不处于恒压，因此，室内实验利用旁通阀的分流作用来模拟注水管流体的流动状态，通过主管路阀门开度的改变来产生地面与井下的压力变化。

（1）地面控制阀的控制命令在井下产生的压力脉冲响应图形

① 流量 60L/h，旁通阀全开，地面阀开度 1%，井下阀开度 30%，测量井下阀前压力；

② 流量 60L/h，旁通阀全关，地面阀开度 100%，井下阀开度 30%，测量井下阀前压力；

③ 命令编码 10100110；

④ 画出命令脉冲序列、流量、井下压力测量值、井下压力整形序列随时间变化曲线；

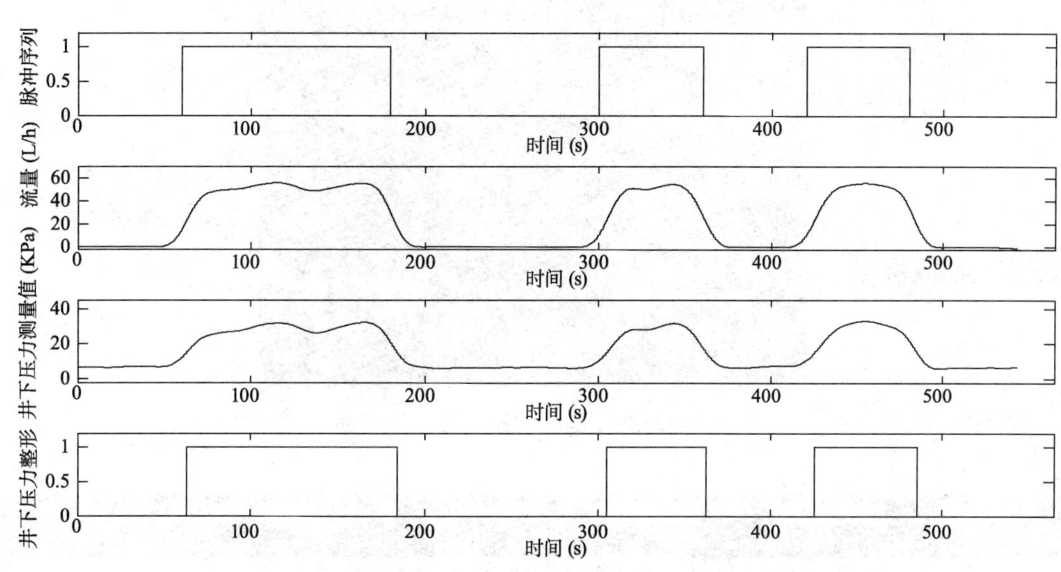

图 13 下传模拟波形曲线

可以看出，井下压力信号随地面压力信号同步变化，井下压力信号整形后与地面命令脉冲序列一致，说明地面阀开度改变使流量发生变化形成流体波码，将控制命令传递至井下，与理论分析相符。

（2）井下配水器的阀控命令（开度变化）在井下产生的压力脉冲响应图形

① 流量 60L/h，旁通阀全关，地面阀开度 100%，井下阀开度 100%，测量井下阀前压力；

② 流量 60L/h，旁通阀开度 25%，地面阀开度 100%，井下阀开度 28%，测量井下阀前压力；

③ 数据编码 10011001；

④ 画出数据脉冲序列、流量、井下压力测量值随时间变化曲线；

可以看出，井下数据编码或阀控命令使阀开度改变引起流量变化从而产生压力脉冲，符合理论分析结果。

3.2 室内注水循环流程装置实验

试验平台：改造后的流量标定台。

实验设备：压控地面控制器、上位机软件、泄压阀、智能配水器以及相应管线。

试验环境为模拟现场注水井，注水压力因环境限制小于 1MPa，注水流量模拟现场应用情况。

按照时间流程验证智能配水器的功能试验。在进行打码与收码阶段，一个压力波或流量波电平时间为 T（后文统称为 T），所有实验中 T 皆设定为 3 分钟，功能试验内容包括以下 4 点：

1）读取第二层流量实验

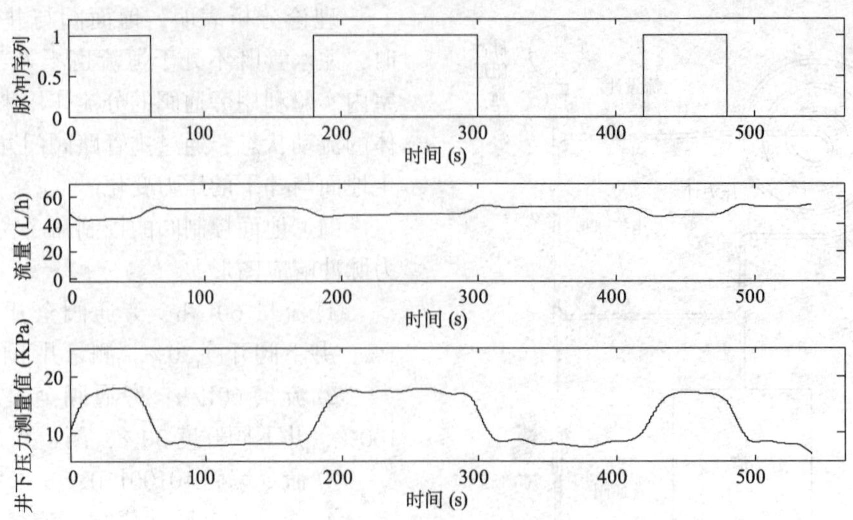

图 14　上传模拟波形曲线

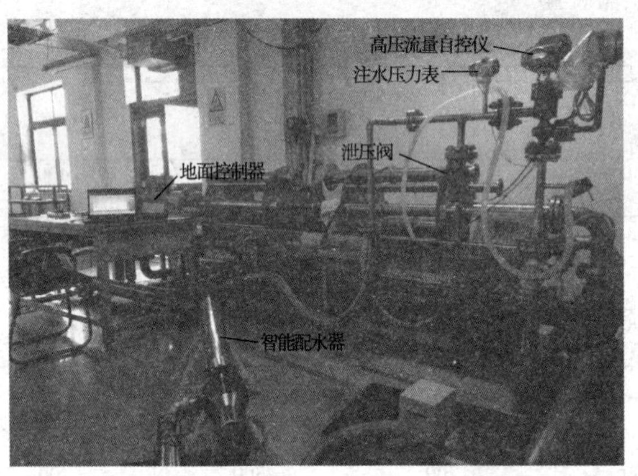

图 15　室内注水循环流程装置实验现场

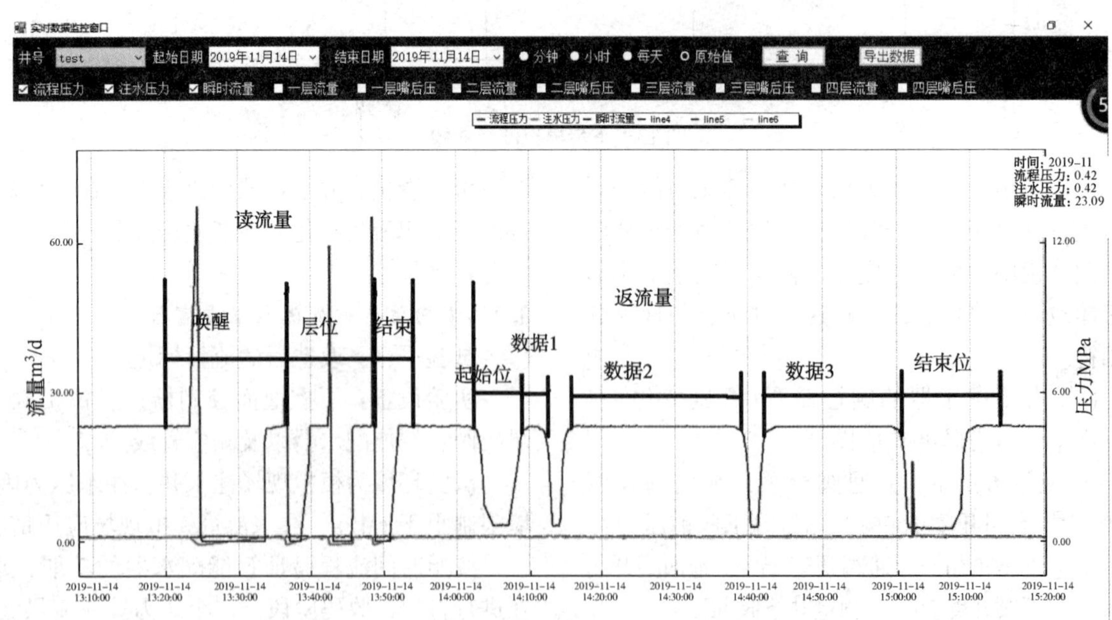

图 16　第二层配水器返流量数据波形

说明：打码读取第二层流量值，打码前流量是 23.1 方/天，井下配水器 返上来的波形曲线解析出的数值是 19.6 方/天。与地面流量相差 3 方/天。原因是井下配水器有一年了，没有标定，可能流量相差比较大。

2）第二层配水器全关功能

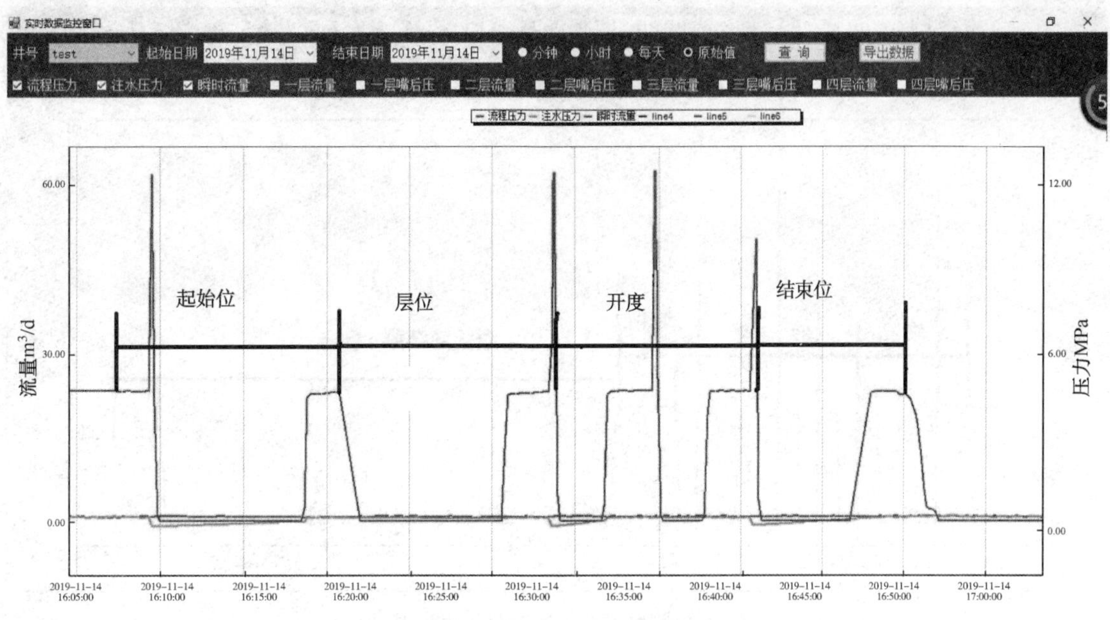

图 17　水嘴全关数据波形

说明：地面控制器打码关第二层配水器，码型打完之后，地面控制器等待了 3 分钟之后，配水器水嘴慢慢关了，注水流量慢慢变为了 0m³/d，显示水嘴已全关。

3）配水器自动测调功能

首先对配水器参数重新配置，配置自动测调时间 10 分钟，预设流量 10 方/天，自动测调开始前，地面给定流量 22 方/天，经过 1 次自动测调，达到 10 方/天。接着地面控制器给定流量 7 方/天。经过 1 次自动测调达到要求。测调过程如图 1-4 所示。

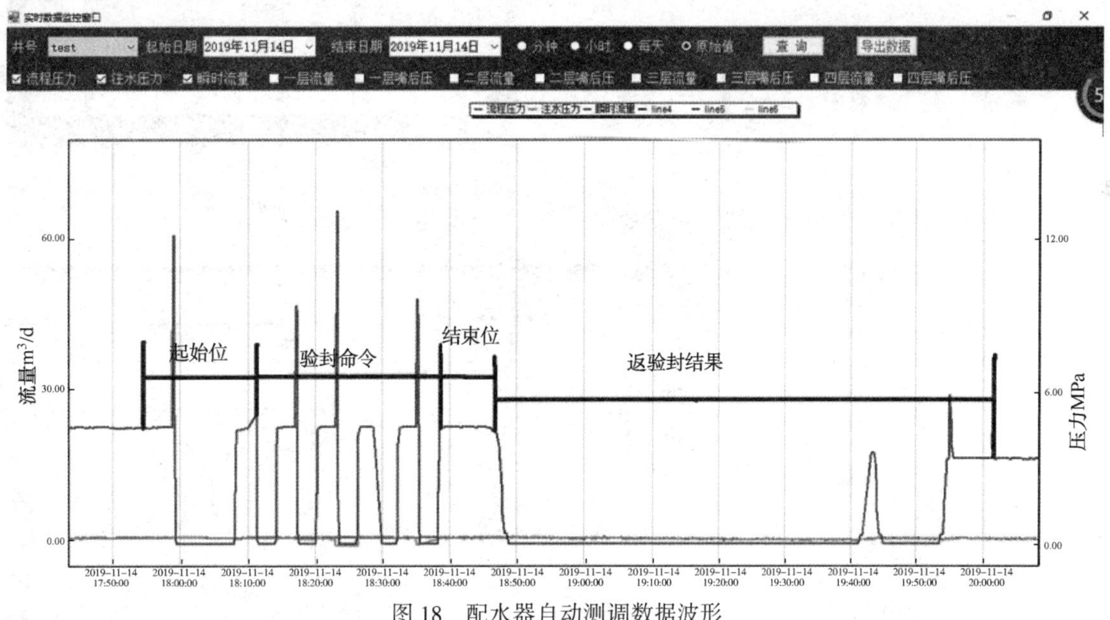

图 18　配水器自动测调数据波形

4）自动验封功能。

压控地面控制器发送自动验封打码波形，配水器执行验封指令。配水器设置为第二层，收到打码指令后，配水器全关，检测外压变化值，等待 30 分钟，发送验封结果。

4　现场测试验证试验

4.1　地面打码指令配水器开度 X，井下执行命令，并返回开度值 X（第二层发送开度指令，执行后回传开度）

（1）发第 2 层水嘴开度 4 命令

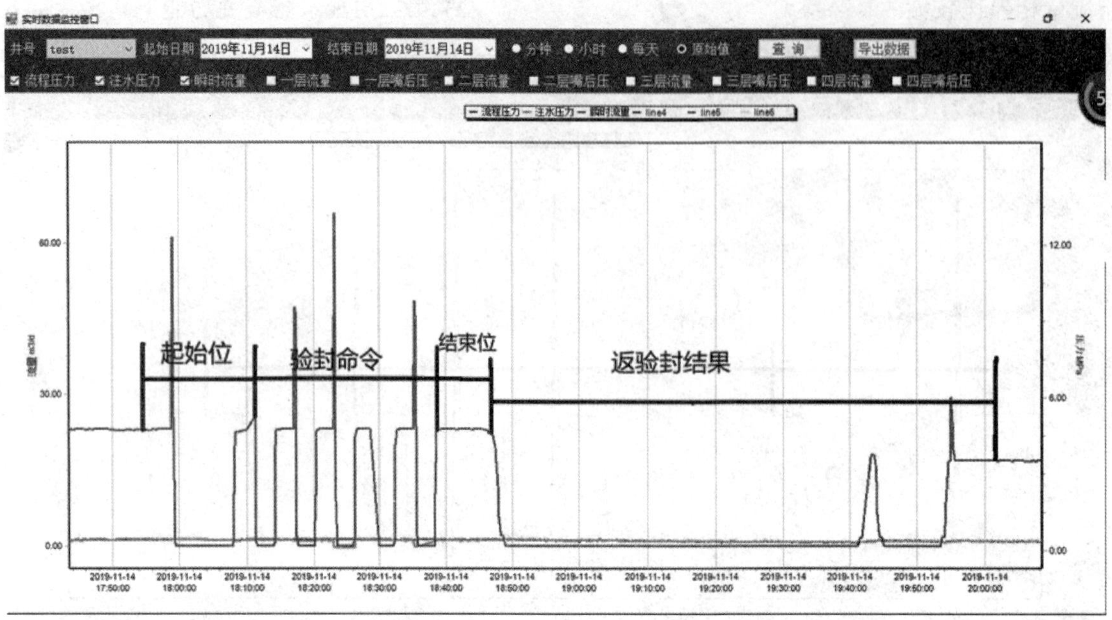

图19　配水器返回验封结果波形

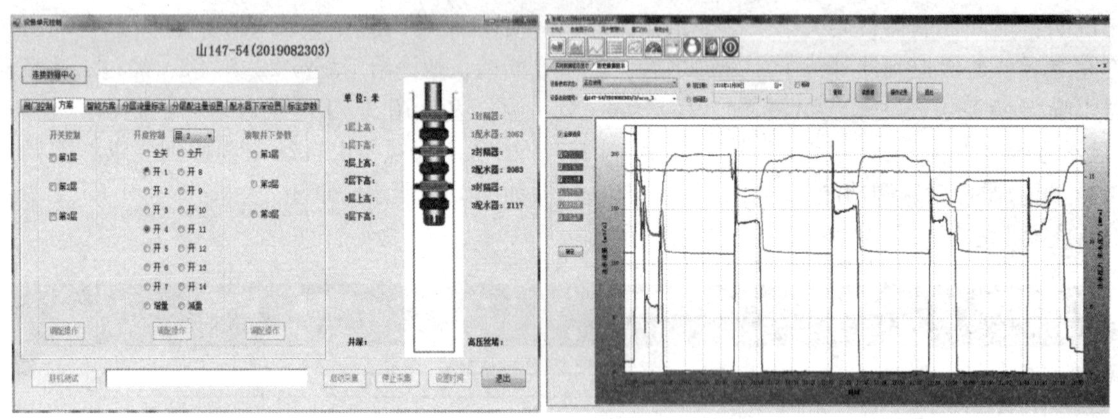

（2）发指令读取第2层井下水嘴开度数据：

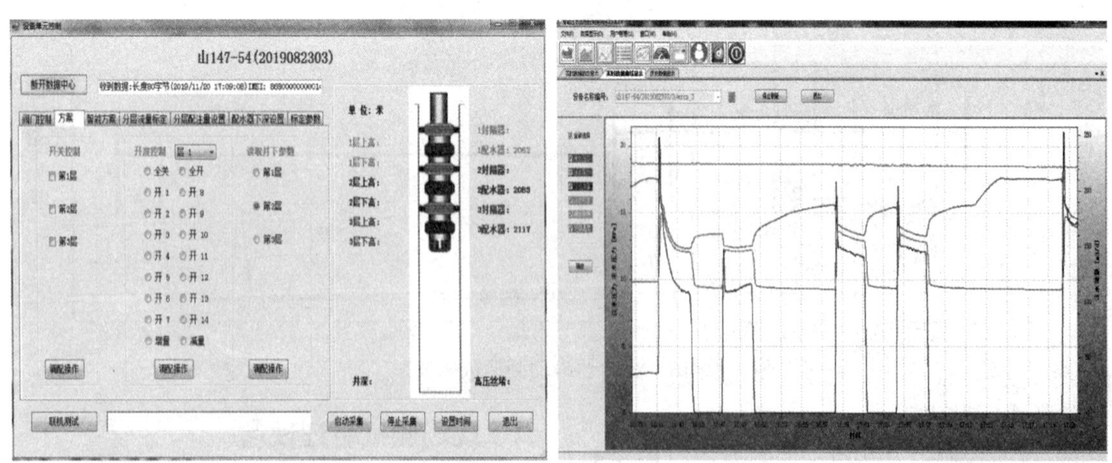

（3）回传数据曲线，读取第2层配水器数据；开度12÷3＝二层配水器开4

4.2　地面打码指令某层配水器关闭，该层配水器执行命令

（1）执行关第二层配水器

地面打码与井下配水器通讯，指令是关第二层。

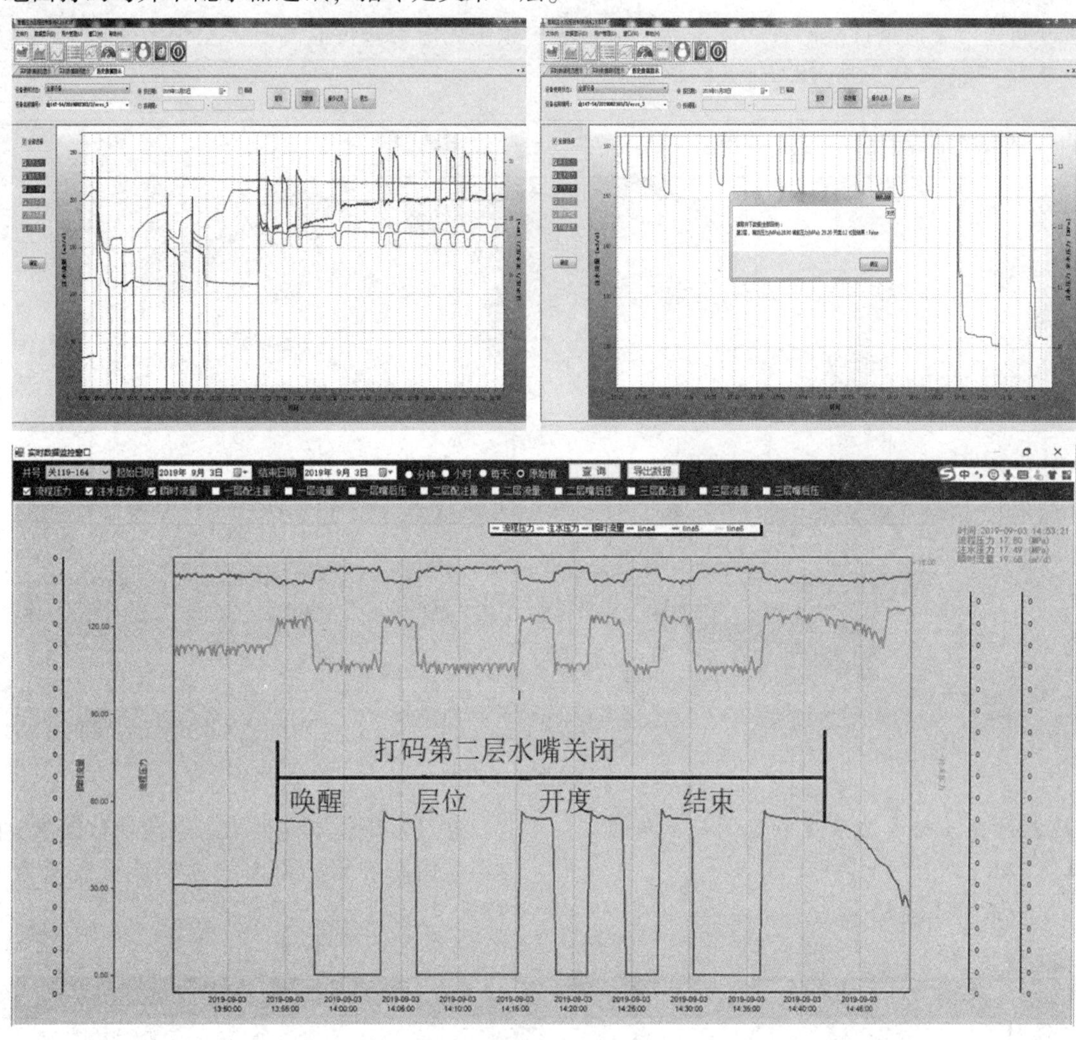

图 20　关第二层配水器打码通讯波形曲线图

(2) 读取第一层流量

通过打码读取井下第一层流量数据。地面控制系统解析波形，得出第一层流量数值为 30.7 方/天。

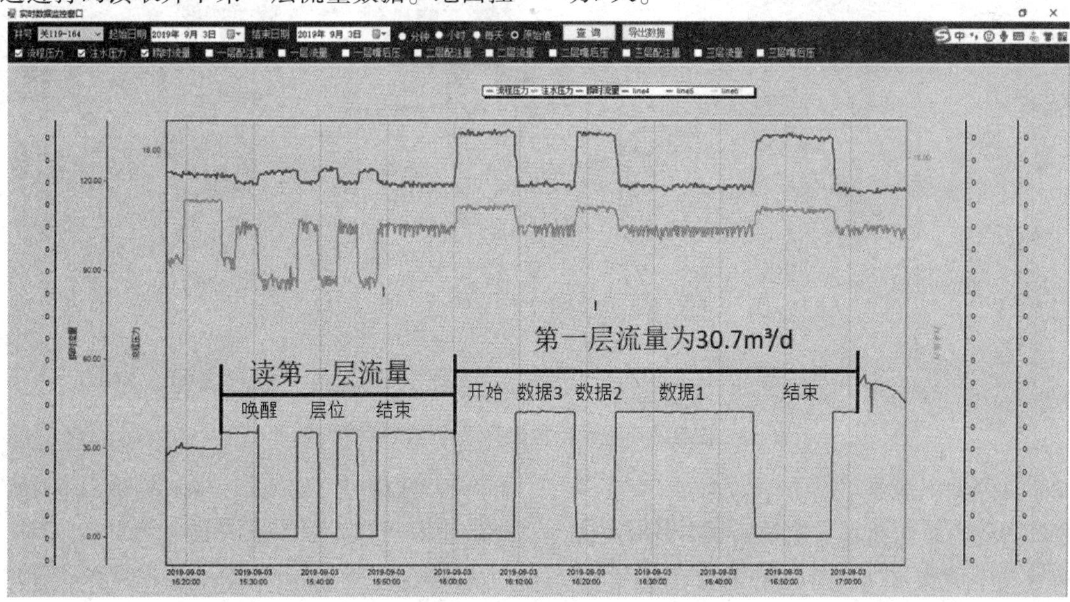

图 21　读第一层配水器流量打码通信波形曲线图

(3) 复测井下流量

通过向井下下流量计复测各层配水器的流量数值。其复测结果是上配 28 方/天，下配是 1 方/天，球座处 0 方/天，200 米处 30 方/天。流量吊测值与回传监测值误差小于 9%。

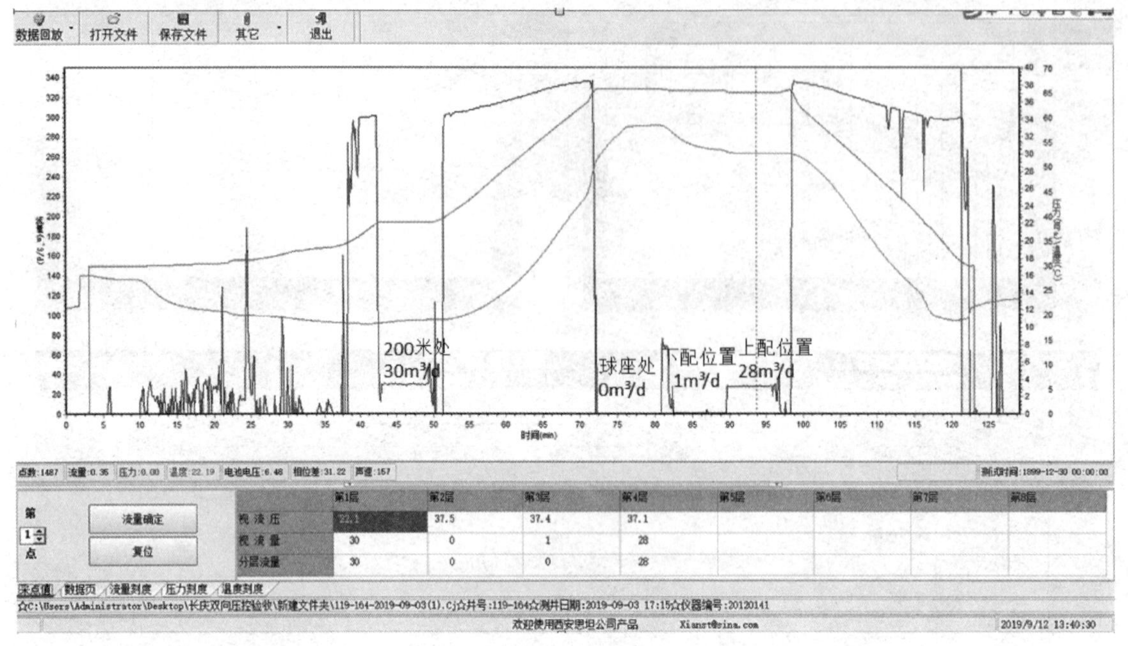

图 22　第二次流量复测曲线图

4.3　地面打码主动要某层流量值，与吊测值进行比较

(1) 读取井下流量

通过打码读取井下第二层流量数据。地面控制系统解析波形，得出第二层流量数值为 16.9 方/天。

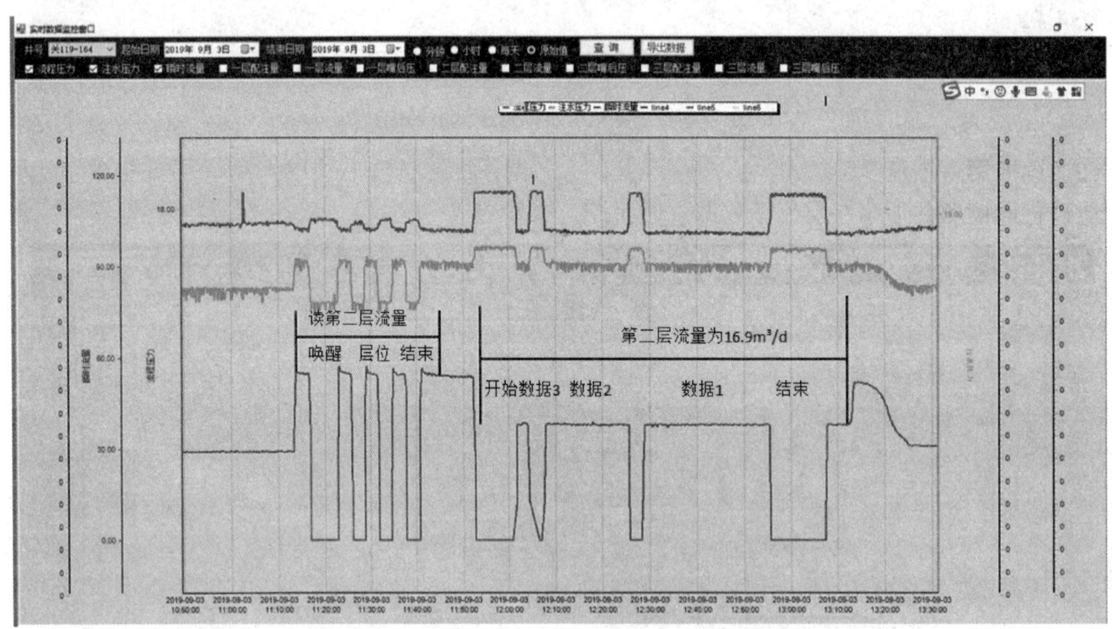

图 23　读第二层配水器流量打码通信波形曲线图

(2) 复测井下流量

通过向井下下流量计复测各层配水器的流量数值。其复测结果是上配 12 方/天，下配是 18 方/天，球座处 0 方/天，500 米处 31 方/天。流量吊测值与回传监测值误差小于 7%。

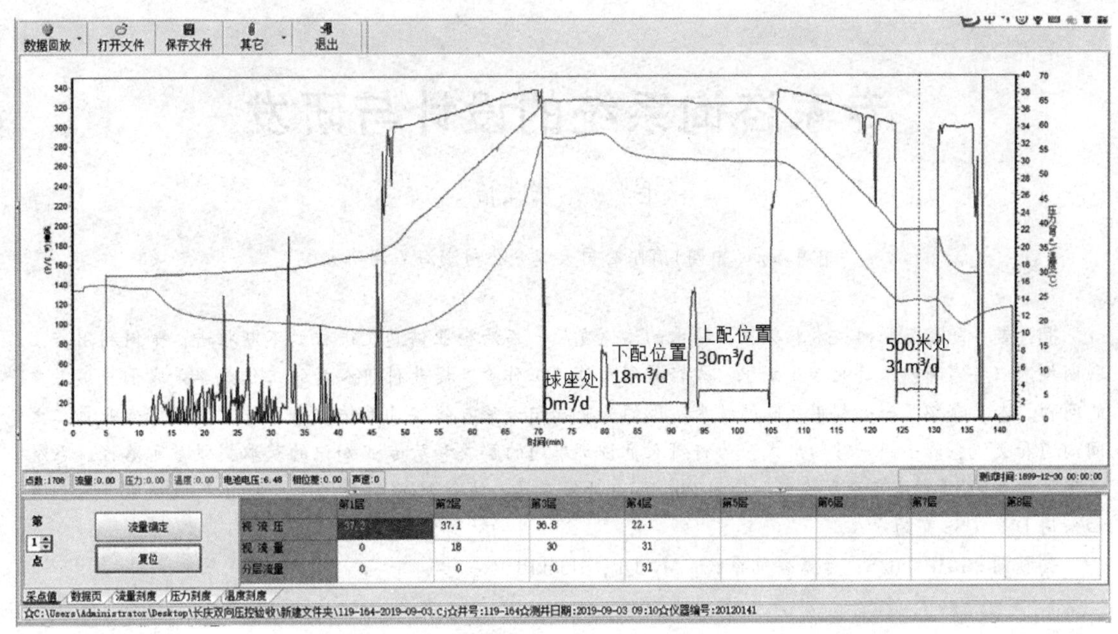

图 24 第一次流量复测曲线图

5 结论与认识

(1) 波码通信数字式分注技术对分层注水量自动测调，无需人工参与，保证分层注水合格率长期保持在较高水平，降低注水井测调成本；

(2) 波码通信可实现远距离无线通讯，免人工作业，最大通讯距离 2879m，满足带压作业要求，工艺适应性较好；

(3) 长期连续监测分层流量、压力等动态信息，为井筒分注有效性和油藏动态分析提供详实、有效的数据支撑；

(4) 对井下注水系统远程遥控，控制分层日配注量，可选择性地优化每个分层的注水方案，实现油藏、工程一体化。

(5) 波码双向通讯传输时间长，随着油田单砂体刻画、提级分注的精细分层注水趋势要求，需提升该技术在多层井的适应性。

参考文献

[1] 杨玲智，巨亚锋，申晓莉等．数字式分层注水流动特性研究与分析[J]．石油机械，2014，42(10)：52-55.

[2] 霍爱民．油藏动态分析与分层注水技术在利 8 区块的综合应用研究[J]．长江大学学报(自然版)，2015，12(14)：71-73.

[3] 刘修善，苏义脑．钻井液脉冲信号的传输特性分析[J]．石油钻采工艺，2000，22(4)：8-10.

[4] 沈跃，崔诗利，张令坦等．钻井液连续压力波信号的延迟差动检测及信号重构[J]．石油学报，2013，34(2)：353-358.

[5] 杨玲智，于九政，王子建等．鄂尔多斯超低渗储层智能注水监控技术[J]．石油钻采工艺，2017，39(6)：756-759.

[6] 东雷．预置电缆智能分层注聚合物技术的研究与应用[J]．石油机械，2016，44(10)：93-96.

专家咨询系统的设计与研发

毛火明　张佳怡

（中海石油（中国）有限公司天津分公司渤海石油研究院）

摘　要　随着互联网技术和数据库技术的飞速发展，石油企业信息化进程的不断推进，如何利用好互联网技术以丰富科研人员的专业知识、减轻科研人员的工作量、提升科研人员的工作效率是我们应该考虑的问题。本文介绍了一个利用互联网技术实现的专业知识专家在线咨询系统，该系统可实现跨专业员工之间沟通和交流，以一问一答的形式，为科研人员科研难题的解决和跨专业知识的获取提供多元路径。系统采用了最新的PHP语言开发技术，使用PhpStorm开发工具，结合MySQL数据库，采用Apache服务器，页面采用DIV+CSS布局方式。

关键词　PHP；B/S；专家咨询系统；MySQL；ThinkPHP

1　引言

随着我国改革进程不断深入，社会经济的迅速发展，互联网技术已经成为人们日常生产和生活离不开的重要技术。过去几年里，中国互联网呈现飞速发展的势头。

以往，渤海石油研究院（下称研究院）的科研人员在遇到专业知识难题的时候，多数是向科室内部同事请教，跨专业、跨科室、跨研究所之间的沟通受时间与空间限制，不能随时随地进行。研究院7个研究所，近900人的科研队伍，如何让跨学科之间的交流变得更通畅一直是研究院管理层致力解决的问题。

依托互联网建设的专家在线咨询系统，可以为跨学科无障碍沟通提供有效渠道。该系统将研究院106位专家按照地球物理、油藏工程、石油勘探、采油工艺等8大专业进行分类，科研人员可以根据不同的问题，随时挂个“专家号”，选择向任何一位专家进行线上提问。全新的知识获取方式，快捷的实时沟通模式，让科研问题的解决更高效和及时。

同时，随着时间的推移，系统会积累越来越多的专业知识，该专家咨询系统将转变为一个专业知识的仓库，供研究院的科研员工学习，实现专业知识自我提升。

2　系统架构和开发技术简介

1）B/S架构

B/S架构即浏览器和服务器架构模式，是Web兴起后的一种网络架构模式，Web浏览器是客户端最主要的应用软件。这种模式统一了客户端，将系统功能实现的核心部分集中到服务器上，简化了系统的开发、维护和使用。B/S架构图如下图1所示。

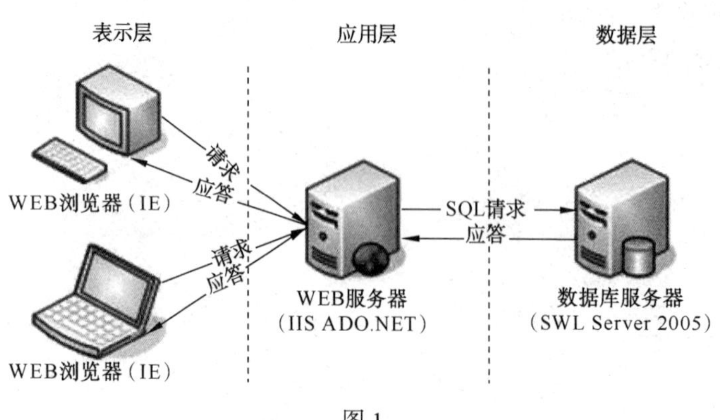

图1

2）开发技术介绍

• 开发语言

本系统采用 PHP（全称为 PHP：Hypertext Preprocessor，即超文本预处理器）进行开发。PHP 可以比 CGI 或 Perl 更快速地执行动态网页。PHP 具有开源免费、开发快、运行快、效率高、编辑简单、实用性强、很好的跨平台性等优点。同时，PHP 默认使用 GD2 支持图像处理，其面向对象的特性，使 PHP 完全可以用来开发大型的商业程序。

• 数据库

本系统采用 MySQL 数据库。MySQL 是一个开源免费的小型关联式数据库管理系统。与其他的大型数据库例如 Oracle、IBM DB2、MS SQL 等相比，MySQL 具有体积小、速度快、总体拥有成本低的优点，许多中小型网站为了降低网站总体拥有成本而选择了 MySQL 作为网站数据库。

• 服务器

本系统采用 Apache（全称 Apache HTTP Server）作为服务器。Apache 是一个开放源码的网页服务器，可以运行在几乎所有广泛使用的计算机平台上，是最流行的 Web 服务器端软件之一。它快速、可靠并且可通过简单的 API 扩展，将 Perl/Python 等解释器编译到服务器中。

• 开发工具

本系统采用 PhpStorm 集成开发工具开发。PhpStorm 是一个轻量级且便捷的 PHP IDE，可深刻理解用户编写的代码，并且提供智能代码补全、快速导航以及即时错误检查等功能。PhpStorm 还可以作为 JavaScript、HTML/CSS 编辑器，其智能的环境，支持 FTP 和远程文件同步，可以分析和调试代码，可记录本地修改，为程序员编写代码提供方便可靠的环境。

3　系统的设计与实现

3.1　系统结构和功能设计

系统的用户主要包括普通科研员工和专家两类用户。

普通科研员工用户具有如图 2 所示的功能。

专家用户具有如图 3 所示的功能。

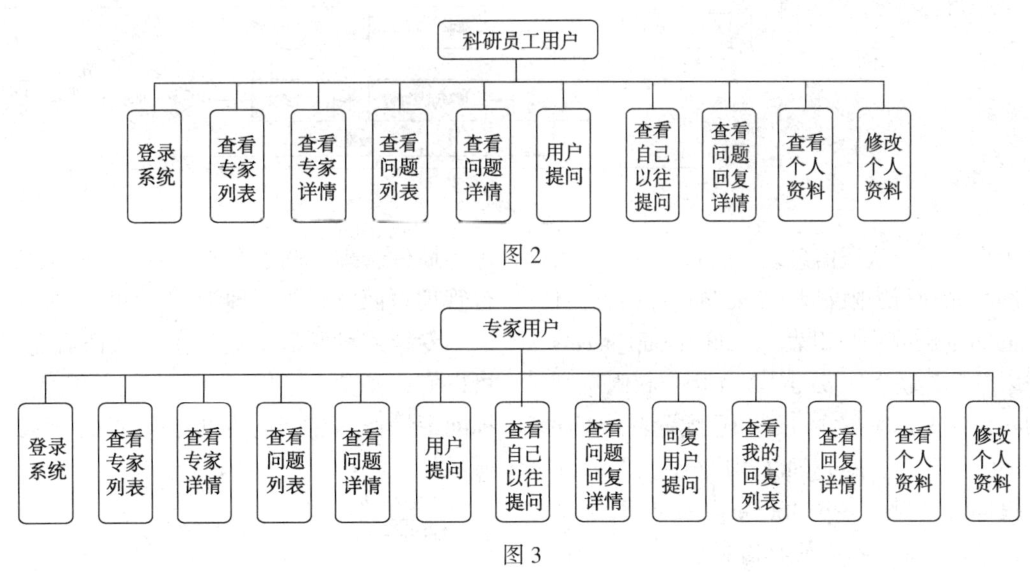

图 2

图 3

3.2　系统流程图

科研员工用户通过账户登录到系统后，可以查看系统内 8 个专业共计 106 名专家，可以分专业查看系统内专家回答了并设置为公开的问题。如果有专业技术问题，可以向相关专业的专家提问。

专家用户登录到系统后，可以查看系统内的所有专家和问题，也可以咨询其他专家专业技术方面的问题，可以回复其他科研人员给自己提的专业问题。

系统流程图如图 4 所示。

3.3　数据库设计

系统需要存储系统设置信息、用户信息、用户权限认证信息、问题信息、系统菜单信息等，主要包括以下数据表：

1）系统信息表：config（系统配置）；

2）用户信息表：member（会员信息表）、ucenter_member（用户信息表）；

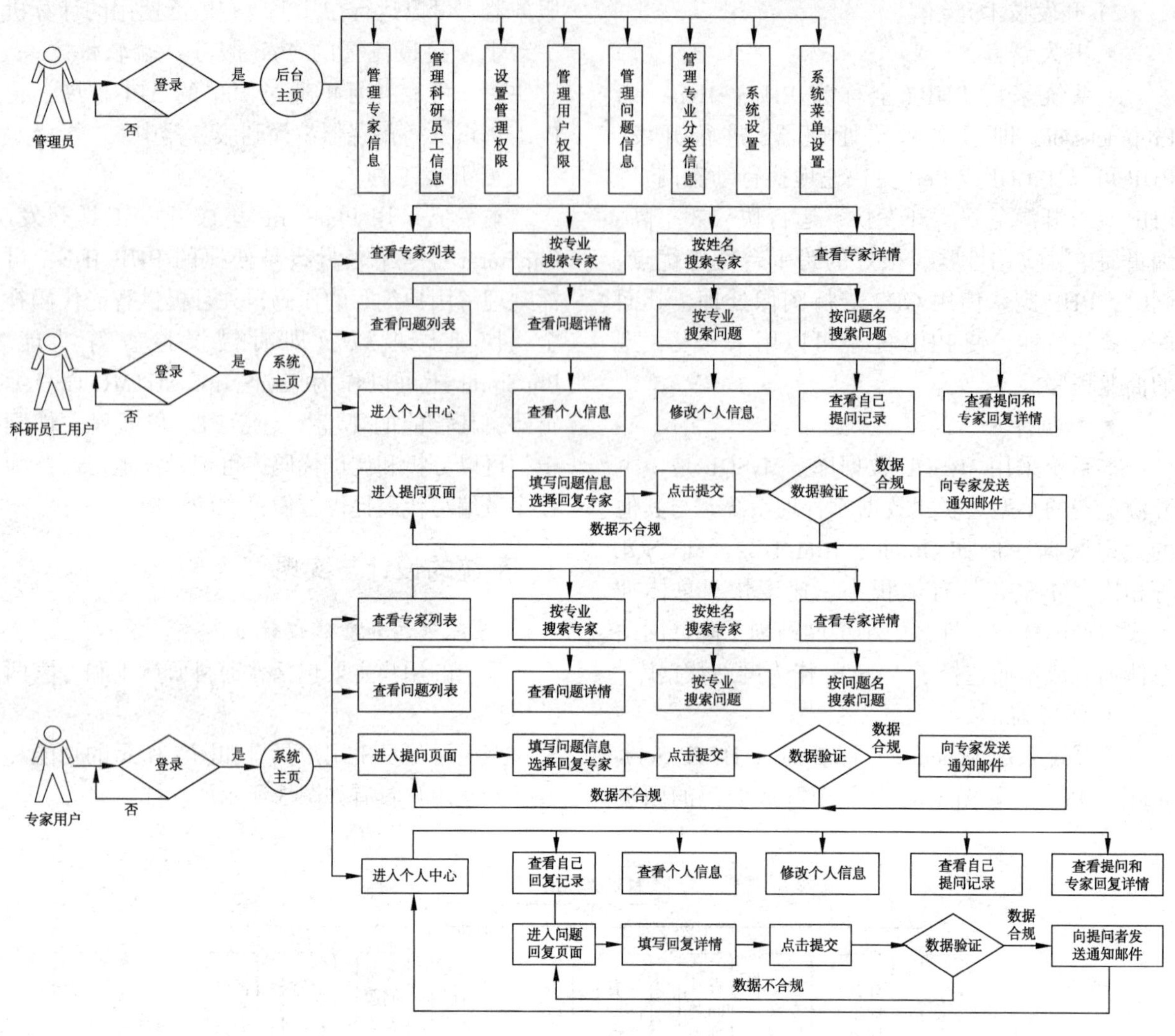

图 4

3）用户权限及认证信息表：action（系统行为表）、action_limit（行为限制表）、action_log（行为日志表）、autho_group（用户组表）、auth_group_access（用户与用户组关联表）、auth_rule（用户权限规则表）、role（角色表）、role_config（角色配置表）、role_group（角色分组表）、user_role（用户角色关联表）；

4）提问相关表：expertpf_expert（专家信息表）、expertpf_profession（专业信息表）、expertpf_question（问题信息表）；

5）系统菜单信息表：menu（系统后台菜单信息表）、nav（前台菜单信息表）、nav_cat（前台菜单分类信息表）。

3.4　系统运行效果

系统管理员完成系统所有的管理工作，包括：网站设置、配置管理、前台菜单管理、后台菜单管理、用户信息设置、用户组管理、管理组管理、身份管理、行为管理、权限管理、模块管理、插件管理、问题管理、专业分类管理等。后台管理页面以问题管理为例，如图 5 所示。

专家或科研员工通过用户认证后登录系统，可以完成浏览专家信息、浏览问题信息、向专家提问等操作。前台页面以专家列表为例，如图 6 所示。

4　结语

本文介绍了一个利用 PHP+MySQL 设计并实现的专家咨询系统，系统遵循 Apache2 开源协议，采用 ThinkPHP 框架为支撑，前台使用 jQuery+BootStrap，支持页面响应式布局，兼容市面上最新的主流浏览器。

该专家咨询系统的上线，让学科专家入驻系统，使从事地球物理研究的人可以直接咨询油藏工程专家相关问题，刚入职的科研人员可以随时向专业总师提问，打破了专业壁垒。通过与专家一对一交流，真正实现了专业知识的共享，同时也在系统内积累下专业知识，为科研人员日常学习和成长提供平台，为研究院的人才培养做出贡献。

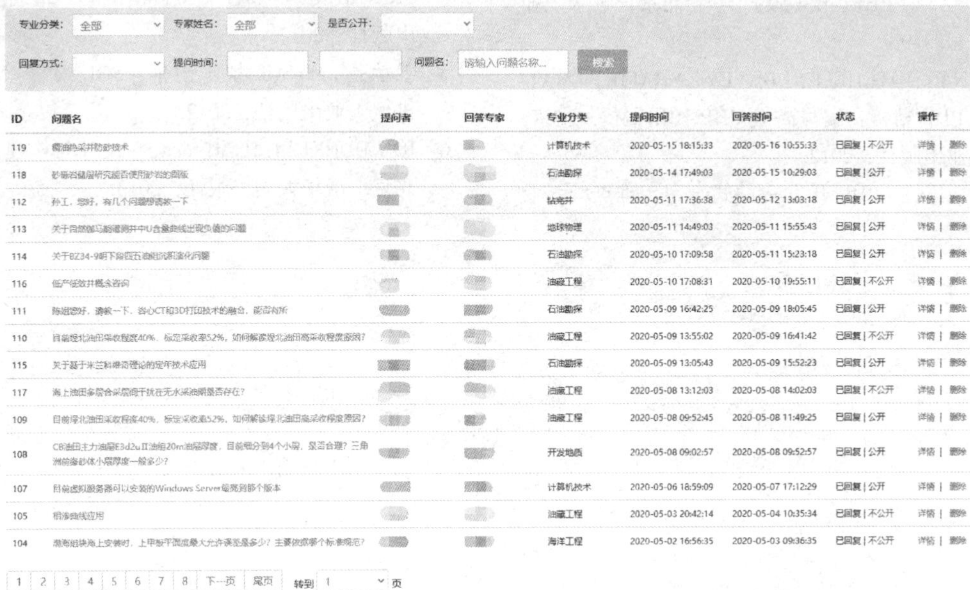

图 5

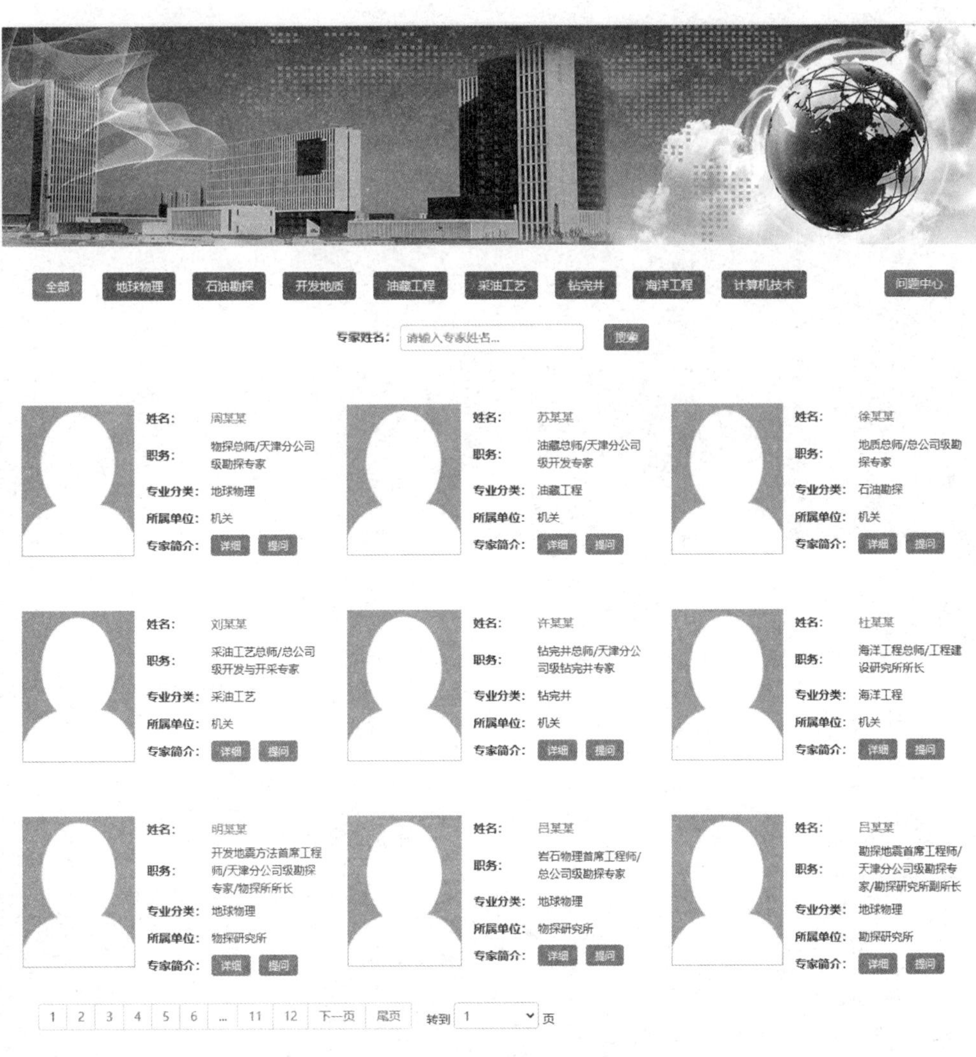

图 6

参 考 文 献

[1] 高洛峰. 细说 PHP(第 4 版)[M]. 北京：电子工业出版社，2019.

[2] LORNA MITCHELL，DAVEY SHAFIK，MATTHEW. PHP 精粹：编写高效 PHP 代码[M]. 北京：机械工业出版社，2012.

[3] 郭方方，王健. PHP 开发一站式学习：难点/案例/练习[M]. 北京：清华大学出版社，2013.

[4] BARON SCHWARTZ，PETER ZAITSEV，VADIM TKACHENKO. 高性能 MYSQL[M]. 北京：电子工业出版社，2013.

[5] 姜承尧. MYSQL 技术内幕：SQL 编程[M]. 北京：机械工业出版社，2012.

[6] JON DUCKETT. HTML & CSS 设计与构建网站[M]. 北京：清华大学出版社，2013.

中国石油梦想云平台+四川盆地风险勘探应用研究与成效

张富利　张恩莉　汪福勇　青胜兰

（中国石油西南油气田公司勘探开发研究院）

摘　要　梦想云平台是中国石油集团公司统建，以建设统一数据库、统一技术平台为重点，以勘探业务为试点搭建协同研究工作环境与井位部署论证决策主题应用，各地区分公司科研协同研究的云平台。本文在分析总结四川盆地传统风险勘探业务研究模式基础上，结合“梦想云平台+”技术特点，从数据组织和管理、科研协同研究工作等方面详细阐述了四川盆地借力梦想云平台深入开展风险勘探研究工作，探索了“平台+项目+业务”工作模式，并在四川盆地风险勘探业务研究工作中取得了如下成果和认识：(1)通过各种勘探地质成果的快速集成，地质综合研究与勘探生产相结合，将油气藏相关多学科信息综合应用、可视化综合展示，可实现四川盆地风险勘探工作流程规范化、管理手段智能化、勘探决策科学化，井位部署更加准确，大大提高了勘探工作效率。(2)利用梦想云平台开展页岩气、开发等其他专业的应用，可进一步发挥该系统的技术优势。

关键词　梦想云平台；四川盆地；风险勘探；协同研究；井位论证部署

1　四川盆地风险勘探业务研究现状

四川盆地风险勘探工作主要针对勘探和研究程度较低地区或空白区开展大量的综合石油地质研究工作，需要利用大量的钻井、地震、分析化验数据和前人研究成果。在整个勘探开发研究，总体上可以划分为包括战略选区及勘探部署研究、储量计算与提交、有利区带（盆地/区带/圈闭/油气藏）评价、开发（及调整）方案设计、井位优选及论证、以及钻完井设计及随钻研究六大业务领域以及数据收集整理、区域概况研究、构造研究、沉积研究、储层研究、成藏研究、地质建模、数值模拟等九大核心研究活动。

六大业务研究领域可以形成一个闭环、是相互继承、不断细化的过程。例如基于盆地初步评价结果进行勘探部署、基于进一步的勘探成果进行区带评价并可以提交储量、基于区带的评价结果和储量进行进一步的勘探部署、基于区带勘探部署可以进行圈闭评价、并进行探井的井位部署、然后进行钻完井设计及随钻研究、基于钻井勘探的成果可以提交控制储量并进行更加细致的勘探或者评价部署、基于勘探及评价成果提交探明储量、基于探明储量及勘探或者开发部署、进行开发方案设计、基于开发方案设计进行新一轮的井位部署。这六个核心研究场景，都基于研究管理的流程进行管理，实现从计划、启动、执行研究、验收到成果归档的全周期管理。

勘探开发研究核心业务的方法繁多、包括正演的方法、反演的方法、模型对比的方法等；研究手段多样、包括物探的手段、地质的手段、地化的手段、古生物手段、及数学模拟的手段等；不同研究单位和个体研究思路也千差万别。目前油气勘探开发研究工作大多数是传统模式，在研究过程中准备资料数据的方式仍部分处于原来的旧有模式，虽然油田公司已有的多个统建或自建的业务系统能够提供部分所需数据，但科研人员仍需要花费大量时间在各系统间人工查找和搜集数据、人工分类整理、计算汇总、读入专业软件等，无法缩短这一环节而将大部分时间面向数据资料本身；同时，油田公司不同部门中的各项目组的工作呈条带分割状态，彼此间必要的数据交互依靠人工协调和手工拷贝，没有一个总控协同机制和软件环境，使得中间成果的流转效率低，造成勘探开发研究成果的流转效率低、没有达到现有计算机、网络环境下的应有高度，严重制约了软硬件资源、信息系统、数据资源服务于整个勘探开发研究的发展与提升。

2 梦想云平台+四川盆地风险勘探业务应用研究

2.1 四川盆地风险勘探新模式——“平台+项目+业务”模式

依托中国石油勘探开发梦想云平台，以勘探开发一体化研究业务流程为主线，整合数据资源，集成专业软件和研究成果，建立统一的数据库环境，搭建统一的信息基础平台，建设通用的业务应用系统，建立基于梦想云平台的网络化、跨平台、多专业的一体化研究环境。

梦想云平台+四川盆地现有风险勘探研究项目+勘探开发研究院风险勘探研究业务，为风险勘探辅助决策提供统一的数据访问服务，实现数据资源一体化管理，为四川盆地风险勘探数据组织和管理工作提供全新的开展模式，我们称之为“平台+项目+业务”模式(图1)。

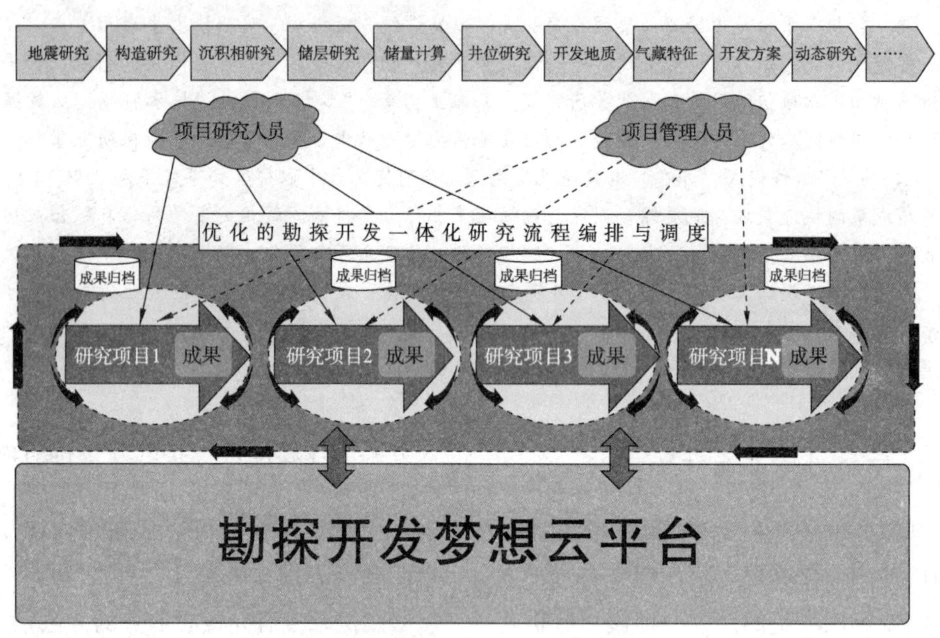

图1 科研协同研究工作新模式

“平台+项目+业务”模式，将自动为用户获取所需资料和数据、匹配相应软件，并数据直接导入到专业软件中。同时，协同工作机制和项目过程管理机制为多用户、多项目组提供高共享的业务处理资源网络，保证中间成果数据、最终成果的有序流动，这两者的相结合，能实现用计算机和网络将数据资源、设备资源、人力资源等多种资源的有效结合和高效管理，节省个体人员的时间和精力，打破传统勘探研究和开发研究间的壁垒，促进勘探开发一体化进程，提高整体工作质量和效率，提高勘探开发科研工作的管理能力，促进管理规范化并降低其成本。

借助“平台+项目+业务”模式，科研人员能够通过办公计算机和较低带宽的信息网络进行地震资料解释、储层预测以及三维可视化等各种地质研究工作，实现了计算资源共享，打破了以往研究工作必须依赖高性能工作站的传统模式。

2.2 梦想云平台+四川盆地风险勘探研究

四川盆地风险勘探数据组织和管理工作，包括：勘探主题相关数据，探井和开发井基础数据，与井位论证决策相关的地震数据体、解释层位和断层，各类地质研究成果的图件、文档、汇报材料等。

实现研究过程中对物探、钻录井、测井、试油数据的快捷查询，以及井位汇报中对原始数据的快速展示。对地震数据体的加载、图档的上传管理、成果数据的采集入库进行常态化处理，实现数据的高效组织与应用共享。

2.2.1 区域地质背景研究

四川盆地风险勘探研究首先开展区域地质背景研究，利用数据湖内的钻录测试数据、在线研究小工具以及集成的专业软件，分析制约油气成藏的关键要素，对有利区开展地震资料解释和成藏条件评价，依据研究结论对目标进行精细刻画和优选。本文以四川盆地川中地区长兴组的ZT1

井位论证为例，介绍应用情况和效果。

通过借助平台对不同构造单位进行综合研究对比，在线框选四川盆地川中地区研究区域范围，在线查阅框选范围内的所有钻井的录井、试油报告等相关资料，减少来回跑档案室借阅资料时间，提高研究工作效率。图3选择万家场构造的WJ1井，在线浏览该井的录井报告、试油报告等资料的详细情况。

通过对蓬溪~武胜台凹东侧广安高带老井的详细录井和试油复查，分析揭示：在蜀南和川东地区长兴组已获得勘探发现，多口井测试日产气量超过50万立方米，而川中地区长兴组则未获突破，钻井有低产气流，也有气水同出，整体实边缘礁滩多口井获高产气流。川中地区整体勘探程度低，具较大的勘探潜力，储层和烃源条件是制约成藏富集的关键。

2.2.2　辅助区域沉积格局确定研究

采用平台在线地震研究模块，通过选取相关区块，自动关联相关数据，将相关数据导入到地震研究软件中。例如：通过自动关联相关数据到专业研究软件中，对蓬溪-武胜台洼及环洼高带特征进行精细刻画(图4)，落实太洼北部的广安高带古地貌整体比南部高，北部广安高带长兴组厚度约为45~60ms，南部台内高带厚度约为35~50ms，台内凹槽厚度约为15~20ms。可对图件进行任意放大和缩小，对地质单元、钻井等的距离、面积等重要参数的直接测量，改变了传统的汇报材料模式。

同时根据平台提供的关于开江梁平海槽的研究报告(图5)，综合本次刻画的川中地区蓬溪-武胜台凹的结果，建立对广安台内高带的沉积格局基本认识。研究认为蓬溪-武胜台凹长兴组沉积时处于相对较低位置，广安高带为位于台内较高部位，为储层发育有利区。

图2　梦想云平台—井资料筛选

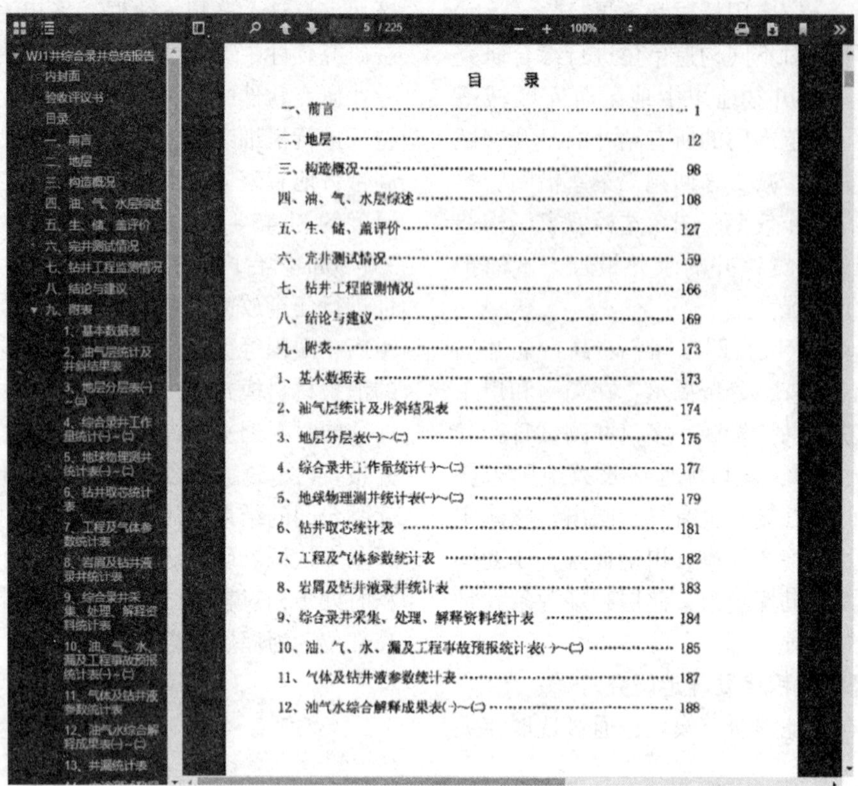

目　录

图 3　梦想云平台-在线浏览录井报告界面

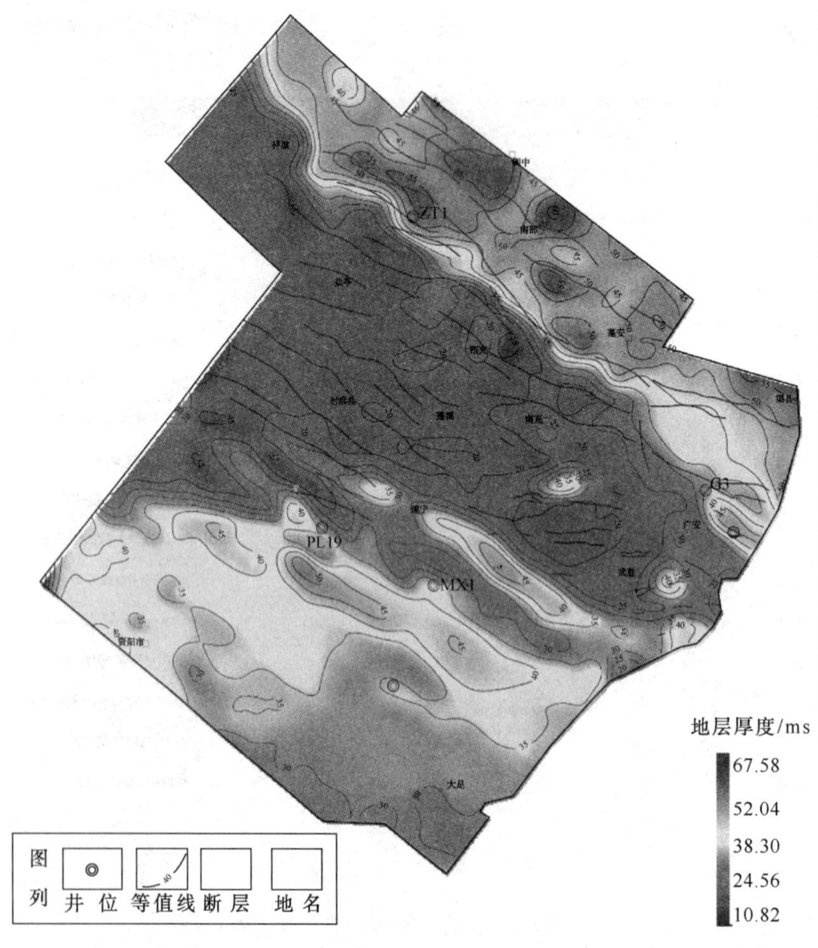

图 4　川中地区长兴组时间域地层厚度图

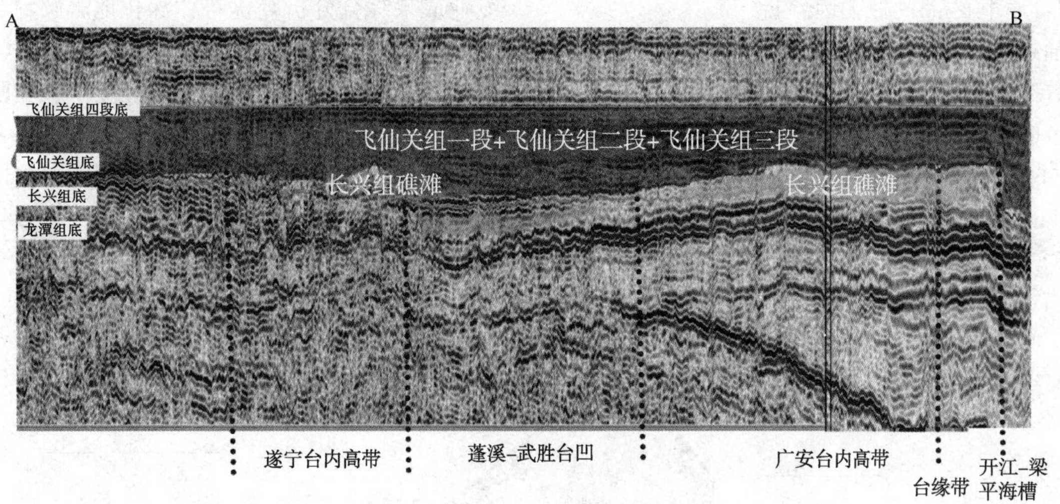

图 5　蓬溪武胜台凹地震解释剖面图

2.2.3　烃源岩条件分析判断研究

借助平台集成的多图联动展示模块，将各种具有地理坐标信息的图件联动显示，在其中一个图上放大、缩小、移动的同时另外相关的图件也会有相应操作，辅助了四川盆地海相碳酸盐岩的风险勘探研究工作。四川海相碳酸盐岩风险勘探，需对海相碳酸盐岩的多个因素进行综合分析，形成多个海相碳酸盐岩成藏条件分析的单因素图，这些图件的叠合分析是对有利区带和目标优选的基本前提。通过对中台山地区多套海相烃源岩进行纵向叠置分析（图 6），分析的基本结论为该区长兴组下伏发育多套烃源岩层系，为该区的成藏提供了充足的烃源条件。

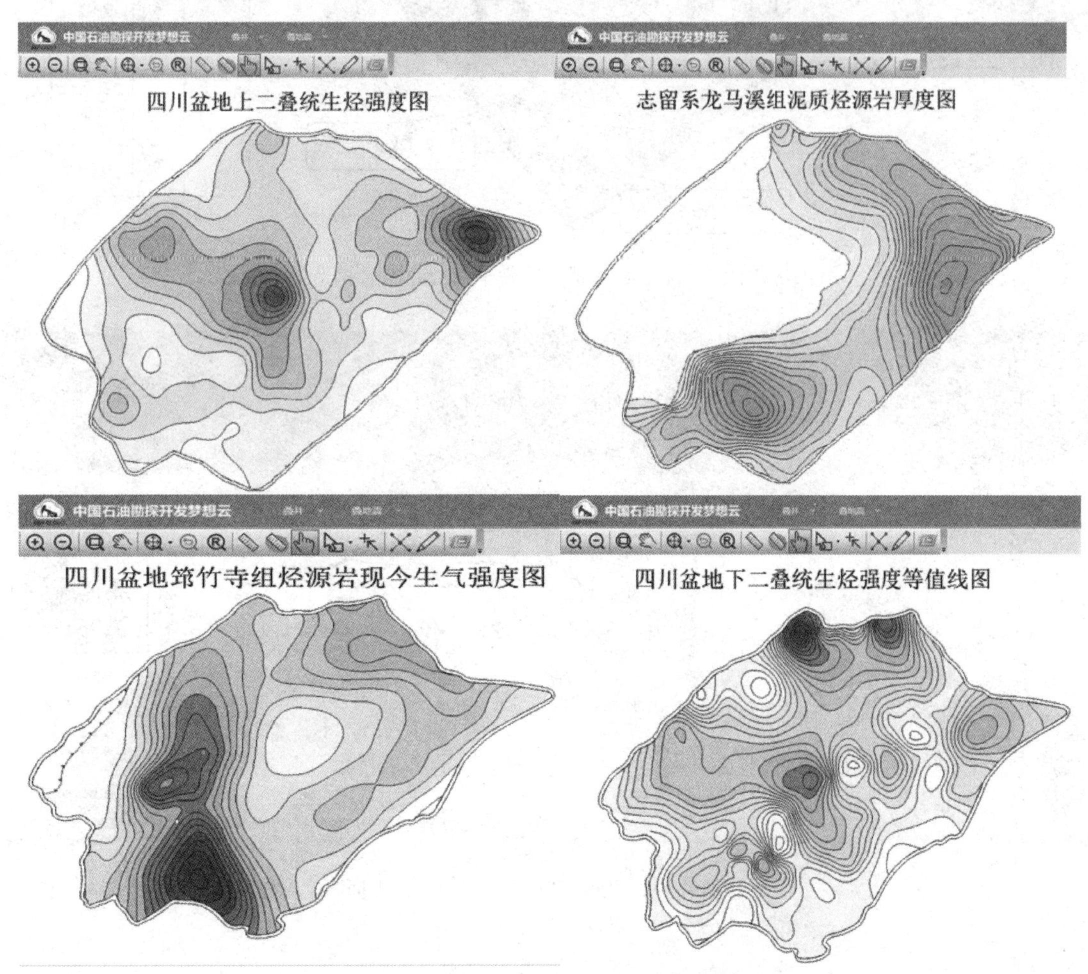

图 6　中台山地区各烃源岩层系厚度图同步显示界面

2.2.4　有利区带目标优选分析

通过平台集成的本地云化专业应用软件，将相关数据自动传输到专业应用研究软件中。通过对中台山三维工区内的长兴组礁滩进行精细刻画，发现并落实三维地震工区内台内高带面积 $146.6km^2$，其中礁滩异常9个，面积共 $47.28km^2$。

2.2.5　意向井位设计新方法

借力平台大数据共享、多软件整合协同、多专业成果综合分析等优势，深化地震解释与构造研究、沉积储层研究、油藏研究、含油气评价、井位部署论证研究，提高了研究效率，增强了井位决策的科学性。平台支撑了QL16井、ZT1井等相关井位的论证，通过生储、圈闭等多因素叠置和联动显示，最终选定最佳位置，直接生成坐标信息。

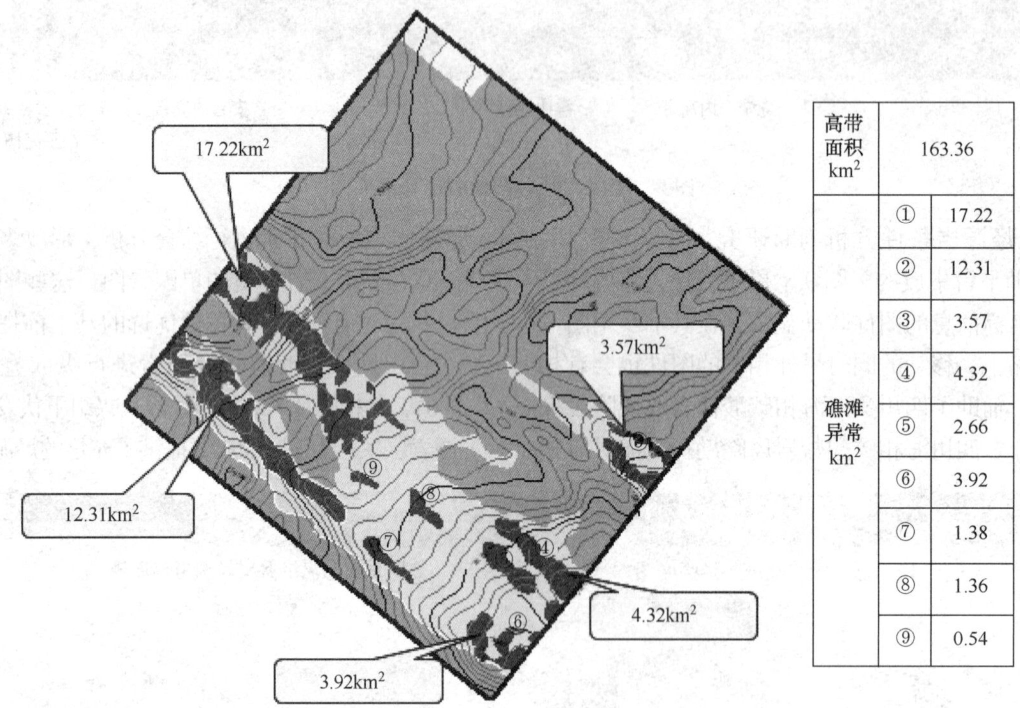

高带面积 km²	163.36	
礁滩异常 km²	①	17.22
	②	12.31
	③	3.57
	④	4.32
	⑤	2.66
	⑥	3.92
	⑦	1.38
	⑧	1.36
	⑨	0.54

图7　中台上地区长兴组生物礁平面分布叠合构造图

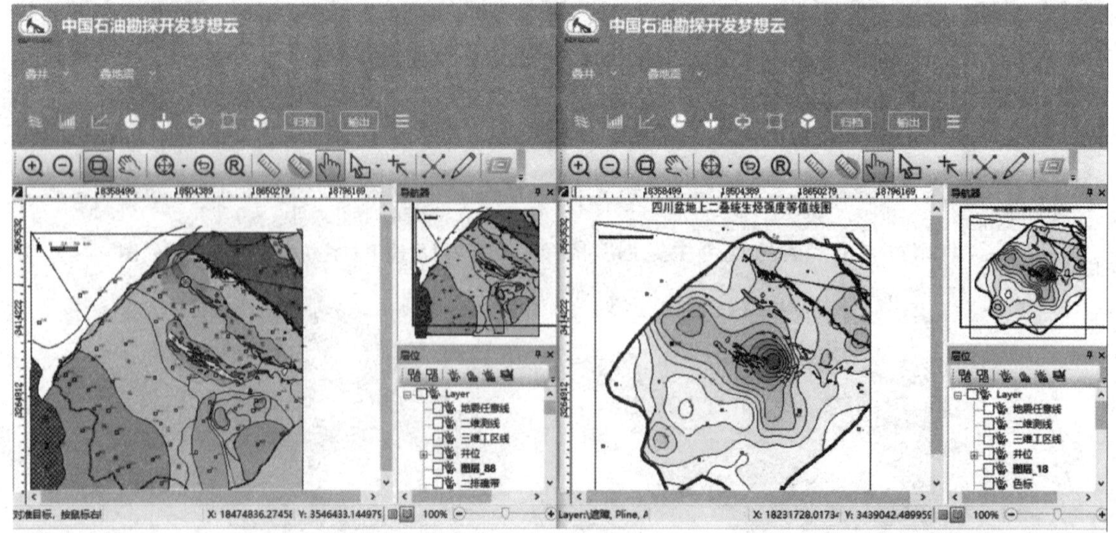

图8　中台山地区ZT1井意向井设计界面

3 应用效果

(1) 建立了科研工作全新模式，实现了科研工作方式转型

“平台+项目+业务”模式，为四川盆地建立了形式灵活、运转高效的勘探井位部署工作模式，建立了“基础环境+信息系统+数据+专业软件”协同研究工作环境，创建了一种新的科研生产方式，支撑起了四川盆地风险勘探应用研究与决策，为四川盆地风险勘探井位论证研究部署探索出了一条实施路径，并取得良好的应用效果。

(2) 建立了业务流与数据流统一，提升了科研效率和成果质量

依托“平台+项目+业务”模式，开展四川盆地风险井位论证部署研究，为井位论证提供了全方位的、相互佐证的新模式，不仅提高了决策效率，还提高了决策的科学性。

2018 年以来，西南油气田科研团队借助“平台+项目+业务”模式，充分运用梦想云平台提供的基础数据及专业软件，持续开展地质-测井-地震联合攻关研究，在含油气地质条件分析基础上，精细雕刻了秋林-射洪地区沙溪庙组河道砂组，优选沙溪庙组 7、8 号等优质规模河道砂组开展勘探部署，以 QL16、QL17 井位论证研究作为梦想云试点运行项目开展研究。

依托“平台+项目+业务”开展四川盆地风险井位论证部署研究，为井位论证提供了全方位的、相互佐证的新模式，不仅提高了决策效率，还提高了决策的科学性。2019 年 8 月 16 日，QL16 井经射孔加砂压裂，测试喜获 35.51 万方/天高产工业气流，证实本区沙溪庙组具有良好的勘探效益。以 QL16 井为代表的致密气勘探成果表明四川盆地致密气沙溪庙组具有较大勘探开发潜力，为下步致密气规模上产及效益开发奠定了坚实基础。

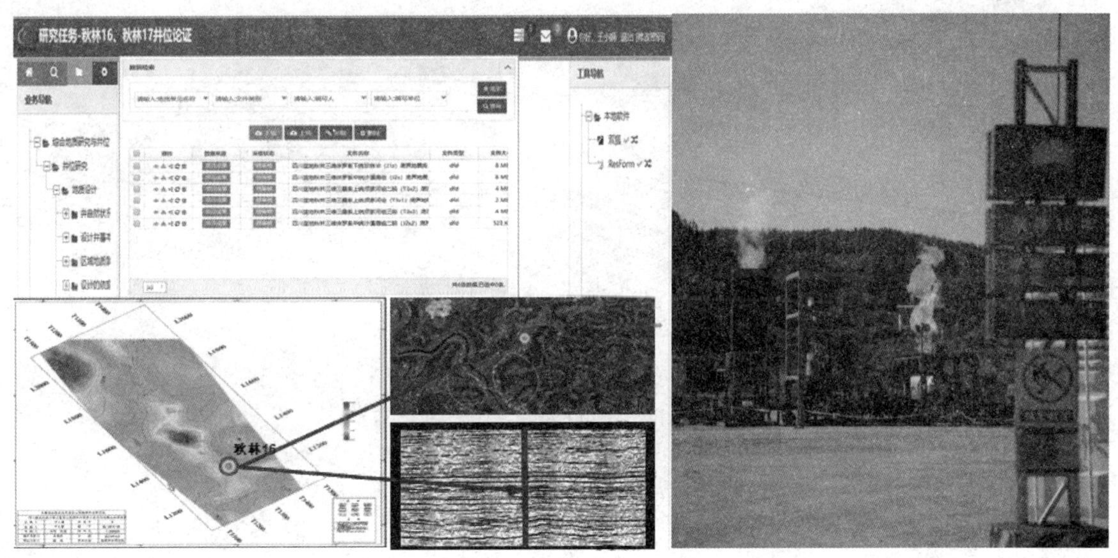

图 9　依托梦想云技术平台部署的 QL16 井位

(3) 实现了勘探开发研究与管理一体化，形成油气田勘探开发研究管理自动化、信息化、智能化的新形态。

基于工作任务，由基础研究人员进行基础研究，技术管理层进行动态跟踪与审查，提供决策层及油气藏专家的决策应用场景，进行决策分析。借力梦想云平台对勘探开发研究过程内外部资源和生产要素的聚合、集成、配置与优化，改变油气勘探开发研究领域长期以来形成的“单兵作战”工作模式、条块分割的管理思维，促进传统科研组织方式的变革，注入油气田可持续发展新动力，形成油气田勘探开发研究管理自动化、信息化、智能化的新形态。

4 结论

借助梦想云平台，构建了“平台+项目+业务”模式，形成了一种全新的勘探开发研究协同工作环境；

“平台+项目+业务”模式是一个跨多科部门多学科，需要综合利用数据、软件和技术的复杂

系统工程，基于当前行业技术的发展趋势，基于企业级勘探开发信息平台技术，集成现有的各类数据、应用软件等各类信息化资源，建设统一的地球物理和油气藏模型库，通过流程化的信息技术手段，实现研究规范和流程的落地，形成一套新型的精细化的研究流程，有效提升工作效率，让协同研究在上游勘探开发业务中发挥更大的作用。

“平台+项目+业务”模式最终将实现计算机、网络、数据资源、设备资源、人力资源等多种资源有效结合，高效管理，节省个体人员的时间和精力，打破传统勘探研究和开发研究间的壁垒，促进勘探开发一体化进程，提高整体工作质量和效率，提高勘探开发科研工作的管理能力。

参考文献

[1] 谢军.“互联网+”时代智慧油气田建设的思考与实践[J]. 天然气工业，2016，36(1)：137-145.

[2] 龙飞. 勘探井位部署论证辅助决策支持系统研究与应用[J]. 断块油气田，2014，21(1)：49-52.

[3] 武力超，矿权叠置区内多层系致密气藏有利区评价及集群化井位部署研究. 西北大学博士论文，2017.

[4] 段文燊. 川西岩性气藏实时井位部署系统研究. 内蒙古石油化工，2014年第9期：148~151.

[5] 范德军. 大港油田勘探开发项目协同环境研究与建设[J]. 中国石油和化工标准与质量，2010.9：121.

[6] 法考森蒂诺. 油藏评价一体化研究[M]. 北京：石油工业出版社，2003.

基于勘探开发实验分析管理系统浅析实验室信息化管理

张琳羚 李 农 王 丽 周 华 缪海燕 唐 涤

(中国石油西南油气田公司勘探开发研究院)

摘 要 随着社会的进步、科学技术的发展和以及检测工作的不断扩大，实验室管理标准日益提升，传统的实验室管理模式已经逐渐无法满足现在的形势。如何采用信息化手段，将复杂问题简单化、将简单问题程序化、将零散问题系列化，实现实验室各个环节高度规范化、程序化和科学化。本文主要以勘探开发实验分析管理系统应用作为背景，介绍如何通过系统从提高精细化管理、优化流程这 2 个方面提高实验室的管理水平，如何成功实现国家资质认定、QHSE 、ISO9000 及内控管理 4 大体系的融合，实现实验室信息化管理全面覆盖。

关键词 勘探开发实验分析管理系统；实验室信息化；管理

在实验室蓬勃发展的时代里，国内实验室信息化、智能化水平不断提升，然而石油行业的实验室信息化水平良莠不齐，实验室的数据很多都是传统手工管理，管理落后很容易导致管理混乱无序，资源信息也无法有效共享，数据统计上报也是事倍功半。行业竞争愈演愈烈，无人可以独善其身。实验室如果依旧通过传统手段流转业务，必然在白热化的行业竞争中败下阵来。作为现代化时期的实验室，只有通过加快信息化、智能化的步伐，依托“勘探开发实验分析管理系统”的实现全面信息化管理，才能提高实验室生产力和竞争力，不被时代所淘汰。勘探开发实验分析管理系统是实现实验室信息化管理覆盖面较广的系统，该系统能够从提高精细化管理、优化流程这 2 个方面提高实验室的管理水平。

1 精细化程度提高

1.1 人员管理精细化管理

人员是制度的落实者，只有对人员进行精细化系统管理，才能不断提高管理核心能力和实验室的管理效益。勘探开发实验分析管理系统架构的人员管理模块，实现对单个人员的基本信息、发表论文、荣誉奖项、科研工作、分析实验工作、考勤管理、上岗资格能力等全方位实时更新记录。通过人员管理中的基本信息记录岗位类型，并在系统展示员工岗位职责，让员工时刻清楚自身职责，准确落实人员责任化。

1.2 设备管理精细化

设备管理模块运用全生命周期管理思想。通过系统实现了：(1)采购申请上报；实验室根据需要，科学统筹编制年度计划，按照集中采购流程办理，由相关实验岗位在系统中提出采购申请，经上会审核通过后提交到相关上级部门实施采购工作。(2)参与验收交接：实验岗位员工与设备管理岗员工参与设备验收、交接工作，实验岗位员工参与厂家安装、调试及使用培训，全程受设备管理模块控制。(3)档案建设：设备管理岗专人负责设备模块中档案建设，包括实验设备台账、办公设备台账等内容。(4)使用管理：通过系统自动统计设备利用率和设备运行记录，实现了中心设备管理日益清晰便捷化。(5)维修报废处理管理：严格执行设备维修、报废的相关制度，在系统中按照流程办理，执行由岗位员工在系统填写维修或报废申至上会审查的程序，通过后再上报上级相关管理部门。

1.3 QHSE 精细化管理

实验室的安全管理工作具有特殊性，任何一个细微的疏忽都可能造成严重的后果，系统有机融合 QHSE 标准化站队建设的要求，进一步完善了分析实验管理系统中 QHSE 相关的模块。从业务管理流程上严格规范，利用网络安全，对实验环境实时监控，提高安全工作的覆盖面和影响力，实现每个节点(标准物质模块、药品模块、监督检查模块)安全数据的收集，为实验室安全工作的进一步完善提供依据。

1.4 科研生产精细化管理

信息化手段管理科研生产，能很好地将科研信息和生产信息收集、整合与传递，提高了数据传递的准确性。设计科研管理模块和生产管理模块，对实验室科研成果和生产运行情况进行统计处理，将管理工作层层分配下去，科学管理整个科研活动和分析实验过程，将项目管理、成果管理、统计管理等建立一个大型数据库，及时更新数据信息，统计中心科研生产成果，对其进行分类处理，实时记录，便于日后的查询。这样不仅可以保证工作的准确性还能减少工作量，实现了直接在系统调用数据，满足 ISO 9001 及内审检查要求。

2 流程的优化

2.1 样品管理优化

样品分析前流程设计，以前都是人工筛查送样清单，逐一核实样品和送样单是否有误，发现问题又得返回客户修改。现在客户通过系统下载固定送样模板，必须按照规定格式填写才能上载成功，从源头进行节点控制。有效减轻了样品管理员审核送样清单的工作负担，也规范了实验室送样要求。

2.2 任务下达优化

在样品到达后，过去都是采用电话通知各分析室主任接收样品，由分析室主任对工作进行再分配。通过该系统，样品管理员导入任务后系统根据人员在岗情况和工作量分析，自动筛查出符合条件员工，直接下任务到岗位，并通过弹窗系统和短信提醒分析岗位员工。不仅减轻了各室主任的工作负担，也进一步强化了员工的岗位责任制。

2.3 报告传送优化

按照传统实验室的管理，报告完成后，需要打印出来经过同岗位员工一审、室主任二审、授权签字人终审，完成以上步骤后再通过资料管理员给客户寄出并存档，整个流程下来不仅周期长而且繁琐。然而按照现在的系统管理流程，实验岗通过系统完成原始记录和数据录入后，自动形成该项目报告并依次投送到相关审核人员，在线完成审核，终审完成 30 分钟内自动将带有电子签章的报告投送到客户指定邮箱，并完成服务器归档入库。

2.4 质量管理优化

系统流程对实验中的人员持证、设备检定周期、药品有效期、数据是否在方法标准中有效值范围、环境参数等信息进行显示和控制，对不符合管理规定的情况系统即刻警示提醒或者锁死该报告，实现了实验中的”人、机、料、法、环、测”的闭环管理。整个流程自动衔接一气呵成，轻松完成客户服务工作。

2.5 基础管理流程优化

系统不仅有效优化了生产模块，对基础工作管理也实现了升级优化。岗位员工的门禁申请、员工请假、药品申请、材料申请、设备报修等等，无需再拿着纸质申请到处请领导审批签字。在系统中各项业务申请流程均按照相关管理要求建立模块，岗位员工只需在实验室或者办公室，通过系统发出申请，实验室相关管理人员即可实时审批，有效减轻员工及管理层负担，更高效便捷。

2.6 数据溯源优化

系统包含样品全流程管理、设备管理、材料管理、人员管理等管理程序，通过流程管理和信息手段的融合，实现了全面的实施管控。不仅有效控制了流程运行全过程，还完成了全流程在系统中自动记录。而实验过程记录作为实验室日常工作的核心内容，是信息系统里数据检索的重中之重。

系统涵盖了实验室的全部分析项目，通过在系统软件模块中嵌入分析数据处理方法，监控计量器具和仪器设备校验周期，自动采集仪器数据、自动排版生成有电子签名签章的分析报告，避免了数据重复录入，保证分析结果和过程可溯源性。同时由于原始记录在系统中流转，降低了人工失误，也极大地提高了准确性。操作日志记录系统内所有成员的增、改、删操作。修改痕迹可追溯，具有数据修改痕迹显示、原始数据修改次数及历史值查看，电子签名签章、电子骑缝章、无数据自动划‘/’等功能，满足实验室资质认定数据痕迹保留和数据控制的要求。还可通过样品类型、区块、时间等快速搜索，便于追溯核查，保证了实验数据的完好性和真实性。

2.7 绩效管理优化

系统通过制定基于岗位责任制的绩效考核制度、深入梳理业务与岗位操作流程，开发建设了以信息技术为基础的数字化绩效考核管理模块。

绩效考核模块充分体现考核的公正性和客观性，各项基本数据信息统计对员工公开透明，任务制定、实施过程以及工作完成情况等，对德、能、勤、绩综合考察，均归总记录于系统中，使中心的工作内容和考核的结果都有迹可查，为员工的评价和考核提供依据。

3 信息化系统在实验室的应用

3.1 保障重点工作

勘探开发实验分析管理系统紧密围绕公司油气勘探开发的重点和难点区域，做好油气储量、产量的技术支撑，2019 年通过该系统完成各类实验分析样品 8 万余样次分析流程，保证了分析检测报告合格率 100%。上线一年以来分公司科研生产单位登录次数达到了 2600 余人次，报告下载份数 3500 余份，分析数据查询条数下载达到了 3300 余条。有效支撑了公司常规三级储量的申报和页岩气储量的申报，也为公司油气勘探科研生产提供了数据支撑和保障。

3.2 提升内部活力

系统实现了实验室一岗双责和绩效考核的全面挂钩，营造了人人有事做、事事有人管的良好氛围。通过系统与绩效考核机制对接，形成了考核员工的依据，考核过程的透明化，对实验和科研工作的考核数据化，使员工清楚自身短板并及时查漏补缺，彻底改变了过去只关注工作完成量而忽略科研工作的现象，实现了督促员工提高工作效率和工作质量的目的。通过设备及人员信息统筹管理，合理调配分析实验中心人力资源，实验室员工参与科研工作的人次达到了去年同期的 2.4 倍，设备平均利用率是去年同期的 1.24 倍，并荣获公司设备管理先进集体。系统投用当年实验室实现 6 项崭新突破，包括授权欧盟发明专利 1 件、集团公司专利发明银奖 1 项，集团公司 QC 成果获二等奖，同时荣获省部级科技进步一等奖 1 项，国标、行标制修订 7 项，授权发明 2 项，实用新型 7 项。有效提高了实验室内部的竞争活力，带来了科研工作和实验工作的驱动力，方便管理层更好地发现和合理使用人才，对科研和实验工作双融合起到了有效促进作用。

3.3 体系大融合

实验室通过制定规范的 QHSE 标准化建设工作管理制度和《QHSE 管理手册》，将标准规范与系统执行双对标，信息化与标准化互促互进，提升了标准化文件的可操作性。同时，“勘探开发实验分析管理系统”通过国家认监委评审员审核，成功实现了国家资质认定、QHSE 、ISO9000 及内控管理 4 大体系的融合。

3.4 提升合规管理

围绕过程管理以标准规范为目标，通过将管理要求和监管有机融合到系统流程中去，用实验分析管理系统为中心人、财、物提供保障和服务，确保了制度、内控的落实，实现了系统流程标准化、规范化。一是建立了合规风险识别的预警机制，系统实现了对即将到送检周期的计量器具或者需要校验工作的设备自动报警提示；二是完善了管理层审批的合规性流程，对于设备购置、降级报废等流程严格落实，在系统中不按合规流程审核就无法继续实施工作。三是加强对重点工作重点环节的把控，系统强推每月不定期开展质量安全监督检查，以及每年至少一次的内审和管评，及时监督并清除潜在“风险”。四是落实了责任清单，通过梳理管理业务流程使其符合法律法规，落实责任风险清单，制定相应管控措施和程序，各项业务管理流程实现了按合规性管理的全流程闭环，通过系统功能来控制由于人员的随意性和惰性引起的数据质量或者管理风险。检验数据信息自动管理，消除人为误差；流程标准化管控，消除疏忽性违规。每项任务的流程环节在系统中都落实到了相应的责任人，实现了简单快捷可靠的追溯，确保工作合规性。

3.5 实现挖潜增效

通过实验分析管理系统打通科研生产模块、绩效模块和培训模块的沟通环节，系统可以对任务不饱和岗位进行大数据统计，自动筛别后对接到培训模块；结合科研和生产模块数据，对人才薄弱环节开展分类培养，通过将员工个人优势和实验室需求有机结合，配合培训模块数据，合理优化实验室资源，开展强调共性培养和个性培养，落实一人多岗和科研生产融合机制。截至目前，实验室有超过 95% 的员工主动承担了一人多岗，在相同的员工数量基础上，完成了去年同期的 1.3 倍样次的样品分析量。在人力资源有限的条件下，通过系统化大数据管理，有效提升了人员效率，实现了内部挖潜增效。

3.6 大数据共享

通过实验分析管理系统，管理人员、科研人员和实验人员，在各自权限内查看实验室相关数据，让实验室数据产生价值，对科研生产实现支撑功能。系统针对研究院科研人员研发的实验分析数据查询模块，涵盖有数据查询（单井分析报告查询、单井分析数据查询、单井分析数据组合查询、地区分析数据分析比对查询）；单井分析数据查询（系统将报告中的数据自动以分析指标数值的形式储存到数据库中，用户可连续查看多批次同一类型分析报告的数据）；单井分析数据组合查询（系统将同一井深的多类分析数据进行并列展示，方便用户直观了解多种地层情况）；地区分析数据对比分析查询（选择一个地区的单个分析指标，给出条件，系统提取全区域的井中在此范围的数据，并以红色字体显示）。可使研究人员快速获取公司内所有分析数据，实现公司内部分析数据的共享，为科研人员提供数据服务，减少科研人员研究项目获取分析数据的时间和不必要的重复实验工作。

4　结束语

实验室信息化不仅是一门技术，更是一种理念、一种趋势，它改变了传统落后的观念和实验室的工作方式，将实验室带入一个全新的现代管理模式。随着网络技术的普及和发展，实验室信息化管理也渐渐受到了青睐信息化管理手段使实验室的潜在力量得到了充分发挥，实现了管理精雕细琢、生产科研精耕细作、实验技术精益求精，实现实验室人机料法环相关实验室资源的统一管理和优化，促进了实验室的快速发展。

SQL Server 高可用解决方案研究及应用实践

申　鹏　宋梦馨　冯　梅　冯得福

(中国石油勘探开发研究院)

摘　要　随着石油公司业务的高速发展，其办公业务对信息系统的依赖也随之增加，对业务系统的高可靠性和高可用性要求越来越高。传统数据库主备环境中，一旦出现存储或数据中心级故障，灾备环境不能及时上线使用，或是灾备环境数据滞后于生产数据，造成数据丢失；随着石油企业用户需求的增加，业务系统的数据库读写压力增大，导致系统访问速度减慢，用户体验变差。本文利用微软 SQL Server 高可用技术，在中石油某科研单位办公管理系统中落地实现，结合石油企业“两地三中心”的数据中心部署特点，利用现有 SQL Server 软件自身 Always On 功能模块实现数据库异地灾备环境与生产环境的数据实时同步，并且将应用中的只读模块定向访问到灾备数据库。应用实践表明，该方案解决了数据库灾备环境与生产环境的数据不一致，数据库访问压力过大的问题，实现了主备环境的数据一致性，数据库读、写业务的压力分摊，提高了用户的访问速度。该解决方案节省了用于灾备环境建设的软、硬件资金的投入，进一步推动了系统运维的智能化转型和软件投入的降本增效。

关键词　Always On；实时同步；压力分摊；智能化转型；降本增效

1　引言

在石油企业的办公应用系统中，涉及大量的合同文本和 OA 文本的存储，随着系统使用时间的推移，文本存储量变得格外庞大，而对于这些文本在日常办公工作中，除了对合同签订和 OA 文件发布时期需要进行读写外，过后还需要对这类文本进行经常性的读取，这类办公数据对数据的可靠性和系统的访问速度有着较高的要求，在传统的应用部署模式下，数据库为本地数据中心集群部署模式，异地灾备环境需要手动拷贝数据，无法形成双活数据中心，一旦本地机房或存储设备出现故障无法提供对外服务，业务系统只能通过定期的异地备份进行数据还原，恢复时间长，且会造成一定的数据丢失，随着石油企业的业务需求提升，数据读写量也随之日益增大，大量只读操作的用户和修改编辑合同的用户只能共同读取同一数据库数据，由于读写压力增大导致用户访问速度变慢，用户体验较差。传统数据库的灾备模式与读写机制已经不能满足现阶段数据量高可靠性与用户体验的需求。

在解决办公管理现状的过程中，核心问题是建立双活的数据中心，和应用的读写分离，而实现这些功能需要采购大量的软硬件产品，购置价格十分昂贵，且后期维护成本高，对厂商的技术依赖较大，本文中，我们利用已购的微软 SQL Server 产品，根据 SQLServer 发布的高可用模块功能，结合石油企业“两地三中心”的数据中心部署特点，通过 SQL Server Cluster+Always On 技术的结合，解决了传统数据库集群灾备模式中存在的灾备环境数据与生产环境数据无法实时同步问题，实现了数据库异地容灾环境的数据一致性问题、数据库访问读、写分离，大大提高了应用系统的可靠性与用户访问的压力分摊能力，为办公业务人员提供了良好的用户体验。

2　SQL Server Cluster+Always On 架构

微软 SQL Server Always On 高可用性解决方案的主要目标就是要最小化减轻停机的影响。一个合理的策略可以在业务流程和服务级别协议(sla)与技术能力和基础架构成本之间实现最佳平衡。Always On 是一种新型集成的、灵活的、具有成本效益的高可用性和灾难恢复解决方案。它可以在数据中心内部或者是跨数据中心提供数据和硬件的冗余，并改进应用程序的故障切换时间，以提高关键应用程序的可用性。Always On 在配置上提供灵活性，并允许复用现有软、硬件投资[1]。

2.1　SQL Server 高可用方案解决方案对比

恢复点目标(RPO)和恢复时间目标(RTO)

的业务目标应该是为高可用性和灾难恢复解决方案选择 SQL Server 技术的关键驱动因素。下表表提供了这些不同解决方案可能实现的结果类型的比较

表 1

高可用性和灾难恢复 SQL Server 解决方案	潜在数据丢失(RPO)	潜在恢复时间(RTO)	自动故障切换	可读的辅助文件(一)
Always On 可用性组-同步提交	零	秒	是	0-2
Always On 可用性组-异步提交	秒	分钟	不	0-4
数据库镜像-高安全性(同步+见证)	零	秒	是的	无
数据库镜像-高性能(异步)	秒	分钟	不	无
备份、复制、还原	小时	小时到天	不	无

Always On 可用性组是一个提供替代数据库镜像的企业级方案的高可用性和灾难恢复解决方案[2]。可用性组主要是针对一组可用性数据库，支持故障转移环境。辅助数据库支持只读访问和/或某些备份操作。AlwaysOn 可用性组将主数据库的每个事务日志发送到其他辅助数据库，从而提供数据库级别的保护。

2.2　Always On 架构

SQL Server Always On 高可用以 Windows Server 故障转移群集(WSFC)为基础功能。利用 Windows Server 故障转移群集(WSFC)功能，通过冗余实例提供了数据库高可用性。冗余实例是在 Windows Server 故障转移群集(WSFC)节点上或者在多个子网中安装的单个 SQL Server 实例。在网络中，冗余实例显示为在单台计算机上运行的 SQL Server 实例，但它提供了从一个 WSFC 节点到另一个 WSFC 节点的故障转移功能。SQL Server AlwaysOn 典型的逻辑架构，如图 1 所示。

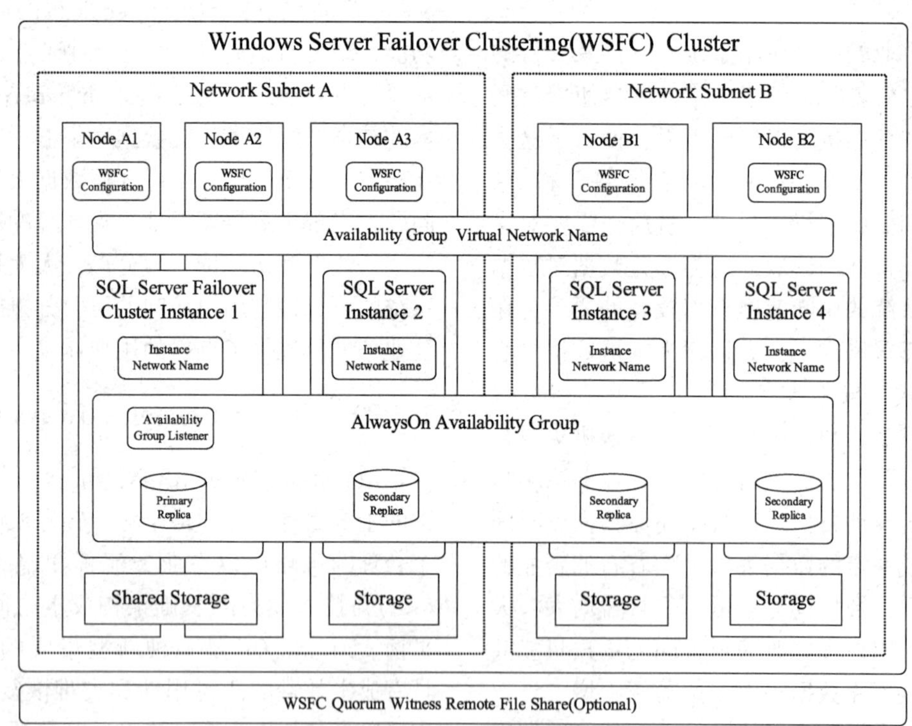

图 1

2.3　AlwaysOn 高可用数据同步机制

SQL Server Cluster 技术虽然可以实现硬件故障转移，但是前提是需要所有 node 节点共享存储。随着 SQLServer AlwaysOn 技术的应用，我们可以最大程度地提高一组数据库的高可用性[2]。可以将 SQLServer Cluster 技术与 SQLServer AlwaysOn 技术相结合，图 1 中，通过 AlwaysOn 功能将数据库实例 Instance 1 作为主副本，将数据库实例 Instance 2-4 作为辅助副本，主副本与辅助副本之间通过 SQLServer 建立一个叫 Log

Scanner 的线程不间断的工作，将主副本的日志发送给辅助副本，辅助副本根据日志，将主副本上发生的操作在辅助副本上再操作一遍，此时辅助副本上的数据就可以与主副本上保持一致，建立起数据同步的数据库异地灾备环境，当主副本所在的数据中心发生灾难不可用时，AlwaysOn 功能就可以将异地数据中心的辅助副本身份转变成主副本身份，继续为应用提供数据库服务。

Always On 可用性组支持异步提交模式和同步提交模式这两种可用性模式：

1）异步提交模式是一种灾难恢复解决方案，适合于可用性副本的分布距离较远的情况。如果每个辅助副本都在异步提交模式下运行，则主副本不会等待任何辅助副本强制写入日志，而会在将日志记录写入本地日志文件后，立即将事务确认发送到客户端。主副本使用与针对异步提交模式配置的辅助副本相关的最小事务滞后运行。如果为当前主副本配置了异步提交可用性模式，则它将通过异步方式为所有辅助副本提交事务，而不管这些副本各自的可用性模式设置如何。工作机制如图 2 所示。

2）同步提交模式相对于性能而言更强调高可用性，为此付出的代价是事务滞后时间增加。在同步提交模式下，事务将一直等到辅助副本已将日志强制写入到磁盘中才会向客户端发送事务确认。当在辅助数据库上开始数据同步时，辅助副本将开始应用来自相应的主数据库的传入日志记录。一旦已经强制写入每个日志记录，辅助数据库就会进入 SYNCHRONIZED 状态。此后，在日志记录写入本地日志文件之前，辅助副本会先将每个新事务强制写入。在同步给定辅助副本的所有辅助数据库时，同步提交模式将支持手动故障转移和自动故障转移(可选)。工作机制如图 3 所示。

2.4　Always On 读写分离(图 4)

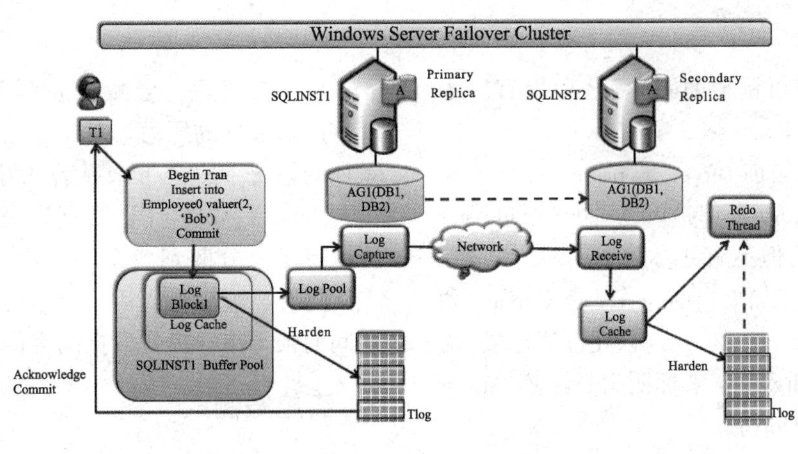

图 2

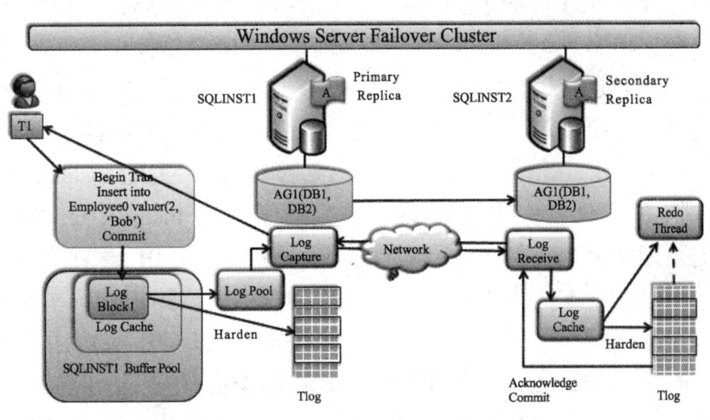

图 3

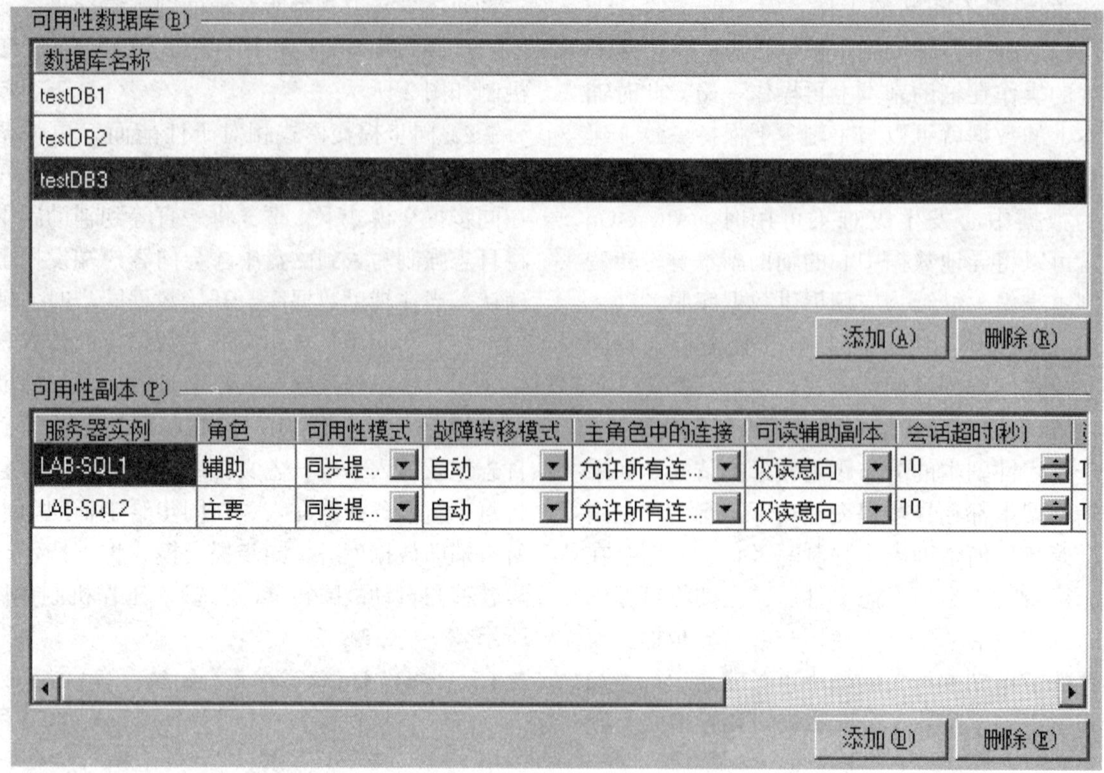

图 4

在上图中的“可读辅助副本”选项里有以下三种选项：

1）是：如果当前 server 是 primary 角色时，所有的 secondary servers 都是可以看的(通过 ssms 能看结构、数据，但不能更改)

2）只读意向：如果当前 server 是 primary 角色时，所有的 secondary servers 只允许读连接(需要在建立连接时加入 key 来标明为只读连 ApplicationIntent＝ReadOnly)

3）否：如果当前 server 是 primary 角色时，所有的 secondary servers 都不可以看(通过 ssms 能连接，但是看不了，会报错)

当“可读辅助副本”选择“是”或者“仅意向”时，辅助副本数据库便可以用于查询。查询方法如下：

1）直接指定可读副本的实例名称或者 IP 地址；有多个可读副本需要指定多个实例名称或者 IP，不太适合管理，一旦辅助副本变为主副本后需要修改 webconfig。

2）指定侦听器名称+端口号或者侦听器 IP+端口号方式；只需要指定一个侦听器名称或者侦听器 IP，但需要建立 Read 指针和 read db ur list 关系。

读写分离后，会减轻原服务器上 CPU、内存、磁盘 I/O 的压力。对于原服务器受制于硬件条件的情况下，会带来显著的性能提升。其次，读写分离后，减轻了原数据库上 tempdb 的压力，将原有压力分散到各个辅助副本的实例数据库上。另外，读写分离后，会很大程度上降低读写之间的锁等待，提升数据的查询效率。

3　实施案例

以下是 SQL Server Cluster 与 SQL Server Always On 技术相集合，应用于某石油公司办公管理系统中的案例。

如图所示，Node01 ~ Node04 均属于一套 windows 集群，通过群集管理器分配，Node01 节点管理数据库实例 Instance01，Node03 节点管理数据库实例 Instance02，通过启用 AlwaysOn 功能，将 Instance01 设置为主副本，Instance02 为辅助副本，当用户访问主副本数据库时，北京的主副本 Instance01 实例通过 Private DB 网络向吉林数据中心的辅助副本 Instance02 实例发送 log 文件，将主副本 Instance01 上执行的操作全部在 Instance02 上执行一遍，这样即可保证主、辅副本之间的数据一致性。辅助副本 Instance02 上的数据库属于只读模式，可以将办公管理系统中的查询模块，修改配置文件中的数据库链接字符串，通过 web01 对 Instance02 进行查询操作，减轻了主副本的访问压力，提高了系统的访问速度。

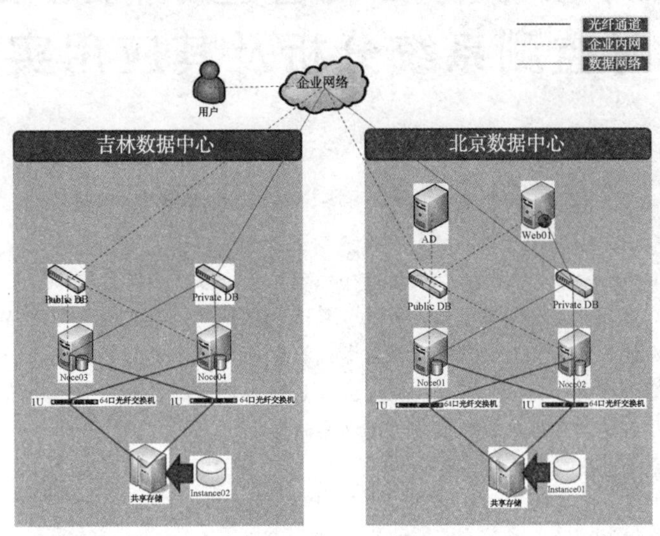

图 5

SQL Server Always On 是 SQL Server 中的新功能，它大大增强了数据库镜像的功能，并有助于确保应用程序数据库的可用性，而且它们通过基于日志的数据移动实现零数据丢失，从而在没有共享磁盘的情况下保护数据。Always On 增强了 SQL Server 故障转移群集功能，并支持跨子网的多站点群集，从而支持 SQL Server 实例的跨数据中心故障转移。更快、更准确的通过实例故障切换保证业务的连续性。

3.1 结论

针对传统数据库集群部署存在硬件故障风险，异地数据容灾中生产环境与灾备环境的数据不一致，业务系统数据访问量大，缺少压力分摊，本文提出了通过 SQL Server Cluster+Always On 数据库部署架构，实现了生产、灾备环境的数据实时同步，数据库集群主、辅副本之间读写分离，实现压力分摊等功能。通过在中石油某研究单位的落地实施，充分验证了所提出方案的可行性。

在现阶段企业搭建的私有云环境中，高可用性和灾难恢复方案越来越重要。将 SQL Server Always On 部署到私有云环境中，以确保计算机、网络和存储资源得到有效利用，从而减少物理占用、运维和运营陈本开支。它可以整合部署、高效地扩展资源，并在不影响整体结构的情况下按需部署资源[3]。

现阶段石油办公管理系统数据库高可用环境运行稳定，业务系统的高可靠性达到 99.99%以上。实践证明，通过 SQL Server Cluster+Always On 数据库部署架构的建立，使企业实现了数据库高可靠性与高可用性的要求，为业务系统用户提供了更优质的用户体验，使运维人员可以将精力投入到更多技术研究中。石油企业的信息化发展希望可以借助软件公司的技术，通过对业内主流方案的学习，对新技术的引进和实践，探索出一套具有企业自身特点的解决方案，助力企业数字化转型的发展。

参考文献

[1] https://docs.microsoft.com/en - us/previous - versions/sql/sql-server-2012.

[2] Paul Bertucci(著)，连晓峰，周春元(译)，深入 SQL Server 2016 高可用．中国水利水电出版社．

[3] https://technet.microsoft.com/en - us/library/hh403386(v=sql.110).aspx.

基于 FSM 技术的油气管道结构无损检测与实时监测系统分析及其应用实践

郑贤斌　郑倩颖

(中国石油天然气股份有限公司天然气销售分公司)

摘　要　由挪威 CorrOcean 公司于二十世纪 80 年代末开发的场图象技术(FSM)是一种新型无损检测与实时监测技术，已经广泛用于监测管道腐蚀、起坑、裂缝和侵蚀等。本文总结了 FSM 技术的原理、特点、优点以及系统检测的功能应用。相对于传统监测技术，基于 FSM 技术的监测系统在全面腐蚀监测方面更加精确，在局部腐蚀监测方面更加灵敏、有效。通过梳理 FSM 监测系统在国内大型油气田管道工程的应用实践，对我国油气企业投入这类成熟的科技成果有着重要的指导意义。

关键词　FSM；管道；检测；监测；腐蚀

1　引言

场图象技术(Field Signature Method，简称 FSM)即电指纹法，是一种以欧姆定律为理论基础，敏感非介入式通过感应电流来监测金属腐蚀的方法，是于二十世纪八十年代末挪威 CorrOcean 公司开发的一种新型结构无损检测与实时监测技术，其系统典型配置如图 1 所示[1]。挪威 Corr Ocean 公司生产的 FSM 腐蚀监测仪被国际公认为技术领先。该公司继含砂量监测系统之后，1985~1986 年进行开发并取得专利，在进行了大量工业化试验后，第一批 FSM 检测设备于 1991 年进入了商业市场，于二十世纪八十年代末推出了场图像方法(Field-SignatureMethod 或 FSM)管道监测系统。1994 年 7 月，Elf Petroleum Norge 公司在北海 Froy 平台到 Frigg 油田的海底管道上安装了新的 FSM 技术设备，以对其进行腐蚀检测。经过近 40 年的发展，目前已经成熟并且得到越来越广泛的应用。这种在役监测系统能在造成任何危害以前，揭示管道的微小损伤。经过近三十年的发展，该技术主要用来检测各种形式的腐蚀，也可检测大多数的裂纹以及监控腐蚀和裂纹的扩展。这种在役监测系统可作为传统检测技术的一个补充，在很多场合还可取代以腐蚀探头为基础的传统检测技术。因此，该技术出现立即引起国际无损检测领域的重视，迅速得到普遍应用，被认为是防腐与检测技术的重大革新(图 1)。

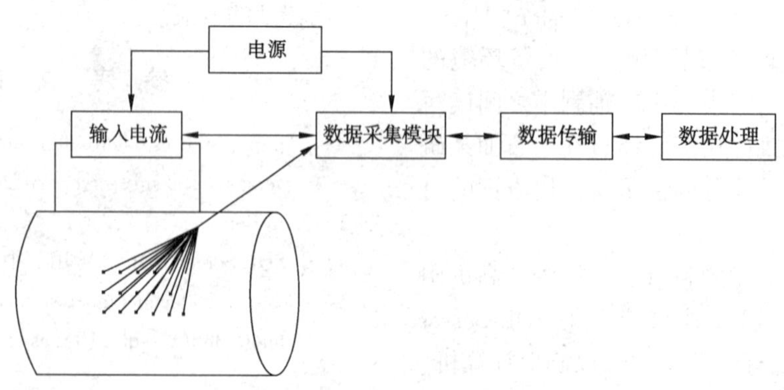

图 1　FSM 系统典型配置示意图

2　FSM 技术原理

类似于一个人的签名和指纹的唯一性，FSM 的设计依据是：当电流馈入管道或其他钢结构时，会显示一个唯一的电场“指纹”——场图像[2]。所产生的电场指纹表征了结构局部几何形状，从而可用监测电场指纹的微小变化，检测出结构与原始的、正常状态的任何偏离。将探针或电极在待测区布置成阵列，然后测量通过金属结构的电场的微小变化，用测得的电压值与初始设定的测量值进行比较，依此来检测由于腐蚀等引起的金属损失、裂纹、凹坑或凹槽。基于该原理研制的设备监测示意图如图 2 所示[3]。

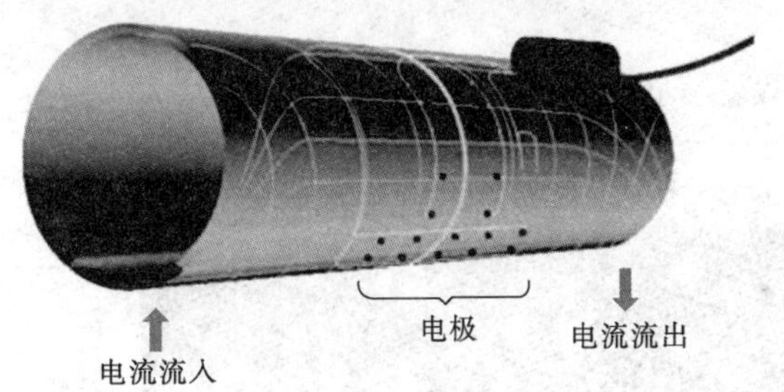

图 2　FSM 技术原理示意图

FSM 可安装在实际的、任何形状的钢和其他金属结构、管道系统和压力容器上。在所选的结构断面导入电流，FSM 可监测由于腐蚀坑或常规的腐蚀、侵蚀、疲劳与其他裂缝现象的产生与增长所引起的电场图图形的任何变化。基于这些变化，FSM 就能在示屏上显示起坑与裂缝的位置及其严重程度，以及实际腐蚀的趋势和速率。FSM 是用一对电流馈入接线柱的结构部位。此时，电流分布即形成电场图形。该图形由结构的几何形状与材料的导电率决定。结构内的损伤与缺陷，例如腐蚀坑与裂缝将引起图形的畸变。同样，全面腐蚀所形成的壁厚的减小，将形成电位降的增大。

FSM 以众多小探针或电极在监测区上形成阵列用以监测该区电场图形的变化。测量任意两选定电极之间的电位与参考电极对(用以补偿温度和电流的波动)之间电位进行比较，对照监控开始，相应的原始数据即可得到监测的结果。据每组的测量值，电场指纹系数 *FC* 用下式计算：

$$FC_{Ai}=\left(\frac{B_S}{A_S}\times\frac{B_i}{A_i}-1\right)\times 100\%$$

式中　FC_{Ai}——电极对 *A* 在时间 *i* 的指纹系数；

A_S——电级对 A 在启动时的电位差，μV；

B_S——参考电极对在启动时的电位差，μV；

A_i——电极对 *A* 在时间 *i* 的电位差，μV；

B_i——参考电极对在时间 i 的电位差，μV。

FC 以局部壁厚减小的千分之几表示。

检测区域一般选择腐蚀或裂纹危险性大的部位或在故障情况下可发生严重问题的部位。一般选择以下有代表性的部位：管线的环焊缝、管线或设备的底部位置、易受 CO_2、H_2S 或生物腐蚀的区域、管子的 T 形接头或弯头处、结构交叉点、容器的入口或出口处。每个所选择的部位要安装电流互感器和 24～64 个探针。探针在监测的关键区域上阵列地分布，根据检测较小凹坑所需要的灵敏度，探针的布置间距可在 2～3cm 至 10～15cm 的范围内变化。当探针的布置间距为 2～3cm 时，已证实系统能检测和监视焊缝内直径与深度均小至 1～2mm 的凹坑生成。在检测宽而浅的凹坑时可采用 10～15cm 的布置间距。每个仪器组件覆盖的面积在 0.1～1.1m^2 范围内。图 3、图 4 给出了管线上的探针布置图。

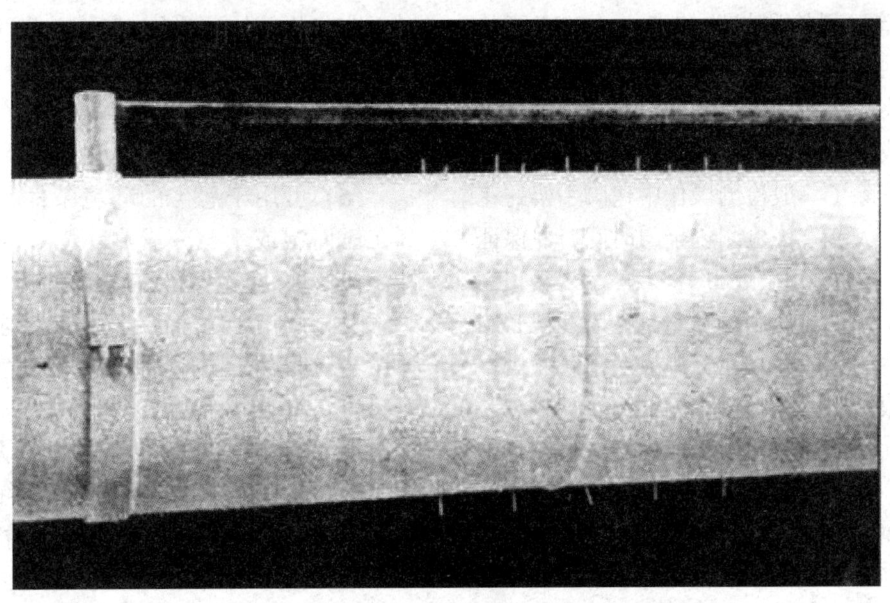
图 3　用电栓焊固定在被监测区域的 64 个探针布置图

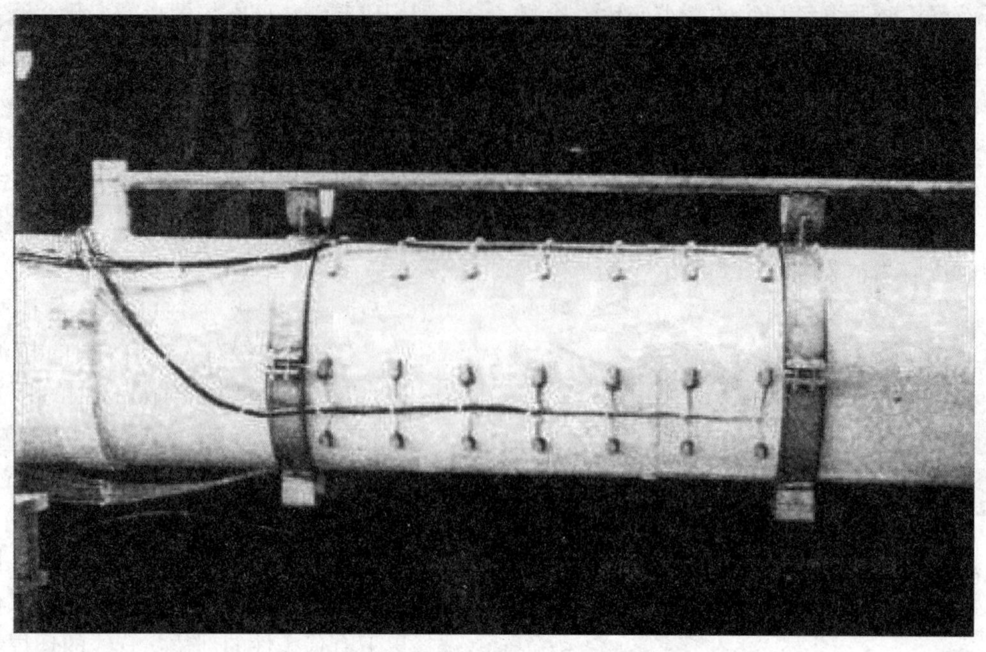

图 4　连接到连接器上的电路布置图

3　FSM 技术特点

FSM 能从管道的外侧精确地检测其内部状况，省去进入装置以及探头的更换和修复操作，大大节省费用和更安全可靠。FSM 系统能以最少的人力和其他资源投入来获取运行中管道的数据。系统实际上既不要求维护，也不要求消耗品的更换。所需要的时间和劳动仅限于收集数据和查看 PC 机上屏幕的图形显示，图形展示了腐蚀发展状况。因此，FSM 可用于监测各种工艺管道和结构部件中的腐蚀及裂纹的形成及发展，适用范围广泛。FSM 主要有以下特点：

（1）具有远程检测与监控能力。FSM 能从结构的外部精确地检测其内部状况，免去了进入装置以及探头的更换和修复操作，在检测时不需要去掉涂层或保温层，同时由于具有远程检测能力，减少或消除了一般检测操作中建脚手架的花费，这样就大大节省了检测资金与时间，并保证了操作人员的安全。

（2）易于维护，使用寿命长，花费少。FSM 系统能以最少的人力和其他资源投入来获取运行中结构的健康数据。系统实际上既不要求维护，也不要求消耗品的更换，系统使用寿命长，整个检测系统可以设计与海底管线同样长的使用寿命。使用 FSM 系统所需要的时间和劳动仅限于收集数据和查看 PC 机上屏幕的图形显示，图形展示了腐蚀发展状况。

（3）检测精度高。FSM 综合了侵蚀探头与无损检测两种技术的优点，具有高灵敏度和对实际结构腐蚀引起的变化实时响应的能力，并能对实际监测结构作较大范围覆盖。对于一般腐蚀，其灵敏度高于剩余壁厚的 0.5%，灵敏度随着腐蚀的增加而提高，其灵敏度是 UT 的 10 倍，同时可重复性好，这点是其它无损检测方法难以达到的。同时，FSM 具有高的检测精度且检测结果不受操作者的影响，对于检测管道而言，它可以减少智力管道猪检测失败机率。

（4）适用范围广，检测速度快。能够用于检测复杂的几何体（弯头、T-接头、Y-接头等），对于这些几何体，采用 FSM 技术可大大的减少检测的时间。对于一个测点，如果 UT 需要 1~2 小时，采用 FSM 技术则只需 3~4 分钟；同时，FSM 技术能够检测出不锈钢的腐蚀。

（5）可用于恶劣的环境条件。FSM 适合检测在任何湿或干、冷或热环境中的关键结构部件，如各种处于受力状态的部件的焊缝。

因此，FSM 综合了侵蚀探头与无损检测两种技术的优点，具有高灵敏度和对实际管壁腐蚀引起的变化实时响应的能力，并能对实际监测结构作较大范围覆盖。它可以减少智力管道猪检测失败机率。它能提供可靠的、灵活的在役监测，虽然不能完全替代以管道猪为主的检测技术，但可以补充和大大减小采用费用昂贵的监测技术。在国际石油石化工业管道和压力容器检测中有着迅速取代普通监视系统而独居鳌头之势。因此，FSM 具有以下主要优点[4]：(1)没有元件暴露在腐蚀、摩蚀、高温和高温环境中；(2)没有将杂物引入管道的危险；(3)不存在监测部位损耗问题；(4)在进行装配或发生误操作时没有泄漏的危险；(5)腐蚀速度的测量是在管道、罐或容器壁上进行，而不用小探针或试片测试；(6)敏感性和灵活性要比大多数非破坏。

4　FSM 监测系统及在管道工程应用实践分析

4.1　FSM 监测系统架构

FSM 系统主要有两种形式：便携式和连续式。便携式系统包括电流磁化装置、带导线和连接器的敏感探针、便携式询问器、FSMTrend 软件、蓄电池充电器和备用电池等(如图 4 所示为 CorrOcean 开发了便携式 FSM 检测无损检测仪(FSM-IT)。当将询问器与连接器相连后，可以根据指令处理测量值，并将结果连同时间、日期、标记号一起存储起来；个人计算机使用 FSMTrend 软件接收到询问器上的数据，并负责文件存储、数据分析、图解、打印和绘图。连续式在线检测的 FSM 系统包括电流磁化装置、带导线和连接器的敏感探针、蓄电池供电的运行纪录站、将数据直接转载到个人计算机上的数据检索单元、FSMTrend 软件。其中，FSMTrend 腐蚀监控系统软件是一个基于 Windows 的软件包，设计用来监视来自各种 FSM 设备的数据。它具有以下主要功能：

(1) 分析、过滤数据和预测功能。通过对监测的数据进行分析，采用包括温度补偿算法、噪声滤波、消除尖峰信号等方法进行数字滤波，FSMTrend 系统能够估计金属损失，包括由于一般腐蚀而造成的金属损失的速率和累积总的损失量，并对未来的腐蚀状况进行预测，实现在线监控各种设备和结构的状态。

(2) 图形显示功能。FSMTrend 对监测结果通过详尽而又易于理解的图形进行显示，有时也可进行实时显示。对数据可以进行 X-Y 和 3D 图形显示，并且进行包括缩放、在同一张图上画多个图表、对图形进行过滤、打印以及自动确定范围等多种图形操作，同时以位图格式(bitmap)将图形输出到其他应用程序，例如 Word、Excel。

(3) 数据收集和管理功能。控制各种在线和离线的 FSM 装置的数据收集。离线装置采用手工收集，在线装置则通过电缆、网络、调制解调器等进行收集。FSMTrend 也能提供全部的腐蚀数据管理，包括数据收集、报表、材料选择以及意见建议等。

(4) 配置功能。支持所有类型的 FSM 仪器的配置，整个 FSM 网络能够很容易的进行观察和监控，新的设备也容易添加。

4.2　FSM 监测系统在管道工程应用实践分析

FSM 技术具有不开挖、在线、不破坏管体等优点，在国外已经有了广泛的应用[5]。其核心技术多掌握在国外的某几个大型公司手中，目前基于场指纹法的内腐蚀外监测成熟设备主要有英国一家公司生产的便携式电阻系统[6]和美国一家公司生产的 FSM 便携系统[7]。国内学者对该监测设备、软件系统、监测控制系统，信息数据分析等方面做了研究[8]，并在国内油气田集输系统、陆上油气长输管道、海底管道等现场进行了应用实践。

(1) 为查看酸性气体对管线的腐蚀情况，针对塔中油田某试验区在新建的塔中 82 区块集输干线进厂部分，通过常规的腐蚀挂片和腐蚀探针，监测与母材材质相同挂片的腐蚀情况；通过全周相腐蚀监测系统，直接监测母材的腐蚀情况。利用 FSM 特有的功能，对管线的腐蚀情况进行分析，验证采取的防护措施。在常规监测与全周相腐蚀监测对比的基础上，充分表明 FSM 系统在塔中油田的应用效果是有效的。采用 FSM 腐蚀监测技术的两种形式(FSM-IT 和 FSMLog)及其塔中 1 号气田中的应用为例，使用 MultiTrend 数据处理软件对测试区域内 TZ82 管线进行了平均腐蚀速率、最大点蚀速率及焊缝腐蚀情况进行了分析，应用表明该技术能实时监测管线的真实壁厚及点蚀的具体位置，在气田值得推广应用。

(2) 长北气田集气管网采用外防腐层和阴极保护的联合保护方案，外防腐层选用加强级聚乙烯三层 PE 防腐层，阴极保护采用强制电流法，保护站设在中央处理厂，并在干线设置了国内陆地上第一套在线腐蚀监测设施 FSM[9]。

(3) 杨发平等[10]针对普光气田地面集输工艺及各种监测技术的特点，普光气田地面集输腐蚀监测系统包括集气站(集气总站)站场工艺管线的监测及集输管网的监测两部分。在集气站和集气总站设置水分析取样点，采用腐蚀挂片法(CC)、电阻探针法(ER)、线性极化探针法(LPR)、定期进行铁离子分析等方法，在集输管网的线路管道上安装包括 FSM 测量装置、FSMLog 数据采集器在内的 FSM 腐蚀监测系统进行腐蚀监测，实测数据表明，地面集输系统年腐蚀速率有效地控制在 0.0764mm 以下，确保了集输系统的安全平稳运行。

(4) 元坝气田是国内继普光气田后第二大酸性气田，目前 FSM 系统主要分为两大类，为进口 FSM 系统和四川大学的国产 FSM 系统，元坝气田为优选 FSM 监测系统，分别试用了进口 FSM 监测系统和国产场指纹监测系统[11]，所有系统均安装在管道的环向焊缝处，除了常规方法，还采用 FC 值向量图，对这两类系统的应用情况进行数据分析，国产 FSM 系统监测为同类油气田的应用分析提供了一定参考价值，应引起高度重视。张强等[12]在对高酸性气田腐蚀及监测调研基础上，以龙岗气田腐蚀监测体系为例，采用包括腐蚀监测点的布置、监测方法的选择、腐蚀回路的划分、数据的管理等方面的高酸性气田腐蚀监测技术，配合超声波测厚技术、氢探针技术、缓蚀剂残余浓度分析技术及腐蚀预测技术，可实现现场腐蚀数据的评价和预测，为腐蚀控制措施提供数据支持。

(5) 胡涛等[14]2002 年，在南海西部某气田建造期间，施工方在海底管道中部应用 FSM 腐蚀检测技术对海底管道内腐蚀状况和缓蚀剂效果进行评价，并通过专用分析软件 FSMTrend 对检测数据进行分析[13]。

(6) 郝敏等[14]采用模块化设计原理，开发了场指纹法管道腐蚀监测系统软件，分别设计了系统的数据采集、数据分析处理、数据可视化模块以及发送短信和邮件等模块，对实验室管道进行了长期的监测结果表明，系统能稳定地同时采集多个管道监测数据，能对初始测量数据进行处理、可视化显示腐蚀参数和腐蚀形貌等，并可以每天定时发送监测数据及文件给用户，系统运行稳定可靠。谈云骏等[15]FSM 管道腐蚀监测法以及多核平台下 MATLAB 中并行计算的原理，同时将 MATLAB 并行计算通过动态链接库(DLL)的形式，运用在基于 VB 的 FSM 软件系统中，解决了 VB 环境下矩阵运算耗时的问题，这对于提升应用程序执行效率，加快大数据处理速度，具有较高应用价值和参考意义。

(7) 李金刚等[16]采用场指纹法等先进检测技术对金属管道进行实时检测，获得大量比较准确的数据，探索性地运用数理统计的方法提出了一种均匀腐蚀金属管道剩余寿命预测的数学模型。

(8) 基于 FSM 原理，许华文等[17]分析小腐蚀坑不可识别问题形成的原因及其影响，并提出一种解决方法——主辅电压法(Major and Assistant Voltage Method，MAVM)，仿真分析表明主辅电压法可以大幅提高坑蚀的监测精度。

5 结论及建议

(1) FSM 是无损检测和实时监测的新型技术之一，现已广泛应用于石油化工、海洋工程、压力容器等各种腐蚀场合构件的缺陷检测，尤其适用于管道、水下结构等构件的在役实时监测，效率很高，应用前景良好。

(2) 鉴于目前国内油气输送管道检测和监测技术尚处于发展阶段的现状，鼓励引进国外这种新兴的工业技术到我国油气储运行业有着非常重要的工程应用价值，同时也是满足我国大规模建设油气长输管道、适应世界新技术发展的潮流的需要，高起点地投入这类成熟的科技成果必将促进石油石化管道工业技术升级，为我国油气管道建设、投产和运行维护工作提供强有力的技术保障。

(3) 总的来说，FSM 技术已较为成熟，在石油化工、金属构件监测、桥梁监测等领域广泛应用，特别是在陆上和海底管道结构健康安全监测工程应用取得了积极进展和较好的应用效果。下一步在高温及低温中的适用性分析、单个特殊形貌缺陷识别与测量、组合缺陷识别与测量、电流注人点和电极点优化布置、大型油气储运设施监测应用等方面开展研究，将对 FSM 技术的进一步完善与发展至关重要。

参 考 文 献

[1] 张咏今，苗传臣．新技术监测管线腐蚀、裂纹[J]．国外油田工程，1994，5：55~58.

[2] 陈积懋．管道无损检测与评价技术[J]．石油化工设备技术，1997，18(1)：49~52，58~59.

[3] 段汝娇，何仁洋，杨永，等．管道非破坏腐蚀监测

新技术研究进展[J]. 管道技术与设备，2014，6：18~20.

[4] 段光才摘译. FSM——一种完美的监测钢制管道和容器腐蚀的方法[J]，1994，3：43~45.

[5] 刘熠，陈学峰. 西南油气田输气管道内壁腐蚀的控制[J]. 腐蚀与防护，2007(5)：43~45.

[6] Rowan Technologies Ltd. Portable Scanner systems for periodic Monitoring of Industrial Plant [EB/OL]. [2014-09-01]. http：//www. Rowantechnologies. co. uk/monitoring. html.

[7] FARREL D M，ROBBINS B J. Crack growth monitoring on industry plant using established electrical resistance scanner Technology. Insight - Non - Destructive Testing and Conditioin Monitoring，2008，50(12)：690~694.

[8] 万正军，廖俊必，王裕康，等. 基于电位列阵的金属管道坑蚀监测研究[J]. 仪器仪表学报，2011，32(1)：19~25.

[9] 马建兵. 场图像技术FSM在气田输气管道上的应用[J]. 化工管理，2016(4)：62.

[10] 杨发平，王贵波. 普光气田地面集输系统腐蚀监测及控制体系[J]. 天然气工业，2012，32(1)：94~97.

[11] 华吴平，李怡，姚华弟. 国产场指纹腐蚀监测系统的应用[J]. 腐蚀与防护，2016，37(5)：368~370，413.

[12] 张强，陈文，杨梦薇，等. 高酸性气田腐蚀监测技术研究[J]. 石油与天然气化工，2012，41(1)：62~69，.

[13] 胡涛，朱本智，闫化云，等. FSM技术对海底管道中缓蚀剂应用效果的评价[J]. 管道技术与设备，2011，32(3)：236~238.

[14] 郝敏，谈云骏，廖俊必. 基于场指纹法的管道腐蚀监测系统软件设计[J]. 石油机系诶，2014，42(10)：99~102.

[15] 谈云骏，郝敏，廖俊必，等. FSM软件系统中MATLAB并行计算的应用[J]. 软件导报，2014，13(5)：29~31.

[16] 李金刚，林思建，龙伟，等. 基于FSM无损检测的金属管道均匀腐蚀剩余寿命预测[J]. 表面技术，2016，45(3)：7~11.

[17] 许华文，廖俊必，殷国富. 场指纹法管道腐蚀监测系统小腐蚀坑的高精度识别方法[J]. 腐蚀与防护，2013，34(4)：331~334.

石油文化赋能石油石化成品油销售业务阿米巴经营数字化转型创新思考

刘力昌

（中国石油销售分公司）

摘　要　石油精神和大庆精神铁人精神是中国石油企业文化的内核，是销售业务阿米巴经营、数字化转型哲学基础。阿米巴经营和数字化转型是提质增效双轮驱动，推动销售业务新发展、新跨越。集团公司开展的“战严冬、转观念、勇担当、上台阶”主题教育，正是继承和发扬石油企业文化新征程、新落实和新实践。构建柔性组织，全员参与经营，实现增销、降费和防风险目标。坚持顶层设计和基层实践相结合，按专业线开展团队建设，服务客户和库站基层，赋能销售业务高质量发展，为推进世界一流综合性国际能源公司建设迈上新台阶，贡献销售智慧和方案。

关键词　石油文化；阿米巴经营；数字化转型；核心路径

今年以来销售业务面对全球油气市场供应端和需求端遭受双重挤压、原油价格断崖式下跌、美国原油期货甚至出现了历史性负价、国内石油市场竞争加剧和疫情等多重因素的叠加影响，如何进一步继承和发扬中国石油优良传统，充分发挥销售业务、信息化优势，快速实现阿米巴经营为内核的销售业务数字化转型，是当前和今后一个时期销售企业面临的重大历史课题。要脚踏实地、不折不扣、始终如一地坚持以习近平新时代中国特色社会主义思想武装销售人的头脑，指导销售业务高质量发展的实践，破解难题，突破瓶颈。释放销售业务优势和信息化成果红利，全方位发力，全力实现销售业务提质增效的新跨越，为集团公司推进世界一流综合性国际能源公司建设迈上新台阶，贡献销售智慧和方案。

1　销售业务阿米巴经营的根和魂

石油精神产生于20世纪60年代大庆石油会战，会战队伍坚持学习《实践论》和《矛盾论》，坚持“两论”起家、“两分法”前进。石油会战中实践总结出的“三老四严，四个一样”、“经营决策六靠”“三个面向，五到现场”、“岗位责任制”和“三基”工作的石油精神、大庆精神和铁人精神。当今穿越时空，重温震撼心灵的石油精神和大庆精神铁人精神深刻内涵，全息深刻感知当年会战队伍一心要甩掉中国石油落后帽子，一心要高速度、高水平地拿下大油田，一心要赶超世界先进水平战天斗地的感人场面。石油企业文化是破解销售业务提质增效难题的企业文化保障、是导入销售业务阿米巴经营数字化转型的原动力、核能量，对做好销售业务具有重大实践指导意义。

（1）石油企业文化-阿米巴经营哲学。石油精神、大庆精神铁人精神构成了石油企业文化的核心内涵。“三老”是做老实人、说老实话、干老实事；“四严”是严格的要求、严密的组织、严肃的态度和严明的纪律；“四个一样”是白天和黑天一个样、坏天气和好天气一个样、领导不在场和领导在场一个样和没有人检查和有人检查一个样的；“经营决策六靠”是靠中央精神、靠班子集体、靠群众智慧、靠专家论证、靠基础工作和靠现代化手段；“三个面向”是面向生产、面向基层和面向群众；“五到现场”是生产指挥到现场、政治工作到现场、材料供应到现场、科研设计到现场和生活服务到现场。“岗位责任制”是岗位专责制，巡回检查制，质量负责制，安全生产制，交接班制，设备维修保养制，岗位练兵制和班组经济核算制。“三基”工作是加强以党支部建设为核心基层建设、加强以岗位责任制为中心基础工作和加强以岗位练兵为主要内容的基本功训练。大庆精神概括为“爱国、创业、求实、奉献”，是唱响我为祖国献石油的主旋律，为国争光、为民族争气爱国主义精神；是独立自主、自力更生艰苦创业精神；是讲求科学、

“三老四严”的求实精神；是胸怀全局、为国分忧奉献精神。铁人精神是“为国分忧、为民族争气”爱国主义精神；是“宁可少活20年，拼命也要拿下大油田”忘我拼搏精神；是“有条件要上，没有条件创造条件也要上”艰苦奋斗精神；是“为革命练一身硬功夫、真本事”科学求实精神；是“甘愿为党和人民当一辈子老黄牛”埋头苦干奉献精神。铁人王进喜一句“宁肯少活20年，拼命也要拿下大油田”豪言壮语，感动、激励了几代石油人，在当今条件下，是做好销售业务阿米巴经营数字化转型思想基础和充分必要条件。

（2）主题教育活动-阿米巴经营保障。集团公司部署了“战严冬、转观念、勇担当、上台阶”主题教育，倡导“马上就办、担当尽责”，转变机关工作作风的全局性工作。销售板块迅速开展主题教育活动，层层传导压力和信心，把广大干部员工思想和行动统一到党中央决策上来，统一到集团公司党组部署要求上来，为集团公司提质增效专项行动提供坚强思想保障。践行“信念坚定、为民服务、勤政务实、敢于担当、清正廉洁”好干部标准，把加强销售板块机关作风建设作为紧迫任务和永恒主题，提高政治站位、增强大局意识，突出问题导向、目标导向、结果导向，坚持对上负责和对下负责相统一，是继承和发扬“三老四严、四个一样”，“三个面向、五到现场”等石油优良传统的具体实践，为销售业务阿米巴经营数字化转型提供坚强保障。

（3）全面提质增效-阿米巴经营目标。集团公司安排了提质增效专项行动，是贯彻落实中央经济工作会议的举措，是面对当前特殊形势所采取的应对措施，也是为今年全面建成小康社会、落实集团公司工作会议精神、推动公司高质量发展迈上新台阶的重大部署。销售分公司按照“一切成本皆可控”的理念，继承和发扬“有条件要上，没有条件创造条件也要上”的铁人精神，分专业线制定了提质增效专项行动方案，制定可量化、可操作和可考核的实施方案。板块副总师，正、副处长挂点地区公司对口联系，按季、月和周进行管理、督导和支持销售企业提质增效工作。定期在销售生产例会上汇报专业线和挂点联系销售企业提质增效工作，交流销售企业提质增效的典型经验和有效措施。按照提质增效目标、分解计划，制定措施，全面管理联系单位提质增效开展情况，及时解决提质增效过程中矛盾和问题，挂点联系人与相关部门沟通，帮助联系单位解决实际困难。推动销售企业按计划实现提质增效工作，这是销售业务阿米巴经营数字化转型初心和使命。

2　销售业务阿米巴经营模式

参加了销售板块组织的阿米巴经营培训，阅研稻盛和夫《阿米巴经营》、《阿米巴经营实践》和宗英涛《阿米巴经营之道》等有关书籍，观看稻盛和夫关于阿米巴经营演讲视频讲座，感觉到下面这段话对经营企业总结的最形象和逼真。经营企业和驾驶飞机一样，飞行员需要通过读取仪表盘的数据来确认当前飞行速度、引擎输出马力、飞行速度和燃料剩余量等飞行数据，在理解这些数据基础上操纵飞机。如果不这么做，飞机就无法安全抵达目的地。经营者也是一样，必须仔细看懂核算表数据，才能安全地经营企业，阿米巴经营亦是如此。

（1）阿米巴经营哲学。阿米巴经营成功导入销售业务，需要销售企业全员拥有共同的经营哲学。以石油精神和大庆精神铁人精神为基础的石油企业文化是销售业务阿米巴经营共有哲学。继承和发扬石油文化，实现石油文化与阿米巴经营的有机结合、融合和聚合，阐扬石油精神和大庆精神铁人精神，构筑销售企业全员参与经营，追求物质和精神幸福，为人类社会进步和发展做贡献的哲学共识。构建客户、员工和销售企业的命运共同体，是销售业务阿米巴经营数字化转型哲学基石。

（2）阿米巴经营内容。阿米巴经营核心是梳理和优化销售企业职能部门，构建柔性组织架构，区分核算和非核算职能，划小经营核算单元。按区域、产品、品种和客户，建立订单生产、库存销售和内部核算体系。采用动态调整的单位时间核算表统一标准评价阿米巴组织经营状态和员工的绩效，构建组织和全员对企业贡献的可视化管理，让全体员工都知道阿米巴经营状态，是“岗位责任制”石油文化内涵的具体践行。采用单位时间核算表将石油市场变化的压力，传递给销售企业阿米巴组织和全体员工。每名员工都是销售企业的主角，全员参与企业经营，这就是阿米巴经营的真谛。其目标是实现销售最大化，费用最小化，利润最大化。销售业务预算、单站核算管理，按地区、地市和库站组织管理模式，销售业务专业团队和项目管理的工作推进机制，是销售业务导入阿米巴经营有利条件。

（3）阿米巴数据支撑。销售业务信息系统覆盖石油市场、客户信息、营销管理、物流管理、零售业务、非油品、财务管理、发票管理、结算支付和互联网相关的业务数据(见图 1)。经过近 20 年深化应用和积累，坚持不懈地采用 5 大类、99 个小类量化应用指标，开展 120 次考核工作，推进信息系统标准化应用，信息系统数据质量不断提升，全部销售企业系统数据可用度达到 98%以上，为实现销售业务阿米巴经营，构建单位时间核算表提供了坚实的销售业务基础数据。

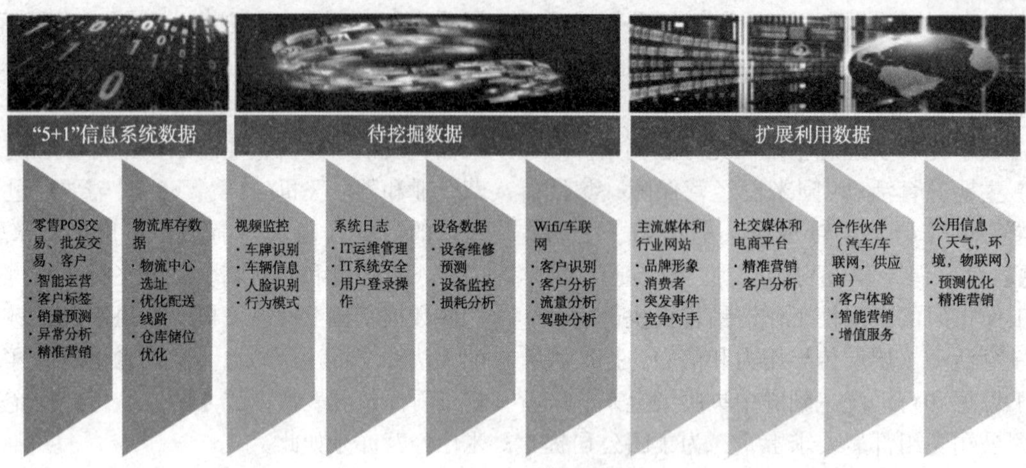

图 1　销售业务数据类型

3　阿米巴经营数字化转型条件

销售分公司是中国石油勘探、炼制、管道和销售四大业务板块之一，是集团公司销售收入的主渠道，直接面对石油成品油市场和终端客户，是中国石油销售企业服务社会、服务客户的前沿阵地。

（1）销售基础设施优势。销售业务经过二十多年发展，从最东端东方第一加油站到最西端喀什康苏加油站，最北端漠河北极村加油站到最南端三亚亚龙湾加油站，最高海拔珠穆朗玛峰和最低海拔吐鲁番盆地的立体空间内。按行政区划分布着众多成品油销售企业、地市公司、油库、加油站和便利店，年周转量 1.1 万吨储运能力，年销售总量 1.2 亿吨销售能力。坚持实施油卡非润气、线上和线下一体化运营，以拓展市场份额、提高纯枪销量、促进效益增长为重点，推进市场化改革、精细化营销、数据化运营、多元化发展，全面提升销售业务发展质量和水平，这是销售业务阿米巴经营数字化转型业务基础。

（2）统建信息系统优势。根据集团公司信息总体规划，聘请国际知名 IBM 咨询公司，编制了销售业务信息化建设方案，规划了销售业务相关的 ERP、物流、加油站和 CRM 等信息系统。适应销售业务协同管理、互联网+的发展形势，补充了销售应用集成配套和电子销售平台 2 个信息系统，进一步提升和完善了销售信息化建设方案。经过 3 个五年规划大规模集中建设，建成投用了上述规划的销售业务信息系统，形成了销售业务信息系统总体应用架构(见图 2)。建立了纵向穿透组织，横向构建协同，集内部管理、客户服务、业务协同和数据应用功能为一体的信息化支撑体系。全面支撑线上营销和线下管理全场景信息化应用，积累了 150T 成品油销售业务相关数据，是建立销售业务阿米巴经营数字化转型数据基础。

（3）专业人才队伍优势。伴随销售业务发展、信息化建设应用过程中，培养和锻炼了一大批熟悉成品油销售业务和信息化专业人才队伍。在销售公司、地区公司、地市公司、加油站、便利店、营业室和油库等多个层面，拥有一大批即熟悉石油市场、营销管理、物流管理、零售管理、非油品管理、规划管理、工程管理、财务管理、安全管理，又熟悉信息化的经营决策、管理和操作层面的复合型专业化队伍。为销售企业导入阿米巴经营，实现销售业务数字化转型，提供了专业团队和人才保障。

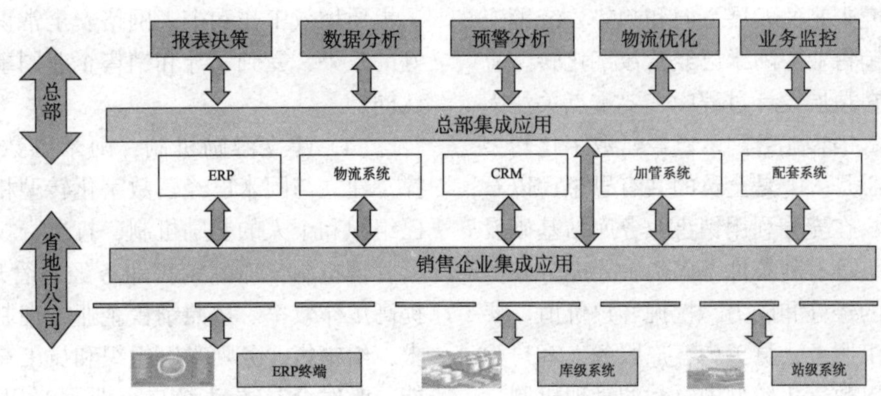

图2　销售业务信息系统架构示意图

4　阿米巴数字化转型过程

何为数字化转型？数字化转型是企业对其业务进行系统性、彻底的(或重大和完全的)重新定义，是对企业组织活动、流程、业务模式、员工能力和信息能力的重新定义和实践，数字化是媒介、是条件。转型是企业经营管理和商业模式从传统状态到未来状态的转换、嬗变的过程(见图3)。

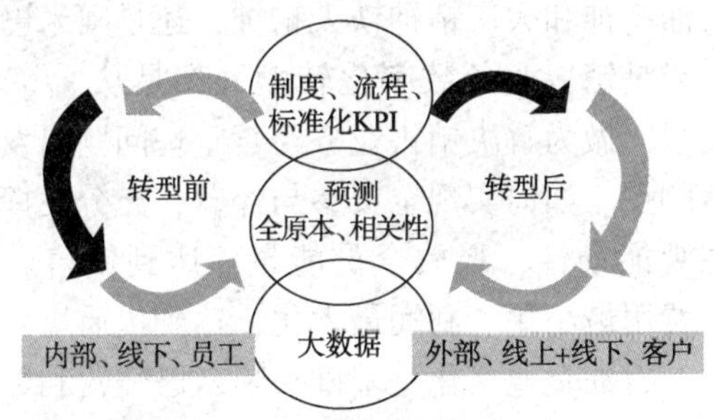

图3　企业数字化转型过程示意图

(1) 阿米巴数字化转型内容。销售业务阿米巴经营数字化转型就是在中国石油企业文化土壤上，发挥销售业务优势，采用信息化数字化手段，销售企业实现当今经营管理和商业模式转变到提质增效的经营管理和商业模式的转变过程，全方位、全维度赋能销售企业的提质增效工作，就要导入阿米巴经营模式，实现以阿米巴经营为重点的销售业务数字化转型。

(2) 阿米巴数字化转型目标。数字化转型重点集中在转变销售业务经济增长方式，注重提质增效工作。实现阿米巴经营销售最大化，费用最小化，在防范经营管理、系统应用和运维保障等各类风险的前提下，实现成品油销售量增加，经营管理费用降低，企业利润最大化。坚持不懈地导入阿米巴经营的销售业务数字化转型，支撑销售业务实现新发展，引领销售业务奔向高质量发展彼岸，为集团公司世界一流综合性国际能源公司建设添砖加瓦。

(3) 阿米巴数字化转型手段。梳理销售业务的经营管理制度、优化业务流程，抓基础推进标准化，完善和提升适应阿米巴经营 KPI 指标。采用全样本、相关性和预测的大数据思维，充分挖掘数据价值，将前期积累的销售业务数据转化为公司核心资产、高效资产。利用北斗导航、云平台、物联网、5G 和人工智能等技术，支撑销售业务阿米巴经营数字化转型落地，催生销售业务新商业模式、新产业和新业态。提升销售业务统建信息系统功能，构建客户为中心的线上和线下融合互动的销售业务互联网+同心圆。改进信息系统项目管理方法，快速适应千变万化石油市场形势，全面支撑销售业务阿米巴经营。提升信息系统运维和网络安全工作水平，构建适应阿米巴经营互联网应用保障体系。

5　阿米巴经营数字化转型途径

销售业务开展阿米巴经营数字化转型过程中，要尊重基层首创精神，一切从实际出发，走群众路线，从群众中来，到群众中去，大力发扬“经营管理六靠”的石油企业优良作风，在坚持集团和板块层面顶层设计同时，鼓励和尊重销售企业基层实践。要充分运用共享、创新和服务的理念和实践，全方位激活销售全员为企业工作的动能，坚持以员工为中心，靠员工、为员工，充分发挥销售全员的主观能动性，释放全员的能量。

(1) 抓好顶层设计，阿米巴数字化转型关键。站在国内外石油市场和客户、石油价值链实现和集团公司的角度，审视和定位销售业务的地位和作用，研究未来的发展方向和趋势。统筹安排，统一规划销售业务阿米巴经营数字化转型总体框架方案。在顶层设计过程中，要重点关注人这个核心要素。销售业务阿米巴经营数字化转型成功与否的核心是人，是全员的共有思想，以石油精神为统领，在充分利用销售业务库站基础设施、信息化成果等有利条件基础上，要充分发挥销售企业全员的经验和能力，挖掘客户价值。要构建企业为员工服务，员工为客户服务，客户为销售业务阿米巴数字化转型做贡献的管理机制。

（2）尊重基层实践，阿米巴数字化转型核心。鉴于成品油销售企业直接面对石油市场、面对客户的特殊性，销售企业油库和加油站受国家经济形势、社会环境和互联网新思维影响较大。为做好成品油零售和便利店业务，油库和加油站做为阿米巴经营组织基层实体，是感知市场和客户的阿米巴。上级管理单位一定要尊重和听取听见炮火人员合理化建议和诉求，弘扬“三个面向、五到现场”优良传统。正是基层员工来自实践的思想、方法和措施，经过总结、升华、完善、提升和全系统推广应用，成为阿米巴经营的重要举措，可以带来大幅度增加销量，大幅度降低费用，避免发生经营管理风险和安全事件。

（3）专业团队建设，阿米巴数字化转型保障。坚持“共享+创新”的理念，尊重基层首创精神，激活全员动能，践行“三基”工作。坚持当下的工作方式，采用 OA、邮件、即时通讯和中油软件视频会议。板块和销售企业共同确定销售团队建设方案，规划销售业务分享交流内容，营造板块和销售企业两级机关搭台，地市、库站基层员工唱戏的共享创新服务的新局面。分两个层次开展分享交流活动，强化销售专业化团队建设。就我在销售分公司数据管理处的分管工作来讲，建立了销售网络安全团队，开辟了网络安全论坛，开展了 15 次分享交流活动，开展了网络安全方面的通知和方案解读，典型网络安全案例学习，总院项目组和销售企业典型经验和做法分享交流。在销售 3 党支部，并联合第 4 党支部，坚持线上支部学习，采用中油软件视频会议，开展了 8 次线上支部学习活动，组织第 3 党支部与山东公司机关工程党支部，河南公司机关加管信息、财务党支部开展了 2 次党建联系活动，交流了提质增效工作和个人网络安全常识，收到了很好的效果，受到领导和销售企业同事们的点赞和认同。

（4）建立激励机制，阿米巴数字化转型支撑。建立与阿米巴经营数字化转型相配套的阿米巴组织和个人的奖励机制，打造责权利相结合经营管理机制，抓好销售业务经营管理基础工作，提高工作效率。按照销售企业管理制度规定和要求，给销售业务阿米巴组织和员工充分授权、赋能，激发全员主动参与企业阿米巴经营的积极性，充分发挥、实现员工的价值，挖掘客户的价值，最终实现销售企业的目标。

结论

论证了石油文化、主题教育、销售业务、阿米巴经营、数字化转型和提质增效内在相关性。石油企业文化赋能销售业务阿米巴经营管理转型，石油企业文化和阿米巴经营赋能销售业务数字化转型，双转型驱动销售业务高质量发展。笔者认为，要抓住“人”这一核心关键因素，无论是石油精神和大庆精神铁人精神，还是阿米巴经营，或是销售业务数字化转型，都是从“人”这个要素，做为解决销售业务经营管理问题出发点和落脚点。如何实现全员参与经营，充分发挥全员主观能动性，释放全员能量，达到销售最大化、费用最小化、利润最大化，达到提质增效的目标。石油企业文化是基础，阿米巴经营和数字化转型是手段，提质增效是目标。坚持顶层设计和基层实践相结合，构建专业线团队和全员激励机制，发挥中国石油销售人的全员智慧，实现销售业务的高质量发展，为集团公司推进世界一流综合性国际能源公司建设迈上新台阶，贡献销售力量。

参考文献

[1] 稻盛和夫．阿米巴经营．[M]．中国大百科全书出版社，2016.

[2] 稻盛和夫．阿米巴经营实践．[M]．中国大百科全书出版社，2018.

[3] 宗英涛．阿米巴经营之道：中国企业实现高收益的大智慧．[M]．中华工商联合出版社，2018.

基于“互联网+”模式下的 QHSE 监督创新与实践

孙 珀 邓爱禹 徐常胜 王文清 李 磊 陈 波 董颜鸣 唐 宇 赵 伟

（克拉玛依红山油田有限责任公司）

摘 要 随着公司数字化、物联网的探索和建设，传统的 QHSE 监督模式已不能满足和适应公司现代化发展需要。为实现公司智能化转型和持续健康安全发展需求，公司提出了在基于“互联网+”环境下开展线上+线下新型监督模式的创新方案。通过物联网，利用生产现场的视频监控设备实施远程在线监督，由监控系统对现场违章、异常行为进行主动识别、自动抓拍、即时推送、自主监督。线上+线下新型监督模式提高了监督效率，达到了提质增效、降本增效的目的，为油田企业开展视频监督提供了一套可借鉴、可复制、可推广的监督模式和实践经验。

关键词 “互联网+”；线上监督；线下监督；监督联动；实践应用

针对承包商监管不到位、作业现场违章行为多发频发、作业现场不能监督全覆盖等问题，为认真贯彻落实全员、全方位、全过程、全天候“四全”安全生产管理要求，切实抓好安全环保各项工作[1]，公司在原有油气生产物联网基础上建设视频监控系统平台，利用摄像头 24 小时不间断运行的特点，依托无线网络技术、数据传输存储技术、图像处理技术，在油区布设视频监控设备，构建监控面覆盖油区各站场、各油井的监控系统，实现对整个油气生产现场的监控[2]。

1 监督创新的背景与意义

红山公司是由中国石油天然气股份有限责任公司、新疆能源（集团）有限责任公司、新疆生产建设兵团投资有限责任公司三方合作，以稠油开采为主的油田企业，合作面积 100.1 平方公里。目前有各类油井 1894 口、稠油处理站 1 座、管汇站 206 座、接转站 24 座、注汽站 19 座，有在册员工 500 名。已建成能够承载部分区域单井数据传输、视频监控的数据传输网络。为降低企业成本，加强生产过程监控，实现作业全过程监督，进一步推进油田生产管理模式创新，达到强化安全、过程监控、节约人力资源和提高效益的目标。2019 年 9 月，公司积极探索实践“物联网”模式下管理架构，压缩管理层级，推行扁平化和去行政化管理，建立“八大中心”组织架构。监督中心作为 QHSE 监督部门，始终以风险管控为核心，扎实开展现场监督检查、隐患排查，有效保障了公司安全生产，但在安全管理上依然存在四个方面的短板。

1.1 承包商监管不到位

油田企业的施工作业往往处在易燃易爆、有毒有害、高温高压等危险环境中，同时作业过程中还可能存在起重伤害、机械伤害、物体打击等多种危害因素，一旦承包商作业属地监管不到位，极易发生安全事故事件并造成不良社会影响[3]。集团公司发布多项新部署、新要求，强化承包商监管，将承包商管不住的风险列入集团公司六项较大风险。

1.2 现场违章行为多发、频发

安全监管工作不能做到“四全”管理原则要求，违章取证难，习惯性违章屡禁不止，风险管控依然存在漏洞，行为安全必须在严格高效监督下，采取一定严厉处罚手段迫其改变行为并养成良好的安全习惯。

1.3 现场监督检查覆盖率低

监督人员每日对承包商作业现场监督覆盖率约占 30%，接转站、管汇站等油气站场由于点多面广，监督覆盖率更低，部分偏远站场可能存在检查频次少、长期未检查的情况。

1.4 现场监督检查时间有限，部分时段存在监督空档

部分施工作业开工早，连续施工周期长，现场监督无法实现全过程、全天候监督。特别是节假日、中午、夜间及施工收尾阶段，往往监督力量薄弱，易发生承包商违章作业导致事故发生。

2 国内油田视频监控应用现状

目前，各油田企业极少部分实现了油井远程监控，但在站库基本都安装了视频监控系统，主要功能只是巡检为主要目的，没有设置专业监督岗，基本也没有实现智能抓拍、智能记录、智能分析判断等功能。如胜利油田所属的新春油田，已安装视频监控 800 余套，实现对油区视频监控全覆盖，但监控系统还不具备智能分析识别功能；个别油田少部分油井根据环境特征也实现了远程视频监控，如辽河油田对 400 多口处于水洼地的井实现视频监控，便于对该区域的油井进行监控巡检；个别关键站库实现了智能监控，如塔里木乙烷制乙烯项目今年 5 月启用了智能监控系统，对现场未戴安全帽等违章行为可进行智能分析自动报警。也有单位采取集中区域监控，如新疆油田风城作业区，每个采油区有瞭望台，可见监控范围达 5 公里。

3 视频监控系统的实现策略

基于红山油田已建视频监控平台现状，秉承经济性、安全性、可靠性、稳定性及可扩展性原则，对红山视频监控系统平台进行扩建。建设一套网络化的全天候网络视频监控系统，不但确保井场视频监控系统主体技术先进，还提升了系统的性价比。

3.1 前端摄像机设置

红山公司井场主要为多井丛式井场与单井井场，井场分布于管汇周边。根据监控需求，在井场外合适位置布置 6m 监控立杆，固定摄像机选用具备前端智能分析功能的 200 万像素高清定向枪型摄像机。通过优化，用水泥杆作为立杆，利用现场已建灯杆或多井场共用立杆，优化后减少立杆 142 根，节省投资约 15 万元，井场单套设备及建设成本为 2.88 万。目前现场共架设摄像头 885 台，其中移动摄像头 5 套、固定摄像头 880 套(表 1、表 2)。已接入公司视频监控平台的承包商有 4 家共 6 支队伍、25 台摄像头，其中钻井 18 台、修井 3 台、活动锅炉 4 台。已实现主要功能有实施预览、录像回放、入侵报警、远程喊话等 7 项功能(表 1)。

表 1　视频监控设备布设及主要功能

视频应用类别	数量/台	视频监控系统平台主要功能						
		实时预览	录像回放	警界抓拍功能	抓拍图片查询	图像远近焦距调整	远程喊话	云台旋转
管汇点	188	√	√	√	√	√	√	无，全为枪机
平台井、散井	588	√	√	√	√	√	√	无，全为枪机
安保应用	32	√	√	√	√	√	无	无
红山公司移动视频	5	√	√	无	√	√	√	√
钻井、修井移动视频	21	√	√	无	√	√	无	修井有此功能
生产操作间视频	51	√	√	无	√	√	无	部份有

表 2　移动、固定摄像头适用范围

设　备	移动摄像头	固定摄像头
覆盖范围	重点边远井、新投井、钻井、地面新建施工现场	管汇、杠点、泵房等其他固定场所
监控内容	关键边远井作业、新井注汽、钻井搬迁吊装、新建站场施工	设施设施运转、滴漏跑冒、人员操作、检维修施工
适用范围	边远井、新投井、新建项目、钻井、试油	设备集中、固定场所

3.2 视频传输网络构建

视频传输网可以采用有线光缆与无线传输的方式。通过对比优化，在原有有线视频网络基础上，新建 1 套无线视频传输专网用于红山公司所有视频业务的传输，项目总投资约 450 万，较有线光缆传输方案减少投资约 3550 万。无线网络按单路视频上行带宽按不低于 4Mbps 设计，井场及管汇视频监控数据上传无线视频专网选用基于时分多址(TDMA)原理及时隙划分技术的无线网桥组网。结合集油区所需覆盖的点位位置和已建通信塔资源，租用铁塔公司设置在油区内的4处通信塔作为主站，每个基站采用点对多点无线网桥设备，对附近点位进行无死角覆盖。利用无线网桥设备直接实现前端设备的网络接入问题，使得整个无线网络的选点优化、合理，避免了错误选点带来的重复建设和浪费资源。

3.3 智能视频监控系统架构

视频监控系统利用计算机视觉技术对视频信号进行处理、分析和理解，在无人为干预的情况下，系统通过对序列图像自动分析，对监控场景中的变化进行定位、识别和跟踪，并在此基础上分析和判断目标的行为，及时发现异常情况并发出警报，协助安全生产管理及监督人员处理突发状况[4]。视频监控平台存储及转发扩容采用网络存储服务器+流媒体服务器的架构，结合平台已建视频管理服务器及平台管理软件，最终构成红山公司视频监控系统。整个视频监控系统集实时视频监控、周界报警联动、视频核查追踪采集、存储处理、网络管理、用户管理、相关业务流程控制、远程维护、安全机制等功能于一体。

4 新型监督模式实践路径

4.1 设立监督机构、建立规章制度

设立在线监督岗，岗位编制为3人，归口管理中心为监督中心。制定发布视频监督管理办法，明确业务分工、岗位职责、工作流程，为开展视频监督提供指导和依据。

4.2 明确管理职责，细化岗位分工

在线监督实行网格化管理，责任到人。按照岗位分工，登陆监控平台，对人员操作、设备设施、环境保护、作业许可等进行实时在线监督。

4.3 线上、线下监督定义

线上监督指登陆视频监控平台，利用视频监控设备对生产现场进行实时在线远程监督或通过视频回放对关键环节、重点工序等工作过程及作业环境进行的监督。线下监督指监督人员在作业现场以旁站、巡检的方式开展的实地监督。

4.4 线上监督实践应用

4.4.1 实时预览，作业现场快速切换

可以根据监督需要，任意切换作业地点，对作业现场进行在线监督。通过录像回放，可对违章隐患成因作出准确分析、判断，制定合理的纠正预防措施。干扰因素少，只要有网络，可随时随地开展在线监督。

4.4.2 图像智能分析、事件联动报警

视频监控系统建立了一套可自学习的智能分析系统，通过已有的视频大数据进行人的不安全行为及物的不安全状态视频特征训练，形成适合油田生产智能分析算法，完成建立油气生产违章行为数据库、违章行为识别算法库，利用计算机自学习能力及时识别生产现场、作业活动中的人员违章、环境污染、越界闯入等违章和异常情况进行自动报警，形成智能分析诊断，异常自动报警，人工确认后处置监督新模式。

4.4.3 远程喊话，纠正制止不安全行为

由人的不安全行为而导致的事故占事故总数的80%。通过视频监督，监督人员以不同视角、不同站位对现场作业人员的执行操作、协同配合、安全意识、作业环境等进行观察、判断，当发现作业人员存在不安全行为、作业环境不良时，线上监督立刻通过远程语音喊话对其行为进行纠正制止并督促整改，严重时可叫停作业。

4.4.4 图像抓拍，违章取证

线上监督发现作业人员存在违章行为时，可以对监控屏幕图像进行抓拍，也可通过录像、剪辑功能，对整个作业过程进行录像取证，为责任判定、违章处罚提供了充分有力的证据，对现场作业人员起到了有效的震慑作用。

4.4.5 通过视频回放，开展问题调查

利用视频回放功能，还原作业现场，对已发生事故事件的原因进行调查分析。例如2019年10月17日11：10，线上监督发现某井抽油机曲柄反转，经现场检查排除故障后恢复正常，但曲柄反转原因尚未清楚。通过视频监督反复回放，最终找到了造成曲柄反转的原因，制定了防范措施，避免同类问题再次出现。

4.5 线下监督工作实践

线下监督与线上监督形成互补。工程质量监督、HSE监督等各专业监督可以在作业现场及非作业现场，通过开展“查思想”、“查管理”、“查技术”、“查纪律”四查工作，全面整改发现的安全隐患和管理短板，坚决防止事故发生[5]。通过线下对责任单位、责任人进行约谈问责、违章处罚、业绩考核，查找管理缺陷，填补管理漏洞，夯实现场安全管理，为开展线上监督奠定基础，创造条件。

4.6 线上+线下监督联动配合

线下监督在现场对人员资质、施工机具、五

交底、施工方案等进行检查。涉及到作业许可的，监督人员对各项安全措施进行验证、签字确认后撤离作业现场，由线上监督对作业现场进行接管，开始在线实时监督。当线上监督发现作业现场有违章行为或异常状况时，立即通知线下监督到现场进行核实并及时向线上监督反馈处置情况。例如2019年11月17日，线上监督发现某承包商在料场装卸管材，通知线下监督到场检查确认，承包商辩解说人工装卸，未进行吊装作业。线上监督通过回放录像，对承包商未办理吊装作业许可证就进行吊装的违章行为进行了核实确认，后对该承包商及相关责任人进行了约谈问责，对其违章行为在承包商月度例会进行了通报，在承包商范围内起到了安全警示作用。

5　取得成效

自视频监控系统平台投用以来(2019年9月-2020年5月)，发现问题的能力提高，与去年同期对比，查处问题数量增长247%。线上+线下监督累计查处问题406起(图1)，其中线上273起，占67%(图2)。线上监督查处的273项问题中，人的不安全行为最多，共145项，占53%(图3、图4)。

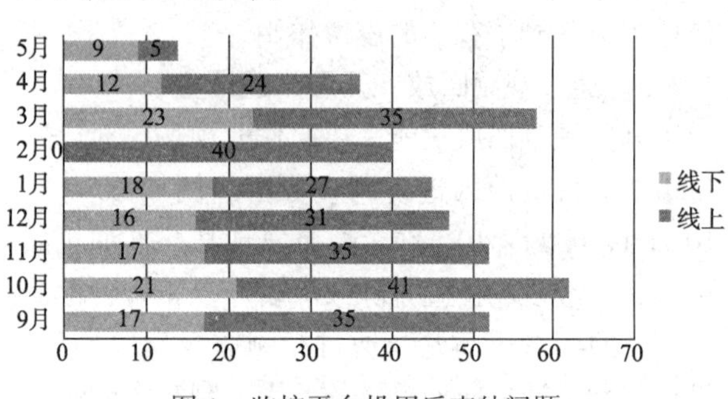

图1　监控平台投用后查处问题

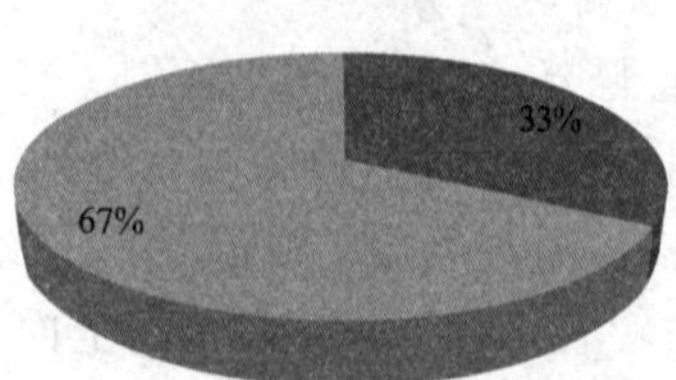

图2　线上、线下查处问题对比

5.1　违章行为得到有效管控

通过线上+线下监督以及视频监控的强大威慑力，现场作业人员的习惯性违章、不安全行为得到有效管控，安全习惯已逐渐养成并逐步固化，安全意识得到明显增强。人的不安全行为由线上监督开展初期平均29起/月下降至平均8起/月，降幅达72%。2020年5月，在施工量增加监督力度不减情况下，问题数量与去年同期对比呈下降趋势(图5)。

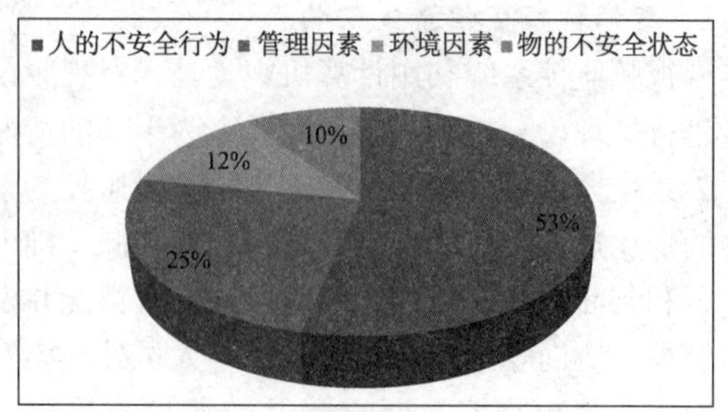

图3　线上监督查处问题对比

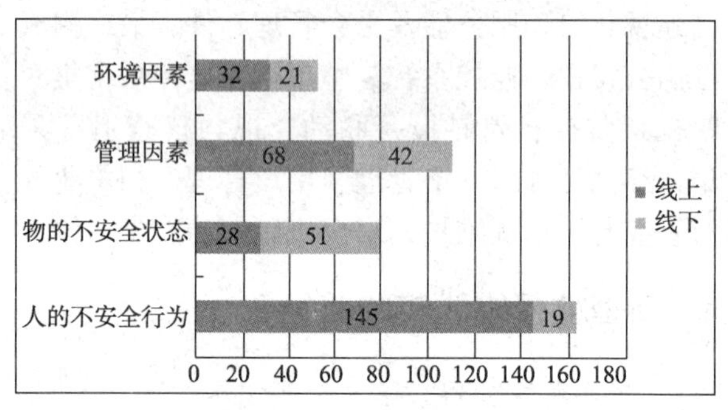

图4　线上、线下查处问题分类对比

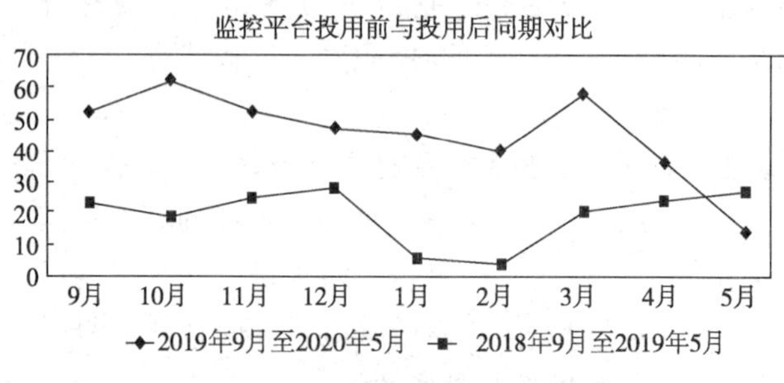

图5　投用前后问题数量同期对比

5.2　实现减员增效、提质增效

视频监控系统实现用视频监督代替现场监督，由原来一人现场旁站一点，变为现在一人远程监控多个作业点。通过取证培训，由原来专岗专人，变为现在一岗多能。公司通过机构重组，精干监督队伍，实现扁平化无层级管理后，QHSE监督减少7人，按人均用工成本22万元/年估算，每年减轻人力资源成本约154万元，达到减员、优岗、提质、增效的目的(表3)。

表 3　监督机构及监督人员调整前、后对比

时间节点	QHSE 监督层级	QHSE 监督组/监督机构	专职 QHSE 监督	工作量
改革之前	公司、作业区、班组	7 个(3 个安全组、3 个工程组、1 个监督站)	28 人	线下
改革之后	业务中心、班组	1 个(监督中心)	15 人	线上+线下
增减情况	减少 1 个层级	减少 6 个专业组	减少 7 人	线上监督、钻试修监督 质量监督、工程项目监督

5.3　实现对生产现场的可视化管理、提高应急响应能力

视频监控设备提供了生产作业现场的真实环境，公司领导及各中心相关人员能够通过视频监控平台随时查看油气生产现场，掌握施工作业进度，始终保持对生产现场的有效管控。特别是盘根刺漏、管线破损泄漏等情况下，能够通过视频监控及时发现，避免污染面积扩大，减少处理费用，提高应急响应能力[6]，有效缩短现场问题处置时间并为公司领导远程决策提供依据。

5.4　实现“四全”安全生产管理

视频监督投用后，全员、全方位、全过程、全天候“四全”安全管理要求得以实现。公司全员可以按照监督权限、业务分工进入相应区域，对各自负责的属地通过线上、线下两种途径开展监督检查、隐患排查。解决了现场监督不连续、夜间无监督、施工场景不能还原、长期巡检人员易疲乏等问题。实现对施工过程、生产运行、质量管控、环境保护、疫情防控等多环节、全方位监督，确保对作业现场的实时监控。

5.5　降低员工在危险环境中的暴露风险

稠油开采过程中伴随着高温高压、易燃易爆等风险，不确定因素多，生产安全风险高。通过井场及管汇视频监控建设，实现电子巡检，远程监督，避免现场人员暴露在危险环境中，减少人员在危险环境中的工作时间和接触频次，降低了安全风险。

5.6　特殊时期发力并彰显优势

疫情防控特殊时期，油区、办公楼实行封闭管理，各中心充分发挥视频监控系统远程监控能力，开展线上监督、电子巡检，及时纠正违章隐患，有针对性地向现场作业人员下达工作指令，实现线上调度、线下执行，最大限度减少现场及机关办公人员，使人员少流动、不聚集、不串岗，做到疫情防控和生产运行两手抓、两手硬。2 月份，线上监督共发现纠正防疫防控、设备设施、人员操作等各类问题 40 余项，有效地保障了疫情防控期间油气生产安全。

6　结论与展望

（1）通过视频监控体统图像智能识别，提高了作业过程中的风险识别率，利用违章行为数据全面分析研判各类隐患的成因，实现油田作业过程的完整性风险管控。

（2）通过线上、线下监督效果对比分析，线上监督在对人的不安全行为和环境因素的风险管控方面效果显著。

（3）线上+线下新型监督模式补齐了安全生产管理的短板，丰富了监督方式，拓宽了覆盖面，加强了监督发现和分析问题的能力，提高了监督工作效率，降低了企业成本，提升了公司应急处置能力。

（4）“互联网+”背景下，油气生产企业全面实现远程视频监控肯定是必然趋势。随着 5G+AR 技术的发展，基于该技术的新一代视频监控系统功效及智能化水平将更加卓越。

参 考 文 献

[1] 朱萍，马韵洁，吴艳平．移动视频监控系统在公安行业中的应用[J]．电子技术与软件工程，2016(14)：201.

[2] 刘岩．油田承包商 HSE 管理存在的问题探讨[J]．化工管理，2019(12)：202-203.

[3] 吴群，王田，王汉武，赖永炫，钟必能，陈永红．现代智能视频监控研究综述[J]．计算机应用研究，2016，33(06)：1601-1606.

[4] 李鹭光．在上游业务安全生产专题分析视频会议上的讲话[R]2020-04-27.

[5] 何毅敏．浅析视频监控系统在长江典型航道整治工程现场监管中的应用[J]．中国水运．航道科技，2018(06)：49-56.

北斗卫星导航技术在油田勘探业务中的应用

龙　飞　郝　宁　马世防　杜志宏

（中国石化中原油田分公司）

摘　要　中原油田内蒙探区自然环境恶劣，在油气勘探活动中存在人员设备安全难以保障、生产数据传输不畅等难题，本文研究了北斗卫星导航技术在自然环境恶劣地区开展油气勘探业务的应用场景与技术路线，以及生产数据的短报文传输方式，在油气踏勘、井位部署、物探方案设计、现场安全应急等方面提出北斗卫星技术的解决方案。

关键词　北斗卫星导航；安全定位；短报文；数据传递

1　引言

中原油田作为中国石化东部老油田之一，已有四十多年的发展历程。内蒙古探区是油田重要资源接替阵地，工区范围包括查干凹陷、白音查干、银额新区，总面积达5万多平方千米。其中银额新区位于巴丹吉林沙漠腹地，自然环境恶劣，勘探开发工作遇到很多困难。巴丹吉林沙漠是我国第三大沙漠，地表以流动沙丘为主，是世界上最高沙山所在地。气候干燥，人烟稀少，交通困难，多沙尘暴，且基岩潜山油藏地层压力大，井控风险高，应急救援难度大，迫切需要应用信息化新技术解决野外勘探工作中存在的人车安全、生产数据传递处理等问题。根据内蒙探区的地理环境、通讯条件等因素，应用北斗卫星通信导航技术将是油田在自然环境恶劣地区开展油气勘探开发工作的必要补充手段。

2　北斗卫星导航技术的优势

北斗卫星导航系统（BeiDou Navigation Satellite System，BDS）是我国自主研制开发的、独立运行的卫星定位与通信系统，是继美国的全球定位系统（GPS）、俄罗斯的洛纳斯卫星导航系统（GLONASS）之后第三个成熟的卫星导航系统。2019年已经服务亚太地区，可在全球范围内全天候、全天时提供高精度、高可靠的定位、导航、授时服务，并具备特有的短报文通信能力，其定位精度达到厘米级。使用北斗卫星导航技术具有不受地域限制、数据传输稳定、后期维护费用低等优点。

2.1　导航定位

北斗卫星导航系统可以在服务区域内为用户确定其所在的地理经纬度，并提供双向通信服务。系统可以为船舶运输、公路交通、铁路运输、野外作业、水文测报、森林防火、渔业生产、勘察设计、环境监测等众多行业以及其他有特殊调度指挥要求的单位提供定位、通信和授时等综合服务。例如在西部和跨省区运营车辆、沿海和内河船舶的监控救援，水利、气象、石油、海洋和森林防火的信息采集，通信电力、铁路网络的精确授时，公安保卫、边防巡逻、海岸缉私和交通管理的导航通信等。

2.2　短报文传输

北斗卫星导航系统（BDS）是主动式双向测距的询问——应答系统，其具备的“星地短讯通讯”能力具有用户机与用户机、用户机与地面控制中心间双向数字报文通信功能，目前的用户机单次可传输36个汉字，申请核准的可以达到传送120个汉字或240个代码。短报文不仅可点对点双向通信，而且其提供的指挥端机可进行一点对多点的广播传输，为各种平台应用提供了极大便利，其具备的定位和通信双重作用。

3　北斗卫星导航技术在油田勘探业务中的应用

应用北斗卫星的精准导航定位和短报文通信技术，中原油田研制与开发了北斗综合监控应用平台，从而解决油田在沙漠腹地等外部环境恶劣区域开展井位踏勘、管线巡查、数据采集等勘探开发业务活动中面临的人员车辆安全、生产数据传输等难题，同时将现场数据及时回传到油田生产指挥中心，实现生产活动现场的实时监控，极大地提高了生产管理效率。

3.1　在井场踏勘业务中的应用

内蒙探区地处无信号无公路的沙漠腹地，踏勘线路选择、踏勘资料保存、人员通讯极为困难。应用北斗导航技术，可以建立以“踏勘前、踏勘中、踏勘后”为业务主线的全业务链井场踏勘管理体系。

野外工作中，地质人员可能会遇到迷路失踪、恶劣天气、交通意外等各种突发情况。同时，对于指挥中心来说，野外勘查人员一出野外，由于工作地偏远，交通通讯不便，无法及时获取项目进展，进行项目管理。勘查人员一旦遭遇突发情况时，更无法及时与驻地及项目单位取得联系，获得救援。

根据油田井位踏勘野外工作的性质和内容需要，在北斗综合监控指挥平台的基础上，建立北斗移动应用平台，为野外工作提供地图位置和业务数据采集功能支持。北斗移动应用平台基础功能具有登录、电子地图浏览、北斗定位、数据搜索、数据采集、地图量测、数据存储与同步等功能。

3.1.1　井场导航

勘查人员在踏勘前，通过移动终端平台下载设计井位的坐标位置，并下载目标区域的地图、影像、图件、及设计的勘查路线等数据，明确目标井位的地理位置以及路线规划。

携带北斗终端的踏勘人员，利用导航设备进行实时北斗位置定位，基于北斗移动端地图基础平台，对自身位置实时定位，依靠地图影像中的道路进行导航，及时纠正行进路线，保障踏勘和巡查工作的安全有效进行。同时，勘查人员的位置数据也同步实时传输到指挥中心平台，实现对勘查现场的位置监控追踪。

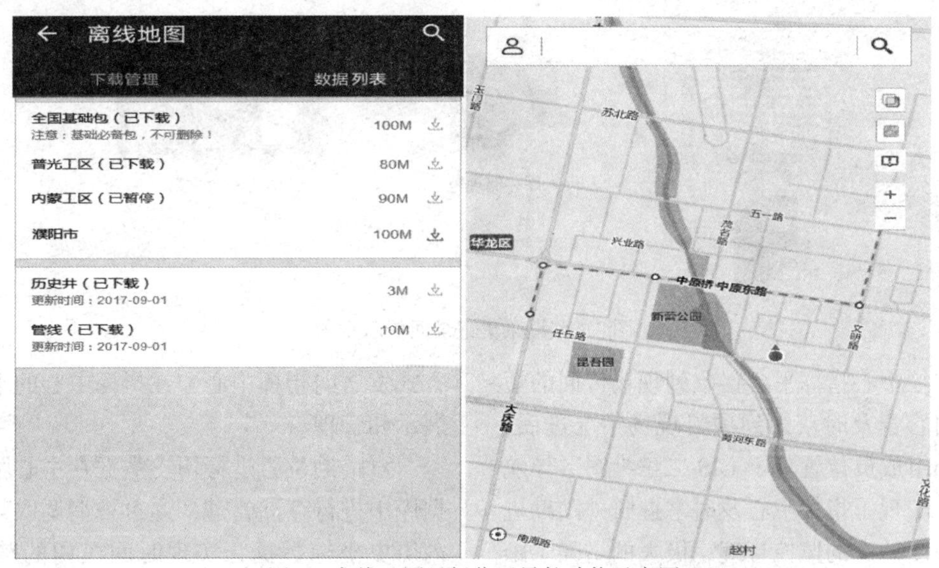

图 1　离线地图目标位置导航功能示意图

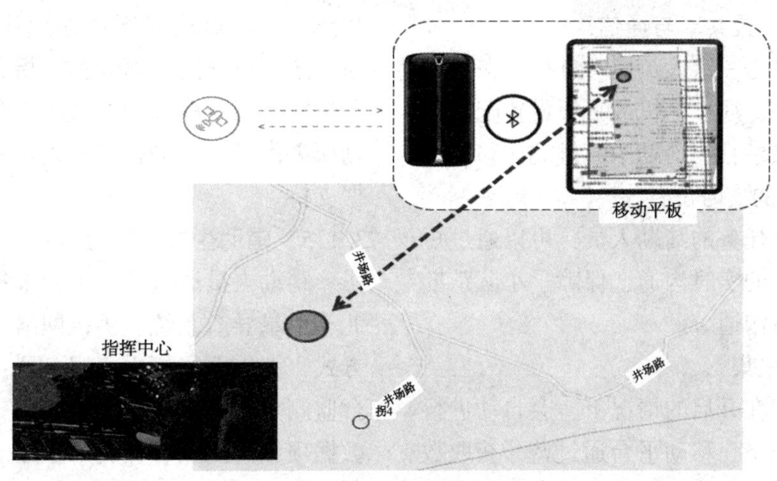

图 2　现场勘查实时位置监控示意图

3.1.2　踏勘信息数据的回传

勘查人员踏勘前，通过北斗综合监控指挥平台进行踏勘任务的登记，填写任务目标的基本情况，包括目标名称、地理位置、实施方式等，建立出行目标与移动终端之间的对应关系，为后续相应资料的下载管理、踏勘记录的上传、指挥中心的实时监控建立起基础关联。无通讯支撑的特殊情况下，也可以通过发送短报文方式对工作要点进行汇报，指挥平台收到信息后对相关的后台设备匹配内容进行修改。

根据踏勘应用场景的记录对象不同，进行分析建立“业务分类”型短报文汇报方式，对汇报内容预设、减少人为输入。采集内容主要包括对井场周边环境，以及踏勘路线中的重要地标信息、井场路线信息，建立集位置、时间、采集对象类型、现场描述、现场照片等数据维护管理的模型

对现场照片，采取离线本地存储、连网在线同步上传等方式。对特殊情况“超长报文”应用续传流程方法技术，建立“单次输入、分包传输、规则存储、中心平台重组”的方法流程，最终解决用户单次输入内容字节受限(北斗终端单次输入上限84个字节、42个汉字)、难以详细完整描述事件的问题。

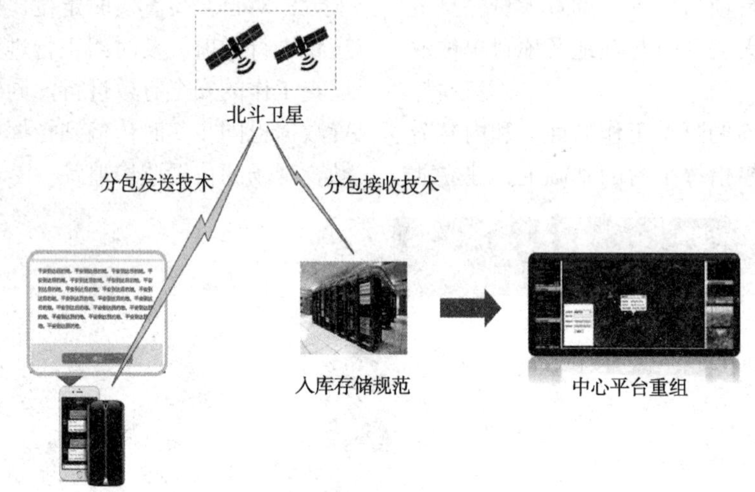

图3　踏勘采集记录回传示意图

北斗监控中心指挥平台接收到现场传回的短报文汇报内容，及时获知到项目现场情况进展，并将踏勘小组成员位置基于GIS二三维图形导航平台定位，实现了指挥中心及时掌握野外踏勘进展，踏勘进度动态的监控管理，极大的增强了踏勘工作人员的安全保障。

3.1.3　踏勘队员位置共享与通信

井场踏勘有时是一组人员同时进行，在分配完成任务出发之前，通过手机或平板设置配置北斗终端的好友通讯录；在踏勘中通过北斗移动端app查看获取队友的实时位置。

进行同一踏勘任务的踏勘人员，可以通过短报文进行工作进展的实时沟通，保障了小队踏勘进度和成果的及时沟通。

3.1.4　井场道路采集

北斗移动终端在开启的情况下，会自动进行实时定位和位置记录，移动平台通过蓝牙获取数据，对行进轨迹进行记录和展示，并以短报文的方式发送向指挥中心，在指挥中心的平台中进行展示和管理。

对踏勘位置坐标历史数据在中心服务系统数据库中进行存储管理，通过查询调取某一时间段内历史坐标数据，实现时间段内的踏勘路线在GIS平台中的展示回放，结合GIS地理图像展示功能，实现对线路周边地理地貌环境的模拟还原，还可以通过距离计算、拐点的方位角、拐点经过的时间获取等功能进行综合分析，对之后在勘探工作中的车辆路径规划分析起到了有力的数据支持。

3.1.5　辅助生成踏勘报告

踏勘人员通过移动平台采集踏勘记录，通过北斗卫星导航系统、手机网络、无线网络等组合方式，上传至指挥中心服务器；北斗综合监控平台监测并接收到汇报内容之后，通过设计实现的数据项编码压缩、译码解压缩的方法技术，进行规则匹配、数据解读；通过之前的踏勘登记，建

立起与井场业务元素模型的关联，实现数据在井场综合业务信息展示页中的展示，进而辅助生成井场踏勘记录报告，帮助勘查人员进行踏勘过程的分析和总结，为井场的部署提供依据。

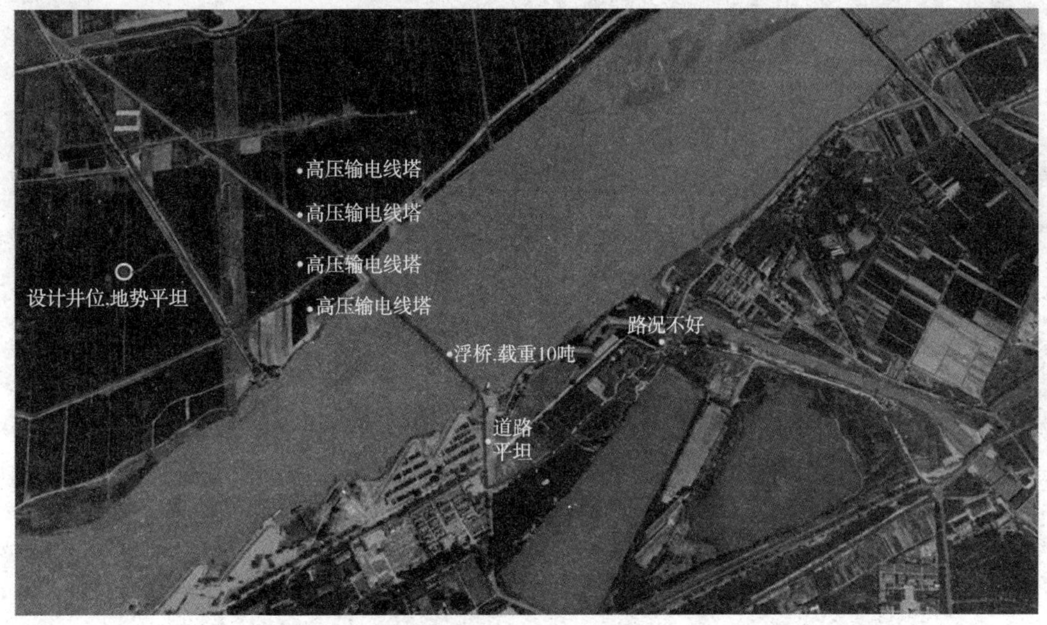

图 4　某时间段内踏勘历史轨迹与报文展示效果图

文34井踏勘记录

踏勘信息

地理位置	文33井井口方位72.6°,距离1560米处。
实施类型	
踏勘报告	文34井踏勘报告.doc　上传文档

踏勘记录

记录点号	记录时间	目标类型	现场描述	现场照片
1	2015-04-03 09:35	桥梁	桥梁宽8米,长10米	
2	2015-04-03 11:41	陡坡	高8米,为第四系土壤,车辆过往时要小心	

图 5　辅助生成踏勘报告示意图

3.2　管线巡查

内蒙探区位于乌拉特中旗和乌拉特后旗，地处戈壁滩，手机信号差，老井复查和巡线难度大；人员易迷失方向，造成失联；报废井损坏及管线穿孔后发现不及时，易造成草原污染。

在老井巡查过程中，由于多年废弃、井位的地面原貌已经破坏或者发生重大改变等原因，通过人工查找的传统方式很难找到。北斗应用系统可以定位井位和探查人员的实时位置，探查人员可根据手持终端与目标井的相对位置去查找，大大加快查找的效率。

在各个油气田，巡线工作是确保地下管网安全运行的重要手段，基于北斗卫星导航通信技术，利用北斗卫星系统定位通讯功能，实现以巡查任务为核心的精细化、智能化的综合管理，实现野外工作的科学管理。工作人员在巡查前，通过移动终端平台下载井位及管线的坐标位置、目标区域的地图、影像、图件、及历史井场路线等数据，提前熟悉目标的坐标位置以及路线规划。携带北斗终端的巡查人员，利用无线蓝牙连接设备进行实时北斗位置定位，基于北斗移动端地图基础平台，对自身位置实时定位，依靠地图影像中的道路进行导航，及时纠正行进路线，保障巡查工作的安全有效进行。同时，巡查人员的位置数据也同步实时传输到指挥中心平台，实现对巡查进度的监控追踪。

3.2.1　异常点巡查实时上报

异常点巡查数据通过北斗短报文功能实时传输会指挥中心的指挥平台，解决传统巡检方式数据传送滞后问题。指挥中心平台监收到下属终端的短报文通信内容，及时获知巡查汇报的重要内容；并将踏勘小组成员位置进行定位，实现了指挥中心巡查进度的实时动态监控，极大的增强了工作人员的安全保障，并降低了老井和管线的安全事故发生风险。

3.2.2　巡查路线管理

建立对老井巡查和管线巡检过程北斗定位坐标的保存入库机制，结合考虑原有井场路线图层的集成，设计实现巡查路线查询、投放、管理和导出的功能；并结合 GIS 路线绘制工具，实现巡查轨迹与原有道路的对比分析、重新规划、入库存储的功能。

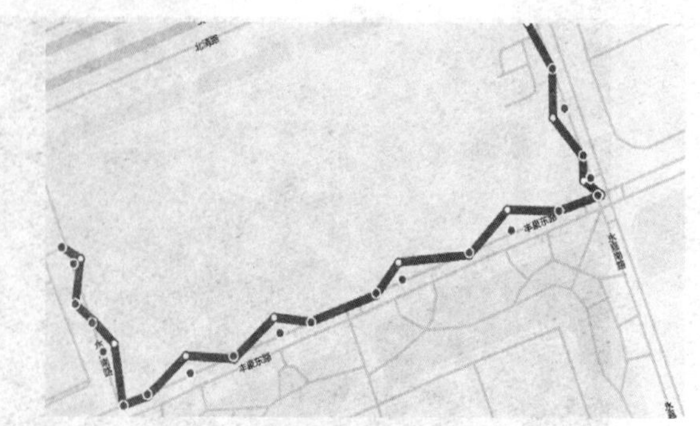

图 6　巡查路线管理功能界面示意图

3.3　生产指挥及生产数据传输

通过北斗卫星导航系统传回来的信息最终接入油田生产指挥大屏，作为油田实时监控、应急指挥的重要数据来源。特别是在动态报警提醒、危情分析、救援力量的应急调度指挥中，可以应用大屏“多级监视、信息共享、统一平台”的特有优势，对整个业务应用的系统资源管理、油气勘探过程控制、人员及车辆安全保障工作起重大作用，助力科学高效安全的勘探部署及管理工作。

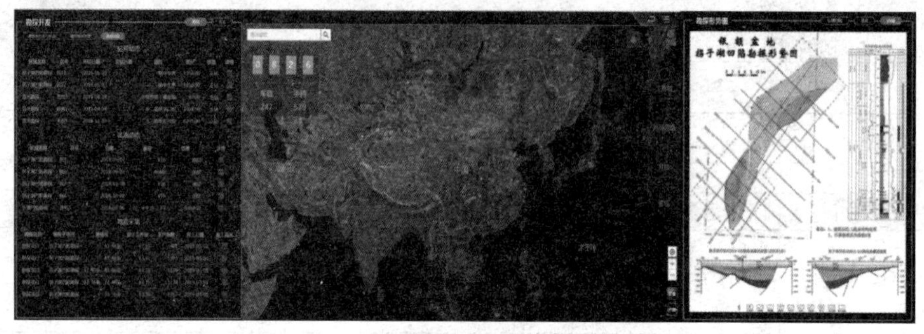

图 7　生产指挥大屏展示效果图

3.3.1　实时定位监控

按照 HSSE 工作要求，进入沙漠腹地的人员、车辆，通过配备的北斗车载设备、手持设备，实现与指挥中心的通信，使在无网络信号覆盖区域的人员、车辆信息能实时显示在生产指挥大屏上。

GIS 系统接入北斗终端设备实时坐标位置，通过 GIS 的坐标投影统一机制进行标准化处理后，车辆和人员的位置坐标点可以空间定位显示在地图中；针对北斗终端设备位置更新频率，利用实时刷新技术，实现实时位置的更新与追踪。

基于北斗指挥机对下属用户车辆的实时位置监控功能，对特别选定的终端设备进行全程重点追踪，以实时监控并避免车辆或人员在出行途中发生偏离目标方向的情况。

还可以通过设置电子围栏自定义区域坐标以设定禁区，实时定位监控车辆坐标位置，避免进入国家军事禁等重点或危险区域，实现围栏报警功能。

3.3.2　精准找车

通过北斗终端设备关联信息（北斗卡号、车牌号等）关键字信息进行车载终端全库搜索，搜索结构以列表形式展示，供用户进一步找到目标并进行坐标位置查看。

3.3.3　行驶轨迹回放

基于北斗授时功能，对过去时间段的行车历

史位置坐标进行入库存储，以时间为线索、以路线可视化技术为支撑，建立实现历史行车轨迹回放、管理功能，结合 GIS 平台地理地貌、周边环境、地势起伏综合分析，为过去时间段内的行车事件因果关系的分析提供数据支持。

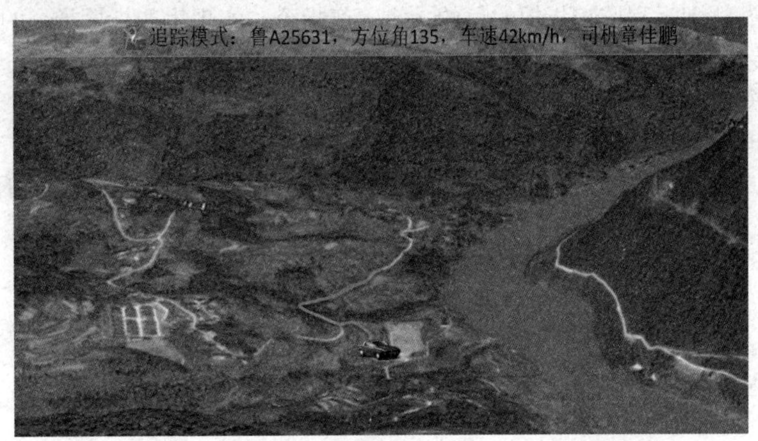

图 8　三维模式下车辆实时定位监控效果图

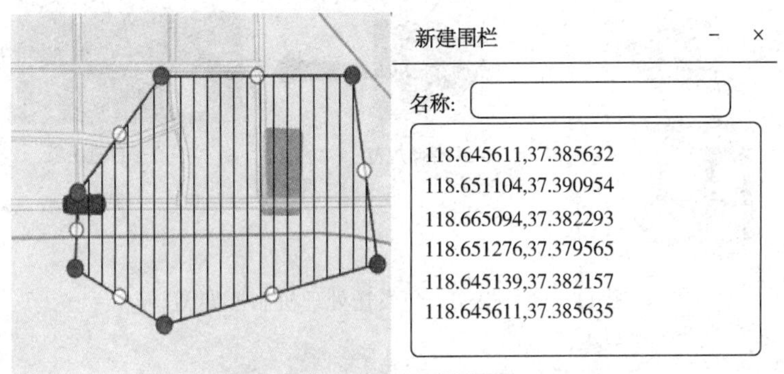

图 9　电子围栏管理功能界面示意图

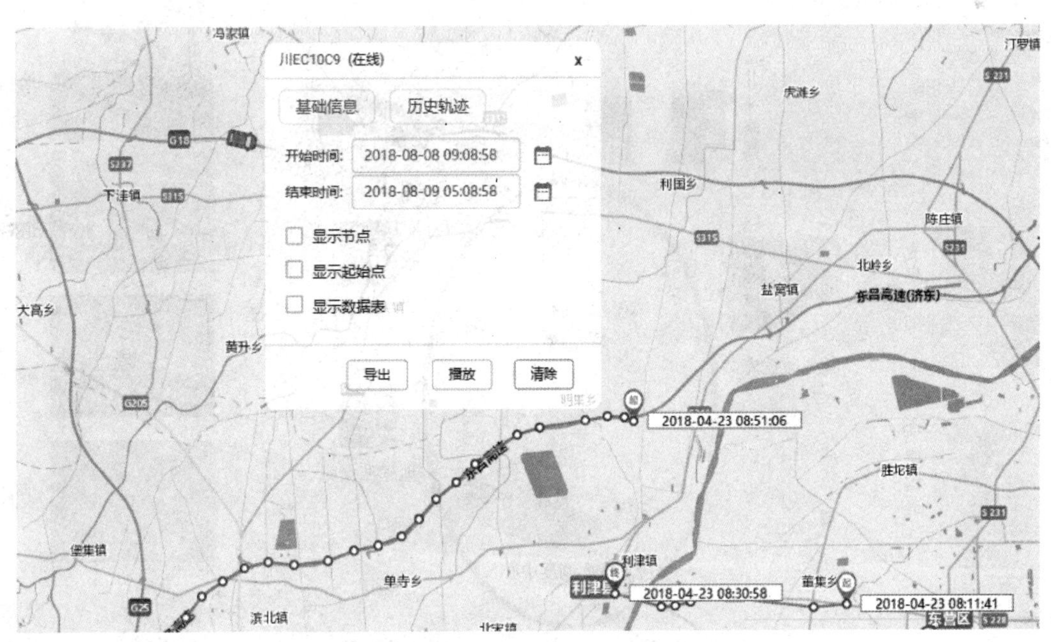

图 10　车辆行驶轨迹回放界面效果图

对轨迹数据进行管理与二次应用需求分析，设计功能支持重要轨迹数据导出保存为本地 kml 格式文件，便于用户对数据进行更多业务应用，如井场路线的规划。

3.3.4 中心发通信指令

基于北斗指挥机设备的单发、群发短报文的功能，实现通过选择一辆或多辆车、或选择车队小组进行指令发送，达到远程监控指挥的目的。

3.3.5 生产数据传输与生产指挥模块

对于生产数据短报文采用在手机“北斗短报文APP”“分类管理”机制，分钻井数据、采油数据、试油信息、公共信息等类别，制定模板，只需填入少量数字，发送后，由指挥机端分类检索、存储在不同的数据库中。再在PC端、手机端及时查询，便于生产指挥。生产指挥人员，也可用自己的北斗终端点对点、一点对多点发送生产指令，实现生产指挥指令的畅通。

3.4 应急指挥调度

人员在野外在遭遇突发情况时，可通过系统向北斗卫星发送短报文求救信息。求救信息在指挥平台中进行动态显示，同时通过钉钉、短信、电话通知到关键人选。

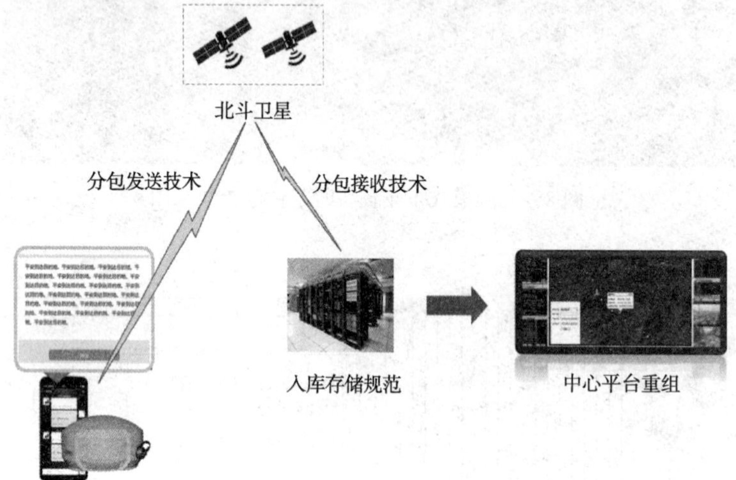

图11 超长报文分包发送处理机制框架图

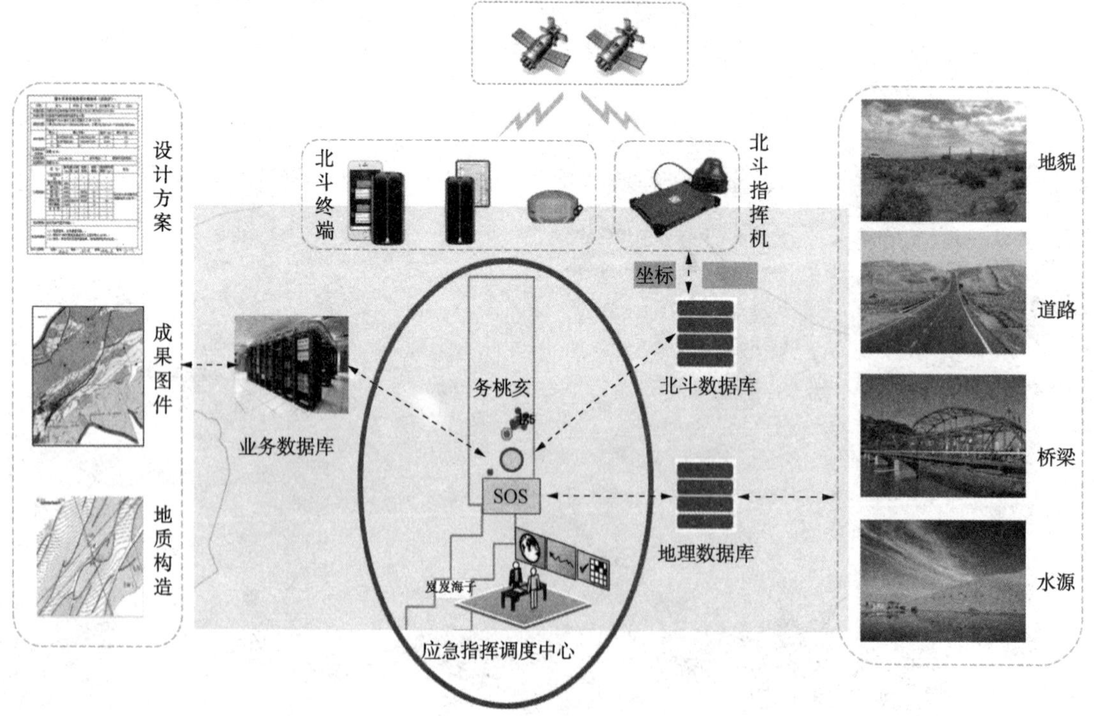

图12 应急指挥调度各应用场景示意

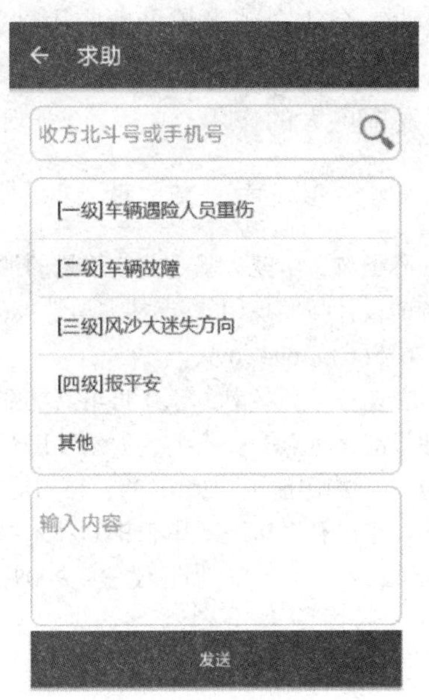

图 13　求助信息上报功能界面示意图

地面指挥所收到该信息后，将闪烁并配合语音提示，以便指挥人员及时进行处置。

图 14　应急指挥调度示意图

3.4.1　动态警报

在车辆遇险、踏勘遇险、井场突发事件等危急情况时，启动“紧急求救模式”，发送短报文求救信号，指挥中心平台接收后在 GIS 平台中实时定位，并以动态图形闪烁报警。

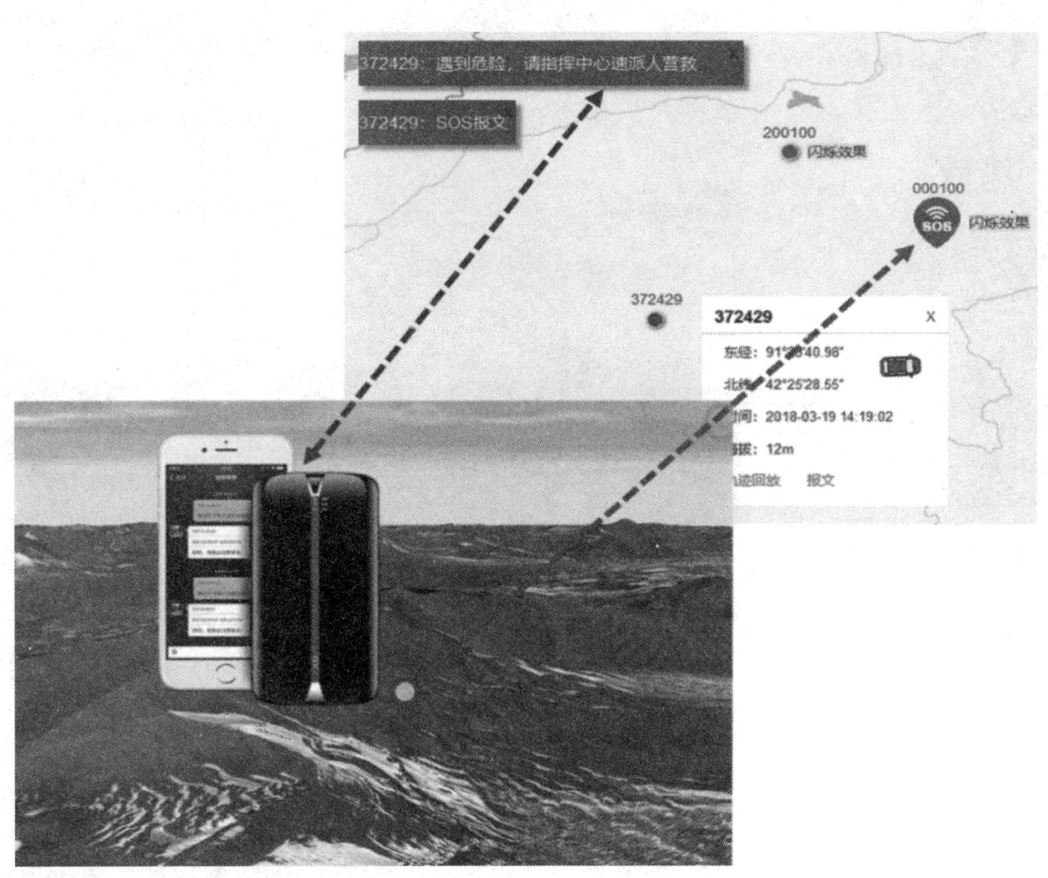

图 15　报警事故实时监控示意图

针对报警内容级别不同，设定不同的报警声音，通过外接播放声音设备，引起监控指挥人员的关注。对特别重大的、紧急的事项还同步发送通知信息到设定人员的手机短信、邮箱或钉钉应用中，可实现和社会救援体系的融合。

3.4.2　指挥平台发指令

在指挥中心平台接收到终端发来的警报信息后，通过结合 GIS 高精度影像、三维高程的地理地貌，以及集成的业务数据和资源，同时应用平台提供的地理分析工具、标绘工具、数据分析图表，快速做出决策；基于北斗指挥机独有的“单发、群发指令报文”的通信指挥特点，将决策指令以短报文方式传达给各方配备北斗终端的救援人员，从而实现总指挥平台对人和车的安全保障。

4 结语

北斗卫星导航系统是中国自主建设、自主技术的卫星导航系统，技术先进性已经超过了外国同类卫星系统，并且担负着作为国家信息网络安全的战略任务，随着“一带一路”建设的不断推进，国内油气企业会越来越多地应用到北斗导航通讯服务，在油田勘探开发、生产运行、安全管理等方面发挥更大的作用。

参考文献

[1] 张栋，陈圣波，李健．基于北斗卫星的油田管网巡检系统的设计与实现[J]．吉林大学学报(信息科学版)，2015(6)：694-699.

[2] 王锦，曹谢东，茹黎南，等．北斗卫星系统在国家能源建设战略重点——石油、天然气田开发中的应用探讨[J]．中国航天，2010(3)：15-18.

[3] 余江南，李洪林，房胤．基于RTU技术的计量站远程监控系统[J]．自动化仪表，2008，29(5)：71-72.

智能气田建设中数据治理方法初探

刘　刚　张　炜　王　磊　要利锐　黄琛琛　燕　航

（中国石油天然气股份有限公司长庆油田分公司）

摘　要　气田在多年来的数字化、信息化建设中，积累了大量的数据，但这些数据的管理和使用，仍然是依靠传统的方式方法。随着智能气田的建设提上日程，在数据爆发式增长的形势下，数据价值发挥越来越显得紧迫和重要，甚至可以说未来市场的竞争就是数据价值的竞争。所以只有建立完整的数据治理体系，才能保障数据内容的质量，才能真正有效的挖掘数据价值，提升竞争力。

关键词　数据治理；元数据；主数据；数据质量；数据仓库

1　论文背景

随着近年来计算机相关技术的飞速发展，气田的开发建设也经历了最初的信息化建设阶段、前些年的信息化、自动化相结合下的数字化建设阶段，目前逐步进入物联网、互联网时代的智能化建设阶段。气田智能化建设是在数字气田建设成果基础上，利用物联网、云计算、大数据、人工智能、自动化等技术，将各种先进的技术融入到油气田全生命周期中各业务领域，覆盖油气田全产业链，实现生产过程的全面自动化和决策过程的智能化。气田智能化建设要最终实现：能够全面感知、能够自主预测优化、能够整合运营、能够自动操控等目标。

第一采气厂核心生产运行数据库基于 Oracle 数据库系统部署，建设于 2000 年，经过多年的运行及升级扩容，已经在其中增加了不少业务管理功能和数据管理功能。同时也基于 SQLServer 数据库、MySQL 数据库，设计开发了大量的业务信息系统。目前这些业务系统都是支撑全厂生产、经营、安全、地质、工艺设备等核心业务正常运行的重要工具，而多年积累下来生产运行数据也是第一采气厂最重要的数据资产。而由于客观的气田建设发展历史和计算机技术发展历史原因，目前气田的数据管理存在不少问题，比如：数据孤岛无法互联共享、数据缺失不完整质量差、数据标准不统一等。气田智能化建设迫切需要针对现有气田的数据管理，从相应标准规范、管理流程制度、技术管理手段等方面进行综合的治理。

（1）数据存储分布零散

第一采气厂生产办公核心数据库上部署了多个实例，数据量将近 50G。同时 SQLServer 数据库、MySQL 数据库中也部署了大量的实例和数据库，全厂针对非结构化数据没有专门的管理存储平台，直接在各业务系统里面进行管理和存储。存在数据存储分散、数据资产难以集中管理和展现、数据共享程度差等问题。

（2）数据标准不统一

多年来的信息化建设中，各业务信息系统的建设没有统一的数据标准，表字段的命名随意性强，定义规则混乱，同一英文字段名对应多个中文名，同一业务元素对应多种数据类型和长度的情况普遍存在。

（3）数据质量难以保证

部分信息系统的数据录入及审核机制不完善，数据质量低下，统计不准确，数据录入的错误难以及时发现，导致预期的需求难以实现，很可能造成智能分析、预判、决策上的失误。

2　数据治理核心业务

数据治理（DataGovernance）是企业数据治理部门发起并推行的，关于如何制定和实施针对整个企业内部数据的商业应用和技术管理的一系列政策和流程。数据治理的目的是建立将数据作为企业的商业资产进行应用和管理的一套管理机制，能够消除数据的不一致性，建立规范的数据应用标准，提高组织的数据质量，实现数据广泛共享，并能够将数据作为组织的宝贵资产应用于业务、管理、战略决策中，更好的发挥数据资产的价值。

数据治理是一套持续改善的管理机制，通常包括了数据架构组织、数据模型、政策及体系制定、技术工具、数据标准、数据质量、影响度分析、作业流程、监督及考核等内容。数据治理涉及的核心业务包括但不限于一下内容：数据标准、元数据、数据模型、数据分布、数据存储、数据交换、数据生命周期管理、数据质量、数据安全以及数据共享服务等。其中每项业务都可作为一个独立方向进行研究治理。

数据治理业务与第一采气厂数据库系统的建设有着重要的联系，通过数据治理完善管理流程系统和配合数据标准化落地，满足专业数据库、ODS、数据仓库以及下游部分应用对数据管理的业务需求，借助元数据分析功能对上游系统发生变更时发现对下游系统的影响进行分析并进行变更同步及变更通知，建立全厂的全局数据地图。通过数据标准制定、数据质量管控，为数据分析应用提供有效支撑。以下就第一采气厂数据治理涉及到的关键业务进行简单的介绍。

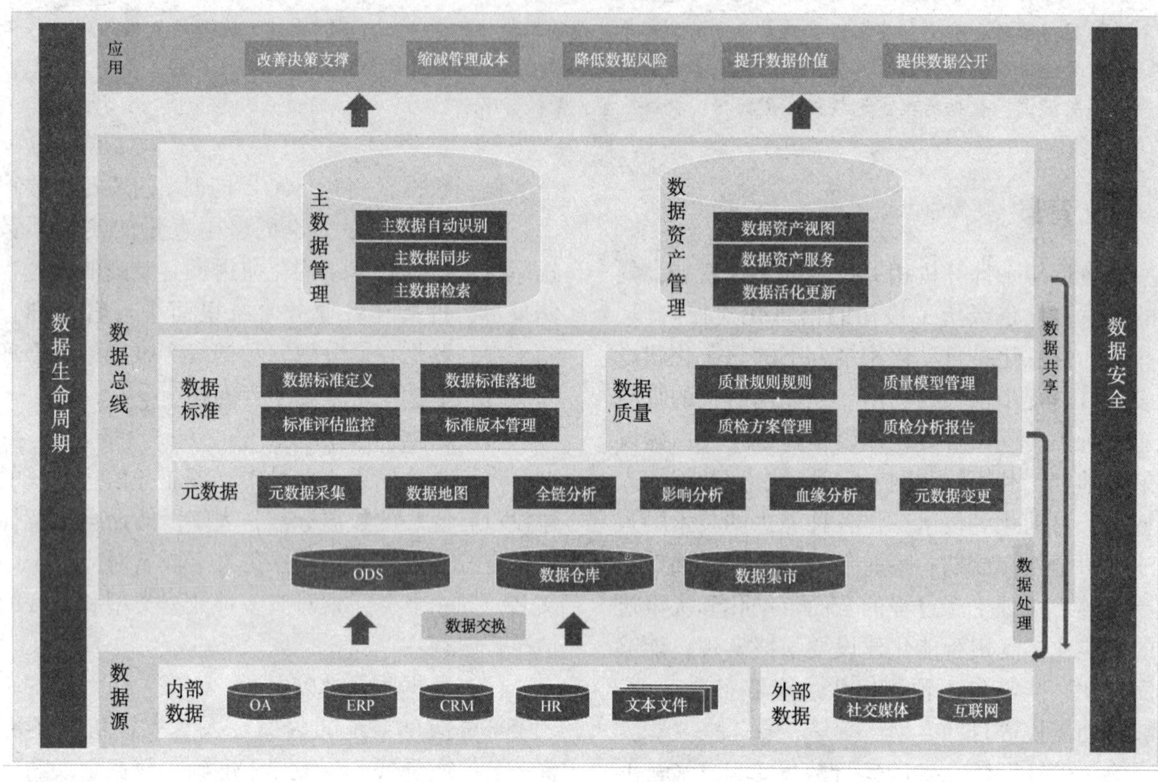

图 1　数据治理体系

（1）元数据管理

元数据分为业务元数据、技术元数据和操作元数据，三者之间关系紧密。业务元数据指导技术元数据，技术元数据以业务元数据为参考进行设计，操作元数据为两者的管理提供支撑。

① 业务元数据：业务元数据是定义和业务相关数据的信息，用于辅助定位、理解及访问业务信息。业务元数据的范围主要包括：业务指标、业务规则、数据质量规则、专业术语、数据标准、概念数据模型、实体/属性、逻辑数据模型等。

② 技术元数据：它可以分成结构性技术元数据和关联性技术元数据。结构性技术元数据提供了在信息技术的基础架构中对数据的说明，如数据的存放位置、数据的存储类型、数据的血缘关系等。关联性技术元数据描述了数据之间的关联和数据在信息技术环境之中的流转情况。技术元数据一般以已有的业务元数据作为参考设计的。

③ 操作元数据：操作元数据主要指与元数据管理相关的组织、岗位、职责、流程，以及系统日常运行产生的操作数据。操作元数据管理的内容主要包括：与元数据管理相关的组织、岗位、职责、流程、项目、版本，以及系统生产运行中的操作记录，如运行记录、应用程序、运行作业。

（2）数据标准

数据标准是一套符合业务实际，涵盖定义、操作、应用多层次数据的标准化体系。它包括基础标准和应用标准。与数据治理其他数据治理业务具有一定的交叉，比如元数据标准、数据交换和传输标准、数据质量标准等。良好的数据标准体系有助于各业务系统之间数据的共享、交互和应用，可以减少不同系统间数据转换的工作。数据标准的主要由业务定义、技术定义和管理信息三部分构成。

业务定义：业务定义主要是明确标准所属的业务主题以及标准的业务概念，包括业务使用上的规则以及标准的相关来源等。对于代码类标准，还会进一步明确编码规则以及相关的代码内容，以达到定义统一、口径统一、名称统一、参照统一以及来源统一的目的，进而形成一套一致、规范、开放和共享的业务标准数据。

技术定义：技术定义是指描述数据类型、数据格式、数据长度以及来源系统等技术属性，从而能够对信息系统的建设和使用提供指导和约束。

管理信息：管理信息是指明确标准的所有者、管理人员、使用部门等内容，从而使数据标准的管理和维护工作有明确的责任主体，以保障数据标准能够持续的进行更新和改进。

第一采气厂数据标准计划参照集团公司石油勘探开发数据模型(EPDM)、长庆油田分公司勘探开发数据模型(CQEDM)等模型制定。

（3）数据质量

数据质量管理已经成为数据治理业务的有机组成部分。高质量的数据是根据业务进行智能分析决策、制定业务发展规划的重要基础。只有建立完整的数据质量体系，才能有效提升整体数据整体质量，从而更好的进行智能化分析，提供更为精准的决策判断数据。数据质量的评价维度见下表：

表1　数据质量评价维度

维度	描　述	衡量标准	是否自动核查
完整性	必须的数据项目已经被记录	业务指定必需的数据是否缺失，不允许为空字符或者空值等。例如，数据源是否完整、维度取值是否完整、数据取值是否完整等	是
时效性	数据被及时更关心以体现当前事实	当需要使用时，数据能否反映当前事实。即数据必须及时，能够满足系统对数据时间的要求。例如处理(获取、整理、清洗、加载等)的及时性	是
唯一性	该数据在特定数据集中不存在重复值	在指定的数据集中是否存在重复值	是
参照完整性	数据项在被引用的父表中有定义	数据项是否在父表中有定义	是
依赖一致性	数据项取值满足与其他数据项之间的依赖关系	数据项取值是否满足与其他数据之间的依赖关系	是
基数一致性	数据项在子表中出现的次数符合标准	数据项在子表中出现的次数是否符合标准。例如，一个账户每年的计息次数为4次，即要符合账户计息次数为1∶4的规定	是
正确性	数据正确体现了真实情况	数据内容和定义是否一致	是
精确性	数据精度满足业务要求的程度	数据精度是否达到业务规划要求的位数	是
技术有效性	数据符合已定义的格式规范	数据项是否按已定义的格式标准组织	是
业务有效性	数据符合已定义的业务规则	数据项是否符合已定义的业务要求	是
可信度	数据的可信赖程度	根据客户调查或客户主动提供获得	否
可用性	数据在需要时是可用的	数据可用的时间和数据需要被访问时间的比例	否
可访问性	数据易于访问	数据是否便于自动化读取	否
适用性	数据格式和展现满足用户需要	根据客户调查或客户主动提供获得	否

3　气田数据治理工作开展情况

第一采气厂于2019年开始气田数据治理的工作，利用成熟可靠的产品，搭建起本厂的综合数据治理管理系统，并针对影响日常业务开展相关的关键数据进行尝试性摸索建设，并对下一步的数据治理方向进行大体的规划梳理。

（1）成立数据治理委员会

第一采气厂安排相关人员成立数据治理委员会，并建立相应的管理流程和制度。数据治理工作组包括元数据管理员、数据标准管理员、数据集成管理员、数据质量管理员等(一人可担任多个管理员角色)，负责数据治理工作的实施；数据治理决策委员会包括数据治理主席(由相关领导担任）、流程专家、业务专家、技术专家，负责数据治理工作相关的审核和决策。各业务系统设置对应的接口人配合数据治理相关工作。

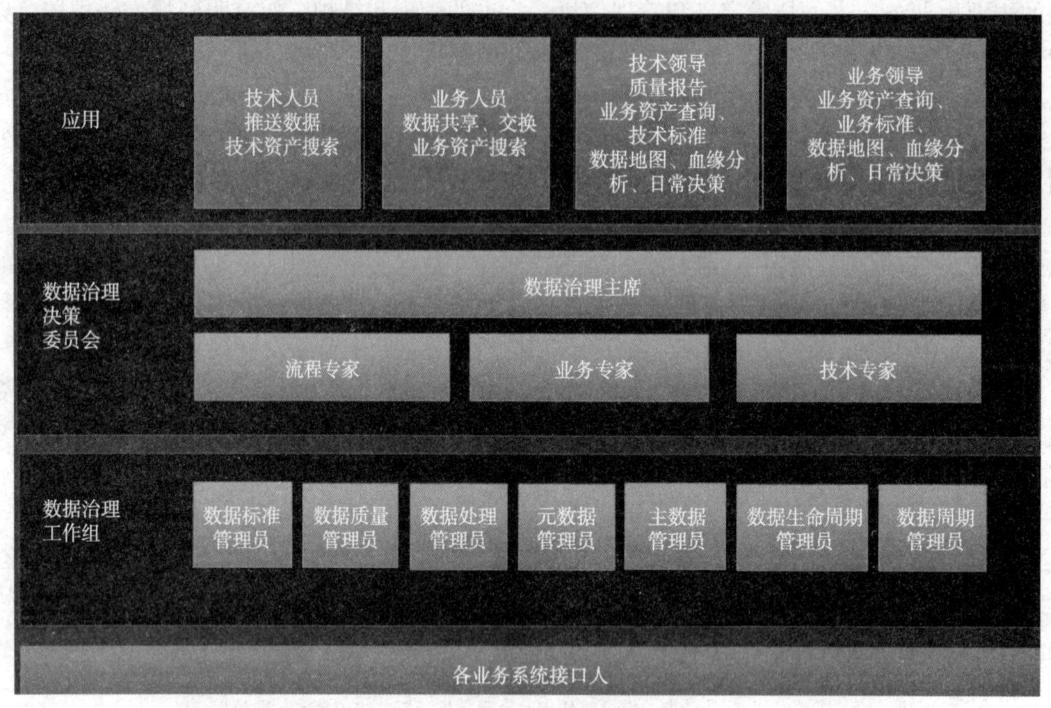

图 2　数据治理委员会组织架构

（2）元数据管理平台的建立

遵循 CWM 规范标准，针对本厂生产管理、安全环保管理、设备管理、工艺管理等方面的实际业务，利用综合数据治理平台，采用自动和人工方式，对现有数据库中的数据元数据信息进行采集完善，并和各业务部门人员协作建立起一套初步的元数据模型，并实现在平台中的自动化管理。通过元数据管理平台的建立和数据的梳理，对本厂的数据模型、数据关系、数据处理流程了有清晰、可视化的认识。主要开展如下具体工作：

① 元数据信息的采集整理

② 元数据血缘和影响关系分析

③ 元数据变更自动化管理

④ 数据地图的自动化绘制

到目前为止共计采集的元数据模型共计 236 于项，1 张总的数据地图和 9 张具体业务数据地图，涉及到全厂基础数据库、天然气井生产运行、集气站各类装置生产运行、集输管线生产运行、天然气净化厂各类装置生产运行、各类工艺措施、承包商 HSE 监督、气田环境保护运行、气田设备运行管理等方面的数据项。

（3）数据标准和质量管理

① 数据标准制定及落标

参考集团公司石油勘探开发数据模型（EPDM）、长庆油田分公司勘探开发数据模型（CQEDM）等模型，结合实际的业务需求，与业务部门人员协作针对各项业务数据制定相应的标准，数据标准内容主要包括属性 ID，属性名称、属性类型、数据类型、数据长度、数据精度、是否为空等。

到目前为止共计制定出 13 大类数据标准，165 小项数据标准。包括：公共基础数据标准、天然气井数据标准、集输管线数据标准、集气站运行数据标准、净化装置运行数据标准、硫磺回收装置运行数据标准、甲醇回收及污水处理装置运行数据标准、天然气产量数据标准、工艺类数据标准（采气、集输、腐蚀、净化）设备档案数据标准、设备运行数据标准、地层产出水成分分析数据标准、天然气成分分析数据标准、承包商施工准入数据标准等。

对数据标准设置落地映射，映射细化到实际业务系统对应的元数据上，从而建立统一标准和业务系统关联。对数据标准进行落地评估，掌握标准在实际业务系统中的落地情况，并可查询评估结果，为标准统一提供依据。在实际的实施过程中，针对不同的业务系统，采用不同的数据标准落地策略。针对现有系统，进行改造以适应数据标准，针对无法改造的老旧系统，暂时采用数据转换逻辑适应数据标准，后期更加实际需要规划进行升级改造；强制后期新建系统必须遵循数据标准。

对数据标准的落地 KPI 指标进行监控，包括已生成标准个数，失效个数，提交个数，通过个数，退回个数等指标，整体掌控标准建设情况。

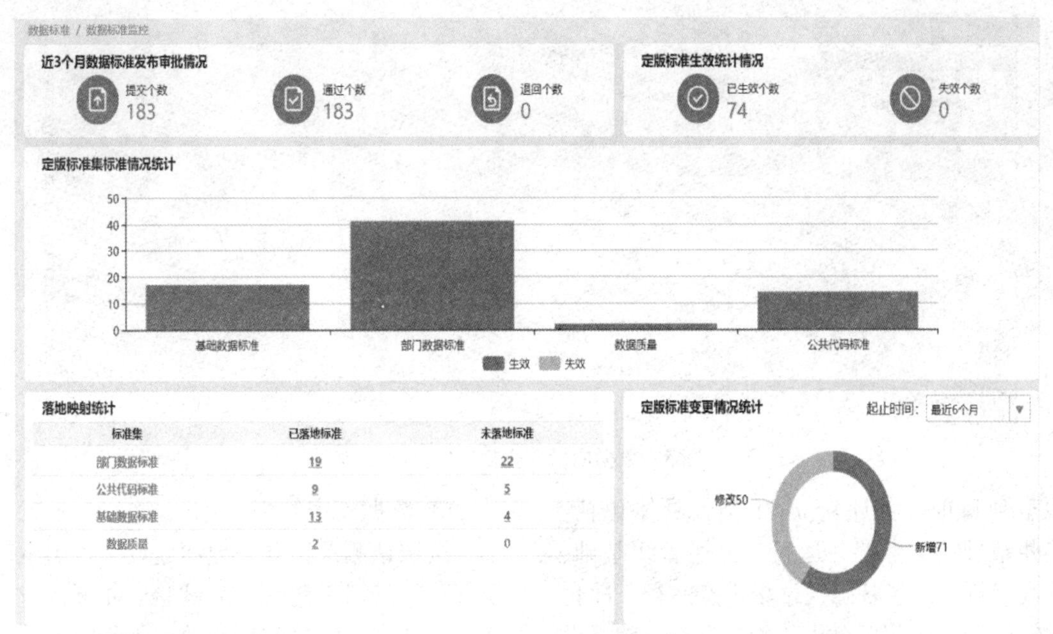

图 3　数据标准可视化管理界面

② 数据质量检查及整改管理

高质量的数据管理是后续气田智能化建设应用的一个重要基础工作。低质量、无效、不完整的数据是后去智能化分析、智能化应用的头号障碍。通过综合数据治理管理系统，制定出各类数据的质量检查规则，自动对各项数据的质量进行检查，并汇总出可视化的数据质量报告，对各业务管理部门下发数据质量改进要求。

在实际的实施过程中，发现涉及到 A1/A2/ERP 以及生产报表等相关的数据，由于上报审核机制比较健全，数据质量相对比较高，对于净化厂内各类装置运行数据、腐蚀净化工艺类数据、承包商施工准入数据等数据，数据质量不稳定。

(4) 数据资产中心的建立

① 数据仓库的建立

为后续智能化气田建设提供高质量，并且与现有在线应用系统解耦的数据库。基于油田公司提供的云平台，采用开源的 MySQL 数据库集群技术建立数据仓库。待油田公司数据湖平台建成后，考虑将数据仓库迁移至油田公司数据湖平台中。

目前，整个集群共计采用 5 台虚拟服务器，单个虚拟服务器安装两个 MySQL 实例。后期可根据数据量和访问量的增加，随时进行容量扩展。

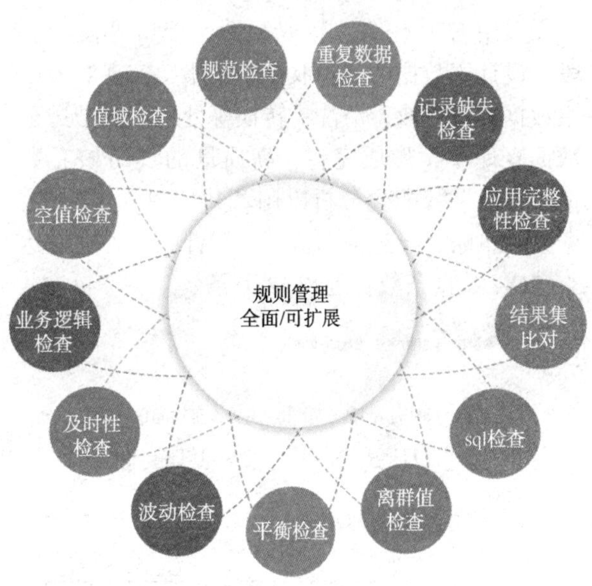

图 4　数据质量检查规则

② 气田主数据的建立

主数据是气田开发生产中最核心、最重要、并且应用最广泛的数据。在气田元数据和数据标准建立的过程中，逐渐这些主要的数据项目整理出来，并汇总到一起，形成完整的主数据模型，在将主数据模型建立在综合数据治理管理系统中和数据仓库中。

图 5　数据质量检查规则定义界面

截至到目前，共计建立 11 类，具体包括：天然气井基础、天然气井运行、集输管线基础、集输管线运行、站场基础、站场生产运行、净化厂集配气运行、净化厂净化装置、设备基础、设备运行以及组织机构类公共基础数据模型等。

采用 ETL 任务、数据视图、接口等技术手段，设计主数据的的提取更新策略，实现对各项主数据进行抓取、清洗、转换等处理，并推送至数据仓库中，形成完整、高质量的气田核心数据，供后期智能化分析应用。共计建立 16 个数据处理策略，经过前期梳理，预计数据处理量达 3.62G，数据条数将近 8452 万条。

③ 数据资产管理

按照钻测录试井、地面建设、气田生产、地质气藏、气田工艺、样品试验、井下作业、生产经营等纬度，对目前所有数据进行归类，建立气田数据资产目录和数据资产库，清晰的掌握全面的数据资产情况。

利用中间数据表、数据转换视图、API 接口等数据共享交换技术手段，建立气田数据资产共享中心，各应用系统可通过此中心进行数据资产的查询和访问，为后续智能分析提供了全面的基础。目前已经发布主数据资产共享接口，后续数据正在开展中。

资产目录类型		资产目录项	资产数据量
结构化	库表	321	12345445
	视图	123	124232
	其他	232	434
非结构化	文件	12	323
	图片	32	23
	视频	22	12
	其他	12	12
半结构化	excel	34	32
	csv	43	3

图 6　数据资产可视化展示

4 数据治理效益分析

（1）直接成果

建成了一套可持续优化改进，能覆盖到元数据模型、数据标准、数据质量、数据仓库、气田主数据以及气田数据资产管理的气田综合数据治理管理平台。在平台建设过程中，彻底对多年来的气田信息化建设中的业务数据进行梳理，全面详细的掌握了气田开发数据状况，达到了数据掌控可视化。

（2）间接效果

建立起了一套气田数据管理标准体系，包括数据标准、数据质量管理据转换处理、数据分类管理等。通过此标准的实施应用，极大了规范了采气厂数据的管理，提高了数据质量，为后续信息化、智能化建设提供参考。

（3）长远效益

通过气田数据综合治理，可将整个采气厂数据库情况可视化，降低数据库的复杂性，从而降低后续的IT运维成本。通过标准的实施，能有效规范后续的智能化气田建设，降低后期的建设成本。

通过气田数据综合治理的实施，使采气厂信息管理技术人员对最新的数据治理相关概念、技术以及未来的发展方向有一个全面了解和锻炼，从而为气田智能化建设提供了更加有力的推动力。

5 下一步规划

结合数据治理业务的开展情况，计划下一步开展以下几个方面的工作：

（1）完善数据安全管理体系，建立数据安全规范制度体系，建立有效的数据安全审查机制，保障数据安全；

（2）进一步加强企业数据资产管理，形成多种数据资产视图，使数据资产能够让不同用户，有不同视角的展示；

（3）建立企业知识图谱，使数据治理成为整个企业的数据工作环境，强化企业数据与知识体系之间的关联，让数据的深层价值得以体现。

6 结束语

数据治理不是一件一劳永逸的事情，从企业业务发展、数据治理意识形成、数据治理体系运行的角度来说，都是一个长期的过程。这一过程涉及大量的跨部门、跨业务、跨系统的沟通协调，同时也涉及不小的投资。为了确保数据治理长效机制的形成，在治理前期需要规划好各项规章制度和管理架构，保障后续的各项治理工作能够行之有效并且长期坚持。

参 考 文 献

[1] 张梦瑾，异构数据资源整合的方法与系统实现[J]；信息与电脑(理论版)；2018，01.

[2] 曾汪旺，多源异构数据整合系统在医疗大数据中的应用[J]；价值工程；2017，08.

[3] 杨琳，大数据环境下的数据治理框架研究及应用[J]. 计算机应用与软件；2017，4.

吉林油田自主云桌面一体化解决方案应用研究

石　磊　陈玮松　宋旭东　盛吉堂　周炳昱　詹　宇

（中国石油吉林油田公司信息中心）

摘　要　为了解决吉林油田办公电脑需求与信息安全保密的难题，进行了自主创新，并开展了云桌面技术研究，形成一套云桌面一体化解决方案。本解决方案有 4 部分构成：(1)前端硬件采用自主设备研发，并对 linux 内核进行深度裁剪，作为云桌面的接收终端设备；(2)桌面采用 kvm 进行优化部署，使用 spice 协议进行终端机与云桌面连接标准；(3)使用 ovirt 进行一体化平台集中管理；(4)通过网络过滤、桌面标准化控制、SElinux 上下文控制、连接协议配置等方法有效控制，实现云桌面的安全管控。通过本解决方案在吉林油田新木采油厂 100 个试点进行先导试验，证明该解决方案可以替代吉林油田基层小队，部分机关岗位电脑，解决油田部分岗位对办公电脑的需求，同时可以实现集中运维管理，辅助信息安全与保密。

关键词　云桌面；办公电脑；虚拟化技术；一体化解决方案；吉林油田；自主创新

1　吉林油田办公桌面现状

1.1　吉林油田办公桌面情况

吉林油田目前有办公电脑 11000 台，其中科研占岗位占 20%，基层小队与其他管理岗占 75%，其他对桌面有特殊需求的占 5%。排除科研单位与采油单位的工艺、地研两所，由于需要安装专业研究软件，对桌面有特殊需求，需要较高配置的办公桌面，其他岗位的办公桌面以管理与操作为主，配置满足正常办公即可。

1.2　办公桌面配置与软件安装情况

截至 2018 年，中石油 3 年不允许大规模采购电脑，吉林油田办公桌面普遍档次非常低，基层小队桌面以 512M 或 1G 内存为主，管理岗位内存以 1G 或 2G 为主。同时，按中石油总部的要求，办公桌面必须安装 360 天擎与 VRV，部分岗位桌面还需要安装中孚、加密软件等。导致电脑运行速度慢，工作效率低下。

1.3　办公桌面存在的主要问题及需求

按管理制度的要求，办公桌面不能安装与工作无关的软件，岗位一致桌面应该保持一致，但是由于缺乏技术上的有效控制，仅依靠管理手段，很难保证桌面的标准化管理，办公桌面出现了“个人个异”难以管控的局面，给信息安全与保密带来极大的挑战。同时，按中油管理要求，必须安装 360 及相关的软件，原本配置很低的桌面很难维持正常的办公。

存在主要问题为：办公数据存储在本地终端，因操作系统瘫痪、病毒感染等原因会导致数据丢失；数据分散存储，公司无法对保密性文件进行有效保护，可能因病毒、黑客等问题导致泄密；现有管理模式无法对终端进行集中管理，如控制上传下载、禁止访问特定应用、禁止 USB 移动设备使用、无法划分文件访问权限等；桌面没有实现标准化，用户设置不同，导致油田内部各应用系统插件不兼容；IT 维护人员大部分时间需处理因电脑硬件、软件、使用方式等问题造成的终端故障，人力耗费较大；PC 终端或相应配件采购周期较长，影响办公效率等种种问题与弊端。

随着吉林油田不断深化改革，降本增效成为企业的一项指标，投入大量资金更换办公电脑不符合企业的利益，同时传统办公电脑在安全保密方面存在诸多弊端。为了解决吉林油田对办公电脑需求与信息安全保密的难题，组织的技术研发团队，进行了自主创新，开展了云桌面技术研究，形成一套云桌面一体化解决方案，可以有效的解决以上问题。

2　云桌面一体化解决方案

云桌面架构见图 1。

将传统的办公桌面以虚拟机的形式集中运行在一台或多台 x86 架构服务器上。用户可以利用专有客户端软件，基于特有桌面传输协议，建立访问通道，即可连接到自己的云桌面进行日常办公。

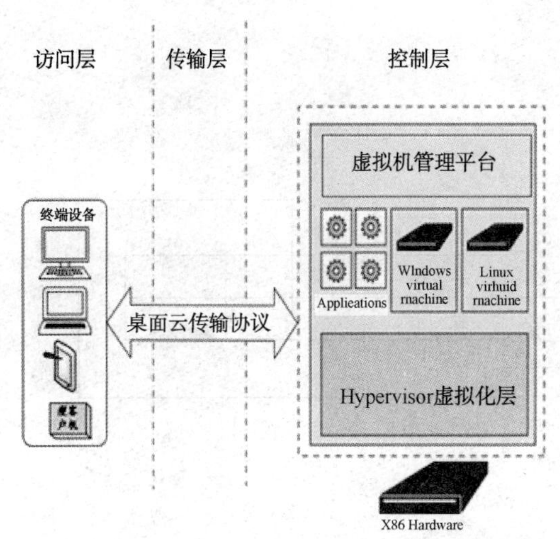

图 1　云桌面架构

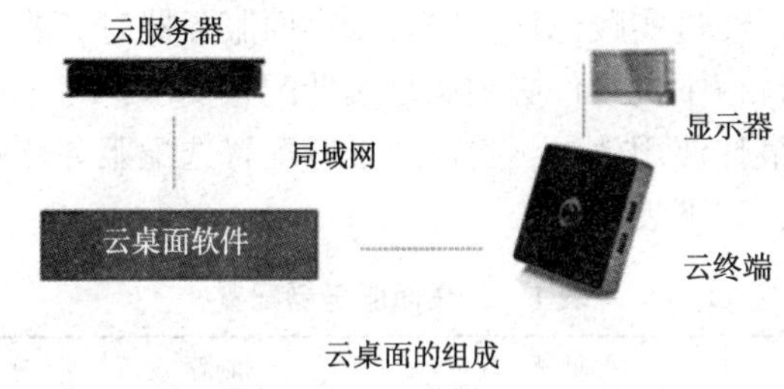

图 2　云桌面的组成

2.1　前端终端机的设计与研发

吉林油田自研瘦客户机外观小巧精致，采用 ARM 与 J1900 架构开发板，性能强劲，处理速度快。瘦客户机集成了 IC 卡模块/指纹模块等组成，可通过刷卡/指纹识别等多种身份验证的方式直接连接至云桌面，相比于传统 X86 架构的瘦瘦客户机，其能耗更低、长期运行稳定性更高(无需散热)。

操作系统精简化，可实现零维护。同时，利用外设重定向技术，可兼容桌面应用中的各类外设。

2.1.1　开发板介绍

MFRC522 利用了先进的调制和解调概念，完全集成了在 13.56MHz 下所有类型的被动非接触式通信方式和协议。支持 14443A 兼容应答器信号。数字部分处理 ISO14443A 帧和错误检测。此外，还支持快速 CRYPTO1 加密算法，用语验证 MIFARE 系列产品。MFRC522 支持 MIFARE 系列更高速的非接触式通信，双向数据传输速率高达 424kbit/s。

2.1.2　射频模块

采用 Philips MFRC522 原装芯片设计读卡电路，使用方便，成本低廉，适用于设备开发、读卡器开发等高级应用的用户、需要进行射频卡终端设计/生产的用户。本模块可直接装入各种读卡器模具。模块采用电压为 3.3V，通过 SPI 接口简单的几条线就可以直接与用户任何 CPU 主板相连接通信，可以保证模块稳定可靠的工作、读卡距离远。

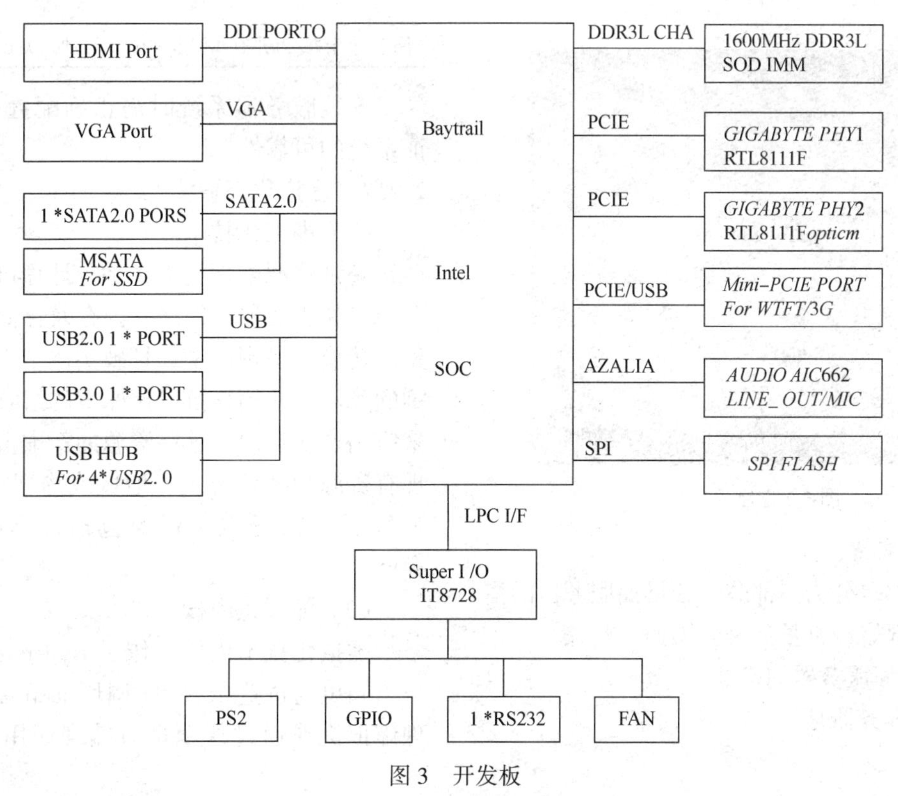

图 3　开发板

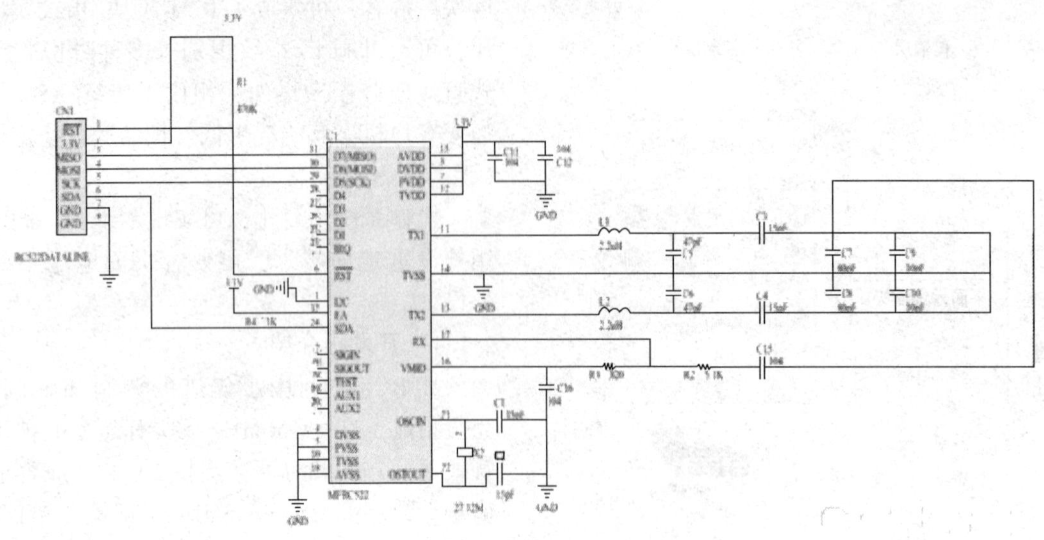

图 4　射频模块

2.1.3　HDMI 电路

RT9741CGV 为显示器高压驱动芯片，HDMI 转 VGA 显示器转 VGA 转换线的电路就是从这部分获取电能，也就是从 BCM857BS 5V 稳压这里汲取电流，因为供电电源最高能提供 2.5A 的电流，最高也就是 12.5W 的功率。

2.1.4　终端机定制系统

定制的系统是基于 Linux 内核系统裁减，将原生操作系统进行深度精简，系统无法进行其他操作，只能进行云桌面登陆操作，给用户保留最小的可操作空间，保证云桌面系统的安全性和完整性。

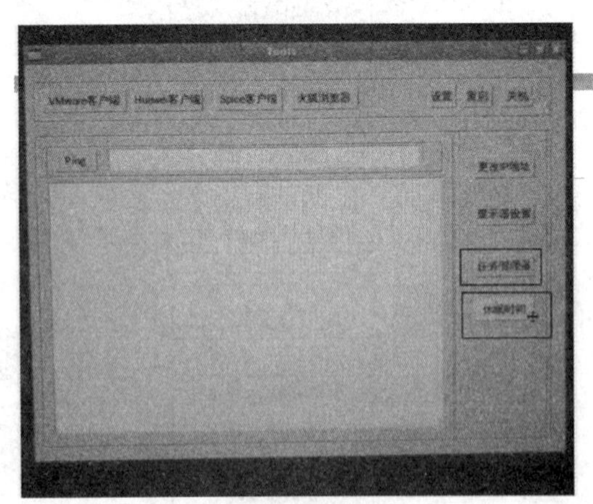

图 5　定制系统

2.2　云桌面部署

云桌面部署分为三部分：云桌面服务器的搭建，虚拟化部署，批量部署云桌面

2.2.1　云桌面服务器的搭建

云桌面服务器是

经过实践论证：安装云桌面服务器时，要求每台宿主机硬件必须满足最低配置要求，为了保证最佳使用效果，建议按推荐配置选配服务器硬件，如下表所示：

表 1　云桌面服务器配置

	最 低 配 置	推 荐 配 置
CPU	64 位 CPU 支持 Intel VT-x	E5-2680V4 (14C/28T 2.4GHz)
内存	大于 4GB	256GB ECC DDR4
硬盘	大于 60GB	系统盘：128GB 缓存盘：480GB Intel SSD 数据盘：4 * 2TB SATA
网卡	千兆/万兆有线网卡 * 1	千兆/万兆有线网卡 * 4

安装服务器系统时需正确配置 raid1，以保证系统的可靠性。

2.2.2　虚拟化部署

（1）虚拟化技术

一种资源管理技术，是将计算机的各种实体资源，如服务器、网络、内存及存储等，予以抽象、转换后呈现出来，打破实体结构间的不可切割的障碍，使用户可以比原本的组态更好的方式来应用这些资源。这些资源的新虚拟部分是不受现有资源的架设方式，地域或物理组态所限制。一般所指的虚拟化资源包括计算能力和资料存储。

（2）虚拟化内核

虚拟化技术内核工作于 Hypervisor 层，在用户空间可通过这个接口（调用 ioctl 系统调用）管理虚拟机或通过这个接口编程序用来管理虚拟机，实现 VM 创建、删除、分配内存、读写 vCPU 的寄存器、想 vCPU 注入中断、运行 vCPU 等功能。

虚拟化技术从 Linux 继承了强大的内存管理功能，一个虚拟机的内存与任何其他 Linux 进程的内存一样进行存储，可以以大页面的形式进行交换以实现更高的性能，虚拟化技术支持最新的基于硬件的内存虚拟化功能，支持使用 Intel EPT 或 AMD RVI 技术来完成内存地址映射，以实现更低的 CPU 利用率和更高的吞吐量。

（3）虚拟化内存

支持 KSM（Kernel Same-page Merging，相同内存页合并），比如在服务器上同时运行多个 Linux 相同版本的主机，它们都会载入一些相同的动态库，由于是只读的，所以可以进行合并。KSM 通过扫描每个虚拟机的内存，查找个虚拟机间相同的内存页，并将这些内存页合并成一个各相关虚拟机能够共享的独立内存页面，从而实现了内存页面共享。节约内存使用，使得我们的虚拟化可以过载使用内存，虚拟机内存分配可以大于物理机内存。如果这些合并页中有某个虚拟机需要修改，那么此时虚拟化技术就会进行 copy on write 机制给它重新生成一个副本，它只能修改自己的而不能修改共享的。

（4）存储支持

虚拟化可以支持任何 Linux 内核支持的存储设备，如：

本地存储：IDE、SCSI、SAN、SATA、SAS、PCI-E

网络附加存储：NAS、SAMBA 等

存储区域网络：SAN，ISCSI。

分布式存储：GlustFS

它支持快照，允许多级快照、压缩和加密。

（5）网络虚拟化

网络虚拟化即将服务器的物理网卡虚拟成更多的相互隔离的虚拟网卡，实现云服务的弹性和动态性。网络虚拟化引入虚拟机交换，实现扁平化的大二层交换网络架构，同时具备虚拟化网络自动部署能力，为批量部署云桌面奠定网络基础

Eth0 ———— 控制、桌面
Eth1 ———— 虚机通讯、

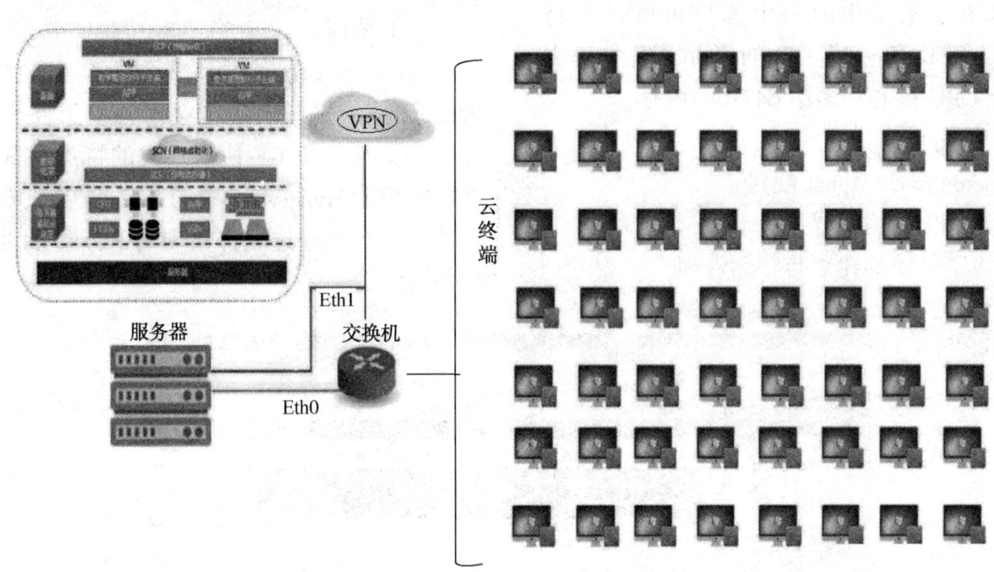

图 6　网络虚拟化

实时迁移

各个 Hypervisor 利用共享存储实现实时虚拟机迁移，并且虚拟机运行的服务无中断。但是虚拟化技术实现实时迁移有一些前提条件，如：

镜像文件必须放在共享存储。

共享存储还必须放在同一个位置，否则配置

文件会找不到。

各个 Hypervisor 必须要兼容。

CPU 必须拥有相同特性，最好同款 CPU。

两台 Hypervisor 的时间必须要一致。

两台 Hypervisor 必须有一样的网络配置。

设备驱动

Linux 内核支持的驱动，KVM 都支持。另外，KVM 是一个混合类型的 VMM，因为 KVM 能够以模拟(QEMU)的方式支持完全虚拟机，又能够支持在 Guest OS 中安装驱动实现 IO 的半虚拟化，也就是两阶段 IO，前半部分 IO 在 Guest OS 上，后半部分在宿主机上。

使用 virtio 在 Linux 2.6.25 内核已经收录，只要编译内核时选择了 virtio 模块就可以，但是如果是微软的系统那么还需要去 RedHat 官方下载对应的 virtio 程序才可以支持。

性能和可伸缩性

虚拟化技术也继承了 Linux 的性能和可伸缩性。虚拟化性能在很多方面(如计算能力、网络带宽等)已经可以达到非虚拟化原生环境的 95% 以上的性能。虚拟化的扩展性也非常良好，客户机和宿主机都可以支持非常多的 CPU 数量和非常大量的内存。例如，Redhat 官方文档就介绍过，RHEL 6.x 系统中的一个客户机可以支持 160 个虚拟 CPU 和多达 2TB 的内存，宿主机支持 4096 个 CPU 核心和多达 64TB 的内存。

部署方案：

(1) qemu guest Agent 配置

(2) 虚拟化网络配置

(3) 共享存储的建立与存储管理

(4) HA 集群部署与 vm 迁移

2.2.3　批量部署云桌面

(1) 云桌面模板

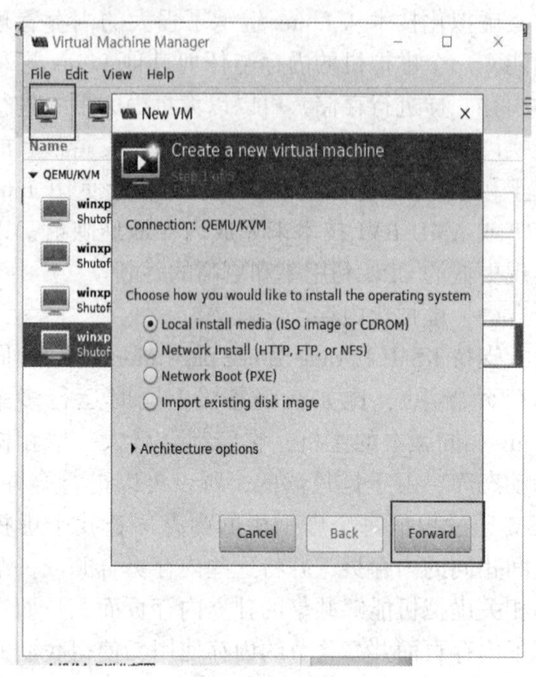

图 7　模板机建立

我们可根据不同岗位需求，创建多个模板。同时根据多个模板批量生成多个云桌面，为不同的岗位和用户提供多个版本云桌面。

(2) 协议

Spice 协议是构建起整个虚拟桌面的核心。借助于 Spice 协议，虚拟桌面各个组件之间才能够顺利交互。SPICE 协议最大的特点是其架构中增加的位于 Hypervisor 中的 QXL 设备，本质上是虚拟化平台中通过软件实现的 PCI 显示设备。

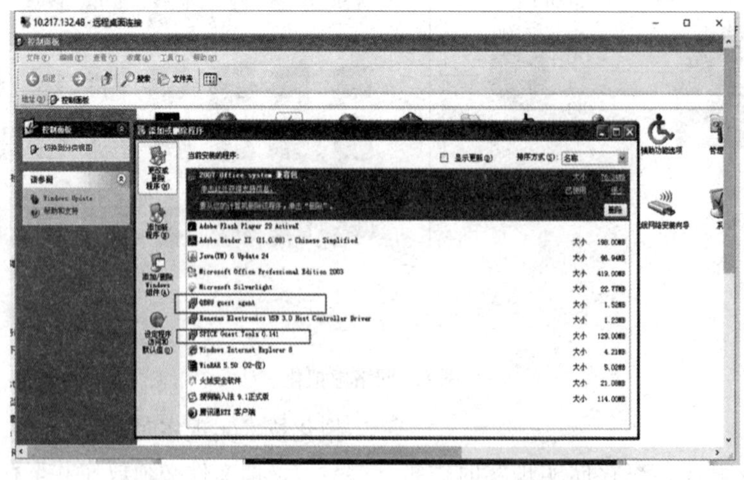

图 8　批量部署管理

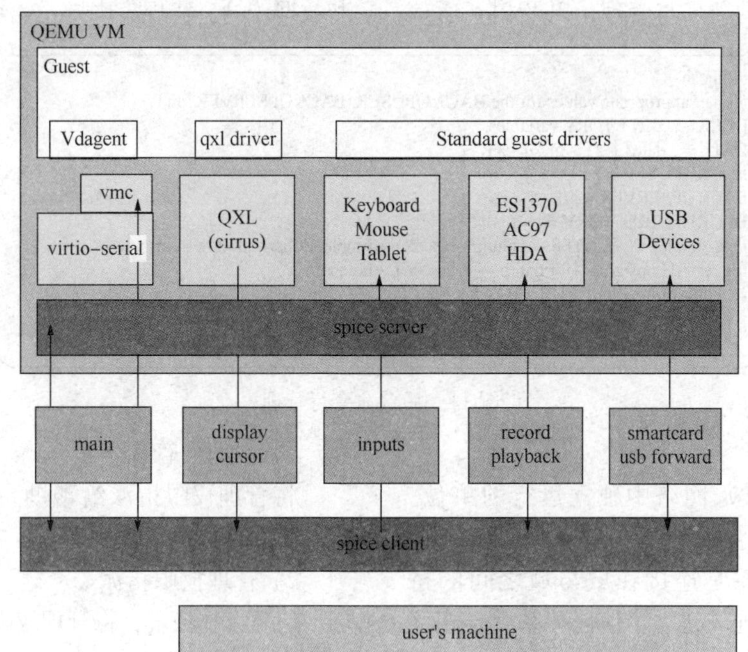

图 9　Sipce 协议

2.3　一体化平台集中管理

2.3.1　通过 ovirt 实现平台资源管理

云桌面的应用需要有统一的平台进行管控，ovirt 是开源版的 RHEV，基于自身的 REST API 进行调度开发。在吉林油田部署中，将其部署在虚拟机 Centos 操作系统中，对群集、主机、网络、存储以及云桌面等资源进行管理。管理平台通过浏览器或 linux 命令行与 backend 引擎进行交互。

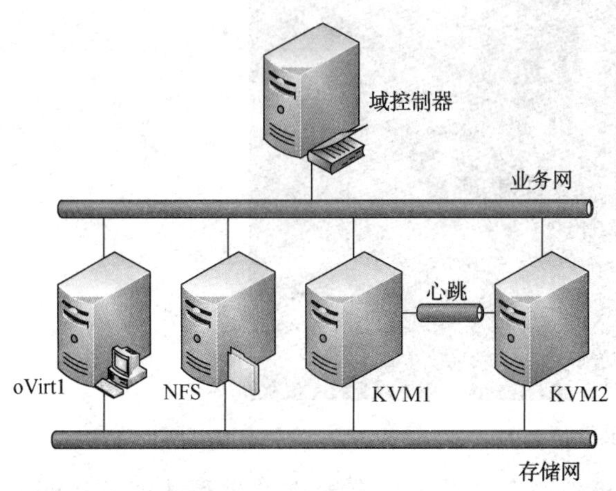

图 10　云桌面平台管理架构

宿主机(NODE)的管理通过 VDSM 代理与引擎进行交互。同时，为了实现桌面标准化管理与统一身份验证，平台与 AD/LDAP 域管理进行集成。为了保证平台能够对宿主机、云桌面、网络、存储、用户权限控制等进行管理，通过 postgresql 数据库对该部分信息进行存储。

2.3.2　平台的备份与角色管理

平台实现对所有资源的管理，平台的备份非常重要，平台的备份主要为两部分：引擎的备份主要通过 engine-backup 完成，数据库的备份通过计划任务脚本来完成。

平台提供了丰富的用户权限、角色及角色管理，平台提供 2 种用户，终端用户用来管理各自权限的云桌面，管理员用户对终端用户提供管理操作，为终端用户提供云桌面、配置云桌面的架构、分配权限。最高权限的 Admin 角色进行创建与管理整个虚拟化平台，通过配置权限角色、创建对象、授予权限用户，可以实现有效的安全隔离。平台提供很多用户操作，用户的创建不是在平台中创建，在目录服务中创建，平台在考虑权限分配方面主要结合了执行动作者、执行的动作(创建、修改、删除、移动)、对象的管理范围(数据中心、群集、主机、存储)等方面因素。

2.4　云桌面的安全管控

2.4.1　通过域控实现桌面标准化管理

通过域控环境的搭建，可以把云桌面应用岗位进行分类，针对不同类的桌面下发不同的策略，可以有效的控制云桌面安装哪些软件、权限配置等，做到岗位一致桌面一致，实现桌面标准化管理。还可以实现统一认证登录，分组权限管理，跨网分配文件和打印机等设备资源，使不同的域之间实现网络资源的共享与管理，以及相互通信和数据传输，实现集中推送、统一管控等目标。

```
#!/bin/sh
# Enter appropriate values for the BACKUPUSER, BACKUPSERVER, and
BACKUPDIRECTORY variables.
DATE =、date "+%Y%m%d_ %R"~;
BACKUPUSER = ;
BACKUPSERVER = ;
BACKUPDIRECTORY = ;
# pg_ dump -C -E UTF8 --column-inserts --disable-dollar-quoting --disable-
triggers -U postgres--format=p --f /usr/share/rhevm/db.
backups/ dump_ RHEVDB_  BACKUP_  date "+%Y%m%d %R". sql rhevm ;
scp /usr/share/ rhevim/ db. backups/ dump_ RHEVDB_ BACKUP_ date
"+%Y%m%d_ %R".sql $ BACKUPUSER@$ BACKUPSERVER:$BACKUPDIRECTORY;
```

图 11　后台命令行管理

（1）AD 域

1）域是 Windows 网络中独立运行的单位，域之间相互访问则需要建立信任关系(即 Trust Relation)。信任关系是连接在域与域之间的桥梁。当一个域与其他域建立了信任关系后，相互访问就变得可控。

2）两个域之间不但可以按需要相互进行管理，还可以跨网分配文件和打印机等设备资源，使不同的域之间实现网络资源的共享与管理，以及相互通信和数据传输。

域控制器(DC)：

域控制器就是一台服务器，负责每一台联入网络的电脑和用户的验证工作。

（2）AD 域实现安全管控

1）帮助台管理

将管理权限指派给帮助台技术员或 HR，降低 AD 管理员的工作负荷。

2）管理权限指派

设置工作流程，将管理权限指派给其他用户。

3）划分不同权限

设置不同的角色，配置不同的管理权限，确保 AD 域的安全。

4）基于组织单元的权限指派

为一个组织单元配置一个管理员，执行相关的管理操作。

5）安全指派

按照一定的规则，设置管理权限，确保信息安全。

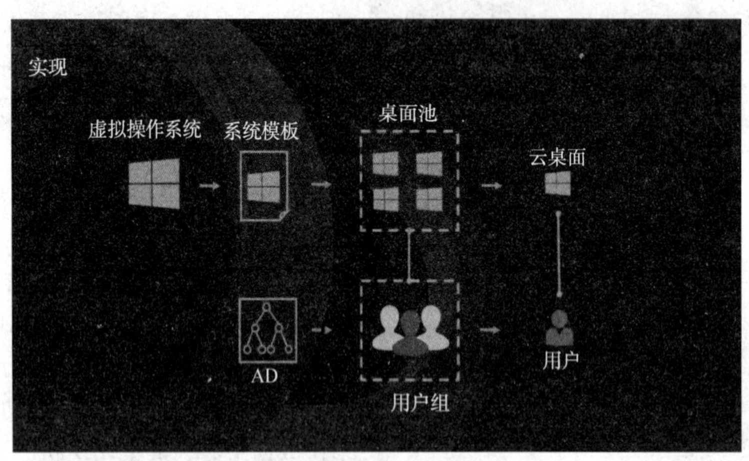

图 12　AD 域管理

2.4.2　通过 SELINUX 对宿主服务器有效的控制

在云桌面环境，所有的云桌面都运行在服务器端，服务器的安全及其重要，如果云桌面被黑客控制，并进而进入宿主服务器，所有的云桌面安全将无法得到有效的保障。通过系统集成 SElinux 模块，可以为每个安全访问的用户提供虚拟安全沙箱，只有允许的进程才能够访问文件，把权限、角色关在笼子里，当进行有效的配置后，即使一个云桌面被控制也不会对其他桌面造成威胁，形成整体的瘫痪，从而对宿主服务器进行有效的保护。

2.4.3　通过网络过滤提高平台的安全性

在云桌面的应用过程中，不同的桌面会分配

给不同的部门，当个别云桌面被控制后，利用自己的桌面配置 DHCP 服务，向外配发 IP 地址，会对网络造成故障。同时还会做各种嗅探，进行 MAC 地址欺骗做各种恶意操作，对于平台造成极大的危害。通过对虚拟交换机的 Network filtering 网络流量控制机制，可以借助过滤机制，控制哪些是允许或拒绝的操作。在虚拟化平台本身不具备该组件，主要通过 ebtale 引擎来实现，通过网络流量的过滤规则，管理对云桌面网络流量的接受和转发。由于云桌面不能控制过滤规则，所以对云桌面的访问控制具有强制性。在应用上主要通过 XML 文件存储配置，libvirt 动态调整 ebtable 配置，针对特定云桌面进行配置，也可以多桌面共享配置。

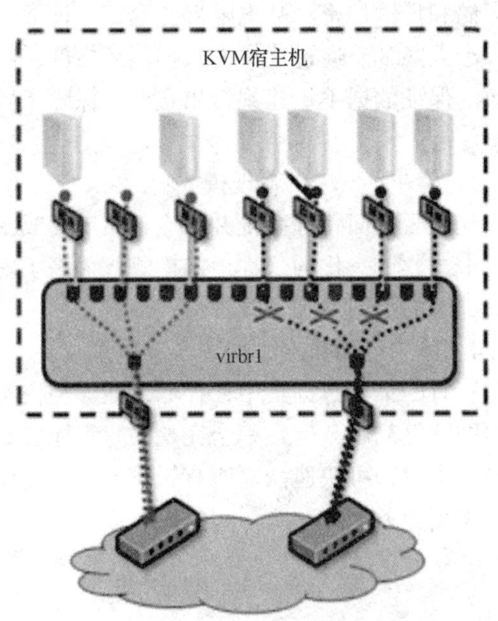

图 13　网络过滤示意图

3　解决方案应用情况

由于吉林油田公司办公电脑多年没有更换，电脑需求量非常大，研究工作从终端机的设计组装、终端机系统深度定制、核心虚拟化的深度优化，到云桌面部署、集中管理与安全方案研究，能够形成一套完整的云桌面一体化解决方案，可以逐步的替换部分岗位的办公电脑。利用自主技术研究云桌面在中石油是首例。成果在吉林油田新木采油厂、机关科室部分岗位等单位得到了成功的应用。

3.1　新木采油厂案例

在吉林油田新木采油厂 100 个试点进行先导试验，分别部署在新木采油厂数据中心、机关部分岗位、采油一队、采油四队、采油五队与采油八队。覆盖了新木采油厂多数典型岗位，完成了整个新木采油厂云桌面试运行，效果符合预期，能够满足员工日常办公需求，响应速度快，运维方便快捷。同时云桌面对网络存在依赖，一旦出现断网的情况，无法正常连接，因此，保证网络畅通是云桌面的基础要求。随着云桌面推广的深入推进，许多员工逐渐适应了云桌面，使得云桌面在使用过程中快速迭代，为云桌面不断改进提供了很多宝贵的建议。

3.2　机关部分岗位案例

在油田机关对生产运行处、设备处、财务处、安全处等多个处室岗位员工进行了测试，根据不同岗位的不同需求搭建了云桌面环境。替代了传统电脑，瘦客户机不仅不占用空间而且操作简便，满足了用户的办公场景，实现了云桌面的多岗位应用。

同时在遵循内网隔离的前提下，进一步提高了桌面安全的管理级别，帮助用户实现了场景工作的灵活切换，大大提高了工作的便利性。

用户不用担心软硬件出现问题，一旦数据出现问题，可以通过管理员的快速恢复，保证工作的连续性。目前多个岗位反馈效果较好，满足了相应的需求。

4　云桌面发展潜力分析

4.1　云桌面一体化方案价值

4.1.1　节约办公电脑投入成本

油田公司通过物资供应处购买办公电脑成本大概在 0.4 万元。通过云桌面一体化方案，可以利旧现有服务器、网络、存储等，盘活资产。即使是新购，一个终端机成本 0.07 万元、一台服务器可以部署 70 个桌面，分摊一个桌面成本 0.19 万元，键鼠与显示器可以利旧，一个云桌面的综合成本 0.26 万元，为企业节约了大量资金。油田公司运维办公电脑投资资金较大，且一台电脑使用 5 年后不断出现问题，且出现淘汰的趋势，而服务器运行时间远超办公电脑，投资收益周期较长，桌面的资源可根据需求进行灵活调整。

4.1.2　运维成本大幅降低

云桌面的应用将极大的减少后期的运维成本，采用模板化的部署方式后，一个新的桌面用户可以在 10 分钟左右就完成交付使用，而故障的排查和修复时间更是大幅度减少，原来只能管理 100 台终端的 IT 管理员现在可以轻松的管理上千台的虚拟桌面。保守估计，算上设备更替和运维的成本，5 年的 IT 总成本可以节省 40% 以上。

4.1.3　节能降噪，绿色办公运维成本大幅降低

传统 PC 每小时耗电量大概在 190W 左右，而瘦终端的能耗只有 10W。以 1000 台的部署规模为例，按一天开机 10 小时、每年 240 个工作日、每度电按 0.75 元的工商业用电价格来折算，即使算上数据中心新增服务器的电力成本，把 1000 台 PC 换成瘦终端每年至少可节省 25 万元电费。

4.1.4　保护信息资产安全

云桌面将所有的数据集中存储在数据中心，笔记本、瘦客户机等前端设备只接收图像，整个业务过程里数据不落地，确保安全。而集中化的部署方式也更有利于 IT 部门对信息资产进行统一管理。同时，云桌面还能够轻易的在组织内部建立起相互逻辑隔离的多张网络、来满足不同类型业务的使用需求。

4.1.5　桌面随身行办公模式

适应移动信息化建设趋势，在策略许可的情况下，用户可以实现在任意时间、任意地点、通过任意终端访问自己的个人桌面，真正做到桌面随身行，在任一终端上的桌面操作可以在另一个终端中继续开展，工作不会因为场所变化而中断，从而提升员工的工作效率。

4.2　云桌面一体化方案优势

4.2.1　完善的全系列云方案

涵盖瘦客户机、桌面虚拟化、服务器虚拟化三大环节，业界方案最全面，兼容性最好，性价比最高，为 IT 提供了一种更加精简和安全的方法来管理用户和提供可按需访问的敏捷桌面服务。

4.2.2　更全面的安全保护机制

端到端的安全加固功能，支持对瘦客户机上外设、磁盘、黏贴板、网络访问等权限控制，云桌面可以防止数据的非法访问；本地终端只是显示设备，数据集中在后台存储，针对用户数据进行存储和传输加密，数据隔离，全面保证数据安全和个人隐私。通过这样的数据隔离措施，能够有效的保证数据不被违规带出企业，保障了数据安全。

4.2.3　集中式 WEB 管理模式

提供云桌面管理系统并于企业 AD 集成，通过集中式、单一化的远程运维模式，提高了虚拟桌面部署的易用性和可维护性。

4.2.4　集中存储数据，构建容灾体系

所有的桌面数据集中在存储，能够轻松实现数据的完整复制，构建一个完整的容灾体系。当灾难发生时，可快速恢复所有托管云桌面，保证完全恢复业务能力。

4.3　云桌面与传统桌面综合对比(表 2)

表 2　两种模式对比

项　目	传统桌面	云桌面 VDI
持续性能(按年)	逐渐下降	持续保持一致
运维响应能力	平均需要 1 小时	平均需要 10 分钟以内
设备可靠性	硬件数量多故障频繁	高可靠性 99%
资源利用率	固定的配置，资源利用率一般很低	根据需求，灵活分配资源
系统工作效率	分散式部署，效率低下	集中式部署，一劳永逸
入职设备配置	一般需要几小时	只需要 1 分钟即可完成
入职设备分配	分配 1 台 PC	分配 1 台瘦客户端即可
操作系统安装	为每台 PC 独立安装系统	只需要安装一次，单用户配置小于一分钟

5　结论

通过对自主云桌面一体化解决方案的研究部署，以及在新木采油厂等单位 100 多个点的应用测试，充分证明自主云桌面可以替代吉林油田部分岗位的办公电脑，有效的节约采购办公电脑的投入，节约运维成本，辅助信息安全保密工作。但是，通过实际应用也证明，一些科研岗位需要安装大量的专业软件，不适合云桌面的应用。另外，云桌面虽然带来了方便，但是形成了管理倒

置一个局面，过去办公桌面的维护管理在基层，通过本解决方案的应用，桌面管理集中在顶层，需要在企业管理方面与本解决方案相融合。本解决方案的建设是基于开源社区的源代码，需要有较强的技术运维队伍，这些都需要持续技术团队的建设。本解决方案在群集配置管理、用户连接云桌面等方面还有很多需要进一步优化，需要进一步解决，这部分内容是本方案下步深入研究的方向。

参 考 文 献

[1] 任永杰，单海涛《KVM 虚拟化技术》机械工业出版社，2013：1-424.

[2] Intel corporatio 系统虚拟化：原理与实现．北京：清华大学出版社，2009：1-238.

[3] 陈志宏．基于云计算的虚拟桌面平台的设计与实现．复旦大学，2012，2.

[4] 范伟；孔斌；张珠君等 KVM 虚拟化动态迁移技术的安全防护模型．云计算安全研究专刊，2016，39(2)：129-136.

[5] 何禹，胡宇鸿，王一波．虚拟化技术在校园网数据中心的应用[J]．电子科技大学学报．2007(S3).

[6] 刘爱军，耿国华．基于 x86 的虚拟机技术现状、应用及展望[J]．计算机技术与发展．2007(11).

[7] 张鹏．桌面虚拟化系统集中部署方案研究[J]．信息通信．2013(09).

[8] 开源虚拟化：KVM 是未来发展趋势？[J]．硅谷．2011(22).

[9] 丁圣阁，马汝辉，梁阿磊，管海兵．半虚拟化 I/O 模型的 KVM 虚拟机域间通信优化方法[J]．计算机科学与探索．2011(12).

[10] 秦学东．开源虚拟化——KVM 的构建[J]．现代图书情报技术．2011(11).

[11] 张彬彬，汪小林，杨亮，等．修改客户操作系统优化 KVM 虚拟机的 I/O 性能[J]．计算机学报．2010(12).

[12] 宋吉广．Linux 内核虚拟化 KVM 详解[J]．软件世界．2007(11).

[13] 余平．QEMU-KVM 实现虚拟机动态负载均衡[J]．电子商务．2012(08).

[14] 李斌，胡屹峰．基于 KVM 的服务器虚拟化环境实现[J]．洛阳理工学院学报(自然科学版)．2013(02).

[15] 尹勤．基于桌面虚拟化技术的新型 IT 办公环境[J]．微型电脑应用．2012(12).

[16] 钟博．安全桌面云计算架构解决方案[J]．信息安全与通信保密．2012(11).

[17] 苏玉成，蒋昆，郭江博，等．云架构下的虚拟化桌面[J]．中国医疗设备．2014(05).

[18] 丁鼎，何进．面向一体化桌面云架构的资源调度与管理策略[J]．计算机系统应用．2012(04).

[19] 陈运财．基于云架构的高校桌面虚拟化研究[J]．电脑知识与技术．2015(09).

[20] 吕梅桂．基于 KVM 的虚拟机网络性能优化研究[J]．软件导刊．2017(10).

[21] 彭天炜．kvm 虚拟化技术在云平台中的应用[J]．电脑知识与技术．2015(14).

采油厂物联网系统建设及深化应用

黄　寅　吴　军　邵妍婷　杨　磊

（中国石油新疆油田公司）

摘　要　本文主要探讨了采油二厂从“十二五”开始，以业务需求为导向，从人员紧缺岗位、劳动密集岗位着手，整体规划，逐步推进，依托 A11、产能建设、自建自动化等项目，促进物联网建设，完善运行平台。同步开展管理模式优化探索，大数据应用深入研究，不断总结运行经验，完善管理制度、HSE 体系建设和奖惩激励机制，探索物联网技术与老油田生产运行的有机结合，初步构建了标准化、科学化、常态化的物联网运行管理体系。通过物联网管理模式创新实践，构建了老油田物联网运行管理体系，明确了老油田物联网的建设标准，升级了老采油厂的运行管理模式，建立了完整运行制度体系，实现“员工排斥物联网”到“我要物联网”，基层单位“主动要人”向“主动减人”转变。

关键词　物联网智能识别；异构混合组网；数据接口和协议；数据采集和过程控制

1　引言

根据公司深化企业改革、推进“油公司”管理模式的要求，采油二厂结合油田信息自动化建设的整体部署，积极探索智能化油田建设方式与自动化相适应的劳动组织模式。力求解决产能建设增加、员工队伍老化、用工总量控制等制约油田发展的问题，逐步探索出组织机构最优、生产流程最优、劳动用工最优的生产作业模式，进一步提高劳动效率和经济效益，实现企业升级转型。

2　现状及需求分析

传统的“定岗值守、按时巡检、人工录取资料”的运行模式，已逐渐显现出不能满足油田精细化管理和高效开发的要求。提升管理水平，大力推进物联网建设，做好工业化和信息化高度融合，做到“全面感知，自动操控，趋势预测，精准决策”，提高生产效率、降低用工成本，达到提质增效的目的。

安全、环保是企业发展的根本保障。尤其随着两法实施，对油田安全生产和环保提出了更高的要求。企业迫切需要提升安全、环保管理的水平。物联网技术无论在安全管理的有效性上还是实时性上都是最佳的选择。如：作业监控、异常工况的报警、远程操作、连锁保护控制、设备跑冒滴漏视频监测等技术应用优势，是人工操作所无法替代的。

现有应用系统覆盖生产、经营、管理、科研等业务领域，但油水井各类生产数据全部依靠人工采集，数据更新、及时性等不能满足应用需求，缺少实效性强的生产应用系统。物联网建设实现生产数据实时采集，提高数据及时性，丰富了数据量。生产数据的变更，必然需配套新的物联网应用系统，实现数据的深化应用。

3　措施和做法

3.1　攻克技术难点，拓展物联网建设，扩大覆盖范围

1）产能单井自动化建设与集成

按 A11 标准，陆续开展产能自动化建设，同时将生产数据同步集成到采油二厂已建中控室 A11 生产监控平台，实现生产数据统一监控，集中管理，分散数据资源进行有机集成整合，促进油田生产老井、新井深度融合。

2）撬装计量站无线网桥接入

通过对全厂撬装自动化计量站的进行无线网桥通讯网络建设，实现撬装自动化计量站生产数据自动采集、上传，单井产量计量由厂 A11 中控室集中计量、远程操控。大幅降低作业区采油工量油和人工抄写数据工作量，实现劳动力优化；提高单井计量频次，实现 24 小时不间断计量，提升计量结果准确性。

3）A11 样板建设

通过对老式砖混计量站的自动化改造，油井含水在线分析系统建设，实现 2 个作业区井站生

产自动化系统全覆盖及功能完整性建设，实现作业区由生产半自动化向全自动化管理模式转变，进一步减轻劳动强度，提高工作效率，提升管理水平。

4）站库无人值守系统

对全厂注水泵站、注聚站进行生产自动化、生产视频监控及网络系统升级改造，采用无人值守设计理念，集成生产工艺流程关键参数采集和过程控制，通过 DCS 系统、联锁保护控制、远程控制、网络传输、视频监控等技术，按照区块管理建立监控中心，实现站库的“无人值守、远程监控、集中管理、故障巡检”，减少巡检和现场操作工作量，提高工作效率，安全生产防控能力，降低劳动强度，节省用工。

5）油井井口泄漏及设备生产运行监控

借助现有井场 RTU 和充分利用 4G 网络有限带宽资源，在所有油井安装一体化 Smart 定时抓拍摄像机。定时抓拍井口照片，保证了 24 小时内能够不间断的定时抓拍到井口照片。定时上传存储，采用 E home 协议，将抓拍到的图片主动上传至平台管理服务器进行存在，半小时 1 张通过定时抓拍，将抓拍到的图片定时的存储下来。通过视频图像分析和抓拍技术，建立油井漏油及设备生产运行视频监控系统，实现油井生产运行状态实时监测，提高生产运行安全环保管理水平。

6）业务主干网络建设

通过各生产自动化、安防项目的配套网络系统建设，逐步形成了采油二厂生产自动化、办公、安防三大业务的主干网络高速公路，光缆覆盖全厂办公区、生产站库，无线网络覆盖单井、计量站。实现了东西油区的网络贯通直连、集中统一管理。同时以总体规划为基础，按逐年分布完善思路，逐步实现有线网络中心站，无线网络覆盖计量站、单井，为今后自动化、办公、安防系统的全面建设，搭建“传输网络高速公路。

3.2　配套应用系统研发，深化物联网应用

基于生产实时数据时效性强、海量数据的特性，建立了等多套紧贴生产，切实解决生产急需的应用系统，使数据在辅助生产异常分析发现、决策指挥、提高效率等方面得到深化应用。

1）实时数据预警分析

系统以井站自动化实时数据为基础，应用大数据分析方法，建立单井实时数据分析算法模型，每天运算量高达 23 万余次。在海量的数据中查找分析，降低了人工计算数据量，同以往人工计算相比，生产异常数据分析结论提前 3 天左右。有效预测单井生产变化趋势，实现单井生产异常由事后诊断转变为事前分析预警，快速发现生产异常和隐形降产问题，及时采取有效措施，提高单井生产时率，减少产量损失。

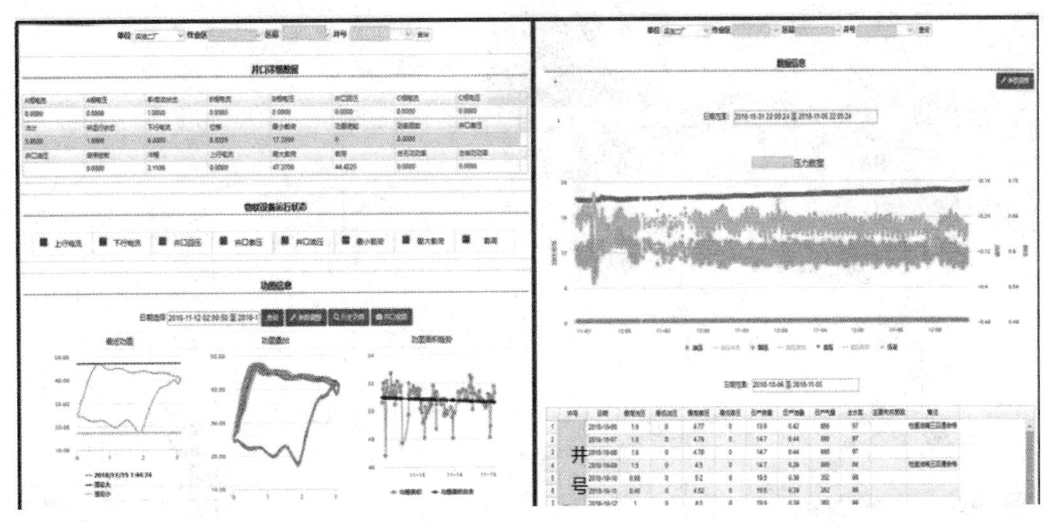

图 1

2）实时数据转日志数据

系统通过对霍尼韦尔实时数据库接口、实时数据存储格式、数据类型等技术研究，编写实时数据提取算法，建立实时数据生成日志数据模型，实现油水井自动化实时数据转日志数据，油水井实时数据的自动提取、自动生成并上传数据库。系统投用，大幅减少系统数据录入工作量，提高数据时效性、减少数据误差、提升数据质量。

3）实时数据采集与监控系统

基于 A11 生产实时数据监测、数据超限报警、

生产曲线分析、数据在线统计、通讯状态统计等功能，及时发现生产数据异常，在异常天气下，及时发现井区大面积停电线路和电力回复情况。

4）功图量油分析系统

系统基于实时功图数据，建立功图量油、工况分析诊断算法模型，完成了功图数据采集、功图计产、数据对比、工况辅助分析判断、工况异常报警等功能。通过功图量油、人工计量、撬装多通阀站自动计量、计量车计量等不同量油方法的结果比对，根据比对数据分析，功图量油结果平均符合率在 75%左右。对功图计量结果较为准确的井，作业区现场已停止计量，直接采用功图计产结果，减轻了采油工现场量油工作量，实现单井产量实时在线计量，提高数据及时性，辅助单井生产趋势分析和判断。

3.3 研究形成了适用于老区采油厂的物联网建设模式

根据多年建设经验积累，研究总结出一套以物联网整体规划为基础、分步部署为原则，滚动实施为手段的物联网建设模式，有效指导后期建设，并为老区采油厂物联网建设建立样板和典范。通过物联网的实施，形成了“生产调度指挥中心<=>生产现场管理”的新型管理模式，简化生产管理结构；根据自动化建设程度，形成了全自动化和半自动两种运行管理模式。实现了“人工巡检、人工操作、人工抄录、定岗值守”向“无人值守、集中监控、远程操控、故障巡检”运行模式的转变。同时形成配套规章制度和运行体系。

4 技术应用

4.1 油水井物联网智能识别技术

物联网传感设备通过无线通讯模块，变送器设备在初始化完成后，执行网络扫描，寻找附近的无线 RTU，通过变送器与 RTU 之间以层次化为中心的 MESH 网络，选择其中信号最强的一个作为主中继设备，在有数据传输时，以 DATA-ACK 握手方式保证数据的传输，支持数据暂存与重传。若主 RTU 失效或无法通信，则变送器设备选择向其备选的运行状态正常、网络信号较好的 RTU 发起网络加入与数据通信。

4.2 异构混合组网技术

传感器与控制系统之间采用 Zigbee 和 WIA 无线射频技术，解决线缆敷设施工量大的问题。单井、计量站数据传输采用 4G 无线技术，实现大区域高密度广覆盖，站库采用光缆覆盖，保证数据传输和设备控制稳定性。油区边远路口视频监控采用无线网桥技术，与 4G 网络互为补充。实现传输带宽、稳定、成本的最优建设。

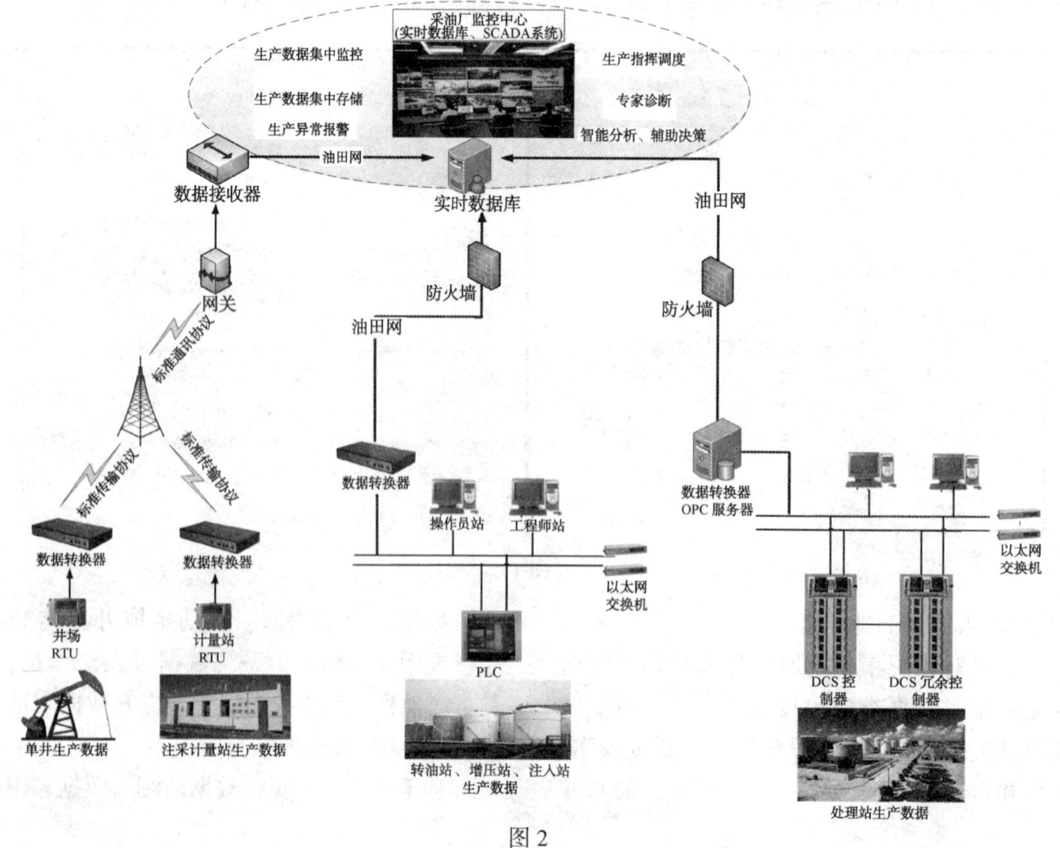

图 2

4.3 数据接口和协议技术

现场自动化设备类型、产品型号、数据格式、接口协议复杂多样，通过对"协议、接口、驱动"解析和转换，实现异构数据统一接入。通过一套生产监控平台，集成各工艺独立的自控系统，实现采油、集输、注水工艺集中统一监控。

基于霍尼韦尔实时数据库，研究实时数据存储以及实时库接口技术。实现了实时数据库的直接访问，并按算法设计的取值规则，直接读取实时数据。通过数据库接口协议解析转换，实时数据同步技术及算法研究，实现自动化实时数据库与关系库的数据读取交互，实现非结构化数据与结构化数据转换处理及同步实时库的数据标签列表和值到 Oracle 库。

4.4 传感器数据采集与过程控制

结合稀油生产特点、采油二厂油区环境、生产需求，选择一系列适应性强的自动化仪表和设备，研发关键采集、控制、监测技术，实现生产全流程关键节点控制，建立工艺配套自动化站控系统，实现生产动态数据自动采集，生产过程自动操控(图 3)。

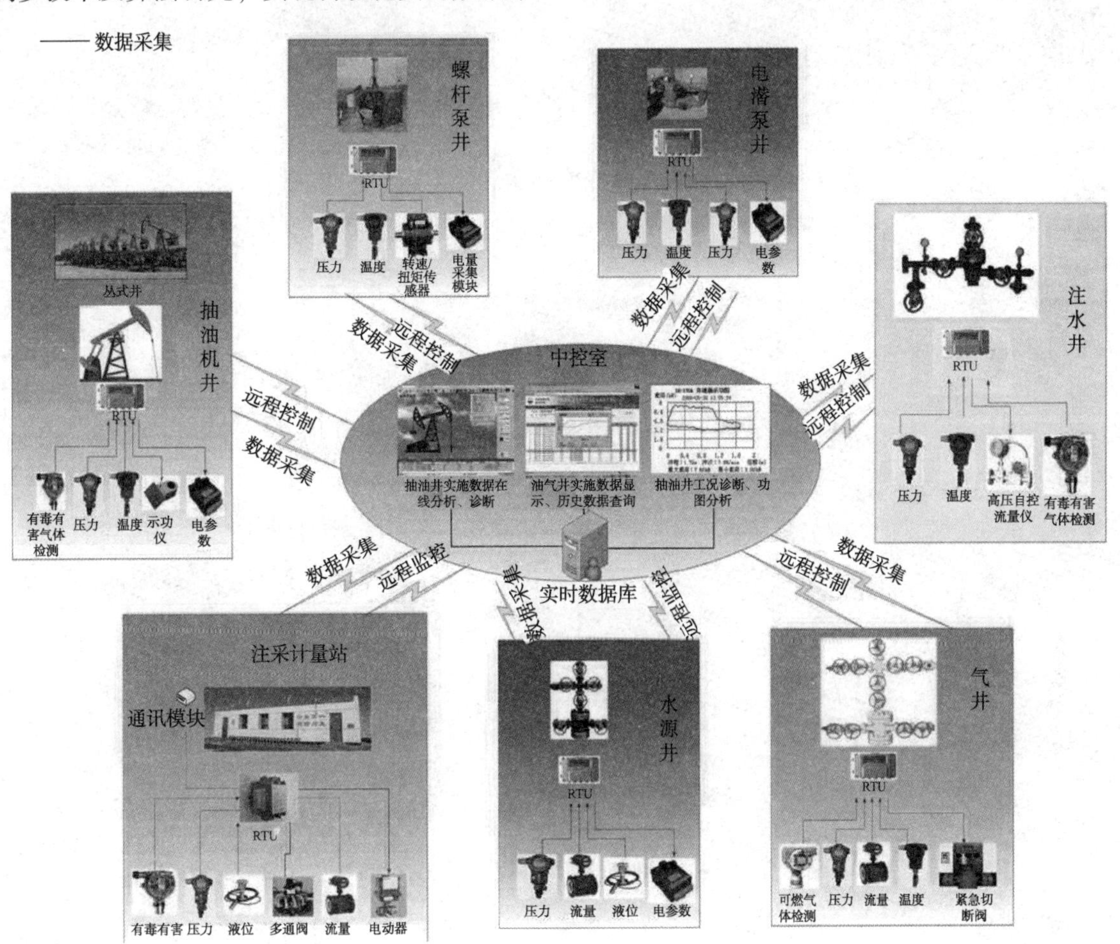

图 3

5 应用效果

5.1 生产运行管理模式转变

通过物联网的滚动实施，采油二厂以中控室为生产调度指挥中心，直接指导一线生产，构建了"生产调度指挥中心<=>生产现场管理"模式，管理流程扁平化，逐步向"集中监控、无人值守、远程操控、故障巡检"模式转变。针对作业区自动化建设程度的差异性，结合实际，建立了全自动化和半自动化运行模式。根据站库生产运行安全风险，选取了注水泵站、注聚站安全风险相对较低的站库，建立了无人值守，集中监控运行模式。

5.2 降低劳动强度、缓解用工压力、节约用工

"集中监测、无人值守、故障巡检、远程操控"的新型生产管理模式，改变了长久以来人工巡检、人工操作、定岗值守的模式，将员工从大量简单重复性劳动中解放。通过多岗合并、结构

调整、优化劳动力，减少一线员工数量，缓解用工压力。

5.3 提升了安全、环保管理水平

通过生产数据和视频图像实时监测，实现生产现场‘看的见，随时看’。系统投用以来，及时发现设备异常、光杆断，盘根渗油、减速箱漏油、井口跑油等，提前遏制污染发生和扩大化，避免大面积污染有效提升了安全环保管控水平。

6 结束语

自“十二五”以来，采油二厂从生产实际出发，依托各类项目不断完善物联网系统，同时积极探索，促进老油田生产模式转变，目前智慧油田已初具规模。

在今后五年，将继续大力推进信息化战略，打造成组织机构精简，管理层级扁平，用工最优的，可推广的新型油田作业模式，为推进油田公司现代化大油气田建设做出应有贡献。

参 考 文 献

[1] 油气生产物联网系统建设规范 . QSY 1722—2014.

炼化企业工业控制系统安全研究与分析

叶自力　李　书　秦德明　苏大伟

（中石油独山子石化公司）

摘　要　随着信息化与工业化的深入融合，工业控制系统技术和产品形态不断演变，已经逐步从传统工业网络协议升级成具备以太网运行的工业网络。工业控制系统 DCS、PLC 等广泛应用于我国工业、能源、交通、水利以及市政等国家关键基础设施建设，也面临着严峻的信息安全问题，严重威胁社会稳定和国家安全。本文通过研究横河 DCS 系统的网络架构、系统结构、工业控制协议等安全问题，结合攻击路径分析，提出了针对性的纵深防御措施，提升工业控制系统的安全。

关键词　工业控制系统；DCS；OPC；攻击路径分析；纵深防御

1　引言

随着互联网及新技术的快速发展及应用，工业企业的信息化水平逐年上升，而针对工业控制系统的各种攻击事件也日益增多。长久以来，企业更多关注的是物理安全，所需的信息安全防护技术却相对滞后，近几年来因控制系统因“Stuxnet 蠕虫”、“火焰”、“Duqu 病毒”等 APT 攻击而引起工业基础设施破坏，电力系统停电，装置停车等其它安全事件，给企业造成了巨大的经济损失。国家信息安全主管部门越来越重视工业控制系统的安全保护工作。先后制定并发布了 GB/T 26333—2010《工业控制网络安全风险评估规范》等标准。本文根据工业控制系统风险评估要求，对工业控制系统 DCS 装置进行风险评估，探讨工业控制安全防护需求及保障方法，实现对工业控制系统的安全防护。

2　工业控制概述

工业控制系统是由各种自动化控制组件以及对实时数据进行采集和监测的过程控制组件，共同构成的确保工业技术设施自动化运行、过程控制和监控的业务流程管控系统，其核心组件包括数据采集与监控系统（SCDA）、分布式控制系统（DCS）、可编程逻辑控制器（PLC）、远程终端（RTU）、智能电子设备（IED）和确保各组件通信的接口技术。DCS 是集散控制系统（Distributed Control System）的英文缩写。横河 DCSCS3000 工业控制系统系统被广泛应用于炼油、炼化等工业企业。

横河 DCSCS3000 的 Vnet/IP 是横河电机新一代控制网络，支持两种通讯模式：实时控制系统总线（BUS1）和开放式 TCP/IP 通讯（BUS2）。BUS2 支持开放网络协议，当 BUS1 有问题时信息通过 BUS2 传输，网络用以太网交换设备。CS3000 控制网络在考虑开放的同时，更重要的是考虑数据通讯的可靠性和实时性。通过使用通用以太网设备，实现开放的网络互连。采用通用的 2 层和 3 层交换机构成 DCS 网络环境，实现网络冗余配置。

现场机柜室，主要设备有控制器（FCS）、工程师站（ENG）、操作站（HIS）、OPC 站、PRM 站及第三方控制系统等。

通过二层网络交换机相连形成每个装置的域，每个装置操作站分区域安放供工艺操作使用，其余设备设置在中央控制室的机柜间。一般一个装置为一个 Vnet/IP 域（包含现场和中央控制室的 DCS 设备），在中央控制室每个装置域除设有 HIS 站外，还设有防病毒及 DCS 报警监测服务器等，利用三层交换机将多装置连接成一个庞大的控制系统。

现场 I/O 信号的采集主要采用带 Hart 协议的智能仪表，大部分测量仪表和阀门定位器都支持 Hart 协议。现场 I/O 层完成 DCS 的输入和输出，直接或通过安全栅连到 DCS 的支持 Hart 协议的输入、输出卡。

CS3000 系统与 ESD，PLC，SIS，MCC 等子系统之间皆采用的是 RS-485 的两线制和四线制连接。应用层协议是 Modbus。

3　工业控制系统安全研究

工业控制系统相对于传统IT网络，其通常采用实施通信，延迟和抖动都必须限定在可接受的范围内，因此为了保持实时性，系统一般不能使用高流量的通信方式。而传统IT网络通常要求高流量的通信方式，并且可以忍受很大程度上的延迟和抖动。相对来说工业控制系统要求可用性最高，次之完整性，最后保密性。另外工业控制系统因厂商的不同采用实施通信协议也不尽相同，如工业网络协议Modbus、Ethernet/IP以及OPC协议等，但其也面临病毒、0day漏洞等传统的安全威胁。

3.1　网络及系统结构

按照标准IEC 62264的层次结构模型划分，工业企业功能层次模型从上到下共分为4个层级，依次为生产管理层、过程监控层、现场控制层和现场设备层，不同层级的实时性要求不同。该层次结构的简要划分模型如图1所示。

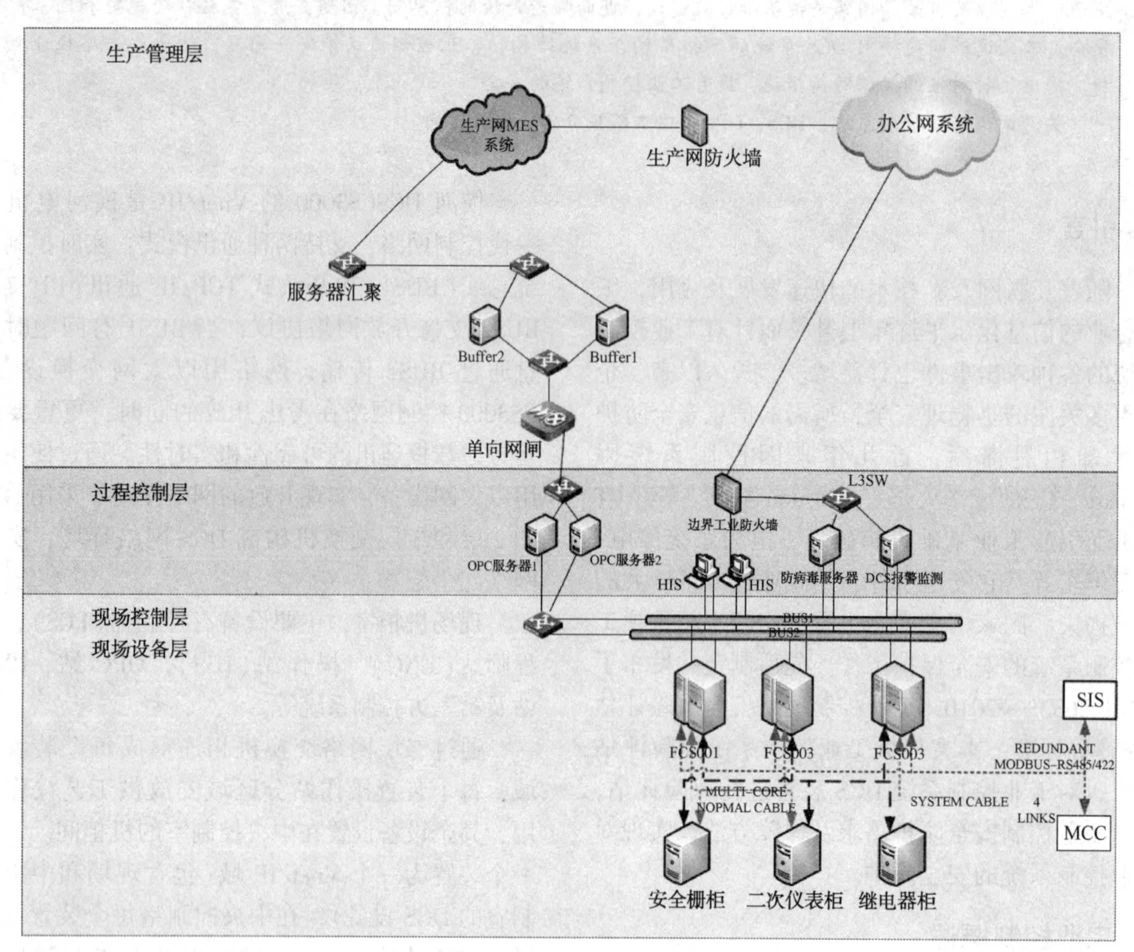

图1　工业控制系统示意图

（1）生产管理层：主要包括MES系统功能单元，用于对生产过程进行管理，如制造数据管理、生产调度管理等，包括MES系统的相关资产；

（2）过程监控层：主要包括监控服务器与HMI系统功能单元，用于对生产过程数据进行采集与监控，并利用HMI系统实现人机交互，包括各个操作员站、工程师站、OPC服务器等资产；

（3）现场控制层：主要包括各类控制器单元，如PLC、DCS控制单元等，用于对各执行设备进行控制，内包括各类控制器、控制单元、记录装置等；

（4）现场设备层：主要包括各类过程传感设备与执行设备单元，用于对生产过程进行感知与操作，包括各类变送器、执行机构、保护装置等。

3.2　传统安全威胁

对工业企业网络及系统结构分析可知，其主要存在如下的安全风险：

（1）网络结构架构的安全威胁；

MES(Manufacturing Execution System)生产运行系统服务器网段与部分Buffer机(数采机)之间未通过有效的隔离措施实现边界安全，无法有效控制对buffer机的未授权访问；buffer机存在被病毒、蠕虫、木马等恶意代码感染的风险；OPC与buffer机之间的通讯采用传统防火墙进行边界隔离，无法实现有效的单向隔离；办公网与HIS-TS、PRM-TS服务器虽然采用防火墙进行边界隔离，但是采用远程桌面协议访问，存在已知漏洞和威胁。

（2）网络设备自身的安全威胁；

网络设备自身存在明文密码存储，未限制远程访问地址，且边界防火墙策略比较宽泛未限制到地址和端口。

（3）服务器、上位机及组态软件的安全漏洞；

通过工控扫描器发现服务器、上位机存在已知的安全漏洞，如MS09-001、MS12-020、利用SMB会话可以获取远程共享列表、多个Yokogawa产品模拟器管理进程栈缓冲区溢出漏洞(CVE-2014-0782)等；缺乏传统windows操作系统的基线安全配置，无法实现密码策略、账户锁定策略、审核策略等基础安全防护措施。

横河组态软件存在已知的安全漏洞，如横河电机CS3000BKCLogSvr.exe基于堆的缓冲区溢出漏洞，横河电机CS3000 BKESimmgr.exe缓冲区溢出，横河电机CS3000 BKFSim_vhfd.exe缓冲区溢出等安全漏洞。

（4）下位机安全漏洞；

控制器通讯处理模块存在SIMATIC S7-300和S7-400 CPU信息泄露漏洞，SIMATIC S7-300和S7-400 CPU拒绝服务漏洞等已知安全隐患。

3.3 协议安全分析

横河DCS CS3000系统与ESD，PLC，ECS等子系统之间连接采用RS-485线，应用层协议是Modbus协议；OPC服务器与Buffer机之间采用OPC协议进行通信；所采用的工业网络协议局存在已知的安全缺陷。这里主要讨论OPC协议的安全性。

OPC协议实质上并非工业网络协议，而是一套基于windows的过程控制系统通信的运行框架，使用微软对象链接与嵌入(ObjectLinkingandEmbedding，OLE)协议，而OLE本身又大量使用其他的通信协议，例如远程过程调用(RPC)，即OPC是让过程控制系统利用windows底层网络功能接通工作进行通信的协议套件。主要通过RPC方式向服务器提供必要的参数，集中应用于内部的数据采集与监控等。其主要面临的问题如下：

（1）RPC漏洞。由于OPC使用RPC，因而易收到所有RPC相关漏洞影响。攻击底层RPC漏洞可以导致非法执行代码或DoS拒绝服务攻击，也容易受到来自网络的病毒和蠕虫的攻击。

（2）OPCServer并不适用固定的端口号，无法通过制定服务端口和IP地址来实现通信安全，为了使用必须允许OPC和Buffer机之间很大范围的端口号连接，这就降低了防火墙的安全保障。

（3）过时的授权服务，大量OPC主机使用弱安全认证机制(弱口令)，以及过时的认证授权服务(windows 2000 LanMan(LM)和windows NTlanMan(NTLM))，这些授权机制过于脆弱而易受到攻击。

3.4 攻击路径分析

从攻击者的角度来看，对工业控制系统和传统IT系统的攻击行为，具有很明显的相似性，如都是基于网络来完成攻击行为，攻击的对象都是协议、应用、操作系统等的缺陷等。但是，它们也有着十分重要的不同点，其中最重要的是：针对工业控制系统的攻击行为的目标所处的逻辑位置十分明确，往往是通过控制层(PLC、DCS等)攻击底层的工艺过程。

3.4.1 Buffer机到OPC攻击推演分析

MES系统管理实时数据的实时数据库、实时数据采集服务器(Buffer机)、OPCServer机、DCS系统等均为Windows平台，这些平台相互之间存在TCP/IP协议的双向数据通讯，给病毒攻击带来了可能。

OPC Server与Buffer通讯使用Micorsoft的DCOM协议，OPC Serer机须开放135远程访问端口(病毒经常攻击的端口)；在Buffer机中毒的情况下，OPC Serer机(工程师站)很容易被病毒攻击，从而导致工业控制系统(DCS等)反应滞后或死机，甚至感染病毒，给生产带来安全隐患(图2)。

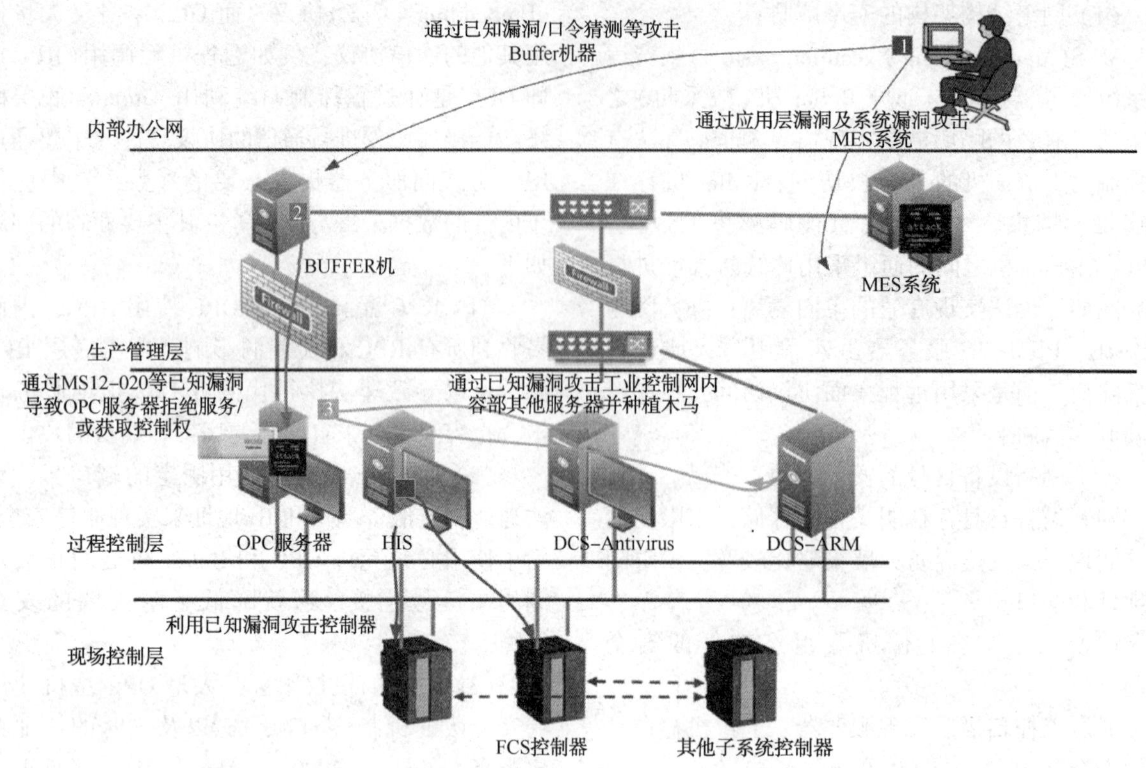

图 2　Buffer 机到 OPC 攻击推演

攻击路线图如下：

（1）通过办公网进行内网探测，直接发现 buffer 机已知的漏洞或弱口令，或直接攻击 MES 获取 buffer 机通信的相关用户名和密码信息实现对 buffer 机器的控制；

（2）控制 buffer 机后，通过已知漏洞获取 OPC 服务器的控制权；

（3）在过程控制层进行横向的网络渗透，控制各 DCS 装置的 HIS 站及 ENG 站，通过植入木马或蠕虫等实现潜伏和敏感信息获取。

（4）通过上位机下发错误指令或控制器漏洞导致工业控制系统停机和生产事故。

3.4.2　办公网终端到 DCS 防病毒、DCS 报警服务器攻击推演分析

为了对 DCS 系统提供防病毒服务，并对 DCS 系统相关报警数据进行分析，在生产控制网络中增加 DCS-Antivirus 服务器和 DCS-ARM 服务器，并通过防火墙限制访问控制，为办公网管理层提供报警及数据分析服务。该功能虽然有利于保障 DCS 系统平稳运行，但同时也增加了工业控制网络对外暴露的攻击表面。

攻击路线图如下：

（1）攻击者可以在进行内网渗透和 APT 攻击，构建内部网络结构图，对工业控制网络和办公网边界进行监听，收集能够对工业控制网络访问的 PC 终端，进行对 PC 终端植入木马和控制，并对 DCS-Antivirus 和 DCS-ARM 发起攻击，直至获取控制权限。

（2）对 DCS-Antivirus 和 DCS-ARM 获取控制权限后可以进行工业控制网络内部的横向渗透，并种植木马，获取工艺情报信息。

（3）通过上位机下发错误指令或控制器漏洞导致工业控制系统停机和生产事故。

3.4.3　管控中心生产网络攻击推演分析

除了外部的攻击威胁外，由于内部管理不规范、违规操作等造成的安全事故也屡见不鲜，比如违规使用移动存储设备，离线对病毒库进行更新，因维护员进行远程接入工程师站等事件容易引发安全事件。

攻击路线图如下：

（1）由于内部违规使用移动存储设备、或因为维护的原因通过无线网络进行互联网接入等操作导致工程师站感染木马和病毒；病毒和木马在内部进行感染和传播，导致整个生产控制网络实时性破坏，影响正常的生产秩序；

（2）具备 APT 攻击的病毒和木马程序能够通过上位机下发错误指令或控制器漏洞导致工业控制系统停机和生产事故；

(3) 另外远程接入设备 RTU 采用无线接入的，容易产生无线网络攻击的威胁。

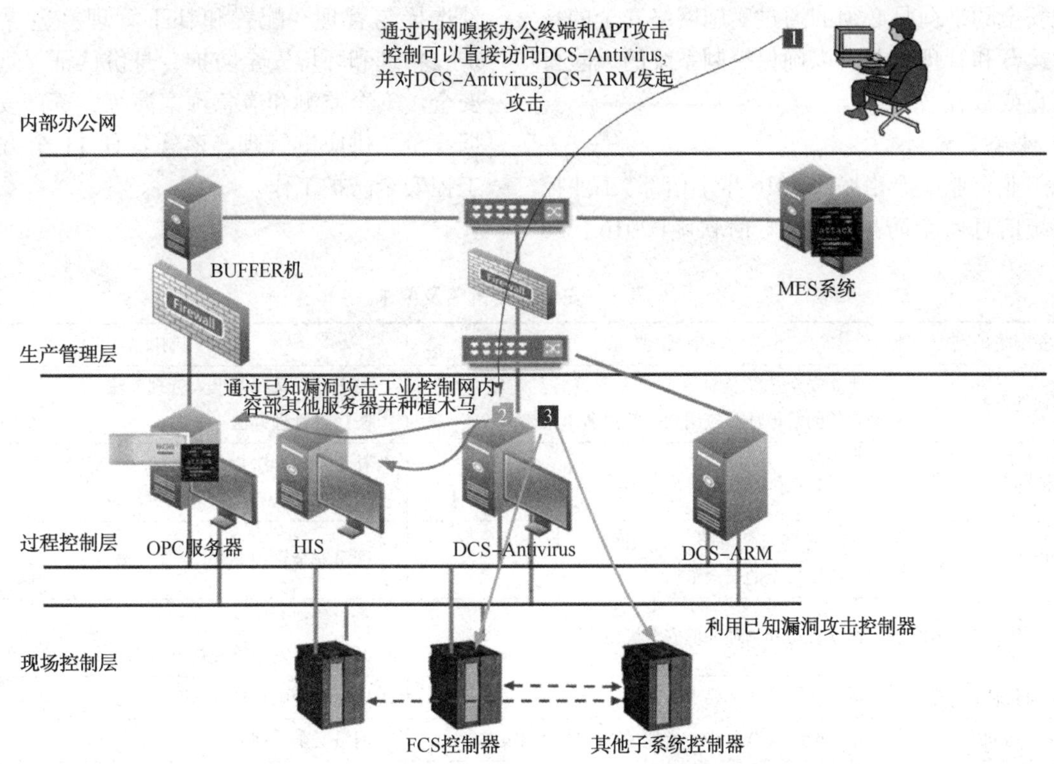

图 3　办公终端到 Antivirus、ARM 服务器攻击推演

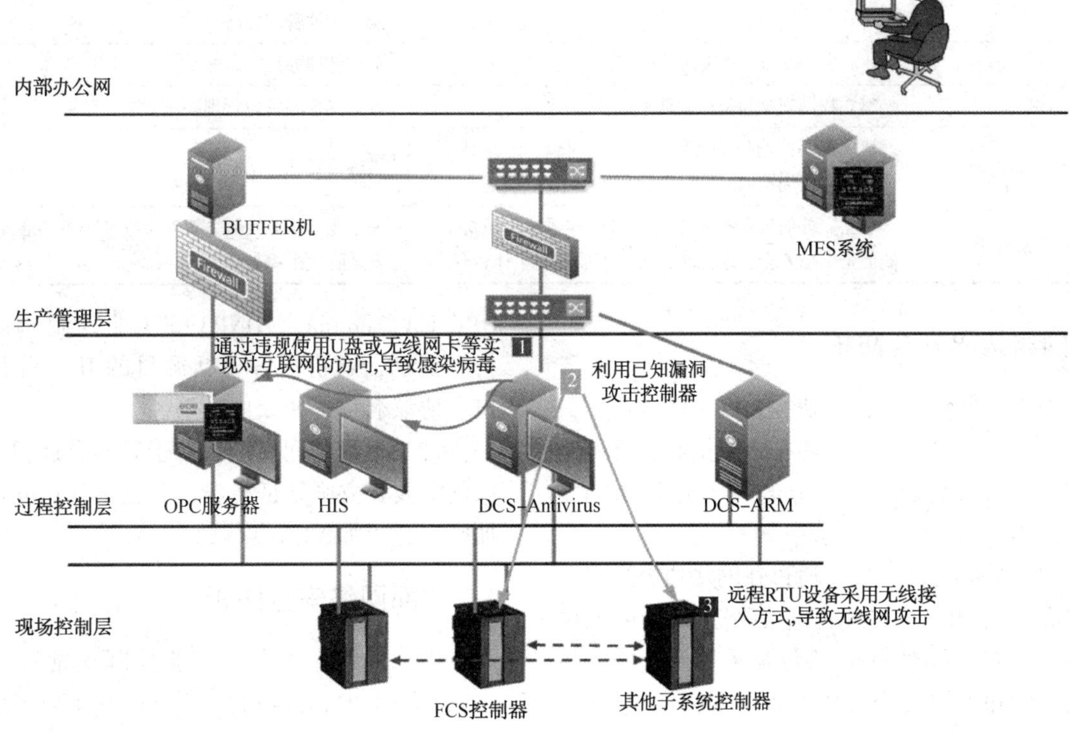

图 4　管控中心生产网络攻击推演

4　工业控制系统安全防护措施

对工业控制系统的安全防护可以遵循纵深防御的思想，通过安全策略、网络边界防护、内部网络安全防护、终端安全防护四个层面实现纵深防御，这不仅意味着部署多个技术控制，而且最

重要的是确保控制系统的安全性和性能。这种业务与安全的平衡是必须的通过实施网络安全的技术，运营和管理控制，以确保控制系统的风险得到防止或减轻。

4.1 安全策略

工业企业应严格按照2016年工信部《工业控制系统信息安全防护指南》工信软函〔2016〕338号文件指出，工业控制系统应用企业应从安全软件选择与管理、配置和补丁管理、边界安全防护、物理和环境安全防护、身份认证、远程访问安全、安全监测和应急预案演练、资产安全、数据安全、供应链管理、落实责任11个方面做好工控安全防护工作。

表1　安全防护策略及要求

安全防护点	策略要求	管理制度落实
安全软件选择与管理	建立安全选择及应用关键管理策略，确保安全防护软件的可控性及应用软件的白名单策略	安全软件选择及准入管理办法 防病毒管理办法
配置和补丁管理	建立软件配置和补丁更新策略	补丁管理办法 变更管理办法
边界安全防护	建立网络安全策略，确保网络建设、边界安全、网络使用安全的安全策略	网络安全管理办法
物理和环境安全防护	建立机房和物理环境安全策略	机房管理办法 办公环境安全管理规范
身份认证	建立强身份认证要求及密码管理规范策略	用户和密码管理办法
远程访问安全	建立网络安全策略，增加远程访问控制策略	网络安全管理办法
安全监测和应急预案	建立安全事件管理、应急预案管理、日常操作维护和监测安全策略	日常安全监测管理规范 应急预案管理办法 工业控制系统专项应急预案 安全事件管理办法
资产安全	建立资产安全管理要求，对资产	资产管理办法
数据安全	建立数据安全和备份管理策略	数据安全和备份管理办法
供应链管理	建立工业控制系统规划、设计、建设、运维或评估等全生命周期内的供应商管理要求策略	供应商管理办法
落实责任	建立完善的工业控制系安全组织体系，形成完善的健全工控安全管理机制，明确工控安全主体责任	关于成立工业控制系统安全领导小组的通知 安全管理组织架构

5　网络边界安全防护

网络边界作为攻击工业控制网络的入口，其重要性不言而喻，其安全防护主要措施包括网络分域分域(网络隔离)、入侵检测、远程访问安全等，具体内容如下：

（1）网络分区分域：通过在网络边界进行网络隔离实现MES系统与工业控制系统之间的网络隔离，其中针对OPC协议需采用专业的工控安全网关和工控安全隔离设备实现，实现buffer机到opc服务器的安全通信；

（2）工控入侵检测防护：办公网络边界和工业控制系统网络边界需要具备入侵防御功能，能够检测传统的网络安全攻击行为，另外还需要支持ModBus TCP、IEC-60870-5-104、C37.118、OPC UA、profinet、DNP3等工业控制协议的解析和识别，解析内容包括源目的IP、源目的端口、协议名称、协议内容等。

（3）远程访问安全：对于确实有远程访问需求的需要建立强认证措施，并且远程访问可采用加密通道，如VPN等实现。

6　内部网络安全防护

内部网络作为实现工业控制正常运行的核心，必须考虑其自身的安全性，其主要考虑工业控制系统间的网络隔离、设备自身安全防护等安全防护措施：

（1）控制网络间隔离：将工业控制网络划分成不同地网络区域，可通过vlan以及工业控制防火墙实现不同dcs系统之间的网络隔离，实现精细化的控制网络管理。

（2）设备自身安全：强化网络设备自身安全防护需求，确保设备未开放非必要的端口、已经关闭非必要的服务、限制远程管理地址范围、设置密码加密存储等措施。

6.1　终端安全防护

终端安全主要考虑服务器、工程师站、工作站以及相关安全防护软件的安全性，其主要考虑防病毒、USB 安全管控措施以及补丁更新服务、系统安全加固等。

（1）防病毒系统：采用工业自动化厂商推荐的防病毒软件，并建立防病毒更新服务器，防病毒服务器部署在 DMZ 区通过内部办公网实现病毒库的及时更新。

（2）补丁更新服务：建立补丁更新流程，基于“审批-更新-检查”的可控化补丁更新流程，补丁服务器部署在 DMZ 区通过内部办公网实现补丁的更新。

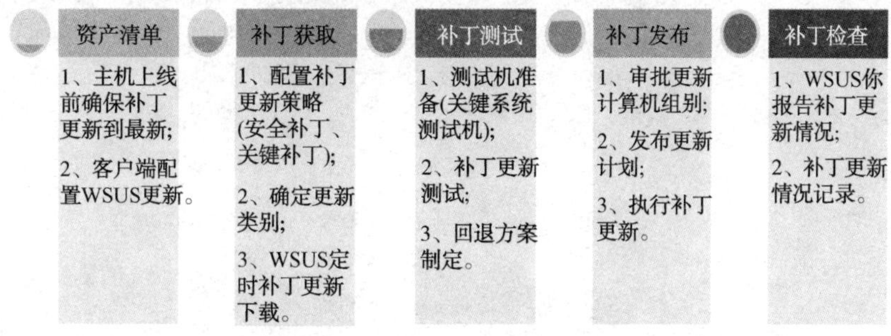

图 5　补丁更新流程

（3）USB 安全管控措施：采用终端管理系统等技术手段实现对 USB 的安全管控，还可以通过注册表修改 USB 使用策略或通过定制版本的服务器(剔除 USB 硬件)管理手段。

（4）系统安全加固：对服务器、工程师站、操作员站等操作系统进行安全加固，实现操作系统基础的安全防护能力。

7　结束语

本文通过结合传统 IT 系统安全风险分析理论和工业控制系统特点，对工业控制进行安全分析和研究，最终根据纵深防御的思想给出可行性的安全防护建议，但每个工业企业的特点不同也需要根绝业务需求定制相关的解决方案。

参　考　文　献

[1] 王婷，戴忠华．打点万物互联智能设备安全[J]，中国信息安全，2015 年 09 期，56.

[2] 陈根．硬黑客：智能硬件生死之战[M]．北京：机械工业出版社，2015.

[3] 十大移动应用恶意行为 [EB/OL] http://www.owasp.org.cn/owasp-project/secapplab.

[4] 请远离我的智能硬件之小 k 智能插座客户端存密码暴力破解接口[EB/OL]. http://www.wooyun.org/bugs/wooyun-2010-0117184.

[5] 智能设备安全之小 k2 代智能插座可被远程控制 [EB/OL]. http://www.wooyun.org/bugs/wooyun - 2015-0118325.

[6] Broadlink 智能插座漏洞(可远程开关电源)[EB/OL] . http://www.wooyun.org/bugs/wooyun - 2010-0169247.

[7] 汽车黑客揭秘：我是如何通过逆向 API 接口黑掉宝马 i3 的[EB/OL] http://www.freebuf.com/articles/terminal/89568.html.

[8] 姜浩，基于无线网状网络在智能家居领域的实现[D]，重庆大学工程硕士学位论文，2008 年 10 月，I.

[9] 何文乐，基于物联网和 wifi 的智能家居移动控制系统[J]，信息通信，2016 年第 2 期，91.

[10] 无线应用安全剖析[EB/OL]http://drops.wooyun.org/wireless/4295.

[11] 360 独角兽安全团队(Unicorn Team)杨卿，黄琳．无线电安全攻防大揭密[M]．北京：中国工信出版社，电子工业出版社，2016.

[12] 物联网安全拔“牙”实战——低功耗蓝牙(BLE)初探 [EB、OL] . http://drops.wooyun.org/tips/10109.

[13] 基于轻客智慧电单车摸索智能自行车攻击模型与实际影响展现(BLE/APK/云安全)[EB/OL]，http://www.wooyun.org/bugs/wooyun-2010-0188915.

[14] 吴翰清．白帽子讲 Web 安全[M]．北京：电子工业出版社，2012.

[15] 黑客攻击汽车总结篇之漏洞在哪儿[EB/OL] . http://www.cheyun.com/content/7844.

[16] 秘锡辰 . Android 应用软件安全加固技术研究[D]．北京交通大学硕士学位论文，2013 年 7 月，28.

[17] OWASP Top 10-2010 the Ten Most Critical Web Application Security Risks [EB/OL] http://www.owasp.org.cn/owasp-project/download/2010_OWASP_Top_10.

[18] 赵国祥，刘小茵，李尧．云计算信息安全管理——CSA C-STAR实施指南[M]．北京：中国工薪出版社集团，电子工业出版社，2015.

基于无线宽带网络的油井远程测控数据传输与应用

陈　俊

（中国石油集团长城钻探工程有限公司）

摘　要　录井公司油井远程测控系统自2005年开始运行，已在辽河油田得到推广应用，使用通讯公司数据传输卡传输数据。随着服务井数的不断增加，利用传输卡进行数据传输逐渐暴露出一些弊端，如服务井数增多，数据量大，导致数据传输更新慢，异常数据分析诊断滞后，影响异常数据报警时效等。为了解决这个问题，本文详细介绍了利用无线宽带网络传输油井远程实时数据，进一步提高数据传输更新速度，达到实时传输。实施效果较好，具有一定的应用市场。

关键词　无线宽带网络；油井；数据传输；网桥；实时

辽河油区范围广泛，有线通讯网络无法全面覆盖，铺设专用有线通讯网络，会面临着人力、物力、财力投入巨大，资源利用率低。目前，电信、移动、联通公司的通讯信号受制于通讯信号强弱的影响，使油井生产管理系统的数据传输不连续、不稳定，甚至受阻中断，油井数据的采集[1,2]主要依赖于通讯公司的数据传输卡，随着服务井数的持续递增，利用传输卡进行数据传输逐渐显现出一些不足，如服务井数增多，数据量大，导致数据传输更新慢，异常数据分析诊断滞后，影响异常数据报警时效等，另外还需支付高额的通讯费。

在辽河油区，根据采油区井站平台分布选择最佳位置我们自主建立通讯塔，安装网桥搭建覆盖油区内的所有施工现场的无线网络，井场连接信号，数据最后通过无线网络传回公司服务器。利用无线网桥，无线路由器，GPS定位系统[3]以及录井公司拥有的无线宽带网络和通讯公司4G网络，自动搭建无线通讯高塔和基站光纤系统，结合无线网桥实现辽河油区数据的采集和传输。

该应用很好的解决了数据滞后的问题，达到实时传输数据的效果，提高了工作人员的工作效率，更好地为甲方服务。

1　系统硬件说明

系统硬件利用油区内现有的无线通讯高塔和基站光纤系统，结合无线网桥、扇形天线、POE、AP等技术，在辽河油区内建设两条通讯链路：无线远程接入点—基地机房专线链路、无线接入点与采油/钻井井场链路；井场WIFI，即钻井/采油井场WIFI。网络拓扑[4]（图1）：

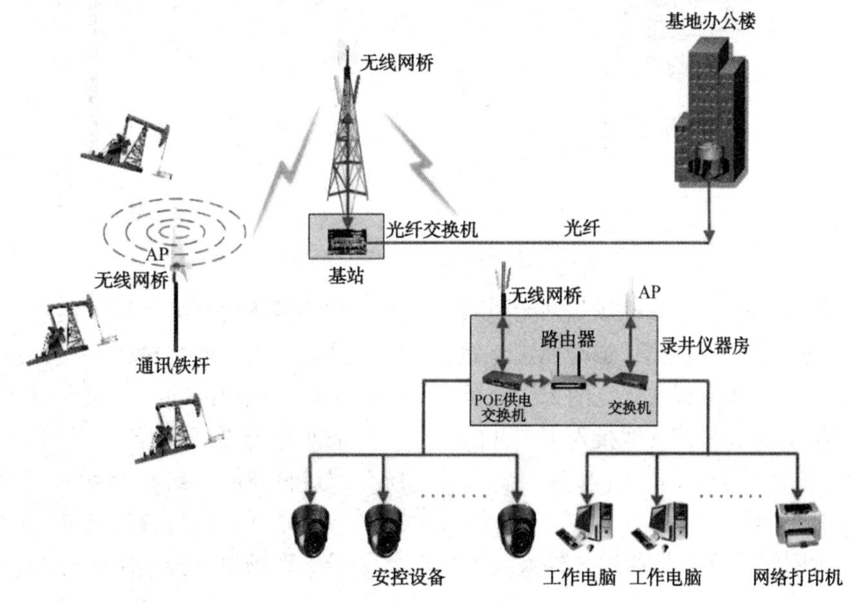

图1　远程无线宽带网络

2 无线宽带网络

2.1 无线宽带网络链路

录井无线移动宽带网络由两部分组成：录井公司已搭建的无线接入点与欢采东基地机房专线链路，无线接入点与中继杆链路。

2.1.1 无线远程接入点—基地机房专线链路

利用电信(联通、移动)现有通讯基站高塔，在塔上架设3台套无线网桥，每台无线网桥可实现120°无线网络覆盖，这样就可以实现无线网络信号360°全向覆盖，其覆盖面积以高塔为中心半径4公里的区域(图2)。

2.1.2 无线接入点—采油井链路

在辽河油区安置不同数量的通讯水泥杆，每个中继通讯杆上有多个扇区，每个扇区覆盖120°，在水泥杆顶部安装无线网桥，使之与无线接入点，即通讯基站无线网桥进行通讯，完成采油井场与通讯基站链路。无线接入点—采油井场链路网络拓扑图(图3)：

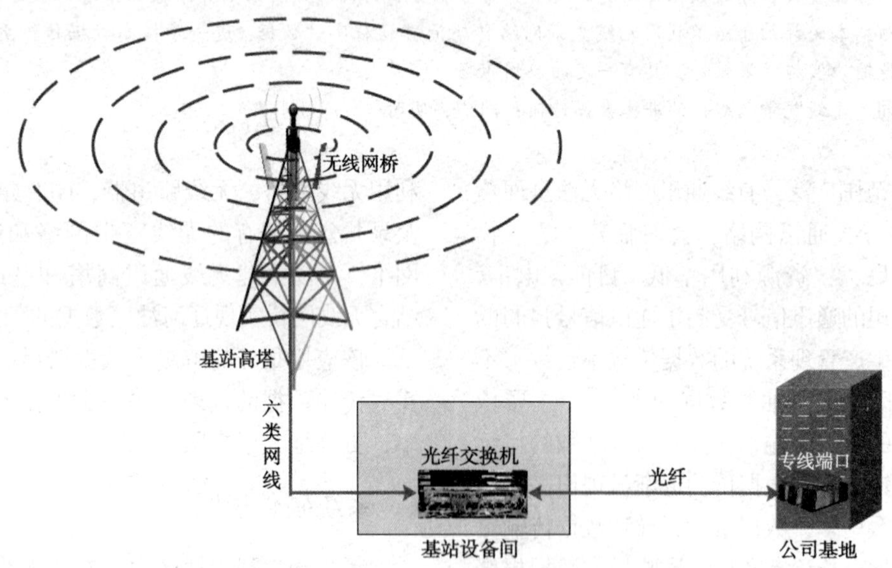

图2 无线接入点—基地机房专线链路网络拓扑图

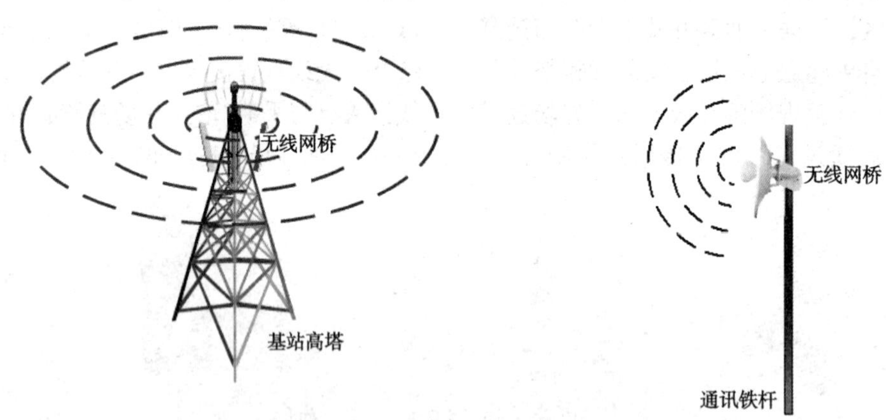

图3 无线接入点—采油井场链路网络拓扑图

采油井场无线网桥设置：锁定井场基站无线网桥的MAC地址和SSID信道与频道，加密模式与无线接入点一致，这样可使得无线接入点的无线网桥与井队基站无线网桥互通，构成无线接入点与井队基站链路。采油井场无线网桥设置(图4)。

2.1.3 辽河油区无线网络

辽河油区无线网络的覆盖是通过户外天线实现，在已经建设好的远程无线宽带网络系统中连接一只天线作为网络桥接和接入点，以天线为中心的500米范围内即为热点区域。

采油井场无线网络是利用无线宽带网络系统，通过自建的中继杆将数据传给欢采东基站，最后利用光纤资源将数据传输回给录井公司机房服务器。现场中继杆网络拓扑图(图5)。

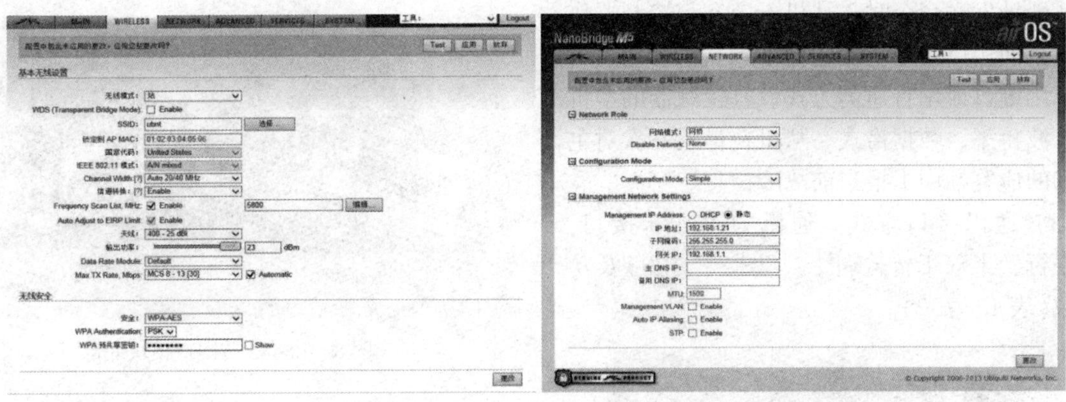

图 4　采油井场无线网桥设置

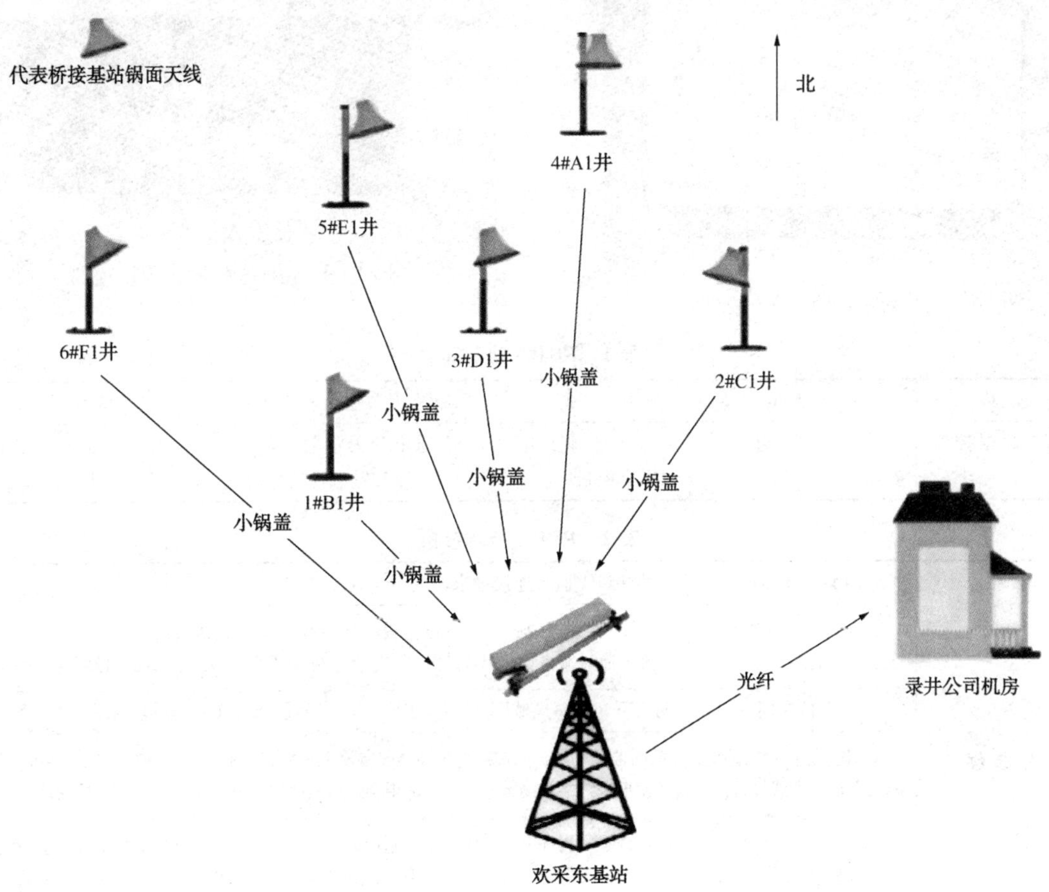

图 5　现场中继杆网络拓扑图

2.1.4　稳定的无线宽带网络系统

在有线通讯资源缺乏的油田作业区域，多采用移动/联通通讯运营商发行的数据传输卡和购置的数据远程传输设备，来完成数据向基地服务器的传送，这种方式易受移动/联通通讯带宽稳定性的影响，使录井通讯网络不稳定，甚至中断。无线宽带网络系统是油田局域网[5]的延伸，野外采油单位的计算机、网络等接入无线宽带网络系统，如同有线局域网内的工作单元，可以稳定地向基地服务器传输数据[6]，基地指挥中心也可以通过无线宽带网络系统访问和管理在线网络设备，为现场提供技术支持和专家指导。

2.1.5　从机数据传输升级

（1）通讯组网方式(图 6)：

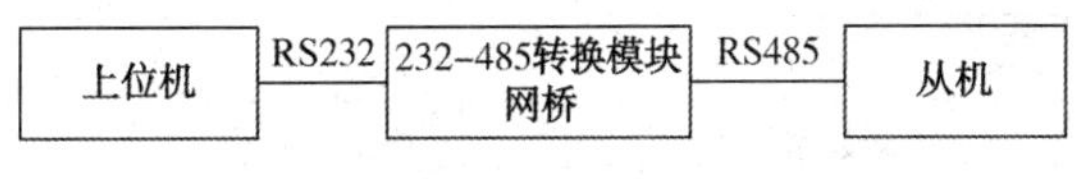

图 6　通讯组网方式

（2）通讯协议方式：

控制器为从机，主从式点对点通信。主机使

用广播地址发送命令时，从机不应答。控制器作为主机，使用广播地址发送命令到从机。用户可以通过用键盘或串行通信方式设置控制器的本机地址、波特率、数据格式。从机在最近一次对主机轮询的应答帧中上报当前故障信息。

（3）通讯接口方式：通讯为RS485接口，异步串行，半双工传输(图7、图8、图9)及功能参数(表1、表2)。

图7 RS485转网口模块正面

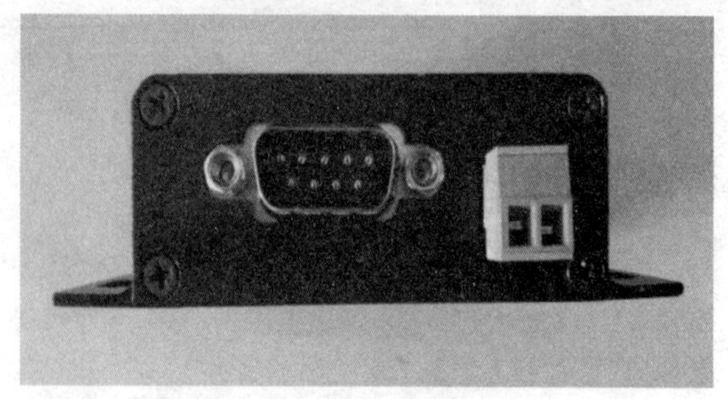

图8 RS485转网口模块底部

图9 RS485转网口模块顶部

表1 RS485功能简介

名　　称	应用环境	应用行业	报警及数据接入方式	输出方式
RS485数据控制单元	传输485通讯数据	厂区工业等多组数据采集控制	485通讯开关量输入软件通讯协议指令按键触发信号输入	DC12V输出继电器开关量输出通讯协议输出

表2 RS485技术参数

技术参数	1. UDP通讯：模块在指定的端口上监听连接请求，用于参数配置
	2. TCP Client(TCP客户端模式)：在该模式下，一键报警按钮主动向服务器请求连接并发送和接收报警状态，一个或多个一键报警按钮，通过服务器应用软件，实现单点报警或多点联动报警的目地
	3. 可运行在同一局域网网段下、同一局域网不同网段下、同一局域网跨VLAN环境下
	4. 服务器应用软件配置了实时监测功能，如按钮报警终端或接警主机端有异常离线或网络不通讯情况，服务器软件会显示离线设备，并且按钮报警终端或接警主机端内部也会进行故障自动蜂鸣报警。自动巡检功能
	基于网络通讯模式：电脑上的应用程序基于SOCKET协议编写了通讯程序，在转换器设置上直接选择支持SOCKET协议即可。技术参数：支持TCP/IP协议：TCP，UDP，ICMP，IPv4ARP，IGMP，Poe工作协议模式：UDP，TCP Server，TCP Client，Virtual COM网络接口：100M/10Mbps，自动匹配，1.5kV隔离保护符合IEEE802.3 10BASE-T和802.3u 100BASE-TX
工作环境	温度-45~+85℃
存储温度	温度-45~+85℃
相对湿度	湿度5~95%(无凝结)
重量	约200g
设备接口串行	RS-232/RS485/TTL(双串口)
串行数据数率	标准300~115200bps
接口端子	3.5mm可插拔接线端子(24AWG线)
工作方式	TCP Client模式，UDP模式
供电电源电压	+5V~+36VDC

（4）分帧技术

当串口服务器接收到串口设备数据的时候，何时将数据打包转发到以太网，如果每个字节都打为一个包则显然效率太低，需要设定一个称之为最长数据包长度和最长数据包间隔的参数。

（5）故障保护技术

RS485 接口采用的是一种差分传输方式，各节点之间的通信都是通过一对双绞线作为传输介质。根据 RS485 的标准规定，接收器的接收灵敏度为±200mV，即接收端的差分电压大于、等于+200mV 时，接收器输出为高电平；小于、等于-200mV 时，接收器输出为低电平；介于±200mV 之间时，接收器输出为不确定状态。

2.1.6　合理的施工

辽河某区块油区：搭建中继站，结合多扇区组合，实现宽带网络信号 360°全向覆盖，满足不同方位作业区域网络通讯需求。独立的通讯专网资源，高性能、高增益的无线网络设备，以及科学合理的资源分配，使无线宽带网络带宽达到 100M，单塔覆盖面积不低于 500M。

油井数据的远程传输[7]经历了单井一卡发送、多井中继一卡发送的改进，但通讯费和数据传输滞后一直是无法逾越的难题。采油井场无线网络覆盖后，油井数据可以利用无线网桥，再通过远程无线宽带网络系统传输到基地服务器，实现了油井数据无线网桥传输。

2.2　应用实例

该技术已成功应用在辽河油区部分采油站，使无线网络无盲区覆盖，数据传输畅通无阻。

应用实例 1：油井数据采集传输前后对比，以 A1 井和 A2 井为例，（图 10、图 11、图 12、图 13）

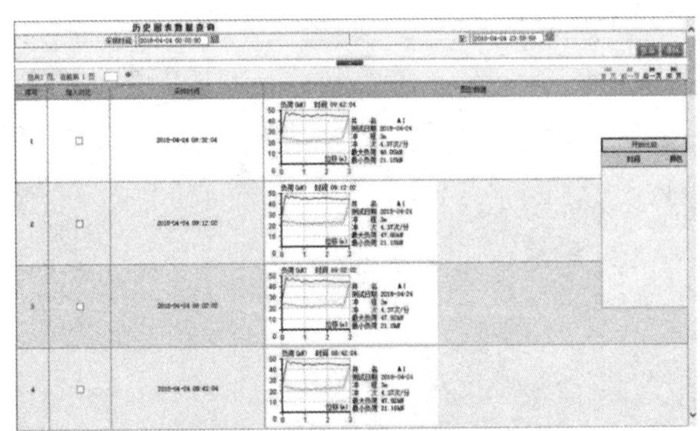

图 10　A1 井示功图通讯卡传输

对比 1：图 10 是通信卡传输中的示功图，间隔时间很长，影响异常工况预判。图 11 是无线网络传输，时间间隔稳定，可以及时有效的判断异常工况，方便监控人员工作。

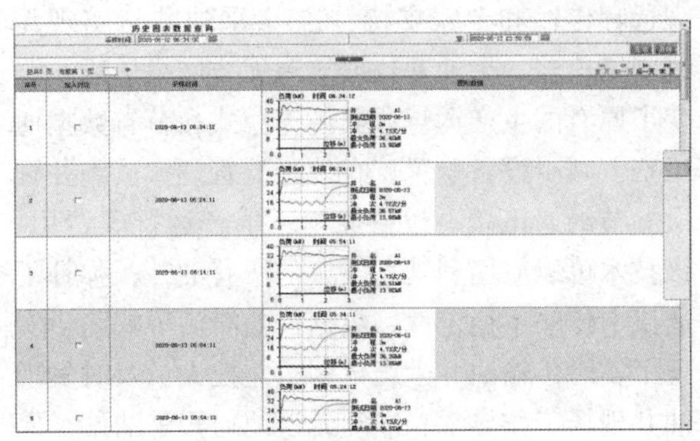

图 11　A1 井示功图无线网络传输

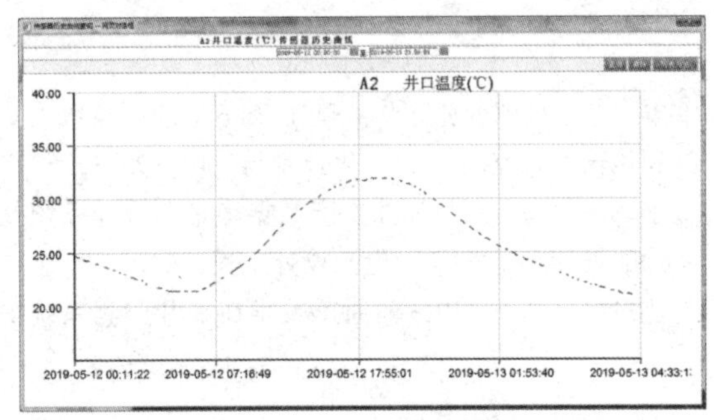

图 12　A2 井井口温度通讯卡传输

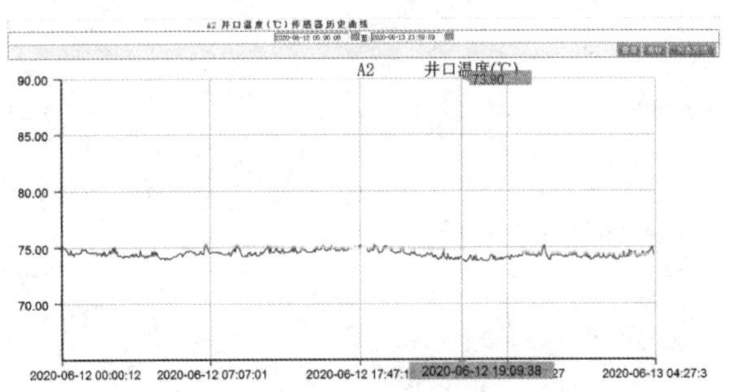

图 13　A2 井井口温度无线网络传输

对比 2：图 12 是通讯卡传输的数据，可以清楚看到数据有时间断点，传输过程中存在滞后现象，这对于监控人员来说，在工作上造成很多不便，影响异常工况的及时判断。图 13 是无线网络传输，可以明显看到曲线很密集，没有时间断点，较好地达到实时传输的效果。

3　结束语

该基于无线宽带网络的油井远程测控数据传输与应用技术自 2019 年 6 月开始应用，目前已经部署完成辽河油区的 6 个远程无线接入点基站，远程无线宽带网络覆盖面积达两千多平方公里，在网络覆盖区域的 6 个采油队利用该网络实现远程传输和专家支持，17个采油井站实现无线网络覆盖，采油井数据实现无线网络传输。改变了原有的生产运行数据传输模式，节省数据通讯费，减少设备购置，有效降低管理人员跑井频次。节约通讯费、设备成本、生产运行等费用。该技术可以应用到其它区块的所有油井，弥补了通讯卡传输不稳定性、数据传输滞后等缺陷，实现了实时传输油井生产数据，监控人员及时发现油井现场工作异常，准确无误地通知采油站，保障了服务质量，提供技术支持，对进一步开拓市场提供有利资源，具有良好的发展空间和推广前景。

参 考 文 献

[1] 牟海维，杨帆，张东华．基于ZigBee油井参数采集和传输的研究[J]．自动化技术与应用，2013，6.

[2] 李凤民，潘居臣．油井生产数据采集与管理系统软件的设计与开发[J]．电子设计工程，2016，8.

[3] 任冠宇．基于GPRS的通信技术在油井监测系统中的应用[J]．信息通信，2012，1.

[4] 曾韬．物联网在数字油田的应用[M]．电信科学，2010，4.

[5] 母长绵．油井数据采集远程监控方案的探索与实施[J]．科技创新导报，2012，3.

[6] 王文星，梁华庆，曹旭东．油井监控系统传输层设备RTU的设计与实现[J]．计算机测量与控制，2015，1.

[7] 秦建兵．远程数据测控系统的开发与应用[M]．中国新通信，2018，2.

[8] 童超，朱俊株，高如如．基于Windows CE的远程数据采集与控制系统开发[J]．微型机与应用，2011，5.

[9] 刘朝阳，林海鹏．物联网技术在数字化井场建设中的应用[J]．科研，2009，5.

[10] 胡滢．油井远程智能监控主控系统[J]．电子技术与软件工程2016，4.

[11] 张欣，王兵，徐建民．基于网络远程通用监控系统设计与实现[J]．计算机工程与应用，2002，7.

基于云计算环境的双活数据中心构建浅析

王丽丽[2] 杜广源[1] 刘书辉[2] 陈 征[2] 侯宁宁[2]

(1. 中国石油集团东方地球物理公司；2. 北京中油瑞飞信息技术有限责任公司)

摘 要 随着企业对业务稳定性、数据安全性及时效性的要求逐渐提高，传统数据中心虚拟化、网络安全、冗余设计、存储安全、部署难度大等各方面存在的问题越发暴露，已不能满足现今业务需求。云计算环境下的高可靠、高时效的双活数据中心技术成为主要研究方向。本文结合云计算的诸多优点，以及双活数据中心的现实需求，从数据库层、网络层、计算层、存储层等方面介绍了基于云计算环境的双活数据中心构建思路，并对云数据中心的发展趋势进行了一定阐述。

关键词 云计算；双活数据中心；高可靠

1 引言

当前，随着大数据时代的到来，国家、企业对数据的重视程度不断提升，如何使数据中心能够安全、稳定、有效运转成为一项日益迫切的课题。很多企业应用系统的规模已经呈现出十分庞大的趋势，一旦出现问题，就有可能造成大面积的影响，给企业开展正常工作带来难题，原有的容灾机制很难适应当前对数据有效、稳定、时效性要求高的客观需求。在此背景下云计算数据中心以其独有的资源分配优势成为近年来建设双活数据中心的研究热点。

2 传统数据中心存在的问题

数据中心主要通过对服务器采用虚拟化技术构建起抽象的逻辑资源池，根据应用的实际需求灵活分配需要的CPU、内存、磁盘、I/O等资源相对于用独立的服务器服务于某个应用的早期数据中心时代，这种方式提高了资源利用率，简化了计算资源的配置管理，实现了一定程度的服务器计算资源整合。

但传统的数据中心架构未考虑应用的全面性、访问的安全性、数据的标准化、网络与存储系统的可靠性等需求，存在如下问题：缺乏虚拟化的总体规划；虚拟化带来的网络与系统安全问题；网络与存储系统可靠性问题；没有建立冗余的后端存储网络和冗余的前端应用接入网络，当网络的某个节点出现故障，都会导致多个应用系统的业务中断；没有高度冗余、实时双活的存储系统，一旦唯一的存储系统出现故障，就会导致整个数据中心业务中断，重要数据面临大的风险，而且短时间内无法恢复。

各种应用系统部署、运行及扩展问题。传统数据中心内的各种应用业务连续性差，高负载应用经常崩溃。随着应用不断建设，数据中心各类服务器、存储系统越来越多，结构越来越复杂，业务部署不灵活，应用扩展弹性差。传统数据中心从系统架构的科学性、安全性、可靠性、灵活性及经济性以及集中管理的要求已经不能满足当前大型企事业单位的建设需要。

3 云计算简介

3.1 云计算的主要特点

虚拟化。云计算支持用户在任意位置使用各种终端获取应用服务，所请求的资源都来自“云”。应用在“云”中某处运行，用户无需了解也不用担心应用运行的具体位置，简化了应用的使用。

高可靠性。云计算中心在软、硬件层面采用了诸如数据多副本容错、心跳检测和计算节点同构互换等措施来保障服务的高可靠性，还在设施层面上的能源、制冷和网络连接等方面采用了冗余设计，以进一步确保服务的高可靠性。

高可扩展性。“云”资源可以根据应用的需要进行调整和动态伸缩。

3.2 云计算的技术支撑

云计算主要有5大类技术支撑：高性能芯片、高速网络、Web技术、移动设备、虚拟化技术。虚拟化是表示计算机资源的抽象方法，通过虚拟化可以简化基础设施、系统和软件等计算机资源的表示、访问和管理，并为这些资源提供标准的接口来接受输入和提供输出。虚拟化技术有很多种，如网络虚拟化、内存虚拟化、桌面虚拟化和应用虚拟化等。

4　双活数据中心的定义

双活数据中心是指是两个或多个数据中心，每个都具有独立运行应用所需的全部资源。应用请求会动态负载均衡到多个数据中心中，当其中一个数据中心故障时，另外的数据中心能够接管所有应用请求。

双活数据中心的分类：

从数据中心应用部署角度看。

AP：AP 双活通过将业务分类，部分业务以主数据中心为主，容灾数据中心作为备份；部分业务则以容灾数据中心为主，主数据中心为热备。

AA：AA 模式是真正的双活，双活存储保障对所有数据的 I/O 路径均可同时访问，业务在两个站点负载均衡。

从应用架构角度看。

狭义的双活模式：WEP/APP/DB 层在两个数据中心都处于 Active 状态，DB 层在两个数据中心都可读可写。

广义的双活模式：WEP/APP 层在两个数据中心是双活的架构，但 DB 层可以是 Active/Hot Standby 或 Active/Query 的模式。

双活数据中心最终想要实现的是最高级别的可用性，即实现数据零丢失，应用系统实时切换；双活数据中心之间同时具备全部生产及互为实时备份的能力；即使一个中心发生灾难时，另一个中心有能力接管所有应用请求。

5　双活数据中心建设思路

双活数据中心建设应关注于自身业务特性需求及 IT 建设的持续优化，使得 IT 建设更多的基于应用的特点和自身现有资源和能力，不盲目追求先进，这样才能体现了企业对于自身 IT 建设的把握与未来方向的掌控。

云的形成可以基于数据中心的分布式技术，建设模型更接近互联网数据中心，各层面都要“双活”才能实现数据中心的“双”。要在包括存储、服务器、网络、数据库、应用等各层面都要有双活的设计，这样才能真正意义上实现数据中心的双活。

各个层面的整合是实现数据中心双活的难点。企业中的 IT 基础架构设施都是多年发展和积累起来的，从硬件设备、网络、存储、应用软件、中间件到数据库都是各种各样的，不同层面的架构各机构又都有不同的技术，在多种可能的技术选择方案中寻求平衡和整体把控是比较复杂的，所以整合是目前实现数据中心双活的难点，技术选型的承上启下更是关键。下面就数据库层、网络层、计算层、存储层进行简要分析。双活数据中心整体架构示意图见图 1。

5.1　数据库层

基于传统关系型数据库的应用系统可以依赖于数据库的集群技术实现跨数据中心的双活来共同承担业务数据运行并进行实时同步，进一步实现数据零丢失，例如 Oracle Extended RAC、Oracle Data Guard、Oracle Gloden Gate，以及 IBM DB2 PureScale 等数据库集群和容灾技术；

另一种数据库层的双活技术需要实现同步复制技术。通过数据库复制软件及同步机制实现应用双活。

5.2　网络层

传统网络层双活数据中心的实现，需要为两各数据中心的同一应用的服务器配置为一个网段的不同 IP 地址，保证服务器可以实现跨广域的二层 VLAN 互通功能，多使用 DCI 技术。

在云计算环境下，高可用远程集群技术以及虚拟机迁移技术广泛应用，在数据中心间需要大二层网络连接，主要有堆叠、二层转发和 overlay 三种实现方式。

这种网络架构下的一个关键设计点是网关，采用 3 层物理网络架构的，可在汇聚交换机设置双活网关；使用 2 层物理网络架构的，可在核心交换机设置双活网关。网关的设计可以是集中的，也可以是双活的，集中网关配置、实现和维护比较简单，但是一旦出现 vm 跨数据中心迁移，将会出现绕行数据中心的现象，利用双活网关一般是发送 ARP 单播请求，探测、判断虚拟机所在位置。探测成功后，在新的网关位置对外发布虚拟机的主机路由，原有主机路由超时撤销。

需要大二层网络连接的应用包括：存储复制；数据库集群、数据库同步复制；心跳线及状态同步流量(防火墙、负载均衡等设备)；同一业务网段之间的东西向通讯；因为虚机迁移引起的访问网关的流量等。

访问路径优化的策略有多种，包括：

DNS 重定向（GSLB），通过智能 DNS 技术，在多个数据中心之间实现负载分担，作为数据中心间流量调度，实现就近访问

健康路由注入（RHI），这是一种路由机制，它允许两个数据中心使用同一个 IP 地址。上游路由器可以同时看到两条路径，并将 metric 更好的路径插入到其路由表中。适用于通过 IP 访问的应用，实现应用的灾备。网络层示意图见图 2。

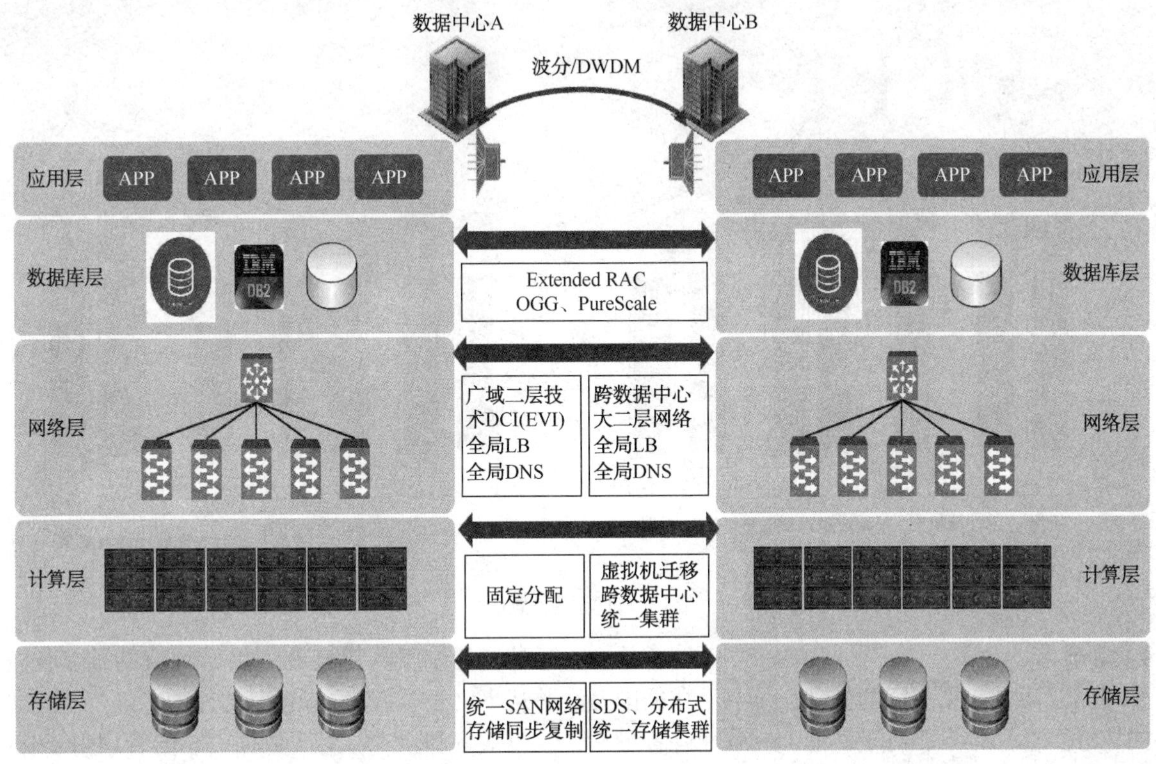

图 1　双活数据中心架构示意图

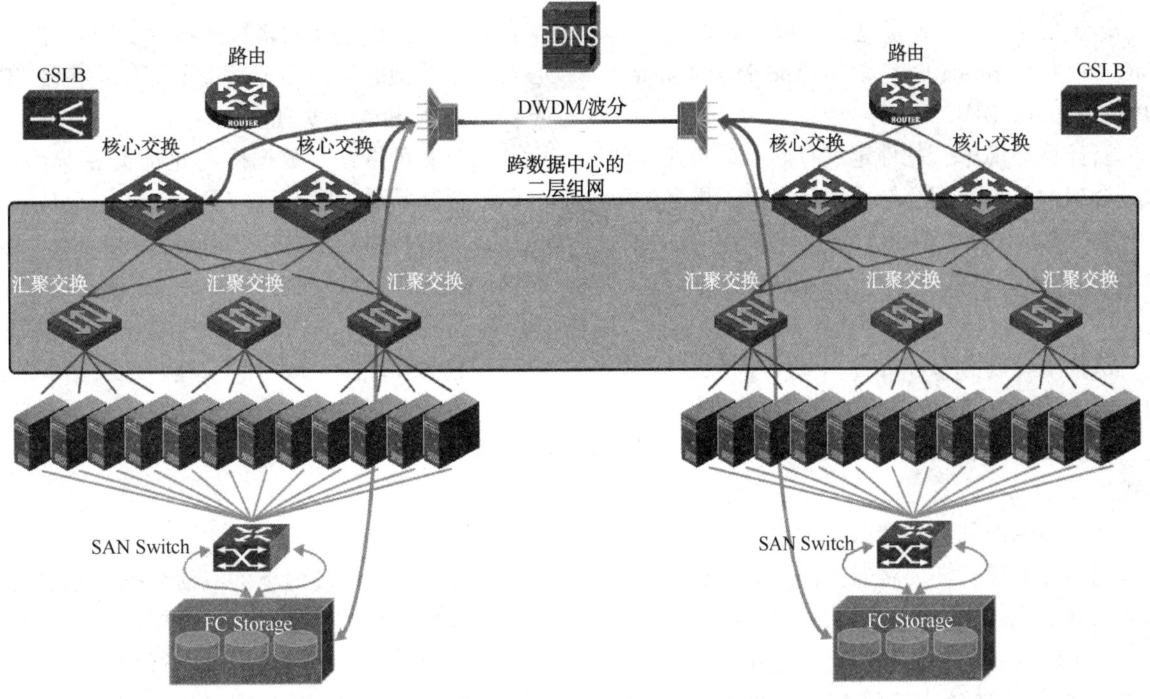

图 2　网络层示意图

5.3 计算层

在云计算环境中，虚拟化技术的引入可以实现更为高效的资源利用、更灵活的资源调度、更丰富的工具、手段和更集中的管控模式。

利用 vMSC(vSphere Metro Storage Cluster)实现跨数据中心延伸集群模式，构建跨中心的单 vCenter 或多 vCenter 管理计算资源；扩展集群可以跨数据中心支持虚拟机的 Live vMotion；延展集群需要双活存储架构的支持。计算层示意图见图 3。

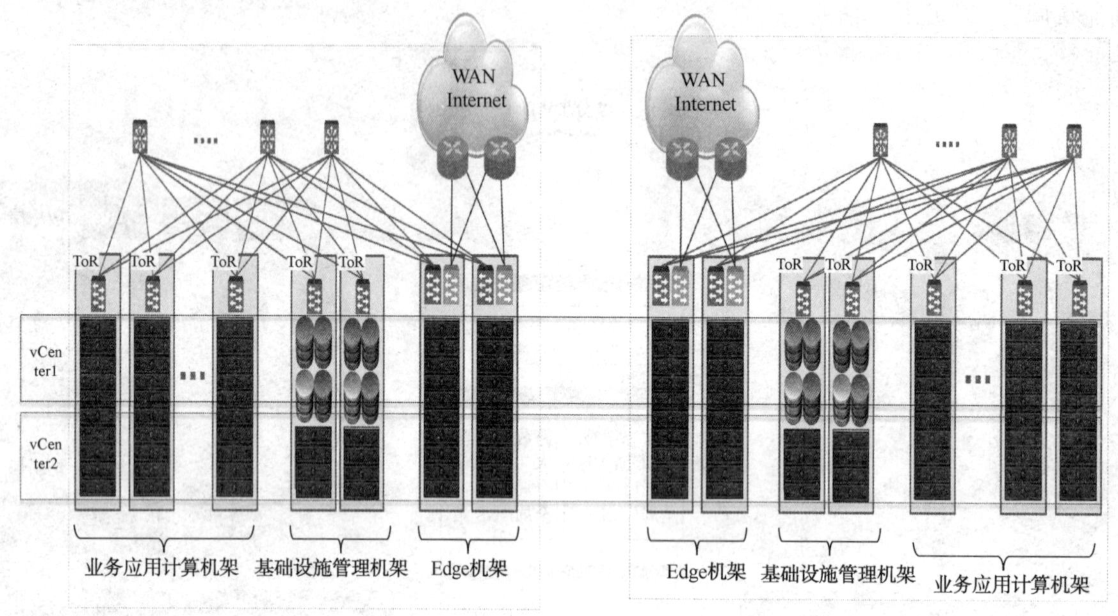

图 3　计算层示意图

5.4 存储层

存储双活是数据双活的基础，是双活数据中心的核心要素和难点，对于性能、一致性有着最高的要求。主要机制有主机卷复制技术、存储复制技术、存储虚拟化技术、SAN 网络复制技术。

传统的存储双活多基于 FCSAN 实现，如 EMC VPLEX Metro(Geo)、NetApp MetroCluster、HP LeftHand、IBM SVC 等。

云计算环境中，软件定义存储、分布式存储和融合架构等为实现存储层双活提供了更多的解决方案。如 VSAN、Ceph。

6　云数据中心发展的趋势

从集中转向分布和混合。云计算与边缘计算的结合，尤其是 5G 的出现将放大边缘计算的影响；混合云；托管模式；微服务模式；敏捷开发模式。

从复杂的内部结构转向简单化、标准化。不仅是硬件标准化，还要将非标准化的负载和应用逐渐向标准化转变。

人工转向智能化、软件定义化和自动化。人工智能技术在 I&O 中扮演着重要的角色，会使运营和运维团队能够最小化低价值的重复任务，并从事高生产率/价值导向的行动。

效率和成本。对于数据中心的管理由于基础架构、业务模式、服务模式的变化在效率和成本控制上有了新的挑战和机遇。

点对点的连接转向多级连接。云时代数据中心对于广域网的访问形态发生了变化，包括 SD-WAN、SDN 和 API 实现多连接环境。

绿色和可持续。数据中心是能源密集型的，能源消耗是其最大的环境问题之一。绿色数据中心从最少的材料和能源中获取最大的产量，而不损害性能、弹性或安全性。

不可控转向可管可控。由于越来越重视数字伦理、隐私和风险，政府越来越多地对错误的数据中心进行监管。一些监管控制对数据中心有直接影响。

7　结语

本文对云计算环境下的双活数据中心建设思路做了浅要分析，着重对数据库层、网络层、计算层、存储层的双活实现技术进行简要分析。技术实现方法还有很多种，同时技术实现方式只是其中一部分，与之相应的组织结构、管理流程、服务标准等等都是不可或缺的，企业应根据自身实际业务需求及企业信息化建设实际情况进行合理设计，为企业更好的发展助力。

参考文献

[1] 刘冬邻．基于云计算的智慧校园双活数据中心架构设计．西南师范大学学报(自然科学版)，2017，05-0041-06.

[2] 李雪锋．多校区数据中心双活容灾方案研究[J]．中国教育信息化，2015(09)：59-61.

[3] 中国知网，肖良华 中国人寿保险股份有限公司数据中心，http：//www.cnki.net.

油气管道 SCADA 国产化 PCS 系统最新进展及未来展望

毛炳强　黄　河　颜　辉　姜念琛　段坤华

（中国石油北京油气调控中心）

摘　要　国内油气管道 SCADA 在役软件多为国外产品，为打破国外技术垄断，实现 SCADA 系统的自主可控，中国石油北京油气调控中心组织开展了 SCADA 软件国产化研发工作，并于十二五期间成功研制出一款国产化 SCADA 软件—PCS。PCS 软件设计理念先进，实现了多项创新。通过国内权威评测机构测试，PCS 软件功能已达到完全替代国外软件水平，并新增了部分国外软件不具备的实用功能，完全满足调控业务需要。随着 PCS 软件在中俄东线天然气管道的成功应用，未来将全面推进 PCS 软件在国家管网整合、新建工程和在役系统更新改造中的标准化推广应用，实现油气管道 SCADA 软件完全国产化，从根本上消除使用国外软件的安全隐患，提升国家能源安全。此外，能够有效降低油气管道建设、运营和维护成本，带来可观的经济效益。

关键词　油气管道；自主可控；SCADA 软件；国产化；PCS；推广应用

1　油气管道 SCADA 软件应用现状及存在的问题

油气管道 SCADA（Supervisory Control And Data Acquisition，数据采集与监视控制系统）系统，是油气管道生产指挥的神经中枢，是实现管道实时监测、集中调度、精准控制的重要技术手段，对于保障管道安全、可靠、高效运行至关重要。

我国油气管道 SCADA 系统的发展起步于 20 世纪 80 年代，以东黄线、铁大线密闭输油管道 SCADA 系统应用为代表，逐步在原油管道推广应用。20 世纪 90 年代末，东北原油管道、轮库鄯原油管道、陕京、鄯乌天然气管道的 SCADA 系统陆续投产[1,2]。进入 21 世纪，兰成渝、涩宁兰、西气东输等管道 SCADA 系统的建设过程中采用了网络化架构[1,2]，逐步形成区域调控的模式，如图 1 所示。在此阶段，各管道调控中心在管理上相互独立，使用的 SCADA 软件不尽相同，彼此之间信息不能共享，难以建立管道输送的整体协调机制。为优化管道运营管理体制，中国石油于 2006 年成立了北京油气调控中心。通过搭建统一的 SCADA 系统监控平台，对不同管道 SCADA 系统进行整合，从而实现集中调控。管道监控形成三级控制架构，即中控、站控和就地控制[3]。截至目前，调控中心已建成 SCADA 系统监控管道里程达到 6 万余公里，数据总点数超过 80 万点。

回顾国内 30 年的建设工作实践，梳理在役的油气管道 SCADA 系统产品，发现存在以下几个关键的问题亟待解决：

（1）国内缺少自主的 SCADA 技术和软硬件产品，核心技术受制于人。油气管道核心控制软件长期依赖进口，费用居高不下，且出现问题难以解决，管道输送本质安全存在较大的威胁和隐患。

（2）部分产品系统可靠性和稳定性不高，一旦失效可能导致灾难性后果。油气管道生产连续运行，控制系统失效可能造成灾难性后果。现有系统架构技术难以满足要求，发生节点故障时容易造成系统瘫痪，迫切需要研究新一代的高可靠性技术，提高运行稳定性。

（3）数据组织方式落后，难以满足大型管网控制系统工程开发需求。现有产品采用“图-点”模式，需要逐一描述对象详细信息，工程开发工作量大，效率低，维护难，易出错。

（4）单机存在瓶颈，多机未能协同，无法支撑大规模管网调控。中国石油在役 6 万公里大型复杂油气管网，数据量巨大，控制实时性要求高。现有 SCADA 系统单机性能较低，多机无法协同，难以满足管网全局运行控制和综合分析的要求，迫切需要突破性能瓶颈。

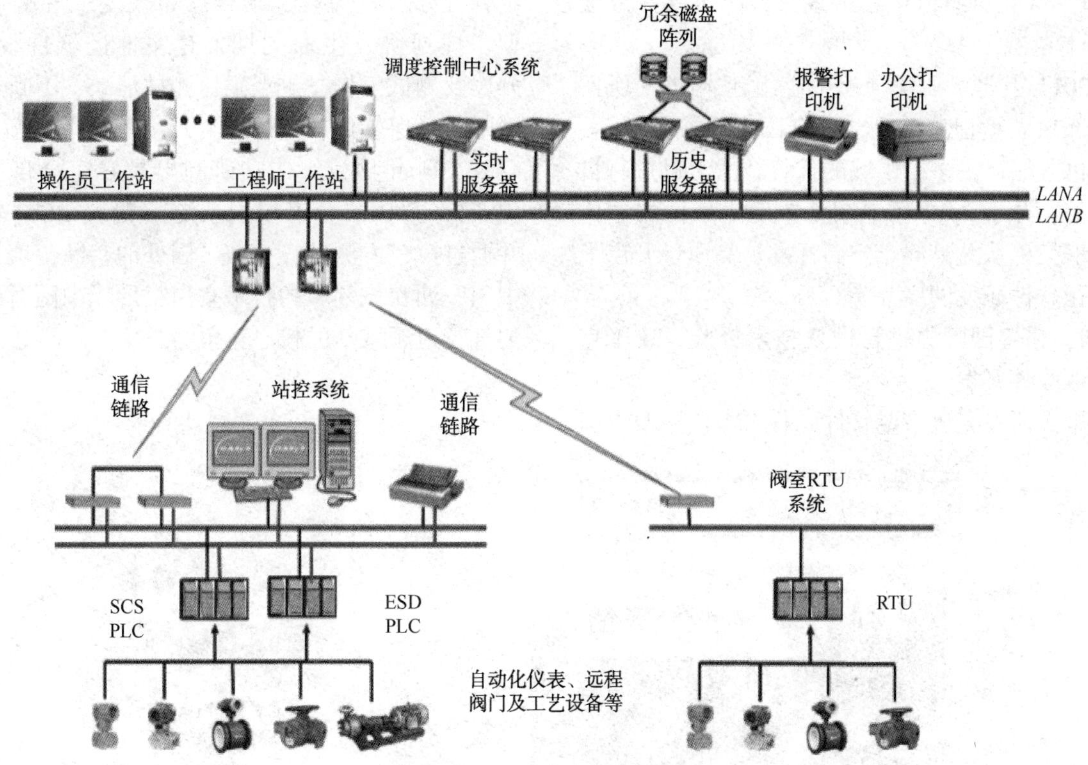

图 1　管道 SCADA 三级控制结构图

（5）图形数据未实现标准化，无法跨系统信息交换。在役 SCADA 系统采用了多个品牌，由于缺乏统一的图形数据标准，不同私有格式互不兼容，存在信息孤岛，无法满足全管网集中调控对信息共享的需求。

因此，必须攻克软件核心技术，实现我国油气管道 SCADA 系统安全、自主、可控。

2　油气管道 SCADA 国产化 PCS 软件发展历程

当前，为满足国家关于管道设备国产化与自主创新的政策要求，支撑国家油气管道持续大规模建设，实现 SCADA 核心技术全面自主可控，在中国石油集团公司的高度重视和大力支持下，北京油气调控中心自 2011 年起统筹安排、稳步开展了命名为 PCS 系统（Pipeline Control System，简称 PCS）的国产化油气管道 SCADA 软件研发工作，历时八年完成该软件的研发，生产现场工业试验系统的建设，以及国产化 SCADA 软件调控运行示范应用等工作。

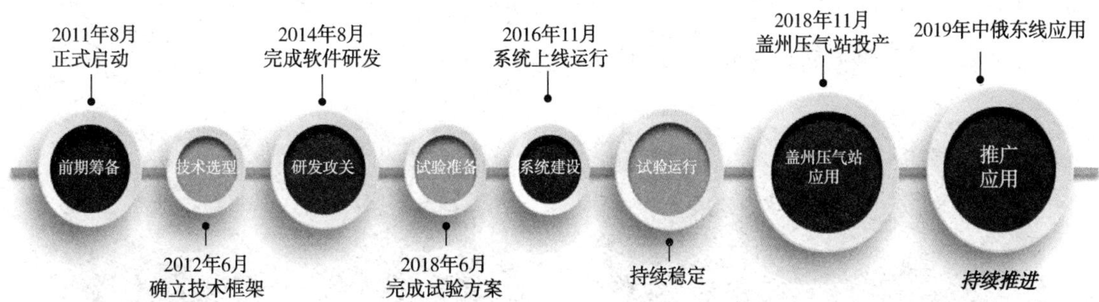

图 2　PCS 软件国产化历程

2.1　PCS 软件研发阶段

调控中心采用“专业配套，协同攻关，项目式管理”的总体思路，整合优势技术力量，坚持自身主导地位，全面深入推进国产化工作。研发过程采用“项目部-监理”双重监督机制，充分利用 ClearCase 与 ClearQuest 软件实现工作流程信息化，保证了项目的规范化管理和成果的安全保密。

2.1.1　成立组织机构集中攻关，高水平完成顶层设计

2011 年北京油气调控中心组建了 PCS 研发项目部独立承担该项目，整合国内自控、通信、计算机、储运等多个领域的优势技术力量进行自主攻关，并于 2012 年中期基本确立软件的主体技术框架，从此高起点、高标准、高质量开启了国产化软件研发的序幕。

2.1.2　借鉴国际先进管理及技术经验，攻坚克难完成软件开发

本次研发充分借鉴软件工程 CMMI 模型[4]制定管理办法及流程，结合瀑布模型[5]和螺旋模型[6]规划研发生命周期，有序推进软件设计、开发及测试工作。重点狠抓测试消缺，不断迭代回归，确保软件质量螺旋上升。

2014 年项目组成功研制出具有完全自主知识产权的“PCS 管道控制系统”(简称 PCS)软件并通过第三方测试，打破了国外的垄断，填补了中国石油在该领域的技术空白，形成中国石油在油气管道领域新的核心竞争力。

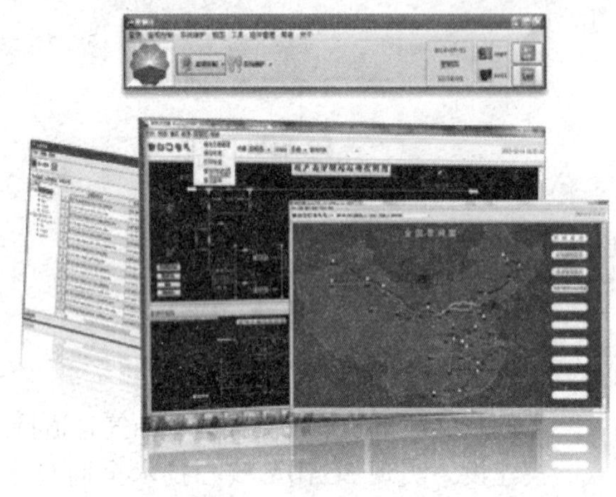

PCS——*Pipeline Control System*

图 3　PCS 软件

2.2　PCS 软件工业试验阶段

在中国石油集团公司的支持下，国产化的 PCS 系统软件工业试验[7]顺利列入集团公司重大工程技术现场试验项目，并于 2015 年中期正式启动。调控中心积极筹划基于在役管道实际生产环境搭建国产试验系统，进行现场测试验证，这为后期 PCS 软件的推广应用打下了坚实的基础。

2.2.1　精心编制实施方案，选择典型油气管道搭建 PCS 试验平台

试验前，项目组按照工程建设标准，完成了前期勘察与设计工作，精心编制工程实施方案及安全保障方案，有序组织工程组态和现场调试。试验选择大港石化-济南-枣庄成品油管道(简称：港枣线，液体管道)和冀宁天然气管道(简称：冀宁线，气体管道)苏北段作为依托试验管道。两条管道在役 SCADA 系统分别采用 TELVENT 的 OASyS 软件和 Actemium 的 Viewstar 软件，是目前调控中心主要应用的两款 SCADA 软件。

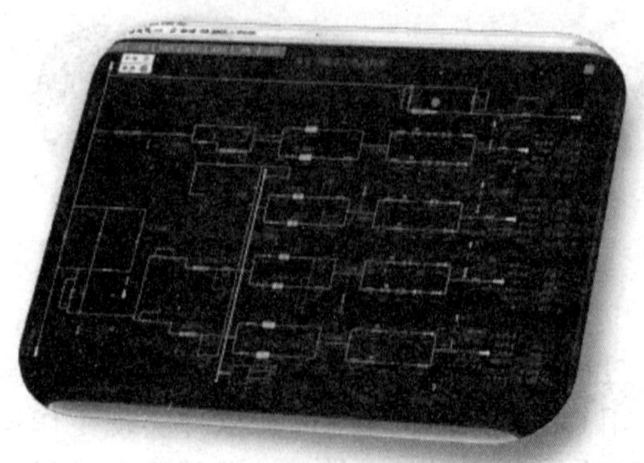

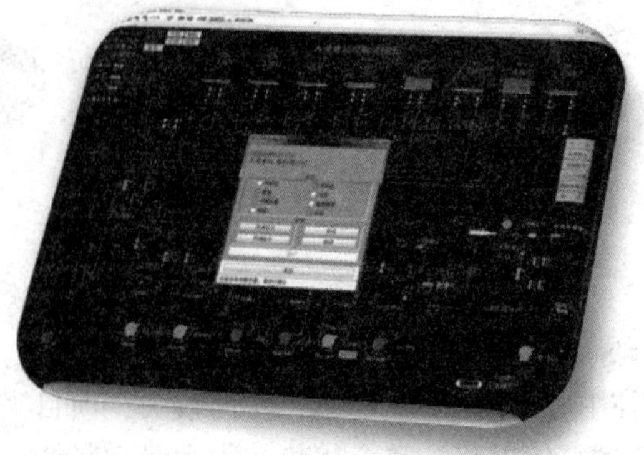

图 4　工业试验依托管道图

调控中心应用PCS软件，在在役中控、站控系统的原有网络中进行扩展，搭建PCS试验系统。试验系统的功能与在役系统基本一致，重构整合了两套在役系统的工程内容，通过权限实现展示内容的逻辑区分。

中控试验系统设备包含工作站和SCADA服务器，分别部署PCS软件客户端和服务端。站控试验系统对主机的性能要求不高，所以在工作站中同时部署服务端和客户端。系统部署方式与典型的SCADA系统配置基本一致[12]，与下位机间通讯仍通过原有的网络，并与在役系统平行，在不影响在役系统正常运行的情况下开展工程组态和现场调试。

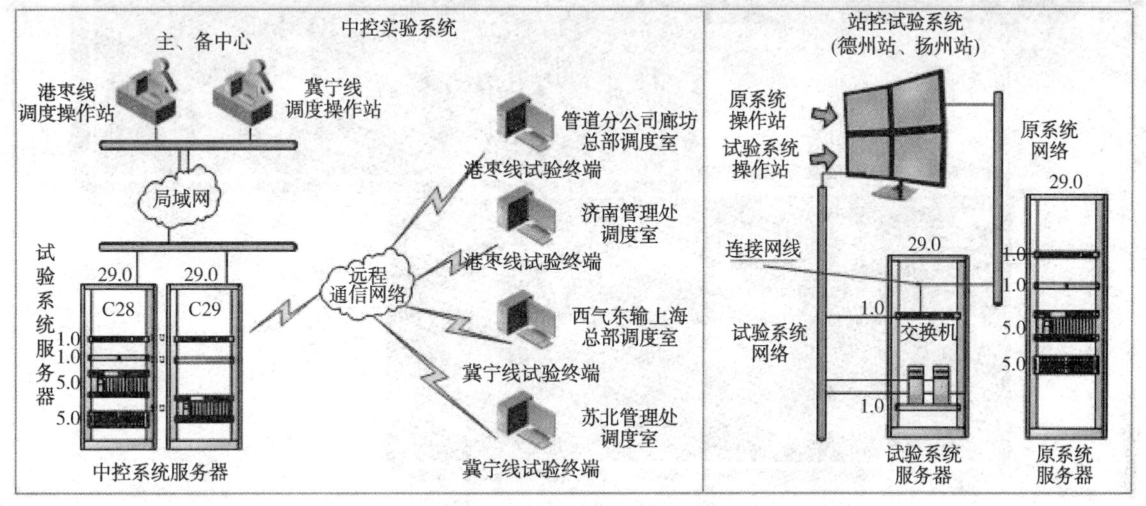

图5　PCS软件工业试验系统图

2.2.2　试验运行监测，持续开展运维与测试

项目组顺利搭建试验系统并组织完成工厂验收测试(FAT)和现场验收测试(SAT)。系统于2016年年底正式上线，与在役系统平行运行。运行期间，实验室不断进行软件优化，现场持续开展运维与测试工作。经过长达一年多的调控试运行试验，系统运行基本平稳。

2.3　PCS软件推广应用阶段

2018年年初PCS系统顺利列入中国石油集团2017年度自主创新重要产品目录。之后，中油管道公司批复同意在油气管道控制中心和站控系统的建设中全面推广应用PCS系统。调控中心积极落实上级要求，陆续推动PCS软件在盖州压气站、中俄东线天然气管道等重点工程中控系统的成功应用，在西三线闽粤支干线(广州-潮州段)等重点工程站控系统的成功应用。

2.3.1　盖州压气站互联互通工程试点应用

盖州压气站是天然气基础设施互联互通重点工程，2018年选作国产化试点。盖州站采用PCS、国产PLC，实现了SCADA系统全面国产化。

PCS系统在盖州站得到充分检验，单站达到5500点，画面数量160余幅，数据达到1秒刷新，指标超过国外系统水平。

2.3.2　中俄东线天然气管道工程示范应用

中俄东线天然气管道于2015年6月开工，是目前全球单管输量最大的天然气管线，沿途与东北天然气管网、西气东输以及陕京管道互联互通共同组成横跨南北、纵贯东西、连接海外的国家骨干天然气网。中俄东线北段，北起黑龙江省黑河市，南至吉林省长岭段，于2019年12月初正式投产通气。

作为智能管道建设的重要载体，中俄东线实现了全面国产化。PCS作为核心部件，是首次在管道控制中心和全线站场的大规模应用，PCS系统组态数据点近7000点，画面数量近200幅，中俄东线北段的一次性成功投产验证了PCS管道控制系统核心技术的完全自主可控。

2.3.3　PCS系统未来的大规模推广应用

2020年，在深入总结中俄东线标杆工程应用经验的基础上，国内油气管道加速推进了PCS软件在国家管网整合、新建管道工程和在役管道更新改造中的标准化应用，PCS软件将在中俄东线中段、纳入国家管网的中石化管线的中控系统推广实施，以及在北京天然气管道公司生产调度(应急指挥)中心的集中监视系统的建设中大显身手。

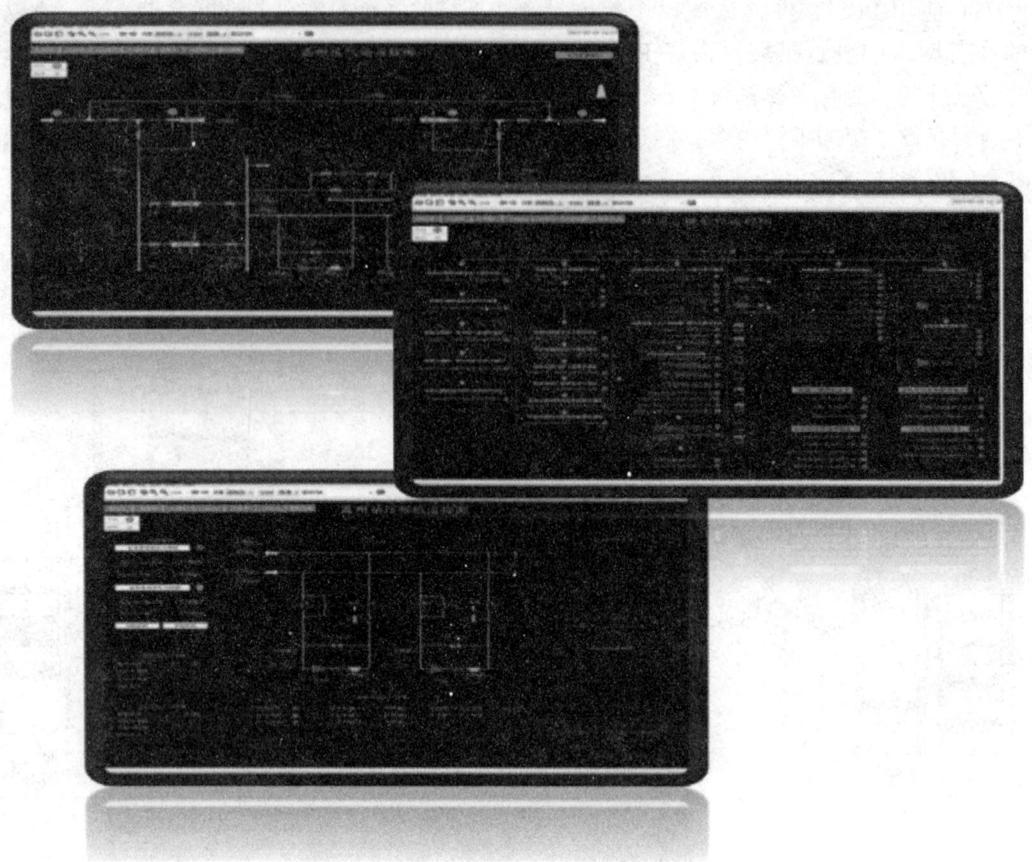

图6　盖州压气站试点工程

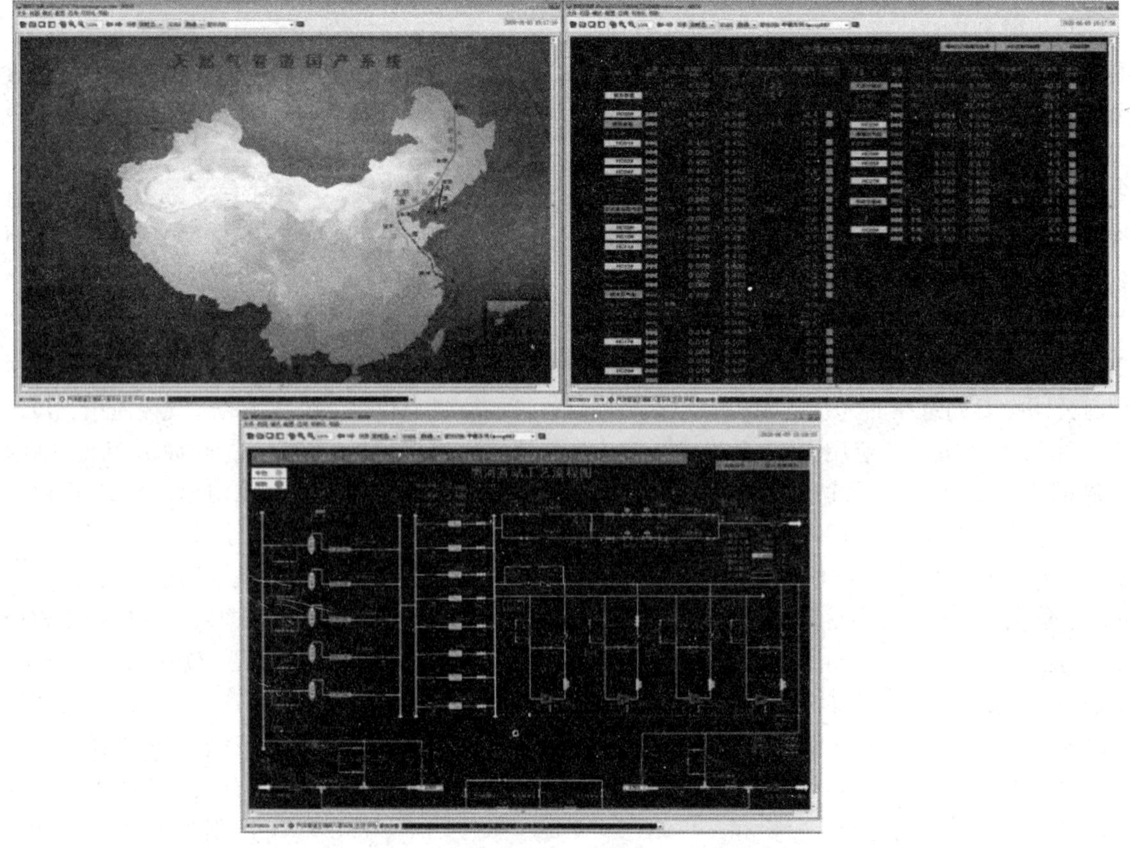

图7　中俄东线天然气管道示范工程

PCS 系统软件不但大规模参与国内油气管道的推广应用，而且正着力布局走出国门。尼贝管道(尼日尔-贝宁原油外输管道)将是 PCS 国产软件走出国门的首次尝试，该项目起点位于尼日尔二期 Koulele 油田 CPF，终点为贝宁赛美港口，陆上管道全长 1950 km，均为新建，涉及 9 座场站(含首站、末站)、59 座阀室(含 RTU18 座)。PCS 系统软件正进一步完善国际版本功能，积极参与该项目的招投标，全力以赴确保在尼贝管道项目主备中心 SCADA 系统建设中成功应用，为早日进军国际市场而不懈努力。

3 PCS 系统技术架构、功能特点以及性能评价

PCS 系统作为油气管道 SCADA 国产化软件，针对管道调控需求，建立完全自主知识产权的 SCADA 软件国产化技术框架与标准体系，提出并实现以管道设备对象模型为核心，以集成服务平台为基础，面向服务、标准化、可扩展的 PCS 软件，代码规模超过 200 万行。

3.1 PCS 软件架构

PCS 软件有别于其他 SCADA 软件实时数据库、组态软件、应用软件相对独立的设计[8]，采用了基于面向服务的架构(SOA)，提供了统一安全管理、高效数据通信、插件式服务管理的集成服务总线。将实时数据库、历史数据库等基础数据管理功能封装为服务，整合基础数据服务，实现面向对象的模型管理与解析，构建安全、开放、数据共享的集成服务平台，为上层 HMI 等应用提供服务。

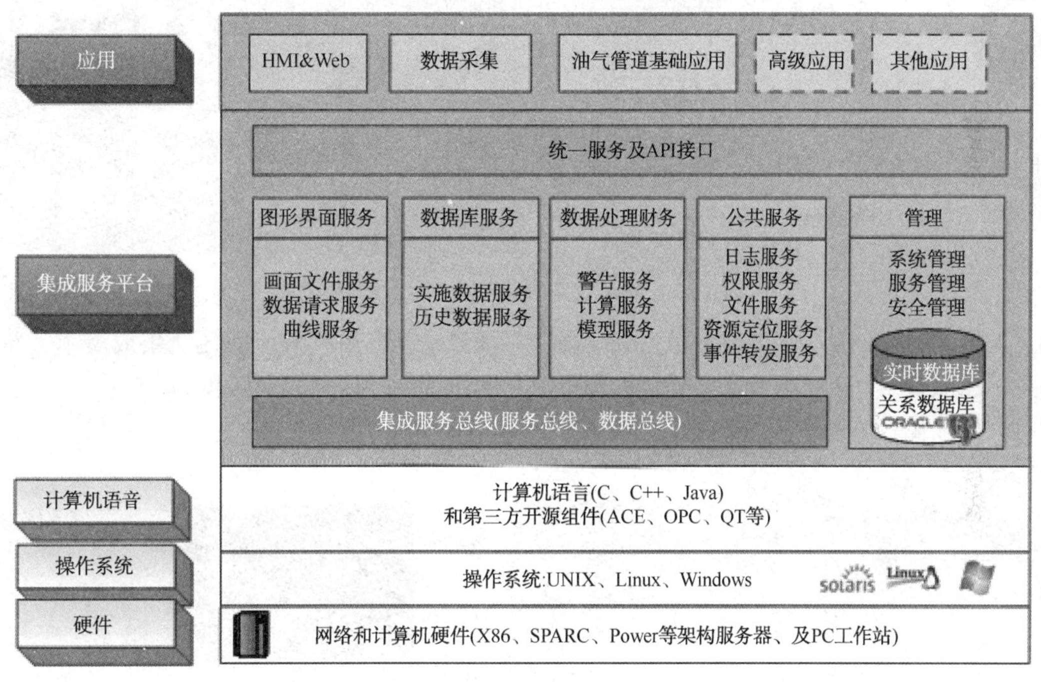

图 8　PCS 软件架构示意图

3.2 功能特点

PCS 软件具备 SCADA 基本监控功能，支持主流工控协议；采用油气管道模型、图模库一体化和管道拓扑着色等新技术；支持 UNIX/Linux/Windows；支持双机冗余和基于应用的一主多备冗余；单服务器管理数据 100 万点，数据每秒更新 20 万点，冗余切换时间小于 2 秒。此外，还支持管道模型管理[9]、事故追忆与反演[10]、数据回填[11]、管道调控基础应用等特色功能。

3.3 主要创新点

PCS 软件主要实现了以下四大技术创新：

(1) 基于面向服务架构的一体化集成服务平台技术。创建了基于面向服务架构(SOA)的一体化集成服务平台，研发了分布式、开放式的服务总线、数据处理技术以及油品批次跟踪等扩展分析模型，实现了平台标准化数据服务、分布式计算处理，更好地支持应用扩展，性能达到了单机 100 万点数据管理规模和每秒 20 万点更新水平。

(2) 面向油气管道设备的数据模型化管理与应用技术[9]。创建了油气管道设备信息模型，研发了图模库一体化维护及设备控制面板模块化组态技术，由单点操作改进为单体操作，提高了系统实施、维护的易用性和效率。

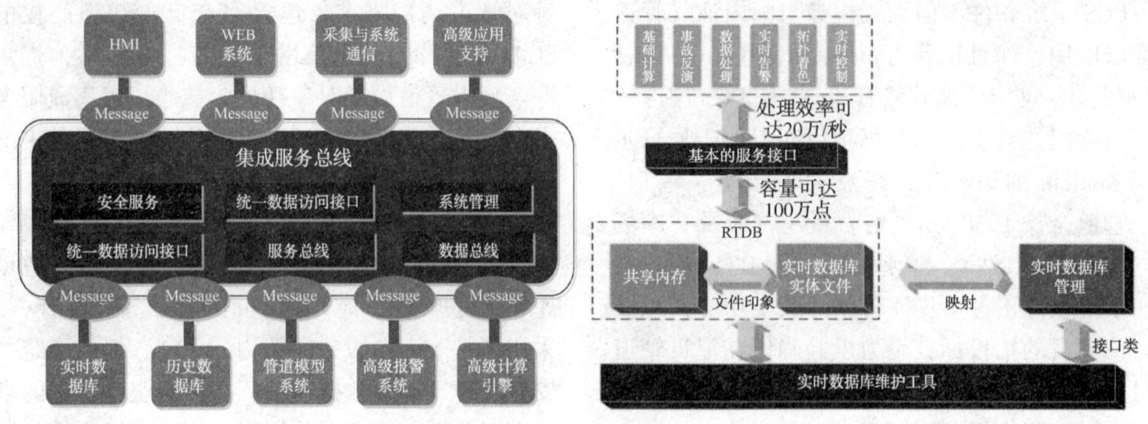

图 9　支撑基于面向服务架构的一体化集成服务平台技术

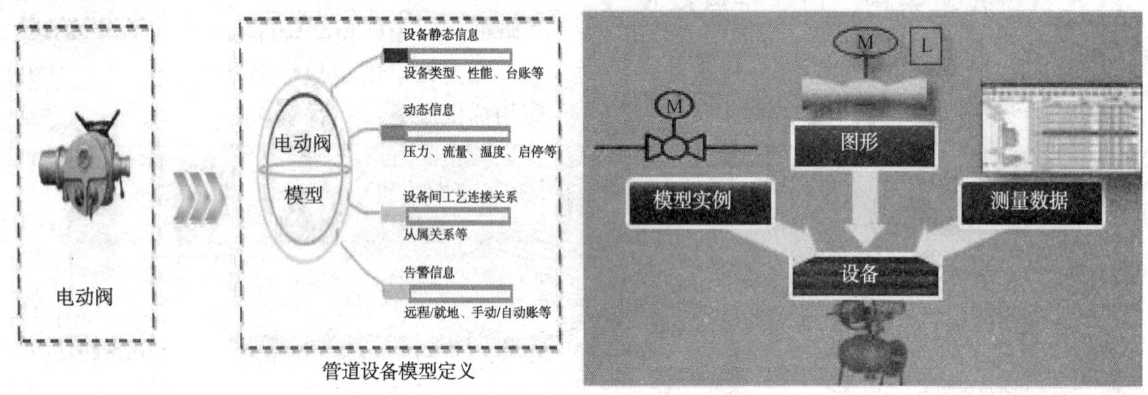

图 10　面向油气管道设备的数据模型化管理与应用技术

(3) 人机界面插件化集成与图形数据共享技术。创建了图形数据标准，研发了基于标准图形数据接口的插件化人机界面集成技术，实现了多场景、多应用人机界面便捷集成展示，跨平台、跨系统图形信息的全局共享。

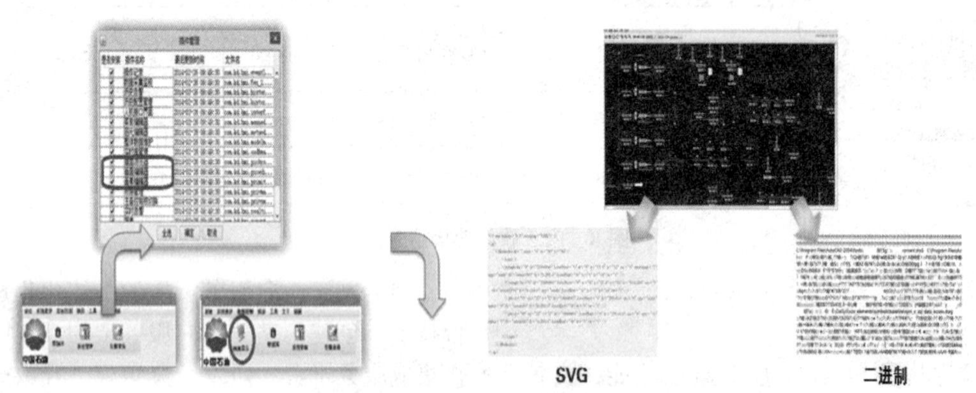

图 11　人机界面插件化集成与图形数据共享技术

(4) 基于分布式冗余架构的 SCADA 系统高可靠运行技术。创新性提出了基于应用的分布式冗余技术架构、多源多通道数据采集技术，形成新一代油气管道 SCADA 系统高可靠运行技术，系统可用率提升到 99.99%，超过中国石油在用国外同类产品平均可靠性 99.87%的水平。

3.4　第三方测试结果

为客观验证 PCS 系统的功能和性能，调控中心委托工业和信息化部计算机与微电子发展研究中心，分别在实验室和工业现场对 PCS 进行了第三方评测，最终通过测试。软件功能满足油气管道调控业务需求和 SCADA 软件需求。

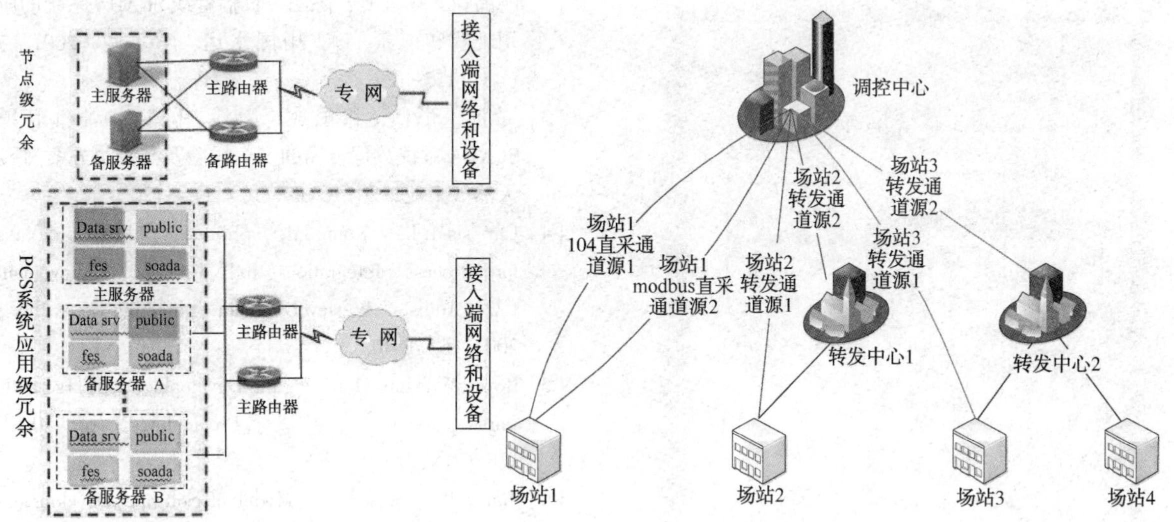

图 12 基于分布式冗余架构的 SCADA 系统高可靠运行技术

3.4.1 实验室测评结果

中国软件评测中心在实验室环境对 PCS 进行了技术鉴定测试，单服务器数据管理容量达140 万点，实时/历史库更新速度达 25 万点/秒，冗余服务器的平均切换时间小于 2 秒，PCS 满足需求定义的功能与性能要求，通过测试。

软件产品技术鉴定测试报告

CSTC

软件产品测试证书

通过

图 13 技术鉴定测试报告及软件产品测试证书

3.4.2 工业试验测试结果

按照工业试验测试与评价标准[13]，制定了现场测试方案及大纲。试验分为组态调试和运行监视两个阶段，验证软件基本功能、性能及特色功能[7]。

中国软件评测中心在工业试验下对 PCS 进行了技术鉴定测试，PCS 已达到当前油气调控中心所应用的国外 SCADA 系统软件水平，支持跨平台应用，单服务器管理 100 万点、每秒 20 万点实时数据更新，支持基于应用的一主多备冗余技术，具有更高的可靠性。按照工业试验评价度量方法，目前 PCS 软件在功能性、可靠性、可维护性、效率、易用性等质量特性方面均达到了 A 的评价等级，综合评价为优秀产品（最高等级），完全满足油气管道的调控需求。

4 结束语

本文回顾了北京油气调控中心在油气管道 SCADA 国产化 PCS 软件研发方面所做的工作，取得的最新的进展，以及目前的推广应用情况。第三方评测结果和试验系统运行情况表明：自主研发的国产化 PCS 软件，已达到完全替代国外软件的技术水平，并新增了部分国外软件不具备的实用功能。中俄东线标杆工程在 PCS 软件的

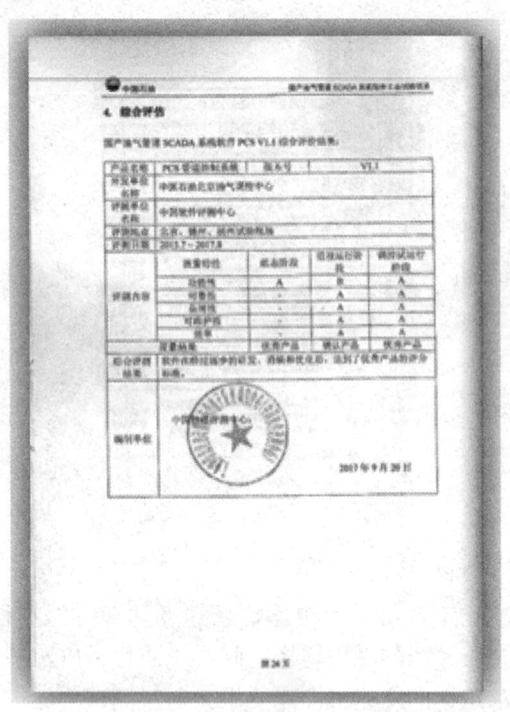

图 14　第三方测试与评价报告

成功应用验证了 PCS 管道控制系统核心技术全部自主可控，已形成中国石油在油气管道领域新的核心竞争力。下一步，我们将全面推进 PCS 软件在国家管网整合、新建工程和在役系统更新改造中的标准化应用。

随着 PCS 系统的全面推广应用，国外软件垄断格局必将被彻底打破，在役国外软件将逐步被替代。按照能源发展规划，我国未来还将持续加大油气管道建设投入力度，实现油气管道 SCADA 软件完全国产化，从根本上消除使用国外软件的安全隐患，提升国家能源安全。此外，能够有效降低油气管道建设、运营和维护成本，带来可观的经济效益。

参　考　文　献

[1] 陈曦，周峰，郝鑫，巩潇，林昕．我国 SCADA 系统发展现状、挑战与建议[J]．工业技术创新，2015，2(1)：103-114.

[2] 杨潞锋，杨进峰，陈明．长输管线 SCADA 系统的应用现状和前景[J]．中国水运：学术版，2007，7(4)：127-129.

[3] 黄河，张伟，祁国成，闫峰，陈鹏．油气管道 SCADA 系统数据传输的安全风险及其解决方案[J]．天然气工业，2013，33(11)：115-120.

[4] ChrissisM. B.，KonradM.，ShrumS.．CMMI Guidelines for Process Integration and Product Improvement [M]. Addison-Wesley Longman Publishing Co.，Inc.，2003，6：1040.

[5] Royce Winston. Managing the Development of Large Software Systems [C]. Proceedings of IEEE WESCON，1970.

[6] Barry Boehm. A Spiral Model of Software Development and Enhancement [C]. ACM SIGSOFT Software Engineering Notes，1986.

[7] 黄河，陈曦，祁国成，闫峰，周峰，林昕，等．油气管道 SCADA 软件工业试验测试评价方法[J]．天然气工业，2017，37(8)：80-86.

[8] 谢孝宏．浅谈长输管道 SCADA 软件的架构和性能[J]．自动化博览，2008，(9)：71-73.

[9] 祁国成，黄河，闫峰，孙頔，蒋国栋．基于设备的"图模库一体化"油气管道模型[J]．天然气工业，2014，34(10)：92-97.

[10] 黄河，陈鹏，咸玉龙，闫峰，孙铁良．基于 SCADA 系统的管道事故分析预警方法研究[J]．电子科学技术，2017，4(1)：29-42.

[11] 闫峰，高保成，祁国成，陈清山，温昭琦．油气管道 SCADA 系统数据回填技术[J]．天然气工业，2013，33(11)：98-103.

[12] 田洪波，姜波，武建宏．SCADA 系统在长输管道的应用和发展[J]．石油化工自动化，2008，4(10)：10-12.

[13] 中国石油天然气集团公司．油气管道 SCADA 系统软件第 6-2 部分：工业试验测试与评价：Q/SY BD93-2016[S]. 2016.

油田企业级勘探开发云平台研究与实践

刘佳昇　李养生　郭　赟　刘　斌　谢立冬

（中国石化江苏油田分公司）

摘　要　随着江苏油田信息化工作的深入开展，针对勘探开发专业应用研究的资源整合和共享应用提到了日事议程，为解决油田层面专业软硬件资源分散管理问题，满足全油田共享，我们开展了企业级云平台研究与实践工作。通过整合油田现有的勘探开发软硬件资源，并以信息中心为主站，研究院、物探院为分站的分布式架构，搭建江苏油田勘探开发云平台，以满足油田研究人员对勘探开发计算资源的需求。平台不但实现了勘探开发软硬件资源的自由调配和全局共享，还实现了用户数据集中保存，按需使用，有效保护油田的知识资产。

关键词　云技术；分布式；石油行业；数据管理

江苏油田信息化工作正在经历“从离散到集成、从局部到整体、从简单到深入”的高速发展，尤其随着EPBP（中国石化油田勘探开发业务协同平台的简称）及应用云系统的建成和发展，信息资源“集中集成，共建共享”的模式已开始改变油田信息化工作方式，云技术的“魔力”深入人心。

在建设勘探开发云平台之前，油田内的勘探开发专业软硬件资源分散部署，数据分散存放，没有实现全油田共享；资源使用效率和安全性有待进一步提高。随着油气勘探开发工作的不断深入，油气开发难度越来越大，迫切需要采用新技术、新方法开展多软件跨单位协同研究。因此，在油田层面统一建设云平台，从而实现油田企业级专业软硬件，发挥更好的经济效益。

1　现状与研究内容

1.1　现状分析

油田经过多年的信息化建设，形成了以信息中心、研究院和物探院为主的三个计算集群。其中，信息中心计算集群提供的服务大多是油田级别的各个专业应用，而研究院、物探院的计算集群主要为各自内部的研究人员提供勘探开发的计算环境。

随着油田持续引入各种针对勘探开发业务的IT新技术，油气勘探开发的计算环境变得越来越复杂，各种异构计算平台、各种应用和数据在各个集群的多种平台上运行，使得各单位在基础设施、软硬件设备、运维和管理上都耗资巨大，如何合理、高效的部署并使用这些资源，这是摆在我们面前的挑战。

基于以上情况，总结油田勘探开发软硬件资源的管理存在以下几点不足：

（1）研究资源分别购置，造成在软件、硬件上的重复投资；

（2）研究资源的分配不均衡，大多数应用软件和优质计算资源都部署在两院。采油厂专业软件较少，并且计算资源老旧；

（3）勘探开发软件部署环境不统一，提高运维和管理上的各项成本；

（4）研究数据分散存放，有的在数据库存放，有的存放在个人手里，不利于形成有效的油田资产。

1.2　研究内容

（1）构建一套油田层面的勘探开发云平台，整合现有的勘探开发软硬件资源，实现资源的统一购置、统一调配、全油田共享。

（2）集中存放油田研究单位在工作中产生的数据，实现油田知识资产的有效保护。

1.3　研究思路

（1）构建江苏油田云平台基础架构

江苏油田云平台硬件架构分为3层，分别为计算资源层、网络资源层和存储资源层。系统采用分布式部署，服务器就近使用存储资源，避免了大量数据的跨区域调用，这样，既解决了存储远程调用的可能延迟，同时降低了对网络带宽的需求。计算层沿用研究院和物探院现有计算资源，计算资源根据应用使用情况适时调整。

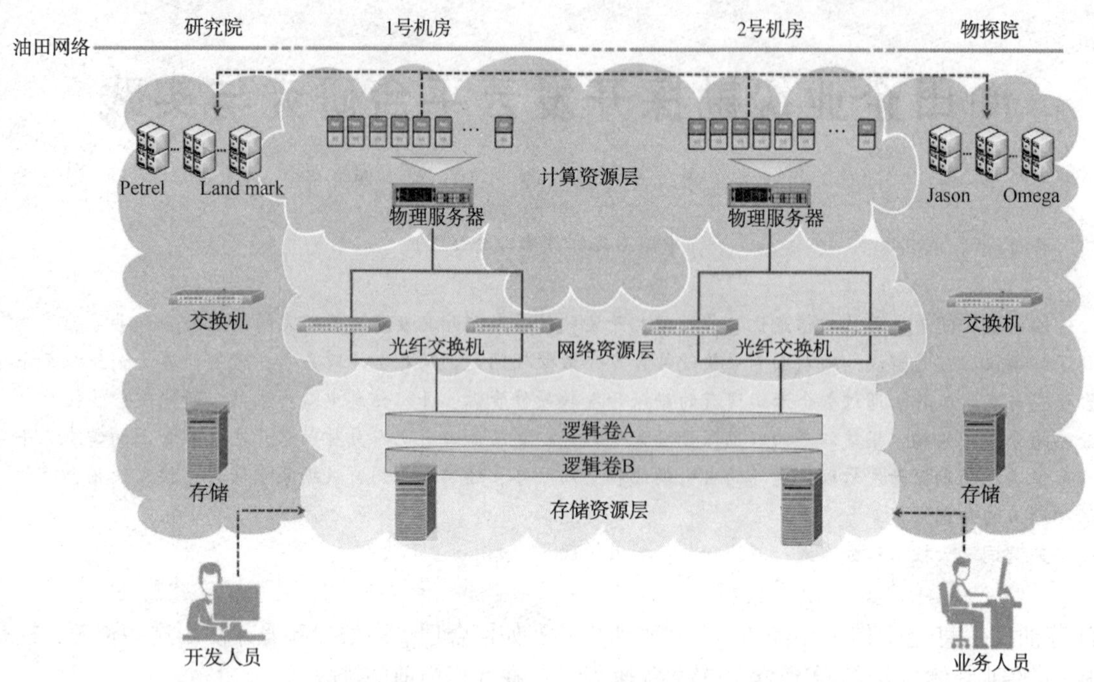

图1　勘探开发云平台硬件架构图

云平台系统架构内容包括系统管理模块、应用发布模块、资产管理模块、数据管理模块、运维管理模块、日志管理模块等内容。

云平台面向管理员用户和油田各单位研究人员提供包括用户管理、权限管理、负载均衡策略、应用申请和审批、用户个性化定制、应用管理、远程可视化、多人协同、云端绘图等子模块等功能。

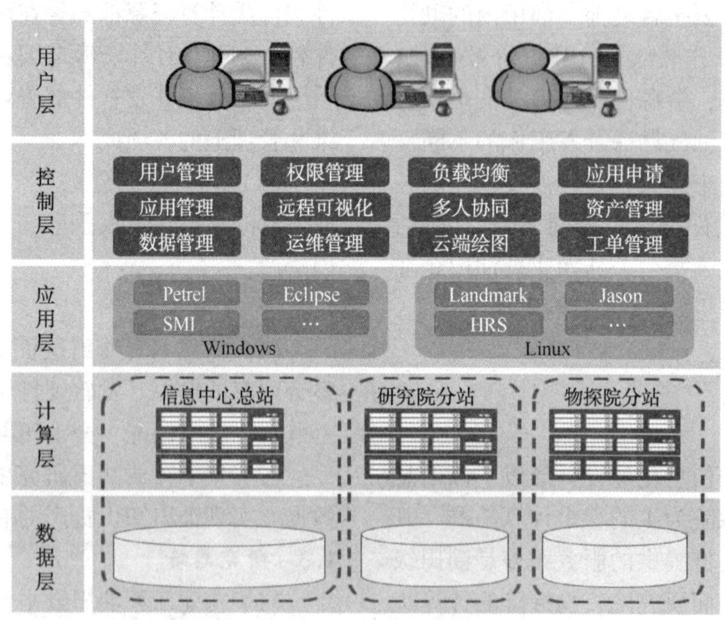

图2　勘探开发云平台系统架构图

建设完成后，形成面向全油田的稳定可靠、技术先进且自主可控的江苏油田云资源管理和服务平台。

（2）提供远程图形可视化功能

云平台提供满足油田勘探、开发、工程等业务的专业应用软件使用需求的远程图形三维可视化软件。确保各类专业应用软件通过云平台可实现低带宽网络环境下的远程三维可视化应用。

（3）地质综合解释系统架构升级

整合江苏油田勘探开发研究院和物探研究院

现有研究系统，并对原地质综合解释系统进行整合，为油田勘探开发专业用户提供高性能服务。实现 GPU 资源共享，支撑连片工区或三维数据体多用户协同解释等业务；实现 CPU 资源共享，支撑油田其他业务。

(4) 软件集成及数据迁移

构建统一软件部署和数据存储环境，实现研究资源的统一管理、发布云端共享使用。

云平台根据客户要求集成勘探、开发、工程业务专业应用软件，同时开展数据迁移。

2　江苏油田勘探开发云平台建设

2.1　平台登陆管理

云平台调用中石化用户管理功能/接口，与中石化的 AD 域结合进行认证，采用统一的 AD 域用户、统一身份进行授权。

用户登录云平台后，就可以使用云平台的已授权资源。

软件用户认证是平台的重要功能之一，也是应用整合的基础条件之一。用户通过认证登陆平台后，其将能访问平台权限内的各种软硬件资源，而无须重复登陆各独立系统。整个过程，对于用户来讲只需要在平台登录一次，其他的认证操作都是在程序后台自动完成的。

通过集中证书管理、集中账户管理、集中授权管理、集中认证管理和集中审计管理等应用模块实现用户账户统一、系统资源整合、应用数据共享和全面集中管控的目标。

统一认证是在用户访问平台时，其输入的用户名密码由平台中的统一认证模块进行验证。验证通过之后即可与平台权限管理功能关联，确定哪些资源该用户可以访问、可以进行何种方式的访问操作等问题。使平台中各系统拥有统一的权限设置，避免多系统权限不同造成的数据不一致或出现安全隐患。

统一认证资源管理权限框架如图所示：

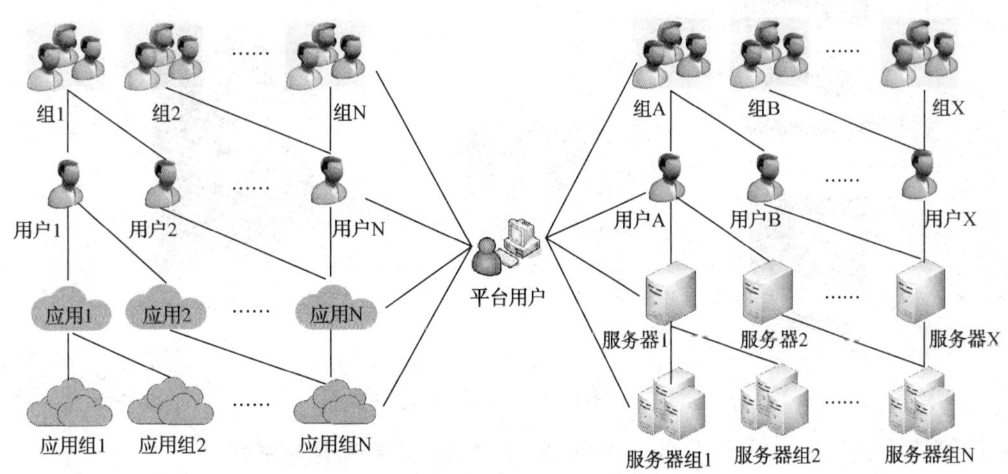

图 3　资源授权框架

2.2　用户及权限管理

2.2.1　用户管理模块

(1) 定义企业中的各级组织机构

云平台可以对组织机构信息进行录入，保证平台用户管理方式与企业实际管理模式一致。

在部门信息录入完成后，可以进行用户信息的录入。用户可以手动或批量的加入到某一组织中，如领导小组、审定小组、业务协调小组、系统结构组、网络支持组、软件应用组、数据迁移组等，同时可以将用户的角色根据实际职务名称进行设置，不同的角色对应着不同的管理操作权限。

(2) 录入用户详细信息，包括用户名、姓名、联系方式等。

管理员可将用户的详细信息录入云平台，包括用户名、姓名、联系方式、邮箱、职位等信息，与企业对人员的管理信息保持同步。

2.2.2　权限管理

权限管理是对用户、角色、群组和权限的管理。权限是云平台中对用户访问和操作控制的最小单位，包括对访问链接、界面元素显示和界面控件操作的控制。角色是权限的合集，群组是用户的集合。用户是识别访问者身份的最小单位，用户可拥有多个角色，其权限是多个角色所包含的所有权限。

对于权限管理的安全性也做了周密考虑。把

传输的所有数据进行加密，同时数据经过压缩，大大地加快了传输的速度。操作人的操作信息需要提供操作记录。对系统的异常信息需进行记录，以备以后查看。只有授权用户才能登录系统，对于某个操作需要具有相应权限才能进行操作。

2.3 应用发布

2.3.1 应用管理

云平台将江苏油田现有的处理、解释等多学科软件进行跨学科、跨地域集成，将研究院和物探院的软件、服务器硬件资源建立统一的软件应用环境，进行统一发布，打破传统的单一软件运行模式，便于不同学科、不同软件、不同地域间的交叉调用。

2.3.2 远程三维可视化

云平台支持多种远程可视化应用方案，针对现有的GeoFrame、Jason、LandMark、Petrel、SMI等软件需求，平台集成DCV、Horizon等三维可视化方案。

（1）DCV可视化方案

部署在Linux系统服务器的勘探开发软件使用DCV实现远程三维可视化。

针对用户多地同时工作的需求，DCV可共享云桌面，实现多人异地的协同工作。

用户通过平台的多人协同功能，可将本人所用的云桌面共享给多个用户。从而使多个用户通过平台调用同一个云桌面，多人同步调显软件、数据以及展示汇报系统等内容。并且所有用户都对共享的云桌面有操作权限(需彼此协商操作顺序)。通过多人共享桌面，可实现异地多人的协同交互工作以及问题处理。

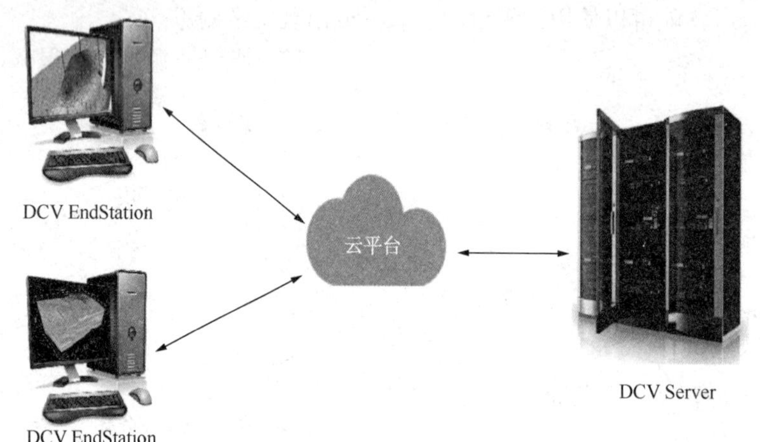

图4 DCV工作模式

DCV能够使一台配有显卡的服务器上的所有用户共享显卡资源，并且不同用户占用资源的比例可根据应用强度进行动态调整。既可满足用户使用效果，又能提高图卡等资源的利用率。

（2）Horizon可视化方案

上线的Petrel软件windows系统虚拟机服务器使用Horizon实现远程三维可视化。对于windows软件需求，通过ESXI创建虚拟机的方式，实现一台物理机资源多人共享。

如下所示VMware Horizon架构图：

2.3.3 云端绘图

在江苏油田地质研究过程中，形成大量矢量图，产生较多的打印任务，平台接管矢量图打印日志记录，记录打印作业正在进行的任务和打印历史，方便打印任务管理。

2.4 应用申请和审批

审批管理主要处理用户的申请请求，跟踪请求的状态，保证流程透明化可视化，另外在审批管理中普通用户可催办该请求提醒领导进行审批。平台上流程化处理的各个环节均有短信提醒功能，并可灵活配置，且为江苏油田移动办公平台提供审批处理接口。

当平台收到用户资源申请请求时，能够在云平台通知栏中进行显示，该审批先交由审定小组进行审批，审批通过后交由领导小组审批，当申请完全通过时，通知业务协调小组可对该申请进行调整，如用户要求的资源过高或使用时间过长，可以调整用户的申请需求；在审批通过后发送给调度系统，完成用户资源的创建与配置；每次完成审批留存电子版审批报告，用于信息存档。

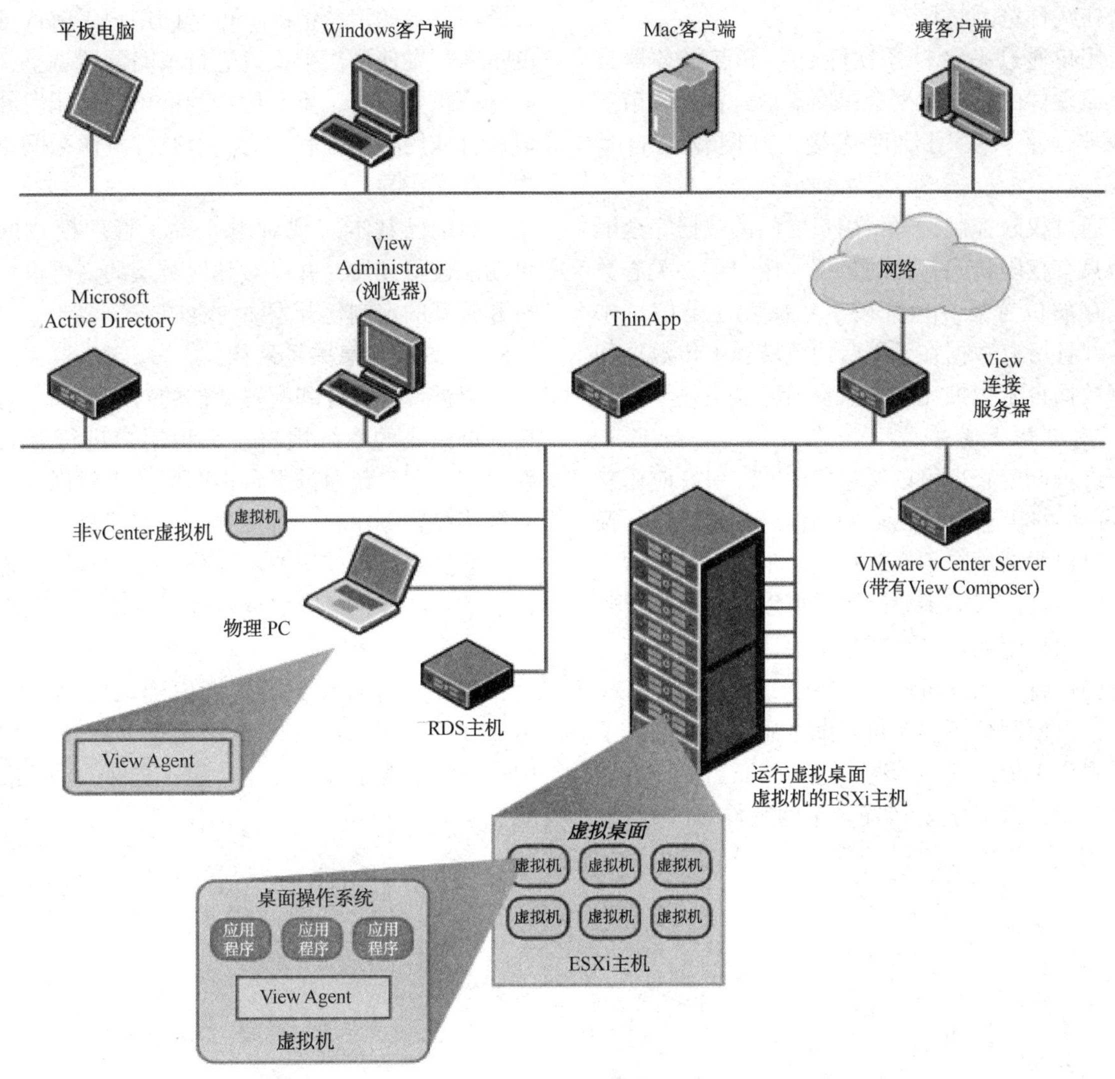

图 5　Horizon 整体架构

2.5　负载均衡

随着云平台业务的扩展，用户会产生大量并发的需求，如果这些单用户面对还是固定的软硬件资源，会造成资源分配不均等现象。如何将有限的计算资源充分利用，使硬件利用率提高，但同时又不会因可能出现的大并发量给系统造成压力而降低系统性能，是平台设计中的一个考虑重点。

负载均衡的实现，综合了评估资源池内所有服务器的 CPU 使用率、内存使用率、显存使用率和云桌面连接数，根据软件资源使用特点设置优先级，将资源最优的服务器分配给用户，从而达到平衡资源使用率的目标。

负载均衡对于各项指标参数判断的准确性非常重要。基于平台基础架构的监控系统抓取 CPU、内存、GPU 等几十项指标，可从中选择与负载均衡相关的参数来计算资源的负载。

2.6　资产管理

平台将高性能工作站和服务器集群系统加入到云平台中实现资源融合重组、动态分配，实现资源的合理分配，重复利用。云平台对资产的使用进行多维度的详细统计，可为公司未来资源升级和扩容提供基础参考数据。

2.7　数据管理

数据管理功能具备文档分类配置、统计管理、存储保管、检索利用功能，并提供安全保障的规划、设计、部署、运行、维护和管理，可根据客户需求灵活进行功能调整。

个人数据管理的文件管理功能，实现用户对个人数据文件的各类操作。

管理员通过软件授权为用户分配软件存储，用户对自己存储中的数据有完全控制权限，可以上传、下载、删除、共享文件、移动、复制等操作，office 文件、txt 文件和各种格式的图片文件支持在线预览。

用户通过平台打开软件启动节点服务器桌面，该软件的存储数据会以网盘形式挂载到节点服务器，平台关闭软件连接，该网盘会自动卸载。

通过权限控制，每位用户之间的数据完全隔离，只有权限访问自己的数据。用户不必关心数据是存放位置是在研究院、物探院还是信息中心，并且所有数据在云平台内流转：上传数据和共享数据自主把控，减少数据泄漏风险。

2.8 许可证管理

许可调度管理可以通过集中监控所有应用软件 server 的状态和 license 到期信息，及时进行预警；可以判断用户不在进行设计工作时，将许可证及时释放出来而不要闲置；可以保证某些重要用户、用户组的许可证使用，保证只有授权用户方可使用特定的许可证。

许可使用分析功能可帮助企业完整详细的了解昂贵许可证的使用情况，进而判断需要新增的许可数量，以科学规划好未来的软件采购数量；可提高软件许可证的利用率，避免员工占用许可证资源导致的浪费情况；可帮助用户了解许可证的策略配置使用次数，以进行策略配置调整，有限保证重要业务、重要用户的许可证使用；并形成软件使用分析报表，为企业软件资源采购决策提供数据指导。

目前已基本实现对用 flexnet 管理模式的许可功能进行开发，并可对其他类型的许可进行监控和管理的定制化开发。

2.8.1 许可信息关系架构

根据许可文件和配置文件的对应关系，将使用许可模块的系统用户与平台用户进行有效映射，实现用户仅通过平台，即可实现对许可文件的策略设置操作和许可资源的动态回收。

通过对许可使用信息的分析，对许可配置文件的信息统计，可以实现对许可使用信息的统计以及分析。

软件许可管理，需要考虑到软件名称、版本、许可模式、许可服务器信息，在这些信息中，同时包含了许可程序、配置文件、许可文件等元素。

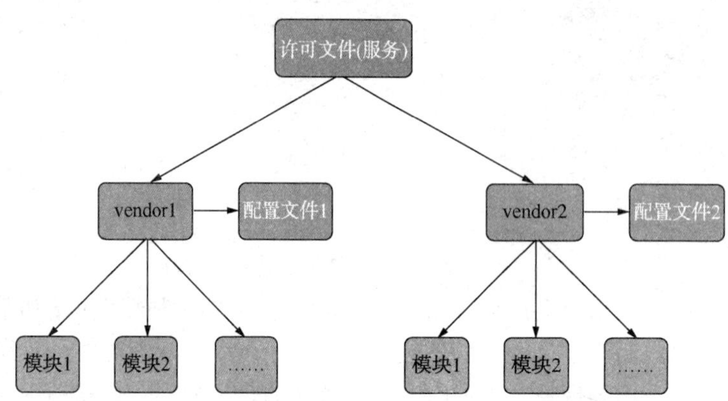

图 6　软件许可与配置文件关系对应图

2.8.2 许可服务状态监控管理

通过平台对许可文件中到期日期的采集记录，以及对许可模块实时使用情况的监控，可实现平台对许可服务状态的显示以及许可文件到期时的在线提醒功能。

许可服务分为服务状态和非服务状态，分别有相应颜色进行标注，当许可服务处于非服务状态时，会在平台界面中进行状态颜色显示，为用户进行提醒；

许可的使用状态以实际占用许可的数量与许可文件授权数量的百分比大小进行不同颜色的标注。

2.8.3 许可使用信息监控

软件许可的信息，包括油田托管在云平台上的 LandMark 软件版本、平台软件授权用户数、软件许可服务器名称、软件许可授权截止时间，软件许可的使用情况用颜色区分状态。

2.8.4 许可调度管理

能够让用户通过平台的模块化设置，即可实现对许可服务器中对应路径的配置文件的修改，能够对指定用户、用户组的许可证进行借阅、预留等策略配置，可以实现只有授权用户方可使用特定的许可证的策略配置。

2.8.5 许可证动态回收

平台会根据用户端通过 DCV 与计算节点服务器之间单个会话的流量交互情况以及 CPU 使用情况，综合判断用户的工作状态，判断资源是否需要释放的操作。在确定用户一段时间内处于空闲状态并达到预先设置好的关闭条件后，会执行释放脚本，释放所占用的系统资源和许可资源。

2.9 运维管理

2.9.1 系统监控和预警

在平台使用的过程中，由于大量计算节点服务器的接入，为管理员进行运营管控工作带来了较大压力。为了让平台运维工作更加方便、简捷、高效，让管理人员及时了解各项统计信息，云平台集成了一套监控体系，使其具备错误报警、性能调优、问题追踪和自动生成监控报表的功能。

2.9.2 平台运维

（1）资源池闲置资源自动回收

闲置资源回收：用户使用平台工作时，通常会占用大量软件和计算资源，如果该用户长时间未使用处于闲置状态，会造成资源浪费。平台通过对用户工作情况的监控和分析，并根据策略配置，判断用户所占资源是否达到可回收条件，如果达到资源回收条件时则自动释放所占资源。

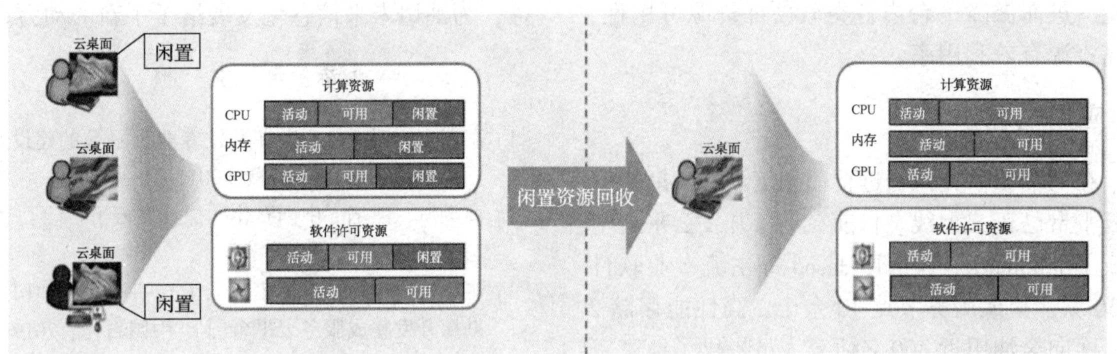

图 7　闲置资源回收示意图

（2）反馈和问题流转

在计算节点服务器长时间运行中，随着用户增多，由于误操作等因素，服务器初始的运行环境经常会被改变，影响平台的正常运行。

当平台监测到异常故障情况，会直接反馈给管理员用户，报警信息包括：节点连接中断、节点网络超负荷、节点 CPU 过载、节点内存占用过载、节点 GPU 过载、节点磁盘使用超限、软件环境损坏、平台自检故障等异常，平台结合江苏油田现有的短信服务系统，通过系统配置，为指定的联系人发送短信通知。

2.9.3 运维报表

运维监控报表提供生产状况查询、分析和管理经营决策的重要依据。运维监控报表根据监控内容分为连接管理、硬件监控、软件监控、用户监控、硬件资源、软件使用、用户作业信息。

此外云平台对集成的服务器、数据库和中间件进行日志审核，提供用户访问日志统计查询功能，记录每个用户的访问时间、IP 地址、角色权限等，日志保存时间 6 个月以上。

2.10 日志管理

日志管理功能详实记录平台中各子功能的变动，平台相关硬件设备的监控信息，平台中添加的各应用软件的运行日志故障告警等，日志管理能够为管理员提供平台运行维护的相关信息，帮助管理员快速定位故障点。

3 创新点

3.1 实现应用许可的智能化调度以及实时监控

通过许可服务器中对应路径的配置文件的修改，能够对指定用户、用户组的许可证进行借阅、预留等策略配置，可以实现只有授权用户方可使用特定的许可证的策略配置。

3.2 在线问题反馈，实时监控问题处理状态

通过平台用户在使用云平台系统时，遇到相应的平台问题，例如：软件问题、硬件问题。从而可以以工单形式进行在线反馈，对应的管理员会将解决方法描述在该工单中。从而作为资料库，便于问题查找。

3.3 多用户协同工作，实现数据资源共享

用户在进行业务研究工作时，可以将本人研

究内容分享给其它用户进行多用户协同工作。从而便于业务研究用户的互相讨论。

3.4 整合多种软件的数据管理

用户一般会使用多种软件，且运行的系统不一，因此云平台的数据管理，整合了用户对于不同软件的所有数据，从而进行统一管理，实现了用户计算节点与存储节点的分离。

数据管理中，用户可以将自己的数据文件共享给其它用户。

3.5 创新实现资源自助运维，实现智能化管理

平台通过对业务研究人员工作桌面的CPU以及桌面流量的活动情况进行综合判断研究人员是否在使用软件，从而实现自动释放闲置资源的功能，进而保障平台内各类软硬件资源可用性，提高资源有效利用率。

4 应用情况

在对油田研究人员进行使用培训后，勘探开发云平台已正式上线。目前在勘探开发云平台上集成了landmark、Petrel、Jason等主流专业软件近30款，集成服务节点40余个，高性能存储2套，面向全油田近400名研究人员提供了地震资料解释以及地质综合研究服务。在软硬件资源使用情况上，已为全油田授权软件使用权限近1000人次，目前使用用户在线时长人均每日近2小时，满足油田日常生产需要。

5 总结

江苏油田云平台作为勘探开发软硬件信息资源整合的管理和服务平台，是油田信息资源整合的有效抓手，并提供专业软件集成服务以及良好的用户体验。此次不仅建立了江苏油田勘探开发软硬件资源共建共享的云服务体系，更搭建起一套高可用、可扩展的云架构。最重要的是构建了资源共享、自主调配、统一管理的勘探开发软硬件管理模式，为油田未来科研工作提供了有力支撑，为油田未来信息化发展给予了新的动力。

参考文献

[1] 李养生，谢立冬．勘探开发专业云平台的建设及应用效果[J]．复杂油气藏，2017(10-4)．

[2] 商渤海，熊焰．中国石化勘探开发云平台[J]．石油与天然气地质，2019(6)．

[3] 惠心怡，牟菁．系统集成云上行——胜利油田建成勘探开发集成服务云平台[J]．中国石化，2019(5)．

[4] 单延明．勘探开发专业软件云部署与应用[J]．信息系统工程，2016(1)．

企业级智能安全运营中心设计与应用

冯 卉

(中化信息技术有限公司)

摘 要 国家信息化水平的提升及不断变化的国际国内形势为企业网络安全提出了全新的要求。建设企业级安全运营中心，能够全面掌控企业网络安全态势，提升网络安全防护能力。分析了企业面临的网络安全现状，并结合市面常见的安全产品，从数据的角度对安全运营中心进行解析，并给出数据集间的关联规则。提出了一种企业级智能安全运营中心架构，该架构针对企业难以存储及分析海量多维度安全数据的情况，提出运用无监督学习方法对安全数据进行信息压缩，并在此基础上运用趋势预测等算法进一步对压缩数据进行分析，实现安全运营中心全面化、实时化、动态化的要求。给出了该架构的应用场景，为企业实际建设智能化安全运营中心提供参考。

关键词 安全运营中心；安全态势感知；数据分析；无监督学习；人工智能

近年来，随着国内外网络安全事件的不断曝光，企业的网络安全建设正面临着前所未有的巨大挑战。《中华人民共和国网络安全法》、《信息安全技术网络安全等级保护基本要求》等一系列政策法规的提出，对企业网络安全建设提出了更高层次的要求，促使企业网络安全发展向着规范化、整体化、实时监控、主动防御的方向发展。安全运营中心(SOC，Security Operations Center)的出现，为企业的网络安全整体建设提供了解决方案。当前国内许多互联网及安全厂商开始提供安全运营中心相关服务，根据企业规模和需要，可选择从平台到模块、从技术咨询到人员支持的不同范畴、不同级别的服务，为企业安全防护提供了更多手段。

为应对不断升级的攻击手段，一些大型企业自建企业级的安全运营中心，通过收集分析来自网络设备、服务器及安全产品的海量数据，对企业安全态势进行整体性的理解和把控。Mina Khalili[1]等提出一种由活动监控、分析评估和场景模拟三个模块组成的SOC架构模型，并指出中小型企业可通过购买第三方提供的SOC安全服务来加强自身安全防御能力。GAO Wei[2]等在WPDRRC的基础上，提出了基于组织结构、技术体系及管理过程三要素的WPDRRI模型。针对不同的企业类型，各类SOC架构的提出为企业自建安全运营中心提供了技术参考。

1 企业网络安全现状分析

为加快信息化建设，企业网络规模不断扩大，企业网络安全防护能力的不足也日益突显。部分企业使用的网络建成时间长，网络设备老旧。且在网络建设初期在网络整体架构及安全层面没有完整全面的规划，互联网出口多，设备的安全策略配置不统一，无法达到协同防护的作用。受限于企业网络的实际使用情况和资金支持，在较短时间内一般企业也难以对网络整体进行大规模的升级与整改。因此在网络建设早期，许多企业通过部署安全产品提升网络防护能力，快速达到安全防护“从无到有”的转换。

然而网络安全长期全面规划的角度来看，安全产品如WAF、IDS等受到部署位置和产品性能的限制，无法进行全局性的安全态势分析。且大多基于预设规则对安全事件进行判断与响应，往往对于安全事件的识别率较低。不同厂家的安全产品间协同能力也相对较弱，数据难以整合，无法为安全人员提供动态、持续的安全分析。因此，部分企业急需优化网络安全策略和整体部署架构，摒弃安全产品“以量取胜”的思路，建立全局性、动态化、实时响应的企业网络安全整体态势分析平台。

2 企业级安全运营中心设计

2.1 企业安全数据分析

安全应用中心的主要特点之一为数据集中化，从数据分类及数据流向的角度分析对其进行分析，对于理清SOC架构有着重要作用。企业内部网络的安全数据类别相对单一，总体来说，从网络设备及安全产品等采集到的安全相关数据大致可划分为元数据与分析数据两类。其中元数据是网络设备自身属性及设备间交互等行为产生的原始数据，主要包含资产数据集 A，流量数据集 F，漏洞数据 L 等。其中元数据全集 W 为所有元数据集自然连接的总数据集，包含企业网络安全的数据全部信息。分析数据为安全设备依据一定规则对元数据进行加工产生的信息，主要包含日志数据集 D，告警信息数据集 E 等。

设安全策略集为 P，以上述数据集为例，根据各数据集所包含的属性，数据集间的关系代数式如下。

$$D = A \bowtie F \bowtie \cdots \quad (1)$$

$$E = \{t \mid t \in (A \bowtie F \bowtie L \bowtie \cdots) \Lambda F(t) \in P\} \quad (2)$$

$$W = A \bowtie F \bowtie L \bowtie \cdots \quad (3)$$

通过数据集间的相互关联，可以看出不同分析数据集所包含的信息种类及信息量。在进行安全态势分析的过程中，根据上述规则能够选择适当的分析数据作为威胁识别、安全事件定性等评估过程的依据，避免决策过程出现数据缺失、冗余的情况，影响安全事件分析的准确率。

2.2 智能 SOC 数据分析模块设计

企业建设安全运营中心的出发点是通过统一管理安全设备，进而综合分析企业安全态势。然而各类网络设备及安全产品中存储的海量数据，其存储格式、维度、等均不相同，为企业实际进行数据存储和分析带来了极大的困难。

传统的基于规则的分析方法主要依靠经验和人为筛选，识别率很低。学习方法能够在一定程度上弥补基于规则的方法在复杂度上的限制，有效提高异常行为的识别准确率。但由于存储能力的限制，许多企业对于安全相关的历史数据留存数量不足。另一方面，虽然一些企业网站每日总访问量可达百万级，但这些数据绝大多数为正常访问行为，异常行为的正样本不足，且数据标注需要耗费大量资源。这些都为监督学习方法在企业级 SOC 数据分析中的实际应用带来了困难。

在 SOC 数据分析模块引入无监督学习方法可在一定程度上消除上述问题。无监督学习方法作为机器学习中的一类常用算法，能够在缺乏先验知识的情况下对数据进行信息压缩。如 PCA 算法将原始数据变换为一组线性无关的表示，从而提取出高维向量的主成分，在保留信息不大量丢失的同时对数据进行降维。通过无监督学习方法，能够从企业安全数据全集中提取出元数据特征向量，并在对存储数据进行筛选后使用监督学习算法、过滤规则等方式进行后续分析工作。在基于无监督学习的智能 SOC 数据分析模型如下。

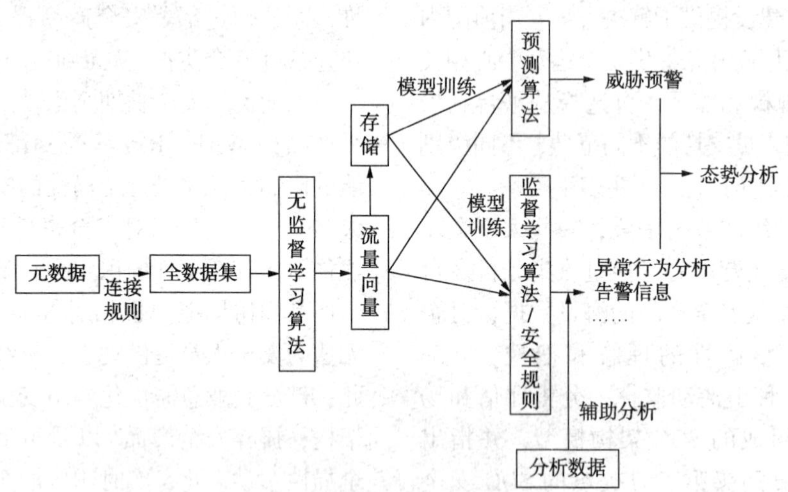

图 1　智能 SOC 数据分析模型

根据 2.1 节中的数据集连接规则，元数据自然连接产生的全数据集作为智能数据分析模块的输入。图中流量向量为全数据经过无监督学习算法压缩后形成的特征向量集。通过在该集合进行训练和测试得到的预测模型和分类识别模型分别用于输出行为预测、异常检测、风险识别等安全评估信息。将这些信息进行汇总整理，即得到企业整体安全态势。该模型能够最大程度保留历史安全数据信息，并结合上述模型输出与安全产品的分析数据共同对安全事件的性质、影响等进行决策。

3　企业级智能安全运营中心应用

根据 P2DR 网络安全体系，安全运营中心以安全策略为核心，具备检测、响应、防护环节的相应功能。应用上述体系，结合市面常见的网络设备类型及企业实际安全产品配置情况，给出企业级智能 SOC 架构应用如下。

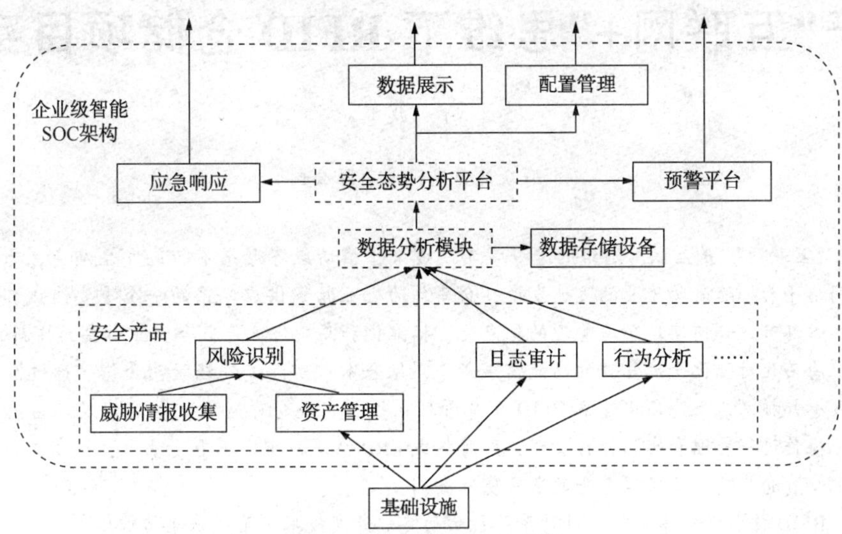

图 2　企业级智能 SOC 架构

在上述架构中，基础设施提供网络流量、资产属性等元数据，作为 WAF、IDS、流量回溯系统等安全产品的数据输入，这类产品应用规则对元数据进行整合和筛选，输出分析数据。元数据与分析数据共同作为数据分析模块的输入。

数据分析模块为运营中心的核心，主要承担全部安全数据的整合、处理和评估工作。依据 2.2 节提出的智能分析模型，该模块首先对元数据整合成的全数据集进行信息压缩，并将压缩信息存入数据存储设备，作为后续预测模型和识别模型的训练和测试数据集。训练好的预测和识别模型作为预警平台、应急响应平台和态势分析平台的核心算法。通过设置预警平台、应急响应平台和态势分析平台，能够提升企业网络安全的前瞻性、主动性和全面性。

在 SOC 平台输出层，应急响应模块以趋势预测的结果为基础，依据企业安全策略，对安全事件进行分析预测，达到实时分析、主动防御的效果。数据展示模块主要提供企业整体安全态势的可视化界面。此外，企业级智能 SOC 还对安全运维人员提供网络及安全产品的统一配置管理接口，达到降低安全运维复杂度、全面管理企业网络安全配置的目的，提升企业网络整体的协同防护能力。

4　总结

企业通过构建安全运营中心对内部网络进行数据集中，并应用数据分析模型对安全事件进行评估，进而掌握整体安全态势，达到比安全设备堆叠更好的企业网络安全防御效果。根据企业网络安全数据集划分和关联，结合企业网络安全建设的实际情况，设计了通过无监督学习与预测算法结合的智能数据分析模型，从而减轻海量数据分析存储过程中的困难，保留关键安全数据信息。以该模型为核心给出了企业安全运营中心建设应用，该架构给出了企业级安全应用中心的建设层次及数据流向，能够提供全面、实时、动态的企业网络安全态势分析。

参　考　文　献

[1] Khalili M, Zhang M, Borbor D, et al. Monitoring and Improving Managed Security Services inside a Security Operation Center [J]. Security and Safety, 2019, 5 (18): 157413.

[2] Wei G, Hao X U, Yu-Wen N, et al. Research on Campus Network Security Operation Center Based on Security Situational Awareness Platform——Taking the Fourth Military Medical University as an Example [J]. computer technology and development, 2018.

[3] 赵彬，王亚弟，徐宁，等．网络安全运营中心关键技术研究[J]. 计算机工程与设计，2009(09)：43-46+96.

[4] 王治华．安全运营中心及其在调度中心二次系统中的应用[J]. 电力系统自动化，2007(22)：116-119.

[5] H. B. Barlow. Unsupervised Learning[J]. Neural Computation, 2014, 1(3): 295-311.

[6] 卢光明．企业安全运营中心将是支撑未来企业的核心[J]. 网络空间安全，2018.

基于“互联网+”思维下RFID仓储项目实践

高　波

（上海众达信息产业有限公司）

摘　要　“互联网+”是互联网思维的进一步实践成果，推动经济形态不断地发生演变，为改革、创新提供广阔的网络平台。随着物流业的飞速发展，仓库作为企业物资供应体系的一个重要组成部分，是物资周转储备的核心环节。如何实现仓库管理的信息化、标准化和高效化，是当今企业所要面临新的研究课题。

本文从上海石化对强化仓库管理的功能需求着手，结合本人实际工作经验，介绍了通过应用无线射频识别等物联网感知技术为上海石化建立RFID仓库管理系统，实现仓库网络化管理以及库存流转信息的高度共享，强化操作过程管理和实物库存管理，同时集成ERP系统减少数据重复录入，提高工作效率，进而提升上海石化物资仓库精细化管理水平的项目实践案例。

关键词　RFID技术；仓库管理；ERP系统；移动终端开发技术；无线采集传输

引言

随着我国经济的发展，市场对供应链反应时间要求更为严格，企业需要更加贴近市场。由于供应链的再造和缩短，许多原来由生产企业完成的环节，开始转向仓库，这些因素都促成了仓库存储逐渐由静态向动态方向发展，仓库越来越成为货物的流转中心。尽管仓库在物流中的重要性日益增强，仓储需求也在不断增大，但同时市场竞争也在迅速加剧，传统的仓储管理模式已不适应现代市场经济发展。为了更好的适应市场环境，满足客户需求并兼顾成本的情况下，利用先进的RFID（Radio Frequency Identification，无线射频识别技术[1]）能有效地促进仓储管理的现代化发展。

1　上海石化RFID仓库管理系统项目背景

上海石化物资采购中心（以下简称“物资采购中心”）主要担负了上海石化股份有限公司的生产经营和工程建设所需物资及进口物资（除原油外）的采购和供应业务。目前年库存储备资金达XX亿元，下属仓库贮存物资有40个大类1万多项物资，主要分布于总库，各化工分仓以及危险化学品仓库。其中总库主要贮存钢材、有色金属、建材、橡塑制品、设备、电缆、通用管件、电气仪表以及各生产装置专用备品备件，库房面积3万多平米，堆场面积5万多平米；危险化学品仓库主要储存易燃液体、氧化剂、腐蚀品、可燃气体、有毒品、其他类润滑油等5个大类近90种危险化学品；化工仓库主要贮存化工三剂。

随着信息技术的应用普及，当前上海石化已应用ERP系统对仓库管理中的物资收发凭证进行单据管理，取得了一些成果，但对于仓库管理的各个流程环节缺乏一套完整的信息化手段，仍然不能满足现物资管理需求并兼顾成本的现代仓储管理发展要求，主要表现在：

1）未能实现仓储货物的实时跟踪。企业已经上线ERP系统，但该系统侧重于物资入库出库的计划管理和过账结果管理，无法实时掌握物资实物的进出仓库的实时情况，不便于进行物资实物进出仓库的过程管控管理和过程追溯；

2）无法实现库存信息的高度共享。由于物资实物的收发操作先于ERP系统单据的过账操作，导致ERP系统存储的是物资账面库存，不能实时体现仓库现场物资的实物库存；

3）作业效率低。仓库现场的保管员主要采用原始手工单据的方式对收发情况进行管理，仓库收发单据需从各仓库流转至账务员手中，再通过手工在ERP进行过账单据，造成在仓库管理过程中，工作效率低下，规范性操作控制困难，数据统计和记录工作繁杂，易出错等问题；

4）线下收发货不能统计：仓库在日常对线下收发货使用原始手工登记的方式，由于ERP系统没有线下的收发货统计的功能，不能真实反映出线下收发货的情况。

为了解决企业在仓库管理中以上的不足，上海石化 RFID 仓库管理项目由此应运而生。通过建立上海石化 RFID 仓库管理系统，探索 RFID 技术在上海石化仓储管理中的应用实践，将提升上海石化物资仓库管理的信息化水平，进而促进实现上海石化物资仓库的精细化管理。高效合理的仓储可以帮助企业加快物资流动的速度，降低成本，保障生产的顺利进行，并可以实现对资源有效控制和管理。

该项目由上海石化发展与科技部、IT 服务中心和物资采购中心联合组织，项目由信息部牵头，上海众达信息产业有限公司负责项目研发实施，信息部与物资供应公司共同参与实施。笔者作为众达公司研发团队的负责人，全程参与项目的需求调研，系统设计开发和项目上线实施全过程。

2 上海石化 RFID 仓库管理系统的设计与实现

2.1 系统建设目标

本项目拟以整体规划、分步实施的原则，充分利用现有信息资源构建上海石化 RFID 仓库管理系统。应用 WEBSERVICE、ERP 接口和 RFID 等技术，通过一年左右时间，建设上海石化 RFID 仓库管理系统，有利于促使上海石化完善基础管理、规范业务流程，提升物资仓库管理的整体水平，极大的提高工作效率。系统建成后，预期达到如下目标：

1）以 ERP 系统为核心和数据源，同时整合现有仓储相关业务，使仓储实际业务在 RFID 仓库管理系统操作层面形成闭环；

2）有效区分物资的账面库存与实物库存，有效管理票、物时间差，解决现有系统间信息传递不及时和不一致的问题；

3）应用 RFID 手持终端使物资收发情况由原来的纸质单据线下交接改为手持机回传实际数量线上交接，强化物流与信息流的同步及精细化，提高信息传递的及时性和准确性；

4）应用 RFID 货位电子标签来辅助仓库管理，通过库位标签关联记录货物变动信息（种类、数量等），提高入、出、存、移的正确率，减少在日常工作中对人的依赖性，降低人为失误，进而实现规范化仓库管理、规范化基础数据、规范化仓库操作的目标。

2.2 系统建设内容

上海石化 RFID 仓库管理系统基于“互联网+”思维，以 RFID 中间件为媒介，将 RFID 技术和仓库管理方法有机结合[2]，同时作为 ERP 系统的一个辅助支撑系统，其主要作用是建立现场物资的实物台账，强化对物资的送货业务、入库业务和出库业务的过程管理。

系统总体框架图如下：

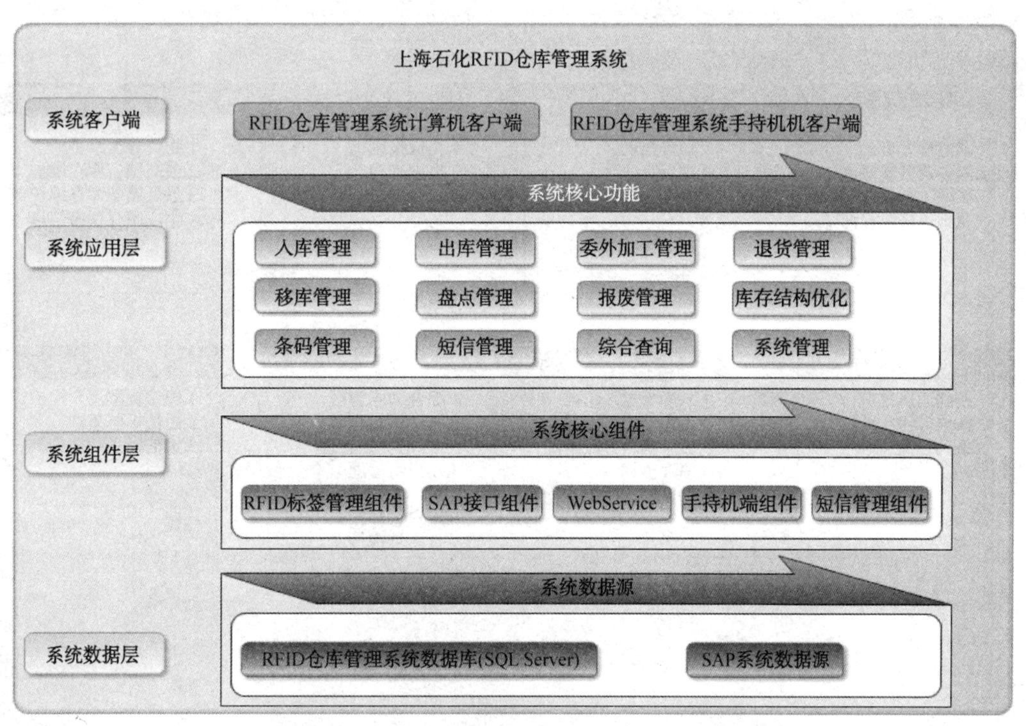

图 1 系统总体架构图

上海石化 RFID 仓库管理系统软件客户端包含两部分组成：计算机端仓库管理系统和手持机端仓库管理系统。计算机端（PC 端）RFID 仓库管理系统主要完成业务人员的 RFID 标签制作、系统开单、单据打印、单据过账和数据查询统计；手持机端 RFID 仓库管理系统主要完成仓库保管员在物资收发业务中的单据下载、RFID 标签扫描和数据上传工作。

在本系统中每种物资都有两个库存量：账面库存量和实物库存量。账面库存量时刻与 ERP 系统中该物资的库存量保持一致，实物库存量表示该物资在仓库中的具体实物数量。在物资入库和出库过程中，首先通过仓库保管员使用手持机定位业务单据，然后逐一扫描单据上物资对应的 RFID 四号定位标签并登记数量进行数据回传后，该物资的实物库存量就会发生改变；其次由物资管理员针对仓库保管员通过手持机回传的数量在 RFID 仓库管理系统进行单据过账，系统自动通过 ERP 接口将收发业务单据回写至 ERP 系统并计算物资对应的账面库存量，进而实现所有业务操作在 RFID 仓库系统的闭环操作，减少数据的重复录入，方便追溯每个业务环节的操作人和操作时间，将原有的物资收发情况由纸质单据线下交接改为手持机回传实际数量线上交接，提高了信息传递的及时性和准确性，同时有效区分物资的账面库存与实物库存，有效管理票、物时间差，便于上海石化物资供应公司和各事业部及时了解库存实际情况，为业务管理和科学决策提供依据。

项目建设主要包含以下功能模块：入库管理模块、出库管理模块、委外加工管理模块、退货管理模块、移库管理模块、盘点管理模块、报废管理模块、库存结构优化模块、条码管理模块、短信管理模块、查询管理模块和系统管理模块。

各模块功能描述如下：

上海石化RFID仓库管理系统功能

入库管理模块
1.采购订单列表
2.正常送货单
3.紧急送货单
4.送货单查询
5.入库单查询
6.入库单明细查询

出库管理模块
1.预留出库
2.紧急借料出库
3.外向交货单出库
4.寄售出库
5.出库单查询
6.出库单明细查询

委外加工管理模块
1.委外加工订单列表
2.委外加工移库
3.委外加工移库查询
5.委外加工入库
4.委外加工入库查询

退货管理模块
1.入库退货
2.出库退货
3.入库退货查询
4.出库退货查询

移库管理模块
1.创建移库单
2.创建调整规格单
3.移库单查询
4.调整规格单查询

盘点管理模块
1.物资盘点
2.盘点查询

报废管理模块
1.物资报废
2.报废查询

库存结构优化模块
1.物资分类维护
2.最高储备库存维护
3.最低储备库存维护
4.生成库存预警信息

条码管理模块
1.条码信息维护
2.条码打印
3.条码查询

综合查询模块
1.入库单过账情况
2.出库单过账情况
3.紧急借料过账情况
4.库存查询
5.物资出入明细查询

系统管理模块
1.综合编码管理
2. ERP信息配置
3. RFID标签管理
4.用户组管理
5.用户组权限管理
6.用户管理
7.日志管理

短信管理模块
1.短信提醒用户维护
2.短信提醒策略
3.短信发送功能

图 2　系统主要功能模块

2.3　系统集成设计

上海石化 RFID 仓库管理系统与其他系统的集成，一方面是为了优化业务流程，将 RFID 仓库管理系统与 ERP 系统无缝的集成起来，实现物资收发的高效、可靠运作，减少工作人员的重复劳动，提升和发挥 ERP 系统的管理效率和效能；另一方面是为了满足企业的管理要求，将原有 ERP 系统无法实现的物资紧急入库和紧急借料业务流程纳入 RFID 仓库管理系统的业务管理体系，强化仓库现场物资实物移动的过程追溯和实物库存数据共享，提升企业的信息化应用水平。总的集成关系如下图所示：

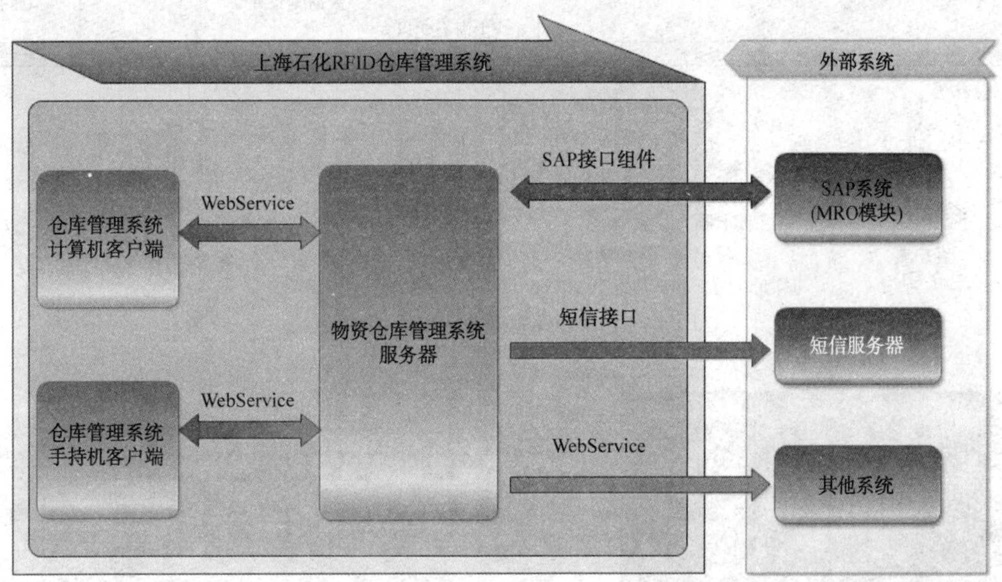

图 3　RFID 仓库管理系统与相关系统集成关系

上海石化 RFID 仓库管理系统与外部系统间接口包含：

1）SAP 接口组件：通过开发 ERP 接口并进行封装，实现 RFID 仓库管理系统与 ERP 系统（MRO 模块）的业务数据交互

2）WEB SERVICE 接口：系统通过 Web Service 接口实现 RFID 仓库管理系统计算机客户端和手持机客户端与物资仓库管理系统服务器的数据交互，并且为其他需要与 RFID 仓库管理系统集成的应用系统提供标准的 Web Service 接口。

3）短信接口：通过短信接口，将 RFID 仓库管理系统需要进行短信提醒的库存结构优化业务数据发送给相关人员。

2.4　网络拓扑设计

由于上海石化物资供应公司仓库现场没有无线网络覆盖，故在 RFID 仓库管理系统一期的建设中手持机在仓库管理应用时采用离线模式，即手持机端 RFID 管理系统在物资收发前首先需要在有无线 WIFI 网络的办公室将需要操作的单据下载到手持机端，然后仓库保管员在仓库现场通过手持机扫描单据上对应的卡片，物资在收发结束后仓库保管员再将手持机拿回有 WIFI 网络的办公室，将手持机端记录的数据上传至 RFID 仓库管理系统服务器，从而实现物资实际收发数据的及时传递。网络拓扑图如下：

2.5　系统实现

系统实现时充分考虑到业务流程简化合理，系统功能实用等因素，系统开发完成后功能全面，涵盖仓库日常管理的各个领域；界面风格统一，操作简便，系统所有操作基本上是鼠标点击和必要的数字输入即可完成。

系统示例展示界面如下：

2.6　技术路线与技术创新

上海石化 RFID 仓库管理系统采用了基于微软 .NET Framework 的三层体系结构，其中，展示层提供与用户的人机交互界面，包括数据的展示和录入；业务逻辑层提供系统的网络通信和业务服务，包括面向外部系统的数据交换服务、业务安全服务；数据逻辑层集成各类数据资源、提供跨平台异构分布数据访问及处理服务。

项目中所使用的关键技术包含：

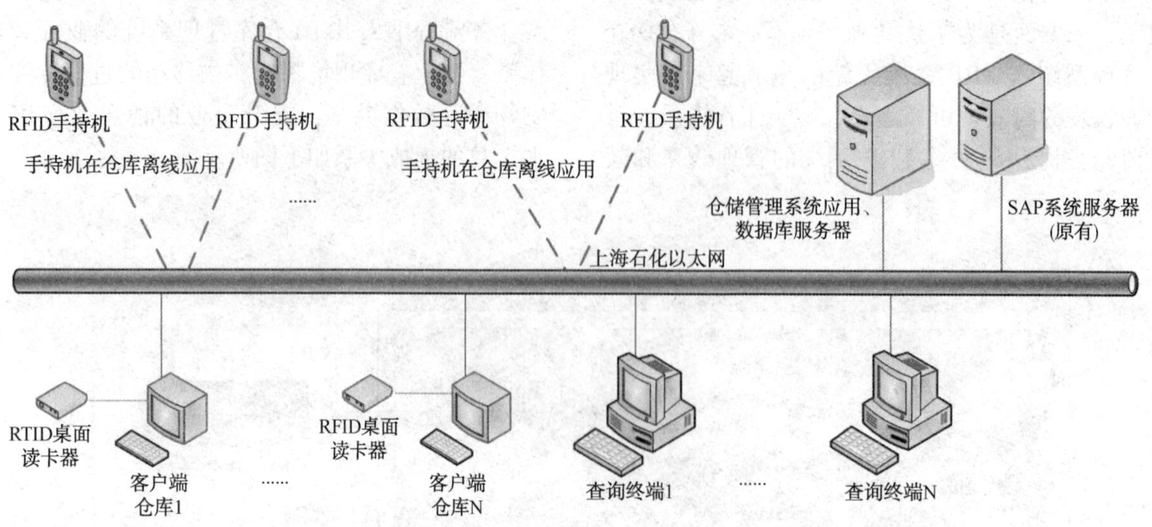

图 4　RFID 仓库管理系统网络拓扑图

图 5　RFID 仓库管理计算机端系统主界面

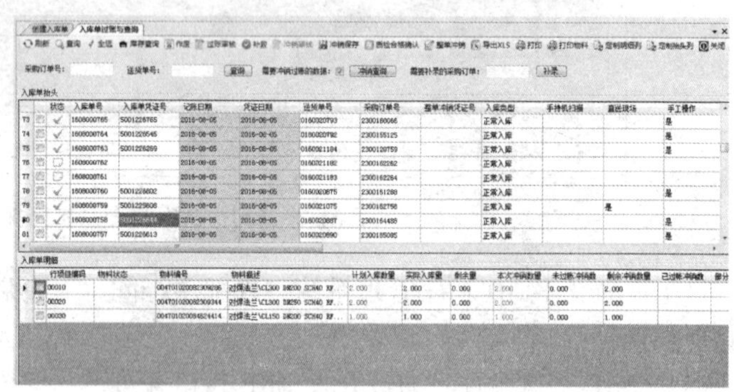

图 6　RFID 仓库管理计算机端系统入库单过账界面

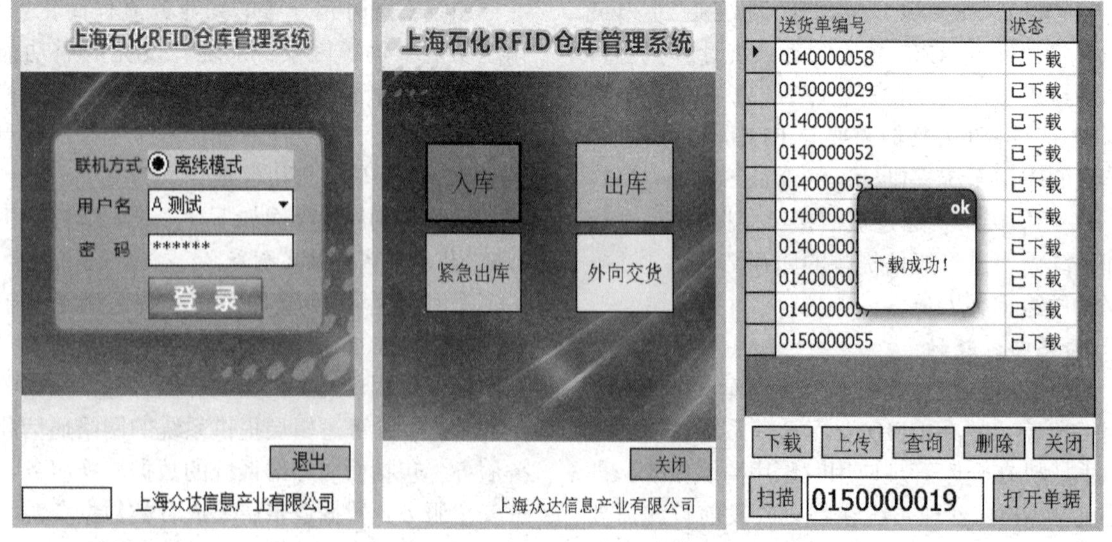

图 7　RFID 仓库管理手持机端系统登录及主界面

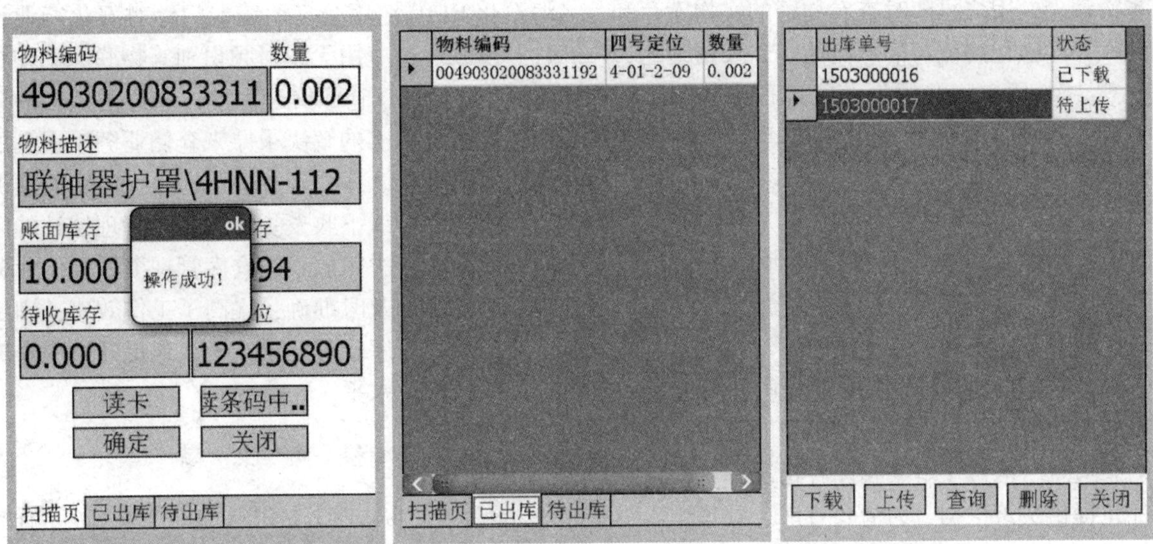

图 8　RFID 仓库管理手持机端系统出库操作面

1）物联网技术：物联网技术[3]是在互联网技术的基础上，将其用户端延伸和扩展到任何物品与物品之间，进行信息交换和通信的一种网络技术。

2）RFID 技术：射频识别即 RFID（Radio Frequency Identification）技术，又称无线射频识别，是一种通信技术，可通过无线电讯号识别特定目标并读写相关数据，而无需识别系统与特定目标之间建立机械或光学接触。

3）条形码技术：通过条形码扫描，将按照一定规则编译出来的条形码转换成有意义的信息。

4）无线采集传输技术：无线采集传输是指利用无线数据传模块将现场设备输出的数据或者各种物理量进行远程传输。

5）移动终端开发技术：移动终端开发技术[4]也叫做移动互联网开发。是指以手机、PDA、手持机等便携终端为基础，进行相应的开发工作。

6）系统互联集成接口技术：系统互联集成接口是提供数据交互的一个方式，以实现上海石化 RFID 仓库管理系统与其它系统的数据传输，或是数据交互。

7）数据库与开发语言：采用 Microsoft SQL Server 数据库作为数据库存储，选用 Microsoft Visual Studio 作为开发平台。

项目中的技术创新点包含：

1）网络安装、自动更新、最低版本控制；

2）Web 服务方式实现业务逻辑控制和业务数据管理；

3）结合窗体按键权限和数据访问权限的灵活权限策略；

4）在 RFID 仓库管理系统中根据应用场景和业务需求特点将 RFID 技术和条码技术有机结合，在系统中利用手持终端系统既可以通过条码扫描功能快速锁定单据和货物信息，也可以利用手持终端系统的 RFID 识别功能扫描货架上的 RFID 标签实现物资快速查找和定位。

3　项目应用情况和应用效果

3.1　应用情况

RFID 仓库管理系统上线后，物资供应公司在 RFID 仓库管理系统每年创建各类入库单、ERP 过账 7 万多张，创建各类出库单、ERP 过账近 10 万张，出库单 ERP 过账 27880 张，制作 RFID 标签料卡 1 万多张。

系统在历次年结、月结中运行稳定，各项功能均达到了应用要求。

3.2　应用效果

RFID 仓库管理系统在上海石化的成功应用，达到了如下应用效果：

1）以 RFID 新技术为手段提升仓库的管理水平。实现仓库管理[5]中物资正常入库、出库、移库等业务操作的规范化、电子化、信息化和无纸化；

2）RFID 仓库管理系统强化对仓储业务流程的过程控制，增强了 ERP 系统仓库管理功能，通过 RFID 仓库管理系统加强仓库出入库和库存的实物管理，用户可随时查看物资的实物库存和账面库存，强化物流与信息流的同步及精细化；

3）减少原有物资的收发货过程中数据手工汇总和 ERP 数据核对等业务操作环节，提高工作效率；

4）建立了仓库的实物台账，完成物资入库日报表、出库日报表等报表的自动生成和统计，方便仓库业务人员准确、高效的完成仓库物资出入情况统计分析工作；

5）便于上海石化物资供应公司和上海石化各事业部的管理人员和业务人员及时掌握仓库物资动态信息，准确了解实物库存情况，为库存结构优化提供决策依据，为清仓查库、处理积压物资等起到了良好的效果。

4 结论

仓库作为企业物资供应体系的一个重要组成部分，是企业各种物资周转储备的环节，同时担负着物资管理的多项业务职能，因此企业如何落实"先进先出，标识清楚，凭单作业，帐物相符"的仓库管理方针，采取哪些先进技术实现安全有效的管理措施，以满足企业的仓储物资存储与物资供应是摆在各个企业面前的重大课题。上海石化 RFID 仓库管理系统专门针对石化行业设计开发，通过应用无线射频识别等物联网感知技术建立的 RFID 仓库管理系统，通过两年多的应用，该系统切实的解决了原来仓储业务中遇到的无法实时共享仓库物资存储状况、无法实时追溯物资流向和对线下收发货无法实时管理统计的问题，改变了过去粗放式的仓库管理模式，使业务报表统计更加及时准确，提高了工作效率，满足企业的现代仓库管理要求，极大地提升企业仓库管理的精细化水平。

参考文献

[1] 黄玉兰．物联网射频识别(RFID)核心技术详解[M]．人民邮电出版社，2012：12-58

[2] 庞娟．RFID 与仓储管理系统的应用结合[J]．中国储运，2004，5(1)：47-48

[3] 吴功宜，吴英．物联网技术与应用[M]．机械工业出版社，2013：16-45

[4] 陆清．移动互联网终端核心开发技术与应用[M]．中国科学技术大学出版社，2013：78-92

[5] 陈胜利．仓储管理与库存控制[M]．经济科学出版社，2015：11-63

基于 MPC Pro 先进控制技术的丁二烯装置萃取精馏单元研究与应用

李世原[1] 孙宝岐[2]

（1. 中国石油兰州石化公司自动化研究院；2. 中国石油兰州石化公司电仪事业部）

摘 要 本文利用 DCS 系统内的 MPC Pro 预测控制模型算法，对丁二烯萃取精馏单元的先进控制方法进行了深入研究与实际应用。根据装置的工艺特点，结合现场情况与操作经验，针对萃取精馏单元生产过程存在的常规控制难点问题，提出了合理的控制策略。通过阶跃测试与模型辨识建立了 MPC Pro 多变量预测控制模型，其中第一萃取精馏系统的先进控制器取得了良好的效果。通过该方法的实际应用显著提高了装置自动化水平，提高了生产过程运行的平稳率，对企业节能降耗提高了目标产品质量与收率有很好的提升，同时显著降低了操服人员的劳动强度，收到了良好的经济效益和社会效益。

关键词 先进控制技术；多变量预测控制；MPC Pro 预测控制模型；丁二烯装置；萃取精馏单元

1 概述

碳四抽提丁二烯装置主要由第一萃取精馏、第二萃取精馏、脱重脱轻、水洗回收等系统组成，所研究装置使用的是艾默生公司的 DCS 系统。第一萃取精馏单元为碳四抽提丁二烯装置的重要单元，如图 1 所示。第一萃取精馏单元主要由精馏塔下塔 T-101、上塔 T-102 串级组成，原料裂解碳四由原料罐区送来，送入 T-101 塔，溶剂乙腈由乙腈循环加料泵从循环乙腈贮罐 V-101 抽出加入到 T-102 塔，乙腈在塔内自上而下，与塔板上的裂解碳四混合物充分互溶，改变了裂解碳四混合物的相对挥发度，在塔内传质传热。最后塔顶得到的丁烷丁烯，经第一萃取精馏塔塔顶冷凝器冷凝后，进入第一萃取精馏塔回流罐 V-104，V-104 内液相送回 T-102 塔顶做回流，

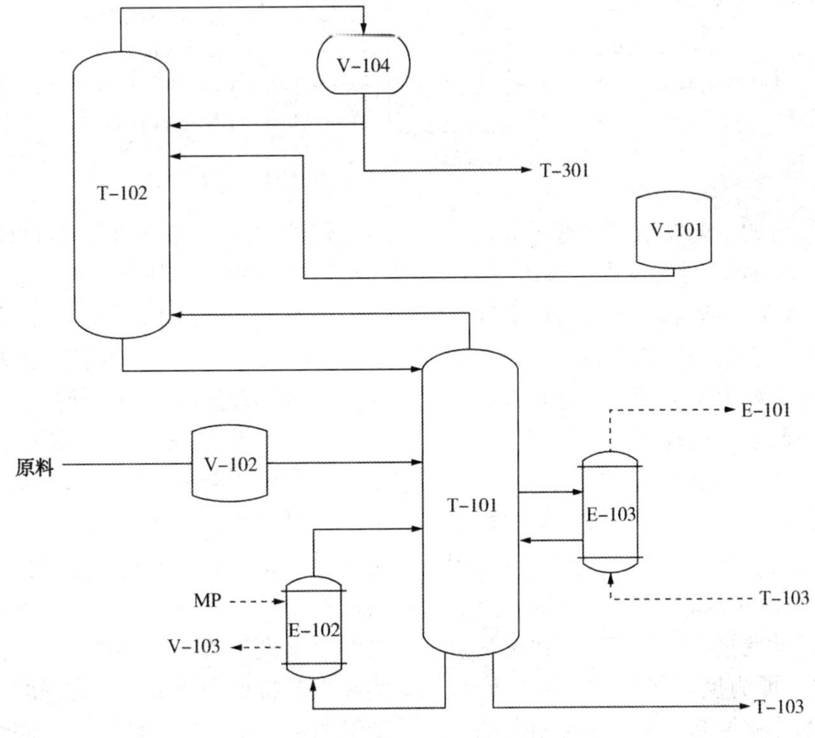

图 1 第一萃取精馏单元工艺流程图

另一部分送至丁烷丁烯水洗塔 T-301 用以回收其中的溶剂乙腈。T-102 塔釜釜液送入 T-101 塔顶部做内回流，形成液相串联。T-101 塔顶气相物料进入 T-102 塔釜，形成气相串联。T-101 塔釜设有二级中间再沸器 E-103，利用萃取精馏塔 T-103 塔釜排出的热乙腈换热，另一部分热量由第一萃取精馏塔再沸器 E-102，采用中压蒸汽加热，其蒸汽凝液排入第一萃取精馏凝液罐 V-103。T-101 塔釜排出液溶解了丁二烯、炔烃的乙腈溶液，送至第二萃取精馏塔 T-103。

由于第一萃取精馏在生产过程中存在着变量耦合和非线性等特性，常规控制不能很好地解决诸如此类的问题，严重影响了装置主要产品丁二烯的产率，增加了装置的能耗，通过研究使用 DCS 系统内嵌的 MPC Pro 预测控制模型算法[1]，并根据第一萃取精馏系统的特点实施先进控制，进一步提高丁二烯装置的控制水平，节能降耗，减少主要产品丁二烯的损失，增加装置经济效益。

2 MPC Pro 预测控制技术

在 Emerson 的 DCS 控制系统中内嵌了 MPC Pro 预测控制模型[2]，该模型使用的 MPC 算法是一种基于模型的 DMC 预测控制技术[3]，通过 MPC 算法可以形成一种利用模型预测技术开发而来的 MPC Pro 多变量预测先进控制器[4]（简称：MPC 控制器）。MPC 控制器专门适用于具有强烈耦合关系及存在众多约束的复杂多变量过程控制，其算法的核心是：预测模型——利用系统的过去和现在的输入输出信息，通过其模型可以得到对生产系统未来某段时间的运动状态的估计；滚动优化——通过某一性能指标的最优化来确定未来的控制作用；反馈校正——在预测控制中使用一种反馈修正法，即闭环预测。模型预测控制具有控制效果好、鲁棒性强等优点，可有效地克服过程的不确定性、非线性和耦合性，并能方便的处理过程被控变量和操作变量中的各种约束。当执行多变量控制策略时，过程的操纵输入和扰动输入与受控输出和约束输出在 MPC Pro 预测控制模型里定义，如图 2 所示。

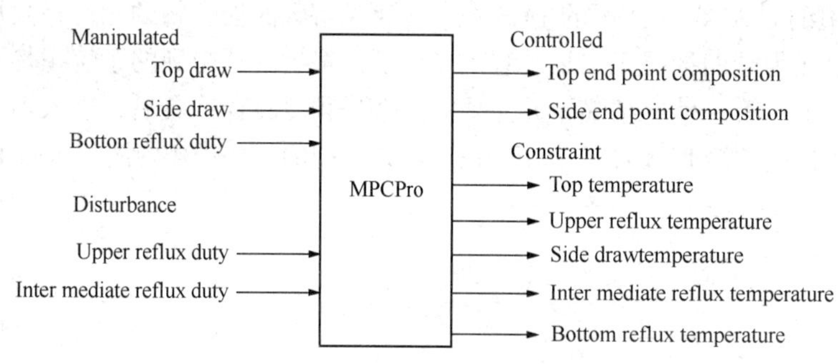

图 2 MPC 控制器功能结构图

根据丁二烯装置的工艺特点和生产目标合理制定控制策略，确定控制器的输入、输出变量。MPC 控制器的输入为被控变量 CV，通过 MPC 控制器进行相应操作变量 MV 的控制，维持在工艺操作指定的设定点或限定范围内；并且控制器的约束变量 AV，通过 MPC 控制器进行相应操作变量控制，维持在工艺操作给定的约束范围内；干扰变量 DV 的扰动，将影响一个或多个被控变量或约束变量的运行。MPC 控制器的输出为 MV 变量相应 PID 控制回路的设定值或阀位。控制器的被控变量和扰动变量与操作变量和约束变量都集成在 MPC Pro 预测控制模型中，通过该模型实现炼化装置的先进控制，实现被控对象的关键参数平稳运行。

创建 MPC 控制器主要通过建立控制器模型与控制器结构两部分来完成。根据装置的特点和生产要求，以及 MPC Pro 辩识器要求，通过适当的阶跃测试方法，确保测试成功，为过程模型的辩识提供理想的数据，通过装置的试验数据来建立生产过程的 MPC Pro 多变量预测控制器模型[5]，如图 3 所示。在建模过程中，选择适当的被控变量、约束变量、操作变量以及干扰变量，再通过阶跃试验数据确定各被控变量、约束变量与操作变量、干扰变量的对应关系模型；将辨识出的数学模型集成在 MPC 控制器结构中，根据实际工艺特点和要求选取合理的参考轨迹、操作变量约束、被控变量约束、控制结构，以及操作变量的响应速度，得到 MPC 控制器。

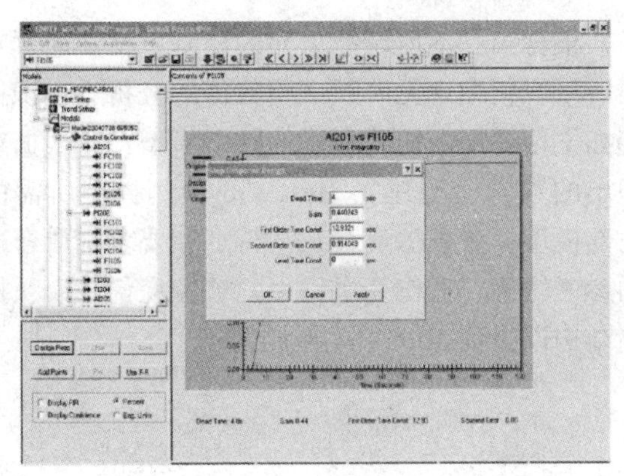

图 3 控制模型辨识结构图

3 控制方案

3.1 工艺特点

萃取精馏过程向精馏塔顶连续加入高沸点添加剂，改变料液中被分离组分间的相对挥发度，使普通精馏难以分离的液体混合物变得易于分离的一种特殊精馏方法，本装置采用乙腈和水作为萃取剂进行的萃取精馏。第一萃取精馏单元主要由两台精馏塔 T-101、T-102 串级组成，在裂解碳四混合物中加入萃取剂乙腈，用精馏的方法将丁烷、丁烯与丁二烯分离，获得含萃取剂的粗丁二烯和含微量丁二烯的丁烷丁烯。

第一萃取精馏单元实现丁烷、丁烯与丁二烯的分离。T-101 塔顶的产品质量与 T-102 塔底产品质量都需同时兼顾，即保证 T-101 塔顶丁二烯的含量，又要保证 T-102 塔底产品下游单元操作中丁二烯的纯度。第一萃取精馏下塔 T-101 塔灵敏板温度、塔釜温度、塔釜液面，第一萃取精馏上塔 T-102 塔釜液面、第一萃取精馏塔回流罐 V104 液面关键参数，体现了第一萃取精馏单元内温度分布平衡和物料分布的平衡，保证重组分要求进入 T-102 塔釜，T-101 塔顶轻组分丁烷、丁烯中丁二烯含量满足纯度要求。

3.2 控制目标

1、在热平衡的基础上，调节塔的热量供给和热量分布，解决温度波动问题，降低装置能耗；在物料平衡的基础上，解决常规控制下液位波动问题。

2、T-101 塔灵敏板温度、塔釜温度、塔釜液面，T-102 塔釜液面、回流罐 V-104 液位，这些关键参数体现了第一萃取精馏单元内温度分布平衡和物料分布的平衡，实现这些关键参数的先进控制，克服干扰和滞后，保证重组分要求进入 T-102 塔釜，T-101 塔顶轻组分丁烷、丁烯中丁二烯含量满足纯度要求。

3、萃取精馏塔的操作压力，是控制全系统稳定的基础。塔压波动，会造成精馏塔的温区、各塔板上物料组成等的变化，引起产品质量的波动，实施第一萃取精馏塔压力先进控制，确保该精馏单元关键参数 T-102 塔顶压力平稳运行。

4、装置第一萃取精馏单元存在着溶剂循环、热循环，一部分主要变量存在着强耦合问题，实施第一萃取精馏单元先进控制，解决强耦合带来的操作与控制上的困难。

3.3 控制方案

根据第一萃取精馏单元工艺特点与控制目标，设计适合本单元的控制方案。第一萃取精馏单元先进控制选择 T-101 灵敏板温度、塔釜液位，T-102 塔釜液位、塔顶压力，一萃回流罐液位为被控变量，分别以 CV_1、CV_2、CV_3、CV_4、CV_5 表示；选择 T-101 塔底温度，T-102 塔顶压力为约束变量，分别以 AV_1、AV_2 表示；选择 T-101 塔釜中压蒸汽流量、塔釜抽出量，T-102 塔釜抽出量、侧线采出、塔顶压力 PID 回路设定值为操作变量，分别以 MV_1、MV_2、MV_3、MV_4、MV_5 表示；选择乙腈加入量、回流量为干扰变量，分别以 DV_1、DV_2 表示。其中，第一萃取精馏单元先进控制器中所有被控变量采用设定点控制，约束变量采用区间控制，具体实施内容与控制策略见表 1。

表 1 第一萃取精馏单元控制方案

T101_102 控制器		
被控变量		
参数名称	描述	操作方式
5TIC181	塔 T-101 灵敏板温度	给定设定点
5LIC104	塔 T-101 塔釜液位	给定设定点
5LIC105	塔 T-102 塔釜液位	给定设定点
5LIC106	一翠回流罐液位	给定设定点
5PIC101	T-102 塔顶压力	给定设定点
操作定量		
5TI109	塔 T-101 塔底温度	设定控制区间
5PIC101_OUT	T-102 塔顶压力	设定控制区间
操作变量		
5FIC104	T-101 塔釜中压蒸汽流量	设定控制区间
5FIC105	T-101 塔釜抽出量	设定控制区间

续表

T101_102 控制器		
参数名称	描述	操作方式
5FIC106	T-102 塔釜抽出量	设定控制区间
5FIC109	T-102 侧线采出	设定控制区间
5PIC101	T-102 塔顶压力 PID 回路设定值	设定控制区间
干扰变量		
5FIC107	乙腈加入量	观察信号品质
5FIC108	回流量	观察信号品质

根据第一萃取精馏单元的控制方案，通过对第一萃取精馏单元阶跃试验数据的分析、辩识得到如下传递函数矩阵形式的数学模型，并根据辨识出的数学模型建立 MPC Pro 预测控制所需的内部模型，并根据实际工艺特点和要求选取合理的参考轨迹、操作变量约束、被控变量约束、控制结构以得到 MPC Pro 控制器。

$$\begin{bmatrix} CV_1 \\ CV_2 \\ CV_3 \\ CV_4 \\ CV_5 \\ AV_1 \\ AV_2 \end{bmatrix} = \begin{bmatrix} \frac{0.61e^{-150s}}{(118s+1)(8s+1)} & \frac{-0.081e^{-15s}}{20s+1} & \frac{-0.07e^{-405s}}{(180s+1)(50s+1)} & 0 & \frac{0.28}{633s+1} \\ \frac{-0.003e^{-120s}}{s} & \frac{-0.002e^{-15s}}{s} & \frac{0.001e^{-15s}}{s} & 0 & \frac{-0.001e^{-330s}}{s} \\ \frac{0.002e^{-135s}}{s} & 0 & \frac{-0.006e^{-90s}}{s} & 0 & \frac{-0.0001e^{-75s}}{s} \\ \frac{0.004e^{-90s}}{s} & 0 & \frac{0.00023e^{-285s}}{s} & \frac{-0.003e^{-60s}}{s} & \frac{-0.0008e^{-60s}}{s} \\ \frac{1.03e^{-240s}}{(390s+1)(12s+1)} & \frac{-0.03e^{-15s}}{(124s+1)(83s+1)} & \frac{-0.13e^{-810s}}{270s+1} & 0 & \frac{-0.09e^{-315s}}{93s+1} \\ \frac{0.01e^{-30s}}{176s+1} & 0 & \frac{0.02e^{-180s}}{(158s+1)(61s+1)} & 0 & \frac{1.17e^{-15s}}{394s+1} \\ 0 & 0 & 0 & 0 & \frac{-1.91e^{-15s}}{(93s+1)(10s+1)} \end{bmatrix}$$

$$\begin{bmatrix} MV_1 \\ MV_2 \\ MV_3 \\ MV_4 \\ MV_5 \end{bmatrix} + \begin{bmatrix} \frac{-0.04e^{-225s}}{103s+1} & \frac{0.056s^{-255s}}{65s+1} \\ \frac{-0.01e^{-30s}}{s} & \frac{0.01e^{-330s}}{s} \\ \frac{0.006e^{-15s}}{s} & \frac{0.02e^{-135s}}{s} \\ \frac{-0.05e^{-570s}}{s} & \frac{-0.001e^{-330s}}{s} \\ \frac{-0.04e^{-690s}}{(228s+1)(152s+1)} & \frac{0.025e^{-585s}}{114s+1} \\ 0 & \frac{-0.06}{(186s+1)(124s+1)} \\ 0 & 0 \end{bmatrix} \begin{bmatrix} DV_1 \\ DV_2 \end{bmatrix}$$

4 运行效果分析

该控制器运行平稳，控制精度高如图 4、图 5 所示，第一萃取精馏单元先进控制器运行平稳，提高了过程控制的平稳性，实现主要工艺参数的波动幅度减少 50%以上，表明设计实施的第一萃取精馏单元多变量预估先进控制是切实可行的。

通过调节中压蒸汽量，克服蒸汽压力波动，保持 T-101 灵敏板温度、塔顶温度、塔底温度运行稳定，通过调节塔 T-101、T-102 塔釜采出，稳定了塔的液位，通过小幅度调节回流量，克服干扰，实现对回流罐液位的平稳控制，通过 T-102 塔塔顶压力控制，实现动力平衡，从而稳定塔 T-101、T-102 内组分分布。

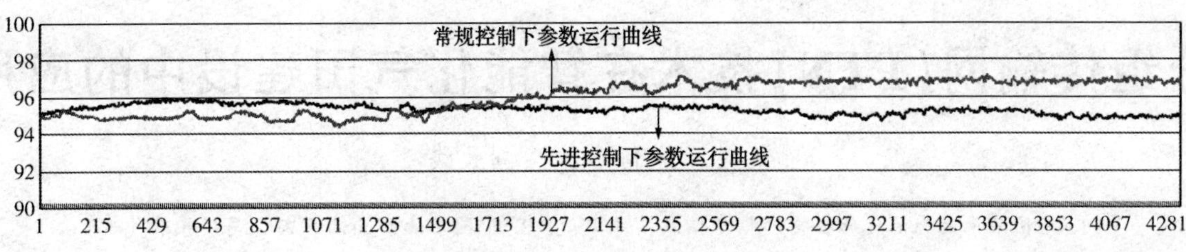

图 4　塔 T-101 灵敏板温度运行曲线

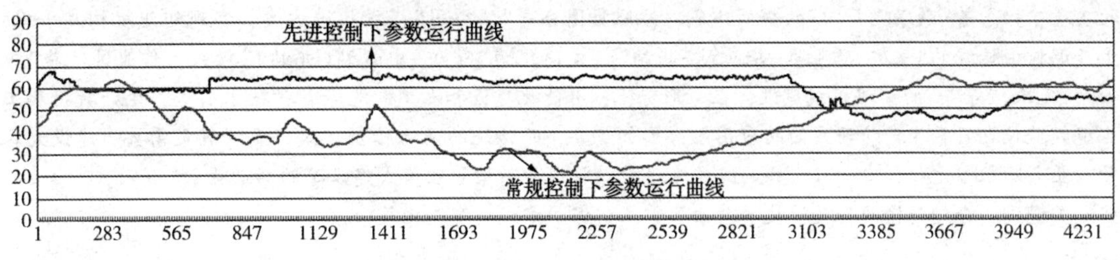

图 5　塔 T-102 塔釜液位运行曲线

5　结论

MPC 控制器控制品质良好，运行平稳，投用率高，解决了第一萃取精馏系统关键参数的波动问题，从整体上提高了第一萃取精馏单元的控制水平，提高了第一萃取精馏系统运行的平稳性，实现了丁二烯第一萃取精馏系统的稳定、快速和准确的控制，实现了卡边操作，减少了目标产品损失，提高了装置主要产品丁二烯的收率，节能降耗，并减轻了操作人员的劳动强度，深受车间技术人员和操作人员的欢迎。

参　考　文　献

[1] 陈素芳，路铁砚，预测控制技术在丁二烯精制单元的应用[J]，齐鲁石油化工，2010，38(1)：10-14。

[2] 杨宝星，赵钊，先进控制算法的研究[J]，工业控制计算机，2011 年第 24 卷第 9 期，45-50。

[3] 胡国龙，孙优贤，预测控制进展及其应用研究[J]，电力系统及其自动化学报，2003，1(15)：109-114。

[4] 李慧慧，王艳等，多变量预测控制技术在芳烃抽提甲苯塔中的应用[J]，电子设计工程，2016，4(24)：75-77。

分组传输网(PTN)技术在智能化气田建设中的应用

董钢云[1]　何　乐[2]　刘欣欣[2]

(1. 中国石油西南油气田公司通信与信息技术中心；2. 中国石油西南油气田公司川东北气矿)

摘　要　随着川东北气矿油气生产物联网的全面建成，数据实时在线采集、传输、存储、展示等功能的实现，标志着“数字化气田”的全面建成，按照集团公司“油公司”模式推进方案，实现组织机构扁平化，生产调控由传统的“气矿-作业区-中心站-井站”模式简化为“气矿-中心站(井站)”模式，作业区实施“中心站+无人值守井”的管理模式建设，在新形势下，智能化建设和人工智能等多种技术引进，生产数据和工业视频监控在日常生产管理方面的应用显得更加重要，而传统的网络传输模式已无法满足需要，建设大容量、业务颗粒多元化，安全可靠的网络传输平台，将成为新型管理模式建设下的新选择。

关键词　分组传输网；关键技术；业务需求；保护方式；智能化气田

1　前言

川东北气矿辖区位于四川盆地东北部高陡褶皱带，西起广安、平昌，东至巫溪，北抵川、渝、陕交界处，南至达州市大竹县，横跨四川省、重庆市的 10 个县，为贯彻落实集团公司深化三项制度改革总体部署和“油公司”模式改革指导意见，坚持以气田勘探开发业务为主导，专业化发展原则，优化业务结构布局，创新信息化、智能化条件下的生产组织模式，实现组织机构扁平化，生产调控由传统的“气矿-作业区-中心站-井站”模式简化为“气矿-中心站(井站)”模式，气矿调控指挥中心直接管理到井站、缩短管理链条，减少信息传递环节，提高处置效率；

随着川东北气矿智能化建设，将实现利用信息化技术，通过数据采集智能分析、视频智能分析、震动光纤、次声波泄漏检测等技术，实现场站、管道及高后果区异常行为、事件智能预警等功能；引入 AR 增强现实技术，结合作业区数字化平台，实现 VR 智能巡检，就地可视化指导、前后方高效协同；采用智能电子巡检，提升生产现场、管道、电力线路巡检质量和效率；通过 SCADA 生产实时数据建立大数据分析预警模型，提前发现异常工况，建立以解决问题和优化生产为导向的智能化工作流；以气田开发，生产操作，调控控制为中心，优化监控与数据采集系统，对井站生产运行数据进行集中监视、远程控制。实现数据自动采集、分析、报警、处置；报表资料自动录取，完善视频监控自动分析、处理和报警功能，实现气田开发的智能化管理。

川东北气矿各井站通过自建光缆接入作业区和气矿，再进入分公司光通信网，可满足生产实时数据传输、视频监控、语音喊话、远程控制以及日常办公等业务的基本需求，但仅实现生产网和办公网物理隔离，未实现生产网内部的生产数据、视频隔离，因同网传输，一旦发生故障或堵塞，将会造成整个网络堵塞，造成业务中断。

随着川东北气矿扁平化管理和作业区“中心站+无人值守井”模式建设，生产数据和视频监控在生产管理方面的应用显得更加重要，而目前在用的 2004 年建成的 SDH+PCM 传输网络已无法满足需要，作业区至气矿 622M，片区井站各业务共享 155M 带宽和数据、视频同网传输等问题已成了能否满足新型管理模式需要的瓶颈问题，建设大容量、业务颗粒多样化、多种业务共存且基于 50ms 电信级业务保护倒换的平台，将成为新型管理模式下的新选择。

2　分组传输网(PTN)关键技术介绍

2.1　PTN 技术简介

PTN（分组传送网，Packet Transport Network)是以分组交换为核心，面向分组数据业务的传送网。是一种基于分组转发、面向连接的位于 IP 业务和底层光传输媒质之间的多业务传送技术，支持多种基于分组交换业务的双向点对点连接通道，具有适合各种粗细颗粒业务、端到端的组网能力，提供了更适合于 IP 业务特性的“柔性”传输管道；具备丰富的保护方式，遇到网络故障时能够实现基于 50ms 的电信级业务保护倒换和传输级别的业务保护和恢复；

PTN 技术作为 IP/多协议标记交换(Multi-ProtocolLabel switch，MPLS)和以太网承载技术和传送网结合的产物，支持电信级以太网、时分复用和 IP 业务承载，能较好地承载了电信级以太网业务，还兼顾了 TDM 和 ATM 业务，具有高可靠、可灵活扩展、严格 QOS 和完善的 OAM 机制，精确的故障定位和严格的业务隔离功能，最大限度地管理和利用光纤资源，保证了业务安全性，在结合 GMPLS 后，可实现资源的自动配置及网状网的高生存性。

PTN 技术的诸多优点和核心技术决定了其承载 IP 类业务所具备的天然优势，而这些技术优势会加强未来的快速部署和应用。

2.2 PTN 设备整体框架

从网元的功能结构来看，PTN 网元由传送平面、管理平面和控制平面构成。传送平面实现各种业务的传送处理功能，并实现保护和 OAM 开销处理；管理平面实现网元级和子网级的拓扑管理、配置管理、故障管理、性能管理和安全管理等功能，并提供必要的管理和辅助接口；控制平面通过信令和路由协议实现业务的建立、保护恢复。

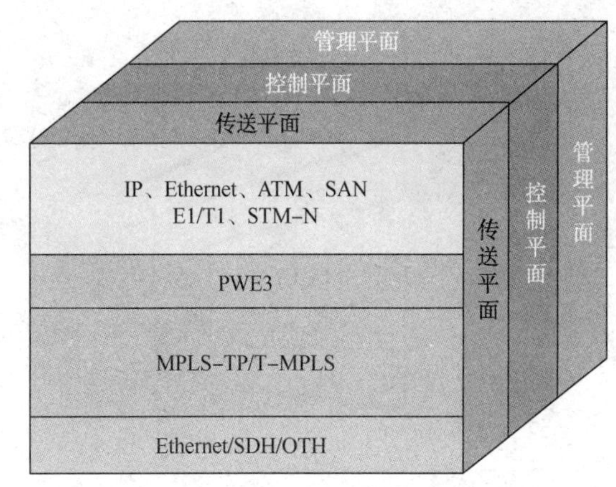

图 1　PTN 设备体系架构图

PTN 采用电信级高可靠设计理念，领先的同步系统设计架构，100%分组交换核心，支持 TDM/ATM/Eth(IP)等多业务与接口，具有更强的网络组网能力。

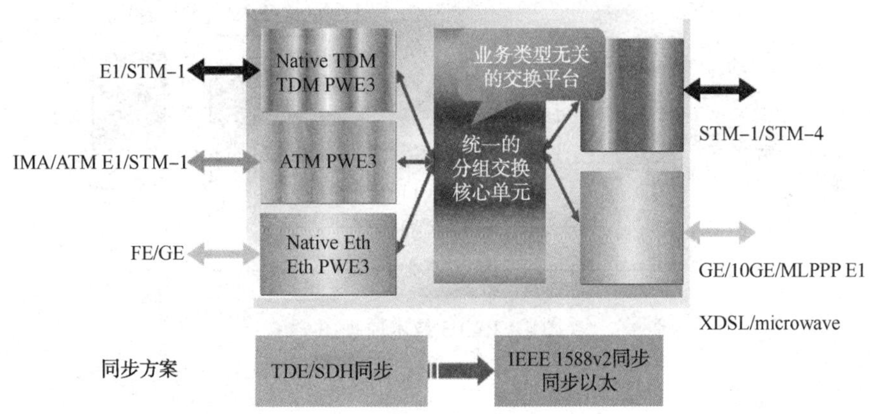

图 2　PTN 设备原理图

2.3 关键技术 1：多业务承载技术

PTN 内嵌 Cable，Fiber，Microwave 等各种业界主流接入技术，在网络侧支持不同方式组网，可通过 MPLS/IP/GRE Tunnel 传送各个 PW 封装的业务。以太业务还支持 QinQ 链路和端口承载。可以更加灵活快速部署，环境适应能力更强，充分利用和保护现有资源和投资。

2.4 关键技术 2：PWE3 技术

PWE3：(Pseudo Wire Emulation Edge - to - Edge，端到端的伪线仿真)，伪线表示端到端的连接，通过 Tunnel 隧道承载；PTN 内部网络不可见伪线，本地数据报表现为伪线端业务(PWES)，经封装为 PW PDU 之后传送；边缘设备 PE 执行端业务的封装/解封装，客户设备 CE 感觉不到核心网络的存在，认为处理的业务都是本地业务。

PWE3 提供 TDM，ATM/IMA，ETH 三大业务的统一承载，建立端到端的 PW 伪连接；构建 L2VPN 网络，网络侧可通过 MPLS/IP/GRE Tunnel 实现报文的透明传输；利用 TE 技术实现流量的规划和 QoS 保障；对于 MPLS Tunnel，可实现端到端的 OAM 检测和 1+1 LSP 保护。

2.5 关键技术 3：QoS 机制

QoS(Quality of Service，服务质量)技术是对

各种服务提供传输质量保证的技术，指网络通信过程中，通过业务分类(Classification)、流量调节(Policer)、队列管理(Queue)和流量整形(Shaper)和拥塞处理相关的队列调度(Scheduler)等功能实现业务的服务质量控制，使用户业务在丢包率、延迟、抖动和带宽等方面获得可预期的服务水平。

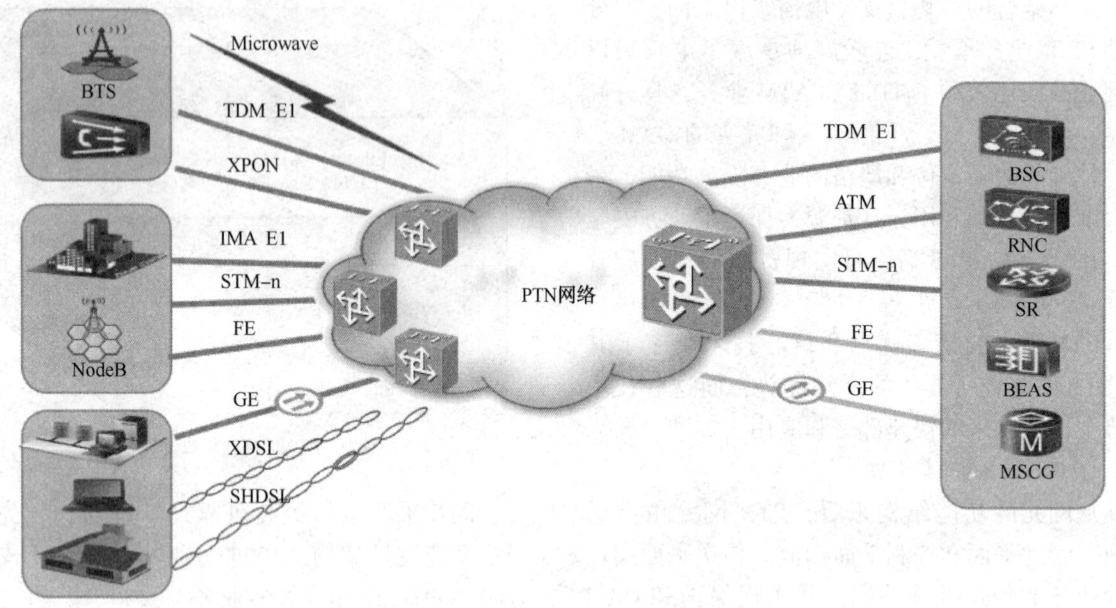

图3　PTN设备业务传输示意图

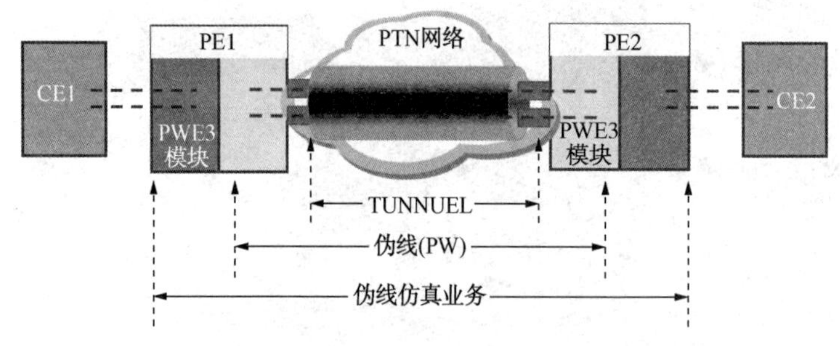

图4　PWE3技术原理图

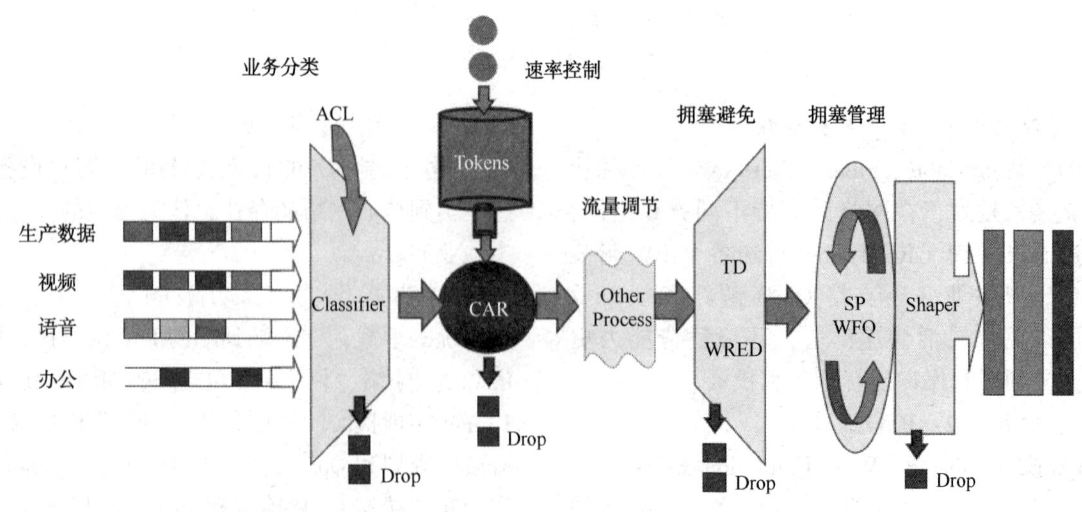

图5　QOS技术原理图

2.6　关键技术4：OAM机制

PTN的OAM机制，可以实现类似SDH丰富开销的能力，实现分层(业务、管道)的网络故障自动检测，保护倒换，性能监控，故障定位，信号的完整性等功能，支持业务的端到端管理、级联监控、连续和按需的OAM。

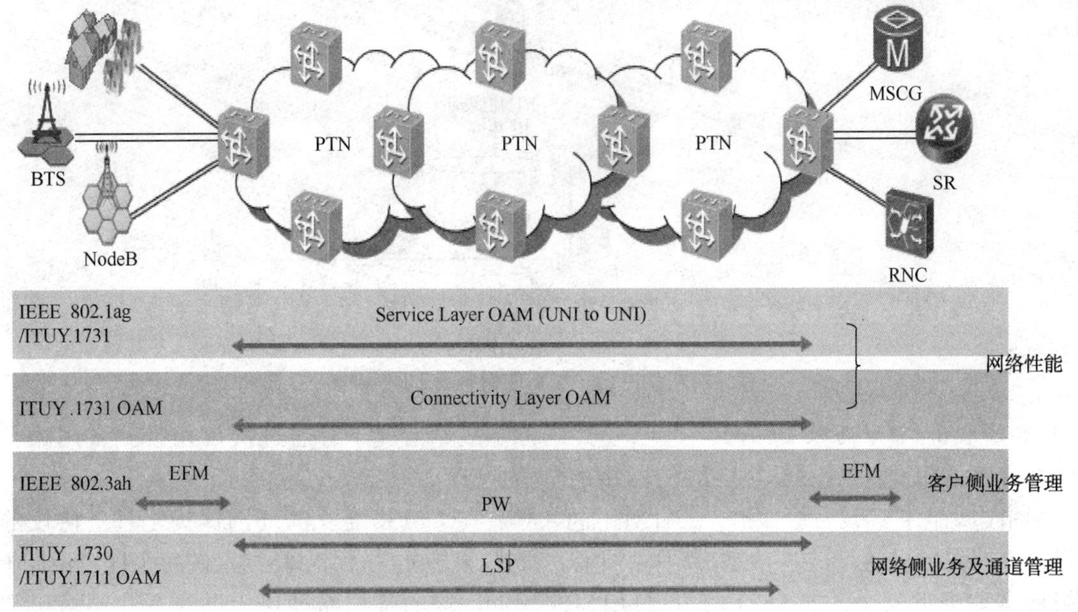

图6　分组网络OAM机制原理图

2.7　关键技术5：同步以太网及IEEE1588 V2

同步以太技术主要解决频率同步问题，IEEE1588v2同步技术解决时间同步问题。PTN的同步以太时钟采用类SDH的时钟同步方案，即通过物理层串行比特流提取时钟，采用G. 8261频率同步实现网络时钟(频率)同步，精度由物理层保证，与以太网链路层负载和包转发时延无关，使之可达到15ppb的高稳定度。

IEEE1588即"网络测量和控制系统的精密时钟同步协议标准"，定义了一个在测量和控制网络中，与网络交流、本地计算和分配对象有关的精确同步时钟的协议，通过主从设备间消息传递，计算时间和频率偏移以及中间网络设备引入的驻留时间，从而减少定时包受存储转发的影响，实现主从时钟和时间的精确同步。

PTN时间同步主要有两种方式：BC(边界时钟)和TC(透明时钟)，BC模式即每个同步链上的相邻节点逐跳运行主从时钟模式(上游为主、下游为从)，逐级同步，中间转发节点运行PTP协议，按照主从方式逐跳转发精确时间，本地站点与上级Master的时钟(频率)同步，时间(相位)也同步。

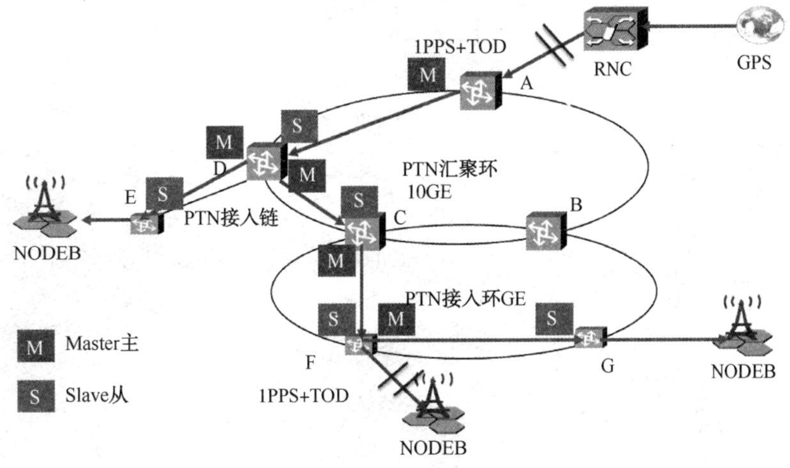

图7　PTN设备BC(边界时钟)同步原理图

TC模式为每个同步链上仅首末两个节点运行主从时钟模式，中间节点运行TC模式，中间转发节点不运行PTP协议，只对时戳包补偿节点转发延时。

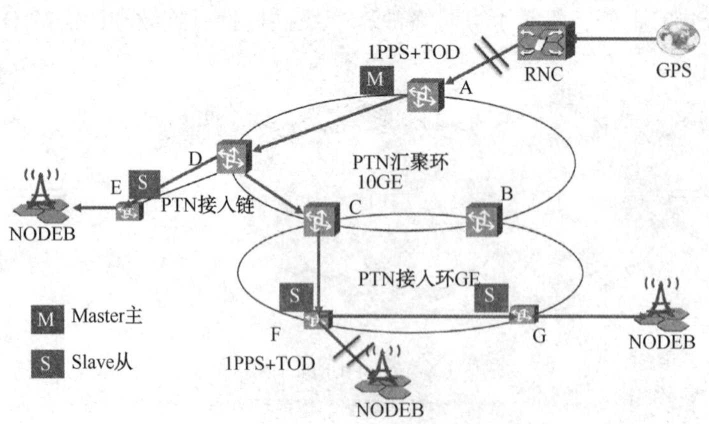

图8　PTN设备TC(透明时钟)同步原理图

2.8　关键技术6：保护与恢复机制

PTN设备的保护机制主要为全面的网络级保护、网络边缘保护、设备级保护，并针对不同业务提供不同保护机制。其中：网络级保护即保护网络传送业务的安全，如LSP1+1/1：1(LSP tunnel)；设备级保护即保护设备关键部件，如控制单元备份，交换单元备份，时钟处理单元备份等；网络边缘保护即保护客户侧业务到PTN设备的安全，如LSMP 1+1/1：1(STM-N)，LAG(Ethernet)。

MPLS-TP的保护倒换技术主要为线性保护和环网保护技术，其中：G.8131定义的线性保护，主要包括无协议的1+1独享保护方式和基于协议的1：1/1：N共享保护方式，可以对端到端路径或路径上的每个区段(节点或链路)进行保护。采用1+1时工作路径和保护路径都承载业务并采用双发选收的模式，采用1：1时在网络正常情况下仅工作路径承载业务，备用路径空闲(也可运行其他较低优先级的业务)，在网络故障情况下，通过协议切换到备用路径承载业务。

G.8132定义的环网保护是基于协议的区段共享方式。分别对环网上的每个区段做保护，不同区段的备用路径可以共享。在网络正常情况下，端到端路径经过的各个区段的备用路径空闲(也可运行其他较低优先级的业务)；在某处故障时，有两种保护方式，一种是wrapping(环回)方式，属于段层保护，类似SDH的复用段保护原理，在故障处相邻两节点通过协议切换到该区段的备用路径，另一种是steering方式(转向)，也属于段层保护，故障处相邻两节点通过APS协议分别告知所有经过故障点的业务的源、宿节点，并在各自节点处倒换，受影响网元较多，倒换协议复杂，倒换时间难以保证50ms；

由于环网保护为共享方式，在资源利用率方面比1+1和1：1线性保护更有优势，在各种保护方式成熟情况下，应优选环网保护。

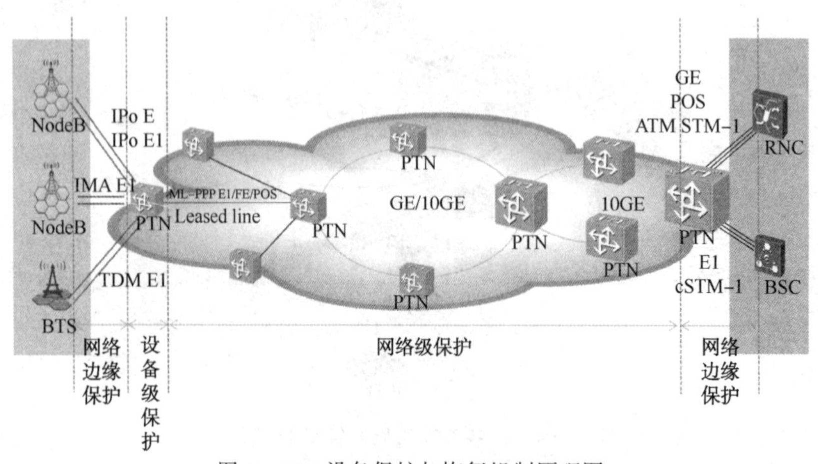

图9　PTN设备保护与恢复机制原理图

3　PTN 技术在智能化气田建设中的应用

为适应新型管理模式需要，实现川东北气矿各场站网络传输设备稳步升级，以达州作业区为试点，先行将原有 SDH+PCM 传输模式更换为 PTN，后将替换下的 ME1050 和 ME1010 用于宣汉作业区设备升级改造，既解决了作业区内部网络传输问题，也解决了 SDH 设备备品配件不足的问题，充分利旧，提质增效。

3.1　组网方式和设备选型

3.1.1　原用设备及组网方式

达州作业区各井站通过自建线路先汇聚到各中心站，再由中心站至作业区，川东北气矿机房，再进入西南油气田分公司光通信网，气矿和作业区在用华为 OSN3500 和 Metro1000 设备，因 Metro1000 最大开通带宽 622M，实际使用带宽为 210M，生产网数据和视频共用 100M，未实现有效隔离，作业区至龙会、铁山片区主干在用 ME1050 设备，开通带宽 622M，井站在用 ME1010、ME810、ME510 等设备，开通 155M 带宽，完全不能满足当前信息化发展的需要。

3.1.2　改造后组网方式及设备选型

因达州作业区-川东北气矿主干线路带宽过低，Metro1000 可扩展性差，在分公司光通信网中在用设备为华为 OSN 系列，将替换达州作业区的 Metro1000 为 OSN3500，川东北气矿 OSN3500 增加板卡，配速 2.5G，分离生产网数据和视频，生产数据、视频、办公网、语音采用独立电口、划分时隙，实现安全隔离，并纳入分公司光通信管理平台统一管理。

表 1　作业区-气矿光通信设备配速表

线路	开通速率	生产数据	视频数据	语音数据	办公网	合计
作业区-气矿	2.5G	200M	600M	50M	100M	950M

达州作业区主要有铁山片区和龙会片区，因气矿扁平化管理和作业区"中心站+无人值守井"的管理模式建设，实行片区管理制度，设置有铁山片区中心站，铁山北区域中心站，龙会片区中心站和龙会片区备用中心站。设计气田内部干线 10GE，接入层 GE 组网，即单井-中心站 GE 组网，中心站-中心站、干线节点、作业区 10GE 组网；

表 2　井站-作业区光通信业务配速表

线路	生产数据	视频数据	语音数据	办公网	合计
单井站-中心站	20M	68M	2M	10M	100M
铁山片区中心站-达州作业区	240M	816M	24M	120M	1200M
铁山片区中心站-铁山北区域中心站	100M	340M	10M	50M	500M
龙会片区中心站-龙会片区备用中心站	220M	748M	22M	110M	1100M
龙会片区中心站-干线节点	220M	748M	22M	110M	1100M
干线节点-达州作业区	220M	748M	22M	110M	1100M

本次改造采用 H-OPTEL 公司的 MssEdge25 系列设备，作业区、中心站、干线节点使用 MssEdge25 设备，井站使用 MssEdge25-11 设备，设备提供 GE 接口、10GE 接口、STM-1/4 接口、E1 接口等多种业务接口，可实现多种业务的接入和传送功能，灵活组成如链状网、环网、多环网等各种网络。同时 MssEdge25 系列设备还提供 LCT 网管，以方便用户以图形方式直观的管理网元、支持网元配置、维护、告警管理、性能管理和安全管理等功能。

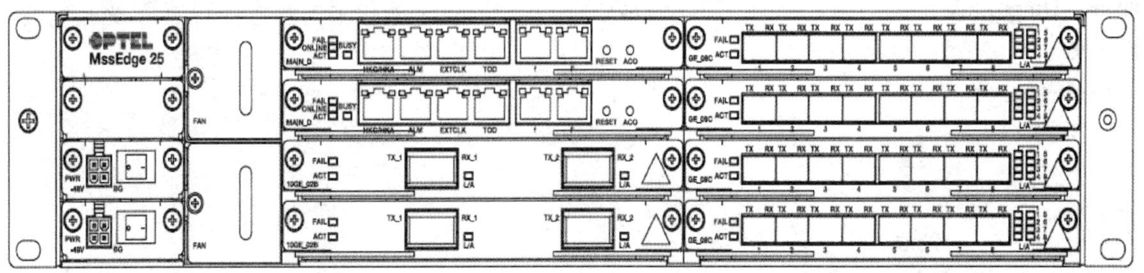

图 10　MssEdge25 设备外观示意图

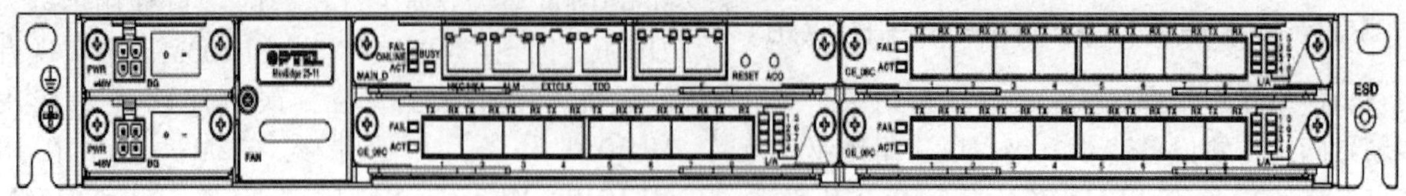

图11　MssEdge25-11设备外观示意图

PTN设备改造升级后，形成井站-中心站(-备用中心站)-作业区-气矿的网络传输格局，改变了传统的SDH+PCM传输模式，带宽得到大幅度提升，在未完成环网建设前，形成作业区至龙会和铁山片区的两条单链传输线路。

完成环网建设后，将形成达州作业区-干线节点-铁山片区中心站-铁山北区域中心-川东北气矿-达州作业区和达州作业区-铁山干线节点-龙会片区中心站-铁山北区域中心-川东北气矿-达州作业区双环网，使业务传输更能得到保障，有力解决单链中断频繁的问题，业务也将由无保护状态提升至50ms电信级保护，降低运维压力，结合环网建设的需要，预留相应板卡，保证其顺利实现。

3.2　业务应用类型

TDM业务：时分复用(Time Division Multiplex)，指一种通过不同信道或时隙中的交叉位脉冲，在同一个通信媒体上同时传输多个数字化数据、语音和视频信号等的技术，传输通道被划分为不同的时隙，不同的时隙可用来传递不同的用户数据。

E1业务：属于TDM业务的一种，传递通道被划分为32个时隙，一个时隙一次传递8bits的数据，每秒传输8000个E1帧。时隙0用来传递信令和帧分隔符，时隙1到31用来传递不同用户的业务数据，把31个时隙作为一个整数来传递用户数据。

E-Line业务：主要包括用户侧到用户侧的以太网本地业务，端口承载的用户侧到网络侧的以太网业务，PW承载的用户测到网络侧的以太网业务，QinQ Link承载的用户测到网络侧的以太网业务。

E-Aggr业务：一种多点到点的双向汇聚业务。E-Aggr分为UNIs到NNI侧的汇聚和NNIs到UNI侧的汇聚，VLAN转发表在其中起到关键作用。

3.3　PTN设备的保护原理

此次PTN设备升级组网的方式可以采用LSP1+1线性保护模式，实现一主一备同时传输，双发选收，在完成环网组建后，可以采用wrapping(环回)方式，当某处出现故障时，在故障处相邻两节点进行桥接，环网带宽利用率更高且倒换时间更短。

4　结语

PTN先进技术在智能化气田建设中的首次应用，既提升了川东北气矿下作业区井站网络传输带宽，满足了未来5~10年智能化气田建设的带宽需要，可以实现更多业务同缆传输和不同业务之间的物理隔离，提高了网络传输的可靠性和安全性，满足川东北气矿扁平化管理和作业区“中心站+无人值守井”的模式建设下对生产数据和视频监控在生产管理方面的应用需求，为全面建成“智能化气田”奠定了基础。

参考文献

[1] 刘江浩；丁荣泽等，中国移动本地传输网PTN+OTN组网策略探讨[J]；电信网技术；2010，04.

[2] 侯金泉；陈英华；临海，分组传输网(PTN)技术在新疆油田传输网络中的应用[J]；中国石油通信：123-125.

[3] 汪亮，油气田数字化、智能化转型升级中网络安全的思考[J]；中国石油石化技术与装备：34-35.

[4] 于国艳；林鹏飞；张永军等，电信级以太网PBT和T-MPLS数字平面互通机制[J]；光通信技术：2012，12.

物联网技术在原油料车辆监控管理中的应用

席 欣 靳文婷

（中国石油兰州石化公司）

摘 要 公司原油料的供应主要依靠车辆运输，而车辆在运输中存在管理混乱、难以监控等问题，为了确保原料及时供应，实现企业快速反应，尽可能降低成本和风险，就必须实现对原料运输车辆的精确监控和调度管理。在这一背景下，本论文基于兰州石化公司原料车辆运输现状，分析了原料运输车辆的业务流程和存在的问题，提出了立足技术先进，保证安全可靠、节约投资的原则，提升原油（料）公路铁路管输储运管理系统性能的解决思路。利用手机APP端程序、开发与装车撬系统、出门票系统、磅秤系统、MES系统以及出入厂等接口，实现原油料采购运输信息的共享，提高业务响应速度，加快业务处理进程，提升实现管理的规范化。

关键词 手机APP；WebApi；物联网；消息队列；RabbitMQ

1 项目背景

原油采购部负责公司原油（料）的采购、计量交接、运输及相应的损耗管理，由于驻外站点分散（分布在陕西、新疆、甘肃、青海、宁夏、内蒙等地），运距远近不同（最近500多公里，最远2500公里），需沟通的数据信息量繁多。传统手工传输的统计方式，造成信息传递滞后，容易导致数据传输错误，人工成本高，管理效率低。并且，随着长庆乙烷制乙烯装置生产，从榆林公司到化肥厂卸车压力增大，原有系统不能满足业务需求。

为了适应公司业务发展的需要，确保原油原料采购运输环节都能掌控，准确传递管输原油入厂的计量对比、质量抽检及存储统计数据信息，及时有效控制铁路运营点原油原料火车车辆到达信息，解决榆林公司至兰州石化公路运输压力，立足技术先进、安全可靠、节约投资，建立统一、先进、专业的兰州石化公司原油（料）公路铁路管输储运管理平台。能够实现原油原料采购运输信息的共享，提高各相关业务响应速度，加快业务处理进程。能够理顺和规范原油原料运输车辆调度流程，实现管理的规范化。能够加强内部控制，做到实时监控，及时处理，对每一环节存在的问题可以随时反映，并及得到时解决。能够实现承运商信息、供应商信息、车辆信息、原料日报等报表及车辆监控信息的综合集成，使决策层能够及时得到动态的车辆运输、管线传输数据，为领导的决策提供依据。能够采用自动化控制技术，减少劳动强度，顺利完成计划、合同、采购、运输各个环节的管控与智能管理。

2 现有流程分析

原料运输车辆的流程有四种，按照原料和卸车点的来源分为：互供原料运输过磅流程、互供原料流量计流程和外采原料运输过磅流程、外采原料流量计流程，四套流程完全独立。车辆可以在完成了一套流程后执行另一套流程。其中流量计流程和过磅流程有少量差异，互供原料运输车辆流程以车辆派车计划生成/创建为本次流程的起点以车辆空车过磅称重为本次流程的终点，完成了本次流程后可以再次进行互供/外采原料运输流程。现以互供原料运输流程为例进行流程分析，外采原料运输流程大同小异，互供原料运输流程图如图1所示。

互供原料运输流程设计可以分为13部分，下面对具体流程进行阐述。

1）车辆派车计划：新增车辆进行车辆派车计划单的创建、再次派车的车辆采用车辆派车计划单的生成，车辆派车计划单需审核。

2）空车铅封对比：车辆派车计划审核成功的车辆进行车辆的空车铅封对比。空车铅封对比不一致的车辆需要审核，审核不合格的车辆删除车辆的运输资质，此车辆以后不得派出。

3）待装车排序：通过车辆空车过磅时间和原料产地的理论时间计算获得车辆的理论到达装车点的时间，用理论到达装车点的时间进行车辆的装车点排序。

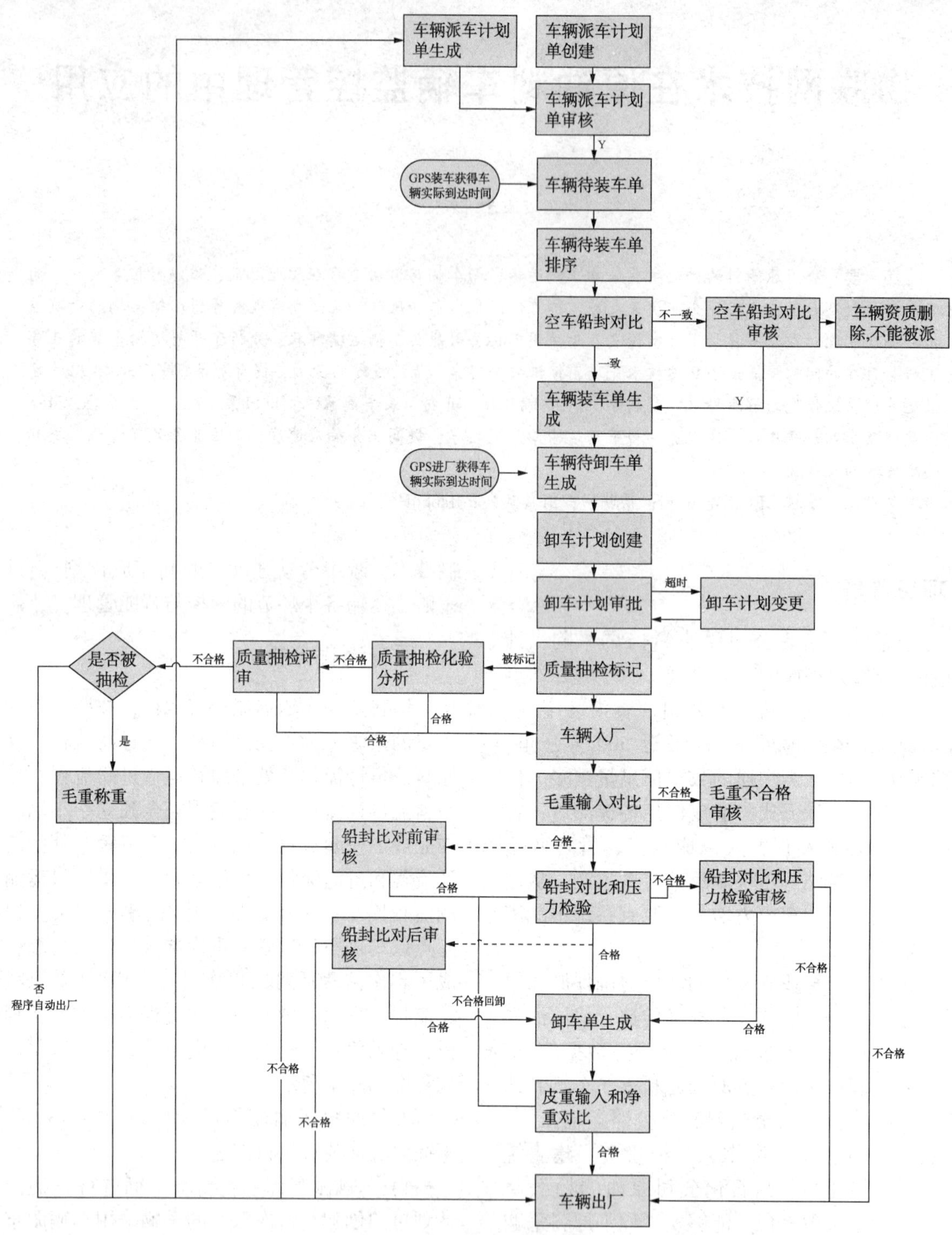

图 1　互供原料运输流程图

4）车辆装车：用派车计划排序完成的车辆可以进行车辆装车单的生成。

5）车辆待进厂单：通过车辆的装车时间和原料产地的理论时间获得车辆的理论到达卸车点的时间，用即将到达卸车点的车辆生成车辆待卸车单。

6）车辆卸车计划：根据车辆的理论到达卸车点的时间生成车辆的进厂排序单（卸车计划单），对车辆的卸车计划单进行审核。每天每过 8 个小时对卸车计划单中的车辆进行的变更，对卸车计划单中的车辆进行新增、删除、升序、降序。变更后的卸车计划仍需审核。

7）车辆质量检验：对已审批卸车计划中的车辆进行质量抽检标记，被抽检到的车辆会锁定与其相同产地装车时间是±8 小时的车辆为同批车辆。进厂后的被抽检车辆需要进行质检化验分析，质检化验分析不合格的被抽检车辆需要进行车辆质检评审，车辆质检评审不合格的车辆释放，可进行下次车辆派车计划生成。

8）车辆进厂：被抽检车辆可以进厂，被抽检车辆质检化验分析合格或质检评审合格的同批车辆可进厂。

9）车辆重车过磅称重：进厂后的车辆过磅称重后可以进行毛重的输入，车辆毛重自动和装车毛重进行比对，比对不合格车辆需要进行车辆毛重比对审核。车辆毛重比对审核不合格的车辆删除运输资质，此车辆以后不得派出，车辆完成异常出厂。

10）重车铅封比对：毛重比对合格或毛重对比审核合格的车辆进行重车铅封比对，重车铅封对比不一致的车辆需要审核，审核不合格的车辆删除了运输资质，此车辆以后不得派出，车辆完成异常出厂。

11）提交审核：铅封前、铅封后提交审批后完成车辆的异常出厂。

12）车辆卸车：重车铅封比对合格或重车铅封比对审核合格的车辆可以进行车辆卸车单的生成。车辆卸车单生成后输入车辆的空车铅封号。

13）车辆空车过磅称重：车辆输入空车铅封号后可以进行过磅称重输入车辆的皮重，车辆净重自动和装车净重进行比对，比对不合格车辆需要进行车辆净重对比审核确认，审核确认合格的车辆重新进行车辆铅封比对和车辆卸车，审核确认不合格车辆删除了运输资质，此车辆以后不得派出，车辆完成异常出厂。

14）车辆出厂：空车过磅称重合格的车辆正常出厂。

3 实现目标

（1）建成危险化学品车辆采购运输管理的统一平台：

通过车辆管理、供应商/客户管理、装卸车点管理、承运商管理、装卸车罐号管理等 10 余项基础数据管理实现危险化学品车辆的基础数据的统一管理。通过计划管理、派车管理、待装车排序管理、装车管理、待进厂排序管理、进出厂管理、称重管理、质检管理、卸车管理等 20 余项功能的实现，通过乙烯厂、化肥厂、石化厂、助剂厂、原油采购部、质检部、计量部、治安保卫部等二级单位的协调办公实现车辆的全过程管理和监控。

（2）通过手机 APP 实现物流管理移动办公、信息发布、消息推送：

实现车辆可进厂排序、待进厂排序、待装车排序的实时公开发布，节省了司机卸车时间，增加了透明度，提高了效率。

实现车辆装车、卸车数据等业务的实时处理，有效突破时间空间限制，提高了业务的时效性，整合时间碎片，提高工作效率。

实现消息推送功能，实时将装车信息、车辆排序信息、车辆位置信息、偏航数据、车辆分布情况、厂区卸车情况、通知等数据推送给司机。实现原油采购部对车辆的远程监控。避免了厂门口车辆的积压。实现司机实时了解厂内情况，对车辆运输速度、进厂时间进行灵活调配。

（3）通过 IC 卡、大屏幕等设备实现物联网，实现了多种来源的数据采集：

通过大屏幕设备对可进厂车辆排序、待进厂车辆排序在厂门口进行公示，提高了车辆排序的透明度，减少了司机承运商的矛盾，避免的插队的纠纷。采用 IC 卡及进/出厂门禁接口实现门岗的无人值守，减轻了门岗用户的工作量，提高了进/出厂的效率。

通过采集 IC 卡的数据和与上海汉中诺公司计量信息系统集成实现了称重数据的自动采集生成和称重结果自动推送和显示，提高了车辆过磅称重的效率，减轻了计量管理工作人员的工作量，避免了误操作。

通过与江苏拓普科技公司的榆林装车撬系统的集成实现了车辆铅封及装车数据的自动采集生成，避免了装车人员数据录入工作，实现了自动化采集和数据的自动传输。

通过与 MES 生产运行系统的集成实现了为生产日报提供数据的功能。实现决策层日报原料车数自动化的数据采集和传输。

通过与 GPS 系统的集成实现了车辆分布情况的采集、车辆待装车、待进厂排序的自动采集和生成、偏航报警、轨迹回放等功能，为原油采购部的车辆监控提供了全方位的技术支持。

通过与制度五化平台的集成实现了供应商、承运商评价的时限考核数据的自动传输。

（4）对接口软件架构进行设计，建立了统一的系统接口规范：

通过使用开源的接口框架，通过设计接口方案、完善接口字段等方式，建立了统一的系统接口规范，减轻了系统间数据传输混乱，减轻了接口开发的工作量，为未来的系统集成、数据集成提供了基础。

（5）建成覆盖原油采购部全部业务的信息化工作平台：

通过完成基础数据维护、计划管理、合同管理、结算管理、铁路运输管理、公路运输管理、管输管理、GPS接口管理、报表管理、系统管理、手机APP程序等11个功能模块60余项主要系统功能的开发及测试。实现了原油采购部业务的全覆盖，为公司原油、原料的采购、运输、结算等业务提供了信息化支撑。

（6）建成与出门票系统的统一接口平台：

完成承包商、入厂证与系统中主车车辆信息、挂车车辆信息、司机、承运商等信息的同步及其管控，实现入厂出厂车辆的相关信息通过原油料系统往出入管理平台的同步；完成只有通过出门票系统的接口传输才能完成原油料系统中的重车出厂和半重车出厂的管控。为出门票系统接口提供数据和管理支撑。

4　技术思路

原料运输车辆监控管理系统web版，软件方面：前端采用html+css+jquery的流行前端框架，后端采用.net语言进行程序开发，数据库采用oracle数据库。代码遵循软件设计中的高内聚、低耦合原则。部署方面：将web、应用组件、数据库部署在云平台。

原料运输车辆监控管理系统移动版，软件方面：前端采用Vue.js前端框架，使用Vue-Router实现前端页面路由控制，使用.Vue单文件组件组织Html、CSS和Javascript代码编写。后台技术栈采用Node.js，实现了事件驱动，利用JavaScript和JSON数据灵活可变的特点实现了应用快速部署。数据提供端单独部署webapi站点，采用MVC、WebApi的方式提供移动版的数据查询。同时部署RabbitMQ消息队列，移动版中的派车、装车、卸车通过使用消息队列+Windows服务的方式进行接口数据的传输。部署方面：通过部署DMZ区服务器实现移动版程序服务器端的部署。

物联网接口，软件方面：1）GPS系统的数据集成，实现车辆位置共享、预计进厂时间的自动采集、偏航报警等功能的实现。2）计量管理系统的数据集成，通过IC卡大屏幕等设备实现称重数据的自动采集及称重结果的反馈。3）榆林公司装车撬系统的数据集成，实现榆林装车、空车铅封等数据的自动采集。4）进/出厂接口，通过IC卡及大屏幕等设备实现进出厂门口数据的自动采集和无人值守。部署方面：通过消息队列及webapi网站的方式进行部署。

物联网接口采用REST方式进行，WebApi接口非常适合做http的请求，前端与WebApi交互特别方便，WebApi更轻量因为使用的Json数据来传递。WebApi很多时候是给前端提供数据的，因为WebApi跟控制器关联的没那么紧密，这样传递数据的WebApi对手机、App、接口、Web页面都可以通过同一个数据源提供数据，比较灵活。

物联网数据要求高并发、异步数据处理可以采用RabbitMQ技术进行接口数据传输。RabbitMQ是实现了高级消息队列协议（AMQP）的开源消息代理软件（亦称面向消息的中间件）。RabbitMQ服务器是用Erlang语言编写的，可以用于在分布式系统中存储转发消息，RabbitMQ具有可靠性、灵活的路由、消息集群、高可用性、多种协议、多语言客户端、跟踪机制、插件机制等特点。非常适用于作为接口消息传递的中间件。

5　采用物联网技术实现接口的详细设计

原油料车辆监控管理系统采用物联网技术进行数据采集，在系统进行数据的处理传输后，使用物联网技术、手机APP技术对系统中的数据进行各种方式的展示，通过使用webapi的接口方式完成基础数据同步、榆林装车接口数据传输、手机APP接口传输、车辆出门票接口传输、车辆过磅称重接口传输、车辆出入厂接口传输、，MES报表数据传输。

（1）基础数据同步的设计

要求实现主数据管理系统中的承包商数据与原油料车辆监控管理系统的数据同步，实现一套数据管理多系统，以下为承包商数据同步功能的数据流图：

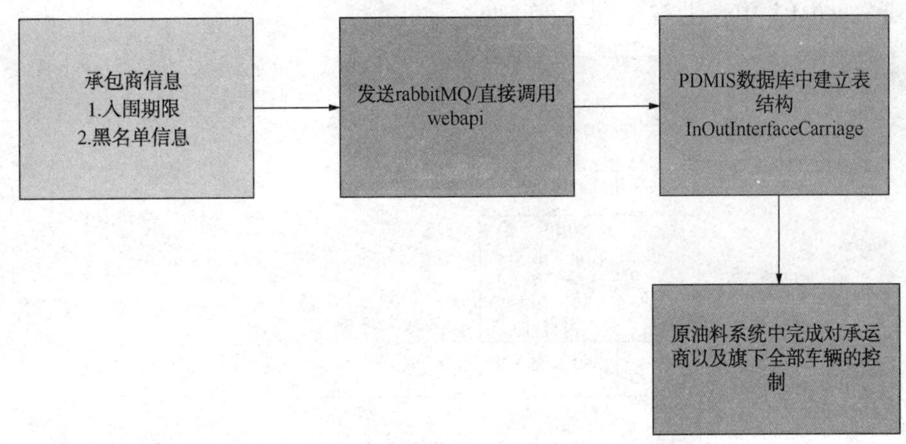

图 2　承包商管理数据流图

要求实现主数据管理系统中的入厂证数据与原油料车辆监控管理系统中的主车号、挂车号、主挂车号对照功能的数据同步，以下为入厂证数据同步功能的数据流图：

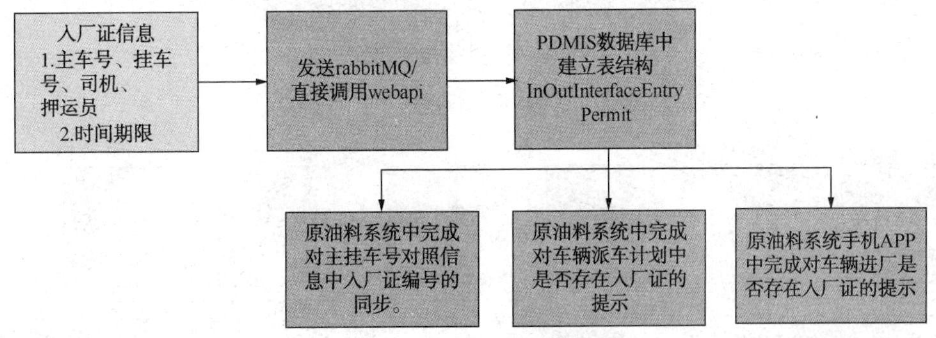

图 3　入厂证管理数据流图

采用控制台程序+计划任务每天获取 2 次承包商信息、入厂证信息，将其直接存储于原油料车辆监控管理系统数据库中。在原油料车辆监控管理系统与承运商页面的功能、主挂车号对照功能等功能或菜单建立关联，获取对系统中全部承运商及其车辆的管理和控制。

（2）榆林装车接口的设计

要求实现拓普科技公司使用装车撬系统进行车辆空车铅封数据、装车数据的输入，由空车铅封数据、装车数据完成原油料车辆监控管理系统中空车铅封比对、车辆装车。以下为榆林装车接口的数据流图：

榆林装车接口数据流图分为 2 个步骤。

（1）原油料车辆监控系统提供即将进行车辆装车单制作的派车计划 WebApi，提供车辆装车点、罐号、原料对应关系的 WebApi，装车撬系统调用 WebApi 进行车辆毛重、皮重、装车点、罐号、原料品名、装车压力、装车时间、装车铅封号等信息在中间数据库的保存，同时发送 RabbitMQ 消息队列，原油料车辆监控系统获取消息队列数据后完成空车铅封比对单、车辆装车单的制作。

（2）原油料车辆监控系统提供空车铅封比对单、车辆装车单的最终结果的 WebApi，装车撬系统获取最终的结果。

（3）手机 APP 的设计

要求通过手机 APP 实现登录验证功能、消息推送功能、可进厂排序列表查看功能、待进厂排序列表查看功能、待装车排序列表查看功能等功能。以下为手机 APP 的数据流图：

采用 WebApi 的方式提供登录验证，提供两条 WebApi 分别为原油料车辆监控管理系统的用户名/密码、原油料车辆监控管理系统中的车号进行登录的验证。使用 WebApi 对即将到达卸车点/装车点的车辆进行消息推送。使用 WebApi 对待进厂车辆列表、可进厂车辆列表、待装车车辆列表进行列表的数据展示。

（4）车辆出门票接口设计

要求重车、半重车车出厂需要完成与车辆出门票管理系统的接口，开具有效出门票后才可以进行原油料车辆监控管理系统中的车辆异常出厂。

车辆入厂并且完成过磅称重后/出厂后，发

送相关信息到 rabbitMQ 中，供智能出入管理　　调用。

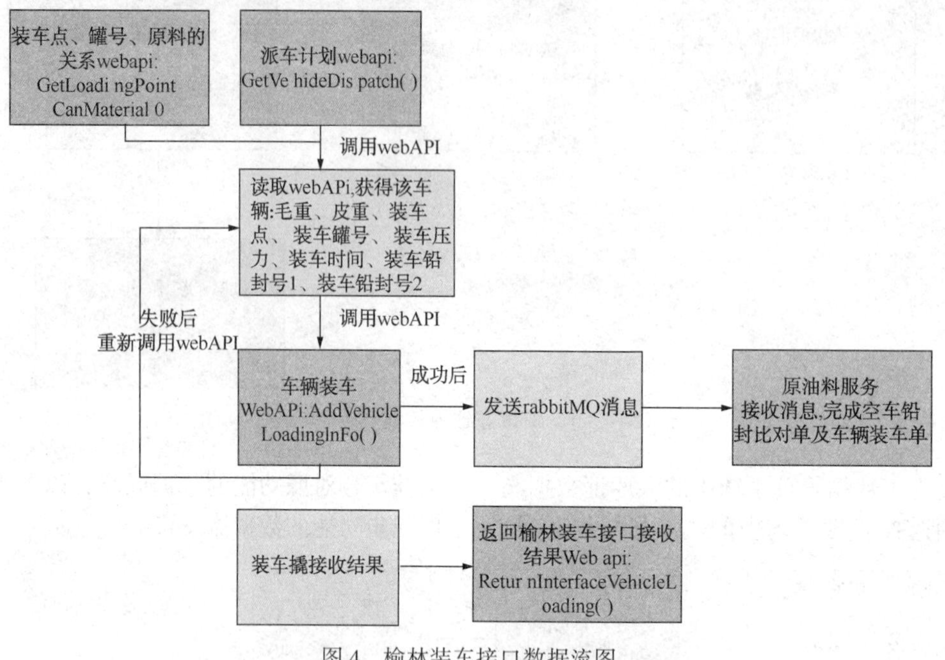

图4　榆林装车接口数据流图

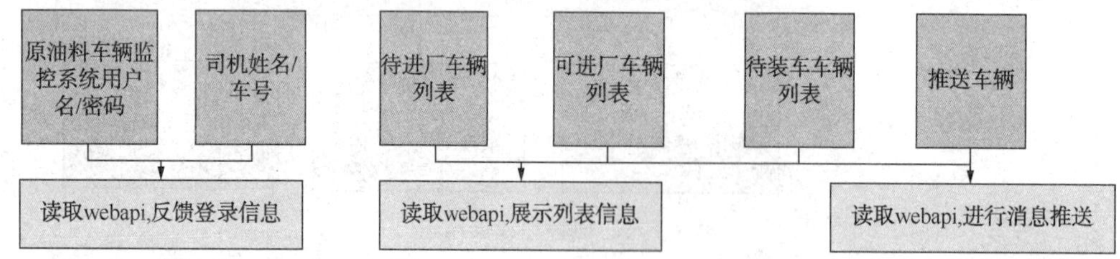

图5　手机 APP 接口数据流图

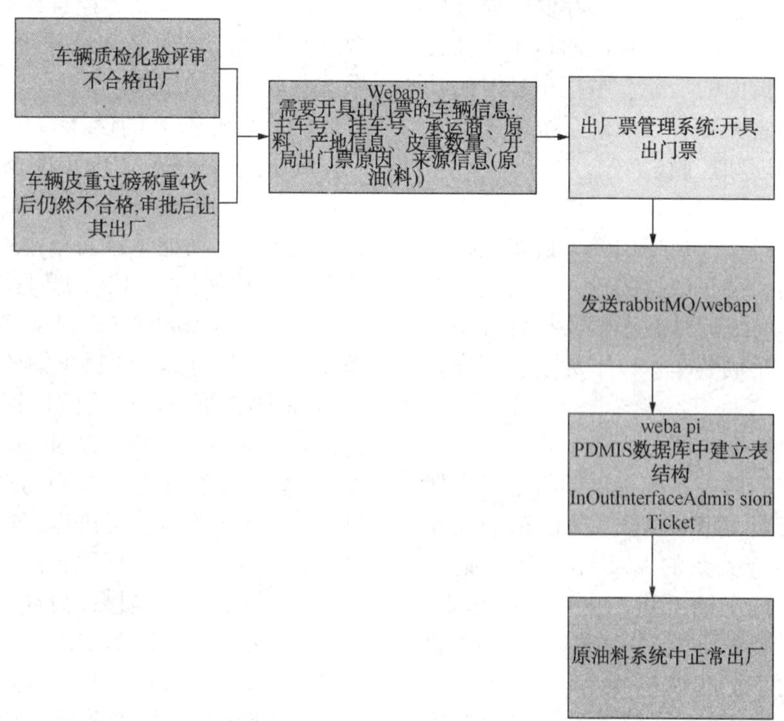

图6　车辆出门票接口设计图

原油料监控管理系统中可能产生5种异常出厂方式分别为：

（1）由质检部领导提交车辆质检评审后不合格产生异常出厂。

（2）由计量管理部领导提交车辆毛重比对不合格审批后产生异常出厂。

（3）由原油采购部领导提交车辆铅封前提交异常出厂

（4）由原油采购部领导提交车辆铅封后提交异常出厂。

（5）由乙烯厂/化肥厂/石化厂领导提交车辆铅封压力不合格审批的异常出厂。

由上述5种情况产生WebApi由车辆出门票管理系统调用，产生出门票后，调用WebApi在中间数据库中保存出门票相关信息，同时提交RabbitMQ，原油料监控管理系统获取出门票相关信息后正常出厂。

（5）车辆过磅称重接口的设计

原料运输车辆监控管理系统与车辆磅房固定扫描RFID设备完成接口用于车辆过磅称重数量的自动获取及重量比对结果展示。与车辆磅房固定扫描系统的集成又分为重车过磅称重集成和空车过磅称重集成两个环节。这两个环节的流程都分3步。车辆过磅称重接口流程图如图4-4所示：

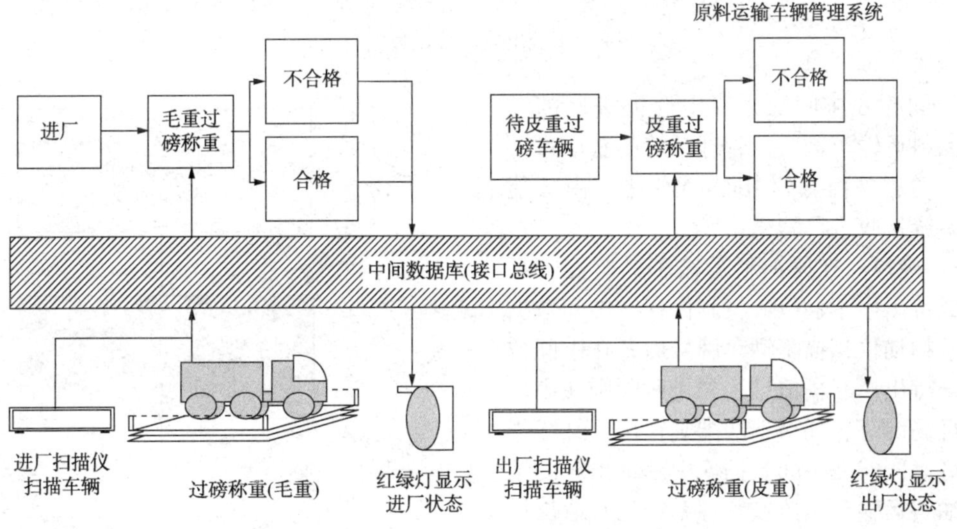

图7 车辆过磅称重接口设计图

车辆重车过磅称重接口设计：

1）车辆在原料运输车辆监控管理系统进厂后，在中间数据库中产生待毛重过磅称重的记录。

2）车辆到达磅秤后，由进厂RFID扫描仪扫描车辆的电子标签，在磅秤系统中获得车辆毛重后传输中间数据库中的与待毛重过磅称重的记录进行匹配，匹配上的车辆在原料运输车辆监控管理系统中填入毛重数量。

3）在原料运输车辆监控管理系统进行毛重的比对，将毛重数据比对的结果发送给中间数据库，通过中间数据库反馈车辆毛重比对的结果在进厂红绿灯显示。通知车辆司机是否继续进厂卸车或者出厂外卖。

车辆空车过磅称重接口流程为：

1）车辆在原料运输车辆监控管理系统完成卸车与空车铅封输入后，在中间数据库中产生待皮重过磅称重的记录。

2）车辆到达磅秤后，由进厂RFID扫描仪扫描车辆的电子标签，传输中间数据库后与待皮重过磅称重的记录进行匹配，匹配上的车辆在原料运输车辆监控管理系统中填入皮重数量。

3）在原料运输车辆监控管理系统进行皮重的比对，将皮重数据比对的结果发送给中间数据库，通过中间数据库反馈车辆皮重比对的结果在出厂红绿灯显示。反馈给车辆司机是否继续回卸或者出厂。

（6）车辆出入厂接口的设计

实现功能：通过rfid车辆标签实现车号的扫描识别，通过发送rabbitMQ消息队列实现，该环节分为，下图为车辆出入厂接口数据流图：

车辆进出厂的接口设计：

1）进厂接口：进厂RFID扫描仪扫描车辆RFID电子标签后，在中间数据库中检查待进厂车辆排序信息及抽检信息，如果匹配则在进厂红绿指示灯亮绿灯，如果不匹配则在进厂红绿指示

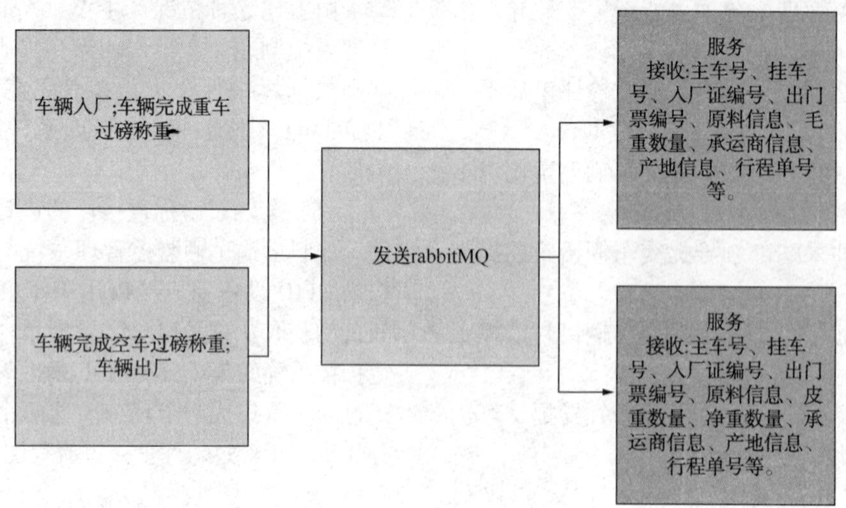

图 8　车辆出入厂接口数据流图

灯亮红灯。同时在中间数据库中反馈进厂的结果，由原油料运输车辆监控管理系统的获取进厂的信息。发送相关信息到 RabbitMQ 中，由智能出入管理系统接收进厂信息。

2）出厂接口：在原油料运输车辆监控管理系统中生成待出厂车辆后，将其保存在中间数据库中，出厂扫描仪扫描车辆车牌号后，在中间数据库中检查待出厂车辆信息，如果匹配则在出厂红绿指示灯亮绿灯，如果不匹配则在出厂红绿指示灯亮红灯。同时在中间数据库中反馈出厂的结果，由原油料运输车辆监控管理系统的获取出厂的信息。发送相关信息到 RabbitMQ 中，由智能出入管理系统接收进厂信息。

（7）报表数据 MES 接口的设计

实现功能：实现每日不同产地报表数据的查询和输出，其中数据包含每日派车车数合计、每日发运车数合计、每日发车发运原料重量合计、每日卸车车数合计、每日卸车原料重量合计、每日待卸车数合计、每日待卸车发运原料重量合计、每日在途车数合计、每日在途车发运原料重量合计等。

下图是接口数据流图：

通过采用 REST 方式，使用 webapi 对报表数据进行查询输出。通过使用控制台程序+计划任务完成报表接口数据在 mes 系统中的使用。

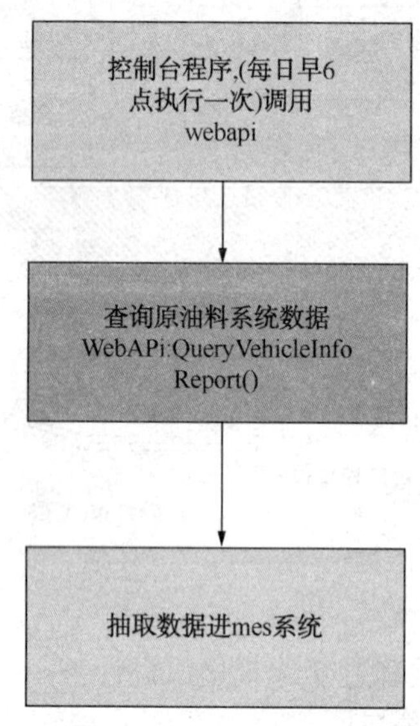

图 9　MES 接口数据流图

5　总结

通过 GPS 车辆监控平台偏航报警功能的定制，与 IC 卡、拓普科技装车撬系统、MES 系统、电子显示及红绿灯等设备接口程序的开发，实现物流软件和 GPS 车辆监控软件有机结合，WEB 系统与手机 APP 程序无缝连接，加大运输车辆全流程监控力度，提升车辆路途监控的灵活性，提高了在用车辆周转率，做到了上下游企业联动，保证了上下游企业的正常生产，实现了装、卸车辆的“零等待”，极大地提高了企业管理水平。

参　考　文　献

[1] 庞立伟；郑明伟；吴洋晖；鞠峰．物联网下智能物流供应链管理探究[D]．合作经济与科技，2020 年 06 期。

[2] 陈君．物联网关键技术与应用[D]．科技传播．2020-05-25。

[3] 张庆生．基于 GPS/GIS 车辆监控系统的设计与实现[D]．中国哈尔滨：哈尔滨理工大学图书馆，2007，3：1-20。

基于 Portal 实名认证在独山子石化公司的应用

秦德明　苏大伟　叶自力　李　书　张　千

（中石油独山子石化公司）

摘　要　本文通过本企业基于 Portal 实名认证的实施实例，重点阐述了企业 Portal 实名认证的解决方案、认证方式、部署架构、用户数据收集、项目上线准备及实名认证投用后的应用效果，总结了实施方法和应用的经验，为其他企业部署 Portal 实名认证系统提供了可参考的实用案例。

关键词　Portal；IMC；NAT；RADIUS

1　项目实施背景

在企业中，内部资料或涉密信息随时可能通过网络泄露，员工发表不当言论会影响到集体的利益时，无法寻找到直接责任人。具体原因主要有企业内部计算机自动获取 IP 地址，地址租期较短，发现问题时，人员与计算机设备定位困难；生产装置现场操作室计算机是多人共用，出现异常情况时，确定计算机使用人员较困难；外来施工人员较多，随意接入网络，无有效方法管控。为解决上述问题，公司内部对比多种认证方案，最后确定采用新华三的 IMC 网管软件，对全网用户实施基于 Portal 的实名认证系统进行实名认证。

2　Portal 认证系统组件及软硬件要求

网络实名制作为一种以用户实名为基础的互联网管理方式，可以成为保护、引导互联网用户的重要手段和制度。独山子石化公司的实名认证系统选用的是新华三的网管系统，它的组件主要有：IMC 智能管理中心平台、WSM 无线业务管理组件、EIA 终端智能接入组件、BIMS 分支网点智能管理系统组件等。部署该网管系统的软硬件要求如下：

表 1　服务器硬件

序号	组件	CPU	内存	磁盘空间
1	iMC 平台、WSM 组件	2.5G：8 核	32G	500G
2	EIA 组件	2.8G：8 核	32G	500G
3	BIMS 组件	2.5G：8 核	16G	500G

软件环境：

操作系统推荐使用 Windows Server2008R2SP1 及以上；

数据库推荐使用 SQL Server2008R2SP2 及以上。

3　Portal 认证原理及系统组成

Portal 在英语中是入口的意思，通常也称为 Web 认证，一般将 Portal 认证网站称为门户网站。未认证用户上网时，设备强制用户登录到特定站点，用户可以免费访问其中的服务。当用户需要使用企业网中的其它信息时，必须进行认证，只有认证通过后才可以使用网络全部资源。用户可以主动访问已知的 Portal 认证网站或通过 Portal 认证客户端输入用户名和密码进行认证，这种开始 Portal 认证的方式称作主动认证。反之，如果用户试图通过 HTTP 访问其他外网，将被强制访问 Portal 认证网站，从而开始 Portal 认证过程，这种方式称作强制认证。

Portal 的典型组网方式如下图所示，它由四个基本要素组成：认证客户端、接入设备（认证网关）、Portal 服务器、认证/计费服务器。

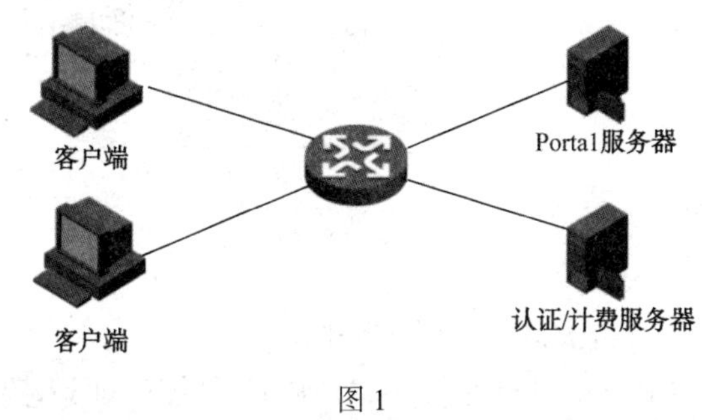

图 1

认证客户端：安装于用户终端的客户端系统，为运行 HTTP 协议的浏览器或运行 Portal 客户端软件的主机。

接入设备：交换机、路由器等接入设备的统称，主要有三方面的作用：

在认证之前，将认证网段内用户的所有 HTTP 请求都重定向到 Portal 服务器。在认证过程中，与 Portal 服务器、认证/计费服务器交互，完成身份认证/计费的功能。在认证通过后，对于 Portal 认证，允许用户访问被管理员授权的互联网资源。

Portal 服务器：接受 Portal 客户端认证请求的服务器端系统，提供免费门户服务和基于 Web 认证的界面，与接入设备交互认证客户端的认证信息。

认证/计费服务器：与接入设备进行交互，完成对用户的认证和计费。以上四个基本要素的交互过程为：

未认证用户访问网络时，在 IE 地址栏中输入一个互联网的地址，那么此 HTTP 请求在经过接入设备时会被重定向到 Portal 服务器的 Web 认证主页上；用户在认证主页/认证对话框中输入认证信息后提交，Portal 服务器会将用户的认证信息传递给接入设备；然后接入设备再与认证/计费服务器通信进行认证和计费；认证通过后，接入设备会打开用户与互联网的通路，允许用户访问互联网。

由于 Portal 客户端以 IP 地址为身份标识，因此使用 Portal 业务时，在认证客户端、接入设备、Portal 服务器、认证/计费服务器之间不能有配置 NAT(NetworkAddress Translation，网络地址转换)特性的设备，避免地址转换导致认证失败。目前支持 Portal 认证的认证/计费服务器为 RADIUS (Remote AuthenticationDial - In User Service，远程认证拨号用户服务)服务器。

4 Portal 认证

Portal 的认证方式分为两种：非三层认证方式和三层认证方式。非三层认证方式分为两种：直接认证方式和二次地址分配认证方式。三层认证方式和直接认证方式基本相同，但是这种认证方式允许认证客户端和接入设备之间跨越三层转发设备。

由于三层认证可以跨接三层设备，而接入设备不会学习认证客户端的 MAC 地址信息，所以是以 IP 地址唯一标识用户；而非三层认证方式中的接入设备则可以学习到认证客户端的 MAC 地址，所以是以 IP 和 MAC 地址的组合来唯一标识用户。以上不同的组网方式和用户标识特点使得认证客户端的 MAC 地址不变、IP 地址改变时，在三层认证方式下会激发新的 Portal 认证，而在非三层认证方式下不会激发新的 Portal 认证。只有认证客户端的 MAC 地址和 IP 地址同时改变时，非三层认证方式下才会激发新的 Portal 认证。

4.1 本项目采用的认证方式

本企业网络接入采用了直接认证方式。直接认证方式的流程如下图所示：

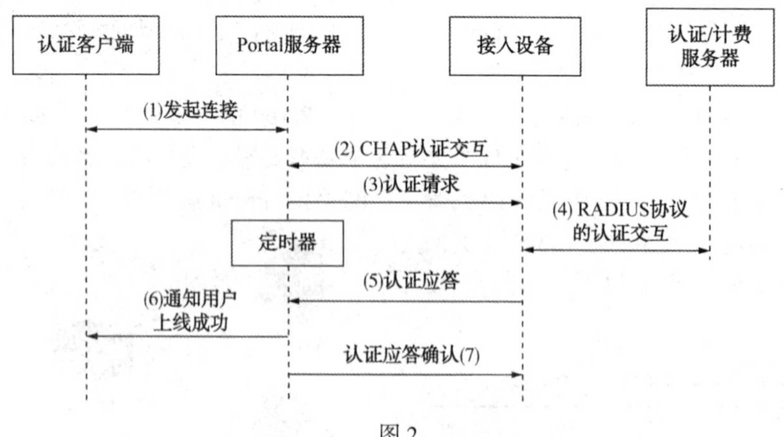

图 2

直接 Portal 认证流程步骤：

Portal 用户通过 HTTP 协议发起认证请求。HTTP 报文经过接入设备时，对于访问 Portal 服务器或设定的免费访问地址的 HTTP 报文，接入设备允许其通过；对于访问其它地址的 HTTP 报文，接入设备将其重定向到 Portal 服务器。Portal 服务器提供 Web 页面供用户输入用户名和密码来进行认证。Portal 服务器与接入设备之间进行 CHAP (Challenge Handshake Authentication Protocol，质询握手验证协议)认证交互。若采用

PAP(Password Authentication Protocol，密码验证协议)认证则直接进入下一步骤。Portal 服务器将用户输入的用户名和密码组装成认证请求报文发往接入设备，同时开启定时器等待认证应答报文。接入设备与 RADIUS 服务器之间进行 RADIUS 协议报文的交互。接入设备向 Portal 服务器发送认证应答报文。Portal 服务器向客户端发送认证通过报文，通知客户端认证(上线)成功。Portal 服务器向接入设备发送认证应答确认。

4.2 部署结构图

IMC 平台及 EIA 认证系统部署在数据中心，并通过分布式部署，将 iMC 平台和 EIA 认证系统分别部署在两台虚拟机上，以满足设备管理需求和大量用户认证的需求。准入 portal 认证需要在 vlan 虚接口做认证配置，且认证设备必须为 H3C 设备。通过 2017 年和 2019 年两次网络改造工作，全网汇聚交换机已经更换成 H3C7506E 交换机，满足全网实名认证条件。

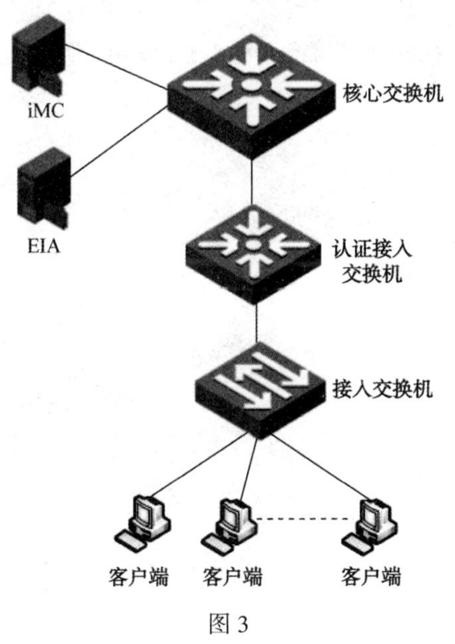

图 3

4.3 Portal 认证配置

H3C iMC 智能管理中心集 Portal server、AAA server、安全策略服务器的功能于一身，所以使用 iMC 实现用户 Portal 认证的配置流程如下：

增加接入设备：在 iMC 中增加本地支持 AAA 特性的设备，在本项目中主要是指安全接入网关。

策略和服务制定：安全策略和服务需要提前进行制定，服务可以包含各种安全策略，也可以不包含任何策略。

增加接入用户：为用户配置接入帐号并申请步骤 2 中下发的服务

配置 portal 服务，包括(1)在 iMC 中配置 portal 服务器(2)增加 IP 地址组(3)增加 portal 设备并引用 IP 地址组，注：(2)(3)限定了用户可以进行 portal 接入的范围。

配置接入设备：在接入设备中配置 Radius Scheme、Domain、Portal 和 DHCP

配置 iNode 客户端：配置 Portal 认证连接。用户通过 Portal 认证，顺利接入网络。

Portal 配置流程如下图所示：

4.4 Portal 配置参数设定

用户静默时间设置为 10 分钟，即 10 分钟不访问资源(或访问资源少于 102400 字节)，接入设备强制用户下线。

Portal 服务器故障 60 秒，或者 portal web 服务器故障 4 分钟，用户直接放通，不用认证即可访问资源，当 portal 服务器正常，且 portal web 服务器正常后用户访问资源需要认证。

用户通过 web 认证后，关闭认证页面，30 分钟后接入设备强制用户下线。

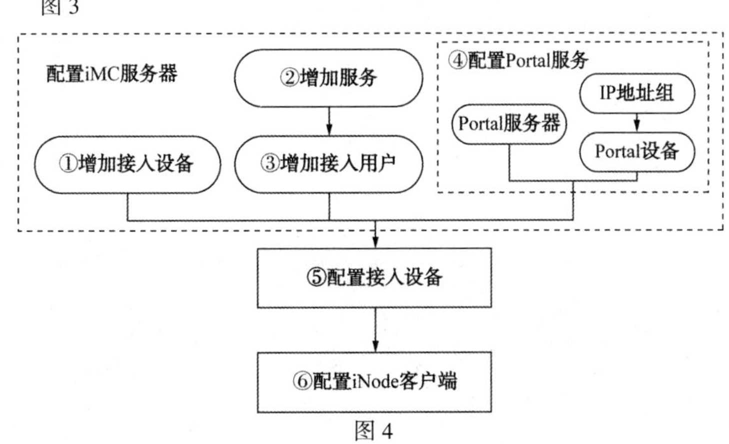

图 4

用户认证数量限制为 3，即同一用户可在不同的设备上认证 3 次。

4.5 Portal 认证系统上线

用户信息收集、整理并导入认证平台：在用户认证开启前，需要将各单位用户信息按单位进行整理，形成用户信息表，并将用户信息按单位分组导入认证平台。用户信息需要包括但不限于以下部分：姓名、工号、单位、科室、账号、密码等。在用户认证开启前需要告知各厂站用户的账号及密码。

免认证设备处理：打印机等无法认证的设备可以通过设置免认证 IP 实现，由于设置免认证 IP 占用资源较多，每个认证网关设备设置数量有限，建议各单位将无法认证的设备 IP 地址调整至同一个 VLAN 且该 VLAN 不启用认证。

用户客户端安装：用户认证可通过弹出 web 认证界面，通过账户名密码认证方式和客户端认证方式。由于 web 认证方式存在关闭页面后会自动断线等问题，建议固定有线用户采用客户端认证方式，在用户认证开启前需要通知用户安装客户端。

开启用户认证：准备工作完成后，以厂站为单位依次进行用户认证的开启。

用户认证问题解决：在开启用户认证过程中解决认证客户端等问题，将问题编辑成册，以便作为后期维护的工具。

5 实现的意义与总结

通过该 Portal 认证系统的部署，实现了未认证用户上网时，设备强制用户登录到特定站点，用户可以免费访问其中的服务。当用户需要使用企业网中的其它信息时，必须进行认证，只有认证通过后才可以使用网络全部资源。通过实名认证系统的实施，解决了企业内部计算机自动获取 IP 地址，地址租期较短，发现异常时，人员与计算机设备定位困难的问题，解决了生产装置现场操作室计算机是多人共用，出现异常情况时，确定计算机使用人员较困难问题，解决了外来施工人员，随意接入网络，无有效方法管控的问题，达到了项目设计要求。

参考文献

[1] 新华三 IMC 智能管理中心平台使用手册

广域网 SDN 的转发技术比较

万 骏 王 滔 彭元文

（中国石油新疆油田分公司）

摘 要 随着信息化的深化发展，广域网接入节点数量大幅增加，承载的业务量快速增长。广域网的SDN改造将大大减少传统广域网结构中，维护大量的网络设备、复杂的配置策略所耗费的人力与时间。在对传统广域网进行SDN改造时，有多种转发技术可以选择。本文简要介绍了目前广域网SDN转发技术的转发原理，对利用不同转发技术进行广域网SDN建设的特点及差异进行比较，如组网架构、策略下发、TE流量工程、多业务隔离、对IPv6过渡支持等。

关键词 广域网；SDN；流表转发；SR-MPLS；MPLS-TE

SDN（Software Defined Network，软件定义网络）核心思想是将网络定义为转发平面（交换机和路由器组成）和控制平面（由网络信息采集、业务编排、策略下发等功能模块组成，为了方便这里合并统称为控制器 controller）。控制器收集网络中的转发器状态（设备及端口 up/down、CPU 等资源占用率）和链路状态（带宽占用率）等信息，综合分析并计算出进入广域网的数据流的转发路径，并将相关的转发策略下发给转发器；转发器收到数据报文后，将根据其数据流的转发策略进行转发。SDN 的网络整体架构如图 1 所示。

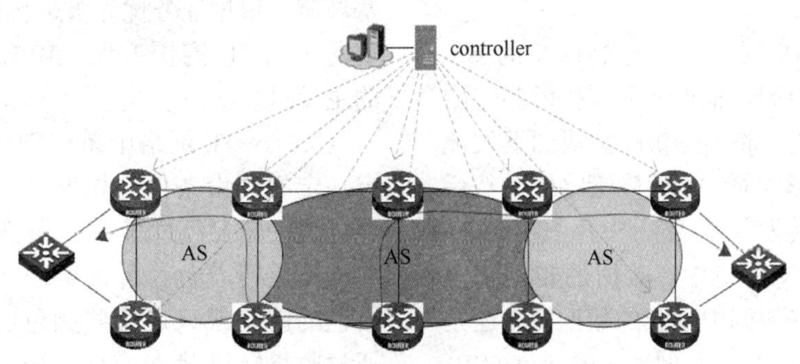

图 1 SDN 广域网的整体架构

SDN 方案能解决传统广域网业务下发及调整速度慢、长途链路流量无法动态调整等问题，对大型广域网进行 SDN 改造是一项切实的需求。对 SDN 网络而言，转发平面的转发器采用不同的转发技术，将影响甚至决定广域网 SDN 的组网架构、业务支持能力及功能。对广域网 SDN 而言，转发平面的转发技术目前主要有流表转发技术、MPLS-TE 技术和 SR-MPLS 技术。

1 流表转发技术

流表转发技术，是转发器根据控制器下发的流表（flowtable）进行转发，其转发表内容除包括传统数据流五元组（IP 源地址、IP 目的地址、协议号、源端口、目的端口）外，还包括报文在转发器的输入端口、源 MAC 地址、目的 MAC 地址、以太网类型、VlanID 等共 10 元组信息，这些信息一起定义一个数据流在设备上的转发策略，所有设备的转发策略构建成一个数据流在整个网络的转发路径，其网络架构如图 2 所示。

基于流表的 SDN 网络中，控制器需要向每一台转发器下发相关数据流的转发表，流表的下发分为主动模式和被动模式。主动模式下，控制器主动将流表发给每一个转发器，转发器收到数据后根据流表进行数据转发。这种模式下，每个转发器具有所有数据流的流表，转发器的流表条目数量大，增大了转发器的负担；被动模式下，转发器收到数据报文后查找本地的流表，如果没有匹配的流表，就将该数据报文头发给控制器，控制器计算出转发路径后再将该数据包的流表返回给转发器进行转发，同时转发器启动老化时间，当无该流数据进行转发的时间超时时，就删除该流表转发项。被动模式下转发器不用存储大量的流表条目。

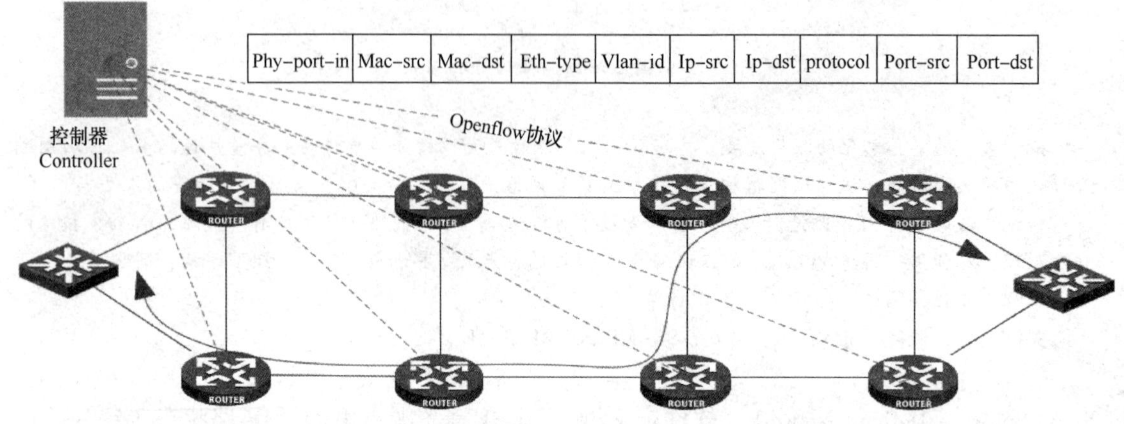

图 2 基于流表的转发技术

基于流表的 SDN 网络中，转发器没有控制功能，数据的转发全部依赖控制器下发的转发流表，所以控制器与网络转发设备之间需要构建单独的网络，来实现控制器与转发器之间的 openflow 协议数据流。

基于流表的 SDN 网络中，对数据流的 Qos 保障解决方法，是控制器根据业务编排时制定的业务 Qos 的保障策略，将 Qos 策略集成到下发流表中，在转发器中形成 Qos 的保障策略树，然后根据流优先级进行转发。

基于流表的 SDN 网络中，数据的转发完全基于流表，在整个广域网中承载的数据格式还是原有字段格式，包括“以太网头+IP 头+TCP/UDP 头+应用数据”等。

2 MPLS-TE 技术

MPLS 网络技术中，转发设备根据数据的输入端口和标签进行判断，确定数据转发出端口和新标签。在 MPLS 网络中，转发标签是插入在二层报文头与三层报文头之间的一个 4 字节 MPLS 头，其中标签（lable）为 20bit；优先级（exp）为 3bit，用于业务的 Qos 标记；栈底标志（s）为 1bit，用于多层 MPLS 头封装识别，便于在广域网中构建客户 VPN 网络；TTL 为 8bit，用于网络数据防环。网络中转发路由器 LSR 依据本地的标签转发表 Lfib 进行转发。标签转发表包括数据报文的入端口、入标签、出端口、出标签属性，网络中各转发器的 Lfib 共同构建出各标签转发类（FEC）的标签转发路径 LSP。

MPLS-TE（MPLS Traffic Engineering）转发技术，是基于 MPLS 转发技术基础之上引入流量工程技术，其核心思想是对业务建立多条 LSP 并进行资源预留，通过对 LSP 的调整实现链路拥塞规避，根据业务优先级进行链路资源抢占，实现网络的 TE 流量工程。MPLS-TE 的技术实现的主要过程如下。

MPLS-TE 网络中系统创建 LSP 时，可以设定一定的约束条件。如可以设定创建的 LSP 不经过或一定要经过某 LSR 节点；MPLS-TE 网络对链路进行着色，可设定创建 LSP 时不走哪些颜色的链路或只走哪些颜色的链路。MPLS-TE 通过收集链路状态信息，结合 RSVP-TE 技术，收集链路包含的最大带宽，为其他 LSP 预留的带宽以及剩余的可用带宽值，并将该类属性值写入 TEDB 数据库中。MPLS-TE 在创建 LSP 时，让新建 LSP 只走有足够剩余带宽的链路，从而为新建 LSP 提供带宽约束。

MPLS-TE 通过动态调整机制实现网络的 TE 工程，如采用备用 LSP 和快速重路由（FRR）实现网络的故障快速恢复，通过链路抢占机制实现链路的优先级保障。

MPLS-TE 为 FEC 建立备用 LSP 机制，当主用 LSP 连接失效时，业务快速切换到备份 LSP。快速重路由机制，就是在系统中设定某些节点或链路故障时，系统启用保护隧道路径，对故障节点或链路进行 bypass，实现对某些节点或链路的保护。如图 3 所示，网络正常时，A 至 G 的主用

LSP 的路径为 A-B-D-F-G。当 BD 间的链路中断时，在节点 B、D 上启用保护 LSP（LSP：B-C-D）来代替原来 B-D 间的链路。同理，可以在 A 和 D 上建立保护 LSP：A-C-D 来保护节点 B 的故障。

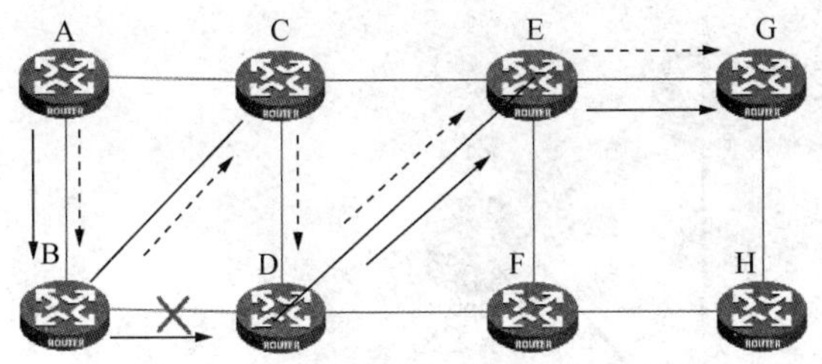

图 3　MPLS-TE 的 LSP 的快速重路由

LSP 链路抢占机制，对 LSP 分配不同的优先级，优先级高的 LSP 带宽不足时，可以抢占优先级低的 LSP 资源；当优先级低的 LSP 带宽被抢占后，其链路剩余带宽资源不足以支持被抢占的 LSP 带宽需求时，系统重新计算并建立新的 LSP 进行替代。如图 4 所示，网络中隧道 1 其 LSP 为 A-B-E 带宽 100M，隧道 2 其 LSP 为 C-B-F 带宽 80M。当 B-E 间的链路中断时，B 通知 A 建立新的隧道 1 的 LSP：A-B-F-E，但 B-F 之间的总带宽达不到隧道 1 和隧道 2 总带宽要求，根据优先级，隧道 2 的级别低，带宽被抢占。此时 B 通知 C 撤销原有 LSP（C-B-F）重新建立 LSP（C-D-E-F）。

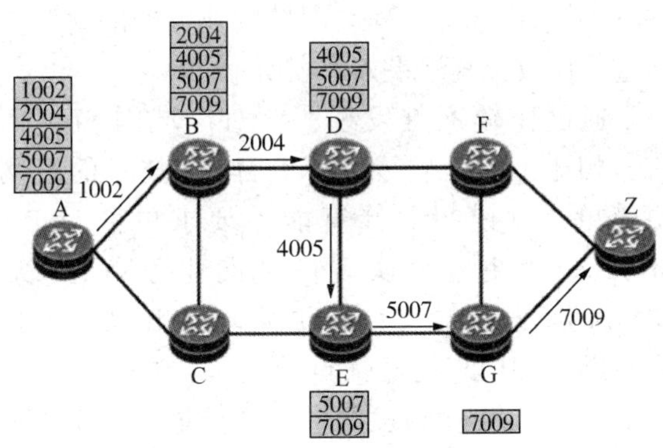

图 4　LSP 的链路抢占

基于 MPLS-TE 的 SDN 广域网中，由于转发设备保留一定的控制功能，可通过 IGP 协议实现与控制器间的通信。结合 IGP 网络的 RSVP-TE 扩展功能，控制器收集 MPLS-TE 网络中各节点、链路的状态及预留带宽的信息，建立流量工程信息库 TEDB。控制器根据 TEDB 为 FEC 建立主备 LSP，并通过 NETconfig 协议向相关转发器下发。

3　SR-MPSL 技术

SR-MPLS 技术是 MPLS 技术的新发展，全称为（Segment Routing MPLS）段路由标签交换，是一种通过在数据报文头中插入带顺序的段列表来指定数据转发路径的标签交换技术。

SR-MPLS 网络中的每个路由器叫一个节点，每节点设定一个全网唯一的全局 Node-SID；在每个节点对所有本地互联链路进行一个编号 Adjacency SID，该编号只在本路由器有效；要访问的地址称为 Prefix SID（相当于路由目的网段）。

在 SR-MPLS 网络中，需要转发数据时，在网络的首节点，将数据的转发路径所包含的链路段（Adjacency SID）或节点（Node SID）列表，写入数据报文的 MPLS 头部字段中 segment 栈内。进行数据转发时，各转发器弹出栈顶标签，并根据此栈顶标签，查找本地链路的 Adjacency SID，将数据报文从对应链路转发出去。

SR-MPLS 网络的 segment 协议栈分为显示和松散两种。显示转发路径（Adjacency segment）中，在 SR-MPLS 网络首节点，路由器 A 将数据包所需经过的各链路 id 填写入 segment 协议栈，数据报文在整个网络中严格按照数据报文设定的 segment 路径进行转发。如图 5 所示。

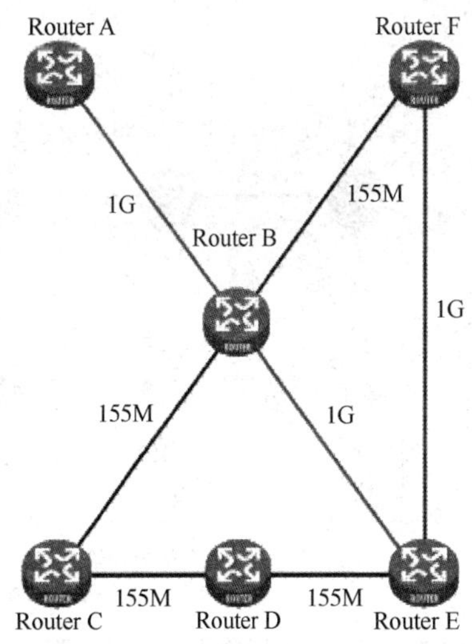

图 5　SR-MPLS 网络的显示路径（Adjacency Segment）

松散 segment 协议栈（Adjacency segment + Node segment）中，只需要指定转发路径必须经过的某些链路和节点，而未指定的部分，通过网络路由迭代方法，利用动态路由实现网络数据报文的转发，并实现网络的自愈及负载分担功能。

如图6所示，路由器A指定数据包需先经过路由器D(Node_ id=101)，然后经过路由器D路由器E之间的链路(id=4005)，从路由器E开始通过igp路由协议计算到达目的地100的路径并转发。

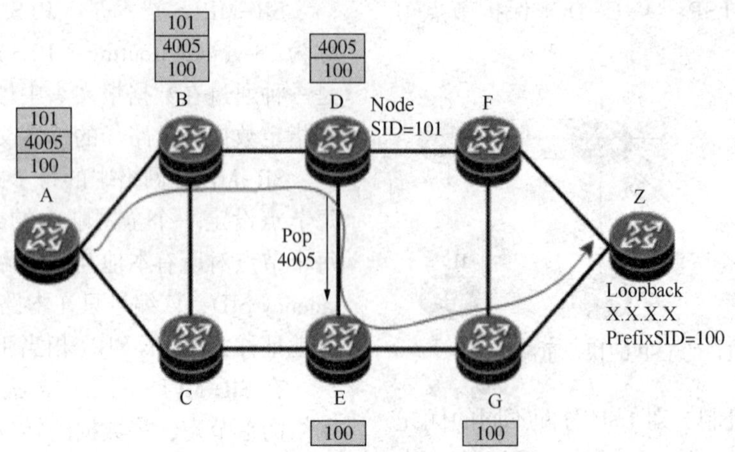

图6 SR-MPLS网络的松散路径

在基于SR-MPLS的SDN网络中，针对某数据流的转发LSP信息，控制器可以向首节点下发全局的segment路由，也可以同时向多个节点下发不同网络区间段的segment路由。如图7所示，控制器向转发器A下发AC之间的区间标签路径，同时向转发器C下发后续网络区间的标签路径，实现segment路由的分段组合，从而解决因大型网络中数据报文的SR报头无法装载整个segment栈信息的问题。

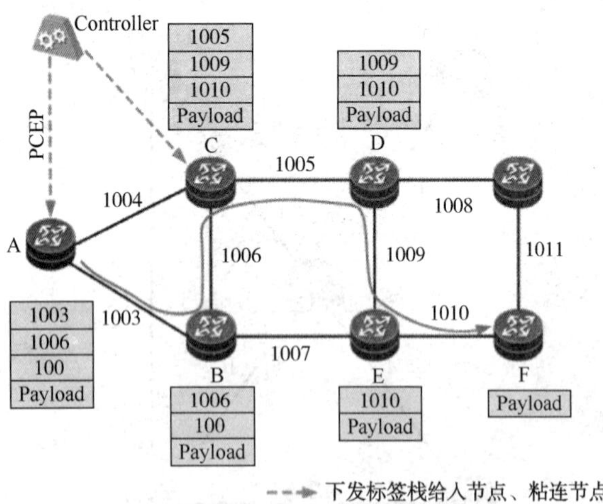

图7 SDN控制器分段下发标签路径

SR-MPLS网络继承了MPLS网络的所有优点，与传统MPLS网络相比还具有如下优点：

1、SR-MPLS不需要在每个节点中为每个转发等价类FEC建立单独的转发标签，而是所有的数据流共用本地的链路标签，大大降低了节点转发器的标签量，降低了节点路由器负担。

2、应用于SDN网络时，控制器只需要向少数特定节点下发segment标签路径，不再需要维护MPLS网络中每台路由器的标签转发表，降低了SDN控制器的负担，更利于SDN对业务通道的编排和下发。

4 三种技术在广域网SDN的应用比较

根据广域网的需求特性，结合SDN技术，对三种转发技术在广域网SDN组网、转发策略编下发、TE流量工程、广域网业务的隔离等方面进行比较，其结果如下表所示。

通过比较不难发现，针对广域网SDN而言，相比于流表转发技术，MPLS技术的组网更简单、对控制器计算能力要求更低。SR-MPLS技术更容易实现广域网业务隔离，对IPV6的承载过渡支持也更简便；SR-MPLS技术在继承MPLS技术优点前提下，减小了对不同等价类FEC在转发器中的维护量，只需要在网络SR-MPLS首节点和粘贴节点下发数据报文的所需经过的路径信息，而其他转发节点只需要根据数据报文中的路由信息进行转发即可，无需存储大量的标签转发表，对控制器的性能需求进一步减小，且更有方便实现SDN的业务策略编排、下发和TE流量工程。因此我们认为，SR-MPLS技术是进行广域网SDN改造的较优选择。

表 1 广域网 SDN 转发技术比较

比较内容	流表转发技术	MPLS-TE 技术	SR-MPLS
SDN 组网	转发器无控制功能，转发器与控制器通信需要另建一个独立的安全控制网的，对跨地域的广域网难以实现。	转发器有控制功能，MPLS 是构建在 igp 协议之上，转发器与控制器可通过 igp 网络建立通信	同 MPLS 技术
转发器的数据转发	转发器基于 10 元组流表进行转发。转发器保存整个流的转发流表	转发器基于"port_ in、label_ in、port_ ou、tlable_ out"的 4 元组的标签进行转发。 所有转发器需要保留所有等价类 FEC 的标签转发表，容易导致转发器标签溢出问题	转发器基于数据包中 segment 协议栈的下一个链路 id 值进行转发。 首节点和粘贴节点为 FEC 保留 SR 段路由表，中间转发器不需要保留转发策略表。
转发策略下发	控制器向每个转发器下发每个数据流的转发 10 元组流表	控制器向所有转发器节点下发每个等价类 FEC 的标签路径表 LSP	控制器只向首节点和粘贴节点下发 segment 段路由表
对 SDN 控制器要求	需要维护整个网络所有节点的流表，计算量大，需要集群及分布式部署控制器	需要维护整个网络所有节点的各 FEC 转发路径，计算量较大，对控制器的计算能力要求较大	根据网络拓扑和链路状态，只需要计算和下发首节点和粘贴节点的段路由路径，计算量相对较小
流量工程 TE 支持	可以编排转发路径及 Qos，利用二层 pri 或三层 Dscp 进行优先级保障，可以根据数据流的优先级实现 RSVP 保障功能	可以为每个 FEC 预定义备份 LSP 实现快速业务恢复；通过 LSP 的优先级实现链路抢占；结果 RSVP-TE 实现 LSP 资源预留；设置链路和节点的保障隧道实现 FRR	同 MPLS 技术
业务隔离及 VPN 支持	转发器需要解析报文三层头，技术自身无法实现 VPN 业务，无法解决 VPN 地址重叠问题	广域网的中间设备只分析 MPLS 的标签头，用户数据隔离好。 只需要在网络 PE 设备结合 mp-bgp 及 vrf 技术实现 VPN 业务，并解决 VPN 地址重叠问题。	同 MPLS 技术
IPV4 向 IPV6 过渡支持	在 IPV4 的广域网网络中，无法实现承载 ipv6 数据的承载	在 IPV4 的广域网网络中，可以结合 BGP/MPLS-VPN 技术，只需要在 PE 设备同时启用 ipv6 协议，在 P 设备中只需支持 IPV4 协议即可	同 MPLS 技术

参考文献

[1] Paul. Goransson Chuck. Black Timothy. Culver 著 . 王海，张娟 . 等译深度剖析软件定义网络(SDN)(第二版)[M]. 电子工业出版社，2019.

[2] Clarence Filsfils, Kris Michielsen, Ketan Talaulikar) 著，苏远超，蒋治春，译 . SEGMENT ROUTING 详解[M]. 人民邮电出版社，2017.

[3] Antonio、Sanchez-Monge, Juniper 著，孙余强，王涛译 . MPLS 在 SDN 时代的应用[M]人民邮电出版社，2017.

网络吞吐率的测量方法比较

彭元文　余绪忠　徐善武

（中国石油新疆油田数据公司）

摘　要　在广域网运维中，经常遇到对新开运营商链路进行测试评价，以及解决有用户反映访问集团数据中心应用系统网速慢的问题，故常常需要对远程链路，或异地广域网络进行吞吐率的测试工作。本文介绍了利用思博伦 Smartbit 测试仪测量法、利用专用测速软件 Ixchariot 和 Iperf3 测量发和利用 FTP+抓包分析等几种测量方法。本文介绍了各种测量方法的如何操作的同时，并试图从测试原理上说明几种测试方法的特性，最后对几种不同测量方法的优缺点进行了比较汇总。

关键词　网络吞吐率；网络测速；Smartbits 测试仪；Ixchariot；Iperf3

在网络运维中，我们经常需要对网络转发性能进行测试，获取网络的转发延迟、抖动及带宽等参数，并判断网络状态是否正常。本文展开对网络吞吐率的测量方法讨论，介绍几主流的测试方法。

1　专用网络测试仪法

这里以广受认可的 Smartbits 测试仪来说明。Smartbits 测试仪的原理，是 Smartbits 具备各种插卡模块的接口均能发送和接收数据。测试仪通过发端口发送数据流，经过被测试网络返回到测试仪的收端口，形成一个封闭环体系，模拟一个通信过程，实现通信数据流的一次性循环。通过对发端和收端的数据进行比较，从而得出网络的转发吞吐率、延迟、丢包、抖动及缓存大小等网络性能指标。其测试拓扑如图 1 所示。

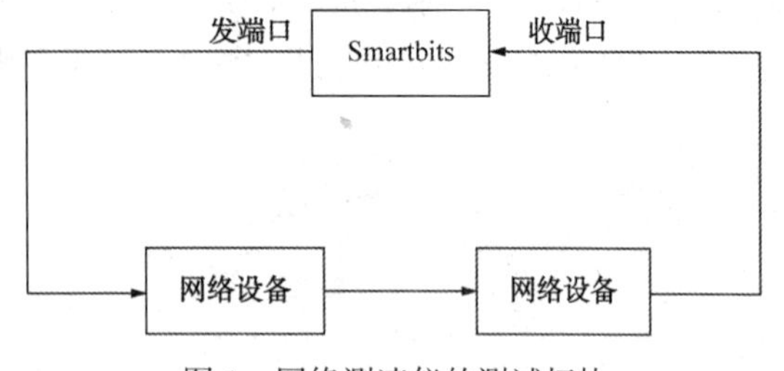

图 1　网络测速仪的测试拓扑

根据测试环境的需要，可以设定收发端口的各种参数，如接口的速率、双工模式、IP 地址，指定发送数据流的接口和接收数据流的接口。可绑定多端口作为接口组进行数据流的收发；同时还可以设定发送流的各种参数，如在以太网中的帧长、源目 mac 地址、帧发送间隔等；在三层上可设置 IP 数据包的源目 IP 地址、dscp 值等各种参数，进行对网络的不同数据流的转发能力的测试。

Smartbits 测试仪具有 Smartwindows、SmartApplication、TeraRouting Tester 等控制软件。Smartwindows 软件可以与所有型号的 Smartbits 对接，主要用于二三层网络的测试，具有较大的灵活性，支持 FE、GE、POS 等主流的网络接口类型；SmartApplication 软件是基于 RFC-1242 \\ RFC-2544 实现的测试集，能够测试帧丢失率、吞吐率、延迟和网络缓存能力；TeraRouting Tester 支持多种路由协议仿真，支持 Qos 分析。

利用 SmartApplication 进行点对点的吞吐率测试时，设置好发包端口、收包端口及两端口物理协商模式、mac 地址、IP 地址、使用协议、端口号等。另可以设置测试发包模式，如包大小、测试时长、测试次数、初始化速率、发包最小速率、最大速率，精确度等（发包速率增加量）。

测试结果如图 2 所示。可以看到对 100Mb 的网络，在发送端，若按照 64 字节的帧来发流，每秒可以发送 148810 个；而按 1518 字节的帧可发送 8127 个。在接收端可以看到收包情况，从而判断网络的转发能力。

用 Smartbits 测试仪进行网络测试存在如下特点，设备是专用的测试仪器，性能稳定，每个接口的收发包不会因为设备性能不足而受到影响，测试结果准确。但是 Smartbits 价格昂贵，大部分的网络运维人员无法使用到该设备。

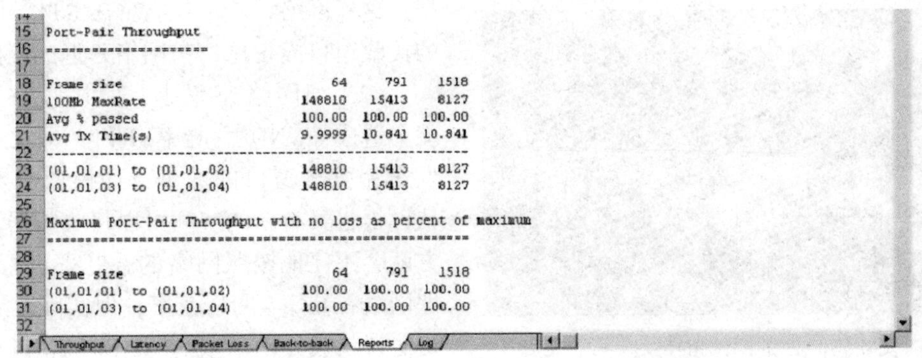

Port-Pair Throughput

Frame size	64	791	1518
100Mb MaxRate	148810	15413	8127
Avg % passed	100.00	100.00	100.00
Avg Tx Time(s)	9.9999	10.841	10.841
(01,01,01) to (01,01,02)	148810	15413	8127
(01,01,03) to (01,01,04)	148810	15413	8127

Maximum Port-Pair Throughput with no loss as percent of maximum

Frame size	64	791	1518
(01,01,01) to (01,01,02)	100.00	100.00	100.00
(01,01,03) to (01,01,04)	100.00	100.00	100.00

图 2　SmartApplication 模式测试网络性能结果

2　专用测速软件

测速软件中，最出名的是 Ixchariot 和 Iperf3，在业界得到广泛的认可。它们都是通过网络两端的电脑，模拟应用程序进行收发包，从而完成对网络性能的测试。Ixchariot 是 IXIA 推出的一款软件工具，可以测试网络的吞吐率、延迟、丢包等性能参数；Iperf 是一个网络吞吐率测试工具，其体积小巧无需安装，可以测试网络的 TCP 和 UDP 性能，具有 windows 和 linux 版本。

（1）IxChariot 软件

IxChariot 软件由 Console 控制端和 Eedpoint1 终端和 Eendpoint2 终端组成，Console 控制端控制 Eedpoint 间进行数据流发送，并统计发送和收到的数据情况，得出网络性能的测试结果，包括吞吐率、延迟、抖动、丢包、错包等。

使用 IxChariot 进行吞吐率测试的，Endpoint1 和 Endpoint2 之间建立 TCP 连接并发送数据(也可进行 UDP 测试)，利用 TCP 的窗口滑动机制进行网速控制，测试出不丢包情况下的最大吞吐率。由于测试 Endpoint 两端间的 TCP 协议机制，吞吐率受到 Windows 窗口大小和网络延迟的影响，尤其是延迟大的“长肥管道”网络中，吞吐率测试结果受到网络延迟影响极大。为了准确测试出网络的吞吐率，往往采用多线程进行测试。即在相同的测试服务器间建立多个测试组，并在每个测试组中设置大缓存的方式进行测试。

IxChariot 使用前，需要在被测试的网络两端的计算机终端上安装 Endpoint 软件，并在操作控制软件上，通过 Console 控制软件建立测试组，从而确定接入被测试网络的 Endpoint 的 ip 地址，测试协议和测试脚本。测试脚本设定测试时的发包参数，如发包源目端口、速率、发送和接收的缓存大小、数据块大小、数据块循环次数、发送速率和数据格式等。测试的结果如图 3 所示，可以显示每一个线程的吞吐率曲线，以及整体吞吐率的最大值、最小值、平均值等。

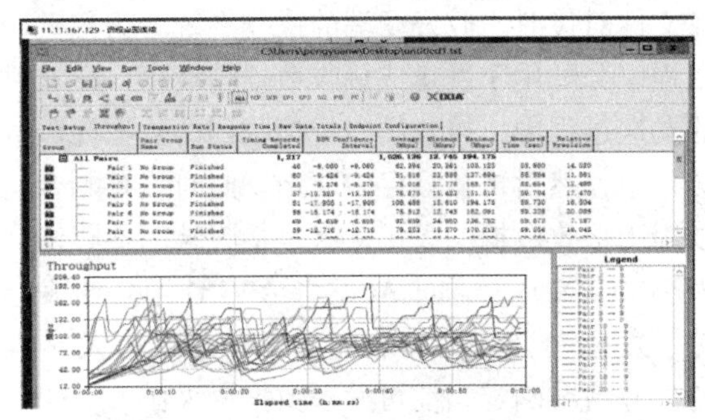

图 3　IxChariot 的测试结果

（2）Iperf3 软件

Iperf 软件是一个小型免安装的绿色测速软件，也是通过模拟应用程序进行收发包，实现对网络吞吐率的测试。Iperf 分为客户端和服务器端，测试时通过调整 Iperf 命令的参数，设定客户端测试数据流采用的协议类型、报文窗口大小、测试时长、端口号、最大传输段、数据块大小。

如 4 图所示，测试环境客户端 IP 地址为 10.3.22.3，服务器端 IP 地址为 10.27.252.45，客户端按照窗口大小为 6MB、2 线程、测速时间为 1 秒进行发包测试。测试结果显示客户端发送吞吐速率 779Mbps，接收吞吐率为 681Mbps。进行吞吐率的测试时，我们要选择多个线程，如果单线程测试且选择的窗口值过小，吞吐率的测试结果受网络延迟及 TCP 协议的传输机制的影响较大，可能导致测试结果不准确。

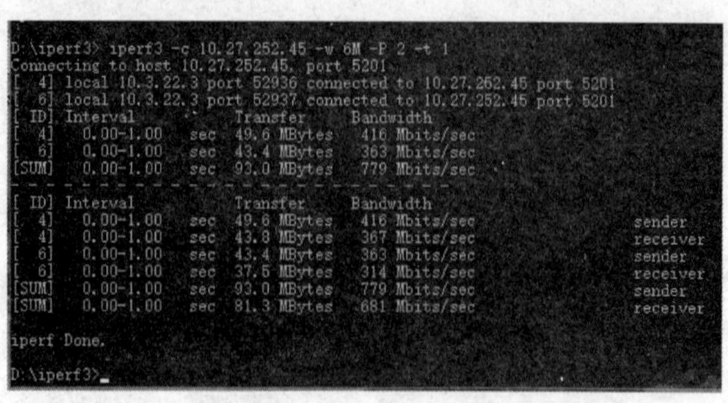

图 4　Iperf3 的测试拓扑

3　FTP+抓包分析方式

很多人采用计算机间的文件对拷方式对网络进行吞吐率测试。对拷时通常采用 FTP 上传下载方式，通过文件的传输速率来评价的转发速率。

FTP 上传下载采用 TCP 协议进行数据传输。在文件对传时，收发两端的操作系统会为相关应用程序分配用于发送或接收数据的缓存。在文件的发送过程中，接收端先将接收到的数据存放到缓存中，然后再从缓存中取走，此时缓存剩余可以用于接收数据的大小，就是接收端的接收窗口大小(AWND)，通过 ACK 将 AWND 通告给发送端。发送端会依据接收端的 AWND、以及链路的丢包情况确定当前可发送数据块大小 CWND。

基于上述机制，在数据传送过程中可能存在几种影响传送吞吐率的情况。

(1) 如果网络速率大，接收方 AWND 小，发送方发送完 AWND 的数据后，需要停下来等待接收方的确认 ACK，而 ACK 到达时间至少需要一个网络往返延迟时间 RTT。发送方接收到 ACK 告知接收方有接收空间后方可继续发送数据，这样网络吞吐率 = AWND/RTT，即与接收方的接收窗口成正比，与网络延迟成反比。

(2) 若网络速率小，而接收方 AWND 大，就会造成 CWND/吞吐率>RTT，即发送方还没有发送完发送窗口的数据，而就收到新的 ack 确认，报告又有新的空间可以接收数据。这样发送方就会不停地按照网络的吞吐率进行传送数据，即网络吞吐率 = 网络速率，但实际上还要受到网络协议封装开销(包括 TCP 头、ip 包头、帧头及帧间 12 字节的间隔等)对吞吐率的影响，造成看到的文件传输速率小于网络吞吐率值。

在 FTP 传送数据时，我们可以在两边网络边缘设备接口进行抓包，通过对的抓包进行统计和分析，可以判断网络延迟、抖动和来回路径的丢包重传率，找到 FTP 造成传输速率慢原因。统计数据包的 RTT 变化及超时重传规律，可以判断网络是否存在拥塞。对接收端网络接口抓包，可以分析出数据接收端的设备性能是否存在瓶颈。在数据发送端网络接口抓包，可以看出接收窗口一直远大于发送在途字节(与发送端拥塞控制窗口 CWND 有关)，且在途字节经常涨到一定大小后停止增长并突然减半或重新归零。我们可以得出随着发送端的 CWND 经慢启动并快速增大到一定值后，改为拥塞控制阶段，CWND 缓慢线性增长，当 CWND 增大到一定值时停止增长，无新数据块发送，这是发送端等待接收端的 ACK，一直等到超时将发送窗口阈值 ssthresh 设置为当前 CWND/2，并将 CWND 置 1 重新进行慢启动，从而实现发送速率的减小。对发生网络拥塞导致超时重传的情况，AWND 应大于 CWND，在途字节曲线如图 5 所示。

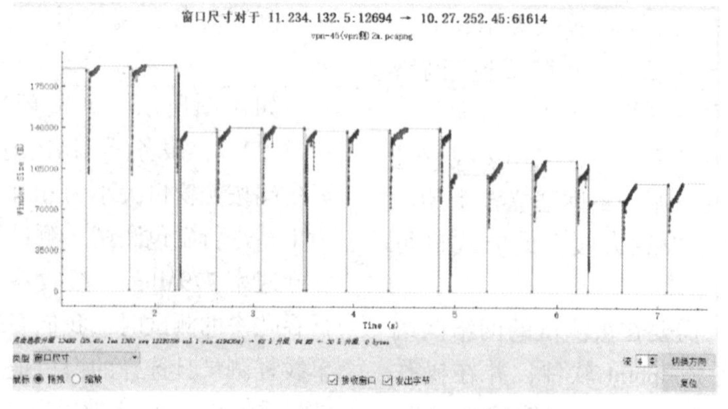

图 5　网络拥塞导致超时重传的 CWND 值曲线

4 几种测试方法比较

各种测试方法，几种测试方法各有优缺点，对比如表1所示。

表1 网络转发性能及吞吐率测试方法比较

测试方法	专用测速设备方式	测速软件方式	FTP 方式(+抓包分析)
优点	1、通过网络环路，设定发包数据和报文格式对比发包与接收包统计结果，实现测试测试 2、可同时测试网络延迟、抖动等性能参数 3、准确率高，认可度高	1、操作简单方便，易于大家测试环境 2、测试的发送数据无需进行硬盘存储，只需本软件对数据报文量进行统计，对两端计算机性能要求不太高 3、测试结果认可度较高	1、通过 FTP 的数据流测试时，并通过在收发两端的网络接口进行抓包分析，能查找和判断网络慢的制约因素。
缺点	1、设备昂贵。 2、测试需要进行网络业务中断。	1、在网测试，测试结果会受到其他业务流与测试流竞争带宽问题影响。	1、在网测试，测试结果会受到其他业务流与测试流竞争带宽问题 2、单独通过 FTP 速率判断网络吞吐率，结果不准确，结果会受收发端计算机性能、cpu、内存和硬盘读写速度影响 3、需配合在两端网络边缘接口进行抓包分析。 4、对异地广域网抓包环境不易搭建 5、在网测试，测试结果会受到其他业务流与测试流竞争带宽问题影响。

参考文献

[1] 凯文 R. 福尔 , W. 理查德·史蒂文斯 著 吴英，张玉，许显玮 译《TCP/IP 详解》卷 1 [M]机械工业出版社 2016-07-01

[2] 大学霸 IT 达人 著《Wireshark 数据包分析实战详解》[M] 机械工业出版社 2020-01-01

IPv6 下一代互联网核心技术在中油国际尼贝管道公司的应用

刘志华　余　洋　赵冬阳　延　锋　周立亚　李　勇　许海东

（中油国际尼贝管道公司）

摘　要　互联网是关系国民经济和社会发展的重要基础设施，深刻影响着全球经济格局、利益格局和安全格局。我国是世界上较早开展 IPv6 试验和应用的国家，在技术研发、网络建设、应用创新方面取得了重要阶段性成果，已具备大规模部署的基础和条件。随着中石油集团公司及海外板块总部提出按照国家《推进互联网协议第六版(IPv6)规模部署行动计划》，持续推进 IPv6 网络升级改造工作，如何在中油国际尼贝管道公司推进 IPv6 部署成为一个新的研究课题，结合数字化建设总体规划，对目前的 IPv6 建设情况进行讨论，分析存在的问题和挑战，并给出相应的发展建议。

关键词　IPv6 IPv4 双栈；平滑演进

1　引言

2017 年 11 月 26 日，中共中央办公厅、国务院办公厅联合印发了《推进互联网协议第六版(IPv6)规模部署行动计划》(以下简称《行动计划》)，明确其建设意义——抓住全球网络信息技术加速创新变革、信息基础设施快速演进升级的历史机遇，加强统筹谋划，加快推进 IPv6 规模部署，构建高速率、广普及、全覆盖、智能化的下一代互联网，是加快网络强国建设、加速国家信息化进程、助力经济社会发展、赢得未来国际竞争新优势的紧迫要求。

截至 2019 年 4 月，在全球 1532 个顶级域中，有 1509 个支持 IPv6，占总量的 98.5%。网站和应用支持方面移动互联网终端操作系统 iOS 和 Android 两者共占有 90%以上全球市场，苹果 APP 自 2016 年起所有 App Store 的软件均支持 IPv6，谷歌宣称旗下所有 APP(Gmail、Chrome、Youtube 等)已全部支持 IPv6，中国三大运营商的大部分应用已经完成 IPv6 升级改造。在常见的 35 款操作系统中，有 31 款系统宣称已经支持 IPv6，88%左右默认安装 IPv6 协议栈，70%左右支持 DHCPv6。目前市场主流的服务器端软件、客户端软件、开发设计语言和数据库基本也都基本支持 IPV6。中国工信部要求，到 2025 年，我国 IPv6 网络规模、用户规模、流量规模将位居世界第一位，网络、应用、终端全面支持 IPv6，全面完成向下一代互联网平滑演进升级。

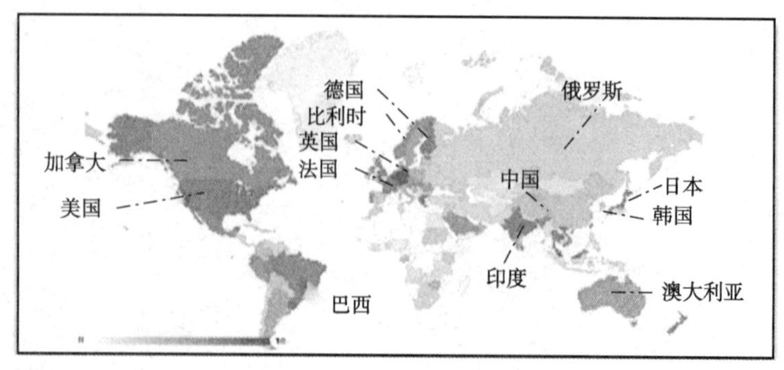

图 1　全球各国 IPv6 部署程度

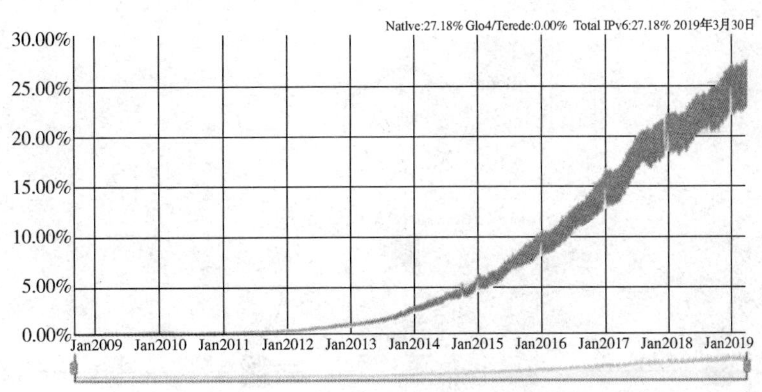

图 2 全球 IPv6 用户增长曲线图

IPv6 已经在国家政策层面、标准和技术层面、IT 生态层面均已具备了部署条件，大庆、长庆等 5 家油气田企业试点建设 IPv6 生产专用网络，在中央企业率先完成外部网站、加油站管理系统对外服务网站 IPv6 升级。中油国际尼贝管道公司(以下简称尼贝管道)也抓住这一时机，通过 IPv6 和 IPv4 双栈部署来完成面向未来的 IT 基础设施架构和应用架构的设计实施，确保业务的连续性，适应地区的特殊性，推进技术的创新性。尼贝管道信息化建设自 2019 年起步以来，按照中石油集团公司及海外板块的统一部署和指导，以较高的要求开展 IT 基础设施网络架构和系统架构的设计。IPv6 作为新一代互联网可采用的比较合理的协议，在地址容量、安全性、网络管理、移动性以及服务质量等方面相对于 IPV4 有明显的改进，尼贝管道网络设计采用 IPv6 为主，IPv4 为辅的双栈部署完成基础设施及应用架构的部署与实施。双栈的定义在 RFC4213 定义在终端设备和网络节点上既安装 IPv4 又安装 IPv6 的协议栈，从而实现分别与 IPv4 或 IPv6 节点间的信息互通。具有 IPv4/IPv6 双协议栈的节点简称双栈节点，这些节点既可以收发 IPv4 报文，也可以收发 IPv6 报文。它们可以使用 IPv4 与 IPv4 节点互通，也可以直接使用 IPv6 与 IPv6 节点互通。

2 尼贝管道 IPv6 网络演进解决方案

IPv6 是目标架构毋庸置疑，但尼贝管道网络需要考虑所在国整体网络发展水平、所有应用系统兼容性等问题，制定 IPv6 演进的整体策略、节奏、切入点，如何保证在演进过程中业务的连续性，在不同场景下的技术选择策略，眼花缭乱的过渡和演进技术，在不同场景下如何选择？如何获取 IPv6 地址，如何规划合理使用 IPv6 地址，如何与 ISP 互通路由？以及如何避免 IPv6 公网地址带来新的安全威胁等，以上众多问题和挑战足以说明 IPv6 的演进是个长期的过程，IPv4 和 IPv6 共存，优先考虑业务平滑性，兼顾面向未来的架构能力是目前的首选。

按照设计建议，优先考虑规划、运维简单化原则，IPv6 地址规划尽量与当前 IPv4 网络设计吻合，降低风险；合理层次化设计，提高路由聚合性和可管控性，层次越多，地址利用率越低；考虑业务类型增加和用户数增长，合理预留地址空间。

3 IPv6 及 IPv6/IPv4 双栈部署的优势

IPv6 网络有哪些优势？为什么采用 IPv6/IPv4 双栈呢部署？IPv6/IPv4 局域网有哪些优势？在尼贝管道 IT 基础设施及应用部署层面，以下五方面优势对其进行了说明：

1) IP 地址分配管理

双栈技术、隧道技术和地址转换技术，是用户最终实现 IPV6 only 的三类过渡技术。三种基本的过渡技术中，双栈是最为简单和易被接受的过渡方式，隧道技术和翻译技术是特定场合的必要技术。

尼贝管道在设计阶段所采购和选用的网络设备、服务器设备、终端设备均支持 IPv4 和 IPv6 双栈部署，配置为双栈的设备接口同时拥有 IPv4 和 IPv6 俩个地址。在 IP 地址设计阶段，实现 IPv4 和 IPv6 地址一一对应的关系，优先通过 IPv6 地址进行接入与数据传输，当 IPv6 地址无法进行传输时，自动切换为 IPv4 地址进行接入与数据传输。

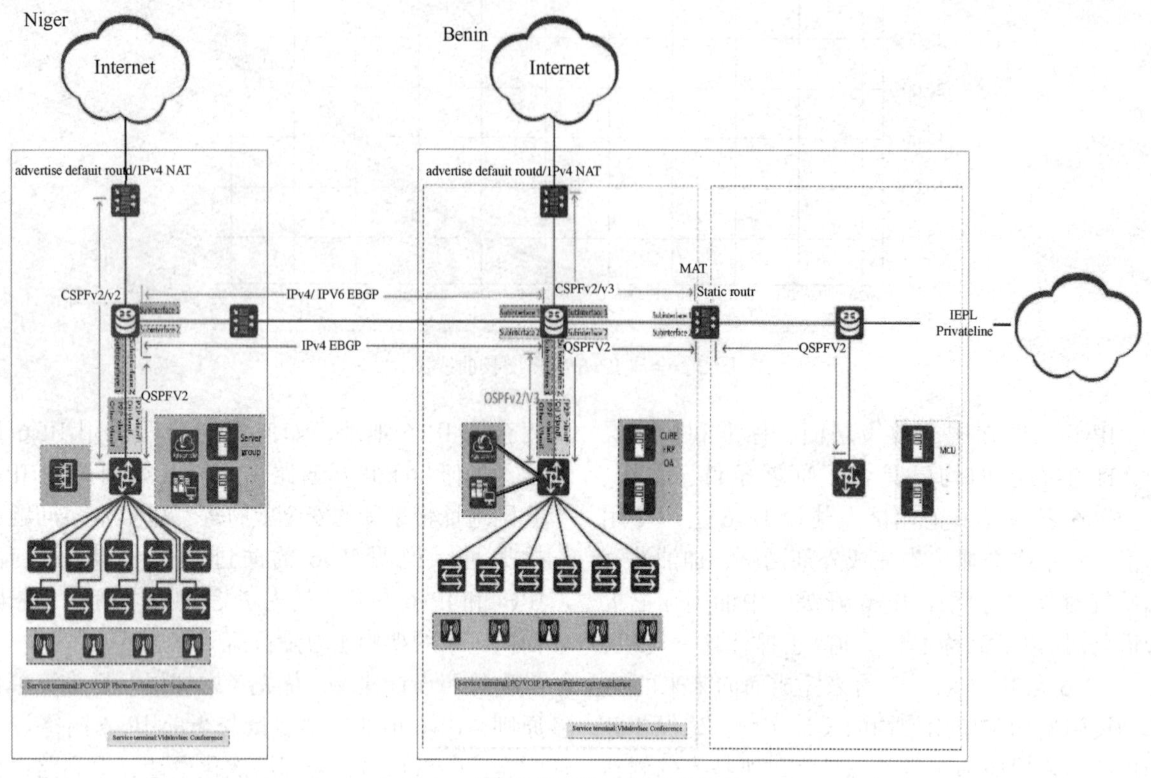

图3 尼贝管道网络一期精简拓扑

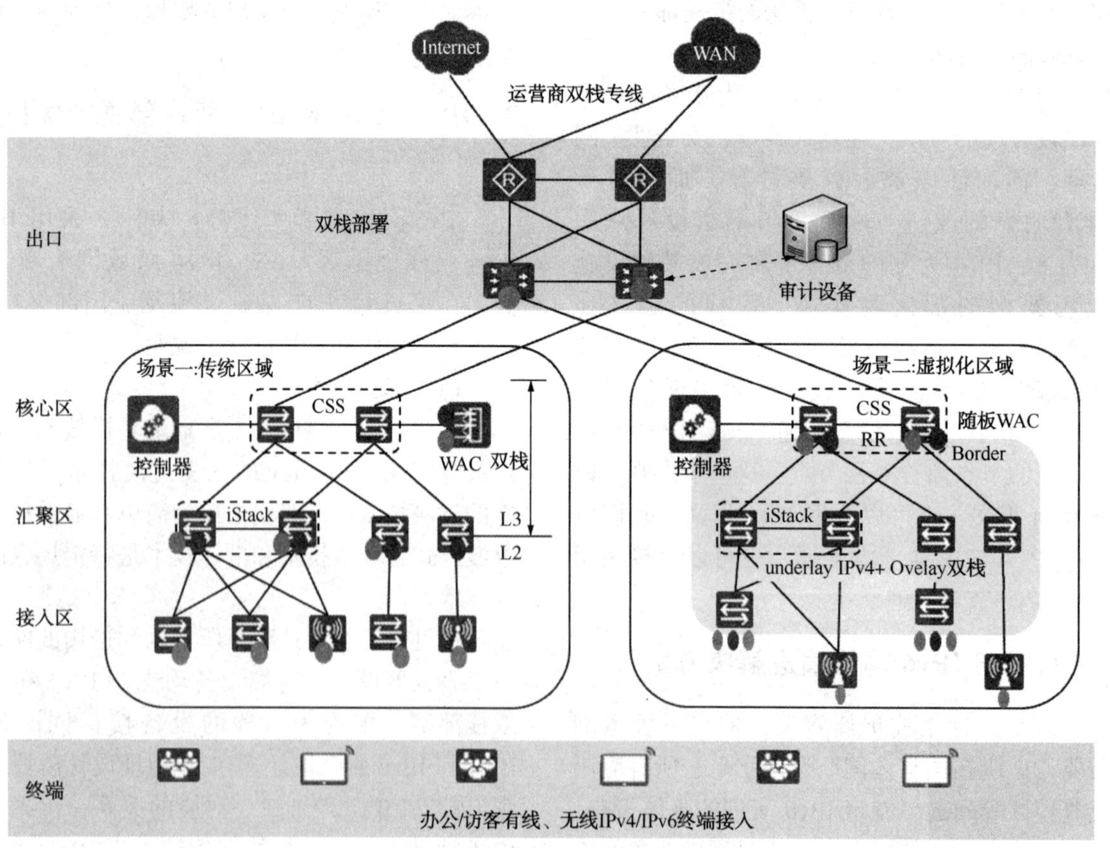

图4 尼贝管道网络 IPv6 演进方向

IP 地址的分配和部署中，网络设备、服务器等设备配置使用固定分配的 IPv6/IPv4 地址，各类终端通过 DHCPv6 和 DHCPv4 协议获取 IP 地址，通过 DHCP 方式获取地址来进行集中统一的 IP 地址管理。

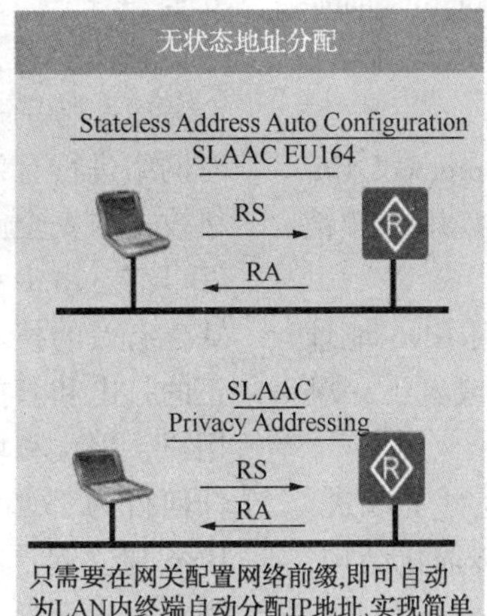

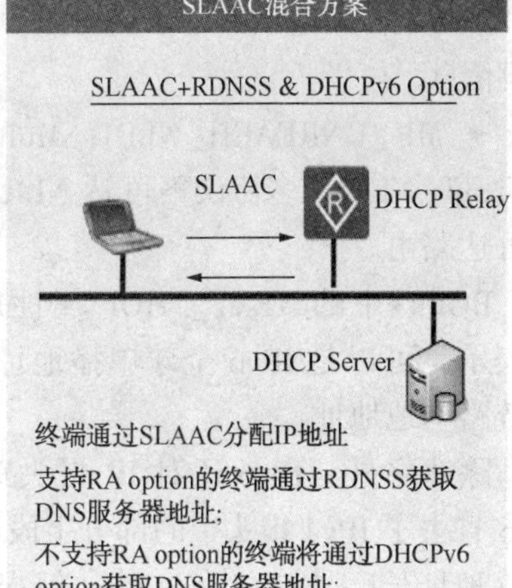

图 5　IPv6 地址管理方案

表 1　主流操作系统对 IPv6 地址分配方式支持性

	安装 IPv6	DHCPv6	SLAAC	备注
Android	Yes	No	Yes	部分厂商基于原生系统开发 DHCPv6 能力
Windows phone	Yes	Yes	No	Windows Phone 8 及后续版本
iOS	Yes	Yes	Yes	
Windows7	Yes	Yes	Yes	不支持 SLAACRA option 字段
Windows10	Yes	Yes	Yes	
Fedora	Yes	Yes	Yes	
ubuntu	Yes	Yes	Yes	
Fedora	Yes	Yes	Yes	

双栈体系结构允许设备接收、处理和转发 IPv6/IPv4 信息流。支持 IPv6/IPv4 双栈的网络设备(路由器等)，使网络从逻辑上看到并行的两个网。

双栈机制是使 IPv6 节点与 IPv4 节点兼容的最直接的方式，其互通性好，易于理解。但是双栈并不能解决 IPv4 和 IPv6 互访的问题，所以还需要引入 NAT 技术。网络和其它 IPV4 的网络进行互访时，需要进行 IPv4 和 IPv6 地址的转换，

对于 IPv4 公网地址和私网地址转换技术(Network Address Translator，NAT)，将 IPv4 地址和 IPv6 地址分别看作内部地址和全局地址，或者相反。部署含有 NAT 功能的防火墙或路由器设备。最终通过双栈+NAT 的部署，将可以解决 IPv4 和 IPv6 从主机到网络，再到应用的共存的问题。

2) 路由设计

IPv6 支持各种单播路由协议(IGP、EGP)和多播协议。IPv6 单播路由协议的实现和 IPv4 中类似，有些是在原有协议上作了简单扩展(IS-ISv6、BGP4+)，有些则完全是新的版本(RIPng、OSPFv3)。

尼贝管道在路由设计中则选择 BGP4+作为整体网络路由协议。传统的 BGP-4 只能管理 IPv4 的路由信息，对于使用 IPv6 协议的的应用，在跨自治系统传播时就会受到一定的限制。为了提供对多种网络层协议的支持，IETF 对 BGP-4 进行了扩展，形成了 BGP4+。BGP4+在原有协议的基础上进行了一些扩展，原有的消息机制和路由机制并没有改变。BGP4+向下完全兼容，可以独立地在 IPv4 网络或者是 IPv6 网络上运行。

BGP4+使用了一个 BGP 的特殊属性 MP-

BGP来承载IPv6的路由信息，这种路由信息被称为IPv6NLRI。BGP4+中引入的两个NLRI属性分别是：

• MP_REACH_NLRI：Multiprotocol Reachable NLRI，多协议可达NLRI。用于发布可达路由及下一跳信息。

• MP_UNREACH_NLRI：Multiprotocol Unreachable NLRI，多协议不可达NLRI。用于撤销不可达路由。

BGP4+中的NEXT_ HOP属性用IPv6地址来表示，可以是IPv6全球单播地址或者下一跳的链路本地地址。

除此之外，IPv6还对IP报头进行了改进。IPv6省去了IPv4报头中的部分字段以简化结构，IPv6地址长度是IPv4的4倍，但报头长度只有IPv4的2倍。IPv6的基本头部为固定长(40Bytes)，无需头标长度标识。IPv6只支持端点对端点分段，不再需要标识符、标志和偏移量字段。IPv6取消了头标校验和字段，以简化对数据报报头的处理。

IPv6对3个字段重新命名，并赋予新的含义。IPv4数据报总长度由IPv6的有效载荷长度代替。IPv6把协议类型字段重新命名为“下一报头”，指明在IPv6基本报头后面报头的类型，它可能是一个扩展报头或数据净荷。IPv6中用跳数限制表示取代了IPv4的生存期概念。

IPv6是对IPv4彻底改革而不是修补的重要体现，是对数据报报头的改进。IPv4报头不定长且结构复杂，而IPv6则简化了基本报头，降低了处理复杂度，大大提高了主机和路由器的处理效率。

实践证明IPv4逐跳分段并不理想，增加了路由器负担，一个分段的丢失会导致所有分段重传。IPv6分段只发生在源节点，简化了报头并减少了路由器的分段开销。IPv6要求各节点间MTU的最小值为1280Bytes，兼顾了网络效率和旧设备投资，并要求所有节点支持路径MTU发现，根据链路状况选择最佳分段大小。

通过BGP4+在路由方面的改进，再加上地址格式的变化和报头的简化，大大降低了主机和路由器的复杂性和负荷。据相关资料表明，IPV6路由效率有明显提高。

3）网络安全设计

TCP/IP协议天生的弱点就是缺乏安全性，IPv6由于IPSec的引入，以及发送设备采用永久性IP地址，而解决了网络层溯源难题，给网络安全提供了根本的解决途径，有望实现端到端安全。

整体上看，IPv4协议的设计没有任何的安全考虑，特别是报文地址的伪造与欺骗使得无法对网络进行有效的监管和控制。因此，当出现网络攻击与安全威胁时，我们只能围绕攻击事件做好事前、事中和事后的防范、检测和过滤防御，缺乏有效的技术支撑手段，无法对攻击者形成真正的打击和管控。而在IPv6网络的安全体系下，用户、报文和攻击可以一一对应。用户对自己的任何行为都必须负责，具有不可否认性。所以IPv6建立起严密的围绕攻击者的管控机制，实现对用户行为的安全监控。

由于IPv4是一个开放式的协议，设计之初没有考虑安全、加密等内容，这使得网络中的攻击者比较容易做到报文拦截、内容篡改和身份欺骗。IETF在1998年着手制定了IPSec协议，作为IPv4网络部署的可选组件。但也由于是可选组件，很多没有部署IPSec的新网络仍然会面临上述各种威胁，IPv6在这一点上有了改进。IPv6内嵌了IPSec机制，用于身份验证、完整性校验、数据加密和防重放，可以极大加强IPv6网络中报文传输的安全性。

对于网络安全的威胁主要来自各种网络攻击，常见的攻击手段有地址扫描、数据报头及内容的篡改、碎片报文攻击、网络层和传输层欺骗、拒绝服务攻击(DoS)、ARP和DHCP攻击、路由攻击、病毒及其他攻击等。IPv6能减缓现有攻击。在IPv6时代，每个地址为128bit，协议中规定的默认网络前缀为64bit。此时，黑客如果想侵占一定数量的主机发起DDoS(Distributed Denial of Service，分布式拒绝服务)攻击，那么其将会付出更多的代价，这在一定程度上减少了DDoS攻击发生的可能性。

此外，在IPv4网络中，IP地址在用户溯源方面也是一个重要的因素，比如用于特定犯罪行为的定位和追溯。而IPv6地址的海量特性也给地址溯源带来了一定的影响，一方面大量IPv6地址的查询和比对可能消耗网络设备的大量性能，但另一方面海量的地址空间也使得每个用户都可以拥有一个甚至一段地址和用户身份紧密联系，可以更方便地用于溯源，而不必考虑IPv4

网络中大量使用 NAT 带来的问题。

总体上说，IPv4 中存在的主要安全风险，在 IPv6 中都会存在。尼贝管道通过部署 IPv6，通过考虑上述的几种主流安全技术，和相应的安全管理、安全策略相结合，这样才能真正有效地应对 IP 网络的安全问题。

4）服务质量设计

网络质量保证也是互联网发展过程中必须解决的问题。目前 IPv4 网络中实现 QoS 有两种技术。其一，采用资源预留(Interserv)的方式，利用 RSVP 等协议为数据流保留一定的网络资源，在数据分组传送过程中保证其传输的质量。其二，采用 Diffserv 技术，由 IP 分组自身携带优先级标记，网络设备根据这些优先级标记来决定分组的转发优先策略。目前 IPv4 网络中服务质量的划分基本是从流的类型出发。使用 Diffserv 来实现端到端的服务质量保证。例如，视频业务有低分组丢失、时延、抖动的要求，就给它分配较高的服务质量等级；数据业务对分组丢失、时延、抖动不敏感，就分配较低的服务质量等级。但这样的分配方式仅考虑了业务的网络侧质量需求，没有考虑业务应用侧的质量需求。

而 IPv6 通过设置优先级、数据流标签等方式，对 QoS 特别是 VoIP 等实时数据流的传输提供了很好的支持。IPv6 报头的通信流类型(Traffic Class)可理解为优先级标识，数值越大优先级越高。

IPv6 将业务分为两大类，阻塞控制业务和非阻塞控制业务，前者在网络阻塞时流量会降低，而后者不会变化，用于声音和视频传输。IPv6 为阻塞控制业务分配编号 0~7 的优先级，推荐电子邮件为 2，大量数据传输(如 FTP)为 4，交互式(如 Telnet)为 6。对于非阻塞控制业务，根据媒体质量的不同分配编号 8~15 的优先级。

IPv6 增加了数据流标签，发送端将需要路由器特殊处理的数据报在数据流标签字段加以标识。数据流标签是 20 位的随机数，同一节点同一数据流所产生的数据报具有相同的流标签。数据流标签还可以和路由选择扩展报头同时使用。为了更好地实现流传输，还开发了资源预留协议(RSVP)。RSVP 是一个接收者驱动(receiver-driven)协议。接收者通过发送 RSVP 报文选择接收源以及准备预留的带宽和费用等，达到最理想的效费比。

当然，IPv6 的 QoS 特性并不完善，由于使用的流标签位于 IPv6 分组头，容易被伪造，产生服务盗用的安全问题。因此，在 IPv6 中，流标签的应用需要开发相应的认证、加密机制。同时为了避免流标签使用过程中发生冲突，还要增加源节点的流标签使用控制的机制，保证在流标签使用过程中不会被误用。

网络基础设施架构，通过合理的 Qos 设计，动态提高应用的服务质量等级，做到对服务质量的精细化控制。

5）IPv6 网络的管理

网络管理功能在 ITU-T 的电信管理网络(TMN)指定的“FCAPS”架构，包括故障管理(包括流量监控、拓扑监控、路由选择管理)，配置管理，计费管理，性能管理和安全管理。

与 IPv4 类似，IPv6 也通过 SNMP 和 MIB 从 IPv6 设备中获取信息。因为 SNMP 运行在 UDP 之上，IPv6 上的 SNMP 的实现完全是关于 IPv6 之上的 UDP 的支持。

根据不同的管理平面，选择不同的管理工具。对于公司部署 IPv6 来说，这些 NMS 上的 IPv6 支持变成了一种关键的需求。

引入 IPv6 网络服务给网络管理系统和运营支撑系统带来了一种关键的挑战：应付 IPv4 和 IPv6 在技术上的差异。IPv6 和 IPv4 网络管理的概念、需求和问题非常类似。在大多数情况下，管理 IPv6 需要现存的管理工具提供对 IPv6 的正确支持，启用 IPv6 设备中提供正确数据的能力，以及在两者之间提供允许 IPv6 通信的信道。

整合 IPv6 和 IPv4 网络管理，在 NMS 管理 IPv6 节点方面需要下列要素：

- 允许使用 IPv6 设备来传送 IPv6 网络管理数据。
- 使用 IPv4 或者 IPv6，在 IPv6 设备和 NMS 之间传输数据。
- NMS 应用可以处理/分析/展示数据。

拓扑发现是 IPv6 关注的另一个区域。IPv6 地址的大小及在某些情况下地址分配的随机性，使得 NMS 不可能扫描用于活跃主机的全部前缀范围。尼贝管道公司选择双栈设备，通过双栈传输来进行管理，使用通用的管理对象。还有一个大的指导策略，一旦节点不能通过 IPv6 到达，有一个通过 IPv4 联系的最后机制。

4　IPv6 及双栈部署存在的问题和挑战

1）与 IPv4 网络用户相比，IPv6 网络的用户少得多，按照 Internet 的 Robert Metcalfe 准则：一个网络的价值与它的节点数目的平方成正比。如果一个网络的应用和服务不够好，就不能吸引用户，因此就不如一个成熟的、建设好了的网络有吸引力。IPv6 要取代 IPv4 只能采取共存和过渡得策略，共存和过渡的好坏直接决定了 IPv6 的部署能否成功。IPv6 和 IPv4 的共存和过渡需要解决的问题是 IPv6 网络和 IPv4 网络之间的通信。目前能够实现 IPv6 网络和 IPv4 网络之间的通信的技术主要有 SIIT、NAT-PT、BIA 和 BIS、TRT 等，这里主要解释 NAT-PT，NAT-PT 就是在做 IPv4/IPv6 地址转换（NAT）的同时在 IPv4 分组和 IPv6 分组之间进行报头和语义的翻译（PT）。适用于纯 IPv4 站点和纯 IPv6 站点之间的通信。对于一些内嵌地址信息的高层协议（如 FTP），NAT-PT 需要和应用层的网关协作来完成翻译。在 NAT-PT 的基础上利用端口信息，就可以实现 NAPT-PT，这点同目前 IPv4 下的 NAT-PT 没有本质区别

2）相对于 IPv4 网络，IPv6 在组网架构、服务提供方式上有较大变化，而这些变化也对 IPv6 演进的安全提出了更大的挑战。例如在云产品中，原有的用于 IPv4 的安全解决方案可能不再适用于 IPv6，同时，也涉及到网络、业务、用户数据和控制管理方面的安全问题。

3）多年来，由于 IPv4 地址短缺，互联网发展一直深陷“网络地址转换（NAT）”技术泥潭中。很多企业出于成本利益考虑，对切换至 IPv6 持观望态度，相关厂商在 IPv6 领域中独自摸索，造成产业生态不成熟，业界对 IPv6 未来发展的理解不尽相同。IPv6 的最终目的是促进各行业的数字化转型，全面支持“新基建”，所以不仅需要全面构建面向垂直领域多元化平台，还要进行更广泛的水平跨界合作。

5　IPv6 发展建议

1）提升网络服务能力。支持基础电信企业持续优化提升 IPv6 网络质量和服务能力，推动数据中心、内容分发网络、云服务平台加快 IPv6 改造升级，完善专线产品开通流程。

2）加强网络安全保障。督促企业完善网络安全管理制度体系，支持相关企业和机构开展工业互联网、车联网、云计算、大数据、人工智能等领域 IPv6 网络安全威胁防范和应对研究。

3）营造良好发展环境。强化 IPv6 地址备案系统的建设和备案核查、管理，支持 IPv6 在 5G、工业互联网、车联网等领域融合应用，加快建设 IPv6 监测平台，努力为 IPv6 建设和应用创造良好的环境。

6　结束语

5G、云计算、物联网的到来，进一步驱动高带宽和低时延的网络业务发展，物联网、工业网带动了海量 IP 地址需求，这些新业务使得规模部署 IPv6 成为必然，也将为 IPv6 产业创造更多的机遇。IPv6 的根本目的是服务于全球网络，所以加强顶层设计，营造有利的政策环境及规划部署，促进产业链贯穿各方，高效协作。同时，通过制定和完善技术与产业标准，推广成功经验，引导和加快 IPv6 在各行各业的应用落地和服务创新。

参考文献

［1］葛坚．马丹妮．我够 IPv6 发展现状与问题分析
［2］翟溪林．IPv6 在现代网络中的优势及应用
［3］国家 IPv6 发展监测平台 中国 IPv6 发展地图
［4］光明日报 IPv6 规模部署进展如何
［5］安全内参全面了解 IPv6

建设气田高水平生产运行及安全管理的一体化管理系统

左　超　王玉秋

（中国石化东北油气分公司）

摘　要　东北油气分公司现有油气勘查与采矿区块 34 个，面积 10.5×104km²。油气勘查区块位于松辽盆地的南北缘、辽河盆地西缘、二连盆地、三江盆地、敦化盆地等区域，工区横跨黑龙江省、辽宁省、吉林省和内蒙古自治区，是中石化在东北地区唯一一家从事石油天然气勘探开发的企业。近年来，伴随着信息技术飞跃式发展，东北油气分公司解放思想、大胆实践，在信息化工作方面取得了一系列可喜的成果。尤其是松原采气厂建设气田高水平生产运行及安全管理的一体化管理系统推进应用系统建设，提高了生产运行业务协同能力和安全生产管理水平。

关键词　一体化；信息化；安全管理；生产运行；气田

1　一体化管理系统项目实施背景

东北油气分公司松原采气厂筹建于 2008 年 9 月，正式成立于 2009 年 11 月，包括松南、伏龙泉和长岭三个气田，厂部位于吉林省松原市前郭县查干花镇，距离长春市 170 公里。松原采气厂机构设置包括“三室一中心”和三个基层站队。松原采气厂目前用工 155 人（其中合同制员工共 80 人，业务外包人员 75 人）。

松原采气厂自 2009 年投产以来，网络覆盖、自动化程度在不断提高，但随着开采年限增长，也存在诸多问题：

（1）安全管控风险逐渐增大，面对目前安全管控要求和环保控制的不断提高，松原采气厂安全管理的水平直接关系到采气厂的生产效益和员工安全感。如何实时掌握生产一线的情况、实时监控设备隐患、减少外操作业风险、不断改进员工工作环境和状况，降低在野外工作时的危险系数，减少安全事故的产生，是采气厂当前及未来面临的关键点。

（2）开发规模扩大，岗位用工缺员大，工作量不断增长松原采气厂生产规模不断扩大，需求用工人数不断增多，但目前仍面临用工紧张。

（3）开发生产优化难度增大可采储量下降，地层压力不断下降，如何通过科技力量，对开发过程中的生产管理进行优化，提升精细化管理水平，更好地增加产量，提升开发效益，是采气厂迫切需要解决的问题。4、急需完善现有网络和自控设备，采气厂周边环境复杂，造成各个井场至处理站的网络传输非常不稳定，从而影响整个数据的实用性和稳定性，需要尽快完成井场自控设备的传输。5、岗位管理的精细化管理水平有待提高，生产运行情况分析还以人工分析，劳动强度大；以单点监控为主，未实现全面监控及关联分析，对实际生产指导性不强；生产报警信息分散且报警量大；缺少监控后生产优化处理。亟需利用信息化、智能化的手段保障安全生产、高效合理开发、降低运营成本、降低劳动强度，保证分公司高质量可持续发展。

2　一体化管理系统项目内涵和主要做法

（1）成果创新的基本内容与理论依据

通过企业 4G 专用网技术、视频监控、手持机、移动应用、三维仿真模型、数据分析等软硬件技术的综合应用与有效集成，建立实时监控、跟踪、预警报警、智能工单等功能，以“精细管理”为导向，以“提质增效”为目标，提升巡检和指挥效率，降低直接作业风险，优化设备管理，打造气田生产一体化调度管理新模式。

（2）项目创新点

① 在公司范围首次采用 GIS 地理和三维实时仿真技术，利用可视化手段集成单井、站库、管线、车辆等实时监控、报警信息；实现单井场站的在线巡检，实现采气厂智能化管控，建立生

产一体化调度管理新模式。

② 搭建企业4G专用网，集指挥调度、智能终端、视频监控、语音为一体实现各种业务的统一承载，同时具有数据带宽高、标准性、可扩展性、可靠性与安全性等。

③ 建立一套安全风险智能判别、预警体系。以“安全生产”为主体，将设备、管理、生产、安全风险监控进行集成，完成直接作业管理、安全检查、风险管控一体化监控。

④ 创建全面感知、协同集成的闭环管理流程。基于工作流驱动，建立了生产调度的工作流模型，实现生产运行的集成化协同管理，便于多部门间的协同与工作对接，达到生产调度工作的智能闭环管理。

⑤ 实现气藏开发动态在线分析。生产曲线定制、单井气藏预测、开发辅助工具、单井气藏预警功能减少了需人工操作的模式化、固定化的工作，单井气藏预测和开发辅助工具将原来多个开发软件的功能汇集，便于研究人员开展气井的动态分析工作，便于数据的采集、应用与分析都在一个系统中进行，为工作带来了极大的便利。

(3) 主要做法

基于松南气田“四化一体”建设目标，形成事前预警、事中指挥、事后分析的智能气田愿景，需要从基础设施建设与完善、生产运行协同指挥、安全生产监控、设备全生命周期管控、开发生产智能优化和移动监控与指挥等六个方面开展建设。

(4) 信息化提升实现“五可”管理新模式

通过信息化系统的数据采集、远程管控和视频监视等功能，在指挥中心及时发现、解决问题，实现井站“一体化”，采用“内操+外操”管理模式，内操在生产指挥中心及时发现、外操在现场解决问题，信息化项目的应用实现了可视(看)、可巡(控)、可记(录)、可检(测)、可报(警)的“五可”安全生产管理体系，做到组织指令统一下达，生产指令同步执行，提高生产效率，减少管理环节，优化用工结构，降低劳动强度。传统巡井模式，大部分一线工人的人力资源耗费在车辆巡检线路上，只有小部分时间用于动态数据记录和气井维护。现在通过自动采集和监控，将巡检人员和资料录入人员从低效工作中解放，可以从事分析工作。以指挥中心为核心，实现“现场+指挥”管理模式，在调度中心及时发现、专业班组在现场解决问题。大大提升现场管理水平和生产效率，打破了专业界限，实现了以"普通巡检工向故障维护技师转变"的模式。由原来的定时定点巡检(每天4次，每次巡检时间为2小时)变成了故障巡检、问题处置，大大减少了简单重复劳动。

(5) 全程风险管控提升安全管理水平

HSSE管理模块包括重点工作管理、HSSE检查、全员安全诊断、直接作业环节管理、人员持证管理、承包商管理、职业健康管理、教育培训管理、制度管理、风险管控、隐患立项、事故事件管理十二个单元。

HSSE重点工作管理单元集年度重点HSSE工作计划、日常HSSE工作任务派发、跟踪、反馈、查询与一体，便于责任落实、分级管控。

HSSE检查单元的上线，实现了检查计划下发-问题整改处置-检查问题跟踪-信息统计全过程痕迹化管理，做到HSSE检查过程标准化。直接作业票据签发由线下转移到线上，因签署逻辑的关系保证了票据签署环节的零失误，同时也避免了票据签署不规范、人员无证上岗等问题。包商管理模块上线后，所有在松南工区内的承包商必须线上办理入厂手续，包括队伍资质、人员资质以及以往HSSE工作业绩等，所有需要发包部门及HSSE环保室审核的资料均要线上申报，有一项不满足均无法提交，在承包商信息提报后，有发包部门初审，确保承包商提交各项数据的真实性，然后由HSSE环保室复审，确保承包商队伍资质、人员资质、作业工器具符合采气厂各项要求，切实做到从严承包商入厂资质审查。

HSSE管理的其他模块实现了各类台账的电子化，所有的管理台账实行同一模板、同一要求，做到台账管理标准化。每一条台账信息都记录在系统内，做到的随时调取，随时查证，方便各类台账的归纳总结，同时将各类数据以图形的形式推送到工作台，做到各类数据一目了然，方便快捷。同时，这些台账全部存入系统，并设置提前预警值，系统会自动按照预设天数进行提前预警，提示相关人员证件、台账即将过期，系统自动以消息的形式推送到管理人员，提醒管理人员进行处理，一直到该事件处理完成为止，大大节省了台账管理及审查方面的工作时间。

（6）业务流程优化线上闭环运行提升生产运行协同能力

生产运行管理模块集成了年度重点工作管理，日常任务派发管理，车辆运行管理，生产例会管理，工农关系管理，土地管理六大功能，以年初制定的年度重点工作运行大表为中心，统一线上指派，落实责任人，及时落实各项重点任务进度，把控关键节点，日常任务派发为辅助，分解重点工作内容，以视频监控、三维 GIS、GPS 等技术手段为支撑，实现生产运行全业务线上运行，全面深化大运行模式建设。

年度重点工作在线监测运行将年初制定的重点工作录入系统，按责任分工逐条指派给牵头人及落实人，责任人收到指派的任务直至完成之前，该项工作都在责任人工作台显示，有进度随时更新，并可记录每项工作全部运行过程，督促责任人尽快推进工作进度，提高运行效率；按计划完成的工作，工作结果由主管领导审批确认，确保工作完成效果；在计划完成时间内未完成的工作需要说明原因并由主管领导审批。年终通过综合数据分析，可对比未完成工作分布的部门及类型，总结经验教训，提升管理水平。

生产任务通过系统派发，由任务发起人填写任务发起原因、任务描述及规定完成时间，经部门负责人审批后派发给执行人员，执行人员接到任务并完成后，通过系统反馈完成情况、完成时间、存在问题等，由任务发起人进行完成确认，形成闭环管理。整个任务通过视频实时监控，从任务来源到任务过程、结果全部记录在系统内，可查询可追溯。同时系统具有超时提醒功能，进一步加强了任务进度的把控能力，提高完成效率。

改变了原有的运行模式，重新梳理了车辆管理流程，用车人可通过在系统中填写申请单，将行程信息申请发送至管理部门，管理部门按照使用目的对车辆进行分类，依据当日车辆运行情况酌情指派，并通过短信的提示用车人和指派车辆，减少中间环节，提高了车辆使用效率，车辆出车后管理部门可通过 GPS 系统对车辆行驶路线、行驶时速、车辆位置进行实时监控，保证车辆在行驶安全受控。车辆使用完成后，驾驶员将当日行驶的参数（行驶里程、油料等）上报至系统，并由管理部门同意审批存档，降低了车辆使用的廉洁风险。废除了车辆票据制度，减少了相关统计工作，同时避免了因人员流动导致的票据遗失等问题，使运行过程资料更加完整。

生产例会汇报材料统一上传，集中处理汇总，过滤不符合信息，通过与 EPBP 系统互通，实现生产动态和运行参数共享，自动绘制周、月、年度产量统计表，并可提供同期对比数据，提高数据分析能力和数据录入准确性，减少重复统计工作量。

协调人员通过执法记录仪、录音笔等手段记录现场谈判全过程，协调结束后全部上传至系统，形成协调过程档案，永久可查询，如出现纠纷，可随时提取作为证据，为协同工作提供有力支撑，提高工农关系处理效率。

通过建立土地管理档案，明确土地使用情况，划分土地使用用途、地理位置关系、土地使用面积等相关信息，让基层单位明确土地使用边界，可与现场结合修正使用面积，清退无效低效土地。同时避免了因人员流动导致的土地使用数据遗失等问题，使过程资料更加完整。

3　实施效果

（1）提高监控质量，消除安全隐患

企业 4G 专用网具有数据带宽高、标准性、可扩展性、可靠性与安全性等优点，实现了通过远程生产数据采集、远程实时视频监控，高清可控摄像头能确保井场安全，清晰地监控井口流程、各类机泵运行、闲杂人员情况、跑冒滴漏、管线刺漏等状况。更加全面地实现了井场情况的实时监测，确保安全隐患早发现、早解决。

通过搭建企业 4G 专用网和无线网桥，解决了单井远程紧急切断重大安全风险，当下游站场装置停车，能通过远程关井快速截断井口气源，降低生产事故发生率，减少生产安全风险。解决了恶劣天气下数据无法传输的问题，保证了数据传输的稳定性，数据传输稳定性为 99%。第一时间发现井口异常，有效告警为 21469 次，无效告警为 1364 次，有效报警率为 94.0%。

（2）在线巡检提质提效，优化班组减员增效

在线巡检改变了以往人工巡检、手填报表、线上上报数据的运行模式，故障检查为自动判断，巡检人员能够快速锁定异常问题，第一时间对异常情况进行判断、分析产生原因，实现“一站式”管理模式。

采气厂原来有两个巡井班，4 台巡逻车，每日油耗约 60L。在线巡检模块的建设，大大提高了采气厂巡检效率。单次巡检时间由 120 分钟缩短至 20 分钟，劳动效率提升 84%，人员由定员

32人优化至18人，优化了用工，同时每年节约了巡检费用约16万元。

（3）明确作业风险识别及对应措施，强化现场作业规范性，

通过任务标准管理模块，建立了现场巡检、设备启动、设备关停、设备保养、设备润滑、设备油水检测、设备盘车等8大类160多小类业务标准与规范，将风险识别、防控融入操作每个步骤中，基于JSA分析、HAZOP分析识别任务风险，自动匹配任务对象，适时推送任务操作风险提示，使员工能对每一个设备、每一项操作的危险源提前识别，有效降低安全隐患。解决职工在岗位“干什么”、“怎么干”以及“干成什么样”的问题。通过规范岗位作业程序、作业标准和人的作业行为，实现岗位标准化作业，促进企业管理标准化、规范化、科学化。2019年，共产生巡检1072次数，任务执行率提升至98.7%。

（4）提高了承包商入场考试管理效率。

以前采气厂每周培训2~3次，需要专职安全管理人员1名，每月入厂手续办理需要投入时间40小时。系统上线后实现承包商在线学习、在线考试，自动阅卷、自动办证，安全管理人员只需过程监督，每月办理缩小至1小时。

（5）通过动态在线分析，提高气藏开发技术水平

气藏开发模块依托生产曲线定制，免去了原本人工操作的繁琐环节，只需事先对不同特征的气井或气藏，设置好针对性的模板，就可批量的生成实用的日度或月度的生产曲线图。单次制作时间由15分钟降到2分钟。内置拟合算法11种，结合人工剔除噪点，实现生产动态预测，单次操作时间由2小时缩短至20分钟，效率大大提升。并把研究人员从模式化、固定化的工作中解放出来，既提高了工作效率又缩短了应急情况的响应时间，为不断探索气田科学开发，实现提质增效，提供新途径和新措施。

（6）建立设备全生命周期管理体系，提升设备综合效能，保证设备长满优运行

统计了松原采气厂全部设备信息，按照炉类、塔类、换热类、泵类、电仪类等12个类别进行划分，共完成1217个设备设施的完善，设备基础电子台账完善率由最初的68.2%上升到98.3%。通过信息化对生产设备全流程、全天候的可视、可管、可控，全面保证了人员及机组安全。实现监控覆盖率100%。

通过HSSE重点、承包商管理、特征设备管理等，建立了统一、可量化、可追溯的台账、检查、安全作业等标准体系，明确每一步管理流程“谁去做，做什么，怎么做”。基于信息化任务工单，对7类重大设备建立保养规章，提前1个月进行提醒，定期自动推送到期需保养设备清单，并做出相应的指派指令，有效避免以往设备漏保及保养不到位的现象发生。

通过分析统计等手段，实时掌握设备运行状态，提高使用效率，为决策提供及时、准确、详实的科学决策分析依据，达到了提升设备管理水平的目的。提高设备利用率、完好率，降低故障率，延长设备使用寿命，减少安全事故，保障装置的安稳长满优运行。

（7）提升了现场管控水平，降低了作业风险。

系统上线以来，松原采气厂安全管理人员通过指挥调度平台，开具电子作业票93张、厂级安全检查6次、人员证件预警32次、安全阀年检预警78次等，特别是2019年8月份装置检修，利用高清视频监控、直接作业管理、手持机等功能，对现场作业进行远程监控、现场作业票检查等，做到了对现场作业、人员状态等的全程监视，降低了作业风险。

（8）提高指挥效率，降低了生产成本

通过自动化手段对生产过程的实时监控，逐渐实现自动发现问题，提交至调度岗，自动生产电子工单，工单运行动态自动跟踪及提醒，工单关闭，形成在线闭环管理

以年度重点工作运行大表为中心，统一线上指派，落实责任人，及时落实各项重点任务进度，把控关键节点，日常任务派发为辅助，分解重点工作内容，以视频监控、三维GIS、GPS等技术手段为支撑，实现生产运行全业务线上运行，全面深化大运行模式建设。

通过对松南气田信息化提升项目的建设和使用，松原采气厂实现了以生产运行为中心的闭环管理模式，构建了基于实际业务流程符合生产实际需要的信息化调度指挥平台，大大提升了全面感知、集成协同、预警预测及分析优化四项能力，为全面打造智能气田、助力“高效勘探、效益开发”提供了强有力的保障。

低功耗窄带物联网技术在西南油气田中的应用分析

牛　旻　陈洪雁

（中国石油西南油气田通信与信息技术中心）

摘　要　西南油气田存在新、老气田，新气田基本建成数字化，老气田因历史和投资等原因大部分井站还需要靠人工巡检方式进行数据的抄录，如按现有建设方案存在成本投入高、建设周期长等问题，窄带物联网(NB-IoT)是万物互联网络的一个重要分支，具有广覆盖，大连接，低功耗和低成本的优势。本文从西南油气田部分偏远低效井、观察井、报废井、偏远阀室等的信息化需求分析，结合各运营商窄带物联网组网模式和技术路线，分析低功耗窄带物联网技术在西南油气田中的应用，为下步低功耗窄带物联网技术的大规模建设和应用进行技术探索，助推油田全面建成数字化。

关键词　窄带物联网；NB-LOT；LORA 低功耗

数字油气田既是油气田全面信息化，指以计算机技术和信息系统等方式全面实现油气田的数字化、网络化、智能化和可视化。近年来油气田随着物联网建设的基本完成，西南油气田 90%的生产气井数据通过有线网路、无线 4G 网络已经完成了数据采集，全部接入了物联网。还有部分偏远低效井、观察井、报废井、偏远阀室等老气田区域未建设信息化，如按现有建设方案存在成本投入高、建设周期长等问题，窄带物联网(NB-IoT)是万物互联网络的一个重要分支，它基于蜂窝网络，只消耗大约 180kHz 的带宽，可直接部署于运营商 GSM 网络、UMTS 网络或 LTE 网络，部署成本低，2018 年后各运营商广泛商用。因此依托窄带物联网等新技术，探索出部分偏远低效井、观察井、报废井、偏远阀室新的信息化建设思路。

图 1　间歇性低产井

图 2　报废井

1　报废井、低产井的信息化需求

低产井目前为间歇性生产，每周开井生产一次，每次生产几小时或生产一周关井一周，总体产气量不高，现场需要采集井口油压、套压的数据，部分地区公众运营商有信号覆盖，部分地区几乎没有。报废井目前都处于关停，但为了实现安全生产实时监测，需要进行井口油压、套压的数据采集。各类管道途中的普通阀室，都需要对阀室的压力数据进行采集。

2　窄带物联网技术

窄带物联网是万物互联网络的一个重要分支，已经通过 3GPP 成为低功耗广域的标准。窄带物联网是由 3GPP(《第三代伙伴计划协议》)标准化组织定义的一种技术标准，是一种专为物联网设计的窄带射频技术，以室内覆盖、低成本、低功耗和广连接为特点。这种技术可应用于

图 3　普通阀室

GSM 网络和 LTE 网络。

2.1　NB-IoT 技术介绍

NB－IoT 是指窄带物联网（Narrow Band Internet of Things）技术，是一种低功耗广域网络（LPWAN）技术标准，基于蜂窝技术，用于连接使用无线蜂窝网络的各种智能传感器和设备，聚焦于低功耗广覆盖（LPWA）物联网（IoT）领域，特别适用于偏远、无有线网络部署、无供电系统的生产数据的传输。

（1）NB-IoT 技术特点

低功耗：在 PSM 模式下最大耗流为 5uA，在 IDLE 模式下大约为 6mA。

强链接：在同一基站的情况下，NB-IoT 可以比现有无线技术提供 50-100 倍的接入数。

广覆盖：将提供改进的室内覆盖，在同样的频段下，NB-IoT 比现有的网络增益 20dB，相当于提升了 100 倍覆盖区域的能力。

低成本：无论是模块成本，还是供电、通讯运营成本都比其他无线装置便宜。

（2）NB-IOT 网络架构

传统的 LTE 网络的设计，主要是为了适应宽带移动互联网的需求，即为用户提供高带宽、高响应速度的上网体验。但是，NB 却具有显著的区别：终端数量众多、终端节能要求高（现有 LTE 信令流程可能导致终端耗能高）、以小包收发为主（会导致网络信令开销远远大于数据载荷传输本身大小）、可能有非格式化的 Non-IP 数据（无法直接传输）等。

NB-IoT 终端：通过空口连接到基站。

eNodeB：主要承担空口接入处理，小区管理等相关功能，并通过 S1-lite 接口与 IoT 核心网进行连接，将非接入层数据转发给高层网元处理。这里需要注意，NB-IoT 可以独立组网，也可以与 EUTRAN 融合组网（在讲双工方式的时候谈到过，NB 仅能支持 FDD 哦，所以这里必定跟 FDD 融合组网）

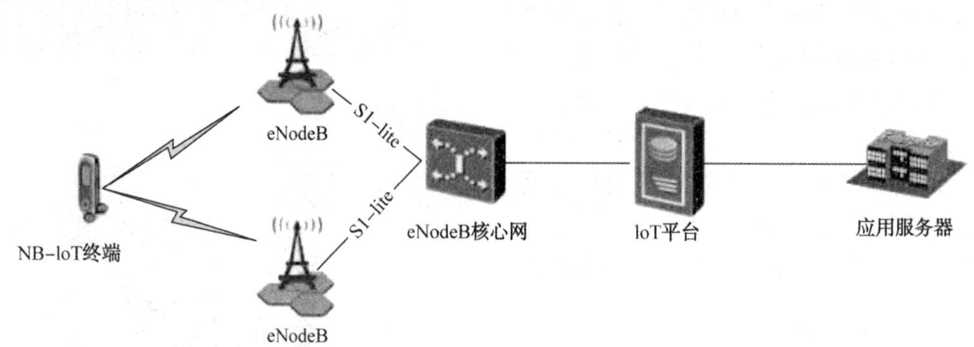

图 4　运营商窄带物联网架构

IoT 核心网：承担与终端非接入层交互的功能，并将 IoT 业务相关数据转发到 IoT 平台进行处理。同理，这里可以 NB 独立组网，也可以与 LTE 共用核心网。

IoT 平台：汇聚从各种接入网得到的 IoT 数据，并根据不同类型转发至相应的业务应用器进行处理。

应用服务器：是 IoT 数据的最终汇聚点，根据客户的需求进行数据处理等操作。

2.2　LORA 介绍

LoRa 是 semtech 公司创建的低功耗局域网无线标准，低功耗一般很难覆盖远距离，远距离一般功耗高，LoRa 的名字就是远距离无线电（Long Range Radio），它最大特点就是在同样的功耗条件下比其他无线方式传播的距离更远，实现了低功耗和远距离的统一，同样的功耗下比传统的无线射频通信距离扩大 3-5 倍。

（1）LoRa 的特性

传输距离：城镇可达 2 ~ 5km，郊区可达 15km。

工作频率：ISM 频段包括 433、868、915MH 等。

标准：IEEE802.15.4g。调制方式：基于扩频技术，线性调制扩频(CSS)的一个变种，具有前向纠错(FEC)能力，semtech 公司私有专利技术。

容量：一个 LoRa 网关可以连接上千上万个 LoRa 节点。

电池寿命：长达 10 年。

安全：AES128 加密。

传输速率：几百到几十 Kbps。

3 窄带物联网应用探索

3.1 整体架构

前端采用 LORA+NB-IOT 组网的模式。该模式通讯距离远、建设成本低、功耗低。通信速率满足数据采集需求。LORA 后期维护工作量较低，NB-IOT 网络由运营商建网，通讯质量由运营商保障，系统维护工作由运营商完成。

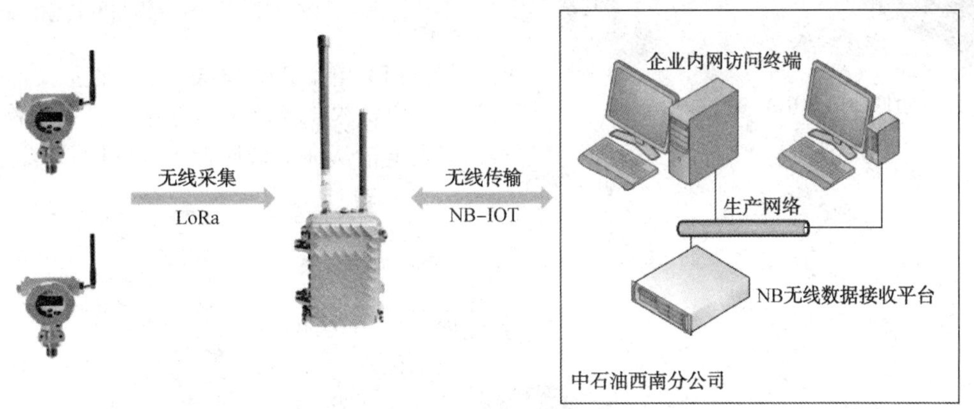

图 5　数据传输系统图

(1) 低功耗 LORA 无线压力变送器

采用低功耗 LORA 无线压力变送器。该变送器具有后期维护量小，观察便利等优点。井站(阀室)均设置有不锈钢压力表，充分利用现有压力表接口进行无线压力变送器的安装，对低产井、观察井的油压、套压、出站压力或阀室上游压力的数据进行采集。

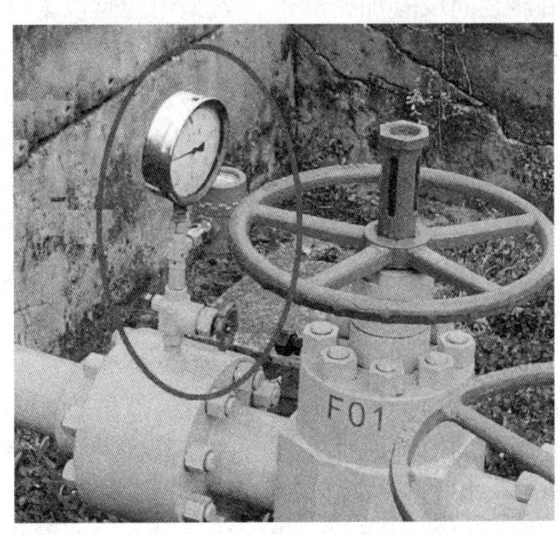

图 6　压力表与变送器组合安装图

无线压力变送器选用防爆型高集成设备，精度±0.5%FS，内置 3.6V 高性能锂电池，数据采

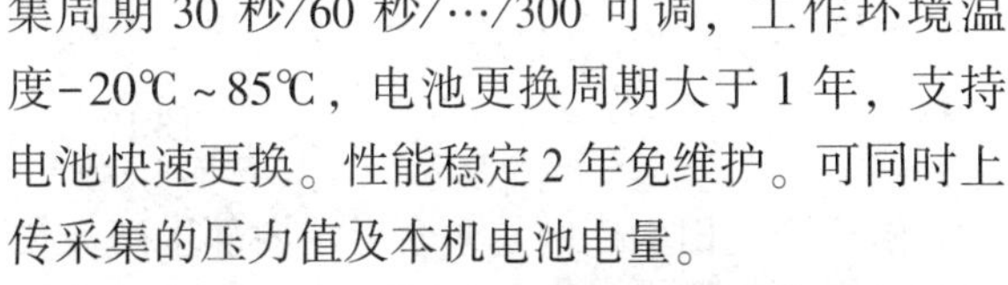

集周期 30 秒/60 秒/…/300 可调，工作环境温度-20℃~85℃，电池更换周期大于 1 年，支持电池快速更换。性能稳定 2 年免维护。可同时上传采集的压力值及本机电池电量。

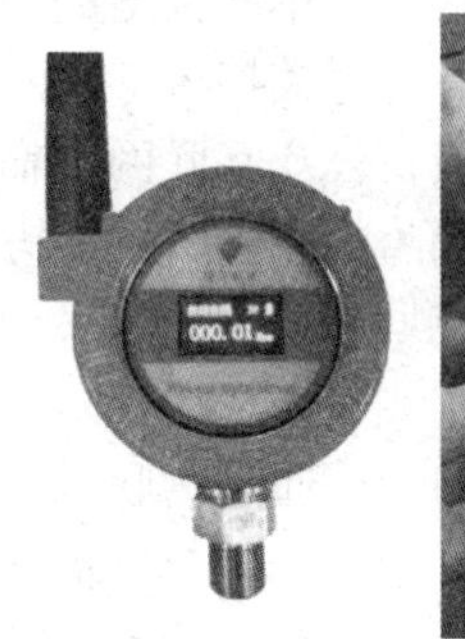
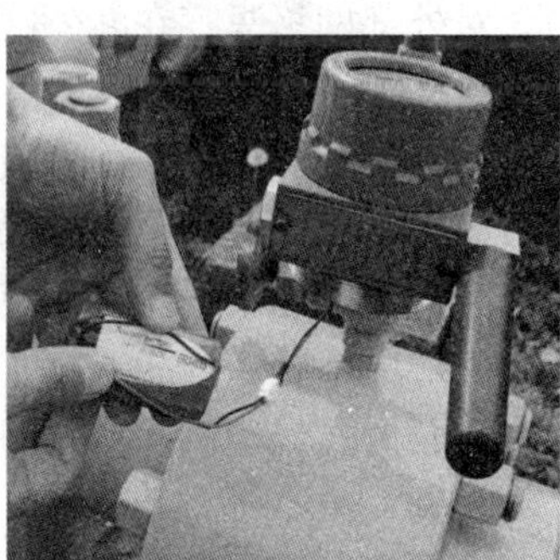

图 7　无线压力变送器

(2) 超低功耗 LORA-NB 无线网关

无线数据通讯设备采用超低功耗 LORA-NB 无线网关。该设备为 LORA 接收，NB-IoT 转发的无线高度集成设备。具有低功耗、后期维护量小等优点。可同时上传通讯故障状态、通信信号强度及本机电池电量。

无线网关局域无线通信协议支持定制低功耗 LORA 协议，支持 3.6V 锂电池供电，电池更换周期大于1年。支持电池快速更换、工作环境温度-20~60℃，无线网关应能显示电池电量使用情况，具有通信中断报警功能。

图8 超低功耗LORA-NB无线网关

3.2 基于窄带物联网的传输方式

需要利用公众移动运营商网络提供传输通道进行数据传输，目前国内三家公众移动运营商在川渝地区提供的窄带物联网数据传输方案均不一样，总体架构如下图：

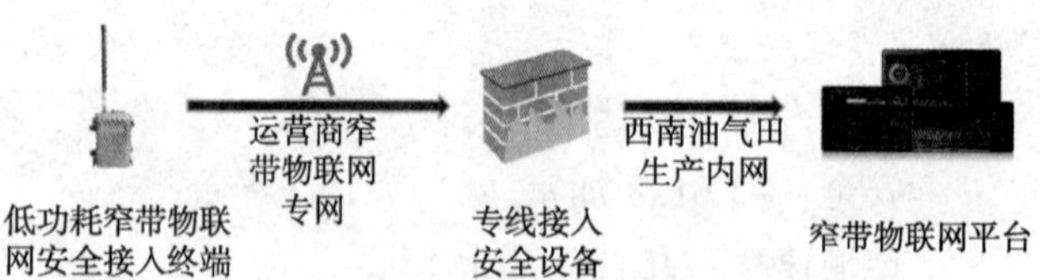

图9 西南油气田窄带物联网传输示意图

(1) 电信普通模式

电信提供互联网直接接入，采用物联网卡后接入电信认证平台后接入互联网。

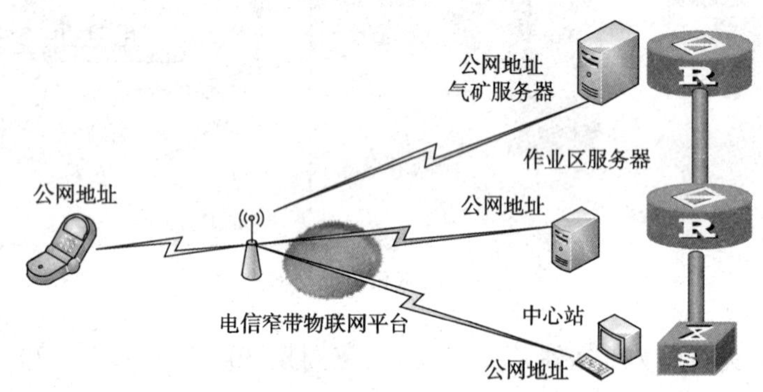

图10 互联网接入模式图

由于油气田生产网是一个专用内部生产数据网，对外部网络只存在办公网一个单向推送的边界接口，故在井站数据传输终端直接接入移动互联网并获取公网地址，并直接在公众互联网传输生产数据，其安全性是无法保障的。同时这种方式与生产网的网络安全边界规划是相冲突的。

(2) 电信隧道模式

运营商发放定制的物联网卡，通过物联网卡号的识别，由系统将其归属于某一个用户虚拟网中；用户终端不能进行身份认证，直接接入电信网络中由运营商设备为其分配运营商规划好的虚拟网私网地址；运营商在其接入基站和其企业虚拟接入私网(APN网)核心路由器之间建立加密隧道，即数据在运营商内部的有线网络中使用加密传输；数据在离开运营商机房中的APN网核心路由器后，通过以太网专线或MSTP传输模式下的以太网专线传输到企业自身的接入路由器。该技术方案也存在：用户身份不需要认证，由运营商直接根据数据卡进行网络归属控制，如果出现数据卡失窃等情况，持卡人可以直接进入西南油气田生产网网络；虽然运营商在其接入基站和其APN网核心路由器之间建立加密隧道，即数据在运营商内部的有线网络中使用加密传输；但数据在运营商APN网核心路由器和油气田企业路由器之间没有加密隧道，若采用的是以太网接入方式，存在被截取的可能性。

(3) 移动、联通VPDN(拨号虚拟专网)方式

VPDN全称是Virtual Private Dial-up Network，即以拨号接入方式上网，对网络数据的封包和加密，可以传输私有数据，达到私有网络的安全级别。它是利用IP网络的承载功能结合相应的认证和授权机制建立起来的安全的虚拟专用网。

前端流程和APN模式一致，进入运营商网络后系统自动进入二次拨号认证，然后分配用户企业网络的内部地址；运营商在其接入服务器和西南油气田自身的接入路由器之间建立加密隧道，即数据在运营商和西南油气田之间的有线网络中以加密隧道方式进行传输；该技术架构的最大优势是其安全性和可管理性：提供二次拨号认证技术，西南油气田可以自行验证用户身份；运

营商接入设备和企业内部路由器之间建立了全程L2TP加密隧道，数据全程传输的通信信道较为安全，其被窃取和被破坏的可能性极大的降低。

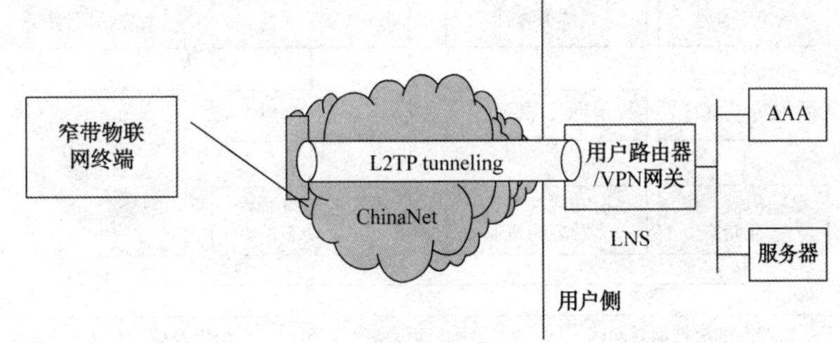

图11 VPDN模式示意图

(4) 三家运营商的比较

目前在川渝境内可提供无线接入的运营商共有三家：中国移动、中国电信、中国联通。

表1 运营商接入对比简表

	覆盖能力	接入方案	物联网平台	优点	缺点
中国移动	基站覆盖全面，部分基站都升级具备窄带物联网接入条件	支持VPDN接入方式	无	支持加密隧道在用户侧落地，支持用户认证管理。	接入稳定性低，在接入点多的区域存在抢占风险
中国电信	基站覆盖较为全面，且基站都升级具备窄带物联网接入条件	不支持支持VPDN接入方式，由其平台统一认证和管控	由	有自身统一的物联网平台，对接大连接和广覆盖有很好的支撑，稳定性高	存在接入安全风险
中国联通	基站覆盖较为全面，大部分基本不具备窄带物联网接入条件，需要硬件或软件升级	支持VPDN接入方式	无	支持加密隧道在用户侧落地，支持用户认证管理。	覆盖范围有限，需要基站升级

3.3 窄带物联网管理平台

鉴于三大运营商在安全性和平台管控制方面各有缺陷，西南油气田的窄带物联网平台按照整个端到端加密系统的基本思路，即节点设备在安装之前会向接入平台申请接入，平台会向节点设备发放密钥或证书并与硬件IMEI绑定。节点设备在工作时会将所有数据都用发放的密钥进行加密后发送；数据在传输的所有阶段都是加密的，只有在西南油气田平台接收后会根据节点的IMEI调用其对应的唯一密钥进行解密；再进入西南油气田的生产网内。同时针对三大运营商不同的组网架构和技术模式差异化接入，电信采用端到端自加密模式，联通和移动可以沿用原有VPDN模式，但是在终端的管控上应设计相关机制，增强端的稳定性。

3.4 数据传输过程

(1) Connected(连接态)：

模块注册入网后处于该状态，可以发送和接收数据，无数据交互超过一段时间后会进入Idle模式，时间可配置。

(2) Idle(空闲态)：

可收发数据，且接收下行数据会进入Connected状态，无数据交互超过一段时会进入PSM模式，时间可配置。

(3) PSM(节能模式)：

此模式下终端关闭收发信号机，不监听无线侧的寻呼，因此虽然依旧注册在网络，但信令不可达，无法收到下行数据，功率很小。持续时间由核心网配置，有上行数据需要传输或TAU周期结束时会进入Connected态。

A、NB-IoT发送数据时处于激活态，在超过“不活动计数器”配置的超时时间后，会进入Idle空闲态；

B、空闲态引入了eDRX机制，在一个完整的Idle过程中，包含了若干个eDRX周期，eDRX周期可以通过定时器配置，范围为20.48秒~2.92小时，而每个eDRX周期中又包含了若干个DRX寻呼周期；

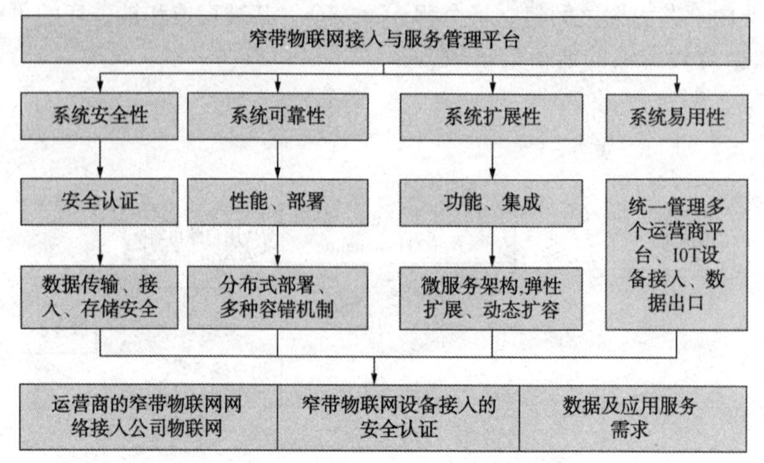

图 12　窄带物联网管理平台架构图

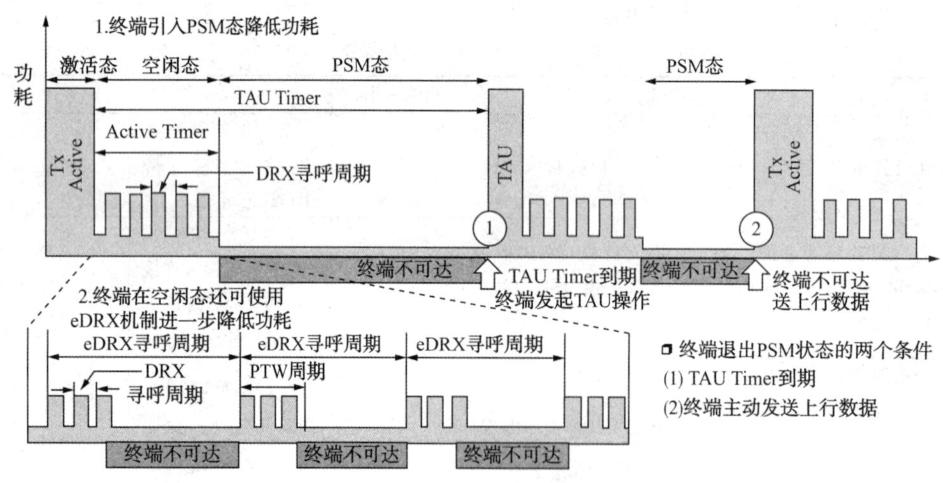

图 13　数据传输示意图

C、若干个 DRX 寻呼周期组成一个寻呼时间窗口(PTW)，寻呼时间窗口可由定时器设置，范围为 2.56s~40.96s，取值大小决定了窗口的大小和寻呼的次数；

D、在 Active Timer 超时后，NB-IoT 终端由空闲态进入 PSM 态，在此状态中，终端不进行寻呼，不接受下行数据，处于休眠状态；

E、TAU Timer 从终端进入空闲态时便开始计时，当计时器超时后终端会从 PSM 状态退出，发起 TAU 操作，回到激活态；

F、当终端处于 PSM 态时，也可以通过主动发送上行数据令终端回到激活态。

4　结论

西南油气田生产作业现场点多面广，较为分散，大部分地区特别是老气田取决于没有自建光缆，从油气田安全和生产经营考虑，需要实现信息化。受制于现场运营商等部分情况，存在三大运营商各有覆盖不全的问题，针对各大运营商的 NB-IoT 网络差异化组网架构和方案，该探索方式从物联网设备安全认证和安全管理、加密传输和数据服务等关键技术进行了一一论述，形成了西南油气田川渝地区物联网 NB 安全接入、物联网终端设备集中管控、数据自动采集与存储及应用服务等一体化管理方式，助推西南油气田实现老气田和新气田的全面数字化。

参考文献

[1] 戴博；袁弋非；余媛芳．窄带物联网(NB-IoT)标准与关键技术．人民邮电出版社，2016.

华北油田智能化运维解决方案研究

张云洁　宋　杰　郭根旺　刘玉石

（中国石油华北油田分公司经济技术研究院）

摘　要　信息化建设经过历经多年，在当前互联网技术的驱动下，正处于一个资源大整合的时代。系统运维伴随系统应用的全过程，运维质量的高低，在很大程度上，决定着用户对信息系统的使用体验，甚至影响着信息系统的生命周期。随着信息发展在企业中的地位越来越重，与其唇齿相依的运维服务也必将随之走向更高层次的专业化和智能化。本文以华北油田信息化建设的不断推进为出发点，深入剖析当前信息系统运维工作中存在的问题，结合大数据领域新技术、新环境、新趋势，提出华北油田智能化运维解决方案。

关键词　信息系统运维方式；智能化运维；人工智能；信息系统管理；国企信息化建设

系统建设投资动辄百万千万，但系统运维却没有因此而水涨船高。一方面，系统运维工作价值不易呈现但责任却很大，一旦出现问题，饱受抱怨、难逃其责，成为运维人员的痛点；另一方面，运维工作琐碎繁多，并常常需要作为"联系人"对接管理部门和业务人员，而产生的效益以及系统管理价值都很难量化和呈现。系统运维是项长期、反复、琐碎的工作，"一套系统、一班人马"的运维方式已不现实，成本高、效率低。为了更好地做好系统运维工作，需要改变目前传统的运维模式，变被动运维为主动运维、协同运维，提高运维服务质量和效率；打造一体化、交互式的运维管理平台，提高工作水平的同时，为用户提供更便捷的问题解决渠道。同时，着重培养用户遇到问题自主、自助的解决问题，这是提高系统应用水平的根本，也是大势所趋。

1　人工智能的发展和引入

人工智能（Artificial Intelligence），简称AI。它是研究、开发用于模拟、延伸和扩展人的智能的理论、方法、技术及应用系统的一门新的技术科学。人工智能可对人的意识、思维的信息过程的进行模拟，虽不是人的智能，但能像人那样思考、也可能超过人的智能。

通过百度指数提供的数据可以看出，2016年可以说是人工智能的元年，各行各业都在讨论智能化，都在尝试将智能在各自领域落地，近几年，更是霸占了各行各业的热词榜单。而系统运维这个传统意义上"劳动密集型"行业对智能化的诉求其实更有现实意义。

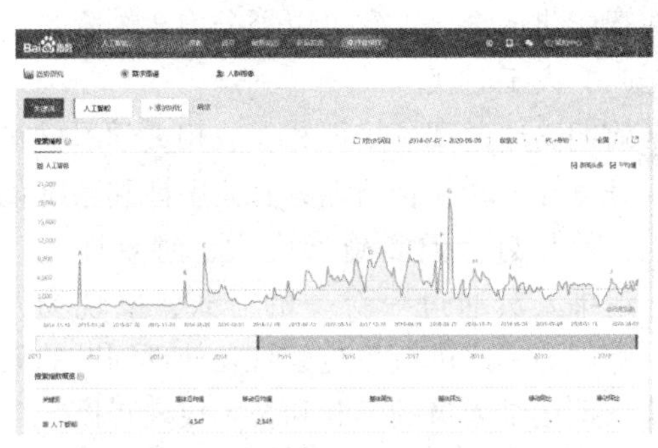

图1　人工智能百度指数

人工智能作为当下最火爆的前沿技术，是计算机科学最值得期待的一个分支，目的是研制出模仿人类思考逻辑和行动的智能化机器。科研人员尝试用各种方式让机器人替代人类从事不同类型的工作，从最开始的重体力劳动到繁复的精密加工到未来替代人类进行逻辑思考。智能化将大大减轻人的劳动，以最少的人工干预完成复杂的工作。人工智能从诞生以来，理论和技术日益成熟，应用领域也不断扩大。

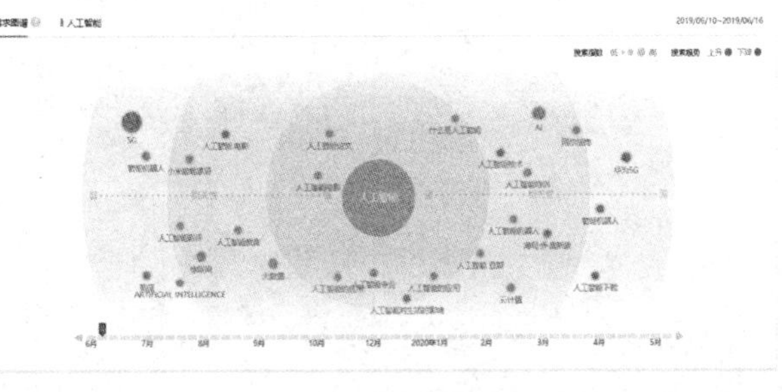

图2　人工智能需求图谱

如果将智能化概念引入系统运维领域，将会发生什么变化呢？用智能化程序代替运维人员，能够在最少的人员干预下寻找故障点。或是根据暴露出来的问题进行深入的关联分析，找出潜藏的隐患并制定解决预案。转变传统运维方式，不断完善系统运维知识库，研究“人机协同”的智能化运维模式，变被动运维为主动运维、协同运维，引导用户自主、自助解决问题。以此，缓解运维压力，提升问题响应速度，降低运维成本。

现实情况是，运维环节繁琐，运维环境复杂，导致日常运维工作需要付出的人力、时间成本越来越高，智能化运维提上日程已是势在必行。随着大数据分析、AI人工智能、自动学习等技术的兴起和逐渐成熟，运维需求也逐渐向智能化和自动化过渡。从最初级系统运维，发展到现在智能化运维，大致可以划分为4个阶段：

（1）人工时代

前期，通过现场培训和发放相关学习材料等方式进行知识转移，培训具有集中性和系统化等特点，效果好，但实施难度大，时效性差。后期，运维人员通过一对一的方式，以现场、电话、邮件等方式进行系统运维，处理问题的效率完全依据运维人员的经验和技术成熟程度。

人工时代存在于最初期，以“授课”形式为特征的运维方式，至今仍占据运维领域的重要地位。它的优势显而易见，但是其局限性和不足也逐渐暴露：没有统一的处理方式，每个系统都有独自的管理办法，协调难；运维工作无法量化和体现。

（2）工具时代

运维人员根据不同的信息系统特点开发或使用管理工具，并承担着该系统相关的软硬件管理工作。管理工具的应用，大大减少了人员工作量，流程、体系也更清晰，业务往来也更加严谨。这个阶段，运维工作开始与信息技术相结合，这是运维行业的一大步。但是，问题仍然存在：系统间相互独立，工作起来相对复杂，往往要切换多个系统才能完成一个任务；管理数据分散，无法看清业务可用性的全貌，缺乏辅助判断和提供解决方案；无法快速定位和风险分析，当业务出现性能问题时，无法快速获得足够信息进行故障定位和检查。

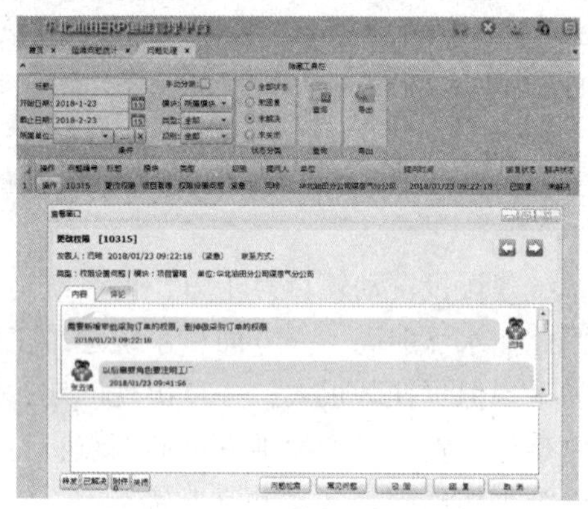

图3 华北油田ERP运维管理平台问题处理模块

（3）平台时代

随着运维工具逐步增多、网络环境异构、信息孤岛逐渐产生等情况，一套统一的运维平台将工具进行整合应运而生。平台帮助运维人员以更高的视角统筹系统全局，协调各个模块功能平衡。

平台化阶段，已经更深层次的结合了信息化技术，让海量数据更直观，以一种更友好的方式呈现出来。但问题存在于，需要建立一套完整的逻辑流程，所有操作都需要人工结合具体业务进行开发，并做好前期各项数据的处理工作，工作量大。再有，统一逻辑不能完全适用于个性化处理，这些是现实问题。

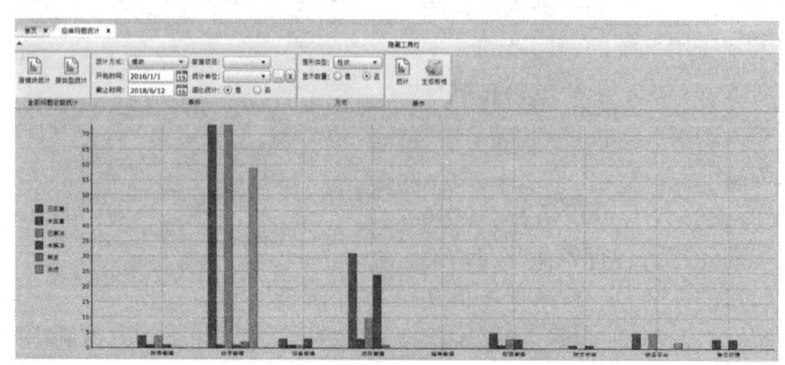

图4 华北油田ERP数据分析平台

(4) 智能化时代

异构化环境，对数据分析和自动化的要求越来越高，借助海量的运维数据优化改进当前工作方法，日常工作实现无人值守的机器运维。建立在大数据分析和自动化运维基础上的智能化运维时代。

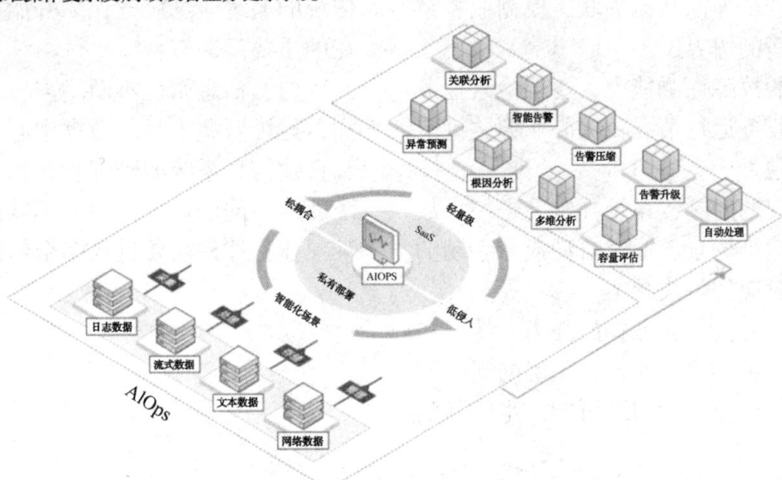

图5　云智慧智能运维模型

2　当前国内运维行业环境及发展趋势

当下，国内大多数的运维领域已经能看清行业的现状和发展方向，但仍处在一个探索的阶段。虽然传统运维模式已经根深蒂固，仍然占据主导地位，但行业变革已是箭在弦上。当前，市场上已经有很多类似功能的客户管理咨询产品，已经安全、稳定、可靠的实现了“人机协同”的运维模式。

目前，应用范围广、用户群大、相对比较成熟的人机协同运维的案例就是各大电商平台的客服软件，如淘宝、天猫的阿里旺旺，京东的京东咚咚工作台等，这些应用实现了客服人员一对多、快速响应、常见问题快速定位和模板式回复等运维领域迫切需要解决的问题或者说是提升的方向。在很大程度上，企业内的系统运维状态与之相似，这也给我们做多系统运维工作提供了新思路。

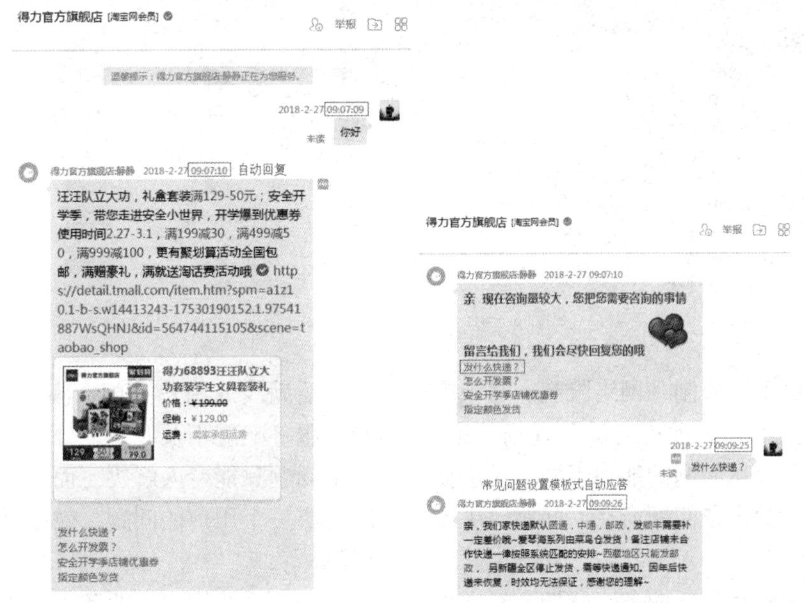

图6　阿里旺旺机器客服自动应答

运维的精细化要求越高，就越需要积累更多的数据，辅助智能化运维场景和策略，实现更多管理途径的扩展，系统运维领域的下一步走势也逐渐明朗。

（1）在平台化运维系统的基础上，进行多系统、多业务的整合，加深数据关联，模糊业务系统与运维平台之间的边界。

（2）更强大的故障探测能力，逐层检索业务运行数据，分析业务运行情况，关心业务关键节点，快速发现问题。

（3）针对发现的问题、系统异常、告警、故障、预测等多种运维场景，通过自动或者手动的方式快速提供相对应的解决预案。

（4）预案失效时提供大数据的强力支持，实时分析问题根源与提供更加快速、正确的问题判断能力。同时，提供自动学习的可能，生成新的解决预案。

（5）与流程结合，实现整体运维事件的闭环，提供事件的记录、跟踪、处理、反馈等关键节点，保障运维工作高效运行。

（6）人工与智能深度融合。将割裂的系统进行整合，并提供标准接口。运维整合，体现在数据的采集、分析、汇总、处理、总结、预案等几个层面。

3　华北油田信息化现状

华北油田信息化建设不断推进，各领域、各业务上线的信息系统不断增多，系统技术支持的任务逐渐加大，对系统运维也提出了更高的要求，包括专业运维人员的数量、素质和业务水平等。对运维人员来讲，不但要全面了解系统部署情况、系统功能和操作流程，还需要了解相关的业务知识、业务流程和基本操作。而这些高标准正是华北信息系统运维当下的主要矛盾之所在，传统的系统运维服务保障开始显现压力。目前存在的主要问题有：

（1）信息系统不断增多，用户数量也随之增加，运维资源不足。数据中心承担着大量的统建和自建信息系统的管理和技术支持工作。各个系统面向不同的业务范围，不同的部门和人员完成某项业务往往需要进入多个信息系统。

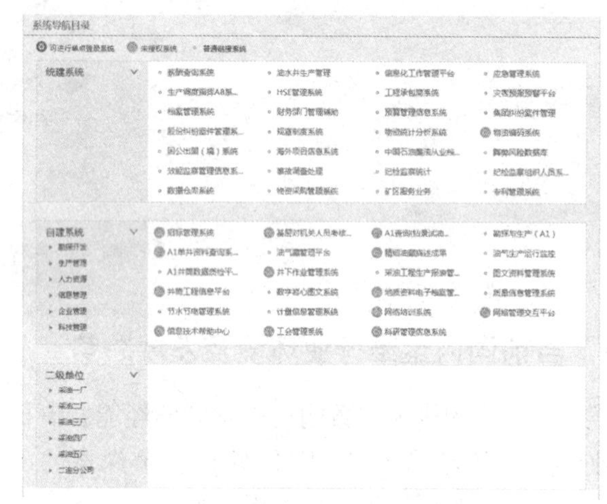

图 7　华北油田信息系统导航页之一

（2）信息系统分散，很多用户不能快速准确的找到相应的技术支持部门，往往一个问题需要用户辗转多个部门才能找到对口的技术支持部门。

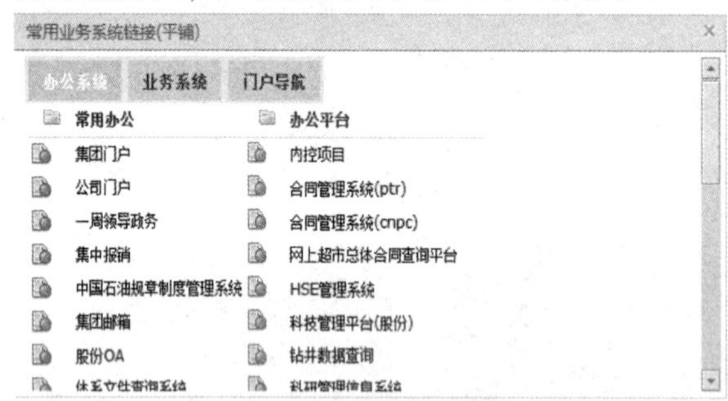

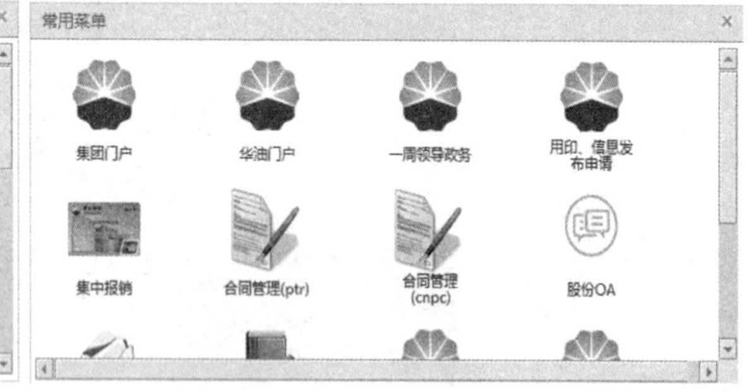

图 8　华北油田信息系统入口

（3）受计算机水平限制、网络限制、地域限制等，无法实现技术人员远程协助和现场帮助。另外，用户理解和表达问题的能力不同，无法让技术人员快速准确的定位问题所在，问题解决困难大。

（4）用户行为碎片化。业务高峰期，经常出现电话满线或用户上门；问题发生在非工作日，时常服务响应不及时。此外，业务的特殊性造成特定问题只能专人解决，而一个运维人员只能同时解决一个用户的问题，效率低，用户体验难以保障。

（5）系统用户和业务人员更换频繁，造成很多零基础的人员需要进行系统操作，出现的问题很多时候是基础性、重复性的，电话询问的时候造成运维人员不断的重复性解答同类问题。

(6) 部门间存在壁垒，跨部门的沟通与协调成本过高。响应速度与工作饱和度、岗位专业化与综合化之间均存在矛盾。运维工作在很大程度上依靠运维人员个体的能力和经验，短期之内效果不错，但很难复制和形成标准化的培训体系。对于组织而言则是一个巨大的风险和不确定因素，毕竟人都可能会犯错，同时还存在人员更换和流失的风险。

管理部门	软件开发	运维部门	业务部门
· 权限控制 · 功能增减 · ……	· 数据库管理 · 功能调试 · 后台管理 · ……	· 权限分配 · 账号管理 · 操作问题 · ……	·信息系统配置 ·系统功能调整 ·业务流转操作 ·……

图 9　华北油田信息系统管理归口

(7) 因为系统性质、组织结构、管理制度等多种原因，没有形成组织级的共享知识库，单个系统内也会形成管理孤岛和业务壁垒，模块运维人员无法掌握全局，从而无法统筹排查并解决问题。

图 10　ERP 系统内部分模块

4　华北油田智能化运维解决方案提出

以“标准—整合—智能”为目标，以“让运维更智能，让业务更高效”为理念，科学调度运维力量，统筹安排技术服务。实时留存并整合系统运维的工作日志，为数据分析和科学决策提供依据。智能化运维的终极目标，就是将运维人员从繁琐的工作中解放出来，提高整体运维效率，降低运维成本，实现业务系统的高可用性。

4.1　华北油田系统运维 SWOT 矩阵分析

分析当前华北主要系统运维方式和特点，形成 SWOT 矩阵，找出主要问题和矛盾。

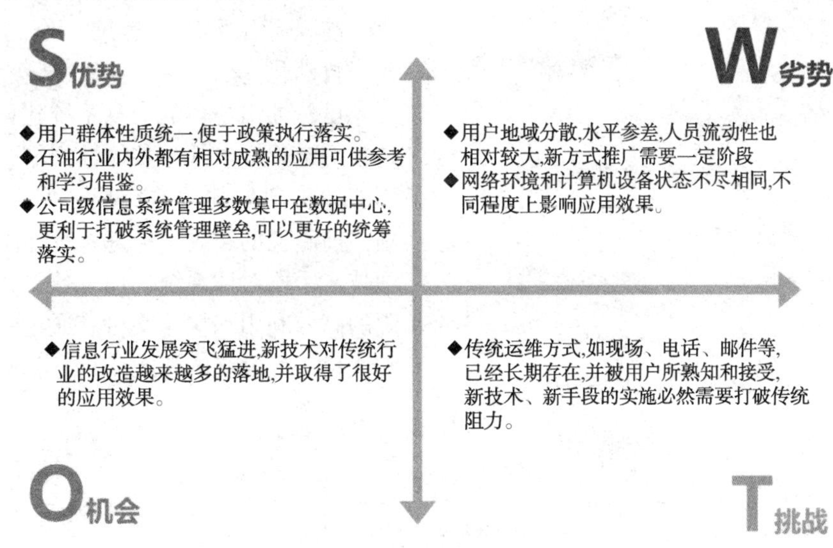

图 11　华北油田系统运维 SWOT 矩阵

4.2　智能化运维解决方案设计——以 ERP 系统运维为例

根据油田公司信息系统应用现状，结合运维经验，形成华北油田智能化运维解决方案。以 ERP 系统运维为例，设计自动回复内容，引导用户自助寻求问题解决方案。

4.3　形成完备知识库实现问题快速检索

选择勘探与生产 ERP 系统、企业管理一体化平台为例，梳理基础问题、常规问题，并进行问题分类，设置问题检索关键字，不断形成完备知识库并支持快速查询。

4.4　标准问题库建设

实时记录用户反应的系统问题和问题解决过程，逐渐形成完备问题记录，实现系统问题可追、可查。优选高频问题、常见问题等，规范问题回复，形成标准问题库。

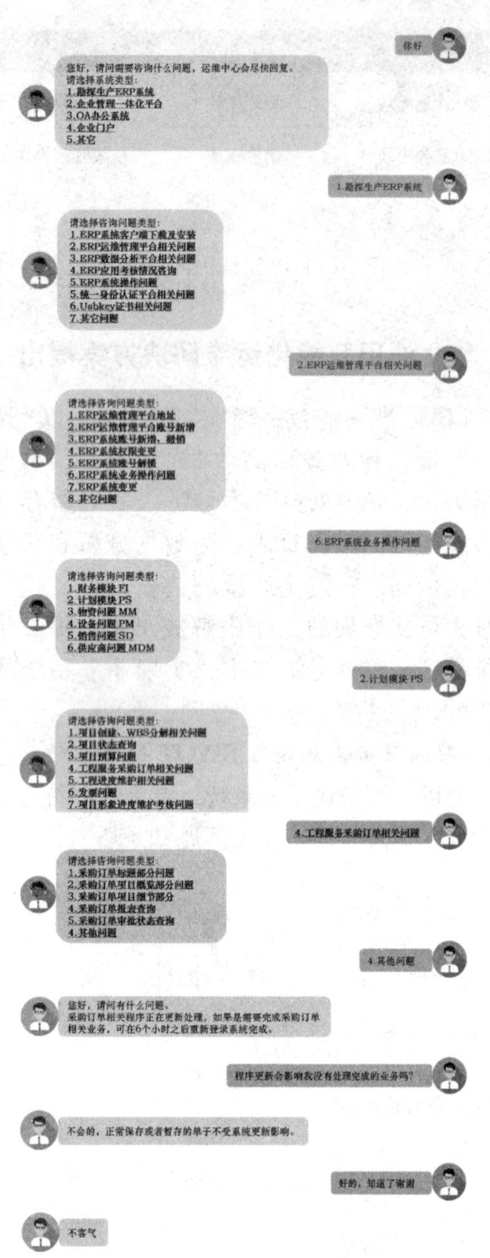

图 12　ERP 运维人机协同自动应答设计

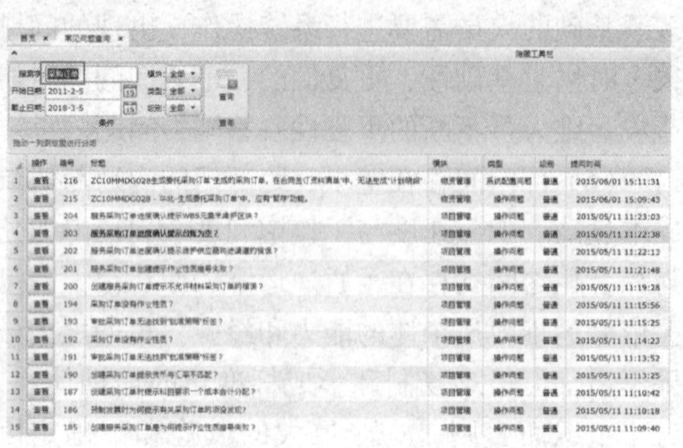

	操作	编号	标题	模块	类型	级别	提问时间
1	查看	216	ZC10MMDG028生成委托采购订单"生成的采购订单，在合同签订资料清单"中，无法生成"计划明细"	物资管理	系统配置问题	普通	2015/06/01 15:11:31
2	查看	215	ZC10MMDG028 - 华北-生成委托采购订单"中，应有"暂存"功能。	物资管理	操作问题	普通	2015/06/01 15:09:43
3	查看	204	服务采购订单进度确认提示WBS元素未维护区块？	项目管理	操作问题	普通	2015/05/11 11:23:03
4	查看	203	服务采购订单进度确认提示[illegible]？	项目管理	操作问题	普通	2015/05/11 11:22:38
5	查看	202	服务采购订单进度确认提示维护供应商询价渠道的错误？	项目管理	操作问题	普通	2015/05/11 11:22:13
6	查看	201	服务采购订单创建提示作业性质维护失败？	项目管理	操作问题	普通	2015/05/11 11:21:48
7	查看	200	创建服务采购订单提示不允许材料采购订单的错误？	项目管理	操作问题	普通	2015/05/11 11:19:28
8	查看	194	采购订单没有作业性质？	项目管理	操作问题	普通	2015/05/11 11:15:56
9	查看	193	审批采购订单无法找到"批准策略"标签？	项目管理	操作问题	普通	2015/05/11 11:15:25
10	查看	192	采购订单没有作业性质？	项目管理	操作问题	普通	2015/05/11 11:14:23
11	查看	191	审批采购订单无法找到"批准策略"标签？	项目管理	操作问题	普通	2015/05/11 11:13:52
12	查看	190	创建采购订单提示货币与汇率不匹配？	项目管理	操作问题	普通	2015/05/11 11:13:25
13	查看	187	创建采购订单时提示科目要求一个成本会计分配？	项目管理	操作问题	普通	2015/05/11 11:10:42
14	查看	186	预制发票时为何提示有关采购订单的项没发现？	项目管理	操作问题	普通	2015/05/11 11:10:18
15	查看	185	创建服务采购订单是为何提示作业性质编号失败？	项目管理	操作问题	普通	2015/05/11 11:09:40

图 13　问题库检索

4.5　系统用户行为引导

依据"系统问题线上解决，常规问题自助解决"的原则，针对性的培养用户改变传统被动实操习惯，根本性的提升业务能力和系统操作水平，并能自主、自助的完成问题排查。

5　结论

综上所述，实现运维智能化是运维工作未来的方向，也是业界目前研究的大热课题。目前，部分物联网行业已经做了有限的尝试，并且取得了非常好的效果和用户体验。要实现运维智能化，前提是先要实现运维工作的流程化、标准化、自动化。

虽然油田公司的信息系统建设不断加强，但是在一定程度上缺少整体性规划，智能化运维还不能一步到位的改造完成。但我们可以合理规划，前瞻性的布局，打好系统运维底子，学习使用技术手段对话系统、加工数据，实现对信息资源的高效利用和快速交付。通过一段时间的积累和优化，为最终的智能化打好基础。

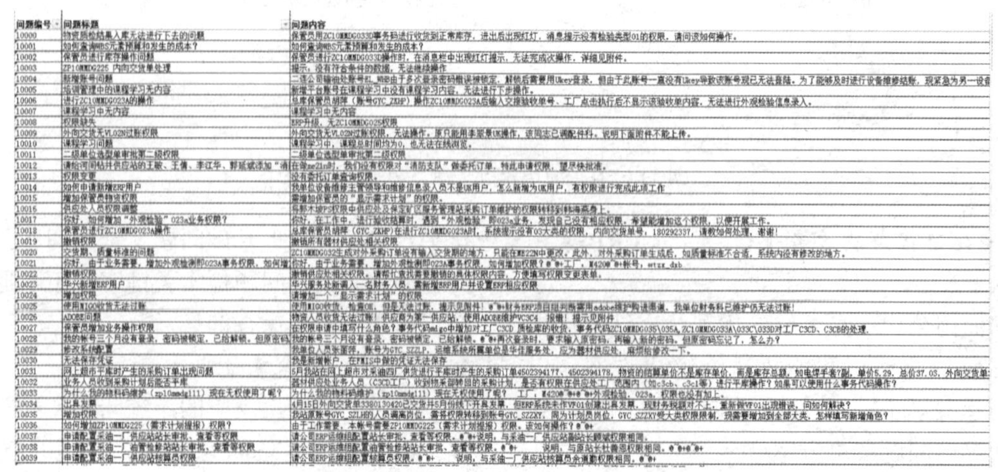

问题编号	问题标题	问题内容
10000	物资质检结果人事无法进行下去的问题	保管员用ZC10MMDG033D事务码进行收货到正常库存，进出后出现红灯，消息提示没有检验类型01的权限，请问该如何操作。
10001	如何查询WBS元素预算和发生的成本?	如何查询WBS元素预算和发生的成本?
10002	保管员进行库存操作问题	保管员进行ZC10MMDG033D操作时，在消息栏中出现红灯提示，无法完成次操作，详细见附件。
10003	ZP10MMDG225 内向交货单处理	提示，没有符合条件的数据，无法继续操作
10004	新增账号问题	二连公司输油处账号EL_WHB由于多次登录密码错误被锁定，解锁后需要用Ukey登录，但由于此账号一直没有Ukey导致该账号现已无法登陆。为了能够及时进行设备维修结账，现紧急为另一设备
10005	培训管理中的课程学习无内容	新增平台账号在课程学习中没有课程学习内容，无法进行下步操作。
10006	进行ZC10MMDG023A的操作	总库保管员胡萍（账号GYC_ZKHP）操作ZC10MMDG023A后输入交接验收单号，工厂点击执行后不显示该验收单内容，无法进行外观检验信息录入。
10007	课程学习中无内容	课程学习中无内容
10008	权限缺失	ERP升级，无ZC10MMDG025权限
10009	外向交货无VL02N过账权限	外向交货无VL02N过账权限，无法操作，原只能用李翠景UK操作，该同志已调配件科，说明下面附件不能上传。
10010	课程学习问题	课程学习中，课程总时间均为0，也无法在线浏览。
10011	二级单位选型单审批第二级权限	二级单位选型单审批第二级权限
10012	请给河间站井供应站的王敏、王倩、李江华、郭延斌添加"消	在做me21n时，我们没有权限对"消防支队"做委托订单，特此申请权限，望尽快批准。
10013	权限变更	没有委托订单查询权限。
10014	如何申请新增ERP用户	我单位设备维修主管领导和维修信息录入员不是UK用户，怎么新增为UK用户，有权限进行完成此项工作
10015	增加保管员物资权限	需增加保管员的"显示需求计划"的权限。
10016	供应处人员权限调整	将郭木坡PS权限中供应处及保定矿区服务管理站采购订单维护的权限转移到韩海燕身上。
10017	你好，如何增加"外观检验"023a业务权限?	你好，在工作中，进行验收结算时，遇到"外观检验"即023a业务，发现自己没有相应权限，希望能增加这个权限，以便开展工作。
10018	保管员进行ZC10MMDG023A操作	总库保管员胡萍（GYC_ZKHP）在进行ZC10MMDG023A时，系统提示没有03大类的权限，内向交货单号，180292337，请教如何处理，谢谢!
10019	撤销权限	撤销所有器材供应处相关权限
10020	交货期、质量标准的问题	ZC10MMDG032生成对外采购订单没有输入交货期的地方，只能在ME22N中更改，此外，对外采购订单生成后，如质量标准不合适，系统内没有修改的地方。
10021	你好，由于业务需要，增加外观检测即023A事务权限，如何增	你好，由于业务需要，增加外观检测即023A事务权限，如何增加权限？@^@+工厂，M420@^@+帐号，wtzx_dxb
10022	撤销权限	撤销供应处相关权限，请帮忙查找需要撤销的具体权限内容，方便填写权限变更表单。
10023	华兴新增ERP用户	华兴服务处新调入一名财务人员，需新增ERP用户并设置ERP相应权限
10024	增加权限	请增加一个"显示需求计划"的权限
10025	使用MIGO收货无法过账	使用MIGO收货，检查OK，但是无法过账，提示见附件！@^@+财务ERP项目组判断需用adobe维护购进渠道，我单位财务科已维护仍无法过账!
10026	ADOBE问题	物资人员收货无法过账！供应商为第一供应站，使用ADOBE维护VC3C4　报错！提示见附件
10027	保管员增加业务操作权限	在权限申请中填写什么角色？事务代码migo中增加对工厂C3CD 质检库的收货，事务代码ZC10MMDG035\035A,ZC10MMDG033A\033C\033D对工厂C3CD、C3CB的处理。
10028	我的帐号三个月没有登录，密码被锁定，已给解锁，但原密码	我的帐号三个月没有登录，密码被锁定，已给解锁。@^@+再次登录时，要求输入原密码，再输入新的密码，但原密码忘记了，怎么办?
10029	修改系统配置	我单位人员张丽萍，账号为GYC_SZZLP，运维系统所属单位是华佳服务处，应为器材供应处，麻烦给修改一下。
10030	无法保存凭证	我是新增帐户，在FMIS中做的凭证无法保存
10031	网上超市平库时产生的采购订单出现问题	5月我站在网上超市对采油四厂供货进行平库时产生的采购订单4502394177、4502394178，物资的结算单价不是库存单价，而是库存总额，如电焊手套7副，单价5.29，总价37.03，外向交货单
10032	业务人员收到采购计划后能否平库	器材供应处业务人员（C3CD工厂）收到物采部转回的采购计划，是否有权限在供应处工厂范围内（如c3cb、c3c1等）进行平库操作？如果可以使用什么事务代码操作?
10033	为什么我的物料码维护（zp10mmdg111）现在无权使用了呢?	为什么我的物料码维护（zp10mmdg111）现在无权使用了呢?　工厂，M420@^@+@^@+外观检验，023a，权限也没有加上。
10034	出具发票	4月15日外向交货单3380130420已交货并5月份线下开具发票，但ERP系统未作VF01创建出具发票，现财务税额对不上，重新做VF01出现错误，问如何解决?
10035	增加权限	我站原账号GYC_SZLH的人员调离岗位，需将权限转移到账号GYC_SZZXY，因为计划员岗位，GYC_SZZXY受大类权限限制，现需要增加到全部大类，怎样填写新增角色?
10036	如何增加ZP10MMDG225（需求计划提报）权限?	由于工作需要，本帐号需要ZP10MMDG225（需求计划提报）权限，该如何操作？@^@+
10037	申请配置采油一厂供应站站长审批、查看等权限	请公司ERP运维组配置站长审批、查看等权限。@^@+说明，与采油一厂供应站副站长顾斌权限相同。
10038	申请配置采油一厂油管检修站站长审批、查看等权限	请公司ERP运维组配置油管检修站站长审批、查看等权限。@^@+　　说明，与原站长杜善恩权限相同。@^@+@^@+
10039	申请配置采油一厂供应站核算员权限	请公司ERP运维组配置核算员权限。@^@+　　说明，与采油一厂供应站核算员余通勤权限相同。@^@+

图 14　标准问题库设计

参考文献

[1] OneWiser. 思考：智能化运维的发展 . CSDN 论坛，2017(9)

[2] 王晓红 . 智能化运维在企业 IT 管理中的应用探索[J]. 电脑与电信，2018(10)

油气工业互联网安全体系框架技术研究

贺春光

（中国石化中原油田分公司）

摘　要　我国一直以来对工业互联网安全问题给予高度重视。工信部联合多部委发布的《加强工业互联网安全工作的指导意见》，建立完备可靠的工业互联网安全保障体系，需要从技术、市场、制度三个维度统筹兼顾、协同推进。本文通过对工业互联网安全体系的技术研究，提出相应的安全防护建议，为油气企业工业互联网安全发展提供理论指导依据。

关键词　工业互联网；安全体系

1　背景

工业互联网作为未来制造业数字化、网络化、智能化变革创新的关键基础设施，事关制造强国和网络强国建设，是功在当代、利在长远的系统工程。“十三五”规划、“中国制造2025”、“互联网+”行动计划、制造业与互联网融合发展等国家战略都提出发展工业互联网。

国务院发布《关于深化”互联网+先进制造业”发展工业互联网的指导意见》，将安全与平台和网络并列，作为工业互联网发展的三大核心关键要素，明确提出要构建工业互联网安全保障体系，重点从提升工业互联网安全防护能力、建立数据安全保护体系、推动安全技术手段建设等多方面，体系化布局工业互联网安全保障能力。2019年，工业和信息化部等十部门共同印发了《加强工业互联网安全工作的指导意见》，从制度机制建设、安全责任划分、技术手段建设、公共服务能力提升、产业创新发展和人才培育等多个方面，提出工业互联网安全保障体系建设的具体目标、任务和保障措施。

2　工业互联网安全面临的问题

随着德国工业4.0、美国工业互联网、中国制造2025等再工业化革命战略的不断推进下，互联网与工业网络不断进行深度融合，原本非常封闭的工业网络逐渐变得开放、互联互通，使得工业网络面临了传统IT网络的病毒、木马等威胁，同时也使得一些黑客、工业间谍、敌对势力等攻击工业网络变得更加容易。

近年来，全球工业领域安全事件频繁发生，涉及多个工业领域，事件波及范围不断扩大，造成的后果也愈加严重。特别是2015年以来，每年发生的安全事件数量接近300起。近几年我国也发生了很多安全事件，主要涉及电力、石油化工、智能制造、汽车、钢铁等行业，从这些攻击事件分析来看，工业主机成主要攻击的对象，工业主机都不同程度出现蓝屏，反复重启、文件加密等现象。

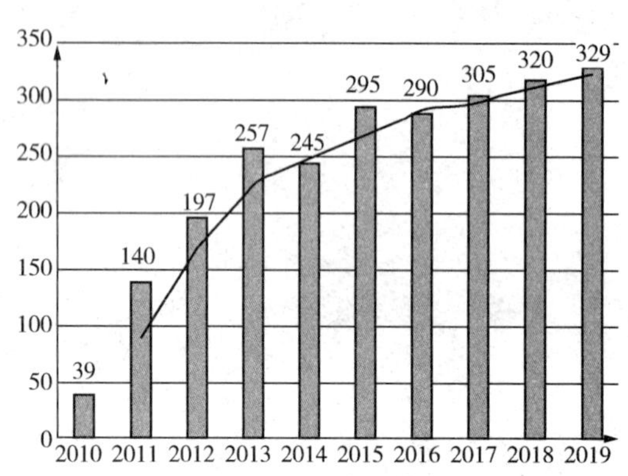

图1　数据来源：中国信息通信研究院

工业互联网安全主要存在以下几个方面问题：

（1）工业互联网内、外部网络安全双重威胁严重

从外部威胁来看，工业互联网打破了传统网络安全界限。工业企业IT和OT不断融合，企业内部工业网络、管理网络与互联网逐步打通，大量工业互联网资产在公网暴露，导致大量网络安全威胁从外网向工业内网延伸渗透。从内部风险分析，工业控制软件和设备等网络安全防护能力不足。大多数传统工业控制系统和设备受其内存和处理能力的限制，其保护能力较弱，受制于工

业生产连续性、稳定性等要求，系统升级改造难度较大。

(2) 工业控制软件及设备的安全漏洞持续增加

随着工业互联网连接的设备总数越多，设备的联网和数据交换越频繁，就越有可能存在暴露在互联网上的情况。美、欧等发达国家的工业设备联网水平最高，工业控制组件暴露问题也最明显。工业互联网的发展带来越来越多的通用协议、硬件和软件在工业控制系统产品中采用，并以各种方式与互联网等公共网络连接，使得针对工业控制系统的攻击行为大幅度增长。

(3) 工业互联网数据种类多样，缺乏防护重点

工业互联网数据种类和保护需求多样，数据流动方向和路径复杂，研发设计数据、内部生产管理数据、操作控制数据以及企业外部数据等，可能分布在大数据平台、生产终端、工业互联网平台、设计服务器等多种设施上，仅依托单点、离散的数据保护措施难以有效保护工业互联网中流动的工业数据安全。

(4) 网络安全和生产安全交织，安全事件危害更严重

传统网络安全遭受到网络攻击后多面临经济损失，工业互联网一旦遭受攻击，不仅影响经济损失，更可影响工业生产运行，引发安全生产事故，对国民经济造成重创，影响社会稳定，甚至对国家安全构成威胁。

(5) 新兴技术应用带来新的安全风险

工业互联网技术与大数据、人工智能、区块链、5G、边缘计算等新技术的融合，以及第三方协作服务的深度介入增加了信息泄露、数据窃取的风险。随着5G的协议全面互联网化，被外部攻击的可能性著增加，同时提升了应用5G的工业互联网相关场景的安全挑战。边缘计算对工业互联网数据就近处理减少了敏感数据泄漏的风险，但其安全防护能力不及云中心，而且对原有的集中式内容监管模式带来挑战。

3 工业互联网安全技术体系研究

工业互联网安全是工业互联网健康发展的重要前提和保障，其内涵覆盖设备安全、控制安全、网络安全、平台安全和数据安全等多个领域。工业互联网平台被誉为工业互联网的“操作系统”，是制造业新生态竞争的核心。工业互联网平台安全是工业互联网安全保障体系的重要组成部分，平台安全主要包括工业Iaas、Paas、SaaS的安全及边缘层安全。

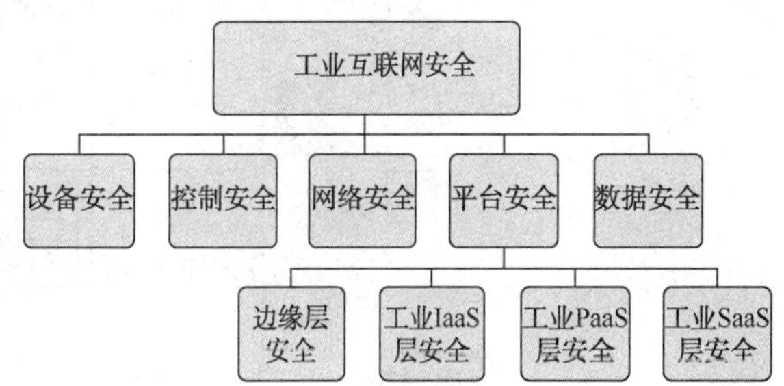

图2 工业互联网安全体系构成图

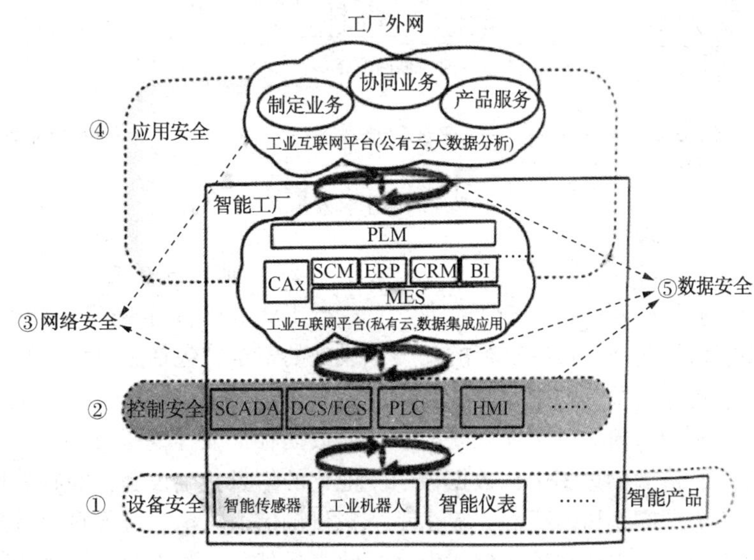

图3 工业互联网安全体系框架图

从工业互联网产业链生态构成关系来看，工业设备是生态数据终端入口，工业互联网网络是神经网络，工业互联网平台是生态核心，工业软件是承上启下数据应用的关键，工业互联网应用是价值兑现的载体，工业互联网安全是生态体系保障。

（1）设备安全

工业互联网中的终端包括工业领域应用的产品、系统、设备等，传统生产设备安全重点关注物理和功能安全，而随着海量工业互联网设备集成到平台中，传统设备在设计上存在的安全漏洞将直接暴露在网络攻击之下，一旦被攻击，木马病毒将以指数级增长的方式在设备之间传播。另外，多数国家的工业设备依赖于国外先进厂商，没有自主可控的核心技术，存在被境外控制的风险，设备的终端安全问题形势严峻。

（2）控制安全

生产控制的安全管理可从控制软件安全、控制功能安全、控制协议安全等方面考虑。控制软件安全主要包括软件防篡改、恶意软件防护、补丁升级更新、安全监测审计。控制功能安全主要包括：确定控制软件与其他设备相互作用可能引发的危险；考虑自动化、信息化可能导致的安全失控状态；明确操作人员执行操作过程中可能产生的合理可预见的误用以及智能化系统对于人员恶意攻击操作的防护能力。控制协议安全方面则主要包括身份认证约束、访问控制、传输加密、稳健性测试等。

（3）网络安全

工业互联网的网络安全威胁来源于工厂内部网络、外部网络及标识解析系统等方面，主要隐患在于网络结构、边界安全、接入认证、通信内容、通信设备、安全监测等的安全防护及管理机制，一般需构筑立体化的防护管理体系。网络安全防御主要从以下几方面考虑：优化网络结构设计、网络边界安全、网络接入认证、通信和传输保护、网络设备安全防护、安全监测审计。

（4）平台安全

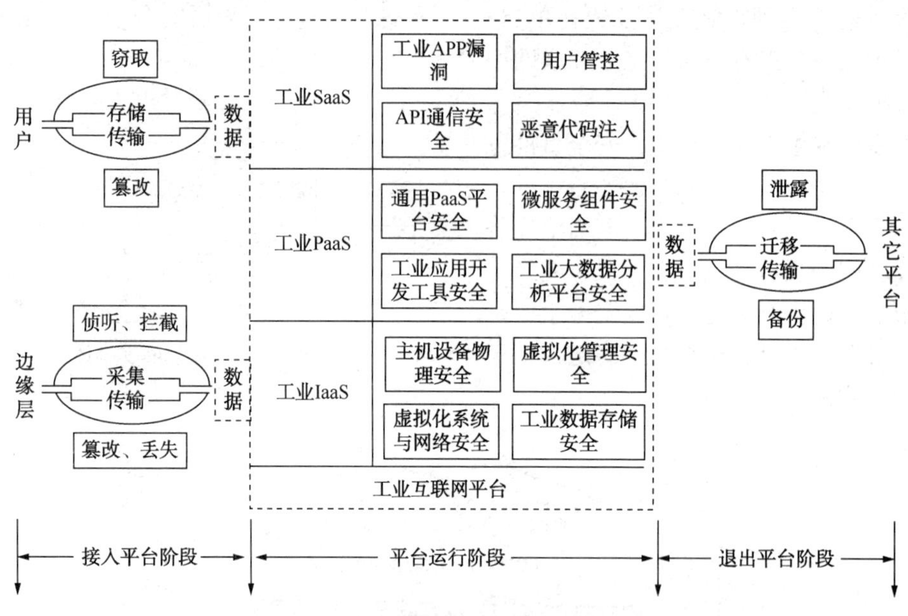

图4　工业互联网平台安全架构图

① 边缘层安全

边缘层安全是指工业互联网平台与工业企业接入过程中数据采集、协议转换、边缘计算的安全。由于智能传感器、边缘网关等边缘终端设备计算资源有限，安全防护能力薄弱，工业互联网平台在数据采集、转换、传输的过程中，数据被侦听、拦截、篡改、丢失的安全风险更高，攻击者可利用边缘终端设备漏洞对平台实施入侵或发起大规模网络攻击。

② 工业 laaS 安全

工业 IaaS 安全是指工业互联网平台云基础设施的安全，包括主机设备物理安全、虚拟化系统安全、虚拟化网络安全、虚拟化管理安全、工业数据存储安全等。工业 IaaS 是虚拟化、资源池化的信息基础设施，面临着虚拟机逃逸、跨虚拟机侧信道攻击、镜像篡改等新型攻击方式的威胁。另外，多数平台企业使用第三方云基础设施服务商提供的 IaaS 服务，存在数据安全责任边界不清晰等安全问题。

③ 工业 PaaS 安全

工业 PaaS 是基于工业知识显性化、模型化、标准化的赋能使能开发环境，其安全包括通用 PaaS 平台、工业应用开发工具、工业微服务组件、工业大数据分析平台的安全。通用 PaaS 平台感染病毒、木马，可造成平台瘫痪、服务中断、数据丢失等严重后果。工业应用开发工具、微服务组件存在漏洞，将影响工业 APP 的正常开发和使用。工业大数据分析平台汇聚海量工业企业的工艺参数、产能数据等高价值数据，被黑客入侵可能导致敏感信息泄露，威胁平台数据安全。

④ 工业 SaaS 安全

工业 SaaS 安全是指工业互联网平台应用层的应用服务安全。其中，工业 APP 涉及专业工业知识、特定工业场景，集成封装多个低耦合的工业微服务组件，功能复杂、安全设计规范缺乏，可能存在安全漏洞和缺陷，面临的工业 APP 漏洞、API 通信安全、用户管控、开发者恶意代码植入等应用安全问题更为突出。

(5) 数据安全

工业互联网数据安全主要包括工厂内部重要的生产管理数据、生产操作数据以及工厂外部数据等各类数据的安全。工业领域业务复杂，工业数据体量大，数据在工厂内外双向流动共享，数据保护难度增大。另外，二次开发服务、个性化定制等服务的延伸也带来用户隐私数据外泄的风险。

数据的安全管理贯穿数据的 4 个阶段：数据收集、数据传输、数据存储及数据处理。数据收集要遵循合法、正当、必要的原则；数据传输需根据不同的数据类型以及业务部署情况，采用有效手段确保数据传输安全；数据存储涉及访问控制、分级存储加密、备份和恢复等；数据处理则需解决使用授权、数据销毁、数据脱敏等关键问题。

4　企业工业互联网安全的思考

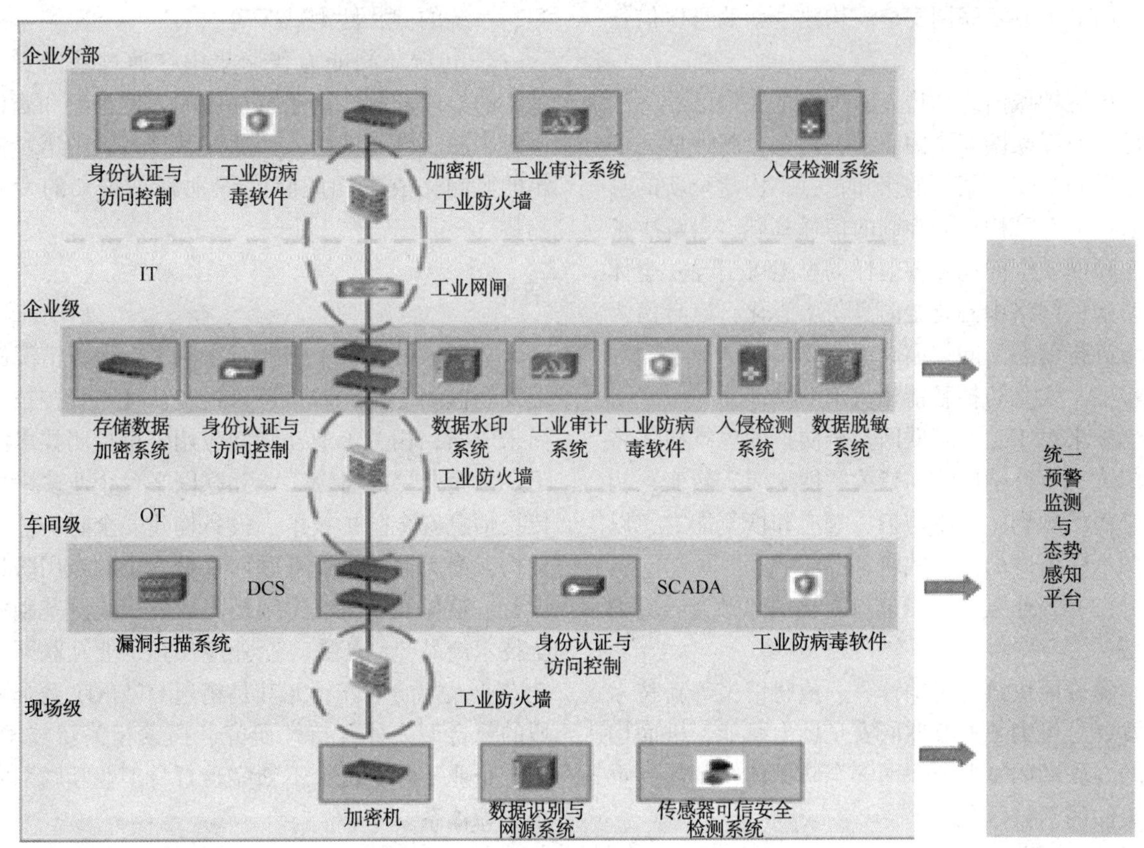

图 5　企业工业互联网安全管控规划图

但是我国制造业企业数字化基础薄弱，发展不平衡、不充分的问题突出，少量企业开始步入数字化阶段，广大中小企业仍处于由机械化到自动化的 2.0 阶段。工厂外网络主要依托公共互联网，难以满足工业生产高安全、高实时和高可靠的要求。企业可以先完善工厂内网络安全保障，完成 IT 与 OT 的互联互通，基于统一的预警监测与态势感知平台实现整体安全管控。企业工业安全大脑可从三个维度实现对安全威胁的感知。

横向感知：结合 ICS 资产探测、人工智能、攻防研究，全面探测工控企业内网资产暴露在互联网的互联网资产，感知内外网攻击横向渗透行为。

纵向感知：通过模拟信号监测和无线信号监测，从 IT 系统到 OT 系统总线感知，监测由于信息安全导致的生产安全问题。

交叉感知：通过外网威胁情报和海量安全大数据交叉分析，可快速溯源，定位威胁。

5 新趋势与新技术

新基建背景下，工业互联网作为新一代信息技术与制造业深度融合的产物，对工业未来发展会产生革命性的影响。工业互联安全领域的投资和应用推进势必会加速，同时促生新趋势。

（1）工业互联网安全需构建全新的身份信任体系

传统护城河式的边界防护安全架构已经无法满足工业互联网安全的需求，需要重新评估和审视边界防护安全架构的认知盲点，构建全新的身份信任体系重构访问控制的信任基础，去解决工业互联网安全问题。零信任的思想可引导安全体系架构从网络中心化走向身份中心化，以身份为中心进行动态访问控制。

（2）安全防护智能化将不断发展

未来对于工业互联网安全防护的思维模式将从传统的事件响应式向持续智能响应式转变，构建全面的预测、基础防护、响应和恢复能力，以抵御不断演变的高级威胁。

（3）工业互联网安全与新技术的融合需更为紧密

随着区块链、可信计算、威胁情报等新技术的发展，可为工业互联网安全助力赋能，进而构建融合联动的工业互联网安全防护体系。需要重点关注的新技术包括：

① 区块链具有可信协作、隐私保护等技术优势，可在工业互联网数据交换共享、确权、确责以及海量设备接入认证与安全管控等方面注入新的安全能力。

② 可信计算可为工业互联网体系结构、应用行为、数据存储、策略管理等各个环节提供安全免疫能力，是实施主动防御的重要技术手段。

③ 安全编排也是近年兴起的新技术，之前在 SOC 平台进行应急响应都是人为驱动，效率低且不够智能，而减少响应时间是控制安全事件影响的最有效方法之一。安全编排就是在应急剧本编制后，通过自动化手段触发、启动应急预案的一套技术，偏重于安全分析师所做的工作，可提高整体效率。

④ 数字孪生又叫数字双胞胎（Digital Twin），简单来说就是在一个设备或系统的基础上创造一个数字版的“克隆体”，本体的实时状态和外界环境条件都会复现到“孪生体”身上。利用数字孪生技术就可以搭建较为完整的业务流程。基于数字孪生的能力还可以开展业务得生命周期预测、系统的健壮性测试等等。

⑤ 传统监测能力普遍集中在通过基于安全基线的异常监测、基于特征库的入侵检测和病毒检测来解决已知威胁，而通过基于基因图谱、沙箱的监测完成未知威胁的识别则是未来的发展趋势。

结论

从国家层面看，工业互联网平台运行情况缺乏安全监测手段，海量接入设备认证与管控技术尚未成熟，相关工业互联网应用安全检测技术匮乏。从企业层面看，工业互联网平台企业多采用传统信息安全防护技术、设备构建安全防护体系架构，尚无面向工业互联网平台安全的专用防护设备，整体安全解决方案还不成熟，关键基础安全技术产品受制于人。企业应加强工业互联网安全专业人才的培养，尤其是精通 IT 与 OT 两个领域的复合型人才，持续研究、探索相关新技术，结合企业实际情况，不断完善自身工业互联网安全保障体系。

苏里格气田气井气动增压智能注剂装置研发与应用

李　珍1，2　程世东1，2　李永清1，2　陈荣环1，2

（1. 中国石油长庆油田公司油气工艺研究院；2. 低渗透油气田勘探开发国家工程实验室）

摘　要　苏里格气田总井数达1.4万余口，采取泡沫排水采气井7500余口，以井口人工加注方式为主，加药制度难以落实，效果无法保证。部分试验的自动注剂装置受电力、成本等问题，未推广应用。通过对苏里格气田井下节流工艺分析，以气动增压技术为核心，总结积液诊断依据及积液量计算方法并开发智能控制软件，研发了一种利用油套压差驱动的气井气动增压智能注剂装置。经现场运行，该装置安全可靠，利用气井自身能量实现了“一井一工艺”的气井排水采气措施；装置每天耗电3.3w，无需配套电力供应系统，使人工加药周期由3天延长至30天。

关键词　苏里格气田；排水采气；气动增压；智能；注剂装置

苏里格气田是我国已发现并实现规模开发的最大天然气田[1]，是我国陆上最大的天然气枢纽中心[2]。按照规划，将会建成上万口井、上百座集气站[3]。苏里格气田采取井下节流工艺的中低压集气模式，形成了气井井口油管与套管的高差压势能。在开采过程中，地层能量逐渐降低，气体携带井底积液能力减弱，井筒积液增多，导致天然气产量下降，甚至水淹。目前，解决气井积液的主体技术是泡沫排水采气技术，以井口人工加注方式为主。受人力、气候、道路等影响，加药制度难以落实，效果不易保证。在用的单井井口电动加注装置，只能采用太阳能风能互补的方式解决动力来源，造成装置的电源配套成本居高不下、稳定性不高、维护工作量大，无法满足生产需求，急需开展其他方式的井口智能注剂技术研究。

1　工艺流程设计及关键设备研发

如图1所示，工艺主要设计包括气路流程及液路流程，关键设备为气动增压泵。

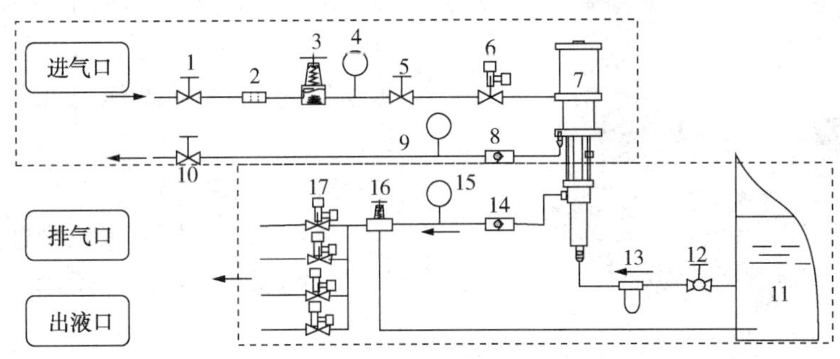

图1　加药装置工艺流程图

1—阀门；2—单向阀；3—调压阀；4—压力表；5—阀门；6—电磁阀；7—气动增压泵；8—单向阀；9—压力表；10—阀门；11—药箱；12—阀门；13—过滤器；14—单向阀；15—压力表；16—三通阀；17—电磁阀

1.1　气路流程

如图1上方红框虚线所示，气路主要包括进气减压、排气及增压泵。进气流程主要包括闸阀、单向阀、减压阀、压力表、电磁阀；排气流程主要包括单向阀、压力表、闸阀。

1.2　液路流程

如图1下方红框虚线所示，液路主要包括药箱、过滤器、单向阀、压力表、八路阀岛等。其中，排液泵与气动泵刚性直连。

1.3　气动增压泵设计

结构示意如图4所示，气动增压泵为装置的核心部件，通过内部换向阀实现高压条件下稳定换向，分为气动泵和液压泵。

1.3.1　气动泵设计及工作原理

(1) 结构设计

气动泵上下运动的气流换向，设计为机械内换向方式，驱动气体在泵腔内流向不变；泵腔内部活塞顶部设计有机械运动和位置切换装置，控制进、排气体的气门关闭和打开。缸体设计成套缸形式，解决了气流换向，保证了对外零泄漏、零排放问题。

(2) 工作原理

如图 2 所示，活塞上行时(左图)，进气门关闭，排气门打开的情况下，由于气压差气体推动活塞上行，直至气缸顶部，因机械限位使排气门关闭，进气门也同时打开，活塞开始下行(右图)，完成下行的换向。当活塞下行至下机械限位点后，又将进气门关闭，排气门打开，活塞又开始上行，完成上行的换向。进、排气门设计在同一横担机构上，并附有特殊定位和稳定机构，气缸在工作时，进、排气门一开一闭，以保证活塞运动的可靠性。

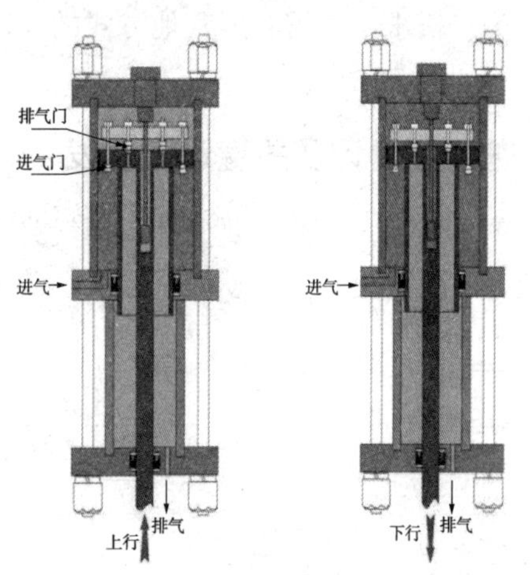

图 2　气动泵原理示意图

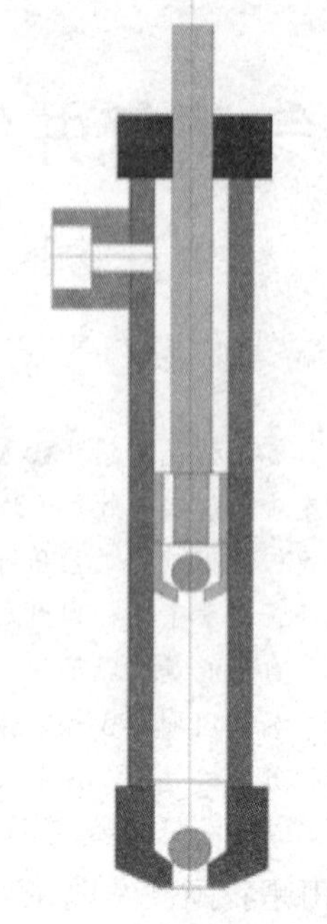

图 3　液压泵示意图

1.3.2　液压泵

液压泵在采用双凡尔泵结构，如图 3 所示，具备两个优点：一就是为了气缸活塞上下运动负载更平稳；二是对输出压力的波动更小。双作用凡尔往复泵，全不锈钢材料，具有较高的抗腐蚀能力。气缸活塞上下运动时，均有泵液能力，可减少压力的脉动和气缸活塞上下运动的不均衡性。液缸的缸体、活塞的材料全部选用了 304、316L，提高其防腐能力。所配套的密封件均使用德国进口高温高压骨架油封 simrit CFW 密封件。

1.3.3　气动增压泵合成

气动泵与液压泵采取刚性连接，具有相同频率，结构示意图如图 4 所示。

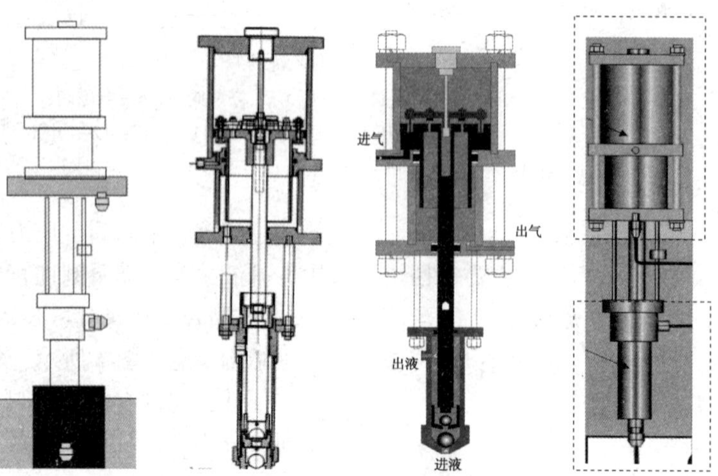

图 4　气动增压泵结构示意图

其主要特点如下：

① 缸体采用不锈钢材料；②进气采用调压阀调整后压力，小于 5MPa；③排气压力小于 3MPa；④驱动缸有效直径 105mm，加压腔有效直径 22mm，增压比 22∶1；⑤液路增压压力 20MPa。

1.4 装置工作原理

如图 1 所示，打开各阀门，套管气经进气口进入进气管线，调压阀 3 将套管气降压至 2-5MPa 后进入气动增压泵 7，该泵活塞在套管减压气驱动下进行垂直方向的往复运动(增压比为 22∶1)，而泵腔内气体经单向阀 8 排入井口生产管线；活塞运动过程中，药剂从药箱 11 经过滤器 13 被吸入气动增压泵并被增压排入药剂加注管线，电磁阀 17 在加药控制器作用下打开其中一路阀门，并按照设定完成目标井的药剂加注。霍尔开关记录每次泵运行情况，通过运动次数计算加药量，同时与药罐液位计联动，保证按工艺需求进行药剂加注。

2 智能控制算法开发

2.1 积液诊断依据及积液量计算方法

气井积液诊断需考虑井下有节流器和无节流器两种情况。

(1) 针对无节流器气井。积液的诊断主要依靠油套压差进行诊断。根据实际生产数据判断气井是否积液，首先对气井进行临界携液判断，在采用井筒油压及产气量，计算气井在无积液的条件下井筒的理论套压，综合判读气井的理论套压、实际套压及套压差值的变化关系进行判读。诊断依据总结如表 1 所示。

表 1　单井积液诊断判据表

	原理	描述
判据一	$\begin{cases} v_c = A\left[\dfrac{\sigma(\rho_l-\rho_g)}{\rho^2{}_g}\right]0.25 \\ A=-0.9622\ln(GWR)+13.757 \\ GWR>1370 \end{cases}$	苏里格 900 余口井验证的临界携液流量模型
判据二	$p_{t0}-p_{t1}>0$	井口实际流压与理论流压的对比值
判据三	$p_c-p_{wf}>\Delta p_{f0}$	实际油套压差与理论压差对比
判据四	$\Delta p_c>0$	采集一定间隔套压变化量
判据五	$q_g-q_{g0}>0$	前产气量小于前一个完全排液结束时的产量
判据六	$p_t-p_{t0}>0$	采集一定间隔井口流压变化量

(2) 针对有节流器气井。通过套压计算井底压力，然后通过气嘴直径和产量计算流压梯度，从而诊断气井是否积液。

(3) 积液计算

综合第(1)、第(2)，井筒积液量计算公式为：

$$Q_2=\frac{\pi}{4}D^2\left[H(1-\Delta p_c\cdot C_g)+(H'-H)+\frac{\Delta H+\Delta H'}{2}\right]$$

根据气井目前油套压差值及以上公式，可以求出苏里格气田部分气井的井筒积液量。

2.2 起泡剂加注量及自动加注方法

根据起泡剂的加注比例为 5‰，由此计算出需要加注起泡剂的量，以此为依据开发智能控制程序，根据套压的变化情况，自动调节起泡剂的加注量。主要程序流程图及软件操作界面如图 5 所示。

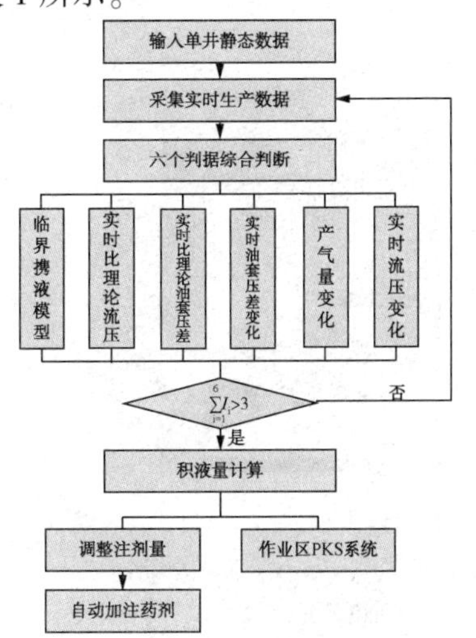

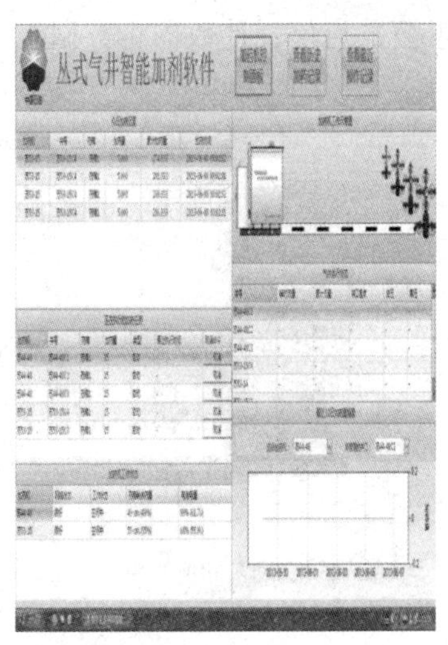

图 5　智能加注程序流程图及软件操作界面

软件可根据起泡剂加注比例及气井生产数据变化情况，自动计算调节加注量，实现注剂制度自动优化，注剂设备自动控制，注剂参数实施监控。

(1) 加药周期：加药间隔由2min到28d自由配置，单次远程手动加药时长由10s到11h可自由配置。

(2) 实时监控：积液量、加注量、电量、液位等参数，当出现电量或液位低于有效运行状态时，软件自动发出报警。

3 装置设计及研发

3.1 工艺设计与工作原理

丛式气井气动加药装置在无外动力条件下，利用气井套管与油管压压力差，使单向流动的气体驱动高压气动泵完成药剂加注。

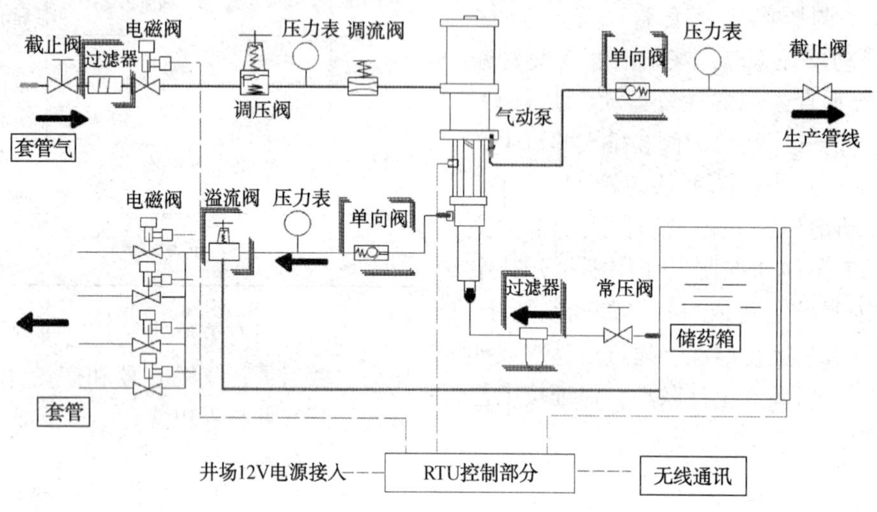

图6 工艺及控制示意图

工艺流程：如图6所示，在井口套管取压口处安装取气阀门，套管气降压至2-5MPa后进入气动泵，而泵腔内气体经单向阀排入井口生产管线；该泵气动活塞在气体驱动下，与液泵活塞在垂直方向进行同步的往复运动，药剂从药箱经过滤器被吸入液泵活塞内并加注至套管环套空间。在此过程中，加药控制器(RTU)控制多路分配阀组完成各井药剂加注，实现丛式井注剂流程自动切换。如图6红色虚线所示，RTU控制气路电磁阀开关来控制装置的启停；计数器将数据上传至RTU确定注剂量，达到注剂量控制气路电磁阀关断使装置停止工作；药箱液位计上传液位，具备低液报警功能。

3.2 整体结构设计及研发

气井气动增压智能注剂装置全部进行了模块化结构设计，主要包括气动泵和增压泵单元、液路分配单元、仪表操控单元、电控及通信单元和药箱单元，结构设计如图7所示，装置加工图如图8所示。

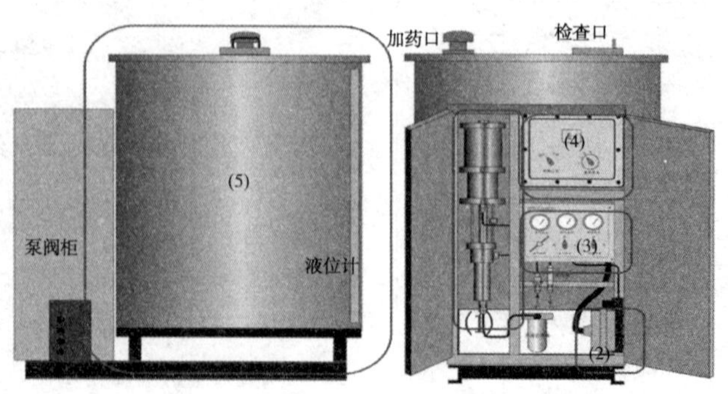

图7 装置结构设计图

1—气动泵和增压泵单元；2—液路分配单元；3—仪表操控单元；4—电控及通讯单元；5—药箱单元

4 现场应用

4.1 性能测试

以苏里格气田5个丛式井组现场应用为例，验证远程数据及信号传输准确性和及时性、加药量准确度以及设备的运行稳定性。5个丛井基本信息如表2所示。

表2 试验井基本信息

井丛数	井号	日产气量($\times10^4m^3/d$)	油压(MPa)	套压(MPa)	集气站
四丛井	苏东32-23	0.5693	1.37	7.77	苏东7站
	苏东33-24	0.7243	1.06	13.69	
	苏东32-25	0.3621	0.72	7.05	
	苏东32-24c1	0.6337	0.97	10.10	
五丛井	苏14-21-23	0.3600	3.7	8.28	苏14-7站
	苏14-21-22	1.4400	2.8	6.26	
	苏14-21-23C3	0.5265	2.8	14.52	
	苏14-21-23C4	0.4265	1.76	12.39	
	苏14-21-21	0.1577	2.7	3.75	
三丛井	苏14-6-53	0.1899	2.68	7.82	苏14-4站
	苏14-6-54	0.3007	2.49	2.58	
	苏14-6-55	0.8495	2.66	9.30	
四丛井	苏东44-47	0.5882	2.53	9.8	苏东1站
	苏东44-48C1	0.2192	2.34	15.28	
	苏东44-48C3	0.4128	2.37	12.00	
	苏东44-48C4	0.3219	2.35	10.98	
五丛井	苏东53-14	0.2593	2.91	4.92	苏东4站
	苏东53-15	0.6298	2.62	19.31	
	苏东53-15C3	0.1257	2.63	8.28	
	苏东53-15C4	0.3168	3.06	7.71	
	苏东53-16	0.3485	2.12	9.62	

远程数据及信号传输准确性和及时性、加药量准确率如表3、表4所示：

表3 信号传输试验数据

项目	远程开启和关闭				
试验次数	1	2	3	4	5
远程开	10：20：10	10：40：30	11：20：33	11：50：45	12：20：11
动作时间	10：20：14	10：40：35	11：20：38	11：50：51	12：20：17
滞后时间(s)	4s	5s	5s	6s	6s
远程关	10：30：20	11：01：50	11：40：13	12：10：24	12：40：37
动作时间	10：30：23	11：01：54	11：40：17	12：10：27	12：40：42
滞后时间(s)	3s	4s	4s	3s	5s

表 4 现场试验调试数据

井号	套压(MPa)	泵压(MPa)	设定加注量(L)	液位计差(cm)	实际加注量(L)	加注时间(min)	加注准确度(%)
苏东 32-23	7.77	7.85	50	3	43.2	33	86.4
苏东 33-24	13.69	14.1	50	2.8	40.32	35	80.64
苏东 32-25	7.05	7.4	50	3.1	44.64	32	89.28
苏东 32-24C1	10.1	10.8	50	2.9	41.76	33	83.52
苏 14-6-53	7.82	8.02	50	2.9	41.76	33	83.52
苏 14-6-54	2.58	2.7	30	1.7	24.48	17	81.6
苏 14-6-55	9.3	9.7	50	3	43.2	34	86.4

通过对如表 3、表 4 试验数据分析，装置的远程传输准确率 100%，信号滞后 3-6s，加药量的准确度平均 84.48%，满足现场加注需求。

4.2 试验效果

以苏东 34-59 井为例，如图 8 所示，该井加药前油压 2.33MPa，套压 10.53MPa，采用气动增压智能注剂装置加注起泡剂一个月后，套压降至 5.05MPa，油套压差由 8.2MPa 降至 2.86MPa，产气量由 $0.8753\times10^4\ m^3/d$ 增至 $2.5915\times10^4 m^3/d$。

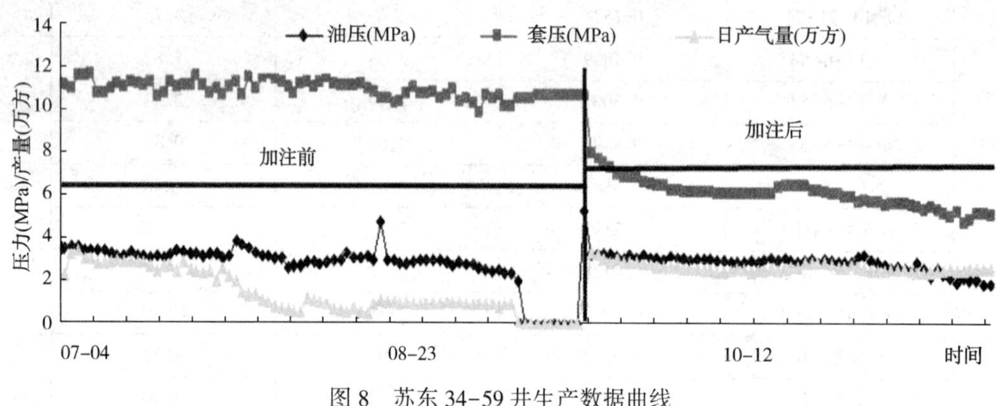

图 8 苏东 34-59 井生产数据曲线

装置已累计应用 135 口井，平均增产 34.4%。远程控制软件已嵌入作业区 PKS 轮训系统，提高了泡排精细管理水平。如表 5 所示，列出投产后部分气井效果统计。

表 5 试验井试验效果统计表

井号	加注前			加注后			增产比例(%)
	油压(MPa)	套压(MPa)	产气量($\times10^4 m^3/d$)	油压(MPa)	套压(MPa)	产气量($\times10^4 m^3/d$)	
苏东 24-53	1.04	10.4	0.5882	1.24	6.55	0.9743	65.64
苏东 24-53C2	1	8.8	0.4128	1.02	7.25	0.5142	24.56
苏东 22-45	2.99	12.1	0.3465	2.87	10.32	0.4872	40.61
苏东 23-45	2.87	6.64	0.2957	0.95	5.44	0.3041	2.84
苏东 22-44	3.01	12.9	0.2459	3.14	5.24	0.2672	8.66
苏东 34-57	1.95	10.68	0.6472	1.88	8.71	0.8421	30.11
苏东 34-58	1.65	6.75	1.4921	1.53	3.17	1.9543	30.98
苏东 34-59	2.33	10.53	0.8753	2.19	5.05	2.5915	196.07
苏东 24-59	1.95	10.97	0.8459	1.79	8.64	0.9427	11.44
苏 14-4-06	1.14	10.38	0.5693	1.22	9.43	0.6487	13.95
苏 14-4-05	1.11	8.88	0.3349	1.32	7.41	0.3421	2.15
苏 14-4-06C1	1.09	0.18	0.6337	1.38	0.18	0.7581	19.63

续表

井号	加注前			加注后			增产比例(%)
	油压(MPa)	套压(MPa)	产气量($\times10^4m^3/d$)	油压(MPa)	套压(MPa)	产气量($\times10^4m^3/d$)	
苏 14-19-13	1.09	5.87	0.36	1.15	5.42	0.3941	9.47
苏 14-19-14	1.07	3.57	1.44	1.27	3.54	1.4513	0.78
苏 14-21-18C2	1.2	10.77	0.1899	1.28	7.42	0.3721	95.95
苏 14-21-18C1	1.11	10.04	0.3007	1.24	8.69	0.3871	28.73
苏 14-21-18	1.14	5.25	0.8495	1.28	5.16	0.8761	3.13
平均	—	—	—	—	—	—	34.39

5 经济及社会效益

5.1 经济效益

从式气井注剂装置 6 万元/套，设备折旧费取 1.0 万元/年，设备维护费 0.5 万元/年，上井补充药剂 1 次/月，400 元/次(外包)，现场应用 34 套 135 口井，年均成本：34×(1.0+0.5+0.04×12)=67.32 万元。

(1) 与人工泡排对比：年节约成本 580.68 万元

人工泡排采取外包，400 元/井次，3 天 1 次，120 次/(年.井)，年均成本：0.04×120×135=648 万元。

(2) 与单井自动泡排装置对比：平均 5.0 万元/套，可减少装置数量 101 套，降低设备投资 471 万元，还可降低设备维护工作量及成本。

5.2 社会效益

该技术的应用，实现了气田单井及丛式井利用气井自身能量完成泡沫排水采气措施，提高了气井泡排精细化、数字化管理水平，减少人员和车辆动用次数，大幅降低劳动强度及安全风险，社会效益显著。

参 考 文 献

[1] 何东博，贾爱林，冀光，等. 苏里格大型致密砂岩气田开发井型井网技术[J]. 石油勘探与开发，2013，40(1)：79-89.

[2] 孙岩冰，彭旭峰. 苏里格，最大的气田[J]. 中国石油石化，2012，35(9)：26-27.

[3] 朱天寿，刘祎，周玉英，等. 苏里格气田数字化集气站建设管理模式[J]. 天然气工业，2011，31(2)：9-11.

基于ISO27001对P公司信息安全管理体系的评价

张晓明　张　蒙

（中化信息技术有限公司）

摘　要　信息安全是伴随企业信息化发展而出现的风险问题，近几年受到国家密切关注，但在我国大多数企业并未建立健全成熟的信息安全管理体系。本文基于国际普遍认可的ISO27001，选取P公司为研究对象，综合评价了P公司的信息安全管理体系并提出改进建议。案例表明，企业应以人为本，以适宜性、充分性、有效性为目标，重视管理层的监管评审作用及关键岗位员工的安全意识培养，建立、实现、维护和持续改进信息安全管理体系。

关键词　信息安全管理；ISO27001；持续改进；影响因素；体系评价

1　引言

当今，网络和信息技术的深化应用，不仅改变着人们的生活习惯，更深刻影响着党政机关及企业的工作方式。据中国互联网络信息中心（CNNCI）第45次《中国互联网络发状况统计报告》统计，截至2020年3月，我国互联网普及率达64.5%，企业在线政务服务用户规模达6.94亿。以“互联网+”行动计划为代表的国家战略举措将进一步促进互联网与重要行业领域深度融合，推动着企业信息化建设，同时也暴露了商业信息安全风险。我国已将网络安全和信息化提升到国家战略地位。6年前，习近平总书记亲任中央网络安全和信息化领导小组组长时就强调“没有网络安全就没有国家安全，没有信息化就没有现代化”。今年召开的全国政协会议提出制定网络安全应急管理条例“应当提高我国网络安全应急处置能力，构建自上而下、连接到基层的全国网络安全信息收集、安全事件预警、应急处置指挥系统”。

石化行业关乎国民生计和政治战略，信息泄露已不仅仅是同行业不正当竞争行为，基础建设等与战争、经济、政治相关机密财务、资产核算信息，隐性价值不可估量。

石化行业某大型集团公司在大力发展信息化建设的同时，高度重视信息安全工作，以ISO27000信息安全管理体系为指导、信息等级保护制度为依据，制定了相应管理办法及信息安全方案。本文选取该集团下属P公司作为案例研究对象，旨在通过对P公司的信息安全管理经验和问题进行分析，试图为行业当前的信息安全管理体系构建提供参考和建议。

2　ISO27001信息安全管理体系综述

信息作为企业的一项重要资产，应该同其他资产一样受到特殊保护（Antoni Lluis Mesquida & Antonia Mas，2015）。目前普遍使用的信息安全定义为保持信息的保密性、完整性、可用性，也包括真实性、可核查性、不可否认性和可靠性等。信息安全的主要目标是保护信息不被未授权访问、使用、泄露、干扰、篡改及销毁（Karabacak and Sogukpinar，2006；Lai and Dai，2009；von Solms and von Solms，2001）。ISO27000系列，作为信息安全管理体系（ISMS）标准族，为建立全面信息管理体系提供了最佳实践，以及信息安全的管理、风险及控制流程与方法建议，强调但非强制性得鼓励企业多维度管理信息安全。根据本文需要，仅分析ISO27001国际标准。

ISO27001由英国BS7799标准发展而来，最新版本为ISO27001：2013。与2005版相比，标准分别从建立、实现、运行、监视、评审、维护和改进等过程对如何建设全面的ISMS提出具体要求，体现了“规划（Plan）－实施（Do）－检查（Check）－处置（Act）”（PDCA）模型的核心理念，同时强调了组织、领导、信息安全风险应对和改进的持续性。图1说明了ISO27001：2013推荐的ISMS如何把相关方的信息安全要求和期望作为输入，并通过必要的过程方法，生成满足这些要求和期望的信息安全结果。通过对信息管理安全的目标策略制定、有效沟通、支持指导，确保信息安全管理能够达到预期效果，并持续改进。

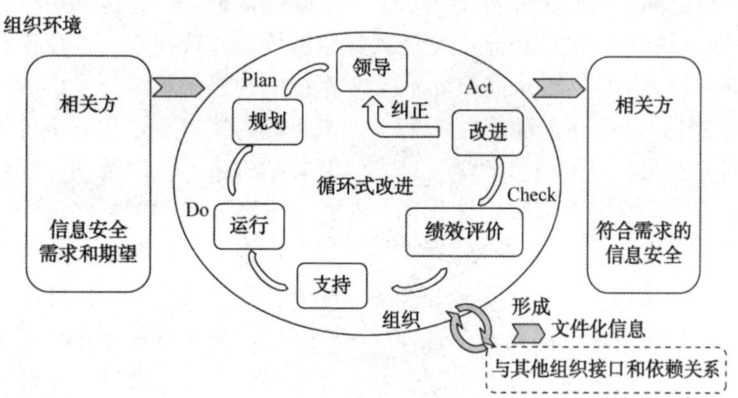

图 1　ISO27001：2013 描述的 ISMS 结构

3　国内企业信息安全管理分析

3.1　企业信息安全管理的需求分析

大部分企业信息依赖系统和网络而存在。信息系统以其互联互通、高效集中的特性，已成为主流办公形式，信息化建设水平象征着企业的竞争力。也正由于这一有别于其他资产的特性，信息系统容易成为网络攻击目标，导致数据的破坏、泄露、丢失等。信息系统安全管理策略应围绕信息的保密性、完整性、可用性进行设计，尤其对于财务系统，与银行、供应商、客户、等多个外部系统相关联，数据来源复杂多样，更要注重关键的安全控制节点。关注每个有篡改、破坏、转移、窃取可能的信息安全风险敞口，通过管理、技术、行政等多元手段保护信息价值。具体到信息安全管理的必要过程和项目实施，一个完善的信息安全管理体系应该是综合的、动态的、持续的，融合管理层的领导力、员工的执行力、技术的操作力和规章的落实力，经过全面评估及规划，提供建立、实现、维护和持续改进的资源，包括充足的资金、胜任相关岗位的人员、能够辅助实现信息安全的技术产品等，将信息安全意识渗透进企业文化管理中，保持与信息安全管理体系相关的内部和外部的需求沟通，并将风险评估的过程不断应用于运行安全管理规划的过程中，按计划的时间间隔监视、审核、评审信息安全绩效，对不符合的进行纠正和持续改进，以确保信息安全管理持续的适宜性、充分性和有效性。

3.2　企业信息安全管理认识误区

（1）重视安全技术，轻视安全管理。尽管信息安全管理的实现，需要有效的信息安全技术支持，但技术也存在着漏洞和死角，不能一劳永逸得解决信息安全隐患，即便再无懈可击的信息安全技术也只能拦截网络安全攻击，却无法控制系统以外的风险因素。

（2）把信息安全管理视作绝对的、静态的过程。信息技术瞬息万变，没有绝对安全的信息安全管理，也没有永远安全的信息安全管理。一成不变的信息安全管理难以适应信息技术发展、业务重心不断变化的企业需求，造成刻舟求剑效应。企业应建立行动中的信息安全管理体系，通过规划-实施-检查-处置-调整规划的循环改进过程，使信息安全管理效用得到螺旋式提升。

（3）认为信息安全仅是信息相关部门的责任。尽管信息系统建设和信息安全的主要参与者是信息部门，但信息部门却非所有信息系统的使用者。很多企业的宣传信息安全工作只为符合内控要求，员工对信息安全培训也丝毫不认真，上课、考试都流于形式化。应该引起注意的是，企业关键岗位的员工同时具备网民身份，甚至有些还是临时员工，假如对这一雇员群体及其信息取得与转移行为疏于控制，后果将不堪设想。

（4）舍本逐末，制约信息化发展。信息安全管理不是因噎废食得舍弃线上流程，回归纸质审核、人工传送信息的传统模式。信息安全管理是为了更好得发展信息化建设、利用信息化科学管理，高效整合、有效配置企业资源，使企业对外界信息迅速反应，及时调整企业战略。

3.3 企业信息安全管理的影响要素

信息安全管理因企业而异，企业所处行业、发展规模、与外部环境之间的依赖关系等都决定着企业信息安全管理的目标和规划。信息安全管理曾被认为是单纯的技术问题（Singh，Picot，Kranz，Gupta&Ojha，2013），往往关注于技术解决方案。而近几年研究表明，越来越多的学者已不再坚持信息技术本身对信息安全起决定性作用的观点，更加重视管理对信息安全的重要影响。Zahoor Ahmed Soomro 等（2014）通过对信息安全管理相关文献进行整理分析发现，信息安全管理的影响因素包括高层管理层的参与、人力资源管理、信息安全策略的构建和执行、员工信息安全意识及培训、信息安全决策制定者的介入。Janine L. Spears and Henri Barki（2010）研究了信息系统用户参与对信息系统（IS）安全管理的作用，研究表明当用户参与了优先级、分析、设计、实施、测试及监督等与安全管控相关的信息系统项目流程时，能够增强组织的安全风险意识及业务流程控制，提升信息系统安全管理的价值。综上，信息安全管理需要综合考虑到企业外部和内部环境因素，以全面的视角将领导、员工、利益相关方、政策制度、企业文化、安全技术、管理策略等多重要素纳入信息安全管理体系的顶层设计中。

4 P公司信息安全管理体系评价

4.1 P公司信息安全管理体系概述

P公司是石油石化行业某集团公司下属一家化工企业，主要经营项目为精细化工业务，与供应商、客户形成了完整的供应链。研、产、销等流程均通过信息系统完成，实现了经营管理自动化。P公司作为集团公司下属单位，信息安全管理体系目标与集团公司保持一致，即以机密性、完整性和可用性三要素为原则，遵从“三分技术、七分管理”的安全治理理念，建立完善稳定的信息安全管理体系。P公司信息安全主管部门为信息化部，外购及自建信息系统由公司按需部署、独立运维，包括ERP、OA系统、CRM系统、DCS、MES等10余个信息系统，系统管理员被授权承担信息安全权限监督分配职责，其中部分管理员具备安全管理员证书，也有部分管理员是因之前管理员岗位调整后由业务岗位或基层借调人员临时担任。

在信息安全管理体系实施中，P公司参考公安部和中央网信办等文件要求对信息系统采取安全等级保护工作，包括定级备案、建设整改、等级测评、监督检查。该项工作需要掌握分析信息系统的构成、系统所承载的业务应用情况、与外来系统的接口数量和安全等级、所处的网络区域及其结构边界，以及软、硬件资源等，确定信息系统重要等级程度，经过安全建设整改、评价安全保护现状，信息化部对信息系统实施不同强度的监督管理。此外，P公司实行总部信息系统用户管理和统一认证规定，要求员工使用数字证书登录操作，注意商密信息的级别保护，并下达通知安装集团公司指定的专门防病毒与终端防护软件。

P公司选派主管信息负责人参加集团公司组织的安全培训，学习集团公司的信息安全制度和标准，传达集团公司信息安全管理精神。信息安全管理相关部门定期开展信息安全自查工作，使用集团统一部署的密码安全自查工具和基线配置核查工具，从安全管理制度、物理环境、网络、服务器、终端计算机等方面进行风险评估工作，也制定了信息安全整改策略（以下简称“整改策略”）和灾难恢复方案。在保密机房、信息系统管理及应用关键岗位人员各工位上，均贴有保密制度和集团公司信息安全管理条例，偶尔也可见办公人员利用第三方杀毒软件建立局域无线网或通过第三方聊天工具或邮箱发送账号密码。

4.2 P公司信息安全管理体系评价

值得肯定的是，P公司能够紧随集团公司步伐，将信息安全管理作为公司战略目标之一，认识到管理在体系中发挥的重要作用。信息安全等级保护的实施是信息安全体系建立中关键的一环，通过物理访问权限控制、系统管理员权限分配的建立、身份鉴别与防护技术的应用等一系列措施，从物理安全、网络安全、主机安全、应用安全、数据安全方面发挥了一定管理控制作用，定期组织信息安全自查工作反映出P公司的绩效评价意识，整改策略和灾难恢复方案的制定是P公司为体系改进迈出的第一步。总体上，基于ISO27001体系要求，P公司建立了相对完整的信息安全管理框架，但离完善的信息安全管理体系还有一定距离，仍存在很多亟待改进的问题。

（1）信息系统访问身份认证管理缺失。尽管

P公司明文规定要对信息系统用户进行身份唯一确认和访问认证，但对离职人员及借调人员账号管理仍存在漏洞。很多离职人员凭借多年经验和业务能力而被赋予较高的账号权限，离职后尽管人力资源关系已不在该单位，系统账号权限却未在信息系统用户管理中清除。人力资源紧缺时，P公司会向基层借调临时人员帮忙，为及时投入工作，临时员工在没有经过任何专业及安全培训，没有约束任何系统访问及变更权限的情况下，便已上岗操作，并授予关键岗位拥有的信息系统访问权限，能够轻易将很多涉密信息偶然或故意得对外泄露却难以追责，造成信息安全事件的漏洞和隐患。

（2）运维队伍水平良莠不齐，对第三方外包员工管控不足。P公司自有运维人员中有些信息系统管理员水平较高，一个人兼顾几个信息系统的运维，而有些水平较低则要在别人的辅助下运维系统，连最基础的运维知识都不够了解，维护失误导致系统单据紊乱，甚至引发系统故障造成业务中断。P公司部分信息系统一线运维专业性较强，人才培养周期长，选择外包形式，为降低成本，外包运维人员身兼数职，甚至从日常运维问题处理到权限分配，以及IT设备维修均由一人负责，拥有对敏感信息的绝对控制权。可能成为击溃信息安全管理体系的“蚁穴”。

（3）关键岗位人员安全意识薄弱。由于没有强制规定，P公司信息安全培训人数达不到员工总数一半。一些员工为了躲避网络监控或为自己方便，未按规定安装指定病毒防护软件、私自搭建无线网络或VPN系统，容易对信息系统带来恶意病毒攻击，对访问权限失去控制，这些潜在风险都需要培养依靠培养关键岗位员工的安全意识去消减。

（4）信息安全自查工作不够彻底。每次进行安全自查工作前，P公司员工都会下发邮件通知告知审查项目，一方面警示员工对信息安全引起注意，另一方面也起到了帮助提示的作用。往往在检查工作进行期间，各部门处室及其员工会把平时未按规定安装的程序安装上，依照审查项目关注信息安全事项，但检查工作结束后，一切又恢复原样，使得信息安全自查工作并未实现期望的效果。

（5）缺乏持续改进过程。P公司建立了整改策略和灾难恢复方案，但并未将整改策略落到实处，也未进行灾难恢复演练。信息安全自查工作结束后，并没有对现有的安全隐患和管理缺失的地方进行纠正和改进。监而不管，审而不改，这是信息安全管理和监督部门应自我审视的问题。

4.3 P公司信息安全管理体系改进建议

（1）将人力资源管理延伸至信息系统人员控制中。对于离职人员的账号，应在信息系统中及时消除，避免其成为密码众所周知的高级账号，做到信息系统用户与身份认证一一对应，实行“首问负责制”。

（2）建立训练有素的运维队伍。要减少系统误操作、降低外包人员泄密风险，P公司应在使用第三方人员作为短期人力供给的同时，将培养自己的运维队伍作为长远发展战略，加强系统运维人才储备。

（3）增强关键岗位人员信息安全意识。P公司应加强对关键岗位人员教育和培训，规范员工网络访问和数据传输行为，应在部门的严密监管下，安装集团公司统一的防病毒与终端防护软件。涉及商业秘密的重要数据、文件要使用集团公司统一加密工具加密传输，涉及国家秘密的信息严禁在非涉密系统和网络中处理、传输、应用，涉及工作文档严禁发往外部商业性存储和公共网站中。

（4）加强信息安全自查的力度和深度。信息安全自查频率应采取定期和不定期抽查结合的方式。信息安全自查的对象应重点审查能够审核、运维或操作信息系统的关键岗位人员，信息安全自查人员应具备一定的职权优越性，以保持自查工作的独立性。

（5）坚持持续改进信息安全管理体系，实现信息安全连续性。持续改进是ISO27001重点强调的，只有持续改进的信息安全管理体系才能不断地适应外界环境的变化，满足企业信息安全管理的需求。P公司应从内外部环境变化做出与持续改进相关的决定和纠正措施，以确保在不利情况下信息安全的连续性和适宜性和有效性。

5 结论与展望

信息安全管理体系的建设不是局部的、分散的、静态的过程，而需要全面规划、主管领导指挥重视、各部门协同配合、持续改进的过程。本文从领导、规划、支持、运行、绩效评价、改进等方面综合评价了P公司的信息安全管理体系，

P公司的案例不仅表明了信息安全监管、评审和改进的重要性，更让我们看到了人在信息安全管理体系中发挥的主体作用，无论是信息系统的管理者还是信息系统的应用者，甚至于信息系统的审核者，都肩负着保护信息安全的职责。因此，综合考虑影响信息安全因素，以信息的完整性、保密性、可用性为原则，以适宜性、充分性、有效性为目标，依据国际、国内及行业相关法律规定及标准，建立、实现、维护和持续改进信息安全管理体系。

本文的局限性在于P公司仅是众多行业、企业性质及企业规模的公司中一家，且部分信息涉及商业秘密不便在论文中阐述，其信息安全管理体系的经验未必适用于所有企业，但其存在的问题比较典型，本文期望对各机构企业有一定的参考价值。建议后续文献可进一步研究讨论管理层、雇员等单个因素与信息安全管理体系有效性的相关关系。

参 考 文 献

[1] Antoni Louis Mesquida & Antonia Mas, Implementing information security best practices on software lifecycle processes: The ISO/IEC 15504 Security extension, [J]. computer & security, 2015 (48): 19-34.

[2] International Organization for Standardization, ISO/IEC 27001: 2005.

http: //www. iso. org/iso/iso_ catalogue/catalogue_ tc/catalogue_ detail. htm? csnumber=42103.

[3] International Organization for Standardization, ISO/IEC 27001: 2013," Information technology - security techniques - information security management systems - requirements. " 2013.

available at http: //www. iso. org/iso/home/store/catalogue_ ics/catalogue_ detail_ ics. htm? csnumber=54534

[4] Janine L. Spears and Henri Barki, User Participation in Information Systems Security Risk Management, [J]. MIS Quarterly, 2010, (34: 3) : 503-522

[5] Karabacak B, Sogukpinar I. A quantitative method for ISO 17799 gap analysis. [J] Computer Security 2006 (25): 413-419.

[6] Lai Y. P, Dai R. H. The implementation guidance for practicing network isolation by referring to ISO - 17799 standard, [J]. Computer Standard Interfaces 2009 (31): 748-756.

[7] Singh, A. N. , Picot, A. , Kranz, J. , Gupta, M. P. , & Ojha, A. , Information security management (ISM) practices: lessons from select cases from India and Germany. [J]. Global Journal of Flexible Systems Management, 14(4), 225-239

[8] Von Solms B, von Solms R. Incremental information security certification. [J]. Computer Security 2001(20): 308-310.

[9] Zahoor Ahmed Soomro, Mahmood Hussain Shah and Javed Ahmed Lancashire, Information security management needs more holistic approach: a literature review, [J]. International Journal of Information Management, 2015(36): 215-225

[10] 陈慧勤，企业信息安全风险管理框架的研究，同济大学硕士论文库，2006.

[11]《网络安全法(草案)》.

[12] 杨诚，博士公司基于ISO27001的信息安全管理体系诊断与分析，上海外国语大学硕士论文库，2014.

[13] 尹建国，美国网络信息安全治理机制及其对我国之启示，[J]. 法商研究，2013，(154: 2).

[14] 张静、赵玉洁、付哲、闻楠、陈冠直，浅议我国石油石化行业的信息安全管理现状与风险，[J]. 中国信息安全，2012，(02).

[15] 中国互联网络信息中心(CNNCI)第45次《中国互联网络发状况统计报告》.

[16] GB_ T22080-2008 信息技术 安全技术 信息安全管理体系 要求 .

[17] GB_ T22080-信息技术 安全技术 信息安全管理体系 要求 .

[18] GB_ T22239-2008 2015 信息安全技术 信息系统安全等级保护基本要求 .

5G 在智慧油田中的应用研究

孙　茜　李克臣　余　冬　王冬冬　吕卓琳　刘　伟　刘东超　田　晶

（华北石油通信有限公司）

摘　要　5G 通信技术依靠高带宽、低时延、广连接的技术特性，将推动我国油田信息化建设从“数字化油田”迈向“智慧油田”。基于 5G 新一代信息技术，实现把握生产动态、预测变化趋势、优化油田管理、辅助指导决策的功能，并最终推动油田企业提高新增储量、产量和采收率，全面实现科学决策、卓越运营和安全生产，达到业务和收益的可持续增长。通过对 5G 移动通信技术特征的深入分析，万物互联、生活云端化以及智能交互，是 5G 移动通信技术未来发展与应用的主要方向。智慧油田通过 5G 技术的实际应用，将得到划时代意义的飞跃。

关键词　5G；智慧油田；物联网；技术特点；应用场景

1　数字油田发展现状

近年来，华北油田坚持降本增效、效益优先、整体规划、统筹考虑的原则，大力推进油气生产区域整合及工艺优化工作，并注重与油田开发相结合、与生产维护相结合、与配套工程相结合、与技术进步相结合、与安全环保隐患治理相结合，坚持有质量、有效益、可持续的发展方针，以确保油气田“安全、优质、高效”运行为目标，采取了一系列地面工艺改造和信息化措施，为油气生产信息系统的高效稳定运行提供了可靠的基础保障。以“数字化油田”为代表的生产运行管理系统已经达到国际先进水平，大幅提升了主营业务的生产运行效率和管理水平。

5G 通信技术依靠高带宽、低时延、广连接的技术特性，将推动我国油田信息化建设从“数字化油田”迈向“智慧油田”。智慧油田由数字油田发展而来，是一个由量变到质变的演进。与数字油田所侧重于数据收集不同，它更加侧重于数据的整理和深度应用的发掘，形成由“数据”到“知识”的转变，以这些知识为基础，对油田生产决策进行辅助和指导。从而优化传统工艺流程，实现了静态到动态、人工到智能、简单到深入、被动到主动的跨越。它具有对油田的全方位感知能力，基于 5G 新一代信息技术，实现把握生产动态、预测变化趋势、优化油田管理、辅助指导决策的功能，并最终推动油田企业提高新增储量、产量和采收率，全面实现科学决策、卓越运营和安全生产，达到业务和收益的可持续增长。

2　5G 技术特点

第五代移动通信技术（5G）是目前移动通信技术发展的最高峰，也是人类希望不仅改变生活，更要改变社会的重要力量。

5G 是在 4G 基础上，对于移动通信提出更高的要求，它不仅在速度而且还在功耗、时延等多个方面有了全新的提升。由此业务也会有巨大提升，互联网的发展也将从移动互联网进入智能互联网时代。

5G 的三大场景对通信提出了更高的要求，不仅要解决一直需要解决的速度问题，把更高的速率提供给用户；而且对功耗、时延等提出了更高的要求，一些方面已经完全超出了我们对传统通信的理解，把更多的应用能力整合到 5G 中。这就对通信技术提出了更高要求。

5G 的六大基本特点：高速度、泛在网、低功耗、低时延、超密集异构网络、网络的自组织。基于六大特点，在网络切片、内容分发网络、设备到设备通信、边缘计算、软件定义网络和网络虚拟化进行深入的研究。

5G 是一个复杂的体系，在 5G 基础上建立的网络，不仅要提升网络速度，同时还提出了更多的要求。未来 5G 网络中的终端也不仅是手机，而是有汽车、无人驾驶飞机、家电、公共服务设备等多种设备。4G 改变生活，5G 改变社会。5G 将会是社会进步、产业推动、经济发展的重要推进器。

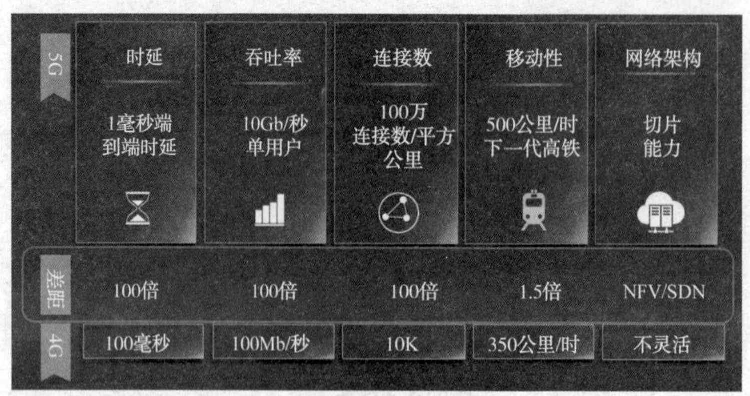

图1　4G与5G通信技术对比

3　5G在智慧油田中的应用场景

5G时代将大幅改善劳动条件，减少油气生产中的人工干预，提高生产过程可控性，最重要的是借助于信息化技术打通油田生产的各个流程，实现从生产运行到油气储运、油气销售各个环节的互联互通，并在此基础上实现资源的整合优化。

作为新一代移动通信技术，5G技术切合了传统生产转型对无线网络的应用需求，能满足工业环境下设备互联和远程交互应用需求。在物联网、工业自动化控制、物流追踪、工业AR、云化机器人等工业应用领域，5G技术起着支撑作用。

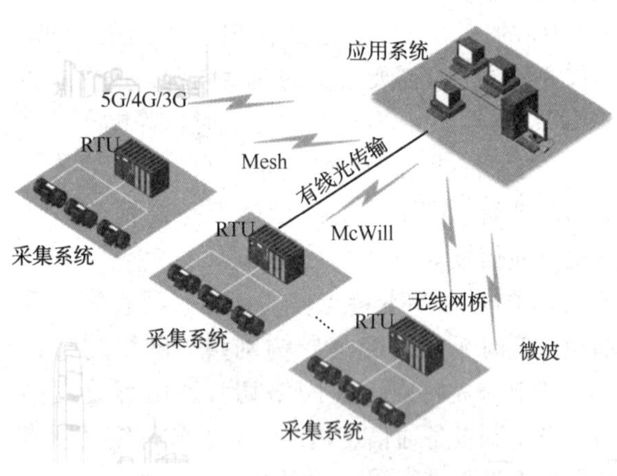

图2　5G网络拓扑图

1. 物联网：现有的物联网系统基本都是基于厂、作业区(站)、井三级通信系统。随着5G网络的完善和使用费用的降低，数据传输子系统的单井数据传输将由5G作为主要的组网方式。随着智能化转型的推进，物联网作为连接人、机器和设备的关键支撑技术，智慧油田中各类仪器仪表需要再物联网、5G技术的作用下进行广泛连接，并实现数据采集、远程控制。

2. 油气生产运行模式：通过这种模式的改变，扁平化油气生产物联网系统，进一步导致油田生产管理的扁平化；届时现有井、站、作业区的部分管理职能均可以上移至采油厂。从而切实降低一线员工工作人员数量和和劳动强度，缓解油气生产一线用工需求。最终实现油气田生产成本的进一步降低，实现提质增效，提高企业竞争力。

另一方面移动云平台也将得到快速的发展和部署，5G大带宽和低时延的特性使得在线云平台的移动化成为可能，现有通信方式使得地质勘测等数据由于其巨大的数据量严重阻碍了其回传到研究机构的时效性，5G的应用克使得这些数据在极短时间内得以传回，大大缩短地质数据的解释时间，技术人员也可在移动终端上就可以随时随地完成包括地震资料解释、储层预测以及三维可视化等大数据量的地质研究工作，大大提高技术人员工作效率和工作方便性。

3. 物流追踪：从仓库管理到物流配送均需要广覆盖、深覆盖、低功耗、大连接、低成本的连接技术。此外，虚拟工厂的端到端整合跨越产品的整个生命周期，要连接分布广泛的已售出的商品，也需要低功耗、低成本和广覆盖的网络，企业内部或企业之间的横向集成也需要无所不在的网络，5G网络能很好的满足这类需求。

4. 工业AR：在智能工厂生产过程中，人发挥更重要的作用。由于未来工厂具有高度的灵活性和多功能性，这对工厂车间工作人员有更高的要求。为快速满足新任务和生产活动的需求，增强现实AR将发挥很关键作用，在智能制造过程中可用于如下场景：如：监控流程和生产流程。生产任务分步指引，例如手动装配过程指导；远程专家业务支撑，例如远程维护。在这些应用中，辅助 AR 设施需要最大程度具备灵活性和轻便性，以便维护工作高效开展。

5. 巡检机器人：在油气生产场站中，巡检机器人可以利用 5G 高带宽，低时延等技术特性，代替人工巡检，可以通过高清摄像机、传感器、机械臂对场站内的仪表、重点区域、重要设施进行监控和执行操作。

6. 无人机巡检：无人机借助 5G 网络，配合高清摄像机将实时传回勘察及巡检实时画面，解决恶劣环境下无法进行勘察或巡检工作的难题，提高勘察效率及处理现场存在的问题的时效性。

5G 技术已经成为支撑智能制造转型的关键使能技术，能将分布广泛、零散的人、机器和设备全部连接起来，构建统一的互联网络。5G 技术的发展可以帮助制造企业摆脱以往无线网络技术较为混乱的应用状态，这对于推动工业互联网的实施以及智能制造的深化转型有着积极的意义。

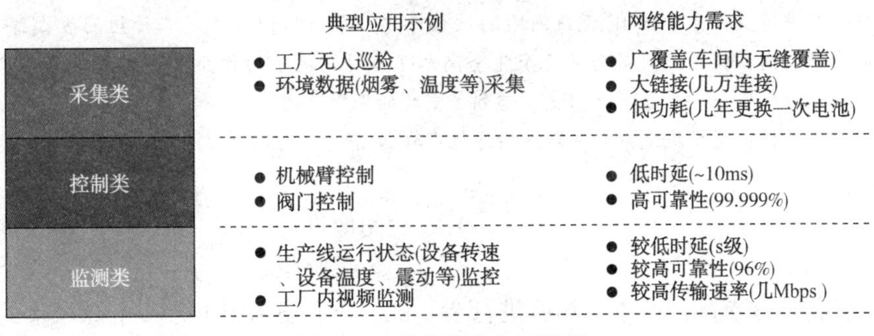

图 3　5G 通信技术应用图例

4　结论与认识

5G 移动通信技术是当前最为先进的通信技术之一，对于我国实现更加快速的网络传输以及为相关网络应用提供有效的技术支持，发挥着不可忽视的重要作用。通过对 5G 移动通信技术特征的深入分析，万物互联、生活云端化以及智能交互，是 5G 移动通信技术未来发展与应用的主要方向。智慧油田通过 5G 技术的实际应用，将得到划时代意义的飞跃。

视频监控技术在作业现场施工中的应用

陈志雄

（江汉油田分公司采服中心）

摘　要　视频监控是各行业重点部门或重要场所进行实时监控的物理基础，管理部门可通过它获得有效数据、图像或声音信息，对突发性异常事件的过程进行及时的监视和记忆，用以提供实时监控和异地指挥等。江汉油田分公司采服中心作为一个油田一线生产型单位，其试油作业现场施工是一个高风险的生产环节，为避免和减少施工现场安全、质量事故的发生，必须加强对重点关键高风险环节进行视频监控。

通过对采油厂井场监控系统和4G无线网络的综合考虑，采用“有线+4G”二种组网方式综合搭建了采服中心自己的现场施工监控系统，完全满足了完全满足了各种情况下的作业施工需求，达到了预期效果，为避免和减少施工现场安全、质量事故的发生起到了重要的保障作用。

关键词　视频监控；现场施工；高清网络摄像机；4G 物联卡；监控系统

1　引言

视频监控是各行业重点部门或重要场所进行实时监控的物理基础，管理部门可通过它获得有效数据、图像或声音信息，对突发性异常事件的过程进行及时的监视和记忆，用以提供实时监控和异地指挥等。

视频监控包括前端摄像机、传输线缆、视频监控平台。摄像机可分为网络数字摄像机和模拟摄像机，可作为前端视频图像信号的采集。完整的视频监控系统是由摄像、传输、控制、显示、记录登记 5 大部分组成。摄像机通过网络线缆或同轴视频电缆将视频图像传输到控制主机，控制主机再将视频信号分配到各监视器及录像设备，同时可将需要传输的语音信号同步录入到录像机内。通过控制主机，操作人员可发出指令，对云台的上、下、左、右的动作进行控制及对镜头进行调焦变倍的操作，并可通过视频矩阵实现在多路摄像机的切换。利用特殊的录像处理模式，可对图像进行录入、回放、调出及储存等操作。

采服中心作为一个油田一线生产型单位，其试油作业现场施工是一个高风险的生产环节，为避免和减少施工现场安全、质量事故的发生，采服中心加强对重点关键高风险环节进行视频监控。

2　井场视频监控概况

XX 采油厂井场视频监控：如图 1 所示，通过区域优化及多井井场优化，在井场安装固定的高清网络摄像机（130 万像素、夜间红外照射距离 50m、白天监控范围 300m、360°全景扫描、变焦倍数 20 倍），实现油井井口、控制箱、变压器、拉油罐等重要部位的全天候可视化轮巡与井场侵入报警、语音警示等功能。采油厂视频监控总体上来说属于传统固定场所监控，主要以区域网桥无线汇聚，再集中通过光缆传输到 XX 采油厂管理区、采油厂本部。只要线缆不出现问题，可保证现场视频 7＊24 小时稳定回传。

图 1　XX 采油厂井场视频监控示意图

试油作业现场监控：试油作业施工现场位于采油厂井场区域，油井生产过程中会出现抽油杆断脱、油管腐蚀穿孔、砂卡蜡卡等常规修井作业以及酸化、压裂等措施作业。所以作业施工具有野外施工、随机性大、流动性强等特点。为此，采服中心在所有作业设备上均配套安装了可移动视频监控设备，实现了所有作业机组全覆盖，可满足绝大部分施工现场视频监控需求。

如图 2 所示，该现场移动监控系统主要由前端摄像机、传输线缆、路由设备、视硬盘录像机构成。可对试油作业施工现场以及关键部位进行全方位、全过程的生产监控，对作业场所和作业人员进行全程施工拍摄，实现视频数据本地保存 30 天，起到监控安全生产、在发生事故时，进行录像回溯，为及时发现安全生产隐患和违章操作行为提供有力的依据，遏制和杜绝事故的发生。

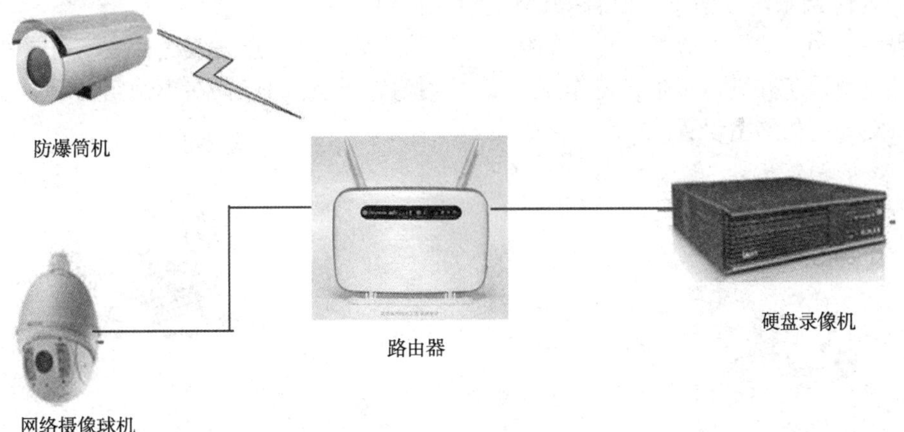

图 2 试油作业井场视频监控示意图

3 现场施工视频监控存在的问题

该系统实现了对作业环节的全过程监控，但是由于作业施工现场大多为野外，流动性强，受地理环境影响，回传监控视频至油田局域网络困难，事前预防，事后追责都需要督查人员到现场去调取本地硬盘录像机，无法实现远程视频监控的需求。

由于上述原因，该监控系统只能实现视频监控数据本地存储，对作业过程的违规、违章现象只能通过事后回放存储录像来督查，时效性差，不能做到实时监控，未能有效发挥视频监控的作用。

4 试油作业现场施工视频监控解决方案

方案一如图 3 所示，利用井场已铺设有线网络接入，实现数据回传至油田内网。

此方案特点是视频回传质量稳定，但现场实施操作性差。

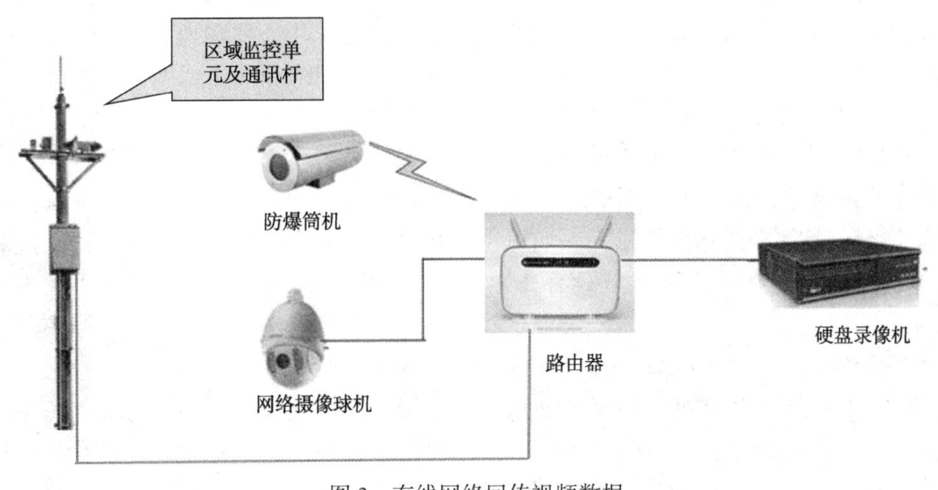

图 3 有线网络回传视频数据

通过铺设RJ45网线，从试油作业井场本地监控连入采油厂的区域监控单元，在采油厂监控平台和井场监控本地路由器端设置相应的网络参数，可以实现监控数据的稳定回传。

根据XX采油厂的视频监控管理规定：禁止私自拆装、断开视频监控设备的供电电源、防雷设备；未经科技信息管理中心视频监控设备管理部门的同意，不得私自更改前端视频设备的IP地址、用户名、登录密码等。所以每次井场作业均需要两个厂处协调水电、信息、监督等部门，而且需要采服中心和采油厂双方都有专门的信息人员现场调试路由设备并进行报备，待作业施工结束，还要恢复原有的网络设置。

而试油作业施工流动性强，作业周期短(常规检泵作业只需要3天)，作业场地更换频次高(油井多，出现问题的随机性大)。如果采用此方案连入油田内网，每次作业都需要派专人到现场铺设线路，调试设备。施工不便，人力成本高，可操作性差。

所以该方案只适合在一些重点措施井或者网络信号极差的油井使用。

方案二如图4所示，采用4G无线网络环境搭建。

此方案特点是实施简便，可操作性高，但监控数据网络回传存在不稳定情况。

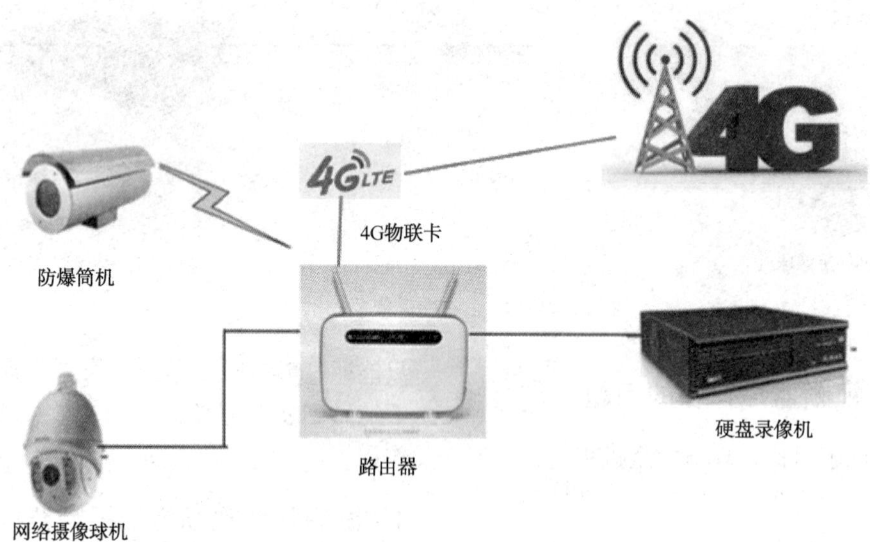

图4　4G无线网络回传视频数据

4G网络设备可以固定于作业野营房的顶部，随搬家车辆转载于各个井场，便携性强。通讯公司人员只需一次安装施工，并配置好相应的网络和流媒体参数，即可实现监控数据的4G传输，通过移动4G物联卡设备回传至采服中心内网的硬盘录像机上，供油田内网用户访问。只有当设备老化、损坏等情况，才需要派施工人员去现场维护。施工方便，人力成本低、可操作性强。

但4G传输受网络覆盖面、天气影响大，存在传输不稳定情况，且视频传输数据量大，通讯资费高。极端情况会出现某些边远区域只有2G信号，数据无法回传。

该方案适合于4G信号覆盖区域，且仅在施工过程中使用4G物联卡回传数据，以降低使用资费。

方案三如图5所示，“有线+4G”二种组网方式综合搭建。

综合方案一和方案二，既考虑了易于施工和维护，也考虑到了井场通信极端条件，能较好的满足采服中心的现场施工视频监控需求。

如图5井场视频监控综合方案拓扑图所示，分为井场网络和油田局网两个部分。采服现场施工网络通过线缆直接接入采油厂区域监控单元，汇聚后经光缆直接连入油田局网。

综合两种方案的优缺点，重点措施施工井场和少部分网络信号差的井场，可依托采油厂有线网络，通过线缆直接接入采油厂区域监控单元，汇聚后经光缆连入油田局网监控平台，实现作业现场实时监控。而大部分4G信号正常的井场，使用4G网络传输，将信号通过4G物联卡设备，经由移动4G基站，回传到采服中心的硬盘录像机。整个系统采用“有线+4G”二种组网方式，打通作业现场视频监控回传通道，实现作业现场实时监控，语音传输，对现场生产实现有效监控，有效避免或减少质量安全事故发生，最大限度发挥视频监控系统的作用。

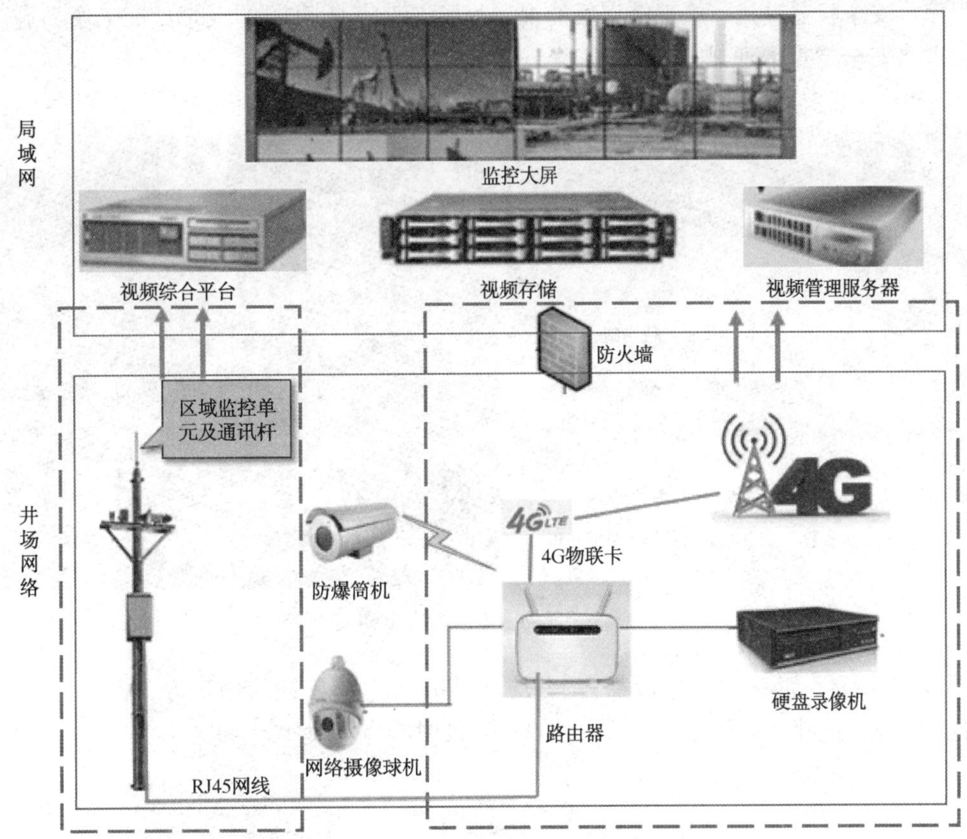

图 5　井场视频监控综合方案拓扑图

5　现场视频监控综合方案应用效果

日前，在所有作业设备上均配套安装现场视频监控设备，实现所有作业机组全覆盖。可实现调度室大屏、局网监控平台、WEB 端的正常使用。如图 6 所示

图 6　现场监控画面

1. 通过调度室大屏、局网监控平台、WEB端的监控，能满足生产运行和安全督查对现场施工的实时跟踪、安全问题查找、施工结束后的视频回溯等需求。安全督查部通过每期的《安全环保督查通报》来通报井场施工中的安全问题，为安全生产提供了有力的技术支持。图 7 是现场施工安全问题的反馈之一（现场施工未带安全帽）。

施工队伍	
检查时间	2020.6.14
施工地点	
施工内容	待措施
问题描述	
视频监控平台督查:员工未戴安全帽井口穿行	
相关标准:	
《井下作业安全规程》4.1.2条,进入井场人员应正确穿戴劳保。	

图 7　现场施工未带安全帽

2. 如图 8、9 所示，油区每天早晨都会上报当日视频上线情况，统计存在问题。然后由信息部门汇总后反馈给施工方，根据当日实际情况，及时响应解决。

序号	地区	施工单位	2020.06.19日					
			施工井号	开工日期	当日工序	现场视屏是否可传回	使用状况	下步指施
1	江汉	JH-SYXXX	高XXX	2020.06.14	坐封试抗	是		
2	江汉	JH-SYXXX	周18斜XXX	2020.06.16	下酸化管	是		
3	江汉	JH-SYXXX	陈页XXX	2020.06.17	关井	是		
4	江汉	JH-SYXXX	沙XXX	2020.06.08	完井	是		
5	涪陵	JH-SYXXX	焦页XXX	2020.05.31	下打捞	是	井上无大电,需发电	
6	江汉	JH-SYXXX	广XXX	2020.06.117	射孔下压裂	否	无图像	待维修
7	江汉	JH-SYXXX	老XXX	2020.06.15	完井	是		
8	江汉	JH-XYXXX	老XXX	2020.06.11	刮管洗井	是	井上无大电,需发电	
9	江汉	JH-XYXXX	潭XXX	2020.06.17	找漏	是		
10	江汉	JH-XYXXX	张斜XXX	2020.06.14	填砂	是		
11	江汉	JH-XYXXX	陵XXX	2020.06.16	起刮管	是		
12	江汉	JH-XYXXX	潭XXX	2020.06.17	流量计找漏	是		
13	江汉	JH-XYXXX	周XXX	2020.06.18	起原井	是		
14	江汉	JH-XYXXX	严XXX	2020.06.15	下刮管	是		
15	江汉	JH-XYXXX	王XXX	2020.06.01	下泵	是		
16	江汉	JH-XYXXX	潭XXX	2020.06.17	洗井起管	是		
17	江汉	JH-XYXXX	老XXX	2020.06.09	放喷	是		
18	江汉	视博XXX	王XXX	2020.06.16	完井	是	搬上王XXX	
19	江汉	视博XXX	王云XXX	2020.06.12	搬家	是		

图 8　井场视频监控使用情况 2020. 06. 19

序号	地区	施工单位	2020.06.28					
			施工井号	开工日期	当日工序	现场视屏是否可传回	使用状况	维修计划
1	清河	JH-SYXXX	MXXX	2020.06.06	待措施	是	信号正常	
2	清河	JH-SYXXX	MXXX	2020.06.21	高充	是	信号正常	
3	清河	JH-SYXXX	GXXX	2020.06.25	冲砂	是	信号正常	
4	清河	JH-SYXXX	MXXX	2020.05.27	钻塞	是	信号正常	
5	清河	JH-SYXXX	MXXX	2020.06.22	预充填		井场无电,使用发电机	
6	清河	JH-SYXXX	MXXX	2020.06.19	刮管	是	信号正常	
7	清河	JH-SYXXX	MXXX	2020.06.26	起原井	是	信号正常,枪机不显示	检修
8	清河	JH-SYXXX	JXXX	2020.06.25	待措施	是	信号正常	
9	清河	JH-SYXXX	MXXX	2020.06.22	待测硼中子结果	是	信号正常	
10	清河	JH-SYXXX	MXXX	2020.06.27	起原井	是	信号正常	
11	清河	JH-SYXXX	MXXX	2020.06.22	测压		已搬走	
12	清河	JH-SYXXX	MXXX	2020.06.27	起原井	是	信号正常	
13	清河	JH-SYXXX	MXXX	2020.06.18	起预充填	是	信号正常	
15	清河	JH-SYXXX	JXXX	2020.06.28	搬上			
16	清河	JH-SYXXX	JXXX	2020.06.21	待挤堵		采油厂整改电路	
17	清河	JH-SYXXX	GXXX	2020.06.25	刮管	是	信号正常	
18	清河	JH-SYXXX	MXXX	2020.06.24	起冲砂	是	信号正常	
19	清河	JH-SYXXX	MXXX	2020.06.28	搬上			
20	清河	注汽大队	MXXX	2020.05.17	注汽	是	信号正常,视频显示不全	

图 9　井场视频监控使用情况 2020. 06. 28

6　采服中心现场监控小结

采服中心现场监控通过两年多的实施，现已覆盖了所有作业设备。对于压裂酸化等措施施工，也通过现场临时架设视频监控网络以满足监控需求。在监控设备现场测试和安装中，通过优化视频和网络参数，既保证了传输质量，也考虑了安装维护的便利和人力成本的降低。采用“有线+4G”二种组网方式综合搭建，完全满足了各种情况下的作业施工需求，达到了预期效果，为避免和减少施工现场安全、质量事故的发生起到了重要的保障作用。

随着5G技术的兴起，采服中心在下一步现场监控视频升级改造阶段，会着重考虑如何保证视频回传的高稳定和高质量以及现场指挥的实时可靠。

参 考 文 献

[1] 视频监控技术在油田生产中的应用[J]. 密超. 硅谷. 2013(10).

[2] 油田生产管理中油井视频监控技术应用[J]. 邹胤卓. 化工管理. 2016(22).

[3] 油田安全环保隐患成因分析及治理技术效益探索[J]. 沈嵘. 石化技术. 2019(04).

[4] 信息通信技术在物联网中的应用[J]. 丁开彦. 中国新技术新产品. 2019(23).

[5] 物联网应用实践及信息通信技术[J]. 李子阳. 智能城市. 2020(02).

能源企业工控系统网络安全的研究与实践

宋加夫

（中国石油集团电能有限公司）

摘　要　工业互联网的发展使得连入互联网的工业系统和设备越来越多，导致以前相对封闭独立的工业网络及设备大量暴露在互联网上，在提升工业系统间智能化协同、提升生产效率的同时，也会导致工业系统暴露在互联网上，来自网络空间的黑客攻击以及病毒、木马、蠕虫等恶意代码的蓄意破坏，而这将成为当前保障工业系统安全的重要工作。本文在分析工业控制系统所面临的信息安全风险的基础上，以能源企业为例，针对工业控制系统信息安全保障体系的建设思路和应用的技术进行了探讨，最后为工业控制系统的安全建设工作提出了一些建议。

关键词　工业控制系统；工业互联网；信息安全；黑客；木马

1　引言

工业互联网是互联网与新一代信息技术与工业系统全方位深度融合所形成的产业和应用形态，是提升工业系统智能化能力的关键信息基础设施。随着德国提出工业4.0、美国提出工业互联网、中国提出“互联网+”及“中国制造2025”战略计划，全球工业领域的信息化正日益受到重视，工业生产正从以往基于计算机的设备自动化模式逐步转向以互联网为基础的网络化、智能化生产的方式。工业互联网已成为工业化与信息化融合的基础，互联网、物联网、云、大数据等当前最新技术的应用构建出新型的工业生产环境——虚拟物理系统，形成工业生产消费过程中的人与人、人与物、物与物广泛互联的万物互联的新时代。

在此背景下，石油、电力、石化及关键制造业等国家关键基础行业对信息网络的依赖越来越强，相关行业的工业控制系统间也日益通过信息网络来实现信息互联互通及远程控制。因此，工业控制系统将不能仅从系统可靠性的角度关注功能安全问题，更要注意防范来自网络空间的黑客攻击以及病毒、木马、蠕虫等恶意代码的蓄意破坏，而这将成为当前保障工业系统安全的重要工作。

自2005年开始，美国和欧盟就高度重视工业控制网络安全技术的发展，大力推动相关前沿技术研究，相继发布了保护国家关键基础设施的国家战略和政策法规，并牵头建立了多个国家级工业控制网络安全实验室，构建了全维度的工控网络安全国家体系。工业互联网产业联盟（AII）在其论述工业互联网体系架构的技术报告中，就明确地提出“网络是基础、数据是核心、安全是保障”，已经把安全作为工业互联网的三大共性要素之一，其对安全问题的重视程度不言而喻。

本文将以电力行业为例重点探讨工业控制系统所面临的信息安全风险、防护策略及安全实践。

2　工业控制系统所面临的信息安全风险

智慧电厂、智能电网、智能家居、智能工厂以及可穿戴设备的广泛使用，已经表明在当前网络连接无处不在。工业互联网的发展使得连入互联网的工业系统和设备越来越多，导致以前相对封闭独立的工业网络及设备大量暴露在互联网上。对此，国内外多个从事互联网上设备的搜索引擎都能够搜索发现大量暴露在互联网上的工控设备的情况。因此，工业互联网在通过工业系统间互联提升工业系统间智能化协同、提升生产效率的同时，也会导致工业系统暴露在互联网上，这可能导致别有用心的人能够从互联网上发现、访问这些系统。加上以往工业控制系统因只关注系统功能实现，普遍缺乏对系统安全问题的重视，使得这些联网的工业设备自身的脆弱性也很严重。自从2010年“震网”病毒袭击伊朗核设施之后，近年来工控系统相关的漏洞累计已有近千条，并且多为高风险级别的漏洞。而且这些工控设备因种种原因不能及时实现系统更新（或打补丁)，多数情况下“带病”运行，安全风险巨大。显然，暴露在互联网上的工业系统或设备，必然会因其自身脆弱性被利用而大大增加遭受网络攻击。

2.1 网络互联导致的潜在信息安全风险

智能工厂内及工厂间的系统存在广泛的互联，打破了以往工业控制系统相对封闭的安全生态环境，再加上关键的工业系统对国计民生的重要性，近年来已成为网络黑客们研究攻击的重点对象，针对工业控制系统的潜在攻击威胁来源。工业互联网系统间的互联特性，也使其核心工业生产控制系统面临更多的安全威胁。不仅工业控制系统脆弱性(漏洞)被分析暴露的越来越多，而且相关安全事件也呈快速增长的趋势，一些用于控制工控系统的恶意软件及相关安全事件也被陆续曝光。其中，2010 年震网病毒攻击伊朗核电站，使 8000 台离心机损坏；2014 年 Havex 则利用供应商软件网站的“水坑攻击”，影响了欧美 1000 多家能源企业(供应链安全)；2015 年 12 月，Blackengergy 则造成了乌克兰境内近 1/3 的地区持续断电。

2.2 有组织的黑客攻击是工业控制系统的信息安全风险加剧

黑客组织的针对性攻击成为工业互联网及其相关工业控制系统的最重要威胁，这些网络攻击者往往是具有明确政治、经济或军事目的的黑客组织，且通常会采用难以防范的高级持续性威胁的攻击方式来达到其目的。自从 2010 年针对伊朗核电站的“震网病毒”事件之后，众多工业系统的相关安全事件表明，国家关键基础设施已成为未来网络战的重要攻击目标。根据 ICS-CERT (美国工业控制系统网络应急小组)的报告，仅 2015 年处置的工业系统相关的安全事件高达 295 件；其中，关键制造(33%)与能源(16%)行业的安全事件约占一半，且鱼叉式攻击是主要的攻击方式。2014 年，黑客组织“蜻蜓组织”利用 Havex 恶意代码攻击欧美上千家能源企业工控系统；2014 年底，德国联邦信息安全办公室(BSI)披露的一起针对德国钢铁厂的 APT 攻击等系列安全事件，也进一步证实了这种推断。国内的政府、能源、军事及工业系统已成为黑客组织发动攻击的重要攻击目标，鱼叉攻击与水坑攻击是主要攻击方式；而且发起攻击的目的多是为了长期窃取敏感数据。这些实践和数据分析都表明了来自黑客组织的网络攻击威胁正在日益向工业互联网渗透。我国在实施“中国制造 2025”的国家战略过程中，随着互联网与工业融合创新的不断推进，各种联网、智能化及自动化传感装置的广泛应用，以及黑客攻击技能的泛化、攻击工具的商品化以及对工控系统脆弱性研究的逐步深入，来自信息网络有组织、有目的的新型攻击威胁将成为工业互联网所面临的最大安全威胁。

2.3 工业控制系统所面临的主要信息安全风险

向工业互联网演进的过程中，工业控制系统主要存在以下几方面的安全问题：

(1) 工业领域业务复杂，数据种类和保护需求多样，数据流动方向和路径复杂，数据保护难度增大。

(2) 工厂网络的灵活组网需求使网络拓扑的变化更加复杂，传统静态防护策略和安全域划分方法面临动态化、灵活化的挑战。

(3) 工业控制网和办公网的融合打破了传统安全可信的控制环境，网络攻击从办公网渗透到工业控制网，从工厂外渗透到工厂内，缺乏有效的黑客攻击检测和防护手段。

(4) 网络化协同、服务化延伸、个性化定制等新模式新业态的出现对传统公共互联网的安全能力提出了更高要求。

(5) 系统(设备)间的互联使大量生产装备和产品直接暴露在网络攻击之下，木马病毒在设备之间的传播扩散速度将呈指数级增长。

3 工业控制系统信息安全保障体系的建设实践

中油电能热电二公司位于大庆让胡路区马鞍山地区，是大庆石油管理局 1997 年建设的以热定电的油田自备电厂，电厂目前建有二期工程，总装机容量 200MW。该厂年设计发电量 17.52 亿千瓦时、年设计供热量 900 万吉焦。电厂邻近宏伟化工园区和让乘地区居民区，主要承担向大庆宏伟化工区内几个大型化工企业供应工业蒸汽和居民区供应采暖用热。公司始建于 1995 年，共有主要设备 14 台套，其中汽轮机 3 台，总装机容量 200MW；高温高压燃煤锅炉 5 台，总蒸发量 1670T/H，发电机 3 台、主变压器 3 台、输配电线路 19 条，全厂采用母管制运行方式，承担着西城区数十万户居民供热和多家化工企业供热供电的任务。

电厂网络由工业控制网和办公网组成。工业控制网和办公网被电厂厂级实时监控系统连接在一起。电厂厂级实时监控系统是以计算机、通讯设备、测控单元为基本工具，为火电厂生产的实时数据采集、开关状态检测及远程控制提供了基础平台，它可以和检测、控制设备构成任意复杂的监控系统，在火电厂监控中发挥了核心作用，管理人员通过它可以帮助企业消除孤岛、降低运作成本，提高生产效率，加快变配电过程中异常的反应速度。

电厂工业控制网络与传统办公信息网有着本质上的区别，其通信协议为专有的工业控制协议，对系统及网络环境的稳定性要求也极高。因此，传统的信息安全防护设备，如传统的防火墙、病毒查杀、漏洞扫描、隔离网关等在进行工业控制网络安全防护时起不到实质的作用，甚至会影响工控系统正常运行。对工业控制系统而言，从系统规划、设计、实施、上线、生产、运维到废弃的整个漫长的生命周期中，各个阶段都面临着不同的网络安全问题。要真正做到工业控制系统网络安全，必须对工业控制系统网络安全做一个适应工控系统特性的全生命周期的规划。

3.1　电厂工业控制系统安全防护总体框架

工业控制区与非控制区之间用工业防火墙进行隔离，非控制区与办公网区之间通过正向型网闸进行隔离，办公区与中油电能边界处部署有防火墙、上网行为管理，每台主机装有工控安全主机卫士。按此框架进行安全防护体系建设，可使内外网之间进行了完全隔离，满足电厂数据种类和保护需求多样的要求，有效控制数据流动方向；满足电厂网络的灵活组网需求，按照电力安全等级保护要求进行安全域划分，有效保证工业控制系统的安全；避免因系统(设备)间的互联使大量生产装备和产品直接暴露在网络攻击之下，以及木马病毒在设备之间的传播扩散的可能。

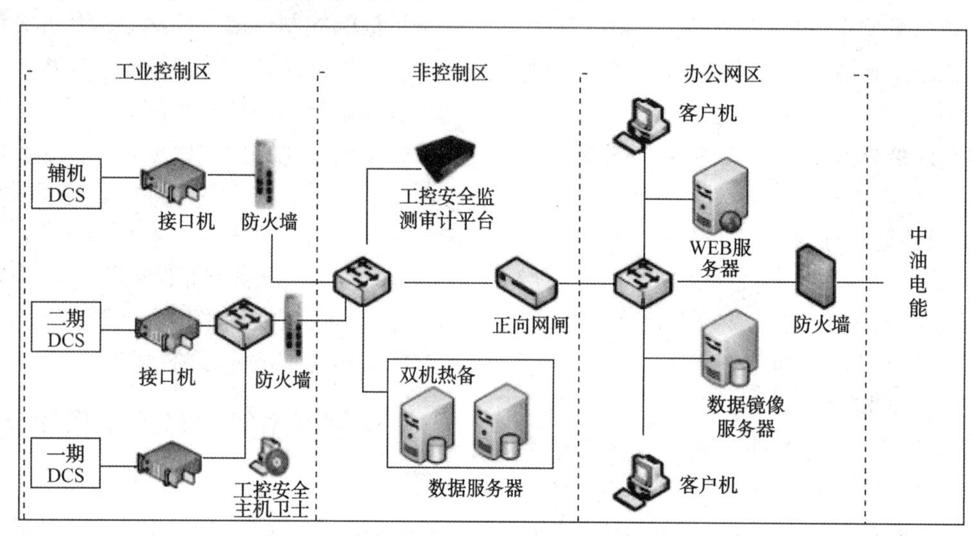

图 1　热电二公司工业控制系统安全防护总体框架

3.2　网络安全防护技术

网络安全是指利用网络管理控制和技术措施，保证在一个网络环境里，数据的保密性、完整性及可使用性受到保护。电力系统的网络安全主要是指网络信息的完整性、保密性和可用性。

3.2.1　工控防火墙

工控防火墙不但支持传统防火墙基础访问控制功能，它还能提供针对工业协议的数据级深度过滤，实现对 Modbus、OPC 等主流工业协议和规约的细粒度检查和过滤，帮助用户阻断来自网络的病毒传播、黑客攻击等行为，避免其对控制网络的影响和对生产流程的破坏。

3.2.2　单向隔离网闸

为保证办公网中的数据不能流向工业控制网，但工业控制网中的数据可以流向办公网，彻底解决工业控制网安全问题，采用无反馈的单向数据传输技术，从物理链路层、传输层保证数据的绝对单向流动。同时系统采用了独创性的、先进的纠错编码技术、ASIC 并行处理技术和 MRP (多重冗余技术) 保证系统的高可靠性、高容错性、高安全性和高稳定性。

3.2.3　工控网络入侵检测系统

工控入侵检测系统的目标是针对工控系统(ICS)网络通信协议与规约进行深度解码分析，

实现对ICS系统的入侵检测与安全审计。系统能识别多种工控协议，适应攻防的最新发展，准确监测网络异常流量，自动应对各层面安全隐患，通过对相关工控协议进行解析，发现潜在的异常行为，并在第一时间进行告警。

3.2.4 工控异常行为审计系统

工控异常行为审计系统，是专门针对工业控制网络的安全审计系统。不仅包括网络安全层面的异常监测，还融入了不同行业的业务安全告警，如智能变电站场景下的遥控操作、定值切区操作、定值修改操作等关键业务行为告警。工控异常行为审计系统采用旁路部署模式，对工业生产过程"零风险"，基于对工业控制协议（如Modbus TCP、OPC、Siemens S7、DNP3、IEC60870-5-104、IEC61850-MMS、IEC61850-GOOSE、IEC61850-SV等）的通信报文进行深度解析（DPI，Deep Packet Inspection），能够实时检测针对工业协议的网络攻击、用户误操作、用户违规操作、非法设备接入以及蠕虫、病毒等恶意软件的传播并实时报警，同时详实记录一切网络通信行为，包括指令级的工业控制协议通信记录，为工业控制系统的安全事故调查提供坚实的基础。

3.2.5 工控安全漏洞扫描系统

面对全新的工控安全威胁，主管/监管机构在检查和评估其安全问题，以及企业在安全自查时需要一款专门面向工业控制系统的漏洞扫描工具，实现针对SCADA、现场总线的漏洞扫描，以及针对Schneider、Siemens等控制器以及传统上位机系统软件的漏洞扫描，其应该具备发现漏洞、评估漏洞、展示漏洞、跟踪漏洞等完备的漏洞管理能力。

3.2.6 工控主机卫士

工控主机卫士能有效防范来自软盘、光盘、网络共享及邮件、网络下载，拷贝等各种途径的病毒入侵，实现全方位的病毒防护。并且，终端的相关安全信息会及时反馈给系统中心，管理员能在最短时间内了解网络内安全状况，并通过系统中心向终端发出指令，远程控制其操作及安全策略设置。终端的升级过程无需人工参与，系统中心在获得最新更新后将向终端自动分发。对于终端的U盘等外设进行实时监控，能够实施开启及关闭操作。终端安全管控软件支持window、Linux等操作系统。

4 结束语

为保障工业控制网及其关键系统的安全，除提供工业系统传统必备的功能安全能力之外，还必需加强工业互联网的信息安全保障能力。针对工业互联网及关键系统的业务特点、自身脆弱性以及可能面临的各种网络安全威胁，需要在工业互联网的安全体系架构设计、系统建设的供应链安全保障、工业系统上线前安全检查以及工业系统安全的运维与管理等方面进行综合、全面地考虑。为更好地促进工业互联网的安全能力建设，促进整个工业互联网安全产业的发展。

“互联网+”背景下的安全文化建设与创新

孙艳彬　梁思维

（中国石油集团川庆钻探工程有限公司）

摘　要　“互联网+”行动计划自被提出后立即受到了各行各业的广泛关注，将“互联网+安全”的思维理念运用到传统行业安全生产管理领域，是传统行业革命性的创新与发展。将安全文化通过互联网带入到社会公众视野、提高全民安全素质、改变“人的不安全行为”；将互联网与安全信息化深度融合形成安全信息化管理平台，通利用智能设备对生产状况进行感知，经过网络互联传输数据，通过云计算实现实时监测，能够及时发现问题、预警问题、规避问题、解决问题，避免“物的不安全状态”；将互联网应用到安全监管中，使政府安全监管和企业安全生产管理更加透明化，通过互联网打破安全监管的时间限制、空间限制。

关键词　“互联网+”；传统产业；创新改革；安全文化；安全信息化；安全监管

2007 年出现“互联网化”概念之后，2012 年 11 月 14 日易观国际董事长兼首席执行官于扬在易观第五届移动互联网博览会的主题演讲中首次提出“互联网+”理念，认为所有传统和服务应该被互联网改变，与“互联网化”一脉相承[1]。2015 年 3 月 5 日，李克强总理在第十二届全国人民代表大会第三次会议上的政府工作报告中提出制定“互联网+”计划，推动移动互联网、云计算、大数据、物联网等与现代制造业结合[2-3]。2015 年 4 月 14 日，李克强总理在一季度经济形势座谈会上敦促“提网速”、“降网费”，强调“信息基础设施建设是重要的公共服务，应当加大建设力度”[4]。互联网与传统产业的深度融合是“互联网+”行动计划的重要体现，互联网将推动传统行业的创新改革。

1　什么是“互联网+”

“互联网+”指的是在传统行业中融入互联网技术与网思维，充分发挥互联网开放、平等、高效、实时等优势，有效的将现实世界与互联网技术连接起来，深入挖掘传统行业潜力，使传统行业互联网化得以实现，充分发挥互联网主导作用，通过优化生产管理模式、生产方式、产业结构以及提高生产力等途径来完成传统行业转型与升级[5-6]。

原本各传统行业相互之间都是孤立存在的，“互联网+”与传统产业的融合可以通过互联网、云计算、大数据、物联网完成行业内、行业间的信息交换，实现远距离、实时和多媒体传播[7]，解决信息沟通不畅问题，打破时间限制、空间限制，通过“互联网+”安全文化、“互联网+”安全生产信息化、“互联网+”安全监督等模式，宣传安全文化、监督及指导安全生产，降低“人的不安全行为，物的不安全状态”带来的隐患。

2　“互联网+”安全文化建设

安全文化产业尚处于萌芽时期，安全文化宣教大多局限于安全生产领域内，社会公众接受程度低。“互联网+”安全文化是将互联网技术作为工具，通过对社会公众宣教推动安全文化建设，实现安全文化多渠道、全方位传播，提升安全文化建设水平，提高行业人员的安全管理水平和社会公众的安全素质，降低“人的不安全行为”带来的隐患[8]。

2.1　传播形式

早期信息的传播方式主要通过传统媒体，互联网时代到来后通过新媒体传播更符合当代人的阅读习惯。

1）传统媒体

传统媒体通过电视、广播、报刊、杂志等方式对安全文化进行宣教，内容科学、准确、权威，但时效性差、形式单一，受时间和空间局限制，因专业性强，更适合专业技术人员接受较为系统的安全知识，受众人群小。

2）新媒体

新媒体通过互联网将安全文化带入到公众视

野，利用有线网络、无线网络、移动网络通过博客、微博、微信等方式经过电脑、手机等向公众传播，具有信息量大、内容丰富、传播速度快、时效性强、成本低、互动性强及搜索便捷等优势，适合作为大多数的非专业社会公众获取零碎的安全文化信息。

通过将传统媒体和新媒体从传播内容、传播方式、特点及受众群体方面进行的对比，发现新媒体具有明显的优势(表1)，但如何利用互联网推动安全文化建设取得更好的效果还需要站在广大社会公众的角度多方位进行考虑。

表1　传统媒体与新媒体对比

传播形式	传播内容	传播方式	特点	受众群体
传统媒体	多以文字叙述为主，内容单一、篇幅长、专业性强	电视、广播、报刊、杂志等	内容科学、准确、权威	适合专业技术人员接受较为系统的安全知识，受众人群小
新媒体	文字配合图片、视频、漫画等多种形式，篇幅短、通俗易懂	通过博客、微博、微信等方式经过电脑、手机等向公众传播	时效性强、传播速度快、传播方式灵活多样等	适用于专业技术人员、非专业社会公众，受众人群广泛

2.2 "互联网"+安全文化建设的重点

1）以用户思维为主导，简洁易懂

社会公众中大多数人并非专业安全人员，系统复杂的安全文化信息非专业人员很难产生兴趣，但如果对重点信息进行压缩并适当增加趣味性，通过图片、视频、动画、漫画配以简单的文字或者通俗的讲解，更能获得社会公众的兴趣和关注。通过物联网、大数据、云计算对读者阅度倾向进行分析计算，推送适合不同读者的信息，同时可利用分析结果对安全文化信息的形式进行调整。

2）充分利用移动客户端

随着4G、5G移动通讯技术的开发以及WiFi无线网络的覆盖，智能手机、平板电脑、笔记本等移动设备因其灵活性为安全文化建设提供了更大的发展平台，特别是手机已经是人手必备的移动设备，公众可充分利用乘车、购物、吃饭等碎片时间通过手机随时随地掌握安全文化信息，完全打破了时间和空间的限制。

3）激发学习主动性，增强互动

设置安全文化交流平台，在平台上所有人都可以发表自己的见解并与其他人进行探讨，在探讨中不断获他人的安全知识和信息，完善自我的安全知识储备。按照"六度传播"理论，每个人既是安全文化的传播者，也是传播受者，通过互动将安全文化信息进行学习和传播[9]（图1)。

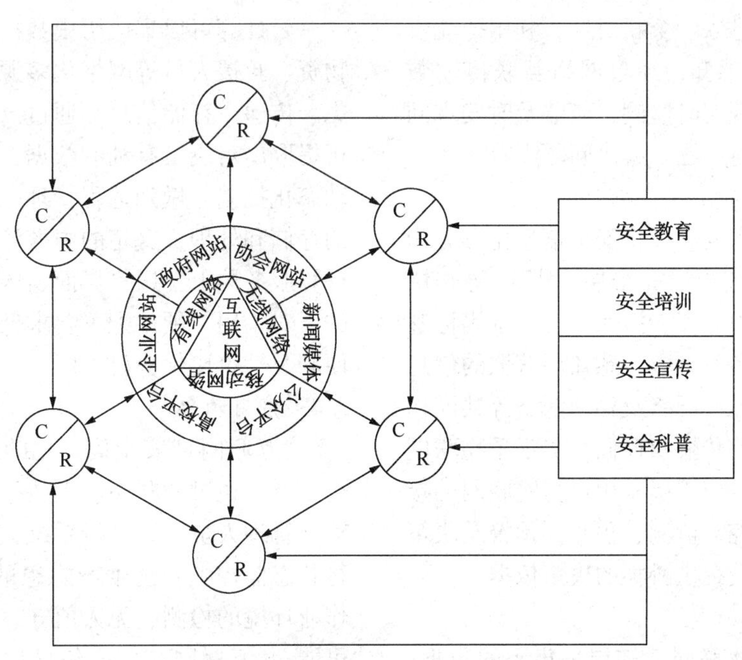

图1　"互联网+"安全文化六度传播模型

4）避免虚假信息传播，保证科学性

互联网具备开放、平等、高效、实时等特点，信息一旦发布将迅速被传播，但如果恶意传播虚假信息势必会误导社会公众，造成严重的社会影响，所以保证安全信息的科学性、真实性显得尤为重要，这就需要与政府、企业、高校等权威组织联合，保证信息的科学性和真实性，把握社会舆论方向。

2.3 应用框架

“互联网+”安全文化建设的最终目的是通过互联网推动安全文化建设，提高专业技术人员的安全知识水平和风险意识，以及提升非专业社会公众的安全文化素质和促进安全文化传播的方式，最终提高全民安全文化素养，通过全民安全文化素养的提高来继续推动安全文化建设，达到建立良好的社会安全环境、保证安全生产的最终目的(图 2)。

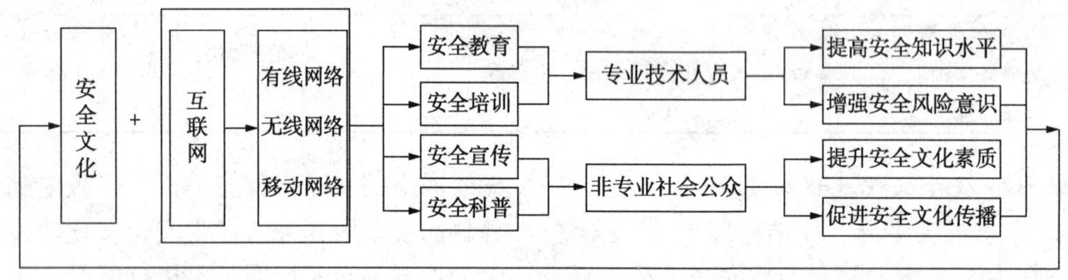

图 2 “互联网+”安全文化建设应用框架简图

3 “互联网+”安全信息化

安全信息化是提高安全生产管理水平的基础，“互联网+”的提出使物联网、云计算及大数据为代表的新一轮 IT 变革技术叠加在传统行业基础上，利用物联网技术建设自动化系统、数字化平台，结合虚拟化、云计算、云存储等技术，将新一代互联网技术应用于安全信息化建设，从最初单纯的监控系统过渡到各类监控系统的融合，使安全信息化进入一个新时期。利用智能设备对生产状况进行感知，经过网络互联传输数据，通过云计算实现实时监测，能够及时发现问题、预警问题、规避问题、解决问题[10-12]。

3.1 物联网

根据物联网技术构架可将安全信息化可分为感知层、网络层和应用层 3 个层面[10]。感知层通过各种传感器、检测器、摄像头及二维码标签等采集生产相关的各类参数，感知层获取的信息通过由有线网络、无线网络及移动网络等共同构建而成的网络层进行传输及存储，实现了物联网数据的交互与传输。应用层是用户与物联网的接口，在安全生产监控、监测、预测、预警及决策等方面，为管理人员提供科学的决策依据。

3.2 大数据

大数据来源是物联网感知层采集到的数据，在生产过程中会产生信息数据，这些数据具有数据量大、产生速度快、种类多、价值密度低的特点，而多数传统行业对信息采集后并没有真正的加以利用，系统之间的数据不能集合到一起。利用大数据平台把各个分散系统的数据有效整合，通过云计算对生产信息进行充分利用，实时评估数据、评价生产状态，实现人与物、物与物的信息交互和无缝连接，达到对安全生产的实时控制、精确管理和科学决策[13-14]。

3.3 云计算

云计算可以集成历史数据、现场数据、应急物资、救援人员等网络化多源异构信息，迅速采集、传递、存储信息，通过云计算对数据进行分析提取出对决策有利的数据，实现对生产信息的动态化控制，做到远程管理。云计算承载大数据的存储和处理，真正的内核演算功能在远端的云计算服务器上，用户界面与内核演算功能是分开的，对于用户硬件配置要求低，具有非常显著的便利及性价比优势(图 3)。

3.4 应用构架

“互联网+”安全信息化的最终目的是指导安全生产，通过物联网、大数据、云计算的分析传输至管理人员决策分析系统，使传统行业生产运行状态监控、安全生产隐患的智能识别和预警、作业环境的检测、无人值守、快速应急救援成为可能。“互联网+”安全信息化应用构架综合了物联网、大数据及云计算技术，主要由信息感知层、数据传输层、云计算资源层、应用服务层及用户接口层五大部分组成[10](图4)。

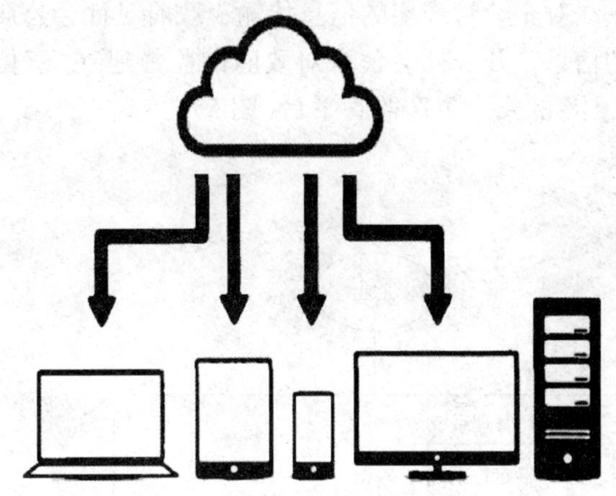

图3 云计算连接多种设备终端

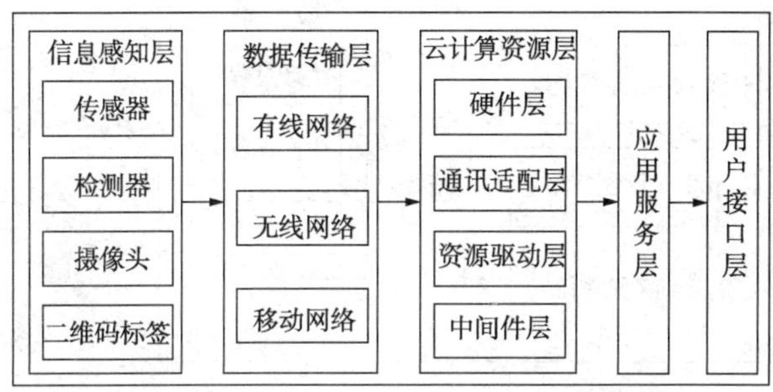

图4 "互联网+"安全信息化应用构架简图

4 "互联网+"安全监管

安全生产只有起点，没有终点，要确保生产安全，杜绝重事故发生，不能仅仅依靠规章制度，必须以安全监管技术手段为保障，将"事故驱动型"转变为"常态化管理"。"互联网+"凭借自身优势、外延优势催生传统行业变革，在安全生产的前期有效预防、中期合理监管、后期快速处理方面都有着巨大的作用[15]。形成以企业为主体，以防范事故为目标，以法律、制度为基础，以现代化管理方式为手段，不断完善政府安全监管、企业安全监控、社会公众监督的安全监管模式，打造政府+企业+社会"三位一体"的安全生产监管平台[16]。

4.1 政府监管

建立政府政务办公系统，将政府安全生产监管机关做为监管者，危险化学品企业、非煤矿山企业等重点企业作为监管对象，通过政务办公系统实行对企业的监管、服务，主要功能可包括：①建立办公自动化系统，实现网上协同办公及信息资源即时共享，以便全面、及时地掌握各类信息、动态，提高信息化水平和工作效率。②建立网上审批系统，企业能够随时、随地通过网上审批系统办理及咨询业务、查看进度，政府办事人员在线处理。③建立安全监管系统，政府对企业法律法规执行情况、设备设施安全状况、作业环境、项目安全评估及重大事故处理等工作进行监督管理，做到统筹管理、实时监控、远程监管，随时掌握企业安全生产运行信息，跟踪、监查企业安全管理工作的整个过程。④建立应急指挥系统，建设重点企业安全生产基本情况数据库，对重点企业分布情况以及周边的医疗、消防、抢险等组织机构制作分布地图，当出现事故时通过应急指挥系统可以快速、准确的调动周边的应急抢险力量，共享事故信息并提供最佳路径，最大限度的降低经济损失。⑤建立培训考试系统，通过网络申报安全生产管理人员、特种设备作业人员等各类考试，通过计算机网络考试远程监考、即时出成绩，大大降低考试机构人员工作量。

4.2 企业监管

建立企业安全生产管理系统，企业除了接受政府部门的监管外，企业内管理层同时需要对生产一线进行监管，企业既是监管者，又是监管对。这些功能都可以通过政府政务办公系统和企业安全生产管理系统完成：①通过政务办公系统随时报送企业基本情况、人员持证情况、应急预案、安全事故等重要安全生产信息，完成企业重大危险源申报、各类手续办理、人员培训取证等。②通过网上审批系统随时申报业务、监督办理进度，实施对政府工作的监督。③建立安全生产监控系统，对生产过程、生产设备、生产环境通过自控、监控等系统采集大量数据形成数据库，对企业的安全生产工作进行监控、跟踪、规划，实现生产设施和生产环境的远程监管、实时监督。④建立事故预警指挥系统，通过对大数据的共享、分析、计算，对异常情况提前预测、预警，并提供应急指挥最佳救援方案以便企业管理层决策；与政府应急指挥系统联网，提供及时和全面的信息，缩短应急响应时间。⑤建立生产车辆定位系统，通过GPS(全球卫星定位系统)、GIS(地理信息系统)、视频监控系统等技术手段等对生产车辆定位、监控，随时了解车辆运行情况及司机状态。

4.3 社会监督

建立政府门户网站，满足社会公众公开政务的要求，同时社会公众可以通过政府门户网站，以及报刊杂志、新闻媒体、公共平台等多种渠道对政府实行监督实施监督。

4.4 应用框架

"互联网+"安全监管的最终目的指导安全生产，通过政府部门对企业的监管、企业对政府的信息报送，企业管理层对生产一线的监控、生产一线对企业管理层的信息传输，政府对社会公众的信息公开、社会公众对政府的监督建立"三位一体"的安全生产监管平台(图 5)。

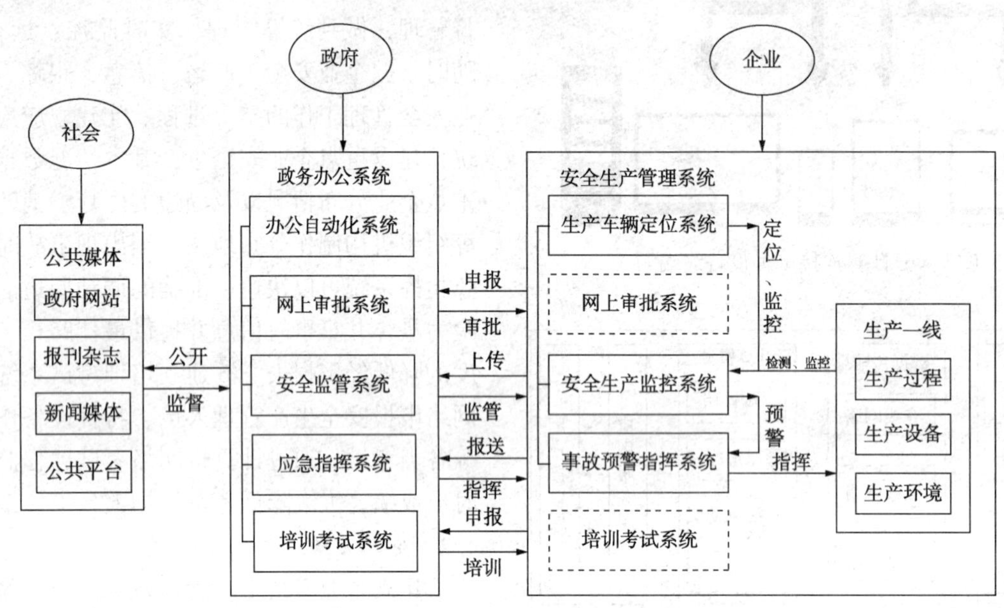

图 5 "互联网+"安全监督应用框架简图

5 结论

"互联网+"背景下构建的安全文化及安全生产管理模式，必然会提高全民安全素养，有效增强企业安全文化信息传递效率，让企业生产管理模式得到优化、生产方式得到改变、产业结构更加合理规范、生产力得到提高，使企业安全文化建设及创新在互联网信息化时代背景下发展出具备自身特色的活力与生命力。

参 考 文 献

[1] 腾讯网：《于扬：所有传统和服务应该被互联网改变》，2012 年 11 月 14 日，https：//tech. qq. com/a/20121114/000080. htm.

[2] 于佳宁．"互联网+"的三个重要发展方向[J]．物联网技术，2015(4)：3-4.

[3] 中国新闻网：《李克强：制定"互联网+"计划促电子商务健康发展》，2015 年 3 月 5 日，http：//www. chinanews. com/gn/2015/03-05/7103116. shtm.

[4] 中央政府门户网站：《李克强敦促"提网速""降网费"》，2015 年 4 月 15 日，http：//www. gov. cn/xinwen/2015-04/15/content_ 2846616. htm.

[5] 黄楚新，王丹．"互联网+"意味着什么——对"互联网+"的深层认识[J]．新闻与写作，2015(05)：5-9.

[6] 任传奇．"互联网+"时代智慧油气田建设的构想与探索[J]．中国石油和化工标准与质量，2019，39(06)：136-137.

[7] 辜胜阻，曹冬梅，李睿．让"互联网+"行动引领新一轮创业浪潮[J]．科学学研究，2016，34(2)：161-166.

[8] 黄玺，王秉，吴超．"互联网+"背景下的安全文化建设模式研究[J]．中国安全科学学报，2017，27(05)：13-18.

[9] 孟庆兰．网络信息传播模式研究[J]．图书馆学刊，2008，30(1)：133-137.

[10] 李树刚，马莉，杨守国．互联网+煤矿安全信息化关键技术及应用构架[J]．煤炭科学技术，2016，44(7)：34-40.

[11] 孙继平．煤矿物联网特点与关键技术研究[J]．煤炭学报，2011，36(1)：167-171.

[12] 吴晓春．大数据技术在煤矿安全生产运营管理中的应用[J]．煤矿安全，49(12)：245-247.

[13] 赵毅龙，互联网+煤矿安全信息化关键技术及应用实践分析[J]．能源与节能，2018(09)：155-156.

[14] 李洪安，张威虎，张婧."互联网+"时代大数据在煤炭安全生产的发展路径与对策研究[J].技术与创新管理，2020，41(02)：172-177.
[15] 乜甄."互联网+安全"开启安全生产监管新模式[J].中国设备工程，2015(9)：32-35.
[16] 蔡松筠.三位一体的安全生产监管信息化框架[J].中国信息界，2006(24)：50-56.

RFID 计数在石油企业生产过程管理中的研究与应用

于　晨

（中国石油天然气集团有限公司大港油田分公司第五采油厂）

摘　要　生产过程管理是企业生产运营中的一个重要组成部分，不仅影响着运营投资成本，还严重影响着企业的经营效益。随着信息化技术的发展及管理水平的不断提升，信息化技术成为企业在生产过程管理的重要手段。RFID 技术，又称无线射频识别，是一种先进的通信技术，可通过无线电讯号识别特定目标并读写相关数据，而无需识别系统与特定目标之间建立机械或光学接触。通过对生产过程管理的研究发现，引进 RFID 技术可以实时掌握生产环节的生产情况、质量及生产工人的工作绩效等，可以大大提升制造企业的生产管理水平，同时结合地理信息系统可以将员工巡检的路线及巡检过程轨迹详细描绘，保证石油企业员工的安全性。因此对石油企业来说，RFID 技术对生产过程管理的应用不仅能有效提高生产过程安全性，还可以大大提高生产过程管控效率，使企业的信息化管理有了一个质的飞跃。

关键词　RFID 技术；生产过程；全周期管理；信息化；管控；

随着社会的不断进步、科技的不断发展以及生活节奏的加快，人们在生活当中在更多方面都要求简便快速的方法，电子标签就应运而生了。现如今电子标签已经被广泛的应用到了现代人日常工作生活当中。进入 20 世纪 90 年代后，生产过程管理工作在国内外越来越受重视。在发达国家，由于生产自动化水平已经达到很高程度，各种生产过程管控理念和方法在日常生产过程中能得到普遍应用。

而在我国，许多企业的生产过程管理工作还仅仅停留在宣传、教育、定期的安全检查上，落后的生产过程管理理念和方法是制约着我国大部分企业安全生产管理水平停滞不前的主要因素，包括石油企业。石油企业作为能源企业，担负着国家重要的使命。因此我们迫切需要对石油企业生产过程状况进行研究，结合现有的先进信息化技术，提高石油企业生产过程管理的整体水平，满足现代安全生产的需要。

1　RFID 技术简介

无线射频识别技术（Radio Frequency Idenfication，即 RFID）是一种非接触的自动识别技术，也是一种无线通信技术，可以通过无线电讯号识别特定目标并读写相关数据，其基本原理是利用射频信号和空间耦合（电感或电磁耦合）或雷达反射的传输特性，实现对被识别物体的自动识别，而无需识别系统与特定目标之间建立机械或者光学接触。

无线电的信号是通过调成无线电频率的电磁场，把数据从附着在物品上的标签上传送出去，以实现自动辨识与追踪的功能。某些标签在识别时从识别器发出的电磁场中就可以得到能量，并不需要电池；也有标签本身拥有电源，并可以主动发出无线电波（调成无线电频率的电磁场）。标签包含了电子存储的信息，数米之内都可以识别。与条形码不同的是，射频标签不需要处在识别器视线之内，也可以嵌入被追踪物体之内。RFID 技术从诞生到落地，为各式各样产品提供了技术上的支持，许多行业都运用了射频识别技术，如感应式电子晶片或近接卡、感应卡、非接触卡、电子标签、电子条码等。

2　油田信息化发展趋势

油田信息化是一个庞大的概念，它包含很多内容，主要有油田信息化基础建设、生产过程信息化、企业管理信息化等，其实质上是将油田的生产过程、物料移动、事务处理、人员绩效等业务过程数字化，通过各种信息系统网络生成新的信息资源，提供给各层次的人们洞悉、观察各类动态业务中的一切信息，以作出有利于生产要素组合优化的决策，使石油企业资源合理配置，以使其能适应瞬息万变的市场经济竞争环境，求得最大的经济效益。

科学的管理需要依靠现代的信息化手段与技

术，智能化决策已经成为现代化管理的趋势。随着计算机技术和网络技术的迅猛发展，生产过程管理工作以信息化为支撑，实现信息的自动存储、异常预警、数据分析、部门间的协调和交流等，进一步提高企业的执行力，从而提高企业的管理水平。油田信息化发展可以利用现有的数据资源，依托先进的物联网技术（RFID 技术、智能终端），对石油企业管理和运营方式的深层次改进，彻底改变生产过程管理过程中还在采用人工纸质记录的方式。因为计算机和先进技术的参与，所有的过程都控制的非常准确，可以对生产设备规范化检查、生产状况进行书库采集、油井数据在线查询、实现生产全过程动态监测，提高了生产过程中数据的准确性、真实性、时效性，满足了石油企业精细化管理要求，大大提高了企业工作效率。

3 RFID 技术在石油企业中的应用

在传统的石油企业生产过程中，大量的数据分布于采油厂的各个部门中，要想及时、快速提取这些数据存在一定的困难。生产过程管理系统通过引进 RFID 技术，可以将生产设施及经营运行中涉及的人、物联系在一起（图 1），协同工作并将管理过程纳入一套标准的流程控制中，形成了一套集生产设施、计划安排、消息提醒、工作流程、数据分析、人员绩效等要素为一体的综合型生产过程管理系统。而生产过程信息管理系统，将各种管理要素有机的结合在一起，引用信息化技术，实现生产运行过程全周期管理，最大化利用网络资源及数据共享，帮助石油企业提高生产运行管理水平。

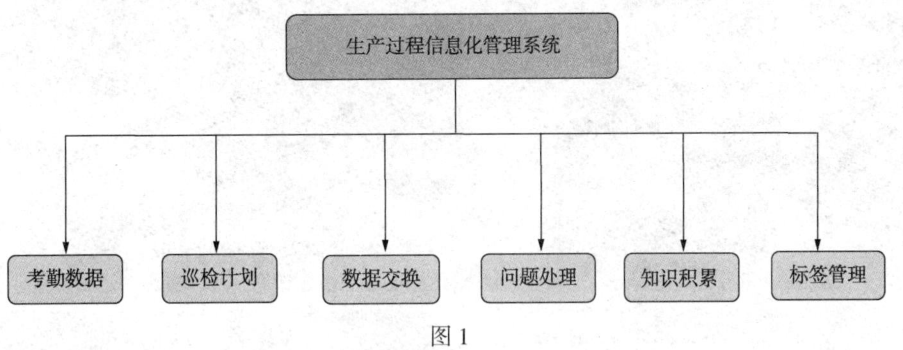

图 1

通过 RFID、GPS 等技术的使用，自动化的采集这些信息，使物料及设备在各个环节更容易跟踪，实现对生产过程整个环节物资设备的即时、动态监控；避免了过去人工扫描信息的种种弊端（效率低、易出错、即时性差等）。石油企业可以充分引用现代电子扫描技术，对相关的设备、仪表进行电子标签管理，同时对于设备、仪表的检定维修、计划生成、等相关业务均通过扫描电子标签或二维条码进行处理，从而实现类似现代物流模式，可清楚各设备安装地点、状态及处理流程，让使用人员、管理人员、检定人员等均可随时了解各相关的信息。

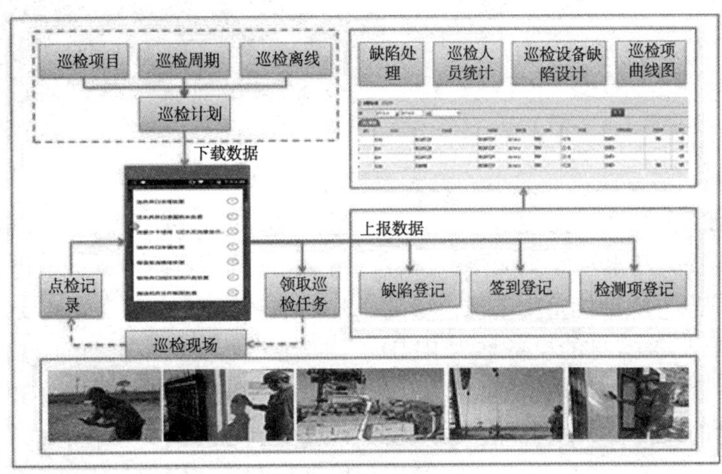

图 2

3.1　硬件、软件配套设施

针对石油企业的特点，硬件配备配套设施有：手持终端(防摔防爆)、RFID 电子标签、电子标签读卡器、手持终端放置柜、电容笔、挎包。软件配备：终端 APP、标签初始化客户端程序、WEB 展示平台。在系统设计上，考虑到现场应用的便利及网络带宽的限制，系统采用基于 c/s 的三层架构，各层间采用开放的 web service 进行通讯。客户端可以引用智能终端设备，利用其便携、可移动、精准识别的优点，通过系统接口结合后台系统的强大功能，更好的将生产计划安排、设备计划实施、能力计划预判的三大板块功能变成数据分析的基础。

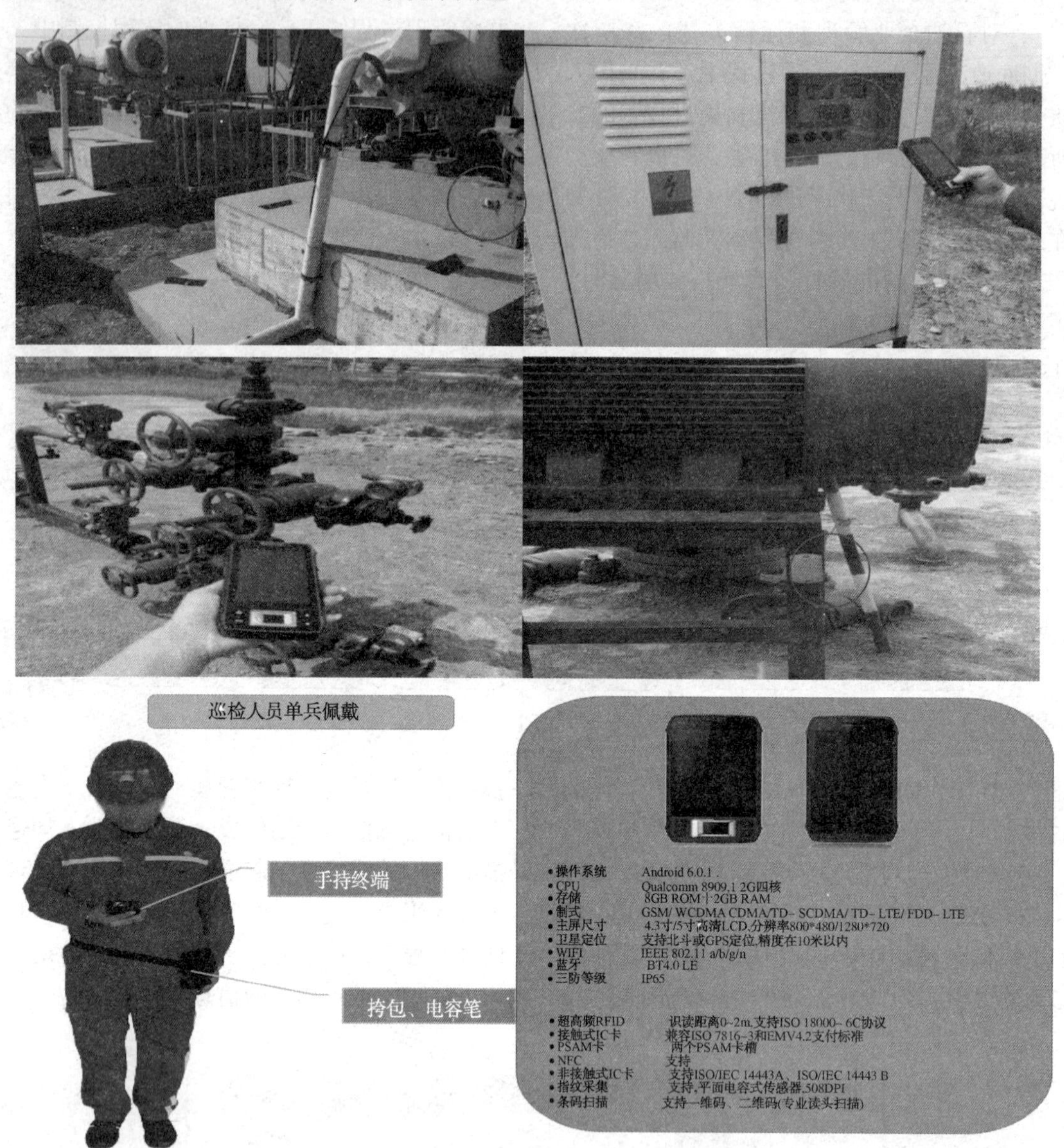

图 3

3.2　电子标签初始化

电子标签读写装置的基本功能是无接触读取 RFID 标签中的数据信息。从功能角度来说，单纯实现无接触读取 RFID 标签信息的设备称为 RFID 阅读器、读出装置、扫描器等。单纯实现向 RFID 标签内存中写入信息的设备称为编程器、写入器等。综合具有无接触读取与写入标签信息的 RFID 写标设备称为读写器、写标机等。现场应用中采用 RFID 读写器对电子标签进行初始化。

3.3　日常生产、巡检过程监控及管理

生产调度员根据每日的工作计划，进行工单制作、生成，勾选所需工作内容、工作流程即可自动生成相对应的工单，利用网络或数据线将工单进行发送。岗位员工可根据工单进行每日巡检、

记录、问题反馈等，现场出现的问题可以及时发现、及时解决，并将处理过程及经验进行数据存储，资源共享给其他部门。

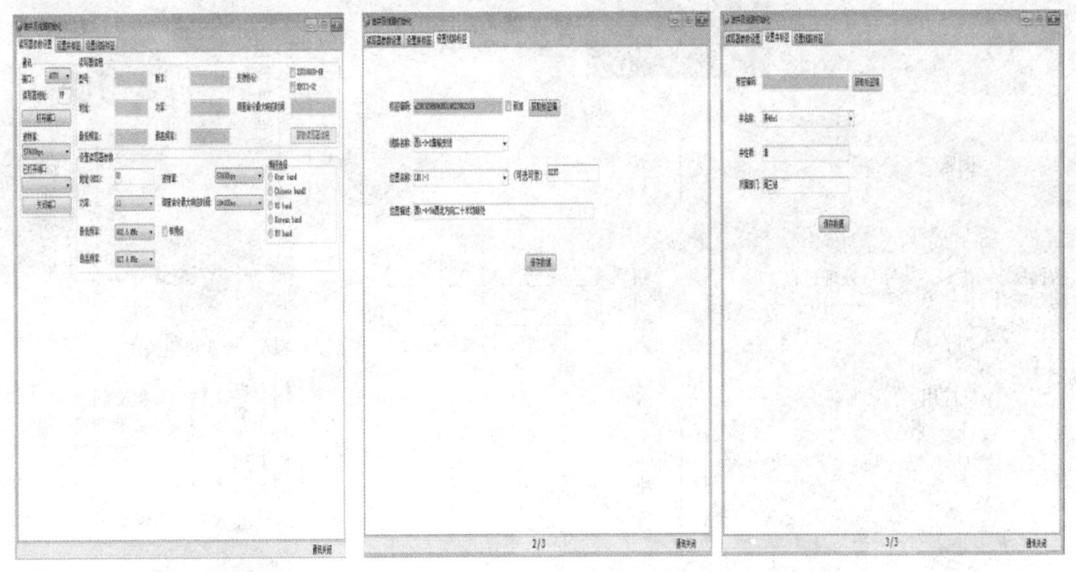

图 4

岗位员工在日常工作中对生产流程和巡检流程节点进行数字采集，管理层可对工作量量化制定进度设定考核点，细化操作流程，每一项进行确认，使操作人责、权更加明晰(巡检、测试、维修等日常工作)，(图 5、图 6)。

3.4　设备电子标识及管理

设备及生产设置进行电子标码管理，设备出库、使用、维保、检修等事件节点信息通过电子码与数据库设备台账数据同步，使设备实时动态管理。

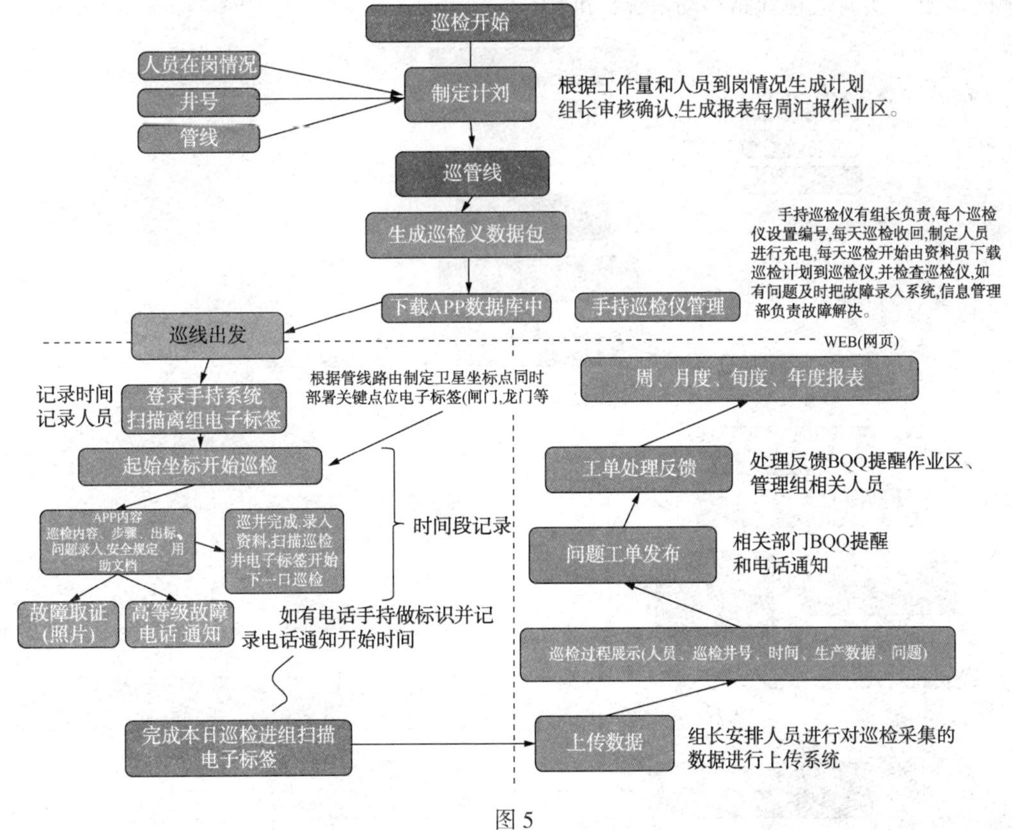

图 5

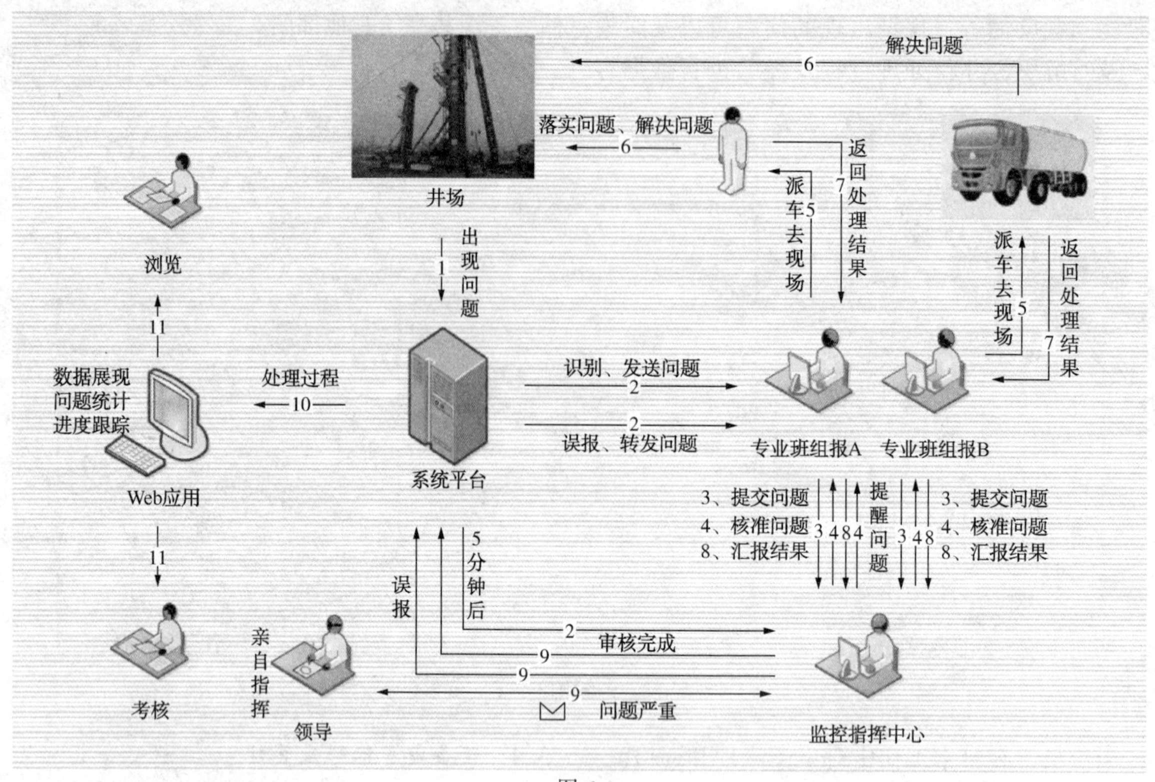

图6

3.5　日常巡线管理

采用卫星定位模式，并结合管线辅助定位矫正坐标功能，与电子地图完美匹配，还原人员巡检过程中的历史、实时巡检线路移动情况，准确获取人员巡线轨迹，查看员工是否按照规定线路进行巡线，有效避免巡线不到位导致的管线泄漏不能及时发现处理(图7、图8)。

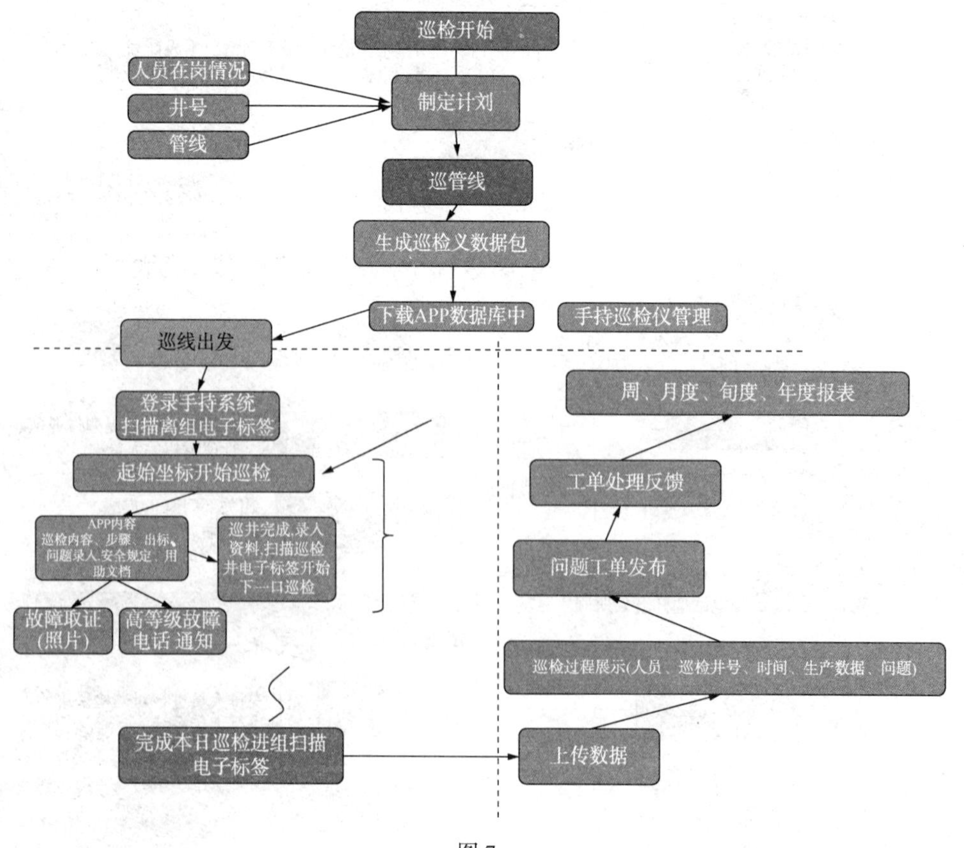

图7

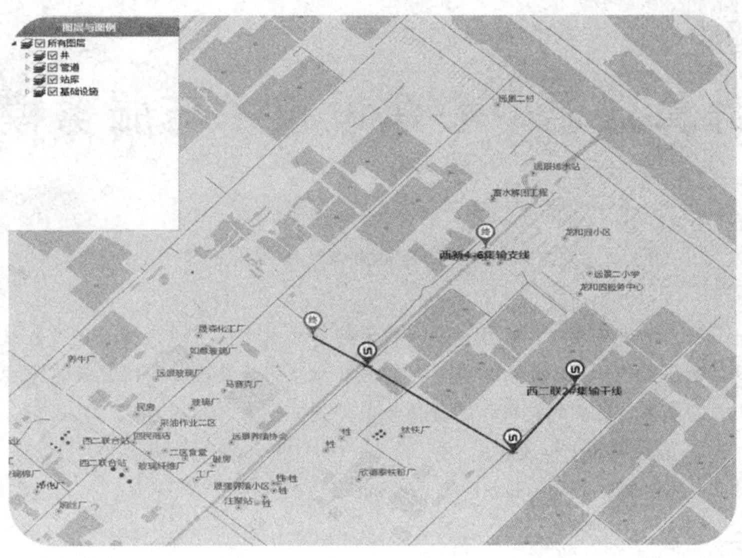

图 8

石油企业通过 RFID 技术在生产过程管理的应用，不只将工作程序化、精确化，便于实施操作，是人员责任、权利更加清晰。同时将生产过程管理中各节点进行动态追踪，实现了真正的生产过程动态监管，解决了管理混乱的状况发生。生产过程信息化管理采用系统化的管理模式，明确员工责任、保证员工安全，为石油企业决策层及执行层提供了决策运行及信息反馈的平台。

4　结论

通过 RFID 技术在石油企业生产过程管理在中的应用，实现了企业从生产型向管理型的转变，同时实现了巡检管理的实时化、科学化，提高维护管理水平及工作效率，通过对巡检系统数据的汇总和分析技术发现设备故障隐患，科学的管理和安排巡检人员的巡检工作，以最佳的方式将石油企业生产过程中的诸要素、各环节和各方面的工作有效地结合起来，将数据进行分析应用，以最少的耗费，取得最大的生产成果和经济效益。RFID 技术在生产过程管理的应用会弱化人在生产过程中的决策作用，使生产过程管控更加模式化、规范化和固定化，对生产过程的各节点控制的更加全面和严格，保证设备运行安全的同时，保证人员的安全，节约成本，为石油企业未来的决策提供依据。

参　考　文　献

[1] 陶世宏 . 浅议企业档案管理工作中存在的问题及对策[J]. 当代经济，2011(11)：18-19.

[2] 李红恩 . 浅议新形势下煤炭企业如何创新加强档案管理[J]. 当代青年月刊，2015(6)：59.

[3] 陶红卫 . 生产过程信息化管理的研究与应用[J]. 中国科技期刊数据库，2016(11)：13.

[4] 郭培成 . 条码在石油企业物资管理的探讨与研究[J]. 现代经济信息，2014(08)：36.

云计算数据中心建设技术与服务模式

王　滔　万　骏　彭元文

（中国石油新疆油田数据公司）

摘　要　云计算技术的发展在与传统应用部署模式的对比中无论是建设技术还是在服务模式上都取得了明显的优势，这促使了云计算数据中心的兴起。本文介绍了云计算数据中心建设技术中虚拟化技术、弹性伸缩和动态调配以及高效、可靠的数据传输交换和事件处理这三种核心技术，同时阐述了云计算数据中心的三种服务模式，即 IaaS、PaaS 和 SaaS。

关键词　虚拟化技术；弹性伸缩；IaaS；PaaS；SaaS

1　云计算数据中心介绍

现阶段对于云计算的定义广为接受的是美国国家标准与技术研究院（NIST）定义：云计算是一种按使用量付费的模式，这种模式提供可用的、便捷的、按需的网络访问，进入可配置的计算资源共享池（资源包括网络，服务器，存储，应用软件，服务），这些资源能够被快速提供，只需投入很少的管理工作，或与服务供应商进行很少的交互。云计算是基于互联网的相关服务的增加、使用和交付模式，通常涉及通过互联网来提供动态易扩展且经常是虚拟化的资源。

随着云计算技术的发展，传统的数据中心服务模式已无法满足业务的需求，这催生了云计算数据中心的建设与发展。云计算数据中心是以云计算技术为核心而建设成为的数据中心，其采用的核心技术与服务模式沿用了云计算的技术和服务模式。

2　云计算数据中心建设技术

云计算数据中心的建设是一个由多种新技术应用和面向业务服务运营管理的集中体现。其采用的核心技术有虚拟化技术、弹性伸缩和动态调配、高效、可靠的数据传输交换和事件处理这三个方面。

2.1　虚拟化技术

数据中心虚拟化技术的应用包含服务器、存储、网络、应用和桌面等多个方面，不同类型的虚拟化技术从不同角度解决不同的系统性能问题。

服务器虚拟化是将现有物理服务器资源抽象为一个逻辑资源，再在其上划分出大量虚拟化服务器来提供服务。服务器虚拟化实现了虚拟服务器的快速划分和动态部署，整合了服务器资源，降低了系统复杂性，提高了资源利用率，减少了运营成本。

存储虚拟化将集中部署的存储资源虚拟化为一个大容量的存储资源池来进行统一管理。通过存储虚拟化技术可以按需将存储资源动态的分配给各个用户，同时用户可以在无需中断应用的情况下完成存储系统的改变和数据迁移等操作。极大的提高了存储资源的整体利用率，提升了用户数据存储管理能力，降低了成本。

网络虚拟化是指将一个物理网络虚拟成多个逻辑网络或将多台交换机整合成一台虚拟交换机。通过网络虚拟化可以实现用户权限分离、网络流量隔离等，对应用安全提供了保障、保证服务质量、增加可扩充性和灵活性以及提升可管理性。

应用虚拟化是将应用程序与操作系统解耦合，为应用程序提供了一个虚拟的运行环境，拥有与应用程序的所有共享资源，在应用程序的部署、更新和维护上都极大的提供了便利。

桌面虚拟化是指将计算机的终端系统进行虚拟化，以实现桌面使用的安全性和灵活性。用户可以在任何地点通过任何设备任何时间访问所分配的虚拟桌面，桌面虚拟化还可以针对不同需求实现公有桌面和个人专用桌面的分配。

云计算数据中心基于这些虚拟化技术实现全系统虚拟化，对所有资源进行统一纳管、分配和监控，将物理资源整合成一个大的虚拟化资源池，提升了资源利用率，降低了应用成本。

2.2 弹性伸缩和动态调配

云计算的弹性伸缩控制技术指的是对一个应用系统使用负载变化进行调控的能力，它可以根据应用系统负载的变化实现动态适应。弹性伸缩可以分为纵向和横向伸缩两个方面，纵向伸缩性是指在同一个逻辑单元内增加资源来提高处理能力，当资源需要纵向扩展时，根据应用系统资源负载增加或者减少，通过弹性伸缩控制技术动态增加或减少应用系统配置，如系统服务器 CPU、硬盘、存储等；横向伸缩性是指增加更多逻辑单元资源，并整合为一个逻辑单元进行工作，当系统资源横向向外扩展或向内减小时，系统资源负载这时相应的会增加或减少，通过弹性伸缩控制技术创建或减少虚拟服务器来提高现有服务器负载效率，横向伸缩模式中虚拟服务器以分布式提供服务。

动态调配是根据用户需求的变化，对计算资源动态自动第进行分配和管理，实现高度“弹性”的缩放和优化使用，而用户不需要介入具体操作流程中去。

2.3 高效、可靠的数据传输交换和事件处理

数据传输交换和事件处理能力是云计算数据中心信息和数据的传输交换中重要的一环，这将直接影响到用户的最终体验，既不能一味的追求速度，也不能只重视可靠性，需要结合多种协议的优势，根据应用系统业务多样性、实时性等需求来设计云计算数据中心的网络环境，安全有效的控制数据流量在网络上的流向，充分保证业务数据通道的畅通性、可靠性、安全性，切实保证网络高效、可靠的数据传输交换和事件处理能力。

3 云计算数据中心服务模式

云计算是一种基于互联网的计算方式，通过这种方式，云计算平台内部共享的软硬件资源和信息可以按需提供给其它用户。云计算数据中心往往提供通用的网络业务应用，可以通过浏览器等软件或者其他 Web 服务来访问，而软件和数据都存储在服务器上。目前针对用户来说云计算数据中心可提供应用、数据、运行库、中间件、操作系统、虚拟化、服务器、存储、网络这九大需求。基于提供需求的不同云计算数据中心主要有三种服务模式，即：软件即服务(SaaS)，平台即服务(PaaS)和基础设施即服务(IaaS)。

3.1 基础设施即服务(IaaS)

基础设施即服务是指用户租用云计算数据中心的基础设施服务。云计算数据中心将服务器、存储、网络等整合成一个虚拟化的资源池，并按需提供给用户使用。用户无需购买服务器、存储等硬件设备，只需要付费使用云计算数据中心提供的硬件基础设施。这样使得用户只需租用对应的计算能力和存储能力硬件资源，大大降低了用户在硬件设备上的开销。同时用户需要自行部署管理应用程序、操作系统等软件资源，如图 1 所示：

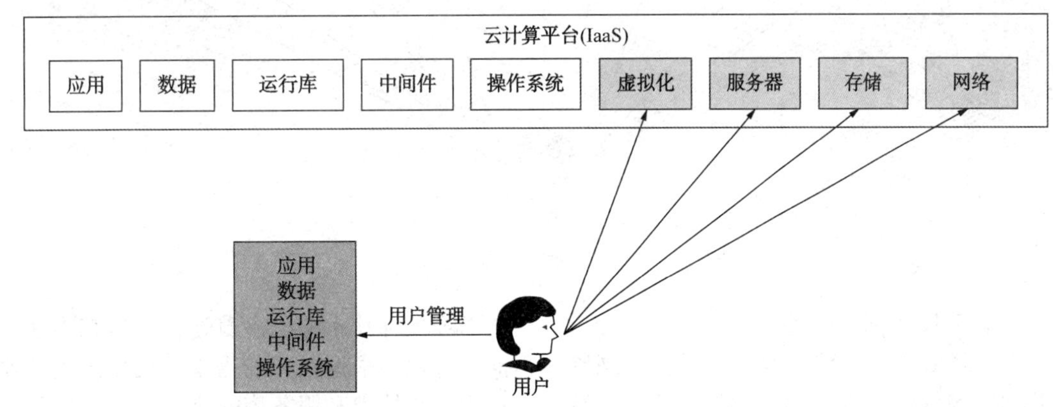

图 1　基础设施即服务

3.2 平台即服务(PaaS)

平台即服务为用户提供运算平台服务。在云计算的三种服务层级中，平台即服务层介于软件即服务与基础设施即服务之间。平台即服务提供用户能将云基础设施部署与创建至客户端，或者借此获得使用编程语言、程序库与服务。用户不需要管理与控制云计算基础设施，以及操作系统、中间件和运行库等软件，只需要控制应用程序部署与数据环境，如图 2 所示。平台即服务是将软件研发的平台作为一种服务，以软件即服务

的模式交付给用户。因此，平台即服务也是软件即服务模式的一种应用。但是，平台即服务的出现可以加快软件即服务的发展，尤其是加快软件即服务应用的开发速度。平台即服务是在软件即服务之后兴起的一种新的软件应用模式或者架构，是应用服务提供商的进一步发展。

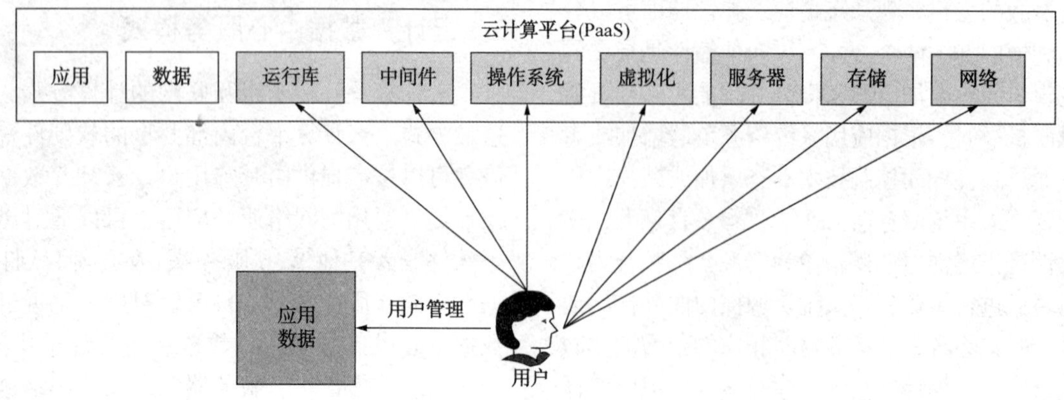

图 2　平台即服务

3.3　软件即服务(SaaS)

软件即服务是一种将软件和应用等资源通过互联网提供给用户的模式，云计算数据中心将应用软件统一部署在自己的服务器上，用户可以根据自己实际需求，通过互联网向云计算数据中心租用所需的应用软件服务，按租用的服务量大小和时间长短向云计算数据中心支付费用。在软件即服务模式中用户不需要进行软件的安装、维护与更新，也不需要购买服务器硬件、存储等基础设备。这些全都直接租用云计算数据中心的软硬件及应用环境，同时由云计算数据中心来对软硬件资源进行管理和维护等操作，如图 3 所示。它消除了企业购买、构建和维护基础设施和应用程序的需要。在这种模式下，用户只需要支付一定的租用费用就可以换取传统模式下花费大量投资在软硬件以及人员培训等方面的支出，直接通过互联网便可以享受到相应的硬件、软件和维护服务，这是网络应用最具效益的运营模式。

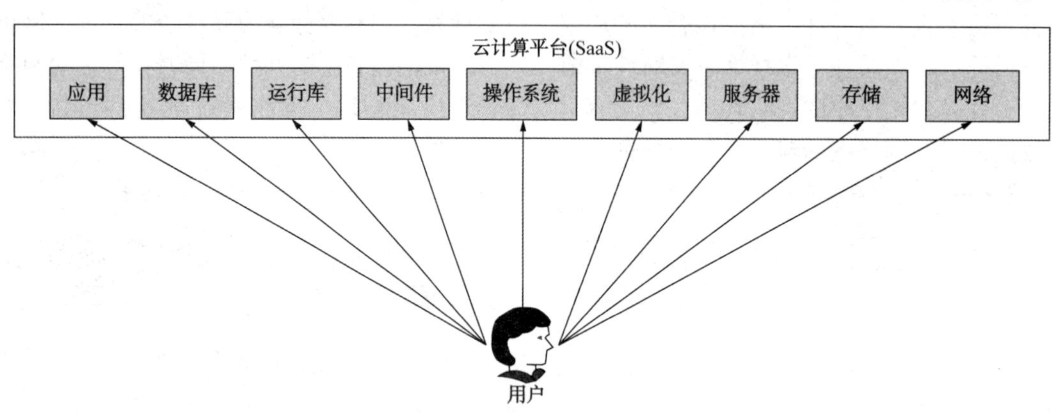

图 3　软件即服务

这三种服务模式都采用外包的方式，减轻了客户的负担，降低管理、维护服务器硬件、网络硬件、基础架构软件和应用软件的人力成本。从更高层次看它们都试图去坚决同一个上也问题即用尽可能少的投资获得功能、扩展能力、服务等。

4　结语

云计算数据中心建设是一个多技术融合的过程，其还处于发展阶段，涉及了虚拟化技术、弹性伸缩和动态调配、云化网络、并行技术、存储技术等多种技术的融会贯通，相信在不断的发展推进过程中根据用户的需求会衍生出更高效更优化的核心技术和服务模式来。

参 考 文 献

[1] 龚强．云计算关键技术之弹性伸缩控制技术认知研究[J]．信息技术，2014(01)

[2] 姜栋瀚，刘晓平，吴作栋．云计算技术发展现状研究综述．信息与电脑(理论版)，2019(08)

风克双向输油管道应急保护系统的关键点研究

尤立华　陈慧萍　刘　霞

（中国石油天然气股份有限公司新疆油田油气储运分公司）

摘　要　风克稠油外输双向管道包括稠油、柴油两条管道，两条管道的应急保护系统（ESD）在同一站场合一建设，由三部分组成。分别是中心调控 ESD 监视远控部分，首站、末站、干线截断阀室站控级 ESD 系统，现场具有 ESD 功能的单体设备（如进、出站 ESD 阀、外输泵、掺混泵）。其中，首末站、干线截断阀室的站控级 ESD 系统是研究重点，其核心是 ESD 程序的设计，包括稠油管道首站 ESD 程序、稠油管道末站 ESD 程序、干线截断阀室 RTU。由于稠油、柴油两条管道的 ESD 系统是合一建设，因此在程序编写和调试过程中将两条管道 ESD 系统统一进行配置和程序编写，但就功能实现上是满足两条管道各自完整的 ESD 程序。

关键词　双向管道；站控级 ESD 系统；ESD 程序设计

应急保护系统又称为紧急停车系统（ESD），是保证管道及沿线站场安全的逻辑控制系统。作为管道、站场安全保护的最后一道屏障，对应急保护系统的完整性、可靠性、稳定性要求很高，上至调控中心的全线紧急停输，下到每台 ESD 阀的正常运行都是关系到整个 ESD 系统的关键因素。风克稠油、柴油双向管道 ESD 系统是针对该管道独有的柴油馏分掺入稠油，密闭输送工艺特点设计而成，稠油、柴油管道各设置一套独立的 ESD 系统，同一站场内两条管道 ESD 系统合一建设，实现两条管道的事故停车和保护，保障紧急情况下人身及设备的安全。

1　风克稠油、柴油管道应急保护系统总体说明

1.1　风克稠油、柴油管道运行工况

风克线超稠油管道采用稀释、密闭输送工艺，由一条 D219 柴油馏分管道（设计输量 100×10^4t/a，设计压力 8MPa，）将柴油馏分输送至风城首站掺入稠油，混掺比例为 25%（质量比）。稀释后的稠油通过 D457 稠油管道（设计输量 500×10^4t/a，设计压力 8MPa，）输送至克石化末站。稠油管道与柴油管道同沟敷设，设有首、末站各 1 座，线路截断阀室 6 座，其中 RTU 阀室 1 座，阴极保护站 1 座，稠油管道与柴油管道均为密闭输送。

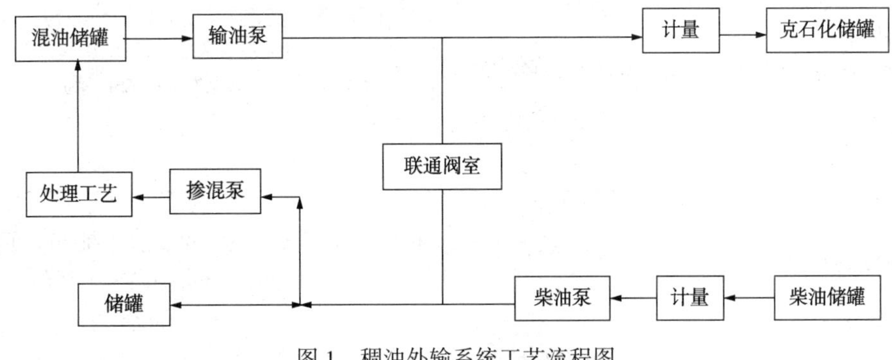

图 1　稠油外输系统工艺流程图

1.2　应急保护系统组成及触发

应急保护系统（ESD）由调控中心 SCADA 系统操作站 ESD 功能键、站场 ESD 系统、具有 ESD 功能的单体设备组成。ESD 系统通过手动、自动两种方式触发，手动触发是指调控中心 SCADA 系统操作界面 ESD 手动按钮、站控室

ESD 手动按钮、站控系统操作界面 ESD 手动按钮。自动触发是指通过站控 ESD 系统信号和单体设备 ESD 信号触发。ESD 控制命令为最高优先级，无论该命令从何处下达以及站控系统处于何种操作模式，ESD 控制命令可直接到达被控设备，使它们按预定的程序动作，并且所有 ESD 系统的动作将发出闭锁信号，在未接到人工复位命令前不能再次启动。

2　站控级 ESD 系统

站控 ESD 系统的作用是在紧急情况下，能迅速有效的将工艺站场与站外管道隔断，防止事故扩大。站控 ESD 系统单独配置，[1]具有独立的控制功能并且优先于站内生产过程控制系统。站控 ESD 系统与 ESD 设备采用硬线连接，联锁控制，当 ESD 指令发出时，ESD 系统将按预定的程序停车，关闭进、出站阀。

2.1　系统配置

站控 ESD 系统作为独立控制系统，采用冗余控制器+本地 I/O 结构，与站控系统采用统一平台，利于资源共享，实现生产过程控制系统与 ESD 系统的无缝连接。硬件均选用 Rockwell 公司 ControlLogix5000 系列，监控软件为 GE 公司的 iFIX5.1 组态软件。截断阀室 RTU 采用 E50 系列。

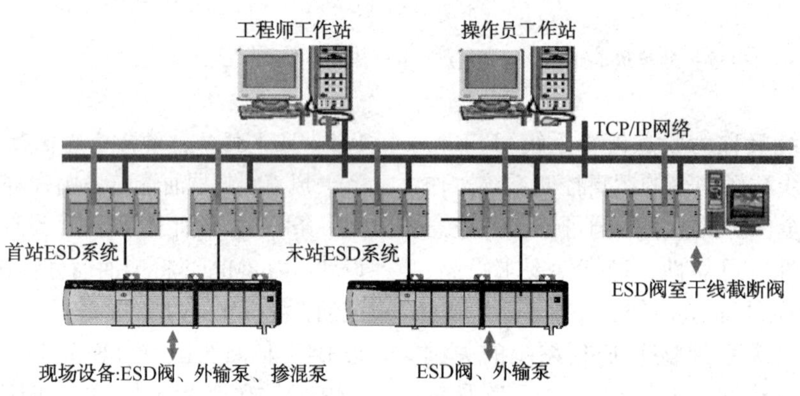

图 2　风克线双向管道 ESD 系统结构

2.2　系统触发条件

表 1　ESD 系统触发条件

手动触发 通过(调控中心、站控室、现场工艺设备、输油泵机组)ESD 手动按钮触发	自动触发 通过站控 ESD 系统信号和单体设备 ESD 信号触发
1、调控中心下达 ESD 命令，手动触发中心 ESD； 2、站内可燃气体浓度探测仪检测到可燃气体浓度超过最低爆炸下限的 40%，同一区域两台或两台以上检测表同时报警，人工确认，手动触发站 ESD； 3、工艺设备区、罐区两台或两台以上火焰探测仪、可燃气体浓度探测仪报警，人工确认，手动触发站 ESD； 4、站内发生火灾或管道发生泄漏，人为确认，手动触发站 ESD；	1、首站出站 ESD 事故关断，ESD 阀离开全开位置报警，报警持续 3s 后，自动触发首站 ESD 保护程序，按全线紧急停输顺序停泵； 2、末站进站 ESD 事故关断，ESD 阀离开全开位置报警，报警持续 3s 后，自动触发末站 ESD 保护程序，按全线紧急停输顺序停泵。

3　应急保护系统(ESD)程序设计

3.1　ESD 指令及其定义

ESD 指令具有最高优先级，其安全级别高于其他任何控制指令，无论 ESD 指令从何处下达，站控系统处于何种操作模式，ESD 控制命令均能到达被控设备，[2]使他们按预定的顺序动作，并且所有 ESD 系统的动作将发出闭锁信号，在未接到人工复位命令前不能再次启动。

对各项 ESD 命令和 ESD 系统内的状态进行变量定义和标签地址的命名，为后续 ESD 程序的设计作准备。对 ESD 指令下达的权限(中心/站控)进行定义，其次对 ESD 系统处于何种状态(休眠/有效)进行定义，ESD 触发条件(火焰、可燃气体浓度、火灾报警)进行定义，ESD 指令下发后的结果(成功/失败)进行定义。

3.2 稠油管道、柴油管道 ESD 系统的程序设计

首先确定稠油管道首站 ESD 系统和末站 ESD 系统所要实现的功能，由此确定涉及到的现场设备，包括稠油外输泵、柴油外输泵、柴油掺混泵以及进出站 ESD 阀。由于同一站场有稠油、柴油两套工艺，因此稠油和柴油两套工艺的 ESD 系统合一建设，尤其是涉及到 ESD 阀的控制，首站 ESD 系统是对稠油出站 ESD 阀、柴油进站 ESD 阀控制，末站 ESD 系统是对稠油进站 ESD 阀、柴油出站 ESD 阀控制。

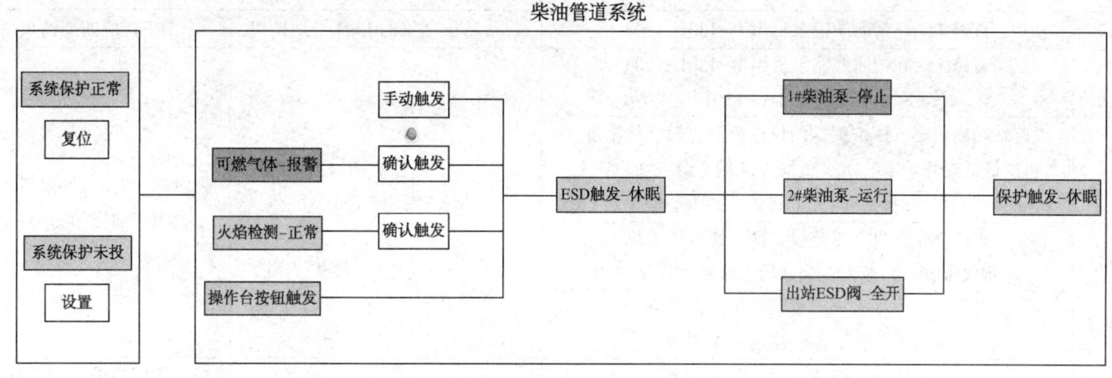

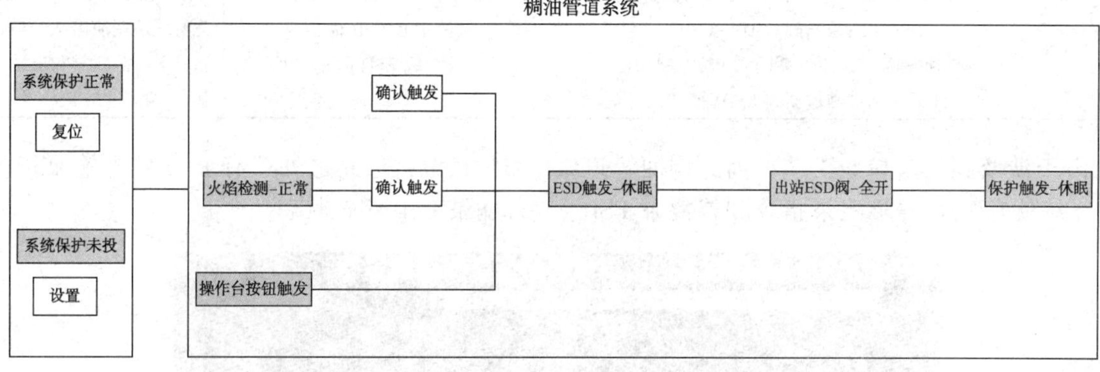

图 3 稠油管道首站、末站 ESD 程序流程

ESD 程序设计中涉及到的设备以及编号(表 2)。

表 2 设备编号

序号	设备名称	编号
1	稠油管道首站四台稠油外输泵机组	1#稠油外输泵-P1301 2#稠油外输泵-P1302 3#稠油外输泵-P1303 4#稠油外输泵-P1304
2	稠油管道首站两台柴油掺混泵	1#柴油掺混泵-P1401 2#柴油掺混泵-P1402
3	稠油管道末站两台柴油外输泵	1#柴油外输泵-P2201 2#柴油外输泵-P2202
4	稠油管道首站稠油出站 ESD 阀	ESDV1101
5	稠油管道首站柴油进站 ESD 阀	ESDV1102
6	稠油管道末站稠油进站 ESD 阀	ESDV2101
7	稠油管道末站柴油出站 ESD 阀	ESDV2102

3.2.1 稠油管道首站 ESD 程序设计

稠油管道首站 ESD 程序是针对稠油管道全线设计的，涉及到首站、干线截断阀室和末站三个部分的相关设备，包括首站四台稠油外输泵、两台柴油掺混泵、稠油出站 ESD 阀，4#阀室的稠油干线截断阀，末站稠油进站 ESD 阀。ESD 程序功能(表 3)。

在实际程序编制和调试过程中，考虑到一个站场有稠油、柴油两套工艺，因此在程序编制中将一个站场的两套 ESD 系统一起进行考虑，在首站的程序变量定义中将稠油出站 ESD 阀和柴油进站 ESD 阀进行定义。

稠油管道首站 ESD 程序指令下达到两台 ESD 阀和两台柴油掺混泵以及四台稠油外输泵，因此需要对稠油出站 ESD 阀 1101、柴油进站 ESD 阀 1102 的 ESD 指令以及状态进行定义，这包括 ESD 阀手/自动状态、站控手/自动切换指令、开/关阀指令、紧急关阀指令、停止指令、全开/全关状态、远程/就地指示、阀门/电机/电源故障、超时报警。

表 3　稠油管道首站 ESD 系统功能

序号	描述	触发条件	停运设备
1	首站 1#稠油外输泵机组 P-1301	首站站控系统操作界面的 ESD 手动按钮	1#稠油外输泵
2	首站 2#稠油外输泵机组 P-1302		2#稠油外输泵
3	首站 3#稠油外输泵机组 P-1303		3#稠油外输泵
4	首站 4#稠油外输泵机组 P-1304		4#稠油外输泵
5	首站 1#-4#稠油外输泵机组 P-1301-1304	首站站控制室的 ESD 手动按钮	1#-4#稠油外输泵
6	首站 1#-4#稠油外输泵机组 P-1301-1304 稠油出站阀 ESDV-1101	首站站控系统 ESD 命令	停 1#-4#稠油外输泵机组和关闭稠油出站 ESD 阀
7	首站站内可燃气体浓度探测仪检测到可燃气体浓度超过最低爆炸下限的 40%，同一区域 2 台或 2 台以上检测表同时报警时，并经人工确认后，手动触发站 ESD		
8	首站 2 个及以上工艺设备区、罐区的火焰探测仪报警，并经人工确认后，手动触发站 ESD		
9	首站站内发生火灾或管道发生泄漏经人为确认后，手动触发首站 ESD 系统		
10	末站稠油进站阀 ESDV-2101	末站站控系统 ESD 命令	关闭稠油进站 ESD 阀
11	首站 1#-4#稠油外输泵 P-1301-1304 和 稠油出站截断阀 ESDV-1101 4#阀室稠油管道干线截断阀 ESDV-4101 末站稠油进站截断阀 ESDV-2101	调控中心 ESD 命令或全线 ESD 命令	停 1#-4#稠油外输泵机组和关闭首站稠油出站、4#阀室干线截断阀和末站稠油进站 ESD 阀

由于涉及到后端掺柴工艺，因此稠油管道 ESD 系统就有 ESD 停掺混泵指令和掺混泵 ESD 闭锁状态，除此之外还有 ESD 停外输泵指令和外输泵 ESD 闭锁状态。

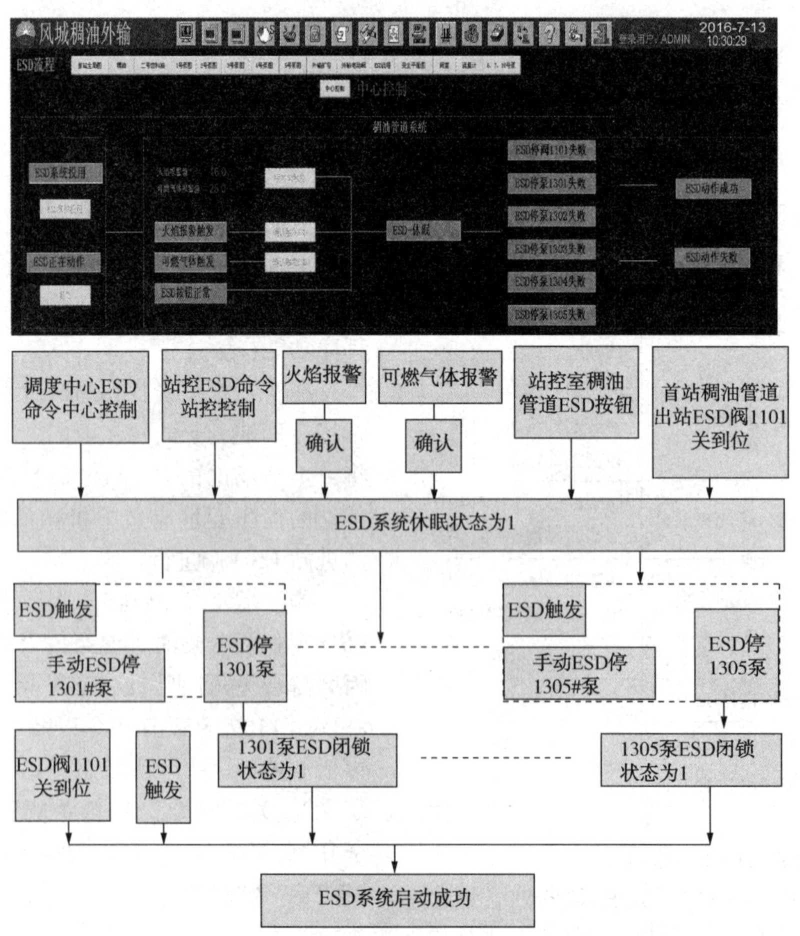

图 4　稠油管道首站 ESD 程序流程

3.2.2 稠油管道末站 ESD 程序设计

稠油管道末站 ESD 程序是针对柴油管道全线设计的，同理，涉及到首站、截断阀室和末站三个部分柴油管道的相关设备，只是设备较少，但实现功能是一样的。包括末站两台柴油外输泵、柴油出站 ESD 阀，柴油干线截断阀，首站柴油进站 ESD 阀。ESD 程序要实现的功能(表 4)。

表 4 稠油管道末站 ESD 系统功能

序号	描述	触发条件	停运设备
1	末站 1#柴油外输泵机组 P-2201	末站站控系统操作界面的 ESD 手动按钮	1#柴油外输泵机组
2	末站 2#柴油外输泵机组 P-2202		2#柴油外输泵机组
3	末站 1#-2#柴油外输泵机组 P-2201-2202	末站站控制室的 ESD 手动按钮	1#-2#柴油外输泵
4	末站 1#-2#柴油外输泵机组 P-2201，2202 和 ESDV-2102	末站站控系统 ESD 命令	停 1#-2#柴油外输泵机组和关闭 ESD 阀
5	末站站内可燃气体浓度探测仪检测到可燃气体浓度超过最低爆炸下限的 40%，同一区域 2 台或 2 台以上检测表同时报警时，并经人工确认后，手动触发站 ESD		
6	末站 2 个及以上工艺设备区、罐区的火焰探测仪或可燃气体浓度探测仪报警时报警，并经人工确认后，手动触发站 ESD		
7	末站站内发生火灾或管道发生泄漏经人为确认后，手动触发站 ESD		
8	首站柴油管道进站阀 ESDV-1102	首站站控系统 ESD 命令	关闭 ESD 阀
9	末站 1#-2#柴油外输泵 P-2201-2202 和 ESDV-2102、4#阀室 ESDV-4102、首站 ESDV-1102	调控中心 ESD 命令或全线 ESD 命令	停 1#-2#柴油外输泵机组和关闭末站、4#阀室和首站 ESD 阀

稠油管道末站 ESD 指令下达到两台 ESD 阀和两台柴油外输泵，因此需要对稠油进站 ESD 阀 2101、柴油出站 ESD 阀 2102，柴油外输泵 P2201、2202 的 ESD 指令以及状态进行定义，这包括 ESD 阀手/自动状态、站控手/自动切换指令、开/关阀指令、紧急关阀指令、停止指令、全开/全关状态、远程/就地指示、阀门/电机/电源故障、超时报警，柴油外输泵 ESD 指令和闭锁状态。

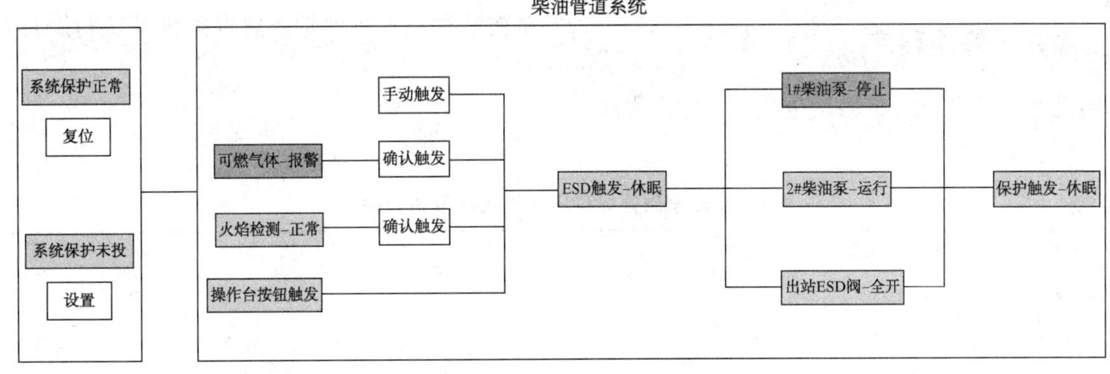

图 5 稠油管道末站 ESD 程序流程

3.2.3 线路截断阀室 RTU

截断阀室 RTU 的作用是，当管道出现超压、失压时，可按预设程序自动关闭紧急切断阀，也可通过 RTU 触摸屏或首、末站站控系统实现就地或远程关闭干线紧急切断阀。风克稠油管线与柴油管线阀室为合建，沿线共设置 6 座线路阀室，其中 RTU 阀室 1 座(里程 42.952KM，间距 21.598KM，高程 320M)，手动阀室 4 座，分输阀室 1 座，均为联通阀室。

(1) 截断阀室 RTU 配置，采用处理器+触摸屏的方式。为保证系统通讯稳定，将通信信道冗余配置。RTU 处理器具备程序在线远程修改和下装功能，能独立完成工作任务，即使系统由于通信异常等原因失控时也能正常运行。

(2) 截断阀室工艺流程(图 6)，上游为首站，下游为末站。稠油自上游首站流向下游末站，柴油输送方向则相反，从下游末站至上游首站。在稠油和柴油的上游、下游管段分别监测压力、温度。

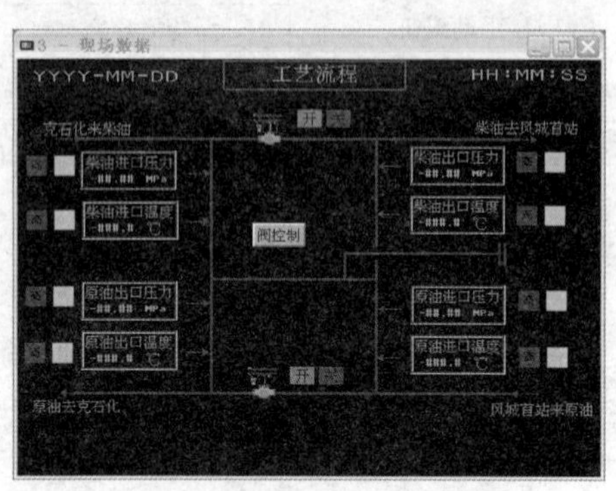

图 6　RTU 阀室工艺流程

(3) 风克线稠油管道、柴油管道各设一个远控截断阀，编号分别为 ESDV-4101、4102，均为球阀，执行机构为罗托克电液执行机构，采用中心远控、就地操作或两者相结合的控制方式，线路远控截断阀具有在线测试功能。

需要指出的是，全线紧急停输程序与稠油管道全线停输程序在执行结果上是一样的，均是依次停稠油外输泵，直至外输泵全部停止。但停泵间隔时间不一样。全线紧急停输程序是一种在事故状态下启动的程序，要求立即下令执行，且执行结果迅速，因此停泵间隔为 10 秒。稠油管道全线停输程序是有计划执行，并且为防止凝管，停输时间不超过 8 小时，因此先启动全线降量输送程序，再间隔 90 秒停稠油外输泵，直至全部停完。

表 5　干线截断阀控制方式

调控中心远程控制	现场就地操作	截断阀执行机构
1、设置远控关阀权限； 2、远控开、关阀； 3、下达远控关阀指令，该指令经 RTU 系统反馈至调控中心二次确认，避免由于通信故障、误码、误操作等因素使截断阀意外关闭； 4、下达远控开阀指令，该指令必须经调控中心二次确认。	1、手动操作开、关阀； 2、对截断阀现场测试，并显示测试结果。截断阀设有 85°开关测试，(阀门的全开为 90°)将转换开关放至测试位，当阀门关到 85°时自动返回，并将复位信号上传至调控中心，测试结束时把转换开关放至正常位。	1、显示全开、全关阀位； 2、截断阀常开为正常状态，关闭为事故状态，关闭时报警； 3、执行机构储能罐系统低压报警；

4　全线紧急停输程序

当发生紧急情况时，触发全线紧急停输程序对输油管道进行保护。触发条件及执行顺序(表 6)。

表 6　全线紧急停输程序触发条件及执行顺序

全线紧急停输程序的触发条件	执行顺序
1、首站或末站触发 ESD 程序；	首站按照泵编号由高到低的顺序每间隔 10s 紧急停稠油外输泵。(停第一台泵，10s 后停第二台泵，每隔 10s 依次停所有泵)
2、末站稠油进站 ESD 阀误关断或故障关断；	
3、干线截断阀故障关断(当 RTU 阀室内干线上游检测压力 30s 内上升超过 1MPa)，或阀离开全开位置(干线截断阀全开状态改变)报警并持续 3s。	

5　事故工况的处理措施

事故工况分异常工况和紧急工况，各类工况保护范围以及处理措施(表 7)。

表 7　事故工况及处理措施

	保护范围	处理措施
异常工况	站场停电	站场失电输油泵停电，全线停输。
	进、出站阀事故关断	首站出站 ESD 阀 ESDV-1101 事故关断(ESD 阀在离开全开位置时进行报警)，报警持续 3s(延迟)后启动全线紧急停输。 末站进站 ESD 阀 ESDV-2101 事故关断(ESD 阀在离开全开位置时进行报警)，报警持续 3s(延迟)后启动全线紧急停输。
	线路紧急截断阀误关闭	线路紧急截断阀事故关断(截断阀在离开全开位置时进行报警)，报警持续 3s 后启动全线紧急停输。
	通信故障(控制中心失效)	当管道主通信系统故障中断后，自动启用备用通信系统。备用通信系统也中断时，根据不同情况应分别对待。
紧急工况	管道泄漏	接到干线发生泄漏的报警后，立即远程关闭泄漏点上游和下游最近的 RTU 截断阀(如果最近站场比紧急截断阀更近则关闭该站 ESD 阀)，启动全线紧急停输程序。
	站场火灾	当站场工艺设备区、站控制室发生火灾时(可燃气体检测报警、火焰检测报警)，人工判断后，手动启动站 ESD，全线紧急停输并关闭进出站阀门； 当站场工艺及辅助设施确认发生火灾时，应人为判断火灾形势后确定是否手动触发站 ESD(全线紧急停输)。

6　结论

(1) 为了保证现场设备检修(如外输泵、进、出口 ESD 阀)，干线截断阀的测试等不干扰 ESD 系统，各站控级 ESD 系统应具有屏蔽功能，防止现场设备检修带来的扰动致使 ESD 系统误动作。

(2) 在管道压力保护设计中，结合全线水击保护，对调控中心 ESD 功能中的全线紧急停输作必要的补充，[3-4] 防止全线紧急停输带来的水击现象发生，最好利用水击超前保护或者其它压力联锁控制保护措施进行降量、泄压等安全措施启动全线计划内停输程序，尽量不使用紧急停输程序。

(3) 风克线双向管道均采用密闭输送工艺流程，首站、RTU 阀室、末站相距较远，通过对四种意外情况(站场进、出口 ESD 阀误关断、RTU 阀室干线截断阀误关断、外输泵非正常停泵、站场意外停电)，结合 ESD 系统的操作手册制定相应的应急预案，将 ESD 系统的实操培训放在应急演练中，通过人技相结合的手段提升应急响应能力。

参　考　文　献

[1] 汪冈伟，田毅．秦京输油管道密闭运行的安全保护[J]．管道技术与设备，2013(2)：32-34.
[2] 陈国元．大庆-锦西输油管道工程 ESD 系统的设计[J]．石油科技论坛，2014，33(1)：51-54.
[3] 万里．输油管道设计中的重要环节[J]．化工设备与管道，2015，52(3)：80-83.
[4] 郭晓峰，李琳，袁运栋．输油管线水击超前保护与 ESD 系统的应用研究[J]．石油工程建设，2014，40(6)：84-86.

波码通讯数字式分注技术的研究与应用

张召召[1]　王军锋　杜宁波　张道平　张玉秋　龙雄云　熊小伟

（中国石油长庆油田分公司第三采油厂）

摘　要　D 区超低渗油藏的注水开发存在如常规分注工艺配套费用高、人工作业复杂、分注合格率下降快、单层注水无法长期监测等问题，因此提出了波码通讯数字式分注技术。该技术包括井下自动智能配水器、地面传输控制一体化装置及

远程监控系统，应用流体波码技术及井下流量智能调节理论，实现了井下分层流量自动测试、自动调节，动态数据长期测试及存储，地面与井下远程无线数据传输，油田数字化系统实时监控等功能。累计应用 40 口，措施后分层检配合格率 48.0↑69.7%，有效实现了单层注水精细注采调整，减少无效水循，为实现油藏高效注水开发奠定了工艺基础。

关键词　波码通讯；数字式分注；超低渗储层；自学习；自动控制

1　前言

D 区 C1 油藏位于靖安油田西南，为吴旗三角洲与志靖三角洲交汇部位，砂体呈北东—南西向展布，沉积类型以三角洲前缘水下分流河道、河口坝沉积为主。该区 $C1_1$、$C1_2$ 发育好、叠合程度高（40~50m），为主力开发油层，C1 平均孔隙度 12.71%，渗透率 $0.88 \times 10^{-3} \mu m^2$。区域天然裂缝发育，分布普遍且展布方向较为复杂。原始地层压力 14.9MPa，地面原油密度 $0.8544 g/cm^3$，原油粘度 7.61mPa·s，沥青质 1.4%，凝固点 18.3℃，地层水总矿化度 55960mg/L，水型 $CaCl_2$。目前共有注水井 241 口，分注井 112 口，分注层段数以两层分注为主，占 97.3%，分注率达 46.5%。区块储层非均质性强，存在层间吸水差异大、小水量分层调控难度大等问题，因此开展波码分注数字式分注试验很有必要。

2　技术原理及关键技术

2.1　技术原理

2.1.1　系统组成

波码通讯数字式分注系统主要包括井下波码通讯数字式配水器、地面控制系统、远程监控系统组成（图 1）。

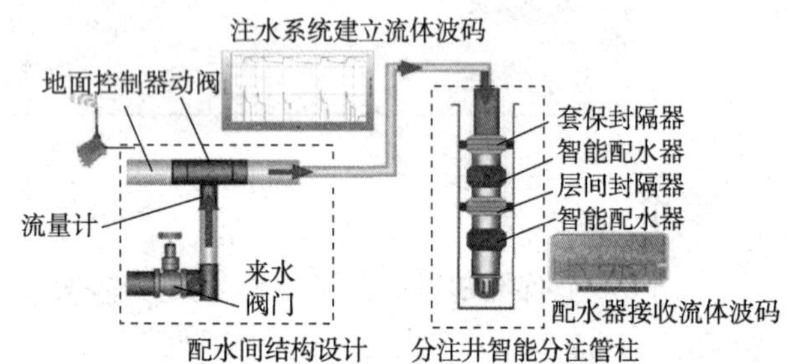

图 1　波码分注技术原理示意图

2.1.2　技术原理

（1）携带波码通讯数字式分注配水器的分注管柱下入预定位置，坐封完井后，在地面配水间电控调节阀稳压模式下，通过开关电控调节阀（降压法）形成压力波码，将水嘴的开度信息传送给井下智能配水器，调节各层智能数字式配水器注水量。

（2）波码通讯数字式分注配水器接收到开度信息后，自动调节水嘴开度并监测水嘴前后压差，通过水嘴自动调节（升压法）形成压力波码，将压差信息回传送给电控调节阀，电控调节阀和智能配水器内的控制系统根据人工智能理论建立压差—流量—水嘴开度三者之间的关系模型，形成三维云图图版，实现数字式智能配水器配注量的设置。

（3）配注量调节完成后，电控调节阀设置为稳流模式，数字式智能配水器根据监测的压差和三维云图自动调节水嘴开度达到分层配注量。

（4）地面控制系统将井下传送到地面的数据接入油田内部数字化系统，传输到安装监控系统客户端的站控平台，实现远程实时监控。

2.2　关键技术

2.2.1　井下远程无线通讯技术

结合分层注水井下长期监测及低成本要

求，优选可靠性高、技术成熟及成本相对较低的流体波码方式，实现井下与地面双向远程无线通讯。分注管柱坐封完井后，在地面配水间电控调节阀稳压模式下调节各层智能配水器注水量，通过开关电控调节阀(降压法)形成压力波码，将指令信息传送给井下智能配水器，如图2所示。

井下智能配水器通过水嘴开度变化建立流体波码，运用流体载波技术传输给地面控制器，从而实现地面与井下动态数据、指令的双向远距离传输。

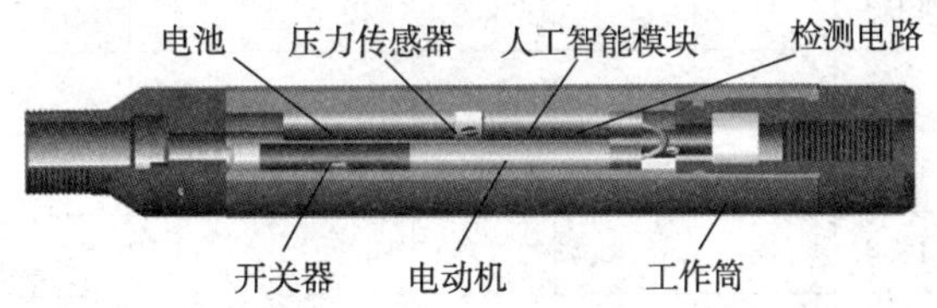

图2　波码通讯数字式分注配水器

2.2.2　井下分层流量测调技术

智能配水器接收到开度信息后自动调节水嘴开度并监测水嘴前后压差，通过水嘴自动调节(升压法)形成压力波码，将压差信息传送给电控调节阀，电控调节阀和智能配水器内的控制系统根据人工智能理论建立压差-流量-水嘴开度三者之间的关系模型，形成三维云图图版，实现智能配水器配注量的设置(图3)。

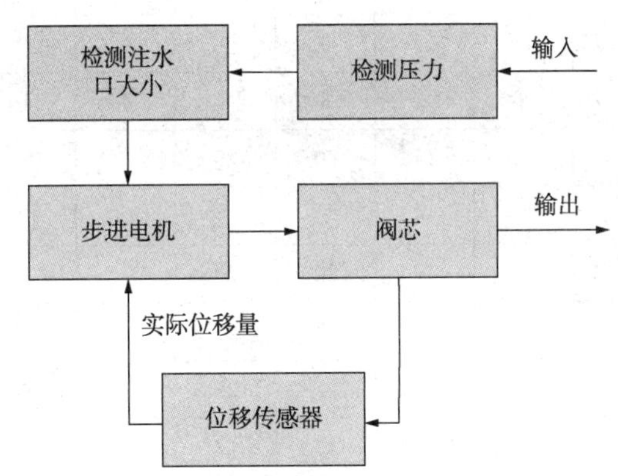

图3　井下配水器自学习原理

配水器自学习模型为

$$Q=C_{d}wx_{v}\sqrt{\frac{2}{\rho}(P_{1}-P_{2})}$$

式中　Q——流量，m^3/d；

C_d——速度系数；w 为水嘴面积梯度，m；

x_v——可调水嘴位移量，m；

ρ——水密度，kg/m^3；

P_1——嘴前压力，MPa；

P_2——嘴后压力，MPa。

通过数学模型得出井下配水器自学习曲线(图4)

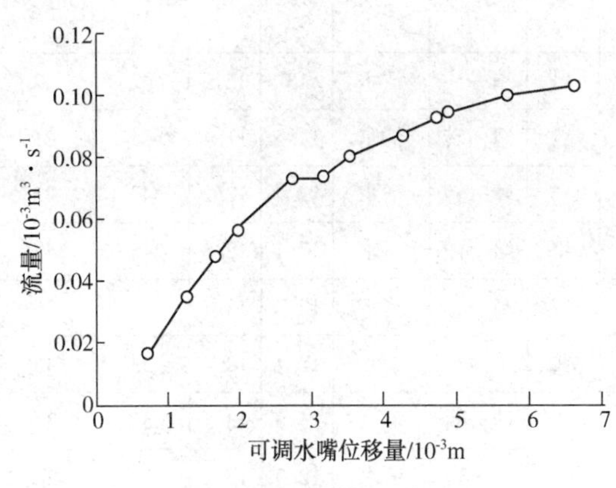

图4　配水器自学习曲线

2.2.3　注水井流量自动控制技术

配注量调节完成后，电控调节阀设置为稳流模式，保证全井达到配水要求，同时井下智能配水器根据监测的压差和三维云图自动调节水嘴开度达到分层配注量，实现分层流量达标注水，如图5所示。

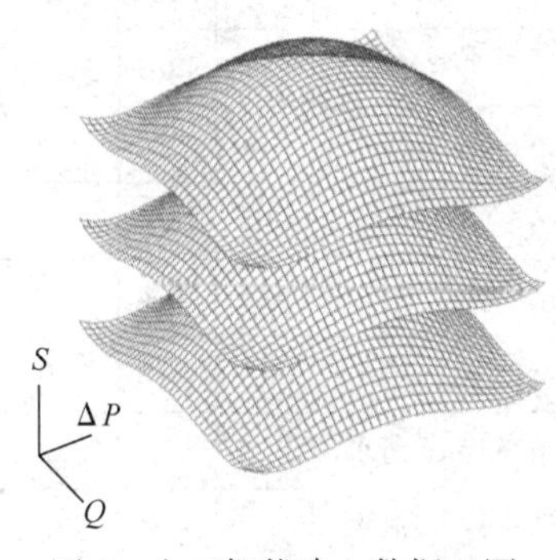

图5　人工智能建立数据云图

3　现场应用效果分析

3.1　实施情况

2019以来，按照“区块集中、规模见效”的原则，在D区块试验数字式分注工艺，累计实施40口，有效实现了小层注水地面精细调控(表1)。

3.2　流量复测情况

采用存储式电磁流量计进行波码分注井流量复测，实施3口井中地面流量计误差在10%以内的，消除电磁流量计和配水间流量计的误差后，分层流量误差均在20%左右(表2)。

表 1　D 区数字式分注井注水情况统计表

序号	井号	注水站	注水介质	实施前				实施后							
				油压/MPa	套压/MPa	日注/(mB/D)	配注/(mB/D)	油压/MPa	套压/MPa	一层配注/(mB/D)	二层实注/(mB/D)	二层配注/(mB/D)	二层实注/(mB/D)	三层配注/(mB/D)	三层实注/(mB/D)
1	A1	靖一注	清水	13	12.9	42	42	12.9	12.8	23	23.1	19	18.7		
2	A2	靖一转	清水	11.5	11.4	21	21	11.5	11.4	11	10.8	10	10.32		
3	A3	靖一转	清水	12.4	12.3	43	43	12.4	12.3	16	16.3	23	22.56		
4	A4	靖一注	清水	13.1	12.5	45	45	13.1	13	22	21.8	22	22.32		
5	A5	靖一转	清水	12.8	12.7	36	36	12.7	12.6	17	17.5	16	15.8		
6	A6	靖一转	清水	12.4	12.3	33	33	12.5	12.3	11	11.5	22	20.6		
7	A7	靖一转	清水	13.6	13.5	33	33	钻停							
8	A8	靖一转	清水	12.3	12.2	28	28	12.2	12.1	10	9.6	8	8.6		
9	A9	靖一注	清水	13.5	13.4	35	35	13.5	13.4	18	18	17	17.1		
10	A10	靖一转	清水	12.4	12.3	25	25	12.7	12.6	13	13.5	12	12.4		
11	A11	靖一转	清水	11	10.6	28	28	10.8	10.7	10	10.5	8	8.5		
12	A12	靖一注	清水	10.2	10.1	21	21	10.8	10.7	17	17.5	16	16.5		
13	A13	靖一转	清水	12.5	12.4	22	22	12.4	12.3	10	10	12	12		
14	A14	靖四联	采出水	10.5	10.3	35	35	10.4	10.3	25	25	10	10	15	15
15	A15	靖一转	清水	11.6	11.3	22	22	11.7	11.6	15	15	19	19		
16	A16	靖一注	清水	12.4	12.3	40	40	12.5	12	20	20	20	20		
17	A17	靖三转	清水	9.8	9.7	34	34	9.8	9.7	14	14	6	6	28	28
18	A18	靖一注	清水	13.5	13.4	40	40	13.4	13.4	22	22	18	18		
19	A19	靖一转	清水	10.8	10.6	22	22	10.7	10.7	13	13	9	9		
20	A20	靖一注	清水	11.9	11.8	20	20	11.8	11.7	8	8	8	8	4	4
21	A21	靖一转	清水	10.1	10	22	22	10.1	10	14	14	20	20		
22	A22	靖三转	清水	10	9.9	35	35	10	9.9	14	14	7	7	14	14
23	A23	靖一转	清水	9.5	9.2	25	25	9.6	9.5	19	19	20	20		
24	A24	靖一注	清水	12.2	12.2	43	43	12.3	12.2	20	20	23	23		
25	A25	靖三转	清水	10.9	10.8	50	50	11	10.8	25	25	25	25		
26	A26	靖一注	清水	12.7	12.5	27	27	12.7	12.6	15	15	12	12		
27	A27	靖一转	清水	12.3	12.1	45	45	12.3	12.2	15	15	30	30		
28	A28	靖一转	清水	12.4	12.4	40	40	12.6	12.4	19	19	21	21		
29	A29	靖一注	清水	14.6	14.2	40	40	14.6	14.2	22	22	18	18		
30	A30	靖一注	清水	11.3	11.3	20	20	11.2	11.2	8	8	12	12		
31	A31	靖一注	清水	13.5	13.2	40	40	13.1	13	10	10	30	30		
32	A32	靖一注	清水	11.5	11.4	39	39	11.8	11.8	20	20	19	19		
合计	—			11.9	11.8	912	912	11.9	11.8	436	438	433	433	61	61

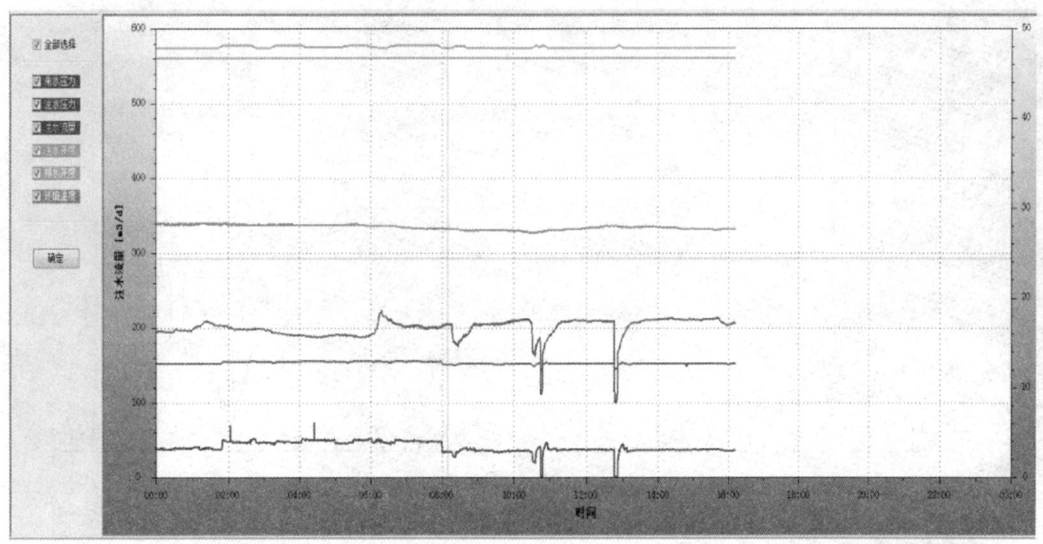

图 6　波码通讯数字式分注小层注水量监控

表 2　D 区数字式分注井注水情况统计表

序号	井号	测试日期	配注/(m^3/d)	上层配注/(m^3/d)	下层配注/(m^3/d)	压力波码流量测式/(m^3/d)			井下流量测式/(m^3/d)			流量计标定		消除电电流量计和配水间流量计的误差后的误差/%		
						总流量	上层	下层	总流量	上层	下层	配水间流量计误差%	电电流量计误差%	总流量	上层	下层
1	A6	2019/11/15	24	8	16	25.7	8.4	17.3	31.0	7.0	24.0	-6.7	6.0	-7.2	5.77	-13.51
2	A28	2019/11/15	40	19	21	40.8	19.4	21.4	48.0	16.8	31.2	1.2	6.0	-7. 36	2.17	-19.2
3	A29	2019/11/14	40	22	18	39.6	22.1	17.5	48.2	25.9	22.3	-4.8	6.0	-6.84	-5.2	-8.59

3.3　波码分注功能验证

在地面远程控制系统执行关闭第二层配水器指令，全井流量由 68.16 m^3/d↓26.88m^3/d，说明第二层配水器已关闭，一层吸水正常，表明井下与地面波码通讯具有较好的可靠性(图 7)。

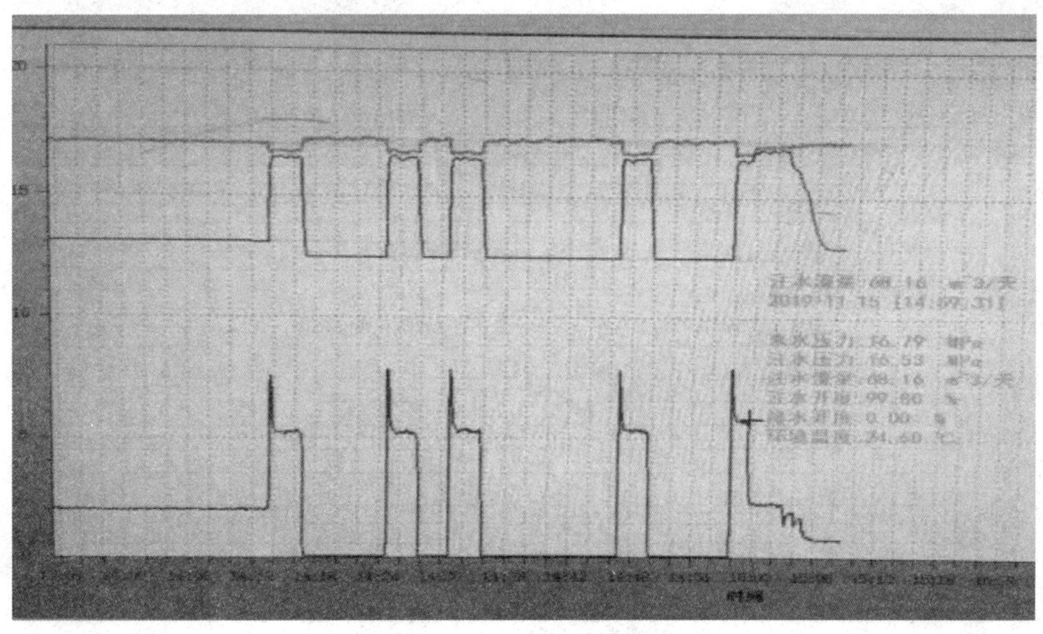

(a)打码操作界面1

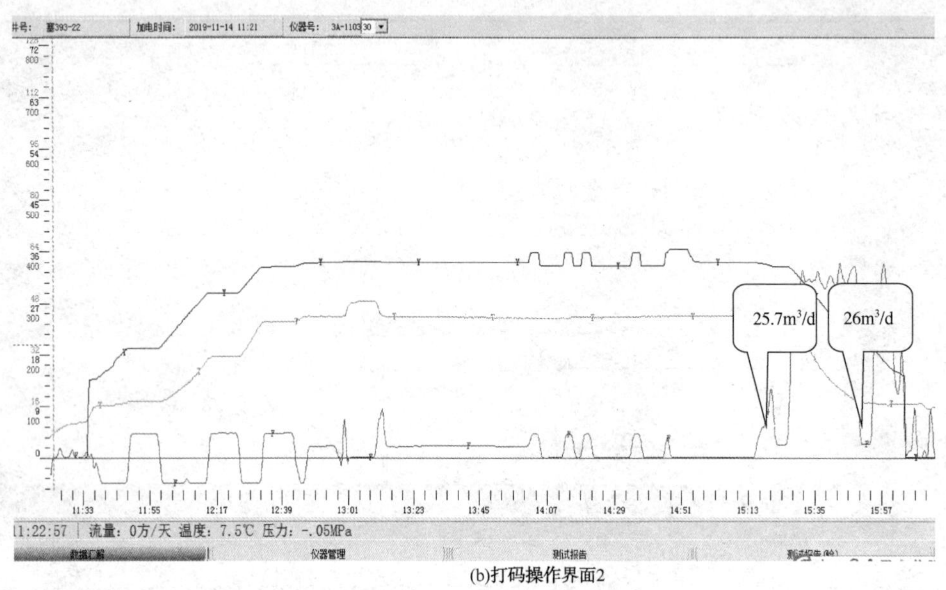

(b)打码操作界面2

图 7　波码通讯数字式分注波码通讯验证曲线

3.4　实施效果

2019 年累计完成 40 口，措施后区块分层检配合格率 69.9%，分注率 58.5%，井组月度递减率 0.67↓0.2%，月度含水上升率 13.2↓5.9%，水驱动用程度 69.0↑69.4%(图 8、图 9)。

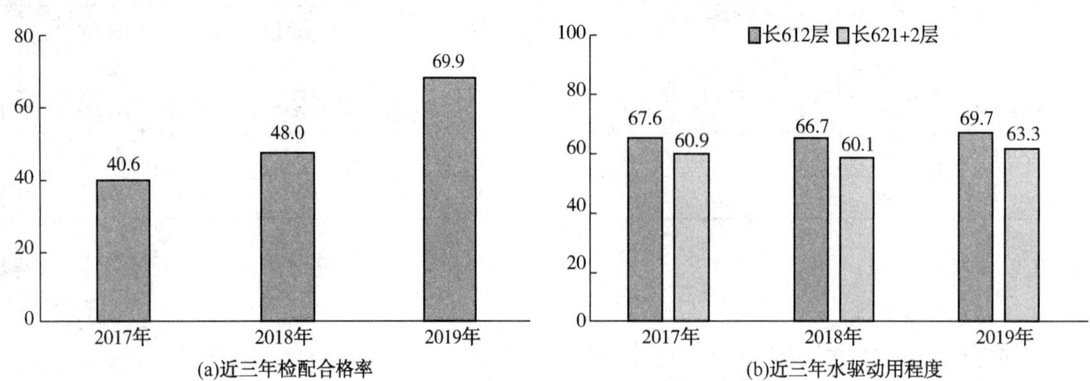

(a)近三年检配合格率　　(b)近三年水驱动用程度

图 8　2019 年 D 区油藏指标变化柱状图

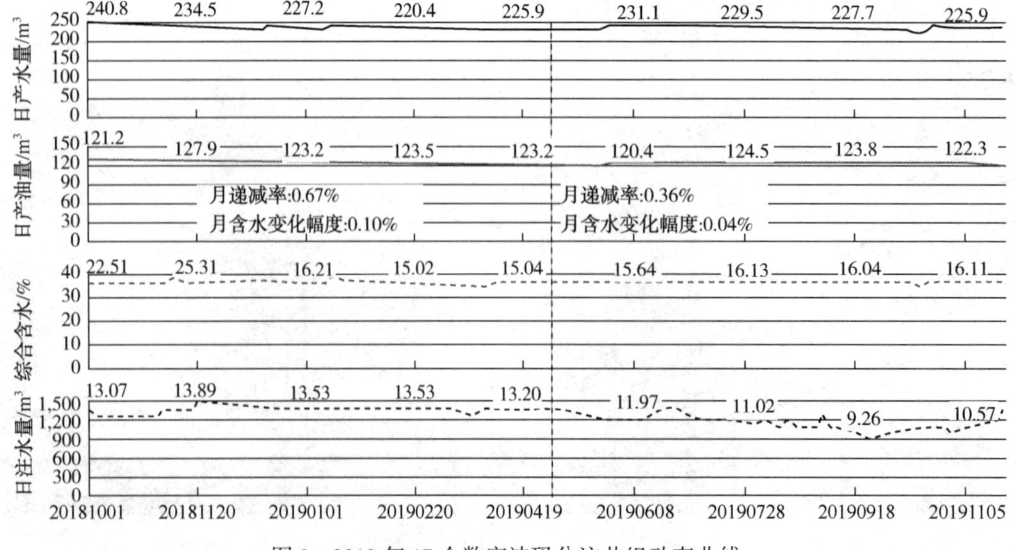

图 9　2019 年 17 个数字波码分注井组动态曲线

4　结论及建议

4.1　结论

（1）波码通讯数字式分注避免了井下测调遇阻风险，实现了单层配注全天候达标，提高了技术适应性，是后期提升分层配注合格率、实现小层精细注采调整、提高分注开发效果的有效途径。

（2）波码通讯数字式分注通过地面高压流量自控仪的实时调节单层配注，直观、简单，降低了操作人员劳动强度和操作复杂程度。

（3）采用存储式电磁流量计进行波码分注井流量复测，地面流量计误差在10%以内的，消除电磁流量计和配水间流量计的误差后，分层流量误差均在20%左右。

（4）波码通讯数字式分注全过程监测技术运用人工智能理论，采用自学习方式模拟计算分层流量实现自动控制，简化流量测试结构，具有广阔推广应用前景。

4.2　下一步建议

（1）智能配水器的供电电池采用高温锂电池，供电不连续，目前额定使用时长仅3.5年，3年后需要重新检串重配，电池适应性及有效期需进一步提升。

（2）波码分注远程服务器在地面打码调配时，井下智能配水器能按要求执行打码命令，但单层流量与配注差距较大，部分井阀门开度为0时，水表仍有排量，下一步需进一步优化配水器性能，提升波码调配操作的可靠性。

参　考　文　献

[1] 张玉荣，闫建文，杨海英，等．国内分层注水技术新进展及发展趋势［J］．石油钻采工艺，2011，33（2）：102-107.

[2] 霍爱民．油藏动态分析与分层注水技术在利8区块的综合应用研究［J］长江大学学报（自科版），2015，12（14）：71-73.

[3] AMIRANTE R，VESCOVO G D，LIPPOLIS A. Flow forces analysis of an open center hydraulic directional control valve sliding spool［J］. Energy Conversion and Management，2006，47（1）：114-131.

[4] 杨玲智，巨亚锋，申晓莉，罗必林．数字式分层注水流动特性研究与分析［J］石油机械，2014，42（10）：52-55.

[5] 雷创，马永忠，安淑凯，王桂林，郭栋，李小永．无线智能分注技术在牙刷状油藏上的应用［J］．石油机械，2016，44（8）：54-57.

态势感知体系在油田信息安全管理中的应用

曾繁昊　王　欣

（中国石化东北油气分公司科技信息部）

摘　要　随着信息技术的飞速发展，网络信息安全事件频发，网络安全形势日益严峻，各行各业都在不断探索信息安全管理的新方式、新方法。东北油气分公司在油田企业率先建立了态势感知体系，该体系对网络信息安全数据进行提取、分析及预测，实现全天候、全方位网络安全态势感知，确保网络安全稳定运行，实现信息技术与油田信息安全管理有机结合，以提高油田信息化管理水平。

关键词　网络安全；态势感知；监控；预警

近几年，按照中石化总公司网络安全工作的整体部署，东北油气分公司先后开展了网络安全责任制落实、三同步建设、互联网出口集中、用户身份集中管控、网络安全管控、网络安全培训宣传、网络安全评估等一系列网络安全管理和技术防护措施。在互联网应用安全专项治理、国家护网演习行动、重要时期保障、网络安全水平评价等专项工作中取得了一定的成绩。在进一步提升安全运营水平的同时，我们认识到主机和应用系统漏洞管理、系统防护策略、防火墙策略、桌面准入管理等措施，在很多角度上反应了公司整体网络信息安全状态。有必要整合各个防护资源，积极开展主动防御能力的建设，采用更加积极的对抗措施来应对各种网络安全问题。

1　态势感知体系建设思路

以安全管理制度为依托，建立了覆盖全网络资源的“动态感知”体系，网络资源全覆盖，包括主机，应用系统、网络边界设备和各类监控防护系统等，全面感知分公司整体网络状态。围绕“态势感知系统”建立安全防护保障机制，包括人员保障，制度保障和协同联动机制等。在重大安全保障时期保证了整个网络安全态势的实时掌握，减少安全人员分析与响应时间，提高了处理安全事件的效率，提升了分公司网络安全防御的主动性。

2　态势感知体系主要功能和关键技术

2.1　主要功能

“态势感知”体系将网络内各类日志和数据整合，建立对资产、漏洞、配置、访问、用户行为、应用行为、业务行为、外部情报等信息关联分析方法，通过高效采集、存储、检索与分析等方式，辅助安全人员检测与处理突发安全事件，主要包括以下功能：

（1）日志采集和审计

对主要的安全防护设备进行全日志的日志采集，支持主、被动采集方式，包括 SYSLOG、SNMP Trap、NetFlow 等。按条件进行全量归一化日志搜索，实现分页展示，根据资产类型、时间维度、攻击类型等多维度进行统计。

（2）安全态势分析

从攻击维度对攻击源 IP 排名，实时展现攻击目的资产，内网攻击情况，安全事件分布等。

（3）安全防御关联规则和安全事件响应联动

支持各防护系统的实时关联、历史关联，根据关联结果给出相关告警。针对威胁事件生成相关控制策略下发，可针对防火墙、IPS 等设备进行联动。

（4）主机、应用系统、网络设备等运维监控和报表配置

支持资产管理，实现资产的手工添加、导入，可以自动发现网络资产，支持预定义及自定义报表，可以周期性导出报表。

（5）系统权限管理和多租用户管理

实现系统状态监控包括服务节点监控和服务进程状态监控，实现系统告警管理。实现预定义的三权分立角色，实现自定义角色创建。支持多租户独立管理，包括独立资产、独立日志审计、独立报表、独立关联分析规则等。

2.2 关键技术

2.2.1 大数据分析平台处理流程

大数据技术的核心就是大数据分析。一般地，人们将大数据分析定义为一组能够高效存储和处理海量数据、并有效达成多种分析目标的工具及技术的集合[1]。目前网络安全分析主要基于日志与流量这两大类数据，同时辅以资产、漏洞、配置、访问、用户行为、应用行为、业务行为、外部情报等信息进行关联分析。其中主要基于日志的安全分析应用包括安全审计、主机入侵检测、网络安全风险分析等[2-5]；主要基于流量的安全分析应用包括恶意代码检测、僵木蠕检测、异常流量检测、Web 安全分析、网络入侵检测等。引入大数据分析技术，就是在这些安全应用的基础上，将分散日志和数据整合起来，通过高效采集、存储、检索与分析，提高安全检测与处理的效率，减少分析与响应时间；同时通过大量安全信息的关联分析、多阶段组合关联分析、攻击场景关联分析等技术，找出安全事件之间的联系和异常，有效发现 0day、APT 等攻击和数据泄露，提升安全防御的主动性[6-7]。

2.2.2 大数据分析平台主要结构

(1) 安全数据采集

为支持海量数据的高速采集，对于日志信息可采用 Flume、Flunted、LogStash 等工具，通过分布式采集实现每秒数百兆的日志数据采集与传输，其中，采用 Flume 实现分布式、可靠和高可用的海量日志采集、聚合和传输，通过定制数据发送方收集不同数据源的数据，对数据进行简单处理后发送到各种定制的数据接收方。Flume 使用 agent 采集数据，然后将产生的数据流传输到 collector；由 collector 将多个 agent 的数据汇总后，加载到 storage 中；storage 可以是一个普通文件，也可以是 HDFS、HBase 等分布式文件存储系统，为了处理活跃的流式数据，在数据采集与流式数据处理之间采用 Kafka 作为缓存。一种作为一种高吞吐量的分布式发布订阅消息系统，Kafka 包括多个生产者、代理和消费者，作为一个逻辑整体对外提供服务。为了解决分布式应用中的数据管理问题，Kafka 中采用了 Zookeeper 框架来管理集群配置，进行负载均衡，Flume 采集数据后将离线分析的数据存储到 HDFS 中，对于实时数据流，将 Flume 作为 Kafka 消息的生产者输入 Kafka 中，然后通过订阅的方式，使用 Sparkstreaming 作为 Kafka 消息的消费者，从而实现对数据的实时分析处理；对于流量信息可采用传统流量镜像方式，实现全流量数据采集。

(2) 安全数据存储

由于安全数据种类繁多，应用方式也不尽相同，为了满足不同分析需求的数据存储，提高分析与查询效率，对不同类型和用途的数据应采用不同的存储方式，对用于查询检索的原始日志信息、流量历史数据等信息，可采用 HBase 等列式存储方式，利用其快速索引的特点，提供对安全数据查询的快速响应；采集后的海量数据主要存储于 HDFS 中，HDFS 是具有高容错性与高吞吐量数据访问的分布式文件系统，通过元数据节点管理文件系统的命名空间，数据节点用于存储数据文件，其默认的最基本的存储单位是 64MB 的数据块。数据文件越小，则元数据节点存储的元数据信息记录块的位置越多，同时如果访问的文件越多，数据节点之间的跳转就越多，将严重影响性能。因此为了保证数据处理效率，采用 HDFS 的默认数据块存储单位，对采集上来的小数据文件进行归并处理，满足每个文件 64MB 的存储大小要求。HBase 是运行在 HDFS 上的分布式非结构化数据库，其采用列式存储的方式，实现高效大数据量的存储管理。对用于进行挖掘分析的标准化处理后的日志信息、流量信息等，可基于 Hadoop 分布式计算架构，将分析的数据存放于各个计算节点，通过定制化的 Hive 分析脚本，对安全数据进行挖掘分析，形成分析告警与统计报表，分析的结果存放到列式存储中；对用于实时分析的日志、流量等信息，可采用 Storm、Spark Streaming 等流式计算架构，将分析的数据存放到各个分析节点，通过对实施事件流的关联分析，生成安全告警与统计数据，分析结果存放到列式存储中。

(3) 安全数据检索

采用基于 Elastic Search 的查询检索框架，将数据查询请求分布到不同的计算节点并行处理，并最终装配每个节点的计算结果，通过分布式并行计算提升安全数据检索效率，可使对海量原始安全数据的条件化查询速度提升到秒级。E-lastic Search 是一个基于 Lucene、支持 RESTful、可实时分析的分布式搜索引擎，使用 JSON 通过 HTTP 的方式来索引数据。Lucene 的倒排索引比 mysql 的 b-tree 检索更快。在 Mysql 中给两个字段独立建立的索引无法联合起来使用，必须对联合查询的场景建立复合索引。而 Lucene 可以任意 AND 或者 OR 组合使用索引进行检索。Elastic Search 支持 nested document，可以把一批数据点嵌套存储为一个 document block，减少需要索引的文档数。Elastic Search 可以把分开的数据当成一张表来查询和聚合。相比之下 Mysql 如果自己做分库分表的时候，联合查询不方便。跨节点平衡集群中节点间的索引与搜索负载。自动复制你的数据以提供冗余副本，防止硬件错误导致数据丢失，自动在节点之间路由，以帮助你找到你想要的数据，可以扩展到上百台服务器，处理 PB 级别的结构化或非结构化数据。

（4）安全数据分析

对于数据实时分析，可在 Storm 或 Spark Streaming 等流式计算框架基础上，结合复杂事件处理等技术以及特定的关联分析算法，通过数据内存实时分析、海量安全信息实时监控与关联分析，及时发现安全异常行为；对于统计分析、历史数据分析等非实时分析，可基于 Hadoop 架构，通过 HDFS 分布式数据存储及基于 Spark 的分布式计算与调度，结合数据抽取、数据聚合、数据挖掘等技术，实现风险统计、态势分析、攻击溯源等离线分析。为了实现数据挖掘分析，采用 Mahout 实现基于 Hadoop 的机器学习和并行数据挖掘，提供了分布式协同过滤、分类、聚类、关联规则挖掘、回归等数据挖掘算法。为了实现对事件流的关联分析，可以将系统数据看作不同类型的事件，通过分析事件间的关系，建立不同的事件关系序列库，利用过滤、关联、聚合等技术，由简单事件产生高级事件或流程，从而从海量安全信息中挖掘出安全事件。对于多源数据及多阶段组合关联分析，由于大数据存储分析速度的提升，使得在短时间内对多源异构数据的挖掘分析、大规模系统安全隐患关联挖掘、攻击不同阶段间行为特征关联等成为可能。如对僵尸网络的检测分析，不仅可结合流量与 DNS 访问特征，还可进一步扩充分析的数据源，结合全分组数据、攻击溯源数据、蜜罐数据、外部情报等信息进行深度的关联分析；又如检测到某个主机存在漏洞或遭受攻击时，可进一步关联系统中其他主机是否存在相同漏洞或攻击，是否存在跳板主机进行内网渗透等行为，进而及时发现安全隐患，提早采取防范措施。

2.2.3　大数据平台关键技术优化

（1）低延时

通过使用自适应的消息打包、自定义序列化、数据行+列压缩、先进的内存管理、和内部缓存队列和线程模型，以及基于下游向上游“反向”传递压力的流控策略等来对系统整体延时进行优化，而对于流式处理则通过有效的的使用集群资源来降低每个批次的数据处理时间，以及设置一个合适的批次大小以便程序能够尽量快的处理这些数据。

（2）灵活的资源调度

通过“多租户”的形式不同业务放置于大规模(几千台服务器组成的)共享集群中，以提高资源利用率。通过支持 CPU、内存、网络和磁盘 I/O 等多维度资源的隔离。例如，对于 CPU 的隔离支持灵活的 min-max 策略，既保证了每个作业基本的资源需求，也使的空闲的资源被大限度利用。还支持一定比例的“超卖”、作业优先级调度、动态负载均衡和微作业共享单一物理核等多种机制。对于资源消耗特别大的作业还支持动态按需分配(即资源的弹性分配)。在满足复杂的运维要求和实时计算连续性的同时，实现了高效的资源利用和性能隔离。

（3）容错与状态管理

由于流计算需要连续处理可能无界的输入和连续产生输出。在长时间运行中，大规模计算集群的各种软件或硬件故障难以避免。由此对于计算和中间结果(如内存状态)的容错就至关重要。为了做到精确的容错和故障恢复，保证结果的准确性。系统可以支持多种灵活的容错策略，以在不同计算特性下，权衡容错资源消耗和恢复性能。如基于输入的重新计算、状态检查点(checkpoint)，甚至是多副本的状态和计算容错等。特别是自动的分布式增量检查点功能，系统自动利用内存、本地磁盘和远程存储构成的多级存储，在不影响流计算延时的情况下异步实现了计算状态的持久化。当有故障发生时，保存的状态可以被快速加载，这一切对用户都是无感知的。

（4）高效检索

合理利用内存，权衡建索引的性能和检索的时效性，定期对不再更新的索引做最佳选择，根据机器数，磁盘数，索引大小等硬件环境，同时根据测试结果，设置最优的分片数和备份数，单个分片最好不超过 10GB，定期删除不用的索引，做好冷数据的迁移，避免返回大量结果集的搜索与聚合。

2.2.4 绿盟 ISG

支持直通、测试和管控三种模式；专业的工控网络访问控制，业内最为强大的工控网络访问控制能力，深度过滤各类工控协议并防御非法操作，能够对于控制命令、读和写操作与数值范围、常用功能码、自定义功能码、点类型、传输文件类型、对象变体、寄存器类型等等各类通用或专有协议进行深度识别与访问控制；支持智能自学习，辅助生成规则；支持通用防火墙包过滤、5 元组访问控制；支持白名单访问控制策略；支持阻断恶意脚本远程执行，系统防扫描，防应用程序缓冲区溢出攻击；支持 Flood、碎片、DDoS 攻击等各种网络攻击的防护；支持路由配置：静态路由和策略路由；支持 NAT：SNAT 和 DNAT。

3 态势感知体系应用效果

态势感知体系从建立到投入应用，在油田信息安全管理发挥了重要作用，主要表现在以下几个方面：

（1）改变了油田网络安全管理模式，变“被动防护”为“主动防御”，通过数据采集、分析、相应处置、安全监控实现事前预警、事中协同响应，事后溯源优化。

（2）实现了多环节的实时安全防御，通过自动生成情报，联动 FW/IPS 等安全策略执行点，实现防御闭环。

（3）实现了多角度的安全态势呈现，从全局展示攻击事件数目、攻击类型分布、攻击类型趋势，从全局角度分析业务安全度和可用度。

（4）实现了安全防护系统日志的统一管理、存储和显示等功能，通过系统全面分析呈现，更加直观，方便安全管理人员进行溯源，快速排查攻击源。

（5）提高了安全管理人员效率，由原来的人工安全日志排查，转到实时问题预警和定位及预处理，提高了安全事件响应效率和安全防御时间。

4 结论

东北油气分公司态势感知体系的建设能够全面、动态分析和预测网络安全问题，感知网络攻击行为，提升主动防御能力，提高油田信息安全整体水平，为油田网络信息系统的稳定运行提供技术保障。

参 考 文 献

[1] 郭杰华．大型水电站电力监控系统网络安全态势感知系统应用与研究［J］．科技创新与应用，2019(35)：163-164.

[2] 宗和刚，张朝粤．水电厂网络安全态势感知系统的实现[J]．水电站机电技术，2019，42(9)：13-16.

[3] 杜嘉薇，周颖，郭荣华，等．网络安全态势感知：提取、理解和预测［M］．北京：机械工业出版社，2019.

[4] 彬勇，江常青，谢丰，戴忠华，熊琦，高洋．工业控制系统信息安全研究迚展[J]．清华大学学报(自然科学版)，2012，52(10)：1396-1408.

[5] 陶耀东，李宁，曾广圣．工业控制系统安全综述［J］．计算机工程与应用，2016，52(13)：8-18.

[6] 曾瑜，郭鳌全．工业控制系统信息安全现状分析［J］．信息网络安全，2016，(09)：169-172.

[7] 沈苏彫，杨震．工业互联网概念和模型分析[J]．南京邮电大学学报(自然科学版)，2015，35(05)：1-10.

浅谈物联网在准东油田的实践与展望

彭荣峰　陈亚颐　程新忠　尹　权　罗李黎

（中国石油新疆油田公司准东采油厂）

摘　要　中国石油新疆油田公司为加快业务领域信息化建设，全面提升企业整体管理水平，开启了油田数字化、物联化的探索和建设。准东采油厂作为油田公司下属的二级单位，于 2019 正式开启物联网建设。油气生产物联网建设以来，提高了工作效率，优化了劳动组织结构，减少了一线用工总量，为油田生产的精细化管理提供了手段，达到“减员增效、节能、降成本”的目的。本文根据准东油田生产中的实际情况，将物联网技术应用到油田生产与管理中，探索使用低成本建设油气生产物联网技术，打造现代化高效绿色的智能油田，也是油气田信息化建设发展的必然趋势。

关键词　物联网；准东油田；建设；应用

1994 年，彩南油田(今准东采油厂彩南作业区)首次将生产自动化技术应用在沙漠整装油田中，实现了油气水井的生产自动化管理，拉开了新疆油田生产自动化、数字化的建设进程。按照集团公司信息管理部的安排，新疆油田依据公司信息化“十三五”发展规划，计划在 5 年时间完成准东采油厂等 9 家采油(气)厂油气生产物联网建设。2019 年，准东采油厂按计划在页岩油作业区(今新疆油田公司吉庆油田作业区)进行物联网建设的先行试验，积极探索智能化油田的建设方式与自动化相适应的劳动组织模式。根据油田公司“A11”项目总体规划，要求积极应用物联网技术，大力推进油田低成本开发工作，逐步实现经营决策分析智能化、生产组织扁平化和运行实时优化，大幅度提高劳动生产率。2020 年，准东油田的物联网建设将全面铺开，作为新疆油田公司的老油田，物联网建设将实现组织机构最优、生产流程最优、劳动用工最优的生产作业模式，进一步提高劳动效率和经济效益，实现企业升级转型。

1　物联网概念

物联网，又称 LOT，是在互联网之后发展起来的，物联网技术是计算机技术、互联网技术之后，信息技术领域的第三次革命。通过各类网络接入，实现物与物、物与人的泛在连接，实现对物品和过程的智能化感知、识别和管理。油田行业作为我国国民经济发展的支柱性产业，必须要首当其冲的加快物联网技术的应用，快速建立起数字油田系统。它是现代数据信息发展的关键一环，也是社会完成“信息化”的必经之路。

2　现状及需求分析

2.1　优化劳动组织结构，缓解用工紧张需要

准东采油厂生产区块主要为火烧山、彩南、沙南、探井 4 个油田，以稀油开发为主。彩南油田作为沙漠整装油田的典型代表，生产现场的数据采集与监控子系统建设程度较高。除此以外，准东采油厂的其它油田自动化水平较低。通过内部人员流转、调动、退休等情况，到 2022 年预计将员工总数控制在 2000 人以内。因此，需要通过物联网建设，进一步推进油田生产管理模式创新，力争做到“增井、增站、少增人”的目标。

2.2　加强生产过程监控，实现油田精益生产需要

准东采油厂在油田的数字化建设方面作了一些有益的探索和实践，并取得一定的效果，但从整体层面来看，存在油田主要生产区物联网覆盖严重不足、单井数字化采集程度低、中小型和大型站场物联网技术功能应用不足等突出问题，难以支持按照集团公司“有质量、有效益、可持续发展”的思路进行油气生产管理方式的变革，急需尽快开展物联网建设，拓宽物联网覆盖范围，推进物联网应用深度，进一步优化生产管理模式。

2.3　保障生产安全环保，提高管控能力需要

准东采油厂所辖油气田区块点多面广，由于油气田地质条件多样，生产过程高温高压、易燃

易爆，现行的生产管理模式对员工的责任心和熟练程度依赖性高。随着国家、集团公司对环保要求日趋严格，及时发现油田生产跑冒滴漏，使操作人员能够及时采取措施，避免原油损失和环境污染极其重要。

物联网技术将实现油气生产单元有效覆盖，通过生产实时监控，分析工况变化数据，掌握油田开发规律，及时调整生产工艺及参数，减少等停浪费和空耗，充分发挥物联网技术在生产要素配置中的优化集成作用。

3 物联网技术在准东油田的实践

3.1 建立油田生产结构

以页岩油作业区(今新疆油田公司吉庆油田作业区)为例，2019 年，准东采油厂根据规划打造“新型油田作业区”，加速建成了全国首个页岩油开发示范区。在页岩油各地的开采点，都运用了物联网技术，创建了一个油田生产监管体制，建立了自动数据采集系统、网络数据传输系统、生产管理系统和以及场站配套支持系统，实现了多级监控一体化、管理流程化、数据共享化、数据处理智能化、预警及时化，为提高运行管理水平和简化地面工艺流程提供有力的支撑。

2020 年物联网建设将在准东油田全面铺开，前期建设方法将提供丰富经验。随着采油系统 4.0 的应用和推广，全面感知油田生产动态，生产过程加强监控，生产管理层级简化，劳动组织结构优化，一线用工总量降低，辅助生产科学决策，生产运行成本降低，油田综合效益提升，大数据智能分析，推进以物联网系统为核心的生产管理新模式，实现油田信息化、数字化向智能化的升级换代。

3.2 实时生产动态数据处理

2019 年，准东采油厂着手建设了覆盖火烧山作业区所有井口的功图量液系统，替代或简化计量流程，降低产建投入和运行成本，实现示功图数据的查询、诊断、油井产液量计算。系统投用后，复杂油藏功图诊断准确率在 90% 以上，常规油藏量液准确率达到 80% 以上，极大的提高了工作效率，变革了延续多年的现场管理模式。

3.3 加速建设智能化油田

2019 年，国内首创的《准东采油厂油罐车智能安防调度系统研究与应用》，实现了油罐液位实时可控和无网时液位智能预测，提高并保证了拉油工作质量，进一步推动油田数字化、智能化进程，实现了拉油过程数字化全覆盖。

2019 年，准东采油厂自主研发了自吸式多功能储液罐，解决了准东采油厂各个采油作业区边远抽油机井旁大罐储油定时或定量由拉油车进行存储和运输不方便的工作模式，从而在工作上节约了时间，减少了人力和物力，节约了成本，实现了一举多得的智能功效。保温储液罐自动防盗报警设计和自动灌液功能的成功研制，已经大批量投入到油田生产中，油田公司各厂处反响极好，已达到供不应求的状态。

4 具体做法

目前，准东采油厂具有各类油气水井、联合站和混输泵站，有较完整的油气集输处理系统、供注水系统及油田配套辅助系统。油气生产物联网系统从总体架构功能角度划分为 3 个子系统，即：数据采集与监控子系统、数据传输子系统与生产管理子系统。

4.1 数据采集与监控子系统

数据采集与控制子系统包含四个主要功能：生产数据自动采集，生产环境自动监测，生产过程自动控制，物联设备状态监控。主要是利用传感、射频等技术，感知油气生产信息，建立覆盖油气全过程准确、可靠的自动化采集与监控子系统。实现采集数据完善准确，过程控制精确到位，安全管理及时有效，系统控制稳定可靠。

4.2 数据传输子系统

数据传输子系统包含两个主要功能：有线数据传输、无线数据传输。数据传输子系统采用有线和无线技术相结合的方式，将井场、站库生产数据及视频信号高效、安全、稳定的传输到油气田监控指挥中心。

数据网络传输需要以现场实际情况为基础，采用有线、无线或两者混合三种方式，将生产网络与办公网络分别设置，与此同时，还需建立一套健全的安全网络体系，目的是为了保证所采集各项数据传输的及时性、安全性和稳定性。

4.3 生产现场监控与管理子系统

生产管理子系统提供生产过程监测、生产分析与工况诊断、物联网设备管理、视频监测、报表管理、数据管理、辅助分析与决策支持、系统管理、运维管理功能(图 1)。

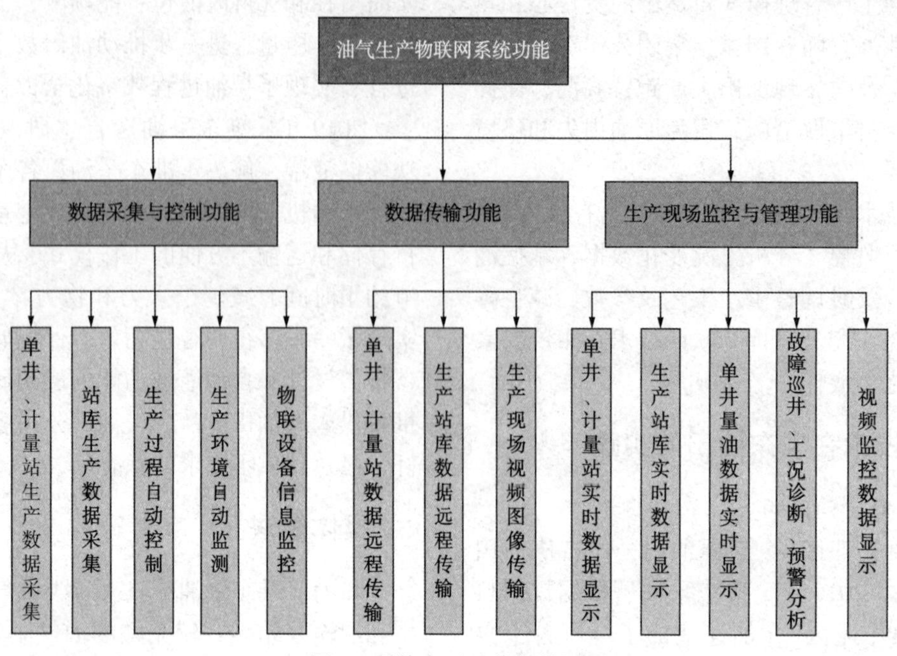

图1　系统主要功能架构图

5　建设中可能存在的问题

经过几十年的不断建设，准东采油厂正处于老油田阶段，数字化油田系统是一个非常复杂庞大的网络系统，不但包括信息的采集和传输，还包含信息的分析处理等功能。许多较旧的设备不是为现代物联网技术提供清晰可读的数据格式而设计的，因此，几十年前的控制器可能需要进行一些改造，才能与复杂的新物联网基础设施进行通信。如何与传统技术的集成，成了亟待解决的问题。

全面接受建设需要新的硬件、新的软件和新的技术思维模式，这个想法是为了赚钱，但前期成本可能较大。充分利用物联网通常需要机器学习、实时分析和数据科学专业知识，甚至网络技术前沿知识，对人员的素质也要求较高。

就目前来讲，只有信息传输技术比较成熟，信息的采集以及处理技术还不够成熟和完善。物联网技术处于刚刚起步的阶段，未来发展会更加符合对其的诉求，也将对生产生活带来翻天覆地的变化。目前不断对物联网技术进行研究和开发，努力掌握新技术，并将它们运用到油田生产中去，促进油田生产高产量、高质量。同时，我们也要建立系统的物联网跟踪联络系统，实时监控信息流向，谨防造成油田数据泄露的现象。

6　预期效果

准东油田将在建设页岩油作业区物联网的丰富经验下，逐步开展准东油田的物联网建设。通过四大部分的综合调整方案，使工作效率大幅提高、人员劳动强度得到改善、安全规范得到保障、管理模式更加科学、经济社会效益有效提升。

6.1　提高工作效率

通过生产过程中实时监控、工况分析等物联网功能的实现，将现场生产由传统的经验型管理、人工巡检，转变为智能管理、电子巡井，降低巡检次数，减少巡检里程，降低巡检风险；生产管理模式由“劳动密集、驻点值守、每日巡检”转变为“无人值守、远程监控、故障巡检”的物联网管理新模式。高效的系统提醒不仅保证了数据准确率，还提高了管理的规范化程度。

6.2　改善劳动强度

生产现场的物联网技术将使人员劳动强度明显改善。通过平台之间的关联，让数据多跑路，让人员少跑路，不仅提高了工作效率，而且改善了人员劳动强度，实现“增井、增站、少增人”。

6.3　保障安全规范

通过实时监测、及时发现、处理异常，减少产量损失，安全规范得到保障，精细化管理能减少疏忽造成的安全隐患，提高生产安全性。

6.4　优化管理模式

通过对不同系统的整合，让管理模式更加科学。合理制定生产方案，明确职责分工定位，有效减少重复性工作量，优化管理模式，推进油田生产管理模式创新。

6.5　效益有效提升

相比于传统油田生产模式，物联网建设完成后，将减少大量重复性工作人员，可缩减单井巡检次数，缩减人力薪金费用；减少产量损失、节约清蜡和修井费用、节约电耗费用等，经济社会效益有效提升。

物联网与油田生产相结合，不仅能够实现组织机构最优、生产流程最优、劳动用工最优等优势，还可以提高意外事件的处理速度，未来物联网技术不仅停留在油田生产方面，还会在油田管理、石油销售等方面大放异彩，也希望油田产业能够欣欣向荣，促进我国经济水平的发展、人民生活水平的提高。

7　结论

总之，准东油田基于物联网的数字化油田建设，在数据的自动采集、远程监控、生产设备远程控制方面有很广阔的应用前景。因此，在数字化油田以及未来智慧油田建设的过程中，物联网技术的应用是一种最有效的手段，利用物联网技术，建立覆盖全油田油气井区、计量间、集输站、联合站的规范、统一的数据管理平台，实现生产数据自动采集、远程监控及生产预警，支持油气生产过程管理，进一步提高油气田生产决策的及时性和准确性，提高生产管理水平，降低运行成本和安全风险。随着油气生产物联网系统的上线运行，还将对准东采油厂转变生产方式、促进精益生产发挥重要作用，为推动新疆油田公司“三项制度”改革进程、实现组织结构优化、促进高质量发展具有重要意义。

参　考　文　献

[1] 刘银鹏．基于物联网技术的数字化油田系统建构现状探讨[J]．中国设备工程，2019.08(下)：213-214.

[2] 李明皎．物联网技术在数字化油田建设中的探索与实践[J]．科技创新与应用，2020，5：151-152.

[3] 赵强，刘刚，行花妮，等．物联网技术在油气田生产中的应用研究[J]．石油化工应用，2016，35(1)：84-85.

准东采油厂边远井视频监控解决方案初探

赵 昱 尹 权 谢亚莉 王 祥 程新忠 许湘燚 罗李黎

（新疆油田公司准东采油厂）

摘 要 在一些地处偏僻，距离作业区基地较远没有无线网桥信号覆盖，但有3G、4G信号的井区，研究使用具有边缘计算功能的摄像头实现视频监控。这种摄像头具备图像分析能力，只将分析后的结果传回后台，不用传送实时图像。这样，传回的数据量就很小了，只包括告警信息、指令和图片。一方面可以克服网络传输带宽和流量的限制，实现对这些区域的实时监控。另一方面能自动分辨人和物体、识别抽油机简单故障，并以多种方式及时报警，避免了人工监看视频产生的延迟和漏报。

关键词 视频监控；边缘计算；APN；窄带传输；人脸识别

1 方案背景

1.1 概述

准东采油厂油区分布广，有些井区地处偏僻，距离作业区基地较远，且油井分散，单井之间的距离远。现阶段这些油井的安全隐患和故障的发现，还是依靠人工巡检。

1.2 存在问题

通往这些井区的道路，路况差路程远。人工巡检耗时长，成本高，而且还不能及时发现安全隐患和故障。所以从安保或者生产方面看，这些井区都有安装监控摄像头的需求。作业区现有的视频监控系统都是依托无线网桥来实现传输的，但这些井区都已经位于无线网桥信号覆盖范围之外。不具备接入现有视频监控网络的条件。有些井区计划采用摄像头+本地硬盘录像机模式，实现视频监控，但是这种模式只具备事后查证的功能，并不能及时有效地发现问题。

2 解决方案的研究及制定

2.1 分析问题

这些井区要想实现视频监控，就必须先解决信号传输的问题。可能的途径有：①建设无线网桥基站实现信号覆盖。②利用运营商的3G、4G信号传输视频。第一种方法，由于这些片区，井数量少而且分散，单独建设一套无线网桥基站和传输的中继基站，及其配套设施，不仅成本高而且也不能完全覆盖。第二种方法，利用油井现场的3G、4G信号传输视频，油井的视频监控主要是上行数据，而运营商的4G信号通常是下行带宽大而上行带宽小，仅能够满足200万像素摄像头数据传输的需要，且存在消耗流量大，费用高的情况。因此，要在这些区域实现视频监控，就要优化监控方案，降低带宽需求和流量的消耗。

2.2 解决途径

视频监控之所以需要高带宽大流量，是因为视频流需要通过传输网络，传到后台来，然后人工监看视频或者接入人工智能系统进行视频分析。如果能将视频分析的部分前置，放到摄像头上，也就是给摄像头加装具有边缘计算功能的模块，此模块可以对现场图像进行分析处理，识别人员进入、车辆进入、人脸特征、抽油机状态等信息，然后只将分析后的结果传回后台，不用传送实时图像。这样，传回的数据量就很小了，只包括告警信息、指令和图片。这样4G甚至3G网络就能胜任。

经过研究发现，有些厂家已经推出了具有类似功能的摄像头，从技术的角度上看，实现起来已经完全没有障碍。但是，这些摄像头都是应用于城市安防的，功能不是完全匹配，这就需要由我们来提出适应准东地区的技术方案，由厂家来整合出产品。

2.3 解决方案

整个系统由三个部分组成：①具有边缘计算能力的摄像头。②APN专线。③视频监控系统后台(图1)。

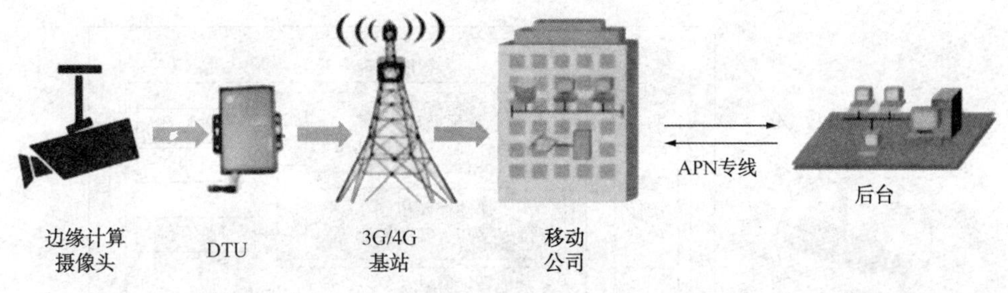

图1　系统结构

3　具有边缘计算能力的摄像头

3.1　边缘计算的概念

首先来介绍一下边缘计算的概念。所谓边缘计算的“边缘”是一个相对概念，是指从终端设备到核心计算设备，数据路径之间的任何计算设备和网络设备。边缘计算的基本理念是指，通过利用边缘资源已经具备的运算能力，将整个系统的全部或者一部分运算负荷，从核心计算设备转移到边缘设备部分来完成，降低能源消耗、分担运算负荷。网络边缘设备不仅从核心计算设备请求内容及服务，而且还可以完成部分计算功能，包括数据处理、存储、设备管理、缓存、隐私保护等。可以说边缘计算分担了一部分或者全部核心设备的运算负荷，减少了网络设备频繁的、碎片化的运算，同时降低了传输和回源带来的延时大、拥塞等问题，使AI时代下多场景应用不再受网络传输带宽的限制。另外，边缘计算的“边缘”不限制在边缘服务器这样的边缘设备，还包括存在于网络边缘的监控摄像头、网关、智能手机、可穿戴计算设备和传感器等设备。

3.2　边缘计算在视频监控中的应用

3.2.1　概述

视频监控系统是前端部分和后端部分分属明显的物联网系统，这种系统在边缘计算的应用方面具有非常大的潜力。作为前端采集设备的摄像头，已经实现了从“看见”到“看清”的转变，现在正在向着“看懂”迈进，因此行业内正在极力推进摄像头能够对视频图像的内容实现实时处理，不但能够大大地降低信息传输网络和后端处理设备的负担，同时还能有效提升系统的响应速度。

3.2.2　视频分析

由于有了边缘计算能力，可以对视频图像进行预处理，删除其中的无效成分，将部分或者全部视频分析任务转移到边缘设备，降低整个系统对核心设备的运算、存储和网络带宽要求，提升视频图像的分析效率。

3.2.3　图像存储

使用基于行为感知的边缘预处理功能，实现视频数据的弹性存储。运用行为特征决策功能，实时调整视频数据，既降低无效视频的存储量，降低存储空间需求，又最大化的存储“事中”证据类视频数据，提高视频存储空间的利用率。

3.2.4　功能结构

如图2所示，利用边缘计算模型，将具有计算能力的硬件单元集成到原有的视频监控系统软硬件平台上，实现具有边缘计算能力的新型视频监控系统。在边缘计算模型中，计算通常发生在数据源的附近，即在视频数据采集的边缘端进行视频数据的处理。一方面，基于智能算法的预处理功能模块，执行模糊计算，对实时采集的视频数据执行部分或全部计算任务，这能够为实时性要求较高的应用请求提供及时的应答服务；另一方面，需要设计具有可伸缩的弹性存储功能模块，利用智能算法感知监控场景内行为变化，实现较高的空间存储效率。

3.2.5　人脸识别

人脸识别是一种重要的生物特征识别技术，是通过计算机自动判断两幅人脸照片相似度的技术统称。其中，信号采集部分通过光学传感设备采集人脸照片。预处理模块对采集的原始信号进行处理，确定人脸所在的区域。特征提取模块则将预处理后的信号转换成表征其特性的一串“数字码”，存储在模板数据库中。比对时，将目标特征与数据库中的人脸特征进行运算，经处理后确定目标的身份。

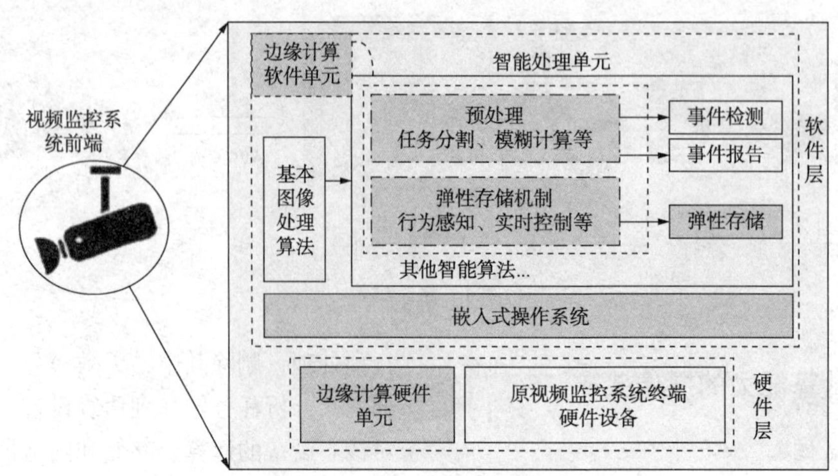

图 2 具有边缘计算能力的摄像头

通过在前端摄像机内置高性能智能芯片进行边缘计算，即强化摄像头终端的运算处理能力，将人脸识别、越界报警等行为分析功能由系统主站计算处理前移至现场，可让其不再依赖云端服务器，避免耗费时间上传图像，可有效降低视频监控系统的网络带宽需求及通信成本。通过在本地设备上直接完成脸部辨识，可让识别过程缩短至 1.5 秒内。

3.3 油田应用的优势

现在应用的视频监控系统，就是在现场安装摄像头，然后将图像传回后台存储，由于画面较多，监看人员也不可能实时发现问题，这种视频监控存在的意义，很大程度上是为事后查证提供证据，实时性较差。采用这种带有边缘计算功能的摄像头后，一旦发现异常情况，会自动报警，并向后台发送报警信息，这样就可以实时发现问题。

现在的油田物联网，采用的大部分都是窄带传输，不适合安装井场视频监控。如果使用这种带有边缘计算功能的摄像头，由于其数据传输量很小，就可以依托现有的窄带网络，实现油井的视频监控。

这种带有边缘计算功能的摄像头，可以运用行为特征决策功能，实时调整视频数据，降低无效视频的存储量，从而可以在本地存储卡上存储更长时间的视频资料。

3.4 应具备的功能

在油井现场应用的具有边缘计算能力的摄像头应具备的功能有：①能屏蔽抽油机的动作，不产生报警信息。②对进入监控范围的人、车和大型动物产生告警，并且和抓拍的现场图片一起回传，同时锁定事件发生前 5 分钟和发生后 10 分钟的视频，避免视频被覆盖。③定时抓拍抽油机图片，与预先拍摄的抽油机典型故障专家图库进行比对，识别抽油机简单故障并回传告警信息。④能根据后台指令回传指定时间段的视频。⑤后台能对锁定的视频进行解锁，释放存储空间。⑥能对进入现场的人员与人脸库进行比对，识别内部工作人员，对内部人员和陌生人产生不同的告警信息并传回后台。⑦500 万星光级高清红外摄像头。⑧内置 256G 存储卡，保证 500 万像素的图像可至少存储 5 天。⑨厂家提供 SDK 工具包，可以用其开发后台管理系统。

4 APN 专线传输

4.1 概述

油田生产，对网络安全方面有较高要求，虽然是用 3G、4G 传输数据，但肯定不能直接接入公网，为保证数据安全，可以采用中国移动 3G/4G 无线网络的专用 APN 形式入网。

为每个摄像头配置一个 DTU，通过无线方式与 4G 基站连接。期间，DTU 通过多级链路检测机制确保无线连接“永久在线”。为每个 DTU 的 SIM 卡分配固定的私网 IP，并配置专用的 APN 名，其作用如下：私网拥有自己的 APN 名，其他用户不能使用该 APN。为 3G/4G 私网的 SIM 卡用户分配专用的 APN，禁止其使用其他的 APN，也禁止公网 SIM 卡用户接入私网

APN。再从移动公司核心网引出专线，连接至视频监控后台服务器(图3)。

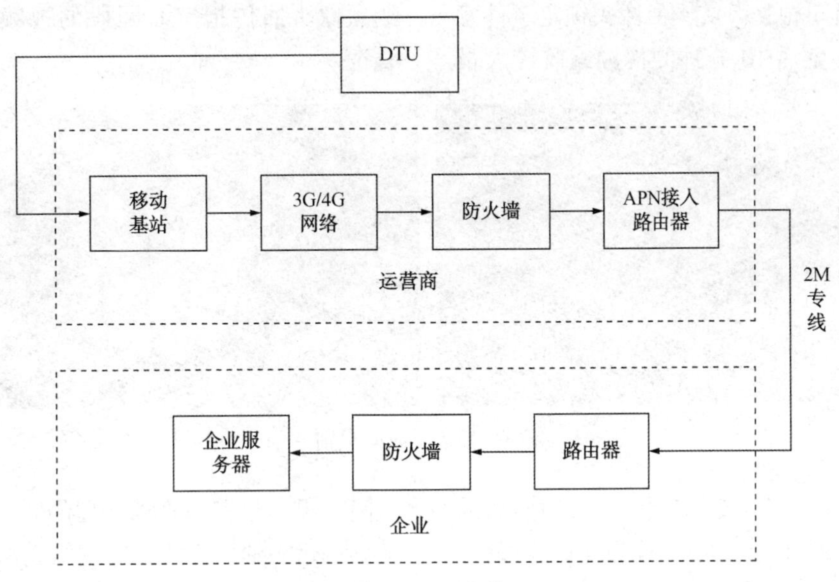

图3　APN专线

视频监控后台和移动公司的路由器之间采用私网IP进行连接，在移动公司的路由器和核心网之间使用GRE隧道。在内部使用RADIUS服务器，对远程接入的私网用户进行认证。只有在服务器注册过的用户才能接入，这样就可以避免其他用户的非法接入，保证油田网络的安全。在内部使用DHCP服务器，为经过认证的内部用户分配IP地址。DTU终端与服务器使用端到端的加密进行连接，可以防止信息在传输链路中的泄漏。在视频监控后台和移动公司都设立自己的防火墙，并启用IP地址过滤和端口过滤功能。这种方案使得油田视频监控网络独立于公网之外，完全可以满足油田对网络和数据安全的要求。

4.2　业务流程

DTU终端连接登录视频监控平台的过程为：1)DTU发送4G/3G连接请求，连接请求中包含移动公司给4G/3G专网用户分配的专网APN；2)根据连接请求中的APN信息，SGSN先向DNS服务器发送查询请求，寻找与视频监控平台连接的GGSN，用户的请求信息通过GTP隧道发送给GGSN；3)GGSN将DTU的认证信息(账号、密码、手机号码等)通过专线传送到Radius服务器进行认证；4)Radius服务器核对账号、密码等信息，如果是合法用户传送来的请求，则向DHCP服务器发送请求为用户分配IP地址；5)Radius服务器认证通过后，向GGSN传送确认信息，其中包括用户地址；6)DTU分配到了私网IP地址后，就可以与视频监控后台建立连接传送数据了。

5　视频监控系统后台

5.1　功能

视频监控系统后台部分，可以根据SDK工具包自行开发，或者协调厂家进行开发。后台应当具备的功能有：1)接收摄像头的告警信息和现场图片，存入数据库。如果是一般告警，在界面弹出告警信息和现场图片，并发出告警音。如果是紧急告警同时则通过短信接口向指定手机发送告警信息，并等待告警确认，如没有确认3分钟后再次告警。2)可对摄像头发出指令，连续拍摄现场图片并回传。3)可查询历史告警及现场图片。4)定时发送握手信号对摄像头进行在线检测，没有回应则显示离线状态。5)可在线添加人脸库。6)可以对锁定的视频在线解锁，释放锁定的存储空间。7)可以控制摄像头回传指定时间段的视频。

5.2　工作流程

当有人员或者车辆进入井区，摄像头对物体进行识别并回传报警信息，分2种情况：①经人脸识别如果是内部人员，则发出一般告警，并回传现场图片。②如果是不能识别的人或者其他车辆和动物，则发出紧急告警，并回传现场图片，同时通过短信通知相关人员，摄像头锁定事件发生前 5 分钟和发生后 10 分钟的视频，监控人员接到告警后可查看现场图片，并且发出指令，控制摄像头回传指定时间段的视频，以便进一步查证。

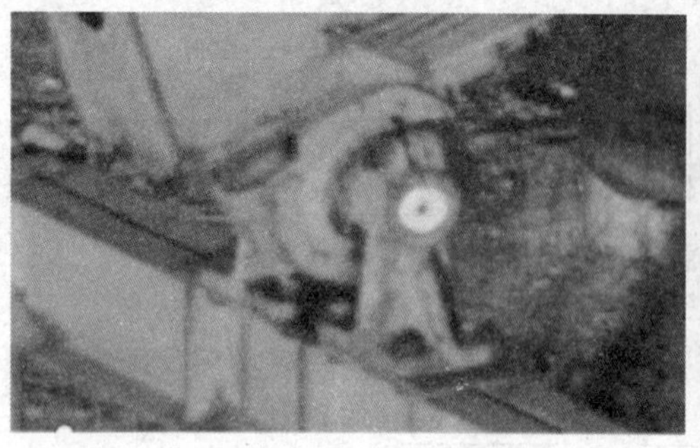

图 4　抽油机故障识别

定时抓拍抽油机图片，与预先拍摄的抽油机典型故障专家图库进行比对，识别抽油机简单故障并回传紧急告警信息和图片。

6　结语

这个方案的应用，将会解决如下几方面问题 (1) 通过应用带有边缘计算功能的摄像头，降低了视频监控对传输带宽和流量的要求，解决了制约油田视频监控系统普及的瓶颈问题，为边远井实现视频监控提供了新的思路。(2) 应用 APN 专线传输，保证了油田数据的通过 3G/4G 网络传输的安全性。(3) 边远井安装视频监控系统，可以有效减少人员巡检次数，降低车辆使用成本，达到减员增效的目的。(4) 边远井视频监控系统，可以及时发现安全生产隐患和抽油机简单故障，提高隐患和故障处理的时效性。(5) 由于地处偏远，油田无线传输网络无法覆盖，这些边远井大都没有安装油井自动化采集设备，还是依靠人工巡井，路程远、路况差，往返一趟需要数个小时，浪费人力的同时还增加了车辆、油耗方面的成本。项目如果实施，这些边远井的数据采集信息也可以通过 3G/4G 专网回传，顺带解决了油井自动化的传输问题。

参　考　文　献

[1] 徐欢翔 . 基于专线 APN 的无线图传传输方案的设计与实现[D]. 电子科技大学 . 2017 年 .

[2] 孙洁，钱蕾 . 基于边缘计算模型的智能视频监控的研究[J]. 计算机与数字工程，2019，47(02).

企业网络安全漏洞管理方法

陈斯迅[1] 张 舒[2]

(1. 中国石油管道公司; 2. 中国石油学会)

摘 要 信息化设备和信息系统日益增多，使得企业的网络安全漏洞数量不断增加，加重了网络安全风险，漏洞是网络安全事件产生的重要因素，对于安全漏洞，大部分企业仍然作为一个应急事件在处理，但实际上企业中网络安全漏洞数量巨大，类别繁多，需要成为企业信息化管理的一个重要组成部分，漏洞的管理是在信息化管理的基础上进行的，需要建立企业信息化资产台账，对各种漏洞分类分级管理，并在发现漏洞、修复漏洞、处理残余漏洞等各个环节形成闭环控制，使漏洞对企业产生的损失降低到最小，从而提升企业的网络安全总体水平。

关键词 网络安全；漏洞；网络；渗透测试；信息系统

企业网络安全威胁来自各个方面，各种设备和信息系统都可能遭到远程攻击。从技术的角度来说，被成功入侵的信息系统或设备都具有自身的网络安全漏洞，随着信息系统的普遍应用，生产运行、经营管理等各方面都需要信息化高度支持，国内大型企业内部网络架构复杂，应用广泛，各种信息化设备可能由不同部门管理，不利于统一部署网络安全防护，网络安全漏洞则不断被发现，由于漏洞数量巨大，厂商维护不及时等原因难以及时修复，黑客经常利用系统漏洞进行攻击，企业信息化存在巨大风险隐患。

1 网络安全漏洞介绍

1.1 漏洞产生原因

漏洞又称脆弱性，是指威胁源可以攻击或触发的信息系统中的弱点[1]。由于信息系统功能的日趋复杂，信息化项目涉及的代码数量不断增加，由于安全编程管理缺失，难以验证其安全性，使得几乎所有的代码程序中都包含大量网络安全漏洞。另外，当前的网络安全检查通常只是针对已知漏洞的检查，所以经常会发现漏洞在不停地增加，使网络安全漏洞管理成为一项常态化工作。

1.2 漏洞分类

从漏洞检查方式来看，漏洞分为公有漏洞和私有漏洞，公有漏洞是指被常用的系统或平台上的漏洞，包括操作系统、数据库、各种编程语言、中间件、常用的基础软件等，例如 windows 系统上的 MS08-067 漏洞，Struts 上的 S2-045 等，这类软件使用量较大，产生漏洞后涉及的用户数较多，造成的潜在威胁较大，主流扫描设备都可以发现这类漏洞，官方网站也会及时公布该类漏洞的补丁或者修复方法。私有漏洞通常是企业自建信息系统中存在的漏洞，这类信息系统建设往往是对企业定制化开发，使用范围也仅在企业内部，因为漏洞产生的原因是类似的，攻击者使用常见的漏洞挖掘方法，可以对企业造成危害，对这类漏洞的检查往往依靠请专业机构进行渗透测试，并在其指导下由系统开发人员完成修复。从漏洞本身的技术特点来看，又分为 WEB 漏洞、二进制漏洞、弱口令等，web 漏洞主要是在 B/S 结构中，系统应用层常见的漏洞，包括 sql 注入、xss 攻击、文件上传、文件遍历等多种问题，这类漏洞也是当前渗透测试做的主要方向，二进制漏洞常见于操作系统、数据库、隔离常用软件以及 C/S 架构中的客户端程序的漏洞，主要原因是数据溢出造成的，这类漏洞的防范一方面需要借助公开漏洞平台的信息发布，另外对于自建系统中的漏洞挖掘则更多需要源代码审计协助漏洞的发现。弱口令漏洞是技术含量最低的一类漏洞，更多的是使用人员没有良好的设置口令意识，然而其危害却是最大的，因为更方便攻击人员成功入侵，同时取得较大权限，由于在服务器或者办公电脑等设备的使用中，会保护大量需要口令的情景，例如服务器操作系统的开机密码、数据库管理员密码、应用程序密码、web 服务器密码、中间件密码等，经常会忘记进行默认密码的重新设置而导致出现弱口令。由于漏洞给网络安全带来了极大威胁，为了预防漏洞被利用，国内外都有专门机构进行漏洞公开披露，在企业的漏洞管理中需要借助相关平台及时发现并对漏洞采取相关措施。

1.3　漏洞信息来源

1.3.1　公共漏洞信息

CVE(公共漏洞和暴露)是国际最权威的机构，发布在全世界范围内最新的漏洞，对漏洞进行分类分级，统一漏洞编号，并对漏洞进行技术描述。CNVD(国家信息安全漏洞共享平台)和CNNVD(国家信息安全漏洞库)是国内两家类似的权威机构，有各种的漏洞编号体系，CNVD 的“绵羊墙”会公布政府和企事业单位自建系统的漏洞情况督促相应单位整改，CNNVD 有相关板块对网络安全情报信息进行报道。

1.3.2　Web 漏洞信息

私有漏洞中有一大部分是 web 漏洞，OWASP 是一个开源的、非盈利的全球性安全组织，致力于应用软件的安全研究，重点关注 Web 漏洞，每年会公布当年最有影响力的 Web 十大漏洞以及防范措施，和上述几个平台不同的是 OWASP 的公布的漏洞不是某个系统或软件的具体漏洞，而是一大类漏洞，例如常见的注入漏洞、跨站攻击、跨站伪造等类型的漏洞，常被该平台作为十大漏洞中的一项来公布，该平台对于企业中做渗透测试和代码审计具有指导意义。

2　漏洞管理的重要意义

2.1　企业面临的问题

根据漏洞增长情况，CVE 在 2019 年公开漏洞 8916 条，CNNVD 公开漏洞 7995 条，CNVD 公开漏洞 8262 条。以国内某企业为例，其包含 23 个独立信息系统，分布在不同部门由不同开发商建设，公司在全国各地都有分支机构，信息硬件资产包括 140 台服务器，80 台网络设备和 5500 台办公电脑分布在不同地域。在使用扫描设备进行全网漏洞扫描后发现有 13307 个漏洞，无法短时间内修复；同时，面对不断产生的漏洞，以及分布在不同机构的信息资产，如何统一检查和及时修复软硬件资产的安全漏洞，已成为网络安全防护的重要工作。漏洞扫描工具只是漏洞管理工作中的技术支持，企业需要完善的漏洞管理机制，CVE 等公开漏洞披露平台面向的是所有软硬件系统的漏洞，而其数量对于企业来说过于庞大，难以识别哪些漏洞会对企业产生影响。

2.2　漏洞管理现状

漏洞不是企业的常规管理事项，最初是由于被上级部门检查或者被第三方机构曝光，然后企业中的信息化管理部门寻找相关设备的责任人进行整改，是一种类似于应急处置的方式。在此基础上，一些企业开始进行增加了一些管理手段，可以每年进行一次漏洞扫描，对发现的漏洞进行整改从而减少了漏洞的危害。然而漏洞的存在实际上是常态化的，漏洞并不能总是被及时发现，同时被发现后也不一定可以被及时修复，其造成的隐患在企业中是持续存在的，如何将产生损害的概率降到最低是漏洞管理需要综合考虑的问题。

3　企业信息系统漏洞管理解决方案

3.1　基于信息资产台账的漏洞管理

漏洞被网络安全风险所面临的对象包括所有信息化设备和人员，针对网络安全漏洞而言，主要面临着网络上的威胁，漏洞管理的基础是信息化资产的管理，由于缺乏信息化管理的积累，致使漏洞管理也难以正常执行。信息化资产的管理包括人员、设备和网络地址的对应关系表，同时由于漏洞会涉及到具体的设备芯片、操作系统、数据库、web 软件服务器、中间件等软硬件设施，所以需要进一步统计所有的软硬件信息，建立一个信息资产数据库，可以通过专门设备在网上进行探索，发现企业局域网内的信息资产，但同时需要将这些资产和实际使用部门与人员进行对应，在此基础上建立漏洞和信息资产的归属关系，形成漏洞管理平台。

3.2　漏洞检查及情报搜集

漏洞是始终存在的，一方面由于新漏洞不断产生，另一方面会由于系统变更引起漏洞，所以漏洞检查是一项长期的工作，正如上文所述，漏洞检查主要有三种方式：一是通过专业设备进行检查，通常会在一两天内完成；二是渗透测试，时间较慢，检查的结果并不确定；三是根据漏洞情报，有针对性的检查，其检查方式包含了上述两种，但是对于 0day 漏洞，检测脚本往往还没有集成到漏洞扫描设备中，需要根据漏洞的描述编写检测脚本，或者是到相关网站上下载脚本。上述的三种检查情况中第三种检查方式防御网络攻击的效果最佳，所以企业未来更有针对性的进行漏洞检查，需要建立情报收集机制，主要的情报来源包括政府机构发布的安全预警通知，比如某些病毒爆发的通知，我们需要根据这些病毒传播所利用的漏洞进行检查，厂商自身产品漏洞公布，主流网络安全平台上的防御公告等。情报收集工作需要和设备管理工作相结合，只有平时对信息资产进行精确的统计，掌握企业中所使用的操作系统、数据库、各种软件等详细信息，才能根据最新的威胁情况进行有效防御，做到有的放矢。

3.3 漏洞修复

不同的漏洞需要不同的修复方式。办公电脑的漏洞(例如 windows 系统漏洞、各种常见软件漏洞)可以由桌面安全终端自动完成；对于服务器的系统或数据库漏洞，则必须由该系统的开发者原始状态进行备份后，对每个漏洞手工进行补丁安装，并观察补丁安装后对系统造成的影响；如果是应用层漏洞，例如 sql 注入、文件遍历等漏洞，必须由系统开发人员修改源代码；除了服务器之外，还有一些专用设备，例如网络打印机、机房集中管控设备等，该类设备往往没有补丁维护，原厂商有时也拒绝为漏洞隐患提供服务，通常需要相关技术人员对具体问题进行研究后采取相应防御措施，从管理方面，在购买此类设备时需要明确厂商的安全运维工作。所以负责漏洞修复的人员不但需要掌握各方面的网络安全技术，还需要有较强的沟通能力，协同企业各部门共同完成漏洞修复工作。

3.4 系统上线前检查

a) 很多信息系统是由于上线时就一直带有漏洞，所以建立信息系统的上线前检查制度十分必要。企业的局域网中应该将正式上线系统的区域和测试系统的区域隔离开，在系统正式上线之前，需要先部署在测试区域，测试区域可以是一个物理区域，也可以是通过网络技术进行的逻辑隔离区域，或者是在云空间上的一段网络区域，确保这个区域只能由管理员、开发人员和测试人员访问，在通过了漏洞扫描和渗透测试后，才能将系统部署到生产区。

3.5 漏洞分级管理

不同漏洞所产的危害以及产生危害的概率是不同的，当前一方面企业面临的漏洞数量往往巨大，但同时网络安全人员较为缺乏，所以对漏洞分级管理更为迫切，对漏洞进行评估，形成对企业产生危害的期望值，并采取不同的应对策略，是漏洞分级管理的基本思想。当前业界对漏洞有相关的评分标准，例如 CVE 对漏洞进行了评分，主流的漏洞扫描设备也会对漏洞有一个评分，这个评分主要是依据漏洞本身的特点，另外还需要根据被发现漏洞的信息系统对企业的重要程度，并通过情报分析评估当前各种漏洞受攻击情况，提出一个综合得分，例如某企业根据上述特点对漏洞综合打分，满分为 10 分，得分越高，其对应的应对措施越严格，对 0 到 4 分的漏洞，只通知到相关部门，提醒其修复或采取保护措施，但不要求反馈，对 4 到 9 分的漏洞，根据其分值大小在相应的整改期限内完成修复，例如 4 分的漏洞要求在 7 个工作日内完成修复，5 分的漏洞要求在 6 个工作日内完成修复，对 9 分以上的漏洞，则要求系统马上在生产区下线，部署在测试区，完成修复后才能重新在生产区上线。

3.6 残余漏洞管理

3.6.1 残余漏洞介绍

我们把无法及时修复的漏洞称为残余漏洞。例如网络打印机中的 https 协议经常出现一些漏洞[2]，而打印机厂商通常无法及时修复；部分信息系统基于 windows2003 版的操作系统开发，但是微软公司已经不在对该版本的操作系统提供技术支持，这些系统暂时无法移植到更高版本的操作系统上。通常，厂商不再支持，并且企业自身不掌握源代码的系统一旦发生漏洞，则无法修复，我们通常会采用一些其他措施降低该类漏洞带来的风险。

3.6.2 关闭服务或端口

系统漏洞通常对应某个系统服务，而系统服务通常对应一个具体的网络端口号。通过调研发现一般服务器启动后自动启用大量系统服务，很多服务并不必要。如果某个漏洞无法修复，则需要找到其对应的服务和端口，关闭或者该服务只限制其对本地服务。例如，oracle 数据库对应端口号是 1521，通常只为本地的应用程序提供支持，普通用户访问数据实际上是通过 web 服务(通常使用的是 80 端口)，不直接访问数据库程序，所以可以把 1521 端口对外屏蔽，不影响本机使用。实际上即使不是漏洞对应的端口，根据最小化原则，如果该服务并不使用，也应该及时关闭，通常部署一台服务器后，可以通过一段时间的流量分析判断哪些端口必须开放；对于台式电脑来说，绝大多数是作为客户端使用，不对外提供服务，应该将其自带防火墙设置为禁止任何例外事项。在 2017 年的 wannacry 勒索病毒爆发期间，某企业由于之前一直要求其台式机要开启 windows 自带防火墙功能并禁止所有例外事项，并在核心路由器上设置了对 445 等端口的屏蔽，所以没有发生病毒感染事项。

3.6.3　限制相关 IP 地址

如果漏洞对应的端口无法关闭，我们仍然需要使用最小化原则，通过白名单或者黑名单的方式来限制用户访问。例如 windows 服务器需要进行远程管理，3389 端口必须对外开放，但是并不是所有用户都需要使用远程管理服务，所以使用白名单的形式只允许管理员访问，具体来说通过系统自带防火墙限制除了管理员 IP 地址外的所有地址。对于用户都使用的端口号（例如 80 端口），可以通过对用户行为的监测来设置黑名单，限制有威胁行为的用户正常访问。对于仅在部门内部使用的设备，例如网络打印机、网络摄像头等，可以不配置其网关，使其成为内网设备[3]，其他网段无法访问，从而减少其受攻击的风险。

3.6.4　限制访问相关权限网页的 IP 地址

企业信息系统网站一般赋予不同用户以不同权限，一般通过用户名和密码的方式对用户加以限制，但是由于不同权限的网页内容通常使用相同的端口号（默认为 80），无法防止一些没有权限的用户进行非法攻击，面对这样的问题，我们可以根据不同用户的 IP 地址通过 web 服务器进行访问控制，只允许用户访问和自己权限对应的网页。例如，在网站中有的页面只有管理员可以访问，我们可以限制仅管理员的 IP 地址可以访问该页面，从而限制其他 IP 地址攻击页面中的一些漏洞。

例如管理员的 IP 地址为 192.168.1.3，在 apache的配置页面中通过设置配置语句：

```
Order Deny, Allow
Deny from All
Allow from192.168.1.3
```

3.6.5　其他残余漏洞防御

虽然使用了各种方法，企业中总会有一些漏洞无法修复，也无法通过上述的方式进行有效防御，或者需要修复周期较长。一方面需要把这些漏洞有效记录，同时通过管理措施促进漏洞的整改，例如某企业在信息化管理制度上明确规定，信息系统如果存在 9 分以上的漏洞，则该系统相应的升级整改可以被列为下一年的信息化工作计划，同时确保配套资金，并且作为其立项验收等环节的重点管控点。另一方面，在漏洞尚未修复的时间中，如果由于各种原因需要继续运行，则必须把该系统作为重点防御对象，通过入侵检测、waf 等设备监控防御来自网络的攻击行为。

4　结束语

网络安全管理是信息化管理的重要组成部分，而漏洞管理是网络安全管理的有效措施，漏洞管理工作需要技术和管理相结合，对网络技术、操作系统、数据库、软件开发等领域都要有深入的理解，同时信息化资产管理是信息化管理的基础，也是漏洞管理最重要的环节，企业信息化资产管理不但需要统计各种软硬件设备和 IP 地址以及人员的一一对应关系，还需要维护软硬件设备之间的关联关系，很多企业的网络安全管理出现问题，归根结底还是之前的信息化管理工作没有做好。漏洞管理工作可以使我们对漏洞进行有效监控和防御相关攻击，减少网络安全事件。同时，漏洞的修复无法从根源上解决问题，我们需要提升开发运维人员的网络安全意识以及代码开发、系统配置等环节的安全水平，从根源上减少漏洞产生。

参 考 文 献

[1] 吴世忠，李斌，等. 信息安全技术[M]. 北京：机械工业出版社，2017：190-191.

[2] 陈斯迅. 网络打印机信息安全研究[J]. 长春：中国管理信息化，2018，10：169-171.

[3] 郭佳琛. 网络摄像头的安全威胁技术分析[J]. 北京：中国信息安全，2018，04：39-42.

工业互联网络协议的研究与应用

杨 征

（中国石油乌鲁木齐石化公司）

摘 要 通过对主流的工业互联网络协议包括：Zigbee、WiFi、NB-IOT、LoRa 等协议进行深入研究，对比工业互联网络协议的优缺点，结合生产现场实际需求，工业互联网络协议在经营管理环节、安全生产等领域的应用进行探讨，以达到、提高生产效率、提升人员与设备安全性、降低生产成本、提升企业智能化水平的目的。

关键词 工业；网络；协议

1 前言

炼化企业具有高空、高温、高压、生产工艺复杂多变、生产装置大型化、作业过程连续化、生产原料及产品易燃易爆、有毒有害和易腐蚀等危险特点，极具危险性，且事故导致的后果极其严重。人员安全管理、设备运行管理已经成为石油化工行业的核心问题，也是企业安全管理的核心价值。随着工业互联网络技术的发展，通过搭建物联网系统共，在生产现场安装自动采集、监控、射频等感知设备，实现采集设备、装置、罐区、物流、人员等各项现场数据和信息，提升炼化企业数据自动采集率和完整率，并搭建统计的数据平台，与上层如 ERP、MES 系统等协同、实现生产运行可视化、安全预警自动化和管理决策系统化。

工业互联网的一个显著特征就是，通过构建泛在互联、低时延高可靠的网络，将工厂内的各种设备、物料、系统、劳动者以及工厂外的产品、仓储、物流、用户等供应链的各个环节连接在一起，实现各环节的泛在互联与数据顺畅流通，从而形成一个智能高效的工业生态系统。

工业互联网的网络连接离不开各类通信技术。目前，工业领域中使用的绝大多数通信技术仍然是有线技术，包括各种专用工业以太网技术和现场总线技术；在一些特殊的工业场景下，无线技术以其良好的移动性成为有线技术的重要补充。

无线技术是降低工业测控系统成本、扩展应用范畴的革命性技术，通过无线技术传递信息具有低成本、易使用、灵活度高等优点，更加适合应用在高温、高噪声、偏远地区等不适宜人工操作的环境，能够大幅提高生产效率。据艾默生的测算，无线技术可以降低 60%的设备成本、减少 65%的设备管理时间并且能够节省 95%的布线空间。无线技术是对各类工业有线技术的重要补充，已成为工业互联网网络连接的一个重要发展方向。

2 几种工业互联网络协议的主要特性

目前，工业互联网应用的无线技术总的来看可以分为两大类：

一类是短距离通信技术。短距离通信技术是目前工业领域应用最广泛的无线通信技术，主要包括 WLAN、蓝牙以及 RFID 等传统短距离通信技术和以 ZigBee、ISA100.11a、WIA-PA 等为代表的面向工业应用的专用短距离通信技术。微功率短距离无线发射设备一般用于单向或双向的低功率短距离通信，具有覆盖频率宽、使用范围广、设备数量大的特点，同时又具有价格低、移动灵活、易于组网等优点，因此被广泛应用在工业生产制造的多个环节。随着工业生产制造的自动化水平不断提升、智能化需求不断增加，微功率短距离无线发射设备在工业互联网中的应用将变得越来越广泛。

另一类是广域网通信技术。随着工业领域各类无线通信需求的不断增加，蜂窝移动通信技术以及基于蜂窝技术的低功耗广域网技术也开始应用在工业领域中。目前已经在工业领域应用的广域网通信技术包括 2G/3G/4G 蜂窝移动通信技术，以及以 NB-IoT、LoRa 等为代表的低功耗广域网技术。低功耗广域网技术是一种可以实现低带宽、低功耗、远距离、大量连接的物联网通信技术，其最大的特点是实现了远距离、低功耗。

现对几种常见的工业互联网络协议的特性进行分析研究和比对，形成一套基于石油化工行业应用的无线传感器解决方案。对Zigbee、WiFi、NB-IOT、LoRa等协议的特性进行分析。了解不同协议的适用场景。

2.1 Zigbee协议的技术特性

2.1.1低功耗：由于工作周期很短、收发信息功耗较低、并且RFD采用了休眠模式，zigbee技术可以确保在RFD上，两节五号电池支持长达6个月到2年左右的使用时间；

2.1.2高可靠性：采用了碰撞避免机制，同时为需要固定带宽的通信业务预留了专用时隙，避免了发送数据时的竞争和冲突。MAC层采用了完全确认的数据传输机制，每个发送的数据包都必须等待接收方的确认信息；

2.1.3低成本：模块价格低廉，且zigbee协议是免专利费的；

2.1.4低时延：针对时延敏感的应用做了优化，通信时延和从休眠状态激活的时延都非常短。设备搜索时延典型值为30ms，休眠激活时延典型值是15ms，活动设备信道接入时延为15ms；

2.1.5低数据量：zigbee每个网络模块射频前端的数据传输率为250kbps；

2.1.6网络容量大：zigbee可以采用星形、簇—树形、网形结构组网，而且可以通过任一节点连接组成更大的网络结构，从理论上讲，其可连接的节点多达65000个。一个zigbee网络可以最多容纳254个从设备和一个主设备，一个区域内可以同时存在最多100个zigbee网络；

2.1.7高保密性：zigbee提供了基于循环冗余校验(CRC)的数据包完整性检查和鉴权功能，加密算法采用AES-128，同时各个应用可以灵活确定其安全属性；

2.1.8全球通用性和完好的开放性：由于zigbee标准协议，因此各zigbee设备间的通信问题将是轻而易举的事情。

2.2 LoRa协议的技术特性

2.2.1大大的改善了接收的灵敏度，降低了功耗。其接收电流仅10mA，睡眠电流200nA，这大大延迟了电池的使用寿命。

2.2.2LoRa协议对距离的测量是基于信号的空中传输时间而非传统的RSSI(Received Signal Sterngth Ind-icaTIon)，而定位则基于多点(网关)对一点(节点)的空中传输时间差的测量。其定位精度可达5m(假设10km的范围)。

2.2.3基于该技术的网关/集中器支持多信道多数据速率的并行处理，系统容量大。

2.2.4易于建设和部署，免牌照频段节点。LoRa模块极低的成本，会在未来大规模推广中占据巨大优势。

2.2.5基于终端和集中器/网关的系统可以支持测距和定位。

这些关键特征使得LoRa技术非常适用于要求功耗低、距离远、大量连接以及定位跟踪等的物联网应用，如智能抄表、智能停车、车辆追踪、宠物跟踪、智慧农业、智慧工业、智慧城市、智慧社区等等应用和领域。

2.3 NB-IOT网络的技术特性

2.3.1重复传输，延长信号码元的传输时间。码元的重复传输事实上就是一个最简单的信道编码，尽管降低了信息的传输速率，但是在解调或译码上的可靠性，特别是在低信噪比的接收环境下更加有效。比如理想下译码出错概率为10%，重复次数增加，使得整体译码出错概率大大降低。

2.3.2现有的TTI bundling和HARQ重传技术也可以实现延长信号码元的传输时间。相关的提升覆盖的数值，在VoLTE的商用网络实践中已经证明可有效改善信号的覆盖范围。

2.3.3NB-IoT业务需求的速率很低，100bps左右已经可以实现大部分业务，所以可以采用低阶的调制技术，如BPSK、QPSK、更短长度的CRC校验码等。

2.3.4在编码方面，NB-IoT采用Turbo编码，GPRS采用卷积码，优势体现在对译码信噪比需求降低，对应覆盖距离有3~4dB的增强。

2.3.5时延要求的降低以及在部分下行物理信道上采用功率增强(Power Boost)，对信号覆盖都有直接的增强。

2.3.6基于NB-IoT技术，物联网终端在发送数据包后，立刻进入一种休眠状态，不再进行任何通信活动，等到它有上报数据的请求的时刻，它会唤醒它自己，随后发送数据，然后又进入睡眠状态。按照物联网终端的行为习惯，将会达到99%的时间在休眠状态，功耗非常低。

3 几种工业互联网络协议共同点及差异比对

几种工业互联网络协议我们常见到的有 Zigbee，LoRa，NB-IOT 等，其中 Lora/NB-IOT 属于 LPWAN 技术，LPWAN 技术有覆盖广、连接多、速率低、成本低、功耗少等特点。

NB-IoT 有个明显的优势是数据采集后可直接上传到云端，不需要通过网关，简化了现场部署。通常要部署一个网关需要考虑位置，周围信号影响，考虑因素较多。

现在把这个三个无线组网方案做一个较全面对比，共同点及差异见下表：

表 1　几种工业互联网络协议共同点及差异比对

NB-IOT	LoRa	Zigbee	
组网方式	基于现有蜂窝组网	基于 LoRa 网关	基于 Zigbee 网关
网络部署方式	节点	节点+网关（网关部署位置要求较高，需要考虑因素多）	节点+网关
传输距离	远距离（可达十几公里，一般情况下 10km 以上）	远距离（可达十几公里，城市 1~2 公里，郊区可达 20km）	短距离（10 米~百米级别）
单网接入节点容量	约 20 万	约 6 万，实际受网关信道数量，节点发包频率，数据包大小等有关。一般有 500~5000 个不等	理论 6 万多个，一般情况 200~500 个
电池续航	理论约 10 年/AA 电池	理论约 10 年/AA 电池	理论约 2 年/AA 电池
成本	模块 5~10 $，未来目标降到 1 $	模块约 5 $	模块约 1~2 $
频段	License 频段，运营商频段	unlicense 频段，Sub-GHZ（433、868、915MHz 等）	unlicense 频段 2.4G
传输速度	理论 160kbp~250Kbps，实际一般小于 100kbps，受限低速通信接口 UART	0.3~50kbps	理论 250kps，实际一般小于 100kbps，受限低速通信接口 UART
网络时延	6~10s	TBD	不到 1s
适合领域	户外场景，LPWAN 大面积传感器应用	户外场景，LPWAN，大面积传感器应用 可搭私有网网络，蜂窝网络覆盖不到地方	常见于户内场景，户外也有，LPLAN 小范围传感器应用 可搭建私有网网络。

4 工业互联网的应用场景

4.1 设备管理

4.1.1 设备状态检测。通过对物理设备的几何形状、功能、历史运行数据、实时监测数据进行数字孪生建模，实时监测设备的各部件的运行情况。4.1.2 远程故障诊断。将设备的历史故障与维修数据、实时工况数据，与故障诊断知识库相连，利用机器学习和知识图谱技术，实现设备的故障检测、判断与定位。中 4.1.3 预测性维护。构建设备数字孪生体，实时采集各项内在性能参数，提前预判设备零部件的损坏时间，主动、及时和提前进行维护服务。

4.2 炼化生产

4.2.1 工艺优化。在实际炼化生产前，对原油原料、工艺流程、炼化设备进行数字孪生建模，对工艺配方、工艺流程等全方位模拟仿真，优化原料配比参数和装置优化路径，得出最优的炼化生产方案。

4.2.2 质量管控。实时采集和分析油品炼化全流程的质量数据，对各项质量指标进行在线动态分析和预测预警，实现炼化全流程质量跟踪及自动控制。

4.2.3 节能降耗。通过对关键耗能设备和高耗能加工流程的数据采集，结合大数据、人工智能算法和专家知识库，分析耗能的关键因素，找出能耗最低的工艺参数来指导实际生产，提高关键耗能设备的维护精度。

4.3 供应链协同

4.3.1 企业内供应链协同。实时采集和分析供应链运行情况，识别资源配置低效的环节，提出改进方案，提高企业内部资源配置效率。

4.3.2 企业间的供应链协同。以工业互联网平台为连接枢纽，打通石化上游原油供应、中游炼化生产、下游产品销售各环节，优化全产业链资源配置。

4.4 安全巡检

4.4.1 生产安全监控。实时采集的炼化生产过程中的各类安全数据，结合安全生产监控模型，对生产异常状态和安全风险实时报警。

4.4.2 管道智能巡检。在油气管道内外利用传感器、智能阴保桩、管道巡检机器人、无人机等数据采集工具，以及连接地理、气象等环境数据，实现管道内外运行状态的全面感知和实时监测，对管道异常状况（如泄漏）快速定位。

5 工业互联网的重要意义

工业互联网技术为企业发展带来三大核心竞争力：

5.1 低成本、普适性的连接，“连接”是必过的难关

全球主流工业总线中针对自动化设备私有控制器和协议的种类多达上万种，通用的PLC占有率仅不到15%，而非自动化的设备，尤其是8到20年的“三哑”老设备占比超过60%，因此帮助企业实现方便快捷、自适应的工业设备连接和数采，是做好工业互联网的关键。

5.2 是构建稳定灵活、性能强大的平台

工业企业对于系统稳定性要求极高，以汽车零部件生产线为例，一旦以联网方式管理控制生产过程，可以更容易的挽回因停线或质量问题造成每小时数百万人民币损失。

5.3 是打造凸显工业价值的应用，优化资产与运营

资产优化是基于一个事实，亦即制造企业的重资产特性。目前重资产企业最重要的关切就是产能过剩的挑战，如何优化资产效率，提升资产的利用率。运营优化是制约制造业发展的重要问题，管理粗放，机能低下，信息化基础薄弱等等，也是中国工业企业转型迫切需要解决的。

基于工业互联网的全面数字化将帮助国内工业企业搭上飞速发展的快车，为企业关键生产过程的网络化数字化管控带来大幅的效率提升，同时加大企业对最终走向过程智能化转型升级力度。从而使企业在行业内获得更大的竞争优势。

6 总结

当前，我国制造业长期处于产业价值链的中低端，低端产能过剩与高端产品有效供给不足并存。加快工业互联网应用推广，有助于推动工业生产制造服务体系的智能化升级、产业链延伸和价值链拓展，进而带动产业向高端迈进。具体包括：一是带动生产装备高端化。通过部署工业互联网，在装备上布设传感器，对装备加工、运行数据进行建模分析并根据工况进行优化，可以有效提高装备运行的稳定性并提升加工精度；二是带动生产智能化。利用工业互联网的联接、计算、分析能力，能够为生产运营中的各种要素深度赋智和赋值，推动生产向柔性制造、敏捷制造和绿色制造等方向发展，倍增放大生产线价值。三是带动产品高端化。不断增加智能化、个性化产品的供给，全面提升供给体系质量和效率。

工业互联网是推进制造强国和网络强国建设的重要基础，是全面建成小康社会和建设社会主义现代化强国的有力支撑。未来随着工厂信息化和智能化的发展，将会有越来越多的工业场景需要采用无线技术和无线设备。无线技术的不断发展和进步，也将进一步推动制造业的发展，为工业互联网的发展带来新的动力。

参考文献

[1] 杜加懂．工业互联网无线技术应用及发展趋势．中国信息通信研究院，2016-06-14.

川渝地区天然气管道同沟敷设光缆工程施工技术要领

刘　平

（通信与信息技术中心重庆总站生产技术办-工程）

摘　要　川渝地区由于地形特殊，在管道光缆施工过程中会遇见许多复杂情况，如果采用的施工技术手段和工艺水平不符合要求，工程质量就得不到保证，将给工程后期的使用维护带来很大的困难。本文结合了我近年来参与川渝地区管道光缆工程建设的现场实践，以及对管道光缆线路后期使用维护的跟踪了解情况，对管道光缆施工质量控制的关键点，作一初步分析探讨，希望能够给管道光缆工程施工提供参考。

1　前言

管道光缆工程施工可分为线路复勘及光缆配盘、PE管及硅芯管敷设、光缆敷设与接续和附属设施安装等几大工序。管道光缆工程施工质量的把控，主要是体现在施工的技术及工艺细节上面，有些施工工序还需要施工人员有较好的体力。加强工程施工现场的技术、质量管控，避免质量出现问题十分重要，下面以工序进行探讨。

2　天然气管道同沟敷设光缆的工序及技术要领

2.1　线路复勘及光缆配盘

线路复勘主要是了解沿线的地质地貌、交通运输条件情况，测量线路路由，把现场的实际情况与工程设计进行对照，核实设计与现场实际有无不相符合的地方，有无设计缺陷或漏项。如果有则及时联系设计单位(或建设单位)进行修正，便于施工材料的一次性采购和后续施工。光缆配盘的意义在于依据线路地形地貌和交通运输等实际情况，科学地确定手孔和吹缆坑的位置，减少后期施工队的无为的开挖工程量。确定每两个手孔之间光缆的长度(一般为2~3km为宜)，配盘完成后好采购光缆。

2.2　PE管及硅芯管敷设

管道光缆工程设计硅芯管敷设的位置，一般在管道前进方向右侧靠近沟壁处。硅芯管的底部与输气管道的管底齐平，硅芯管与管道外壁的水平净距≥300mm。在特殊地段的敷设位置可根据具体情况做适当调整，以保证硅芯管敷设顺直，减少S弯方便后期敷设光缆。

这一道工序是管道光缆工程施工质量保证最关键的一步，由于地形地貌的复杂性，水网区、半石质或全石质地段、陡坡陡坎以及雨天场地泥泞，施工过程中十分耗费作业人员的体力，人工成本较高。但是一定要把本道工序的施工质量把控好。该道工序一般在大管焊接和防腐作业完成以后才进行施工。

2.2.1　清理管沟

在敷设PE管及硅芯管前，一定要把管沟清理平直，尽量靠近沟壁底部。一是与大管的距离远一点，可以避免因大管个别焊口的防腐以及返口作业对硅芯管造成损坏，二是沟壁底部位置的地质稳定性相对较好，一般的管壁垮塌对硅芯管影响不大。

石方段和半石方地段，一定要把管沟内的石块清理干净，再用沙袋垫实垫平，水凼和软基础的地方应用沙袋(或水泥沙袋)垫实垫平，尽量保证管沟平直。这一道工序很重要，如果施工粗糙，将直接影响到后续的吹缆作业，同时可能在光缆使用期间出现大衰或断芯等光缆故障。管沟清理见图1。

图1　管沟清理作业情况

2.2.2　PE管敷设

PE管一般使用在施工便道、陡坡陡坎、堡坎、石方段、水凼及水网区、河流和公路及沟壑穿越、现浇混凝土地段以及大管有压重块等特殊地段。PE的连接建议采用热熔对接法，比传统的热熔承插连接法有熔接质量显著提高，操作简单，不使用接头降低了材料成本，工作效率高等明显优势。

特殊地段如果PE管超长，中间因硅芯管敷设限制，无法熔接PE管时，可以采用一根2m左右的，内径比线路使用的PE管外径大一点的PE管套在外面进行保护。在涵管(或钢管)出口处要把PE管的下面垫平实，上面再盖上沙袋，避免因大管回填或地质沉降把PE管(硅芯管及光缆)从涵管(或钢管)出口处压断造成故障。

在陡岩(坡)处敷设好PE管后，土质地形可以打木桩并用非金属(不导电)绳子固定，石质地形可以用水泥沙袋固定。

土建在进行水保作业前，我方应与之沟通协调好，在所有堡坎砌筑体处必须敷设PE管，砌筑堡坎时，要保证堡坎基础与PE管之间有15~20cm以上的活动间隙，避免因堡坎沉降或发生位移时把硅芯管及光缆损坏。

2.2.3　硅芯管敷设

硅芯管在敷设前应先检查其外观应无损伤，气密试验合格并确保密封良好。施工时应保证硅芯管敷设平直，减少S弯，弯曲半径尽量大一些，以便于后期的吹缆作业。敷设时应采用放线盘展放以消除硅芯管的扭力，硅芯管的接头应连接牢固并密封良好，避免漏气影响后续的吹缆作业。

在敷设时应尽量避开水凼、水网区、高填方以及陡岩地区等处进行硅芯管接头，以免大管回填时出现硅芯管位置移动把接头拉开，造成无法吹缆时开挖处理困难。

硅芯管的上面应覆盖30cm以上的细土或用沙袋压平直，有石块的地段应特别注意，上面的细土及沙袋应覆盖规范，避免大管回填或沉降时被石块压坏。所有线路的硅芯管敷设都不应该出现下面悬空的现象，避免或减少因回填及地质沉降，造成后期光缆出现大衰或断芯等故障。

管道光缆在完工交接后的运行使用期间，如果出现大衰或断芯等故障，除了因人为原因和地质滑坡或堡坎发生较大的位移及垮塌以外，大部分是因硅芯管的敷设质量问题造成的。一般会在施工完工以后的一个雨季之内陆续出现，因此在该工序施工时应下大力气把该道工序做仔细，工艺技术一定要达到工程设计要求，不可偷工减料，留下故障隐患。

河流穿越施工施工时，最好是在大管的回拖作业面把硅芯管(一般是一主一备)展放开，把光缆吹放进硅芯管后，再把硅芯管从钢管里面拖放到河对岸。这样可以避免在先拖放硅芯管时钢管内壁的毛刺划破硅芯管体，出现无法吹缆作业的问题。

在有钢管保护的PE管和硅芯管的两端出口处，是PE管和硅芯管最脆弱的地方，保护措施不到位大管回填作业时容易出现断裂现象，因此，此处必须把管子的下方垫实垫平整。河流穿越的出口处，建议购买一根内径大于80mm的PE管，把它的一头纵向破开，把两根硅芯管穿在里面后，再把PE管破开的一头插入钢管里面或套在钢管的外面，以增加此处的机械强度。最后按照规范用沙袋进行下垫上压，不可出现底部悬空或不垫平整扎实等问题(图2、图3)。

图2　石方段施工情况

图3　水网段施工情况

2.3 光缆敷设与接续

2.3.1 光缆敷设

实践证明，在同等条件下采用气吹敷设方式比人工牵引敷设方式的质量要好一些。一般人工敷设的比气吹敷设的平均衰耗值略微高一点。区别在于人工牵引敷设的光缆，在硅芯管里面是直的，不像机械吹缆那样有“S”形的有升缩余量(一般在3‰左右)。使用过程中，在相同条件的情况下，如果发生一定的地质沉降，人工敷设的光缆会因为没有升缩余量，更容易出现故障。而且气吹敷设比人工牵引敷设成本要小一些，因此光缆敷设施工应以气吹敷设方式为主，人工牵引敷设方式为辅。

光缆敷设应在大管的防腐作业已完成并进行回填作业以后进行(最好是大回填以后)，一是减少大管因返口作业造成影响，二是有一个沉降过程以后，再进行吹缆对光缆敷设质量会更有保障。

在气吹敷设时应在作业场地铺上一块彩条布，把光缆展放在上面，避免泥土粘在光缆外层上面影响吹缆效果。光缆应采用放缆盘进行展放以消除扭力。光缆头制作规范，给硅芯管里面添加润滑油的油量适中，在雨季后施工，送缆操作人员应把光缆进一步清洁，送缆的速度应与机器吹送的速度一致，机器送缆速度要适中且力度要均匀，避免损坏光缆。

人工牵引敷设方式一般是在气吹敷设无法作业的地方才采用。影响人工敷设施工质量的主要在于不规范的送放光缆，使光缆打绞或弯曲半径过小，以及拉光缆时力量过大或不均匀，在施工时应注意避免。

2.3.2 吹缆作业常见问题及处理方法

2.3.2.1 通棒试验遇堵

吹缆作业规范要求，在吹缆施工前应先进行气密通棒试验，以清扫、润滑硅芯管内壁和检验硅芯管的情况。如果出现堵塞现象，则首先检查硅芯管出口有无气体排出，如有气体排出则有可能是硅芯管的弯曲半径过小，造成通棒无法通过，如无气体排出则有可能是硅芯管内有杂物造成堵塞。此问题可以根据堵塞的气量大小与敷设时的情况(如某一段或一处因条件限制施工不规范等)进行综合分析，预测一个点位，挖掘找到硅芯管并打开，再开空压机，如果气流通畅则赌点就在出口端，如果不通则堵塞赌点就在进口端，再用通管器通找赌点，用尺子测量就可以准确找到赌点位。

2.3.2.2 通棒试验漏气

通棒作业时如果空压机打不起压(一般在0.8~1MPa)，一般是硅芯管接头密封不好、接头未连接或硅芯管因机械损伤造成的，处理方法是沿硅芯管敷设线路探听漏气的声音，一般地故障点就在漏气点的正下方。

2.3.2.3 吹缆困难

在川渝地区，如果硅芯管敷设过程中严格按照工程设计规范施工，正常情况下一般一次性可以吹放距离在800~1200m左右，最高有达到1700m的。如果硅芯管敷设不规范，线路起伏过大及硅芯管敷设的平直度不好，就会影响吹缆的效果。在大管回填作业前，可以与油建公司协调好，在吹缆作业点与出口端之间预留几个吹缆坑，以解决吹缆遇阻时挖掘的困难。

所有挖掘施工应尽量避免使用挖掘机作业，以避免施工时伤及输气管线。

2.3.3 光缆接续

光缆接续施工除了要按照规定，在环境条件许可的情况下作业，熔接并检测质量应达到设计要求以外，作重注意光缆接头盒的安装。在安装密封垫时应平整到位并确保密封良好，光缆接头盒如果需要再次打开，里面的密封垫必须更换，不可重复使用，以保证接头盒的防水密封良好，否则使用一段时间以后，纤芯会因为接头盒进入泥水侵泡腐蚀，更有可能进入蚂蚁等有害生物侵害，从而出现断芯的故障(图4、图5)。

图4　接头盒进水情况

图 5　接头盒进蚂蚁情况

2.4　附属设施安装

附属设施安装包括余缆保护盒、手孔、电子标识器和通信标石的安装等。

2.4.1　手孔及余缆保护盒安装

硅芯管应在手孔和余缆保护盒里面预留 20~30cm 左右的长度，进入硅芯管的端口应密封好，这样一是给硅芯管预留一定的升缩长度以保护光缆，二是避免后期泥沙进入硅芯管。硅芯管与手孔及余缆保护盒的出口处的下面必须用沙袋垫平整，不能有悬空现象。手孔及余缆保护盒应用沙袋保护好，以免光缆出现问题。

2.4.2　电子标识器安装

电子标识器(带 ID)埋深应大于 0.6m，但不得超过 1.8m，必须水平放置在手孔的正上方，方便后期探找。

2.4.3　标牌标石安装

光缆标示牌应按照建设单位的要求制作挂放。通信标石埋设在通信光缆的正上方。在硅芯管接头处、备用硅芯管两端，翻越输气管道、离开输气管道单独敷设、交越其它管缆、接续手孔、预留光缆的地点等处增设通信标石。通信标石应埋设在不易变迁、不影响耕作和交通的位置。如埋设位置不易选择，可在附近增设辅助标石或标志牌，用三角定标方式标定光缆位置(图 6、图 7)。

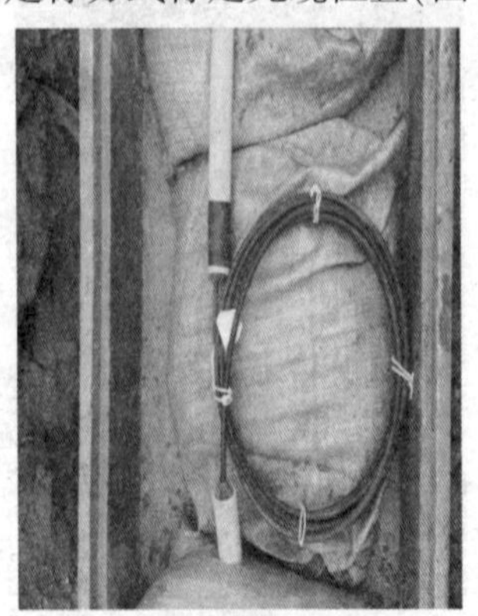

图 6　余缆保护盒安装情况

图 7　手孔安装情况

2.5　数据信息采集存档

工程施工期间及完工以后，应详细准确的测试、采集相关技术参数和数据信息，如管道光缆线路路由、长度和中继段正反向平均衰耗、光缆纤芯分配信息等，以及手孔及余缆保护盒安装位置的经纬度数据及两端光缆的预留长度、电子标识器的编号与编码等数据信息，完整地记录编制组卷，作为竣工资料存档，同时提供给系统后期维护单位，作为重要的维修参考资料保存使用。

3　总结

川渝地区地形复杂地质多变，给管道光缆工程建设施工带来许多困难和挑战，实践证明，只要我们在施工的过程中，熟练掌握和应用好各个工序关键环节的施工工艺技术要领，不断总结提高施工技术水平，以精益求精的工匠精神，认真细致的规范作业，完全能够克服一切困难，把管道光缆工程做成优良工程。

参　考　文　献

[1] 通信线路工程验收规范[GB51171-2016].

[2] 西南油气田分公司光通信工程设计、施工及验收指导意见[0 版].

[3] 双鱼石区块栖霞组气藏试采地面工程．外输线路集输-通信工程[设计书].

[4] 北外环集输气管道工程(龙岗-渡口河段)光通信系统工程[设计书].

[5] 通信与信息技术中心重庆总站《工程项目管理手册(试行)》.

数字化视频会议系统建设与应用

唐 慧

（中国石化销售股份有限公司山东石油分公司）

摘 要 某石油公司1999年到2020年二十年期间视频会议系统建设与应用，介绍从“锅盖”卫星系统到主流华为视频会议系统建设，随着云技术推广小鱼视频会议系统建设，数字化视频会议系统集成虚拟化技术、云化技术发展在生产经营、日常办公、政策宣贯、培训研讨应用。数字化视频会议系统基于H.265技术的更加成熟，更加稳定，基于SVC架构的云视频技术的更加稳定、完善4K、8K信号的传输处理，依托技术发展推进产品演变，提升用户体验，视频会议系统在视音频编解码、芯片技术路线发展同时，跨行业整合AR技术、OA办公系统、人工智能等技术，呈现虚拟现实VR、AR更多的应用，人工智能AI越来越强大，与AI技术融合的视频会议将不仅仅是一种沟通工具，更多是满足人们生理和心理的需求，关注生活品质的提升。

关键词 视频会议；华为；小鱼；云会议；数字化视频会议；

全球信息化时代发展，计算机技术、多媒体技术、通信技术的结合形成快速发展的多媒体通信技术，视频会议系统就是多媒体通信技术的综合应用。视频会议系统经历了标清时代、高清时代、智真视讯时代、智能协作时代，随着虚拟化、云技术、超高清传输应用，视频会议系统随着沟通与协作的体验，向数字化视频会议系统发展，向智能化应用、智能化服务方面发展。尤其今年一场突如其来的疫情给中国甚至全世界都带来了巨大的影响，但也让视频会议系统备受关注，数字化视频会议系统集成也走上风口。数字化视频会议系统能够展现智能会议室、AI客服、通过语音控制、肢体控制等新的人机交互方式，智能翻译、刷脸认证使沟通协作增强，虚拟化办公助理、智能推荐等场景化辅助应用，数字化视频会议系统进入智能协作阶段，企业工作方式将大大改变，同时带来巨大的效率提升与创新，行业生产也会变革驱动新的产业空间出现，未来的数字化视频会议系统将不仅仅是一种沟通工具、办公工具，更多能够满足人们生理、心理和生活的需求，关注生活品质的提升。

1 某石油分公司视频会议系统发展

某石油分公司（简称“某石油”）早期视频会议系统开始于卫星锅面天线接收的卫星接收站，俗称“大锅盖”接收，大锅盖接收到信号反射到高频头，通过天线接收机反馈成视频信号，最后被电视机接收处理。

2000年，集团推广使用宝利通高清视频会议系统，总部和所有直属单位、二级企业系统建设为720P分辨率高清会议系统，使用总部+省公司+市公司+县公司级联模式，某石油公司使用宝利通中央处理器（RMX4000MCU）加地市分公司使终端设备（HDX8000）、县公司使用终端设备（HDX6000）型号视频会议系统配置，实现省市县公司720P分辨率高清会议模式。

2017年，集团公司完成五大网络区域中心建设，网络架构由总部+省公司两级架构变更为总部+区域中心+省公司三级架构，集团公司视频会议系统也实现总部-企业两级架构变为总部-区域中心-企业三级架构，某石油更换使用华为高清视讯会议系统（简称“华为视频系统”），省公司使用中央处理器VP9650MCU，终端设备型号TE50，市公司使用中央处理器VP9630MCU，终端设备TE50型号，县公司使用终端设备TE30型号，实现总部省、市、县公司1080P60分辨率高清会议模式。

2019年，华为高清视频会议系统未能满足省市县公司油站四级架构纵向联动，省市之间以及外部单位间横向联动。省市公司配置一台华为中央处理器MCU单点运行负载大，随着日常办公、生产经营业务快速发展，线上培训、远程视频会议数量猛增，单点设备运行风险同时显现，实现华为视频会议系统备份，某石油试点启用小鱼易连视频系统(简称“小鱼视频系统”)，做好软硬件内外网隔离双备份，做好华为高清视频会议系统和小鱼云视频会议系统同时使用、互为备份会议新模式。

下面用图表形式展现某公司视频会议系统发展历程，如下图：

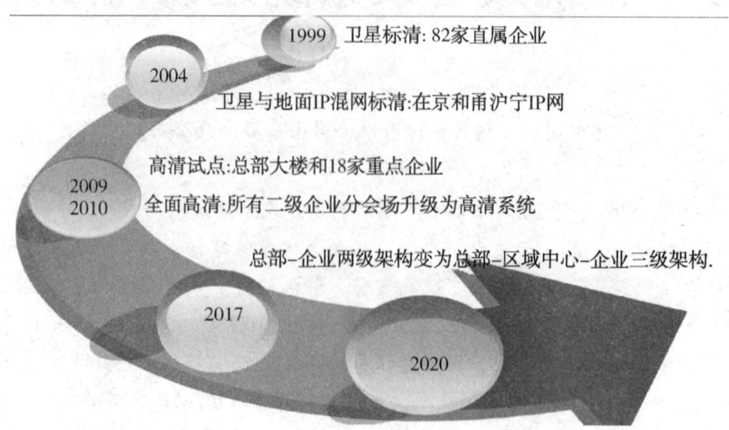

图 1　某公司视频会议系统发展历程

2017-2020 年实现会议架构模式改变，新的会议模式架构如下图：

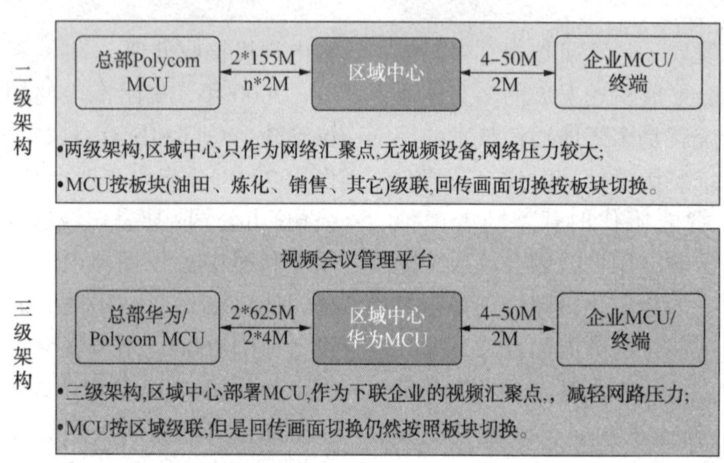

图 2　新的会议模式架构图

在三级级联的新会议模式下，系统拓扑图如下：

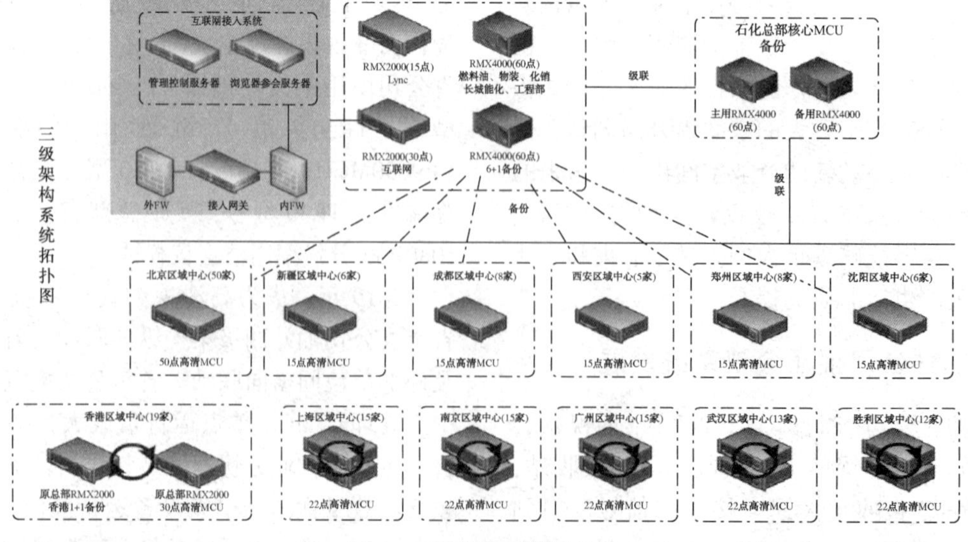

图 3　三级架构系统拓扑图

2　视频会议系统建设背景

2000 年，集团推广使用宝利通高清视频会议系统以来，经过多年的提升与完善，已经形成一套覆盖范围达到集团公司二级企业三级企业等规模会议系统，视频会议已经成为生产经营、日常办公、政策宣贯、培训研讨的重要手段，但是伴随着总部省市公司视频会议数量逐年增多，宝利通设备已经运行七年多，不能满足企业日益增多的会议质量要求，2017 年某石油向总部以内部签报形式提出申请更换华为高清视频会议系统。

3　视频会议系统实施

华为视频会议系统，省公司使用 VP9650MCU，终端 TE50，市公司使用 VP9630MCU，终端 TE30 型号，县公司使用终端 TE30 型号，实现总部省、市、县公司 1080P60 分辨率高清会议模式。可以实现以下功能：

(1) 通过 MCU 级联方式实现省公司召开省-市-县三级会议；

(2) 实现与中石化总部实现互联互通及召开会议；

(3) 具备分级分权功能，各市分公司可以管理本市的设备和会议；

(4) 具备会议录制功能，支持会议过程中的直播和会后点播；

(5) 具备资源池功能，任意市分公司的 MCU 出现故障时，可直接调用其他市公司的 MCU 应急，不影响正常会议的召开；

(6) 实现省、市公司辅流的播放；

(7) 完成设备的集成联调，实现省、市、县公司音视频互通。

视频会议系统建设中某石油公司更新会议管理平台(SMC2.0)1 台，录播服务器(RES6500)1 台，省市公司中央处理器(MCU)16 台。省、市公司华为终端(TE50)19 套，县公司华为终端(TE30)100 多套，系统建设实施过程中以现场培训以及远程视频形式培训省公司、市公司、县公司、油库视频会议管理人员 200 多人。

4　数字化视频会议系统应用

随着国家数字化转型要求，数字化视频会议系统正在被大多数企业接受，数字化转型带来巨大收益，业务流程速度更快、效率提升，企业沟通效率快速提升，更好地把握住数字经济的商业机会带来的创造价值。目前主流视频会议系统是依托硬件的智能化管控设计方案，近几年云视频会议系统已经被大多数企业所接受，小鱼易连视频会议系统就是基于云平台管理的云视频会议，华为主流的视讯系统也是基于云平台开发设计。使用一套好的云视频会议，可以使能企业的办公系统数字化以及生产系统数字化，助力企业的数字化转型。

随着某石油公司业务不断升级发展，使用现有华为视频会议系统不能满足省-市-县公司-油站四级架构联动，省市公司各配置一台华为中央处理器(MCU)单点运行负载大，且华为视频会议系统对网络带宽要求较高，基于某石油网络基础条件影响，要求：

(1) 系统能够在 2Mbps 带宽下实现对称 1080P/60 帧秒，1Mbps 带宽下实现对称 1080P/30 帧/秒，512Kbps 带宽下实现对称 720P/30 帧秒的高清视频质图像连续流畅、色彩真实，没有停顿、跳帧和马赛克等现象，并可以后续滑扩容；

(2) 不改变现有的会商使用模式及操作习惯，减少系统升级带来的操作麻烦，为了保证视频会议系统正常运行，华为系统备份已经提上日程，某石油分公司网络拓扑如下：

省公司各级单位纵向沟通、横向交流、技能培训等需求逐步增多。为了更好的满足工作需要切实解决基层站点员工参会难、各级单位远程沟通手段单一的现状。规划建设一套会商云视频系统，实现市公司、县区分公司、基层站点三级联动，丰富培训直播、应急指挥、视频会商等功能业务，以会商互通加培训直播形式提高工作效率、节约费用支出。

配合华为视频会议系统备份，某石油试点启用小鱼易连视频系统(简称“小鱼视频系统”)，做好软硬件内外网隔离双备份，同时做好了华为视频和小鱼视频系统同时使用互为备份会议新模式。

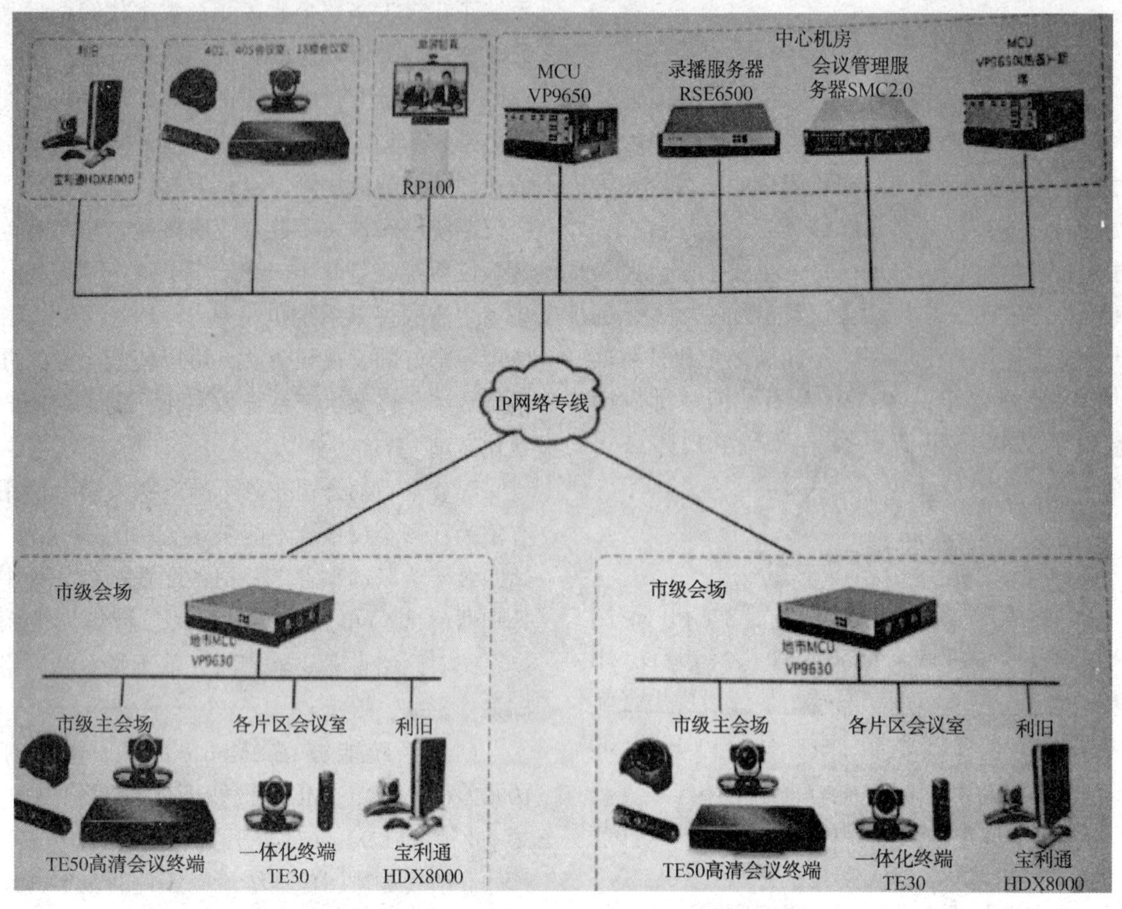

图 4　网络拓扑

5　数字化视频会议系统实施

5.1　方案设计

(1) 基于小鱼易连加密会商云平台，建设市、县、站点三级视频会商系统。

(2) 省公司主会场部署 ME90 会商直播终端，通过与现有华为视频终端信号转接方式实现总部、省公司会议精神信号转播。同时该终端支持外部活动期间移动部署，满足大型活动、文艺汇演，总结会议等会场的专业直播功能。

(3) 省公司领导值班室，部署 NE 一体化触控会商终端，满足领导实时收听收看。

(4) 云议及指随时接入需求。在区具分公司部署 ME60 会商直播终端，实现会议室集中收听、收看会议培训内容，及双向音视频互动需求在各站点部署 ME40 会商直播终端，实现站点员工集中收听、收看会议培训，及双向音视频互动需求。

(5) 企业全员可通过软件端或手机电脑网页直接收听收看技能培训、活动直播能力。同时系统支持企业文化宣传、安全技能分享等面对公众及外部的全网线上直播能力。

(6) 出差在外、移动办公、应急事件处理时，在互联网加密条件下，平台支持手机 AP、PC 软件客户端、NE 终端以视频方式加入到会议中。在互联网网络较差没有保障的情况下，新建平台支持通过 PSTN 固定电话、手机以语音方式加入到会议中。

数字化视频会议系统支持大规模视频并发，满足丰富的应用场景。基于开放融合能力，满足视频应用融入 OA 等其他信息系统。基于 A 技术，支持人脸识别、会商点名同声传译等创新应用，充分满足集团未来创新信息化应用扩展。

5.2　数字化视频会议系统设备配备

省公司大会议室配备小鱼 ME90 小鱼会议终端 2 台，市公司配备 ME60 小鱼会议终端 17 台，小会议室配备 NE90 小鱼会议终端 20 台，县公司、油库以及外部单位接入通过使用软终端接入方式。

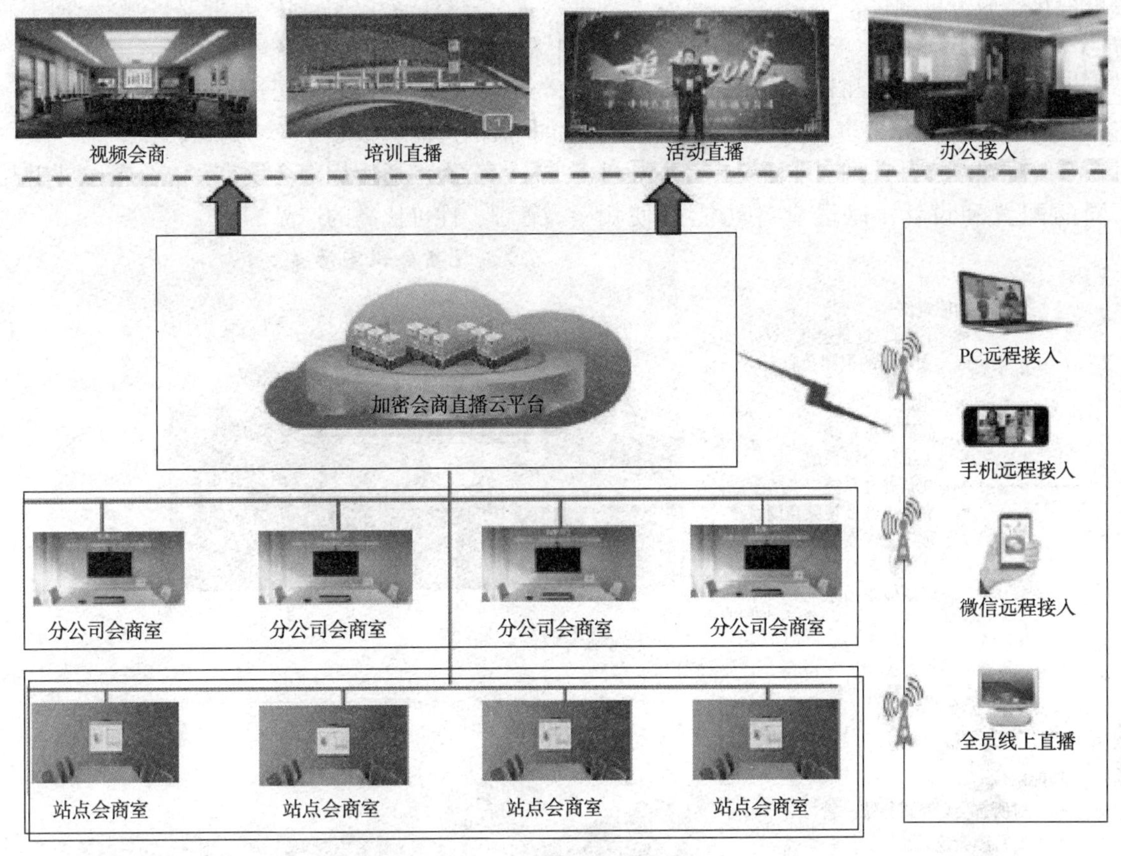

图 5 小鱼易连视频会议方案设计图

表 1 省市公司小鱼设备配备表

省公司会议室	ME90 会商终端	通过与现有华为视频终端信号转接方式实现总部、省公司会议信号转播。同时该终端支持外部活动期间移动部署，满足大型活动、文艺汇演，总结会议等会场的专业直播功能。
市公司会议室	ME60 会商终端	专业分体式会议终端，满足临时驻场活动、文艺汇演、年终总结等专业活动直播功能，同时兼顾视频会议双向音频互通会场功能。
移动接入端	笔记本电脑、IPAD、手机等移动终端	100 路软终端接入，实时发起电脑端培训交流，及双向音视频互动。

5.3 数字化视频会议系统功能

（1）具备培训直播、省分会议实时转播功能。内部业务技能培训、省厅会议精神可实现内部全员线上收听收看对各级单位表彰大会、文艺汇演、企业文化宣传等活动提供线上直播。

（2）支持培训、会议内容的实时录制，点播回顾学习功能。

（3）作为现有视频会议系统的有效补充，扩展远程信应用范围：A、关注基层，将远程通信系统统盖到各站点实现市、县、站点的三级双向互通；县到各辖区站点两级双向实时音视频互通。B、加强移动接入、应急指挥等综合应用功能手机/PC/PAD 可通过加密互联网实时接入。员工/领导出差或海内外学习访问期间可通过便携设备实时接入本部，为应急事件的快速指挥决策提供着实有效的通信保障。

6 数字化视频会议系统集成

数字化视频会议系统设计采用智能化管控设计架构，实现办公楼内所有会议室独立运行、核心设备智能分配、重要服务云端备份、技术支持动态响应。

（1）实现综合管理控制，会议室资源管理，本地会议一键启动，视频会议远程支持，重要会议多重备份。

（2）系统主动运维，系统运维服务移动化，资源可视化，服务可量化。

6.1 会议室设备选型

根据各会议室的特点和具体需求，将所有会议室中智能会议系统分为多种类型的设计方案，通过在系统配置、产品选型和平面设计等方面进行不同的配置和设计，以适应各功能的使用需求。

一类：会议室 VIP 等重要区域选择国际领先、技术先进的产品，重要设备考虑备份；

二类：会议集中层选用技术先进、稳定、易扩展的产品，核心系统考虑备份；

三类：通用标准会议室，充分考虑易用、易管理、性价比高的产品。

6.2 视频会议室场景

功能定位:

- 1:1仿真远景会商
- 面对面的视频会商

系统组成:

- 高清显示系统
- 无纸化会议系统
- 视频处理系统
- 高清摄像及视频会议系统
- 数字会议发言系统
- 音响扩声系统
- 多媒体录播系统

图 6　视频会议室场景图

6.3 集中控制室

功能定位:

- 对所有会议室进行统一管控
- 对视频会议系统进行统一管控
- 对(实时)录、直播内容的编辑及推送

系统组成:

- 大屏幕显示系统(拼接屏)
- 分布式视频处理系统
- 视频会议系统
- 发言及音响扩声系统
- 录播管理平台
- 预定及发布平台
- 智能管理平台

类似方案参考

图 7　集中控制室场景图

6.4 三维模拟场景控制室

功能定位:

- 沉浸式三维仿真
- 模拟演练

系统组成:

- 3D高清显示系统
- 三维视频处理系统
- 可视化展示系统
- 发言及扩声系统
- 智能中央控制系统
- 辅助系统

安全虚拟现实培训中心

图 8　三维模拟场景控制室

6.5　数字会议发言系统

媲美模状话筒的音质(私有的无压缩音频传输及数字转模找技术)会议主机自带数字反馈抑制器功能，避免啸叫，同时还具有6路音频输入，4路音频矩阵输出，可自定义每只话筒输出通道。会议主机面板集成了USB接口，插入U盘即可实现录音。每只发言单元预设了7种人声与2种话筒音色，音量大小可调N+N自定义主席话筒。

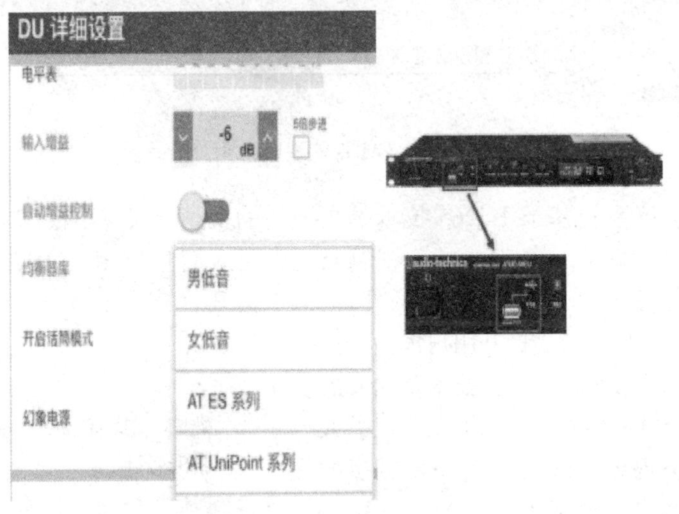

图9　视频会议室发言系统

6.6　数字语言转写系统

当前会议记录、出稿的准确性和时效性要求高，人员工作压力大，传统的人工整理方式已经很难满足要求。当前各类型会议，特别是重大、大型会议，介于信息安全等因素，需要指派内部专职人员全程记录，会后还要花费大量的时间反复回听录音、编辑会议纪要。很多重要会议具备时间长、信息量大、纪要输出严等特点。基于以上背景，听见智能会议系统应运而生，在业界首次实现在会议场景下以符合安全要求的离线方式将发言语音内容实时转换成文字一体式智能会议系统。

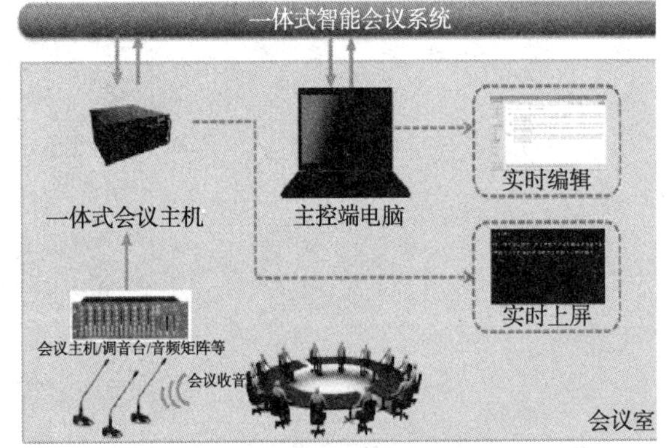

图10

6.7 AI 智能视频识别分析系统(人脸、语音等)

AI 智能视频识别分析系统可以实现人数统计分析，图片抓拍功能，多画面显示，人脸识别和统计系统，对视频会议系统推送来的视频图像进行实时抓取和分析并记录分析结果。

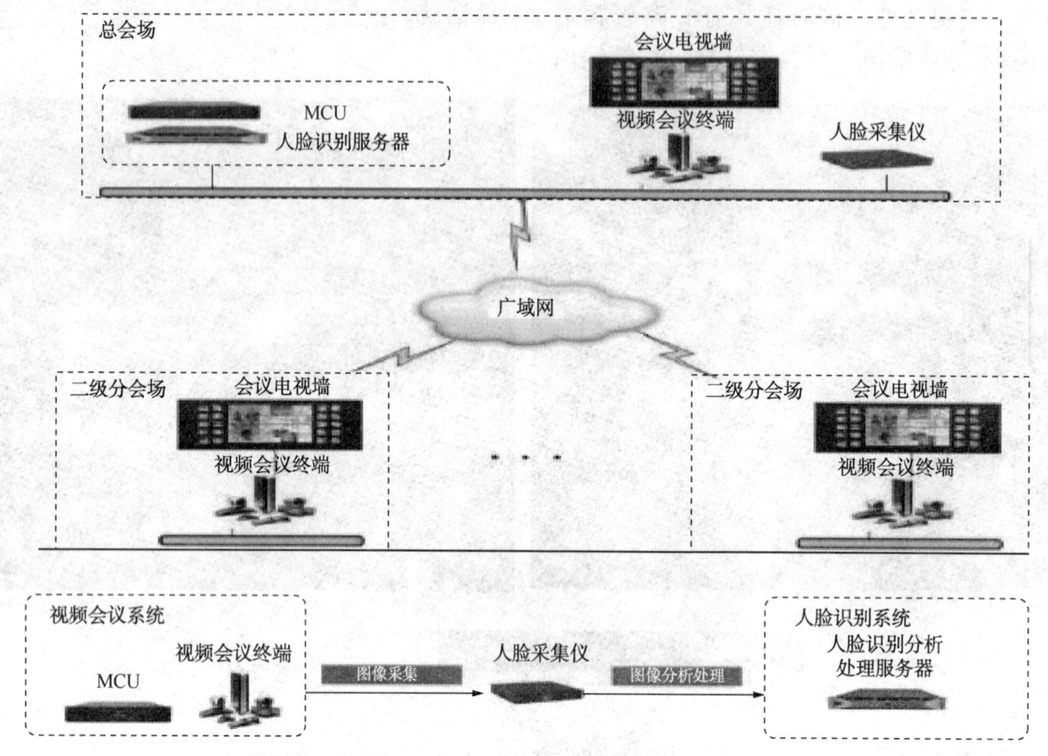

图 11　AI 智能视频识别分析系统

数字化视频会议系统基于 H. 265 技术的更加成熟，更加稳定，基于 SVC 架构的云视频技术的更加稳定、完善 4K、8K 信号的传输处理，依托技术发展推进产品演变，提升用户体验，视频会议系统在视音频编解码、芯片技术路线发展同时，跨行业整合 AR 技术、OA 办公系统、人工智能等技术，呈现虚拟现实 VR、AR 更多的应用，人工智能 AI 越来越强大，与 AI 技术融合的视频会议将不仅仅是一种沟通工具，更多是满足人们生理和心理的需求，关注生活品质的提升。

参　考　文　献

[1] 梁华《现代音视频会议系统与工程设计》中国建筑工业出版社.

[2] 梅运谊《视频会议系统实用指南》石油工业出版社.

冀东油田骨干环网技术研究与应用分析

任 毅

（中国石油冀东油田信息中心）

摘 要 面对油田业务数据量不断增长的情况，OTN技术作为一种新型的网络信息传输技术，对于提高油田网络承载能力有着显著作用。环网拓扑结构改进，对于保证网络系统的稳定性有着积极的意义。技术人员应该对相关技术进行正确把握，保证主网的稳定运行，发挥该技术的优点，提高其性能，促进企业的可持续发展。本文就OTN技术在冀东油田的应用可行性进行了详细的讨论。

关键词 骨干环网；OTN；波分复用；信息化；SDH

引言：围绕油田骨干通信系统的升级与扩容，提升油田通信系统在数据传输带宽，更好地服务于生产系统的智慧化以及物联网应用系统的建设，以解决数字化系统运行中存在的问题和提升整体油田数字化智能化生产为导向，重点研究基于先进的OTN传输技术用于数据传输、智慧生产、服务决策、辅助判断等相关技术，确定油田智慧生产实现物联网应用的基础网络。

（1）依据现有数据传输骨干网进行升级，优化现有数据传输体系；

（2）站场数据传输高可靠技术应用；

（3）网络光纤状态在线监测，实现故障预警，精准定位；

（4）油气生产物联网系统深入推广，标准化数字传输体系，降低现有生产数据传输时延、故障发生几率；

1 采用OTN技术进行骨干网升级

目前冀东油田骨干网主要由唐山、唐海、高尚堡、老爷庙、南堡110KV变电站、南堡油库等站点组成。现网均采用千兆和百兆交换机组网，其中唐山至唐海通过租用联通的500M数字链路实现通信。近年来随着生产数据业务、生产视频业务、办公网业务、油田数据业务及其他业业务爆发式的增长，目前骨干网络带宽出现了瓶颈，已经无法满足日益增长的业务需求，急需新的解决方案解决网络带宽问题。

本次油田骨干网采用OTN技术进行升级。实现油田数据大容量、高可靠、高安全的传输。所谓OTN技术，就是一种利用波分复用技术来实现信息在光层网络上的传输，与以往的技术相比，该技术成为一种新型的骨干传送网，信息传输效率更高，传输安全性更高。在具体的应用中，OTN技术可以通过于G-872、G-709和G-798技术来建立一个规范的数字传输或光等传输体系，进而解决WDM网络无波长的问题，并且能够提高组网信息传输的灵活性。

OTN技术是传统的波分复用技术的更新，将实现信息在光层网络中的应用。这一新型的网络传输将以G-872、G-709以及G-798为基本的传输体系。在以往的通信中，核心技术为WDM或SDH，而OTN技术则在这一基础上引进了OTH、ROADM以及G-709接口。使得和WDM网络无波长甚至子波长业务的调度能力差以及网络自保护能力差等问题得到解决。OTN技术即光传送网，该传输方式提高了信息的传授效率。OTN技术在未来的油田信息通信传输中将具有积极的应用，使其传输效率更高。国际上对于OTN技术的研究已经获得一定成就，这一技术在我国的应用具有民众基础，并且具有技术可行性。

OTN网络技术以ROADM为基础，可同时支持电层和光复杂网络拓扑结构的构建，提高了网络信息的传输效率，并且信息传输更加灵活，将这一技术应用于信息通信传输将具有必然性。其主要特点如下：

（1）安全性提高，业务调度更加灵活

OTN技术作为一种新型的网络信息传输技术，实现了对全网的监控，其网络监控能力要大于SDH网络，并且可以实现快速的故障定位，并且对网络性能进行维护，因此其安全性和可靠性逐渐提高。于以往的通信相比，使用OTN技术后，信息传输效率提高，通信的维护将更加灵活。使业务可以灵活运转与各个局点之间，对ASON控制平面提供支持，该技术还能够提供电层和光层保护。与以往的技术相比，其主要特点是可支持多点故障，并且可以达到电信级的基本要求，且可以使用通信信号的透明传输。

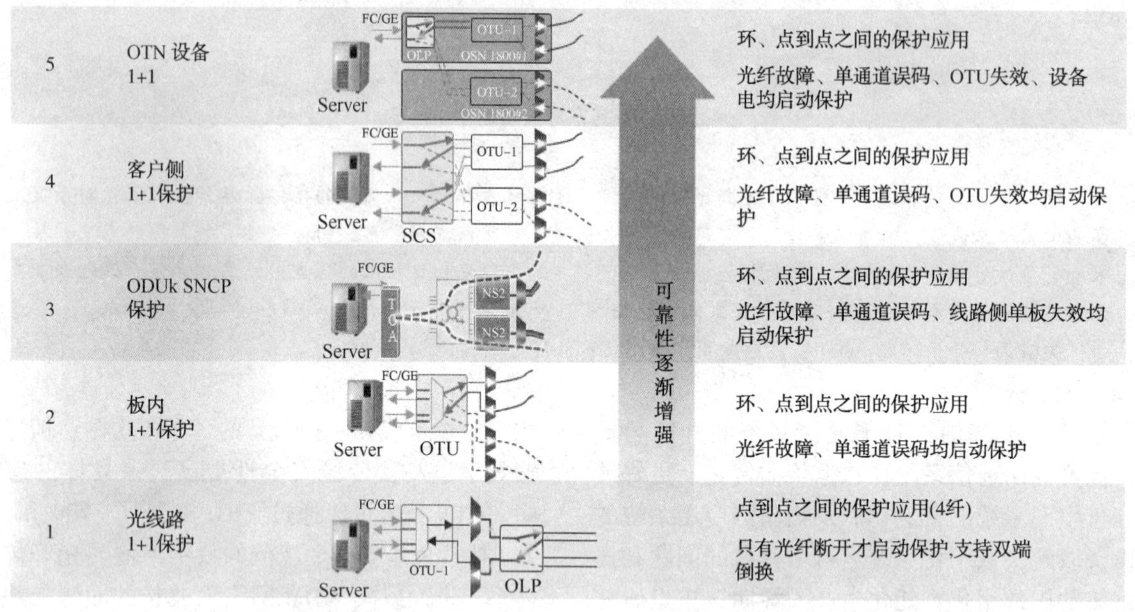

图1

（2）与以往的技术相比，OTN技术的故障维护工能和管理功能均提高

开销控制能力是对系统的一种即时监视，OTN以光通路层帧结构为主要监视系统，不仅提高了监视水平，还确保了系统的安全。与此同时，OTN技术还具有嵌套监视功能，实现端对端和多分段监控，提供了多样化的监控形式。

2　OTN技术在信息通信传输中的应用

2.1　OTN的先进性

将OTN技术与其他技术相比，就可以发现其优势所在。首先，OTN技术与SDH技术相比，SDH技术在小颗粒的TDM语音业务以及相关信息传输中起到了积极作用，但是我国的移动通信网络业务量不断增加，大容量已经成为一种必然趋势。3G、4G网的发展使得传统的传输技术不再适用。而OTN技术以高效的信息传输技术为主，对于信息的承载能力增强，可满足大业务量下的信息传输，因此更好的弥补了以往技术的缺失。更适合当今社会的移动通信网络需求，当然二者之间并不存在矛盾，在具体的应用过程中，可以根据通信传输的信息量正确的选择通信技术。其次，将其与WDM技术相比，WDM技术主要应用于骨干信息传输，是多光波道复用技术的体现，解决了SDH技术下容量不足的问题。但是其缺点也十分明显，WDM技术组网能力不高，监管能力并不理想，因此安全隐患众多，在实际应用过程中，如信息容量较小，我们可以选择SDH技术、而在信息通信量较大的前提下，则通常使用OTN技术，而WDM技术的单一使用则较少。随着通信技术和互联网技术的发展，OTN技术的使用范围将更加广泛，先进性更加明显。

2.2　OTN技术的测试应用

OTN技术科应用于网络测试过程中，是针对电网组成拓扑结构进行合理的分析，并且对测试的内容进行更合理的选择。其应用类型主要包括两种，其一是基于网络分析设备作为拓扑结构的测试仪器。该测试仪器向OTN装置和设备发送于G.709中的OUT帧数，整个过程中对应PUT帧数中对应的PM、SM以及TCM开段开销内容，并且可以在日后的应用通过OUT装置来改造测试方式，以改进设备性能，其二主要是基于OUT设备内的网管结构，可以对OUT装置中所包含的PM、TCM和SM段开销进行有效测试。此时该测试技可以对所有链路进行实时监控，并且完成对整个电网系统的测试过程。OTN技术的测试应用将实现业务拓展，测试效率也较以往提高。

2.3 OTN技术在油田组网中的应用实践

OTN技术对传统组网技术进行改革，在这一过程中，该技术可以发展其积极作用。通过对传统技术的改革，构建全新的油田网组网技术，促进油田网组网安全性的提高。以往的油田网构建过程中，传输技术存在的问题主要采用数据交换机组网时，影响传输效率，或者系统的性能以及安全稳定性较差。宽带利用率低自然影响传输效率，伴随着我国移动通信业的快速发展，传统主要应用的两种传输技术的弱点就显现出来。OTN技术的应用在油田组网中的应用效率更加理想。通过上文分析我们可以了解，该技术较以往的技术相比，其灵活性更高，对于电网组网可以进行技术的调整。OTN技术在多个领域具有重要作用，对于移动通信的效率和安全性均具有积极的作用，以油田通信组网中OTN技术的应用作为案例，具体而言，OTN技术手段应用于油田组网的骨干层中，以太物理线路为基础结构，便可以完成对组网业务的有效承载。随后将其映射于ODUK结构上，使ODUK的波长可以调节和交叉。在此过程中，工作人员或者操作人员可基于OTN技术手段的应用实践，来实现对本地网络进行高效的管理与调度。要求执行过程中要按照油田组网接入层、汇聚层业务类型，利用以太网接口类型，同时将命令传送于骨干层对应的组网设备中，最后对ODUK颗粒的波长等基本参数进行调整，使其满足网络配置需求，提高网络信息传输效率。

3 关键技术

OTN技术是在目前全光组网的一些关键技术(如光缓存、光定时再生、光数字性能监视、波长变换等)不成熟的背景下基于现有光电技术折中提出的传送网组网技术。OTN在子网内部进行全光处理而在子网边界进行光电混合处理，但目标依然是全光组网，也可认为现在的OTN阶段是全光网络的过渡阶段。

按照OTN技术的网络分层，可分为光通道层、光复用段层和光传送段层三个层面。另外，为了解决客户信号的数字监视问题，光通道层又分为光通道传送单元(OTUk)和光通道数据单元(ODUk)两个子层，类似于SDH技术的段层和通道层。因此，从技术本质上而言，OTN技术是对已有的SDH和WDM的传统优势进行了更为有效的继承和组合，同时扩展了与业务传送需求相适应的组网功能，而从设备类型上来看，OTN设备相当于SDH和WDM设备融合为一种设备，同时拓展了原有设备类型的优势功能。

OTN技术作为一种新型组网技术，相对已有的传送组网技术，其主要优势如下：

(1) 多种客户信号封装和透明传输

基于ITU-TG.709的OTN帧结构可以支持多种客户信号的映射和透明传输，如SDH、ATM、以太网等。目前对SDH和ATM可实现标准封装和透明传送，但对不同速率的以太网的支持有所差异。ITU-TG.sup43为10GE业务实现不同程度的透明传输提供了补充建议，而对于GE、40GE、100GE以太网和专网业务光纤通道(FC)以及接入网业务吉比特无源光网络(GPON)等，其到OTN帧中标准化的映射方式目前正在讨论之中。

OTN中的帧被称为光信道传送单元(OTU：Optical Channel Transport Unit)，它是通过数字封包技术向客户信号加入开销OH(Overhead)和FEC部分形成的。

在G.709中，定义了三种不同速率的OTU-k(k=1，2，3)帧结构，速率依次为2.5Gb/s、10Gb/s、40Gb/s。

光通路净荷单元OPU：业务适配

光通路数据单元ODU：串联连接监测

光通路传送单元OUT：传输性能改善

采用定长帧结构：

2.5G：约2万帧/s

10G：约8.2万帧/s

(2) 大颗粒的带宽复用、交叉和配置

OTN目前定义的电层带宽颗粒为光通路数据单元(ODUk，k=1，2，3)，即ODU1(2.5Gbit/s)、ODU2(10Gbit/s)和ODU3(40Gbit/s)，光层的带宽颗粒为波长，相对于SDH的VC-12/VC-4的调度颗粒，OTN复用、交叉和配置的颗粒明显要大很多，对高带宽数据客户业务的适配和传送效率显著提升。

SDH技术与WDM技术相结合

实现方式：将OTU切分为客户侧和群路侧

	1　　7	8　　14	15 16	17　　38 24	38 24　　4080
1	帧定位开销	OTUk开销	OPUK开销	OPUk载荷	OTUk FEC开销
2	ODUk开销				
3					
4					

图 2　G. 709 帧结构

特点：

（1）大的业务颗粒：1-100Gb/s

（2）大的交叉颗粒：GE/ODU0/ODU1/ODU2/ODU3/ODU4

（3）没有类似与 SDH VC4 的统一交叉颗粒

（4）具有 SDH 相当的保护调度能力

（5）业务接口变化时只需改变接口盘

（6）将 OTU 种类由 MxN 降低为 M+N，减少了单盘种类

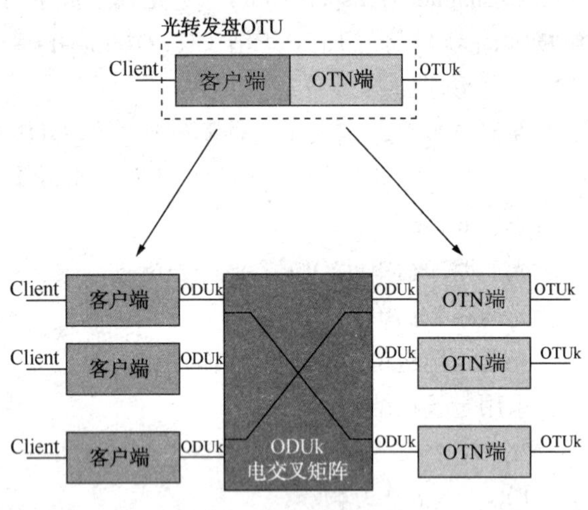

图 3　OTH 交叉实现

（3）强大的开销和维护管理能力

OTN 提供了和 SDH 类似的开销管理能力，OTN 光通路（OCh）层的 OTN 帧结构大大增强了 OCh 层的数字监视能力。另外 OTN 还提供 6 层嵌套串联连接监视（TCM）功能，这样使得 OTN 组网时，采用端到端和多个分段同时进行性能监视的方式成为可能。

（4）增强了组网和保护能力

通过 OTN 帧结构、ODUk 交叉和多维度可重构光分插复用器（ROADM）的引入，大大增强了光传送网的组网能力，改变了目前基于 SDHVC-12/VC-4 调度带宽和 WDM 点到点提供大容量传送带宽的现状。而采用前向纠错（FEC）技术，显著增加了光层传输的距离。另外，OTN 将提供更为灵活的基于电层和光层的业务保护功能，如基于 ODUk 层的光子网连接保护（SNCP）和共享环网保护、基于光层的光通道或复用段保护等，但目前共享环网技术尚未标准化。

ROADM 是相对于 DWDM 中的固定配置 OADM 而言，采用可配置的光器件，从而可以方便的实现 OTN 节点中任意波长、波长组的上下、阻断和直通配置。

根据组网能力的不同，ROADM 主要分为：

（1）二维 ROADM：支持两个主光线路方向；

（2）多维 ROADM：支持 3 个以上的主光线路方向。

采用 ROADM 设备可以组成大规模的 PXC（光子交叉）设备，从而完成 OTN 中的光层波长交叉功能，最大可支持 8 个主光线路方向。交叉过程全部在光层上进行，没有 O/E/O 转换，所以设备成本较低。

ROADM 的三种实现方式[3]：

WB 技术见图 5。

PLC 技术见图 6。

WSS 技术见图 7。

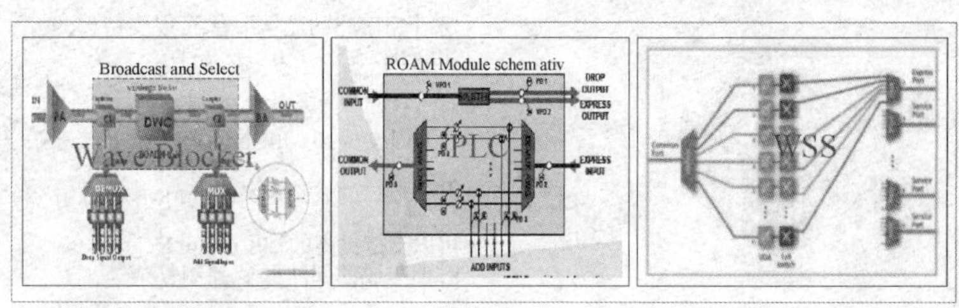

ROADM主要优势:

解决了波长资源分配问题;

000光层灵活调度,节省OEO成本。

ROADM光层承载能力与路由器电层业务不匹配,对于带宽在2.5C以下的低速率业务而言,光波长承载能力未能得到充分发挥,急需要一个中间的容器层 来填补业务需求和光波长承载层之间的Gap。

图 4　ROADM 的三种实现方式

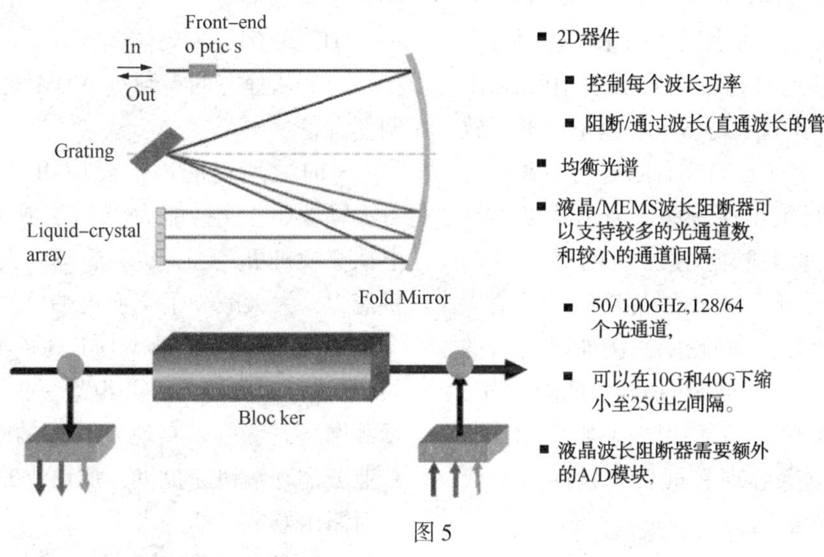

图 5

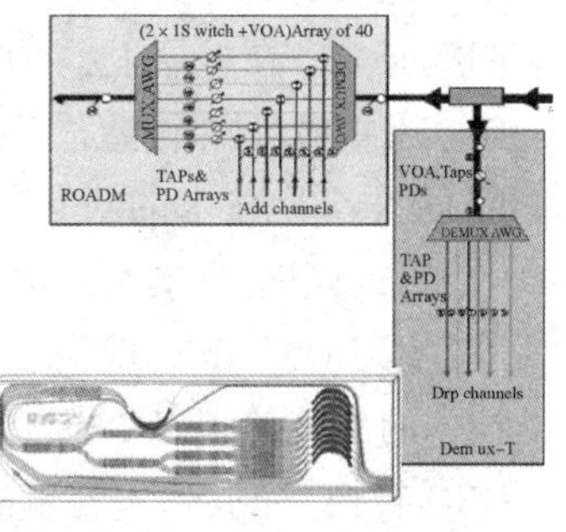

- PLC是一种基于硅工艺的集成电路,可以集成多种器件,例如,光栅,分路器以及交换器
- AWG实现波长复用和解复用。交换器实现波长直通,或阻断并加入(block-and-add), VOA实现每通道的动态均衡
- 上下路的通道是彩色光,这意味着预定义的彩色波长可以在每个端口上下,因此模块从安装开始就支持完全的上下路波长
- 支持100GHz 40-Gbit/s; 10Gbps 16节点级联通过了验证,40Gbps还 需测试
- 低成本的解决方案

图 6

波长选择交换器: WSS

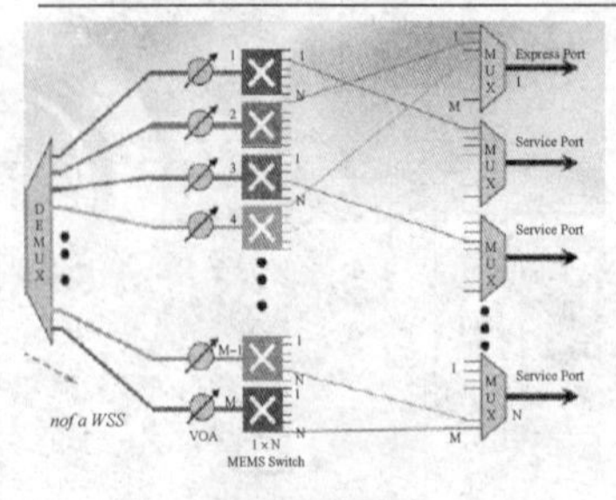

- 基于MEMS的光学平台,可以支持1×9 100GHz或5×150GHz器件
- MEMS器件具有频带宽,色散低,并且同时支持10/40Gbit/s光信号
- 基于端口的波长定义(Colorless)
- 可以支持更高的维度(up to Degree 8),但集成的部件更多,控制复杂
- 随着制造工艺的发展,WSS的成本不断下降,逐渐成为ROADM器件的主流技术

图 7

作为新型的传送网络技术，OTN 并非尽善尽美。最典型的不足之处就是不支持 2.5Gbit/s 以下颗粒业务的映射与调度。另外，OTN 标准最初制定时并没有过多考虑以太网完全透明传送的问题，导致目前通过超频方式实现 10GELAN 业务比特透传后，出现了与 ODU2 速率并不一致的 ODU2e 颗粒，40GE 也面临着同样的问题。这使得 OTN 组网时可能出现一些业务透明度不够或者传送颗粒速率不匹配等互通问题。目前 ITU-TSG15 的相关研究组正在积极组织讨论以解决 OTN 目前面临的一些缺陷，例如提出新的 ODU0/ODU4 颗粒，定义高阶 ODU 和低阶 ODU，定义基于多种带宽颗粒的通用映射规程(GMP)等，以便逐渐建立兼容现有框架体系的新一代 OTN(NG-OTN)网络架构。

4　网络生存性

OTN 技术主要的系列标准其实在 2003 年左右已基本完善，但当时由于受多方面因素的影响，导致 OTN 技术处在一种标准成熟而无实际设备和应用的尴尬处境。最近几年随着高带宽数据业务的持续增长，大带宽调度和传送的需求日益明显，主流传送设备商对于 OTN 设备也加大了研发投入，目前除了支持 G.709 接口的 OTN 设备(传统 WDM 节点)之外，基于光(波长)交叉的 OTN 设备(ROADM)和基于电(ODUk)交叉或者基于光电混合交叉的 OTN 设备均已成熟研制并得到局部(试)商用。但在实际组网中究竟如何合理地应用和选择 OTN 技术及设备，业界目前的看法并不统一，比较典型的争论就是采用电交叉的 OTN 设备合理，还是采用光交叉的 OTN 设备合理等[4]。

OTN 的优势主要体现在以下几个方面：

(1) 从静态的点到点 WDM 演进成动态的光调度设备

SDH 之所以能被广泛应用，主要在于它具备大颗粒业务交换能力(如 E1 或 VC4)，具有比电话交换机更经济、更易管理的大管道端到端提供能力，大大减少了交换机端口的需求，降低了全网建设成本。如果 WDM 具备类似 SDH 的波长/子波长调度能力，并组建一张端到端的 WDM 承载网络，就可以实现 GE、10GE、40G 等大颗粒业务端到端快速提供，加快业务开通时间，减少对路由器端口的需求。

OTN 能提供基于电层的子波长交叉调度和基于光层的波长交叉调度，提供强大的业务疏导调度能力。在电层上，OTN 交换技术以 2.5G 或 10G 为颗粒，在电层上完成子波长业务调度。采用 OTN 交换技术的新一代 WDM 只在传统 WDM 上增加一个交换单元，增加的成本极少。在光层上，以 ROADM 实现波长业务的调度，ROADM 技术的出现使得 WDM 能以非常低廉的成本(无 OEO 转换)完成超大容量的光波长交换。

基于子波长和波长的多层面调度，将使 WDM 网络实现更加精细的带宽管理，提高调度效率及网络带宽利用率，满足客户不同容量的带宽需求，增强网络带宽运营能力。

(2) 提供快速、可靠的大颗粒业务保护能力电信级业务需要达到50ms的保护倒换时间。在IP+WDM网络中，路由器逻辑路由一般呈Full Mesh状分布，而光纤物理路径则一般呈环或简单的Mesh状，一条物理路径中断可能引起大量IP逻辑路由中断，导致路由器FRR保护恢复时间变长，远远超过50ms。传统电信级IP网中引入SDH层面，一个重要原因就是为了提供50ms的保护恢复时间。

基于OTN交换的WDM设备可以实现波长或子波长的快速保护，如1+1、1：1、1：N、Mesh保护，满足50ms的保护倒换时间。

(3) 多业务透明传送、高效的业务复用封装

路由器利用POS端口的SDH开销(Overhead)字节，快速准确地检测线路传输质量，故障后可以快速启动保护倒换。然而，一个POS端口成本是LAN端口的2倍以上，路由器直接出LAN端口可以大大降低网络建设成本。通过提供G.709的OTN接口，WDM传送LAN信号时叠加类似SDH的开销字节，代替了路由器POS端口的开销字节功能，消除了路由器提供POS端口的必要性。此外，OTN提供了任意业务的疏导功能，使IP网络配置更灵活，业务传送更可靠。OTN能接IP、SAN、视频、SDH等业务，并可实现业务的透明传送。

(4) 良好的运维管理能力

OTN定义了丰富的开销字节，使WDM具备同SDH一样的运维管理能力。其中多层嵌套的串联连接监视(TCM)功能，可以实现嵌套、级联等复杂网络的监控。

(5) 支持控制平面的加载

OTN支持GMPLS控制平面的加载，从而构成基于OTN的ASON网络。基于SDH的ASON网络与基于OTN的ASON网络采用同一控制平面，可实现端到端、多层次的智能光网络。

5 OTN技术的应用定位

作为承载2.5Gbit/s颗粒以上的传送网技术，考虑到现有的传送网络分层关系和传送业务颗粒分布特征，OTN应主要应用于城域核心层及干线传送网络，但这并不意味着所有城域汇聚层和接入层都不适用OTN技术组网，而是取决于实际网络的传送业务颗粒大小及其它组网需求(如保护和维护管理等)。作为目前城域汇聚和接入层最主要的客户业务GE，当前OTN并没有标准化归一的容器或方式映射，待ODU0的容器标准化以后或者基于ODU1颗粒的调度需求明显时，OTN技术应用的范围可根据需求适当拓展到城域汇聚和接入层面，构建真正意义上端到端监视的传送网络。

6 OTN设备的类型选择

作为OTN技术的基本特征，除了强大的维护管理功能之外，就是基于不同类型的OTN设备支持多种的组网方式和保护功能。基于光(波长)交叉的ROADM设备的主要优势是基于波长调度，子网内部全光操作，省去了O-E-O功能单元。目前最大的容量可达到8到9个维度，单维度支持80波长，有效地实现在增加组网灵活性的同时降低光电变换的组网成本，但组网半径和物理参数(如色度色散(CD)、偏振模色散(PMD)、非线性效应、光信噪比(OSNR)等)限制等因素在一定程度上妨碍了ROADM在大范围和传输线路复杂环境下的组网应用。基于电(ODUk)交叉的OTN设备正好回避了ROADM设备的这些缺陷，同时支持波长和子波长粒度的调度，但有限的调度容量限制了其在大容量节点组网中的应用。同时支持光电混合调度的OTN设备可以在一定程度上解决上述这些缺陷，但实际组网应用，尤其是省际干线组网应用时采用单一厂家组网的可能性不大。因此，采用同时支持光电混合调度的OTN设备也并不是任何场景都适用。另外，对于仅需固定提供大容量传送带宽的应用场景，基于点到点的OTN传送设备依然是最佳选择。

简言之，基于OTN的四种设备类型中并没有哪种设备具有绝对的应用优势，而是应根据其应用的网络层面、业务传送需求和实际组网成本等多方因素综合选择，同时可采用分域的方式解决组网的一些限制因素。

7 OTN与IP层网络关系

随着IP层网络和传送层网络技术的各自发展，IP层网络和传送层网络的关系变得更为相关和紧密，传统IP层和传送层独立部署的局面

将会有所变化。但对于IP层和传送层如何分担一些组网功能，业界依然存在一些争论，如IP路由器是否可以直接出彩光，IP层是否可以承担所有保证业务生存性的功能等。按照目前技术的发展趋势，IPoverOTN将是今后组网的发展趋势，但IP和部分OTN功能是否集成到路由器(出彩光)上，OTN是否仅提供传送带宽而不提供组网和保护等，是值得商榷的问题。路由器直接出彩光将导致网络维护管理界面模糊，故障定位复杂并难以实施。而节省掉的黑白光接口的成本所占总体成本比例较小，因此采用这种组网方式的优势并不明显，同时还会带来严重的缺陷，在较大范围组网时不建议采用，而在局部城域小范围网络路由器互联时可适当考虑。另外，随着IP技术的不断改进和完善，基于IP协议的网络生存性技术更为丰富，如基于快速的内部网关协议(IGP)收敛、快速重路由(FRR)等。基于此，有人认为IP层可保证业务的生存性要求，而传送(OTN)层仅需要为路由器提供固定带宽即可。但实际情况并非如此，基于OTN的子波长或者波长的保护无论从业务受损时间、保护效率，还是从保护可靠性等方面来看，均明显优于基于逻辑层处理的IP网络，虽然基于OTN的传送层不能保护路由器自身相关的故障，但对于线路侧故障的响应，OTN保护恢复技术是第一的选择。

8　OTN与现有网络及未来网络的关系

随着宽带数据业务的大力驱动和OTN技术的日益成熟，采用OTN技术构建更为高效和可靠的传送网是OTN技术必然的发展结果。现有城域核心层及干线的SDH网络适合传送的主要为TDM业务，而目前迅猛增加的主要为具备统计特性的数据业务，因此在这些网络层面后续的网络建设不可能大规模新建SDH网络，但WDM网络的规模建设和扩容不可避免，可IP业务通过POS或者以太网接口直接上载到现有WDM网络将面临组网、保护和维护管理等方面的缺陷。鉴于此，基于现有WDM系统的已有网络，条件具备时可根据需求逐步升级为支持G.709开销的维护管理功能，而对于现有WDM系统新建或扩容的传送网络，在省去SDH网络层面以后，至少应支持基于G.709开销的维护管理功能和基于光层的保护倒换功能，也就是说，OTN网络替代了SDH网络相应的功能。WDM网络则应逐渐升级过渡到OTN网络，而基于OTN技术的组网则应逐渐占据传送网主导地位。

另外，为了更好地适应客户数据业务的传送，业界目前也正在热烈讨论一些基于功能改进和升级的NG-OTN技术。NG-OTN的这些特征讨论主要是基于已有OTN技术的基础上进行的。因此，未来的NG-OTN技术必须兼容现有OTN已有特征，NG-OTN技术的进一步讨论与规范并不阻碍现有OTN的实际组网应用。

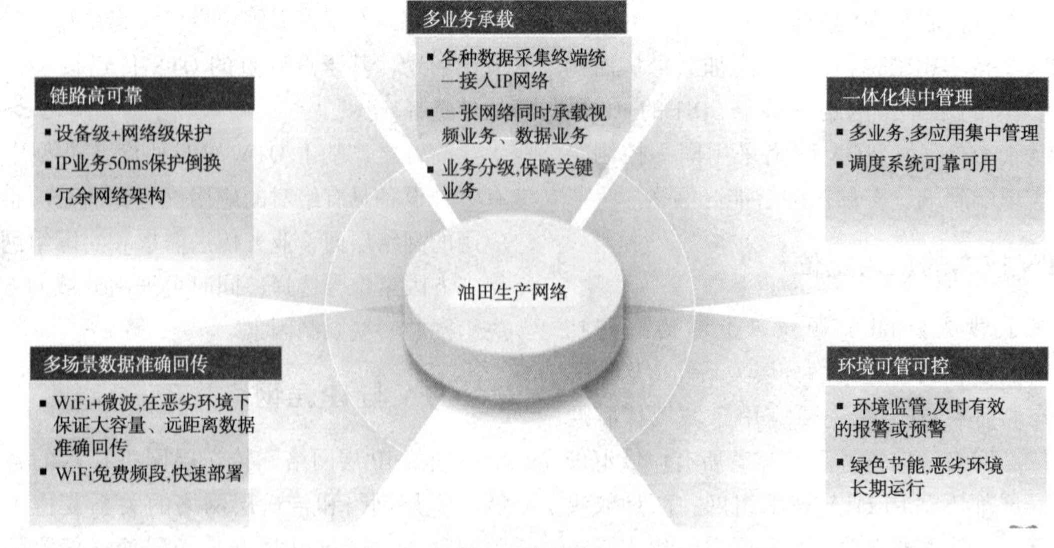

图8　预期效果

9 总结

油田信息通信要具有高效性、高性能和高安全性，才能满足现代客户的需求，利用OTN技术手段是不可或缺的。对于OTN技术而言，其不仅仅是一种新型的信息传输技术手段，OTN技术将提高信息通信效率，并且确保其稳定性和安全性。对于我国油田企业和移动通信业发展而言，首先要培训专业的技术人员，对相关技术进行正确把握，保证主网的稳定运行，发挥该技术的优点，提高其性能，促进企业的可持续发展。

参考文献

[1] 陈红艳，袁辉，张向东．OTN与PTN、SDH技术在电力通信网的应用[J]．光通信研究．2015(04)．
[2] 王林，付明明．基于光交叉的OTN网络建设模式探讨[J]．电信工程技术与标准化．2015(03)．
[3] 赵怀罡，肖卫东，王海军．OTN电交叉技术及组网应用分析[J]．邮电设计技术．2015(02)
[4] 吴峰，刘逢清．OTN和PTN的联合组网研究[J]．光通信技术．2012(01)．
[5] 徐福华，张正才．对光传输网络网管集成维护系统的应用分析[J]．产业与科技论坛．2011(23)．
[6] 冶娟．OTN技术在电力通信网中的应用分析[J]．中国新通信．2015(13)．
[7] 李小川，周毅，李小雯．OTN的主要优势及其在电力行业的应用前景[J]．通讯世界．2015(15)．
[8] 刘维维，孙耀杰．OTN网络承载VPN专网平台的实现[J]．电子世界．2014(14)．
[9] 何晓卉．刍议OTN技术的应用与发展[J]．建筑·建材·装饰．2012(12)．
[10] 丁强，李辉．浅析OTN技术的应用与发展[J]．电信工程技术与标准化．2012(11)．
[11] 张德海，陈明桂．OTN+MPLS-TP技术[J]．光通信技术．2009(12)．
[12] 刘紫健．OTN组网技术在电力通信网中的应用．信息通信[J]．2015(10)．
[13] 张艳鸿．接入层OTN建设与相关技术研究[J]．信息通信．2015(04)．
[14] 张会月．OTN技术在电力信息通信传输中的应用．科技展望[J]．2014(19)．
[15] 李巧红，孟李林，崔晨琪．一种光通道数据单元分组电路设计与实现[J]．光通信技术．2013(11)．
[16] 汤德虎．OTN+PTN联合组网模式的分析[J]．信息通信．2012(06)．
[17] 赖群．浅析OTN技术与电力通信[J]．通信技术．2011(10)．
[18] 刘永平．智能电网中电力通信传输网的发展策略[J]．企业技术开发(学术版)．2012(06)．
[19] 李丽红，边慧娟．光传运网(OTN)铺设宽带业务传送之路[J]．科技创新导报．2010(19)．
[20] 刘小梅，袁野．面向四网协同及全业务的光纤物理网解决方案[J]．移动通信．2014(15)．
[21] 何光文．传输网新技术[J]．商情．2013(37)．
[22] 邓泽荣，刘雁斌，侯全心．接入层OTN建设的必要性分析[J]．电信科学．2013(09)．
[23] 丁树义，吴晓奇，侯金根，张俊扬，黄俊喜．中石油管道通信OTN传输网[J]．通信技术．2011(09)．
[24] 鲁传好．OTN网络中开销逻辑设计和告警处理研究[J]．硕士．2010.
[25] 唐亮．OTN组网技术及应用研究[J]．硕士．2011.
[26] 王耀．OTN技术及其在曲靖本地网中应用的研究[J]．2013.
[27] 孙茜．OTN设备电交叉连接技术的研究与实现[J]．2010.

洛阳石化可视化智能巡检系统建设探讨

赵建忠　吕　锋　孟　华

（中国石油化工股份有限公司洛阳分公司信息中心）

摘　要　基于可视化数字工厂的智能巡检管理系统，是综合利用4G无线专网、地理信息系统(GIS)、360°全景影像、GPS、可视化图形引擎等技术，开发在线巡检管理系统，可以对巡检人员的巡视线路进行实时监控、记录巡检人员移动的轨迹、检查巡检人员工作状态、自动报警以及定位图形显示故障点等，实现对目标对象数字化、可视化、实时化管控。通过巡检管理、事件备忘、故障智能分析等功能的实现，智能巡检系统在强化现场、故障预判、减员增效、信息共享、提升管理等方面发挥重要作用，同时，系统通过对巡检记录数据进行综合分析利用，辅助生产决策，实现以高质量巡检促进装置高效运行、安全生产，提高经济效益的目标。

关键词　巡检，可视化，智能化 GIS(Geographic Information System 地理信息系统)，可视化图形引擎，360°全景影像，三层架构(3-Tier Architecture)

1　背景及问题分析

1.1　背景

石油化工企业作为高温高压、易燃易爆有毒的危险行业，安全生产工作直接关系到职工群众切身利益、企业自身稳定及国家人民财产安危。日常巡检管理是目前有效保证石油化工企业生产安全的一项重要基础工作。

伴随着信息技术的发展进步，巡检管理系统的工作方式在不断更新，经历了抽查式巡检、翻牌式巡检、离线式签到巡检、在线式签到巡检及智能巡检管理等多个阶段。智能巡检系统总体包含三个部分：智能移动端、无线传输设备和智能巡检管理系统[1]。智能化巡检系统通过在巡检点安装信息纽、信息螺栓或条形码等自动识别器件，后台采用计算机进行集中管理，可以有效杜绝人为因素，有利于及时、客观地考核巡检人员的工作[2]。传统的巡检管理系统正在被可视化、智能化、平台化的智能巡检系统所取代，智能巡检管理系统以其巡检管理定制化、巡检过程可视化、问题处理协同化、故障诊断常态化等特色解决了巡检管理系统的常见“痛点”，从根本上提升了巡检工作的运转效率和作用发挥。

1.2　现状及问题分析

目前洛阳石化巡检系统采用的是小神探巡检产品，使用巡检棒定时打点，主要解决按时巡检的问题。系统已运行多年，大部分巡检棒已到达使用年限，陆续损坏，原有型号设备已停产，新更新的设备无法和原有系统兼容，需要使用新一代的小神探系统接管新设备，目前是两套系统同时运行的状态。该系统功能较为单一，平台架构已落后于当前技术发展和业务应用的需要。

分析巡检过程涉及的主要内容，目前在用巡检系统存在如下主要问题：

(1) 巡检计划制定过程单调，管理流程不灵活，本应执行效果很好的巡检管理制度，因为系统的“死板”而改变。

(2) 巡检现场绩效管理存在“盲区”。现有巡检棒为非智能化产品，只能实现巡检区域打点签到，巡检内容是否全部落实、签到过程是否真实难以全面掌控。

(3) 处理巡检过程中发现的异常时存在标准不统一、记录不规范、内容不完整等问题，会导致应急、维修人员无法准确及时掌握现场情况，不利于后续维修保养工作的开展，不利于巡检问题归档和持续利用。

(4) 信息孤岛问题。在巡检问题台账的后续处理过程中，调度人员仍然需要依靠手动录入的方式，把相关问题信息反馈到外部系统，工作负荷重、效率低。

(5) 数据利用问题。对巡检过程中记录设备运行数据利用不充分，如机泵运行数据振动值等，现有巡检系统无法进行采集，造成巡检数据分析利用的巨大损失。

为解决上述问题，并结合保证安全生产、改进管理的要求，特别是当前炼化企业大力开展智能化改造、建设智能工厂的背景下，迫切需要采用先进的技术手段，提升巡检作业管理水平。洛阳石化已建成覆盖全厂的4G LTE专网系统，已具备开展下一代巡检技术替换的条件和时机，因此，结合巡检技术的发展和企业实际情况，高标准规划开发智能化巡检系统，并将其作为企业智能化改造的一部分，对优化生产运维、促进安全生产和提高管理效率，具有十分重要的意义。

2 建设目标

针对上述归纳的现有巡检系统主要痛点，依照“可视化、移动化、智能化”设计理念，结合企业现有巡检业务应用需要，并前瞻性考虑公司智能化改造要求，洛阳石化新一代可视化智能巡检系统建设目标如下：

（1）依托4G专网，构建可视化工厂总图，并集成设备台帐信息，实现设备台帐等数据的关联映射，使工厂总图成为巡检管理、设备管理、检维修等业务应用的可视化集成平台。

（2）系统应实现巡检计划的模板化、定制化。支持日常巡检、特殊巡检、临时巡检等多种巡检模式，支持巡检点、巡检内容、巡检路线、巡检人员及巡检时间周期的灵活设置。

（3）实现对巡检作业全过程的标准化、智能化管理。实现巡检手持端的标准化，巡检手段多样化（温度、震动等测量手段），数据上传自动化，数据比对在线化（在线巡检系统采集数据与DCS等数据的在线比对），巡检效能的数据化评判等。

（4）开发巡检动态可视化看板，实现巡检作业可视化监控和管理。支持巡检目标对象、巡检事件的地图选取、图形可视化点标识及巡检路线的可视化展示；以数据统计报表和图形化方式，实现巡检作业全过程动态监控，并具备相关数据分析功能，指导业务人员判断现场情况，辅助生产决策。

（5）实现工作笔记/事件隐患备忘管理功能。业务人员可以通过移动端将巡检过程中发现的设备故障点、缺陷隐患等进行记录、拍照、录音等操作并实时上传，根据业务需要开发相关统计分析功能，并以报表、图形等多种方式进行展示。

（6）平台具有对巡检监督和考核管理功能。系统可以对设备、巡检项、巡检员进行耗时统计，可根据时间、事件、巡检点及人员对巡检结果进行漏检率、隐患缺陷类型的组合统计分析。

（7）自带设备故障知识库和专家诊断系统，对设备运行数据进行诊断，并给出诊断结论及建议，专家诊断系统并具有不断完善功能。

新一代多元可视化智能巡检系统对巡检作业应实现如下方式方法：

（1）用户可自主在地图、全景影像等多元可视化界面内管理巡检点、巡检路线，提高系统的操作便捷性和维护便利性。

（2）借助巡检传感器，可自动采集机泵设备振动、温度、转速等状态数据，实时传送到系统后台并合理归档。

（3）对巡检路线、巡检内容系统可进行智能推送，帮助巡检人员更好的落实定时、定点巡检管理要求。

（4）针对历次的巡检过程，系统自动生成巡检人员巡检轨迹。便于巡检管理人员对巡检历史过程进行追溯。

（5）管理人员可在GIS地图上查看各巡检人员的实时位置，能够及时联系地图中的每个人员。

3 系统技术方案的设计

3.1 设计思路

通过综合分析现有巡检系统应用情况，并结合企业已有的信息化条件，提出了如下设计思路：以公司现有4G专网为通信支撑，综合利用GIS、GPS、360°全景影像、可视化图形引擎等技术，并关联利用公司现有ERP/设备管理、实时数据库等已有数据源，研究开发多元可视化智能巡检系统，实现巡检业务的智能化管理，满足业务需求。同时在系统架构设计上，充分考虑公司信息化应用长远发展，系统设计采用标准化、模块化设计，在功能设计强调可视化、实时化、智能化，实现建设目标定义的内容，并使该系统纳入洛阳石化智能化改造整体框架中，以最大限度节约投资，提高投资效能。

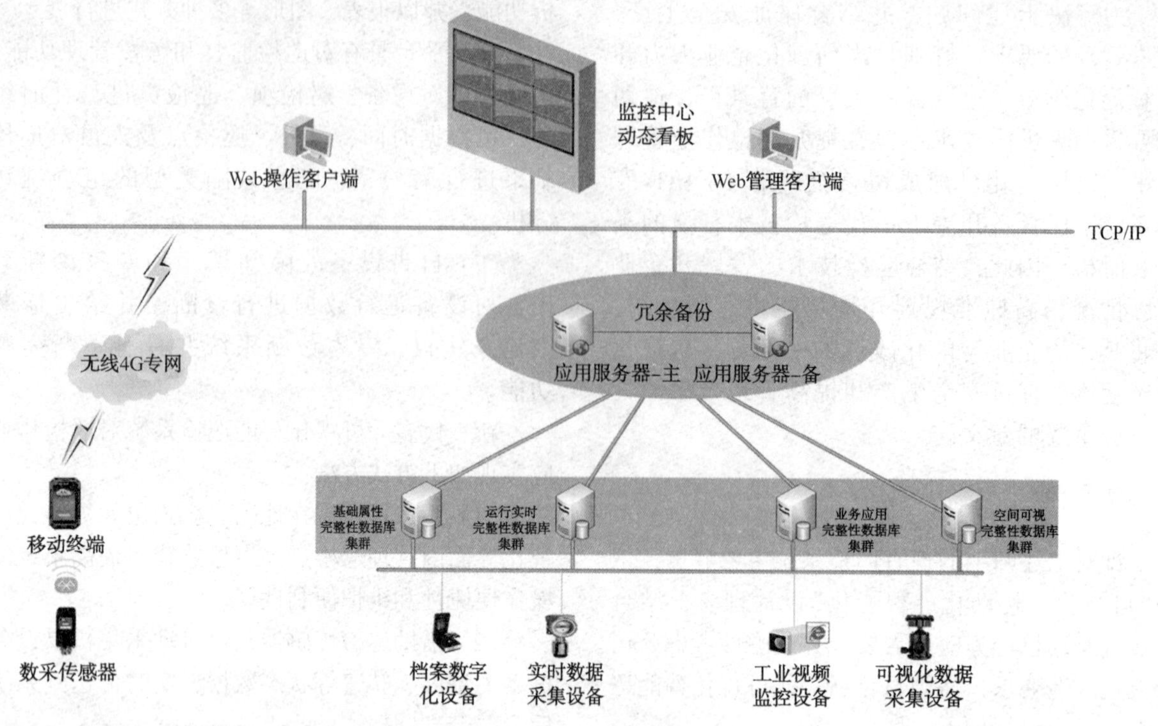

图 1　系统网络结构图

3.2　技术路线和关键技术

3.2.1　系统平台及终端设备选型

现有的大部分巡检平台仅可满足基本巡检业务需求，而在整个业务流程的延展性和业务流匹配度上有着较大的差距，从中长期来看，企业进行智能化改造、建设智能工厂已经提上日程，基于多元可视化图形引擎平台进行系统平台的搭建和应用开发，可有效避免产生信息孤岛，易于系统整合集成。目前可视化数字工厂技术在石化企业已有较多应用，符合当前企业层面信息技术应用发展方向，技术成熟，风险可控。

巡检终端设备的选型，应选择配置兼容我企业 4G LTE 专网环境的手持设备，测温测震便携设备与现场人员沟通宜选用分体蓝牙连接方式。终端应选用支持 App 的安卓平台的通用设备，以利于将来的整合集成。选用安卓平台可一定程度的实现手持和便携设备通用性，同时也方便与集团公司融合通讯的集成，减少巡检人员巡检时所带设备，可实现照明、通讯、点检的一机集成，同时减少整体投资(对讲机、手电、巡检棒、点检仪、测温仪等多机集成合并)。

3.2.2　开发环境

(1) 硬件平台：采用公司已有的虚拟化服务器平台。

(2) 开发平台：共分两类，一是基于 Apache 服务器管理系统，使用 PHP、HTML5、CSS3、Javascript 等主流语言进行开发；二是基于 Vue.js 架构进行前后台一体化开发。

(3) 主数据库：Oracle11g

(4) 移动 App 开发：安卓 App 使用 Android Studio 开发工具；微信小程序采用腾讯官方 Web 开发者工具，主要语言包括 HTMLS、JavaScript、类 CSS3 等。

(5) 数据集成主要采用数据视图模式，实现对 ERP/设备管理、RTDB 等系统的数据访问与集成。

(6) 系统模式：电脑端 B/S 模式(IIS7.0 以上)，移动端提供 App 或微信小程序。

3.2.3　涉及关键技术

可视化智能巡检管理系统涉及的关键技术有：GIS、GPS、360°全景影像、可视化图形引擎、矢量节点化等技术的集成和综合应用；设备、人员定位和数据的集成交互；事务性业务和非结构化信息的数字化、图形化及集成利用；设备故障数据库和专家诊断系统；在软件实现上，采用 .NET 分层架构模式，按照表示层、逻辑层和数据层进行分层设计，三层架构开发模式更有利于快速开发实现和日后的应用提升。

3.2.4　技术架构

系统技术架构包括系统层、平台层、应用

层、展示层、对外接口、信息安全层，具体描述如：

系统层：系统层用于存储系统运行需要的所有相关数据及其备份，并对外提供数据读写服务、后台服务及网络的负载均衡。

平台层：平台应用层基于数字工厂基础平台及多元可视化引擎框架，提供面向工业化巡检管理及设备管理的基础应用。

应用层：提供设备巡检、安全巡检、工作记录、统计分析等功能。

展示层：该层是系统和用户的交互层，用于各业务模块的展示和相关数据的录入。

对外接口：系统对设备管理系统及外部其他系统提供 WebService 数据接口和 API 调用接口。

信息安全层：信息安全层要保证巡检及人员信息的保密性、真实性、完整性、未授权拷贝和所寄生系统的安全性。保证不受偶然或者意外原因而遭到破坏、更改、泄露，系统连续可靠正常地运行，信息服务不中断，确保业务连续性。

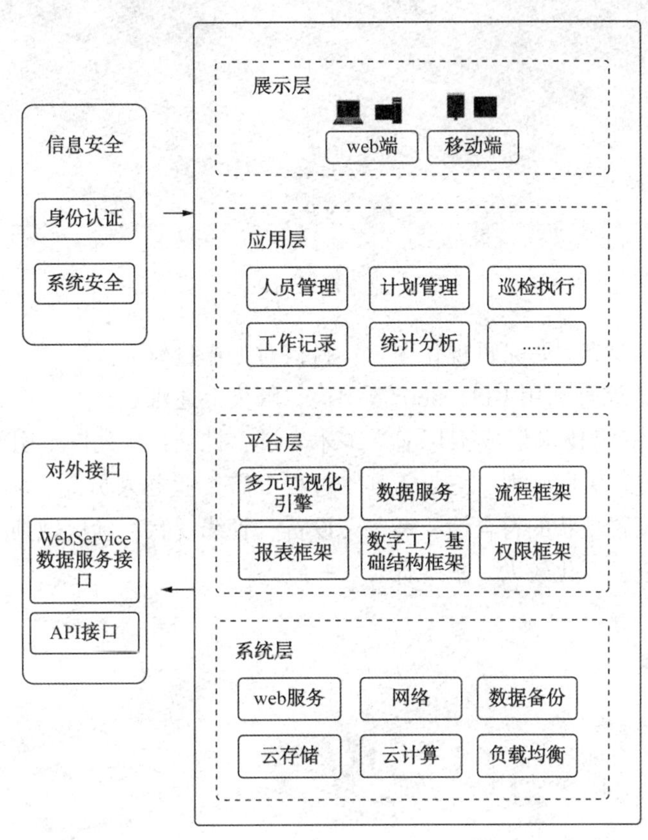

图 2 软件架构图

3.3 功能设计

通过与生产调度、设备管理、生产车间等业务人员深入交流和分析，并借鉴同类企业相关系统的应用现状，确定我公司新一代智能化巡检管理系统应设计实现工厂可视化总图、设备及运维资料库、巡检计划管理、巡检过程管理、巡检可视化看板、巡检监督考核、巡检数据智能分析、系统管理等功能模块，系统总体框架形成移动端和 Web 端两部分，并通过对接 ERP/设备管理系统实现设备数据集成，实现对巡检业务的全面覆盖。

具体功能模块设计如下：

（1）工厂可视化总图。基于洛阳石化工厂 CAD 总图数据，构建厂区级、装置级二维 GIS 电子地图/设备平面分布图数据图层；开发巡检目标对象的地图选取、图形可视化点标识及巡检路线可视化展示功能；实现各生产装置总图可视化图元与设备台账的关联映射，把工厂总图建设成为巡检管理系统及其它信息管理应用的可视化门户。

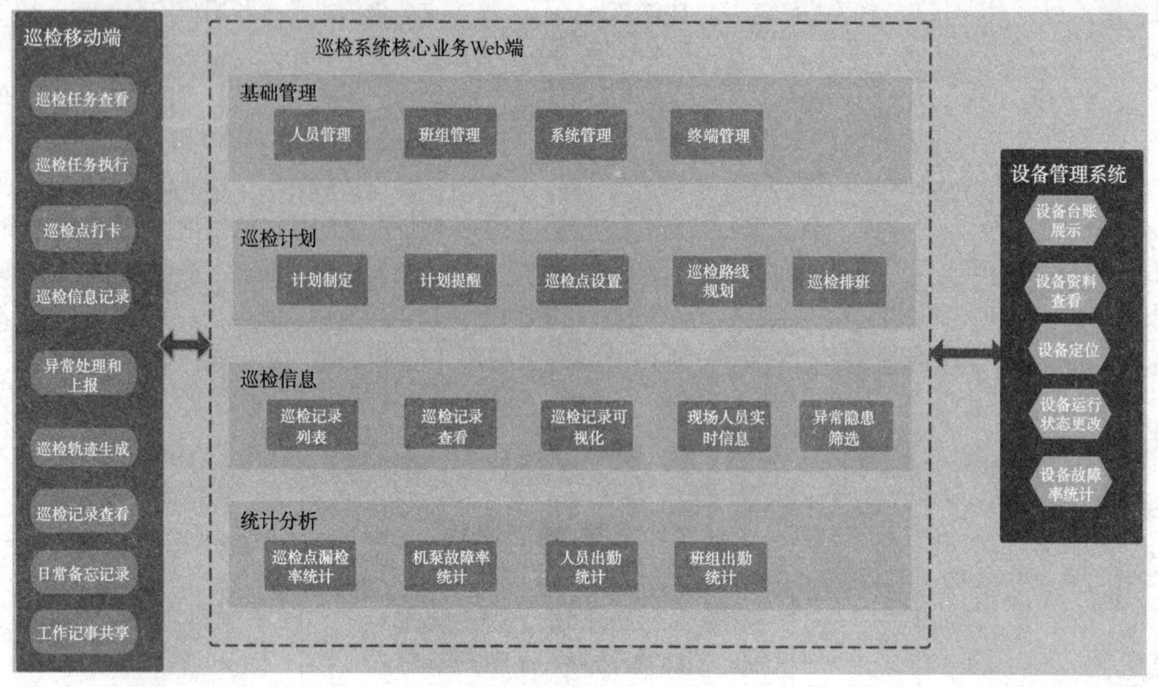

图 3　业务框架图

该模块的开发的难点主要有：一是可视化图形引擎的建立和利用，二是综合利用 GIS、360°全景影像、可视化图形引擎等技术形成工厂总图，并与设备等物理目标进行关联映射，三是需要对核对确认工厂总图与装置现状的符合性，考虑到企业装置历经多次改造，变化较大，基础资料核对工作量较大。

解决上述难点，一是多方技术比选，选择技术先进、性能稳定的图形引擎，二是在总图建模过程中需要业务人员深入参与，逐一核对装置、设备、管线现状，确保做到图形系统与物理现状一致。

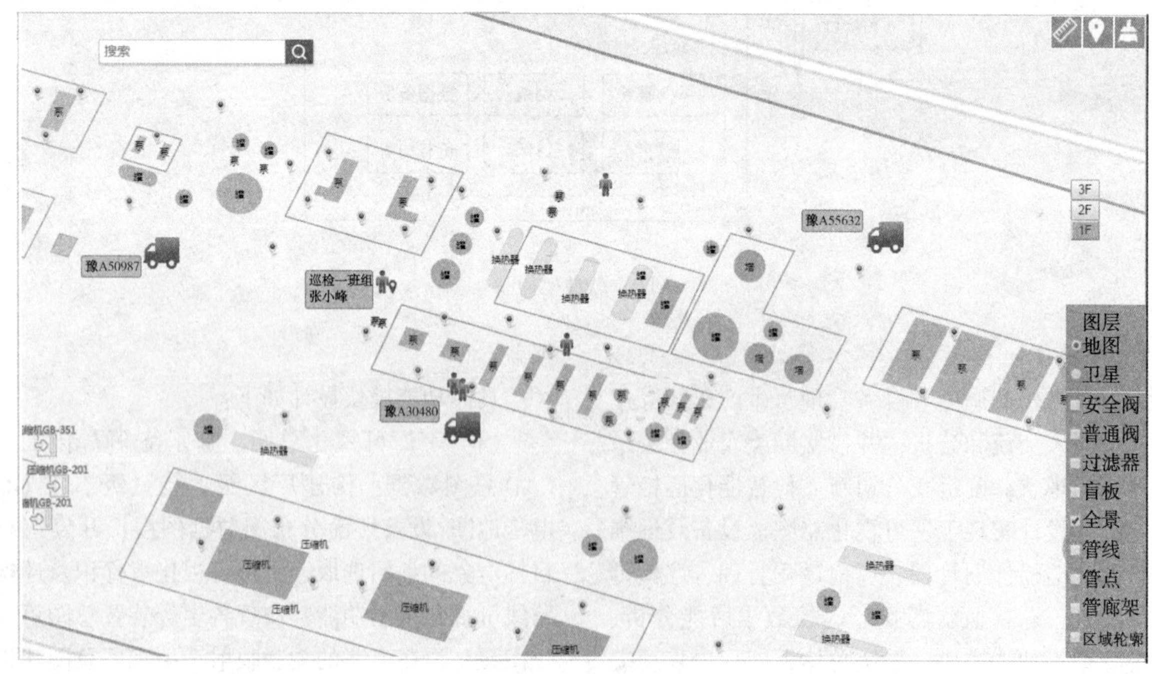

图 4　工厂总图

（2）设备台帐、运维资料库管理。关联利用 ERP 系统或设备管理系统已有设备台账数据信息，把设备台账建设成为设备基础信息、空间定位信息、巡回检查及检维修等信息系统数据查询及交互应用的电子化数据基础。系统支持从设备台账选择确定巡检目标对象，可实现设备全生命周期内巡检对象类型、隐患类型/等级、检修维护信息和时间轴信息的组合查询及分析应用。

该模块的开发难点主要有：一是本系统与ERP等周边系统的数据集成和交互，二是巡检系统与ERP、设备管理系统等的工作界面划分。

(3) 巡检计划及过程管理。巡检计划可自主配置，支持巡检点、巡检内容、巡检路线、巡检人员及巡检时间周期的灵活设置。巡检点可与设备台账关联，巡检点及路线、巡检发现隐患可于数字工厂平台上进行可视化标注；巡检内容可按设备类型设置模板库，巡检计划制定支持配置模板调用。基于工厂总图模型，可以实现巡检计划制定的全过程可视化操作。操作页面如图2、图3、图4所示。

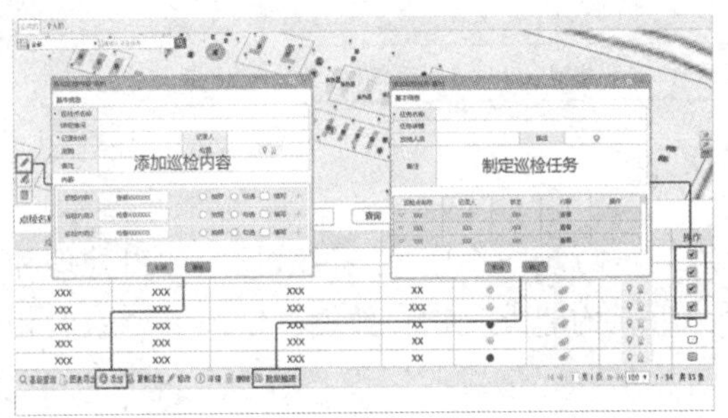

图5 可视化巡检计划制定示例图

图6 基于全景影像标定巡检点和巡检内容

图7 巡检执行过程

(4) 巡检动态可视化看板。以数据统计报表和图形可视化的方式(可视化方式包括但不限于环形饼图、横(纵)向条形图、折线图等)，可按照公司级、厂级、装置级和巡检人员单体级动态显示巡检计划执行、隐患缺陷分布实时状态。

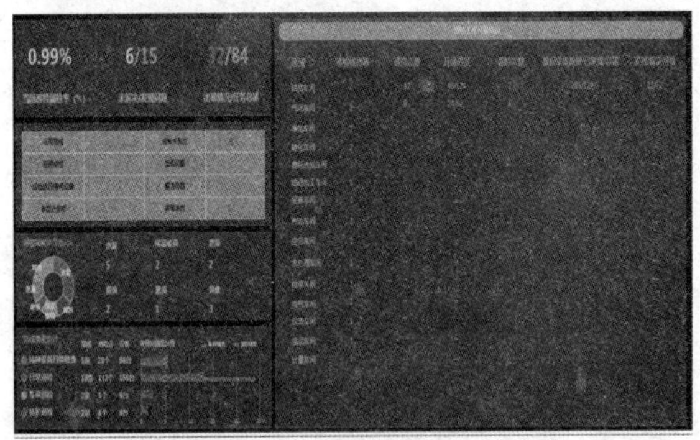

图8 巡检统计动态看板示例

(5) 工作笔记/事件隐患备忘管理。基于设备台账、工厂总图等基础数据，为用户提供具有空间定位及可视化特色的电子工作笔记应用。应用人员可以通过移动端利用该模块记事、拍照存档和定位标识，将自己日常管理过程中发现的设备故障点、缺陷隐患或关注信息于系统平台上进行记录备忘、预警提醒和共享，并根据业务需要，实现相关统计分析功能。

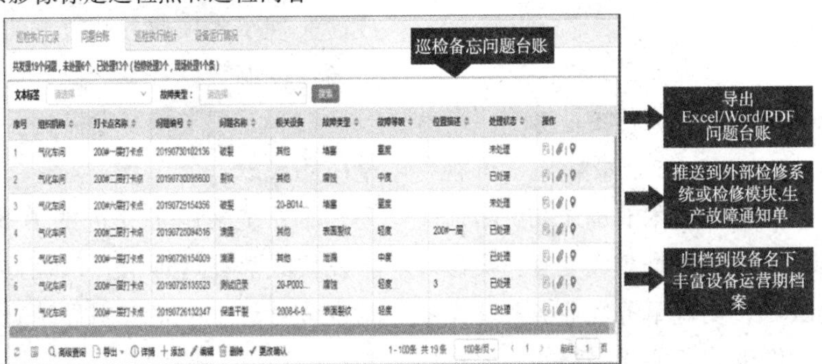

图9 巡检问题台账及多途径处理

（6）巡检监督考核管理。对于固定周期巡检任务，系统可设置提前提醒功能，或时间到期而巡检任务未得到激活时，系统可以短信、微信等方式提醒巡检人员。

系统可根据时间、事件、巡检点及人员对巡检结果进行漏检率、隐患缺陷类型的组合统计分析。

（7）设备故障智能分析与预警。系统集成设备故障数据库和专家诊断系统，对巡检过程中采集到的设备实时数据及历史数据，通过对数据进行定量分析和谱图分析相结合的方式进行故障预判。例如通过对机泵振动数据进行分析，能对下述常见机泵故障进行准确率高达 80% 的故障诊断预警。

-不平衡　-不对中　-轴弯曲　-机构松动

-齿轮故障　-滚动轴承故障　-滑动轴承故障

-皮带故障

如图 10 所示，展示了智能巡检管理系统对设备振动数据的利用及问题台账的处理途径。

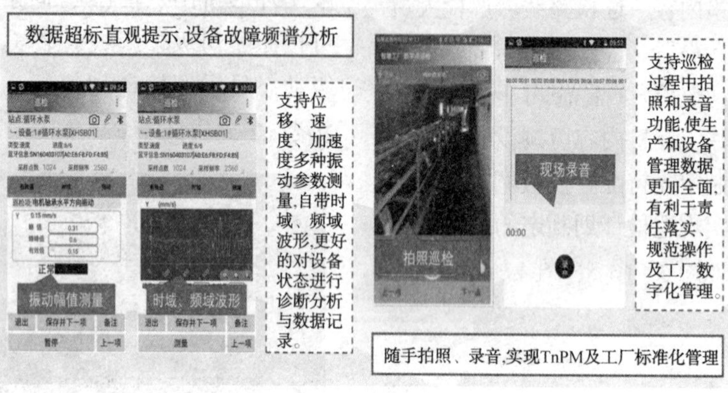

图 10　巡检数据采集分析

该模块开发的难点有两点，一是故障诊断模型的建立，需要研发单位具备相应的设备故障知识库和专家诊断系统，并结合企业现有设备进行模型优化和匹配；二是故障预警机制和和故障处理流程的确立，需要与生产调度、设备管理、装置运行等部门的业务人员进行深入交流和沟通确认。

（7）平台接口及权限管理。满足超级管理员对用户信息配置和管理需求，可对角色的数据权限、功能权限、操作权限进行全面配置；平台提供完善的接口可供外部系统快捷调用，同时支持通过定制化接口与已有信息系统互联。

4　创新点分析

（1）利用信息化新技术提升传统业务

通过对用 GIS、GPS、360°全景影像、可视化图形引擎、矢量节点化等技术的集成和综合应用，实现设备、人员定位和数据集成交互，突破传统的表单和编码限制，实现事务性业务和非结构化信息的数字化、图形化，并将多格式、多种类的设备设施本体信息和巡检业务活动记录等多元数据进行统一集成，通过数据的逻辑处理和绑定，重新构建人、物、数据、空间等要素的相互映射关系，并集成应用设备故障专家诊断系统，形成可视化、智能化的巡检管理平台。

（2）集中集成，消除孤岛，发挥信息化协同效用

集中集成，综合利用，是当前工业化与信息化融合发展的重点方向，通过开发可视化工厂总图，可逐步将巡检作业、设备管理、检维修等业务整合到统一的可视化平台下，并通过标准化接口（如 RTDB-API、VS-ODBC 技术等），实现与 ERP、设备管理系统、实时数据库等的数据集成，实现了各项业务和数据的一体化整合，有利于通过挖掘数据资源，提升信息化价值。

（3）三层架构开发模式，支撑高效开发和安全应用

本系统采用了先进的 B/S 模式下三层架构开发模式。在管理信息系统开发中，三层架构的基本设计思想是将应用程序分成表示层、逻辑层和数据层[3]，然后在每一层中只实现系统相应层的功能设计，层间的交互由相邻层对应的功能

模块进行调用，信息传递只由接口进行传送。三层架构比双层或单层结构都有更大优势：一是团队开发，协同工作，效率倍增；二是采用瘦客户模式，利于应用；三是具有更高的安全性，三层架构的最大优点是它的安全性，用户端只能通过逻辑层来访问数据层，减少了入口点，屏蔽了风险。

（4）可视化实时监控、设备故障知识库和专家诊断系统的集成应用。系统通过对巡检业务的可视化实时监控，可有效提高巡检业务执行效率和管控水平，并利用专家诊断系统及时诊断巡检过程中发现的各类问题，根据诊断结果，有助于及时制定出优化的处置方案，更好地保障设备平稳运行、安全生产和提高经济效益。

5 效益分析

开发建设可视化智能巡检管理系统，可以取得多方面的效益，包括经济、安全和管理效益。一方面可以利用智能化巡检系统的标准化、可视化、智能化优势，通过优化巡检业务管理和执行，并利用系统包含的故障隐患分析预测功能，消除隐患，促进装置设备长周期平稳运行和安全生产，提高经济效益；另一方面，可视化智能巡检系统的应用，可以极大地改进巡检业务运行和管理模式，有效提升操作水平和管理效能。具体效益分析如下：

（1）实现减员增效

以技术调研中了解的某企业为例：

① 该企业年产量 90 万吨，在 2017 年上线智能化巡检系统之前，企业共计巡检职工 396 人，其中分为 20 个岗位进行巡检，四班三倒。

② 2017 年末，该企业共计巡检职工 295 人，由于巡检质量的稳定，数据完整，巡检效率的提升，在保证巡检同等质量的情况下，通过调整优化，巡检岗位调整为 12 个，巡检人员只需 48 人，节约人员 32 人。

（2）保障设备稳定运行，避免重大损失

① 利用设备故障分析专家库辅助预先发现并防止发生突发故障，实现预维修减少设备毁损，避免设备突发故障对生产的重大影响。

② 加强到位管理，杜绝漏检、谎检的现象，设备故障发现更及时、更全面。

（3）提升管理效益

① 数据录入自动化，降低巡检人员纸质录入、查询、保存困难的情况。

② 对巡检人员工作业绩进行考核评比，奖优罚劣，并合理分配巡检人员工作任务。

③ 管理者一机在手，可以了解全部巡检设备的工作状态和巡检人员工作状态。

④ 增加设备巡检手段，引进振动测量、温度测量、转速测量等巡检手段，一机多用，提高工效。

参 考 文 献

［1］范雅苹等．新安全生产形势下的石油化工企业智能巡检系统研究［J］．广东化工，2016.

［2］钱新华等．石油化工企业智能巡检与协同故障应急处理系统［J］．辽宁石油化工大学学报，2008. 3.

［3］陆丽丹．三层架构应用实例研究．中国管理信息化，2009，4（12）7.

中国石化海南石油加油机巧改内置迷你员工卡实现一键加油全自助

傅启标

(中国石化销售股份有限公司海南石油分公司)

关键词 石化钱包；一键加油；sim 迷你卡；自助加油；数字化转型

1 项目实施背景

随着信息化高速发展，客户正身处“互联网+”背景下的消费模式新常态。面对成品油零售及非油品业务市场资源品质价格更加分化、竞争主体更加多元化、竞争程度更加白热化的市场主旋律，如何通过精准营销为企业创效，就显得尤为重要。

2020 年 4 月，海南石油分公司落实集团公司“百日攻坚创效”活动，在推进经营任务、效益完成、风险防控和成本控制各项任务目标中，信息和数字化管理部开动脑筋、研究技术、创新管理，在销售公司的统一部署、石化盈科项目组及各加油机厂家的大力支持下，首试创新了巧改内置 sim 迷你员工卡插入加油机现有备用 PSAM 卡槽，实现石化电子钱包加油机授权码全自助无逃单风险加油技术，在“加油海南”APP 使用“一键加油”功能即可实现无接触充值、无接触支付、无接触加油、无接触开电子发票，无需下车、一键加油省时省力、方便快捷。

1. 外部环境发展趋势

当前，线上线下全渠道融合发展已成为大趋势，跨界和零售业态不断融合，边界越来越模糊，涌现了如盒马鲜生、永辉超级物种等一大批新物种。易捷拥有 2.7 万座实体门店、每天超 2000 万客户进站刚性消费的高频流量以及近 1.2 亿的线上粉丝，只要充分挖掘这些优势，并借助互联网技术，加快构建“互联网+加油站+便利店+第三方”的新零售模式，实现线上线下全渠道融合，必然能开创出一片新天地，走在传统商业向互联网时代转型的前列。

2. 企业发展的迫切需要

现有信息系统数据分散、性能不足、功能缺失，难以适应不断创新发展的业务需要；会员管理体系尚未建立，不能有效利用大数据组织开展精准营销，实现对客户价值的充分挖掘、维护和变现；线上营销平台未搭建，不能有效拓展线上业务合作和引入第三方营销资源，实现线上线下联动。

3. 满足客户需求的需要

一是丰富支付方式。二是与客户无法形成互动，单纯通过单向告知的形式，用户阅后不容易产生消费需求，未能触及消费购买力。

2 项目推广前情况及存在问题

海南石油分公司在 2019 年底完成全省具备条件的全部在营加油站的 263 座新管控现场升级工作基础上，2020 年 1 月 20 日全省授权码加油成功完成 121 座实现一键加油、石化钱包授权码加油两种支付场景加油模式；4 月 20 日全省在营 255 座具备升级条件加油站全部完成实现一键加油、石化钱包授权码加油四种支付场景加油支付模式，其中 150 座实现加油机内置员工卡(大小卡)全自助加油。

目前在营加油站一键加油开通支持石化钱包四种支付方式，我司加油站主推加油机授权码(内置员工卡全自助加油)支付方式加油，这是最优、最便捷、最安全可靠的加油支付方式。

1. 一键加油——授权码模式

支付优势：客户可自助完成加油操作。特别对于自助站的原现金加油客户，注册钱包后，客户不需要进店交现金，客户直接手机下单后，即显示“授权码”，在油机上输入授权码后完成加油。外置员工卡的加油站加油机加油过程中，员工要确认油机上输入“授权码”验证成功，避免授权码验证错误后直接加油造成跑单。内置员工卡的加油站加油机在加油过程中不需要加油员干预，支持客户全自助加油，不会造成客户逃单的资金风险。

2. 一键加油——POS 接单模式

支付优势：客户手机下单后，即可一键完成加油支付。加油站需配置 POS 设备(POS 设备将陆续配发到位)，这是加油机授权码支付方式加油的补充，但需要加油员配合。加油员操作支付过程中注意事项：须核对订单信息，核对车牌、油品、订单金额，严禁超加、错加、误加。

3. 闪付加油(先加油后支付)

支付优势：客户加油后，在客户手机上直接完成支付。支付过程中注意事项：员工要现场确认客户支付成功，避免跑单。目前主要针对加油机不具备升级授权码支付方式未开通的 20 座站点使用，是先加油后付款的闪付支付方式，在实现加油机授权码支付方式后将随时关闭闪付功能。钱包的闪付功能在设置营销规则可支持明折明扣功能。

4. 钱包支付码扫码(先消费后支付)

支付优势：支付便捷，且钱包扫码可支持油品和非油品消费。该支付方式不支持明折明扣，也是加油机授权码支付方式加油的补充，也需要加油员配合。该支付暂不支持明折明扣，开展钱包加油明折明扣活动时，在活动规则中要明确此类支付方式不包括在内，以免造成客户投诉。

5. 项目推广前存在的问题

“一键加油”授权码未内置员工卡推广之初，公司征集了客户和员工的体验意见，存在的问题是：

(1) 授权码加油需要加油站员工在加油机外置卡槽插入员工卡后，帮客户或客户自己输入授权码再提枪加油，无法真正实现客户“一键加油”全自助流程，未能真正降低员工劳动强度；

(2) 技术改造花费用和影响加油站营业时间。若按照传统员工卡来实现内置员工卡，则需要增设加油机机内卡槽，每增设卡槽费用约 600 元/个，并进行系统调试，影响加油站营业时间平均每座站约一天时间。

(3) 已内置大员工卡的实现授权码自助加油站点存在资金隐患：在夜间无员工值守监管时，有可能会发生熟悉加油机功能的客户通过工具打开加油机控制箱取出内置的大员工卡，从外插槽插入加油不付款离开的情况。为消除此隐患，需要加油机厂商考虑对加油机控制箱进行加锁(电子锁)；或者调整为内置迷你员工卡，内置小卡需要找到备有大卡卡套嵌入小卡后才能插入外置卡槽使用，有效预防员工卡被客户盗用。

3 项目实施后改善重点内容及解决措施

1. 整体思路

按照销售公司统一部署采用“平台+数据+应用”的云架构设计理念，建设中国石化新一代加油卡系统、站级一体化系统。搭建共享服务层，实现平台的统一架构、统一数据库和数据共享，建设新一代加油卡应用、电子钱包应用和站级应用等各种应用并开放各种服务，在个性化营销平台支撑平台上实现统分结合，既兼顾到本地接地气灵活多样的营销策略，又不偏离“万变不离其宗”的系统框架。把技术创新作为深挖内潜、降本增效的助推器，实现优化管理流程，提升管理效率，达到员工客户“互信满意、共赢互利”的目标。

2. 项目技术创新

海南石油在全面实现石化钱包授权码加油站全覆盖的基础上，在销售公司的统一部署及石化钱包项目组的指导下，在加油站智能化、自助化上进行大胆试点创新，积极配合销售公司探索推进加油站全自助电子钱包加油模式：经过与各个加油机厂商反复测试，成功将员工卡改成像电话卡一样大小的迷你卡，并成功内嵌到加油机原有的 PSAM 卡 sim 卡槽使用，使(恒山、正星、富仁等)加油机不用新增卡槽也能从硬件上真正实现无逃单风险的全自助加油。

3. 项目推进过程主要措施

(1) 早计划早部署，早行动早受益。

2019 年 10 月 16 日成立加油卡升级换代及站级一体化项目领导工作组。由公司主要领导及相关信息、零售、财务、非油、区域公司组成工作小组，在疫情压力下逆势而上，推动“一键加油”上线。2020 年 1 月 9 日完成在“加油海南”APP 嵌入“一键加油”功能并在全省具备条件的加油站进行内部测试使用，在自建 APP 销售企业中是首家集成嵌入，在 121 座加油站实现客户站外下单，员工通过手持 POS 与员工卡实现加油及自动扣款的一键加油模式。

(2) 疫情期间实现加油站无接触加油。

一是实施授权码加油。自2019年12月底以来，在实现全省加油站新管控全部覆盖的基础上，开始实施全省油机协议升级实现授权码加油，2020年1月20日实现第一批121座加油站授权码加油。授权码加油的应用流程为：客户下加油订单——电子钱包后台返回客户加油授权码——客户告知加油站员工授权码及电子钱包账户密码——员工输入加油授权码、电子账户密码——提枪加油——挂枪结束加油。

二是实现APP电子开票。在疫情期间，为加快推进加油站实现无接触加油，2月6日完成电子钱包APP线上开具电子发票测试，所有服务站点开票全覆盖，是销售企业32家中是第一家实现APP电子开票全覆盖的企业。3月6日完成石化电子钱包APP在线开票各种场景测试，可实现石化钱包本省消费APP开票、跨省消费APP开票、本地及异地加超补现金APP开票，以及APP发票错开后红冲重开等多个业务场景的APP在线自助开票。

(3) 石化钱包授权码加油全覆盖。

一是实现石化钱包授权码加油站全覆盖。落实“百日攻坚创效”行动，通过协调加油机厂商、公司相关部门、区域公司等部门，制定推广授权码实施计划，组织培训，加大应用。

① 确定实施费。协调加油机采购责任部门发展规划部协调4个加油机厂商，按总部规定每站不超1000元的实施费与各厂商谈判。

② 做好事前准备工作赢得时间。加油机协议现场升级需要短暂停业，协调各区域公司督促加油站积极配合，事前把准备工作做充分，尽力缩短耽误影响加油站的营业时间。

③ 做好技术配合。站级信息系统运维商采取轮班、责任到人、划片负责配合各加油机厂商推进加油站加油机协议升级实现授权码加油的工作，在启动项目之初就组建石化钱包推进沟通微信群，不分昼夜周末节假日、随叫随应进行支持配合。

④ 制定升级工作计划并倒排实施进度，每日跟踪通报各加油机厂商的推进进度，对照根据预先的计划，对进度落实的厂商进行提醒督促迎头赶上、对推进进度快的厂商及时鼓劲表扬，形成“比学赶帮超”的良好氛围。按预订计划分两批实施的加油机协议现场升级实现授权码加油都如期完成，第一批121座站1月20日前完成，第二批134座站4月20日前完成。截止4月20日，海南在营加油站具备升级的加油站实现开通255座授权码加油255座，剩余暂不具备实施授权码的20座站开通闪付加油。

(4) 技术创新实现“一键加油”全自助。

针对授权码加油中存在的问题，需要加油站员工在加油机插入员工卡后，帮客户输入授权码，无法真正实现客户“一键加油”全自助流程，未能真正降低员工劳动强度及增加机内传统员工卡卡槽所需费用和影响加油站营业时间等。在加油站智能化、自助化上进行大胆试点创新，积极配合销售公司探索推进加油站全自助电子钱包加油模式，将现有员工卡改造成PSAM卡大小的sim迷你卡，充分利用现有加油机备用卡槽，将sim迷你小员工卡内置到备用卡槽中，在不增加内置卡座硬件费用的前提下，配套提升油机协议软件，以实现了无逃单风险的授权码全自助加油，为后续全国推广自助加油奠定了基础。

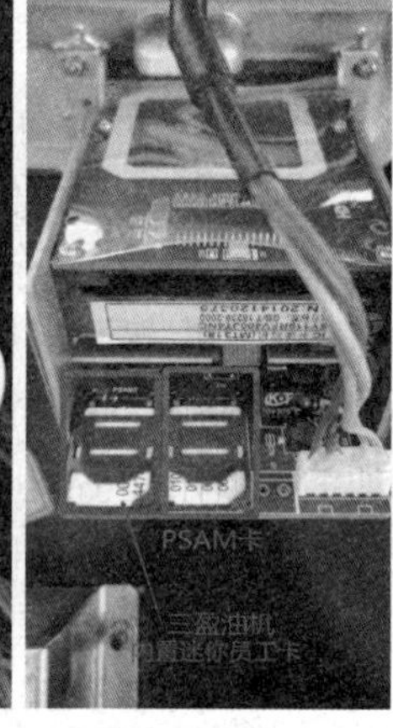

正星、三盈加油机巧改内置迷你员工卡示意图

(5) 组织培训推动各区域公司推广实施。

零售管理部分批次通过视频会议形式对各油站进行培训，要求各站点每天必须完成一笔石化钱包测试，对系统加压测试并收集问题统一上报解决。信息和数据化管理部按照销售公司比学赶帮超考评标准督促各区域公司对油站测试应用进行评比。

(6) 开展营销活动加大客户体验。

一是开展营销活动。4月份，零售管理部组织开展“一键加油”营销活动，活动期间客户通过“一键加油”加汽柴油满200元立减10元，活动期间每人优惠限4次。二是强化现场服务。组织加油站现场员工积极引导客户无接触消费，并指导电子钱包授权码付款或手持 POS 扫码付安全操作，提升服务效率。

（7）建立“一键加油”微信小程序。

公司分别于 3 月 5 日和 3 月 9 日在海口西秀加油站进行“一键加油微信小程序”闪付功能测试，从钱包充值、不同金额加油、石化钱包后支付、开具电子发票等全流程测试，实现一个“石化钱包”在手事先加油、事后瞬间闪付的加油消费模式。

（8）强化电子钱包运营检查和责任追究。

公司建立电子钱包运营日常巡查机制，零售管理部作为加油（气）站电子钱包现场运营管理的主管部门，联合财务、信息、非油等部门，对电子钱包安全运行、异常处理、营销推广、客户服务资金结算等内外部风险进行穿行测试、运营风险检查。强化责任追究。按照《中国石化销售股份有限公司加油（气）站现管理禁令》（石化股份销零[20191474 号）的有关规定，对涉及电子钱包违规违纪行为进行顶格处理并追责。

通过上述措施，目前在石化电子钱包应用中，三盈、恒山、富仁加油机站点有 150 座具备石化钱包全自助内置卡授权码加油，110 座正星加油机具备石化钱包授权码加油，20 座具备石化钱包闪付加油，构建了客户加油的全自助消费体系，下载“加油海南”APP 使用“一键加油”，即可实现无接触充值、无接触支付、无接触加油、无接触开票，无需下车、一键完成加油。

4　项目实施后成效

石化电子钱包的推广应用，加油机巧改内置迷你员工卡，实现“一键加油”全自助，有如下实施效果：

1. 经济效益。通过加油机内置 sim 迷你员工卡，实现电子钱包加油机授权码自助加油技术创新，若能全国范围推广，预计可节省油枪增加内置卡槽改造费用 1.5 亿元，且节省了加油机增加内置卡槽而耽误加油站正常营业的时间。

2. 提高工作效率。将 sim 迷你小员工卡内置到备用卡槽中，减少了员工手工进行插卡输入验证码环节，避免客户加油逃单风险，有效减轻了员工的劳动强度，提高了人工劳效。

3. 提升客户满意度。丰富了加油站支付方式，包括“加油海南”APP 一键加油、授权码、扫码付、无感支付、秒开电子发票等，满足客户多样化支付需求，不断提升客户满意度。

4. 风险全程管控。石化电子钱包“一键加油”全自助，实现数据完整，交易安全，实时可靠，风险实时监控，为公司提供放心安全的支付及运营环境。

5. 为推动公司数字化转型奠定基础。通过石化电子钱包系统应用，实现新一代支付，促进新零售业务形态的发展，促进公司向综合服务商转型。

6. 强化品牌优势。打造可靠、便捷的支付环境，为每一次消费添加一份保障和承诺，吸引沉淀资金，为中国石化品牌的提升贡献力量。

5G技术在油田电力物联网中的应用分析

谢　晋　胡文丽　郑双建　吴志伟　牛军伟

（中国石油大港油田电力公司）

摘　要　科学技术的快速发展使我国各行业有了新的发展机遇和发展空间。随着智能电网逐步向智慧电网转型的发展过程中，5G技术因其“高带宽、高容量、高可靠性、低延时、低功耗”的特点，以及配电系统本身对通信的需求，使得基于5G技术的电力物联网能够在新形势下成为引领电力通信发展的关键。

关键词　5G技术；电力物联网；应用；优势；前景

1　前言

国家电网公司将电力物联网系统架构划分为“云、管、边、端”四大核心层级。其中“云”是云化的主站，是一个接纳内外参与者的物联网服务平台。实现各类采集到的数据管理，是公共基础平台，重点是实现大规模终端统一物联管理，深化全业务统一数据中心建设，推广云平台建设和应用，提升数据高效处理和云雾协同能力。“管”是数据传输的通道。重点是推进电力无线专网和终端通信建设，增强带宽，实现深度全覆盖，满足新兴业务发展需要。“边”是智能终端，有收集和管理数据的能力。应用层是应用和控制中心，重点是全面支撑核心业务智慧化运营，全面服务能源互联网生态，促进管理提升和业务转型。“端”是配电物联网架构中的状态感知和执行控制单元。重点是统一终端标准，推动跨专业数据同源采集，实现配电侧、用电侧采集监控深度覆盖，提升终端智能化和边缘计算水平。只有把感知层和网络层建设好，应用层和平台层才能得到好的硬件条件支持。其中，5G技术属于泛在电力物联网中的网络层。

2　电力物联网建设的迫切性及面临的问题分析

自从进入大数据时代，随着智能电网的建设，各专业对电网设备、数据应用等都提出了非常多的要求，譬如：设备在线监测系统的建设，视频监控的高清化改造、高级计量系统的应用等，简而言之，都是为了实现让数据“说话”，实现人与物、物与物之间的信息交互，建立真正意义上的配电物联网。在这种要求下，这些多元化数据的采集及应用都将呈现指数级增长，传统的电力通信网无法支撑如此海量的数据采集和传输，很多电力数据需要在站点先进行筛选或压缩，牺牲部分信息，仅保留基本信息再进行传送，而精细度不足的信息反过来又制约了大数据分析的实际应用。

3　当前物联网技术在电网中的应用

目前电网经过多年的建设已经成为联系到千家万户的每一台电器，实现物联网的物质基础非常具备。简单来说，建设智能电网需要在现有电网上增加传感测量技术、集成通信技术和高级控制方法，而物联网本身就是这三者的有机结合，因此物联网技术可以和智能电网高度融合，二者相辅相成。传统物联网侧重于设备之间的关联，即利用传感器将各种设备与资产连接到一起，对关键设备的运行状况进行实时监控。物联网和智能电网的相互融合，赋予了双方新的特征。首先，物联网与智能电网的融合，使物联网更注重用户之间以及用户与电网之间进行实时连接和互动，并实现对数据信息的收集分析和实时高速传输。其次，物联网应用于智能电网也使物联网加强了其智能处理和决策支持功能，智能电网需要物联网来分析诊断电网和电网设备的运行状况，进而进行决策去排除和避免电力故障。最后，物联网在智能电网的应用也加强了智能电网的数据处理能力，由于物联网与智能电网都以信息传输为基础，均需要对海量信息进行智能处理，最终实现终端设备的实时响应处理，但智能电网主要应用在电信息采集控制及用电服务系统等方面，而物联网主要应用在实体属性信息及控制信息交互，显然，物联网更侧重于数据处理，与智能电网的融合可以更好地实现电网海量数据的处理。因此，物联网技术可以全面提高智能电网各环节的信息化程度，促进智能电网的发展。

4　5G 技术在电网应用的优势

首先，电力系统中一次系统、二次系统、信息系统、计量系统等各类在线监测数据、各站点、办公场所等的视频监控数据等大数据的应用是智能电网存在的物质基础，而 5G 高速率为它们提供强有力支撑。其次，智能电力设备、穿戴设备等海量设备将大规模应用在数字化电网，5G 能够连接海量设备，每平方公里可以支撑 100 万个移动终端，为真正实现电力系统中的万物信息互联提供了巨大的想象空间。第三，5G 技术丢包率极低，具有很高的可靠性，可有效提升电力系统本身可靠性。第四，在实际应用中，电力系统需要各系统协同控制、快速反应的场景，5G 空口时延为 lms，端到端时延小于 10ms，可以快速灵活响应系统中的各种变化。综上所述，5G 技术和配电物联网相结合，可以广泛应用于电力设备在线监测系统、高级计量系统、调度控制系统、高清视频传输等领域。

5　基于 5G 技术的油田电力物联网应用分析

基于 5G 技术的油田电力物联网因其拥有的高密度连接特性，可支持大量智能测量原件的部署，开展全网的多元数据采集，譬如，可大规模在配电网每个节点部署电压、功率和相角信息的测量，通过这些数据辨识配电网拓扑，识别分布式能源接入点，生成电网潮流模型，使系统状态完全可观，并可对用户使用的各类型能源负荷进行精准预测。基于 5G 技术的电力物联网因其拥有的高单位面积容量可支持 PMU 数据的无损传输，系统可通过分析 PMU 时序数据，进而全面掌握配电电力系统的安全稳定信息。通过 5G 技术对细粒度数据的采集，电力系统可以对用电大数据、电力用户行为进行建模分析，为各采油厂等用户提供有效直观的服务。现在馈线保护系统多采用分布式系统，变电站、配电间、开关站相互通信交换信息，来定位故障点和隔离故障相关区域，这就要求超低延时的通信网络支撑，从而实现精准快速隔离故障。目前主要是依靠光纤专网，而在无光纤敷设的井场，采用 5G 技术的电力物联网可以成为其有力的替代或者应急手段，通过采用云计算和边缘计算结合的方式，有效地将调度端计算功能下沉至配电间、开关站等下级节点，通过形成多个不同的网络切片，在调度端进行相应的策略控制，实现故障的精准定位及切除功能。

6　结语

基于 5G 技术的电力物联网的部署，其与大数据、云计算与 AI 技术的结合，将使一批电力系统新技术应用成为可能，为电力系统调度、控制、运维等环节带来变革性的改变与提升，为智能电网、数字化电网、乃至智慧电网打下坚实的物质基础。

参　考　文　献

[1] 黄劲安，曾哲君，蔡子华，梁广智．迈向 5G—从关键技术到网络部署[M]．人民邮电出版社．

[2] 杨峰义，谢伟良，张建敏．资 5G 无线接入网架构及关键技术[M]．人民邮电出版社．

[3] 刘伟，孙萍．5G 时代物联网技术在电力系统中的采用[J]．数字通信世界，2019，172(04)：215+240.

基于物联网 GPRS 实际应用探讨

王　祥　陈亚颐　程新忠　赵　昱　张建河　赵　黎

（新疆油田公司准东采油厂）

摘　要　随着互联网不断地发展，目前已进入了物联网时代。现有的 GPRS 技术是在 GSM 移动通信系统基础上发展起来，给物联网的发展提供了一种有效的接入模式，在实际工作中基于 GPRS 的物联网终端，已广泛应用于各行各业。目前 GPRS 技术已非常稳定和成熟，各类型产品也非常丰富。针对 GPRS 技术基本工作原理及特点分析，以及 GPRS 技术演进与发展。按照油田生产发展的需要，更好地利用现有的地理条件和运营商通用基站分布，推广应用 GPRS 技术于油田物联网远程实际通信，具有非常有重要的现实意义。

关键词　GPRS、GSM、WAP、NB-IOT、EDGE

1　GPRS 技术分析

1.1　背景

20 世纪 90 年代初，以 GSM 为代表的第二代移动通信技术（2G）开始商用以来，发展了 GPRS 技术，中文是通用分组无线业务（General Packet Radio Service，GPRS），是 GSM 移动电话用户可用的一种移动数据业务，给移动用户提供无线分组数据接入服务。主要是在移动用户和远端的数据网络之间提供一种接入，与以往连续在频道传输的方式不同，是以封包（Packet）方式来传输，速率是 9.6Kbps，可提升至 56Kbps 甚至 115.2Kbps。人们通常将移动通信分为第一代是模拟的无线网络，第二代是数字通信包括 GSM、CDMA 等，第三代是分组型的移动业务，称为 3G。GPRS 也是通用无线分组业务的缩写（General Packet Radio System），是介于第二代和第三代之间的一种技术，通常称为 2.5G，因为它是一个混合体，采用 TDMA 方式传输语音，采用分组的方式传输数据。它通过利用 GSM 网络中未使用的 TDMA 信道，提供中速的数据传递。

1.2　GPRS 技术原理

GPRS 突破了 GSM 网只能提供电路交换的思维方式，通过增加相应的功能实体和对现有的基站系统进行部分改造来实现分组交换，这种改造的投入相对来说并不大，但得到的用户数据速率却相当可观。而且，因为不再需要现行无线应用所需要的中介转换器，所以连接及传输都会更方便容易。GPRS 分组交换的通信方式在分组交换的通信方式中，数据被分成一定长度的包（分组），每个包的前面有一个分组头（其中的地址标志指明该分组发往何处）。数据传送之前并不需要预先分配信道，建立连接。而是在每一个数据包到达时，根据数据包头中的信息（如目的地址），临时寻找一个可用的信道资源将该数据包发送出去。在这种传送方式中，数据的发送和接收方同信道之间没有固定的占用关系，信道资源可以看作是由所有的用户共享使用。GPRS 系统组成结构图如下：

为了实现 GPRS，需要在现有的 GSM 网络中引入 3 种新的逻辑网络实体：服务 GPRS 支持节点（SGSN）、网关 GPRS 支持节点（GGSN）和分组控制单元（PCU）。SGSN 提供 GPRS 网络与外部分组数据网络之间的交互操作。在基站子系统中，PCU 负责管理分组分段和规划、无线信道、传输错误检测和自动重发、信道编码方案、质量控制、功率控制等。

从交换技术的发展历史看，数据交换经历了电路交换、报文交换、分组交换和综合业务数字交换的发展过程。分组交换实质上是在“存储—转发”基础上发展起来的。它兼有电路交换和报文交换的优点。分组交换在线路上采用动态复用技术传送按一定长度分割为许多小段的”数据—分组”。每个分组标识后，在一条物理线路上采用动态复用的技术，同时传送多个数据分组。把来自用户发端的数据暂存在交换机的存储器内，接着在网内转发。到达接收端，再去掉分组头将各数据字段按顺序重新装配成完整的报文。分组交换比电路交换的电路利用率高，比报文交换的传输时延小，交互性好。

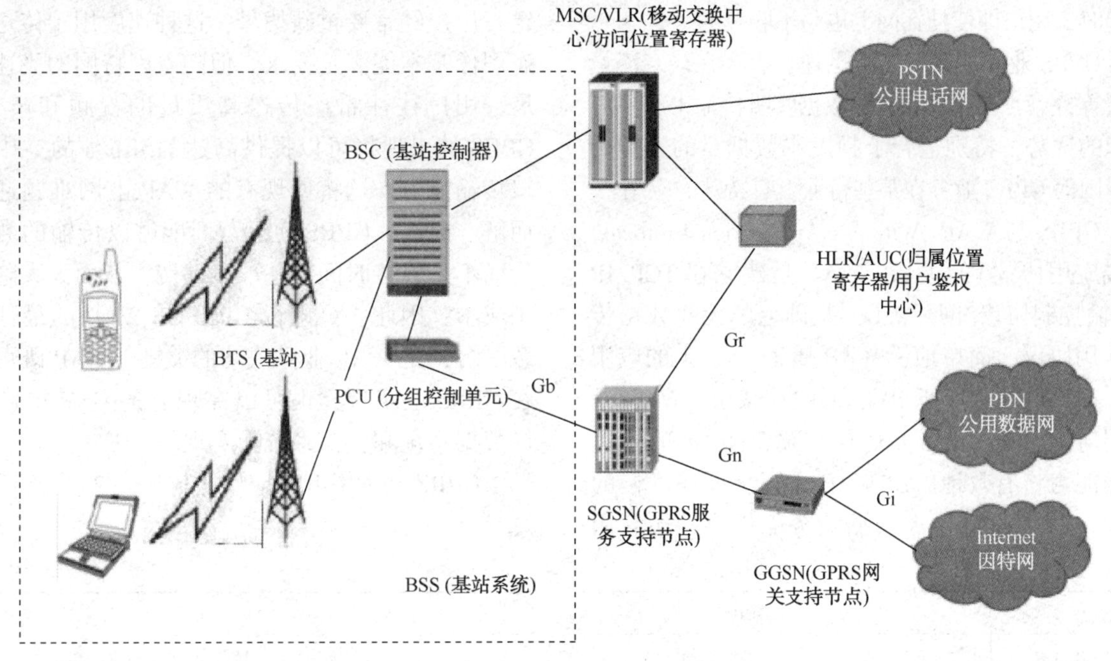

图 1 GPRS 系统组成结构图

GPRS 和电路交换数据业务的比较，见表 1。

表 1

	GPRS	电路交换数据业务
交换方式	分组交换	电路交换
最大速率	117. 2kbit/s	9. 6kbit/s
连接类型	虚拟连接	专用链路
业务传送方式	Push 或 Pull	Pull
并发性	同时支持多种应用	一次只能支持一种业务
计费方式	按流量计费	按时间计费
复用方式	统计复用	静态时分复用
直接性	即时接入	存在呼叫建立延迟

GPRS 分组域网络使用了分组交换技术，以一种更有效率的方式高速传送用户数据和信令。相对于电路域语音业务面向连接、网络资源分配后即专用不被共享的特点，分组交换则具有无连接、网络资源按需分配、资源共享等特点。这意味着，仅当用户需要发送或接收数据时，GPRS 无线资源才被分配使用。与将一个无线信道指定给一个移动数据用户相比，GPRS 可以将一个无线信道供多个用户共享，最大可能地利用网络资源。GPRS 分组域网络架构将无线接入网与核心网完全分离，使核心网在不需要做过多调整的情况下即可以复用不同的无线接入技术。

1.3 GPRS 技术特点

（1）广域覆盖：GPRS 在全国 31 个省、市、自治区均有良好覆盖，基本上在手机可以打电话的地方都可以通过 GPRS 无线上网。可充分利用现有资源，方便、快速、低建设成本地为用户数据终端提供远程接入网络的部署；

（2）高速传输：目前 GPRS 数据传输速度可达到 57. 6Kbps，最高可达到 115Kbps-170Kbps，完全可以满足用户应用的需求，下一代 GPRS/EDGE(增强型 GPRS 技术)业务的速度可以达到 384Kbit/s；

（3）接入灵活：与 GSM 语音业务共享无线与网络资源，采用灵活的策略实现数据与语音业务共存。接入时间短，GPRS 接入等待时间短，可快速建立连接，平均为两秒；

（4）永远在线：只要激活 GPRS 应用后，将一直保持在线，类似于无线专线网络服务。提供实时在线功能“always online”，用户将始终处于连线和在线状态，这将使访问服务变得非常简单、快速；

（5）按量计费：GPRS 服务虽然保持一直在线，但您不必担心费用问题；因为只有产生通信流量时才计费。GPRS用户只有在发送或接收数据期间才占用资源，用户可以一直在线，按照用户接收和发送数据包的数量来收取费用，没有数据流量的传递时，用户即使挂在网上也是不收费的。

GPRS业务，具有接入迅速、永远在线、流量计费等特点，在远程突发性数据实时传输中有不可比拟的优势，特别适合于频发小数据量的实时传输，因而GPRS业务在某些行业上有特殊的应用。

GPRS与WAP（Wireless Application Protocol，无线应用协议）的关系：WAP是建立在TCP/IP（传输控制协议/网际协议）基础上的无线数据传输应用协议，简单地说WAP属于IP以上的应用层，而GPRS则属于IP以下的承载层。WAP是高层应用，而GPRS是底层传输，GPRS的快速传输能力将有效地解决WAP手机上网速度慢的难题。目前GSM电路数据业务能提供的最高用户接入速率为9.6Kb/s，在这个速率上只能传送一些小数据量文本信息，如Fax、Email、FTP等，另外由于无线网络掉线率高，连接很不稳定，用户经常要重新拨号，这种速度用于传送静态图像基本能满足要求。但随着因特网的飞速发展，用户往往希望传送高质量的视频和声音，GPRS的出现将可以提供高达I15Kb/s的空中接口传输能力，这将使现有的WAP上网难题迎刃而解。此外，GPRS使运营商能够以传输的数据量而不是连接时间为基准来计费，从而大大降低了成本，因此，可以说GPRS是WAP的最佳承载平台，是WAP业务成功的关键。WAP既可以在GPRS上实现，也可以在现有的GSM电路交换数据系统和短信系统上实现。

GPRS与NB-IOT应用比较见表2。

表2

	GPRS	NB-IOT
传输速率	较高	较低
传输距离	属于长距离通讯技术，历史较久远，除了手机通讯以外，包括POS机、共享单车、车载GPRS等移动应用均有较广的使用。是第二代的数字通信系统，以及之后的升级3G、4G、5G等。	属于中、远距离通讯技术，工作频率在433MHz≈912MHz，有效通讯距离应该在5≈10Km之内，是这几年由华为等通信服务商牵头的标准，获得国家的支持，主要面向于物联网、智能家居应用，以及电表、水表、电网等国家基础设施上使用。
共同点	二者均基于蜂窝技术实现广域无线网络的标准，且均通信运营商铺设无线基站。	
区别	NB-IOT功耗远低于GPRS，NB-IOT传输速率要低于GPRS。	

GPRS分组域发展和演进在2G（GSM）、2.75G（EDGE）和3G（特指WCDMA和TD-SCDMA）无线接入技术下的GPRS分组域是完全复用的。这也就意味着除了GPRS分组域核心网和无线接入网的接口和协议稍有不同外，其核心网的整体架构和协议是完全一致的，几种不同无线接入技术下的分组域核心网的技术相似度超过90%。EDGE（Enhanced Data Rate for GSM Evolution，即增强型数据速率GSM演进技术）网络是在目前现有GPRS分组域的基础上去粗取精发展及优化得到的，整体的架构及信令流程等并未发生全新的替换。这和无线接入网的演进是完全不同的，例如WCDMA技术针对GSM就是一门全新的技术，彼此的关联性并不大。

GPRS采用信道捆绑和增强数据速率改进实现高速接入，目前GPRS的设计可以在一个载频或8个信道中实现捆绑，将每个信道的传输速率提高到14.4Kb/s，因此GPRS方式最大速率是8×14.4=115.2Kb/s。GPRS发展的第二步是通过增强数据速率改进传输性能，即每个信道的速率提高到48Kb/s，因此第二代的GPRS/EDGE设计速率为384Kb/s。

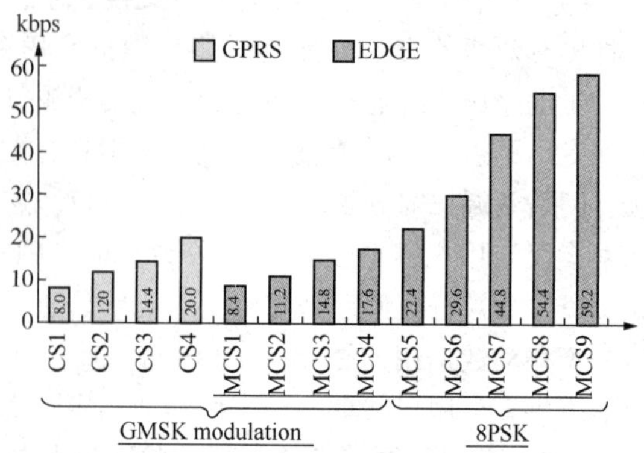

图2　GPRS/EDGE信息编码

2　GPRS 在物联网中实际应用

2.1　案列一

30 方泵吸式保温原油储罐远程监控系统，前端监控点使用巨控专用 GPRS DTU 实现单罐防盗报警信号和液位开关高液位触发信号数据远传，DTU 内置继电器输出功能，实现单罐电加热控制功能，见图 3。

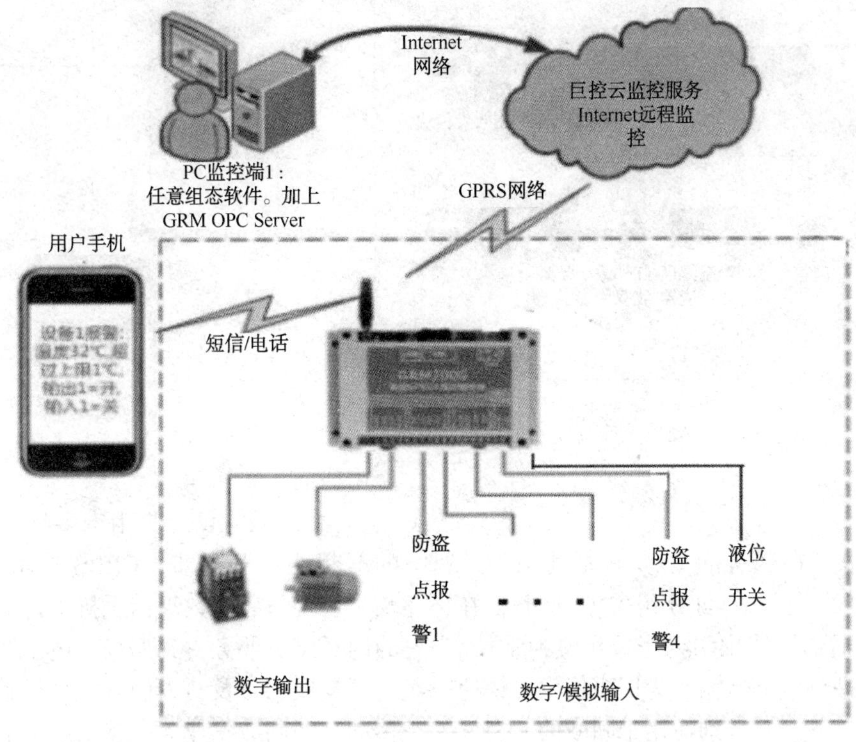

图 3

30 方泵吸式保温原油储罐具有 4 组电加热装置，通过智能 GPRS 无线控制终端实现 5 个防盗点的远程智能监控，用户手机通过发送短信可以控制 4 组电加热控制功能。电脑联网实际显示页面如下：

GC Giant Control

ZDCY2015-01 [刷新][设备管理][返回登录页]

设备描述信息...

变量第1页　地图

序号	变量名	变量值	描述	序号	变量名	变量值	描述
1	信号强度	18		2	网络流量	2442760	
3	排污口开关	0	排污口防盗报警	4	除污口开关	0	除污口防盗报警
5	观察口开关	0	观察口防盗报警	6	液位开关	1	满罐报警
7	配电柜门开关	0	配电柜门开报警	8	远程加热1	0	远程加热1
9	远程加热2	0	远程加热2	10	远程加热3	0	远程加热3
11	远程加热4	0	远程加热4				

图 4

2.2　案列二

远程机房动环监控系统，前端监控点使用大唐移动专用 GPRS 通信与位置服务终端连接 ZN-VEISUA 智能型采集单元，将采集到的模拟量、数字量、图像、智能设备信号进行分析，存储处理，传输到监控中心，供用户实时掌握基站动力和环境状况。根据监控中心的命令，执行相应的控制操作。

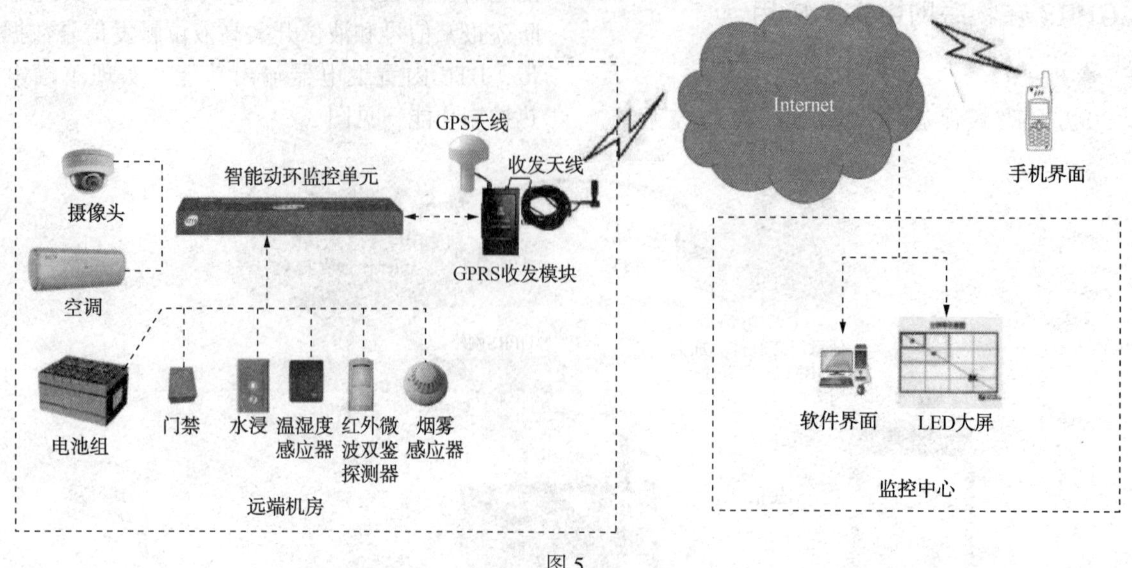

图 5

3　结论

GPRS 技术是在现有的 GSM 移动通信系统上发展起来的的一种移动分组数据业务，在 GSM 数字移动通信网络中引入了分组交换功能，支持分组方式进行数据传输，为用户提供了快速移动数据上网业务。它特别适用于间断的、突发性的、频繁的、少量的数据传输，也适用于偶尔的大数据量传输。以 GSM、CDMA 为主的数字蜂窝移动通信和以 Internet 为主的分组数据通信是目前信息领域增长最快的两大产业，并呈现出相互交融的趋势。GPRS 可以视为移动通信和分组数据通信融合的初始，已经为用户提供了丰富的实际应用。随着微机式控制系统进一步向数字化、网络化、智能化方面发展，网络控制系统自动化中的应用越来越广泛和深入，使得 GPRS 业务在各类领域的应用越来越多。特别对于大型企业来说，GPRS 业务的开展将实现远程监控、定位和操作等一系列重大技术问题，在技术的越来越成熟和稳定基础上，也将实现更加广泛普及的应用局面。

GPRS 技术已经应用十多年的时间了，技术的不断发展和进步，GPRS 技术越来越成熟普及。最初只有少数高档手机支持 GPRS 以及有限的网页浏览业务。到如今，由于智能终端及物联网的发展和普及，人们开始享受各种无法抗拒的移动互联网数据业务，越来越多的设备远端遥信遥测，人们的日常生活也已经离不开移动互联网业务。这也使得 GPRS 分组域的业务流量呈现了爆炸性的增长，大有超越语音业务流量的趋势。3GPP 标准化组织在 R8 规范中专门为此制定了针对 GPRS 分组域的演进目标 EPC (Evolved Packet Core)，EPC 网络已经成了各主流运营商公认的演进方向。

参　考　文　献

[1] 易飞，余刚，何凌，朱威 . GPRS 网络信令实例详解[M]. 人民邮电出版社 . 2015.

[2] 金丛祯，刘东，崔春宇，王强 . GPRS/EDGE 数据业务优化方法浅析[J]. 新疆通信 . 2012.

基于物联网系统的生产故障诊断处理机制应用研究

王媛媛

（中国石油大庆油田有限责任公司第三采油厂信息中心软件室）

摘　要　随着传感器技术、数据库技术的高速发展，油田信息化技术也在不断地提高。从油田老区采油厂物联网建设发展状况来看，物联网系统已在各矿进行试点建设，目前只是基于底层的实时数据采集，然而当油水井出现异常情况时，由于井个体存在差异性，井数众多，工作量巨大等原因，管理人员往往无法及时、准确的找出异常源，严重影响生产效益。本文从油田生产指标及其影响因素入手，通过与专业路人员的不断探讨，定制油田生产故障报警诊断方法和处理机制，构建一套基于物联网实时数据的，系统化、集成化生产故障诊断处理系统，对单井生产中存在的问题和偏差进行提前报警，缩短发现问题以及解决问题的时间，以确保油井平稳高效的生产。

关键词　物联网；实时数据；报警

1　引言

目前，物联网系统已经全面应用，采集了包括油井、水井、站库的实时数据。随着矿区数字化管理工作的深入开展，对故障诊断的准确性以及故障维修任务分派的及时性、智能性要求越来越高。而目前已有的处理流程只是对单一生产任务的维修分派，维修项涵盖不全，信息化节点不连贯，有的还停留在传统电话来传达，并未实现从故障诊断到维修任务下达、执行的全流程管理；相关的生产数据还需要从多个系统中进行提取、串联分析，整个过程复杂，费时，已经不能满足目前的管理模式要求，无法最大程度发挥生产指挥的作用。

因此，需要利用信息化手段构建一套基于物联网实时数据的，系统化、集成化生产故障诊断处理系统，对单井生产中存在的问题和偏差进行提前报警，及时的做出各项应对措施，缩短发现问题、解决问题的时间，确保油井的平稳高效的生产，对实现油田生产智能化和信息化具有重大意义。同时，一套合理的生产故障诊断处理机制也能够为油田开发及运维提供辅助决策，保障油田生产平稳高效，提高生产效益。

2　生产故障诊断处理机制的构建

生产故障诊断处理机制构建必须包含以下几个原则：一是工作任务节点要涵盖全面，保证其全面性、系统性；二是任务分派流程走向要符合实际工作流程，保证其科学性。

通过不断的与相关业务人员沟通，梳理掌握实际工作中的业务流程，将故障从诊断发现，至安排现场落实、故障上报维修、维修安排、维修结束等业务节点全部利用信息化手段串联起来，构建生产故障诊断处理机制，搭建工区数字化监控指挥平台系统。

2.1　软件开发模式设计

应用模式采用浏览器、WEB 服务器、数据库系统构成的三层体系结构。用户通过 IE 浏览器以 WEB 形式进行操作。WEB 服务器采用 VS2010 环境，数据库系统采用 Oracle12C。

2.2　系统总体架构

（1）数据自动分析模块：采用基于后台定时器运行模式，按照 A11 对常用数据巡检数据标准，建立了同周期的定时处理运行模块，此模块结合多种数据源进行综合多态、多点业务分析，形成初步的故障数据，同时再结合故障选值要求进行二次异常处理，形成故障清单。

（2）客户端展示与处理模块：采用三层结构是基于模块化程序设计的思想，其优点在于不必为了业务逻辑上的微小变化而迁至整个程序的修改，只需要修改商业逻辑层中的一个函数或一个过程，增强了代码的可重用性，便于不同层次的开发人员之间的合作，只要遵循一定的接口标准就可以进行并行开发，最后只需要将各个部分拼接到一起，即构成最终的应用程序。

3 功能算法设计

构建了生产故障诊断处理机制后，我们需要设计其功能算法，对异常数据分类报警，并与现有的运维应用系统进行无缝链接。

1. 通过对物联网实时数据数据的分析，建立数据驱动总线，见图 1。结合单井数据、站间数据、测试等多数据源，对数据进行抽取、清洗、分析、整理形成多类型、多模版的数据基准值清单，依据基值清单和判别标准，建立基于简单规则的故障诊断判别，形成判别清单，在通过数据清洗，产生故障诊断清单，实现故障问题实时展示。

2. 借助微软 Silverlight，以 png 拼图技术手段，实现空间底图展示效果，结合诊断清单与空间数据建立关系映射，见图 2。实现故障井在空间地图上的定位及声光展示。

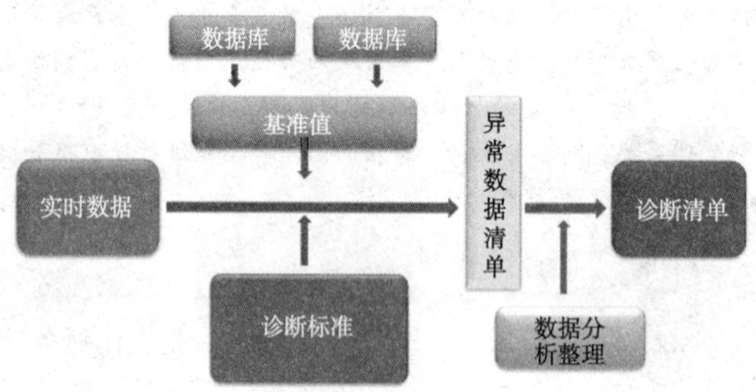

图 1　数据驱动总线

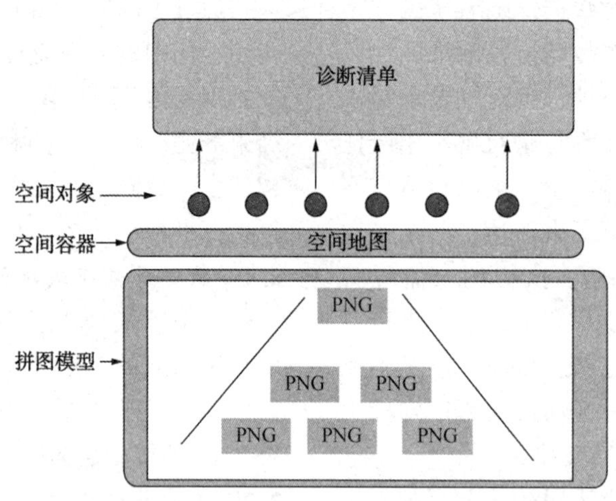

图 2　诊断清单与空间数据映射关系

3. 根据实时发现的故障问题，建立故障处理的应用，同时利用底层通信接口，实现平台内部申报电气焊维修、电力维修、机采井维修、皮带维修、仪表维修等任务的处理，并对故障的维修信息进行实时跟踪，掌握任务状态。

利用上述功能算法，并根据现有的故障运维业务流程及管理模式，将业务进行了分析与重构，搭建了基于实时数据的生产故障诊断处理应用平台，规范故障处理业务流程，实现故障运维业务闭环管理。其实现的主要功能包括：

（1）生产故障诊断

依据井别，故障类别等故障诊断标准，输出故障清单。实现按照时间分类显示，包括：2 天内、3 至 7 天，8 至 15 天及 15 天以上未处理故障；依据任务处理节点状态进行分类显示，状态包括：未处理、已安排、已接单、需报修、已上报、已完成等。

（2）故障诊断可视化

结合问题诊断故障类别，利用 GIS 进行实时空间位置展示与定位，实现油井故障、水井故障、仪表故障、数据异常、结蜡报警等故障问题的可视化，并给予报警提示；同时可依据不同的故障类型实现相应数据关联显示，结合小修作业信息实现对作业车位置，作业流程信息及作业进度图进行跟踪展示。

(3) 故障处理及跟踪

根据实时发现的故障问题，建立基于实时数据的故障诊断处理应用机制，实现从故障诊断、任务指派、故障处理以及处理过程跟踪的业务全流程闭环管理，业务流程见图3。

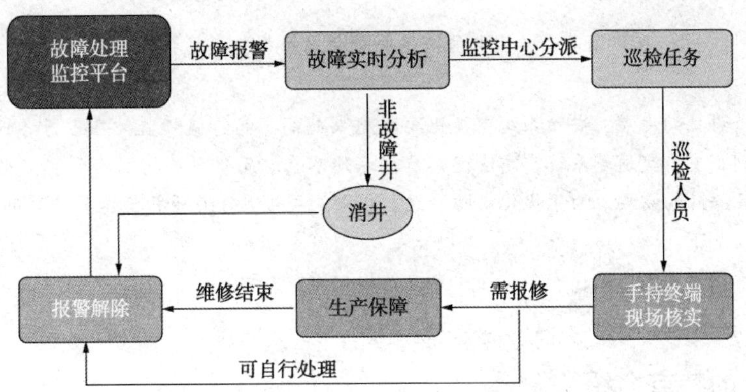

图3 故障运维业务闭环管理流程

巡检人员利用移动终端，现场填写巡检数据并回传给工区监控中心。

平台中直接填写维修申请单，进入《生产保障》维修流程，维修验收完毕后，平台中该井号状态自动消除。

4 结束语

搭建好的生产故障诊断处理应用平台，已在工区推广运行，系统将物联网生产数据、故障分析诊断，现场巡检，设备维修管理数据及业务系统进行了整合和集成，对油、水井各类设备数据信息进行融合与交互分析，及时反映各类故障动态变化，对诊断出的故障能够及时的给予报警追踪，开发的移动终端现场巡检功能，缩短了故障核实反馈时间。投入应用后，每天都可为工区缩短故障申请、安排、巡检落实、维修申报时间约4个小时，至少减少50天/人的工作量，改变了以往生产管理模式，使生产故障运维管理向数字化管理方式迈出了坚实一步，填补了厂区基于实时数据的故障诊断处理数字化管理的空白。实现了物联网生产数据从实时报警、诊断到任务现场处理及生产维修流程跟踪的闭环管理，给相关人员在生产管理上带来了很大的便捷，提高事故预防，故障处理响应速度，提升采油矿生产故障诊断处理的智能化管理水平。

参 考 文 献

[1] 王瑞军，陈汶滨．油田单井预警指标的研究与实现[J]．数码设计，2017，6(2)：38-40.

[2] 范秋芳．中国石油安全预警及对策研究对策[D]．中国科学技术大学，2007.

[3] 杨敏英．IEA各国的石油安全应急对策体系[J]．中国能源，2002，(3)：15-17.

[4] 吴文盛．我国石油资源安全评价与预警研究[J]．当代经济管理，2002，24(5)：13-18.

[5] 李凌释，张斌，杜志教．中国石油安全危机预警研究[J]．石油天然气学报(江汉石油学院学报)，2005，27(1)：308-310.

变电站视频监控的优化与实施

卢志福

（中国石油集团电能有限公司供电公司信息通信中心）

摘　要　随着科技的发展，安防系统可视化要求越来越高，高清视频监控在各行各业应用广泛，小到家庭，超市，大到公安、交通等系统，高清视频监控无处不在。而供电公司原有的视频监控为模拟标清系统，已经无法满足安防的需要。为了优化安防系统，供电公司多座110千伏变电站安装高清视频监控设备，具体实施内容阐述如下：

关键词　高清视频；变电站；安全防范；重要区域；防雷措施

1　原有视频监控的特点介绍

供电公司变电站实施无人值守的管理模式以来，多数变电站都安装了视频监控系统，这套视频监控系统采用的是模拟摄像机，属于模拟监控系统。系统特点如下

摄像头分辨率最高的为480P，然而，为了满足存储时间的需要，经过硬盘录像机存储的图像多为352＊288，相当于2CIF的分辨率标准，低于标清图像的效果。视频信号采集时，不能够辨别人的细部特征，无法达到安防效果；视频图像均为本地显示，本地存储，没有将视频图像传输到监控中心。监控中心无法远方查看无人值守变电站的情况，未达到无人值守变电站遥视的条件；模拟视频监控使用同轴电缆作为视频信号的传输媒介，在视频传输过程中，抗干扰能力很差。加上变电站内部用电设备、电缆的干扰，造成图像出现波纹、横条、雪花等缺陷，严重影响监控效果；视频监控设备功能单一，不能辅助完成特殊部位巡视，察看功能；运行的模拟视频系统资料不健全，标识缺失，线路走向不清晰等原因，制约了出现故障时的处理效率，导致系统维护困难；视频监控后台设置在主控台，设备之间堆叠，不利于设备运行、管理；设备电源与变电站其他设备共用电源，出现电源接地、短路时，各类设备均会造成停电；在细节上，系统还有一些缺点不一一赘述。

综合以上原因，推出新的视频监控系统势在必行，在油田生产管理中心成立之后，集中化管理将高清视频监控的安装提上日程，落地实施，安装方案设计上摒弃了以往的各项缺陷，实施安装具体内容如下。

2　变电站视频系统连接方案

变电站内部视频监控安装采用独立机柜、独立电源式安装方案，不仅便于管理，当电源出现故障不干扰变电站其他设备运行。视频监控设备接线联络图如下：

图1介绍了视频设备的接线、联络方式，从信号回路，供电电源及设备防雷几个方面介绍其特点。

2.1　信号回路部分

图中信号回路设计采用网线与光缆结合的方式。理论上，网线传输距离在100米左右，根据实际经验，80米网线直传视频信号毫无问题。藉于以上数据，我们将网线与硬盘录像机直连的摄像头控制在50米以内，50米以上则利用光纤传输。这两种传输方式各有优缺点：

特点对比：

2.1.1　网线传输设备简单，故障率低，常态下，运行情况更稳定。光纤通道相对复杂，对光纤收发器、电源、尾纤等质量要求较高；光纤芯线较细，纤芯脆，对熔接要求较高。安装中，风云、奔腾都出现了纤芯断的故障。

2.1.2　光纤抗高温，抗腐蚀能力强于网线。

2.1.3　光纤抗外力破坏能力强于网线，例如：老鼠破坏。

2.2　视频防雷部分

变电站防雷工作十分重要，一直作为运行维护工作的重点。按照规定，除避雷针保护以外，所有设备都要进行防雷设计，视频监控也不例外。我们对设备防雷进行如下设计：

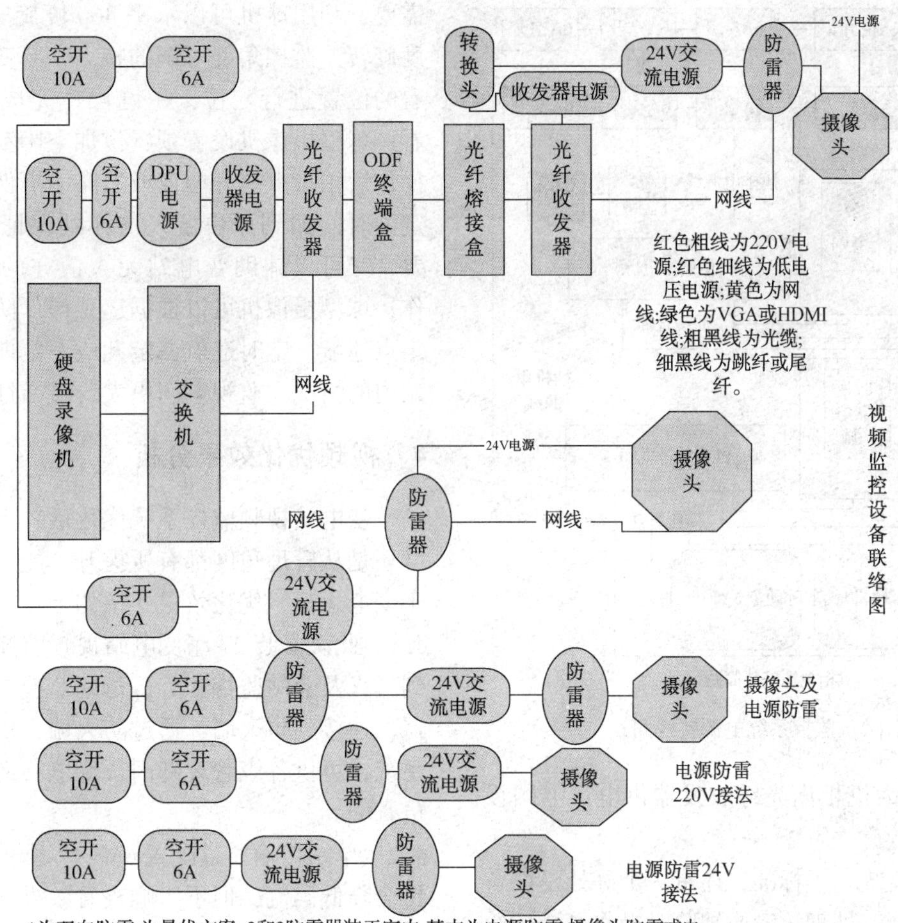

1为双向防雷,为最优方案; 2和3防雷器装于室内,基本为电源防雷;摄像头防雷或电源防雷取决于落雷位置

建议: 1、距离交换机50米以内可以采用网线直连,24V电源装于机柜内;

2、电源箱内置,摄像头防雷器可以接于24V电源输出的两芯作为电源输入,输出两芯用电源线连于摄像头电源。好处是不会因拨码位置错误而烧防雷器;

3、现场人员要求施工方做好标识,同时要进行台账建设,基础资料要做好。

4、如非必要,不要进行电源短接,短接要做好位置记录,可使用经纬仪记录数据,如:纬度: 46. 6987390, 经度: 125. 0844290

图 1　视频监控设备接线联络图

2. 2. 1　本次采用的电源加信号的二合一防雷器，雷电压无论进入电源线或网线，防雷器都可迅速切断内部连接，防止雷电压进入设备；

2. 2. 2　防雷器设计可以采用双边设计或单边设计两种，但综合这次视频安装的特点，我们选用了双边防雷的方式，其理由如下，外墙及立杆安装的摄像头防雷器安装在电源箱内，可以有效防止雷电压进入摄像头，损坏摄像头电路。安装在机柜内的防雷器，可有效防止雷电压进入供电系统及室内设备；

2. 2. 3　电源箱内防雷器可以接交流 220V，也可以接交流 24V。我们建议采用 24V 防雷的方式，其优点如下，

a 接 24V 防雷不会因为拨码错误烧毁防雷器；

b 接 24V 防雷人员操作更加安全，不会因为忘记断电而伤人；

c 接 24V 防雷相比于 220V 防雷，减少一个接线点，可以降低故障率。

2. 3　供电电源部分

摄像头及光纤收发器都为有源设备，并且安装位置分散，线多、面广，供电线路复杂，基于以上原因，电路设计如图 2 所示。

机柜内总电源输入侧采用所用变开关单独供电方式，机柜电源设置 2 路 10A 开关，每路带 1 排多个 6A 开关的方式。1 排开关带前端摄像头及光纤收发器，另一排开关带 2 个 PDU，一个 PDU 为机柜内设备及网线直连的摄像头供电，

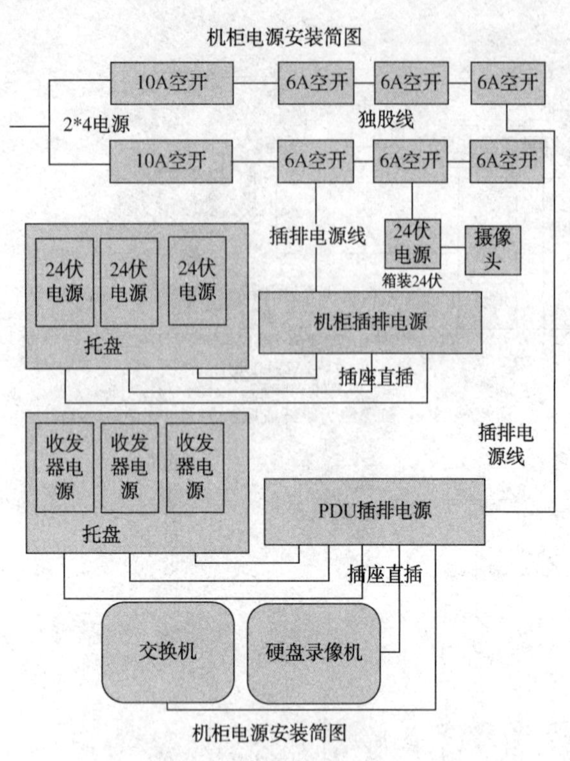

图 2　监控系统电源接线图

另一个 PDU 为机柜内光纤收发器供电。上图设计有如下特点

设计不仅统一了标准，还有一个好处是设备分路负载清晰，处理故障或缺陷时操作灵活，给日后维护带来了极大的方便；摄像机电源与摄像机电源分开，不仅整齐，而且插排的分工明确，出现问题容易判断故障部位；改变了以往电源线串接的方式，采用一对一的电源接线方式。杜绝了 1 路电源短路，同线串接的所有视频丢失的弊端；减少了故障点，故障率降低；出现故障时，判断故障简单，哪路视频问题，查找哪路的问题；提高了电源线使用量，增加了成本。

3　监控摄像头安装位置设计方案

摄像头安装采用单枪机，多球机的方式，具体安装设计如下：

枪型摄像机安装在变电站正对大门的位置，利用枪机固定拍摄方向的特点，始终监视变电站的出入口，监视地点、时间可保证。枪机具有结构简单，故障率低，使用年限长，成本低的优点，对出入口的监视更可靠；球型摄像机的安装位置，根据变电站的不同会有差别，主要思想为安防为主，设备为辅。球型摄像机要保证监视到变电站各条道路，出入口，院墙及变电站楼内的门窗等位置。同时，考虑到日常查看特殊部位的需要，利用球机可以水平 360 度旋转，垂直 180 度旋转，监控角度可调的特点，对变电站需要查看的位置进行定位，一键操作完成特殊部位查看；球型摄像机设置预置位加空闲动作，让经过操作后拍摄点离开门窗或道路的摄像机，经过设定的时间回到原位置。这样既保证了安防的需要，又可以辅助变电站无人值守的日常巡视工作；球型摄像机可以根据巡视操作队的要求设置定点巡航、定时巡航，定期或不定期的查看变电站内的情况，监视空间更大，灵活性更强。

4　视频优化效果分析

变电站视频监控系统优化后，无论从安防角度还是从管理角度都有所提升，能够更好的服务于变电运行，优化效果介绍如下：

4.1　此次安装 27 座变电站视频监控，上传图像到星火及会站监控中心，每座监控中心一台服务器，连接到防火墙，通过防火墙，再进入局域网系统，可供各级管理部门及变电站运行、维护人员查阅。

4.2　单站传输通道配置 6M，多个摄像头同时上传会降低码流，但不影响查看效果，单视频轮巡效果更佳。

4.3　硬盘录像机及摄像头 IP 统一调配，网络上无任何冲突，设置有序，方便运行与维护。

4.4　视频传输利网线及光缆，抗干扰能力强，运行稳定，不会因为变电站的各频段的磁场及电场视频信号质量。

4.5　新安装的系统，线路走向明晰、资料健全、标识清楚，为运行与维护提供了极大的便利。

4.6　新安装的系统功能强大，定位功能、空闲动作功能、预置位设置功能、区域入侵、行为分析等功能，适合在变电站管理中的应用。

4.7　系统可扩展性强，每个变电站安装一个具有卡口功能枪机，加装人脸识别服务器后，可以实现人员身份验证，车牌号识别，可提高变电所工作水平。

4.8　安装位置合理，与其他系统配合，如火灾报警系统，门禁等系统联合工作，查看烟感是否处于正常状态，主控制器的位置，有无异常等。

4.9　分级管理、权责明确、权限区分，操作队实行固定 IP 地址、MAC 地址电脑装设 DSS 客户端系统，分配本操作队所使用的权限。

5　结束语

建设坚强电网，要活化设备功能，团结起来促进平稳供电，提高设备利用率、互助率。把视频监控系统建设成为变电站的管家，为电力设备保驾护航，保障电网稳定运行。

参　考　文　献

[1] GB 50348—2004 安全防范工程技术规范
[2] 潘国辉．智能高清视频监控原理精解与最佳实践[M]. 清华大学出版社，2014

电能公司网络安全建设与管理的研究

孟凡超　常　弘

（中国石油集团电能有限公司）

摘　要　网络技术的迅猛发展给生产、经营带来诸多便利的同时也带来了风险。本文分析了影响企业网络安全的因素及常用防护技术，并结合近几年在网络安全工作中发现的问题，分析了电能公司网络信息安全的现状，给出了网络安全管理以及防护的一些建议。通过技术和管理更合理的搭配，发挥最大的安全效能，从而充分提升计算机网络的安全。

关键词　信息安全；网络安全；防火墙；系统漏洞

计算机网络技术的飞速发展给生产、经营带来诸多便利，但是由于网络处于开放状态中，因而在应用网络系统的过程中，也会面临诸多安全隐患和威胁。操作系统的漏洞、网络协议的不完善、用户的粗心、黑客的恶意攻击都会发生网络安全问题，可能导致用户数据丢失、系统瘫痪。电能公司经过多年的信息化建设，信息技术的应用已经普及到电力生产、经营、管理的各个领域，因此网络安全问题也变为重中之重。现在网络安全问题已经得到政府部门和企业的重视，上升到非常的高度。习近平强调“没有网络安全就没有国家安全，就没有经济社会稳定运行，广大人民群众利益也难以得到保障”。近几年公安部开展了实网攻击演习行动，目标包括政府部门、中央企业、知名高校等。我们也按照上级的的要求进行了网络安全防护的实战演练，在实战演练行动中，确实也暴漏出来一些网络安全问题。本文结合实际工作中发现的问题，分析一下电能公司网络信息安全现状，并提出网络安全管理以及防护的一些建议。

1　影响企业网络安全的因素

1.1　软件系统的漏洞和后门

漏洞是指软件设计上有缺陷或在编写时有错误，这个缺陷或错误可以被不法者利用来攻击或控制计算机，从而进行破坏和窃取系统中的资料。计算机上所运行的操作系统如 Windows、Linux 等、数据库软件 Oracle、SQL Server 等均会存在某些安全漏洞。网络设备如路由器、交换机、摄像头的系统也会存在安全漏洞。我们自己开发的一些业务系统因为所使用的程序语言、类库、软件开发人员的技术水平等可能会存在更大的安全漏洞。可以说安全漏洞是无法杜绝的，就像是人就会犯错误一样。漏洞是无意中产生的，而后门则是程序员为了维护软件方便或其他目的而留下的，是故意留下的。漏洞和后门如果被其他人知道将会成为很大的安全风险。

1.2　通信协议的缺陷

目前我们广泛使用的以太网和 TCP/IP 协议是上个世纪 70 年代的产物，设计之初 TCP/IP 协议是建立在可信的环境之下，主要考虑的是网络通信以及资源共享，缺乏对安全方面的考虑，所以网络协议本身就存在缺陷，这就给“黑客”们攻击网络以可乘之机。通过欺骗路由条目、DNS 解析、伪造 IP 地址等，可以影响到网络的正常运行，甚至攻击服务器，从而造成网络瘫痪或系统宕机。例如上些年咱们企业网中曾经大量流行的 ARP 病毒就是利用 ARP 协议（属于 TCP/IP 协议簇成员之一）的漏洞进行传播的。

1.3　病毒木马威胁

目前计算机病毒主要通过 U 盘和网络进行传播，特别是网络病毒感染速度快、传播形式多，相较于单机系统来说，网络环境传播病毒的危害性更大。系统软件的漏洞又为病毒传播提供了可乘之机，如果一个电脑的使用者缺乏病毒防护意识感染了网络蠕虫病毒，那么在很短的时间内便可蔓延整个网络。这样大量病毒程序不仅会占用网络宽带，而且严重时会导致网络数据遭到破坏、或者导致网络瘫痪。2001 年在企业网上爆发的“红色代码”和“蓝色代码”病毒，就是利用了 Windows 2000 服务器 IIS 漏洞进行传播的，当时造成了很多单位企业网瘫痪。2017 年 5 月 12 日，勒索者病毒在全球范围大爆发，在数小时内影响近 150 个国家，一些政府机关、高校、医院的电脑屏幕都被“染”成了红色。幸运的是因为处理得当，电能公司没有受到影响。木马程序也是导致计算机网络安全的又一大隐患，近些年来随着电子商务的发展，以及网络支付的广泛应用，木马的种类急剧上升，对用户的机密文件以及数据造成了极大的威胁。

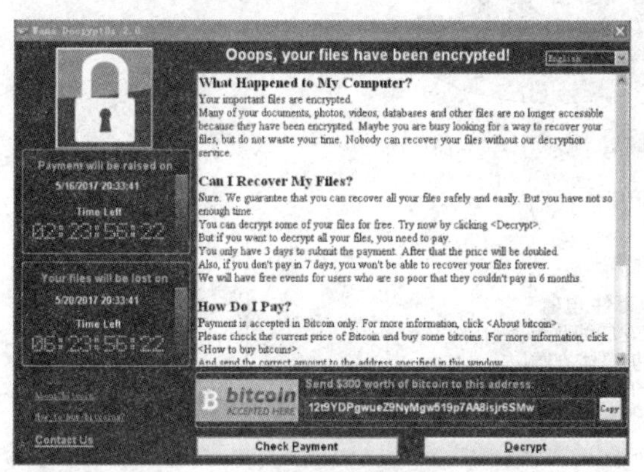

图 1　勒索者病毒

1.4　黑客入侵攻击

黑客通常会利用操作系统、网络协议、数据库、应用程序等方面的漏洞，采用网络监听、密码破解、拒绝服务等多种手段入侵网络服务器，以窃取用户信息、获得机密数据，或直接破坏重要数据，造成网络系统瘫痪。因此，从某种意义上讲，黑客对网络安全的危害甚至超过网络病毒攻击。

1.5　人为因素

一些计算机管理和使用人员缺乏网络安全意识，忽视系统软件的补丁安装、没有按照中石油安全基线对计算机进行配置，对外来人员接入企业网时缺乏必要的限制，员工私自接入互联网等，这些都增加了网络安全风险，易造成企业信息泄露和丢失。另外重要机密数据不加密，数据备份不及时，用户权限级别划分不明确或根本无级别限制，也容易导致数据泄露或被破坏，甚至使系统崩溃。

2　技术层面常见的防护手段

2.1　系统漏洞防护

漏洞虽然无法杜绝，但是漏洞曝光后到黑客或病毒利用该漏洞大规模攻击之前，微软、红帽、Oracle 等大公司都会发布安全更新公告，提醒用户尽快下载补丁程序来修补系统漏洞。另外通过漏洞扫描软件也可以发现系统存在哪些漏洞，然后有针对性的进行修补。

2.2　配置防火墙

防火墙分为独立的硬件防火墙设备和计算机上安装的软件防火墙，前者可以管理网络内部的多台计算机，后者一般仅对本机起作用。防火墙对通过它的数据包进行过滤，只有内部访问策略授权的通信才允许通过。另外，防火墙还可以记录所有通过它的访问，提供统计、预警和审计功能。但使用防火墙也有一些缺点，如影响网络性能，配置不好甚至影响业务系统的正常使用，经常出现一些莫名奇妙的网络故障。使用防火墙需要配置人员对网络协议、业务系统的工作方式都有一定了解，所以对网络管理员的技术水平有很高要求，并且防火墙的防护策略会经常随着业务的变化而进行更新，给网络管理员增加了很大的工作量。

2.3　入侵检测软件

入侵检测是用来监测网络中违反安全策略行为的技术，它能够及时发现并报告系统中未授权或异常现象，是对防火墙防护功能的合理补充。入侵检测技术可以帮助管理员收集网络系统中各个关键点的信息，并加以分析、判断网络系统是否存在违反安全策略的行为，是否有遭到攻击的迹象。利用入侵检测系统，可以实时监测网络系统、防护网络攻击。

2.4　利用数据加密

数据加密即采用某种算法对要发送的数据进行数据加密，可保证数据的保密性、真实性以及完整性。使用数据加密技术，既可预防入侵者对数据非法窃听，又可拒绝对数据恶意篡改。所以为了保证信息的安全性，就必须对传输和存储的数据进行加密处理。

2.5　备份与恢复

数据的恢复属于亡羊补牢，数据的可恢复需要有一个有效的数据备份方案。无论什么原因导致数据丢失、系统宕机时，通过一个有效的备份来对系统进行恢复是最后也是最有效的方案。我个人认为，在所有安全防护措施中，备份一定要放到首位。

3　电能公司网络安全对策

3.1　网络严格分区

为了防范黑客和恶意代码的攻击，国家规定电力行业各单位要遵照“安全分区、网络专用、横向隔离、纵向认证”的安全防护总体策略。原则上划分为生产控制大区和管理信息大区，生产控制大区和管理信息大区有通讯需求时要采用要单向网闸等安全设备进行隔离，且信息流只能从生产控制区到管理信息区，如图 2 所示。

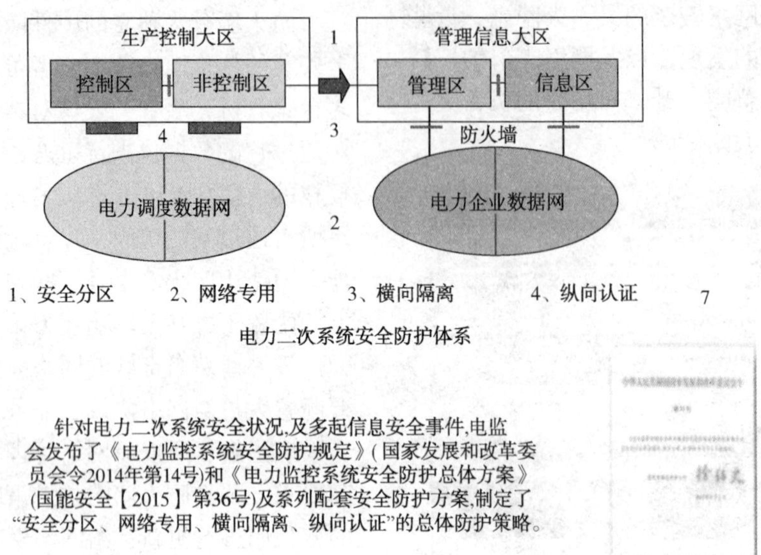

图 2　网络分区

目前，电能公司的网络按用途可以分为三类，一是生产控制网、二是中石油企业网、三是因特网。按照规定，生产网、企业网、因特网要严格隔离，如果有数据通讯需求时在生产网和企业网间要采用单向网闸等安全设备进行隔离。并且按照中石油网络安全政策，禁止中石油企业网内的机器私自访问因特网，只能通过中石油的代理服务器来访问因特网。

3.2　安全基线配置

电能公司及所属单位接入企业网的办公计算机按照要求必须安装中石油桌面安全系统并按照安全基线进行配置。如果每台机器都能够严格按照要求去做，可以说系统的安全性大大提升。另外，对服务器和交换机等网络设备也提供了安全基线配置要求，在不影响系统正常运行的前提下也建议按照要求设置，但是因为兼容性等问题有些配置可能会影响系统的正常运行，所以并没有强制要求必须去做。

3.3　定期检测漏洞

各单位网络管理人员可以利用中石油或电能公司提供的网络安全检查工具对本单位客户机、服务器、网络设备进行安全漏洞检测工作，并根据检测的结果对服务器和设备进行安全加固工作，此项工作应每季度至少执行一次。我们也会定期对网络设备进行漏洞扫描，并将扫描结果通报给各单位。

3.4　系统安全测评

有能力的单位，要定期对服务器进行安全检查测试，包括 SQL 注入攻击、跨站脚本攻击、弱口令、木马病毒检测、端口开放情况、系统管理权限开放情况、访问权限开放情况、网页篡改情况等进行监管。对于新开发的重要业务系统应该找专业的安全测评公司进行安全测评，便于发现系统潜在的安全漏洞。

3.5　运用防火墙技术

防火墙是目前最为流行、使用最广泛的一种网络安全技术，通过在企业网上联出口使用防火墙，可以阻止很多外部攻击和漏洞探测。在电能公司企业网内，存在一些暂时无法修补漏洞的网络设备。如一些服务器运行着 Windows NT、Windows Server 2000、Windows Server 2003、Solaris 等，这些系统原厂商已经不再提供技术支持，存在的漏洞也无法进行修补，只能等待系统更新换代。另外一些交换机、路由器、网络摄像头，固件本身就存在漏洞，一般情况下用户也无法通过升级固件来修补漏洞。对这些设备的防护我们只能通过防火墙来进行。

但是使用防火墙也有一些缺点，如影响网络性能、策略配置不好会出现一些莫名奇妙的网络故障，并且网络管理员的工作量大、技术水平要求高。因此，建议各单位不要将防火墙部署到网络上联口，应该仅对重要的业务系统采用防火墙设备进行防护。有条件时可以将服务器统一部署到一个网段，将该网段用防火墙进行防护，只允许业务系统用户访问，并且只开放所需的端口。例如对公司内部使用纯 B/S 模式的业务系统，可以仅开放 80 端口，在业务系统用户 IP 地址比较集中时，可以只允许指定范围的 IP 进行访问。根据多年的经验，这样做虽然增加了网络管理员的工作量，但是确实可以避免很多攻击，提高系统的安全性。

3.6　邮件加密传输

如何避免邮件“泄密”是大家比较关心的问题，很多人不敢使用邮箱发送邮件了，甚至向企业内部员工发送邮件也不敢了，有些部门让拿优盘拷贝，这是一种因噎废食的行为。涉密邮件按照管理规定肯定是不允许向外部邮箱发送的，但是当我们可以确定自己的邮件不涉密，但是还是怕被监测软件误报为疑似涉密时，可以对文件进行加密后传输，密钥可以通过电话等其他途径告知对方，邮件题目也不要使用敏感标题。加密有多种方法，普通情况下可以用常用的压缩软件 WinRar 来实现，密码的长度要长一些，也要复杂一些，如图 3 所示。

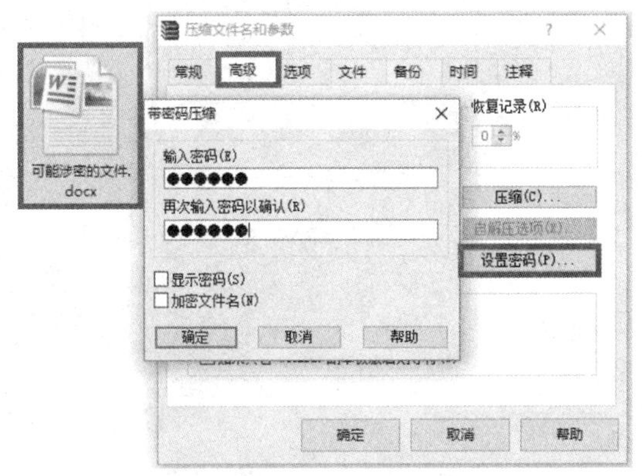

图 3　文件加密

3.7　网络安全宣传、培训与管理

我们总想通过技术手段来解决一切安全问题，实际上这是很难做到的。有时候制度很完善，但是得不到重视而不去执行。所以要让企业员工真正认识到网络安全的重要性、有一定的网络安全技能，同时加强管理监督工作。

1）通过宣传让员工增强网络安全意识，认识到网络安全的重要性。能够按照“大庆油田公司计算机用户守则”去使用计算机。

2）同时加强网络信息安全知识培训工作，包括中石油桌面安全软件安装、安全基线配置、系统漏洞修补、病毒查杀、数据备份、安全上网等。

3）要切实增强信息安全制度的落实工作，不定期对安全制度执行情况进行检查，从而提高人员安全防护意识。

3.8　信息人员队伍建设

前面的技术问题相对来说要好解决一些，随着技术的进步和资金的投入，都会在一定程度上得到解决。真正难的是人的问题，武器再好，使用武器的人素质不行也达不到效果。并且如果信息人员的技术水平和积极性得到提升，可以节省很大一部分软硬件购买的投资。例如，现在无论是防火墙还是入侵检测，开源的软件产品很多，也都非常好用，很多网络安全设备也是使用这些开源产品，技术水平高的人完全可以自己搭建，并不一定都需要购买。所以，我认为信息人员队伍建设是应该放到首位来重视的。多年来，企业都非常重视信息化的建设，但是在信息化队伍建设方面，不但没有进步，反而在倒退。一些单位从事信息化工作的人员非常少，只有一两名，甚至还是兼职的，另外从事信息化工作的员工年龄整体偏大。以我们信息部为例，50 岁以上占 36%，40 岁以上占 75%，其他单位也存在老龄化这个情况。大家都知道，信息技术更新特别快，需要不停的学习，而随着年龄的增长，学习能力和体力都在下降，更何况还有心态的变化，所以信息化队伍建设确实需要充实一些高质量的新生力量，补充一些新鲜血液。另外，因为信息技术专业不是电力系统主专业，且具有较强的专业性，人才流动性差，在人才的发展空间上存在很大的局限性，因此很难吸引到一些优秀的年轻人。有时候我们也很矛盾，一方面希望一些有能力、有上进心的年青人加入信息化队伍，另一方面也怕耽误他们的个人发展。2004 年葛优在电影《天下无贼》里就说过，“二十一世纪什么最贵？人才！”、“人心散了，队伍不好带啊！”。所以，重视网络安全、重视信息化建设一定要重视信息化队伍建设，没有一支技术过硬、有责任心的队伍来支撑企业的信息化工作，企业的信息化建设将会变成空中楼阁。

4 结束语

网络技术的迅猛发展给企业生产、经营带来诸多便利的同时也带来了风险。目前我们电能公司的网络安全防护还是相对落后，员工对于网络安全防护也缺乏相应的重视，这些都会影响到公司的安全发展。为此本文首先分析了影响企业网络安全的因素及常用防护技术，然后为电能公司的网络安全管理以及防护提供了一些建议。网络安全的提升将有力地支持电能公司实现技术创新型、安全环保型、资源节约型的现代化电力企业。

参考文献

[1] 范黎明．国有企业网络安全的管理与防护．信息与电脑，2016，33(02)：79-82

[2] 樊喜梅．影响计算机网络安全的因素及解决策略探讨．网络安全技术与应用，2018，23(06)：28-31

[3] 王志辉．国有企业信息化建设中的信息安全．企业技术开发，2016，35(03)：18-19

视频图像智能分析技术在危险化学品装卸作业中的应用

叶丽丽　张　新　王　锐　刘小明

(1. 北京中燕信息技术有限公司；2. 中国石油化工股份有限公司北京燕山分公司)

摘　要　2017年6月5日，山东省金誉石化发生重大生产安全事故后，国家对危险化学品装卸车作业的安全管理非常重视，加强了危险化学品装卸车作业的安全监管。各企业在危险化学品装卸的管理中，存在既要安全管理人员掌握安全管理标准，又要熟悉业务流程，并且要全过程实时监管的问题，对人员的安全管理水平和责任心要求较高。利用视频图像智能分析技术，构建涵盖装卸全过程的管理标准与业务流程，对不规范行为和不安全因素进行实时自动分析识别、自动定位、自动捕捉和自动报警，有利于解决上述问题，降低安全风险。视频图像智能分析技术从设计理念、技术路线、功能架构等方面进行了详细介绍。通过在企业的实践应用发现，该技术具有降低安全管理工作强度、提升安全管理工作效率和降低安全管理风险等效果，能为企业安全管理构筑安全壁垒，并具有极强的推广价值。

关键词　安全管理；视频图像；智能分析；危险化学品；装卸作业

当前，企业安全管理形势严峻，安全防范、安全监控与安全保护工作的紧迫性不断加大，安全技术防范工作需要强有力的科技支持与保障。在安全事故处理中，视频监控已逐步成为事前预防、事中处理、事后追查的有利手段，而视频内容的分析识别等操作需要人工识别，工作量大且容易出错。视频图像智能分析技术克服了传统监控系统人眼识别的缺陷，具备实时对视频监控范围内的目标进行检测跟踪的功能，并且把行为识别等技术引入到监控系统中，形成了新的能够完全替代人为监控的智能型监控系统。

为了强化危险化学品装卸车环节的安全监管，规范危险化学品装车人员的岗位操作行为，确保危险化学品各环节的安全生产，依据相关法规、规章、标准的要求，对装卸车业务流程中的行为标准和安全因素进行图像化和标准化，在危险化学品装卸过程中，可以对操作过程的违章行为自动识别并报警，现场管理人员可以及时纠正违章，避免事故发生。

1　建设目标及设计理念

1.1　建设目标

实现危险化学品装卸车站台业务全流程风险可控，对不规范行为和不安全因素进行实时自动分析识别、自动定位、自动捕捉、自动报警，提升安全管理水平、降低安全风险。

1.2　设计理念及特点

1.2.1　视频图像智能分析技术是使用计算机图像视觉分析技术，通过将视频中背景和目标分离进而分析并追踪到在视频场景内的目标。可以根据分析模型，通过在不同的视频场景中预设不同的规则和环境，一旦目标在视频场景中出现了违反预定义规则的行为或环境，系统会自动发出警告信息，现场会自动发出声光报警并发出警示音，管理人员可以通过电脑或手机接收报警信息和报警图片，实现根据报警的实时场景采取相关管理措施。

1.2.2　不改变原整体架构和硬件设施。在不改变现有工业视频系统整体架构、不改造现有工业视频硬件设施的前提下，利用现场布置的视频设备，通过大数据视频图像分析技术手段，快速捕捉、快速定位不规范行为和不安全因素，同时将报警及时推送至管理人员或所辖控制室，最大限度降低企业损失，为企业提供安全科技防火墙。

1.2.3　以业务流程为主线。通过对流程关键节点任务，如安全帽穿戴、监护人员全程监护、车前标识摆放、灭火器部署、车轮掩木摆放等，明确业务管理流程，关键节点进行图像分析，及时报警，使安全管理得到有效管控。

1.2.4 为安全监察提供支持。通过实时智能分析，违章自动识别并报警、问题自动定制用户推送，为安全监察提供新模式的监管手段，降低管理人员工作负荷，提高危化品装卸操作人员自律性，降低装卸作业过程安全风险。

2 技术路线

技术架构图如图 1 所示，整个系统进行技术架构设计时，充分参考了中国石化信息化建设规划中的技术要求，依托安全管理平台的建设成果。

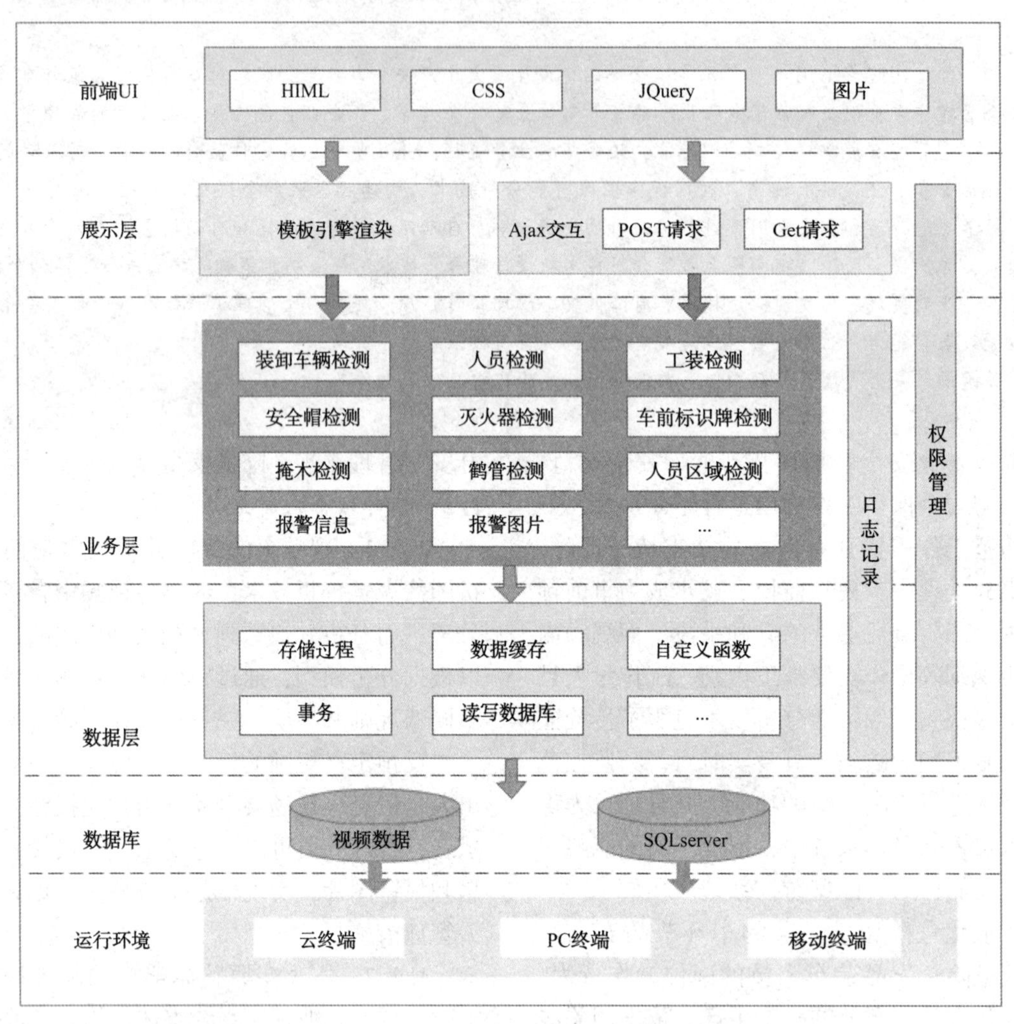

图 1 技术架构图

2.1 技术架构分为数据集成、数据识别及报警应用三个层面：一是异构数据源的集成：系统集成非结构化数据，即获取视频数据，处理成图片；二是对目标进行识别：将图片送入识别算法，得到识别结果；三是报警应用：系统根据业务流程和管理点，判断为报警后推送至用户。

2.2 在技术平台方面，采用分层、松耦合、可配置化的设计模式，搭建基础组件库，实现了系统的可配置、可扩展，实现了对多层技术平台进行集成，形成了面向企业分层设计的安全管理信息平台。

2.3 采用多级网络安全控制和用户统一管理方案，节省信息化投资，避免信息泄漏问题，确保企业信息和数据安全。

3 视频图像智能分析

在安全管理过程中，人工智能系统的使用，大大降低了安全管理人员的工作量，提高了安全管理的工作效率，降低了作业过程的风险，有利于公司的长期稳定发展。其中，视频图像智能分析技术用到的人工智能算法，主要包括目标检测、边缘计算和模型压缩。

3.1 目标检测

现如今，目标检测趋于成熟，各种目标检测算法不断被提出，检测效果也越来越好。目前，主流的目标检测算法包含 one-stage 和 two-stage 两种方法类型，相较而言，one-stage 方法准确度更高，而 two-stage 方法速度更快。系统在设计的时候，在不丢准确率的同时为了追求快速检测目标，方便进一步跟踪、识别和分类，选择使用较新的 SSD 算法。

SSD 算法是 2016 年提出的结合了 Faster-RCNN 算法和 YOLO 算法的一个优秀的目标检测算法。该算法属于 one-stage 方法，直接将整个目标检测过程整合到一个大的神经网络之中，从而实现快速目标检测。训练过程中，输入整张图片和检测目标的锚点框标签；卷积过程中，评估不同尺寸的特征映射中的不同位置的不同比例的默认框，并对所有默认框和目标类别进行形状偏移和置信度预测。在训练期间，确定默认框和真实框的对应关系，并相应地完成网络训练。

3.2 边缘计算

人工智能计算大体可以分为云计算、边缘计算、端计算三个层次。这三个层次在 AI 算力、实时性及计算通用性三个方面，各有优劣。中间层次的边缘计算是新物种，算力远胜于端，对功耗的容忍度比端强很多；相对于云，其实时性更好，且可以结合具体场景进行特定优化。

边缘计算起源于传媒领域，是一种涵盖计算、网络和存储基础设施等边缘站点及其应用(工作量)的用于优化云计算的分散式计算方法，可描述为一种计算拓扑，又称近计算或者接近计算。边缘计算是一种将计算、网络和存储能力从云端延伸到网络边缘的架构，涵盖了从最靠近物的终端传感器到云端数据中心的整个网络架构。除了边缘智能，边缘计算因其所具备的敏捷、实时、智能、安全等特点，将大幅度提升服务质量，并会创造新的价值与生态链。

3.3 模型压缩

人工智能算法的使用，离不开神经网络。随着网络层次的不断加深，复杂的网络模型有着越来越好的性能，但其所需的巨大存储空间和资源消耗使其难以有效应用在各种硬件平台上。为了节省存储空间和减少资源消耗，模型压缩方法显得尤为重要。模型压缩可以分为前端和后端的压缩方法。前端压缩方法包含知识蒸馏、紧凑模型设计和滤波器级别的剪枝，主要用于稀疏矩阵运算中的权重矩阵，从而实现计算和存储开销的减小。后端压缩方法可以分为低秩近似、不加限制的剪枝、参数量化和二值化，通过极大改造网络结构的方式，追求极致的压缩比，达到理想的压缩效果。两类压缩方法在实际应用中可以结合使用，互补增益，最大程度的减小模型复杂度，节省模型存储空间，减少硬件资源消耗。

4 功能架构

系统整体功能框架如图 2 所示。包括视频获取、视频解码、图像识别、报警等多个功能模块，对不安全行为和不安全因素进行分析识别、实时报警，使安全管理更加行之有效。

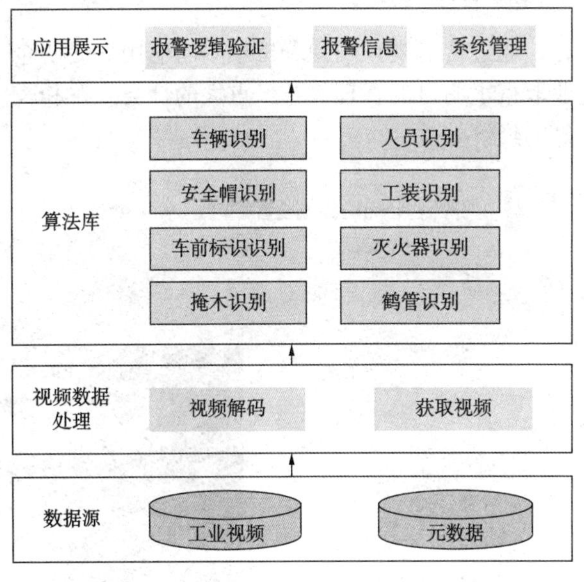

图 2 系统功能框架

5 业务流程

系统设计以业务流程为依据，实现关键环节的图像分析，进一步规范管理，防控关键环节安全风险。

车辆进入站台就位熄火后，车前摆放禁止标志牌、灭火器，打掩木，静电接地、连接鹤管、紧急切断阀需专人值守，装车后，收起鹤管，关闭装车阀，静止 5 分钟后，拆除静电接地，移除掩木，检查连接全部断开，检查车辆周边，驶离站台。在全业务流程过程中，随着业务的先后顺序，对关键点进行图像分析，具体识别分析报警流程如图 3 所示。

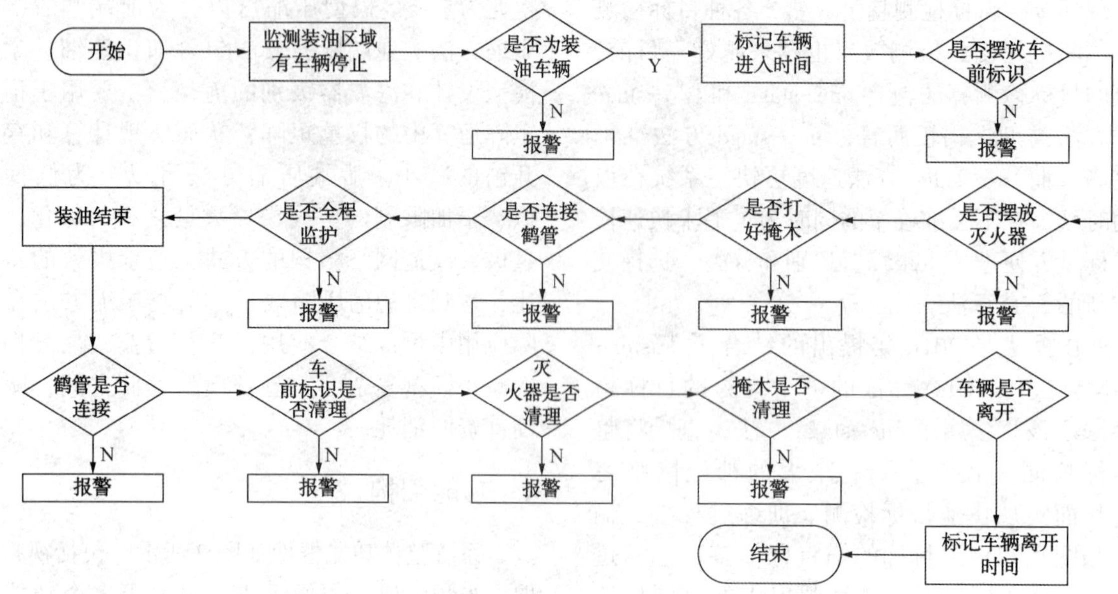

图 3　识别分析报警流程

6　应用效果

通过智能视频图像分析技术的应用，促使企业取得了明显的管理效益，重大的社会效益和较好的经济效益。

6.1　规范了工作程序，降低了作业过程风险。通过视频分析、设计和整合了视频的信息与业务流程的关系，提炼出规范业务流程中规范行为和安全因素，引导操作人员正确操作，及时制止违章，避免事故发生。

图 4　掩木未及时清理报警

6.2　采取信息化手段，实现安全管理全方位、全时段。系统的建设使安全管理的基础工作更加扎实，提高操作人员安全意识，减轻了监察人员的工作量，减少了作业过程风险，提高了工作效率。实现了实时分析、自动定位、自动捕捉、及时报警的效果。

7　结语

目前，系统运行初见成型，势必成为企业日常安全管理的综合应用平台的重要功能之一，为企业持续提高安全管理水平提供信息化技术支撑，为促进系统能够更好地在安全管理方面发挥作用，通过对技术的不断完善，将在企业现场直接作业环节、各种装卸作业、检维修作业中进行推广使用。

参 考 文 献

[1] 张贤达，矩阵分析与应用，清华大学出版社，2004.10.

[2]吕伟，钟臻怡，张伟．人工智能技术综述[J]，上海电气 技术，2018.11.

[3]中国电子技术标准化研究院，人工智能标准化白皮书（2018版）[R/OL]，2018.01.

[4]贺倩，人工智能技术发展研究[J]，现代电信科技，2016，46(2)：18-21，27.[9].

[5] Girshick R，Donahue J，Darrell T，et al. Rich featurehierarchies for accurate object detection and semantic segmentation. Proceedings of 2014 IEEE Conference on Computer Vision and Pattern Recognition. Columbus，OH，USA. 2014. 580-587.

[6] Ren SQ，He KM，Girshick R，et al. Faster R-CNN：Towards real-time object detection with region proposal networks. Proceedings of the 28th International Conference on Neural Information Processing Systems. Montreal，Canada. 2015. 91-99.

无线网桥信号自动对接技术研究与应用

刘　洋

（中国石油长城钻探工程有限公司）

摘　要　无线网桥是建设覆盖油田无线宽带网络的主要设备，利用安装在作业现场的无线网桥与基站无线网桥的通讯完成作业现场和基地之间的网络链接。由于施工作业现场具有一定流动性，当位置发生变化时，无线网桥设备会因位置变化，断开与原通讯基站的链接或者链接信号强度变弱。为重新捕捉网络信号，需要工人登高手动调整无线网桥设备，过程耗时费力、劳动强度大、作业风险高。针对以上问题，通过运用串口服务器、解码器、云台等硬件设备，基地管理人员通过远程控制方式，实现了无线网桥设备自动寻向、自动优选网络、自动接入网络，满足施工作业现场各项通讯需求。

关键词　无线网桥；网络信号强度；自动寻向；自动对接

随着近年来数字化油田建设和“一体化”管理的贯彻部署，在现有油区环境中全面实施信息化和信息资源共享成为必然。通过在通讯基站高塔上安装无线网桥、天线及铺设移动光纤资源，在油区搭建 20-300M 带宽的远程无线宽带网络系统，完美的解决了油田作业现场无通讯网络的难题。无线网桥是搭建远程无线宽带网络的主要设备，利用安装在作业现场的无线网桥与基站无线网桥的通讯完成作业现场和基地之间的网络链接，实现作业现场和基地之间的各项通讯需求。

由于油田作业现场经常搬迁，当作业现场位置发生变化时，安装在现场小队的无线网桥设备会因位置变化，断开与原通讯基站的链接或者链接信号强度变弱。为了重新捕捉网络信号，基于目前的无线网桥信号连接技术，需要工人登高手动调整无线网桥设备的方向；同时，为了获得稳定的网络信号，需要多人合作并经过多次调整才能完成，整个过程耗时、费力、调试效果不理想，劳动强度大，登高作业风险高，工作效率低。

针对上述生产难题，技术人员研发并应用了无线网桥信号自动对接技术，该技术将串口服务器、解码器、云台等硬件设备和软件功能设计开发相结合，通过基地管理人员远程电脑操作，完成无线网桥设备自动寻向、自动优选网络、自动接入网络，满足生产现场网络通讯需求。无线网桥信号自动对接技术操作简单方便，功能全面，效果极佳，不受时间、地点限制，适用范围广，可快速、低成本完成网络覆盖区域调整的目标，实现流动施工作业现场数据的采集和传输，为数据传输的及时性，经济性、安全性、稳定性提供双重保证（现场使用拓扑图，见图 1）。

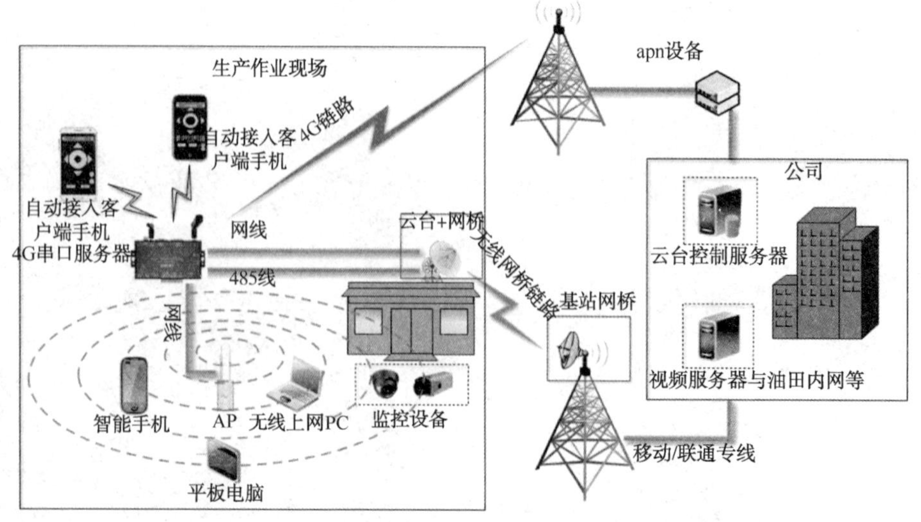

图 1　无线网桥信号自动对接技术现场使用拓扑图

1 技术组成

无线网桥信号自动对接技术主要由三部分组成，无线网桥接入部分、远程传输控制部分和解码驱动部分(见图2)。无线网桥接入部分将采集的方位、无线网络信号强度等数据信息传输给云台控制服务器，云台控制服务器对数据信息进行分析处理，将包含最优信息的指令发送给解码驱动部分，驱动无线网桥接入部分转动至目标位置，实现现场作业小队无线网桥与基站无线网桥通讯，完成无线网络搭建。

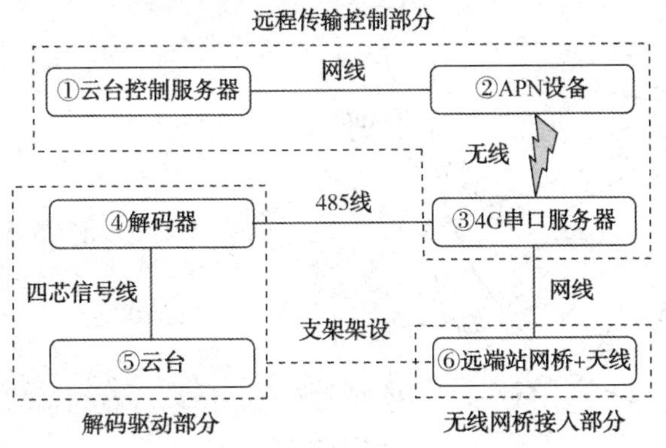

图2 技术各部分连接示意图

1.1 无线网桥接入部分

无线网桥接入部分由定向天线和无线网桥组成，通过支架架设在作业现场的云台上。其中定向天线负责电磁信号的发射、接收、转换和增益，为防止雷电冲击波破坏网络接入部分，在天线内置避雷器；无线网桥负责与通讯基站无线网桥进行长距离点对点无线网络通讯。

1.2 远程传输控制部分

远程传输控制部分主要由云台控制服务器和传输单元组成。云台控制服务器位于基地指挥中心，主要用于发送指令，并实时读取现场回传的网桥信号强度及方位信息，通过后台算法对信息进行分析对比，优选最佳值，将包含最佳值的指令发送出去，控制解码驱动部分旋转；传输单元由APN设备、串口服务器组成，是信息运送的通道。云台控制服务器通过传输单元将指令信息发送给解码驱动部分，无线网桥接入部分把接收到的信息通过传输单元发送到云台控制服务器。

1.3 解码驱动部分

解码驱动部分主要由解码器和云台组成，位于作业现场。解码器内置RS485单元的电流解码板，负责对云台控制服务器发出的指令进行接收和解码，并把编译后的指令发送给云台；云台负责按照指令内容带动无线网桥接入部分转动至目标位置。

2 技术原理

2.1 技术思路

无线网桥信号自动对接技术主要思路是将无线网桥及其配套天线架设在云台上，通过远程发送指令，控制云台转动，完成自动寻向；后台将采集的方位及信号强度数据进行对比、分析，自动选择最优网络；无线网桥到达最优位置后自动完成网络对接。

2.2 基本原理

覆盖生产现场的无线宽带网络已经搭建完成，现场作业队伍搬迁至新的工作区域后，连接基础设备并接电。基地管理人员使用云台控制服务器(见图3)通过4G网络远程发出指令1(云台水平顺时针转动至原点位置，默认方位角度为0°)，解码驱动单元的解码器接收指令1，解码后驱动云台完成指令内容；然后云台控制服务器通过4G网络远程发出指令2(每隔10秒钟，云台水平逆时针旋转10°)，解码驱动单元的解码器接收指令2，解码后驱动云台完成指令内容；同时无线网桥接入部分通过SSH协议读取并记

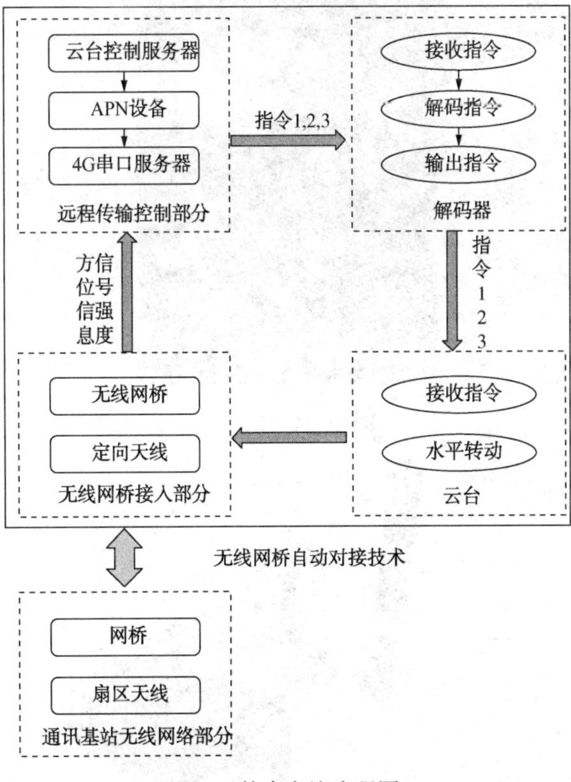

图3 技术实施流程图

录该点周边网络环境信号强度值及对应方位信息。云台转动一周(即 360°)共需 6min 并产生 36 个方位数据及其对应的信号强度数据(见图 4)，无线网络接入端通过 4G 网络将信息发送给远程传输控制单元；云台控制服务器对信号强度数据进行对比分析，优选信号最强的数据，计算其与原点位置差，并将指令 3(云台转动至信号最优方位 A 处)发送给解码驱动部分，驱动云台带动无线网桥接入部分水平转动至信号最强方位，无线网桥接入部分自动完成网络对接。本技术进行了现场实验，效果良好(见图 5)。

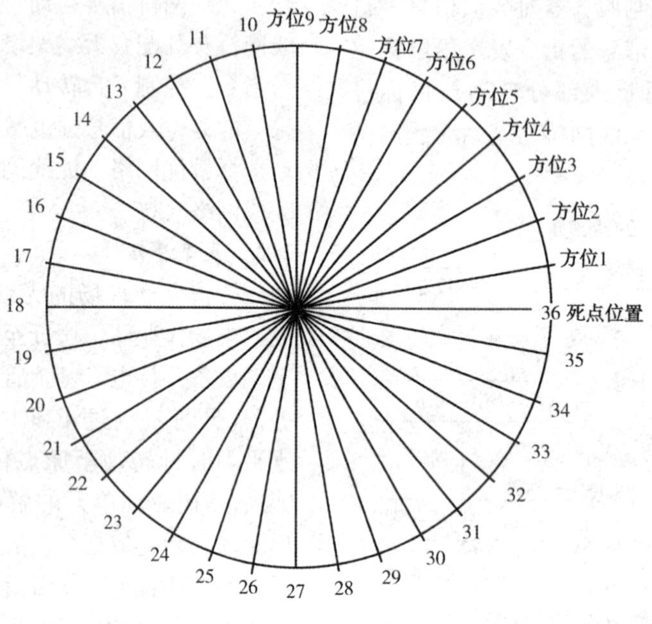

图 4　云台转动示意图

图 5　现场试验图

3　主要部件及功能实现

3.1　4G 串口服务器

4G 串口服务器(图 6)实现串口到网络的双向数据透明传输，支持 WIFI 功能或者 10/100M 以太网自适应，支持完整的 TCP/IP 协议栈，支持多种数据加密方式，确保数据保密性，具有高速率，低延时的特点，并且支持 FTP 他升级协议和 FTP 自升级协议。

图 6　串口服务器

本技术中主要利用了串口服务器的路由功能，将云台控制服务器指令发送至 RS485 串口，经由 485 线发送至解码器；无线网桥采集的信息通过网线至 RJ45 网口反向回传到云台控制服务器，最终形成双向数据传输路径(见图 7)。

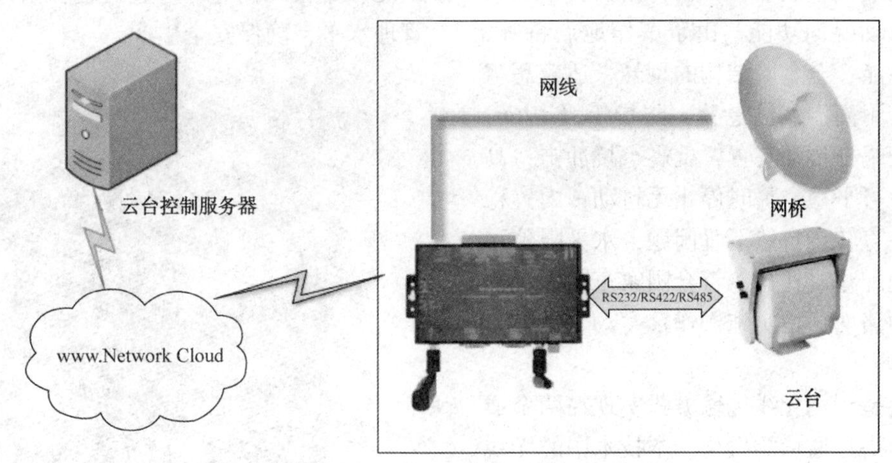

图 7　数据传输示意图

3.2　云台解码器

云台解码器是把控制云台功能的数码信号转换成电流信号的设备(见图 8)，具有 PELCO-P \\ D 协议自动识别，64 个地址码设置，2400 \\ 4800 \\ 9600 波特率可调，自恢复保险管的 RS485 通信等功能，组装方便，结构轻巧，便于安装操作。

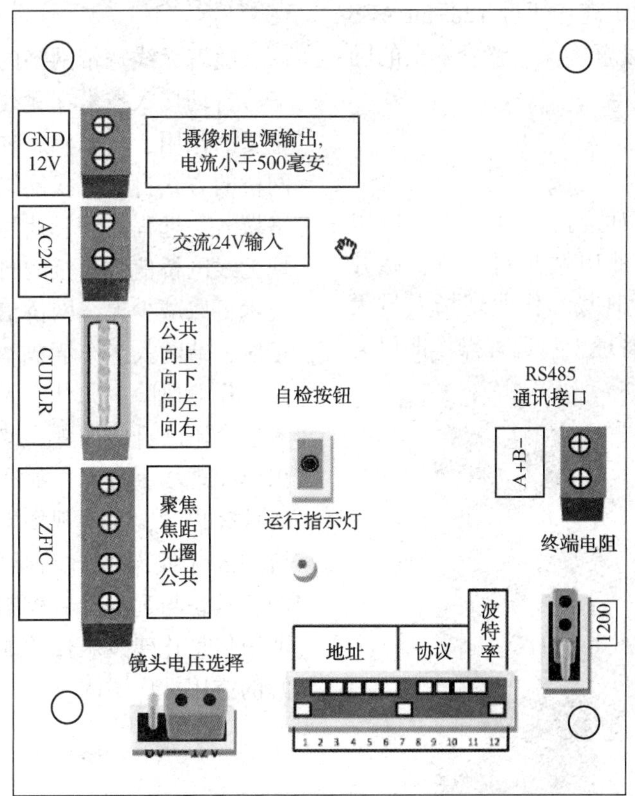

图 8　解码器结构图

本技术中云台解码器与云台配合使用，4G 串口服务器发出 485 控制信号，经过解码器解码，输出可以驱动云台的电流信号，实现云台的上下左右运动。

3.3 云台

云台是一些设备的支撑设备，可控制摄像机、无线网桥等设备的转动方向。本技术中通过将无线网桥及天线架设在云台上，由云台带动其转动，完成自动寻向功能。由于工作地点特殊，云台选用高性能、全金属结构的型号，适应恶劣天气，防水、耐高温、抗老化，防护等级 IP66；内部采用蜗轮蜗杆传动装置，抗震、抗冲击；高性能电机，运行平稳，瞬时停止无抖动；内置稳定装置克服垂直转动自然下垂问题，水平限位可调；底盘可选配减震托盘，符合国家车载振动标准，适用各种路面环境实施操作。

3.4 无线网桥

无线网桥是利用无线传输方式实现在两个或多个网络之间搭建通信的桥梁。本技术中的无线网桥利用无线传输的方式完成作业现场无线网络接入及覆盖，实现现场生产数据与基地服务器之间的传输。由于工作场所位置偏远，无线网桥采用高性能，灵活性好，经久耐用，易于安装、维护的型号。此型号无线网桥采用 2×2MIMO-OFDM 技术，可提供高达 200Mbps 的数据传输速率和高达 15 公里的传输距离；通过 128-bit AES 加密和 L2 及 L3 防火墙设置确保完整、安全的网络传输。

4 现场应用

无线网桥信号自动对接技术自推广应用以来，已成功应用在辽河油田钻井(图 9)、修井(图 10)等流动施工作业现场。作业现场人员无需登高调整，只需基地管理人员远程操作即可完成无线网桥自动搜索优质网络，自动完成组网，实时将现场生产视频数据等资料传回基地指挥中心。基地指挥中心可以随时掌握作业小队位置、工况、作业流程等，并进行远程指挥，提高生产管理水平，确保安全生产。

图 9　钻井作业现场技术应用

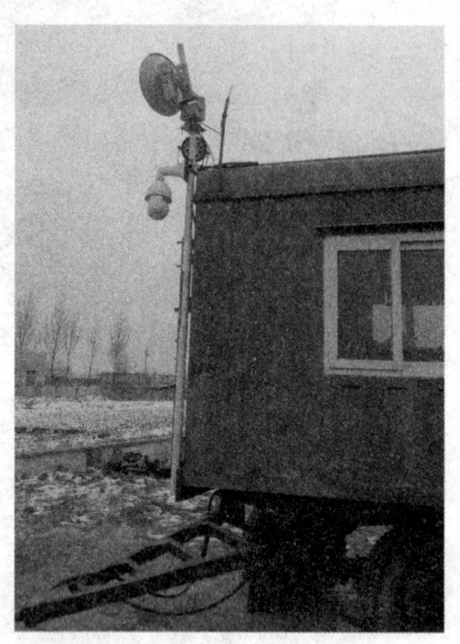

图 10　修井作业现场技术应用

5 结论及建议

随着无线宽带网络的推广和普及，无线网桥信号自动接入技术在无线网络搭建过程中起到了重要的作用。技术构思独特，运用云台带动无线网桥的方式自动寻找网络信号；构成紧密，集网络接入、远程控制、信号解析多功能于一体；实现无线网桥信号对接的自动化、智能化。运用本技术可以减少无线网桥信号调整时间，提高调节精度，节约人工车辆成本，提高工作效率，降低高空作业风险。此外，无线网桥信号自动对接技术还会不断升级改进，使其更加快捷高效的为油田作业现场服务，比如通过开发手机安卓版自动对接客户端，实现现场工作人员随时随地使用手机完成无线网桥自动寻向、自动优选、自动组网，具备与远程云台控制服务器相同功能。随着油田信息化建设步伐的加快，本技术会拥有更广阔的应用推广空间。

参 考 文 献

[1] 辛健．无线网桥技术在企业局域网中的应用[J]．录井工程，2014(3)．

[2] 胡秀玲．无线网桥技术及其应用[J]．科技创业家，2012(4)．

[3] 颜春彦. 无线局域网技术在企业中的应用[J]. 中国科技博览, 2009(28).
[4] 范海英. 无线网桥的应用和安全[J]. 科技信息, 2010(9).
[5] 张巍, 无线网桥在视频监控中的研究与应用[J]. 现代电子技术, 2011(09).
[6] 姬晓鹏, 无线网桥的应用以及技术特征分析[J]. 信息技术与信息化, 2014(10).
[7] 王来彬, 无线网桥技术在油田 6~10kV 配网自动化中的应用[J]. 电工技术, 2010(04).
[8] 盖锐, 一种基于无线网桥实现的井场监控系统[J]. 电脑知识与技术, 2011(02).
[9] 冯增卓, 远程无线视频监控系统在油田中的设计与研究[J]. 科技传播, 2015(11).

加油站智能终端服务平台研究与应用

朱大均 崔建民 郑 玮 钱志军

（中国石油天然气股份有限公司规划总院）

摘 要 加油站作为销售企业对外服务的终端，如何应用信息技术驱动业务流程优化、运营管理升级，积极应对市场变化，为客户提供更有价值的服务，实现销售企业数字化转型，实现提量、降本、增效。本文通过对基于微服务架构设计的加油站智能终端服务平台研究，运用云化的微服务架构构建敏态的服务平台，在客户服务、精细管理、精准营销多方面助力加油站实现业务创新应用，提升企业市场竞争力，为加油站数字化转型，智慧加油站应用探索提供参考。

关键词 微服务架构；中国石油；智能终端；无感支付；自助结算；智能视频识别；

1 背景

随着技术革新、零售市场竞争加剧，销售企业提质增效压力日益增大。同时国内的零售商业模式和服务内容不断推陈出新，消费者购物习惯发生巨大变化，消费需求趋势呈现多样化，对销售企业的服务和营销能力提出了更高的要求，销售企业被迫或主动加入经营理念与模式、服务形式与内容的变革大潮。

内外因素的影响，促使零售企业需要需求响应更快，技术支持更灵活，性能更高更稳定，接口更开放，系统环境安全可靠的信息系统支持环境，高效驱动业务流程优化、运营管理升级。以实现提量、降本、增效。在此背景下，中国石油规划总院在销售公司信息化建设基础之上，整合应用大数据、人工智能等技术，研究加油站智能终端服务平台，为加油站客户服务、精准营销、精细管理多个方面提供服务支撑，为中国石油智慧加油站建设提供实践经验。

2 平台研究的思路和关键技术

2.1 研究思路

本平台研究过程中，充分考虑消费者需求变化，结合销售公司业务和信息化基础，选择满足建设需要的先进成熟技术，形成加油站智能终端服务平台，通过构建标准的服务内容，实现业务场景的服务组装，快速响应业务需求。

同时考虑到当前消费者需求不仅快速多变，而且变化呈现多样化、个性化等特点。因此平台的研发需要具有灵活性、适应性、扩展性。

2.2 关键技术

结合加油站业务现状及行业发展趋势，为快速响应业务需求，支持新功能和

应用的不断扩展，本平台设计采用微服务技术架构，其优点如下：

（1）复杂度可控。微服务架构通过分解单体式应用为多个服务方法，让复杂性可控。为了实现同一功能，应用被分解为多个可管理的分支或服务，通过微服务架构模式，让复杂的功能，通过模块化的方式呈现出来，让单个服务更容易开发和维护。

（2）灵活可扩展。微服务架构下，技术选型是去中心化的。在这种模式下，系统可以根据自身服务的需求和行业发展状况做出灵活性扩展。

（3）独立部署。由于微服务具备独立的运行进程，所以每个微服务也可以独立部署。当某个微服务发生变更时无需编译、部署整个应用，让发布更高效，缩短应用交付周期。微服务架构模式使得持续化部署成为可能。

（4）降低TCO（Total cost of ownership）。相较而言，微服务架构模式下，当某一组件发生故障时，不会出现进程内扩散的弊端，故障会被隔离在单个服务中，整体降低运维成本。

3 系统设计与实现

3.1 系统设计

结合加油站相关的业务系统现状、行业发展趋势以及微服务技术运用，对平台进行相应的设计。

(1) 基于微服务的业务服务共享中心架构

业务服务共享中心架构下，各中心独立部署，按业务场景需要相互调用共享，系统可以根据自身服务的需求和行业发展状况按需灵活性扩展或组装。统一业务共享中心的架构，缩短了应用交付周期，使快速交付并兼顾个性化成为可能。

(2) 跨平台、多形态销售终端统一接入

以加油站智能终端服务平台为中心，接入智能加油机、智能摄像头等视频设备、零售POS、手持终端、电子价签、洗车设备、自助终端等智能终端，由智能终端服务平台统一提供服务。系统通过构建标准的数据接口，可快速实现前端不同形态、不同操作系统平台销售终端的统一接入与管理，解决了不同厂商、不同地区公司前端销售场景差异化的难题，丰富了前端零售场景。

图 1　终端统一接入

(3) 深度融合线上线下销售场景

实现线下实体店销售支持的同时，构建线上渠道接入，可实现线上线下渠道的融合互动，为销售公司及所属加油站与合作伙伴的各种合作模式提供平台基础。

3.2　应用场景实现

结合加油站多种智能终端及业务场景需求，本平台在客户服务、精细管理、精准营销多方面实现创新应用。

3.2.1　客户服务

(1) 快速通过，无感支付

为解决加油站加油排队长、支付慢的问题，服务平台推出“车牌付”服务，为客户带来“即加即走”的消费体验。

车主在中油好客 e 站 APP 绑定车牌信息并开通第三方支付自动代扣。当车辆驶入加油站时，摄像头自动识别车牌号，车主无需下车，加油完成后服务平台自动扣费，加油交易订单分别推送加油站显示屏和车主手机端。

(2) 线上下单，线下提货

车主在加油站停留时间较短，通常没有充足时间选购商品。服务平台拓展便利店商品线上订购服务，客户可到站自提。

车辆未到站前，客户在中油好客 e 站 APP 选择提货站点，添加商品到购物车，选择取货时间并完成支付。已支付的订单将推送对应站点通知备货，同时客户手机端生成提货二维码。客户到站出示二维码提货。

(3) 便利店自助购物

为减少顾客购物结算等待时间，服务平台推出自助终端结算服务。

顾客在自助终端扫码添加商品，确认订单信息，可通过刷脸或手机扫码完成支付。自助终端自动打印销售小票，销售小票内容除商品明细、支付明细以外，还备注电子发票开具二维码。

除刷脸支付外，自助终端刷脸设备实现刷脸识别会员功能。通过刷脸快捷登录会员，服务平台自动调出用户的可用电子券或可用积分。

(4) 洗车服务

为吸引客户二次消费，加油站推出加油送

洗车券服务，服务平台支持实现便捷洗车服务。

车主可通过加油消费、积分兑换或直接购买的方式获取洗车券。车辆进入洗车区，车主向工作人员出示或扫描洗车券二维码，扫码核销洗车券后，车主即可享受主动或自助洗车服务。

3.2.2　精细管理

（1）智能视频识别

服务平台整合人工智能技术，提供智能视频识别服务，实现对吸烟、打电话、斗殴等危险行为的实时监控和智能识别，对员工作业不规范行为进行识别和报警。

借助视频设备和智能分析终端，服务平台对加油站卸油区、加油区、收银区、便利店等区域进行全方位监控，采集并识别现场危险行为、作业不规范行为，实时推送预警提示，并对历史事件进行统计分析。加油站工作人员可通过手持终端、显示屏等设备接收平台推送的预警提示，及时处理现场问题。

（2）员工绩效

服务平台具备自动、实时统计分析员工绩效信息功能。

加油站员工开班时，在零售POS或手持终端登录本人账号，工作期间每笔交易订单均自动关联收银员。服务平台通过集成加油站所有销售终端的交易订单数据，汇总统计每位员工成交量及金额，按规则实时计算员工绩效。

（3）非油变价

变价执行的难点在于保证所有终端的准确性与及时性。服务平台的变价管理，实现了商品变价涉及终端的自动下发执行。服务平台支持预约变价、实时变价两种方式。

在服务平台创建便利店商品变价单后，服务平台根据变价单内容，自动向零售POS、电子价签下发变价指令，有效减少员工工作量，提高变价准确性。

3.2.3　精准营销

（1）广告推送

加油站客流较大，适宜品牌企业广告宣传。服务平台为加油站广告投放提供了素材库维护、播放设置等管理功能。

加油站广告终端包括LED大屏、加油机显示屏、收银POS副屏、自助终端等设备。

广告投放的素材由品牌企业提供，服务平台支持文本、图片、动画、音频、视频等多种格式。员工在服务平台设置广告播放规则，如播放时段、播放频次、播放设备等。服务平台根据播放规则，将广告推送给加油站广告终端进行播放。同时服务平台支持通过用户识别，利用大数据分析，在消费前、消费中、消费后推送精准广告。

（2）会员识别

为满足消费过程中快速、便捷识别各渠道会员的需求，服务平台提供了多种会员识别方式，包括手机号识别、会员二维码识别、人脸识别、车牌号识别。

4　应用效果

该服务平台已在销售公司全面开展试点应用和推广，取得良好的应用效果，提升了加油站运营效率和销量，给用户带来更好的消费体验。

（1）丰富服务内容，提升用户体验，开展精准营销

支持“线上下单线下提货”的购物模式，满足客户随时随地购物的需求。在加油站现场应用手持终端、自助终端，提供车牌付、刷脸支付等支付服务，提高前庭服务效率，减少客户排队时间，减少员工与客户接触，为客户提供快捷多样支付方式的选择，提升用户消费体验。利用会员识别和广告功能为客户提供精准推荐和营销的服务。

（2）提高加油站运营效率，节约成本

通过智能终端的应用，实现不下车加油、客户自助结算、非油自动变价、员工绩效自动统计，整体提升加油站运营效率。

（3）为加油站的安全防范提供有力技术保障

智能视频识别应用使得加油站安全监管更加有效，有效降低加油站的安全风险，节约风控管理成本，及时发现和预警突发危险和不规范作业行为，为加油站安全防范提供有效的解决方案。

5　结论

本文所述加油站智能终端服务平台应用微服务架构设计，功能涵盖加油站销售、营销、现场

管理、员工绩效等多个方面，实现业务和数据实时在线，应用物联技术、大数据技术到销售场景，有效提升客户服务能力与客户体验，整合人工智能技术，提高现场安全管控水平，尤其自助终端的应用减少了客户与油站员工的接触，在全国抗疫过程中发挥了积极作用。

通过研发和推广加油站智能终端服务平台以及相关应用方案，为智慧加油站探索和落地，以及石油零售业务的信息化建设，贡献了中国石油规划总院的智慧和实践经验，助力销售公司“精雕细刻”，加油站“精耕细作”。

自动化运维在冀东油田数据中心的应用

徐　震　高　峥　宋赞华　苏宏伟

（中国石油冀东油田公司信息中心）

摘　要　随着信息业务系统应用和数据的迅猛增长，传统手工运维已无法支撑业务发展的需要。冀东油田紧跟技术发展方向，利用自动化运维技术，建立了 7＊24 小时的主动式运维。自动化运维解决了传统运维需要大量人工干预、实时性差等缺点，大幅提升了数据中心的服务响应速度和管理效率。本文探讨了自动化运维平台的架构设计和功能模块组件。

关键词　安全；自主可控；主动式运维；高效；标准化

在日益增长的应用系统和海量数据面前，企业面临着应用的快速迭代和用户对于服务中断的零容忍。零散的工具技能支持监控指标的堆砌，很少能够灵活反映业务关键节点的健康度，因此，运维人员需要统一高效的平台来支撑 IT 运维管理和业务的深度融合。当企业的 IT 业务规模、访问量和运行环境发生变化时，传统 IT 运维手段显得落后而笨拙。

自动化运维是指将 IT 运维中日常的、大量的重复性工作自动化，把过去的手工巡检、操作转为自动化操作，是 IT 运维工作的发展趋势与方向。结合主流技术路线，并在大量实践基础上，本文探讨了自动化运维的高可用架构部署方式，以及各功能模块带来运维方式的改变。自动化运维平台的建设实现了从被动式运维到主动式运维的转变，促进了运维工作提质增效。

1　传统运维面临的挑战

基础设施和应用系统的不断增加，催生了大量的维护工作。运维是信息系统的生命线，运维质量的高低直接决定了系统的安全性、稳定性、可靠性。同时，业务组织和管理流程的变革要求应用系统具有的敏捷开发、快速迭代的特性。因此，传统的手工运维已经无法满足企业数字化转型的需要。

云计算时代，计算资源、存储资源、网络资源都以弹性伸缩的形式提供服务。传统的手工资源调配方式已成为制约资源集约利用的瓶颈，造成了资源的浪费。如何提供高质量的 IT 服务，提升效率并降低成本，是运维工作目前面临的最大挑战。

2　自动化运维平台

自动化运维通过流程化、标准化、自动化方式构建支持海量数据和应用的运维体系，让 IT 运维工作和服务更加人性化。

2.1　平台架构设计（图 1）

本着安全可靠、自主可控、高效运行的原则，设计使用主服务器（Server）——代理服务器（proxy）架构进行分布式部署。代理服务器收集性能和可用性数据，然后把数据汇报给主服务器，随着监控对象增加，通过代理服务器来减轻主服务器的压力。

架构设计说明：

（1）基础架构采用双机模式实现服务高可用，保证主服务器的应用或数据库宕机后能自动切换到从服务器；

（2）数据库（DB）：提供数据存储功能，用于存储配置信息，以及采集到的各类数据；

（3）代理服务器（Proxy）：当被监控节点较多时，用于减轻 Server 压力，proxy 收集到数据后，将数据存在本地，然后在一定得时间之后传递给主服务器，防止因为服务器的任何临时通信问题而丢失数据。

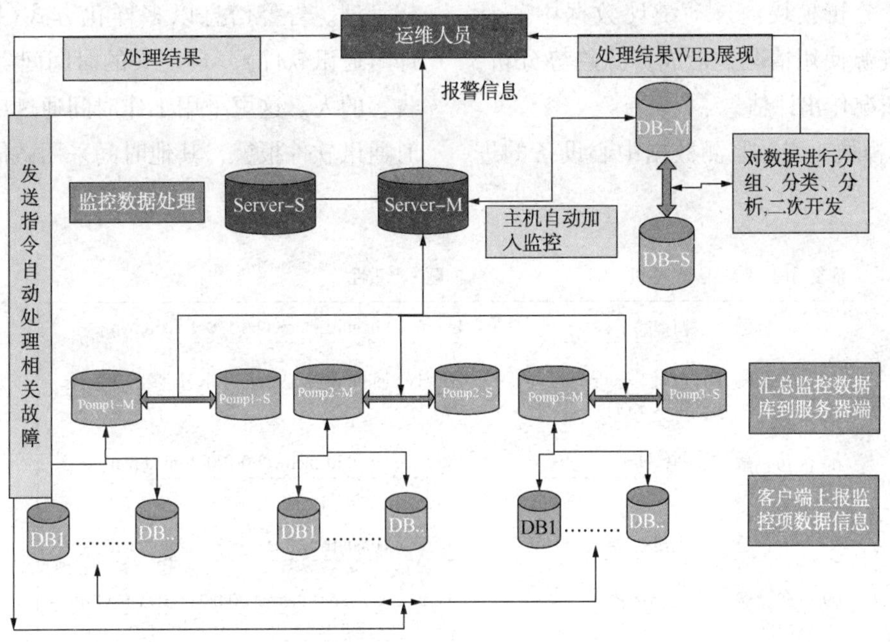

图 1 平台架构图

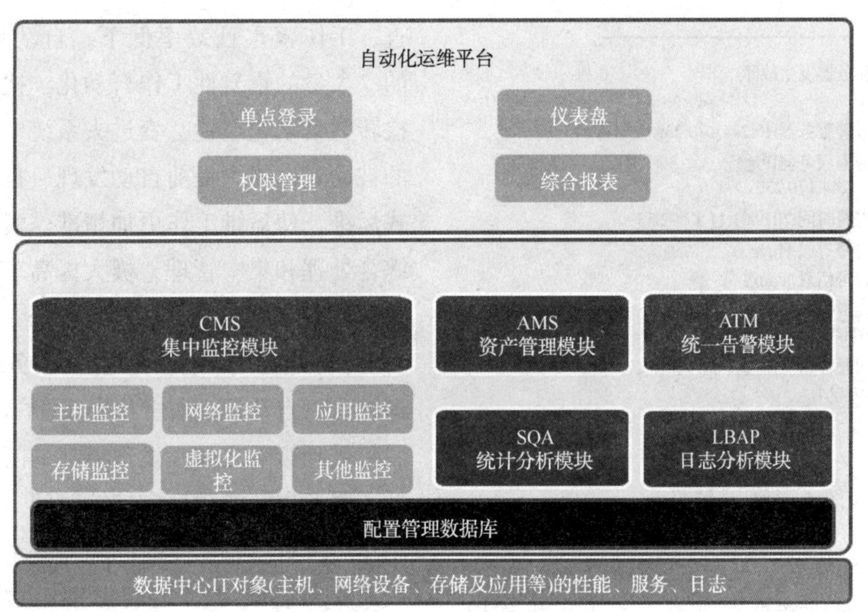

图 2 平台功能模块示意图

2.2 功能模块设计

(1)监控模块：通过自定义监控项，IT 资源实时监控模块实现对 Windows、Linux 等操作系统，Oracle、Mysql、Sqlserver 等数据库，WEB 页面，戴尔、联想等不同型号服务器设备的监控。根据不同的监控对象，设置相应的监控指标并设定阈值，监控平台定时采集数据，一旦发现数据达到或超过阈值，将自动发送报警信息。

(2)资产管理模块：以自动化方式管理数据中心服务器、存储与网络设备，自动收集设备信息，并且自动的记录变更信息，实现设备资产全生命周期管理。

(3)日志模块：以日志、事件等源头收集数据为基础，通过正则表达式进行匹配和分析，将错误信息可视化地呈现给运维人员。

(4)统计分析模块：自动统计数据中心计算、存储等资源使用情况，形成资源趋势分析，对资源使用情况作出评估。

(5)告警模块：实时监测数据中心设备的进程、程序、日志、文件等异常变化，通过告警信息的分级分类，实现角色、对象、操作的分级分权管理。告警信息以多样化方式(微信、邮件、即时通讯软件)、自定义的时间间隔通知到接收告警的人。这里采用工作时间通过单位统一的即时通讯软件报警，其他时间采用微信报警方式。

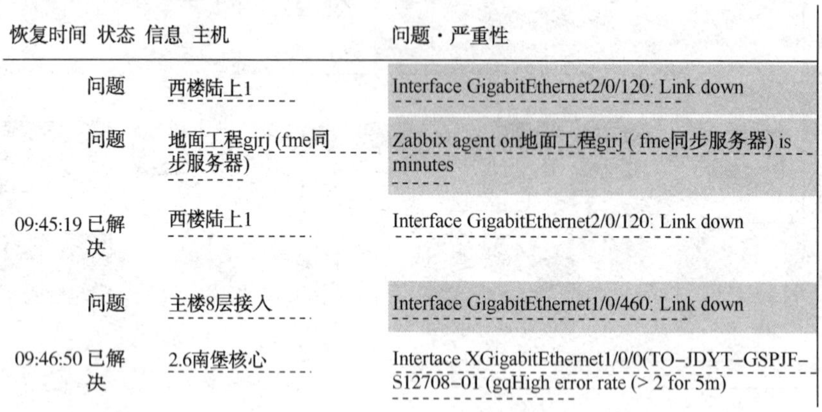

恢复时间	状态	信息	主机	问题 · 严重性
	问题		西楼陆上1	Interface GigabitEthernet2/0/120: Link down
	问题		地面工程gjrj (fme同步服务器)	Zabbix agent on地面工程girj (fme同步服务器) is minutes
09:45:19	已解决		西楼陆上1	Interface GigabitEthernet2/0/120: Link down
	问题		主楼8层接入	Interface GigabitEthernet1/0/460: Link down
09:46:50	已解决		2.6南堡核心	Intertace XGigabitEthernet1/0/0(TO-JDYT-GSPJF-S12708-01 (gqHigh error rate (> 2 for 5m)

图3 监控信息画面

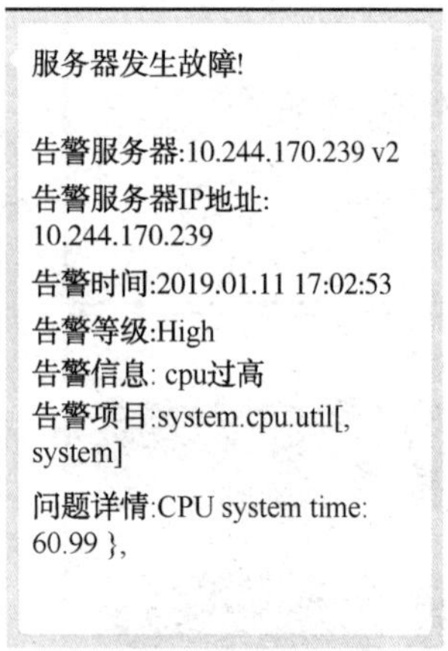

服务器发生故障!

告警服务器:10.244.170.239 v2
告警服务器IP地址:10.244.170.239
告警时间:2019.01.11 17:02:53
告警等级:High
告警信息: cpu过高
告警项目:system.cpu.util[,system]
问题详情:CPU system time: 60.99 },

图4 微信告警界面

(6)自动化操作：变更操作是故障的导火索，超过50%的故障是由变更中的人工操作引发的。大多数的一级事故都由变更引起，主要原因是变更操作复杂，人工处理容易产生误操作。因此，通过变更自动化避免人工处理引发故障，是降低故障发生率的一个非常重要的举措。

2.3 应用效果

(1)转变运维方式，提升IT运维效能。传统运维需要岗位人员每天对机房进行巡检，同时对操作系统、数据库系统、数据备份等逐一检查，工作繁重且效率低下。自动化运维将日常的、大量的重复性工作自动化，把过去的手工巡检转为自动化巡检，变过去系统中断再排查解决的被动式运维为提前自动发现、自动预警的主动式运维，使运维工作更加精准，实现故障或问题综合处理和集中管理，极大提高了运维工作的质量和效率。

(2)改善用户体验，提升服务质量。自动化运维可以自动识别服务中断的根本原因，能够在服务受到影响之前，发现潜在的问题，极大的降低了服务中断的频率和持续时间。实践表明，自动化运维可以将恢复时间缩短一半，并且在最终用户受到影响之前主动识别超过90%的隐患。同时，借助平台监控指标，持续优化系统响应时间、系统部署时间，让用户获得更佳的用户体验。

3 结论

自动化运维把周期性、重复性、规律性的工作交给平台去处理，通过标准化、自动化、过程优化来降低运维成本、提高运维效率。使信息系统更可靠、更高效、更安全，使运维工作规范化、标准化，大大提高了信息中心信息化服务水平和服务能力，支撑油田信息化业务快速稳定发展。

参　考　文　献

[1] 辛永梅．论企业信息系统自动化运维工具的应用．科学与信息化，2018，1(12)：108~109

[2]吴凯．企业信息系统相关自动化运维工具研究．数字化用户，2017，36(4)：32~34

[3]刘洋．数据中心自动化运维平台设计与实现．现代商贸工业，2018，20(6)：23~24

[4] 王骏翔．数据中心自动化运维平台的设计与实现．上海船舶运输科学研究所学报，2016，3(11)：31~32

[5] 董俊伶．浅谈自动化运维工具在企业信息系统运维中的应用．数字通信世界，2019，6(18)：45~47

[6] 冷迪．自动化运维管理平台设计及实现．技术与市场，2018，11(8)：54~55

[7]翁同，王玮，张巧妹．自动化运维工具在企业信息系统管理中的运用．建筑工程技术与设计，2017，12(10)：35~36

航油工业控制系统网络安全体系研究

成　龙　赵　婷　任琳琳　赵　永

（中国航空油料集团有限公司）

摘　要　新一代信息技术与航油工业控制系统的融合发展趋势，为中国航油新技术、新模式与新业态的发展送来了东风，也面临着前所未有的安全挑战。目前缺乏针对航油工业控制系统的网络安全体系设计。本文围绕航油工控系统的现状与安全需求，分析传统信息安全保障体系的不足，从空间与时间维度，提出基于 PIPDRR 模型的航油工业控制系统网络安全体系，为提升航油工控信息安全防护能力提供参考与指导。

关键词　航油；工业控制系统；网络安全体系；安全模型；信息安全

作为亚洲第一大航空油料供应商和服务商，中国航空油料集团有限公司(以下简称：中国航油)是航油供应保障的“国家队”，在全国及海外多个机场拥有供油设施，为全球300多家航空客户提供航油加注服务。

航油供应安全是国家安全重要组成部分，航油系统的安全、稳定和高质量发展直接关系到党和国家工作大局，直接关系到人民生命财产安全，直接关系到民航强国建设。为响应国家智慧机场的建设，中国航油开始探索引入新一代信息技术，建设智慧航油生态圈，实现航油领域的无纸化、电子化、自动化与智能化，工业控制系统已在航油领域的输油、储油、加注等环节被广泛应用。中国航油内部目前已经建成了多个工业控制系统，作为航油系统稳定运行的重要组成部分，工业控制系统是中国航油的宝贵资产，系统中运行的数据更是具有重要价值的重点保护对象。一旦出现安全问题，将影响机场的稳定运行。若安全威胁在全网蔓延和扩散，将可能对民航系统的运行造成严重影响。新一代信息技术与航油工业控制系统的融合发展趋势，为中国航油新技术、新模式与新业态的发展送来了东风，也面临着愈加复杂的安全形势。

1　航油工业控制系统概述

航油工业控制系统为国内、海外多个机场提供航空油料和地面保障油料的供应，包括输油、储油、加注三大业务，主要由油库、输油管道、航空加油站组成。油库供油自动化系统实现油料接收、储存、发送过程的自动控制，对设备运行状况和测量仪表进行监视与报警。输油管道自动化系统通过对流量、压力、温度等参数进行监测，实现对输油管道阀门的控制，确保输油安全。航空加油站自动化系统主要进行加油调度控制与管理、加油自动结算、机坪场景监控等。当前，伴随着新一代信息技术的发展，为提升航油供应效率，航油工业控制系统越来越多地进行联网工作，集团总部也需要获取工业控制系统数据进行统一的分析和管理，这将进一步增大航油工业控制系统的复杂度和安全风险系数。

2　安全现状与风险分析

航油供应作为横跨民航与石化两个行业的独特业务场景，其工业控制系统的运行环境复杂多变，具备分布广、数据多、差异性大等特点。航油工业控制系统经过历年的发展，已经覆盖航油行业的输油、储油、送油等完整的工艺流程，工业控制系统建设和应用比较成熟。航油工业控制系统在设计之初，处于与外网隔离的状态，主要是考虑其控制功能的实现，未充分考虑信息安全的因素，缺乏必要的安全防护措施，存在重发展、轻安全的现象，安全防护水平较低。主要体现在：

(1) 安全防护技术方面，态势感知能力不足，对工控系统风险隐患的识别、精准研判和科学决策的能力还有待提升；边界防护措施有待加强，无法有效阻止来自安全域外的非授权访问。数据安全存储、数据安全传输能力有待提升；对工控网络缺少监测手段，使得运维人员无法在安全事故发生以前采取有效的措施；缺乏必要的安全审计功能；系统恢复、数据恢复能力亟待提升。

（2）安全管理方面，需要通过建立安全目标，制定安全策略与应急响应办法，来完善安全管理方面的措施。

（3）安全运维方面，集团内重要工业控制系统的日常运维与设备维修严重依赖国外厂商，由于缺乏对国外产品与服务的监管，安全风险难以掌握。

可以看出，输油管道、油库、航空加油站工业控制系统在网络安全防护技术、安全管理、安全运维方面并未没有做过多的要求，亟需建立航油工业控制系统网络安全体系，从而保障工业控制系统稳定的运行。

3 传统信息安全保障体系分析

3.1 传统信息安全保障体系模型

（1）IATF 模型

信息保障技术框架（Information Assurance Technical Framework，IATF）是美国国家安全局（NSA）制定的信息安全保障指导性文件，其前身是网络安全框架（Network Security Framework，NSF）。IATF 将信息系统的信息保障技术层面划分为 4 个技术框架焦点域：网络和基础设施，区域边界、计算环境和支撑性基础设施。在每个焦点领域范围内，IATF 都描述了其特有的安全需求和相应的可供选择的技术措施。IATF 提出这 4 个焦点域的目的是让人们理解网络安全的不同方面，全面分析信息系统的安全需求，考虑恰当的安全防御机制。

（2）PDRR 模型

PDRR 模型由美国国防部（DoD）提出，包含防护（Protection）、检测（Detection）、响应（Reaction）、恢复（Recovery）四个环节。PDRR 改进了传统的只注重防护的单一安全防御思想。每次入侵行为发生后，防御系统都要更新，保证相同类型的入侵事件不再发生。PDRR 模型引入了保护时间、检测时间和响应时间概念，并可以定量描述保护时间和检测时间以及响应时间的关系。

（3）PPDR 模型

美国国际互联网安全系统公司（ISS）提出了基于时间的安全模型——自适应网络安全模型，该模型也被称为 PPDR 模型。该模型可量化，可以表示为安全=风险分析+执行策略+系统实施+漏洞监测+实时响应。PPDR 模型是在整体安全策略的控制和指导下，在综合运用防护工具的同时，利用检测工具评估系统的安全状态，使系统保持在最低风险的状态。安全策略（Policy）、防护（Protection）、检测（Detection）和响应（Response）组成了一个完整动态的循环，在安全策略的指导下，保证系统的安全。PPDR 模型提出了全新的安全概念，即安全不能依靠单纯的静态防护，也不能依靠单纯的技术手段来实现。

（4）WPDRRC

WPDRRC 信息安全模型是我国专家提出的适合中国国情的信息系统安全保障体系建设模型。WPDRRC 模型有 6 个环节和 3 大要素。6 个环节包括预警、保护、检测、响应、恢复和反击，它们具有较强的时序性和动态性。3 大要素包括人员、策略和技术，人员是核心，策略是桥梁，技术是保证，落实在 WPDRRC 6 个环节的各个方面，将安全策略变为安全现实。

3.2 在航油工业控制系统中应用的不足

IATF、PDRR、PPDR、WPDRRC 等传统信息安全保障模型，都是针对 IT 互联网提出的，不能直接适用于航油工业控制系统，主要体现在以下几方面：

（1）传统的信息安全保障模型，未充分将密码与模型结合起来。密码是保障网络与信息安全的核心技术与基础支撑，在航油工业控制系统网络安全体系中采用密码防护手段，对于推进航油领域实现自主可控具有重要意义。

（2）航油工业控制系统所面临的风险与威胁不可能是单一和静态的，单点防护不是有效的防护手段，也不能单纯依靠技术防护和安全产品的堆叠。安全保障模型需要全面考虑技术、管理、政策法规、标准规范等多方面的影响因素，把航油工控信息安全放在一个立体的、多维度、可扩展的空间，才能全面地解决安全问题和适应未来技术的发展。

由此看来，传统的信息安全保障模型无法满足航油工业控制系统对于网络安全的更高需求，需要进行一定的优化与改进。

4 航油工业控制系统网络安全体系

围绕航油工业控制系统法律法规要求与自身安全需求，以数据为核心，根据纵深防护的原则，构建一个可持续发展的，集云、网、设备于一体的，基于 IPDRR 模型的航油工业控制系统网络安全体系，从而实现航油集团“安全态势可感可知、安全风险可管可控、安全队伍可攻可防、响应处置及时有效”的安全保障目标。航油工业控制系统网络安全体系如图 1 所示。

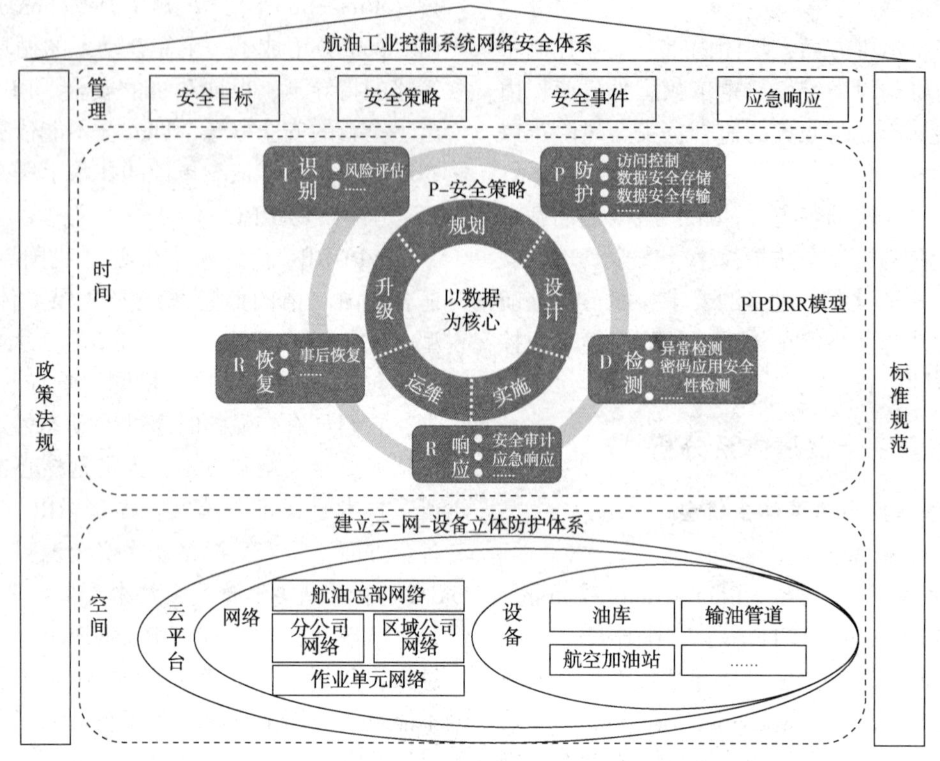

图 1　航油工业控制系统网络安全体系图

从空间维度来看，从油库、输油管道到航空加油站的工业控制系统与设备，从作业单元网络到分公司网络、区域公司网络、航油集团总部网络之间的互联互通，无不存在着安全隐患。在网络安全防护中，需要考虑空间中的协同。从流量的走向来看，攻击者主要会通过设备、网络发起攻击。而随着企业上云的趋势，云端也成为第三个安全防御点。

从时间维度来看，建立贯穿规划、设计、实施、运维、升级全生命周期的网络安全体系，使得网络安全防护在威胁存在的每个阶段，均有相关防护策略，搭建基于 PIPDRR 模型的航油工业控制系统安全体系。

（1）P-策略

安全策略是建立航油工业控制系统网络安全体系的核心，识别、防护、检测、响应、恢复环节均按照安全策略建立。同时，将油库、输油管道、航空加油站等工业控制系统的运行状态，及时反馈给安全策略，并对安全策略进行相应的更新，使得整个航油工业控制系统的网络安全能力动态提升。

（2）I-识别

通过风险评估、漏洞扫描、渗透测试等手段，对航油集团油库、输油管道、航空加油站现场工业控制系统、协议、网络、应用等存在的漏洞与安全问题进行分析，评估工控系统所面临的信息安全深层次问题。对油库、输油管道、航空加油站工控系统资产按照网络安全设备、主机、应用系统、数据等类型进行资产分类，确定资产的重要性。根据威胁的来源、表现形式对内外部威胁进行分类，通过漏洞扫描、渗透测试等方法进行脆弱性识别。在识别脆弱性的同时，对航油工业控制系统已经采取的安全措施有效性进行确认，评估现有安全措施的有效性，是否真正降低了系统的脆弱性，抵御了威胁。在完成了资产识别、威胁识别、脆弱性识别、已有安全措施确认后，对威胁发生的可能性与造成的潜在业务影响进行评估，用威胁、风险、脆弱性与后果综合判定风险。

（3）P-防护

防护是第一道防御，密码是网络安全的基础性核心技术，是网络信任的基石。研究密码在航油工业控制系统中的信息传递、主机保障、密码基础设施等方面的深度应用，充分发挥密码在数据存储、数据传输、安全审计等方面的支持作用，为油库、输油管道、航空加油站工控系统的网络安全、传输安全、数据安全、应用安全、主机安全等方面提供多角度、多层面的防护。根据区域的重要性与业务需求进行逻辑划分，通过建立不同的访问策略实现不同功能区域的访问控制。利用密码实现工业控制系统边界与终端的身份认证。在作业单元的数据服务器、工程师站、操作员站等系统中通过商密终端安全防护产品，防止设备非法外联，保障企业核心数据安全。对网络数据进行链路加密，保护 PLC 控制系统传输数据的机密性与完整性。

（4）D-检测

当航油集团油库、输油管道、航空加油站工业控制网络中出现类似于网络异常、流量异常、异常指令攻击、病毒木马攻击等行为时，人员无法根据表面现象及时发现问题根本原因所在，需要及时对此类网络异常行为进行识别、报警、记录，实时发现、报告并处理包括病毒木马、异常流量、异常指令等网络攻击行为和异常行为。实时掌握航油集团油库、输油管道、航空加油站工控系统的信息安全状态，经过检测判断防护及策略的有效性，并依据检测结果，有针对性地对加强防护及调整策略。检测是动态响应与加强防护的依据。通过不断检测和监控网络的状态，发现新的威胁油库、输油管道、航空加油站工控系统网络安全的异常行为，通过攻击检测模型，识别工控网络中的蠕虫木马、网络非法接入、流程变更、误操作、SQL 注入等攻击行为。此外，根据商用密码应用安全性评估相关的要求，制定科学的商用密码检验验证流程，开展随机数质量检测、密码算法实现性能检测等密码应用安全评估与检测。

（5）R-响应

要解决安全响应和异常处理的问题，需要制定好应急响应方案，对各种网络威胁采取应急处置措施，分析追踪威胁源及攻击链，进行事后审计分析，达到“响应处置及时有效”的目标。

（6）R-恢复

恢复是 IPDRR 模型的最后环节，恢复是指安全事件发生后，把航油工控系统恢复至原来状态，或者比原系统更加安全的状态，可分为数据恢复与系统恢复。数据恢复是指根据备份恢复被破坏的数据信息；系统恢复是修补油库、输油管道、航空加油站的系统漏洞，避免同类事件的发生。

5 结论

本文在深入分析航油工业控制系统信息安全需求的基础上，指出几种传统的信息安全保障体系的不足，从空间与时间不同维度，构建基于 PIPDRR 模型的航油工业控制系统网络安全体系，对于指导航油下属企业开展合规建设与安全运维具有非常重要的现实意义。

参 考 文 献

[1]王妍，孙德刚，卢丹．美国网络安全体系架构[J]．信息安全研究，2019，5(7)：582-585.

[2]林枫．工业控制系统网络安全防护体系的思考[J]．信息通信，2017(05)：123-124.

[3] Andrew Chaves，Mason Rice，Stephen Dunlap，John Pecarina. Improving the cyber resilience of industrial control systems[J]. International Journal of Critical Infrastructure Protection，2017(17)：123-125.

[4] Kehe Wu，Yi Li，Fei Chen，Long Chen. A method for describing industrial control system network attack using object Petri net[J]. IEEE Transactions on Electrical and Electronic Engineering，2016，11(2)：235-237.

[5] Dzung D，Naedele M，Hoff TP. Security for industrial communication systems [J]. Proceedings of the IEEE，2005，93(6)：47-50.

微视频安全警示教育应用实践

江宏喜

（中国石油长城钻探工程有限公司）

摘　要　本文通过对长城钻探公司（以下简称公司）科学应用安全理论将事故案例、违章行为、标准化操作等视频素材，创新制作成微视频安全警示教育片，利用网络信息平台和移动存储设备实现培训资源共享，形成了具有钻探企业特色的微视频安全警示教育新模式，为各企业创新培训方式，提升培训效果提供了参考依据。

关键词　微视频安全警示教育；资源共享；提升培训效果

在大数据背景下，每天手机中看似大量的信息充斥，实则网站为了点击率飙升，营造广告氛围，但分享的知识都是只言片语，孤雁单鸿，很难形成系统认知，而当今社会“低头族”随处可见，“碎片化”化阅读已成为主流时尚，因此，优化安全培训资源，提高网络信息平台与多媒体应用率，发挥多媒体培训资源共享优势，成为本文论证重点。

1　培训现状分析

1.1　部分以取证为主培训专业混搭“上大课”“一勺烩”“睡大觉”“打小抄”的现象仍未得到改善；

1.2　专业培训内容理论性强、关联性差，缺少真操实练的演示，不利于参训人员巩固提升；

1.3　“微培训”有组织无验证，课件转发至网络信息平台共享后有没有全员学习无从查证；

1.4　与业务有关的典型事故未形成归类分析，一些培训教材违章行为缺少标准化操作指导；

1.5　传统的安全教育培训方式对参训员工思想触动，一定程度上出现了“钝化”和“厌感”。

因此，按照培训需求分析模型，从组织管理、工作任务，人员技能等方面，深入了解培训需求，创新培训方式至关重要。

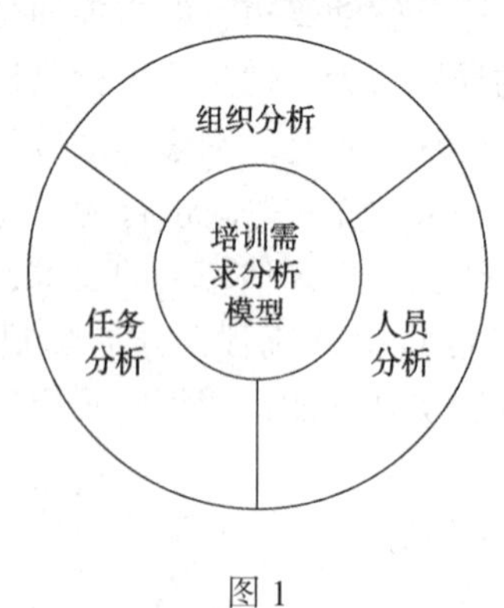

图 1

2　数据对比分析

公司不断探索大数据运用，增设网络信息系统，将安全监督检查、体系审核等问题录入信息系统，开展多维度统计分析，以 2018 年、2019 年，公司东部区域检查通报问题为例：十一类 7967 项问题中，吊装作业违章 784 项，占问题总数的 10%；高处作业违章 206 项，占问题总数的 3%；由此看出，钻探企业生产作业过程中吊装作业、高处作业较为频繁，而 2019 年 3 起起重伤害事故，均与培训不到位，作业许可不执行，违章操作有关，“在安全隐患中，无知是最大的隐患”“发现不了问题，是最大的问题”。因此，如不以问题为导向，以事故为导向，强化安全培训，规范作业行为，势必要威胁员工生命健康安全，影响企业安全平稳高效能发展。

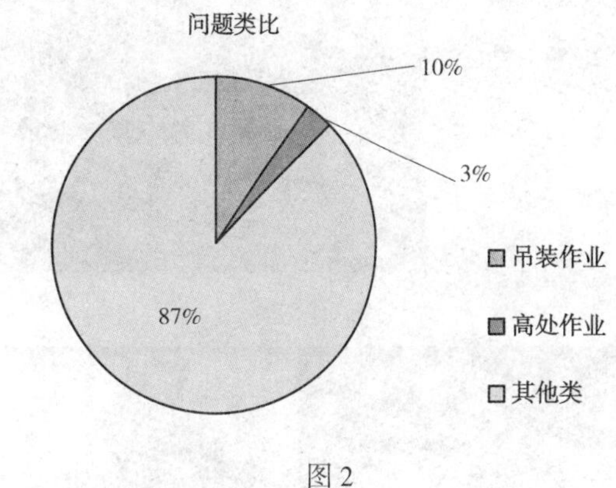

图 2

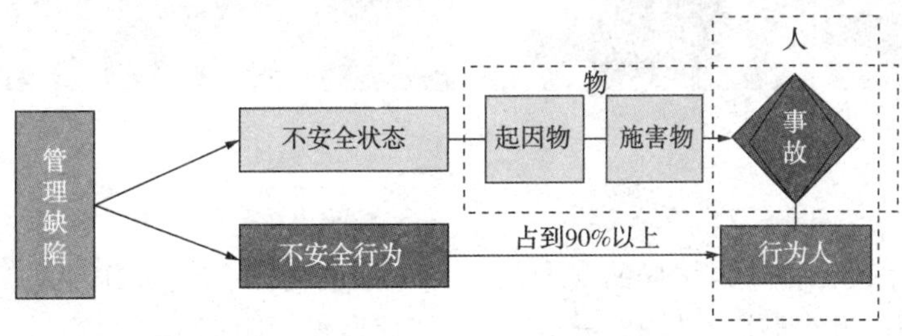

图 3

3　微视频安全警示教育应用实践

为规范员工作业行为，提升安全培训效果，公司从操作层面和管理层面能力素质提升的关键环节入手，把安全培训作为安全生产的第一道关口，作为预防事故的治本之策，作为生产安全事故的“克星”，由质量安全环保处策划，安全监督中心组织各单位结合钻探企业风险特征，应用安全理论多维度分析典型事故案例、严重违章行为与标准化操作之间的潜在关系，通过违章视频收集、会议研讨、脚本征集、现场录制、案例下载、剪辑编辑、专家组审定，完成了安全教育视频集锦——《这样作业距离事故还有多远》的制作工作。

3.1　目的思路

根据风险管控要点、安全管理难点，培训指导重点，遴选吊装作业、高处作业、动火作业、叉车操作等四类作业中的严重违章行为，加入让人触目惊心、不寒而栗的典型事故案例，以及标准化操作视频，应用安全理论探寻违章行为与事故之间的潜在关系，突出一对一警示纠偏，让观看者深刻认识到事故的可怕，真正了解习惯性违章行为距离事故只有一步之遥，以及标准化操作对防控生产安全事故的重要性，促进全员安全意识提升、压实各级责任，规范作业行为，提升管理成效。

图4

图5

3.2 创新优势

通过微视频培训手段，把严肃枯燥的安全教育工作生动化、活泼化，以问题为导向，充分利用事故资源，突出现场操作主题，遴选吊装、高处、动火，以及设备操作等违章行为，对比标准化操作，突出对比纠偏和警示作用，形成了具有视觉冲击力、现场真实感的视频教学材料，使员工一眼判断出操作对与错，一眼明了违章的后果和代价，在寓教于乐潜移默化中让安全知识入脑入心根深蒂固，引导员工正确的认识风险、控制风险、拒绝违章，提高作业标准，创新优势主要表现在六个方面：

3.2.1 用血淋淋事故教训，让员工珍爱生命、敬畏安全。。

3.2.2 用违章作业的后果，让员工认识到“违章作业距离事故只有一步之遥”。

3.2.3 用规范动作和流程，让员工借鉴学习，逐步养成标准化操作的良好习惯。

3.2.4 培训教师应用。成为视觉冲击感极强的培训教材，用真实案列充分发挥警示教育意义。

3.2.5 实现资源共享。通过网络平台实现培训资源共享，让员工自主学习、移动学习或成为远程教育培训的“新载体”。

3.2.6 形成模版推广。通过光盘、U盘广泛复制和推广，循环应用节约培训成本。

图6

图 6(续)

3.3 应用价值

3.3.1 应用反馈

目前，已经应用微视频安全警示教育片，在对钻井一公司、钻井二公司、钻井三公司、井下作业公司、固井公司、钻具公司等多家单位的HSE 培训及安全监督中心轮训工作中加以应用，

《这样的作业距离事故还有多远》安全教育视频集锦已成为各单位培训时首选教材，应用于日常自学和集中培训。安全监督中心要求各基层队在班前会时，结合现场工况选取相同题材视频观看学习，对规范员工行为，预防事故发挥了积极作用。

3.3.2 效果分析

经统计分析发现，2018 年，公司东部区域吊装作业中人员违章 455 项，2019 年 229 项，同比下降 50%；2018 年，公司东部区域高处作业中人员违章 121 项，2019 年 85 项，同比下降 30%。

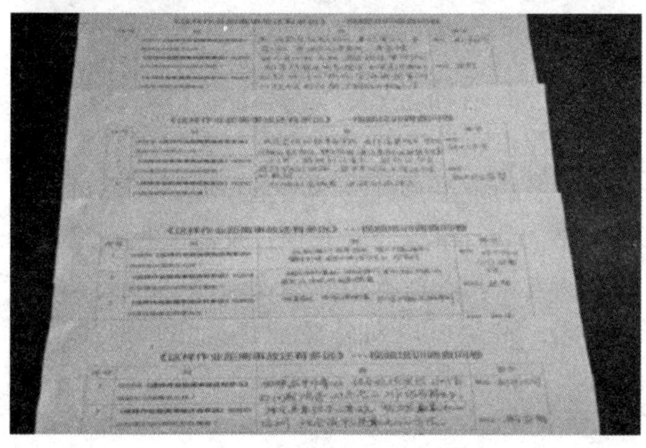

图 7

得到了各单位的好评，在各类 HSE 培训和轮训中得以应用，初步统计约 1.2 万人次在学习中使用过该视频资料，从反馈的调查问卷来看，参训人员认为安全警示教育视频集锦具有“易于接受，便于理解，警示作用较强”等特性 。

3.3.3 社会效益与经济效益

项目实施期间，钻井一公司、钻井二公司、钻井三公司、井下作业公司、钻具公司等八个单位近百名干部员工参与了安全教育视频集锦制作，通过视频制作，也让参与者提升了安全技术素质，产生了巨大的社会效益。

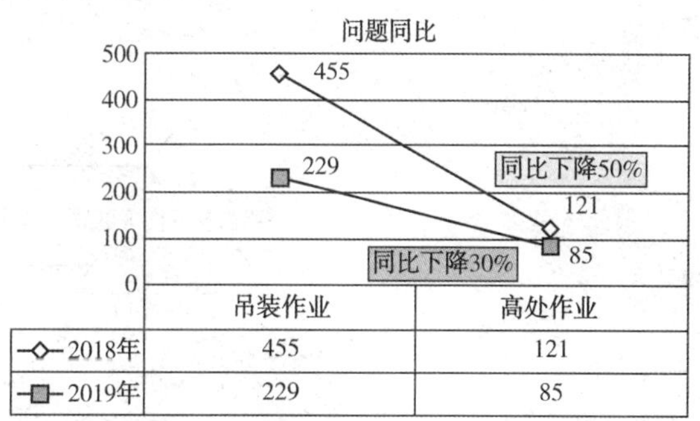

图 8

通过统计分析：公司东部区域 2018 年吊装作业违章是 455 项，高处作业违章是 121 项，2019 年同比分别下降 50%、30%。问题总数同比下降了 262 项，降幅为 29%，一年来，东部区域未发生起重伤害及高处坠落事故，取得的效果一目了然。

根据海因里希法则推算事故概率，公司东部区域有效减控的 262 项人的不安全行为，约可避免 25 轻伤害事故及 1 起死亡及重伤事故。参照《长城钻探工程公司 HSE 事故管理办法》中的一般事故 B 级(指造成 3 人以下重伤，或者 3 人以上 10 人以下轻伤，或者 10 万元以上 100 万元以下直接经济损失的事故)；一般 C 级(是指造成 3 人以下轻伤，或者 1000 元以上 10 万元以下直接经济损失的事故。直接为公司创造经济效益约为 350 万元，其间接经济效益更是不可估量。

图 9

监督通报问题对比				
类别	2018年	2019年	减少	对比%
吊装	455	229	226	下降50%
高处	121	85	36	下降30%
合计	576	314	262	下降29%

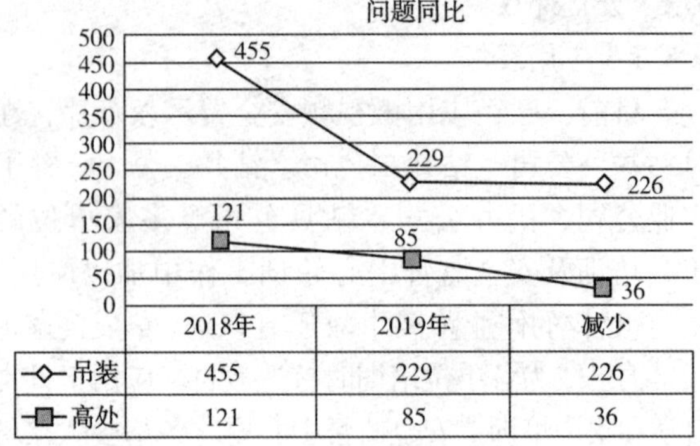

图 10

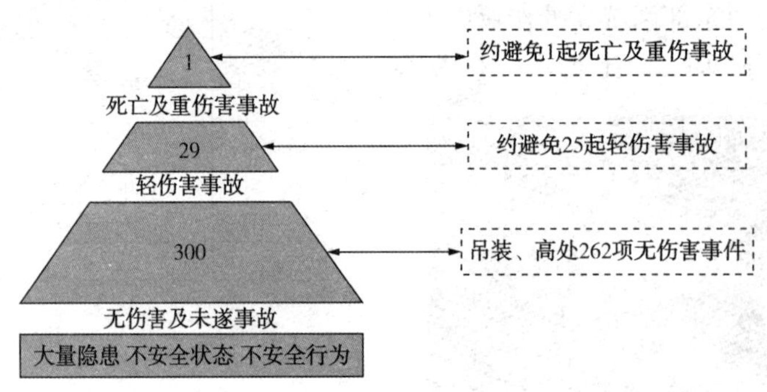

图 11

3.3.4　推广前景

随着网络信息化的高速发展，5G 移动网络的即将普及，人们的思维模式，生活学习方式必将随之改变，这场突如其来的新型冠状病毒肺炎疫情，验证了长城钻探公司以最大限度地满足各层级人员安全意识及操作技能提升需求为目的，以网络传递为优势，以开放性和多媒体化为教学特色的微视频安全警示教育新模式，必将会成为国内外各企业促进员工能力素质提升，强化监管责任落实，规范员工作业行为的重要培训手段，其创新优势与应用价值证明，微视频安全警示教育新模式的推广前景非常可观。

4　结语

科学的培训方式，是提高员工安全技术素质，防控作业风险的必要手段，是保障现代企业高效发展的重要基础，本文是长城钻探公司深刻汲取安全生产事故经验教训，反思短板不足，凝聚团队力量和各级人员智慧创新形成的安全培训新模式，希望可以对各企业提升培训效果有所帮助。

冀东油田安保防恐设计与实践

梁海涛

(中国石油冀东油田勘察设计研究院)

摘 要 石油行业是我国重要的重工业之一，对于促进我国经济持续发展，提高社会生产力有着积极作用，冀东油田地处京津唐“金三角”地区，是中石油集团公司治安防范重点企业、河北省防恐工作重点守护目标，安保防恐任务艰巨，冀东油田针对不同等级的油气场站实施了安保防恐建设。通过从物防、技防两方面入手搭建防恐一体化联控系统，实现周界非法入侵报警、主动驱离、人员防暴保护等，达到油品站场的安全防御目的。

关键词 油气田企业，安保防恐，电子围栏，主动驱离，防恐一体化

石油是黑色的金子，是现代工业的“血液”，不仅是一种不可再生资源，更是国家生存和发展不可或缺的战略资源，对保障国家经济和社会发展以及国防安全有着不可估量的作用。面对当前多变的世界局势，加强油气田安保防恐工作迫在眉睫。冀东油田作为油气生产、储存、加工企业，拥有多个油气站场，需要加强非法入侵防范，保证站场安全受控。

1 油田安保防恐整体措施

1.1 合理区域划分

对不同油气站场和站场内部分区域进行风险分级，通过风险分级使防范级别与目标等级相对应，为油田安保防恐工作提供明确的目标定位。冀东油田根据中国石油天然气集团公司发布的《石油石化企业安保防恐风险等级及防范规范》企业标准，将油气站场划分为一级风险场站 3 处、二级风险场站 5 处、三级风险场站 2 处。

1.2 加强人员培训

通过举办防恐应急预案演练、治安反恐教育培训，对于重点岗位人员进行值守巡逻规划，面对暴恐袭击时，能采取相应的应急措施，最大程度保证生命安全和国家财产安全。

1.3 增加物防、安防设计

物防方面利用已有的设备设施，补充必要的防暴防护产品来确保站场和人员本质安全。安防方面增设周界非法入侵报警系统、视频监控系统、出入口控制系统、主动驱离系统等，与物防一起形成非法入侵主动驱离、即刻报警、视频追踪溯源等防范网络。

1.4 联防联控

站场发生入侵报警后一键联锁就近公安系统，实现统筹管理。智能分配任务、识别风险目标，使危害降低、风险可控。

2 设计方案

对油田一级风险场站、二级风险场站、三级风险场站分类设计、分步实施。物防设计以增高实体围墙、为值班人员配备防暴用品、进场大门出入口设置门禁与阻车钉设施等为核心，筑牢物防第一道防线。安防设计以威慑作用较强的脉冲式电子围栏为核心，辅助视频监控、主动驱离设备等，构成全天候实时监控网络。

2.1 物防设计

对风险场站门卫处分别配置防暴头盔、警棍、金属探测器、防爆毯、高效防化口罩、手持防化洗消喷剂等；对围墙进行加高加固，新建 2.2m 高围墙；进场出入口设置阻车钉。

2.2 技防设计

防恐一体化系统由五个子系统组成：周界报警系统、视频监控系统、出入口控制系统、主动驱离系统、一键报警系统。

2.2.1 周界报警系统

周界是阻挡入侵者的最前端防线。通过对目前主流的五种周界报警技术进行比选，结合油田现场实际，最终选取脉冲式电子围栏为主，围墙四周拐角处辅以热成像摄像机监控的方式作为周界报警系统的前端设备。这种组合具有强威慑性、高精度侦测的特点，能有效降低误报率，及时发现风险并规避客观因素影响。

表 1　周界报警系统比选表

	电子围栏	泄漏电缆	红外对射	热成像	光纤传感
系统特点	属于可见性，有很强的威慑力，有一定的危险性	防区长度有一定的局限性，突破较难	可起威慑作用，安装较容易，但易被破坏、易突破	安装相对容易，可能存在布设死角	铺设灵活，不易突破，破坏和翻越均可报警
检测能力	一般，人员触碰才会报警	一般，不能对墙体破坏入侵报警	一般，人员触碰红外光束才能报警	一般，依赖人员监视	高，可针对墙体破坏入侵报警
可靠性	低，维护工作量大	低，维护工作量大	低，使用寿命相对较短	较高，工程量大，维护费高	较高，工程量较大，维护费用低
误报率	较高，不能识别小动物	高，对于快速越过，不能报警	较高，难以识别小动物	较低，可自动判断信号类别	较低，可自动判断信号类别
气候影响	较大，受大雨雷电气候影响较大	较小，受风雨影响存在漏报误报	较大，雨雪大风均可能造成系统误报	小，光线变化可影响系统	较小，受风雨影响存在漏报误报
温度影响	小，高低温环境均可工作	较大，高温影响设备使用	大，高温环境工作不稳定	大，高温环境工作不稳定	小，高低温环境均可工作
经济性	130 元/米	250 元/米	105 元/米	190 元/米	160 元/米

脉冲式电子围栏原理：脉冲主机通电后从发射端产生高压脉冲传到前端围栏上，前端围栏经连接线形成回路后将脉冲回传到脉冲主机的接收端，如果有人入侵或者破坏前端围栏，或切断供电电源，脉冲主机会发出报警并把报警信号传给其他的安防设备进行联动。

热成像摄像机原理：人体体温高于绝对零度，这会导致人体周围辐射这红外线，热成像摄像机就是利用红外探测器、光学成像物镜接收被测目标的红外辐射信号，通过探测微小的温差变化，将温度差异转换成实时的视频图像。

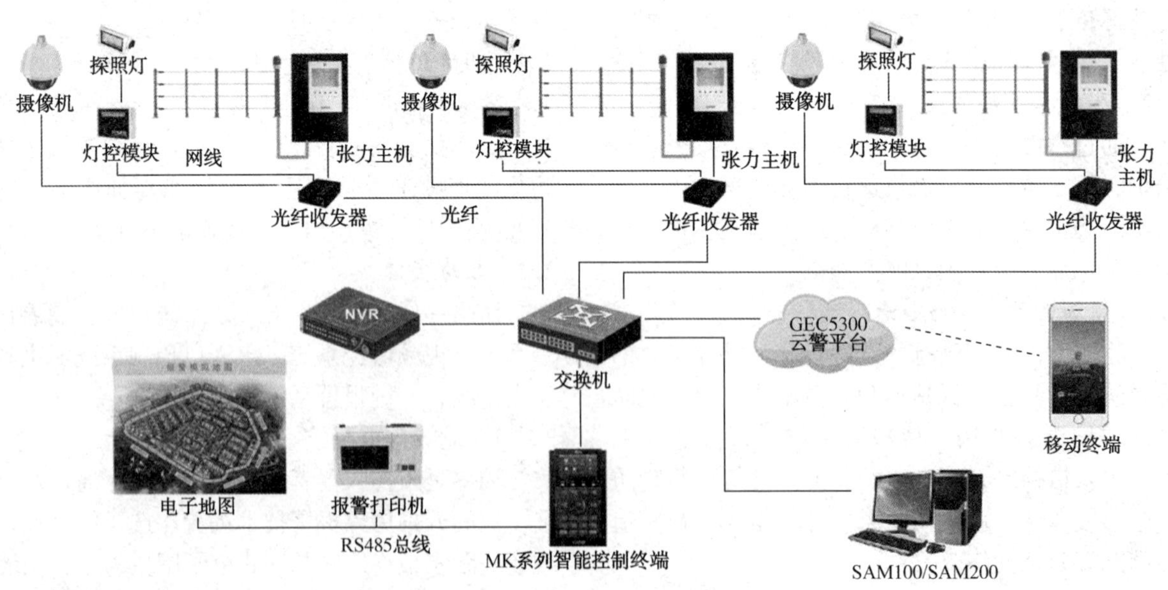

图 1　周界报警系统设备连线示意图

2.2.2　视频监控系统

选用带有智能分析的高清监控设备，在围墙四周每隔 50m 至 100m 设置 1 台高清网络摄像机，实现视频图像信息的高清采集、高清编码、高清传输、高清存储、高清显示。依托 AI 识别模式，进行人员行为跟踪、关键设备侦测、越界侦测、人员聚集侦测、快速移动侦测、物品遗留拿取侦测等。当有入侵事件发生时，视频监控系统接到报警信号即刻调动入侵区域就近摄像头追踪监控，并进行图像复核。

油田视频系统采用 3 层交换机组网方式，摄像机根据所属区域划分不同的 VLAN，在 2 层交换机的接口上配置相关的 VLAN 数据，2 层交换机作为摄像机的接入交换机，采用双上联的方式接入 3 层交换机，不同 VLAN 的网关地址配置在 2 台 3 层交换机中，并且 2 台 3 层交换机开启 VRRP 等网关冗余协议，提高网络的可靠性。

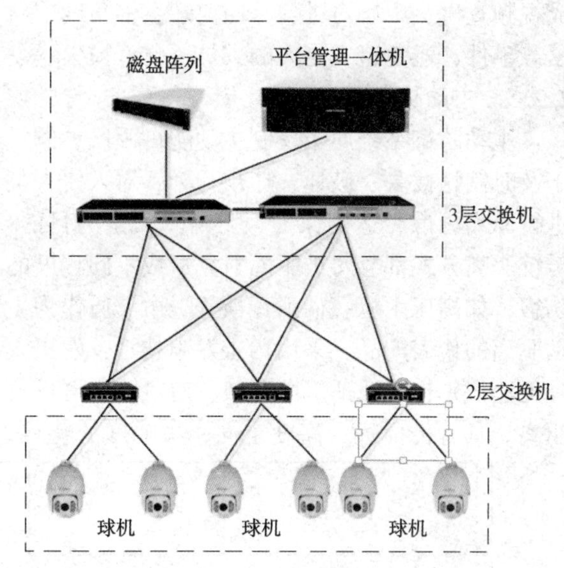

图 2　视频监控系统组网图

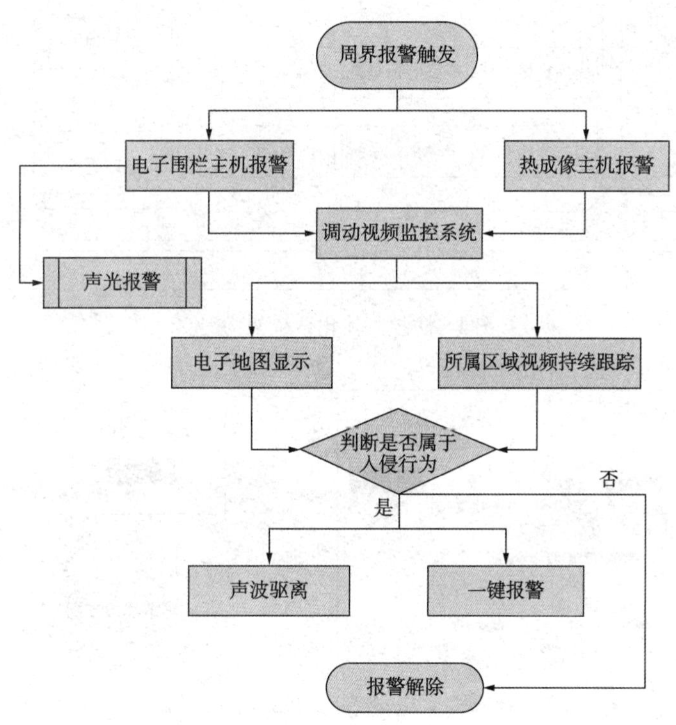

图 3　视频监控系统与周界报警系统联动流程图

2.2.3　出入口控制系统

系统分为车辆出入口以及人员出入口，其中车辆出入口采用免埋式电动破胎器配合车道闸机模式。免埋式电动破胎器又称倒刺路障，可对违法犯罪车辆进行有效拦截，并保障犯罪车辆内的人员安全。车道闸机由电动挡车器和车牌识别模块设备组成，对车辆进出进行管制。人员出入口采用人脸识别闸机，所有进出受控区域的人员均需经过认证方可通行，有效防止未授权人员随意进入。

2.2.4　一键报警系统

一键报警系统采用电子信息技术，将紧急报警信息统一传输至接出警管理中心。发现警情后，场站门卫值班人员按下室内报警器，就近公安部门电脑就会显示相应报警信息，快速出警，及时解决入侵风险。此方式隐蔽、简洁、迅速、定位高，可有效避免被阻断、延迟报警的可能。同时在公安部门安装一键报警中心管理机，可集成视频查看、中心对讲、呼叫前端，多角度应对紧急事件，避免造成更大的人员、财产损失。

2.2.5　主动防御系统

主动防御系统属于反制主动防御手段，侧重于及时制止侵害、破坏、违规行为，对入侵人员进行驱离驱散，达到保护人身财产安全的目的。传统驱离方式都会对被驱离对象造成不同程度的伤害，如高压水枪、催泪瓦斯等。声波盾作为主动驱离的代表产品，采用稀土发声技术，发出人耳无法识别也无法适应的音效，对危险人群进行驱离。具有传播远、高度定向、高响度的特点。通过低分贝和频率差拍技术对被驱离对象产生强大的压力，在保证目标受众绝对安全的情况下制止不当行为或非法入侵者自动离开。冀东油田一级风险场站采用声波盾形式进行主动驱离，经现场试用，效果良好。

2.2.6　防恐一体化系统

防控一体化系统是冀东油田防恐的中心系统，集成了周界报警系统、视频监控系统、出入口控制系统、主动驱离系统、一键报警系统等5大子系统，完成非法入侵联动策略。

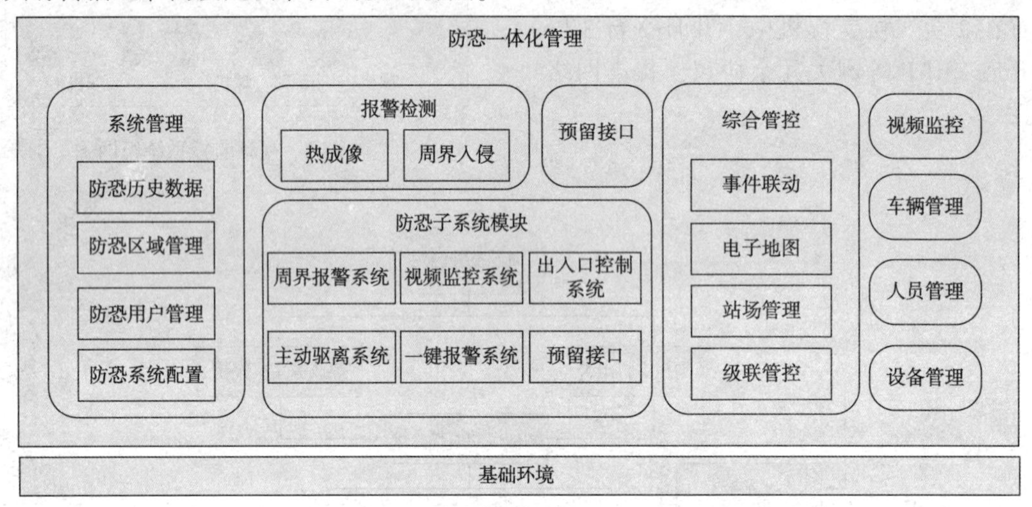

图4　防控一体化系统架构图

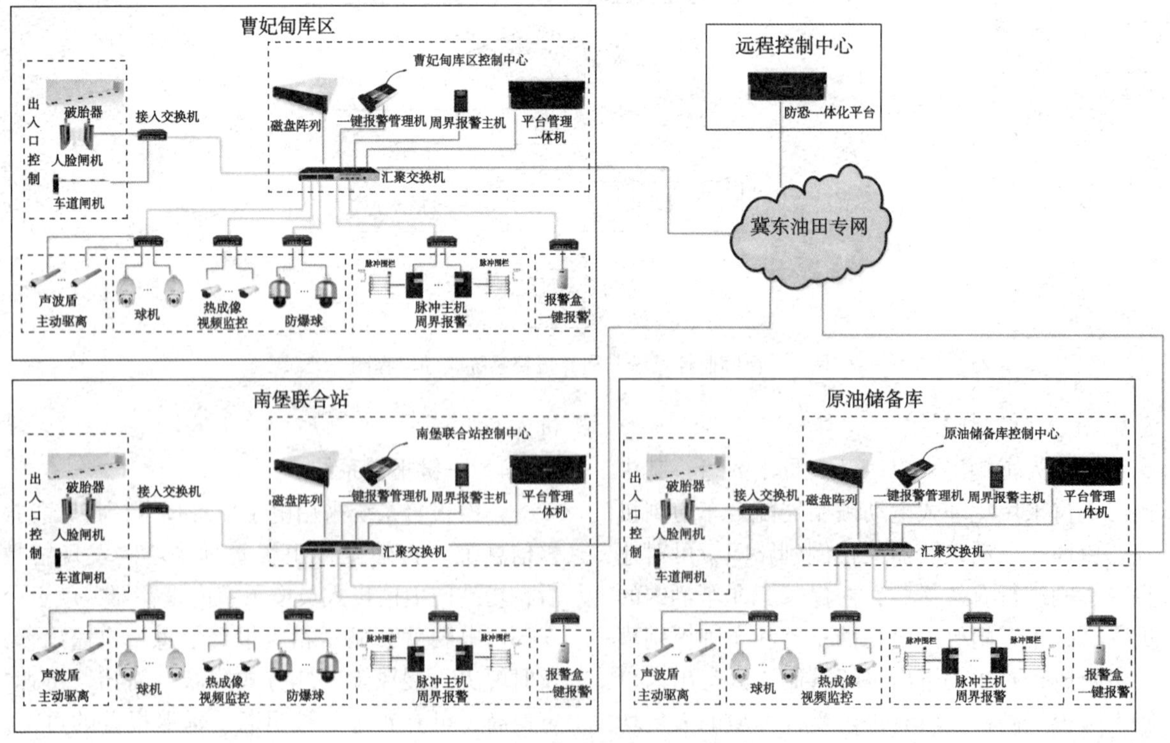

图5　防恐一体化系统设备连接示意图

当入侵发生时系统声光报警，入侵点的位置在视频监控图上提示，并在报警位置上显示报警信息，同时产生入侵事件记录和文件。其他子系统(出入口控制子系统、主动驱离系统等)自动响应。每个子系统可独立运行，也可与其它子系统有机地协同工作、联动防范，构成一个完整的安全技术防范体系。

3 结语

冀东油田防恐建设刚刚起步，产品选型与组网是否稳定有效还有待在实践中进一步确定。随着新技术、新手段、新设备的不断涌现，物防和技防产品都会逐步升级，形成更安全可靠的屏蔽“墙”，确保油田企业生产经营的安全与国家战略能源资源的稳定。

工业控制系统安全防护技术研究

蔡骏驰

（中国石化重庆涪陵页岩气勘探开发有限公司）

摘 要 近年来，随着两化深度融合战略的持续推进，以及物联网等新兴技术在工业领域的应用，工业控制系统安全也倍受企业关注。工业控制系统作为能源、制造、军工等国家命脉行业的重要基础设施，在信息攻防战的阴影下面临着信息安全风险持续攀升的运行环境。通过对工业控制系统的理论模型、关键技术、测试评估进行研究，以常规安全防护策略为研究基础，以主动防御为目标，提出了工业控制系统主动防御的安全技术解决方案，结合更多的新兴信息技术和安全技术，以实现工业控制系统“可发现、可防范、可替代”的目标，提升工业控制系统信息安全核心竞争力，为企业、国家的工业控制系统应用保驾护航。

关键词 两化融合；工业控制系统；信息安全；防护策略；主动防御

1 引言

随着物联网等新兴技术在工业领域的发展应用，工业控制系统与物联网呈现出深度融合的景象，大幅提升了工业控制系统的智能化与信息化程度。与此同时，工业控制系统俨然已成为电力水利、石油化工、铁路交通、污水处理、核电工业、航空航天等国家命脉行业的重要基础设施，这也引发了一系列的安全新挑战。针对工业控制系统的各类攻击手段和方式层见迭出，震网(Stuxnet)病毒、火焰(Flame)病毒、BlackEnergy等具有典型的靶向攻击特征[1]，这对企业信息安全、国家的经济发展等产生了严重影响，引起了世界各国政府的高度重视。

针对上述问题，本文拟研究工业控制安全领域的有关基础理论和技术应用：重点研究针对工业控制器的回路攻击、组态数据篡改等攻击模型，以信息安全漏洞和攻击手段作为设计基线，通过IO控制逻辑、状态实时监控、高危攻击应急处理、边界数据隔离等手段实现控制器的主动安全防护。

2 现状及发展趋势

随着两化深度融合战略的持续推进，工业控制系统安全不是“老系统碰上新问题”，而是传统信息安全问题在工业控制领域的延伸。自2010年震惊全球工业界的震网病毒爆发以来，针对工业控制系统的攻击不断上演，2014年韩国核电站病毒、2015年乌克兰病毒造成电网断电[2]、2016年德国核电站病毒、2018年俄罗斯水利阀门事件等，我国同样遭受着工业控制系统信息安全漏洞的困扰，比如2010年齐鲁石化、2011年大庆石化炼油厂，某装置控制系统分别感染Conficker病毒，都造成控制系统服务器与控制器通讯不同程度地中断。种种事件表明，针对工业控制系统的攻击呈组织性、分布广、规模大、隐蔽强、影响深、持续久的趋势，攻击区域与日俱增，攻击手段层出不穷，攻击方法日新月异[3]。

当前，美国和欧盟都从国家战略的层面在开展各方面的工作，积极研究工业控制系统信息安全的应对策略。我国也在政策层面和研究层面积极开展工作，但我国工业控制系统信息安全工作起步晚，总体上技术研究尚属起步阶段，管理制度不健全，相关标准规范不完善，技术防护措施不到位，安全防护能力和应急处理能力不高，这些问题都威胁着工业生产安全和社会正常运作。因此，整合各方面优势资源，促进工业控制系统信息安全产业的形成，是未来工业控制系统网络信息安全发展的基本趋势。

工业控制系统信息安全技术的发展，将随着工业控制系统的发展而不断演化。工业控制系统发展的趋势就是数字化、网络化、智能化和人机交互的人性化。同时将更多的信息技术应用到传统的逻辑控制和数字控制中。工业控制系统信息安全技术未来也将进一步借助传统信息技术，使其更加网络化、智能化，成为工业控制系统不可缺少的一部分[4]。与传统 IP 互联网的信息安全产品研发路线类似，工业控制系统信息安全产品将在信息安全与工业生产控制之间找到契合点，形成工业控制系统特色鲜明的安全输入、安全控制、安全输出类产品体系[5]。值得指出的是，随着工业控制系统信息安全认识和相关技术的不断深化，必将产生一系列与工业控制系统功能安全、现场应用环境紧密，特色鲜明的工业控制系统安全防护工具、设备及系统。

3 安全防护策略

从工业控制系统架构上看，工业控制系统是由服务器、终端、前端的实时操作系统等共同构成的网络体系，同样涉及物理层、网络层、主机层、应用层等传统信息安全问题[6]。因此仿照信息安全技术手段，企业通常部署白名单机制、网络物理隔离、漏洞扫描、云管理服务平台等常规安全防范策略，以保障工业控制系统安全。

（1）白名单机制

白名单主动防御技术是通过提前计划好的协议规则来限制网络数据的交换，在控制网到信息网之间进行动态行为判断。通过对约定协议的特征分析和端口限制的方法，从根源上节制未知恶意软件的运行和传播。“白名单”安全机制是一种安全规范，不仅应用于防火墙软件的设置规则，也是在实际管理中要遵循的原则，例如在对设备和计算机进行实际操作时，需要使用指定的笔记本、U 盘等，管理人员信任可识别的身份，未经授权的行为将被拒绝。

（2）网络物理隔离

网络物理隔离类技术诞生较早，最初是用来解决涉密网络与非涉密网络之间的安全数据交换问题。后来，网络物理隔离由于其高安全性，开始被广泛应用于政府、军队、电力、铁道、金融等多个行业部门，其主要功能支持：文件数据交换、HTTP 访问、WWW 服务、FTP 访问、收发电子邮件、关系数据库同步以及 TCP/UDP 定制等。

在工业控制系统领域，网络物理隔离也开始得到应用和推广。通常采用“2+1”的三模块架构，内置双主机系统，隔离单元通过总线技术建立安全通道以安全地实现快速数据交换。网络物理隔离提供的应用专门针对工控网络的安全防护。因此，它只提供工控网络常用通信功能，如 OPC、Modbus 等，而不提供通用互联网功能，因此，更适合于工控网络与公网、办公网络，以及工控网络各独立子系统之间的隔离。

（3）漏洞扫描

通过对网络的扫描，网络管理员能了解网络的安全设置和运行的应用服务，及时发现安全漏洞，客观评估网络风险等级。网络管理员能根据扫描的结果更正网络安全漏洞和系统中的错误设置，在黑客攻击前进行防范。如果说防火墙和网络监视系统是被动的防御手段，那么安全扫描就是一种主动的防范措施，能有效避免黑客攻击行为，做到防患于未然。

（4）云管理服务平台

构建满足工业控制系统的全厂级风险识别模型，除了需要细化工业控制系统的风险因素，还需要建立基于工业控制系统的安全管理域，实施分等级的基础建设，兼顾包括中断与链路、威胁与异常、安全与可用性等综合因素的功能考虑。

云服务管理平台方便对整个系统里所有的安全设备模块、控制器和工作站，进行部署、监控和管理，规则辅助生产，指导应用方便快捷地从权限、授权管理报告中，创建防火墙的规则，自动阻止并报告任何与系统流量不匹配的规则。同时具备全网流量识别、实时 ICS 协议与内容识别、异常行为仿真、安全事件搜索、跟踪等能力。

4 研究内容

本文围绕工业控制系统深度安全检测与验证等技术难点，重点研究典型的工业控制装备、主流的工业控制协议和系统中检测评估等重要问题，以主动防御工业控制系统为核心，主要研究方法和原理如下。

对安全级工控系统和非安全级工控系统开展主动防御技术的研究。安全级工控系统针对边界数据隔离(包含多序列保护、单一合法数据源)、状态实时监控(包括 IO 逻辑控制、数据交叉校验等)、高危攻击应急处理等技术进行研究，提升控制器的防护能力；同时开展硬件、网络、数据冗余和实时诊断措施等研究，确保单一故障不影响工业控制系统的正常运行。非安全级工控系统对安全配置基线动态扫描技术进行研究，以保障用户数据的完整性和保密性；对策略防护、可信检查、实时进程监控等技术开展研究，以增强上位机的主动防御能力。

(1) 边界数据隔离。研究序列保护、多重身份、单一合法数据源、信息验证以及通信信息安全相结合的边界数据隔离技术；研究适用于安全级系统与非安全级系统通讯的私有通讯协议；自定义 CRC 算法多项式验证通信信息的完整性；研究通过自定义信息规则判定信息合法性的相关技术；研究纵深防御策略对控制系统与工程师站连接的多重防护技术；研发基于密码验证的维护下装软件和工具；研究多重物理防护的工程师站与控制系统的连接技术，只有在旁路状态下安全级系统才能与工程师站连接。旁路状态下，安全级系统不参与安全功能，且在端口连接处，保证工程师站同时只能连接单通道或序列，同时不影响其余通道。

(2) 状态实时监控。工控系统在正常运行过程中需要处理大量初始和过程变量，每一个变量代表其采集物理量的实时状态。常规工控系统无法做到对每一个变量进行实时处理监视，否则会影响工控系统的正常功能。基于统计理论识别出关键状态数据，确定该关键状态数据在工控系统内部的生灭过程(产生、传输、运算、执行、终止、清除)所关联的硬件设备和软件程序，在此基础上开展智能机内测技术、IO 逻辑控制、数据交叉校验、状态信息传输与上报技术的研究，并针对关键状态数据进行实时监视，一旦出现异常就启动高等级处理保护机制，将信息安全威胁彻底隔离，以将后果降至最低。

(3) 高危攻击应急处理。当高等级信息安全威胁突破工控系统防护边界并伪装躲过状态实时监控时，表明工控系统已完全丧失外部保护能力，内部核心数据和算法处在高风险状态，随时可能出现数据窃取或程序篡改等情况，针对这一问题，基于大数据分析理论，对异常工况数据开展特征提取、分析，抓取正常工况的数据行为作判断基准。研究基于判断基准的实时启动数据隔离技术和安全输出技术。

(4) 安全配置基线。研究工控系统的外部影响，剖析工控系统平台进程原型的必要条件，分析工控系统的威胁、弱点和风险，结合安全整改和安全建设确定工控系统服务和应用程序设置、操作系统组件设置、权限划分的原则，识别工控系统运行过程中必须的服务和设置；重点研究操作员站、工程师站、服务器的安全配置，包括密码策略、授权、日志、服务、启动项、注册表、会话设置、协议配置等，形成一套标准的安全配置基线设置方法，在系统检修、停机或新系统上线时进行安全配置基线设置方法的验证。

(5) 上位机主动防御能力。研究上位机可信检查的方法，实时监控阻断恶意软件的安装和运行，生成审计日志，协助管理员发现异常事件，有效抵御零日攻击及高级持续性威胁，灵活配置增强安全，同时降低维护成本；研究上位机主动检查 U 盘等移动介质的方法，防止病毒传播；研究工程师站身份鉴别技术，仅对获得权限的人员赋予控制权；研究上位机系统对外接口隔离技术，做到控制区域和非控制区域间的隔离。

5　结束语

从总体上看，我国工业控制系统信息安全防护体系建设滞后于系统本身的建设，还处于初级阶段，需要根据工业控制系统信息安全保障体系建设需求，基于国家信息安全标准体系框架，建立工业控制系统信息安全标准体系总体框架。随着以太网技术在工业控制网络中的应用，以及两化深入融合的持续推进，未来的工业控制系统将会融入更多的新兴信息技术和安全技术，以实现工业控制系统“可发现、可防范、可替代”的目标，提升工业控制系统信息安全核心竞争力，为企业、国家的工业控制系统应用保驾护航。

参考文献

[1] 工业控制系统信息安全研究综述[J]. 魏祺. 通信电源技术. 2019(05)

[2] 网络协同攻击：乌克兰停电事件的推演与启示[J]. 刘念，余星火，张建华. 电力系统自动化. 2016(06)

[3] 工业控制系统入侵检测研究综述[J]. 赖英旭，刘增辉，蔡晓田，杨凯翔. 通信学报. 2017(02)

[4] 工业控制系统安全网络防护研究[J]. 孙易安，井柯，汪义舟. 信息安全研究. 2017(02)

[5] 国内外工业控制系统信息安全标准研究[J]. 邸丽清，高洋，谢丰. 信息安全研究. 2016(05)

[6] PLC 工控系统可信构建技术研究[J]. 李孟君，王乐东，熊伟，丁涵. 软件导刊. 2017(11)

工业控制系统网络安全切实解决之道

孙　磊　魏志群

（中国石油乌鲁木齐石化分公司）

摘　要　工业控制系统的安全性是企业乃至国家的安全重点，诸多国内外的研究基础上，凸显出工业控制系统多方面的安全漏洞。本文介绍了工业控制系统在工业4.0浪潮下的发展趋势，提出了数据融合引导工业控制系统的，在这一进程中强调安全的重要性；并总结分析了工业控制系统安全脆弱性的几个方面。在分析的基础上，本文根据国内外工业控制系统安全防护的研究基础，强调切实有效的进行工业控制系统安全防护建设，提出了工业控制系统网络安全防护的思路。在进行工业控制系统的网络安全防护建设方面，必须认可纵深安全防护策略的有效性，以及隔离的必要性。在开放中进行隔离，隔离的目的是为了安全，开放的目的是为了提供数据。同时提出重点防护，逐步开展防护工作，首先做好终端安全防护，包括访问控制、权限分配、安全基线；进而由点及面的建立安全防护体系。并最终明确工业控制系统的核心是内生安全，必须加强国产化趋势，在控制系统的研发中贯彻，提升内生安全，才是工业控制系统网络安全之本。

关键词　工业控制系统；网络安全；固件安全；内生安全；纵深防御

安全是工业控制系统的灵魂，谈到工业控制系统网络安全，“震网”病毒事件是绕不过的坎，该事件暴露出工业控制系统安全问题的影响严重性。尤其近年来，全球范围内不断爆出的针对能源、化工电力、核电、交通基础设施的攻击案例，进入2020年，对工业控制系统的网络攻击事件更是频频发生，电力、水力、能源、交通、制造业成为重灾区，这标志着工业控制系统安全已经上升为国家安全战略等级，对其的攻击破坏可以对国家基础设施和经济命脉造成严重的威胁。随着网络化、自动化、智能化、的发展，工业控制系统面临着亟需开放互联，又要安全可控的局面。而5G应用、物联网、云应用、区块链等新技术应用的出现，对工业控制系统的发展充满机遇与挑战。

由于我国在工控领域的发展比较晚，导致早期工厂的工业控制系统核心设备、组件、元器件大量依赖美日欧等国家的产品，缺乏核心自主技术。而近几年的国际形势发展，无不表明，以美国为首的西方国家不断对我国实施技术管制，企图通过技术上的“卡脖子”

“中国制造2025”战略下，国家的技术研发能力快速提升智能工厂、数字工厂的建设速度和建设规模不断扩大，工业控制系统与信息化技术进一步深度融合，在工业控制系统开发过程中，逐渐融入了安全理念。在工厂建设过程中，也开始遵循安全与系统“同步设计、同步规划、同步建设的”三同步原则。但是工业控制系统的安全技术开发能力，以及工业控制系统网络通讯协议、数据安全传输等方面的研发能力还是不足。

但是，当前工厂运行的大多数系统，还是老旧国外品牌，持续运行时间长达二十余年，虽然工厂在停车检修期间，可以更换新型上位机，以及上层的服务器硬件和应用系统，但直接全部更新控制系统的，笔者所经历的项目中，几乎不存在。所以存量的、在运行的工业控制系统的安全防护建设也是一大难点。

对工业控制系统的安全防护，应该对不同对象进行不同的安全防护分析，从网络信息安全、功能安全、系统自身安全等方面，切实做好安全防护建设[1]。

1　工业控制系统安全建设难点

1.1　工业控制系统的发展趋势

工业控制系统的发展历史伴随着工业革命的发展历程。从工业自动化到PLC的出现，控制系统的结构从CCS到DCS，发展到FCS，同时伴随着网络技术的快速发展与应用。而在第四次工业革命（即工业4.0或工业互联网）的浪潮中，工业控制系统走向了数字化，将会是物联网(IoT)，网络物理系统(CPS)，信息技术(IT)和操作技术(OT)的融合[2]。

工业控制系统在这波浪潮的带动下，最终进化目标就是融合，即在上层应用数据的快速交互传输中带动底层系统的发展与融合，实现生产效率的智能优化。

工业4.0下，互联网与物联网技术的应用，使得我们的生产数据可以进行规模化集中存储，实现以前不可能实现的大数据，并利用云计算平台前所未有的计算能力对这些大数据进行分析，挖掘和优化生产效率。工业4.0使得现场设备、机器和工厂已经变得“更智能”，所以未来的趋势就是基于数据交互的智能化，如智能设备、智能机器和智能工厂。现在的MES系统与上层应用系统如ERP的结合，就是数与物的监控与优化。

但是，无论是工业互联网还是工业4.0，都是基于控制系统以上的应用，没有对工业控制系统本身做出技术变革。对PLC、DCS系统、嵌入式终端系统以及更底层的组件进行功能、性能、安全上的技术开发。最终才能够推动工业4.0更进一步的发展。我国工业控制系统国产化迅速发展，研发能力不断提升，在控制系统的固件开发和软件化开发不遗余力。同时国外老牌厂商，如霍尼韦尔、施耐德、西门子、横河等也在不断迭代升级，使其新开发的组件能够兼容应用于老旧系统，具有更好的扩展性、安全性、灵活性，支持数据的交互集成[3]。

1.2 工业控制系统安全脆弱性

工业控制系统安全建设的难点在于其系统天然存在安全脆弱性，同时其应用的环境具有特殊性，集中应用在在关键基础设施、重点行业上。

1）控制系统的建设发展早于安全理念的发展

早期的控制系统是为了功能实现而设计，这就像计算机发展的历程一样，诸多的安全性是慢慢显露的。面对存量运行的工业控制系统，如何在原有基础上进行升级防护是一大难点。最理想的状态是由原控制系统厂商进行安全防护设计和实施，实际上确实不可能实现的。一是在国际化环境下，倡导国产化替代，不能受制于人；二是成本高昂，虽然一个卡件几十万的年代已经过去，但相对于国产组件维修成本，从国外进口组件更换或人力维修，仍是相对高昂的。所以，存量运行的工业控制系统防护，有意避开了核心的控制系统组件，而侧重于进行控制设备层以上的安全防护建设。

2）脆弱的网络通讯协议

工业控制系统最难以兼容和解决的就各厂商的私有协议。为了实现其产品功能，工控系统厂商开发了自己所有的通信协议，但同时为了减少成本、改进性能，在工控系统中使用或在于其相关应用中使用了一些系统向标准化技术过渡。如TCP、IP协议和OPC协议等通用协议，普遍存在的协议漏洞使工控系统网络更容易受到攻击[4]。

3）不安全网络连接引入的风险

工控系统面临着需要与其他系统互联的需求，现在也包括与办公网、互联网连接访问的需求。例如普普遍存在的远程访问的方式，可以有效的监视、控制系统；甚至还会允许企业决策制定人员访问获取运行系统关键数据，直接发布生产指令；企业还存在将控制系统运行数据、运行状态传送至第三方监管单位的需求；控制系统所采用的广域网和互联网，将数据传输到原厂或本地场站和个人设备。多种需求存在的不安全的网络连接，导致控制系统访问控制的不安全性，会直接引入恶意网络入侵、病毒感染、恶意软件传播等问题。

存量运行的工业控制系统，典型的是混合流程特点的复杂控制网络，存在不同厂家的控制系统、不同品牌的组件和设备，多种通信方式、多种通信数据、多种生产工艺、新老系统并存，多种高级应用分而自治。而且，这样的网络和系统存在不同程度、被不同厂商方案的改造和升级，以适应数据传输和集中管理的需求，从而可能造成网络的开放性。使得易被黑客利用的漏洞大量存在。

4）知识的宽泛传播

现在的网络的开放性导致知识的传播非常容易，缺乏知识产权和安全管理的意识，企业和用户会将工控系统的设备信息、维护手册、通讯解析等方面的资料进行网络传播；而厂商在产品的销售过程中，也会存在将这些资料进行传播、发放的场景。这些知识、资料，对于别有用心的人来说，是可以进行信息挖掘的宝库，例如获取系统、设备的默认口令，直接用于发起未授权的访问。

5）安全防护建设和运维管理的实施难度

除工业控制系统天然的安全脆弱性外，复杂的应用场景和系统架构也是实施安全防护的障碍，毕竟工业控制系统的原则是可用性，也就是工控网络的 AIC 原则（Availability>Integrity>Confidentiality），其对实时性的要求在毫秒级。

此外，安全管理及安全运维能力的不足也是工业控制系统企业的短板。在安全技术与安全管理的二八原则下，特别强调安全意识以及安全运维、安全操作和安全管理，但是要求一线员工在生产的同时遵循网络和信息安全原则，没有长期的培训、专业的知识、流程化的操作是难以落地的。

2　工业控制系统安全防护发展

2.1　国际上对工业控制系统安全防护研究

国际上对工业控制系统安全的研究起步早，标准多，形成了相对成熟的技术规范和标准体系。包括：NERC 为除核电外的发电厂制定的控制系统网络哦安全标准 CIP；美国 NIST 发布的智能电网网络安全标准 NI-STIR 7628，以及工控系统安全指南 NISTSP800-82；美国核管理委员会发布的核设施网络安全指南 5.71；ISA 制定的用于制造业和控制系统安全标准 ISA-99；国际电工委员会 IEC/TC65/WG10 制定的 IEC62443 系列标准：工业过程测量、控制和自动化-网络与系统信息安全，该系列标准从通用技术标准、信息安全程序、系统技术要求和组件技术要求 4 个方面做出了规范[5]。

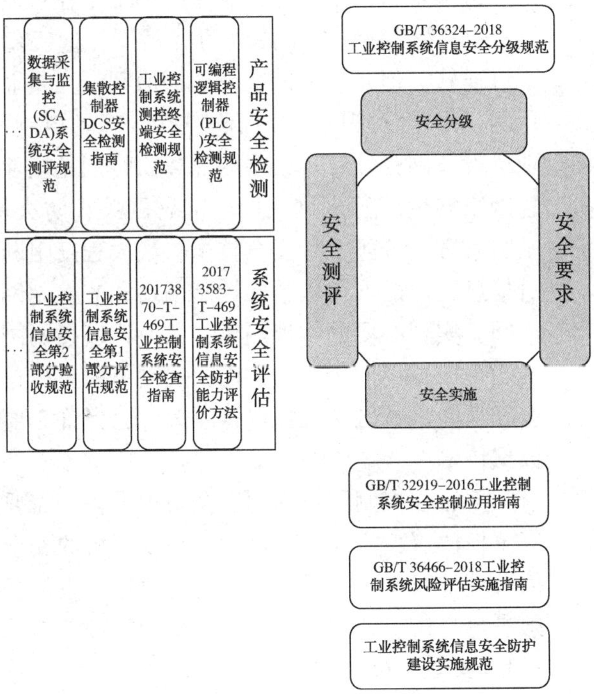

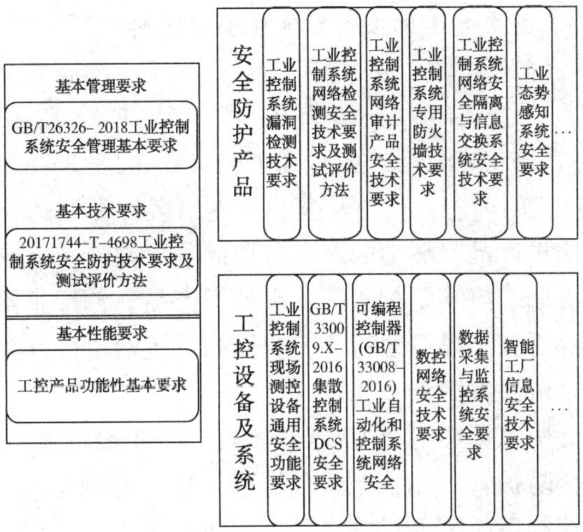

各工业控制系统生产商在对控制系统产品加入安全审计理念的同时，针对存量的工业控制系统提出了不同的安全防护方案，其主要思想体现在区域隔离和纵深防护。

区域隔离是根据功能、等级分区分域，主动地进行隔离防护。其设计思想来源于“区域”和“管道”的概念，相同功能和安全要求的设备放在同一区域内，区域之间通信依靠专有管道执行，通过对管道的管理来阻挡。

要点名称	要点描述	达到目标
区域划分	具备相同功能和安全要求的设备在同一区域内	安全等级分区
管道建立	实现区域间执行管道通信	易于控制
通信管控	通过控制区域间管道中通信管理控制来实现设备保护	数据通信可控

纵深安全防护的解决思想，延续了 IT 系统的网络安全防护策略，通过多层次的部署安全防护设备来加强网络和信息安全能力，包括网络

层：通过防火墙、网关、入侵检测、远程访问控制等，以保证网络层的安全接入和访问以及对异常事件的检测告警；主机层：通过主机安全防护软件保证主机系统的安全；管理层：通过统一安全管理系统、审计系统实现对网络中安全事件的进行集中监视和管理。而随着物联网、5G技术的发展，现在又强调对全厂工业控制系统组件设备状态、生产运行状态、网络运行状态、数据传输状态的实时监控、智能预判、全局掌控，提出态势感知系统的应用[6]。

但是纵深防护的方案在实际落地实施过程中，存在问题，上层网络的改造较为容易部署，涉及到控制网络会存在很多问题，如网络协议及软件兼容性问题、对工控网络造成影响、实际部署应用比较复杂。

此外，针对工业控制系统的安全防护，无论是通讯策略、访问控制、防病毒策略，均建议采用白名单机制。

2.2 国内对工业控制系统安全防护研究

因此，国内的安全厂商在进入工控领域安全时，广泛借鉴于国际思想，特别受益于NISTSP800-82、ISA99、IEC62443“defense-in-depth”的理念，从外及内的开发出多种类型的安全防护产品，典型的产品有单向隔离网闸、工业防火墙、终端防护软件、审计类产品。各行业各厂商都在提出符合行业工业控制系统网络特点的安全解决方案。

国家标准为2010年开始《工控SCADA系统安全防护管理指南》国标制定工作，特别是《工业控制系统安全防护指南》，到等保2.0，工业控制系统网络和信息安全已经成为国内热门的研究领域，逐步建立起完善的安全防护体系族[7]。

此外，控制系统厂家，着手于建立自己的纵深安全防护体系，根据自身产品特点，包括通讯协议、应用软件开发或采用了不同的安全防护产品。同时也开始强调控制系统自身的安全性，提出内生安全的概念并着手研发系统固件安全、应用安全、协议安全，力图从根源上解决工业控制系统自身安全脆弱性的问题，成为工业控制系统网络安全的最后一道防线[8]。

3 切实开展工业控制系统安全防护思路

切实开展工业控制系统安全防护建设，必须抓住重点，循序渐进，而且老“三板斧”策略在存量运行的系统上还是非常有效的。笔者根据经验总结提出建设思路：终端安管、安全隔离、安全监测、安全运维、安全系统。循序渐进，由点及面的，从不同层次建立安全防护体系。

3.1 终端安全防护

在工业控制网络封闭时代，工控系统感染病毒、恶意入侵的最常用的途径就是外设摆渡。终端设备包括上位机、操控台、服务器成为第一个被感染的环节。现在工控环境中带毒运行的终端系统依然十分普遍。部署主机安全管控系统，进行病毒扫描处理消除已有安全隐患，与外设实现安全的数据文档传输。进行合理的访问控制、最小化的权限分配、与应用软件相配合的安全基线以及补丁记挂。采用白名单机制的安全防护系统，自动拦截非可信程序、进程、文件的运行，保证主机终端的安全、可信、稳定。

3.2 有开放的隔离防护

必须承认的是工业控制系统网络正在走向开放性，在物联网、5G技术的背景下，这一趋势不可逆转。但是根据网络分层的原则，在企业信息网、生产管理网、过程监控网、现场控制网、现场设备网必须实现必要的隔离，特别是企业信息网络和生产管理网之间，部署网关、防火墙、威胁管理系统等多种安全技术，最大程度阻断来自信息网络的安全威胁；控制网络和非控制网络之间，实现必要的物理隔离，只允许通过网闸系统实现数据单向传输。在同一层网络内，根据安全和功能进行区域的性保护隔离，只允许必要的数据传输。

部署在控制网络内的安全防护设备，需要兼容工控协议，实现协议过滤和深度解析的安全通信管理，对于接入网络的设备、对象、人员、必须进行身份认证和操作行为的全程管理[9]。

3.3 安全管理

在保证工业控制系统环境中的终端安全和隔离防护下，能够阻挡85%的网络攻击事件，以及大部分的病毒感染传播。

在此基础上，可以推进部署安全监测设备如IDS/IPS、蜜罐系统；审计设备，包括网络审计、应用审计、系统审计、数据库审计等；实现统一的安全管理与运营，集成管理平台、态势感知系统，实现集中、统一、全局的安全运维管理，实时告警阻断处理、智能分析预判。

同时安全管理还有另外一重含义，就是必须

配套安全管理体系的成熟化。

3.4 兼容性防护

工控系统环境中的兼容性问题是由来已经并普遍存在的问题，需要各厂商同理合作，在开放共享的环境中促进发展。所以在进行安全防护过程中，必须秉持多做记录少影响的原则，特别是越深入生产核心越需谨慎。

3.5 固件安全/内生安全

上述防护措施是纵深安全防御的思想体现，避开控制系统核心安全谈工控网络安全，这是很多安全厂商的适应性策略。工业物联网下更强调固件安全/内生安全，随着技术的发展，传统的工控系统硬件具有更高的性能来承载安全设计；嵌入式操作的系统的也将与 PC 机操作系统相差无几；以及应用软件也可以采用 Safe-SDLC 的全生命周期开发方法[10][11]。

4 结语

工业控制系统的应用场景特殊性，使其安全性成为国家安全战略的重点。进行工业控制系统安全防护不可能一蹴而就，必须根据具体对象分析，能够实现基本的安全防护，进而追求更多更新技术的应用。本文综述了工业控制系统的发展趋势及工控系统安全防护的发展历程，提出了切实的工业控制系统安全防护思路，希望为企业进行安全防护工作提供一些参考。

参考文献

[1] 信息安全技术—网络安全等级保护定级指南[M]. 北京：中国标准出版社，2020.

[2]郭春梅，毕学尧，对工业控制系统安全网络安全的思考[A]. 专家新论坛，2013：03-042-03

[3]宗健．工业 4.0 时代的工控网络安全防护研究[J]. 化工管理，2016，000(012)：192.

[4]卢光明．我国工控安全现状及面临的挑战[J]. 网络空间安全，2018(3).

[5]熊琦，竟小伟，詹峰．美国石油天然气行业 ICS 系统信息安全工作综述及对我国的启示[J]. 中国信息安全，2021(2)：211-216

[6]张帅．工业控制系统安全风险分析[J]. 信息安全与通信保密，2013(3)

[7]徐丽娟，许静，唐刚．工业控制系统网络安全隐患分析[J]. 电子科学技术，2016(06)：679-681

[8]张宏斌，王晓磊，赵云龙．工控网络安全检测与防护体系研究[J]. 信息技术与网络安全，2019(6)：1-5.

[9]程鹏，张莹，周慧．工业控制系统网络安全深度分析与展望[J]. 中国党政干部论坛，2016(08)：56-58

[10] 王宝来，陈安国，肖伟．工业控制系统网络安全防御体系研究[J]. 网络安全技术与应用，2020.

[11] 于立业，薛向荣，张云贵，赵永丽，赵华，芦永明，张秀明，工业控制系统信息安全解决方案[J]. 冶金自动化，2013(01)-37-01

基于窄带物联网技术的远传压力变送器在大牛地气田的试验效果评价

王子雨　徐　嘉　崔梦迪

（中国石化华北油气分公司）

摘　要　大牛地气田始建于2003年，地处毛乌素沙地东部，气井井口压力、温度等参数仍采用机械仪表采集、现场人工抄录的方式进行录取。为提高数据录入工作的效率和质量，同时降低人工巡检成本，选取大牛地气田采气管理一区为试验区，开展NB网络信号覆盖基础情况评估及单井井口数据远传试验的应用效果评价，以期对通过推广应用基于窄带物联网(NB-IoT)技术的远传压力变送器进行气井数据录取方式信息化改造的思路和方案得出可行性分析和优缺点评价，为试验区后续更深入的信息化改革提供数据录取基础。

关键词　NB-IoT；大牛地气田；井口压力；数据录取；信息化改造；远传压力变送器；信号覆盖

1　试验背景

大牛地气田地处陕蒙交界鄂尔多斯盆地北部，位于毛乌素沙地东部，地形主要为沙地和沙丘。气田开发始于2003年，其中75%以上的气井投产时间超过10年。建产初期，由于信息化基础设施的局限性及成本控制，气井井口压力及温度等参数均采用机械压力表、玻璃温度计等测量仪器进行采集，通过原始的人工抄录方式进行录取，数据录入工作的效率低且缺乏连续性，同时由于井位分布分散，巡检工作耗费的成本不断增加，亟需对气井数据的录取方式进行信息化改革。

气田现场的信息化改造，应在充分调研现场的应用需求、基础设施现状、环境适用性要求等各项重要影响参数后，提出可行性解决方案。首先根据应用需求，井口数据录取方式的改造应达到气井压力、温度等基础参数能够实时远传并自动记录汇总至气田信息处理平台的最基本要求；其次根据大牛地气田目前的气井分布情况及井口基础设施安装现状，井口数据的远传需增设电源为远传仪表提供电力，同时应选择无线传输的方式避免大规模高成本的光纤线路铺设；最后根据大牛地气田所处的地理位置，现场远传仪器需要有较好的适用性，能够同时适用于冬季极寒温度(最低-35℃)环境及夏季较为集中频繁的雷暴天气。

窄带物联网(Narrow Band Internet of Things，NB-IoT)技术构建于蜂窝网络，只消耗约180kHZ的带宽，支持低功耗设备在广域网的蜂窝数据连接，可直接部署于GSM网络、UMTS网络或LTE网络，可实现低成本平滑升级[1]。目前NB远传技术已与多个行业的仪器仪表设备相结合，并形成了较为成熟的远传智能压力、温度变送器产品，且由于变送器低功耗的设备特性，可通过自身携带电池供电，正常的数据传输功能下，电池寿命可达3~5年，基本满足了大牛地气田井口数据信息化改造的硬件设备要求。

2　试验设计

2.1　网络信号覆盖情况评估试验设计

选取大牛地气田采气管理一区为信息化改造试验区块，对试验区块内所有单井井场的NB信号进行测试普查，根据测试结果对试验区推广使用NB远传仪表的信号覆盖基础情况进行评估。

2.2　井口数据远传单井试验设计

根据现场NB信号覆盖情况，选取NB信号质量良好以上的单井，同时优选NB远传压力、温度变送器，进行井口数据远传单井应用效果评价试验。压力、温度远传变送器应满足以下应用要求：①压力、温度量程范围包含井口所能达到的极限情况；②过程接口可根据井口采气树取压考克类型进行定制；③远传变送器自带电源，电源电压应在安全电压要求范围内；④测量适用环境为天然气与地层水混合流体；⑤传输网络为NB-IoT，且数据传输最小周期应小于60min，并能随时满足加密传输的数据监测需求。

根据现场应用需求，优选福建上润精密仪器有限公司的362系列智能远传压力、温度一体化变送器进行单井数据远传试验。该系列智能变送器的工作原理及参数设定如下图1及表1所示：

表1　362系列智能远传变送器参数设计表

项　目	参数设定
压力量程(MPa)	0~25
温度量程(℃)	-20~60
过程接口	M20×1.5
供电电源	锂电池3.6v dc
电池寿命(a)	>3
测量流体	气体/液体混合
传输网络	NB-IoT
传输间隔(min)	55

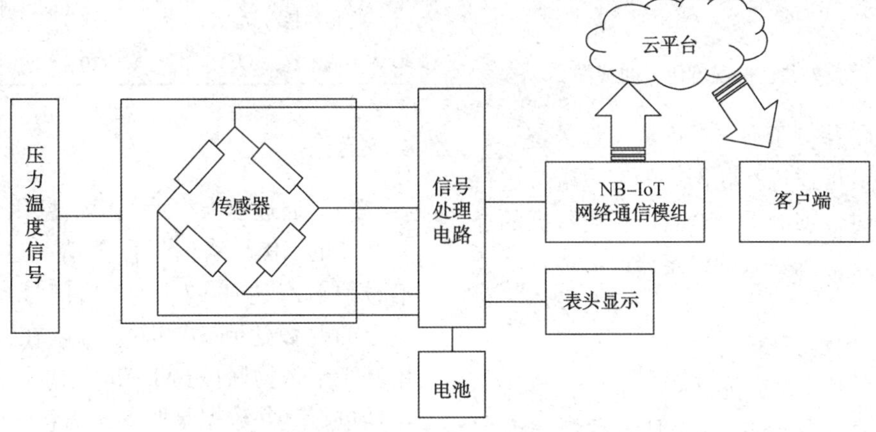

图1　362系列智能远传变送器工作原理图

3　试验情况及效果评价

3.1　试验区NB网络信号覆盖情况测试结果

使用D5200型智能NB网络测试仪对大牛地气田试验区块276口单井井场的电信公司NB网络信号进行实地测量和记录，测试结果如下图2所示，结果显示：269口单井井场的电信NB信号驻网成功，信号覆盖率达到97.4%；信号质量达到良好以上的井数为223口，占总井数的80.8%。

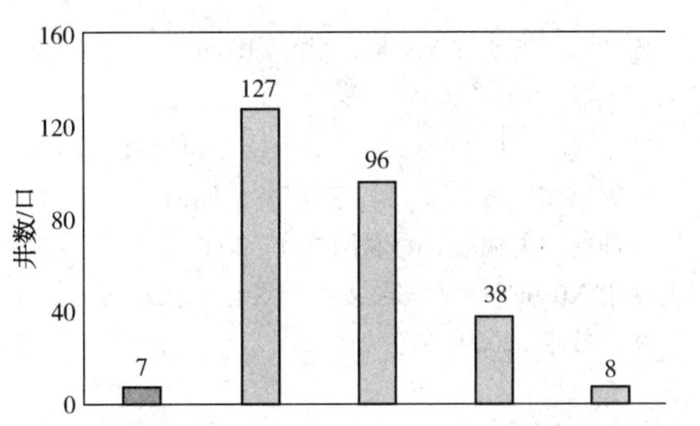

图2　试验区块NB网络信号覆盖情况测试结果汇总图

综合试验区块所有单井的NB网络信号测试结果，电信公司NB网络信号的覆盖情况达到了试验区推广使用NB远传仪表的基础条件要求。

3.2　单井试验情况及效果评价

3.2.1　单井试验情况

根据NB网络信号测试结果，优选信号质量为优的D1-1-112井进行数据远传单井试验。该井于2020年1月14日完成井口远传温度、压力一体化变送器仪表的安装及参数的设定和调试，开启了井口油管压力、温度的实时远传功能，至目前运行时间超过165天，累计成功传输井口压力、温度数据4339条，整体运行平稳，在较短的数据传输周期内实现了井口压力、温度数据的实时远传。

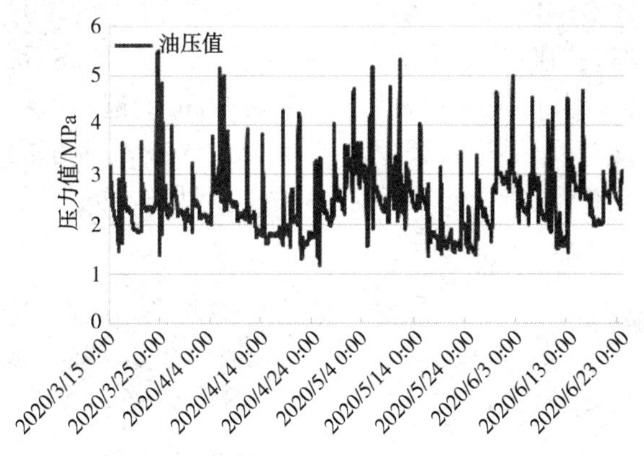

图3　试验单井远传压力历史曲线图

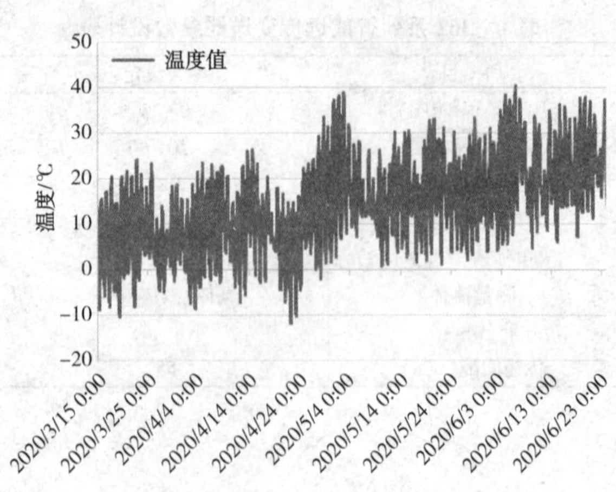

图4　试验单井远传温度历史曲线图

单井仪表将井口压力、温度数据远传至云平台后，技术人员可通过互联网络的客户端口进行登录，实现实时数据的更新查看、历史数据的导出、上下限报警值等参数的设定修改等多种功能操作。

3.2.2　环境适用性评价

单井井口数据NB远传试验过程中，整体的环境适用性良好。在经过1-3月冬季极寒温度条件下，正常的运行时率达到90%以上，其中非正常运行情况存在于：1月20日至2月10日之间的部分日期最低温度下降到-20℃以下，试验仪表为保证长期的电池使用寿命，开启了电池保护功能，即暂时关闭了能耗较大的数据远传功能，仅保留现场数据采集及存储功能，待最低气温恢复至-20℃以上后，可通过平台远程开启仪表的数据远传功能，同时仪表能将远传功能关闭期间存储的参数数据补发至云平台，保证了数据录取的连续性。

3.2.3　经济效果评价

通过实现井口压力、温度数据的远程传输，减少了巡检需求，降低了人工巡井成本。以试验井D1-1-112井为例，按照前期3天1次的单井巡井周期需求计算，安装井口温压远传仪表后，试验井每周期可减少巡井车辆12km的巡井里程(巡井车平均百公里油耗为15L，92#汽油0.82元/L)，折合成1天的油耗成本约为0.5元，同时加上定期巡检的人工成本120元/天，升级为NB远传仪表进行井口数据录取，单口井每日节省成本120.5元，具体成本对比如下表2所示。按照每块NB远传仪表2000元的市场价格，单口井需安装油压、套压两块仪表，即初期投资费用4000元，仅需34天即可收回初期投资成本。

表2　数据录取方式成本项目对比表

成本项目	人工抄录	NB仪表远传
初期仪表/元	1000	4000
定期巡检油耗/(元/天)	0.5	0
人工成本/(元/天)	120	0

4　结论

(1) 通过对大牛地气田信息化改造试验区单井井场的NB网络信号覆盖情况进行测试普查，信号覆盖率达到97.4%，且信号质量达到良好以上的井数达到80.8%。可以在试验区推广应用基于窄带物联网(NB-IoT)技术的远传压力变送器进行气井数据录取方式信息化改造。

(2) 通过井口压力、温度数据远传的单井试验效果评价，当前市场上已经形成了较为成熟的远传智能压力、温度变送器仪表及配套平台产品，且仪表的现场环境适用性及平台的功能多样性均可以较好的满足试验区块数据录取信息化改造的应用需求。

(3) 通过对井口数据录取方式进行NB远传仪表的信息化改造后，在提高数据录取效率和质量的同时，能够较大的缩减人工巡检成本，具有一定的经济效益。

参考文献

[1] 蜂窝上的万物互联：NB-IoT[EB/OL]. 未来移动通讯论坛. 2016-2-3

[2] 基于NB-IoT窄带通信和多传感器组网技术的森林火灾监测预警系统[J]. 秦钰林，周若麟，张珂欣，范训礼，冯瑞航. 物联网技术. 2020(06)

[3] 基于NB-IoT的地震台站运行状态监控系统[J]. 物联网技术. 2020(06)

石化企业骨干网络升级与优化

霍　宏　裴　文　陈常龙

（中国石油兰州石化公司自动化研究院）

摘　要　随着石化企业信息化建设的快速发展，企业各方面业务的展开也越来越依靠于网络平台。为满足企业日益增长的网络需求，提升网络环境的性能已势在必行。本文将重点阐述企业骨干网络升级与优化的主要过程。首先是对网络现状及故障原因进行细致分析；其次，通过研究局域网的主流关键技术，例如 OSPF、VRRP、链路聚合等，并在升级重要网络设施的基础上，将诸项技术措施进行合理部署；最后利用专业的测试方法验证骨干网络的综合性能。经过一定周期的使用效果证明，升级优化后的网络环境能够为企业各信息应用系统及用户提供更加高速、可靠的服务。

关键词　优化　网络规划　OSPF　VRRP　链路聚合

1　企业网络基本情况

近几年来，石化企业信息应用系统的数量不断增加、范围不断延伸，企业生产、运行、管理等各方面工作对网络平台的依赖程度也越来越高。伴随着企业日益增长的业务需求，企业局域网的建设也必须向着“高可靠、高安全、高性能、可扩展”的方向迈进，以保证企业各种信息系统的稳定运行，更好的为企业各级用户服务。

1.1　现状概述

石化企业局域网共计网络设备数量达，光缆里程长，覆盖面积大。网络设施覆盖范围广、涉及用户多。原有网络为 2007 年建成，分核心、汇聚、接入三个层次。接入层提供用户计算机网络接入点，设备端口相对密集，可以在端口上设置简单的访问控制策略，放置地点一般为办公楼楼道机柜；汇聚层是大量接入层设备的汇聚点，提供路由计算、安全过滤、流量控制等功能，通常放置在二级单位办公楼机柜间；核心层实现各自治系统网络之间的优化传输，是所有流量的最终承受者，具备冗余和高速数据转发能力，放置地点在企业核心机房和区域网络中心机房。三层网络架构设计消除了单点故障，是企业网络稳定运行的基础。

1.2　网络拓扑

图 1 为原有网络拓扑图。

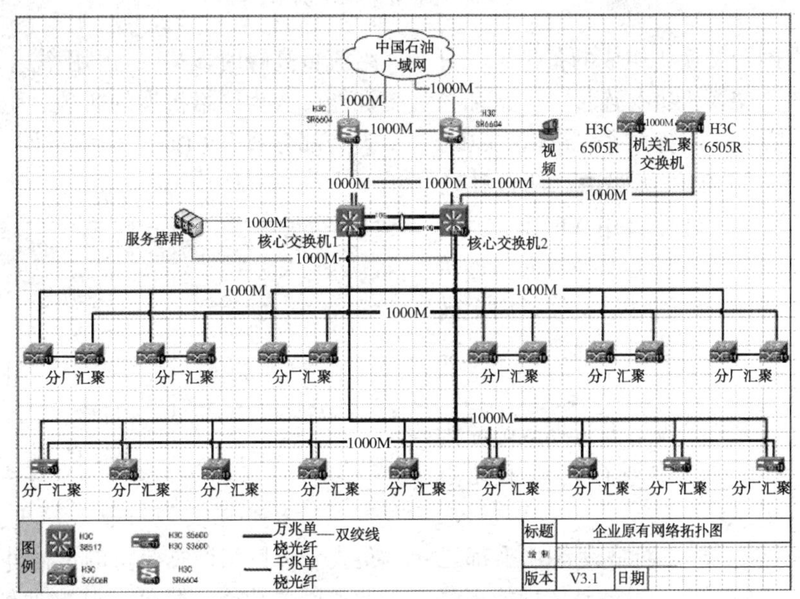

图 1　石化企业原有网络拓扑图

原有网络中主要包含 H3C 厂商的设备。核心层交换机为 2 台 H3C S8512，两台核心交换机通过双链路万兆互联，并分别单链路千兆上联至 2 台广域网 H3C SR6604 边界路由器。同时，这两台核心还作为主要业务网关，下联服务器群和各二级单位汇聚层网络。各二级单位厂区的汇聚交换机为 H3C S6506R，其中，部分汇聚为双设备；部分汇聚为单设备汇聚。各二级单位厂区通过自建光缆千兆连接至核心交换机。

1.3 路由架构

原有网络在核心层及汇聚层网络设备中，采用了两种不同类别的路由协议。一部分网络设备启用了 OSPF 动态路由协议，另一部分启用了 Trunk 链路类型端口连接的静态路由协议。下面以服务器至核心、机关至核心为例，简要说明这两种路由协议的应用形式。

如图 2 所示，服务器至核心交换机之间采用静态路由协议。所属机房的服务器交换机通过一条捆绑链路 Eth-trunk 1 连至核心 2，连至核心 1 的为一条共享备用链路，并人为配置为 Admin Down 状态，这样，由于核心 1、核心 2 互为备份交换机，当服务器交换机的捆绑链路中断或者核心 2 交换机出现故障后，可以手动启用备用链路，保证网络正常通讯。

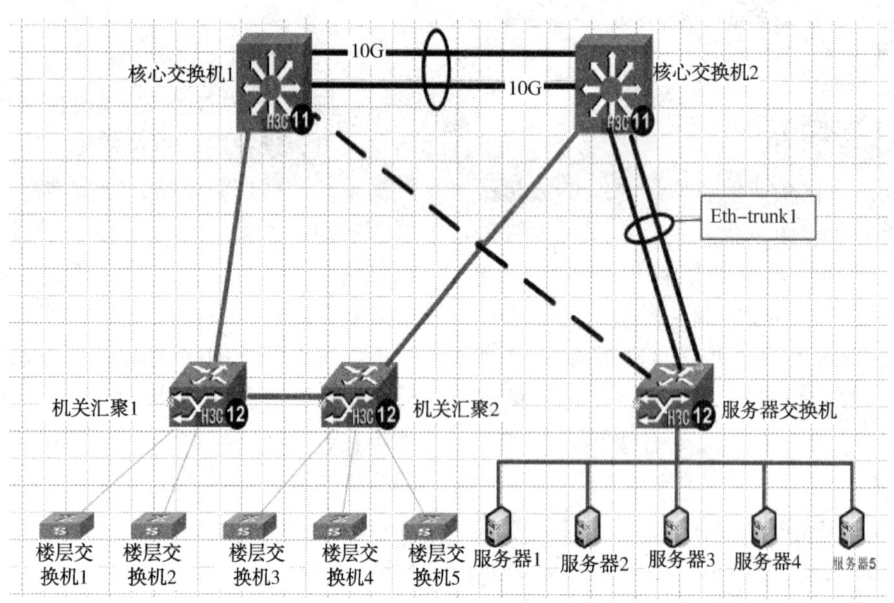

图 2　原网路由架构示例图

机关汇聚是由两台交换机组成的备份组，分别对应的与两台核心交换机进行连接。汇聚和核心之间启用 OSPF 协议，同处一个 Area 0.0.0.1 下，通过 SPF 计算，选出最优路由。两台核心作为机关的业务网关，同时启用 VRRP 技术，互为备份。业务 VLAN 通过核心交换机向下透传至楼层交换机。机关用户通过楼层交换机向上转发至核心网关实现与其他网络进行通讯。

1.4 存在问题

经过对原有网络基本情况以及近期故障原因分析，发现原有骨干网络主要存在以下几点问题：

1. 设备性能不足：原有网络设备几乎都已过保，设备消耗也比较严重。设备整体性能下降而企业网络业务却不断增加，致使部分设备在网络流量高峰时段 CPU 占用率达 70% 以上。设备性能已成为网络扩展的瓶颈，亟待升级更换。下表为部分节点 CPU 占用率示例：

表 1

网络节点名称	设备 CPU 占用率/峰值	设备 CPU 占用率/均值
企业中心机房核心	44%	39%
分厂汇聚	61%	55%
油品储运厂汇聚	78%	71%
化工储运厂	75%	69%

2. 核心层交换机业务繁重：核心交换机除负责整体网络数据流量的传输外，还承担着主要业务网关功能，降低了其高速转发能力。同时，当网络业务发生改变时，需频繁对核心交换机进

行变更操作，影响其稳定性。由于核心交换机集多种业务于一身，增加了网络故障处理的难度。

3. 路由协议维护不便：由于 OSPF 路由和静态路由的计算方式不同，所以两种路由配置形式也不相同，增加了协议应用的难度。同时，静态路由无法自动根据网络拓扑变化而改变，必须进行手动配置才能保证网络连通性，无法实现网络的无中断切换，降低了运维工作效率。

4. 冗余性能不足：受限于设备性能及链路老化等问题，原有网络的冗余措施仅部分生效，某些关键冗余技术也无法应用，加大了网络整体的风险性。当网络发生故障后，需进行人工跳线工作，调整链路恢复网络，极易造成长时间、大面积业务中断。

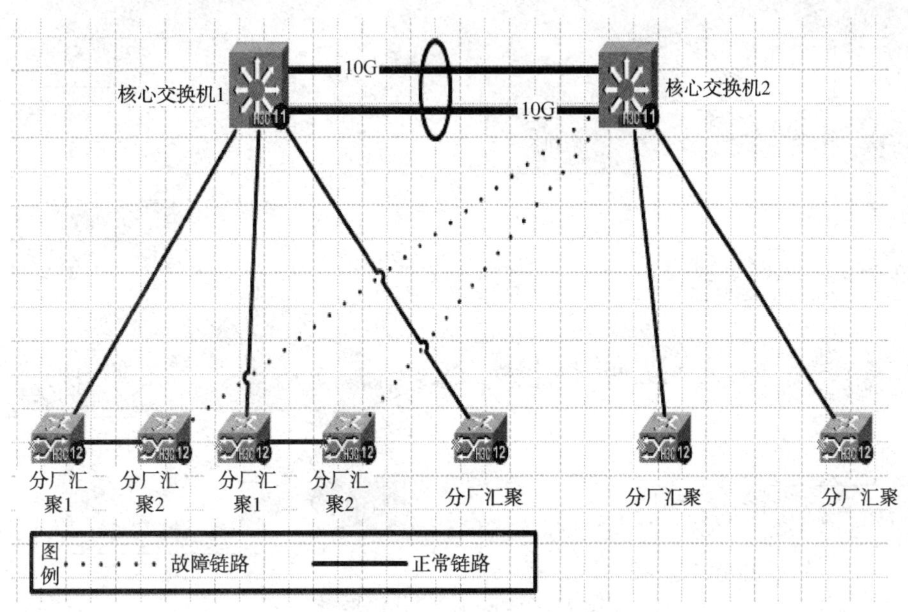

图 3　原网存在问题示例图

2　网络关键技术分析

针对上述存在的问题，综合考虑网络发展趋势和管理要求，并通过对近几年网络主流关键技术的研究与分析，进而找到解决企业骨干网络缺陷的合理办法。下面对相关网络技术的原理与作用进行简要阐述。

2.1　0OSPF 路由协议

OSPF(Open Shortest Path first，开放最短路径优先)是由 IETF(Internet Engineering Task Force，Internet 工程任务组)开发的基于链路状态的自治系统内部路由协议，也是当前在互联网上运用最广泛的路由协议。

2.1.1　协议优势

与距离矢量协议不同，OSPF 链路状态路由协议使用 Dijkstra 最短路径优先算法（SPF)计算和选择路由。其主要特性有：

1. 支持较大规模的网络：OSPF 协议无路由跳数限制，所以其适应范围广，支持网络规模更大。在特定的组网环境下，OSPF 单区域甚至可支持几十台路由器。

2. 组播触发式更新：OSPF 协议在收敛完成后，会以触发方式发送拓扑变化的信息给其他路由器，从而占用了较少的链路带宽；同时，在某些类型的链路上以组播方式发送协议报文，减少对其他设备的干扰。

3. 收敛速度快：在网络拓扑结构发生变化后，OSPF 会立即发送更新报文，从而使拓扑变化很快扩散到整个自治系统；同时，OSPF 采用周期较短的 Hello 报文来维护邻居状态。

4. 以开销(cost)作为度量值：OSPF 协议在设计时，就考虑到了链路带宽对路由度量值的影响。OSPF 采用链路开销作为度量值，而链路开销与链路带宽成反比，即带宽越高，开销越小。这样，OSPF 选路主要基于带宽因素。

5. 协议设计避免路由环路：由于 OSPF 根据收集到的链路状态用最短路径树算法计算路由，从算法上本身保证了不会生成自环路由。

6. 区域划分：使用了区域的概念，这样可以有效地减少路由选择对路由器 CPU 和内存的占用，划分区域还可以降低路由选择的通信量，提高资源的利用率。

7. 支持路由聚合和 VLSM：完全无类别地处理地址问题，排除了像不连续的子网这样的有类别路由选择协议的问题。

2.1.2　基本原理

2.1.2.1　协议工作过程

作为典型的链路状态型路由协议，OSPF 协议的工作过程包含了邻居发现、建立邻接关系、链路状态信息传递、路由计算等阶段。图 4 为此过程示意图：

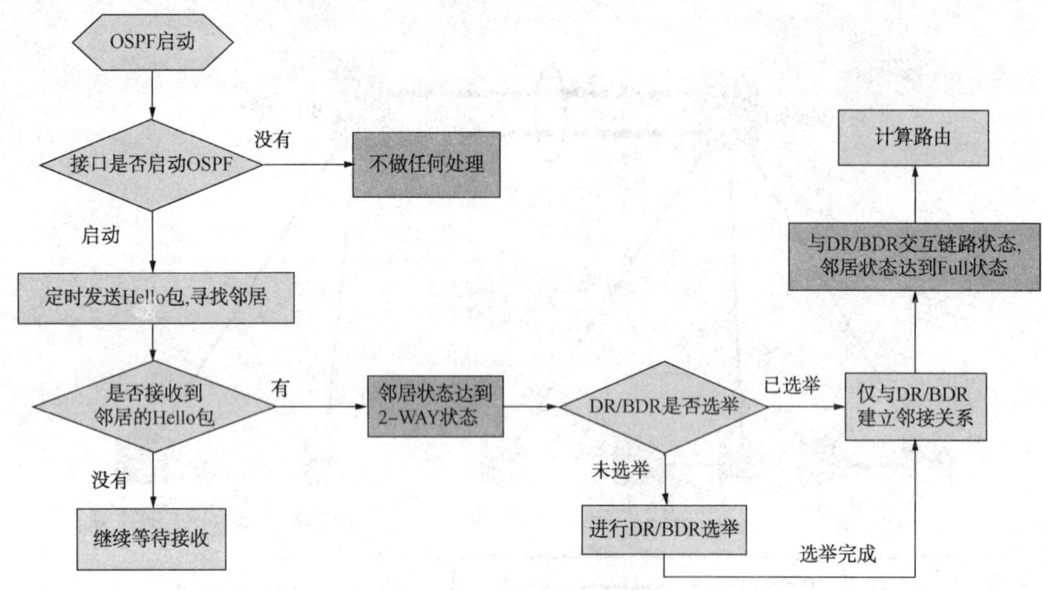

图 4　OSPF 协议工作流程图

这些过程中，主要涉及到以下 3 张表：

1. 邻居表：运行 OSPF 协议的路由器以组播方式（目的地址 224.0.0.5）发送 Hello 报文来发现邻居。收到 Hello 报文的邻居路由器检查报文中所定义的参数，如果双方一致就会形成邻居关系。邻居表会记录所有的建立了邻居关系的路由器，包括相关描述和邻居状态。路由器会定时的向自己的邻居发送 Hello 报文，如果在一定周期内，没有收到邻居的回应报文，就认为邻居路由器已经失效，将他从邻居表中删除。

2. 链路状态数据库（LSDB）：有时也被称作拓扑表。根据协议规定，运行 OSPF 协议的路由器之间并不是交换路由表，而是交换彼此对于链路状态的描述信息。交换之后，所有同一区域的路由器的拓扑表中都具有当前区域的所有链路状态信息，并且都是一致的。

3. 路由表：运行 OSPF 协议的路由器在获得完整的链路状态描述之后，运用 SPF 算法进行计算，并且将计算出来的最优路由加入 OSPF 路由表中。

2.1.2.2　路由的生成

区域内运行 OSPF 协议的每台路由器都建立了一个本区域的完整的 LSDB，然后根据 LSDB 来创建它自己的网络拓扑图，并计算生成路由。下图为生成路由示意图：

其具体过程主要分为以下 3 步：

1. 生成 LSA（Link State Advertisement，链路状态公告）描述自己的接口状态。每台运行 OSPF 的路由器都根据自己周围的网络拓扑结构生成 LSA。LSA 中包含了接口状态（up 或 down）、链路开销、IP 地址/掩码等信息。OSPF 链路开销值在缺省状态下，与接口带宽成反比。此外，为了对协议选路的结构进行人工干预，路由器也支持通过命令来指定接口的开销值。

2. 同步 OSPF 区域内每台路由器的 LSDB。OSPF 路由器通过交换 LSA 实现 LSDB 的同步。由于一条 LSA 是对一台路由器或者一个网段拓扑结构的描述，整个 LSDB 就形成了对整个网络的拓扑结构的描述。LSDB 实质上是一张加权的有向图，这张图便是对整个网络拓扑结构的真实反映，显然，OSPF 区域内所有路由器得到的是一张完全相同的图。

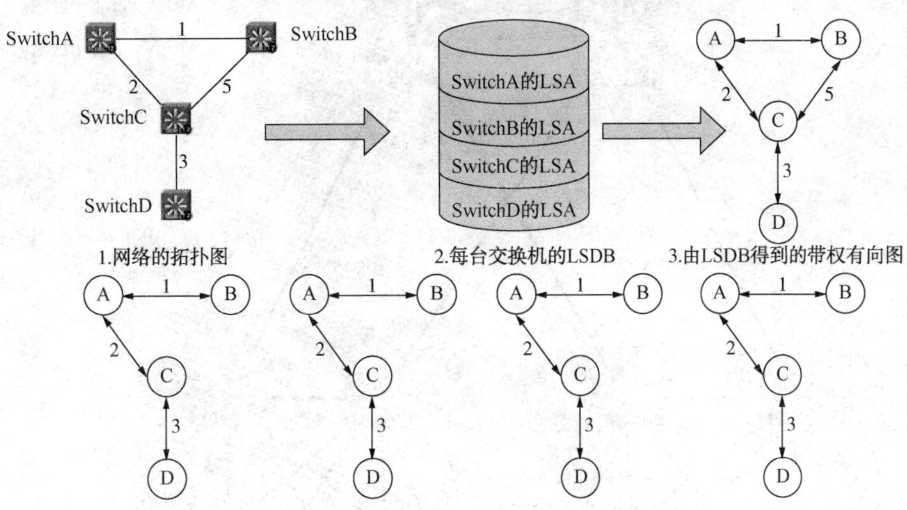

图 5　OSPF 协议路由生成图

3. 使用 SPF 计算路由。OSPF 路由器用 SPF 算法以自身为根节点计算出一棵最短路径树。在这棵树上，由根到各节点的累积开销最小，即由根到各节点的路径在整个网络中都是最优的，这样也就获得了由根去往各个节点的路由。计算完成后，路由器将路由加入 OSPF 路由表。当 SPF 算法发现有两条到达目标网络的路径 Cost 值相同，就会将这两条路径都加入 OSPF 路由表，形成等价路由。

2.1.3　OSPF 分层结构

在一个大型网络中，当路由器都运行 OSPF 路由协议时，路由器数量的增多会导致 LSDB 非常庞大，占用大量的存储空间，并使得运行 SPF 算法的复杂度增加，导致 CPU 负担很重。当网络规模增大后，拓扑结构发生变化的概率也增大，网络会经常处于不稳定的状态中，这样就造成网络中有大量的 OSPF 协议报文在传递，降低了网络带宽的利用率。更为严重的是，每一次变化都会导致网络中所有的路由器重新进行路由计算。

OSPF 协议通过将自治系统划分成不同的区域(Area)来解决上述问题。区域是从逻辑上将路由器划分为不同的组，每个组用区域号(Area ID)来标识。并非所有的 OSPF 区域都是平等关系，其中有一个区域是与众不同的，它的区域号是 0，通常被称为骨干区域。骨干区域负责区域之间的路由，非骨干区域之间的路由信息必须通过骨干区域来转发。

划分区域的优势：

1. 减少区域内 LSA 的数量：区域划分之后，OSPF 路由器的 LSDB 就不需要维护所有区域的链路状态信息，而只需维护本区域内的链路状态信息。

2. 便于管理：功能性和地理位置相同的路由器，往往有着相同的路由选择需求。可以根据地理位置，也可以根据功能性需求，将服务器区，测试区，网管区等中的路由器划分在不同的区域内，对于他们进行集中管理，同时进行路由控制。

3. 减少路由震荡的影响：可以对部分区域进行特殊配置，或者在区域边缘设置路由聚合和路由过滤等策略，将路由震荡控制在区域内，减少对于自治系统内其他区域路由器的影响，降低其他区域路由器 SPF 算法反复计算的次数。

2.2　VRRP 协议

在网络环境搭建的过程中，通常将同一网段内的所有主机都设置一条相同的以网关为下一跳的缺省路由。为了避免由于局域网网关单点故障而导致的网络中断，可以利用 VRRP(Virtual Router Redundancy Protocol，虚拟路由器冗余协议)技术，将业务网关进行主备备份。

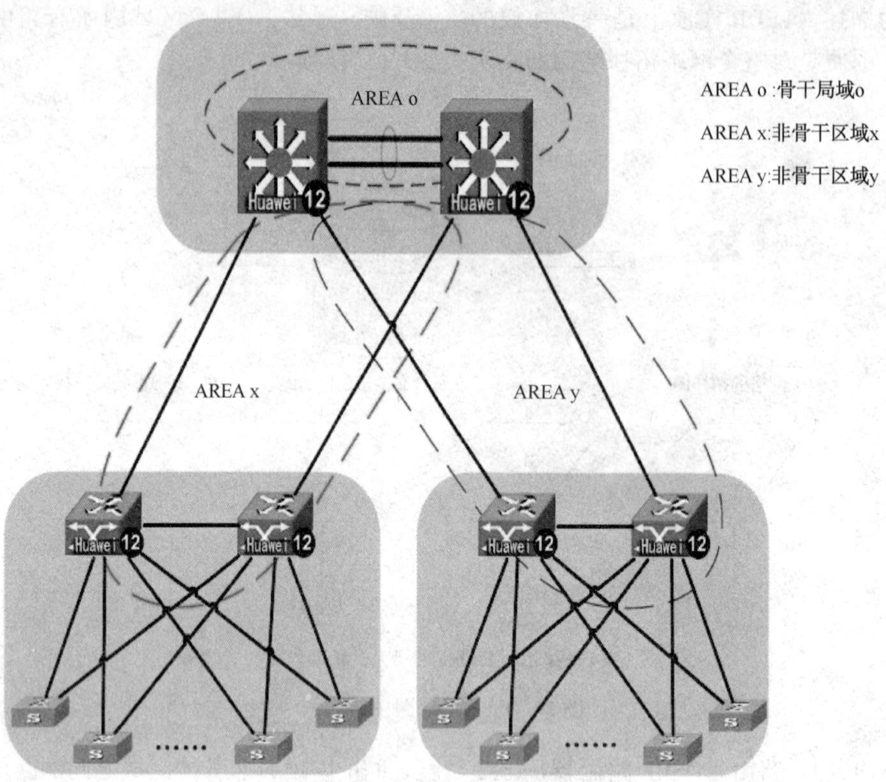

图6 OSPF分层结构

2.2.1 协议概述

VRRP是一种容错协议，可以将局域网中承担网关功能的一组路由器(包括一个Master路由器和若干个Backup路由器)组织成一个虚拟路由器，称之为一个备份组。这个虚拟的路由器及备份组内的路由器都拥有各自的IP地址。局域网内的主机仅知道这个虚拟路由器的IP地址，而并不知道具体的Master路由器及Backup路由器的IP地址，他们将自己的网关地址设置为该虚拟路由器的IP地址。于是，此网段内的主机就通过这个虚拟的路由器来与其他网段进行通信。

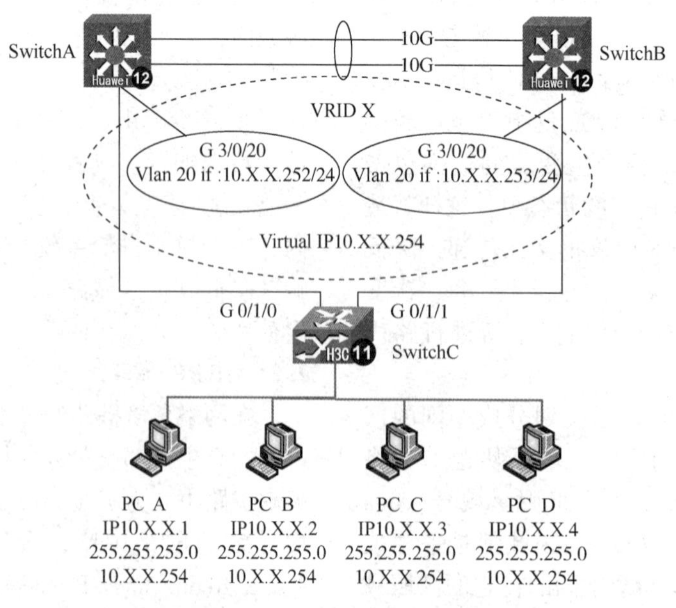

图7 VRRP协议示意图

2.2.2　VRRP 主备选举及切换

路由器开启 VRRP 功能后，会根据优先级确定自己在备份组中的角色。优先级高的路由器成为 Master 路由器，优先级低的成为 Backup 路由器。Master 路由器定期发送 VRRP 通告报文，通知备份组内的其他路由器自己工作正常；Backup 路由器则启动定时器等待通告报文的到来。

在抢占方式下，当 Backup 路由器收到 VRRP 通告报文后，会将自己的优先级与通告报文中的优先级进行比较。如果大于通告报文中的优先级，则成为 Master 路由器；否则将保持状态不变。

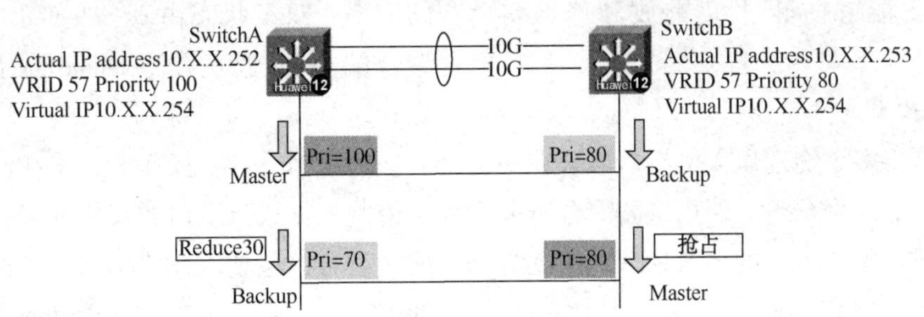

图 8　VRRP 主备选举

如果 Backup 路由器的定时器超时后仍未能收到 Master 路由器发送来的 VRRP 通告报文，则认为 Master 路由器已经无法正常工作。此时 Backup 路由器会认为自己是 Master 路由器，并对外发送报文。

一个 VRRP 路由器拥有唯一的标识：VRID，其范围为 0-255，该路由器对外表现为唯一的虚拟 MAC 地址，地址的格式为 00-00-5E-00-01-[VRID]。当虚拟路由器回应 ARP 请求时，回应的是虚拟 MAC 地址。这样无论主备路由器怎样切换，保证给终端设备的是唯一一致的 IP 和 MAC 地址，减少了切换对终端设备的影响。

2.2.3　VRRP 接口监视

VRRP 备份组无法感知上行链路的状态。当路由器连接上行链路的接口出现故障时，如果该路由器此时处于 Master 状态，将会导致局域网内的主机无法访问外部网络，或通过非最优路径访问外部网络。

VRRP 接口监视更好地扩充了备份功能。当连接上行链路的接口处于 Down 或者 Removed 状态时，该路由器将主动降低自己的优先级，使得备份组内其它路由器的优先级高于这个路由器，以便优先级最高的路由器成为 Master，承担转发任务。

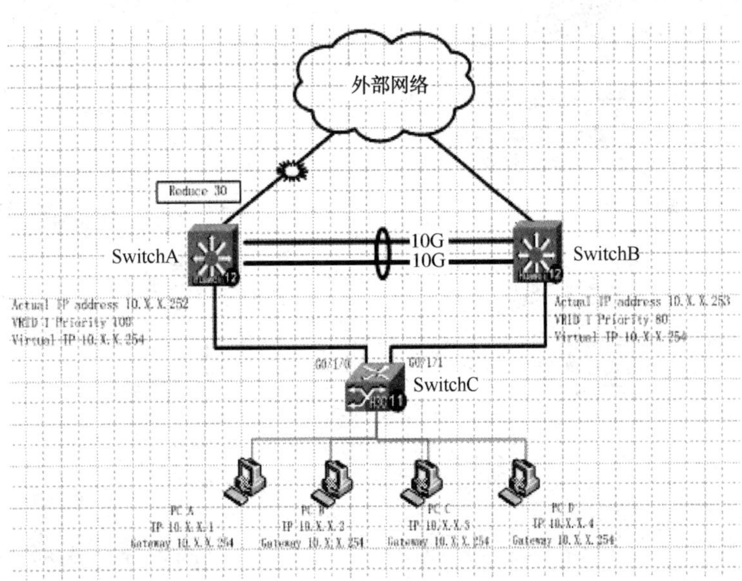

图 9　VRRP 接口监视

2.2.4　VRRP 安全认证

为了保证 VRRP 协议的安全性，提供了两种安全认证措施：明文认证和 MD5 认证。明文认证方式要求在加入一个 VRRP 路由器组时，必须同时提供相同的 VRID 和明文密码，适合于避免在局域网内的配置错误，但不能防止通过网络监听方式获得密码；MD5 认证的方式提供了更高的安全性，能够防止报文重放和修改等攻击。

2.3　链路聚合技术

链路聚合是将多个物理以太网端口聚合在一起形成一个逻辑上的聚合组，使用链路聚合服务的上层实体把同一聚合组内的多条物理链路视为一条逻辑链路。

链路聚合可以实现出/入负荷在聚合组中各个成员端口之间分担，以增加带宽。同时，同一聚合组的各个成员端口之间彼此动态备份，提高了连接可靠性。

2.3.1　链路聚合的相关概念

链路聚合主要相关概念如下：

1. 聚合端口：聚合端口是一个逻辑接口，它可以分为二层聚合端口和三层聚合端口。

2. 聚合组：聚合组是一组以太网接口的集合。聚合组是随着聚合端口的创建而自动生成的，其编号与聚合端口编号相同。

3. 聚合成员端口的状态：聚合组中的成员端口有两种状态。Selected 状态，处于此状态的端口可以参与转发用户数据；Unselected 状态，处于此状态的端口不能转发用户数据。聚合端口的速率、双工状态由其 Selected 成员端口决定，聚合端口的速率是 Selected 成员端口的速率之和。

4. 操作 Key：操作 Key 是在链路聚合时，聚合控制根据成员端口的某些配置自动生成的一个配置组合，包括端口速率、双工模式和链路状态的配置。在聚合组中，处于 Selected 状态的成员端口具有相同的操作 Key。

2.3.2　链路聚合模式

按照聚合方式的不同，链路聚合可以分为静态和动态两种聚合模式。

在静态聚合模式下，端口禁止启动 LACP 协议，设备不与对端设备交互信息，参考端口的选择依据本端设备信息。下图为此模式的工作流程。

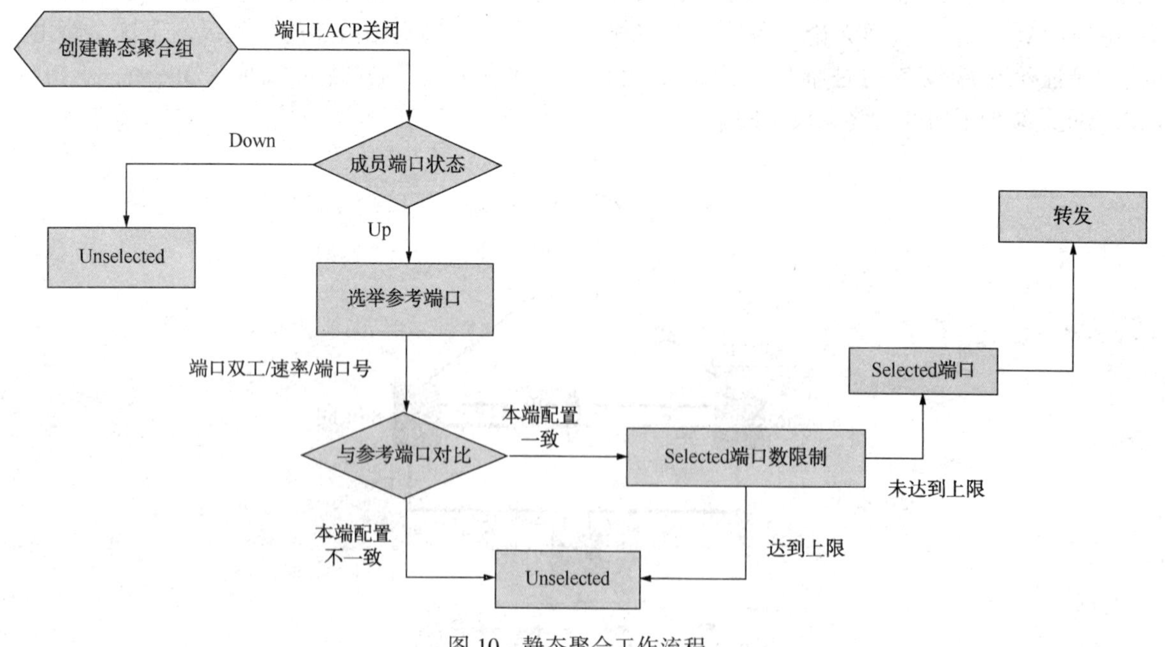

图 10　静态聚合工作流程

图中，当聚合组内有处于 Up 状态的端口时，系统按照端口全双工/高速率、全双工/低速率、半双工/高速率、半双工/低速率的优先次序，选择优先次序最高的作为该组的参考端口

(优先级相同的情况下，端口号最小的端口为参考端口)。

在动态聚合模式下，聚合组成员端口的LACP协议自动开启，Selected端口可以收发LACP协议报文。本端系统和对端系统会进行协商，根据两端系统中设备ID较优的一端的端口ID的大小，来决定两端端口的状态。

3 网络关键技术部署

企业骨干网络的性能提升，需要在合理调整网络结构的基础上，因地制宜的部署各种高可靠性技术，并通过多种技术的有效结合，以达到网络整体性能稳固的目的。

3.1 网络结构优化

为进一步提高核心交换机高速数据转发的主要性能，减轻核心交换机的业务负荷，将原有网络存在于核心设备的业务网关全部下移至汇聚层交换机，以直连路由的形式发布到接入层网络中。接入层设备通过VLAN透传，终结到各汇聚交换机的下行口上。其优点在于既保障了业务网段的稳定运行，又避免了因业务变动而对核心交换机进行频繁操作，降低了网络运维中故障处理的难度。

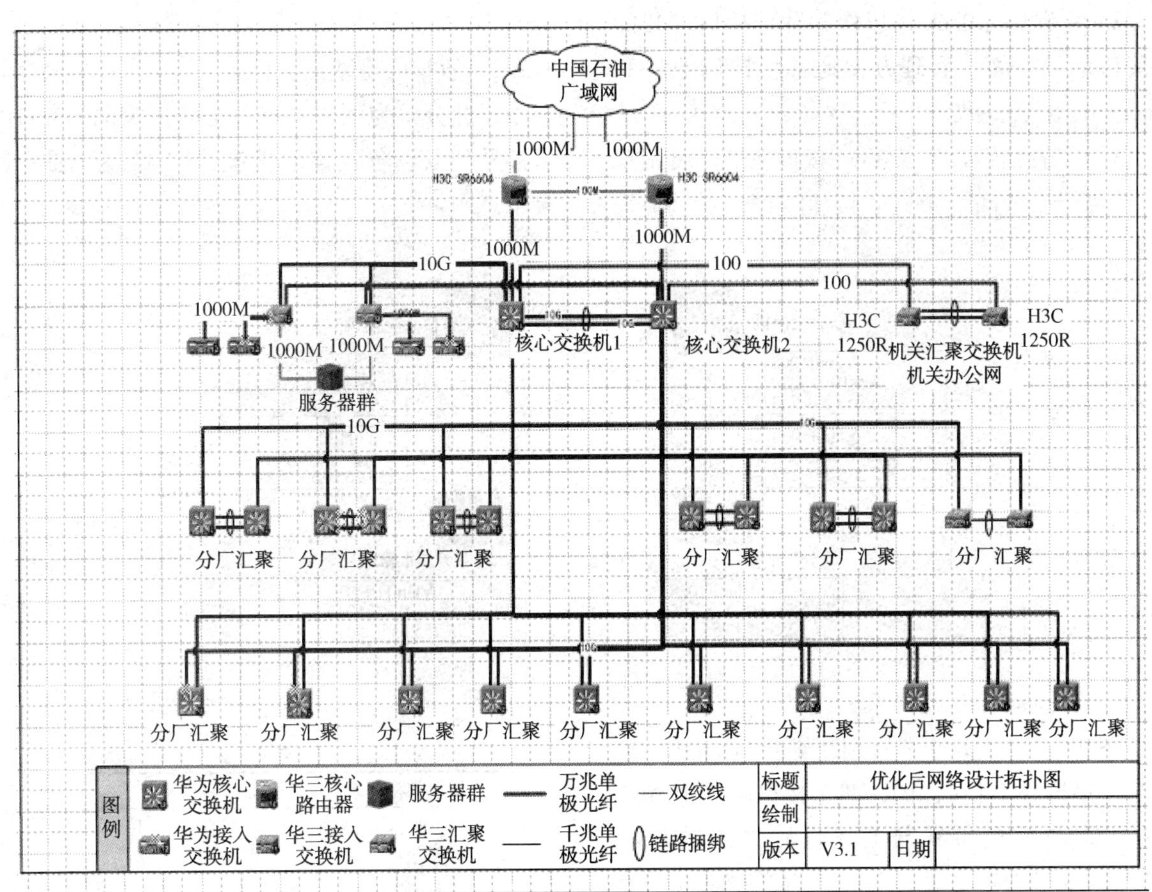

图11　石化企业优化后网络拓扑图

新增两台H3C 7510做为服务器汇聚交换机，其余4台华为S5752作为备用交换机。服务器接入单独汇聚交换机且与新核心交换机之间有冗余链路，不会产生因为核心设备故障导致的大面积应用业务中断。

在所有的网络汇聚层交换机中，双设备之间采用双万兆互联，单万兆上行；单设备汇聚分别双万兆上行至双核心交换机。由于万兆光口对光纤衰耗要求比较高，根据近几年链路更新及建设情况，对汇聚到核心的链路重新进行优化选择。

3.2 OSPF 路由协议应用

重新设计企业骨干网络的 OSPF 路由架构，将企业核心层及汇聚层网络全部纳入 OSPF 路由协议范畴。

交换机默认没有运行 OSPF 协议。需要人为进行配置。企业骨干网络 OSPF 协议主要采用 3 种模式：双核心交换机互连、双核心至双汇聚交换机、双核心至单汇聚交换机，下面分别就这 3 种模式简要说明 OSPF 的配置过程。

3.2.1 核心交换机互连

1. 配置核心交换机的 Router ID。企业大楼核心(以下简称核心 1)配置为 10. X. X. 1；区域中心核心(以下简称核心 2)配置为 10. X. X. 2。

2. 启动 LoopBack 接口作为管理接口，并配置接口地址。为了管理方便通常将接口地址和 Router ID 配置一致。

3. 配置互连 Vlan 及 Vlan 接口地址。启用双核心互连 Vlan，配置接口 IP，掩码为 255. 255. 255. 252。这里应用了 VLSM(可变长子网掩码) 技术，以便最有效的利用现有的地址空间。

4. 启动 OSPF 进程。两台核心都启动 OSPF 1 进程。

5. 配置 OSPF 区域。因为两台核心之间连接处于骨干区域，所以必须配置为 Area 0。

6. 配置区域所包含的网段并在指定网段的接口上使能 OSPF。缺省情况下，接口不属于任何区域且 OSPF 功能处于关闭状态。一个网段只能属于一个区域，并且必须为每个运行 OSPF 的接口指明属于某一个特定的区域。在这个配置过程中，需要使用尽量精确的反掩码。

3.2.2 双核心至双汇聚互连

以此分厂为例，双核心至双汇聚的 OSPF 配置涉及到双设备互连的情况，图 12 为 OSPF 连接示意图：

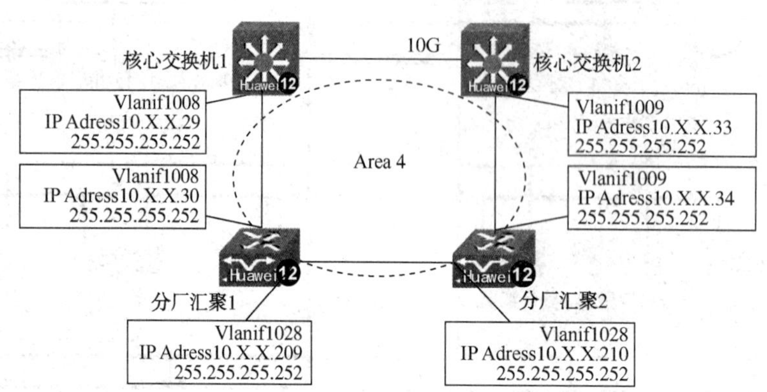

图 12　双核心至双汇聚互连

图中，汇聚 1 分别启用了两个 Vlan 接口，分别连接核心 1 和汇聚 2，两个接口同处于 Area 4 中。其余配置步骤与上述核心之间的配置相同。

3.2.3 双核心至单汇聚互连

以本分厂为例，双核心至单汇聚的互连涉及到 OSPF 中 cost 值计算的问题。其算法为：Cost = 100×106/链路带宽 。在这里，链路带宽以 bps 来表示。也就是说，OSPF 的 Cost 与链路的带宽成反比，带宽越高，Cost 越小，表示 OSPF 到目的地的距离越近。Cost 值规划如下表所示：

表 2

接口类型	OSPF Cost
10G	1
2. 5G	6
1GE	10
622M	50
155M	80
100M	100
10M	500
4×E1(8M)	1200
2×E1(4M)	2500
1×E1(2M)	5100
512K	7500
Loopback 接口	1

核心至汇聚升级为双万兆光纤连接，其链路的 cost 值相同，在配置 Vlan 接口的过程中，通过手动设定接口 cost 值，达到区分主备链路的目的。如图 13 所示：

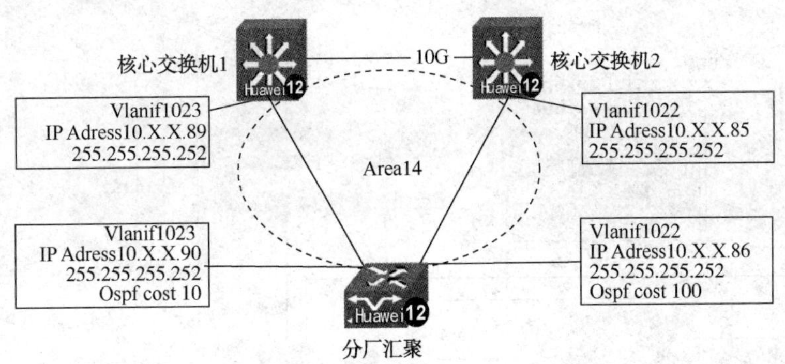

图 13 双核心至单汇聚 COST 值设定

其余配置与上述双核心至双汇聚的配置相同。

在整个 OSPF 的配置过程中，为了减少不必要的 OSPF Hello 报文的发送，提高网络资源的利用率，在相应的 Vlan 接口下启用 silent-interface 命令，使其变成静默接口，这两个接口不再向下连的各个汇聚发送 Hello 报文。

汇聚交换机除了禁止环回接口外，还禁止了所有的业务 VLAN 接口，这样使得汇聚所有的下连接口不再发送 Hello 报文，避免网络资源的浪费，而其下连接口的直连路由仍可以由其他接口发布出去。

3.3 VRRP 协议应用

为了实现企业骨干网络发生故障后，能够快速、自动的切换到冗余环境中，保证企业业务流转的通畅性，需要在双设备之间应用 VRRP 协议。

VRRP 协议的具体实施分为以下几步：

1. 创建 VRRP 备份组并配置虚拟 IP 地址；
2. 配置路由器在备份组的优先级；
3. 配置备份组中的路由器工作在抢占方式，并设定抢占延迟时间；
4. 配置监视指定接口；
5. 配置备份组发送和接收 VRRP 报文的认证；
6. 配置备份组中 Master 路由器发送 VRRP 通告报文的时间间隔；
7. 检查 VRRP 备份组的状态信息。

使用缺省优先级的汇聚，其 priority 值为 100，所以优先级高的汇聚作为 Master 承担业务转发。

3.4 链路聚合技术应用

在企业骨干网络的所有双设备之间运用链路聚合技术，提高了双设备互连的带宽性能，消除单线故障隐患。

由于双核心、双汇聚对应的冗余设备型号性能完全相同，故采用静态聚合模式，简要配置过程分 3 步进行：

1. 创建 Eth-trunk 接口。
2. 配置接口类型及允许通过 Vlan。
3. 将以太网接口加入 Eth-trunk 聚合组。

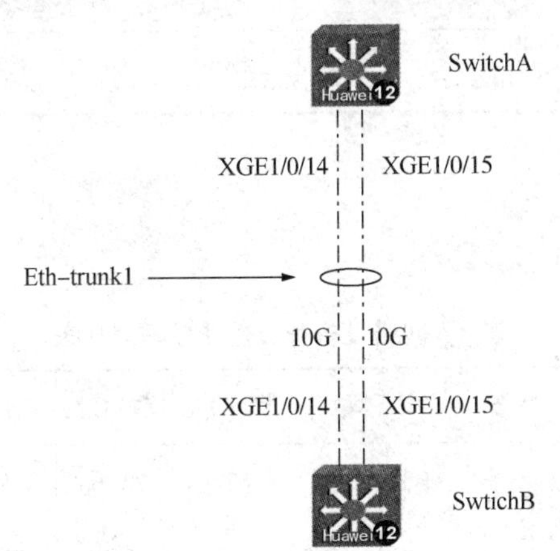

图 14 链路聚合典型示例

4 升级优化效果

图 15 为升级后的企业网络架构整体示意图，其中核心区、机关及分厂办公区、服务器区等骨干网络部分为优化的主要范围。

4.1 设备性能

现骨干网络设备均选用双主控板、冗余电源配置，有效的规避了设备单引擎故障引起的断网风险。设备硬件性能较原网设备得到了大幅提升，核心层交换机背板容量由 1.8T bps 提升至 14.4T bps，汇聚层设备背板容量由 1.6T bps 提升至 7.2T bps。具体如下表所示：

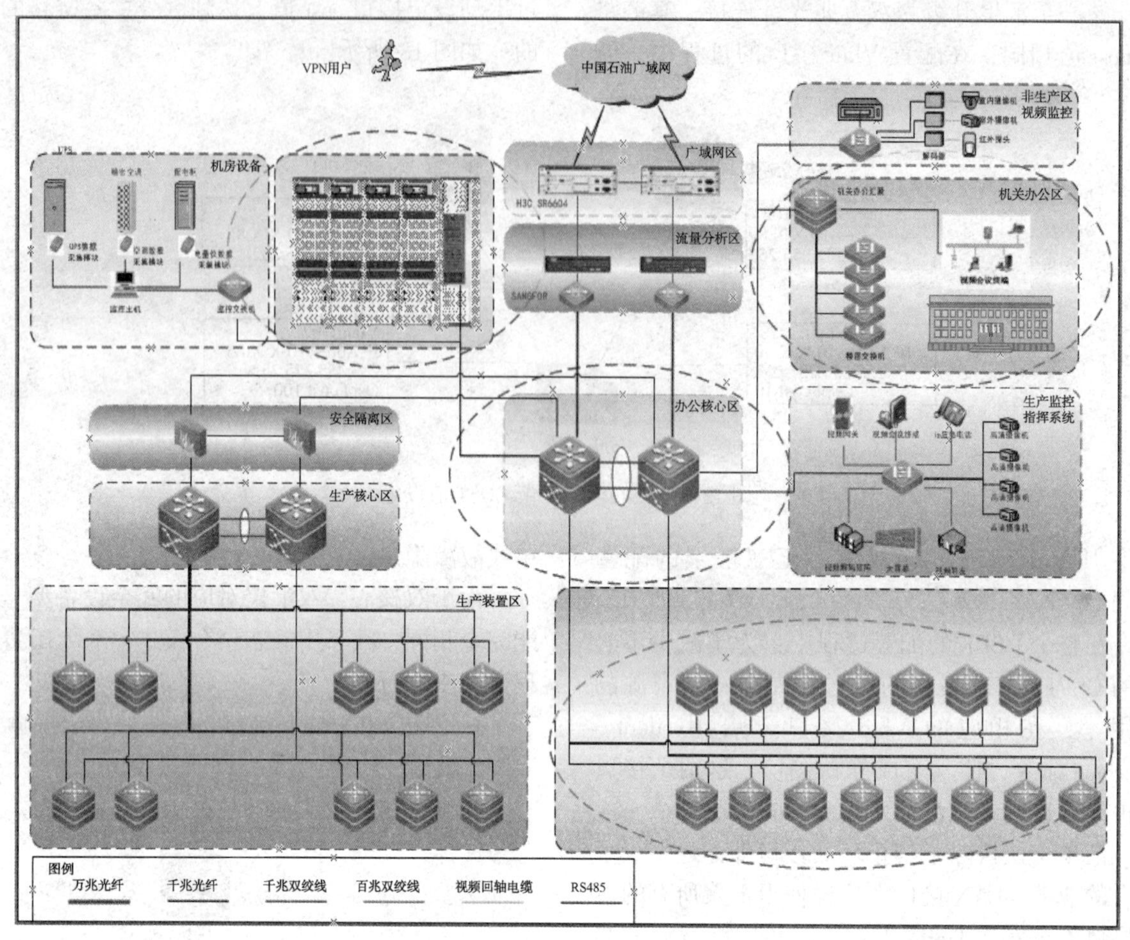

图 15　石化企业网络架构示意图

表 3　网络设备升级性能差异对比表

序号	状态	设备型号	背板容量	交换容量	包转发率
1	原骨干网网络设备	H3C S8512	1.8Tbps	720Gbps	428Mbps
		CISCO C6509	1.8Tbps	720Gbps	387Mbps
		H3C S6506R	1.6Tbps	384Gbps	198Mbps
2	现骨干网网络设备	Huawei S9706	14.4Tbps	5.76Tbps	4320Mbps
		Huawei S9703	7.2Tbps	2.88Tbps	1440Mbps

核心节点所有关键部件冗余，其中主控单元、交换网板均可以进行 1：1 方式的备份，设备同时提供了可支持热插拔的高密度 GE 单板，充分保证配置端口的冗余度，保证端口损坏等特殊情况下备份端口的快速切换。

登录到交换机，使用 display cpu-usage 命令可以查看设备在峰值时的 CPU 占用率。如表 4 所示：

表 4　设备负荷对比结果

节点名称	升级前			升级后		
	5 秒钟使用率/%	1 钟使用率/%	5 分钟使用率/%	5 秒钟使用率/%	1 钟使用率/%	5 分钟使用率/%
XXXX-HXJF-S9706-01	39	40	39	9	9	9
XXXX-HXJF-S9706-02	41	39	40	11	11	12
DYX-CQJF-S9703-01	36	34	33	9	9	9
HFC-CQJF-S9703-01	38	38	37	10	10	10
HFC-CQJF-S9703-02	26	26	26	11	15	15
XJC-CQJF-S9703-01	56	54	55	14	14	15
XJC-CQJF-S9703-02	27	25	25	9	10	11

续表

节点名称	升级前			升级后		
	5 秒钟使用率/%	1 钟使用率/%	5 分钟使用率/%	5 秒钟使用率/%	1 钟使用率/%	5 分钟使用率/%
SHC-CQJF-S9703-01	40	39	39	9	11	13
SHC-CQJF-S9703-02	21	21	21	11	10	11
LYC-CQJF-S9703-01	34	34	33	12	13	13
LYC-CQJF-S9703-02	20	21	21	9	8	9
HGCYC-CQJF-S9703-01	70	69	69	7	5	5
LG-CQJF-S9703-01	25	26	25	8	9	11
YPCYC-CQJF-S9703-01	73	71	70	11	10	10

续表

节点名称	升级前			升级后		
	5 秒钟使用率/%	1 钟使用率/%	5 分钟使用率/%	5 秒钟使用率/%	1 钟使用率/%	5 分钟使用率/%
CWC-CQJF-S9703-01	无	无	无	9%	9%	8%
对比测试结论	网络升级后设备 CPU 占用率量级减小，升级后的设备 CPU 性能平均达到 3 倍以上。					

4.2　冗余性能

网络冗余是为了保证在网络出现突发事件时，能够无中断或者快速恢复网络的连通性。企业骨干网络升级优化通过设备更新、链路调整以及一系列技术措施增强了网络的冗余性能。下面以同一网段通信和跨网段通信两种情况分别进行对比说明。

优化前机关用户之间、机关用户访问服务器的转发路径如图 16 所示：

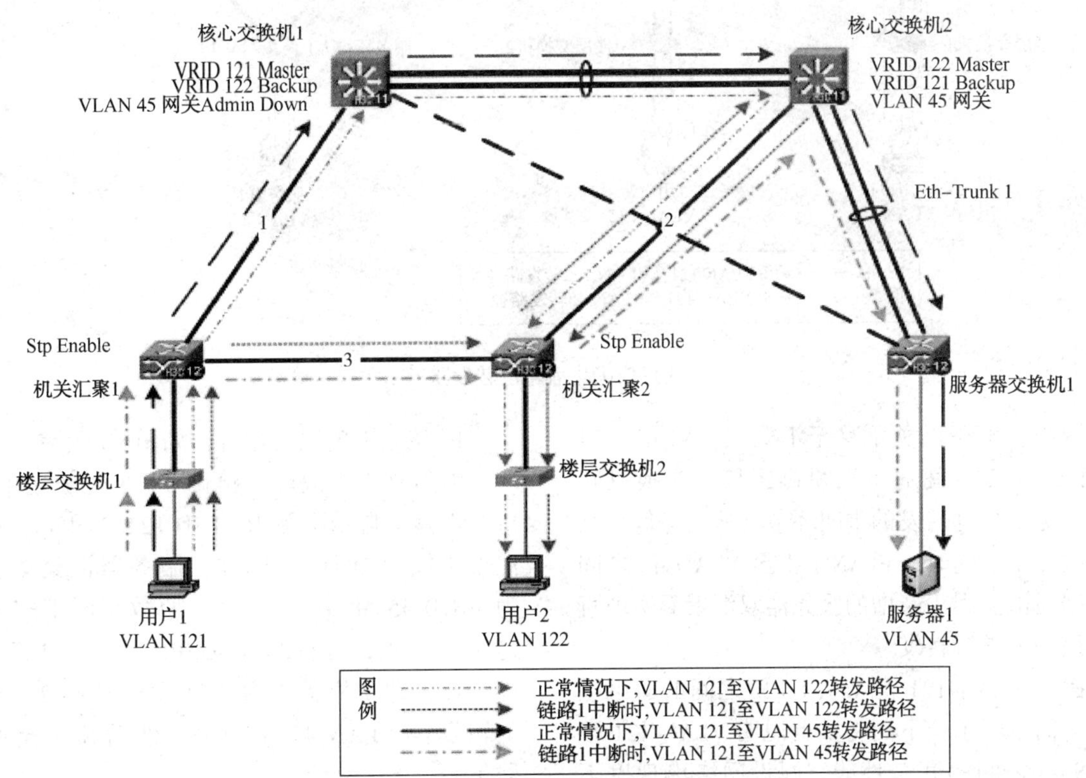

图 16　优化前路由转发路径

图中，当所有链路工作正常时，用户 1 通过 Trunk 链路先将数据转发至机关汇聚 1，由于此交换机配置启用了 STP(生成树协议)，用户 1 经链路 1 到 Master 网关(核心 1)的路径跳数为最小，所以此时链路 3 为关闭状态；数据到达网关后，再经核心之间的互连链路至 Vlan 122 的 Master 网关(核心 2)，继续向下透传 Vlan 直至 IP 寻址到用户 2，从而实现通讯。同理，与服务器 1 之间的数据通讯也这样进行。

当链路 1 中断或者核心 1 故障后，链路 3 启用，同时由于 Vlan 121 在双核心上配置了 VRRP，此时核心 2 自动升级为 Vlan 121 的主网关，用户 1 数据通过链路 3 到达核心 2，再由核心 2 转发至用户 2。与服务 1 的通讯同理。

服务器 1 通过 2 条千兆光纤链路与核心 2 连接，并配置为捆绑链路 Eth-Trunk 1，此 2 条光纤链路任意中断一条并不会影响数据通讯。当 2 条链路全部中断或者核心 2 故障时，需手动启动备用共享链路，连接至核心 1，保证数据传输。

优化后网络正常情况下数据转发路径如图 17 所示：

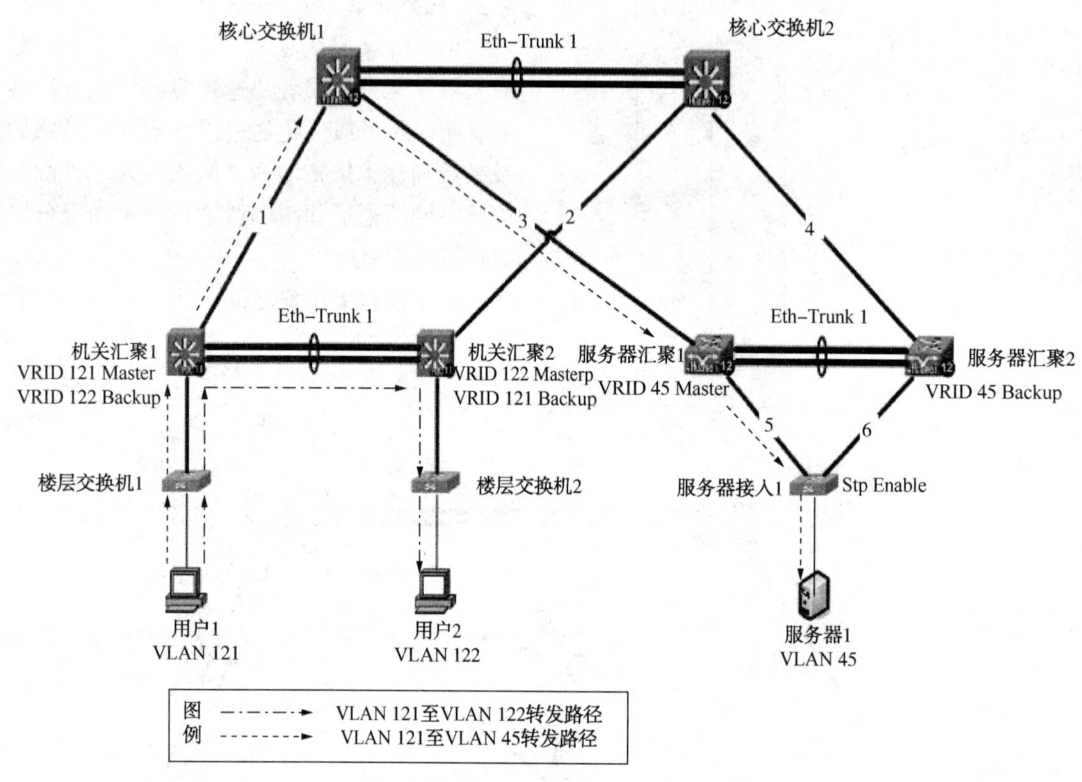

图 17　优化后路由转发路径

图中，由于网关下移至汇聚层，VLAN 121 至 VLAN 122 之间通讯无须再经核心交换机转发，避免了数据转发的中间环节，从而降低了网络的故障率。同时，VLAN 121 至 VLAN 45 之间的数据通讯业因为新增的服务器双汇聚而实现直接由核心 1 进行转发。

因为 VLAN 121 至 VLAN 122 之间的通讯模式变得简单明了，下面将重点说明 VLAN 121 至 VLAN 45 之间的冗余性能。假设网络出现以下几种情况：

1. 核心 1 出现故障时，如图 18 所示：

因为核心 1 故障，链路 1、3 也随之中断，机关汇聚 1 自动降级为 VRID 121 Backup，机关汇聚 2 成为 Master。同样，服务器汇聚 2 也成为 VRID 45 Master。用户 1 的数据经汇聚 1 到达网关汇聚 2，通过运行 OSPF 协议，计算出最优路径，即从机关汇聚 2 转发至核心 2，再向下转发至 VLAN 45 主网关，然后透传至服务器 1。

2. 服务器汇聚 1 出现故障时，如图 19：

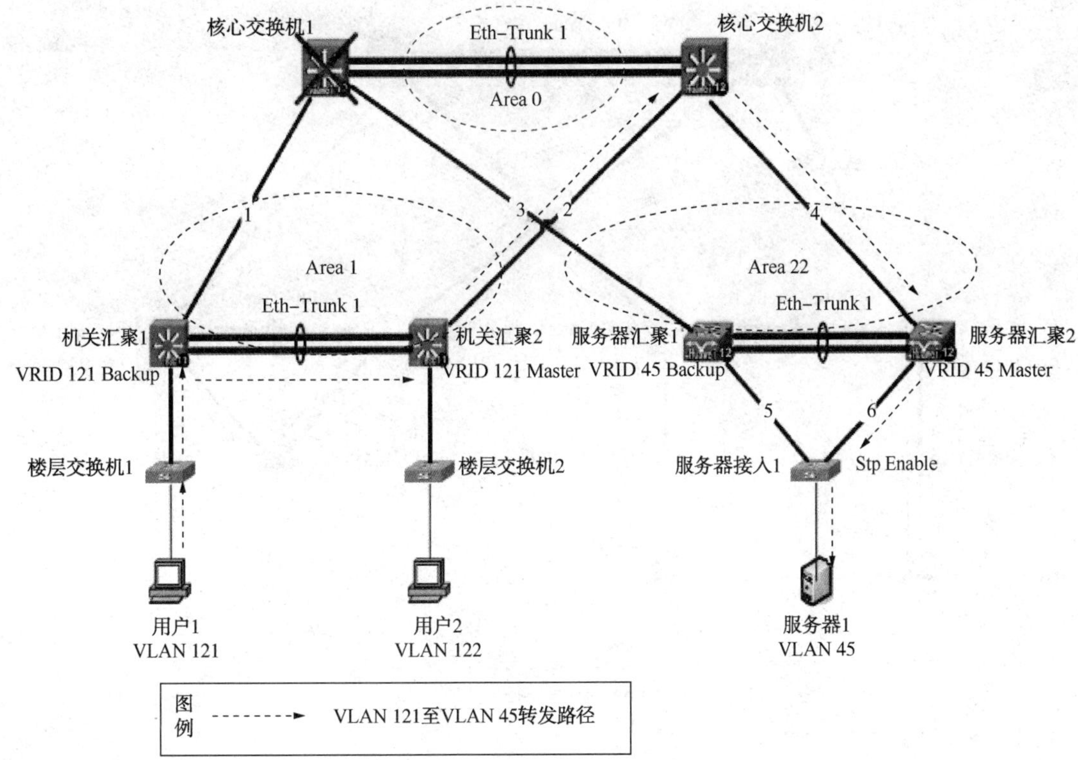

图 18　核心 1 故障示意图

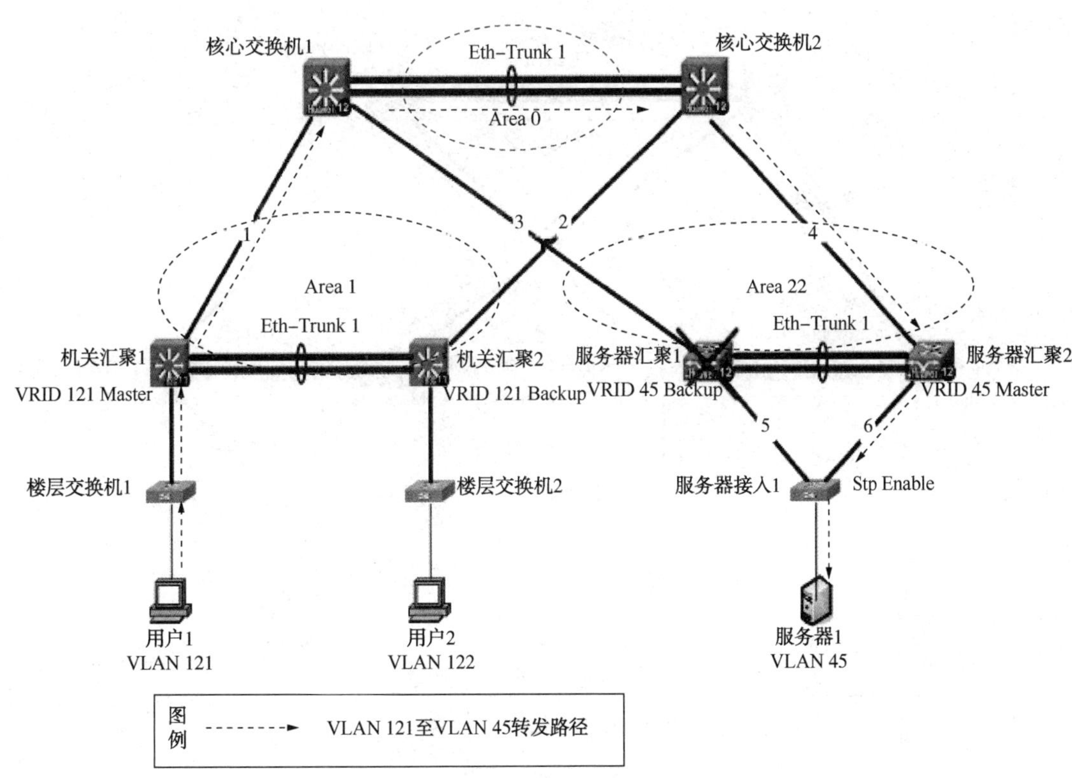

图 19　服务器汇聚 1 故障示意图

由于服务器汇聚 1 故障，链路 3、5 中断，服务器汇聚 1 自动降级为 Backup，汇聚 2 成为 VLAN 45 Master。

3. 仅当链路 1 中断时，如图 20：

4. 仅当链路 5 中断时，如图 21：

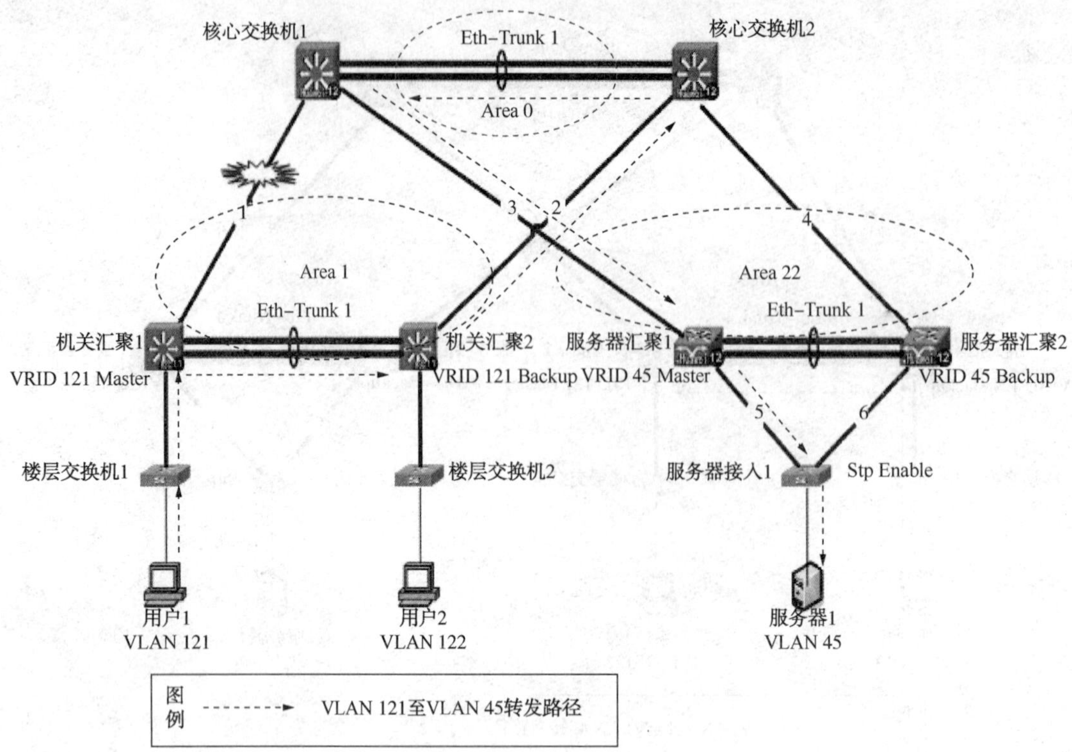

图 20　链路 1 故障示意图

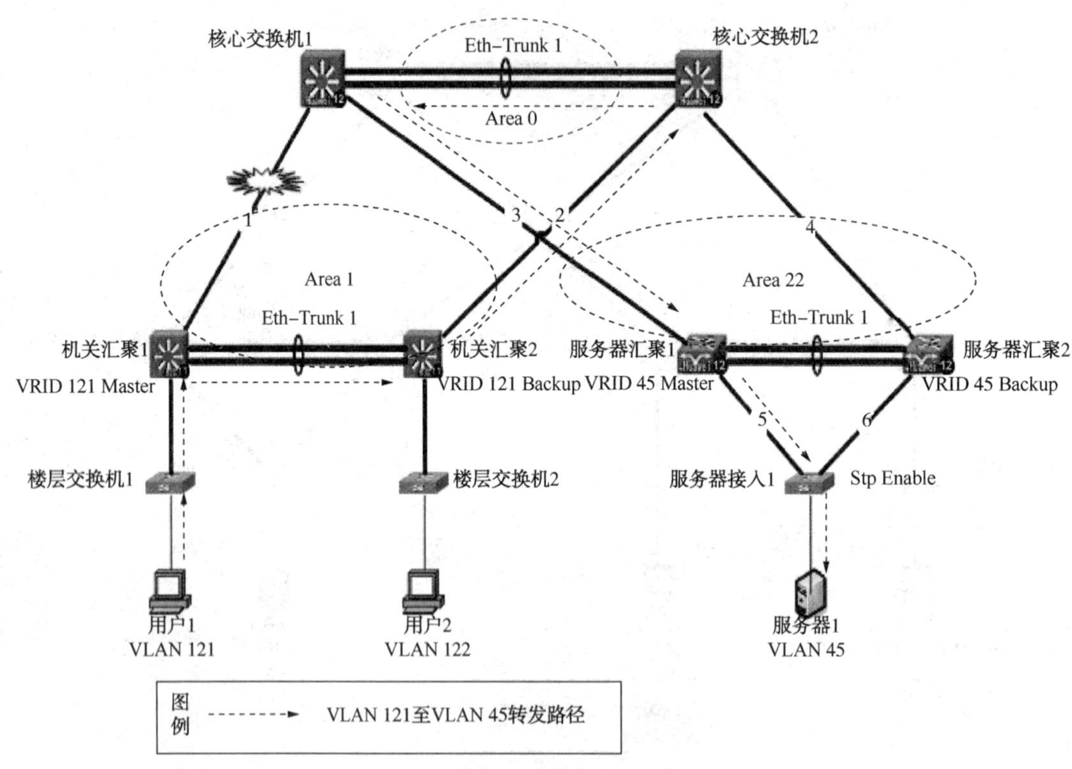

图 21　链路 5 故障示意图

以上 4 种突发情况下，网络均可实现无中断自动切换路由的功能，确保数据转发畅通可达。

4.3　带宽性能

为更加直观的展现带宽性能提升，选用图形化的 Jperf 工具对优化前后的带宽性能进行验证对比。通过 Jperf 工具可以测量网络最大 TCP 带宽，以及 UDP 数据包的传输性能。

4.3.1　最大 TCP 带宽

骨干网核心层汇聚层设备由原有的千兆板卡升级至万兆板卡，带宽大幅提升。同时延伸了网络的可拓展性，为千兆到桌面等技术趋势提供支持平台，并且可扩展为扁平化组网结构下二层大数据传输的网络拓扑。

测试工具设置：

设置传输时间为 10s，端口号为 5001，TCP 缓冲区长度为 2MBytes，TCP 窗口大小 56MBytes，最大传输单元为 1Mbytes。

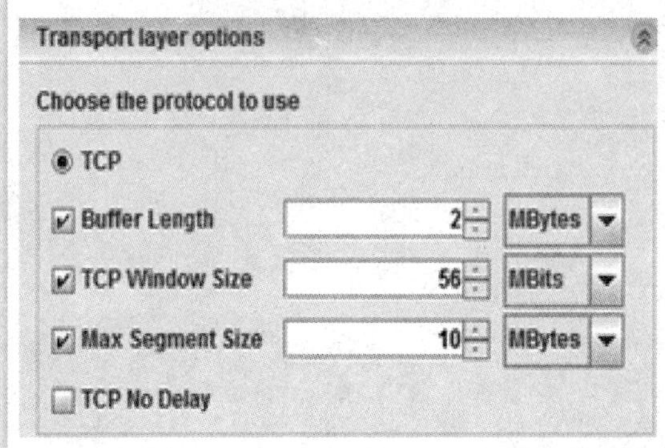

图 22　TCP 测试参数

原有骨干网测试数据如图 23：

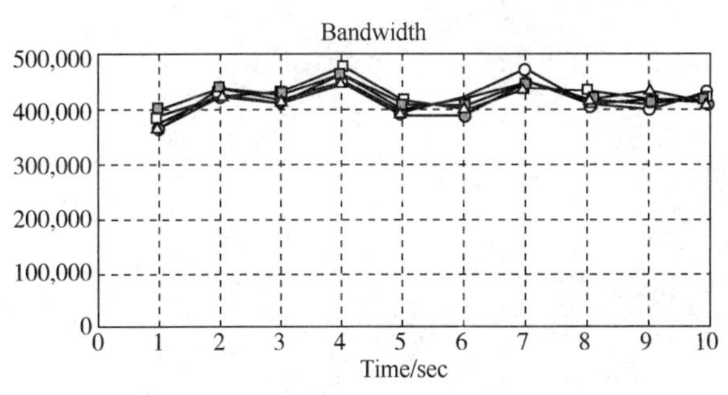

图 23　原网测试数据

现有骨干网测试数据如图 24：

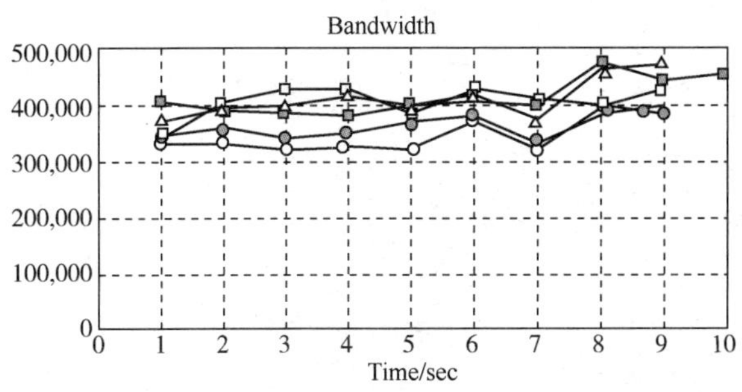

图 24　现网测试数据

对比结果如表 5 所示：

表 5

序号	测试环境	最大 TCP 带宽倍率比	提升效果
1	原有千兆骨干网	41.234～48.356	1：1
2	现有万兆骨干网	400.452～470.453	1：10

4.3.2　UDP 传输速度

测试工具设置：

设置传输时间为 10s，最大带宽为 1000MB，UDP 缓冲区 41Mbytes ，数据包大小为 32KBytes 。

UDP 测试对比结果如下图所示：

表 6

序号	测试环境	UDP 传输速率	丢包数
1	原有千兆骨干网	140MBytes/s	无丢失数据包(0/852)
2	现有万兆骨干网	340MBytes/s	无丢失数据包(0/852)

5　结束语

石化企业骨干网络升级优化历经现场调研、方案设计、配置备份、设备安装、链路调整、网络规划、设备联调、网络割接等阶段，达到了企业网络综合性能提升的预期效果。目前，企业骨干网络保持稳定、高速运行。

随着网络技术和用户需求的不断发展，陈旧的网络运维模式在管理企业整体网络环境的工作中也略显捉襟见肘。搭建综合性的可扩展的网络管理平台将是我们下一步的重点工作。同时，在网络基础条件允许的情况下，我们还将对企业生产网络、末端接入网络进行升级优化，为石化企业整体网络提升画上圆满句号。

浅谈油田电网初步智能化改造

赵久涛　袁　华

（中国石油冀东油田公司）

摘　要　电力供给作为当前油田企业油气生产环节中不可缺少的环节之一，自然随着企业发展，逐步形成相对独立的企业电网。当前油田电网正在面临从传统1.0电网向智能2.0电网发展的窗口，供电新技术的爆发，旧电网面临大量的智能化改造。本文将从油田电网初步智能化改造所面临的问题开始分析，提出相应的改造技术建议，并对油田电网智初步能化系统进行设想。

关键词　油田企业电网；智能化；在线监测；自愈；智能电网

电力供给作为当前油田企业油气生产环节中不可缺少的环节之一，自然随着企业发展，逐步形成相对独立的企业电网。而油田企业电网又是目前现存所有企业电网中国较为特殊的一种，主要是因为油田电网是伴随国家石油工业一起成长的。自1952年开始中国石油工业在新中国打开新的篇章，油气生产供电就从单一发电，由点连线，连线组网，慢慢从单一井口供电建立线路、变电站、发电站等供电设施。再随着国家各大油田的发现与建设，在全国各个油气生产地域组成了油田企业供电网络。开关柜的使用从最初仿苏、仿美的GG1A固定式开关柜，跟随油田滚动开发，到后来的KYN28柜，再到近期的智能柜都有所使用。当前油田电网正在面临从传统1.0电网向智能2.0电网发展的窗口，供电新技术的爆发，旧电网面临大量的智能化改造。本文将从油田电网初步智能化改造所面临的问题开始分析，提出相应的改造技术建议，并对油田电网智初步能化系统进行设想。

1　油田电网智能化发展历程及现状

为了更好的满足油田发展的需要，不断向安全、经济、可靠、高效发展，随着科学技术的不断快速进步，油田电网也在不断更新换代，智能化从无到有，其形态和构成也在不断的发生变化。

油田企业在电网投入建设时间与中国电气工业发展同步。我国于1993年提出变电站自动化理论，在同期油田电网已开始初步建设，逐步形成网络，开始应用大量高低压供电设备。油田早期的供配电设备也开始建立，这时室外设备均为油开关，二次保护为老式的电磁型继电保护，中央信号系统、远动等设置均采用分立式设备，且在变电站内配置有大量控制、保护、计量用屏，设备设置复杂、重复，占地面积较大，日常维护工作繁重，站内裸露带电设备导致的安全隐患也较大。

到20世纪90年代中期，在变电站自动化初级基础上，又提出了分布式变电站自动化系统，改系统采用二层分布式控制系统，根据控制对象和层次将供电设备划分为可进行全部控制的站控层和可进行就地控制的间隔层。在这个世纪，油田电网开始微机保护改造和变电站自动化建设的探索研究，并不断加快步伐，开始尝试变电站自动化改造和变电站综合自动化建设的探索。从最初的将传统的继电保护改造为微机保护，到在主控室加装后台监控，实现开关远程操作，完成对全站主要供电设备的电流、电压、有功、无功、主变档位、温度等的参数采集、处理、监视、记录和显示等功能。

在2000到2010年前后，对于新建设的变电站一次设备开始采用GIS开关合SF_6开关，二次设备实现保护测控一体化，建立初步通信网络，使变电站初步具有遥视功能。在站内组网上使用通讯管理机以太网或CAN总线，并逐步开始使用扩频等手段建立调度主站，保持主站与子站之间通信联络，实现油田企业内部电网概念初步具象化。

从2010年后，变电站综合自动化技术在油田企业电网发展日趋成熟，逐步推广应用到全部变电站并探索适合油田电网模式的改造和建设格局。同时在这个阶段电网智能化开始逐步走进油田电网，油田电网所需要的高稳定性，让电网感知从变电站中心开始向外延伸。在尝试建设数字化变电站同时，面向掌握高压线路实时情况，配电级智能化技术逐步应用，初代电调主站向调配一体化改进。到此在油田电网最先进部分已基本达到智能化水平。

通过以上论述，油田企业电网整体发展近35年，而一个变电站的使用寿命可达到20年，这个发展时间，在考虑经济性的前提下不足以支撑整体电网全部更新换代。所以目前在全国各油田电网内老旧变电站与数字化变电站共存，电磁型继电保护与综合微机保护共存等新老共存的现状，但电网智能化发展是目前我们面临的未来，所以如何进行改造就成为了我们石油电力人员必须探索的问题。

2　电网智能化改造面临问题及改造方向

结合油田电网智能化建设现状，电网面向智能化发展就必须进行改造，在改造时可能面临以下几个问题。

首先是常规变电站的改造面临设备整体更新问题，目前大部分变电站依旧处于常规变电站层。变电站的正常运行是依靠各个设备之间同时运作，如果变电站使用KYN28柜的话，这种柜体已不适用于智能化站，新增加监测设备并不能达到监测需求，需要所有设备进行更新，更换全部设备面临资金和生产中断。所以对于常规变电站改造在资金允许的条件下一次开关设备应尽量向智能柜方向靠拢，采集全部柜内电流、电压、温湿度、二次设备等运行情况，也可采用SF_6柜或清洁气体柜。另外在站内通讯面临老旧，不支持智能化需求通讯协议。在智能化中变电站主要包括后台监控额远动服务等设备，站内应全部采用以太网通信，所有设备要求支持IEC61850标准。其中远动服务器主要用于变电站和调度主站之间的通讯。监控系统应具由多种功能，包括监控、运行维护、远动通信和五防闭锁等。在常规变电站进行数字化改造后，有些智能设备如电度表、直流屏等在进行通讯时与当前要求不相符，这些也可以通过规约转换器进行规约转换后接入以太网来达到要求。

其次是配电网层支持智能化通讯层的缺失。配网部分一直以小而分散的特点支持油田生产。而在自动化及当前智能化部分一直存在缺失，主要原因是通讯构架搭建昂贵，配电及使用变电及智能全套设备又颇为浪费。所以应使用无线通讯构架方向，范围集中型建立配电网通讯网络。

第三输配电架空及电缆线路缺少感知。架空线路在当前故障态依靠站端感知，具体运行情况需要人员巡视，得到信息为间断性非实时性信息。所以在改造方向上应以实时性感知为目标，采用相应智能化设备，达到扩大感知范围目的。

以上三个问题是当前油田智能化改造中面临的一部分问题，在解决以上问题基础上，建立统一建立调配一体化平台并兼合其他智能系统，逐步向全面电网智能化改造。

3　油田电网智能化改造适用性技术

3.1　数字化变电站技术

数字化变电站相对常规变电站有许多不同，主要有二点。第一是使用的互感器不同。数字化变电站第一是使用的互感器不同，第二是使用的断路器不同，第三是采用的通讯协议不同。

数字化变电站使用非常规互感器代替传统的电磁式互感器，信号输出由数字信号代替原有交流量的模拟输出。数字化电气测量系统由数字信号处理器，电压、电流变换器和连接它们之间的电缆(包括光缆)组成，电气测量系统中最关键的部分是电压和电流变换器，它可以通过不同的物理原理来实现。较为成熟的是有源非常规互感器即电子式电压/电流互感器(EVT/ECT)，它是根据电磁感应或分压原理将电流电压信号转变为小电压信号然后再转换为光信号后传输给二次设备。有源电子式电流互感器(ECT)主要包括罗柯夫斯基(Rogowski)线圈和低功耗铁心线圈两种。其中，低功耗铁心线圈主要用于计量信号的测量，它的实现原理与传统电磁式互感器基本相同；罗柯夫斯基线圈是缠绕在环状非铁磁性骨架上的空心线圈，能够有效避免磁饱和以及磁滞现象的发生。其原理如图1所示。

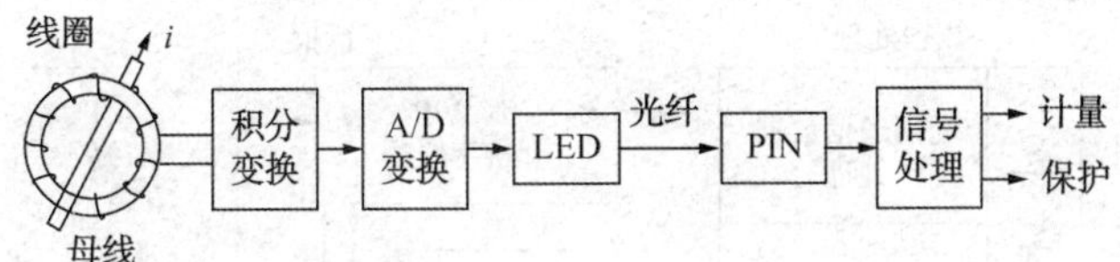

图 1　ECT 工作原理图

在使用 ECT 和 EVT 同时要使用合并单(MU)，它是电子式电压/电流互感器(EVT/ECT)接口的重要组成部分，它是针对数字化输出的电子式互感器而定义的。它首先对多路 EVT/ECT 输出的数字信号进行采集，然后按照标准规定的格式将数字信号发送到保护、测控设备。其接口框如图 2 所示：

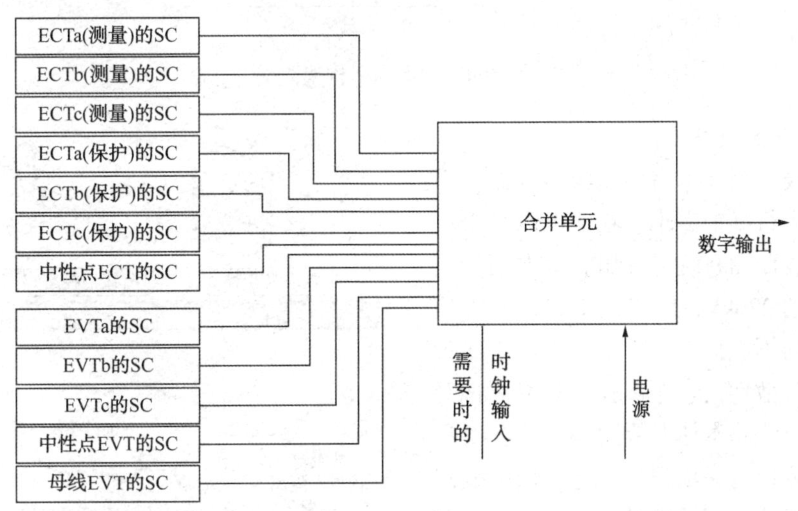

图 2　MU 的接口框图

在通讯协议方面，数字化变电站的通信采用 IEC 61850 标准，应用 GOOSE 通信机制，交流模拟量的采集被数字信号的采集所取代，电缆被光纤所取代。

数字化变电站作为智能化电网 2.0 的代表性技术，其对于油田企业电网可适用，但并非必须全部升级到数字化变电站。将常规变电站进行数字化改造也可达到油田企业电网智能化需求。

3.2　移动通讯技术

油田配电网相对于城市配电网具有更加分散、广阔、非连接性特点。一直以来油田配电网均脱离主网智能化发展进程以外，主要原因就是高额的通讯网络建设及维护费用使投资成效比较低。随着移动通讯技术的发展，在 2G、3G 时代移动通讯并不能满足电网所需求的网络实时性贷款，仅可满足少量遥信、遥测的非连续性传输，且由于信号的不稳定性和私密性差，不能满足电网专网和遥控通讯需求。到 4G 时代，移动通讯传输速率的加大，极大提升了带宽融载率，且 LTE 及 DAS 通讯子系统的应用，增强了信息私密性，不但使遥信、遥测信息连续上传稳定性增强，同时也使遥控加入变成了现实。到了正在改变现代的 5G 时代，在电力物联网的建设背景下，使配电网实现变电站级“五遥”成为可能。所以在油田配电网中可以在变电站下级配电室、环网站在当地具备智能化现场设备的前提下，采用 FTU 模块，装设 5G 通讯模块，将配电网“五遥”信息传送至调度主站。同时调度主站升级为调配一体化主站，配备 5G 通讯接收端。达到调度直接延伸掌控配电核心设备目的。

移动通讯技术在油田电网智能化改造中极为重要，因为此项技术解决了通讯系统建设费用高昂，维护繁琐的问题，仅需考虑持续通讯费即可。另外现场设备安装、使用简便，应用相对灵活。

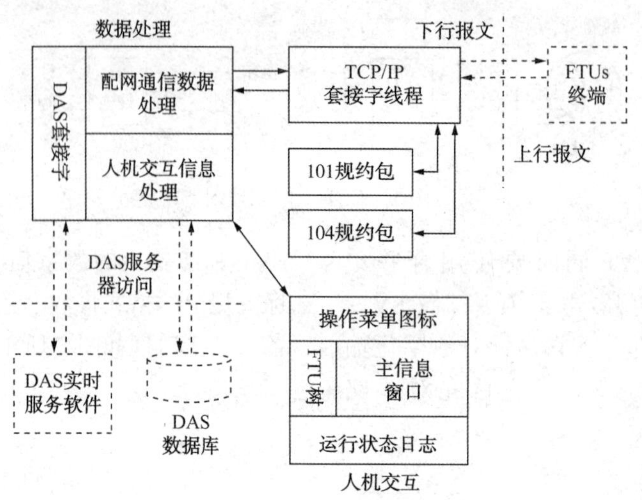

图 3　配电通讯构架

3.3　输配电网在线监测技术

输配电网在线监测技术有涉及很多方面，根据油田输配电网运行维护需求，在输电网可采用输电线路视屏在线监测系统。油田企业电网最高运行过电压已达到 220kV，随着油田建设的迅速发展，电网规模的不断扩大，作为电力输送纽带的输电线路具有分散性大、距离长、难以巡视等特点，因此对输电线路本体及周边环境以及气象参数进行远程监测成为一项迫切工作。输电线路在线监测系统是智能电网输电环节的重要组成部分。该项技术主要包含后台及前端无线监测主机、高清摄像机，太阳能板及蓄电池组成。无线监测主机实时或定时接收监控中心的请求并启动摄像机进行工作，无线监测主机摄像机采集到的视频信号压缩成标准格式数据流，通过无线传输模块传输到监控中心。达到监控输电铁塔状态、周边人员环境状态、气象信息，并可以对有威胁的靠近源进行报警。系统构架图 4 如下：

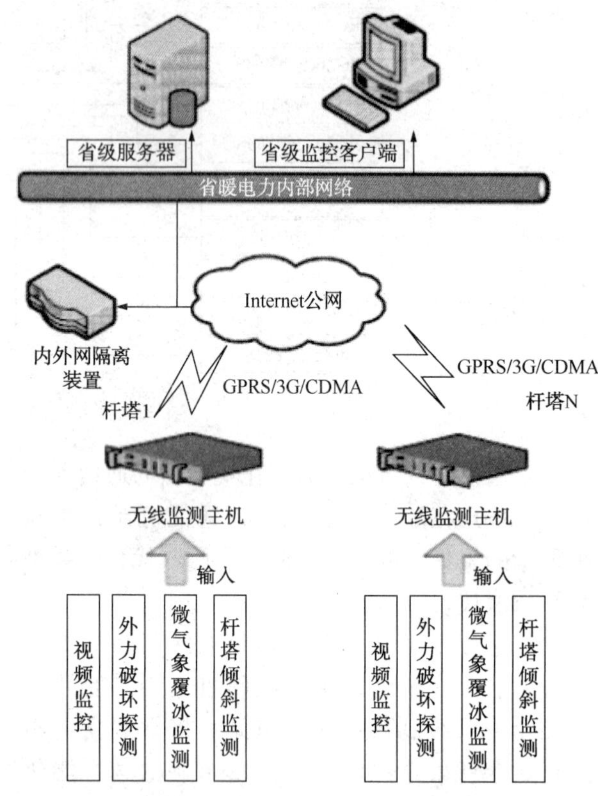

图 4　输电网在线监测系统构架

对于配电网，由于油田属于大负荷运行企业，单条线路负荷大。根据目前运行经验，掌握其各节点设备运行温度极为重要。所以油田电网从最开始没有配电线路温度监控，到引进红外线枪进行测温，再到引进红外成像仪进行测温，最终将发展到配电网无线测温系统。该系统由测量终端和数据集成后台组成，能实现配电网节电无线测温，具有测量端小，构架稳定的特点。

以上两项输配电网智能化技术是目前应用较为成熟的，可以在油田输配电系统进行改造安装且不影响油田生产运行的实用技术。

3.4　配电网自愈控制技术

配电网是联系主网和油田生产现场的关键环节。随着先进传感与测量技术、一二次融合设备、自动控制方法以及决策支持系统等在配电网中的推广应用，配电网的智能化水平得到显著提升，实现自愈控制是配电网智能化的重要标志。体可分为一次设备、二次终端、网络通信、系统平台等 4 个层次。一次设备层主要包括变电站、线路、环网柜/开闭所、配电台区等，其中的各类可控设备是实现智能配电网自愈控制的最基础执行单元。二次终端层主要包括远程终端 RTU、馈线远方终端 FTU、配电终端单元 DTU、配电变压器远方终端 TTU、微型相量测量单元 μPMU 等负责对一次设备数据信息采集与控制，是智能配电网自愈控制的最为重要的感知单元。网络通信层主要包括光纤专网/4G/5G 无线专网以及无线公网等系统平台层又可按照具体功能实现分为数据集成、数据挖掘分析和决策控制。

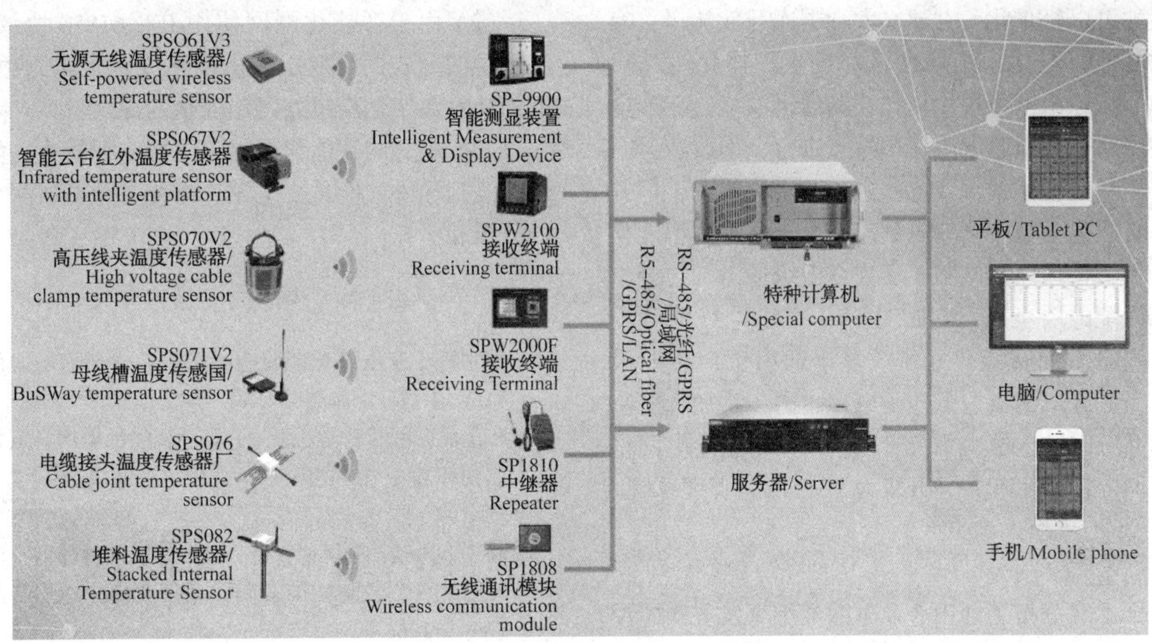

图 5 无线测温系统拓扑图

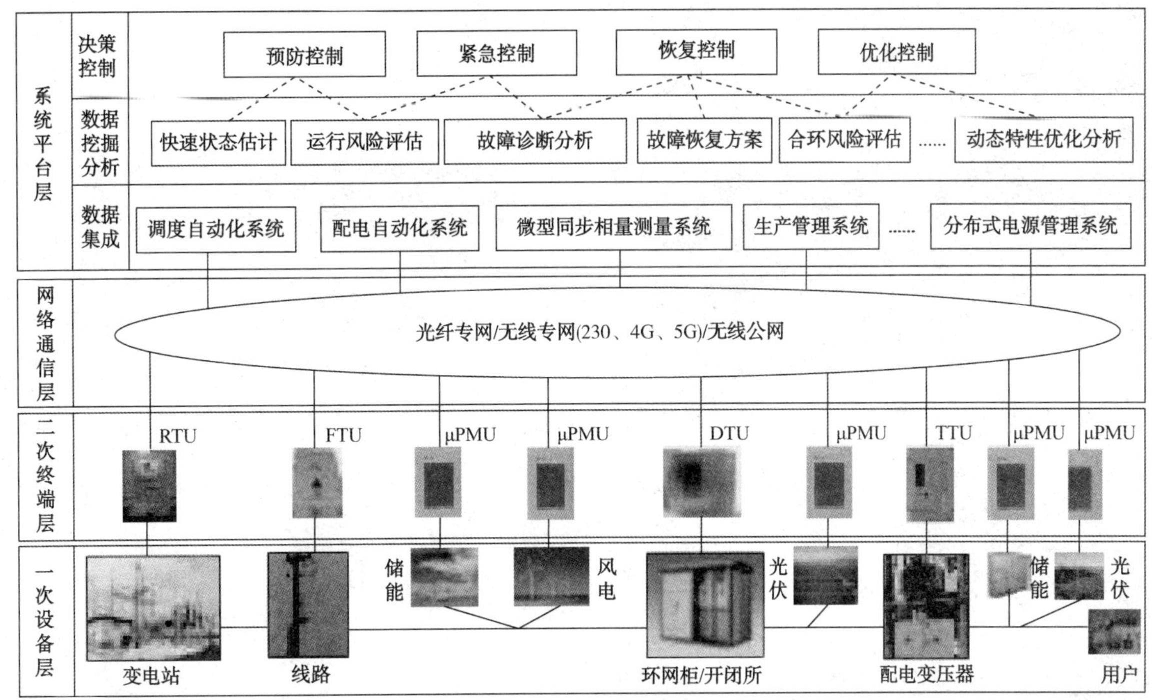

图 6 配电自愈系统控制构架

配电网自愈系统控制技术，是目前油田配电网智能化建设中相对靠后实现的一项配电网技术。但自愈系统的建立能极大提高配电网运行稳定性。有利于油田企业平稳生产。

4 油田电网智能化系统设想

根据以上论述，结合油田企业电网现状，目前油田电网在智能化改造上结合以上技术进行如下建设设想。

在调控层，应建立整体调配一体化主站，但主站可以轻量化，并建立大数据库开放端口，容纳其他智能化系统信息全部进入一体化主站后台。在通讯网络层，依托移动通讯网络。在变电站层对采用电磁继电保护站点进行全面改造，对采用新型柜体常规变电站进行数字化改造，但并非必须建立数字化变电站。在配电层采用智能化设备，搭建通讯网络，实现变电级通讯。在变电站和配电层全部“五遥”上传。在输电线路和配电线路增加智能化系统。对于油田生产企业设备，如井口电机、低压配电柜也同步增加智能感知系统，纳入电力系统管理，使油田企业电网全面面向油田生产，并升级为 EMS 能量管理系统。

5 结论

本文分析了油田企业电网的历史发展和应用现状，简要论述了智能电网基本概念及特点，通过与传统变电站进行对比，提出了智能化电网的优势。今后还有以下几个方面可以作为进一步研究的方向：

（1）油田电网智能化方案，需要通过实践来证明，在实行智能电网后，对智能电网的维护及运行需要进一步的对比分析。

（2）由于智能化电网使用 IEC 61850 协议，其本身的开放性给变电站的网络安全带来隐患，要加强对数字化变电站网络安全的深入研究。

（3）本文的智能化电网仅为初步智能化，如何过渡到深入智能化变电站，需要进行更加深入的分析和研究。

参 考 文 献

[1] 邵剑峰．变电站智能化改造关键技术研究与实施[D]．上海：上海交通大学，2013.

[2] 王金丽，韦春元，刘志虹，等．智能配电网自愈控制技术发展与展望[J]．供用电，2019，36(7)：13-19.

[3] 陈飞，冯昊，徐晨博，等．电力系统演进的内在驱动因素及发展路径探索[J]．电力建设，2019，40(3)：59-66.

太阳能供电系统在数字化油气田建设中的稳定应用

艾方彬 冉 波 黄俊锋 曾升伍

（中国石油西南油气田公司）

摘 要 本文讨论了太阳能供电系统在数字化油气田建设中的重要地位、川渝地区的使用现状及应用问题，并逐一分析了现场勘查后所得的原因。以重庆气矿某场站为例，进行了改造方案设计，旨在通过对场站中太阳能控制器的选型、光伏板数量的优化、光伏系统的安装方式等合理的改造，提高场站太阳能供电的使用效果。通过场站太阳能供电系统的稳定应用的优化研究，可提高太阳能供电系统在川渝无人值守油气田场站中的使用效果和稳定性，改善目前太阳能供电系统设计不合理、施工不规范、效果不佳的情况，为数字化油气田建设带来更加有效、可观的经济效益和可推动性。

关键词 太阳能 稳定供电 无人场站 数字化油气田

1 太阳能供电在数字化油气田中的应用

1.1 太阳能供电系统简介

太阳能是一种干净的可再生的新能源，在人们生活、工作中有着广泛的作用，其中之一就是将太阳能转换为电能，太阳能发电分为光热发电和光伏发电。通常说的太阳能发电指的是太阳能光伏发电，具有无动部件、无噪声、无污染、可靠性高等特点，在偏远地区的通信供电系统中有极好的应用前景。

利用太阳能发电有两大类型，一类是太阳光发电，另一类是太阳热发电。太阳能光发电是将太阳能直接转变成电能的一种发电方式。包括光伏发电、光化学发电、光感应发电和光生物发电四种形式。太阳能热发电是先将太阳能转化为热能，再将热能转化成电能，它有两种转化方式：一种是将太阳热能直接转化成电能，如半导体或金属材料的温差发电真；另一种方式是将太阳热能通过热机（如汽轮机）带动发电机发电，与常规热力发电类似，只不过是其热能不是来自燃料，而是来自太阳能。

1.2 数字化油气田背景

数字化油气田分为狭义和广义两种概念。狭义数字化油气田是以数字地球为技术导向，以油气田实体为对象，地理空间坐标为依据，具有多分辨率、海量数据和多种数据融合，可用多媒体和虚拟技术进行多维的立体动态表达，具有空间化、数字化、网络化、智能化和可视化特征的技术系统，即以数字地球技术为主干，实现油气田实体全面信息化的技术系统。广义数字化油气田是全面信息化的油气田，即指：计算机为核心、信息技术为手段全面实现数字化、网络化、智能化和可视化的油气田企业实体。

为了显示区别，一般将技术模式的数字化油气田概念称为狭义数字化油气田，而将管理模式的数字化油气田称为广义数字化油气田。总体来说，科技学术界大部分专家和学者都侧重于数字化油气田的技术含义。而油气田单位则同时兼顾了数字化油气田在管理方面的内涵，认为数字化油气田不仅是技术目标，也是管理目标，更是油气田总体发展战略的重要组成部分。

1.3 太阳能系统在数字化油气田中的作用

随着两化融合的推进，油气田数字化建设步伐的加快，西南油气田中心站管理模式的推广，无人值守场站相应增多，为保证场站内的生产设备、信息化设备的安全生产和稳定通信，达到“无人可控”的目标，必须达到稳定供电。但川渝地区油气田场站分布不均，多数地处偏远，接入市电农电困难，从而通常采用太阳能供电，保证太阳能供电的连续性、稳定性，确保站场生产信息化系统的“24 小时”正常工作，成为了数字化油气田的重要课题。

2　目前的使用现状

2.1　川渝地区使用情况

以重庆总站运维范围内的西南油气田分公司下属各单位为研究样本，调研发现川渝地区的数字化油气田建设经过十数年的建设已经趋于成熟，覆盖范围较广。在这些数字化油气田场站中，部分场站在建设时采用了太阳能供电。主要由光伏组件、控制器、蓄电池和逆变器等部件组成，使用在市电接入困难的无人值守场站，为井站RTU、隔离器、浪涌保护器、摄像机、被动入侵装置、声光报警器、变送器等生产信息化设备及通讯设备等供电。为实现无人化、信息化提供保障。但由于川渝地区多山地，地形崎岖，多雾，日照不足，有时多雨季节甚至连续一月不见充足的日照，常规普遍的搭建方法不足以满足此类客观条件，导致目前川渝地区太阳能场站供电的稳定性和连续性不够理想。为达到川渝地区太阳能场站的供电稳定性，保障生产安全和通信安全，对于川渝地区太阳能在无人场站中的应用应更进一步进行讨论。

2.2　存在问题原因分析

通过对重庆总站运维范围内样本数量最大的重庆气矿作为主要样本，其他单位作为次要样本进行实地勘察，调研目前总站运维范围内生产单位太阳能的使用情况后，发现如下普遍现象：

2.2.1　电气使用设计不合理

勘察中发现，井站中的太阳能系统存在设计不合理情况。

1. 部分场站光伏供电部分电气连接无断路器光伏组件与太阳能控制器电气连接处、蓄电池与太阳能控制器电气连接处均无相应断路器，导致接线时会产生火花，也给后期维护处理带来不便，有触电的危险。

图1　太阳能电气连接

2. 蓄电池混用，品牌型号不一致。如重庆气矿某站太阳能供电系统中共6只12V100Ah蓄电池，其中4只为同一品牌，另2只为另一品牌，且新旧程度不一致。在太阳能供电系统中，不同型号的蓄电池，溶液浓度不一样，极板厚度不一样；不同的品牌厂家的蓄电池由于所用材料不同，蓄电池的内阻也有所不同，而内阻是充电电压分压的表现，当给整组蓄电池充电时，内阻越大的蓄电池，分压越大，不同内阻的蓄电池一起充电有可能导致内阻较大的蓄电池长期处于过充状态，而让内阻较小蓄电池处于欠充状态，时间一长，蓄电池容量就无法满足要求，直流系统的可靠性得不到保障，导致电池损坏严重，从而接近报废状态。

3. 控制器选型不合理。如某井站目前使用的太阳能控制器为伏科CX40-12，该控制器的欠压保护点为22.0~24.4V，但其负载再连接电压为25.6V(固定不可设)。由于其负载再连接电压偏高，导致负载会在较长时间内不工作。

2.2.2　组件安装朝向、倾角不合理、支架载荷不足

以重庆气矿及输气处重庆作业区、梁平作业区为例，重庆地区位于北28.5°~32.2°之间，对于固定安装的最佳朝向应为正南方向。但根据现场勘查发现，太阳能光伏板的安装无论朝向还是角度均存在大量的不合理。如输气处某些场站，光伏板安装在屋顶上，由于周围树木茂盛的遮挡，光照严重不足；气矿某场站光伏板间距不足，角度和朝向较最合理的安装方式也存在较大偏差。

图2　重庆气矿某场站光伏板安装朝向

2.2.3　光伏组件功率偏低。

在调研过程中，发现部分场站的太阳能系统额定功率和其实际能转化到的功率相差甚远，导致发电量严重不足。如重庆气矿某场站实际 262W/m^2 辐照强度下测得的开路电压为 40.2V，充电电压为 26.2V，充电电流为 2.4A(4 块光伏组件总电流)，算得其功率为 15.72W，转换至标准条件下功率为 60W，与额定 195W 相差甚远。

3　提高应用稳定性的改造方案

以重庆气矿垫江作业区某井站作为研究对象，对提高其太阳能供电系统的稳定性进行研究设计。

3.1　MPPT 控制器技术

太阳能系统中最重要的一环是控制器，其性能直接影响系统功能及系统寿命。通过控制器实现工作状态的管理，蓄电池剩余容量的管理，蓄电池的充电控制等主要功能。MPPT 技术是太阳能控制器的核心技术。最大功率点跟踪(Maximum Power Point Tracking，简称 MPPT)系统是一种通过调节电气模块的工作状态，使光伏板能够输出更多电能的电气系统能够将太阳能电池板发出的直流电有效地贮存在蓄电池中，为场站信息化设备提供电力保障。

MPPT 控制器能够实时侦测太阳能板的发电电压，并追踪最高电压电流值(VI)，使系统以最大功率输出对蓄电池充电。应用于太阳能光伏系统中，协调太阳能电池板、蓄电池、负载的工作，是光伏系统的大脑。

MPPT 控制一般是通过 DC/DC 变换电路来完成的，光伏电池阵列与负载通过 DC/DC 电路连接，最大功率跟踪装置不断检测光伏阵列的电流电压变化，并根据其变化对 DC/DC 变换器的 PWM 驱动信号占空比进行调节。

3.2　光伏组件的选择

(1) 光伏板选择

为符合生产实际所需要，在太阳能系统的应用提高中，以重庆地区实际经纬度和日照情况作为参考，按照最大 50W，间隔周期大于 20 天的两个 15 天连续阴雨天不间断工作，并考虑在两个阴雨天周期内为消耗电能的蓄电池补充满进行计算。

根据负载用电量进行计算。

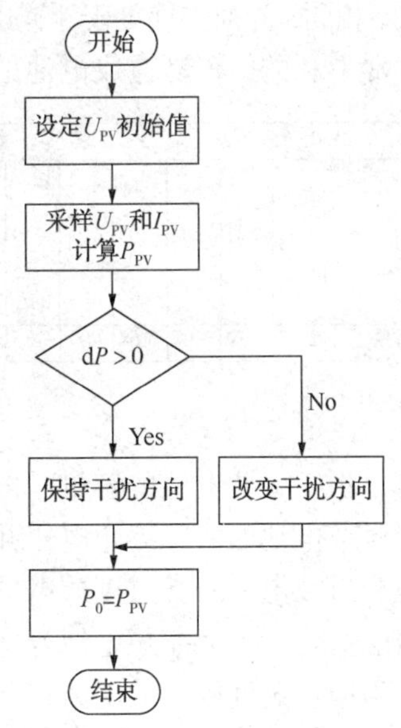

图 3　MPPT 控制实现原理流程图

$$光伏组件并联数=\frac{负载日平均用电量(Ah)}{组件日平均发电量(Ah)}$$

$$=\frac{\left(\frac{50W}{24V}\right)*24h*(15+20)d}{5.56A*1.75h*20d}=8.9$$，向下取整为 8 块

其中，

1.75—为邻水地区年最低峰值日照数；

5.56—为组件 mppt 电流；

15—为连续阴雨天；

20—为两段连续阴雨天间隔天数；

$$光伏组件串联数=\frac{系统工作电压(V)*系数1.43}{组件峰值工作电压(V)}=$$

$\frac{24*1.43}{34.5}$=0.995，取整为 1 块；

因此，算得所需 200Wp 光伏组件共计 8＊1=8 块，即 8 张 200W 组件能保证 50W 负载在间隔周期大于 20 天的两个 15 天的连续阴雨天设备不间断工作。

(2) 蓄电池选择

改造前的原配套蓄电池使用的规格为 12V，但 12V 蓄电池标称容量最大只能做到 250Ah，为满足大容量需求，12V 蓄电池需要通过多组并联方式来增加容量，多组并联也就随之带来一些问题。

① 对电池的一致性要求较高。因为每组电池都是由多组电池串联组成，所以要求各节电池的性能参数一致，才能保证充电的均衡性。充电时，由于各电池的性能差异，会导致每组的各节电池实

际浮充电压不相同，这对长期处于浮充电状态下的电池，是非常不利的，容易造成电池的老化不一致，加大了每节电池之间内阻等性能的差异，从而反过来影响电池组各电池充电电压的差异。

表1　全国各大城市峰值日照时间对照表

省名	市名	一月	二月	三月	四月	五月	六月	七月	八月	九月	十月	十一月	十二月	平均日照	海拔/m	纬度/°	经度/°	参考倾角/°	组排间距/m	每块组件占地面积/m^2	每平方米可铺设功率/(W/m^2)
	重庆	2.27	2.29	3.04	3.64	3.97	3.85	4.58	4.44	3.15	2.37	2.31	2.21	3.06	271	29.57	106.55	22	1.1	2.68	81.11

图 4　重庆日照时间对照表

放电时，由于各节电池的容量、内阻、接线电阻差异，各节电池的实际终止电压并不相等造成有的电池会过放电。经常过度放电的电池易造成负极的硫酸盐化，大大缩短电池寿命。在多节串联的电池组中，过度放电的电池在下次充电过程中，实际浮充电电压会偏低，而电池电量没有放光的电池的实际浮充电压又会偏高，导致了电池组在多次充放电循环中恶性循环，在这种恶性循环下，电池寿命是急剧缩短的。

② 多组并联之后，由于每组电压不一致，电池组之间已经形成回路，若果压差较大时，还会产生内环电流，这样可能会损坏保护板蓄电池单体隔板的额定电压就是 2V(一隔)，12V 蓄电池是 6 个隔板的串联而成的，因此 2V 蓄电池的效率更高，在低温和高温情况下，比 12V 蓄电池能多放出 2~5%的电量。同时，2V 蓄电池的标称容量最高可达 3000AH，更容易满足大容量的需求，所以考虑使用 2V600AH 的蓄电池进行替代。

对于固定安装方式而言，位于地球北半球区域，组件朝正南方向安装，其每天接受的日照时间最长。重庆地区的组件最佳倾角为 20°~25°之间，其光电转换效率最大。

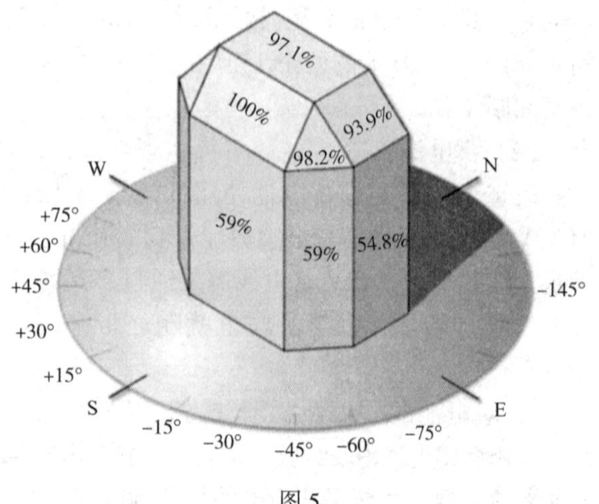

图 5

4　结论

随着两化融合的推进，信息化、数字化时代的到来，无人值守井站逐渐成为了大趋势。对于偏远的无人值守井站不宜接入市电农电，太阳能供电则成为了为场站中的生产设备、信息化设备等供电的首选方式，在今后的数字化油气田发展过程中，太阳能供电将成为大势所趋，在信息化建设中占有重要地位。本文以重庆气矿某场站为例，进行了改造方案设计，旨在通过对场站中太阳能控制器的选型、光伏板数量的优化、光伏系统的安装方式等合理的改造，提高场站太阳能供电的使用效果，能够节约市电建设以及供电成本，减少对能源的不必要利用，节约经济成本，更好得促进数字化油气田建设。实现太阳能电池板和蓄电池数量在合理规模的范围内保证太阳能供电的连续性、稳定性，确保站场生产信息化系统的“24 小时”正常工作。延长整个系统寿命周期，减少后期维护成本。

华北油田数据中心云资源池安全防护系统的研究与实践

姜 新 夏 阳

（中国石油华北油田公司经研院）

摘 要 随着华北油田信息化建设的不断深入推进，越来越多的与生产相关的重要的业务应用系统部署在云端，因此如何确保基础设施、应用系统和数据的安全成为重中之重。本文主要通过对云资源池环境存在的安全问题以及传统模式下的安全防护问题进行深入研究分析，提出了适用于云资源环境的安全防护解决方案，利用分布式防火墙、虚拟补丁、无代理防病毒等新技术新方法，建立云资源池环境多维度立体的安全防系统，实现对云资源池的安全防护。

关键词 云计算 云安全 无代理防病毒 分布式防火墙 虚拟补丁

1 前言

近年来，华北油田公司全面深入贯彻落实集团公司信息化总体工作部署安排，并结合华北油田公司“十三五”规划目标，不断持续推动油田信息化建设，数据中心在信息基础设施、数据资源应用、网络安全灾备及信息系统运维等信息化建设方面都取得了较为全面的发展，为公司全面推进智慧油田建设，进行数字化转型打下了坚实的基础。

“十三五”期间，数据中心改变传统的基础设施建设思路，采用成熟的新技术，新方案，核心是采用虚拟化技术，对 26 台 X86 服务器、多台存储等物理设备进行资源池化，在之上层建立云计算管理平台对 IT 资源进行统一管理。在资源监控方面，实现对资源池和物理主机进行监控。在云资源管理方面，真正实现对云资源流程化、全生命周期、高效率、自动化的管理。实现把 IT 资源以“服务”方式通过网络提供给油田公司勘探开发、科研生产、经营管理等各业务领域的用户使用。满足油田公司各业务领域不同应用系统对计算和存储等资源的需求。使用户无需再关心这些资源建设过程的技术细节，而是侧重这些资源如何应用，如何更好提升业务系统应用的效率上。

随着华北油田云计算环境建设的不断深入，对信息化安全建设也提出了更高的要求，尤其是在保障云化环境安全的情况下，更好发挥和提升云资源池的能力，实现资源的高效利用和灵活调度，同时保障业务的安全隔离，更多地节省资源池的成本。

2 华北油田云资源环境安全现状

目前华北油田数据中心云计算平台环境有虚机 500 多台，涉及油田公司勘探开发、科研生产及经营管理等业务应用系统上百套。不同版本的 Windows 和 linux 虚机各占一半左右。一直以来，传统的安全防护解决方案并非为虚拟化设计，传统的安全只是边界安全防护，因此云资源环境存在以下多方面的问题：

1）内部安全威胁越来越多，虚拟机之间的相互攻击的问题。

2）虚拟机随时启动的防护间隙的问题，安全策略不能及时更新。

3）传统防病毒统一查杀、更新造成的资源争夺问题。

4）虚拟机自动迁移之后无法实现策略一致性的问题。

5）虚拟机补丁兼容性问题等等。

2.1 云资源环境风险分析

2.1.1 来自系统漏洞的风险

微软系统、数据库、linux 等应用系统厂商都会定期发布漏洞信息，如果不安装补丁就会面临黑客、病毒等威胁的入侵，但服务器安装补丁需要冒很大的风险(可能会发生系统蓝屏或死机等状况)，基于各种风险，在给虚拟机安装补丁时，就需要对虚拟机进行补丁测试、备份、做快照等方式规避风险，进而延误服务器的保护；在安装补丁后，会要求系统重新启动，这时就会影响系统应用，系统应用会中断，就会严重影响业务的连续性。

2.1.2　来自黑客攻击及应用程序的风险

目前针对数据中心及服务器的攻击事件越来越多，传统防病毒软件只能对已知的病毒问题进行基础防御，可是一旦黑客利用僵尸网络或应用程序漏洞对数据中心服务器及应用程序进行攻击时，传统的安全软件在虚拟化环境中就无能为力，最后导致业务连续性无法保证。在 2017WannaCry 爆发时只要有一台机器被感染，大多数内网机器也会受影响，当时有效的方法就是封闭端口。

2.1.3　来自虚拟机之间互相攻击的风险

传统的防护模式，导致主要的防护边界还是位于物理主机的边缘，从而忽视了同一物理主机上不同虚拟机之间的互相攻击和互相入侵的安全隐患。在传统模式下，数据中心是由无数个独立的物理机组成的。每个物理机的安全防护主要是依靠外围部署的防火墙、网关安全防护设备等安全防护产品，整个安全防护环境相对安全。

而在虚拟化环境中，数据中心是具有强大硬件资源的服务器组成的集群，将不同的操作系统、应用程序以虚拟机的形式同时部署在集群中的每台物理服务器上，这些虚拟机间同时共享该服务器的硬件资源，由于同存于同一台物理机或说同一个数据存储上，因此虚拟机间或应用程序间的数据很容易将威胁相互传播出去。

2.1.4　来自传统病毒威胁的风险

在虚拟化环境中，由于对于虚拟机来讲都是操作系统，那么在传统环境中出现的病毒同样能够感染虚拟化环境中的应用和操作系统。而在虚拟化环境中，传统防病毒软件安装模式需求已经不能满足虚拟化需求，会大大占用物理资源，造成不必要的资源浪费。

同时由于虚拟机自动迁移功能，会导致虚拟机无法进行统一的安全管理。即使制定统一的安全策略，也无法制定统一的实时扫描机制。所以在虚拟化环境中，传统的病毒威胁要比之前更加难以管理和统一。

2.1.5　来自虚拟化启动防护间隙的风险

当处于关闭状态的虚拟机再次启动时，其包括防病毒在内的所有安全策略都较其他一直在线运行的虚拟机处于滞后和脱节的地位。

2.1.6　来自虚拟化病毒威胁的风险

虚拟机都是由一组 VMDK 文件组成的，存放于共享存储上。一旦 VMDK 文件被病毒感染后，该文件被虚拟机后加载，就相当于虚拟机的硬盘上被放入了病毒。感染病毒后，该虚拟机会有信息泄漏的风险。

不管是在虚拟环境还是在物理服务器中，病毒的恶意行为都是一样的，所以针对虚拟化环境越来越多的应用，病毒也会越来越多。

3　云资源环境安全防护系统的实践

3.1　云资源池安全防护架构

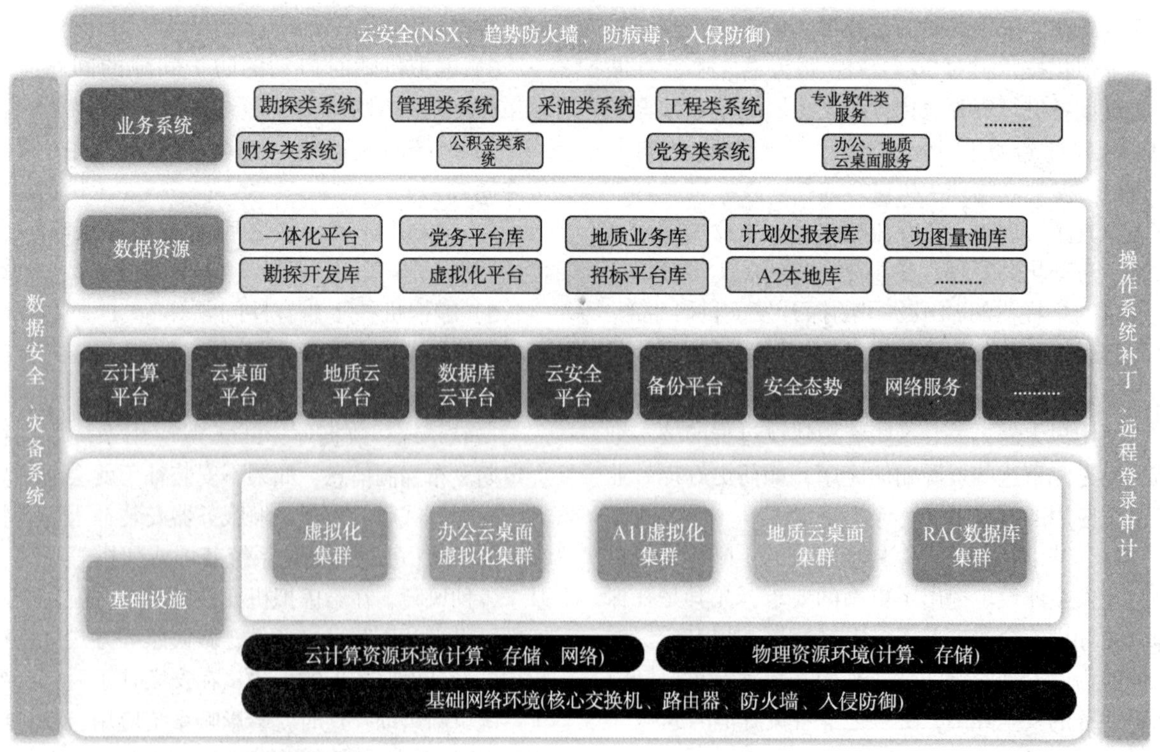

图 1

华北油田数据中心云资源池环境安全防护系统采用传统安全防护和具有云计算安全特点的深度安全防护技术相结合的方式，横向实现在基础设施，虚拟层、应用层、数据层的安全防护。通过 NSX 网络安全虚拟化平台和亚信深度安全防护集成，实现无代理防病毒和入侵防御；通过分布式防火墙在不同虚拟机之间做访问控制策略，实现虚拟机之间的有效隔离并且策略可随虚拟机进行迁移，实现虚拟网卡级别的最细化的安全管控；确保云资源池各个层面均得到有效的安全防护；纵向贯穿云资源池四个层面的系统补丁防护、远程登录审计、监控和数据安全，形成多维度立体的安全防护体系，全面增强云资源池的安全防护能力。

3.2 云资源池虚拟网络安全防护

在云资源池内按单位和不同的业务应用系统进行逻辑安全区域划分，建立不同的安全组。通过分布式虚拟防火墙策略，针对不同的区域的安全组，制定相应的防火墙规则，通过底层策略下发，注入到每台虚拟主机上，实现无论虚拟机迁移到任何一台物理机中，均不改变其安全策略。同时有效阻断数据中心内部东西向非法流量的入侵，弥补传统安全的空缺，实现安全自动化。

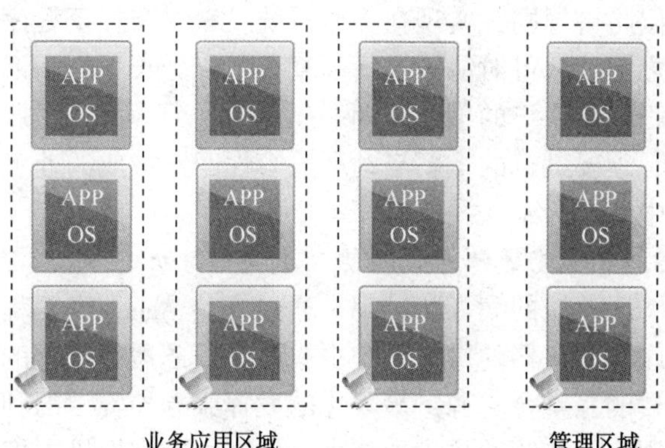

图 2

华北油田公司数据中心云资源池内有上百套应用系统，根据不同的业务划分为生产管理系统区域、业务应用区域、云桌面管理系统区域、云桌面业务区域和物理机区域。各区域又按不同应用划分成多个不同的安全组，为每个区域中安全组以虚拟机、端口组、IP 集等对象的方式，建立不同的防火墙安全规则，实现对云资源池内部区域之间、安全组之间、应用层之间东西向传输流量的有效隔离，进而实现高效可靠的安全防护与访问控制。

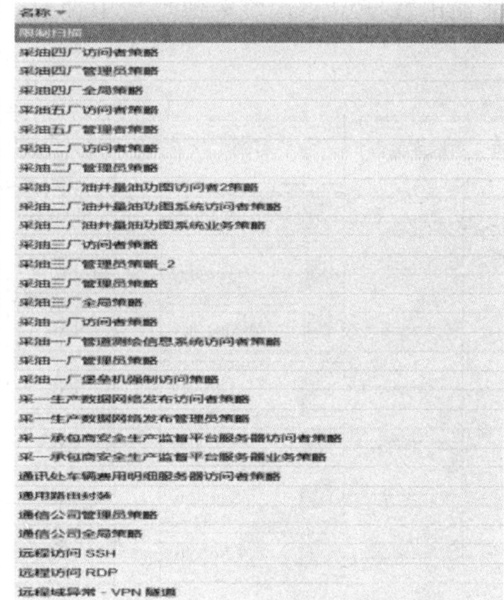

图 3

3.3 云资源池虚拟和传统补丁安全防护

华北油田数据中心云资源池内的几百台虚拟机，如果只采用传统补丁的方式进行防护，鉴于种种原因不能够快速修补漏洞，同时由于补丁兼容性问题，出现“死机”状况，存在业务中断的风险。在云资源环境内我们采取两种方式来保证虚拟机补丁的更新。一是采用传统补丁的方式，通过内网 WSUS 服务器对不同版本的服务器操作系统模板定时进行补丁更新；二是采用虚拟补丁的方式，通过安全防护平台深度包检测，在流量和系统的实时监控过程中，自动发现应用程序和操作系统中的漏洞，通过分配针对不同漏洞的入侵防御规则，实现在操作系统没有安装补丁程序之前，就可对漏洞进行修复。不仅延长了许多旧版操作系统的生命周期，还避免了因为打补丁所必须要进行的重新启动和兼容性问题造成的业务中断。为永久漏洞修复争取了时间。

3.4　云资源池无代理防病毒安全防护

传统的病毒防护都是通过安装 Agent 代理程序到服务器的操作系统中，但是服务器虚拟化的目的是整合资源，最大化的发挥服务器资源的利用率。传统的防病毒技术需要在每个虚拟机中安装 Agent 程序，扫描任务、病毒库更新都需要消耗主机的计算资源，这种方式不但没有节约计算资源，反而增加了计算资源的消耗，由此引发的集中 I/O 访问会产生防病毒风暴，往往会很轻易地吞噬掉物理主机的所有性能。为了最大化的发挥云计算环境中服务器资源的利用率，我们在数据中心云资源池环境全面采用趋势深度安全无代理的防毒技术，直接将防护系统部署在虚拟化底层，实现应用层、网络层、主机层的多层次纵深防御，不仅解决病毒扫描风暴问题，还使得油田公司各类应用系统得到统一的安全管控和维护，减少了信息安全隐患。

3.5　云资源池数据安全防护

华北油田数据中心云资源池环境中拥有大量的重要生产业务数据，为确保这些数据的安全，根据数据的不同分类，建立不同的数据备份策略。云资源池环境中主要包括以下几类数据：

虚拟机-存放在 SAN 存储中，数据量较大，约 300TB 左右；

各类应用数据-存放在各自应用中，包括备份的数据库、文件、视频等数据，主要存放在 NSA 存储中，约 150TB 左右；

根据油田业务数据的不同特点，采用“同城双活+本地数据备份”的灾备体系规划。利用存储双活技术建立同城双活数据中心，对油田部分关键业务系统提供业务连续性服务。当数据中心一侧存储、主机全部发生故障时，另一侧数据中心立即自动接管业务，保证关键业务系统的正常运行；同时利用备份系统制定针对虚拟机和数据库不同的备份策略，采用重删技术，定期对虚拟机和数据库集群中的数据进行完全增量备份。在每个备份集合中，配置多个子客户端，每个子客户端采用不同备份计划，采用错峰策略缩短整个云资源池环境的备份窗口，实现云资源池各类数据的完全本地备份，保障了数据的安全。

计划						
MON	TUE	WED	THU	FRI	SAT	SUN
SFULL	INC	INC	INC	INC	INC	INC
INC	SFULL	INC	INC	INC	INC	INC
INC	INC	SFULL	INC	INC	INC	INC
INC	INC	INC	SFULL	INC	INC	INC
INC	INC	INC	INC	SFULL	INC	INC
INC	INC	INC	INC	INC	SFULL	INC
INC	INC	INC	INC	INC	INC	SFULL

图 4

3.6　堡垒机远程登录防护

最近几年由于云资源池内应用系统在不断增加，各类运维人员也随之增加，信息系统的安全问题也日益突出。每天各单位都有很多业务系统的管理员对服务器进行运维操作，对云平台管理者来说无法确定是谁在操作、操作了什么？是否有违规和误操作，更无法实时监控外部人员的操作行为。通过部署堡垒机实现统一的运维入口，对数据中心、公司各二级单位的管理员进行集中运维管控，并制定细粒度运维访问控制策略，防止越权、恶意操作行为，同时做到故障定位、安全事件的追溯。真正实现对 IT 风险进行事前、事中、事后的防范、控制及监督的综合管理，提升数据中心整体运维安全管理水平。

4 结束语

华北油田云计算管理平台作为 IT 资源管理平台，承载着公司各业务领域重要的核心业务系统，为公司机关处室及其二级单位，提供具有安全可靠、快速部署和高可用性的各类 IT 资源服务。不仅实现对数据中心服务器、存储、网络的统一资源池化集中管理，尤其是安全防护系统的建成，进一步实现对云资源池的多维度立体的安全防护管理，有效提升基础设施、云资源池内核心业务应用系统的安全、保障了重要生产数据的安全。

参 考 文 献

[1] 王哲等 . 云计算安全方案与部署研究[J]. 电信科学，2012(8)：124-130.

[2] 刘胜娃等 . 面向企业私有云计算平台的安全架构研究[J]. 现代电子技术，2014，37(4)：34-36.

油田电网实时数据平台技术研究及应用

张建国

（中国石油集团电能有限公司供电公司信息通信中心）

摘　要　油田电网调度自动化主站系统是保证电网安全、可靠、稳定以及经济运行和提高调度运行管理水平的重要手段。实时数据平台是自动化主站系统建设的基础支撑部分。本文从油田电网实时数据平台存在的问题入手，阐述了问题的解决方法、平台新的体系结构及基础功能、油田实时数据网络的搭建、平台安全防护体系的构建和应用效果等方面的内容。作为油田新一代自动化系统的重要支撑部分，其必然在电网的安全稳定运行中发挥重要的作用。

关键词　电网调度自动化主站系统；实时数据平台；IEC61970；集成总线；数据总线

1　引言

电网调度自动化系统是电网安全经济运行的重要支柱之一，电网调度自动化主站系统是电网调度自动化系统的重要组成部分。调度及运行管理人员对电网数据的监视、控制以及对电网经济调度的辅助管理(如：最大需量管理、智能操作票系统)等全部在此实现，是电网安全经济调度的重要技术手段。拥有一个强大的实时数据平台，能够充分发挥自动化中心主站各项功能，提升电网技术含量和管理水平并为电力企业带来效益。

2　存在问题

自动化主站系统已经运行多年，作为主站系统的核心-实时数据平台存在以下难点问题需要解决：

2.1　接入能力不足，不能全面满足海量实时数据接入需求

原系统数据平台内部为非标准封闭式结构模型，外部通信主要是采用两层数据流(变电站-调度中心)，通信方式为直采(串口)，数据传送规约采用陈旧的 U4F、1801、CDT 、101(97 版)四种规约，这些导致数据传输速度慢，数据量小并且实时性差。

2.2　平台开放能力差，不能实现各种应用软件互操作

主站系统系统应用主要有 SCADA、PAS、DTS 三大应用组成，其中 PAS、DTS 高级应用功能严重依赖于平台模型和电网数据的支持，由于不同厂家网络建模和数据结构的不同，使得不同厂家的三大应用实现互操作困难，更谈不上稳定可靠的软件集成和运行。

2.3　平台系统可移植性差

平台软件仅局限在某一机型、某一操作系统上运行，无法在通用的主流机型和操作系统上稳定运行，平台的移植能力差。这为今后的维护和运行以及系统的发展带来较大的不利影响。

2.4　安全防护设施不健全

没有建立安全防护设施，平台存在网络攻击、病毒入侵、误操作等重大安全隐患。

3　问题解决对策和使用的关键技术

3.1　调整数据接入方式，提升平台接入能力

3.1.1　油田电网调度数据基础网络的组建

（1）基础网络节点分布

与油田电网实时数据平台系统通信的监控系统主要分布在各二级单位、采油厂，每一个子系统作为一个网络节点。油田电网调度数据基础网络整体分布如图 1 所示。

（2）基础网络节点连通

每一个网络节点分配一个网段；在电网调度自动化系统平台侧的数采交换机上划分各集控中心(星火、会战、采油一厂、采油二厂等)的 VLAN 接口，通过 VLAN 实现与各集控中心的网络连接；通过路由器实现数采交换机与实时数据平台的前置交换机的网络连接，各节点与实时数据平台系统之间的网络通道利用油田现有的电力通信网络。

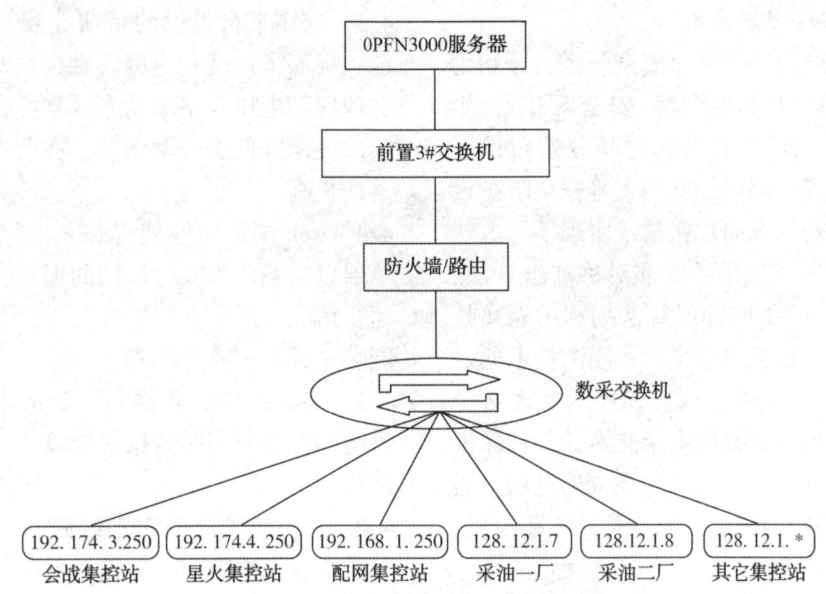

图 1　油田电网调度数据基础网络图

3.1.2　规约的选取

IEC60870-5-104 网络规约技术是在传统串口 101 规约传送基础上的网络扩展。可以理解为 101 的应用层+TCP/IP 提供的传输功能。它使用 OSI 参考模型 7 层中的 5 层。104 规约在传输层采用 TCP 协议，传送的数据容量为 65535，速度为 10 兆/秒，与传统的串口规约相比速度提高千倍，容量提高百倍。

3.2　应用行业技术标准，增强平台的开放能力和移植能力

IEC 61970 是自动化主站系统建设遵循的国际标准，通过对标准的技术研究，建成符合 IEC61970 CIM/CIS(公用信息模型/组件接口规范)标准的底层数据结构支撑平台，实时数据平台基础结构包括集成总线层、数据总线层、公共服务层等三层，并具备图模库一体化的图形管理工具、报表工具、权限服务、告警服务、WEB 服务和系统管理等内容。平台的三层结构利用 CORBA 组件技术设计完成。它以 CORBA 组件的 ORB 核心软件总线为基础，使用中间件技术访问相应的实时数据库、商用数据库，采用模型封装和软件重用技术定制了相应的电力 CORBA 对象服务。系统的体系结构如图 2 所示。

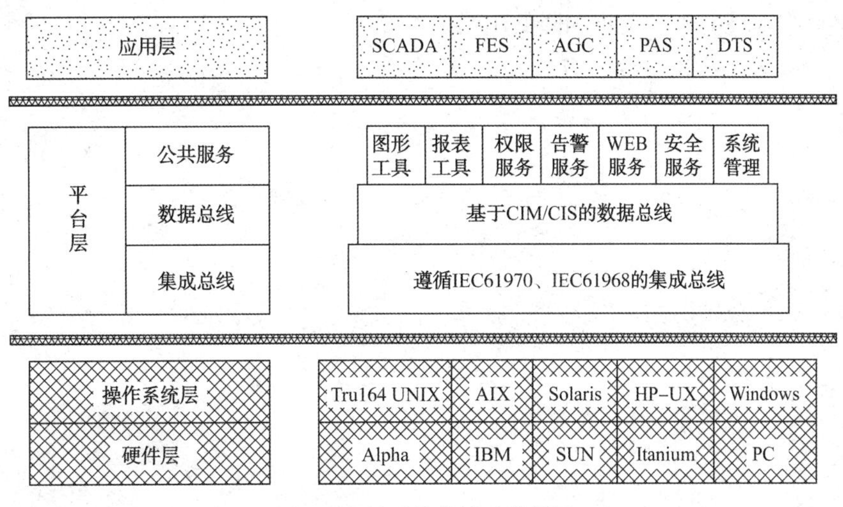

图 2　主站系统的体系结构图

3.3 实施网络分区、横向隔离纵向认证，满足二次系统安全防护要求

实时数据平台设立了三个安全分区，分别为控制区(安全区Ⅰ)和非控制区(安全区Ⅱ)，生产管理区(安全区Ⅲ)。在各区之间分别布设了防火墙、隔离装置、纵向加密装置等安全防护设备。具体的说，利用纵向加密技术实现了与电业局数据交换。加密所使用的是非对称加密算法，是国密局为电力专用的 sxx06 算法。利用隔离技术实现与企业网的数据安全交换。隔离技术通过虚拟主机 IP 地址、NAT 协议转换技术实现 2 个安全区之间非网络方式数据安全交换，并且保证安全隔离装置内外 2 个处理系统不同时连通。通过以上措施，有效杜绝了网络攻击、病毒入侵、误操作等重大安全隐患。

4 应用情况

油田电网实时数据平台投入运行后，在电网实时数据中心的建设、电网调度运行使用和电网管理人员决策等方面发挥了重要作用。

4.1 实现了与供电星火和会战集控中心、大庆电业局调控中心、电力营销公司、采油一厂和采油二厂变电集控中心采油一厂、采油二厂电网数据交换，共直采变电站和接收各区集控站电网实时运行遥测数据 3 万余条，遥信数据 6 万多条。

4.2 应用平台的图模库一体化功能，使得通过图形或者数据库建立的初始原件和记录自动生成电力系统设备的联接关系和电气特性，模型完全遵循 CIM 中的定义，自动校验 CIM 模型语法和逻辑关系，确保模型的正确性，这一重要功能大大减轻了自动化运维人员的维护负担和降低出错概率。

4.3 应用平台提供的负荷曲线、报表和棒图功能，提高了调度和电网管理人员对全网负荷、相关地区的电压合格率的有效掌控，南北区调度日报的使用降低了劳动强度，在劳动效率上有了显著的提高。

4.4 web 浏览功能使得在企业网的用户通过浏览器以曲线、报表、厂站的形式实时查看到电网运行情况，所产看的内容与平台系统内部一致所能够一致。

4.5 为高级应用软件和调度员培训仿真系统提供电网模型和实时数据，保障了两个系统的正常运行。

4.6 安全防护体系建立以后，有效控制、拦截对系统资源的访问，保证了系统的安全。

5 结束语

调度自动化系统实时数据平台是调度自动化系统基础支撑，经过缜密的前期技术研究和后续的科学建设，目前在油田电网中已经得到良好的应用，随着油田电网的不断发展壮大，调度自动化系统实时数据平台在系统开放性、集成能力、安全稳定性方面的潜能必将得以展现，更好的为油田电网服务。

参 考 文 献

[1]王益民．坚强智能电网技术标准体系研究框架．电力系统自动化，2010，34(22)，1-6

[2] 王雷，史金伟．IEC104 规约中程序化控制的扩展应用[J]．供用电，2012(4)，52-54

浅谈油气管道 SCADA 网络安全防护实现

吕 峰 王云鹏

（中国石油天然气股份公司北京油气调控中心）

摘 要 随着近两年国际上工控安全事件的爆发及其造成的巨大损失和影响，工控安全的重要性和工业企业决策层乃至于在国家层面的重视程度迅速提升，习主席曾经提出：“没有网络安全，就没有国家安全”，所以工控安全是看不见的战争，更是不能输的战争。

研究表明工控系统安全的主要威胁是黑客组织利用软件和操作系统的漏洞以及工业控制系统的通讯协议进行的专业化攻击。在如此情况下，石油天然气作为国家经济发展的重要命脉、作为战时重要的战略物资，石油石化企业工控安全的重要性更是不言而喻。因此，石油石化行业工控安全如何开展工作，如何保障工控安全的自主可控成为行业当前思考的突出问题。

本文将会从网络结构、人才、设备、经验、标准、管理制度、建设思路、自主可控等多个方面，探讨国内石油石化企业工控安全的现状和工控安全防护体系建设的重要性。同时结合油气调控中心 SCADA 网络安全的建设经验，浅谈如何通过工控安全设备、态势感知等新技术、运维管理等自主可控的综合性手段，构建工控安全的立体式防护体系。

关键词 工控安全；运维管理；态势感知；自主可控；油气调控中心

1 工控安全是看不见得战争，更是不能输得战争

2019 年 3 月 7 日下午 5 时，包括首都加拉加斯在内的委内瑞拉全国发生大规模停电；

2019 年 3 月 22 日上午，全球顶级铝业巨头挪威海德鲁（Norsk Hydro）发布公告称，旗下多家工厂受到一款名为 LockerGoga 勒索病毒的攻击，数条自动化生产线被迫停运。

2019 年 3 月，拜耳公司（Bayer AG）证实，有黑客入侵了公司的系统网络；

2019 年 3 月，Ivan Boyko 等研究人员报告了 Moxa 工控产品的 12 个安全漏洞；

2019 年 4 月 9 日，日本光学仪器巨头 HOYA 遭到网络攻击；

2019 年 6 月 7 日，飞机零部件供应商 ASCO 比利时工厂遭勒索软件感染；

2019 年 10 月 28 日，印度核电站遭网络攻击；

2019 年 12 月 4 日，伊朗黑客针对工业领域开发新型恶意软件 ZEROCLEARE；

一系列的工控信息安全事件表明，网络空间的安全威胁已从传统的互联网、计算机等虚拟空间迅速延伸扩展至物理世界的工业控制系统。即“计算机病毒”或“恶意程序”可以在不破坏工控系统本身的情况下，通过操控工业控制系统，引发生产中断、管道泄漏、环境污染、装备损毁，甚至可以引发灾难事故，导致社会动荡，国家安全就会受到极大威胁。工控系统已成为网络空间安全越来越重要的新战场。人们为区别于传统虚拟空间的病毒或程序，把类如“震网病毒”的称为“超级巡航导弹”、“软件原子弹”等等。

自“震网”事件之后，针对工控系统攻击的这种“软件原子弹”威胁越来越多、离我们也越来越近，甚至原先我们认为物理隔离的工控系统也未能幸免。习主席曾经提出：“没有网络安全，就没有国家安全”，当下工控安全已经成为了全球网络安全的重要关注领域。

2 工控系统安全的主要威胁是有组织的专业化攻击

从技术上看，工控系统所面临的网络安全威胁来自于两个方面：一个是传统的网络安全威胁，即利用操作系统、应用软件的漏洞发起的攻击威胁。这类威胁主要是针对计算机所使用操作系统和应用软件（如办公软件、网站软件等）的漏洞，获取计算机操作权限，或窃取隐私或敏感信息。

另一个更重要的安全威胁来源于对工控系统及其所控制的生产装置、生产工艺非常熟悉的有组织攻击。从公开的资料可以发现，“震网”虽然利用了操作系统的漏洞，但这些漏洞只是被用于“震网”代码的传播，其核心代码却是利用了西门子 PCS7 控制系统和核设施的特性，而发起恶意操控，同时向操作人员界面软件发送欺骗数据。

由此可见，针对工控系统核心部件攻击的“黑客”除了要具有一般的计算机操作系统和软件知识外，更利用了工控系统本身的软件硬件特性和通信协议、操作指令和基础设施生产装置的弱点，导致一般的信息安全技术人员难以发现，即具有“高专业性、高隐蔽性、高复杂性、难以被发现、难以被跟踪”(即“三高两难”)的威胁与风险特性

3 国内石油石化企业工控安全的基本现状

1. 工控网络不会永远物理隔离

早期的工业控制系统相对比较封闭，只用于单台设备或单个厂区的作业控制，往往处于物理隔离状态，很少受到来自于互联网信息安全方面的威胁。随着计算机技术和网络技术的发展，特别是信息化与工业化深度融合以及物联网的快速发展的数字化转型过程中，工业控制系统产品越来越多地采用通用协议、通用硬件和通用软件，实现控制信息和管理信息的广域传输，使得工业控制系统的开放性越来越强。

2. 人才匮乏、安全防护体系尚需完善

虽然 2011 年工信部发布了《关于加强工业控制系统信息安全管理的通知》，拉开了中国重新审视与解决工控安全的新篇章。2016 年 10 月，工业和信息化部再次发布了《工业控制系统信息安全防护指南》，同年 11 月全国人大正式颁布《中华人民共和国网络安全法》，其中“关键信息基础设施的运行安全”部分，以法律的形式将工控安全提升到前所未有的重视程度。

但是工控系统信息安全只有统一的宏观原则性要求，没有统一的落地技术方案；只有技术供应商各自的企业方案，没有行业性的工程设计标准。防护范围、防护程度、防护措施尚不明确。设计院不清楚，业主上级没规定，业主基层不明白，各企业都是在摸索中积累经验。

此外，网络安全是一个专业的学科，相关的人才都集中在网络安全厂商，当前大部分石油石化企业没有配备专业的人才和岗位，大多数都是信息中心的人员兼职，专业程度不够，很难对企业的工控安全防护体系进行顶层设计和日常运行维护起到关键作用。要做好这项工作，既要保证控制系统信息安全，又要保证控制功能正常，就需要既懂得信息技术专业，又要懂得自动控制专业。但是，这样的人才很紧缺，设计、生产、供应商都缺这样的人才。

3. 重设备，轻运维，少管理

信息安全作为“十三五”重点建设方向，重磅支持政策加速出台。随着近年来国内网络安全事件地频繁发生，我国政府对于信息安全防护，尤其是工控系统安全防护，建设意识逐渐加强，政策支持力度不断上升，比如，每年的护网行动。各企业在网络安全系统的投入也越来越大。但是正如上一点所述，由于缺少专业的人才和标准的支持，相关网络安全系统的安全策略的配置是否准确、全面；网络安全系统的配置是否合理；由于网络安全系统的专业性和复杂性，各企业是否能够正确的使用；对于网络存在的风险是否能够完全掌握；对于发现的风险和漏洞是否能够及时的修复；安全运维是否常态化；管理防护体系是否制度化、规范化，这些都是客观存在的问题。

4. 对工控安全的理解，更多还停留在互联网安全和协议层面

与互联网系统、信息系统相比，工控系统大多是由传感器、控制装置、执行机构等多环节构成的闭环系统，其监控软件也是供操作员进行工况监视和简单的操作，工控协议用于传输生产过程中的数据。因此，工控系统的网络安全需要从以上所有要素以及生产装置本身进行综合的考虑。

工业控制系统以“可用性”为第一安全需求，而传统信息安全以“机密性”为第一安全需求。在信息安全的三个属性(机密性、完整性、可用性)中，传统安全的优先顺序是机密性、完整性、可用性，而工业控制系统安全的要求则是可用性、完整性、机密性。这一差异，导致工业控制系统中的信息安全产品，必须从软硬件设计上

达到更高的可靠性，例如硬件要求无风扇设计(风扇平均无故障时间不到3年)。另外，导致传统信息安全产品的“故障关闭”原则如防火墙故障则断开内外网的网络连接，不适用于工业控制系统，工业控制系统的需求是防火墙故障时保证网络畅通。

因此，工控系统不同于互联网系统、信息系统，不仅要保证生产过程按工艺设计要求运行在预定的工况，同时还要避免安全事故的发生。换而言之，工控系统的生产厂商、集成厂商不仅要对生产过程的连续性、可靠性负责，还需要对生产的安全负责。这是传统信息安全厂商和安全产品难以做到的。

5. 工控安全的标准难以在工控系统终端落地

当前，关于工控安全的标准已有很多，如IEC62443国际标准(美国国际自动化协会ISA的ISA99)、美国NIST发布的SP-800.53，以及我国的等保2.0标准GB/T22239-2019《信息安全技术网络安全等级保护基本要求》等。但在实施过程中，面对运行中的工控系统(尤其是其核心部件的控制器)时，还会遇到“碰不得、摸不得”的尴尬

4 油气管道SCADA网络安全防护的建设思路

1. 油气管道SCADA系统的网络安全防护和保护，需要覆盖系统软件、硬件和网络等所有部件。只有将整个企业乃至行业的信息系统和工控安全关联和整合，才能实现真正的安全大数据，实现真正意义上的态势感知，实现安全大数据的深度分析挖掘，实现安全的运维和应急。

2. 油气管道SCADA系统的网络安全防护和保护，需要结合生产工艺与操作流程而开展，根据系统的实际情况和需求，定制系统安全防护解决方案，确定风控点和安全阈值后，将安全防护嵌入进工控应用系统。

3. 油气管道SCADA系统的网络安全防护和保护，还必须覆盖系统的设计、生产、调试、工程实施、维修、运行维护等全生命周期的所有环节

4. 油气管道SCADA系统的网络安全防护和保护，要做到由站控到中控，由边界到核心，全方位覆盖，不留死角。按照资产的重要程度和风险等级划分安全域；利用授权准入、访问控制、通信加密等多种安全机制，从物理环境安全、网络和通信安全、设备和计算安全、应用和数据安全等多个维度来构建多重安全防线。

5. 构建油气管道SCADA网络安全大数据平台和态势感知神经网络，实现快速感知、快速定位、快速定义、准确预警、快速溯源和快速应急。建立智能化工控安全防御系统的一个基本前提，也是实现前述以漏洞威胁防护为基础的防护理论的前提，因为只有做到智能感知，才能真正实现快速认知、快速定义、快速反应、快速防护和快速应急。但要实现态势感知需要满足，即大范围部署精密且精细的传感器、贴合实际的安全策略、大数据的收集整理和智能挖掘、资金支持和技术积累，并要充分理解相应的工艺流程和应用，这样才能构建较为理想的态势感知系统。

6. 安全服务是整个油气管道SCADA网络安全防护体系的主体和基线。安全服务包括安全测评、风险评估、安全咨询、安全加固、安全事件分析和研判、应急值守、安全高级专家在线支持等。设备是工具，管理和运维是关键，要做到日常管理到位、日常监督考核到位、日常运行维护到位，即时发现，即时处理，不留隐患。

7. 只有实现油气管道SCADA系统及其网络安全防护系统的国产化才能真正实现“自主可控”，因此，采用国产硬件、国产操作系统、国产安全应用构建工控系统和工控安全防护系统将是实现工控安全的必由之路

8. 网络安全不是一劳永逸，需要与时俱进，技术在发展，隐患也在增加，要做到防控策略及时更新，防控设备及时更新，防控思路及时更新，防控管理手段及时更新。

综上所述，工控系统的网络安全防护和保护是一个极其复杂的系统工程，需要回归控制系统的初心、回归控制系统的本质，从工控系统的软件、硬件、网络以及生产工艺、生产流程、生产装置、监督管理、日常运维等多方面同时着手，才能真正有效的对国家重要基础设施安全进行保护。

参 考 文 献

[1] 控制网《工业控制安全的行业性建设思路与安全的自主可控》2019 年 11 月 15 日电子技术应用《安全可信工业控制系统构建方案》2017 年 11 月 6 日 E 安教育《工控安全与传统安全的区别》2019 年 5 月 7 日

OTN 技术助力准东油田信息网融合应用

王 祥 程新忠 赵 昱 许湘燚 赵 黎 李晓红

（中国石油新疆油田公司）

摘 要 数字智能化油田发展离不开信息通信。准东油田的发展，各作业区之间网络传输要求越来越高，油田专网不仅要安全稳定可靠，还要适应高带宽和低时延。针对油田传输网现状，剖析了原来的 SDH 和 CWDM 传输网总带宽容量有限，光纤资源紧张，不能满足油田发展的需求。尤其是，单链传输，故障率较高，难以克服。结合新一代的 OTN(光传送网)技术特点，推广于油田主干传输网，为数字智能化油田发展奠定坚实的基础，确保信息通信提供安全可靠的保障，进一步提高准东油田网络通信水平。

关键词 OTN 传输网；SDH；CWDM；单链；倒换保护

1 OTN 技术推广应用的目的和必要性

1.1 OTN 技术特性

OTN 技术是在原有的 WDM 传送网络的基础上发展起来的，以适应新的信息网融合要求。以 WDM 技术为基础，在超大传输容量的基础上引入了 SDH 强大的操作、管理、维护(OAM)能力，同时弥补了 SDH 在面向传送层时的功能缺乏和维护管理开销的不足。OTN 继承了 SDH 和 WDM 的双重优势，能规避传统系统一系列问题的出现。OTN 网络结合了光域和电域处理的优势，能为波长/子波长提供巨大的传送容量、完全透明的连接以及电信级的保护。

1.2 OTN 技术推广应用的必要性

现有的 SDH 传输网络由于传输有限，以高速 IP 数据传输向基于波分传输技术的 OTN 网络的演进已是大势所趋。目前 OTN 传输网不仅技术成熟可靠，组网灵活，而且承载的业务多样性能适应将来发展的各种要求。电子技术和半导体材料的不断发展，降低了 OTN 设备采购成本。准东油田原有的骨干传输网采用贝尔阿尔卡特公司的 1660sm SDH 传输设备组成，最大带宽 2.5G。尽管后来改造了骨干传输网采用贝尔阿尔卡特公司的 1692sm CWDM 粗波分传输设备，最大带宽只有 10G。仍不能满足现在的油田生产业务需求。主要表现在以下两方面：其一，信息技术突飞猛进地发展，设备更新较快。我们原有的 SDH 传输设备已使用十三年了，CWDM 粗波分传输设备也有八年了。设备供应商对此类设备已停产，无法扩展升级，维修的备品备件都是库存的，有些甚至已断货，若出现重大故障有可能出现无法修复的风险。其二，为了平滑更新升级，本着节约投资充分利旧原则。对于目前一些小颗粒通信业务将要更新还未更新状况，我们继续保留现有的 SDH 传输设备，可以平滑移植到 OTN 传输网。

因此，我们整合了现有的油田传输网机构，采用了基于波分传输技术的光传送网通信平台，不仅保证了原有的通信业务不变，扩展了大颗粒业务，全面提升了油田传输网通信能力，并能适应未来油田生产发展要求。

2 准东油田传输网发展演进及 OTN 建设方案

2.1 准东油田原有传输网存在的问题

(1) 传输通道总带宽不足。准东油田传输网先期是 SDH 传输网，带宽 622M。以准东站点 1 为中心，通过单链光钎，连接了站点 2、站点 3、站点 4 和站点 5，如图 1 所示。只能开通到 4 个作业区百兆专用通道之外无法满足其他业务(如语音)等业务，随后就扩展为 2.5G 带宽。为了实现 4 个作业区开通独立千兆专用通道业务，在此基础上又投建了 CWDM 传输网。以准东站点 1 为中心实现了点对点分别到站点 2、站点 3、站点 4 和站点 5 各以一条独立的 GE 通道。随着油田信息需求的发展，油田独立的办公网，视频监控网，生产自动化监控网、GPON 系统 OLT 端站上联口等接口，都需要大颗粒 GE 接口。原来的传输网严重瓶颈，存在的问题无法彻底消除。(2)随着油田生产发展需求增多，传输网承载的业务多而杂，不均衡，增加了维护难度和工作量。特别是许多小颗粒业务分布多，维护复杂。(3)整个传输网光缆纤芯资源有限。由于准东主干光缆早期建设，12 芯光缆费用昂贵，建设成本高。有效的芯数要传输新疆油田公司大环网，作业区电视信号，电调专线等业务。还有长途干线光缆沿途中因道路、水利等工程施工损坏部分纤芯指标恶化无法恢复，剩下现有可用的纤芯已非常稀缺，无法利用纤芯增加通道拓展带宽。(4)主干光缆单链通道传输，沿途因施工人为损坏或洪水冲断发生信息传输中断次数较多，信息畅通的安全性和可靠性无法保证。

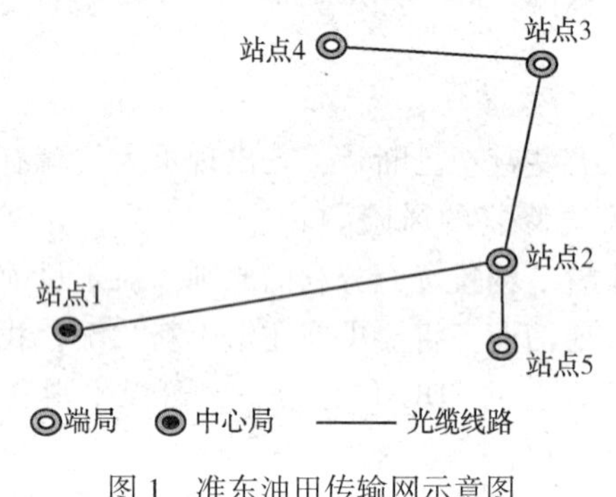

图 1　准东油田传输网示意图

2.2　准东油田 OTN 传输网发展建设方案

2.2.1　发展目标

OTN 传输网建设的主要目标是拓宽主干网传输带宽，解决信息网互联之间各项业务畅通，并且是独立透明传输。OTN 波分网络采用 44 波通信的波分复用设备构架，目前每波提供 10G 带宽。以中心站到各作业区分别采用 4 波，带宽达到 40G。其中，将 SDH 传输网移植到 OTN 传输网里，保持原有的小颗粒业务不变，增加了 GE 和 10GE 多个接口，满足油田信息网带宽扩容传输的使用，并且还能继续升级扩容 OTN 板卡适应将来发展的需求。

2.2.2　发展要求

(1)确保设备运行稳定可靠，OTN 设备关键板卡采用主备工作方式，EC 机框控制器和 PF 电源模块均采用主备工作方式。(2)DWDM 支持多维 TOADM/CDC-F/C-F 的多种 ROADM 结构，OTN 光传输单波通道冗余大，除了能适应目前工作业务要求外，还能适应将来信息网络中远期发展的要求。(3)配备有光倒换保护系统，确保长途光路有故障时，能自动倒换，保证油田骨干传输通道不中断。

2.2.3　建设方案

根据准东油田现有传输网结构特点，保持原有传输网站点结构不变，建设完成后，将原有的 SDH 传输网中小颗粒业务不变，平移到 OTN 传输平台中 STM-16 接口，将办公网，视频监控网、OLT 上联接口、自动化监控网等大颗粒业务直接迁移到 OTN 传输网平台上。

由于现有的准东油田传输网没有环网，只是单链传输。这次 OTN 传输网建设选用贝尔阿尔卡特 1830PSS-32 设备，另外利用了现有电调网光缆一对纤芯作为备用路由保护，采用自动倒换技术，当一条工作光路出现故障时，自动切换到另一条备用光路，确保了准东油田骨干传输网运行安全可靠。传输示意图 2 如下：

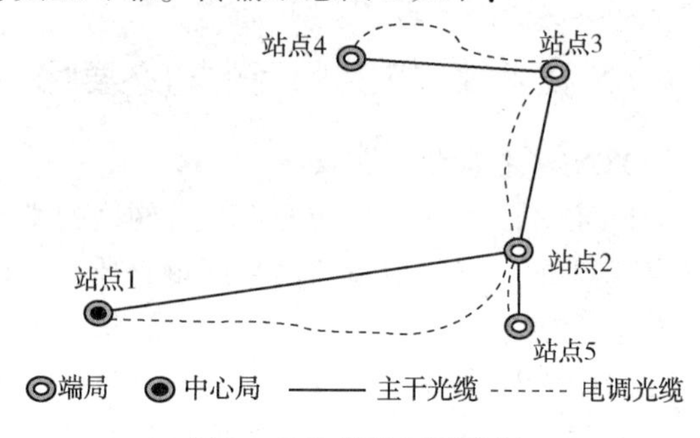

图 2　OTN 传输网示意图

OTN 传输网由以上图可见，站点 1 至站点 2 两站点备用电调光纤 118KM，距离较长。为了确保可靠通信传输，采用了拉曼放大技术。

实现以站点 1 为中心站，分别到站点 2、站点 3、站点 4 和站点 5 各站点传输独立通道，配置各站点分别独立 4 个波长，每波 10G 带宽，配置波长表如下：

表 1

序号	站点	波　长			
1	站点 3	9180	9190	9200	9230
2	站点 4	9300	9310	9320	9340
3	站点 2	9400	9410	9420	9430
4	站点 5	9520	9530	9540	9560

由于目前总业务数目不多，只采用了光交叉连接。站点 3、站点 4 和站点 5 光路在站点 2 端通过光合分波复用器直接跳接，站点 4 光路由于线路距离较长，在站点 3 端通过 11QPA4 板 10G 用户端口转接完成。

3 准东油田 OTN 传输网实际效果分析

整个 OTN 传输网演进发展中，考虑了准东油田现有传输网的实际不足和局限，按照有限的投入资金，预测了信息网未来发展趋势和 OTN 传输网继续延伸和扩展，选用当今新一代传输网 OTN 技术服务于油田信息网发展，取得实际效果分析如下：(1)实现了传输网在没有环网保护条件下，采用主备不同路由进行倒换保护模式，确保了传输网安全可靠运行，(2)在小颗粒传输业务向大颗粒过渡过程中，利旧了现有网络资源 SDH 系统，没有过度投资即将淘汰的业务产品。节省投资成本，充分利用原有的资源，平稳优化过渡演进了 OTN 传输网发展建设。(3)OTN 技术目前提供 3 种交叉颗粒，即 ODU0(1Gbit/s)、ODU1(2.5Gbit/s)和 ODU2(10Gbit/s)。如果将来升级板卡，可以利用现有传输网平台，可以扩大到 ODU3(40Gbit/s)和 ODU4(100Gbit/s)大颗粒业务。(4)OTN 传输网能够实现长距离(120KM)无中继通信，与 CWDM 粗波分相比，可以节省中继站，降低了管理维护成本。与 SDH 传输网相比，同等规模的传输网，以波分复用技术为核心的 OTN 传输网较大地节省了设备投入和机房占地，相应的也不断降低了长期投入成本和相关维护管理费用。

4 结论

OTN 传输网平台是以波分复用为核心技术，目前已被广泛应用。成熟开放的技术，能够彻底解决传输网络带宽瓶颈。随着准东油田不断开发和数字智能化发展，信息网络需要安全稳定可靠。OTN 传输网能够提供各种标准接口，突破了带宽制约的限制。为油田下一步发展物联网，打好了传输通道的坚实基础，为实现百万吨千万吨级油田勘探开发、生产建设和调度指挥提供优质传输保障。

参考文献

[1] 李迎星，孟夏.OTN 技术在青海油田专网的融合应用[J]. 石油通信.2015(1)：47-49.

浅析准东采油厂老区物联网标准化建设的意义

谢亚莉　赵　黎　赵　昱　尹　权　余智勇　赵　军　赵向红　李晓红

（中国石油新疆油田公司）

摘　要　油田老区由于开发时间长，油田产量逐年降低，在保证老井有序开发油井产量维持稳定的基础上，一般不再进行大规模的工艺改造或设备投入。但随着“油公司”模式的推进和三项制度改革的要求，传统的生产模式使企业面临着巨大的用工压力。急需进行物联网建设推动生产模式变革，减少现场用工数量。准东采油厂作为较早建成的老油田，各作业区物联网系统建设年代不同，物联网水平也各不相同，其中彩南作业区作为中国第一个整装沙漠油田，单井、计量配水间、处理站数字化水平较高，进行了油气生产全过程的数字化建设。而其他作业区有的进行了零星区块的物联网建设，有的没有进行物联网建设。同时，各作业区处理站在早期都进行了相关数字化建设，但随着生产工艺的不断改进，许多新增设备的控制系统都是就地控制，使得各地系统较为散乱，存在PLC系统品牌繁多，接口不一，机柜设计不统一，不易整合等问题。如果根据工艺单元进行标准化建设，统一建设标准，规定好物联网系统的产品规格，可以有效的解决物联网系统杂乱，难集成，故障频发等问题。

关键词　老油田；数字化；物联网；标准化；统一

1　油田生产活动标准化分析

要以什么样的标准进行油气生产物联网建设是我们要研究的问题，通过油田生产现场劳动写实分析，现场生产过程主要包括资料录取、现场HSE管理（包括现场巡检、劳动监护）、生产操作和维护保养四部分内容，确定其中哪些现场劳动可以通过物联网建设替代，实现物联网系统的科学高效建设。精简现场操作人员、促进劳动组织结构优化，为物联网方案设计、采集参数选取和组织机构变革提供依据。

通过物联网建设，可在资料录取、现场HSE管理、生产操作三个方面替代人工工作量。

资料录取：

压力、温度、流量、液位、功图、频率等数据可以通过各类仪表替代人工抄录。含水率、动液面等数据的采集设备成本较高，目前难替代。

设备运行状态、保养记录等利用电子记录代替人工技术上可行但规章制度要求必须人工录取。水质等化验数据没有成熟的替代技术。

现场HSE管理：

现场HSE管理工作包括现场巡检、设备状态检查、操作施工监督、有毒有害气体检测等。

通过各类视频监控手段，替代现场巡检及操作、施工过程的监督。通过加装气体检测仪并与轴流风机联动，替代人工检测，保障员工安全。对现场采集数据分析，优化预警、报警限值，提高现场安全管理能力。

泵运行状态检测等无法通过视觉判断，需加装检测设备。实现成本高。

各项施工许可与现场确认可以通过电子签名等方式替代，但规章制度要求必须人工进行。

生产操作：

生产操作中各类泵的启停、调节频率，带就地控制器的工艺设备操作可以通过集中接入PLC/DCS实现远程控制，替代人工操作；

各类阀的操作（工艺流程切换）可以通过阀体加装电动执行机构替代，但改造成本较高。更换油嘴、调节抽油机冲程等机械操作目前没有自动化替代技术。

维护保养：

维护保养的各项工作不能通过物联网替代。在物联网建设完成后，还需增加一定的维护工作量。

根据劳动写实分析，现阶段重点针对易替代劳动进行物联网建设（以实现现场数据自动采集为主），后期伴随物联网技术的进步，建设成本的降低，逐步实现对成本高难替代劳动进行物联网实施，逐步形成油气物联网建设标准化设计。

2　准东采油厂工艺现状分析

本文以准东采油厂为例来分析油田老区物联网标准化建设的意义。

准东采油厂以稀油开采方式为主，部分区块以稠油生产方式生产。各生产环节基本以传统模式进行，采用三级或四级布站模式，形成了“劳动密集、驻点值守、定时巡检”生产运行方式。

单井：单井生产管理以人工巡检为主。采油工在现场检查单井有无异常情况，井口压力、注水量等数据人工现场抄写，下班后送回作业区队部录入日生产系统。

计量间：单井计量以人工计量为主，采油工在计量间手动倒井量油、现场值守抄写量油数据；单井 3—7 天计量一次。

联合站：联合站生产管理以自动化与人工巡检结合的方式运行，发现异常时进行故障处理；每隔 2 小时对站库设备运行状况进行巡检，检查有无异常；部分生产数据来自自动化系统，其余数据人工抄写录入。

（1）油井举升方式

以有杆泵抽油为主，少量自喷井生产。

（2）计量方式

方式一：传统集油管汇+常规分离器计量，倒流程和计量均需要人工操作；

方式二：多通阀人工干预排序+分离器计量，但无自动计量装置；

方式三：多通阀+分离器，实现本地自动计量，无通讯传输；

方式四：多通阀+分离器，远程自动计量，无线网桥或数传电台通讯传输。

（3）两种集输方式

方式一：井口—计量间—转油站—联合站；

方式二：井口—计量间—联合站。

（4）集输处理

有原油处理、污水处理、天然气处理，其处理方式如下：

原油处理：方式一：热化学脱水+重力沉降—原油外输；

方式二：热电化学脱水+重力沉降—原油外输；

污水处理：重力沉降—混凝沉降—过滤—增压输至注水泵站；

天然气处理：油气分离+注甲醛+冷凝；

（5）注水流程

注水水源由联合站自产污水处理达标后回注污水和清水组成。其流程为：泵站增压—配水间配注—水井井口。

准东采油厂由于各个区块开发时间较长，几个采油作业区地质条件、环境条件各不相同，有抽油机井、螺杆泵井、电潜螺杆泵井、自喷井等多种采油井，油田生产现场所用的设备也略有差异，有的采油井口采用盘管路加热，有的井口采用水浴炉加热，有的采用电加热器加热，数量不多的采气井还分为注醇采气井和水套炉加热采气井两种，计量站采用计量工艺计量设备也各有不同。混输泵站有带平衡罐的混输泵站和常规混输泵站，所用混输泵设备规格厂家不一，拉油注水站、转油站、集气站、联合站等大中型场站由于建设年代不一，各站处理工艺和设备规格差异较大。再者，各联合站、拉油处理站站控系统情况较为杂乱，联合站大都存在原油、污水、供暖锅炉系统 PLC 系统独立运行的情况，许多较小的设备控制系统，如加热炉控制系统、过滤器控制系统、电解盐控制系统、脱泥系统等采用设备就地控制的方式，并没有实现集中统一监测控制。站控系统还存在机柜布局设计不一，系统连锁控制缺失、布线杂乱、软件版本多、接口协议不统一，系统间兼容性不强、厂商不同，系统软版本众多，上位机软件也不尽相同，致使数据交互困难，设备设施品牌型号不统一（有些站控 PLC 设备老旧，已不能买到相应备品备件）。导致系统管理难度大，维护任务重，需要投入大量较高技术水平的运维人员等诸多问题。

根据以上问题分析，在准东采油厂进行物联网建设的标准化统一化显得尤为重要，具有更为积极的意义。要进行物联网标准化建设，将涉及到井场物联网标准化、传输标准化、站库标准化、站控系统标准化等几个重要方面。

3　井场物联网标准化的意义

对于准东采油厂来说，对抽油机井、螺杆泵井、气井、注水井、水源井等各种类型的井场进行物联网建设标准化设计，有利于降低成本，形成统一数据源，可以促进工艺流程再造，提高井场物联网建设成效。对于工艺、地质分析所必须的物联网参数进行必要物联网建设，全部进行采集，对于采集成本较高，经工艺优化后采集成本较高的参数或采集频次不高的参数，可以作为下一步物联网建设的内容进行选择性建设或委托外包测试数据。

4 传输标准化的意义

作为油田生产数据的通路，传输标准化也具有十分重大的意义。从井场到计量配水站到联合站，数据安全稳定有效的传输才能保证各类站控系统正常运行，站控系统的正常运行才能使油田生产管理更加高效便捷。在做好井场、站库设备标准化设计时，设备传输协议、传输接口的标准化是一项重要的参照指标。对于传输接口、协议不统一的设备，虽然可以通过越来越多的技术手段加以转化解决，但这无疑会增加建设成本，而且传输的有效性也难于保障。因此，传输方式的标准化设计可以统一传输模式、统一设备、统一接口、统一协议，为物联网建设各环节的标准化提供基础和通讯基础和保障。

5 站库标准化的意义

由于准东采油厂几个大中型站库建设年代和物联网建设情况都不相同，对于站库的物联网标准化，应以采油作业区为单位分别进行标准化设计，对站点内相似工艺进行标准化物联网设计，对于同一采油作业区应尽量避免使用多家PLC产品，统一站库物联网建设所用自动化设备设施的厂家、型号等，对机柜、机房布线标准进行统一规定，以降低故障率、节约维护成本。

6 站控系统标准化的意义

各采油作业区站控系统经过多年的运行，存在多方面的问题。进行站库系统标准化设计，首先要进行的是各站库系统的整合，将各个站库控制系统统一整合到厂级生产指挥中心，使用标准化模块进行各站库功能模块的设计，实现数据格式、数据库的标准化，统一系统参数、报警预警的格式。形成标准化系统运行手册指导系统运行维护工作。站控系统是否高效稳定，关系到油气生产各流程各环节是否能够高效稳定运行。进行站控系统标准化，可以有效降低维护成本、促进深度数据挖掘、提高管理效率、降低用工成本、减少员工现场工作强度和工作量，为进一步实现智慧油田奠定基础。

7 结语

准东采油厂作为典型的老油田代表之一，通过对井场物联网标准化、传输标准化、站库标准化、站控系统标准化的研究，实现以采油作业区为基本单位的油田物联网标准化建设。通过物联网标准化建设的实施，建立涵盖全油田生产各环节的物联网系统。可以实现各采油工艺单元物联网建设标准化、模块化，使油气生产物联网系统建设更加快速高效，减少系统运维成本、减轻员工工作量和工作强度。同时，基于标准化数据系统的深化应用，对于加快推进油田老区数字化转型，促进管理组织模式变革、提升企业管理效益都有着深远的意义。

网络安全漏洞扫描技术在准东采油厂的应用

吴 东 许湘燚 戴 静 赵向红 赵 军 程新忠

（中国石油新疆油田公司）

摘 要 在网络环境、信息系统架构越来越复杂的今天，原本使用的网络安全检查工具已经渐渐不能满足企业用户的需求，用户越来越多的需要全方位的弱点发现能力。对于系统管理员来说，安全漏洞扫描技术能够检测网络系统潜在的安全漏洞，使网络管理员可以预先了解网络的脆弱性所在，从而确保网络系统的安全。

准东采油厂计算机网络系统从2004年建设至今，在线网络设备百余台，在线计算机终端千余台。随着近年来计算机的普及和应用，网络安全变得越来越重要，计算机网络系统漏洞只能被动的接收上级漏洞通报后才能进行补救，采取整改措施。为了提前发现和处理计算机网络的安全漏洞，降低系统风险，信息技术人员开始对网络漏洞扫描安全技术进行研究，以保障准东采油厂信息网络的安全。

关键词 网络安全；漏洞扫描；扫描策略；扫描工具；网站

1 漏洞扫描技术

计算机漏洞是指软件编写或者配置上产生的缺陷。黑客如果发现存在的缺陷，会通过植入木马、病毒等方式攻击计算机，窃取资料及信息，破坏操作系统。计算机漏洞不仅仅包括单独的计算机，还包括我们使用的整个计算机网络系统的漏洞。任何计算机及系统都存在漏洞，常出现于计算机操作系统、应用软件中。

漏洞扫描技术是一种重要的计算机网络安全防护手段。利用漏洞扫描技术，可以对计算机网络内的网络设备、系统终端及应用等进行安全漏洞进行扫描，通过提前对漏洞扫描平台设置相关的安全策略，对管理范围内计算机网络进行扫描，管理员可以掌握网络的安全配置和运行的服务，通过扫描结果及时发现网络设备安全漏洞，客观评估网络风险等级。网络管理员能根据扫描的结果采取相应的措施，来消除漏洞、降低风险，提高计算机网络设备的整体安全性。

一次完整的网络安全漏洞扫描分为三个阶段：第一阶段：发现目标主机或网络。第二阶段：发现目标搜集目标信息，包括操作系统类型、运行的服务以及服务软件的版本等。如果我们扫描目标是网络系统，还可以进一步扫描到该网络的拓扑结构、路由器以及各主机的信息。第三阶段：根据搜集到的信息进行判断或测试系统是否存在安全漏洞。网络管理员根据网络系统漏洞扫描的结果更正网络安全漏洞和系统中的错误配置，在黑客攻击前进行防范。

2 漏洞扫描策略及方法

2.1 安全漏洞扫描策略

漏洞扫描通常采用两种策略，第一种是被动式策略，第二种是主动式策略。被动式扫描策略也称为主机扫描，是在主机的基础上，作为一个用户的角度对计算机内部相关内容进行全面的扫描与检测。它扫描系统的配置信息、弱口令及与安全策略不符合的信息，并在扫描检测结束后，生成检测报告反馈给系统管理员，管理员通过分析报告掌握计算机系统存在的安全漏洞，采取措施修复漏洞。它的优点是针对性强，能够快速、准确的获取所需信息，能够扫描出的漏洞多，网络负载小；缺点是需要在目标主机安装检测工具，需要控制目标主机才能进行扫描。

主动式的扫描策略也称为网络安全扫描，主要利用网络系统进行自检。它是通过主机的响应来应对主机操作系统和服务，主动式扫描在目标系统上安装了一个代理或者是服务，以便能够访问计算机网络内的所有的文件与进程。它通过执行一些脚本文件，模拟对系统进行攻击行为并记录系统的反应，发现系统的安全漏洞，从而生成检测报告提供给系统管理员使其分析和处理漏洞。它的优点是扫描信息比较全面，管理员能够扫描到更多的漏洞，缺点是获取扫描信息的速度比较慢。

2.2 漏洞扫描的方法：

通常采用端口扫描法及基于暴力的用户口令破解法。端口扫描法一种常见的计算机网络漏洞检测方法，网络中出现一些安全入侵行为，在端口扫描后获得目标主机开启的一些端口及这些端口上的信息，从而检测出来端口的安全漏洞；基于暴力的用户口令破解法通过模拟黑客的攻击收发，对目标主机系统进行攻击性的安全漏洞扫描；如弱口令检测，如果模拟测试攻击成果，说明主机系统中存在的安全漏洞。

3 企业网存在的安全隐患

3.1 局域网本身及存在安全隐患。

内网使用的操作系统、数据库、办公软件、浏览器、ftp、端口等都会或多或少的存在漏洞，这些都会被黑客利用。一方面，黑客的攻击手段不断变换，会采取利用各类漏洞发动进攻；另一方面，员工个人使用的计算机安全意识不够强，存在主机安全基线问题，系统补丁不及时更新。个人计算机及使用的应用系统存在弱口令、密码更换不及时、密码复杂度不符合要求等问题。

3.2 新型计算机病毒和垃圾邮件

现有的防病毒客户端只是被动进行病毒监测与杀毒，无法对新的病毒、钓鱼邮件等进行防护。企业员工员工在使用企业中的电脑的时候不小心进入了垃圾的网站，或点了垃圾邮件，都会将病毒引入了电脑，病毒侵入了企业的信息局域网中，造成了企业的局域网系统收到影响，比如有些病毒会不断向网络发包，造成网络阻塞，严重时会导致大面积网络中断，对企业正常办公及信息的及时传递造成极大影响。

3.3 企业网站存在的安全隐患

在网站方面，由于网站开发人员在进行编码时，对Web应用的安全性存在考虑不周全，容易引起各种Web漏洞，造成了安全隐患。常见存在的漏洞如SQL注入漏洞，存在数据库信息窃取、篡改等风险；Cookie注入漏洞，存在数据库信息窃取、删除、控制服务器的风险；脚本漏洞，对于用户证书、网站信息、用户信息窃取等风险；网页木马漏洞，会存在控制网站主机或者攻击访问者客户端的风险；如果管理员对于网站安全性重视度不够，不能够对已经扫描发现的的安全漏洞进行修复，攻击者能很容易利用Web应用程序漏洞穿透防火墙攻击内网数据库服务器，造成企业的安全隐患。对采油厂网站进行安全监测，监测范围为网站扫描、变更扫描、敏感词汇监测和网站可用性，为信息系统整体风险评估提供有力的支撑。

4 漏洞扫描工具的选择

目前漏洞扫描器网络型的比较多，并且结合了主机扫描器的优点，既可以对网络系统检查，又可以采用主机扫描的方式对独立主机进行深度检测。基于准东采油厂计算机信息网络的现状及实际需求，我们从系统漏扫、数据库漏扫、终端基线核查、web扫描等方面考虑选择漏洞扫描工具。

根据采油厂的实际需求，我们选取的漏洞扫描工具的符合以下需求：

（1）扫描功能强大：支持基线核查、数据库漏洞扫描、系统及软件漏洞扫描、端口及服务探测、弱口令扫描等。

（2）扫描速度快，扫描性能好，支持分布式、集群化：扫描器要具备快速修复漏洞能力，扫描器引擎速度快，使用多线程技术。能够实现分布式、集群化扫描，提高集群扫描效率。

（3）基线核查准确：按照信息安全统一要求，禁用Guest账户，密码长度最少值设置为12个字符以上，复杂度需要满足字母大小写、数字、特殊符号中的任意三种组合，密码最短、最长使用期限、强制密码历史。

（4）主机策略丰富：根据实际情况创建策略分组，对windows、linux等操作系统进行扫描，从而发现操作系统、数据库、办公软件、ftp、dns等漏洞。

（5）漏洞库更新快，漏洞库及时更新：由于新的漏洞会随时出现，黑客攻击的方式也随时更新，如果漏洞库没有及时更新，产生的新的漏洞，扫描器就无法检查出来。所以要对漏洞库及时更新，制定合适的扫描策略。在操作方面，尽量避开办公时间段，提高工作效率。

（6）丰富的统计图表：对于管理员来说，可视化的统计结果以及统计对比数据表格是很重要的，扫描报告生成多种格式标准的报告文档，不仅让用户直观的看到自己的系统状态，而且要对整个扫描结果进行对比与总结。

（7）先进的权限管理：丰富的权限管理可以

适用于各种用户的需求，用户可以根据不同的需求使用不同的权限。

5 结语

随着信息技术的快速发展，在给人们带来方便快捷的同时，也出现了很多新的网络安全问题。为了可以更好地提升企业计算机网络安全管理水平，一定要提高对网络安全的重视程度。采油厂通过网络安全漏洞扫描技术的研究，采用适合现状的漏洞扫描方法，通过合理的使用漏洞扫描工具，在保障企业网络安全及网站方面发挥越来越重要的作用。通过采取的有效的技术措施，大大提升网络安全管理水平。

参 考 文 献

[1] 文辉，王虎智．网络安全漏洞扫描技术的原理与实现[J]．福建电脑，2006(04)：37-38.

[2]赵喜明．计算机网络安全与漏洞扫描技术研究[J]．网络安全技术与应用，2014，17(01)：123-124

[3]王勇．关于计算机网络安全与漏洞扫描技术的分析探讨[J]．数字技术与应用，2016(04)：211.

[4]姜成斌，郑薇，赵亮，姜丽萍．论漏洞扫描技术与网络安全[J]．中国信息界，2012(03)：58-62.

基于智能客服的统一运维体系建设

李效恋　李昆颖　魏代明　何　旭　丁　宇　郭　威　郭翠翠

（中国石油勘探开发研究院）

摘　要　随着大型企业信息化建设的不断深入和推广，各类业务信息管理系统数量飞速增加，有效加速数字化和信息化的同时给系统运维支持工作带来了很大挑战和压力。目前的运维支持模式以专人支持为主，此模式存在人员需求大，知识流失风险高、服务时间段受限等方面的问题和不足。因此，本文结合实际研究实践提出一套基于智能客服的统一运维体系，利用智能化手段推进统一运维体系建设，提升服务质量，降低运维成本。

关键词　信息化运维体系；信息化管理；智能客服；

1　目前现状

1.1　运维系统现状

目前信息化运维体系中，多数是通过配备支持人员通过电话、邮件、聊天软件等方式来解决用户问题。目前面临的主要问题主要有：支持人员需求量大，随着系统业务的增长，用户量的增加，支持人员也需要要增加；培训成本高，支持人员上岗前需要接受一段时间的培训和学习，熟悉系统相关业务后才能上岗，人员流动对于运维工作的影响较大；并发支持量有限，业务高峰时期，用户打电话要求解决问题的数量会明显增加，可能会导致部分用户打不进电话，或需要用户等待，降低用户体验；服务质量易受运维人员上岗状态、心情等客观因素影响。

1.2　智能客服发展现状

人工智能是一门依赖于计算机程序对人类的思维方式进行研究、模仿、延伸和拓展，并做出判断和实施操作的新技术科学[1]，人工智能在历史上经历了三次的浮沉，目前正处于由现实商业主导的第三次热潮，预示着人工智能已在攻克运算和感知智能领域的难题取得进展。目前神经网络和遗传算法的灵活应用和结合已在很大程度上提升了机器处理海量数据的效率。

智能客服作为人工智能应用领域人机交互的重要分支，近几年也取得很快的发展和进步。包括电商、银行、教育、视频网站等多个行业都开展了积极的探索和应用。企业层面也开始逐渐意识到其对提升客服服务效率，扩大整体服务容量，优化用户服务体验等方面的优势，尤其是能够帮助大量用户快速解决相对简单的问题。

2　基于智能客服的统一运维体系

利用人工智能技术构建包含知识库和智能客服交互的智能客服，面向系统用户作为系统运维的总入口，针对智能客服无法解决的问题再由人工客服进行处理，既做到运维服务 7X24 小时在线和问题的即刻相应，又做到复杂问题的个性化处理保证用户体验。

体系初始化阶段，需要运维人员将统用问题和常见问题进行数字化、分类、标注，并存储在知识库中；上线应用后，智能客服交互部分利用自然语言处理快速分析用户问题，检索相应答案并反馈给用户，用户可以针对问题答案进行反馈，标注该此服务是否解决自己的问题。复杂问题由人工客服进行处理，处理完成后可将处理结果补充至知识库中。随着上线应用的推广和使用人数的增加，知识库将由用户和人工客服持续的补充优化并逐步提升知识容量和准确率，更加快速有效的解决用户问题。

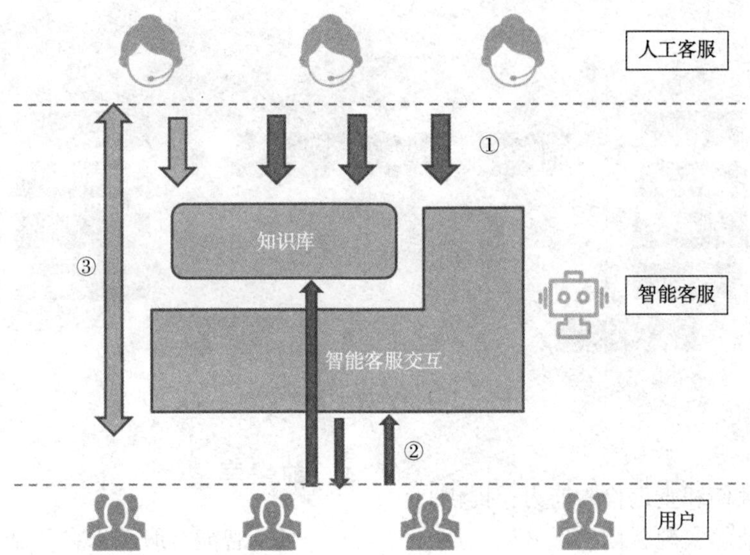

图 1　基于智能客服的统一运维体系建设

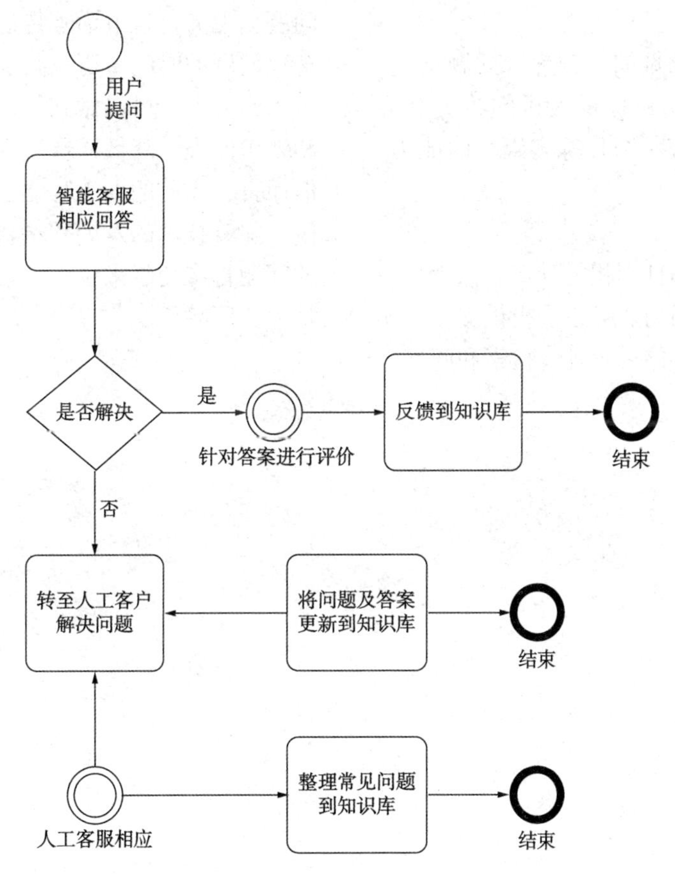

图 2　基于智能客服的统一运维体系流程

3　智能客服设计与实现

智能客服的设计实现主要包括三个部分：FAQ 管理、知识库管理、用户交互及基础管理四个模块。

FAQ 管理

此模块是面向客服人员，提供 FAQ 管理、留言问题处理、聊天日志浏览分析、常见问题设置功能，为客服人员提供一个知识库的管理工具。使得客服人员能够对知识库问题进行初始化、更新、删除等操作，设置标注常见问题，同时能够看到用户的留言以及用户和智能客服的聊天记录。

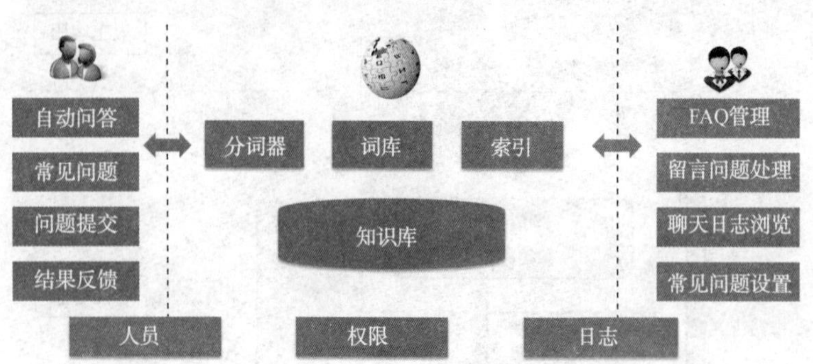

图 3　智能客服功能架构

知识库管理

提供知识库的存储和查询检索能力，提供自然语言处理能力，能够实现分词、近义词、反义词、屏蔽词的管理，提供索引构建和检索能力，为前端用户交互模块提供底层支持。

用户交互模块

提供自动问答、常见问题列表、问题提交、结果反馈等功能，为用户提供人机问答交互界面。答案具备包含链接、图片等多媒体的能力，使的用户体验更加直观。

基础管理

提供人员、权限和日志相关管理，保障统一的智能客服可以为不同的业务系统提供支撑，实现多业务系统知识的存储、管理、检索和问答。

4　前景展望

虽然智能客服技术在复杂问题的针对性和灵活性方面较人工客服仍有较大差距，但基于智能客服的统一运维体系可以帮助用户快速解决常见问题，无需再打电话等待运维人员回复，缩短了解决问题的时间。可以减少运维人员的数量，减少运维成本。可以做到知识有形化减少培训成本和知识流失，降低人员流动带来的不稳定性。总体而言，当前的人工智能也尚处在弱人工智能阶段，随着技术的发展和革新，智能客服能够解决的问题肯定会越来越多，运维支持的智能化也会是大势所趋。

天然气管道输送的风险措施

王　栋

（陕西燃气集团新能源发展股份有限公司）

摘　要　随着我国社会经济的不断发展，人们的生活质量不断提高。现今，天然气已经成为人们生活中不可或缺的化石能源。作为一个高风险行业，为确保人们生活的安全便利，天然气管道输送技术还需不断提高。

关键词　天然气；管道输送；风险级；措施研究

天然气管道是将天然气从开采地域处理之后输送到城市配气中心或者工业企业用户的管道，是现今陆地上唯一输送天然气的方式。可见天然气管道输送对于城市化规模建设的重要性。如今的天然气充实着我们的生活，我们生活所需的热水，电等等都与天然气密不可分。随着"十三五"对天然气使用的大力推动，使得天然气的发展迎来更大的机遇，因此，为确保天然气在运输工程的安全性，天然气管道输送过程中的风险级措施研究还需不断深化改革[1]。

1　简析天然气管道

我国是最早使用天然气运输的国家，起初的运输工具是由木竹制的管道。世界输气管道也经历了与中国相似的发展历程，其早期使用的运送管道也由木竹制成，随后在此基础上不断探索，运输管道所制材料也在不断地更新换代。管道按照其用途分类可分为三种，即集气管道，输气管道，配气管道三种。每一部分在天然气运输过程中都显得尤为重要，主要体现在以下几个方面[2]。

(1)集气管道

集气管道是管道输送的基础。其主要作用是将气田井口装置集气站进行处理，主要目的是为了收集刚开采出来的天然气。未经过处理的天然气气井压力极高，因此，集气管道所承受的压力在9.8MPa以上，管道直径在50~150mm之间。

(2) 输气管道

输气管道是将处理之后的气体运送到各大城市的配气中心以及大型储气库管道，是整个输送过程主体，因此，输气管道的直径是最大的。目前最大的输气管道直径是1420mm，其输气压力在6.86~7.84MPa之间，贯穿整个陆地天然气输送。

(3) 配气管道

配气管道主要作用在于从城市调压计到用户支线。其压力低，管网稠密，分支密集，管道直径小，使得其所制作材料不会过于局限。为保障管道输送的安全性，各国开始制定进入输气管道的质量标准，制定防火安全距离，严格把控管道的制作材料，精密计算其承受压力等。主要目的是为确保天然气管道输送中的安全运行，使得其最大优化人们的生活。

2　影响天然气管道运送平稳且安全运转的相关风险因素

(1) 制度建设不完善

制度建设是为保障管道输送的安全性，如制定运输标准，确认材料使用等等。因此，制度建设的不完善，会使得输送工作出现问题。对于管道运输管理来说，这已经深刻影响着管道输送的安全运行[3]。管道输送过程中一旦发生事故，其危害性极大，并波及范围广，遍布整个运输带上所储备的天然气。管道一旦在此过程中发生破裂，所释放的能量极其危险，使得管道撕裂长度较长，而天然气作为工业燃料，排出的气体如若遇见明火，还会酿成火灾，其危害性不容小觑。

(2) 管道设计失误

输气管道是由单根的管子逐渐连接组装起来。现代化集气管道是由钢管经过电焊连接而成。输气管道系统是个连续密闭输送系统，因此，为确保管道输送得以安全运转，管道设计前期对于管道质量检测至关重要。管道输送过程是一个长期工程，并且短期内不会停止，这就要求管道设计过程需十分谨慎，以此来确保管道输送的长久性和安全性。若设计失误，则会影响到管道安全使用。

(3) 施工质量无法达标

检验一个工程是否合理化建设，质量是否达标乃是关键[5]。管道运输也不例外。在管道施工过程中所考虑的问题需十分全面，如何避免管道遭到腐蚀，如何避免管道施工不会出现失误等等。其中管道腐蚀的现象最为常见。在日积月累的运输过程中，管道会受到一定的腐蚀，其腐蚀的主要原因是因为水合物腐蚀，杂质腐蚀以及土壤腐蚀等，管道腐蚀会导致引爆管道，从而发生火灾等事故。管道是在土壤中，因此如若出现意外，其翻修过程是十分繁杂的，所造成的损失也是不可磨灭的。因此，施工质量如若没有达标，会大大增加管道输送的风险。

(4) 应急方案不够完善

因其管道是埋在土壤中，因此，所遇到的情况也会相应增加。如，在季节性中的建设工作：水利工程，绿色节能建筑，民建工程等等，这些工程都有一个共同点便是需要进行地基打造，只有地基牢固，才能使得该工程得以顺利发展。在铸造地基的过程中，很容易阻碍管道运输的正常运行。由此可见，季节性施工的不确定性，大大增加了管道运输的风险，如若应急方案不够完善，则风险大大增加。

3　控制天然气运输过程中风险因素的措施

为实行天然气运输得以平稳安全的运转，控制其运输过程中的风险因素乃当务之急。确保天然气的正常运输能推动社会主义市场经济的发展，使得国民经济能更好造福社会。主要体现在以下几个方面。

(1) 完善天然气管道输送的合理化管理

天然气合理化管理能有效避免其施工前期所出现的纰漏，因此，完善天然气管道输送管理乃是降低其风险的关键因素之一。合理化管理计划的主要目的是为其施工过程制定计划，随后对计划进行风险控制分析，将其情况层层递进，以此确保管道施工过程得以安全运行。

(2) 提高管理人员综合素质水平

整个管道输送铸造过程，管理人员参与最为密切，其所需付出的精力也是最多。因此，为确保施工前期不会出现问题，提高管理人员综合水质水平乃是根本。在施工前期，进行严格的材料检查，质量检查，根据管道所需材料进行型号分析，以此确保施工材料的质量，从而使得管道运输质量过硬。在此过程中，严禁管理人员在检测过程中偷懒，利用恶劣的手段蒙混过关，一经发现，严格处理。

(3) 制定防火安全措施

天然气属于化学燃料，在管道输送过程中，如若发生天然气燃烧，则会导致大面积管道运输天然气燃烧，从而增强管道内压力，使得运输管道无法承受，出现管道开裂，爆炸等现象。由此可见，制定天然气管道运输防火安全措施乃是其降低运输风险的重要举措之一。为其建立系统化的防火结构，以此最大程度的避免在运输过程中发生燃烧，爆炸等风险。

4　结语

观古至今，我国对于天然气的实际管理经验在不断的深化改革，在无数次的反思与总结中，我国现代化天然气管道输送逐趋成熟，但其还无法完全避免输送风险。因此，我国要实现天然气管道输送安全化运转还有很长的路要走，在此基础下，不断提高我国科学技术的发展，以此控制我国管道输送的风险乃是关键，从而实现多方利益最大化[4]。

参　考　文　献

[1] 何华刚．天然气长输管道灾害模拟与应急决策研究[D]．中国地质大学，2009.

[2] 徐岩林，沈赟．天然气输气管道安全运行的必要性及风险分析[J]．化工设计通讯，2017，43(7).

[3] 王伟波．天然气长输管道环境风险评价研究[D]．北京师范大学，2006.

[4] 郭海林．基于 GIS 的天然气长输管道定量风险评价技术研究[D]．中国地质大学，2005.

中石油企业信息化建设应用中的网络安全和防护

卫　娟

（中国石油长城钻探工程有限公司）

摘　要　随着中石油企业信息化建设的蓬勃发展，各类信息系统的应用有力支持了企业主营业务。同时，网络安全也成为信息化建设成功与否的重要基础和衡量指标。本文分析了中石油企业网络情况及面对的网络风险。对防火墙技术、入侵检测技术、数据加密技术等各类网络信息安全技术管理手段展开详细阐述。

关键词　企业信息化建设；网络安全；防火墙技术；入侵检测技术；数据加密技术

1　中石油企业信息化建设现状

近年来，中石油企业信息化建设逐渐由低水平应用转化至高水平发展。由部门内部网络化、盲目开发单机版应用软件转变为建立统一管理信息系统。统一标准，统一规划，统一实施数据处理。信息成为企业的宝贵资源，满足企业不同层次的需求。不仅能够处理简单事务，更可以支持管理层决策。各类信息系统的应用有力支撑起中石油企业主营业务的发展。

在这种大环境下，为保证信息化系统的正常运行，就一定要做好网络安全和防护。抓好网络安全管理，加强网络体系建设，筑牢网络安全屏障。

2　中石油企业网络安全风险因素分析

2.1　中石油企业网络概况

中石油企业网络多为局域网或园区网。局域网指在一座建筑中利用局域网技术和设备建设的高速网络。园区网是在一个园区（例如大学校园、管理局基地等）内多座建筑内的多个局域网，利用高速信道互相连接起来所构成的网络。园区网所利用的设备、运行的网络协议、网络传输速度基本相同于局域网。局域网和园区网通常都是用户自己建设的。局域网和园区网与广域网不同，广域网不仅覆盖范围广，所利用的设备、运行的协议、传送速率都与局域网和园区网不同。传输信息的信道通常都是电信部门建设的。

2.2　局域网安全风险

局域网存在病毒侵入及黑客攻击的风险。企业员工收发的邮件、U 盘等工具有可能携带病毒。计算机存在不同的系统漏洞。黑客人员通过计算机系统漏洞入侵局域网中的系统。局域网或园区网中的一台机器被黑客攻击或者被病毒感染，会形成扩散性传播，迅速传染同一局域网络上的其他系统，导致网络瘫痪。影响企业网络运行，延误信息建设。如果入侵局域网内建设的门户服务器，会对企业信誉造成不可估量的影响。

2.3　内部网络与系统外部网络互联安全威胁

内部网络与外部网络链接，如果没进行有效隔离，局域网络容易遭到来自外网的入侵者攻击。入侵者可通过探测程序来探测扫描网络及操作系统的安全漏洞，运用攻击程序对内网攻击。入侵者还可通过网络监听窃取等技术手段，获得内部网用户的用户名口令等信息进行系统登录，从而窃取企业重要信息，造成不可估量的损失。

2.4　员工日常应用的安全风险

规章制度不健全，网络安全管理人员责权不清，系统防护不到位。企业计算机用户缺乏安全意识，操作失误，将用户名口令以及系统的重要信息随意传播，造成企业重要信息泄漏。

3　中石油企业网络信息安全应对策略

3.1　防火墙技术

防火墙技术可以对内网和外网进行安全隔离，同时防火墙技术也可以进行有效的访问控制。防火墙是局域网和外部网络通信时执行的一种访问控制标准。只有网络管理员允许的用户或数据才可以进入企业内部局域网络，阻止来自外部网络的未授权访问，有效排除黑客，是保护系统安全的第一道防线。

防火墙通常安装在被保护的内部网络与互联

网的连接点上，从互联网或局域网上产生的操作活动都必须经过防火墙，计算机用户开启防火墙来切断病毒源的扩散。如电子邮件、文件传输、远程登录以及其他网络服务等活动，有效阻止计算机病毒和木马程序入侵计算机网络系统。

但是防火墙不能防止内部入侵事件，防火墙只能对外防护。因此，还要有其他的辅助手段来实现网络安全环境。

3.2 入侵检测技术

在中石油企业中实施入侵检测系统是保护网络安全非常必要的措施之一。入侵检测是指通过从计算机网络或计算机系统中的若干关键点搜集信息，并对其分析，从中发现网络或系统中是否有违反安全策略的行为和被攻击的迹象。入侵检测的技术原理主要分为四个阶段，数据收集、数据处理、数据分析和响应处理

入侵检测系统的应用前需建立合适的安全策略、规划和流程。首先建立基于网络的入侵检测系统，待其平稳运行后，再建立基于主机的入侵检测系统保护关键性的服务器资源。入侵检测系统，尤其是基于主机的入侵检测系统需要操作人员具有判断入侵信号真伪的能力。建立定期检查入侵检测系统的结果的机制也同样十分重要。否则在攻击比较频繁的时间，很容易因疏于检查而受到入侵。

部署入侵检测系统时，可配置入侵检测报警信号特征，例如配置电子邮件，分页系统，网络管理协议陷阱，甚至自动封锁攻击源等。但需谨慎使用以免将合法的用户认成非法用户，造成工作的迟滞和失误。总之入侵检测系统需要维护人员熟练掌握其应用以及辨别入侵信号真伪。对维护人员技术水平有一定要求。

3.3 数据加密技术

数据加密技术是指借助加密钥匙与加密函数对信息数据加以转换，将信息转变为密文。密文被发送后接收者将密文还原成明文要借助解密函数或解密钥匙。其技术核心是将信息转换成数据加密信息。信息文件收发的双方借助数据密钥对文件实施加密解密，从而保证了企业计算机用户的安全以及企业网络信息安全。

数据加密技术可应用于企业系统数据库。数据库的管理系统平台安全级别较低。计算机用户可借助数据安全加密技术对网络数据库采取保护措施。设定访问权限，存储信息实施加密，从而提升网络数据库的安全性。

数据加密技术可应用于中石油企业局域网络。组建企业局域网时，可以借助数据安全加密技术，对网络文件实施自动加密处理，以密文的方式传输，密文被接收后，借助路由器自动解密，保障文件在传输中的安全性。

数据加密技术还应用于员工计算机，通过账户与密码结合的方式登录计算机操作界面，对信息数据加密，对信息数据加密，防止信息被不法分子窃取，以保障网络用户利益。

3.4 其他常用网络安全技术维护

企业网络运维过程中，还需要辅助其他技术维护手段保障网络安全。例如主机安全技术、虚拟局域网的安全维护技术及数据备份技术等。对网络实时监控管理、进行网络渗透性测试，全方位保护企业网络安全。

主机安全技术可控制用户访问系统的权限达到这对保护用户的安全的作用。同时还具备操作系统安全，数据库安全，应用软件程序安全等应用。虚拟局域网的安全维护通过将有关的LAN分化成多个样式不一的分段，保证每个VLAN满足企业需求。备份技术实现信息有效备份，避免网络安全事故引起的重要数据遗失。

3.5 建立完善网络安全管理体系

网络安全管理体系的基础是建立完整的网络安全管理制度。企业需要规范信息化建设应用过程中的网络行为。明确网络安全管理工作的总体目标、范围、原则和框架等。确定网络安全组织机构，强化主体责任，逐级负责。网络安全管理的顺利运行依靠高素质信息人员。企业加大专业人才的投入和重视，坚持不懈对信息人员业务素质进行提高和培养。企业员工信息安全意识是网络信息安全工作的重点，加大对网络安全内容的宣贯，提升员工日常工作中的网络安全意识，主动规范自身网络行为。

4 结语

中石油企业在信息化建设过程中，涉及到的网络问题广泛。本文对造成中石油企业网络情况进行了分析。提出从防火墙技术、入侵检测技术、数据加密技术等技术手段解决企业网络安全问题。搭建企业信息化建设制度规范以及加强信息化人才培养，辅助企业信息化建设，为企业的系统安全打下扎实基础。

参 考 文 献

[1] 舒晔，夏禹．计算机网络信息安全中虚拟专用网络技术的运用分析[J]．科技创新与应用，2020(04)：153-154

[2] 张成江．数据加密技术在计算机网络安装中的应用[J]．电子元器件与信息技术，2019，3(12)：72-73+93

[3] 徐东辉．局域网网络维护和管理措施[J]．电脑知识与技术，2018，(36)：10291-10292

[4] 王勇．安全管理技术在计算机网络数据中的有效应用分析[J]．中国新通信，2019，21(19)：85-86

低成本计量间整体解决方案研究

王弼楠 刘晓磊 田英琦 陶 岩

（中国石油吉林油田公司通信公司技术研发部）

摘 要 本文针对设计一种基于电信运营商专网的计量间自动化数据采集系统，其功能是通过前端采集的仪表数据，利用 RTU 进行数据集中管理，并经电信运营商专网将数据传至监管指挥中心。该项目不仅能够降低人力成本，而且还能提高计量间数据采集的准确度与精度，采油厂管理人员能在第一时间知道计量间各个环的产油与注水信息，便于规范管理。

项目从实际情况出发，设计一种基于电信运营商专网的计量间自动化数据采集系统，其功能是通过前端采集的仪表数据，利用 RTU 进行数据集中管理，并经电信运营商专网将数据传至监管指挥中心。该项目不仅能够降低人力成本，而且还能提高计量间数据采集的准确度与精度，采油厂管理人员能在第一时间知道计量间各个环的产油与注水信息，便于规范管理。

关键词 专网；数据采集；RTU；信息化；计量间

1 前言

油田的生产区域广博，生产井场之间多存在距离远、道路难行等情况。其中，计量间数据管理是油田生产管理的重要组成部分。目前，采用人工查看数据，导致人为因素过多，易发生错误，上级不能及时得到最新的生产信息，存在安全隐患、数据假资料等问题。

解决关键技术

（1）智能 485 仪表采集技术；

（2）RTU 数模转换技术；

（3）TCP/IP Socket 无线传输技术。

2 研究目标、主要研究内容

1. 研究目标（包括形成的技术成果、技术方法和人才培养目标等）

（1）总体研究目标

注水间内实现注水干线压力的采集上传，完成注水流量计改造，实现注水瞬时流量的采集上传。

油间实现油汇管压力和温度的采集；实现油环温度和伴输水温度的采集；实现伴输水汇管压力和温度的采集。

具体目标包括：

重点数据采集：随时观察油环压力和温度情况，观察注水干线压力、注水井压力情况。通过监控实时数据，及时进行生产调度，达到提高管理水平与生产效率的效果。

提升生产安全，减少事故损失：通过实时监测被控参数的异常变化和现场视频监控，通过报警提示值班人员及时处理计量间异常情况等。

现场操作人员安全受控：通过视频监控，及时发现计量间操作人员是否按时在岗，是否及时准确倒井计量。

2. 要研究内容

注水间采集基本信息：

（1）采集内容：涡街流量计瞬时流量

（2）采集设备：涡街流量计

（3）采集信号：4mA～20mA 电流信号；

（4）采集方式：RTU AI 端采集 4mA～20mA 电流

（5）采集型号：浙江奥新 LSU-99A/0.3m^3-5m^3/h；

（6）采集协议：MODBUS 协议；

（7）采集计算：模数转换计算公式 $Y=1/$

8000X－5/4，X：MODBUS 值，Y：实际流量，单位 m^3/h；

油间采集基本信息：

（1）采集内容：管线温度与管线压力；

（2）采集设备：热电阻模块、温度传感器、智能压力变送器；

（3）采集信号：4mA～20mA、RS485 通信；

（4）采集协议：MODBUS 协议

主站模块基本配置：

RTU 模块配置：波特率 9600，主站地址 1，功能码 4；

RTU 接线：采用 16 路 AI 接收模块，将注水间（AI 地址 30001～30011）数显水表的瞬时流量进行自动化采集；

采集信息传输方式：

数据流量卡：选用 DTU，利用物联网卡将文本信息采集到指定公网服务器，并保存至指定数据库中。

3 关键技术和技术研究路线

（1）油间油汇管安装防爆型铂热电阻和压力变送器，测量温度和压力；伴输总回水汇管安装防爆型铂热电阻和压力变送器。计量流程中在换热器前端安装防爆型铂热电阻，用于测量单井温度；

（2）各注水干线安装压力变送器 1 台录取泵压，用于实时检测联合站、中转站来水压力，为维护人员及时获取和调整计量间油井注水量提供数据支持。

（3）各注水流量计改造，采集注水井瞬时流量和累计流量。

（4）计量间视频监控，确保人员的安全及生产设施不被破坏。

（5）现场采集仪表、穿线管、穿线槽的安装工艺

管槽沿墙敷设，线缆与管槽和仪表之间采用防爆穿线管和防爆穿线盒以及防爆挠管连接。穿墙部分用发泡胶填充。各采集仪表穿线方式应全部符合防爆要求，穿线管沿墙敷设，所有弯头、接线盒等管件均使用防爆型，表头与控线管之间用防爆挠管相连。

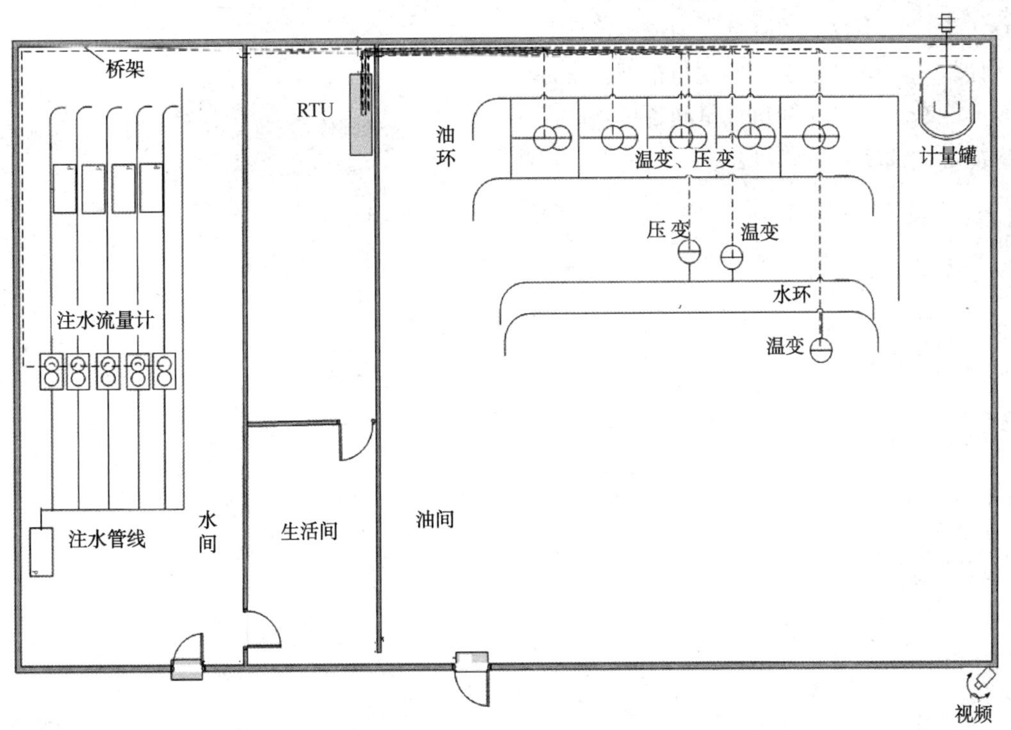

图 1 计量间数据采集传输平面图

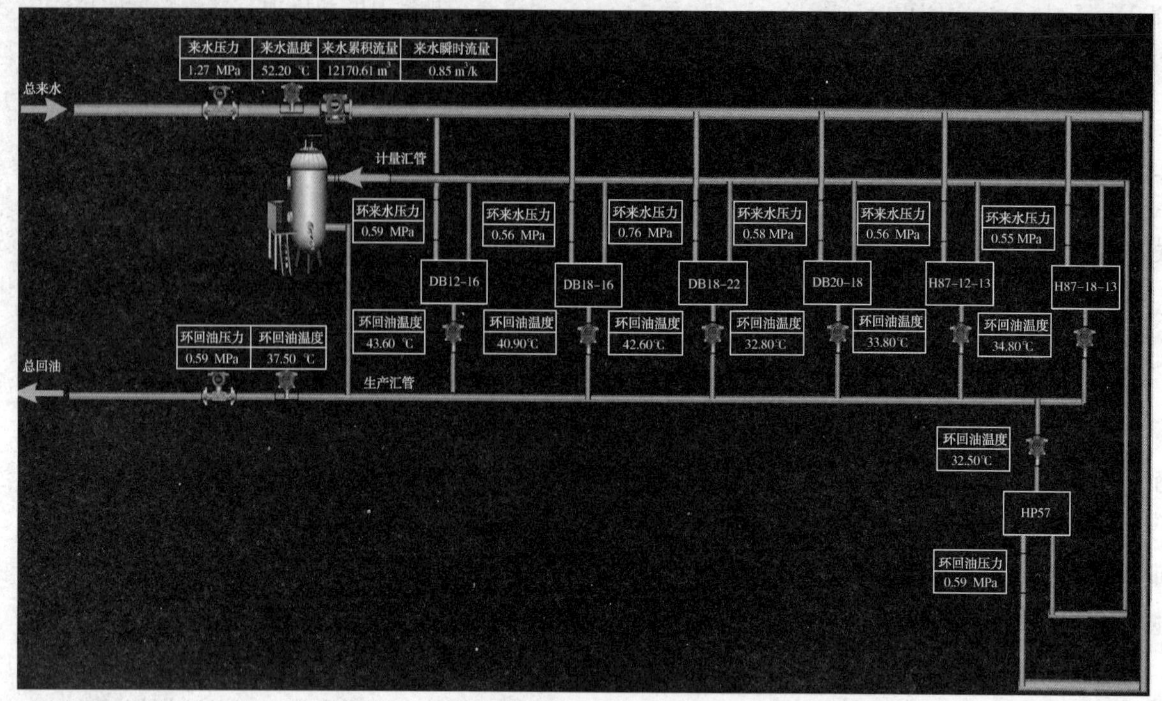

图 2　计量间油间数据采集展示图

4　应用效果

目从实际情况出发，设计一种基于电信运营商专网的计量间自动化数据采集系统，其功能是通过前端采集的仪表数据，利用 RTU 进行数据集中管理，并经电信运营商专网将数据传至监管指挥中心。该项目不仅能够降低人力成本，而且还能提高计量间数据采集的准确度与精度，采油厂管理人员能在第一时间知道计量间各个环的产油与注水信息，便于规范管理。

参　考　文　献

[1] 郑海涛，俞家善，陶媛，张富新，张岩峰．物联网(A11)关键技术在油田生产中的应用研究[J]．中国设备工程，2019(10)：224-225

[2] 门虎，史文海．RTU 在注水井智能调控技术中的应用[J]．石油化工安全环保技术，2016，32(05)：15-16+26+4.

[3] 卢怀宝，管尊友．基于油气生产物联网的“油田智能化管理体系”建设[J]．中国石油企业，2019(03：51-57+4.

工控系统安全技术研究与应用

唐宇荣

（中国石油乌鲁木齐石化公司）

摘　要　工业控制系统已经广泛用于各种生产装置，随着开放性的提高，工控系统的安全隐患问题日益严重，系统中如果遭受外来恶意程序的攻击，有可能会使整个控制系统瘫痪。本文通过乌鲁木齐石化石化醚化装置的DCS控制系统（艾默生Deltav）遭受恶意病毒程序攻击的分析，提出处理解决方案以及预防措施。

关键词　工业控制；网络；安全；病毒；查杀

随着信息技术、计算机技术以及工业控制水平的提升，越来越多的生产工艺都采用了计算机控制，典型的有集散控制系统（DCS）、紧急停车系统（ESD）、安全仪表系统（SIS）以及不同规模的单片机控制、可编程控制（PLC）等均与信息技术密切相关。

在一个信息系统中，信息的交换是一个关键的环节，现场设备通过数据交换，将现场信息传送到控制器，通过控制系统的各级运算和判断，将执行指令发送给现场执行元件，完成一个回路的控制。

目前乌石化公司有近百套大小控制系统，近300台操作站，大部分控制系统的网络结构都是采用以太网结构，每套装置的操作站、工程师站以及设备管理站、MES数据采集站等计算机都是通过光纤、网线以及交换机相互连接，组成一个个的局域网，每个网络中，通过MES设备的数据采集，将工控网中的数据通讯到公司办公网中，供有权限的用户调用和查看。

在这些控制系统中，系统安全是一个不容小觑的问题。控制系统能否安全运行，直接影响到装置的生产，控制系统的安全事故轻则装置停工停产，损失经济效益；重则会引起危险物料的失控，引起火灾、爆炸等无法预料的严重后果，造成巨大的经济损失和严重的社会影响。

以太网结构的网络，具有开放性高、数据传输率高、容易集成、交互性强等优点，由于采用了TCP/IP协议，不同厂商的设备通过转换实现了信息共享，可以实现远程访问、远程诊断等功能，极大方便了客户的使用，能有效降低投资成本。但是这种开放性也给系统安全带来了一些隐患，原来各厂商的控制系统没有对外的数据交换，现在使用同一个网络，如果缺少必要的监管，网络上的一些恶意程序将会通过这个网络在各个系统之间快速传播，导致整个系统控制瘫痪。

1　问题描述

乌石化醚化装置是一套油品深加工装置，控制系统使用的是艾默生公司的Deltav系统，和多数控制系统相类似，该系统也是使用以太网结构进行数据的传输，控制器、操作站、工程师站、历史趋势站都通过交换机相连。在2019年大修后，由于装置工艺升级的需要，要求增加控制回路，在对系统备份时，发现无法取到备份数据，无法判定备份是否成功。检查工程师站，找不到用户的组态数据，但是工程师站上的监控软件以及组态软件均能正常运行，流程图中的各工艺参数也能正常更新，通过系统检测，网络中各设备运行状态正常，检查各机柜中控制器、通讯卡以及I/O卡件的运行状态均正常，没有任何出错的提示。

检查工程师站，用计算机自带的资源管理器检查硬盘的两个分区中文件，文件显示方式均为“列表”显示方式，改为“详细信息”以后，发现根目录下有大量的70K大小的exe可执行文件，没有Deltav系统的监控程序以及windows的系统程序；更改文件夹的显示方式，让windows系统显示系统文件以及所有文件，确定以后，仍不能显示windows系统程序以及用户程序，文件夹选项中的隐藏文件、文件夹选项仍为“不显示隐藏的文件、文件夹或驱动器”，无法显示隐藏文件。

2 原因分析

从现象上分析，有几种可能会引起这种故障的发生。

第一种：人为误操作，影响 windows 系统功能异常；第二种：系统硬件错误，硬盘存在坏道，影响数据的存储及读取，导致 windows 系统功能异常；第三种：系统被病毒感染，影响了 windows 系统的正常功能。

对该工程师站初步检查，如果有人误操作，应该不会连续误操作，修改系统的配置文件，才能达到目前的效果，要禁用这些功能，必须对系统进行安全配置，然后要修改注册表的相关键值，才能完成，所以这种现象应该不是人为误操作导致；另外，该工程师站采用双硬盘组成磁盘阵列，如果一块硬盘有坏道，也不会影响系统的正常操作及功能，用系统工具对硬盘快速扫描，也没有发现有物理损坏，也排除第二种可能。剩下只有可能是某工程师或者操作员未按规定使用移动存储设备，导致系统感染病毒。

3 处理方案

用 PE 启动盘启动计算机，检查工程师站的硬盘两个分区中的文件，存在大量 exe 可执行文件，用户文件被设置为隐藏属性，使用户无法看到自己的程序以及文件，在计算机启动以后，如果误点击了同名的可执行文件，木马病毒程序将运行，感染计算机存储设备中的文件。如果用户使用移动存储设备备份系统时，病毒也将感染移动存储设备上的文件。

由于醚化的 DCS 工控网络不直接与办公网络相连，木马病毒在感染了工程师站计算机以后，并不能将获得的用户信息以及其他资料通过网络传播出去，备份用的移动存储设备也是专用设备，每次使用前都必须在无病毒的计算机上格式化以后才能使用，病毒再次传播的范围有限。但是由于系统隐藏了用户的文件，备份到移动存储设备上的文件夹是一个可执行文件，并不是用户的程序备份，直接影响了用户的备份工作。

根据工程师站的故障现象，首先要恢复系统的功能，第一步先在 windows 系统中更改文件夹的显示方式，让系统资源管理器能看到所有文件，但是这个设置失效，关闭设置对话框以后，系统仍恢复原状；调用组策略、本地安全策略、服务以及系统更新等功能均失败，提示该功能已被禁用，无法打开；因为已经明确计算机中存在病毒程序，与厂家工程师对接，准备安装杀毒软件对系统病毒进行查杀，由于控制系统软件的特殊性，部分功能会对一些系统配置进行修改，这一点会被杀毒软件判定为病毒的破坏行为而被查杀，因此不能随意使用普通杀毒软件进行病毒查杀，否则有可能会破坏控制系统的软件，引起控制系统功能异常；按照厂家工程师的建议，准备安装厂家工程师推荐的赛门铁克安全管家软件，但是在安装过程中系统提示程序错误，无法完成安装，可能是病毒阻止了安全软件的安装。

由于病毒已经控制了操作系统，一些基本的安全设置及处理方法已经无法清除病毒，于是使用另外的笔记本安装了赛门铁克的安全管家，并将病毒库以及内核程序更新到了最新，将工程师站计算机的两块硬盘分别用 USB/SATA 转换器接到笔记本电脑的 USB 口上，在笔记本上运行杀毒软件，对两块硬盘的四个分区分别进行了查杀，查出多项病毒文件，检查这些病毒感染的文件，没有 windows 系统关键程序以及 Deltav 系统的程序，将这些感染的文件彻底删除以后，恢复工程师站，启动以后操作系统运行正常，启动 Deltav 监控程序，系统数据也都正常。

在 windows 资源管理器中打开硬盘，发现已经没有那些 exe 的可执行文件，但是用户文件仍然看不到，在命令提示符中使用 attrib 命令，去除了用户文件的系统以及隐藏属性，再次打开资源管理器，已经可以正常看到用户文件，拷贝到移动设备的文件也都能正常打开；检查文件夹选项中更改文件夹的显示方式，仍为“不显示隐藏的文件、文件夹或驱动器”，无法显示隐藏文件。用 regedit 注册表编辑软件打开 windows 的注册表，修改相关键值以后，文件夹选项中的显示隐藏文件选项也可以正常使用，至此，系统已经基本恢复正常。

醚化装置的控制系统虽然通过 MES 数据采集接入公司办公网络，但是该工控网络还是相对独立，经过分析，病毒只有可能通过移动存储设备感染系统；醚化一共有 6 台站，主操室的三台操作站经过检查未发现感染病毒，外操室的一台操作站有病毒感染，趋势站也没有发现病毒，控制系统控制器以及 I/O 卡件运行均正常，说明这次感染工程师站和外操室操作站的病毒不会通过工控网络自行传播，也不会通过下装程序的方式影响控制器、I/O 卡件以及其他操作站的工作。在对两台感染病毒的站进行查杀以后，目前两台站运行没有发现异常情况。

4 防范措施

4.1 通过这次对醚化工程师站和操作站的处理，根据病毒感染原因的分析，各控制系统还需要加强对移动存储设备的管理，严格按照标准使用移动存储设备，堵住病毒的源头，防止各站感染。尤其禁止移动存储设备混用，避免病毒感染的扩大。由于病毒对系统文件的感染、系统设置的修改以及在对病毒的查杀过程中对文件的修复多少存在一些不确定性，为了防止系统故障的隐患发生，对感染病毒的站有机会还是要对系统进行重新安装，并做好镜像备份工作，防止病毒感染的发生。

另外，各工程师站、操作站还要严格限制用户的使用权限，对高权限的用户范围做好用户身份的识别，避免无关人员随意对操作站、工程师站的操作。

4.2 根据工信部《工业控制系统信息安全防护指南》(工信部信软〔2016〕338 号)和中国石油集团公司《炼化企业工业控制系统信息安全等级保护及定级指导意见》要求，对全公司工业控制系统网络安全现状进行整体风险评估。对乌石化公司工业控制系统建立网络安全防护，保证控制系统的网络安全。

4.2.1 在工业主机上采用经过离线环境中充分验证测试的防病毒软件或应用程序白名单软件，建立防病毒和恶意软件入侵管理系统，对工业控制系统及临时接入的设备采取病毒查杀。

4.2.2 通过技术手段封闭工业主机上不必要的USB、光驱、无线等接口。对需要使用的端口，通过主机外设安全管理技术手段实施严格访问控制。

5 结束语

这次醚化操作站以及工程师站病毒的处理，给我们敲响了一个警钟，网络安全不容忽视。以前总感觉工控系统是独立的系统，不会有其他程序影响系统的正常工作，但是这次的感染，使得系统的正常备份受到了严重的影响，如果这次感染的是其他如 CIH、勒索病毒之类的恶性病毒，那么，后果不堪设想。网络安全目前已经是工控系统安全运行的一个首要条件，没有一个安全的网络环境，工控系统也不能安全平稳地将各个工艺参数控制在预定的指标范围内。因此，在网络安全上还有很多细节需要关注，以构建一个稳定、安全的网络环境为起点，认真落实好相关的防范措施是保障网络正常运行的基本要求。

参 考 文 献

［1］《网络安全与管理》刘化君 电子工业出版社

［2］《计算机病毒防治与网络安全手册》梅筱琴 海洋出版社

机电仪智能化巡检

宋景辉

（中国石油乌鲁木齐石化公司）

摘　要　通过信息化手段，利用先进的传感器技术、通信技术、物联网技术，解决维护人员被动的工作模式，早发现早处理，保证装置设备正常运行，同时通过远程平台实现对多元化数据的采集监测，避免传统用工方式采集带来的弊端，并且智能化平台在PC端和移动端都可实现应用。"足不出户"代替"东奔西走"；"少人"代替"多人"；"分钟"代替"小时"；"高产"代替"低效"；"集成"代替"分散"，达到提质增效的目的。

关键词　工业；信息化；提质增效

1　仪表伴热无线测温系统

1.1　背景

炼化企业生产现场的各类仪表感应元件和电气元件结构精密复杂，很容易受工作环境的影响。尤其新疆地区冬天面临极寒天气的考验，最低温度可到达零下30摄氏度左右，对于安装在室外环境的仪表经常出现伴热不畅或冻凝的现象，导致变送器出现误指示现象。通常情况下工艺操作人员发现DCS数值错误告知仪表维护人员，维护人员去现场才发现伴热出现问题，再去处理可能已经为时已晚，伴热已经冻凝，处理起来消耗大量人力物力，若处理不及时造成伴热大面积冻凝或者影响连锁仪表的正常工作将造成触发装置连锁甚至装置停工的重大后果。

1.2　解决方法

通过建设仪表伴热无线测温系统，将仪表对伴热系统的维护处理从后知后觉变为先知先觉主动作业，及时发现隐患，排查出可能出现问题的伴热线，为安全生产保驾护航，同时也能减少大量投入在冬季伴热巡检的人力物力。

1.3　系统协议

仪表伴热无线测温系统是由无线变送器(探测设备、传感器)、Lora网关、业务系统平台组成。Lora是低功耗局域网无线标准(Long Range Radio)，它最大的特点就是在同样的功耗条件下传播距离远，实现了低功耗和远距离的统一，在同样的功耗下比传统的无线射频通信距离扩大3~5倍。

1.4　条件功能

无线变送器温度量程要满足-50~650℃，以应对极寒天气和高温环境。内置电池使用寿命≥3年，并且满足工业环境的防爆要求。网关的架设要布置在装置附近的高处，便于信号的接收。接收到的数据展现在系统平台上，平台内置有报警功能，对温度过低或过高的点实现及时预警，维护人员可通过报警及时检查，消除隐患。平台可查看测点趋势图，更好的进行分析排查。平台还可带有定位等功能。单个网关理论应支持最少5万个传感器的接入，在实际应用中将布置多网关，在有网关异常时，节点可通过临近网关入网，保证稳定性，数据不会终端和丢失。

1.5　网关架设

网关有两种常见安装方式，1. 抱杆式：将主机、电源、天线模块固定到背板伤，通过抱杆固定背板，安装位置可根据网关部署灵活调整。2. 附墙式：支架通过膨胀螺丝固定到墙上，主机通过防拆螺丝固定到支架上，天线独立架设，支架小巧，安装灵活。

图1　网关

图2 无线变送器

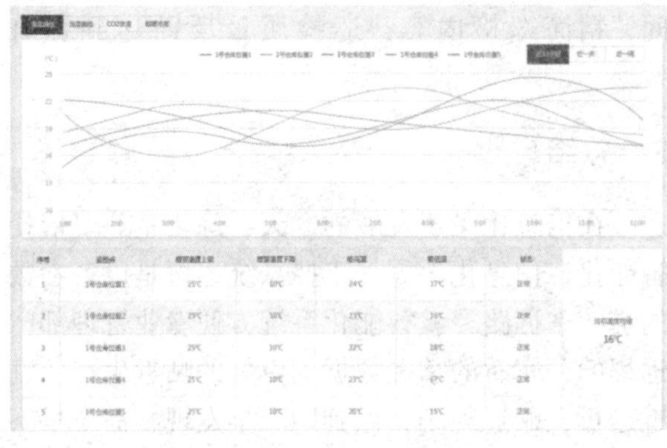

图3 系统平台趋势图

2 机电仪重要节点视频监控

2.1 现状分析

炼化企业现场环境复杂，各类风险隐患需进行全面排查，但目前无法做到事事巨细。

2.1.1 静密封点

静密封点的排查，涉及是否存在介质的泄露，高危高风险和重要的设备人力无法做到24小时巡检把控，高温管线阀门若出现泄漏造成着火也无法第一时间发现。目前仪表维护人员对静密封点的巡检模式为各岗位自行检查，一周一次到两次，在岗位片区记录本上记录，因装置多，片区广，装置内部环境复杂，人员有限，导致无法做到危险点的实时把控，还容易出现偷工减料、假记录等负面情况。

2.1.2 高温部位、重点设备

装置介质温度很高部位的阀门，导淋，放空，法兰处更要加强监管。目前重要的设备阀门的巡检把控，如烟机入口蝶阀，电液柜，烟气分析小屋等，部分采取每日巡检，部分采取周巡检，也无法做到数据的实时知晓与监控，现情况维护人员有限，日常工作量大，人员去现场巡检频次过高伴随的风险也随之增加，同时费时费力。

2.1.3 危险作业场所

比如烟囱平台上烟气分析设备的作业，硫酸、硫化氢等涉及有毒有害物质的作业无法对其进行实时关注和严格把控。

2.2 解决方法

基于以上情况，对必要部位安装摄像头，将实时画面传输到视频监控平台，做到实时监管，及时发现隐患，避免事故的发生，把控设备以及作业风险，减少人员巡检风险，减少人员现场巡检频次，提升维护人员日常工作效率。

2.3 安装要求

在满足监视目标视场范围要求的条件下，其安装高度：室内离地不宜低于2.5m；室外离地不宜低于3.5m；摄像机及其配套装置，如镜头、防护罩、支加要、雨刷等，安装应牢固，运转应灵活，应注意防破坏，并与周边环境相协调；在强电磁干扰环境下，摄像机安装应与地绝缘隔离；信号线和电源线分别引入，外露部分用软管保护，并不影响云台的转动。解码器应安装在云台附近。所有安装在装置中的设备必须符合防爆要求。

3 机泵机组状态检测

3.1 现状分析

在石油工业生产过程中，设备是生产动力的“心脏”，保障设备安全、高效、正常地运行，提高设备健康管理水平，是保障安全生产、降低生产运行成本、提高生产效益的最直接的有效手段。有些炼化装置只有部分机泵架设了泵群监控系统，完全没有达到规模化，覆盖化，大部分机泵还要靠人工巡检，通过传统设备测温测振，大量人力资源投入到机泵的巡检工作中，效率低下，错误率高，人员负担重。缺乏分析能力，缺少直观的设备测点趋势图，无法快速实时的发现设备异常，更达不到预知性维护的要求。

3.2 发展方向

炼化企业目前走在智能化工厂建设道路上，机泵机组的状态监测是重中之重，通过信息化手段、智能化技术，将测点数据上传到工业互联网平台，实现设备状态数据的统一管控，要具有设备分析，趋势等功能，节省人力资源的重复、低能、单一消耗，提高工作效率，改变固有老旧的管理模式，也符合公司提质增效的方针。

3.3 目前成效

机泵手持移动巡检设备能有效增强维护人员巡检能力，支持巡检计划制定、数据录入、历史趋势、故障告警、数据分析等一系列功能。巡检维护人员现场采集数据后通过数据线传入系统平台，脱离传统手写台账或 Excel 录入的方式。泵群检测系统和大机组检测系统是针对机泵机组测点数据状进行检测，不再单一通过工艺主操知晓运转数据，仪表维护人员也可以通过机组实时状态来判断机组运行是否正常，数据分析功能还能有效对各测点进行前瞻性分析，提高维护人员预知性维护的能力。

4 机柜间无人巡检

4.1 背景

维护人员每天需对机柜间进行至少一次的覆盖式巡检，机柜间数量多，相隔距离远，每日需要配备多人至少花费一上午的时间进行巡检工作。机柜间巡检工作主要分为两部分，第一是对机柜内控制器、安全栅等进行状态检查，通过

指示灯查看是否运行正常，第二是对机柜间环境进行检查，比如温度湿度等指标。

4.2 解决方法

通过建设工控运维平台，对机柜内卡件状态进行检测，通过机房环境监控系统，对机柜间环境进行检测。

4.2.1 工控运维平台

目前解决卡件异常时通过工艺主操操作站告警异常等现象通知维护人员，维护人员先查询卡件物理位置，并通过工程师站和现场情况进行异常排查。但传统方式会存在风险，比如现场人员因各种因素导致卡件异常并未被及时发现，对于新员工或很少接触机柜作业的维护人员来说，迅速定位卡件的物理位置有困难，类似问题不能有效快速解决，无归类记录，处理问题结果不能共享和传递。工控运维平台可有效的解决上述问题，首先按照现场机柜内卡件1比1组态，告警信息一目了然，人员通过系统能快速定位物理位置，大幅提高工作效率，平台还可带有工单功能，工单可在知识库分享，每次工作记录他人都可查看，遇到相同或类似问题也能快速找到问题原因，简化排查过程。

4.2.2 机房环境监控系统

此系统是实现仪表机柜间、电修配电室智能巡检、无人巡检的重要组成部分，平台内可实时查看所有机房内的温度、湿度、空调运行状态、水侵等信息。

4.3 结论

通过工控运维平台和机房环境监控系统相结合可实现机柜间无人巡检，维护人员足不出户，机房环境和卡件状态一目了然，最低减少 75% 巡检投入人员，减少巡检工作量，缩短巡检时间，精简巡检内容，巡检质量反而达到提升效果。

5 总结

在信息化飞速发展的今天，炼化企业要依托智能化、信息化手段，工控系统不再是设备参数的唯一掌握路径，智能化系统方便专业管理部门远程的、实时的掌握数据，更好的贴近生产，贴近运行，贴近现场，做到隐患早发现，命令早下达，问题早处理。提高了管理的前瞻性、针对性、准确性、及时性。信息化智能化可以改变传统用工方式，促进人力资源的合理优化，减少岗位用工，减少岗位维护人员工作量，提升员工日常工作效率。炼化企业智能化转型需要大胆创新尝试并且稳健前行，信息化技术与管理制度、操作规程的深度融合，通过智能化应用平台将各渠道的数据互联，实现数字化、远程化、多元化的全新管理模式，还可利用信息化手段实现提前检修、预知检修、精准检修。从试点单位情况看，伴热、静密封点、调节阀、特阀巡检点位、频率、时间将大幅减少，机泵日常巡检数量、时间大幅缩短，巡检人员数量减少一半。较好的解决了国家为基层人员减负的方针和公司减员增效的战略目标。

参考文献

[1] 陈伟；魏强；赵玉婷．传输速率感知的机会路由候选路由节点选择和排序[J]．计算机应用；2011，11

浅析新形势下石油企业信息系统的运维管理

梁英瑞 李琦琳 王 亚 赵 磊

（中国石油华北油田公司）

摘 要 “企业管理一体化平台”是华北油田公司应用最广泛的办公平台，在各业务流程中发挥了重要作用。当前石油行业利润和生存空间遭受巨大冲击背景下，如何建立精细、高效的运维服务，提高该平台的管理水平，是运维人员面临的最大挑战。本文从实际运维工作中遇到的较多问题出发，分析当前阶段运维管理的状况，总结并提出了相关的改进措施，为该平台运维工作探索行之有效的管理方法，切实做到提高运管效率。

关键词 信息化建设；运维模式；业务审批；系统备份

信息化建设是大型石油企业的重要组成部分，将信息技术与管理融合能够实现对企业的“智慧管理”，进而达到“简化优化流程、提高工作效率、实现管理精细化和决策科学化”的目标。以此为背景，华北油田公司建成了统一的办公管理平台即“华北油田企业管理一体化平台”，他是统一的管理技术平台，为该企业的管理提供了高效信息化支持手段，极大提高了办公效率；但随着本平台利用效率不断提高，用户越来越多，遇到的问题也越来越多，给运维工作带来巨大工作压力。结合当前石油行业面临巨大冲击的背景，公司内部普遍开展面对行业寒冬怎么办大讨论，本文在总结前期对该平台运维方法的基础上，逐一梳理运维过程中产生的各项问题，如何利用好这个平台以发挥其最大价值，变被动为主动、精细运维管理，提高用户的应用体验，是摆在运维人员面前的一大课题。

1 企业管理一体化平台运维现状

华北油田企业管理一体化平台于 2016 年上线运行，共有 11 大业务模块，集成了该企业流程管理、签章管理、会议管理系统、请销假系统、领导政务系统、督办系统等多项常用办公系统，目前用户数 3 万余个，各系统及各单位管理员 500 余名，已批办各类流程表单九万余条，覆盖各二级单位，为各业务层级提供了数据整合及规范、流程管理、工作流支持等多项实际业务，是目前该企业受众面最广泛的平台。

图 1 企业管理一体化平台系统机构

在日常运维工作中发现，平台时常有流程、功能、权限、登录等问题出现，影响了用户的办公进度和应用体验，通过对平台上线运行几年的运维管理工作，对各级用户提出的各类问题进行了有效的收集、整合和分析，发现该平台在当前运维过程中存在以下几方面的问题：

管理分工不明确，运维权限分散，延误了问题处理时效。由于该平台集成业务较多，受各模块业务分散、无业务关联等因素影响，导致用户发现问题不能及时找到相应的管理员，给平台总管理员带来很大的运维压力。时有管理员同时具有某项权限设置冲突问题、各管理部门欠缺沟通问题、报送流程合规与否等问题发生，管理权限不清晰、缺乏职责规范导致用户发现问题不知找谁，各部门响应较慢，影响了平台使用效率。

2. 对系统使用知识的缺乏影响了用户的应用体验。系统上线时有着完备的用户手册，但由于员工岗位流动性较大，对业务不够熟悉，使用错误现象时有发生。通过日常行为分析，主要是流程应用和请销假出错较多，提交错误造成审批需要驳回重新提交。造成线上审批、流程表单审批不及时耽误使用进度。

3. 未建立完备的的预警机制，影响了办公进度。服务器宕机、进程卡住、数据库磁盘空间不足等问题导致该平台登陆失败的问题时有发生，遇到宕机等突发问题时总是救火式响应，严重影响平台的正常使用。

4. 随着平台利用率增加，用户对平台功能改进和新增业务模块提出了新要求。

2 企业管理一体化平台改进措施

针对现阶段普遍存在问题，运维人员梳理出关键因素并逐一攻破，完善运维工作方法，建立适应企业管理一体化平台的管理体系，对各运维层级、流程、专业技术等方面进行优化整合，进而为各级用户提供更高效便捷的运维模式。

（1）各运维层级的有效整合，理清管理职责。完善的运维管理办法是平台有效运行的制度保障。该平台领导政务、请销假系统、系统管理、流程应用等多项模块分属不同业务归口，横向上从业务和管理角度出发，形成各模块管理员，负责相应业务专业解答；纵向上从管理层级出发，建立一级公司管理员—二级单位管理员——基层管理员结构，打通层级，整合各层级的实际需求，确保发挥各级运维人员业务能力；建立有效管理办法，明确各方责任，梳理各项业务变更、审批等处理内容，促进多部门有效沟通协作，更快解决用户使用过程中的各种问题，减少重大事件处理过程中的失误以及问题出现的频率；推进系统考核，制定各单位运维考核办法，实现运维管理有条有序的进行，进而更有效地提高运维工作质量和工作水平。

（2）提炼总结日常业务知识，构建有力运维知识体系。该平台从 2016 年上线运行以来，每天都会发生用户权限、流程审批、账号等等各种运维业务，因此，收集各类型用户问题，建立知识体系引导用户自行解决显得十分必要。

① 建立论坛、帮助文档等多种形式，涵盖各类型常见问题解答和案例分析供用户查阅设置，动态化更新完善知识库内容，解决各级用户碎片化问题，增进平台应用体验；引导用户自助式解决，进而有效地提高平台知识的利用率，减少重复运维；企业各岗位流动性较大，文档手册能够对接手人员迅速投入并适应新工作提供有效帮助，提高运维工作质效。

② 及时梳理各类系统问题，尤其是重复出现的用户问题，定期开展常态化问题分析，剖析问题产生的深层次原因，主动为各单位提供系统专业指导，不断提高运维服务效率。

③ 增加流程分析能力，让服务及表单流转更高效。流程应用模块是本平台应用最多的部分，破解了原有的线下审批程序复杂、时限长等传统问题，同时对运维人员定制流程模板、测试审批节点、提高流转效率提出了更高要求。运维人员对流程表单流转效率、工时及停滞时间做出分析，快速判断哪个节点什么原因造成耽误时间，通过分析共性原因，逐一排查并归类存在情况，通过落实需求或相应的干预操作实现表单顺畅流转；针对各流程运行情况，提供针对流程所产生的数据进行汇总分析，包括部门流程吞吐量、人员流程吞吐量、部门任务办理效率分析、人员任务办理效率分析、流程效率分析、流程办理时间排名、流程预警等功能，见图 2，发挥流

程管理的最大应用价值。

(3)做好系统后台的监控运维工作。加强对数据库内容的备份及检查，每天检查系统运行情况，每周对平台的运行日志和系统参数进行检查和必要的分析，确保数据安全。

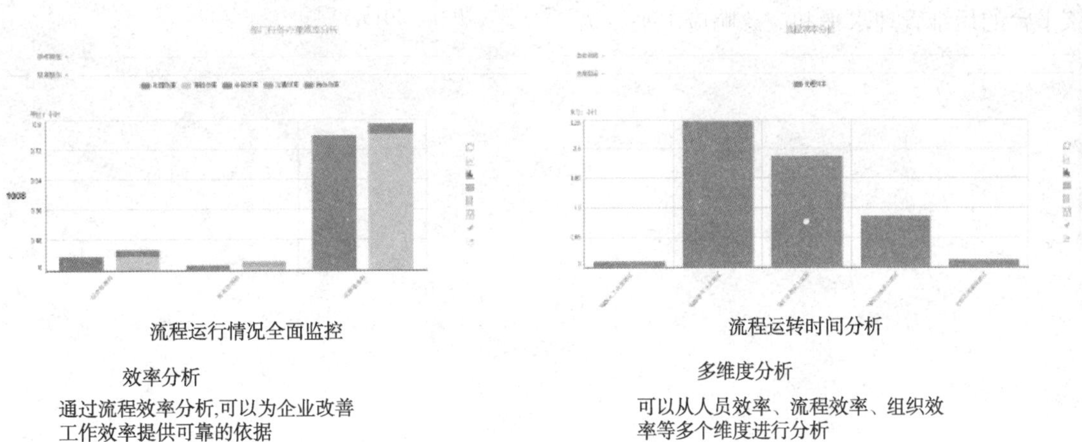

图 2　流程效率对比分析

系统服务器承载着平台各项业务和实时数据，与平台的正常运行息息相关。后台运维人员通过网络访问远程服务器，从系统日志信息对服务器状态和故障进行监控和分析，见图 3，通过相关设定实现服务器功能恢复，预判、较早发现隐患所在，从而保障业务正常运行；每周定时检查包括域控服务器、流程服务器、系统数据库，建立系统健康档案，逐步减少因后台原因导致的系统问题；制定配套的灾备方案，发现异常后进行应急处理。通过主动的监控分析，减少由于运维不到位的非计划系统中断次数，逐步提高平台的稳定性。

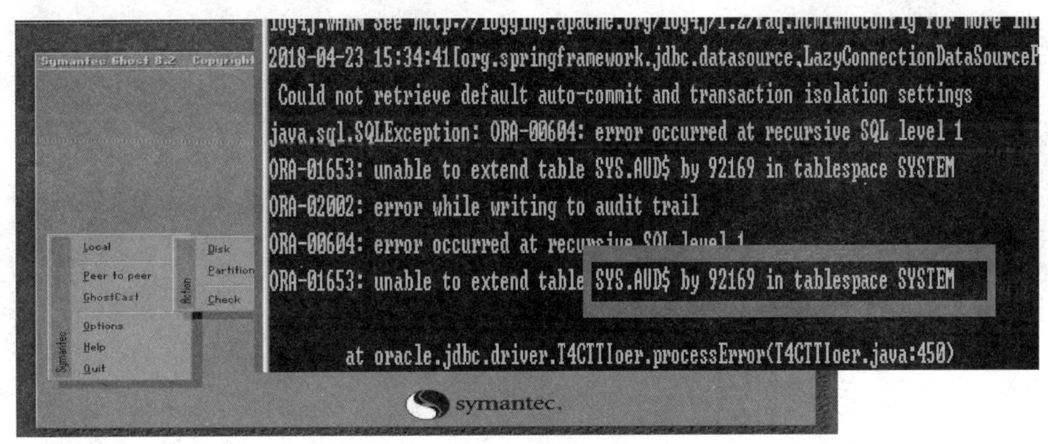

图 3　服务器日志分析

(4)对定制功能的实现。上线以来后台运维人员摸清了系统构建方式，积累了一定软件开发经验。在使用过程中，针对系统模块及时作出调整和开发，以适应用户的需求。如领导政务的上会等多项议题的开发，请销假系统的开发，做好权限增删的备案，协调由于多次开发造成的系统几部分不同步问题。

(5)增加运维队伍服务水平。首先，完善运维服务团队的运维知识和平台业务的知识构架，通过培训及经验共享等方式，增加管理员的业务熟练程度；其次，增加各业务管理员间的交流，提高协同运维能力，保证系统的融合性；三是建立运维人员培养体制，优化岗位流程，促进平台运维工作高质量开展。

结语

本文从企业管理一体化平台的常见问题出发，从多项维度考量并成功指导运管实践，提出了切实可行的运维管理思路，理清了整体管理架构，增强了各模块管理员的响应，增强了信息系统对突发事件的应对能力，从用户实际需求出发，定制化服务更好的满足用户需求，能够有效提升该平台的运维管理水平和应急响应水平，为严冬下的石油行业展现新面貌。

参 考 文 献

[1] 符长青. 信息系统运维服务管理[M]. 清华大学出版社，2015.

石油行业工业控制系统信息安全防护策略

杨 飞

（中国石化西北油田分公司）

摘 要 现代工业控制系统已广泛使用通用协议、通用操作、通用硬件和软件；以太网、无线设备的使用无处不在，整个控制系统可与远程端进行互连，也打破工控系统与外界的隔离，导致工业控制系统的安全性越来越弱[3]。各种工业自动化控制系统正快速地从封闭、孤立的系统走向互联，上云，造成了从端点至云端无处不在的威胁，主要体现在以下几个方面：缺乏管理体系和建设标准；隔离不彻底，出口防护能力较差；数据服务层缺乏保护；终端无防护；软、硬件设施依赖于国外厂商；工业控制从业人员信息安全意识薄弱。

关键词 无线设备；控制系统；安全

1 工业控制系统信息安全概述

现代工业控制系统已广泛使用通用协议、通用操作、通用硬件和软件；以太网、无线设备的使用无处不在，整个控制系统可与远程端进行互连，也打破工控系统与外界的隔离，导致工业控制系统的安全性越来越弱[3]。

2 石油行业工业控制系统面临的主要威胁

各种工业自动化控制系统正快速地从封闭、孤立的系统走向互联，上云，造成了从端点至云端无处不在的威胁，主要体现在以下几个方面：缺乏管理体系和建设标准；隔离不彻底，出口防护能力较差；数据服务层缺乏保护；终端无防护；软、硬件设施依赖于国外厂商；工业控制从业人员信息安全意识薄弱。

3 石油行业工控系统信息安全防护措施

3.1 建立工业控制系统信息安全管理体系

信息系统安全等级保护基本要求从物理安全、网络安全、主机安全、应用安全、数据安全五个层次阐述安全技术防护措施，经整理分析不同级别对应的安全防护技术如下：

表1 基于等级保护的安全防护措施

	等级-4	等级-3	等级-2	等级-1
区域防护	网络安全审计系统	网络安全审计系统	网络安全审计系统	
	VPN	VPN	VPN	
	工控异常监测系统	工控异常监测系统	工控异常监测系统	
	主机防病毒	主机防病毒	主机防病毒	主机防病毒
	工控漏洞扫描系统	工控漏洞扫描系统	工控漏洞扫描系统	
	工业控制信息安全管理系统	工业控制信息安全管理系统		
	操作站安全管理系统	操作站安全管理系统		
边界防护	工业防火墙	工业防火墙	工业防火墙	工业防火墙
	入侵防御系统	入侵防御系统		
	网络防病毒	网络防病毒		
	流量控制	流量控制		
	链路负载	负载均衡		
数据防护	数据本地备份与恢复功能	数据本地备份与恢复功能	数据本地备份与恢复功能	

3.2 优化完善工业控制系统网络环境

3.2.1 工控网隔离

将典型工业控制系统分为四层，即生产管理层、监督控制层、现场控制层、现场设备层。每一个工业控制系统应单独划分在一个区域里。对单一工业控制系统的网络安全域划分如图1所示：

3.2.2 减少工控网络边界出口

根据“边界控制，内部监测”的防护思路，典型的工业控制网络安全防护如下：

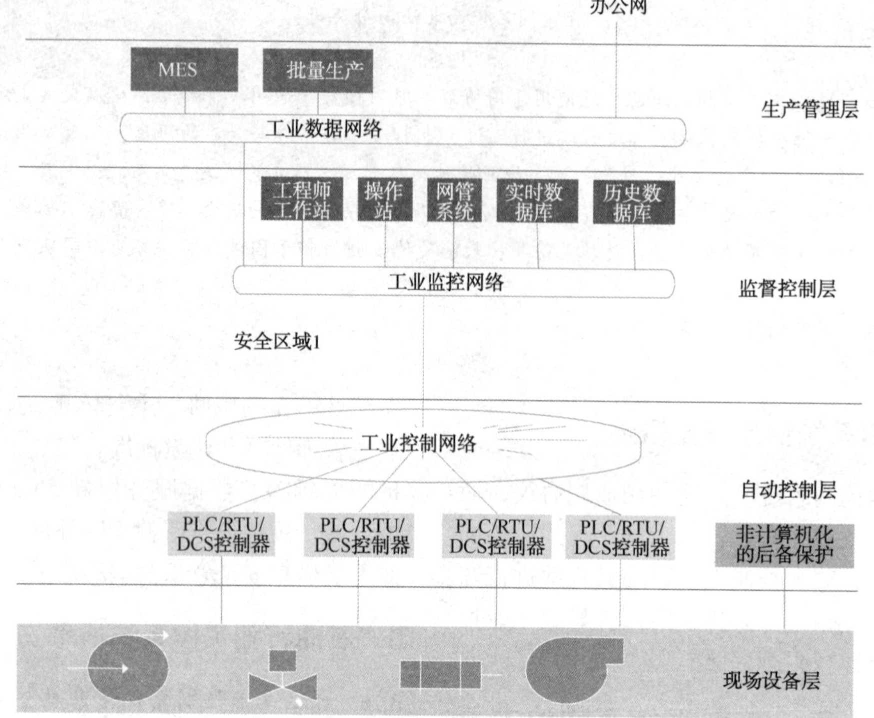

图1　工业控制网络分层分区

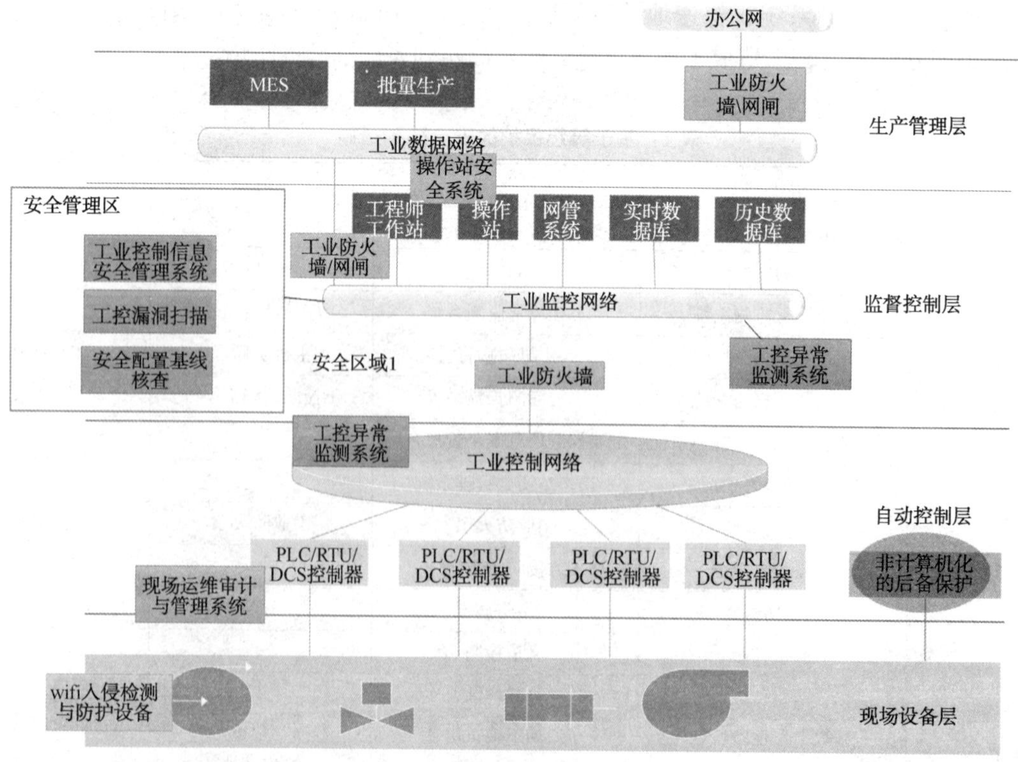

图2　工业控制系统安全防护图

将办公网和工业控制网独立运行，从工业控制网采集数据进入终端后，通过隔离设备再行接入办公网，减少工业控制网的出口。

3.2.3　完善工业控制网络安全防护

细化工控系统防火墙防护策略，在区域边界处部署工业防火墙设备或者网闸设备，切断网络链路层直接连接。在工业控制系统上位机(或OPC Server)层增加工业数采网关设备。

3.3　加强入侵检测

在工控网核心接入交换机旁路部署工控异常监测系统和日志存储设备，部署工控漏洞扫描系统及安全基线核查系统，对发现的漏洞、风险及时修复和加固。

3.4　工控软硬件国产化

掌握关键设备和核心技术的自主研发和管控能力，实现工控系统中关键设施设备、组态软件的国产化。

3.5　提升人员信息安全意识

信息安全最薄弱的环节就是人，信息安全不仅仅是信息安全员的事，而是需要全员参与和重视的。

4　结语

完善工业控制系统信息安全管理体系，建立完善完整的防护标准体系，增强信息安全意识和管理水平，全方位提升信息安全防护能力势在必行。

油田企业直接作业环节信息化安全管理实践

钟　颖　蔡丽琴　杨　媚　文小明　刘建华

（中国石化江汉油田分公司江汉采油厂）

摘　要　社会经济的发展促进了石油企业的快速发展。直接作业作为石油企业生产经营过程中的重要环节，其安全管理水平的高低直接影响着企业的生产效益。一般来说，直接作业环节受机械设备的运行情况、作业环节、作业内容等因素影响，其是事故易发点和多发点。因此必须要加强石油企业直接作业环节的安全管理，提高安全管理水平，有效保证人民生命财产安全，促进石油企业的可持续发展。本文就对石油企业直接作业环节信息化安全管理实践的相关内容进行深入分析和探讨。

关键词　石油企业；直接作业环节；安全管理

1　目的和背景

直接作业作为石油企业生产经营过程中的重要环节，存在物的不安全状态、人的不安全行为和有害的作业环境等隐患，其安全管理水平的高低直接影响着企业的生产效益。根据《江汉油田HSSE严重类违章行为清单》《江汉油田HSSE禁止类违章行为清单》，对直接作业进行综合性分析，江汉采油厂直接作业主要采用线下纸质作业票管理模式，存在办票效率低下、无法确保人员是否在现场、上级单位无法准确了解现场安全措施落实情况、人工录入票据信息、历史票据统计分析不方便等情况。因此，江汉采油厂以深化应用创新创效率为抓手，建立电子化安全监护管理体系，实现江汉采油厂直接作业环节全流程管理。

2　解决方案及主要措施

针对江汉采油厂现存直接作业环节问题，制定了线上流程化签办作业票证、线上自动管控签办过程、线上施工作业管理、线上承包商准入管理和线上管控数据分析的解决方案。同时，把EPBP系统和直接作业环节进行结合，基于4G无线物联网和多媒体应用技术，结合直接作业环节12个重要风险识别与安全监护流程，建立安全监护智能管理系统。

2.1　规范直接作业流程，全流程信息化处理

江汉采油厂安全环保科对用火作业、受限空间作业、动土作业、高处作业、临时用电作业、盲板抽堵作业、起重作业、一般作业、脚手架作业、热采锅炉搬迁、带电作业和临近带电作业共12个流程进行梳理审定，明确作业票风险等级，并将审定后的流程固化到直接作业环节电子签票平台。安全管理人员能在现场利用手持式防爆智能终端通过固化在APP里的作业流程进行引导式签票，实现作业票证现场申请、确认、会签、验收、归档，确保作业票全流程信息化处理，进一步提升了作业许可证的签办效率。

2.2　整合EPBP和承包商系统，实现数据集成共享

为加大直接作业环节管理力度，提升实际成效，特别是避免基层重复录入施工作业等信息，切实减轻基层负担。分析研究中石化EPBP系统，共梳理施工作业信息项600余条，协调系统数据对接。目前，已初步实现两个系统施工作业等信息“一次信息录入，双向数据同步”。同时，已有承包商数据的基础上，整合江汉采油厂承包商考核数据，建立了业务系统间的承包商实时管理，实现承包商入场资质、违章考核等数据资源的集成共享。

2.3　强化现场监督，强化作业票“四定”管理

依托GPS定位技术，确保各施工作业票证在现场进行签发，并将现场照片通过手机回传至直接作业平台，确定现场办票地点；通过APP内自带时间，并根据提交直接作业情况，确定作业时间和会签时间；现场监护人员根据现场作业情况，在APP上填写安全措施，确定JSA分析真实可行；相关责任人通过上传照片及签名等方式，确定责任人现场监督，杜绝了审批人员不在现场就签发作业票证的现象。

2.4 优化承包商准入管理，把好施工现场“入门关”

在APP系统中整合了二维码智能识别技术，建立完善承包商施工人员与特殊作业资质数据库，将施工人员身份证、所属承包商单位、工种、特殊作业资质及违章考核等信息生成二维码，集成在HSSE入场证上。安全管理人员在施工作业人员入场前通过手持式防爆智能终端扫描施工人员二维码，现场对施工人员身份信息与作业资质进行核实、审查，快速准确掌握作业人员详细信息，达到了省时省力的效果，避免了假证、错证等违章行为，把好施工现场“入门关”。

2.5 作业票流程实时监控，为过程管控提供支撑

基层单位安全监护人员手工填写作业票证，数据资源共享程度低、管理部门不能及时掌握和了解票证办理进度和现场施工情况。通过分类梳理施工作业类型，确定各作业环节数据信息，明确各作业流程数据内容和责任主体，实现了手机和电脑的作业票流程实时监控，既满足基层单位现场办理票证的需要，也为管理部门过程管控提供了风险识别、考核指标等数据的支撑。

3 应用情况及成效

该系统上线运行以来，日均在线人员105人，共签发电子作业票563起，规范了现场作业行为，强化了作业全程追踪与监控，有效避免了安全事故的发生。

3.1 作业审批流程化，切实提高办票效率

安全管理人员现场利用手持式防爆智能终端通过固化在APP里的作业流程进行引导式签票，实现作业票证现场申请、审批，作业环节取证、验收，作业单位在线考核、评价的闭环管理与快速签发，确保作业许可办理的“定人员、定位置、定时间、定单位”，杜绝代签、错签、先干后签等违规操作发生。同时，作业许可证可在15分钟内完成办理，其签办效率提升了85%。

3.2 现场处置及时化，加强现场风险评估

根据GPS定位，各级安全管理人员能够及时根据直接作业环节电子签票中显示的作业现场位置，就近调配安全监管人员到现场进行监管，一旦发现问题，立即将问题提报给责任人，并由相关单位组织整改，由江汉采油厂安全环保科核实整改情况，做到隐患的闭环管理。同时，安全监护人员现场对直接作业过程风险因素与措施控制数据进行在线分析、协同分发、协同签字确认，列出对应风险及安全防范措施，并根据现场施工作业风险随时进行补充，不断更新风险库，实现了在线JSA安全分析，加强现场风险评估工作。

3.3 承包商资质审查智能化，严格把好准入关口

通过二维码扫描施工承包商人员证件，现场对施工人员身份信息与作业资质进行核实、审查，准确掌握作业人员详细信息，精确跟踪当天施工作业内容与进出站点记录，也可实时审批施工方证件、监护证件等信息，实现对承包商资质规范管理，使得承包商队伍现场作业规范化，违章行为大大减少，作业现场安全性有了较大提高。近年来，江汉采油厂直接作业环境未发生一起事故及未遂事故。

3.4 直接作业管理全流程化，确保安全作业全过程追溯

通过统一业务设计标准，统一流程运行规范，统一数据传输机制，以EPBP系统生产现场施工作业预报模块的施工预报信息为始点，建立从施工预报信息、业票证现场申请、审批，作业环节取证、验收，作业单位在线考核、评价的闭环管理与快速签发的完整在线业务流。一项作业票证唯一系统编号，贯穿运行的全过程，留痕流转的各节点，解决运行不闭环、责任难追溯问，实现对安全作业的全过程追溯。

3.5 现场安全管理数据化，实现数据分析研究

系统支持PC端、移动端两种模式应用，有强大的数据统计分析、图表报表等功能，可以让厂、区安全管理人员随时随地通过办公网络动态查询电子作业票证签办情况，并对不同类型、不同级别、不同承包商的施工作业情况进行统计分析，为安全管理提供大数据支撑。

4 效益及价值分析

4.1 实施动态调整和风险防控，整体提升安全管理水平

电子化安全监护管理体系，起到了一次投入、多次使用的效果，改革了传统办公模式，利用信息技术手段，建立起跨区域、跨专业的信息集成模式。安全管理人员可以随时了解掌握各个油水井、集输站场、高风险作业施工现场的情

况，并根据直接作业环节电子签票中显示的作业现场位置，动态调配安全监管人员到现场进行监管，整体提高江汉采油厂安全生产运行管理水平。同时，自运行以来，累计督查各类大型重点施工现场52个，发现各类安全风险问题14个，针对发现的问题，均电话通知现场人员进行及时整改，有效进行风险防控，确保了油区的安全生产。

4.2 强化员工责任意识，提升承包商安全能力

基于4G无线物联网、多媒体应用技术、GPRS技术等，实现“定时间、定地点、定人员、定措施”，充分发挥了直接作业环节作业监护人的监护作用，强化员工责任意识，严格实施规范化办票流程，确保直接作业环节安全，从而保证企业生产任务的全面完成。同时，通过严把准入关，规范承包商管理，极大的提高了承包商HHSE管理水平，使得承包商队伍整体安全水平有了较大提升。近年，厂直接作业环境未发生一起事故及未遂事故，安全业绩得到了上级领导的高度认可。

5 结论

该成果深度融合生产运行与安全管理，对江汉采油厂安全生产管理效率的提高会起到非常关键的作用，对江汉采油厂提质增效起到积极的推动作用。

参考文献

[1] 朱世杰．炼化企业直接作业环节HSE监督管理实践［J］．广东化工，2015，19.
[2] 孙鹏．联合站直接作业安全管理优化［J］．当代化工研究，2017，10.
[3] 何宗玮 刘春林 吕辉．浅谈化工企业如何实现直接作业过程透明化管理［J］．化工管理 2019，06.

中原油田 IPV6 网络升级试点建设应用案例

李中福

（中国石化中原油田分公司）

摘　要　我国互联网络可持续发展，严重受制于全球互联网 IPv4 地址资源的短缺，中原油田作为能源行业的中石化上游板块单位，随着油田生产信息化建设，油田为了满足生产网井场的传感器、摄像头等智能设备对地址的需求，油田企业网络进行基于 IPv6 技术的下一代互联网升级迫在眉睫。中原油田作为中石化上游业务板块典型企业，油田生产专网生产数据自动采集，油气井、计量、阀组、站厂及相关输管网的生产控制智能化，海量的终端以及未来物联网的发展对 IP 地址数量提出了更高的要求，油田迫切需要进行 IPV6 网络升级试点建设，探索不同应用场景的 IPV6 部署实现，对石化行业兄弟单位进行 IPV6 网络升级具备借鉴作用。

关键词　IPv6；MPLS VPN；6VPE；IPv6/IPV4 双栈；MP-BGP；OSPF

1　中原油田 IPV6 网络升级建设背景

随着全球信息技术的高速发展，信息技术在石油化工领域的应用日趋深入、广泛，石油石化行业已经进入充分利用信息技术提升业务竞争力的时代。通过先进的信息技术来完成企业的生产、经营、运行和管理，信息技术的广泛深入应用已成为国外石油石化公司生产运行管理、降本增效和正确决策的重要技术支撑手段。

为了积极响应《推进互联网协议第六版(IPv6)规模部署行动计划》，中原油田在总公司的统一安排部署下，2019 年进行 IPv6 改造试点建设，对油田企业网络的全面进行 IPv6 网络改造并最后完成油田整体网络改造提供实践指导。

中原油田作为中石化企业 IPv6 改造的试点单位，将在企业内网进行 IPv6 的试点改造和业务场景验证，同时为了进一步完善中原油田 IPv6 网络的改造条件，根据中原油田网络的实际，将 MPLS VPN 作为重要技术部署在企业内网，MPLS VPN 将作为 6vPE 技术的基础架构，联通各个 IPv6 的孤岛，并实现视频监控以及生产采集等重要业务的隔离，进一步提高企业内网的安全性。

2　中原油田 IPV6 升级试点建设目标

在企业主干网中部署 MPLS VPN，隔离视频监控与生产采集数据系统，并在隔离完成后测试业务连通性与延迟等基本参数。基于 MPLS VPN，通过 6vPE 的方式新建 IPv6 虚拟网络，验证中原油田企业至总部、视频监控、生产数据采集和数据中心等 IPv6 部署场景。

3　中原油田 IPV6 网络升级关键应用场景的实现

3.1　油田网络现状

中原油田企业网分为核心、汇聚、接入三层网络结构。中原油田企业网核心采用双核心设计，两台华三 S12500 交换机通过虚拟化技术在逻辑上虚拟为一台设备，实现双机互备及负载分担。核心交换机作为中原油田企业核心枢纽与数据中心区域、互联网区域、外联区域、内联区域互联。中原油田企业网的汇聚节点包括到各采油厂等大型园区网核心，汇聚节点上联到企业网核心构成企业网主干。每个片区部署一台汇聚交换机，汇聚层设备与核心交换机之间一般采用双联路互联，分别连接到两台核心交换机实现链路冗余，两条链路一般为一条万兆链路、一条千兆链路。油田企业网接入层是指企业网主干到二级单位园区网的接入网络。本次改造沿用油田当前网络拓扑结构，在核心交换机、汇聚交换机设备上运行 MPLS LDP 协议形成 MPLS 域，核心交换机、汇聚交换机作为 MPLS VPN 的 PE 设备，业务专网网络设备作为 CE 设备，并在此基础上以 VRF 的形式创建多个 VPN 业务网络以及 IPv6 业务网络。实现“物理共享、逻辑隔离”的同时也为 IPv6 网络打下基础。

3.2 路由规划

企业网络 IGP 规划。MPLS VPN 骨干网区域 IP 路由信息的完整是必不可少的，标签是基于路由表中 IP 路由前缀信息进行分配的，保证 MPLS 网络中 IP 路由的可达性是成功建立标签转发路径(LSP)的前提条件，骨干网区域路由通过 IGP 路由协议实现。考虑到油田网络现状、运维知识经验的积累，MPLS VPN 的 IGP 路由协议沿用当前 OSPF 协议，统一使用 Loopback0 接口作为 OSPF Router-ID。

MP-IBGP 规划。首先对 MP-IBGP AS 进行规划，MPLS VPN 域中 MP-BGP 负责在 PE 路由器之间传播 VPN 组成信息和路由，MP-BGP 既可以支持传统的 IPv4 地址族，又可以支持 VPN-IPv4 地址族，使用 MP-BGP 既确保 VPN 的私网路由只在 VPN 内发布又实现了 MPLS VPN 成员间的通信。MPLS VPN 所有 PE 使用同一 AS 号，PE 之间为 iBGP 邻居关系，油田 MPLS VPN 网络 AS Number 统一使用：65075。

RouterID 及更新接口规划。使用 Loopback0 接口作为 MP-BGP Router-ID，MPLS VPN 实例中 PE 设备之间为 iBGP 邻居关系，PE 之间使用 Loopback0 接口作为更新接口。

MP-IBGP RR 规划。油田 MPLS VPN 网络 PE 之间为 iBGP 关系，根据 iBGP 路由传播机制，从 iBGP 邻居学到的路由不会发送给其他 iBGP 邻居，因此要实现 PE 之间的互访需要在所有 PE 之间建立全互联关系。为了尽量减少 MP-BGP 邻居关系设立路由反射器，以核心交换机作为 MP-BGP 路由反射器，所有汇聚层 PE 设备与核心交换机 PE 设备建立 BPG 邻居，并通过 RR 反射全网路由。

链路 MTU 设计。油田企业网设备均通过以太网接口进行互连，包括 10G、1000M 两种类型，以太网接口默认 MTU(最大传输单元)为 1500 字节，当数据报文长度超过 1500 字节设备将进行分片处理。在 IP 数据报文进入 MPLS 域内后数据转发机制发生变化，数据包将根据标签进行转发，在 MPLS VPN 环境下，会在数据报文 3 层报头及 2 层报头之间插入两层标签，内层为 VPN 标签，外层为 LDP 标签，每层标签长度为 4 个字节，这就造成数据报文最大可达 1508 字节，而且设备仍采用原有报头长度而不会对报文进行分片，致使数据报文无法通过接口进行转发，因此需要调整 P、PE 之间的接口 MTU 值。考虑到的中原油田 MPLS 网络可扩展性，P、PE 之间接口统一调整为 1516，互联的物理接口、vlan 接口均需要进行调整，设备间串接的二层交换机、传输设备接口也需要调整。

3.3 MPLS VPN 网络改造方案设计

采用 LDP 协议作为 MPLS 标签分发协议，LDP 协议为路由信息分发、绑定标签信息，实现数据报文在 MPLS 域内依靠标签转发。VPN 的划分原则是以中原油田总部、采油厂为界，中原油田视频监控系统与生产采集系统纳入对应共享 VPN 中，各采油厂视频监控设备与数据采集和生产设备纳入对应共享 VPN 中。中原油田 MPLS VPN 采用统一命名方式，VRF 名称包括归属单位、VPN 访问属性、业务/单位名称三部分属性，具体格式为“归属单位拼音缩写_ VPN 访问属性_ 业务名称”。RD(route distinguisher) 64bits，用于在 MP-BGP 运载 VRF 前缀时，确保这些前缀的唯一性。由于 VPN 前缀是通过 MP-BGP 在 MPLS VPN 网络中扩散，主干网的 MPLS VPN 网络承载着多个客户的 VPN 前缀，甚至有可能是使用相同的 IPv4 地址空间，RD 值用来区分客户之间地址空间的唯一性。Route Targets 用来区分 VPN 用户的，是 BGP community 的扩展属性，在 VRF 中进行配置，它跟在 VPNv4 前缀后面被一起传递，一条路由可以附加多个 RT 值，RT 分为 Export RT 和 Import RT。

MPLS VPN 技术在物理共享的网络上，提供了一套逻辑隔离各种业务、应用的环境，在各个 VPN 内的业务数据流是严格分离的，没有部署互通策略的情况下，各 VPN 之间不能互相通信。考虑到中原油田作为大型企业统一管控和业务协作的需要，需要考虑在局部实现 VPN 互通，即定义 VPN 互访策略。位于 VPN 中的服务器/终端有时需要与位于骨干网中的服务器/终端进行通信，缺省情况下每个 VPN 各自维护一张独立的路由表，骨干网单独维护一张路由表，默认情况下 VPN 终端无法与骨干网进行通信。中原油田 VPN 与骨干网通信采用桥接路由器的方法。根据中原油田企业网络现状及业务需求，MPLS VPN PE 与 CE 之间的路由协议可以选则直连路由、静态路由、OSPF 路由。

业务接入模型规划设计。VPN 的路由需要通过 MP-BGP 路由协议来发布，需要在 PE 路由器上将VPN实例中的路由重发布到MP-BGP的vpnv4地址族中实现业务接入。油田大部分业务系统的VLAN网关地址部署于汇聚交换机上，接入交换机通过二层trunk链路与汇聚交换机互联，在接入交换机上通过具体业务划分vlan。

3.4 IPV6地址规划

IPv6地址中后64位为主机标识符，考虑到部分终端必须由系统自动生成，因此后64位暂时不使用。IPv6地址中前64位为前缀，中国石化分配给中原油田的全球单播地址空间(GUA)为240A：C3C8：/32，唯一本地地址(ULA)为FC00：03C8：/32，需要规划的是前33~64位。本规划将这32位前缀规划为保留、二级企业标识、业务和板块标识、下联单位标识等四级层次。二级企业标识为41~48，共8位。主要用于标识下属二级企业。8个二进制位相当于两个十六进制位，范围是从00到FF。

3.5 油田企业网络主干改造

首先，油田企业网路上联总部区域中心网络，要达到通过IPv6网络协议，访问中石化网络和油田企业网楼内部互访，需要对总部企业网咯主干和油田企业网络主干进行升级改造。

6vPE(IPv6 VPN Provider Edge)是承载IPv6的MPLS VPN技术，可以在保持原有MPLS主干网不做大变动的情况下，利用MPLS VPN将IPv6孤岛的穿过当前已存在的IPv4网络进行通信。中石化主干网已经部署了MPLS，需要进一步部署MPLS VPN，以便支持6vPE。基本部署步骤如下：PE与CE之间存在IPv6 VRF，建立BGPv6的邻居关系；PE与RR之间可以建立IPv6的BGP邻居关系，也可以建立IPv4邻居关系，同步复制VPNv4地址族到VPNv6地址族中，其他配置跟IPv4的MPLS VPN一样。

在油田企业主干网配置MPLS VPN和6vPE，在进行IPv6试点的同时，实现相关业务系统(视频监控、生产数据采集等)与企业网的逻辑隔离。近年来油田核心交换机和汇聚交换机均支持支持MPLS VPN，可以作为P和PE设备，大部分汇聚交换机(网关设备)支持IPv4/IPv6双栈，支持IPv6网络升级改造。

3.6 IPV6网络应用场景验证

3.6.1 WEB服务访问验证

在数据中心配置IPv6服务器，或者在现有IPv4服务器上启用IPv4/IPv6双栈。配置IPv6终端，通过6vPE访问IPv6服务器。原IPv4客户端可以继续访问IPv4服务器。

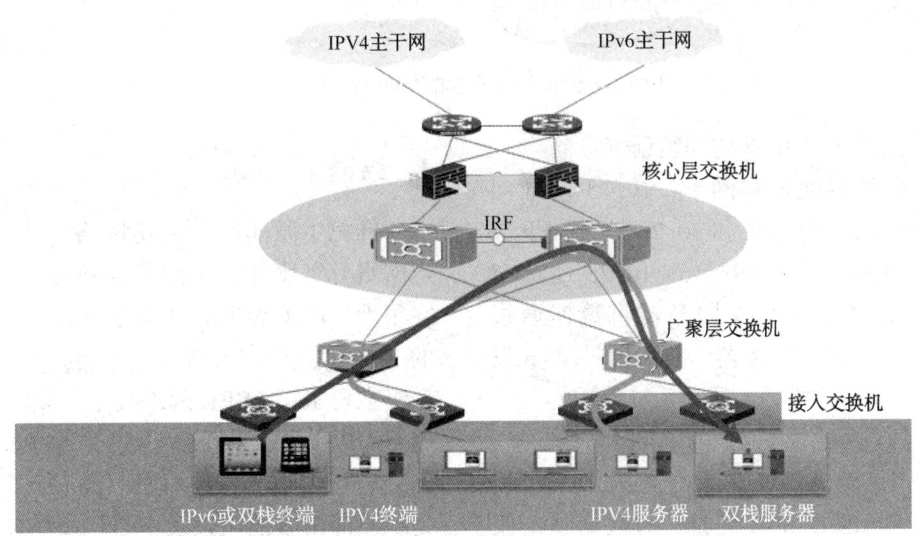

图1 油田企业网络内部IPV6终端访问IPv6服务器

要求：服务器操作系统支持双栈，应用系统支持IPv6协议。

中原油田企业主干网6vPE，中石化主干网配置6vPE。两个6vPE通过背对背、互为CE的方式互联，打通从中原油田到总部IPv6互联网区的IPv6通路。在此基础上，中原油田的IPv6终端能够访问到中石化总部IPv6互联网区的IPv6服务器。

3.6.2 视频监控访问验证

采油厂采油区流媒体服务器配置双网卡，分

别提供油田企业网络相关用户访问和与 CVR、摄像头通信。在企业主干网配置 6vPE 的基础上，采油厂的办公网核心交换机 7506 需要配置为 PE 设备，创建生产 VRF，配置 IPv6 地址。流媒体服务器新增网卡，配置 IPv6 地址，向上接入办公网核心交换机的生产 VRF。将采油区流媒体服务器连接生产网核心 7706 的网卡，保留 IPv4 地址，启用 IPv6 地址，选择部分视频监控摄像头，配置 IPv6 地址。此时，视频监控系统内部是 IPv4 和 IPv6 共存的状态。后续逐步将所有的视频监控摄像头转换到 IPv6 地址，实现视频监控系统内部完全 IPv6 化。

视频监控验证访问实现三种方式：IPv4 视频监控访问终端访问 IPv4 视频服务器互访；IPv4 视频监控访问终端访问 IPv6/IPv4 双栈视频服务器；IPv6 视频监控访问终端访问 IPv6/IPv4 双栈视频服务器。三种方式均通过企业网络 IPv4/IPv6 双栈 6VPE 主干网络进行互访，图 2 是 IPv6 视频监控访问终端访问流媒体双栈服务器。

- 流媒体服务器配置IPv4和IPv6双栈
- 选择部分视频监控终端,改为IPv6地址
- 流媒体服务器和视频监控终端通过IPv6进行互访

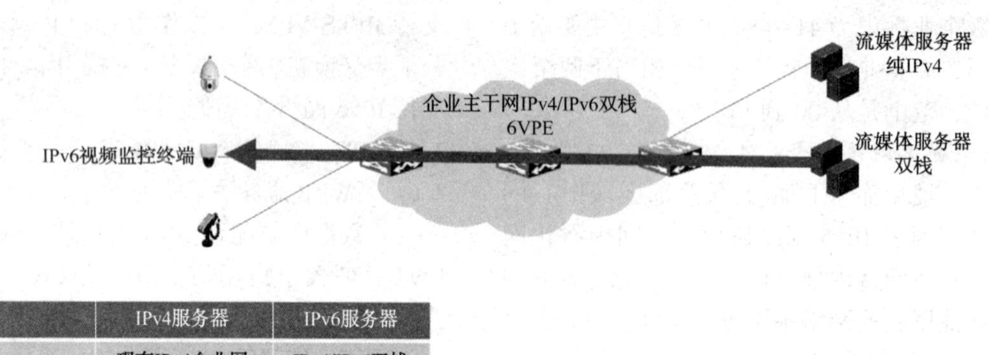

	IPv4服务器	IPv6服务器
IPv4终端	现有IPv4企业网或6VPE	IPv4/IPv6双栈或6VPE
IPv6终端		IPv4/IPv6双栈或6VPE

图 2　IPv6 视频监控访问终端访问流媒体双栈服务器

3.6.3　生产数据采集 IPv6 访问验证

SCADA 服务器配置双网卡，10.75 地址向上与企业网通信，192.168 和 10.76 地址向下数据采集设备通信。其中 192.168/10.76 地址与 10.75 企业网隔离。SCADA 服务器将数据通过 10.75 地址传送到转储服务器，然后通过 Web 发布服务器供企业网的相关人员和系统使用。

在企业主干网配置 6vPE 的基础上，采油厂的办公网核心交换机 7506 需要配置为 PE 设备，配置生产 VRF，配置 IPv6 地址。为数据采集服务器新增网卡，配置 IPv6 地址，向上接入办公网核心交换机 7506 的生产 VRF。此时油田相关和采油厂的相关用户仍然可以访问相关数据采集服务器的原来的 IPv4 地址，已启用 IPv6 的用户，加入生产 VRF 后，可以访问数据采集服务器的 IPv6 地址。

4　结语

针对中原油田分公司网络系统进行 IPv6 试点网络升级服务，采用了成熟可靠的网络技术，在很大程度上为中原油田分公司提供了稳定可靠的 IPv6 试点网络基础设施平台。本次 IPV6 网络升级主要采用 6VPE 网络技术，核心网络区域采用了 MP-BGP、OSPF、MPLS 等技术，对中原油田分公司 IPv6 试点单位网络进行了 IPv6 部署，为中原油田分公司以及中石化所属单位特别是上游板块单位提供了 IPv6 网络部署宝贵经验。该试点示范建设项目实施，保证了中原油田分公司企业网络核心与试点的两个二级生产单位网络汇聚骨干节点之间的应用业务系统的正常安全通信，达到了油田 IPV6 网络升级试点建设的预期目标。

参 考 文 献

[1] 赵肃波，中国 IPv6 发展与网络安全挑战[J]. 信息安全研究，2019，03.

[2] 周强，高校 IPv6 网络升级改造探讨[J]. 网络安全技术与应用 ，2020，04.

[3] 翟溪林；邓芙蓉 . ipv6 在现代网络中的优势及应用[J]. 计算机产品与流通，2020，05.

南北疆一体化云计算平台应用与实践

李国元

（中国石化西北油田分公司）

摘　要　随着这些年企业IT建设的蓬勃发展，IT在企业中发挥的作用越来越明显，企业也随着IT环境和应用系统不断完善，业务上的竞争能力也越来越强。随着企业不断的解决不断变化的业务竞争需求，IT建设的规模也越来越大。本文对南北疆一体化云计算平台的建设作了简要描述，详细介绍了系统的特色功能、应用效果分析、效益计算。文章最后，对平台推广提出了一些建议。

关键词　平台；一体化；虚拟机；企业；管理水平

西北油田分公司经过多年发展，油气生产生产管理对信息系统要求越来越高，生产及办公业务系统越来越多，IT规模越来越大，保障信息系统安全高效运行、提升信息基础设施精细化管理水平难度越来越大。分公司自2008年开始采用虚拟化技术，开展基础设施云建设，但在运行的云设备硬件老旧、虚拟化软件版本过低、可用资源严重不足，整个系统的高可用性和连续服务、企业业务和关键数据安全缺乏保障。

西北油田信息化经过多年建设，搭建了支撑勘探、开发、工艺、经营、生产保障等各类应用的服务器、存储体系，为油田生产、科研、管理提供了有效的基础服务。随着应用对油田IT服务水平的要求不断提高，各应用系统对高速数据访问和平滑简单的扩容，对应用快速发布、切换，以及业务连续性等方面的要求日益迫切，主要体现如下：

（1）可用资源不足

随着油公司体制的深入，对信息化的格局带来变化，大量的现场实时数据、视频数据及其他业务数据等飞速增长，对未来油田信息化的发展提出了更高的要求。

（2）信息资源的投入减少

目前国际及国内油田企业面临着比较严峻的形式，考虑信息资源的投入减少，如何利用有限的资源通过新技术应用，提高资源管控能力、提高服务能力是当前急需解决的问题。

(3)新的数据与业务处理对服务器硬件提出更高的要求

未来越来越多的数据和业务处理，对服务器硬件的处理能力提出了更高的要求，随着目前云技术的成熟落地与飞速发展，在西北油田分公司的未来信息化建设过程中，如何更好地利用“云”技术、大数据等实现动态分配资源，满足西北油田分公司业务应用及科研活动的多样化需求。

1　南北疆一体化云计算平台特点

1.1　平台逻辑结构

（1）整合集成南北疆服务器虚拟化资源池

整合西北油田分公司乌鲁木齐VMWare服务器虚拟化集群、轮台前线指挥基地Hyper-v 2012服务器集群资源，淘汰6台老旧服务器、2台老旧存储、2台老旧光纤交换机；采购9台高性能服务器、2台中端存储、2台高性能光纤交换机，利旧4台高性能服务器、1台存储，在西北油田科研园区搭建2个Hyper-v 2016小集群，充分发挥新、旧资源的应用效率，为西北油分公司田油气田开发生产提供计算、数据存储支撑。

（2）建设了南北疆一体化云计算管控平台

应用云计算技术，在北疆建设云计算资源主控中心，在南疆建设云计算资源备控中心，主控中心与备控中心异地互备、业务双活，形成对西北油田分公司北疆2个Hyper-v服务器虚拟化小集群，南疆1个Hyper-v服务器虚拟化集群计算资源一体化管控，实现南北疆虚拟化服务器资源统一监控、统一分配、统一维护。

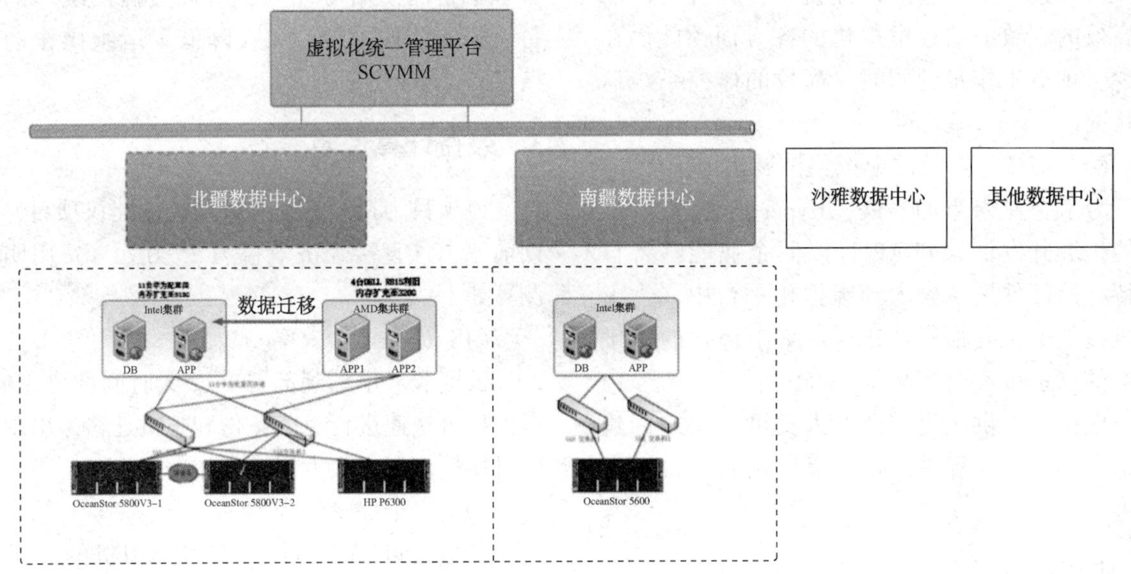

图 1　平台逻辑结构

（3）资源回收利用

通过优化在用虚拟计算资源，监测资源使用情况，动态进行资源分配调整，及时收回、再利用闲置资源，充分挖潜云计算资源的服务能力，降本增效。

（4）总结建设经验，形成基础设施云建设标准与运维管理标准

截至 2020 年 10 月，经过 3 次软、硬件优化、升级，基础设施云及南北疆云计算资源管控中心各项指标运行平稳，积累了基础设施云实践经验，编制完成了基础设施云建设标准、管理标准，形成基础设施云运维管理体系。为分公司基础设施云健康发展奠定基础。

1.2　特色功能

（1）支持 64 位高性能体系结构

全新的 64 位微内核 Hypervisor 架构使 Hyper-V 可以提供更广泛的设备支持方法，如对大容量内存的支持等，以及增强的性能和提升安全性，并能够承载更多的虚拟机运行实例。

（2）支持广泛的操作系统

为了更好的满足企业的 IT 现有环境及未来的 IT 发展趋势，Hyper-V 广泛支持在虚拟化环境中同时运行不同类型的操作系统，包括 32 位和 64 位的多种不同服务器平台操作系统，例如 Windows、Linux 等操作系统。

（3）支持对称多处理器（SMP）

面对当今以对称多处理器为主流的服务器，Hyper-V 可在一个虚拟机环境中最多支持四个虚拟处理器，使您可以在虚拟机中感受到多线程应用程序的性能优势。

（4）支持虚拟 VLAN 的

为了更好的满足企业环境中的网络环境的定制，并且保证虚拟机间信息的相互隔离，确保信息安全，在 Hyper-V 中，管理员可以通过虚拟机设置对虚拟化环境中的虚拟机划分 VLAN，以保证虚拟机间信息的相互隔离，确保信息安全。

（5）网络负载均衡

Hyper-V 中包含了全新的虚拟交换功能，这意味着虚拟机可用简单的方法配置运行 Windows 网络负载均衡（NLB）服务，以对不同服务器上的多个虚拟机的负载进行均衡。

Hyper-V 可在 NLB 群集中跨多个服务器为网络客户端与服务器应用分配负载。NLB 对确保无状态应用[如在 Internet 信息服务（IIS）上运行的基于 Web 的应用]在工作负载增加时通过添加额外的服务器对其扩展尤为有用。在负载增加时，NLB 允许添加额外的服务器来实现可扩展性。此外，NLB 还允许用户轻松替换故障服务器来实现可靠性。

（6）丰富的性能监控指标

为了更好的监控虚拟化平台中的宿主服务器和其上运行的虚拟机实例的性能状态，通过 Hyper-V 与 SCOM 相结合，管理员不仅对宿主服

务器可以进行全方位的性能监控，并且可以同样高效的细致的监控虚拟机的各方面性能。在减少管理员工作量的同时，高效的监控系统运行状况。

（7）完整、开放的虚拟化扩展架构

为了企业未来的发展，Hyper-V提供了良好的扩展开发框架和API，以便企业能够将自行特有的硬件设备融入到虚拟化平台中，为虚拟机提供虚拟化服务。Hyper-V中包含的基于标准的Windows管理架构(WMI)接口以及API接口使得软件供应商和开发人员可以快速创建自定义的工具、程序，并对虚拟化的平台进行改善。

2 应用效果分析

（1）实现资源共享整合

打破烟囱式资源建设模式，实现了资源集中共享、动态调配，虚拟化提供一个整合系统架构，同时整合了计算、存储备份、安全、负载均衡、数据库、甚至业务流程。

（2）提高资源利用率

应用虚拟化技术，大幅提升资源的利用率，通过虚拟化，可以把工作负载封装一并转移到空闲或使用不足的系统，这就意味着可以整合现有系统，可以延迟或避免购买更多服务器容量。

（3）加快应用部署效率

应用自动化、标准化等技术手段，系统资源部署速度提高，加快对应用的响应效率。传统模式部署服务器系统大约需要1-3天的时间，改为虚拟化模式后，基本可以在2个小时以内完成部署，效率大大提升。

（4）提升绿色节能水平

设备数量的减少，减轻对机房的空间、供电、空调的压力，提升绿色节能水平。虚拟化通过把多个虚拟系统整合到较少物理系统上，可以缓解空间压力，减少服务器运行电力和散热方面的成本，利用虚拟化技术进行整合使得降低总能耗和节约大量资金成为可能。

（5）减轻运维压力

资源的自动化、可视化、可动态调整以及维护设备数量的减少，降低了运维操作的复杂度和难度，减轻运维压力，数据中心实现更高水平的自动化，同时降低管理成本。此外，云管理平台的使用可以为云管理员提供统一的设备、资源监控平台，大大降低了运维操作的复杂度。

3 效益计算说明

该项目为持续带来经济效益的建议项目，预期前三个月直接经济效益为25万元。费用明细测算如下：

（1）提高工作效率

云资源从申请到部署1~2天时间即可完成，虚拟机可快速进行克隆备份和主机迁移，出现故障可快速恢复，大大提高工作效率。

（2）安全保障性高

虚拟机可以采用模板转换虚拟机的方式进行部署，对模板进行安全设置后新建的虚拟机不再重复进行补丁安装、系统升级和病毒清理等操作。在应急响应上，虚拟集群可利用其动态资源调配、在线迁移、容错技术等特性为应用保驾护航，使应用的中断时间和故障率大幅降低。

(3)节省设备购置成本

基础设施云硬件和虚拟产品升级，共计投资280万，预计可使用十年，创建250台虚拟服务器，折合每台服务器约1.1万左右，而最低配置服务器3.1万/台，每台服务器可节省2万，平均每年创建15台虚拟机，每年可节省30万。

(4)节省维护成本

根据运维合同，物理服务器运维费用(包括维修费用)每台3036元/年，存储每套27348元/年(包括维修费用)。目前南北疆基础设施云由21台物理主机和5套存储组成，后续运维费用14.58万/年。根据计算基础设施云可虚拟出的250台服务器，同等数据的物理服务器需要运维费用共计75.9万/年。可节省运维费用61.32万/年。

(5)减少机房电力

2018年度虚拟集群年功耗电量107142度，电费6万元；平均每台物理服务器年耗电量为1560度，每年电费约780元。2020年虚拟集群中在运行虚拟机为200多台，同数量物理服务器电费约为11.7万，共计节省5.7万元/年。

(6)资源优化重复利用

每年通过对虚拟资源调优，释放C PU、内存和存储资源，大约可再创建 2 台虚拟服务器，每年可节省 5 万。

4 推广应用情况

北疆服务器虚拟化集群已为各部门、单位提供虚拟服务器 85 台，南疆服务器虚拟化集群已为各二级单位提供虚拟服务器 65 台，一体化云计算平台已在分公司全面推广应用。

5 结束语

在原油价格持续低迷、利润空间大幅收窄的形势下，油田企业更需要细算经济账、打好效益牌，合理控制生产成本，形成降本增效的新常态。南北疆一体化云计算平台大大提高了计算资源的管理效率，提高了服务器管理水平，降低了企业 IT 成本，值得推广与应用。

磁致伸缩式液位计在大牛地气田数字化转型中的应用

陈 斌 徐 嘉 王子雨 刘 浩 卓天帆

（中国石化华北油气分公司）

摘 要 自开展信息化试点以来，采气一厂积极加强生产装置仪器仪表数采和控制的升级改造，在计量分离器、油水缓冲罐、甲醇罐、药剂罐等罐区试验磁致伸缩液位远传。目前现场主要试验了LST-I外绑式磁致伸缩液位计和LST-I浮筒式磁致伸缩液位计，展现了高精度、稳定可靠、寿命长、结构精巧、环境适应性强、安装方便、输入/输出多种选择等特点，可作为新一代高精度液位测量产品在数字化转型的其它集气站推广应用。

关键词 磁致伸缩液位远传；高精度液位测量；数字化转型

数字油田作为智能油田的必由之路，必须立足油公司模式建设，关注核心业务，遵循业务导向，在生产和集输领域就是要建立一体化的生产指挥、应急响应、生产运行优化、单井管理、管网管理和项目管理。大牛地气田建设较早，自动化水平较低，成为当前数字化转型的障碍，特别是现场装置缺少在线分析的计量仪表，实时优化、远程控制、数据建模和预知维护等也就无法开展。在数字化建设中，首要解决处于基本生产单元的数据采集是后续作业区实现无人值守管理的关键，因此，先期对试点集气站的液位计进行了数字化改造，使其具备一定的远传、报警、自控能力[1]。

1 集气站液位计运行现状及对比分析

液位仪表的检测对象复杂、测量范围变化大，需要考虑测量工况、仪表精度、介质物性等因素。天然气设备及装置具有高压、腐蚀性强、易燃易爆等特点，对于这种情况，重点应考虑液位仪表的测量范围、介质的腐蚀性、仪表的稳定性、仪表的维护量等问题[2]。下面以大牛地气田天然气地面集输工程的设计为例，就磁翻板液位计和磁致伸缩液位计的设计和选型应用做简要分析。

1.1 磁翻板液位计

磁翻板液位计是旁通管道式液体测量原理，由磁翻板和浮子两部分组成。与容器相连的测量管（用非导磁的金属制成）内装带磁钢的浮子，翻板指示标尺贴着测量管壁安装。当液位上升或下降时，浮子也随之升降，标尺中的翻板受到浮子内磁钢的吸引而翻转，从而指示出液位的高度[3]。

磁翻板液位计作为浮力式液位计，主要技术性能和参数如下：

1）测量范围：500~6000mm。

2）精度：±10mm（就地显示）。

3）翻板指示刻度直观醒目。

4）翻板指示与介质充分隔离，密封性好。

5）可以配备报警开关和信号远传装置，前者做高低报 警用，后者可将液位转换成4~20mA电流信号送到接收仪表。

1.2 磁致伸缩液位计

磁致伸缩液位计的测量过程由电流脉冲来启动。该电流脉冲沿着磁致伸缩线产生轴向磁场，磁致伸缩线由具有磁致伸缩特性材料制成，它在测量管内始终处于工作状态。测量管外在液体表面的浮子中装有永久磁铁。当电子脉冲发生器产生导波脉冲沿着磁致伸缩线与浮子中永久磁铁磁场相互作用时，产生瞬时扭曲波力。扭曲波力在磁致伸缩线中受到感应，在顶端处的变换器将此转换成电流（4~20mA）信号。通过测量经过的时间，可测定扭曲波力的始点，由此可精确测定浮子的位置。

磁致伸缩液位计作为一种新兴的测量仪表，

主要技术性能和参数如下：

1）测量范围：对刚性测量管，不大于6m；对柔性测量管，范围在3.5~20m之间。

2）精度高。分辨率高于0.01%，最小1mm。

3）无需实标和重新校验，只需按按钮或者使用HART协议。

4）无机械可动部分，故无摩擦、无磨损，使用寿命长。

5）安装简单，易于维护。

6）可输出4~20mA模拟量或数字量等远传信号，带HART协议或RS-485通信接口。

7）可现场替换差压式，电容式，超声波式，雷达式，外浮筒式，钢带或钢带伺服式等液位变送器。

1.3 磁翻板液位计和磁致伸缩液位计的对比分析

两种液位计都是利用物体在液体中的浮力来实现液位测量。磁翻板液位计与变浮力（浮筒）液位计、静压法（差压）液位计、电特性（电容、射频导纳）液位计相比，不受介质特性改变影响，可准确指示液体表面位置，但不能克服“虚假”液位（如泡沫）的影响；与其它类型（雷达、射线）液位计相比有极大的价格优势，但耐用性较差；与直接指示类（玻璃管、双色）液位计相比具有指示清晰的特点，但容易产生失磁使指示失效。磁致伸缩液位计与传统定浮力液位计所用的干簧管列阵转换相比，具有元件数量少，故障低，维修简单，转换连续性好的特点，但价格略高。

具体地，就磁翻板液位计和磁致伸缩液位计的设计选用需要结合现场实际：

1）当液位计处于干扰强的磁场环境下时，浮子受的磁场力会叠加而导致消磁。所以，仪表安装应远离强磁场环境。同时，液位计传输信号电缆应远离电压等级高的电力电缆，并保证信号线屏蔽层接地良好，液位计本身也需要做好接地。

2）在电涌冲击等干扰性的场合，可在现场仪表一端加装电涌保护器或防雷端子板。

3）当用于测量界面时，两种介质的密度应恒定，且相对密度差不应小于0.2。

4）磁翻板液位计适用于精度要求不高的设备就地液位测量。

2 磁致伸缩液位计的现场应用

大牛地气田天然气地面集输工程，井口高压集输至集气站，在站内实现气液分离、初步计量，并外输至处理站脱水脱烃、再次增压，达到二类气标准后进入长输管线进行输送。集气站内设备主要有分水包、甲醇储罐、火炬分液罐、生产分离器、计量分离器和油水缓冲罐等，介质成分主要是天然气和污水混合物，或者含甲醇污水，介质温度均不高于50℃，压力最高6.3MPa，介质腐蚀性较低。

根据以上介质条件，以及工艺检测和控制的要求，试验站液位计选择如下：1）对集气站内的分水包、火炬分液罐等设备，介质温度不高，压力较低，无腐蚀性，工艺要求液位进行就地显示，保留原玻璃板液位计作为直接式液位测量仪表，现场观察方便。2）对集气站内的生产分离器、计量分离器、油水缓冲罐、甲醇罐等设备，介质温度在30℃以下，压力最高6.3MPa，工艺要求液位就地显示，并将信号远传至自控室进行监测和控制，选择LST-I外绑式磁致伸缩液位计进行检测，RS485信号远传至自控室内LTS-MCS壁挂式监控箱，同时配套磁翻板进行就地指示。就地和远传仪表合二为一，既达到了工艺要求，又降低了仪表使用，满足后期控制的要求。

2.1 工作原理

磁致伸缩液位传感器是采用磁致伸缩原理开发出的新一代高精度液位测量产品，它具有高精度，稳定可靠，寿命长，结构精巧，环境适应性强，安装方便，输人/输出多种选择等特点，与其他液位变送器和液位计相比有明显的优势，可广泛应用在石油化工各种液罐的液位计量和控制。主要传输部分为：波导丝、浮子磁环、永久磁环、传输部分及检测机构等部分组成。传感器的电路在波导丝上激励出脉冲电流，该电流沿波导丝传播时会在波导丝的周围产生脉冲电流磁场。脉冲电流磁场与浮子产生的磁场相遇，在相遇空间产生一个扭转波脉冲，脉冲沿波导丝传回并由检出机构检出，通过测量脉冲电流与扭转波的时间差可以精确地确定浮子所在液面位置[4]。

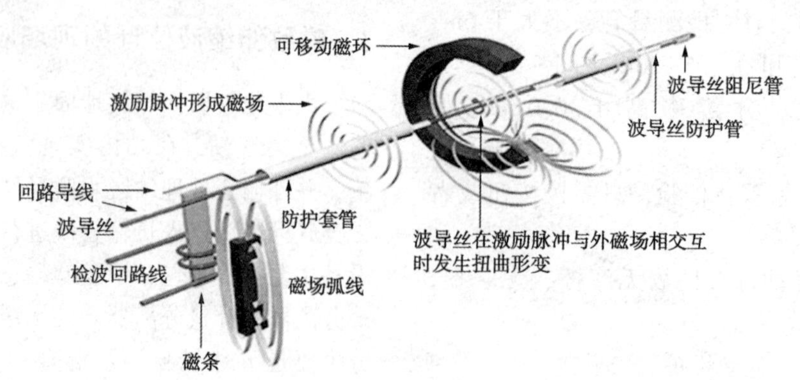

图 1　工作原理示意图

磁致伸缩液位计的技术优势，磁致伸缩液位计适合于高精度要求的清洁液位的液位测量，精度达到 1mm，最新产品精度已经可以达到 0.1mm。磁致伸缩液位计还可应用于两种不同液体之间的界位测量。

2.2　技术性能指标

根据试验厂家提供的技术说明书，整理参数表如下：

表 1　技术参数表

指标项目	指标说明
测量参数 测量范围	液面、界面、温度
	液位：0-4 米硬质杆，0-18 米软质杆； 温度：-55～+125℃
测量精度 供电电压 信号传输	液位、界面：≤0.02%FS，温度≤0.5℃
	DC18～36V RS-485 数字信号；二线 4～20mA+HSRT；三线 4～20mA 模拟信号；四线 4～20mA 模拟信号(液位和界面)
介质压力	常压型≤2.5MPa，高压型≤10
测杆材料	304 或 316L
工作环境	温度-40℃～+70℃，湿度≤90HR%
电缆接口	G1/2"
防爆标志	Ex d II BT4 Gb
防爆证号	CE16.1327
防护等级	IP65

2.3　磁致伸缩液位计的安装

为确保磁致伸缩液位计测量的准确性，应特别注意其安装方法：

(1) 产品应垂直安装，安装斜度不能大于 5°。环境温度在-40℃～120℃。装区域要求有避雷装置。

(2) 安装时，浮球与容器壁(或安装管)互不接触，且浮球上下活动灵活，安装螺纹与容器连接牢固，电器接触良好。

(3) 24VDC 电源纹波不得大于 50mV。电源地线要接在标准地或标准的仪表地，不可接在动力地上。

(4) 法兰式安装，浮球安装方向，有箭头标记的半球应在液面之上传感器安装时尽量远离振动和进出料口。

2.4　磁致伸缩液位计的浮球选择

为了实现对液位的实时测量，关键在于浮球的选用，合适的浮球能够有效的提高其测量的精准性。工作压力、介质密度及耐腐蚀性的具体要求如下：

(1) 工作压力：甲醇罐、油水缓冲罐等罐内压力一般在 0.3-0.4MPa，因此所选浮球的耐压等级最小必须是 1MPa；如果小于此压力，则浮球可能会被压爆，导致浮不起来。

(2) 介质密度 ：浮球的密度必须小于介质的密度才能浮于介质上；浮球与介质的密度差要大于 0.04g/cm^3；油位浮球的密度 0.75g/cm^3，小于油的密度 0.841g/cm^3；水位浮球密度 0.91g/cm^3，小于水的密度 1.02g/cm^3；乳化层的浮球密度 0.88～0.89g/cm^3，小于乳化层的大概密度 0.923g/cm^3。

(3) 耐腐蚀性：浮球的材质必须能耐介质腐蚀，如果不能耐腐蚀，则浮球被腐蚀后介质就会进人浮球内部导致浮不起来。如果用 316

材质的浮球，浮球内孔焊缝容易被腐蚀，导致浮球下沉到罐底，从而测量不准确；如果直接用聚四氟材质的浮球，聚四氟材质本身的密度比较大，不能浮在油面上；只有用316材质，选用抗高温磁粒，在高温下喷涂聚四氟不会导致消磁，才能保证浮球既耐 H_2S 的腐蚀，又能浮于油面上。

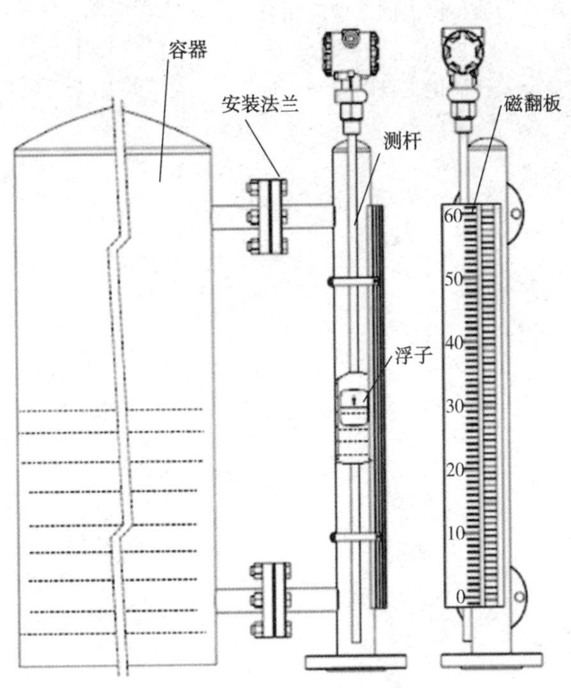

图2 现场外绑式磁致伸缩液位计安装示意图

2.5 磁致伸缩液位计的现场应用

2019年底以来，在某集气站的计量分离器、油水缓冲罐、甲醇罐、药剂罐四处，安装磁致伸缩液位计做试验。

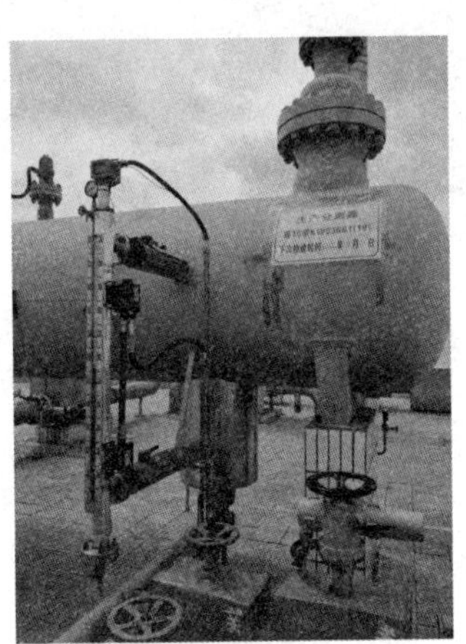

图3 现场安装示意图

2.6 磁致伸缩液位计的应用评价

(1) 结构简单，施工方便。仪表结构设计简单，安装快捷，只要法兰连接，简化施工。

(2) 计量精确，无需校准。液位数字的变化不存在信号漂移或变值的情况，且无需定期标定和维护。磁致伸缩式液位计出厂是根据用户提供的“上密度”和“下密度”确定浮子的重量。在测量界面时，实际上是浮子浮在界面上，所受的浮力和重力相等。

(3) 对比磁翻板液位计，故障率降低，切实减轻员工劳动强度。

3 结论与建议

经过现场的初步试验，可以得到以下结论：

(1) 仪表结构简单，施工方便，节约成本；

(2) 计量精确，液位数字的变化不存在信号漂移或变值的情况，且无需定期标定和维护；

(3) 故障率降低，浮球损坏率低，减轻员工劳动强度；

(4) 磁致伸缩式液位计运行参数稳定，性能稳定；

(5) 磁致伸缩式液位计应用还需继续跟踪分析，建议在其它集气站推广实施。

参 考 文 献

[1] 朱文涛，李合远．油田生产管理过程中数字化关键技术的研究与应用[J]．仪器仪表用户，2015，22(4)：94-96.

[2] 王静．天然气集输处理站场液位仪表的选型应用分析[J]．仪器仪表用户，2014，21(1)：51-53.

[3] 陆德民，张振基，黄步余．石油化工自动控制设计手册3版[M]．北京：化学工业出版社，2000：125-148.

[4] 姜涛，余国军等．浅谈磁致伸缩式液位计在长庆气田的应用[J]．化学工程与装备，2014，12：125-128.

[5] 罗凌燕，李录兵等．磁致伸缩液位计在油田的研究应用[M]．第十三届宁夏青年科学家论坛论文集，2020，1：76-81.

NB-IoT 低速率窄带物联网通信技术现状及发展趋势

马 铭

(福建古雷石化有限公司)

摘 要 随着我国科学技术的快速发展以及经济发展形势的转变，在当今经济全球化的背景影响下，我国在经济发展上也取得了十分突出的成绩，而这也为我国科学技术的发展奠定了坚实的基础。近些年来，信息技术的不断普及和应用，也使得物联网技术进入到了一个快速发展时期，而 NB-IoT 低速率窄带物联网通信技术的应用对于物联网技术的发展具有着十分重要的作用。而 NB-IoT 低速率窄带物联网通信技术的有效应用，可以充分实现绿色和经济性的生产过程，因此在未来也将具有良好的发展前景。本文针对 NB-IoT 低速率窄带物联网通信技术的发展现状进行分析，介绍了其主要的技术原理和应用优势，探讨了该项通信技术的应用现状，并对此项技术未来的发展趋势进行了展望，希望能够为相关工作人员起到一些参考作用。

关键词 NB-IoT；低速窄带；物联网通信技术；发展现状；发展趋势

在我国进入信息化时代后，信息技术在各个领域当中也逐渐得到了有效的应用，进而对各行各业的发展也起到了良好的促进作用，纷纷取得了显著的进步。信息化技术可以说是时代发展的重要产物，也是一项物联网科学技术，逐渐地融入到了人们的生活之中，改变了人们的生活方式和通讯方式，全面提高了人们的生活水平。而随着科学技术的不断发展，物联网技术也将不断的进行更新和完善，其所包含的技术也会变得更加多样化，在未来将会具有十分广泛的应用范围，与人们的生活也会变得更加的契合。而 NB-IoT 低速率窄带物联网通信技术便是在此时代背景下的一种重要产物，其结构主要为蜂窝网络，能够在低速率窄带的环境下有效的构建物联网，而且通过科学合理的使用蜂窝网络，还能够减少带宽的消耗，往往只需要消耗 180KHz 左右的带宽，便能够充分的设计和部署相关的 GSM 网络、UMTS 网络。通过使用此技术，还能够使物联网技术的通讯运营成本得到明显的降低，同时还能够节约人力资源，从而提升物联网技术通讯运营的经济效益[1]。

1 NB-IoT 技术原理介绍

1. 在对 NB-IoT 低速率窄带物联网通信技术进行部署时可以采用以下三种方式。首先是独立进行部署的模式，可以在频点 200KHz 进行独立的部署，主要适合在重耕 GSM 频带当中进行应用。第二种是采用保护带的部署模式，其主要可以在 LTE 载波系统当中的边缘无用频带进行有效的使用。最后则是载波带在内部进行部署的模式，其可以对 LTE 载波当中的任何资源块进行有效的利用。

2. NB-IoT 低速率窄带物联网通信技术可以支持两种技术和两种带宽，分别为 3.75kHz 和 15kHz。对此项技术进行应用的过程中，可以采用一个用户使用一个载波的方式，但现如今该方式往往只能在低速的情况下进行应用，或者一个用户可以对多个载波进行使用，而且还能够保持高速，但现如今只对 15KHz 进行支持。而该项技术由于自身的性能和兼容性因此也具有着十分显著的特点，首先是该技术所构建的物联网具有着广泛的覆盖范围，其次是该项技术的连接能力强大，同时该项技术还具有着对低延时敏感度进行支持的优势，设计成本相对较低，设备在能耗上相对较少。最后，是该项技术的模块化成本相对较低。

3. NB-IoT 低速率窄带物联网通信技术的主要核心技术具体包括目前已有的相关 LTE 技术，同时还包括在此基础上新增的相关功能。通过这些技术的有效应用，可以使物联网的覆盖范围得到明显的扩展，而且还能够使其上行容量得到提高，并对终端的复杂度进行有效的降低[2]。

2 NB-IoT 低速率窄宽带物联网通信技术发展现状

NB-IoT 低速率窄宽带物联网通信技术具体是由第三代全球合作伙伴技术所提出的一项全新通信技术，是通过对目前已有的相关技术进行研究，在此基础上合理的配置了 NB-IoT 低速率窄宽带物联网通信技术的具体组织架构，从而使物联网技术能够实现长距离、低速率和低能耗等目标，为用户提供多样化的服务。其和传统的物联网技术对比，在自身的技术应用和性能方面都具有着十分明显的优势，可以有效地扩展物联网的覆盖范围，提升物联网的稳定性，更好地满足用户的相关使用需求，而且还能够高效的实现相关数据信息的互动，使超长距离通信技术的发展需求得到充分的满足。而针对 NB-IoT 低速率窄宽带物联网通信技术的发展现状进行分析，能够有效的帮助相关技术人员更好的去梳理和整合相关的技术体系，而从高向技术所具有的优势和发展特点来进行分析，可以对此项技术进行有效的创新和完善，从而进一步促进物联网通信技术的快速发展[3]。

3 NB-IoT 低速率窄带物联网通信技术优势

NB-IoT 低速率窄带物联网通信技术在具体应用过程中具有着十分明显的优势，因此相关技术人员、企业和部门需要对此项技术的重要性产生一个正确的认识，并通过加大研究力度和实践应用来进一步促进此项技术的快速发展，使其可以更好地在实践当中进行应用。

（1）NB-IoT 低速率窄带物联网通信技术覆盖范围优势

目前，虽然人们在日常生活和生产过程中所使用的的 4G 网络能够有效的满足相关的移动网络信息数据交互的要求，可以方便用户更好的获取网络资源，但针对物联网技术的发展来进行分析，4G 网络环境仍然存在着一定的局限性，其覆盖范围和对于信息数据的传输能力等无法有效地满足数据的高效传输要求。而且目前人们所使用的的蓝牙等相关技术虽然能够高效的对数据进行传输，但其传输的具体覆盖范围往往有限，这也导致物联网通信技术在开发所需要投入的成本有了明显的增大，也降低了相关技术的实用性。而 NB-IoT 低速率窄带物联网通信技术主要以蜂窝网络作为自身的主要结构，因此可以实现对海量数据的更新和连接，而且移动蜂窝在连接上还有着一定的便捷性，这使其网络的覆盖面积也得到了明显的提高，可以有效满足物联网环境下的相关通信要求，更好地开展通信流程和相关环节。例如，针对目前已有的技术条件，当带宽频段相同时，NB-IoT 低速率窄带物联网通信技术可以取得明显的增益，而且覆盖面积也得到了扩大，而通过这种较大的覆盖范围，可以极大地提升物联网的通信能力，也提高了技术的实用性[4]。

（2）NB-IoT 低速率窄带物联网通信技术功耗优势

NB-IoT 低速率窄带物联网通信技术的终端和相关设备具有着较长的待机时间，最高可以达到 10 年的待机时间，此外，该项技术还具有着强大的功耗控制能力。而此项技术在功耗方面所具有的优势，可以有效的降低其在对模块成本进行控制时的难度，也给相关的通信运营企业带来了更大的盈利空间，提升了经济效益。此外，该项技术的功耗优势还是其设备在进行更新换代时的难度得到了极大的降低，能够无缝调整物联网通信技术体系，节约了相关资源和人力，避免了那些不必要的费用支出。

（3）NB-IoT 低速率窄带物联网通信技术数据链接能力

NB-IoT 低速率窄带物联网通信技术由于具有着蜂窝结构这一特性，也使其和传统通信技术相比，自身的连接能力要更为强大，这样也可以充分的满足相关用户在信息获取方面的需求。例如，目前 NB-IoT 中的一个扇区往往能够同时在线连接 10 万个用户端，这也使其连接的上限，而如果处于满负荷状态下，该项技术还能使自身的延时率有所降低，从而使用户的满意程度得到了明显的提升[5]。

4 NB-IoT 低速率窄带物联网通信技术应用现状分析

1. 自从第三代全球合作伙伴计划提出 NB-IoT 低速率窄带物联网通信技术后，可以通过对目前已有的科学技术合理的配置该项技术的组织架构，使其在具体的应用中具有着长距离、低能耗和多样化服务等相关特点。而且该项技术在具体应用中还具有着明显的优势，能够提升物联网构建的稳定性，扩大其覆盖范围，从而有效地满足用户多样化的要求，提高信息间的互动，更好的满足相关的通讯技术要求。而且通过此项技术的有效应用还能够进一步完善相关的技术体系，优化人们的通讯方式，保障物联网的健康、稳定发展。

2. 随着近些年来信息技术的快速发展，通过应用移动通信技术可以加强人们之间的交流，而且还逐渐的演变成为了人和物之间的交流，而在未来也将会逐渐实现物与物之间的有效联系。由全球第三代合作伙伴计划所提出的此项技术，不仅是通信技术的一项创新，更对物联网技术的发展带来了全新的契机。而现今阶段，相关科研人员对此项技术的主要研究目的在于，通过应用该项技术，从而实现远距离通信和低能耗通信以及多终端通信等相关目标，并解决在具体通行过程当中所遇到的相关问题。而该项技术具有着低能耗、低成本、高效率以及高覆盖性等特点，因此在应用时和其他技术相比也具有着明显的优势，在未来的发展和创新当中，该通信技术将会具有作为强大的适应能力和最为广泛的传播范围，同时还将具有最高的应用效率，是一项具有良好发展前景的通信方式。而该技术还具有许多潜在的优势，对此我国相关的通讯公司和通信企业也对其进行了充分的设计和研发[6]。

3. 我国目前已获取了全球三代合作伙伴的相关通行证，并对此项进行了正式进行研发，同时也制定了相关的技术标准，而且我国所制定出的技术标准已经成为了该项技术三大标准之一。通过快速的确立相关技术标准以及确保标准所具有的高效性，可以更好的体现出全球相关国家的通讯行业对该项技术所具有的需求程度。一些有实力的通讯公司可以通过和其他公司共同合作来完善相关的技术标准，而这也使得了我国通讯企业在此项技术的研究方面得到了有效的提升，为通信企业的发展创造出了有利的条件。而在此过程当中需要注意的是，通过完善相关的技术标准以及加强合作，可以使相关的企业部门和技术人员对此技术的核心有一个充分的掌握，并通过对相关技术和设备的不断完善，从而诞生相应的低速率窄模块，将其在具体的实践当中得到有效的应用，进而促进该项技术在我国的发展。

4. 根据相关预测数据可以得知，在全球市场将会出现智能交通和远程监测等多个领域的直线式分布模块，其为 M2M 模块，未来将在全球市场当中得到有效的应用。而针对目前已有的技术进行研究，并在此基础上实现技术的完善和发展。在通讯行业当中，其主要的通信载体方式便是手机，目前对相关配套产品的开发和设计是物联网技术发展的重要途径。而通过科技水平的不断提升，智能手机也将会变得越发先进，并占据主导地位，在未来将会由快速发展的通讯科技进行取代。对此，我们可以对其进行大胆的设想，该项技术将会逐渐形成一个庞大的通讯市场，并促进社会的快速发展。同时整个国家甚至是全世界，也会通过相关的物联网技术得到有效的联系，并最终并联在一起。通信技术的快速发展可以将人与人之间的联系逐渐的延伸到人与物和物与物之间的连接，从而形成一个万物互联的发展趋势。虽然以目前的技术水平还无法有效的实现这一互联形式，但通过对该技术的具体应用分析，并将其和相关的短距离通信技术做对比，可以看出该项技术具有的覆盖面广阔、支持移动、具有较大连接数量等优势会是未来发展过程当中的重点研究对象，也是未来发展趋势的重大特点，从而使物联网技术成为未来的主要连接技术，创造出一个具有无穷潜力的通讯市场。

5　NB-IoT 低速率窄带物联网通信技术发展趋势

NB-IoT 低速率窄带物联网通信技术通过调整自身的网络组织架构和商业模式，能够使其在消费市场上得到更好的发展。NB-IoT 低速率窄带物联网通信技术可以使物联网的组织结构实现感知、云计算以及大数据等相关功能目标，而通过具体的扁平化操作，可以使其在具体的发展过程当中更好的实现万物互联这一目标。而对于此项技术的发展趋势，其在垂直应用场景当中可以得到集中体现。例如，化工园区在建设相关的公共基础设施时，可以将 NB-IoT 低速率窄带物联网通信技术作为核心，从而科学合理的使用相关的智能水表和热能表。同时，通过此项技术还能够有效的实现园区内的停车自动化、路灯的有效控制以及消防栓压力监测。目前我国几大化工园区的智能水表安装数量已在不断地增多，在化工领域水表总量中所占的比例也在不断加大。虽然我国目前的智能水表安装总量还相对较低，但是水表的数量呈现出快速增长的趋势，具有着良好的发展前景。因此，通过高向技术在垂直化应用中所具有的发展趋势，可以有效地促进物联网的快速发展，使物联网的应用范围得到明显的扩大，同时也为相关的物联网通信技术发展打下了一个良好的基础[7]。

6　结束语

综上所述，在物联网时代到来之后，我们的生活和生产等过程也发生了巨大的变化，对此人们需要对物联网形成一个明确的认识，同时也需要认识到物联网发展所具有的重要性。而在物联网技术的具体发展过程当中还存在着一些问题，对此，我们需要不断去进行完善和优化，从而加快物联网的发展和构建。人们所生活的社会是在不断变化的，而我们作为新时代的重要成员也需要紧跟时代的发展潮流，努力地去适应和响应相关的时代变化特征。NB-IoT低速率窄带物联网通信技术是一项全新的物联网技术，可以与人们的生活进行有效的融合，并通过自身所具有的优势来全面提升人们的生活质量和生产水平，因此我们也需要加大对此项技术的研究，使其能够更好的发挥作用。

参考文献

[1] 吴旦钧．NB-IoT低速率窄带物联网通信技术现状及发展趋势[J]．中国新通信，2019，21(12)：30.

[2] 赵海军．NB-IoT低速率窄带物联网通信技术现状及发展趋势[J]．数字通信世界，2018(07)：163.

[3] 张志峰．NB-IoT低速率窄带物联网通信技术现状与发展研究[J]．无线互联科技，2018，15(12)：12-13.

[4] 洪家振．NB-IoT低速率窄带物联网通信技术现状及发展趋势[J]．电子世界，2018(10)：42-43.

[5] 杨柳．论NB-IoT低速率窄带物联网通信技术的现状及发展趋势[J]．内江科技，2018，39(04)：132.

[6] 田成立，赵强．NB-IoT低速率窄带物联网通信技术现状及发展趋势[J]．中国新通信，2018，20(04)：121.

[7] 阮翠玲．NB-IoT低速率窄带物联网通信技术现状及未来发展趋势[J]．计算机产品与流通，2018(02)：81+91.

数字油田工控系统安全防护研究

庄建斌

（大庆油田有限责任公司）

摘　要　在数字油田建设推进过程中，第一要务就是要确保采油厂生产作业工控系统的可靠性与稳定性，如果工控系统的安全防御措施不到位，安全防护意识淡薄，可能会导致意外停产的事情发生，更严重的话会引起安全事故。要保障“智慧油田”稳定生产，就要认清工控网络的常见攻击手段，提高安全防护意识，强化关键基础设施建设，提升对工控网络安全的防护水平。

关键词　工控安全；PLC；SCADA；网络攻击

1　工业控制系统在数字油田建设中的的应用现状

习近平总书记多次强调，没有网络安全就没有国家安全。伴随新一轮科技革命和产业变革加速演进，数字油田建设全面推进，数字化、网络化、智能化加快发展，为当前用工紧张，油价低迷下的严峻形势下，带来了改革发展的新渠道。同时，在关键信息基础设施、网络数据和信息安全带来新的挑战。加强工业控制系统信息安全防护势在必行。

目前，各油田的工业控制系统绝大部分还是使用 Siemens、Honeywell、Rockwell、Yokogawa 、Allen-Bradley 等，即使目前我国的本土企业产品已在一些关键基础设施领域成功应用，但同样面临各种漏洞威胁，某种程度上存在比国外系统更多的安全隐患。诸如：

（1）操作系统、编译系统、设计软件等安全漏洞；

（2）防病毒及恶意软件的管控漏洞；

（3）使用 U 盘、光盘等外接设备的管控缺失；

（4）设备维修时，移动设备存在随意接入的情况；

（5）工控系统网络边界越来越模糊且防护不充分；

（6）访问和接触控制（包括远程访问、管理维护）薄弱；

（7）工控软件生命周期的安全管理漏洞；

（8）缺乏安全事件应急响应机制。

2　工业控制系统漏洞分类与攻击手段

通常情况下，工业控制系统漏洞主要是按照工控系统的位置进行分类，分为上机位漏洞与下机位漏洞；如果根据设备与系统类型进行划分，则可以分为软件漏洞、远程终端单元漏洞、PLC 漏洞、网络设备漏洞等；如果根据漏洞产生的原因进行分类，则可分为缓冲区溢出、Sill 劫持、安全绕过、固件后门、暴力破解、代码注入、文件包含、任意文件上传等。同时，这些漏洞影响的设备、系统也异常广泛，包括很多工业控制设备与系统，如 SCADA、DCS、PLC、工业控制网络交换机、防火墙、路由器等。与此同时，不仅漏洞的高危性指数在上升，侵犯范围也在不断扩大。与此同时，工业控制系统的漏洞具备很高的价值，故有些企业的工业控制系统漏洞虽然已被发现，但并未被曝光，所以实际工业控制系统漏洞的数量要高于数据调查结果。在这些已经被发现的工业控制系统漏洞中，SCADA、HMI、PLC、工业交换机等位居已曝光漏洞种类的前列，与此同时，新增漏洞数量仍然在不断攀升，短时间内就会涌现出上百个新漏洞[1]。

在攻击层面，一般从两个方面进行，一个是漏洞扫面与发现，一个是漏洞挖掘技术。漏洞扫描技术包括工控通信协议支持、存活判断、端口扫描、服务识别、操作系统判断等方式。漏洞挖掘种类较多，包括动态测试技术与静态测试技术两个大类别。动态测试技术还可分为模糊测试技术、双向测试技术、风暴测试技术几种；而静态分析技术则包括静态代码审计、逆向分析、二进制补丁对比等几个类别，技术人员可以依据实际情况进行技术对应，以期获得更好的漏洞检测效果，工业控制系统漏洞在工业控制系统运作过程中的每个生命周期阶段都可能出现。对工业控制网络进行攻击时，通常情况下都是利用网络协议或病毒对系统进行入侵与操控的，入侵的途径有很多，包括办公网络、互联网、虚拟专网等，即便是现场设备没有接入任何网络，仍可能会受到通过可移动存储以及工程师维护接入设备所传播的恶意软件，攻击工业控制系统安全漏洞。

3 工业控制系统的防御措施

目前网络空间日益复杂。分析伊朗核电 站、2019年委内瑞拉电瘫痪等网络安全事件，从“网络利用”到“网络攻击”，对目标工控网络进行破坏 和摧毁的威胁越来越严重，网络攻击频次逐年增加，网络威胁程序长久潜在目标系统。采油厂工业控制系统目前主要依赖国外工业产品来构建，保护其关键信息基础设施免受潜在的网路威胁显得十分急迫。

1. 加强关键基础设施建设

一方面，加强传统的以安全产品构成的“封、堵、查、杀”的被动式的安全防御机制。另一方面开展构建以业务为核心的网络安全防御体系。从威胁主动发现、威胁主动抑制以及工业诱捕系统等技术进行研究，构建工业控制系统的主动防御系统，系统以面向业务安全运营的态势感知系统为控制中心，与融合AI技术的智能AI工业防火墙、智能主机安全防护系统、工控诱捕系统等智能检测与防御安全设备实现智能防御联动的威胁闭环控制与处理的机制。

2. 加强数据安全管理

在油田生产过程中，诸如生产工艺参数、设备配置文件、设备运行数据、生产数据、控制指令等工业数据是影响油田生产活动的关键业务数据，这些数据的安全性直接关系到企业生产线的稳定运行，数据的篡改、丢失或错误都可能造成油气生产停产，严重可造成人身安全，直接影响企业生产计划的实施，进而损害企业的经营效益。在开发与应用过程中，就注意对数据库服务器的安全加固，严格控制数据库账号密码的权限配置和加密情况。提高数据安全意识。

3. 加强安全攻防对抗演练

“网络安全的本质是对抗，对抗的本质是攻防两端能力的较量”。“以攻促防”对于企业非常必要而且意义重大。在研究工控安全时，可以分别从攻、防两个角度出发，提升自身安全防护能力，一方面攻击，用不同的思维方式模拟对固件、软件、硬件以及安全配置的恶意攻击，验证自身防护措施是否存在不足。另一方面防护，针对漏洞进行修补，防护数据安全和系统安全等。通过实战攻防演练，能够检测发现并整改企业重要信息基础设施存在的网络安全短板，检验网络安全防护能力、监测发现能力和应急处置能力。

4. 加强安全应急响应处置

近年来，工业企业遭受到网络攻击最常见的木马排名前三分别是勒索病毒、挖矿木马以及综合型病毒，因此，我们有必要建立专业的网络安全应急响应服务，运用数据驱动、安全能力服务化等安全运营理念，结合云端大数据和专家诊断，为客户提供安全运维、预警检测、持续响应、数据分析、咨询规划等一系列的安全保障服务，以应对网络安全突发事件。对于信息系统及其IT环境设备，应做到事前检查、监控和数据备份；在事中操作要求攻击自动拦截、备份是否可用、风险命令执行前再三确认，避免疲劳导致人为误操作，做到三思而后行；事后的检查分析和风险评估，通过集中管理、日志记录分析、备份和恢复能力提升、可视化等方式实现故障快速定位、快速的业务系统恢复。

5. 加强工控安全人才队伍培养

培养工控安全复合型人才，推动队伍的建设网络空间的竞争，归根结底是人才竞争。新一轮科技革命和产业升级进程中，信息技术正在从根本上改变人们生产生活的方式，重塑经济社会发展和国家安全的新格局，工控安全人才将在这一转型发展过程中发挥关键作用。近年来，工控安全事件频发，尤其在攻击防范方面人才居于重要位置，但存在着人才缺口大、分布不均衡等现状。培养工业自动化和网络安全复合型人才，加强专业技能培训，建立人才选拔机制，是提升工控安全防护水平的核心关键。

4 总结

伴随数字油田建设进程推进，必须要提高与之相对应的工控安全防护水平。我们要以业务运行安全为中心，以保障其可用性为前提，强化关键基础设施建设，强化数据安全管理，提高应急响应处置措施，强化安全攻防对抗演练，加强工控安全人才队伍培养。逐渐提升整个工控网络安全主动防御水平。

中国石油健康安全环保管理信息系统建设及其应用分析

张 舒

（中国石油学会）

摘　要　中国石油结合自身业务特点和管理需要，借鉴国际大石油公司的先经验，基本形成了具有中国石油特色的健康、安全、环保（HSE）管理体系，全面完成了与管理体系相适应的HSE信息系统。本文分析了HSE信息技术在国际石油公司的应用与发展状况，介绍了中国石油HSE信息技术的研究应用与HSE信息系统建设情况，对HSE信息系统建设和应用进行了发展展望，对相关行业和企业的HSE管理和信息化建设具有一定的借鉴作用。

关键词　中国石油；HSE信息系统；建设与应用；展望

1　引言

始于20世纪下半叶的HSE管理理念一经提出便迅速得到了业界广泛认可和推崇，并通过持续不懈的努力最终形成了HSE管理体系，对降低健康、安全和环境事故起到了重要作用[1][2]。但是，HSE管理体系在我国推进过程中遇到了诸如管理策略无法有效落实、管理标准无法统一、体系与管理两张皮等问题，很大程度上影响了HSE管理体系的应用效果。而信息技术的发展和应用，特别是HSE信息系统的出现，提高了法律法规遵从性，提升了风险有效控制能力，促进了HSE管理的改进完善，为解决上述问题提供了有效帮助。随着HSE管理业务流程的不断改进和优化，HSE信息系统逐步演变为满足业务流程优化需要的“HSE管理信息系统”，并越来越多地被用来支持业务决策[3]。HSE管理信息系统以HSE管理体系要求为指导，并结合先进的计算机、网络信息管理技术，在企业中贯彻、融入HSE管理的思想准则，以达到更准确、更有效、更快速的HSE管理目标[4]。中国石油是国内首批建设和应用HSE信息系统的石油天然气企业，在发展中积淀了大量宝贵经验，分析其建设思路和应用成果，对于提升我国石油石化企业HSE管理水平具有重要的借鉴意义。

2　信息技术在国际石油公司HSE管理中的应用与发展

从20世纪90年代以来，为规范和整合业务流程，加强信息化建设和相应信息系统建设以支撑管理和控制经营成本，国际大石油公司纷纷通过实施成熟的、产品化的健康、安全、环保信息系统（以下简称HSE信息系统），来全面支持HSE业务运行与管理，取得明显的效益。比如：改善遵从性管理效率；快速地应对HSE法律法规的变化和业务发展需要；从“遵从性管理”改进到“有效控制风险”；通过对信息系统对HSE数据分析，发现管理中的改进机会。国际大石油公司历经近20年的时间从分散的系统建设走向集中管理，也因此付出了高昂的成本。实践表明：集中管理和统一标准的HSE系统已经成为该领域的发展趋势和大型石油公司系统整合的目标。

目前，国际上HSE信息系统应用软件已经逐渐形成了一个体系，大多数软件是根据ISO9000和ISO14000的管理思想，针对环境、健康和安全领域的问题和管理需要来设计的。HSE信息系统解决方案围绕风险管理和遵从性管理展开，使各级的业务人员和管理者能够及时了解、采取措施或加强管理来降低价值链上各环节的风险，在生产经营和业务发展过程中，切实遵守法律、法规及制度。环境管理和HSE信息系统的发展历程如图1所示。

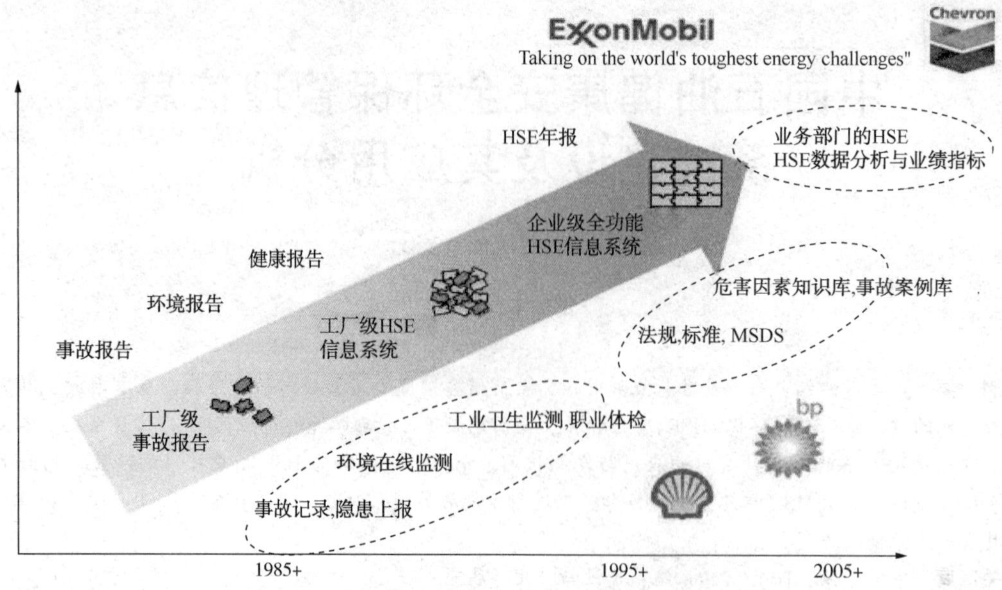

图 1　HSE 信息系统的发展历程图

HSE 业务管理的一个重要趋势就是将 HSE 管理融入到各主要生产业务环节的全过程中去。信息技术可以很好地帮助体现这个设想，HSE 信息系统各模块的功能和流程与 ERP(企业资源计划系统)的功能和流程相集成。有些软件干脆将 HSE 作为 ERP 系统的一个整体模块，与人力资源模块、物料模块、工厂维护模块等核心 ERP 模块无缝集成，如 SAP。HSE 信息管理的功能成为整个业务流程的几个主要环节之一。即使把 HSE 软件包作为一个单独的软件包，它也提供开放接口来接受 ERP 各模块的数据，如设备维修记录、培训记录等；或向 ERP 各模块发出数据，如维修工单、培训计划等。另外，工作流被广泛应用到 HSE 信息系统软件中，由系统自动触发相关任务通知，通过手机短信等即时通讯手段发送到相关的人员，使得各种法规和制度能够被更好地遵守，提高了遵从性；同时提高了工作效率。手机短讯、GPRS、PDA 等技术也被用到 HSE 信息系统软件中，如通过手机短讯发布事故通知(作为辅助)；通过 PDA、GPRS 收集设备状态、排放数据等。

从 HSE 信息系统应用软件的部署上来看，各国际大公司都趋向于集中部署。因为在技术层面上，目前的技术能支持这种集中部署，同时集中部署可以节约硬件投资和维护费用；在管理层面上，集中部署可以加强企业之间的横向沟通，同时对公司整体 HSE 业务的管理和健康发展起到促进作用。

3　中国石油 HSE 信息系统的应用与建设

为加快中国石油 HSE 信息系统建设实施的步伐，在对国内、国际相关技术和系统进行详细调研和评价分析的基础上，中国石油决定引进美国 ESS 公司先进的 HSE 软件，作为中国石油 HSE 信息系统的实施原型。与行业最佳实践相结合来推动中国石油 HSE 业务模式的改进，并与企业战略、领导能力、业务流程变革、人员技能和结构适应性相匹配，进行具有中国石油特色和满足管理需求的本地化和客户化开发。

3.1　中国石油的 HSE 管理体系建设与推进

在 HSE 管理体系建设与推进方面，中国石油自 1997 年起开始引入 HSE 管理体系，通过多年来企业的管理实践，在更新观念、转变工作方法等方面做了大量基础性工作，促进了健康安全环保管理。随着企业改革的深入，在机构、业务不断重组整合的同时，也带来了 HSE 体系建设过程中“标准不统一、覆盖面不全、运行不规范”等突出矛盾和问题。2007 年以来，中国石油通过与杜邦公司进行 HSE 合作，引入国际先进的 HSE 管理理念和方法工具，以构建中国石油特色的 HSE 管理体系为目标，在全系统进一步开展 HSE 体系建设工作。

中国石油 HSE 管理体系建设与推进的一项重点抓手就是将 HSE 信息系统建设作为体系推进的重要载体和工具。主要就是通过加强 HSE 信息系统与日常工作的结合，进一步规范和强化

HSE管理；加强数据录入管理，确保数据准确、及时和规范；完善系统功能结构，固化体系推进的新成果、新制度；加强系统应用指导与考核，促进信息系统与日常工作紧密结合，实现HSE资源信息共享。最终为HSE管理提供一个框架科学，功能完备，应用简便，上下互动，信息可靠的HSE管理信息系统。

3.2 中国石油HSE信息系统设计与构架

中国石油HSE信息系统解决方案是采用集中、统一的整体解决方案，系统构架见图2。

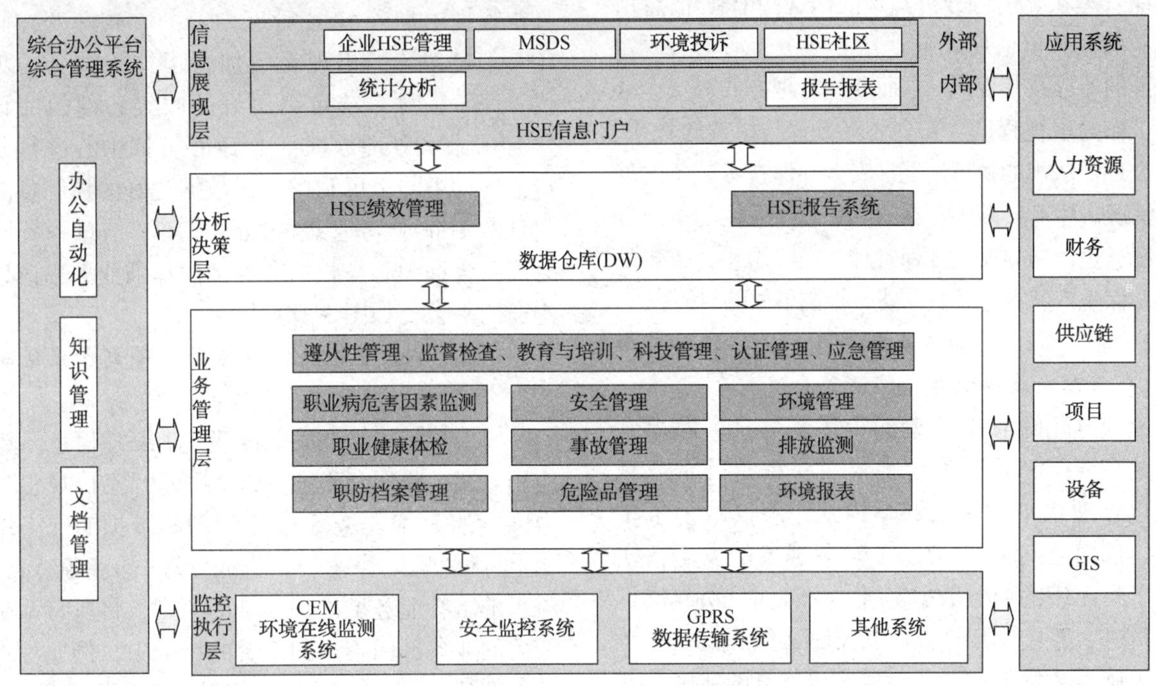

图2 中国石油HSE信息系统的应用架构

中国石油HSE信息系统的功能应用主要包括以下4个层次，具体的功能配置和分布可依据管理需求来定制：

（1）信息展示层：主要是HSE信息开发门户、综合查询界面、健康安全环境管理仪表盘。

（2）分析决策层：这个层次的功能是基于数据仓库的应用，包括关键绩效指标（KPI）、HSE报告和HSE数据分析。

（3）业务管理层：本层次是HSE系统的核心功能，主要包括以下几个方面：

1）公共管理：主要包括遵从性管理、监督检查、教育与培训、应急管理等。

2）职业健康管理：主要包括职业病危害因素检测、职业健康体检、职业卫生档案等。

3）安全管理：主要包括危害因素管理、隐患管理、三同时管理、交通管理、消防管理、危险源管理、事故管理、危险品管理等。

4）环境管理：主要包括环境因素管理、环境排放管理、环境隐患管理、环保设施管理等。

（4）监控执行层：主要是和HSE信息系统密切相关的底层系统，包括危险源监测系统和环境污染源在线监测系统等。

此外，HSE信息系统还计划与集团公司其他相关应用系统形成系统集成关系，主要包括ERP、人力资源以及设备管理系统等。

3.3 中国石油HSE信息系统的建设

中国石油HSE信息系统的建设历经试点时期、一期推广、全面应用三个主要阶段。通过近几年的试点、推广、功能提升和全面建设实施，基本建成了中国石油集中、统一的HSE管理信息平台，形成了集团公司HSE信息系统的总体框架和推广模板，探索出了集团公司HSE信息系统实施的最佳实践路线和运行管理模式。目前，中国石油系统已经在中国石油总部和各所属单位的41739个用户已正式上线运行，日均访问量1.2万人次，总数据量已达7880万条。系统的全面建成与成功应用，标志着中国石油的HSE信息管理已经处于同行业领先水平。

4 中国石油 HSE 信息系统的推广应用效果

4.1 标准化、精细化的企业 HSE 数据管理，为企业深度利用信息资源创造了条件

HSE 业务数据原始记录的规范化、精细化的收集和管理有助于企业深层次地对内部的安全、环保管理状况进行分析，并依据这些 HSE 信息所具有的业务价值反映企业 HSE 事务、活动与既定标准的差异及其变化，从而获知管理方式对安全环保工作的重视程度、安全环保教育与检查的效果、安全环保法规的执行情况、安全环保技术装备的使用情况、生产实践中存在的隐患以及发生的事故等情况，进而指导安全环保管理，消除隐患，改进安全环保生产状况，达到预防、控制事故的目的。

4.2 集团级 HSE 业务数据共享，提高公司内部信息交流的效率，降低了管理成本

信息化的 HSE 管理使得体系信息资源得到了共享，HSE 信息系统提供了一种提升企业规范化管理水平的信息共享模式，不仅减少了单位、部门之间 HSE 信息不对称现象的发生，实现了集团级的业务数据实时共享，而且所有操作人员进入系统享用信息的状态都必须履行权限设置规则，这样就避免了一些重要信息的泄密，在保证信息安全的前提下最大限度地提高了公司内部跨部门、跨专业、跨企业的信息交流效率。

4.3 多维、直观的数据存储及表现形式，为数据挖掘、决策支持提供了可能

HSE 信息系统运用健康、安全、环境管理规律和管理技术确立的对业务信息进行应用和管理的方式，能将用户通过规律地业务数据录入所建立的关键信息流以 HSE 管理记录、HSE 管理报表或台帐、HSE 管理图表等多维、直观的信息表达方式反馈给用户，并在传统结构化决策问题上提供给用户较好的基础数据支持，使组织管理者在尽可能短的时间内做出科学决策，使公司在面对复杂的安全、环境管理时从容应对。

4.4 使员工摆脱繁重的手工台帐编制工作，提高工作效率

企业用户只要通过在日常工作中有规律地数据、信息录入，就能在任何时间通过管理系统自动生成特定时间段内的业务数据信息报表，这样即有效地规范了员工的日常工作，又减轻了员工的工作量。

5 HSE 信息系统建设和应用展望

5.1 HSE 信息系统的应用，将促进企业 HSE 管理模式的完善

HSE 管理正在由日常的专有管理逐步转变为以“HSE 管理咨询”为中心，相关业务部门在日常管理中加入 HSE 管理内容的方式转变，而 HSE 信息系统的出现无疑加快了这一转变的步伐。HSE 信息系统可以更好的收集各部门的日常 HSE 业务管理数据，由 HSE 咨询中心进行分析，咨询中心也可利用上报数据更好的控制各部门日常 HSE 业务管理的绩效。HSE 信息系统同时成为咨询中心与相关业务部门加强业务和信息沟通的平台，如图 **3** 所示。

5.2 HSE 信息系统的建设应用，有利于促进企业的可持续发展

“属地管理”、“直线管理”的 HSE 信息系统应用方式，将弱化企业 HSE 管理的“本位观念”。中国石油 HSE 信息系统在管理和维护的网络结构上遵循“属地管理”、“直线管理”的业务特点，秉承谁主管业务谁维护系统的原则，将所有系统相关的业务部门纳入到系统的维护中，例如规划计划部门、人事资源管理部门、生产管理部门、设备管理部门、安全环保监督管理部门等等。用户在使用 HSE 信息系统管理日常生产业务数据的同时，就是在强化以及巩固对 HSE 管理体系的认识，应用 HSE 信息系统的同时就是在学习标准化、规范化的数据采集调用及处理方法，这样就能潜移默化地加强企业非安全环保部门参与 HSE 体系建设与运行维护的责任心，弱化业务部门推行 HSE 管理体系时的“本位观念”。

同时，可保证企业 HSE 管理体系运行的连续性与可靠性，发挥体系运行的最大效益。中国石油 HSE 信息系统使体系的运行及体系数据的采集变成了人机对话的过程，在逻辑上，这个过程不仅将体系管理及基础数据的采集转换为基于网络的信息管理模式，而且它要求人机协调，这就从客观上减少了各种人为因素对体系稳定性的干扰，信息管理系统以理性的规则有规律地采集、管理、输出业务信息，从而保证了体系运行的稳定性及客观性。

另外，也保证企业 HSE 执行标准的一致性，统一工作及数据采集标准，消除部门之间的执行差异。中国石油 HSE 信息系统的统一设计、集

中管理的模式可以通过用户对系统的使用统一规范所有相关单位、部门、及专业用户的执行标准，消除了部门之间、员工之间在 HSE 管理体系执行标准上的差异性。

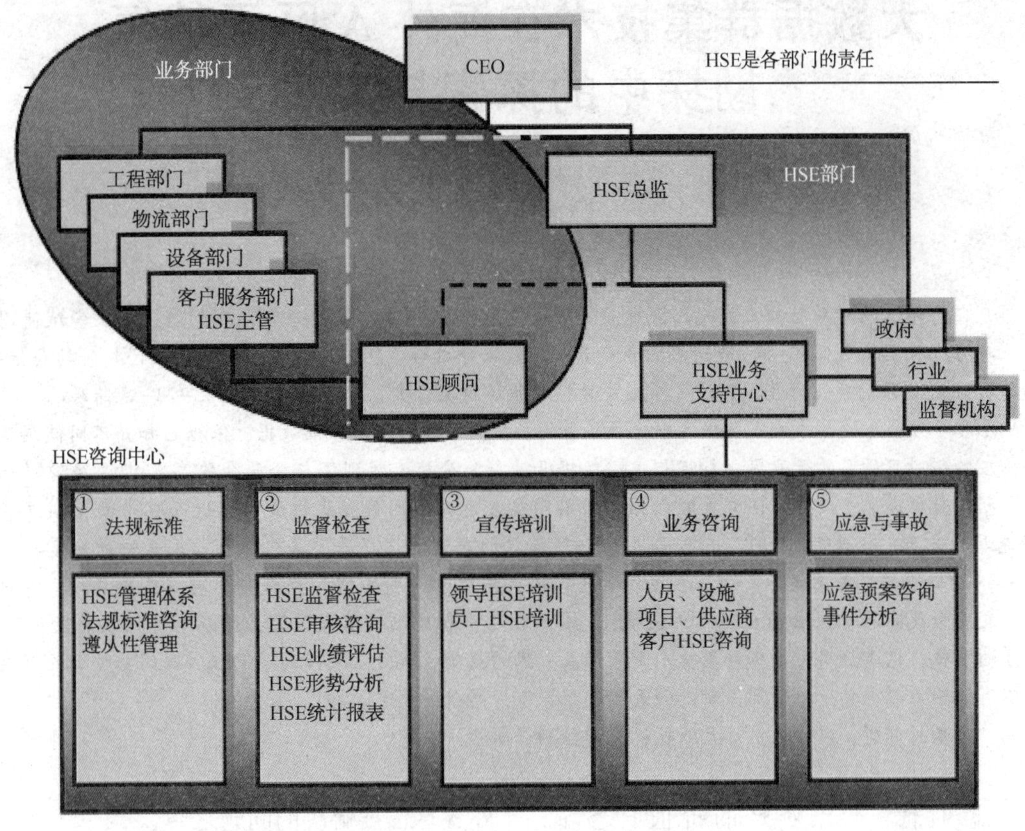

图 3 先进的 HSE 管理模式

5.3 HSE 信息系统应用，将促进企业增强参与国际竞争能力

在经济高速发展的今天，越来越多的企业重视 HSE 管理，意识到 HSE 管理的重要性。减少事故，降低对环境的影响实际上是从另外一个角度为企业节省了成本。良好的 HSE 管理绩效会将在很大程度上提升企业在社会中的认知度和信誉度，有利于树立良好的企业形象，吸引更多的合作伙伴进行商业上的合作。

中国石油 HSE 管理与信息系统的集合形成的崭新管理模式，不仅提高了企业内部的管理水平和企业 HSE 管理绩效，更加为企业进一步提高国际竞争力创造了良好的先决条件。

参 考 文 献

[1] 杨平，吴琇．企业实施健康安全环保管理体系存在的问题和对策[J]．安全与环境工程，2006，13(2)：83~86.

[2] 吴顺成，冒亚明．信息化在 HSE 管理体系建设中的作用[J]．油气田环境保护，2010，20(4)：52~53.

[3] 周运．质量、健康、安全、环保(QHSE)信息系统架构设计研究[D]．成都：西南石油大学，硕士学位论文，2005.

[4] 吴顺成，栗玉华．管理信息系统在我国石油健康安全环境管理中的应用[J]．安全与环境工程，2012，19(3)：105~137.

大数据群集技术在海外 A 区天然气勘探中的探索与实践

李宏伟　王红军　张良杰　孔祥文　王　玲

（中国石勘探开发研究院）

摘　要　在海外 A 区碳酸盐岩天然气勘探中，针对含气高孔-洞-缝储层的分布预测问题，首次尝试使用大数据群集技术，对海外 A 区含气高孔-洞-缝储层的分布开展了数据分析与信息挖掘工作。首先，从已知的钻井信息出发，对含气高孔-洞-缝储层的声波时差、孔隙度等测井数据开展了群集分析，识别了含气高孔-洞-缝储层的测井响应特征，然后从 160 平方公里的三维地震数据体中提取了目的层段的子波频率与振幅数据，依据已知井不同储层及其含气性的综合响应特征对目的层的子波频率数据与振幅数据开展群集分析，找到了与含气含气高孔-洞-缝储层相关的群集；最后，利用数据成像手段将不同群集的数据点按其群集颜色与空间位置原位成像，进而在平面上刻画了含气高孔-洞-缝储层的分布。分析结果表明，含气高孔-油-缝储层的声波速度显著下降，低频、弱振幅的地震子波群集与含气高孔-洞-缝储层的相关性最为密切。尽管频率与振幅数据随着深度的增加会出现不同程度的衰减，但同一深度的数据点，发育含气高孔-洞-缝储层部位的数据点，其子波频率和振幅较不含气的差储层和非储层的数据点(围岩)会出现明显的衰减，这是应用大数据群集技术开展信息挖掘的基础。试验结果得到了勘探实践的初步检验，大数据群集技术可以有效助力钻井稀少的新区、新带的天然气勘探，提高勘探效率。

关键词　大数据分析；群集技术；天然气；异常检测；探索；实践

大数据时代，数据资产的价值日益显现[1-6]，数据是未来的石油。国际上，石油工业正在向数字化方向快速发展，那些数字化转型先人一步的跨国油公司，其领先的业务优势和竞争力进一步提升。当前低迷的国际油价以及突如其来的疫情，加速了各大油公司数字化转型的步伐，催生了业界“提质、增效”的途径和方式向数字化方向转变。

石油工业从开展数字化测井与数字化地震勘探以来就已经进入了大数据时代。由测井数据和地震数据构成的数据点、数据线、数据面、数据体蕴藏着丰富的地质信息，只有充分挖掘这些大数据，才能深刻洞察地下的油气分布。现阶段，有关大数据的处理、存储已经不是问题，难点是如何把大数据分析与挖掘技术应用于油气勘探开发中来。机缘巧合的是，这一想法得到了亚太所领导和专家们的支持，第一次开展大数据分析与挖掘的试验田选在了海外 160 平方公里的 A 区，将该区作为大数据分析与油气信息挖掘的试验对象，是因为研究区尚处于勘探早期，钻井资料稀少，但三维地震数据体庞大，信息量丰富，而且在大面积的、致密的碳酸盐岩地层中存在含气异常，运用大数据手段洞察地下的含气异常正是海外 A 区需要解决的问题之一。

1　研究区概况

1.1　沉积背景

研究区天然气勘探的目的层为上侏罗统牛津阶。牛津阶沉积期，该区发生过多期振荡式海侵与生物造礁过程，在致密的碳酸盐岩地层中发育了高孔隙度的礁体。晚成岩期以来，这些礁体经历了溶蚀作用和构造活动的联合改造，储集空间已被改造得面目全非，形成了孔-洞-缝复合发育的储集空间，这种孔-洞-缝复合体正是研究区天然气聚集的主要储集部位[7]。

研究区并不缺乏天然气成藏的资源基础[8-9]。中、下侏罗统煤系气源岩发育，沟通气源岩与牛津阶孔-洞-缝复合体的断裂为天然气的向上聚集提供了运移通道，披覆于礁体之上的泥灰岩以及晚侏罗世启莫里期海退期发育的巨厚蒸发岩成为该区天然气保存的区域性盖层(图 1)。

1.2　构造特征

研究区西北缘被北东向断裂切割，为一北东走向的断背斜构造，背斜高点靠近西北缘的断裂附近，构造高部位的时间深度在 2.5s 附近，构造低部位的时间深度最深在 3.0s 附近。

侏罗纪牛津阶沉积期，研究区为一向北抬升的斜坡构造背景[10]。随着由南东向北西海侵范围的扩大，牛津阶沉积沿斜坡向北层层超覆，形成一套向北西方向呈楔状减薄的地层；后期在研究区西北缘逆冲断裂的挤压作用下，牛津阶顶面构造形态受到了改造，形成了现今断背斜的构造形态(图 2)。

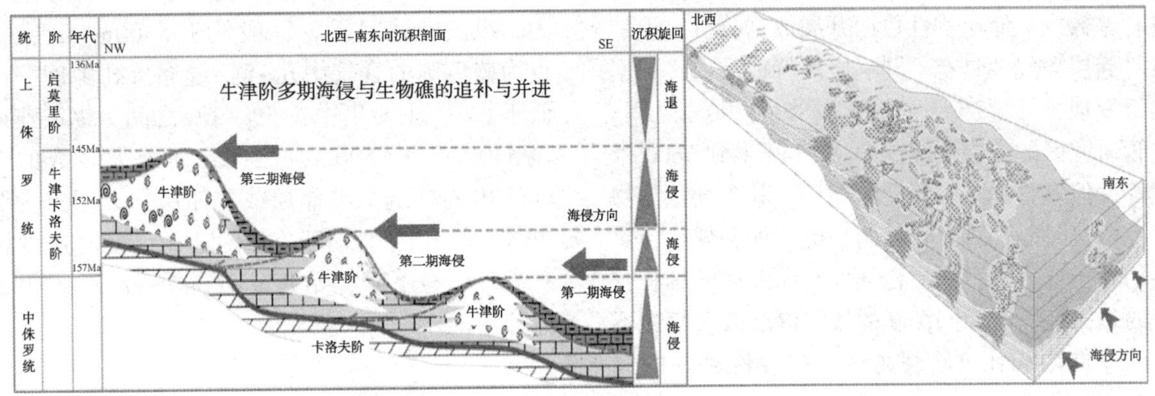

图 1　研究区上侏罗统牛津阶沉积背景(李宏伟，2008)

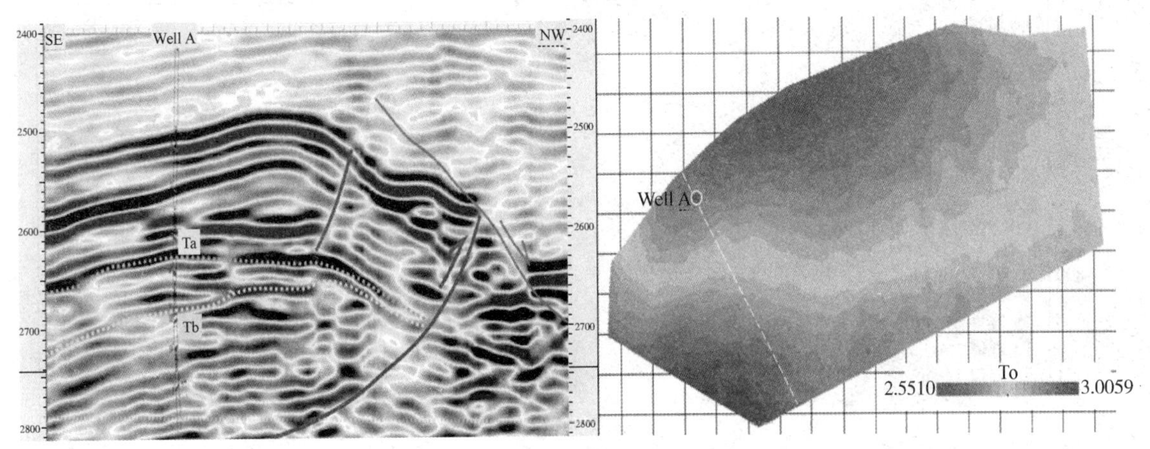

图 2　研究区过井变密度地震剖面(左)与上侏罗统牛津阶顶面等 To 构造图(右)

1.3　前人工作

针对研究区的沉积储层，2008 年笔者在物探所工作期间与前同事王玲曾在研究区西北侧的相邻地区开展过牛津阶沉积规律与生物礁分布的研究工作。针对储层含气性识别，2010 年成都理工大学的曹均、徐敏等人在研究区西北侧的相邻地区开展过单井气水同层段的测井参数与岩石物理参数分析，利用交汇图的方式找到了对含气储层响应敏感的物理参数，提出拉梅常数、体积模量、纵波与横波阻抗差、泊松比参数对储层含气性敏感[11]。这些研究的工区范围都分布于海外 A 区的外围[12-15]，而海外 A 之内储层含气性的相关研究工作目前尚处于空白，运用数据分析的手段开展含气高孔-洞-缝储层分布的检测尚属首次。

2　技术方法

本次研究工作引入了大数据群集分析技术，用于与含气储层相关的地下油气信息挖掘，具体的技术流程包括数据提取、数据分析、数据群集及数据成像四个流程。

2.1　数据提取

主要提取的数据有产层的测井数据、地震数据、测井解释数据以及产层的测试数据。首先，在 160 平方公里的三维地震数据体中，提取目的层段每个采样点的坐标网格数据、地震测网数据、目的层段的子波主频数据、地震振幅数据等；其次，提取测井声波时差数据，如果有测井解释和产层测试数据，可提取目的层段的的测井解释数据和产层测试数据，对提取的数据格式以及数据量大小没有限制。

2.2 数据分析

首先从已知井的信息出发，以目的层段的时深关系为桥梁，对含气高孔-洞-缝储层、含气中孔-洞-缝储层以及差储层和非储层的测井声波时差数据、储层物性数据开展数据分析，识别出对储层含气性具有不同响应的特征数据。数据分析发现，气层产要发育于 3385～3590m 之间，尽管研究区的产层埋深范围从 3340 米到 3600 米不等，但发育于不同深度的储层，其含气性与物性及声波时差仍具有较好的响应特征和规律，储层物性与含气性、储层含气性与纵波速度具有较好的相关性，与相同深度的致密储层或含气性不佳的差储层相比，物性越好、含气性越好的储层，通常具有更低的纵波速度。

以 A 井的测井数据与物性数据分析为例，数据点为红色圆的含气高孔-洞-缝储层孔隙度通常在 6%以上，最大可达 10%以上，与同处相邻深度的差储层相比，含气后声波时差加大，纵波减速显著，一般低于 5400m/s；数据点为蓝色圆的含气中孔-洞-缝储层孔隙度一般低于 6%，主要集中在 5%～6%之间，纵波速度在 5400m/s～5500m/s 之间；而绝大多数的含气低孔-洞-缝的差储层或非储层，数据点为蓝色 X，其孔隙度一般在 5%以下，纵波速度没有出现明显下降，始终分布在 5500m/s 以上的高速区间(图 3)。

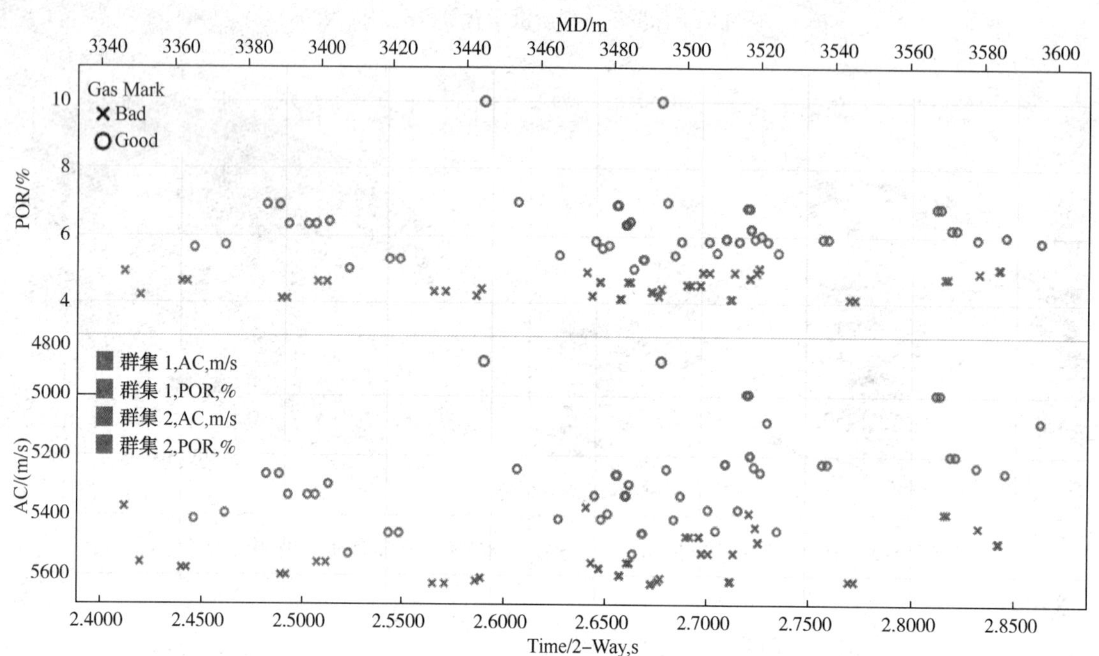

图 3　相同深度下的储层含气性与孔隙度(上)及储层含气性与纵波速度分析(下)

地震数据是由不同频率的小波叠加而成，由一系列不同频率的正弦波叠加而成的地震子波，其高频部分的信息与能量在含气储层发育的部位发生衰减[16]。对目的层段的地震子波与波谷振幅分析表明，目的层的子波主频集中在 32 赫兹附近，波谷振幅主要分布于 1450 附近。A 井区发育的含气高孔-洞-缝储层，在地震上位于 2.6509s、2.6615s、2.6698s、2.6810s、2.6840s、2.6953s、2.7172s、2.7266s、2.7314s 的时间深度，其子波频率值与振幅值同时出现衰减，且二者的变化亦步亦趋。含气高孔-洞-缝储层与低频和弱振幅具有较好的响应关系，据此可以利用频率与振幅的群集技术对含气高孔-洞-缝储层的空间分布开展挖掘(图 4)。

2.3 数据群集

为了重新认识研究区含气高孔-洞-缝储层的分布，本次研究引入了大数据群集分析技术。数据群集分析方法的原理是在数据体中通过 Lloyd 算法结合平方欧氏距离计算找出空间上彼此相邻并具有相似特征的数据，将这些相邻且相似的数据利用不同的色彩区分为若干个数据群集(可识别群集多达 50 个)，绝大多数具有相似特征的数据作为背景信息。数据群集分析的目的是将相邻且相似的数据按其原始空间位置和群集色彩在平面上用相应的颜色原位成像，进而检测并挖掘出数据体中与绝大多数背景值不同的异常信息。

以目的层段的子波主频数据和振幅数据作为群集分析的特征数据，通过群集分析识别出6个具有不同特征的群集。其中，与含气高孔-洞-缝储层的相关性最为密切的是红色的群集2，该群集的数据点具有低频、低振幅的双重特征，其次为橙色的群集5、绿色的群集3与淡青色的群集4以及紫色的群集1，储层及其含气性依次变差，深蓝色的群集6与致密的碳酸盐岩背景相关。显然，群集2是数据分析中挖掘含气高孔-洞-缝储层的重点目标(图5)。

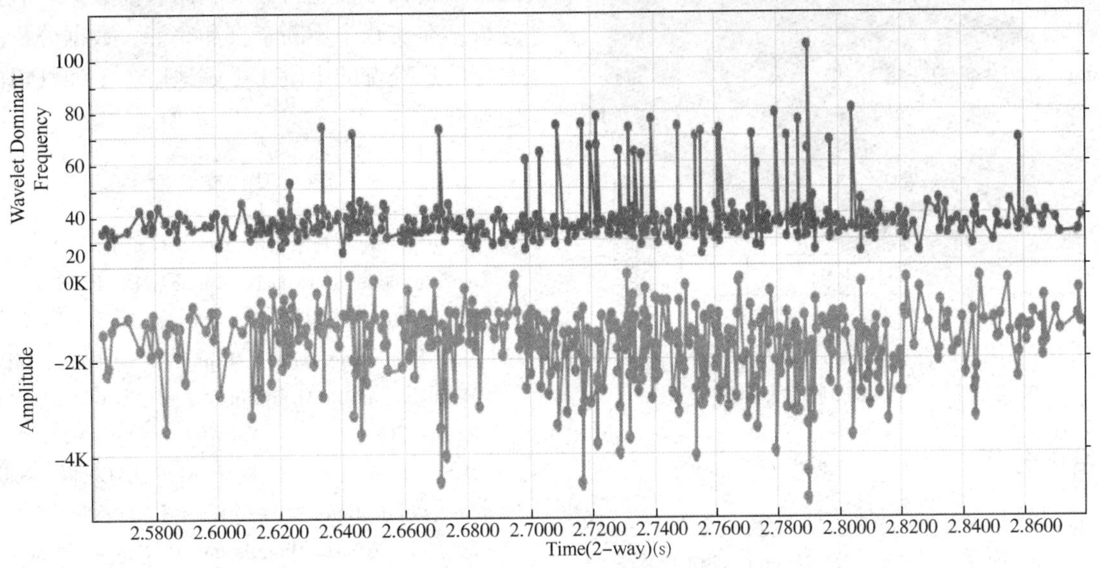

图4　A井区目的层段子波主频与振幅之间的对应关系

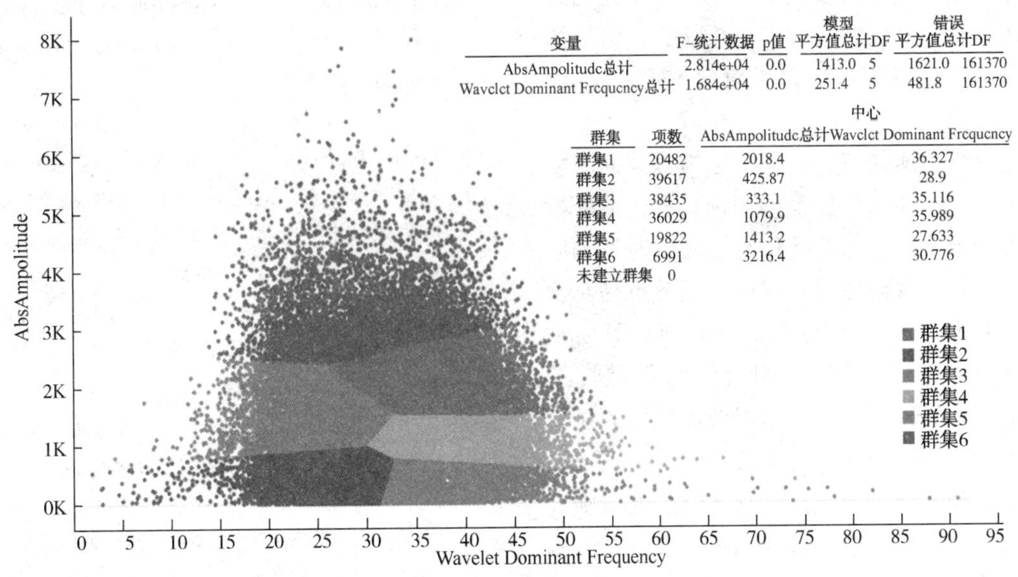

图5　对目的层段子波主频数据与振幅数据的群集分析

2.4　数据成像

在群集分析的基础上，按数据点的原始坐标位置及其群集分析所赋予的颜色，将6个不同特征的群集在平面上原位成像，得到了目的层不同特征的数据分布。其中，代表群集2的红色数据点与含气高孔-洞-缝储层的相关性最为密切，其分布的位置也与气源断层最为邻近，橙色的群集5数据点主要围绕红色的群集2数据点的周围分布；代表群集6的深蓝色数据点主要与致密的碳酸盐岩沉积背景相关；紫色的群集1围绕着绿色的群集 3 呈零星的不规则的环状或圆形分布，是否与含气性较差的生物礁储层有关还有待进一步证实。从目前现有的钻探结果来看，钻达目的层段红色区域的 A 井，含气性以及储层的物性明显好于位于蓝色区域的 B 井(图 6)。

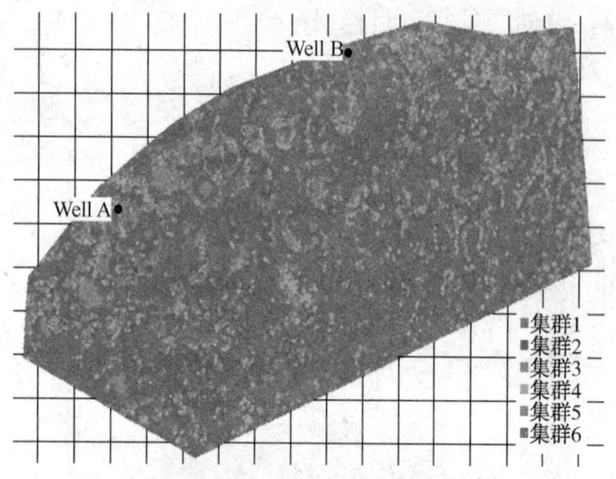

图 6　运用数据群集技术与数据成像技术预测碳酸盐岩中含气高孔-洞-缝储层的分布

3　结果分析

通过对目的层段的储层物性及其含气性的数据分析，发现了含气性较好的高孔-洞-缝储层具有子波主频和振幅双双显著衰减的响应特征。数据成像与钻探结果初步表明，A 井区所处的红色群集区具有较好的含气性。分析认为，沿气源断裂走向的红色群集区应是发育含气孔-洞-缝储层的有利部位。

数据分析与成像表明，研究区地震数据的空间采集率极高，对微小异常的识别具有较强的检测与分辨能力。从已知井的信息出发，对目的层段的子波主频、振幅数据开展的群集分析是对含气孔-洞-缝储层综合响应的快速检测，只要致密的碳酸盐岩地层中发育少量含气的孔-洞-缝储层通常都会引起速度、频率以及振幅值的显著衰减，当然，如果用纵波与横波的阻抗差以及泊松比等数据开展群集分析，对含气储层的识别会更为敏感，对含气的孔-洞-缝储层分布的预测效果会更佳。

4　结论与认识

（1）首次将大数据群集技术引入碳酸盐岩天然气勘探是对地下油气信息挖掘的一次探索和尝试，所使用的测井数据和地震数据来源可靠，数据分析的方法和信息挖掘的手段在海外 A 区的天然气勘探实践中得到了初步检验；

（2）大数据群集技术具有快速、准确检测数据体中异常信息的优势，可以有效助力钻井稀少的新区、新带的风险勘探，降低勘探风险，提高勘探效率；

（3）数据挖掘无止境。下一步将尝试利用大数据群集技术在页岩区块开展页岩气甜点区的挖掘，结合钻井信息，尝试利用叠前数据开展群集分析，在实践中不断丰富和完善大数据分析的技术与信息挖掘的手段，更好地服务于油气田的勘探与开发。

参 考 文 献

[1] Pang - Ning Tan, Michael Steinbach, Vipin Kumar. Introduction to Data Mining[M]. Pearson Education. 2006：305-416.

[2] M. Kantardzic. Data Mining: Concepts, Models, Methods and Algorithms [M]. Wiley - IEEE Press, 2003.

[3] M.S. Aldenderfer, R. K. Blashfiled. Cluster Analysis. Sage Publications, Los Angeles[J]. 1985：136-143.

[4] D. J. Hand, H. Mannila and P. Smyth. Principles of Data Mining[M]. MIT Press, 2001.

[5] M.J. A. Berry and G. Linoff. Data Mining Techniques: For Marketing, Sales, and Customer Relationship Management [M]. Wiley Computer Publishing, 2nd Edition, 2004.

[6] M. H. Dunham. Data Mining: Introductory and Advanced Topics[M]. Prentice Hall, 2002.

[7] 刘勇，杨洪志，刘义成，等. 阿姆河右岸基尔桑地区牛津阶生物礁储层特征及控制因素[J]. 天然气工业，2013，33(03)：10-14.

[8] 李浩武，童晓光，王素花，等. 阿姆河盆地侏罗系成藏组合地质特征及勘探潜力[J]. 天然气工业，2010，30(5)：6-12.

[9] 王强，程绪彬，费怀义，等. 阿姆河右岸 A 区气藏成藏过程分析[J]. 天然气勘探与开发，2012，35(02)：1-4.

[10] 何雨丹，魏春光. 中亚阿姆河盆地构造演化及其对油气藏的控制作用[J]. 地球物理学进展，2014，29(03)：1143-1147.

[11] 曹均，徐敏，贺振华，等. 礁灰岩储层孔隙流体敏感性参数分析——以阿姆河右岸区块生物礁储层为例[J]. 天然气工业，2010，30(05)：37-40.

[12] Gregor P. Eberli, Jose Luis Masaferro, J. F. Rick Sarg. Seismic Imaging of Carbonate Reservoirs and Systems[J]. AAPG, Tulsa. 2004：39-51.

[13] 费怀义，徐刚，王强，等. 阿姆河右岸区块气藏特征[J]. 天然气工业，2010，30(5)：13-17.
[14] 张本全. 推进阿姆河天然气项目跨越式发展[J]. 天然气工业，2010，30(5)：1-5.
[15] 董霞，郑荣才，吴蕾，等. 土库曼斯坦萨曼杰佩气田储层成岩作用与孔隙演化[J]. 岩性油气藏，2010，22(2)：54-61.
[16] 赵文智，刘文汇，等. 高效天然气藏形成分布与凝析、低效气藏经济开发的基础研究[M]. 科学出版社，2008：227-257.

大数据在煤层气开发分析与产量预测中的应用

王玫珠[1]　王九龙[2]　杨焦生[1]　宋洪庆[3,4]　赵　洋[1]　赵　迎[5]　张继东[1]

(1. 中国石油勘探开发研究院；2. 中国科学院计算机网络信息中心；3. 大数据分析与计算技术国家地方联合工程实验室；4. 北京科技大学；5. 北京中油瑞飞信息技术有限责任公司)

摘　要　大数据与油气行业深度融合是大势所趋，切入点的选择是大数据技术应用的关键，煤层气作为非常规天然气的一种，具有储层非均质性强、开发机理不完全明确、产能影响因素复杂、开发数据量大等特征，传统理论和数值模拟方法在处理这种复杂问题时模型构建复杂、计算准确度低、计算耗时。本文提出利用机器学习评价储层有效动用及产能预测的方法，通过大量的连续训练来自动捕捉动态数据的变化特征，利用三维卷积神经网络(CNN)建立煤层气井有效动用半径计算的深层学习模型，结合储层静态数据、压裂改造数据、现场动态数据反演出单井有效动用情况，利用长短期记忆网络(LSTM)预测单井产能，与传统的基于物理方法建立气水两相流动数学模型的方法不同，机器学习模型构建一个不基于物理模型的稳定预测模型，以实现对单井开发效果的准确预测。

关键词　大数据分析 机器学习 煤层气 数据库应用 储层有效动用 产能预测

随着大数据、人工智能的发展，习主席提出全面实施国家大数据战略，大数据技术在全行业中迅速普及应用，而切入点的选择是大数据能否最大限度发挥效能的关键，精确瞄准研究痛点，提出高效、智能化解决方案，是目前油气行业提质增效发展的必由之路。根据十九大提出的构建清洁低碳、安全高效的能源体系要求，煤层气作为非常规天然气的一种，是天然气的重要战略接替，并对于煤矿安全生产具有重大意义。本文通过总结煤层气开发瓶颈问题，梳理储层开发分析与产量预测的需求，分析与大数据技术融合的切入点，提出运用数据技术、机器学习方法开展开发动态分析、储层有效动用性评价及产能预测的方法，为解决非常规储层复杂流动问题提供了新的研究方法。

1　煤层气开发与大数据融合切入点

1.1　煤层气产业发展现状

1994 年至今，中石油煤层气发展已有 26 年，截至 2019 年底，探明地质储量为 3814 亿方，已建煤层气产能 52 亿方，开井 4910 口，2019 年产量 21 亿方，日产气量 535 万方，平均单井日产气 1090 方。整体开发效果不理想：开采速度较慢，目前采出程度 4%；单井平均产量低，低效井比例大：45%投产井日产<500 方，整体达产率 41%；经济效益不理想，内部收益率 7.7%，投资回收期 13 年，2019 年盈利 2.5 亿元。

1.2　开发瓶颈问题

1.2.1　储层非均质性强

许多研究表明，煤层气储层与孔裂隙平面、垂向存在很强的非均质性。受多期次构造演化影响，沁水盆地南部煤储层物性普遍具有极强的非均质性，不利于煤层气的开发[1]，3#煤层气藏在裂隙系统、岩石骨架及内部流体赋存方面均存在显著的空间分布差异性，煤层气藏空间非均质性强烈[2]，15#煤储层的显微煤岩的非均质性较弱，孔裂隙、渗透率和软硬煤分布的非均质性都比较强[3]。煤层气井开发效果非均质性明显，相同井组甚至相邻井开发效果可能存在明显差异，以 ZJ 油田 JL 区块 YSL1213 井组为例，YSL1213-4 与 YSL1213-5 井相邻，YSL1213-4 井稳产气量 500m^3/d，YLS1213-5 井稳产气量 1000m^3/d，如图 1、图 2 所示。

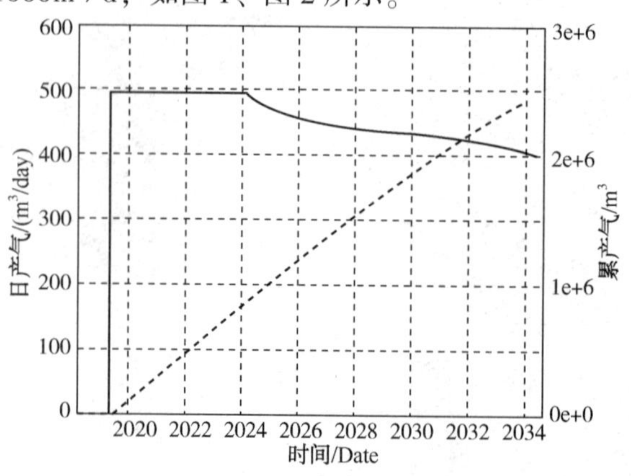

图 1　YSL1213-4 井产气曲线

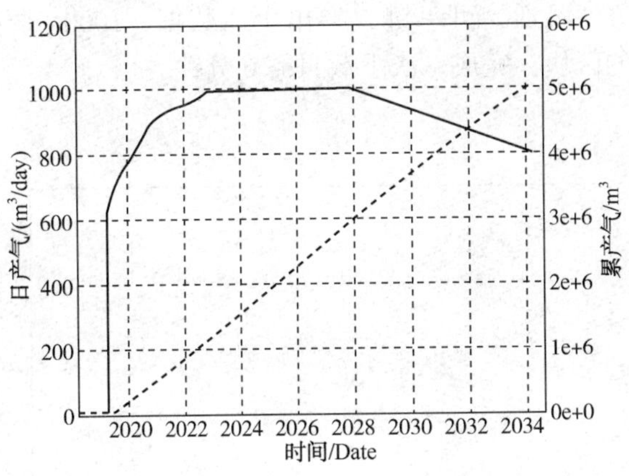

图 2　YSL1213-5 井产气曲线

煤储层的强非均质性难以精确刻画，增大了气藏模拟、开发规律分析、产量预测的难度，煤层气井开发效果出现随机性的表象。

1.2.2　开发机理不完全明确

煤层气与常规天然气、页岩气等不同，渗流机理更为复杂，煤层气主要以吸附态存在于煤基质中，需要通过排水降压降低储层压力使煤层气解吸才能产出，是一个复杂的降压-解吸-扩散-渗流的过程。过去开展了大量物理物理模拟研究流动规律，煤层气渗流物理模拟研究对现场生产指导性不强[4]，在煤层气渗流机理方面仍然存在争议，包括解吸速度和扩散速度对煤层气产量的影响、临界解吸压力与临界产气压力的关系、应力敏感性影响等问题，对煤层气渗流物理模拟的研究需要开展新维度的探索。

1.2.3　产能控制因素复杂

煤层气生产比其他气藏更复杂，分为 4 个阶段，排水-上产-稳产-递减，产能受地质[5-6]、压裂改造、排采控制等多方面因素影响，产能控制因素复杂，如表 1 所示。

表 1　煤层气产能控制因素

机理	地质特征				开发过程			
	烃源条件	储层条件	保存条件	资源条件	排水阶段	上产阶段	稳产阶段	递减阶段
影响因素	煤岩、煤质、煤阶	煤厚、埋深	构造特征、沉积作用、水动力、构造调整	含气量、资源丰度	压裂效果、压降控制、地层能量、临界解吸压力、构造部位	憋压时间、提气速度、气水比控制	兰氏特征、原始渗透性	调整措施

1.2.4　开发数据量大、规律性差

目前中石油煤层气井近 7000 口，平均生产时间 8 年，生产动态数据达 1600 万条，动态分析、数据更新分析工作量极大，超出科研人员处理能力。

煤层气井由于储层非均质性强、产能控制因素复杂，使得单井开发规律性较差，生产曲线千差万别，如图 3 所示，大量规律性差的数据通过物理方法分析效果较差。

1.3　大数据解决思路

1.3.1　数据库开发利用

开发分析对科研人员的综合能力提出越来越高的要求，而基础数据处理工作极大的影响了科研人员作用的发挥，占 10% 价值的数据处理工作消耗了科研人员 60%～70% 的时间与精力，因此，基于日常工作的需求，创建煤层气动态数据库，实现自动数据获取、更新，分析曲线、指标自动绘制、计算，计算结果多样化展示，为科研工作者提供高效、自动化的工作平台。

1.3.2　机器学习方法与应用

针对储层非均质性强、开发机理不明确、产能影响因素复杂的问题，通过机器学习方法，对大量数据进行智能训练分析，找出数据的关联性特征，构建数据计算模型，获得目标参数的规律和定量关系，开展储层动用性分析与产能预测。

2　数据库开发利用

中石油 A2 生产数据库实现了各公司生产动态数据的采集获取，但在应用中存在问题，数据获取、筛选、下载不方便，1000 口井的区块，完成一次下载需要耗费几天。基于科研与生产业务需求，采用 MySQL 数据库建库技术，将所需数据传输到系统自建库，分为历史数据库与正式数据库，历史数据库用于存储异常处理前的数据，如图 4 所示。实现自动传输，每日自动更新 A2 数据库的数据，所有井可以分级分类查询，方便灵活，可一键式导出生产数据，1000 口井的区块，完成一次下载只需 6 分钟。

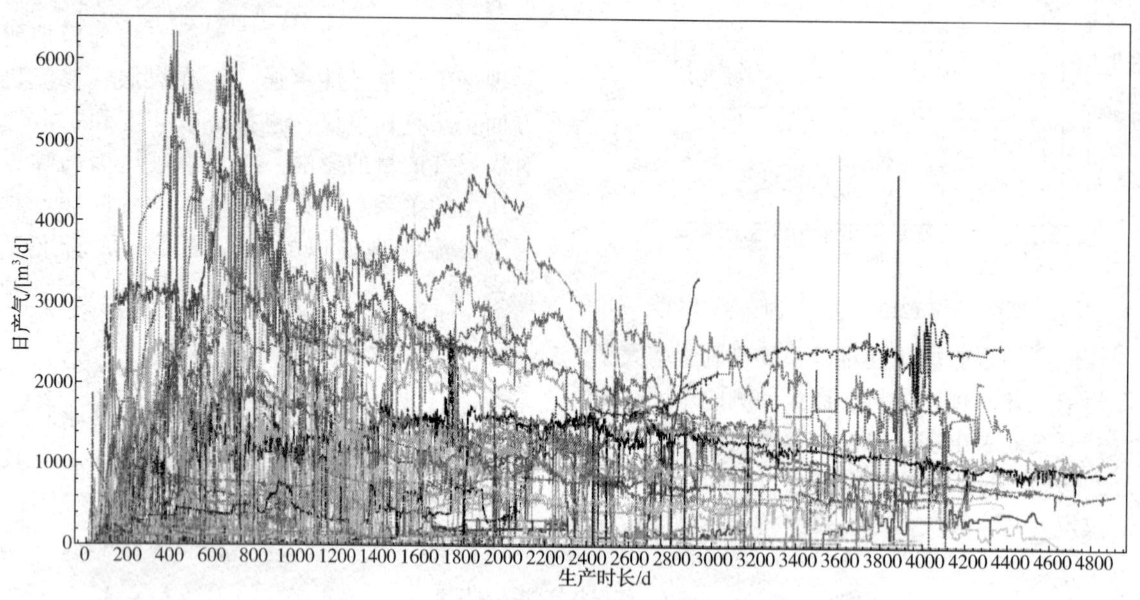

图 3　樊庄区块部分井生产曲线对比

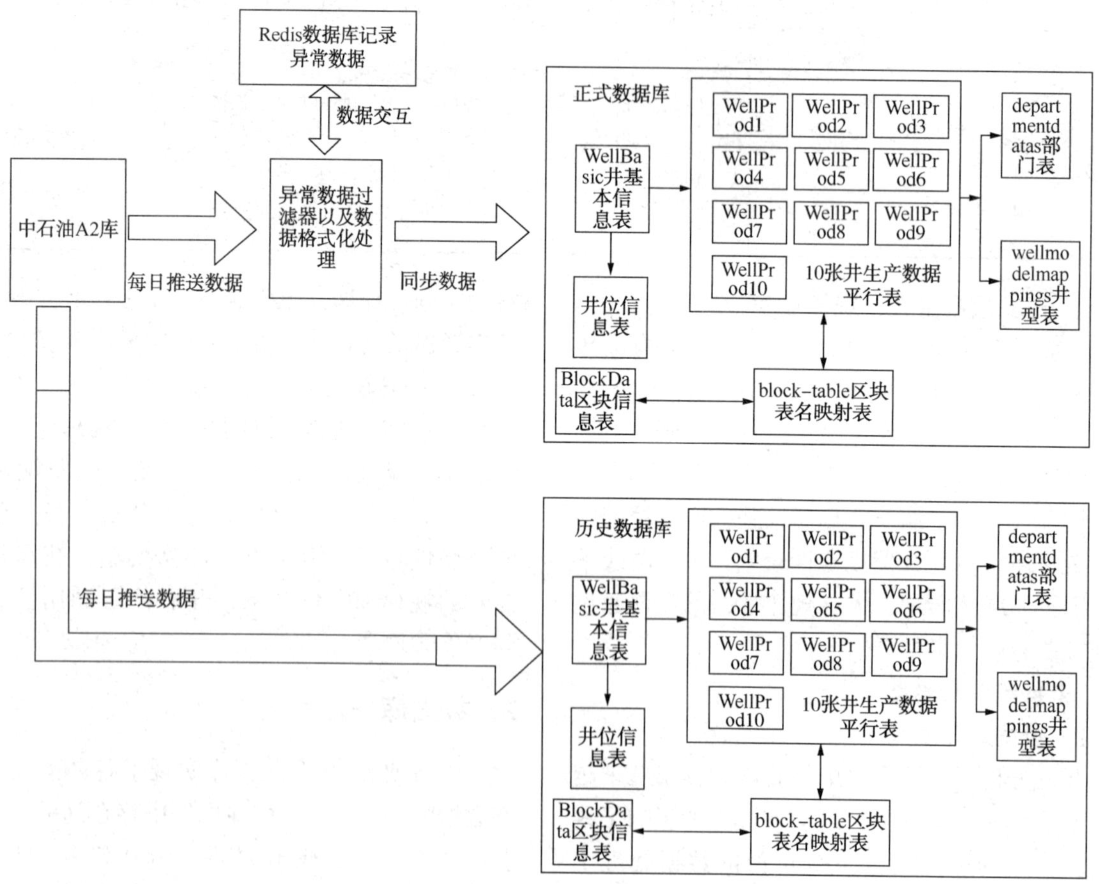

图 4　自建数据库结构设计

开发煤层气生产数据智能化分析系统平台，如图5所示，包括大数据平台构建与部署、智能化数据处理、分析、多维可视化动态展示功能，实现动态数据、开发指标的多形式展示、对比与分析，实现提前计算、存储井组、区块、公司的开发指标结果，客户端直接调用，上千口井百万条数据的1s成图，助力科研人员分析预测煤层气开发生产动态，针对性地提出减缓煤层气井产量递减、提高煤层气产量的有效措施。

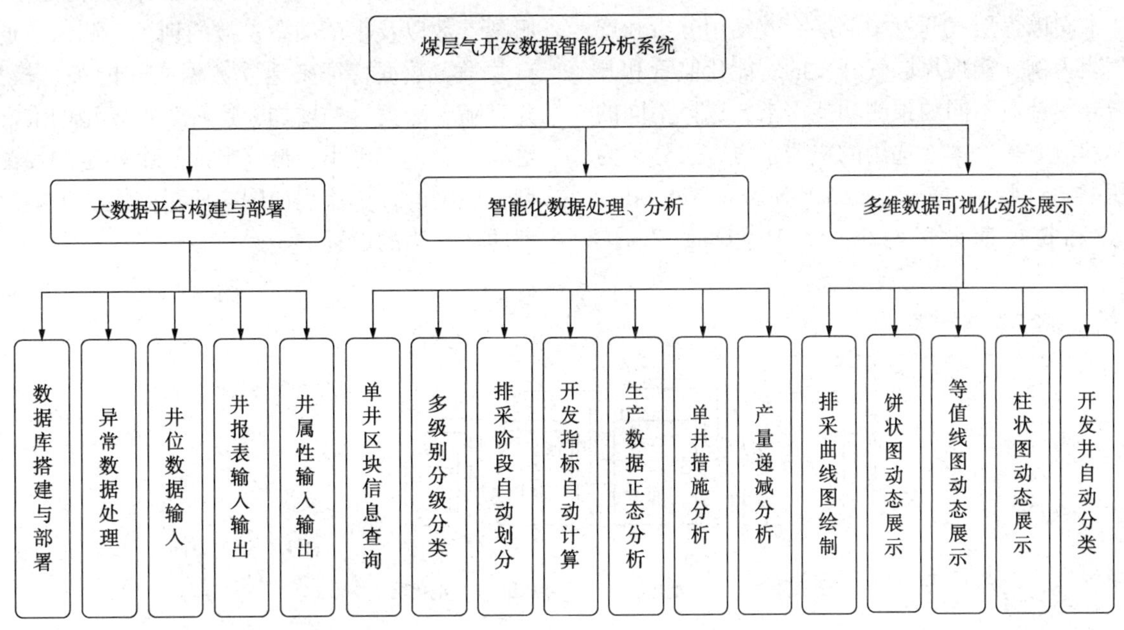

图5　煤层气生产数据智能化分析系统功能设计

3　机器学习方法及应用

自21世纪以来，机器学习和深度学习有着迅猛的发展，并且已经逐步在石油工业应用，解决了许多复杂的石油工程问题，成为国内外油气领域学者们的研究热点。机器学习之所以能够受到石油工业研究人员的青睐，是由于受限于现在的科技水准与设备，人们并不能准确的掌握地下的储层特性以及地质参数与动态数据之间存在的非线性关系，搞清这些非线性关系进而求出相关参数的解析解是需要科技手段的提升和大量研究者们的探索，而机器学习的出现恰好能够解决石油工业面临的这种问题。以深度学习为例，它可以利用多层的网络结构自主捕获并学习输入变量与输出参数之间的非线性映射特征，并自主学习数据特征来建立数据之间的关系模型，如图6所示。相比于一些常规的机器学习方法，在对大量数据进行处理过程中，深度学习会展现更为强大的对于数据特征的学习能力，表现出更完美的预测性能。

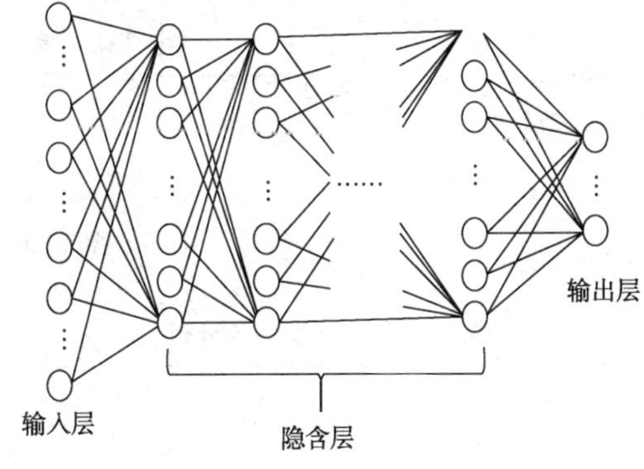

图6　机器学习方法计算流程

计算完成后，需要通过统计评价指标对模型进行评价，以验证模型的正确性。本文采用了一些误差评价准则来研究模型结果的准确性。这些方法包括平均相对偏差（ARD）、平均绝对相对偏差（AARD）、决定系数（R2）和均方根误差（RMSE），如式（1）~式（4）所示。

$$ARD\% = \frac{100}{N}\sum_{i=1}^{N}\left(\frac{X_i^{\text{data}} - X_i^{\text{model}}}{X_i^{\text{data}}}\right) \quad (1)$$

$$AARD\% = \frac{100}{N}\sum_{i=1}^{N}\left(\left|\frac{X_i^{\text{data}} - X_i^{\text{model}}}{X_i^{\text{data}}}\right|\right) \quad (2)$$

$$R^2 = 1 - \frac{\sum_{i=1}^{N} (X_i^{\text{data}} - X_i^{model})^2}{\sum_{i=1}^{N} (X_i^{\text{data}} - \text{average}(X_i^{model}))^2} \tag{3}$$

$$RMSE = \sqrt{\frac{1}{N} \sum_{i=1}^{N} (X_i^{data} - X_i^{\text{model}})^2} \tag{4}$$

本文以煤层气开发中储层有效动用分析和产能预测为例，实现煤层气开发的智能化监管和开发指导。针对不同的预测功能需求，选择不同的机器学习方法，本文选用的机器学习方法分别为卷积神经网络（Convolutional Neural Networks，CNN）和长短期记忆网络（LSTM，Long Short-Term Memory，是一种基于时间的循环神经网络）。

3.1　储层有效动用性评价

由于煤层的沉积特征，储层的非均质性较强，储层的动用情况很难进行量化分析，本文通过 CNN 的方法，通过对目标区块储层物性参数、压裂参数以及生产动态参数的训练、测试，通过自主学习数据特征来建立数据之间的关系模型，并且随着数据量的增加，这种数据模型的准确度更高，偏差率更小，最终形成一个稳定的预测模型，模型的计算流程如图 7 所示。表 2 为本次模型的数据集的设置。

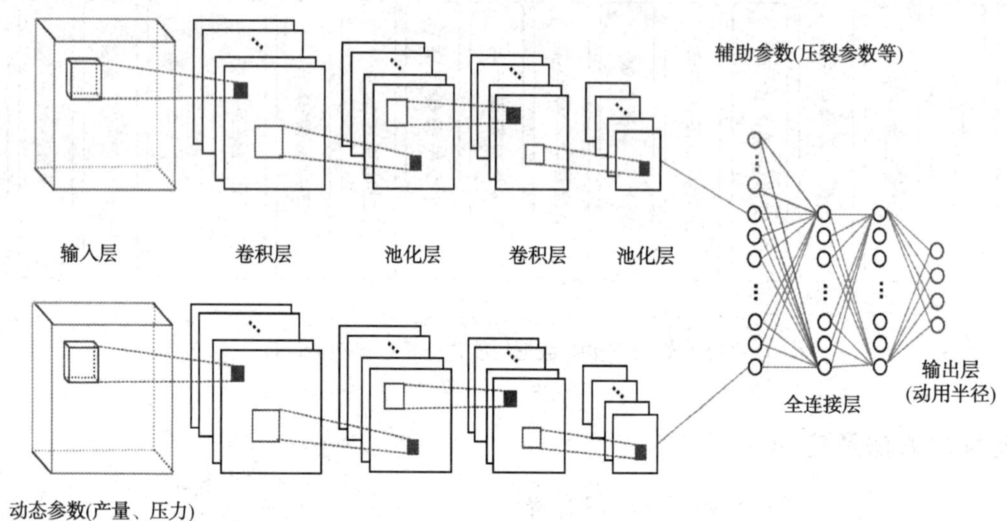

图 7　CNN 计算网络流程图

表 2　CNN 的数据集分布

数据集	数量
训练集	450
测试集	50
验证集	8

本文首先通过已建立的单井有效动用计算模型，获得 CNN 模型的输出数据集，然后通过 CNN 方法得到稳定的预测模型，进而可以实现对新压裂井的快速预测和评价。验证结果如图 8 所示，训练数据和测试数据的围绕在对等线附近，表明本预测模型能够快速地正确地分析获取单井的有效动半径，然后在目标区块选择井组进行应用，结果如图 9 所示。

3.2　产能预测

煤层气的产能是一开发过程中一个重要的参数，能够了解气井的生产能力，为生产措施的制定提供指导依据。本文以山西沁水樊庄区块为例，运用 LSTM（长短期记忆人工神经网络，是循环神经网络的一种）方法对该区块 20 口生产井生产动态数据作为训练集进行学习分析，选出 5 口测试井作为测试机进行测试，获得稳定的机器学习模型，进而选取一口单井进行预测，预测结果如图 8 所示。

LSTM 是在标准 RNN 的基础上进行优化的 RNN 变体，它能够学习长期信息，LSTM 近年来在不同的研究领域得到了广泛的应用，并取得了良好的效果。LSTM 的核心思想是在标准结构中

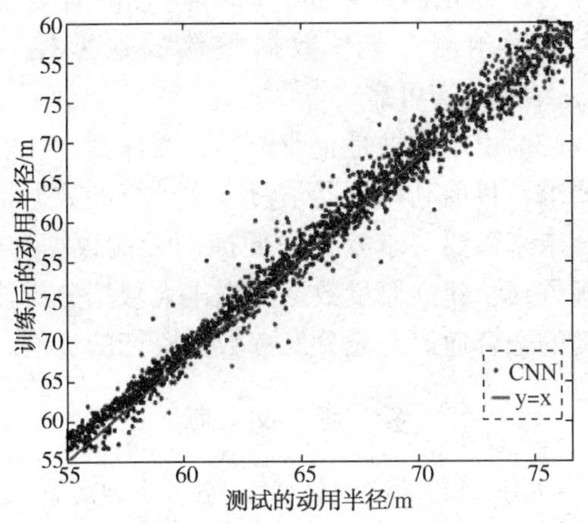

图 8　CNN 预测有效动用半径的交会图

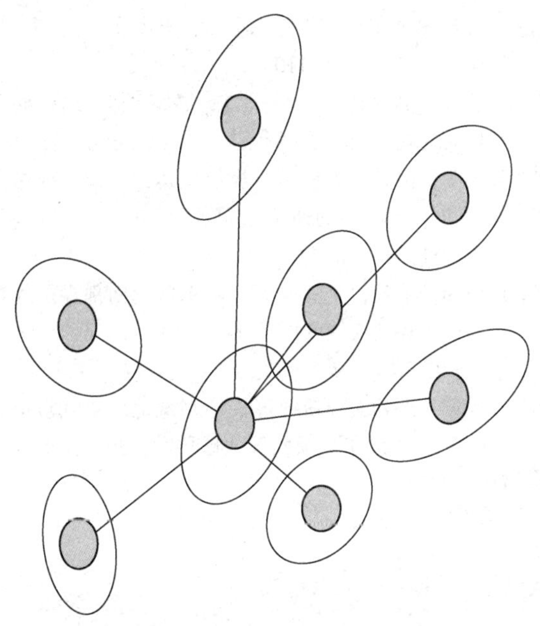

图 9　机器学习方法预测单井的有效动用情况

增加三个功能门，LSTM 的重复网络结构如图 10 所示，与标准 RNN 结构相比，LSTM 在图 1 的顶部有一个额外的功能线，叫做 C 线，它可以存储过去的信息，如生产信息、含水饱和度信息和数年的历史数据等数据，它就像一本书的大纲或故事情节一样，沿着整个链条向下运行，每次计算之后，C 中的信息都会更新。具体的计算模型如下：

$$\sigma(x)=\frac{1-e^{-x}}{1+e^{-x}} \tag{5}$$

$$f_t=\sigma(W_f\cdot[h_{t-1},\ x_t]+b_f) \tag{6}$$

$$i_t=\sigma(W_i\cdot[h_{t-1},\ x_t]+b_i) \tag{7}$$

$$\widetilde{C}_t=AF(W_C\cdot[h_{t-1},\ x_t]+b_C) \tag{8}$$

$$C_t=f_t\cdot C_{t-1}+i_t\cdot\widetilde{C}_t \tag{9}$$

$$h_t=\sigma(W_o\cdot[h_{t-1},\ x_t]+b_o)\cdot AF(C_t) \tag{10}$$

其中：x_t是输入数据，h_t是输出数据。

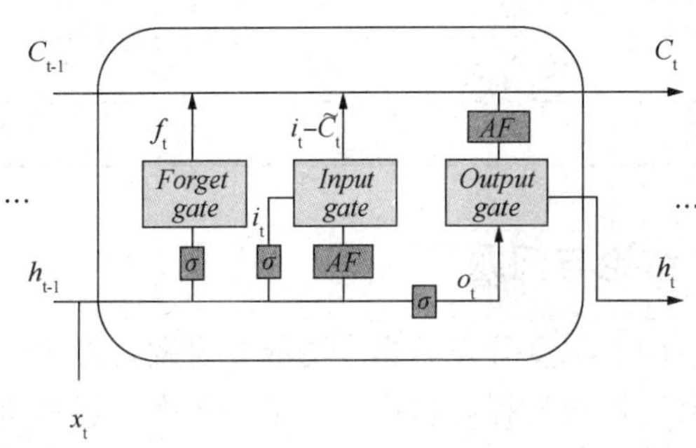

图 10　LSTM 的重复网络结构说明

本模型输入的参数分为动态参数和静态参数，静态参数包括储层的物性参数，如渗透率，孔隙度等，动态参数包括产量动态数据，压力动态测试数据以及生产措施数据。通过对动态数据和静态数据的交叉学习，形成稳定的预测模型，实现对产能的准确预测。预测结果如图 11 所示。根据公式（1）~式（4）对结果进行了误差分析，分析结果如表 3 所示，由表 3 可知，数据整体的误差控制在 8%，结果真实可靠。

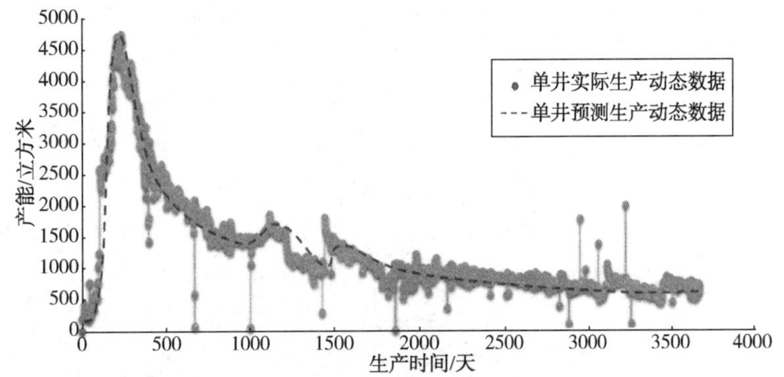

图 11　机器学习方法预测产能结果与实际产能对比图

表3　机器学习的误差分析结果

参数	Value
训练集	
R^2	0.972
ARD,%	4.72
AARD,%	5.89
RMSE，#	14.6
测试集	
R^2	0.961
ARD,%	4.99
AARD,%	6.28
RMSE，#	16.8
预测集	
R^2	0.965
ARD,%	4.79
AARD,%	6.01
RMSE，#	15.2

4　结论与问题

（1）深度开发数据库功能，研发智能化工作平台，极大的提高科研人员工作效率，提高科研人员开发动态分析能力、气藏开发规律分析水平。

（2）通过机器学习方法，可以综合储层物性参数、压裂参数以及生产动态参数，实现对新压裂井的快速预测和评价，计算单井的有效动半径，准确预测产能，数据整体的误差控制在8%，结果真实可靠。

（3）由于数据是企业资产，受保密性、安全性要求，目前利用机器学习方法计算的数据量有限，未来需要寻求安全、便捷的云端数据存储、处理方式，建立海量数据与先进大数据分析技术便捷的融合通道，充分发挥数据资产的价值。

参考文献

[1] 陈龙伟，侯月华，姚艳斌等．沁水盆地南部郑庄区块煤储层非均质性研究[J]．煤炭科学技术，2016，44(11)：147-153.

[2] 陈立超，王生维，何俊铧等．煤层气藏非均质性及其对气井产能的控制[J]．中国矿业大学学报，2016，45(1)：105-110.

[3] 刘正帅，刘大锰，蔡益栋等．郑庄区块15#煤储层非均质性特征及影响因素[J]. IFEDC，20171717.

[4] 彭英明，邵先杰李锋等．煤层气达西、非达西渗流理论和扩散理论的研究进展综述[J]．煤炭工程，2019，51(6)：28-33.

[5] 孙粉锦，王勃，李梦溪等．沁水盆地南部煤层气富集高产主控地质因素[J]．石油学报，2014，35(6)：1070-1079.

[6] 王玫珠，王勃，孙粉锦等．沁水盆地煤层气富集高产区定量评价[J]．天然气地球科学，2017，28(7)：1108-1114.

大数据技术在催化裂化装置中的应用

王　楠[1]　彭连军[2]　徐泽进[1]　杨　程[2]　杨　磊[1]　王　磊[2]　林怡名[2]　赵宝生[1]

（1. 中国石油规划总院；2. 中国石油大连石化分公司）

摘　要　对于炼化企业来说，汽柴油的主要生产装置是催化裂化，催化裂化是最重要的重质油轻质化装置之一。近年来，迫于环境压力，尤其是雾霾问题，国家大力推进汽柴油质量升级的速度，提升催化产品质量、优化产品收率可以使企业获得更大的经济效益。传统的调整产品质量和收率的方法主要是依靠经验和机理模型来实现，存在模型复杂、使用难度大等局限。本文以某企业80wt/a的催化裂化装置为对象，利用大数据分析方法对影响催化产品性质及收率的工艺参数进行了数据相关性筛联，得到预测产品质量及收率的关联参数及预测模型，基于该模型，当预测到产品质量不合格时，则采用凸二次规划方法求取使得产品质量调整合格的最小波动的工艺操作，当预测到产品质量合格时，则采用逐步寻优算法计算使得装置效益最优时的最佳操作。该案例是大数据技术在石化工业领域应用的一种有益探索，该方法适也适用于其他炼化装置的产品质量控制及效益优化分析。

关键词　催化裂化；大数据；质量控制；效益优化

催化裂化是石油加工的二次加工单元，承担着掺炼渣油、重质油轻质化的任务。催化裂化汽油是车用汽油的主要来源，我国催化裂化汽油约占车用汽油的70%以上。随着国民经济发展，我国汽柴油消费逐年增加，目前其在提升产品质量及效益方面的作用也在持续加大，控制好催化裂化产品质量并进行装置效益优化对企业来说显得尤为重要。

影响催化裂化产品质量及收率的因素主要包括原料性质、加工负荷波动以及工艺操作调整等多个方面。企业对产品质量的测定主要是按照企业发文的《检验项目频次和时间规定》执行，而在化验时间之外，产品的质量是未知的。目前控制产品质量及收率的主要方法是依靠操作规程及人工经验，方法局限。为此，本文利用历史分析化验数据及工艺操作数据，筛联出与汽柴油质量、收率相关的影响因素，并得到相关预测模型，在线投用实时预测产品质量及收率，如预测到产品质量不合格时，则通过调整相关操作参数，使得产品质量合格，如预测到产品质量合格时，则通过优化方法得到装置效益最优时的最佳操作参数。

1　装置概述

某企业催化装置设计加工能力80万吨/年，可加工常减压馏分油、丙烷脱沥青油、常减压渣油等混合原料，装置操作弹性大，可使用不同类型的催化剂，生产方案灵活，流程图如图1所示。

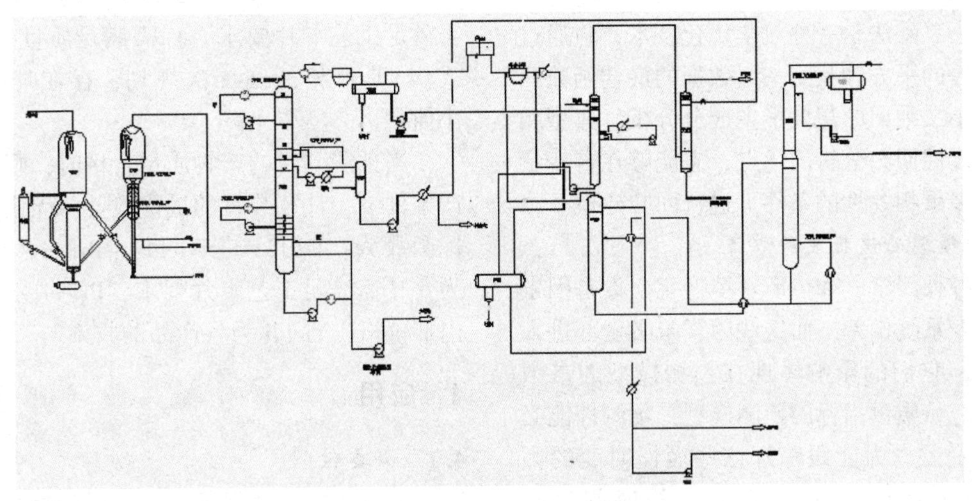

图1　催化裂化装置流程示意图

主要产品有催化干气、催化液态烃、催化稳定汽油、催化柴油等。考察的产品指标有：催化汽油的10%点、终馏点，催化柴油的闭口闪点，汽油及柴油的收率等。

影响产品的质量及收率的主要因素包括：原料性质、加工负荷、主要的操作参数，如提升管出口温度、原料预热温度、沉降器顶压力、以及分馏塔的相关参数等。

2　催化裂化装置产品质量及收率的预测方法及其递推更新方法

预测产品质量是为了更好地监控及调整其质量，而预测产品收率是为了优化装置效益。对于炼化企业的生产装置来说，一般都是连续运行的，因此可以假定其过程是拟稳态，可以采用代数方程来描述生产过程。

2.1　产品质量及收率的预测方法

对于催化汽柴油的性质和收率，因为均是数值型而非二值型数据，因此可以采用关联回归的方法进行预测。预测模型是基于一定量的历史数据建立的，收集该装置近几年的历史生产数据，主要包括原料性质、催化剂性质、主要的操作参数等，将所有历史数据按照一定的数据规则整定之后，形成时间序列的整齐样本数据，再对数据进行标准化处理，以消除数据量纲的影响。用Y_C表示待预测产品的质量及收率，用 X 表示影响待测产品质量及收率的相关因素，因变量和自变量的关系可以用下式表示：

$$Y_C = A_{PLS} * X \tag{1}$$

其中A_{PLS}是模型参数，依据历史数据计算得到[2]。

本文采用偏最小二乘回归算法进行回归预测，偏最小二乘法是一种数学优化技术，它通过最小化误差的平方和找到一组数据的最佳函数匹配，偏最小二乘回归集成了主成分分析、典型相关分析、线性回归分析的优点，它能够在自变量存在严重多重相关性的条件下进行回归建模。

2.2　预测模型的递推更新方法

由于各种因素，如生产环境变化、设备因素变化、仪表系统偏差，而这些因素未必全部进入预测模型，它们的影响体现在预测模型的参数中。因此产品质量指标的预测模型，预测性能必然会逐步变差。为能跟踪好这些缓慢时变的因素，预测模型的参数应当每隔一段时间修正一次。

这种模型修正过程应当是自学习的，也就是说预测模型当偏差较大时能够自动进行自我修正参数。在实际的生产环境下，由于生产数据的不断累积，数据量将越来越大，因此以上自学习过程又必须是递推形式的。递推算法大大减少了计算量和存储量，能实现在线实时辨识，面对海量数据的分析与存储，递推算法的优越性可谓不言自喻。

能够实现递推学习的模型预测方法并不多，所幸的是 PCR 方法与 PLS 方法能够实现的递推学习(递推主元回归，RPCA；递推偏最小二乘法，RPLS)[2,3,4]。

$$A_{PCR,new} = A_{PCR,old} + \Delta A_{PCR} \tag{2}$$

$$A_{PLS,new} = A_{PLS,old} + \Delta A_{PLS} \tag{3}$$

ΔA_{PCR}、ΔA_{PLS}由递推算法计算得到。

3　催化裂化装置产品质量控制及效益优化方法

预测产品质量的目的是控制产品质量，当面临产品不合格时，则在工艺卡片范围内，通过优化方法得到控制产品质量的最优操作参数，支持操作人员平稳操作，提高产品质量；当预测到目标产品质量合格时，则在当前生产条件下，计算使得装置效益最优时的操作参数，辅助操作人员及时调整装置，提高装置效益。

当预测到产品质量不合格时，需要以最小的幅度将其质量调整合格，实现装置平稳过渡，此时优化的目标函数为：

$$\mathrm{OBJ1} = \sum \omega_i \times (M_i - M_{i,now})^2 \tag{4}$$

式中M_i是待调整的操作参数，$M_{i,now}$是对应的当前的操作参数，ω_i是权重。约束条件中，M_i需满足工艺卡片要求，Y_C需满足质量指标要求。式(4)是严格的凸二次规划，存在唯一全局最小值[5]。

当预测到目的产物质量合格时，则在当前生产条件下，计算装置的最优效益，优化问题的目标函数为：OBJ2 = ∑ Yieldi * Pricei。约束条件为：M_i需满足工艺卡片要求，Pricei 为各产品的内部价格，Yieldi 为各产品的收率。

4　应用

4.1　必要性

某企业的催化裂化装置，存在产品质量有时

不合格的现象，比如催化汽油的终馏点有时超标，如图2所示，主要原因在于原料性质及工艺操作可能发生变化，影响了产品质量。因而，依据原料性质及工艺条件的变化及时预测及控制产品质量显得十分必要。

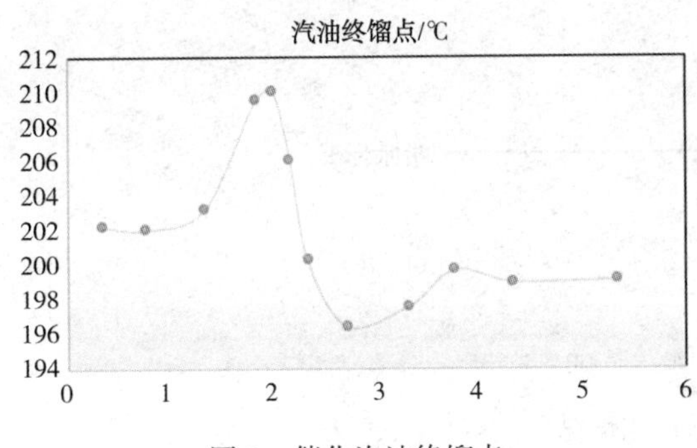

图2　催化汽油终馏点

4.2　应用流程

整个产品质量指标控制及效益优化分析模型建立及修正的过程示意如图3所示。图中的空心线表示模型修正过程，虚线表示由人来执行的过程。

数据来源有两部分，一是LIMS化验分析数据库，二是实时数据库，数据时间范围为某12个月的历史数据，所有数据经归一化后，建立初步的产品质量及收率的预测模型。然后将实时的原料及催化剂的化验数据与生产过程数据引入预测模型，计算产品质量指标。当预测有不合格产品质量时，采用二次规划法计算应当采取的操作调整；当预测到产品质量全部都合格时，采用逐步寻优算法计算装置的最优效益，并推荐最佳操作参数。依据计算偏差，每隔一段时间修正预测模型的参数。

4.3　应用效果

模型建立好之后，为了验证模型的准确性，选择某一个月的数据进行校核，结果如图4所示，通过数学模型得到的计算值与实际值基本相符，大部分数据的相对误差小于5%，在允许误差范围内，说明模型有较强的实用性。

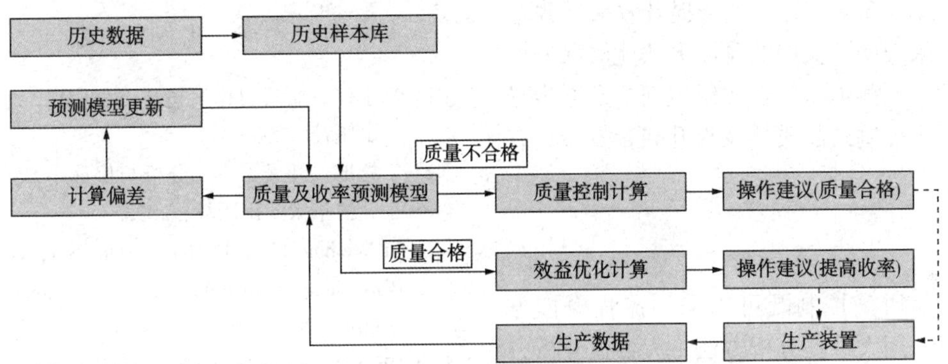

图3　产品质量控制及效益优化分析的实施过程

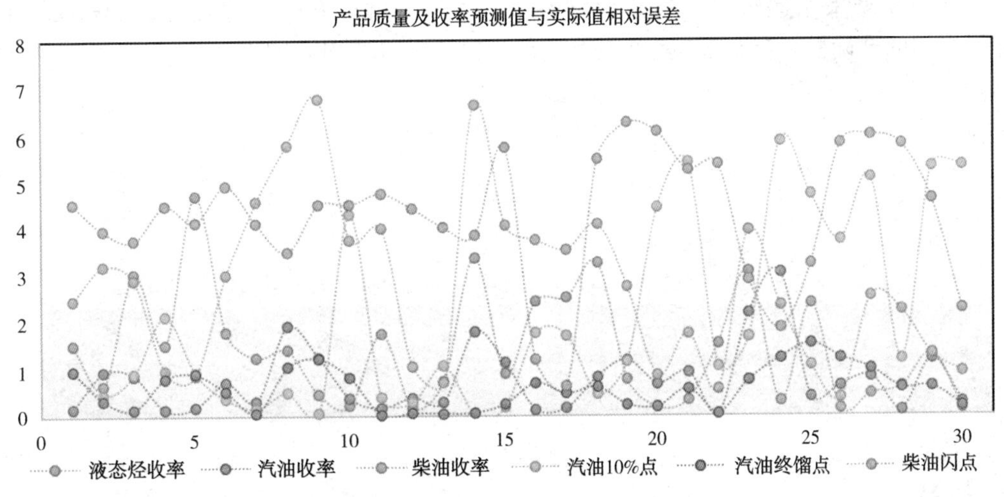

图4　产品质量及收率预测值与实际值对比

进一步，将该预测模型在线投用，实时辅助操作。如在线监测催化汽油终馏点，终馏点如超标，按本模型计算的参数进行相应调整，使得终馏点超标情况得到大大改善，应用情况如图 5 所示。

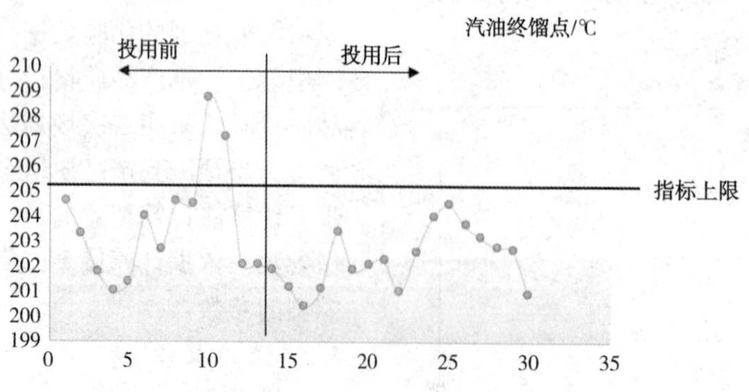

图 5　催化汽油终馏点应用情况

按照装置效益优化结果去调整相应的操作参数，如分馏塔温度、压力等，经过一个月的平均数据得到，催化汽油收率平均提高 0.1%（相应降低的收率是液化气量和烧焦量，暂忽略），按照年加工量 80 万吨计算，可提升经济效益 = 80 * 0.1% * 4800 = 384 万元，效益提升效果显著。

应用结果表明，文中的预测方法能够保证模型的准确性，预测模型结合二次规划法及逐步寻优算法，用于控制产品质量及提升装置效益具有可行性。

5　结论

（1）产品质量控制既可以采用流程模拟方法，也可以采用大数据分析方法。大数据分析方法比流程模拟方法更具有一般性，它不仅适用于连续数值型，也适用于二值型。

（2）本预测模型采用递推方法修正模型参数，保证了模型的准确性，延长了模型的使用寿命；预测模型结合二次规划法和逐步寻优算法，用于控制产品质量及提升装置效益具有可行性，改善了产品质量合格率。

（3）文中的大数据分析方法，并没有引入催化裂化装置专有特性的解读，因此该方法原理上也可用于其它的生产装置。

参 考 文 献

[1] 韩崇仁. 加氢裂化工艺与工程[M]. 北京：中国石化出版社，2006.

[2] 王桂增，叶昊. 主元分析与偏最小二乘法[M]. 北京：清华大学出版社，2012.

[3] Li Weihua，Yue H Henry，Qin S J，et al. Recursive PCA for adaptive process monitoring. Journal of Process Control，2000，10：471～486.

[4] Qin S J. Partial least square regression for recursive system identification. AIChE. Annual Meeting，November 1993. St. Louis.

[5] 袁亚湘，孙文瑜. 最优化理论与方法[M]. 北京：科学出版社，1997.

深度学习对古生物化石的鉴定及其油气地质意义——以中新世浮游有孔虫为例

熊连桥[1]　李建平[1]　谢晓军[1]　岳　翔[1]　呼和[1]　白海强[1]　方培岳[2]　张　东[3]

（1. 中海油研究总院有限责任公司；2. 中国科学院南京地质古生物研究所；
3. 山东胜软科技股份有限公司）

摘　要　有孔虫个体微小、数量众多、地理分布广、演化迅速，是记录海洋沉积环境的重要载体，在海相生物地层划分和对比中具有十分重要的作用。因有孔虫属种众多，传统的鉴定需经验丰富的专业人员且耗时较长才能完成属种鉴定。人工鉴定古生物化石面临人才匮乏、工作量大、交流困难等问题，随着计算机技术发展，卷积神经网络算法在计算机视觉领域得到了良好应用。利用古生物专家对中新世浮游有孔虫化石标注为指导，根据有孔虫化石不同方向的视角分类，结合卷积神经网络算法，开发了有孔虫化石图像识别系统。研究发现，通过有孔虫化石腹视、缘视和背视角度分类，采取两级分段式鉴定算法对中新世浮游有孔虫属一级进行识别，模型整体准确率能达83%左右。通过计算机自动鉴定的有孔虫属种类别，利用化石组合，能满足油气勘探阶段对沉积古环境的分析，能较好的指导沉积过程研究，为生油母质判断提供指导，从而为油气勘探部署提供依据。

关键词　自动鉴定；卷积神经网络；浮游有孔虫；古环境；中新世

古生物化石记录着地层形成的年龄、气候、地理和地貌等关键信息，在判断生油母质、油气生成和保存时代以及沉积环境分析中扮演重要角色。准确识别古生物有利于确定地层年龄，识别古环境。目前化石鉴定的主要方法是专业人员通过观察标本的外部形态和内部结构，查找文献、工具书、化石图册等相关研究资料，比照图版并结合自身经验，鉴定化石的属种。但随着古生物学研究和油气勘探需求的快速发展，人工鉴定化石效率低下的问题日渐凸显：（1）鉴定参考资料繁多，鉴定效率低下；（2）专业的古生物人才储备不足；（3）现有化石鉴定方法和结果保存方式不利于交流和共享（殷红福，1994；沙金庚，2006；夏菁等，2013）。通常在钻井岩心或岩屑中能观察到大量微体古生物化石，人工鉴定工作量巨大，加之古生物人才匮乏，科研工作步履维艰。

智能化是大势所趋，油气地质数字化转型是长期战略。深度学习起源于对人工神经网络的研究，区别于一般神经网络中的简单结构。深度学习网络具有更多的隐含层，其区别于浅层学习中依赖于人工经验抽取样本特征，强调通过更深层次的网络模型学习和提取样本特征。论文选取在中国近海油气勘探中应用广泛的浮游有孔虫化石为研究对象，以中新统为目标层位，以古生物专家知识为基础，利用计算机深度学习算法助力古生物研究的数字化、智能化，减轻古生物鉴定人员的工作量，提高其在油气勘探中的推广应用效率。

1　化石自动鉴定研究现状

关于生物自动鉴定系统，较为成功并获得了广泛商业应用的是细菌的自动鉴定系统—Biolog Microstation（冯瑞华等，2000）。它利用细菌的代谢指纹图谱来对细菌进行自动鉴定。在古生物研究方面，有学者报道了珊瑚和颗石藻自动鉴定系统。张松林和严幼因（1995）通过收集大量的珊瑚化石资料，建立珊瑚特征检索表，将鉴定特征数值化，通过聚类分析实现自动鉴定，研制了床板珊瑚的自动鉴定系统。颗石藻自动鉴定系统SYRACO2是由法国学者开发的（Dollfus &Beaufort，1999），并不断得到了完善（Beaufort & Dollfus，2004；Beaufort，Barbarin & Gally，2014）。该系统通过人工智能神经网络自动识别颗石藻属种，并统计颗石藻数量。苏翔和刘传联（2008）利用该系统，对南海西部2901柱状样中的颗石藻进行自动鉴定，并与专家鉴定结果相对比，获得了较好的一致性。经过训练的SYRACO

(Systeme de Reconnaissance Automatique de Coccolithes)系统可以鉴定第四纪以来 14 个主要颗石藻种类，并进行定量统计。

20 世纪 80~90 年代，郝诒纯(1989)，徐秋涵(1990)等学者在国内开展了计算机对古生物化石的鉴定研究工作；Liu 等(1994)利用专家知识系统开展了浮游有孔虫自动分类研究；Ranaweera 等(2009)利用图像映射进行标准化，使用极大团算法分类提出了对有孔虫的半自动鉴定方法。21 世纪，随着深度学习理论的提出和计算机设备的发展，卷积神经网络算法得到快速发展，尤其在计算机视觉识别领域去得了显著成果(Gu et al.，2015)。基于机器学习的人工神经网络技术鉴定古生物化石成为未来的发展趋势(夏菁等，2013)。

开展机器学习需要大量的数据输入，目前，国内尚无相关科研机构具备齐全的中新世浮游有孔虫化石图像数据库；同时，大数据、深度学习需要专业的古生物专家、专业研究设备进行标注指导。我国古生物学者利用人工神经网络鉴定化石的研究工作开展的较少，并且有孔虫种类繁多，但是有孔虫化石图像自动鉴定研究工作在逐步开展(岳翔等，2019)。实现有孔虫化石自动鉴定的前提和基础则是构建一个符合科学规范的有孔虫化石图像数据库。只有优先完成这个数据库的构建，才可以为人工智能深度学习提供符合科学规范的大数据，进而实现有孔虫化石的自动鉴定。为提高有孔虫化石鉴定效率，避免人工鉴定造成的误差，迫切需要开展人工智能有孔虫图像识别研究工作。

2　有孔虫基本特征

有孔虫是一种个体微小的单细胞动物，个体通常小于 1 mm，其分类位置属于原生动物门肉足虫纲有孔虫目(Loeblich and Tappan，1988)。有孔虫由一团原生质所构成，它的原生质可以分化为两层：外层薄而透明，称为外质；内层颜色深，称为内质。有孔虫从外质可以伸出许多根状或丝状物，称为伪足。伪足常分叉、分支，横向或斜向相连且呈网状，其功能主要负责运动、取食、消化食物、清除废物和分泌外壳。细胞质的外质和伪足分泌壳质构成有孔虫的壳体(图 1)。

我们在地质记录中见到的有孔虫，通常是它的壳体。有孔虫的壳体具有一个大孔，或多个细

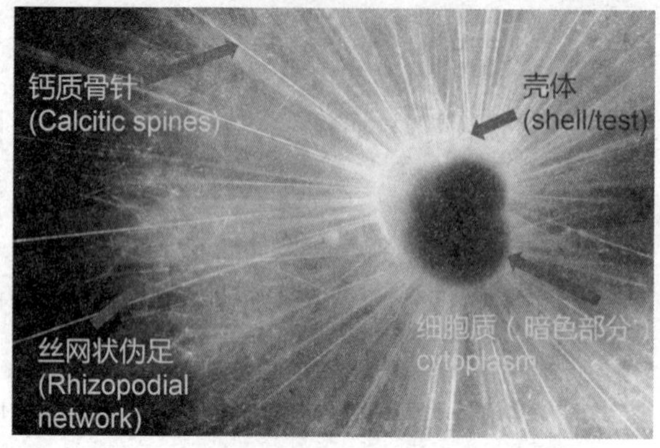

图 1　现生浮游有孔虫 *Globigerinoides ruber* 的基本特征

孔，因而得名有孔虫(郝诒纯等，1980)。

有孔虫在现代海洋里的属种分异度高，数量惊人，其绝大多数种类生活在正常盐度的海水里，也有极少数属种可以生活在半咸水区域，如泻湖和河口等，仅有个别例外，如假几丁质壳的瓶形虫超科(Lagynacea)的个别属种被发现可以在淡水中生活(郝诒纯等，1980)。有孔虫按生活方式可分为浮游和底栖两类(图 2)。浮游有孔虫漂浮在海洋表层水体中，而底栖有孔虫则生活在海底或者在海藻上缓慢移动，还有少数有孔虫营固着生长。有孔虫分布十分广泛，从大陆架到四千多米的大洋深处均有分布。

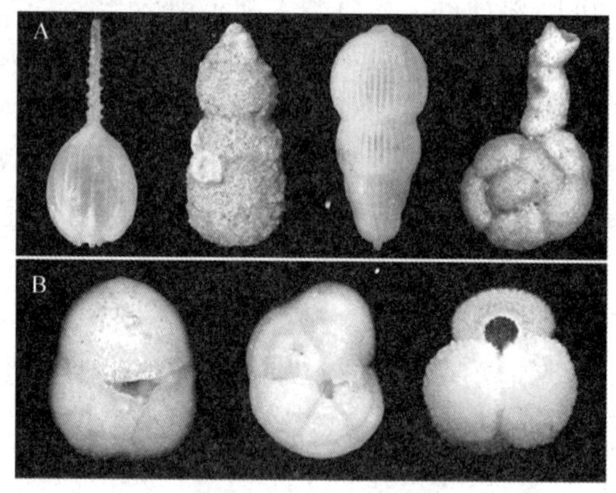

图 2　有孔虫的生活方式：
底栖类型(A)和浮游类型(B)

有孔虫不仅活跃在现代海洋，它的地史记录可追溯到五亿多年以前的寒武纪。到了古生代的石炭纪和二叠纪，有孔虫的发展进入了一个极盛时期；中生代的侏罗纪和白垩纪是有孔虫第二个繁荣时期。新生代的古近纪和新近纪则是有孔虫的全盛时期，其中有许多分支都延续到现代(郝诒纯等，1980)。目前已记载了 34 000 多种有孔虫，占已知原生动物种数的半数以上。由于有孔虫的数量极其丰富，生活于多种海洋环境，其壳

体可反映出非常有用的环境信息，可用于许多研究领域，因此被誉为海洋中的“小巨人”(方培岳等，2015)。

3 有孔虫图像数据库构建

首先收集大量文献资料中有孔虫图像作为训练资料。部分有孔虫化石种，文献收集的图像数量较少，则需要重新拍摄图像。研究人员可根据从地层中分析获得的有孔虫化石标本，拍摄扫描电镜和光学显微镜照片，尽量多采集化石图像。对收集的有孔虫图像进行增强及预处理，保证有孔虫识别特征清晰。每一张图像由专业人员进行鉴定，指明有孔虫属种鉴定依据，总结属种分类方法，编制分类规则。

在不同级别的古生物鉴定中，其所要求的特征多寡和主次是不同的，例如有孔虫属一级和种一级的分类标准所用到的特征是不一样的。此外，有孔虫化石的鉴定特征常常是描述性的，需要将这一类非数值化的信息转变为计算机可识别的参数信息。因此需要专业人员整理属种分类的规则，提取鉴定需要的特征，并且赋予每个特征不同的权重，从而为人工智能的学习打下基础。

以新近纪中新世的浮游有孔虫为例，这一时期出现的浮游有孔虫属一级鉴定特征可以分为以下内容：壳壁类型、旋卷类型、缘脊、主口孔位置、主口孔装饰、主口孔形状、次生壳、小泡、补充口孔、房室形状和最后一圈房室个数。根据古生物的鉴定依据，对上述特征给予不同的权重(图3，图4)。

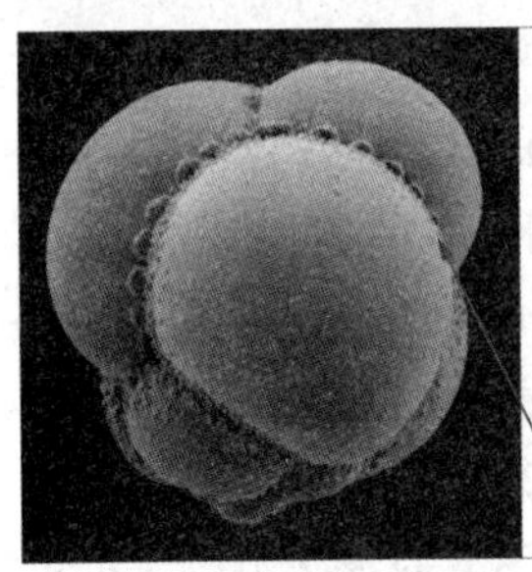

图3　浮游有孔虫 *Candeina nitida* 鉴定特征

图4　浮游有孔虫 *Globigerina bulloides* 鉴定特征

4 鉴定系统设计及效果

卷积神经网络(CNN)算法是主要用于图像分类的深度学习模型，在基础神经网络的基础上添加卷基层和池化层，神经网络训练模型如图5所示。卷积层，即用过滤器对矩阵进行滤波，目的是将矩阵的每一小块进行更加深入的分析从而得到抽象度更高的特征；池化层可以有效缩小矩阵的尺寸，显著减少网络中参数的个数，也有防止过拟合的作用(周飞燕等，2017)。

首先，对所有图像统一背景颜色、规格，剔除无效区域，调节图像亮度；对样品数量较少的图像，采取图像翻转、旋转等操作扩大样本数量。其次，根据给出的有孔虫分辨特征，发现主要差异在主孔口、壳壁类型等。根据专家经验，不同视角，有孔虫图像包含的信息不同。腹视角度(图6a)具有更多的鉴定特征，如主口孔位置、主口孔形状、壳壁类型等，而背视(图6b)和缘视(图6c)角度能识别的鉴定信息较少。

(1) 不分视角进行图像鉴定

VGG16是获得2014年的ImageNet图像分类挑战赛亚军的模型(陈英义等，2019)，利用VGG16模型对有孔虫化石图像不分视角直接进行鉴定。

模型设置为：1)保留VGG16模型的卷积模块，去掉全连接层；2)设置VGG16保留模块节点在模型训练时保持不变；3)模型再加入两层卷积+一层全连接+Softmax。

经过训练，模型整体准确率为76%。

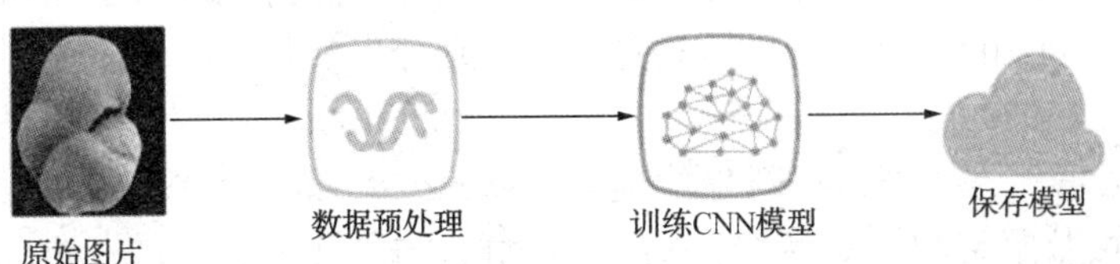

图5　模型训练流程图(岳翔等，2019)

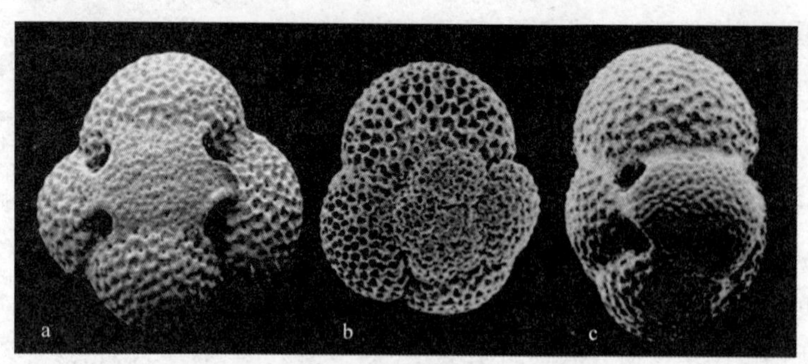

图6 有孔虫化石扫描电镜图像分视角特征
（泡口虫属 *Catapsydrax dissimilis* a 腹视角度，b 背视角度，c 缘视角度）

（2）分视角进行图像鉴定

选取腹视、背视两个角度进行样本创建。样本创建的依据主要是人工判断，主要特征也是集中在这两个角度。根据腹视模型的鉴定结果，对容易混淆的属进行合并，使用腹视角度进行粗分；再结合背视角度对合并的属进行细分。中新世浮游有孔虫包含36个属，对容易混淆的属进行合并，划分为29类，其中有6类包含多个属。通过两级分段式鉴定算法（图7），得到有孔虫图像的属一级分类。

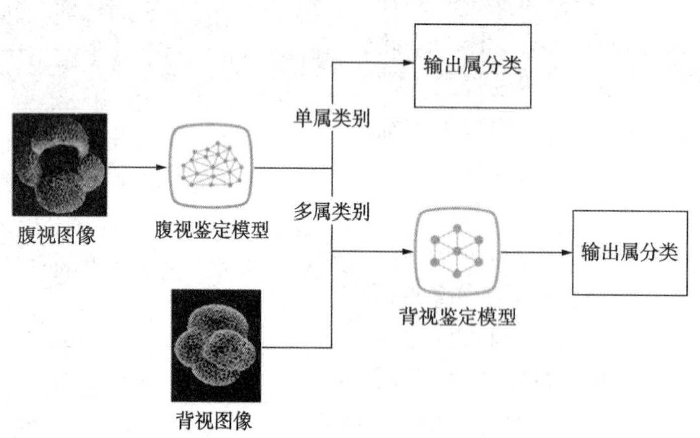

图7 分视角分段鉴定流程

模型设置：1）以两个卷积+一个池化作为一个模块；2）以5个模块+两层全连接+Softmax作为通用卷积网络。经过训练，模型整体准确率能达83%左右。

5 油气地质意义

有孔虫因其个体微小、数量众多、地理分布广泛，是中、新生代海相生物地层中重要的主导化石门类，在划分和对比中、新生代海相地层中起到了十分重要的作用。由于浮游有孔虫具有高精度的等时性，研究者将其广泛应用于全球的地层划分和对比，建立了可国际对比的浮游有孔虫化石带，其中，Blow（1979）、Bolli 和 Saunder（1985）以浮游有孔虫事件为依据，在新生代建立了46个浮游有孔虫数字带（P，P1-22，N1-23），成为全球新生代地层划分和对比的标准（表1）。

从20世纪50年代开始，国内外学者致力于探索浮游有孔虫含量与古水深的关系（Smith，1955；Zwaan et al.，1990；李学杰等，1994）。有孔虫垂直分布的规律性和氧同位素的资料对于推断古水深有重要价值。生活在海洋中的有孔虫受很多因素的影响，不同种类的浮游有孔虫生活在海水表层透光带的不同深处，各有自己适宜的生态环境，因而可以指示一定的水深范围。郝诒纯、董军社（1996）根据单种浮游有孔虫的氧稳定同位素资料，探讨了浮游有孔虫的深度分层，并划分出浅层（0-50m）、中层（50-100m）和深层水（>100m）浮游有孔虫的类群。例如：*Globoquadrina venezuelana* 被解释为生活在深层水的类群，与之共生的有 *Catapsydrax spp.* 和 *Globoquadrina tripartite* 等。*Globoquadrina dehiscens* 在低纬度区可以指示中层水，而在高纬度区却是浅层水的指示者。*Globigerinoides sacculifer* 是现存的浮游有孔虫，已知生活在浅层水环境中，是浅层水的指示者。

表 1　国际浮游有孔虫化石带对比表

时代		Bolli and Saunder (1985)			Blow(1979)		
全新世		*Gr.truncatulinoides*	*Gr. fimbriata*	← F *Gr. fimbriata*	N23		
更新世	上期		*Gg. bermudezi*	← L *Gr. tumida flexuosa*	N23		
更新世	中期		*Gg. calida calida*	← F *Gg. calida calida*			← F *Gg. calida calida* L *Se. dehiscens dehiscens*(0.7Ma)
更新世	卡拉布里雅期		*Gr. crassdforms hessi*	← F *Gr. crassdforms hessi*	N22		
更新世	卡拉布里雅期		*Gr. crassdforms viola*	← F *Gr. truncatulinoides truncatulinoides* (1.9Ma)	N22		← F *Gr. truncatulinoides truncatulinoides*(1.8–2.0Ma)
更新世	杰拉期		*Gr.tosaensis tosaensis*	← L *Gr. miocenica*(2.4Ma)	N21		
上新世	皮亚琴察期	*Gr.miocenca*	*Gr.exilis*	← L *Gr. trilobus fistulosus*	N21		← F *Gr. tosaensis tenultheca*(3.0–4.5Ma)
上新世	皮亚琴察期	*Gr.miocenca*	*Gr.trilobus fistulosus*	← L *Gr. margaritae evoluta*(3.2Ma)	N20		← F *Gr. acostaensis pseudopima*(3.2–3.4Ma)t
上新世	赞克勒期	*Gr.margaritae*	*Gr.margaritae evoluta*	← F *Gr. margaritae evoluta*	N19		← F *Se. dehiscens dehiscens*(4.5–5.1Ma)
中新世	墨西拿期	*Gr.margaritae*	*Gr.margaritae margaritae*	← F *Gr. margaritae margaritae*(5.1Ma)	N18		← F *Gr. tumida tumida*(5.0–5.4Ma)
中新世	墨西拿期		*Gr.humerosa*		N17	b	← F *Pu. primalis*(6.2Ma)
中新世	墨西拿期		*Gr.humerosa*	← F *Gr. humerosa*	N17	a	← F *Gr. tumida plesiotumida*(6.5–8.2Ma)
中新世	托尔托纳期		*Gr.acostaensis*	← F *Gr. acostaensis*(11.3Ma)	N16		← F *Gr. acostaensis*(9.1–11.2Ma)
中新世	托尔托纳期		*Gr.menardii*	← L *Gr. mayeri*	N15		← L *Gr. siakensis*(10.4–12.0Ma)
中新世	托尔托纳期		*Gr.mayeri*	← L *Gs. ruber*	N14		← F *Gr. nepenthes*(11.3–13.5Ma)
中新世	赛拉瓦莱期		*Gs.ruber*	← L *Gr. fohsi robusta*	N13		← F *Gr. subdehiscens subdehiscens*(12.0–13.3Ma)
中新世	赛拉瓦莱期		*Gr.fohsi robusta*	← F *Gr. fohsi robusta*	N12		← F *Gr. fohsi*(12.7–15.5Ma)
中新世	兰盖期		*Gr.fohsi robata*	← F *Gr. fohsi robusta*	N11		← F *Gr. praefohsi*(13.2–14.7Ma)
中新世	兰盖期		*Gr.fohsi fohsi*	← F *Gr. fohsi fohsi*	N10		← F *Gr. peripherocuts*(14.0–15.6Ma)
中新世	兰盖期		*Gr.fohsi peripheroronda*	← L *Gt. insueta*	N9		← F *Gr. suturalis*(15.0–16.0Ma)
中新世	兰盖期		*Pr.glomerosa*	← F *Pr. glomerosa*	N8		← F *Gr. sicanus*(15.6–17.2Ma)
中新世	波尔多期		*Gt.insueta*	← L *Cs. dissimilis*	N7		← L *Cs. dissimilis* (17.0–18.5Ma)
中新世	波尔多期		*Cs.stainforthi*	← F *Gt. insueta*	N6		← F *Gt. insueta*(16.0–20.0Ma)
中新世	波尔多期		*Cs.dissimilis*	← L *Gr. kugleri*	N5		← L *Gr. kugleri*(20.0–22.5Ma)
中新世	阿基坦期		*Cs.primordius*		N4	b	← F *Gq. dehiscens*(22.2Ma)
中新世	阿基坦期		*Cs.primordius*	← F *Cs. primordius*(24.6Ma)	N4	a	← F *Gs. primordius* (22.5–25.1Ma)

F=首现面
L=末现面
Cs.=*Catapsydrax*
Gg.=*Globigerina*
Gq.=*Globoquadrina*
Gr.=*Globoratalia*
Gs.=*Globigerinoides*
Gt.=*Globigerinatella*
Pr.=*Praeorbulina*
Pu.=*Pulleniatina*
Se.=*Sphaeroidinella*

论文选取了中新世36属浮游有孔虫扫描电镜图像3600张，涵盖典型有孔虫种类95种，占比54%，满足地质分析需求。对3600张图像随机选取30%作为验证集，经过模型鉴定和专家鉴定对比，计算机自动鉴定准确率为83%。经鉴定，36属浮游有孔虫生长于正常盐度水体，有孔虫生长于开放大洋至混合层水体环境，多见于低纬度热带至温带地区；其中，抱球虫（*Globigerina* d'Orbigny，1826）、西帕罗虫（*Ciperoella* Olsson and Hemleben，2018）、螺论虫（*Turborotalita* Blow and Banner，1962）等10个属的有孔虫全球海水中均有分布。综上所述，有孔虫在生物地层划分和古环境研究中具有十分重要的作用，研究的前提是进行有孔虫化石种类的鉴定和统计，开展人工智能有孔虫化石图像识别，为深入开展有孔虫生物地层和沉积环境研究奠定了基础。

生物是全球碳循环的重要中转站，浮游有孔虫能反映表、中层水生态环境；有孔虫壳体的化学成分可作为海水温度的替代指标，可用于恢复古气候和海平面变化曲线（常吟善等，2019）；按照有孔虫喜氧与厌氧程度能反映沉积物沉积时期的保存条件，从而关联其与油气生成、油气聚集之间的关系。

6　结论

（1）基于专家知识的卷积神经网络算法能有效识别中新世浮游有孔虫类别。

（2）采用分视角，两级分段式鉴定算法能将中新世浮游有孔虫属一级鉴定准确率提高到83%。

（3）计算机批量自动鉴定的有孔虫属种类别可用于化石组合，满足油气勘探阶段对沉积古环境的分析需求。

参考文献

[1] 常吟善，赵洪，覃军，等．古近纪气候变化在东海盆地内的化石记录[J]．沉积学报，2019，37(2)：99-108.

[2] 陈英义，龚川洋，刘烨琦，等．基于FTVGG16卷积神经网络的鱼类识别方法[J]．农业机械学报，2019，50(5)：230-238.

[3] 方培岳，HelmutW，AtsushiM，等．有孔虫——大海里的"小巨人"[J]．自然杂志 2015，37(2)：103-107.

[4] 冯瑞华，樊蕙，李力，等．Biolog细菌自动鉴定系统应用初探[J]．微生物学杂志，2000，20(2)：36-38

[5] 郝诒纯，裘松余，林甲兴，等．有孔虫[M]．北京：科学出版社．1980：1-207

[6] 郝诒纯，万世基，雷新华．微体古生物微型计算机辅助研究系统[J]．现代地质，1989，3(4)：369-376.

[7] 郝诒纯，董军社．珠江口盆地晚第三纪浮游有孔虫深度分层．见：郝诒纯，徐钰林，许仕策等，南海珠江口盆地第三纪微体古生物及古海洋学研究[M]．武汉：中国地质大学出版社．1996：108-113

[8] 李学杰，陈芳，陈超云，等．南海西部浮游有孔虫含量与水深关系定量研究[J]．古地理学报，2004，6(4)：442-446

[9] 苏翔，刘传联．颗石藻自动鉴定系统及其古海洋学应用——以南海MD05-2901柱状样研究为例[J]．微体古生物学报，2008，25(4)：385-392.

[10] 沙金庚．国家基础科学人才培养基金对古生物学人才培养的促进作用[J]．中国科学基金，2006，20(6)：342-344.

[11] 夏菁，白志强，王宝鹏，等．化石自动鉴定技术研究现状与展望[J]．地球科学进展，2013，3(3)：159-164.

[12] 徐涵秋，郭雯．古生物化石微机鉴定的新进展[J]．地质论评，1990，36(4)：84-89.

[13] 殷鸿福．古生物学向何处去[J]．中国地质教育，1994，(3)：50-51.

[14] 岳翔，呼和，贾建忠．一种基于深度学习的有孔虫化石识别方法[J]．电脑知识与技术，2019，15(27)：173+178

[15] 张松林，严幼因．床板珊瑚形珊瑚自动鉴定方法．古生物学报，1995，34(1)：119-127.

[16] 周飞燕，金林鹏，董军．卷积神经网络研究综述[J]．计算机学报，2017，40(6)：1229-1239.

[17] Beaufort L，Dollfus D. Automatic recognition of coccoliths by dynamical neural networks[J]. Marine Micropaleontology，2004，51：57-73

[18] Beaufort L，Barbarin N，Gally Y. Optical measurements to determine the thickness of calcite crystals and the mass of thin carbonate particles such as coccoliths [J]. Nature protocols，2014，9(3)：633-642

[19] Blow W H. The Cainozoic Globigerinida[M]. Leiden：Brill，E. J. 1979：1-1413

[20] Bolli H M，Saunders J B. Oligocene to Holocene lower latitude planktonic foraminifera// Bolli H M，Saunders J B，and PerchNielsen K. eds.，Plankton Stratigraphy

[M]. Cambridge: Cambridge University Press, 1985: 155-262

[21] Dollfus D, Beaufort L. Fat neural network for recognition of position-normalized objects[J]. Neural networks, 1999, 12: 553-560

[22] Gu J, Wang Z, Kuen J, et al. Recent Advances in Convolutional Neural Networks[J]. Computer Science, 2015: 1-14.

[23] Liu S, Thonnat M, Berthod M. Automatic classification of planktonic foraminifera by a knowledge-based system[C]. Conference on Artificial Intelligence for Applications. IEEE, 1994: 358-364.

[24] Loeblich A R, Tappan H. Foraminiferal genera and their classification[M]. New York: Van Nostrand Reinhold. 1988: 1-970

[25] Ranaweera K, Harrison A P, Bains S, et al. Feasibility of computer-aided identification of foraminiferal tests[J]. Marine Micropaleontology, 2009, 72(1-2): 66-75.

[26] Smith F D. Planktonic foraminifera as indicators of depositional environment[J]. Micropaleontology, 1995, 1(2): 147-151

[27] Zwaan G J, Jorissen F J, Stigter H C. The depth dependency of planktonic/benthic foraminiferal ratios: constraints and applications [J]. Marine Geology, 1990, 95(1): 1-16

基于产量预测异常值处理的几种方法研究

林　霞　姚　强　刘宗尚　王洪亮

（中国石油勘探开发研究院）

摘　要　为了找出大庆油田长垣水驱北二东、北三西、喇北块三个区块的老井高含水样本模型精度偏低的原因，尝试在数据预处理的过程中，加入日产油量异常数据的处理。利用专家方法、箱型图法以及中值滤波法分别对老井高含水样本的日产油量做了异常值的过滤，并利用均值平滑方法对日产油数据进行处理。然后对处理过的数据做了皮尔逊相关性分析，提炼出与日产油相关性最强的十个特征，最后用 LSTM 长短记忆神经网络对样本进行训练，得出了几套模型。最后用一口井验证各个模型的优劣。对比发现，三种方法对老井高含水模型的精度都有不同程度的提升，但箱型图、专家方法、中值滤波(邻域 3)的模型虽然精度提高了，但模型泛化能力低，存在过拟合。使用中值滤波(邻域 1)结合专家方法，使模型精度提升 6%，同时在业务上更具有说服力。在实际应用中，预测效果与真实值的拟合效果很好，均方根误差最低。

关键词　中值滤波；箱型图；油藏工程；产量预测；皮尔逊相关系数；长短记忆神经网络

大庆油田 1959 年发现，1960 年投入开发，是我国最大的油田，也是世界上为数不多的特大型陆相砂岩油田之一。油田位于黑龙江省中西部，松嫩平原北部，由萨尔图、喇嘛甸等油气田组成。大庆油田长垣水驱自 2004 年进入特高含水期以来，水驱曲线出现上翘，而且措施规模等影响也不断加大，原有的水驱特征曲线预测方法要么无法应用，要么预测精度大幅降低，无法满足油田生产需求，而且常规的油藏工程方法考虑的影响因素少，油藏数值模拟等方法的时效性不强，因此需要一种能够提高工作效率、提高预测精度的指标预测方法，为油田开发指标预测提供一套切实可行的方法。

本课题综合考虑油田重点区块开发规律及单井静态地质数据、生产数据、注水数据、作业数据等历史数据，基于机器学习神经网络算法，运用大数据分析方法，建立不同含水阶段的产量预测模型，大幅提升产量指标预测准确率，大幅度提高指标预测工作效率，支撑油田科学配产和生产管理。

本文是基于老井高含水模型调优过程中总结出来的一些经验。在课题研究过程中，研究人员发现利用老井高含水样本建模，模型平均精度始终保持在 82%左右，为了找到影响模型精度偏低的原因，提高精度达到预期目标，开发人员尝试从原始数据质量、数据预处理、样本优化、特征构建、模型超参等方面做了大量尝试工作。本文从原数据入手，用不同的方法寻找、处理数据中存在的异常值，并对确定的异常值做了均值平滑处理。然后分别对不同方案处理的数据样本用 LSTM 长短记忆神经网络对样本进行了训练，得出了几套不同的模型，并用一口井验证了每个模型的预测能力。对比发现，用中值滤波结合专家方法的方案使模型精度提高到了 88%，而且模型泛化能力很好，与真实值之间的误差相对最低，在业务上更被专家认可，最后成功应用到单井产量递减预测场景之中。

1　数据情况介绍

1.1　数据选取

经过多年的开发，大庆油田已经进入高含水后期开发阶段，剩余油的分布成为了主要的研究对象[1]。大庆油田是本课题的合作单位之一，本文选取的数据是大庆油田长垣水驱砂岩的三个重点试点区块数据，包括北二东[2]、北三西以及喇北块[3]共计 1770 口油井，共七类数据：区块基础数据、单井基础数据、油藏基础数据、单井储层数据、单井月度生产数据、单井月度注水数据以及单井井史数据。其中单井月度数据量达到 60 余万条。通过数据预处理程序，开发人员把七类数据按照表间关系，合并成了一张大表，方便业务人员标定样本数据。

1.2　样本选取

综合考虑单井地质数据、生产动态、措施数

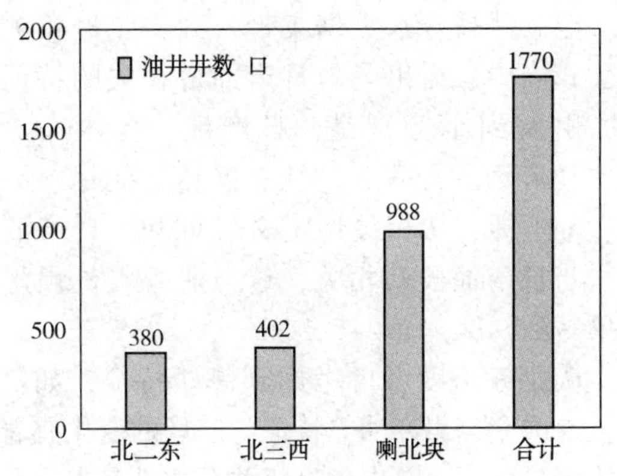

图 1　重点区块井数统计表

据等相关数据，梳理参与分析的数据项。收集影响产量递减与含水上升的重要特征，地质因素特征包括：孔隙度、渗透率、油藏深度、砂体厚度、有效厚度、含油饱和度等，生产因素包括：月产液、月产油、月产水、含水率等，措施因素包括：补孔、压裂、酸化等。合并后的大表数据集，业务专家通过样本标定工具，在 1770 油井中，寻找每口井从投产时间到现在的整个生产周期内，符合含水变化规律的时间段数据，并把这些符合条件的数据标定为老井高含水。可以看做把 60 余万条数据横向切割，把符合条件的井选出其中一段，然后按井号、时间罗列到一起。纵向特征选取合并大表后的全部特征。

在 1770 口油井中，经历了高含水阶段的井有 1626 井次，样本标定工具优选出的样本数是 872 井次，共计 727 口井，37592 条记录，数据量支持分含水阶段进行建模。

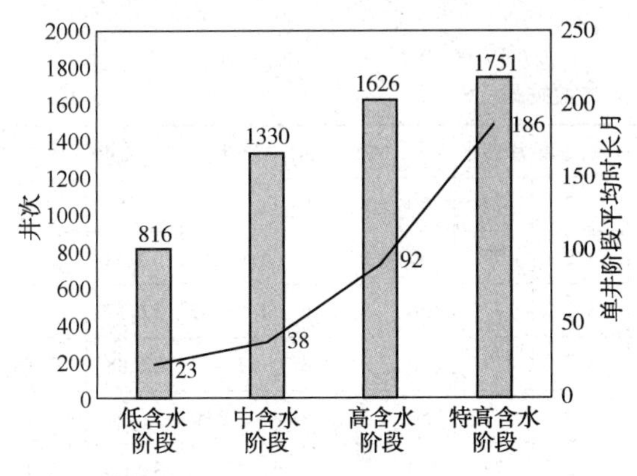

图 2　按含水阶段统样本数量

1.3　数据分析

这一步其实是为了进行异常值处理和缺失值替换。拿到大庆的数据后发现了很多异常、不合理的地方，为了更好的应用和提高预测的精度大体定了这样的规则。

对数据进行预处理包括：缺失值处理、数据切割、相关性分析、数据平滑处理、数据归一化等预处理步骤。以单井月度生产数据表为主表，按照业务规则将单井储层数据表、井史表等进行清洗合并，形成最终数据大表。最初收集到的数据中，产油量、动液面、含水率等数据项存在缺失记录，其中老井

高含水样本中，产量缺失 76 条，含水率缺失 76 条，通过相邻月份数据，取相邻月份数据的平均数插值到缺失记录中。动液面缺失 123 条，通过同井相邻记录插值到缺失记录中。

油压、静压、流压，动液面异常数据处理原则：合理范围内，范围表见表 1。

表 1　部分特征的取值范围表

特征	合理范围
油嘴	2-24
泵径	32-95
泵深	500-1300m
冲程	0.5-10m
冲次	0.5-20

超出范围的需按异常数据处理，可以用本井相邻数据补充或者出现次数最多的数据补充。一些主要特征的处理方法，自喷井：后面只能跟油嘴，去掉泵径、泵深、冲程、冲次、动液面数据。电泵、螺杆泵：如果同时有油嘴、冲程，冲次，去掉油嘴数据；无冲程，冲次，有油嘴数据，则保留油嘴数据。抽油机：如果同时有油嘴、冲程，冲次，去掉油嘴数据；无冲程，冲次，有油嘴数据，则保留油嘴数据。补充泵径，冲程，冲次。提捞井：用有冲程冲次泵径数据的。压力数据：静压大于 1.5 * 原始地层压力的，去掉静压。静压>流压+4，静压<5，去掉流压应小于原始地层压力，流压大于 1MPa。如果是大段无压力数据或者是一口井一直无压力数据，借用其余同一时间有数据井压力的平均值。动液面：动液面>20m 或者动液面<油藏中深，超过这个的当异常值处理，可用相邻动液面数据代替。如果是大段无动液面或者是一口井一直无动液面，借用其余同一时间有数据井动液面的平均值。

1.4　特征选取

从收集到特征数据上来看，共计包含地质数

据、生产动态数据、措施数据等50余个特征项，需要在众多特征项中，找到与产量最相关的几个特征。以各类型样本数据为基础，分别进行相关性分析，并结合专家经验进行建模参数的优化，为建模提供最优的参数。

本文选用的是利用皮尔逊相关系数[4-5]，是衡量向量相似度的一种方法。输出范围为-1到+1，0代表无相关性，负值为负相关，正值为正相关。计算每个特征与日产油的相关性。两个变量之间的皮尔逊相关系数定义为两个变量之间的协方差和标准差的商：

$$\rho_{X,Y}=\frac{cov(X,\ Y)}{\sigma_X\sigma_Y}=\frac{E[(X-\mu_X)(Y-\mu_Y)]}{\sigma_X\sigma_Y}$$

上式定义了总体相关系数，常用希腊小写字母作为代表符号。估算样本的协方差和标准差，可得到皮尔逊相关系数，常用英文小写字母代表：

$$r=\frac{\sum_{i=1}^{n}(X_i-\overline{X})(Y_i-\overline{Y})}{\sqrt{\sum_{i=1}^{n}(X_i-\overline{X})^2}\sqrt{\sum_{i=1}^{n}(Y_i-\overline{Y})^2}}$$

亦可由样本点的标准分数均值估计，得到与上式等价的表达式：

$$r=\frac{1}{n-1}\sum_{i=1}^{n}\left(\frac{X_i-\overline{X}}{\sigma_X}\right)\left(\frac{Y_i-\overline{Y}}{\sigma_Y}\right)$$

其中$\frac{X_i-\overline{X}}{\sigma_X}$、$\overline{X}$及$\sigma_x$分别是对$X_i$样本的标准分数、样本平均值和样本标准差。

把老井高含水数据集带入到皮尔逊相关系数公式当中，得出了与日产油最相关的特征排名，由大到小分别是：日产液、含水率、油嘴、动液面、冲程、冲次、静压、流压、Y坐标、X坐标，从相关性定义表可知，日产液和含水与日产油极其相关，这与业务人员预想的结果一致。

从业务角度考虑考虑到一些特征，如：井距、渗透率、累产油等特征与产量的变化有着极强的相关性，而在皮尔逊相关系数排名中，并没有列出这些特征，因此，结合专家经验，需要把这些实际与产量相关的特征加入到训练模型的样本集中。再次利用皮尔逊相关系数计算特征与日产油田的相关性，得出最终的到参与老井高含水建模的全部特征。

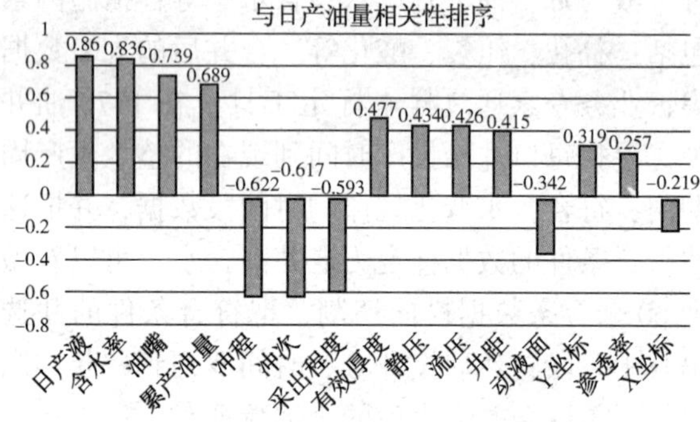

图3 井1特征与产量相关性排名

由此得出了最终通过数据预处理、样本选取、特征选取后完整的数据样本集数据，以井1为例：

表2 经过处理后的样本数据表

井号	时间	X坐标	Y坐标	油嘴	日产液	含水率	动液面	静压	流压	有效厚度	渗透率	井距	冲程	冲次	累产油	采出程度	日产油
井1	199504	23404274	6922021	0	8.43	63.7	818	7.79	2.2	3.2	77	250	3	6	1.07105	32.58	2.69
	199505	23404274	6922021	0	8.23	70.72	780	7.79	2.4	3.2	77	250	3	6	1.07853	32.68	2.62
	199506	23404274	6922021	0	10.52	71.77	736	7.79	2.6	3.2	77	250	3	6	1.08745	32.77	2.81
	199507	23404274	6922021	0	21.8	74.17	773	7.79	2.5	3.2	77	250	3	6	1.10491	32.88	2.55
	199508	23404274	6922021	0	23.22	74.72	732	7.79	2.7	3.2	77	250	3	6	1.1231	32.98	2.5
	199509	23404274	6922021	0	21.56	74.4	672	7.79	3	3.2	77	250	3	6	1.13967	33.08	2.45
	199510	23404274	6922021	0	21.4	73.64	807	7.79	2.2	3.2	77	250	3	6	1.15714	33.18	3.41
	199511	23404274	6922021	0	20.28	74.85	755	7.79	2.4	3.2	77	250	3	6	1.17245	33.27	2.87
	199512	23404274	6922021	0	19.49	74.65	809	7.79	2.3	3.2	77	250	3	6	1.18776	33.38	2.15
	199601	23404274	6922021	0	17.88	73.43	779	7.79	2.4	3.2	77	250	3	6	1.20249	33.47	2.55
	199602	23404274	6922021	0	17.37	75.76	792	7.79	2.3	3.2	77	250	3	6	1.2147	33.55	2.47

续表

井号	时间	X 坐标	Y 坐标	油嘴	日产液	含水率	动液面	静压	流压	有效厚度	渗透率	井距	冲程	冲次	累产油	采出程度	日产油
井 1	199603	23404274	6922021	0	19.38	75.44	811	7.79	2.3	3.2	77	250	3	6	1.22946	33.64	1.36
	199604	23404274	6922021	0	20.12	75.55	772	7.79	2.6	3.2	77	250	3	6	1.24423	33.73	1.91
	199605	23404274	6922021	0	20.67	74.36	772	7.79	2.6	3.2	77	250	3	6	1.26065	33.82	0.89
	199606	23404274	6922021	0	20.85	73.62	772	7.79	2.6	3.2	77	250	3	6	1.27715	33.91	1.76
	199607	23404274	6922021	0	20.14	73.98	799	7.79	2.3	3.2	77	250	3	6	1.29338	34.00	2.99
	199608	23404274	6922021	0	20.57	73.6	778	7.79	2.3	3.2	77	250	3	6	1.31021	34.09	2.79
	199609	23404274	6922021	0	21.41	76.46	816	7.79	2.4	3.2	77	250	3	6	1.32533	34.18	7.49
	199610	23404274	6922021	0	21.64	79.02	796	7.79	2.2	3.2	77	250	3	6	1.3394	34.27	2.35
	199611	23404274	6922021	0	22.33	78.59	698	7.79	2.4	3.2	77	250	3	6	1.35375	34.35	3.73

2　三种异常值处理方法对比

利用处理好的数据与特征建模，经过对比，算法选用 LSTM 长短记忆神经网络。但模型精度只有 82%左右，检查发现，样本数据中日产油存在异常波动，以井 1 日产油量为例，在这口井标定的周期中，可以看到，1999 年 2 月日产油升高很大，说明这几个月的数据可能为异常。

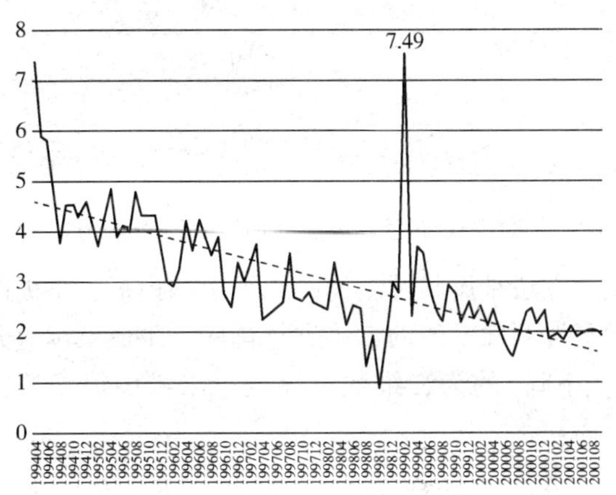

图 4　井 1 生产周期内日产油曲线

2.1　专家方法

专家方法通常是结合业务专家经验，总结出的一套通用的处理异常值的方法。此方法除了要观察日产油的波动外，还要观察与日产油极其相关的某些特征的变化。日产量取同口井两个月中间的一条，如果跟上下月相比升高了或者降低了 20%以上，说明这个日产油可能是异常值，此时观察同条数据的含水变化、动液面变化、压差(静压减流压)变化以及是否上了措施；如井 1 日产量上升 20%以上，但含水率下降 5%以内、动液面上升 5%以内、压差上升 5%以内，同时没上任何增产措施，说明产量变化没受这几项的影响，那么就可以判断出此条产量为异常值。如果产量上升 20%以上，而含水率下降 5%以上，或者动液面上升 5%以上，或者压差上升 5%以上，或者上了某种增产措施，说明产量突然上升可能是因为含水、动液面、压差、措施引起的，这样的产量波动就不算是异常。

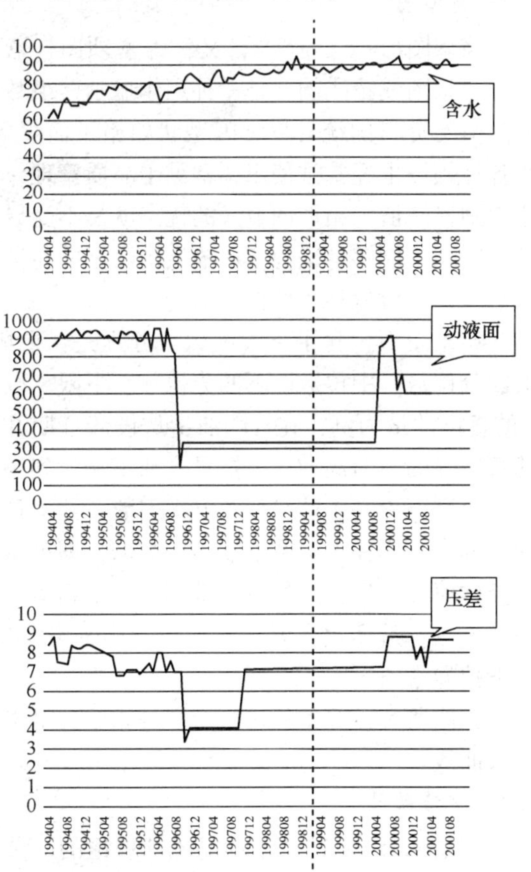

图 5　井 1 生产周期含水、动液面、压差曲线

同样，以井 1 为例，通过观察井 1 的生产周期中产量异常的月份对应的含水率、动液面、压

差、以及是否上了措施。

对比发现井1的含水率、动液面、压差的波动都不超过5%，查看该异常年月的措施情况，发现该月未上任何措施，而产油量却突然上升，由此判断该产油量为异常。通过平滑处理后，把对应异常点进行过滤平滑处理，处理后的数据如图中蓝色曲线所示。

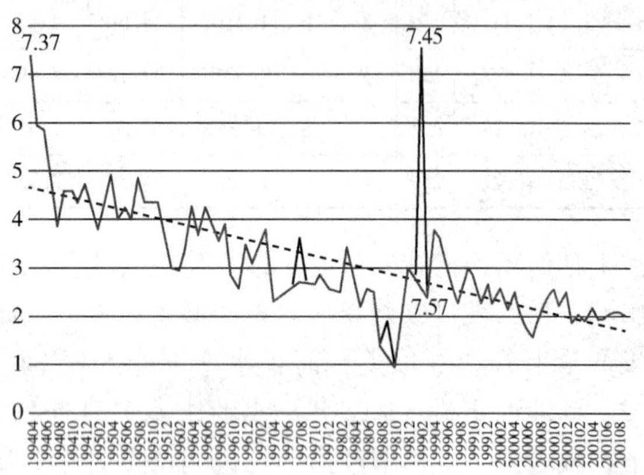

图6　经过专家方法处理后的日产量曲线

2.2　箱型图

箱型图(Box plot)[6]，又称为盒须图、盒式图、盒状图或箱线图，是一种用作显示一组数据分散情况资料的统计图。因型状如箱子而得名。在各种领域也经常被使用，常见于品质管理，快速识别异常值。箱形图最大的优点就是不受异常值的影响，能够准确稳定地描绘出数据的离散分布情况，同时也利于数据的清洗。

箱型图中包含了五大因数，分别是：上限、上四分位数、中位数、下四分位数、下限。以井1的日产油量为例，在日产油量从投产日期开始的整个井的生命周期内，把日产油量从大到小排序，分别算出井1的箱型图五大因数。井1日产油序列中，不在上限和下限内的数据，即可认为是异常值。之后，把每口井都创建一个箱体，以同样方法，过滤出异常值，最后利用平滑手段，平滑掉异常值。

如图所示，井1经过箱型图过滤后，得出的平滑曲线：

2.3　中值滤波

中值滤波[7-8]是基于排序统计理论的一种能有效抑制噪声的非线性信号处理技术，中值滤波的基本原理是把数字图像或数字序列中一点的值用该点的一个邻域中各点值的中值代替，让周围的像素值接近的真实值，从而消除孤立的噪声

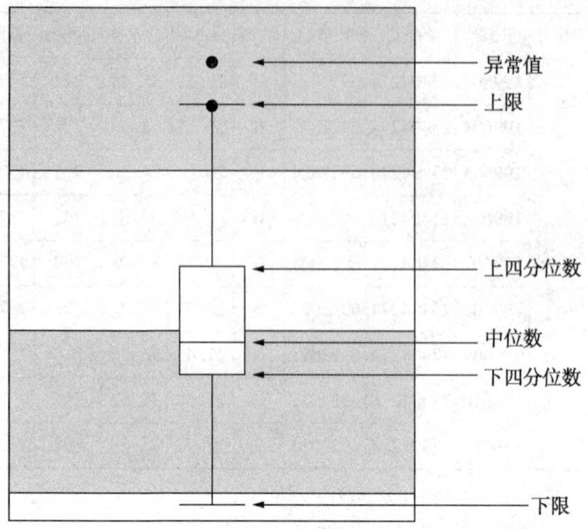

图7　箱型图五大因数图

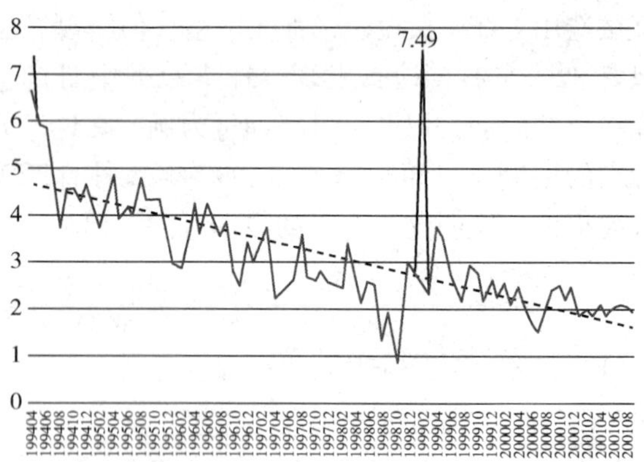

图8　经过箱型图方法处理后的日产量曲线

点。方法是用某种结构的二维滑动模板，将板内像素按照像素值的大小进行排序，生成单调上升(或下降)的为二维数据序列。二维中值滤波输出为：

$$g(X,\ Y)=med\{f(x-k,\ y-l),\ (k,\ l\in W)\}$$

其中，f(x，y)，g(x，y)分别为原始图像和处理后图像。W为二维模板，通常为2＊2，3＊3区域，也可以是不同的的形状，如线状，圆形，十字形，圆环形等。

中值滤波同样可以用于数据的过滤。以井1的产量序列为例，对于井1的产量可以看做一组数字序列，用的方法是，对于每个数据，用它周围邻域一定数量的数据的中值替代。如果设置邻域的数量为7。那么对于第一个数据10来说，这个邻域数列就是10左边的3个数字和10后边的3个数字，再加上本身，就是7个数字。因为10是第1个数字，左边3个就要从数组的最后3

个去获取。在实际的操作过程中，选用的是邻域为 3 和邻域为 1 做了实验。

从图中可以看出，当邻域为 1 时，前三个月的产量分别为 1.91、0.89、1.76，当窗口移动这三个数时，可以算出中值为 1.76，然后把 1.76 替换掉 0.89，然后窗口往下移动一个位置，以此类推，就可以把整列数据进行中值滤波，最后把每一口井都按此方法滤波。

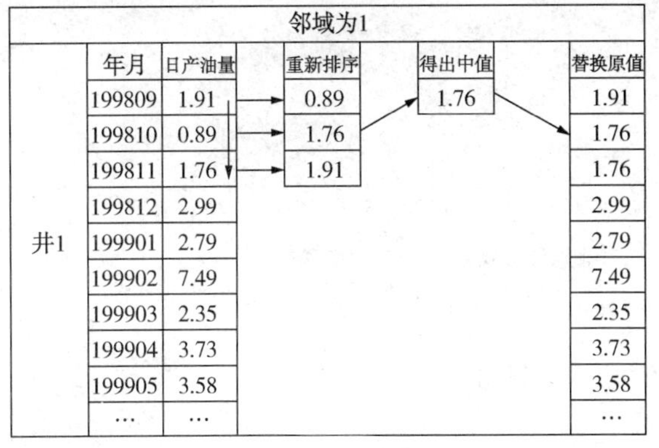

图 9　中值滤波处理数据过程

井 1 经过邻域为 3 的中值滤波后的曲线：

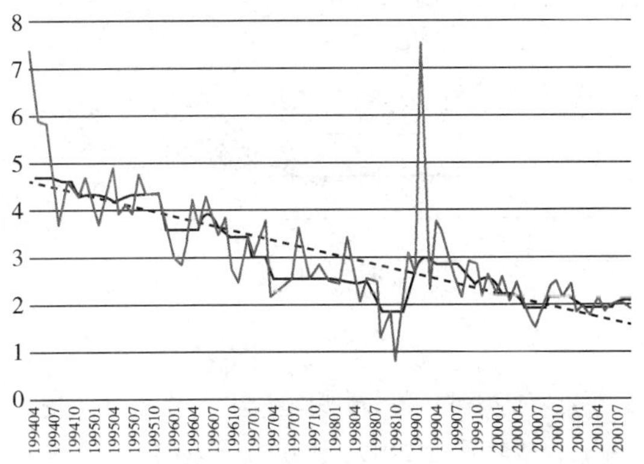

图 10　中值滤波邻域 3 处理后的日产量曲线

从上图可以看出，邻域为 3 的中值滤波把原曲线波形几乎拉直了，失去原有形态，通过此数据建模后，模型的精度最高，但实际预测能力非常差，泛化能力很低。

为了找到最佳的邻域值，经过多次试验，最终确定了邻域为 1 为最佳，模型精度与模型泛化能力都很好。但是这样的模型缺乏业务支撑，没有说服力，因此选择邻域为 1 结合专家方法，共同完成数据的过滤。具体方法为先利用专家方法，把产量进行过滤，如果是正常的波动，则用中值滤波时，不处理这些值，否则按移动窗口逐个过滤。

邻域为 1 结合专家方法时的曲线：

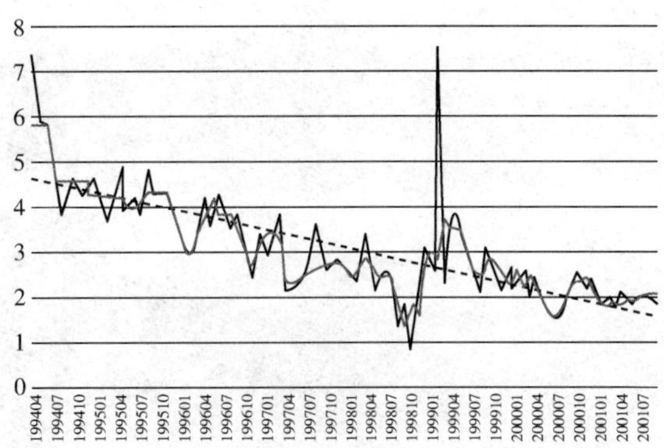

图 11　中值滤波邻域 1+专家方法处理后的日产量曲线

2.4　对比结果

利用 LSTM 长短记忆神经网络[9]对处理后的老井高含水样本数据建模，模型精度与评价指标如下：

表 3　几种方法模型精度对比

方案	MAE	R^2	RMSE	准确率
未处理异常前	2.867	0.945	5.382	81.79%
箱型图	2.822	0.946	5.291	83.62%
专家方法	2.909	0.943	5.449	83.22%
中值滤波(邻域 3)	1.091	0.986	2.605	94.47%
中值滤波(邻域 1)+专家方法	1.768	0.976	3.516	88.6%

井 1 的平滑前样本数据建模，真实值与预测值对比：

2.5　应用效果

分别利用平滑前模型、专家方法模型、箱型图模型、中值滤波邻域 3 和中值滤波邻域 1 结合专家方法的五套模型，预测井 2 未来 12 个月的日产油量。如图可以看出，中值滤波邻域 1 结合专家方法的预测值与真实值相对误差最低，说明模型泛化能力很好。应用效果如下：

3　结论

1. 几种数据预处理的方法都不同程度的提高了模型的精度，但滤波邻值为 3 时、箱型图、专家方法使模型的泛化能力不好，中值滤波邻值为 1 结合专家方法时，模型精度和模型泛化能力都得到了提高。

2. 从拟合的结果来看，拟合曲线与真实曲线存在数据滞后，下一步准备利用卡尔曼滤波器[10]解决数据滞后的问题。

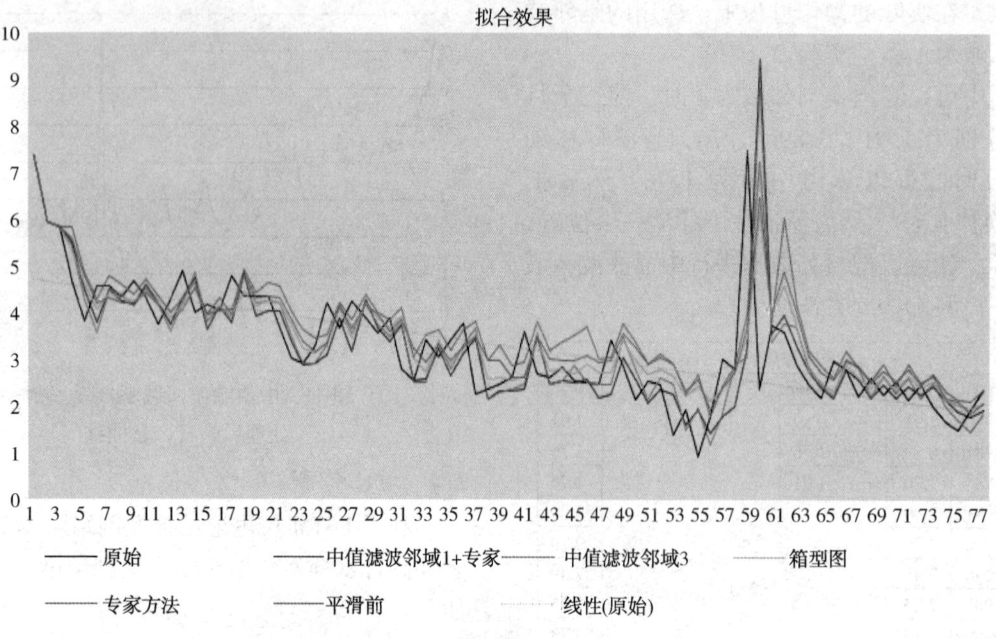

图 12　几种模型预测值与真实值对比

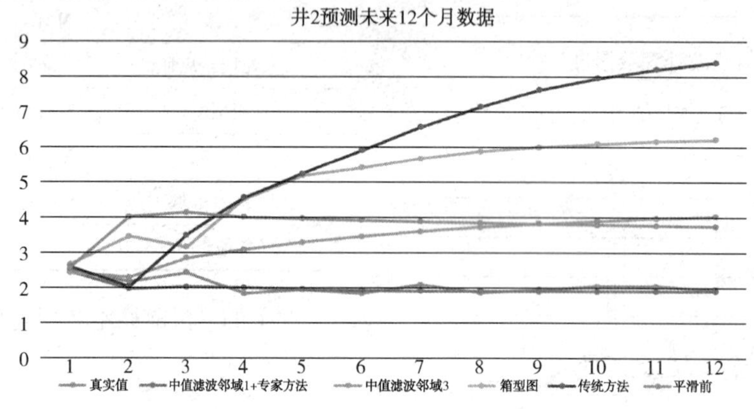

图 13　几种模型预测井 2 效果对比

参 考 文 献

[1] 王凤兰，沙宗伦，罗庆，赵云飞，张继风．大庆油田特高含水期开发技术的进步与展望[J]．大庆石油地质与开发，2019，38(05)：51-58.

[2] 韩小龙．大庆油田北二东东部井震结合储层预测[D]．东北石油大学，2015.

[3] 张继成，梁文福，赵玲，宋考平，甘晓飞．喇嘛甸油田特高含水期开发形势分析[J]．大庆石油学院学报，2005(03)：23-25+121.

[4] 林霞，刘宗尚，高宇，武博宇．基于机器学习的产油量主控因素分析[J]．信息系统工程，2019(12)：94-97+99.

[5] 林霞，武博宇，王洪亮，刘宗尚．基于机器学习的油田产量预测的方法比较[J]．信息系统工程，2019(08)：120-122.

[6] 查如琴．简谈几种“箱线图绘制”的描述[J]．读与写(教育教学刊)，2012，9(07)：54+63.

[7] 张雪峰，闫慧．基于中值滤波和分数阶滤波的图像去噪与增强算法[J]．东北大学学报(自然科学版)，2020，41(04)：482-487.

[8] 关雪梅．一种基于中值滤波和小波变换的图像去噪处理算法研究[J]．中州大学学报，2020，37(01)：121-124.

[9] 侯春华．基于长短期记忆神经网络的油田新井产油量预测方法[J]．油气地质与采收率，2019，26(03)：105-110.

[10] 谷建伟，隋顾磊，李志涛，刘巍，王依科，张以根，崔文富．基于 ARIMA-Kalman 滤波器数据挖掘模型的油井产量预测[J]．深圳大学学报(理工版)，2018，35(06)：575-581.

工业4.0时代的新一代智能油藏数值模拟技术

赵丽莎[1]　李　华[1]　王宝华[1]　范天一[1]　吴淑红[1]　张晨松[2]

(1. 中国石油勘探开发研究院；2. 中国科学院数学与系统科学研究院)

摘　要　工业4.0时代为油藏数值模拟的发展提供了新的机遇。互联网云技术、大数据分析、人工智能AI等技术的飞速发展也为油田开发和油藏管理的智能化水平的提高带来各种可能。本文深度剖析了中石油新一代油藏数值模拟技术HiSim®在工业4.0时代的特色和发展方向，从深度学习PVT闪蒸计算、智能动态裂缝模拟、自动井网优选与部署、“物理驱动+数据驱动”双驱动油藏模拟的四个角度展开介绍。深度学习PVT闪蒸计算采用人工神经网络算法融合传统闪蒸计算，可有效提高PVT闪蒸计算速度和收敛性，大幅度缩短组分模拟计算时间；动态裂缝智能模拟技术利用智能压力判别算法实现了注水诱导裂缝起裂、延伸、闭合等周期性变化，大幅度提高了低渗透水驱油藏的模拟准确率；自动井网优选与井网部署技术借助油藏模拟可视化环境，采用多参数约束布井一体化平台，有效提高了井网部署的精度和工作效率；采用“物理驱动+数据驱动”双驱动油藏模拟计算，可以进行实时剩余油精细刻画、即时生产动态准确分析和智能油藏管理高效决策。基于中石油勘探开发梦想云统一的数据湖和云平台，新一代智能油藏数值模拟技术实现了地质建模-数值模拟-决策部署业务链的数据互联、技术互通、业务协同与智能化转型。

关键词　工业4.0；油藏数值模拟；深度学习；PVT闪蒸计算；动态裂缝；井网部署

随着我国油田开发不断深入，储层条件日益复杂、剩余油分布更加分散、生产动态频繁多变，对油藏管理在认识精度和决策效率上提出了新要求，传统油藏数值模拟工作周期长，油藏管理决策和响应智能化、精细化程度不够，如何提高油藏数值模拟的精度和运行效率是业界攻关的技术难题。

工业4.0，是以智能制造为主导的第四次工业革命[1-2]。物联网、云计算、大数据、人工智能、数字孪生等技术大放异彩，中国石油也正加紧向智能化、自动化和数字化转型之路迈进。工业4.0时代为油藏数值模拟的发展提供了新的机遇，为油田开发和油藏管理的智能化水平的提高带来各种可能。

本文将从深度学习PVT闪蒸计算、智能动态裂缝模拟技术、自动井网优选与部署技术、“物理驱动+数据驱动”双驱动油藏模拟技术等四个方面重点介绍工业4.0时代的新一代油藏数值模拟技术的发展方向和特色。

1　深度学习PVT闪蒸计算技术

在组分模拟中，传统的相平衡计算都是由求解非线性方程组的迭代格式实现的，这导致大量的模拟时间被消耗，因此迫切需要能够快速并精准地求解这类方程的计算方法，提高运算速度。相平衡计算主要包括相稳定性计算和闪蒸计算两部分，利用机器学习的方法提高相平衡闪蒸计算效率成为人们一个感兴趣的探索方向[3-4]。

机器学习方法的优点是，一旦建立了机器学习模型，稳定性测试问题就变成了一个非迭代问题，从而节省大量的计算成本[5]。基于向量机方法的分类和回归模型分别用于相稳定性测试和闪蒸计算中，其中回归模型能够直接给出组分、压力和温度的平衡系数，这两种模型都是由全自动程序生成的。图1为一个用于回归模型的非迭代“无监督训练”方案，该训练能够自动调整提供适当的约化变量值，从而得到满足等逸度条件的相逸度。“无监督训练”方案能充分利用回归模型的学习能力，得到的显式表达式简单，即使在临界点、稳定性试验极限和超临界区域附近，其运算速度也非常快。

人工神经网络是另一类机器学习的方法，它是由一个输入层、一个输出层和几个隐藏层将输入特征映射到输出结果的网络。图2所示分别为由一个输入层、一个输出层和一个隐藏层构成的人工神经网络相稳定测试ANN-STAB模型和闪蒸计算ANN-SPLIT模型[6]。通过数据训练并与传统计算结果相对比得知，这两个模型的训练结果是可靠的，并且能够显著地减少相平衡计算的时间，加快了组分模拟的速度。

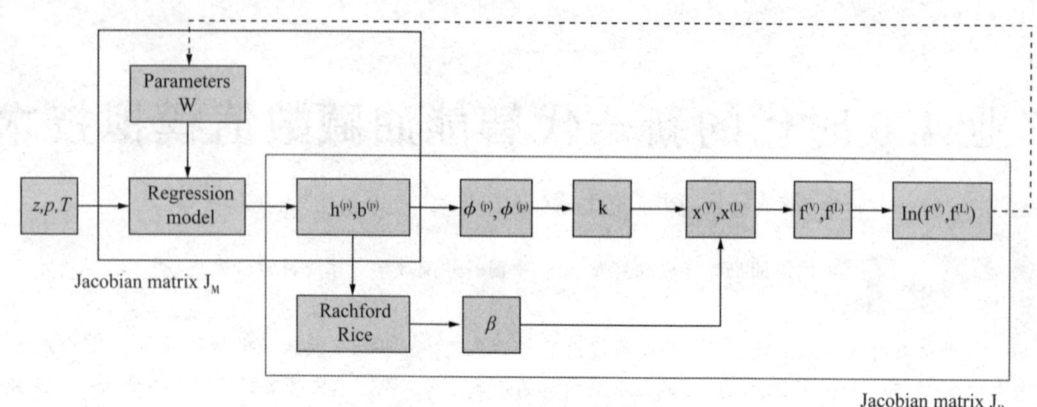

图 1　经典的约化变量“无监督训练”模型[6]流程图[5]

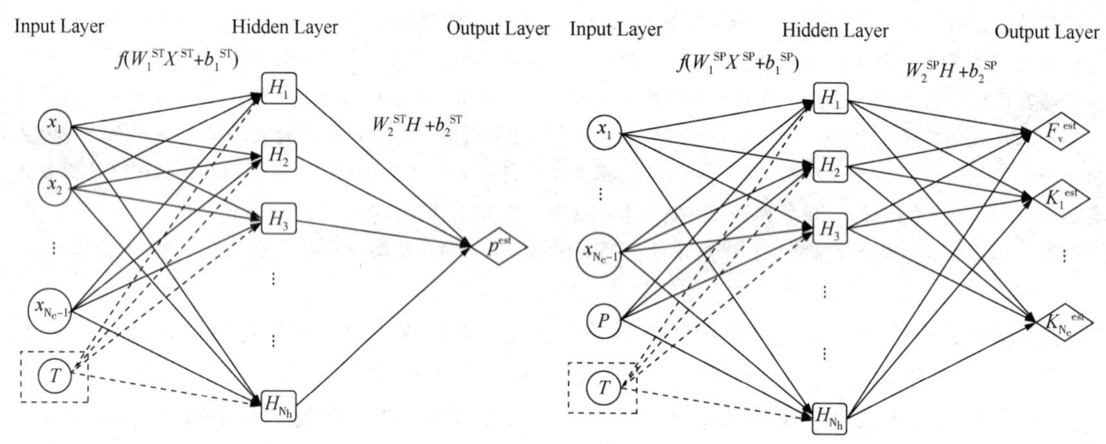

图 2　人工神经网络的 ANN-STAB 模型(左)和 ANN-SPLIT 模型(右)[6]

在机器学习中，训练数据对模型的准确度起到至关重要的作用，因此一定要又快又好地为模型准备具有一定规模的训练数据。

2　智能动态裂缝模拟技术

近年来，在低渗透油藏的开发过程中出现了一种新的地质现象——动态裂缝。在原本不十分发育裂缝的低渗透油藏，由于注水压力过大，导致新的裂缝由注水井周围产生，并不断向采油井方向延伸，严重影响着低渗透油藏的水驱开发[7-9]。动态裂缝与天然裂缝及压裂裂缝等“静态裂缝”不同，其长度及属性随着开发进程产生明显变化，使得利用常规油藏数值模拟技术，即在模拟开始前需给定裂缝长度、宽度、渗透率等参数，无法进行准确模拟。

动态裂缝智能模拟技术利用了智能压力判别算法，在油藏数值模拟过程中实现了对动态裂缝的智能判断、智能计算等功能，可对注水诱导裂缝起裂、延伸、闭合等周期性变化的进行准确模拟。该算法可智能判断注水井周围是否产生裂缝及裂缝产生的时间，并根据当前地层压力、应力、岩性以及流体性质等参数智能计算裂缝延伸的长度、裂缝当前所处的演化进程及裂缝导流能力等相关参数，从而实现了低渗透油藏注水诱导裂缝的准确模拟。

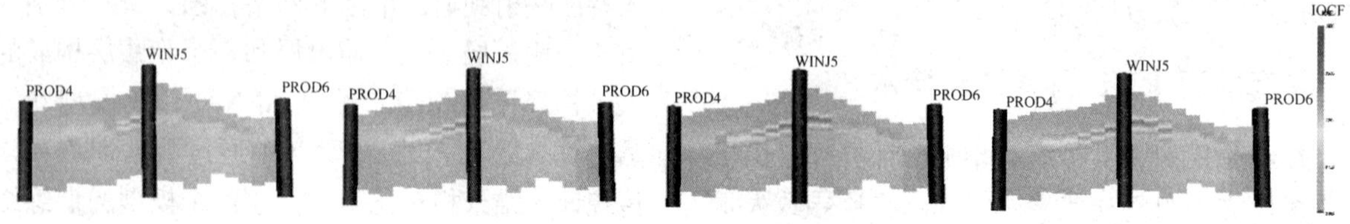

图 3　注水诱导动态裂缝的演化过程

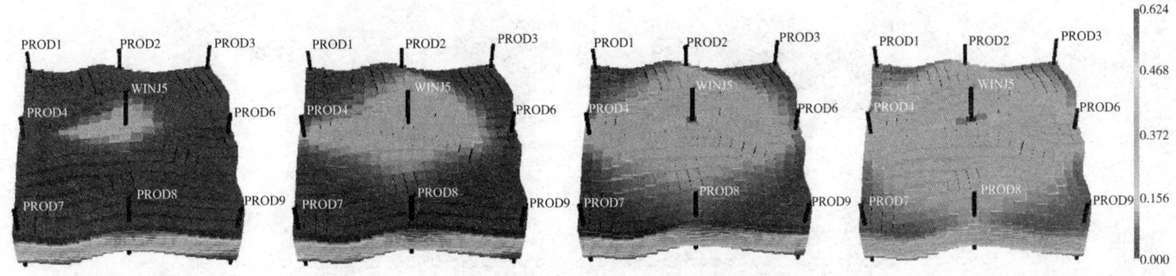

图4　动态裂缝影响下的含油饱和度分布

动态裂缝智能模拟技术填补了传统油藏数值模拟技术无法对特定属性进行动态计算的技术空白，在油藏数值模拟过程中首次实现了动态裂缝的模拟。模拟结果进一步阐明了动态裂缝的演化机理及属性变化规律，为动态裂缝影响下的低渗透油藏水驱开发提供了有效的依据。同时，该方法显著提高了低渗透油藏的模拟符合率，并实现了对剩余油分布更准确的预测。

3　自动井网优选与部署技术

新区井位优选和老区井网加密是油气田开发领域的核心环节。传统的人工布井操作是在地质建模软件中完成，流程繁琐、准确性低，无法充分利用油藏数值模拟运算的结果。在工业4.0时代，依托于中石油梦想云统一的数据湖和云平台技术，基于地质模型和油藏数值模拟结果，新一代油藏数值模拟井网部署模块构建了可视化交互操作环境，实现了新区井网自动生成、老区井网自动加密调整、多条件约束（剩余油饱和度、储量丰度、有效厚度等）布井等众多功能，可以更高效、直观、便捷、精确地制定布井策略，实现了新区井位优选和老区井网加密向智能化转型发展。

3.1　油藏数模成果标准化管理技术

当前，国内外主流的商业化数值模拟软件种类繁多，每款软件输入格式各不相同，输出成果各异，不同区块、不同时期、不同软件数值模拟成果存在专业软件版本多、格式复杂、形式多样、管理难度大等特点，为油藏数值模拟成果的继承与共享造成困难。通过本模块的油藏数值模拟成果标准化管理功能，对油藏数值模拟成果进行标准化管理，其中包含了对地质建模模型、油藏数值模拟模型、数值模拟输出数据、图件、报告等的标准化管理，通过建立数值模拟成果的统一标准，填补中石油梦想云数据湖对油藏数值模拟成果标准化管理的缺口。实现了对目标油气藏持续动态地跟踪及可视化管理，从而更有效地进行生产动态分析、井位部署与调整、产量预测、提高采收率以及开发方案编制。目前该模块已实现对HiSim®新一代数值模拟软件的数据接口。本模块旨在基于梦想云平台，实现对中外主流商业化数值模拟软件的输出成果的标准化统一管理，为中石油制定油藏数值模拟软件成果管理的行业标准。

3.2　智能布井技术

基于地质模型和数值模拟模型，在新区布井阶段，可根据布井的目标层系选择优势井网类型，自动生成与储层相匹配的井网，实现智能自动布井；在老区井网调整阶段，结合数值模拟运算的结果，建立带有约束属性的模型，通过约束条件进行筛选，如剩余油饱和度分布等[10]，可以智能定位老区加密井。同时，也可以在油藏可视化环境中人机交互式操作布井，在智能布井的基础上进行局部编辑修改和人为干预。

3.3　多层位汇总分析技术

油藏数值模拟技术借助离散网格信息载体记录储层内各种地质特征，如埋藏深度、砂体厚度、有效厚度、孔隙度、渗透率、饱和度以及地层压力等静、动态属性。开发地质和油藏工程中所记录的砂体、小层、层组等概念在数模中被离散为纵向的一个或多个数模小层，因此，油藏数值模拟展示的结果也以数值模拟小层为载体。如何把数值模拟计算小层的信息映射到地层层位的信息一致是困扰油藏工程师的难点。本模块运用的多层位汇总分析技术针对不同的属性，采用智能算法实现多信息的数值模拟层位与地质层位的映射关系，处理信息包括：砂体厚度、有效厚度、净总厚度比、孔隙度、渗透率、饱和度、压力、储量丰度等。

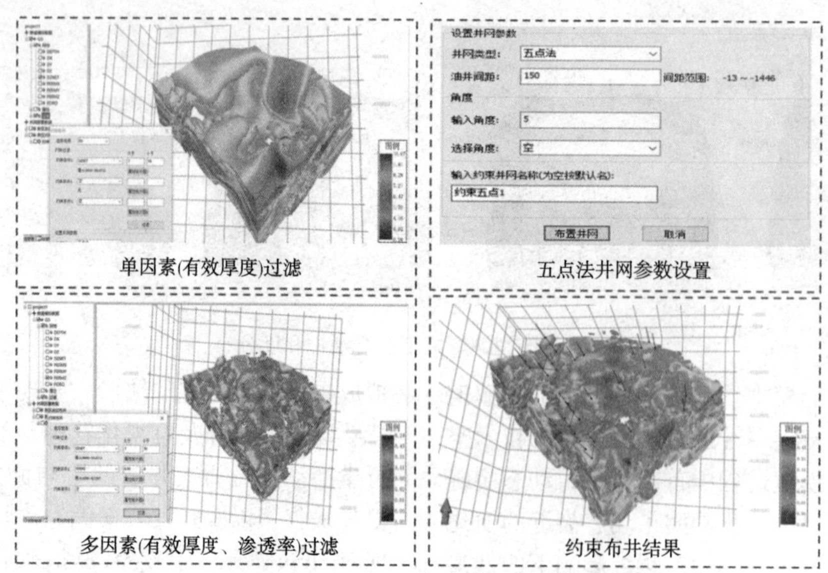

图5　新区约束布井操作流程

3.4　四维可视化技术

如何直观、逼真再现油气田储层分布和油气田开发历程是油气藏数值模拟的后端关键技术，是油藏数值模拟计算结果数据的可视化展示，直接影响油气田开发模拟研究的时效性和可靠性。本模块通过整合传统计算机三维可视技术、时空联动显示技术、任意剖面切分技术、流线模拟可视技术以及井轨迹雕刻技术等可视化技术，实现对油藏数值模拟计算结果进行多空间、多视角的展示，逼真展示储层的几何构造形态、孔渗饱等地质静态属性以及任意时刻地层压力、含油饱和度等动态属性，展示井位分布、井轨迹、射孔及封堵等生产历程变化。

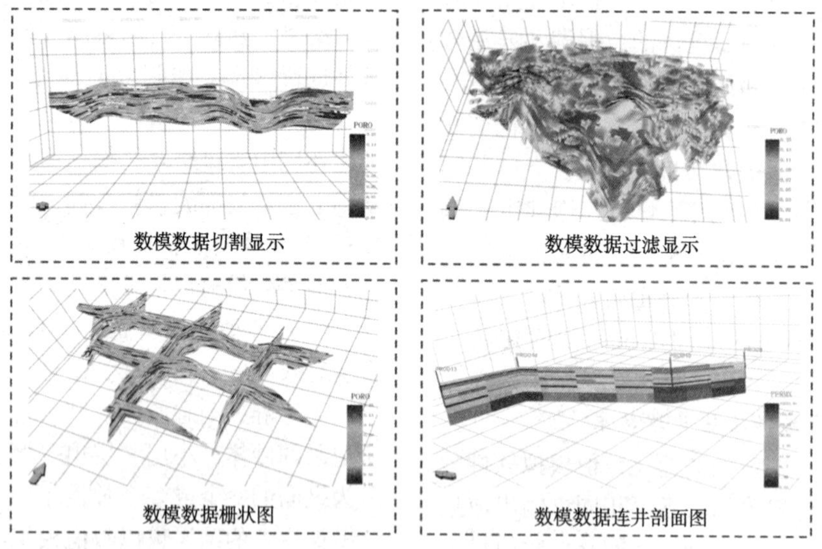

图6　数据可视化展示

4　“物理驱动+数据驱动”双驱动油藏模拟技术

油藏数值模拟技术以渗流力学、地质力学等多学科理论为基础建立描述渗流过程的数学模型，通过计算机数值求解技术研究油藏流体运动规律，模拟地层流体渗流过程[11]，给出油、气、水的压力场、流速场的发展变化和剩余油的分布，重现油田开发全过程，预测油藏动态和生产指标，为油藏管理和开发决策提供重要依据。然而传统油藏数值模拟手段需要计算求解大型方程组，时间成本高昂，且历史拟合主要依赖经验，油藏管理决策和响应智能化、精细化、实时化程度不够，油藏模拟面临诸多挑战，新一代“物理驱动+数据驱动”双驱动智能化油藏模拟技术是解决这一难题的有效途径。

4.1 发展智能化油藏模拟加速求解技术

通过建立机器学习模型，并利用模型求解计算数据训练模型，优化油藏模拟数值求解的初值和迭代过程，大幅加快模拟运算速度。实现全油藏剩余油刻画实时化、精细化，由耗时长(年、季)的传统模拟向快速(周、天)剩余油精细刻画转变。

4.2 发展智能化油藏历史拟合技术

探求结合各类自动历史拟合方法(集合卡尔曼滤波、随机方法、参数降维拟合)和大数据、人工智能算法的有效结合，形成自适应的智能化油藏历史拟合算法，提高历史拟合精度及效率[12-13]。

4.3 发展基于数模软件的大数据预测技术

实现智能动态预测与优化，由传统的有限方案对比向大数据驱动的智能方案优化、自动井网部署转变。实现油藏管理决策响应的智能化、协同化，由传统油藏管理模式向协同式闭环管理转变，做到一天一井一策。

基于“物理驱动+数据驱动”双驱动油藏模拟，形成“再现过去、同步现在、预测未来、智能决策”的油气田开发智慧平台，实现油气田开发实时生产动态分析、智能油藏管理决策、迅速生产管理响应的智能油气田开发目标。

5 结论

工业4.0代表着工业革命的第四次浪潮，正全力推动制造业向智能制造的方向转型升级。新一代智能油藏数值模拟技术，从深度学习PVT闪蒸计算、智能动态裂缝模拟、自动井网优选与部署、“物理驱动+数据驱动”双驱动油藏模拟的四个领域迈出了智能化脚步，实现从物理世界到虚拟信息世界的数字孪生；基于中石油勘探开发梦想云统一的数据湖和云平台，实现了地质建模-数值模拟-决策部署业务链的数据互联、技术互通、业务协同与智能化转型，构建油藏数值模拟新业态。

参考文献

[1] Mohaghegh S D. Reservoir simulation and modeling based on artificial intelligence and data mining (AI&DM) [J]. Journal of Natural Gas ence & Engineering, 2011, 3(6): 697-705.

[2] Sarkheil H, Hassani H, Alinia F. The Fracture Network Modeling in Naturally Fractured Reservoirs Using Artificial Neural Network Based on Image Loges and Core Measurements [J]. Australian Journal of Basic & Applied ences, 2009, 3(4): 3297-3306.

[3] Gaganis, V., Varotsis, N., 2012a. Machine learning methods to speed up compositional reservoir simulation. In: SPE Europec 2012, Copenhagen, Denmark, June 4-7, SPE 154505-MS.

[4] J. Zhao, Y. Shen, W. Chen, et al., Machine learning based trigger detection of drilling events based on drilling data, in: SPE Eastern Regional Meeting, Society of Petroleum Engineers, 2017.

[5] V. Gaganis, N. Varotsis, Non-iterative phase stability calculations for process simulation using discriminating functions, Fluid Phase Equilib. 314(2012)69-77.

[6] K. Wang, J. Luo, Y. Wei, et al., Artificial neural network assisted two-phase flash calculations in isothermal and thermal compositional simulations. Fluid Phase Equilibria 486(2019)59-79

[7] 王友净，宋新民，田昌炳，等．动态裂缝是特低渗透油藏注水开发中出现的新的开发地质属性．石油勘探与开发，2015，42(2)：222-228.

[8] 宋新民．当前开发形势下储层研究的发展趋势．油气田开发地质理论与实践，北京：石油工业出版社，2011：16-21.

[9] Wu Shuhong, Fan Tianyi, Zhang Xiaozhou, et al. An Improved Approach to Simulate Low-permeability Fractured Reservoirs with Dynamic Hybrid Dual-Porosity Model, SPE Asia Pacific Oil & Gas Conference and Exhibition

[10] 李华，张驰．基于油藏属性和井网几何约束的局部自动布井生成算法研究[J]．计算机与数字工程，2017，45(009)：1720-1723.

[11] 韩大匡．油藏数值模拟基础[M]．石油工业出版社，1993.

[12] 张巍，邸元，WU Yu-shu. 基于集合卡尔曼滤波的油藏辅助历史拟合[J]. 东北石油大学学报，2009，033(005)：74-78.

[13] 闫霞，张凯，姚军，等油藏自动历史拟合方法研究现状与展望[J]．油气地质与采收率，17(4)：69-73.

海上油气田钻完井大数据时效分析系统开发及应用

杜　鹏　史　旻　刘慧达　袁则名　陈　虎

（中海油能源发展股份有限公司工程技术分公司）

摘　要　随着海上油气田勘探开发的不断深入，其钻完井工程数据量不断的增加，传统的钻完井效率的分析，主要是在钻完井作业结束后，通过对井史中标定的时效代码进行单井的统计分析，无法做到在作业过程中实时的监控作业效率情况。为解决这一日益突出的问题，结合海上实际作业模式，通过对井史静态数据与实时动态数据相结合，通过 Witsml 协议解析实时工程数据，开发了一套对钻完井作业过程中进行全方位多角度统计、分析、提升的钻完井作业的时效分析系统。用于实时跟踪作业各工况时效；优化钻完井作业流程，为管理人员和工程技术人员提供作业参考和建议。

关键词　钻井时效；Witsml 协议；统计分析；海上油气田

钻完井是石油勘探与开采及天然气资源的一个重要环节，是勘探和开发石油的重要手段。钻完井工程项目是以地层为工作对象，是一个多部门、多环节协作的系统工程，也是一个规模大、技术复杂、投资多和风险大的技术和资金密集型工程。为降低海上钻完井的开发成本需要，降低钻完井作业成本。结合海上实际需求，研究开发一套基于实时数据的时效分析系统，实现钻井过程中的实时时效分析与管理，以达到降低作业成本，增加效率的目标。

系统结合静态钻完井数据库与动态钻井实时数据库中的数据实现对钻井作业中起下钻、接卸立柱、下套管等工况效率的实时统计与管理，并将结果数据整合存储至中心数据库中。系统提供用户管理和报表生成模块，为用户提供集数据采集、处理、存储与展示于一体的平台。

1　系统架构

该系统设计采用自顶向下、逐个功能展开的设计方法，首先完成总体设计，然后完成各有机组成部分的设计。软件编码遵循 Microsoft. NET Framework 4. 5. 2 编程规范文件约定，采用 C#语言，C/S 模式开发，数据库部署在中心服务器上，数据安全性高，用户只需在本地安装客户端即可。该系统使用了钻井实时数据库、钻完井数据库和系统数据库三个数据库。钻井实时数据库存储了钻完井作业的实时工程数据；钻完井数据库存储了钻完井作业的静态数据；系统数据库存储了系统参与计算的过程数据和结果数据。系统架构图如图 1 所示。

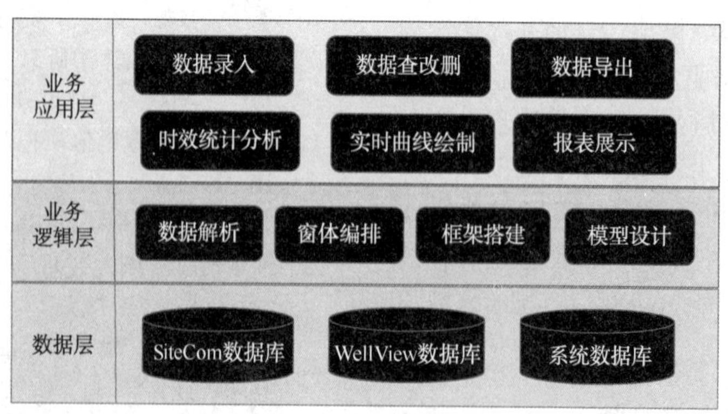

图 1　系统架构图

2　Witsml 协议数据解析

Witsml 是基于 WITS 发展来的，是在 WITS 的基础上整合了 XML 技术形成的油田传输数据的开放标准。实现井场服务公司和油公司之间信息的实时无缝连接，加快信息交换，提高决策能力。

2.1　数据获取方式

实时数据存储在钻井实时数据库中，为了便于用户与数据库进行数据交互，钻井实时数据库提供了一个基于 WebService 与 Witsml 协议的数据接口。Witsml 协议中包含 Well、Wellbore、Log、Trajectory 等对象，如图 2 所示。每一个不同的对象都拥有独立的属性，因此对于每一个对象，都有不同的数据请求语句。以 Log 对象为例，其主要用于存储数据表，主要包含表类型、数据开始时间、数据结束时间、数据缺省值等主要属性。

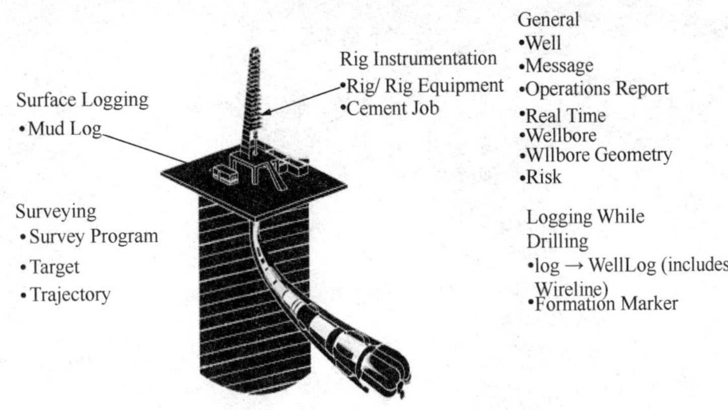

图 2　Witsml 对象

2.2　数据解析

与钻井实时数据库进行交互需要遵循 Witsml 协议，Witsml 标准数据内容以 Witsml 数据对象进行描述，其每一个数据对象都是使用单独的 XML 文件进行描述，并且每个数据对象中数据项的名称、次序、单位等属性是由 WITSML 标准定义。以 Well 对象为例，其数据展示格式如图 3 所示。因此，获得钻井实时数据库中的数据就需要根据不同的对象逐一对其 XML 文件进行解析。


```
<?Xm1 version="1.0" encoding="utf-8" standa1one="yes"?>
<wells version="1.3.1.1" xmins="http://www. witaml .org/schemas/131">
  <well uid="CFD11-1-A75H-RT">
    <name>CFD11-1-A75H-RT</name>
    <dTimLicense>2013-07-26T00:00:00.00+008:00</dTimLicene>
    <block>default</block>
    <time Zone>0</ timsZone>
    <groundElevation uom="m">0</groundE1evation>
    <water Depth uom="m">0</waterDeptn>
    <wellLocation>
      <wellCRS uidRef="m">CFD11-1-A75H</wellCRS>
      <Iatitude uom="m">0</latitude>
      <longitude uom="m">0</1ongitude>
      <easting uom="m">0</easting>
      <northing uom="m">0</northing>
      <description>abc</description>
    </ wellLocation>
    <referencePoint>
      <location>
        <wellCRS uidRef="m">CFD11-1-A75H</we11CRS>
        <Iatitude uom="m">0</latitude>
        <longitude uom="m">0</1ongitude>
        <easting uom="m">0</easting>
        <northing uom=="m">0</ northing>
        <description>abc</ description>
      </1ocation>
    </referencePoint>
  </we1l>
</we1ls>
```


图 3　Witsml 数据格式

3　时效参数计算

3.1　起下钻及下套管工况

针对起下钻、下套管、下尾管、送尾管及起尾管送入工具作业，系统提供以下时效参数：游车速度(包含裸眼段、套管内及总体速度)、接卸立柱时间(包含裸眼段、套管内及总体时间)、总体速度(包含裸眼段、套管内及总体速度)及 NPT 时间统计(包含裸眼段及套管内)。以下钻作业为例，如图 4 所示。系统通过大钩悬重的变化来判断接立柱作业和下钻作业。当大钩悬重由正常悬重降低至顶驱悬重时，系统判断当前进入接立柱作业；当大钩悬重由顶驱悬重升至正常悬重时，系统判断当前接立柱作业结束，并计算出当前接立柱作业消耗时间。当大钩悬重由顶驱悬重升高至正常悬重，并且大钩高度为最高值时，系统判断当前进入下钻作业；当大钩悬重降低至顶驱悬重时，系统判断当前下钻作业结束，并计算出当前下钻消耗的时间，同时结合大钩高度的变化计算出游车速度。系统提供 NPT 时间筛选功能，系统根据用户给定的阈值对下钻时间和接卸立柱时间进行筛选，初步列举出 NPT 时间，再由用户确认后，最终上传至中心服务器。系统统计结果如图 5 所示。

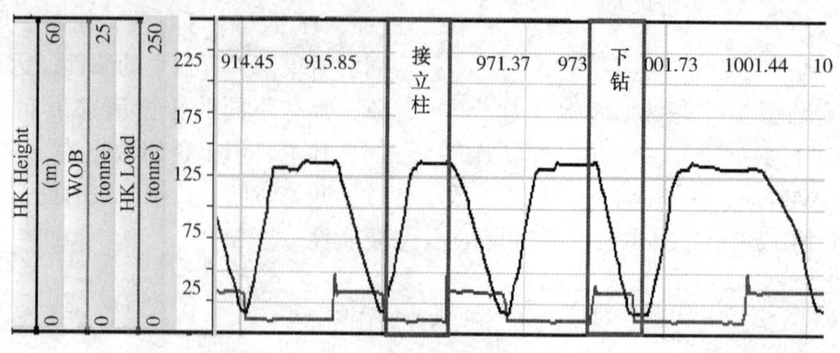

图 4　下钻作业

基础参数

作业开始时间	2018/12/18 2:38:50	开始深度(m)	226.7	接卸立柱总时间(min)	220.23
至管鞋时间	2018/12/18 4:48:48	管鞋深度(m)	1036.13	裸眼段接卸立柱总时间(min)	137.36
作业结束时间	2018/12/18 9:15:33	结束深度(m)	2712.92	套管内接卸立柱总时间(min)	82.87

NPT时间

总时间	19513 s	5.42 h	裸眼段总时间	14016 s	3.89 h	套管内总时间	5497 s	1.53 h
起下钻时间	7890.2 s	2.19 h	裸眼段起下钻时间	5774.4 s	1.6 h	套管内起下钻时间	2115.8 s	0.59 h
总速度	458.69 m/h	0.13 m/s	裸眼段总速度	430.68 m/h	0.12 m/s	套管内总速度	530.1 m/h	0.15 m/s
游车速度	1134.37 m/h	0.32 m/s	裸眼段游车速度	1045.38 m/h	0.29 m/s	套管内游车速度	1377.23 m/h	0.38 m/s
总行程	2486.22 m		裸眼段行程	1676.79 m		套管内行程	809.43 m	
平均接卸立柱时间	2.25 min		裸眼段平均接卸立柱时间	2.38 min		套管内平均接卸立柱时间	2.06 min	
NPT时间	71.5 min		裸眼段NPT时间	33.15 min		套管内NPT时间	38.35 min	
接卸立柱NPT时间	26.52 min		裸眼段接卸立柱NPT时间	0 min		套管内接卸立柱NPT时间	26.52 min	
游车NPT时间	44.98 min		裸眼段游车NPT时间	33.15 min		套管内游车NPT时间	11.83 min	
接卸立柱总时间	193.71 min		裸眼段接卸立柱总时间	137.36 min		套管内接卸立柱总时间	56.35 min	

图 5　统计结果

3.2　倒划眼工况

针对倒划眼和划眼工况，系统提供倒划眼速度、游车速度、接卸立柱时间、倒划眼时间等时效参数。系统通过钻压、排量、转速、大钩悬重以及大钩高度五个参数来进行倒划眼和划眼工况的识别。以倒划眼起钻为例，如图 6 所示。当钻压为 0，排量、转速大于 0，大钩悬重大于顶驱悬重并且大钩高度处于递增趋势时，系统判定当前时刻进入倒划眼起钻工况；当大钩悬重恢复到顶驱悬重时，系统判断当前时刻倒划眼起钻结束，进入卸立柱工况，系统会计算出倒划眼作业消耗的时间及接卸立柱的时间。

4　数据可视化

4.1　数据汇总

系统提供数据汇总功能，用户可以按照井名、作业、平台、区域、井段对历史井数据进行分类汇总，分类汇总结果中包含总体作业时间、行程、作业速度、接卸立柱时间以及 NPT 情况，并提供图表可视化功能，便于用户浏览数据结果。通过分类汇总结果，用户可以更直观的了解邻井的作业效率，同时为在钻井提供参考。

4.2　报表展示

系统集成了项目管理人员日常统计钻井时效使用的报告模板，利用存储在中心库和钻完井数据库中的历史数据，自动生成日常报表，提高了报告的准确性，同时也减少了项目管理人员的工作量，如图 8 所示为系统生成报表。系统生成的报表为 Word 格式，用户可在系统中对其进行修改，修改完成后下载至本机。

5　系统应用

目前该系统已经投入使用中。满足了项目管理人员和工程技术人员的日常对钻完井效率的统计汇总需求，提高了现场作业效率，减少了 NPT 时间。系统设计合理，界面友好，操作简单，易用性高。实现了钻完井静态数据与钻井实时动态数据的结合，大幅度提升了检索与计算速度，克服了目前时效分析软件及时性滞后的问题，完全可以满足辅助决策人员及现场监督的作业需求，有效的提高了工作效率。该系统成功开发后可以提高钻井效率、降低 NPT 时间、填补海上油田在该领域的技术空白，提高企业钻井工程技术的国际竞争力，减少作业时间，节约钻井成本。

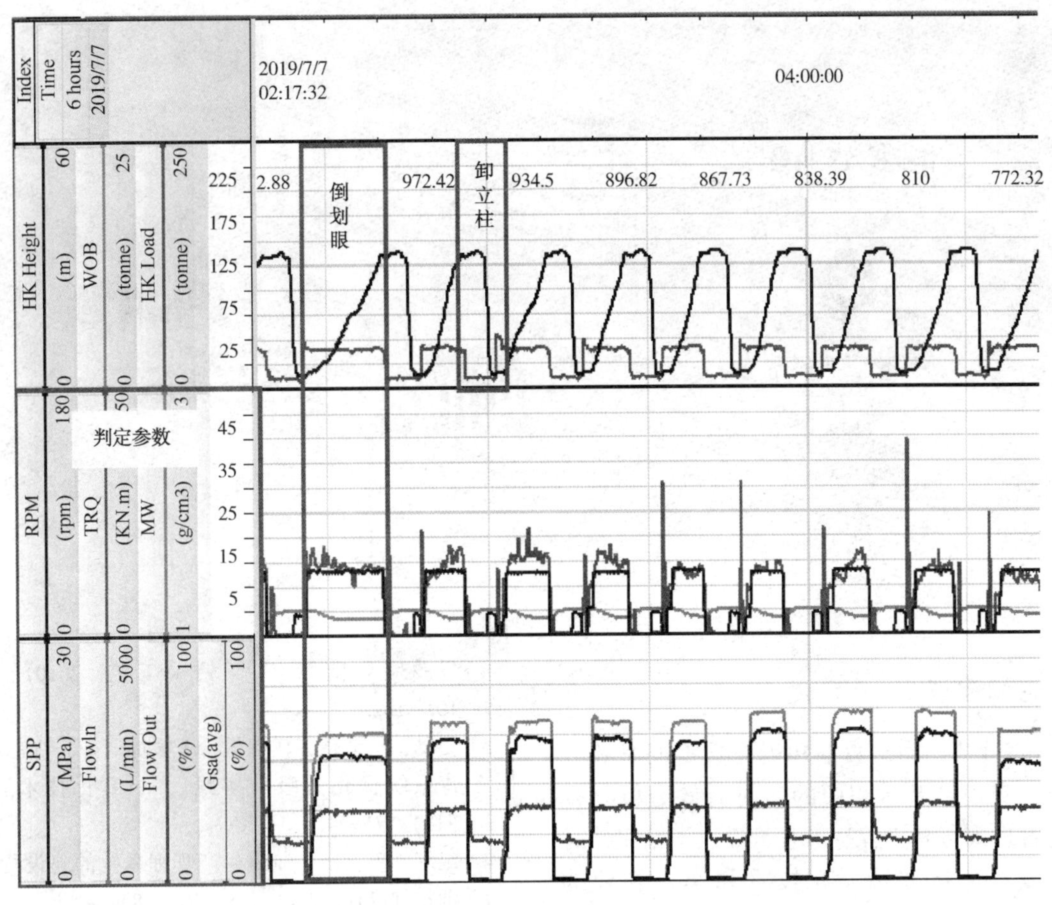

图 6　倒划眼作业

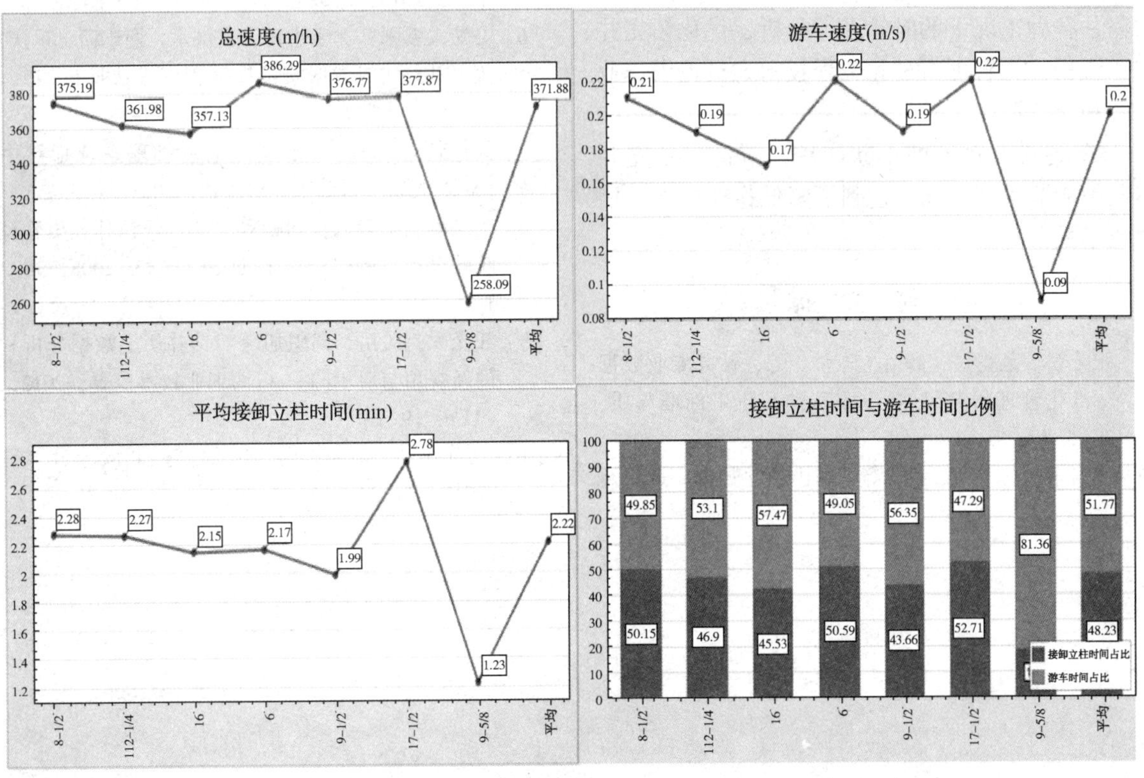

图 7　数据汇总

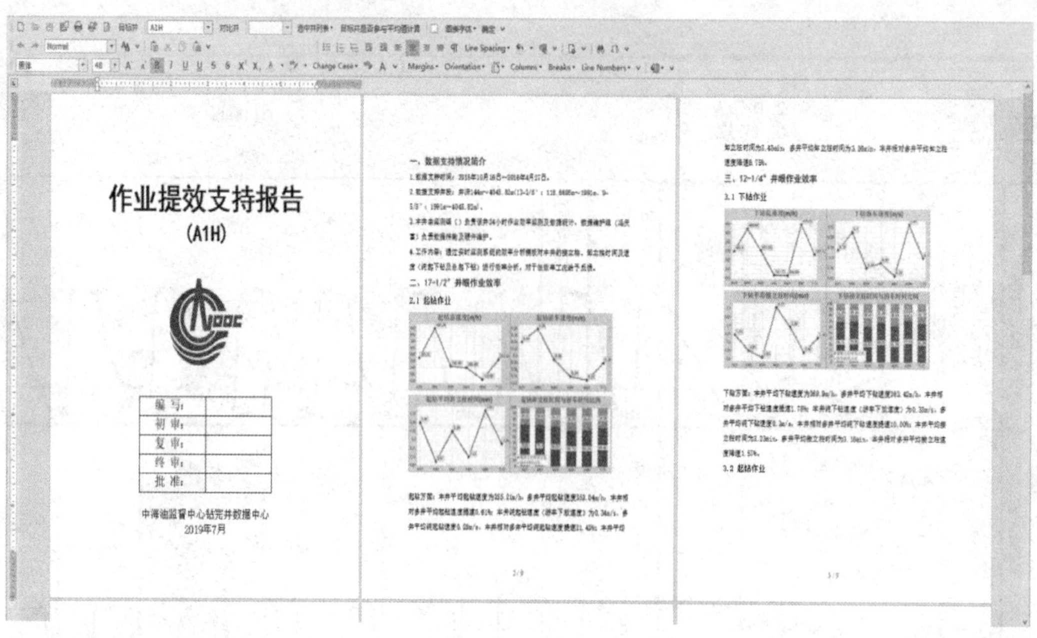

图 8　报表展示

6　结论和建议

1）通过结合动态数据和静态数据的时效分析系统，实现钻井过程中的实时时效分析与管理，为管理人员和工程技术人员提供了钻完井时效分析支持，指导钻完井技术和作业管理的进步。

2）通过 Witsml 协议解析实时工程数据，对钻完井各种工况下的时效进行分析，优化钻完井作业流程，为管理人员和工程技术人员提供作业参考和建议。

3）通过对系统的不断应用，减低了钻完井作业中的非生产时间，达到了降低作业成本，增加效率的目标。

参　考　文　献

[1] 张维轶，范得这，高凝，陈哲，等，钻井专业数据标准化管理研究[J]，中国石油和化工标准与质，2012，05(203).

[2] 钱浩东，龚俊，彭式，等，国内钻井数据库现状及发展应用前景[J]，钻采工艺，2010，33(1)101～102.

[3] 史旻，马认琦，杨保健，李振坤，等，钻完井数据库系统优化升级与实践[J]，石化技术，2018，(12)：71-74.

[4] 纪红，等，数字油田生产管理系统的建设[J]，石油规划设计，2011，75～77(5～8).

[5] 李金诺．浅谈石油行业大数据的发展趋势[J]．价值工程，2013，(29)：172-174.

[6] 史旻，袁则名，于忠涛，袁洪水，谢志阶，冯庆富，等，钻井实时数据质量提升管理方法探讨[J]，石油工业技术监督，2019，(10)：45-48.

[7] 方长传．WellView 油气井信息管理系统指导手册[M]．北京：石油工业出版社，2013：1-5.

[8] 樊洪海，纪荣艺，刘鹏等．新一代钻井井史管理系统的设计与展望[J]．石油钻探技术，2008，36(2)：1-3.

[9] 汪光太，关岳，高魁旭等．钻井历史数据分析利用的新视角与启示[J]．石油工业技术监督，2013，29(11)：19-23.

[10] 王东生．井场数据传输标准综述[J].《录井工程》，2018，29(04)：7-12+99.

利用机器学习优化 PDC 钻头厚层砾岩层钻进参数的研究

韩雪银　郭　家　卢中原　于忠涛　陈　龙

（中海油能源发展股份有限公司工程技术分公司）

摘　要　PDC 钻头适用海上油气田的高效开发，是提高钻井机械钻速的重要方法。PDC 钻头适用于均质地层，渤海湾馆陶组地层的底部厚层砾岩严重影响 PDC 钻头的使用寿命。以往的钻头选型技术使用地震或测井资料进行地层可钻性分析，钻头厂家进行针对性设计，然而获取地层资料存在滞后性、地层差异性非常大，PDC 钻头的合理使用也非常重要。采用目前流行的 Python 机器学习模块，对历史井的钻进情况进行综合分析，提出钻井参数的推荐使用范围，对 PDC 钻头在厚层砂砾岩地层的使用有借鉴意义。

关键词　机械钻速；PDC 钻头；机器学习；厚层砾岩；Python

1　引言

PDC 钻头适用海上油气田的高效开发，是提高钻井机械钻速的重要方法，在海洋石油钻井中得到了广泛应用。但是渤海部分海域地层存有厚底砾岩层，对 PDC 钻头的破坏极大，限制了 PDC 钻头的广泛使用，也降低了钻井效率。辽东湾海域馆陶组属于辫状河流相碎屑沉积岩，分选较差，地层中部至底部碎屑颗粒粗，砾岩发育，常可见粒径较大的砾石如图 1 所示，质地极为坚硬。馆陶组底砾岩的存在对钻头的抗冲击性提出了很高的要求，限制了 PDC 钻头的广泛使用，也降低了钻井效率。地层中存在大段砾岩对 PDC 钻头的使用提出了严峻的挑战。

渤海辽东湾海域属于河流相碎屑沉积岩，在馆陶组底部常有一层质地极为坚硬的砾石称为“底砾岩”，垂厚约为 60～80m，返出粒径为 5～8mm，最大粒径 16mm，如图 1(a)。钻遇该段底砾岩，PDC 钻头刀翼肩部和鼻部很快遭到破坏、从而丧失破岩能力，如图 1(b)，多半会在钻入底砾岩数米之内起钻换牙轮钻头，待钻穿砾岩段后再换回 PDC 钻头。如此频繁的起下钻严重影响钻井时效，增加了钻井成本。以辽东湾某平台 7 口井为例，其中 5 口被迫起钻更换牙轮，如表 1 所示。可见 PDC 钻头钻底砾岩问题亟待解决。

邵明仁等对渤海湾某油田的 PDC 钻头钻进技术进行了深入研究，认为涡动是造成 PDC 钻头在砾岩地层钻进破坏的主要原因，针对钻头失效的重要原因——涡动，制定了相应举措，形成一套可行的 PDC 钻头防涡技术。

(a)返出岩屑

(b)出井PDC钻头

图 1　辽东湾底砾岩返出岩屑与 PDC 钻头出井情况

表 1 E 型钻头在某油田的应用情况

序号	井名	砾岩进尺/m	底砾岩钻速/m. h^{-1}	是否钻穿底砾岩	钻头评价
1	A29h	85.00	21.63	是	2-3-CT-N-X-1/16-NO-BHA
2	A10h	191.00	12.88	是	2-4-WT-A-X-1/16-CT-BHA
3	A16	65.00	21.17	是	1-3-WT-A-X-I-CT-BHA
4	A7h	149.00	7.67	是	2-4-WT-A-X-1/16-CT-BHA
5	A2h	90.00	11.69	是	3-3-BT-A-X-I-NO-FM
6	A27h	94.00	15.49	是	2-3-WT-A-X-1/16-CT-PR
7	A26h	84.00	18.67	是	2-3-WT-A-X-1/16-CT-PR
8	A24h	104.00	20.76	是	2-1-WT-A-X-I-NO-BHA
9	A14h	137.00	11.51	是	5-6-WT-A-X-1/16-BT-BHA
10	A13h	105.00	16.67	是	2-4-WT-A-X-1/16-BT-BHA

付建民等研究了现场出井钻头分析和井下运动状态，得出 PDC 钻头失效的主要原因是涡动作用的结论。涡动造成钻头井下运动失稳，使齿刃及复合片部位受到剧烈、不规则的载荷冲击，最终导致 PDC 钻头在砾岩层段钻进时过早失效。针对此情况通过提高钻头的平衡性、稳定性，采用合理的钻井参数和控制井眼扩大率等手段，有效预防 PDC 钻头在砾岩段的涡动形成，成功解决 PDC 钻头钻砾岩难题，节省大量作业时间，显著提高钻井时效。

以往的钻头选型技术使用地震或测井资料进行地层可钻性分析，钻头厂家进行针对性设计，然而获取地层资料存在滞后性、地层差异性非常大，PDC 钻头的合理使用也非常重要。使用机器学习方法在对历史井的钻进情况进行综合分析，提出钻井参数的推荐使用范围，对 PDC 钻头在厚层砂砾岩地层的使用非常必要。

2 基本原理和模型建立

2.1 机器学习基本理论

由于钻具涡动的描述受限于实际工程上的千差万别，是一种无法用精确的数学表达式来描述的非线性关系，利用人工智能算法能自动学习数据特征和挖掘大数据隐藏的信息，且其预测结果具有极高的准确度和可靠性。机器学习是人工智能的核心算法，目前已应用于多个领域，在石油钻井工程领域的应用也已兴起。

机器学习解决的问题可分为回归、分类、聚类问题，对预测机械钻速属于回归问题。机器学习的方法虽然有许多种，但目前具备实用价值的大部分算法都来自于监督学习，监督学习算法主要有线性回归、决策树回归和神经网络等。

监督学习使用标注的训练样本(x，y)，x 为输入特征向量，y 为输出目标。通过训练已有的样本获得一个最优模型(误差函数最小或某个评价准则下最优)，即得到一个从 x 映射到 y 的函数。这样给定模型一个输入，将产生相应的输出，也就具有了对数据的预测能力。常用的机器学习方法对统计方法对样本数量要求较大，一般现在的工程录井参数可以满足要求。

机器学习的方法直接从已钻井的历史数据中找到工程参数和钻头使用情况中获得模型，采用优化算法对模型参数进行优化，建立钻头磨损与工程参数之间的映射关系，随后便可随时利用实际观测的工程参数分析钻头磨损程度，以便及时调整参数。

结合前人关于钻头磨损机理和处理措施的研究，总结出影响钻头使用寿命的关键参数，应用统计学的方法建立以关键参数为自变量、以钻头磨损程度为因变量的分析函数。对钻头磨损程度分析函数进行定量研究，分析钻头磨损程度的变化规律，量化关键参数的影响程度，实现结合实际工程情况做到有针对性控制、调整关键影响因素，做到兼顾钻井机械钻速和使用寿命的平衡。

采用机器学习方法分析钻头磨损评价程度就是基于以上思想提出的分析和控制技术，是对厚层砾岩地层 PDC 钻进难度的评价和预防处理措施，是优化钻井工艺、避免复杂情况的重要指标之一，具有重要的工程应用价值。

基于以上分析，选择刀翼数量、切削齿直径、井斜角、悬重、钻压、钻头转速、钻与底砾岩前纯钻时间等 15 个因素作为输入特征，以是否发生严重钻头磨损为分类标签，输入特征综合反映了井眼轨迹、泥浆性能、钻头早期磨损因素等实际问题。

将海洋石油近年钻探的 34 口井施工的成功与事故案例按照上述方法制作成数据集，该数据集可描述为 $\{(x^{(i)}, y^{(i)})\}$ $(i=1, 2, \cdots, m)$，其中 $x^{(i)} \in R^n$ 是第 i 个样本的特征向量，$y^{(i)} \in \{1, 0\}$ 是分类标签代表钻头发生涡动严重磨损发生的正例与负例，取值是 1 或 0，典型数据如表 2 所示。

表 2　典型训练数据

	井号	钻头型号	刀翼数量	切削齿直径	水眼面积	砾岩段长	悬重	钻压	顶驱转速	钻头转速	…	扶正器尺寸	井斜	造斜率	体系	泥浆密度	ROP m/hr	钻遇底砾岩前进尺	钻遇底砾岩前纯钻时间	钻头磨损评价	涡动
0	JZ25-1S-A7H	ST917	7	19	1.73	149	63.20	4.61	42	141.45	…	11.00	59.10	0.80	聚合物	1.18	11.05	7.06	13.07	钻头磨损评价	0
1	JZ25-1S-A14H	ST917	7	19	1.73	137	65.40	4.67	48	152.55	…	10.50	58.60	0.60	聚合物	1.10	14.77	1023	13.18	2-4-WT-A-X-1/16-CT-BHA	1
2	JZ25-1S-A11H	TS1973SGS	7	19	2.23	80	62.80	2.99	42	133.65	…	10.75	26.30	0.40	聚合物	1.25	23.35	866	8.47	5-6-WT-A-X-1/16-BT-BHA	0
3	HZ25-1S-A13H	ST917	7	19	1.73	105	60.04	3.95	32	131.60	…	10.50	46.50	0.60	聚合物	1.13	20.85	1015	10.41	3-2-BT-A X-I-CT-BHA	0
4	JZ25-1S-A26H	ST917	7	19	1.73	84	61.23	3.56	49	149.92	…	10.50	32.32	0.32	聚合物	1.25	38.20	872	8.64	2-4-WT-A-X-1/16-BT-BHA	0

注：涡动中 0 表示未发生，1 表示发生。

通过训练已有的数据集获得一个最优模型，即得到一个从特征向量 x 映射到钻头磨损程度的函数，实现对钻头磨损程度的分析。

2.2　钻头磨损评价量化方法

针对广泛使用的 IADC 钻头磨损评价方法，其前两个参数分别描述内排齿和外排齿的磨损，用数字 0~8 呈线性描述切削齿磨损的情况，0 表示无磨损或断尺，即为新齿，8 表示全部磨损或折断，因此可以采用内、外排齿磨损的平均值与 8 的相对值表示钻头的磨损程度，实现钻头磨损评价的数值表示，采用这种处理将钻头磨损程度由 0~8 之间的数字映射到 0~1 之间。例如磨钻头钻头磨损评价为 3~4，则用百分比 43.75% 表示钻头磨损程度。通过上述处理，可以将数据集中的实际钻头磨损评价由离散型转换为连续型，作为便于机器学习的数学处理。

机器学习算法中 Logistic 回归是一种广义线性模型，它的基本思想是在线性回归的基础上，通过 Sigmoid 函数将非线性引入到模型中，将自变量映射到 0 到 1 之间作为事件发生的概率。采用 Logistic 回归对钻头磨损评价分析，则 0 为无磨损，1 为全部磨损，0 到 1 之间的值作为钻头磨损程度。可以认为地设定阈值，比如以 50% 为限，大于 50%认为发生严重磨损，小于 50%认为为发生严重磨损。

Logistic 回归模型的线性变换和 Sigmoid 函数的数学表达式分别为：

$$z=\theta^T x,\ g(z)=\frac{1}{1+e^{-z}} \tag{1}$$

估计函数定义为：$p(x)=g(\theta^T x)$，θ 是模型的权值，为待估计参数。二分类问题的 Logistic 回归模型，对某一个事件发生（y=1）的概率为 p，不发生（y=0）的概率是 $1-p$，即：

$$\begin{cases} Pr(y=1\mid x;\ \theta)=p(x) \\ Pr(y=0\mid x;\ \theta)=1-p(x) \end{cases}$$

写成一般形式：

$$P(y\mid x;\ \theta)=p(x)^y(1-p(x))^{1-y} \tag{2}$$

采用极大似然估计，确定权值 θ，即可得到 Logistics 回归模型，这样实现对一个输入 x 即可得到一个预测概率。

2.3　模型求解及分析

采用极大似然估计确定模型参数，极大似然函数为：

$$L(\theta)=\prod_{i=1}^{m} p(x^{(i)})^{y^{(i)}}\left(1-p(x^{(i)})\right)^{1-y^{(i)}}$$

对数极大似然函数：

$$\begin{aligned}\ln L(\theta) &= \sum_{i=1}^{m}\left(y^{(i)}\log p(x^{(i)}) + (1-y^{(i)})\log(1-p(x^{(i)}))\right) \\ &= \sum_{i=1}^{m}\left(y^{(i)}\theta^T x^{(i)} - \log(1+\exp(\theta^T x^{(i)}))\right)\end{aligned} \tag{3}$$

对数似然函数 $ln(\theta)$ 关于权重 θ 的偏导数。

训练 m 个样本值，来估计出值，使得

$$\frac{\partial lnL(\theta)}{\partial \theta_j}=\sum_{i=1}^{m}\left(y^{(i)}x_j^{(i)}-p(x^{(i)})x_j^{(i)}\right)\quad (j=1,\ 2,\ \cdots n) \tag{4}$$

令（4）式为 0，得到一个关于 θ 的非线性方程组，采用牛顿-拉弗森方法解该非线性方程组，求出 θ 的估计值。牛顿-拉弗森方法的迭代公式为：

$$\theta\leftarrow\theta+(X^TVX)^{-1}X^T(y-p) \tag{5}$$

式中：V 是 m×m 维对角矩阵，主对角线上元素为 $p(x^{(i)})(1-p(x^{(i)}))$

$$p=(p(x^{(1)}),\ p(x^{(2)}),\ \cdots,\ p(x^{(m)}))^T$$

式中 $X=\begin{pmatrix} x_1^{(1)} & x_2^{(1)} & \cdots & x_n^{(1)} \\ x_1^{(2)} & x_2^{(2)} & \cdots & x_n^{(2)} \\ \vdots & \vdots & \ddots & \vdots \\ x_1^{(m)} & x_2^{(m)} & \cdots & x_n^{(m)} \end{pmatrix}$

$$y=(y^{(1)},\ y^{(2)},\ \cdots,\ y^{(m)})^T$$

代入数据集中的数据，按照式（5）求解权重值 θ 获得 Logistics 回归模型。给定一个新的特征向量，可按式 $p(x)=g(\theta^T x)$。计算钻头理论磨损程度。

采用制作好的数据集，使用 Python 语言的机器学习库求解 Logistics 回归问题，得到式（5）中的权重值 θ，即得到可以用于计算钻头理论磨损程度的模型。因原始问题特征维度高，钻头磨损程度模型是高维空间的函数，无法直接绘图展示，因此采用了切片的方式展示了主要影响因素井斜角和钻头转速的单变量分析，其他关键参数诸如扶正器尺寸、钻头刀翼数量、其他工程参数均采用了相同区块作业的井的常用值降低分析难度，分析结果如图 2 所示。

Logistics 回归模型计算结果分析：

1）钻头转速存在一个临界值，超过此临界值时钻头磨损程度随着转速的增加明显增大，不同井斜条件下此临界值不同，井斜角较大如达到 70°时，钻头转速在达到 80rpm 后理论磨损明显增加，井斜角较小如达到 10°时，钻头转速达到 170rpm 后理论磨损明显增加。

2）在 120～160rpm 等常用钻井参数条件下，基本井斜达到 30°～35°后钻头磨损增加显著，与 30°～60°井眼清洁困难的因素有关。以磨损程度 50%为严重磨损界限（钻头磨损评价 4-4），图 1（b）红圈为钻头发生严重磨损的临界区域。钻井参数落在临界区域范围内时更应特别注意机械钻速与钻头寿命的平衡。

3　结论与建议

针对以厚层砾岩 PDC 钻头使用寿命与机械钻速难以兼顾问题，提出了钻头磨损量化分析方法，以实际工程实例为数据集，采用机器学习方法建立了 PDC 钻头定量磨损分析方法。该方法基于统计理论的方法，其模型由分析处理实际信息而来，其预测结果理论上是可靠。

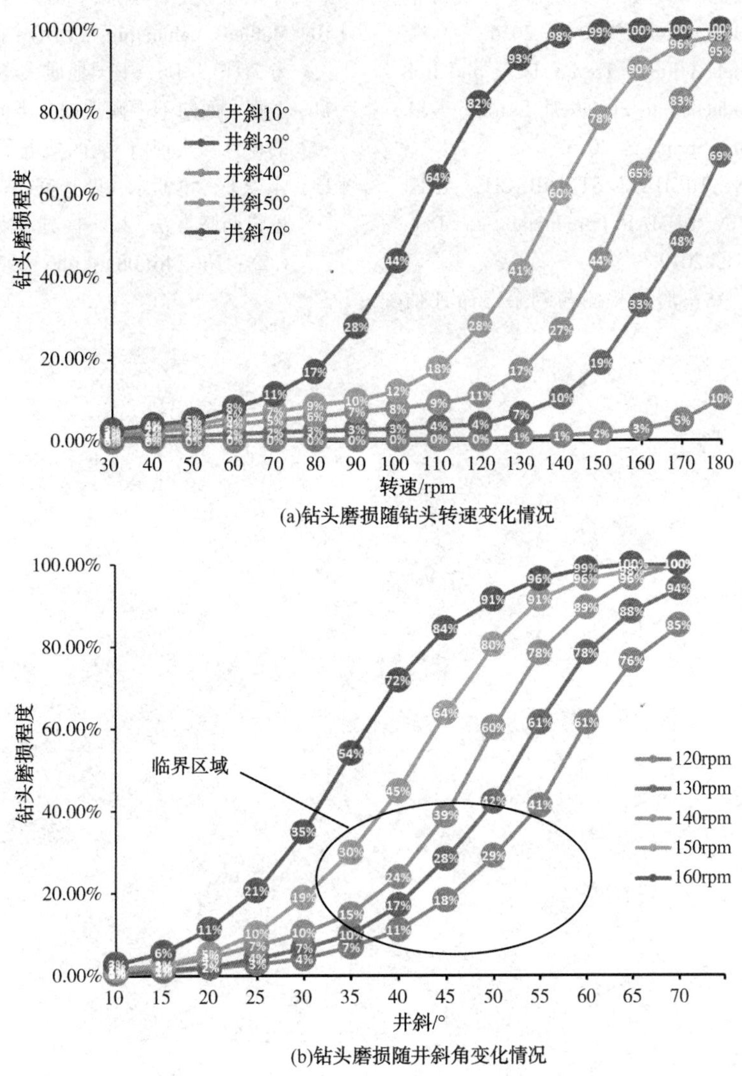

图 2 理论钻头磨损程度曲线

通过把机器学习算法中的 Logistics 回归方法引入到钻头磨损定量分析中，建立理论模型，并对主要影响因素如井斜、钻压、钻头转速、使用时间等 15 个主要参数进行定量分析研究，可为钻井工艺优化提供参考，结合理论磨损曲线合理选择钻井参数，可以实现提高 PDC 钻头在厚层砾岩钻进的使用寿命。

基于模型分析，在常规作业条件下，钻头转速存在一个临界值，超过此临界值时钻头磨损程度随着转速的增加明显增大，不同井斜条件下此临界值不同；井斜达到 30°~35°后钻头磨损增加显著，以磨损程度 50%为严重磨损界限划分严重磨损的临界区域。钻井参数落在临界区域范围内时更应特别注意机械钻速与钻头寿命的平衡。

后续研究将从扩充训练数据集、考虑更多影响因素、增加模型复杂程度等方面入手，建立更全面的理论预测模型，同时继续细化风险等级评估等。

参 考 文 献

[1] 邵明仁，张春阳，陈建兵，徐荣强，杨成，迟愚．PDC 钻头厚层砾岩钻进技术探索与实践[J]．中国海上油气，2008，(01)：44-47.

[2] 付建民，韩雪银，孙晓飞，和鹏飞，张晓广．PDC 钻头防涡技术在砾岩地层中的应用[J]．石油钻采工艺，2012，v. 34(S1)：5-8.

[3] 单清林．砾岩层可钻性实验及 PDC 钻头钻进效果研究[D]．中国石油大学(华东)，2013.

[4] 李宬晓，董学成，梁红军，王春，许红林，卓智川．泥砾岩地层 PDC 钻头失效研究[J]．西部探矿工程，2012，v. 24；No. 190(02)：86-89+92.

[5] 许爱．PDC 钻头切削齿破岩载荷规律的分析[J]．探矿工程(岩土钻掘程)，2006，(07)：59-61.

[6] 张道军．逻辑回归空间加权技术及其在矿产资源信息综合中的应用[D]．中国地质大学，2015.

[7] Gareth James，Daniela Witten，Trevor Hastie and Rob Tibshirani. An Introduction to Statistical Learning with Application in R[M]. Springer，2013.

[8] PANG-NING TAN，MICHAEL STEINBACH，ANUJ KARPATNE，VIPIN KUMAR. Introduction to Data Mining[M]. Pearson，2019.

[9] 敖银辉，汪宝生．钻头磨损检测与剩余寿命评估[J]．机械工程学报，2011，v.47(01)：177-181.

[10] Matheus Vaino Ipinge. PDC钻头在花岗岩中钻进的寿命评估[D]．中国地质大学(北京)，2016.

[11] 王鹏．面向不平衡数据分类问题的核逻辑回归算法的设计与实现[D]．西安电子科技大学，2015.

[12] 郭华平，董亚东，邬长安，范明．面向类不平衡的逻辑回归方法[J]．模式识别与人工智能，2015，v.28；No.146(08)：686-693.

长庆气田气井智能生产关键技术

陈勇[1]　田伟[1,2]　赵峥延[1]　谈泊[1]　肖述琴[1]

(1. 中国石油长庆油田公司油气工艺研究院；2. 低渗透油气田勘探开发国家工程实验室)

摘　要　苏里格气田井多面广，传统方式管理难度大。长庆油气田数字化建设助推了地面建设优化简化和劳动组织架构扁平化。新一代信息技术发展迅速，长庆气田抓住信息化契机积极推进智能化建设。长庆气田气井智能生产关键技术配套了井口远程开关井设备及柱塞气举装置，保证气井全生命周期措施安全性、连续性；建设智能平台，实现气井智能运行管理；研发智能诊断分析软件，对气井制度执行情况进行实时分析，实现气井开关、柱塞气举等设备智能化控制；编写智能控制算法，实现气井井运行制度、状况分析、故障诊断智能化。长庆气田气井智能生产关键技术可进一步解放劳动力、提高工作效率、提升精细化管理水平，为油田公司二次加快发展提供技术支撑。

关键词　长庆气田；气井；智能生产；关键技术

长庆气田地处陕西、甘肃、内蒙古、山西和宁夏五省、自治区，主力开发区位于陕西省蒙古自治区境内[1]。苏里格气田是我国已探明的陆上储量最大的致密砂岩气田[2]，其单井产量低，建井数量多，建产期、稳产期将分别建井一万多口，传统方式管理难度大[3]。数字化建设是降低成本提高效益的现实需要。

长庆气田数字化建设起步于2007年苏里格气田。第一阶段为先导试验技术攻关，建设示范区，形成配套技术，统一建设标准，探索建设思路；第二阶段示范引领规模建设，形成建设管理体系，配套劳动组织架构，建立运维队伍；第三阶段集成应用，提升效果，建立数字化管理体系，建设与管理并重，应用与维护并重，“两化”深度融合。长庆气田数字化建设助推了地面建设优化简化和劳动组织架构扁平化[4-5]。

近年来，新一代信息技术发展迅速，成为推动社会变革、创造人类生活新空间的重要力量。根据长庆气田总体部署，结合气田基本现状，以建设“全面感知、智能操作、整合运营、全局优化”的智能化气田为目标，按照技术攻关、示范建设、规模推广“三步走”的思路积极推进，力争“十四五”末建成行业领先的智能化气田。

智能气井技术，通过前端、中端、后端三个层面配套，实现无人化操作智能决策，进一步解放劳动力、提高工作效率、提升精细化管理水平，为油田公司二次加快发展提供技术支撑。

1　研究背景及总体思路

1.1　研究背景

近年来，以大数据、云计算、人工智能、移动互联、5G等为代表的新一代信息技术发展迅速，与多学科深度交叉融合，信息化发展事关国家竞争力和民族未来。

国际油公司高度重视信息化建设，在一体化数据管理、资产管理、协同研究等方面成效显著。如BP公司高度关注数据、专业软件、研究成果的一体化管理，挪威石油公司投入巨资计划在2020年前建成数字化中心，全面提高数据共享和分析决策水平。

集团公司2019年工作会上提出：大力推进数字化、可视化、自动化、智能化发展，推动生产组织、经营管理和商业模式创新，努力建成“共享中国石油”。勘探与生产分公司提出了以“两统一、一通用”为核心、集成共享为目标的梦想云建设蓝图，以统一数据湖、统一云平台支撑勘探业务、开发业务、协同研究、生产经营与安全环保五大通用业务应用一体化运营。

长庆油田制定了新时期“二次加快发展”规划，油气田持续上产稳产为信息化发展带来了新的机遇。在2019年公司工作会指出，数字化向智能化提升是未来发展和解放生产力必由之路，要建设行业领先的智能化油田。

1.2　总体思路

紧密结合气井全生命周期生产管理需求，以现场作业、稳产措施、安全管控、研究分析等核心业务为重点，建立全面感知、自动控制、智能预测、优化决策的智能气井生产方案，为促进气田高质量发展提供支撑。气井智能生产技术总体思路如图1所示。

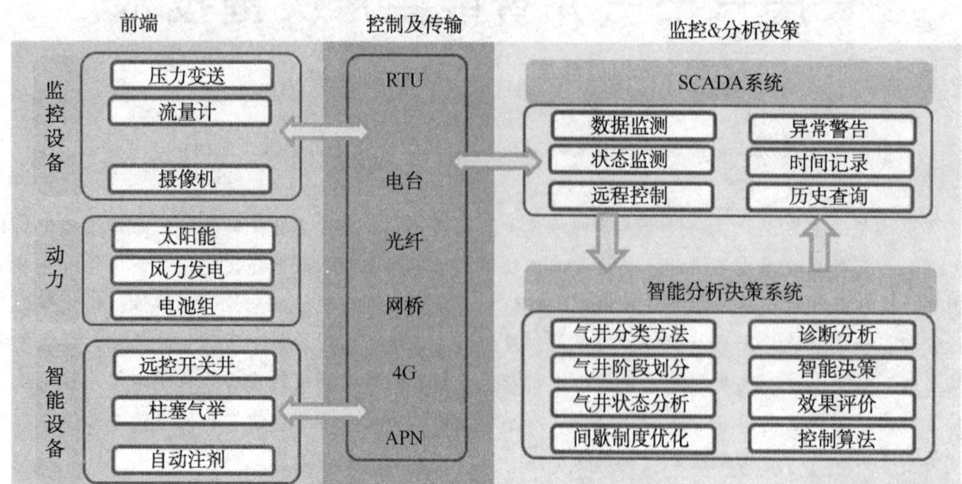

图1　气井智能生产技术总体思路

智能气井气井全生命周期智能化配套方案：坚持气井全生命周期措施安全性、连续性，避免重复建设、降低整体投资。产建阶段配套井口远程开关井设备，措施阶段配套柱塞气举装置。

2　井口装置及配套完善

2.1　井口措施自动化装置

按照气井全生命周期生产阶段划分，气井智能化主体技术为柱塞气举和远程开关井，如图2所示。

经对比分析，远控调节急断装置集成远程开关、控压调节、紧急切断三种功能，满足气井全生命周期生产需要；电动针阀可实现气井远程开关、控压调节，需要单独配置紧急切断阀。综合对比分析情况见表1。

图2　柱塞气举装置及远控开关井装置

表1　现用远控开关井装置性能综合对比分析

项目	远控调节急断装置	电动针阀	薄膜阀	紧急切断阀
主要功能	远程开关 控压调节 紧急切断	远程开关 控压调节	远程开关 控压调节	紧急切断
动力	机械切断+电动调节	电动调节	气动	机械或电动

续表

项目	远控调节急断装置	电动针阀	薄膜阀	紧急切断阀
安装位置方式	原针阀处 法兰连接	原针阀处 法兰连接	针阀截断阀之间 动火预制	流量计上游 法兰连接
优点	切断调节系统相互独立 高压仿真开井	高压仿真开井	开关迅速；功耗低	开关迅速
不足	1. 开井功耗较高 2. 设备体积较大	不具备紧急切断功能	1. 开井精度低 2. 不具备紧急切断功能 3. 动作时向外排气	无法控压开井

结合不同类型气井全生命周期生产特点、智能开关及措施操作需要，提出差异化智能前端设备配套的解决措施。

Ⅰ Ⅱ类气井：采用手动针阀和柱塞薄膜阀“二阀合一”、紧急切断阀单设模式。

Ⅲ类气井：采用远程开关、柱塞薄膜阀和紧急切断“三阀合一”模式，实现Ⅲ类气井柱塞气举和智能间歇生产。

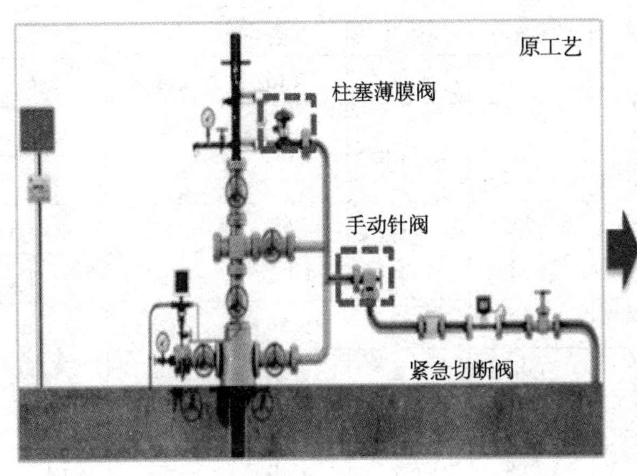

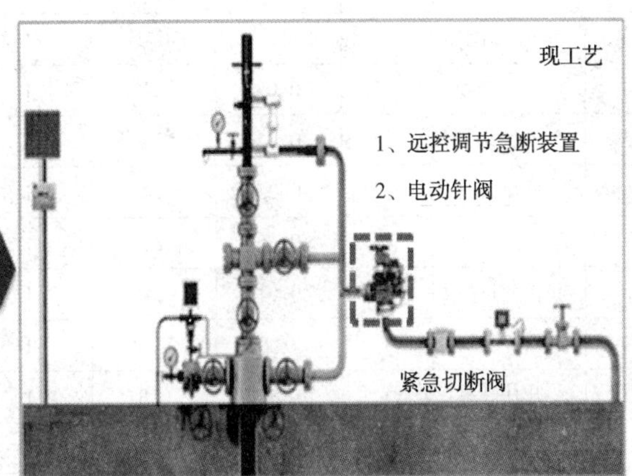

图3　二阀合一示意图

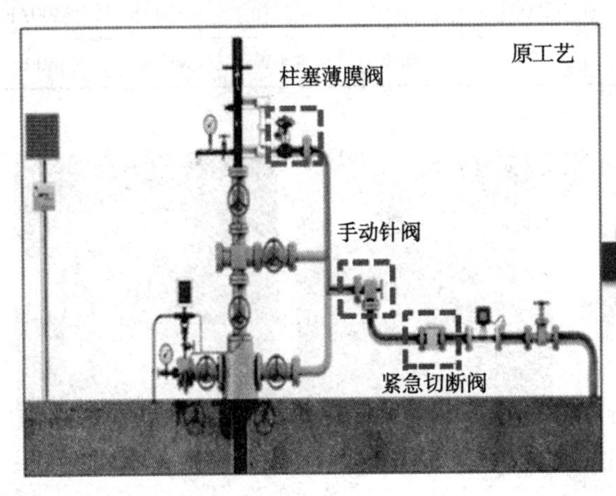

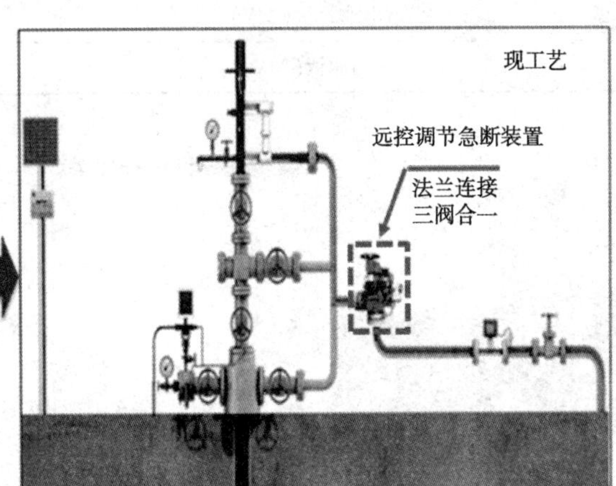

图4　三阀合一示意图

2.2　网络通信装置建设

目前气田应用的数据传输网络有 4G APN、网桥、光缆、卫星和电台，传统电台轮询方式已不能满足智能化数据传输要求，需对电台网络进行升级改造。

智能气井技术充分利用井口原有基础传输架

构，建立“光缆/网桥/APN融合”等3类气井智能化数据传输链路。

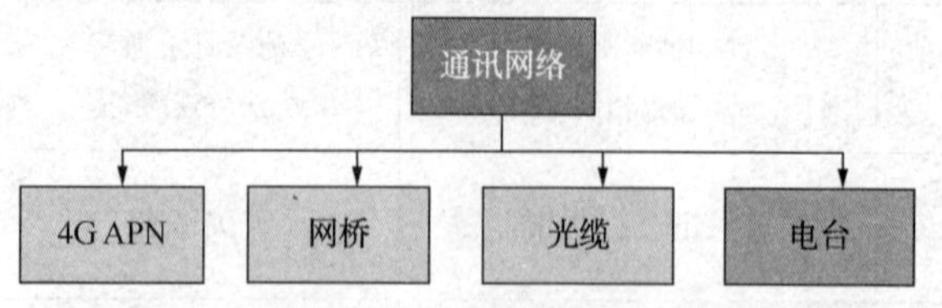

图5　智能控制平台数据及控制指令网络传输

2.3　供电设备

根据单井及丛式井场所有配套设备最大耗电情况，统筹考虑一体化社设计、整体配套供电系统，满足气井智能设备及系统供电需要，保证极端天气5天的耗电需求，见表2。

2.4　其他配套设备试验

2.4.1　智能巡检积液诊断装置

积液诊断装置可实时监测井筒液面变化情况，为气井智能化生产提供重要数据支撑。面实时测试技术见图6。

表2　单井丛井井场耗电量校核表

序号	设备名称	电流消耗/Ah	使用时间/h	设备数量	单井耗能(Ah/d)	2丛井耗能(Ah/d)	3丛井耗能(Ah/d)	4丛井耗能(Ah/d)	5丛井耗能(Ah/d)
1	压力变送器	0.02	24	3	1.44	2.88	4.32	5.76	7.2
2	截断阀(静态)	0.1	23.8	1	2.38	4.76	7.14	9.52	11.9
3	截断阀(动态)	2	0.2	1	0.4	0.8	1.2	1.6	2
4	流量计	0.03	24	1	0.72	1.44	2.16	2.88	3.6
5	网络摄像机	0.25	24	1	6	6	6	6	6
6	网络摄像机补光	0.25	12	1	3	3	3	3	3
7	RTU	0.25	24	1	6	6	6	6	6
8	柱塞设备	0.01	24	1	0.24	0.48	0.72	0.96	1.2
9	开井装置(静态)	0.1	23.2	1	2.32	4.64	6.96	9.28	11.6
10	开井装置(动态)	2	0.8	1	1.6	3.2	4.8	6.4	8
11	网桥、4G	0.15	24	1	3.6	3.6	3.6	3.6	3.6
合计					26.08	36.8	45.9	55	64.1
极端天气供电5天耗能/Ah					186.29	262.86	327.86	392.86	457.86
蓄电池容量(24V)					200Ah	300Ah	400Ah	400Ah	500Ah
太阳能板(24V)					200W	300W	400W	400W	600w

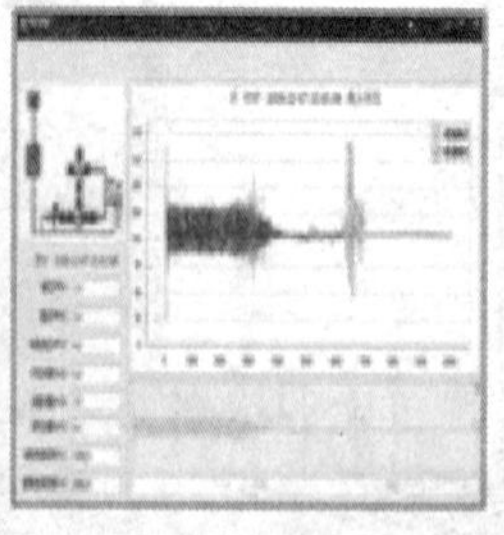

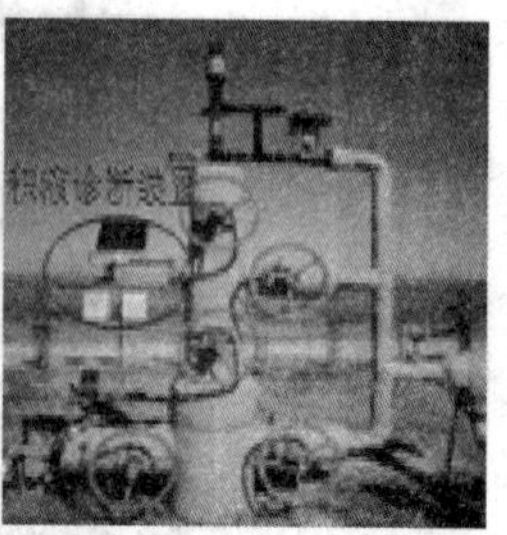

图6　液面实时测试技术

2.4.2　开关井防冻堵装置

远控开关井装置在高压、冬季低温情况下开井会出现水合物冻堵，造成开井困难，试验防冻堵装置，保障极端状况下远程开关井成功率。

3　智能平台建设

3.1　系统架构

在作业区生产网下建设SCADA系统控制平台，实现气井智能运行管理；办公网地质工艺一体化平台上建设气井管理模块，对气井运行分析优化。系统架构如图 7 所示。

3.2　气井智能控制过程

智能诊断分析软件对气井制度执行情况进行实时分析，自动下发指令，对制度进行优化，实现气井开关、柱塞气举等设备智能化控制。运行模式见图 8。

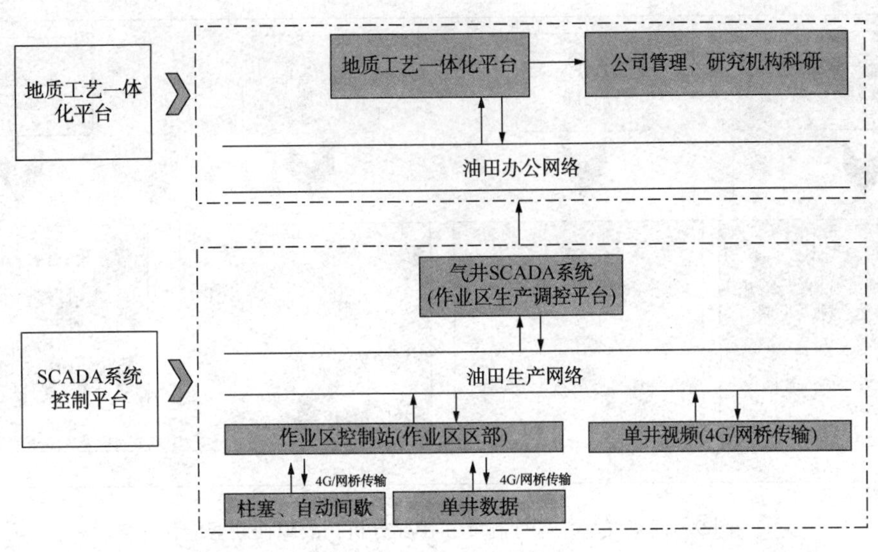

图 7　系统架构

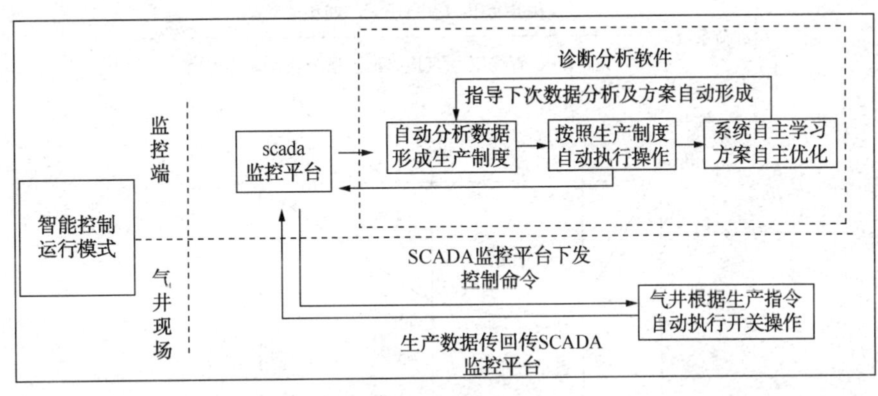

图 8　运行模式

3.3　智能控制平台功能

根据气井智能控制需求，智能控制平台具有 5 方面功能。智能控制：实现对气井井口智能控制，生产阶段监测：定时分析气井生产阶段，为大决策提供判识依据；故障报警及处理；提高故障判识准确度和处理效率，提高气井管理安全系数；自动报表：自动生产报表，提高数据处理能力，进一步解放人员工作量；操作日志报表：为气井深度分析提供依据。

4　智能控制算法

4.1　柱塞气举

结合气井生产数据、运行曲线、历史数据等，编写智能控制算法，实现柱塞气举井运行制度、状况分析、故障诊断智能化，如图 9 所示。

4.1.1　智能控制算法

结合气井生产数据、运行曲线、历史数据和载荷系数等，编写智能控制算法，实现柱塞气举井运行制度、状况分析、故障诊断智能化。

开井时机：柱塞气举开井时机选择，根据载荷系数 k 判断，当 $0.3<k<0.5$ 时，举液效果最佳。控制原理方法见图 10。

4.1.2　效果智能分析

根据气井运行数据，结合大数据信息，对运行状况进行深度分析。如图 11、图 12 所示。

4.1.3　故障智能诊断管理

根据柱塞运行异常、装置故障问题图版和故障大表，制定运行故障智能诊断分析及处理算法，提高技术运行稳定性能。

制度调参不合理：准确判断柱塞运行过程中不排液，柱塞运行速度过慢、过快，排液效率低等问题，制定出有效的解决方法。

装置故障：从柱塞井下工具→井口装置→柱塞气举控制系统，囊括整套装置故障识别和处理对策，对问题解决起到高效指导作用。

柱塞气举排液标准曲线图版如图 13 所示。

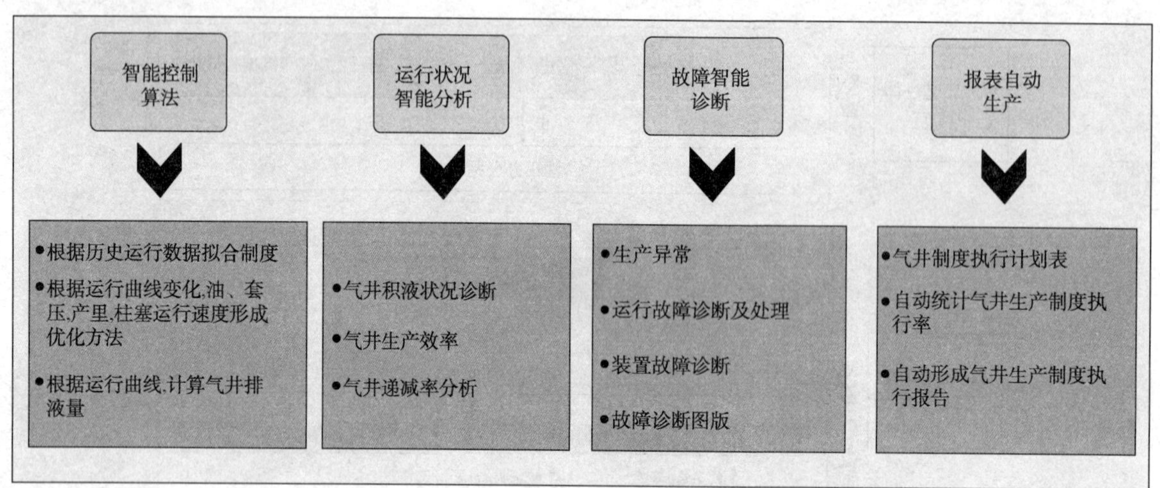

图 9　柱塞气举井运行制度、状况分析、故障诊断智能化

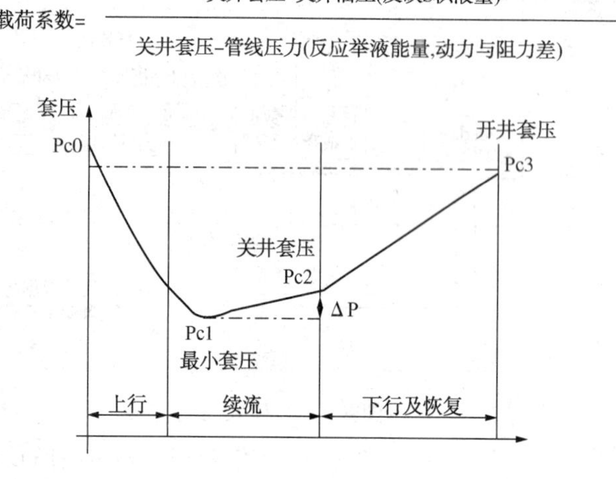

图 10　柱塞气举控制方法原理

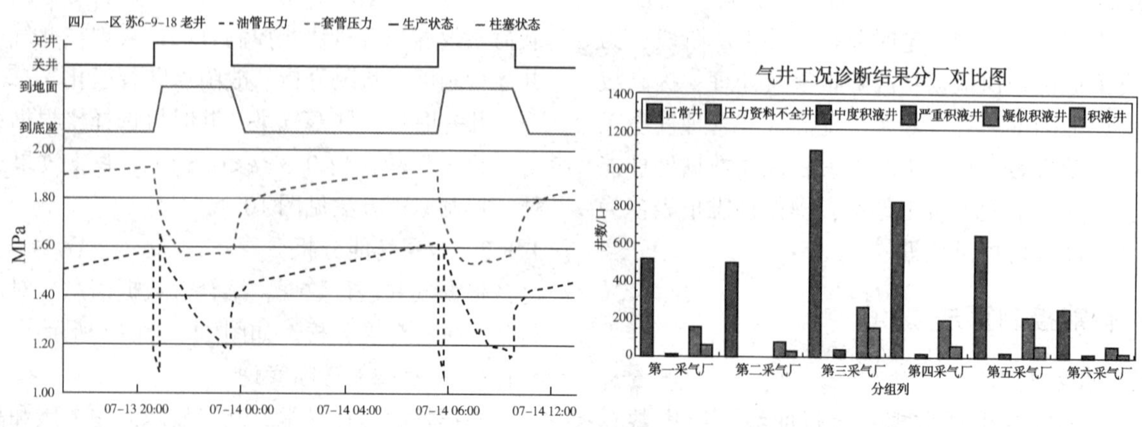

图 11　柱塞气举曲线及分析设定

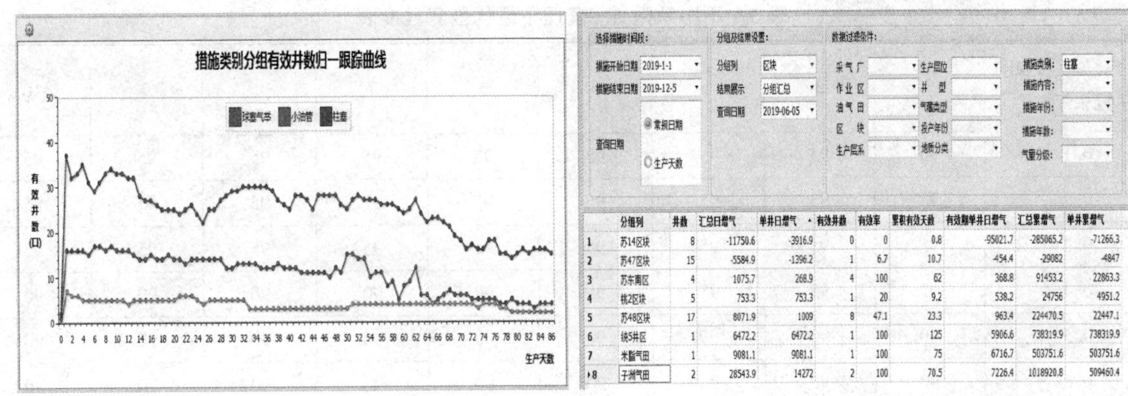

	分组列	井数	汇总日增气	单井日增气	有效井数	有效率	累积有效天数	有效期单井日增气	汇总累增气	单井累增气
1	苏14区块	8	-11750.6	-3916.9	0	0	0.8	-95021.7	-285065.2	-71266.3
2	苏47区块	15	-5584.9	-1396.2	1	6.7	10.7	-454.4	-29082	-4847
3	苏东南区	4	1075.7	268.9	4	100	62	368.8	91453.2	22863.3
4	桃2区块	5	753.3	753.3	1	20	9.2	538.2	24756	4951.2
5	苏48区块	17	8071.9	1009	8	47.1	23.3	963.4	224470.5	22447.1
6	统5井区	1	6472.2	6472.2	1	100	125	5906.6	738319.9	738319.9
7	米脂气田	1	9081.1	9081.1	1	100	75	6716.7	503751.6	503751.6
8	子洲气田	2	28543.9	14272	2	100	70.5	7226.4	1018920.8	509460.4

图 12　效果分析情况

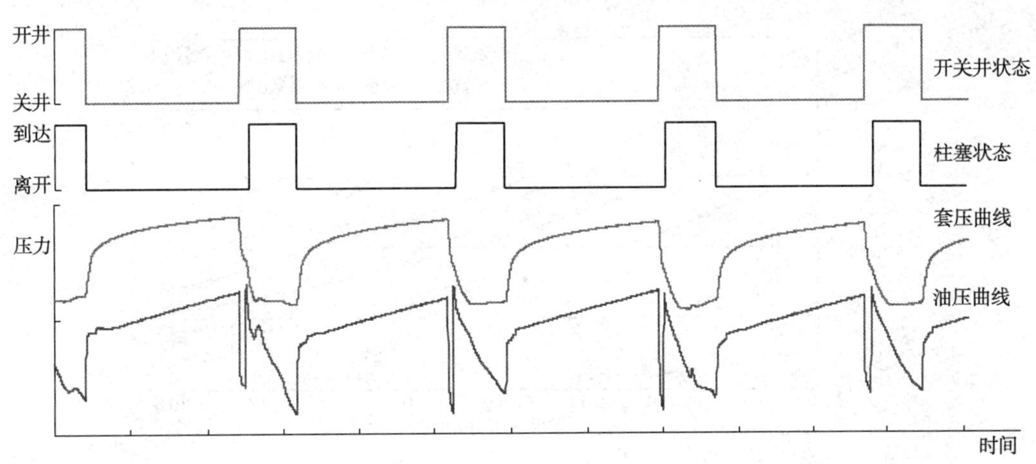

图 13　柱塞气举排液标准曲线图版

4.2　智能间开

根据井筒多相流理论、压力恢复模型，结合气井生产动态拟合结果，建立适应不同气藏类型、不同生产工况的系列智能间开算法，实现气井间开自动执行、智能分析、智能优化决策。研究思路如图 14 所示。

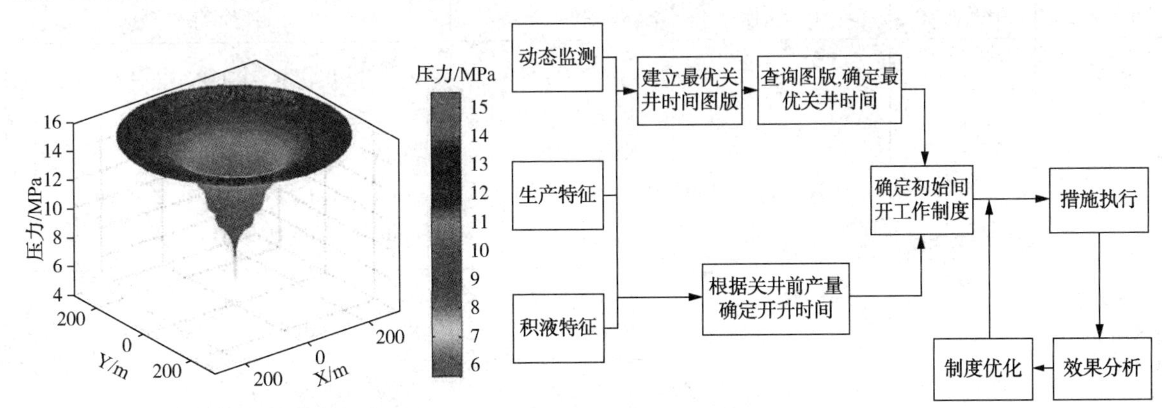

图 14　气井间开生产压降与压恢示意图及智能间开制度研究思路

4.2.1　智能控制算法

利用压降叠加原理求取关井后井底压力变化，结合井筒多相流公式，得压力与恢复时间关系式。

通过关井试验数据，获间开井系数 a 分布规律，综合考虑关井时间与恢复程度、开井产量增幅因素，确定最优关井时间，建立相应图版。不同系数 a、套压下最优恢复程度表见表 3，图版如图 15 所示。

表 3　不同系数 a、套压下最优恢复程度表

系数 a \ 压力 MPa	2	3	4	5	6	7	8	9	10
0.1	95	95	95	95	95	95	95	95	95
0.2	95	95	95	95	95	95	95	95	95
0.3	95	95	95	95	95	95	95	95	95
0.4	95	95	95	95	90	90	90	90	90
0.5	90	90	90	90	90	90	90	90	90
0.6	90	90	90	90	90	90	90	90	90
0.7	85	85	85	85	85	85	85	85	85

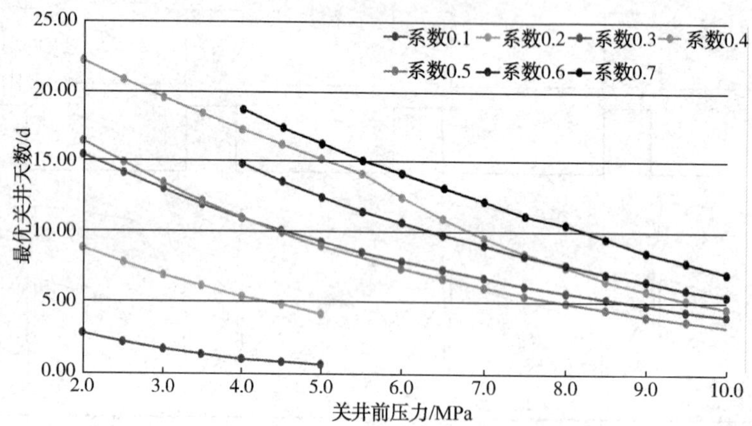

图 15　不同系数 a、井口压力下最优关井时间图版

4.2.2　效果智能评价

考虑不同评价对象，确定评价指标，建立气井间开效果评价标准，如表 4 所示。

表 4　间开井效果评价标准

间开目的	评价对象	评价指标	评价标准	评价算法
动用外围致密区储量，缓解气井积液	制度 1VS 制度 2	① 油压曲线排液特征 ② 油套压差 ③ 平均日产量	开井后油压曲线存在波动，具有排液特征(油压存在波峰)	$A_1=P_1-P_2$；$A_2=P_2-P_3$；$\cdots A_{i-1}=P_{i-1}-P_i$；$A_i=P_i-P_{i+1}$ cardA = {A_N | $A_N>0$，N=1、2…8、9}； cardB = {A_N | $A_N<0$，N=1、2…8、9}； cardA ≧ cardB 且 cardB≧2
			前后间开周期油套压差减小	$N_1=P_{c1}-P_{t1}$；$N_2=P_{c2}-P_{t2}$ $N_1-N_2>2.5$MPa
			周期平均日产高	$Qi=\frac{q_1+q_2+\cdots q_{i-1}+q_i}{i}\geq Q_{i-1}$
	间开前 VS 间开后	月产气量	开井日产量大于临界携液流量	$q_1\geq0.85$(不启压缩机) $q_1\geq0.5$(启压缩机)
			月产量高于废弃条件月气量	$Q_{30}=q_1+q_2+\cdots+q_{30}\geq3$

4.2.3　泡沫排水

自动加注泡排井控制算法：制定泡排技术控制算法，形成智能泡排控制系统，最终实现泡排井的全自主智能管理，智能推送加注时间、加注量、方案优化和效果分析。控制流程见图16。

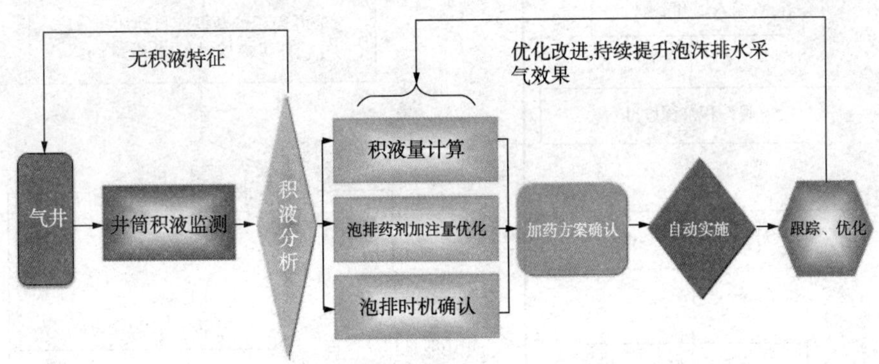

图16　泡排气井智能管理控制流程

4.3　积液诊断技术

4.3.1　积液诊断在柱塞气举技术中应用

实时诊断气井积液量，结合气井生产油套压、柱塞运行速度等信息制定柱塞气举运行制度，实现高效排液和开井时率最佳状态运行。根据监测积液量制度优化。

积液量小于设定值、载荷系数≤0.5，开井生产。积液量大于设定值、载荷系数>0.5，关井恢复能量，如图17所示。

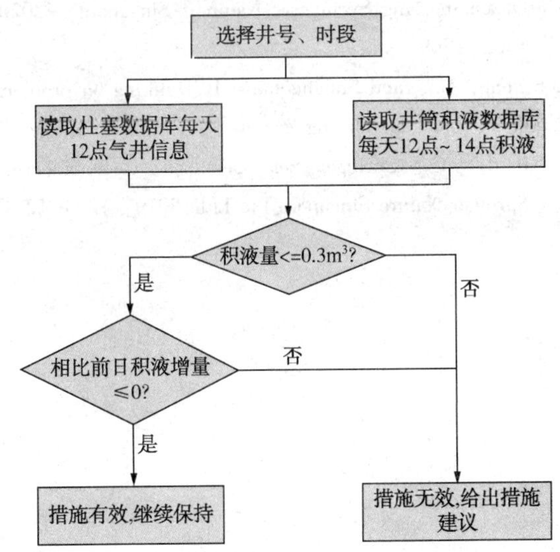

图17　积液诊断在柱塞气举技术应用

4.3.2　积液诊断在泡排技术中应用

利用积液诊断装置实时测试液面数据指导泡排措施加注制度、加注量，实现药剂最优化加注，同时对消泡剂用量进行定量化指导。积液诊断积液量计算及在泡排技术应用见图18。

5　前景与展望

通过气井智能化建设，长庆气田智能气井关键技术可节约人力资源，外包用工量降低30%；降低劳动强度，分析优化工作减少50%；管理效益明显，措施有效率提升10%；实时监测气井状态，安全环保受控。气井智能生产技术应用前景广阔，对国内国际类似气田具有借鉴意义。

随着大数据、云计算、5G、人工智能等新一代技术的蓬勃兴起，全球油气产业都在积极推进由传统生产运营模式想数字化主导的现代运营模式的转变。石油产业迎来信息技术发展带来的新机遇，实现由数字油田向智能油田发展。针对长庆气田的特点和生产需求，未来将一方面将继续利用新兴技术，根据气井各生产参数及科学算法程序让气井智能生产技术取代“技术员”职能。另一方面，根据苏里格气田发展的低成本战略，未来将继续探索降低成本。

6　结论

（1）紧密结合气井全生命周期生产管理需求，智能气井生产技术通过井口装置及配套完善，智能平台建设、智能算法研究，为促进气田高质量发展提供支撑。

（2）未来一方面将继续加强智能气井技术研究实现气井自主管理，另一方面实施低成本战略，进一步加强低成本技术研究。

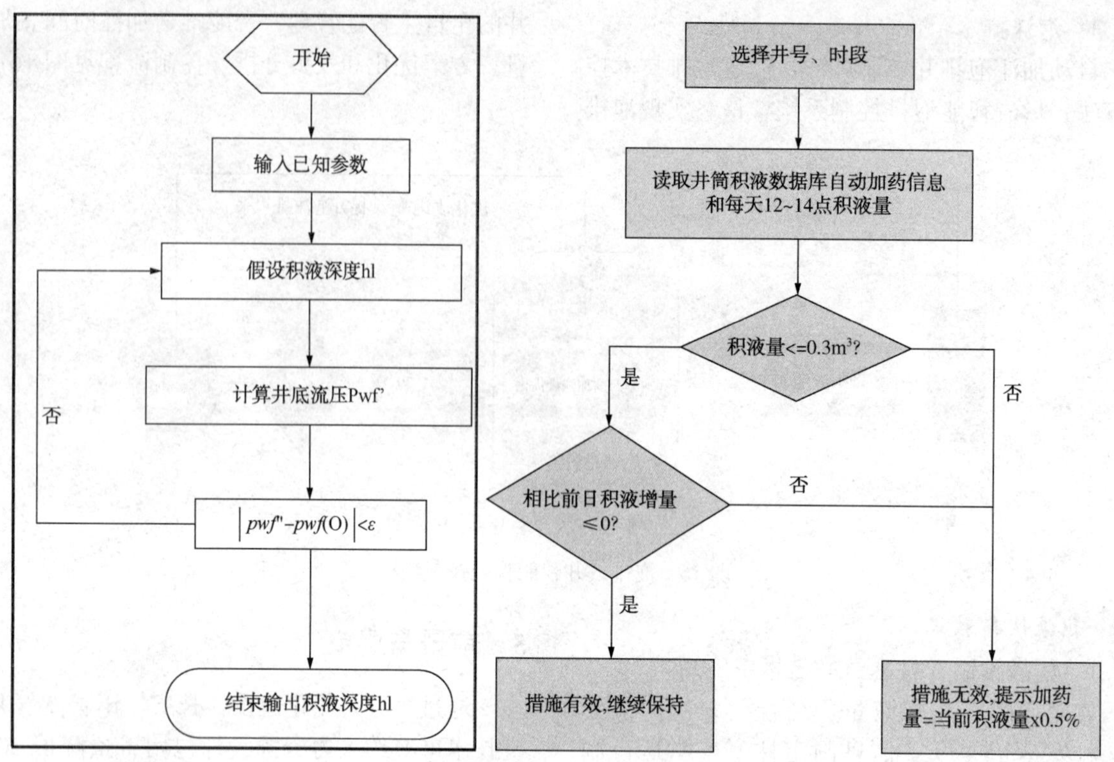

图18 积液诊断积液量计算及在泡排技术应用

参 考 文 献

[1] 李时宣. 长庆低渗透气田地面工艺技术[M]. 北京：石油工业出版社，2015.

[2] 谭中国，卢涛等. 苏里格气田“十三五期间提高采收率技术思路”[J]，天然气工业，2016，36，(3)：30-40.

[3] Chen，Yong Gui Jie《Research on gas stringer automatic deliquification in Sulige gas field》[C]//Soc. Pet. Eng. Abu Dhabi International Petroleum Exhibition and Conference 2019. bu Dhabi United Arab Emirates：Society of Petroleum Engineers，2019

[4] Chen，Yong Gui Jie. Development of remote well opening equipment based on electric needle valve in Sulige gas field[C]//Springer Series in Geomechanics and Geoengineering. Springer Nature Singapore，2020：1363-1369

[5] Yong，C.，and Shuangquan，L. Thinking on problems of ice blockage during gas well opening in Sulige gas field.[C] Springer Ser. Geomech. Geoengineering. Springer Nature Singapore Pte Ltd. 2019：1263-1271.

基于大数据的压裂实时监控与砂堵智能预警系统研发与应用

周 超 夏泊洢 孙钦瑞 张 青 罗 达

（中国石油长城钻探工程有限公司）

摘 要 随着全球能源消耗增加，常规石油资源量不断减少，低渗透油气藏在石化资源供给方面的重要性日益突出，水力压裂成为低渗透油气藏资源开发和低产井增产改造主要技术手段，面临着施工复杂多变，现场专家数量有限，压裂施工集中工作强度高、压裂砂堵风险高等问题。为此，长城钻探应用大数据、信息化技术，研发了基于大数据的压裂实时监控与砂堵智能预警系统。实现了压裂远程集中化管理与技术支持，智能预警，快速决策，创新数字化、精细化管理模式。本文介绍了基于大数据和信息化技术的系统研发与模型建立过程和方法。现场应用表明，依托压裂实时监控与砂堵智能预警系统探索形成压裂远程技术支持模式，应用效果显著，砂堵风险识别正确率达 92%，风险误报率 3.23%，为压裂监控与技术支持提供新的有效的技术手段。

关键词 压裂；大数据；信息化；实时监控；智能预警

随着全球能源消耗增加，常规石油资源量不断减少，低渗透油气藏在石化资源供给方面的重要性日益突出，作为低渗透油气藏资源开发和低产井增产改造主要技术手段的压裂施工技术，在低渗透油气藏资源开发中应用愈发广泛。我国已将页岩气列为新型能源发展重点，纳入了国家能源发展规划。

在压裂施工的过程中，由于地层情况复杂，砂堵、管线刺漏、沉砂等异常工况频发，现场压裂施工时，施工压力、排量、加砂量等参数，需要根据实际情况进行实时调整。压裂施工现场，专业技术人员实时进行参数监控与决策，调整施工参数，确保压裂施工安全有效的实施，但是现场普遍存在专业技术人员紧缺，人员分散，工作强度大等难题。

此外在页岩气压裂施工的过程中，压裂砂堵是影响压裂效果和经济效益的主要难题。压裂砂堵是压裂施工过程中压裂支持剂在压裂加砂阶段聚集在压裂井底或裂缝中造成堵塞，使施工压力突然升高，进而导致压裂施工难以进行下去的现象。发生砂堵时，若没有尽快采取有效应对措施，容易造成压裂施工的失败，浪费压裂液和支持剂，对压裂施工井进行冲砂解堵或大修，极大增加额外的施工成本，严重的报废施工井甚至因憋压造成重大人员伤亡。如果砂堵没有及时发现并处理，就会带来一系列的问题和损失。地层因素、设计因素、现场施工因素、机械设备因素等都可能会引起压裂砂堵，而且作用机理较为复杂。

目前，国内外已有部分学者和机构对砂堵风险预警进行了研究。国外哈里伯顿、斯伦贝谢、威德福等公司开发的压裂监测系统[1]，能够对整个压裂过程进行了监测，根据压裂微地震事件的监测，对裂缝延伸状况进行分析，判断施工是否发生砂堵等异常状况，该方法对施工设备要求高、技术服务费用昂贵，且目前国内微地震监测应用尚不普遍，限制了其推广应用。

国内普遍的方法是通过井底净压力随时间的变化趋势来对井下裂缝延伸情况进行判断[2-4]。根据净压力与时间的实时双对数曲线的斜率和施工状态的对应关系，对砂堵进行判识和预警[5-8]，需要首先对净压力进行计算，而净压力的计算需要确定裂缝的闭合压力，闭合压力的计算过于复杂，需要考虑的因素太多，此外净压力的计算时假设的条件太多，计算精度和准确性受到影响，同时净压力双对数曲线的敏感性太强，变化太大，不利于判断。还有斜率反转法是根据加砂过程中，实时压力曲线上的斜率反转情况，对砂堵异常进行预测[9]，虽然不需要进行净压力的计算，但是具有一定的局限性，不能适用于所有的压裂场景，并且需要有专业有经验的人员实时监测判断，时效性也受限。此外，一些机构也申请了砂堵识别和预警方法、装置等相关方面的专利[10,11]，但都未有进行现场应用。

1 基于大数据挖掘的砂堵预警模型建立

压裂砂堵预警需要根据油压、砂比、排量等参数，并通过过去发生过砂堵或砂堵隐患的历史数据，在压裂过程中提前预测下一段时间内发生砂堵的隐患，并能够给出当前发生砂堵概率。因此需要预测未来一段时间的参数变化趋势，所以砂堵预警是一个时间序列问题，基于对未来变化趋势的预测，结合分类算法，判断未来发生砂堵的隐患。

大数据挖掘需要对数据进行机器学习，分析数据规律，学习算法，通过历史经验数据的学习对未知数据进行预测或者分类。长短时记忆网络(LSTM)是机器深度学习中的一种特殊的循环神经网络方法，与传统的循环神经网络RNN相比，模拟时序更加精确，并且具有长期依赖关系[12-15]。

1.1 模型构建思路

LSTM模型的主要特点是采用了记忆块替代了RNN模型中的隐含节点，确保梯度在传递跨越很多时间步骤之后不会消失或爆炸，从而克服了RNN模型在训练中梯度消失的问题。LSTM模型由输入门、输出门、遗忘门和一个记忆细胞(cell)组成，输入门表示是否允许新信息进入到当前内部记忆单元中，遗忘门表示是否保留当前内部记忆单元存储的历史信息；输出门表示是否将当前节点响应值输出到下一层。

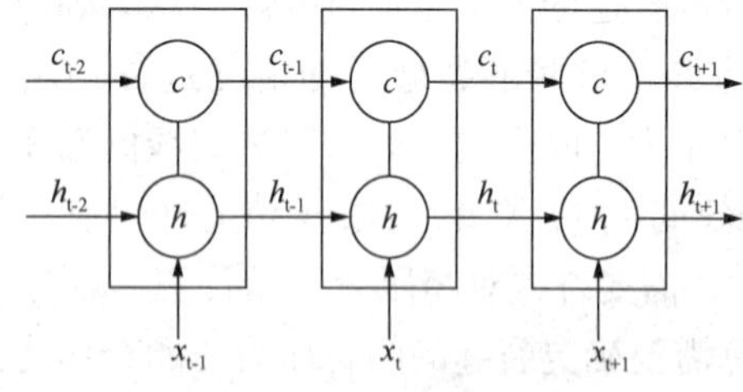

图1 LSTM模型按时间展开示意图

LSTM模型内部结构如图1所示，h为隐藏层，c为控制层，在任意t时刻，神经网络有三个输入，即当前t时刻该序列的输入值x_t，上一时刻隐藏层h的输出值h_{t-1}，上一时刻控制层c的输出值c_{t-1}；同时当前时刻也有两个输出值，即隐藏层h的输出值h_t，控制层c的输出值c_t。

LSTM模型的计算方法和过程如下：

$$i_t=\sigma(W_{xi}x_t+W_{hi}h_{t-1}+W_{ci}c_{t-1}+b_i) \quad (1)$$

$$f_t=\sigma(W_{xf}x_t+W_{hf}h_{t-1}+W_{cf}c_{t-1}+b_f) \quad (2)$$

$$c_t=f_tc_{t-1}+i_t\tanh(W_{xc}x_t+W_{hc}h_{t-1}+b_c) \quad (3)$$

$$o_t=\sigma(W_{xo}x_t+W_{ho}h_{t-1}+W_{co}c_t+b_o) \quad (4)$$

$$h_t=o_t\tanh(c_t) \quad (5)$$

式中，i_t、f_t、c_t、o_t、h_t分别为输入门、遗忘门、记忆细胞、输出门和隐藏层在t时刻的输出，x_t为t时刻的输入，W为不同参数之间的权值矩阵，b表示不同单元的偏置，σ表示sigmoid激活函数，tanh表示hyperbolic tangent函数。

构建压裂砂堵长短时记忆模型主要包括三个步骤：①对原始数据进行预处理；②构建基于LSTM的压裂砂堵预测模型，并通过训练集对砂堵预测模型进行训练；③测试模型的预测准确率。在实际预测时，向砂堵预测模型输入一条或多条n维的砂堵特征，得到一条或多条1维的预测结果，预测结果为砂堵或不砂堵。

1.2 原始数据预处理

(1) 从压裂现场采集的原始数据中所有的砂堵特征组成一个p维的砂堵特征集合，包含油压、套压、排量、砂比、输砂总量、总液量、时间等参数，将原始数据中所有的实际砂堵结果组成一个1维的实际砂堵结果集合；

(2) 从p维的砂堵特征集合中删除第i个维度，其中，i=1，2，…或p；将其余p-1个维度作为特征子集M_i，其中，i=1，2，…，p；对p维的砂堵特征集合重复删除维度，每次删除的维度不同，则得到特征子集M_1，M_2，…和M_p；将p维的砂堵特征集合记为特征子集M_0，将M_0，M_1，M_2，…和M_p分别和对应的实际砂堵结果集合组成样本子集S_0，S_1，S_2，…，S_p；对于样本子集S_0，S_1，S_2，…和S_p，分别采用十折交叉验证方法计算神经网络模型对于该样本子集的平均误差，将S_0，S_1，S_2，…和S_p对应的平均误差分别记为X_0，X_1，X_2，…和X_p；

(3) 分别比较X_1，X_2，…和X_p与X_0的差距，当X_1，X_2，…和X_p中任意一个平均误差X_i与X_0相差小于预设值m时，m的取值范围为1%～5%，则认为单独删除第i维特征后，不影响整体误差，则将第i维数据视为冗余特征。若不存在冗余特征，则执行下一步骤；若只存在1维冗余特征，则直接将该维特征从砂堵特征集合中剔除，接着执行下一步骤；若存在多维冗余特征，则从p维砂堵特征集合中删除最先得到的冗余特征，得到 p-1 维砂堵特征集合，将得到的 p-1 维特征集合作为下一轮循环的砂堵特征集合，直到删除所有的冗余特征。

(4) 将不存在冗余特征的 n 维的砂堵特征及每个砂堵特征对应的 1 维的实际砂堵结果集合组成样本集合，然后根据不同回采点和时间段对训练集进行分组，每组包含 k 条连续的样本数据，每条样本数据包括 n 维的砂堵特征和 n 维的砂堵特征中每条砂堵特征对应的 1 维的实际砂堵结果，n 表示不存在冗余特征的砂堵特征集合的维数；接下来，按照 8∶2 的黄金分割比例，将分组后的将样本集合划分为训练集和测试集，训练集与测试集互不相交。

1.3　构建压裂砂堵预测模型

基于 LSTM 的砂堵预测模型结构如图 2 所示，包括输入层、隐藏层和输出层，其中：输入层每次向砂堵预测模型中输入训练集中的一组样本数据中的压裂砂堵特征参数；隐藏层的输入为一个 n 维向量和一个 2 维向量，n 维向量来自于输入层，2 维向量来自于上一时刻的隐藏层的输出；输出层的输入为来自隐藏层的 2 维向量，对隐藏层学习的结果向量进行分类，输出为 1 维砂堵结果，通过将输出的砂堵结果与该样本数据中的实际砂堵结果相比较，计算误差。

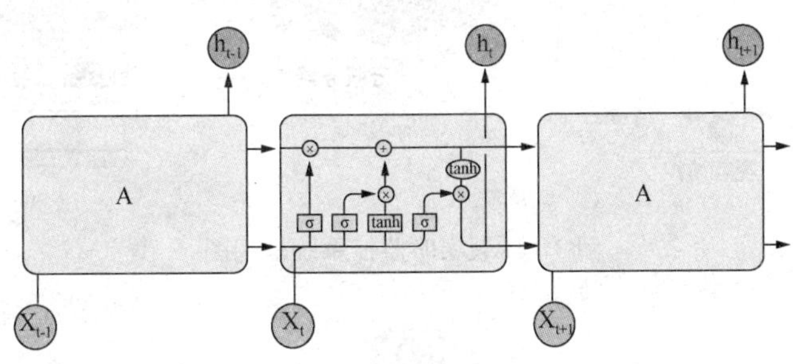

图 2　基于 LSTM 的砂堵预警模型结构

对砂堵预测模型训练时，将训练集中的一组数据传入输入层，训练集中的每组数据包括 k 条连续的压裂数据，每条压裂数据包括 n 维的砂堵特征和 1 维的实际压裂结果；输入层将 k 条连续的砂堵数据中的 k 条 n 维砂堵特征传给隐藏层；根据前文 LSTM 模型的计算方法和过程，计算相应的输入门、遗忘门、记忆细胞、输出门和隐藏层，输出层收到隐藏层传来的最后一个时刻的输出值 h_t，并将隐藏层 LSTM 单元的最后一个时刻的输出值 h_t进行解码操作，转变为“0”或者“1”，“0”或者“1”为预测的砂堵结果，当为“0”时表示不砂堵，当为“1”时表示砂堵。

2　压裂实时监控系统研发

压裂施工复杂多变，需要配备技术专家驻扎现场指挥，但是常常存在井多人少任务重、交通不便等问题，因此研发了一套压裂实时监控与远程支持系统(GW-EasyFrac)，有效解决专家资源少且分散，各井同步压裂难以集中决策的难题。

系统框架如图 3 所示，通过自主研发的采集传输软件，从压裂施工现场仪表车内实时采集施工参数数据，通过网络传输至基地服务器，进行集中计算、分析和存储，展示端通过 IP 进行实时访问。同时系统还配备有视频监控系统，通过高清摄像头和网络 NVR 对压裂施工现场进行动态摄监视，一旦出现异常，方便及时发现和处理。

该系统展示端压裂实时监控与远程支持系统包含有压裂数据实时监控、压裂数据计算与分析、数据与资料管理等模块，系统主要模块如图 4 所示。压裂实时监控主界面如图 5 所示，其中左上角为压裂实时曲线监视界面，能够实时显示压裂施工参数曲线，100%还原仪表车监控界面，右上角区域显示压裂实时数据，包括油压、套压、排量、砂比、阶段液量、总液量、阶段砂量、总砂量等参数。图 5 左下角为压裂泵注动态模拟模块，通过井深结构图与井眼轨迹，按照实际的地层分层数据(包括褶皱、断层)，拟合井下二维泵注模型，能够直观动态展示压裂施工泵注实时过程，单井分别建模，液体和砂型用不同颜色进行区分，还包含有地质小层名称、A 点 B 点数据、段号、桥塞位置、簇数、井筒内、地层内液体等参数。图 5 右侧中部为施工参数计算模块，能够在压裂施工作业中，运用经验公式数学模型，提供实时净压力、井底压力、摩阻的计算。图 5 右侧下部为砂堵预警模块，能够用数据条和数值来展示当前时刻发生砂堵的风险概率情况，当砂堵概率超过了警戒线时，砂堵预警模块出现闪烁的红色方框，同时概率条和砂堵概率值也都显示红色，给出警示，同时发出警报声音。

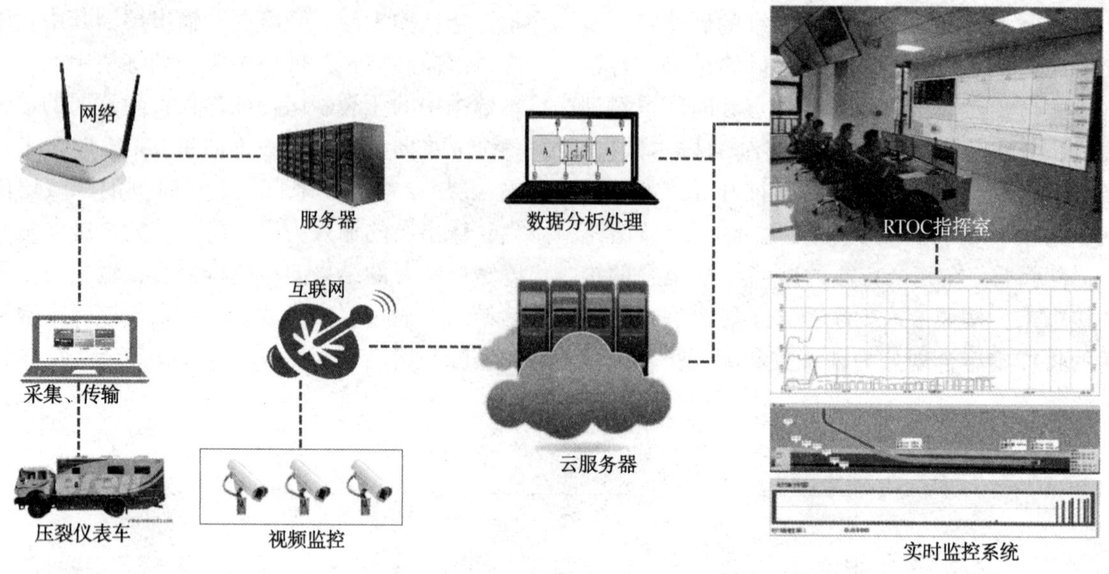

图 3　压裂实时监控系统框架图

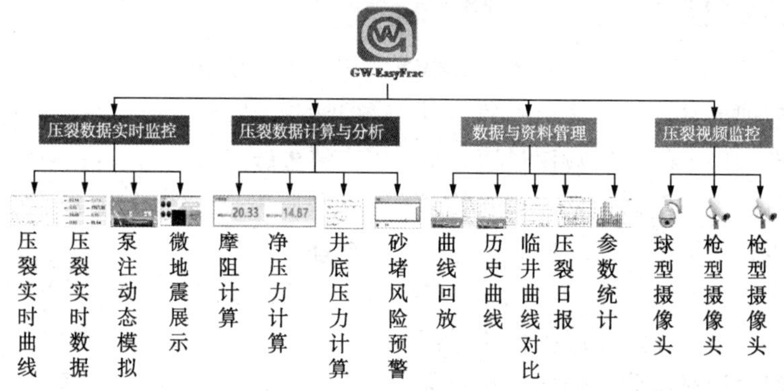

图 4　压裂实时监控与远程支持系统主要功能模块

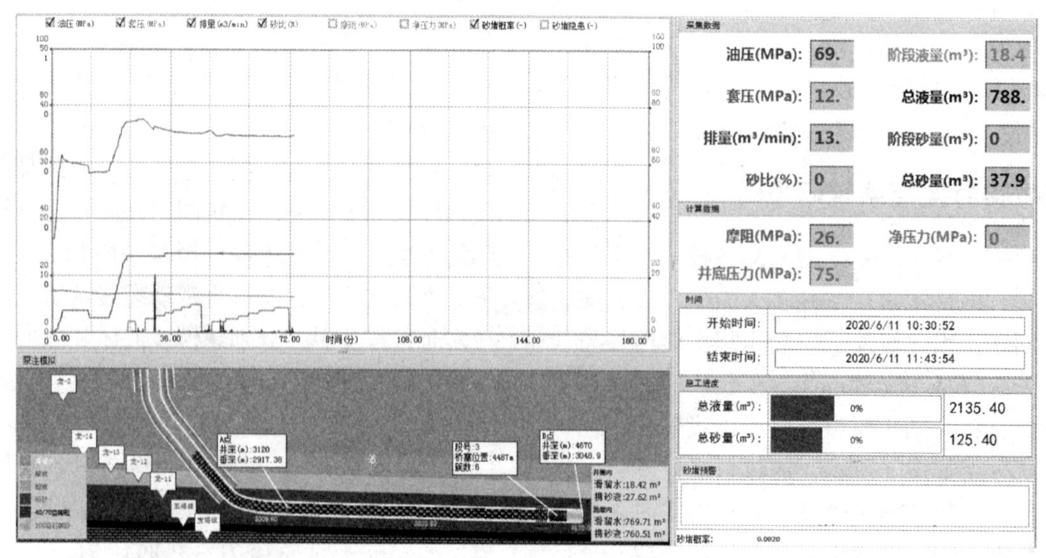

图 5　压裂实时监控界面

该系统提供了一个压裂施工参数及压裂现场施工状态远程监测系统，集中专家力量，减少专业人员需求，并且协助专家进行数据分析，提高专家决策效率，同时能够为砂堵预警模型的开发提供基础和平台。

3 现场应用

压裂实时监控与砂堵智能预警系统目前已经在川渝页岩气成功现场应用，累计服务了150余井次3500余段的，整体效果较好。同时砂堵预警模型经历开发、测试、改进、应用、持续优化等过程，已经集成在该系统上，对砂堵风险进行了准确预测，为压裂施工提供了科学化、可视化的指导。

从砂堵模型预警情况来看，报警类型可以分为两种情况，一是砂堵预警，即压裂实际施工过程中，确实发生了砂堵，砂堵模型也提前进行了预警。二是风险预警，施工过程中油压出现异常升高现象，但是现场施工时采取了停砂、降排量等措施后，油压恢复正常，砂堵风险出现时，如果处理不当很有可能造成砂堵，这一过程中砂堵模型也进行了正确预警。针对这两种报警类型，选取两段具有典型特点的施工曲线，对砂堵预警进行分析。

3.1 砂堵预警实例分析

施工曲线如图6所示，该段在施工过程中发生了两次砂堵，砂堵模型也都进行了提前预警。在第一次发生砂堵前，施工排量为15m^3/min，施工压力在73~76MPa之间，砂堵概率值几乎为零，在最后一次加砂阶段，压力上升至73.86MPa，比前一个压力波峰73.47MPa高了近0.4MPa，开始出现砂堵概率，立即停止加砂，压力持续上升，砂堵概率值也逐渐上升，概率值超过了0.5，开始报警，压力上升至78.1MPa后，开始降排量，最高压力上升至87.08MPa，砂堵模型持续报警，最高概率值达到了0.91。

通过注酸后，压力下降，解堵成功，继续加砂施工。前5次加砂都正常，施工排量为13m^3/min，施工压力在72~77MPa之间，砂堵概率值较小，第6次加砂阶段，压力陡然上升，快速超过了前一个压力波峰73.4MPa，砂堵概率值激增，开始报警，停止加砂前压力上升至75.3MPa，接着开始降排量，压力最高值上升至81.34MPa，砂堵模型持续报警。

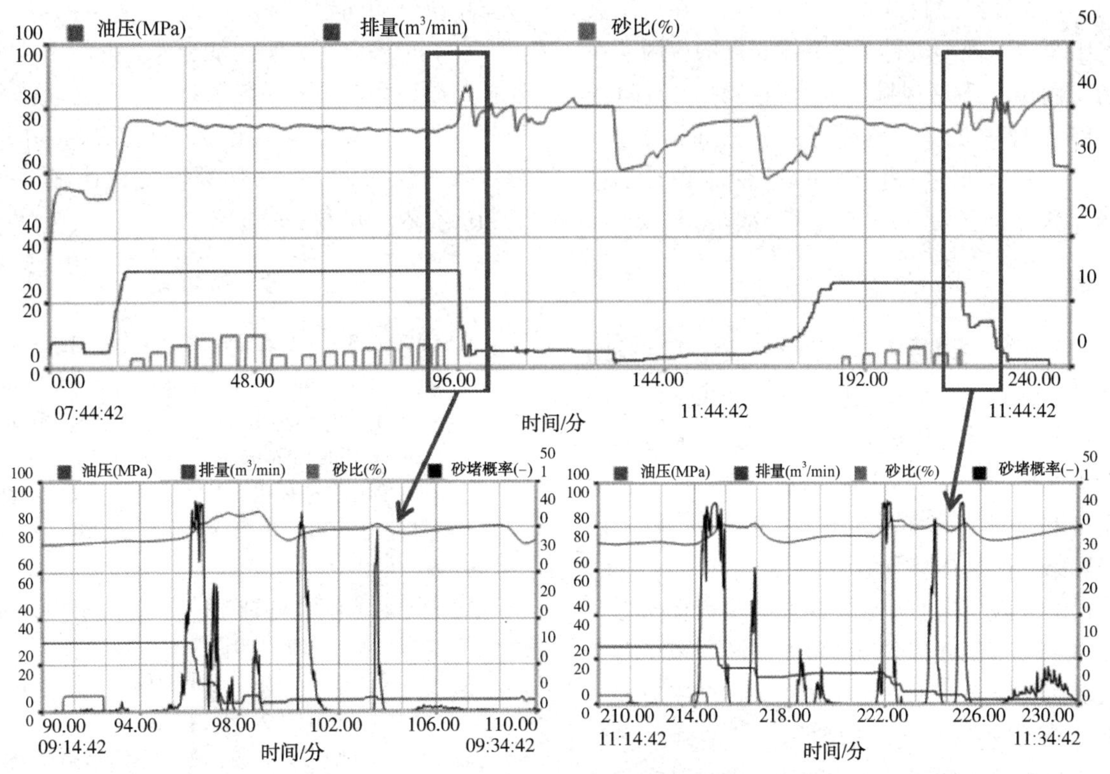

图6　压裂施工曲线和砂堵预警

3.2 砂堵风险预警实例分析

图 7 为该段压裂施工曲线，该段施工排量为 14.6m³/min，压力在 79MPa 到 81MPa 之间，较为平稳，砂堵风险报警出现在顶替液阶段，施工压力突然急剧上升，超过了前几个压力波峰值，砂堵概率也快速增加，超过 0.5 后开始报警，压力持续上升至 82.95MPa，采取降排量措施，降至 13m³/min 后压力达到最高点 83.89MPa，压力开始下降，稳定排量在 12m³/min，压力下降至 74.5MPa，砂堵风险解除，继续施工。

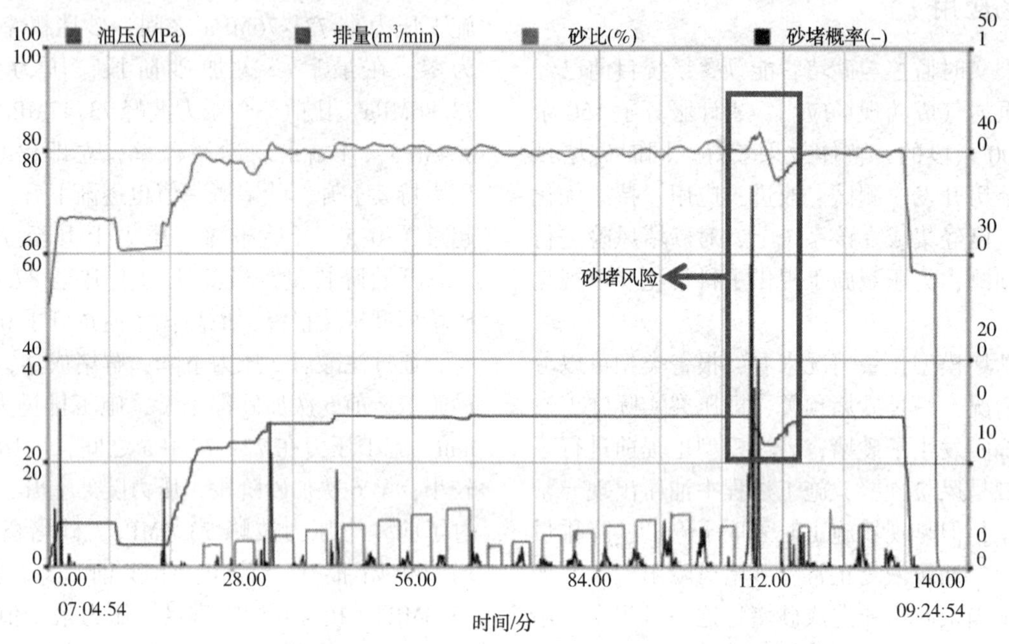

图 7　压裂施工曲线和砂堵风险预警

砂堵模型经过持续优化，目前已经在川渝页岩气压裂施工现场进行了多井次长期的应用。在现场应用中，砂堵风险识别率达 92%，风险误报率降低到 3.23%。通过不断积累压裂数据，继续进行模型训练，模型的准确性和及时性仍在不断提高。

4 结论

（1）压裂砂堵是影响页岩气压裂施工效益的主要难题，基于大数据挖掘技术，采集了包含油压、排量、砂比等于砂堵相关的参数，通过原始数据预处理，构建和训练砂堵预测初始模型，测试模型的预测准确率等，建立了基于长短时记忆神经网络的压裂砂堵预警模型。

（2）开发了一套压裂实时监控与远程支持系统（GW-EasyFrac），从压裂施工现场仪表车内实时采集施工参数数据，实时传输和显示压裂施工参数，100%还原仪表车监控界面，通过二维泵注模型直观动态展示压裂施工泵注实时过程，实时对净压力、井底压力、摩阻等参数进行计算，有效的解决专家资源少且分散，各井同步压裂难以集中决策的问题。

（3）现场应用表明，基于大数据的压裂实时监控与砂堵智能预警系统，对砂堵预警和技术支持效果显著，砂堵风险识别率达 92%，并且风险误报率仅 3.23%，为压裂安全快速施工提供了新的有效的技术手段。

参　考　文　献

[1] MAXWELL S C, URBANCIC T I, FALLS S D, et al. Real - time microseismic mapping of hydraulic fractures in Carthage, Texas [J]. Seg Technical Program Expanded Abstracts, 2000, 19(1): 1449.

[2] 赵金洲，彭瑀，李勇明，等．高排量反常砂堵现象及对策分析[J]．天然气工业，2013，33(04)：56-60.

[3] 代海洋．压裂砂堵实时监测与预警系统研究与应用[D]．西南石油大学，2017.

[4] 翟恒立．页岩气压裂施工砂堵原因分析及对策[J]．油气井测试，2015，24(01)：60-62.

[5] 梁顺武，张永成，高海霞，等．东濮凹陷高阻红层压裂砂堵原因分析及对策[J]．西部探矿工程，2010，22(08)：72-75.

[6] 余东合，梁海波，余曦，等．华北油田水力压裂实

时预警系统[J]. 石油钻采工艺，2015，37(02)：85-87.

[7] LIANG H，ZOU J，KHAN M J. An Sand Plug of Fracturing Intelligent Early Warning Model Embedded in Remote Monitoring System[J]. IEEE ACCESS，2019：47944-47954.

[8] 魏佳，辛勇亮. 页岩气压裂施工砂堵原因与策略研究[J]. 中国石油石化，2017(09)：95-96.

[9] 何智慧，马新仿，熊廷松，等. 预测水力压裂井砂堵的新方法[J]. 科学技术与工程，2014，14(08)：156-159.

[10] 刘颜鹏. 一种压裂砂堵的预警方法、装置、存储介质及设备[P]. CN110766054A，2020-02-07.

[11] 刘长虹，刘颜鹏. 压裂砂堵的识别方法、装置、存储介质及电子设备[P]. CN109815542A，2019-05-28.

[12] 魏敏敏. 机器学习在趋势预测中的研究及应用[D]. 西安理工大学，2019.

[13] 郭冠呈，刘书明，李俊禹，等. 基于双向长短时神经网络的水量预测方法研究[J]. 给水排水，2018，54(03)：123-126.

[14] 徐彬，陈渤，刘家麒，等. 采用双向LSTM模型的雷达HRRP目标识别[J]. 西安电子科技大学学报，2019，46(02)：29-34.

[15] 安磊，赵书良，武永亮，等. 基于recurrent neural networks的网约车供需预测方法[J]. 计算机应用研究，2019，36(03)：756-761.

窄带物联网 Alpha 技术在油气生产物联网建设中的作用

曹海洋　孙国宝

（北京升哲安全技术服务有限公司）

摘　要　我国油气生产物联网的快速发展已成必然，伴随着中国自主研发低功率广域网络的物联网传输技术的越发成熟，通过向油气生产物联网系统中铺设低功耗远距离的传输专网用以实现底层数据的统一采集、传输和整理分析，可实现加速推进智慧油田的建设步伐。本文对以 Alpha 基站为基础的低功耗远距离数据传输技术以及该技术在油田系统中的应用进行了深入的阐述和探讨。

关键词　智慧油田；LPWAN(低功耗广域网)；Alpha 基站；数据传输；自组专网；应用

1　引言

智慧油田是广大油田企业及关联单位今后建设发展的方向，也是强化竞争力，确保可持续发展的表现形式。同时，随着信息技术的飞速发展，大数据分析和全面感知的物联网技术在智慧油田建设中已经得到了大量应用。伴随着物联网设备的不断部署和发展更新，油田行业的生产信息化，安全管理智能化，经营管理科学化已得到了初步的实现，同时积累了海量的生产经营管理数据，为大数据的智能分析提供了基本条件。但是，针对类型繁杂多样，实时，动态，海量的油田生产管理数据的采集、传输和统计仍存在传输困难，处在复杂山地、戈壁滩、沙漠、边缘井场以及无人区的钻井井场、油水井场、集输站、接转站、联合站、处理厂等现场光纤的铺设仍存在难度、成本昂贵、施工困难与无法实施等情况，同时也造成数据孤岛化，碎片化的问题、无法远传数据中心等问题，导致数据传输和整理的效率低下，成本高昂。

针对上述问题，在油田系统中铺设以 Alpha 基站和芯片模组为基础的 LPWAN(low power wide area network)专网用以进行底层数据采集及传输，并通过安全加密可靠的专有 SaaS 生产网平台将数据统一整合分析，将是推动油田管理运营向高智能趋势发展的重要手段。

2　智慧油田概述

智慧油田由数字油田发展而来，是一个由量变到质变的演进。数字油田的概念是依据 1998 年时任美国副总统戈尔提出的“数字地球”概念的基础上推演而来，于 1999 年末由中国大庆油田在全球范围内首次提出并引起震动。此后，国内外的石油和 IT 领域的众多企业家、技术专家、学者、工程师以及管理人员积极研究和发展数字油田的概念，2001 年，数字油田被列为“十五”国家科技攻关计划重大项目，开始进入全面发展阶段。

此后随着物联网技术的应运而生和逐渐发展壮大，2008 年彭明盛首次提出了“智慧地球”的概念，2009 年 8 月，中国总理温家宝提出通过“物联网”来“感知中国”，我国各大城市，如北京、上海、武汉、广州、深圳、沈阳等纷纷提出并开始着手智慧城市的建设，在这一背景下，油田建设管理指导思路也由数字油田逐渐演变为智慧油田。

“智慧油田”来自于“数字油田”，数字油田是建立在互联网技术基础之上。而智慧油田要与物联网技术相匹配，具有感知、可视化和智慧功能。数字化油田是以实现油田数据化、让计算机代替手工劳动为主要目的，而智慧油田则要利用各种业务模型，包括知识库、专家系统等，对生产和决策做出智能辅助，真正利用信息技术来研究和管理油田。

现在中国油田企业的应用物联网建设都有了较好的基础，基础网络、设备、通信条件等都达到了一定程度，但这些系统在目前企业信息化管理中还普遍存在海量信息采集规格不一、信息孤岛、信息整合优化等问题，从而无法完全适应管理者的需要。如何利用现有资源和新技术新设备以帮助管理者提高管理便捷性、降低成本、提高生产效率、保障安全生产，是摆在我们面前的紧要课题之一。而其中如何快速有效的解决油田企业现场数据的高成本，高消耗，高频率，碎片化和远近距离传输，则成为建设智慧油田的关键一环。

3 LPWAN(低功耗广域网)概述

面对油田环境下前端监测单元数量多，上行数据量大，传输环境复杂，距离远的特点，物联网通信技术中专为低带宽、低功耗、远距离、海量设备传输应用而设计的 LPWAN 技术可以实现无缝匹配油田需求。

LPWAN((low power wide area network-低功耗广域网)是物联网传输技术的一种，可以实现低电量、低比特率、低延时与近/远场的上下行通信。

目前中国 LPWAN 市场已形成 NB-IoT 与 Alpha、LoRa 三大技术阵营，其中 NB-IoT 全称是 Narrow Band Internet of Things，即窄带物联网。由 3GPP 制定，并由国际电信联盟 ITU 批准，属于国际标准，在中国由三大运营商专属运营。Alpha 是我国自主研发建设的优秀窄带通信技术。LoRa 全称为 Long Range，其核心技术垄断在 SEMTECH 公司，属于企业私有技术。

NB-IOT 与 LoRa 设计理念与实现传输的方式不同导致通信能力有所差异。LoRa 是专为低功耗而设计，采用异步传输方式，终端不需要实时与基站保持同步从而降低了终端功耗，但每次通信需要携带同步信号因此增加了频率资源开销导致频率利用率低；NB-IOT 是基于 4G 的蜂窝通信技术，其最初的设计理念是提高频率利用率以提升传输速率，采用同步传输方式，通信时不需要携带同步信号从而减小频率开销提升了频谱利用率，但需要实时与基站保持同步所以大大增加了终端功耗。NB-IoT 的网络部署可以与现有蜂窝基站复用，LoRa 则需要独立建网。

两者在多维度比较如下：

【自由度】：NB-IoT 严重依赖运营商的基础网络设施，在局部地方，运营商的基础设施并没有完全覆盖，从而会导致传输不通畅的问题。而 LoRa 则是一个更灵活的自主网络，可根据需求任意灵活部署，在所有覆盖区域都可保证相对稳定。

【安全性】：NB-IoT 是运营商网络，数据会最先传到运营商，各项数据不可控，保密性存在问题。

【频段方面】：LoRa 工作在 1GHz 以下的非授权频段，无需申请即可进行网络建设，因此不需要支付额外的通讯费用。NB-IOT 是使用授权频段(LoRa 和 NB-IOT 都使用低于 1GHz 的频段)。频段授权的成本现在并不低——每 MHz 的成本大于 500 美元，所以使用 NB-IoT 必可避免的会产生相应费用。

【前端生态】：LoRa 的生态系统比 NB-IOT 或其他蜂窝物联网通信标准的生态系统要强，已经在国内多个行业得到验证，LoRa 技术的低成本、广范围、多功能在稳定的生态系统和社区支持中具有优势。

【电池功耗】：由于 NB-IOT 在蜂窝授权频谱上工作，设备必须定时(相对频繁地)进行网络同步，这相应会消耗电量。而 LoRa 架构中不需要这样的网络同步。在 LoRa 的异步频段中，终端设备单元应用程序精确决定设备的“休眠”时间，因此电池电量可以轻松保存。NB-IOT 的线性发射器需要的“峰值电流”比采用非线性调制的 LoRa 多几个数量级，对电池施加额外压力。

综上所述，针对 NB-IoT 和 LoRa 各自性能比较，目前油田企业在物联网传输选择方面，似乎 LoRa 的自组网架构更能满足智慧油田的发展需要。但是，由于 LoRa 芯片制造商只有属于 SEMTECH 公司独家垄断，在当前国际贸易特殊情况下，对涉及国计民生的中国油田企业来说是非常致命的。前段时间中国一家通信设备企业被美国禁售芯片，导致企业正常运营停滞，付出巨大代价。该事件的惨痛教训历历在目，我们为何还要采用被人能随时扼住咽喉的通讯手段？故此，采用中国独立研发、自主可控的 Alpha 技术自组 LPWAN 专网才是解决这一问题的唯一可行的道路。

4 基于 Alpha 基站的自组 LPWAN 专网特点

拥有从 Alpha 通信基站、芯片、模组、传感器到云端平台一体化、端到端的物联网产品线，并在低功耗智能传感器、窄带物联网传输技术领域拥有领先国内的压倒性技术优势，获得工信部、北京市政府的多次关注和奖励。其自主研发的低功耗广域网(LPWAN)Alpha 协议在通信算法、芯片、模组等方面实现完全自主，在成本、自主性、灵活性、抗干扰能力等诸多方面表现都优于物联网主流通信技术 NB-IoT 与 LoRa，并在通信算法和芯片多项技术上具有特色亮点，主要表现在四个方面：

一是通信算法方面，基带产品采用自主研发的高抗干扰扩频通信算法，最大可提供-140dBm 的接收灵敏度，为行业最高水平，极大提高室内和远距离覆盖能力。在开阔环境中可实现 10~30km 的最远通讯距离，超出行业平均水平，能够满足油厂油田等对近场定位和远场通信的要求。

二是网络技术方面，物理层采用了扩频结合频分复用和码分多址技术，使得网络容量相较单以扩频作为核心的 LoRa 技术增加数倍，可同时支持 5000 多台终端设备连接。

三是芯片技术方面，采用系统级封装形式，大幅缩减了电洛面积及设计难度。同时，采用接收唤醒技术，可实现定向终端快速唤醒，保证终端设备单元的数据传输时效。

四是低功耗局域网无线标准 LoRa 技术推广和生态打造由 SEMTECH 公司掌控，而我国自研的 Alpha 通信算法技术完全自主可控，已完成了中国自主基于 Alpha 基站的 LPWAN 设计建设，摆脱了国外技术在低功耗广域传输领域的垄断制约。

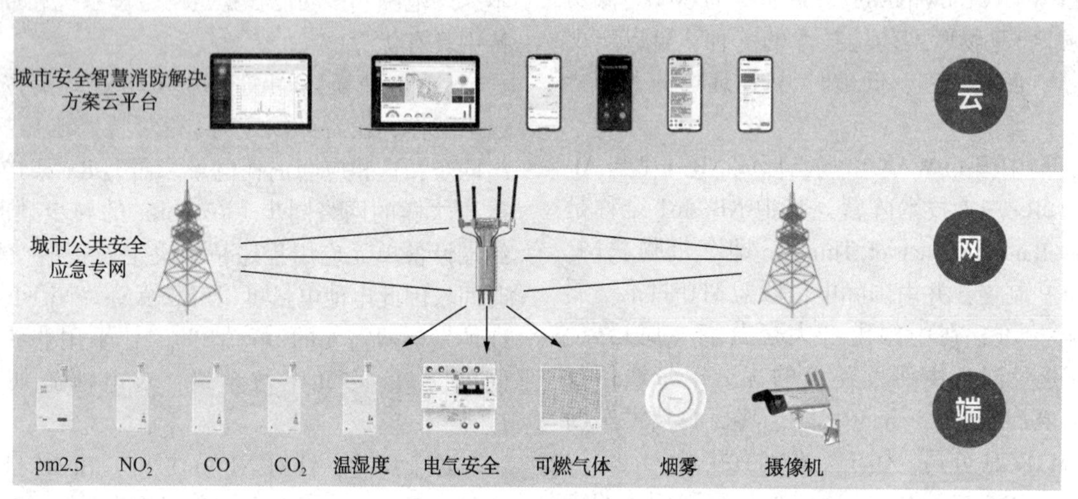

图 1　基于 Alpha 通信技术的城市安全智慧消防云平台

Alpha 通信算法体制与 NB-IoT 和 LoRa 相比较；

与 NB-IoT 相比：Alpha 通信算法研发早于 NB-IoT，因工作于 Sub-1GHz 非授权频段，应用时不需要支付额外费用，用户不需要依靠运营商就可以完成网络部署，部署成本极低、速度快，且能耗低，在油田厂区所处的偏远地区，Alpha 通信技术优势明显。

与 LoRa 相比：双方均工作于非授权频段，具有诸多相似点。但在信道编码、多址方式、纠错能力、上下行通道数、下行链路功耗等方面，Alpha 窄带技术的性能表现更优，不仅显著提升了基站连接数，更解决了行业内下行链路功耗大的难点，一方面传输距离可达数十公里，另一方面在网络容量方面，相较单以扩频作为核心的 LoRa 技术也可增加数倍。单信道带宽最大 500kHz，支持双向通信，默认 16 路上行和 16 路下行信道，上下行 1∶1 对等传输信道，支持全双工通信。数据传输速率可达 50kbps，可达 LoRa 速率的 5 倍。经测试，Alpha 通信算法的机制比 LoRa 终端节省 20%以上的功耗。

为了实现技术安全与自主可控的物联网，已完成了 Alpha 通信体制的闭环打造工作，其自主设计研发的各类传输芯片已经成熟，并且已经在全国范围内投入市场，其传输基站，终端设备已经接受市场检验为成熟稳定的产品。

为打造完整智慧物联网生态闭环，Alpha 技术在云端管理平台，AIoT 视频监控等领域也完成了配套研发生产，其产品序列已基于 Alpha 传输协议全部纳入统一云端管理平台，实现了前端-传输-云端管理的闭合智慧生态。

综上，通过搭建油田系统的低功耗广域自组专网，可以对油田的各类信息数据状态进行统一格式的采集传输汇总，并在多个生产和管理环节加速实现智能化应用。

5 可实现功能应用的探讨

（1）通过前端的监控生态对油田进行全面监控。油田企业的生产现场可分为油、水井和各种站场，利用 Alpha 技术传感设备和 AI 监控实现对油、水井场、钻井井场与无人值守等区域的监管。而对于注水站、计量站、增压站等有人站场，则可利用以人为主，设备为辅的工作方式，提高管理效率。可以利用 AI 摄像机和视频边缘计算盒子来定制化设计监控系统。通过 AI 摄像机的前端算法结合后端云平台的算法，成功避免由于视频数据庞大而导致系统运作缓慢等问题。同时利用 AI 摄像机的精准识别功能对采油生产流程和安全生产等情况进行全程监控。

（2）生产数据采集和通讯。通过 Alpha 传输协议对于潜油电泵井、抽油机井、集输管线、转油站和输油站等生产作业现场实际生产和现场环境数据（液压、温度、流量、示功仪等）进行采集，通过私有云端进入监控平台的数据库中。由于 Alpha 传输协议具有低功耗、远距离的特点，实际传输距离最大超过 30km，可以完美解决目前远端油井、气井的信息采集问题。

（3）安全预警功能。智慧油田建设的相应区域还应该设置专门的安全管理系统，可以对管辖范围内人，车，物的异常状态进行报警，主要可针对站场、油井等重要区域，并可以和视频监控系统进行联动，自动抽取出现异常情况现场的图像并显示在监控画面上。避免由于人为切换图像而导致没有及时发现异常，或者“贻误战机”的情况。还可以根据安全的需要将现场的各种传感器与视频监控画面联动，可以更高效地发现现场的问题。同时，还可以利用摄像机的警示灯、扩音器等对现场进行实时预警，利用灯管和声音提示对方，起到防范与威吓的作用。

（4）高效的预警功能。在油井、水井、气井和站场内根据必要性要设置相应的传感器，对生产现场进行实时监控，避免各种事故的产生。利用统一平台对现场进行监管，无论是视频、数据采集器，还是各种传感器都能够在同一个平台上得到体现，可以保证在第一时间发现问题和处理问题。

6 结语

油田企业每刻都在产生海量的数据，这些数据都是宝贵的财富和增值的资产．数字油田核心是油田各种生产参数的数字化和各种设施、设备的物联化，强调的是各类数据的数字化；智慧油田就是在数字油田的基础上融入人的智慧强调的是人工智能和人的智慧相结合，因为物只有智能，而人才有智慧，与数字油田侧重于数据收集不同，智慧油田更加侧重于数据的整理和深度应用的发掘，形成由“数据”到“知识”的转变，以这些知识为基础，对油田生产决策进行辅助和指导，从而优化传统工艺流程，提供科学管理方法，实现由静态到动态、智能到智慧、简单到深入、被动到主动的跨越。

最近以来，我国先后发布了若干重要指导文件，如基建指导文件和培育新型市场要素文件等，内容涵盖如 5G、数据中心、人工智能、工业互联网、生产安全数字化等方方面面。这充分说明数字化，智能化发展已成为必然的发展趋势。

智能油田是数字油田的转型升级，一定要把数据抓紧、抓好，“数据是个纲，纲举目张”，为了保障数据安全、高效、精准的传输，建设一张由我国研发、自主可控的 Alpha 技术为基础的自组物联网专网，并与生产管理各环节深度融合，必然会能够大力推进智慧油田中油气生产物联网的快速发展。

参 考 文 献

［1］王媛媛．基于物联网系统的生产故障诊断处理机制及研究［C］．第六届数字油田学会论文集，2019，（268）．

［2］刘红涛．NB-IoT 技术在油气生产物联网建设上的应用与前景［C］．第六届数字油田学会论文集，2019，（238）．

［3］唐明．浅谈物联网技术在油田设备管理中的应用［J］．商情，2020，（11）．

［4］刘勇智．“物联网”在数字化油田中的应用［J］．科技中国，2016，（69）．

基于大数据的设备预测性维修平台研究

刘学刚　武铁峰

（中海石油炼化有限责任公司）

摘　要　随着企业实时历史数据库的大量使用，对于数据进行集成、分析、挖掘以充分利用数据库的需求与日俱增。与此同时，生产系统设备的安全和高效运行也是企业得以长期运营必不可少的条件。基于以上需求条件，本文提出了一种通过对企业生产过程中积累的海量实时、历史数据进行分析挖掘，比照设备目前工况的方法，从而直观地反映出系统设备的实际运行状态，并及时发现系统设备运行中的早期潜在故障与隐患，为系统设备的安全高效运行提供了技术手段。

关键词　数据分析；故障诊断与预测；数据挖掘

石油化工在国民经济中占有战略性的重要地位[1]。石化装置有着长周期、连续性生产的特点，生产装置运行中一旦关键设备发生故障或失效就会引起严重后果，不仅设备受损，整个生产装置还会全面停车，甚至会出现安全事故。因此对于设备运行的安全性和可靠性的要求也越来越高，这就需要保证设备的运行状态良好，并对设备的可能发生的故障进行设备预测维修处理。

设备预测维修是根据设备的运行状态安排检修计划。在设备运行时，对其运行状态实施定期或连续监测和诊断，并根据设备运行趋势和设备状态，预先制定预测维修计划，确定机器应该修理的时间、内容、方式和必需的技术和物资支持。设备预测维修集设备状态监测、故障诊断、故障(状态)预测、维修决策支持和维修活动于一体，是一种新兴的维修方式。

目前，故障预测主要分为三种方法：基于模型的预测方法；基于数据驱动的预测方法；以及混合预测方法。一般在实际的场景中，不会单一使用基于模型或基于数据，更多地是将两者结合起来，使用混合预测方法，有效地提高性能。例如，在基于数据驱动方法中融入一些专家背景知识所熟知的规则，在基于模型的方法中加入一些数据驱动的统计学策略。Liu 和 Ma[2]提出一种数据模型混合的故障诊断框架，使用粒子滤波器来评估系统的状态，基于贝叶斯来预测模型中的参数值，并使用数据驱动方法来学习系统的退化过程从而预测故障的发生。Liu 和 Li[3]将隐马尔科夫模型和最小二乘支持向量机这两种方法有效地结合起来，在预测系统地剩余使用寿命上达到了很好地效果。Liao[4]专注于混合预测方法的开发，将目前较权威的模型算法结合起来提出一种混合预测方法，并将其运用到电池退化案例中。

本文所提出的基于大数据的设备预测性维修平台将通过对企业生产过程中积累的海量实时、历史数据进行分析挖掘，比照设备目前工况，直观反映出系统设备的实际运行状态，并及时发现系统设备运行中的早期潜在故障与隐患，为系统设备的安全高效运行提供技术手段。通过实施预测维修——而不是故障维修或计划维修，可以避免设备过维修和欠维修，降低设备在整个生命周期内的检修和维护费用，避免设备非计划停机，提升生产本质安全。

1　技术基础

1.1　技术架构

基于大数据的设备预测性维修平台总体架构如图1所示，包括数据集成、数据处理、存储层、计算层、模型分析层和应用层六个层次，结合专业分析应用实现海量数据的实时分析挖掘。在数据来源层中，包含传感器数据、存储在数据库中的设备历史数据和事件历史数据等结构化数据，也包含事件日志数据、传感器日志数据和视频数据等非结构化数据；在数据采集和存储层中，将完成数据的采集、治理和存储；在数据挖掘层中，针对故障诊断和故障预测分别有不同的建模平台；在应用层中，设备的运营状态数据将以可视化的方式进行展示，并将故障诊断和预测结果直接呈现出来，便于甄别和维修。

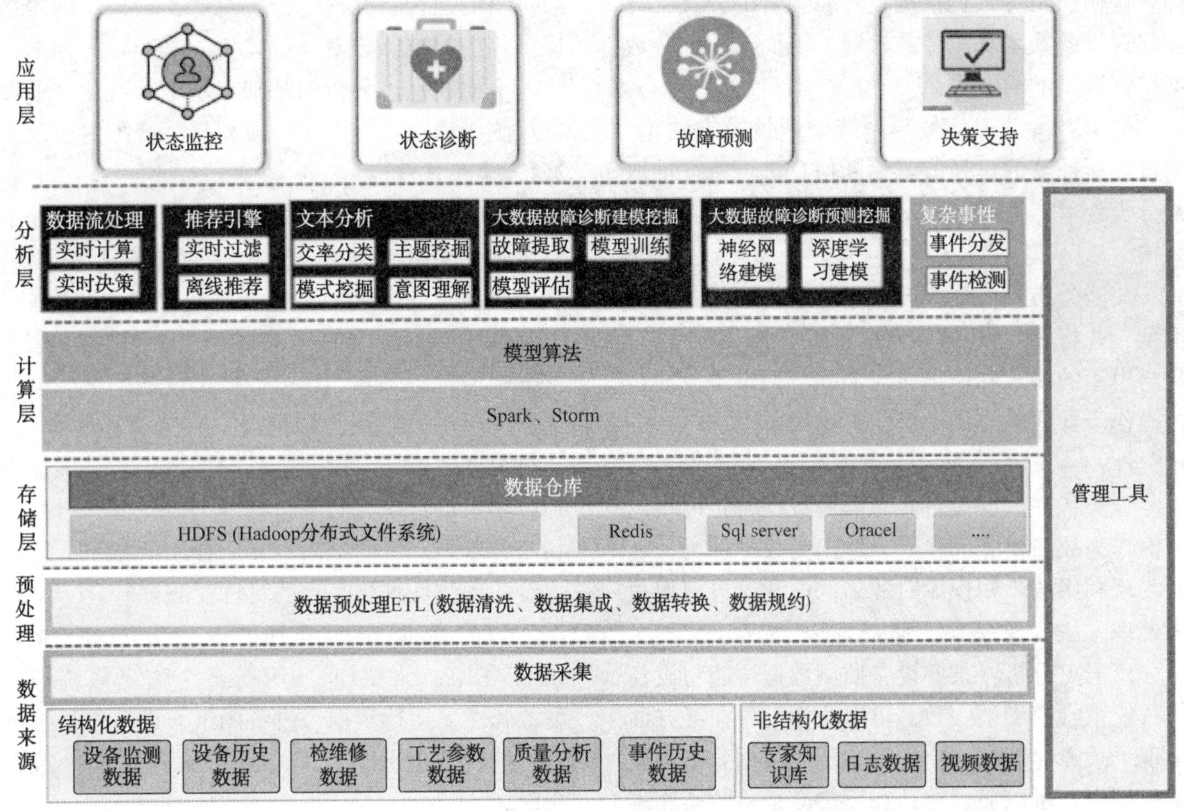

图 1　技术架构

下面对技术架构中的核心技术进行简要介绍。

1.1.1　数据仓库

数据仓库是面向主题的、集成的、不可更新的、随时间不断变化的数据集合[5]，其将从信源所采集到的各类操作型数据集成到统一的存储环境里，以便让企业在进行决策时能够更快更方便地查询到所需要的信息。某石化企业基于已有生产信息化建设项目积累了大量的生产数据，这些数据也包括安装在各级生产单元上的设备运行状态。通过对开源大数据平台 MPP、Hadoop 及其相关工具技术的实验分析和试点应用，选取以 Hbase、MongoDB 等为代表的新型数据库与 HDFS 分布式文件系统相结合的方式构建大数据分析数据仓库。

由于数据仓库中的数据格式已经完成了标准化的格式转换与统一，所以这些数据在质量、效率以及被二次利用的可能性方面较传统数据库更具优势。因此，要达到对设备的预测性维护目的，首当其冲是建立基于设备关联信息的数据仓库。建立数据仓库的主要流程包括 9 项：①需求的捕获、梳理与剖析；②数据建模与规划数据仓库所需的软硬件条件；③数据源的规范与界定；④选取合适的技术与架构；⑤将操作型数据库中的数据提取、清洗和重构载入；⑥表格工具与访问方式的选取；⑦连接后台数据库软件的选取；⑧数据可视化与解释软件的选择；⑨数据仓库的重置更新。

通过对多参数融合体数据挖掘，寻找有价值的、类似于工况介质发生变换的关联因素。找出工艺流程参数的变化对大机组安全运行工况的影响，建立机组安全运行范围和高效运行范围。

1.1.2　数据挖掘

数据挖掘(Data Mining)的经典定义为“从海量数据中获取正确、新颖、有潜在价值、最终可理解的模式的非平凡过程”[6],[7]，是开发信息资源地一套科学方法[8]。其基本类型主要有两种，描述型用于导出数据中隐涵关联的归纳模型，预测型则是基于当前数据做出对应的现状分析及决策推断。常见的数据挖掘模式有关联分析、分类、聚类、离群点分析等[9]，在构建模式时需选取一定量的设备历史数据作为初始参考数据，然后对这些数据进行训练学习。在解释评估过程中，可以构建基于设备故障模式分析结果的诊断知识库，采用人工诊断和基于人工神经网路、模糊逻辑等数据挖掘技术相结合的方式，以实现对设备缺陷和故障的诊断。下面给出部分数据挖掘模式的简要介绍：

聚类：借助于信号与系统处理技术方法论，通过对所捕获的设备故障诊断信息进行特征抽取并分类组织，从而发现故障设备的内在共性结构。

关联分析：可建立设备组件的行为状态精确模型，并将其与设备并行使用，通过不断比较设备与模型的输入和输出，对照并辨识设备过往运行操作步骤间的异同，可挖掘出设备模块内在的相关性；

分类：在取得设备状态监测数据时，可将监测值作为故障模式的输入，输出为故障种类，从而实现利用故障知识库对故障的诊断，再根据故障处理方法实现故障处理。

离群点分析：某些设备监测数据可能与设备的一般正常模型不一致，可以认为设备在某方面出现了故障，即在一个设备监测值数据分布和概率模型中，可以通过统计和距离度量检验检测离群点，从而判断设备是否正常或者故障程度。

2 实施流程与系统配置要求

预测维修系统可以对当前的基础设备状态检测技术以及设备性能检测技术进行充分的利用，提高系统运行状态故障、性能分析的准确性，为机泵、机组的维护保养工作提供相关的建议和参考，使设备性能得到显著地提高，避免各类安全事故的发生。

本文所提出的预测性维修平台在机组、机泵预测维修系统的建立方面，有以下几个方面的内容：

1）建立机组基础信息数据库；

2）建立机组故障特征信息数据库；

3）对机组性能状态进行监测，分析监测结果；

4）对故障进行诊断，制定相应的解决策略；

5）制定维修方案，展开维修。

在机组、机泵预测维修技术方面的研究，主要包含有两个方面的内容：

第一个方面，运用机组现场性能检测和诊断技术，对现场运行信息进行采集，以此开展故障诊断分析；

另一方面，建立机组故障特征数据库，通过与机组的运行状况进行分析对比，为机组的维修提供相应的维修方案。

下面在上述分析的基础上基于某石化企业设备预测维修项目给出实施流程与系统配置要求。

2.1 实施流程

本文涉及的基于大数据的设备预测性维修平台应用于某次针对某石化企业的设备预测维修，该项目涉及的数据范围包括：机泵群/机组在线监测系统、DCS、MES、ERP、LIMS 等各个信息系统中的设备属性、运行数据、设备图纸、设备维护、历史故障和维修记录、人工巡检数据等。其组织范围包括：设备中心、信息中心、炼油中心；其中设备研究对象包括两个单元的两台机组和四台机泵。下面给出本文所提出的基于大数据的设备预测性维修平台的具体实施流程：

（1）数据仓库的建立：将分布于 DCS、MES、ERP、大机组、SIS 等各个信息系统中的设备属性、运行数据、设备图纸、设备维护数据等，按照数据分类，建立设备预测性维修数据仓库。

（2）设备状态监测：在数据仓库基础上，依据状态检测手段的不同，分成许多种设备工况监视手段：振动监测、噪声监测、温度监测、压力监测、油液分析监测、声发射监测等。各类设备工况通过设备预测性维修信息系统，按照设备编码，集成统一展示。

（3）设备故障诊断与预测：

以设备单元关键泵组在线监测系统实时采集的数据或离线检测系统采集的历史数据，建立关键泵预知性维修的模型。做好机泵运行状态的有效评价和状态趋势管理，有效指导机泵的运行管理与监控、优化维修维护等，提高机泵安稳长满优运行的效能。

将大机组振动参数、机组运行工况参数、以及装置工艺流程的参数融合，建立进一步优化对大机组的操作，提高设备高效、安全运行的水平。整合历史运行数据、故障数据等，制定维护策略，指导制定机组运行维护措施、检维修方案，优化对大机组的工艺操作策略，分析大机组能效，提高机组运行效率、保障安全运行，总体提升机组业务管理水平。

（4）设备维修报警：当系统设备的当前运行状态发生改变，而偏离正常数据分布规律时，系统自动识别到这种变化并持续监测，当设备状态持续劣化并越过预警监测线时，系统自动对系统设备状态发布潜在故障的早期预警并通过网页、邮件、移动应用等多种方式进行推送，通知相关人员。

3　案例分析

下面以某石化企业项目中的两台机泵：重石脑油泵、石脑油分馏塔底泵以及两台机组：循环氢压缩机、解析气压缩机为研究对象验证所搭建的基于大数据的设备预测性维修平台的应用效果。

3.1　数据仓库的建立

将分布于 DCS、MES、ERP、大机组、SIS 等各个信息系统中的设备属性、运行数据、设备图纸、设备维护数据等，按照数据分类，建立设备预测性维修数据仓库。

首先进行数据采集与预处理，如图 2 所示：

平台使用结果如下图 3，图 4 所示：

3.2　设备状态监测

在数据仓库基础上，各类设备工况如：振动、噪声、温度、压力、油液分析等，按照设备编码，集成统一展示，如图 5、图 6、图 7 所示。

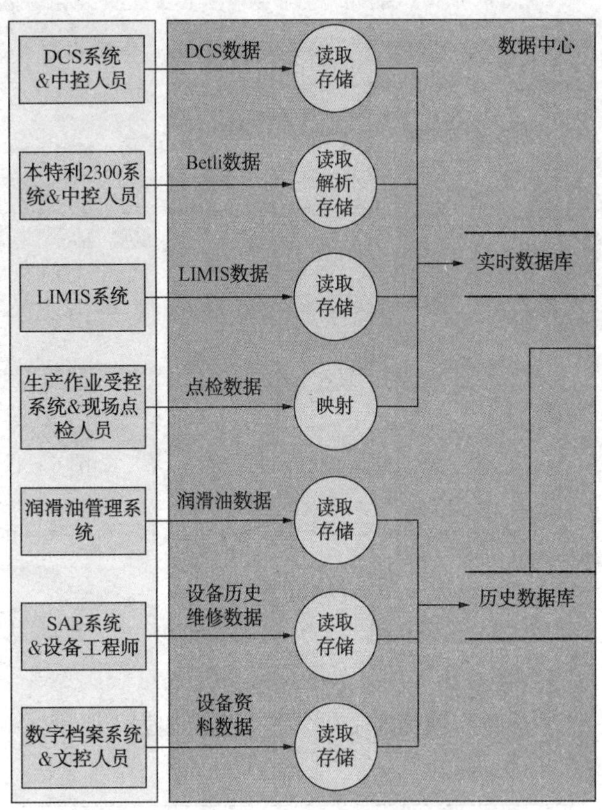

图 2　从各系统中提取原始数据，建立数据仓库

	设备名称	设备位号	设备状态	设备运行时间	部位	部位运行时间	液位	压力	单元	部门	设备ERP码	机封ERP码
1	重石脑油泵 106-P-303A	106-P-303A		12202	驱动端	12202			106	炼油二部	100025688	
2					驱动端	12202			106	炼油二部	100025688	
3	重石脑油泵 106-P-303A	106-P-303A		12202	非驱动端	12202			106	炼油二部	100025688	
4					非驱动端	12202			106	炼油二部	100025688	
5	重石脑油泵 106-P-303B	106-P-303B		8195	驱动端	8195			106	炼油二部	100025689	
6					驱动端	8195			106	炼油二部	100025689	
7	重石脑油泵 106-P-303B	106-P-303B		8195	非驱动端	8195			106	炼油二部	100025689	
8					非驱动端	8195			106	炼油二部	100025689	
9	石脑油分馏塔底泵 107-P-206A	107-P-206A		17767	驱动端	17767			107	炼油二部	100025736	
10					非驱动端	17328			107	炼油二部	100025736	
11	石脑油分馏塔底泵 107-P-206B	107-P-206B		24369	驱动端	13646			107	炼油二部	100025737	
12					非驱动端	13646			107	炼油二部	100025737	

图 3　在所搭建的平台中选择对象

我的桌面　样品评价分析

设备位号：全部　设备名称：　查询

新增　修改　删除

	设备位号	设备名	样品名称	文件名	文件类型	操作
1	106-K-102	循环氢压缩机	样品检测分析	106-SN-11201(2016-2018)	xlsx	预览 下载
2	106-K-102	循环氢压缩机	样品检测分析	106-SN-11201White(2014-2016)	xlsx	预览 下载
3	106-K-501	解析气压缩机	样品检测分析	106-SN-30101(2016-2018)	xlsx	预览 下载
4	106-K-501	解析气压缩机	样品检测分析	106-SN-30101White(2014-2016)	xlsx	预览 下载
5	106-P-303A/B	重石脑油泵	样品检测分析	106-SN-30601(2016-2018)	xlsx	预览 下载
6	106-P-303A/B	重石脑油泵	样品检测分析	106-SN-30601White(2014-2016)	xlsx	预览 下载
7	107-P-206A/B	石脑油分馏塔底泵	样品检测分析	107-SC-2111(2016-2018)	xlsx	预览 下载
8	107-P-206A/B	石脑油分馏塔底泵	样品检测分析	107-SC-2111White(2014-2016)	xlsx	预览 下载

图 4　对所选对象进行数据仓库的建立

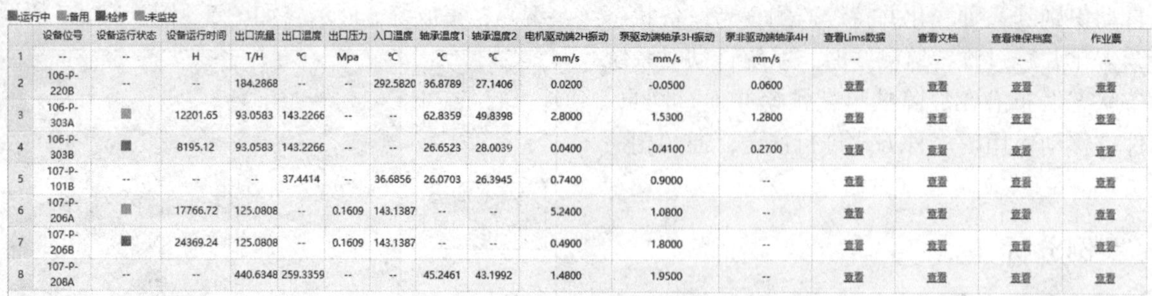
■:运行中 ■:备用 ■:检修 ■:未监控

	设备位号	设备运行状态	设备运行时间	出口流量	出口温度	出口压力	入口温度	轴承温度1	轴承温度2	电机驱动端2H振动	泵驱动端轴承3H振动	泵非驱动端轴承4H	查看Lims数据	查看文档	查看维保档案	作业票
1	--	--	H	T/H	℃	Mpa	℃	℃	℃	mm/s	mm/s	mm/s	--	--	--	--
2	106-P-220B	--	--	184.2868	--	--	292.5820	36.8789	27.1406	0.0200	-0.0500	0.0600	查看	查看	查看	查看
3	106-P-303A	■	12201.65	93.0583	143.2266	--	--	62.8359	49.8398	2.8000	1.5300	1.2800	查看	查看	查看	查看
4	106-P-303B	■	8195.12	93.0583	143.2266	--	--	26.6523	28.0039	0.0400	-0.4100	0.2700	查看	查看	查看	查看
5	107-P-101B	--	--	--	37.4414	--	36.6856	26.0703	26.3945	0.7400	0.9000	--	查看	查看	查看	查看
6	107-P-206A	■	17766.72	125.0808	--	0.1609	143.1387	--	--	5.2400	1.0800	--	查看	查看	查看	查看
7	107-P-206B	■	24369.24	125.0808	--	0.1609	143.1387	--	--	0.4900	1.8000	--	查看	查看	查看	查看
8	107-P-208A	--	--	440.6348	259.3359	--	--	45.2461	43.1992	1.4800	1.9500	--	查看	查看	查看	查看

图 5　状态监测(1)

	设备位号	设备运行状态	设备运行时间	压缩机二段出口温度	压缩机二段入口流量	压缩机二段入口温度	压缩机二段入口压力	压缩机防喘振出口流量	压缩机一段出口温度	压缩机一段出口压力	压缩机一段入口流量	压缩机一段入口温度	压缩机支撑轴瓦温度1	压缩机支撑轴瓦温度2
1	--	--	H	℃	Nm3/h	℃	MPaG	Nm3/h	℃	MPaG	Nm3/h	℃	℃	℃
2	106-K-501	■	30778.98	108.6996	20540.9300	31.5324	0.1624	4801.2010	91.4835	0.1706	19442.6500	28.2662	85.8517	73.3517

图 6　状态监测(2)

■:运行中 ■:备用 ■:检修 ■:未监控

	设备位号	设备运行状态	设备运行时间	BCBCL456压缩机推力轴承温度	BCL456压缩机出口温度1	BCL456压缩机出口温度2	BCL456压缩机出口温度3	BCL456压缩机出口压力2	BCL456压缩机径向轴承温度1	BCL456压缩机径向轴承温度2	BCL456压缩机径向轴承温度3	BCL456压缩机径向轴
1	--	--	H	℃	℃	℃	℃	MPaG	℃	℃	℃	℃
2	106-K-102	■	15762	53.0000	63.9194	63.8584	64.1026	155.1435	53.0000	51.0000	61.0000	53.0000

图 7　状态监测(3)

3.3　设备故障诊断与检测

诊断与预测 5 个机泵 2 个机组如表 1 所示：

表 1

设备名称	故障模型
石脑油分馏塔底泵	不对中
重石脑油泵	轴颈轴承偏心
煤油中断回流泵	轴瓦摩擦
脱硫化氢塔重沸炉泵	叶轮偏心
原料油升压泵	轴承故障
解析气压缩机	防喘振调节
循环氢压缩机	干气密封

以其中一组故障为例，给出本文所提平台的模型有效性，如图 8 所示：

经过两周时间的模型训练，结果表明：期间故障概率较高，这与专家诊断出该设备轴承故障时间基本一致；

经过一周时间的模型训练，将该时间段数据输入故障模型进行验证，结果表明：故障概率处于高位，经专家诊断分析，在该时间段内设备仍出现轴承故障。因此模型预测的结果符合预期，证明了模型的有效性。

3.4　维修决策支持与维修活动

当故障概率模型预测到设备发生故障时，系统将相关信息发送至维修决策支持与维修活动模块中，可生成 ERP 工单进行维修管理操作。

通过易 PM 自动生成维修工单；维修结果反馈维修决策支持与维修活动模块。

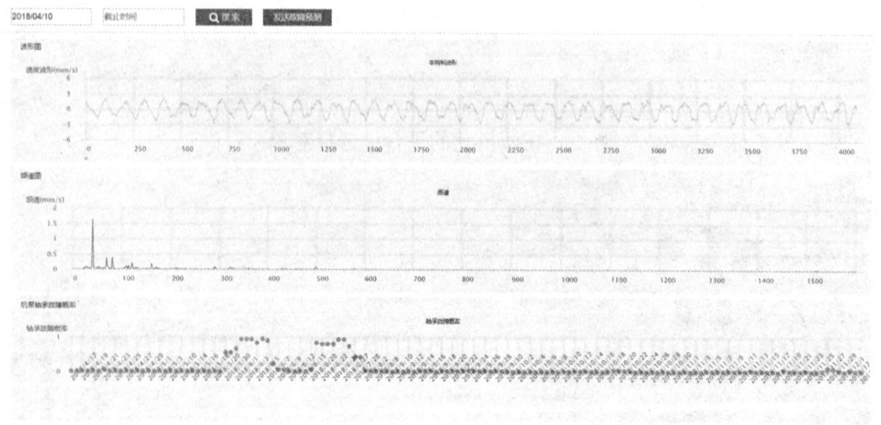

图 8　悬臂式离心泵轴承故障

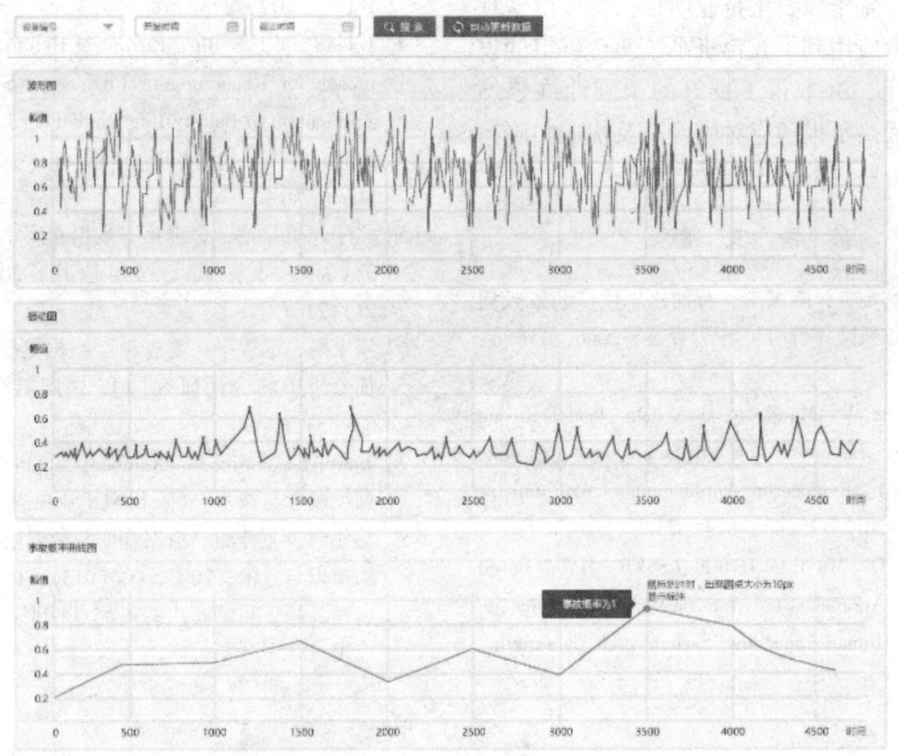

图 9　故障预测

故障填报

添加　编辑　保存　查询　填报时间: 2019-02-21 -- 2019-02-28

	状态	专业	设备类别	设备描述	设备位号	故障部位	故障现象	发现时间	维修结束时间	故障原因	维修方式
1		静	浮阀塔	酸性水汽提塔	0213-T-101	本体;	泄漏;	2019-02-25 14:58		其它原因;	维修;
2		仪	压力仪表	表压变送器-0263-PT -3(	0263-PT -30104	其它部位;	报警;	2019-02-27 16:30	2019-02-27 18:30	其它原因;	维修;
3		仪	压力仪表	表压变送器-0263-PT -3(	0263-PT -30109	其它部位;	报警;	2019-02-27 14:55	2019-02-27 15:21	其它原因;	维修;
4		仪	在线分析仪	色谱分析仪-0263-AT-41	0263-AT-41101	其它部位;	其它现象;	2019-02-27 14:30	2019-02-27 15:00	其它原因;	维修;
5		仪	差压式流量	孔板流量计-0262-FT-11	0262-FT-11602	其它部位;	报警;	2019-02-27 14:00	2019-02-27 15:10	其它原因;	维修;
6		仪	液位仪表	雷达液位计-0263-LT-31	0263-LT-31301	取源管路;	指示偏差;	2019-02-26 23:20	2019-02-26 23:40	积液或集气;	维修;
7		仪	差压式流量	流量变送器120-FT-1010	120-FT-10104	取源管路;	指示偏差;	2019-02-26 21:10	2019-02-26 21:27	堵塞或渗漏;	维修;
8		仪	差压式流量	智能差压变送器123-FT-	123-FT-11101	取源管路;	指示偏差;	2019-02-26 20:06	2019-02-26 20:22	堵塞或渗漏;	维修;
9		仪	差压式流量	差压式流量计-0256-FT-	0256-FT-51302	取源管路;	指示偏差;	2019-02-26 13:00	2019-02-26 15:40	积液或集气;	维修;
10		仪	控制阀	200万吨工业燃料油加氢	0255-UV-11501	其它部位;	其它现象;	2019-02-26 12:00	2019-02-26 12:30	其它原因;	维修;
11		仪	控制阀	200万吨工业燃料油加氢	0255-PV-11501	其它部位;	其它现象;	2019-02-26 10:00	2019-02-26 17:45	其它原因;	维修;
12		仪	流量仪表	科里奥利质量流量计020	0203-FT-21302	变送器;	无显示或漂移;	2019-02-26 08:45	2019-02-26 12:40	线路板故障;	维修;
13		仪	温度仪表	温度变送器-0256-TT-12	0256-TT-12101	其它部位;	报警;	2019-02-26 08:40	2019-02-26 10:00	其它原因;	更换;
14		仪	差压式流量	流量变送器120-FT-3020	120-FT-30207	取源管路;	指示偏差;	2019-02-26 08:10	2019-02-26 10:28	堵塞或渗漏;	维修;
15		仪	液位变送器	双法兰液位变送器-0262	0262-LT-11601	其它部位;	报警;	2019-02-25 22:30	2019-02-25 23:00	其它原因;	维修;

图 10　维修管理

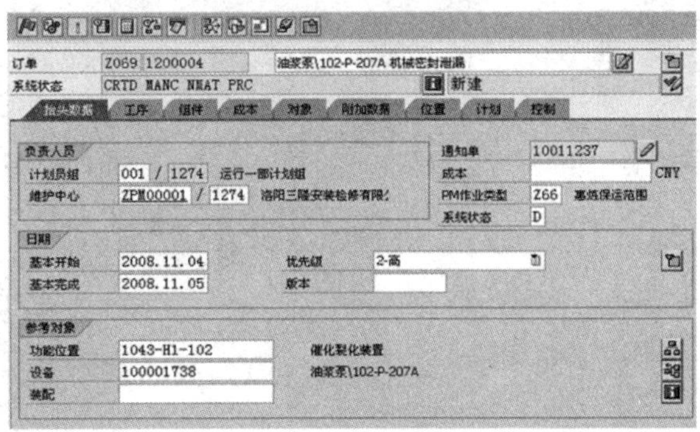

图 11　SAP

4　结语

本文提出的基于大数据的设备预测性维修平台可以对当前的基础设备状态检测技术以及设备性能检测技术进行充分的利用，提高系统运行状态故障、性能分析的准确性，为机泵、机组的维护保养工作提供相关的建议和参考，使设备性能得到显著地提高，避免各类安全事故的发生。在实际使用中，基于该石化企业项目，将该设备预测性维修平台应用到了五台机泵，两台机组的设备管理工作上，并取得了良好的预测性维修结果，极大地提高了设备应对风险以及快速实施检修能力，具有巨大的应用意义。

参 考 文 献

[1] 韩建宇，高金吉，陈国华．石油化工生产装置长周期运行设备风险评价[J]. 压力容器，2006，23(8)：45-48.

[2] Liu J，Wang W，Ma F，et al. A data-model-fusion prognostice framework for dynamic system state forecasting[J]. Engineering Applications of Artificial Intelligence，2012，25(4)：814-823.

[3] Liu Z，Li Q，Mu C. A Hybrid LSSVR-HMM Based Prognostics Approach[C]. International Conference on Intelligent Human-machine System and Cybernetic，IEEE，2012：275-278.

[4] L Liao and F Kottig，Review of Hybrid Prognostics Approach for Remaining of Engineered Systems，and an Application to Battery Life Prediction[J]，IEEE Transactions on Reliability，Volume：63，Issue：1，March 2014.

[5] 张宁，贾自艳，史忠植．数据仓库中 ETL 技术的研究[J]．计算机工程与应用，2002，38(24)：213-216.

[6] 潘家财，邵哲平，姜青山．数据挖掘在海上交通特征分析中的应用研究[J]. 中国航海，2010(02)：63-65+76.

[7] JiaweiHan，MichelineKamber，JianPei，等．数据挖掘：概念与技术[M]. 机械工业出版社，2012. am

[8] 盛伟翔，龙佳丽．数据仓库与数据挖掘技术[J]. 电脑知识与技术，2007，000(015)：P. 631-632.

[9] 唐锐．基于频繁模式的离群点挖掘在入侵检测中的应用[D].

数字岩心技术渗流领域应用与展望

马东旭 刘汝敏 刘子雄 王 涛 高 杰

(中海油田服务股份有限公司油田生产研究院)

摘 要 随着油气田开发数字化、智能化发展，数字岩心技术也在改变着传统的开发方式，分析数字岩心技术在渗流领域应用的研究现状以及未来的发展具有重要意义。本文从数字岩心技术在多孔介质物性表征和渗流过程模拟两方面的应用现状进行了梳理，分析了数字岩心技术国内外研究现状和实际应用情况，分析了数字岩心技术与传统实验方法的关系，认为数字岩心技术应与传统实验方法相结合，以提高数字岩心描述技术的可靠性。重点介绍了数字岩心技术与传统驱替实验相结合的方法，结合应用实例分析了该方法的技术优势，认为该技术在非常规油气田开发中会起到重要作用。指出了数字岩心技术在渗流应用领域的发展方向和实现路径。

关键词 数字岩心；多孔介质；孔隙网络；渗流特征；非常规油气

随着勘探和开发的进一步深入，页岩、致密砂岩、碳酸盐岩等非常规油气藏地位逐渐提高[1,2]，由于非常规油气藏储层物性的复杂性，常规的实验描述手段已经不能满足实际需求。例如在裂缝发育的低渗透储层中，裂缝对储层渗流的影响较大，传统的实验方法对岩心中发育的微裂缝空间分布特征很难进行识别。在一些具有敏感性矿物的储层中，矿物空间展布特征对渗流过程中流固耦合作用也存在影响，传统的 X 衍射、压汞、光学电镜等无法对微观孔隙和矿物空间分布特征进行准确描述，并且传统实验方法在样品制备过程中，切割、抛光等处理方法会对岩石微观孔隙特征观察形成干扰，进而影响非常规油气藏渗流规律的研究。

数字岩心技术是采用数字化的方法对岩心进行描述，使其具有完整的物理信息[3]。在油气藏渗流领域主要是通过二维扫描电镜图像或三维 CT 扫描图像，运用计算机图像处理技术，通过一定的算法完成数字岩心三维重构，进而得到岩心内部微观孔隙和矿物空间展布等岩石物性信息[4]，并且伴随着渗流力学理论研究的进步，从最初的毛管孔隙模型发展到网络孔隙模型，数字岩心技术不仅仅是静态参数特征的描述，而且可以对岩心渗流进行模拟，数字岩心技术的应用性能大幅提高，与常规的渗流物理模拟实验相比，数字岩心技术具有成本低、模拟速度快、无损测量、可重复使用等特点[5,6]。数字岩心技术目前已经成为渗流力学领域研究的重要手段，因此有必要从渗流力学应用角度对数字岩心目前的实际应用现状进行梳理，并且对该技术在渗流领域应用过程中遇到的技术难题以及解决方法进行分析，为数字岩心技术更好的与实际应用相结合提供参考。

1 多孔介质物性表征

多孔介质具有复杂的物性特征，组成多孔介质的多相物质岩性特征以及孔隙的空间展布关系等特征对渗流的影响较大，阐明多孔介质的物性特征对于渗流机理的研究具有重要意义，数字岩心技术作为一种可视化成像技术可以对岩心内部矿物和孔隙空间分布等进行描述。

1.1 岩性特征

岩性特征研究方面，数字岩心技术主要通过电镜分析的矿物平面分布和 CT 扫描岩心切片的灰度图，建立灰度图与不同类型矿物的对应关系，根据灰度区分岩心内部孔隙、裂缝、不同的矿物颗粒(如石英、云母、方解石等)和岩石基质等，并可分别统计其体积大小、等效半径、表面积、孔隙连通性区分和分级、三维形貌描述等，见图 1。

储层中存在的水敏矿物对渗流影响较大，因此分析岩心中矿物空间展布特征对于从微观角度研究水敏机理作用较大，李俊键等[7]利用数字岩心技术对新疆莫北油田典型砂砾岩开展了水敏机理研究，利用 CT 扫描实验进行矿物三维分布进行重构，分析了岩心中矿物分布特征，通过对比水敏前后重构的三维数字岩心对水敏损伤机理进行了分析，并采用 X 衍射方法对结果进行了验证，取得了很好的效果。此外数字岩心技术在储层改造领域也有所应用，酸化是储层改造的重要措施之一，其原理是通过酸液对岩石胶结物或地层孔隙、裂缝内堵塞物等的溶解和溶蚀作用，恢复或提高地层孔隙和裂缝的渗透性。Denil Klemin et al[8]使用数字岩石技术对岩心内部矿物含量和空间展布特征进行了表征，并对酸化前后碳酸盐岩酸化有效性定量预测，见图2。

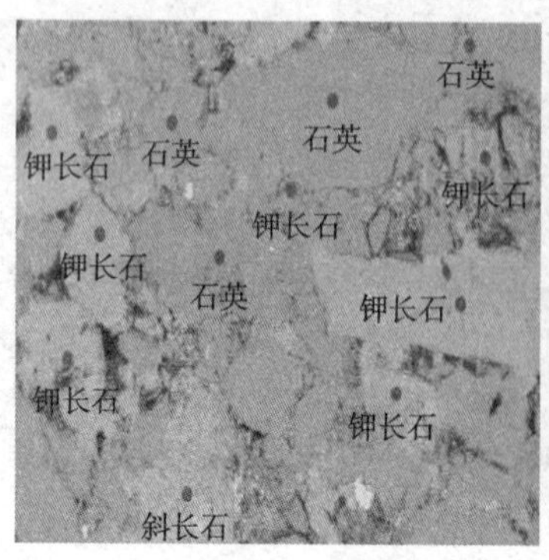

图1　二维切片矿物识别和三维矿物空间展布

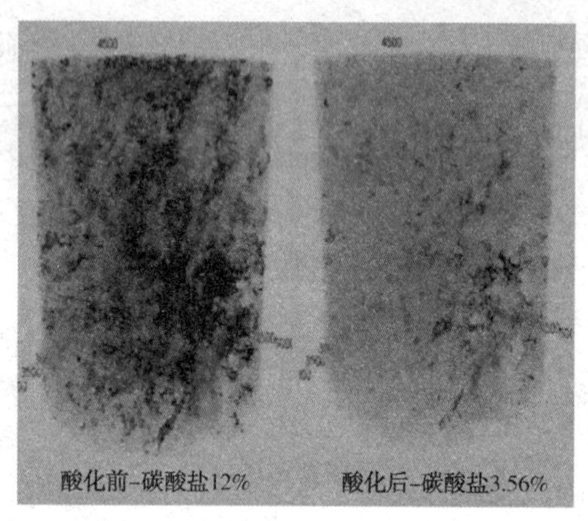

图2　酸化前后岩心中碳酸盐含量变化

1.2　微观孔隙结构特征

多孔介质具有复杂的微观孔隙结构特征，探究岩石内部孔隙结构是研究渗流机理的基础工作。传统的实验方法主要有压汞法、氮气吸附法、光学电镜观察、扫描电镜观察等。压汞法和氮气吸附法主要是通过流体注入岩心，进而得到岩石的孔隙分布信息，该物理过程与油气渗流存在相似性，但这两种方法无法展现孔隙结构的空间信息。电镜方法可以得到二维孔隙分布信息，但是与实际三维油藏仍然存在差别。数字岩心中的三维成像技术弥补了传统方法的不足，随着数字岩心技术的发展，对于孔隙的模拟向着更加准确的方向发展，例如腐蚀、拓扑的应用，以及如今建立孔隙网络模型，更加精细的反映了岩石结构的复杂性[9]，见图3。尽管数字岩心技术与传统实验技术相比具有明显的优越性，但是作为一项新技术仍然需要利用传统实验方法进行对比检验，高兴军等[10]采用大庆油田砂岩样品开展数字岩心研究，建立了三维孔隙网络模型，在此基础上利用恒速压汞实验获取了同一块样品的微观孔喉结构特征参数，并将数字岩心分析结果与恒速压汞实验检测结果进行了对比分析，验证了数字岩心技术的可靠性。

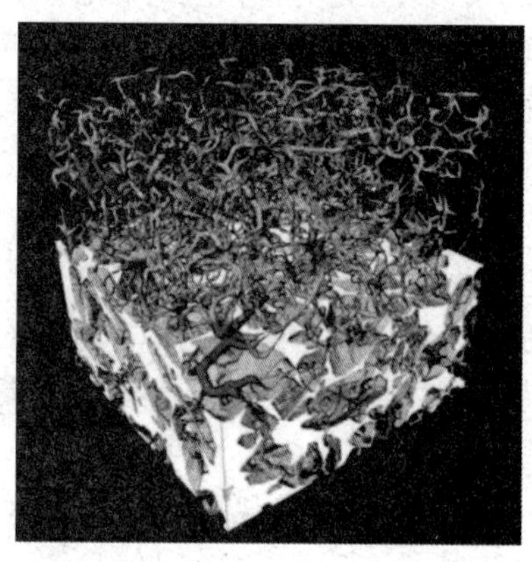

图3　数字岩心三维孔隙网络

在页岩气、致密气、碳酸盐岩等非常规油气的储层物性研究工作中，微裂缝对储层流固耦合和两相流动的影响较大。在应力场的耦合作用研究中，裂缝开度、迂曲度、形态以及裂缝断面表面粗糙程度等因素都会对储层渗透率应力敏感特性构成影响[11,12]，数字岩心技术可以对微米、纳米尺度裂缝特征精细雕刻，见图4。在非常规储层开发过程中，压裂等增产措施使储层中形成了大量的人工裂缝，对于低渗储层而言变相增加了储层的非均质性，裂缝开度和形态特征等因素对储层两相流动影响较大，在室内实验研究中需要对裂缝特征进行精确描述，数字岩心技术为研究双重介质储层两相流动机理提供了重要的技术支持。song et al[13]采用数字岩心技术对页岩中微裂缝空间分布特征进行表征，分析了裂缝开度、断面粗糙程度以及迂曲度等方面对岩心渗流的影响。可以看出随着开发领域的拓宽，对于多孔介质的描述精度要求也随之提高。

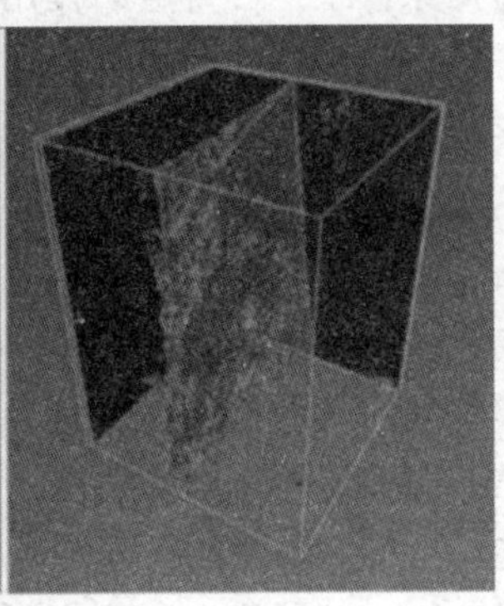

图4　裂缝形态特征 CT 扫描结果

2　岩心渗流过程描述

2.1　岩心渗流数值模拟

由于储层多孔介质和流体的复杂性，渗流过程描述一直是流体力学中复杂问题。早期研究工作中实验手段有限，只能通过传统物理模拟实验和学者们的想象建立渗流过程表征模型，例如应用较广泛的毛管束模型、格子模型等。随着 CT 扫描技术的发展，可以直接获取岩心三维图像，并提取孔隙网络模型，用于数字化分析和流动模拟，在虚拟的岩心上，可以控制其润湿性，控制流体在其中的流动过程，并且可反复实验，实验周期短，这都有利于研究者清晰地了解和研究岩石的渗流过程。在渗透率参数描述方面，Qian Sun et al[14]基于数字岩石分析的相对渗透率数值粗化，Juan. Bautista et al[15]制定了有效岩心数字化流程，并准确预测致密岩石的视渗透率，Xu Jin et al[16]针对复杂油气藏建立了数字岩石定量评价技术。在流动模拟方面，赵秀才等[17]采用居中轴线法提取孔隙网络模型并开展了流动模拟研究。姚军等[18]构建出碳酸盐岩的双重孔隙网络模型，模拟计算渗透率，并与实验室测量结果进行对比，对比结果吻合程度较高。Moustafa Dernaika et al[19]使用数字岩石物性技术计算致密碳酸盐生油岩的岩石物性和流体流动属性，Christopher J. Landry et al[20]使用数字岩石物性技术估算油水相对渗透率曲线。综上所述，数字岩心技术对渗流过程的模拟日趋成熟，建立的模型考虑因素和组分等方面也逐渐增多，但是实际岩心渗流过程中是非常复杂的过程，数字岩心技术仍然还有很大的发展空间。

2.2　岩心渗流过程实时分析

传统的渗流实验过程中，科研人员只能通过实验过程中一些外在现象对渗流机理进行推测，无法对实验过程中岩心内部孔隙变化和流体分布等一些信息进行观察，实验分析结果具有多解性和不确定性，实验中缺少直接证据，数字岩心技术与传统驱替实验相结合的方法解决了这一难题，即多场耦合加载协同扫描技术，该方法的核心技术是通过改良夹持器材料(PEEK 复合材料)的方法使 CT 扫描技术可以对夹持器岩心中的流体特征进行实时监测，见图5。

图5　多场耦合加载协同扫描核心设备

油气田开发过程中，油气水等流体空间位置发生改变，储层物性也会随之变化，因此实时分析渗流过程中各种因素的影响对油气田开发具有重要实际意义。以油水两相流动为例，水驱油过程中并非简单活塞式驱替，并且岩石中矿物特征、孔隙分布特征、实验条件等因素都会影响实验结果，实验结果具有多解性，数字岩心协同描述技术可以实时观察水驱油过程中岩心内部各种变化，排除了多解性的影响，使分析结果的可靠性提高，见图6。在非常规储层领域，该实验方法应用程度会更高，首先一些低渗、致密储层，由于岩石内部孔隙较小，外部应力作用以及储层敏感性因素都会导致多孔介质渗流特征发生较大变化，进而影响产能，因此需要在室内实验中对渗流过程中岩心内部的变化情况进行观察。其次，除特殊储层介质以外，一些复杂流体在地层渗流中流体物性的改变也会对渗流形成重要影响，例如在非常规油气田开发中经常会使用一些功能性药剂等，这些流体在渗流过程中性质会发生改变，对这些特殊流体也需要对渗流过程进行实时观测。第三，在储层改造方面，该方法可以对压裂、酸化等增产措施效果通过室内实验进行评价。

图6 水驱油过程中不同时期油水特征

3 结语与展望

随着人工智能、大数据时代的到来，石油行业向数字化转型、智能化发展，传统的科研方法与理念也必然会受其影响，数字岩心技术将会对渗流力学领域发挥重要的作用，在未来的发展过程中，数字岩心技术应将以下两个方面作为研究重点。

（1）数值岩心技术是基于CT扫描的光学成像反演技术，由于受分辨率、像素分割等图像处理因素的影响，数值岩心计算结果与传统的实验方法存在差距，多年来传统实验方法积累了大量的成功经验，因此数字岩心渗流模拟技术还需要利用传统实验方法进行校正，因此需要建立完备的渗流物理实验与数值岩心模拟渗流平行对比数据库。数据库的建立需要大量的工作，因此要提高工作效率，避免重复工作，充分利用大数据时代的优势，进行信息共享，尽量缩小数字岩心模拟技术与真实岩心物理模拟实验之间的差距，为数字岩心取代真实岩心奠定基础。

（2）随着开发领域的拓宽，渗流力学理论不断向前发展，新的理论认识和影响因素陆续出现，例如在页岩气、致密气和碳酸盐岩方面，多尺度、多组分、多场耦合作用已经成为研究的重点，建立适用于复杂储层的三维数字岩心是主要发展方向。目前在渗流驱替实验与数字岩心技术相结合方面取得了突破性进展，提高了复杂储层渗流理论的研究水平，因此要将数字岩心技术与复杂储层渗流理论紧密结合，提高数字岩心技术在复杂储层表征方面的研究水平，为油气田数字化、智能化提供技术支持。

参 考 文 献

[1] 胡文瑞，中国低渗透油气的现状与未来[J]. 中国工程科学，2009，11(8)：29-37.

[2] 罗蛰谭，王允诚．油气储集层的孔隙结构[M]. 北京：科学出版社．1986：21-40.

[3] 姚军，等．数字岩心技术现状及展望[J]. 油气地质与采收率，2005，12(6)：52-54.

[4] 王晨晨，等．碳酸盐岩双孔隙数字岩心结构特征分析[J]. 中国石油大学学报：自然科学版，2013，37(2)：71-74.

[5] 苏娜，等．微CT扫描重建低渗气藏微观孔隙结构—以新场气田上沙溪庙组储层为例[J]. 石油与天然气地质，2011，32(54)：792-796.

[6] Jiang et al，Study of different factors affecting the electrical properties of natural gas reservoir rocks base on digital cores [J]，，Journal of geophysics and engineering，2011，8(2)：366-371.

[7] 李俊键，等．基于数字岩心的孔隙尺度砂砾岩水敏微观机理[J]. 石油学报，2019，40(5)，594-603.

[8] Denil Klemin et al，Digital technology for quantitative prediction of acid stimulation efficiency in carbonates [C]. SPE 174807. 2015.

[9] 孙建孟，等．数字岩心技术测井应用与展望[J]. 测井技术，2012，36(1)，1-7.

[10] 高兴军，等．数字岩心分析与真实岩心实验平行对比研究[J]. 特种油气藏，2015，22(6)，93-96.

[11] Zhou，T.，S. Zhang，Y. Feng，Y. Shuai，Y. Zou，and N. Li，Experimental study of permeability characteristics for the cemented natural fractures of the shale gas formation[J]. Journal of Natural Gas Science and Engineering，2016，29：345-354，doi：10.1016/j.jngse.2016.01.005.

[12] Qu，G.Z.，Qu，Z.Q.，Hazlett，D.R.，Freed，

D., Mustafayev, R., Geometrical description and permeability calculation about shale tensile micro-fractures [J]. Petroleum Exploration and Development, 2016, 43: 124-130, doi: 10.1016/S1876-3804(16)30014-3.

[13] Song et al, Morphological characteristics of microscale fractures in gas shale and its pressure-dependent permeability [J]. Interpretation, 2017, 5: SB25-SB31.

[14] Qian Sun et al, Numerical Relative Permeability Upscaling Based on Digital Rock Analysis [C]. SPE196687. 2019.

[15] Juan. Bautista st al, A Validated Digital Rock Workflow to Accurately Predict Apparent Permeability in Tight Rocks [C]. SPE 2894594. 2018.

[16] Xu Jin et al, Multi-scale digital rock quantitative evaluation technology on complex reservoirs [C]. SPE 191878. 2018.

[17] 赵秀才, 等. 合理分割岩心微观结构图像的新方法[J]. 中国石油大学学报(自然科学版), 2009, 33(1), 64-67.

[18] 姚军, 等. 碳酸盐岩双孔隙网络模型的构建方法和微观渗流模拟研究[J]. 中国科学: 物理学 力学 天文学, 2013, 07: 896-902.

[19] Moustafa Dernaika et al, Petrophysical and fluid flow properties of a tight carbonate source rock using digital rock physics[C]. SPE 172959. 2015.

[20] Christopher J. LandryEstimating et al, Oil-Water Relative Permeability Curves Using Digital Rock Physics [C]. URTeC: 2691701. 2017.

深度学习神经网络模型构建实时故障诊断系统研究与应用——NH201 区块抽油机井工况实时诊断

陈　菊[1]　王辰鹏[1]　石法顺[2]

（1. 中国石化华东油气分公司泰州采油厂；2. 哈里伯顿兰德马克软件与服务）

摘　要　抽油机示功图分析是机采井生产运行管理的重要内容，通过地面功图的实时采集，能够精细化管理抽油机生产运行。本文通过地面功图的波动方程计算井下功图，利用深度学习的人工神经网络提取井下功图的特征，进而准确诊断抽油机井工作状态。在使用的模型中傅里叶描述子被用来提取抽油机井示功图的特征；然后通过人工神经网络训练来建立异常工况预测模型，用以分析井下功图和泵工作状态。通过在 NH201 区块矿场的应用，该方法能够有效提升抽油机井功图诊断准确率，同时通过该系统优化生产制度，可以提高机采系统效率，为油田企业降本增效。

关键词　地面功图；波动方程；井下功图；人工神经网络；机器学习；傅里叶描述子

智能化代表新的生产力和新的发展方向，已经成为引领创新和驱动转型的先导力量。中国石化提出“两化融合”支撑传统产业升级转型，将打造“智能石化”作为中国石化深化改革、转型发展、提质增效的重要举措。2018 年中国石化选取 NH201 区块作为试点，开展智能油田建设应用。项目“以油藏为核心，聚焦核心任务”，通过专业密切协同，实现油藏-井筒-管网-经济一体化耦合联动，建立油气田智能开发一体化平台，指导 NH201 区块高效、科学生产，提升油田开发水平，提高经济效益。油水井精细管理是采油厂的日常重点工作，也是智能油田建设的重要方面之一。为了改变人工巡井模式，提高油水井精细管理水平，开展了深度学习神经网络模型研究，构建实时故障诊断系统。

1　区块概况

NH 区块位于溱潼凹陷西斜坡带，单斜构造，为阜三段上倾尖灭岩性-构造复合圈闭，含油面积 6.47km^2，沉积相为浅湖，划分为坝砂、滩砂和浅湖泥 3 个沉积微相，阜三段储层可划分为 4 个油组 18 个小层，主力含油小层为Ⅲ-4、Ⅲ-6 层，平均厚度 3.6m，储层厚度薄但平面分布稳定，平均孔隙度 32.1%，平均渗透率 656mD，为高孔高渗储层，地层原油粘度 3.735mPas，地面原油密度 0.856g/cm^3，属正常温度、压力系统油藏。NH 区块采用边滚动、边建产的开发模式，方案设计为 15 注 44 采的反九点注水开发井网，于 2018 年全面完成产建工作。采用有杆泵机抽生产，泵径 38～44mm、冲程 4.2m、冲次 1～3，平均泵挂深度 1389m，平均沉没度 560m，单井平均日产液 5.6m^3，区块综合含水 20%。

2　功图分析

功图分析是抽油机管理的常用手段，在油田开发中应用广泛，随着信息化建设的推进，实时功图采集和传输已经成为抽油机井精细管理的重要组成部分。通过调研发现，油田功图诊断普遍采用地面功图，极少采用井下功图，但是井下功图能够真实反映抽油泵在井下的工作状态[1]；同时井下示功图还可以计算出泵排量、油井产液量、载荷、泵效组成、平衡状况等极具参考价值的系统信息，因此井下功图的计算是抽油机井准确分析和精细化管理的重要手段。

2.1　波动方程计算泵功图

井下功图的计算方法包括摩擦功法和示功图拟合法等不同阻尼系数计算方法，粘滞带阻尼的波动方程：

$$\frac{\partial^2 u(x,t)}{\partial t^2}=a^2\frac{\partial^2 u(x,t)}{\partial x^2}-c\frac{\partial u(x,t)}{\partial t} \quad (1)$$

用以截傅立叶级数表示的悬点载荷函数 D

(t)及光杆位移函数$U(t)$作为求解的边界条件：

悬点载荷函数$D(t)$：

$$D(t)=\frac{\sigma_0}{2}+\sum_{n=1}^{\bar{n}}\sigma_n\cos n\omega t+\tau_n\sin n\omega t \quad (2)$$

光杆位移函数$U(t)$：

$$U(t)=\frac{\nu_0}{2}+\sum_{n=1}^{\bar{n}}\nu_n\cos n\omega t+\delta_n\sin n\omega t \quad (3)$$

其中，用下面公式求得：

$$\sigma_n=\frac{\omega}{\pi}\int_0^T D(t)\cos n\omega t dt \quad n=0,1,2,\cdots,\bar{n}$$

$$\tau_n=\frac{\omega}{\pi}\int_0^T D(t)\sin n\omega t dt \quad n=1,2,\cdots,\bar{n}$$

$$\nu_n=\frac{\omega}{\pi}\int_0^T U(t)\cos n\omega t dt \quad n=0,1,2,\cdots,\bar{n}$$

$$\delta_n=\frac{\omega}{\pi}\int_0^T U(t)\cos n\omega t dt \quad n=1,2,\cdots,\bar{n}$$

以(2)式和(3)式作为边界条件，用分离变量法解方程(1)，可得抽油杆任意深度x断面的位移随时间的变化：

$$u(x,t)=\frac{\sigma_0}{2Ef_r}x+\frac{\nu_0}{2}+\sum_{n=1}^{\bar{n}}O_n(x)\cos n\omega t+P_n(x)\sin n\omega t \quad (4)$$

由虎克定律可得抽油杆柱任意深度x断面上的载荷随时间的变化：

$$F(x,t)=Ef_r\left[\frac{\sigma_0}{2Ef_r}+\sum_{n=1}^{\bar{n}}\frac{\partial O_n(x)}{\partial x}\cos n\omega t+\frac{\partial P_n(x)}{\partial x}\sin n\omega t\right] \quad (5)$$

其中：

$$O_n(x)=(\chi_n ch\beta_n x+\delta_n sh\beta_n x)\sin\alpha_n x+(\mu_n sh\beta_n x+\upsilon_n ch\beta_n x)\cos\alpha_n x$$

$$P_n(x)=(\chi_n sh\beta_n x+\delta_n ch\beta_n x)\cos\alpha_n x-(\mu_n ch\beta_n x+\upsilon_n sh\beta_n x)\sin\alpha_n x$$

2.2 泵功图计算的程序实现

基于波动方程，采用Java语言完成了计算模型的程序实现，开发了地面功图实时计算系统，对于区块采集的地面功能，实时同步计算得到井下功图。

3 示功图典型特征表征

傅里叶描述子(Fourier Descriptors)用来为示功图创造一个图像特征，达到用一个高维向量，

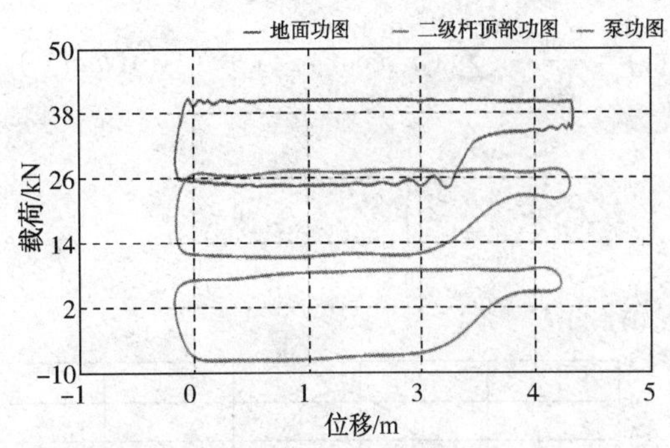

图1 NH201区块井下功图计算模型

来描述井下功图的目的。过程如下：

1）先从井下示功图里勾画出载荷、位移曲线所在的区域；并识别得到要井下功图的边缘，即井下功图。

2）用一维的方程来表示这个2维的图形。

$$c(t)=x(t)+jy(t) \quad (6)$$

3）c(t)就是井下功图的示功图轮廓的图像，把它变成复变函数的表达式，找到左下角坐标原点，然后强行把这些点转换到用复数(complex number)表示。

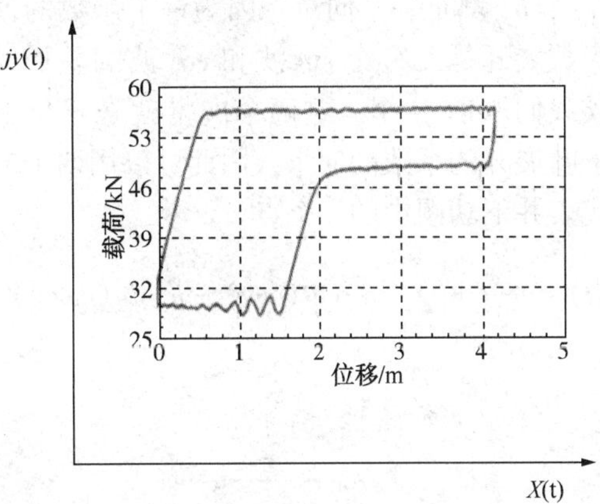

图2 复变函数描述的井下示功图

4）对复变函数做傅里叶变换，

$$c(t)=\frac{a_0}{2}+\sum_{n=1}^{\infty}(a_n\cos(n\omega t)+b_n sin(n\omega t)) \quad (7)$$

对$x(t)$和$y(t)$分别进行展开：

$$x(t)=\frac{a_{x0}}{2}+\sum_{n=1}^{\infty}(a_{xn}\cos(n\omega t)+b_{xn}sin(n\omega t)) \quad (8)$$

$$a_{xn}=\frac{2}{T}\int_0^T x(t)\cos(n\omega t)dt$$

$$b_{xn}=\frac{2}{T}\int_0^T x(t)\sin(n\omega t)dt$$

$$y(t)=\frac{a_{y0}}{2}+\sum_{n=1}^{\infty}\left(a_{yn}\cos(n\omega t)+b_{yn}\sin(n\omega t)\right) \tag{9}$$

$$a_{yn}=\frac{2}{T}\int_{0}^{T}y(t)\cos(n\omega t)\,dt$$

$$b_{yn}=\frac{2}{T}\int_{0}^{T}y(t)\sin(n\omega t)\,dt$$

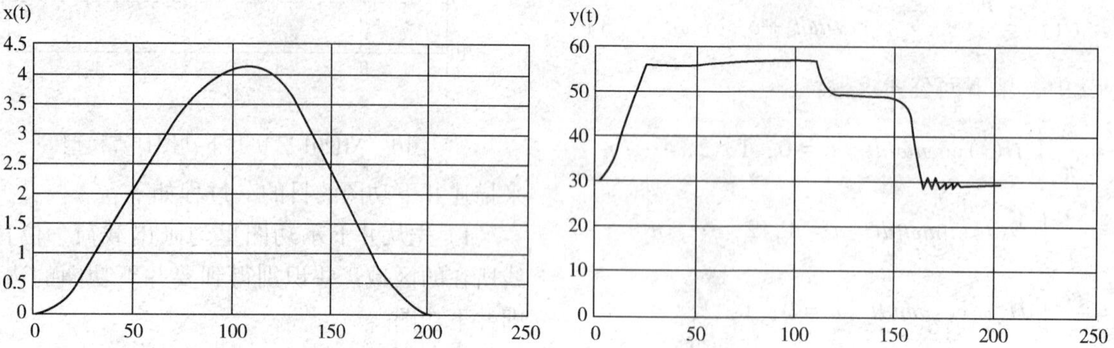

图3　复变函数描述的井下示功图

5）取出实数部分 $x(t)$ 组成一个新的波形，取出虚数 $y(t)$ 部分组成一个新的波形。所有 cos 波的系数统称为 a_{xn}，所有 sin 波的系数统称为 b_{xn}，都可以通过上面的公式得到。注意，这里的 a_{xn}，b_{xn} 都是一个向量。因为一个函数的傅立叶级数展开是无穷个 sin 波和 cos 波的叠加，这时候我们取前 N 个。这四个向量就是三角形式傅里叶展开的系数的向量，因此可以用四个向量来代表井下功图中的一个点。

$$c(t)=\frac{a_{x0}}{2}+\sum_{n=1}^{\infty}\left(a_{xn}\cos(n\omega t)+b_{xn}sin(n\omega t)\right)+$$

$$j\left(\frac{a_{y0}}{2}+\sum_{n=1}^{\infty}\left(a_{yn}\cos(n\omega t)+b_{yn}sin(n\omega t)\right)\right) \tag{10}$$

6）用向量的形式表示，上式可以写成：

$$\begin{bmatrix} x(t) \\ y(t) \end{bmatrix}=\frac{1}{2}\begin{bmatrix} a_{x0} \\ a_{y0} \end{bmatrix}+\sum_{n=1}^{\infty}\begin{bmatrix} a_{xn} & b_{xn} \\ a_{yn} & b_{yn} \end{bmatrix}\begin{bmatrix} cos(n\omega t) \\ sin(n\omega t) \end{bmatrix} \tag{11}$$

傅里叶描述子也就是一个一维向量，它的长度由方程的系数决定，能够保证图形缩放、平移、旋转不会引起特征的变化。

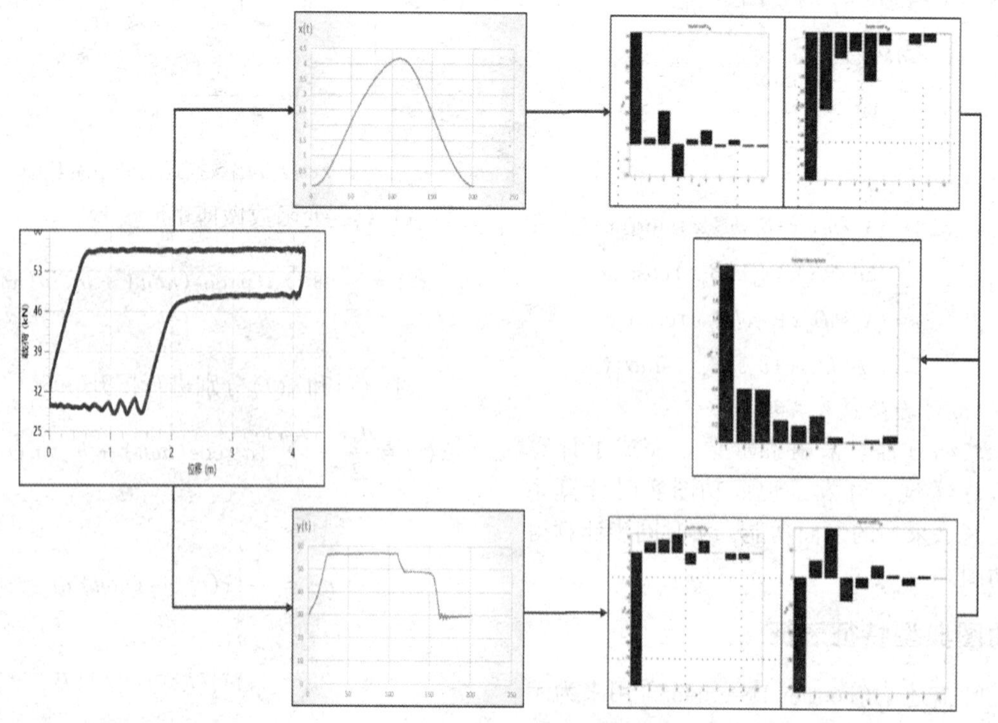

图4　井下示功图的傅里叶变换过程

4　示功图分类与诊断

本文通过构建深度学习的方法构建了神经网络模型，从而自动诊断抽油机的工作状态。在神经网络模型中，有三层结构，输入层、隐藏层、输出层。输入层节点的值由本文第三节的傅里叶变换得到；隐藏层是中间的计算过程，隐藏层的多少由工况类型决定；输出层根据工况类型来描述正常功图以及20种其他的工况类型。

在系统的建设过程中，虽然神经网络模型支持20种异常工况，但是根据区块的特征，选取了典型的6种工况，建立了区块的样本库。

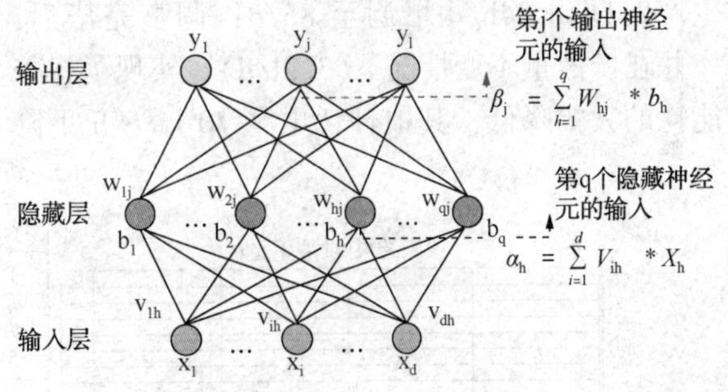

图5　神经网络的计算过程

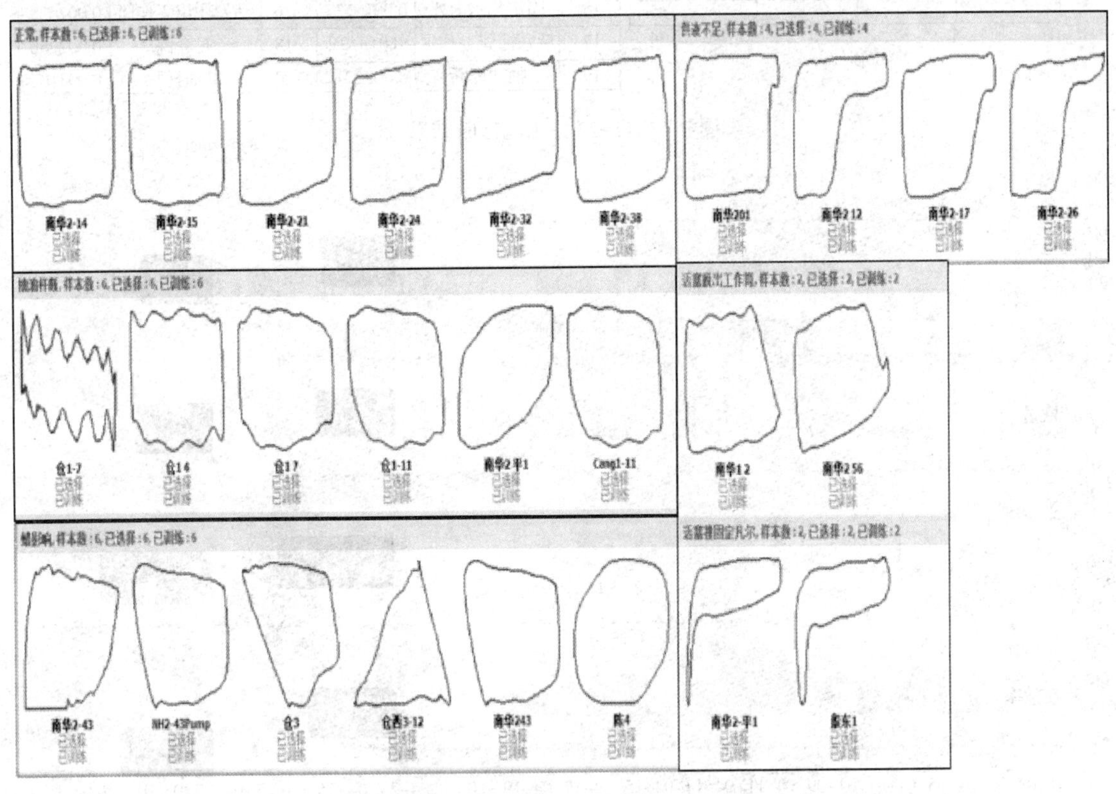

图6　NH201区块典型示功图样本

通过神经网络模型的程序化，建立了NH201区块实时的神经网络诊断系统，并经过现场数据的反复训练和样本库优化，功图诊断准确率由60%上升至90%以上，大幅提升了区块实时功图的诊断精度。随着油田不断开发生产，积累不同典型功图，不断丰富样本库，可以持续提升诊断精确率。

5　矿场应用实例

根据本文深度学习神经网络构建的实时故障诊断系统，NH201区块智能油田部署了油井故障诊断系统，完成示功图实时诊断，通过与远程监测系统连接，根据其数据绘制实时示功图并按照系统自行设定的时间间隔和相关格式自动进行诊断分析计算。完成实时诊断结果信息发布，将诊断结果及量化结果通过网上发布。以NH201区块38口长抽井为例，2020年4月实时采集功图54720个，剔除异常采集功图后54349个功图的诊断准确率达到92.6%。根据系统给出的诊断结果，共有正常井31口，气体影响的5口，供液不足的2口；其中，NH2-22井诊断结果为供液不足(图7)，分析认为该井生产参数偏低，生产时间过长，应进行生产制度优化。

采油厂依据实时故障诊断系统结果，指导调

整该井生产制度，冲次由 1.2 上调至 1.5、减少生产时间由 24h/d 下调至 8h/d；调整完毕后，该井在产液量不变情况下(3.2t/d)，实现了机采能耗的大幅降低，其中日耗电量 70 kw・h 下降至 42kw・h，百米吨液耗电 1.73 kw・h 下降至 0.95 kw・h，系统效率由 16.1%上升至 29.14%（图 8），取得了良好的应用效果。

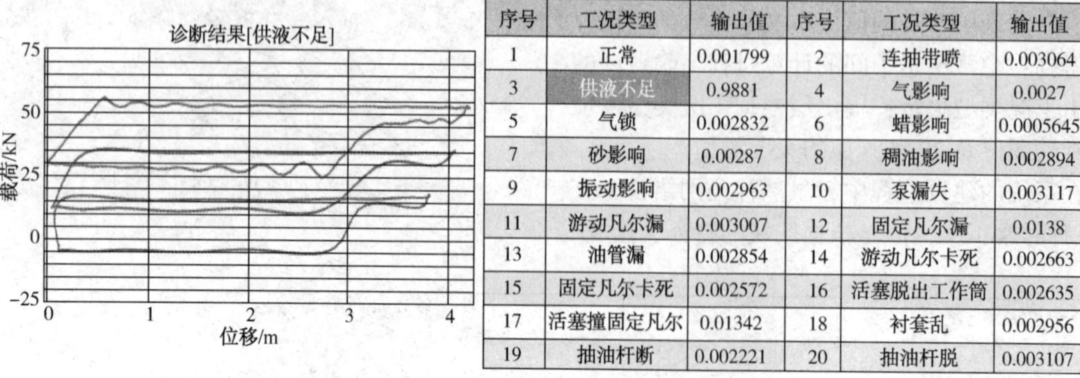

序号	工况类型	输出值	序号	工况类型	输出值
1	正常	0.001799	2	连抽带喷	0.003064
3	供液不足	0.9881	4	气影响	0.0027
5	气锁	0.002832	6	蜡影响	0.0005645
7	砂影响	0.00287	8	稠油影响	0.002894
9	振动影响	0.002963	10	泵漏失	0.003117
11	游动凡尔漏	0.003007	12	固定凡尔漏	0.0138
13	油管漏	0.002854	14	游动凡尔卡死	0.002663
15	固定凡尔卡死	0.002572	16	活塞脱出工作筒	0.002635
17	活塞撞固定凡尔	0.01342	18	衬套乱	0.002956
19	抽油杆断	0.002221	20	抽油杆脱	0.003107

图 7　NH2-22 井工况诊断结果

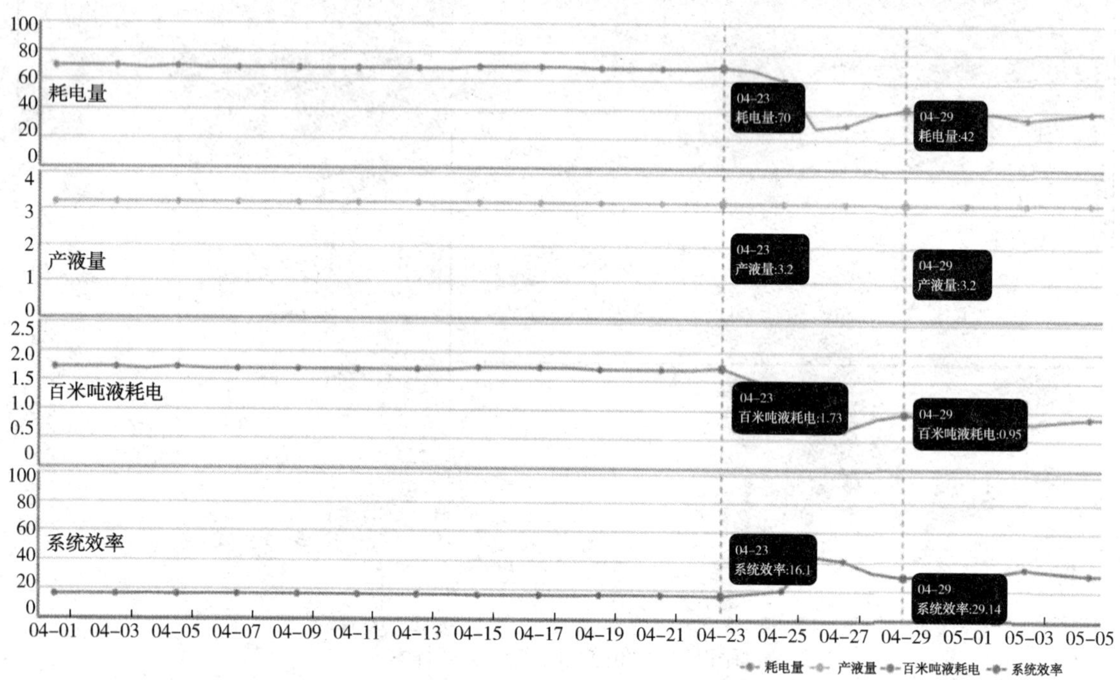

图 8　NH2-22 系统效率曲线

参 考 文 献

[1] Gibbs, S. G. and Neely, A. B. Computer Diagnosis of Downhole Conditions in Sucker Rod Pumping Wells. *J Pet Technol* 1966. 18(1)

[2] 刘宝军．基于 CNN 卷积神经网络的示功图诊断技术[J]．西安石油大学学报(自然科学版)，2018，33(05)：70-75+82.

[3] KE 布朗．升举法采油工艺[M]．北京：石油工业出版社，1987.

[4] Tripp, H. A. A Review: Analyzing Beam - Pumped Wells. *J Pet Technol* 1989. 41(5)

[5] AlMaraghi, A. M. and El-Banbi, A. H. Automatic Reservoir Model Identification Using Artificial Neural Networks in Pressure Transient Analysis. Paper presented at the SPE North Africa Technical Conference and Exhibition, Cairo, Egypt, 2015. 14 - 16 September. SPE - 175850-MS.

[6] 王福斌，潘兴辰，王宜文．基于 SVM 的多核学习飞秒激光烧蚀光斑图像分类［J］．激光杂志，2020，41(04)：86-91.

[7] 王仪，王波，穆丽娜．油井综合生产分析及优化设计方法研究[J]．石油规划设计，2012，23(02)：

23-26.

[8] 肖天元，刘鹏程，艾廷华，李精忠．一种傅里叶信息度量的曲线分形描述与多尺度表达方法[J]．武汉大学学报（信息科学版），2020，45（01）：119-125.

[9] 刘磊．以PEOffice软件为技术依托，优化油井工况[J]．数字石油和化工，2009(07)：138-141.

[10] 徐晓雨．基于树叶边缘几何轮廓特征提取与识别的算法研究[D]．河南大学，2018.

[11] 张杰，周杰，钱立进，李俊朋，丁妍，赵昕昕．PEOffice模块一体化应用，提高机采管理与分析决策水平[J]．化工管理，2014(18)：109.

[12] 叶世伟，史忠植．神经网络原理[M]．北京：机械工业出版社，2004.

[13] 韩修廷．有杆泵采油原理及应用[M]．北京：石油工业出版社，2007.

[14] 杨志辉．基于机器学习算法在数据分类中的应用研究[D]．中北大学，2017.

[15] 韩修廷．有杆泵采油原理及应用[M]．北京：石油工业出版社，2007.

[16] 张琪．采油工程原理与设计[M]．东营：石油大学出版社，2005.

[17] 万仁溥．采油工程手册[M]．北京：石油工业出版社，2000.

色谱模拟蒸馏法测定不同汽油馏程

陈世龙[1]　张　辉[2]　王　瑞[1]　贺　革[1]

(1. 中国石油兰州石化公司研究院；2. 中国石油兰州石化公司质检部)

摘　要　本文用气相色谱模拟蒸馏法测定二段重汽油、半成品精制汽油、重整进料、稳定汽油的馏程。通过色谱分析结合模拟蒸馏计算软件，建立不同汽油的计算模型，算出其馏程。结果表明，模拟蒸馏法测得的各汽油馏程均在标准方法重复性误差范围内；通过对传统分析(GB/T6536)和模拟蒸馏两种方法测量各汽油馏程进行F检验法和t检验法，在置信度95%时F表=3.18，t表=1.734，各汽油馏程段均在范围内，说明传统分析法和模拟蒸馏法没有显著性差异，模拟蒸馏法可取代传统分析法。

关键词　气相色谱；模拟蒸馏；汽油；馏程

馏程是石油产品在加工过程中主要控制的理化指标之一，主要用来判定油品中轻重馏分所占比例及蒸发性能的好坏，用于控制产品质量和使用性能等。在轻质燃料分析中具有重要意义，它是石油产品生产的主要控制指标之一，可用沸点范围来区别不同的燃料，同时也是制定原油调配方案的重要依据。

目前各大炼厂汽油的馏程分析通常采用GB/T6536—2010《石油产品常压蒸馏特性测定法》方法进行测定，分析过程中所需样品量大(100ml以上)，测量时间长(45min以上)，操作过程中条件要求较高，影响因素多，挥发的油气影响员工健康，测量结果误差影响较大[1]。气相色谱模拟蒸馏法参考ASTM D7096《汽油馏程分布范围的标准测定方法 大孔径毛细管气相色谱法》，测定的终馏点不高于280℃的石油产品，具有分析速度快(约20min)、样品用量少(2ml左右)、重复性高、减少油气挥发等优点[2]，分析的准确度精密度可以满足生产要求，从而对数据提供更为快速准确的信息，为装置调整提供参考。

1　实验部分

模拟蒸馏法是利用具有一定分离度的非极性色谱柱，在线性程序升温条件下测定已知正构烷烃混合物组分的保留时间，然后在相同的色谱条件下，将试样按沸点次序分离，模拟蒸馏同时进行切片积分，获得对应的累加面积，以及保留时间，经过温度-时间的内插校正，得到对应于百分收率的温度即馏程。

1.1　仪器和试剂

Agilent7890气相色谱仪(AgilentG4513A自动进样器)、模拟蒸馏计算软件、正构烷烃混合物C5~C16标样、分析纯的石油醚(30~60℃)。

1.2　操作条件

汽油馏程分析结果是通过建立计算模型推算而出，参考ASTM D7096《汽油馏程分布范围的标准测定方法 大孔径毛细管气相色谱法》中典型条件参数设置，对色谱仪进行操作条件调试，获得典型操作条件见表1。由表1可知，运行时间只需要8min。

表1　色谱典型操作条件

项目	操作条件
进样口温度	230℃
分流比	1：1
检测器温度	230℃
色谱柱初始温度	40℃，保持1min
升温速率	25℃/min
色谱柱终止温度	200℃
氮气流量	20mL/min
氢气流量	30mL/min
空气流量	300mL/min
进样量	0.1μL
运行时间	8min

1.3　仪器校准及标样分析

在线性程序升温条件下测定已知正构烷烃标样混合物中各组分的保留时间和色谱峰面积，获得电压—保留时间的校正曲线，标样典型色谱图见图1。按出峰顺序进行排列：00：16为C5，00：32为C6，01：07为C7，01：32为甲苯，01：55为C8，02：21为对二甲苯，02：58为丙苯，03：23为C10，03：39为正丁基苯，04：37为C12，05：09为C13，05：41为C14，06：10为C15，06：36为C16。

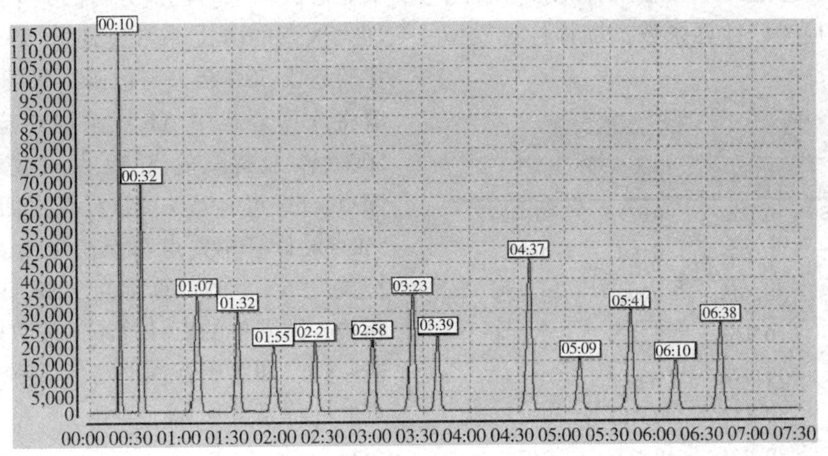

图1　标样色谱图

1.4　样品分析步骤

1. 样品处理：待分析的样品使用滤纸过滤，除去样品中的水分和杂质；过滤后的样品封入色谱样品瓶中封好。

2. 正式分析之前，在与运行样品相同的操作条件下进行空白基线补偿分析，以便对基线漂移、噪声和残存作适当扣除。运行基线结束后，仪器用石油醚溶剂自动清洗进样针，再用样品自动润洗进样针，润洗后自动吸取样品。

3. 按设置好的方法，运行程序分析样品。样品二段重汽油典型谱图见图2，稳定汽油见图3，重整进料见图4，半成品精制汽油见图5，每天分析四种样品各一批，连续运行半年。

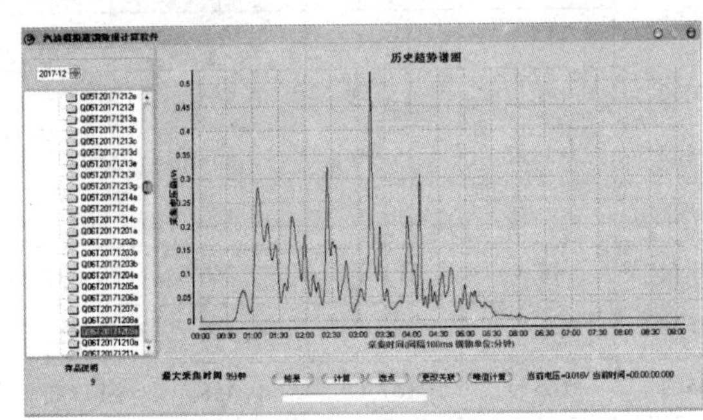

图2　二段重汽油样品色谱图

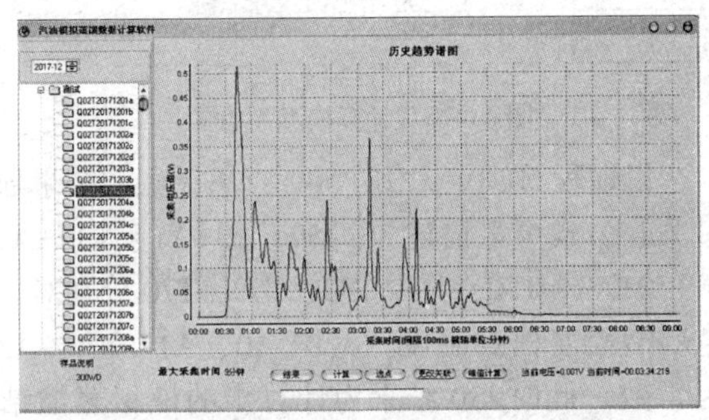

图3　稳定汽油样品色谱图

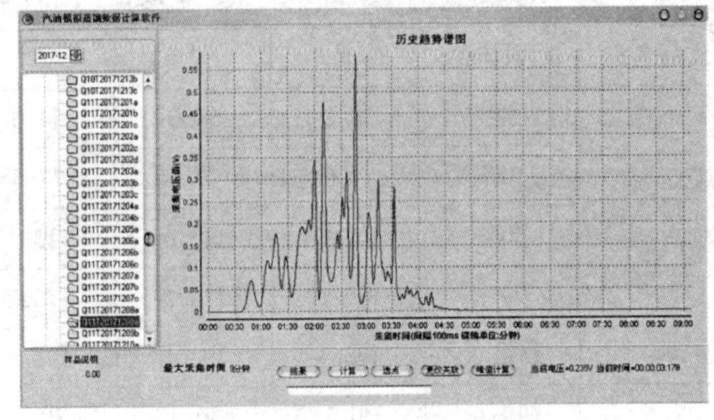

图4　重整进料样品色谱图

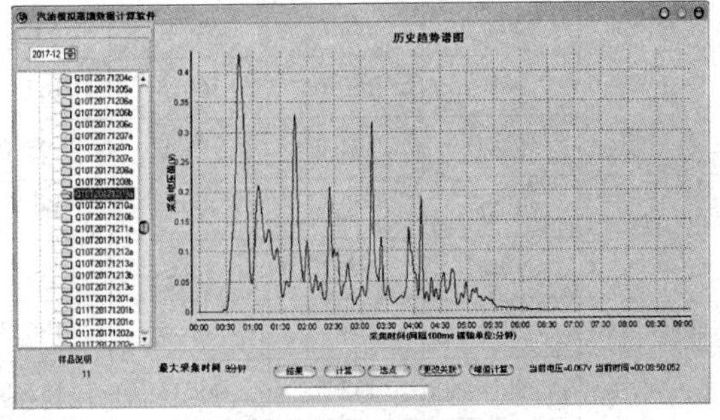

图5　半成品精制汽油样品色谱图

4. 建立二段重汽油、半成品精制汽油、重整进料、稳定汽油样品的馏程计算模型，对色谱图进行解析，并进行计算得到馏程数据。对同一样品同时进行色谱解析和恩氏蒸馏分析，得到色谱分析结果和恩氏蒸馏分析结果进行两组数据之间的关联计算，对于两者之间的关联模型确定为以下数学模型公式，即：t=A0+A1＊Tn-1+A2＊Tn+A3＊Tn+1；式中：T-对应恩氏蒸馏结果；Tn-1-对应色谱前一馏程温度；Tn-对应色谱温度；Tn+1-对应色谱后一点温度；A0-截距；A1、A2、A3对应关联计算系数。馏程计算模型截图如图6所示。

设置D86转换系数:

馏程	A0	A1	A2	A3
0	25.3506	0.3222	0.6719	-0.0422
5	18.8221	0.066	0.158	0.779
10	15.1726	0.2015	0.3061	0.4823
30	9.6669	0.3653	0.2975	0.3054
50	5.4189	0.0776	0.6898	0.183
70	0.3525	0.1614	0.4151	0.3772
90	0.0997	0.2434	0.3205	0.3736
95	0.8988	-0.0979	1.0382	-0.0089
100	21.6311	-0.3638	1.065	0.169

图6　馏程计算模型系数图

以馏程50%点为例，50%点恩氏蒸馏结果通过关联公式可以描述为：t50=A0+A1＊T30+A2＊T50+A3＊T70，其中T30、T50、T70分别对应色谱馏程馏程点温度，其中A0、A1、A2、A3为常数。此时t50结果为计算出的模拟蒸馏结果，该结果和恩氏结果一致，则上述模型的系数不再调整；如果与恩氏结果有差异，则需要对公式中的系数分配进行调整。一般调整的原则为，实验恩氏结果与色谱分析的哪个点接近，相应的加大该点的分配系数，还以50%点为例，如果化验恩氏50%结果与色谱结果的30%点相接近，就将计算公式中A1点系数相应提高，如果是50%点，就提高色谱A2点的系数。特殊点有初馏点，5%点，95%点，终馏点四个点。初馏点，5%点的计算相关点都与初馏点、5%点、10%点有关，95%点的计算都与90%，95%点、终馏点相关，即同样的点计算不同的数据，此时遵从上述原则，即恩氏馏程值与色谱哪个点接近就把该点的馏程系数加大。

2　结果与讨论

2.1　重复性试验

根据试验数据建立关联参数模型，通过回归模型计算可得到馏程结果。采集二段重汽油样品、稳定汽油样品，重整进料样品，半成品精制汽油样品，每一个样品重复测定6次，得到重复性数据结果见表2。各汽油馏程测定结果的标准偏差均在标准方法的重复性误差范围内。

表2　汽油模拟蒸馏馏程重复性

样品名称	回收体积	1	2	3	4	5	6	标准偏差	重复性要求
二段重汽油	初馏点	54.1	54.0	54.0	54.2	54.1	54.1	0.075	0.5℃
	10%	77.6	77.5	77.6	78.0	77.5	77.6	0.186	0.8℃
	50%	113.7	113.6	113.5	113.8	113.5	113.6	0.120	0.5℃
	90%	170.1	170.5	170.2	170.0	170.2	170.2	0.167	1.3℃
	终馏点	198.3	198.1	198.7	198.2	198.2	199.0	0.354	1.5℃
稳定汽油	初馏点	30.3	30.4	30.2	30.3	30.0	30.4	0.150	0.5℃
	10%	48.1	48.3	48.1	48.5	48.4	48.8	0.266	0.8℃
	50%	90.7	90.8	91.0	90.9	91.0	90.9	0.120	0.5℃
	90%	166.6	166.5	167.0	165.8	166.9	167.0	0.458	1.3℃
	终馏点	194.2	194.9	195.0	194.0	194.5	195.4	0.528	1.5℃
重整进料	初馏点	68.6	68.8	69.0	68.9	68.8	68.8	0.130	0.5℃
	10%	88.7	88.6	88.7	88.8	89.0	88.9	0.147	0.8℃
	50%	106.7	106.5	106.8	106.7	106.7	106.5	0.19	0.5℃
	90%	132.5	132.3	132.8	132.4	132.3	133.0	0.288	1.3℃
	终馏点	149.2	148.9	148.4	148.6	148.7	148.4	0.310	1.5℃

续表

样品名称	回收体积	1	2	3	4	5	6	标准偏差	重复性要求
半成品精制汽油	初馏点	33.6	33.8	33.6	33.7	33.6	33.6	0.160	0.5℃
	10%	54.4	54.5	54.3	54.8	54.3	54.2	0.214	0.8℃
	50%	96.9	97.0	97.1	96.7	96.8	97.0	0.150	0.5℃
	90%	168.5	169.0	168.9	169.2	168.7	169.8	0.453	1.3℃
	终馏点	193.5	193.6	193.9	193.7	194.1	194.5	0.371	1.5℃

2.2　显著性差异考察

用传统分析法和模拟蒸馏法同时分析样品，将所得数据进行对比，对比数据见表3、表4、表5、表6。为了判断两种分析方法效果是否相同，先用F检验确定两组数据的精密度是否有显著性差异，在确定精密度没有显著性差异之后，再用t检验确定两种方法的测定结果有无显著性差异。

表3　两种方法测定二段重汽油对比数据

序号	初馏点℃		10%℃		50%℃		90%℃		终馏点℃	
	传统	模拟	传统	模拟	传统	模拟	传统	模拟	传统	模拟
1	54.3	55.9	77.7	77.7	112.2	112.4	169.6	170.7	196.6	196.1
2	57.8	57.3	80.5	80.0	114.9	115.1	170.1	170.9	195.5	193.5
3	54.0	54.0	77.5	77.0	112.6	112.5	170.4	171.0	196.8	194.7
4	57.4	56.7	79.6	79.3	114.6	115.7	172.8	172.7	196.4	197.0
5	59.0	57.3	80.2	78.7	113.1	113.6	170.5	171.4	195.5	194.8
6	57.3	56.6	79.6	78.7	114.5	114.9	171.0	172.0	199.1	197.4
7	54.4	55.9	78.5	78.1	113.2	114.1	170.8	172.4	197.8	197.9
8	56.7	54.9	76.2	77.5	111.4	113.5	169.8	171.9	197.8	197.4
9	57.1	55.2	79.4	78.6	115.0	116.2	172.6	173.8	199.4	198.6
10	57.5	55.3	81.8	80.7	115.8	118.3	173.7	174.8	201.2	201.4
F	2.45		2.08		1.61		1.13		1.52	
t	1.001		0.743		1.234		1.668		0.792	

表4　两种方法测定稳定汽油对比数据

序号	初馏点℃		10%℃		50%℃		90%℃		终馏点℃	
	传统	模拟	传统	模拟	传统	模拟	传统	模拟	传统	模拟
1	29.2	31.0	46.1	44.4	93.7	92.7	172.5	171.0	190.6	191.0
2	32.7	30.7	48.2	49.5	91.9	92.9	162.2	162.4	184.5	185.4
3	29.3	29.9	46.1	47.1	93.9	94.3	164.2	165.4	186.0	183.3
4	29.2	30.1	46.5	44.7	91.9	92.7	165.4	166.2	184.4	187.1
5	29.9	29.4	45.5	45.6	93.7	94.0	170.4	171.7	190.7	190.7
6	30.6	29.7	45.9	43.2	90.6	91.8	162.9	163.5	182.8	183.8
7	28.9	29.3	45.7	45.5	93.2	94.0	166.4	169.0	188.0	190.1
8	30.7	29.4	47.5	47.1	94.0	94.1	161.9	164.3	184.5	187.1
9	30.4	28.6	45.2	42.2	91.1	92.1	164.1	165.6	184.0	187.0
10	30.0	29.3	47.0	45.0	93.2	93.4	166.8	168.4	186.7	189.4

续表

序号	初馏点℃		10%℃		50%℃		90%℃		终馏点℃	
	传统	模拟	传统	模拟	传统	模拟	传统	模拟	传统	模拟
F	0.93		3.09		3.17		1.69		2.98	
t	1.661		1.204		1.533		0.304		1.131	

表5　两种方法测定重整进料对比数据

序号	初馏点℃		10%℃		50%℃		90%℃		终馏点℃	
	传统	模拟	传统	模拟	传统	模拟	传统	模拟	传统	模拟
1	73.4	74.1	90.3	89.4	106.7	106.0	132.2	132.2	148.8	148.6
2	72.2	71.5	88.9	88.1	105.9	105.7	132.4	131.6	148.9	148.5
3	73.9	72.7	89.7	88.7	105.8	105.8	131.7	131.8	149.0	148.5
4	71.9	72.2	88.9	88.5	105.9	105.9	131.4	131.5	148.0	148.6
5	74.7	72.9	89.8	89.0	106.3	106.0	132.1	131.9	148.8	148.7
6	68.3	70.9	87.5	87.6	105.7	105.5	132.1	130.4	148.3	148.2
7	68.5	69.9	85.9	86.3	104.9	105.1	131.6	130.8	148.2	148.0
8	68.2	70.5	87.9	88.6	106.2	105.8	132.3	132.9	148.8	149.2
9	67.6	67.8	87.7	88.9	106.2	105.5	133.5	132.5	149.6	148.3
10	73.4	74.1	90.3	89.4	106.7	106.0	132.2	132.2	148.8	148.6
F	2.21		2.24		3.04		1.65		2.05	
t	0.385		0.309		1.376		1.258		1.041	

表6　两种方法测定半成品精制汽油对比数据

序号	初馏点℃		10%℃		50%℃		90%℃		终馏点℃	
	传统	模拟	传统	模拟	传统	模拟	传统	模拟	传统	模拟
1	30.7	33.3	50.3	52.0	92.9	93.6	168.8	167.9	194.7	194.2
2	34.1	32.7	54.0	52.6	94.7	94.5	167.2	167.8	193.5	193.7
3	33.3	33.6	53.8	54.1	95.8	95.4	167.7	167.9	193.5	193.5
4	34.6	33.8	55.4	55.1	97.4	97.0	168.8	168.6	193.3	193.6
5	31.2	30.4	43.4	41.3	88.1	88.9	166.8	167.0	192.5	193.1
6	32.7	30.8	50.0	48.3	92.3	92.8	167.4	167.8	192.7	193.3
7	32.8	30.6	51.7	49.4	93.2	92.8	167.9	167.4	193.2	193.2
8	33.9	31.1	50.9	50.7	94.1	93.2	167.9	167.7	193.8	193.6
9	32.5	30.9	51.0	51.2	94.3	93.6	168.1	168.2	194.0	194.1
10	30.4	31.3	50.1	51.5	94.0	93.7	168.0	168.1	193.8	193.9
F	1.17		1.37		1.37		2.13		2.99	
t	1.246		0.275		0.128		0.082		0.517	

在置信度95%时 $F_{表}=3.18$，$t_{表}=1.734$，各馏程点均在范围内，说明二段重汽油传统分析和模拟蒸馏两种方法没有显著性差异。

在置信度95%时 $F_{表}=3.18$，$t_{表}=1.734$，各馏程点均在范围内，说明稳定汽油传统分析和模拟蒸馏两种方法没有显著性差异。

在置信度95%时 $F_{表}=3.18$，$t_{表}=1.734$，各馏程点均在范围内，说明重整进料传统分析和模拟蒸馏两种方法没有显著性差异。

在置信度95%时 $F_{表}=3.18$，$t_{表}=1.734$，各馏程点均在范围内，说明半成品精制汽油传统分析和模拟蒸馏两种方法没有显著性差异。

由此可见，对于二段重汽油、稳定汽油、重整进料、半成品精制汽油样品用传统馏程分析和模拟蒸馏分析两种方法效果相同，完全可用模拟蒸馏法取代手动分析法。

3　结论

（1）与传统馏程分析方法相比，模拟蒸馏法具有运行时间短、样品消耗量少，重复性高等优点

经过多批次样品的分析、测试和调试，色谱仪和模拟蒸馏程序运行良好，仪器在方法对照试验中表现出较好的准确性。

（2）建立了汽油组份二段重汽油、半成品精制汽油、重整进料、稳定汽油样品馏程的计算模型，确立了测定汽油馏程的分析方法，通过重复性实验，4种汽油的馏程重复性满足标准方法要求。通过F检验法和t检验法，证明传统分析法和模拟蒸馏两种方法分析结果无显著性差异，可用模拟蒸馏法取代传统分析法。

参 考 文 献

[1] 马振元，张迎春等．色谱模拟蒸馏方法测定蒽油的馏程．煤化工，2013，6(3)：26.

[2] 高蕾，马树侠等．石油产品馏程的测定与模拟蒸馏测定的对比．山东化工，2014，43：98.

[3] ASTM D86，石油产品蒸馏试验方法 常压[S].

[4] ASTM D7096—2016，汽油馏程分布范围的标准测定方法(大孔径毛细管气相色谱法)[S].

[5] GB/T 6536—2010，石油产品馏程试验方法[S].

先进控制系统在炼化智能工厂的作用及其发展趋势

陈以俊

（中国石油兰州石化公司自动化研究院）

摘　要　首先从国际上智能制造总体趋、国家工信部对智能制造示范点要素要求、炼化企业的智能化设计思想等方面，描述了对智能工厂的理解。然后从先进控制系统在智能工厂中的地位、先进控制的应用现状、取得经济效益描述了先进控制在智能工厂中的地位及其应用。然后描述了先进控制系统在智能工厂背景下的发展方向，最后描述了先进控制系统存在的问题及其解决方法。

关键词　智能工厂；智能制造；先进控制；实时优化

1　对炼化智能化工厂的理解

1.1　国际上智能制造的总体趋势

近年来，世界各国都在制定信息化发展战略，抢占全球制造业竞争制高点，推进传统产业转型升级。发达国家纷纷制定以重振制造业为核心的再一次的工业革命战略，2012年3月，美国提出了工业互联网的提法，旨在提高制造业整个系统的运行效率。2013年4月，德国提出工业4.0战略，目的是以智能制造为主导的开启第四次工业革命。2015年中国国务院印发了《中国制造2025》，将智能制造列为未来发展的五大工程之一[1]。加快制造业数字化、网络化、智能化进程，重塑制造业竞争新优势。新兴发展中国家抓住产业链重组和调整机遇，以信息化促进转型发展，力求掌握更多的发展主动权。

1.2　国家工信部智能制造试点示范项目要素条件的出台

2018年国家工信部出台了智能制造试点示范项目要素条件，其中流程型智能制造，提出了7个方面的要素[2]（见图1），在这些要素中对运营和生产的感知能力有明确的要求，数据自动采集率必须在90%以上，同时明确提出了对自动化的要求，自控投用率达到90%以上，其他方面包含了可视化、全面监控、模型化等方面有明确的要求，如果能够同时满足这7方面的要素，可以申报流程工业的智能制造示范点。

1.3　炼化企业的智能化设计思想

早在2012年，中国石化率先启动智能工厂建设，分4个阶段实施智能工厂建设，在前三个阶段已经完成了10个企业的试点建设工作，2015年底，4家试点企业实现了智能工厂（1.0）上线运行。企业生产营运管理的自动化、可视化、数字化水平显著提升，有效促进了转型升级、提质增效。九江石化、镇海炼化、茂名石化被工信部列为2015、2016、2017年国家智能制造试点示范。综合四家示范企业的特点和运营效果，通过几年的运行，在先进控制投用率、数据自动采集率均超过了90%、能源管理实现了可视化、生产优化项一体化优化转变、劳动生产率提升10%以上等方面取得了较为显著的效果[3]

中石化智能工厂建设核心内容如图2所示，他们以卓越运营为目标，构建了两个支撑体系，既技术支持体系，标准化体系；三条主线一体化管理，既炼油化工生产管控一体化、石化全产业链协同一体化、设备资产全生命周期管理；四项能力，既感知能力、优化能力、协同能力、预测能力；五化特征，既数字化、自动化、集成化、可视化、模型化；六大核心业务，既供应链管理、生产管控、设备管理、能源管理、HSE管理、战略管理等方面。

2018年，兰州石化自动化院为长庆石化公司所设计的智能化工厂，也被国家工信部立项为石化智能化工厂示范建设单位。重点也在六大业务领域体现感知、优化、预测、协同的四个能力方面。

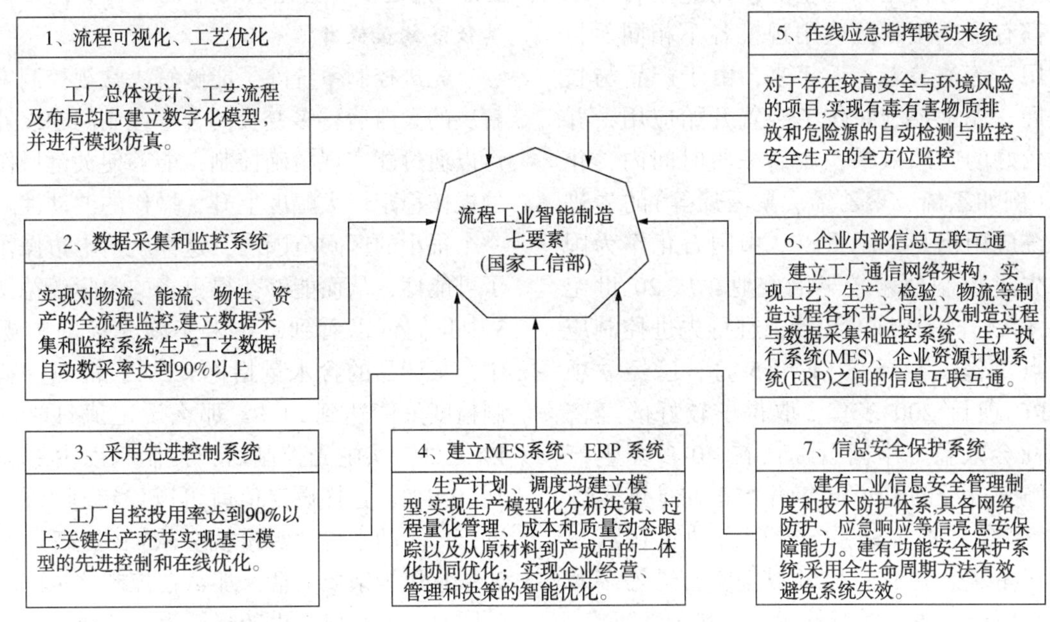

图 1　智能制造七要素构成图

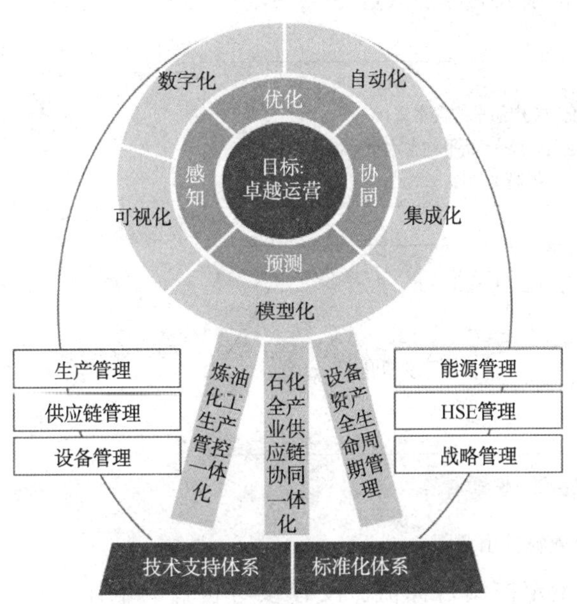

图 2　中国石化的核心建设内容架构

1.4　炼化行业智能工厂的应该具备的条件

随着国家工信部出台的这些标准和规范，很多国内外咨询商、实施商，分别也提出了对智能化工厂的构想和理解。但总体上围绕工信部的 7 个方面的要素进行描述，只是描述的角度和所体现的重点有所不同。中国石化和中国石油所提出的智能化工厂的框架，相比较国家工信部的要素要求，更加具体的提出了业务领域和突出体现的能力，所以就炼化企业的智能化工厂的基本模型可以从工信部提出的七大要素和中石化的核心建设内容架构去建设。在总体架构方面，可以参考中国石化的总体架构进行设计和建设。总体架构主要包含了三个层级及一个公共服务，三个层级分别是过程控制层、生产执行层、经营管理层及公共服务。

2　先进控制系统在智能工厂的地位极其应用

2.1　先进控制系统在智能工厂的地位

先进控制系统作为过程控制层中的系统，在智能化工厂中建设中具有非常重要的作用，在工信部七要素中，它是第三个要素，在中国石化核心架构中属于炼油化工生产一体化的主线中，它在智能工厂总体架构的过程控制层。在炼化企业中智能工厂建设目标就是卓越运营，在保证安全环保的情况下，保持经济效益最大化，在这个大的目标下，过程控制是智能工厂的核心，也是智能工厂的建设基础，只有在保证过程控制的优化和稳定的前提下，才能确保全厂运营的最优化的建设。

2.2　先进控制系统的应用现状

国外著名炼化企业先进控制系统在生产装置上已经普遍应用，在美国、西欧、日本等发达国家超过半数以上的生产装置都实施了先进控制技术，美国 90% 的重点装置已经普及了先进控制[4]。目前，企业应用重点已经从装置优化转向炼厂整体优化，部分企业已经实现与供应链系统集成。

对于国内的大型炼化企业，先进控制技术与产品都有了应用，但应用规模各不相同。目前多数用于炼油装置，近年来，由于产品与技术的发展，先进控制在化工装置开始应用，并取得了较好的应用效果；今后一段时间内，化工装置(例如乙烯、聚乙烯、聚丙烯等)的先进控制系统应用仍是一个重点。中国石化作为国内引进先进控制技术较早的企业，从20世纪90年代初就开始在炼油装置上进行先进控制应用的试点工作，截至2014年5月，已经立项建设APC项目200多套，取得了较好的经济效益和社会效益。中国石油已在40多套生产装置实施先进控制，2018年开始正在推进实施的有50多套先进控制系统，中海油也在惠州炼化公司重整、焦化、加氢裂化、乙烯等多套炼化装置应用了先进控制技术。

2.3 先进控制系统相比常规控制系统的优势及其经济效益提升

先进控制系统除了能够解决常规控制中很难解决的大滞后，多变量耦合等控制问题以外，还可以通过能实现精确控制，能够使关键操作参数的操作稳定性大幅度上升，操作的波动性减少到一个很小的区间范围内，这样就给卡边操作提供了可能性，从而能够获得更多的边际效益。从图3中我们可以看到，在未实施先控的常规控制中，某产品的含水量指标≤2%，常规控制的控制精度只能达到±1%，那么设定值只能设定到1%之处，实施先控制后，控制精度由±1%提高到±0.2%，这样设定值就可以设定到1.8%的位置，产品的平均含水量就会从1%提高到1.8%，如果水作为杂质的话，那么在控制这个产品质量的同时，就可以大大的降低生产的成本，从而获得很大的经济效益。

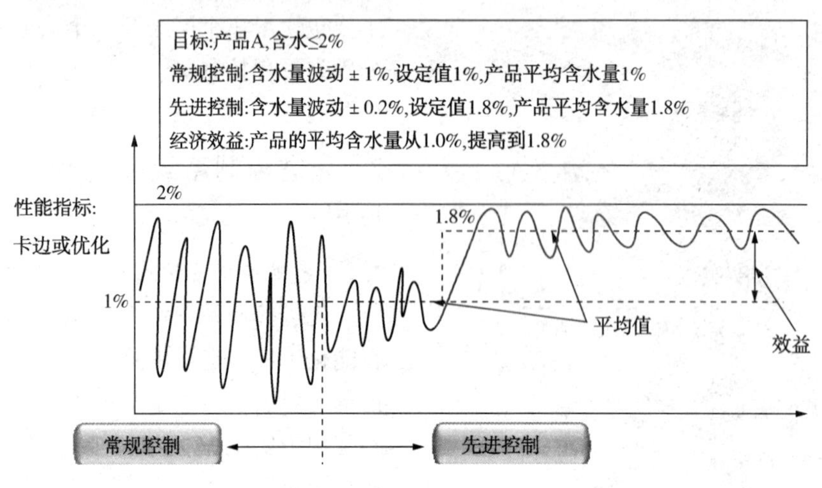

图3　先进控制获得效益的示意图

某乙烯装置通过实施裂解炉炉先进控制后，其COT的控制精度在常规控制下，其控制精度控制在±5%，下降到±1%，实现了卡边操作，乙烯能耗下降了5.6kgEO/T，产生经济效益1000万以上[5]。

3 先进控制系统在智能工厂背景下的发展方向

3.1 单纯的先进控制应用向实时优化的方向发展

目前先进控制系统大部分的应用形式仍然处于控制层，完成自动控制主要停留在提高装置的操作稳定性方面，也就是说先进控制系统的给定目标仍然是根据装置的操作规定，手动给定控制目标值，没有参与装置的整体优化。根据目前掌握的数据，就中国石化、中国石油的应用情况，参与实时优化的只有个别装置。例如，中国石化公司的燕山石化公司的乙烯装置、九江石化公司的常减压装置实施了实时优化，中国石油的吉林石化公司的乙烯装置开展过实时优化的尝试工作，现在准备建设的有锦州石化公司催化装置、独山子石化公司乙烯装置、兰州石化公司乙烯装置等。要实现装置实时优化，就要利用装置的流程模拟模型，通过模型运算计算出装置的最优操作点，然后将操作参数自动传递给先进控制系统，实现装置优化的闭环控制，从而获得更大的经济效益或最低的加工成本。相比单纯的先进控制，实时优化会在装置全局层面进行优化，会产生更大的经济效益，如图4所示，这张图反应了投资和经济效益的关系。通过比较先进控制与实时优化的投资与经济效益关系，可以看出装置实现实时优化仍然有很大的空间可以利用。

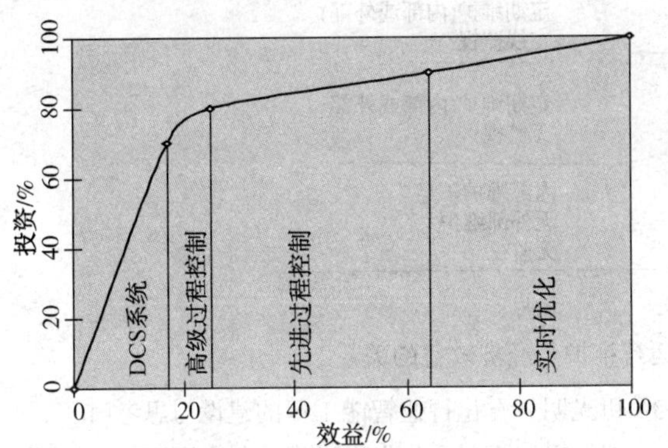

图4　多种过程控制系统的经济效益与投资的关系图

3.2　在智能化工厂背景下的先进控制系统的发展趋势

炼化企业智能工厂的主要目标是卓越运营，提高企业综合竞争力，实现企业的效益提升。关于目标，不同的企业具有不同的提法，但在提升经济效益这一目标是各企业开展智能工厂建设的共性目标。作为过程控制级的先进控制系统在这个智能化的大背景要求下，它的发展方向是在确保自身稳定可靠运行的情况下，实现全厂级的全局优化。先进控制系统自身的角色不仅仅是扮演精确控制，提高装置的控制品质，而且要加入到优化控制的范围之内，它的发展要求是要接受优化控制系统的指令，实现动态的优化控制。图5就是智能工厂生产管控一体化下的优化控制，它实现了从计划调度到过程控制的一个过程，在这过程中，先进控制系统（APC）的作用就是实现计划优化到过程优化的必不可少的一个环节，只有通过先进控制系统，才能实现管控一体化的全面协同的作用，实现全厂效益的最大化的实现过程。也正是这个作用，工业智能化的要求，先进控制系统向上的互联要求。

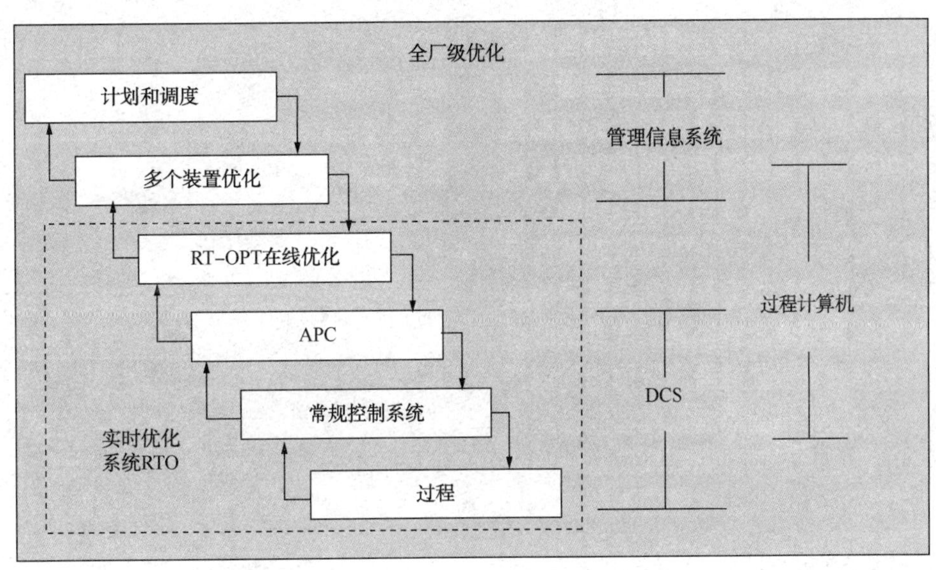

图5　参与全局优化的先进控制系统示意图

4　先进控制系统运行过程中存在的问题及解决的方法

因为先进控制的控制策略是基于控制模型的，所以先进控制系统投运的好坏，取决于控制模型对装置变化的适应性，如果缺少先进控制的及时跟踪和维护，先进控制的运行效果就会出现下降趋势，甚至出现停用，这也正是先进控制技术虽然在工业上应用了几十年，但是它在炼化企业的应用没有被完全普及的原因，但是随着科学技术的发展，很多先进的算法及大数据技术，自我学习智能技术，远程监控和维护系统等技术的发展，给先进控制系统的发展及普及应用带来了新的契机。

图6显示了先进控制系统所产生的经济效益或运行良好程度与有没有性能监控系统、能不能定期维护有着很大的关系，如果各地区公司在实施完先控系统后能够配套实施先进控制系统的性能监控，并且能够定期维护，就能保证先控系统的长期良好运行。在智能工厂中，过程控制的稳定性是智能工厂卓越运营的最基本保障。目前中

国石化和中国石油也意识到这个问题，中国石化的远程监控系统已经建设运行，中国石油先进控制系统远程运维系统目前正在调试投运之中。中国石油目前也在制定完善的先进控制系统完善的运维管理系统，从维护制度、维护考核、远程维护系统、培训等方面对先进控制系统进行保驾护航。

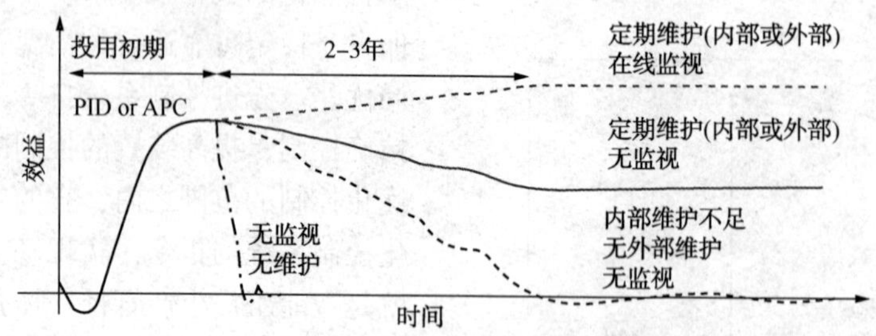

图 6　先进控制系统或 PID 系统的运行维护与经济效益的关系

参　考　文　献

[1] 张泉灵，洪艳萍. 智能工厂综述[J]自动化仪表，2018，(8)39-8：1-5.

[2] 国家工信部，2018 智能制造试点示范项目要素条件[Z].

[3] 伊光明．石化行业智能工厂的建设与思考[R].

[4] 赵恒平．中国石化先进过程控制应用现状[J]. 化工进展，2015：(34)4：930-934.

[5] 李平，李奇安，雷荣孝等．乙烯裂解炉先进控制系统的开发与应用[J]. 2011，(8)：62-8：2219-2220.

新技术构建石化产品市场信息管理平台为市场营销提供决策依据

刘春阳　张　杰　张振羽

(中国石化化工销售有限公司)

摘　要　本文论述了化工产品市场信息的收集、处理、传输及共享过程，为化工产品市场销售提供支持。通过对市场调研系统的开发、产业链平台信息系统建设和“一企一制”等平台的信息系统集成，从而整合外部市场信息收集及传递流程，建立和完善基础数据库，消除了信息孤岛，促进系统内各相关单位的外部市场信息共享，形成市场信息管理平台，有效提升管理水平，不仅在降低成本的前提下提高了信息利用率，还实现了信息资产的积累。通过信息收集处理的过程，将信息有效转换为知识，将信息的管理水平提升到了知识管理阶段。

关键词　市场信息管理；产业链平台；知识管理；信息共享；市场调研 APP

1　应用背景与需求

随着人类社会进入信息知识经济时代，信息管理水平的高低直接制约着企业管理活动的质量。数据是信息的具体表现形式，2013 年有学者提出：未来世界数据将会像土地、石油和资本一样，成为经济运行中的根本性资源。人类由 IT 时代进入了 DT 时代，数据将取代石油成为最核心的资源。[1]

在激烈竞争的化工市场环境中，销售企业经营决策时面对的最大风险是外界环境的不确定性，必须通过积累更多的信息和数据来提高自身把控外界环境的能力。需要建设合理的管理机制和工具，将数据变现成经验和知识能力，由此来提高对外部环境认知的确定性，在完善市场信息管理机制的同时，将“信息管理”上升为“知识管理”，提升全体营销人员的知识水平，用数据沉淀完成核心竞争力的培育，用数据为依据来制定更积极的战略，以便降低风险，维持或赢得竞争优势。

对于销售公司而言，外部市场信息主要来源有几个方面：一是营销人员在日常的经营活动中采集的市场信息；二是通过咨询机构外购的市场信息；三是专题调研活动采集的市场信息。

中国石化化工销售有限公司(简称化工销售)是内外贸一体化的石化产品专业经营公司，2019 年经营化工产品逾 85 Mt，主要产品国内市场份额领先。为适应公司销售模式转化为石化 e 贸为主的电商模式，进一步规范市场信息的采集、处理、传输和实现共享，为营销决策提供支持，为市场分析提供数据支持，公司致力于进行市场调研系统的开发、产业链信息共享平台的提升、与已经开发的“一企一制”等平台进行有效整合，构建了市场信息管理平台。

2　功能设计

完整的市场信息管理平台包括市场信息搜集系统、处理系统和传输系统、分析系统和管理系统，同时采取技术手段使市场信息信息真正转换为企业的资产，将流动性大、作用时间短的信息转化为固定的、作用时间长、价值更大的知识，从而提高企业的核心竞争力。通过对外部市场商情信息进行有效收集和分析管理，为公司制订正确的营销决策提供依据(图 1)。

按照美国信息管理学家马肯德(Marchand)的理论，信息管理过程的高级阶段是“战略信息管理阶段”，又被称为“知识管理阶段”[2]，本平台力图对市场信息流采用“知识管理”的方法，来提高公司“人本”的整体素质，使整个企业“聪明”起来。

2.1　以新技术规范市场信息采集及传输阶段

开发市场调研管理系统(包括市场调研手机和 PC 端后台管理系统)，该系统应用大数据技术和信息化管理方法，可持续有效地收集化工产品市场供需数据，建立目标市场信息数据仓库，实现数据采集、数据分析、数据共享一体化管理。一方面通过移动 APP 定位、签到及上传现场照片等技术手段，实现了市场调研和实地走访的实时管控，进一步规范了营销人员行为，促使营销人员走出办公室，拉近与客户、市场之间的距离。另一方面，整合市场调研工作，统筹兼顾客户服务及客户开发，实现营销人员在客户走访、市场考察的同时进行市场调研活动，不间断地收集市场信息，并进行大数据储存、分析、管理及共享(图 2)。

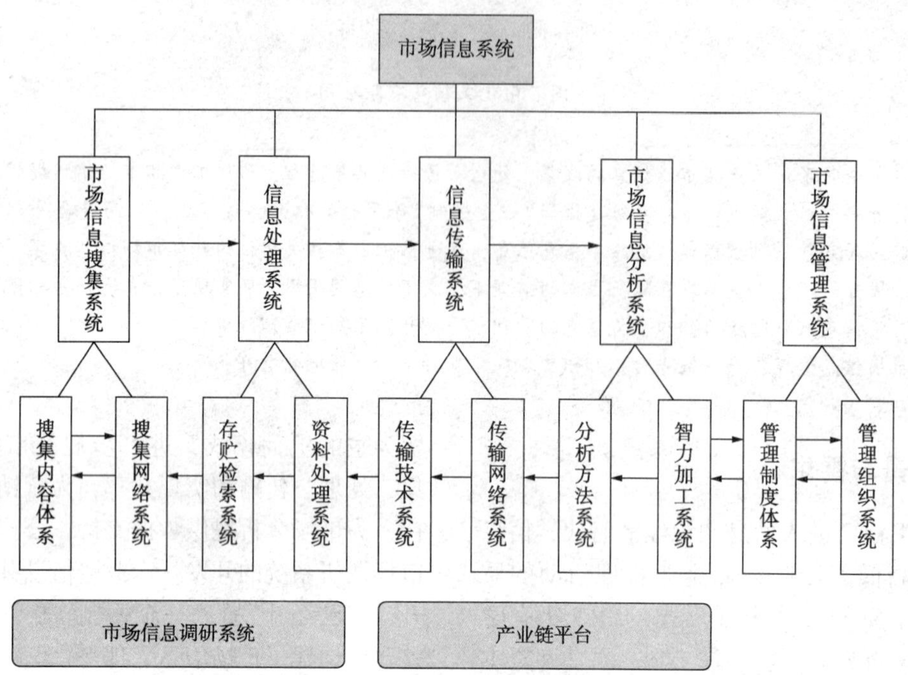

图 1　市场信息管理平台组成

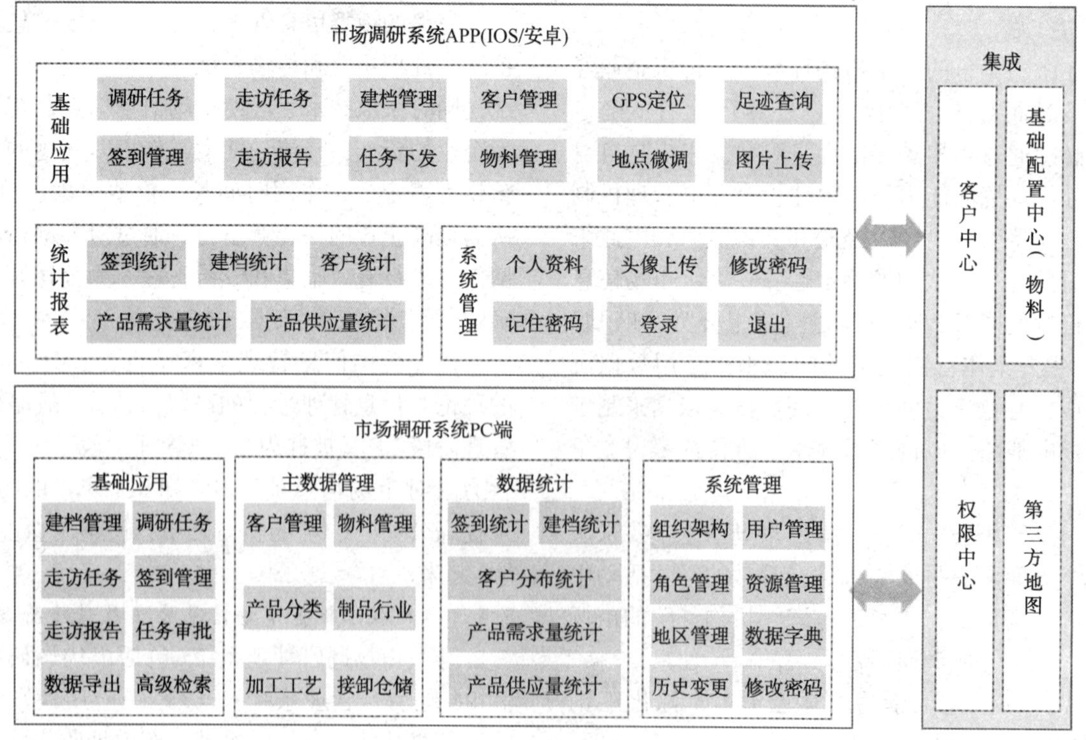

图 2　调研信息系统功能架构图

市场调研系统的功能主要包括：①数据采集。营销人员通过市场走访，在目标市场及客户、生产厂家、信息机构等，完成各种数据的采集工作，完成底层市场基本数据库的积累；②导入和预处理。数据导入和预处理是指将来自前端的数据导入集中的大型分布式数据库，先进行一些简单的清洗和预处理工作，再由后台管理人员进行维护和处理。③统计和分析。通过后台管理模块，实现常规的分类统计和普通分析，并运用各种可视化图表进行数据初步分析，平台可展示的数据图表有“地区客户占比图”、“区域客户热点图”、“产品流向分布图”、“市场需求热点图”、“营销人员轨迹图”等。基础底层数据可传输至产业链平台进行进一步的处理后进行可视化展示。④平台的链接。市场调研系统数据进行统计和分析处理后，与公司产业链平台、“一企一制”平台和 CRM 平台时实现了有效的链接，数据和分析结果可以在上述平台上分享和展示，从而发挥作用，使销售人员和系统内上游生产企业人员实现一些高级别的数据分享需求。同时可以结合公司开发的价格模型系统利用市场数据进行预测性分析。

2.2 信息处理、共享平台——产业链平台建设

通过进行产业链信息平台系统的建设，带动公司产业链相关数据的整合、市场整体行情反馈效果提升，提高公司对外部市场的适应与应对能力，有效辅助经营决策的制定，提升公司的核心竞争力。

产业链平台功能主要内容：

（1）根据外购信息数据及调研活动收集外部市场数据构建外来数据库

构建产能、产量、需求、下游消费结构、进出口、供需平衡等行业基本面数据库，形成规范统一的数据统计口径，为开展产业链及市场研究、营销企划编制提供基础数据支持。

构建价格、加工区间、毛利等数据库，通过密切跟踪三烯、三苯、聚烯烃等主要化工产品市场走势，通过内置计算公式，实时更新各产品价格、成本、加工区间和毛利情况，最终反馈在产业链流程图上，直观地进行产业链盈利情况分析。

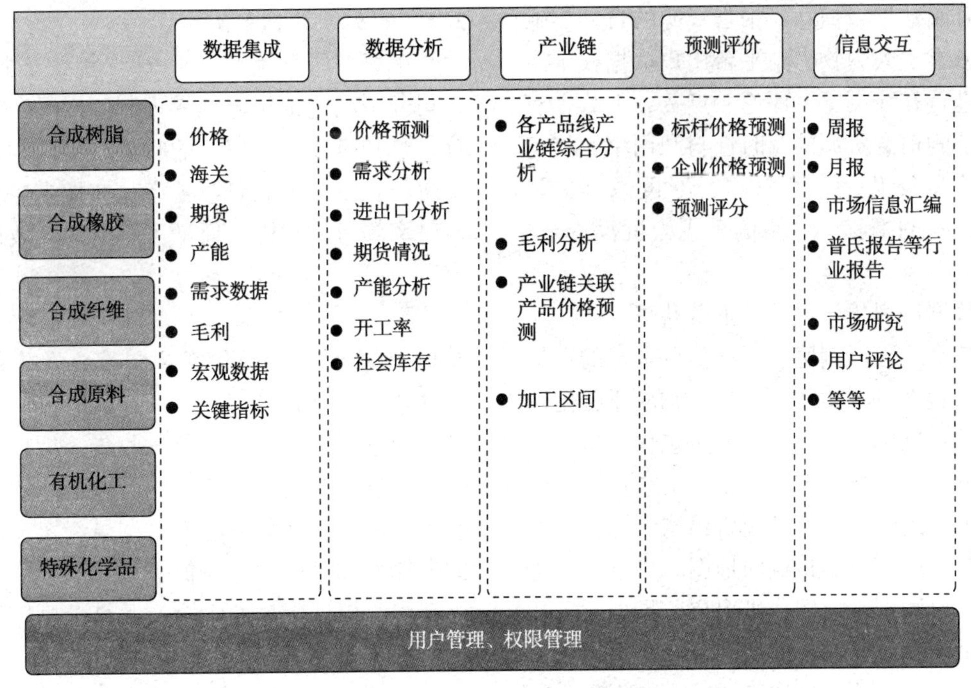

图 3　产业链平台信息系统功能架构图

构建石化产品定价模型基础数据库与自有数据库，经过数据库创建、逻辑梳理、编程开发、数据导入与维护，实现定价模型平台化、系统化运行，丰富市场预测方法，为价格和营销策略制定提供决策支持。

（2）构建公司市场信息处理与报告交流共享平台，并完成知识转换

销售人员通过市场信息系统采集的数据包含

结构化的正式信息，如销售数据、供应商名录、市场报告等；非结构化的正式信息：市场新闻等；结构化的非正式信息：区域市场的库存变化情况等；非结构化的非正式信息：通话记录、电子邮件等。如果不能被营销人员所理解和解释并做出响应，那么这种信息就不具备商业上的价值。基层营销人员定期将市场调研系统采集的各类信息按照规定的模板汇总为周报、月报进行传递并进行共享的过程，实现了营销人员理解、解释信息的能力提升，这种理解、解释并做出响应的能力、经验、技巧等就表现为知识。在个人层面，知识存在于人脑之中；在企业层面，结构化的、有序的知识是企业的宝贵资产，具有比信息更高的商业价值。最终将信息转变为可贮存、可传播、可分享的结构化、规范化的信息体系，转化为可以为企业创造价值的无形资产。业务人员在按时上传周报、月报、年报信息的同时，并可针对热点事件、突发事件发布即时信息，平台完成对各类信息和市场报告的整理、归档与储存。内部人员依据权限可浏览、下载信息报告，实现了公司各层级及系统内各相关单位间的信息共享。同时用户可通过平台对信息进行评论、跟帖与点赞，为营销人员交流思想、陈述观点创造空间，形成了良好的市场研究氛围与文化。

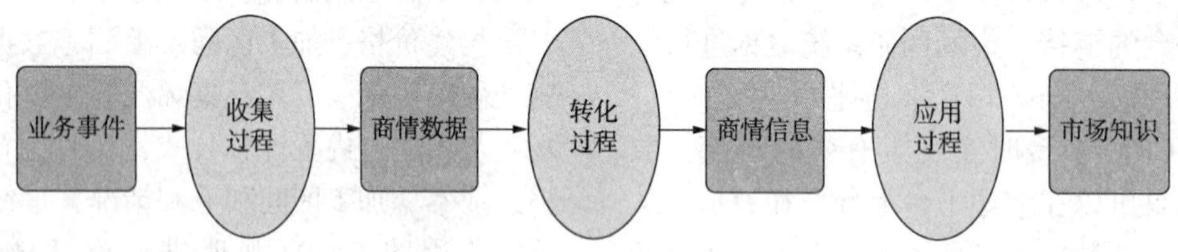

图4 信息转换知识过程

（3）及时储存订阅的即时信息及数据

通过API数据接口，实现国内外多家资讯研究机构订阅数据、信息、报告资源的自动传输与存储，节省了人力物力。平台用户依据权限对信息资源进行在线浏览、评论、点赞、下载，有效提升了外购信息资源的及时性与利用率。将订阅的信息有效转化为信息资产，不再像过去那样，随着时间的推移，订阅信息成为沉没资产，造成损失。

（4）数据可视化处理及上下游共享

产业链平台除可浏览、下载信息丰富的数据统计表外，也为用户提供了可交互的可视化图表。在供需数据部分，可视化分析包括全国、各区域、各省份的产能分布地图，名义/有效产能、产量、开工率走势图，产品消费结构占比图，产品消费量走势图，进出口流向地图，进出口量走势图，进出口国别占比图，进出口贸易方式占比图，供需平衡图等；在价格毛利部分，可视化分析包括价格毛利走势图以及全产业链盈利分析图；在定价模型部分，可视化分析包括价格、成本、毛利走势图，生产企业成本曲线图，下游承受力走势图等。

产业链平台通过与公司“一企一制”和CRM等平台的链接，将市场信息向上游生产企业及科研院所、向下游重点战略合作用户进行共享，加深了产销研用的一体化协同效应。

2.3 配套的制度建设

市场调研系统和产业链平台系统建立之后，公司分别制定了相应的管理制度对平台的运转进行监督和考核，在信息的收集、传输和处理等各个阶段，设立了调研覆盖率、实地走访率，发布及时率等考核指标，保证了平台的高效运转。

3 运转效果

3.1 实现外部市场信息的标准化和连续性，有效转化信息资产

通过平台运转，从信息收集、信息传递及反馈、信息发布与共享等方面，进行高效传递。调研系统内信息采集来源均有记录，实现信息收集的连续性和可追溯性，促进信息的合理流动、有序反馈，保证信息的安全及共享，更好的为经营决策提供支撑。

在信息及数据处理阶段，将各类结构化及非结构化的市场信息进行可视化处理，提高了市场信息及数据的利用率。通过数据库的建设，为营销活动进行分析提供了标准化的，统一的数据，避免产生数据来源的多样性造成的混乱。

通过对外购市场信息实时信息的API抓取

存储，将实施外购信息有效转化为公司的信息和数据资产，为公司进行中远期市场研究和规划提供数据支持。

3.2 推动营销管理理念创新，提升客户服务意识和服务水平

市场调研系统平台的开发与实施，通过任务目标及考核管理办法，推动销售人员亲临目标市场第一线，实地走访客户及下游生产厂家，并实时收集各种市场相关信息。在此过程中客户经理的营销行为和角色已然发生转变，由以往的以销售业务为主，客户服务及市场调研为辅的工作模式，转变为以客户服务和市场调研为重点的工作方式，实现了营销管理理念创新，同时适应了我公司石化 e 贸上线后的新形势。新的掌上移动 APP 平台，解锁了客户经理必须依赖 PC 端的工作模式，让客户经理抽出时间做好客户服务工作，加强与客户的联系，推动从卖产品向卖服务转变，有效提高了客户黏性和渠道稳定性。

3.3 提升调研活动的计划性和标准化

以往营销人员在实地走访、市场调研时，计划和目的性不强，由于没有模板和工作要求的约束，走访活动比较混乱和随意。调研 APP 的推出，设置了走访调研的内容模板，对走访对象的生产经营状况、原料供应需求等内容进行了设置，在收集走访目标的需求数据，包括产品质量、产品性能、指标、用途等各个方面发挥了较好的作用。在 APP 的功能设置中，还可为走访目标提供现场咨询和解答服务。借助 APP 的作用。通过市场调研工作，在获取信息的同时，不断提升了销售人员服务意识和服务水平，进而提升公司服务形象，扩大中石化市场份额和经营利润。

3.4 充分发挥网点的快速雷达作用

通过搭建上下协同、各有侧重、合作共享的市场信息分析和产业链研究体系，运行市场调研 APP，发挥各经营网点贴近市场一线的优势，推动销售人员深耕一线、开拓市场、服务客户，充分发挥销售团队的“雷达”作用，提高对市场的快速反应能力和把握能力。以往网点客户经理在走访调研市场时，往往需要一周时间才能反馈信息，运行 APP 后，进行市场调研后的信息及数据，当天即可通过系统传输至营销中枢。有效形成了信息收集、筛选、评价和共享的一体化市场信息服务体系。

3.5 打通集团公司内部相关单位信息渠道，管理效益显著

通过公司内部进行整体市场信息体系的构建，一方面解决了各项市场调研工作难以协调的问题，避免了重复劳动，节约了大量的人力、物力和时间。另一方面，解决了市场调研工作受时间和空间的限制，获取的数据以偏概全，难以全面反映市场供需状况的问题。同时通过数据信息整合处理，强化产销一体化优势。

产业链平台进行数据分析和可视化，发现规律、预测趋势，充分发挥数据信息整合及实时敏捷的优势，发掘市场有效价值信息并实时共享，便于公司及时调整营销策略，优化资源配置，指导企业排产，降低市场开拓、新产品开发的人工成本和费用。通过 APP 后台数据与产业链平台 e 化的价格模型系统的链接，可以有效地对市场走向进行预测，对未来的定价进行战略指导。通过产业链平台分享权限开放，打通了化工事业部等集团公司管理部门、上游生产企业、科研院所相关单位的信息渠道，消除了信息孤岛，实现了系统内的信息共享。进一步发挥协同优势，调整生产计划和协调销售策略，实现效益最大化。

通过后台数据的支持与共享，搭建市场调研 APP 平台与 CRM(客户关系管理系统)平台之间的联动机制，及时获取客户的详细资料和个性化的产品需求(细化到产品牌号、等级等)，根据需求为每一位客户实施精细化的精准营销服务。降低客户流失率，提升现有客户对中石化产品和企业的黏性和忠诚度，为生产企业排产优化、新产品开发及自营贸易业务提供数据支持。

3.6 信息管理上升为知识管理，为市场预判提供帮助

销售人员采集的市场供需、企业开停工、下游需求等信息经过及时传输和反馈，促使营销人员在完成信息数据处理的同时，提升对市场的理解和感知能力，实现了信息管理向知识管理的转变。结合产业链平台的其它数据支持，对市场预判和未来的价格预测提供了强力的支持。

4 结语

通过市场信息管理体系构建，规范了公司内部市场信息流的流向，使市场信息的采集处理有了明确的标准和实用的工具，改变和优化了现有流程，提高了效率和信息共享程度，培养了销售

人员的数字化能力，为未来的进一步数字化转型奠定基础。

参 考 文 献

[1] 赵兴峰．企业数据化管理变革-数据治理与统筹方案．北京：电子工业出版社，2016：18-19
[2] 王悦．企业信息管理与知识管理系统构建研究．北京：中国人民大学出版社，2014：24-34

多油层非均质砂岩油田水驱控制程度快速计算方法研究

杨　娇

（中国石油大庆油田有限责任公司）

摘　要　水驱控制程度是油田开发过程中评价井组或区块储量控制程度及开发状况的重要指标，随着注采连通关系的变化而相应变化。目前，水驱控制程度多采用人工计算，工作量繁重，计算精度和效率低。本文考虑断层、尖灭、井间相变和二线受效等对注采连通关系的影响，改进了水驱控制程度计算方法，并编制了一套软件系统，在大庆长垣油田推广应用，有效指导油田各类开发调整方案及油田中长期规划方案的编制。

关键词　水驱控制程度；计算方法；软件系统

大庆长垣油田是一套大型陆相河流三角洲沉积体系，油层多，层间、层内、平面非均质性十分严重。纵向上厚层与薄层、高渗透层与低渗透层交互分布，油层厚度从0.2米到几十米、渗透率从几个毫达西到几千毫达西；平面上相变频繁而剧烈，注采井砂体连通关系复杂。目前水驱控制程度计算通常采取两种方法：一是人工计算法，工作量繁重，耗时长；二是利用小层数据程序计算法，缺少井间连通判别，精度低。因此，在原有方法基础上，改进了连通关系计算方法，先进行砂体连通关系计算（静态），再进行注采连通关系计算（动态），并编制了一套水驱控制程度快速计算软件，在大庆长垣油田推广应用，工作效率提高15倍，准确率达94.4%。

1　砂体连通关系计算（静态）

砂体连通关系计算是在目前井网条件下，分析砂体发育存在的对应关系，在砂体分布认识不改变的情况下静态砂体连通关系不变。主要有等高程对比法和地层厚度归一法两种计算方法。

1.1　等高程对比法

等高程对比法即把等距于同一标志层的砂体顶面或底面作为等时面，把处在两个等时面之间的砂体划分为同一单砂体。将2口井某一沉积单元顶深进行层拉平（基准线），计算砂岩层（二类砂岩）顶、底与单元顶深的距离，2口井的小层粘上0.1m即为连通（图1）。

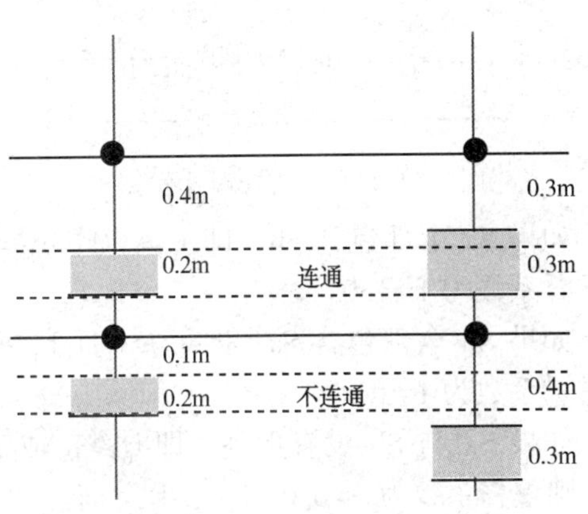

图1　等高程对比法示意图

1.2　地层厚度归一法

以顶底标志层为基准，进行厚度归一化处理，相当于将实际地质时间转换成相对地质时间。

① 厚度归一化。将两口井的同一小层的厚度进行归一化后，两口井的小层的顶深都为0.0，底深都是1.0。同时砂层的位置也换算为0.0~1.0间的值。设小层的顶深为T，底深为B，砂层的顶深为t，砂层的底深为b，则换算后的砂层的顶深为：t 1 =(t−T)/(B−T)，砂层底深为：b 1 =(b−T)/(B−T)（图2、图3）。

② 计算砂层重叠系数。用归一化后砂层的位置来计算A井中的一个砂层Sa与B井中一个砂层Sb的重叠系数。

设砂层Sa的归一化的顶深为t_0，归一化的底深为b_0，砂层Sb的归一化的顶深为t_1，归一化的底深为b_1。

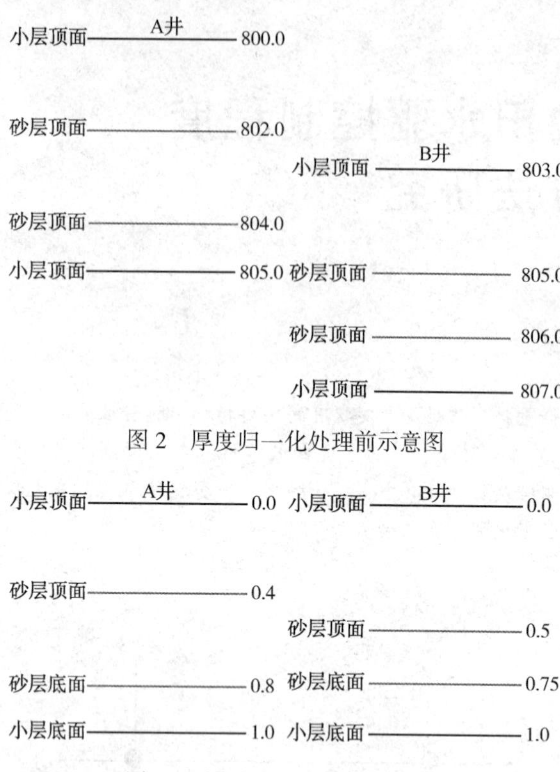

图2　厚度归一化处理前示意图

图3　厚度归一化处理后示意图

如果 Sa 全部包含 Sb，即 $t_0 \leqslant t_1$ 且 $b_0 \geqslant b_1$，则重叠系数为 $f=1.0$。

如果 Sb 全部包含 Sa，即 $t_1 \leqslant t_0$ 且 $b_1 \geqslant b_0$，则重叠系数为 $f=1.0$。

如果 Sa 与 Sb 没有重叠，即 $t_0 \geqslant b_1$ 或 $t_1 \geqslant b_0$，则重叠系数为 $f=0.0$

如果 Sa 与 Sb 部分重叠，重叠系数为重叠部分的厚度与 Sa 或 Sb 中较小的那个归一化厚度的比值，即 $f=(\min(b_0, b_1)-\max(t_0, t_1))/\min(b_1-t_1, b_0-t_0)$。

③ 判断是否连通。如果重叠系数为 1.0，则两个砂层是连通的，如果为 0.0，则是不连通的。当两侧砂层为部分连通时，则要将重叠系数与给定的连通判定标准进行比较，如 f 大于给定的标准，则认为是连通的，否则认为是不连通的。根据实践经验重叠系数大于 10%时基本可以认为砂体连通。

2　注采连通关系计算(动态)

注采连通关系计算是在砂体连通关系基础上，考虑断层、井间砂体相变、二线受效等对注采连通关系的影响，注采连通关系随着注采关系变化而变化。

2.1　断层对注采连通关系的影响

首先，依据井斜数据，把油水井的坐标转换成地下坐标；再依据断点数据库，对于已经组合的断点(有断层归属关系的断点)，判断两口井与断层线的位置关系(图4)：

① 如果两口井在断层线的同侧，两口井就未被断层隔开，相同层位注采连通(井1和井2)。

② 如果两口井在断层线的两侧，两口井在搜索角度范围内与断层线有一个交点，则断层边部可饶流，相同层位注采连通(井1和井3)；两口井在搜索角度范围内与断层线有两个交点就被断层隔开，相同层位注采不连通(井1和井4)。

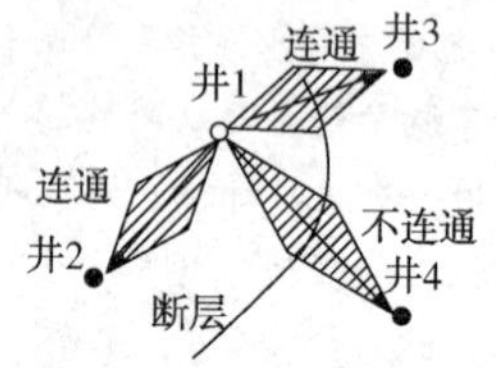

图4　断层对连通关系影响示意图

2.2　井间砂体变化对注采连通关系的影响

在砂体连通关系的基础上，在注采驱替范围内(菱形或仿垂体)，依据注采两端砂体类型及井间砂体变化情况，将以往三种注采连通类型细划为五种(图5)。

如果注采驱替范围内被尖灭截断，则两口井不连通；否则两口井连通，连通类型依据连通模式确定(图6)。

2.3　二线受效对注采连通关系的影响

合理设置二线受效夹角，在注采井连通范围内，三口油水井注采连线夹角小于二线受效夹角，距离远的井视为二线遮挡不连通，否则连通(图7)。

3　水驱控制程度快速计算软件

依据上述连通关系计算方法，编制了水驱控制程度快速计算软件，主要有以下功能：

① 参数可以灵活设置。对于计算方法、搜索半径、注采夹角、二线受效夹角等参数，可以根据理论或经验灵活设置。例如：搜索半径可根据不同油层有效的注采驱动半径，标定不同井网、不同油层的连通对比井搜索范围；二线受效夹角可根据注采井实际动态变化灵活设置。

② 快速计算连通关系。参数设置后，可以快速计算注采井的连通距离、连通类型等结果，连通结果可以在沉积相带图上展示，可以人机交互，实现所有图、表及后台对应连通成果库的同步运行、更新，保证数据的一致性。

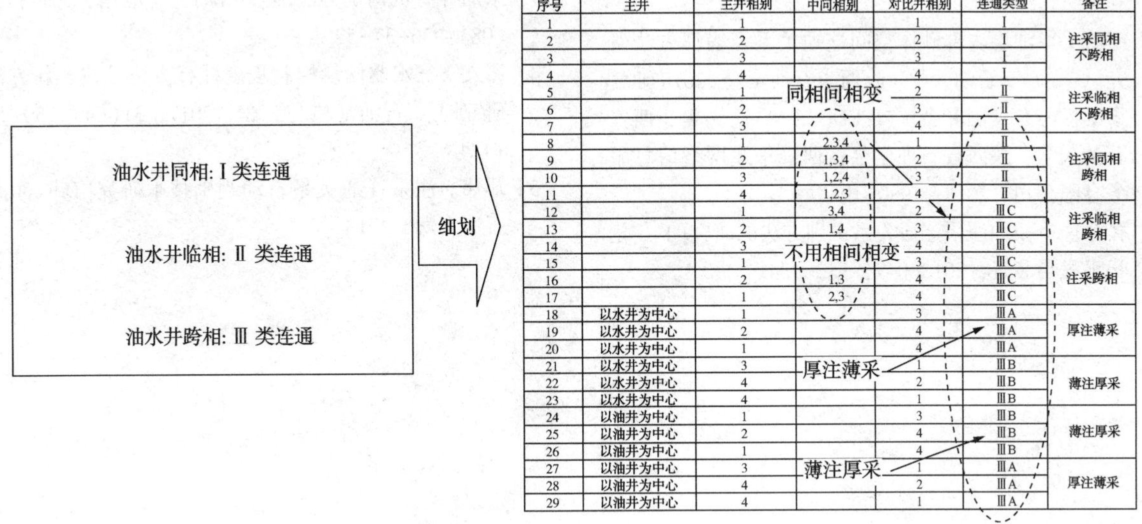

序号	主井	主井相别	中间相别	对比井相别	连通类型	备注
1		1		1	Ⅰ	注采同相不跨相
2		2		2	Ⅰ	
3		3		3	Ⅰ	
4		4		4	Ⅰ	
5		1		2	Ⅱ	注采临相不跨相
6		2		3	Ⅱ	
7		3		4	Ⅱ	
8		1	2,3,4	1	Ⅱ	注采同相跨相
9		2	1,3,4	2	Ⅱ	
10		3	1,2,4	3	Ⅱ	
11		4	1,2,3	4	Ⅱ	
12		1	3,4	2	ⅢC	注采临相跨相
13		2	1,4	3	ⅢC	
14		3		4	ⅢC	
15		1		3	ⅢC	注采跨相
16		2	1,3	4	ⅢC	
17		1	2,3	4	ⅢC	
18	以水井为中心	1		3	ⅢA	厚注薄采
19	以水井为中心	2		4	ⅢA	
20	以水井为中心	1		4	ⅢA	
21	以水井为中心	3		1	ⅢB	薄注厚采
22	以水井为中心	4		2	ⅢB	
23	以水井为中心	4		1	ⅢB	
24	以油井为中心	1		3	ⅢB	薄注厚采
25	以油井为中心	2		4	ⅢB	
26	以油井为中心	1		4	ⅢB	
27	以油井为中心	3		1	ⅢA	厚注薄采
28	以油井为中心	4		2	ⅢA	
29	以油井为中心	4		1	ⅢA	

图 5　注采连通类型

高 14+5a 沉积单元相带图　　高 110a 沉积单元相带图

N3-4-728　连通　注采夹角　θ　N3-5-SD326

N3-41-526　不连通　注采夹角　325m　θ　N3-5-SD326

图 6　尖灭对连通关系影响示意图

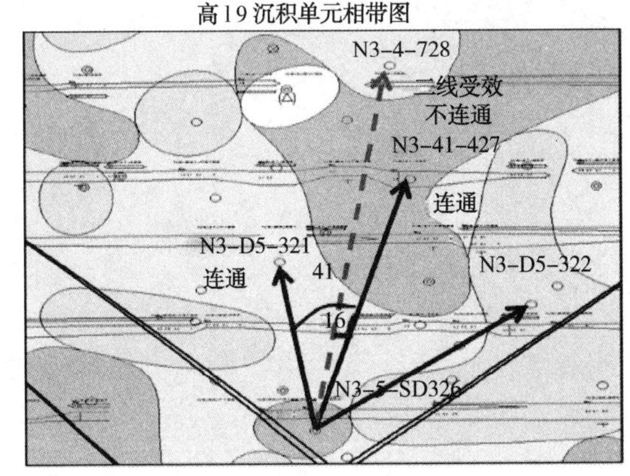

图 7　二线受效对连通关系影响示意图

③ 快速计算水驱控制程度。可以计算出区块和井组的水驱控制程度。也可以结合开发需要，定制多种水驱控制程度计算图版，实现不同井网、不同厚度级别、不同渗透率级别砂体等各类表格的自动计算与输出。

该软件已在大庆长垣油田推广应用，工作效率提高 15 倍，准确率达 94.4%。

4　结论

(1) 该连通关系方法与以往方法相比，在砂体连通关系基础上，更多地考虑了虑断层、井间砂体相变、二线受效等对注采连通关系的影响，计算结果更符合开发实际。

(2) 可以快速给出区块和井组的水驱控制程度，极大地提高了工作效率，准确率达 94.4%，可以有效指导油田各类开发调整方案及油田中长期规划方案的编制。

参 考 文 献

[1] 赵红．厚油层内部砂体空间连通关系及表征方法研究[C]．西安石油大学、陕西省石油学会．2018油气田勘探与开发国际会议(IFEDC 2018)论文集．西安石油大学、陕西省石油学会：西安华线网络信息服务有限公司，2018：1980-1985.

[2] 孔令瑾．一种注采连通关系识别方法的研究[J]．化学工程与装备，2018(04)：132-134.

[3] 刘振旺，朱彦群，胡明卫，杨鲁．一种砂体连通关系的计算机判别方法[J]．石油化工应用，2015，34(08)：36-37+52.

[4] 缪飞飞．水驱储量控制程度计算方法综述及新方法研究[J]．石油地质与工程，2017，31(04)：50-53+124.

[5] 郑伟．注采连通关系自动判别技术研究[D]．东北石油大学，2013.

页岩气田增压开采无人值守技术研究

吴国超

（中国石化重庆涪陵页岩气勘探开发有限公司）

摘　要　页岩气井由于长期生产而导致气井压力不断下降，增压开采工艺是解决低压气井外输，保障气田稳产增量重要技术。将压缩机自控系统接入气田 SCADA 系统中，完成压缩机数据远传及控制。结合气田生产工艺现状，利用自动化、信息化等技术，研究压缩机控制逻辑及压缩机预警系统，从各方面优化压缩机运行管理方式，保增压站点安全生产，实现设备异常情况自动、远程关停，达到增压站点无人值守基本要求。降低增压开采运行成本，提高气田对增压开采的管理效率及管理水平。

关键词　增压开采；无人值守；PLC；SCADA

1　研究背景

页岩气作为非常规天然气，具有较大商业开发难度。近些年随着国内水平井压裂技术提高，涪陵页岩气田焦页 1HF 井投产拉开了中国页岩气商业开发的序幕。页岩气藏开发相较于普通天然气具有产量递减快、生产周期长等特点。页岩气井井下压力由于长期生产而不断下降，部分气井井下压力过低而给页岩气外输工程带来一定问题，影响气田整体产量。增压开采工艺技术是提高气田产量，提高气藏采收率的有效手段。气田增压开采较常采用的是单井增压的方式，该方式增压强度可控、适用情况灵活多变，管网改造较小，不用综合考虑气田各项开采比例问题，适用范围较广。但是单井增压也导致增压井点多、压缩机数量多、分布范围离散，给后期的维护、运行及安全管理带来一定问题。需从多方面对气田增压开采无人值守技术进行分析，利用自动化、信息化等方式实现单井增压站点的无人值守。以到达能够不间断的对压缩机运行情况进行监视，实现压缩机异常报警、联动控制等，对增压开采的过程控制、生产调度、运行安全具有重要意义。

2　压缩机数据远传及控制

2.1　压缩机的配置

压缩机是用来压缩气体借以提高气体压力的机械。从能量的观点看压缩机是属于将原动机的动力能转变为气体压力能的工作机。压缩机按工作原理划分其中往复式、回转式、离心式、轴流式。其中往复式压缩机容积流量、绝热效率、可靠性等性能较高，在天然气压缩工艺中采用管饭。压缩机内置监测传感器，采集压缩机进气压力、绕组温度、油温、油压、振动等运行参数，并传输至压缩机控制核心---压缩机 PLC 系统。

压缩机 PLC 一般由控制器、I/O 模块、安全栅、通讯模块、继电器、电源模、触摸屏、开关按钮块等组成。压缩机 PLC 控制器是压缩机的大脑，通过组态实现压缩机运行参数的采集以及对压缩机润滑油泵、轴流风机、主电机、进出气阀等组件进行控制，以完成压缩机各个组件按顺序正常启停。各类变送器将信号传输至模拟量/数字量输入模块，控制器读取卡件的数据，并将指令通过模拟量/数字量模块下达，控制继电器开合实现润滑系统、电动阀门进行相关动作。控制器还通过通信线链接至触摸屏，触摸屏（也称人机界面，HMI）读取 PLC 数据，并在画面内显示，同时可以将数据写入 PLC，实现人员与控制系统的交互。触摸屏内容主要涵盖四个部分，一是参数显示，显示所有压缩机运行参数、机组运行状态等内容；二是部件控制画面，实现压缩机部件测试（停机状态下）；三是历史事件记录画面，显示压缩机的报警信息及机组操作记录；四是参数设置画面，包含压缩机启机条件设置、加载条件设置、压缩机报警停机值设置以及相关仪表量程设置。为保障安全，触摸屏设置相关操作均需登入操作账号输入密码才能打开。压缩机 PLC 开关按钮通过通信电缆接入 I/O 卡件，通常包含压缩机启停按钮、紧急停车按钮、测试按钮等。

2.2 压缩机通信方式

压缩机PLC控制系统基本已能实现对压缩机本体数据采集及启停控制。但所有数据及控制方式进局限于就地，需将压缩机控制系统接入气田已部署SCADA系统，以实现气田调控中心对整个气田生产运行的掌握及控制。

气田SCADA系统主要由PCS(过程控制系统)及ESD(紧急停车系统)构成。PCS主要是数据采集及过程控制，ESD系统主要是实现各种应急情况下自动联锁。压缩机运行参数较多、类别较广，且压缩机与集气站仪控室(站控系统一般部署于仪控室)有一定的距离，采用RS485通信协议将压缩机所有运行参数传输至PCS中。RS485通信能够在远距离条件下以及电子噪声大的环境下有效传输信号，在各种情况下都具有较强的适用性。且两线制的485通信电缆敷设施工也较为便利，压缩机仅需将MODBUS通讯地址表，包括波特率、数据位、停止位、校验方式、从站地址、数据类型及通讯地址等参数提交给上位机即可实现数据传输。为满足对压缩机远程控制，另敷设两根四芯通信电缆，一根将压缩机远程关及故障信号通过该硬接线接入PCS系统中，一根将压缩机急停信号及运行信号接入ESD系统中。压缩机远程关、故障信号急停信号及运行信号均为数字量信号，其中远程关信号采用常开方式，故障信号急停信号及运行信号均为常闭点，最大的保障压缩机控制安全。

2.3 压缩机联锁控制

典型的页岩气增压开采工艺是井口气经过分离器分离水并计量后，进入压缩机增压外输。集气站点进行增压开采有多种情况，部分井进压缩机、多个气井进入一台压缩机、多个气井进入多台压缩机或是由于泡排等工艺措施进入压缩机的气井转为正常生产等等。需要综合考虑现场工艺情况，既能保障异常压缩机自动停机后联锁关停井口安全阶段阀等其他相关安全设备，又能保障正常生产气井产量不受影响。

为了最大限度的保障压缩机运行安全，结合工艺要求和生产装置的规模、流程特点，各参数对生产操作的影响等因素编制压缩机联锁控制原则：(1)压缩机自身启停流程SCADA系统不做干预，仅下达远程停机或ESD急停命令，利用压缩机自身控制系统，对相关工艺流程温度和可燃气体浓度进行监控与关停逻辑，如进出口温度、润滑油温度、缸排气温度、前后端轴承温度、电机绕组温度以及可燃气体浓度等参数异常，由压缩机PLC进行判断关停；(2)通过SCADA系统对压缩机进行远程关停时划分权限，分为MCC(调控)和SCS(站控)，当处于MCC时仅生产调控中心能进行远程关停指令下达，处于SCS时为集气站仪控室PCS机柜Pannel屏才能进行指令下达；(3)将压缩机急停接入气田紧急停车系统中，气田紧急停车等级较高的异常情况同时关停压缩机及其他设备；(4)以压缩机运行状态信号进行判断依据，压缩机停机后关停相应的气井井口安全截断阀，防止站内憋压；(5)每口气井设置中间变量，通过气井油压与中间变量比较判断该气井在压缩机停机后是否需要联锁关闭井口安全截断阀，随着气井生产情况的变化，仅需更改中间变量的值即可完成压缩机停机联锁井口安全截断阀的逻辑关系。

2.4 压缩机数据展示

压缩机数据主要划分为三类，一是压缩机运行参数数据，包含各种温度、压力、振动、运行时间、电流等信息；二是机组报警信息，根据压缩机PLC报警参数设置，将产生的报警信息分类显示；三是机组故障信息，显示压缩机各种停机事件信息，包含机组无故障停机、主电机振动高停机、绕组温度高停机等等。

压缩机数据采集、控制均处于工控网络中，与其他网络物理隔离。工控网络压缩机数据及远程关控制主要分为就地及远传。就地显示为压缩机PLC触摸屏，远传包含仪控室PCS机柜Pannel屏及上位机HMI界面。考虑到压缩机动设备的特性及重要程度，保障增压站点无人值守后操作人员能够方便、快捷的掌握压缩机的运行参数和状态，调控中心操作员电脑画面中单独增设一屏，集中显示所有集气站压缩机重要参数及数据画面的跳转接口，另增加一台双屏操作员站，专用于显示压缩机参数画面。

为提高压缩机管理水平及效率，方便设备管理人员及技术员对压缩机运行情况的掌握，在工控网与企业内网之间部署网闸，通过OPC服务器将压缩机运行参数传输至企业内网中。由于网闸单向传输特性及提高压缩机运行安全，压缩机控制仅在工控网络中。另通过VPN等相关技术，实现压缩机在移动端的实时展示，使得技术人员突破设备、地域的限制，做到压缩机管理随心掌控。

3　压缩机预警系统研究

压缩机接入气田 SCADA 系统后，能实时的采集压缩机运行数据，而实时数据由于数据量大、涉及设备台数多，人工难以盯防，即使采用一对一、全天候盯防模式，由于影响因素复杂，值守人员也无法完全掌握设备运行数据与故障的相关关系，仅依靠传统的单一的“阈值报警”，无法完全实现对压缩机异常提前感知。因此可以利用大数据分析等技术手段，搭建压缩机特征库，通过收集整理以往压缩机无预警停车、过载等异常发生的时间、位置，以及发生故障时周边井生产数据，整理出设备的故障类型。在数据收集整理的基础上，对海量实时数据开展数据挖掘与分析，采用大数据分析方法，找出设备故障与运行数据之间的关联关系，根据历史数据分析结果，确定特征参数提取方法与类型。以历史故障数据为样本，以特征工程提取的参数为学习参数，采用机器学习方法建立预警数学模型。建立模型的学习功能，通过人工干预，调整预警模型，提高预警准确率。实现设备故障智能诊断和预警，对压缩机进行健康状态诊断，出具诊断报告及维修建议。通过压缩机预警系统实现预知性维护，极大提高增压开采站点运行安全及管理效率。

4　结论

页岩气田增压开采是保障气田稳产增量的重要手段，增压开采无人值守技术研究不仅是为降低生产运行成本，更是为了提高气田对增压开采的管理效率及管理水平，保障气田增压站点的生产运行安全，为气田安全平稳运行及后期开采效率提供关键支撑和重要价值。

参 考 文 献

[1] 刘勇 . SCADA 系统在油气田中的应用[J]. 电子世界，2020(06)：149-150.

[2] 杨浩 . 天然气增压开采工艺技术在气田开发的应用[J]. 化工管理，2019(03)：77-78.

[3] 姬文花，杨宁 . 天然气无人值守站远程监控终端的设计与实现[J]. 化工管理，2018(09)：182.

大庆长垣油田水驱低效无效循环场识别技术研究与应用

李卫彬

（大庆油田有限责任公司）

摘　要　低效无效循环是陆相沉积油田进入中高含水开发期一种普遍的开发现象。无论中高渗透油田还是低渗透油田都存在低效无效循环。中高渗透油田低效无效循环是由于储层高渗流条带造成的，低渗透油田低效无效循环由于储层天然裂缝发育造成的。大庆长垣油田是中高渗透油田，2004 年进入特高含水开发阶段。随着含水不断升高，液油比快速上升，水驱低效无效循环日益突出，严重影响了油田开发效果和经济效益。通过研究建立低效无效循环识别标准及方法，并依据此方法编制适合大庆长垣油田特点和管理模式的低效无效循环识别软件系统，实现低效无效循环场快速识别和三维定量表征，在大庆长垣油田全面推广应用，识别符合率达 95%以上，为低效无效循环综合治理提供了有利的依据，该方法能够助力非均质多油层砂岩油田效益开发。

关键词　中高渗透油田；水驱低效无效循环；识别方法；软件系统

大庆长垣油田是大庆油田产量和效益的主体，2004 年进入特高含水开发阶段。随着含水不断升高，液油比快速上升，水驱低效无效循环日益突出，严重影响了油田开发效果和经济效益。多年来，围绕低效无效循环识别技术开展攻关，很大程度助力了油田高效开发。但识别仍以人工分析为主、工作量大，识别标准和流程不统一，识别结果多为定性描述，没有实现空间精准表征。因此，依据低效无效循环的成因认识和表现特征，建立水驱低效无效循环识别标准及方法，指导编制适合大庆长垣油田特点和管理模式的低效无效循环识别软件系统，实现低效无效循环场快速识别和三维定量表征，为低效无效循环精准治理提供技术保证。

1　低效无效循环识别标准

根据低效无效循环的成因认识和表现特征，按照“获取方便、相关性强、能直观反映低效无效特征”的原则，从动态、测试和测井变化特征方面建立了低效无效循环识别标准体系，并基于理论公式、室内实验、现场资料、专家经验等确定了标准界限。

1.1　动态识别标准

① 单层含水率。多油层砂岩油田注水开发到一定程度，继续注水，驱油效率（采出程度）增加幅度很小或不再增加，经济上进入低效、无效循环状态，此时对应的含水率（含水饱和度或注水倍数）为低效无效循环界限（公式 1，2）。

$$f_{w低效}=1-\frac{1}{Q_L}\times\frac{C_P}{P_O\times(1-R_t)} \quad (1)$$

$$f_{w无效}=1-\frac{1}{Q_L}\times\frac{C_O}{P_O\times(1-R_t)} \quad (2)$$

式中：Q_L－产业量，t；C_P－生产成本，元；C_O－操作成本，元；P_O－油价，元/吨；R_t－税率，%。

② 单层注水倍数。通过非均质油层水驱油实验或者理论模型数值模型，建立不同油层含水率与注水倍数的关系图版（图 1），依据含水率界限确定不同油层低效无效循环的注水倍数界限。

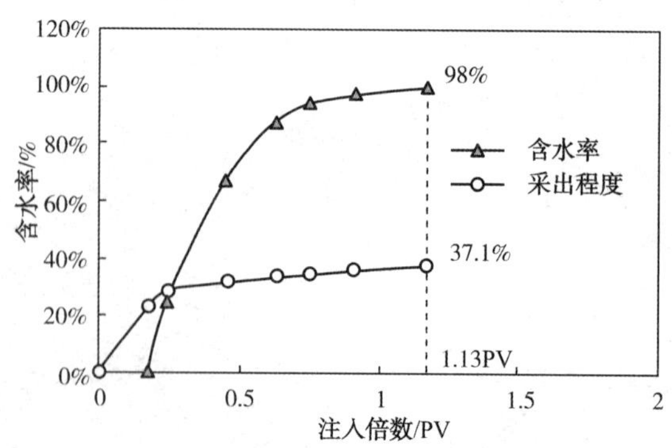

图 1　非均质厚层含水率与注水倍数关系图版

③ 单层累计注水（产液）强度。统计区块内本同系井单层平均累计注水（产液）强度值，以该值的或该值的 N 倍（可人工定义）作为本区块

同层系井的单层累计注水(产液)强度界限值。

④ 注水压力。单井注水压力低于区块内同层系井平均注水压力的井，存在低效无效循环。

⑤ 视吸水指数。单井视吸水指数高于区块内同层系井平均视吸水指数的井，小层所在层段的视吸水指数在该井中非最小，存在低效无效循环。

1.2 测试识别标准

① 相对吸水量。历年剖面显示为主要吸水层，其中厚层相对吸水量在20%以上，薄层相对吸水量在10%以上，存在低效无效循环。

② 相对产液量。历年剖面显示为主要产液层，其中厚层相对产液量在20%以上，薄层相对产液量在10%以上，存在低效无效循环。

1.3 测井识别标准

① 含水饱和度。采取相渗标定法及概率学统计法综合量化识别含水饱和度标准。

一是相渗标定法。将相渗曲线按照不同沉积环境、不同类型油层归一化处理，以低效无效井(层)含水率界限值对应的含水饱和度作为含水饱和度标准界限(图2)；

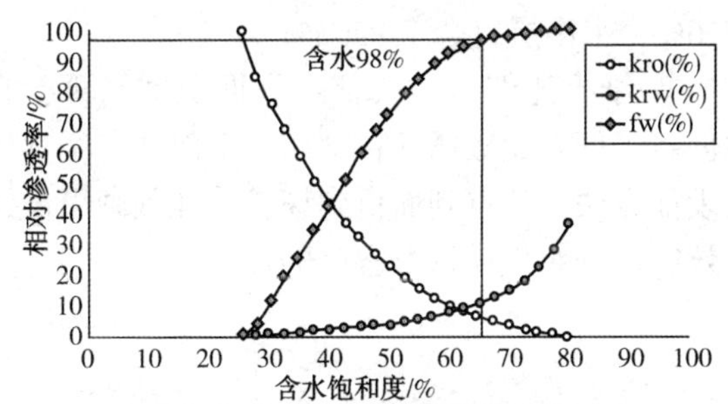

图2　密闭取心井相渗曲线

二是依据取心井资料确定。统计取心井强水洗层的含水饱和度，以强水洗判别精度大于90%为界限，确定低效无效循环层含水饱和度界限(图3)。

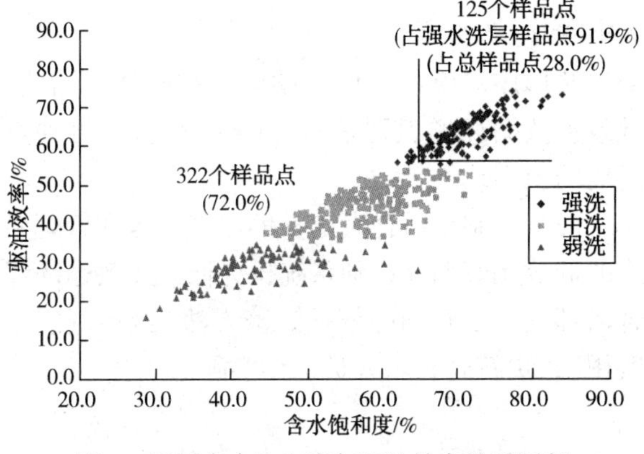

图3　厚层含水饱和度与驱油效率关系图版

② 电测曲线幅度值。根据低效无效循环在电测曲线上的反应，选取“稳定、易识别、可定量”的曲线作为识别依据。喇嘛甸油田选取了密度、深侧向、声波时差曲线，根据岩样强水洗含水饱和度关系图版，以强水洗样品点比例大于90%为界限，依据含水饱和度界限值确定曲线幅度值界限(图4)。

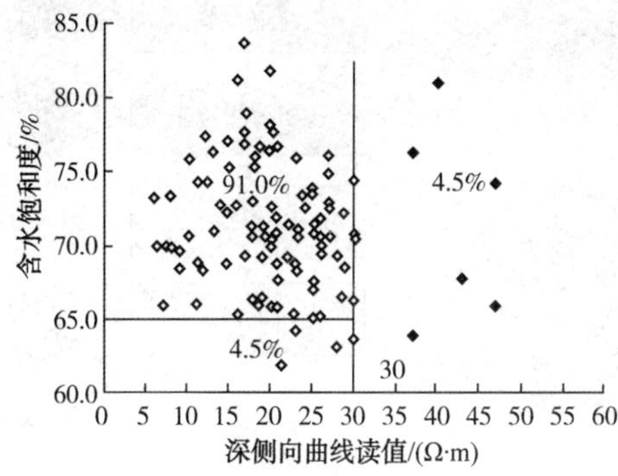

图4　含水饱和度与深侧向曲线读值关系图版

1.4 层内识别标准

① 注采剖面资料：注水井选取主要吸水部位的深度，采油井选取主要产液部位的深度。

② 测井解释资料：层内解释多段渗透率值的，取渗透率极大值部位；层内只解释一段渗透率值的，取等厚底部三分之一部位。

2 低效无效循环场识别方法

低效无效循环场是注入水从注入井流到采出井形成的整个流体流动储层空间体。因此，低效无效循环场识别是从井(层)的识别再到空间场的识别。

2.1 低效无效井(层)识别

依据动态识别标准，对油水井(层)进行快速筛选，再依据测试、测井资料深入分析、环环相扣、逐步验证，精准确定低效无效层位和部位(图5)。

2.2 低效无效循环场识别

低效无效循环场识别主要是对识别出来的低效无效油水井(层)进行注采连通关系判断。首先，考虑砂体对应关系和断层影响，判断砂体连通关系，在此基础上，根据油水井注采关系及砂体平面分布，给出注采连通关系。

① 砂体连通关系判断。一是采用等高程法或地层厚度归一法，分析砂体之间垂向上对应关系，判断砂体是否连通；二是根据砂体垂向连通模式，判断砂体连通类型。三是根据断层断点数

据库，判断两口井与断层的位置关系，确定砂体是否被断层遮挡。

② 注采连通关系判断。在砂体连通关系的基础上，在注采驱替范围内(菱形或仿垂体)，根据砂体平面连通模式，判断不同微相砂体间的连通类型。如果注采驱替范围内被尖灭截断，则两口井不连通；否则两口井连通，连通类型依据连通模式确定。

通过上述识别，最终给出区块低效无效循环场识别结果。

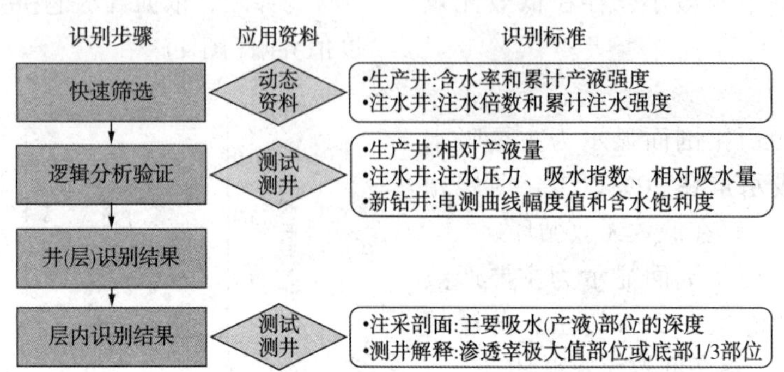

图 5　低效无效井(层)识别流程和方法

3　低效无效循环场快速识别软件

依据低效无效循环场识别流程和方法，自主研发了适合长垣油田特点和管理模式的低效无效循环场识别软件，在第一~六采油厂的 6 个典型区块 2661 口井 53986 个沉积单元进行了识别。对比识别结果，从北向南，采油六厂的比例最高，达到 37.6%，采油五厂的比例最低，达到 13.1%。。通过应用，软件能够实现以下功能：

① 标准能够个性化定制：根据不同油田地质和开发特点，个性化制定不同采油厂(区块)识别标准；通过自动生成标准界限制定图版，人机交互进行识别标准参数辅助制定。

② 井层能够快速定量识别：设定“一键自动识别”流程后，能够快速定量给出低效无效循环井层及部位，识别结果人工辅助分析验证。在典型区块识别结果中选取了 171 口井 222 个沉积单元进行人工分析对比，结果表明，注水层符合率 95.6%，采出层符合率 92.6%。

③ 结果能够三维表征：依据识别结果，自主创新了低效无效循环在剖面、平面和三维立体的表征方法，从点到面再到场，精准刻画出低效无效循环分布规模及形态(图 6)。

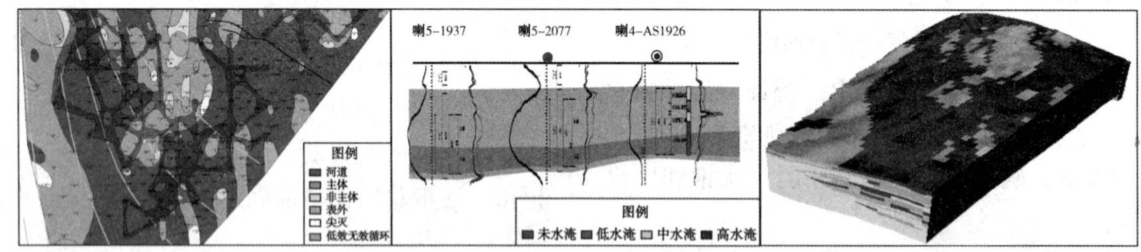

图 6　喇嘛甸油田南中西二区低效无效循环“平面-纵向-三维”空间分布

④ 潜力能够快速筛选：依据专家经验建立措施筛选标准，快速给出低效无效循环层治理措施潜力。

4　结论

(1) 按照获取方便、相关性强、可定量、能直观反映低效无效循环特征的原则，建立低效无效循环识别标准。

(2) 低效无效循环场是注入水从注入井流到采出井形成的整个流体流动储层空间体。因此，低效无效循环场识别是从井(层)的识别再到空间场的识别。

(3) 编制了适合大庆长垣油田特点和管理模式的低效无效循环识别系统，为低效无效循环综合治理提供了有利的依据。该方法“接地气、重实用”，更符合技术人员工作实际。

参考文献

[1] 黄伏生．喇嘛甸油田低效无效循环带识别方法研究及其应用[D]．中国海洋大学，2008.

[2] 郑浩，马春华，姜振海．高含水后期“低效、无效循环”形成条件的数值模拟研究[J]．石油钻探技，2007(04)：80-83.

[3] 梁文福．喇嘛甸油田特高含水期水驱综合调整技术研究[D]．大庆石油学院，2003.

[4] 李国娟，梁杰，李薇．测井资料识别大孔道的方法研究[J]．油气田地面工程，2008(09)：11-12.

[5] 张官亮．层内非均质厚油层水驱油规律实验研究[D]．中国地质大学(北京)，2014.

[6] 付志国，杨青山，刘宏艳，杨小明，刘卫丽．低效、无效循环层测井识别描述方法[J]．大庆石油地质与开发，2007(03)：68-71.

[7] 吴素英．长期注水冲刷储层参数变化规律及对开发效果的影响[J]．大庆石油地质与开发，2006(04)：35-37+121.

[8] 张铁帝．低效无效水循环的识别方法[J]．中国科技信息，2014(Z2)：53-54.

[9] 赵云飞．喇嘛甸油田特高含水期水驱流场分布特征研究[J]．长江大学学报(自科版)，2013，10(20)：140-142.

基于深度学习的油气装备工业仪表自动化识别技术

任义丽　罗　路　陶　治

（中国石油勘探开发研究院）

摘　要　在测试技术中，由于指针式仪表结构简单、使用方便，被广泛地应用于电力、石油、化工等行业中。在一些测试现场，比如不易观测的室外或对人员具有危害的场所，人工读取仪表读数有一定难度和危险。将深度学习技术用于指针式仪表读数高精度自动识别，不仅可以消除人工读取仪表读数所造成的主观误差，而且可以提高效率和精度、保障人员安全。基于指针式仪表通过端到端可控图像翻译网络的方法进行自动读数的空白，本文将 BONC Cloudiip 工业仪表表盘读数大赛的数据作为图像翻译模型的训练集，用条件式生成对抗网络（CGAN）的方法进行可控图像翻译自动读数的识别。本文提出的基于 CGAN 网络的仪表自动识别技术能够减少机器视觉方法中复杂算法的应用，实现仪表度数的快速、自动识别，该项技术有望于进一步提高油气装备的智能化水平。

关键词　条件对抗生成网络；可控图像翻译；油气装备；指针式仪表；自动读数

1　引言

石油化工行业是一个生产要求严格、数据指标把控精准的关键性行业；随着经济发展与生产力提升，对于油气资源的需求日渐增长；相关领域产业的技术也处于不断进步之中，因而对于工业自动化仪表的需求也开始变得越来越大。其中一个重要原因在于，拥有高灵敏度的工业自动化仪表在油气领域可以进行高效的监测分析，并进一步降低相关油气单位在生产、原油采购和加工等环节的成本，从而能够最大限度地获得经济效益，满足相应需求；结合了设备兼技术的工业仪表是目前物联网自动化数据采集下进行石油勘探开发、测量分析等相关操作的必要基础[1~3]。

由于复杂的各种各样测量指标，实际中工业仪表种类繁多，其中石油行业中测温的温度仪表、测量腐蚀介质和晶体介质压力值的压力仪表、测量液位的物位仪等诸多仪表为实际石油生产开发提供了诸多便利。然而，对于这些仪表测量数据的读取方式目前还处于较传统人工方式，其成本高、效率过低，难以实时读取并及时反馈相关信息以分析处理；随着人工智能的发展，智能识别、读取信息具有实时、高效、准确的效果；因此，在智能化发展的石油行业中，采用人工智能的方式去实现自动化读表是推动相关行业发展的必要手段。

一般来说，以传统的指针式仪表读数自动识别的图像处理方法为例，其实现步骤如下：（1）对图像进行 Hough 圆检测，使用加权平均法定位表盘圆心及半径，提取表盘区域方形图像；（2）图像预处理，提取仪表指针二值细化图像；（3）使用中心投影法确定指针角度；（4）提取零刻度线、满刻度线位置模板，标定量程起点、终点位置；（5）使用模板匹配得到零刻度线、满刻度线角度；（6）根据指针角度、零刻度线角度、满刻度线角度计算得指针读数。另外，也有研究人员研究了由于摄像机与指针式仪表相对位置不固定，导致在采集到的图像上仪表表盘位置不固定的问题，目的是消除人工读取仪表读数所造成的主观误差和提高效率和精度、保障人员安全、应用范围广、鲁棒性强。

然而，传统的仪表读数的图像处理方式复杂冗余，难以实现迅速识别；而以深度学习为代表的人工智能算法可以实现端到端的自动识别，即输入一张仪表盘的图片，经过深度学习模型处理后就能直接输出仪表盘的读数，具有高速、准确、便捷的优势。本文以基于对抗网络 GAN 为基础的条件对抗网络 CGAN，实现对油气装备工业仪表读数的自动化识别。

2　GAN 网络简介

生成性对抗网络 GAN（Generative Adversarial

Networks)[4]是机器学习领域最流行的图像翻译技术之一；其原理主要是通过提供一种高效数据生成的深度学习方法，不需要或需要很少的标注数据；其结构由生成模型与判别模型两个网络组成，两个网络可由不同形式的神经网络实现；其中，生成模型生成数据去给判别模型验证，判别模型通过对生成的数据进行判别，从而得出判别结果的误差，将这判别误差反传回这两个模型以使其各自改进网络参数；如此循环反复，不断优化，达到最优的平衡状态。近些年来，相关的GAN网络及其变体网络在数据生成、图像编辑、图像翻译、图像转换和风格转换等方面具有良好的表现与应用[5~10]。

然而传统的GAN网络存在控制能力差、图像分辨率低等问题；当缺乏控制能力时，意味着当数据中输入随机噪声时，输出图像是随机的，而不是对应于输入的；而低分辨率等问题会导致生成的图像出现模糊等现象。在此基础上，Pix2pix模型[11]对传统的GAN网络进行了一些小的改进；该模型通过以不输入随机噪声，而是输入给出的图片，并用成对的数据进行训练，并结合统一的框架来解决上述图像翻译问题。其中，为了解决pix2pix模型需要成对训练的问题，Cycle GAN(Cycle constraint GAN)网络[12]通过将样式和内容分开的方式，仅需一组输入数据和一组输出数据即可完成要求；还有Pix2pixHD模型[13]通过使用多尺度发生器和鉴别器生成高分辨率图像，解决了图像分辨率和质量低的问题。此外，在以GAN网络为基础之上，相关的多种变体网络也有着良好的性能表现；如条件生成性对抗网络CGAN(Conditional GAN)[14]通过直接在生成模型和判别模型的目标函数中添加附加信息来控制GAN的随机性，并使网络在给定方向上生成样本；StackGAN网络[15]实现了"文本到图像"的图像翻译任务，也是第一个根据文本描述生成分辨率高达256×256图像的网络模型；InfoGAN网络[16]解决了GAN网络在输入噪声信号和数据语义特征之间没有明确对应的问题；在GAN网络训练不稳定的方面，WGAN(Wasserstein-GAN)网络[17]使用Wasserstein距离(也称为地动(EM)距离)代替JS距离来测量真实样本和生成样本之间的距离，解决了GAN训练的不收敛现象。

综上所述，以GAN模型为基础的相关图像翻译算法已日渐趋向成熟；通过其高效、准确的性能实现工业仪表读数图像的精准识别，是本文的重要研究内容。

3　基于CGAN的油气装备工业仪表自动化识别

CGAN网络是在GAN网络基础上做的一种改进，通过对原始GAN的生成模型和判别模型添加额外的条件信息，实现条件生成模型；在根本上，CGAN的网络相对于原始的GAN网络变化较小，改变的仅仅是生成模型和判别模型的输入数据，从而使得CGAN网络可以作为一种通用策略嵌入到其它的GAN网络中。相关实验表明，CGAN可以通过给生成模型特定的标签，实现特定模式的生成结果，具有一般GAN网络所没有的控制能力。

如图1所示，本文以CGAN为核心算法，将其中的代表性模型pix2pixHD应用至常规的油气装备工业仪表图像上，该模型使用多尺度的生成器以及判别器等方式，以达到实现生成高分辨率图像的效果，对于仪表图像读数来说，有着高效精准的自动化识别读数效果。

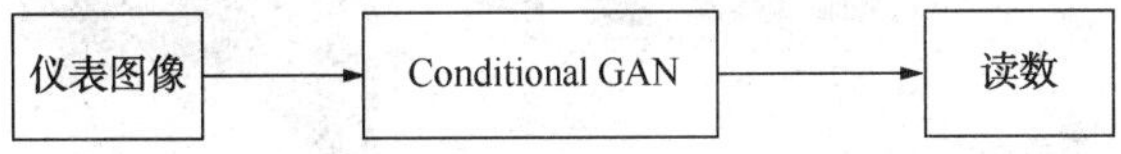

图1　工业仪表的自动化识别

其实际流程图如图2所示，主要分为以下4个步骤：

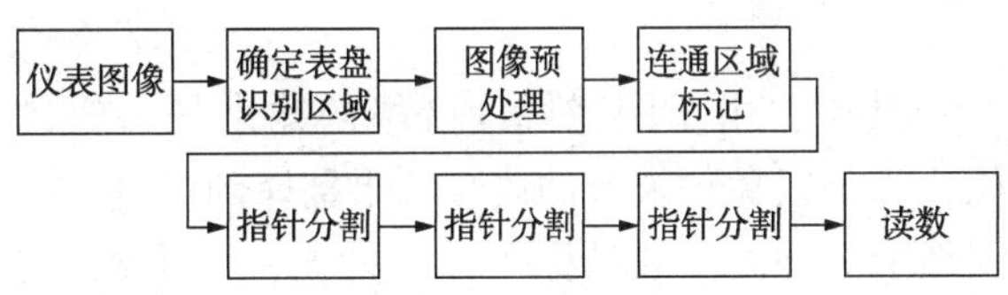

图2　自动化识别读数流程

- 确定表盘识别区域并对仪表图像进行二值化和裁剪等预处理，如图3所示；

图3　自动化识别读数流程

- 将预处理后的图像进行连通区域标记；
- 将图像中的指针进行分割处理并细化；
- 在上述操作下，本文通过将BONC

Cloudiip 工业仪表表盘读数大赛的数据集的每张图像作为输入数据，并将其仪表图像的读数结果通过标签的的形式写在白色背景的图片上，然后经过条件对抗网络 pix2pixHD 迭代训练，得到可控的图像翻译模型；当输入仪表盘的预处理后的图片，经过 pix2pixHD 翻译模型输出仪表盘的读数图像，即可对指针所指角度进行定量计算，实现最终的读数。

其中核心的图像翻译结构如图 4 所示；

上述的整体网络结构图如图 5 所示；

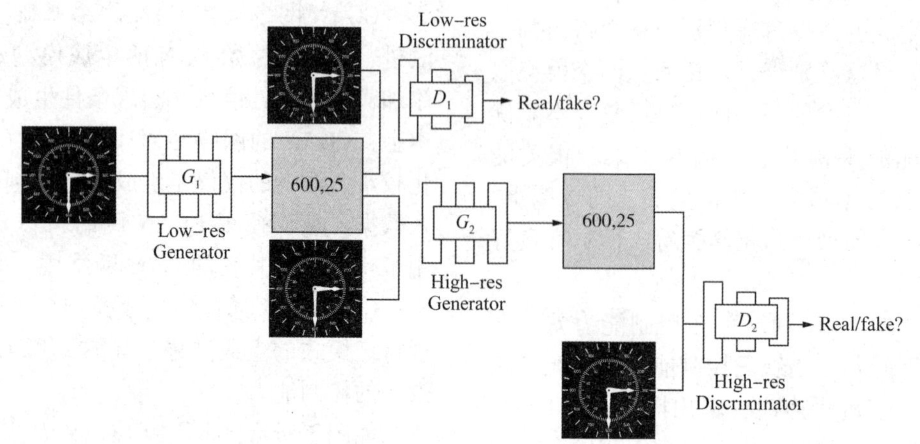

图 4　图像翻译网络结构

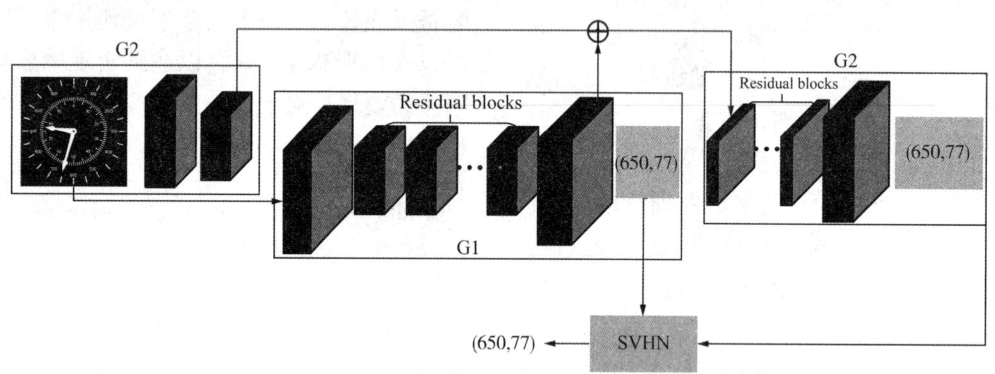

图 5　整体网络结构

其中，由于图像翻译网络的输出是一幅图像，为了以免仪表盘的读数结果翻译到白色背景图像上，加之读数是标准的本文结果；因此，在整体网络结构中，本文加入了多数字分类网络 SVHN；目的是为了保证可控翻译模型的结果能得到有效的模型效果评估，在一定程度上可以忽略模型带来的误差。

4　实验结果及分析

在上述研究下，本文使用 BONC Cloudiip 工业仪表表盘读数大赛的数据集，共有 1000 张同样大小的仪表板图像作为实验对象；并通过使用英伟达团队提出的基于条件对抗生成的网络 Pix2pixHD 来实现仪表盘图像到读数图像的端到端的翻译；其训练过程的可视化结果如图 6 所示。

从训练过程可视化图可以看出，判别器和生成器在迭代到 697200 步时基本都已收敛；达到了最好效果。此外，本文对实际训练过程与测试中的部分结果进行了记录，如表 1 所示；

通过在两块 NVIDIA 的 V100GPU 上迭代 12 次共约 48 小时的训练，目标网络在测试集上达到了 98.35 的准确率；总体而言，其测试效果较好，满足实际仪表图像自动化识别读数需求。

5　结论

本文通过研究工业仪表自动读数，将图像翻译网络 Pix2pixHD 与多位数字识别 SVNH 两种 CNN 网络进行级联，减少了传统处理流程中对机器视觉方法中复杂算法的应用，充分发挥计算机在计算速度方面的潜力和数据的重要性，实现了端到端的图像翻译，解决了工业仪表盘的自动读数问题；本文的创新点如下：一是通过多种模型结合来解决复杂的实际场景下的问题；二是通过 image-to-image translation 的方法来解决端到端的仪表盘读数问题；三是通过模型级联有效避免了图像翻译网络的模型无法评估的问题。

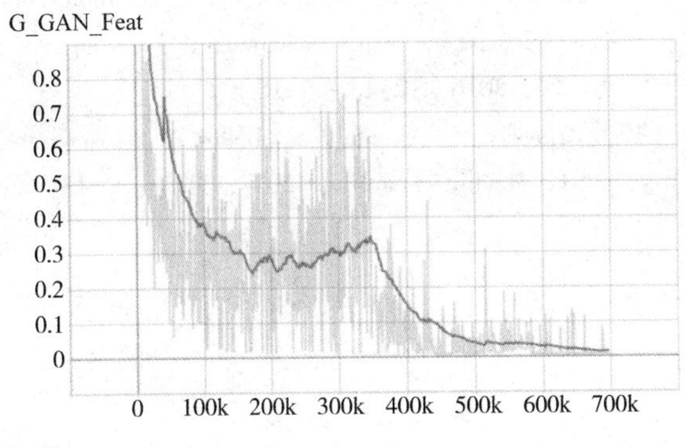

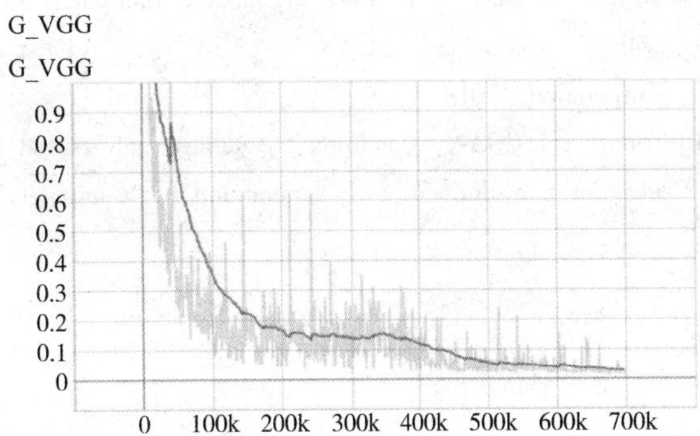

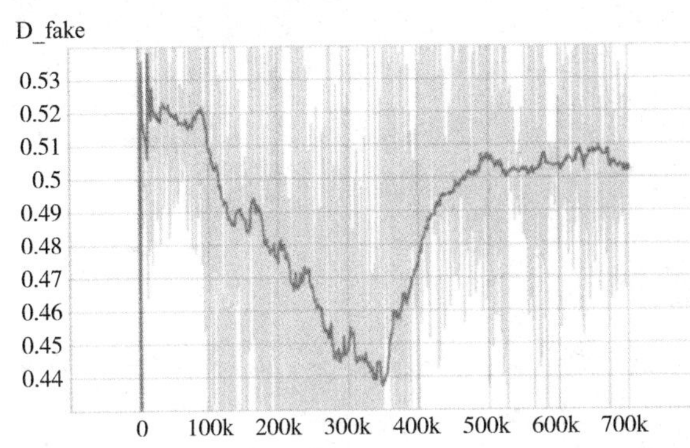

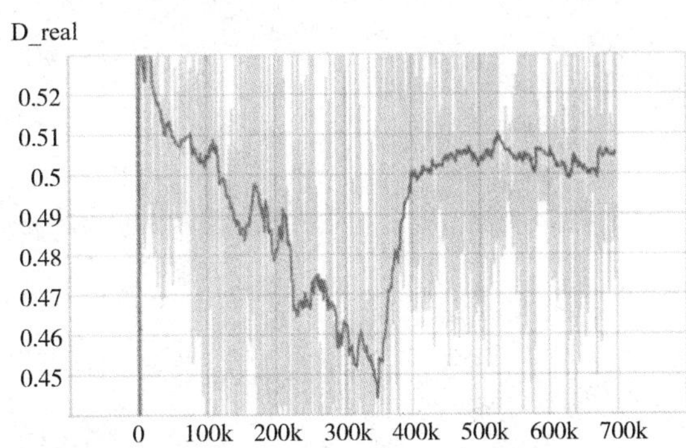

图 6　训练过程可视化图

表 1　实验结果表

Results								
Steps	GPU	Batch Size	Learning Rate	Discriminators	Image Size	Decay Step	Decay Rate	Accuracy
697200	V100 * 2	12	0. 0002	2	1024	1000	0. 5	98. 35%

参 考 文 献

[1] 郭洪涛．浅析石油化工企业的自动化仪表[J]．中国石油和化工标准与质量，2020，40(03)：142-143.

[2] 张超．石油化工自动化仪表的可靠性及发展趋势分析[J]．化工设计通讯，2020，46(05)：126+167.

[3] 自动化仪表标准化形势分析[J]．中国设备工程，2020(12)：242-243.

[4] Goodfellow I J, Abadie J P, Mirza M, et al. Generative adversarial nets[J]. Nips 14, 2014, 2: 2672-2680.

[5] Ledig C, Theis L, Huszar F, et al. Photo-realistic single image superresolution using a generative adversarial net work[J]. Computer Science, 2017, 19(15).

[6] Karras T, Aila T, Laine S, et al. Progressive growing of GANs for improved quality, stability, and variation [J]. Computer Science, 2017, 3(1): 1-26.

[7] Kim T, Cha M, Kim H, et al. Learning to discover crossdomain relations with generative adversarial networks[C]. Sydney: Proceedings of the 34th International Conference on Machine Learning, 2017, 15(2).

[8] Taigman Y, Polyak A, Wolf L. Unsupervised cross domain image generation[J]. Computer Science, 2016, 29(3): 11-16.

[9] Chen Y S, Wei W, Liang W, et al. Multistage adversarial losses for posebased human image synthesis [C]. Washington: Proceedings of the 2018 IEEE Conference on Computer Vision and Pattern Recognition, 2018, 11(10): 118-126.

[10] Radford A, Metz L, Chintala S. Unsupervised representation learning with deep convolutional generative adversarial networks[J]. Computer Science, 2016, 4(1): 1-2.

[11] Isola P, Zhu J Y, Zhou T H, et al. Image-to-Image translation with conditional adversarial networks [J]. Computer Science, 2018, 3(1): 4-13.

[12] Zhu J Y, Park T, Isola P, et al. Unpaired image-to-image translation using cycle - consistent adversarial networks paper[J]. Computer Science, 2018, 3(1).

[13] Wang T C, Liu M Y, Zhu J Y, et al. High - Resolution Image Synthesis and Semantic Manipulation with Conditional GANs [J]. NVIDIA Corporation, 2018.

[14] Gauthier J. CGAN: Conditional generative adversarial nets for convolutional face generation[J]. Computer Science, 2015, 3(1): 1-9.

[15] Zhang H, Xu T, Li H H, et al. Text to photo - realistic image synthesis with stacked generative [J]. Adversarial Networks, 2016, 12(10): 1-14.

[16] Chen X, Duan Y, Houthooft R, et al. Representation learning by information maximizing[J]. Computer Science, 2016, 12(1): 5-16.

[17] Arjovsky M, Chintala S, Bottou L. Wasserstein gan [J]. Machine Learning, 2017, 3(1): 6-17.

石油工业中文大数据知识图谱关键技术及应用

李大伟[1] 杨琦玮[2] 牛 敏[1] 鲁 强[2]

(1. 中国石油勘探开发研究院; 2. 中国石油大学(北京))

摘 要 石油工业早已进入大数据时代，所产生的海量中文信息，绝大多数是以非结构化文档形式存储和管理。从这些文档中挖掘出有价值的信息和知识，对于加快石油企业数字化转型、智能化发展有重要意义。而知识图谱是以图为基础来组织数据、挖掘知识的一系列理论和方法总称，非常适合对业务流程复杂、知识密集的石油工业文档进行深层次利用。

我们应用知识图谱技术研制了一套“智能化石油知识问答系统”。它分为两大部分：(1)石油知识图谱：涉及文档分析技术、实体关系识别和抽取技术、图数据库及图搜索技术等。(2)石油知识问答：分为简单问答和复杂问答，具体包括实体词映射、关系语义匹配、查询获取候选答案、答案排序、检索候选文档、深度语义匹配等技术。本系统目前共从公开发表的石油专业中文文献中提取了898700条三元组，从中国石油勘探开发工程百科全书中提取了139656条三元组，从而形成石油工业知识图谱，在此基础上研发了基于知识图谱的简单问答和复杂问答系统，解决了用户的不同需求，为研究人员提供了一个直观、快捷的文本知识挖掘和共享利用软件平台，具有广阔的应用前景。

关键词 石油工业；中文；大数据；知识图谱；三元组；文本挖掘

1 引言

石油工业早已进入大数据时代，所产生的海量中文信息，绝大多数是以非结构化文档形式存储和管理。研制高效的非结构化信息检索系统，并从这些文档中挖掘出有价值的信息和知识，对于加快石油企业数字化转型、智能化发展有重要意义。

传统上对非结构化文档检索方式主要为全文检索，这种检索方式仅通过关键字来匹配文本，忽略了问句的语义信息，难以全面、细致、准确理解用户的需求，导致一些语义信息相同但字符串表现形式不同的内容难以被检索到。另外，全文检索的输出结果多为大段的文字信息，难以真正提炼出有效部分，需要用户进一步提取，工作效率往往很低。

与之相比，基于知识图谱的问答系统更为高效和实用[1,2]。它具有多种优势：输入的问句采用自然语言表述，可以更准确地表达用户的检索意图；知识图谱是高度结构化的信息，可以为问答系统提供更加全面而精准的答案信息来源，尤其面向石油工业这种专业领域，可以提取和制定更有针对性的知识图谱；输出结果是精准、简洁、直接的答案，无需用户进一步思考加工，可以极大提升工作效率。因此研究基于中文知识图谱的问答系统对石油工业等专业领域具有重要意义。

2 石油工业中文大数据知识图谱关键技术

构建基于石油工业中文大数据的知识图谱需要使用许多关键技术，主要有文档分析、实体识别、关系抽取、简单问答、复杂问答等技术。

2.1 文档分析技术

如前所述，在石油工业存有海量的文档，以人工的方式获取和整理这些文档中的知识已远远不能满足应用需求。为了快速获取文档内有用、隐含的知识，可以利用文档分析技术从文档中抽取关键信息来建立石油工业领域的知识图谱。

一般利用支持向量机(SVM)对文档进行分类，这是一种有监督的分类模型，可以从训练数据中学习。文档经过分类后需要人工选择对应的“规则”模版，在文档中抽取出标题、作者、摘要、关键词等信息。“规则”由于为人工制定，所以准确性较高，且具有可解释性。

2.2 实体识别技术

该技术旨在将文本中的命名实体定位并分类为预先定义的类别。

目前，成熟的实体识别方法主要分为基于“规则”方法、基于机器学习的方法以及二者混合方法。基于“规则”方法的效果在很大程度上取决于根据不同领域构建的规则表。由于不同领域的文本信息具有不同的特征，同时不同领域的实体类别大不相同，所以基于“规则”方法难以扩展到不同领域。对于石油工业领域而言，文本信息过于复杂且多样，如运用基于“规则”的方式进行实体识别，人工的成本较高且不够灵活，准确率会受到很大限制。基于机器学习的方法减少了构建规则和领域内词典的工作，能提取语句中的语义信息从而进行实体识别[3]。但该方法与大多数监督方法一样，需要大量的人工标注数据，主要利用人工标注的小型数据集学习模式并使用模式在测试数据上识别实体[4,5]。同时，开放式知识库变得越来越流行，例如通用领域的WikiData和YAGO，可以大规模地为实体识别任务生成训练数据而无需额外的人工标注[6]。但石油工业领域的实体标记数据依旧难以用开放的知识库进行标记，故上述方法无法在石油工业领域的实体识别任务中取得良好的效果。另外，基于机器学习的方法除了有监督学习方法外还有无监督的方法，但可能存在聚类结果不合理、准确率不高的问题，难以取得较好的效果。混合方法主要是将两种或多种不同的模型结合共同进行实体识别。

石油工业中的实体识别模型和通用领域又有很大区别。在通用领域中，实体一般指的是人名、地名和专有名词等，而在石油工业文本中包含了大量专业领域的实体，主要为本领域的专有名词或基于一些规则连接起来的多个词语的组合。在详细分析了背景文档文本中的实体特点后，我们粗略定义了该领域的实体类型，包括地名、专业术语、地名+专业术语、专业术语+专业术语的组合等。可以采用远监督或者Bootstrapping算法对需要标注的训练数据进行标注。

2.3 关系抽取技术

关系一般用来连接两个实体。在正确识别出关键实体后，利用关系抽取模型提取出问句中的三元组(Subject, Predication, Object)。例如“四川盆地的面积为19万平方千米”的三元组为(四川盆地，面积，19万平方千米)。目前常用的关系抽取方法有基于模式匹配法、基于机器学习法。

基于模式匹配的关系抽取需要根据句法、词法和位置等特征人工构造语义规则及模式，并将集合中的规则和模式与输入语句相匹配以获取实体对和关系。该方法的效果取决于规则和模式的完整性和普适性，当特定领域包含的范围较大且关系复杂时，人工构造关系规则和模式的难度较大，实现起来非常困难。

近几年，基于机器学习的方法已成为关系抽取的主流方法。该方法可分为有监督、无监督、半监督抽取方法。有监督方法的输入是需要进行关系提取的自然语句，输出提取出的实体对及训练模型中预先定义的某种实体关系。有监督方法根据公开数据集或人工标注的训练数据进行训练，其只能抽取训练语料中包含的关系。当处理没有大量训练语料以及关系类型不明确的领域时，该方法效果较差。无监督的方法主要基于聚类思想，该方法不需要人工干预，节省人力和成本。但当前的无监督方法还存在获取的特征准确度不高、聚类结果不合理、结果准确率较低的问题。为了弥补上述两种方法的不足，人们提出了远监督方法，是半监督方法中的一种，该方法使用少量的标注语料或知识库作为初始训练集，采用迭代的方式，利用模式匹配未标注的语料以补充初始训练集。该方法可以扩充训练数据，但其也存在噪声数据的问题。还可以训练关系抽取器抽取句子中的关系，这种方式需要标注数据来训练抽取器。有基于CRF的训练方式和基于SVM的训练方式等[7]。也可以将远监督与神经网络相结合来抽取关系。例如利用递归神经网络来解决关系抽取的问题[8]。和大部分的神经网络方法相同，上述模型需要大量的标注数据用来支撑模型的训练工作。但是在石油行业，不像通用领域具有大量的数据集可以使用，由此也产生了一些扩充语料的方法，例如可使用远监督方法扩充训练语料，采用多实例学习方法过滤噪声数据，并使用分段最大池化的卷积神经网络来自动学习相关特征[9][10]。

2.4 图数据库及图搜索技术

利用实体关系抽取技术得到的大量三元组可以建立知识图谱，并将其存储于图数据库中。

我们使用OpenLink Virtuoso数据库对知识图谱进行存储。它提供了复杂的SQL、XML、RDF(资源描述框架)数据库管理功能，支持工业标准的交互查询协议、API和数据格式。它的查询语言为SPARQL，其核心是对于一组变量及关系的描述，可以根据一个在知识图谱中存在的实体和相连的关系得到另一个在知识图谱中的实体，也可以根据实体得到与之相连的关系等，由此分析问句的实体以及关系，即可利用知识图谱得到问句的答案。

2.5 简单问答技术

传统基于知识图谱的简单问答，常用基于语义解析的方式[11]，该方式针对特定领域情况设计语法解析规则，对于规则可以覆盖到的情况有较高的准确率，但是泛化能力较差，不易扩展。

还有人采用词嵌入的方式建立简单问答模型[12]。这种方式主要使用基于深度学习的相似匹配来完成问答系统中的语义匹配任务。其核心思想是学习问句和知识图谱中关系的语义特征向量表示，使相匹配的问句和关系在向量空间中距离最接近。目前已经提出很多基于神经网络学习问句和关系语义特征的方法。其中 Bordes[13] 使用相对浅层的词嵌入模型学习问句和关系的语义向量空间分布。Yih[14] 使用卷积神经网络（CNN）生成问句和关系的语义向量空间分布。Dai[15] 使用循环神经网络提取问句的语义向量空间分布。

我们研制的简单问答具体应用到的技术包括问句分析、基于嵌入的关系匹配模型、查询获取候选答案、答案排序等。具体流程如图 1 所示。

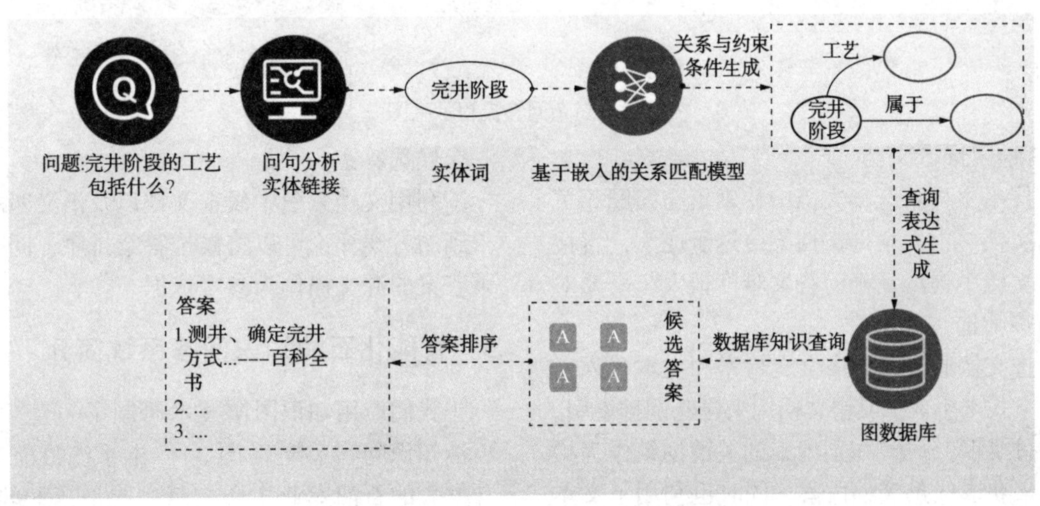

图 1　简单问答流程示意图

2.5.1 问句分析

它是将问句中的实体映射到知识图谱中相应的实例。首先，利用前文训练的命名实体模型，抽取出问句中的候选实体。然后，在知识图谱中，搜寻与其对应的候选实体。最后，获取到若干候选实体，用于后续的关系语义匹配。

2.5.2 基于嵌入的关系语义匹配模型

该语义匹配模型是指将问句与知识图谱中的关系词进行匹配对应。其主要难点在于问句和关系的语义学习方式。该系统使用 RNN 网络来学习问句和关系的语义表示。

首先，根据检索到的实体词，从知识图谱中获取与这些实体词直接关联的关系词，作为候选的关系词。然后，采用分布式向量的方式来表示问句和关系的语义。最后，通过计算问句向量和关系向量的内积来表示两者的语义相似度。内积值越大，说明两者的语义相似度越高；内积值越小，两者的语义相似度越低。

2.5.3 查询获取候选答案

根据得到的实体词和关系词，可以拼接成 SPARQL 查询语句，在知识图谱中执行该查询语句即可获得相应的答案结果。

2.5.4 答案排序

按照上述实体得分以及关系得分对答案排序，将最符合问句要求的答案排在前。

2.6 复杂问答技术

复杂问答技术是在非结构化信息的基础上从相应文本中抽取最适合回答该问题的一句话或多句话。复杂问答流程如图 2 所示。

复杂问答使用注意力机制，设计成端到端的模型，其中主要有三种不同的注意力机制。第一种机制是动态注意力机制，使用查询、上下文和上一步的注意力权重来动态更新当前注意力权重[16,17,18]。第二种机制[19,20]只计算一次注意力权重，然后将其直接导入输出层进行最终的预测计算。第三种机制可以看作是记忆网络[21]的变种，使用多层网络来重复计算查询和上下文词之间的注意力权重向量。复杂问答应用到的技术包括检索候选文档、深度语义匹配等。

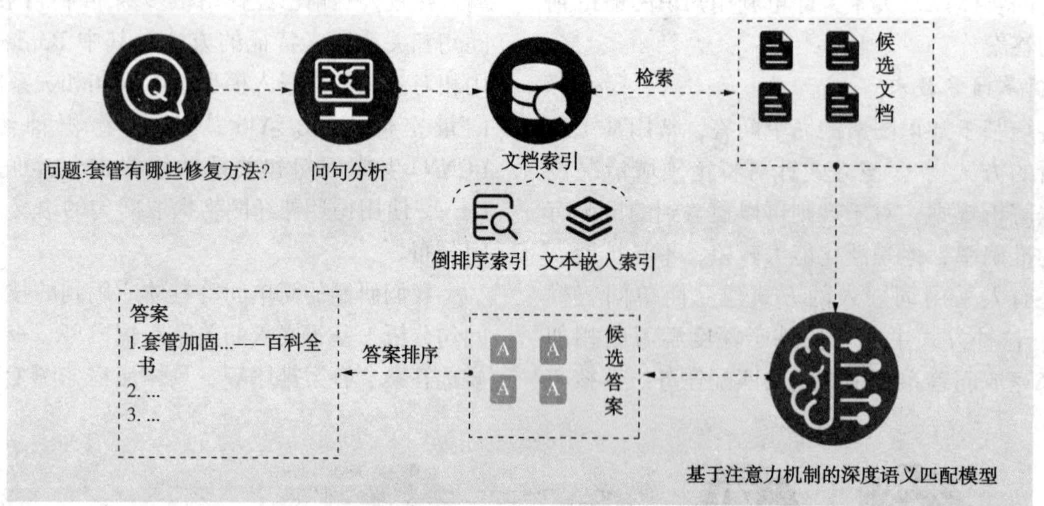

图 2　复杂问答流程示意图

2.6.1　检索候选文档

该技术主要从全部文档中检索出与问题相关的候选文档。由于全部文档集合过于庞大，直接从所有文档中提取精确的答案难度很大，需要对文档初步筛选。

候选文档通过倒排序全文检索和文本嵌入索引两种方式来生成。其中文档用来建立倒排索引，问句通过“问句分析”识别出来的关键词组作为检索词，来获取候选文档段落。同时也利用了文本嵌入索引来抽取候选文档段落。取以上两个文档段落的交集，以增强获取文档段落的准确性。

2.6.2　深度语义匹配

我们采用基于注意力机制的深度匹配模型。在模型训练前，需要对数据进行标注，即输入每一个问句和背景文档，需要标注答案在该文档中的位置。利用该数据进行训练，得到深度语义匹配模型后，每一个输入问题和候选段落即可得到一个候选答案。

利用文档索引中候选文档以及语义匹配模型得到的答案评论可以将候选答案排序，同时标注该答案的源文档作为参考依据。

3　智能化石油知识问答系统简介

我们应用知识图谱技术研制了一套“智能化石油知识问答系统”（图 3）。本系统目前共从公开发表的石油专业中文文献中提取了 898700 条三元组，从中国石油勘探开发工程百科全书中提取了 139656 条三元组，形成知识图谱并存储到图数据库中；研制了基于知识图谱的简单问答和复杂问答系统，在测试中取得较好的结果。

图 4 展示了问题“四川盆地的面积是多少”的简单回答，并显示了答案来源。

图 5 展示了“套管有哪些修复方法”复杂问答的一个示例。

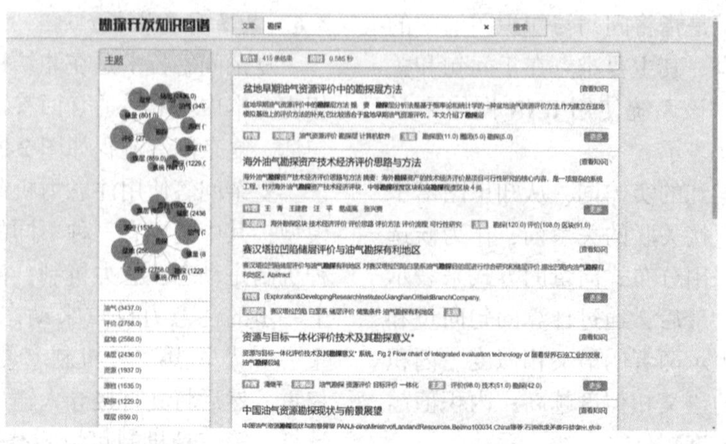

图 3　智能化石油知识问答系统主界面

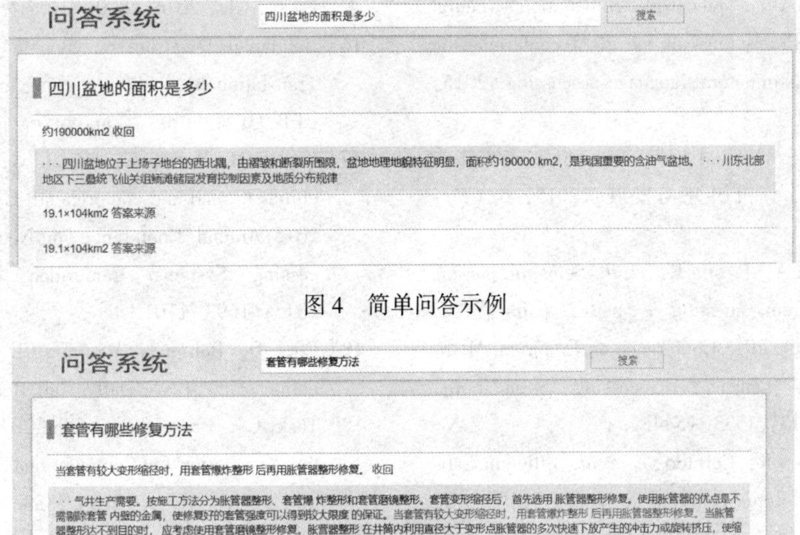

图 4　简单问答示例

图 5　复杂问答示例

4　结束语

我们基于石油工业中文大数据和知识图谱技术研制了一套“智能化石油知识问答系统”，取得如下主要创新研究成果：

（1）解决了普通抽取工具包在石油工业领域文档特征提取不准确的问题。

（2）解决了普通实体关系抽取模型难以运用在石油工业中的问题，利用远监督方法进行训练数据的标注并训练模型。

（3）研制了基于勘探开发知识图谱的问答系统，极大提升信息检索效率和水平。

作为一类新兴的技术，石油工业中文大数据知识图谱要更加好用、易用，还需要在许多方面做更深层次的研究，例如：

（1）扩展问答系统的功能：如改进对问句的分析能力，使用户可以提出更复杂的问题，让问答系统具有推理的能力。

（2）改进复杂答案的生成模型：如可以利用不同段落的词语组成一句话作为复杂答案的回答。

（3）支持更多常用格式文档的知识图谱建立和应用。

参　考　文　献

[1] 刘康，张元哲，纪国良，等．基于表示学习的知识库问答研究进展与展望[J]．自动化学报，2016，42(6)：807-818.

[2] 王东升，王卫民，王石，等．面向限定领域问答系统的自然语言理解方法综述[J]．计算机科学，2017，44(8)：1-8

[3] Liu L，Shang J，Ren X，*et al.* Empower sequence labeling with task - aware neural language model [C]. Thirty-Second AAAI Conference on Artificial Intelligence. 2018：5253-5260.

[4] Shang J，Liu J，Jiang M，*et al.* Automated Phrase Mining from Massive Text Corpora [J]. IEEE Transactions on Knowledge and Data Engineering，2018，30(10)：1825-1837.

[5] Qiu Q，Xie Z，Wu L，*et al.* GNER：A Generative Model for Geological Named Entity Recognition Without Labeled Data Using Deep Learning[J]. Earth and Space Science，2019，6(6)：931-946.

[6] Shang J，Liu L，Gu X，*et al.* Learning Named Entity Tagger using Domain-Specific Dictionary[C]. Proceedings of the 2018 Conference on Empirical Methods in Natural Language Processing，2018：2054-2064.

[7] 程紫光．面向领域知识库构建的实体识别及关系抽取技术[D]．哈尔滨工业大学，2014.

[8] Socher R，Huval B，Manning CD，*et al.* Semantic Compositionality through Recursive Matrix - Vector Spaces[C]. Empirical methods in natural language processing，2012：1201-1211.

[9] Zeng D，Liu K，Chen Y，*et al.* Distant supervision for

relation extraction via piecewise convolutional neural networks [C]. Proceedings of the 2015 conference on empirical methods in natural language processing. 2015: 1753-1762.

[10] 秦兵，刘安安，刘挺. 无指导的中文开放式实体关系抽取[J]. 计算机研究与发展，2015，52(5): 1029-1035.

[11] Berant J, Chou A, Frostig R, *et al*. Semantic parsing on freebase from question - answer pairs [C]. Proceedings of the 2013 Conference on Empirical Methods in Natural Language Processing. Stroudsburg, PA: ACL, 2013: 1533-1544.

[12] Mikolov T, Chen K, Corrado G, *et al*. Efficient Estimation of Word Representations in Vector Space[EB/OL]. https://arxiv.org/pdf/1301.3781.pdf.

[13] Bordes A, Chopra S, Weston J. Question Answering with Subgraph Embeddings [C]. Proceedings of the 2014 Conference on Empirical Methods in Natural Language Processing. Stroudsburg, PA: ACL, 2014: 615-620.

[14] Yih W T, Chang M W, He X, *et al*. Semantic Parsing via Staged Query Graph Generation: Question Answering with Knowledge Base[C]. Proceedings of the 53rd Annual Meeting of the Association for Computational Linguistics and the 7th International Joint Conference on Natural Language Processing of the

[15] Dai Z, Li L, Xu W: Conditional Focused Neural Question Answering with Large-scale Knowledge Bases [C]. Proceedings of the 2016 Annual Meeting of the Association for Computational Linguistics. Stroudsburg, PA: ACL, 2016: 800-810.

[16] Bahdanau D, Cho K, Bengio Y. Neural Machine Translation by Jointly Learning to Align and Translate [EB/OL]. https://arxiv.org/pdf/1409.0473.pdf.

[17] Karl M H, Tomas K, Edward G, *et al*. Teaching machines to read and comprehend[C]. Proceedings of the 2015 Annual Conference on Neural Information Processing Systems. Cambridge, MA: MIT Press, 2015: 1693-1701.

[18] Chen D, Bolton J, Manning CD. A Thorough Examination of the CNN/Daily Mail Reading Comprehension Task[C]. Proceedings of the 2016 Annual Meeting of the Association for Computational Linguistics. Stroudsburg, PA: ACL, 2016: 2358-2367.

[19] Kadlec R, Schmid M, Bajgar O, *et al*. Text Understanding with the Attention Sum Reader Network[C]. Proceedings of the 2016 Annual Meeting of the Association for Computational Linguistics. Stroudsburg, PA: ACL, 2016: 908-918.

[20] Cui Y, Chen Z, Wei S, *et al*. Attention-over-Attention Neural Networks for Reading Comprehension[C]. Proceedings of the 2017 Annual Meeting of the Association for Computational Linguistics. Stroudsburg, PA: ACL, 2017: 593-602.

[21] SHEN Y, HUANG PS, GAO J, *et al*. ReasoNet: Learning to Stop Reading in Machine Comprehension [C]. Proceedings of the 2017 International Conference on Knowledge Discovery and Data Mining. New York: ACM, 2017: 1047-1055.

基于集成学习的稠油多介质吞吐效果评价技术

梁　佳　许　锟　郭二鹏　任义丽

（中国石油勘探开发研究院）

摘　要　稠油资源量丰富，储量是全球稀油剩余储量的2倍以上。由于大量稠油储量分布与深、薄、底水发育的层位，需要长期保持多介质吞吐开发的主力地位。然而，目前稠油多介质吞吐开采过程中面临着开采效果评价主观化、注采参数设置经验化、建模过程繁琐等问题，已有的多介质吞吐开采历史数据没有被充分挖掘利用。基于此，本文提出了基于XGBoost算法的稠油多介质吞吐效果智能化评价和预测技术。通过收集海量的历史多介质吞吐数据，经过数据预处理、特征处理模型训练、参数调优、模型评价等步骤后，建立了稠油多介质吞吐大数据评价和预测模型。实验结果表明，模型可以达到99.1%的拟合准确率。本文提出的稠油多介质吞吐大数据评价技术能够充分挖掘利用历史数据，实现了开采效果的量化评价和智能化预测。研究成果为稠油多介质吞吐工作提供了量化参考，也为注采参数推荐和油藏模块选择提供了前期理论基础。

关键词　多介质吞吐；稠油开发；XGBoost算法；集成学习；大数据

1　引言

中国稠油开发技术呈现出多元化发展的状态，目前主要的稠油开发技术包括蒸汽吞吐，蒸汽驱，SAGD，火驱等[1-3]。由于国内稠油储量70%以上已经投入开发，近10年以来新增探明储量少而且动用难度大，因此稠油开发技术的不断进步，是保持中石油稠油稳产的关键。其中，蒸汽吞吐技术自1976年开始进入现场试验，已经在中国应用30多年，是一项成熟的开发技术。截至2019年，中石油稠油产量的50%以上仍是通过吞吐开采采出。由于SAGD和蒸汽驱等技术对储量品质要求高，适用规模小，火驱技术目前推广仍受到限制，大量的储量不能继续转换开发方式，只能靠蒸汽吞吐继续进行开发。预计到十四五期间，蒸汽吞吐仍将是中石油主要的稠油开发技术[4-6]。

蒸汽吞吐，也叫蒸汽激励、循环注蒸汽。如图1所示，它是先将一定数量的高温高压湿饱和蒸汽注入油层，接着关井几天，进行焖井，加热油层中的原油，然后开井生产，整个过程是在同一口井中进行的。当瞬时采油量降低到一定水平后，进行下一轮的注汽、采油，如此反复，周期循环，直至增产量经济无效或转变为其他开采方式为止(生产周期见图1)。蒸汽吞吐经历了从单纯注蒸汽开采，到注入二氧化碳、氮气、空气辅助的多介质蒸汽吞吐的发展过程，使蒸汽吞吐技术在实践中不断完善与进步。

但目前稠油开采生产中，仍存在诸多问题：1)多介质应用效果不明确，作用的最佳方式和作用规律尚不清楚；2)现有的大量多介质吞吐数据未被有效利用，“数据沉睡”现象显著；3)生产建模繁琐，重复劳动力严重。

集成学习(ensemble learning)通过构建并结合多个学习器来完成学习任务，集成学习通过聚集多个分类器的预测来提高分类准确率。假设有25个分类器，每个分类器的错误率ε=0.35，假设组合内的分类器是不相关的，则组合分类器的错误率为

$$P(X \geqslant 13) = \sum_{i=13}^{25} \binom{25}{i} \varepsilon^{i}(1-\varepsilon)^{25-i} = 0.06$$

由此可见，通过集成学习，模型的准确率得到大幅度提升。集成学习目前被广泛应用到格式化数据的分析和预测中[7-9]。

本文我们选择集成学习领域的XGBoost算法，构建了多介质吞吐大数据评价和预测模型，为稠油注采方式的优化和筛选提供指导。这在提质增效的大背景下，对于如何提高蒸汽吞吐的经济性和开发效率，具有重要的现实意义。主要创新点如下。

a. 提出了一种基于XGBoost算法的多介质吞吐大数据评价与预测技术；

b. 筛选分析了影响多介质吞吐效果的注采参数，据此构建了模型的训练特征集；

c. 提出了一套适用于多介质吞吐效果评价场景的数据预处理和参数调优方法。

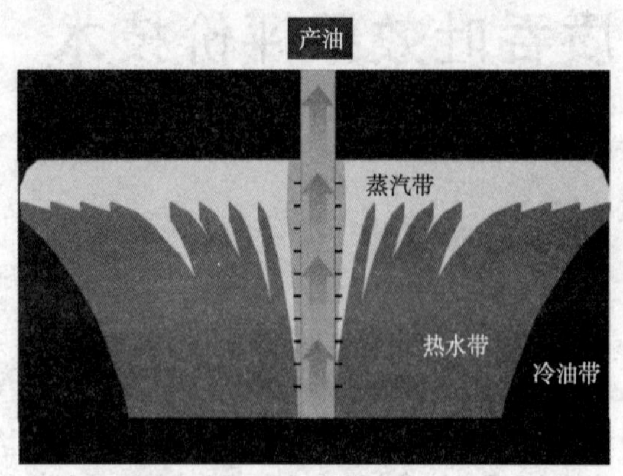

图 1　蒸汽吞吐一周期示意图

2　XGBoost 算法

GBDT 算法由决策树和梯度提升两部分组成，是 Friedman 提出的一种 Boosting 算法。该算法通过让每一轮迭代得到的损失函数沿着梯度方向下降来构造一个弱分类器函数，然后把多个弱分类器的结果以一定权重组合形成强分类器作为最终的预测输出。

XGBoost(eXtreme Gradient Boosting)是 GBDT(gradient boosting decision tree)的优化算法，经常被用在一些比赛中，其效果显著。它是大规模并行 boosted tree 的工具，它是目前最快最好的开源 boosted tree 工具包，既可以用于分类也可以用于回归问题中。其特点在于模型能自动利用 CPU 进行多线程并行计算，提高运算速度，并且对损失函数进行泰勒公式二阶展开使得预测精度更高，在损失函数后面增加正则项，可以约束损失函数的下降和模型整体的复杂度。下面简单介绍一下 XGBoost 算法的原理内容。

定义 XGBoost 的目标函数：

$$T = \sum_{i=1}^{n} l(y_i,\ \hat{y}_i) + \sum_{k=1}^{K} \Omega(f_k)$$

式中：l 为损失函数；k 为分类回归树的个数，棵；$\hat{y}_i$为模型的预测值；y_i为样本x_i的标签；Ω 为正则惩罚项函数；f_k为第 k 个树的模型。

其正则惩罚项的表达式为：

$$\Omega(f_k) = \gamma J + \frac{1}{2}\lambda \|\omega\|^2$$

式中：J 表示每个分类回归树叶子节点的数量；ω 表示该个树叶子节点的权重之和；γ 和 λ 表示惩罚系数，为常数，在具体应用中可以调节。

对于第 t 轮迭代，模型的目标函数为

$$T(f_t) = \sum_{i=1}^{n} l(y_i,\ \hat{y}_i^{(t-1)} + f_t(x_i)) + \Omega(f_t) + C$$

式中：$f_t(x_i)$表示第 t 个分类回归树；C 为常数项。

对上式进行二阶泰勒展开，

$$T(f_t) = \sum_{i=1}^{n} \left[l\left(y_i,\ \hat{y}_i^{(t-1)} + g_i f_t(x_i) + \frac{1}{2} h_i f_t^2(x_i)\right) \right] + \Omega(f_t) + C$$

$$g_i = \partial_{\hat{y}_i^{(t-1)}} l(y_i,\ \hat{y}_i)$$

$$h_i = \partial_{\hat{y}_i^{(t-1)}}{}^2 l(y_i,\ \hat{y}_i)$$

式中：g_i 表示 $l(y_i,\ \hat{y}_i)$ 对$\hat{y}_i^{(t-1)}$ 的一阶导数；h 表示 $l(y_i,\ \hat{y}_i)$对$\hat{y}_i^{(t-1)}$ 的二阶导数。

化简后，最终目标函数的形式为：

$$T(f_t) = \sum_{i=1}^{n} \left[g_i f_t(x_i) + \frac{1}{2} h_i f_t^2(x_i) \right] + \Omega(f_t)$$

先对 CART 树作另一番定义：

$$f_t(x) = \omega_{q(x)}$$

将正则项表达式代入上式中，

$$T(f_t) = \sum_{i=1}^{n} \left[l\left(g_i\ \omega_{q(x_i)} f_t(x_i) + \frac{1}{2} h_i\ \omega^2_{q(x_i)} \right) \right] + \gamma J + \frac{1}{2}\lambda \sum_{k=1}^{K} \omega_j^2$$

则，

$$T(f_t) = \sum_{k=1}^{K} \left[G_j\ \omega_j + \frac{1}{2}(H_j + \lambda)\ \omega_j^2 \right] + \gamma J$$

对于第 t 棵 CART 树的某一个确定的结构(可用 $q(x)$ 表示)，所有的G_j和H_j都是确定的。而且上式中各个叶子节点的值ω_j之间是互相独立的。上式其实就是一个简单的二次式，我们很容易求出各个叶子节点的最佳值以及此时目标函数的值。如下所示：

$$\omega_j^* = -\frac{G_j}{H_j + \lambda},$$

$$T(f_t) = -\frac{1}{2} \sum_{k=1}^{K} \frac{G_j^2}{H_j + \lambda} + \gamma J.$$

3　基于 XGBoost 的多介质吞吐效果评价研究

整个效果评价研究流程过程包括数据预处理、特征工程、模型训练及参数的调优等一系列

过程。对于数据集，我们首先应进行探索性数据分析，了解数据的分布情况及缺失值、偏离值、数据规范化、数据的转换等处理；经过数据预处理后，进行数据“特征工程”，即主要对数据集做特征的提取、数据的降维等方面的处理；之后将数据送入 XGBoost 模型，对模型进行训练及参数调优，使得模型能够较好的拟合数据。

3.1 数据预处理

此过程包括数据探索与数据处理过程：

数据探索：(以射孔厚度(m)为例)

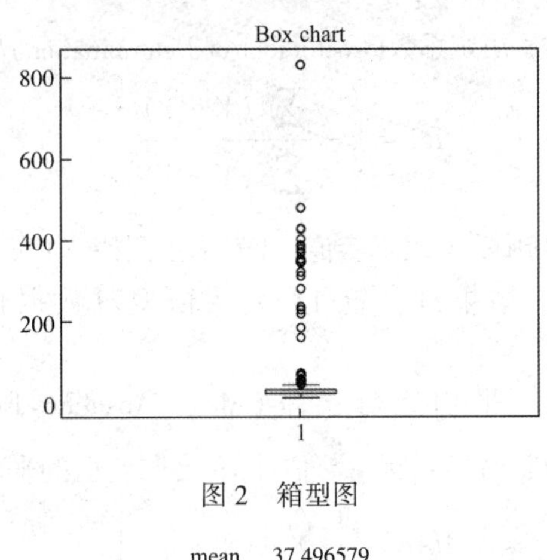

图 2 箱型图

mean	37.496579
std	62.998938
min	10.200000
25%	21.200000
50%	24.500000
75%	30.375000
max	828.500000
range	818.300000
var	1.680125
dis	9.175000

图 3 数据统计图

结合射孔厚度数据的箱型图及统计图，进行数据的探索，如由箱型图可知需检查射孔厚度=800m 时，此行数据是否符合常规采油情景。以此类推，对其他变量的数据进行分析。

数据处理，探索过程中如遇以下情况时，进行相应处理：

• 空缺值、异常值、无穷值

考虑到此类数据与其它参量息息相关，若有空缺值，则删除此行数据

• 单位统一处理

不同注气输入值的单位不同，如 CO2 的数据值单位是质量，而 N2/空气的数据值单位是体积，因此需要对不同类型注剂(氮气/CO2/尿素/空气等)的数据值进行单位的统一处理。

• 文本型数据

对于数据中的文本型数据，如注气类型(氮气/ CO2 /空气)数据及注气方式(复合吞吐/ 氮气助排/空气采油/催化氧化)，为了方便编程处理以及避免简单用数值替换后数值的大小对模型产生影响，本文对此类数据采用了 One-HotEncoding 进行了编码，通过 One-Hot 编码将特征的 n 个取值转换为 n 个二元特征，以稀疏矩阵的形式储存在模型的标签列中。

• 归一化处理

生产数据(油汽比/回采水率/吨油成本)具有不同的量纲及不同的数量级，其差异性会对模型的识别精度产生影响，因此需要对此类数据进行归一化处理，并且考虑到生产数据的分布合理性，此处选择了均值归一化，处理公式为

$$x^* = \frac{x-\mu}{\sigma}$$

其中，μ 为所有样本数据的均值，σ 为所有样本数据的标准差。

3.2 特征工程

特征工程指的是把数据转变为模型的训练数据的过程，它的目的就是获取更好的训练数据特征，使得机器学习模型逼近这个上限。因此当数据预处理完成后，需要选择有意义的特征输入机器学习模型进行训练。此处我们需计算特征变量的相关系数矩阵来进行变量的选择，相关系数的取值范围为[-1, 1]，当接近 1 时，表示两者具有强烈的正相关性；当接近-1 时，表示有强烈的负相关性；而若值接近 0，则表示相关性很低。

由图 4 可看出，变量 2(注汽强度)与变量 3(周期注汽量)具有相关性。

	0	1	2	3
0	1.000000	−0.114852	−0.180310	−0.029524
1	−0.114852	1.000000	0.131494	0.192435
2	−0.180310	0.131494	1.000000	0.742177
3	−0.029524	0.192435	0.742177	1.000000

图 4 相关系数矩阵

3.3 模型训练与调优

定义参数生产指数来表示稠油生产的效益，其值由油汽比(周期产油量/周期注汽量)、回采水率(周期产水量/周期注汽量)、吨油成本((周期注汽量 * 200+cos_ 注剂 * 注剂量 * 10000)/周期注汽量)确定，其计算公式如下：

Label = 油汽比 * 0.5+回采水率 * 0.1-吨

油成本 * 0.4

其中，根据实际采油生产背景，cost_ N2 = 2.0；cost_ air = 1.2；cost_ CO2 = 600. 为后续业务人员查看方便，本文将计算后的生产指数值进行[0，10]缩放处理。

在对 XGBoost 模型进行训练时，选择 K-折交叉验证，即将数据集等比例划分成 K 份，以其中的一份作为测试数据，其他的 K-1 份数据作为训练数据输入模型，以此来提高模型的泛化能力。然后经过对模型参数的调优，以确定模型的最佳参数值(详见表 1)。

表 1　模型参数值及相应解释

序号	模型参数	参数解释
1	n_ estimators	模型在训练过程中的迭代次数
2	max_ depth	模型在优化过程中建立的决策树的数量
3	learning_ rate	模型在优化过程中向前学习的速率
4	Gamma	模型中添加正则项
5	K-Folder	测试数据的比例

4　实验分析

4.1　实验数据简介

本实验数据是中石油集团公司在稠油生产过程中所采集的数据，参数主要包括油藏参数、注剂/气参数及生产参数。其中，油藏参数主要包括井段、等井的静态数据；注剂/气参数包括稠油生产过程中添加的试剂的注剂类型、注剂方式、注剂量等参数；生产参数包括焖井时间等。关于参数的详细介绍见表 2。

表 2　稠油数据中参数名称及其含义

序号	参数名称	参数含义
1	射孔井段	井筒在油藏中打开的部分
2	油藏厚度	生产层位的厚度
3	周期	指一次完整的注汽
4	射孔厚度	射孔井段的长度
5	射孔渗透率	根据测井解释得到的射孔井段附近的油藏渗透率
6	注剂类型	指注入什么介质，如氮气，CO2，空气，尿素等。
7	注剂量	注入介质的体积或者质量
8	注入天数	注剂的时间段长度
9	油压	注蒸汽期间的测得的油管压力
10	周期注气量	每个周期内注入的蒸汽质量，以冷水当量计算

4.2　模型效果评价

一般地，回归模型由以下评价指标来分析结果的好坏程度：

1) 决定系数(Coefficient of Determination) $R2$：

$$R2 = 1 - \frac{\sum (Y - \hat{Y})^2}{\sum (Y - \bar{Y})^2}$$

其中，Y 表真实值，$\hat{Y}$表示预测值，$\bar{Y}$表示平均值。结果越接近 1，表明模型对数据拟合越好。

2) 平均绝对误差(Mean Absolute Error, MAE)：真实目标 y 与估计值$\hat{y}$之间差值的平均值

$$MAE = \frac{1}{m}\sum_{i=1}^{m} |(y_i - \hat{y}_i)|$$

3) 均方误差(Mean Squared Error, MSE)：真实目标 y 与估计值$\hat{y}$之间差值的平方的平均值

$$MSE = \frac{1}{m}\sum_{i=1}^{m} (y_i - \hat{y}_i)^2$$

4) 均方根误差(Root Mean Squared Error, RMSE)：均方误差的方根，可从单位度量上衡量模型的效果

$$RMSE = \sqrt{\frac{1}{m}\sum_{i=1}^{m} (y_i - \hat{y}_i)^2}$$

上述几个验证误差(MAE/MSE/RMSE)越小，就代表模型的性能越好。

表 3　实验结果值

评价指标	结果值
R2_ score	0.9913
MAE	0.0088
MSE	0.0002
RMSE	0.0146

本次实验结果见表 3。由表 3 可知，此次模型拟合程度较好，可以投入实际生产应用中进行多介质吞吐优化、筛选过程的指导。

5 小结

本文利用集成学习中的 XGBoost 算法构建了多介质吞吐大数据评价与预测模型，在充分挖掘利用已有注采数据的基础上，实现了稠油开采效果的量化评价和智能化预测。未来，我们将在此基础上研究稠油多介质吞吐参数推荐和油藏选择技术。利用大数据与人工智能等技术手段为稠油开采提供决策参考。

参 考 文 献

[1] 杨艳，王祥程，王涛．中国稠油开发技术现状与建议[J]．自然科学，2019，7(06)：471-477.

[2] 沈玺琳．热力开采稠油技术及其应用[J]．中国石油和化工标准与质量，2018，38(24)：168-169.

[3] 王泰超，朱国金，王凯，等．海上稠油油藏多元热流体吞吐后转火驱开发研究[J].2019，26(5)：100-105.

[4] 杜娜．稠油开采过程中蒸汽技术的应用[J]．中国石油和化工标准与质量，2019，39(14)：165-166.

[5] 赵庆辉，冷光耀，彭旭．注空气改善稠油油藏蒸汽吞吐开采效果的实验研究[J]．西安石油大学学报(自然科学版)，2018，33(6)：55-59.

[6] 杨戬，李相方，阎逸群，等．蒸汽-空气复合驱提高稠油采收率研究[J]．西南石油大学学报(自然科学版)，2017，39(2)：111-117.

[7] HeesooPark，Raghvendra Mall，Adnan Ali，et al. Importance of structural deformation features in the prediction of hybrid perovskite bandgaps[J]．Computational Materials Science，2020，184：109858.

[8] Lamin Juwara，Navpreet Arora，Mervyn Gornitsky，et al. Identifying predictive factors for neuropathic pain after breast cancer surgery using machine learning[J]．International Journal of Medical Informatics，2020，141：104170.

[9] Weikaixin Kong，Wenyu Wang，Jinbing An. Prediction of 5-hydroxytryptamine transporter inhibitors based on machine learning[J]．Computational Biology and Chemistry，2020，87：107303.

页岩油水平井智能优化设计方法

闫　林[1,2]　李　宁[1,2]　王少军[1,2]　王志平[1,2]　陈福利[1,2]　袁大伟[1,2]

(1. 中国石油勘探开发研究院；2. 国家能源致密油气研发中心)

摘　要　我国页岩油资源丰富，已成为我国未来原油建产的最现实领域。但受陆相页岩油储层强非均质性、单井产量较低且递减快、单井投资居高不下、国际油价长期低迷等多重因素叠加影响，页岩油的规模效益开发面临重大挑战，其中如何有效提高水平井多井优化部署的水平和质量是从源头设计实现降本增效最重要的一环。本文针对目前页岩油水平井优化设计过程中的实际情况，提出了一种基于智能优化算法的页岩油水平井多井优化部署方法，该方法采用“多学科协同、智能化设计”的思路，基于优选出的遗传算法，以净现值为目标函数，以水平井井位、水平段长度、井距等参数为变量，采用油藏数值模拟和主流算法软件进行迭代学习和运算，确定出净现值最大的部署方案。结果表明，该方法所采用的智能优化算法具有优秀的寻优能力以及良好的泛化能力，可快速基于已有的储层分布情况确定出最优多井部署方案，真正实现了地质-油藏-工程一体化协同。与传统水平井优化设计方式对比，该方法所确定的优化部署方案净现值有明显提升，对推动实现页岩油规模效益开发具有重要意义，同时该方法具有很好的可移植性，可在超低渗油藏、页岩气、致密气等油气开发领域推广应用。

关键词　页岩油；智能优化算法；压裂；水平井；优化部署

2005 年以来页岩油开发已成为油气勘探开发这一传统产业中的新兴领域，以北美为代表的海相页岩油已实现了规模效益的工业化开采，以我国为代表的陆相页岩油近年来也快速发展，理论技术有突破，勘探开发取得显著实效。陆相页岩油是指埋藏 300m 以深、Ro 值大于 0.5%的陆相富有机质页岩层系中赋存的液态烃和多类有机物的统称，包括地下已经生成的石油烃、沥青和尚未转化的各类有机物质[1]。经评价中国陆相页岩油有利区分布面积约为 $8.5\times10^4 km^2$，中国石油评价全国页岩油技术可采资源量为 145×10^8 t(含油页岩)[2-3]，其中中高成熟度页岩油是近期确保中国石油产量重上 2×10^8t 的重要接替领域[1,4]，是保障国家能源安全的重要支撑。但受陆相页岩油储层强非均质性、单井产量较低且递减快、单井投资居高不下、国际油价长期低迷等多重因素叠加影响，页岩油的规模效益开发面临重大挑战。

近年来作为人工智能基础支撑层的大数据、算法、算力不断的提升，助推人工智能爆发式大发展，人工智能开始逐步引领工业 4.0。人工智能因其强大、快速、稳定、可重复的特点，为解决油气勘探开发领域的诸多问题提供了新方案，为油气勘探开发这一传统产业转型换代提供了新动能，未来油气行业智能化的趋势已经不可阻挡。目前世界各大石油公司均已投入巨大力量，推动人工智能与传统产业的深度融合，道达尔牵手信息技术领跑者谷歌、壳牌与微软在人工智能领域开展合作、哈里伯顿与微软开展深度合作等等，应用领域覆盖油藏地质甜点预测、井位优选、钻井优化与决策、产能预测、开发优化、人工举升系统优选等勘探开发全流程，有效应用人工智能实现石油天然气资源的低廉、高效和安全开采，已成为石油行业未来发展的方向[5]。

在上述页岩油大开发、人工智能大发展的背景下，二者的深度融合必将实现全新技术有效解决传统产业现实问题的新局面。目前中国陆相页岩油在开发主要采用水平井体积压裂开发，并在部分页岩油甜点富集区呈现出良好的开发效果，但随着页岩油产能建设规模逐年加大，由于优质储量比例的下降，逐渐暴露出油层钻遇率低、压裂效果差、工程成本高等一系列问题[6]。因此如何有效提高水平井多井优化部署的水平和质量，有效提高储量动用率和采收率、降低建产投资和建产风险，已成为从源头设计实现降本增效最重要的一环。本文正是针对目前页岩油开发方案设计过程中水平井优化设计工作由不同部门按序完成、一体化协作程度较低、水平井设计个性化不突出、进一步降本增效存在较大空间等实际情况，提出了一种基于智能优化算法的页岩油水平井多井优化部署方法，该方法采用“多学科协同、智能化设计”的思路，通过地质-油藏-工程一体化协同研究，基于优选出的遗传算法，以净现值为目标函数，以水平井井位、水平段长度、井距等参数为变量，采用油藏数值模拟和主流算法软件进行迭代学习和运算，快速确定出最优多井部署方案。与传统水平井优化设计方式对比，该方法所确定的优化部署方案净现值有明显提升，对推动实现页岩油规模效益开发具有重要意义，对其他类似油气藏的开发也具有重要的借鉴意义。

1 智能优化算法

1.1 智能优化算法的内涵及优势

常规的井平台位置优化需依靠人工操作数模软件，反复做多套方案的模拟和分析，不仅耗时，而且也仅限在有限的多套方案中进行优选。本文依靠基于启发式学习的遗传智能优化算法替代人力进行优选，从海量开发方案全自动优选方案，实现了全过程智能模拟计算及分析优化。

遗传算法(Genetic Algorithm，GA)最早是由美国的 John holland 于 20 世纪 70 年代提出，该算法是根据大自然中生物体进化规律而设计提出的。是模拟达尔文生物进化论的自然选择和遗传学机理的生物进化过程的计算模型，是一种通过模拟自然进化过程搜索最优解的方法。该算法通过数学的方式，利用计算机仿真运算，将问题的求解过程转换成类似生物进化中的染色体基因的交叉、变异等过程。在求解较为复杂的组合优化问题时，相对一些常规的优化算法，通常能够较快地获得较好的优化结果。遗传算法已被人们广泛地应用于组合优化、机器学习、信号处理、自适应控制和人工生命等领域[7]。

1.2 算法运用到水平井优化部署的思路

页岩油水平井平台位置的优选过程符合遗传算法的计算特点，因此本文采用遗传算法对其进行优化操作。本文具体的遗传算法操作如下：

(1) 设置初始种群：本文设置初始种群数为 50 个。笔者曾做过测试，如果初始种群数为 10，则极易陷入局部极小的寻优，无法搜寻到全局最优。而初始种群数如果选为 100 个，则计算量剧增，但寻优的效果却没有更多的改善。通过不断的试算，选定初始种群数为 50 较为适合。

(2) 设置井位信息：通过初始种群的值，按照一定的对应关系，给出初始井位种群的坐标值。

(3) 计算适应度：本文选择 NPV 作为适应度，每代种群都是围绕适应度最大的种群寻优。选择 NPV 作为适应度是适合本文的情况的，因为在投资方面，每个井平台都与其所含有的水平井数量、水平井长度直接相关，而收入方面则和每个平台所处位置的孔隙度、渗透率等储量丰度属性参数有直接关系，因此 NPV 是最直观的测算标准。

(4) 选择：采取轮盘赌方法选择。轮盘赌选择适用于求解最大值的优化问题，使适应值大的个体更容易被选中，本文的优化问题便是求最大值问题，因此该方法十分适用。在求解最大化问题时，直接用适应度/总适应度来计算个体的选择概率，然后直接通过概率对个体进行选择。本文选择率选定为 0.5。

(5) 编码：采取二进制编码。因为二进制编码是遗传算法中最主要的一种编码方法，其编码、解码操作简单易行，对交叉、变异等遗传操作也便于实现。本文选取二进制编码长度为 22。

(6) 交叉：即是选出一部分井平台种群个体，选择其中的两个进行相互交配，将他们的染色体按照某种方式相互交换部分基因，形成两个新的个体的过程。本文选取杂交率为 0.7。

(7) 变异：在交叉操作过后形成的新个体，有一定的概率会发生基因变异，与选择操作一样，这个操作是基于概率的，这个概率称为变异率。本文选取变异率为 0.001。

(8) 解码：该过程是编码的反过程，针对长度为 22 的二进制编码结果进行相应的解码工作。解码后便形成了更新后的种群。该种群的数量仍然和初始种群数量保持一致，但其内在的值更加贴近全局最优值。

(9) 迭代次数：本文设定的迭代次数是 50 次，通过实践计算表明，在迭代到第 50 代时已可满足优化优选的目标。

(10) 终止准则：设定最大的迭代次数，达到此值便终止演化。

本文的结合模拟器调用的井平台优化遗传算法流程图(图 1)如下：

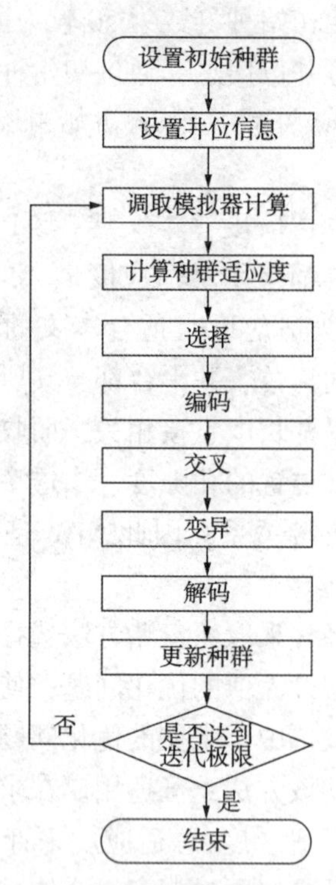

图 1 水平井平台优化遗传算法流程图

2 地质模型建立

2.1 研究区简况

华庆油田位于鄂尔多斯盆地西南部，陕西省吴起县、甘肃省华池县、庆城县境内，该区属黄土塬地貌。纵向上发育三叠系延长组和侏罗系延安组等多套含油层系。研究区华 H6 平台区位于华庆油田中部，目的层长 7 页岩油储层主要为半深湖-深湖砂质碎屑流沉积，以岩屑长石砂岩为主，溶孔较发育，属小孔微细喉型孔隙组合结构，渗透率主要分布在 0.1mD~0.3mD，长 7_2^2、长 7_2^1、长 7_1^2 小层平均油层厚分别为 8.1m、9.3m、7.8m，纵向厚度大，横向连续性好，原油具有低密度、低粘度和高油气比的特点，水型均以 $CaCl_2$ 为主。目前长庆油田长 7 页岩油开发以水平井+体积压裂为主体开发方式，水平井段长 1500~2000m，井距 200~400m，初期日产油主体为 15t/d 左右。

2.2 地质模型的建立

采用 Petrel 地质建模软件，利用 8 口直井、12 口水平井的井位、井斜、测井、地质分层等资料，建立了华 H6 平台区的地质模型，x，y 方向上的网格步长为 10 m，纵向 100 个小层，模型的总结点数为 599.8 万网格。根据测井解释的成果，使用序贯高斯差值方法建立了区块的岩性、孔隙度、渗透率、饱和度和净毛比等属性模型。

3 基于智能优化算法的压裂水平井平台优化部署

3.1 压裂水平井平台优化部署目标函数

本次基于智能优化算法的压裂水平井平台优化部署过程中，优选净现值作为目标函数。净现值法是项目经济评价中常用的方法之一，净现值是指在一个项目的整个建设和生产服务年限内各时间段的净现金流量按照设定的折现率折成现值后求和所得到的值。其表达式为：

$$NPV = \int_{t_0}^{t_f} [C_{in}(t) - C_{out}(t)](1+i)^{-t} dt \quad (1)$$

式(1)中：NPV 为净现值，元；t_0 为项目的开始时间，年；t_f 为项目的结束时间，年；$C_{in}(t)$ 为 t 时刻的现金流入量，元，主要是销售收入；$C_{out}(t)$ 为 t 时刻的现金流出量，元，主要是投资、成本及销售税金；i 为折现率，折现率是指将未来有限期预期收益折算成现值的比率，无因次。

油田开发中一般将开发时间划分为若干个时间间隔，如年度，然后采用净现值方法计算利润时，因此，净现值的目标函数变为离散型：

$$NPV = \sum_{1}^{t} [C_{in}(t) - C_{out}(t)](1+i)^{-t} \quad (2)$$

其中：

$$C_{in}(t) = Q_o(t) \times Oil\ Price \quad (3)$$

$$C_{out}(t) = OPEX + CAPEX + TAX \quad (4)$$

式(2)—(4)中：$Q_g(t)$ 为第 t 年的累计产油量，m^3；

Oil Price 为原油价格，元/m^3；OPEX 为操作成本，元，主要包括人员工资、水电费、运输费用、维护费、设备更新费等；TAX 为税费，元；CAPEX 为基建费用，元，主要包括钻井、完井、固井、射孔、压裂等措施费用以及所需物资费用。其中，计算净现值用的参数：原油价格采用 3500 元/m^3，单井成本 2500 万元/井，税率按 10% 考虑，折现率按 8% 考虑。最终得到该区净现值函数为：

$$NPV = \sum_{1}^{t} [Q_o(t) \times Oil\ Price - OPEX - CAPEX - TAX](1+i)^{-t} \quad (5)$$

3.2 压裂水平井参数的选取

对于井平台的压裂作业，涉及到多种控制因素，包括水平井的长度、水平井的间距、压裂段数及段间距、压裂段内簇数及簇间距等等，本文根据所研究的问题，对参数进行了相应的设置。

(1) 压裂水平井数量：根据本文所研究区块的特点，设定北部(图 2 上部)设置 7 口水平井，南部(图 2 下部)设置 5 口水平井。

(2) 水平井长度：本文编制的模拟程序，可以自由设定水平井长度，根据本文研究问题的区域限制，选定水平井长度为 600 米。

(3) 水平井间距：北部的 7 口井，间距设置为 200 米，南部的 5 口井，间距设置为 400 米。

(4) 压裂段数：针对每口水平井，每隔 30 米设置一个压裂段，每个压裂段内，设置 1 簇压裂缝。

4 压裂水平井优化部署方法应用

根据上述的选择和设置，本文开展了相应的应用验证。针对前述研究区块，基于优选出的遗传算法，以净现值为目标函数，以水平井井位、水平段长度、井距等参数为变量，采用油藏数值模拟和主流算法软件进行迭代学习和运算，快速确定出了最优多井部署方案，优化结果如图 2 所示。

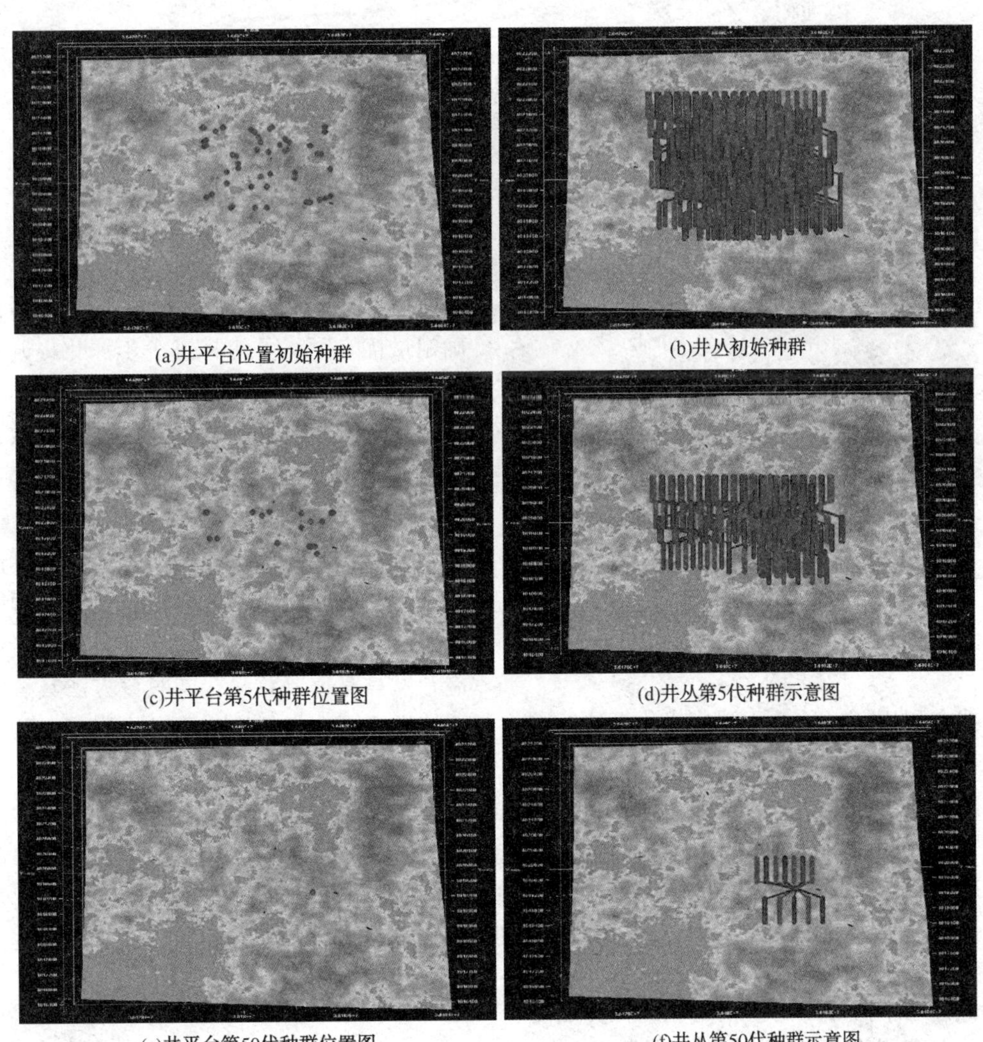

图 2 压裂水平井优化部署过程示意图

从上述计算结果可以看出，初始50个井平台种群较为均匀的分布在设定的圈定范围内，这样保证了能够搜索到全局最优的基本条件。随着优化代数的不断增加，种群逐渐的向最优化的井位集中，在繁衍到第5代时，已可看出种群分类为初始种群的30%。当最终繁衍到50代时，已经寻优到了最优化的井位坐标点。

从产量和效益两个层次对利用本文方法所确定的最优方案与常规方案进行对比，来验证本文所述方法的先进性和实用性。

利用数值模拟软件对最优方案和常规方案的日产油量、累产油量进行了对比(图3)，结果表明最优方案的日产油量、累产油量明显高于常规方案，较常规方案提升40%以上。进而对比了最优方案NPV值与常规方案的NPV值，对比结果图4所示，最优方案的净现值NPV明显优于常规方案。

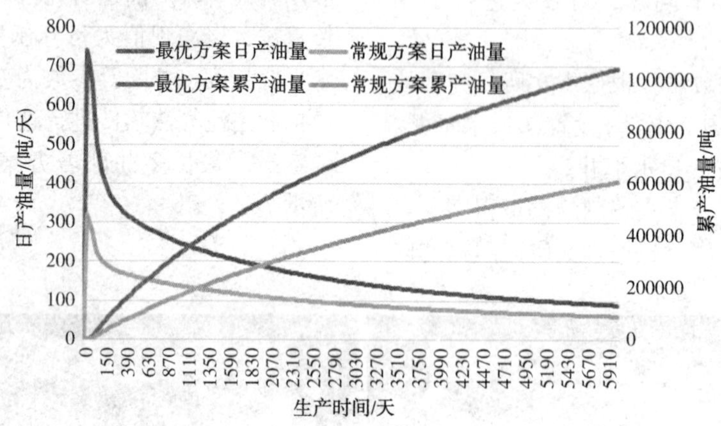

图3　最优方案与常规方案日产油量与累产油量对比图

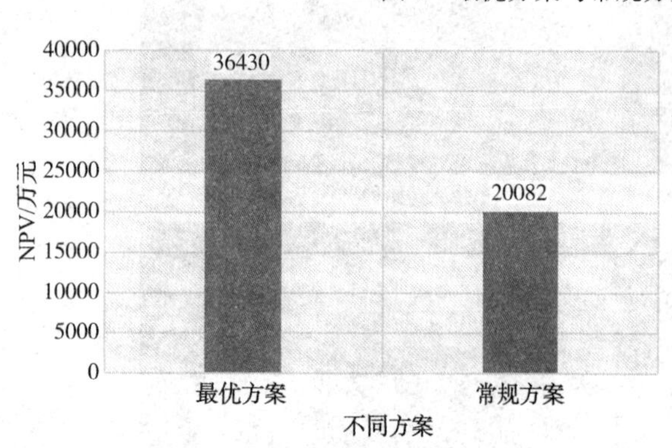

图4　最优方案与常规方案NPV值的对比图

5　结论

(1)本文提出了一种基于智能优化算法的页岩油水平井多井优化部署方法，基于优选出的遗传算法，以净现值为目标函数，以水平井井位、水平段长度、井距等参数为变量，采用油藏数值模拟和主流算法软件进行迭代学习和运算，确定出净现值最大的部署方案。

(2)应用实际数据建立了国内某页岩油区块地质模型，应用本文提出的基于智能优化算法的页岩油水平井多井优化部署方法确定了最优方案，将最优方案和常规方案进行对比，结果表明最优方案的日产油量、累产油量明显高于常规方案，净现值NPV明显优于常规方案。

(3)本文所述方法将整个水平井平台作为一个整体考虑，通过寻找平台中心点的最优位置来确定最优方案，下步将进一步深化提升，综合考虑水平井段长度、水平井间距、水平井角度、水平井轨迹，以及压裂段数及簇数等参数，实现三维空间真正的全方位、实时优化，确定最优方案。

(4)本文所提出的基于智能优化算法的页岩油水平井多井优化部署方法，是人工智能在油气勘探开发中实际应用，对推动实现页岩油规模效益开发具有重要意义，同时该方法具有很好的可移植性，可在超低渗油藏、页岩气、致密气等油气开发领域推广应用。

支撑课题：中国石油勘探开发研究院院级课题“裂缝网络压注采一体化模型研究及软件研制”(课题号：YGJ2019-07-04)

参考文献

[1] 赵文智，胡素云，侯连华．页岩油地下原位转化的内涵与战略地位[J]．石油勘探与开发，2018，45(4)：537-545.

[2] 金之钧，白振瑞，高波，等．中国迎来页岩油气革命了吗？[J]．石油与天然气地质，2019，40(3)：451-458.
[3] 邹才能，潘松圻，荆振华，等．页岩油气革命及影响[J]．石油学报，2020，41(1)：1-12.
[4] 胡素云，朱如凯，吴松涛，等．中国陆相致密油效益勘探开发[J]．石油勘探与开发，2018，45(4)：737-748.
[5] 林伯韬，郭建成．人工智能在石油工业中的应用现状探讨[J]．石油科学通报，2019，4(4)：403-413.
[6] 刘合，匡立春，李国欣，等．中国陆相页岩油完井方式优选的思考与建议[J]．石油学报，2020，41(4)：489-496.
[7] 郑树泉．工业智能技术与应用[M]．上海：上海科学技术出版社，2019：250-251.

智能化无人机巡检平台在油田的设计与实现

乔泉熙　蒋　勇　张卫东

（中国石化西北油田分公司）

摘　要　针对运用无人机进行视频图像采集监测输油管道泄漏的方式，设计开发软件平台，实现信息化条件下的无人机巡检流程管理和飞行实时监控。在平台中引入人工智能技术，标记正负无人机巡线视频关键图像数据集合，训练出高效卷积神经网络，对无人机巡检视频数据进行实时分析处理，快速自动判断是否存在管道油气泄漏造成的油污，并推送泄漏异常报警，提高巡检质量，降低人工劳动强度。

关键词　无人机；巡检平台；管道泄漏监测；人工智能；卷积神经网络

西北油田分公司塔河油田开发生产区域内输油管道大多贯穿隔壁、沙漠、棉田、水域、胡杨林等区域。随着油田开发生产的持续进行，油气管道腐蚀刺漏也呈现出增长趋势，管道刺漏不仅带来严重的经济损失，同时对环境造成严重的破坏。在 2016 年以前塔河油田管道巡线主要以人工巡线为主，存在巡线周期长、巡线效率低、覆盖率不足等问题，且人工无法对涉水和穿越胡杨林等管道进行有效监测，导致管道刺漏不能及时发现，为进一步提高管道巡检质量，西北油田引入了无人机进行管道巡检。通过人工控制无人机沿输油管道进行飞行，利用无人机搭载的高清晰摄像机对管道进行人工图像识别，监测管道是否有泄漏。运用无人机巡检提高了巡检速度和质量，但采用人工的方式控制无人机飞行和进行视频图像监测判断管道是否泄漏仍然效率比较低。运用信息化技术，设计与实现无人机巡检平台，应用人工智能技术进行管道泄漏点自动监测，可以进一步提升劳动生产率和监测效率。

1　无人机巡检平台的架构设计

无人机巡检平台设计运用物联网技术，将前端无人机飞行控制和后端应用系统进行链接，整体架构设计分为前端无人机设备、网络传输链路、数据存储和巡检系统四个组成部分，整体架构设计见图 1。

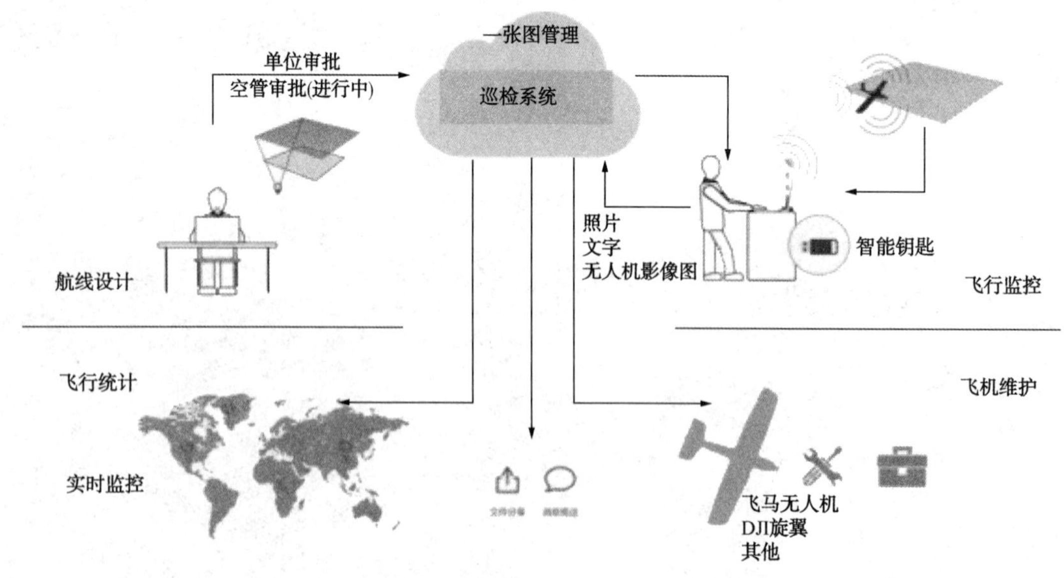

图 1　无人机巡检平台整体架构

前端无人机设备主要选择市场成熟的产品。考虑在油区上空安全飞行，主要选用电力动力系统无人机。按现场巡检距离的差异化要求，选择 10km、15km、30km 等续航能力不同的六旋翼、八旋翼及固定翼无人机。

网络链路设计利用无人机与地面监控站之间的电台链路、地面站与数据中心之间的网络链路，打通无人机与控制节点、现场与数据中心的通讯。设计任务机飞行过程中拍摄到的视频信号经过压缩和调制等处理后，传输到场站上的图传遥控接收装备上，接收装备通过光纤与数据中心连接，如图 2。

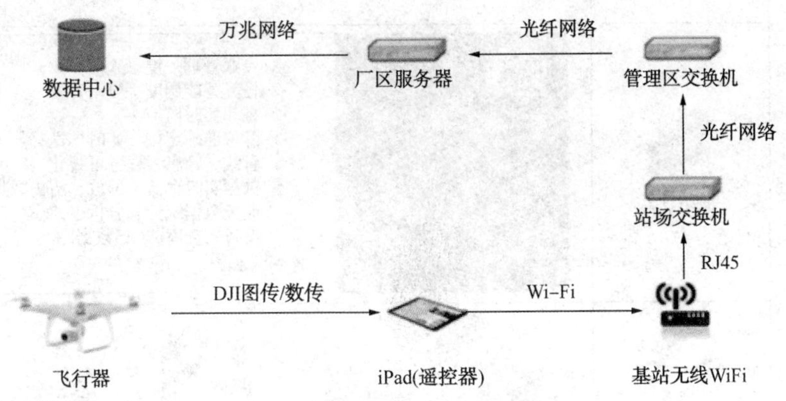

图 2 无人机通讯网络架构

平台数据设计主要存储管道坐标、原始照片、无人机航拍 pos 信息等航拍原始数据，以及内业处理后的正射影像图（DOM）、DEM、矢量线划、航拍视频、业务流程管理等数据资料。设计采取“分类存储、时限各异”的存储方式，利于优化存储利于优化存储空间、提升系统运行效率。对于现场无人机飞行的运行状态类数据存储到关系行数据库中，进行长期存储，利于后期的数据挖掘分析；对系统产生的流程管理数据存储到关系型数据库中，进行中长期存储，利于后期查询分析；对无人机飞行的视频图像数据存储到流媒体资源池中，无泄漏异常的视频数据短期覆盖式存储，有泄漏异常的视频数据截取有效数据段进行长期存储，利于后期运用人工智能的方法进行监测分析。

巡检系统是无人机巡检平台的指挥中枢。巡检系统按照分层端到端的技术架构设计开发，以 B/S 开发模式为主，基于 J2EE 平台的分布式组件技术构建的高可靠性的、可复用的、快速的、高度组件化的应用系统，包含飞行监控、无人机信息管理、授权信息管理、用户管理、分级管理、项目信息管理、作业管理、消息推送、统计分析等 9 个一级功能模块，见表 1。

表 1 巡检系统一级功能模块分解表

一级功能模块	说明
飞行监控	支持对系统内飞机实时飞行状态信息显示，支持多架飞机同屏显示，同时支持视频实时影像播放。

续表

一级功能模块	说明
无人机信息管理	支持对飞机设备信息的管理。
授权信息管理	支持对设备授权信息的管理。
用户管理	支持对用户信息的管理。
分级管理	支持划分不同管理层级。
项目信息管理	支持对飞行项目的管理，支持地图查看实际作业项目情况。
作业管理	支持定期作业分派管理。
消息推送	支持系统内作业任务消息推送。
统计分析	支持对系统内飞行信息，视频信息等相关信息的统计与查询。

2 平台实现的功能

无人机巡检平台实现了在空间地理信息图层上的无人机监测与管理，通过无人机巡检平台可以控制无人机沿设定好的 GIS 坐标进行飞行，可以监测无人机飞行航拍图像数据，对泄漏等异常情况进行报警。管理流程上满足分公司无人机三级管理的要求，整体实现的功能，见图 3。

无人机平台主要实现了无人机远程控制、无人机视频画面监控、无人机飞行参数监控、分级管理、设备信信息管理、任务分派、隐患识别等功能，具体功能如下：

（1）实现对正在实施巡线的无人机进行远程控制，能够操作无人机的起飞、降落、迫降以及空中悬停等多种操作。

图 3　无人机巡检系统功能架构

（2）实现将无人机飞行航拍的视频数据传回分公司数据中心，存入系统数据库，在系统模块中进行调用，实时展示。

（3）实现无人机飞行过程中的经度、纬度、高度、空速、飞机状态等实时数据进行监测。

（4）实现无人机管道巡线作业的三级管理，系统中赋予不同层级不同的管理权限。管理区层级负责指派和实施具体作业任务、采油厂负责本厂区域飞行计划审批和监督管理、分公司空管部门负责飞行计划的审定和油区空域管理。

（5）通过飞控人员、设备信息在系统中的注册登记，实现对飞控人员，无人机使用、维修、授权等的信息化管理，可以有效查询无人机的使用状况。支撑无人机从设备登记、保养维护、报废处理全生命周期的信息化管控。

（6）基于推送功能，实现远程给地面站推送航线、飞行指令等信息。实现统一任务分解，自动推送到邻近无人机完成作业。

（7）实现对无人机的飞行有效期、空间范围等进行空域管控，保障油区上空无人机飞行安全。

（8）实现支持图片和变化检测过程动态展示、图片序列相对历史图像库的变化检测、卷帘分析、神经网络识别和变化区域突出显示等视频图像数据的监测方法，并根据监测结果推送相关报警信息。

在此基础上本文还研究了基于人工智能技术的图像自动监测技术，设计实现了输油管道泄漏点的自动判断识别模型，并进行了应用模块的开发应用。

3　卷积神经网络泄漏监测模型建设

3.1　图像自动识别综合判定方法

管道泄漏区域相对于未污染地域具有特殊的颜色分布规律，在大多数情况下油气泄漏疑似区域对比正常区域的颜色通道呈现特殊的亮度和饱和度特征，依据该规律可以建立油气泄漏疑似区域的颜色模型，快速识别油气泄漏的疑似区域。颜色特征方法计算速度快，可以迅速的将无人机拍摄的图像中的油气疑似泄漏区域分辨出来。但是颜色特征方法只是关注地域图像的表面颜色特征，并不能对疑似区域进行准确的管道泄油判定，因此本文探讨将颜色空间特征方法与深度卷积神经网络（CNN）算法结合，应用颜色空间特征方法快速提取地域图像的疑似泄油区域，利用深度卷积神经网络对疑似区域进行精确判定，并标识大致范围。从而实现自动识别判断是否存在油气泄漏造成的油污区域。

卷积神经网络（CNN）算法是一种试图使用多重非线性变换构成的多个处理层对数据进行高层抽象的算法[1]，用非监督式或半监督式的特征学习和分层特征提取高效算法来获取图像特征[2]。标准的卷积神经网络包含多个卷积层和池化层及一个全连接层实现对图像内容的分类和回归。对图像的卷积(Convolution)的过程就是利用一个卷积核(卷积模板)在图像上滑动，将图像点上的像素灰度值与对应的卷积核上的数值相乘，然后将所有相乘后的值相加作为卷积核中间像素对应的图像上像素的灰度值，并最终滑动完所有图像的过程[3]。通过卷积操作，卷积神经网络实现对图像的特征提取，同时卷积神经网络应用激活函数(一般为 ReLUs 函数，f(u) = max(0，u))来提供神经网络的非线性建模能力。卷积神经网络在卷积层后含有池化层(Pooling)对卷积后的图像像素降低采样，减少过拟合并压缩数据量。通过一系列的卷积和采样的工作后，卷积网络与一个全连接网络(Fully-connected)组合，由全连接网络对卷积后的结果进行分类或者回归操作[4]。

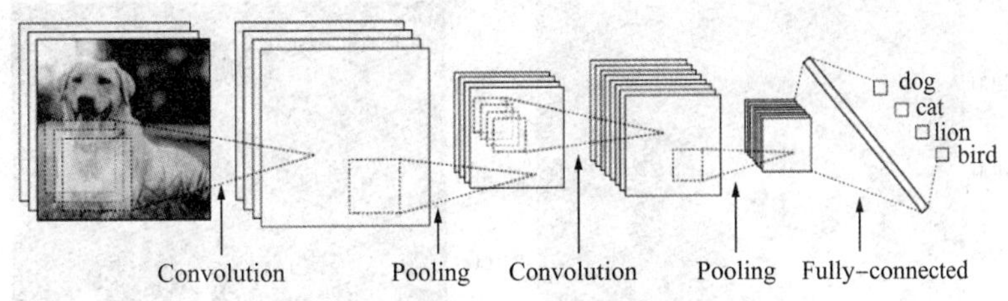

图 4　典型卷积神经网络图

卷积神经网络的图像表征学习能力在 2006 年深度学习理论被正式提出后，得到了广泛关注，并随着 GPU 等计算设备的更新开始快速发展。自 2012 年起，深度卷积神经网络多次成为 ImageNet 大规模视觉识别竞赛(ImageNet Large Scale Visual Recognition Challenge，ILSVRC)的优胜算法，成为目前图像识别的主流算法[5]。

3.2　模型开发及测试

管道泄漏判定模型开发的主要工作是训练一个可以准确识别地面泄油污染的深度卷积神经网络。在深度卷积神经网络搭建中，本文采用网络上地面泄油污染图片以及目标区域巡检视频作为训练素材，并将深度卷积网络的图像识别能力定为模型判定的泄漏区域与标记的实际泄漏区域的对比。在本模型的建立过程中，应用了约 6000 张图像作为模型训练素材。

在深度卷积模型训练中首先要确认卷积层和池化层的层数，当层数过少时会出现特征提取点不够充分的问题，过多则可能出现过拟合问题。本文根据每次训练评测的实际效果，上下调整层数，直至出现一个鲁棒性强[6]，过拟合低的卷积和池化层数。其次使用微调技术对每层权重进行调整。通过不断训练和对比深度卷积网络模型的识别能力，微调权重值，并将最好的训练结果存储起来作为下一次训练的模型基础[7]。在本模型的训练过程中，把 batch size 定为 1，epoch 定为 20，每次都存储最佳模型，并在训练结束时绘制 loss/acc 曲线，见图 5。

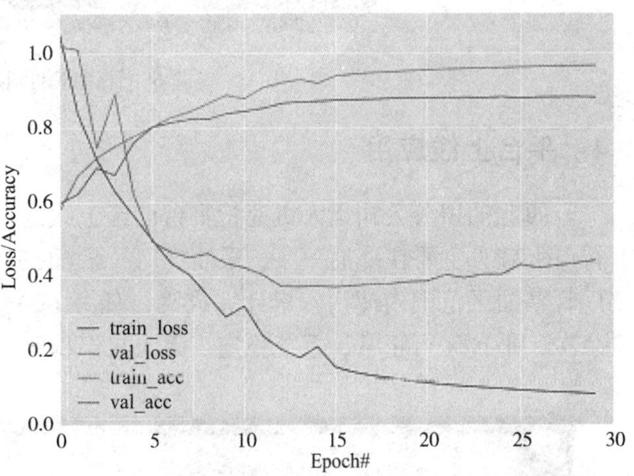

图 5　深度卷积神经网络训练 Loss/acc 曲线

最终建立的深度卷积网络模型[8]包含 5 个卷积层，3 个池化层，和两层全连接层，激活函数均为 ReLUs[8]，具体为：包含 96 个卷积核的第一卷积层(卷积核 7＊7、步长 2、边缘扩充 0、激活函数 ReLUs、局部响应归一化层)；第一最大池化层(过滤核 13＊13、步长 2)；512 个卷积核的第二卷积层(卷积核 3＊3、步长 2、边缘扩充 3、激活函数 ReLUs、局部响应归一化层)；256 个卷积核的第三卷积层(卷积核 3＊3、步长 2、边缘扩充 2、激活函数 ReLUs、局部响应归一化层)；第二最大池化层(过滤核 3＊3、步长 2)；421 个卷积核的第四卷积层(卷积核 3＊3、步长 3、边缘扩充 3、激活函数 ReLUs)；512 个卷积核的第五卷积层(卷积核 3＊3、步长 2、边缘扩充 1、激活函数 ReLUs)；96 个卷积核的第六卷积层(卷积核 13 * 13、步长 2、边缘扩充 1、激活函数 ReLUs)；第三最大池化层(过滤核 7 * 7、步长 2)；第一全连接层(激活函数 ReLUs、dropout 处理)；第二全连接层(激活函数 ReLUs、dropout 处理)。

在平台周围地域，工程人员利用无人机可以执行多次的飞行和巡检操作，收集周围地域的景象信息形成图像存储。在巡线过程中，模型对无人机采集的照片或实时巡线视频进行快速的颜色空间算法计算[9]，将色域落在蓝绿色区域的即高概率的非泄油图像迅速识别，实现单帧图像的快速分辨，对疑似泄油区域将并将被输入深度学习模型进行下一步的地面泄油的准判断，从而实现对地面泄油的自动图像识别，如图 6。

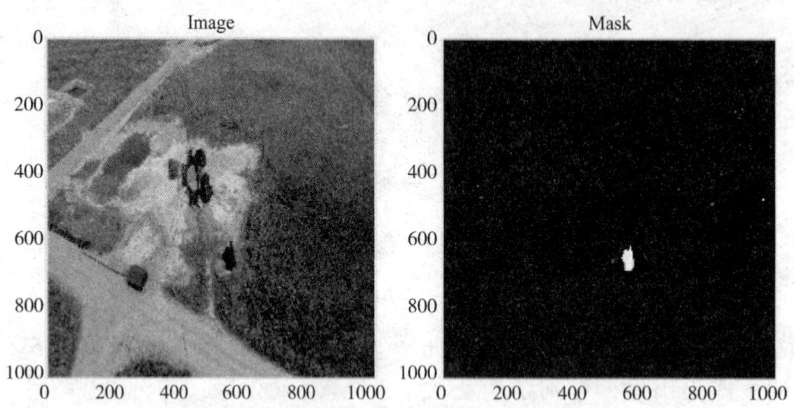

图 6　管道泄油判定模型识别结果之一

4　平台上线应用

西北油田分公司无人机巡检平台已经上线运行(图 7)，主要在采油一厂、采油二厂、采油三厂管辖油区范围内使用，累计完成飞行任务 600 余次，平台运行正常，系统稳定。无人机巡检平台实现了无人机远程飞行控制、飞行业务流程管控、航拍视频图像数据监测，提升了分公司无人机有序安全飞行管控能力。应用人工智能机器监督学习技术实现的输油管道泄漏自动图像识别功能，进一步降低了人工监测的劳动强度，提升了监测效率。

图 7　智能巡检私有云平台任务管理推送

5　结论

文章阐述了无人机巡检平台的设计与实现。无人机巡检平台在功能上满足了西北油田分公司使用无人机进行管道巡检的信息化要求，提升了管理水平，提高了无人机管控的能力。研究应用卷积神经网络配合无人机巡检实现输油管道泄漏的自动监测判断，监测识别效率较人工方式提升了70%，有效降低了人工监测劳动强度。

参 考 文 献

[1] B. Alexe, T. Deselaers, and V. Ferrari. Measuring the objectness of image windows. TPAMI, 2012.

[2] P. Arbelaez, B. Hariharan, C. Gu, S. Gupta, L. Bourdev, and J. Malik. Semantic segmentation using regions and parts. InCVPR, 2012. 10, 11.

[3] P. Arbelaez, J. Pont-Tuset, J. Barron, F. Marques, and J. Ma-lik. Multiscale combinatorial grouping. In CVPR, 2014. 3.

[4] J. Carreira, R. Caseiro, J. Batista, and C. Sminchisescu. Semantic segmentation with second-order pooling. In ECCV, 2012.

[5] J. Carreira and C. Sminchisescu. CPMC: Automatic object segmentation using constrained parametric min-cuts.

[6] D. Ciresan, A. Giusti, L. Gambardella, and J. Schmidhuber. Mitosis detection in breast cancer histology images with deep neural networks. In MICCAI, 2013.

[7] N.Dalal and B. Triggs. Histograms of oriented gradients for human detection. In CVPR, 2005.

[8] T. Dean, M. A. Ruzon, M. Segal, J. Shlens, S. Vijayanarasimhan, and J. Yagnik. Fast, accurate detection of 100, 000 object classes on a single machine. In CVPR, 2013.

[9] J. Deng, A. Berg, S. Satheesh, H. Su, A. Khosla, and L. FeiFei. ImageNet Large Scale Visual Recognition Competition 2012(ILSVRC2012).

中国石油智能油气田建设探索

时付更　孙　瑶　龙　伟

（中国石油勘探开发研究院）

摘　要　以云计算、大数据、人工智能、互联网等信息技术引领的新一轮科技革命，正在以前所未有的广度和深度引发经济社会多方位、全领域的深刻变革。智能油气田正成为国际油公司数字化转型发展的方向。为促进数字化转型智能化发展，中国石油上游业务提出了全面建成智能油气田的总体目标。本文阐述了智能油气田的概念和内涵，提出了具体建设目标和愿景，并给出建设思路和架构。为智能油气田建设提供参考。

关键词　数字化转型；智能油气田；石油信息化；建设目标；愿景；建设方案

1　引言

国际油公司已经基于物联网、大数据、人工智能、云计算、边缘计算等新技术，积极开展智能油气田建设，实现生产数据自动采集、现场实时监控、智能生产优化。通过应用大数据、人工智能、知识图谱等技术，实时收集和分析物联网系统数据以及内外部信息系统数据，进行深度挖掘，形成能够指导油气生产运行管理、有价值的决策信息。增强针对油气生产业务的相关研究和深化应用。结合具体业务场景，研发一系列典型应用。重点关注重点设备智能诊断预警、生产智能巡检及预测性维护、安全预警管理等和现场紧密结合的油气工业生产应用。基于核心业务流优化和流程再造，人工智能在勘探开发业务领域的应用日趋广泛。为解决信息化建设集成难、共享难等问题，采用信息化新技术，开展云平台建设，平台化共享应用成为信息化发展的主要趋势。一体化经营管理、一体化协同研究、智能化分析和预测成为生产与研究的主流方向。

中国石油以建设世界一流综合性国际能源公司为目标，提出了数字化转型和智能化发展的总体战略。为落实总体战略，制定了上游业务信息化顶层设计方案，提出上游业务要综合应用物联网、大数据、云计算、人工智能等先进信息技术，实现全面建成智能油气田的信息化总体目标。中国石油勘探与生产数字化转型要求企业IT能力重构、业务重新定义、加速组织转型，加快智能油气田的建设，见图1。

聚焦勘探与生产核心通用业务，采用新型技术手段，全面建成基于勘探开发梦想云，支持智能生产管控、智能协同研究、智能决策指挥的智能油气田，有效支撑增储上产、稳油增气和提质增效。

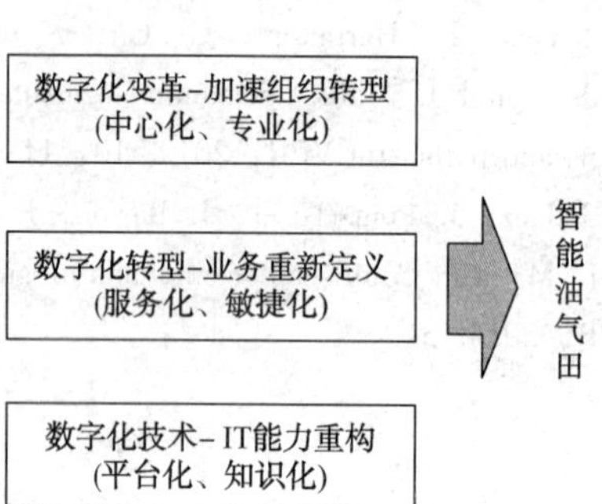

图1　智能油气田建设路线示意图

2　智能油气田的概念及内涵

各大国际油公司对智能油气田的认识在细节上有所区别，但总体上的都是利用新一代信息技术，实现油气田智能化生产，优化生产过程并使油气田收益最大化。

智能油气田的定义是在数字油气田的基础上，借助信息技术，建立实时感知、全面协同、主动管理、整体优化的油气田。智能油气田建设包含从勘探、开发、生产、集输全油田业务生命周期的全过程。

智能油气田的内涵和价值在于利用数字化构建全连接的油田，用自动化降低员工劳动强度，通过协同化改变劳动组织模式，通过智能化提高企业的生产效率，增储增产增资不增人，用工总量持续优化。

从业务视角看，建设智能油气田能够实现生产要素数字化，业务过程智能化、平台赋能员工、沉淀专业知识和技术以及软件定义支撑创新；通过全系统最优化措施，在油气田勘探、评价、开发、生产与管理经营等全过程中追求产量、最终采收率和效益的最大化和实现安全环保要求。

从管理视角看，通过在线协同，数据驱动，人找数据变成数据找人，劳动组织优化，实现层级简化、减少用工、全面提升工作效率；通过大数据洞察、智能分析实现精准决策。

从IT视角看，通过物联网、云计算和人工智能等新技术的规模化系统化应用，实现平台化、模块化、敏捷开发和快速迭代。

从工业互联网视角看，智能油气田是工业互联网技术在油气田勘探开发中的具体应用和实践。

3　建设目标

中国石油勘探与生产信息化建设的总体目标是基本建成覆盖勘探开发、经营管理、安全环保全领域全业务链的智能化生态应用，初步形成具有全面感知、自动操控、智能预测、持续优化的智能化生态运营模式，初步建成世界一流智能油气田。包括八个方面的建设目标。

（1）形成智能数据生态

生产物联网全覆盖，95%以上数据实现自动采集；各类数据智能入湖、智能治理与共享应用；基于机器学习实现智能分析，基本建成数据智能新生态。

（2）建成一流智能平台

基本建成性能卓越、功能强健、服务完备、安全稳定的一流云平台，基本具备全业务链智能认知和实时建模分析能力，基本形成智能共享、智能开发、智能运维的一流智能技术生态。

（3）综合研究智能协同

支持勘探、开发、工程、储量、矿权等全领域线上综合研究，基本实现多学科跨部门前后方异地智能协同，基本建成智能处理解释、实时自动模拟与智能预测等智能研究应用。

（4）方案决策智能优化

以业务流驱动，基本实现勘探部署、开发方案、井位部署、钻井设计、增产措施、修井作业、地面设计等全领域、多方案自动编制、实时论证、智能优化和精准科学决策。

（5）生产过程智能操控

生产现场基本实现智能监控、智能诊断、自动预警与自动控制，简单的、重复性的人工劳动基本被机器智能所取代，基本实现生产全过程智能联动与实时优化。

（6）生产运行智能指挥

基本实现生产数据智能分析，生产运行协同调控，保障应急科学有序，基本实现上游全业务链协同发展。

（7）经营管理精细高效

基本实现项目、投资、物资、设备、销售等一体化智能管控分析，基本实现新建规模油气田全生命周期智能管理、生产经营全过程智能预测、精准优化；基本实现高效经营和精益生产。

（8）安全环保智能管控

基本实现高危工作岗位被机器人替代；事故警情基本实现全面感知和自动处置；风险隐患基本实现智能预测与智能处置；基本实现安全环保智能受控运行。

4　参考架构

智能油气田建设以“十三五”信息化建设成果为基础，结合勘探与生产业务特点与业务需求，基于统一的勘探与生产信息化标准规范体系和网络安全与工控安全防护体系进行建设，总体上划分为设备与设施层、边缘层、资源层、平台层、应用层和终端层6个层级，参考架构见图2。

总体架构中各层级要实现的主要功能如下：

设备与设施层：包括勘探作业现场和油气田生产现场的各类传感器、自控设施、视频监控、光纤传感、网络等监控、采集、操控类设备。

边缘层：通过油气生产物联网建设，部署感知设备连接现有生产设施，为油气生产物联网边缘应用提供实时数据支撑，建立勘探开发各业务的统一数据采集和边缘计算应用，支撑生产现场的实时分析、监控与优化业务需求。

资源层：完善油气田网络，基于数据中心基础设施部署勘探开发业务专业研究云和空间数据库，建设勘探开发数据主湖和地区公司区域湖，实现数据资源的互联互通。通过建立起统一完整的数据管理体系，建立集中统一的勘探开发数据湖，汇聚多样、丰富、海量的各类数据，科学合理地存储原始、成果以及中间运行数据，为业务应用提供全面、高质量的数据。

平台层：基于统一技术中台，补充勘探开发专业组件，构建面向勘探开发业务的数据中台和业务中台，为上层应用提供服务和支撑。

应用层：由勘探、开发等应用APP组成，每类应用分为业务应用模块和业务流程两部分，通过核心业务流串接业务应用模块，全面支撑油气勘探、开发生产、协同研究、生产运行、经营管理和安全环保等通用业务以及油气田特色和扩展应用。

终端层：通过统一入口支持各类终端用户的访问和应用。

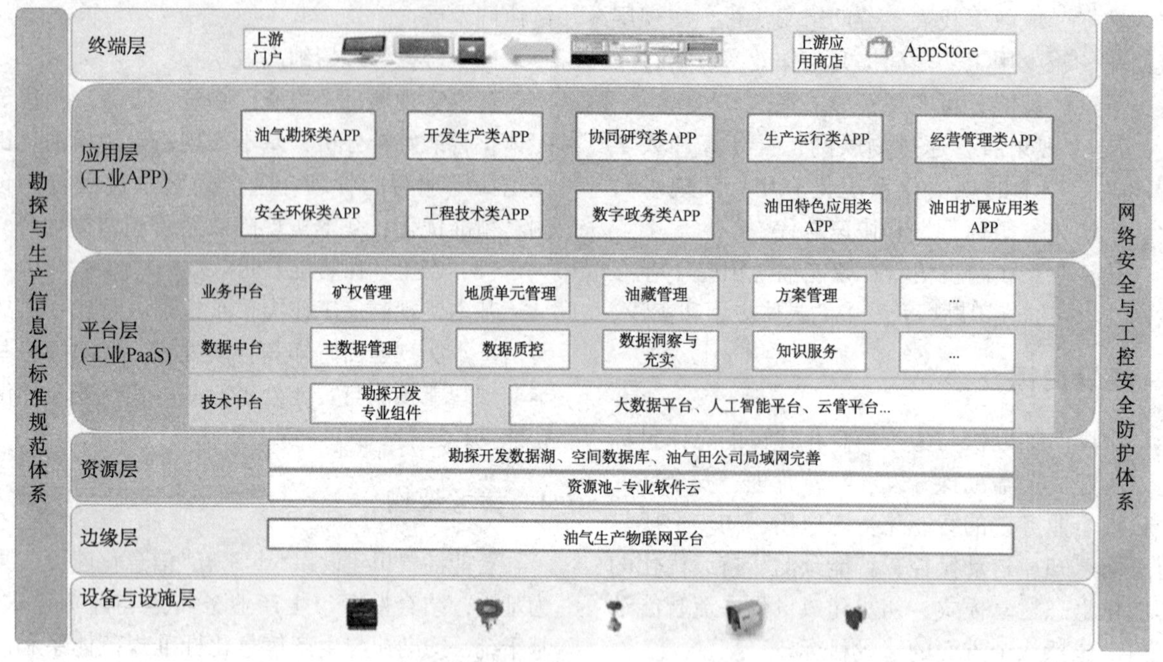

图 2　智能油气田总体架构图

5　建设思路及愿景

智能油气田建设采用分步实施、示范先行的原则。拟选取 6 家有代表性的油气田公司先行试点，打造智能油气田示范工程，逐步推广，最终在各地区公司全面实现智能油气田。

未来的智能油气田以勘探开发智能数据生态和企业智能技术平台为基础，以专业知识软件化和数字化新技术支撑勘探开发业务，围绕生产操控中心、生产指挥中心和研究决策中心，实现勘探开发各项业务云端智能应用的目标。中国石油智能油气田建设愿景展望见图 3。

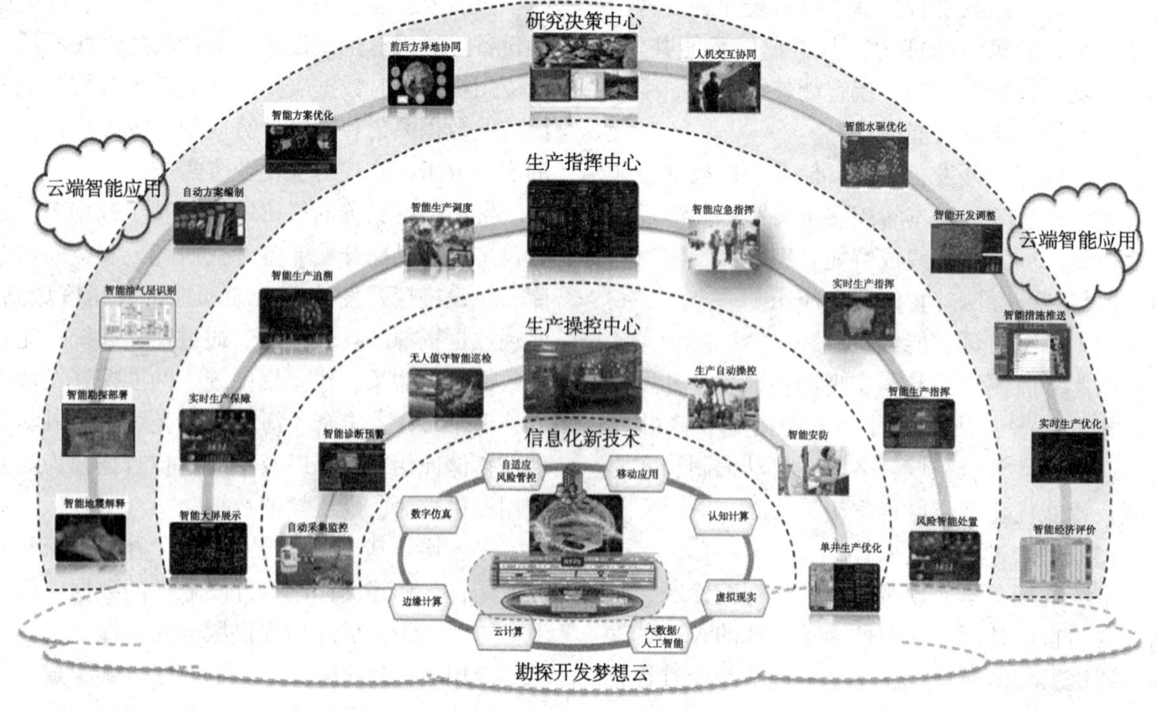

图 3　智能油气田愿景图

6　结束语

国际石油公司为取得竞争优势，将智能油气田建设做为争夺的新高地。各大石油公司高度重视智能化在油气勘探开发中的应用，并取得了一些阶段性研究成果和实际应用成果。从个别场景的碎片化应用，向平台化融合演进，并将向体系化创新发展。

中国石油将大力推进数字化、可视化、自动化、智能化发展。通过数字油气田建设转变生产方式，加速油气生产物联网建设、推进地质研究与工程设计的智能化应用、加强生产过程的智能优化与操作，为增储上产和提质增效提供技术支撑，增强企业的核心竞争力，构建综合型共享信息服务体系，到十四五末初步建成智能油气田。

参　考　文　献

[1] 杜金虎，杨剑锋，张仲宏等. 中国石油勘探开发梦想云研究与应用［M］石油工业出版社 2020.

中大型无人机在管网安全领域的智能化应用

于贺伋

（中国航天空气动力技术研究院）

摘　要　截至 2019 年底，我国建成油气管网总里程已经超过 10 万公里，而且管道总里程呈持续增长的趋势，加强管道安全巡护与管理的需求更为迫切。当前，小型无人机生产商已经与管网管理企业开展合作，将小型无人机应用在管网安全的巡检工作中。但是小型无人机受制于搭载能力、航时、环境适应性等因素仍然在一些情况下难以满足用户需求。近年来中大型无人机在民航局开放低空空域使用许可的大环境下已经开始应用到一些民用项目中。本文在分析小型无人机使用情况和中大型无人机在现有民用领域应用现状的前提下讨论中大型无人机在管网安全领域的智能化应用扩展和优势。

关键词　无人机；油气管道；智能巡线；图像识别；地质测绘

我国油气管网包括原油管道、成品油管道和天然气管道。油气管网具有地理区域跨度大、安全事故多发等特点。截至 2019 年底，全国建成油气管网总里程已经超过 10 万公里，而且管道总里程呈持续增长的趋势。加强管道安全巡护与管理的需求更为迫切，这也是油气管网管理企业目前面临的第一要务。

在当前国家要求减员增效的前提下，无人机能替代人工，开展高危作业活动及高重复性的作业项目，在降低作业风险、提高工作质量及效率上表现卓越。

目前，小型无人机已经广泛的应用在油气管网的巡检作业上，在提升了巡检作业的效率的同时，也暴露了一些使用上的不足，本文将在阐述小型无人机巡检作业的优劣势基础上，分析中大型无人机在油气管网安全领域的新应用和新增长。

1　传统人力巡检概述

目前油气管网尤其是成品油管网，面对的主要安全风险有管道周边违规建筑、违法开挖、山体滑坡、树木倒伏等情况，这些管网安全事故中，由第三方人为因素导致的事故占比高达 70%。

这种情况决定了油气管网的安全取决于对油气管网周边人员活动控制和对地质环境的监测。传统的巡检方式是通过雇佣专门的巡检作业人员，沿管网部署位置进行观测，这种方式同步检验的范围较小，很难形成有效的监控作用，同时对周边环境的观测效果取决于作业人员的作业经验。

总的来说，这种方式对油气管网的安全保障能力较差，在油气管网规模化的当下，无法形成有效的管控能力。

2　小型无人机在油气管网领域应用现状

小型无人机市场的头部企业主要有大疆、极飞、亿航等，在前几年消费级无人机的热潮下，小型无人机已经广泛的应用在了油气管网、输电线缆、通讯基站的巡检作业中，用以替代传统人力巡线。小型无人机空机重量从 3 公斤到 30 公斤不等，带载能力从 0.5kg 到 15kg，通过搭载小型可见光/红外摄影载荷对作业区域进行拍摄观测，部分无人机系统在地面观测系统中安装了图像识别软件，可以对一些简单的人、车进行特征目标检测和跟踪。

3　中大型无人机行业分析

中大型无人机主要是指翼展在 15 米到 30 米，起飞重量在 1000kg 左右，可携带有效载荷在 300kg 至 600kg 左右的固定翼无人机。中大型无人机的续航时间在 20 小时左右，可以做到全天候执行任务。

目前国内民用市场上已经投入应用的主要有彩虹系列无人机、翼龙系列无人机、双尾蝎无人机等几款产品。

以彩虹系列无人机为例，彩虹系列无人机由航天科技集团旗下彩虹无人机科技有限公司研发，承担过多国军贸项目。在国内民用领域，彩虹无人机已经广泛应用在森林防火、油气管线巡查、应急测绘、地质探测等领域，并且自然资源部、应急管理部等多部委已经组织完成了彩虹无人机的采购工作。

4 中大型无人机在国内其他民用领域的智能化应用

4.1 应急测绘

中大型无人机通过搭载高分辨率测绘相机和Mini SAR，实现对地理信息的高分辨率图像测绘。无人机应急测绘与传统卫星摄影测绘不同，传统的卫星摄影测绘受限于卫星的轨道运行方式，只能在回转运行周期以条带的方式对地面图像进行更新。这种运行方式决定了卫星摄影图像更新速度慢，对特定区域图像无法做到及时的一次性完整更新。无人机应急测绘能够在任意时间点对关注区域进行厘米级的地理图像测绘，并实时完成图像矫正和拼接，第一时间获取地理测绘图像。

4.2 森林防火

中大型无人机搭载高清可见光/红外摄像载荷和灭火弹，可以在日常飞行巡查中通过高清红外摄像载荷快速发现高温区域，从而实现对小型起火点的精准识别。同时搭载灭火弹，可以在观测火情范围的同时快速处理小型起火点。

4.3 海洋海事

海洋海事领域的无人机观测应用主要聚焦在船舶状态管理和海面污染情况观测两个方面。

无人机通过搭载AIS系统和对海雷达对港口海域船舶状态进行观测和指挥。

无人机搭载多光谱相机可以对海面污染进行污染面积观测和污染程度测量。

4.4 航磁物探

无人机可以通过搭载航磁探头的方式对地底磁场环境进行测量，通过磁场环境变化可以判断周边地质环境是否发生变化，提前判断地底环境的变化情况。

4.5 应急通信

中大型无人机通过搭载通讯中继模块，可以对巡飞区域提供通讯和互联网中继服务，可以在山区、险区发生应急情况时快速提供通信中继的覆盖，提供数十人同时通话或视频的通讯中继服务。

5 中大型无人机在油气管网领域的智能化应用展望

5.1 广域高分图像识别

中大型无人机通过搭载高清光电摄影载荷，能够对油气管网所在区域进行巡查，单帧图像覆盖区域可达长10km宽5km的广域观测，清晰度达到1080P，识别精度达到厘米级。图像可以实时通过链路回传到地面控制站。

这种大面积高精度的实时摄影能力可以对油气管网和周边地理环境进行同步观测，提高了巡检监测图像的信息量和有效性，可以更有效的监测到人为破坏情况的发生。

同时中大型无人机由于其优秀的挂载能力，可以搭载大功率的智能计算平台，在机上对摄影载荷的图像进行实时解析，实现对典型目标的快速识别以及对地理场景的识别。摄影载荷拍摄的图像在传送到地面控制站的过程中，因为图像压缩和传输误码率等原因，图像质量会降低或损失，一些图像中的小型目标会变形或丢失。这种情况下如果在地面控制站对回传的图像进行图像识别，会产生大量的误识别或因为丢帧产生的跟踪中断，但是将智能计算平台搭载在无人机上，可以对载荷拍摄的原图进行实时处理，因此这种方式得到的识别结果准确率更高，得到的信息更有效。

同时搭载智能计算平台可以对新拍摄图像和已有同定位的历史图像进行像素比对，标注出图像间的区别位置，实现对违法搭建、违法开挖、地质变化、树木倒伏等地表差异的发现和识别。

5.2 管网区域周期测绘

中大型无人机通过搭载高清测绘相机，可以对油气管网所在地区进行高清地理测绘图像的制作，通过测绘地图，可以精确的掌握油气管网和周边区域的地理信息情况，实现对管线区域的数字化处理，形成油气管网数字化地图，作为后续所有对于油气管网图像处理的基础图像底板。

5.3 管网区域的智能通讯中继

中大型无人机通过搭载通讯中继模块，可以实现对管网覆盖区域的移动通信进行中继。在这种应用下，油气管网可以在一些特殊位置部署电子信标，通过无人机的通讯中继系统向指挥中心回传状态信息，这种应用方式可以在一些地理环境特殊的区域取代光纤来实现对油气管线运行状态的监控，省去了部署人员对光纤进行维护的负担。

6 中大型无人机在油气管网领域应用的优劣势

6.1 飞行覆盖范围广

中大型无人机的飞行高度通常为3000m至5000m，单次飞行时间可达24小时无论是巡航高度和巡航时间上都远远高于小型无人机，中大型无人机搭载的摄影载荷所拍摄图像的视场覆盖面积也更大，这代表着更高效的信息获取速度，从而提升了作业效率和作业的经济性。

6.2 环境适应性更强

中大型无人机和小型无人机相比，对于环境条件的要求较低。小型无人机往往无法在气象条件不稳定的条件下正常作业，而中大型无人机对作业环境的要求低，可以在一些特殊气象条件下作业。中大型无人机通过程序控制起降并且搭载红外摄影载荷，可以在夜间正常起降和执行巡查作业。更强的环境适应性意味着更大的作业窗口，满足用户在特殊气象环境下的作业任务要求。

6.3 适航空域范围更大

对于小型无人机，民航局有明确的规定禁飞区域和飞行申请条件，这导致了如果作业区域和禁飞区域有部分重叠，则无法正常开展作业任务，并且在一些限飞区域，小型无人机的飞行高度收到限制，从而限制了小型无人机的作业范围。

中大型无人机在通过了民航局的适航认定后，可以在与有人机的融合空域正常开展飞行作业，能够作业的空域范围更广，对于作业区域的选择更灵活。

6.4 设备鲁棒性更好

中大型无人机搭载多套导航和链路通信设备互相热备份，可以在单一设备故障的情况下继续正常作业，不容易出现飞行事故或因为设备故障导致作业中断的情况。并且中大型无人机的设计初衷是提供给军方或国外军方用户使用，设计鉴定要求较高，配套设备的质量要求也符合军工标准，远远高于民用设备的质量标准。

6.5 可以和其他行业协同使用

在民航局开放无人机适航审定和低空空域审批的大环境下，自然资源部、应急管理部等大部委下属的林草局、地调局、测绘院都已经开始采购或者租用中大型无人机来执行相应的作业服务。以测绘院为例，多个省份已经采购彩虹4无人机并且部署在当地机场来执行应急测绘作业任务。预计在不久的将来各个行业对中大型无人机的应用将形成聚集效应，每个省市的无人机部署基地将形成专门运营的无人机通航公司，对于不同领域的无人机应用将统筹进行资源管理和任务分配，降低无人机使用的成本提高作业效益。

同时，民航局鼓励各地政府开展无人机通航试验区的建立，各地政府积极响应，建设了大量适合中大型无人机起降作业的通航机场，解决了中大型无人机部署的问题

7 结语

中大型无人机作为已经经受过国内外检验的成熟无人飞行器产品类型，在解决了适航和空域以及部署机场的问题后，在用户使用上已经没有障碍，可以随时提供飞行服务。

中大型无人机相比小型无人机，对于补强油气管网的智能化管控能力有着明显的提升。相信在不远的将来，中大型无人机将在各个行业领域承担更多的中低空飞行任务，形成产业聚集优势，将中低空智能监控作业形成一种常态化业务。

井组计量间翻斗计量系统研发应用与推广研究

徐传鹏　商海航　孙凤博　代宇航

（中国石油吉林油田公司通信公司技术研发部）

摘　要　油井产量的计量是油田生产管理中的一项重要内容，传统翻斗计量操作流程主要存在的缺陷有：1. 井组人员操作时需同时兼顾电子计数器与倒循环的操作；2. 采油队队部无法看到现场翻斗计数实时情况；3. 计产结果时需要人来计算，工作量繁杂且效率低；4. 井组操作人员自己进行翻斗计数，易出现资料作假的情况；5. 某些采油厂计量间已安装相应的多路阀组可自动选井计产，但计量数据需要配套的翻斗计量和计产系统进行自动处理，才可实现井组的无人值守。

关键词　翻斗计量；FI 信号；RTU 组态软件；数据采集

1　前言

项目从实际情况出发，设计一种基于 RTU 硬件开发、组态软件开发、边缘计算等技术的翻斗计量系统，实现通过上位机下发指令，下位机执行内部程序进行 FI 信号的采集并保存数据，并经 4G 移动网络将数据传至监管指挥中心，并按照采油生产数据计算生成报表、分析曲线。该项目不仅能够降低人力成本，实现井组少人化、无人化，而且能够达到翻斗计量现场可视化、计产高效化的目的。

2　研究内容

2.1　研究技术路线

设计一种基于下位机 RTU 硬件开发、组态开发、边缘计算等技术的翻斗计量系统，实现通过上位机下发指令，下位机执行内部程序进行 FI 信号的采集并保存数据，并经 4G 移动网络将数据传至监管指挥中心，并按照采油生产数据计算生成报表、分析曲线。降低人力成本，实现井组少人化、无人化，而且能够达到翻斗计量现场可视化、计产高效化的目的。

2.2　具体研究目标

设计一种基于下位机 RTU 硬件开发、组态开发、边缘计算等技术的翻斗计量系统，实现通过上位机下发指令，下位机执行内部程序进行 FI 信号的采集并保存数据，并经 4G 移动网络将数据传至监管指挥中心，并按照采油生产数据计算生成报表、分析曲线。

具体目标包括：

重点数据采集

（1）翻斗计量数的采集，实现翻斗计量数的采集和远传。

核心硬件功能

（1）接收上位机指令开始动作的功能；

（2）时间模式选择功能；

（3）远程重置功能；

（4）计数功能；

（5）定时器计时功能。

核心软件功能：

（1）组态界面的展示；

（2）报表的生成；

（3）分井计产自动计算。

使计量间翻斗计量的自动化、操作简化、现场状态后台可视化。通过与生产资料的结合，可自动生成报表、分析曲线，大幅度提高劳动生产率和管理水平，为掌握油藏状况、制定合理有效的生产方案提供有力的依据。

2.3　研究关键技术

（1）智能 485 仪表采集技术；

（2）RTU 数模转换技术；

（3）无线方式通过 VPDN 通道接入至云中心；

（4）前线和后线 C/S 两级展示与控制，C/S 和 B/S 双平台展示；

（5）边缘计算及软测量技术；

（6）C 语言硬件编程技术。

3　硬件开发

3.1　RTU

1. 此款产品以计量间 RTU 为核心，对数字仪表进行数据采集管理，通过移动流量或 4G LTE 为传输通道，在第一时间将采集数据上传到服务器上。同时，通过采集软件中的数据计算，将接收数据转换为十进制的真实值。

2. 与现有物联网信息平台兼容，符合中国石油 A11 项目规范要求，服务器上位机程序能够采集并查看 RTU 采集数据状态，从而判断计量间各个环生产是否正常。

3. 能够通过 B/S 展示程序进行历史查看，及与 RTU 进行硬件交互，方便管理人员使用。

4. RTU 应具有高性能、低功耗的特性，结合 24 路 AI 输入，8 路 DI 输入及 32 个通用工作寄存器，1 个 RS485 接口，1 个 RJ45 接口，来实现数据可靠稳定采集，同时，需运行在 DC 24V 之下。

3.2　硬件设计及开发目标

使用 KEIL 开发软件，用 C 语言对 RTU 进行硬件环境开发，可以使 RTU 远程接收上位机指令后进行控制自动计时、自动计数、远程重置、自动复位等功能，计量完毕将计数值写入 RTU 保持寄存器，即使在断电、断网后也可以准确读取现场计量结果。见 2.1.3.2 图 1。

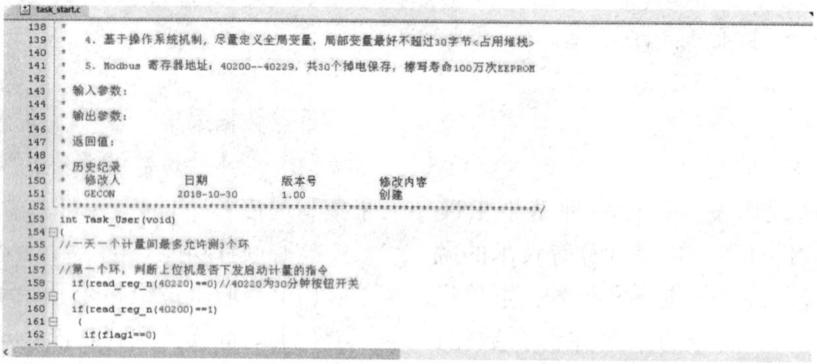

```
task_start.c
 *
 *   4. 基于操作系统机制，尽量定义全局变量，局部变量最好不超过30字节<占用堆栈>
 *
 *   5. Modbus 寄存器地址：40200--40229，共30个掉电保存，擦写寿命100万次EEPROM
 *
 * 输入参数：
 *
 * 输出参数：
 *
 * 返回值：
 *
 * 历史纪录
 *   修改人          日期          版本号          修改内容
 *   GECON           2018-10-30    1.00            创建
 *****************************************************************************/
int Task_User(void)
{
//一天一个计量间最多允许测3个环

//第一个环，判断上位机是否下发启动计量的指令
  if(read_reg_n(40220)==0)//40220为30分钟按钮开关
  {
  if(read_reg_n(40200)==1)
   {
    if(flag1==0)
```

图 1　使用 KEIL 进行 C 语言硬件开发

4　软件开发

4.1　需求分析

经过前期与用户反复沟通，对软件系统的需求分析如下：

1. 能够通过力控组态软件将计量间数据通过图形展示。

2. 能够实时监测数据。

3. 能够分配用户角色权限。

4.2　开发工具

监控组态软件在计算机测控系统中发挥着极其重要的作用，是一种在工业控制中通用的标准化开发软件。它只需要对一些标准的功能模块进行组合，并配合简单的编程，就可以设计出可靠专业且通用的人机界面，从而实现对工业现场的监控。因此对于油田生产这样一个复杂的工业环境，使用组态软件是出于经济性、兼容性、可靠性、方便性等综合因素考虑之后选择的。组态 eForceConV2.1 是一个已在国内有较强影响力的组态软件。该软件具有中文界面，方便开发使用，是一个完全意义上的工业级软件，运用 COM 组新技术，实现了现场多个实时任务同时监控。该软件使用起来方便，并且运行时比较稳定，可靠性高。同时该软件所实现的功能也是十分的强大：

1. 可视化操作界面，真彩图形显示模拟现场；

2. 变量导入导出功能；

3. 向导式报表功能，从而快速建立报表；

4. 分布式报警、处理能力并且支持现场实时、历史数据的分布式保存；

5. 具有强大的脚本语言处理能力，从而轻松的实现实际生产中复杂的逻辑操作与决策处理；

6. 全新的 Webserver 架构，支持组态画面、现场数据发布

4.3　软件架构

1. 后台服务器采集 CS 软件，通过 DTU 指向指定服务器，将远端数据采集到服务器，并将数据进行分析计算，最终将数据插入到 oracle 数据库中，每半个小时采集一次数据。

2. 建立 B/S 软件，用于展示。

4.4　功能应用

1. 常见的组态方式

生产中，组态软件常用于现场数据的显示、

存储与分析，现场画面组态，并根据监控对超限设备实现报警等这些方面，见图2。

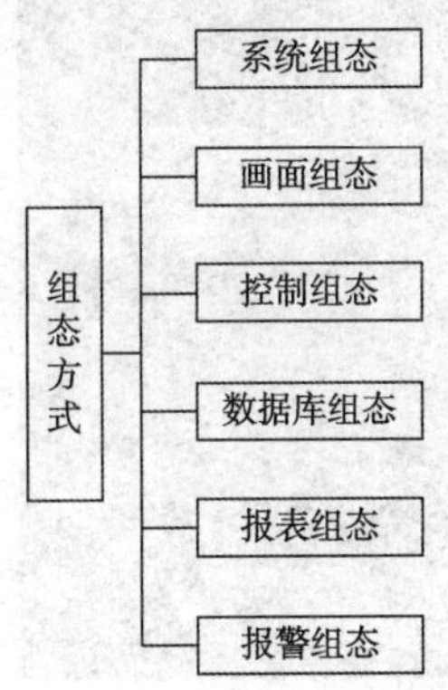

图2　常见组态方式

2. 系统的组态过程

生产现场的 I/O 设备采集现场数据后，通过组态软件的 I/O 设备传给上位机。组态王在对数据进行处理加工后，在组态界面直观的显示出来，方便技术人员查看处理。同时组态软件可以根据技术人员的要求与指令把控制数据传送给 I/O 设备，从而实现对执行对机构的控制，见图3。

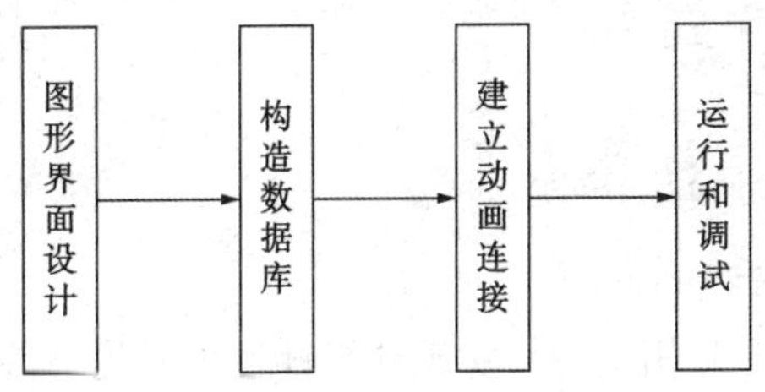

图3　系统组态流程

3. 远距离无线通信连接

对 DTU 进行设置。设置要连接的中心 IP 以及端口；RTU 通过 RS-232 或 RS-485 实现与 DTU 连接；连接成功后，便可实现双向传输数据。终端流量传感器采集来的现场数据通过串口传送给无线模块串口，无线模块检测到串口的数据后将这些数据发送给组态软件。

4. 上位机下发指令

系统可以远程对 RTU 开始计量的指令、重置指令。

5. 下位机 RTU 自动执行程序

RTU 接收上位机下发的指令后，自动选择采集模式和进行计量动作，

既实现了人机交互，又避免了人为因素对设备工作情况的影响。

6. 系统调试与运行

并通过 ModScan32 软件对寄存器地址数据进行有效读取。

7. 数据监控界面

下位机采集的现场数据通过该界面直观的反映出来，可以保证工作人员随时观测现场实时状况，便于及时做出相应操作。

翻斗计量模块在软件上融入计量间物联网 2.1 平台队级拓扑图，作为常规化远程监测界面，见图4。

翻斗计量页面：充分还原计量间的真实样貌，以写实的方式画管线走向、阀门位置，仪表采集点，一方面提高操作人员操盘效率率，另一方面为以为前台界面的集成化打下基础，见图5。

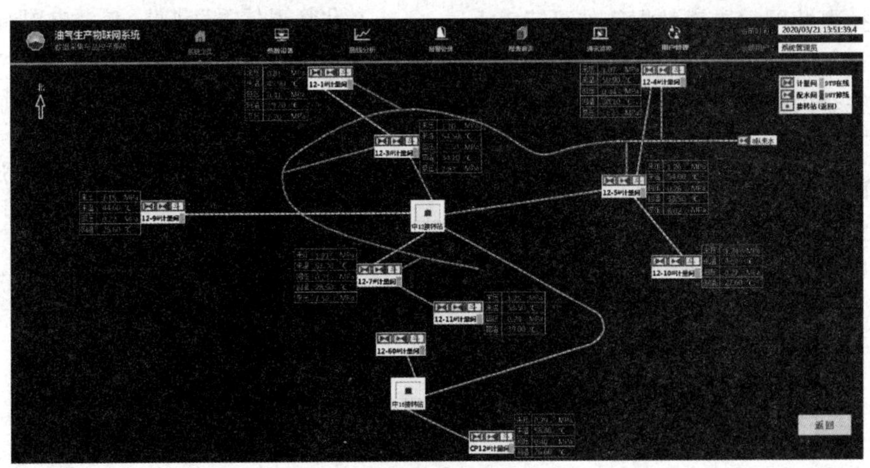

图4　计量间拓扑图

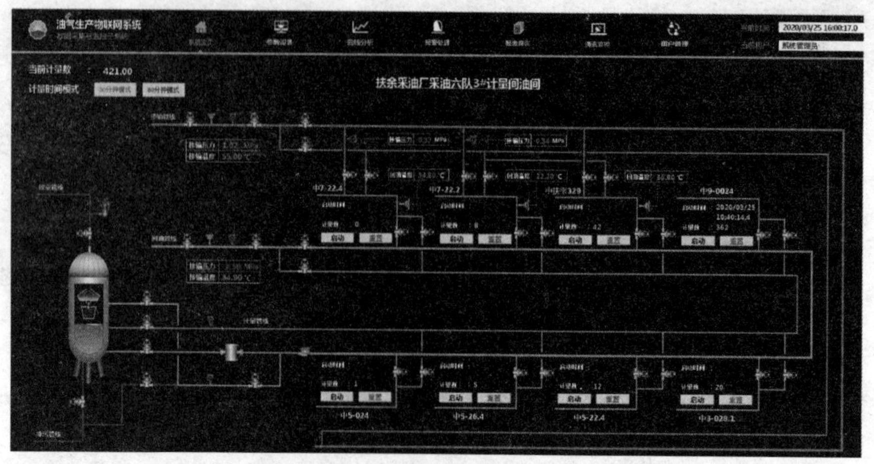

图 5　翻斗图形组态界面

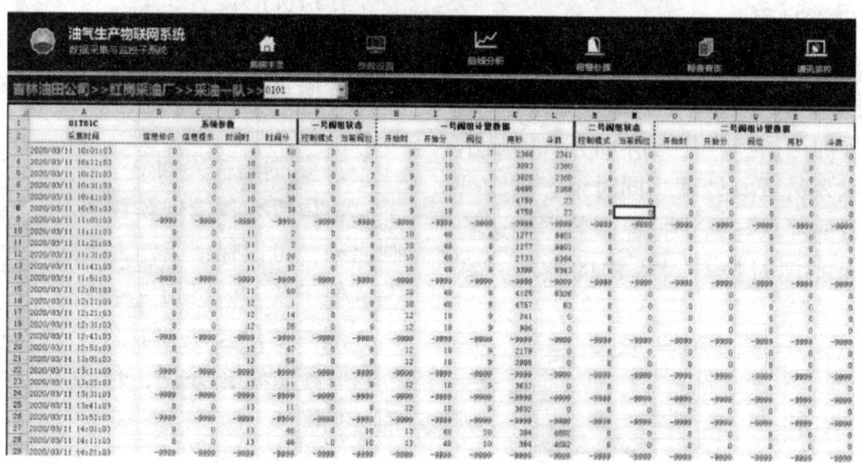

图 6　系统与多通阀计产相结合的界面展示

5　创新与突破

打破传统翻斗计量人为操作的模式，现场人员倒流程和计数分离操作，一定程度上可以避免一手地质资料造假；计量数据本地采集并保存，上位机读取，掉电掉网重连后数据依然可读；上位机只对下位机下发指令和读取下位机数据，采集模式和动作完全由下位机按照逻辑自动判断和执行，既实现了人机交互，又避免了人为因素对设备工作情况的影响；运用组态软件进行上位机开发，同时做到现场流程展示、人机交互界面展示、井组计产资料展示三大功能；可以与多通阀自动选井相结合，实现井组计量少人化、甚至无人化。

参　考　文　献

[1] 卢怀宝，管尊友 . 基于油气生产物联网的“油田智能化管理体系”建设[J]. 中国石油企业，2019(03)：51-57+4.

[2] 王心玉 . RTU 远程控制终端在油田中的应用[J]. 应用能源技术，2018(08)：49-51.

[3] 郑海涛，俞家善，陶媛，张富新，张岩峰 . 物联网(A11)关键技术在油田生产中的应用研究[J]. 中国设备工程，2019(10)：224-225.

浅谈油气田生产大数据分析应用之数据清洗算法研究与应用

颜 元 余义常

（中国石油国际勘探开发有限公司）

摘 要 数据清洗工作无论是对大数据分析亦或是常规数据分析来说，在样本数据质量存在瑕疵时都是必不可少的环节，将对分析结论的正确与否产生较大影响。随着大数据、人工智能技术在油气田勘探开发认知计算平台建设与应用的深入开展，油气田开发工程技术人员面临的一个重要的问题就是如何对油气田不同开发层系中的海量油气井历史产量数据采用行之有效的方法进行清洗处理，本文在分析影响油气井产量数据质量问题产生原因的基础上，针对油气井生产数据月报存在的数据重复、错误、丢失等质量问题。结合油气井措施数据库，研究产量相关数据可能存在质量问题的识别规则与清洗算法，提出适用于油气井产量高效的数据清洗算法。通过应用研究的数据清洗方法对某油田A油层投产至今的油气井产量月报数据进行验证。结果表明，该清洗方法对三类问题数据的识别准确率在95%以上，在此基础上通过匹配前期人工校准工作编写的处理算法进行处理，能够正确有效地修复问题记录，极大提高了用于油气田开发方案分析调整的油气井产量数据样本质量。为开展大数据分析与人工智能技术在油气田勘探开发认知计算方面的应用奠定扎实的基础。

关键词 油气井 产量数据 大数据分析 油井月报 数据质量 数据清洗算法 清洗规则

1 概述

反映油藏真实开采动用情况的油气井生产资料是开展油气藏生产动态分析得出正确结论、指导下一步油藏开发调整工作的基础保障。油气井生产数据月报是当前石油勘探开发科研院所开展研究常用的基础生产资料，也是油田生产现场便于汇总收集的资料格式，比较适合将现场实际生产情况传递至研究院所。虽然油井生产月报的数据量大幅低于日报，但伴随着具有一定规模的油藏的持续开发，在油田开发数据模型中，仅油气生产部分数据在汇总后即达到中型至大型数据库规模[1]。从机械化计量方法人工采集到自动化生产数据采集物联网方法采集，早期人工录入工作中往往会存在错录、漏录的欠缺；随着生产数据采集自动化程度的提高，人为误差被有效控制，但由于电子仪器偶发的失控工况以及数据通讯传输线路故障、户外环境因素的干扰等，电子采集得到的数据也会包含一定准确性偏差。存在问题的油田生产数据将会对后期的生产动态分析产生误导，进而降低开发调整方案的合理性。以某油田A层投产至今油井产量原始数据为例，该数据资料中，1995年时间节点之前存在部分数据缺失问题、2009年~2011年时间段存在部分数据重复问题，在进行进一步油气藏生产动态分析过程中，需要投入大量人力和时间手动填写缺失数据，人工筛除重复记录。并且人工修改的数据可能存在经验判断错误，手动更新记录不能很好反映真实生产历史。因此在收集生产数据之后，有必要对其进行正确的数据清洗操作[2-5]。国内外研究人员针对大数据预处理清洗方法开展了广泛研究：

曹林[6]对缺失值插补方法开展了广泛的研究与应用分析，结合聚类分析的方法，以多重样本之间的关联度为依据，基于统计学原理设计了从选择变量到回归分析补差的算法流程。

陈孟婕[7]综合国内外数据质量研究新方法，对数据存储的异常记录检测与重复记录检测方法开展研究分析，并引入分析项目数据特征的方法，用于制定符合业务需求的数据清洗策略，在独立的数据清洗算法研究基础上提出业务逻辑层缺陷数据的识别处理流程。

应臻奕[8]针对数据资料的缺失问题，基于迭代选举聚类中心的算法基础，起点时刻公平处理每组数据点，消除初始设定的干预；针对特定数据源搭建预处理数据模块。

上述文献主要利用通用的、无需先验知识的学习方法对于广泛类型的数据质量问题进行了研究。自上世纪各油田开发起始至今，累积获得的数据可能同时存在各种质量问题，急需一套完整的清洗规则对油气井生产数据进行质量管理。在油气藏勘探开发数据库建设的研究中，张伟[9]基于数据管理理论研究了油藏数据管理的新模式，模型覆盖油田多源数据，实现对于地质背景数据、测井解释数据的综合管理，并搭建了油田地层数据的三维可视化平台。

孙少波[10]在研究油气田企业数据建设方法中引入数据治理的方法，设计相关软件系统实现未结构化的历史数据整理入库、钻井数据等各个专项数据的规范治理，整套方案无需使用人员二次编程，即可整合数据治理所需的工作流，并完善了业务流可视化建模。

陈彤[11]在研究海量石油数据特征性之后，提出了一种基于 Hadoop 分布式集群平台的数据清洗方法，功能包含相似重复记录清洗、异常值关联规则清洗、缺失值聚类填充清洗，结合石油领域专业关联知识库识别与处理问题数据，经过实际运用中相比传统方法，新方法在执行效率与清洗准确率均有大幅提升。

本文在以上研究成果的基础上，结合采用通用性原则与方法，通过不断修正经验值，研究与提出了适合某油田油井产量月报数据的数据清洗方法定义、规则与程序算法，并通过实际生产数据的实例测试验证了清洗规则的有效性。以此为广大油气藏生产动态分析人员有效开展大数据分析，进行数据预处理技术应用提供经验借鉴。

2　油井产量数据清洗定义

根据影响油井产量月报数据质量的来源来看，数据清洗将面对两种典型数据质量问题，一是油井措施造成的数据质量问题，二是异常数据质量问题。

油井措施造成的数据质量问题包括机械堵水、井下工具修井、酸化、酸压、自喷井转人工举升等，相关措施会造成产量数据存在一段时间的断点，并存在导致后续产量数值大幅增加的可能性。从反映油井真实生产情况的角度考虑，本类来源的数据质量，如果可以平行对照单井措施库明确记录的措施项目，采取原始数据保留的办法，不做处理。

异常数据质量问题主要包括数据重复、错误、丢失等，它是在数据采集过程中由偶发的人为因素、机器故障与环境干扰引起，因为这些质量问题发生在采集录入环节，所以直接造成油井生产数据无法有效反映真实生产情况。实际应用过程中一般易于人工识别和消除。已有大量未经处理的原始生产数据，直接用到下一步的历史拟合分析中，会引起后续更多的结论偏差。为获得更好的产量数据质量，定义油井产量数据清洗如下：

针对非已知油井措施引发的油井产量数据中的数据重复、错误、丢失问题，对产量数据进行删除重复值，修复错误值，推导计算缺失值的过程，称为油井产量数据清洗。

3　油井产量数据清洗步骤

完整的数据清洗过程包含数据属性分析、确定清洗规则、校验清洗方法、执行清洗程序和数据更新 5 个步骤。其中清洗规则是决定清洗方法正确性的关键点。

3.1　问题数据属性分析

问题数据属性分析如下：

（1）重复数据。对于单井产量月报而言，重复数据是记录时间点重复出现造成的产量记录重复；对于油田整体产量月报而言，重复数据主要是指同一段产量记录重复出现在同一口井的不同层位，或者是同一段产量在多口井的月报中重复记录，常见于分层合采井的产量月报。

（2）错误数据。由于历史记录转录进计算机数据系统的人工失误，这些数据不在期望的范围内且不满足已有的经验规律，比如没有进行措施的时间点突然发生月产量突变，随后恢复正常水平，有一定概率为错误数据。

（3）缺失数据。在没有任何措施记录、开关井报告的时间段，产油量、产水量、产气量数据存在异常空白记录段，即数据缺失现象。

3.2　产量数据清洗规则

在对油井产量数据设计清洗程序之前，首先设计算法对其中重复、错误、缺失情况进行识别。

数据错误多表现为单独存在，本文通过对数据源中的孤立点进行检测实现错误数据的定位。油井产量数据属于时间序列数据。在异常值检测算法中，小波变换是一种时间-频率分析方法，在时间和频率两个维度上都可以表示数据的局部特征，很适合检测隐藏在正常数据中的非正常现象，且异常值与无异常值的区别方法很容易，如果经过小波变换后出现模极大值的情况，则可以初步判定为异常值，再使用石油工程知识体系对初步判定的值进行检查。Numpy 是 Python 的一个科学计算库，提供了大量的数学函数库，可用于存储和快速处理数据，Numpy 在执行算术、统计和线性代数运算时采用优化算法。其具有大量优化的内置函数，用极少的代码可以快速处理复杂的数学计算。本部分采用 Python 提供的 Numpy 库实现，结合 Python 中常用的小波模块 Pywavelet，代码实现片段摘录如下：

```
import numpy as np
import matplotlib.pyplot as plt
import pywt
import pywt.data
ecg = pywt.data.ecg()
data1 = np.concatenate((np.arange(1, 400),
            np.arange(398, 600),
            np.arange(601, 1024)))
x = np.linspace(0.082, 2.128, num = 1024)[::-1]
data2 = np.sin(40 * np.log(x)) * np.sign((np.log(x)))
mode = pywt.Modes.smooth
def plot_signal_decomp(data, w, title):
    w = pywt.Wavelet(w)#选取小波函数
    a = data
    ca = []#近似分量
    cd = []#细节分量
    for i in range(5):
        (a, d)= pywt.dwt(a, w, mode)#进行5阶离散小波变换
        ca.append(a)
        cd.append(d)
    rec_a = []
    rec_d = []
    for i, coeff in enumerate(ca):
        coeff_list = [coeff, None] + [None] * i
        rec_a.append(pywt.waverec(coeff_list, w))#重构
    for i, coeff in enumerate(cd):
        coeff_list = [None, coeff] + [None] * i
        if i ==3:
            print(len(coeff))
            print(len(coeff_list))
        rec_d.append(pywt.waverec(coeff_list, w))
    fig = plt.figure()
    ax_main = fig.add_subplot(len(rec_a)+1, 1, 1)
    ax_main.set_title(title)
    ax_main.plot(data)
    ax_main.set_xlim(0, len(data)-1)
    for i, y in enumerate(rec_a):
        ax = fig.add_subplot(len(rec_a)+1, 2, 3+i * 2)
        ax.plot(y, 'r')
        ax.set_xlim(0, len(y)-1)
        ax.set_ylabel("A%d" %(i+1))
    for i, y in enumerate(rec_d):
        ax = fig.add_subplot(len(rec_d)+1, 2, 4+i * 2)
        ax.plot(y, 'g')
        ax.set_xlim(0, len(y)-1)
        ax.set_ylabel("D%d" %(i+1))
#plot_signal_decomp(data1, 'coif5'," DWT: Signal irregularity")
#plot_signal_decomp(data2, 'sym5',
# " DWT: Frequency and phase change - Symmlets5")
plot_signal_decomp(ecg, 'sym5'," DWT: Ecg sample-Symmlets5")
plt.show()
```

对于数据丢失、数据重复的判别可以采用将一段时间内得到的数据定义为某一时段数据，对数据的时段进行扫描和判断，如果某一时段内没有得到数据，而后续累计产量有增加，且措施库无对应记录，则认为该时段的数据丢失；若一个时段内得到多于一组的相同数据，且月产数据累加后超出实际累产记录总和，则认为该时段数据重复。

3.3 问题数据的清洗步骤

对油井月报原始数据的清洗，可分两大步进

行，即对原始数据按照上述清洗规则进行判别并根据对应算法进行修复，具体清洗步骤如图 1 所示。

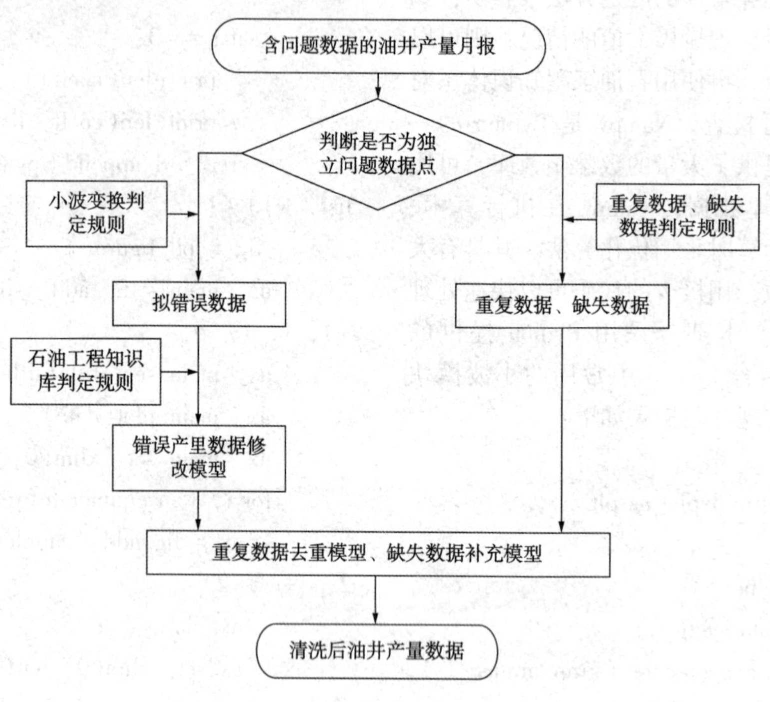

图 1　问题数据的清洗步骤

缺失数据值补充模型的实现引入 Ycimpute 库，该库为适用于 Python 编程的矩阵填充与特征填充算法库，本文选用其中 MICE 链式方程多元插值函数，结合 Python 的一种数据分析包 Pandas，代码实现片段摘录如下：

```
from ycimpute. imputer. mice import MICE
import pandas as pd
from first import em
def Mice( name, feature):
    data = pd. read_ csv( name, encoding=´gbk´)
    datafeature = data[ feature]. values
    mice = MICE( )
    competefeature =  mice. complete ( datafeature)
    return competefeature
competefeature = Mice ( ´E: \ \ \ \ data1. csv´, [´oil´, ´gas´, ´water´,
´date´, ´pressure´, ´ChkNum´, ´ChkUserNum´])
data = em. StartNumToText( competefeature)
data. to_ csv ( ´E: \ \ \ \ micefill. csv´, sep = ´, ´, header = True, index = False, encoding=´gbk´)
```

用于处理的数据通过 VBA 编程从原始月报 Excel 表格中提取并生成 CSV 文件，实现片段摘录如下：

```
Option Explicit
Sub ExportSelectionToCSV( )
Dim wks As Worksheet
Dim newWks As Worksheet
For Each wks In ActiveWindow. SelectedSheets
wks. Copy ´to a new workbook
Set newWks = ActiveSheet
With newWks
Application. DisplayAlerts =False
. Parent. SaveAs  Filename: = " E: \ \ " & Name, _
FileFormat: =xlCSV
Application. DisplayAlerts = True
. Parent. Close savechanges: =False
End With
Next wks
End Sub
```

4　油井产量数据清洗规则应用实例

本文重点验证清洗规则的有效性，以实现对问题数据的准确清洗处理，提高数据质量。

4.1 数据来源

数据的获取源为某油田自 1986 年存在有效记录至今的 A 层油井产量原始数据，采集时间为 1984 年 3 月至 2019 年 10 月，时间间隔为 1 月。其中 2010 年 1 月至 2019 年 10 月的产量数据已经过人工校准，取该段数据作为训练样本，1986 年 11 月至 2010 年 1 月数据作为检验样本。

4.2 实例验证与结果分析

根据如图 1 所示的清洗步骤，对检验样本数据进行清洗。上述问题数据的自动识别率如表 1 所示，选取 A 层某油井的产量数据清洗结果分析如下所示。

表 1 问题数据自动识别率

错误数据识别率(%)	缺失数据识别率(%)	重复数据识别率(%)
95.2	100.0	97.2

由表 1 所示，本文的清洗规则，可以很好地检测出原始数据中存在的问题数据。结合前期人工校准工作编写的处理算法，经过自动判断并筛选出的错误数据被改正、丢失数据被补齐、重复数据被去除，处理后的油井生产数据能够更加接近真实生产情况，由图 2 可见，原始数据中存在四处可能问题数据，第一处为 1984 年投产初期产量上升阶段存在一个极低点：程序横向对比同期井底压力值判断该处记录可能存在人为转录错误，通过回归算法修复输出。第二处为 1990 年至 1992 年存在数据缺失，程序模块结合两端记录值近似 0 产量，建议填充 0 值，判断为丢失记录的关井操作。第三处为 1998 年至 1999 年存在数据缺失，程序模块结合两端记录值并对比参考井底流压记录，采用 MICE 算法给出建议值输出。第四处发生两次产量增加情况，结合措施数据库判断规则对应到相应措施，分别为转间歇气举与排放井底积液。

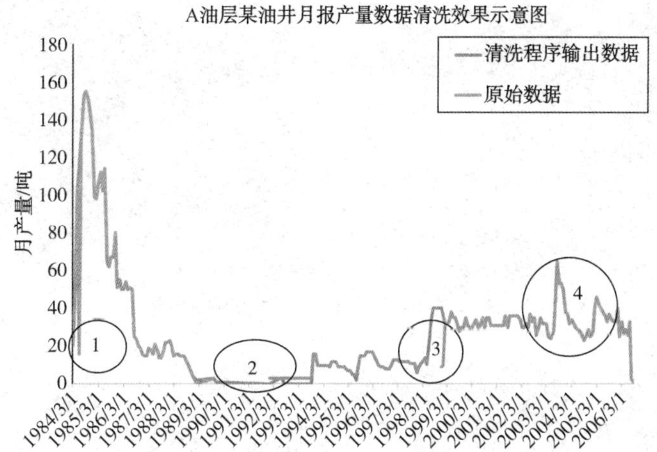

图 2 某油井月报产量数据清洗效果示意图

5 结论

本文提出了一种对于油井生产月度数据通用性的数据清洗方法步骤，能在数据预处理环节对油气井生产月报错误、缺失、重复数据进行有效识别，结合针对具体数据问题的处理算法，正确修复问题记录，从而大幅提高产量数据的准确性、提高数据质量。但客观的评价，不同的油藏区块或者同一油藏区块的不同历史时期，由于某些特定因素影响，历史数据的质量问题表现也将存在差异。本文提出的基于专业处理经验与人工判断分析而编写的问题数据清洗算法，势必会在存在一定条件限制与约束性。因此，对于非常规类型的油气藏产量数据，在开展大数据分析工作前，还需要进一步利用基于统计学习方法、机器学习方法的多种大数据预处理技术进行完善与提升，从而有效完成开展油气田动态大数据分析与人工智能应用所必须的数据清洗环节。通过去除样本数据噪点、提升样本数据质量，确保油气藏动态数据分析的真实有效性。

参 考 文 献

[1] 战蒙蒙．油田开发数据质量保障体系研究与实现[D]．东北石油大学，2016.

[2] 高志亮，石玉江，王娟，杨倬，姚卫华，高倩．数字油田在中国及其发展[J]．石油科技论坛，2015，34(03)：33-38.

[3] 郭睿．油田通信技术措施优化[J]．化学工程与装备，2019(03)：181-182.
[4] 杨华，石玉江，王娟，杨倬，姚卫华，邹永玲．油气藏研究与决策一体化信息平台的构建与应用[J]．中国石油勘探，2015，20(05)：1-8.
[5] 付金华，石玉江，王娟，陈芳，杨倬．长庆油田勘探开发服务型共享数据中心构建研究[J]．中国石油勘探，2017，22(06)：1-8.
[6] 曹林．基于统计学习的数据预处理缺失值清洗方法研究[D]．哈尔滨工程大学，2011.
[7] 陈孟婕．数据质量管理与数据清洗技术的研究与应用[D]．北京邮电大学，2013.
[8] 应臻奕．基于AP聚类的不完备数据处理方法的研究与实现[D]．北京邮电大学，2018.
[9] 张伟．基于油田多源数据分析的油藏管理研究[D]．长安大学，2013.
[10] 孙少波．油气田勘探开发生产中的数据治理方法与技术研究[D]．长安大学，2018.
[11] 陈彤．多源异构海量石油数据的数据清洗技术研究[D]．中国石油大学(华东)，2017.

数字孪生技术在工程钻具管控中的应用研究

韩雪银[1] 和鹏飞[1] 韦龙贵[1] 牟小军[1] 赵 帅[2] 卢中原[1]

(1. 中海油能源发展股份有限公司工程技术分公司 2. 中国科学院长春光学精密机械与物理研究所)

摘 要 随着国内油气勘探开发的大规模展开，油田开发作业量激增，尤其高温高压井、高含硫井等等，难度及风险越来越大，同时也带来了生产效率降低、事故率上升等问题，这其中钻具类事故及事件占比十分突出。物尽其用、降低风险是解决上述难题的重要途径，也是践行海油七年行动计划的核心保证，鉴于此，特提出工程钻具管控的数字孪生技术方案。本方案结合工程作业实际和现场需求，引入数字孪生技术概念，通过明确技术方案方向及技术关键点和融合点，形成技术方案主线，以期实现工程钻具的全生命周期管控及全局综合调配与管理，为国家能源保障事业添砖加瓦。

关键词 中国海油、钻具管理、全生命周期、全局调配、安全合理

随着国家能源保障策略的提出，国内各大石油公司积极响应，纷纷提出并实践七年行动计划，中海油也不例外。2019 年中海油产量达到 506.5 百万桶油当量，较之前有了显著提升，仅以渤海油田为例，年作业井数达到了 500 余口，为国家能源安全作出了积极贡献。但产量增加的同时，作业量及作业难度和风险也随之加大，如深井油田、火成岩油田等多种类型都已提上开发日程。这些油田普遍存在储层埋藏深、机械效率低下、恶性事故频发等问题，进而导致油田开发的建井周期长、经济效益低下。这其中钻具类相关问题是尤为突出，以 2019 年不完全统计数据为例，国内四海由于钻具、工具断裂等问题落井的事故达十余起，直接损失 7000 余万；此外，钻具刺漏、钻具调配紧张等情况时有发生[1-2]。针对上述情况，钻具准确评估、合理分配及使用、钻具应用预测及分析显得十分重要，因此，特提出工程钻具管控的数字孪生技术方案。

1 工程开发特点及钻具管控难点

中海油工程开发以海上油气田作业为主，国内作业集中在渤海、东海、南海西部和南海东部四个海域，钻完井工程开发分为探井、生产井、调整井等类型。以渤海为例，油田呈小而碎特点，分布有大小数十个油田群，进而形成了海油钻具管理的特点和难点：

(1) 多平台支持：需同时满足 30 余个平台的作业需求；

(2) 多环节支持：钻井完井作业流程不同，所涉及环节也不尽相同，如一开、二开、三开等等，对钻具的需求也不同；

(3) 多流程协作：对海上平台进行物料支持，牵扯到仓库、码头、交通工具(车/船)、作业现场等等，需多家协作；

经过工程作业人员多年的不懈努力，海油已经建立起一套钻具管理体系和流程，满足了之前的作业需求；但随着作业量日益充实，当前钻具管控的短板逐渐显现：

1) 无法及时完成多重管控要求：随作业的变化，钻具的管控要求也随之显著提升，如何应对越来越多的钻具需求，使不同钻具发挥其应有的效能，成为越来越迫切的问题；现阶段，已有工具的梳理、放置位置、工作状态、入井时间暂无直观且实时的显示，进而造成无法做到最优的工具调配；

2) 对钻具缺乏准确评估，存在安全隐患：随井深增加，越发挑战设备能力极限，井下风险激增；由于工具状态无法准确评估，对井下作业安全带来了巨大风险隐患，如高负荷高扭矩带来的钻具疲劳，震击后造成的钻具损伤，如图 1，不同井斜的钻具受力等等。此外目前新到平台钻具(经陆地检验)默认为新钻杆的方式，对其之前作业情况无考虑。

综上，现有管控体系存在一定局限，因此亟需完善改进。

2 钻具管控瓶颈分析

针对上述问题，进行分析，认为主要的瓶颈

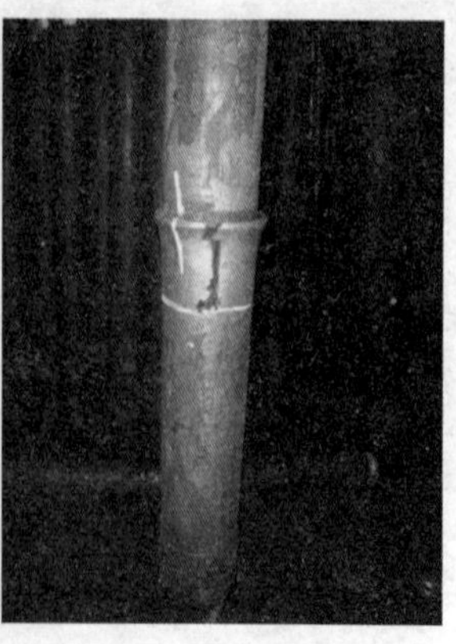

图 1 钻具断裂及刺漏照片

问题有如下几点：

（1）作业量大：以渤海的作业量为例，近几年有了大幅提升，如 2019 年的作业量超 500 口井，总进尺大幅增加；同时井深的增加，一二三开次变化次数增加，频率也有所提升，这都为钻具类供应带来了巨大压力。

（2）作业难度大：由于井眼的延伸和井斜的增大，设备负荷逐步增大，为保证环空返速及携砂转速等重要数值，钻井参数多采用推荐值上限，泵压时长用到 24.5MPa，扭矩常达到 40kN·m 以上（均为渤海常规设备的使用推荐值上限）。随着井深的增加，负荷继续增大，作业参数要求和现场设备能力之间的矛盾日益突出，作业环境恶化，井下风险激增。

（3）缺乏科学准确的评判：钻具记录无法有效及时的反应记录作业的经历和特点，如尽力过震级、无法做到钻具的全生命周期管控；目前新到平台且经过检验的钻具均新钻具进行考虑，则就缺乏全生命周期的概念，因此，随之作业量及作业负荷的激增，钻具类的问题及引起的事故激增，以渤中某井为例，新到平台钻具，在一星期之内出现两次钻具断裂事故。

（4）缺乏全局调配能力：对域内钻具缺乏统一的认识、分析和管理，亟需提升全局调配视野，如不同等级钻具适合不同作业内容，已做到物尽其用，同时避免问题的产生。

3 技术方案的构想方案

综上，问题集中在对钻具有直观、准确且实时的认识，属于信息化技术应用范畴，特别适合数字孪生的技术优势。该技术实现了现实物理系统向赛博空间数字化模型的反馈。带有闭环反馈的全生命周期跟踪，保证数字与物理世界的协调一致，可针对数字化模型进行的各类仿真、分析、数据积累、挖掘，甚至人工智能的应用，都能确保它与现实系统的适用性。针对工程作业特点，本人认为重点实现实时性、关联性和预测性，如图 2 的架构形式。

3.1 实时性

数字孪生通过实时客观的反映现实数据及状态，可取的真实物理量的实时上传，进而进行实时数据建模与数据虚拟呈现，数据通过（1）录井公司的实时录井数据，如岩性、进尺、钻速、扭矩等数据；（2）承钻单位的实时曲线；（3）运输场景及节点，以物料、工具为位置为目标，进行各流程节点配置信息收发，如：RFID、图形码等[3-7]；（4）进度流程管理，对各进度节点验收、报告等进行一站式扫描深化，直接提供给终端进行数据建模，如图 3。

通过上述手段及方式，完成现实物理世界与数字世界的同步，尽可能多方面多维度还原钻具情况，包括运输节点、使用节点、入井节点等等，完成工程钻具时间轴上的完整性。

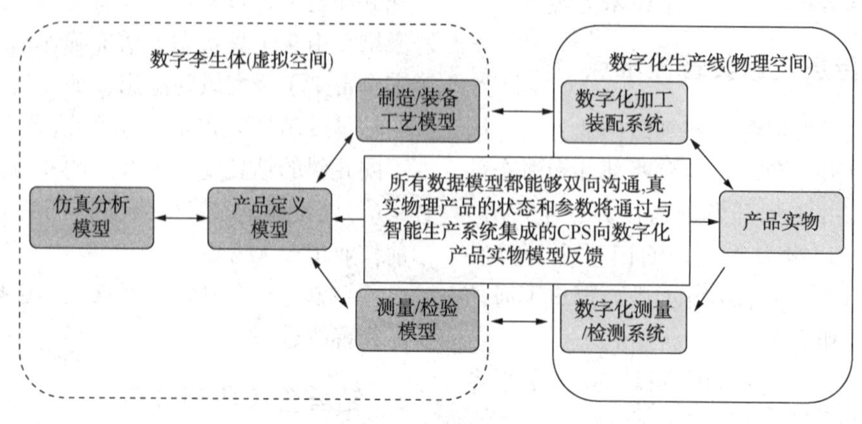

图 2 总体架构

图 3　通过数字孪生可实现的功能

3.2　关联性

能够模拟、监控、诊断、预测和控制产品物理实体在现实物理环境中的形成过程和状态，对作业情况有足够且准确的认识，如作业难度、主要受力点等等。以定向井为例，虽然都是入井工具，但在造斜段的工具受力明显大于非造斜点钻具，因此对实际情况的了解十分重要，因此提出关联性要求，能准确刻画井下应用情况及状态，并对其进行钻具全生命周期的跟踪。(1)作业井型，直井、定向井、大位移井、水平井等等；(2)作业难度，造斜点、造斜段、狗腿度、特殊工艺要求等等；(3)全生命周期井应用情况收集跟踪。

上述关联将极大完善和丰富井下工具的应用及受力状况，对井下情况进行尽可能客观真实的刻画，在此基础上，钻具的状态情况就可进行准确评估，清除之前钻具监控的盲区。

3.3　预测性

基于上述两点的前提下，完善数据并对数据进行深度挖掘和分析，利用工程专业工具及大数据手段，对数据不断反演、模拟预测及训练，最终做到对钻具性能的准确评估、对物资调配的合理分配、对潜在风险进行预判预警，以提高工具应用效果、降低作业风险。同时结合历史数据进行趋势分析，进而提供优化决策建议，便于专家系统进一步进行决策，从而降低风险、提高效率、有效组织。

预测性是数字孪生技术在工程钻具监管中的应用核心，通过数字世界的推演计算，完成对现实世界的模拟预测，以此提高钻具甚至工程作业的安全性和准确性。

4　应用展望及结论

以数字孪生为代表的数字化技术为原有模式注入了新的力量，它打破了信息壁垒，大幅降低环节阻力；尽管在引入工程钻具过程中将存在一定的技术瓶颈或管理瓶颈，但我们坚信在石油技术工作者的努力下，不日将突破瓶颈，迎来数字孪生技术在工程钻具管控中的广阔未来。

(1) 科学评估体系的建立：钻具性能准确评估，对钻具类物料物尽其用，发挥应有效果；

(2) 安全预测机制的形成：对于潜在风险进行预判预警，提高井下作业安全；

(3) 全生命周期质控的完善：每环节、每场景，消除质控盲区；

(4) 降本增效的新尝试：对钻具物资的合理调配，降低不必要支出和积压，提高资金周转率。

参　考　文　献

[1] 李凡，王晓鹏，张海，等. 渤海 D 油田 WHPA 平台大位移水平井钻修机钻井作业实践[J]. 中国海上油气，2012(02)：54-57.

[2] 李凡，和鹏飞，刘鹏飞，等. 渤海油田 N23H 井测卡点和爆炸松扣关键技术[J]. 石油工业技术监督，2014，30(9)：20-25.

[3] 徐建强. EPC 电子标签在井下钻具管理系统中的应用[D]. 2006：26-45.

[4] 阎海玲，方明，YANHai-ling，et al. 基于 ERP 的面向对象钻井企业钻具管理信息系统研究[J]. 兰州工业学院学报，2009，16(1)：9-11.

[5] 王欣. 基于 SAW-RFID 的石油钻具全程动态信息管理系统[J]. 工业仪表与自动化装置，2014(02)：12-16.

[6] 李飞. 石油钻具管理系统及其应用研究[D]. 中国石油大学(北京)，2009：12-23.

[7] 王运美，李琛，马建民. 基于 RFID 技术开发的油田钻具数字化管理系统[J]. 钻采工艺，2008(01)：12+106-108+146.

基于 ERP 构建延长石油数字化核心

白晓东[1]　党　磊[1]　成武斌[2]　孟西凤[2]

(1. 陕西延长石油物资集团有限责任公司；2. 北京中油瑞飞信息技术有限责任公司)

摘　要　全球经济从传统经济向数字经济转型的过渡时期，企业核心竞争能力从过去传统的“经营能力”变成了“经营能力+数字化能力+服务能力”。延长石油 ERP(物资)系统运维中心通过研究国内外能源行业信息化建设实践和信息技术发展趋势，总结集团公司 ERP 系统建设实践，对基于 ERP 进行数字化转型的方向和路线进行全面的思考和论证，希望为集团公司 ERP 系统的建设和应用指明方向，助力数字化转型升级。

关键词　ERP；数字化；经营管理；协同共享

1　能源行业发展趋势与延长石油现状

1.1　能源行业发展趋势

新技术驱动业务转型发展，在数字化、网络化、智能化变革的大潮下，物联网、云计算、大数据等信息技术进入大规模商用阶段，而信息技术与运营技术、制造技术的深度融合，不断催生出新的业态、新的模式，将对传统产业带来颠覆性影响。中国石油化工产业必须把握这一大势，推进与信息化的深度融合，通过理念创新、体制创新、技术创新、产品创新促进产业转型升级。重点要通过流程优化和协同运行，提高能源利用效率；通过信息化平台进行协作，实现上下游企业和跨产业的协同运营；用互联网思维重新审视企业价值链，围绕客户需求主动调整自身业务，与上下游建立合作共赢的协作关系，构建以客户为中心的行业生态圈，推进产业升级。另外，能源行结构性调整，迫使石油石化企业必须更加依靠技术创新，推动业务和管理的数字化和智能化转型升级，解决管理难题、克服技术约束、降低运营成本，打造新的竞争优势。

1.2　延长石油发展现状和面临的挑战

延长石油受产能扩张和需求低迷双重压力，在市场及政策两重力量主导下，产能整合及结构调整拉开了序幕，面临着诸多挑战。首先，宏观经济形势更加错综复杂，行业发展态势发生重大变化、国家政策调整步伐不断加快，延长石油面临的外部风险挑战明显上升。其次对照高质量发展要求，用新发展理念审视，延长石油面临的内外部形势相对负责，实现“做强做优”“高质量”目标任重道远。主要表现在运营质量效益不高、盈利能力不强，产业竞争力和抗风险能力较弱，改革创新力度较小，重大风险隐患较多等方面。总的来看，集团公司正处于结构调整、动能转换的攻关期，还有很多坡要爬、许多坎要过。

2　信息技术发展趋势及启示

2.1　数据驱动：商业全面进入数字化时代

全球已全面进入数字化时代，信息通信技术飞速发展，新型数字技术和设备不断涌现，“大数据”、“移动互联网”、“云技术”等新兴信息技术成为新一轮科技革命中的主导力量。新一轮科技革命和产业变革已席卷而来。数据采集和存储的成本正在快速下降，为数字化企业发展壮大提供了土壤。数据成为新的生产要素，数据生产要素属性的提升，关系经济增长长期动力，关系国家发展未来。全球各地的企业都在寻求利用这种新的方式开展竞争并且获胜的机会，它们不断地构建大型数据中心，扩展部署新的数据采集点，以充分利用大量的信息改进整个企业的决策和绩效，使企业有机会通过大数据分析把价值链上更多的环节转化为企业的战略优势。

2.2　新基建：数字化基础设施引领智能化升级

“新基建”是以新发展理念为引领，以技术创新为驱动，以信息网络为基础，面向高质量发展需要，提供数字转型、智能升级、融合创新等服务的基础设施体系。新基建延续供给侧结构性改革的主线，锚定高质量发展的目标。在经济下行周期，通过技术创新和挖掘数据价值赋能企业和社会，实现数字化转型和智能化升级，这将是新基建的巨大意义。

2.3 信息通信技术发展对延长石油的启示

新一代信息技术加速突破应用，成为延长石油集团实现高质量发展的战略选择。为此，延长石油需要构建新型数字化企业，促进集团技术变革和业务变革，整体提升集团的两化融合水平和共享服务能力，全面提高集团公司信息化建设水平，加快推进数字化和智能化转型，助力企业技术进步和产业升级，为打造延长特色、国内一流、国际领先、具有较强核心竞争力的清洁综合能源供应商和高端石化产品供应商提供信息技术应用导向和战略支撑。

数字化转型的根源是企业发展转型。延长石油正在按照“一体两翼三大支撑四大板块”的战略进行业务布局和发展方向转变。在转型过程中，延长石油需要把数据当作企业的核心资产，建立起一个敏捷高效的全新数字化核心，实现数据的集成共享，释放数据带来的巨大价值。经过国内外诸多大型石油企业的实践验证，基于 ERP 来构建延长石油的数字化核心平台是一个合理的选择。

ERP 系统集信息技术与先进管理思想于一身，能对涵盖企业经营链上的人、财、物、产、供、销各环节的数据进行有效集成和多维度分析，帮助延长石油在经营管理上提质增效，并能为延长石油在当今复杂的市场环境下控制风险、调整战略提供良好的支撑。同时也可以借助 ERP 系统对产业链上下游的供应商和客户进行有效管理，挖掘和利用数据资产，发现客户需求和商业机会，带来新的增长点。

3 延长石油基于 ERP 系统数字化转型方向分析

3.1 延长石油 ERP 应用的现状

(1) 应用现状

延长石油于 2017 年通过广泛调研和论证，决策采购了 SAP ERP 商务套装软件，该套件包含了物资、销售、生产、设备、资产、质量、人事、项目、财务等功能模块。集团公司通过 ERP 系统建设，在物资管理领域形成了全集团集中统一的物资管理信息化平台，在销售公司、产品经销公司形成了销售业务一体化线上管理平台。但是生产、设备、资产、财务等其他业务领域尚未实施 ERP 系统，ERP 系统强大的物流、资金流、信息流整合能力未能凸显，产供销人财物协同管理业务格局未能形成。

(2) 存在问题

基于延长石油 ERP 系统建设及应用现状，暴露出延长石油存在的一些问题，主要表现在系统建设缺乏顶层设计，系统建设方面各自为政，同一个业务领域多套系统并存，导致数出多源、难以共享，业务数据质量低、流通性弱；未建立起基于 ERP 系统的决策与对标体系，对管理层支撑不够；缺乏统一的管理与运行规范，组织与人员保障不足。

3.2 基于 ERP 系统的数字化转型方向

(1) 拓展 ERP 应用功能，促进业务横向集成

ERP 的核心本质是系统化的管理思想，其主要宗旨就是将企业各方面包括人、财、物、产、供、销等在内的资源充分调配和平衡，使企业能够快速响应市场的变化，从而在激烈的市场竞争中全方位地发挥自身的能力，进而取得最好的经济效益。

延长石油拥有齐全的产业链与丰富的业态，达到“高质量发展”和“业务转型升级”双目标，必须依托 ERP 系统，扩展系统应用范围，促进各项业务紧密集成和业务横向联动，提升综合经营管理水平，实现企业资源高度整合，流程高效运转，实现勘探开发、炼油化工、储运销售等企业全生命链的数字化。

(2) 扩展 ERP 应用范围，推动业务纵向贯通

国际一流集团型企业均从战略和运营层面强化管控，建立现代企业管理制度，依托 ERP 系统，构建了一体化的集团管控体系，全面提升集团管控能力。

为了提升延长石油的集团化管控水平，在 ERP 横向集成的基础上，进一步推广和深化 ERP 应用，实现数据在集团和企业层面的纵向贯通，支撑延长石油转型发展。通过在集团和下属分、子公司推广 ERP 应用，实现 ERP 全覆盖，提升延长石油的集团化管控水平。

(3) 深度挖掘数据价值，提升战略决策水平

随着 ERP 的横向集成和纵向贯通，延长石油的数据唯一性、准确性、及时性和有效性将得到大幅提升，在此基础上，加快商务智能分析、投资管理和风险管理等战略决策领域的数字化建设，建立科学、量化的战略管理机制，提升公司

战略管理和风险管控的能力。

4　建设目标与内容

构建横向覆盖各产业板块、纵向覆盖集团本部及各下属单位的企业核心经营管理系统，系统以经营管理为主体，以实现管理精细化、流程规范化、风险可控化、资源最优化、信息可视化为目标，全面深入支撑延长石油业务发展的需要。

（1）物资供应链数字化管理。在延长石油物资管理 ERP 建成应用的基础上，拓展应用物资采购与供应链协同管理，通过订单中台管理、调度智能化管理、物流可视化管理、协同中心管理、评价中心管理等环节与物资采购联动，形成上下游紧密协同，高效、敏捷、可视的数字化供应链体系。

（2）设备资产全生命周期管理。以设备资产为研究对象，搭建覆盖设备资产购置、安装调试、验收质保、设备资产联动、标准化维护、预防性维护、使用改造、报废处置全过程的智慧设备资产全生命周期管理体系，实现设备资产价值最大化、保证资产安全完整的核心目标。

（3）项目全寿命周期管理。构建从工程项目立项、预算批复下达、项目计划、成本控制、项目执行、项目完工及项目后评价的过程体系，并与物资采购、财务核算等业务集成，实现一体化项目全寿命周期管理。

（4）生产计划管理。将生产计划编制、各类生产模式、产品 BOM、工艺路线、生产任务下达、生产计划执行、生产任务完成、产品成本分析等生产制造全过程纳入 ERP 管理，并与物资管理、销售管理、财务管理等业务集成，实现生产计划全过程线上管控。

（5）产品销售管理。集团针对成品油与化工产品实施了销售 ERP，并与财务 NC 系统进行账务集成。化工产品下游客户通过 CRM（客户关系管理）下单触发销售流程，该模式可在成品油、煤炭、装备制造等其他销售业务领域推广，实现销售计划、销售订单、信用管理、装运发货、销售结算与开票、优化客户关系管理等产品销售业务的全过程线上管控。

（6）人力资源管理。在集团公司现有人力资源管理系统人员基本信息、薪酬、岗位定级等管理功能基础上，借助 SAP 人力资源管理模块功能，完善人事档案、人员培养、业绩考评、岗位调动、薪酬自动核算、员工智能考勤等功能，并与财务管理紧密集成，提升人事管理水平。

（7）预算与业务协同管理。基于集团公司全面预算管理系统建设成果，将预算编制、预算下达、预算执行、预算分析等功能与 ERP 系统各项业务执行过程紧密结合，实现预算管理对各业务环节科学有效的控制。

（8）财务融合管理。基于延长石油财务管理系统现有建设和应用成果，实现 ERP 系统与现有财务 NC 系统的深度融合，实现业务处理过程和财务处理结果的深度融合管理。

（9）公共数据管理。公共数据是基于 ERP 构建延长石油数字化核心的载体，是整个业务链上被重复、共享应用于多个业务流程的高价值信息。公共数据管理覆盖公共数据的全生命周期，在现有应用基础上，对各类公共数据的定义、维护、审批、分发、查询、版本管理等功能进行完善与深化。

（10）商务智能分析。建设商务智能分析平台，实现系统化，跨部门数据的分析、监控和挖掘，建立面向业务用户的各种经营分析体系，提高分析效率和准确性，满足各层次、各业务领域的经营监控和分析，将数据转化为直观可视化的分析结果，并通过大屏、移动终端、门户等渠道等方式，提供随时随地的分析结果，为预测和决策提供支持。

5　措施与建议

ERP 系统建设是一项十分复杂的系统工程，ERP 系统建设不可能一蹴而就，必然要经历一个“建设-应用-再建设-再应用”的持续过程。因此，需要坚定信心，并采取有效的措施和手段，合力推进 ERP 系统建设和应用。

（1）做好顶层设计和统筹管理

强化顶层设计，在集团 ERP 系统建设统一规划的基础上，从全局出发，整合各方面的资源，凝聚各方面的智慧，形成中长期 ERP 系统建设整体规划，通过顶层设计，搭好蓝图、做好计划、厘清责任、统筹推进，形成集团公司 ERP 系统建设的合力。搞好统筹规划，统筹处理好管理与业务系统之间、集团统建系统与各单位自建系统之间的关系。在具体实施过程中，按照“业务主导”原则，由各业务部门确定系统功能建设的方向和内容。严控标准落地，构建延长石油集团 ERP 系统建设和应用的体系规范，形成蓝图设计、业务运行、项目管理、技术开发、数据管理等方面的相关制度及规范，并在 ERP 系统建设实施过程中严格执行。突出重点，分步分类推进，ERP 系统建设过程中抓住核心业务，流程设计由简到繁、由粗到细、由普遍到特殊。根据不同单位、不同业务领域的发展现状和需求，分批次、分步骤有序推进 ERP 系统在集团所属各单位的建设和上线应用。

（2）做实需求、数据和变更管理

在 ERP 项目实施过程中，需求管理、数据清理、变革管理至关重要，直接决定了 ERP 系统实施的进度和质量，必须重点管理、专项协调。首先做好需求确认，合理控制需求边界，严格做好需求管理和变更控制，避免频繁的需求变更导致项目失控。其次，做好数据清洗，提高数据质量。在项目启动的时候就要成立专门的数据清理小组，组织各单位严格按照详细工作计划，进行数据清理和收集工作，并对数据开展认真细致的复核、确认工作，确保进度和质量。再次，规范变革管理，引导系统建设方向。ERP 将在各个主要业务领域引入领先的管理思想，会给各层级业务人员的工作模式带来较大变化，因此需要制定系统的、逐渐递进的交流、宣传、培训计划，并根据用户的理解情况进行层层推进，实现企业人员对管理方式、流程和操作从不了解到了解、从了解到掌握的转变。

（3）做强人才队伍和运维体系建设

建立长效培训机制，培养各类人才。要持续加强培训，建立长效培训机制。要强化系统操作技能，确保广大业务人员不断提高熟练使用 ERP 系统的能力；要加强对各级领导和各级管理人员的引导，让他们逐步深刻领会 ERP 系统的管理理念、转变思维定式、工作模式，做到带头应用 ERP 系统，将系统应用融入生产经营管理过程中，不断提高企业生产、经营管理和决策水平。要采取岗位培训、外出交流培训、专业认证培训等多种途径和方式，不断提升业务能力和系统使用技能；要注意结合岗位规范进行先进的管理理念和最佳实践的培训，培养一大批懂业务、精管理、技术强的复合型人才，确保 ERP 系统高质量、高水平建设和应用。

建立运维服务体系，持续提升运维质量。要建立三级运维体系，形成以三级单位关键用户、ERP 运维中心和外部支持队伍为核心的三级运维体系结构。建立完善 ERP 系统运行及质量回访跟踪机制，加强对基层单位系统用户的技术指导，做好运维服务能力评估，了解系统应用效果，收集业务新需求，变被动运维为主动运维，确保 ERP 系统 7×24 小时高效、安全和可靠运行。

6　总结

数字浪潮席卷而来，延长石油数字化转型势在必行，ERP 系统作为数字化转型的管理核心，可率先发力，在经营管理层面实现一体化与数字化，为转方向调结构提供助力。ERP 系统建设，应坚持“全模块、分板块，先试点、再推广”的建设路线，在延长产业链上中下游全面建设，充分发挥 ERP 系统上下游业务一体化管理优势。试点阶段，选取一家采油厂、一家输油公司、一家炼厂、一家能化公司进行 ERP 系统全模块实施，以油气产业链为主线，抓典型树标杆，然后在上中下游各个板块逐步推广。在推广过程中，按照“替换一批，整合一批、集成一批”的推广思路，替换一批功能重叠、单一的小系统，整合一批分散建设的专业系统，集成财务、预算等一批应用成效较好的在用系统，最终实现延长石油经营管理上下一盘棋。

参　考　文　献

无。

基于曲线形态识别的大数据分析技术在测井岩性识别中的研究与应用

郭　林　许赛男　齐　奕　沈东义

[中海石油(中国)有限公司天津分公司]

摘　要　随着石油行业数据量爆炸性增长，大数据已经引起石油行业的极大关注，通过利用大数据的新技术、新方法可降低采油成本，提高工作效率。本文通过对大数据基本理念与方法的探讨，论述了如何通过 Apache Spark 平台利用并行计算分析测井曲线数据，通过测井曲线形态识别进行岩性预测的方法，并开发了相关自动分析功能。

关键词　大数据，测井，数据挖掘，Apache Spark，并行计算

1　引言

随着互联网和云计算技术的发展，大数据的理念和技术的应用已经在工作和生活中发挥了越来越重要的作用。海量数据的出现，催生了新的科研模式，为更综合且更复杂的系统问题提供了更多的解决方案，即面对海量数据，科研人员可以从数据中直接查找或挖掘所需要的信息、知识，更加快捷的得出所需的结论[1]。

石油行业大数据的开发应用还处于起步阶段，但很多石油公司在信息化建设中，已针对多年积累的数据建立了数据模型，并研发了对应的大数据分析软件，例如油井数据的实时采集、实时生产监控分析系统等，都是大数据在石油行业的基本体现[2]。对此，渤海石油研究院近几年在测井岩性分析、储层预测、压力预测等多方面也进行了大数据的分析与研究。本文重点介绍在测井岩性分析方面的研究，对于未进行钻井取心的新井，某些层段复杂岩性不易判断时，通过从一个工区甚至更大范围内自动找到类比的参考井，以大数据分析手段确定目标井的岩性，进而类比参考井已有资料进一步判断目标井含油气性和产能。

2　测井解释的大数据适应性分析

测井解释能否适用大数据分析方法，要从测井解释的原理和数据特点出发，根据目前行业对大数据的认识，大数据指是一种规模大到在获取、存储、管理、分析方面大大超出了传统数据库软件工具能力范围的数据集合，具有海量的数据规模、快速的数据流转、多样的数据类型和价值密度低四大特征。大数据的意义在于利用相关数据进行分析和统计得出预期结果甚至是传统方法无法得出的结论，可以帮助我们降低成本、提高效率、开发新产品、做出更明智的业务决策等[3]。因此，结合实际，测井数据符合大数据的以下“5 个 V”的特点：

(1) 数据规模大(Volume)：油田几千口井乃至上万口井的数据，上千米的井深且每隔 0.1 米一个采样间隔，同时对应着多条常规测井曲线，从数据量上完全可以达到大数据的分析要求并得出正确的结论。

(2) 数据多样性(Variety)：测井解释的过程中，除了常规测井曲线外，还需同时综合参考 DST 测试、核磁共振测井、阵列声波测井、成像测井、生产动态、岩矿分析等资料。

(3) 数据处理时效性(Velocity)：测井解释的数据可以进行及时处理，满足一定的响应性能要求。

(4) 结果准确性(Veracity)：油田多年来积累的测井数据和经过验证的解释结果，足以保证数据处理的准确性。

(5) 深度价值(Value)：通过全局的大数据分析，有利于进一步挖掘潜力储层。

3　大数据计算技术与系统的选取

大数据并行化计算系统是整个大数据技术中的计算核心层，近几年出现了多种不同的典型大数据计算模式，并涌现了一批适应这些计算模式的大数据计算系统。其中，Hadoop 是目前最流

行的分布式数据和计算框架，其 MapReduce 是一种典型的大数据批处理计算模式，它简单易用的两阶段 Map 和 Reduce 的数据处理过程，使其成为主流并行计算模式。但在本文中，我们选取了 Apache Spark，Spark 为了克服 MapReduce 缺乏对迭代计算模式支持的缺陷，对 MapReduce 进行了很多改进。目前，在迭代计算方面，Spark 是最广为使用的一个基于分布式内存的弹性数据集模型的高效迭代计算系统[4]。

4　基于曲线相似度的大数据技术在岩性分析中的应用

渤海油田近几年除了建成数据处理中心用于数据的存储、管理和共享之外，还建立了勘探开发项目知识库和勘探成果数据库，进行勘探开发生产活动的参数采集、数据积累与管理。基础数据库中已经存储了数千口井的测井曲线相关数据，具备大数据分析的数据基础。

4.1　基本原理与流程

科研工作中，不同井的测井曲线形状存在某种相似性，测井曲线与地层特征间也具有一定的对应关系。因此，通过利用测井曲线数据进行相关分析，根据给定某一口井深度段的测井曲线组合的形状，在数据库中快速检索具有类似曲线组合形状的井，并根据测井大数据分析算法，精准拟合出测井曲线与地层特征之间的对应关系，同时根据命中概率进行岩性的识别。具体包括以下几步：

（1）搜索具有“相似形状”的测井曲线（深度段），并按相似度进行排序；

（2）搜索具有某一测井曲线特征的老井，使用新的技术方法重新认识老井；

（3）搜索、统计测井曲线特征与地层特征的对应关系和分布情况，论证科研人员的分析结果，并为科研人员的研究工作提供辅助支持。

数据挖掘的具体过程中利用分类与预测、聚类分析、关联规则、偏差检测等方法，发现数据之间的关系，用以解决实际问题。基本过程包括：定义挖掘目标、数据取样、数据预处理、挖掘建模和模型评价，基本过程如图 1 所示。

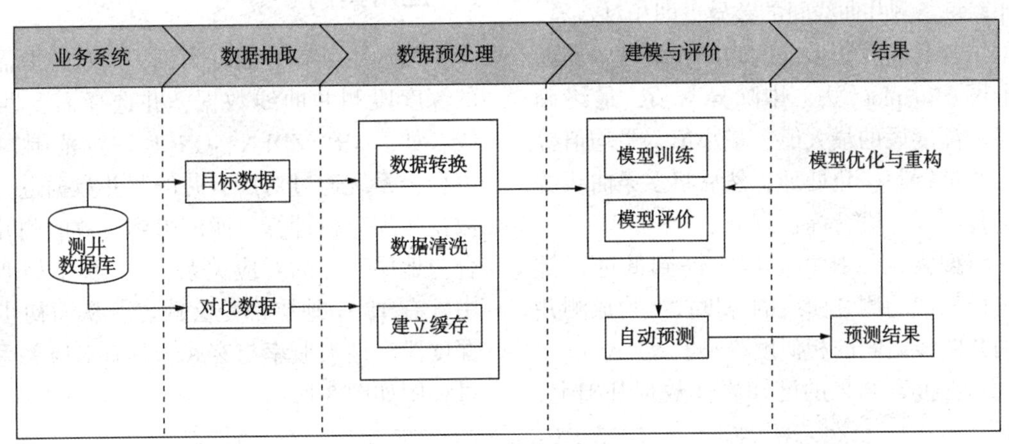

图 1　数据关系分析基本过程图

4.2　底层 Apache Spark 并行计算平台搭建

在具体的数据分析与计算过程中，我们首先要搭建计算平台，Apache Spark 并行计算平台的逻辑结构，具体如图 2 所示。

主要工作任务包括：在一个主管理节点（虚拟机）和多个工作节点（虚拟机）中，安装和调试 Apache Spark 运行环境；配置运行参数，包括网络参数、CPU 资源分配策略、内存资源分配策略等。

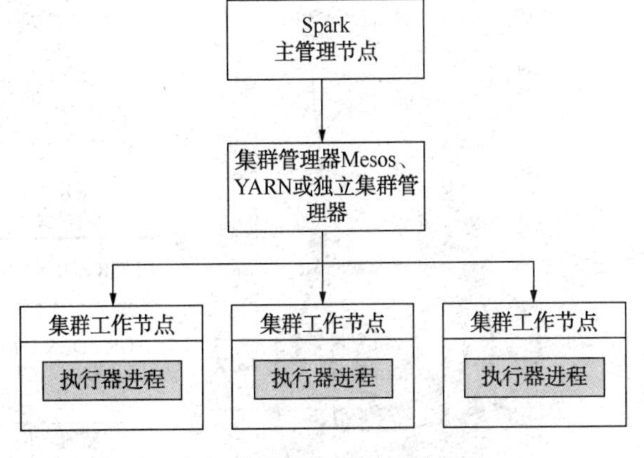

图 2　计算平台的逻辑结构图

4.3　数据准备

数据收集环节中，需要准备原始数据，包括测井曲线数据和地层岩性数据。之后，对数据规范化，使测井曲线命名一致，并对测井曲线和地层岩性数据进行清洗。最后，建立测井曲线的数据缓存，将规范化的测井曲线数据在各个工作节点(虚拟机)上建立分布、多层结构的数据缓存，用于加快分析计算的速度。

数据准备工作完成后，再加入区域位置信息，形成区域位置-测井曲线-地层岩性结构的关系数据，最后根据区域位置、深度段和测井曲线，分析对应区域位置和深度段的地层岩性的可能性。

4.4 模型建立

首先，对某一口井的测井曲线滤波，平滑测井曲线。通过滑动对比样本窗口(某一深度段的一组测井曲线)，计算测井曲线形状的相似度，找出最相似的测井曲线的深度段，其原理简单描述如下：

(1) 将需要预测的目标井所选测井曲线的组合形成一个 m＊n 的矩阵(所选的测井曲线数＊所选深度段的采样点数)。

(2) 目标井的 m＊n 数据集与数千口现有井的数据集从采样点初始索引开始的 m＊n 数据集比较，并平滑移动逐点计算。

(3) 将数据进行归一化处理，并采用均方根算法，计算每条测井曲线间的差异，即相对差异。

(4) 结合其它算法多维度判断相似度，例如根据箱形图(Boxplot)法，排除异常值，最终确定曲线某一深度段的最大值、最小值、平均值等特征值，并进行归一化处理，然后将多条曲线的特征值进行组合后进行综合判断。

(5) 将搜索结果按相似度由高到低进行排序，找出最相似的测井曲线的深度段，形成测井曲线与测井曲线之间的相似度模型。

其次，在搜索结果的已知岩性数据基础上，通过数据挖掘，归纳测井曲线与地层岩性间的关系特征，推导目标深度段的岩性类别，并按概率由高到低进行排序。建立测井曲线样本与地层岩性间的分布关系，使用大量的测试数据集，验证和调整模型。

4.5 速度优化

由于参与计算的井超过七千口，数据量巨大，且在计算过程中需要滑动样本点进行逐个计算，由于计算节点有限，如果仅依赖 CPU，每进行一次地层识别将耗费至少十几分钟的时间，这在科研过程中是无法接受的。为了保证数据的计算速度，代码编写中采用 OpenCL 并行计算技术结合 GPU 进行性能优化。OpenCL 并行计算技术是一个通用多 CPU、GPU 和其它芯片异构计算的标准，充分利用 GPU 强大的并行计算能力以及与 CPU 的协同工作，更高效的利用硬件高效的完成大规模的尤其是并行度高的计算[5]，通过 GPU 的加速，使得单次的处理时间缩短到了 10 秒以内，优化效果显著。

5 应用案例

以油田某口井数据为例，通过选取需要预测的深度段测井曲线数据，并选择需要匹配的曲线，如：GR、ZDEN、CNCF 一定范围内的数值组合，系统通过对所有井的测井数据进行全量的数据匹配分析计算，匹配得到有效的测井曲线组合与地层岩性的对应关系，在 19 个相似的地层中，有 18 个地层都是玄武岩，从而初步判定该深度段岩性大概率与玄武岩具有对应关系。分析过程图如图 3 所示。

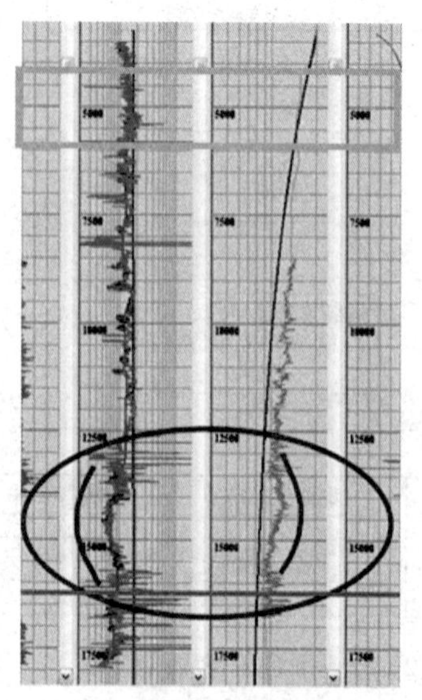

ID	测井曲线1		...	测井曲线N	
深度段(井号)	波峰波谷	平均数值	...	波峰波谷	平均数值
......	...	...	...	...	...
......	...	...	...	...	...

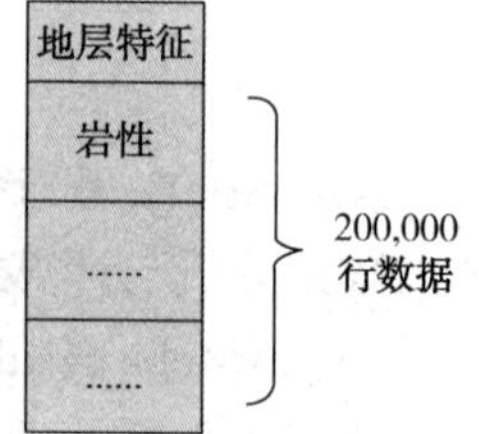

图3 测井曲线-地层岩性关系特征分析图

实际应用中除了概率问题，还需考虑置信度的问题，例如匹配到的井只有 3 口，而其中两口岩性相同，这时由于数据量太少，无法作为最终判断依据，因此，必须将数据的总量和数据准确度达到足够的高度，才能保证应用的准确性。地层岩性分析结果效果见图 4。

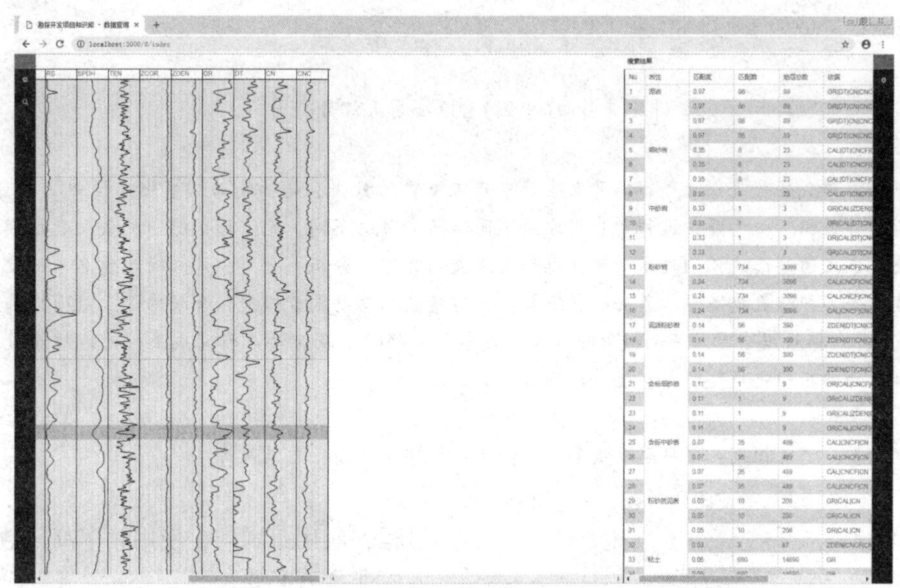

图 4　地层岩性分析结果

6　结论

在大数据时代，数据已经成为重要的生产因素，石油和天然气勘探在数字化和大数据集成上，将会有越来越多的需求，构建专业化的测井大数据分析平台，实现从一口井的单打独斗，到区域的多井联动，帮助科研人员进行决策，有利于测井数据向地质分析、区域评价和工程应用等方向拓展。而本文所探讨的基于大数据曲线形态识别的岩性判断方法，就是针对该需求所做的研究，通过更前沿的大数据技术提高工作效率，是信息化建设在渤海油田的发展方向和工作重点。未来随着数据建设逐步完善，还可利用深度学习等人工智能算法进一步优化应用效果，并进行流体性质自动解释等功能的研究。

参　考　文　献

[1] 李国杰，程学旗．大数据研究：未来科技及经济社会发展的重大战略领域——大数据的研究现状与科学思考[J]. 中国科学院院刊，2012，27(6).

[2] 曲海旭．基于大数据的油田生产经营优化系统研究及应用[D]. 东北石油大学，2016.

[3] 黄宜华，苗凯翔．深入理解大数据：大数据处理与编程实践[M]. 机械工业出版社，2014.

[4] 王虹旭，吴斌，刘旸．基于 Spark 的并行图数据分析系统．计算机科学与探索，2015，9(9)：1066-1074.

[5] 李森，李新亮，王龙，陆忠华，迟学斌．基于 OpenCL 的并行方腔流加速性能分析[J]. 计算机应用研究，2011，28(4).

语义识别技术在测井解释成果自动入库中的应用

沈东义　郭　林　毛火明

[中海石油(中国)有限公司天津分公司]

摘　要　测井解释成果是贯穿油气勘探开发生产中非常重要的数据，是油气田信息化建设中必不可少的一部分，也是大数据分析必备数据。由于解释过程中应用方法不同和研究目的不同，无法形成统一的成果数据模板，为成果数据录入造成不便。本文通过语义识别技术对测井解释成果表内容进行分析、分类，计算输入列名与标准列名的映射关系实现自动入库，并与归档数据库结构差异进行统计，为后续数据库结构升级提供合理建议。该项技术可以扩展应用到储量报告等 Excel 表格数据自动入库，极大提高入库效率和准确性。及时共享研究成果，为地质油藏分析提供强有力数据支持，也为油田数字化转型和大数据分析提供有力工具。

关键词　词向量；语义识别；测井解释成果；智能化；数字化转型；自动入库

1　前言

渤海油田最近五年探井和生产井数量逐年增加，工作量也相应提高。2019 年渤海油田建成了勘探开发数据库 A2，由于测井解释人员工作非常繁忙，A2 录入界面不能满足最新测井解释成果内容，导致成果数据录入并不及时。目前测井数据的存放依然以单机存储、纸质图表和离散电子文件为主，研究人员在获取、交换和综合应用测井资料时，遇到了很多不便。和测井解释成果表类似，勘探开发研究过程中还有很多有价值的数据不能及时入库。大数据分析在各行各业得到蓬勃发展，在油气勘探开发行业中也是如此。2019 年 SEG 中涉及大数据分析文章达到 107 篇，相比 2017 年增加 10 倍成爆炸式增长。大数据分析核心是有规则的数据，测井解释成果亦是重要数据。测井数据的应用贯穿于油田勘探开发的全过程，应用范围广，使用频率高，数据准确及时入库非常有必要。

利用传统的固定模板录入、整理测井解释成果表已经不能满足需求。目前数据录入人员需按照规定模板手动修改成果表入库，这样容易出错，而且效率底。由于测井解释技术不断进步每个解释员的使用技术指标不同，利用参数不同，成果表很难固定一个标准格式，因此表格表头字段风格差异很大，见图 1，目前已经收集到 40 多种不同结构成果表。如果用传统的编程模式通过条件判单语句(if…else…)，对每种出现的情况都需要用程序判断实现，这样后续维护工作量很大，程序不灵活。目前语义识别技术已经得到广泛应用，本文利用语义识别模式和大数据模式来解决测井解释成果入库难题，利用此项技术可以扩展到储量成果表中，储量成果表包含 70~100 张数据表，可大大提高入库效率和准确率。

层位	油组	测井解释														录井显示	解释结论	备注
		斜深井段 m		斜厚 m	海拔井段 m		厚度 m	地层电阻率 Ω·m	孔隙度 %	渗透率 mD	含烃饱和度 %	原始含烃饱和度 %	泥质含量 %	驱油效率 %		荧光级别		
		488.6	492.4	3.8	-420.0	-423.1	3.1	4.4	28.2	2050.0	0.0	-	14.8	-			水层	

层位	油组	测井解释												含油性显示		生产情况				综合解释结论
		斜深井段 m		斜厚 m	垂深井段 m		垂厚 m	电阻率 Ω·m	孔隙度 %	渗透率 mD	含烃饱和度 %	泥质含量 %		岩心或壁心	岩屑	生产层段	油 m^3/d	气 m^3/d	水 m^3/d	
		1210.3	1212.1	1.8	1162.0	1163.6	1.6	0.9	30.7	2668.2	1.4	15.7		-	-	-	-	-	-	水层

层位	油组	亚油组	砂体	测井解释																					含油显示情况	
				砂层						有效储层						地层电阻率 Ω·m	ΔSP/ΔRxo	孔隙度 %	渗透率 mD	含烃饱和度 %	泥质含量 %	解释结论			岩屑	壁心/岩心
				顶深 m	底深 m	厚度 m	垂深顶 m	垂深底 m	垂厚 m	顶深 m	底深 m	厚度 m	垂深顶 m	垂深底 m	垂厚 m											
		-	-	830.4	844.3	13.9	830.4	844.3	13.9	830.4	844.3	13.9	830.4	844.3	13.9	4.4	-	29.4	1361.7	15.7	18.3	水层			-	-

图 1　测井解释成果表不同列名

2　语义识别技术

随着自然语言处理技术的飞速发展，语义识别有了更多的应用场景，如从数据库中选出与用户问题最匹配的回答、从数据集中选出翻译效果最好的单词序列、以及文本分类和排序等等，这里面就涉及到句子相似度计算的问题，具有较大的研究价值。

语义识别基本流程是：首先是建立词典，然后对输入语句进行分词，再计算匹配概率，最后输出识别结果。其中分词和匹配概率计算是核心和难点。

最常见的分词算法是“最大匹配法”。从句子左端开始，不断匹配最长的词(组不了词的单字则单独划开)，直到把句子划分完。算法理由：人在阅读时也是从左往右逐字读入的，最大匹配法是与人的习惯相符的。而在大多数情况下，这种算法也的确能侥幸成功。谷歌提出一种算法：统计语言模型算法。对于任意两个词语 w_1、w_2，统计在语料库中词语 w_1后面恰好是 w_2 的概率 $P(w_1, w_2)$。这样便会生成一个很大的二维表。再定义一个句子的划分方案的得分为 $P(\varnothing, w_1) \cdot P(w_1, w_2) \cdot \cdots \cdot P(w_{n-1}, w_n)$，其中 $w_1, w_2, \cdots, w_n$依次表示分出的词，同样可以利用动态规划求出得分最高的分词方案。目前国内 JIEBA 中文分词做的最好。

词语的词向量表示(word Embedding 或 word representation)是一种分布式的表示，把每个词语表示为一个固定长度的低维实数向量，通常基于神经网络训练语言模型训练海量文本集得到词语词向量表示，特点是能够捕捉词语及其上下文之间的语义关系，相似或者相关的词语在向量空间距离上也将更为接近。

在匹配概率计算采用相似度计算，按照对语句的分析深度来看主要方法是：基于向量空间模的 TF-IDF 的方法．该方法把句子看成词的线性序列。通过 2 个词语词向量的夹角余弦值来度量词语的相似性，词语相似度的数学公式可表述为：

$$sim(w_1, w_2) = \frac{vec1 \cdot vec2}{\| vec1 \| \cdot \| vec2 \|}$$

其中，sim(w1, w2)表示词语 w1 和 w2 的相似度；vec1 是词语 w1 特定语义的词向量表示；vec2 是词语 w2 特定语义的词向量表示。根据 2 个句子集中的共有词语和差异词语的词义相似度，给出一种基于词语多原型向量表示的句子相似度计算方法。

TF-IDF 方法综合考虑了不同的词在问句中的出现频率(TF 值)和这个词在整个 FAQ 库中对不同句子的分辨能力(IDF 值)．这种方法不需要任何对文本内容的深层理解，并且一般说来能够产生较好的效果．但是单靠 TF-IDF 方法往往不能达到预期的效果．因为 TF-IDF 方法只考虑了词在上下文中的统计特性，而没有考虑词本身的语义信息，例如：

“测井解释砂层垂深”

“砂层垂深”

他们表达的应该是完全相同的意思，因为“测井解释”只是解释人员为了对表头分类和美观加的定语。由于 TF-IDF 方法没有考虑这种语义信息，所以传统的 TF-IDF 方法具有一定的局限性。本文采用的方法是对关键字进行权重分配，弱化修饰词语权重，有效提高匹配精度。

3　解决方案

对收集的 632 张测井解释成果表进行分析。尽管列名命名差异很大，风格迥异，但是实际含义范围是有限的，目前有 39 种不同类型成果表。本文核心技术是通过和测井解释人员一起建立样本词典，建立关键字权重，在进行匹配，另外采用词向量对比，计算两者相似度，计算最终概率，建立输入列名与标准列名之间的映射关系，输出标准格式数据自动入库。采用 c#语言，编写 Winform 程序，界面友好，程序处理流程见图 2，主要技术如下：

1) 利用开源库 NPOI 处理 Excel 文件。首先拆分成果表合并单元格，然后自动识别表头，根据表头内容匹配表类型加载插件。最后探测表格宽度和长度，探测列名区域、数据区域、备注、责任表区域。

2) 列名处理。将分行的列名组合，去掉停用词，分离数据单位。最后对处理完的列名进行分词。另外还需要对深度字段没有明确标定，需要读取数据区域第一行进行顶底判断。

本文中分词算法设计中的遵循以下基本原则：1. 颗粒度越大越好：用于进行语义分析的文本分词，要求分词结果的颗粒度越大，即单词的字数越多，所能表示的含义越确切，如：“砂层斜顶深”可以分为“砂层 斜顶深”、“砂 层 斜 顶 深”等，用于语义分析则“砂层 斜顶深”的分词结果最好。2. 切分结果中非词典词越少越好，单字字典词数越少越好，这里的“非词典词”就是不包含在词典中的单字，而“单字字典词”指的是可以独立运用的单字，如“油”、“底”、“顶”、“砂”、“斜”、“垂”。3. 总体词数越少越好，在相同字数的情况下，总词数越少，说明语义单元越少，那么相对的单个语义单元的权重会越大，因此准确性会越高。

3）建立关键字库。通过扫描收集成果表，将命名不同但含义相同的列名进行归类，总结关键词库。建立标准列名，并建立标准列名和测井解释成果表之间的映射关系，并对关键字分配权重。例如“砂层斜厚”可以分为：“砂层 0.3 斜 0.3 厚 0.4”，见图 3。

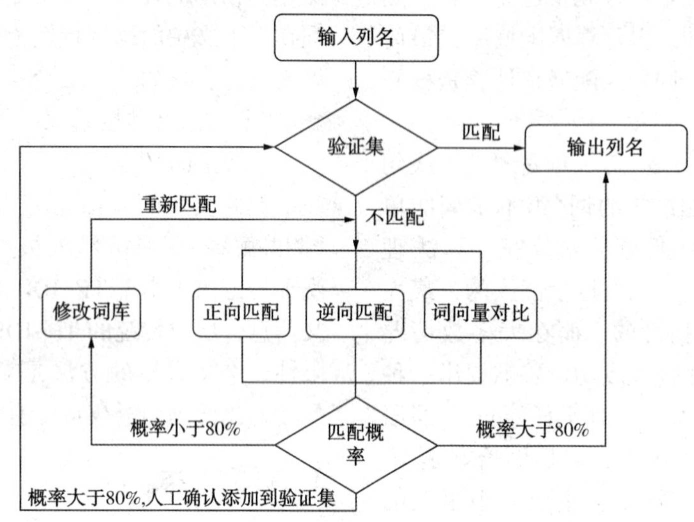

图 2　列名匹配流程

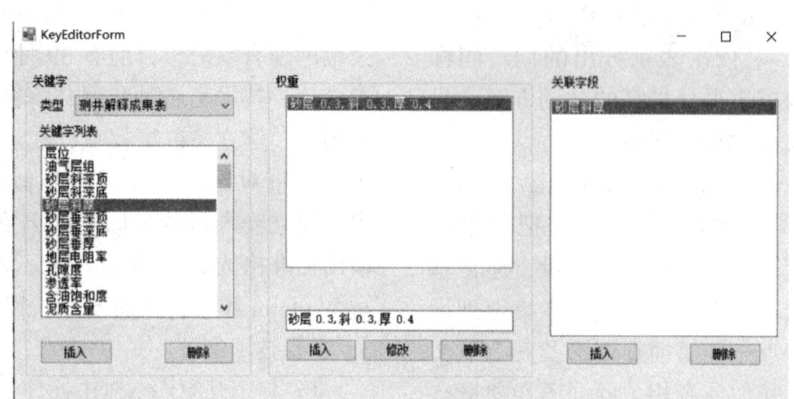

图 3　关键字编辑界面

用户可以自己定义关键字，需要对关键字进行测试提高预测精度后会添加验证集，下一次预测，首先匹配验证集提高匹配速度和准确性。

4）列名匹配概率计算。利用 2）中处理完的列名和 3）中的关键字库匹配概率计算，具体流程如下：(1)将输入列名与验证集中的列名进行匹配计算，找到最匹配的列名，输出该列名映射的标准列名。(2)若验证集里无匹配列名，再对关键字库里匹配计算与之最相关的标准列名，本文采用三种模式进行匹配：正向匹配，反向匹配，词向量匹配求平均值。

正向匹配计算原理：计算输入列名分词后的词组 $Ui(0<i<n)$ 在关键字库中所有关键词 $Vj(0<j<m)$ 概率 $P(j)$ 计算公式如下：

$$F(j) = \sum_{i=0}^{n} \left(\frac{Ui \cap Vj}{Vj}\right) * wi$$

逆向匹配与正向匹配相反，用关键字的去匹配输入列名分词后的词组，计算过程一样得到概率 $G(j)$。本文采用的正向匹配和逆向匹配借鉴了杰卡德系数计算原理，但是增加了权重。可以在有限范围内调整预测结果。

由于正向匹配和逆向匹配只是统计出现概率，不能对分词后的顺序进行计算，需要利用词向量匹配进一步约束。词向量匹配是计算输入列名和关键字组成的语句，利用余弦定理计算词向量夹角 θ，判断相似度。图 4 是一个二维向量的几何表示。其中有 2 个二维向量 a 和 b。θ 就是这 2 个二维向量的夹角；如果夹角为 0 度，意味着方向相同、线段重合；如果夹角为 90 度，意味着形成直角，方向完全不相似；如果夹角为 180 度，意味着方向正好相反。因此，我们可以通过夹角的大小，来判断向量的相似程度。夹角余弦值就是相似度 $D(j)$，夹角越小就代表越相似。实际计算过程中词向量维度高于二维，利用如下多维余弦公式计算：

$$\cos\theta = \frac{\sum_{i=1}^{n}(A_i + B_i)}{\sqrt{\sum_{i=1}^{n}(A_i)^2} \times \sqrt{\sum_{i=1}^{n}(B_i)^2}}$$

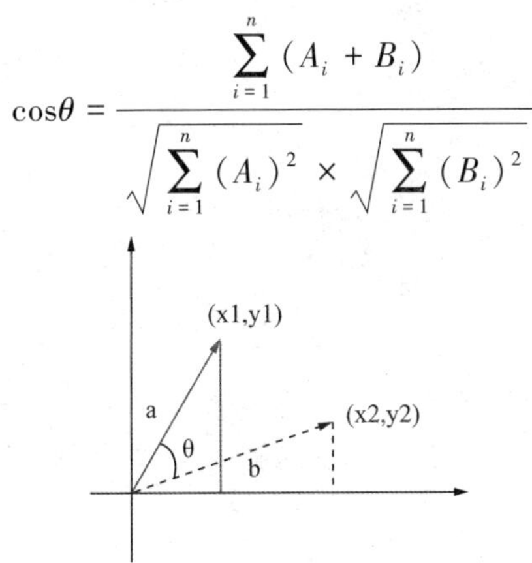

图 4　词向量二维向量示意图

最终得到概率为：$P(j) = (F(j) + G(j) + D(j))/3$，最后对所有概率排序（$P1$，$P2$，$P3\cdots Pm$），概率 $P(j)$ 最高的关键字映射的标准列名为预测列名。

5）按照数据入库模板输出标准格式文件，自动入库。极大提高成果录入速度和准确性。对程序少量修改后也能录入储量报告数据表。

4　应用效果与结论

通过对收集的 632 张测井解释成果表测试，经过添加关键字实现所有数据表头自动识别，成功率达到 100%，输出标准格式入库，达到预期目的，程序主界面见图 5。如果按照以前复制粘贴再校对做法，需要 30 人天。利用程序 1 天可以录入 1000 以上张测井解释成果表，效率提高近 60 倍。分析每个 sheet 同时也显示原始文件，这样能快速对比预测结果，避免漏掉异常。

统计成果资料表字段，与数据库中的保存测井解释表中对比，分析之间的差异。为数据库升级提供决策和建议，动态监测成本表的变化。

由于解释人员个人习惯不同，可以通过统计分析出各人差异。对一些不影响解释结果的情况，对部分表头进行规范，在不增加解释人员工作量的情况下实现成果数据录入存档，在高质量数据录入中寻找到一个平衡点。

通过本程序，极大提高了测井解释成果数据的入库工作效率，使得解释人员可以把工作更集中在科研生产中，同时也数据库入库率得到提高。为后续智能油田数据资源建设提供了坚实的基础，同时也能扩展到储量报告等结构化数据入库中。及时共享研究成果，为地质油藏分析提供强有力数据支持，也为油田数字化转型和大数据分析提供有力条件，具有良好的降本增效效果。本文研究成果达到预期目的。

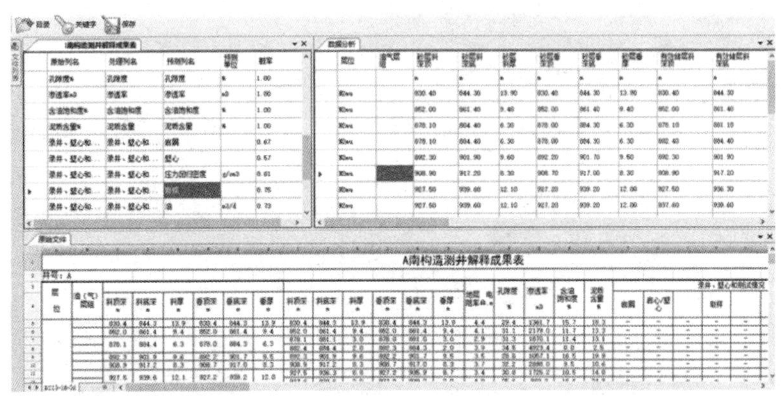

图 5　程序主界面

参　考　文　献

[1] 王明阳．句子级和段落级的语义相似度算法的设计与实现[J]．北京邮电大学，2019

[2] 李伟．中文语句相似度计算的方法初探[J]．兰州工业高等专科学校学报，2009，4.

[3] 温浩，乔晓东．文摘创新点的语义本体模型研究[J]．情报学报，2017(09)

[4] 张超文．勘探专业数据库建设及应用研究[J]．中国地质大学(北京)，2010

勘探开发科研协同工作模式研究与实践

张恩莉　汪福勇　向永慧　青胜兰

(中国石油西南油气田公司勘探开发研究院)

摘　要　针对分公司以硬件基础设施、专业软件系统、专业数据为核心的科学计算资源存在需求和部署不平衡、缺乏资源监控和调度工具、科研生产数据收集和整理时间长、软硬件运维人员不足等现状和问题，基于GPU直通、存储资源池虚拟化、许可证监控与调度等技术的云化集成技术进行了科研协同环境建设探索性实践，建立了具备硬件资源远程共享动态调度、专业软件集中部署远程发布、信息系统集成共享单点登录、多专业数据并行处理服务的科研协同研究环境，引导软硬件采购、应用方式向集约化、共享化转变，推动物探、地质、开发、信息技术等多学科一体化的科研工作协同开展，匹配两化融合打造“勘探开发一体化业务协同能力”和“科研协同创新能力”。

1　科研协同环境实践与发展趋势

科研业务是油气勘探开发的创新密集领域，需要大量的计算设备、软件程序及数据支撑。如何实现资源共享、支持科研人员研究高效创新是当前研究院数字化转型的重要课题，也是协同研究环境建设的主要目标。国际公司从2000年就开始探索协同研究环境的建设路线。壳牌将“勘探开发协同工作环境建设”作为智能化发展战略的核心组成部分(SPE167872)。斯伦贝谢基于Google公有云搭建了DELFI智能研究平台，实现以软件销售为核心的商业模式转为以研究为核心的智能化应用服务；哈里伯顿公司构建了基于“一个共享的地学模型、一个企业级平台、一个集成的云”的协同研究模式。通过“Earth”软硬一体化云平台预封装DSG等应用软件的云化发布及企业级集成平台DSI，实现从软件许可销售转型为提供SaaS服务。科研领域这些数字化转型的方向和实践是由科研业务的智力密集型的特征所决定的，影响科研业务数字化转型的科研业务基本特征：

- 应用的软件工具众多
- 研究需要的数据繁多
- 占用的计算资源量大
- 研究的流程灵活多变
- 研究的成果复杂多样

油气勘探开发科研业务智力密集的特征决定了勘探开发科研业务的数字化转型的重点为建设科研业务协同研究环境实现科研业务的高效化、智能化。如(图1)所示，勘探开发协同研究环境建设具有基础到高级三个阶段，也是从狭义的协同到广义协同、从IT基础建设到顶层管理变革的三个阶段。

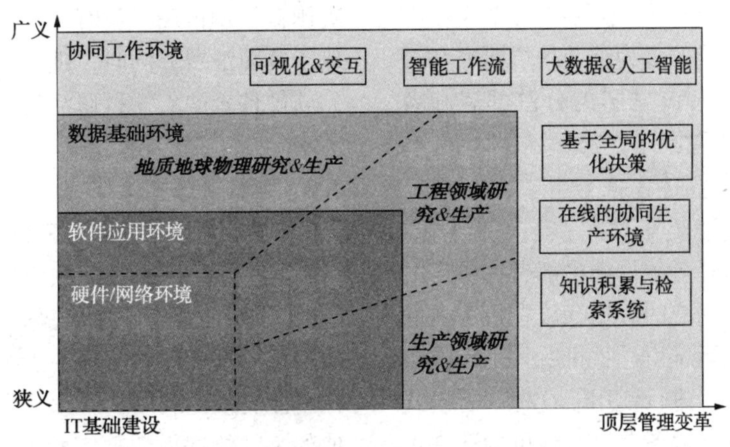

图1　勘探开发协同研究环境建设

1. 建立云端的软件环境，打破硬件、系统、软件及许可等限制，研究人员可以自由的调用所需要的软件与服务，并可以实现跨专业、跨组织、跨地域的协同工作。

2. 建立数据整合环境，打破专业软件与数据捆绑，打通系统烟囱及数据孤岛，形成丰富、准确、及时的数据基础环境，用户可以检索所有数据为自己所用。

3. 建立适合科研创新的协同研究模式、创新应用、环境体系及配套系统，必将使得勘探开发协同研究迈向新的台阶。

2　勘探开发协同研究现状及需求

西南油气田经过几十年的勘探开发建设，具备完整的科研体系。在硬件、软件等方面持续投入了大量的资源，积累了大量的服务器及工作站等硬件设备和各类主流专业应用软件。在以前长期的分散式采购管理模式下，形成了软硬件部署、维护及应用各自为政、缺乏硬件、软件及数据有效共享等现状。

2.1　软硬件共享使用现状

为了支撑科研工作正常运转，分公司每年投入大量资金用于购买图形工作站用于支撑科研项目和生产使用。另一方面，勘探开发研究院的研究业务需要应用到大量的专业软件，自2000年以来，勘探开发研究院先后引进了来自美国、英国等10多个国家20余家软件公司的30多类地学研究应用软件(图2)，主要用于支撑地震资料处理解释、测井解释、油气藏描述等科研业务。

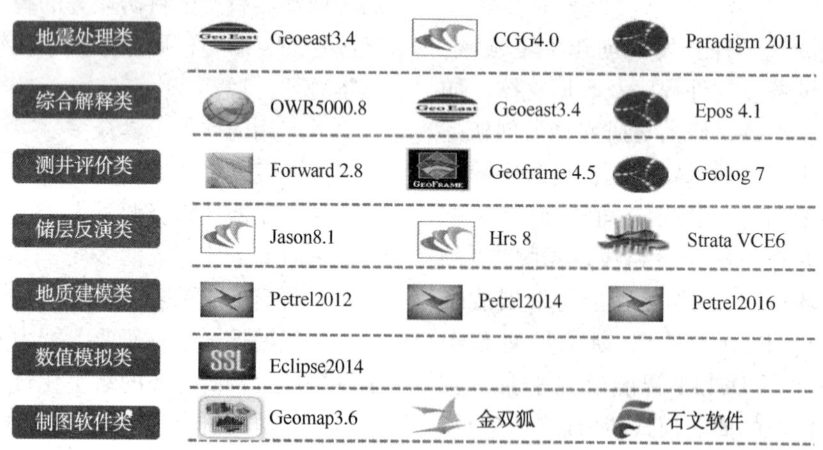

图2　勘探开发研究院专业软件统计图(统计时间：2017年8月)

通过调研分析发现，专业软件的部署及管理模式分为两种：

• 分散部署

独立安装在各所室的PC机或者工作站上，由使用人自行进行维护，数据资源也存放在本机。采用这种部署方式的多为综合地质研究和开发类软件，这种“单人+单机”的分散部署和各个研所室自行使用和运维模式导致软硬件闲置和资源不足的情况同时存在。

• 集中部署

地震资料处理解释等软件集中部署在机房的服务器和工作站上，用户的数据存放在机房内的磁盘阵列上，软硬件运维由计算机所技术人员负责，用户需要进入机房进行使用。这种部署模式下，用户登录的时候向服务器进行许可验证许可证，随后就被闲置。直到该用户退出软件才会释放许可，用户无法从软件上主动释放许可证。造成了科研人员长期对软件许可证数量的需求，但同时又存在许可证利用率低下的问题。

上述部署与应用管理模式导致了部分软硬件资源被长期占用又没有实际使用，一定程度上造成了资源浪费；同时，部分研究人员急需却得不到软硬件资源支撑科研活动。因此，每年软硬件需求的缺口都比较大。

2.2　数据共享现状

相关的研究数据大多分散在各科研院所、项目组及个人手里。由于缺乏数据标准规范和统一的管理平台，导致成果数据不规范、不集中、复用率低、继承性差，同一工区的前期项目成果往往不能有效的利用，验收成果归档又会丢失高价值的工区数据；数据完整性和一致性没有保障，综合研究需要多专业，跨部门数据收集，数据内容完整性、准确性都不能得到确认，数据格式需要根据软件进行处理和改造，同一数据多版本，降低了数据的可信度，同时增加了数据甄别的新的工作内容；部分数据资源由私人保管，不利于整体研究水平的提升，也不利于资源的完整性、统一管理的要求；各单位应用软件环境条件不一，各自为阵，科研成果和应用环境的共享程度和资源利用情况比较差；离散的数据来源和五花八门的数据格式给数据加载工作造成极大的困难，研究过程中需要使用其它软件环境的数据或需要转入其它软件都必须进行数据再处理和进行格式转换。

数据与成果无法共享的问题导致了研究人员需要花费大量的时间在数据收集、整理、加载与质控等方面。据不完全调研统计数据准备约占用40%以上的科研工作时间。

2.3　科研业务研究协同需求

在分公司不断深化勘探、增储上产的工作节奏下，多专业协同进行研究的需求不断增大，需要利用云平台技术实现软硬件的共享，利用数据联邦技术实现数据的集成共享，并通过智能工作流技术实现协同应用场景。需要以高度共享模的油田勘探开发标准项目库为基础，为研究人员提供良好的数据服务，将研究人员从手工整理数据的繁琐工作中解放出来，不再用更多地时间收集整理数据，研究工作效率大幅提高，科研成果质量得到提升，科研项目研究周期大幅缩短。

3　科研业务协同环境探索实践及成果

在过去几年中，勘探开发研究院在协同研究环境建设相关技术及管理模式上进行了系列探索，从硬件集成、数据集成及管理应用模式方面取得了探索性的成果，验证了进一步建设与推广的可行性与必要性，明确了进一步智能化发展方向。初步形成了勘探开发一体化协同研究平台雏形(图3)，在专业软件集成共享和勘探开发标准项目库的实际应用中取得了较好的效果。将参考A6项目在其它油田的试点内容，结合西南油气田天然气勘探开发特点进一步完善系统功能设计，着力构建服务整个分公司的勘探开发一体化协同研究平台，能够支持研究业务快速发展。

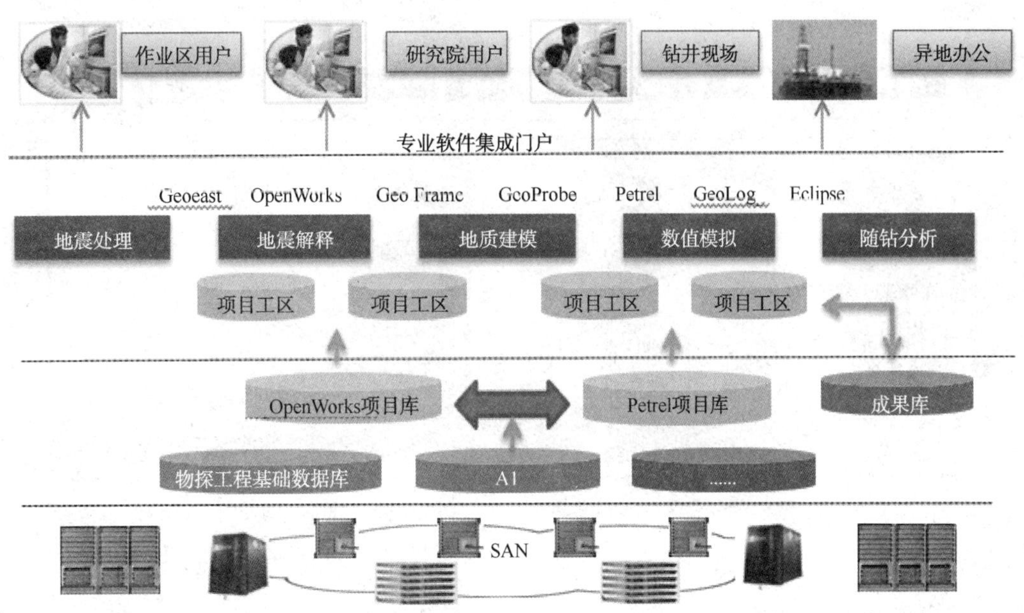

图3　西南油气田勘探开发一体化协同研究平台架构

3.1　科研业务协同环境建设实践

● 优化调整设备架构，初步实现硬件系统规范共享

针对支撑部署在中心机房的专业软件运行的硬件环境开展了针对性的梳理和分析，重新优化调整了中心机房的工作站、服务器、存储、网络架构(图4)。

对机房的基础设施进行了优化部署，包括专业软件集成管理准备图形工作站、集群服务器两套系统和配套的许可证服务器等基础设备。针对专业软件在集成部署、使用性能、软件许可证抢占、用户授权管理等方面存在的具体问题，根据软件部署方式和硬件架构，重新设计了集成架构（图4），包括基础设施物理层、专业软件和操作系统的虚拟层、软件应用和许可证管理的应用层，为集中部署和共享应用的解决方案打下基础。

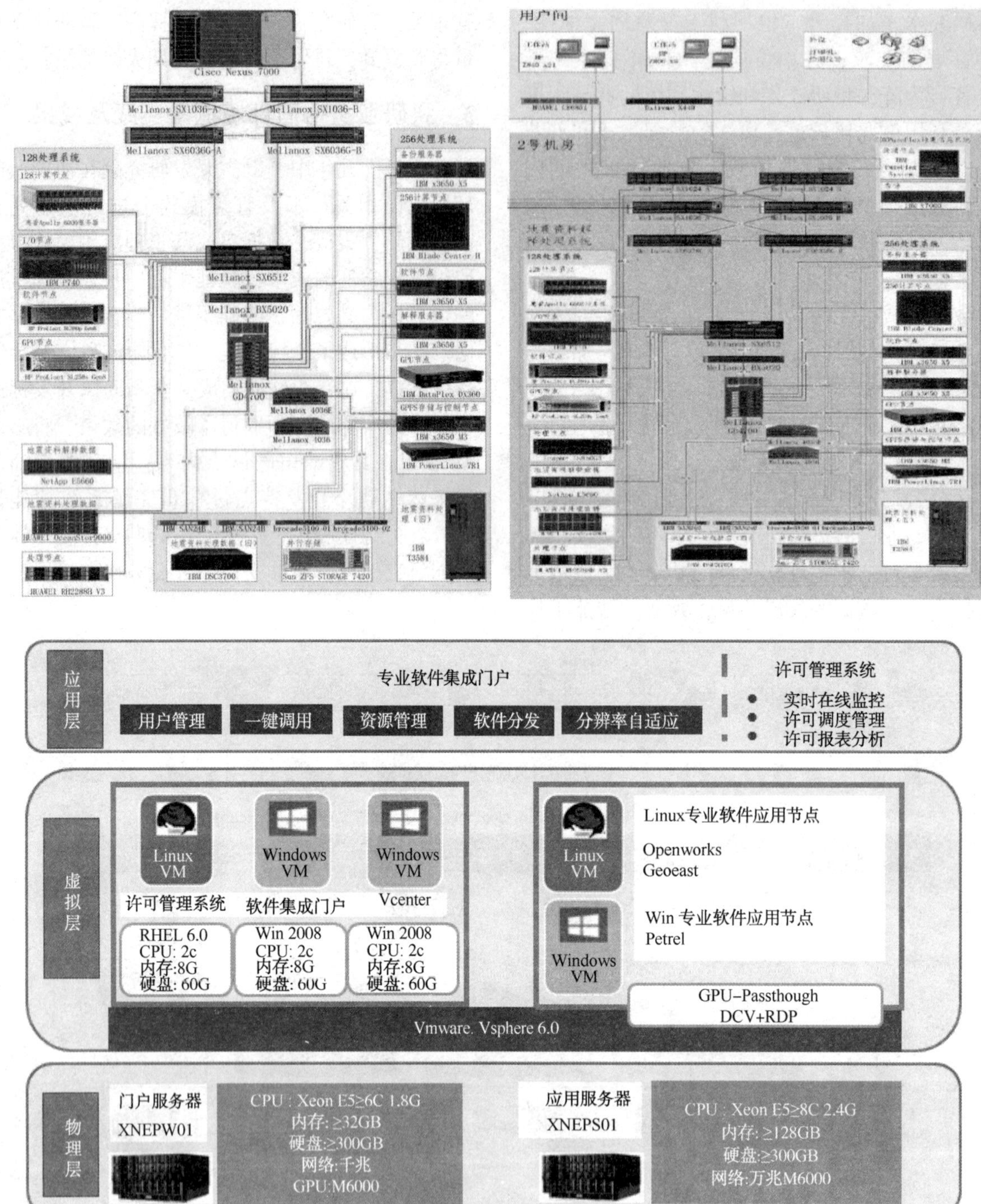

图4　勘探开发研究院中心机房设备架构图

● 开展关键技术应用攻关，实现硬件设备的远程共享使用

调研了主流的协同研究环境，开展技术路线设计，通过对行业内成熟的远程三维显示和远程桌面一键调用等关键技术的集成应用进行攻关，实现了远程单位设备共享使用。通过应用远程三维可视化技术，用户只需在办公室任意一台能链接内网的电脑用中石油AD域账户登陆门户，即可任意调用部署在机房的专业软件，显示效果和处理速度与在机房使用图形工作站没有任何差

别。实现了大型石油专业软件的远程发布，并支持三维解释、三维地质建模等软件模块远程的应用，提升专业软件远程效果和用户使用感受效果明显(图5)。

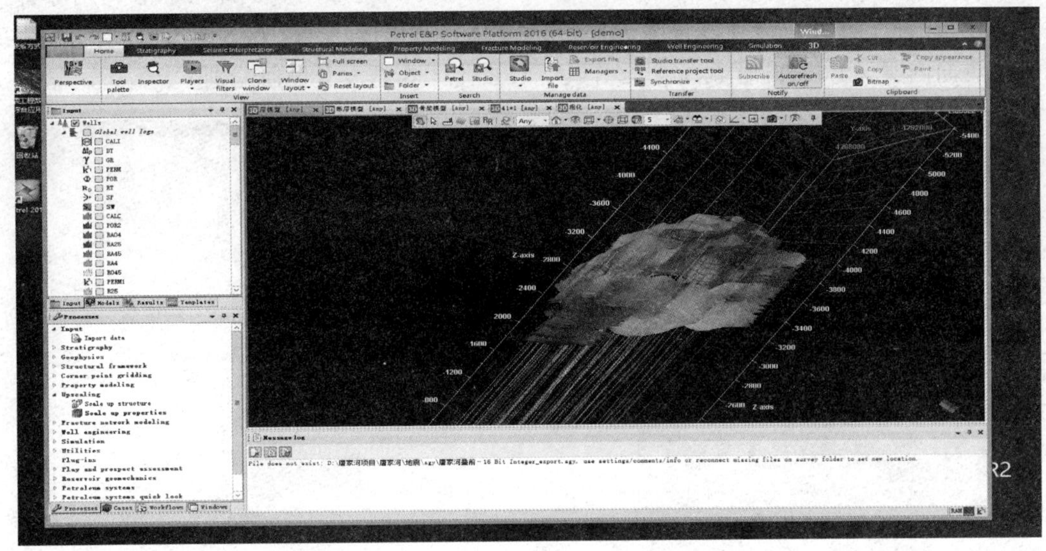

图5　用户桌面环境下一建调用基于 Windows 系统的 Petrel 软件

通过应用远程桌面一键调用技术，实现了统一环境下的 Linux 及 Windows 系统共存，实现了科研人员随时随地的软件调用。科研人员不需要了解底层操作系统，只需要运行相应的软件，即可实现自动切换操作系统。不仅降低了运维人员的工作开销，还可降低办公电脑的配置需求和减少图形工作站的采购数量，达到节约开支的目的。

• 许可证管理工具大幅提高了许可证的利用率

开发了许可证管理工具(图6)。通过该工具不仅可以主动释放被占用的许可证，还能实时监控各个专业软件的许可证应用情况、监控许可证服务器的运行状态、提前预警即将到期的软件许可证等功能。

软件	功能模块	已使用Lic数量	总Lic数	使用效率	服务器
CGGVKEYD					
	MUTES_geovation1.0	2	328	0.61	10.89.147.155
	HDPIC_geovation1.0	19	328	5.79	10.89.147.155
	TIKIM_geovation1.0	1	1024	0.1	10.89.147.155
	CNASE_geovation1.0	1	328	0.3	10.89.147.155
	expose	1	512	0.2	10.89.147.155
	HFNMO_geovation1.0	20	328	6.1	10.89.147.155
	COH3D_geovation1.0	1	328	0.3	10.89.147.155
	LIBSH_geovation1.0	20	328	6.1	10.89.147.155
	REFOR_geovation1.0	1	328	0.3	10.89.147.155
	FDNAT_geovation1.0	1	328	0.3	10.89.147.155
	SETRA_geovation1.0	28	328	8.54	10.89.147.155
	AMPOF_geovation1.0	1	328	0.3	10.89.147.155
	GETRA_geovation1.0	29	328	8.84	10.89.147.155
	LIBED_geovation1.0	1	328	0.3	10.89.147.155
	FILTR_geovation1.0	22	328	6.71	10.89.147.155
	VLPAC_geovation1.0	2	328	0.61	10.89.147.155
	LIBVI_geovation1.0	22	328	6.71	10.89.147.155
	HMATH_geovation1.0	22	328	6.71	10.89.147.155
	EDITE_geovation1.0	1	328	0.3	10.89.147.155
	RSAMP_geovation1.0	1	328	0.3	10.89.147.155
	SELTR_geovation1.0	2	328	0.61	10.89.147.155
	DECSC_geovation1.0	1	328	0.3	10.89.147.155
	DYNQU_geovation1.0	26	328	7.93	10.89.147.155

图6　许可证管理主界面

通过集中管理软件许可证，实现了专业软件许可证的统一调度管理。专业用户一旦发现 OpenWorks、Petrel 等软件许可证被占用，可以立即通知管理人员释放已经通过验证但仍被占用的许可证。许可证的有效使用率从集中管理之前的不到 20%大幅提高到 80%以上，单个许可证的服务能力也从约 2~3 人/天提高到接近于无上限。从更长远来看，还可以通过对各单位的用户和各个专业软件的使用活跃度进行统计与分析，为科研质量提升和软件采购建议提供支撑数据。

• 搭建软件共享管理应用门户

把部分适宜用于集中部署的专业软件部署到用户间的图形工作站和集群服务器上，搭建了专业软件集成发布门户（图7）。专业软件集成发布门户在一个页面内实现了两种操作系统和多个专业应用软件的集成应用。用户只需在办公室任意一台能连接内网的、配置不限的电脑用中石油AD域账户登陆门户，即可任意调用部署在机房的专业软件，显示效果和处理速度与在机房使用图形工作站没有任何差别。

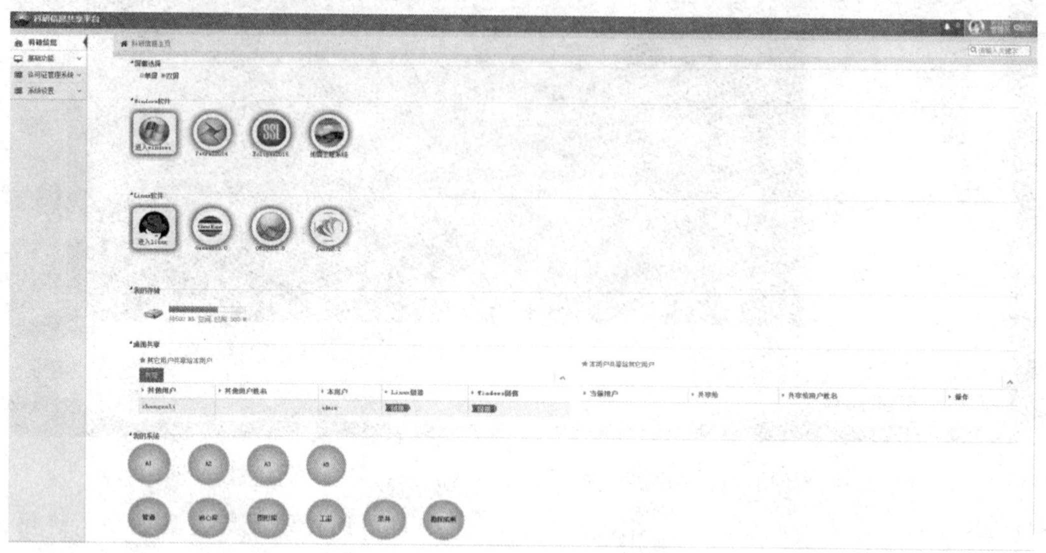

图7　专业软件集成发布门户主界面

该门户还集成了公告信息、用户认证、用户权限设置、在线资源申请、归档工区申请、应用知识库和用户交流社区等功能，不仅将多个专业软件集中到一个统一的环境进行共享应用，还同时满足了用户的使用需求和运维人员的管理需求。

• 开展标准项目库建设，取得良好应用效果

对勘研院的勘探开发研究工作流进行了全面的梳理，并分析研究了兰德马克、斯伦贝谢和国内主要油田标准项目库建设、管理及应用现状，在A1/A2、物探工程基础数据库、勘探研究成果系统等已经实现专业数据统一管理的信息化平台基础上，选取OpenWorks和Petrel等主流专业软件作为勘探开发研究标准项目库的数据来源和应用环境，完成了标准项目库总体架构设计（图8）。

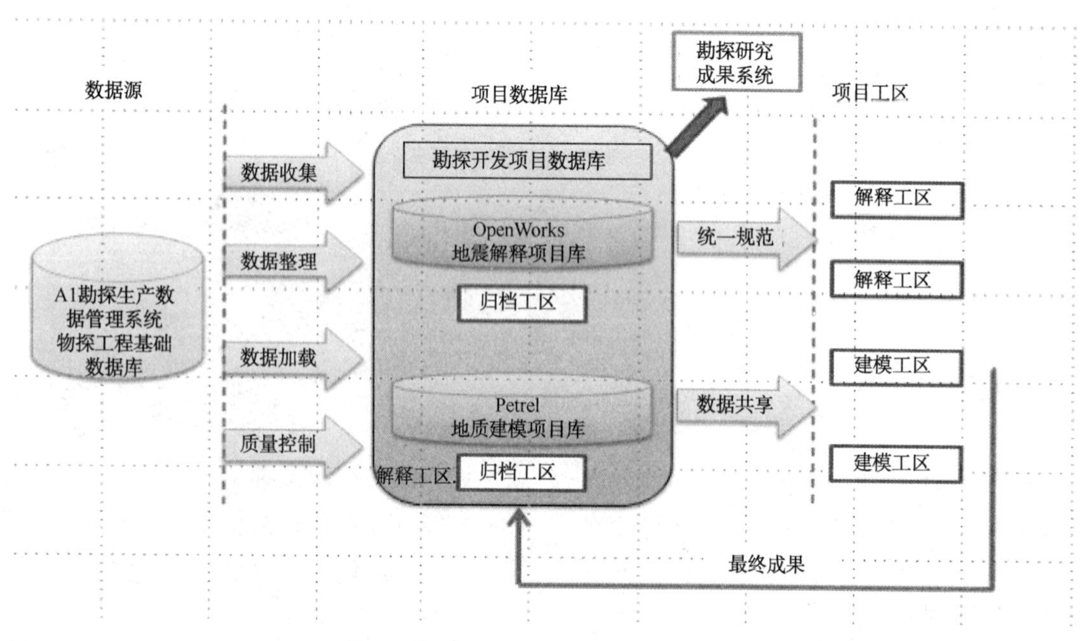

图8　标准项目库技术架构

科研标准项目库在数据规范性的制定过程中，充分考虑 OpenWorks 和 Petrel 数据模型对命名的约束和要求，从项目数据命名规范、加载规范和项目库管理规范进行设计，形成规范的标准项目库应用模式(图 9)。遵从现有的地震解释工作流程及工作方式不予修改及干预，尽量减少业务人员的工作量。保证数据的通畅流动，同时也保证了专业软件项目库和现有数据资源系统相关数据的一致性。

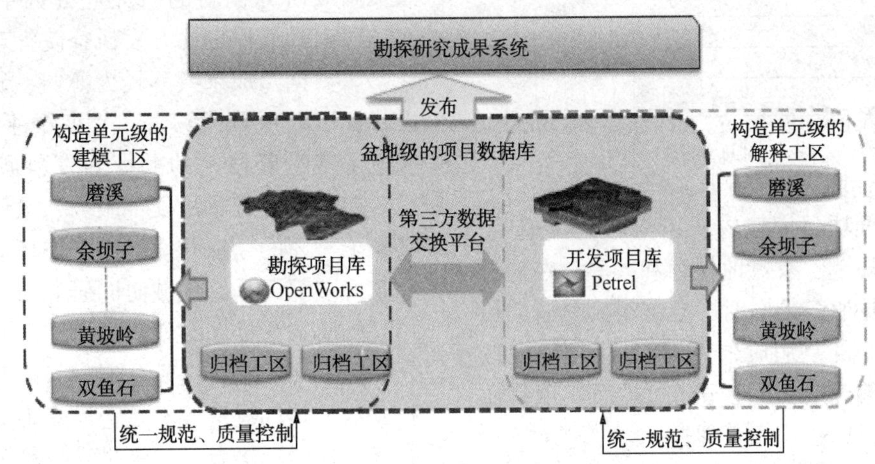

图 9　标准项目库应用模式示意图

3.2　科研业务系统环境建设取得效果

西南油气田勘探开发一体化协同研究环境尚未完全建设完成，但勘探开发研究院在以下几个方面已经取得或将要取得一定的应用成效：

3.2.1　提高了资源效率，降低成本

通过主动发现勘探开发研究用户痛点，积极开展基础调研和技术攻关。从基础设施、专业软件和数据资产的共享应用着手，打破各所室、各专业的竖井式管理壁垒，把以往被动地、灭火式的管理变成主动地、优化的管理。有效提升基础设施、专业软件和数据资产管理水平。应用专业软件集成共享和勘探开发标准项目库前后效果对比明显(表 1)。

表 1　专业软件集成共享和勘探开发标准项目库应用前后效果对比表

	工作时间比例(%)		工作方式对比		展望值(%)
	应用前	应用后	应用前	应用后	
数据收集	25	12.5	人工拷贝、电话联系	系统导入	5
数据整理	20	5.5	反复确认、存在误差	系统自动完成	2
数据加载	10	5	反复修正、存在误差	系统自动完成	1
综合研究	35	67	反复开会研讨	软件环境下实时讨论	87
报告编写	10	10			5

硬件资源共享，将过剩或分布不均衡的计算能力集中管理，按需分配，利用资源调度手段大幅提高设备的使用效率。例如：一台 HP Z840 图形工作站在保证系统性能不受影响前提下的同时服务用户数从 1 人增加到 3 人，服务能力提高了 200%，极大地提高了设备的使用效率；

软件集成部署，让用户不再陷入基础设施和软件环境的运维泥潭，抽出全部精力用于科研生产，同时消除多头管理、分散管理盲区。据统计，许可证的有效使用率从集中管理之前的不到 20%大幅提高到 80%以上，单个许可证的服务能力也从约 2~3 人/天提高到接近于无上限；

3.2.2　标准项目库实现数据的有效共享

通过标准项目库建设梳理工作流上下游关系规范输入输出数据，让用户不再关心数据从哪来、怎么来，而只关心数据的内容，同时可以有效地遏制用户的无序行为，减少垃圾数据、僵尸数据、重复数据的空间占用。根据 2004 年以来的专业数据增速统计，勘探开发专业数据到 2020 年对存储的需求将达到惊人的 14PB(图 10)。标准项目库的全面

实施将大幅降低存储空间占用率，仅仅重复原始数据就能每年节约存储空间约 2PB。

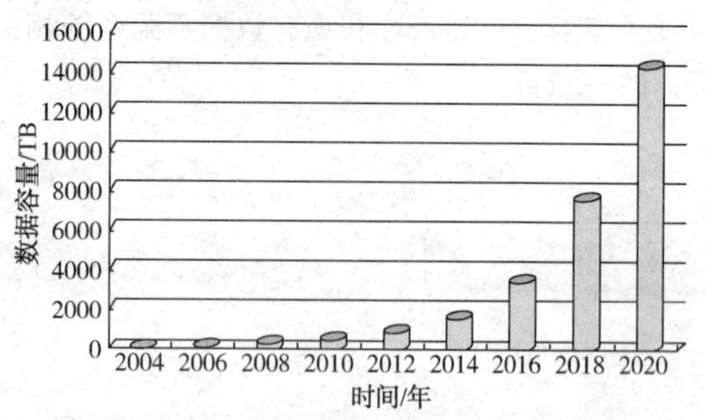

图 10　勘探开发研究院存储盘阵发展趋势图

在科研标准项目库建成步入常态化管理后，成果数据得以规范、有效地保存和共享。在为科研人员提供数据服务的同时，也能得到科研人员在标准项目库中的复用成果数据，从而形成“以用代建、边用编建”的良性循环，进而实现科研生产与标准项目库建设相互促进。

4　科研协同环境建设总体思路及下步工作重点

通过建立协同研究环境，需要建设统一规范、高度共享的底层硬件系统、集中管理、共享应用的专业软件群和规范标准的勘探开发标准项目库。其首要目的是为综合解释、地质建模、数值模拟等研究工作提供良好的数据服务，实现项目数据、成果数据的正常化规范管理；在各专业软件、各主要研究阶段之间实现数据流的畅通、实现数据的交换和共享，减少科研人员在数据收集、整理和加载方面的时间，大幅提高研究工作效率、缩短项目研究周期。

4.1　协同研究环境平台整体设计

基于勘探开发研究院的业务架构及研究工作需求，结合勘探开发数字化转型及智能油田建设理论与技术，实现勘探开发研究工作高效协同为目标，从云平台搭建、数据及成果共享、基于智能工作流的协同工作场景等方面进行协同研究环境的总体规划与蓝图设计。

4.2　优化部署软硬件、数据共享并推广

基于之前搭建的系统优化部署及软件云化的技术基础，结合整个西南油气田现状需求及整体蓝图设计，优化云平台与数据共享平台，并推动所有主要研究工作上云应用。

4.3　搭建支持各类研究场景的智能工作流

结合智能工作流技术，基于软硬件共享云平台和数据集成共享平台，形成主要研究场景的协同研究应用。实现勘探开发研究的流程化、透明化、交互化、协同化及知识成果共享。

5　结论

“勘探开发协同研究环境”是能够支持科研人员高效研究创新的研究业务数字化转型的核心。西南油气田勘探开发研究院针对当前软硬件共享、数据及成果共享较为薄弱、研究任务重等现状，以勘探开发多学科“一个平台”为目标，探索了基于云技术的勘探开发科研协同工作模式。初步建设成了集硬件服务、软件服务、数据服务于一体的勘探开发科研工作环境，形成了多专业、多部门、跨地域协同研究与深度融合的协同工作模式，推动多学科的协同研究，提高研究效率和成果水平，提升公司创新能力，从硬件采购成本、软件投资成本及运维管理成本等方面取得了良好的经济效益。为进一步扩大勘探开发协同研究环境的应用效果有必要进一步的从整体规划、软硬件集成共享云平台、数据及成果集成共享平台和协同研究场景智能工作流建设等方面进一步投入，为建成智能研究院打下坚实基础。

参　考　文　献

[1] 刘志忠．大港数字油田建设新进展．中国石油大港油田公司信息中心，2015.

[2] 苏旬阳．基于高性能计算云的作业调度系统的设计与实现．内蒙古大学，2019.

[3] 杨勇．云技术对石油行业的影响探析．大庆油田，2020.

[4] 王琳．地震资料处理解释桌面云建设．西南油气田勘探开发研究院，2013.

[5] 王琳．科研综合云计算服务平台．西南油气田勘探开发研究院，2014.

[6] 王琳．勘探开发研究项目数据库建设和应用技术研究．西南油气田勘探开发研究院，2017.

[7] 谢军．“互联网+”时代智慧油气田建设的思考与实践[J]. 天然气工业，2016，36(1)：137-145.

[8] 马化腾等．互联网+：国家战略行动路线图[M]. 中信出版集团，2015.

[9] 高志亮，梁宝娟等．数字油田在中国——油田物联网技术与进展[M]. 科学出版社，2013.

[10] 范德军．大港油田勘探开发项目协同环境研究与建设[J]. 中国石油和化工标准与质量，2010.9：121.

[11] 陈哲．大港油田基于授客户端的项目研究环境建设[J]. 管理观察．2009，11(32)：68-69.

西南油气田管道管理平台在管道业务数字化转型中的应用实践

张大双　刘兢建　张　理

（中国石油西南油气田公司）

摘　要　数字化转型的关键是模式重构，通过数字技术构建一个全感知、全连接、全场景、全智能的数字世界，对传统管理模式、业务模式、商业模式进行创新和重塑。西南油气田公司通过构建覆盖管道全生命周期业务的管道管理平台，整合集成多个系统的功能和分散存储的多源数据，构建一个集数字化办公、数据统一展示、功能应用集成为一体的综合性管道管理平台。通过管道管理平台，在数据整合对齐、管道全态势感知、数字化协同办公等方面开展了数字化转型有效探索和实践，取得了较好的效果。下一步西南油气田公司将围绕生产模式、管理模式和技术模式转变，利用数字卵生体和在线仿真技术实现管网智能分析和站场智能化管理，扎实推进管道业务数字化转型、智能化发展。

关键词　管道；数字化转型；数据对齐；管道感知；数字化办公；模式重构

工业技术与信息技术的深度融合正在改变生产组织方式和运行方式，引发传统产业转型升级、结构调整，进而重塑产业链和价值链，产生新模式和新业态，向数字经济转型。行业领先企业纷纷进入数字化转型通道，顺势而为，重塑业务定位。

数字化转型就是通过新一代数字技术的深入运用，构建一个全感知、全连接、全场景、全智能的数字世界，进而优化再造物理世界的业务，对传统管理模式、业务模式、商业模式进行创新和重塑，实现业务成功。由此可见，数字化转型的关键是模式重构。

近年来，西南油气田公司依托总部统建系统和公司自建系统，形成了勘探生产、开发生产、工程技术、生产运行、管道运营、设备管理、科研协同、经营管理等8大业务领域的应用支撑，开启了自动化生产、数字化办公新模式。

1　西南油气田管道业务数字化转型发展面临的挑战

1.1　缺乏统一的数据标准，数据价值未充分挖掘

西南油气田管道业务数据具有业务链条长、数量多、类别多、实时产生等特点，管道，设计、施工、运行各阶段采集了大量数据，但其标准并未完全统一。海量数据入库后，“数出多门、同数异源”的情况普遍存在，缺乏统一的数据标准，各系统间无法直接实现数据的集成共享，抑制了数据的进一步深化应用，数据价值未能充分挖掘。

1.2　管道全方位感知不足

管道全方位感知是智能分析的基础，要实现“空、天、地、人、管”全方位感知，例如管道线路风险（如第三方破坏、地质灾害、腐蚀防护等）的全面感知，设备状态信息全面监测等等。西南油气田已经基本完成了云网端基础设施和完整的工业控制系统建设，油气生产物联网覆盖率超过90%，建成数字化场站2033座，物联网和SCADA系统的采集点位数超过4万个。但是这些数据大部分用于满足管网运行调控的要求，其数量和类型远远不足以支撑智能化分析和判断的要求。

1.3　一体化协同工作和决策支持能力不足

数字化转型基础在于各业务领域通过数字化赋能，重构现行业务管理体系，以适应从单专业、单业务流程作业到多作业、跨业务协同作业的转变；西南油气田跨专业、跨部门之间数据共享和线上流程衔接还需要加强，缺乏支撑生产应急和决策指挥的一体化工作流。

2　西南油气田公司构建管道管理平台

西南油气田公司深度利用已建信息系统的数据资源，以管道全生命周期管理为主线，功能涵

盖规划、设计、建设、运行、维护、报废的全业务链条，打造管道全生命周期业务数据库，构建了一个集数字化办公、数据统一展示、功能应用集成为一体的综合性管道管理平台，平台目标是要实现数据统一规范、风险全面感知、优化协同工作、科学有效辅助决策，其总体架构见图 1。

近年来，除了中石油集团统建的 A4(地理信息系统)、A5(采油气工艺与地面工程系统)等，西南油气田公司自建的、多个与管道业务相关的信息系统陆续上线运行，如作业区数字化管理平台、地面工程数字化移交管理平台、设备综合管理系统等等。管道业务数据分散在公司层面的 6 个信息系统 6 个和 11 个二级单位自建系统中，管道管理平台有效整合了这些功能和数据，见图 2。

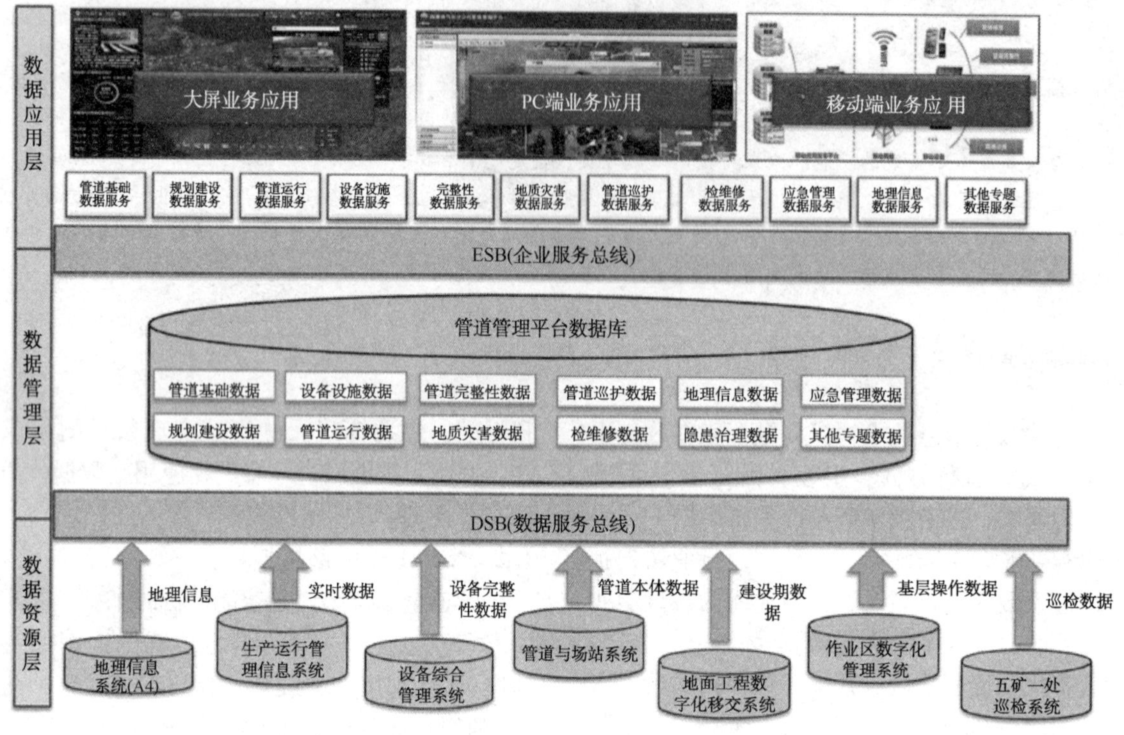

图 1　西南油气田公司管道管理平台总体架构图

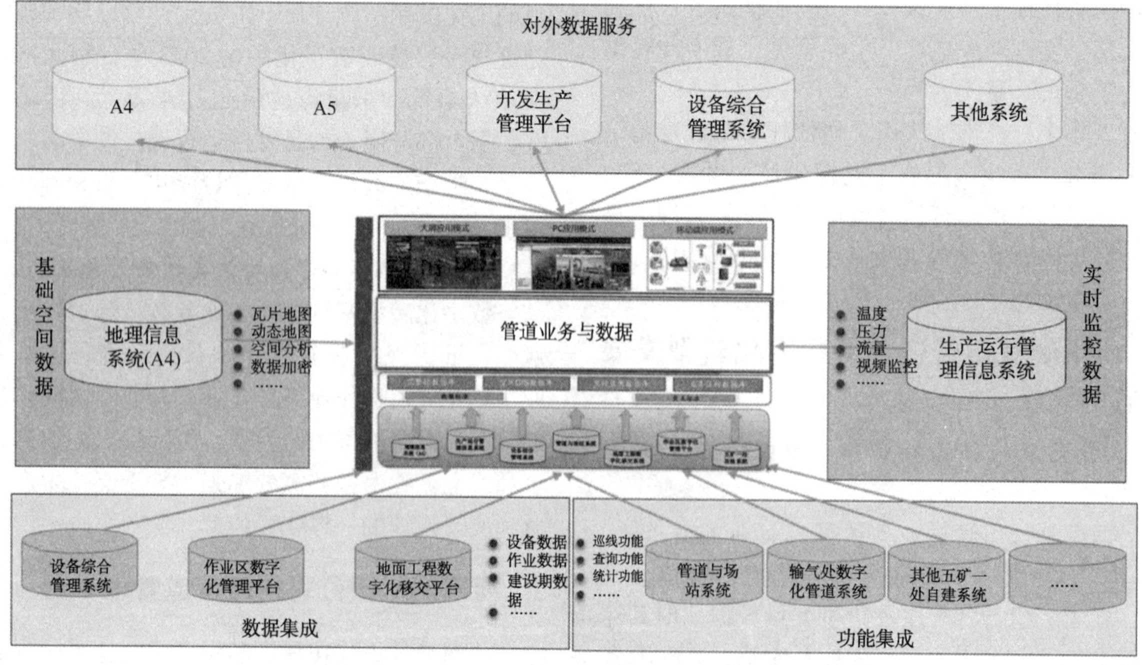

图 2　西南油气田管道管理平台数据整合示意图

3 数字化转型应用场景

3.1 数据整合对齐，统一数据标准

数据全面统一，所有入库数据必须按照统一标准采集、统一格式传输、统一维度存储及统一标准对齐。西南油气田管道管理平台以管道建设为源头，充分结合管道建设期和运维期的数据需求，制定了“建设期输气管道数据采集标准”，将管道空间数据、基础属性数据、业务数据等方面的采集标准进行统一；对于在役管道，在《建设期输气管道数据采集标准》上，结合中石油企标气田管道完整性管理数据表单适当精简完善，开展在役管道数字化恢复工作。新建管道和在役管道数据标准统一后，形成覆盖管道全生命周期业务的数据体系。采集的数据全部进入西南油气田公司管道管理平台，构建了平台的基础数据库，见图3。

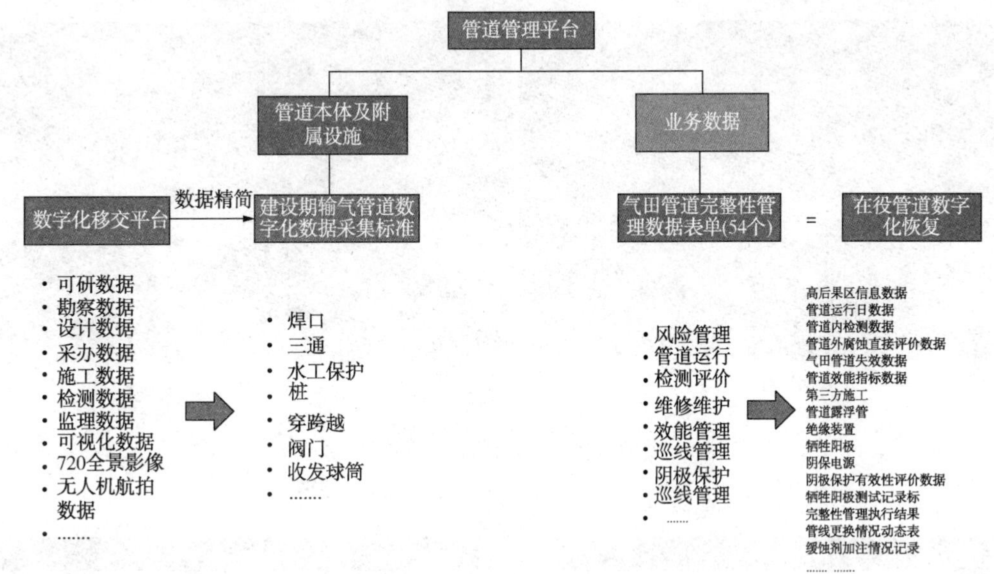

图3　西南油气田管道管理平台数据构成示意图

3.2 管道全态势感知

丰富现场感知手段，构建管道全业务数据库，将高后果区、风险评价、第三方施工作业、地质灾害、阴极保护等外部风险数据和管网运行(关键节点压力、管网负荷、管存量)、场站运行等实体运行数据整合到三维场景中，结合实时视频监控、720全景影像等方式实现对管道的全息监控和全态势感知，见图4。

3.3 管道业务数字化协同办公

西南油气田管道管理平台将管道日常业务管理中较为常见的管道完工交接、管道停气连头、管道第三方施工作业等多项工作进行流程固化，构建一套业务流转体系，将业务流转从线下搬到线上，全闭环管理、全过程留痕，实现跨部门协同办公。例如管道第三方施工作业，按照信息采集上报-三色预警管理-管道保护方案审批-实施监控-常态巡检的过程进行流转，实现全过程数字化管理，见图5。

4 下一步数字化转型目标

4.1 利用数字卵生体和在线仿真技术实现管网智能分析

在管道规划设计、施工建设阶段构建物理空间和虚拟空间相互映射的模型，实现管道实体和虚拟信息的同步交付，见图6。利用在线仿真技术，对虚拟管道模型仿真优化，将控制系统与信息系统数据融合，构建支撑生产应急和决策指挥的智能工作流，实现管道运行方案与调控操作优化、管网运行日常管理智能化以及应急指挥决策智能化，见图7。

4.2 站场管理智能化

通过全面感知，利用大数据分析、人工智能、数字孪生体等技术，实现站场全面感知、集中调控、自动操控、智能预测、智能巡检，达到远程控制、无人操作、有人值守的自动化水平，促进生产组织与人员优化。

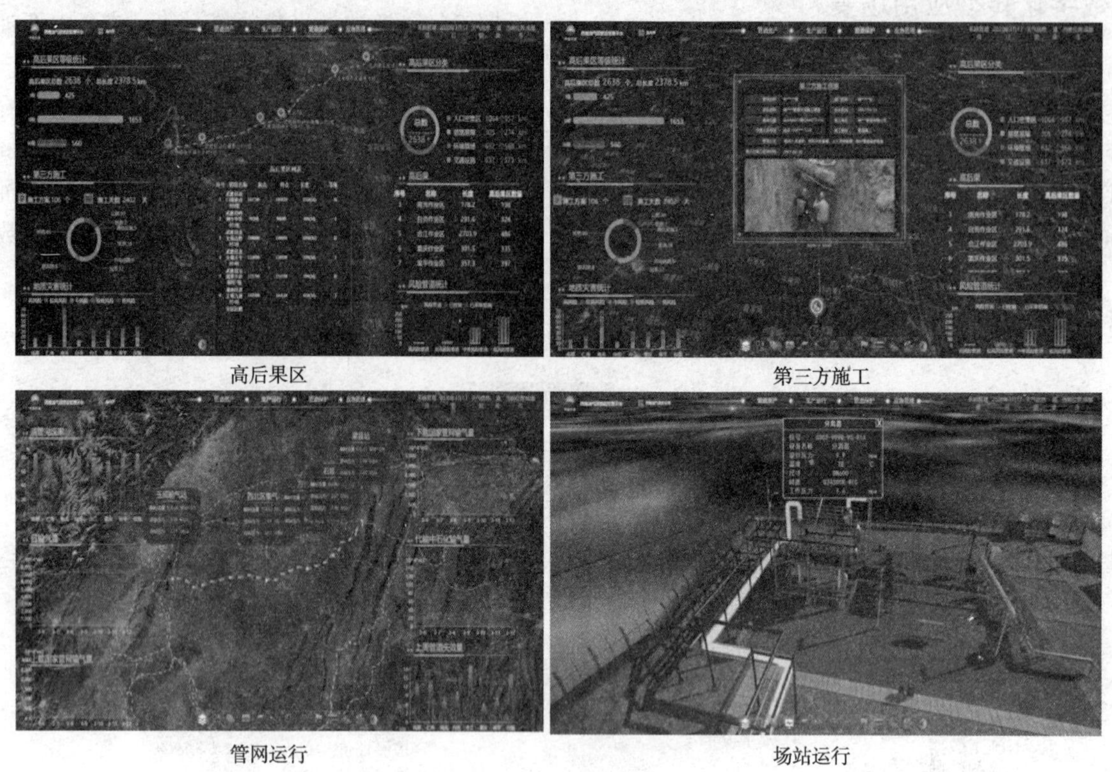

图 4　管道全方位感知场景图

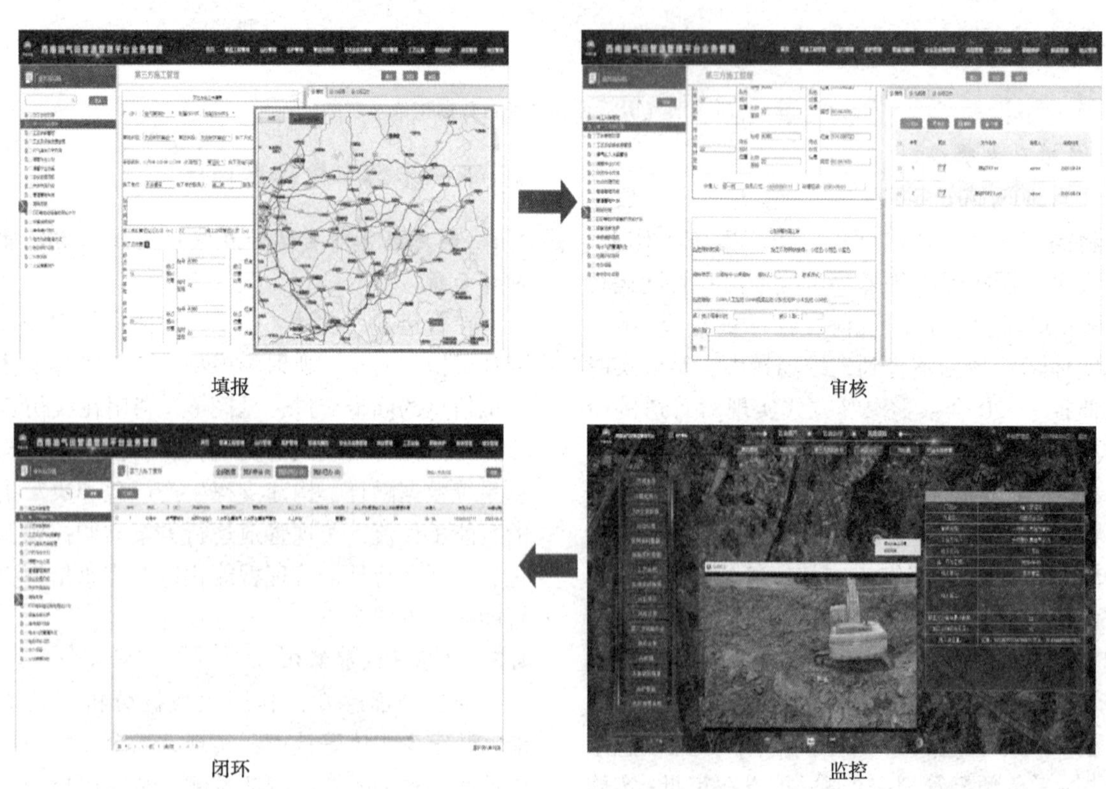

图 5　管道第三方施工作业工作流示意图

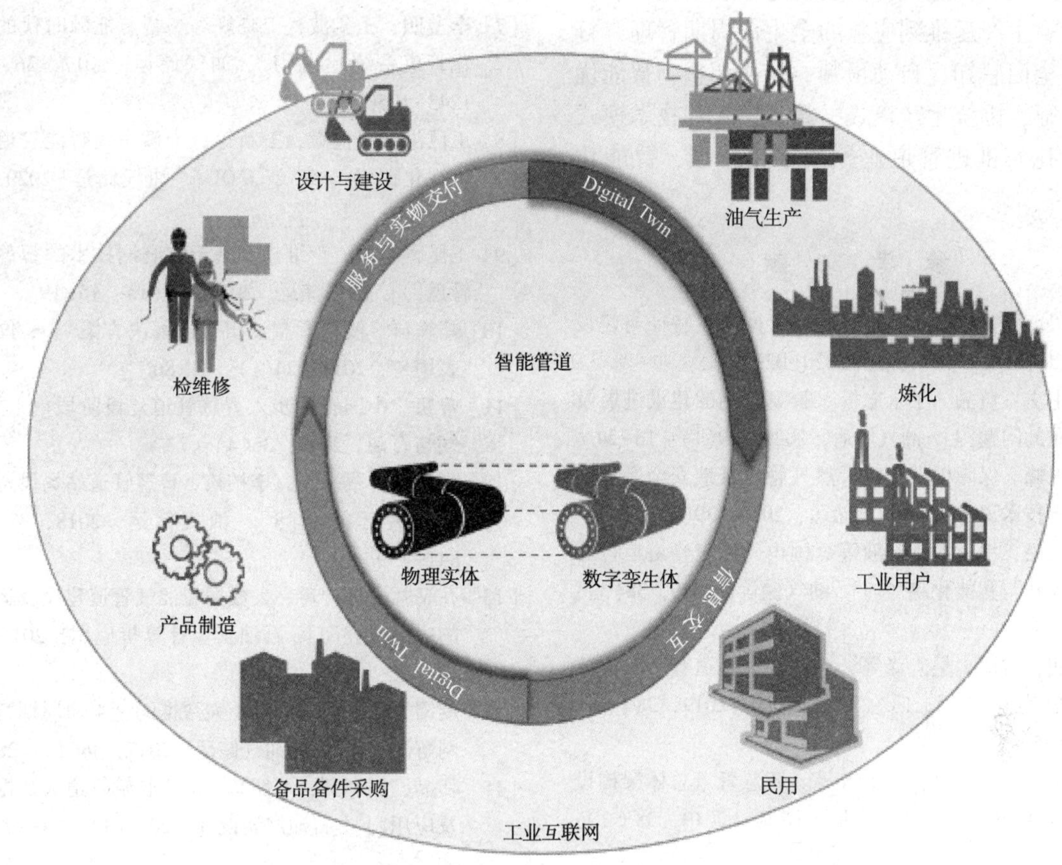

图 6　管道数字孪生体概念图

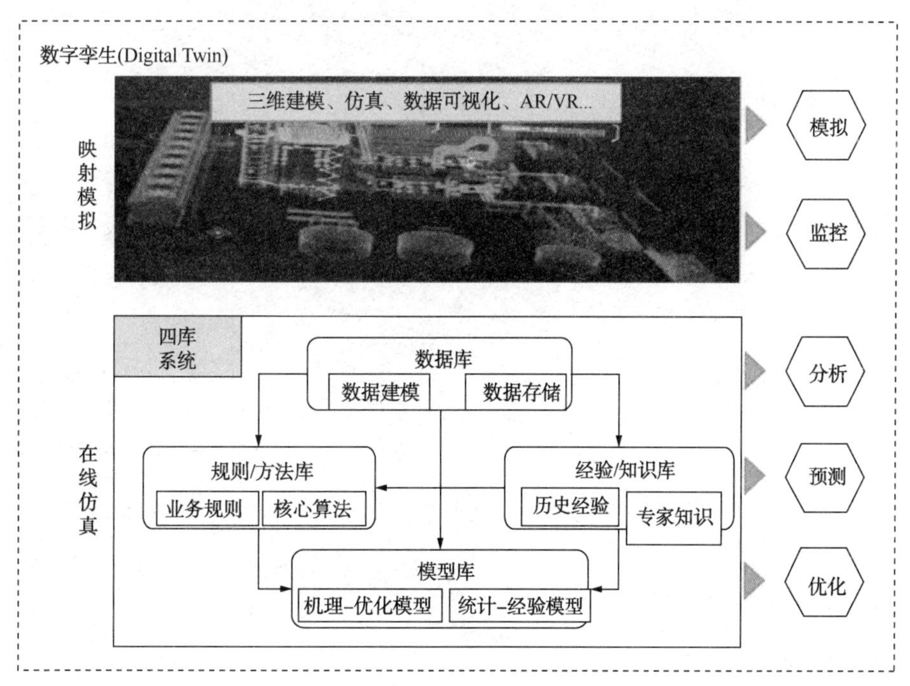

图 7　数字孪生与在线仿真示意图

5　结束语

在油气田企业数字化转型、智能化发展的大背景下，西南油气田将对标国外先进水平，补齐短板，进行管道的自动化、智能化软硬件升级换代，提升自动化和智能化水平；开展管道智能化试点、示范工程建设，实现管道从规划设计、工程建设、生产运维到应急的全生命周期管理，打造具有全面感知、自动预判、自我调整、智能优化等特征，围绕生产模式、管理模式和技术模式转变，扎实推进管道业务数字化转型、智能化发展。

参 考 文 献

[1] 税碧垣，张栋，李莉等．智慧管网主要特征与建设构想[J/OL]．油气储运[2020-02-13].

[2] 聂中文，黄晶，于永志等．智慧管网的建设进展及存在的问题[J]．油气储运，2020，39(1)：16-24.

[3] 程玉峰．保障中俄东线天然气管道长期安全运行的若干技术思考[J]．油气储运，2020，39(1)：1-8.

[4] 李柏松，王学力，徐波等．国内外油气管道运行管理现状与智能化趋势[J]．油气储运，2019，38(3)：241-250.

[5] 熊明，古丽，吴志锋等．在役油气管道数字孪生体的构建及应用[J]．油气储运，2019，38(5)：503-509.

[6] 蔡永军，蒋红艳，王继方等．智慧管道总体架构设计及关键技术[J]．油气储运，2019，38(2)：121-129.

[7] 李遵照，王剑波，王晓霖等．智慧能源时代的智能化管道系统建设[J]．油气储运，2017，36(11)：1243-1250.

[8] 王巨洪，张世斌，王新等．中俄东线智能管道数据可视化探索与实践[J/OL]．油气储运[2020-02-13].

[9] 王昆，李琳，李维校．基于物联网技术的智慧长输管道[J]．油气储运，2018，37(1)：15-19.

[10] 郑轶群．浅谈智慧油田行业解决方案[J]．仪器仪表用户，2017，24(1)：84-86.

[11] 曾妍．中国石油步入智慧管道建设阶段[J]．天然气与石油，2017，35(4)：72.

[12] 张海峰，蔡永军，李柏松．智慧管道站场设备状态监测关键技术[J]．油气储运，2018，37(8)：841-839.

[13] 乔汉林，孙玲玲．大数据在油气管道建设及运行中的应用研究[J]．石油工业计算机应用，2016(6)：44-45.

[14] 董绍华，张河苇．基于大数据的全生命周期智能管网解决方案[J]．油气储运，2017，36(1)：28-36.

[15] 郭磊，周利剑，贾韶辉．油气长输管道大数据研究及应用[J]．石油规划设计，2018(1)：34-37.

企业云数据中心基础设施的建设与运维服务模式

于庆友　帅训波　贾文清　宋　倩

（中国石油勘探开发研究院信息技术中心）

摘　要　目前数据中心的发展现状和未来发展趋势，新一代企业云数据中心基础设施的建设与运维服务模式特点，描述了基本建设原则、设计依据、建设方案。企业云数据中心基础设施的建设类型可分为：定制化固定式新建大型或超大型数据中心；非定制化固定式改、扩建中型数据中心；预制化小型数据中心。企业云数据中心基础设施的运维服务模式可分为：专业运维服务模式；专业与外包混合运维服务模；专业外包与合同能源管理混合运维服务模式。

关键词　云数据中心；设计依据；建设；建设原则；建设类型；服务模式

数据中心现状及发展趋势

信息化社会的根本特征，在于社会的生产、生活等各领域的活动，广泛通过网络化、数据化的信息系统来实现。各种社会活动能否正常开展，取决于相应的信息系统能否连续运行和有关数据是否真实完整。数据中心是支撑信息化稳定运行的基础设施。就我国当前的实际状况而言，社会活动的一些领域如果离开信息化手段已不能正常运转。所以信息化发展较快的通信、金融、航空航天、能源、气象局、地震、测绘等国家重要行业均已建设了自用型数据中心。

目前互联网、物联网、人工智能、云计算和大数据为特征的新一轮技术革命正在兴起，信息技术与各行业生产、科研、经营的交汇融合引发了信息化数据迅猛增长，信息化已成为国家及各行业基础性战略资源，也是未来国家发展的必然趋势。随着5G网络、数据中心等需求在不断增长，新型基础设施建设进入快速发展阶段。各行业将发生巨大的技术变革，迈向智能化、信息化时代。

今年国家陆续出台了多个有关数据中心建设的政策，促进5G网络和工业互联网大数据中心等新基建的建设。

2020年1月3日，开年首次国务院常务会议上要求“要大力发展先进制造业，出台信息网络等新型基础设施投资支持政策，推进智能、绿色制造”。

2020年2月，中央全面深化改革委员会第十二次会议强调，基础设施是经济社会发展的重要支撑，要以整体优化、协同融合为导向，统筹存量和增量、传统和新型基础设施发展，打造集约高效、经济适用、智能绿色、安全可靠的现代化基础设施体系。

2020年3月，中央政治常务委员会会议强调加快5G网络、数据中心等新型基础设施建设进度；同月，工业和信息化部办公厅印发《关于推动工业互联网加快发展的通知》，《通知》中提出要加快国家工业互联网大数据中心建设，鼓励各地建设工业互联网大数据分中心。建立工业互联网数据资源合作共享机制，初步实现对重点区域、重点行业的数据采集、汇聚和应用，提升工业互联网基础设施和数据资源管理能力。

1　云数据中心概述

对于新一代云数据中心，现在国内外均没有统一和权威的定义，各行业从自身的发展策略和产品线出发提出了各自看法。国际上普遍认为新一代云数据中心必须具备如下几个基本特征：虚拟化、云计算、智能化、自动化、绿色节能和性能优化等，也就是说只有符合这些特点的数据中心，才能够称之为新一代云数据中心。

1.1　云数据中心特征

企业云数据中心应具备虚拟化和云计算的特征，虚拟化将打破IT用户和IT资源之间的束缚，让复杂的系统简化。虚拟化是影响新一代云数据中心发展的重要技术之一。虚拟化的优势在于有效地提高了数据中心的利用效率，降低了投资成本，优化了现有服务器的资源和性能，可以灵活、动态地满足业务发展的需要。与虚拟化紧密相连的运行模式是云计算，云计算的核心就是虚拟化资源共享。

1.2 云数据中心需求

传统的数据中心基础设施在需求分析、规划设计时对未来的数据中心发展把握不准，导致基础设施的供配电系统和制冷系统应变能力不足；服务器机柜通风换热效率差，存在局部热点、设备易宕机；无法满足云数据中心信息化高可用性、高连续性、高灵活性要求。应加快新一代云数据中心基础设施的建设，提升供配电系统、制冷系统以及动态分配系统，有效地提高数据中心基础设施的利用效率，优化现有服务器的资源和性能，可以灵活、动态地满足信息业务发展的需要。

随着服务器集成度越来越高，服务器的负荷利用率不断提升，高密度数据中心成为新一代云数据中心的主要特征，这对基础设施，尤其是供电和制冷系统提出了极大的挑战。

1.3 云数据中心设施配置简介

云数据中心的信息系统包括计算、存储、网络等不同类型的 IT 设备，用于承载在数据中心中运行的应用系统，并为用户提供信息处理和存储、通讯等服务。IT 设备的具体类型包括：(1)服务器类，例如机架式、刀片式(含机框)或塔式等服务器；(2)存储类，包括磁盘阵列、SAN(Storage Area Network，存储区域网络)交换机等存储设备，以及磁带库、虚拟带库等备份设备；(3)网络类，包括交换机、路由器，以及防火墙、VPN(Virtual Private Network，虚拟专用网络)、负载均衡等各类专用网络设备；(4)IT 支撑类：主要包括用于运行维护的监控管理等设备。

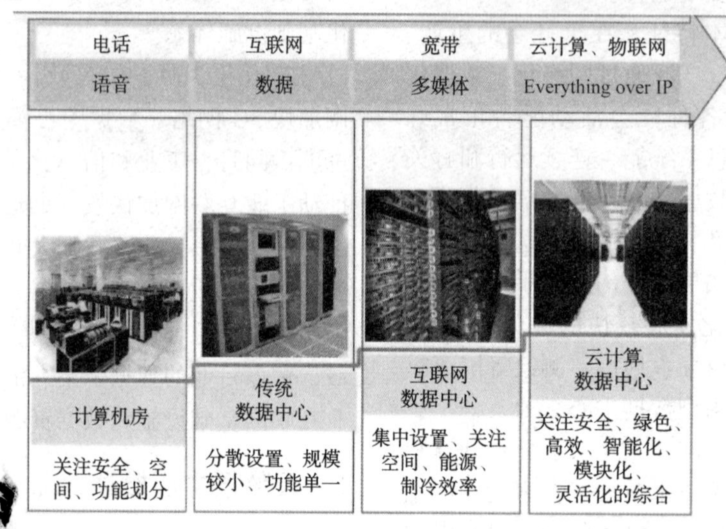

图 1　数据中心的发展历程

图 2　服务器的发展历程

图 3　传统数据中心服务器布置示意图

图 4　新数据中心服务器布置示意图

图5　新数据中心区域示意图

图6　新一代云数据中心布局示意图

数据中心供电设施中供配电系统用于提供满足设备使用的电压和电流，并保证供电的安全性和可靠性。供配电系统通常由变压器、配电柜、发电机、UPS、HVDC（高压直流）、电池、机柜配电单元等设备组成。

数据中心暖通设施中制冷系统是为保证 IT 设备运行所需温、湿度环境而建立的配套设施，主要包括：

（1）机房内所使用的空调设备，包括机房专用空调、行间制冷空调、湿度调节设备等；（2）提供冷源的设备，包括风冷室外机、冷水机组、冷却塔、水泵、水处理设备组成。

1.4　企业云数据中心建设

企业云数据中心基础设施的建设类型可分为：定制化固定式新建大型或超大型数据中心；非定制化固定式新建、改建、扩建中型数据中心；预制化小型数据中心。这几类云数据中心对节能的信息设备、芯片、架构和云计算、虚拟化应用、刀片系统、多核技术、冷却技术、智能管理软件等新技术需求是一致的，只是因建设规模不同，应采用适宜的基础设施建设方案，满足信息化运行的需求。

1.4.1　总部级数据中心建设

当建设集团级或总部级大型或超大型数据中心时，宜选择资源环境条件优越，能源相对富集，自然环境清洁，环境温度有利于节约能源，可再生能源丰富的地区；并远离产生粉尘、油烟、有害气体以及生产或贮存具有腐蚀性、易燃、易爆物品的场所；远离水灾、火灾和自然灾害隐患区域；避开强电磁场干扰；

同时应避免噪音、热岛等对周边环境的影响。

采用定制化固定式新建数据中心项目由数据中心主体设施、辅助设施、园区公用设施构成。各项设施主要包括：

主体设施：主机房、辅助区、支持区、行政管理区；

辅助设施：培训设施、服务保障设施、信息管理设施；

园区公用设施：供电设施、给排水设施、暖通设施、燃气供应设施、通信设施等。

数据中心基础设施的建设原则，认真执行国家或地区的有关建设方针、政策和技术标准规范，充分利用现有资源条件优化建设方案、符合建设场地的总体规划要求、标准适当、规模合理、功能适用、提高投资效益、达到经济适用和切实可行。设计依据主要为国家标准 GB50174—2017《数据中心设计规范》按其使用性质、管理要求及在经济和社会中的重要性将数据中心分为 A、B、C 三级。

大型企业云数据中心的建设，主要涵盖以下技术内容：

（1）建筑节能技术

通过对建筑物和围护结构包括外墙、屋面等进行合理设计和优化，增强各围护结构的保温隔热性能，建筑的外墙、屋顶采用高保温性能建筑材料和构造方案，有效防止热量散失及降低空调能耗。

（2）模块化

云数据中心应当具备模块化的特征，这些模块能够被灵活地采购和获取，具有极高的安全特性，尤其重要的是应该采用面向服务的架构，从而使用户可以更加灵活、动态地部署新业务和应用。

（3）自动化

云数据中心的自动化，不仅是基础设施监控的自动化，还包含管理、运维等自动化。能有效监测设备的硬件故障，帮助数据中心运维人员梳理相关流程，避免不必要的重复劳动，减少人工干预，从而有效避免人为错误导致的断电和其他问题的发生。

（4）节能环保

能耗是数据中心主要的运维成本，建设企业云数据中心，可以达到节省运维成本、提高数据中心容量、提高电源系统的可靠性及可扩展的灵活性等效果。理想状态下，通过虚拟化、刀片服务器、水冷方式等多种降耗方式，在满足同等设备供电情况下，云数据中心可以比传统数据中心降低能耗。

（5）供电系统节能技术

采用新型节能变压器和转换效率高的 UPS 电源或尝试使用高压直流供电技术替代传统的 UPS 电源。在确保数据中心安全供电的前提下，尽量减少 UPS 系统的备用主机数量，提升 UPS 系统的利用率。另外市电直供技术将成为数据中心供电技术未来的发展方向，一方面实现前期投资成本的降低，同时通过高效率供电大幅度减少后期运营成本。

（6）空调系统节能技术

有效利用大自然的冷源对数据中心进行冷却是机房空调节能减排的重点方向，大型数据中心建设时应采用具有自然冷却功能的空调系统，宜增加冷水机组、水泵采用变频技术，可以在数据中心空调负荷较小时亦能保持较高的能效比；冷却塔采用变频技术，在夜间或气温较低的条件下，通过变频调速控制调节冷却塔风机的转速和开启台数，降低空调系统运行能耗达到节能效果。另外在环境适宜的区域，数据中心利用自然冷源进行制冷的解决方案，增加了间接自然冷却、直接自然冷却、新风与冷墙混用冷却等多种方式。

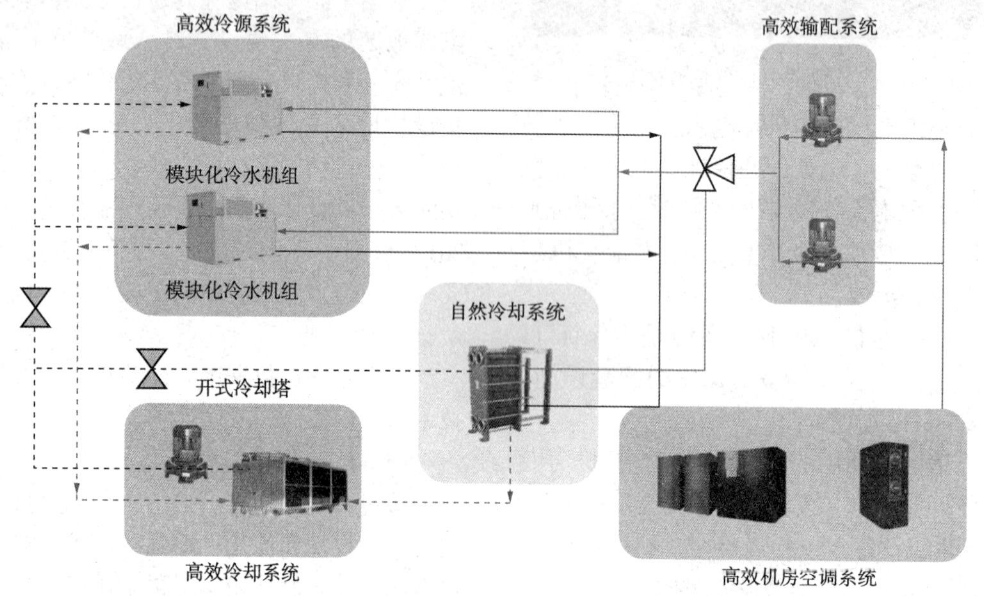

图 7　制冷系统示意图

（7）优化气流组织技术

采取合理的气流组织形式，采用下送风、上回风或者前送风、后回风等方式，建立冷、热气流通道，冷通道封闭等方式，也可采用背板、列间冷却等近距离冷却方式，提高空调系统的利用效率。

1.4.2　区域级数据中心建设

对于既有建筑或办公区新建、改建、扩建中型数据中心时，充分利用已有的设施资源，宜采用非定制化固定式数据中心。采用非定制化固定式新建数据中心项目由数据中心机房设施、辅助设施等构成。各项设施主要包括：

图 8　数据中心优化气流组织示意图

机房设施：模块化机房、辅助支持区；

辅助设施：供配电和制冷等设施、信息管理设施。

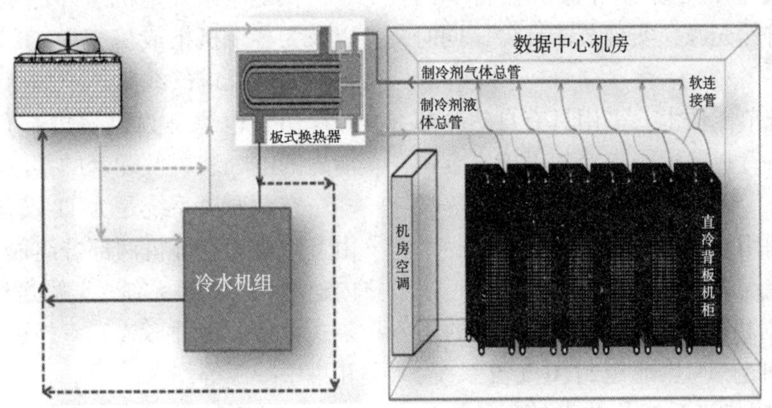

图 9　数据中心背板冷却系统示意图

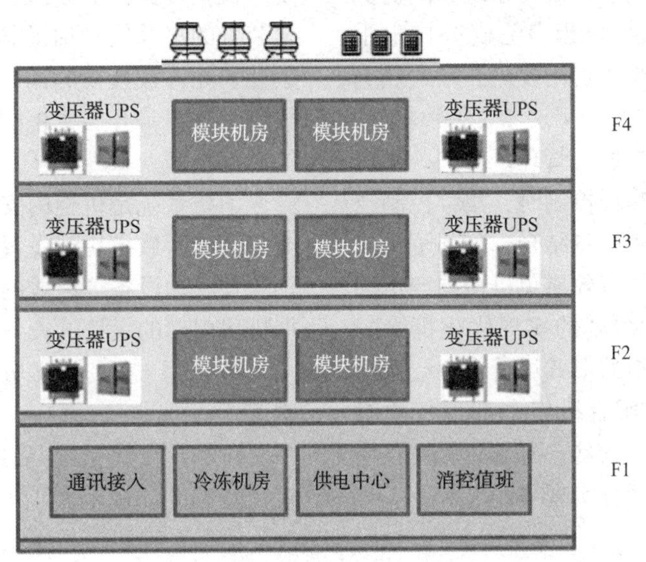

图 10　模块化数据中心剖面布局方案

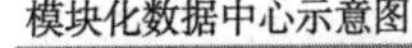

图 11　模块化数据中心布置示意图

对于中型企业云数据中心的建设，主要涵盖以下内容：

（1）对数据中心机房和围护结构进行合理设计和优化。有效防止热量散失及降低空调能耗。

（2）数据中心机房宜采用模块化的设计。可以灵活、动态地部署新业务和应用。功能区划分符合各系统之间的逻辑关系，满足管理和使用流程。机房布局人流、物流分开管理；满足消防逃生要求。

（3）完善数据中心基础设施的设计。根据分期规划进行电源和空调的扩展，优化供电、制冷方案，缩短相关布线距离，充分利用机房空间，满足上下所有管线的安装要求；预留后期扩容建设的接口，将机房模块化规划，可有效管理机房的逐步发展和运维。

（4）机房基础设施监控的自动化。还包含管理、运维等自动化。能有效监测设备的硬件故障，帮助数据中心运维人员梳理相关流程，避免不必要的重复劳动，减少人工干预，从而有效避免人为错误导致的断电和其他问题的发生。

（5）供电系统节能技术。采用模块式 UPS 电源和休眠技术，提高 UPS 单机的负荷率。在技术条件成熟时，可考虑采用高压直流供电系统为服务器供电，减小 UPS 系统和服务器自身的损耗。充分利用自然光源，实现节能环保，同时节省电费支出。

（6）空调系统节能技术。采用具有自然冷却功能的列间空调、背板等近距离冷却设施，空调系统采用 EC 风机、变风量控制、湿膜加湿等技术，提高系统的利用效率。

（7）优化气流组织技术。按照冷、热通道进行布局设计，根据机房层部署的设备功率的不同，分别采用行间送风+热通道封闭气流系统，下送风+冷通道封闭气流系统等技术处理，优化机房气流组织，合理利用空调制冷系统，降低机房能耗比，同时采用机柜盲板、毛刷等技术手段，优化送风气流，减少机房内扰流，增大热交换效率。

（8）机房精密空调群控与管理。对同一机房模块内的空调机组施实集群控制时，集群控制技术在使机房内的空调机组主备结合，加强了机房内空气组织循环的力度，有效避免机房内产生的“热岛”效应，又能最大限度的实现优化机组的启停序列，通过备用机组的形式尽量减少空调运行数量，实现节能。在所有机组全部运行的时候，通过避免同时加热/制冷，加湿/除湿的控制，减少机组间的竞争运行实现节能。

1.4.3　地区级数据中心建设

当新建、改建、扩建小型数据中心或边缘计算云数据中心时，宜采用可快速建设部署预制化或小型模块化数据中心。预制化或小型模块化数据中心采用工厂预制的方式，即在工厂完成数据中心相关基础设施的组装、连接和测试，尽量减少在数据中心现场的工程量，从而缩短数据中心的建设周期。

预制化或小型模块化数据中心产品是将数据中心基础设施系统中相对独立的单元进行模块化整合，确保每个模块具备相应的工作能力，根据用户需求提供技术升级、设备更新，以满足当前和未来发展的需求。

预制化或小型模块化数据中心宜包括机柜系统、供配电系统、UPS 电源、照明系统、空调系统、给排水系统、安防系统、消防系统、布线系统、防雷及接地系统、机房监控及管理系统等。

机柜系统是支撑微型数据机房设备的结构框架，通常是金属结构、前后网眼式金属门。

供配电系统是机房外部电源引入的主开关，以及为各个机柜或机柜内 IT 设备、空调设备供电的开关及电气线路。

UPS 电源是为机房内部负载提供后备供电能力的电气装置及配套的蓄电池组。

空调通风系统是为 IT 设备提供冷却的设施，由室内机和室外机两部分组成。室内机包括机柜内送风（单机柜系统）、侧送风、水冷背板、热泵式背板等多种形式，室外机分为一对一分体机和集中冷源等。

安防系统是摄像头和门禁装置，摄像头负责记录机柜被操作的影像，以便事后追查或结合门紧装置的报警信号拍摄非法打开机柜的动作。门禁装置允许被授权的操作人员操作机柜，未被授权者无法正常开启机柜门，若强行打开则向安防控制室报警。

消防系统是机柜内安放的极早期空气采样烟雾探测器、微模块组设置的感烟探头、气体灭火钢瓶及联动设备等组成的，用于迅速扑灭微型数据机房内部的火情的设备组合。

布线系统是安放电气、网络、冷媒等的槽道。

防雷及接地系统是按照《GB50057—2010 建筑物防雷设计规范》和《GB 50343—2012 建筑物电子信息系统防雷技术规范》设置的防雷电波引入措施和安全接地装置。

机房监控及管理系统主要是针对机房所有的设备及环境进行集中监控和管理的，其监控对象构成机房的各个子系统：动力系统、环境系统、消防系统、保安系统、网络系统等。机房监控系统基于网络综合布线系统，采用集散监控，在机房监视室放置监控主机，运行监控软件，以统一的界面对各个子系统集中监控。机房监控系统实时监视各系统设备的运行状态及工作参数，发现部件故障或参数异常，即时采取多媒体动画、语音、电话、短消息等多种报警方式，记录历史数据和报警事件，提供智能专家诊断建议和远程监控管理功能以及 WEB 浏览等。

预制化或小型模块化数据中心的优点是显而易见的：第一，高可用性，即通过工程产品化，实现整体设计和交付，质量得到保证；其次，是智能化和绿色化。模块化数据中心的内部各个子系统都可通过智能控制成为一个有机的整体，配置的监控、管理、供电、供冷等都可采用智能化技术，按需供冷，精确保障IT系统的运行环境，极大降低了运维强度、提高了数据中心的节能效果；第三，高度集成化，可以提供一站式服务，从而实现快速部署和在线扩容；同时在正常情况下还可以节约占地和运维成本。

图12　地区数据中心示意图

2　企业云数据中心运维模式

企业云数据中心完成建设后将进入运维管理阶段，参照国家及国际相关运维标准，建立适用的企业管理办法、管理细则、建设标准、运维标准。

运维管理通常由企业的专职运维团队或外包运维团队等多种方式完成。主要包含以下三种模式：

2.1　专业运维服务模式

该模式适用于职能较集中的大型数据中心，数据中心工作范围涵盖了机房及环境设备、IT设备、系统、应用、桌面等全部内容。组织架构按照各专业领域进行部门划分，运行维护团队制订运行、维护管理目标，并建立完整的运行维护管理制度和程序。明确物理范围及边界，建立与周边设施的协调机制及责权界限。运行维护团队根据职责、工作范围和工作任务配备相应的人力、财务、物资和办公资源。

运行维护管理内容包括：监控管理、值班管理、巡检管理、作业管理、供应商管理、资产管理、变更管理、容量管理、事件管理和问题管理。

质量管理内容包括：质量保证、质量控制和持续改进。

文件管理内容包括：文件编制、审核、批准、发布、使用、归档、变更、废止和销毁。

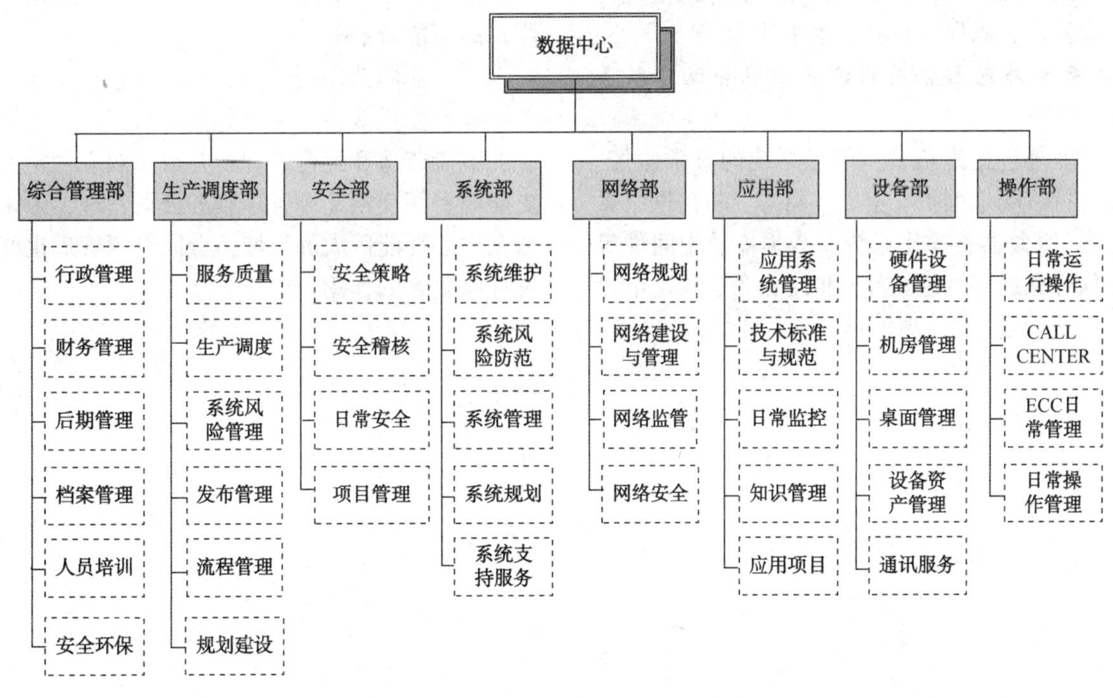

图13　某数据中心专业运维组织架构

从该数据中心的组织架构设计可以看出，数据中心职能较为全面，组织架构体现了按专业领域进行划分的特点，同时考虑到了生产调度的横向职能。

2.2　专业与外包混合运维服务模式

甲方专业运维：负责与生产、科研、信息安全等核心信息系统的日常监控、热线支持、场地维护、桌面支持等，机房网络系统运维（服务器、操作系统、数据库、中间件等系统软件和通用管理软件）。

外包运维：负责 IT 设备、供配电设备、空调设备、消防设备等专业设备由各生产厂商或有认证资质的公司签署保密协议后负责运维和保修。

外包运维的组织架构分为：

一线团队：基础设备设施运维技工（进行具体的设备设施运维工作）；

二线团队：基础设备设施运维工程师（对一线团队进行指导、监督、审核）；

三线团队：专家团队（进行运维管理的相关研究工作，提出指导性意见）。

甲方对数据中心运维外包服务商提出合理的运维考核指标，要求其提供日常基础设施的巡检、维护、保养、维修、处理设备紧急故障和严格执行维护任务，以确保数据中心机房安全稳定运行。

外包运维方应严格按照数据中心运维管理的质量管控方法，根据服务水平协议（SLA）要求，秉承“服务至上，质量第一”的原则，形成有效服务质量管理体系，对运维管理的服务质量进行监督和控制，确保项目服务水平达标。

2.3 专业外包与合同能源管理混合运维服务模式

专业外包运维负责：信息系统的日常监控、热线支持、场地维护、桌面支持等，机房网络系统运维（服务器、操作系统、数据库、中间件等系统软件和通用管理软件）和 IT 设备、供配电设备、空调设备、消防设备等专业设备由各生产厂商或有认证资质的公司签署保密协议后负责运维和保修。

外包运维方应严格按照数据中心运维管理的运维考核指标，对运维管理的服务质量进行监督和控制，确保项目服务水平达标。

合同能源管理，即能源管理服务公司为用户单位提供节能改造和相关系统的运维。通过节能效益共享等多种方法收回出资和获得合理赢利。合同能源管理很好地解决了用户投资风险较大的痛点，对于数据中心高耗能行业，能效提升节能潜力较大和投资回报率高是合同能源管理服务公司的发展方向。为适应不同的数据中心需求，合同能源管理共有以下三种模式：

（1）节能效益分享型

用户和能源管理服务公司双方共同分享节能效益。前期节能改造工程的投入由能源管理服务公司单独承担，此种模式是最常见的合同能源管理模式。

（2）节能量保证型

用户负责前期投资，能源管理服务公司向用户提供节能服务和相关系统的运维，并承诺保证用户的节能效益。

（3）能源费用托管型

客户委托能源管理服务公司出资进行能源系统的节能改造和运行管理，并按照双方约定的历史能源费用交给能源管理服务公司管理，未来在数据中心耗能巨大的领域，合同能源管理也必将发挥其更大的作用。

气田智能巡检机器人的设计与应用

杨克龙　龚　诚　林钟灵　王　佳　邓小军　谈锦锋　严昀坤

（中国石油天然气股份有限公司西南油气田分公司）

摘　要　集气站是天然气生产输送的重要环节，为保障气田正常生产运行须进行定时巡检。传统的人工巡检模式，巡检效率低、巡检质量参差不齐，且存在无法及时发现少量气体泄露、恶劣天气下巡检存在安全隐患等问题。本文在气田巡检现状充分分析的基础上，结合设计运行环境要求，对机器人进行充分研究，设计并实现适用于气田集气站的的智能巡检机器人，实现井站生产安全受控，助力于智能化油田建设。

关键词　气田；智能巡检机器人；集气站；人工巡检；设计与应用

1　概述

西南油气田油田当前的油气储量快速增长，然而厂站管理依然采用人工巡检方式，员工劳动强度大、巡检效率低，而且巡检存在人员疲劳、情绪等因素导致疏漏、无法及时发现少量气体泄漏、恶劣天气下巡检存在安全隐患等问题，给管理上增加了更大的管理难度。

为促进油田管理的自动化和智能化，引进智能机器人巡检系统便于设备的管理和工作效率的提升已迫在眉睫，通过智能机器人自主巡检，可实现设备状态智能监控、数据智能采集、分析、报警等功能，针对高危区域，人员很难进行实时监控的场合，采用智能机器人系统进行设备巡检，并将视频、红外测温等数据上传后台，即时发现“跑冒滴漏”等异常，可做到实时报警，供中心站和作业区进行实时共享，实现井站生产安全受控，可助力于智能化油田建设。机器人应用研究按照“需求分析、功能设计、现场应用、效果分析”四个方面进行分析研究。

2　巡检机器人应用现状及研究路线

2.1　智能巡检机器人在石油行业应用现状

自主巡检、智能监控、数据智能采集分析、状态报警等功能于一体的智能巡检机器人在电力、大型厂矿、石油化工、城市管廊、银行、安防等领域得到广泛应用。尤其在电力行业，避免变电站内设备热缺陷等造成的事故隐患。在国内，由于石油石化行业对于防爆等级有一定的要求，现有成熟的定位技术激光导航已满足生产要求。智能巡检机器人在油气田逐步展开应用，主要包括在井场，集气站等。站场现场使用巡检机器人改变人工巡检方式，解决了工作量大、巡检效率低，及时发现少量气体泄漏、恶劣天气下巡检存在安全隐患等问题。为进一步强化新技术落地，将成熟的、新型的智能化、自动化技术应用到生产管理中，智能巡检机器人替代人工巡检，完成巡检中遇到的繁、难、险和重复性的工作，是无人值守站巡检技术的发展方向。

2.2　智能巡检机器人研究路线

智能巡检机器人采用模块化设计可一机身搭载多种声光气体核心探测器，在各种各样环境下都可对仪表、阀门、液位计等现场设备进行图像、视音频的实时分析；并通过红外热成像功能来检测管道的跑冒滴漏异常现象、激光遥测功能检测泄漏气体成分和浓度，更可以灵活判断现场各种异常情况并第一时间自动报警远程通知，另外其双向对讲、灯光补偿功能则让机器人巡检发挥远程双点位指挥作用从而提高夜间作业效率。

智能巡检机器人以激光雷达导航为主，在空旷或干扰较多场所铺设磁条，利用车载红外、可见光及声音传感器检测设备温度、仪表读数、异常声音等状况。机器人将采集到的所有图像和数据，通过无线传输系统实时发送到放置在监控室的本地监控后台，监控后台负责数据统计分析、对故障状态告警并生成巡检报表。巡检机器人在电量不足时，自动返回充电站完成自动寻桩充电。机器人巡检时，用户可选择工作模式按巡检地图进行巡检，导航系统引导机器人到达预设巡检点自动停止，控制系统控制云台使传感器对准检测目标设备进行拍照和摄像。

（1）具备自主导航功能，从经济性角度考

虑，应用无轨导航方式。机器人采用4轮驱动方式，依靠激光雷达、惯导、里程计进行综合导航，可实现按照预先设定路线和停靠位置自主行走和停靠的功能。

（2）为防止机器人碰撞设备、管线、人员，具备实时避障功能。设计安装避障传感器，检测到前后方障碍物，停止运行并报警，云台对准目标，报警信息上传至调控中心。

（3）为保证机器人连续稳定工作，设计自主检测功能。运行过程中实时检测本体运行状况，具备报警功能。包括机器人内部温度过高、电池电压过低、通信中断、导航损坏等，报警信息上传至调控中心。

（4）设计自主充电功能，自主充电装置由电源端和受电端组成，根据实时电量检测，采用非接触充电，自主完成。

（5）机器人可与软件平台通过网络进行信息交互。平台实时读取现场监测数据和机器人本体状态数据。

（6）根据集气站电气设备防爆要求，机器人按照Exia T4和IP67进行设计制造。

3　巡检机器人技术方案

3.1　集气站巡检机器人需求分析

智能化集气站的建设离不开机器人技术的发展，智能巡检机器人的应用是国家政策导向。集气站工艺流程优化及无人值守站实现后，新型生产组织管理模式亟待发掘，将机器人技术与智能化集气站建设相结合，为集气站以及无人值守站的维护提供了新的巡检方式。

考虑到天然气田集气站建设特点及结合气候环境等要求，巡检机器人需满足以下基本指标。集气站工艺生产区域为防爆区域，机器人及其搭载设备的防爆性能设计要求需按照国家防爆标准GB 3836文件内容执行；可以按照设定的轨迹线路精确地自主行走（误差≤1cm）和停靠，具备自主巡检和特殊巡检不同的工作模式；具有一定的涉水（≥10cm）、爬坡（≥15°）、小半径转弯、短距离制动能力；电池续航能力≥5h，自主充电，考虑每天巡检次数，充满50%电量时间需维持在6h以内；可以切换手动及自动操作，实现远程控制；能准确识别天然气处理厂内现场仪表显示值，要求识别率90 %以上；机器人巡检管理系统可以进行数据查询、自行分析诊断功能。

3.2　工作原理

智能巡检机器人系统由智能巡检机器人本体、充电系统、无线传输系统集控中心、固定采集模块及其它辅助设施组成。在机器人不容易到达的地方，如高架、管道中间等可部署固定采集模块。这种部署方式能提高巡检的稳定性和巡检效率。系统方案如下图所示：

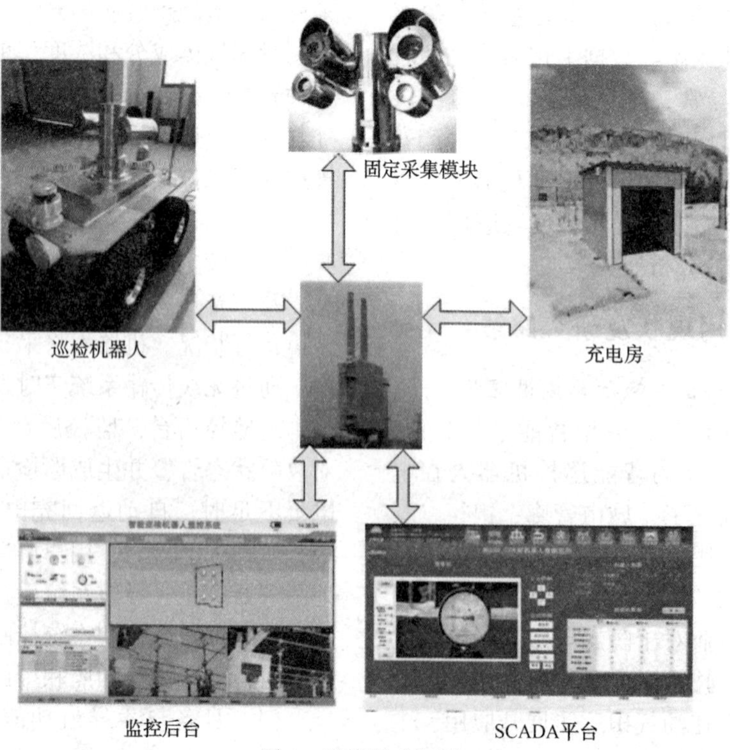

图1　系统组成框图

使用无轨导航方式，实现快速部署，可方便站间调配，采用四轮独立驱动，适应于各种复杂环境。提供高清晰度红外及可见光视频图像，测温精度 1℃；采用基于激光雷达和惯导组合的精确地形匹配的导航方案，定位精度达到 5cm。激光防撞，提供高可靠性安全保障。可原地转向，为巡检提供更强的易用性。

3.3　硬件设备

人工巡检主要靠人员的听觉、视觉、触觉、嗅觉去判断集气站工艺设备是否运转正产、有无“跑冒滴漏”等问题。对标人工巡检，机器人设计搭载拾音器、可见光摄像机、红外摄像机、气体检测仪 4 种探测设备。

(1) 搭载拾音器，读取巡检设备声音，对设备声音的时域和提取特征进行声音信号分析，分辨出异常频谱，并发出报警。

(2) 搭载可见光摄像机，采集现场视频及图片，通过图片自动识别阀广]开关状态、压力表及液位计等仪表数据，

(3) 搭载红外摄像机，利用红外摄像头对当前设备讲行热成像处理，检测设备、管道等关键部位温度异常区。

(4) 搭载气体检测仪，检测巡检区域甲烷、硫化氨等气体浓度。并将数据实时回传至监控平台。

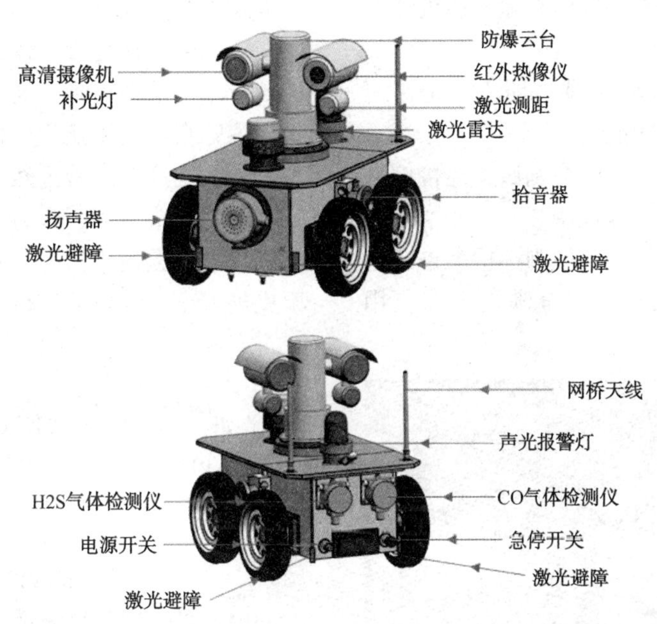

图 2　巡检机器人设计效果图

3.4　软件构成

巡检机器人与集控中心通过局域网连接，采用 TCP/IP 协议进行数据交互，传输内容包括：

(1) 高实时性数据：可分为中低密度数据和流媒体数据；

(2) 中低密度数据，包括：智能巡检机器人实时状态、巡检数据与图片信息、实时遥控指令等；

(3) 流媒体数据，包括：可见光 H264 高清压缩视频流、红外热像仪 MPEG4 压缩视频流、音频流等；

(4) 事务性数据：该部分数据不要求很高的实时性，包括巡检任务的下达，巡检报表的上传等。

机器人集控中心硬件由服务器、无线网桥、显示器、键盘鼠标和音响等设备组成。无线网桥用于接收和发送巡检机器人的数据和控制信息。服务器用来承载监控系统的所有软件，并且存储巡检机器人生成的历史数据信息，为远程监控系统的查询提供数据来源。显示器可实时显示监控系统的交互界面。键盘鼠标用于对监控系统信息数据和控制命令等的输入操作。音响可播放巡检机器人产生的软硬件故障信息和巡检机器人检测的声音信息。

专家诊断库可实现巡检任务中采集到的可见光图像、红外图像、声音表计读数、设备位置状态、注油设备油位、等信息存储在巡检数据库中，并能够按照巡检时间、巡检任务、设备类

型、设备名称、最高温度等过滤条件查询巡检数据。

3.5 安全分析

为保证机器人正常运行，同时做好安全分析，按照以下在机器人部署前，应对集气站巡检目标进行充分分析，同时做好安全分析，按照以下步骤展开。

根据集气站布局及巡检要求，确定巡检目标点。

按照巡检点布局，规划机器人巡检路线，覆盖所有巡检点并不断优化路线距离。

(1) 根据巡检点及巡检路线设置机器人导航定位点。

(2) 在巡检路线始末端选取空地安装机器人充电屋。

(3) 开展机器人现场调试，具备行走、巡检、报警及信号传输等功能。

(4) 机器人与应用平台联合调试，巡检信息实时传输至监控平台、远程控制。

通过现场试验，开发远程控制巡检、自动巡检、联动巡检 3 种模式，可完全满足现场应用需求。

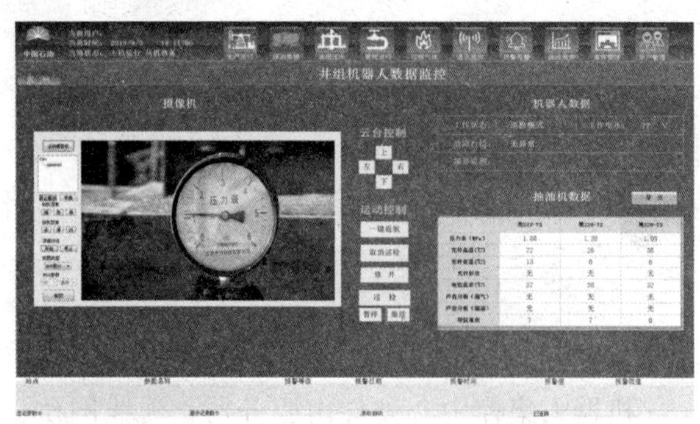

图 3　集中监控平台界面

4　应用效果

采用机器人开展集气站巡检作业，工作效率显著提高，巡站人员数量预计明显下降，节约的人员可调整开展其他技术工作，节约了操作成本，提高了巡检质量。

(1) 采用机器人后，日常集气站巡检由机器人完成，作业区调控中心根据巡检结果，针对性安排人员上站作业。

(2) 巡检质量提升：机器人巡检数据自动运算、对标分析，向各级管理人员提供准确的巡检结果，避免了因人员人员技能差异、责任心等因素导致巡检质量不高的现状。

(3) 降低安全管控风险，将人员现场作业由现场作业转移到室内作业，大大降低了人员因乘车、现场作业等因素导致的受伤风险。

5　结论

巡检机器人能够做到精准化、全天化、智能化以及高频化作业，既解放了人力又保障了人员安全，同时又让巡检工作中需要艰难深入的盲点区域、细节层面得到了高效保障，进一步提升了无人值守自动化智能化巡检厂站就让工作效率和安全防护程度。随着天然气开发的延续，勘探生产难度将日益增大，人力资源紧缺，油气田企业将积极引入巡检机器人，解决现场问题，助力气田更加安全、高效的进行开发生产。

参　考　文　献

[1] 肖娟．变电站巡检机器人的路径规划研究[D]．山东：山东建筑大学，2015.

[2] 陈凌峰，初艳华．智能巡检机器人测温应用及案例[J]．电子测试，2016，(23)：1-5.

[3] 刘冬生，陈宝林．磷酸铁锂电池特性的研究[J]．河南科技学院学报(自然科学版)，2012，40(1)：65-68.

[4] 周立辉，张永生，孙勇．智能变电站巡检机器人研制及应用[J]．电力系统自动化，2011，(19)：90-93+101.

[5] 李昌杰．智能移动机器人控制系统设计研究[D]．长安大学．2012.

[6] 申美娟．基于 DSP 的移动机器人控制系统设计[D]．西安理工大学．2010.

[7] 霍永君．自主式机器人智能控制实验方法研究[D]．天津大学．2011.